Pourquoi activer mon Code en ligne :

Selon mon édition, l'activation de mon Code me permet d'accéder aux enrichissements suivants, sur ordinateur, tablette et smartphone :

	CODE ÉDITION LIMITÉE*	CODE ÉDITION CLASSIQUE
Lettre d'actualité du Code	✓*	✓*
Accès aux codes officiels secs	✓	✓
Mise à jour en continu		✓
Liens vers la jurisprudence		✓
Accès aux commentaires et textes complémentaires		✓
Accès aux articles des revues Dalloz		✓

www.activation-dalloz.fr

La clé d'activation se trouve sous l'étiquette de couverture

* Disponible pour les titres suivants :
Code civil, Code de procédure civile, Code pénal, Code de procédure pénale, Code de commerce et Code du travail.

2e édition

CODE DE LA CYBERSÉCURITÉ

Annoté & commenté

Sous la direction scientifique de

MICHEL SÉJEAN

Professeur des universités en droit privé et sciences criminelles - Université Sorbonne Paris Nord
Chercheur associé à la Chaire CYBER de l'Institut des hautes études de défense nationale (IHEDN)

Commentaires introductifs de

MARC WATIN-AUGOUARD

Général d'armée (2S)
Fondateur du Forum international de InCyber (FIC)
Ancien directeur du Centre de recherche de l'École des officiers de la Gendarmerie nationale

LES CODES DALLOZ

Lefebvre Dalloz

DALLOZ

2e édition

Commentaires et annotations rédigés par

Matthieu AUDIBERT
Commandement de la gendarmerie
dans le cyberespace
Chef du département partenariats et coopération

Brunessen BERTRAND
Professeure des universités en droit public
Université de Rennes

Thibault DOUVILLE
Professeur des universités en droit privé
et sciences criminelles
Université de Caen Normandie

Valère NDIOR
Professeur des universités en droit public
Université de Bretagne Occidentale

Anne-Thida NORODOM
Professeure des universités en droit public
Université Paris Cité

Warren AZOULAY
Avocat à la Cour
Enseignant-Chercheur en droit privé
et sciences criminelles - Université d'Aix-Marseille
Docteur en droit privé et sciences criminelles

Nicolas CATELAN
Maître de conférences en droit privé
et sciences criminelles - Université Paris Cité

Thibaut HECKMANN
Officier supérieur, Gendarmerie nationale - CREOGN
Maître de conférences associé
à l'École normale supérieure de Paris-Ulm

Emmanuel NETTER
Professeur des universités en droit privé
et sciences criminelles - Université de Strasbourg

Corinne THIÉRACHE
Avocat à la Cour

Coordination éditoriale par

Ekaterina BEREZKINA
Rédactrice Lefebvre-Dalloz

Lefebvre Dalloz

DALLOZ

ÉDITIONS DALLOZ
Tour Lefebvre Dalloz - 10, place des Vosges
92072 Paris La Défense Cedex - CS 90358

ISBN 978-2-247-22300-8

Avant-Propos de la deuxième édition

« Faut-il un Code de la cybersécurité ? » Avant la sortie de sa première édition, la question était encore légitime. Quelques semaines après sa publication en format papier et en version numérique, le succès de cet ouvrage collectif a dissipé tous les doutes. Il a surtout fait naître une nouvelle question : « Quand est-ce le bon moment pour lancer l'édition suivante du Code de la cybersécurité ? ». Car au déluge de données, répond un flot ininterrompu de textes juridiques de toutes sortes sur la sécurité des systèmes d'information (Livre I), la lutte contre la cybercriminalité (Livre II) et la cyberdéfense (Livre III).

Il suffit que les équipes du Code de la cybersécurité se fixent une date butoir de production pour que les projets de textes surgissent du bois législatif, de la forêt réglementaire ou du maquis conventionnel dans lesquels ils donnaient l'impression de se cacher pour mourir.

Trois ans d'attente pour aboutir à nouveau cadre d'échange transatlantique de données (le Data Privacy Framework), depuis que la Cour de Justice de l'Union européenne a prononcé, en juillet 2020, la caducité du Privacy Shield dans sa décision dite Schrems II ! Sept ans d'atermoiements pour que s'accomplisse le Règlement dit « e-evidence » relatif aux injonctions européennes de production et de conservation de preuves électroniques en matière pénale, adopté le 27 juin 2023 et publié au Journal officiel de l'Union européenne le 28 juillet 2023.

Pendant qu'une partie du stock des textes en gestation accède à la vie juridique, un vivier de nouveau textes continue de foisonner. Voici le Cyber Solidarity Act, annoncé par le Commissaire Thierry Breton lors de l'édition 2023 du FIC à Lille, dont les pourparlers vont commencer pendant que le projet de règlement sur l'intelligence artificielle (IA Act) est dans les starting blocks aux côtés du futur Cyber Resilience Act, et que la perspective d'un règlement sur les données (Data Act) s'approche. Chacun de ces textes a une vocation littéralement fondamentale, c'est-à-dire qu'il doit servir de base à un système, à un ensemble. C'est ainsi que le futur Data Act a pour objectif d'assurer une meilleure répartition de la valeur issue de l'utilisation des données personnelles et non personnelles entre les acteurs de l'économie de la donnée. L'utilisation des objets connectés et le développement de l'Internet des objets formeront le périmètre du prochain Data Act.

Si la veille juridique ne concernait que les textes issus de l'Union européenne, elle serait encore relativement simple, mais il faut également compter sur la production de droit interne ! Heureusement, la loi de programmation militaire 2024-2030 a été promulguée juste avant que le Code de la cybersécurité ne soit sous presse, mais faudra-t-il attendre la fin du parcours législatif du projet de loi visant à sécuriser et à réguler l'espace numérique (projet de loi dit SREN), adopté en première lecture au Sénat le 5 juillet 2023 ?

Et comme le droit de la cybersécurité évolue à la vitesse de la technologie qu'il est censé réguler, de nouvelles questions se posent aux équipes du Code de la cybersécurité. Faut-il, par exemple, intégrer les textes relatifs à la cybersécurité des esprits, ou s'en tenir à la cybersécurité des machines ? Il y a toujours une part de manipulation humaine pour forcer une victime à laisser entrer le loup dans la bergerie : on parle d'ingénierie sociale, et elle fait incontestablement partie de la cybersécurité des machines. Or, cet art de la manipulation ne cesse de s'enrichir des technologies d'intelligence artificielle qui produisent des photos truquées, des vidéos fausses, des voix imitées. En réalité, toutes les données de l'internet sont désormais au service de l'ingénierie sociale ! Dans ces conditions, comment ne pas voir que le plus grand défi d'avenir est de construire la cybersécurité des esprits pour mieux assurer celle des machines ? Il reste que certains textes demeurent difficiles à intégrer en l'état. Que dire, par exemple, de la récente loi du 9 juin 2023 visant à encadrer linfluence commerciale et à lutter contre les dérives des influenceurs sur les réseaux sociaux ? Ne participe-t-elle pas de la cybersécurité, elle qui vise à protéger ces systèmes interconnectés si vulnérables que sont les esprits humains ?

Pour l'heure, l'objectif de ce code d'éditeur n'est pas de laisser enfler à l'infini ce que l'on entend par cybersécurité : il est d'apporter une meilleure prévisibilité aux personnes physiques et morales sur leurs droits et leurs obligations dans le cyberespace, et donc une sécurité juridique renforcée. L'année qui vient de s'écouler depuis la première édition aura souligné d'un trait épais l'émergence d'une obligation de se sécuriser, obligation qu'il faut exécuter au maximum de ses moyens pour bénéficier pleinement d'un droit à la sécurité dans le cyberespace. Plus une entité est critique (qu'elle soit vitale, essentielle ou importante), plus son obligation de se sécuriser sera contraignante, stricte et détaillée. L'on voit également poindre un objectif nouveau dans plusieurs textes : il ne s'agit plus d'éviter les attaques, mais de préserver la continuité des activités malgré les attaques qui ne manqueront pas de frapper toutes les entités. C'est l'avènement de la cyber résilience, qui se hisse jusque dans l'intitulé du Règlement DORA (Digital Operational Resilience Act) sur la résilience opérationnelle numérique du secteur financier et dans celui de la directive REC (résilience des entités critiques), adoptés à la fin 2022.

Mené par des praticiens de la cybersécurité, des forces de l'ordre et du droit ainsi que par des enseignants-chercheurs, ce travail collectif en est à sa deuxième édition papier et numérique : c'est peu et beaucoup à la fois ! Notre certitude est que la nouvelle édition est augmentée. Notre espérance, c'est qu'elle soit également améliorée. À vous, chers usagers du Code de la cybersécurité, de nous le dire au fur et à mesure que le droit de la cybersécurité entre dans votre pratique quotidienne !

Michel Séjean
Chercheur associé à la chaire CYBER de l'Institut des hautes études de Défense nationale
Professeur de droit à l'Université Bretagne Sud

Liste des abréviations

🏛	Hyperlien vers la décision intégrale accessible sur le Code en ligne
✎	Hyperlien vers un article de doctrine dans une revue accessible sur le Code en ligne
🏛	Hyperlien vers un texte complémentaire accessible sur le Code en ligne
a.	Autres
AAI	Autorité administrative indépendante
AC	Autorité de certification
Actu.	Rubrique actualités du Recueil Dalloz (depuis mars 2010)
AFDI	Annuaire français de droit international
Aff.	Affaire
AIEA	Agence internationale de l'énergie atomique
AIPD	Analyse d'impact relative à la protection des données
AJDA	Actualité juridique Droit administratif (Dalloz)
AJ pénal	Actualité juridique pénal (Dalloz)
Al.	Alinéa
AME	Activités militaires de l'État
Anc.	Ancien
ANS	Autorité nationale de sécurité
ANSSI	Agence nationale de la sécurité des systèmes d'information
App.	Appendice
AQSSI	Autorité qualifiée pour la sécurité des systèmes d'information
ARCEP	Autorité de régulation des communications électroniques et des postes
ARCOM	Autorité de régulation de la communication audiovisuelle et numérique
Arr.	Arrêté
Art.	Article
ASD	Autorité de sécurité déléguée
B	Décision du Conseil d'État mentionnée aux Tables du *Lebon* (Dalloz)
BIBL.	Bibliographie
BIBL. GÉN.	Bibliographie générale
Bull. crim.	Bulletin des arrêts de la chambre criminelle de la Cour de cassation
C.	Code
c/	Contre
Cah. dr. entr.	Cahiers de droit de l'entreprise

CCE	Communication Commerce électronique
C. civ.	Code civil Dalloz
CCP	Code de la commande publique Dalloz
C. com.	Code de commerce Dalloz
C. compliance	Code de la compliance Dalloz
C. consom.	Code de la consommation Dalloz
CDAOA	Commandement de la défense aérienne et des opérations aériennes
C. défense	Code de la défense
C. douanes	Code des douanes Dalloz
CDSN	Conseil de défense et de sécurité nationale
CE	Conseil d'État
CE	Communauté européenne
CEDH	Cour européenne des droits de l'homme
CEMA	Chef d'état-major des armées
CEPD	Comité européen de la protection des données (a remplacé le G29 à compter du 25 mai 2018)
Cf	Confer
CGI	Code général des impôts Dalloz
ch.	Chambre
chap.	Chapitre
CIDS	Commission interministérielle de défense et de sécurité
CIJ	Cour internationale de justice
CIL	Correspondant informatique et liberté
Circ.	Circulaire
CJA	Code de justice administrative Dalloz
CJM	Code de justice militaire
CJUE	Cour de justice de l'Union européenne (depuis déc. 2009)
C. mon. fin.	Code monétaire et financier Dalloz
CNIL	Commission nationale de l'informatique et des libertés
CNRLT	Coordonnateur national du renseignement et de la lutte contre le terrorisme
Comm.	Commentaire
Cons. const.	Conseil constitutionnel
consid.	Considérant
Const.	Constitution
Conv.	Convention
COSSI	Centre opérationnel de la sécurité des systèmes d'information
Conv. EDH	Convention européenne de sauvegarde des droits de l'homme et des libertés fondamentales
C. patr.	Code du patrimoine Dalloz
CPCE	Code des postes et des communications électroniques
C. pén.	Code pénal Dalloz
CPI	Code de la propriété intellectuelle Dalloz
C. pr. pén.	Code de procédure pénale Dalloz
Crim.	Chambre criminelle de la Cour de cassation
CRPA	Code des relations entre le public et l'administration Dalloz
CSI	Code de la sécurité intérieure Dalloz
CSIRT	Centre de réponse aux incidents de sécurité informatique

CSP Code de la santé publique Dalloz
C. sport Code du sport Dalloz
CSS Code de la sécurité sociale Dalloz
CTICE Conseiller technique aux technologies de l'information et de la communication pour l'enseignement
C. trav. Code du travail Dalloz
CZDS Commission zonale de défense et de sécurité

D. Recueil Dalloz
D. actu. Site d'actualité accessible sur les portails Dalloz
D. Affaires Dalloz Affaires (de 1995 à 1999)
Dalloz IP/IT Revue Dalloz IP/IT du droit de la propriété intellectuelle et du numérique (Dalloz)
DCSSI Direction centrale de la sécurité des systèmes d'information
DDS Délégué pour la défense et la sécurité
Décis. Décision
Décr. Décret
Délib. Délibération
DGCCRF Direction générale de la concurrence, de la consommation et de la répression des fraudes
DGDDI Direction générale des douanes et des droits indirects
DGSE Direction générale de la sécurité extérieure
DGSI Direction générale de la sécurité intérieure
Dir. Directive
Dir. intermin. Directive interministérielle
DISIC Direction interministérielle des systèmes d'information et de communication
DNRED Direction nationale du renseignement et des enquêtes douanières
DPD Délégué à la protection des données
DPO *Data protection officer*
DPSD Direction de la protection et de la sécurité de la défense
Dr. adm. Droit administratif
DRM Direction du renseignement militaire
DRSD Direction du renseignement et de la sécurité de la défense
DSI Directeur des systèmes d'information

éd. édition
EDPB *European Data Protection Board* (Comité européen de la protection des données)
EEE Espace économique européen
eIDAS Règlement (UE) n° 910/2014 du Parlement européen et du Conseil du 23 juillet 2014 sur l'identification électronique et les services de confiance pour les transactions électroniques au sein du marché intérieur
ENISA *European union agency for cybersecurity* (Agence européenne chargée de la sécurité des réseaux et de l'information)
EURATOM Communauté européenne de l'énergie atomique

FAQ	Foire aux questions
Fasc.	Fascicule
FSD	Fonctionnaire de sécurité et de défense
FSSI	Fonctionnaire de sécurité des systèmes d'information

G29	Groupe de travail prévu à l'article 29 de la directive 95/46/CE du 24 octobre 1995 (remplacé par le CEPD depuis le 25 mai 2018)
Gaz. Pal.	Gazette du Palais
GIP ACYMA	Groupement d'intérêt public pour le dispositif national d'assistance aux victimes d'actes de cybermalveillance

---

HADOPI	Haute Autorité pour la diffusion des œuves et la protection des droits sur internet
HFCDS	Haut fonctionnaire correspondant de défense et de sécurité
HFD	Haut fonctionnaire de défense
HFDS	Haut fonctionnaire de défense et de sécurité

IAN	Inspection des armements nucléaires
ibid.	Au même endroit
ICE	Infrastructure critique européenne
ICPE	Installation classée pour la protection de l'environnement
IDA	Inspection des armées
INB	Installation nucléaire de base
infra	Ci-dessous
Instr.	Instruction
Instr. gén. intermin.	Instruction générale interministérielle
Instr. intermin.	Instruction interministérielle
IPD	Installation prioritaire de défense

JCP A	Juris-Classeur périodique (Semaine juridique), édition Avoués
JCP E	Juris-Classeur périodique, édition Entreprise
JO	Journal officiel
JOCE	Journal officiel des Communautés européennes (jusqu'au 31 janv. 2003)
JOUE	Journal officiel de l'Union européenne (depuis le 1er févr. 2003)

L.	Loi
LCEN	Loi n° 2004-575 du 21 juin 2001 pour la confiance dans l'économie numérique
LIL	Loi n° 78-17 du 6 janvier 1978 « Informatique et Libertés »

Mod.	Modifié

---

n°	Numéro
OACI	Organisation de l'aviation civile internationale
obs.	Observations
OCDE	Organisation de coopération et de développement économiques
OIV	Opérateur d'importance vitale
OLAF	Office européen de lutte antifraude
Ord.	Ordonnance
OSE	Opérateur de service essentiel
OSMP	Observatoire de la sécurité des moyens de paiement
OSSI	Officier de sécurité des systèmes d'information
OTAN	Organisation du traité de l'Atlantique nord
P	Arrêt publié au Bulletin civil (avant mi-juin 2021) ou au Bulletin criminel (avant fin juin 2021) de la Cour de cassation
p.	Page
préc.	Précité
PSC	Prestataire de service de confiance
PSCE	Prestataire de service de certification électronique
PSO	Plan de sécurité opérateur
PSSI	Politique de sécurité des systèmes d'information
PSSIE	Politique de sécurité des systèmes d'information de l'État
QPC	Question prioritaire de constitutionnalité
rapp.	Rapport
Rec. CIJ	Recueil des arrêts de la Cour internationale de justice
Recomm.	Recommandation
Rect.	Rectificatif
Règl.	Règlement
RÉP. PÉN.	Répertoire de droit pénal et de procédure pénale Dalloz
RÉP. IP/IT	Répertoire IP/IT et Communication Dalloz
req.	Requête
RGPD	Règlement (UE) 2016/679 du 27 avril 2016 relatif à la protection des personnes physiques à l'égard du traitement des données à caractère personnel et à la libre circulation de ces données
RGS	Référentiel général de sécurité
RLDI	Revue Lamy droit de l'immatériel
RSC	Revue de science criminelle et de droit pénal comparé (Dalloz)
RSSI	Responsable de la sécurité des systèmes d'information
RTD civ.	Revue trimestrielle de droit civil (Dalloz)
RTD com.	Revue trimestrielle de droit commercial (Dalloz)
RTD eur.	Revue trimestrielle de droit européen (Dalloz)

s.	Et suivants
SAIV	Secteur d'activités d'importance vitale
Sect.	Section
SGDN	Secrétariat général de la défense nationale
SGDSN	Secrétariat général de la défense et de la sécurité nationale
SHFD	Service du haut fonctionnaire de défense
SI	Systèmes d'information
Soc.	Chambre sociale de la Cour de cassation
ss.	Sous
STAD	Système de traitement automatisé de données
supra	Ci-dessus
T. corr.	Tribunal, chambre correctionnelle
TFUE	Traité sur le fonctionnement de l'Union européenne (ex. Traité instituant les Communautés européennes)
TGI	Tribunal de grande instance
TIC	Technologies de l'information et de la communication
TPIY	Tribunal pénal international de l'ex-Yougoslavie
TRACFIN	Traitement du renseignement et action contre les circuits financiers clandestins
UE	Union européenne
UNECE	*United nations economic commission for Europe* (Conseil économique et social des Nations unies)
V.	Voir
v° ou v^{is}	Mot ou mots
vol.	Volume
ZIV	Zone d'importance vitale

TABLE DES MATIÈRES

CODE DE LA CYBERSÉCURITÉ

LIVRE PREMIER

LA SÉCURITÉ DES SYSTÈMES D'INFORMATION

I RÈGLES INTERNES

A Droit préventif et répressif

II RÈGLES EUROPÉENNES

A Union européenne

B Comité européen de la protection des données (CEPD – anc. G29)

III RÈGLES INTERNATIONALES

LIVRE TROISIÈME

LA CYBERDÉFENSE

I RÈGLES INTERNES

II RÈGLES EUROPÉENNES

III RÈGLES INTERNATIONALES

CODE DE LA CYBERSÉCURITÉ

BIBL. GÉN. ▶ **Ouvrages** : Arpagian, La Cybersécurité, *PUF, Que sais-je ? 2018*. – Bonnemaison et Dossé, Attention : Cyber ! Vers le combat cyber-électronique, *Économica, 2014*. – Boyer, Dictionnaire de la Cybersécurité et des Réseaux, *Nuvis, 2015*. – Coehlo, Le facteur émotionnel au cœur de la cybersécurité. Ingénierie sociale, Facteur émotionnel, Organisation, *L'Hartman, Psychologiques, 2022*. – Féral-Schuhl, Cyberdroit, le droit à l'épreuve de l'internet, *Dalloz, 8e éd., 2020*. – Degrave, De Terwangne, Dusollier et Queck, Droit, normes et libertés dans le cybermonde, *Larcier, 2018*. – Freyssinet, La criminalité en mouvement, *Lavoisier, 2012*. – Gorriez, Le droit de la cybersécurité, *Nuvis, 2019*. – Ghernaouti, Cybersécurité : analyser les risques, mettre en œuvre les solutions, *Dunod, 2019*. – Grange et Norodom, Cyberattaques et droit international : problèmes choisis, *Numérique et droit, Pedone, 2019*. – Le Roux, Vallée et Vallée-Lévi, La Cybernétique. information et régulation dans le vivant et la machine, *Seuil, Sources du savoir, 2014*. – Quéméner, Cybersociété. Entre espoirs et risques, *L'harmattan, Justice et démocratie, 2013*. – Quéméner et Charpenel, Cybercriminalité, Droit pénal appliqué, *Économica, 2010*. – Quéméner, Dalle et Wierre, Quels droits face aux innovations numériques ? Législation, jurisprudences et bonnes pratiques du cyberespace. Défis et protection face aux dérives du numérique, *Gualino, 2020*. – Quéméner et Ferry, Cybercriminalité-Défi mondial, *Économica, 2009*. – Quéméner et Pinte, Cybersécurité, des acteurs économiques. Risques, réponses stratégiques et juridiques, Cyberconflits et cybercriminalité, *Hermès/Lavoisier, 2012*.

▶ **Articles** : Caprioli, *CCE 2018, no 50* (transposition de la directive sur la sécurité des réseaux et des systèmes d'information) ; *CCE 2019, no 6* (identification par l'ANSSI de 122 Opérateurs de services essentiels (OSE)). – de Maison Rouge, *Informations, données & documents, 2017, no 2, p. 35* (secret des affaires, données personnelles et cybersécurité) ; *Dalloz IP/IT 2017. 273* (décryptage sur la protection juridique des informations sensibles. Du régime des données personnelles à la confidentialité des informations économiques non divulguées) ; *ibid.* (transposition de la directive NIS – De la cybersécurité à la cyber-résilience) ; *ibid.* (le secret des affaires : la reconnaissance juridique d'un droit de l'information protégée). – Galloux, *Dalloz IP/IT 2018. 666* (secret des affaires et propriété intellectuelle) ; *ibid.* (le volet réglementaire du secret des affaires). – de Maison Rouge, de Robert-Hautequere, Mathon et Quéméner, *Cah. dr. entr. 2018, no 6, entretien 6* (le secret des affaires au grand jour. Enjeux et applications de la protection des informations économiques). – Douville, *JCP E 2018, nos 15-16, Actu. 284* (cybersécurité : transposition de la directive NIS, ses limites et ses conséquences. Aperçu rapide) ; *D. 2017. 2255* (l'émergence d'un droit commun de la cybersécurité). – Meuris-Guerrero, *CCE 2017, Alerte 20* (l'ANSSI publie des référentiels définitifs). – Quéméner, *Dalloz IP/IT 2020. 302* (cybersécurité et protection des données de santé) ; *Revue stratégique de cyberdéfense 2016/3, no 23, p. 50* (la directive NIS, un texte majeur en matière de cybersécurité). – Raschel, *Dalloz IP/IT 2018. 675* (réflexions sur la pénalisation de la violation du secret des affaires). – Robert-Hautequere, *ibid. 677* (le secret des affaires, créateur de valeur). – Signourel, *Dalloz IP/IT 2020. 172* (retour d'expérience du CSIRT – PJ au groupe d'experts mondial de la cybercriminalité d'Interpol). – Rocher et Laudrain, *Dalloz IP/IT 2022. 431* (le risque cyber en droit des sociétés). – Dossier, *Dalloz IP/IT 2022. 532* (souveraineté numérique : quelles régulations ?).

▶ **Rapports** : ANSSI, Processus de qualification d'un service, *QUAL-SERV-PROCESS/1.0, no 271/ANSSI/SDE, 12 janv. 2017* ; *Supply Chain Attacks* : Menaces sur les prestataires de service et les bureaux d'études, *7 oct. 2019* ; Référentiel d'exigences : prestataires d'audit de la sécurité des systèmes d'information, *version 2.1 du 6 oct. 2015* ; Référentiel d'exigences : Prestataires de détection des incidents de sécurité, *version 2.0 du 21 déc. 2017*. – Assemblée générale des Nations unies, Progrès de l'informatique et des télécommunications et sécurité internationale – Rapp. du Secrétaire général, *A/74/120, 24 juin 2019*. – Min. de l'Intérieur, État de la menace liée au numérique en 2019, *Rapp. no 3, mai 2019*. – Robert (prés.), Groupe de travail interministériel, *Rapp. sur la cybercriminalité, févr. 2014*.

▸ **Communiqués** : Comm. europ., Nouvelles règles visant à renforcer la cybersécurité et la sécurité de l'information dans les institutions, organes et organismes de l'UE, *22 mars 2022* ; La Commission renforce la cybersécurité des dispositifs et des produits sans fil, *29 oct. 2021*.

▸ **Guides** : ANSSI, Recommandations relatives à l'administration sécurisée des systèmes d'information, ANSSI-PA-022, *version 2.0 du 24 avr. 2018*. – IFACI, Guide des risques cyber, *IFACI 2.0, 2020*. – ANSSI, La cybersécurité pour les TPE/PME en 13 questions, ANSSI-GP-086, *version 2.0, oct. 2022*.

COMMENTAIRE

I. CONTEXTE

1. « Code is law » ! Détournant la célèbre formule du professeur Lawrence Lessig (L. Lessig, Code is law. On Liberty in Cyberspace, *Harvard Magazine, janv. 2000*, http://code-is-law.org) qui évoquait ainsi la *soft law* des algorithmes, nous pouvons affirmer que le « code témoigne de la loi », en rassemblant dans un corpus l'ensemble des textes législatifs et réglementaires relatifs à un domaine. Cette unicité contribue à la connaissance du droit, à sa lisibilité, à son applicabilité. Mais peut-on aujourd'hui établir, à propos de l'espace numérique, une relation binaire « matière/code », alors que la codification « à droit constant » a conduit à une dispersion du droit selon les thématiques ? Pour embrasser la totalité du champ du numérique, sous réserve d'une omission, il faut aller puiser dans le droit positif au sein d'au moins douze codes (code pénal, code de procédure pénale, code de la défense, code de la sécurité intérieure, code des postes et des communications électroniques, code monétaire et financier, code de la propriété intellectuelle, code de la consommation, code de commerce, code du travail, code des douanes, code électoral…). « Nul n'est censé ignorer la loi », selon l'adage, mais aujourd'hui on peut affirmer que nous sommes tous censés ignorer où elle est répertoriée. Si l'on prend comme exemple le droit pénal, le code pénal n'est plus l'unique réceptacle des dispositions qui prévoient et répriment un comportement ou une abstention. Alors que la transformation numérique connaît une accélération exponentielle, une clarification s'impose.

2. Un code de la cybersécurité n'est pas une option mais une exigence pour tous, y compris pour le législateur qui pourra, par la cohérence de l'ouvrage, constater l'éclatement de la structure en « mille-feuille », construite par strates successives, sans approche globale. Le code de la cybersécurité procède à un remembrement en donnant du sens à ce qui est aujourd'hui une mosaïque. Il témoigne de la diversité des questions soulevées et de la nécessaire composition des règles qui concourent à faire de l'espace numérique un espace de liberté et de sécurité.

L'espace numérique est improprement ainsi dénommé en raison des sources utopistes qui ont influencé sa création et son essor. La Déclaration d'indépendance du cyberespace, prononcée le 8 février 1996 par John Perry Barlow, a sans aucun doute promu l'idée selon laquelle l'espace numérique était un espace « à part », pouvant être distinct des espaces physiques (terre, mer, air) et échapper aux règles qui les régissent, organisent les activités humaines qui s'y déploient. L'espace numérique est, en vérité, un substrat qui irrigue, innerve tous les espaces au sein desquels nous vivons. Il est « tout pour tous, partout, pour tout, en tout » et devrait accélérer sa pénétration avec l'entrée en service de technologies de rupture, notamment avec le déploiement de la 5G, de l'intelligence artificielle et de l'informatique quantique. L'hyperconnexion donne tort aux « anarchistes » de la Silicon Valley qui rêvaient d'un espace échappant à toute contrainte, à toute régulation. « L'Internet des objets » (IoT) et « l'Internet industriel des objets » (IIoT) vont profondément « reformater » notre société. Ils coloniseront toutes les activités humaines en favorisant de nouveaux usages, en remettant en cause nombre de paradigmes.

3. Dans cet écosystème d'un genre nouveau, le droit est mis à l'épreuve. L'État, dans ses fonctions régaliennes, est ébranlé, tant les grands principes énoncés par Carré de Malberg (Contribution à la théorie générale de l'État *[1920], CNRS Éditions, 1985*) sont battus en brèche ou revisités. La souveraineté est affaiblie par une architecture de réseaux (presque) sans frontière. Le pouvoir de battre monnaie est rogné par les cryptoactifs (dont le Bitcoin). Le pouvoir de créer le droit relève de la « norme » (Lessig, préc.), souvent déterminée par la technologie, fixée par le « code », l'algorithme, ou les clauses générales d'utilisations (CGU). Le pouvoir de rendre justice dépend, certes, de la compétence spatiale du juge, mais il est contrarié par l'extra-territorialité de nombreux contentieux de nature pénale, civile ou commerciale. Le pouvoir de faire la guerre est battu en brèche par des cyberattaquants non étatiques (pirates, mercenaires) qui industrialisent une cybercriminalité encore artisanale et portent des coups dont l'impact fragilise la sécurité nationale.

4. La dialectique entre le droit et la technologie n'est pas nouvelle, mais elle connaît une nouvelle dynamique dans le substrat numérique. Les nouvelles technologies sont créatrices d'usages qui ne sont pas toujours clairement délimités lors de leur conception. Il suffit pour s'en convaincre d'examiner le cas de l'ordiphone, dont l'un des pères est le français Jean-Marie Hullot. Depuis sa première mise en service, au début des années 2000, jusqu'à nos jours, des usages nouveaux ont vu le jour, sous l'effet du développement du web et des réseaux sociaux, lesquels favorisent des mésusages non prévus et réprimés par la loi. Ainsi s'engage une course de rattrapage du droit, le législateur intervenant *a posteriori* pour combler une brèche. Dans ce contexte, le rapprochement du droit et de la technologie est une nécessité qui appelle une convergence entre les « sciences dures » et les sciences humaines et sociales. La sécurité des systèmes, dès leur conception, est notamment illustrée par les exigences du règlement général (UE) 2016/679 du 27 avril 2016 relatif à la protection des données à caractère personnel (RGPD). Mais cette conjugaison *ab initio* est sans doute appelée à être généralisée alors que l'écosystème numérique devient systémique.

5. La complexité du substrat numérique actuel et en devenir rend plus nécessaire encore la rédaction d'un code de la cybersécurité. En rassemblant ce qui est épars, en mettant en relation des domaines qui semblent parfois distincts ou éloignés, il permet de mieux comprendre ce que recouvre le vocable « cybersécurité » en explorant la trilogie qui le fonde.

II. TRILOGIE DE LA CYBERSÉCURITÉ

6. La sémantique commande l'action. Pour tous, mais pour le juriste en particulier, le sens des mots est primordial, sauf à commettre des erreurs d'interprétation ou à décrire avec un même mot des situations différentes. Le vocable « cybersécurité » est souvent mal employé, par exemple en limitant son champ à la sécurité intérieure. « Cyberdéfense » est souvent restreint au domaine militaire. Parfois, certains évoquent la « cybersécurité et la cyberdéfense », accolant le tout et une de ses parties.

7. « Au commencement [est] le verbe ! » (Prologue de l'Évangile selon saint Jean). Autant ne pas se tromper sur la signification des termes. Une définition de la cybersécurité est contenue dans la recommandation UIT-T X.1205, approuvée le 18 avril 2008, de l'Union internationale des télécommunications, agence de l'ONU : « ensemble des outils, politiques, concepts de sécurité, mécanismes de sécurité, lignes directrices, méthodes de gestion des risques, actions, formations, bonnes pratiques, garanties et technologies qui peuvent être utilisés pour protéger le cyberenvironnement et les actifs des organisations et des utilisateurs. Les actifs des organisations et des utilisateurs comprennent les dispositifs informatiques connectés, le personnel, l'infrastructure, les applications, les services, les systèmes de télécommunication, et la totalité des informations transmises et/ou stockées dans le cyberenvironnement. La cybersécurité cherche à garantir que les propriétés de sécurité des actifs des organisations et des utilisateurs sont assurées et maintenues par rapport aux risques affectant la sécurité dans le cyberenvironnement. Les objectifs généraux en matière de sécurité sont les suivants :

« – Disponibilité

« – Intégrité, qui peut englober l'authenticité et la non-répudiation

« – Confidentialité ».

8. Plus restrictive et plus laconique est la définition figurant à l'article 2, 1) du règlement (UE) 2019/881 du 17 avril 2019, dit « Cybersecurity Act », qui rassemble dans le vocable cybersécurité : « les actions nécessaires pour protéger les réseaux et les systèmes d'information, les utilisateurs de ces systèmes et les autres personnes exposées aux cybermenaces ». Dans le même article, en son point 8), une cybermenace est définie comme « toute circonstance, tout événement ou toute action potentiels susceptibles de nuire ou de porter autrement atteinte aux réseaux et systèmes d'information, aux utilisateurs de tels systèmes et à d'autres personnes, ou encore de provoquer des interruptions de ces réseaux et systèmes ».

9. Dans le glossaire de l'Agence nationale de la sécurité des systèmes d'information (ANSSI), la cybersécurité est un « état recherché pour un système d'information lui permettant de résister à des événements issus du cyberespace susceptibles de compromettre la disponibilité, l'intégrité ou la confidentialité des données stockées, traitées ou transmises et des services connexes que ces systèmes offrent ou qu'ils rendent accessibles. La cybersécurité fait appel à des techniques de sécurité des systèmes d'information et s'appuie sur la lutte contre la cybercriminalité et sur la mise en place d'une cyberdéfense » (https://www.ssi.gouv.fr/entreprise/glossaire/, consulté le 27 mars 2022). La cybersécurité est donc un résultat qui se mesure après une conjugaison d'actions.

10. La définition de l'ANSSI nous paraît la plus simple pour caractériser la cybersécurité. Elle pourrait être illustrée par un temple avec trois piliers. Le frontispice porterait l'inscription « cybersécurité ». Les piliers auraient respectivement pour appellation « sécurité des systèmes d'information », « lutte contre la cybercriminalité » et « cyberdéfense ». Plus les piliers sont larges et hauts, plus le niveau de la cybersécurité augmente. Si l'un de ces piliers fait défaut, l'ensemble est fragile et instable. En apparence, parce qu'ils sont parallèles, ces piliers devraient être indépendants. En vérité, il n'en est rien, car ils ont un socle commun : le substrat numérique qui est le siège de la matière première essentielle, les données, qui favorise le partage de l'information, le renseignement d'intérêt cyber et le renseignement d'origine cyber et qui fait appel à des techniques forensiques souvent similaires, notamment à la recherche de la preuve numérique. La sécurité des systèmes d'information (SSI) contribue à la prévention de la cybercriminalité ; elle pénètre dans le champ de la cyberdéfense par le biais des opérateurs d'importance vitale et des opérateurs télécom.

11. Ces trois piliers expliquent l'organisation de ce code en trois livres, répondant à une nécessité pédagogique qui ne saurait masquer une réalité plus enchevêtrée. ❑

LIVRE PREMIER
LA SÉCURITÉ DES SYSTÈMES D'INFORMATION

RÉP. IP/IT v° *Cybersécurité,* par Eynard.

RÉP. PÉN. v° *Cybercriminalité,* par Chopin.

BIBL. GÉN. ▶ **Ouvrages** : Anderson, Security engineering, Wiley, 3e éd., 2021. – Bellanger, La souveraineté numérique, *Stock, 2014.* – Boyer, Cyberstratégie, l'art de la guerre numérique, *Nuvis, 2012* ; Cybertactique : conduire la guerre numérique, *Nuvis, 2014.* – Ghernaouti, Cybersécurité – Analyser les risques, mettre en œuvre les solutions, *Dunod, 6e éd., 2019.* – Huyghe, Kempf et Mazzucchi, Gagner les cyberconflits, *Économica, 2015.*

▶ **Articles** : Caprioli, *CCE 2019, n° 6* (identification par l'ANSSI de 122 opérateurs de services essentiels (OSE)) ; *ibid. 2018, n° 50* (transposition de la directive sur la sécurité des réseaux et des systèmes d'information) ; *ibid. 2019, n° 37,* (vers un marché unique des acteurs de la cybersécurité). – Galatry-Rolin, *J.-Cl. Communication, 28 févr. 2018, Fasc. 1000* (l'Agence nationale de la sécurité des systèmes d'information (ANSSI)). – Griguer et Franco, *Cah. dr. entr. 2019* (la CNIL durcit le ton en matière de sécurité. Étude comparative des sanctions prononcées à l'encontre des sociétés Uber et Bouygues Telecom). – Poupart, *Dalloz IP/IT 2018. 159* (le droit au service de la cybersécurité).

▶ **Guides** : ANSSI, Guide d'hygiène informatique – renforcer la sécurité de son système d'information en 42 mesures, *2017.* – ANSSI et AMRAE, Maitrise du risque numérique – L'atout confiance, *2019.*

COMMENTAIRE

1. Transposant dans le droit interne la directive « SRI » (Sécurité des réseaux et de l'information), également dite directive « NIS » (*Network and Information System Security* ; Dir. (UE) 2016/1148 du 6 juill. 2016), l'article 1er de la loi n° 2018-133 du 26 février 2018 englobe dans la notion de réseau et système d'information :

« 1° Tout réseau de communications électroniques tel que défini au 2° de l'article L. 32 du code des postes et des communications électroniques ;

« 2° Tout dispositif ou tout ensemble de dispositifs interconnectés ou apparentés dont un ou plusieurs éléments assurent, en exécution d'un programme, un traitement automatisé de données numériques ;

« 3° Les données numériques stockées, traitées, récupérées ou transmises par les éléments mentionnés aux 1° et 2° du présent article en vue de leur fonctionnement, utilisation, protection et maintenance ».

Il ajoute que « la sécurité des réseaux et systèmes d'information consiste en leur capacité de résister, à un niveau de confiance donné, à des actions qui compromettent la disponibilité, l'authenticité, l'intégrité ou la confidentialité de données stockées, transmises ou faisant l'objet d'un traitement, et des services connexes que ces réseaux et systèmes d'information offrent ou rendent accessibles ».

2. La sécurité des systèmes d'information (SSI) ne doit pas être réduite à la seule sécurité informatique qui porte sur la composante technique du système et s'appuie sur un ensemble de règles, de procédures, et de moyens. La donnée est au cœur de la SSI, notamment lorsqu'elle est sensible. La sécurité routière ne se limite pas aux axes, carrefours et dépendances du domaine routier ; elle concerne aussi les véhicules, les conducteurs, les passagers, leur comportement, leur capacité à détecter les incidents, à y remédier pour poursuivre leur chemin ou, s'il le faut, à limiter les conséquences de l'accident. Cette image peut être transposée à la SSI qui s'intéresse également aux composantes humaines, organisationnelles et à la conformité. Elle repose sur une « hygiène informatique » partagée sur des comportements individuels ou collectifs qui permettent d'éviter la plupart des incidents ou accidents informatiques, d'en réduire les effets, mais aussi de contrer nombre de cyberattaques.

3. La sécurité des systèmes d'information concerne l'ensemble des acteurs publics et privés (administrations, entreprises, collectivités territoriales, etc.), qui l'appliquent par des mesures d'ordre interne. Plus tournée vers la prévention et la protection, elle relève de la responsabilité de chacun d'eux. Dans une entreprise disposant d'une informatique de gestion et/ou de production qui a une taille lui offrant des capacités suffisantes, un responsable de la sécurité des systèmes d'information (RSSI) met en œuvre une politique de sécurité des systèmes d'information (PSSI) en fixant des objectifs servis par des moyens (souvent insuffisants). Beaucoup de PME, TPE ou ETI en sont dépourvus, ce qui les rend plus vulnérables aux cyberattaques. Pour ne pas être juge et partie, le RSSI devrait être extérieur à la Direction des Systèmes d'Information (DSI), avec lequel il doit constituer un tandem, et être rattaché à la direction générale. Aujourd'hui, la fonction évolue, avec une convergence sûreté-cybersécurité qui se manifeste, en même temps que la cybersécurité est hissée au niveau stratégique et devient une préoccupation du comité exécutif (COMEX). Au sein des ministères, les hauts fonctionnaires de défense et de sécurité (HFDS) et les fonctionnaires de SSI (FSSI) exercent cette mission à l'égard de l'ensemble de la chaîne organique. Les collectivités territoriales, quant à elles, et leurs établissements publics développent de plus en plus la fonction SSI, car, ni les unes, ni les autres ne sont épargnés, comme en témoigne le nombre croissant de communes et d'hôpitaux visés depuis la crise du covid-19.

I. LA DYNAMIQUE DE LA SSI

4. La sécurité des systèmes d'information se situe en amont de toute autre action. C'est à cet échelon que doit s'opérer la détection des attaques et l'application de mesures d'urgence pour empêcher leur développement et gérer la crise le jour où elle éclate.

5. L'actualité montre que les cibles les plus souvent visées ont de faibles défenses face au risque cyber. Les maillons faibles sont utilisés pour des attaques « en rebond » en exploitant les faiblesses des sous-traitants. La SSI doit donc être systémique, compte tenu de l'hyperconnexion. La cybersécurité d'un système dépend de celle des systèmes avec lesquels il est connecté. La SSI s'inscrit dans la profondeur par l'anticipation. Si la citadelle doit être protégée, le « plat pays », les approches, doivent être sous contrôle, avec des sentinelles aux aguets. Les systèmes informatiques ne sont plus localisés à l'intérieur de son enceinte, mais en dehors d'elle, comme en témoigne notamment le développement de l'informatique en nuage (*cloud computing*), de « l'Internet des Objets » (IoT), ou encore de la dépendance à l'égard de la chaîne d'approvisionnement (*supply chain*).

II. L'ANTICIPATION AU CŒUR DE LA SSI

6. Le renseignement sur les menaces cyber (*cyber threat intelligence*, ou TI) favorise une cyber vigilance en exploitant le renseignement d'intérêt cyber, en développant, notamment grâce à l'intelligence artificielle, la détection en amont des cyberattaques. Selon l'analyste Rob McMillan, le renseignement sur les menaces cyber exploite les « connaissances fondées sur des données probantes, parmi lesquelles le contexte, les mécanismes, les indicateurs, les répercussions et les conseils pratiques se rapportant à un danger existant ou émergeant pour les TI [*Threat Intelligence*] ou les ressources informationnelles » (blogs.gartner.com, *Definition : Threat Intelligence*, 16 mai 2013, ID : G00249251). Il ajoute que le renseignement sur les menaces cyber peut être utilisé « pour éclairer les décisions à prendre concernant le sujet confronté à cette menace ou à ce danger » (*ibid.*). Ainsi se manifeste un changement de paradigme avec le passage d'une « sécurité réactive » à une « sécurité proactive » qui s'adapte à l'évolution des menaces et aux logiciels malveillants (*malware*) inconnus.

7. L'intelligence artificielle (IA) est un des outils mis en œuvre dans un logiciel EDR (*Endpoint Detection and Response*). L'EDR a été définie en 2013 par Anton Chuvakin comme une technologie de détection des menaces sur les ordinateurs, les serveurs, les objets connectés (blogs.gartner.com, *Named : Endpoint Threat Detection & Response*, 26 juill. 2013). Plus performant qu'un antivirus, l'EDR s'appuie sur des algorithmes d'intelligence artificielle lui donnant la faculté d'être auto-apprenant et donc d'évoluer. Cette IA permet le développement de la « cybersécurité cognitive », c'est-à-dire la prise en compte par agrégation et traitement de données non structurées (écrits, images, sons, véhiculés sur le web, notamment sur les réseaux sociaux, etc.) et structurées (*logs* par exemple) afin d'aider les équipes de sécurité dans la prise de décisions en temps réel.

C'est notamment le rôle des centres opérationnels (*Security Operations Center*, SOC), plateformes qui assurent la supervision de la sécurité des systèmes d'information, collectent les informations et gèrent les événements par l'intermédiaire d'un SIEM (*Security Information Event Management*). Cette supervision collecte en continu des données, grâce aux capteurs implantés sur les réseaux. Elle permet leur traitement et leur analyse, leur visualisation, la représentation des informations, l'exploration et la navigation dans les différentes composantes du réseau, l'automatisation de procédures, qui peuvent être appliquées de manière automatique. L'IA, mise en œuvre pour détecter les anomalies, apparaît comme un moyen de pallier le risque de pénurie de compétence en cybersécurité. En effet, elle permet de décharger les équipes de sécurité de l'analyse manuelle fastidieuse des données telles que les journaux d'activités (*logs*). Ces équipes pourront alors se concentrer sur les événements essentiels de sécurité. Mais il faut noter que l'intervention humaine demeure essentielle, car elle se montre souvent plus efficace que l'IA. Par ailleurs, l'adversaire peut aussi avoir recours à l'IA pour déjouer la défense du système. L'intelligence humaine ne peut donc être supplantée par l'intelligence artificielle.

8. La SSI doit développer une posture de cyber-résilience charpentée par les plans de continuité d'activité (PCA) et les plans de reprise d'activité (PRA). Les centres opérationnels (*Security Operations Center*) avec leur prolongement en charge de la réponse à la crise (*Computer Security Incident Response Team*, CSIRT), contribuent à cette posture selon un mode opérationnel. Plus les standards sont élevés, moins les risques sont élevés. Il n'existe pas de réglementation qui impose une organisation particulière de l'entreprise en période de crise, à l'instar de ce que prévoit le plan Orsec (V. CSI, art. L. 741-1 à L. 741-5). Tout dépend de l'entreprise, de son activité. L'ANSSI propose des guides, dont il convient de s'inspirer (V. not. Crise d'origine cyber : les clés d'une gestion opérationnelle et stratégique, 6 déc. 2021). Une crise peut cependant avoir des conséquences juridiquement sanctionnées, notamment lorsqu'elle affecte un opérateur d'importance vitale (OIV) ou s'accompagne de violations de données à caractère personnel. Une crise mal gérée peut avoir des conséquences en matière de responsabilité civile ou pénale des personnes physiques ou morales. La peur de telles conséquences peut être le début de la sagesse.

III. LA CONFIANCE, MAÎTRE-MOT DE LA SSI

9. La confiance est sans aucun doute un maître-mot pour la sécurité des systèmes d'information. Elle s'applique aux équipements, aux logiciels, aux protocoles que l'on utilise souvent mécaniquement sans s'interroger sur leur fiabilité. Elle porte aussi sur les transactions, garanties par des certifications qui préservent l'identité numérique. En outre, le chiffrement qui protège la confidentialité des données en est un instrument essentiel.

10. La loi n° 2019-810 du 1er août 2019 visant à préserver les intérêts de la défense et de la sécurité nationale de la France dans le cadre de l'exploitation des réseaux radioélectriques mobiles, témoigne du doute qui peut exister quant aux dispositifs matériels ou logiciels, permettant de connecter les terminaux des utilisateurs finals au réseau radioélectrique mobile. Ce doute qui plane sur les réseaux les plus sensibles peut aussi affecter le regard porté sur les équipements connectés qui façonnent les usages numériques de la vie quotidienne. La confiance est aussi à l'épreuve s'agissant des logiciels. Plus des trois quarts des applications logicielles comportent des failles (OCDE, Enhancing the digital security of products : a policy discussion, Digital Economy Papers 2021, n° 306), souvent d'un niveau élevé de gravité. Il est indispensable de garantir la sécurité des produits et des services numériques, dès la conception (*by design*) et par défaut (*by default*), sans que l'utilisateur n'ait à choisir d'option. En juin 2021, le Parlement européen a proposé à la Commission d'évaluer la nécessité d'une proposition de règlement horizontal qui introduise, d'ici à 2023, des exigences en matière de cybersécurité pour les applications, les logiciels, les logiciels intégrés et les systèmes d'exploitation, en s'appuyant sur l'acquis de l'Union dans le domaine des exigences en matière de gestion des risques (Résolution sur la stratégie de cybersécurité de l'Union pour la décennie numérique, 10 juin 2021, 2021/2568(RSP)). La même résolution demande que les fabricants soient associés au programme coordonné de divulgation des vulnérabilités (CVD) tel qu'il est défini dans la proposition de directive « NIS 2 » (*Network and Information Security* ; Comm. europ., 16 déc. 2020, COM(2020) 823 final). Une des meilleures manières d'avoir confiance est de ne pas faire confiance. Telle est la philosophie de la « confiance zéro » (*zero trust*), système de sécurité fondé sur le principe selon lequel personne ne peut accéder au réseau tant que son accès n'a pas été validé. Le *zero trust* a été créé pour faire face à l'augmentation exponentielle du nombre de travailleurs mobiles et distants, au recours à l'utilisation de moyens mobiles personnels (en anglais : BYOD, *Bring Your Own Device* ; en français : AVEC, apportez votre équipement de communication) et à la croissance rapide des services dits « en nuage » (*cloud*).

11. L'expérience de la compromission par une « porte dérobée » (*backdoor*) d'une mise à jour du logiciel Orion de Solarwinds, révèle comment plus de 18 000 clients ont pu être visés par le biais d'un logiciel qu'ils croyaient exempt de toute faille. Parce qu'elle est une des conditions de la sécurité des systèmes d'informations, la confiance repose sur des certifications, des labellisations. S'agissant de la SSI, on fait bien sûr référence à la norme ISO/CEI 27001, à la certification reposant sur une analyse de conformité délivrée par le Centre de Certification National de l'ANSSI, selon les modalités définies par le décret n° 2002-535 du 18 avril 2002 relatif à l'évaluation et à la certification de la sécurité offerte par les produits et les systèmes des technologies de l'information. Le règlement (UE) 2019/881 du 17 avril 2019 relatif à la cybersécurité (dit *Cybersecurity Act*) crée, sous l'égide de l'Agence européenne chargée de la sécurité des réseaux et de l'information (*European Union Agency for Cybersecurity*, ENISA), des standards de certification européens qui attestent que les produits, services et processus de Technologies d'Information et de Communication (TIC) ont été évalués conformément à des schémas (V. not. schéma de certification EUCC, *EU Common Criteria* ; schéma EUCS pour les fournisseurs de services *cloud* ; schéma EU5G pour la 5G). Les standards satisfont à des exigences de sécurité définies dans le but de protéger la disponibilité, l'authenticité, l'intégrité ou la confidentialité des données stockées, transmises ou traitées ou des fonctions ou services qui sont offerts par ces produits, services et processus ou accessibles par leur intermédiaire tout au long de leur cycle de vie (Règl. (UE) 2019/881, art. 46). L'article 52 du *Cybersecurity Act* dispose qu'un schéma européen de certification de cybersécurité peut préciser un ou plusieurs des niveaux d'assurance pour les produits, services et processus TIC : « élémentaire », « substantiel » ou « élevé ». Le niveau d'assurance correspond au niveau de risque associé à l'utilisation prévue en termes de probabilités et de répercussions d'un incident. L'ANSSI est l'autorité nationale de certification de sécurité. Selon le principe de la reconnaissance mutuelle, toute certification délivrée par une autorité nationale produit ses effets sur l'ensemble des États membres.

12. La confiance repose également dans la sécurité des transactions. Tel est l'objectif, au sein du Marché unique, du règlement (UE) n° 910/2014 du 23 juillet 2014 sur l'identification électronique et les services de confiance pour les transactions électroniques au sein du marché intérieur, dit « eIDAS », qui s'applique à l'identification électronique, aux services de confiance et aux documents électroniques. Le règlement fixe des exigences pour les services de confiance relatifs à la signature électronique, au cachet électronique, à l'horodatage électronique, à l'envoi recommandé électronique et à l'authentification de sites internet. Il offre un socle commun pour les interactions électroniques sécurisées entre les citoyens, les entreprises et les autorités publiques. La signature électronique garantit une identité numérique sécurisée, notamment grâce à un certificat électronique qui protège contre toute tentative d'usurpation d'identité et garantit l'intégrité des documents échangés. En effet, le certificat électronique, « carte d'identité numérique », identifie une personne physique ou morale et chiffre les échanges.

13. S'agissant des échanges électroniques entre les usagers et les autorités administratives, le référentiel général de sécurité (RGS) (V. Décr. n° 2010-112 du 2 févr. 2010 pris pour l'application des art. 9, 10 et 12 de l'Ord. n° 2005-1516 du 8 déc. 2005 relative aux échanges électroniques entre les usagers et les autorités administratives) impose aux autorités administratives de garantir un niveau de sécurité de leurs systèmes d'information adapté aux enjeux et risques liés à la cybersécurité.

14. Déjà actif dans les transactions concernées par le règlement « eIDAS », le chiffrement est un des vecteurs de la confiance et contribue à la sécurité des échanges *via* les d'informations. Le décret n° 99-199 du 17 mars 1999, abrogé et remplacé par le décret n° 2007-663 du 2 mai 2007, a libéralisé la réglementation en relevant le seuil d'utilisation libre de la cryptologie. Indispensable au développement du commerce en ligne, le chiffrement est un outil à double tranchant. Il offre des garanties de confidentialité des contenus, en même temps qu'il peut être un obstacle aux investigations judiciaires, notamment lorsqu'il est utilisé « de bout en bout » à l'occasion de communications entre mobiles

(V. *infra* Livre II, Introduction, portant sur la lutte contre la cybercriminalité). Ce chiffrement est particulièrement garant de la protection des données.

IV. LES DONNÉES AU CŒUR DE LA SSI

15. Comme le précise la directive « NIS » (UE) 2016/1148 du 6 juillet 2016, les données numériques stockées, traitées, récupérées ou transmises en vue de leur fonctionnement, utilisation, protection et maintenance, entrent dans le champ de la protection des réseaux. Ces données sont de valeur inégale. Certaines sont protégées par le secret : le secret de la défense nationale (C. pén., art. 413-9), le secret professionnel (C. pén., art. 226-13 et 226-14), le secret des affaires (V. comm. de C. Thiérache ss. C. com., art. L. 151-1 ; L. n° 2018-670 du 30 juill. 2018, transposant la Dir. (UE) 2016/943 du 8 juin 2016). Les données à caractère personnel, celles qui permettent directement ou indirectement d'identifier une personne, sont régies par la loi n° 78-17 du 6 janvier 1978 « Informatique et Libertés » (LIL), qui intègre les dispositions du règlement général sur la protection des données. Comme le soulignait Isabelle Falque-Pierottin, ancienne présidente de la Commission Nationale Informatique et Libertés (CNIL), « les données personnelles sont sorties du seul champ de la protection pour devenir un véritable enjeu de pouvoir, d'influence, voire de manipulation, au cœur même de nos systèmes démocratiques. Le déploiement de l'IA dans de nombreux pays pousse à l'extrême des questionnements sur l'autonomie des personnes ou sur la souveraineté nationale, enjeux qui prennent une importance stratégique nouvelle, au plan national et international » (*International Conference of Data Protection & Privacy Commissioners, 25 oct. 2018*).

16. Parce qu'elle porte aussi sur les données, la SSI ne protège pas seulement le contenant mais concerne aussi le contenu. Le « I » de l'acronyme ne signifie par« informatique » mais « information ». Le considérant 83 du RGPD résume les exigences de sécurité : « il importe que le responsable du traitement ou le sous-traitant évalue les risques inhérents au traitement et mette en œuvre des mesures pour les atténuer, telles que le chiffrement. Ces mesures devraient assurer un niveau de sécurité approprié, y compris la confidentialité, compte tenu de l'état des connaissances et des coûts de mise en œuvre par rapport aux risques et à la nature des données à caractère personnel à protéger. Dans le cadre de l'évaluation des risques pour la sécurité des données, il convient de prendre en compte les risques que présente le traitement de données à caractère personnel, tels que la destruction, la perte ou l'altération, la divulgation non autorisée de données à caractère personnel transmises, conservées ou traitées d'une autre manière ou l'accès non autorisé à de telles données, de manière accidentelle ou illicite, qui sont susceptibles d'entraîner des dommages physiques, matériels ou un préjudice moral ».

La sécurité du traitement des données, à caractère personnel ou non, entre dans le domaine de la SSI (ces responsabilités peuvent être partagées avec le délégué à la protection des données [DPO, *Data Protection Officer*]). La fuite de données est un des risques majeurs, lorsqu'elle est l'objet de cyberattaques ou occasionnée par des fautes non intentionnelles.

17. Le stockage des données fait l'objet d'un recours généralisé à l'informatique dans les nuages. La SSI sort donc des limites physiques de l'entreprise, de l'organisation. Se pose alors la question de la sécurité des données, de leur portabilité, du lieu de leur stockage et donc du droit qui s'applique à elles. Deux questions sont soulevées : celle de l'extraterritorialité des lois et celle de l'exportation des données à caractère personnel hors d'Europe. L'extraterritorialité des lois est notamment illustrée par le *Cloud Act*, qui permet aux autorités américaines d'accéder, en dehors du cadre des traités d'assistance mutuelle, aux données où qu'elles soient stockées, dès lors que le prestataire est une entreprise américaine, implantée ou non sur le sol des États-Unis. Les choix de localisation et la nationalité de l'entreprise prestataire sont donc cruciaux. L'exportation de données à caractère personnel hors des frontières de l'Union européenne est conditionnée par la reconnaissance d'adéquation qui garantit un niveau de protection équivalent. Le RGPD est strict en la matière. A deux reprises, la Cour de justice de l'Union européenne a constaté l'illégalité des transferts vers les États-Unis dans le cadre du *safe harbor* puis du *Privacy Shield*, ce qui impacte directement des services comme ceux offerts par Facebook ou Google Analytics (CJUE 6 oct. 2015, n° C-362/14 ; 16 juill. 2020, n° C-311/18). Le droit encadre donc la SSI qui est le fruit d'une convergence entre les sciences dites « dures » et les sciences humaines et sociales.

Quant aux premières infractions qui relèvent de la cybercriminalité, elles ont été introduites dans le code pénal français dès la LIL, à propos du traitement des données à caractère personnel. ❑

I RÈGLES INTERNES

A Droit préventif et répressif

Code des assurances

TROISIÈME PARTIE RÉGLEMENTAIRE : *ARRÊTÉS*

LIVRE III LES ENTREPRISES

TITRE IV DISPOSITIONS COMPTABLES ET STATISTIQUES

CHAPITRE IV *CATÉGORIES D'ASSURANCE[S] ET ÉTATS À PRODUIRE*

SECTION 2 *Définition des catégories et sous-catégories*

Art. A. 344-2 *(Arr. du 10 juin 2005)* **Les opérations effectuées par les entreprises soumises au contrôle de l'État en vertu de l'article L. 310-1 ou** *(Arr. du 7 nov. 2008)* **« du 1° du III de l'article L. 310-1-1 »** *(Arr. du 14 août 2017, art. 3-II-1°)* **« et par les fonds de retraite professionnelle supplémentaire mentionnés à l'article L. 381-1 » sont réparties entre les catégories d'opérations suivantes :** *[...]*

(Arr. du 13 déc. 2022, art. 1er) **« 32 Dommages aux biens consécutifs aux atteintes aux systèmes d'information et de communication ;**

« 33 Pertes pécuniaires consécutives aux atteintes aux systèmes d'information et de communication ; »

[...]

Les dispositions issues de l'Arr. du 13 déc. 2022 s'appliquent aux comptes afférents aux exercices ouverts à compter du 1er janv. 2023 (Arr. préc., art. 2).

Code de commerce

PREMIÈRE PARTIE : *LÉGISLATIVE*

LIVRE I DU COMMERCE EN GÉNÉRAL

TITRE V DE LA PROTECTION DU SECRET DES AFFAIRES

(L. n° 2018-670 du 30 juill. 2018, art. 1er)

CHAPITRE I *DE L'OBJET ET DES CONDITIONS DE LA PROTECTION*

SECTION 1 *De l'information protégée*

Art. L. 151-1 **Est protégée au titre du secret des affaires toute information répondant aux critères suivants :**

1° Elle n'est pas, en elle-même ou dans la configuration et l'assemblage exacts de ses éléments, généralement connue ou aisément accessible pour les personnes familières de ce type d'informations en raison de leur secteur d'activité ;

2° Elle revêt une valeur commerciale, effective ou potentielle, du fait de son caractère secret ;

3° Elle fait l'objet de la part de son détenteur légitime de mesures de protection raisonnables, compte tenu des circonstances, pour en conserver le caractère secret.

BIBL. ▶ DE MAISON ROUGE, *I2D, Informations, données & documents, 2017, n° 2, p. 35* (secret des affaires, données personnelles et cybersécurité) ; *Dalloz IP/IT 2017. 273* (décryptage sur la protection juridique des informations sensibles. Du régime des données personnelles à la confidentialité des informations économiques non divulguées). – DE MAISON ROUGE, DE ROBERT HAUTEQUERE, MATHON et QUÉMÉNER, *Cah. dr. entr. 2018, n° 6, entretien 6* (le secret des affaires au grand jour. Enjeux et applications de la protection des informations économiques). – DE MAISON ROUGE, *Dalloz IP/IT 2018. 659* (le secret des affaires : la reconnaissance juridique d'un droit de l'information protégée). – GALLOUX, *ibid. 2018. 666* (secret des affaires et propriété intellectuelle). – RASCHEL, *ibid. 675* (réflexions sur la pénalisation de la violation du secret des affaires). – DE ROBERT HAUTEQUERE, *ibid. 677* (le secret des affaires, créateur de valeur). – DE MAISON ROUGE, *Dalloz IP/IT 2019. 114* (le volet réglementaire du secret des affaires) ; *Village de la Justice, 13 oct. 2020* (petit guide juridique de protection du secret des affaires). – *Blog NetExplorer, 6 nov. 2020* (quelles sont les données informatiques sensibles pour une entreprise ?).

COMMENTAIRE

LE SECRET DES AFFAIRES POUR PROTÉGER LES DONNÉES SENSIBLES DE L'ENTREPRISE

Le secret des affaires. Par la loi n° 2018-670 du 30 juillet 2018, le législateur français a transposé la directive (UE) 2016/943 du 8 juin 2016 sur la protection des savoir-faire et des informations commerciales non divulgués (secrets d'affaires) contre l'obtention, l'utilisation et la divulgation illicites. Le secret des affaires, intégré dans le droit français, faisait précédemment l'objet de notions éparses : « secret de fabrication », « secret industriel et commercial », etc. La numérisation a contribué à la nécessité d'établir un socle législatif dédié au secret des affaires, par le développement de la cybercriminalité et l'augmentation des possibilités de captations des informations. Le silence législatif méconnaissait la valeur des informations protégées par le secret des affaires, en créant un défaut de protection de ces dernières.

Définition de l'information protégée. Cette définition vaut pour tous les secrets industriels et commerciaux, et plus largement pour tous les secrets de nature économique.

Fortement inspiré des dispositions de l'article 39.2 de l'Accord sur les aspects des droits de propriété intellectuelle liés au commerce (ADPIC), le secret des affaires constitue un actif immatériel de l'entreprise, au même titre que les droits d'auteur, marques, dessins et modèles, brevets d'invention, logiciels ou bases de données. Il s'agit donc d'un complément offrant à l'entreprise la possibilité de s'approprier les résultats d'une innovation ou de connaissances ayant une certaine valeur économique, et d' exploiter ces connaissances pour renforcer la compétitivité de l'entreprise. Néanmoins, faute de détenir un titre privatif établi par des offices (marques, dessins et modèles, brevets) ou de répondre à des situations de fait accordant un droit dès la création (droit d'auteur, bases de données), il appartient au titulaire de l'information stratégique d'empêcher les tiers d'y accéder pour que l'information soit protégée par le secret des affaires. Il convient toutefois de rappeler que, même en l'absence de contrefaçon d'un droit de propriété intellectuelle ou de violation d'un secret des affaires, une action en concurrence déloyale ou parasitisme sur le fondement des articles 1240 et 1241 du code civil sera toujours ouverte en cas de pratique commerciale abusive d'un tiers. Cela suppose que la victime apporte la preuve d'une faute, d'un préjudice et d'un lien de causalité entre la faute et le dommage qui en résulte.

Conditions de la protection du secret des affaires. La première condition concerne le détenteur légitime du secret des affaires, à savoir celui qui en a le contrôle de façon licite (C. com., art. L. 151-2). A ce titre, constituent des moyens d'obtention licite d'un secret des affaires :

« 1° une découverte ou une création indépendante ;

« 2° l'observation, l'étude, le démontage ou le test d'un produit ou d'un objet qui a été mis à la disposition du public ou qui est de façon licite en possession de la personne qui obtient l'information, sauf stipulation contractuelle interdisant ou limitant l'obtention du secret » (C. com., art. L. 151-3).

La loi précise également dans quelles circonstances l'obtention, l'utilisation et la divulgation du secret des affaires sont illicites et sont susceptibles, en conséquence, d'engager la responsabilité civile de l'auteur de ces atteintes devant les juridictions compétentes. En particulier, une telle obtention est illicite lorsqu'elle intervient sans le consentement de son détenteur légitime et en violation d'une ou de plusieurs des mesures prises pour en conserver le caractère secret (C. com., art. L. 151-4 à L. 151-6).

Parmi les mesures possibles figurent les règles de classification (usage interne, confidentiel, très confidentiel), de formalisation (cahier de laboratoire, compt rendu, marquage), de stockage et d'accès (habilitation, mot de passe), et d'utilisation (accords de confidentialité, comité de pilotage).

Inopposabilité du secret des affaires. Cependant, la loi du 30 juillet 2018 prévoit des exceptions à la protection du secret des affaires, exceptions nécessaires pour garantir le respect de droits fondamentaux tels que le droit à la liberté d'expression et de communication, ou pour protéger les lanceurs d'alerte pour que ces derniers puissent, sans être sanctionnés, « révéler de bonne foi une faute, un acte répréhensible ou une activité illégale dans le but de protéger l'intérêt public général, y compris lors de l'exercice du droit d'alerte » (C. com., art. L. 151-7 à L. 151-9).

L'entreprise devra donc qualifier les données qu'elle estime relever du secret des affaires et les juges feront une appréciation souveraine des mesures de protection raisonnables, ce qui servira à terme de référence. En raison des exceptions au secret des affaires, les entreprises doivent se focaliser sur les données stratégiques ou techniques et les informations confidentielles.

Mesures judiciaires de protection du secret des affaires. La loi du 30 juillet 2018 et le décret n° 2018-1126 du 11 décembre 2018 ont inséré aux articles R. 152-1 et suivants du code de commerce des mesures ayant pour objet la prévention, la cessation ou la réparation d'une atteinte au secret des affaires. Ces mesures peuvent notamment être prescrites sous astreinte, sans préjudice de l'octroi de dommages et intérêts. Les dommages et intérêts sont destinés à réparer le préjudice du titulaire et prennent également en considération les conséquences économiques négatives comme en matière de propriété intellectuelle (C. com., art. L. 151-6). Si l'auteur engage sa responsabilité civile en se rendant coupable de concurrence déloyale ou de parasitisme, cela ne signifie pas que sa responsabilité pénale est exclue ; il a ainsi été jugé que le détournement intentionnel d'une information confidentielle est susceptible d'être constitutif d'un abus de confiance (Crim. 22 sept. 2004 : n° 04-80.285 : *D. 2005. 411, note B. de Lamy* ; *ibid. 961, obs. J. Raynard* ; *AJ pénal 2005. 22, obs. J. Leblois-Happe* ; *RSC 2005. 852, obs. R. Ottenhof* ; *RTD civ. 2005. 164, obs. T. Revet* ; *RTD com. 2005. 179, obs. B. Bouloc*).

Le décret n° 2019-1502 du 30 décembre 2019 a également introduit un référé secret des affaires administratif. Aux termes de l'article R. 557-3 du Code de justice administrative, la juridiction peut prescrire, sur requête ou en référé, toute mesure provisoire et conservatoire proportionnée, y compris sous astreinte, « lorsqu'elle est saisie aux fins de prévenir une atteinte imminente ou faire cesser une atteinte illicite à un secret des affaires ». Cette procédure a vocation à faire cesser une atteinte au secret des affaires résultant de publications faites par l'administration, notamment dans le cadre de sa politique d'open data ou des marchés publics.

Par ailleurs, le secret des affaires ne constitue pas en lui-même un obstacle à l'application des dispositions de l'article 145 du Code de procédure civile, « dès lors que le juge constate que les mesures qu'il ordonne procèdent d'un motif légitime et sont nécessaires à la protection des droits de la partie qui les a sollicitées » (Cass. 2e civ., 7 janv. 1999, n° 95-21.934) : les mesures ordonnées par cet article sont propices à s'appliquer à des données numériques, qui sont davantage susceptibles de disparaître rapidement.

Charge de la preuve. Il appartient à la partie qui entend se prévaloir de la protection au titre du secret des affaires de prouver que les critères constitutifs de la définition du secret d'affaires sont réunis (CA Versailles, 21-06-2022, n° 21/01766 ; CA Versailles, 23-05-2022, n° 20/02617).

Secret des affaires et données sensibles. Selon l'article 9 du règlement général sur la protection des données (UE) 2016/679 du 27 avril 2016 (RGPD), les données sensibles forment une catégorie particulière des données personnelles. Ce sont des informations qui révèlent la prétendue « origine raciale ou ethnique, les opinions politiques, les convictions religieuses ou philosophiques ou l'appartenance syndicale, ainsi que le traitement des données génétiques, des données biométriques aux fins d'identifier une personne physique de manière unique, des données concernant la santé ou des données concernant la vie sexuelle ou l'orientation sexuelle d'une personne physique ». Toutefois, le RGPD ne s'applique qu'aux données à caractère personnel des personnes physiques.

Pour ce qui est d'une personne morale, seront désignées comme « données sensibles » au sens large son patrimoine informationnel, son savoir-faire, ses états financiers ou encore ses décisions stratégiques. Ces données sensibles ont une valeur économique et/ou stratégique telle que la fuite, l'altération, la suppression et/ou l'utilisation frauduleuse par un tiers leur seraient préjudiciables. Il existe cinq grandes catégories de données sensibles pour une entreprise :

– les données concernant les personnes (collaborateurs, partenaires, fournisseurs, clients, prospects, etc.) ;

– les données concernant les métiers (savoir-faire, secret de fabrication, documents de propriété intellectuelle, méthodes de conception, plans de production, prototypes, etc.) ;

– les données stratégiques et organisationnelles (*business plan*, documents issus des instances de gouvernance, décisions stratégiques, orientations, projets de recrutement, synthèse R&D, etc.) ;

– les données économiques et financières (trésorerie, montages financiers, rémunérations, politiques tarifaires internes, conditions d'achat, budgets prévisionnels, etc.) ;

– les données légales (RGPD, Bâle II, etc.).

Le secret des affaires peut donc s'avérer particulièrement utile et opportun pour protéger les données sensibles de l'entreprise, d'autant plus que le risque de fraude a grandement augmenté depuis le début de la pandémie de covid-19, rendant les entreprises plus vulnérables aux cyberattaques. En effet, l'utilisation croissante et les rapides progrès des nouvelles technologies de l'information fragilisent le patrimoine informationnel des entreprises malgré l'amélioration des moyens de défense technique.

En conclusion, les mesures techniques permettant de garantir la cybersécurité, la protection des données à caractère personnel et la confidentialité des secrets d'affaires sont désormais des socles cumulatifs, convergents et complémentaires.

L'article 2, paragraphe 13 de la Directive 2022/2555 du 14 décembre 2022 concernant des mesures destinées à assurer un niveau élevé commun de cybersécurité dans l'ensemble de l'Union, modifiant le règlement (UE) n° 910/2014 et la directive (UE) 2018/1972, et abrogeant la directive (UE) 2016/1148 (directive SRI 2) prévoit que les informations considérées comme confidentielles, notamment en application des règles applicables au secret des affaires, ne peuvent faire l'objet d'un échange avec la Commission et d'autres autorités concernées que si cet échange est nécessaire à l'application de la présente directive. L'article poursuit en indiquant que « les informations échangées se limitent au minimum nécessaire et sont proportionnées à l'objectif de cet échange. Cet échange d'informations préserve la confidentialité des informations concernées et protège la sécurité et les intérêts commerciaux des entités concernées ». Cette disposition démontre clairement que même la cybersécurité ne constitue pas un motif valable pour échanger librement les informations protégées par le secret des affaires sans respecter certaines conditions ci-dessus rappelées.

Les techniques de piratage de données, incluant celles protégées par le secret des affaires, évoluent constamment. Face à des attaques par rançongiciel, hameçonnage ou même par usurpation d'identité (voir pour un exemple de rançongiciel : le piratage de données concernant le groupe Altice et son propriétaire Patrick Drahi), il est primordial de comprendre l'articulation entre les différentes procédures ouvertes.

Dans le cadre d'une attaque par rançongiciel, le gouvernement français préconise le dépôt d'une plainte au commissariat de police ou à la brigade de gendarmerie, en parallèle de la résolution technique de l'incident. Il est également possible d'adresser une plainte écrite au procureur de la République du tribunal judiciaire dont la victime dépend. La victime peut également être tenue de notifier la CNIL si l'attaque a pour conséquence une indisponibilité, une modification ou une suppression de données à caractère personnel, et/ou si les données sont divulguées de manière illicite (par exemple, dans le but d'inciter au paiement de la rançon).

Dans le cadre d'une attaque par hameçonnage ou usurpation d'identité, le dépôt d'une plainte pénale est également préconisé. Si la victime constate une utilisation frauduleuse de ses données, une réclamation peut être adressée à la CNIL. En outre, la victime pourra saisir les tribunaux civils, par voie d'action au fond ou en référé, qui statueront sur l'existence et l'évaluation du préjudice pouvant conduire à indemnisation. En effet, la CNIL n'est pas compétente pour accorder une indemnisation liée au préjudice subi par la victime.

Enfin, l'article 3 du chapitre II du Règlement (UE) 2022/868 du 30 mai 2022 portant sur la gouvernance européenne des données et modifiant le Règlement (UE) 2018/1724 (Data Governance Act), qui entre en vigueur le 24 septembre 2023, crée un mécanisme permettant de réutiliser certaines catégories de données protégées détenues par des organismes du secteur public, qui sont notamment protégées pour des motifs de « confidentialité commerciale, y compris le secret d'affaires ». Toutefois, ledit Règlement vise seulement à encadrer les conditions de réutilisation des données protégées par le secret des affaires dans l'hypothèse où un État membre envisagerait d'y procéder, et ne crée pas pour les organismes du secteur public d'obligation d'autoriser la réutilisation des données publiques.

Certaines dispositions du Règlement (UE) 2022/2065 du 19 octobre 2022 relatif à un marché unique des services numériques et modifiant la directive 2000/31/CE (Digital Services Act) soulignent également explicitement la nécessité de protéger le secret des affaires. Par exemple, l'article 73 dudit Règlement prévoit que la Commission adoptera une décision constatant un manquement dès lors que le fournisseur d' « une très grande plateforme en ligne » ou d' « un très grand moteur de recherche en ligne » ne respecte pas certaines dispositions dudit Règlement. A ce titre, l'article 79 du Règlement (UE) 2022/2065 prévoit qu'avant d'adopter une telle décision, « les parties ont le droit d'avoir accès au dossier de la Commission conformément aux modalités d'une divulgation négociée, sous réserve de l'intérêt légitime du fournisseur de la très grande plateforme en ligne ou du très grand moteur de recherche en ligne concerné ou d'une autre personne concernée à ce que leurs secrets d'affaires ne soient pas divulgués ». ❑

SECTION 2 *De la détention légitime et de l'obtention licite d'un secret des affaires*

Art. L. 151-2 **Est détenteur légitime d'un secret des affaires celui qui en a le contrôle de façon licite.**

Art. L. 151-3 **Constituent des modes d'obtention licite d'un secret des affaires :**

1° Une découverte ou une création indépendante ;

2° L'observation, l'étude, le démontage ou le test d'un produit ou d'un objet qui a été mis à la disposition du public ou qui est de façon licite en possession de la personne qui obtient l'information, sauf stipulation contractuelle interdisant ou limitant l'obtention du secret.

SECTION 3 *De l'obtention, de l'utilisation et de la divulgation illicites*

Art. L. 151-4 **L'obtention d'un secret des affaires est illicite lorsqu'elle est réalisée sans le consentement de son détenteur légitime et qu'elle résulte :**

1° D'un accès non autorisé à tout document, objet, matériau, substance ou fichier numérique qui contient le secret ou dont il peut être déduit, ou bien d'une appropriation ou d'une copie non autorisée de ces éléments ;

2° De tout autre comportement considéré, compte tenu des circonstances, comme déloyal et contraire aux usages en matière commerciale.

Art. L. 151-5 **L'utilisation ou la divulgation d'un secret des affaires est illicite lorsqu'elle est réalisée sans le consentement de son détenteur légitime par une personne qui a obtenu le secret dans les conditions mentionnées à l'article L. 151-4 ou qui agit en violation d'une obligation de ne pas divulguer le secret ou de limiter son utilisation.**

La production, l'offre ou la mise sur le marché, de même que l'importation, l'exportation ou le stockage à ces fins de tout produit résultant de manière significative d'une atteinte au secret des affaires sont également considérés comme une utilisation illicite lorsque la personne qui exerce ces activités savait, ou aurait dû savoir au regard des circonstances, que ce secret était utilisé de façon illicite au sens du premier alinéa du présent article.

Art. L. 151-6 L'obtention, l'utilisation ou la divulgation d'un secret des affaires est aussi considérée comme illicite lorsque, au moment de l'obtention, de l'utilisation ou de la divulgation du secret, une personne savait, ou aurait dû savoir au regard des circonstances, que ce secret avait été obtenu, directement ou indirectement, d'une autre personne qui l'utilisait ou le divulguait de façon illicite au sens du premier alinéa de l'article L. 151-5.

SECTION 4 *Des exceptions à la protection du secret des affaires*

Art. L. 151-7 Le secret des affaires n'est pas opposable lorsque l'obtention, l'utilisation ou la divulgation du secret est requise ou autorisée par le droit de l'Union européenne, les traités ou accords internationaux en vigueur ou le droit national, notamment dans l'exercice des pouvoirs d'enquête, de contrôle, d'autorisation ou de sanction des autorités juridictionnelles ou administratives.

Art. L. 151-8 A l'occasion d'une instance relative à une atteinte au secret des affaires, le secret n'est pas opposable lorsque son obtention, son utilisation ou sa divulgation est intervenue :

1° Pour exercer le droit à la liberté d'expression et de communication, y compris le respect de la liberté de la presse, et à la liberté d'information telle que proclamée dans la Charte des droits fondamentaux de l'Union européenne ;

2° Pour révéler, dans le but de protéger l'intérêt général et de bonne foi, une activité illégale, une faute ou un comportement répréhensible, y compris lors de l'exercice du droit d'alerte défini à l'article 6 de la loi n° 2016-1691 du 9 décembre 2016 relative à la transparence, à la lutte contre la corruption et à la modernisation de la vie économique *(L. n° 2022-401 du 21 mars 2022, art. 14, en vigueur le 1er sept. 2022)* « dans les conditions définies aux articles 6 et 8 de la même loi » ;

3° Pour la protection d'un intérêt légitime reconnu par le droit de l'Union européenne ou le droit national.

COMMENTAIRE

Le Conseil d'État a rappelé qu'il résulte clairement de la directive (UE) 2016/943 du 8 juin 2016 sur la protection des savoir-faire et des informations commerciales non divulgués (secrets d'affaires) contre l'obtention, l'utilisation et la divulgation illicites, transposée par la loi n° 2018-670 du 30 juillet 2018 relative à la protection du secret des affaires, qu'elle ne comporte pas de règle en matière d'accès aux documents administratifs, qui peuvent donc faire l'objet d'une communication, qu'ils soient enregistrés sur un support physique ou numérique. En effet, seule la nature des documents importe, à savoir leur caractère administratif, le support sur lequel ils sont enregistrés étant indifférent. ❑

Accès aux documents administratifs. Il résulte clairement de la Dir. (UE) 2016/943 du 8 juin 2016 qu'elle ne comporte pas de règle en matière d'accès aux documents administratifs. Si les dispositions de son art. 5 interdisent aux États membres d'engager la responsabilité des journalistes lorsqu'ils portent atteinte au secret des affaires, elles n'ont ni pour objet ni pour effet de faire de ceux-ci des détenteurs légitimes, au sens et pour l'application de cette directive, d'informations portant atteinte à un tel secret. Par suite, le tribunal administratif n'a pas commis d'erreur de droit en jugeant que les requérantes ne pouvaient utilement se prévaloir de la Dir. du 8 juin 2016, au demeurant transposée par la L. du 30 juill. 2018 relative à la protection du secret des affaires, pour obtenir la communication des documents litigieux. • CE 8 avr. 2022, n° 447701 : *D. actu. 21 avr. 2022, obs. Necib ; AJDA 2022. 776, obs. Necib ; RTD eur. 2023. 162, obs. Bouveresse.*

Art. L. 151-9 A l'occasion d'une instance relative à une atteinte au secret des affaires, le secret n'est pas opposable lorsque :

1° L'obtention du secret des affaires est intervenue dans le cadre de l'exercice du droit à l'information et à la consultation des salariés ou de leurs représentants ;

2° La divulgation du secret des affaires par des salariés à leurs représentants est intervenue dans le cadre de l'exercice légitime par ces derniers de leurs fonctions, pour autant que cette divulgation ait été nécessaire à cet exercice.

L'information ainsi obtenue ou divulguée demeure protégée au titre du secret des affaires à l'égard des personnes autres que les salariés ou leurs représentants qui en ont eu connaissance.

CHAPITRE II *DES ACTIONS EN PRÉVENTION, EN CESSATION OU EN RÉPARATION D'UNE ATTEINTE AU SECRET DES AFFAIRES*

Art. L. 152-1 Toute atteinte au secret des affaires telle que prévue aux articles L. 151-4 à L. 151-6 engage la responsabilité civile de son auteur.

Art. L. 152-2 Les actions relatives à une atteinte au secret des affaires sont prescrites par cinq ans à compter *(L. n° 2019-486 du 22 mai 2019, art. 124-II)* « du jour où le détenteur légitime du secret des affaires a connu ou aurait dû connaître le dernier fait qui en est la cause ».

SECTION 1 *Des mesures pour prévenir et faire cesser une atteinte au secret des affaires*

Art. L. 152-3 I. – Dans le cadre d'une action relative à la prévention ou la cessation d'une atteinte à un secret des affaires, la juridiction peut, sans préjudice de l'octroi de dommages et intérêts, prescrire, y compris sous astreinte, toute mesure proportionnée de nature à empêcher ou à faire cesser une telle atteinte. Elle peut notamment :

1° Interdire la réalisation ou la poursuite des actes d'utilisation ou de divulgation d'un secret des affaires ;

2° Interdire les actes de production, d'offre, de mise sur le marché ou d'utilisation des produits résultant de manière significative de l'atteinte au secret des affaires ou l'importation, l'exportation ou le stockage de tels produits à ces fins ;

3° Ordonner la destruction totale ou partielle de tout document, objet, matériau, substance ou fichier numérique contenant le secret des affaires concerné ou dont il peut être déduit ou, selon le cas, ordonner leur remise totale ou partielle au demandeur.

II. – La juridiction peut également ordonner que les produits résultant de manière significative de l'atteinte au secret des affaires soient rappelés des circuits commerciaux, écartés définitivement de ces circuits, modifiés afin de supprimer l'atteinte au secret des affaires, détruits ou, selon le cas, confisqués au profit de la partie lésée.

III. – Lorsque la juridiction limite la durée des mesures mentionnées aux 1° et 2° du I, la durée fixée doit être suffisante pour éliminer tout avantage commercial ou économique que l'auteur de l'atteinte au secret des affaires aurait pu tirer de l'obtention, de l'utilisation ou de la divulgation illicite du secret des affaires.

IV. – Sauf circonstances particulières et sans préjudice des dommages et intérêts qui pourraient être réclamés, les mesures mentionnées aux I à III sont ordonnées aux frais de l'auteur de l'atteinte.

Il peut y être mis fin à la demande de l'auteur de l'atteinte lorsque les informations concernées ne peuvent plus être qualifiées de secret des affaires au sens de l'article L. 151-1 pour des raisons qui ne dépendent pas, directement ou indirectement, de lui.

Art. L. 152-4 Pour prévenir une atteinte imminente ou faire cesser une atteinte illicite à un secret des affaires, la juridiction peut, sur requête ou en référé, ordonner des mesures provisoires et conservatoires dont les modalités sont déterminées par décret en Conseil d'État.

Art. L. 152-5 Sans préjudice de l'article L. 152-6, la juridiction peut ordonner, à la demande de l'auteur de l'atteinte, le versement d'une indemnité à la partie lésée au lieu des mesures mentionnées aux I à III de l'article L. 152-3 lorsque sont réunies les conditions suivantes :

1° Au moment de l'utilisation ou de la divulgation du secret des affaires, l'auteur de l'atteinte ne savait pas, ni ne pouvait savoir au regard des circonstances, que le secret des affaires avait été obtenu d'une autre personne qui l'utilisait ou le divulguait de façon illicite ;

2° L'exécution des mesures mentionnées aux I à III de l'article L. 152-3 causerait à cet auteur un dommage disproportionné ;

3° Le versement d'une indemnité à la partie lésée paraît raisonnablement satisfaisant.

Lorsque le versement de cette indemnité est ordonné en lieu et place des mesures prévues aux 1° et 2° du I du même article L. 152-3, cette indemnité ne peut être fixée à une somme supérieure au montant des droits qui auraient été dus si l'auteur de l'atteinte avait demandé l'autorisation d'utiliser ledit secret des affaires pour la période pendant laquelle l'utilisation du secret des affaires aurait pu être interdite.

SECTION 2 *De la réparation d'une atteinte au secret des affaires*

Art. L. 152-6 Pour fixer les dommages et intérêts dus en réparation du préjudice effectivement subi, la juridiction prend en considération distinctement :

1° Les conséquences économiques négatives de l'atteinte au secret des affaires, dont le manque à gagner et la perte subie par la partie lésée, y compris la perte de chance ;

2° Le préjudice moral causé à la partie lésée ;

3° Les bénéfices réalisés par l'auteur de l'atteinte au secret des affaires, y compris les économies d'investissements intellectuels, matériels et promotionnels que celui-ci a retirées de l'atteinte.

La juridiction peut, à titre d'alternative et sur demande de la partie lésée, allouer à titre de dommages et intérêts une somme forfaitaire qui tient notamment compte des droits qui auraient été dus si l'auteur de l'atteinte avait demandé l'autorisation d'utiliser le secret des affaires en question. Cette somme n'est pas exclusive de l'indemnisation du préjudice moral causé à la partie lésée.

SECTION 3 *Des mesures de publicité*

Art. L. 152-7 La juridiction peut ordonner toute mesure de publicité de la décision relative à l'obtention, l'utilisation ou la divulgation illicite d'un secret des affaires, notamment son affichage ou sa publication intégrale ou par extraits dans les journaux ou sur les services de communication au public en ligne qu'elle désigne, selon les modalités qu'elle précise.

Lorsqu'elle ordonne une telle mesure, la juridiction veille à protéger le secret des affaires dans les conditions prévues à l'article L. 153-1.

Les mesures sont ordonnées aux frais de l'auteur de l'atteinte.

SECTION 4 *Des sanctions en cas de procédure dilatoire ou abusive*

Art. L. 152-8 Toute personne physique ou morale qui agit de manière dilatoire ou abusive sur le fondement du présent chapitre peut être condamnée au paiement d'une amende civile dont le montant ne peut être supérieur à 20 % du montant de la demande de dommages et intérêts. En l'absence de demande de dommages et intérêts, le montant de l'amende civile ne peut excéder 60 000 €.

L'amende civile peut être prononcée sans préjudice de l'octroi de dommages et intérêts à la partie victime de la procédure dilatoire ou abusive.

CHAPITRE III *DES MESURES GÉNÉRALES DE PROTECTION DU SECRET DES AFFAIRES DEVANT LES JURIDICTIONS CIVILES OU COMMERCIALES*

Art. L. 153-1 Lorsque, à l'occasion d'une instance civile ou commerciale ayant pour objet une mesure d'instruction sollicitée avant tout procès au fond ou à l'occasion d'une instance au fond, il est fait état ou est demandée la communication ou la production d'une pièce dont il est allégué par une partie ou un tiers ou dont il a été jugé qu'elle est de nature à porter atteinte à un secret des affaires, le juge peut, d'office ou à la demande d'une partie ou d'un tiers, si la protection de ce secret ne peut être assurée autrement et sans préjudice de l'exercice des droits de la défense :

1° Prendre connaissance seul de cette pièce et, s'il l'estime nécessaire, ordonner une expertise et solliciter l'avis, pour chacune des parties, d'une personne habilitée à l'assister ou la représenter, afin de décider s'il y a lieu d'appliquer des mesures de protection prévues au présent article ;

2° Décider de limiter la communication ou la production de cette pièce à certains de ses éléments, en ordonner la communication ou la production sous une forme de résumé ou en restreindre l'accès, pour chacune des parties, au plus à une personne physique et une personne habilitée à l'assister ou la représenter ;

3° Décider que les débats auront lieu et que la décision sera prononcée en chambre du conseil ;

4° Adapter la motivation de sa décision et les modalités de *(L. n° 2019-222 du 23 mars 2019, art. 33)* « publicité » de celle-ci aux nécessités de la protection du secret des affaires.

Art. L. 153-2 Toute personne ayant accès à une pièce ou au contenu d'une pièce considérée par le juge comme étant couverte ou susceptible d'être couverte par le secret des affaires est tenue à une obligation de confidentialité lui interdisant toute utilisation ou divulgation des informations qu'elle contient.

Dans le cas d'une personne morale, l'obligation prévue au premier alinéa du présent article s'applique à ses représentants légaux ou statutaires et aux personnes qui la représentent devant la juridiction.

Les personnes ayant accès à la pièce ou à son contenu ne sont liées par cette obligation ni dans leurs rapports entre elles ni à l'égard des représentants légaux ou statutaires de la personne morale partie à la procédure.

Les personnes habilitées à assister ou représenter les parties ne sont pas liées par cette obligation de confidentialité à l'égard de celles-ci, sauf dans le cas prévu au 1° de l'article L. 153-1.

L'obligation de confidentialité perdure à l'issue de la procédure. Toutefois, elle prend fin si une juridiction décide, par une décision non susceptible de recours, qu'il n'existe pas de secret des affaires ou si les informations en cause ont entre-temps cessé de constituer un secret des affaires ou sont devenues aisément accessibles.

CHAPITRE IV *CONDITIONS D'APPLICATION*

Art. L. 154-1 Les conditions d'application du présent titre sont fixées par décret en Conseil d'État.

Code de la consommation

PREMIÈRE PARTIE : *LÉGISLATIVE*

LIVRE I INFORMATION DES CONSOMMATEURS ET PRATIQUES COMMERCIALES

TITRE I INFORMATION DES CONSOMMATEURS

CHAPITRE I *OBLIGATION GÉNÉRALE D'INFORMATION PRÉCONTRACTUELLE*

Art. L. 111-7 *(L. n° 2016-1321 du 7 oct. 2016, art. 49-I)* I. — Est qualifiée d'opérateur de plateforme en ligne toute personne physique ou morale proposant, à titre professionnel, de manière rémunérée ou non, un service de communication au public en ligne reposant sur :

1° Le classement ou le référencement, au moyen d'algorithmes informatiques, de contenus, de biens ou de services proposés ou mis en ligne par des tiers ;

2° Ou la mise en relation de plusieurs parties en vue de la vente d'un bien, de la fourniture d'un service ou de l'échange ou du partage d'un contenu, d'un bien ou d'un service.

II. — Tout opérateur de plateforme en ligne est tenu de délivrer au consommateur une information loyale, claire et transparente sur :

1° Les conditions générales d'utilisation du service d'intermédiation qu'il propose et sur les modalités de référencement, de classement et de déréférencement des contenus, des biens ou des services auxquels ce service permet d'accéder ;

2° L'existence d'une relation contractuelle, d'un lien capitalistique ou d'une rémunération à son profit, dès lors qu'ils influencent le classement ou le référencement des contenus, des biens ou des services proposés ou mis en ligne ;

3° La qualité de l'annonceur et les droits et obligations des parties en matière civile et fiscale, lorsque des consommateurs sont mis en relation avec des professionnels ou des non-professionnels.

Un décret précise les conditions d'application du présent article en tenant compte de la nature de l'activité des opérateurs de plateforme en ligne. — *V. art. D. 111-6 s. —* ***C. consom.***

Ce décret précise, par ailleurs, pour tout opérateur de plateforme en ligne dont l'activité consiste en la fourniture d'informations permettant la comparaison des prix et des caractéristiques de biens et de services proposés par des professionnels, les informations communiquées aux consommateurs portant sur les éléments de cette comparaison et ce qui relève de la publicité au sens de l'article 20 de la loi n° 2004-575 du 21 juin 2004 pour la confiance dans l'économie numérique. — *V. art. D. 111-10 s.—* ***C. consom.***

Ce décret fixe également les modalités selon lesquelles, lorsque des professionnels, vendeurs ou prestataires de services sont mis en relation avec des consommateurs, l'opérateur de plateforme en ligne met à leur disposition un espace leur permettant de communiquer aux consommateurs les informations prévues aux articles L. 221-5 et L. 221-6.

Art. L. 111-7-3 *(L. n° 2022-309 du 3 mars 2022, art. 1er, en vigueur le 1er oct. 2023)* Les opérateurs de plateformes en ligne mentionnés à l'article L. 111-7 du présent code et les personnes qui fournissent des services de communications interpersonnelles non fondés sur la numérotation, au sens du 6° quater de l'article L. 32 du code des postes et des communications électroniques, dont l'activité dépasse un ou plusieurs seuils définis par décret réalisent un audit de cybersécurité, dont les résultats sont présentés au consommateur dans les conditions prévues au dernier alinéa du présent article, portant sur la sécurisation et la localisation des données qu'ils hébergent, directement ou par l'intermédiaire d'un tiers, et sur leur propre sécurisation, dans les conditions prévues au présent article.

L'audit mentionné au premier alinéa est effectué par des prestataires d'audit qualifiés par l'Agence nationale de la sécurité des systèmes d'information.

Un arrêté conjoint des ministres chargés du numérique et de la consommation, pris après avis de la Commission nationale de l'informatique et des libertés, fixe les critères qui sont pris en compte par l'audit prévu au même premier alinéa et ses conditions en matière de durée de validité ainsi que les modalités de sa présentation.

Le résultat de l'audit est présenté au consommateur de façon lisible, claire et compréhensible et est accompagné d'une présentation ou d'une expression complémentaire, au moyen d'un système d'information coloriel.

Sur les sanctions, V. art. L. 131-4. — ***C. consom.***

BIBL. ▸ Delpech, *D. Actu. 15 mars 2022* (un audit de cybersécurité à la charge des grandes plateformes numériques). - Dufour et Mourot, Expertises, mai 2022, p. 195-196 (La difficile évaluation juridique de la loi sur le Cyberscore). - NDLR, *BRDA 2022, n° 8, p. 15* (mise en place d'un certificat de cybersécurité des plateformes numériques). - Netter, *RTD com. 2022. 309* (un « cyberscore » pour les grandes plateformes et services de communication en ligne).

COMMENTAIRE

Comment mieux informer le consommateur sur la protection de ses données en ligne ? C'est l'objectif poursuivi par la loi n° 2022-309 du 3 mars 2022 pour la mise en place d'une certification de cybersécurité des plateformes numériques.

Simplification de l'information. Le nouvel article L. 111-7-3 du code de la consommation adapte au domaine de la sécurité des données un mécanisme qui présente en différentes couleurs des informations techniques et rebutantes. Au moins trois dispositifs de ce type existent déjà dans d'autres secteurs que la cybersécurité : le diagnostic énergétique en matière immobilière, le « nutriscore » des plats préparés, et l'indice de réparabilité pour l'électroménager.

Un audit, pas une certification. Selon les parlementaires à l'origine de la proposition de loi, il s'agit d'un « cyberscore » qui présentera une note, bonne ou mauvaise, sous forme de couleur. Sur ce point, l'intitulé de la loi du 3 mars 2022 qui évoque une « certification » est trompeur. A la différence d'un score, la certification est un processus binaire : on est certifié ou on ne l'est pas. La lettre de l'article L. 111-7-3 ne parle en revanche pas de certification, mais bien d'audit. Ce terme est plus opportun. Réaliser un audit, c'est évaluer tout ce qui est soumis à examen. Pour reprendre l'analogie avec le nutriscore, si les aliments examinés sont forts en acides gras saturés, l'audit présentera une note (sans doute le E, en orange foncé). Il en sera de même avec le cyberscore si le niveau de sécurisation est faible. Précisons que la loi prohibe les audits réalisés en interne, ou auto-diagnostics, leur objectivité étant moins fiable que les évaluations d'un prestataire extérieur à l'entreprise auditée. En ce sens, l'alinéa 2 énonce que l'audit « est effectué par des prestataires d'audit qualifiés » par l'ANSSI.

Objet de l'audit. La loi indique que ce cyberscore porte sur la sécurisation et la localisation des données des consommateurs. Il est aisé de comprendre à quoi renvoie la note et la couleur attribuées à la sécurisation des données. Mais qu'en est-il de la localisation des données ? A supposer qu'une bonne note corresponde à l'indication que les données sont hébergées en France ou en Europe, l'information pourrait induire le consommateur en erreur. Comme le relève le secrétaire d'État chargé de la transition numérique et des communications électroniques, « nos concitoyens pourraient plébisciter des services fournis par des acteurs étrangers, pensant à tort que la protection est la même que celle d'un fournisseur européen » *(Doc. AN, n° 143, 27 nov. 2021, p. 10807)*. En effet, le développement des lois extraterritoriales a montré que la localisation des données n'était pas un critère de protection des données.

Services concernés. Qui doit fournir aux consommateurs cet audit de cybersécurité ? Ce sont les plateformes de visioconférence (Teams, Zoom, etc.), ainsi que les messageries instantanées comme WhatsApp, Signal, Messenger, etc. Afin de ne pas décourager les petites plateformes ainsi que les entreprises naissantes, seuls les services « dont l'activité dépasse un ou plusieurs seuils définis par décret » (al. 1er) sont concernés par l'obligation de présenter un cyberscore. En effet, la réalisation d'un audit engendre un coût non négligeable (V. en ce sens *Doc. AN, n° 4700, 18 nov. 2021, p. 13 et 21*). D'où l'idée, qui reste à confirmer par décret, de limiter ce diagnostic de cybersécurité aux plateformes qui reçoivent plusieurs millions de visiteurs uniques par mois. Sur ce point, un projet de décret était soumis à la consultation jusqu'au 15 avril 2023 et présentait des seuils chiffrés : 25 millions de visiteurs uniques par mois depuis le territoire français pour l'année 2024 (art. 1er du projet de décret), le seuil étant calculé sur la base de la dernière année civile, et 15 millions de visiteurs uniques par mois selon les mêmes modalités pour l'année 2025. Reste à savoir ce qu'est une « connexion », et sur ce point l'article 3 du projet de décret fournit des indications utiles, selon lequel « seules sont prises en compte les connexions à un service, ou à une partie dissociable d'un service, dont l'objet principal est : 1° Le classement ou le référencement, au moyen d'algorithmes informatiques, de contenus, de biens ou de services proposés ou mis en ligne par des tiers ; 2° Ou la mise en relation de plusieurs parties en vue de la vente d'un bien, de la fourniture d'un service ou de l'échange ou du partage d'un contenu, d'un bien ou d'un service ». Le projet de décret est soumis à une consultation publique ouverte jusqu'au 15 avril 2023, sous la forme de six questions dont les réponses seront publiées, à l'exception des documents ou études complémentaires, qui resteront confidentiels.

Sanctions. Selon l'article L. 131-4 du code de la consommation, modifié par la loi n° 2022-309 du 3 mars 2022 (art. 2), tout manquement aux obligations d'information prévues à l'article L. 111-7-3 du même code est passible d'une « amende administrative dont le montant ne peut excéder 75 000 euros pour une personne physique et 375 000 euros pour une personne morale ». Le cas échéant, l'amende sera prononcée par la direction générale de la concurrence, de la consommation et de la répression des fraudes (DGCCRF).

Entrée en vigueur. Les détails de l'audit et de la présentation des résultats seront fixés dans un arrêté qui sera pris conjointement par les ministres chargés du numérique et de la consommation, ce qui explique que la loi n'entre en vigueur que le 1er octobre 2023.

L'ENCART DU TECHNICIEN DE LA CYBERSÉCURITÉ

Quels sont les points de contrôle du cyberscore ?

Le portail de la Direction générale des entreprises indique que le fil rouge du référentiel se trouve dans la définition des règles d'hygiène. Selon le site, « Les points de contrôle visent à vérifier que les fondamentaux pour la conception et le MCO/MCS de sites Web (HTTPS, authentification, etc.) sont bien mis en œuvre. On peut considérer qu'il s'agit essentiellement de se prémunir contre la menace cybercriminelle de masse, qui diffuse un malware de manière automatique, sans cibler spécifiquement une entité, ni faire appel à des accès prépositionnés. L'alerte CERT-FR sur l'exploitation massive des vulnérabilités VMWare en offre un exemple récent. Si les correctifs sont appliqués et/ou si les accès d'administrateurs sont au moins filtrés, l'attaque automatique n'aboutit pas. En d'autres termes, si l'opérateur applique soigneusement ces bonnes pratiques, le citoyen et ses données sont protégés ».

DEUXIÈME PARTIE : *RÉGLEMENTAIRE*

Art. D. 111-15 *(Décr. nº 2017-1435 du 29 sept. 2017, art. 1er, en vigueur le 1er janv. 2019)* I. — Le seuil du nombre de connexions au-delà duquel les opérateurs de plateformes en ligne sont soumis aux obligations de l'article L. 111-7-1 est fixé à cinq millions de visiteurs uniques par mois, par plateforme, calculé sur la base de la dernière année civile.

Un opérateur de plateforme en ligne dont le nombre de connexions dépasse le seuil mentionné au premier alinéa dispose d'un délai de six mois pour se mettre en conformité avec l'article L. 111-7-1.

II. — Pour l'application de l'article L. 111-7-1 aux opérateurs de plateformes en ligne dont l'activité relève du 2° du I de l'article L. 111-7, le nombre de connexions est déterminé au regard de la seule activité de mise en relation.

Code de la défense

PREMIÈRE PARTIE : *LÉGISLATIVE*

PREMIÈRE PARTIE *PRINCIPES GÉNÉRAUX DE LA DÉFENSE*

LIVRE III **MISE EN ŒUVRE DE LA DÉFENSE NON MILITAIRE**

TITRE III DÉFENSE ÉCONOMIQUE

CHAPITRE II *PROTECTION DES INSTALLATIONS D'IMPORTANCE VITALE*

Art. L. 1332-1 à L. 1332-7 *V. ces art. ss. Livre III, I. Règles internes.*

DEUXIÈME PARTIE *RÉGIMES JURIDIQUES DE DÉFENSE*

LIVRE III **RÉGIMES JURIDIQUES DE DÉFENSE D'APPLICATION PERMANENTE**

TITRE II **SÉCURITÉ DES SYSTÈMES D'INFORMATION**

CHAPITRE I *RESPONSABILITÉS*

Art. L. 2321-1 et L. 2321-2 *V. ces art. ss. Livre III, I. Règles internes.*

Art. L. 2321-2-1 *(L. nº 2023-703 du 1er août 2023, art. 67)* Aux seules fins de garantir la défense et la sécurité nationale, lorsqu'elle a connaissance d'une menace susceptible de porter atteinte à la sécurité des systèmes d'information des autorités publiques ou des opérateurs mentionnés aux articles L. 1332-1 et L. 1332-2 du présent code ou à l'article 5 de la loi nº 2018-133 du 26 février 2018 portant diverses dispositions d'adaptation au droit de l'Union européenne dans le domaine de la sécurité, l'autorité nationale de sécurité des systèmes d'information peut mettre en œuvre, sur le réseau d'un opérateur de communications électroniques ou sur le système d'information d'une personne mentionnée aux 1 ou 2 du I de l'article 6 de la loi nº 2004-575 du 21 juin 2004 pour la confiance dans l'économie numérique ou d'un opérateur de centre de données :

1° Des dispositifs mettant en œuvre des marqueurs techniques ;

2° Ou, sur avis conforme de l'Autorité de régulation des communications électroniques, des postes et de la distribution de la presse, des dispositifs permettant le recueil de données sur le réseau d'un opérateur de communications électroniques ou sur le système d'information d'une personne mentionnée aux mêmes 1 ou 2 ou d'un opérateur de centre de données affecté par la menace.

Ces dispositifs sont mis en œuvre pour une durée et dans une mesure strictement nécessaires à la caractérisation de la menace et aux seules fins de détecter et de caractériser des événements susceptibles d'affecter la sécurité des systèmes d'information des autorités publiques, des opérateurs mentionnés aux articles L. 1332-1 et L. 1332-2 du présent code ou à l'article 5 de la loi nº 2018-133 du 26 février 2018 précitée et des opérateurs publics ou privés participant aux systèmes d'information de ces entités.

Les agents de l'autorité nationale de sécurité des systèmes d'information individuellement désignés et spécialement habilités sont autorisés, aux seules fins de prévenir et de caractériser la menace affectant les systèmes d'information des entités mentionnées au premier alinéa du présent article, à procéder au recueil des données et à l'analyse des seules données techniques pertinentes, à l'exclusion de toute autre exploitation.

Les données directement utiles à la prévention et à la caractérisation des menaces ne peuvent être conservées plus de deux ans. Les autres données recueillies par les dispositifs mentionnés aux 1° et 2° sont détruites dans un délai bref, précisé par voie réglementaire.

Un décret en Conseil d'État, pris après avis de la Commission nationale de l'informatique et des libertés et de l'Autorité de régulation des communications électroniques, des postes et de la distribution de la presse, définit les modalités d'application du présent article. Il détermine notamment les informations et les catégories de données conservées en application du 2°.

Art. L. 2321-2-2 *(L. nº 2018-607 du 13 juill. 2018, art. 34)* Est puni de 150 000 € d'amende le fait, pour un opérateur de communications électroniques ou ses agents ou pour une personne mentionnée au premier alinéa de l'article L. 2321-2-1, de faire obstacle à la mise en œuvre, par l'autorité nationale de sécurité des systèmes d'information, des dispositifs mentionnés au même premier alinéa.

Les personnes physiques coupables de cette infraction encourent également l'interdiction, pour une durée de cinq ans au plus, d'exercer l'activité professionnelle à l'occasion de l'exercice de laquelle l'infraction a été commise.

Art. L. 2321-2-3 *(L. n° 2023-703 du 1er août 2023, art. 64)* I. — Lorsqu'il est constaté qu'une menace susceptible de porter atteinte à la défense et à la sécurité nationale résulte de l'exploitation d'un nom de domaine à l'insu de son titulaire qui l'a enregistré de bonne foi, l'autorité nationale de sécurité des systèmes d'information peut demander à ce titulaire de prendre les mesures adaptées pour neutraliser cette menace dans un délai qu'elle lui impartit et qui tient compte de la nature de ce titulaire ainsi que de ses contraintes opérationnelles.

En l'absence de neutralisation de cette menace dans le délai imparti, l'autorité nationale de sécurité des systèmes d'information peut demander :

1° A un fournisseur de système de résolution de noms de domaine, au sens de l'article L. 2321-3-1, de bloquer le nom de domaine ;

2° A l'office d'enregistrement, mentionné à l'article L. 45 du code des postes et des communications électroniques, ou à un bureau d'enregistrement établi sur le territoire français, mentionné à l'article L. 45-4 du même code, de suspendre le nom de domaine.

Lorsque le titulaire du nom de domaine apporte des éléments établissant que la menace est neutralisée, l'autorité nationale mentionnée au premier alinéa du présent I demande qu'il soit mis fin sans délai aux mesures prises en application des 1° ou 2°.

II. — Lorsqu'il est constaté qu'une menace susceptible de porter atteinte à la défense et à la sécurité nationale résulte de l'exploitation d'un nom de domaine enregistré à cette fin, l'autorité nationale de sécurité des systèmes d'information peut demander :

1° A une personne mentionnée au 1° du I de procéder au blocage ou à la redirection du nom de domaine vers un serveur sécurisé de l'autorité nationale ou vers un serveur neutre ;

2° A l'office d'enregistrement ou à un bureau d'enregistrement, mentionnés au 2° du même I, d'enregistrer, de renouveler, de suspendre ou de transférer le nom de domaine. A la demande de l'autorité, les données d'enregistrement ne sont pas rendues publiques.

III. — Les mesures prévues aux I et II sont prises par les personnes mentionnées aux 1° et 2° des mêmes I et II dans un délai, fixé par l'autorité nationale de sécurité des systèmes d'information, qui ne peut être inférieur à deux jours ouvrés.

Elles sont mises en œuvre pour une durée et dans une mesure strictement nécessaires et proportionnées dans leurs effets à la préservation de l'intégrité du réseau, à la caractérisation et à la neutralisation de la menace et à l'information des utilisateurs ou des détenteurs des systèmes affectés, menacés ou attaqués.

Les mesures de redirection d'un nom de domaine vers un serveur sécurisé de l'autorité nationale de sécurité des systèmes d'information prises aux fins de caractérisation de la menace ne peuvent excéder une durée de deux mois. Elles peuvent être renouvelées une fois en cas de persistance de la menace, sur avis conforme de l'Autorité de régulation des communications électroniques, des postes et de la distribution de la presse. Elles prennent fin, sans délai, lorsque la menace est neutralisée.

Les mesures prévues aux I et II, exception faite de celles prévues au troisième alinéa du présent III, sont soumises au contrôle de l'Autorité de régulation des communications électroniques, des postes et de la distribution de la presse dans les conditions prévues au I de l'article L. 36-14 du code des postes et des communications électroniques.

IV. — Les données directement utiles à la caractérisation des menaces, recueillies par l'autorité nationale de sécurité des systèmes d'information en application du II du présent article, ne peuvent être conservées plus de cinq ans. Les autres données recueillies sont détruites dans un délai bref, précisé par voie réglementaire, quand elles ne sont pas utiles à la caractérisation de la menace, à l'exception des données permettant d'identifier les utilisateurs ou les détenteurs des systèmes d'information menacés, lesquels peuvent être informés par l'autorité mentionnée à la première phrase du présent IV, le cas échéant après mise en œuvre du premier alinéa de l'article L. 2321-3.

V. — Un décret en Conseil d'État, pris après avis de l'Autorité de régulation des communications électroniques, des postes et de la distribution de la presse et de la Commission nationale de l'informatique et des libertés, précise les modalités d'application du présent article ainsi que les modalités de compensation des surcoûts identifiables et spécifiques des prestations assurées à ce titre, à la demande de l'État, par les personnes mentionnées aux 1° et 2° des I et II du présent article.

Art. L. 2321-3 *(L. n° 2013-1168 du 18 déc. 2013, art. 24)* Pour les besoins de la sécurité des systèmes d'information *(L. n° 2018-607 du 13 juill. 2018, art. 34)* « des autorités publiques, » des opérateurs mentionnés aux articles L. 1332-1 et L. 1332-2 *(L. n° 2018-607 du 13 juill. 2018, art. 34)* « et des opérateurs mentionnés à l'article 5 de la loi n° 2018-133 du 26 février 2018 portant diverses dispositions d'adaptation au droit de l'Union européenne dans le domaine de la sécurité », les agents de l'autorité nationale de sécurité des systèmes d'information, habilités par le Premier ministre *(Abrogé par L. n° 2023-703 du 1er août 2023, art. 67) « et assermentés »* dans des conditions fixées par décret en Conseil d'État *(L. n° 2023-703 du 1er août 2023, art. 67)* « et dont la liste est transmise à l'Autorité de régulation des communications électroniques, des postes et de la distribution de la presse », peuvent obtenir des opérateurs de communications électroniques, en application du *(L. n° 2021-998 du 30 juill. 2021, art. 17)* « II *bis* » de l'article L. 34-1 du code des postes et des communications électroniques, *(L. n° 2023-703 du 1er août 2023, art. 67)* « et des personnes mentionnées au 2 du I de l'article 6 de la loi n° 2004-575 du 21 juin 2004 pour la confiance dans l'économie numérique, en application du II du même article 6, » l'identité, l'adresse postale et l'adresse électronique d'utilisateurs ou de détenteurs de systèmes d'information vulnérables, menacés ou attaqués, afin de les alerter sur la vulnérabilité ou *(L. n° 2018-607 du 13 juill. 2018, art. 34)* « l'atteinte » de leur système.

(L. n° 2023-703 du 1er août 2023, art. 67) « Lorsque l'autorité nationale de sécurité des systèmes d'information est informée, en application de l'article L. 33-14 du code des postes et des communications électroniques, de l'existence d'un événement affectant la sécurité des systèmes d'information d'une autorité publique, d'un opérateur mentionné aux articles L. 1332-1 et L. 1332-2 du présent code ou à l'article 5 de la loi n° 2018-133 du 26 février 2018 précitée ou d'un opérateur public ou privé participant aux systèmes d'information d'une des entités mentionnées au présent alinéa, les agents mentionnés au premier alinéa du présent article peuvent obtenir des opérateurs de communications électroniques les données techniques strictement nécessaires à l'analyse de cet événement. Ces données ne peuvent être exploitées qu'aux seules fins de caractériser la menace affectant la sécurité de ces systèmes. Elles ne peuvent être conservées plus de cinq ans.

« Les surcoûts identifiables et spécifiques des prestations suivantes effectuées à la demande de l'autorité nationale de sécurité des systèmes d'information sont compensés selon des modalités prévues par décret en Conseil d'État :

« 1° Les prestations assurées par les opérateurs de communications électroniques en application du premier alinéa du présent article, dans les conditions prévues au VI de l'article L. 34-1 du code des postes et des communications électroniques, et du deuxième alinéa du présent article ;

« 2° Les prestations assurées par les personnes mentionnées au 2 du I de l'article 6 de la loi n° 2004-575 du 21 juin 2004 précitée ».

Art. L. 2321-3-1 *(L. n° 2023-703 du 1er août 2023, art. 65)* Aux seules fins de détecter et de caractériser des menaces et des attaques informatiques susceptibles de porter atteinte à la défense, à la sécurité nationale et à la sécurité des systèmes d'information, les fournisseurs de système de résolution de noms de domaine transmettent aux agents de l'autorité nationale de sécurité des systèmes d'information individuellement désignés et spécialement habilités les données techniques ni directement ni indirectement identifiantes enregistrées de manière temporaire par leurs serveurs gérant le système d'adressage par domaines.

A cette fin, les fournisseurs de système de résolution de noms de domaine transmettent à l'autorité nationale de sécurité des systèmes d'information les données mentionnées au premier alinéa, qu'ils rendent préalablement anonymes. Ils ne transmettent aucune donnée technique permettant d'identifier la source de la connexion ou relative aux équipements terminaux utilisés. Les données transmises ne peuvent être exploitées qu'aux seules fins mentionnées au même premier alinéa et ne peuvent être conservées plus de cinq ans.

Pour l'application dudit premier alinéa, on entend par fournisseur de système de résolution de noms de domaine la personne mettant à disposition un service permettant la traduction d'un nom de domaine en un numéro unique identifiant un appareil connecté à internet.

Un décret en Conseil d'État, pris après avis de l'Autorité de régulation des communications électroniques, des postes et de la distribution de la presse et de la Commission nationale de l'informatique et des libertés, détermine les modalités d'application du présent article. Il détermine notamment les données techniques collectées par les agents de l'autorité nationale de sécurité des systèmes d'information ainsi que la fréquence et les conditions de leur transmission par les fournisseurs de système de résolution de noms de domaine.

Art. L. 2321-4 *(L. n° 2016-1321 du 7 oct. 2016, art. 47)* Pour les besoins de la sécurité des systèmes d'information, l'obligation prévue à l'article 40 du code de procédure pénale n'est pas applicable à l'égard d'une personne de bonne foi qui transmet à la seule autorité nationale de sécurité des systèmes d'information une information sur l'existence d'une vulnérabilité concernant la sécurité d'un système de traitement automatisé de données.

L'autorité préserve la confidentialité de l'identité de la personne à l'origine de la transmission ainsi que des conditions dans lesquelles celle-ci a été effectuée.

L'autorité peut procéder aux opérations techniques strictement nécessaires à la caractérisation du risque ou de la menace mentionnés au premier alinéa du présent article aux fins d'avertir l'hébergeur, l'opérateur ou le responsable du système d'information.

Art. L. 2321-4-1 *(L. n° 2023-703 du 1er août 2023, art. 66)* En cas de vulnérabilité significative affectant un de leurs produits ou en cas d'incident informatique compromettant la sécurité de leurs systèmes d'information et susceptible d'affecter significativement un de leurs produits, les éditeurs de logiciels notifient à l'autorité nationale de sécurité des systèmes d'information cette vulnérabilité ou cet incident ainsi que l'analyse de ses causes et de ses conséquences. Cette obligation s'applique aux éditeurs qui fournissent ce produit :

1° Sur le territoire français ;

2° A des sociétés ayant leur siège social sur le territoire français ;

3° Ou à des sociétés contrôlées, au sens de l'article L. 233-3 du code de commerce, par des sociétés ayant leur siège social sur le territoire français.

Les éditeurs de logiciels informent les utilisateurs de ce produit, dans un délai fixé par l'autorité nationale de sécurité des systèmes d'information et déterminé en fonction de l'urgence, des risques pour la défense et la sécurité nationale et du temps nécessaire aux éditeurs pour prendre les mesures correctives. A défaut, l'autorité nationale de sécurité des systèmes d'information peut enjoindre aux éditeurs de logiciels de procéder à cette information. Elle peut également informer les utilisateurs ou rendre publics cette vulnérabilité ou cet incident ainsi que son injonction aux éditeurs si celle-ci n'a pas été mise en œuvre.

Pour l'application du présent article, on entend par éditeur de logiciel toute personne physique ou morale qui conçoit ou développe un produit logiciel ou fait concevoir ou développer un produit logiciel et qui le met à la disposition d'utilisateurs, à titre onéreux ou gratuit.

Pour l'application du premier alinéa, on entend par incident informatique tout événement compromettant la disponibilité, l'authenticité, l'intégrité ou la confidentialité des données stockées, transmises ou faisant l'objet d'un traitement ou des services que les réseaux et les systèmes d'information offrent ou rendent accessibles.

Un décret en Conseil d'État, pris après avis de l'Autorité de régulation des communications électroniques, des postes et de la distribution de la presse, définit les modalités d'application du présent article. Il précise notamment les critères d'appréciation du caractère significatif de la vulnérabilité ou de l'incident mentionnés au premier alinéa. Le caractère significatif de la vulnérabilité est défini en fonction des pratiques et des standards internationaux communément admis.

Art. L. 2321-5 *(L. n° 2018-607 du 13 juill. 2018, art. 34)* L'Autorité de régulation des communications électroniques et des postes est chargée de veiller au respect par l'autorité nationale de sécurité des systèmes d'information des conditions d'application

(L. n° 2023-703 du 1er août 2023, art. 67) « des articles L. **2321-2-1** et L. **2321-2-3**, du deuxième alinéa de l'article L. **2321-3** et de l'article L. **2321-3-1** ».

QUATRIÈME PARTIE *LE PERSONNEL MILITAIRE*

LIVRE I **STATUT GÉNÉRAL DES MILITAIRES**

TITRE II **DROITS ET OBLIGATIONS**

CHAPITRE III *RÉMUNÉRATION, GARANTIES ET PROTECTIONS*

SECTION 3 *Protection juridique et responsabilité pénale*

Art. L. 4123-12 I. – Outre les cas de légitime défense, n'est pas pénalement responsable le militaire qui déploie, après sommations, la force armée absolument nécessaire pour empêcher ou interrompre toute intrusion dans une zone de défense hautement sensible et procéder à l'arrestation de l'auteur de cette intrusion.

Constitue une zone de défense hautement sensible la zone définie par voie réglementaire à l'intérieur de laquelle sont implantés ou stationnés des biens militaires dont la perte ou la destruction serait susceptible de causer de très graves dommages à la population, ou mettrait en cause les intérêts vitaux de la défense nationale.

Un décret en Conseil d'État fixe les modalités d'application des alinéas précédents. Il détermine les conditions dans lesquelles sont définies les zones de défense hautement sensibles, les conditions de délivrance des autorisations d'y pénétrer et les modalités de leur protection. Il précise les modalités des sommations auxquelles procède le militaire.

II. – N'est pas pénalement responsable le militaire qui, dans le respect des règles du droit international *(L. n° 2013-1168 du 18 déc. 2013, art. 31)* « et dans le cadre d'une opération mobilisant des capacités militaires, se déroulant à l'extérieur du territoire français ou des eaux territoriales françaises, quels que soient son objet, sa durée ou son ampleur, y compris *(L. n° 2018-607 du 13 juill. 2018, art. 35)* « les actions numériques, » la libération d'otages, l'évacuation de ressortissants ou la police en haute mer, exerce des mesures de coercition ou fait usage de la force armée, ou en donne l'ordre, lorsque cela est nécessaire à l'exercice de sa mission. » – *[L. n° 2005-270 du 24 mars 2005, art. 17.]*

DEUXIÈME PARTIE : *RÉGLEMENTAIRE*

PREMIÈRE PARTIE *PRINCIPES GÉNÉRAUX DE LA DÉFENSE*

LIVRE III **MISE EN ŒUVRE DE LA DÉFENSE NON MILITAIRE**

TITRE III **DÉFENSE ÉCONOMIQUE**

CHAPITRE II *PROTECTION DES INSTALLATIONS D'IMPORTANCE VITALE*

Art. R. 1332-1, R. 1332-4, R. 1332-41-1 à R. 1332-41-23 *V. ces art. ss. Livre III, I. Règles internes.*

Code monétaire et financier

PREMIÈRE PARTIE : *LÉGISLATIVE*

LIVRE V LES PRESTATAIRES DE SERVICES

TITRE II LES PRESTATAIRES DE SERVICES DE PAIEMENT, LES CHANGEURS MANUELS ET LES ÉMETTEURS DE MONNAIE ÉLECTRONIQUE *(L. n° 2013-100 du 28 janv. 2013, art. 10-I).*

CHAPITRE I *LES PRESTATAIRES DE SERVICES DE PAIEMENT*

(Ord. n° 2009-866 du 15 juill. 2009, art. 11, en vigueur le 1er nov. 2009)

Art. L. 521-5 *(Ord. n° 2017-1252 du 9 août 2017, art. 12, en vigueur le 13 janv. 2018)* Les prestataires de services de paiement n'ont accès à des données à caractère personnel nécessaires à l'exécution de leurs services de paiement, ne les traitent et ne les conservent qu'avec le consentement exprès de l'utilisateur de services de paiement.

Art. L. 521-6 *(Ord. n° 2017-1252 du 9 août 2017, art. 12 et 34-XII, en vigueur le 26 mai 2018)* Les systèmes de paiement et les prestataires de services de paiement sont autorisés à traiter des données à caractère personnel lorsque cela est nécessaire pour garantir la prévention, la recherche et la détection des fraudes en matière de paiements. La communication aux personnes d'informations sur le traitement des données à caractère personnel et le traitement de ces données à caractère personnel ainsi que tout autre traitement de données à caractère personnel sont effectués conformément aux dispositions du règlement (UE) 2016/679 du Parlement européen et du Conseil *(Ord. n° 2018-1125 du 12 déc. 2018, art. 11, en vigueur le 1er juin 2019)* « et *[de]* la loi n° 78-17 du 6 janvier 1978 relative à l'informatique, aux fichiers et aux libertés » et du règlement (CE) 45/2001 du Parlement européen et du Conseil.

Art. L. 521-7 *(Ord. n° 2017-1252 du 9 août 2017, art. 12 et 34-XIII, en vigueur le 26 mai 2018)* Par dérogation aux dispositions de l'article L. 612-1, la Commission nationale de l'informatique et des libertés veille au respect des dispositions des articles L. 521-5 et L. 521-6 en utilisant les compétences qui lui sont reconnues par le règlement (UE) 2016/679 du Parlement européen et du Conseil *(Ord. n° 2018-1125 du 12 déc. 2018, art. 11, en vigueur le 1er juin 2019)* « et la loi n° 78-17 du 6 janvier 1978 relative à l'informatique, aux fichiers et aux libertés ». A cette fin, elle peut notamment recevoir, par tous moyens, les plaintes relatives aux infractions aux dispositions des articles L. 521-5 et L. 521-6.

Art. L. 521-8 *(Ord. n° 2017-1252 du 9 août 2017, art. 12, en vigueur le 13 janv. 2018)* La Banque de France s'assure de la sécurité de l'accès aux comptes de paiement et à leurs informations dans le cadre de la fourniture des services de paiement mentionnés au *[aux]* 7° et 8° du II de l'article L. 314-1 par tout prestataire de services de paiement et de la pertinence des normes applicables en la matière. Pour l'accomplissement de cette mission, la Banque de France dispose des mêmes pouvoirs auprès de ces prestataires que ceux prévus aux quatrième et cinquième alinéas du I de l'article L. 141-4.

Art. L. 521-9 *(Ord. n° 2017-1252 du 9 août 2017, art. 12, en vigueur le 13 janv. 2018)* Les prestataires de services de paiement mettent en place des procédures prévoyant des mesures d'atténuation et des mécanismes de contrôle appropriés en vue de gérer les risques opérationnels et de sécurité, liés aux services de paiement qu'ils fournissent. Un arrêté du ministre en charge de l'économie et des finances précise le contenu de ces procédures.

Art. L. 521-10 *(Ord. n° 2017-1252 du 9 août 2017, art. 12, en vigueur le 13 janv. 2018)* I. – Les prestataires de services de paiement informent sans retard injustifié l'Autorité de contrôle prudentiel et de résolution de tout incident opérationnel majeur.

II. — Les prestataires de services de paiement informent sans retard injustifié la Banque de France de tout incident de sécurité majeur. La Banque de France évalue l'incident et prend au besoin des mesures appropriées et si elle l'estime nécessaire, elle en informe l'Autorité de contrôle prudentiel et de résolution en application de l'article L. 631-1.

III. — Lorsque l'incident a ou est susceptible d'avoir des répercussions sur les intérêts financiers de ses utilisateurs de services de paiement, le prestataire de services de paiement informe sans retard injustifié ses utilisateurs de services de paiement de l'incident et de toutes les mesures disponibles qu'ils peuvent prendre pour atténuer les effets dommageables de l'incident.

IV. — Dès réception de la notification visée au I ou au II, l'Autorité de contrôle prudentiel et de résolution ou la Banque de France communique sans retard injustifié les détails importants de l'incident à l'Autorité bancaire européenne et à la Banque centrale européenne, et, après avoir évalué la pertinence de l'incident pour d'autres autorités nationales concernées, informe celles-ci en conséquence.

V. — Les modalités des notifications prévues aux I à III sont précisées par arrêté du ministre de l'économie et des finances.

DEUXIÈME PARTIE : *RÉGLEMENTAIRE*

LIVRE I **LA MONNAIE**

TITRE V **LES RELATIONS FINANCIÈRES AVEC L'ÉTRANGER**

CHAPITRE I *INVESTISSEMENTS ÉTRANGERS SOUMIS À AUTORISATION*

(Décr. n° 2019-1590 du 31 déc. 2019, art. 1er, en vigueur le 1er avr. 2020)

SECTION 1 *Définitions et champ d'application*

Art. R. 151-3 Les activités mentionnées au I de l'article L. 151-3 sont les suivantes :

I. — Activités de nature à porter atteinte aux intérêts de la défense nationale, participant à l'exercice de l'autorité publique ou de nature à porter atteinte à l'ordre public et à la sécurité publique :

1° Les activités, comprenant celles mentionnées à l'article L. 2332-1 du code de la défense, relatives aux armes, munitions, poudres et substances explosives destinées à des fins militaires ou aux matériels de guerre et assimilés relevant du titre III ou du titre V du livre III de la deuxième partie du code de la défense ;

2° Les activités relatives aux biens et technologies à double usage énumérés à l'annexe IV du règlement (CE) n° 428/2009 du Conseil du 5 mai 2009 instituant un régime communautaire de contrôle des exportations, des transferts, du courtage et du transit de biens à double usage ;

3° Les activités exercées par les entités dépositaires de secret de la défense nationale ;

4° Les activités exercées dans le secteur de la sécurité des systèmes d'information, y compris en qualité de sous-traitant, au profit d'un opérateur mentionné aux articles L. 1332-1 ou L. 1332-2 du code de la défense ;

5° Les activités exercées par les entités ayant conclu un contrat, soit directement, soit par sous-traitance, au profit du ministère de la défense pour la réalisation d'un bien ou d'un service relevant d'une activité mentionnée aux points 1° à 3° ou au 6° ;

6° Les activités relatives aux moyens et prestations de cryptologie mentionnés aux paragraphes III et IV de l'article 30 et I de l'article 31 de la loi n° 2004-575 du 21 juin 2004 pour la confiance dans l'économie numérique ;

7° Les activités relatives aux matériels ou dispositifs techniques de nature à permettre l'interception des correspondances ou conçus pour la détection à distance des conversations ou la captation de données informatiques, définis à l'article 226-3 du code pénal ;

8° Les activités relatives aux prestations de services réalisées par les centres d'évaluation agréés dans les conditions prévues au décret n° 2002-535 du 18 avril 2002 relatif à l'évaluation et à la certification de la sécurité offerte par les produits et les systèmes des technologies de l'information ;

9° Les activités relatives aux jeux d'argent, à l'exception des casinos ;

10° Les activités relatives aux moyens destinés à faire face à l'utilisation illicite d'agents pathogènes ou toxiques ou à prévenir les conséquences sanitaires d'une telle utilisation ;

11° Les activités de traitement, de transmission ou de stockage de données dont la compromission ou la divulgation est de nature à porter atteinte à l'exercice des activités mentionnées aux 1° à 10° du présent I ou au II.

II. – Activités de nature à porter atteinte aux intérêts de la défense nationale, participant à l'exercice de l'autorité publique ou de nature à porter atteinte à l'ordre public et à la sécurité publique, lorsqu'elles portent sur des infrastructures, biens ou services essentiels pour garantir :

1° L'intégrité, la sécurité ou la continuité de l'approvisionnement en énergie ;

2° L'intégrité, la sécurité ou la continuité de l'approvisionnement en eau ;

3° L'intégrité, la sécurité ou la continuité de l'exploitation des réseaux et des services de transport ;

4° L'intégrité, la sécurité ou la continuité des opérations spatiales mentionnées au 3° de l'article 1er de la loi n° 2008-518 du 3 juin 2008 relative aux opérations spatiales ;

5° L'intégrité, la sécurité ou la continuité de l'exploitation des réseaux et des services de communications électroniques ;

6° L'exercice des missions de la police nationale, de la gendarmerie nationale, des services de sécurité civile, ainsi que l'exercice des missions de sécurité publique de la douane et de celles des sociétés agréées de sécurité privée ;

7° L'intégrité, la sécurité ou la continuité de l'exploitation d'un établissement, d'une installation ou d'un ouvrage d'importance vitale au sens des articles L. 1332-1 et L. 1332-2 du code de la défense ;

8° La protection de la santé publique ;

9° La production, la transformation ou la distribution de produits agricoles énumérés à l'annexe I du traité sur le fonctionnement de l'Union européenne, lorsque celles-ci contribuent aux objectifs de sécurité alimentaire nationale mentionnés aux 1°, 17° et 19° du I de l'article L. 1 du code rural et de la pêche maritime ;

10° L'édition, l'impression ou la distribution des publications de presse d'information politique et générale, au sens de l'article 4 de la loi n° 47-585 du 2 avril 1947 relative au statut des entreprises de groupage et de distribution des journaux et publications périodiques, et des services de presse en ligne d'information politique et générale au sens de l'article 1er de la loi n° 86-897 du 1er août 1986 portant réforme du régime juridique de la presse.

III. – *(Décr. n° 2020-892 du 22 juill. 2020, art. 3)* « Activités » de nature à porter atteinte aux intérêts de la défense nationale, participant à l'exercice de l'autorité publique ou de nature à porter atteinte à l'ordre public et à la sécurité publique, lorsqu'elles sont destinées à être mises en œuvre dans l'une des activités mentionnées aux I ou II :

1° Les activités de recherche et développement portant sur des technologies critiques, dont la liste est définie par arrêté du ministre chargé de l'économie ;

2° Les activités de recherche et développement sur des biens et technologies à double usage énumérés à l'annexe I du règlement (CE) du Conseil du 5 mai 2009 précité.

Code pénal

PREMIÈRE PARTIE : *LÉGISLATIVE*

LIVRE II **DES CRIMES ET DÉLITS CONTRE LES PERSONNES**

TITRE II DES ATTEINTES À LA PERSONNE HUMAINE

CHAPITRE VI *DES ATTEINTES À LA PERSONNALITÉ*

SECTION 4 *De l'atteinte au secret*

§ 1 *De l'atteinte au secret professionnel*

Art. 226-13 La révélation d'une information à caractère secret par une personne qui en est dépositaire soit par état ou par profession, soit en raison d'une fonction ou d'une mission temporaire, est punie d'un an d'emprisonnement et de 15 000 € d'amende.

SECTION 5 *Des atteintes aux droits de la personne résultant des fichiers ou des traitements informatiques*

Art. 226-17 *(L. n° 2004-801 du 6 août 2004, art. 14)* **Le fait de procéder ou de faire procéder à un traitement de données à caractère personnel sans mettre en œuvre les mesures prescrites** *(Ord. n° 2018-1125 du 12 déc. 2018, art. 13, en vigueur au plus tard le 1er juin 2019)* **« aux articles 24, 25, 30 et 32 du règlement (UE) 2016/679 du 27 avril 2016 précité ou au 6° de l'article 4 et aux articles 99 à 101** *[ancienne rédaction : à l'article 34]* **» de la loi n° 78-17 du 6 janvier 1978 précitée est puni de cinq ans d'emprisonnement et de 300 000 € d'amende.**

Art. 226-17-1 *(Ord. n° 2011-1012 du 24 août 2011, art. 39)* **Le fait pour un fournisseur de services de communications électroniques** *(Ord. n° 2018-1125 du 12 déc. 2018, art. 13, en vigueur au plus tard le 1er juin 2019)* **« ou pour un responsable de traitement » de ne pas procéder à la notification d'une violation de données à caractère personnel à la Commission nationale de l'informatique et des libertés ou à l'intéressé, en méconnaissance des** *(Ord. n° 2018-1125 du 12 déc. 2018, art. 13, en vigueur au plus tard le 1er juin 2019)* **« articles 33 et 34 du règlement (UE) 2016/679 du 27 avril 2016 précité ou des dispositions du II de l'article 83 et de l'article 102** *[ancienne rédaction : dispositions du II de l'article 34 bis]* **» de la loi n° 78-17 du 6 janvier 1978, est puni de cinq ans d'emprisonnement et de 300 000 € d'amende.**

(Abrogé par L. n° 2018-493 du 20 juin 2018, art. 18) (L. n° 2016-731 du 3 juin 2016, art. 117) ***« Est puni des mêmes peines le fait pour un responsable de traitement de ne pas procéder à la notification à la Commission nationale de l'informatique et des libertés d'une divulgation ou d'un accès non autorisé de données à un traitement mentionné à l'article L. 4123-9-1 du code de la défense. »***

(Ord. n° 2018-1125 du 12 déc. 2018, art. 13, en vigueur au plus tard le 1er juin 2019) **« Est puni des mêmes peines le fait pour un sous-traitant de ne pas notifier cette violation au responsable de traitement en méconnaissance de l'article 33 du règlement (UE) 2016/679 du 27 avril 2016 précité ou de l'article 102 de la loi n° 78-17 du 6 janvier 1978 précitée. »**

Code des postes et des communications électroniques

Sur le droit international des communications électroniques : V. Constitution de l'IUT, Livre premier, III. Règles internationales.

Sur la sécurité des câbles sous-marins : V. Conv. des Nations unies du 10 déc. 1982, Livre troisième, III. Règles internationales.

PARTIE LÉGISLATIVE

LIVRE II **LES COMMUNICATIONS ÉLECTRONIQUES**

TITRE I **DISPOSITIONS GÉNÉRALES**

CHAPITRE I ***DÉFINITIONS ET PRINCIPES***

Art. L. 32 *V. cet art. ss. Livre III, I. Règles internes.*

CHAPITRE II ***RÉGIME JURIDIQUE***

(L. n° 96-659 du 26 juill. 1996, art. 6)

SECTION 1 ***Réseaux et services*** *(L. n° 2004-669 du 9 juill. 2004, art. 5-I).*

Art. L. 33-14 et L. 33-15 *V. ces art. ss. Livre III, I. Règles internes.*

SECTION 3 ***Protection de la vie privée des utilisateurs de réseaux et services de communications électroniques*** *(L. n° 2004-669 du 9 juill. 2004, art. 10-I).*

Art. L. 34-1 *V. cet art. ss. Livre III, I. Règles internes.*

CHAPITRE V ***DISPOSITIONS PÉNALES***

Art. L. 39-3 *(L. n° 2001-1062 du 15 nov. 2001, art. 29-II)* I. – Est puni d'un an d'emprisonnement et de 75 000 € d'amende le fait pour un opérateur de communications électroniques ou ses agents :

1° De ne pas procéder aux opérations tendant à effacer ou à rendre anonymes les données relatives aux communications dans les cas où ces opérations sont prescrites par la loi ;

2° De ne pas procéder à la conservation des données techniques dans les conditions où cette conservation est exigée par la loi.

Les personnes physiques coupables de ces infractions encourent également l'interdiction, pour une durée de cinq ans au plus, d'exercer l'activité professionnelle à l'occasion de laquelle l'infraction a été commise.

(Abrogé par L. n° 2004-669 du 9 juill. 2004, art. 19-7°) ***« II. – Les personnes morales peuvent être déclarées responsables pénalement, dans les conditions prévues par l'article 121-2 du code pénal, des infractions définies au I.***

« Les peines encourues par les personnes morales sont :

« 1° L'amende, suivant les modalités prévues par l'article 131-38 du code pénal ;

« 2° La peine mentionnée au 2° de l'article 131-9 du code pénal, pour une durée de cinq ans au plus ;

« 3° La peine mentionnée au 9° de l'article 131-39 du code pénal.

« L'interdiction mentionnée au 2° de l'article 131-9 du code pénal porte sur l'activité professionnelle dans l'exercice ou à l'occasion de l'exercice de laquelle l'infraction a été commise. »

Les dispositions issues de la L. n° 2004-669 du 9 juill. 2004 sont applicables à Mayotte, en Polynésie française, en Nouvelle-Calédonie, dans les îles Wallis-et-Futuna et dans les Terres australes et antarctiques françaises (L. préc., art. 140-I à III).

LIVRE III **AUTRES SERVICES, DISPOSITIONS COMMUNES ET FINALES** *(L. n° 2016-1321 du 7 oct. 2016, art. 93-I-1°).*

TITRE I **AUTRES SERVICES**

(L. n° 2016-1321 du 7 oct. 2016, art. 93-I-3°)

Art. L. 100 I. – L'envoi recommandé électronique est équivalent à l'envoi par lettre recommandée, dès lors qu'il satisfait aux exigences de l'article 44 du règlement (UE) n° 910/2014 du Parlement européen et du Conseil du 23 juillet 2014 sur l'identification électronique et les services de confiance pour les transactions électroniques au sein du marché intérieur et abrogeant la directive 1999/93/CE.

Dans le cas où le destinataire n'est pas un professionnel, celui-ci doit avoir exprimé à l'expéditeur son consentement à recevoir des envois recommandés électroniques.

Le prestataire peut proposer que le contenu de l'envoi soit imprimé sur papier puis acheminé au destinataire dans les conditions fixées au livre I du présent code.

II. — Un décret en Conseil d'État fixe les modalités d'application du présent article, notamment :

1° Les exigences requises en matière :

a) D'identification de l'expéditeur et du destinataire ;

b) De preuve du dépôt par l'expéditeur des données et du moment de ce dépôt ;

c) De preuve de la réception par le destinataire ou son mandataire des données transmises et du moment de cette réception ;

d) D'intégrité des données transmises ;

e) De remise, le cas échéant, de l'envoi recommandé électronique imprimé sur papier ;

2° Les informations que le prestataire d'un envoi recommandé électronique doit porter à la connaissance du destinataire ;

3° Le montant de l'indemnité forfaitaire due par le prestataire dont la responsabilité est engagée, en cas de retard dans la réception, de perte, extraction, altération ou modification frauduleuse des données transmises lors de la prestation.

Art. L. 101 *(L. n° 2021-1308 du 8 oct. 2021, art. 47-I)* La personne qui propose ou fournit un service d'envoi électronique en le présentant comme un service de lettre recommandée électronique ou en le présentant sous toute autre dénomination susceptible de prêter à confusion, alors qu'elle n'a pas reçu le statut de prestataire de service d'envoi recommandé électronique qualifié par un organe de contrôle désigné en application de l'article 17 du règlement (UE) n° 910/2014 du Parlement européen et du Conseil du 23 juillet 2014 sur l'identification électronique et les services de confiance pour les transactions électroniques au sein du marché intérieur et abrogeant la directive 1999/93/CE, est passible d'une amende administrative dont le montant ne peut excéder 75 000 € pour une personne physique et 375 000 € pour une personne morale. L'amende est prononcée dans les conditions prévues au chapitre II du titre II du livre V du code de la consommation.

Art. L. 102 *(Ord. n° 2017-1426 du 4 oct. 2017, art. 2-1°)* « I. — L'identification électronique est un processus consistant à utiliser des données d'identification personnelle sous une forme électronique représentant de manière univoque une personne physique ou morale, ou une personne physique représentant une personne morale.

« Un moyen d'identification électronique est un élément matériel ou immatériel contenant des données d'identification personnelle et utilisé pour s'authentifier pour un service en ligne. »

(Ord. n° 2017-1426 du 4 oct. 2017, art. 2-2°) « II. — » *(L. n° 2016-1321 du 7 oct. 2016, art. 86-I)* « La preuve de l'identité aux fins d'accéder à un service de communication au public en ligne peut être apportée par un moyen d'identification électronique.

(Ord. n° 2017-1426 du 4 oct. 2017, art. 2-3°) « III. — » « Ce moyen d'identification électronique est présumé fiable jusqu'à preuve du contraire lorsqu'il répond aux prescriptions du cahier des charges établi par l'autorité nationale de sécurité des systèmes d'information, fixé par décret en Conseil d'État. — *V. CPCE, art. R. 54-1 s., infra.*

« Cette autorité certifie la conformité des moyens d'identification électronique aux exigences de ce cahier des charges. » — *[Anc. art. L. 136.]*

(Ord. n° 2017-1426 du 4 oct. 2017, art. 2-4°) « IV. — Le prestataire fournissant un moyen d'identification électronique autre que celui mentionné au III et qui en fait la demande peut se voir délivrer par l'autorité nationale de sécurité des systèmes d'information une certification attestant du niveau de garantie associé à ce moyen d'identification électronique.

« L'autorité nationale de sécurité des systèmes d'information établit à cette fin, après avis de la Commission nationale de l'informatique et des libertés, les référentiels définissant les exigences de sécurité associées au moyen d'identification électronique. Ces exigences précisent notamment les critères retenus pour la délivrance du moyen d'identification électronique, pour la gestion de ce moyen, pour l'authentification, ainsi que pour la gestion et l'organisation des prestataires. Ces référentiels sont mis à disposition du public par voie électronique.

« Les modalités de cette certification sont définies par décret en Conseil d'État. » — *V. CPCE, art. R. 54-1 s., infra.*

L'art. L. 136 devient l'art. L. 102 (Ord. nº 2017-1426 du 4 oct. 2017, art. 1er-I).

Art. L. 103 *(L. nº 2016-1321 du 7 oct. 2016, art. 87-I)* Un service de coffre-fort numérique est un service qui a pour objet :

1° La réception, le stockage, la suppression et la transmission de données ou documents électroniques dans des conditions permettant de justifier de leur intégrité et de l'exactitude de leur origine ;

2° La traçabilité des opérations réalisées sur ces documents ou données et la disponibilité de cette traçabilité pour l'utilisateur ;

3° L'identification de l'utilisateur lors de l'accès au service par un moyen d'identification électronique respectant *(Ord. nº 2017-1426 du 4 oct. 2017, art. 1er-II)* « l'article L. 102 » ;

4° De garantir l'accès exclusif aux documents électroniques, données de l'utilisateur ou données associées au fonctionnement du service à cet utilisateur, aux tiers autres que le prestataire de service de coffre-fort numérique, explicitement autorisés par l'utilisateur à accéder à ces documents et données et, le cas échéant, au prestataire de service de coffre-fort numérique réalisant un traitement de ces documents ou données au seul bénéfice de l'utilisateur et après avoir recueilli son *(Ord. nº 2018-1125 du 12 déc. 2018, art. 14, en vigueur le 1er juin 2019)* « consentement » dans le respect de la loi nº 78-17 du 6 janvier 1978 relative à l'informatique, aux fichiers et aux libertés ;

5° De donner la possibilité à l'utilisateur de récupérer les documents et les données stockées dans un standard ouvert aisément réutilisable et exploitable par un système de traitement automatisé de données, sauf dans le cas des documents initialement déposés dans un format non ouvert ou non aisément réutilisable qui peuvent être restitués dans leur format d'origine, dans des conditions définies par décret.

Le service de coffre-fort numérique peut également proposer des services de confiance au sens du règlement (UE) nº 910/2014 du Parlement européen et du Conseil du 23 juillet 2014 sur l'identification électronique et les services de confiance pour les transactions électroniques au sein du marché intérieur et abrogeant la directive 1999/93/CE.

Ce service de coffre-fort numérique peut bénéficier d'une certification établie selon un cahier des charges proposé par l'autorité nationale de la sécurité des systèmes d'information après avis de la Commission nationale de l'informatique et des libertés et approuvé par arrêté du ministre chargé du numérique.

Les modalités de mise en œuvre du service de coffre-fort numérique et de sa certification par l'État sont définies par décret en Conseil d'État pris après avis de la Commission nationale de l'informatique et des libertés. — *[Anc. art. L. 137.]*

L'art. L. 137 devient l'art. L. 103 (Ord. nº 2017-1426 du 4 oct. 2017, art. 1er-I).

PARTIE RÉGLEMENTAIRE : *DÉCRETS EN CONSEIL D'ÉTAT*

LIVRE II **LES COMMUNICATIONS ÉLECTRONIQUES**

TITRE I **DISPOSITIONS GÉNÉRALES** *(Décr. nº 97-245 du 12 mars 1997).*

CHAPITRE II ***RÉGIME JURIDIQUE*** *(Décr. nº 97-245 du 12 mars 1997).*

SECTION 3 ***Protection de la vie privée des utilisateurs de réseaux et services de communications électroniques*** *(Décr. nº 2005-605 du 27 mai 2005, art. 2-IV).*

Art. R. 10-12 *(Décr. nº 2021-1361 du 20 oct. 2021, art. 2)* Les données de trafic et de localisation, mentionnées aux IV et V de l'article R. 10-13 et à l'article R. 10-14, s'entendent des informations rendues disponibles par les procédés de communication électronique, susceptibles d'être enregistrées par l'opérateur à l'occasion des communications électroniques dont il assure la transmission.

Art. R. 10-13 *(Décr. nº 2006-358 du 24 mars 2006) (Décr. nº 2021-1361 du 20 oct. 2021, art. 3)* « I. — Les informations relatives à l'identité civile de l'utilisateur, au sens du 1° du II *bis* de l'article L. 34-1, que les opérateurs de communications électroniques sont tenus de conserver, sont :

« 1° Les nom et prénom, la date et le lieu de naissance pour une personne physique ou la raison sociale, ainsi que les nom, prénom, date et lieu de naissance de la personne agissant en son nom, lorsque le compte est ouvert au nom d'une personne morale ;

« 2° La ou les adresses postales associées ;

« 3° La ou les adresses de courrier électronique de l'utilisateur et du ou des comptes associés le cas échéant ;

« 4° Le ou les numéros de téléphone.

« II. — Les autres informations fournies par l'utilisateur lors de la souscription d'un contrat ou de la création d'un compte, mentionnées au 2° du II *bis* de l'article L. 34-1, que les opérateurs de communications électroniques sont tenus de conserver, sont :

« 1° L'identifiant utilisé ;

« 2° Le ou les pseudonymes utilisés ;

« 3° Les données destinées à permettre à l'utilisateur de vérifier son mot de passe ou de le modifier, le cas échéant par l'intermédiaire d'un double système d'identification de l'utilisateur, dans leur dernière version mise à jour.

« III. — Les informations relatives au paiement mentionnées au 2° du II *bis* de l'article L. 34-1, que les opérateurs de communications électroniques sont tenus de conserver, pour chaque opération de paiement, lorsque la souscription du contrat ou la création du compte est payante, sont :

« 1° Le type de paiement utilisé ;

« 2° La référence du paiement ;

« 3° Le montant ;

« 4° La date, l'heure et le lieu en cas de transaction physique.

« IV. — Les données techniques permettant d'identifier la source de la connexion ou celles relatives aux équipements terminaux utilisés, mentionnées au 3° du II *bis* de l'article L. 34-1, que les opérateurs de communications électroniques sont tenus de conserver, sont :

« 1° L'adresse IP attribuée à la source de la connexion et le port associé ;

« 2° Le numéro d'identifiant de l'utilisateur ;

« 3° Le numéro d'identification du terminal ;

« 4° Le numéro de téléphone à l'origine de la communication.

« V. — Les données de trafic et de localisation mentionnées au III de l'article L. 34-1, que les opérateurs de communications électroniques sont tenus de conserver sur injonction du Premier ministre, sont :

« 1° Les caractéristiques techniques ainsi que la date, l'horaire et la durée de chaque communication ;

« 2° Les données relatives aux services complémentaires demandés ou utilisés et leurs fournisseurs ;

« 3° Les données techniques permettant d'identifier le ou les destinataires de la communication, mentionnées aux 1° à 4° du IV du présent article ;

« 4° Pour les opérations effectuées à l'aide de téléphones mobiles, les données permettant d'identifier la localisation de la communication.

« VI. – » Les surcoûts identifiables et spécifiques supportés par les opérateurs requis par les autorités judiciaires pour la fourniture des données relevant des catégories mentionnées au présent article sont compensés selon les modalités prévues à l'article R. 213-1 du code de procédure pénale.

V. CPCE, art. L. 39-3, supra.

LIVRE III AUTRES SERVICES, DISPOSITIONS COMMUNES ET FINALES

(Décr. n° 2018-347du 9 mai 2018, art. 1er, en vigueur le 1er janv. 2019)

TITRE I *[UNIQUE]* AUTRES SERVICES

CHAPITRE II *SERVICE D'IDENTIFICATION ÉLECTRONIQUE*

SECTION 1 *Définitions et présentation des principes de la certification*

(Décr. n° 2022-1004 du 15 juill. 2022, art. 1er)

Art. R. 54-1 Les termes employés au présent chapitre répondent aux définitions suivantes :

1° "Demandeur" : personne physique demandant un moyen d'identification électronique et dont l'identité doit être vérifiée ;

2° "Utilisateur" : personne physique qui, pour s'identifier auprès d'un service numérique, utilise un moyen d'identification électronique ;

3° "Fournisseur de moyen d'identification électronique" : personne morale, publique ou privée, délivrant au demandeur le moyen d'identification électronique ;

4° "Source faisant autorité" : sont reconnus comme sources faisant autorité pour la preuve et la vérification d'identité des personnes physiques lors de la délivrance d'un moyen d'identification électronique :

a) Pour les Français, les ressortissants des autres États membres de l'Union européenne, d'un État partie à l'accord sur l'Espace économique européen ou de la Suisse, le passeport ou la carte nationale d'identité ;

b) Pour les ressortissants de pays tiers résidant en France ou dans un autre État membre de l'Union européenne, dans un État partie à l'accord sur l'Espace économique européen ou en Suisse, le titre de séjour, établi selon le modèle prévu par le règlement (UE) n° 2017/1954 du Parlement européen et du Conseil du 25 octobre 2017 modifiant le règlement (CE) n° 1030/2002 du Conseil établissant un modèle uniforme de titre de séjour pour les ressortissants de pays tiers, délivré par l'État de résidence ;

c) Pour les ressortissants de pays tiers dispensés de l'obligation de visa de court séjour ne résidant pas sur le territoire de l'Union européenne, dans un État partie à l'accord sur l'Espace économique européen ou en Suisse, le passeport, sous réserve que le pays émetteur mette à disposition les moyens nécessaires à la vérification de la validité du titre. Si la dispense de l'obligation de visa est assortie de l'obligation de disposer d'un passeport électronique, seul le passeport biométrique est reconnu comme source faisant autorité pour le pays concerné ;

d) Pour les ressortissants de pays tiers réfugiés ou reconnus apatrides ou bénéficiaires de la protection prévue par la directive 2011/95/UE du Parlement européen et du Conseil du 13 décembre 2011 concernant les normes relatives aux conditions que doivent remplir les ressortissants des pays tiers ou les apatrides pour pouvoir bénéficier d'une protection internationale, à un statut uniforme pour les réfugiés ou les personnes pouvant bénéficier de la protection subsidiaire, et au contenu de cette protection, le passeport est remplacé par le titre de voyage délivré par l'État qui a reconnu la qualité de réfugié ou d'apatride ou accordé la protection.

Ces sources faisant autorité sont considérées comme valides pour la mise en œuvre du présent décret si elles n'ont pas atteint leur date de fin de validité et n'ont pas fait l'objet d'une invalidation.

Art. R. 54-2 Un référentiel d'exigences, établi par l'Agence nationale de la sécurité des systèmes d'information, définit les exigences de sécurité pour les moyens d'identification électronique visant le niveau de garantie faible, substantiel ou élevé. Ce référentiel d'exigences est intitulé "Référentiel d'exigences de sécurité pour les moyens d'identification électronique".

Ce référentiel d'exigences est publié sur le site de l'Agence nationale de la sécurité des systèmes d'information. Toute modification ultérieure entre en vigueur trois mois après sa publication.

Art. R. 54-3 La certification mentionnée au III de l'article L. 102 atteste de la conformité d'un moyen d'identification électronique au cahier des charges défini aux articles R. 54-16 à R. 54-27. La décision de certification est délivrée par l'Agence nationale de la sécurité des systèmes d'information.

La certification mentionnée au IV de l'article L. 102 atteste de la conformité d'un moyen d'identification électronique au référentiel mentionné à l'article R. 54-2 pour le niveau de garantie choisi. La décision de certification est délivrée par l'Agence nationale de la sécurité des systèmes d'information.

Ces certifications sont réalisées dans les conditions prévues aux articles R. 54-5 à R. 54-15.

Art. R. 54-4 Les certifications de moyens d'identification électronique mentionnées à l'article R. 54-3 s'appuient sur une évaluation de la conformité effectuée par un centre d'évaluation choisi par le fournisseur de moyen d'identification électronique parmi :

1° Les prestataires d'audit de la sécurité des systèmes d'information qualifiés au titre du décret n° 2010-112 du 2 février 2010 pris pour l'application des articles 9, 10 et 12 de l'ordonnance n° 2005-1516 du 8 décembre 2005 relative aux échanges électroniques entre les usagers et les autorités administratives et entre les autorités administratives ;

2° Les organismes disposant d'une accréditation pour la certification de systèmes de management de la sécurité de l'information délivrée par l'instance nationale d'accréditation mentionnée à l'article 1er du décret n° 2008-1401 du 19 décembre 2008 relatif à l'accréditation et à l'évaluation de conformité pris en application de l'article 137 de la loi n° 2008-776 du 4 août 2008 de modernisation de l'économie.

La liste actualisée des centres d'évaluation mentionnés aux 1° et 2° est publiée sur le site internet de l'Agence nationale de la sécurité des systèmes d'information.

SECTION 2 *Procédure de certification*

(Décr. n° 2022-1004 du 15 juill. 2022, art. 1er)

Art. R. 54-5 La demande de certification, adressée à l'Agence nationale de la sécurité des systèmes d'information par le fournisseur de moyen d'identification électronique, comprend les documents suivants :

1° Le formulaire de demande de certification complété et signé ;

2° Une présentation générale du fournisseur de moyen d'identification électronique ;

3° Une présentation technique du moyen d'identification électronique candidat à la certification ;

4° Un extrait du registre du commerce et des sociétés ou, à défaut, un extrait d'un autre registre pertinent, d'un document équivalent délivré par l'autorité judiciaire ou administrative compétente du pays d'origine ou d'établissement du fournisseur de moyen d'identification électronique ;

5° Une liste des tiers (sous-traitants, fournisseurs et prestataires) intervenant dans la conception, la mise en œuvre ou l'exploitation du moyen d'identification électronique ;

6° L'engagement du fournisseur du moyen d'identification électronique complété et signé à respecter les exigences définies par le processus de certification et par le référentiel d'exigences mentionné à l'article R. 54-2 ou le cahier des charges défini aux articles R. 54-16 à R. 54-27 ;

7° Un acte de délégation de pouvoir au signataire de l'engagement du fournisseur du moyen d'identification électronique.

Lors du renouvellement de la certification du moyen d'identification électronique, la demande comprend, en plus des documents mentionnés du 1° au 7° du présent article, une analyse d'impact sur la sécurité de toutes les modifications, quelle que soit leur nature, intervenues entre la version du moyen d'identification électronique précédemment certifiée et la version objet de la demande.

Art. R. 54-6 L'Agence nationale de la sécurité des systèmes d'information accuse réception de toute demande de certification de moyen d'identification électronique dans les conditions prévues à l'article L. 112-11 du code des relations entre le public et l'administration.

Lorsque le dossier de demande de certification qui lui est transmis n'est pas complet, l'Agence nationale de la sécurité des systèmes d'information demande, par courrier ou courrier électronique, au fournisseur de moyen d'identification électronique la fourniture des pièces manquantes dans un délai qu'elle fixe. Au terme de ce délai, si les pièces manquantes n'ont pas été fournies, l'agence informe le fournisseur de moyen d'identification électronique de la clôture de sa demande de certification.

Lorsque le dossier de demande de certification est complet, l'Agence nationale de la sécurité des systèmes d'information convient avec le fournisseur de moyen d'identification électronique d'une stratégie d'évaluation du moyen d'identification électronique.

Dès qu'elle a validé cette stratégie, l'Agence nationale de la sécurité des systèmes d'information invite le fournisseur à faire évaluer son moyen d'identification électronique par un centre d'évaluation choisi parmi ceux mentionnés au 1° ou au 2° de l'article R. 54-4.

Art. R. 54-7 Le fournisseur de moyen d'identification électronique détermine avec le centre d'évaluation choisi, conformément à la stratégie d'évaluation mentionnée à l'article R. 54-6 :

1° Le périmètre du service à évaluer et le type de certification visé ;

2° Les conditions d'accès du centre d'évaluation à ses locaux, à son personnel et à ses moyens techniques ;

3° Les conditions de protection des informations traitées dans le cadre de l'évaluation ;

4° Le programme de travail du centre d'évaluation.

Art. R. 54-8 Le moyen d'identification électronique est évalué sur pièces et sur place selon le programme de travail, mentionné à l'article R. 54-6, par le centre d'évaluation et, le cas échéant, par l'Agence nationale de la sécurité des systèmes d'information.

Le fournisseur de moyen d'identification électronique met à la disposition de l'Agence nationale de la sécurité des systèmes d'information et du centre d'évaluation tous les documents nécessaires à l'évaluation. Il leur permet d'accéder à ses locaux et ses moyens techniques et de rencontrer son personnel.

Dans le cadre de l'évaluation, l'Agence nationale de la sécurité des systèmes d'information et le centre d'évaluation peuvent chacun demander à assister à toute activité effectuée par le fournisseur de moyen d'identification électronique et relevant de la certification visée.

Art. R. 54-9 Le centre d'évaluation informe sans délai l'Agence nationale de la sécurité des systèmes d'information de toute difficulté. L'Agence peut, à tout moment, demander à assister à ces travaux ou à obtenir des informations sur leur déroulement. Elle peut également demander, aux frais du fournisseur de moyen d'identification électronique, un complément à l'évaluation réalisée par le centre d'évaluation.

Art. R. 54-10 Au terme de l'évaluation, le centre d'évaluation remet un rapport d'évaluation au fournisseur de moyen d'identification électronique qui le transmet à l'Agence nationale de la sécurité des systèmes d'information dans un délai de trois jours ouvrables après sa réception.

Le rapport d'évaluation fait état :

1° D'un avis motivé sur la conformité du moyen d'identification électronique au cahier des charges défini aux articles R. 54-16 à R. 54-27 ou au référentiel d'exigences mentionné à l'article R. 54-2 ;

2° Des activités d'évaluation réalisées ;

3° Des constats réalisés lors de l'évaluation et le cas échéant des non-conformités identifiées.

Art. R. 54-11 Le directeur général de l'Agence nationale de la sécurité des systèmes d'information prend la décision de certification en tenant compte du rapport d'évaluation et, le cas échéant, des vérifications complémentaires demandées ou réalisées par l'Agence nationale de la sécurité des systèmes d'information.

La décision d'octroi de la certification mentionne :

1° L'identité du fournisseur de moyen d'identification électronique ;

2° Les caractéristiques du moyen d'identification électronique certifié ;

3° Le niveau de garantie atteint par le moyen d'identification électronique ;

4° La durée de validité de la certification ;

5° Le cas échéant, les conditions et les réserves liées à la délivrance ou à l'usage du moyen d'identification électronique.

La décision de refus de certification mentionne les voies et les délais de recours possibles.

Art. R. 54-12 En application du 4° de l'article L. 231-4 et de l'article L. 231-6 du code des relations entre le public et l'administration, le silence gardé par le directeur général de l'Agence nationale de la sécurité des systèmes d'information pendant trois mois sur la demande de certification vaut décision de rejet.

Art. R. 54-13 La certification a une durée de validité maximale de deux ans à compter du prononcé de la décision par le directeur de l'Agence nationale de la sécurité des systèmes d'information.

Son renouvellement est prononcé dans les mêmes formes et selon la même procédure que celles prévues par la présente section.

L'Agence nationale de la sécurité des systèmes d'information publie sur son site internet les décisions de certification en cours de validité.

Pendant la période de validité de la décision de certification, l'Agence nationale de la sécurité des systèmes d'information peut contrôler, ou faire contrôler par un centre d'évaluation, la conformité du fournisseur de moyen d'identification électronique aux exigences applicables. Ces contrôles sont réalisés dans la limite d'un contrôle par an, sauf en cas d'apparition de vulnérabilités affectant le moyen d'identification électronique ou à la suite d'un incident de sécurité affectant le moyen d'identification électronique.

Art. R. 54-14 En cas de manquement aux exigences applicables, aux conditions et réserves fixées par la décision de certification ou en cas de changement des circonstances de droit ou de fait ayant permis de prononcer la décision de certification, le directeur général de l'Agence nationale de la sécurité des systèmes d'information peut décider d'abroger la décision de certification ou de l'assortir de conditions restrictives.

Le directeur général de l'Agence nationale de la sécurité des systèmes d'information met en demeure le fournisseur du moyen d'identification électronique de présenter dans un délai de deux mois un plan d'action pour répondre aux manquements ou aux changements de circonstance mentionnés au premier alinéa.

Si le directeur général de l'Agence nationale de la sécurité des systèmes d'information estime que les mesures proposées par le fournisseur du moyen d'identification électronique dans le cadre du plan d'action ne permettent pas de répondre aux manquements ou aux changements de circonstance mentionnés au premier alinéa, il en informe la direction interministérielle du numérique et sollicite son avis afin que, dans un délai d'un mois, elle lui fasse part des enjeux de continuité des services qui s'appuient sur ce moyen d'identification électronique.

Le directeur général de l'Agence nationale de la sécurité des systèmes d'information sollicite simultanément l'avis des personnes qui lui semblent qualifiées. Cet avis est transmis au directeur général de l'Agence nationale de la sécurité des systèmes d'information dans un délai d'un mois à compter de la réception de la sollicitation.

A l'issue du délai d'un mois mentionné au précédent alinéa, le directeur général de l'Agence nationale de la sécurité des systèmes d'information informe le fournisseur de moyen d'identification électronique du sens de sa décision et des avis de la direction interministérielle du numérique et, le cas échéant, des autres personnes qualifiées sollicitées.

Le fournisseur de moyen d'identification électronique peut présenter ses observations dans un délai de deux mois à compter de cette information.

A l'issue de ce délai de deux mois, le directeur général de l'Agence nationale de la sécurité des systèmes d'information notifie sa décision au fournisseur de moyen d'identification électronique dans les conditions prévues par le code des relations entre le public et l'administration.

Art. R. 54-15 Lorsque les manquements ou changements de circonstance mentionnés à l'article R. 54-14 sont liés à des vulnérabilités permettant d'usurper ou d'altérer l'identité des utilisateurs du moyen d'identification électronique, connues publiquement ou dont l'exploitation, suspectée ou avérée, entraîne des conséquences graves pour l'utilisateur ou les fournisseurs de services, le directeur général de l'Agence nationale de la sécurité des systèmes d'information peut suspendre la certification du moyen d'identification électronique concerné. Cette suspension est prononcée jusqu'à l'intervention d'une décision d'abrogation de la certification ou de levée de la suspension prise par le directeur général de l'Agence nationale de la sécurité des systèmes d'information, dans un délai qui ne peut excéder cinq mois, dans les conditions prévues à l'article R. 54-14.

SECTION 3 *Cahier des charges du moyen d'identification électronique présumé fiable*

(Décr. n° 2022-1004 du 15 juill. 2022, art. 1er)

SOUS-SECTION 1 *Dispositions générales*

Art. R. 54-16 Le moyen d'identification électronique présumé fiable respecte les conditions, les spécifications techniques et les procédures minimales du niveau de garantie "élevé" définies par le règlement d'exécution (UE) 2015/1502 de la Commission du 8 septembre 2015 fixant les spécifications techniques et procédures minimales relatives aux niveaux de garantie des moyens d'identification électronique mentionnés à l'article 8, paragraphe 3, du règlement (UE) n° 910/2014 du Parlement européen et du Conseil sur l'identification électronique et les services de confiance pour les transactions électroniques au sein du marché intérieur, ainsi que les conditions prévues aux articles R. 54-17 à R. 54-27.

Les conditions, spécifications techniques et procédures minimales du niveau de garantie "élevé" sont déclinées dans le référentiel d'exigences mentionné à l'article R. 54-2.

SOUS-SECTION 2 *Vérification de l'identité du demandeur*

Art. R. 54-17 Le fournisseur du moyen d'identification électronique est chargé de vérifier l'identité déclarée par le demandeur avec les informations provenant d'une source faisant autorité.

Cette source faisant autorité doit faire l'objet d'une vérification. Cette vérification, réalisée par le fournisseur de moyen d'identification électronique, garantit :

1° Que la source faisant autorité est valide, au sens du dernier alinéa de l'article R. 54-1 ;

2° Que la source faisant autorité n'a pas fait l'objet d'une falsification ou d'une contrefaçon ;

3° Que les caractéristiques physiques du demandeur correspondent aux informations provenant de la source faisant autorité ;

4° Que l'authenticité du composant électronique et l'intégrité des données qu'il contient sont vérifiées à l'aide de moyens de cryptologie.

Les modalités de vérification autorisées ainsi que les exigences spécifiques applicables sont précisées dans le référentiel d'exigences mentionné à l'article R. 54-2.

Art. R. 54-18 Les données à caractère personnel nécessaires à l'identification d'une personne physique, recueillies lors de la vérification d'identité du demandeur, portent sur les éléments suivants :

1° Le nom de famille tel qu'il résulte de l'acte de naissance ;

2° Le cas échéant, le nom d'usage ;

3° Le ou les prénoms ;

4° La date de naissance ;

5° Le lieu de naissance ;

6° Le sexe.

Art. R. 54-19 Le traitement des données à caractère personnel mentionnées à l'article R. 54-18 est effectué en application du règlement (UE) 2016/679 du Parlement européen et du Conseil du 27 avril 2016, relatif à la protection des personnes physiques à l'égard du traitement des données à caractère personnel et à la libre circulation de ces données, et abrogeant la directive 95/46/CE et de la loi n° 78-17 du 6 janvier 1978 relative à l'informatique, aux fichiers et aux libertés modifiée.

La collecte de données autres que celles mentionnées à l'article R. 54-18 est limitée au strict nécessaire au regard de la finalité du traitement permettant la délivrance du moyen d'identification électronique. Seules les données à caractère personnel strictement nécessaires à l'identification de l'utilisateur sont transmises lors de la connexion à un service de communication électronique.

Art. R. 54-20 Pour la délivrance du moyen d'identification électronique, le fournisseur du moyen d'identification électronique n'est pas tenu de répéter les procédures de vérification mentionnées à l'article R. 54-17 préalablement utilisées dans un but autre que cette délivrance, lorsque ces procédures assurent une garantie équivalente à celle visée dans le présent cahier des charges et que cette équivalence est confirmée par l'Agence nationale de la sécurité des systèmes d'information.

Art. R. 54-21 Lorsque le demandeur dispose déjà d'un moyen d'identification électronique présumé fiable jusqu'à preuve du contraire et certifié dans les conditions prévues au deuxième alinéa de l'article R. 54-3, le fournisseur de moyen d'identification électronique n'est pas tenu de procéder à la vérification de son identité selon les modalités prévues à l'article R. 54-17, sous réserve des deux conditions suivantes :

1° Le demandeur doit procéder à une identification électronique avec le moyen d'identification électronique dont il dispose, en respectant les conditions d'usage et réserves éventuelles liées à la présomption de fiabilité ;

2° Le recours à ce processus de délivrance simplifié est précédé par une analyse des risques de modification des données à caractère personnel relatives à l'identification du demandeur par le fournisseur de moyen d'identification électronique.

Le fournisseur de moyen d'identification électronique ne peut recourir à ce processus de délivrance simplifié si le moyen d'identification électronique présenté a lui-même déjà été délivré selon ce processus simplifié.

Le processus de délivrance simplifié peut être appliqué sur présentation de tout moyen d'identification électronique respectant les exigences relatives au niveau de garantie "élevé" prévu par le règlement (UE) n° 910/2014 du Parlement européen et du Conseil du 23 juillet 2014 sur l'identification électronique et les services de confiance pour les transactions électroniques au sein du marché intérieur et abrogeant la directive 1999/93/CE, sous réserve que le respect de ces exigences puisse être attesté par l'Agence nationale de la sécurité des systèmes d'information.

Les dispositions du présent article s'appliquent également au renouvellement et au remplacement du moyen d'identification électronique.

Art. R. 54-22 Le fournisseur du moyen d'identification électronique procède à une vérification de l'identité de l'utilisateur tous les cinq ans, à compter de la délivrance du moyen d'identification électronique.

Ces vérifications sont effectuées conformément aux dispositions de l'article R. 54-16, de l'article R. 54-20 ou de l'article R. 54-21.

SOUS-SECTION 3 *Qualification des moyens de cryptologie constitutifs du moyen d'identification électronique utilisés sous le contrôle du fournisseur de moyen d'identification*

Art. R. 54-23 Les moyens de cryptologie constitutifs du moyen d'identification électronique, utilisés sous le contrôle du fournisseur de moyen d'identification électronique pour la génération et la conservation des secrets cryptographiques employés dans le cadre de l'identification d'un utilisateur auprès d'un service numérique, sont qualifiés par l'Agence nationale de la sécurité des systèmes d'information au niveau renforcé défini par le référentiel général de sécurité prévu à l'article 9 de l'ordonnance n° 2005-1516 du 8 décembre 2005 relative aux échanges électroniques entre les usagers et les autorités administratives et entre les autorités administratives. Ces éléments sont utilisés conformément aux conditions d'utilisation définies dans leur attestation de qualification.

SOUS-SECTION 4 *Qualification des moyens de cryptologie constitutifs du moyen d'identification électronique utilisés sous le contrôle de l'utilisateur*

Art. R. 54-24 Les moyens de cryptologie constitutifs du moyen d'identification électronique utilisés sous le contrôle de l'utilisateur, hors de l'environnement maîtrisé par le fournisseur de moyen d'identification électronique, et dont l'utilisation frauduleuse permet, directement, l'usurpation ou l'altération de l'identité de l'utilisateur, sont qualifiés par l'Agence nationale de la sécurité des systèmes d'information au niveau renforcé défini par le référentiel général de sécurité prévu à l'article 9 de l'ordonnance n° 2005-1516 du 8 décembre 2005. Ces éléments sont utilisés conformément aux conditions d'utilisation définies dans leur attestation de qualification.

Ces moyens, lorsque leur utilisation frauduleuse permet de faciliter l'usurpation ou l'altération de l'identité de l'utilisateur sans la permettre directement, sont qualifiés par l'Agence nationale de la sécurité des systèmes d'information au niveau élémentaire défini par le référentiel général de sécurité prévu à l'article 9 de l'ordonnance n° 2005-1516 du 8 décembre 2005. Ces éléments sont utilisés conformément aux conditions d'utilisation définies dans leur attestation de qualification.

La stratégie d'évaluation établie selon les modalités prévues à l'article R. 54-6 permet de déterminer le niveau de qualification des moyens de cryptologie constitutifs du moyen d'identification électronique, en accord avec les principes énoncés aux alinéas précédents.

SOUS-SECTION 5 *Cycle de vie des secrets cryptographiques*

Art. R. 54-25 Les secrets cryptographiques employés dans le cadre de l'identification d'un utilisateur auprès d'un service numérique, et dont la divulgation permettrait l'usurpation ou l'altération de l'identité de l'utilisateur, sont utilisés pour une durée maximale de cinq ans.

SOUS-SECTION 6 *Gestion de la sécurité de l'information*

Art. R. 54-26 La mise en œuvre de normes internationales reconnues en matière de gestion de la sécurité de l'information est recommandée. A défaut de mise en œuvre d'une norme reconnue, le fournisseur doit démontrer que le système de gestion de la sécurité de l'information répond à des principes garantissant un niveau de sécurité similaire.

SOUS-SECTION 7 *Comité de suivi de la certification des moyens d'identification électronique*

Art. R. 54-27 Le fournisseur de moyen d'identification électronique organise annuellement un comité de suivi de la certification des moyens d'identification électronique afin :

1° De présenter une synthèse des usages de ces moyens d'identification électronique ;

2° D'apprécier les risques pesant sur ces moyens ;

3° D'anticiper le renouvellement éventuel de la certification de ces moyens.

Ce comité s'intéresse aux seuls moyens d'identification électroniques présumés fiables mis en œuvre par le fournisseur de moyen d'identification.

Le fournisseur de moyen d'identification électronique convie l'Agence nationale de la sécurité des systèmes d'information ainsi que toute personne qualifiée au regard des objectifs du comité.

CHAPITRE III *SERVICE DE COFFRE-FORT NUMÉRIQUE*

(Décr. n° 2018-418 du 30 mai 2018, en vigueur le 1er janv. 2019)

SECTION 1 *[UNIQUE]* *Mise en œuvre du service de coffre-fort numérique*

Art. R. 55-1 Le fournisseur d'un service de coffre-fort numérique est tenu à une obligation d'information claire, loyale et transparente sur les modalités de fonctionnement et d'utilisation du service, préalable à la conclusion d'un contrat.

Avant que l'utilisateur ne soit lié par un contrat de fourniture de service de coffre-fort numérique, le fournisseur du service lui communique, de manière lisible et compréhensible, les informations suivantes :

1° Le type d'espace mis à sa disposition et les conditions d'utilisation associées ;

2° Les mécanismes techniques utilisés ;

3° La politique de confidentialité ;

4° L'existence et les modalités de mise en œuvre des garanties de bon fonctionnement ;

5° Son engagement sur la conformité du service aux exigences fixées aux 1° à 5° de l'article L. 103.

Ces informations sont également mises à disposition en ligne et, le cas échéant, mises à jour.

Art. R. 55-2 Le fournisseur du service de coffre-fort numérique expose dans un dossier technique la façon dont il assure le respect des exigences fixées aux 1° à 5° de l'article L. 103, telles que précisées dans la présente section.

Art. R. 55-3 L'intégrité, la disponibilité et l'exactitude de l'origine des données et documents stockés dans le coffre-fort numérique sont garanties par des mesures de sécurité adaptées et conformes à l'état de l'art.

Art. R. 55-4 La traçabilité des opérations réalisées sur les données et documents stockés dans le coffre-fort numérique et la disponibilité de cette traçabilité pour l'utilisateur requièrent au minimum la mise en œuvre des mesures suivantes :

1° L'enregistrement et l'horodatage des accès et tentatives d'accès ;

2° L'enregistrement des opérations affectant le contenu ou l'organisation des données et documents de l'utilisateur ;

3° L'enregistrement des opérations de maintenance affectant les données et documents stockés dans les coffres-forts numériques.

Les durées de conservation de ces données de traçabilité constituent une mention obligatoire du contrat de fourniture de service de coffre-fort électronique.

Art. R. 55-5 L'identification de l'utilisateur lors de l'accès au service de coffre-fort numérique est assurée par un moyen d'identification électronique adapté aux enjeux de sécurité du service.

Art. R. 55-6 La garantie, telle que prévue au 4° de l'article L. 103, de l'exclusivité d'accès aux documents et aux données de l'utilisateur ou aux données associées au fonctionnement du service requiert au minimum la mise en œuvre des mesures suivantes :

1° Un mécanisme de contrôle d'accès limitant l'ouverture du coffre-fort numérique aux seules personnes autorisées par l'utilisateur ;

2° Des mesures de sécurité destinées à garantir la confidentialité des documents et données stockés ainsi que des métadonnées correspondantes ;

3° Le chiffrement par le service de coffre-fort numérique de l'ensemble des documents et données stockés par le coffre-fort numérique ou transférés vers ou depuis celui-ci. Ce chiffrement doit être effectué à l'aide de mécanismes cryptographiques conformes à l'état de l'art et permettre une évolution de la taille des clés et des algorithmes utilisés. La conformité à l'état de l'art est présumée lorsque les mécanismes impliqués dans ces opérations de chiffrement sont conformes aux règles et recommandations de l'Agence nationale de sécurité des systèmes d'information concernant le choix et le dimensionnement des mécanismes cryptographiques.

Code de la propriété intellectuelle

PREMIÈRE PARTIE : *LÉGISLATIVE*

PREMIÈRE PARTIE *LA PROPRIÉTÉ LITTÉRAIRE ET ARTISTIQUE*

LIVRE III **DISPOSITIONS GÉNÉRALES RELATIVES AU DROIT D'AUTEUR, AUX DROITS VOISINS ET DROITS DES PRODUCTEURS DE BASES DE DONNÉES** *(L. n° 98-536 du 1er juill. 1998).*

TITRE III **PRÉVENTION, PROCÉDURES ET SANCTIONS** *(L. n° 2009-669 du 12 juin 2009, art. 4).*

CHAPITRE I *DISPOSITIONS GÉNÉRALES*

SECTION 3 *Autorité de régulation de la communication audiovisuelle et numérique* *(L. n° 2021-1382 du 25 oct. 2021, art. 1er, en vigueur le 1er janv. 2022).*

(L. n° 2009-669 du 12 juin 2009, art. 5)

SOUS-SECTION 1 *Compétences et organisation en matière de protection du droit d'auteur et des droits voisins* *(L. n° 2021-1382 du 25 oct. 2021, art. 1er, en vigueur le 1er janv. 2022).*

Art. L. 331-12 *(L. n° 2021-1382 du 25 oct. 2021, art. 1er, en vigueur le 1er janv. 2022)* L'Autorité de régulation de la communication audiovisuelle et numérique assure :

1° Une mission de protection des œuvres et des objets auxquels sont attachés un droit d'auteur, un droit voisin ou un droit d'exploitation audiovisuelle mentionné à l'article L. 333-10 du code du sport, à l'égard des atteintes à ces droits commises sur les réseaux de communications électroniques utilisés pour la fourniture de services de communication au public en ligne.

Elle mène des actions de sensibilisation et de prévention auprès de tous les publics, notamment auprès des publics scolaires et universitaires ;

2° Une mission d'encouragement au développement de l'offre légale et d'observation de l'utilisation licite et illicite des œuvres et des objets protégés par un droit d'auteur, un droit voisin ou un droit d'exploitation audiovisuelle mentionné au même article L. 333-10 sur les réseaux de communications électroniques utilisés pour la fourniture de services de communication au public en ligne ;

3° Une mission de régulation et de veille dans le domaine des mesures techniques de protection et d'identification des œuvres et des objets protégés.

Au titre de ces missions, l'autorité prend toute mesure, notamment par l'adoption de recommandations, de guides de bonnes pratiques, de modèles et de clauses types ainsi que de codes de conduite visant à favoriser, d'une part, l'information du public sur l'existence des moyens de sécurisation mentionnés à l'article L. 331-20 du présent code et, d'autre part, la signature d'accords volontaires susceptibles de contribuer à remédier aux atteintes au droit d'auteur et aux droits voisins ou aux droits d'exploitation audiovisuelle mentionnés à l'article L. 333-10 du code du sport sur les réseaux de communications électroniques utilisés pour la fourniture de services de communication au public en ligne.

L'autorité évalue l'efficacité des accords qui ont été conclus. A cette fin, elle peut solliciter des parties toutes informations utiles relatives à leur mise en œuvre. Elle peut formuler des recommandations pour promouvoir la conclusion de tels accords et des propositions pour pallier les éventuelles difficultés rencontrées dans leur exécution ou au stade de leur conclusion.

Art. L. 331-13 *(L. nº 2021-1382 du 25 oct. 2021, art. 1er, en vigueur le 1er janv. 2022)* Le membre de l'autorité désigné en application du IV de l'article 4 de la loi nº 86-1067 du 30 septembre 1986 relative à la liberté de communication est chargé d'exercer la mission prévue au paragraphe 1 de la sous-section 3 de la présente section.

Art. L. 331-14 *(L. nº 2021-1382 du 25 oct. 2021, art. 1er, en vigueur le 1er janv. 2022)* I. – Pour l'exercice des missions mentionnées à l'article L. 331-12, l'Autorité de régulation de la communication audiovisuelle et numérique dispose d'agents publics assermentés devant l'autorité judiciaire et habilités par son président dans des conditions fixées par décret en Conseil d'État. Cette habilitation ne dispense pas de l'application des dispositions définissant les procédures autorisant l'accès aux secrets protégés par la loi.

II. – Pour l'exercice de la mission prévue au paragraphe 1 de la sous-section 3 de la présente section, les agents mentionnés au I du présent article reçoivent les saisines adressées à l'autorité dans les conditions prévues à l'article L. 331-19.

Ces agents peuvent obtenir des opérateurs de communications électroniques l'identité, l'adresse postale, les adresses électroniques dont ceux-ci disposent ainsi que les coordonnées téléphoniques de l'abonné dont l'accès à des services de communication au public en ligne a été utilisé à des fins de reproduction, de représentation, de mise à disposition ou de communication au public d'œuvres ou d'objets protégés sans l'autorisation des titulaires des droits prévus aux livres I et II, lorsqu'elle est requise.

III. – Pour l'exercice des missions prévues aux articles L. 331-25 et L. 331-27, les agents habilités et assermentés de l'Autorité de régulation de la communication audiovisuelle et numérique peuvent constater les faits susceptibles de constituer des infractions prévues aux articles L. 335-3 et L. 335-4 lorsqu'ils sont commis sur les réseaux de communications électroniques utilisés pour la fourniture de services de communication au public en ligne.

Dans ce cadre, les agents habilités et assermentés de l'autorité peuvent, sans en être tenus pénalement responsables :

1º Participer sous un pseudonyme à des échanges électroniques susceptibles de se rapporter à ces infractions ;

2º Reproduire des œuvres ou des objets protégés sur les services de communication au public en ligne ;

3º Extraire, acquérir ou conserver par ce moyen des éléments de preuve sur ces services aux fins de la caractérisation des faits susceptibles de constituer des infractions ;

4º Acquérir et étudier les matériels et les logiciels propres à faciliter la commission d'actes de contrefaçon.

A peine de nullité, ces actes ne peuvent avoir pour effet d'inciter autrui à commettre une infraction.

Les agents mentionnés au premier alinéa du présent III consignent les informations ainsi recueillies dans un procès-verbal qui rend compte des conditions dans lesquelles les facultés reconnues aux 1º à 4º ont été employées.

Art. L. 331-15 *(L. nº 2009-1311 du 28 oct. 2009, art. 1er) (L. nº 2021-1382 du 25 oct. 2021, art. 1er, en vigueur le 1er janv. 2022)* « Le membre de l'Autorité de régulation de la communication audiovisuelle et numérique chargé d'exercer la mission prévue au paragraphe 1 de la sous-section 3 de la présente section ainsi que les agents habilités et assermentés mentionnés à l'article L. 331-14 peuvent constater les faits susceptibles de constituer des infractions prévues aux articles L. 335-2, L. 335-3, L. 335-4 et L. 335-7-1 lorsqu'ils sont commis sur les réseaux de communications électroniques utilisés pour la fourniture de services de communication au public en ligne. »

Ils peuvent en outre recueillir les observations des personnes concernées. Il est fait mention de ce droit dans la lettre de convocation.

Lorsque les personnes concernées demandent à être entendues, ils les convoquent et les entendent. Toute personne entendue a le droit de se faire assister d'un conseil de son choix.

(L. n° 2016-731 du 3 juin 2016, art. 83-VI) **« Conformément à l'article 28 du code de procédure pénale, l'article 61-1 du même code est applicable lorsqu'il est procédé à l'audition d'une personne à l'égard de laquelle il existe des raisons plausibles de soupçonner qu'elle a commis ou tenté de commettre une infraction. »**

Une copie du procès-verbal d'audition est remise à la personne concernée.

L'art. L. 331-15, renuméroté par la L. n° 2021-1382 du 25 oct. 2021, est l'ancien art. L. 331-21-1.

Art. L. 331-16 **Dans les conditions prévues par l'article 17-1 de la loi n° 95-73 du 21 janvier 1995 d'orientation et de programmation relative à la sécurité, les décisions d'habilitation des agents mentionnés à l'article** *(L. n° 2021-1382 du 25 oct. 2021, art. 1er, en vigueur le 1er janv. 2022)* **« L. 331-14 » du présent code sont précédées d'enquêtes administratives destinées à vérifier que leur comportement n'est pas incompatible avec l'exercice de leurs fonctions ou missions.**

L'art. L. 331-16, renuméroté par la L. n° 2021-1382 du 25 oct. 2021, est l'ancien art. L. 331-22.

L'al. 1er relatif à la composition de la HADOPI est supprimé (L. préc., art. 1er-14°).

SOUS-SECTION 2 *Mission d'encouragement au développement de l'offre légale et d'observation de l'utilisation licite et illicite d'œuvres et d'objets protégés par un droit d'auteur ou par un droit voisin sur les réseaux de communications électroniques*

Art. L. 331-17 **Au titre de sa mission d'encouragement au développement de l'offre légale, qu'elle soit ou non commerciale, et d'observation de l'utilisation, qu'elle soit licite ou illicite, des œuvres et des objets protégés par un droit d'auteur ou par un droit voisin** *(L. n° 2021-1382 du 25 oct. 2021, art. 1er, en vigueur le 1er janv. 2022)* **« ou par des droits d'exploitation audiovisuelle mentionnés à l'article L. 333-10 du code du sport » sur les réseaux de communications électroniques,** *(L. n° 2021-1382 du 25 oct. 2021, art. 1er, en vigueur le 1er janv. 2022)* **« l'Autorité de régulation de la communication audiovisuelle et numérique développe des outils visant à renforcer la visibilité et le référencement de l'offre légale auprès du public et » publie chaque année des indicateurs dont la liste est fixée par décret. Elle rend compte du développement de l'offre légale dans le rapport mentionné à l'article** *(L. n° 2021-1382 du 25 oct. 2021, art. 1er, en vigueur le 1er janv. 2022)* **« 18 de la loi n° 86-1067 du 30 septembre 1986 relative à la liberté de communication ».**

Al. abrogés par L. n° 2021-1382 du 25 oct. 2021, art. 1er.

Elle identifie et étudie les modalités techniques permettant l'usage illicite des œuvres et des objets protégés par un droit d'auteur ou par un droit voisin *(L. n° 2021-1382 du 25 oct. 2021, art. 1er, en vigueur le 1er janv. 2022)* **« ou par des droits d'exploitation audiovisuelle mentionnés à l'article L. 333-10 du code du sport » sur les réseaux de communications électroniques. Dans le cadre du rapport prévu à l'article** *(L. n° 2021-1382 du 25 oct. 2021, art. 1er, en vigueur le 1er janv. 2022)* **« 18 de la loi n° 86-1067 du 30 septembre 1986 précitée », elle propose, le cas échéant, des solutions visant à y remédier.**

L'art. L. 331-17, renuméroté par la L. n° 2021-1382 du 25 oct. 2021, est l'ancien art. L. 331-23.

Art. L. 331-18 *(Ord. n° 2021-580 du 12 mai 2021, art. 3) (L. n° 2021-1382 du 25 oct. 2021, art. 1er, en vigueur le 1er janv. 2022)* **« I. — L'Autorité de régulation de la communication audiovisuelle et numérique évalue le niveau d'efficacité des mesures de protection des œuvres et des objets protégés, prises par les fournisseurs de services de partage de contenus en ligne mentionnés à l'article L. 137-1, au regard de leur aptitude à assurer la protection des œuvres et des objets protégés, y compris leurs conditions de déploiement et de fonctionnement. Elle peut formuler des recommandations en vue de leur amélioration ainsi que sur le niveau de transparence requis.**

« Au titre de la mission d'évaluation mentionnée au premier alinéa du présent I, les agents habilités et assermentés de l'Autorité de régulation de la communication audiovisuelle et numérique peuvent mettre en œuvre des méthodes proportionnées de collecte automatisée des données publiquement accessibles.

« L'Autorité de régulation de la communication audiovisuelle et numérique peut solliciter toutes informations utiles auprès des fournisseurs de service, des titulaires de droit et des concepteurs des mesures de protection. »

II. — *(L. n° 2021-1382 du 25 oct. 2021, art. 1er, en vigueur le 1er janv. 2022)* **« L'Autorité de régulation de la communication audiovisuelle et numérique » encourage la coopération entre titulaires de droits et fournisseurs de services de partage de contenus en ligne en vue d'assurer la disponibilité sur le service des contenus téléversés par les utilisateurs qui ne portent pas atteinte au droit d'auteur et aux droits voisins. Elle peut, après consultation des parties prenantes, formuler des recommandations à l'attention des titulaires de droits et des fournisseurs de services, en particulier s'agissant des notifications ou des informations nécessaires et pertinentes fournies par les titulaires de droits.**

III. — *(L. n° 2021-1382 du 25 oct. 2021, art. 1er, en vigueur le 1er janv. 2022)* **« L'Autorité de régulation de la communication audiovisuelle et numérique » rend compte de la mission prévue au présent article dans le rapport** *(L. n° 2021-1382 du 25 oct. 2021, art. 1er, en vigueur le 1er janv. 2022)* **« mentionné à l'article 18 de la loi n° 86-1067 du 30 septembre 1986 relative à la liberté de communication ».**

Les dispositions de l'Ord. n° 2021-580 du 12 mai 2021 sont applicables à compter du 7 juin 2021 aux œuvres et objets faisant l'objet d'une protection au titre du droit d'auteur ou des droits voisins à la date de publication de la présente ordonnance, y compris ceux téléversés antérieurement à cette date (Ord. préc., art. 13-I).

L'art. L. 331-18, renuméroté par la L. n° 2021-1382 du 25 oct. 2021, est l'ancien art. L. 331-23-1.

SOUS-SECTION 3 *Mission de protection des œuvres et objets auxquels est attaché un droit d'auteur ou un droit voisin*

§ 1 *Envoi des recommandations aux abonnés (L. n° 2021-1382 du 25 oct. 2021, art. 1er, en vigueur le 1er janv. 2022).*

Art. L. 331-19 *(L. n° 2021-1382 du 25 oct. 2021, art. 1er, en vigueur le 1er janv. 2022)* **« L'Autorité de régulation de la communication audiovisuelle et numérique » agit sur saisine d'agents assermentés et agréés dans les conditions définies à l'article L. 331-2 qui sont désignés par :**

— les organismes de défense professionnelle régulièrement constitués ;

— les *(Ord. n° 2016-1823 du 22 déc. 2016, art. 2-14°)* **« organismes de gestion collective » ;**

— le Centre national du cinéma et de l'image animée.

(L. n° 2021-1382 du 25 oct. 2021, art. 1er, en vigueur le 1er janv. 2022) **« L'autorité » peut également agir sur la base d'informations qui lui sont transmises par le procureur de la République** *(L. n° 2021-1382 du 25 oct. 2021, art. 1er, en vigueur le 1er janv. 2022)* **« ou sur la base d'un constat d'huissier établi à la demande d'un ayant droit ».**

Elle ne peut être saisie de faits remontant à plus de six mois. *(L. n° 2021-1382 du 25 oct. 2021, art. 1er, en vigueur le 1er janv. 2022)* **« Ce délai est de douze mois s'agissant des informations transmises par le procureur de la République. »**

Les dispositions de l'Ord. n° 2016-1823 du 22 déc. 2016 sont applicables dans les îles Wallis-et-Futuna (Ord. préc., art. 6).

L'art. L. 331-19, renuméroté par la L. n° 2021-1382 du 25 oct. 2021, est l'ancien art. L. 331-24.

Art. L. 331-20 **Lorsqu'elle est saisie de faits susceptibles de constituer un manquement à l'obligation définie à l'article L. 336-3,** *(L. n° 2021-1382 du 25 oct. 2021, art. 1er, en vigueur le 1er janv. 2022)* **« l'Autorité de régulation de la communication audiovisuelle et numérique » peut envoyer à l'abonné, sous son timbre et pour son compte, par la voie électronique et par l'intermédiaire de la personne dont l'activité est d'offrir un accès à des services de communication au public en ligne ayant conclu un contrat avec l'abonné** *(L. n° 2021-1382 du 25 oct. 2021, art. 1er, en vigueur le 1er janv. 2022)* **« ou par lettre simple », une recommandation lui rappelant les dispositions de l'article L. 336-3, lui enjoignant de respecter l'obligation qu'elles définissent**

[Dispositions déclarées non conformes à la Constitution par la décision du Conseil constitutionnel n° 2009-580 DC du 10 juin 2009.] (L. n° 2009-1311 du 28 oct. 2009, art. 3) « et l'avertissant des sanctions encourues en application des articles L. 335-7 et L. 335-7-1 ». Cette recommandation contient également une information de l'abonné sur l'offre légale de contenus culturels en ligne, sur l'existence de moyens de sécurisation permettant de prévenir les manquements à l'obligation définie à l'article L. 336-3 ainsi que sur les dangers pour le renouvellement de la création artistique et pour l'économie du secteur culturel des pratiques ne respectant pas le droit d'auteur et les droits voisins.

En cas de renouvellement, dans un délai de six mois à compter de l'envoi de la recommandation visée au premier alinéa, de faits susceptibles de constituer un manquement à l'obligation définie à l'article L. 336-3, *(L. n° 2021-1382 du 25 oct. 2021, art. 1er, en vigueur le 1er janv. 2022)* « l'autorité » peut adresser une nouvelle recommandation comportant les mêmes informations que la précédente par la voie électronique dans les conditions prévues au premier alinéa. Elle *(L. n° 2009-1311 du 28 oct. 2009, art. 3)* « doit » assortir cette recommandation d'une lettre remise contre signature ou de tout autre moyen propre à établir la preuve de la date *(L. n° 2009-1311 du 28 oct. 2009, art. 3)* « de présentation » de cette recommandation.

Les recommandations adressées sur le fondement du présent article mentionnent la date et l'heure auxquelles les faits susceptibles de constituer un manquement à l'obligation définie à l'article L. 336-3 ont été constatés. *(L. n° 2021-1382 du 25 oct. 2021, art. 1er, en vigueur le 1er janv. 2022)* « Elles précisent » le contenu des œuvres ou objets protégés concernés par ce manquement. *(L. n° 2021-1382 du 25 oct. 2021, art. 1er, en vigueur le 1er janv. 2022)* « Elles indiquent les coordonnées postales et électroniques où leur destinataire peut adresser, s'il le souhaite, des observations à l'autorité. »

L'art. L. 331-20, renuméroté par la L. n° 2021-1382 du 25 oct. 2021, est l'ancien art. L. 331-25.

Art. L. 331-21 Les personnes dont l'activité est d'offrir un accès à des services de communication au public en ligne font figurer, dans les contrats conclus avec leurs abonnés, la mention claire et lisible des dispositions de l'article L. 336-3 et des mesures qui peuvent être prises par *(L. n° 2021-1382 du 25 oct. 2021, art. 1er, en vigueur le 1er janv. 2022)* « l'Autorité de régulation de la communication audiovisuelle et numérique » *[Dispositions déclarées non conformes à la Constitution par la décision du Conseil constitutionnel n° 2009-580 DC du 10 juin 2009.]*. Elles font également figurer, dans les contrats conclus avec leurs abonnés, les sanctions pénales et civiles encourues en cas de violation des droits d'auteur et des droits voisins *(L. n° 2009-1311 du 28 oct. 2009, art. 3)* « et en application de l'article L. 335-7-1 ».

En outre, les personnes visées au premier alinéa du présent article informent leurs nouveaux abonnés et les personnes reconduisant leur contrat d'abonnement sur l'offre légale de contenus culturels en ligne, sur l'existence de moyens de sécurisation permettant de prévenir les manquements à l'obligation définie à l'article L. 336-3 ainsi que sur les dangers pour le renouvellement de la création artistique et pour l'économie du secteur culturel des pratiques ne respectant pas le droit d'auteur et les droits voisins.

L'art. L. 331-21, renuméroté par la L. n° 2021-1382 du 25 oct. 2021, est l'ancien art. L. 331-27.

Art. L. 331-22 *(L. n° 2021-1382 du 25 oct. 2021, art. 1er, en vigueur le 1er janv. 2022)* « L'Autorité de régulation de la communication audiovisuelle et numérique » peut conserver les données techniques mises à sa disposition pendant la durée nécessaire à l'exercice des compétences qui lui sont confiées *(L. n° 2021-1382 du 25 oct. 2021, art. 1er, en vigueur le 1er janv. 2022)* « au présent paragraphe » *[Dispositions déclarées non conformes à la Constitution par la décision du Conseil constitutionnel n° 2009-580 DC du 10 juin 2009.]*.

(L. n° 2009-1311 du 28 oct. 2009, art. 4) « La personne dont l'activité est d'offrir un accès à des services de communication au public en ligne est tenue d'informer *(L. n° 2021-1382 du 25 oct. 2021, art. 1er, en vigueur le 1er janv. 2022)* « l'autorité » de la date à laquelle elle a débuté la suspension ; *(L. n° 2021-1382 du 25 oct. 2021, art. 1er, en vigueur le 1er janv. 2022)* « l'autorité » procède à l'effacement des données à caractère personnel relatives à l'abonné dès le terme de la période de suspension. »

L'art. L. 331-22, renuméroté par la L. n° 2021-1382 du 25 oct. 2021, est l'ancien art. L. 331-28.

Art. L. 331-23 Est autorisée la création, par *(L. n° 2021-1382 du 25 oct. 2021, art. 1er, en vigueur le 1er janv. 2022)* « l'Autorité de régulation de la communication audiovisuelle et numérique », d'un traitement automatisé de données à caractère personnel portant sur les personnes faisant l'objet d'une procédure dans le cadre *(L. n° 2021-1382 du 25 oct. 2021, art. 1er, en vigueur le 1er janv. 2022)* « du présent paragraphe ».

Ce traitement a pour finalité la mise en œuvre, par *(L. n° 2021-1382 du 25 oct. 2021, art. 1er, en vigueur le 1er janv. 2022)* « l'autorité, des mesures prévues au présent paragraphe » *(L. n° 2009-1311 du 28 oct. 2009, art. 5)* « , de tous les actes de procédure afférents et des modalités de l'information des organismes de défense professionnelle et des *(Ord. n° 2016-1823 du 22 déc. 2016, art. 2-14°)* « organismes de gestion collective » des éventuelles saisines de l'autorité judiciaire ainsi que des notifications prévues au cinquième alinéa de l'article L. 335-7 » *[Dispositions déclarées non conformes à la Constitution par la décision du Conseil constitutionnel n° 2009-580 DC du 10 juin 2009.]*.

Un décret en Conseil d'État, pris après avis de la Commission nationale de l'informatique et des libertés, fixe les modalités d'application du présent article. Il précise notamment :

– les catégories de données enregistrées et leur durée de conservation ;

– les destinataires habilités à recevoir communication de ces données, notamment les personnes dont l'activité est d'offrir un accès à des services de communication au public en ligne ;

– les conditions dans lesquelles les personnes intéressées peuvent exercer, auprès de *(L. n° 2021-1382 du 25 oct. 2021, art. 1er, en vigueur le 1er janv. 2022)* « l'autorité », leur droit d'accès aux données les concernant conformément à la loi n° 78-17 du 6 janvier 1978 relative à l'informatique, aux fichiers et aux libertés.

Les dispositions de l'Ord. n° 2016-1823 du 22 déc. 2016 sont applicables dans les îles Wallis-et-Futuna (Ord. préc., art. 6).

L'art. L. 331-23, renuméroté par la L. n° 2021-1382 du 25 oct. 2021, est l'ancien art. L. 331-29.

Art. L. 331-24 Un décret en Conseil d'État *(L. n° 2021-1382 du 25 oct. 2021, art. 1er, en vigueur le 1er janv. 2022)* « précise les conditions d'application du présent paragraphe. »

[Dispositions déclarées non conformes à la Constitution par la décision du Conseil constitutionnel n° 2009-580 DC du 10 juin 2009.]

L'art. L. 331-24, renuméroté par la L. n° 2021-1382 du 25 oct. 2021, est l'ancien art. L. 331-30.

§ 2 *Caractérisation des atteintes aux droits*

(L. n° 2021-1382 du 25 oct. 2021, art. 1er, en vigueur le 1er janv. 2022)

Art. L. 331-25 I. – Au titre de la mission mentionnée au 1° de l'article L. 331-12, l'Autorité de régulation de la communication audiovisuelle et numérique peut rendre publique l'inscription sur une liste du nom et des agissements de ceux des services de communication au public en ligne ayant fait l'objet d'une délibération dans le cadre de laquelle il a été constaté que ces services portaient atteinte, de manière grave et répétée, aux droits d'auteur ou aux droits voisins.

II. – L'engagement de la procédure d'instruction préalable à l'inscription sur la liste mentionnée au I du présent article est assuré par le rapporteur mentionné à l'article 42-7 de la loi n° 86-1067 du 30 septembre 1986 relative à la liberté de communication ou par l'un de ses adjoints.

Sont qualifiés pour procéder, sur demande du rapporteur, à la recherche et à la constatation d'une atteinte aux droits d'auteur ou aux droits voisins les agents habilités et assermentés mentionnés au III de l'article L. 331-14 du présent code.

Ces agents, qui disposent des pouvoirs d'enquête reconnus à l'autorité par l'article 19 de la loi n° 86-1067 du 30 septembre 1986 précitée, peuvent prendre en compte tout élément utile et solliciter des titulaires de droits d'auteur ou de droits voisins toute information relative :

1° Aux autorisations d'exploitation que lesdits titulaires ont consenties à des services de communication au public en ligne ;

2° Aux notifications qu'ils ont adressées aux services de communication au public en ligne ou aux autres éléments permettant de constater l'exploitation illicite sur ces services d'œuvres ou d'objets protégés ;

3° Aux constats effectués par les agents agréés et assermentés mentionnés à l'article L. 331-2 du présent code.

Les constats des agents font l'objet de procès-verbaux, qui sont communiqués au rapporteur. S'il estime que les éléments recueillis justifient l'inscription sur la liste mentionnée au I du présent article, le rapporteur transmet le dossier à cette fin au président de l'autorité.

III. – L'autorité convoque le responsable du service de communication au public en ligne en cause à une séance publique pour le mettre en mesure de faire valoir ses observations et de produire tout élément justificatif. Cette convocation est effectuée par voie électronique sur la base des informations mentionnées au 2° de l'article 19 de la loi n° 2004-575 du 21 juin 2004 pour la confiance dans l'économie numérique ; lorsque ces informations ne sont pas disponibles, l'autorité informe le service concerné par l'intermédiaire de son site internet. Dans tous les cas, la convocation est adressée au moins quinze jours avant la date de la séance publique.

A la date fixée pour cette séance publique, le responsable du service en cause comparaît en personne ou par l'intermédiaire d'un représentant. Le défaut de comparution personnelle ou de représentation ne fait pas obstacle à la poursuite de la procédure.

IV. – A l'issue de la séance publique mentionnée au III, l'autorité délibère sur l'inscription du service de communication au public en ligne sur la liste mentionnée au I. L'autorité délibère hors la présence du rapporteur.

La délibération, prise après procédure contradictoire, par laquelle l'autorité estime qu'un service de communication au public en ligne a porté atteinte, de manière grave et répétée, aux droits d'auteur ou aux droits voisins et par laquelle elle décide, en conséquence, de l'inscrire sur la liste mentionnée au même I est motivée. L'autorité fixe la durée de l'inscription sur la liste mentionnée audit I, qui ne peut excéder douze mois.

La délibération est publiée sur le site internet de l'autorité et notifiée au service en cause par voie électronique, dans les conditions prévues au premier alinéa du III.

A tout moment, le service de communication au public en ligne peut demander à l'autorité d'être retiré de la liste mentionnée au I dès lors qu'il justifie du respect des droits d'auteur et des droits voisins. L'autorité statue sur cette demande par une décision motivée rendue après une séance publique organisée selon les modalités définies au III.

V. – La liste mentionnée au I peut être utilisée par les signataires des accords volontaires prévus à l'article L. 331-12. Pendant toute la durée de l'inscription sur cette liste, les annonceurs, leurs mandataires, les services mentionnés au 2° du II de l'article 299 du code général des impôts et toute autre personne en relation commerciale avec les services mentionnés au I du présent article, notamment pour pratiquer des insertions publicitaires ou procurer des moyens de paiement, rendent publique, au moins une fois par an, dans des conditions précisées par l'autorité, l'existence de ces relations et les mentionnent, le cas échéant, dans le rapport de gestion prévu au II de l'article L. 232-1 du code de commerce.

VI. – L'inscription, par l'autorité, sur la liste prévue au I du présent article ne constitue pas une étape préalable nécessaire à toute sanction ou voie de droit que les titulaires de droits peuvent directement solliciter auprès du juge.

Art. L. 331-26 Un décret en Conseil d'État précise les conditions d'application du présent paragraphe.

§ 3 *Lutte contre les sites miroirs*

(L. nº 2021-1382 du 25 oct. 2021, art. 1er, en vigueur le 1er janv. 2022)

Art. L. 331-27 I. – Lorsqu'une décision judiciaire passée en force de chose jugée a ordonné toute mesure propre à empêcher l'accès à un service de communication au public en ligne en application de l'article L. 336-2, l'Autorité de régulation de la communication audiovisuelle et numérique, saisie par un titulaire de droits partie à la décision judiciaire, peut demander à toute personne visée par cette décision, pour une durée ne pouvant excéder celle restant à courir pour les mesures ordonnées par le juge, d'empêcher l'accès à tout service de communication au public en ligne reprenant en totalité ou de manière substantielle le contenu du service mentionné par ladite décision. Pour l'application du présent I, l'Autorité de régulation de la communication audiovisuelle et numérique communique précisément les données d'identification du service en cause, selon les modalités qu'elle définit.

Dans les mêmes conditions, l'autorité peut également demander à tout exploitant de moteur de recherche, annuaire ou autre service de référencement de faire cesser le référencement des adresses électroniques donnant accès à ces services de communication au public en ligne.

Pour faciliter l'exécution des décisions judiciaires mentionnées à l'article L. 336-2, l'autorité adopte des modèles d'accord, qu'elle invite les ayants droit et toute personne susceptible de contribuer à remédier aux atteintes aux droits d'auteur et droits voisins en ligne à conclure. L'accord détermine notamment les conditions d'information réciproque des parties sur l'existence de tout service de communication au public en ligne reprenant en totalité ou de manière substantielle le contenu du service visé par la décision. Il engage toute personne susceptible de contribuer à remédier aux atteintes aux droits d'auteur et droits voisins en ligne, partie à l'accord, à prendre les mesures prévues par la décision judiciaire.

II. – En cas de difficulté relative à l'application des premier ou deuxième alinéas du I, l'Autorité de régulation de la communication audiovisuelle et numérique peut demander aux services de se justifier. Sans préjudice d'une telle demande, l'autorité judiciaire peut être saisie, en référé ou sur requête, pour ordonner toute mesure destinée à faire cesser l'accès à ces services. Cette saisine s'effectue sans préjudice de la saisine prévue à l'article L. 336-2.

SOUS-SECTION 4 *Mission de régulation et de veille dans le domaine des mesures techniques de protection et d'identification des œuvres et des objets protégés par un droit d'auteur ou un droit voisin*

Art. L. 331-28 Au titre de sa mission de régulation et de veille dans les domaines des mesures techniques de protection et d'identification des œuvres et des objets protégés par le droit d'auteur ou par les droits voisins, *(L. nº 2021-1382 du 25 oct. 2021, art. 1er, en vigueur le 1er janv. 2022)* « l'Autorité de régulation de la communication audiovisuelle et numérique » exerce les fonctions suivantes :

1° Elle veille à ce que les mesures techniques visées à l'article L. 331-5 n'aient pas pour conséquence, du fait de leur incompatibilité mutuelle ou de leur incapacité d'interopérer, d'entraîner dans l'utilisation d'une œuvre des limitations supplémentaires et indépendantes de celles expressément décidées par le titulaire d'un droit d'auteur sur une œuvre autre qu'un logiciel ou par le titulaire d'un droit voisin sur une interprétation, un phonogramme, un vidéogramme *(L. nº 2019-775 du 24 juill. 2019, art. 9, en vigueur le 24 oct. 2019)* « , un programme ou une publication de presse *[ancienne rédaction : ou un programme]* » ;

2° Elle veille à ce que la mise en œuvre des mesures techniques de protection n'ait pas pour effet de priver les bénéficiaires des exceptions définies aux :

(Ord. nº 2021-1518 du 24 nov. 2021, art. 10) « – 2°, *e* du 3°, 7°, 8°, 10° et 12° de l'article L. 122-5 ;

« – 2°, *d* et *e* du 3°, 6°, 7° et 8° de l'article L. 211-3 ;

« – 3°, 4°, 4° *bis*, 5° et 6° de l'article L. 342-3 ; »

– et à l'article L. 331-4.

Elle veille également à ce que la mise en œuvre des mesures techniques de protection n'ait pas pour effet de priver les personnes bénéficiaires de l'exception de reproduc-

tion à des fins de collecte, de conservation et de consultation sur place mentionnée au 2° de l'article L. 132-4 et aux articles L. 132-5 et L. 132-6 du code du patrimoine.

Sous réserve des articles L. 331-7 à L. 331-10, *(L. n° 2021-1382 du 25 oct. 2021, art. 1er, en vigueur le 1er janv. 2022)* **« L. 331-30 à L. 331-32 et L. 331-34 » du présent code,** *(L. n° 2021-1382 du 25 oct. 2021, art. 1er, en vigueur le 1er janv. 2022)* **« l'autorité » détermine les modalités d'exercice des exceptions précitées et fixe notamment le nombre minimal de copies autorisées dans le cadre de l'exception pour copie privée, en fonction du type d'œuvre ou d'objet protégé, des divers modes de communication au public et des possibilités offertes par les techniques de protection disponibles.**

L'art. L. 331-28, renuméroté par la L. n° 2021-1382 du 25 oct. 2021, est l'ancien art. L. 331-31.

Art. L. 331-29 *(L. n° 2006-961 du 1er août 2006, art. 14)* **Tout éditeur de logiciel, tout fabricant de système technique et tout exploitant de service peut, en cas de refus d'accès aux informations essentielles à l'interopérabilité, demander à** *(L. n° 2021-1382 du 25 oct. 2021, art. 1er, en vigueur le 1er janv. 2022)* **« l'Autorité de régulation de la communication audiovisuelle et numérique » de garantir l'interopérabilité des systèmes et des services existants, dans le respect des droits des parties, et d'obtenir du titulaire des droits sur la mesure technique les informations essentielles à cette interopérabilité. A compter de sa saisine,** *(L. n° 2021-1382 du 25 oct. 2021, art. 1er, en vigueur le 1er janv. 2022)* **« l'autorité » dispose d'un délai de** *(L. n° 2021-1382 du 25 oct. 2021, art. 1er, en vigueur le 1er janv. 2022)* **« quatre » mois pour rendre sa décision.**

On entend par informations essentielles à l'interopérabilité la documentation technique et les interfaces de programmation nécessaires pour permettre à un dispositif technique d'accéder, y compris dans un standard ouvert au sens de l'article 4 de la loi n° 2004-575 du 21 juin 2004 pour la confiance dans l'économie numérique, à une œuvre ou à un objet protégé par une mesure technique et aux informations sous forme électronique jointes, dans le respect des conditions d'utilisation de l'œuvre ou de l'objet protégé qui ont été définies à l'origine.

Le titulaire des droits sur la mesure technique ne peut imposer au bénéficiaire de renoncer à la publication du code source et de la documentation technique de son logiciel indépendant et interopérant que s'il apporte la preuve que celle-ci aurait pour effet de porter gravement atteinte à la sécurité et à l'efficacité de ladite mesure technique.

(L. n° 2021-1382 du 25 oct. 2021, art. 1er, en vigueur le 1er janv. 2022) **« L'autorité » peut accepter des engagements proposés par les parties et de nature à mettre un terme aux pratiques contraires à l'interopérabilité. A défaut d'un accord entre les parties et après avoir mis les intéressés à même de présenter leurs observations, elle rend une décision motivée de rejet de la demande ou émet une injonction prescrivant, au besoin sous astreinte, les conditions dans lesquelles le demandeur peut obtenir l'accès aux informations essentielles à l'interopérabilité et les engagements qu'il doit respecter pour garantir l'efficacité et l'intégrité de la mesure technique, ainsi que les conditions d'accès et d'usage du contenu protégé. L'astreinte prononcée par** *(L. n° 2021-1382 du 25 oct. 2021, art. 1er, en vigueur le 1er janv. 2022)* **« l'autorité » est liquidée par cette dernière.**

(L. n° 2021-1382 du 25 oct. 2021, art. 1er, en vigueur le 1er janv. 2022) **« L'autorité » a le pouvoir d'infliger une sanction pécuniaire applicable soit en cas d'inexécution de ses injonctions, soit en cas de non-respect des engagements qu'elle a acceptés. Chaque sanction pécuniaire est proportionnée à l'importance du dommage causé aux intéressés, à la situation de l'organisme ou de l'entreprise sanctionné et à l'éventuelle réitération des pratiques contraires à l'interopérabilité. Elle est déterminée individuellement et de façon motivée. Son montant maximum s'élève à 5 % du montant du chiffre d'affaires mondial hors taxes le plus élevé réalisé au cours d'un des exercices clos depuis l'exercice précédant celui au cours duquel les pratiques contraires à l'interopérabilité ont été mises en œuvre dans le cas d'une entreprise et à 1,5 million d'euros dans les autres cas.**

Les décisions de *(L. n° 2021-1382 du 25 oct. 2021, art. 1er, en vigueur le 1er janv. 2022)* **« l'autorité » sont rendues publiques dans le respect des secrets protégés par la loi. Elles sont notifiées aux parties qui peuvent introduire un recours devant la cour d'appel de Paris. Le recours a un effet suspensif.**

Le président de *(L. n° 2021-1382 du 25 oct. 2021, art. 1er, en vigueur le 1er janv. 2022)* **« l'autorité » saisit l'Autorité de la concurrence des abus de position dominante et des pratiques entravant le libre exercice de la concurrence dont il pourrait avoir connaissance dans le secteur des mesures techniques. Cette saisine peut être introduite dans le cadre d'une procédure d'urgence, dans les conditions prévues à l'article L. 464-1 du code de commerce. Le président de** *(L. n° 2021-1382 du 25 oct. 2021, art. 1er, en vigueur le 1er janv. 2022)* **« l'autorité » peut également** *(L. n° 2021-1382 du 25 oct. 2021, art. 1er, en vigueur le 1er janv. 2022)* **« la saisir », pour avis, de toute autre question relevant de sa compétence.** *(L. n° 2021-1382 du 25 oct. 2021, art. 1er, en vigueur le 1er janv. 2022)* **« L'Autorité de la concurrence communique à l'Autorité de régulation de la communication audiovisuelle et numérique toute saisine entrant dans le champ de compétence de cette dernière autorité. Elle recueille son avis sur les pratiques dont elle est saisie dans le secteur des mesures techniques mentionnées à l'article L. 331-5 du présent code. »**

L'art. L. 331-29, renuméroté par la L. n° 2021-1382 du 25 oct. 2021, est l'ancien art. L. 331-32.

Selon la réserve d'interprétation émise par le Conseil constitutionnel dans sa décision du 27 juill. 2006 (n° 2006-540 DC), la disposition selon laquelle l'Autorité de régulation des mesures techniques [désormais l'Autorité de régulation de la communication audiovisuelle et numérique] a pour mission de garantir l'« interopérabilité » des systèmes et services existants « dans le respect des droits des parties » doit s'entendre comme étant applicable tant aux titulaires d'un droit d'auteur ou d'un droit voisin ayant recours aux mesures techniques de protection qu'aux titulaires de droits sur les mesures techniques de protection, elles-mêmes. A défaut de consentement de ces derniers à la communication des informations essentielles à l'« interopérabilité, cette communication devra entraîner leur indemnisation. Dans le cas contraire, ne seraient pas respectées les dispositions de l'art. 17 de la déclaration des droits de l'homme sur le droit de propriété.

Art. L. 331-30 *(L. n° 2006-961 du 1er août 2006, art. 16)* **Toute personne bénéficiaire des exceptions mentionnées** *(L. n° 2009-669 du 12 juin 2009, art. 2)* **« au 2° de l'article »** *(L. n° 2021-1382 du 25 oct. 2021, art. 1er, en vigueur le 1er janv. 2022)* **« L. 331-28** *[ancienne rédaction : L. 331-31]* **» ou toute personne morale agréée qui la représente peut saisir** *(L. n° 2021-1382 du 25 oct. 2021, art. 1er, en vigueur le 1er janv. 2022)* **« l'Autorité de régulation de la communication audiovisuelle et numérique » de tout différend portant sur les restrictions que les mesures techniques de protection définies à l'article L. 331-5 apportent au bénéfice desdites exceptions.**

L'art. L. 331-30, renuméroté par la L. n° 2021-1382 du 25 oct. 2021, est l'ancien art. L. 331-33.

Art. L. 331-31 *(L. n° 2006-961 du 1er août 2006, art. 16) (L. n° 2021-1382 du 25 oct. 2021, art. 1er, en vigueur le 1er janv. 2022)* **« I. — » Les personnes morales et les établissements ouverts au public visés au 7° de l'article L. 122-5 qui réalisent des reproductions ou des représentations d'une œuvre ou d'un objet protégé adaptées aux personnes handicapées peuvent saisir** *(L. n° 2021-1382 du 25 oct. 2021, art. 1er, en vigueur le 1er janv. 2022)* **« l'Autorité de régulation de la communication audiovisuelle et numérique » de tout différend portant sur la transmission des textes imprimés sous la forme d'un fichier numérique.**

(L. n° 2021-1382 du 25 oct. 2021, art. 1er, en vigueur le 1er janv. 2022) **« II. — Au titre de sa participation à la mission de facilitation de l'accès des personnes en situation de handicap aux œuvres protégées par un droit d'auteur ou un droit voisin, l'autorité peut recueillir auprès des éditeurs, de la Bibliothèque nationale de France et des personnes morales et établissements mentionnés au 7° de l'article L. 122-5 tous documents et informations utiles. Elle peut, à ce titre, mettre en demeure les éditeurs de respecter les obligations prévues au 2° de l'article L. 122-5-1.**

« L'autorité peut rendre publiques ces mises en demeure. »

L'art. L. 331-31, renuméroté par la L. n° 2021-1382 du 25 oct. 2021, est l'ancien art. L. 331-34.

Art. L. 331-32 *(L. n° 2006-961 du 1er août 2006, art. 16)* **Dans le respect des droits des parties,** *(L. n° 2021-1382 du 25 oct. 2021, art. 1er, en vigueur le 1er janv. 2022)* **« l'Autorité de régulation de la communication audiovisuelle et numérique » favorise ou suscite une solution de conciliation. Lorsqu'elle dresse un procès-verbal de concilia-**

tion, celui-ci a force exécutoire ; il fait l'objet d'un dépôt au greffe du *(Ord. n° 2019-964 du 18 sept. 2019, art. 35, en vigueur le 1er janv. 2020)* « tribunal judiciaire ».

A défaut de conciliation dans un délai de deux mois à compter de sa saisine, *(L. n° 2021-1382 du 25 oct. 2021, art. 1er, en vigueur le 1er janv. 2022)* « l'autorité », après avoir mis les intéressés à même de présenter leurs observations, rend une décision motivée de rejet de la demande ou émet une injonction prescrivant, au besoin sous astreinte, les mesures propres à assurer le bénéfice effectif de l'exception. L'astreinte prononcée par *(L. n° 2021-1382 du 25 oct. 2021, art. 1er, en vigueur le 1er janv. 2022)* « l'autorité » est liquidée par cette dernière. *(L. n° 2021-1382 du 25 oct. 2021, art. 1er, en vigueur le 1er janv. 2022)* « A compter de sa saisine, l'autorité dispose d'un délai de quatre mois, qui peut être prolongé une fois pour une durée de deux mois, pour rendre sa décision. »

Ces décisions ainsi que le procès-verbal de conciliation sont rendus publics dans le respect des secrets protégés par la loi. Elles sont notifiées aux parties qui peuvent introduire un recours devant la cour d'appel de Paris. Le recours a un effet suspensif.

L'art. L. 331-32, renuméroté par la L. n° 2021-1382 du 25 oct. 2021, est l'ancien art. L. 331-35.

Art. L. 331-33 *(L. n° 2009-669 du 12 juin 2009, art. 2) (L. n° 2021-1382 du 25 oct. 2021, art. 1er, en vigueur le 1er janv. 2022)* « L'Autorité de régulation de la communication audiovisuelle et numérique » peut être saisie pour avis par l'une des personnes visées à l'article *(L. n° 2021-1382 du 25 oct. 2021, art. 1er, en vigueur le 1er janv. 2022)* « **L. 331-29** *[ancienne rédaction : L. 331-32]* » de toute question relative à l'interopérabilité des mesures techniques. *(L. n° 2021-1382 du 25 oct. 2021, art. 1er, en vigueur le 1er janv. 2022)* « L'autorité peut déterminer, dans le cadre de ses avis, les éléments constitutifs de la documentation technique prévue au même article **L. 331-29**. »

Elle peut également être saisie pour avis, par une personne bénéficiaire de l'une des exceptions mentionnées au 2° de l'article *(L. n° 2021-1382 du 25 oct. 2021, art. 1er, en vigueur le 1er janv. 2022)* « **L. 331-28** *[ancienne rédaction : L. 331-31]* » ou par la personne morale agréée qui la représente, de toute question relative à la mise en œuvre effective de cette exception.

L'art. L. 331-33, renuméroté par la L. n° 2021-1382 du 25 oct. 2021, est l'ancien art. L. 331-36.

Art. L. 331-34 *(L. n° 2006-961 du 1er août 2006, art. 16)* Un décret en Conseil d'État précise les conditions d'application de la présente *(L. n° 2009-669 du 12 juin 2009, art. 2)* « sous-section ». Il prévoit les modalités d'information des utilisateurs d'une œuvre, d'un vidéogramme, d'un programme *(L. n° 2019-775 du 24 juill. 2019, art. 10, en vigueur le 24 oct. 2019)* « , d'un phonogramme ou d'une publication de presse » mentionnées à l'article *(L. n° 2009-669 du 12 juin 2009, art. 2)* « **L. 331-10** ».

L'art. L. 331-34, renuméroté par la L. n° 2021-1382 du 25 oct. 2021, est l'ancien art. L. 331-37.

CHAPITRE VI *PRÉVENTION DU TÉLÉCHARGEMENT ET DE LA MISE À DISPOSITION ILLICITES D'ŒUVRES ET D'OBJETS PROTÉGÉS PAR UN DROIT D'AUTEUR OU UN DROIT VOISIN* (L. n° 2009-669 du 12 juin 2009, art. 9).

(L. n° 2006-961 du 1er août 2006, art. 27)

Art. L. 336-3 *(L. n° 2009-669 du 12 juin 2009, art. 11)* La personne titulaire de l'accès à des services de communication au public en ligne a l'obligation de veiller à ce que cet accès ne fasse pas l'objet d'une utilisation à des fins de reproduction, de représentation, de mise à disposition ou de communication au public d'œuvres ou d'objets protégés par un droit d'auteur ou par un droit voisin sans l'autorisation des titulaires des droits prévus aux livres I et II lorsqu'elle est requise.

[Dispositions déclarées non conformes à la Constitution par Cons. const. n° 2009-580 du 10 juin 2009]

Le manquement de la personne titulaire de l'accès à l'obligation définie au premier alinéa n'a pas pour effet d'engager la responsabilité pénale de l'intéressé *(L. n° 2009-1311 du 28 oct. 2009, art. 10)* « , sous réserve des articles **L. 335-7** et **L. 335-7-1** ».

Code de la santé publique

PREMIÈRE PARTIE : *LÉGISLATIVE*

PREMIÈRE PARTIE *PROTECTION GÉNÉRALE DE LA SANTÉ*

LIVRE I **PROTECTION DES PERSONNES EN MATIÈRE DE SANTÉ**

TITRE I **DROITS DES PERSONNES MALADES ET DES USAGERS DU SYSTÈME DE SANTÉ**

CHAPITRE I *INFORMATION DES USAGERS DU SYSTÈME DE SANTÉ ET EXPRESSION DE LEUR VOLONTÉ*

(L. n° 2002-303 du 4 mars 2002, art. 11)

SECTION 1 *Principes généraux* *(L. n° 2005-370 du 22 avr. 2005).*

Art. L. 1111-8-2 *(Ord. n° 2020-1407 du 18 nov. 2020, art. 1er)* **Les établissements de santé, les organismes et services exerçant des activités de prévention, de diagnostic ou de soins et les établissements médico-sociaux signalent sans délai aux autorités compétentes de l'État et au groupement d'intérêt public mentionné à l'article L. 1111-24, dans des conditions fixées par décret, les incidents significatifs ou graves de sécurité des systèmes d'information.**

Sous réserve du respect des règles relatives à la protection du secret de la défense nationale, le présent article est applicable au service de santé des armées en ce qui concerne les incidents significatifs ou graves de sécurité des systèmes d'information intéressant les activités de prévention, de diagnostic ou de soins des hôpitaux des armées.

Un décret définit les catégories d'incidents concernés, les modalités selon lesquelles sont signalés les incidents mentionnés au premier alinéa et les conditions dans lesquelles ils sont traités.

BIBL. ▸ Quéméner, *Dalloz IP/IT 2020. 302* (cybersécurité et protection des données de santé).

COMMENTAIRE

Champ d'application. Les établissements de santé, les organismes et services exerçant des activités de prévention, de diagnostic ou de soins sont tenus d'une obligation de notification des incidents affectant la sécurité de leur système d'information (CSP, art. L. 1111-8-2). Sont concernés les établissements de santé, les hôpitaux des armées s'agissant de l'activité de prévention, de diagnostic et de soin, les laboratoires de biologie médicale et les centres de radiothérapie (CSP, art. D. 1111-16-4). L'ordonnance n° 2020-1407 du 18 novembre 2020 a ajouté à cette liste les établissements médico-sociaux.

Seuil de notification. Une notification n'est pas exigée en présence de tout incident affectant les systèmes d'information des établissements de santé et médico-sociaux. Elle porte sur les incidents graves de sécurité dont certains peuvent être qualifiés de significatifs (CSP, art. L. 1111-8-2). Un incident de sécurité des systèmes d'information est grave s'il engendre une situation exceptionnelle au sein de l'établissement, de l'organisme ou du service. Trois exemples de situation exceptionnelle sont donnés, ce sont celles qui ont des conséquences potentielles ou avérées sur la sécurité des soins, sur la confidentialité et la sécurité des données de santé ou sur le fonctionnement normal de l'établissement, ce qui recoupe le premier exemple par sa généralité (CSP, art. D. 1111-16-2, II). Un incident grave est qualifié de significatif s'il a un « retentissement potentiel ou avéré sur l'organisation départementale, régionale ou nationale du système de santé » ou s'il est susceptible de toucher d'autres établissements, organismes ou services (CSP, art. D. 1111-16-2, III). Ces deux critères renvoient à la portée de l'incident, qu'elle soit, pour le premier critère, territoriale et, pour le second, liée à sa reproductibilité. Si l'incident est significatif, qualification réalisée par l'Agence régionale de santé, cette dernière informe l'Agence du numérique en santé qui, elle-même, informe le haut fonctionnaire de défense et de sécurité des ministères chargés des affaires sociales. Si l'incident est susceptible d'avoir un impact sanitaire direct ou indirect, ce qui s'apprécie notamment par le dysfonctionnement de l'offre de soins, la direction générale de la santé est informée (CSP, art. D. 1111-16-3).

Modalités de la notification. La notification doit intervenir sans délai auprès du directeur général de l'Agence régionale de santé compétente. Elle doit en principe être effectuée sur le portail de signalement des événements sanitaires indésirables mis en place par l'Agence du numérique en santé au moyen d'un formulaire de déclaration (www.cyberveille-sante.gouv.fr). Si une déclaration par voie électronique est impossible, elle peut être faite par tout moyen auprès de l'Agence régionale de santé compétente (Arr. du 30 oct. 2017 relatif aux modalités de signalement et de traitement des incidents graves de sécurité des systèmes d'information, art. 1er ; Arr. du 27 févr. 2017 relatif au traitement automatisé de données à caractère personnel dénommé « portail de signalement des évènements sanitaires indésirables », art. 1er). Dans son contenu, elle comprend notamment l'identification de la structure, la description de l'incident et des conséquences de celui-ci sur les données, les personnes, le système d'information et la structure, et, si elles sont identifiées, l'indication des causes de l'incident.

Objectifs. La notification poursuit deux objectifs (CSP, art. D. 1111-16-2, I). Le premier est normatif, il s'agit d'éclairer l'État concernant l'adoption de mesures de prévention nécessaires pour la sécurité des systèmes d'information. Le second est opérationnel, la notification permet d'aider les établissements de santé ou médico-sociaux à prévenir la survenue d'incidents de sécurité graves ou d'en limiter les effets. A la suite de la notification d'un incident de sécurité grave, la structure concernée peut demander à l'Agence régionale de santé compétente et à l'Agence du numérique en santé de l'accompagner pour le gérer. Des mesures d'urgence peuvent être proposées pour limiter les effets de l'incident ainsi que des propositions d'amélioration de la sécurité du système d'information (Arr. du 30 oct. 2017 *préc.*, art. 3).

Rôle de l'Agence du numérique en santé. L'Agence du numérique en santé (CSP, art. L. 1111-24) est chargée d'une mission de suivi et d'assistance en matière de sécurité des systèmes d'information. Elle doit analyser les incidents de sécurité significatifs, elle doit appuyer les agences régionales de santé pour prévenir ou proposer des mesures d'aide au traitement des incidents et elle doit mettre en œuvre le traitement automatisé de données à caractère personnel relatif aux signalements. Elle doit établir un rapport annuel à propos des signalements des incidents de sécurité (CSP, art. D. 1111-16-3). Ces différentes missions sont exercées par le CERT-santé *(Computer Emergency Response Team)* qui a été mis en place au sein de l'Agence du numérique en santé et constitue une déclinaison sectorielle du CERT-FR piloté par l'ANSSI. Il remplit également une mission de veille et d'alerte. L'Agence du numérique en santé se voit par ailleurs confier une mission de régulation en matière de sécurité des systèmes d'information en santé qui s'appuie notamment sur les retours d'expérience. L'obligation de notification des incidents graves touchant les systèmes d'information de certaines structures de santé et médico-sociales s'inscrit en effet dans la politique générale de sécurité des systèmes d'information de santé et dans le régime des services numériques en santé qui sont l'objet d'un titre dans le code de la santé publique (CSP, art. L. 1470-1 à L. 1470-6). Ces services recouvrent les « systèmes d'information ou les services ou outils numériques mis en œuvre par des personnes physiques ou morales de droit public ou de droit privé, y compris les organismes d'assurance maladie, proposés par voie électronique, qui concourent à des activités de prévention, de diagnostic, de soin ou de suivi médical ou médico-social, ou à des interventions nécessaires à la coordination de plusieurs de ces activités » (CSP, art. L. 1470-1). Mis en œuvre par des professionnels de santé, des établissements et services de santé, le service de santé des armées ou les professionnels des secteurs social et médico-social et les établissements ou services des secteurs social et médico-social, ils doivent être conformes à des référentiels d'interopérabilité et de sécurité élaborés par l'Agence du numérique en santé en concertation avec les acteurs du secteur de la santé et approuvés par arrêté du ministre de la Santé afin de garantir l'échange, le partage, la sécurité et la confidentialité des données de santé à caractère personnel (CSP, art. L. 1470-5).

Articulation. Par ailleurs, l'obligation de notification doit être mise en relation avec d'autres obligations du même type qui sont prévues en cas de violation des données à caractère personnel (Règl. (UE) 2016/679 du Parlement européen et du Conseil du 27 avr. 2016 relatif à la protection des personnes physiques à l'égard du traitement des données à caractère personnel et à la libre circulation de ces données, et abrogeant la directive 95/46/CE, art. 33 ; L. n° 78-17 du 6 janv. 1978 relative à l'informatique, aux fichiers et aux libertés, art. 58) ou d'atteinte à la sécurité des services de confiance comme la signature électronique et des schémas d'identification électronique sur lesquels peut s'appuyer l'espace numérique en santé (Règl. (UE) n° 910/2014 du Parlement européen et du Conseil du 23 juill. 2014 sur l'identification électronique et les services de confiance pour les transactions électroniques au sein du marché intérieur et abrogeant la directive 1999/93/CE, art. 10 et 19) et qui comportent des exigences en matière de cybersécurité.

Opérateurs de services essentiels. Plus généralement, l'obligation de notification fait écho au régime plus général concernant la sécurité des réseaux et systèmes d'information des opérateurs de services essentiels introduit par le droit de l'Union européenne (Dir. (UE) 2016/1148 du Parlement européen et du Conseil du 6 juill. 2016 concernant des mesures destinées à assurer un niveau élevé commun de sécurité des réseaux et des systèmes d'information dans l'Union ; L. n° 2018-133 du 26 févr. 2018 portant diverses dispositions d'adaptation au droit de l'Union européenne dans le domaine de la sécurité, art. 5 à 9 ; Décr. n° 2018-384 du 23 mai 2018 relatif à la sécurité des réseaux et systèmes d'information des opérateurs de services essentiels et des fournisseurs de service numérique ; Arr. du 14 sept. 2018 fixant les règles de sécurité et les délais mentionnés à l'art. 10 du décr. n° 2018-384 du 23 mai 2018 relatif à la sécurité des réseaux et systèmes d'information des opérateurs de services essentiels et des fournisseurs de service numérique). En cas d'incident de sécurité subi par un opérateur de services essentiels, une déclaration doit intervenir auprès de l'ANSSI dans des conditions similaires aux dispositions propres aux structures de santé et médico-sociales (L. n° 2018-133 du 26 févr. 2018, *préc.*, art. 7, I ; Décr. n° 2018-384 du 23 mai 2018, *préc.*, art. 11 ; Arr. du 13 juin 2018 fixant les modalités des déclarations prévues aux articles 8, 11 et 20 du Décr. n° 2018-384 du 23 mai 2018 relatif à la sécurité des réseaux et systèmes d'information des opérateurs de services essentiels et des fournisseurs de service numérique). En matière de santé, si les structures proposant des activités de prévention, de diagnostic ou de soins ainsi que les services mobiles d'urgence et de réanimation figurent de manière générale dans la liste des services essentiels au fonctionnement de la société ou de l'économie (Décr. n° 2018-384 du 23 mai 2018 relatif à la sécurité des réseaux et systèmes d'information des opérateurs de services essentiels et des fournisseurs de service numérique), seuls les établissements supports d'un groupement hospitalier territorial sont qualifiés d'opérateurs de services essentiels (FAQ de l'ANSSI).

Objets connectés. Enfin, s'agissant des objets connectés utilisés par les structures de santé et médico-sociales, une certification de sécurité est possible (Décr. n° 2002-535 du 18 avr. 2002 relatif à l'évaluation et à la certification de la sécurité offerte par les produits et les systèmes des technologies de l'information ; Règl. (UE) 2019/881 du 17 avr. 2019 relatif à l'ENISA (Agence de l'Union européenne pour la cybersécurité) et à la certification de cybersécurité des technologies de l'information et des communications concernant les produits, services et processus TIC). ❑

DEUXIÈME PARTIE : *RÉGLEMENTAIRE*

PREMIÈRE PARTIE *PROTECTION GÉNÉRALE DE LA SANTÉ*

LIVRE I **PROTECTION DES PERSONNES EN MATIÈRE DE SANTÉ**

TITRE I **DROITS DES PERSONNES MALADES ET DES USAGERS DU SYSTÈME DE SANTÉ**

CHAPITRE I *INFORMATION DES USAGERS DU SYSTÈME DE SANTÉ ET EXPRESSION DE LEUR VOLONTÉ*

SECTION 1 ***Principes généraux*** *(Décr. n° 2006-6 du 4 janv. 2006, art. 1er-I).*

SOUS-SECTION 1 *Accès aux informations de santé à caractère personnel (Décr. n° 2006-6 du 4 janv. 2006, art. 1er-I).*

Art. R. 1111-1 L'accès aux informations relatives à la santé d'une personne, mentionnées à l'article L. 1111-7 et détenues par un *(Décr. n° 2018-137 du 26 févr. 2018, art. 1er)* « professionnel de santé ou un établissement de santé », est demandé par la personne concernée, son ayant droit *(Décr. n° 2016-994 du 20 juill. 2016, art. 2)* « , son concubin ou son partenaire lié par un pacte civil de solidarité » en cas de décès de cette personne, la personne ayant l'autorité parentale, *(Décr. n° 2016-994 du 20 juill. 2016, art. 2)* « la personne » *(Décr. n° 2021-684 du 28 mai 2021, art. 1er)* « chargée d'une mesure de protection juridique avec représentation relative à la personne » ou, le cas échéant, par le médecin qu'une de ces personnes a désigné comme intermédiaire.

(Décr. n° 2021-684 du 28 mai 2021, art. 1er) « L'accès peut également être demandé par la personne chargée d'une mesure de protection juridique avec assistance à la personne si le majeur protégé y consent expressément. »

La demande est adressée au professionnel de santé *(Abrogé par Décr. n° 2018-137 du 26 févr. 2018, art. 1er)* *« ou à l'hébergeur »* et, dans le cas d'un établissement de santé, au responsable de cet établissement ou à la personne qu'il a désignée à cet effet et dont le nom est porté à la connaissance du public par tous moyens appropriés.

Avant toute communication, le destinataire de la demande s'assure de l'identité du demandeur et s'informe, le cas échéant, de la qualité de médecin de la personne désignée comme intermédiaire.

Selon les cas prévus par l'article L. 1111-7 précité, le délai de huit jours ou de deux mois court à compter de la date de réception de la demande ; lorsque le délai de deux mois s'applique en raison du fait que les informations remontent à plus de cinq ans, cette période de cinq ans court à compter de la date à laquelle l'information médicale a été constituée.

Art. R. 1111-2 A son choix, le demandeur obtient du *(Décr. n° 2018-137 du 26 févr. 2018, art. 1er)* « professionnel de santé ou de l'établissement de santé » communication des informations demandées, soit par consultation sur place, avec, le cas échéant, remise de copies de documents, soit par l'envoi de copies des documents. Les frais de délivrance de ces copies sont laissés à la charge du demandeur dans les conditions fixées par l'article L. 1111-7.

(Décr. n° 2006-6 du 4 janv. 2006, art. 2-I) « Dans le cas où les informations demandées sont détenues par un établissement de santé et si les dispositifs techniques de l'établissement le permettent, le demandeur peut également consulter par voie électronique tout ou partie des informations en cause. »

Dans le cas d'une demande de consultation sur place adressée à un établissement de santé, le demandeur est informé du dispositif d'accompagnement médical organisé par l'établissement dans les conditions fixées à l'article R. 1112-1.

Les copies sont établies sur un support analogue à celui utilisé par le *(Décr. n° 2018-137 du 26 févr. 2018, art. 1er)* « professionnel de santé ou l'établissement de santé », ou sur papier, au choix du demandeur et dans la limite des possibilités techniques du professionnel ou de l'organisme concerné.

Art. R. 1111-3 Lorsque la demande est imprécise ou qu'elle n'exprime pas de choix quant aux modalités de communication des informations, le *(Décr. n° 2018-137 du 26 févr. 2018, art. 1er)* « professionnel de santé ou l'établissement » informe le demandeur des différentes modalités de communication ouvertes par la présente section et lui indique celles qui seront utilisées à défaut de choix de sa part.

Si, au terme du délai de huit jours ou *[de]* celui de deux mois prévu à l'article L. 1111-7, le demandeur n'a toujours pas précisé sa volonté, le *(Décr. n° 2018-137 du 26 févr. 2018, art. 1er)* « professionnel de santé ou l'établissement » mettent à sa disposition les informations sous la forme qu'ils lui avaient précédemment indiquée.

Art. R. 1111-4 Lorsque la présence d'une tierce personne lors de la consultation de certaines informations est recommandée par le médecin les ayant établies ou en étant dépositaire, celles-ci sont communiquées dès que le demandeur a exprimé son acceptation ou son refus de suivre la recommandation. En cas d'absence de réponse du demandeur au terme d'un des délais prévus à l'article L. 1111-7, les informations lui sont communiquées.

Art. R. 1111-5 Lorsque, dans les circonstances prévues au quatrième alinéa de l'article L. 1111-7, le détenteur des informations recueillies dans le cadre d'une hospitalisation d'office ou d'une hospitalisation sur demande d'un tiers estime que la communication de ces informations au demandeur ne peut avoir lieu *(Décr. n° 2006-904 du 19 juill. 2006, art. 1er)* « qu'en présence d'un médecin », il en informe l'intéressé. Si celui-ci refuse de désigner un médecin, le détenteur des informations saisit la commission départementale des hospitalisations psychiatriques, qui peut également être saisie par l'intéressé conformément aux dispositions de l'article L. 3223-1. *(Décr. n° 2006-904 du 19 juill. 2006, art. 1er)* « Le détenteur des informations fournit sans délai à la commission, sous pli confidentiel, les informations nécessaires relatives à la santé du demandeur et les éléments qui le conduisent à demander la présence d'un médecin. »

L'avis de la commission, qui s'impose au demandeur et au détenteur, leur est notifié *(Décr. n° 2006-904 du 19 juill. 2006, art. 1er)* « dans le délai de deux mois à compter de la date de réception de la demande initiale de l'intéressé ».

La saisine de la commission ne fait pas obstacle à la communication des informations si le demandeur revient sur son refus de désigner un médecin. Dans ce cas, lorsque la saisine a eu lieu, le détenteur en informe la commission.

Art. R. 1111-6 La personne mineure qui souhaite garder le secret sur *(Décr. n° 2016-994 du 20 juill. 2016, art. 2-2°-a)* « une action de prévention, un dépistage, un diagnostic, un traitement » ou une intervention dont elle fait l'objet dans les conditions prévues à l'article L. 1111-5 peut s'opposer à ce que le médecin *(Décr. n° 2016-994 du 20 juill. 2016, art. 2-2°-a)* « ou la sage-femme » qui a pratiqué *(Décr. n° 2016-994 du 20 juill. 2016, art. 2-2°-a)* « cette action de prévention, ce dépistage, ce diagnostic, ce traitement » ou cette intervention communique au titulaire de l'autorité parentale les informations qui ont été constituées à ce sujet.

(Décr. n° 2016-994 du 20 juill. 2016, art. 2-2°-b) « La personne mineure qui souhaite garder le secret sur une action de prévention, un dépistage ou un traitement dont elle fait l'objet dans les conditions prévues à l'article L. 1111-5-1 peut s'opposer à ce que l'infirmier qui a pratiqué cette action de prévention, ce dépistage ou ce traitement communique aux titulaires de l'autorité parentale les informations qui ont été constituées à ce sujet. »

Le médecin *(Décr. n° 2016-994 du 20 juill. 2016, art. 2-2°-c)* « , la sage-femme ou l'infirmier » fait mention écrite de cette opposition.

Tout médecin *(Décr. n° 2016-994 du 20 juill. 2016, art. 2-2°-d)* « , sage-femme ou infirmier » saisi d'une demande présentée par le titulaire de l'autorité parentale pour l'accès aux informations mentionnées *(Décr. n° 2016-994 du 20 juill. 2016, art. 2-2°-d)* « aux deux premiers alinéas » ci-dessus doit s'efforcer d'obtenir le consentement de la personne mineure à la communication de ces informations au titulaire de l'autorité parentale. Si en dépit de ces efforts le mineur maintient son opposition, la demande précitée ne peut être satisfaite tant que l'opposition est maintenue.

Lorsqu'en application de l'article L. 1111-7 la personne mineure demande que l'accès du titulaire de l'autorité parentale aux informations concernant son état de santé ait lieu par l'intermédiaire d'un médecin, ces informations sont, au choix du titulaire de l'autorité parentale, adressées au médecin qu'il a désigné ou consultées sur place en présence de ce médecin.

Art. R. 1111-7 L'ayant droit *(Décr. n° 2016-994 du 20 juill. 2016, art. 2-3°-a)* « , le concubin ou le partenaire lié par un pacte civil de solidarité » d'une personne décédée qui souhaite accéder aux informations médicales concernant cette personne, dans les conditions prévues au *(Décr. n° 2016-994 du 20 juill. 2016, art. 2-3°-b)* « neuvième » alinéa de l'article L. 1110-4, doit préciser, lors de sa demande, le motif pour lequel elle a besoin d'avoir connaissance de ces informations. Le refus d'une demande opposé à cet ayant droit *(Décr. n° 2016-994 du 20 juill. 2016, art. 2-3°-c)* « , ce concubin ou ce partenaire lié par un pacte civil de solidarité » est motivé.

Ce refus ne fait pas obstacle, le cas échéant, à la délivrance d'un certificat médical, dès lors que ce certificat ne comporte pas d'informations couvertes par le secret médical.

SOUS-SECTION 4 *Catégories d'incidents, conditions et modalités de mise en œuvre du signalement des incidents significatifs ou graves de sécurité des systèmes d'information (Décr. n° 2022-715 du 27 avr. 2022, art. 1er).*

(Décr. n° 2016-1214 du 12 sept. 2016, art. 1er)

Art. D. 1111-16-2 I. — La déclaration des incidents graves de sécurité des systèmes d'information prévue par l'article L. 1111-8-2 est destinée à :

1° Fournir aux autorités compétentes de l'État les informations nécessaires pour décider des mesures de prévention en matière de sécurité des systèmes d'information *(Décr. n° 2022-715 du 27 avr. 2022, art. 1er)* « ou permettant d'assurer la continuité de la prise en charge sanitaire » ;

2° Aider les établissements de santé, organismes et services exerçant des activités de prévention, de diagnostic ou de soins à prendre toute mesure utile pour prévenir la survenue d'incidents *(Décr. n° 2022-715 du 27 avr. 2022, art. 1er)* « significatifs ou » graves de sécurité des systèmes d'information ou en limiter les effets.

II. — Sont considérés comme incidents *(Décr. n° 2022-715 du 27 avr. 2022, art. 1er)* « significatifs ou » graves de sécurité des systèmes d'information les événements générateurs d'une situation exceptionnelle au sein d'un établissement, organisme ou service, et notamment :

— les incidents ayant des conséquences potentielles ou avérées sur la sécurité des soins ;

— les incidents ayant des conséquences sur la confidentialité ou l'intégrité des données de santé ;

— les incidents portant atteinte au fonctionnement normal de l'établissement, de l'organisme ou du service ;

(Décr. n° 2022-715 du 27 avr. 2022, art. 1er) « — les incidents ayant un retentissement potentiel ou avéré sur l'organisation départementale, régionale ou nationale du système de santé ;

« — les incidents susceptibles de toucher d'autres établissements, organismes ou services. »

III. — Parmi les incidents graves de sécurité des systèmes d'information, sont jugés significatifs les incidents ayant un retentissement potentiel ou avéré sur l'organisation départementale, régionale ou nationale du système de santé et les incidents susceptibles de toucher d'autres établissements, organismes ou services.

Cet art. est entré en vigueur le 1er oct. 2017 (Décr. n° 2016-1214 du 12 sept. 2016, art. 2).

Art. D. 1111-16-3 *(Décr. n° 2022-715 du 27 avr. 2022, art. 1er)* I. — La déclaration des incidents significatifs ou graves de sécurité des systèmes d'information, sans préjudice des autres déclarations obligatoires, est effectuée sans délai par le directeur de l'établissement de santé, de l'organisme ou du service exerçant des activités de prévention, de diagnostic ou de soins, de l'établissement médico-social ou la personne déléguée à cet effet, auprès du groupement d'intérêt public mentionné à l'article L. 1111-24.

Le groupement d'intérêt public assure :

– l'analyse des incidents significatifs ou graves de sécurité des systèmes d'information et la proposition des mesures à prendre pour faire face à cet *[ces]* incident *[incidents]* ;

– l'appui de la structure déclarant l'incident. Il peut formuler des recommandations et notamment proposer des mesures d'urgence pour limiter l'impact de celui-ci, des mesures de remédiation ainsi que des mesures destinées à améliorer la sécurité du ou des systèmes d'information concernés ;

– la relation avec l'Agence nationale de sécurité des systèmes d'information, notamment en cas d'incident concernant un opérateur de service essentiel ou qui pourrait avoir un impact de portée nationale ;

– la prévention des incidents, en organisant les retours d'expérience au niveau national, et la proposition de mesures d'aide au traitement des incidents ;

– la gestion et la mise en œuvre du traitement de données à caractère personnel relatif aux signalements, dont les caractéristiques sont précisées par un arrêté du ministre chargé de la santé.

Le groupement d'intérêt public informe sans délai le service du haut fonctionnaire de défense et de sécurité des ministères sociaux de tout signalement analysé. Il informe également sans délai les services compétents de la direction générale de la santé, ainsi que les agences régionales de santé concernées, de tout signalement susceptible d'avoir un impact sanitaire direct ou indirect, notamment en cas de dysfonctionnement de l'offre de soins.

Le groupement d'intérêt public est informé sans délai de la résolution des incidents par l'une des personnes mentionnées au premier alinéa du présent I.

Il établit, au vu des informations communiquées par les établissements et organismes concernés, un rapport annuel à caractère statistique relatif aux signalements anonymisés des incidents de sécurité des systèmes d'information. Ce rapport est rendu public.

II. – Sous réserve des dispositions relatives à la protection du secret de la défense nationale, la déclaration d'un incident significatif ou grave de sécurité mentionné à l'article L. 1111-8-2 est effectuée via le site internet mentionné à l'article D. 1413-58.

Le déclarant fournit toutes les informations dont il dispose au moment de la découverte de l'incident et notamment les informations suivantes :

– les informations permettant d'identifier la structure concernée par l'incident ainsi que le déclarant ;

– la description de l'incident, notamment la date du constat, le périmètre de l'incident, les systèmes d'information et données concernées et l'état de la prise en charge ;

– la description de l'impact de l'incident sur les données, sur les personnes, sur les systèmes d'information et sur la structure ;

– les causes de l'incident, si celles-ci sont identifiées.

Le groupement d'intérêt public mentionné à l'article L. 1111-24 peut demander à la structure concernée par l'incident toute information complémentaire permettant la qualification de l'incident et la mise en place d'une réponse adaptée.

Art. D. 1111-16-4 Pour l'application de la présente sous-section, les établissements de santé, *(Décr. n° 2022-715 du 27 avr. 2022, art. 1er)* « les » organismes et services exerçant des activités de prévention, de diagnostic ou de soins mentionnés à l'article D. 1111-16-2 *(Décr. n° 2022-715 du 27 avr. 2022, art. 1er)* « et les établissements médico-sociaux » sont :

– les établissements de santé ;

– les hôpitaux des armées ;

– les laboratoires de biologie médicale ;

– les centres de radiothérapie ;

(Décr. n° 2022-715 du 27 avr. 2022, art. 1er) « – les établissements médico-sociaux. »

Code de la sécurité intérieure

PREMIÈRE PARTIE : *LÉGISLATIVE*

LIVRE III **POLICES ADMINISTRATIVES SPÉCIALES**

TITRE II **JEUX D'ARGENT ET DE HASARD, CASINOS** *(Ord. n° 2019-1015 du 2 oct. 2019, art. 1er et 50, en vigueur le 1er janv. 2020).*

CHAPITRE PRÉLIMINAIRE *DISPOSITIONS COMMUNES*

(Ord. n° 2019-1015 du 2 oct. 2019, art. 2 et 50, en vigueur le 1er janv. 2020)

Art. L. 320-1 Sous réserve des dispositions de l'article L. 320-6, les jeux d'argent et de hasard sont prohibés.

Sont réputés *[réputées]* jeux d'argent et de hasard et interdits *[interdites]* comme tels toutes opérations offertes au public, sous quelque dénomination que ce soit, pour faire naître l'espérance d'un gain qui serait dû, même partiellement, au hasard et pour lesquelles un sacrifice financier est exigé de la part des participants.

Cette interdiction recouvre les jeux dont le fonctionnement repose sur le savoir-faire des joueurs.

Le sacrifice financier est établi dans les cas où une avance financière est exigée de la part des participants, même si un remboursement ultérieur est rendu possible par le règlement du jeu.

Art. L. 320-2 Les jeux d'argent et de hasard qui, à titre dérogatoire, sont autorisés en application de l'article L. 320-6 ne sont ni un commerce ordinaire, ni un service ordinaire ; ils font l'objet d'un encadrement strict aux fins de prévenir les risques d'atteinte à l'ordre public et à l'ordre social, notamment en matière de protection de la santé et des mineurs.

A cet effet, leur exploitation est placée sous un régime de droits exclusifs, d'autorisation ou d'agrément, délivrés par l'État.

Art. L. 320-3 La politique de l'État en matière de jeux d'argent et de hasard a pour objectif de limiter et d'encadrer l'offre et la consommation des jeux et d'en contrôler l'exploitation afin de :

1° Prévenir le jeu excessif ou pathologique et protéger les mineurs ;

2° Assurer l'intégrité, la fiabilité et la transparence des opérations de jeu ;

3° Prévenir les activités frauduleuses ou criminelles ainsi que le blanchiment de capitaux et le financement du terrorisme ;

4° Veiller à l'exploitation équilibrée des différents types de jeu afin d'éviter toute déstabilisation économique des filières concernées.

Art. L. 320-4 Les opérateurs de jeux d'argent et de hasard définis à l'article L. 320-6 concourent aux objectifs mentionnés aux 1°, 2° et 3° de l'article L. 320-3. Leur offre de jeu contribue à canaliser la demande de jeux dans un circuit contrôlé par l'autorité publique et à prévenir le développement d'une offre illégale de jeux d'argent.

Art. L. 320-5 Les jeux d'argent et de hasard en ligne sont définis comme des jeux dont l'engagement passe exclusivement par l'intermédiaire d'un service de communication au public en ligne.

Les jeux d'argent et de hasard exploités en réseau physique de distribution s'entendent des jeux dont l'engagement intervient selon toute autre modalité, notamment au moyen de terminaux de jeux sans intermédiation humaine servant exclusivement ou essentiellement à la prise de jeu et mis à la disposition des joueurs dans des lieux publics ou des lieux privés ouverts au public.

Est un opérateur de jeux d'argent et de hasard, toute personne qui, de manière habituelle, propose au public des services de jeux d'argent et de hasard comportant des enjeux en valeur monétaire.

Art. L. 320-6 Par dérogation aux articles L. 320-1 et L. 324-3, peuvent être autorisés :

1° L'exploitation par les casinos de jeux d'argent et de hasard, conformément aux dispositions du chapitre I du présent titre ;

2° L'exploitation des jeux d'argent et de hasard mentionnés aux articles L. 322-3, L. 322-4 et L. 322-5 par des personnes non opérateurs de jeux ;

3° L'exploitation de jeux de loterie soumis à un régime de droits exclusifs, conformément aux dispositions du chapitre II *ter* du présent titre ;

4° L'exploitation de paris sportifs en réseau physique de distribution soumis à un régime de droits exclusifs conformément aux dispositions de l'article L. 322-14 ;

5° L'exploitation de paris hippiques en réseau physique de distribution hors hippodrome et dans l'hippodrome soumis à un régime de droits exclusifs conformément à l'article 5 de la loi du 2 juin 1891 ayant pour objet de règlementer l'autorisation et le fonctionnement des courses de chevaux ;

6° L'exploitation des paris hippiques en ligne, des paris sportifs en ligne et des jeux de cercle en ligne dans le cadre des agréments délivrés en vertu respectivement des dispositions des articles 11, 12 et 14 de la loi n° 2010-476 du 12 mai 2010 relative à l'ouverture à la concurrence et à la régulation du secteur des jeux d'argent et de hasard en ligne ;

7° Les opérations publicitaires mentionnées à l'article L. 121-20 du code de la consommation.

Art. L. 320-7 Les mineurs, même émancipés, ne peuvent prendre part à des jeux d'argent et de hasard dont l'offre publique est autorisée par la loi, à l'exception des jeux d'argent et de hasard mentionnés aux 2° et 7° de l'article L. 320-6.

Art. L. 320-8 Les opérateurs de jeux d'argent et de hasard légalement autorisés sont tenus de faire obstacle à la participation de mineurs, même émancipés, aux activités de jeu ou de pari qu'ils proposent.

Il est interdit de vendre ou d'offrir gratuitement à des mineurs des jeux d'argent et de hasard mentionnés aux 1°, 3°, 4°, 5° et 6° de l'article L. 320-6.

Sur les hippodromes et dans les postes d'enregistrement de jeux de loterie, de jeux de paris sportifs ou de paris hippiques mentionnés aux 3°, 4° et 5° de l'article L. 320-6, la personne physique qui commercialise directement auprès du client les jeux d'argent et de hasard peut exiger du client qu'il établisse la preuve de sa majorité.

L'accès aux terminaux de jeux sans intermédiation humaine permettant l'engagement de jeux relevant du 3° ou 4° de l'article L. 320-6 est réservé aux joueurs dont l'identité et la date de naissance ont été préalablement vérifiées aux fins de contrôle de leur majorité.

Art. L. 320-9 Les opérateurs de jeux d'argent et de hasard exploités en ligne ou sur des terminaux d'enregistrement physique sans intermédiation humaine au moyen d'un compte sont tenus de faire obstacle à la participation aux activités de jeu qu'ils proposent des personnes interdites de jeu en vertu des dispositions de l'article L. 320-9-1.

Les opérateurs de jeux d'argent et de hasard mentionnés aux 3°, 4° et 5° de l'article L. 320-6 s'assurent périodiquement que les personnes réalisant des opérations de jeux dans les postes d'enregistrement de jeux de loterie, de jeux de paris sportifs ou de paris hippiques au moyen d'un compte ne sont pas interdites de jeu en vertu de l'article L. 320-9-1. Tout compte joueur dont le titulaire est interdit de jeu est clôturé.

Les opérateurs mentionnés aux deux alinéas précédents clôturent tout compte joueur dont le titulaire viendrait à faire l'objet d'une interdiction ou d'une exclusion selon les modalités fixées à l'article L. 320-10.

Art. L. 320-9-1 I. – Une interdiction de jeux peut être prononcée par l'autorité administrative compétente à l'égard des personnes dont le comportement est de nature à troubler l'ordre, la tranquillité ou le déroulement normal des jeux.

L'interdiction administrative de jeux s'applique à l'égard des jeux d'argent et de hasard proposés :

1° Dans les casinos ;

2° Sur les sites de jeux en ligne autorisés en vertu de la loi n° 2010-476 du 12 mai 2010 relative à l'ouverture à la concurrence et à la régulation du secteur des jeux d'argent et de hasard en ligne ;

3° Sur le site de jeux en ligne de la personne morale unique titulaire de droits exclusifs mentionnée à l'article 137 de la loi n° 2019-486 du 22 mai 2019 relative à la croissance et la transformation des entreprises ;

4° Sur les terminaux de jeux sans intermédiation humaine mentionnés au premier alinéa de l'article L. 320-9 ;

5° Sur les postes d'enregistrement mentionnés au deuxième alinéa de l'article L. 320-9.

Elle est prononcée pour une durée maximale de cinq ans.

II. – Toute personne peut engager des démarches auprès de l'autorité administrative compétente afin d'empêcher sa participation à des jeux d'argent et de hasard.

L'interdiction volontaire de jeux s'applique à l'égard des jeux d'argent et de hasard visés aux 1° à 4° du I.

Elle est prononcée pour une durée de trois ans renouvelable tacitement.

Art. L. 320-10 Pour l'application de l'article L. 320-9, le solde du compte est clôturé selon les modalités de l'article 17 de la loi n° 2010-476 du 12 mai 2010 relative à l'ouverture à la concurrence et à la régulation du secteur des jeux d'argent et de hasard en ligne.

Art. L. 320-11 Les opérateurs de jeux d'argent et de hasard légalement autorisés informent les joueurs des risques liés au jeu excessif ou pathologique par le biais d'un message de mise en garde.

Les opérateurs mentionnés au premier alinéa de l'article L. 320-9 préviennent les comportements de jeu excessif ou pathologique par la mise en place de dispositifs de modération, d'auto-exclusion, et d'autolimitation des dépôts et des mises. Ils communiquent en permanence à tout joueur fréquentant leur service de communications électroniques au public le solde instantané de son compte. Ils informent les joueurs de la faculté qui leur est conférée, en vertu du II de l'article L. 320-9-1, de faire l'objet d'une mesure d'interdiction volontaire de jeu.

Ils s'abstiennent d'adresser toute communication commerciale aux titulaires d'un compte joueur ou identifiés bénéficiant d'une mesure d'auto-exclusion. Ils s'abstiennent également d'adresser toute communication commerciale aux anciens titulaires d'un compte joueur faisant l'objet, en application du II de l'article L. 320-9-1, d'une mesure d'interdiction volontaire de jeu.

Art. L. 320-12 Toute communication commerciale en faveur d'un opérateur de jeux d'argent et de hasard autorisé est :

1° Assortie d'un message de mise en garde contre le jeu excessif ou pathologique ainsi que d'un message faisant référence au système d'information et d'assistance prévu à l'article 29 de la loi n° 2010-476 du 12 mai 2010 relative à l'ouverture à la concurrence et à la régulation du secteur des jeux d'argent et de hasard en ligne ;

2° Interdite dans les publications à destination des mineurs ;

3° Interdite sur les services de communication audiovisuelle et dans les programmes de communication audiovisuelle, présentés comme s'adressant aux mineurs au sens de l'article 15 de la loi n° 86-1067 du 30 septembre 1986 relative à la liberté de communication ;

4° Interdite dans les services de communications électroniques au public à destination des mineurs ;

5° Interdite dans les salles de spectacles cinématographiques lors de la diffusion d'œuvres accessibles aux mineurs.

Les modalités d'application des 1°, 2°, 4° et 5° sont précisées par décret.

Les opérateurs de jeux d'argent et de hasard ne peuvent financer l'organisation ou parrainer la tenue d'événements à destination spécifique des mineurs.

Art. L. 320-13 Une délibération *(L. n° 2021-1382 du 25 oct. 2021, art. 33)* « de l'Autorité de régulation de la communication audiovisuelle et numérique » précise les conditions de diffusion, par les services de communication audiovisuelle, des communications commerciales mentionnées au premier alinéa de l'article L. 320-12, notamment les modalités d'application du 3° du même article.

Art. L. 320-17 Le jeu à crédit est interdit.

Il est interdit à tout opérateur de jeux d'argent ou de hasard ainsi qu'à tout dirigeant, mandataire social ou employé d'un tel opérateur ainsi qu'aux personnes que ces opérateurs autorisent à exploiter des postes d'enregistrement de jeux, de consentir des prêts d'argent aux joueurs ou de mettre en place directement ou indirectement des dispositifs permettant aux joueurs de s'accorder des prêts entre eux.

Les services de communications au public en ligne sur lesquels les opérateurs proposent une offre de jeux ou de paris en ligne ne peuvent contenir aucune publicité en faveur d'une entreprise susceptible de consentir des prêts d'argent aux joueurs ou de permettre le prêt entre joueurs, ni aucun lien vers un site proposant une telle offre de prêt.

Art. L. 320-18 Les dispositions des articles 18 à 20 et 31 de la loi n° 2010-476 du 12 mai 2010 relative à l'ouverture à la concurrence et à la régulation du secteur des jeux d'argent et de hasard en ligne s'appliquent à l'activité de la personne morale unique mentionnée à l'article 137 de la loi n° 2019-486 du 22 mai 2019 précitée pour l'exploitation des jeux de loterie en ligne ainsi que pour l'exploitation des jeux de loterie et de paris hippiques sur compte en réseau physique de distribution.

Elles s'appliquent également au groupement d'intérêt économique Pari mutuel urbain pour son activité de paris hippiques sur compte en réseau physique de distribution.

CHAPITRE I *BIS* ***COMPÉTITIONS DE JEUX VIDÉO***

(L. n° 2016-1321 du 7 oct. 2016, art. 101-I)

Art. L. 321-8 Pour l'application du présent chapitre, est entendu comme jeu vidéo tout jeu relevant du II de l'article 220 *terdecies* du code général des impôts.

Une compétition de jeux vidéo confronte, à partir d'un jeu vidéo, au moins deux joueurs ou équipes de joueurs pour un score ou une victoire.

L'organisation de la compétition de jeux vidéo au sens du présent chapitre n'inclut pas l'organisation d'une prise de paris.

Art. L. 321-9 N'entrent pas dans le champ d'application *(Ord. n° 2019-1015 du 2 oct. 2019, art. 4 et 50, en vigueur le 1er janv. 2020)* « de l'article L. 320-1 *[ancienne rédaction : des articles L. 322-1, L. 322-2 et L. 322-2-1]* » les compétitions de jeux vidéo organisées en la présence physique des participants, pour lesquelles le montant total des droits d'inscription ou des autres sacrifices financiers consentis par les joueurs n'excède pas une fraction, dont le taux est fixé par décret en Conseil d'État, du coût total d'organisation de la manifestation incluant le montant total des gains et lots proposés. Ce taux peut varier en fonction du montant total des recettes collectées en lien avec la manifestation.

Lorsque le montant total des gains ou lots excède un montant fixé par décret en Conseil d'État, les organisateurs de ces compétitions justifient de l'existence d'un instrument ou mécanisme, pris au sein d'une liste fixée par ce même décret, garantissant le reversement de la totalité des gains ou lots mis en jeu.

Les organisateurs déclarent à l'autorité administrative, dans des conditions fixées par décret en Conseil d'État, la tenue de telles compétitions. Cette déclaration comporte les éléments permettant à l'autorité administrative d'apprécier le respect des conditions prévues aux deux premiers alinéas.

Art. L. 321-10 La participation d'un mineur aux compétitions de jeux vidéo peut être autorisée dans des conditions définies par décret en Conseil d'État. Elle est conditionnée au recueil de l'autorisation du représentant légal de ce mineur. Le représentant légal est informé des enjeux financiers de la compétition et des jeux utilisés comme support de celle-ci. Cette information comprend notamment la référence à la signalétique prévue à l'article 32 de la loi n° 98-468 du 17 juin 1998 relative à la prévention et à la répression des infractions sexuelles ainsi qu'à la protection des mineurs.

L'article L. 7124-9 du code du travail s'applique aux rémunérations de toute nature perçues pour l'exercice d'une pratique en compétition du jeu vidéo par des mineurs de moins de seize ans soumis à l'obligation scolaire.

Art. L. 321-11 Pour les compétitions de jeux vidéo se déroulant en ligne et pour les phases qualificatives se déroulant en ligne des compétitions de jeux vidéo, les frais d'accès à internet et le coût éventuel d'acquisition du jeu vidéo servant de support à la compétition ne constituent pas un sacrifice financier au sens de l'article *(Ord. n° 2019-1015 du 2 oct. 2019, art. 4 et 50, en vigueur le 1er janv. 2020)* « L. **320-1** *[ancienne rédaction : L. 322-2]* ».

CHAPITRE IV *DISPOSITIONS PÉNALES*

SECTION 1 *Dispositions communes*

(Ord. n° 2019-1015 du 2 oct. 2019, art. 10 et 50, en vigueur le 1er janv. 2020)

SOUS-SECTION 1 *Jeux d'argent et de hasard*

Art. L. 324-1 Sans préjudice des opérations autorisées en application de l'article L. 320-6, le fait d'accomplir ou de faire accomplir des opérations de jeux d'argent et de hasard en violation de l'article L. 320-1 est puni de trois ans d'emprisonnement et de 90 000 euros d'amende. Ces peines sont portées à sept ans d'emprisonnement et à 200 000 euros d'amende lorsque l'infraction est commise en bande organisée.

Art. L. 324-2 Est puni des peines prévues à l'article L. 324-1 le fait de ne pas respecter les conditions de l'autorisation pour l'exploitation des jeux mentionnés à l'article L. 320-6.

Art. L. 324-3 Le fait d'émettre ou de distribuer des supports de jeux d'argent et de hasard prohibés ou de concourir à cette émission ou à cette distribution est puni de 100 000 euros d'amende. Le tribunal peut porter le montant de l'amende au quadruple du montant des dépenses publicitaires consacrées à l'opération illégale.

Art. L. 324-4 L'importation ou la fabrication de tout appareil dont le fonctionnement repose sur le hasard et qui permet, éventuellement par l'apparition de signes, de procurer moyennant enjeu un avantage direct ou indirect de quelque nature que ce soit, même sous forme de parties gratuites, est punie de trois ans d'emprisonnement et de 90 000 euros d'amende. Les peines sont portées à sept ans d'emprisonnement et à 200 000 euros d'amende lorsque l'infraction est commise en bande organisée.

Sont punies des mêmes peines la détention, la mise à disposition de tiers, l'installation et l'exploitation de ces appareils sur la voie publique et ses dépendances, dans des lieux publics ou ouverts au public et dans les dépendances, mêmes privées, de ces lieux publics ainsi que l'exploitation de ces appareils ou leur mise à disposition de tiers par une personne privée, physique ou morale, dans des lieux privés.

Les dispositions des deux alinéas précédents sont applicables aux appareils de jeux dont le fonctionnement repose sur l'adresse et dont les caractéristiques techniques font apparaître qu'il est possible de gagner plus de cinq parties gratuites par enjeu ou un gain en espèces ou en nature.

Art. L. 324-5 Sont punis de 10 000 euros d'amende les opérateurs de jeux d'argent et de hasard qui :

1° Permettent à une personne interdite de jeux de participer à une activité de jeu en ligne qu'ils proposent ;

2° Adressent une communication commerciale aux personnes interdites de jeux.

Art. L. 324-6 Est puni d'une amende de 100 000 euros le fait, pour un opérateur de jeux d'argent et de hasard :

1° D'établir un nouveau point de vente exploitant un poste d'enregistrement de jeux de loterie ou de jeux de paris sportifs en violation du périmètre mentionné à l'article L. 320-15 ;

2° De permettre un accès direct aux dispositifs de jeu sans intermédiation humaine à un joueur dont l'identité et la date de naissance n'ont pas été préalablement vérifiées conformément aux dispositions du dernier alinéa de l'article L. 320-8.

Art. L. 324-7 La violation des interdictions prévues au deuxième alinéa de l'article L. 320-17 est punie de 150 000 euros d'amende.

SOUS-SECTION 2 *Communication commerciale*

Art. L. 324-8 Le fait de faire de la publicité en faveur d'une entreprise susceptible de consentir des prêts d'argent aux joueurs ou de permettre le prêt entre joueurs est puni de 75 000 euros d'amende.

Le fait de proposer un lien vers un service de communications électroniques au public d'une telle entreprise est puni de la même peine.

Art. L. 324-8-1 Le fait d'émettre ou de diffuser, par tout moyen, une communication commerciale non conforme aux dispositions des articles L. 320-12 et L. 320-14 est puni d'une amende de 100 000 euros.

Le montant de l'amende peut être porté au quadruple du montant des dépenses publicitaires consacrées à l'opération illégale.

Art. L. 324-9 Les associations dont l'objet statutaire comporte la lutte contre les addictions, régulièrement déclarées depuis au moins cinq ans à la date des faits, peuvent exercer les droits reconnus à la partie civile pour les infractions prévues à l'article L. 324-8. Peuvent exercer les mêmes droits les associations de consommateurs mentionnées à l'article L. 421-1 du code de la consommation ainsi que les associations familiales mentionnées aux articles L. 211-1 et L. 211-2 du code de l'action sociale et des familles.

Code des transports

PREMIÈRE PARTIE : *LÉGISLATIVE*

PREMIÈRE PARTIE *DISPOSITIONS COMMUNES*

LIVRE V **DISPOSITIONS COMMUNES AUX INFRASTRUCTURES, AUX ÉQUIPEMENTS ET AUX MATÉRIELS**

TITRE I **DISPOSITIONS GÉNÉRALES**

CHAPITRE IV *LES DONNÉES DU VÉHICULE*

(Ord. n° 2021-442 du 14 avr. 2021, art. 1er)

Art. L. 1514-1 I. – Les données mentionnées au II produites par les systèmes intégrés à un véhicule terrestre à moteur équipé de moyens de communication permettant d'échanger ces données avec l'extérieur sont transmises sous un format structuré exploitable au moyen d'outils informatiques, par le constructeur du véhicule terrestre à moteur ou son mandataire, aux gestionnaires d'infrastructures routières, aux forces de police et de gendarmerie et aux services d'incendie et de secours, aux fins de prévention des accidents, en vue d'apporter des réponses rapides aux risques identifiés, ou d'amélioration de l'intervention en cas d'accident, dans le cadre exclusif de l'exécution de leurs missions de service public et sous réserve, le cas échéant, de l'acceptation des conditions financières prévues au VIII.

II. – Les données transmises sont limitées à celles qui sont strictement nécessaires à la détection d'accidents, d'incidents ou de conditions génératrices d'accidents situés dans l'environnement de conduite du véhicule, à l'exclusion des données destinées aux systèmes de communications aux centres d'appels d'urgence.

Elles sont anonymisées par un procédé garantissant la suppression irréversible du lien entre lesdites données et le numéro de série ou tout identifiant du véhicule, de son conducteur, propriétaire ou locataire.

Elles excluent tout support permettant d'identifier les personnes ou véhicules dans l'environnement de conduite du véhicule.

III. – La transmission de ces données peut s'appuyer sur des réseaux de communication ouverts au public et des systèmes de transports intelligents coopératifs.

IV. – Ces données sont utilisées par les gestionnaires d'infrastructures routières, les forces de l'ordre de police et de gendarmerie et les services d'incendie et de secours exclusivement aux fins mentionnées au I. Elles ne peuvent notamment être utilisées ni comme preuve de la commission d'infractions au code de la route, ni aux fins de fourniture commerciale d'informations aux usagers de la route.

V. – Le consentement de la personne concernée, conducteur ou utilisateur du véhicule, au traitement de ces données n'est pas requis pour ces finalités.

VI. – La personne concernée est informée, préalablement à ce traitement, par le constructeur du véhicule terrestre à moteur ou son mandataire, selon des modalités définies par voie réglementaire.

VII. – Les données concernées ainsi que leurs modalités d'accès, de mise à jour et de conservation sont précisées par voie réglementaire.

VIII. – Si des conditions financières d'accès aux données sont appliquées, elles ne peuvent couvrir que les coûts de transmission et de traitement des données spécifiques à la détection des accidents et incidents ou conditions de circulation génératrices d'accidents, localisés dans l'environnement de conduite du véhicule.

Art. L. 1514-2 I. – Les données mentionnées au II produites par les systèmes intégrés à un véhicule terrestre à moteur équipé de moyens de communication permettant d'échanger ces données avec l'extérieur sont transmises, après avoir été agrégées, sous un format structuré exploitable au moyen d'outils informatiques, par le constructeur du véhicule terrestre à moteur ou son mandataire, aux gestionnaires d'infrastructures routières, aux fins exclusives de connaissance et de cartographie de l'infrastructure routière et de son équipement, en vue de garantir ses conditions de sécurité, sous réserve, le cas échéant, de l'acceptation des conditions financières prévues au VIII.

II. – Les données transmises permettent l'observation de l'infrastructure routière, de son état et de son équipement dans l'environnement de conduite du véhicule et sont limitées à ce qui est strictement nécessaire pour caractériser l'état de l'infrastructure et de ses équipements.

Elles sont anonymisées par un procédé garantissant la suppression irréversible du lien entre lesdites données et le numéro de série ou tout identifiant du véhicule, de son conducteur, propriétaire ou locataire.

Elles excluent tout support permettant d'identifier les personnes ou véhicules dans l'environnement de conduite du véhicule.

III. – La transmission de ces données peut s'appuyer sur des réseaux de communication ouverts au public et des systèmes de transports intelligents coopératifs.

IV. – Ces données sont utilisées par les gestionnaires d'infrastructures routières exclusivement aux fins mentionnées au I. Elles ne peuvent notamment être utilisées ni comme preuve de la commission d'infractions au code de la route, ni aux fins de fourniture commerciale d'informations aux usagers de la route sur l'état de l'infrastructure routière ou de son équipement.

V. – Le consentement de la personne concernée, conducteur ou utilisateur du véhicule, au traitement de ces données n'est pas requis pour cette finalité.

VI. – La personne concernée est informée, préalablement à ce traitement, par le constructeur du véhicule terrestre à moteur ou son mandataire, selon des modalités définies par voie réglementaire.

VII. – Les données concernées ainsi que leurs modalités d'accès, de mise à jour et de conservation sont précisées par voie réglementaire.

VIII. – Si des conditions financières d'accès aux données sont appliquées, elles ne peuvent couvrir que les coûts de collecte, de transmission et de traitement des données spécifiques à la caractérisation de l'état de l'infrastructure et de ses équipements localisés dans l'environnement de conduite du véhicule.

Art. L. 1514-3 I. – Les données mentionnées au II produites par les systèmes intégrés à un véhicule terrestre à moteur équipé de moyens de communication permettant d'échanger ces données avec l'extérieur sont transmises, après avoir été agrégées, sous un format structuré exploitable au moyen d'outils informatiques, par le constructeur du véhicule terrestre à moteur ou son mandataire, aux gestionnaires d'infrastructures routières et aux autorités organisatrices de la mobilité désignées aux articles L. 1231-1, L. 1231-3, L. 1241-1 et L. 1811-2, aux fins de connaissance du trafic routier, sous réserve, le cas échéant, de l'acceptation des conditions financières prévues au VII.

II. — Les données transmises sont limitées à celles qui permettent l'observation des conditions d'écoulement du trafic routier.

Elles sont anonymisées par un procédé garantissant la suppression irréversible du lien entre lesdites données et le numéro de série ou tout identifiant du véhicule, de son conducteur, propriétaire ou locataire.

Elles excluent tout support permettant d'identifier les personnes ou véhicules dans l'environnement de conduite du véhicule.

III. — La transmission de ces données peut s'appuyer sur des réseaux de communication ouverts au public et des systèmes de transports intelligents coopératifs.

IV. — Ces données sont utilisées par les gestionnaires d'infrastructures routières et les autorités organisatrices de la mobilité exclusivement aux fins mentionnées au I. Elles ne peuvent notamment être utilisées ni comme preuve de la commission d'infractions au code de la route, ni aux fins de fourniture commerciale d'informations aux usagers des transports sur les conditions de trafic.

V. — La personne concernée est informée, préalablement à ce traitement, par le constructeur du véhicule terrestre à moteur ou son mandataire, selon des modalités définies par voie réglementaire.

VI. — Les données concernées ainsi que leurs modalités d'accès, de mise à jour et de conservation sont précisées par voie réglementaire.

VII. — Si des conditions financières d'accès aux données sont appliquées, elles ne peuvent couvrir que les coûts de collecte, de transmission et de traitement des données spécifiques à la caractérisation des conditions de trafic.

Art. L. 1514-4 I. — En cas d'accident de la route, les organismes chargés de l'enquête technique prévue à l'article L. 1621-2 ont accès aux données des dispositifs d'enregistrement des données d'état de délégation de conduite, pour la seule finalité de l'étude et de l'analyse des accidents.

II. — A cette fin, le constructeur du véhicule terrestre à moteur ou son mandataire garantit l'intégrité de ces données.

Dans le cas où le constructeur du véhicule terrestre à moteur ou son mandataire a accès à ces données à distance, lorsque le véhicule est équipé de moyens de communication permettant de les échanger avec l'extérieur, les modalités d'accès aux données et de leur conservation par ces personnes, dont la durée ne peut dépasser six ans à compter de la date de l'accident considéré, sont précisées par décret en Conseil d'État.

Art. L. 1514-5 I. — En cas d'accident de la route, ont accès aux données des dispositifs d'enregistrement des données d'état de délégation de conduite relatives aux conditions d'activation, de désactivation et de reprise en main du système de conduite automatisé, sous réserve, le cas échéant, de l'acceptation des conditions financières prévues au VI :

1° Les entreprises d'assurance qui garantissent les véhicules impliqués dans l'accident, aux fins de déterminer les indemnisations nécessaires à l'application du contrat d'assurance concerné prévus à l'article L. 121-12 du code des assurances, exclusivement lorsque le traitement de ces données est nécessaire à l'exécution du contrat d'assurance concerné ;

2° Le fonds de garantie des assurances obligatoires de dommages mentionné à l'article L. 421-1 du code des assurances pour la même finalité, lorsqu'aucune *[lorsque aucune]* entreprise d'assurance n'est en mesure de procéder aux indemnisations dans le cadre de l'exécution d'un contrat d'assurance.

II. — Le consentement de la personne concernée, conducteur ou utilisateur de l'un des véhicules impliqués, au traitement de ces données n'est pas requis pour ces finalités.

III. — Seules les données strictement nécessaires pour déterminer l'activation ou non de la délégation de conduite du véhicule, ou les conditions de reprise en main, aux fins d'indemniser les victimes en application de la loi n° 85-677 du 5 juillet 1985 tendant à l'amélioration de la situation des victimes d'accidents de la circulation et à l'accélération des procédures d'indemnisation, sont transmises.

IV. – Les données pertinentes, lorsqu'elles ne sont pas définies dans les prescriptions en matière de construction, de montage et d'utilisation énoncées dans les instruments juridiques internationaux relatifs aux véhicules à roues et à leurs équipements, sont précisées par voie réglementaire.

V. – Dans le cas où le constructeur du véhicule terrestre à moteur ou son mandataire a accès à ces données à distance, lorsque le véhicule est équipé de moyens de communication permettant de les échanger avec l'extérieur, les modalités d'accès aux données et de leur conservation par ces personnes, laquelle ne peut aller au-delà d'une période de dix ans à compter de la date de l'accident considéré, sont précisées par décret en Conseil d'État.

VI. – Si des conditions financières d'accès aux données sont appliquées, elles ne peuvent couvrir que les coûts de collecte et de transmission des données spécifiques à la caractérisation de l'état de l'activation de la délégation de conduite. Les données sont transmises au fonds de garantie des assurances obligatoires de dommage gratuitement.

Art. L. 1514-6 I. – Le constructeur d'un véhicule terrestre à moteur ou son importateur peut procéder à la correction par voie télématique des défauts d'un ou plusieurs systèmes, composants ou entités techniques pouvant affecter l'ensemble d'une série de véhicules et susceptibles de compromettre, de façon grave, la sécurité du véhicule, des occupants ou des autres usagers de la route en portant atteinte aux intérêts vitaux des personnes.

II. – Aux fins d'identification de ces défauts, le constructeur ou l'importateur peut, lorsque le véhicule est équipé de moyens de communication permettant d'échanger des données avec l'extérieur, accéder aux données du véhicule caractérisant le fonctionnement de ces systèmes, composants ou entités techniques.

III. – Le consentement du propriétaire ou du titulaire du contrat de location de longue durée au traitement de ces données n'est pas requis pour cette finalité.

IV. – Le constructeur du véhicule concerné, ou l'importateur, informe, préalablement à la correction, le propriétaire ou le titulaire du contrat de location de longue durée des défauts qui ont été identifiés, selon des modalités définies par voie réglementaire.

V. – La transmission des données d'identification et de correction de ces défauts au constructeur du véhicule terrestre à moteur ou au véhicule peut s'appuyer sur des services de communications électroniques accessibles au public et des systèmes de transports intelligents coopératifs. Elle est protégée de manière à garantir l'intégrité et la confidentialité des données transmises.

VI. – Lorsque le propriétaire ou le titulaire d'un contrat de location de longue durée, de location avec option d'achat ou de crédit-bail demande la correction par voie télématique du défaut d'un ou plusieurs systèmes, composants ou entités techniques du véhicule, la personne en charge de cette correction accède aux paramètres des systèmes, composants ou entités techniques et aux moyens de communication nécessaires pour assurer cette correction, dans le respect de la sécurité de la conduite du véhicule, et en informe le propriétaire ou le titulaire du contrat de location de longue durée.

Art. L. 1514-7 I. – Le constructeur d'un véhicule terrestre à moteur à délégation de conduite, ou de l'un de ses équipements, ou son mandataire, peut accéder aux données, recueillies par le système d'automatisation du véhicule pendant sa circulation, qui sont nécessaires au renforcement de la sécurité des systèmes de délégation de conduite. Les données concernées sont définies par voie réglementaire.

II. – Lorsque des données recueillies par le système d'automatisation d'un véhicule terrestre à moteur à délégation de conduite permettent de reconstituer des scénarios caractérisant des situations de conduite susceptible*[s]* d'entraîner des blessures graves aux occupants du véhicule ou aux autres usagers de la route, ces scénarios sont mis à la disposition, par le constructeur automobile ou son mandataire, des organismes désignés par le ministre chargé des transports pour élaborer les scénarios de conduite utilisés pour la réception des véhicules, selon des modalités fixées par voie réglementaire.

III. – Les données recueillies ne peuvent pas être utilisées comme preuve de la commission d'infraction au code de la route.

IV. – Les données sont anonymisées par un procédé garantissant la suppression irréversible du lien entre lesdites données et le numéro de série ou tout identifiant du véhicule, de son conducteur, propriétaire ou locataire. Elles ne permettent pas d'identifier les personnes, véhicules, logements et lieux d'activités situés dans l'environnement de conduite du véhicule concerné.

Art. L. 1514-8 I. — Le constructeur d'un véhicule terrestre à moteur ou son mandataire notifie à l'autorité nationale de réception des véhicules, sans délai après en avoir pris connaissance, les attaques par voie électronique qui sont susceptibles de porter atteinte aux systèmes d'information contribuant au fonctionnement ou à la sécurité du véhicule. A cette fin, il communique à cette autorité les données techniques dont il dispose et permettant d'analyser les modalités de ces attaques.

II. — Est puni de 75 000 euros d'amende le fait, pour les dirigeants de la personne morale mentionnée au I, de ne pas satisfaire à l'obligation de notification d'une attaque prévue au I.

Est puni de la même amende le fait, pour les dirigeants de cette personne morale, de ne pas satisfaire à l'obligation de communication des données techniques prévue au I.

III. — Un arrêté du ministre chargé des transports précise la nature des attaques devant faire l'objet d'une notification à l'autorité nationale de réception des véhicules, les modalités de leur notification et les informations à communiquer à cette autorité.

Code du travail

PREMIÈRE PARTIE : *LÉGISLATIVE*

PREMIÈRE PARTIE *LES RELATIONS INDIVIDUELLES DE TRAVAIL*

LIVRE II **LE CONTRAT DE TRAVAIL**

TITRE II **FORMATION ET EXÉCUTION DU CONTRAT DE TRAVAIL**

CHAPITRE II *EXÉCUTION ET MODIFICATION DU CONTRAT DE TRAVAIL*

SECTION 1 *Exécution du contrat de travail*

Art. L. 1222-3 Le salarié est expressément informé, préalablement à leur mise en œuvre, des méthodes et techniques d'évaluation professionnelles mises en œuvre à son égard.

Les résultats obtenus sont confidentiels.

Les méthodes et techniques d'évaluation des salariés doivent être pertinentes au regard de la finalité poursuivie. — *[Anc. art. L. 121-7, V2.]*

Art. L. 1222-4 Aucune information concernant personnellement un salarié ne peut être collectée par un dispositif qui n'a pas été porté préalablement à sa connaissance. — *[Anc. art. L. 121-8, V2.]*

Loi n° 78-17 du 6 janvier 1978 (loi Informatique et Libertés),

Relative à l'informatique, aux fichiers et aux libertés.

Les dispositions de la L. n° 78-17 du 6 janv. 1978, réécrite par l'Ord. n° 2018-1125 du 12 déc. 2018, sont entrées en vigueur en même temps que le Décr. n° 2019-536 du 29 mai 2019 pris pour son application, soit le 1er juin 2019 (Ord. préc., art. 29).

TITRE I **DISPOSITIONS COMMUNES**

(Ord. n° 2018-1125 du 12 déc. 2018, art. 1er, en vigueur le 1er juin 2019)

CHAPITRE I *PRINCIPES ET DÉFINITIONS*

Art. 1er L'informatique doit être au service de chaque citoyen. Son développement doit s'opérer dans le cadre de la coopération internationale. Elle ne doit porter atteinte ni à l'identité humaine, ni aux droits de l'homme, ni à la vie privée, ni aux libertés individuelles ou publiques.

Les droits des personnes de décider et de contrôler les usages qui sont faits des données à caractère personnel les concernant et les obligations incombant aux personnes qui traitent ces données s'exercent dans le cadre du règlement (UE) 2016/679 du Parlement européen et du Conseil du 27 avril 2016, de la directive (UE) 2016/680 du Parlement européen et du Conseil du 27 avril 2016 et de la présente loi.

Art. 2 La présente loi s'applique aux traitements automatisés en tout ou partie de données à caractère personnel, ainsi qu'aux traitements non automatisés de données à caractère personnel contenues ou appelées à figurer dans des fichiers, lorsque leur responsable remplit les conditions prévues à l'article 3 de la présente loi, à l'exception des traitements mis en œuvre par des personnes physiques pour l'exercice d'activités strictement personnelles ou domestiques.

Constitue un fichier de données à caractère personnel tout ensemble structuré de données à caractère personnel accessibles selon des critères déterminés, que cet ensemble soit centralisé, décentralisé ou réparti de manière fonctionnelle ou géographique.

Sauf dispositions contraires, dans le cadre de la présente loi s'appliquent les définitions de l'article 4 du règlement (UE) 2016/679 du 27 avril 2016.

Art. 3 I. – Sans préjudice, en ce qui concerne les traitements entrant dans le champ du règlement (UE) 2016/679 du 27 avril 2016, des critères prévus par l'article 3 de ce règlement, l'ensemble des dispositions de la présente loi s'appliquent aux traitements des données à caractère personnel effectués dans le cadre des activités d'un établissement d'un responsable du traitement ou d'un sous-traitant sur le territoire français, que le traitement ait lieu ou non en France.

II. – Les règles nationales prises sur le fondement des dispositions du même règlement renvoyant au droit national le soin d'adapter ou de compléter les droits et obligations prévus par ce règlement s'appliquent dès lors que la personne concernée réside en France, y compris lorsque le responsable de traitement n'est pas établi en France.

Toutefois, lorsque est en cause un des traitements mentionnés au 2 de l'article 85 du même règlement, les règles nationales mentionnées au premier alinéa du II sont celles dont relève le responsable de traitement, lorsqu'il est établi dans l'Union européenne.

Art. 4 Les données à caractère personnel doivent être :

1° Traitées de manière licite, loyale et, pour les traitements relevant du titre II, transparente au regard de la personne concernée ;

2° Collectées pour des finalités déterminées, explicites et légitimes, et ne pas être traitées ultérieurement d'une manière incompatible avec ces finalités. Toutefois, un traitement ultérieur de données à des fins archivistiques dans l'intérêt public, à des fins de recherche scientifique ou historique, ou à des fins statistiques est considéré comme compatible avec les finalités initiales de la collecte des données, s'il est réalisé dans le respect des dispositions du règlement (UE) 2016/679 du 27 avril 2016 et de la présente loi, applicables à de tels traitements*[,]* et s'il n'est pas utilisé pour prendre des décisions à l'égard des personnes concernées ;

3° Adéquates, pertinentes et, au regard des finalités pour lesquelles elles sont traitées, limitées à ce qui est nécessaire ou, pour les traitements relevant des titres III et IV, non excessives ;

4° Exactes et, si nécessaire, tenues à jour. Toutes les mesures raisonnables doivent être prises pour que les données à caractère personnel qui sont inexactes, eu égard aux finalités pour lesquelles elles sont traitées, soient effacées ou rectifiées sans tarder ;

5° Conservées sous une forme permettant l'identification des personnes concernées pendant une durée n'excédant pas celle nécessaire au regard des finalités pour lesquelles elles sont traitées. Toutefois, les données à caractère personnel peuvent être conservées au-delà de cette durée dans la mesure où elles sont traitées exclusivement à des fins archivistiques dans l'intérêt public, à des fins de recherche scientifique ou historique, ou à des fins statistiques. Le choix des données conservées à des fins archivistiques dans l'intérêt public est opéré dans les conditions prévues à l'article L. 212-3 du code du patrimoine ;

6° Traitées de façon à garantir une sécurité appropriée des données à caractère personnel, y compris la protection contre le traitement non autorisé ou illicite et contre la perte, la destruction ou les dégâts d'origine accidentelle, ou l'accès par des personnes non autorisées, à l'aide de mesures techniques ou organisationnelles appropriées.

CHAPITRE II *LA COMMISSION NATIONALE DE L'INFORMATIQUE ET DES LIBERTÉS*

SECTION 1 *Organisation et missions*

Art. 8 I. – La Commission nationale de l'informatique et des libertés est une autorité administrative indépendante. Elle est l'autorité de contrôle nationale au sens et pour l'application du règlement (UE) 2016/679 du 27 avril 2016. Elle exerce les missions suivantes :

1° Elle informe toutes les personnes concernées et tous les responsables de traitements de leurs droits et obligations et peut, à cette fin, apporter une information adaptée aux collectivités territoriales, à leurs groupements et aux petites et moyennes entreprises ;

2° Elle veille à ce que les traitements de données à caractère personnel soient mis en œuvre conformément aux dispositions de la présente loi et aux autres dispositions relatives à la protection des données personnelles prévues par les textes législatifs et réglementaires, le droit de l'Union européenne et les engagements internationaux de la France.

A ce titre :

a) Elle donne un avis sur les traitements mentionnés aux articles 31 et 32 ;

b) Elle établit et publie des lignes directrices, recommandations ou référentiels destinés à faciliter la mise en conformité des traitements de données à caractère personnel avec les textes relatifs à la protection des données à caractère personnel et à procéder à l'évaluation préalable des risques par les responsables de traitement et leurs sous-traitants. Elle encourage l'élaboration de codes de conduite définissant les obligations qui incombent aux responsables de traitement et à leurs sous-traitants, compte tenu du risque inhérent aux traitements de données à caractère personnel pour les droits et libertés des personnes physiques, notamment des mineurs. Elle homologue et publie les méthodologies de référence destinées à favoriser la conformité des traitements de données de santé à caractère personnel. Elle prend en compte, dans tous les domaines de son action, la situation des personnes dépourvues de compétences numériques, et les besoins spécifiques des collectivités territoriales, de leurs groupements et des microentreprises, petites entreprises et moyennes entreprises ;

c) En concertation avec les organismes publics et privés représentatifs des acteurs concernés, elle établit et publie des règlements types en vue d'assurer la sécurité des systèmes de traitement de données à caractère personnel et de régir les traitements de données biométriques, génétiques et de santé. A ce titre, sauf pour les traitements mis en œuvre pour le compte de l'État agissant dans l'exercice de ses prérogatives de puissance publique, elle peut prescrire des mesures, notamment techniques et organisationnelles, supplémentaires pour le traitement des données biométriques, génétiques et de santé en application du 4 de l'article 9 du règlement (UE) 2016/679 du 27 avril 2016 et des garanties complémentaires en matière de traitement de données à caractère personnel relatives aux condamnations pénales et aux infractions conformément à l'article 10 du même règlement ;

d) Elle traite les réclamations, pétitions et plaintes introduites par une personne concernée ou par un organisme, une organisation ou une association, examine ou enquête sur l'objet de la réclamation, dans la mesure nécessaire, et informe l'auteur de la réclamation de l'état d'avancement et de l'issue de l'enquête dans un délai raisonnable, notamment si un complément d'enquête ou une coordination avec une autre autorité de contrôle est nécessaire ;

e) Elle répond aux demandes d'avis des pouvoirs publics et, le cas échéant, des juridictions, et conseille les personnes et organismes qui mettent en œuvre ou envisagent de mettre en œuvre des traitements automatisés de données à caractère personnel ;

f) Elle donne avis sans délai au procureur de la République, dans les conditions prévues à l'article 40 du code de procédure pénale, lorsqu'elle acquiert connaissance d'un crime ou d'un délit, et peut présenter des observations dans les procédures pénales, dans les conditions prévues à l'article 41 de la présente loi ;

g) Elle peut, par décision particulière, charger un ou plusieurs de ses membres ou le secrétaire général, dans les conditions prévues à l'article 19 de la présente loi, de procéder ou de faire procéder par les agents de ses services à des vérifications portant sur tous traitements et, le cas échéant, d'obtenir des copies de tous documents ou supports d'information utiles à ses missions ;

h) Elle peut décider de certifier des personnes, des produits, des systèmes de données ou des procédures aux fins de reconnaître qu'ils se conforment au règlement (UE) 2016/679 du 27 avril 2016 et à la présente loi. Elle prend en considération, à cette fin, les besoins spécifiques des collectivités territoriales, de leurs groupements et des microentreprises, petites entreprises et moyennes entreprises. Elle agrée, aux mêmes fins, des organismes certificateurs, sur la base, le cas échéant, de leur accréditation par l'organisme national d'accréditation mentionné au b du 1 de l'article 43 du même règlement*[,]* ou décide, conjointement avec cet organisme, que ce dernier procède à leur agrément, dans des conditions précisées par décret en Conseil d'État pris après avis de la Commission nationale de l'informatique et des libertés. La commission élabore ou approuve les critères des référentiels de certification et d'agrément ;

i) Elle peut certifier ou homologuer et publier des référentiels ou des méthodologies générales aux fins de certification, par des tiers agréés ou accrédités selon les modalités mentionnées au h du présent 2°, de la conformité à la présente loi de processus d'anonymisation des données à caractère personnel, notamment en vue de la réutilisation d'informations publiques mises en ligne dans les conditions prévues au titre II du livre III du code des relations entre le public et l'administration.

Il est tenu compte d'une telle certification, le cas échéant, pour la mise en œuvre des sanctions prévues à la section 3 du présent chapitre ;

j) Elle répond aux demandes ou saisines prévues aux articles 52, 108 et 118 ;

k) Elle peut établir une liste des traitements susceptibles de créer un risque élevé devant faire l'objet d'une consultation préalable conformément à l'article 90 ;

l) Elle mène des actions de sensibilisation auprès des médiateurs de la consommation et des médiateurs publics, au sens de l'article L. 611-1 du code de la consommation, en vue de la bonne application de la présente loi ;

3° Sur demande ou de sa propre initiative, elle délivre un label à des produits ou à des procédures tendant à la protection des données à caractère personnel, attestant leur conformité aux dispositions de la présente loi. Le président peut, lorsque la complexité du produit ou de la procédure le justifie, recourir à toute personne indépendante qualifiée pour procéder à leur évaluation. Le coût de cette évaluation est pris en charge par l'entreprise qui demande le label ; elle retire le label lorsqu'elle constate, par tout moyen, que les conditions qui ont permis sa délivrance ne sont plus satisfaites ;

4° Elle se tient informée de l'évolution des technologies de l'information et rend publique*[,]* le cas échéant*[,]* son appréciation des conséquences qui en résultent pour l'exercice des droits et libertés mentionnés à l'article 1er ;

A ce titre :

a) Elle est consultée sur tout projet de loi ou de décret ou toute disposition de projet de loi ou de décret relatifs à la protection des données à caractère personnel ou au traitement de telles données. Elle peut également être consultée par le président de l'Assemblée nationale, par le président du Sénat ou par les commissions compétentes de l'Assemblée nationale et du Sénat ainsi qu'à la demande d'un président de groupe parlementaire sur toute proposition de loi relative à la protection des données à caractère personnel ou au traitement de telles données. Outre les cas prévus aux articles 31 et 32, lorsqu'une loi prévoit qu'un décret ou un arrêté est pris après avis de la commission, cet avis est publié avec le décret ou l'arrêté ;

b) Elle propose au Gouvernement les mesures législatives ou réglementaires d'adaptation de la protection des libertés à l'évolution des procédés et techniques informatiques et numériques ;

c) A la demande d'autres autorités administratives indépendantes, elle peut apporter son concours en matière de protection des données ;

d) Elle peut être associée, à la demande du Premier ministre, à la préparation et à la définition de la position française dans les négociations internationales dans le domaine de la protection des données à caractère personnel. Elle peut participer, à la demande du Premier ministre, à la représentation française dans les organisations internationales et de l'Union européenne compétentes en ce domaine ;

e) Elle conduit une réflexion sur les problèmes éthiques et les questions de société soulevés par l'évolution des technologies informatiques et numériques ;

f) Elle promeut, dans le cadre de ses missions, l'utilisation des technologies protectrices de la vie privée, notamment les technologies de chiffrement des données ;

5° Elle peut présenter des observations devant toute juridiction à l'occasion d'un litige relatif à l'application de la présente loi et des dispositions relatives à la protection des données à caractère personnel prévues par les textes législatifs et réglementaires, le droit de l'Union européenne, en particulier le règlement (UE) 2016/679 du 27 avril 2016, et les engagements internationaux de la France.

II. – Pour l'accomplissement de ses missions, la commission peut procéder par voie de recommandation et prendre des décisions individuelles ou réglementaires dans les cas prévus par la présente loi.

La commission présente chaque année au Président de la République et au Premier ministre un rapport public rendant compte de l'exécution de sa mission.

Art. 11 Les agents de la commission sont astreints au secret pour les faits, actes ou renseignements dont ils ont pu avoir connaissance en raison de leurs fonctions, sous peine des sanctions prévues à l'article 413-10 du code pénal et, sous réserve de ce qui est nécessaire à l'établissement du rapport annuel, à l'article 226-13 du même code.

TITRE II TRAITEMENTS RELEVANT DU RÉGIME DE PROTECTION DES DONNÉES À CARACTÈRE PERSONNEL PRÉVU PAR LE RÈGLEMENT (UE) 2016/679 DU 27 AVRIL 2016

(Ord. n° 2018-1125 du 12 déc. 2018, art. 1er, en vigueur le 1er juin 2019)

CHAPITRE III *OBLIGATIONS INCOMBANT AU RESPONSABLE DU TRAITEMENT ET AU SOUS-TRAITANT*

SECTION 1 *Obligations générales*

Art. 57 En application de l'article 24 du règlement (UE) 2016/679 du 27 avril 2016, le responsable du traitement met en œuvre des mesures techniques et organisationnelles appropriées pour s'assurer et être en mesure de démontrer que le traitement est effectué conformément à ce même règlement et à la présente loi.

Le responsable du traitement et, le cas échéant, son représentant tiennent le registre des activités de traitement dans les conditions prévues à l'article 30 de ce règlement. Ils désignent un délégué à la protection des données dans les conditions prévues par la section 4 du chapitre IV du même règlement.

Art. 58 I. – Le responsable de traitement notifie à la Commission nationale de l'informatique et des libertés et communique à la personne concernée toute violation de données à caractère personnel en application des articles 33 et 34 du règlement (UE) 2016/679 du 27 avril 2016.

II. – Un décret en Conseil d'État, pris après avis de la Commission nationale de l'informatique et des libertés, fixe la liste des traitements et des catégories de traitements autorisés à déroger au droit à la communication d'une violation de données régi par l'article 34 du même règlement lorsque la notification d'une divulgation ou d'un accès non autorisé à ces données est susceptible de représenter un risque pour la sécurité nationale, la défense nationale ou la sécurité publique.

La dérogation prévue au présent article n'est applicable qu'aux seuls traitements de données à caractère personnel nécessaires au respect d'une obligation légale qui requiert le traitement de ces données ou à l'exercice d'une mission d'intérêt public dont est investi le responsable de traitement.

Art. 59 Lorsque les finalités et les moyens du traitement sont déterminés par plusieurs responsables du traitement, leurs obligations respectives s'exercent dans les conditions prévues à l'article 26 du règlement (UE) 2016/679 du 27 avril 2016 et par la présente loi.

Art. 60 La qualité de sous-traitant n'exonère en rien du respect des dispositions applicables du règlement (UE) 2016/679 du 27 avril 2016 et de la présente loi.

Le traitement réalisé par un sous-traitant est régi par un contrat ou tout acte juridique qui lie le sous-traitant à l'égard du responsable du traitement, sous une forme écrite, y compris en format électronique, respectant les conditions prévues à l'article 28 du *[même]* règlement.

Le sous-traitant et, le cas échéant, son représentant doivent tenir le registre mentionné à l'article 30 de ce même règlement.

Lorsqu'un sous-traitant a recours à un autre sous-traitant pour mener les activités de traitement spécifiques pour le compte du responsable du traitement, il conclut avec ce sous-traitant le contrat mentionné au deuxième alinéa. Le troisième alinéa s'applique également.

Art. 61 Conformément à l'article 29 du règlement (UE) 2016/679 du 27 avril 2016, sauf dispositions législatives ou réglementaires contraires, il est interdit au sous-traitant ou à toute autre personne agissant sous l'autorité du responsable du traitement ou sous celle du sous-traitant ayant accès à des données à caractère personnel de traiter ces données sans l'accord du responsable du traitement.

SECTION 2 *Obligations en cas de traitement susceptible d'engendrer un risque élevé pour les droits et libertés des personnes physiques*

Art. 62 Le responsable du traitement effectue préalablement à la mise en œuvre du traitement une analyse d'impact des opérations de traitement envisagées sur la protection des données à caractère personnel dans les conditions prévues à l'article 35 du règlement (UE) 2016/679 du 27 avril 2016.

Art. 63 Conformément à l'article 36 du règlement (UE) 2016/679 du 27 avril 2016, le responsable du traitement est tenu de consulter la Commission nationale de l'informatique et des libertés préalablement à la mise en œuvre du traitement lorsqu'il ressort de l'analyse d'impact prévue à l'article 62 que le traitement présenterait un risque élevé si le responsable du traitement ne prenait pas de mesures pour atténuer le risque.

CHAPITRE IV *DROITS ET OBLIGATIONS PROPRES AUX TRAITEMENTS DANS LE SECTEUR DES COMMUNICATIONS ÉLECTRONIQUES*

Art. 83 I. — Le présent article s'applique au traitement des données à caractère personnel mis en œuvre dans le cadre de la fourniture au public de services de communications électroniques sur les réseaux de communications électroniques ouverts au public, y compris ceux prenant en charge les dispositifs de collecte de données et d'identification.

Pour l'application du présent article, on entend par violation de données à caractère personnel toute violation de la sécurité entraînant accidentellement ou de manière illicite la destruction, la perte, l'altération, la divulgation ou l'accès non autorisé à des données à caractère personnel faisant l'objet d'un traitement dans le cadre de la fourniture au public de services de communications électroniques.

II. — En cas de violation de données à caractère personnel, le fournisseur de services de communications électroniques accessibles au public avertit, sans délai, la Commission nationale de l'informatique et des libertés.

Lorsque cette violation peut porter atteinte aux données à caractère personnel ou à la vie privée d'un abonné ou d'une autre personne physique, le fournisseur avertit également, sans délai, l'intéressé.

La notification d'une violation des données à caractère personnel à l'intéressé n'est toutefois pas nécessaire si la Commission nationale de l'informatique et des libertés a constaté que des mesures de protection appropriées ont été mises en œuvre par le fournisseur afin de rendre les données incompréhensibles à toute personne non autorisée à y avoir accès et ont été appliquées aux données concernées par ladite violation.

A défaut, la Commission nationale de l'informatique et des libertés peut, après avoir examiné la gravité de la violation, mettre en demeure le fournisseur d'informer également les intéressés.

III. – Chaque fournisseur de services de communications électroniques tient à jour un inventaire des violations de données à caractère personnel, notamment de leurs modalités, de leur effet et des mesures prises pour y remédier et le conserve à la disposition de la commission.

TITRE IV DISPOSITIONS APPLICABLES AUX TRAITEMENTS INTÉRESSANT LA SÛRETÉ DE L'ÉTAT ET LA DÉFENSE

(Ord. n° 2018-1125 du 12 déc. 2018, art. 1er, en vigueur le 1er juin 2019)

CHAPITRE II *AUTRES DISPOSITIONS*

SECTION 1 *Obligations incombant au responsable de traitement*

Art. 121 Le responsable du traitement est tenu de prendre toutes précautions utiles, au regard de la nature des données et des risques présentés par le traitement, pour préserver la sécurité des données et, notamment, empêcher qu'elles soient déformées, endommagées, ou que des tiers non autorisés y aient accès.

SECTION 2 *Obligations incombant au sous-traitant*

Art. 122 Les données à caractère personnel ne peuvent faire l'objet d'une opération de traitement de la part d'un sous-traitant, d'une personne agissant sous l'autorité du responsable du traitement ou de celle du sous-traitant, que sur instruction du responsable du traitement.

Le sous-traitant doit présenter des garanties suffisantes pour assurer la mise en œuvre des mesures de sécurité et de confidentialité mentionnées au 6° de l'article 4 et à l'article 121. Cette exigence ne décharge pas le responsable du traitement de son obligation de veiller au respect de ces mesures.

Le contrat liant le sous-traitant au responsable du traitement comporte l'indication des obligations incombant au sous-traitant en matière de protection de la sécurité et de la confidentialité des données et prévoit que le sous-traitant ne peut agir que sur instruction du responsable du traitement.

Décret n° 2001-1192 du 13 décembre 2001,

Relatif au contrôle à l'exportation, à l'importation et au transfert de biens et technologies à double usage.

CHAPITRE I *AUTORISATIONS ET CONDITIONS D'EXPORTATION ET DE TRANSFERT*

Art. 1er *(Décr. n° 2010-292 du 18 mars 2010, art. 1er)* **Le ministre chargé de l'industrie fixe les modalités selon lesquelles** *(Décr. n° 2020-67 du 30 janv. 2020, art. 6, en vigueur le 1er févr. 2020)* **« il est statué » sur les demandes d'autorisation d'exportation prévues aux articles 3 et 4 et au paragraphe 2 de l'article 9 du règlement n° 428/2009 du Conseil du 5 mai 2009 instituant un régime communautaire de contrôle des exportations, des transferts du courtage et du transit des biens à double usage** *[abrogé et remplacé à compter du 9 sept. 2021 par le Règl. (UE) 2021/821 du 20 mai 2021 ; V. infra, II. Règles européennes]*, **sur les demandes d'autorisation de courtage prévues à l'article 5 et au paragraphe 1 de l'article 10 de ce règlement, sur les demandes d'autorisation de transit prévues à l'article 6 de ce règlement ainsi que celles présentées en application de l'article 8 du même règlement et en vertu du décret du 30 novembre 1944 susvisé** *[fixant les conditions d'importation en France et dans les territoires français d'outre-mer des marchandises étrangères ainsi que les conditions d'exportation et de réexportation des marchandises hors de France et des territoires d'outre-mer à destination de l'étranger, et établissant certaines formalités au point de vue des échanges entre la France et les territoires français d'outre-mer]*.

(Décr. n° 2017-860 du 9 mai 2017, art. 6) **« Le ministre chargé de l'industrie fixe les modalités selon lesquelles** *(Décr. n° 2020-67 du 30 janv. 2020, art. 6, en vigueur le 1er févr. 2020)* **« il est statué » sur les demandes d'autorisation prévues à l'article 2 de**

l'action commune n° 2000/401/PESC du Conseil du 22 juin 2000 susvisée *[relative au contrôle de l'assistance technique liée à certaines destinations finales militaires]*. **»**

(Décr. n° 2020-67 du 30 janv. 2020, art. 6, en vigueur le 1er févr. 2020) **« Ces autorisations sont délivrées et peuvent être suspendues », modifiées, retirées ou abrogées par le** *(Décr. n° 2020-67 du 30 janv. 2020, art. 6, en vigueur le 1er févr. 2020)* **« chef du service à compétence nationale "service des biens à double usage" »** *(Abrogé par Décr. n° 2017-860 du 9 mai 2017, art. 6)* *« , **après que l'intéressé a été mis en mesure de présenter ses observations dans un délai fixé par ce ministre, sauf urgence, à quinze jours au moins** ».*

La décision informant l'exportateur ou le courtier que ses produits sont soumis à autorisation en application des articles 3, 4, 5 ou 6 du règlement (CE) du Conseil du 5 mai 2009 mentionné est prise par *(Décr. n° 2020-67 du 30 janv. 2020, art. 6, en vigueur le 1er févr. 2020)* **« le chef du service des biens à double usage ».**

Art. 2 **Les produits et technologies à double usage ayant le statut de marchandise communautaire visés au I de l'article 2 de la loi du 31 décembre 1992 susvisée sont les biens à double usage mentionnés** *(Décr. n° 2010-292 du 18 mars 2010, art. 1er)* **« à l'article 22 du règlement (CE) n° 428/2009 du Conseil du 5 mai 2009 » susvisé***[abrogé et remplacé à compter du 9 sept. 2021 par le Règl. (UE) 2021/821 du 20 mai 2021 ; V. infra, II. Règles européennes]* **et faisant l'objet de l'annexe IV dudit règlement.**

Ces biens à double usage peuvent être transférés vers un autre État membre de la Communauté européenne après autorisation *(Décr. n° 2020-67 du 30 janv. 2020, art. 6, en vigueur le 1er févr. 2020)* **« du chef du service des biens à double usage ». Cette autorisation est délivrée selon des modalités fixées par arrêté** *(Décr. n° 2020-67 du 30 janv. 2020, art. 6, en vigueur le 1er févr. 2020)* **« du ministre chargé de l'industrie ». Si cette autorisation n'est pas utilisée conformément à son objet, elle peut être suspendue, modifiée, retirée ou abrogée par***(Décr. n° 2020-67 du 30 janv. 2020, art. 6, en vigueur le 1er févr. 2020)* **« le chef du service des biens à double usage »** *(Abrogé par Décr. n° 2017-860 du 9 mai 2017, art. 6)* *« , **après que l'intéressé ait [a] été mis en mesure de présenter ses observations dans un délai fixé par ce ministre, sauf urgence, à quinze jours au moins** ».*

Art. 2-1 *(Décr. n° 2010-292 du 18 mars 2010, art. 1er)* **A la demande des administrations ou des entreprises concernées, en cas de difficultés d'interprétation du règlement (CE) du Conseil du 5 mai 2009 susmentionné,** *(Décr. n° 2020-67 du 30 janv. 2020, art. 6, en vigueur le 1er févr. 2020)* **« le chef du service des biens à double usage » précise si les biens et technologies en cause entrent dans les prévisions de ce règlement et, le cas échéant, de quelle catégorie de la classification ils relèvent. Ces avis sont notifiés aux exportateurs.**

Art. 3 **Les autorisations prévues aux articles 1er et 2 prennent la forme d'une licence individuelle lorsqu'elles sont accordées pour un ou plusieurs biens à double usage identifiés et de même nature, destinés à une personne désignée, dans la limite d'une quantité et d'une valeur déterminées.**

Toutefois, elles peuvent prendre la forme simplifiée :

(Décr. n° 2017-860 du 9 mai 2017, art. 6) **« 1° D'une licence globale lorsqu'elles sont accordées pour l'exportation d'un type ou d'une catégorie de biens à double usage ; cette licence globale peut être valable pour des exportations vers un ou plusieurs utilisateurs finals spécifiques et/ou dans un ou plusieurs pays tiers spécifiques ;**

« 2° D'une licence générale nationale » lorsqu'elles sont accordées pour l'exportation, sans limitation de quantité et de valeur, de certaines catégories de biens à double usage vers certains États de destination, précisés par arrêté ;

(Décr. n° 2017-860 du 9 mai 2017, art. 6) **« 3° D'une autorisation générale d'exportation de l'Union lorsqu'elles sont accordées, pour certains pays de destination, à l'ensemble des exportateurs qui respectent les conditions d'utilisation figurant aux annexes IIa à IIf du règlement (CE) n° 428/2009 du Conseil du 5 mai 2009 modifié instituant un régime communautaire de contrôle des exportations, des transferts, du courtage et du transit de biens à double usage** *[abrogé et remplacé à compter du 9 sept. 2021 par le Règl. (UE) 2021/821 du 20 mai 2021 ; V. infra, II. Règles européennes]*. **»**

Les caractéristiques des licences individuelles, globales et générales susmentionnées, ainsi que les pièces à fournir et les conditions techniques et financières à satisfaire par

les demandeurs de ces licences, sont précisées par arrêté du *(Décr. nº 2010-292 du 18 mars 2010, art. 1er)* « ministre chargé de l'industrie ».

Art. 4 Les autorisations prévues aux articles 1er et 2 ne sont pas cessibles. Leur durée est fixée par arrêté du *(Décr. nº 2010-292 du 18 mars 2010, art. 1er)* « ministre chargé de l'industrie ».

Art. 5 *(Décr. nº 2010-292 du 18 mars 2010, art. 1er)* « Les licences individuelles, les licences globales et les licences générales en cours de validité », délivrées avant la date d'application du règlement du Conseil susvisé, conservent leurs effets jusqu'à l'expiration du terme prévu.

(Abrogé par Décr. nº 2010-292 du 18 mars 2010, art. 1er) ***« Les licences générales G. 001, G. 002, G. 201, G. 205, G. 301 et G. 302, en cours de validité, délivrées avant la date d'application du même règlement, restent applicables dans un délai de six mois à compter de l'entrée en vigueur du présent décret. »***

Art. 6 Pour la mise en œuvre de l'autorisation générale communautaire d'exportation nº EU001 instituée par *(Décr. nº 2010-292 du 18 mars 2010, art. 1er)* « l'article 9-1 du règlement (CE) nº 428/2009 du Conseil du 5 mai 2009 » susvisé *[abrogé et remplacé à compter du 9 sept. 2021 par le Règl. (UE) 2021/821 du 20 mai 2021 ; V. infra, II. Règles européennes]*, un arrêté du *(Décr. nº 2010-292 du 18 mars 2010, art. 1er)* « ministre chargé de l'industrie » fixe les modalités d'enregistrement de cette autorisation ainsi que les informations complémentaires mentionnées à l'annexe II dudit règlement qui peuvent être exigées.

Art. 7 Les informations concernant les biens à double usage mentionnés *(Décr. nº 2010-292 du 18 mars 2010, art. 1er)* « au paragraphe 9 de l'article 22 du règlement (CE) nº 428/2009 du Conseil du 5 mai 2009 » susvisé *[abrogé et remplacé à compter du 9 sept. 2021 par le Règl. (UE) 2021/821 du 20 mai 2021 ; V. infra, II. Règles européennes]*, et faisant l'objet d'un transfert intra-communautaire, sont fournies selon des modalités précisées par arrêté du *(Décr. nº 2010-292 du 18 mars 2010, art. 1er)* « ministre chargé de l'industrie ».

CHAPITRE II *CERTIFICAT INTERNATIONAL D'IMPORTATION ET CERTIFICAT DE VÉRIFICATION DE LIVRAISON*

Art. 8 Tout importateur d'un bien à double usage mentionné à l'annexe I du règlement du Conseil susvisé en provenance d'un pays tiers à la Communauté européenne peut solliciter la délivrance d'un certificat international d'importation afin de permettre à son fournisseur étranger d'obtenir de ses autorités nationales l'autorisation d'exporter ce bien, puis d'un certificat de vérification de livraison justifiant de l'arrivée à destination de ce bien.

Le certificat international d'importation et le certificat de vérification de livraison visés à l'alinéa précédent sont délivrés par *(Décr. nº 2020-67 du 30 janv. 2020, art. 6, en vigueur le 1er févr. 2020)* « le chef du service des biens à double usage » selon des modalités fixées par arrêté *(Décr. nº 2020-67 du 30 janv. 2020, art. 6, en vigueur le 1er févr. 2020)* « du ministre chargé de l'industrie ».

CHAPITRE III *DISPOSITIONS DIVERSES*

Art. 9 *(Décr. nº 2020-67 du 30 janv. 2020, art. 6, en vigueur le 1er févr. 2020)* « Le chef du service des biens à double usage » statue sur les demandes visant à obtenir les autorisations prévues aux articles 1er et 2 du présent décret dans un délai de *(Décr. nº 2017-860 du 9 mai 2017, art. 6)* « cinq mois » suivant leur date de réception.

Art. 12 Sont abrogés les textes suivants :

– le décret nº 95-613 du 5 mai 1995 relatif au contrôle à l'exportation de biens à double usage ;

– l'arrêté du 12 mars 1996 relatif à la délivrance d'un certificat international d'importation et d'un certificat de vérification pour l'importation de biens à double usage.

Art. 13 A l'exception de son article 10, le présent décret ne s'applique pas à la collectivité territoriale de Saint-Pierre-et-Miquelon.

Art. 14 Les dispositions du présent décret peuvent être modifiées par décret, à l'exception de celle de l'article 9 qui ne peut intervenir que par décret en Conseil d'État et de celles qui déterminent la compétence du *(Décr. nº 2010-292 du 18 mars 2010, art. 1er)* « ministre chargé de l'industrie » en ce qui concerne la délivrance des autorisations prévues aux articles 1er et 2, *(Décr. nº 2010-292 du 18 mars 2010, art. 1er)* « les avis mentionnés à l'article 2-1, » l'enregistrement de l'autorisation prévue à l'article 6 et la délivrance des certificats prévus à l'article 8 dont la modification ne peut intervenir que dans les conditions prévues à *(Décr. nº 2010-292 du 18 mars 2010, art. 1er)* « l'article 2-1 du décret du 15 janvier 1997 susvisé *[nº 97-34, relatif à la déconcentration des décisions administratives individuelles]* ».

Arrêté du 13 décembre 2001,

Relatif au contrôle à l'exportation vers les pays tiers et au transfert vers les États membres de la Communauté européenne de biens et technologies à double usage.

Art. 1er Le présent arrêté fixe les formalités devant être accomplies par les personnes (ci-après : les exportateurs) qui exportent vers les États tiers ou transfèrent à destination des États membres *(Arr. du 27 févr. 2018, art. 1er)* « de l'Union » des biens à double usage définis dans le *(Arr. du 18 mars 2010, art. 1er)* « règlement (CE) nº 428/2009 du Conseil du 5 mai 2009 » *(Arr. du 27 févr. 2018, art. 1er)* « modifié » *[abrogé et remplacé à compter du 9 sept. 2021 par le Règl. (UE) 2021/821 du 20 mai 2021 ; V. infra, II. Règles européennes]*.

(Arr. du 27 févr. 2018, art. 1er) « Il fixe les formalités devant être accomplies par les personnes (ci-après : les exportateurs) qui procèdent à des opérations de courtage ou de transit mentionnées aux articles 5 et 6 dudit règlement ou qui font l'objet d'une mesure nationale prise en application de son article 8.

« Il fixe les formalités devant être accomplies en vue de l'obtention d'une autorisation mentionnée par l'article 1er du décret *[nº]* 2017-860 du 9 mai 2017 relatif au contrôle à l'exportation, à l'importation et au transfert de biens à double usage et aux mesures restrictives prises à l'encontre de la Syrie, de l'Iran et de la Russie. »

TITRE I LES EXPORTATIONS VERS LES ÉTATS N'APPARTENANT PAS À LA COMMUNAUTÉ EUROPÉENNE

CHAPITRE I *LICENCES INDIVIDUELLES*

Art. 2 *(Arr. du 27 févr. 2018, art. 2)* Tout exportateur établi en France qui sollicite une autorisation d'exportation, dénommée : "licence individuelle", adresse *(Arr. du 20 févr. 2019, art. 1er, en vigueur le 1er avr. 2019)* « selon les formes indiquées sur le site www.sbdu.entreprises.gouv.fr, » une demande à la direction générale des entreprises, service des biens à double usage, dès lors que sa demande concerne :

– une exportation mentionnée à l'article 1er du décret nº 2001-1192 du 13 décembre 2001 relatif au contrôle à l'exportation, à l'importation et au transfert de biens et technologies à double usage ;

– un transfert mentionné à l'article 2 dudit décret ;

– une exportation mentionnée à l'article 1er du décret *[nº]* 2017-860 du 9 mai 2017 relatif au contrôle à l'exportation, à l'importation et au transfert de biens à double usage et aux mesures restrictives prises à l'encontre de la Syrie, de l'Iran et de la Russie.

Cette demande comporte les pièces suivantes :

(Arr. du 4 janv. 2022, art. 2) « *a)* Le numéro unique d'identification et le numéro d'enregistrement et d'identification des opérateurs économiques (EORI) ; »

(Arr. du 20 févr. 2019, art. 1er, en vigueur le 1er avr. 2019) « *b)* A la diligence du demandeur, à la demande de l'administration ou dans les cas prévus par arrêté du ministre chargé de l'industrie :

« – un certificat d'utilisation finale selon les modèles figurant sur le site : www.sbdu.entreprises.gouv.fr ;

« – une documentation technique ;

« – tout document complémentaire utile à l'appréciation de la conformité de l'opération pour laquelle il est demandé une autorisation. »

Pour les demandes d'exportation vers l'Iran de biens listés par l'annexe I du règlement 267/2012 du 23 mars 2012 modifié, la demande comprend obligatoirement un certificat d'utilisation finale selon le modèle spécifique dénommé "canal d'acquisition" figurant sur le site *(Arr. du 20 févr. 2019, art. 1er, en vigueur le 1er avr. 2019)* « www.sbdu.entreprises.gouv.fr ».

Pour les biens listés aux annexes II, VII *bis* et VII *ter* du règlement 267/2012 du 23 mars 2012 modifié, la demande comprend obligatoirement un certificat d'utilisation finale selon le modèle générique dit "BDU" figurant sur le site *(Arr. du 20 févr. 2019, art. 1er, en vigueur le 1er avr. 2019)* « www.sbdu.entreprises.gouv.fr ».

Pour les biens à double usage de cryptologie, tels que définis à la catégorie 5, partie 2, de l'annexe I du règlement (CE) n° 428/2009 du Conseil du 5 mai 2009 *[abrogé et remplacé à compter du 9 sept. 2021 par le Règl. (UE) 2021/821 du 20 mai 2021 ; V. infra, II. Règles européennes]*, *(Arr. du 20 févr. 2019, art. 1er, en vigueur le 1er avr. 2019)* « la demande fait mention pour chaque bien du numéro de dossier d'autorisation d'exportation spécifique en cours de validité prévue au chapitre III du décret n° 2007-663 du 2 mai 2007 ou, à défaut, comprend la copie de l'autorisation ou du récépissé de la demande d'autorisation d'exportation spécifique en cours d'instruction. » La délivrance de la licence, pour lesdits biens, est subordonnée à l'obtention de l'autorisation d'exportation spécifique prévue au chapitre III de ce même décret.

Art. 3 Lorsque le dossier déposé est recevable, *(Arr. du 18 mars 2010, art. 1er ; Arr. du 27 févr. 2018, art. 3)* « la direction générale des entreprises, service des biens à double usage », envoie à l'*(Arr. du 27 févr. 2018, art. 3)* « exportateur » un accusé de réception *(Arr. du 27 févr. 2018, art. 3)* « dématérialisé » revêtu du numéro d'enregistrement porté sur la demande de licence.

Art. 4 *(Arr. du 20 févr. 2019, art. 2, en vigueur le 1er avr. 2019)* Les licences sont délivrées à l'exportateur et transmises aux services douaniers par voie dématérialisée.

A titre exceptionnel, l'administration délivre des licences non dématérialisées, notamment dans les cas mentionnés sur le site www.sbdu.entreprises.gouv.fr.

Art. 5 La durée de validité de la licence individuelle est fixée à deux ans à compter *(Arr. du 27 févr. 2018, art. 3)* « de sa date de délivrance ».

(Arr. du 27 févr. 2018, art. 3) « La licence individuelle en cours de validité peut être prorogée par l'autorité de délivrance sur demande motivée de l'exportateur, en une ou plusieurs décisions et pour une durée totale qui ne peut dépasser six mois au-delà de la durée initiale. »

Des annotations *(Arr. du 27 févr. 2018, art. 3)* « portées sur la licence ou le courrier de notification » peuvent préciser les conditions particulières dont est assortie la licence.

Art. 6 *(Abrogé par Arr. du 20 févr. 2019, art. 3, à compter du 1er avr. 2019) (Arr. du 27 févr. 2018, art. 3)* ***« Après signature et visa, la licence délivrée et, si besoin, la facture, sont remis à l'exportateur. Le service des biens à double usage conserve un exemplaire de la licence. »***

La licence peut être utilisée en une seule fois ou faire l'objet de plusieurs imputations en cas d'envois fractionnés.

(Abrogé par Arr. du 27 févr. 2018, art. 3) ***« Après imputation, un exemplaire de la licence et l'exemplaire visé de la facture sont retenus par le bureau des douanes et le second exemplaire de la licence est restitué à l'exportateur, qui le conserve à la disposition de l'administration. »***

CHAPITRE II *LICENCES GLOBALES*

Art. 7 L'autorisation d'exportation dénommée "licence globale" *(Abrogé par Arr. du 20 févr. 2019, art. 4, à compter du 1er avr. 2019)* ***« , établie sur le formulaire de licence d'exportation de modèle CERFA n° 10994, »*** est valable *(Arr. du 27 févr. 2018, art. 3)* « deux ans » à compter de sa date de délivrance.

Elle permet à son titulaire d'exporter, sans limitation de quantité ou de valeur et durant toute la période de validité de la licence, un ou plusieurs biens à double usage identifiés vers un ou plusieurs destinataires ou États de destination désignés sur la licence, sans avoir à obtenir une autorisation particulière avant chaque expédition.

Elle fait l'objet d'imputations en quantité et en valeur.

(Arr. du 27 févr. 2018, art. 3) « La licence globale en cours de validité peut être prorogée sur demande motivée de l'exportateur, en une ou plusieurs décisions et pour une durée totale qui ne peut dépasser six mois. La décision mentionne, en tant que de besoin, les obligations de compte rendu des exportations réalisées pendant la ou les périodes de prorogation. »

Art. 8 L'exportateur qui justifie d'un courant régulier de fourniture à l'étranger de biens à double usage soumis à autorisation peut obtenir, sous les réserves et dans les conditions indiquées aux articles 10 et 11, une ou plusieurs licences globales telles que définies à l'article 7. *(Abrogé par Arr. du 20 févr. 2019, art. 5, à compter du 1er avr. 2019)* « ***Les demandes de licence sont présentées par groupes de destinataires ou États de destination.*** »

Art. 9 Les destinataires, pour lesquels la licence globale est accordée, sont :

– des destinataires ayant le caractère d'utilisateur final ;

– des distributeurs appliquant des procédures de contrôle précisées par l'exportateur et permettant à ce dernier de connaître les biens à double usage distribués et leurs utilisateurs finals.

Art. 10 *(Arr. du 20 févr. 2019, art. 6, en vigueur le 1er avr. 2019)* « L'exportateur visé à l'article 8 qui sollicite une licence globale accompagne sa demande d'un » document décrivant l'ensemble des procédures indiquées au troisième alinéa ci-après, mises au point et appliquées au sein de son entreprise en vue d'assurer un contrôle préalable du respect des principes régissant le contrôle à l'exportation des biens à double usage.

(Arr. du 18 mars 2010, art. 1er) « L'exportateur indique que les procédures décrites seront diffusées et effectivement appliquées au sein de l'entreprise. »

Les procédures visées au premier alinéa ci-dessus ont pour objet :

a) La vérification interne de la nature des biens à double usage à livrer à l'étranger en fonction du destinataire ;

b) L'établissement et le suivi d'une liste de responsables internes chargés de veiller à ce que les opérations d'exportation soient, dès leur début, effectuées dans le respect des principes régissant le contrôle à l'exportation des biens à double usage ;

c) L'établissement d'un programme d'audit interne pour vérifier le bon respect des procédures établies ;

d) L'établissement d'une procédure permettant de déceler les sociétés clientes susceptibles de ne pas respecter le contrôle à l'exportation des biens à double usage ;

e) La mise en place d'un programme de formation des personnels traitant les commandes soumises à licence globale ;

f) La mise en place d'un système spécifique d'archivage des comptes rendus d'opérations effectuées et du suivi documentaire des commandes permettant à l'administration d'obtenir, si elle le juge nécessaire, les renseignements concernant les exportations réalisées.

Le contrôle de la fiabilité et de l'application permanente des procédures internes de contrôle mises en place en vertu du présent article est du ressort de l'*(Arr. du 18 mars 2010, art. 1er)* « autorité de délivrance ».

Art. 11 *(Arr. du 20 févr. 2019, art. 7, en vigueur le 1er avr. 2019)* « L'obtention de la licence visée à l'article 7 est soumise au dépôt d'une demande selon les modalités indiquées sur le site www.sbdu.entreprises.gouv.fr. »

(Arr. du 27 févr. 2018, art. 3) « Lorsque le dossier déposé est recevable, la direction générale des entreprises, service des biens à double usage, envoie à l'exportateur un accusé de réception dématérialisé revêtu du numéro d'enregistrement porté sur la demande de licence. »

CHAPITRE III *LICENCES GÉNÉRALES NATIONALES*

Art. 12 L'autorisation d'exportation dénommée "licence générale nationale", établie *(Arr. du 20 févr. 2019, art. 8, en vigueur le 1er avr. 2019)* « selon les modalités indiquées sur le site www.sbdu.entreprises.gouv.fr », est utilisable pour l'exportation de certains biens à double usage de l'annexe I du règlement du Conseil susvisé.

Elle permet à son titulaire d'exporter, sans limitation de quantité ou de valeur, certaines catégories de biens à double usage vers certains États de destination ainsi que vers les territoires d'outre-mer *(Abrogé par Arr. du 27 févr. 2018, art. 3)* ***« , la collectivité territoriale de Mayotte »*** et la collectivité territoriale de Saint-Pierre-et-Miquelon.

Des arrêtés du *(Arr. du 18 mars 2010, art. 1er)* « ministre chargé de l'industrie » définissent différents types de licences générales nationales en fonction de la nature du ou des biens à double usage considérés et du ou des États de destination.

(Abrogé par Arr. du 20 févr. 2019, art. 8, à compter du 1er avr. 2019) ***« L'exportation des biens à double usage figurant dans l'****(Arr. du 27 févr. 2018, art. 3)* ***« annexe IIg » du*** *(Arr. du 18 mars 2010, art. 1er)* ***« règlement (CE) n° 428/2009 du Conseil du 5 mai 2009 »*** *(Arr. du 27 févr. 2018, art. 3)* ***« modifié » ainsi que de certains biens à double usage expressément désignés par arrêtés du*** *(Arr. du 18 mars 2010, art. 1er)* ***« ministre chargé de l'industrie » ne peut faire l'objet d'une licence générale nationale. »***

Art. 13 L'autorisation prévue à l'article 12 est valable un an. Elle est renouvelable par tacite reconduction pour autant que la raison sociale de l'exportateur ne soit pas modifiée *(Arr. du 27 févr. 2018, art. 3)* « et que l'arrêté portant définition de la licence générale nationale afférente ne soit pas suspendu, modifié, rapporté ou abrogé ».

Art. 14 *(Arr. du 20 févr. 2019, art. 9, en vigueur le 1er avr. 2019)* L'obtention de l'autorisation visée à l'article 12 est soumise au dépôt d'une demande selon les modalités indiquées sur le site www.sbdu.entreprises.gouv.fr.

CHAPITRE IV *AUTORISATIONS GÉNÉRALES D'EXPORTATION DE L'UNION* *(Arr. du 27 févr. 2018, art. 4).*

Art. 15 *(Arr. du 27 févr. 2018, art. 4)* « Les autorisations d'exportation dénommées : "autorisation générale d'exportation de l'Union", instituées par le règlement (CE) n° 428/2009 du Conseil du 5 mai 2009 modifié (Annexe IIa à Annexe IIf) *[abrogé et remplacé à compter du 9 sept. 2021 par le Règl. (UE) 2021/821 du 20 mai 2021 ; V. infra, II. Règles européennes]* sont utilisables pour l'exportation des seuls biens à double usage, vers les seuls États de destination finale et dans les conditions particulières précisés pour chacune d'entre elles.

Art. 16 L'autorisation prévue à l'article 15 est *(Abrogé par Arr. du 20 févr. 2019, art. 10, à compter du 1er avr. 2019)* ***« visée par*** *(Arr. du 18 mars 2010, art. 1er ; Arr. du 27 févr. 2018, art. 4)* ***« la direction générale des entreprises, service des biens à double usage ». Elle est »*** valable sans limite de durée, pour autant que la raison sociale de l'exportateur ne soit pas modifiée.

Art. 17 L'enregistrement et l'utilisation de l'autorisation prévue à l'article 15 sont subordonnés au dépôt d'un dossier *(Arr. du 20 févr. 2019, art. 11, en vigueur le 1er avr. 2019)* « selon les modalités indiquées sur le site www.sbdu.entreprises.gouv.fr. »

TITRE II LES TRANSFERTS VERS LES ÉTATS MEMBRES DE L'UNION EUROPÉENNE

Art. 18 Tout transfert à destination d'un État membre de *(Arr. du 27 févr. 2018, art. 4)* « l'Union » européenne d'un bien à double usage visé à l'article 2 du décret n° 2001-1192 du 13 décembre 2001 susvisé est soumis à autorisation.

Cette autorisation est délivrée dans les conditions prévues au titre I du présent arrêté ; elle prend la forme d'une licence individuelle, d'une licence globale ou d'une licence générale nationale, sauf pour les biens à double usage énumérés dans la partie II de l'annexe IV du *(Arr. du 18 mars 2010, art. 1er)* « règlement (CE) n° 428/2009 du Conseil du 5 mai 2009 » *(Arr. du 27 févr. 2018, art. 4)* « modifié » *[abrogé et rem-*

placé à compter du 9 sept. 2021 par le Règl. (UE) 2021/821 du 20 mai 2021 ; V. infra, II. Règles européennes], qui ne peuvent faire l'objet que d'une licence individuelle ou d'une licence globale.

Pour les biens à double usage de cryptologie, tels que définis à la catégorie 5, partie 2, de l'annexe I et figurant dans la liste de l'annexe IV du *(Arr. du 18 mars 2010, art. 1er)* « règlement (CE) n° 428/2009 du Conseil du 5 mai 2009 » *(Arr. du 27 févr. 2018, art. 4)* « modifié », la délivrance de la licence est subordonnée à l'obtention de *(Arr. du 18 mars 2010, art. 1er)* « l'autorisation de transfert spécifique prévue au chapitre III du décret du 2 mai 2007 précité ».

(Arr. du 20 févr. 2019, art. 12, en vigueur le 1er avr. 2019) « Si le transfert est autorisé sur le fondement d'une licence individuelle ou globale, l'exportateur tient un registre des mouvements effectifs réalisés au titre de cette licence. Ce registre est tenu à la disposition de l'administration pendant une durée de cinq ans. »

Art. 19 Pour tout transfert intracommunautaire de biens à double usage visés *(Arr. du 18 mars 2010, art. 1er)* « à l'article 22, paragraphe 9, du règlement (CE) n° 428/2009 du Conseil du 5 mai 2009 » *(Arr. du 27 févr. 2018, art. 4)* « modifié » *[abrogé et remplacé à compter du 9 sept. 2021 par le Règl. (UE) 2021/821 du 20 mai 2021 ; V. infra, II. Règles européennes]*, l'exportateur *(Arr. du 20 févr. 2019, art. 13, en vigueur le 1er avr. 2019)* « doit avoir procédé au dépôt du dossier de déclaration de transfert prévu à l'article 4 du décret du 2 mai 2007 précité et fournir, deux fois par an, au secrétariat général de la défense et de la sécurité nationale (Agence nationale de la sécurité des systèmes d'information) la liste des clients servis et les quantités livrées respectives, selon le modèle disponible sur le site internet www.sbdu.entreprises.gouv.fr. »

Art. 20 *(Arr. du 20 févr. 2019, art. 14, en vigueur le 1er avr. 2019)* Les documents commerciaux prévus à l'article 22, paragraphe 10, du règlement (CE) n° 428/2009 du Conseil du 5 mai 2009 modifié *[abrogé et remplacé à compter du 9 sept. 2021 par le Règl. (UE) 2021/821 du 20 mai 2021 ; V. infra]* comprennent le contrat de vente, la confirmation de la commande, la facture et le bordereau d'expédition. Ces documents indiquent clairement quels biens sont des biens à double usage soumis à licence s'ils sont exportés hors de l'Union européenne.

TITRE III DISPOSITIONS FINALES

Art. 21 Une autorisation peut être retirée lorsqu'elle a été obtenue par fausse déclaration ou tout autre moyen frauduleux, ou abrogée en cas de manquement aux engagements souscrits. Elle peut être suspendue, modifiée ou abrogée dans les cas prévus *(Arr. du 18 mars 2010, art. 1er)* « aux articles 11 et 13 du règlement (CE) n° 428/2009 du Conseil du 5 mai 2009 » *[abrogé et remplacé à compter du 9 sept. 2021 par le Règl. (UE) 2021/821 du 20 mai 2021 ; V. infra, II. Règles européennes]*.

Les décisions de retrait, d'abrogation, de suspension ou de modification visées à l'alinéa précédent sont notifiées *(Arr. du 20 févr. 2019, art. 15, en vigueur le 1er avr. 2019)* « par la direction générale des entreprises, service des biens à double usage. »

Art. 22 Lorsqu'une exportation doit être réalisée sous le couvert d'une autorisation délivrée par un autre État membre de *(Arr. du 20 févr. 2019, art. 16, en vigueur le 1er avr. 2019)* « l'Union » européenne, l'exportateur doit fournir, à la demande des autorités habilitées, une traduction de cette autorisation et des documents l'accompagnant.

Art. 23 *(Arr. du 20 févr. 2019, art. 17, en vigueur le 1er avr. 2019)* Les demandes et documents mentionnés aux articles 2, 10, 14 et 15 du présent arrêté sont déposés sous forme dématérialisée sur le portail internet mis à disposition des exportateurs à l'adresse suivante : https://egide.finances.gouv.fr/, ou par tout moyen prescrit par le service des biens à double usage.

Art. 24 *(Arr. du 20 févr. 2019, art. 18, en vigueur le 1er avr. 2019)* Les demandes dites "demandes hors licence" sont le support par lequel les exportateurs demandent à l'autorité de contrôle de lever un doute sur le classement d'un bien au regard du règle-

ment (CE) n° 428/2009 du Conseil du 5 mai 2009 modifié *[abrogé et remplacé à compter du 9 sept. 2021 par le Règl. (UE) 2021/821 du 20 mai 2021 ; V. infra, II. Règles européennes]* **ou d'un des règlements portant mesures restrictives mentionnés à l'article 2, ou l'information d'un projet d'exportation d'un bien non listé lorsque l'exportateur estime que l'opération est susceptible de donner lieu à la mise en œuvre de l'article 4 dudit règlement.**

La demande est déposée sous format dématérialisé sur le portail mis à disposition des exportateurs enregistrés (https://egide.finances.gouv.fr/) ou, pour les exportateurs non enregistrés, à l'adresse suivante *[:]* **https://egide-visiteur.finances.gouv.fr/.**

Décret n° 2002-535 du 18 avril 2002,

Relatif à l'évaluation et à la certification de la sécurité offerte par les produits et les systèmes des technologies de l'information.

COMMENTAIRE

Champ d'application. Le décret n° 2002-535 du 18 avril 2002 a introduit un mécanisme d'évaluation et de certification de la sécurité des produits et des systèmes des technologies de l'information. Il ne définit pas ces notions. La notion de produit est plus large que celle de « produit de sécurité » visée par l'ordonnance n° 2005-1516 du 8 décembre 2005 relative aux échanges électroniques entre les usagers et les autorités administratives et entre les autorités administratives et définie comme « tout dispositif, matériel ou logiciel, mettant en œuvre des fonctions qui contribuent à la sécurité des informations échangées par voie électronique ». De même, la notion de « système des technologies de l'information » semble plus large que celle de « système d'information » qui s'attache essentiellement au traitement des informations (Ord. n° 2005-1516, art. 1er, II, 1°). Leur sécurité est définie par leur aptitude à remplir certains objectifs : la disponibilité, l'intégrité ou la confidentialité de l'information traitée. Elle est appréciée par rapport aux menaces qui peuvent se présenter. Cette procédure bénéficie d'un champ d'application général. Cela dit, les administrations de l'État doivent, dans la mesure du possible, recourir à des produits et des systèmes des technologies de l'information certifiés.

Objectifs. Les objectifs poursuivis sont d'assurer une meilleure protection des produits et systèmes des technologies contre les risques cyber et ce faisant de mieux informer les utilisateurs quant au niveau de sécurité offert et favoriser leur confiance. Cette nécessité s'est renforcée avec la numérisation de la société et la multiplication des objets connectés. Pour autant, le recours à la certification demeure limité, c'est d'ailleurs ce qui explique l'initiative prise à l'échelle européenne de mettre en place des schémas européens de certification pour favoriser la circulation de produits certifiés dans le marché intérieur.

Procédure. La gouvernance du schéma d'évaluation et de certification de la sécurité des technologies de l'information prévue par le décret n° 2002-535 du 18 avril 2002 est confiée au comité directeur de la certification en sécurité des technologies de l'information (art. 15 à 17). La certification est facultative si un commanditaire, qui peut être le fabricant ou le concepteur du produit ou du système, en fait la demande auprès de l'ANSSI (art. 2). Le dossier d'évaluation doit comporter la définition des objectifs de sécurité poursuivis (confidentialité, intégrité des données...), la description du système de sécurité à évaluer, les dispositions prévues pour assurer sa pleine efficacité ainsi que le programme de travail permettant son évaluation. Le commanditaire choisit un centre d'évaluation agréé par l'ANSSI (art. 3. – Sur l'agrément des centres d'évaluation par le Comité français d'accréditation [COFRAC] ou l'ANSSI : art. 10 à 14). Un rapport d'évaluation, qui est confidentiel et couvert par le secret des affaires, est remis au commanditaire et à l'ANSSI (art. 6). Sur cette base, l'ANSSI peut certifier le produit ou le système des technologies de l'information (art. 7). Le rapport d'évaluation comme le rapport de certification ont pour objet de vérifier si le produit ou le système évalué répond aux caractéristiques de sécurité spécifiées (art. 8). L'ANSSI est chargée d'une mission de suivi des évaluations, elle peut à tout moment assister aux travaux d'évaluation ou obtenir des informations sur leur déroulement (art. 5). Une reconnaissance mutuelle des certificats est possible en dehors de l'Union européenne sur la base d'accords de reconnaissance mutuelle conclus entre l'ANSSI et des organismes étrangers homologues (art. 9).

Articulation. Ce mécanisme de certification a été complété par d'autres dont le champ d'application et l'objet varient. C'est le cas des mécanismes prévus par le référentiel général de sécurité (Ord. n° 2005-1516 du 8 déc. 2005, *préc.*), en matière de protection des données à caractère personnel (Règl. (UE) 2016/679 du Parlement européen et du Conseil du 27 avr. 2016 relatif à la protection des personnes physiques à l'égard du traitement des données à caractère personnel et à la libre circulation de ces données, et abrogeant la directive 95/46/CE, art. 42 et 43) ou en matière de services de confiance (Règl. (UE) n° 910/2014 du Parlement européen et du Conseil du 23 juill. 2014 sur l'identification électronique et les services de confiance pour les transactions électroniques au sein du marché intérieur et abrogeant la directive 1999/93/CE).

Le mécanisme de certification, en application du décret du 18 avril 2002, doit en particulier être distingué de la certification des produits de sécurité et des prestataires de services de confiance pour les besoins de la sécurité des systèmes d'information prévus par le décret n° 2015-350 du 27 mars 2015 et est important notamment pour les opérateurs d'importance vitale (C. défense, art. L. 1332-6-1). Cette fois, les produits et prestataires de services de confiance sont certifiés pour les besoins de la sécurité et pas seulement au titre de leur propre sécurité. Une articulation doit par ailleurs être opérée avec le mécanisme européen de certification de cybersécurité introduit par le règlement (UE) 2019/881 du 17 avril 2019 relatif à l'ENISA (Agence de l'Union européenne pour la cybersécurité) et à la certification de cybersécurité des technologies de l'information et des communications concernant les produits, services et processus TIC. Là ou un schéma européen de certification de cybersécurité a été adopté, les schémas nationaux de certification de cybersécurité cessent de produire leurs effets, ce qui est le cas pour ceux qui relèvent du décret n° 2002-535, mais les certificats délivrés demeurent valables jusqu'à leur expiration (Règl. (UE) 2019/881, *préc., art. 57*). De plus, les États membres, dont la France, doivent s'abstenir d'introduire des schémas nationaux de certification de cybersécurité pour les produits TIC, services TIC et processus TIC déjà couverts par un schéma européen de certification de cybersécurité.

Pour connaître la liste des standards applicables et leur portée juridique, voir Livre troisième, III. Règles internationales, commentaire introductif (III. Droit dérivé, B. Droit dérivé sectoriel). ❑

Art. 1er La sécurité offerte par des produits ou des systèmes des technologies de l'information, au regard notamment de leur aptitude à assurer la disponibilité, l'intégrité ou la confidentialité de l'information traitée face aux menaces dues en particulier à la malveillance peut être certifiée dans les conditions prévues au présent décret.

Les administrations de l'État recourent, dans la mesure du possible et en fonction de leurs besoins de sécurité à des produits ou des systèmes des technologies de l'information certifiés suivant la procédure prévue au présent décret.

CHAPITRE I *PROCÉDURE D'ÉVALUATION ET DE CERTIFICATION*

SECTION 1 *Évaluation*

Art. 2 Une évaluation en vue de la certification prévue à l'article 1er est effectuée à la demande d'un commanditaire qui adresse à *(Décr. n° 2009-834 du 7 juill. 2009, art. 9)* **« l'Agence nationale de la sécurité des systèmes d'information » un dossier d'évaluation. Le dossier comporte notamment la description du système de sécurité à évaluer, les dispositions prévues pour lui conférer sa pleine efficacité ainsi que le programme de travail prévisionnel permettant une évaluation.**

Dès réception de ce dossier, *(Décr. n° 2009-834du 7 juill. 2009, art. 9)* **« l'Agence nationale de la sécurité des systèmes d'information » si elle estime que les objectifs de sécurité ne sont pas définis de manière pertinente au regard des normes, prescriptions techniques ou règles de bonne pratique applicables au moment où commence l'évaluation, notifie au commanditaire qu'elle ne pourra pas en l'état du dossier procéder à la certification envisagée.**

Art. 3 Le commanditaire de l'évaluation choisit un ou plusieurs centres d'évaluation, agréés dans les conditions prévues au chapitre II, pour procéder à celle-ci. Avant le début des travaux, il détermine avec chacun de ces centres :

_a)_ Le produit ou le système à évaluer ainsi que les objectifs de sécurité ;

b) Les conditions de protection de la confidentialité des informations qui seront traitées dans le cadre de l'évaluation ;

c) Le coût et les modalités de paiement de l'évaluation ;

d) Le programme de travail et les délais prévus pour l'évaluation.

Le commanditaire est tenu d'assurer la mise à la disposition des centres d'évaluation qu'il a choisis et de *(Décr. nº 2009-834 du 7 juill. 2009, art. 9)* « l'Agence nationale de la sécurité des systèmes d'information », si elle en fait la demande, de tous les éléments nécessaires au bon accomplissement de leurs travaux, le cas échéant après accord des fabricants concernés.

Art. 4 Le commanditaire peut décider à tout moment de mettre fin à une évaluation.

Il est décidé entre les parties du dédommagement éventuellement dû au centre d'évaluation.

Art. 5 *(Décr. nº 2009-834 du 7 juill. 2009, art. 9)* « L'Agence nationale de la sécurité des systèmes d'information » veille à la bonne exécution des travaux d'évaluation. Elle peut à tout moment demander à assister à ces travaux ou à obtenir des informations sur leur déroulement.

Art. 6 Au terme des travaux d'évaluation, chaque centre remet un rapport d'évaluation au commanditaire et à la *(Décr. nº 2009-834 du 7 juill. 2009, art. 9)* « l'Agence nationale de la sécurité des systèmes d'information ». Ce rapport est un document confidentiel dont les informations sont couvertes par le secret industriel et commercial.

SECTION 2 *Certification*

Art. 7 Le commanditaire et *(Décr. nº 2009-834 du 7 juill. 2009, art. 9)* « l'Agence nationale de la sécurité des systèmes d'information » valident les rapports d'évaluation en liaison avec le centre d'évaluation intervenant. Lorsque l'ensemble des rapports prévus a été validé, *(Décr. nº 2009-834 du 7 juill. 2009, art. 9)* « l'Agence nationale de la sécurité des systèmes d'information » élabore un rapport de certification dans un délai d'un mois. Ce rapport, qui précise les caractéristiques des objectifs de sécurité proposés, conclut soit à la délivrance d'un certificat, soit au refus de la certification.

Le rapport de certification peut comporter tout avertissement que ses rédacteurs estiment utile de mentionner pour des raisons de sécurité. Il est, au choix du commanditaire, communiqué ou non à des tiers ou rendu public.

Art. 8 Le certificat est délivré par le *(Décr. nº 2019-1139 du 7 nov. 2019, art. 1er)* « directeur général de l'Agence nationale de la sécurité des systèmes d'information ».

Il atteste que l'exemplaire du produit ou du système soumis à évaluation répond aux caractéristiques de sécurité spécifiées. Il atteste également que l'évaluation a été conduite conformément aux règles et normes en vigueur, avec la compétence et l'impartialité requises.

Art. 9 *(Décr. nº 2009-834 du 7 juill. 2009, art. 9)* « L'Agence nationale de la sécurité des systèmes d'information » peut passer, après avis du comité directeur de la certification, des accords de reconnaissance mutuelle avec des organismes étrangers homologues, ayant leur siège en dehors des États membres de la Communauté européenne.

Ces accords peuvent prévoir que les certificats délivrés par les organismes étrangers cosignataires, dans le cadre de procédures comparables à celle prévue au présent chapitre, sont reconnus comme ayant la même valeur que les certificats délivrés en application du présent décret. La reconnaissance mutuelle des certificats peut être limitée à un niveau d'assurance déterminé.

Sans préjudice des règles régissant la certification des dispositifs sécurisés de création de signature électronique mentionnées au 2° du II de l'article 3 du décret du 30 mars 2001 susvisé, le *(Décr. nº 2019-1139 du 7 nov. 2019, art. 1er)* « directeur général de l'Agence nationale de la sécurité des systèmes d'information » reconnaît aux certificats délivrés par les organismes ayant leur siège dans un État membre de la Communauté européenne, dans le cadre de procédures comparables présentant des garanties équivalentes, la même valeur qu'aux certificats délivrés en application du présent décret.

CHAPITRE II *AGRÉMENT DES CENTRES D'ÉVALUATION*

Art. 10 Les centres d'évaluation chargés de procéder à l'évaluation prévue au présent décret *(Décr. n° 2010-1630 du 23 déc. 2010, art. 2)* « et aux articles R. 331-85 à R. 331-88 du code de la propriété intellectuelle » sont agréés dans les conditions fixées par le présent chapitre.

Art. 11 I. – La demande d'agrément est formulée auprès de *(Décr. n° 2009-834 du 7 juill. 2009, art. 9)* « l'Agence nationale de la sécurité des systèmes d'information ». Cette demande précise le domaine dans lequel l'organisme demandeur entend exercer son activité.

II. – L'organisme demandeur doit faire la preuve :

a) De sa conformité *(Décr. n° 2010-112 du 2 févr. 2010, art. 25)* « à des critères de qualité selon les règles ou les normes en vigueur » ;

b) De son aptitude à appliquer les critères d'évaluation en vigueur et la méthodologie correspondante ainsi qu'à assurer la confidentialité requise par l'évaluation ;

c) De sa compétence technique à conduire une évaluation.

(Décr. n° 2010-112 du 2 févr. 2010 art. 25) « La conformité mentionnée au *a* et l'aptitude mentionnée au *b* sont attestées soit par une accréditation délivrée par une instance d'accréditation mentionnée à l'article L. 115-28 du code de la consommation, soit par l'Agence nationale de la sécurité des systèmes d'information.

« La compétence technique mentionnée au *c* est appréciée par *(Décr. n° 2009-834 du 7 juill. 2009 art. 9)* « l'Agence nationale de la sécurité des systèmes d'information », notamment à partir des moyens, des ressources et de l'expérience du centre d'évaluation. »

Art. 12 L'agrément est délivré par le *(Décr. n° 2019-1139 du 7 nov. 2019, art. 1er)* « directeur général de l'Agence nationale de la sécurité des systèmes d'information », après avis du comité directeur de la certification. Il peut énoncer les obligations particulières auxquelles est soumis le centre d'évaluation. Il est valable pour une durée de deux ans renouvelable.

Art. 13 Lorsqu'un centre d'évaluation situé hors du territoire national ou d'un autre État membre de la Communauté européenne a déjà fait l'objet d'un agrément par les autorités de son pays d'installation dans le cadre d'une procédure homologue, le *(Décr. n° 2019-1139 du 7 nov. 2019, art. 1er)* « directeur général de l'Agence nationale de la sécurité des systèmes d'information » peut, après avis du comité directeur de la certification, le déclarer agréé au titre du présent décret. Cet agrément, qui est accordé pour une durée de deux ans renouvelable, peut être limité à un niveau d'assurance déterminé.

Lorsqu'un centre d'évaluation situé dans un État membre de la Communauté européenne a déjà fait l'objet d'un agrément par les autorités de cet État dans le cadre d'une procédure équivalente, le directeur général de l'Agence nationale de la sécurité des systèmes d'information, après avis du comité directeur de la certification, le déclare agréé au titre du présent décret.

Art. 14 *(Décr. n° 2009-834 du 7 juill. 2009, art. 9)* « L'Agence nationale de la sécurité des systèmes d'information » peut s'assurer à tout moment que les centres d'évaluation continuent à satisfaire aux critères au vu desquels ils ont été agréés.

Lorsqu'un centre ne satisfait plus aux exigences mentionnées à l'article 11 ou qu'il manque aux obligations fixées par la décision d'agrément, l'agrément peut être retiré par le *(Décr. n° 2019-1139 du 7 nov. 2019, art. 1er)* « directeur général de l'Agence nationale de la sécurité des systèmes d'information », après avis du comité directeur de la certification. Le retrait ne peut être prononcé qu'après que le représentant du centre d'évaluation a été mis à même de faire valoir ses observations devant le comité directeur de la certification.

CHAPITRE III *COMITÉ DIRECTEUR DE LA CERTIFICATION EN SÉCURITÉ DES TECHNOLOGIES DE L'INFORMATION*

Art. 15 Le comité directeur de la certification en sécurité des technologies de l'information a notamment pour mission :

a) De formuler des avis ou des propositions sur la politique de certification, sur les règles et normes utilisées pour les procédures d'évaluation et de certification et sur les guides techniques mis à la disposition du public ;

b) D'émettre un avis sur la délivrance et le retrait des agréments aux centres d'évaluation ;

c) D'examiner, à des fins de conciliation, tout litige relatif aux procédures d'évaluation organisées par le présent décret qui lui est soumis par les parties ;

d) D'émettre un avis sur les accords de reconnaissance mutuelle conclus avec des organismes étrangers en application de l'article 9.

La mission prévue au *c* ci-dessus peut être déléguée par le comité à l'un de ses membres, elle comporte obligatoirement l'audition des parties.

Art. 16 Le comité directeur de la certification en sécurité des technologies de l'information est présidé par le secrétaire général de la défense et de la sécurité nationale ou son représentant. Outre son président, il comprend :

a) Un représentant du ministre de la justice ;

b) Un représentant du ministre de l'intérieur ;

c) Un représentant du ministre des affaires étrangères ;

d) Un représentant du ministre de la défense ;

e) Un représentant du ministre chargé de l'industrie ;

f) Un représentant du ministre chargé de l'économie ;

g) Un représentant du ministre chargé de l'emploi ;

h) Un représentant du ministre chargé de la santé ;

i) Un représentant du ministre chargé de l'éducation nationale ;

j) Un représentant du ministre chargé de la communication ;

k) Un représentant du ministre chargé de la réforme de l'État ;

l) Un représentant du ministre chargé des transports ;

m) Un représentant du ministre chargé de la recherche.

Lorsque le comité directeur examine des questions concernant les dispositifs de création et de vérification de signature électronique, tels que définis à l'article 1er du décret du 30 mars 2001 susvisé, il comprend en outre douze personnalités qualifiées nommées pour trois ans par arrêté du Premier ministre.

Le secrétariat du comité directeur est assuré par *(Décr. nº 2009-834 du 7 juill. 2009, art. 9)* « l'Agence nationale de la sécurité des systèmes d'information ».

Art. 17 Le comité directeur se réunit sur convocation de son président qui en fixe l'ordre du jour.

Le président peut inviter tout expert ou personne qualifiée dont la participation aux débats lui paraît nécessaire.

Le comité rend compte de ses travaux au Premier ministre.

Art. 18 *(Décr. nº 2009-834 du 7 juill. 2009, art. 9)* « L'Agence nationale de la sécurité des systèmes d'information » fait annuellement rapport au comité directeur de la certification de l'activité qu'elle exerce dans le cadre de la mise en œuvre du présent décret.

CHAPITRE IV *DISPOSITIONS DIVERSES ET TRANSITOIRES*

Art. 21 Les certificats et les agréments des centres d'évaluation délivrés avant la date d'entrée en vigueur du présent décret, en application des dispositions de l'avis du Premier ministre relatif à la délivrance de certificats pour la sécurité offerte par les produits informatiques vis-à-vis de la malveillance, publié au *Journal officiel* de la République française du 1er septembre 1995, sont reconnus comme délivrés au titre du présent décret.

Art. 22 Le présent décret est applicable :

a) En Nouvelle-Calédonie et en Polynésie française, en tant qu'il concerne la signature électronique ;

b) Dans les îles Wallis-et-Futuna et à Mayotte.

Circulaire n° 2004-035 du 18 février 2004,

Relative à l'usage de l'Internet dans le cadre pédagogique et à la protection des mineurs.

Texte adressé aux rectrices et recteurs d'académie

Le développement de l'usage de l'Internet est une priorité nationale. Il doit s'accompagner des mesures de formation et de contrôle permettant d'assurer la sécurité des citoyens et notamment des mineurs. Le gouvernement vient de mettre en ligne le site http://www.mineurs.fr qui recense l'ensemble des informations et projets en ce domaine et que vous pourrez utilement consulter.

J'ai souhaité, lors d'une communication en conseil des ministres au mois de mai dernier, rappeler l'importance de l'utilisation de l'Internet dans le cadre scolaire et réaffirmer le rôle majeur de l'école pour lutter contre la fracture numérique et proposer un accès à ce savoir pour tous nos élèves.

Au sein de l'éducation nationale, l'usage de l'Internet dans les pratiques pédagogiques est déjà largement développé et se banalise avec le déploiement généralisé des accès au réseau dans les établissements scolaires.

Cette banalisation des accès et des usages doit bénéficier de mesures d'accompagnement adaptées, destinées à faciliter le travail des équipes pédagogiques, tout en prenant en compte les impératifs de sécurité et notamment la protection des mineurs.

Ces mesures, objet du présent courrier concernent : l'aide aux établissements et équipes éducatives, la formation, la sensibilisation et la responsabilisation des utilisateurs, la mise en œuvre d'une chaîne d'alerte, l'accompagnement du dispositif lui-même.

Les mesures d'aides aux établissements et équipes éducatives

Les déploiements d'accès généralisés à l'internet dans les établissements et écoles ne peuvent s'effectuer qu'en prenant en compte les besoins des enseignants et des équipes éducatives de disposer d'outils leur permettant de sélectionner ou de contrôler l'information mise à disposition des élèves. Deux modes de contrôle, complémentaires, sont possibles, modulables selon les situations rencontrées (selon l'équipement des établissements, et le niveau d'enseignement) :

– un contrôle *a priori* des informations consultées, en interdisant l'accès à un ensemble de sites reconnus comme inappropriés (sites au contenu pornographique, raciste, violent...) par l'intermédiaire de "listes noires". Il est également possible, pour des situations pédagogiques particulières, de limiter la consultation à un ensemble connu de sites, à partir de "listes blanches" ;

– un contrôle *a posteriori*, par examen de la liste des sites consultés.

De tels dispositifs de contrôle sont déjà opérationnels dans de nombreux établissements, grâce aux efforts réalisés par l'État en partenariat avec les collectivités locales dans le cadre du projet S2i2^{e}. Ces dispositifs s'appuient en règle générale sur la liste noire gérée par l'université de sciences sociales de Toulouse I, reconnue comme une référence nationale en la matière. L'expérience acquise ces dernières années dans ce domaine permet de mettre à la disposition de l'ensemble des établissements et écoles une liste noire nationale de référence disponible à l'adresse : https://dsi.ut-capitole.fr/blacklists. (aiedu : accès à l'internet pour l'éducation).

Le déploiement des dispositifs S2i2^{e} dans les établissements et écoles doit se poursuivre. Chaque établissement ou école doit à terme disposer de tels services.

L'effort engagé les années précédentes sera poursuivi au cours des prochaines années avec un accent particulier sur les écoles, actuellement moins bien dotées que les collèges et lycées dans ce domaine.

Les mesures de formation, de sensibilisation et de responsabilisation des utilisateurs

Aussi performants que puissent être les dispositifs de filtrage, ils demandent à être accompagnés de mesures de formation, de sensibilisation et de responsabilisation de l'ensemble des acteurs concernés ; une solution efficace dans le domaine de la sécurité ne peut se concevoir sans l'implication des utilisateurs. Les usagers, personnels de l'éducation nationale et élèves, doivent être informés des spécificités de l'internet. Cette sensibilisation et responsabilisation, qui est déjà largement engagée dans les académies, est une étape indispensable à une utilisation citoyenne de l'internet. Elle demeure une nécessité et le fondement d'une véritable prise de conscience des problèmes éventuels.

Des actions d'information et de sensibilisation à destination des équipes éducatives et des élèves sont à prévoir en s'appuyant sur les ressources académiques les plus concernées, notamment le CTICE avec le support du RSSI. La responsabilisation de tous les acteurs doit en particulier passer par la contractualisation de l'usage de l'internet. Chaque établissement et école devra établir une charte d'utilisation de l'Internet et l'annexer au règlement intérieur. Elle devra être signée par les élèves et leurs parents dans le cas des élèves mineurs. Une charte nationale type, à compléter selon les spécificités de chaque établissement, est disponible à l'adresse suivante :

[...]

Parallèlement, une charte d'utilisation de l'internet, destinée à l'ensemble des personnels de l'éducation nationale est *[disponible]*. L'ensemble de ces chartes *[est]* annexé au schéma directeur de la sécurité *[disponible à l'adresse suivante : [https://ssi.ac-strasbourg.fr/securite/la-politique-ssi/le-schema-directeur-de-la-securite-des-systemes-dinformation/]*.

Les mesures d'alerte

Un fonctionnement sans faille de l'accès à l'internet ne peut être garanti par les seules mesures précédentes. Un certain nombre d'incidents peuvent survenir, notamment liés à l'accessibilité de pages inappropriées non filtrées. Une chaîne d'alerte a ainsi été définie permettant d'engager les mesures adaptées dans les meilleurs délais et d'assurer la circulation de l'information utile afin de maintenir un niveau de protection optimal.

Cette chaîne repose sur les chefs d'établissement ou les directeurs d'école, une cellule académique organisée autour du CTICE et du RSSI et une cellule nationale de coordination dont le rôle est précisé en annexe. Le chef d'établissement ou le directeur d'école, alerté par ses équipes pédagogiques de tout incident lié à la sécurité survenant dans son établissement, doit se mettre en contact avec la cellule académique qui contactera au besoin la cellule nationale de coordination.

Les mesures d'accompagnement du dispositif lui-même

Un dispositif de suivi et d'accompagnement de la mise en œuvre des mesures est prévu.

Il repose sur un formulaire en ligne qui devra être renseigné périodiquement par les chefs d'établissements et directeurs d'école. Un point initial sera réalisé en mars 2004.

Ce formulaire *[...]* est joint au présent courrier et pourra être adapté en fonction des difficultés éventuelles que vous pourriez me signaler avant la fin du mois de février. Vous aurez la possibilité d'accéder aux résultats de l'enquête concernant votre académie.

Les mesures évoquées sont soumises à des calendriers différents suivant les contraintes techniques rencontrées. On peut distinguer notamment les chaînes d'alertes, l'information et la sensibilisation des chefs d'établissement et directeurs d'école, la formation des équipes éducatives, la sensibilisation des élèves et la signature des chartes, la mise en œuvre des outils de filtrage dans les établissements ou écoles :

– les chaînes d'alertes doivent être mises en œuvre sans attendre ;

– l'information et la sensibilisation des chefs d'établissement doivent s'effectuer sans attendre ;

– la sensibilisation des équipes éducatives est déjà largement engagée dans les académies ; elle doit être poursuivie et organisée au niveau académique ;

– la sensibilisation des élèves et la signature des chartes devrait pouvoir se généraliser sous l'effet des actions de formation et sensibilisation engagées ;

– la mise en œuvre des outils de filtrage dans les établissements ou écoles est naturellement variable et évolutive en fonction des infrastructures de réseau disponibles. Tout déploiement de réseaux doit en revanche être accompagné des outils adaptés.

Un guide pratique de mise en œuvre a été établi *[...]*. Ce guide est conçu pour prendre en compte à la fois l'évolution des technologies et le savoir-faire des utilisateurs. Il sera nécessairement évolutif.

Enfin, la mise en place effective du brevet informatique et internet (B2i) doit être poursuivie avec détermination afin que nos élèves puissent être tous à même de maîtriser, avec efficacité et civisme, ces nouveaux moyens de communication.

Je vous demande de bien vouloir veiller à la mise en œuvre de ces mesures le plus rapidement possible dans votre académie.

ANNEXE 1

Organisation de la cellule de coordination nationale et chaîne d'alerte

Rôle de la cellule nationale

Une cellule nationale est créée afin de coordonner l'ensemble des actions au plan national.

Ses rôles sont les suivants :

— coordonner la remontée d'informations des académies vers le niveau national ;

— être l'interlocuteur unique en cas de problème non résolu au niveau local ou académique ;

— être l'interlocuteur avec les médias ;

— orienter vers une cellule d'aide psychologique pour les cas n'ayant pu être traités au niveau local ou académique ;

— assurer la gestion de la "liste noire" nationale ;

— assurer une veille technologique permanente afin d'assurer une pérennité technologique des outils utilisés.

La sous-cellule de gestion de la liste noire

Cette cellule est chargée d'assurer la mise à jour et la mise à disposition de la "liste noire" nationale et d'assurer sa pérennité. Un site web, ainsi qu'une adresse de courrier électronique sont mis en place afin d'assurer la remontée de l'information.

La sous-cellule d'aide psychologique

A travers un formulaire sur le site web de la cellule nationale et un numéro de téléphone, cette cellule peut être jointe pour traiter les cas graves nécessitant une assistance psychologique non disponible au niveau local ou académique.

Éléments déclenchant de la procédure d'alerte

La chaîne d'alerte doit être utilisée afin d'informer l'ensemble des acteurs. La circulation de l'information est primordiale afin d'assurer une réponse optimale à chaque problème posé. La chaîne d'alerte doit être utilisée dans les cas suivants :

— découverte d'un site internet inapproprié accessible : la cellule de gestion de la liste noire doit être prévenue ;

— découverte d'un site internet injustement filtré : la cellule de gestion de la liste noire doit être prévenue ;

— besoin d'une assistance psychologique suite à la consultation de sites inappropriés ;

— demande des médias en cas de crise.

La chaîne d'alerte

La cellule académique et la cellule nationale de coordination sont informées par la chaîne d'alerte définie au niveau national. Le passage à l'échelon supérieur aura lieu chaque fois qu'il sera nécessaire, c'est à dire lorsque le niveau local n'aura pu fournir de réponse satisfaisante.

1) Au sein de chaque établissement ou école, les membres de l'équipe pédagogique informent le chef d'établissement ou le directeur d'école des incidents constatés.

2) La cellule académique constituée autour du CTICE est informée des incidents se produisant dans les établissements et écoles par le chef d'établissement ou le directeur d'école.

3) En cas de besoin, cette cellule académique informe la cellule nationale de coordination par l'intermédiaire des dispositifs d'assistance mis à disposition (interface web et courrier électronique). Au besoin, le haut fonctionnaire de défense est informé.

Moyen de contact

Dans chaque académie, les établissements et écoles seront informés des moyens de contact de la cellule académique, par l'intermédiaire d'affichettes qui seront envoyés à chaque académie.

Au niveau national, un "guichet unique" est mis en place : la cellule nationale pourra être contactée directement par les représentants académiques à travers une adresse de courrier électronique (par l'intermédiaire d'un formulaire) *[...]*

ANNEXE 2

ÉCHÉANCIER

Le dispositif global doit se mettre en place progressivement dans l'ensemble des académies. Durant cette période transitoire, tous les services ne seront pas disponibles, mais les moyens déjà mis en place permettront déjà d'assurer un niveau satisfaisant de protection.

Janvier 2004

— Mise à disposition sur le site Educnet des documents de référence : guide pratique, chartes.

— Création de la cellule nationale, mise à disposition de la "liste noire" nationale et mise en place des dispositifs permettant sa mise à jour.

— Mise en place de la cellule d'aide psychologique nationale.

— Mise en place d'un site internet permettant aux chefs d'établissement d'indiquer l'état initial du dispositif mis en place dans l'établissement.

Février 2004

— Réalisation de l'enquête afin d'avoir un point initial de la situation.

Courant 2004

— Séminaires nationaux sur la sécurité dans le cadre du schéma directeur de la sécurité.

Loi n° 2004-575 du 21 juin 2004 (LCEN),

Pour la confiance dans l'économie numérique.

V. CPI, art. L. 336-3, supra, et Décr. n° 2007-663 du 2 mai 2007, infra.

Art. 6 **I. — 1. Les personnes dont l'activité est d'offrir un accès à des services de communication au public en ligne informent leurs abonnés de l'existence de moyens techniques permettant de restreindre l'accès à certains services ou de les sélectionner et leur proposent au moins un de ces moyens** *(L. n° 2022-300 du 2 mars 2022, art. 3)* **« sans surcoût. Un décret, pris après avis de la Commission nationale de l'informatique et des libertés, précise les fonctionnalités minimales et les caractéristiques techniques auxquelles ces moyens répondent, compte tenu de la nature de l'activité de ces personnes »**

(L. n° 2009-669 du 12 juin 2009, art. 13) **Les personnes visées à l'alinéa précédent les informent également de l'existence de moyens de sécurisation permettant de prévenir les manquements à l'obligation définie à l'article L. 336-3 du code de la propriété intellectuelle** *(Abrogé par L. n° 2021-1382 du 25 oct. 2021, art. 1er, à compter du 1er janv. 2022)* ***« et leur proposent au moins un des moyens figurant sur la liste prévue au deuxième alinéa de l'article*** *(L. n° 2009-1311 du 28 oct. 2009, art. 12)* ***« L. 331-26 » du même code ».***

(L. n° 2020-105 du 10 févr. 2020, art. 13 et 130, en vigueur le 1er janv. 2022) **« 1 *bis*. A compter du 1er janvier 2022, et dans le respect de la loi n° 78-17 du 6 janvier 1978 relative à l'informatique, aux fichiers et aux libertés, les personnes mentionnées au 1 informent également leurs abonnés de la quantité de données consommées dans le cadre de la fourniture d'accès au réseau et indiquent l'équivalent des émissions de gaz à effet de serre correspondant.**

« Les équivalents d'émissions de gaz à effet de serre correspondant à la consommation de données sont établis suivant une méthodologie mise à disposition par l'Agence de l'environnement et de la maîtrise de l'énergie. »

2. Les personnes physiques ou morales qui assurent, même à titre gratuit, pour mise à disposition du public par des services de communication au public en ligne, le stockage de signaux, d'écrits, d'images, de sons ou de messages de toute nature fournis par des destinataires de ces services ne peuvent pas voir leur responsabilité civile engagée du fait des activités ou des informations stockées à la demande d'un destinataire de ces services si elles n'avaient pas effectivement connaissance de leur caractère *(L. n° 2020-766 du 24 juin 2020, art. 17)* **« manifestement » illicite ou de faits et circonstances faisant apparaître ce caractère ou si, dès le moment où elles en ont eu cette**

connaissance, elles ont agi promptement pour retirer ces données ou en rendre l'accès impossible.

L'alinéa précédent ne s'applique pas lorsque le destinataire du service agit sous l'autorité ou le contrôle de la personne visée audit alinéa.

3. Les personnes visées au 2 ne peuvent voir leur responsabilité pénale engagée à raison des informations stockées à la demande d'un destinataire de ces services si elles n'avaient pas effectivement connaissance *(L. n° 2020-766 du 24 juin 2020, art. 17)* « du caractère manifestement illicite de l'activité ou de l'information » ou si, dès le moment où elles en ont eu connaissance, elles ont agi promptement pour retirer ces informations ou en rendre l'accès impossible.

L'alinéa précédent ne s'applique pas lorsque le destinataire du service agit sous l'autorité ou le contrôle de la personne visée audit alinéa.

4. Le fait, pour toute personne, de présenter aux personnes mentionnées au 2 un contenu ou une activité comme étant illicite dans le but d'en obtenir le retrait ou d'en faire cesser la diffusion, alors qu'elle sait cette information inexacte, est puni d'une peine d'un an d'emprisonnement et de 15 000 € d'amende.

5. La connaissance des faits litigieux est présumée acquise par les personnes désignées au 2 lorsqu'il leur est notifié les éléments suivants :

(L. n° 2020-766 du 24 juin 2020, art. 2) « — si le notifiant est une personne physique : ses nom, prénom, adresse électronique ; si le notifiant est une personne morale : sa forme sociale, sa dénomination sociale, son adresse électronique ; si le notifiant est une autorité administrative : sa dénomination et son adresse électronique. Ces conditions sont réputées satisfaites dès lors que le notifiant est un utilisateur inscrit du service de communication au public en ligne mentionné au même 2, qu'il est connecté au moment de procéder à la notification et que l'opérateur a recueilli les éléments nécessaires à son identification ;

« — la description du contenu litigieux, sa localisation précise et, le cas échéant, la ou les adresses électroniques auxquelles il est rendu accessible ; ces conditions sont réputées satisfaites dès lors que le service de communication au public en ligne mentionné audit 2 permet de procéder précisément à cette notification par un dispositif technique directement accessible depuis ledit contenu litigieux ;

« — les motifs légaux pour lesquels le contenu litigieux devrait être retiré ou rendu inaccessible ; cette condition est réputée satisfaite dès lors que le service de communication au public en ligne mentionné au même 2 permet de procéder à la notification par un dispositif technique proposant d'indiquer la catégorie d'infraction à laquelle peut être rattaché ce contenu litigieux ; »

— la copie de la correspondance adressée à l'auteur ou à l'éditeur des informations ou activités litigieuses demandant leur interruption, leur retrait ou leur modification, ou la justification de ce que l'auteur ou l'éditeur n'a pu être contacté *(L. n° 2020-766 du 24 juin 2020, art. 2)* « ; cette condition n'est pas exigée pour la notification des infractions mentionnées au troisième alinéa du 7 du présent I ainsi qu'à l'article 24 *bis* et aux troisième et quatrième alinéas de l'article 33 de la loi du 29 juillet 1881 sur la liberté de la presse. »

6. Les personnes mentionnées aux 1 et 2 ne sont pas des producteurs au sens de l'article 93-3 de la loi n° 82-652 du 29 juillet 1982 sur la communication audiovisuelle.

7. Les personnes mentionnées aux 1 et 2 ne sont pas soumises à une obligation générale de surveiller les informations qu'elles transmettent ou stockent, ni à une obligation générale de rechercher des faits ou des circonstances révélant des activités illicites.

Le précédent alinéa est sans préjudice de toute activité de surveillance ciblée et temporaire demandée par l'autorité judiciaire.

Compte tenu de l'intérêt général attaché à la répression de l'apologie *(L. n° 2021-1109 du 24 août 2021, art. 40)* « , de la négation ou de la banalisation » des crimes contre l'humanité, *(L. n° 2014-1353 du 13 nov. 2014, art. 12-I)* « de la provocation à la commission d'actes de terrorisme et de leur apologie, » de l'incitation à la haine raciale *(L. n° 2014-873 du 4 août 2014, art. 57-1°)* « , à la haine à l'égard de personnes à raison de leur sexe, de leur orientation *(L. n° 2020-766 du 24 juin 2020, art. 1er)* « sexuelle, de leur identité de genre » ou de leur handicap, » ainsi que de la pornographie enfantine, *(L. n° 2007-297 du 5 mars 2007, art. 40)* « de l'incitation à la violence *(L. n° 2010-769 du 9 juill. 2010, art. 28)* « , notamment l'incitation aux violences *(L. n° 2018-703 du 3 août 2018, art. 11)* « sexuelles et sexistes », » ainsi que des atteintes à la dignité humaine, » les personnes mentionnées ci-dessus doivent concourir à la lutte contre la diffusion des infractions visées aux cinquième, *(L. n° 2014-1353 du 13 nov. 2014, art. 12-I)* « septième et huitième » alinéas de l'article 24 *(L. n° 2021-1109 du 24 août 2021, art. 40)* « et à l'article 24 *bis* » de la loi du 29 juillet 1881 sur la liberté de la presse et *(L. n° 2007-297 du 5 mars 2007, art. 40 ; L. n° 2016-444 du 13 avr. 2016, art. 1er)* « aux articles *(L. n° 2022-92 du 31 janv. 2022, art. 1er-III ; L. n° 2022-299 du 2 mars 2022, art. 16)* « **222-33, 222-33-2-3, 225-4-1, 225-4-13,** » **225-5, 225-6, 227-23, 227-24** et **421-2-5** » du code pénal.

A ce titre, elles doivent mettre en place un dispositif facilement accessible et visible permettant à toute personne de porter à leur connaissance ce type de données *(L. n° 2021-1109 du 24 août 2021, art. 42)* « et rendre publics les moyens qu'elles consacrent à la lutte contre les activités illicites mentionnées au troisième alinéa du présent 7. Ces obligations ne sont pas applicables aux opérateurs mentionnés au I de l'article 6-4 pour la lutte contre la diffusion des contenus mentionnés au même I. Les personnes mentionnées aux 1 et 2 du présent I » ont également l'obligation *(Abrogé par L. n° 2021-1109 du 24 août 2021, art. 42)* « ***, d'une part, d'informer promptement les autorités publiques compétentes de toutes activités illicites mentionnées*** » *(L. n° 2021-1109 du 24 août 2021, art. 42)* « au troisième alinéa du présent 7 » qui leur seraient signalées et qu'exerceraient les destinataires de leurs services *(Abrogé par L. n° 2021-1109 du 24 août 2021, art. 42)* « ***, et, d'autre part, de rendre publics les moyens qu'elles consacrent à la lutte contre ces activités illicites*** ».

(L. n° 2007-297 du 5 mars 2007, art. 40) « Compte tenu de l'intérêt général attaché à la répression des activités illégales de jeux d'argent, les personnes mentionnées aux 1 et 2 mettent en place, dans des conditions fixées par décret, un dispositif facilement accessible et visible permettant de signaler à leurs abonnés les services de communication au public en ligne tenus pour répréhensibles par les autorités publiques compétentes en la matière. Elles informent également leurs abonnés des risques encourus par eux du fait d'actes de jeux réalisés en violation de la loi. »

(L. n° 2018-898 du 23 oct. 2018, art. 29) « Les personnes mentionnées aux 1 et 2 informent leurs abonnés de l'interdiction de procéder en France métropolitaine et dans les départements d'outre-mer à des opérations de vente à distance, d'acquisition, d'introduction en provenance d'un autre État membre de l'Union européenne ou d'importation en provenance de pays tiers de produits du tabac manufacturé dans le cadre d'une vente à distance, ainsi que des sanctions légalement encourues pour de tels actes. »

(L. n° 2007-297 du 5 mars 2007, art. 40) « Tout manquement aux obligations définies aux quatrième *(L. n° 2018-898 du 23 oct. 2018, art. 29)* « , cinquième et avant-dernier alinéas du présent 7 » est puni des peines prévues au 1 du VI. »

(L. n° 2021-1109 du 24 août 2021, art. 39) « 8. Le président du tribunal judiciaire, statuant selon la procédure accélérée au fond, peut prescrire à toute personne susceptible d'y contribuer toutes mesures » propres à prévenir un dommage ou à faire cesser un dommage occasionné par le contenu d'un service de communication au public en ligne.

(L. n° 2021-1109 du 24 août 2021, art. 39) « Il détermine les personnes ou catégories de personnes auxquelles une demande peut être adressée par l'autorité administrative dans les conditions prévues à l'article 6-3. »

II. — *(L. n° 2021-998 du 30 juill. 2021, art. 17)* « Dans les conditions fixées aux II *bis*, III et III *bis* de l'article L. 34-1 du code des postes et des communications électroniques, les personnes mentionnées aux 1 et 2 du I du présent article » détiennent et conservent les données de nature à permettre l'identification de quiconque a contribué à la création du contenu ou de l'un des contenus des services dont elles sont prestataires.

Elles fournissent aux personnes qui éditent un service de communication au public en ligne des moyens techniques permettant à celles-ci de satisfaire aux conditions d'identification prévues au III.

(Abrogé par L. n° 2021-998 du 30 juill. 2021, art. 17) ***« L'autorité judiciaire peut requérir communication auprès des prestataires mentionnés aux 1 et 2 du I des données mentionnées au premier alinéa.***

« Les dispositions des articles 226-17, 226-21 et 226-22 du code pénal sont applicables au traitement de ces données. »

Un décret en Conseil d'État, pris après avis de la Commission nationale de l'informatique et des libertés, définit les données mentionnées au premier alinéa et détermine la durée et les modalités de leur conservation.

II bis. — Abrogé par L. n° 2013-1168 du 18 déc. 2013, art. 20, à compter du 1er janv. 2015.

III. — 1. Les personnes dont l'activité est d'éditer un service de communication au public en ligne mettent à disposition du public, dans un standard ouvert :

a) S'il s'agit de personnes physiques, leurs nom, prénoms, domicile et numéro de téléphone et, si elles sont assujetties aux formalités d'inscription au registre du commerce et des sociétés ou au répertoire des métiers *(Ord. n° 2021-1189 du 15 sept. 2021, art. 43 et 47, en vigueur le 1er janv. 2023)* « registre national des entreprises en tant qu'entreprise du secteur des métiers et de l'artisanat »le numéro de leur inscription ;

b) S'il s'agit de personnes morales, leur dénomination ou leur raison sociale et leur siège social, leur numéro de téléphone et, s'il s'agit d'entreprises assujetties aux formalités d'inscription au registre du commerce et des sociétés ou au répertoire des métiers *(Ord. n° 2021-1189 du 15 sept. 2021, art. 43 et 47, en vigueur le 1er janv. 2023) [ou au]* « registre national des entreprises en tant qu'entreprise du secteur des métiers et de l'artisanat », le numéro de leur inscription, leur capital social, l'adresse de leur siège social ;

c) Le nom du directeur ou du codirecteur de la publication et, le cas échéant, celui du responsable de la rédaction au sens de l'article **93-2** de la loi n° **82-652** du 29 juillet 1982 précitée ;

d) Le nom, la dénomination ou la raison sociale et l'adresse et le numéro de téléphone du prestataire mentionné au 2 du I.

2. Les personnes éditant à titre non professionnel un service de communication au public en ligne peuvent ne tenir à la disposition du public, pour préserver leur anonymat, que le nom, la dénomination ou la raison sociale et l'adresse du prestataire mentionné au 2 du I, sous réserve de lui avoir communiqué les éléments d'identification personnelle prévus au 1.

Les personnes mentionnées au 2 du I sont assujetties au secret professionnel dans les conditions prévues aux articles **226-13** et **226-14** du code pénal, pour tout ce qui concerne la divulgation de ces éléments d'identification personnelle ou de toute information permettant d'identifier la personne concernée. Ce secret professionnel n'est pas opposable à l'autorité judiciaire.

IV. — Toute personne nommée ou désignée dans un service de communication au public en ligne dispose d'un droit de réponse, sans préjudice des demandes de correction ou de suppression du message qu'elle peut adresser au service, *[Dispositions déclarées non conformes à la Constitution par décision du Conseil constitutionnel n° 2004-496 DC du 10 juin 2004.]*.

La demande d'exercice du droit de réponse est adressée au directeur de la publication ou, lorsque la personne éditant à titre non professionnel a conservé l'anonymat, à la personne mentionnée au 2 du I qui la transmet sans délai au directeur de la publication. Elle est présentée au plus tard dans un délai de trois mois à compter de *[Dispositions déclarées non conformes à la Constitution par décision du Conseil constitutionnel n° 2004-496 DC du 10 juin 2004.]* la mise à disposition du public du message justifiant cette demande.

Le directeur de la publication est tenu d'insérer dans les trois jours de leur réception les réponses de toute personne nommée ou désignée dans le service de communication au public en ligne sous peine d'une amende de 3 750 €, sans préjudice des autres peines et dommages-intérêts auxquels l'article pourrait donner lieu.

Les conditions d'insertion de la réponse sont celles prévues par l'article **13** de la loi du 29 juillet 1881 précitée. La réponse sera toujours gratuite.

Un décret en Conseil d'État fixe les modalités d'application du présent *(L. n° 2004-669 du 9 juill. 2004, art. 111)* « IV ». — *V. Décr. n° 2007-1527 du 24 oct. 2007 relatif au droit de réponse applicable aux services de communication au public en ligne et pris pour l'application du IV de l'art. 6 de la L. n° 2004-575 du 21 juin 2004 pour la confiance dans l'économie numérique (JO 26 oct.).*

V. — Les dispositions des chapitres IV et V de la loi du 29 juillet 1881 précitée sont applicables aux services de communication au public en ligne et la prescription acquise dans les conditions prévues par l'article 65 de ladite loi *[Dispositions déclarées non conformes à la Constitution par décision du Conseil constitutionnel n° 2004-496 DC du 10 juin 2004.]*.

VI. — 1. Est puni d'un an d'emprisonnement et de *(L. n° 2020-766 du 24 juin 2020, art. 6)* « 250 000 euros » d'amende le fait, pour une personne physique ou le dirigeant de droit ou de fait d'une personne morale exerçant l'une des activités définies aux 1 et 2 du I, de ne pas satisfaire aux obligations définies *(L. n° 2007-297 du 5 mars 2007, art. 40)* « aux quatrième *(L. n° 2014-1353 du 13 nov. 2014, art. 12-III)* « et cinquième » alinéas » du 7 du I *(L. n° 2014-1353 du 13 nov. 2014, art. 12-III)* « du présent article ni à celles prévues à l'article 6-1 de la présente loi », de ne pas avoir conservé les éléments d'information visés au II *(L. n° 2014-1353 du 13 nov. 2014, art. 12-III)* « du présent article » ou de ne pas déférer à la demande d'une autorité judiciaire d'obtenir communication desdits éléments.

Les personnes morales peuvent être déclarées pénalement responsables de ces infractions dans les conditions prévues à l'article 121-2 du code pénal. Elles encourent une peine d'amende, suivant les modalités prévues par l'article 131-38 du même code, ainsi que les peines mentionnées aux 2° et 9° de l'article 131-39 de ce code. L'interdiction mentionnée au 2° de cet article est prononcée pour une durée de cinq ans au plus et porte sur l'activité professionnelle dans l'exercice ou à l'occasion de laquelle l'infraction a été commise.

2. Est puni d'un an d'emprisonnement et de 75 000 € d'amende le fait, pour une personne physique ou le dirigeant de droit ou de fait d'une personne morale exerçant l'activité définie au III, de ne pas avoir respecté les prescriptions de ce même article.

Les personnes morales peuvent être déclarées pénalement responsables de ces infractions dans les conditions prévues à l'article 121-2 du code pénal. Elles encourent une peine d'amende, suivant les modalités prévues par l'article 131-38 du même code, ainsi que les peines mentionnées aux 2° et 9° de l'article 131-39 de ce code. L'interdiction mentionnée au 2° de cet article est prononcée pour une durée de cinq ans au plus et porte sur l'activité professionnelle dans l'exercice ou à l'occasion de laquelle l'infraction a été commise.

TITRE III DE LA SÉCURITÉ DANS L'ÉCONOMIE NUMÉRIQUE

CHAPITRE I *MOYENS ET PRESTATIONS DE CRYPTOLOGIE*

Art. 29 On entend par moyen de cryptologie tout matériel ou logiciel conçu ou modifié pour transformer des données, qu'il s'agisse d'informations ou de signaux, à l'aide de conventions secrètes ou pour réaliser l'opération inverse avec ou sans convention secrète. Ces moyens de cryptologie ont principalement pour objet de garantir la sécurité du stockage ou de la transmission de données, en permettant d'assurer leur confidentialité, leur authentification ou le contrôle de leur intégrité.

On entend par prestation de cryptologie toute opération visant à la mise en œuvre, pour le compte d'autrui, de moyens de cryptologie.

SECTION 1 *Utilisation, fourniture, transfert, importation et exportation de moyens de cryptologie*

Art. 30 I. — L'utilisation des moyens de cryptologie est libre.

II. — La fourniture, le transfert depuis ou vers un État membre de la Communauté européenne, l'importation et l'exportation des moyens de cryptologie assurant exclusivement des fonctions d'authentification ou de contrôle d'intégrité sont libres.

III. — La fourniture, le transfert depuis un État membre de la Communauté européenne ou l'importation d'un moyen de cryptologie n'assurant pas exclusivement des fonctions d'authentification ou de contrôle d'intégrité sont soumis à une déclaration préalable auprès du Premier ministre, sauf dans les cas prévus au *b* du présent III. Le fournisseur ou la personne procédant au transfert ou à l'importation tiennent à la disposition du Premier ministre une description des caractéristiques techniques de ce moyen de cryptologie, ainsi que le code source des logiciels utilisés. Un décret en Conseil d'État fixe :

a) Les conditions dans lesquelles sont souscrites ces déclarations, les conditions et les délais dans lesquels le Premier ministre peut demander communication des caractéristiques du moyen, ainsi que la nature de ces caractéristiques ;

b) Les catégories de moyens dont les caractéristiques techniques ou les conditions d'utilisation sont telles que, au regard des intérêts de la défense nationale et de la sécurité intérieure ou extérieure de l'État, leur fourniture, leur transfert depuis un État membre de la Communauté européenne ou leur importation peuvent être dispensés de toute formalité préalable.

IV. – Le transfert vers un État membre de la Communauté européenne et l'exportation d'un moyen de cryptologie n'assurant pas exclusivement des fonctions d'authentification ou de contrôle d'intégrité sont soumis à autorisation du Premier ministre, sauf dans les cas prévus au *b* du présent IV. Un décret en Conseil d'État fixe :

a) Les conditions dans lesquelles sont souscrites les demandes d'autorisation ainsi que les délais dans lesquels le Premier ministre statue sur ces demandes ;

b) Les catégories de moyens dont les caractéristiques techniques ou les conditions d'utilisation sont telles que, au regard des intérêts de la défense nationale et de la sécurité intérieure ou extérieure de l'État, leur transfert vers un État membre de la Communauté européenne ou leur exportation peuvent être soit soumis au régime déclaratif et aux obligations d'information prévus au III, soit dispensés de toute formalité préalable.

SECTION 2 *Fourniture de prestations de cryptologie*

Art. 31 I. – La fourniture de prestations de cryptologie doit être déclarée auprès du Premier ministre. Un décret en Conseil d'État définit les conditions dans lesquelles est effectuée cette déclaration et peut prévoir des exceptions à cette obligation pour les prestations dont les caractéristiques techniques ou les conditions de fourniture sont telles que, au regard des intérêts de la défense nationale et de la sécurité intérieure ou extérieure de l'État, cette fourniture peut être dispensée de toute formalité préalable.

II. – Les personnes exerçant cette activité sont assujetties au secret professionnel, dans les conditions prévues aux articles 226-13 et 226-14 du code pénal.

Art. 32 Sauf à démontrer qu'elles n'ont commis aucune faute intentionnelle ou négligence, les personnes fournissant des prestations de cryptologie à des fins de confidentialité sont responsables au titre de ces prestations, nonobstant toute stipulation contractuelle contraire, du préjudice causé aux personnes leur confiant la gestion de leurs conventions secrètes en cas d'atteinte à l'intégrité, à la confidentialité ou à la disponibilité des données transformées à l'aide de ces conventions.

Art. 33 Sauf à démontrer qu'ils n'ont commis aucune faute intentionnelle ou négligence, les prestataires de services de certification électronique sont responsables du préjudice causé aux personnes qui se sont fiées raisonnablement aux certificats présentés par eux comme qualifiés dans chacun des cas suivants :

1° Les informations contenues dans le certificat, à la date de sa délivrance, étaient inexactes ;

2° Les données prescrites pour que le certificat puisse être regardé comme qualifié étaient incomplètes ;

3° La délivrance du certificat n'a pas donné lieu à la vérification que le signataire détient la convention privée correspondant à la convention publique de ce certificat ;

4° Les prestataires n'ont pas, le cas échéant, fait procéder à l'enregistrement de la révocation du certificat et tenu cette information à la disposition des tiers.

Les prestataires ne sont pas responsables du préjudice causé par un usage du certificat dépassant les limites fixées à son utilisation ou à la valeur des transactions pour lesquelles il peut être utilisé, à condition que ces limites figurent dans le certificat et soient accessibles aux utilisateurs.

Ils doivent justifier d'une garantie financière suffisante, spécialement affectée au paiement des sommes qu'ils pourraient devoir aux personnes s'étant fiées raisonnablement aux certificats qualifiés qu'ils délivrent, ou d'une assurance garantissant les conséquences pécuniaires de leur responsabilité civile professionnelle.

SECTION 3 *Sanctions administratives*

Art. 34 Lorsqu'un fournisseur de moyens de cryptologie, même à titre gratuit, ne respecte pas les obligations auxquelles il est assujetti en application de l'article 30, le Premier ministre peut, après avoir mis l'intéressé à même de présenter ses observations, prononcer l'interdiction de mise en circulation du moyen de cryptologie concerné.

L'interdiction de mise en circulation est applicable sur l'ensemble du territoire national. Elle emporte en outre pour le fournisseur l'obligation de procéder au retrait :

1° Auprès des diffuseurs commerciaux, des moyens de cryptologie dont la mise en circulation a été interdite ;

2° Des matériels constituant des moyens de cryptologie dont la mise en circulation a été interdite et qui ont été acquis à titre onéreux, directement ou par l'intermédiaire de diffuseurs commerciaux.

Le moyen de cryptologie concerné pourra être remis en circulation dès que les obligations antérieurement non respectées auront été satisfaites, dans les conditions prévues à l'article 30.

SECTION 4 *Dispositions de droit pénal*

Art. 35 I. — Sans préjudice de l'application du code des douanes :

1° Le fait de ne pas satisfaire à l'obligation de déclaration prévue à l'article 30 en cas de fourniture, de transfert, d'importation ou d'exportation d'un moyen de cryptologie ou à l'obligation de communication au Premier ministre prévue par ce même article est puni d'un an d'emprisonnement et de 15 000 € d'amende ;

2° Le fait d'exporter un moyen de cryptologie ou de procéder à son transfert vers un État membre de la Communauté européenne sans avoir préalablement obtenu l'autorisation mentionnée à l'article 30 ou en dehors des conditions de cette autorisation, lorsqu'une telle autorisation est exigée, est puni de deux ans d'emprisonnement et de 30 000 € d'amende.

II. — Le fait de vendre ou de louer un moyen de cryptologie ayant fait l'objet d'une interdiction administrative de mise en circulation en application de l'article 34 est puni de deux ans d'emprisonnement et de 30 000 € d'amende.

III. — Le fait de fournir des prestations de cryptologie visant à assurer des fonctions de confidentialité sans avoir satisfait à l'obligation de déclaration prévue à l'article 31 est puni de deux ans d'emprisonnement et de 30 000 € d'amende.

IV. — Les personnes physiques coupables de l'une des infractions prévues au présent article encourent également les peines complémentaires suivantes :

1° L'interdiction, suivant les modalités prévues par les articles 131-19 et 131-20 du code pénal, d'émettre des chèques autres que ceux qui permettent le retrait de fonds par le tireur auprès du tiré ou ceux qui sont certifiés, et d'utiliser des cartes de paiement ;

2° La confiscation, suivant les modalités prévues par l'article 131-21 du code pénal, de la chose qui a servi ou était destinée à commettre l'infraction ou de la chose qui en est le produit, à l'exception des objets susceptibles de restitution ;

3° L'interdiction, suivant les modalités prévues par l'article 131-27 du code pénal et pour une durée de cinq ans au plus, d'exercer une fonction publique ou d'exercer l'activité professionnelle ou sociale dans l'exercice ou à l'occasion de l'exercice de laquelle l'infraction a été commise ;

4° La fermeture, dans les conditions prévues par l'article 131-33 du code pénal et pour une durée de cinq ans au plus, des établissements ou de l'un ou de plusieurs des établissements de l'entreprise ayant servi à commettre les faits incriminés ;

5° L'exclusion, dans les conditions prévues par l'article 131-34 du code pénal et pour une durée de cinq ans au plus, des marchés publics.

V. — Les personnes morales sont responsables pénalement, dans les conditions prévues par l'article 121-2 du code pénal, des infractions prévues au présent article. Les peines encourues par les personnes morales sont :

1° L'amende, suivant les modalités prévues par l'article 131-38 du code pénal ;

2° Les peines mentionnées à l'article 131-39 du code pénal.

VI. — *Modification de l'art. L. 39-1 CPCE.*

Art. 36 Outre les officiers et agents de police judiciaire agissant conformément aux dispositions du code de procédure pénale et, dans leur domaine de compétence, les agents des douanes agissant conformément aux dispositions du code des douanes, les agents habilités à cet effet par le Premier ministre et assermentés dans des conditions fixées par décret en Conseil d'État peuvent rechercher et constater par procès-verbal les infractions aux dispositions des articles 30, 31 et 34 de la présente loi et des textes pris pour leur application.

Les agents habilités par le Premier ministre mentionnés à l'alinéa précédent peuvent accéder aux moyens de transport, terrains ou locaux à usage professionnel, à l'exclusion des parties de ceux-ci affectées au domicile privé, en vue de rechercher et de constater les infractions, demander la communication de tous les documents professionnels et en prendre copie, recueillir, sur convocation ou sur place, les renseignements et justifications. Les agents ne peuvent accéder à ces locaux que pendant leurs heures d'ouverture lorsqu'ils sont ouverts au public et, dans les autres cas, qu'entre 8 heures et 20 heures.

Le procureur de la République est préalablement informé des opérations envisagées en vue de la recherche des infractions. Il peut s'opposer à ces opérations. Les procès-verbaux lui sont transmis dans les cinq jours suivant leur établissement. Une copie en est également remise à l'intéressé.

Les agents habilités peuvent, dans les mêmes lieux et les mêmes conditions de temps, procéder à la saisie des moyens de cryptologie mentionnés à l'article 29 sur autorisation judiciaire donnée par ordonnance du président du tribunal judiciaire ou d'un magistrat du siège délégué par lui, préalablement saisi par le procureur de la République. La demande doit comporter tous les éléments d'information de nature à justifier la saisie. Celle-ci s'effectue sous l'autorité et le contrôle du juge qui l'a autorisée.

Les matériels et logiciels saisis sont immédiatement inventoriés. L'inventaire est annexé au procès-verbal dressé sur les lieux. Les originaux du procès-verbal et de l'inventaire sont transmis, dans les cinq jours suivant leur établissement, au juge qui a ordonné la saisie. Ils sont versés au dossier de la procédure.

Le président du tribunal judiciaire ou le magistrat du siège délégué par lui peut à tout moment, d'office ou sur la demande de l'intéressé, ordonner mainlevée de la saisie.

Est puni de six mois d'emprisonnement et de 7 500 € d'amende le fait de faire obstacle au déroulement des enquêtes prévues au présent article ou de refuser de fournir les informations ou documents y afférant.

Art. 37 *V. C. pén., art. 132-79, ss. Livre II, I. Règles internes.*

SECTION 5 *Saisine des moyens de l'État pour la mise au clair de données chiffrées*

Art. 38 *Modification de l'art. 230-1 C. pr. pén., V. cet art. ss. Livre II, I. Règles internes.*

SECTION 6 *Dispositions diverses*

Art. 39 Les dispositions du présent chapitre ne font pas obstacle à l'application du décret du 18 avril 1939 fixant le régime des matériels de guerre, armes et munitions, à ceux des moyens de cryptologie qui sont spécialement conçus ou modifiés pour porter, utiliser ou mettre en œuvre les armes, soutenir ou mettre en œuvre les forces armées, ainsi qu'à ceux spécialement conçus ou modifiés pour le compte du ministère de la défense en vue de protéger les secrets de la défense nationale.

Art. 40 I. – L'article 28 de la loi n° 90-1170 du 29 décembre 1990 sur la réglementation des télécommunications est abrogé à compter de l'entrée en vigueur du présent chapitre.

II. – Les autorisations et déclarations de fourniture, d'importation et d'exportation de moyens de cryptologie délivrées ou effectuées conformément aux dispositions de l'article 28 de la loi n° 90-1170 du 29 décembre 1990 précitée et de ses textes d'application conservent leurs effets jusqu'à l'expiration du terme prévu par celles-ci. Les agréments délivrés aux organismes chargés de gérer pour le compte d'autrui des conventions secrètes de moyens de cryptologie permettant d'assurer des fonctions de confidentialité valent, pour ces moyens, déclaration au sens de l'article 31.

Ordonnance n° 2005-1516 du 8 décembre 2005,

Relative aux échanges électroniques entre les usagers et les autorités administratives et entre les autorités administratives.

V. Décr. n° 2010-112 du 2 févr. 2010 et Arr. 13 juin 2014.

BIBL. GÉN. ▸ GUIGNARD, *JCP Adm. 2018, n° 42, 2285* (le droit des usagers de saisir l'administration par voie électronique). – PIETTE-COUDOL, *ibid., n° 3, 2027, prat. 1* (le dialogue électronique dans le code des relations entre le public et l'administration). – CAPRIOLI et CHOUKRI, *ibid., n° 7, 2044* (de la dématérialisation des contentieux au contentieux de la dématérialisation : état des lieux des procédures sur Télérecours). – PIETTE-COUDOL, *Dr. adm. 2006, n° 20* (les procédures administratives électroniques réglementées). – CAPRIOLI, *JCP Adm. 2006, n° 13, 1079* (des échanges électroniques entre les usagers et les autorités administratives d'une part et entre ces dernières d'autre part). – CAPRIOLI, *CCE 2006, n° 75* (Ord. du 8 déc. 2005 relative aux échanges électroniques entre les usagers et les autorités administratives et entre les autorités administratives).

COMMENTAIRE

RÉFÉRENTIEL GÉNÉRAL DE SÉCURITÉ

Sources. Le référentiel général de sécurité, qui se combine avec un référentiel général d'interopérabilité, a été créé par l'ordonnance n° 2005-1516 du 8 décembre 2005 relative aux échanges électroniques entre les usagers et les autorités administratives et entre les autorités administratives qui a été adoptée sur le fondement de la loi n° 2004-1343 du 9 décembre 2004 de simplification du droit et fut ratifiée par la loi n° 2009-526 du 12 mai 2009.

Objet. Il a pour objet de fixer « les règles que doivent respecter les fonctions des systèmes d'information contribuant à la sécurité des informations échangées par voie électronique telles que les fonctions d'identification, de signature électronique, de confidentialité et d'horodatage » (art. 9, I). Il vise, d'une part, à assurer la sécurité des systèmes d'information déployés par les autorités administratives et plus particulièrement des informations traitées et, d'autre part, à susciter la confiance des usagers. Le décret n° 2010-112 du 2 février 2010 pris pour l'application des articles 9, 10 et 12 de l'ordonnance n° 2005-1516 du 8 décembre 2005 relative aux échanges électroniques entre les usagers et les autorités administratives et entre les autorités administratives a précisé les spécifications du référentiel général de sécurité et ses modalités d'application.

Adoption. Une première version du référentiel général de sécurité a été adoptée par un arrêté du 6 mai 2010 avant d'être remplacé par une nouvelle version toujours en vigueur (Arr. du 13 juin 2014, *infra* ; Arr. du 10 juin 2015 prorogeant les délais de mise en œuvre du référentiel général de sécurité). Cette dernière tient compte du règlement eIDAS (UE) n° 910/2014 du 23 juillet 2014, de telle sorte qu'il n'existe pas d'incompatibilité entre ces instruments dont le champ d'application se superpose en partie comme en matière de signature électronique ou d'horodatage électronique.

I. LE CHAMP D'APPLICATION

Échanges électroniques avec les autorités administratives. Le champ d'application du référentiel général de sécurité est vaste. Il s'applique aux échanges électroniques entre les autorités administratives et les usagers et entre les autorités administratives. Ces derniers ont été admis et encadrés par l'ordonnance du 8 décembre 2005 concernant les échanges électroniques entre les autorités administratives et les usagers. Ces dispositions ont été réformées par l'ordonnance n° 2014-1330 du 6 novembre 2014 relative au droit des usagers de saisir l'administration par voie électronique avant d'être codifiées dans le code des relations entre le public et l'administration. Le régime des échanges électroniques entre les autorités administratives et les usagers ne s'applique pas aux relations entre l'administration et ses agents (CRPA, art. L. 112-7). En substance, toute personne se voit reconnaître le droit de saisir l'administration par voie électronique d'une demande, d'une déclaration, d'un document ou d'une information (CRPA, art. L. 112-8). Pour cela, elle doit préalablement s'identifier (CRPA, art. L. 112-8 et R. 112-9-1). L'administration est alors valablement saisie. Lorsque l'administration met en place un téléservice, c'est-à-dire un « système d'information permettant aux usagers de procéder par voie électronique à des démarches ou formalités administratives » (Ord. du 8 déc. 2005, art. 1er, II. – Le téléservice peut prendre la forme d'un formulaire de contact ou d'une adresse électronique : CRPA, art. R. 112-9-2, al. 3), elle ne peut être valablement saisie que par l'usage de celui-ci (CRPA, art. L. 112-9. – L'utilisation des communications électroniques restant, au demeurant, facultative : CE 27 oct. 2019, n° 422516 : *Lebon ; AJDA 2019. 2461*), du moins si les usagers ont été informés des modalités d'utilisation de ce téléservice (CRPA, art. R. 112-9-2). Ces échanges électroniques appellent différentes fonctions de sécurité comme l'identification électronique, la confidentialité pour les échanges, l'horodatage concernant l'accès de réception, l'accusé d'enregistrement électronique ou la certification de la date d'envoi (CRPA, art. L. 112-11, R. 112-11-1, R. 112-11-2, et L. 112-13) ou la notification d'un document par un envoi recommandé électronique (CRPA, art. L. 112-15 et R. 112-15 à R. 112-20 ; un renvoi express est opéré au référentiel général de sécurité : CRPA, art. R. 112-16).

Signature électronique. La dématérialisation des actes administratifs conduit aussi à l'application du référentiel général de sécurité, en particulier en ce qui concerne la signature électronique des actes administratifs (CRPA, art. L. 212-3).

Échange de données entre les administrations. Le référentiel général de sécurité trouve enfin à s'appliquer concernant les échanges de données entre administrations qui sont « strictement nécessaires pour traiter une demande présentée par le public ou une déclaration transmise par celui-ci en application d'un texte législatif ou réglementaire » (CRPA, art. L. 114-8). Outre la traçabilité des échanges (CRPA, art. R. 114-9-5. – Les données sont conservées pendant une durée de 36 mois : CRPA, art. R. 114-9-7), les « organismes chargés d'opérer les échanges mettent en œuvre les fonctions de sécurité prévues par le référentiel général de sécurité mentionné à l'article 9 de l'ordonnance n° 2005-1516 du 8 décembre 2005 relative aux échanges électroniques entre les usagers et les autorités administratives et entre les autorités administratives, qui sont assurées par des moyens cryptographiques » et en particulier les fonctions « d'identification de l'administration demanderesse, d'horodatage, de confidentialité et d'intégrité des informations échangées » (CRPA, art. R. 114-9-6). Le niveau de sécurité adopté doit être déterminé en fonction « de la sensibilité des données échangées » (CRPA, art. R. 114-9-6).

II. LE CONTENU DU RÉFÉRENTIEL GÉNÉRAL DE SÉCURITÉ

Objet. Le référentiel général de sécurité fixe les règles applicables aux fonctions des systèmes d'information contribuant à la sécurité des informations comme la signature électronique, la confidentialité et l'horodatage (Ord. n° 2005-1516 du 8 déc. 2005, art. 9, I). Ces règles ont pour objet d'« assurer la sécurité des informations échangées, et notamment leur confidentialité et leur intégrité, ainsi que la disponibilité et l'intégrité de ces systèmes et l'identification de leurs utilisateurs » (Décr. n° 2010-112 du 2 févr. 2010, art. 1er). Elles sont définies par niveau de sécurité pour chacune des fonctions de sécurité.

Méthode. L'ordonnance du 8 décembre 2005 et son décret d'application (Décr. n° 2010-112 du 2 févr. 2010, art. 3) énonce une méthode à respecter par les autorités administratives lorsqu'elles mettent en place un système d'information. Cette méthode est précisée en détail par le référentiel général de sécurité qui fait notamment référence à la norme ISO 27005 qui a pour objet la gestion des risques liés à la sécurité de l'information.

L'autorité administrative doit procéder à une analyse des risques. Pour cela, elle doit identifier l'ensemble des risques pesant sur la sécurité du système et des informations traitées, « eu égard notamment aux conditions d'emploi du système ». Doivent être identifiés les événements pouvant affecter la sécurité des systèmes d'information et leurs effets afin de déterminer les mesures à adopter. L'analyse des risques réalisée, l'autorité administrative doit fixer des objectifs pour gérer ces risques « notamment en matière de disponibilité et d'intégrité du système, de confidentialité et d'intégrité des informations ainsi que d'identification des utilisateurs du système » et de traçabilité. L'identification de ces objectifs doit permettre à l'autorité administrative de déterminer les fonctions de sécurité nécessaires afin de les atteindre. Pour les fonctions de sécurité qui relèvent du référentiel général de sécurité, elle fixe le niveau de sécurité requis de chacune d'elles. L'autorité administrative doit respecter les règles du référentiel général de sécurité correspondant aux différentes fonctions de sécurité selon le niveau de sécurité retenu (Ord. n° 2005-1516 du 8 déc. 2005, art. 9, II). Une homologation doit intervenir pour les systèmes d'information (V.

infra). L'autorité administrative doit attester auprès des utilisateurs de la protection de son système d'information conformément aux objectifs de sécurité identifiés (Ord. n° 2005-1516 du 8 déc. 2005, art. 5). Un réexamen régulier de l'analyse des risques, pour tenir compte de leur évolution, doit intervenir.

Exigences de sécurité. Les produits de sécurité, qui désignent « tout dispositif, matériel ou logiciel, mettant en œuvre des fonctions qui contribuent à la sécurité des informations échangées par voie électronique » et les prestataires de services de confiance, à savoir les personnes « offrant des services tendant à la mise en œuvre de fonctions qui contribuent à la sécurité des informations échangées par voie électronique » peuvent obtenir une qualification attestant de la conformité de leur produit ou service à un niveau de sécurité du référentiel général de sécurité (Ord. n° 2005-1516 du 8 déc., art. 9, III et art. 1er, II). Le décret n° 2010-112 du 2 février 2010 fixe les conditions de la qualification des produits de sécurité (art. 6 à 9) et des prestataires de services de confiance (art. 10 à 19). Les demandes de qualification des produits sont adressées à l'ANSSI, une évaluation des fonctions de sécurité au regard des règles du référentiel général de sécurité est opérée. Si le produit est conforme à l'un des niveaux du référentiel, il est qualifié, le cas échéant à certaines conditions et pour une durée déterminée (art. 9). S'agissant de prestataires de services de confiance, la qualification est opérée après une évaluation de la conformité des fonctions de sécurité qui est mise en œuvre par un organisme habilité (art. 15). Le prestataire de services de confiance peut être une autorité administrative, elle est alors qualifiée par un organisme habilité. Cependant, s'il s'agit d'une administration de l'État, une demande d'avis préalable doit être formulée auprès de l'ANSSI qui peut procéder elle-même à l'évaluation des fonctions de sécurité (art. 19). La qualification est valable pour trois ans, les attestations de qualification sont rendues publiques (art. 16). Elle peut être suspendue ou retirer dans les mêmes conditions. Un référencement des produits de sécurité et des prestataires de services de confiance est possible s'ils sont conformes à un cahier des charges approuvé par arrêté du ministre de la réforme de l'État déterminant notamment les conditions de la vérification de l'interopérabilité des produits de sécurité et des prestataires de services de confiance (art. 24).

Portée. Pour mettre en œuvre les fonctions de sécurité, l'autorité administrative recourt à des produits ou à des services de confiance qualifiés ou à d'autres produits ou prestataires à la condition de s'assurer de la conformité des fonctions de sécurité au référentiel général de sécurité (Ord. n° 2005-1516 du 8 déc. 2005, art. 4). ❑

CHAPITRE IV ***DISPOSITIONS RELATIVES À LA SÉCURITÉ DES INFORMATIONS ÉCHANGÉES PAR VOIE ÉLECTRONIQUE ENTRE LES USAGERS ET LES AUTORITÉS ADMINISTRATIVES ET ENTRE LES AUTORITÉS ADMINISTRATIVES***

Art. 9 I. — Un référentiel général de sécurité fixe les règles que doivent respecter les fonctions des systèmes d'information contribuant à la sécurité des informations échangées par voie électronique telles que les fonctions d'identification, de signature électronique, de confidentialité et d'horodatage. Les conditions d'élaboration, d'approbation, de modification et de publication de ce référentiel sont fixées par décret.

II. — Lorsqu'une autorité administrative met en place un système d'information, elle détermine les fonctions de sécurité nécessaires pour protéger ce système. Pour les fonctions de sécurité traitées par le référentiel général de sécurité, elle fixe le niveau de sécurité requis parmi les niveaux prévus et respecte les règles correspondantes. Un décret précise les modalités d'application du présent II.

III. — Les produits de sécurité et les prestataires de services de confiance peuvent obtenir une qualification qui atteste de leur conformité à un niveau de sécurité du référentiel général de sécurité. Un décret précise les conditions de délivrance de cette qualification. Cette délivrance peut, s'agissant des prestataires de services de confiance, être confiée à un organisme privé habilité à cet effet.

CHAPITRE V *DISPOSITIONS RELATIVES À L'INTEROPÉRABILITÉ DES SERVICES OFFERTS PAR VOIE ÉLECTRONIQUE*

Art. 11 Un référentiel général d'interopérabilité fixe les règles techniques permettant d'assurer l'interopérabilité des systèmes d'information. Il détermine notamment les répertoires de données, les normes et les standards qui doivent être utilisés par les autorités administratives. Les conditions d'élaboration, d'approbation, de modification et de publication de ce référentiel sont fixées par décret.

Art. 12 Les produits de sécurité et les prestataires de services de confiance qualifiés à un niveau de sécurité dans les conditions prévues au III de l'article 9 peuvent faire en outre l'objet d'un référencement par l'État. Ils sont alors utilisables par les usagers pour l'ensemble des téléservices pour lesquels ce niveau de sécurité est requis.

Les agents des autorités administratives chargés du traitement et de l'exploitation des informations recueillies dans le cadre de systèmes d'information utilisent, pour accéder à ces systèmes, des produits de sécurité référencés.

Un décret précise les modalités d'application du présent article, notamment les conditions de délivrance des produits de sécurité aux agents des autorités administratives.

CHAPITRE VI *DISPOSITIONS DIVERSES ET FINALES*

Art. 14 I. – Les systèmes d'information existant à la date de publication du référentiel général de sécurité mentionné au I de l'article 9 sont mis en conformité avec celui-ci dans un délai de trois ans à compter de cette date. Les applications créées dans les six mois suivant la date de publication du référentiel sont mises en conformité avec celui-ci au plus tard douze mois après cette date.

II. – Les systèmes d'information existant à la date de publication du référentiel général d'interopérabilité mentionné à l'article 11 sont mis en conformité avec celui-ci dans un délai de trois ans à compter de cette date. Les applications créées dans les six mois suivant la date de publication du référentiel sont mises en conformité avec celui-ci au plus tard douze mois après cette date.

Art. 15 Les systèmes d'informations traitant d'informations relevant du secret de la défense nationale n'entrent pas dans le champ d'application de la présente ordonnance.

Décret n° 2007-663 du 2 mai 2007,

Pris pour l'application des articles 30, 31 et 36 de la loi n° 2004-575 du 21 juin 2004 pour la confiance dans l'économie numérique et relatif aux moyens et aux prestations de cryptologie.

CHAPITRE I *RÉGIME DE DISPENSE DE TOUTE FORMALITÉ PRÉALABLE*

Art. 1er Sont dispensées des formalités préalables prévues aux chapitres II et III du présent décret les opérations de fourniture, de transfert, d'importation ou d'exportation des moyens et prestations de cryptologie mentionnées à l'annexe I du présent décret.

Art. 2 Sont dispensées des mêmes formalités les opérations de transfert, d'importation et d'exportation des moyens de cryptologie qui ont fait l'objet d'une autorisation d'importation ou d'exportation en application des dispositions des articles L. 2335-1 à L. 2335-3 du code de la défense.

CHAPITRE II *RÉGIME DE DÉCLARATION*

Art. 3 Sont soumises à déclaration préalable, dans les conditions fixées au présent chapitre :

1° Les opérations, non mentionnées au chapitre I du présent décret, de fourniture, de transfert depuis un État membre de la Communauté européenne et d'importation de moyens de cryptologie n'assurant pas exclusivement des fonctions d'authentification ou de contrôle d'intégrité ;

2° Les opérations de transfert ou d'exportation de moyens de cryptologie mentionnées à l'annexe 2 du présent décret ;

3° La fourniture de prestations de cryptologie non mentionnées à l'annexe I du présent décret.

Art. 4 Un mois au moins avant l'opération mentionnée à l'article 3, le dossier de déclaration est adressé par envoi recommandé avec demande d'avis de réception ou déposé contre accusé de dépôt à *(Décr. n° 2009-834 du 7 juill. 2009, art. 9)* « l'Agence nationale de la sécurité des systèmes d'information » au secrétariat général de la défense nationale. Cette direction en délivre récépissé revêtu du numéro d'enregistrement du dossier.

La forme et le contenu du dossier de déclaration sont définis par un arrêté du Premier ministre. Ce dossier comporte une partie technique et une partie administrative.

Art. 5 Dans le délai d'un mois à compter de la réception du dossier de déclaration, si le dossier est incomplet, *(Décr. n° 2009-834 du 7 juill. 2009, art. 9)* « l'Agence nationale de la sécurité des systèmes d'information » invite le déclarant, par lettre recommandée avec demande d'avis de réception, à fournir les pièces complémentaires. Dans ce cas, le délai d'un mois prévu au premier alinéa de l'article 4 court à compter de la réception des pièces complémentaires.

Si le moyen de cryptologie déclaré relève du régime de l'autorisation, *(Décr. n° 2009-834 du 7 juill. 2009, art. 9)* « l'Agence nationale de la sécurité des systèmes d'information », dans le délai d'un mois à compter de la date à laquelle le dossier a été reçu ou, le cas échéant, complété, invite le déclarant, par lettre recommandée avec demande d'avis de réception, à procéder à l'application des dispositions du chapitre III.

A l'expiration du délai d'un mois, en cas de silence de *(Décr. n° 2009-834 du 7 juill. 2009, art. 9)* « l'Agence nationale de la sécurité des systèmes d'information », le déclarant peut procéder librement aux opérations faisant l'objet de la déclaration. *(Décr. n° 2009-834 du 7 juill. 2009, art. 9)* « l'Agence nationale de la sécurité des systèmes d'information » peut, le cas échéant, avant l'expiration de ce délai, délivrer au déclarant une attestation confirmant que celui-ci s'est acquitté de son obligation déclarative.

Art. 6 La déclaration de fourniture d'un moyen de cryptologie effectuée conformément aux dispositions du présent chapitre vaut, dans les mêmes conditions, déclaration pour les intermédiaires qui assurent, le cas échéant, la diffusion du moyen de cryptologie fourni par le déclarant.

Art. 7 Pour les opérations mentionnées au 1° et au 2° de l'article 3, le *(Décr. n° 2019-1139 du 7 nov. 2019, art. 1er)* « directeur général de l'Agence nationale de la sécurité des systèmes d'information » peut demander au déclarant, par lettre recommandée avec demande d'avis de réception, dans un délai d'un an à compter de la date de réception du dossier complet de déclaration prévu à l'article 4 :

1° De lui communiquer, dans un délai de deux mois, les caractéristiques techniques et le code source du moyen de cryptologie qui a fait l'objet de la déclaration ;

2° De mettre à la disposition de *(Décr. n° 2009-834 du 7 juill. 2009, art. 9)* « l'Agence nationale de la sécurité des systèmes d'information » deux exemplaires du moyen de cryptologie pour une durée qui ne peut excéder six mois.

Lorsque les éléments fournis par le déclarant sont incomplets, le *(Décr. n° 2019-1139 du 7 nov. 2019, art. 1er)* « directeur général de l'Agence nationale de la sécurité des systèmes d'information » dispose d'un délai de deux mois à compter de leur réception pour demander au déclarant, par lettre recommandée avec demande d'avis de réception, de lui communiquer des éléments complémentaires dans un délai de deux mois.

Un arrêté du Premier ministre précise la nature des caractéristiques techniques mentionnées au 1°, qui portent sur la description complète de la mise en œuvre du moyen de cryptologie ainsi que sur ses fonctions ou procédés de cryptologie.

Art. 8 Les délais d'un mois prévus aux articles 4 et 5 sont portés à deux mois lorsque la déclaration concerne la fourniture de prestations de cryptologie.

Ces délais sont également portés à deux mois lorsque la déclaration concerne l'exportation de moyens de cryptologie vers des États non membres de la Communauté européenne*[Union européenne]*. Dans ce cas, le délai d'un an prévu au premier alinéa de l'article 7 est réduit à deux mois.

CHAPITRE III *RÉGIME D'AUTORISATION*

Art. 9 Le dossier de demande d'autorisation est adressé par envoi recommandé avec demande d'avis de réception ou déposé contre accusé de dépôt à *(Décr. n° 2009-834 du 7 juill. 2009, art. 9)* « l'Agence nationale de la sécurité des systèmes d'information ». Cette dernière en délivre récépissé revêtu du numéro d'enregistrement du dossier.

La forme et le contenu du dossier de demande d'autorisation sont définis par un arrêté du Premier ministre. Ce dossier comporte une partie technique et une partie administrative.

Art. 10 Si le dossier est complet, le *(Décr. n° 2019-1139 du 7 nov. 2019, art. 1er)* « directeur général de l'Agence nationale de la sécurité des systèmes d'information » notifie sa décision, par lettre recommandée avec demande d'avis de réception, dans un délai de quatre mois à compter de la délivrance de l'avis de réception ou de l'accusé de dépôt de la demande. Un défaut de notification dans ce délai vaut autorisation pour une durée d'un an.

Le dossier est réputé complet si, dans le délai de deux mois suivant la réception de la demande, *(Décr. n° 2009-834 du 7 juill. 2009, art. 9)* « l'Agence nationale de la sécurité des systèmes d'information » n'a pas invité, par lettre recommandée avec demande d'avis de réception, le demandeur à fournir des pièces complémentaires. Dans ce dernier cas, le délai de quatre mois fixé à l'alinéa précédent court à compter de la réception des pièces complétant le dossier.

Le *(Décr. n° 2019-1139 du 7 nov. 2019, art. 1er)* « directeur général de l'Agence nationale de la sécurité des systèmes d'information » peut également requérir le demandeur, dans le délai de deux mois mentionné à l'alinéa précédent, de mettre à la disposition de *(Décr. n° 2009-834 du 7 juill. 2009, art. 9)* « l'Agence nationale de la sécurité des systèmes d'information » le code source et, pour une durée qui ne peut excéder six mois, deux exemplaires du moyen de cryptologie.

Art. 11 L'autorisation peut être assortie de conditions visant à assurer la protection des intérêts de la défense nationale et de la sécurité intérieure ou extérieure de l'État.

Elle est délivrée pour une durée qui ne peut excéder cinq années. Elle peut être renouvelée dans les mêmes conditions que la demande initiale.

Art. 12 L'autorisation peut être retirée par le *(Décr. n° 2019-1139 du 7 nov. 2019, art. 1er)* « directeur général de l'Agence nationale de la sécurité des systèmes d'information » :

1° En cas de fausse déclaration ou de faux renseignement ;

2° Lorsque son maintien risque de porter atteinte à la défense nationale ou à la sécurité intérieure ou extérieure de l'État ;

3° En cas de non-respect des prescriptions dont est, le cas échéant, assortie l'autorisation ;

4° Lorsque le titulaire de l'autorisation cesse l'exercice de l'activité pour laquelle a été délivrée l'autorisation ;

5° Lorsque les conditions auxquelles est subordonnée la délivrance de l'autorisation ne sont plus réunies.

Le retrait ne peut intervenir qu'après que le titulaire de l'autorisation a été mis à même de faire valoir ses observations dans un délai de huit jours.

En cas d'urgence, l'autorisation peut être suspendue immédiatement.

CHAPITRE IV *DISPOSITIONS PÉNALES*

Art. 13 Le fait de fournir des prestations de cryptologie ne visant pas à assurer des fonctions de confidentialité sans avoir satisfait à l'obligation de déclaration prévue aux articles 3 et 4 est puni des peines prévues pour les contraventions de la 5e classe.

Les personnes coupables de l'infraction prévue à l'alinéa précédent encourent également la peine complémentaire de confiscation, suivant les modalités prévues par l'article 131-21 du code pénal, de la chose qui a servi ou était destinée à commettre l'infraction ou de la chose qui en est le produit, à l'exception des objets susceptibles de restitution.

CHAPITRE V *DISPOSITIONS DIVERSES ET TRANSITOIRES*

Art. 14 L'habilitation prévue au premier alinéa de l'article 36 de la loi du 21 juin 2004 susvisée est accordée par arrêté du Premier ministre à des agents en fonction à *(Décr. n° 2009-834 du 7 juill. 2009, art. 9)* « l'Agence nationale de la sécurité des systèmes d'information ».

Cette habilitation peut être retirée à tout moment par décision du Premier ministre.

Les agents habilités prêtent devant le *(Décr. n° 2019-966 du 18 sept. 2022, art. 8)* « tribunal judiciaire » dans le ressort duquel se trouve leur résidence administrative le serment suivant : "Je jure et promets de bien et loyalement remplir mes fonctions et d'observer, en tout, les devoirs qu'elles m'imposent. Je jure également de ne rien révéler ou utiliser de ce qui sera porté à ma connaissance à l'occasion de l'exercice de mes fonctions." La prestation de serment est enregistrée sans frais au greffe du tribunal, l'acte de ce serment est dispensé du timbre et d'enregistrement, il est transcrit gratuitement sur les commissions d'emploi visées à l'alinéa suivant.

Dans l'exercice de leurs fonctions, ces agents doivent être munis de leur commission d'emploi faisant mention de leur habilitation et de leur prestation de serment. Ils sont tenus de la présenter à la première réquisition.

Art. 15 Les agents de l'État veillent à la protection des informations à caractère secret qui sont recueillies dans le cadre des procédures prévues par le présent décret et dont la révélation est réprimée par les dispositions de l'article 226-13 du code pénal.

Art. 16 L'accomplissement des formalités prévues par le présent décret ne dispense pas les intéressés de souscrire, s'il y a lieu, les autres déclarations prévues par la réglementation ni de solliciter les autres autorisations requises par les textes en vigueur, notamment en application des dispositions de l'article L. 2332-1 du code de la défense et du décret du 13 décembre 2001 susvisé pris pour l'application du règlement (CE) n° 1334/2000 susvisé.

Art. 17 Les dispositions du présent décret s'appliquent aux demandes d'autorisation déposées avant sa date d'entrée en vigueur et pour lesquelles aucune décision, tacite ou expresse, n'est intervenue avant cette date. Les délais prévus par le présent décret commencent, en ce cas, à courir à compter de sa date d'entrée en vigueur.

Les titulaires d'autorisations d'importation ou de fourniture de moyens ou de prestations de cryptologie en cours de validité à la date d'entrée en vigueur du présent décret sont réputés avoir satisfait à l'obligation de déclaration prévue au chapitre II du présent décret lorsque celle-ci est requise pour l'opération concernée.

Art. 20 Dans tous les textes réglementaires, notamment à l'article 3 du décret du 31 juillet 2001 susvisé, la référence au décret n° 98-101 du 24 février 1998 est remplacée par la référence au présent décret et la référence au décret n° 98-102 du 24 février 1998 est supprimée.

Art. 21 Les dispositions du présent décret sont applicables en Nouvelle-Calédonie, en Polynésie française, dans les îles Wallis-et-Futuna, à Mayotte et dans les Terres australes et antarctiques françaises.

Art. 22 Les décrets n° 98-101 du 24 février 1998, n° 98-102 du 24 février 1998, n° 99-199 du 17 mars 1999 et n° 99-200 du 17 mars 1999 sont abrogés.

Toutefois, les déclarations souscrites avant la date d'entrée en vigueur du présent décret demeurent régies par les dispositions du décret n° 98-101 du 24 février 1998.

ANNEXE 1

OPÉRATIONS DE FOURNITURE, DE TRANSFERT DEPUIS OU VERS UN ÉTAT MEMBRE DE LA COMMUNAUTÉ EUROPÉENNE, D'IMPORTATION OU D'EXPORTATION DISPENSÉES DE FORMALITÉ PRÉALABLE

CATÉGORIES	OPÉRATIONS
1	A. – La fourniture, le transfert depuis ou vers un État membre de la Communauté européenne, l'importation ou l'exportation des catégories de moyens de cryptologie suivantes : Cartes à microprocesseur personnalisées destinées à des applications pour le grand public : *a)* lorsque la capacité cryptographique est conçue et limitée pour servir uniquement avec les équipements relevant des catégories 2, 3, 4 et 5 de la présente annexe, ou *b)* lorsque la capacité cryptographique n'est pas accessible à l'utilisateur et qu'elle est spécialement conçue et limitée pour permettre la protection des données qui y sont stockées.
2	Équipements de réception de radiodiffusion ou de télévision, à destination du grand public, dont la capacité de chiffrement est limitée à la facturation, la gestion ou la programmation, et où le déchiffrement est limité aux fonctions vidéo, audio ou de gestion technique.
3	Équipements spécialement conçus et limités pour servir dans des opérations bancaires ou financières, à destination du grand public, et dont la capacité cryptographique n'est pas accessible à l'utilisateur.
4	Équipements de radiocommunication mobiles, destinés au grand public, dont les seules capacités de chiffrement sont celles mises en œuvre par l'opérateur du réseau pour la protection du canal radio, et qui ne sont pas en mesure de procéder au chiffrement direct entre radioéquipements.
5	Équipements téléphoniques sans fil, destinés au grand public, qui ne sont pas capables de procéder au chiffrement direct de téléphone à téléphone et lorsque la portée entre le téléphone et sa station de base n'excède pas 400 mètres conformément aux spécifications du fabricant.
6	Équipements spécialement conçus et limités pour assurer la protection de logiciels ou de données informatiques contre la copie ou l'utilisation illicite et dont la capacité cryptographique n'est pas accessible à l'utilisateur.
7	Équipements autonomes spécialement conçus et limités pour assurer la lecture de données audio-vidéo, sans capacité de chiffrement, et où le déchiffrement est limité aux informations audio, vidéo et de gestion technique.
8	B. – Le transfert depuis ou vers un État membre de la Communauté européenne, l'importation ou l'exportation de la catégorie de moyens de cryptologie suivante : Équipements, dotés de moyens de cryptologie, transportés par : *a)* une personnalité étrangère sur invitation officielle de l'État, ou *b)* une personne physique et lorsque l'équipement est destiné exclusivement à l'usage de cette personne.
9	C. – La fourniture, le transfert depuis ou vers un État membre de la Communauté européenne ou l'importation des catégories de moyens de cryptologie suivantes :Stations de base de radiocommunications cellulaires commerciales civiles, conçues pour assurer le raccordement d'équipements mobiles destinés au grand public, et qui ne permettent pas d'appliquer des capacités de chiffrement direct au trafic de données entre ces équipements mobiles.

CATÉGORIES	OPÉRATIONS
10	Équipements, destinés au grand public, permettant d'échanger entre eux des données par radiocommunications, et lorsque les seules capacités cryptographiques de l'équipement sont conçues conformément aux normes de l'*Institute of Electrical and Electronics Engineers* suivantes : IEEE 802.15.1, IEEE 802.15.3, IEEE 802.15.4, IEEE 802.11a, IEEE 802.11b, IEEE 802.11g.
11	D. – La fourniture, le transfert depuis un État membre de la Communauté européenne ou l'importation de la catégorie de moyens de cryptologie suivante : Moyens de cryptologie spécialement conçus et limités pour administrer, gérer, configurer un système d'information sous réserve qu'ils ne permettent de chiffrer que les seules données nécessaires à l'administration, la gestion ou la configuration du système à l'exclusion de toutes autres données.
12	E. – Le transfert depuis un État membre de la Communauté européenne ou l'importation de la catégorie de moyens de cryptologie suivante : Moyens de cryptologie destinés exclusivement : *a)* à l'usage de la personne physique qui procède à son importation ou à son transfert, y compris par voie électronique, ou *b)* à des fins de développement, de validation ou de démonstration par la personne qui procède à son importation ou à son transfert, y compris par voie électronique.
13	F. – Le transfert vers un État membre de la Communauté européenne ou l'exportation des catégories de moyens de cryptologie suivantes : Moyens de cryptologie ne mettant en œuvre aucun algorithme cryptographique présentant l'une des caractéristiques suivantes : *a)* un algorithme cryptographique symétrique employant une clé de longueur supérieure à 56 bits ; *b)* un algorithme cryptographique asymétrique fondé soit sur la factorisation d'entiers de taille supérieure à 512 bits, soit sur le calcul de logarithme discret dans un groupe multiplicatif d'un corps fini de taille supérieure à 512 bits ou dans un autre type de groupe de taille supérieure à 112 bits.
14	Moyens de cryptologie permettant de générer un code de découpage en canaux, un code de brouillage, ou un code d'identification de réseau, pour des systèmes de modulation ultra-large bande et ne présentant aucune des caractéristiques suivantes : *a)* une bande passante supérieure à 500 MHz ; *b)* une bande passante fractionnelle, définie comme la bande passante pour laquelle la puissance demeure constante à 3 dB, divisée par la fréquence centrale et exprimée en pourcentage, de 20 % ou plus.
15	G. – La fourniture de la catégorie de prestations de cryptologie suivante : Prestations de cryptologie visant à la mise en œuvre des moyens de cryptologie relevant des catégories 1, 2, 3, 4 et 5 de la présente annexe, sous réserve que la prestation ne consiste pas à délivrer des certificats électroniques ou fournir d'autres services en matière de signature électronique au sens de l'article 1er du décret du 30 mars 2001 susvisé.

ANNEXE 2

OPÉRATIONS DE TRANSFERT VERS UN ÉTAT MEMBRE DE LA COMMUNAUTÉ EUROPÉENNE OU D'EXPORTATION SOUMISES À DÉCLARATION

CATÉGORIES	OPÉRATIONS
1	A. – Le transfert vers un État membre de la Communauté européenne ou l'exportation vers l'Australie, le Canada, les Etats-Unis d'Amérique, le Japon, la Nouvelle-Zélande, la Norvège ou la Suisse des catégories de moyens de cryptologie suivantes : Moyens de cryptologie n'assurant pas exclusivement des fonctions d'authentification ou de contrôle d'intégrité et mettant en œuvre : *a)* soit un algorithme cryptographique symétrique employant une clé de longueur supérieure à 56 bits ; *b)* soit un algorithme cryptographique asymétrique fondé soit sur la factorisation d'entiers de taille supérieure à 512 bits, soit sur le calcul de logarithme discret dans un groupe multiplicatif d'un corps fini de taille supérieure à 512 bits ou dans un autre type de groupe de taille supérieure à 112 bits.
2	Moyens de cryptologie permettant de générer un code d'étalement de fréquences y compris un code de saut de fréquences ou permettant de générer un code de découpage en canaux, un code de brouillage, ou un code d'identification de réseau, pour des systèmes de modulation ultra-large bande et présentant l'une des caractéristiques suivantes : *a)* une bande passante supérieure à 500 MHz ; *b)* une bande passante fractionnelle, définie comme la bande passante pour laquelle la puissance demeure constante à 3 dB, divisée par la fréquence centrale et exprimée en pourcentage, de 20 % ou plus.
3	B. – L'exportation vers un État autre que ceux mentionnés au A ci-dessus de la catégorie de moyens de cryptologie suivante : Moyens de cryptologie relevant des catégories 1 ou 2 de la présente annexe et pour lesquels toutes les conditions ci-après sont remplies : *a)* sont couramment à la disposition du public en étant vendus directement sur stock, sans restriction, à des points de vente au détail, que cette vente soit effectuée en magasin, par correspondance, par transaction électronique ou par téléphone ; *b)* la fonctionnalité cryptographique ne peut pas être modifiée facilement par l'utilisateur ; *c)* sont conçus pour être installés par l'utilisateur sans assistance ultérieure importante de la part du fournisseur.

Décret n° 2009-834 du 7 juillet 2009,

Portant création d'un service à compétence nationale dénommé « Agence nationale de la sécurité des systèmes d'information ».

Art. 1er Il est créé un service à compétence nationale dénommé "Agence nationale de la sécurité des systèmes d'information". Ce service est rattaché au secrétaire général de la défense nationale.

(Décr. n° 2015-351 du 27 mars 2015, art. 3) « L'Agence nationale de la sécurité des systèmes d'information est dirigée par un directeur général, qui a rang de directeur d'administration centrale. Le directeur général est compétent pour agir au nom de l'agence. Il a qualité pour signer les décisions relevant de la compétence de l'agence. Il peut donner délégation à son adjoint pour signer ces décisions, y compris celles relatives aux affaires pour lesquelles il a lui-même reçu délégation. »

Art. 2 L'Agence nationale de la sécurité des systèmes d'information assiste le secrétaire général de la défense nationale dans l'exercice de ses attributions dans le domaine de la sécurité des systèmes d'information, notamment celles prévues par le 7° de l'article R.* 1132-3 du code de la défense.

Art. 3 L'Agence nationale de la sécurité des systèmes d'information est l'autorité nationale en matière de sécurité des systèmes d'information.

A ce titre :

(Décr. nº 2011-170 du 11 févr. 2011, art. 1er) « – elle assure la fonction d'autorité nationale de défense des systèmes d'information. » *(Décr. nº 2015-350 du 27 mars 2015, art. 3)* « En cette qualité, elle propose au Premier ministre les mesures destinées à répondre aux crises affectant ou menaçant la sécurité des systèmes d'information des autorités publiques et des opérateurs d'importance vitale et elle coordonne, dans le cadre des orientations fixées par le Premier ministre, l'action gouvernementale en matière de défense des systèmes d'information ; »

(Abrogé par Décr. nº 2020-455 du 21 avr. 2020, art. 7, à compter du 1er juill. 2020) « – *elle conçoit, fait réaliser et met en œuvre les moyens interministériels sécurisés de communications électroniques nécessaires au Président de la République et au Gouvernement* ; »

– elle anime et coordonne les travaux interministériels en matière de sécurité des systèmes d'information ;

– elle élabore les mesures de protection des systèmes d'information proposées au Premier ministre. Elle veille à l'application des mesures adoptées ;

– elle mène des inspections des systèmes d'information des services de l'État *(Décr. nº 2018-384 du 23 mai 2018, art. 31)* « d'opérateurs publics ou privés ; »

(Décr. nº 2018-1136 du 13 déc. 2018, art. 3, en vigueur le 1er janv. 2019) « – elle met en œuvre des dispositifs de détection des événements susceptibles d'affecter la sécurité des systèmes d'information de l'État, des autorités publiques et d'opérateurs publics et privés et coordonne la réaction à ces événements ;

« – elle recueille les informations techniques relatives aux incidents affectant les systèmes d'information des personnes mentionnées à l'alinéa précédent. Elle peut apporter son concours pour répondre à ces incidents ; »

– elle délivre des agréments aux dispositifs et aux mécanismes de sécurité destinés à protéger, dans les systèmes d'information, les informations couvertes par le secret de la défense nationale ;

– elle participe aux négociations internationales et assure la liaison avec ses homologues étrangers ;

– elle assure la formation des personnels qualifiés dans le domaine de la sécurité des systèmes d'information.

Art. 4 L'Agence nationale de la sécurité des systèmes d'information se prononce sur la sécurité des dispositifs et des services, offerts par les prestataires, nécessaires à la protection des systèmes d'information.

L'agence est en particulier chargée :

– de la qualification des produits de sécurité et de prestataires de services de confiance ainsi que de l'habilitation des organismes prévues par le décret nº 2010-112 du 2 février 2010 ;

(Décr. nº 2015-350 du 27 mars 2015, art. 24) « – de la qualification des produits de sécurité et des prestataires de service de confiance ainsi que de l'agrément des centres d'évaluation prévus par le décret nº 2015-350 du 27 mars 2015 relatif à la qualification des produits de sécurité et des prestataires de service de confiance pour les besoins de la sécurité nationale ; »

– de la certification de sécurité des dispositifs de création et de vérification de signature électronique prévue par le décret nº 2017-1416 du 28 septembre 2017 relatif à la signature électronique ;

– de l'agrément des centres d'évaluation et de la certification de la sécurité offerte par les produits et les systèmes des technologies de l'information prévus par le décret du 18 avril 2002 susvisé ;

– de la délivrance des autorisations et de la gestion des déclarations relatives aux moyens et aux prestations de cryptologie prévues par le décret du 2 mai 2007 susvisé ;

(Décr. nº 2012-1198 du 30 oct. 2012, art. 6) « – de la délivrance et du retrait des autorisations prévues par l'article 226-3 du code pénal » ;

(Décr. n° 2022-1004 du 15 juill. 2022, art. 2) « – de la certification des moyens d'identification électronique mentionnés à l'article L. 102 du code des postes et des communications électroniques ainsi que de sa modification, de sa suspension ou de son retrait. »

(Décr. n° 2019-1139 du 7 nov. 2019, art. 1er) « Le directeur général de l'Agence prend les décisions relatives aux affaires mentionnées aux alinéas précédents. »

Art. 5 L'Agence nationale de la sécurité des systèmes d'information apporte son concours aux services de l'État en matière de sécurité des systèmes d'information.

Elle apporte son soutien :

(Décr. n° 2012-1198 du 30 oct. 2012, art. 6) « – à la direction interministérielle du numérique et du système d'information et de communication de l'État pour ce qui concerne la sécurité du réseau interministériel de l'État » ;

– au ministre chargé des communications électroniques dans le domaine de l'intégrité et de la sécurité des réseaux de communications électroniques ouverts au public ;

– aux ministres coordonnateurs des secteurs d'activité d'importance vitale pour la protection de la sécurité des systèmes d'information des installations d'importance vitale.

Art. 6 L'Agence nationale de la sécurité des systèmes d'information favorise la prise en compte de la sécurité dans le développement des technologies de l'information et de la communication.

Elle participe à l'orientation de la recherche, des études et du développement des dispositifs et des technologies de la sécurité des systèmes d'information.

Elle contribue à la promotion des technologies et des savoir-faire nationaux en matière de sécurité des systèmes d'information.

Art. 7 *(Abrogé par Décr. n° 2015-1469 du 13 nov. 2015, art. 1er) Il est institué auprès du secrétaire général de la défense nationale un comité stratégique de la sécurité des systèmes d'information. Ce comité propose les orientations stratégiques en matière de sécurité des systèmes d'information et en suit la mise en œuvre.*

Outre le secrétaire général de la défense nationale qui en assure la présidence, le comité comprend :

– le chef d'état-major des armées ;

– le secrétaire général du ministère de l'intérieur, de l'outre-mer et des collectivités territoriales ;

– le secrétaire général du ministère des affaires étrangères et européennes ;

– le délégué général pour l'armement ;

– le directeur général de la sécurité extérieure ;

– le directeur général des systèmes d'information et de communication ;

– le directeur interministériel des systèmes d'information et de communication de l'État ;

– le directeur général de la modernisation de l'État ;

– le directeur central du renseignement intérieur ;

– le vice-président du Conseil général de l'industrie, de l'énergie et des technologies ;

– le directeur général de l'Agence nationale de la sécurité des systèmes d'information.

Le secrétaire général de la défense nationale peut convier des personnalités qualifiées.

L'Agence nationale de la sécurité des systèmes d'information assure le secrétariat du comité.

Art. 8 L'Agence nationale de la sécurité des systèmes d'information dispose, sur les crédits gérés par le secrétariat général de la défense nationale, des moyens nécessaires à l'accomplissement de ses missions.

(Abrogé par Décr. n° 2015-351 du 27 mars 2015, art. 3) « Le directeur général de l'agence peut donner délégation à son adjoint pour signer toute décision relative aux affaires pour lesquelles il a lui-même reçu délégation. »

Décret n° 2010-112 du 2 février 2010,

Pris pour l'application des articles 9, 10 et 12 de l'ordonnance n° 2005-1516 du 8 décembre 2005 relative aux échanges électroniques entre les usagers et les autorités administratives et entre les autorités administratives.

CHAPITRE I *RÉFÉRENTIEL GÉNÉRAL DE SÉCURITÉ*

Art. 1er Le référentiel général de sécurité prévu par l'article 9 de l'ordonnance du 8 décembre 2005 susvisée fixe les règles auxquelles les systèmes d'information mis en place par les autorités administratives doivent se conformer pour assurer la sécurité des informations échangées, et notamment leur confidentialité et leur intégrité, ainsi que la disponibilité et l'intégrité de ces systèmes et l'identification de leurs utilisateurs.

Ces règles sont définies selon des niveaux de sécurité prévus par le référentiel pour des fonctions de sécurité, telles que l'identification, la signature électronique, la confidentialité ou l'horodatage, qui permettent de répondre aux objectifs de sécurité mentionnés à l'alinéa précédent.

La conformité d'un produit de sécurité et d'un service de confiance à un niveau de sécurité prévu par ce référentiel peut être attestée par une qualification, le cas échéant à un degré donné, régie par le présent décret.

Art. 2 Le référentiel général de sécurité ainsi que ses mises à jour sont approuvés par arrêté du Premier ministre publié au *Journal officiel* de la République française. L'Agence nationale de la sécurité des systèmes d'information concourt à l'élaboration de ce référentiel et à sa mise à jour en liaison avec la *(Décr. n° 2019-1088 du 25 oct. 2019, art. 8-V)* « direction interministérielle du numérique ». Ce référentiel est mis à disposition du public par voie électronique.

CHAPITRE II *FONCTIONS DE SÉCURITÉ DES SYSTÈMES D'INFORMATION*

Art. 3 Dans les conditions fixées par le référentiel général de sécurité mentionné à l'article 2 du présent décret, l'autorité administrative doit, afin de protéger un système d'information :

1° Identifier l'ensemble des risques pesant sur la sécurité du système et des informations qu'il traite, eu égard notamment aux conditions d'emploi du système ;

2° Fixer les objectifs de sécurité, notamment en matière de disponibilité et d'intégrité du système, de confidentialité et d'intégrité des informations ainsi que d'identification des utilisateurs du système, pour répondre de manière proportionnée au besoin de protection du système et des informations face aux risques identifiés ;

3° En déduire les fonctions de sécurité et leur niveau qui permettent d'atteindre ces objectifs et respecter les règles correspondantes du référentiel général de sécurité.

Dans les conditions fixées par le référentiel susmentionné, l'autorité administrative réexamine régulièrement la sécurité du système et des informations en fonction de l'évolution des risques.

Art. 4 Pour mettre en œuvre dans un système d'information les fonctions de sécurité ainsi déterminées, l'autorité administrative recourt à des produits de sécurité et à des prestataires de services de confiance ayant fait l'objet d'une qualification dans les conditions prévues au présent décret ou à tout autre produit ou prestataire pour lesquels elle s'est assurée de la conformité de leurs fonctions de sécurité au référentiel général de sécurité.

Art. 5 L'autorité administrative atteste formellement auprès des utilisateurs de son système d'information que celui-ci est protégé conformément aux objectifs de sécurité fixés en application de l'article 3.

Dans le cas d'un téléservice, cette attestation est rendue accessible aux usagers selon les mêmes modalités que celles prévues à l'article *(Décr. n° 2016-308 du 17 mars 2016, art. 2-V)* « L. 112-10 du code des relations entre le public et l'administration » pour la décision de création du téléservice.

CHAPITRE III *QUALIFICATION DES PRODUITS DE SÉCURITÉ*

Art. 6 La demande de qualification d'un produit de sécurité prévue par l'article 9 de l'ordonnance du 8 décembre 2005 susvisée est adressée à l'Agence nationale de la sécurité des systèmes d'information par tout commanditaire, notamment un fabricant ou un fournisseur du produit ou une autorité administrative. La qualification est obtenue à l'issue d'une évaluation des fonctions de sécurité du produit au regard des règles du référentiel général de sécurité.

Art. 7 La demande de qualification contient une description du produit et de ses fonctions de sécurité ainsi que les objectifs de sécurité qu'il vise à satisfaire.

L'Agence nationale de la sécurité des systèmes d'information s'assure que le niveau et les objectifs de sécurité sont cohérents avec le besoin de sécurité des autorités administratives. Elle instruit cette demande lorsque l'ensemble des matériels, des logiciels et de la documentation nécessaires pour réaliser l'évaluation sont disponibles et accessibles.

Art. 8 L'évaluation du produit est effectuée dans les conditions et avec les garanties prévues par le décret du 18 avril 2002 susvisé.

Art. 9 Le *(Décr. n° 2019-1139 du 7 nov. 2019, art. 1er)* « directeur général de l'Agence nationale de la sécurité des systèmes d'information » délivre la qualification du produit pour l'un des niveaux fixés par le référentiel, attestant ainsi de sa conformité aux exigences fixées par ce dernier.

Cette attestation est assortie, le cas échéant, de conditions et de réserves et précise sa durée de validité. Elle mentionne les objectifs de sécurité que le produit satisfait et, le cas échéant, le degré de qualification obtenu.

Tout changement des circonstances dans lesquelles la qualification a été délivrée peut conduire le *(Décr. n° 2019-1139 du 7 nov. 2019, art. 1er)* « directeur général de l'Agence nationale de la sécurité des systèmes d'information » à suspendre ou à retirer la qualification, après que le commanditaire a pu faire valoir ses observations.

CHAPITRE IV *QUALIFICATION DES PRESTATAIRES DE SERVICES DE CONFIANCE*

SECTION 1 *Habilitation des organismes qui procèdent à la qualification des prestataires de services de confiance*

Art. 10 I. — L'habilitation des organismes qui procèdent à la qualification des prestataires de services de confiance prévue par l'article 9 de l'ordonnance du 8 décembre 2005 susvisée est délivrée par le *(Décr. n° 2019-1139 du 7 nov. 2019, art. 1er)* « directeur général de l'Agence nationale de la sécurité des systèmes d'information », après vérification :

1° De l'accréditation de l'organisme selon les normes et règles en vigueur, notamment en matière d'impartialité, de responsabilité et de confidentialité. Cette accréditation est délivrée par une instance d'accréditation mentionnée à l'article L. 115-28 du code de la consommation ; et

2° De la compétence technique de l'organisme à conduire l'évaluation de fonctions de sécurité mises en œuvre par un prestataire de services de confiance au regard des règles du référentiel général de sécurité. Cette compétence est appréciée par l'Agence nationale de la sécurité des systèmes d'information à partir d'un audit des moyens, des ressources et de l'expérience de l'organisme.

II. — L'habilitation est valable pour une durée maximale de trois ans renouvelable. Elle peut énoncer des obligations particulières auxquelles est soumis l'organisme bénéficiaire.

Art. 11 L'Agence nationale de la sécurité des systèmes d'information *(Décr. n° 2011-193 du 21 févr. 2011, art. 14)* « est informée » par l'instance d'accréditation, dans les meilleurs délais, de toute décision d'octroi, de restriction, de refus, de retrait ou de suspension d'accréditation prise dans le cadre des présentes dispositions.

Art. 12 La demande d'habilitation prévue à la présente section est adressée à l'Agence nationale de la sécurité des systèmes d'information.

Art. 13 L'Agence nationale de la sécurité des systèmes d'information peut s'assurer à tout moment que l'organisme satisfait aux critères et aux obligations fixées par la décision d'habilitation. En cas de manquement, le *(Décr. n° 2019-1139 du 7 nov. 2019, art. 1er)* « directeur général de l'Agence nationale de la sécurité des systèmes d'information » peut suspendre ou retirer l'habilitation, après qu'un représentant de l'organisme habilité a pu faire valoir ses observations.

Art. 14 L'Agence nationale de la sécurité des systèmes d'information met à la disposition du public par voie électronique la liste des organismes habilités.

SECTION 2 *Qualification des prestataires de services de confiance par des organismes habilités*

Art. 15 Un prestataire de services de confiance peut recevoir une qualification qui atteste de la conformité des services à un niveau de sécurité défini par le référentiel général de sécurité. Il adresse sa demande auprès d'un organisme habilité dans les conditions prévues à la section précédente. L'organisme habilité évalue la conformité des fonctions de sécurité mises en œuvre par le service offert par le prestataire au regard des règles du référentiel général de sécurité correspondant au niveau de sécurité pour lequel la demande de qualification a été faite. L'organisme adresse un rapport d'évaluation à l'Agence nationale de la sécurité des systèmes d'information *(Abrogé par Décr. n° 2011-193 du 21 févr. 2011, art. 14)* « ***et à la direction générale de la modernisation de l'État*** ».

Art. 16 Lorsqu'il prononce la qualification, l'organisme habilité délivre à cet effet au prestataire une attestation précisant les fonctions de sécurité couvertes par la qualification et les conditions s'y attachant. La qualification est valable pour une durée maximale de trois ans et peut être renouvelée dans les mêmes conditions. L'organisme habilité rend publiques les attestations de qualification qu'il délivre.

Art. 17 Lorsque l'organisme habilité décide de suspendre ou de retirer une qualification ou d'en modifier les conditions, il informe sans délai des raisons à l'origine de ces décisions *(Abrogé par Décr. n° 2011-193 du 21 févr. 2011, art. 14)* « ***la direction générale de la modernisation de l'État et*** » l'Agence nationale de la sécurité des systèmes d'information. Il rend publique cette décision.

Art. 18 Lorsqu'elles recourent à un prestataire de services de confiance qualifié dans les conditions du présent chapitre, les administrations de l'État en informent l'Agence nationale de la sécurité des systèmes d'information.

Art. 19 Une autorité administrative qui agit comme prestataire de services de confiance pour ses besoins propres ou au profit d'autres autorités administratives peut être qualifiée par un organisme habilité, dans les conditions du présent chapitre.

Lorsque le prestataire de services de confiance est une administration de l'État, il doit solliciter au préalable l'avis de l'Agence nationale de la sécurité des systèmes d'information, qui peut proposer de procéder elle-même à l'évaluation des fonctions de sécurité mises en œuvre par cette autorité en vue de sa qualification. Dans ce cas, le *(Décr. n° 2019-1139 du 7 nov. 2019, art. 1er)* « directeur général de l'Agence nationale de la sécurité des systèmes d'information » délivre la qualification et décide, le cas échéant, de sa suspension ou de son retrait lorsque les conditions s'y attachant ne sont plus satisfaites.

CHAPITRE V *VALIDATION DES CERTIFICATS ÉLECTRONIQUES*

Art. 20 Au sens du présent chapitre, on entend par :

1° "Certificat électronique" : des données sous forme électronique attestant du lien entre une autorité administrative ou un agent d'une autorité administrative et des éléments cryptographiques qui lui sont propres et qui sont utilisés par une fonction de sécurité assurant l'identification de cette autorité ou de cet agent dans un système d'information ;

2° "Validation d'un certificat électronique" : la procédure mise en place par l'État pour garantir que le certificat électronique d'un agent ou d'une autorité administrative a été délivré par une autorité administrative.

Art. 21 En application de l'article 10 de l'ordonnance du 8 décembre 2005 susvisée, l'Agence nationale de la sécurité des systèmes d'information met en place une procédure de validation des certificats électroniques délivrés aux autorités administratives ou à leurs agents.

Art. 22 La validation des certificats électroniques d'une autorité administrative ou de ses agents est subordonnée au respect par cette autorité des règles du référentiel général de sécurité relatives à la délivrance de ces certificats. L'Agence nationale de la sécurité des systèmes d'information peut vérifier sur place les conditions de délivrance de ces certificats.

Dans le cas d'un téléservice, les autorités administratives mettent à la disposition de leurs usagers les informations, dont la liste est fixée par un arrêté du Premier ministre, relatives à la délivrance et à la validation de leurs certificats électroniques.

Art. 23 Un arrêté du Premier ministre précise les modalités de mise en œuvre de la procédure de validation. Les autorités administratives doivent obtenir la validation de leurs certificats électroniques et de ceux de leurs agents au plus tard dans les trois ans à compter de la publication de cet arrêté.

CHAPITRE VI *RÉFÉRENCEMENT DES PRODUITS DE SÉCURITÉ ET DES PRESTATAIRES DE SERVICES DE CONFIANCE*

Art. 24 Le référencement d'un produit de sécurité ou d'un prestataire de services de confiance mentionné à l'article 12 de l'ordonnance du 8 décembre 2005 susvisée est subordonné au respect des prescriptions contenues dans un cahier des charges approuvé par arrêté du ministre chargé de la réforme de l'État. Ce cahier des charges détermine notamment les conditions dans lesquelles l'interopérabilité des produits de sécurité et des prestataires de services de confiance qualifiés dans les conditions prévues au présent décret est vérifiée ainsi que les tests qui sont réalisés à cette fin.

Le référencement mentionné au premier alinéa est prononcé par décision du ministre chargé de la réforme de l'État.

Loi n° 2010-476 du 12 mai 2010,

Relative à l'ouverture à la concurrence et à la régulation du secteur des jeux d'argent et de hasard en ligne.

CHAPITRE I *DISPOSITIONS RELATIVES À L'ENSEMBLE DU SECTEUR DES JEUX D'ARGENT ET DE HASARD*

Art. 1er *Abrogé par Ord. n° 2019-1015 du 2 oct. 2019, art. 12, à compter du 1er janv. 2020. — V. CSI, art. L. 320-2, supra.*

Art. 2 *(L. n° 2014-344 du 17 mars 2014, art. 148-IV)* La notion de jeu d'argent et de hasard dans la présente loi s'entend des opérations mentionnées *(Ord. n° 2019-1015 du 2 oct. 2019, art. 12, en vigueur le 1er janv. 2020)* « à l'article L. 320-1 » du code de la sécurité intérieure.

Art. 3 *(Ord. n° 2019-1015 du 2 oct. 2019, art. 12, en vigueur le 1er janv. 2020)* Un organisme, désigné par décret, réalise ou fait réaliser, dans des conditions d'indépendance éditoriale et programmatique définies par ce même décret, des études scientifiques sur les jeux d'argent et de hasard et sur l'addiction à ces jeux. Les opérateurs titulaires de droits exclusifs consacrent au moins 0,002 % du montant des mises qu'ils enregistrent au financement d'études relevant de ce champ, dont le thème et la méthodologie doivent être préalablement validés par cet organisme. Ils peuvent s'acquitter de cette obligation en contribuant au financement de travaux directement conduits par celui-ci.

Art. 4 *Abrogé par Ord. n° 2019-1015 du 2 oct. 2019, art. 12, à compter du 1er janv. 2020.*

Art. 5 *Abrogé par Ord. n° 2019-1010 du 2 oct. 2019, art. 12, à compter du 1er janv. 2020. — V. CSI, art. L. 320-7 et L. 320-8, supra.*

Art. 6 *Abrogé par Ord. n° 2019-1010 du 2 oct. 2019, art. 12, à compter du 1er janv. 2020.*

Art. 7 *Abrogé par Ord. n° 2019-1010 du 2 oct. 2019, art. 12, à compter du 1er janv. 2020. — V. CSI, art. L. 320-12, supra.*

Art. 8 *Abrogé par Ord. n° 2019-1015 du 2 oct. 2019, art. 12. — V. CSI, art. L. 320-13, supra.*

Art. 9 *Abrogé par Ord. n° 2019-1015 du 2 oct. 2019, art. 12, à compter du 1er janv. 2020. — V. CSI, art. L. 324-8-1 et L. 324-9, supra.*

CHAPITRE II *LES CATÉGORIES DE JEUX ET PARIS EN LIGNE SOUMIS À AGRÉMENT*

Art. 10 Au sens de la présente loi :

1° Le jeu et le pari en ligne s'entendent d'un jeu et d'un pari dont l'engagement passe exclusivement par l'intermédiaire d'un service de communication au public en ligne. Ne constitue pas un jeu ou un pari en ligne le jeu ou le pari enregistré au moyen de terminaux servant exclusivement ou essentiellement à l'offre de jeux ou à la prise de paris et mis à la disposition des joueurs dans des lieux publics ou des lieux privés ouverts au public ;

2° Est un opérateur de jeux ou de paris en ligne toute personne qui, de manière habituelle, propose au public des services de jeux ou de paris en ligne comportant des enjeux en valeur monétaire et dont les modalités sont définies par un règlement constitutif d'un contrat d'adhésion au jeu soumis à l'acceptation des joueurs ;

3° Un joueur ou un parieur en ligne s'entend de toute personne qui accepte un contrat d'adhésion au jeu proposé par un opérateur de jeux ou de paris en ligne. Toute somme engagée par un joueur, y compris celle provenant de la remise en jeu d'un gain, constitue une mise ;

4° Un compte de joueur en ligne s'entend du compte attribué à chaque joueur par un opérateur de jeux ou de paris en ligne pour un ou plusieurs jeux. Il retrace les mises et les gains liés aux jeux et paris, les mouvements financiers qui leur sont liés ainsi que le solde des avoirs du joueur auprès de l'opérateur.

Art. 11 I. — Par dérogation aux dispositions de l'*(Ord. n° 2019-1015 du 2 oct. 2019, art. 12, en vigueur le 1er janv. 2020)* « article L. 324-1 du code de la sécurité intérieure », toute personne peut organiser, dans les conditions fixées par la présente loi, la prise de paris hippiques en ligne dès lors qu'elle est titulaire de l'agrément prévu à l'article 21 de la présente loi en tant qu'opérateur de tels paris.

(Abrogé par Ord. n° 2019-1015 du 2 oct. 2019, art. 12, à compter du 1er janv. 2020) ***« Ces paris ne peuvent porter que sur les réunions de courses et les courses figurant sur une liste établie suivant des modalités définies par voie réglementaire. Cette liste détermine également les réunions de courses et les courses pouvant servir de support à des paris complexes en ligne.***

« II. — Seules sont autorisées l'organisation et la prise de paris hippiques en ligne en la forme mutuelle enregistrés préalablement au départ de l'épreuve qui en est l'objet. Les règles encadrant la prise de paris en la forme mutuelle ne font pas obstacle au recours, par les opérateurs de paris agréés, à des mécanismes d'abondement des gains, sous réserve que cette pratique demeure ponctuelle et n'ait pas pour effet de dénaturer le caractère mutuel des paris. »

Art. 12 *(L. n° 2017-261 du 1er mars 2017, art. 7)* « I. — Par dérogation aux articles *(Ord. n° 2019-1015 du 2 oct. 2019, art. 12, en vigueur le 1er janv. 2020)* « L. 320-1 et L. 324-1 » du code de la sécurité intérieure, toute personne titulaire de l'agrément prévu à l'article 21 de la présente loi *(Ord. n° 2019-1015 du 2 oct. 2019, art. 12, en vigueur le 1er janv. 2020)* « et la société titulaire de droits exclusifs mentionnée à l'article 137 de la loi n° 2019-486 du 22 mai 2019 relative à la croissance et la transformation des entreprises » en tant qu'opérateur de paris sportifs en ligne peut *[peuvent]* organiser, dans les conditions prévues par la présente loi, la prise de tels paris. La liste des compétitions ou manifestations sportives sur lesquelles des paris sportifs sont autorisés en tout ou partie est fixée par l'*(Ord. n° 2019-1015 du 2 oct. 2019, art. 12, en vigueur le 1er janv. 2020)* « Autorité nationale des jeux » au regard des risques de manipulation que les compétitions ou manifestations sportives présentent et suivant des modalités définies par voie réglementaire *(Ord. n° 2019-1015 du 2 oct. 2019, art. 12, en vigueur le 1er janv. 2020)* « , en distinguant le cas échéant entre les paris sous droits exclusifs et les paris en ligne ».

« II. — Les types de résultats supports des paris ainsi que les phases de jeux correspondantes sont fixés, pour chaque sport, par l'*(Ord. n° 2019-1015 du 2 oct. 2019, art. 12, en vigueur le 1er janv. 2020)* « Autorité nationale des jeux » au regard des risques de manipulation qu'ils présentent et suivant des modalités définies par voie réglementaire *(Ord. n° 2019-1015 du 2 oct. 2019, art. 12, en vigueur le 1er janv. 2020)* « , en distinguant le cas échéant entre les paris sous droits exclusifs et les paris en ligne ». »

III. — Les règles encadrant la prise de paris en la forme mutuelle ne font pas obstacle au recours, par les opérateurs de paris agréés en application de l'article **21**, à des mécanismes d'abondement des gains, sous réserve que cette pratique demeure ponctuelle et n'ait pas pour effet de dénaturer le caractère mutuel des paris.

IV. — Seules sont autorisées l'organisation et la prise de paris sportifs en ligne en la forme mutuelle ou à cote au sens *(Ord. n° 2019-1015 du 2 oct. 2019, art. 12, en vigueur le 1er janv. 2020)* « des deuxième et troisième alinéas du I de l'article L. **322-18** du code de la sécurité intérieure ».

(L. n° 2017-261 du 1er mars 2017, art. 7) « V. — Le président de l'*(Ord. n° 2019-1015 du 2 oct. 2019, art. 12, en vigueur le 1er janv. 2020)* « Autorité nationale des jeux » peut, s'il existe des indices graves et concordants de manipulation d'une compétition ou manifestation sportive inscrite sur la liste définie au I du présent article, interdire, pour une durée qu'il détermine, tout pari sur celle-ci. L'organisateur de la compétition ou manifestation sportive peut le saisir à cette fin. » *(L. n° 2022-296 du 2 mars 2022, art. 48)* « La décision du président est publiée sur le site internet de l'Autorité et entre en vigueur immédiatement. »

Art. 13 I. — En matière de paris en ligne sur les épreuves hippiques ou sportives, sont seules autorisées l'organisation et la prise de paris enregistrés en compte par transfert de données numériques exclusivement par l'intermédiaire d'un service de communication au public en ligne, à l'initiative du joueur connecté directement au site de l'opérateur agréé.

II. — Les catégories de paris sportifs et hippiques autorisés, les principes régissant leurs règles techniques et la proportion maximale des sommes versées en moyenne aux joueurs, y compris la contre-valeur des lots en nature attribués, par rapport aux sommes engagées par type d'agrément sont fixés par décret.

Art. 14 I. — Par dérogation aux dispositions *(L. n° 2014-344 du 17 mars 2014, art. 158)* « de l'article L. **324-1** du code de la sécurité intérieure », toute personne titulaire de l'agrément prévu à l'article **21** de la présente loi en tant qu'opérateur de jeux de cercle en ligne peut organiser, dans les conditions prévues par la présente loi, de tels jeux.

II. — Pour l'application du I, seuls peuvent être proposés en ligne les jeux de cercle constituant des jeux de répartition reposant sur le hasard et sur le savoir-faire dans lesquels le joueur, postérieurement à l'intervention du hasard, décide, en tenant compte de la conduite des autres joueurs, d'une stratégie susceptible de modifier son espérance de gains.

Seuls sont autorisés les jeux de cercle entre joueurs jouant via des sites d'opérateurs titulaires de l'agrément prévu à l'article **21**.

(L. n° 2016-1321 du 7 oct. 2016, art. 95) « Toutefois, par dérogation au premier alinéa du présent II, l'*(Ord. n° 2019-1015 du 2 oct. 2019, art. 12, en vigueur le 1er janv. 2020)* « Autorité nationale des jeux » peut autoriser un opérateur titulaire de l'agrément prévu à l'article **21** à proposer aux joueurs titulaires d'un compte validé sur un site faisant l'objet de l'agrément de participer à des jeux de cercle définis au même premier alinéa avec les joueurs titulaires d'un compte ouvert sur un site faisant l'objet d'un agrément par un État membre de l'Union européenne ou d'un État partie à l'accord sur l'Espace économique européen.

« Cette autorisation est subordonnée à l'existence d'une convention conclue dans les conditions prévues au second alinéa du V de l'article **34**. Elle détermine les obligations particulières imposées à l'opérateur afin de permettre l'exercice du contrôle de son activité par l'*(Ord. n° 2019-1015 du 2 oct. 2019, art. 12, en vigueur le 1er janv. 2020)* « Autorité nationale des jeux ». »

III. — Les mises sont enregistrées en compte par transfert de données numériques exclusivement par l'intermédiaire d'un service de communication au public en ligne, à l'initiative du joueur connecté directement au site de l'opérateur agréé.

IV. — Les catégories de jeux de cercle mentionnées au II ainsi que les principes régissant leurs règles techniques sont fixés par décret.

CHAPITRE III *LES OBLIGATIONS DES ENTREPRISES SOLLICITANT L'AGRÉMENT D'OPÉRATEUR DE JEUX OU DE PARIS EN LIGNE*

Art. 15 L'entreprise sollicitant l'agrément en tant qu'opérateur de jeux ou de paris en ligne justifie de l'identité et de l'adresse de son propriétaire ou, s'il s'agit d'une personne morale, de son siège social, de sa structure juridique, de l'identité et de l'adresse de ses dirigeants. Elle fournit les éléments relatifs à des condamnations pénales, déterminées par le décret mentionné au III de l'article 21, ou des sanctions administratives, mentionnées à l'article 43, dont elle-même, son propriétaire ou, s'il s'agit d'une personne morale, un de ses dirigeants ou de ses mandataires sociaux a, le cas échéant, fait l'objet.

Dans le cas où l'entreprise est constituée en société par actions, elle présente l'ensemble des personnes physiques ou morales qui détiennent plus de 5 % de son capital ou de ses droits de vote ainsi que, le cas échéant, la ou les personnes qui la contrôlent directement ou indirectement au sens de l'article L. 233-16 du code de commerce.

L'entreprise justifie de ses moyens humains et matériels et communique l'ensemble des informations comptables et financières de nature à attester sa solidité financière et sa capacité à assumer les investissements nécessaires au respect de ses obligations légales et réglementaires. S'il s'agit d'une entreprise individuelle, elle présente les montants des actifs détenus par l'entrepreneur et des dettes qu'il a contractées.

L'entreprise sollicitant l'agrément ne peut avoir son siège social, une filiale ou un équipement dans un État ou territoire non coopératif au sens de l'article 238-0 A du code général des impôts.

Toute modification de ces éléments intervenant postérieurement à l'agrément est portée à la connaissance de l'*(Ord. n° 2019-1015 du 2 oct. 2019, art. 12, en vigueur le 1er janv. 2020)* « Autorité nationale des jeux » dans les conditions prévues au V de l'article 21.

(L. n° 2014-344 du 17 mars 2014, art. 151) « Elle justifie de l'existence d'une sûreté, d'une fiducie, d'une assurance, d'un compte sous séquestre ou de tout autre instrument ou mécanisme garantissant, en toutes circonstances, le reversement de la totalité des avoirs exigibles des joueurs.

« L'opérateur veille à ce que l'étendue de la garantie qu'il fournit soit toujours à la mesure des avoirs exigibles des joueurs. Il informe, sans délai, l'*(Ord. n° 2019-1015 du 2 oct. 2019, art. 12, en vigueur le 1er janv. 2020)* « Autorité nationale des jeux » des variations qui affectent l'étendue de cette garantie. Le cas échéant, l'*(Ord. n° 2019-1015 du 2 oct. 2019, art. 12, en vigueur le 1er janv. 2020)* « Autorité nationale des jeux » peut, de sa propre initiative, exiger de l'opérateur qu'il procède aux adaptations nécessaires de l'étendue de cette garantie, dans un délai qu'elle détermine. »

Art. 16 L'entreprise sollicitant l'agrément présente la nature, les caractéristiques et les modalités d'exploitation, d'organisation ou de sous-traitance du site de jeux en ligne et des opérations de jeu ou de pari en ligne qu'elle entend proposer au public ainsi que les caractéristiques des plates-formes et logiciels de jeux et de traitement de paris qu'elle compte utiliser.

Elle décrit, pour chaque jeu proposé, le processus de traitement des données de jeu ainsi que les moyens permettant que ces données soient, en temps réel ou différé, mises à la disposition de l'*(Ord. n° 2019-1015 du 2 oct. 2019, art. 12, en vigueur le 1er janv. 2020)* « Autorité nationale des jeux ».

Elle donne connaissance des contrats de fourniture ou de sous-traitance d'opérations de jeu ou de pari en ligne qu'elle a conclus.

Elle souscrit l'engagement de donner aux représentants habilités de l'*(Ord. nº 2019-1015 du 2 oct. 2019, art. 12, en vigueur le 1er janv. 2020)* « Autorité nationale des jeux » l'accès au local où se trouve le support matériel de données mentionné à l'article 31.

Elle justifie de sa capacité à maintenir la conformité des jeux qu'elle propose à la réglementation qui leur est applicable. Elle désigne la ou les personnes, domiciliées en France, qui en sont responsables.

Elle communique, à titre d'information, dans l'hypothèse où elle opère légalement dans son État d'établissement pour une même catégorie de jeux ou de paris en ligne, les exigences et, en général, la surveillance réglementaire et le régime des sanctions auxquels elle est déjà soumise dans cet État.

CHAPITRE IV ***LUTTE CONTRE LA FRAUDE***

Art. 17 *(Ord. nº 2019-1015 du 2 oct. 2019, art. 12, en vigueur le 1er janv. 2020)* I. — L'entreprise sollicitant l'agrément mentionné à l'article 21 et, pour l'exploitation des jeux de loterie en ligne, la personne morale mentionnée à l'article 137 de la loi nº 2019-486 du 22 mai 2019, précisent les modalités d'accès et d'inscription à leur site de tout joueur et les moyens leur permettant de s'assurer de l'identité de chaque nouveau joueur, de son âge, de son adresse et de l'identification du compte de paiement sur lequel sont reversés ses avoirs. Les entreprises titulaires de droits exclusifs précisent les modalités d'accès et d'inscription de tout joueur à son compte en réseau physique de distribution et les moyens de s'assurer de l'identité de chaque nouveau joueur, de son âge, de son adresse et de l'identification du compte de paiement sur lequel sont reversés ses avoirs.

II. — Un décret en Conseil d'État précise les modalités d'ouverture, d'approvisionnement, de gestion et de clôture des comptes joueur en ligne par les opérateurs titulaires de l'agrément mentionné à l'article 21 et par la personne morale mentionnée à l'article 137 de la loi du 22 mai 2019 précitée, ainsi que des comptes joueurs *[joueur]* en réseau physique de distribution par les opérateurs de droits exclusifs mentionnés aux articles 2 et 5 de la loi du 2 juin 1891 ayant pour objet de réglementer l'autorisation et le fonctionnement des courses de chevaux et à l'article 137 de la loi du 22 mai 2019 mentionné ci-dessus. Il définit les conditions dans lesquelles l'Autorité nationale des jeux vérifie la conformité à ce décret en Conseil d'État des modalités proposées par les opérateurs.

III. — L'ouverture d'un compte joueur en ligne ou en réseau physique de distribution ne peut être réalisée qu'à l'initiative de son titulaire et après sa demande expresse, à l'exclusion de toute procédure automatique.

L'opérateur agréé de jeux ou de paris en ligne ou l'opérateur titulaire de droits exclusifs peut proposer au joueur, de manière provisoire, avant vérification des éléments mentionnés au I, une activité de jeu d'argent ou de pari en ligne ou une activité de jeu sur compte sur les terminaux physiques sans intermédiation humaine. Cette vérification et celle de la majorité du joueur conditionnent toutefois la validation du compte joueur et la restitution de son éventuel solde créditeur. Sans préjudice des cas de clôture d'un compte pouvant être prévus dans le règlement portant conditions générales de l'offre de jeux et de paris, l'opérateur clôture le compte provisoire lorsqu'il ne peut le valider, soit en raison de l'absence ou de l'insuffisance des justificatifs produits ou de l'inaccomplissement des formalités exigées, soit parce que le joueur en fait la demande.

En cas de clôture d'un compte provisoire présentant un solde créditeur, l'opérateur agréé de jeux ou paris en ligne ou l'opérateur titulaire de droits exclusifs mentionné au II met en réserve, sans délai, la somme correspondante, pour une durée de six ans à compter de cette clôture. Durant cette période, sous réserve de l'application de l'article L. 561-16 du code monétaire et financier, le joueur peut obtenir le reversement de ce solde créditeur en communiquant à l'opérateur, qui les vérifie, les éléments mentionnés au I. Si, à l'issue du délai de six années, cette somme n'a pas été reversée au joueur, elle est acquise à l'État. Trois mois avant l'expiration de ce délai, l'opérateur utilise tout moyen à sa disposition pour informer le joueur des conditions dans lesquelles il peut obtenir le reversement de cette somme et, à défaut, de l'acquisition de celle-ci à l'État.

IV. — Le compte joueur en ligne ou en réseau physique de distribution ne peut être crédité que par son titulaire, au titre des approvisionnements qu'il réalise dans les conditions définies au présent article, ou par l'opérateur agréé ou titulaire de droits exclusifs qui détient le compte, soit au titre des gains réalisés par le joueur, soit à titre d'offre promotionnelle.

L'approvisionnement d'un compte joueur en ligne par son titulaire ne peut être réalisé qu'au moyen d'instruments de paiement mis à sa disposition par un prestataire de services de paiement établi dans un État membre de l'Union européenne ou un État partie à l'accord sur l'Espace économique européen ayant conclu avec la France une convention contenant une clause d'assistance administrative en vue de lutter contre la fraude et l'évasion fiscales. Seuls peuvent être utilisés les instruments de paiement mentionnés au chapitre III du titre III du livre I du code monétaire et financier.

V. — L'opérateur procède à la clôture du compte joueur en ligne ou en réseau physique de distribution, sur la demande du joueur ou dans les cas prévus par décret. En cas de clôture d'un compte présentant un solde créditeur et s'il ne peut procéder au reversement, notamment parce qu'il n'est pas en mesure de vérifier les références du compte de paiement, l'opérateur met en réserve, sans délai, la somme correspondante pour une durée de six ans à compter de cette clôture. Durant cette période, et sous réserve de l'application de l'article L. 561-16 du code monétaire et financier, le joueur peut obtenir le reversement de cette somme en communiquant à l'opérateur, qui les vérifie, les éléments d'identification nécessaires. Si, à l'issue du délai de six années, cette somme n'a pas été reversée au joueur, elle est acquise à l'État. Trois mois avant l'expiration de ce délai, l'opérateur utilise tout moyen à sa disposition pour informer le joueur des conditions dans lesquelles il peut obtenir le reversement de cette somme et, à défaut, de l'acquisition de celle-ci à l'État.

VI. — Les avoirs du titulaire d'un compte joueur auprès de l'opérateur ne peuvent être reversés que sur un seul compte de paiement ouvert par le joueur auprès d'un prestataire de services de paiement établi dans un État membre de l'Union européenne ou un État partie à l'accord sur l'Espace économique européen ayant conclu avec la France une convention contenant une clause d'assistance administrative en vue de lutter contre la fraude et l'évasion fiscales. Le reversement de ces avoirs ne peut être réalisé que par virement vers ce compte de paiement.

Art. 18 L'entreprise sollicitant l'agrément précise les modalités d'encaissement et de paiement, à partir de son site, des mises et des gains.

Elle justifie de la disposition d'un compte ouvert dans un établissement de crédit établi dans un État membre de la Communauté européenne ou un État partie à l'accord sur l'Espace économique européen ayant conclu avec la France une convention contenant une clause d'assistance administrative en vue de lutter contre la fraude et l'évasion fiscales, sur lequel sont exclusivement réalisées les opérations d'encaissement et de paiement liées aux jeux et paris qu'elle propose légalement en France. *(L. n° 2014-344 du 17 mars 2014, art. 151)* « Le cas échéant, le compte dédié peut être établi au nom d'un fiduciaire réglementé, ou l'équivalent dans l'État concerné, à raison de la conclusion entre l'opérateur et le fiduciaire d'une convention de fiducie relevant du droit français ou de celui d'un État membre de l'Union européenne, au bénéfice des joueurs en vue de la protection de leurs avoirs. »

Elle justifie de sa capacité à assumer ses obligations en matière de lutte contre les activités frauduleuses ou criminelles, en particulier le blanchiment de capitaux et le financement du terrorisme.

L'entreprise demandant l'agrément accrédite, s'il y a lieu, un représentant en France conformément à l'article 302 *bis* ZN du code général des impôts.

Elle précise l'organisation lui permettant d'assurer la déclaration et le paiement des versements de toute nature dus au titre de l'activité pour laquelle elle sollicite l'agrément.

Art. 19 L'entreprise sollicitant l'agrément décrit les moyens qu'elle met en œuvre pour protéger les données à caractère personnel et la vie privée des joueurs, conformément aux dispositions de la loi n° 78-17 du 6 janvier 1978 relative à l'informatique, aux fichiers et aux libertés.

Elle présente la procédure de réclamation gratuite mise à leur disposition.

Art. 20 Les obligations prévues aux articles 15 à 19 sont précisées par décret en Conseil d'État. Ce décret détermine notamment les conditions de recueil du consentement des joueurs aux utilisations, autres que celles nécessaires au contrôle des autorités publiques, des données personnelles les concernant.

Les éléments constitutifs de la demande d'agrément sont établis par un cahier des charges approuvé par le ministre de l'intérieur, le ministre chargé du budget, le ministre chargé de l'agriculture et le ministre chargé des sports, sur proposition de l'Autorité de régulation des jeux en ligne *[devenue l'Autorité nationale des jeux]*.

CHAPITRE V *RÉGIME DE DÉLIVRANCE DES AGRÉMENTS*

Art. 21 I. — L'agrément pouvant bénéficier aux opérateurs de jeux ou de paris en ligne mentionnés aux articles 11, 12 et 14 est délivré par l'*(Ord. n° 2019-1015 du 2 oct. 2019, art. 12, en vigueur le 1er janv. 2020)* « Autorité nationale des jeux ». Il est distinct pour les paris hippiques, les paris sportifs et les jeux de cercle en ligne. Il est délivré pour une durée de cinq ans. Il est renouvelable. Il n'est pas cessible.

L'agrément est subordonné au respect par le bénéficiaire du cahier des charges, mentionné à l'article 20, qui lui est applicable et des autres obligations énoncées dans la présente loi.

II. — Ne peuvent demander l'agrément prévu au I, ou son renouvellement, que les opérateurs de jeux ou de paris en ligne dont le siège social est établi soit dans un État membre de la Communauté européenne, soit dans un autre État partie à l'accord sur l'Espace économique européen ayant conclu avec la France une convention contenant une clause d'assistance administrative en vue de lutter contre la fraude et l'évasion fiscales.

Toutefois, les opérateurs de jeux ou de paris en ligne établis dans un État ou territoire non coopératif, tel que défini à l'article 238-0 A du code général des impôts, ou contrôlés, au sens de l'article L. 233-16 du code de commerce, par une société établie dans un tel État ou territoire, ne peuvent demander l'agrément prévu au I.

III. — Tout refus d'agrément ou de renouvellement est motivé. L'agrément ou son renouvellement ne peut être refusé que pour un motif tiré de l'incapacité technique, économique ou financière du demandeur de faire face durablement aux obligations attachées à son activité ou de la sauvegarde de l'ordre public, de la lutte contre le blanchiment des capitaux et le financement du terrorisme, des nécessités de la sécurité publique et de la lutte contre le jeu excessif ou pathologique.

Le refus peut également être motivé par la circonstance que l'opérateur demandeur a été frappé d'une des sanctions prévues à l'article 43 ou que l'entreprise, son propriétaire ou, s'il s'agit d'une personne morale, un de ses dirigeants ou de ses mandataires sociaux a fait l'objet d'une condamnation pénale devenue définitive relevant des catégories énumérées par décret en Conseil d'État.

IV. — La décision d'octroi de l'agrément indique les caractéristiques de l'offre de jeux ou de paris en ligne autorisée ainsi que, le cas échéant, les obligations particulières imposées au titulaire, compte tenu des spécificités de son offre de jeux ou paris et de son organisation, pour permettre l'exercice du contrôle de son activité par l'*(Ord. n° 2019-1015 du 2 oct. 2019, art. 12, en vigueur le 1er janv. 2020)* « Autorité nationale des jeux.

« V. — Toute modification apportée aux informations fournies lors de la demande d'agrément doit être communiquée à l'Autorité nationale des jeux dans un délai fixé par le décret en Conseil d'État prévu au VIII. Si l'opérateur ne remplit plus les conditions ou les engagements auxquels étaient subordonnés son agrément ou une autorisation ultérieure, ou s'il n'en a pas fait usage dans un délai de douze mois ou lorsqu'il n'exerce plus son activité depuis au moins six mois, l'Autorité nationale des jeux peut abroger d'office cet agrément. »

VI. — Lors de la procédure d'examen des demandes d'agrément, l'*(Ord. n° 2019-1015 du 2 oct. 2019, art. 12, en vigueur le 1er janv. 2020)* « Autorité nationale des jeux » prend en considération les éléments, mentionnés au dernier alinéa de l'article 16, que l'opérateur sollicitant l'agrément lui a, le cas échéant, communiqués.

VII. – L'*(Ord. n° 2019-1015 du 2 oct. 2019, art. 12, en vigueur le 1er janv. 2020)* « Autorité nationale des jeux » établit et tient à jour la liste des opérateurs de jeux ou de paris en ligne titulaires de l'agrément prévu au I, en précisant les catégories de jeux ou de paris autorisées. Cette liste est publiée au *Journal officiel* et dans un quotidien national traitant de l'actualité hippique, pour les agréments délivrés pour les paris hippiques, ou de l'actualité sportive, pour les agréments délivrés pour les paris sportifs.

VIII. – Un décret en Conseil d'État prévoit les modalités de délivrance des agréments.

CHAPITRE VI *LES OBLIGATIONS DES OPÉRATEURS AGRÉÉS DE JEUX EN LIGNE ET LA LUTTE CONTRE LE BLANCHIMENT*

Art. 22 *V. C. mon. fin., art. L. 561-2, et L. 561-36 à L. 561-38.* – ***C. mon. fin.***

Art. 23 I. – Toute entreprise titulaire de l'agrément d'opérateur de jeux et paris en ligne prévu à l'article 21 respecte les obligations prévues aux articles 15 à 19.

II. – Dans un délai de six mois à compter de la date de mise en fonctionnement du support prévu à l'article 31, l'opérateur de jeux ou de paris en ligne transmet à l'*(Ord. n° 2019-1015 du 2 oct. 2019, art. 12, en vigueur le 1er janv. 2020)* « Autorité nationale des jeux » un document attestant de la certification qu'il a obtenue, laquelle porte sur le respect par ses soins des obligations relatives aux articles 31 et 38. Cette certification est réalisée par un organisme indépendant choisi par l'opérateur au sein d'une liste établie par l'*(Ord. n° 2019-1015 du 2 oct. 2019, art. 12, en vigueur le 1er janv. 2020)* « Autorité nationale des jeux ». Le coût de cette certification est à la charge de l'opérateur de jeux ou de paris en ligne.

(Ord. n° 2019-1015 du 2 oct. 2019, art. 12, en vigueur le 1er janv. 2020) « III. – Dans un délai d'un an à compter de la date d'obtention de l'agrément prévu à l'article 21, l'opérateur de jeux ou de paris en ligne ou l'opérateur titulaire de droits exclusifs transmet à l'Autorité nationale des jeux un document attestant de la certification qu'il a obtenue. Cette certification porte sur le respect par ses soins de l'ensemble des exigences techniques déterminées par l'Autorité en matière d'intégrité des opérations de jeux et de sécurité des systèmes d'information. Elle est réalisée par un organisme indépendant choisi par l'opérateur au sein de la liste mentionnée au II. Le coût de cette certification est à sa charge.

« La certification fait l'objet d'une actualisation annuelle.

« Un décret détermine les conditions d'application du présent III. »

(Abrogé par L. n° 2014-344 du 17 mars 2014, art. 152) ***« IV. – En cas de manquement, par un opérateur, aux obligations législatives et réglementaires applicables à son activité, l'Autorité de régulation des jeux en ligne le met en demeure de s'y conformer et de se soumettre à une nouvelle certification dans les conditions mentionnées au II de l'article 43. »***

Art. 24 L'opérateur de jeux ou de paris en ligne est tenu de mettre en place, en vue des jeux ou paris en ligne faisant l'objet de l'agrément prévu à l'article 21, un site dédié, exclusivement accessible par un nom de domaine de premier niveau comportant la terminaison ".fr".

Toutes les connexions établies, par l'intermédiaire d'un service de communication au public en ligne, à une adresse d'un site de l'opérateur ou de l'une de ses filiales et qui soit proviennent d'un terminal de consultation situé sur le territoire français, soit sont réalisées, après identification du joueur, au moyen d'un compte de joueur résidant en France, sont redirigées par l'opérateur vers ce site dédié.

Art. 25 Toute entreprise exerçant, dans le secteur des jeux et des paris en ligne, une ou plusieurs des activités régies par la présente loi établit, dans sa comptabilité interne, des comptes séparés respectivement au titre des jeux et paris proposés dans le cadre des agréments délivrés au titre de la présente loi et au titre des autres activités de l'entreprise en France et à l'étranger.

Toute entreprise titulaire de l'agrément d'opérateur de jeux et paris en ligne prévu à l'article 21 transmet ses comptes, certifiés par un commissaire aux comptes, à l'Autorité de régulation des jeux en ligne *[devenue l'Autorité nationale des jeux]* après la clôture de chaque exercice.

CHAPITRE VII *LA LUTTE CONTRE LE JEU EXCESSIF OU PATHOLOGIQUE*

Art. 26 *Abrogé par Ord. n° 2019-1015 du 2 oct. 2019, art. 12, à compter du 1er janv. 2020. — V. CSI, art. L. 320-3, L. 320-4, L. 320-11 et L. 320-12, supra.*

Art. 27 L'opérateur de jeux ou de paris en ligne titulaire de l'agrément prévu à l'article 21 rend compte dans un rapport annuel, transmis à l'*(Ord. n° 2019-1015 du 2 oct. 2019, art. 12, en vigueur le 1er janv. 2020)* « Autorité nationale des jeux », des actions qu'il a menées et des moyens qu'il a consacrés pour promouvoir le jeu responsable et lutter contre le jeu excessif ou pathologique.

Il rend également compte annuellement à la même autorité des résultats des contrôles qu'il a réalisés en matière de lutte contre les activités frauduleuses ou criminelles ainsi que le blanchiment de capitaux et le financement du terrorisme.

Art. 28 I. — L'opérateur de jeux ou de paris en ligne titulaire de l'agrément prévu à l'article 21 informe en permanence les joueurs de l'existence du service d'information et d'assistance prévu à l'article 29.

II. — Tout autre organisme que l'organisme prévu à l'article 29 qui souhaite proposer un service d'information et d'assistance doit adresser, chaque année, *(Abrogé par Décr. n° 2015-1469 du 13 nov. 2015, art. 16)* ***« au comité consultatif des jeux »*** un rapport précisant les modalités d'organisation et le bilan de ses actions. Les informations devant figurer dans ce rapport sont précisées par décret *(Abrogé par Décr. n° 2015-1469 du 13 nov. 2015, art. 16)* ***« , sur proposition du comité consultatif des jeux ».***

Art. 29 Un numéro d'appel téléphonique est mis à la disposition des joueurs excessifs ou pathologiques et de leur entourage par les pouvoirs publics sous la responsabilité de l'Institut national de prévention et d'éducation pour la santé. Cet appel est facturé à l'abonné au prix d'un appel local.

Art. 30 *Abrogé par Ord. n° 2019-1015 du 2 oct. 2019, art. 12, à compter du 1er janv. 2020. — V. CSI, art. L. 320-17, supra.*

CHAPITRE VIII *LA TRANSPARENCE DES OPÉRATIONS DE JEU*

Art. 31 L'opérateur de jeux ou de paris en ligne titulaire de l'agrément prévu à l'article 21 est tenu de procéder à l'archivage en temps réel, sur un support matériel situé en France métropolitaine, de l'intégralité des données mentionnées *(L. n° 2014-344 du 17 mars 2014, art. 154)* « aux 1° à » 3° de l'article 38. L'ensemble des données échangées entre le joueur et l'opérateur transitent par ce support.

(L. n° 2014-344 du 17 mars 2014, art. 154) « L'obligation d'archivage prévue au premier alinéa s'applique à compter du 1er juillet 2015 s'agissant des données portant sur les références du compte de paiement mentionnées au 2° du même article 38. »

CHAPITRE IX *PRÉVENTION DES CONFLITS D'INTÉRÊTS*

Art. 32 I. — Le propriétaire, les dirigeants, les mandataires sociaux et le personnel d'un opérateur de jeux ou de paris en ligne titulaire de l'agrément prévu à l'article 21 ne peuvent engager, à titre personnel, directement ou par personne interposée, des mises sur des jeux ou des paris proposés par cet opérateur.

(Abrogé par L. n° 2012-158 du 1er févr. 2012, art. 7-I) ***« Les fédérations délégataires doivent intégrer au sein du code de leur discipline des dispositions ayant pour objet d'empêcher les acteurs de la compétition sportive d'engager, directement ou par personne interposée, des mises sur des paris reposant sur cette compétition et de communiquer à des tiers des informations privilégiées, obtenues à l'occasion de leur profession ou de leurs fonctions, et qui sont inconnues du public. »***

Les sociétés mères de courses de chevaux, définies à l'article 2 de la loi du 2 juin 1891 ayant pour objet de réglementer l'autorisation et le fonctionnement des courses de chevaux, doivent intégrer au sein du code des courses de leur spécialité des dispositions ayant pour objet d'empêcher les jockeys et les entraîneurs participant à une épreuve hippique d'engager, directement ou par personne interposée, des mises sur des paris reposant sur cette épreuve et de communiquer à des tiers des informations privilégiées, obtenues à l'occasion de leur profession ou de leurs fonctions, et qui sont inconnues du public.

(Abrogé par L. n° 2012-158 du 1er févr. 2012, art. 7-I) ***« Les organisateurs privés tels que définis à l'article L. 331-5 du code du sport édictent les obligations et les interdictions relatives aux paris sportifs qui sont imposées aux sportifs ou équipes qui participent à leurs manifestations sportives. Ils sont chargés de veiller à l'application et au respect desdites obligations et interdictions. »***

II. – L'opérateur de jeux ou de paris en ligne titulaire de l'agrément prévu à l'article 21 transmet à l'*(Ord. n° 2019-1015 du 2 oct. 2019, art. 12, en vigueur le 1er janv. 2020)* « Autorité nationale des jeux » les contrats de partenariat conclus avec des personnes physiques ou morales organisant des courses hippiques, compétitions ou manifestations sportives ou y prenant part dès le moment où il propose des jeux ou paris sur lesdites courses hippiques, compétitions ou manifestations sportives.

III. – L'opérateur de jeux ou de paris en ligne titulaire de l'agrément prévu à l'article 21 dont le propriétaire, l'un des dirigeants, mandataires sociaux ou membres du personnel détient un intérêt, personnel ou lié à sa participation dans une personne morale, dans une course hippique, compétition ou manifestation sportive, sur laquelle il organise des jeux ou paris, en fait la déclaration auprès de l'*(Ord. n° 2019-1015 du 2 oct. 2019, art. 12, en vigueur le 1er janv. 2020)* « Autorité nationale des jeux ».

IV. – Il est interdit à tout opérateur de jeux en ligne titulaire de l'agrément prévu à l'article 21 de détenir le contrôle, au sens de l'article L. 233-16 du code de commerce, directement ou indirectement, d'un organisateur ou d'une partie prenante à une compétition ou manifestation sportive sur laquelle il organise des paris. De même, il est interdit à tout organisateur et à toute partie prenante à une compétition ou manifestation sportive de détenir le contrôle, au sens du même article L. 233-16, directement ou indirectement, d'un opérateur de jeux ou de paris en ligne proposant des paris sur les événements qu'il organise ou auxquels il participe. Un décret précise les conditions de détention indirecte.

V. – Tout conflit d'intérêts constaté par l'*(Ord. n° 2019-1015 du 2 oct. 2019, art. 12, en vigueur le 1er janv. 2020)* « Autorité nationale des jeux » suite aux déclarations préalablement citées ou suite à un contrôle fait l'objet d'une sanction dans les conditions prévues à l'article 43, lorsqu'il est proscrit par la présente loi et imputable à un opérateur titulaire de l'agrément prévu à l'article 21.

Art. 33 Un décret en Conseil d'État précise les modalités d'application des articles 23, 25 à 28 et *(Abrogé par Ord. n° 2019-1015 du 2 oct. 2019, art. 12, à compter du 1er janv. 2020)* ***« 30 à »*** 32.

CHAPITRE X *L'AUTORITÉ NATIONALE DES JEUX*

Art. 34 *(Ord. n° 2019-1015 du 2 oct. 2019, art. 12, en vigueur le 1er janv. 2020)* I. – L'Autorité nationale des jeux est une autorité administrative indépendante au sens de la loi n° 2017-55 du 20 janvier 2017 portant statut général des autorités administratives indépendantes et des autorités publiques indépendantes.

Elle veille au respect des objectifs de la politique des jeux définis à l'article L. 320-3 du code de la sécurité intérieure pour les jeux et paris sous droits exclusifs, les jeux et paris en ligne soumis à agrément et, à l'exception des objectifs mentionnés aux 2° et 3° du même article, pour les jeux des casinos et des clubs de jeu.

Elle exerce la surveillance des opérations des jeux d'argent et de hasard sous droits exclusifs, ainsi que des jeux ou paris en ligne et participe à la lutte contre les offres illégales de jeu et contre la fraude.

Elle contribue au contrôle du respect du cahier des charges et de la convention mentionnés au IV de l'article 137 de la loi n° 2019-486 du 22 mai 2019 relative à la croissance et la transformation des entreprises. Elle informe les ministres compétents des manquements à ce cahier des charges et à cette convention qu'elle constate.

Elle rend un avis sur les projets de texte relatifs au secteur des jeux dont elle est saisie et peut proposer les modifications législatives et réglementaires qui lui paraissent nécessaires à la poursuite des objectifs de la politique des jeux d'argent et de hasard.

II. – L'Autorité nationale des jeux délivre les agréments prévus à l'article 21.

III. – Les opérateurs titulaires de droits exclusifs soumettent chaque année à l'approbation de l'Autorité nationale des jeux, dans des conditions fixées par décret, leur programme des jeux et paris et rendent compte, à cette occasion, de l'exécution du programme de l'année précédente. Ce programme contient la description de l'ensemble des nouveaux jeux et paris qu'ils envisagent d'exploiter lors de l'année concernée et les modalités de poursuite de l'exploitation des jeux existants.

IV. – Les opérateurs titulaires de droits exclusifs et les opérateurs de jeux ou de paris en ligne soumettent chaque année à l'approbation de l'Autorité nationale des jeux, dans des conditions fixées par décret, un document présentant leur stratégie promotionnelle sur tout support. L'Autorité peut, par une décision motivée, limiter les offres commerciales comportant une gratification financière des joueurs.

L'Autorité peut, par une décision motivée, prescrire à un opérateur le retrait de toute communication commerciale incitant, directement ou indirectement au jeu des mineurs ou des personnes interdites de jeu ou comportant une incitation excessive à la pratique du jeu.

V. – L'exploitation de jeux sous droits exclusifs est soumise à une autorisation préalable de l'Autorité nationale des jeux. Cette autorisation porte sur un jeu ou sur un ensemble de jeux présentant des caractéristiques et conditions d'exploitation communes strictement définies.

L'Autorité définit le contenu des dossiers de demande individuelle d'autorisation des opérateurs et instruit ces demandes. Elle s'assure qu'elles respectent les objectifs mentionnés à l'article L. 320-3 du code de la sécurité intérieure et sont conformes au cadre législatif et réglementaire applicable ainsi qu'au programme des jeux et paris de l'année concernée tel qu'approuvé par elle, notamment s'agissant du taux de retour aux joueurs. A la demande de l'Autorité, ce dossier comprend les résultats de tests définis par elle, le cas échéant avec l'appui de l'organisme mentionné à l'article 3, qui sont fournis par l'opérateur concerné. Lorsque l'opérateur demande l'autorisation d'exploiter un jeu ne figurant pas à son programme des jeux et paris, il justifie de la compatibilité de sa demande avec ce programme.

L'Autorité peut n'autoriser qu'à titre expérimental, pour un objet et une durée limités, le cas échéant sur une partie seulement du territoire national, un opérateur titulaire de droits exclusifs à exploiter un nouveau jeu, afin notamment d'apprécier les garanties qu'il présente en matière de préservation de l'ordre public et de respect des objectifs mentionnés à l'article L. 320-3 du code de la sécurité intérieure. Dans ce cas, une évaluation du jeu est réalisée par l'opérateur concerné à l'issue de l'expérimentation, le cas échéant avec l'appui de l'organisme mentionné à l'article 3. L'évaluation est transmise à l'Autorité, selon des modalités qu'elle définit.

Les demandes d'autorisation sont adressées à l'Autorité au plus tard trois mois avant la date prévisionnelle de début d'exploitation du jeu.

Dans le cas où l'opérateur souhaite exploiter un jeu précédemment autorisé, un jeu relevant d'un ensemble de jeux ayant fait l'objet d'une autorisation ou un jeu ne différant d'un jeu précédemment autorisé que par la maquette de visuel du ou des supports de jeu ou par la répartition des lots entre les différents rangs de gains, il en informe l'Autorité au plus tard un mois avant le début de l'exploitation du jeu. L'Autorité peut s'opposer à cette exploitation dans un délai d'un mois.

L'Autorité peut à tout moment suspendre ou retirer, par décision motivée et à l'issue d'une procédure contradictoire, l'autorisation d'un jeu si les conditions dans lesquelles son exploitation a été autorisée ne sont plus réunies.

Les décisions prises par l'Autorité dans le cadre du présent V sont notifiées à l'opérateur et au ministre chargé du budget. Elles précisent, le cas échéant, les conditions sous réserve desquelles l'exploitation d'un jeu ou d'un ensemble de jeux est autorisée.

VI. – L'Autorité homologue les règlements des jeux autorisés des opérateurs titulaires de droits exclusifs. Ils sont publiés sur son site en ligne, ainsi que sur celui des opérateurs et sont tenus à la disposition des joueurs par ceux-ci dans chaque poste d'enregistrement des jeux de loterie, de paris sportifs ou de paris hippiques.

VII. – Pour des motifs tirés de la sauvegarde de l'ordre public, le ministre du budget peut à tout moment suspendre ou interdire l'exploitation d'un jeu sous droits exclusifs. Cette suspension ou interdiction est prononcée à l'issue d'une procédure contradictoire, après avis de l'Autorité nationale des jeux.

VIII. – L'Autorité nationale des jeux fixe les caractéristiques techniques des plates-formes et des logiciels de jeux et de paris en ligne des opérateurs soumis à un régime d'agrément et des opérateurs titulaires de droits exclusifs. Elle en évalue périodiquement le niveau de sécurité.

Elle homologue, en vue notamment de s'assurer de leur conformité aux règlements de jeux et paris concernés, les logiciels de jeux et de paris utilisés par les opérateurs.

Elle détermine les exigences techniques en matière d'intégrité des opérations de jeux et de sécurité des systèmes d'information auxquelles doivent se conformer les opérateurs. Elle détermine les paramètres techniques des jeux en ligne pour l'application des décrets prévus aux articles 13 et 14 de la présente loi.

Elle s'assure de la qualité des certifications réalisées en application de l'article 23. Elle établit la liste des organismes certificateurs et peut procéder à sa modification. Elle est destinataire des rapports de certification prévus au même article.

Elle évalue les contrôles internes mis en place par les opérateurs. A cette fin, elle peut procéder ou faire procéder à tout audit des systèmes d'information ou des processus.

Dans des conditions fixées par décret, elle évalue les résultats des actions menées par les opérateurs en matière d'intégrité du jeu et de système d'information et peut leur adresser des prescriptions à ce sujet.

IX. – Un arrêté du ministre chargé de la santé, pris sur proposition de l'Autorité nationale des jeux, définit, à l'adresse des opérateurs titulaires de droits exclusifs, des opérateurs de jeux ou de paris en ligne, des casinos et des clubs de jeux, un cadre de référence pour la prévention du jeu excessif ou pathologique et la protection des mineurs. Ce cadre de référence prévoit des obligations renforcées pour les opérateurs titulaires de droits exclusifs.

Les opérateurs, casinos et clubs de jeux soumettent chaque année à l'approbation de l'Autorité leur plan d'actions en vue de prévenir le jeu excessif et le jeu des mineurs et de favoriser une pratique raisonnable du jeu. Ils rendent compte, à cette occasion, de la mise en œuvre du plan de l'année précédente. Le plan est établi dans le respect du cadre de référence prévu à l'alinéa ci-dessus.

Les opérateurs, casinos et clubs de jeux identifient les personnes dont le jeu est excessif ou pathologique et les accompagnent en vue de modérer leur pratique, dans le respect du cadre de référence.

L'Autorité évalue les résultats des actions menées par les opérateurs, casinos et clubs de jeux pour prévenir le jeu excessif ou pathologique et protéger les mineurs. Elle peut, sur le fondement de cette évaluation, leur adresser des prescriptions à ce sujet.

X. – L'Autorité nationale des jeux contrôle le respect par les opérateurs de jeux en ligne et les opérateurs titulaires de droits exclusifs de leurs obligations en matière de lutte contre la fraude et contre le blanchiment de capitaux et le financement du terrorisme fixées aux chapitres I et II du titre VI du livre V du code monétaire et financier. Lorsqu'elle constate un manquement à ces obligations, elle saisit la Commission nationale des sanctions prévue à l'article L. 561-38 du même code.

Un arrêté du ministre de l'intérieur et du ministre chargé de l'économie, pris sur proposition de l'Autorité, définit, à l'adresse des opérateurs titulaires de droits exclusifs et des opérateurs de jeux ou de paris en ligne, un cadre de référence pour la lutte contre la fraude et contre le blanchiment de capitaux et le financement du terrorisme.

Les opérateurs soumettent chaque année à l'approbation de l'Autorité leur plan d'actions en matière de lutte contre la fraude et contre le blanchiment des capitaux et le financement du terrorisme. Ils rendent compte, à cette occasion, de la mise en œuvre du plan de l'année précédente. Le plan est établi dans le respect du cadre de référence prévu à l'alinéa ci-dessus.

L'Autorité nationale des jeux évalue les résultats des actions menées par les opérateurs de jeux ou de paris en ligne et les opérateurs titulaires de droits exclusifs en matière de lutte contre la fraude et contre le blanchiment de capitaux et le financement du terrorisme et peut leur adresser des prescriptions à ce sujet.

XI. – En vue du contrôle du respect de leurs obligations par les opérateurs, le président de l'Autorité peut conclure au nom de l'État des conventions avec les autorités de régulation des jeux d'autres États membres de l'Union européenne ou d'autres États parties à l'accord sur l'Espace économique européen pour échanger les résultats des contrôles réalisés par ces autorités et par elle-même à l'égard d'opérateurs de jeux ou de paris en ligne.

De telles conventions peuvent également être conclues au nom de l'État par le président de l'Autorité nationale des jeux pour déterminer les modalités de mise en œuvre et de contrôle des offres de jeux de cercle mentionnées aux deux derniers alinéas du II de l'article 14. Ces conventions prévoient les conditions dans lesquelles l'Autorité nationale des jeux et l'autorité de régulation des jeux concernée échangent toute information ou document nécessaire à l'exercice de leurs missions, notamment en matière de prévention des activités frauduleuses ou criminelles ainsi que de lutte contre le blanchiment de capitaux et le financement du terrorisme.

Art. 38 *(Ord. nº 2019-1015 du 2 oct. 2019, art. 12, en vigueur le 1er janv. 2020)* « I. – Un contrôle permanent de l'activité des opérateurs de jeux ou de paris en ligne agréés et de l'activité de l'opérateur titulaire de droits exclusifs pour son activité de jeux de loterie en ligne est réalisé par l'Autorité nationale des jeux aux fins d'assurer le respect des objectifs définis à l'article L. 320-3 du code de la sécurité intérieure. A cet effet, les opérateurs mettent à la disposition permanente de l'Autorité nationale des jeux des données portant sur : »

1° L'identité de chaque joueur, son adresse et son adresse sur un service de communication au public en ligne ;

2° Le compte de chaque joueur, notamment sa date d'ouverture, et les références du compte de paiement mentionné au dernier alinéa de l'article 17 ;

3° Les événements de jeu ou de pari et, pour chaque joueur, les opérations associées ainsi que toute autre donnée concourant à la formation du solde du compte joueur ;

4° Les événements relatifs à l'évolution et à la maintenance des matériels, plates-formes et logiciels de jeux utilisés.

L'Autorité de régulation des jeux en ligne *[devenue l'Autorité nationale des jeux]* peut utiliser ces données afin de rechercher et d'identifier tout fait commis par un joueur ou un parieur, susceptible de constituer une fraude ou de relever du blanchiment de capitaux ou du financement du terrorisme.

(Ord. nº 2019-1015 du 2 oct. 2019, art. 12 et 50, en vigueur le 1er janv. 2020) « Un décret en Conseil d'État, pris après avis de la Commission nationale de l'informatique et des libertés, précise la liste des données que les opérateurs de jeux ou de paris en ligne et la société titulaire des droits exclusifs mentionnée à l'article 137 de la loi nº 2019-486 du 22 mai 2019 précitée sont tenus de mettre à la disposition de l'Autorité nationale des jeux. Il précise les modalités techniques de stockage et de transmission de ces données, le délai pendant lequel l'opérateur est tenu de les archiver, ainsi que les modalités des contrôles réalisés par l'Autorité nationale des jeux à partir de ces données.

« II. – Un contrôle de l'activité des opérateurs titulaires de droits exclusifs au titre de leur activité en réseau physique de distribution est réalisé par l'Autorité nationale des jeux aux fins d'assurer le respect des objectifs de la politique des jeux définis à l'article L. 320-3 du code de la sécurité intérieure.

« A cette fin, les opérateurs mettent à la disposition permanente de l'Autorité nationale des jeux des données portant sur :

« 1° Pour les joueurs identifiés :

« *a)* L'identité de chaque joueur, son adresse et son adresse sur un service de communications électroniques au public ;

« *b)* Le compte de chaque joueur, notamment sa date d'ouverture, et les références du compte de paiement mentionné au dernier alinéa de l'article 17 ;

« *c)* Les événements de jeu ou de pari et, pour chaque joueur, les opérations associées ainsi que toute autre donnée concourant à la formation du solde du compte joueur ;

« 2° Les événements relatifs à l'évolution et à la maintenance des matériels, plates-formes et logiciels de jeux utilisés ;

« 3° L'évaluation de la politique de contrôle mise en place en point de vente, notamment au regard de l'objectif de protection des mineurs ;

« 4° Les rapports et résultats des contrôles effectués sur les personnes privées exploitant un poste d'enregistrement de jeux de loterie, de jeux de paris sportifs et de paris hippiques et le respect de leurs obligations par celles-ci. Lorsqu'ils constatent un manquement grave d'une de ces personnes à ses obligations légales ou réglementaires, ils en informent sans délai l'Autorité. Celle-ci communique ces informations aux ministres chargés du budget et de l'intérieur ;

« 5° Les rapports trimestriels sur l'exploitation des jeux sous droits exclusifs. Un arrêté du ministre chargé du budget, pris sur proposition de l'Autorité, approuve le modèle de tableau de bord de ce compte-rendu trimestriel.

« L'Autorité approuve les clauses-types des contrats passés entre les opérateurs titulaires de droits exclusifs et les personnes privées exploitant un poste d'enregistrement de jeux de loterie, de jeux de paris sportifs et de paris hippiques.

« III. — L'Autorité peut conduire ou diligenter tout audit des processus métier des opérateurs sous droits exclusifs. »

Art. 39 I. — Le président de *(Ord. n° 2019-1015 du 2 oct. 2019, art. 12 et 50, en vigueur le 1er janv. 2020)* « l'Autorité nationale des jeux » saisit l'Autorité de la concurrence des situations susceptibles d'être constitutives de pratiques entravant le libre exercice de la concurrence dont il a connaissance dans le secteur des jeux en ligne, notamment lorsqu'il estime que ces pratiques sont prohibées par les articles L. 420-1 et L. 420-2 du code de commerce, l'article 25 de la présente loi ou les articles L. 333-1-1 et L. 333-1-2 du code du sport. Cette saisine peut être introduite dans le cadre d'une procédure d'urgence, conformément à l'article L. 464-1 du code de commerce.

Il peut également la saisir pour avis de toute autre question relevant de sa compétence et, notamment, en vue d'établir l'existence d'une pratique prohibée par l'article L. 420-5 du code de commerce, de manquements aux obligations définies à l'article 25 de la présente loi.

II. — L'Autorité de la concurrence communique à *(Ord. n° 2019-1015 du 2 oct. 2019, art. 12 et 50, en vigueur le 1er janv. 2020)* « l'Autorité nationale des jeux » toute saisine entrant dans le champ de compétence de celle-ci. Elle peut également saisir *(Ord. n° 2019-1015 du 2 oct. 2019, art. 12 et 50, en vigueur le 1er janv. 2020)* « l'Autorité nationale des jeux », pour avis, de toute question relative au secteur des jeux en ligne. Lorsqu'elle est consultée par l'Autorité de la concurrence sur des pratiques dont cette dernière est saisie dans le secteur des jeux d'argent et de hasard, *(Ord. n° 2019-1015 du 2 oct. 2019, art. 12 et 50, en vigueur le 1er janv. 2020)* « l'Autorité nationale des jeux » joint à son avis, dans le délai imparti, tous les éléments utiles à l'instruction de l'affaire qui sont en sa possession.

Art. 42 *(Ord. n° 2019-1015 du 2 oct. 2019, art. 12 et 50, en vigueur le 1er janv. 2020)* I. — Pour l'accomplissement des missions qui lui sont confiées, l'Autorité nationale des jeux peut recueillir toutes les informations nécessaires auprès des ministres compétents, ainsi que des opérateurs de jeux ou de paris en ligne et des opérateurs titulaires de droits exclusifs et se faire communiquer tout document en la possession de ces opérateurs. Elle peut demander l'audition de toute personne susceptible de contribuer à son information.

En matière de lutte contre la fraude et contre le blanchiment de capitaux et le financement du terrorisme, l'Autorité nationale des jeux procède à une évaluation des risques présentés par les opérateurs de jeu ou de paris en ligne et les opérateurs titulaires de droits exclusifs, et adapte l'intensité et la fréquence de ses contrôles sur pièces et sur place en fonction des risques identifiés.

II. — Des fonctionnaires et agents habilités à cet effet par le directeur général de l'Autorité nationale des jeux procèdent, sous sa direction, aux enquêtes administratives nécessaires au contrôle du respect de leurs obligations par les opérateurs de jeux ou de paris en ligne et les opérateurs titulaires de droits exclusifs. Ces agents sont également compétents pour constater une offre de jeux d'argent et de hasard en ligne en contravention avec les dispositions du titre II du livre II du code de la sécurité intérieure ou la promotion d'une telle offre. Ils sont assermentés dans des conditions définies par décret en Conseil d'État.

L'Autorité et les services compétents du ministère de l'intérieur se communiquent les renseignements et documents utiles à l'accomplissement de leurs missions respectives, y compris ceux couverts par le secret professionnel. Une convention entre l'Autorité et

le ministre de l'intérieur fixe les modalités de la coopération de celle-ci avec le service de la police nationale chargé de la police des jeux.

Les enquêtes administratives donnent lieu à l'établissement d'un procès-verbal.

III. – Dans le cadre des enquêtes qu'ils conduisent, les fonctionnaires et agents mentionnés au premier alinéa du II peuvent demander aux opérateurs tout renseignement et se faire communiquer tout document utile quel qu'en soit le support et en prendre copie. Ils ont accès, en présence de la personne responsable désignée par l'opérateur en application du dernier alinéa de l'article 16 ou, à défaut, d'un autre représentant de celui-ci aux locaux qu'il utilise à des fins professionnelles, à l'exclusion de la partie de ces locaux servant, le cas échéant, de domicile. Ils y procèdent à toute constatation.

Dans l'exercice de ces pouvoirs d'enquête, le secret professionnel ne peut leur être opposé par les opérateurs.

IV. – Les manquements d'un opérateur agréé ou d'un opérateur titulaire de droits exclusifs à ses obligations sont constatés par les fonctionnaires et agents mentionnés au II. Il en est dressé procès-verbal. Si des manquements aux obligations mentionnées aux chapitres 1er et II du titre VI du livre V du code monétaire et financier sont constatés, la procédure d'inspection est immédiatement transmise à la Commission nationale des sanctions prévue à l'article L. 561-38 du code monétaire et financier.

Art. 43 I. – Sous réserve des dispositions des articles L. 561-37 et L. 561-38 du code monétaire et financier, la commission des sanctions de *(Ord. nº 2019-1015 du 2 oct. 2019, art. 12 et 50, en vigueur le 1er janv. 2020)* « l'Autorité nationale des jeux » peut prononcer, dans les conditions prévues au présent article, des sanctions à l'encontre d'un opérateur de jeux ou de paris en ligne titulaire de l'agrément prévu à l'article 21 de la présente loi *(Ord. nº 2019-1015 du 2 oct. 2019, art. 12 et 50, en vigueur le 1er janv. 2020)* « ou d'un opérateur titulaire de droits exclusifs ».

(L. nº 2014-344 du 17 mars 2014, art. 152) « II. – *(Ord. nº 2019-1015 du 2 oct. 2019, art. 12 et 50, en vigueur le 1er janv. 2020)* « Sous réserve des compétences de la Commission nationale des sanctions prévues à l'article L. 561-38 du code monétaire et financier, le collège de l'Autorité nationale des jeux peut décider l'ouverture d'une procédure de sanction à l'encontre d'un opérateur de jeux ou de paris en ligne agréé ou d'un opérateur titulaire de droits exclusifs ayant manqué ou manquant à ses obligations législatives ou réglementaires ou méconnu une prescription qu'il lui a adressée. Dans les conditions prévues au VIII, il peut décider l'ouverture d'une procédure de sanction à l'encontre d'un casino ou d'un club de jeu. » Il notifie alors les griefs aux personnes en cause et en saisit la commission des sanctions.

« Préalablement à cette notification, le collège de *(Ord. nº 2019-1015 du 2 oct. 2019, art. 12 et 50, en vigueur le 1er janv. 2020)* « l'Autorité nationale des jeux » informe l'opérateur concerné des manquements qui lui sont imputés et des sanctions qu'il encourt, et l'invite à présenter, dans un délai qui ne peut être inférieur à trente jours, ses observations en réponse. Cette information et cette réponse sont adressées par tout moyen propre à attester de leur date de réception. »

III. – La commission des sanctions de *(Ord. nº 2019-1015 du 2 oct. 2019, art. 12 et 50, en vigueur le 1er janv. 2020)* « l'Autorité nationale des jeux » peut, avant de prononcer les sanctions prévues aux IV à VII, entendre toute personne dont l'audition lui paraît utile.

Les conditions de communication à un tiers d'une pièce mettant en jeu le secret des affaires sont définies par le décret en Conseil d'État prévu à l'article 45.

IV. – *(Ord. nº 2019-1015 du 2 oct. 2019, art. 12 et 50, en vigueur le 1er janv. 2020)* « A l'encontre des opérateurs de jeux ou paris en ligne », la commission des sanctions de l'Autorité peut prononcer, compte tenu de la gravité du manquement, une des sanctions suivantes :

1° L'avertissement ;

2° La réduction d'une année au maximum de la durée de l'agrément ;

3° La suspension de l'agrément pour trois mois au plus ;

4° Le retrait de l'agrément.

Le retrait de l'agrément peut s'accompagner de l'interdiction de solliciter un nouvel agrément pendant un délai maximal de trois ans.

V. — La commission des sanctions de l'Autorité peut, à la place ou en sus des sanctions prévues au IV, prononcer une sanction pécuniaire dont le montant est proportionné à la gravité du manquement, à la situation de l'opérateur en cause, à l'ampleur du dommage causé et aux avantages qui en sont tirés, sans pouvoir excéder 5 % du chiffre d'affaires hors taxes du dernier exercice clos correspondant à ses activités faisant l'objet de l'agrément. Ce plafond est porté à 10 % en cas de nouveau manquement. A défaut d'activité antérieure permettant de déterminer ce plafond, le montant de la sanction ne peut excéder 150 000 €, portés à 375 000 € en cas de nouvelle violation de la même obligation.

Lorsque le manquement est constitutif d'une infraction pénale, le montant de la sanction pécuniaire ne peut excéder celui prévu pour l'amende pénale.

Lorsque la commission des sanctions de l'Autorité nationale des jeux a prononcé une sanction pécuniaire devenue définitive avant que le juge pénal ait statué définitivement sur les mêmes faits ou des faits connexes, celui-ci peut ordonner que la sanction pécuniaire s'impute sur l'amende qu'il prononce.

(Ord. n° 2019-1015 du 2 oct. 2019, art. 12 et 50, en vigueur le 1er janv. 2020) « VI. — A l'encontre des opérateurs titulaires de droits exclusifs, la commission des sanctions de l'Autorité peut prononcer, selon la gravité du manquement, une des sanctions suivantes :

« 1° L'avertissement ;

« 2° La suspension à titre provisoire, pour une durée d'au plus six mois de l'exploitation du jeu ou de l'ensemble de jeux concerné ;

« 3° L'interdiction de l'exploitation du jeu ou de l'ensemble de jeu concerné ;

« 4° Le retrait de l'agrément des dirigeants de l'opérateur.

« VII. — La commission des sanctions de l'Autorité peut, à la place ou en sus des sanctions prévues au VI, prononcer une sanction pécuniaire dont le montant est proportionné à la gravité du manquement, à la situation de l'opérateur titulaire de droits exclusifs en cause, à l'ampleur du dommage causé et aux avantages qui en sont tirés, sans pouvoir excéder 5 % du chiffre d'affaires hors taxes du dernier exercice clos correspondant aux activités faisant l'objet des droits exclusifs. Ce plafond est porté à 10 % en cas de nouveau manquement.

« Lorsque le manquement est constitutif d'une infraction pénale, le montant de la sanction pécuniaire ne peut excéder celui prévu pour l'amende pénale.

« Lorsque la commission des sanctions de l'Autorité nationale des jeux a prononcé une sanction pécuniaire devenue définitive avant que le juge pénal ait statué définitivement sur les mêmes faits ou des faits connexes, celui-ci peut ordonner que la sanction pécuniaire s'impute sur l'amende qu'il prononce. ;

« VIII. — A l'encontre des casinos et des clubs de jeux qui méconnaissent leurs obligations en matière de prévention du jeu excessif ou pathologique, la commission des sanctions de l'Autorité peut prononcer une sanction pécuniaire dont le montant est proportionné à la gravité du manquement, à la situation du casin° ou du club de jeux en cause, à l'ampleur du dommage causé et aux avantages qui en sont tirés, sans pouvoir excéder 5 % du chiffre d'affaires hors taxes du dernier exercice clos correspondant à ses activités de jeux. Ce plafond est porté à 10 % en cas de nouveau manquement. A défaut d'activité antérieure permettant de déterminer le plafond, le montant de la sanction ne peut excéder 150 000 euros, portés à 375 000 euros en cas de nouvelle violation de la même obligation.

« IX. — Lorsqu'un opérateur agréé de jeux ou de paris en ligne ou un opérateur titulaire de droits exclusifs communique des informations inexactes, refuse de fournir les informations demandées ou fait obstacle au déroulement de l'enquête menée par les fonctionnaires ou agents habilités en application du II de l'article 42, la commission des sanctions de l'Autorité nationale des jeux peut, après mise en demeure de l'opérateur par le président de l'Autorité restée infructueuse, prononcer une sanction pécuniaire d'un montant qui ne peut excéder 100 000 euros.

« X. — La commission des sanctions peut en outre décider, à l'encontre des personnes physiques et morales frappées des sanctions mentionnées aux IV à VIII :

« 1° La publication de la décision prononcée au *Journal officiel* ;

« 2° L'affichage ou la diffusion de cette décision dans les conditions prévues par l'article 131-35 du code pénal. »

Art. 44 I. – Les sanctions prévues à l'article 43 sont prononcées après que *(Ord. n° 2019-1015 du 2 oct. 2019, art. 12 et 50, en vigueur le 1er janv. 2020)* « la personne morale ou physique concernée » a reçu notification des griefs et a été mis à même de consulter le dossier et de présenter ses observations écrites ou orales. Les décisions de sanction sont motivées et notifiées à l'intéressé.

(L. n° 2016-731 du 3 juin 2016, art. 82) « Les sanctions pécuniaires prononcées en application du même article 43 peuvent faire l'objet d'une majoration, dans la limite de 10 % de leur montant, mise à la charge de l'opérateur sanctionné et destinée à financer l'aide aux victimes.

« Le montant de la majoration est fixé en fonction de la gravité du manquement, de la situation de l'opérateur, de l'ampleur du dommage causé et des avantages qui en sont tirés. »

Les sanctions pécuniaires sont recouvrées comme les créances de l'État étrangères à l'impôt et au domaine.

II. – Les décisions prononcées par la commission des sanctions peuvent faire l'objet d'un recours de pleine juridiction devant la juridiction administrative par les personnes sanctionnées et par le président de *(Ord. n° 2019-1015 du 2 oct. 2019, art. 12 et 50, en vigueur le 1er janv. 2020)* « l'Autorité nationale des jeux », après accord du collège.

III. – La commission des sanctions de *(Ord. n° 2019-1015 du 2 oct. 2019, art. 12 et 50, en vigueur le 1er janv. 2020)* « l'Autorité nationale des jeux » ne peut être saisie de faits remontant à plus de trois ans s'il n'a été fait aucun acte tendant à leur recherche, leur constatation ou leur sanction.

IV. – Le président de *(Ord. n° 2019-1015 du 2 oct. 2019, art. 12 et 50, en vigueur le 1er janv. 2020)* « l'Autorité nationale des jeux » ou celui de la commission des sanctions informe sans délai le procureur de la République des faits qui sont susceptibles de recevoir une qualification pénale. Lorsque le procureur de la République décide de mettre en mouvement l'action publique sur les faits objets de la transmission, il en informe sans délai *(Ord. n° 2019-1015 du 2 oct. 2019, art. 12 et 50, en vigueur le 1er janv. 2020)* « l'Autorité nationale des jeux ».

Art. 45 Un décret en Conseil d'État détermine les conditions d'application des articles 43 et 44.

CHAPITRE XII *MESURES DE LUTTE CONTRE LES SITES ILLÉGAUX DE JEUX D'ARGENT*

Art. 56 I. – Quiconque aura offert ou proposé au public une offre en ligne de paris ou de jeux d'argent et de hasard sans être titulaire de l'agrément mentionné à l'article 21 ou d'un droit exclusif est puni de trois ans d'emprisonnement et de 90 000 € d'amende. Ces peines sont portées à sept ans d'emprisonnement et à 200 000 € d'amende lorsque l'infraction est commise en bande organisée.

II. – *V. L. n° 83-628 du 12 juill. 1983, art. 1er.*

III. – *V. L. du 21 mai 1836 portant prohibition des loteries, art. 3.*

IV. – Les personnes physiques coupables de l'infraction prévue au I encourent également les peines complémentaires suivantes :

1° L'interdiction des droits civiques, civils et de famille dans les conditions prévues à l'article 131-26 du code pénal ;

2° La confiscation des biens mobiliers et immobiliers, divis ou indivis, ayant servi directement ou indirectement à commettre l'infraction ou qui en sont le produit, y compris les fonds ou effets exposés au jeu ou mis en loterie ainsi que les meubles ou effets mobiliers dont les lieux sont garnis ou décorés, à l'exception des objets susceptibles de donner lieu à restitution ;

3° L'affichage ou la diffusion de la décision prononcée dans les conditions prévues à l'article 131-35 du code pénal ;

4° La fermeture définitive, ou pour une durée de cinq ans au plus, des établissements ou de l'un ou de plusieurs des établissements de l'entreprise ayant servi à commettre les faits incriminés ;

5° L'interdiction, suivant les modalités prévues par l'article 131-27 du code pénal, soit d'exercer une fonction publique ou d'exercer l'activité professionnelle ou sociale dans l'exercice ou à l'occasion de l'exercice de laquelle l'infraction a été commise, soit d'exercer une profession commerciale ou industrielle, de diriger, d'Administrer de gérer ou de contrôler à un titre quelconque, directement ou indirectement, pour son propre compte ou pour le compte d'autrui, une entreprise commerciale ou industrielle, ou une société commerciale. Ces interdictions d'exercice peuvent être prononcées cumulativement.

V. — Les personnes morales déclarées responsables pénalement, dans les conditions prévues à l'article 121-2 du code pénal, de l'infraction prévue au I du présent article encourent, outre l'amende suivant les modalités prévues par l'article 131-38 du code pénal, les peines mentionnées aux 1°, 4°, 8° et 9° de l'article 131-39 du même code. Elles encourent également l'interdiction, pour une durée de cinq ans au plus, de solliciter l'agrément prévu à l'article 21 de la présente loi ainsi que l'autorisation prévue à l'article *(L. nº 2014-344 du 17 mars 2014, art. 158)* « L. 321-1 du code de la sécurité intérieure » et, le cas échéant, le retrait d'un tel agrément ou autorisation si la personne morale en est titulaire au moment du jugement.

VI. — *V. L. du 21 mai 1836 portant prohibition des loteries, art. 3.*

VII. — *V. L. nº 83-628 du 12 juill. 1983, art. 3 et 4.*

VIII. — *V. L. du 2 juin 1891 ayant pour objet de réglementer l'autorisation et le fonctionnement des courses de chevaux, art. 4.*

Art. 57 *(Abrogé par Ord. nº 2019-738 du 17 juill. 2019, art. 26)* « *I. —* » Quiconque fait de la publicité, par quelque moyen que ce soit, en faveur d'un site de paris ou de jeux d'argent et de hasard non autorisé en vertu d'un droit exclusif ou de l'agrément prévu à l'article 21 est puni d'une amende de 100 000 €. Le tribunal peut porter le montant de l'amende au quadruple du montant des dépenses publicitaires consacrées à l'activité illégale.

Ces peines sont également encourues par quiconque a, par quelque moyen que ce soit, diffusé au public, aux fins de promouvoir des sites de jeux en ligne ne disposant pas de l'agrément prévu à l'article 21, les cotes et rapports proposés par ces sites non autorisés.

(Abrogé par L. nº 2022-296 du 2 mars 2022, art. 49) « ***Le président de l'Autorité de régulation des jeux en ligne peut saisir le président du tribunal judiciaire de Paris, statuant en référé, aux fins de voir ordonnée toute mesure permettant la cessation de toute publicité en faveur d'un site de paris ou de jeux d'argent et de hasard non autorisé en vertu d'un droit exclusif ou de l'agrément prévu à l'article 21 ou en contravention avec le titre II du livre III du code de la sécurité intérieure.*** »

II. — *V. L. du 21 mai 1836, art. 4.*

III. — *V. L. du 2 juin 1891, art. 4.*

IV. — *V. L. nº 83-628 du 12 juill. 1983, art. 1er.*

Art. 58 *V. C. pr. pén., art. 28-1, V. —* **C. pr. pén.**

Art. 59 *(L. nº 2012-354 du 14 mars 2012, art. 21)* Dans le but de constater *(Ord. nº 2019-1015 du 2 oct. 2019, art. 12, en vigueur le 1er janv. 2020)* « une offre de jeux d'argent et de hasard en ligne en contravention avec les dispositions du titre II du livre II du code de la sécurité intérieure ou la promotion d'une telle offre », les officiers et agents de police judiciaire désignés par le ministre de l'intérieur, les agents des douanes désignés par le ministre chargé des douanes et les fonctionnaires et agents mentionnés au II de l'article 42 peuvent, sans en être pénalement responsables :

(Ord. nº 2019-1015 du 2 oct. 2019, art. 12, en vigueur le 1er janv. 2020) « 1° Participer sous une identité d'emprunt à des échanges électroniques sur un site de jeux ou paris agréé ou non, et notamment à une session de jeu en ligne. L'utilisation d'une identité d'emprunt est sans incidence sur la régularité des constatations effectuées. Un décret en Conseil d'État précise les conditions dans lesquelles, dans ce cas, les fonctionnaires et agents concernés procèdent à leurs constatations ; »

2° Extraire, acquérir ou conserver par ce moyen *(L. nº 2014-1353 du 13 nov. 2014, art. 20-II)* « les éléments de preuve et les données » sur les personnes susceptibles d'être les auteurs de ces infractions ainsi que sur les comptes bancaires utilisés.

(L. nº 2014-1353 du 13 nov. 2014, art. 20-II) « 3º Extraire, transmettre en réponse à une demande expresse, acquérir ou conserver des contenus illicites dans des conditions fixées par décret. »

A peine de nullité, ces actes ne peuvent avoir pour effet d'inciter autrui à commettre une infraction ou de contrevenir *(Ord. nº 2019-1015 du 2 oct. 2019, art. 12, en vigueur le 1er janv. 2020)* « aux dispositions de l'article L. 320-8 et du premier alinéa de l'article L. 320-9 du code de la sécurité intérieure ».

La communication des documents nécessaires à la recherche et à la constatation des infractions mentionnées au premier alinéa du présent article peut être demandée par les agents des douanes dans les conditions prévues à l'article 65 du code des douanes.

Les fonctionnaires ou agents mentionnés au premier alinéa du présent article consignent les informations ainsi recueillies par procès-verbal, transmis sans délai au procureur de la République.

Ce procès-verbal peut être utilisé par *(Ord. nº 2019-1015 du 2 oct. 2019, art. 12, en vigueur le 1er janv. 2020)* « l'Autorité nationale des jeux » dans l'exercice de ses missions et notamment aux fins de mise en œuvre de la procédure prévue à l'article L. 563-2 du code monétaire et financier et de la procédure prévue à l'article 61 de la présente loi. Pour la mise en œuvre de ces procédures, le secret bancaire n'est pas opposable aux enquêteurs assermentés de l'Autorité de régulation des jeux en ligne.

Ce procès-verbal est tenu à la disposition de l'administration fiscale conformément à l'article L. 84 B du livre des procédures fiscales.

Art. 60 *V. C. douanes, art. 65 ter. — **C. douanes**.*

Art. 61 *(L. nº 2022-296 du 2 mars 2022, art. 49)* Le président de l'Autorité nationale des jeux adresse à la personne dont l'offre de jeux d'argent et de hasard en ligne est accessible sur le territoire français et qui ne peut se prévaloir de l'une des dérogations mentionnées à l'article L. 320-6 du code de la sécurité intérieure une mise en demeure de cesser cette activité. Cette mise en demeure, qui peut être notifiée par tout moyen propre à en établir la date de réception, rappelle les dispositions de l'article 56 de la présente loi et invite son destinataire à présenter ses observations dans un délai de cinq jours.

Le président de l'Autorité nationale des jeux adresse à la personne qui fait de la publicité en faveur d'un site de jeux d'argent et de hasard non autorisé ou qui diffuse au public les cotes et rapports proposés par un tel site une mise en demeure de cesser cette activité. Cette mise en demeure, qui peut être notifiée par tout moyen propre à en établir la date de réception, rappelle les dispositions des premier ou deuxième alinéas de l'article 57 applicables en l'espèce, enjoint à son destinataire de cesser cette promotion et l'invite à présenter ses observations dans un délai de cinq jours.

Le président de l'Autorité nationale des jeux adresse aux personnes mentionnées au 2 du I de l'article 6 de la loi nº 2004-575 du 21 juin 2004 pour la confiance dans l'économie numérique une copie des mises en demeure adressées aux personnes mentionnées aux deux premiers alinéas du présent article. Il enjoint à ces mêmes personnes de prendre toute mesure pour empêcher l'accès à ces contenus illicites et les invite à présenter leurs observations dans un délai de cinq jours. La copie des mises en demeure et l'injonction leur sont notifiées par tout moyen propre à en établir la date de réception.

Lorsque tous les délais mentionnés aux trois premiers alinéas du présent article sont échus, le président de l'Autorité nationale des jeux notifie aux personnes mentionnées au 1 du I de l'article 6 de la loi nº 2004-575 du 21 juin 2004 précitée ainsi qu'à toute personne exploitant un moteur de recherche ou un annuaire les adresses électroniques des interfaces en ligne dont les contenus sont illicites et leur ordonne de prendre toute mesure utile destinée à en empêcher l'accès ou à faire cesser leur référencement, dans un délai qu'il détermine et qui ne peut être inférieur à cinq jours.

Pour l'application du quatrième alinéa du présent article, une interface en ligne s'entend de tout logiciel, y compris un site internet, une partie de site internet ou une application, exploité par un professionnel ou pour son compte et permettant aux utilisateurs finaux d'accéder aux biens ou aux services qu'il propose.

Le non-respect des mesures ordonnées en application du même quatrième alinéa est puni des peines mentionnées au 1 du VI de l'article 6 de la loi n° 2004-575 du 21 juin 2004 précitée.

Le président de l'Autorité nationale des jeux peut également être saisi par le ministère public et toute personne physique ou morale ayant intérêt à agir, afin qu'il mette en œuvre les pouvoirs qui lui sont confiés en application du présent article.

Art. 62 *V. C. mon. fin., art. L. 563-2. —* ***C. mon. fin.***

CHAPITRE XIII *DISPOSITIONS RELATIVES À L'EXPLOITATION DES MANIFESTATIONS SPORTIVES ET À LA LUTTE CONTRE LA FRAUDE ET LA TRICHERIE DANS LE CADRE DE CES MANIFESTATIONs*

Art. 63 *V. C. sport, art. L. 333-1 à L. 333-1-3. —* ***C. sport.***

CHAPITRE XIV *DISPOSITIONS RELATIVES AUX ACTIVITÉS DE JEUX ET PARIS PLACÉES SOUS LE RÉGIME DE DROITS EXCLUSIFS*

Art. 64 *V. C. mon. fin., art. L. 561-36. —* ***C. mon. fin.***

Art. 65 *V. L. du 2 juin 1891 ayant pour objet de réglementer l'autorisation et le fonctionnement des courses de chevaux, art. 2 et 5.*

Art. 66 *Abrogé par Ord. n° 2019-1015 du 2 oct. 2019, art. 12, à compter du 1er janv. 2020. — V. CSI, art. L. 320-9 et L. 320-11, supra.*

Arrêté du 13 juin 2014,

Portant approbation du référentiel général de sécurité et précisant les modalités de mise en œuvre de la procédure de validation des certificats électroniques.

V. Décr. n° 2010-112 du 2 févr. 2010, supra.

Art. 1er La version 2.0 du référentiel général de sécurité prévu à l'article 2 du décret du 2 février 2010 susvisé est approuvée.

Art. 2 Le référentiel général de sécurité mentionné à l'article 1er est disponible par voie électronique sur le site internet de l'Agence nationale de la sécurité des systèmes d'information (www.ssi.gouv.fr/rgs) et sur le site internet du secrétariat général à la modernisation de l'action publique (www.references.modernisation.gouv.fr).

Art. 3 La liste des informations relatives à la délivrance et à la validation des certificats électroniques prévue à l'article 22 du décret du 2 février 2010 susvisé est fixée dans le référentiel général de sécurité.

Art. 4 Les modalités de mise en œuvre de la procédure de validation des certificats électroniques prévues à l'article 23 du décret du 2 février 2010 susvisé sont précisées dans le référentiel général de sécurité.

Art. 5 L'arrêté du 6 mai 2010 portant approbation du référentiel général de sécurité et précisant les modalités de mise en œuvre de la procédure de validation des certificats électroniques est abrogé.

Toutefois, les certificats électroniques et les contremarques de temps conformes aux annexes de la version du référentiel général de sécurité approuvée par l'arrêté du 6 mai 2010 portant approbation du référentiel général de sécurité et précisant les modalités de mise en œuvre de la procédure de validation des certificats électroniques pourront continuer à être émis *(Arr. du 10 juin 2015, art. 1er)* « pendant les deux ans qui suivent » l'entrée en vigueur du présent arrêté. Les autorités administratives devront accepter ces certificats électroniques et ces contremarques de temps pendant leur durée de vie, qui ne pourra excéder trois ans.

Art. 6 Le présent arrêté entre en vigueur le 1er juillet 2014.

Toutefois, les autorités administratives ne sont tenues d'accepter les certificats électroniques et les contremarques de temps conformes aux annexes du référentiel général

de sécurité approuvé par le présent arrêté qu'à compter du *(Arr. du 10 juin 2015, art. 1er)* « 1er juillet 2016. »

Art. 7 Le présent arrêté sera publié au *Journal officiel* de la République française.

Circulaire n° 5725/SG du 17 juillet 2014,

Politique de sécurité des systèmes d'information de l'État.

Préambule

La politique de sécurité des systèmes d'information de l'État (PSSIE) contribue à :

• assurer la continuité des activités régaliennes ;

• prévenir la fuite d'informations sensibles ;

• renforcer la confiance des citoyens et des entreprises dans les téléprocédures.

Le présent document définit les mesures de sécurité applicables aux systèmes d'information de l'État. Il s'appuie sur 10 principes stratégiques :

• P1. Lorsque la maîtrise de ses systèmes d'information l'exige, l'administration fait appel à des opérateurs et des prestataires de confiance.

• P2. Tout système d'information de l'État doit faire l'objet d'une analyse de risques permettant une prise en compte préventive de sa sécurité, adaptée aux enjeux du système considéré. Cette analyse s'inscrit dans une démarche d'amélioration continue de la sécurité du système, pendant toute sa durée de vie. Cette démarche doit également permettre de maintenir à jour une cartographie précise des systèmes d'information en service.

• P3. Les moyens humains et financiers consacrés à la sécurité des systèmes d'information de l'État doivent être planifiés, quantifiés et identifiés au sein des ressources globales des systèmes d'information.

• P4. Des moyens d'authentification forte des agents de l'État sur les systèmes d'information doivent être mis en place. L'usage d'une carte à puce doit être privilégié.

• P5. Les opérations de gestion et d'administration des systèmes d'information de l'État doivent être tracées et contrôlées.

• P6. La protection des systèmes d'information doit être assurée par l'application rigoureuse de règles précises. Ces règles font l'objet de la présente PSSIE.

• P7. Chaque agent de l'État, en tant qu'utilisateur d'un système d'information, doit être informé de ses droits et devoirs mais également formé et sensibilisé à la cybersécurité. Les mesures techniques mises en place par l'État dans ce domaine doivent être connues de tous.

• P8. Les administrateurs des systèmes d'information doivent appliquer, après formation, les règles élémentaires d'hygiène informatique.

• P9. Les produits et services acquis par les administrations et destinés à assurer la sécurité des systèmes d'information de l'État doivent faire l'objet d'une évaluation et d'une attestation préalable de leur niveau de sécurité, selon une procédure reconnue par l'ANSSI ("labellisation").

• P10. Les informations de l'administration considérées comme sensibles, en raison de leurs besoins en confidentialité, intégrité ou disponibilité, sont hébergées sur le territoire national.

La PSSIE s'adresse à l'ensemble des agents de l'État, et tout particulièrement :

• aux autorités hiérarchiques, qui sont responsables de la sécurité des informations traitées au sein de leurs services ;

• aux agents chargés des fonctions de directeurs des systèmes d'information (DSI) ;

• aux personnes chargées de la sécurité et de l'exploitation des systèmes d'information.

La PSSIE énonce des mesures techniques générales, qui constituent un socle minimal. Pour certaines applications, ce socle minimal ne devra pas être considéré comme suffisant. Chaque ministère s'appuiera sur la PSSIE, sur les normes existantes et sur les guides techniques de l'ANSSI pour élaborer des mesures techniques détaillées.

PREMIÈRE PARTIE *Instruction*

Art. 1er *Objet de l'instruction.* La présente instruction fixe les conditions de mise en œuvre de la politique de sécurité des systèmes d'information de l'État (PSSIE).

Art. 2 *Champ d'application.* La PSSIE s'applique à tous les systèmes d'information (SI) des administrations de l'État : ministères, établissements publics sous tutelle d'un ministère, services déconcentrés de l'État et autorités administratives indépendantes. Ces administrations sont dénommées "entités" dans le reste du texte.

La PSSIE concerne l'ensemble des personnes physiques ou morales intervenant dans ces SI, qu'il s'agisse des administrations de l'État et de leurs agents ou bien de tiers (prestataires ou sous-traitants) et de leurs employés.

La PSSIE ne s'impose pas aux systèmes aptes à traiter des informations classifiées de défense, soumis à un corpus réglementaire spécifique. Il appartient aux responsables des entités concernées d'assurer une cohérence entre les dispositions de la présente PSSIE et la réglementation relative à la protection des informations classifiées de défense.

La plupart des règles de sécurité de la PSSIE constituent des règles de base qui devraient pouvoir être appliquées plus largement, au-delà des administrations de l'État.

Art. 3 *Date d'entrée en vigueur.* La PSSIE entre en vigueur le jour de sa publication.

Art. 4 *Dispositions transitoires.* La mise en application de la PSSIE s'effectue selon les règles suivantes :

• les SI des administrations de l'État devront être en conformité totale dans les trois ans suivant la publication de la PSSIE ;

• les entités devront, au 1er janvier 2015, avoir mis en conformité leur politique de sécurité des systèmes d'information (PSSI) et défini un plan d'action. Celui-ci tiendra compte des impacts sur les activités ainsi que des moyens financiers et humains à mettre en œuvre. Il sera établi un calendrier de mise en conformité indiquant les mesures à prendre dans l'immédiat puis à court et à long terme.

Art. 5 *Formation des agents.* Les ministères forment leurs agents chargés d'appliquer la PSSIE. Ces derniers doivent être sensibilisés à la sécurité des SI (SSI) et au respect des règles de sécurité. Les agents exploitant les SI ou assurant des missions en lien avec la SSI font l'objet de formations adaptées, dispensées par les ministères eux-mêmes.

Art. 6 *Pilotage et évolutions de la PSSIE.* La PSSIE est amenée à évoluer dans le temps. Elle pourra notamment être revue afin de prendre en compte :

• les évolutions des menaces et les retours d'expérience des traitements d'incidents ;

• les résultats d'analyses de risques ainsi que les actions découlant de contrôles ou d'inspections ;

• les évolutions des contextes organisationnel, juridique, réglementaire et technologique.

Le suivi de ces évolutions est assuré par un groupe de pilotage présidé par l'ANSSI, composé de représentants de la Présidence de la République, des services du Premier ministre, de la direction interministérielle des systèmes d'information et de communication (DISIC) et des ministères. Ce groupe a pour principales missions :

• de suivre la mise en œuvre de la PSSIE ;

• de proposer des mises à jour ;

• de proposer des documents complémentaires et des directives permettant d'en faciliter ou d'en préciser la mise en œuvre ;

• de suivre les évolutions des documents techniques.

Art. 7 *Organisation de l'État pour la mise en application de la PSSIE.* Une organisation spécifique, destinée à assurer la sécurité et la défense des SI, est mise en place à tous les niveaux de l'État et au sein de chaque entité.

L'ANSSI assure la fonction d'autorité nationale de sécurité et de défense des systèmes d'information, conformément au décret n° 2009-834 du 7 juillet 2009. A ce titre, et dans le cadre des orientations fixées par le Premier ministre, l'ANSSI décide des mesures que l'État met en œuvre pour répondre aux crises affectant ou menaçant

la sécurité des systèmes d'information des autorités publiques et des opérateurs d'importance vitale. Elle coordonne l'action gouvernementale en la matière.

Dans le cadre de ses missions, l'ANSSI :

• est chargée d'élaborer les mesures de protection des SI proposées au Premier ministre et de veiller à leur application. C'est dans ce cadre que la présente PSSIE a été définie ;

• est chargée de mener des inspections des systèmes d'information au sein des services de l'État ;

• établit et tient à jour en permanence la situation des systèmes d'information de l'État, en liaison avec les chaînes fonctionnelles SSI et les directions des systèmes d'information (DSI) des ministères ;

• met en œuvre un centre de détection chargé de la surveillance permanente des réseaux, afin de réagir au plus tôt en cas d'attaque informatique ;

• assure des échanges d'informations avec les constructeurs de matériels, les éditeurs de logiciels ainsi que les opérateurs de communications électroniques et les opérateurs d'importance vitale, afin de mieux comprendre les mécanismes d'attaques, d'étudier les parades possibles et de favoriser la diffusion rapide des correctifs de sécurité.

Au niveau ministériel, l'organisation fonctionnelle en matière de sécurité des SI s'appuie sur le haut fonctionnaire de défense et de sécurité (HFDS) *[Dans l'ensemble du texte, ce terme désigne également les hauts-fonctionnaires correspondants de défense et de sécurité (HFCDS), ainsi que le haut fonctionnaire de défense du ministère de l'Intérieur (HFD)]*, lui-même assisté par un fonctionnaire de sécurité des systèmes d'information (FSSI), ou sur les personnes assurant ces fonctions au sein de la Présidence de la République. Le HFDS est responsable de l'application générale de la PSSIE.

Chaque entité est placée sous la responsabilité d'une autorité qualifiée en sécurité des systèmes d'informations (appelée AQSSI). Cette autorité a notamment pour mission de désigner, sur son périmètre de compétence, les autorités d'homologation de sécurité des SI. L'autorité qualifiée est assistée par un ou plusieurs responsables de la sécurité d'un système d'information (RSSI *[D'autres titres peuvent désigner la fonction de RSSI. Politique de sécurité des systèmes d'information de l'État]*).

Chaque entité contribue à la protection et la défense des systèmes d'information de l'État par la mise en place d'une "chaîne opérationnelle", qui rend compte régulièrement à la chaîne fonctionnelle SSI. Cette chaîne opérationnelle s'appuie notamment sur les équipes directement en charge des SI et a pour mission :

• d'organiser et de mettre en œuvre la capacité opérationnelle de détection et de traitement des incidents ;

• d'assurer la circulation des informations du ministère vers l'ANSSI (incidents, données techniques d'éléments suspects, traces, cartographie) et de l'ANSSI vers le ministère (vulnérabilités, alertes, mesures).

Art. 8 *Mise en application ministérielle de la PSSIE.* Chaque entité met en place un dispositif de gestion des risques pour ses systèmes d'information. Ce dispositif doit permettre une meilleure maîtrise de la sécurité des SI par la mise en œuvre de mesures de protection proportionnées aux enjeux et en adéquation avec les risques encourus.

Cette gestion s'appuie sur un processus régulier d'identification, d'appréciation et de traitement des risques. Ce dispositif doit aussi permettre de s'assurer que les mesures de sécurité sont adaptées. Le choix de ces mesures est effectué en s'assurant que les actions prévues et les coûts engendrés sont proportionnés à la réduction du risque. Les entités peuvent s'appuyer sur les guides et recommandations publiés par l'ANSSI.

Dans ce but, chaque entité :

• met en place une organisation en application de la PSSIE ;

• établit un inventaire de ses systèmes d'information et en évalue la sensibilité ;

• conduit une analyse de risques pour ses systèmes d'information, selon la méthode préconisée dans le référentiel général de sécurité (RGS) et met en place les mesures de sécurité applicables ;

• conduit des actions de motivation : sensibilisation et formation à la sécurité des systèmes d'information, communication claire sur les sanctions encourues (par exemple, dans les chartes d'usage des SI) ;

• conduit des actions régulières de contrôle du niveau de sécurité de ses systèmes d'information et met en œuvre les actions correctives nécessaires ;

• met en place les processus lui permettant de faire face aux alertes, aux incidents de sécurité et aux situations d'urgence.

Chaque ministère organise et coordonne l'application de la PSSIE au sein de ses entités. Il adapte les règles lorsque cela est nécessaire et justifié, élabore les documents techniques de référence à portée ministérielle et établit un plan d'action pluriannuel, en précisant le cas échéant les étapes successives menant à l'application de la PSSIE.

Il peut être nécessaire, dans certains cas, de déroger à des règles énoncées par la PSSIE. Il appartient alors à l'autorité de l'entité concernée de leur substituer formellement des règles spécifiques. Pour chacune de ces règles, la dérogation, motivée et justifiée, doit être expressément accordée par le HFDS dont dépend l'entité. La décision de dérogation, accompagnée de la justification, est tenue à la disposition de l'ANSSI.

Chaque ministère élabore un bilan annuel comportant :

– une synthèse de l'état d'avancement de la cartographie des SI et de ses mises à jour :

– des indicateurs permettant d'appréhender la maturité générale en termes de SSI ;

– l'état d'avancement de l'organisation en sécurité et de l'application des règles édictées par la PSSIE ;

– un récapitulatif des actions réalisées pour la mise en conformité à la PSSIE ;

– un récapitulatif des incidents significatifs constatés (accompagnés éventuellement de descriptifs des dispositions mise *[mises]* en œuvre pour les résoudre) ;

– un récapitulatif des exercices menés (avec les enseignements associés et un descriptif synthétique des plans d'actions qui en sont issus).

Art. 9 *Contrôle et suivi de l'application de la PSSIE.* La cohérence globale de la PSSI de chaque ministère et sa conformité avec la PSSIE sont de la responsabilité du HFDS.

Le respect de la PSSIE fait l'objet, pour chaque ministère, de contrôles réguliers à différents niveaux, sous la responsabilité de la chaîne fonctionnelle SSI avec compte-rendu au FSSI. Le HFDS désigne les organismes compétents pour la réalisation de ces contrôles.

Au plan interministériel, l'ANSSI vérifie, en particulier lors des inspections ministérielles, la conformité des dispositions prises par les entités avec les exigences de la présente PSSIE.

En complément, des actions de contrôle peuvent être engagées à la suite d'incidents de sécurité majeurs, ou en cas de forte suspicion de non-conformité. L'ANSSI établit le bilan annuel de la sécurité des systèmes d'information de l'État à partir du résultat des contrôles menés, et du bilan annuel de la SSI établi par chaque ministère.

Art. 10 *Traitement des incidents et gestion de crise.* La rapidité des attaques informatiques rend nécessaire une veille renforcée et une réaction coordonnée des différents acteurs. Afin de rétablir le fonctionnement rapide des activités vitales de l'État, une stratégie de traitement des incidents et de gestion de crise est mise en place.

L'ensemble des acteurs (utilisateurs, responsables d'applications, des réseaux et des centres serveurs...) doit remonter tout événement affectant ou pouvant affecter la disponibilité, l'intégrité, la confidentialité ou la traçabilité des systèmes d'information d'une entité. Ces incidents de sécurité doivent être signalés rapidement à la chaîne fonctionnelle SSI du ministère. Les incidents jugés significatifs sont remontés à l'ANSSI sous la responsabilité du HFDS.

Une alerte est une action d'information portant à la connaissance des acteurs concernés des situations ou des faits techniques relatifs à la sécurité des systèmes d'information et nécessitant un traitement et une vérification des mesures prises. Les alertes sont issues de la veille permanente effectuée par les CERT internationaux et par l'ANSSI. Les alertes significatives sont signalées par l'ANSSI aux FSSI. Leur prise en compte au sein de chaque ministère est organisée sous la responsabilité du HFDS.

Une situation d'urgence SSI résulte de toute alerte ou incident sur un ou plusieurs SI générant un dysfonctionnement majeur des activités du ministère. Une situation de cette nature impose une forte réactivité et une coordination planifiée des différents acteurs concernés. Il est donc impératif que les ministères prennent en compte la pro-

blématique SSI dans leur organisation de gestion de crise et leurs plans de continuité et de reprise d'activité. Ces actions doivent être menées en cohérence avec la planification interministérielle de gestion de crise.

DEUXIÈME PARTIE *Objectifs et règles*

Les 10 principes stratégiques à la base de la PSSIE sont traduits en objectifs à atteindre. Des règles permettant de contribuer à la réalisation de chaque objectif sont énoncées.

Politique, organisation, gouvernance

Organisation de la sécurité des systèmes d'information

> *Objectif 1 : organisation de la SSI.* Mettre en place une organisation adéquate, garantissant la prise en compte préventive et réactive de la sécurité.

Organisation SSI

ORG-SSI : organisation SSI. Une organisation dédiée à la SSI est déployée à tous les niveaux de l'État, au sein de chaque ministère et au sein de chaque entité suivant les principes de l'IGI 1300. Cette organisation, établie selon les directives du haut fonctionnaire de défense et de sécurité (HFDS), définit les responsabilités internes et à l'égard des tiers, les modalités de coordination avec les autorités externes, ainsi que les modalités d'application des mesures de protection. Des procédures d'applications sont écrites et portées à la connaissance de tous.

Acteurs SSI

ORG-ACT-SSI : identification des acteurs SSI. L'organisation SSI de l'État s'appuie sur des acteurs SSI clairement identifiés, à tous les niveaux d'organisation de l'État. Les acteurs responsables en matière de SSI pour la protection du secret de la défense désignés dans l'IGI 1300, et les agents chargés de les assister dans cette mission, sont responsables de la mise en application générale de la politique SSI de l'État. Ils sont référencés dans un annuaire interministériel. Cette chaîne fonctionnelle s'appuie, pour chaque ministère, sur le HFDS, assisté par un fonctionnaire de sécurité des systèmes d'information (FSSI).

Responsabilités internes

ORG-RSSI : désignation du responsable SSI. Chaque autorité qualifiée en sécurité des systèmes d'information (AQSSI) s'appuie sur un ou plusieurs responsables de la sécurité des systèmes d'information (RSSI), chargé(s) de l'assister dans le pilotage et la gestion de la SSI. Des "correspondants locaux SSI" peuvent être désignés, le cas échéant, afin de constituer un relais du RSSI. Le RSSI d'une entité fait valider les mesures d'application de la PSSIE par l'autorité qualifiée et veille à leur application. Des dénominations alternatives des fonctions citées ci-dessus peuvent être utilisées si nécessaire.

ORG-RESP : formalisation des responsabilités. Une note d'organisation fixe la répartition au sein de chaque entité et au niveau local des responsabilités et rôles en matière de SSI. Cette note sera, le plus souvent, proposée par le RSSI et validée par l'autorité qualifiée.

Responsabilités vis-à-vis des tiers

ORG-TIERS : gestion contractuelle des tiers. Le RSSI coordonne les actions permettant l'intégration des clauses liées à la SSI dans tout contrat ou convention impliquant un accès par des tiers à des informations ou à des ressources informatiques.

PSSI ministérielle

ORG-PIL-PSSIM : définition et pilotage de la PSSI ministérielle. Chaque ministère établit une politique SSI ministérielle, sous la responsabilité du HFDS. Cette politique reprend

le socle commun établi par la présente PSSIE. Une structure de pilotage de la PSSI ministérielle est définie. Cette structure est chargée de sa mise en place, de son évolution, de son suivi et de son contrôle.

Application des mesures de sécurité au sein de l'entité

ORG-APP-INSTR : application de l'instruction dans l'entité. Le RSSI planifie les actions de mise en application de la PSSIE. Il rend compte régulièrement de la mise en application des mesures de sécurité auprès de son autorité qualifiée et du FSSI.

ORG-APP-DOCS : formalisation de documents d'application. Le RSSI formalise et tient à jour les documents d'application, approuvés par l'autorité qualifiée, permettant la mise en œuvre des mesures de la PSSIE sur son périmètre.

Ressources humaines

Objectif 2 : ressources humaines. Faire des personnes les maillons forts des SI de l'État.

Utilisateurs

RH-SSI : charte d'application SSI. Une charte d'application de la politique SSI, récapitulant les mesures pratiques d'utilisation sécurisée des ressources informatiques et élaborée sous le pilotage de la chaîne fonctionnelle SSI, est communiquée à l'ensemble des agents de chaque entité. Cette charte doit être opposable juridiquement et, si possible, intégrée au règlement intérieur de l'entité. Le personnel non permanent (stagiaires, intérimaires, prestataires...) est informé de ses devoirs dans le cadre de son usage des SI de l'État.

Personnel permanent

RH-MOTIV : choix et sensibilisation des personnes tenant les postes clés de la SSI. Une attention particulière doit être portée au recrutement des personnes-clés de la SSI : RSSI, correspondants SSI locaux et administrateurs de sécurité. Les RSSI et leurs correspondants SSI locaux doivent être spécifiquement formés à la SSI. Les administrateurs des SI doivent être régulièrement sensibilisés aux devoirs liés à leur fonction, et doivent veiller à respecter ces exigences dans le cadre de leurs activités quotidiennes.

RH-CONF : personnels de confiance. Toutes les personnes manipulant des informations sensibles doivent le faire avec une attention et une probité particulière, dans le respect des textes en vigueur. Les sanctions éventuelles s'appliquant aux cas de négligence ou de malveillance leur sont rappelées.

RH-UTIL : sensibilisation des utilisateurs des systèmes d'information. Chaque utilisateur doit être régulièrement informé des exigences de sécurité le concernant, et motivé à leur respect. Il doit être formé à l'utilisation des outils de travail conformément aux règles SSI.

Mouvement de personnel

RH-MOUV : gestion des arrivées, des mutations et des départs. Une procédure permettant de gérer les arrivées, les mutations et les départs des collaborateurs dans les SI doit être formalisée, et appliquée strictement. Cette procédure doit couvrir au minimum :

– la gestion/révocation des comptes et des droits d'accès aux SI, y compris pour les partenaires et les prestataires externes ;
– la gestion du contrôle d'accès aux locaux ;
– la gestion des équipements mobiles ;
– la gestion du contrôle des habilitations.

Personnel non permanent

RH-NPERM : gestion du personnel non permanent (stagiaires. intérimaires. prestataires...). Les règles de la PSSIE s'appliquent à tout personnel non permanent utilisateur d'un SI d'une administration de l'État. Les dispositions contractuelles préexistantes régissant

l'emploi de ce personnel sont amendées si nécessaire. Pour tout personnel non permanent, un tutorat par un agent permanent est mis en place, afin de l'informer de ces règles et d'en contrôler l'application.

Gestion des biens

> *Objectif 3 : cartographie des SI.* Tenir à jour une cartographie détaillée et complète des SI.

GDB-INVENT : inventaire des ressources informatiques. Chaque entité établit et maintient à jour un inventaire des ressources informatiques sous sa responsabilité, en s'appuyant sur un outillage adapté. Cet inventaire est tenu à disposition du RSSI, ainsi que du FSSI et de l'ANSSI en cas de besoin de coordination opérationnelle. Il comprend la liste des "briques" matérielles et logicielles utilisées, ainsi que leurs versions exactes. Il est constitué d'une base de données de configuration, maintenue à jour et tenue à disposition du RSSI. L'historique des attributions des biens inventoriés doit être conservé, dans le respect de la législation.

GDB-CARTO : cartographie. La cartographie précise les centres informatiques, les architectures des réseaux (sur lesquelles sont identifiés les points névralgiques et la sensibilité des informations manipulées) et qualifie le niveau de sécurité attendu. Cette cartographie est maintenue à jour et tenue à disposition du RSSI, ainsi que du FSSI et de l'ANSSI en cas de besoin de coordination opérationnelle.

> *Obiectif 4 : qualification et protection de l'information.* Qualifier l'information de façon à adapter les mesures de protection.

GDB-QUALIF-SENSI : qualification des informations. La sensibilité de toute information doit être évaluée. Le marquage systématique des documents, en fonction du niveau de sensibilité, est fortement recommandé.

GDB-PROT-1S : protection des informations. L'utilisateur doit protéger les informations qu'il est amené à manipuler dans le cadre de ses fonctions, selon leur sensibilité et tout au long de leur cycle de vie, depuis la création du brouillon jusqu'à son éventuelle destruction.

Intégration de la SSI dans le cycle de vie des systèmes d'information

Gestion des risques et homologation de sécurité

> *Objectif 5 : risques.* Apprécier, traiter et communiquer sur les risques relatifs à la sécurité des systèmes d'information.

INT-HOMOLOG-SSI : homologation de sécurité des systèmes d'information. Tout système d'information doit faire l'objet d'une décision d'homologation de sa sécurité avant sa mise en exploitation dans les conditions d'emploi définies. L'homologation est l'acte selon lequel l'autorité atteste formellement auprès des utilisateurs que le système d'information est protégé conformément aux objectifs de sécurité fixés. La décision d'homologation est prise par l'autorité d'homologation (désignée par l'autorité qualifiée), le cas échéant après avis de la commission d'homologation. Cette décision s'appuie sur une analyse de risques adaptée aux enjeux du système considéré, et précise les conditions d'emploi.

Maintien en condition de sécurité des systèmes d'information

> *Objectif 6 : maintien en condition de sécurité.* Gérer dynamiquement les mesures de protection, tout au long de la vie du SI.

INT-SSI : intégration de la sécurité dans les projets. La sécurité des systèmes d'information doit être prise en compte dans toutes les phases des projets informatiques, sous le contrôle de l'autorité d'homologation, de la conception et de la spécification du système jusqu'à son retrait du service.

INT-QUOT-SSI : mise en œuvre au quotidien de la SSI. La sécurité des systèmes d'information se traite au quotidien par des pratiques d'hygiène informatique. Des procédures écrites définissent les actes élémentaires du maintien en condition de sécurité lors des phases de conception, évolution ou retrait d'un système.

INT-TDB : créer un tableau de bord SSI. Un tableau de bord SSI est mis en place et tenu à jour. Il fournit au RSSI et aux autorités une vision générale du niveau de sécurité et de son évolution, rendant ainsi plus efficace le pilotage de la SSI. Au niveau stratégique, le tableau de bord SSI permet de suivre l'application de la politique de sécurité et de disposer d'éléments propres à qualifier les ressources devant être allouées à la SSI. Au niveau du pilotage, la mise en place de ce tableau de bord permet de contrôler la réalisation d'objectifs opérationnels, d'améliorer la qualité de service et de détecter au plus tôt les retards dans la réalisation de certains objectifs de sécurité.

Produits et services labellisés

Objectif 7 : produits et services qualifiés ou certifiés. Utiliser des produits et services dont la sécurité est évaluée et attestée selon des procédures reconnues par l'ANSSI, afin de renforcer la protection des SI.

INT-AQ-PSL : acquisition de produits et services de confiance. Lorsqu'ils sont disponibles, des produits ou des services de sécurité labellisés (certifiés, qualifiés) par l'ANSSI doivent être utilisés.

Gestion des prestataires

Objectif 8 : maîtrise des prestations. Veiller aux exigences de sécurité lorsqu'il est fait appel à de la prestation par des tiers.

INT-PRES-CS : clauses de sécurité. Toute prestation dans le domaine des SI est encadrée par des clauses de sécurité. Ces clauses spécifient les mesures SSI que le prestataire doit respecter dans le cadre de ses activités.

INT-PRES-CNTRL : suivi et contrôle des prestations fournies. Le maintien d'un niveau de sécurité au cours du temps nécessite un double contrôle :

– l'un, effectué périodiquement par l'équipe encadrant la prestation, qui porte sur les actions du sous-traitant et la conformité au cahier des charges ;

– l'autre, effectué par une équipe externe, qui porte sur la pertinence du cahier des charges en amont des projets, la conformité des réponses apportées par le sous-traitant en phase de recette et le niveau de sécurité global obtenu en production.

INT-REX-AR : analyse de risques. Toute opération d'externalisation s'appuie sur une analyse de risques préalable, de façon à formaliser des objectifs de sécurité et définir des mesures adaptées. L'ensemble des objectifs de sécurité ainsi formalisés permet de définir une cible de sécurité servant de cadre au contrat établi avec le prestataire.

INT-REX-HB : hébergement. L'hébergement des données sensibles de l'administration sur le territoire national est obligatoire, sauf accord du HFDS, et dérogation dûment motivée et précisée dans la décision d'homologation.

INT-REX-HS : hébergement et clauses de sécurité. Tout contrat d'hébergement détaille les dispositions mises en œuvre pour prendre en compte la SSI. Ce sont notamment les mesures prises pour assurer le maintien en condition de sécurité des systèmes et permettre une gestion de crise efficace (conditions d'accès aux journaux, mise en place d'astreintes, etc.).

Sécurité physique

Sécurité physique des locaux abritant les SI

Règles générales

Objectif 9 : sécurité physique des locaux abritant les SI. Inscrire la sécurisation physique des SI dans la sécurisation physique des locaux et dans les processus associés.

PHY-ZONES : découpage des sites en zones de sécurité. Un découpage des sites en zones physiques de sécurité doit être effectué, en liaison avec le RSSI, les correspondants locaux SSI et les services en charge : de l'immobilier, de la sécurité et des moyens généraux. Pour chaque zone de sécurité, des critères précis d'autorisation d'accès sont établis.

Règles de sécurité s'appliquant aux zones d'accueil du public

PHY-PUBL : accès réseau en zone d'accueil du public. Tout accès réseau installé dans une zone d'accueil du public doit être filtré ou isolé du reste du réseau informatique de l'entité.

PHY-SENS : protection des informations sensibles au sein des zones d'accueil. Le traitement d'informations sensibles au sein des zones d'accueil est à éviter. Si un tel traitement est strictement nécessaire, il doit rester ponctuel et exceptionnel. Des mesures particulières sont alors adoptées, notamment en matière de protection audiovisuelle, ainsi qu'en matière de protection des informations stockées sur les supports.

Règles de sécurité complémentaires s'appliquant aux locaux techniques

PHY-TECH : sécurité physique des locaux techniques. L'accès aux locaux techniques abritant des équipements d'alimentation et de distribution d'énergie, ou des équipements de réseau et de téléphonie, doit être physiquement protégé.

PHY-TELECOM : protection des câbles électriques et de télécommunications. Il convient de protéger le câblage réseau contre les dommages et les interceptions des communications qu'ils transmettent. En complément, les panneaux de raccordements et les salles des câbles doivent être placés en dehors des zones d'accueil du public et leur accès doit être contrôlé.

PHY-CTRL : contrôles anti-piéqeaqes. Sur les SI particulièrement sensibles, il convient de mener des contrôles anti-piégeages réguliers, effectués par du personnel formé. Il peut être fait appel à des services spécialisés (opérations dites de "dépoussiérage").

Sécurité physique des centres informatiques

> *Objectif 10 : sécurité physique des centres informatiques.* Dimensionner les protections physiques des centres informatiques en fonction des enjeux liés à la concentration des moyens et données abrités.

Règles générales

PHY-CI-LOC : découpage des locaux en zones de sécurité. Un découpage du centre informatique en zones physiques de sécurité doit être effectué, en liaison avec le RSSI et les services en charge de l'immobilier, de la sécurité et des moyens généraux. Des règles doivent fixer les conditions d'accès à ces différentes zones.

PHY-CI-HEBERG : convention de service en cas d'hébergement tiers. Dans le cas où un tiers gère tout ou partie des locaux du centre informatique, une convention de service, définissant les responsabilités mutuelles en matière de sécurité, doit être établie entre ce tiers et l'entité ou le ministère.

Règles de sécurité complémentaires s'appliquant aux zones internes et restreintes

PHY-CI-CTRLACC : contrôle d'accès physique. L'accès aux zones internes (autorisées uniquement au personnel du centre informatique ou aux visiteurs accompagnés) et restreintes (autorisées aux seules personnes habilitées ou aux visiteurs accompagnés) doit reposer sur un dispositif de contrôle d'accès physique. Ce dispositif doit s'appuyer sur des produits qualifiés, lorsqu'ils sont disponibles, et bénéficier d'un maintien en condition de sécurité rigoureux.

PHY-CI-MOYENS : délivrance des moyens d'accès physique. La délivrance des moyens d'accès physique doit respecter un processus formel permettant de s'assurer de l'identité de la personne, s'appuyant sur le processus d'arrivée et de départ du personnel. Le personnel autre que celui explicitement autorisé et habilité, mais néanmoins appelé à intervenir dans les zones sensibles (entretien ou réparation des bâtiments, des équipements non informatiques, nettoyage, visiteurs...), intervient systématiquement et impérativement sous surveillance permanente.

PHY-CI-TRACE : traçabilité des accès. Une traçabilité des accès, par les visiteurs externes, aux zones restreintes doit être mise en place. Ces traces sont alors conservées un an, dans le respect des textes protégeant les données personnelles.

Règles de sécurité complémentaires s'appliquant aux salles informatiques et aux locaux techniques

PHY-CI-ENERGIE : local énergie. L'alimentation secteur des équipements devra être conforme aux règles de l'art, de façon à se prémunir des atteintes à la sécurité des personnes et équipements liées à un défaut électrique.

PHY-CI-CLIM : climatisation. Un dispositif de climatisation dimensionné en fonction des besoins énergétiques du système informatique doit être installé. Des procédures de réaction en cas de panne, connues du personnel, doivent être élaborées et vérifiées annuellement. Ces dispositions visent à prévenir toute surchauffe des équipements, pouvant engendrer une perte du service voire une détérioration du matériel.

PHY-CI-INC : lutte contre l'incendie. L'installation de matériel de protection contre le feu est obligatoire. Des procédures de réaction à un incendie sont définies et régulièrement testées. Les salles techniques doivent être propres. Aucun carton, papier, ou autre source potentielle de départ de feu ne doit être entreposé dans ces locaux.

PHY CI-EAU : lutte contre les voies d'eau. Une étude sur les risques dus aux voies d'eau doit être réalisée. Cette étude doit notamment prendre en compte le risque de fuite sur un collecteur d'eau douce.

SI de sûreté

Objectif 11 : sécurité du SI de sûreté. Traiter de manière globale la sécurité des systèmes d'information et de communication qui assurent la sûreté d'un site.

Les sites importants (reconnus le cas échéant comme points d'importance vitale) s'appuient sur des services support des activités de sûreté physique. Dans ce cadre, l'appellation "services de systèmes d'information et de communication de sûreté" regroupe :

• les services support des activités de contrôle d'accès et détection d'intrusion (CTA), permettant au personnel de sûreté :

– d'authentifier, d'autoriser et de tracer l'accès à une ressource physique (contrôle d'accès),

– de détecter, d'alerter et de tracer en cas de tentative d'accès non autorisé (détection d'intrusion).

• les services support des activités de vidéo-surveillance (VS), fournissant au personnel de sûreté un système de caméras disposées sur l'ensemble du site, de transport des flux vidéo, d'enregistrement, d'archivage et de visionnage de ces vidéos ;

• les services support de la gestion technique des bâtiments (GTB), permettant de superviser et de gérer l'ensemble des équipements des bâtiments du site, et d'avoir une vue globale de l'état de ces bâtiments ;

• les services support de la sécurité incendie (INC), regroupant l'ensemble des moyens informatiques mis en œuvre pour détecter, informer, intervenir et/ou évacuer tout ou partie du site en cas d'incendie.

PHY-SI-SUR : sécurisation du SI de sûreté. Pour les sites physiques considérés comme importants, des mesures de protection doivent être définies et appliquées en se basant sur les conclusions d'une analyse de risques. L'analyse de risques conduit à la désignation des briques essentielles dont il faut assurer la protection contre des actes malveillants. Un système de gestion de la sécurité du SI de sûreté (s'inspirant de la norme ISO 27001) assure le maintien en condition de sécurité. L'emploi de produits labellisés, quand ils existent, est fortement recommandé.

Sécurité des réseaux

Sécurité des réseaux nationaux

> *Objectif 12 : usage sécurisé des réseaux nationaux.* Utiliser les infrastructures nationales, en respectant les règles de sécurité qui leur sont attachées.

RES-MAITRISE : systèmes autorisés sur le réseau. Seuls les équipements gérés et configurés par les équipes informatiques habilitées peuvent être connectés au réseau local d'une entité.

RES-INTERCO : interconnexion avec des réseaux externes. Toute interconnexion entre les réseaux locaux d'une entité et un réseau externe (réseau d'un tiers, Internet, etc.) doit être réalisée via les infrastructures nationales.

RES-ENTSOR : mettre en place un filtrage réseau pour les flux sortants et entrants. Dans l'optique de réduire les possibilités offertes à un attaquant, les connexions des machines du réseau interne vers l'extérieur doivent être filtrées.

RES-PROT : protection des informations. Les accès à Internet passent obligatoirement à travers les passerelles nationales. Dès lors que des informations sensibles doivent transiter sur des réseaux non maîtrisés, il convient de les protéger spécifiquement par chiffrement adapté.

Sécurité des réseaux locaux

> *Objectif 13 : usage sécurisé des réseaux locaux.* Maîtriser les interconnexions de réseaux locaux. Configurer de manière adéquate les équipements de réseau actifs.

RES-CLOIS : cloisonner le SI en sous-réseaux de niveaux de sécurité homogènes. Par analogie avec le cloisonnement physique d'un bâtiment, le système d'information doit être segmenté selon des zones présentant chacune un niveau de sécurité homogène.

RES-INTERCOGEO : interconnexion des sites géographiques locaux d'une entité. L'interconnexion au niveau local de réseaux locaux d'une entité n'est possible que si la proximité géographique le justifie et sous réserve de la mise en place de connexions dédiées à cet effet, et de passerelles sécurisées et validées par le HFDS.

RES-RESS : cloisonnement des ressources en cas de partage de locaux. Dans le cas où une entité partage des locaux (bureaux ou locaux techniques) avec des entités externes, des mesures de cloisonnement des ressources informatiques doivent être mises en place. Si le cloisonnement n'est pas physique, les mesures prises doivent être validées par le ou les HFDS concernés.

Accès spécifiques

> *Objectif 14 : accès spécifiques.* Ne pas porter atteinte à la sécurité du SI par le déploiement d'accès non supervisés.

RES-INTERNET-SPECIFIQUE : cas particulier des accès spécifiques dans une entité. Les accès spécifiques à Internet nécessitant des droits particuliers pour un usage métier ne peuvent être mis en place que sur dérogation dûment justifiée, et sur des machines isolées physiquement et séparées du réseau de l'entité, après validation préalable de l'autorité d'homologation.

Sécurité des réseaux sans fil

> *Objectif 15 : usage sécurisé des réseaux sans fil.* Maîtriser le déploiement, la configuration et l'usage des réseaux sans fil.

RES-SSFIL : mise en place de réseaux sans fil. Le déploiement de réseaux sans fil doit faire l'objet d'une analyse de risques spécifique. Les protections intrinsèques étant insuffisantes, des mesures complémentaires, validées par le HFDS concerné, doivent être prises dans le cadre de la défense en profondeur. En particulier, une segmentation du réseau doit être mise en place de façon à limiter à un périmètre déterminé les conséquences d'une intrusion depuis la voie radio. A défaut de mise en œuvre de mesures spécifiques, le déploiement de réseaux sans fil sur des SI manipulant des données sensibles est proscrit.

Sécurisation des mécanismes de commutation et de routage

> *Objectif 16 : sécurité des mécanismes de commutation et de routage.* Configurer les mécanismes de commutation et de routage pour se protéger des attaques.

RES-COUCHBAS : implanter des mécanismes de protection contre les attaques sur les couches basses. Une attention particulière doit être apportée à l'implantation des protocoles de couches basses, de façon à se prémunir des attaques usuelles par saturation ou empoisonnement de cache. Cela concerne, par exemple, le protocole ARP.

RES-ROUTDYN : surveiller les annonces de routage. Lorsque l'utilisation de protocoles de routage dynamiques est nécessaire, celle-ci doit s'accompagner de la mise en place d'une surveillance des annonces de routage, et de procédures permettant de réagir rapidement en cas d'incidents.

RES-ROUTDYN-IGP : configurer le protocole IGP de manière sécurisée. Le protocole de routage dynamique de type IGP doit être activé exclusivement sur les interfaces nécessaires à la construction de la topologie du réseau et désactivé sur le reste des interfaces. La configuration du protocole de routage dynamique doit systématiquement s'accompagner d'un mot de passe de type MESSAGE-DIGEST-KEY.

RES-ROUTDYN-EGP : sécuriser les sessions EGP. Lors de la mise en place d'une session EGP avec un pair extérieur sur un média partagé, cette session doit s'accompagner d'un mot de passe de type message-digest-key.

RES-SECRET : modifier systématiquement les éléments d'authentification par défaut des équipements et services. Les mots de passe par défaut doivent être impérativement modifiés, de même en ce qui concerne les certificats. Les dispositions nécessaires doivent être prises auprès des fournisseurs de façon à pouvoir modifier les certificats installés par défaut.

RES-DURCI : durcir les configurations des équipements de réseaux. Les équipements de réseaux (comme les routeurs) doivent faire l'objet d'un durcissement spécifique comprenant notamment, outre le changement des mots de passe et certificats, la désactivation des interfaces et services inutiles, ainsi que la mise en place de mécanismes de protection du plan de contrôle.

Cartographie réseau

> *Objectif 17 : cartographie réseau.* Tenir à jour une cartographie détaillée et complète des réseaux et des interconnexions.

RES-CARTO : élaborer les documents d'architecture technique et fonctionnelle. L'architecture réseau du système d'information doit être décrite et formalisée à travers des schémas d'architecture, et des configurations, maintenus au fil des évolutions apportées au SI. Les documents d'architecture sont sensibles et font l'objet d'une protection adaptée. La cartographie réseau s'insère dans la cartographie globale des SI.

Architecture des SI

Architecture des centres informatiques

> *Objectif 18 : architecture sécurisée des centres informatiques.* Appliquer les principes de défense en profondeur à l'architecture matérielle et logicielle des centres informatiques.

ARCHI-HEBERG : principes d'architecture de la zone d'hébergement. D'une manière générale, l'architecture des infrastructures des centres informatiques est conçue de façon à satisfaire l'ensemble des besoins en disponibilité, confidentialité, traçabilité et intégrité. Le principe de défense en profondeur doit être respecté, en particulier par la mise en œuvre successive de "zones démilitarisées" (DMZ), d'environnements de sécurité en zone d'hébergement, de machines virtuelles ou physiques dédiées, de réseaux locaux virtuels (VLAN) appropriés, d'un filtrage strict des flux applicatifs et d'administration.

ARCHI-STOCKCI : architecture de stockage et de sauvegarde. Le réseau de stockage/sauvegarde pour les besoins des centres informatiques repose sur une architecture dédiée à cet effet.

ARCHI-PASS : passerelle Internet. Les interconnexions Internet passent obligatoirement par les passerelles nationales homologuées.

Exploitation des SI

Protection des informations sensibles

> *Objectif 19 : protection des informations sensibles.* Définir et mettre en œuvre des mesures de protection renforcées pour les informations sensibles.

EXP-PROT-INF : protection des informations sensibles en confidentialité et en intégrité. Des mesures doivent être mises en œuvre afin de garantir la protection des informations sensibles en confidentialité et en intégrité. A défaut d'utilisation d'un réseau homologué, ces informations doivent être chiffrées à l'aide d'un moyen de chiffrement labellisé.

Sécurité des ressources informatiques

> *Objectif 20 : surveillance et configuration des ressources informatiques.* Durcir les configurations des ressources informatiques, et surveiller les interventions opérées sur celles-ci.

EXP-TRAC : traçabilité des interventions sur le système. Les interventions de maintenance sur les ressources informatiques de l'entité doivent être tracées par le service informatique, et ces traces doivent être accessibles au correspondant SSI local durant au moins un an.

EXP-CONFIG : configuration des ressources informatiques. Les systèmes d'exploitation et les logiciels doivent faire l'objet d'un durcissement. Les configurations et mises à jour sont appliquées dans le strict respect des guides ou procédures en vigueur dans l'entité ou, par défaut, en vigueur au niveau central.

EXP-DOC-CONFIG : documentation des configurations. La configuration standard des ressources informatiques doit être documentée et mise à jour à chaque changement notable.

Gestion des autorisations et contrôle d'accès logique aux ressources

> *Objectif 21 : autorisations et contrôles d'accès.* Authentifier les usagers et contrôler leurs accès aux ressources des SI de l'État, en fonction d'une politique explicite d'autorisations.

Contrôle des accès logiques

EXP-ID-AUTH : identification. authentification et contrôle d'accès logique. L'accès à toute ressource non publique doit nécessiter une identification et une authentification individuelle de l'utilisateur. Dans le cas de l'accès à des données sensibles, des moyens d'authentification forte doivent être utilisés. A cette fin, l'usage d'une carte à puce doit être privilégié. Le contrôle d'accès doit être géré et s'appuyer sur un processus formalisé en cohérence avec la gestion des ressources humaines.

EXP-DROITS : droits d'accès aux ressources. Après avoir déterminé le niveau de sensibilité, le besoin de diffusion et de partage des ressources, les droits d'accès aux res-

sources doivent être gérés suivant les principes suivants : besoin d'en connaître (chaque utilisateur n'est autorisé à accéder qu'aux ressources pour lesquelles on lui accorde explicitement le bénéfice de l'accès), moindre privilège (chaque utilisateur accède aux ressources avec le minimum de privilèges lui permettant de conduire les actions explicitement autorisées pour lui).

EXP-PROFILS : gestion des profils d'accès aux applications. Les applications manipulant des données sensibles doivent permettre une gestion fine par profils d'accès. Les principes du besoin d'en connaître et du moindre privilège s'appliquent.

Processus d'autorisation

EXP-PROC-AUTH : autorisations d'accès des utilisateurs. Toute action d'autorisation d'accès d'un utilisateur à une ressource des SI, qu'elle soit locale ou nationale, doit s'inscrire dans le cadre d'un processus d'autorisation formalisé, qui s'appuie sur le processus d'arrivée et de départ du personnel.

EXP-REVUE-AUTH : revue des autorisations d'accès. Une revue des autorisations d'accès doit être réalisée annuellement sous le contrôle du RSSI, le cas échéant avec l'appui du correspondant local SSI.

Gestion des authentifiants

EXP-CONF-AUTH : confidentialité des informations d'authentification. Les informations d'authentification (mots de passe d'accès aux SI, clés privées liées aux certificats électroniques, etc.) doivent être considérées comme des données sensibles.

EXP-GEST-PASS : gestion des mots de passe. Les utilisateurs ne doivent pas stocker leurs mots de passe en clair (par exemple dans un fichier) sur leur poste de travail. Les mots de passe ne doivent pas transiter en clair sur les réseaux.

EXP-INIT-PASS : initialisation des mots de passe. Chaque compte utilisateur doit être créé avec un mot de passe initial aléatoire unique. Si les circonstances l'imposent, un mot de passe plus simple mais à usage unique peut être envisagé.

EXP-POL-PASS : politiques de mots de passe. Les règles de gestion et de protection des mots de passe donnant accès aux applications et infrastructures nationales, telles qu'édictées par les maitrises d'ouvrage nationales, doivent être respectées dans chaque entité. Pour les ressources dont la politique de mots de passe est gérée localement, les recommandations de l'ANSSI doivent être appliquées pour tous les comptes.

EXP-CERTIFS : utilisation de certificats électroniques. L'utilisation de certificats électroniques doit respecter les règles édictées par le RGS.

EXP-QUAL-PASS : contrôle systématique de la qualité des mots de passe. Des moyens techniques permettant d'imposer la politique de mots de passe (par exemple pour s'assurer du respect de l'éventuelle obligation relative à l'usage de caractères spéciaux) doivent être mis en place. A défaut, un contrôle périodique des paramètres techniques relatifs aux mots de passe doit être réalisé.

Gestion des authentifiants d'administration

EXP-SEQ-ADMIN : séquestre des authentifiants "administrateur". Les authentifiants permettant l'administration des ressources des SI doivent être placés sous séquestre et tenus à jour, dans un coffre ou une armoire fermée à clé. L'authentifié doit être informé de l'existence de ces opérations de gestion, de leurs finalités et limites. Tout accès d'administration à une ressource informatique doit pouvoir être tracé et permettre de remonter à la personne exerçant ce droit. Les informations d'authentification bénéficiant d'un moyen de protection physique (notamment carte à puce) n'ont, par défaut, pas besoin d'être l'objet d'opérations de séquestre de la part d'autres personnels que l'authentifié lui-même.

EXP-POL-ADMIN : politique de mots de passe "administrateurs". Chaque administrateur doit disposer d'un mot de passe propre et destiné à l'administration.

EXP-DEP-ADMIN : gestion du départ d'un administrateur des SI. En cas de départ d'un administrateur disposant de privilèges sur des composants des SI, les comptes individuels dont il disposait doivent être immédiatement désactivés. Les éventuels mots de passe d'administration dont il avait connaissance doivent être changés (exemples : mots

de passe des comptes fonctionnels, comptes génériques ou comptes de service utilisés dans le cadre des fonctions de l'administrateur).

Exploitation sécurisée des ressources informatiques

> *Objectif 22 : sécurisation de l'exploitation.* Fournir aux administrateurs les outils nécessaires à l'exercice des tâches SSI et configurer ces outils de manière sécurisée.

Administration des systèmes

EXP-RESTR-DROITS : restriction des droits. Sauf exception dûment motivée et validée par le RSSI, les utilisateurs n'ont pas de droits d'administration.

EXP-PROT-ADMIN : protection des accès aux outils d'administration. L'accès aux outils et interfaces d'administration doit être strictement limité aux personnes habilitées, selon une procédure formelle d'autorisation d'accès.

EXP-HABILIT-ADMIN : habilitation des administrateurs. L'habilitation des administrateurs s'effectue selon une procédure validée par l'autorité d'homologation. Le nombre de personnes habilitées pour des opérations d'administration doit être connu et validé par l'autorité d'homologation.

EXP-GEST-ADMIN : gestion des actions d'administration. Les opérations d'administration doivent être tracées de manière à pouvoir gérer au niveau individuel l'imputabilité des actions d'administration.

EXP-SEC-FLUXADMIN : sécurisation des flux d'administration. Les opérations d'administration sur les ressources locales d'une entité doivent s'appuyer sur des protocoles sécurisés. Un réseau dédié à l'administration des équipements, ou au moins un réseau logiquement séparé de celui des utilisateurs, doit être utilisé. Les postes d'administrateurs doivent être dédiés et ne doivent pas pouvoir accéder à Internet.

EXP-CENTRAL : centraliser la gestion du système d'information. Afin de gérer efficacement un grand nombre de postes d'utilisateurs, de serveurs ou d'équipements réseau, les administrateurs doivent utiliser des outils centralisés, permettant l'automatisation de traitements quotidiens et offrant une vue globale et pertinente sur le système d'information.

EXP-SECX-DIST : sécurisation des outils de prise de main à distance. La prise de main à distance d'une ressource informatique locale ne doit être réalisable que par les agents autorisés par l'équipe locale chargée des SI, sur les ressources informatiques de leur périmètre. Des mesures de sécurité spécifiques doivent être définies et respectées.

Administration des domaines

EXP-DOM-POL : définir une politique de gestion des comptes du domaine. Une politique explicite de gestion des comptes du domaine doit être documentée.

EXP-DOM-PASS : configurer la stratégie des mots de passe des domaines. La politique de gestion des mots de passe doit être conçue de façon à protéger contre les attaques par essais successifs de mots de passe. Une complexité minimale dans le choix des mots de passe doit être imposée aux utilisateurs.

EXP-DOM-NOMENCLAT : définir et appliquer une nomenclature des comptes du domaine. La gestion des comptes doit s'appuyer sur une nomenclature adaptée, afin de pouvoir distinguer selon leur usage : comptes d'utilisateur standard, comptes d'administration (domaine, serveurs, postes de travail) et comptes de service.

EXP-DOM-RESTADMIN : restreindre au maximum l'appartenance aux groupes d'administration du domaine. L'appartenance aux groupes du domaine ADMINISTRATEURS DE L'ENTREPRISE et ADMINISTRATEURS DU DOMAINE n'est nécessaire que dans de très rares cas. Les opérations les plus courantes doivent être effectuées avec des comptes du domaine membres des groupes locaux d'administration des ordinateurs ou ayant une délégation d'administration.

EXP-DOM-SERV : maîtriser l'utilisation des comptes de service. Les comptes de service ont la particularité d'avoir généralement leurs mots de passe inscrits en dur dans des applications ou dans des systèmes. Afin de pouvoir être en mesure de changer ces mots de passe en urgence, il est nécessaire de maîtriser leur utilisation.

EXP-DOM-LIMITSERV : limiter les droits des comptes de service. Les comptes de service doivent faire l'objet d'une restriction des droits, en suivant le principe du moindre privilège.

EXP-DOM-OBSOLET : désactiver les comptes du domaine obsolètes. Il est nécessaire de désactiver immédiatement, voire de supprimer, les comptes obsolètes, que ce soient des comptes d'utilisateur (administrateur, de service ou utilisateur standard) ou des comptes de machine.

EXP-DOM-ADMINLOC : améliorer la gestion des comptes d'administrateur locaux. Afin d'empêcher la ré-utilisation des empreintes d'un compte utilisateur local d'une machine à une autre, il faut soit utiliser des mots de passe différents pour les comptes locaux d'administration, soit interdire la connexion à distance via ces comptes.

Envoi en maintenance et mise au rebut

EXP-MAINT-EXT : maintenance externe. Les données non chiffrées doivent être effacées avant l'envoi en maintenance externe de toute ressource informatique. Les opérations de chiffrement doivent faire appel à des produits qualifiés. L'effacement des données sensibles doit s'appuyer sur des produits qualifiés, ou respecter des procédures établies en concertation avec l'ANSSI.

EXP-MIS-REB : mise au rebut. Lorsqu'une ressource informatique est amenée à quitter définitivement l'entité, les données présentes sur les disques durs ou la mémoire intégrée doivent être effacées de manière sécurisée. L'effacement des données sensibles doit s'appuyer sur des produits qualifiés, ou respecter des procédures établies en concertation avec l'ANSSI.

Lutte contre les codes malveillants

EXP-PROT-MALV : protection contre les codes malveillants. Des logiciels de protection contre les codes malveillants, appelés communément antivirus, doivent être installés sur l'ensemble des serveurs d'interconnexion, serveurs applicatifs et postes de travail de l'entité. Ces logiciels de protection doivent être distincts pour ces trois catégories au moins, et le dépouillement de leurs journaux doit être corrélé.

EXP-GES-ANTIVIR : gestion des événements de sécurité de l'antivirus. Les événements de sécurité de l'antivirus doivent être remontés sur un serveur national pour analyse statistique et gestion des problèmes a posteriori (exemples : serveur constamment infecté, virus détecté et non éradiqué par l'antivirus, etc.).

EXP-MAJ-ANTIVIR : mise à jour de la base de signatures. Les mises à jour des bases antivirales et des moteurs d'antivirus doivent être déployées automatiquement sur les serveurs et les postes de travail par un dispositif prescrit par les services centraux.

EXP-NAVIG : configuration du navigateur Internet. Le navigateur déployé par l'équipe locale chargée des SI sur l'ensemble des serveurs et des postes de travail nécessitant un accès Internet ou Intranet doit être configuré de manière sécurisée (désactivation des services inutiles, nettoyage du magasin de certificats, etc.).

Mise à jour des systèmes et des logiciels

EXP-POL-COR : définir et mettre en œuvre une politique de suivi et d'application des correctifs de sécurité. Le maintien dans le temps du niveau de sécurité d'un système d'information impose une gestion organisée et adaptée des mises à jour de sécurité. Un processus de gestion des correctifs propre à chaque système ou applicatif doit être défini, et adapté suivant les contraintes et le niveau d'exposition du système.

EXP-COR-SEC : déploiement des correctifs de sécurité. Les correctifs de sécurité des ressources informatiques locales doivent être déployés par l'équipe locale chargée des SI en s'appuyant sur les préconisations et outils proposés par les services centraux.

EXP-OBSOLET : assurer la migration des systèmes obsolètes. L'ensemble des logiciels utilisés sur le système d'information doit être dans une version pour laquelle l'éditeur assure le support, et tenu à jour. En cas de défaillance du support, il convient d'en étudier l'impact et de prendre les mesures adaptées.

EXP-ISOL : isoler les systèmes obsolètes restants. Il est nécessaire d'isoler les systèmes obsolètes, gardés volontairement pour assurer un maintien en condition opérationnelle

des projets, et pour lesquels une migration n'est pas envisageable. Chaque fois que cela est possible, cette isolation doit être effectuée au niveau du réseau (filtrage strict), des éléments d'authentification (qui ne doivent pas être communs avec le reste du SI) et des applications (pas de ressources partagées avec le reste du SI).

Journalisation

EXP-JOUR-SUR : journalisation des alertes. Chaque système doit disposer de dispositifs de journalisation permettant de conserver une trace des événements de sécurité. Ces traces doivent être conservées de manière sûre.

EXP-POL-JOUR : définir et mettre en œuvre une politique de gestion et d'analyse des journaux de traces. Une politique de gestion et d'analyse des journaux de traces des événements de sécurité est définie par le RSSI, validée par l'autorité qualifiée, et mise en œuvre. Le niveau de sécurité d'un système d'information dépend en grande partie de la capacité de ses exploitants et administrateurs à détecter les erreurs, dysfonctionnements et tentatives d'accès illicites survenant sur les éléments qui le composent.

EXP-CONS-JOUR : conservation des journaux. Les journaux des événements de sécurité doivent être conservés sur douze mois glissants, hors contraintes légales et réglementaires particulières imposant des durées de conservation spécifiques.

Défense des systèmes d'information

> *Objectif 23 : défense des systèmes d'information.* Défendre les SI nécessite une vigilance de tous, et des actions permanentes.

EXP-GES-DYN : gestion dynamique de la sécurité. L'équipe en charge de la SSI doit procéder, notamment via l'analyse des journaux, à la surveillance des comportements anormaux au sein du système d'information, et à la surveillance des flux d'entrée et de sortie du système d'information.

Gestion des matériels informatiques fournis à l'utilisateur

EXP-MAIT-MAT : maîtrise des matériels. Les postes de travail – y compris dans le cas d'une location – sont fournis à l'utilisateur par l'entité, gérés et configurés sous la responsabilité de l'entité. La connexion d'équipements non maîtrisés, non administrés ou non mis à jour par l'entité (qu'il s'agisse d'ordiphones, d'équipements informatiques nomades et fixes ou de supports de stockage amovibles) sur des équipements et des réseaux professionnels est interdite.

EXP-PROT-VOL : rappel des mesures de protection contre le vol. Les postes fixes bénéficient des mesures de protection physique offertes au titre de la directive de sécurité physique de la présente PSSIE. Chaque utilisateur doit veiller à la sécurité des supports amovibles (clés USB et disques amovibles), notamment en les conservant dans un endroit sûr. Il est recommandé de chiffrer les données contenues sur ces supports. Les supports contenant des données sensibles doivent être stockés dans des meubles fermant à clef.

EXP-DECLAR-VOL : déclarer les pertes et vols. Toute perte ou vol d'une ressource d'un système d'information doit être déclarée au RSSI.

EXP-REAFFECT : réaffectation de matériels informatiques. Une procédure de gestion des postes et supports dans le cadre de départs de personnel ou de réaffectations à de nouveaux utilisateurs doit être mise en place et validée par le RSSI. Elle doit définir les conditions de recours à un effacement des données.

Nomadisme

EXP-NOMAD-SENS : déclaration des équipements nomades aptes à traiter des informations sensibles. L'autorité d'homologation du SI valide les usages possibles des équipements nomades vis-à-vis du traitement des informations sensibles ; les usages non explicitement autorisés sont interdits.

EXP-ACC-DIST : accès à distance au système d'information de l'organisme. Les utilisateurs distants doivent s'authentifier sur le réseau de l'entité en utilisant une méthode conforme à l'annexe B3 du RGS.

Sécurisation des imprimantes et copieurs multifonctions manipulant des informations sensibles

EXP-IMP-SENS : impression des informations sensibles. Les impressions d'informations sensibles doivent être effectuées selon une procédure prédéfinie, garantissant le contrôle de l'utilisateur, du déclenchement de l'impression jusqu'à la récupération du support imprimé.

EXP-IMP-2 : sécurité des imprimantes et copieurs multifonctions. Les imprimantes et copieurs multifonctions sont des ressources informatiques à part entière qui doivent être gérées en tant que telles. Elles ne doivent pas pouvoir communiquer avec l'extérieur.

Exploitation des centres informatiques

Objectif 24 : exploitation sécurisée des centres informatiques. Exploiter de manière sécurisée les centres informatiques en s'appuyant sur des procédures adaptées et sur la maîtrise des outils de supervision.

Sécurité des ressources informatiques

Les règles suivantes sont présentées selon le modèle qui structure l'architecture des applications selon trois Tiers (Présentation – Application – Données).

Les socles techniques déployés dans chaque Tiers – en particulier les règles de sécurité à appliquer – sont précisés dans un cadre de cohérence technique ministériel (CCT).

EXP-CI-OS : systèmes d'exploitation. Les systèmes d'exploitation déployés doivent faire l'objet d'un support valide de la part d'un éditeur ou d'un prestataire de service. Seuls les services et applications nécessaires sont installés, de façon à réduire la surface d'attaque. Une attention particulière doit être apportée aux comptes administrateurs.

EXP-CI-LTP : logiciels en Tiers Présentation. La mise en œuvre d'une configuration renforcée est obligatoire sur les logiciels déployés pour le tiers présentation (ex : serveur Web, Reverse Proxy).

EXP-CI-LTA : logiciels en Tiers Application. Des règles de développement sécurisé, et les configurations des logiciels en Tiers Application doivent être fixées et appliquées. Elles sont détaillées dans le cadre de cohérence technique (CCT).

EXP-CI-LTD : logiciels en Tiers Données. Des règles très strictes (restrictions d'accés, interdictions de connexions, gestion des privilèges) s'appliquent aux logiciels en Tiers Données. Ces règles doivent être détaillées dans le cadre de cohérence technique (CCT).

EXP-CI-PROTFIC : passerelle d'échange de fichiers. Les échanges de fichiers entre applications doivent privilégier les protocoles sécurisés (SSI/TLS, FTPS...).

EXP-CI-MESSTECH : messagerie technique. Pour satisfaire les besoins d'exploitation et de supervision des infrastructures et des applications, une messagerie dite technique peut être déployée en zone de Back-office du centre informatique. Cette messagerie technique ne doit être en aucun cas utilisée directement par un utilisateur.

EXP-CI-FILT : filtrage des flux applicatifs. De façon à garantir un niveau de sécurité satisfaisant face aux attaques informatiques, des mécanismes de filtrage et de cloisonnement doivent être mis en œuvre.

EXP-CI-ADMIN : flux d'administration. D'une manière générale, il convient de différencier deux typeS de flux d'administration : les flux d'administration de l'infrastructure (réservés aux agents du centre informatique) d'une part, les flux d'administration des applications métier (réservés à la direction métier) d'autre part. L'attribution des droits d'administration doit respecter cette différenciation, et les 2 types de flux d'administration doivent être dans la mesure du possible cloisonnés.

EXP-CI-DNS : service de noms de domaine – DNS technique. Dans le cas du déploiement d'un serveur de noms de domaines pour les besoins techniques internes au centre informatique, on utilisera les extensions sécurisées DNSSEC.

EXP-CI-EFFAC : effacement de support. Le reconditionnement et la réutilisation des disques durs pour un autre usage (ex : ré-attribution d'une machine/serveur) ne sont autorisés qu'après une opération d'effacement sécurisé des données.

EXP-CI-DESTR : destruction de support. La fin de vie d'un support ou d'un matériel embarquant un support de stockage (imprimante, routeur, commutateur...) doit s'accompagner d'une opération de destruction avant remise au constructeur.

EXP-CI-TRAC : traçabilité/imputabilité. Afin d'assurer une cohérence dans les échanges entre applications ainsi qu'une traçabilité pertinente des événements techniques et de sécurité, les centres d'exploitation emploient une référence de temps commune (service NTP, *Network Time Protocol*).

EXP-CI-SUPERVIS : supervision. Un cloisonnement entre les flux de supervision (remontée d'informations) et les flux d'administration (commandes, mises à jour) doit être mis en place.

EXP-CI-AMOV : accès aux périphériques amovibles. L'accès aux supports informatiques amovibles fait l'objet d'un traitement adapté, plus particulièrement lorsqu'ils ont été utilisés pour mémoriser de l'information sensible ou lorsqu'ils sont utilisés pour des opérations d'exploitation.

EXP-CI-ACCRES : accès aux réseaux. Dans un centre informatique, le contrôle physique des accès réseaux, l'attribution des adresses IP, le filtrage des informations et l'usage de dispositifs spécifiques (machines virtuelles, cartes d'administration à distance, etc.) font l'objet de procédures sécurisées.

EXP-CI-AUDIT : audit/contrôle. Le RSSI pilote des audits réguliers du système d'information relevant de sa responsabilité.

Sécurité du poste de travail

Sécurisation des postes de travail

> *Objectif 25 : sécurisation des postes de travail.* Durcir les configurations des postes de travail en protégeant les utilisateurs.

Mise à disposition du poste

PDT-GEST : fourniture et gestion des postes des [de] travail. Les postes de travail utilisés dans le cadre professionnel sont fournis et gérés par l'équipe locale chargée des SI.

PDT-CONFIG : formalisation de la configuration des postes des [de] travail. Une procédure formalisée de configuration des postes de travail est établie par chaque entité, conformément aux directives nationales existantes.

Sécurité physique des postes de travail

PDT-VEROUIL-FIXE : verrouillage de l'unité centrale des postes fixes. Lorsque l'unité centrale d'un poste fixe est peu volumineuse, donc susceptible d'être facilement emportée, elle doit être protégée contre le vol par un système d'attache (par exemple un câble antivol).

PDT-VEROUIL-PORT : verrouillage des postes portables. Un câble physique de sécurité doit être fourni avec chaque poste portable. Les utilisateurs doivent être sensibilisés à son utilisation.

Réaffectation du poste et récupération d'informations

PDT-REAFFECT : réaffectation du poste de travail. Une procédure SSI définit les règles concernant le traitement à appliquer aux informations ayant été stockées ou manipulées sur les postes réaffectés.

Gestion des privilèges sur les postes de travail

PDT-PRIVIL : privilèges des utilisateurs sur les postes de travail. La gestion des privilèges des utilisateurs sur leurs postes de travail doit suivre le principe du "moindre privilège" : chaque utilisateur ne doit disposer que des privilèges nécessaires à la conduite des actions relevant de sa mission.

PDT-PRIV : utilisation des privilèges d'accès "administrateur". Les privilèges d'accès "administrateur" doivent être utilisés uniquement pour les actions d'administration le nécessitant.

PDT-ADM-LOCAL : gestion du compte "administrateur local". L'accès au compte "administrateur local" sur les postes de travail doit être strictement limité aux équipes en charge de l'exploitation et du support sur ces postes de travail.

Protection des informations

PDT-STOCK : stockage des informations. Dans la mesure du possible, les données traitées par les utilisateurs doivent être stockées sur des espaces réseau, eux-mêmes sauvegardés selon les exigences des entités et en accord avec les règles de sécurité en vigueur.

PDT-SAUV-LOC : sauvegarde/synchronisation des données locales. Dans le cas où des données doivent être stockées en local sur le poste de travail, des moyens de synchronisation ou de sauvegarde doivent être fournis aux utilisateurs.

PDT-PART-FIC : partage de fichiers. Le partage de répertoires ou de données hébergées localement sur les postes de travail n'est pas autorisé.

PDT-SUPPR-PART : suppression des données sur les postes partagés. Les données présentes sur les postes partagés (portable de prêt, par exemple) doivent être supprimées entre deux utilisations, dès lors que les utilisateurs ne disposent pas du même besoin d'en connaître.

PDT-CHIFF-SENS : chiffrement des données sensibles. Une solution de chiffrement labellisée doit être mise à disposition des utilisateurs et des administrateurs afin de chiffrer les données sensibles stockées sur les postes de travail, les serveurs, les espaces de travail, ou les supports amovibles.

PDT-AMOV : fourniture de supports de stockage amovibles. Les supports de stockage amovibles (clés USB et disque durs externes, notamment) doivent être fournis aux utilisateurs par l'équipe locale chargée des SI.

Nomadisme

PDT-NOMAD-ACCESS : accès à distance aux Systèmes d'information de l'entité. Les accès à distance aux SI de l'entité (accès dits "nomades") doivent être réalisés via les infrastructures nationales. Lorsque l'accès à distance utilise d'autres infrastructures, l'usage de réseaux privés virtuels (VPN) de confiance est nécessaire.

PDT-NOMAD-PAREFEU : pare-feu local. Un pare-feu local conforme aux directives nationales doit être installé sur les postes nomades.

PDT-NOMAD-STOCK : stockage local d'information sur les postes nomades. Le stockage local d'information sur les postes de travail nomades doit être limité au strict nécessaire. Les informations sensibles doivent être obligatoirement chiffrées par un moyen de chiffrement labellisé.

PDT-NOMAD-FILT : filtre de confidentialité. Pour les postes de travail nomades manipulant des données sensibles, un filtre de confidentialité doit être fourni et être positionné sur l'écran dès lors que le poste est utilisé en dehors de l'entité.

PDT-NOMAD-CONNEX : configuration des interfaces de connexion sans fil. La configuration des interfaces de connexion sans fil doit interdire les usages dangereux de ces interfaces.

PDT-NOMAD-DESACTIV : désactivation des interfaces de connexion sans fil. Des règles de configuration des interfaces de connexion sans fil (Wifi, Bluetooth, 3G...), permettant d'interdire les usages non maîtrisés et d'éviter les intrusions via ces interfaces, doivent être définies et appliquées. Les interfaces sans fil ne doivent être activées qu'en cas de besoin.

Sécurisation des imprimantes et copieurs multifonctions

> *Objectif 26 : sécurisation des copieurs multifonctions.* Paramétrer les imprimantes et copieurs multifonctions afin de diminuer leur surface d'attaque.

PDT-MUL-DURCISS : durcissement des imprimantes et copieurs multifonctions. Les imprimantes et copieurs multifonctions hébergés localement dans une entité doivent faire l'objet d'un durcissement en termes de sécurité : changement des mots de passe initialement fixés par le "constructeur", désactivation des interfaces réseau inutiles, sup-

pression des services inutiles, chiffrement des données sur le disque dur lorsque cette fonctionnalité est disponible, configuration réseau statique.

PDT-MUL-SECNUM : sécurisation de la fonction de numérisation. Lorsqu'elle est activée, la fonction de numérisation sur les copieurs multifonctions hébergés dans une entité doit être sécurisée. Les mesures de sécurité suivantes doivent notamment être appliquées : envoi de documents uniquement à destination d'une adresse de messagerie interne à l'entité, envoi uniquement à une seule adresse de messagerie.

Sécurisation de la téléphonie

Objectif 27 : sécurisation de la téléphonie. Sécuriser la téléphonie pour protéger les utilisateurs contre des attaques malveillantes.

PDT-TEL-MINIM : sécuriser la configuration des autocommutateurs. Les autocommutateurs doivent être maintenus à jour au niveau des collectifs de sécurité. Leur configuration doit être durcie. La définition et l'affectation des droits d'accès et des privilèges aux utilisateurs (transfert départ-départ, entrée en tiers, interphonie, autorisation de déblocage, renvoi sur numéro extérieur, substitution, substitution de privilège, interception d'appel dirigé, etc.) doivent faire l'objet d'une attention particulière. Une revue de la programmation téléphonique doit être organisée périodiquement.

PDT-TEL-CODES : codes d'accès téléphoniques. Il est nécessaire de sensibiliser les utilisateurs au besoin de modifier le code d'accès de leur téléphone et de leur messagerie vocale.

PDT-TEL-DECT : limiter l'utilisation du DECT. Les communications réalisées au travers du protocole DECT sont susceptibles d'être interceptées, même si les mécanismes d'authentification et de chiffrement que propose ce protocole sont activés. Il est recommandé d'attribuer des postes téléphoniques filaires aux utilisateurs dont les échanges sont les plus sensibles.

Contrôles de conformité

Objectif 28 : contrôles de la conformité des postes de travail. Contrôler régulièrement la conformité des paramétrages de sécurité appliqués aux postes de travail.

PDT-CONF-VERIF : utiliser des outils de vérification automatique de la conformité. Un outil de vérification régulière de la conformité des éléments de configuration des postes de travail doit être mis en place, afin d'éviter une dérive dans le temps de ces éléments de configuration.

Sécurité du développement des systèmes

Développement des systèmes

Objectif 29 : prise en compte de la sécurité dans le développement des SI. Reconnaître la sécurité comme une fonction essentielle, et la prendre en compte dès la conception des projets.

DEV-INTEGR-SECLOC : intégrer la sécurité dans les développements locaux. Toute initiative locale de développement informatique doit respecter les exigences nationales en matière de SSI, concernant la prise en compte de la sécurité dans les projets et les développements informatiques. Le service à l'origine du projet se porte garant de l'application du référentiel général de sécurité, et de l'application d'une démarche d'homologation du système.

DEV-SOUS-TRAIT : intégrer des clauses SSI dans les contrats de sous-traitance de développement informatique. Lors de l'écriture d'un contrat de sous-traitance de développement, plusieurs clauses relatives à la SSI doivent être intégrées :

– formation obligatoire des développeurs sur le développement sécurisé et sur les vulnérabilités classiques ;

– utilisation obligatoire d'outils permettant de minimiser les erreurs introduites durant le développement (outils gratuits d'analyse statique de code, utilisation de bibliothèques réputées pour leur sécurité, etc.) ;

– production de documentation technique décrivant l'implantation des protections développées (gestion de l'authentification, stockage des mots de passe, gestion des droits, chiffrement, etc.) ;

– respect de normes de développement sécurisé, qu'elles soient propres au développeur, publiques ou propres au commanditaire ;

– obligation pour le prestataire de corriger, dans un temps raisonnable et pour un prix défini, les vulnérabilités introduites durant le développement et qui lui sont remontées, en incluant automatiquement les corrections des autres occurrences des mêmes erreurs de programmation.

Développements logiciels et sécurité

> *Objectif 30 : prise en compte de la sécurité dans le développement des logiciels.* Mener les développements logiciels selon une méthodologie de sécurisation du code produit.

DEV-FUITES : *limiter les fuites d'information.* Les fuites d'informations techniques sur les logiciels utilisés permettent aux attaquants de déceler plus facilement d'éventuelles vulnérabilités. Il est impératif de limiter fortement la diffusion d'informations au sujet des produits utilisés, même si cette précaution ne constitue pas une protection en tant que telle.

DEV-LOG-ADHER : *réduire l'adhérence des applications à des produits ou technologies spécifiques.* Le fonctionnement d'une application s'appuie sur un environnement logiciel et matériel. En phases de conception et de spécification technique, il est nécessaire de s'assurer que les applications n'ont pas une trop forte adhérence vis-à-vis des environnements sur lesquels elles reposent. En effet, l'apparition de failles sur un environnement a de fait un impact sur la sécurité des applications qui en dépendent. En plus du maintien en condition de sécurité propre à l'application, il est donc nécessaire de pouvoir faire évoluer son environnement pour garantir sa sécurité dans la durée.

DEV-LOG-CRIT : *instaurer des critères de développement sécurisé.* Une fois passées les phases de définition des besoins et de conception de l'architecture applicative, le niveau de sécurité d'une application dépend fortement des modalités pratiques suivies lors de sa phase de développement.

DEV-LOG-CYCLE : *intégrer la sécurité dans le cycle de vie logiciel.* La sécurité doit être intégrée à toutes les étapes du cycle de vie du projet, depuis l'expression des besoins jusqu'à la maintenance applicative, en passant par la rédaction du cahier des charges et les phases de recette.

DEV-LOG-WEB : *améliorer la prise en compte de la sécurité dans les développements Web.* Les développements Web (et les développements en PHP en particulier) font l'objet de problèmes de sécurité récurrents qui ont conduit à la constitution de référentiels de sécurité. Ces référentiels ont pour objectif de fixer des RÈGLES DE BONNES PRATIQUES à l'usage des développeurs. Ce sont des règles d'ordre générique ou pouvant être spécifiques à un langage (PHP, ASP, NET, etc.).

DEV-LOG-PASS : *calculer les empreintes de mots de passe de manière sécurisée.* Lorsqu'une application doit stocker les mots de passe de ses utilisateurs, il est important de mettre en œuvre des mesures permettant de se prémunir contre les attaques documentées : attaques par dictionnaire, attaques par tables arc-en-ciel, attaques par force brute, etc.

Applications à risques

> *Objectif 31 : sécurisation des applications à risques.* Accompagner le développement sécurisé d'applications à risques par des contre-mesures minimisant l'impact d'attaques nouvelles.

DEV-FILT-APPL : mettre en œuvre des fonctionnalités de filtrage applicatif pour les applications à risque. Devant les applications à risques, il est recommandé de faire usage d'une solution tierce de filtrage applicatif.

Traitement des incidents

Chaînes opérationnelles

> *Objectif 32 : chaînes opérationnelles.* Partager l'information (alertes, incidents) dans le respect des règles de prudence et mutualiser les opérations de remise en état, de façon à lutter efficacement contre les attaques. Mener les développements logiciels selon une méthodologie de sécurisation du code produit.

TI-OPS-SSI : chaînes opérationnelles SSI. Les chaînes opérationnelles des ministères concourent à l'effort national de cybersécurité. Les alertes et les incidents sont gérés selon des procédures testées lors d'exercices. La coordination des compétences est organisée à l'échelon ministériel. Les situations d'urgences peuvent faire appel à des mesures définies préalablement dans le cadre des plans gouvernementaux.

Traitement des alertes de sécurité émises par les instances nationales (ANSSI)

TI-MOB : mobilisation en cas d'alerte En cas d'alerte de sécurité identifiée au niveau national, les RSSI de chaque entité s'assurent de la bonne application des exigences formulées par les instances nationales, dans les meilleurs délais.

Remontée des incidents de sécurité rencontrés

TI-QUAL-TRAIT : qualification et traitement des incidents. La chaîne fonctionnelle SSI est informée par la chaîne opérationnelle de tout incident de sécurité, et contribue si nécessaire à la qualification de l'incident et au pilotage de son traitement.

TI-INC-REM : remontée des incidents. Tout incident de sécurité, même apparemment mineur, dont l'impact dépasse ou est susceptible de dépasser le SI d'une entité ou d'un ministère, fait l'objet d'un compte-rendu, via la chaîne SSI, au Centre opérationnel de la sécurité des systèmes d'information (COSSI) de l'ANSSI.

La remontée d'incidents par les chaînes opérationnelles ministérielles participe à la posture permanente de vigilance. Cette remontée est immédiate pour les incidents dont la portée est susceptible de dépasser à court terme le périmètre de l'entité ou du ministère, et pour les incidents correspondant à des signalements spécifiques, notamment de la part de l'ANSSI. La remontée prend la forme d'une synthèse mensuelle pour les autres incidents.

Les critères et procédures précis de remontée d'incidents sont élaborés sous le pilotage de la chaîne fonctionnelle SSI, en lien avec la chaîne opérationnelle.

Chaque entité doit maintenir à jour un historique clair des suites fiées à l'escalade de chaque incident, afin de capitaliser les enseignements associés à la résolution (ou non) de ces incidents.

L'aspect difficile de la caractérisation des attaques (ambiguïté de la source, du dommage, du moyen, de la finalité) rend nécessaire les échanges d'informations interministériels – même sur des "signaux faibles" – ainsi que la coordination continue des actions.

Continuité d'activité

Gestion de la continuité d'activité des SI

> *Objectif 33 : gestion de la continuité d'activité.* Se doter de plans de continuité d'activité, et les tester.

PCA-MINIS : définition du plan ministériel de continuité d'activité des Systèmes d'information. Chaque ministère définit un plan de continuité d'activité ministériel des systèmes d'information permettant d'assurer, en cas de sinistre, la continuité d'activité des systèmes d'information.

Définition du plan de continuité d'activité des systèmes d'information d'une entité

PCA-LOCAL : définition du plan local de continuité d'activité des systèmes d'information. Le directeur des systèmes d'information ou le RSSI d'une entité définit la structure et les attendus du plan de continuité d'activité des systèmes d'information permettant d'assurer effectivement, en cas de sinistre, la continuité d'activité.

Mise en œuvre du plan local de continuité d'activité des systèmes d'information

PCA-SUIVILOCAL : suivi de la mise en œuvre du plan de continuité d'activité local des Systèmes d'information (PCA des SI). Le RSSI d'une entité s'assure de la bonne mise en œuvre des dispositions prévues dans le plan de continuité d'activité des systèmes d'information.

PCA-PROC : mise en œuvre des dispositifs techniques et des procédures opérationnelles. Les équipes informatiques mettent en œuvre les dispositifs techniques et les procédures opérationnelles contribuant à la continuité des SI, en assurent la supervision au quotidien et la maintenance dans le temps.

PCA-SAUVE : protection de la disponibilité des sauvegardes. Les sauvegardes de données ne doivent pas être soumises aux mêmes risques de sinistres que les données sauvegardées.

PCA-PROT : protection de la confidentialité des sauvegardes. Les sauvegardes doivent être traitées de manière à garantir leur confidentialité et leur intégrité.

Maintien en conditions opérationnelles du plan local de continuité d'activité des Systèmes d'information

PCA-EXERC : exercice régulier du plan local de continuité d'activité des systèmes d'information. Le RSSI d'une entité organise des exercices réguliers, afin de tester le plan local de continuité d'activité des systèmes d'information.

PCA-MISAJOUR : mise à jour du plan local de continuité d'activité des systèmes d'information. Le RSSI d'une entité assure le maintien à jour du plan local de continuité d'activité des Systèmes d'information.

Conformité, audit, inspection, contrôle

Contrôles

Objectif 34 : contrôles réguliers. Effectuer des contrôles (audits, inspections) et des exercices réguliers de façon à mesurer les progrès accomplis et corriger les manquements.

CONTR-SSI : contrôles locaux. La conformité à la PSSIE et à la PSSI ministérielle est vérifiée par des contrôles réguliers. Les RSSI de chaque entité conduisent des actions locales d'évaluation de la conformité à la PSSIE et contribuent à la consolidation, dans un bilan annuel, de l'état d'avancement de sa mise en œuvre.

CONTR-BILAN-SSI : bilan annuel. Chaque ministère établit un bilan annuel mesurant sa maturité SSI globale. L'ANSSI consolide l'ensemble de ces bilans. Le document de synthèse est soumis au Premier ministre.

Instruction interministérielle n° 901 du 28 janvier 2015,

Relative à la protection des systèmes d'information sensibles.

V. Livre III, I. Règles internes.

Arrêté du 29 janvier 2015,

Définissant la forme et le contenu des dossiers de déclaration et de demande d'autorisation d'opérations relatives aux moyens et aux prestations de cryptologie.

V. Décr. n° 2007-663 du 2 mai 2007, supra.

Art. 1er La déclaration préalable prévue aux 1° et 2° de l'article 3 du décret du 2 mai 2007 susvisé est effectuée au moyen du formulaire joint en annexe I au présent

arrêté. Cette annexe précise les caractéristiques techniques qui peuvent être demandées au déclarant en application de l'article 7 du décret du 2 mai 2007 susvisé.

La déclaration préalable prévue au 3° de l'article 3 du décret du 2 mai 2007 susvisé est effectuée au moyen du formulaire joint en annexe II au présent arrêté.

Art. 2 La demande d'autorisation mentionnée à l'article 9 du décret du 2 mai 2007 susvisé est effectuée au moyen du formulaire joint en annexe I au présent arrêté.

ANNEXES
ANNEXE I

DÉCLARATION ET DEMANDE D'AUTORISATION D'OPÉRATIONS RELATIVES À UN MOYEN DE CRYPTOLOGIE

Formulaire *[Le formulaire est disponible sur le site internet www.ssi.gouv.fr]* à adresser en deux exemplaires à l'Agence nationale de la sécurité des systèmes d'information, bureau des contrôles réglementaires, 51, boulevard de La Tour-Maubourg, 75700 Paris 07 SP (téléphone : + 33 [0]1-71-75-82-75 ; mél : controle@ssi.gouv.fr).

Le présent formulaire permet d'effectuer les formalités prévues aux chapitres II et III du décret n° 2007-663 du 2 mai 2007 pour les opérations suivantes relatives à un moyen de cryptologie :

— la déclaration de fourniture, de transfert depuis ou vers un État membre de l'Union européenne, d'importation et d'exportation *[La déclaration d'exportation ne s'applique qu'aux opérations d'exportation prévues à l'annexe 2 du Décr. n° 2007-663 du 2 mai 2007]* vers un État n'appartenant pas à l'Union européenne ;

— la demande d'autorisation ou de renouvellement d'autorisation de transfert vers un État membre de l'Union européenne et d'exportation vers un État n'appartenant pas à l'Union européenne.

Cochez la case correspondant aux formalités que vous souhaitez effectuer :

☐ **Déclaration et demande d'autorisation de toute opération relative à un moyen de cryptologie.**

En cochant cette case, vous effectuez les formalités relatives à toutes les opérations de fourniture, de transfert depuis ou vers un État membre de l'Union européenne, d'importation et d'exportation hors de l'Union européenne d'un moyen de cryptologie relevant des chapitres II et III du décret n° 2007-663 du 2 mai 2007.

☐ **Déclaration de fourniture, de transfert depuis ou vers un État membre de l'Union européenne, d'importation et d'exportation vers un État n'appartenant pas à l'Union européenne d'un moyen de cryptologie.**

En cochant cette case, vous effectuez les formalités relatives aux seules opérations relevant du chapitre II du décret n° 2007-663 du 2 mai 2007.

☐ **Demande d'autorisation de transfert vers un État membre de l'Union européenne et d'exportation vers un État n'appartenant pas à l'Union européenne d'un moyen de cryptologie.**

En cochant cette case, vous effectuez les formalités relatives aux seules opérations relevant du chapitre III du décret n° 2007-663 du 2 mai 2007.

☐ **Demande de renouvellement d'autorisation de transfert vers un État membre de l'Union européenne et d'exportation vers un État n'appartenant pas à l'Union européenne d'un moyen de cryptologie.**

Voir paragraphe D du formulaire.

A. Déclarant et/ou demandeur

Le "déclarant et/ou demandeur" désigne ci-après la personne effectuant la déclaration et/ou la demande d'autorisation d'opération relative à un moyen de cryptologie.

A. 1. Personne morale

Paragraphe à remplir lorsque le déclarant et/ou le demandeur est une personne morale (société, administration, association, etc.).

Dénomination sociale : ....

Numéro SIRET : ....

Nationalité : ....

Adresse : ....

Numéro de téléphone : ....

Personne chargée du dossier administratif

Nom et prénoms : ....

Adresse : ....

Numéro de téléphone : ....

Adresse de courrier électronique : ....

Personne chargée des éléments techniques

Nom et prénoms : ....
Adresse : ....
Numéro de téléphone : ....
Adresse de courrier électronique : ....

A. 2. Personne physique

Paragraphe à remplir lorsque le déclarant et/ou le demandeur est une personne physique (particulier).

Nom et prénoms : ....
Nationalité : ....
Adresse : ....
Numéro de téléphone :
Adresse de courrier électronique :

B. Moyen de cryptologie auquel s'appliquent la déclaration et/ou la demande d'autorisation

B.1. Informations générales sur le moyen

Désignation générique du moyen (selon le format [MARQUE DE DISTRIBUTION – DÉNOMINATION DU MOYEN]) :
Version : ....
Référence commerciale : ....
Date de mise sur le marché : ....
Si le déclarant et/ou le demandeur n'est pas le fabricant du moyen de cryptologie, précisez les éléments suivants :
Fabricant : ....
Dénomination d'origine du moyen : ....

B.2. Description fonctionnelle du moyen

B.2.1. Classez le moyen dans la ou les catégories correspondantes :
☐ Matériel ☐ Logiciel
B.2.2. Description générale du moyen :
....
....
....
....
....
B.2.3. Indiquez à quelle catégorie se rapporte la fonction principale du moyen :
☐ Sécurité de l'information (*moyen de chiffrement, bibliothèque cryptographique, etc.*)
☐ Ordinateur (*système d'exploitation, serveur, logiciel de virtualisation, etc.*)
☐ Envoi, stockage, réception d'informations (*terminal de communication, logiciel de gestion, etc.*)
☐ Réseau (*logiciel de supervision, routeur, station de base, etc.*)
☐ Autres. *Si oui, précisez :* ....

B.3. Description technique des services de cryptologie fournis

B.3.1. Description des fonctionnalités cryptographiques du moyen :
....
....
....
....
....
B.3.2. Indiquez à quelle(s) catégorie(s) se rapporte(nt) la ou les fonctions cryptographiques du moyen :
☐ Authentification
☐ Intégrité
☐ Confidentialité
☐ Signature
B.3.3. Indiquez le(s) protocole(s) sécurisé(s) utilisés par le moyen :
☐ IPsec
☐ SSH
☐ SSL/TLS

☐ Protocoles liés à la VoIP (de type SIP/RTP)
☐ Autres. *Si oui, précisez :*
B.3.4. Précisez les algorithmes cryptographiques utilisés et leurs longueurs maximales de clés :

ALGORITHME	MODE	TAILLE DE CLÉ ASSOCIÉE	FONCTION

C. Cas d'un moyen de cryptologie relevant de la catégorie 3 de l'annexe 2 du décret n° 2007-663 du 2 mai 2007

☐ *En cochant cette case, vous déclarez que le moyen de cryptologie relève de la catégorie 3 de l'annexe 2 du décret n° 2007-663 du 2 mai 2007. Dans ce cas, renseignez les éléments justificatifs ci-après :*

Présentez le mode de commercialisation du moyen de cryptologie et le marché auquel il s'adresse :
....
....
....
....

Expliquez pourquoi la fonctionnalité cryptographique du moyen ne peut pas être modifiée facilement par l'utilisateur :
....
....
....
....

Expliquez en quoi les modalités d'installation du moyen ne nécessitent pas d'assistance importante ultérieure de la part du fournisseur :
....
....
....
....

D. Renouvellement d'autorisation de transfert ou d'exportation

Lorsque le moyen de cryptologie a déjà été l'objet d'une autorisation de transfert ou d'exportation, indiquez les références de cette autorisation :
Numéro de dossier (mentionné sur le récépissé et sur l'autorisation) : ....
Date de l'autorisation : ....
Numéro de l'autorisation (mentionné sur l'autorisation) : ....

E. Pièces à joindre (cochez les cases correspondant aux pièces que vous avez jointes)

☐ Document général présentant la société (*format électronique souhaité*)
☐ Extrait K *bis* du registre du commerce et des sociétés datant de moins de trois mois (ou un document équivalent pour les sociétés de droit étranger)
☐ Brochure commerciale du moyen de cryptologie (*format électronique souhaité*)
☐ Brochure technique du moyen de cryptologie (*format électronique souhaité*)
☐ Manuel utilisateur (si disponible) (*format électronique souhaité*)
☐ Guide administrateur (si disponible) (*format électronique souhaité*)

F. Attestation

Je soussigné (nom, prénoms) : ....
agissant en qualité de : ....
pour le compte de : ....
représentant le déclarant et/ou le demandeur, certifie que les renseignements figurant sur ce formulaire et les pièces qui lui sont jointes sont exacts et ont été établis de bonne foi et que le déclarant et/ou le demandeur s'engage à porter à la connaissance de l'Agence nationale de la sécurité des systèmes d'information sans délai tout élément nouveau de fait ou de droit de nature à modi-

fier cette déclaration et/ou cette demande d'autorisation ou les éléments joints, toute omission ou toute fausse déclaration exposant le déclarant et/ou le demandeur aux sanctions prévues aux articles 34 et 35 de la loi n° 2004-575 du 21 juin 2004 modifiée.

Date : ....

Signature

ÉLÉMENTS ET CARACTÉRISTIQUES TECHNIQUES À COMMUNIQUER SUR DEMANDE DE L'AGENCE NATIONALE DE LA SÉCURITÉ DES SYSTÈMES D'INFORMATION

(A fournir de préférence au format électronique)

1. Les éléments nécessaires pour mettre en œuvre le moyen de cryptologie :

a) Deux exemplaires du moyen de cryptologie ;

b) Les guides d'installation du moyen ;

c) Les dispositifs d'activation du moyen, s'il y a lieu (numéro de licence, numéro d'activation, dispositif matériel, etc.) ;

d) Les dispositifs d'injection de clé ou d'activation du réseau, s'il y a lieu.

2. Les éléments relatifs à la protection du procédé de chiffrement, à savoir la description des mesures techniques mises en œuvre pour empêcher l'altération du procédé de chiffrement ou de la gestion de clés associée.

3. Les éléments relatifs au traitement des données :

a) La description des prétraitements subis par les données claires avant leur chiffrement (compression, formatage, ajout d'un en-tête, etc.) ;

b) La description des post-traitements des données chiffrées, après leur chiffrement (ajout d'un en-tête, formatage, mise en paquet, etc.) ;

c) Trois sorties de référence du moyen, sous format électronique, effectuées à partir d'un texte clair et d'une clé choisie arbitrairement, qui seront aussi fournis, dans le but de vérifier la mise en œuvre du moyen par rapport à la description de celui-ci.

4. Les éléments relatifs à la conception du moyen de cryptologie :

a) Le code source du moyen et les éléments permettant une recompilation du code source ou les références des compilateurs associés ;

b) Les références des composants intégrant les fonctions de cryptologie du moyen et les noms des fabricants de chacun de ces composants ;

c) Les fonctions de cryptologie mises en œuvre par chacun de ces composants ;

d) La documentation technique du ou des composants réalisant les fonctions de cryptologie ;

e) Les types des mémoires (flash, ROM, EPROM, etc.) dans lesquelles sont stockés les fonctions et les paramètres de cryptologie ainsi que les références de ces mémoires.

ANNEXE II

Déclaration de fourniture d'une prestation de cryptologie

Formulaire *[Le formulaire est disponible sur le site internet www.ssi.gouv.fr]* à adresser en deux exemplaires à : Agence nationale de la sécurité des systèmes d'information, bureau des contrôles réglementaires, 51, boulevard de La-Tour-Maubourg, 75700 Paris 07 SP (téléphone : + 33 [0] 1-71-75-82-75 ; mél : controle@ssi.gouv.fr).

☐ Si la prestation consiste à délivrer des certificats électroniques qualifiés au sens du décret n° 2001-272 du 30 mars 2001 modifié, cochez la case.

A. Déclarant

A-1. Personne morale

Dénomination sociale : ....

Numéro SIRET : ....

Nationalité : ....

Adresse : ....

Numéro de téléphone : ....

Personne chargée du dossier administratif

Nom et prénoms : ....

Adresse : ....

Numéro de téléphone : ....

Adresse de courrier électronique :

A-2. Particulier

Nom et prénoms : ....
Nationalité : ....
Adresse : ....
Numéro de téléphone : ....
Adresse de courrier électronique :

B. Description de la prestation

Dénomination de la prestation : ....

B-1. Catégories d'utilisateurs auxquels est destinée la prestation

☐ Administrations (précisez lesquelles) : ....
☐ Grandes entreprises (précisez le secteur d'activité) : ....
☐ Établissements financiers : ....
☐ PME (précisez le secteur d'activité) : ....
☐ Professions libérales (précisez le secteur d'activité) : ....
☐ Autres (précisez le secteur d'activité) : ....

B-2. Types de données concernées par la prestation

Précisez le type de données concernées par la prestation (données personnelles, médicales, financières, administratives, autres) :

....

B-3. Services de cryptologie fournis

Précisez les noms des algorithmes utilisés et la longueur maximale des clés cryptographiques pour chaque algorithme :
☐ Authentification : ....
☐ Signature : ....
☐ Confidentialité : ....
☐ Horodatage : ....
☐ Archivage sécurisé : ....
☐ Gestion de clés cryptographiques : ....
☐ Certification de clés ou de données : ....
☐ Autres (précisez) :

B-4. Personne chargée des éléments techniques

Nom et prénoms : ....
Adresse : ....
Numéro de téléphone : ....
Adresse de courrier électronique :

C. Moyens de cryptologie mis en œuvre par le prestataire

Pour les moyens de cryptologie mis en œuvre par le prestataire pour fournir sa prestation, indiquez :
Désignation générique du moyen (*selon le format "MARQUE DE DISTRIBUTION – DÉNOMINATION DU MOYEN"*) :
Version : ....
Référence commerciale : ....
Le cas échéant, référence des déclarations ou des autorisations relatives aux moyens : ....

D. Pièces à joindre (cochez les cases correspondant aux pièces que vous avez jointes)

☐ Document général présentant la société (format électronique souhaité)
☐ Extrait K*bis* du registre du commerce et des sociétés datant de moins de trois mois (ou un document équivalent pour les sociétés de droit étranger)

E. Attestation

Je soussigné (nom, prénoms) : ....
agissant en qualité de : ....
pour le compte de : ....

représentant le déclarant, certifie que les renseignements figurant sur cette déclaration et les pièces qui lui sont jointes sont exacts et ont été établis de bonne foi et que le déclarant s'engage à porter à la connaissance de l'Agence nationale de la sécurité des systèmes d'information sans délai tout élément nouveau de fait ou de droit de nature à modifier cette déclaration ou les éléments joints, toute omission ou toute fausse déclaration exposant le déclarant aux sanctions prévues aux articles 34 et 35 de la loi n° 2004-575 du 21 juin 2004 modifiée et à l'article 13 du décret n° 2007-663 du 2 mai 2007.

Date :

Signature ....

ÉLÉMENTS TECHNIQUES À JOINDRE OBLIGATOIREMENT À LA DÉCLARATION DE FOURNITURE D'UNE PRESTATION DE CRYPTOLOGIE

(A fournir de préférence au format électronique)

1. La description des services offerts aux utilisateurs de la prestation.
2. La description des fonctions cryptologiques mises en œuvre par le prestataire.
3. La description des locaux utilisés pour mettre en œuvre la prestation.
4. La description des matériels et des logiciels informatiques et notamment des moyens de cryptologie utilisés par le prestataire.
5. La description des systèmes de protection physique et de contrôle d'accès aux locaux et aux systèmes informatiques du prestataire.
6. Lorsque la prestation consiste en la gestion de clés cryptographiques ou de certificats électroniques au profit des utilisateurs :

a) La description de la procédure de génération des clés et des certificats ;

b) La description de la procédure de distribution et de remise des clés et des certificats aux utilisateurs ;

c) La description des mesures techniques et organisationnelles mises en œuvre pour la protection et la conservation des clés ;

d) La description de la procédure de recouvrement des clés (uniquement pour le service de confidentialité) ;

e) Les références des moyens de cryptologie mis en œuvre par les utilisateurs de la prestation, lorsque ces moyens sont spécifiquement conçus pour fonctionner avec les clés ou les certificats délivrés par ce prestataire.

Décret n° 2015-350 du 27 mars 2015,

Relatif à la qualification des produits de sécurité et des prestataires de service de confiance pour les besoins de la sécurité des systèmes d'information.

COMMENTAIRE

Champ d'application. Le décret n° 2015-350 du 27 mars 2015 met en place une procédure de qualification des produits de sécurité et une procédure de qualification des prestataires de service de confiance pour les besoins de la sécurité des systèmes d'information. Ces dispositions complètent le décret n° 2015-351 du 27 mars 2015 relatif à la sécurité des systèmes d'information des opérateurs d'importance vitale qui prévoit, notamment, la mise en place de systèmes qualifiés de détection des événements susceptibles d'affecter la sécurité de leurs systèmes d'information par des prestataires qualifiés en matière de sécurité des systèmes d'information ou l'évaluation de la sécurité des systèmes d'information par des prestataires de service qualifiés. Pour autant, le champ d'application de la procédure de qualification du décret n° 2015-350 du 27 mars 2015 est plus large puisque tout produit de sécurité et prestataire de service de confiance peut obtenir une qualification.

Modalités. Un produit de sécurité désigne « tout dispositif, matériel ou logiciel, mettant en œuvre des fonctions qui contribuent à la sécurité des systèmes d'information ». Les prestataires de service de confiance sont les personnes « fournissant des services qui contribuent à la sécurité des systèmes d'information ». Au titre de chacune des procédures de qualification, une demande de qualification doit être présentée auprès de l'ANSSI. Celle-ci comporte notamment la description des objectifs de sécurité du produit (confidentialité, intégrité des données) et des fonctions de sécurité ou les services proposés susceptibles de répondre aux besoins de sécurité des systèmes d'information et l'organisation, les procédures et les méthodes mises en place par le prestataire pour fournir les

services. Le demandeur choisit un ou plusieurs centres d'évaluation. Les centres d'évaluation des produits sont ceux qui sont agréés conformément au décret n° 2002-535 du 18 avril 2002 relatif à l'évaluation et à la certification de la sécurité offerte par les produits et les systèmes des technologies de l'information. Pour les prestataires de service de confiance, une procédure d'agrément spécifique est prévue, elle est pilotée par l'ANSSI. Le centre d'évaluation ne peut être agréé pour les besoins de la sécurité nationale que si les conditions du respect du secret de la défense nationale sont respectées (art. 18 ; C. défense, art. R. 2311-1). Un programme de travail ainsi que les délais et les modalités de l'évaluation sont définis. L'évaluation des prestataires de services de confiance est opérée par référence à des référentiels propres à chaque type de service élaborés par l'ANSSI. Un rapport d'évaluation est remis au demandeur et à l'ANSSI. C'est au vu de ce rapport que la qualification peut être délivrée par le directeur de l'ANSSI. Elle est de trois ans pour les prestataires de service de confiance qui peuvent faire l'objet d'un contrôle de l'ANSSI à tout moment. ❑

CHAPITRE I *DISPOSITIONS GÉNÉRALES*

Art. 1er Il est institué une procédure de qualification des produits de sécurité et des prestataires de service de confiance pour les besoins *(Décr. n° 2018-384 du 23 mai 2018, art. 29)* **« de la sécurité des systèmes d'information »**

Au sens du présent décret, on entend par :

1° "Produit de sécurité", tout dispositif, matériel ou logiciel, mettant en œuvre des fonctions qui contribuent à la sécurité des systèmes d'information ;

2° "Prestataire de service de confiance", toute personne fournissant des services qui contribuent à la sécurité des systèmes d'information.

CHAPITRE II *QUALIFICATION DES PRODUITS DE SÉCURITÉ*

Art. 2 La demande de qualification d'un produit de sécurité est adressée à l'Agence nationale de la sécurité des systèmes d'information. Celle-ci met à la disposition du public par voie électronique la liste des pièces à joindre à la demande, qui contient notamment une description détaillée du produit et de ses fonctions de sécurité ainsi que les objectifs de sécurité qu'il vise à satisfaire.

Lorsque le dossier de demande est complet, l'Agence nationale de la sécurité des systèmes d'information s'assure, au vu des pièces fournies, que :

1° Les objectifs de sécurité du produit sont définis de manière pertinente au regard des menaces pesant sur la sécurité des systèmes d'information ;

2° Les fonctions de sécurité du produit sont cohérentes avec les objectifs de sécurité qu'il vise à satisfaire ;

3° Les matériels, les logiciels, leurs codes sources et la documentation nécessaires pour réaliser l'évaluation des fonctions de sécurité du produit sont disponibles sans restriction.

Lorsqu'elle estime que les conditions prévues aux 1° à 3° sont remplies, l'Agence nationale de la sécurité des systèmes d'information invite le demandeur à faire évaluer les fonctions de sécurité du produit en vue d'obtenir une qualification. Dans le cas contraire, elle lui indique les motifs pour lesquels le produit ne peut être qualifié.

Art. 3 Pour faire évaluer les fonctions de sécurité du produit, le demandeur choisit un ou plusieurs centres d'évaluation agréés dans les conditions prévues par le décret du 18 avril 2002 susvisé. Il détermine avec chacun de ces centres le programme de travail et les délais nécessaires pour réaliser l'évaluation ainsi que les conditions dans lesquelles sera protégée la confidentialité des informations traitées dans le cadre de l'évaluation.

Lorsque l'évaluation de certaines fonctions de sécurité nécessite des compétences techniques particulières dont ne disposent pas les centres d'évaluation, l'Agence nationale de la sécurité des systèmes d'information évalue elle-même ces fonctions.

En l'absence de centre d'évaluation agréé, l'Agence nationale de la sécurité des systèmes d'information peut réaliser l'ensemble de l'évaluation.

Art. 4 Le demandeur met à la disposition de l'Agence nationale de la sécurité des systèmes d'information et de chaque centre d'évaluation concerné l'ensemble des maté-

riels, des logiciels, des codes sources et de la documentation nécessaires pour évaluer les fonctions de sécurité du produit.

Art. 5 L'Agence nationale de la sécurité des systèmes d'information veille à la bonne exécution des travaux d'évaluation. Les centres d'évaluation l'informent sans délai de toute difficulté. L'agence peut à tout moment demander à assister à ces travaux ou à obtenir des informations sur leur déroulement. Elle peut également demander aux centres de compléter leur évaluation.

Art. 6 Au terme de l'évaluation, chaque centre d'évaluation concerné remet un rapport au demandeur et à l'Agence nationale de la sécurité des systèmes d'information. Lorsqu'elle a réalisé tout ou partie de l'évaluation, l'agence remet un rapport d'évaluation au demandeur.

Les rapports d'évaluation sont des documents confidentiels susceptibles de contenir des informations dont la révélation est réprimée par les dispositions de l'article **226-13** du code pénal. Ils sont, le cas échéant, couverts par le secret de la défense nationale.

Art. 7 *(Décr. n° 2019-1139 du 7 nov. 2019, art. 1er)* Au vu des rapports d'évaluation, le directeur général de l'Agence nationale de la sécurité des systèmes d'information décide de qualifier ou non le produit. Lorsqu'il décide de qualifier le produit, le directeur général de l'Agence nationale de la sécurité des systèmes d'information notifie au demandeur une décision mentionnant les objectifs de sécurité que satisfait le produit et précisant le niveau de qualification obtenu. La décision est assortie, le cas échéant, de conditions et de réserves et précise sa durée de validité.

En cas de manquement aux conditions et réserves fixées par la décision de qualification ou en cas de changement des circonstances de droit ou de fait dans lesquelles le produit a été qualifié, le directeur général de l'Agence nationale de la sécurité des systèmes d'information peut, après que le demandeur a pu faire valoir ses observations, suspendre ou abroger la qualification.

CHAPITRE III *QUALIFICATION DES PRESTATAIRES DE SERVICE DE CONFIANCE*

SECTION 1 *Évaluation et qualification des prestataires*

Art. 8 La demande de qualification est adressée par le prestataire de service de confiance à l'Agence nationale de la sécurité des systèmes d'information. Celle-ci met à la disposition du public par voie électronique la liste des pièces à joindre à la demande, qui contient notamment :

1° La description des services sur lesquels porte la demande ;

2° L'organisation, les procédures et les méthodes mises en place par le prestataire pour fournir les services ;

3° Les coordonnées du centre d'évaluation choisi par le prestataire pour évaluer les services sur lesquels porte la demande ;

4° Le programme de travail défini par le prestataire avec le centre d'évaluation.

Art. 9 Lorsque le dossier de demande est complet, l'Agence nationale de la sécurité des systèmes d'information s'assure, au vu des pièces fournies, que :

1° Les services fournis par le prestataire sont susceptibles de répondre aux besoins de sécurité des systèmes d'information ;

2° Le centre d'évaluation choisi est agréé pour évaluer les services sur lesquels porte la demande ;

3° Le programme de travail défini avec le centre d'évaluation est cohérent ;

4° Les documents nécessaires à l'évaluation sont disponibles ;

5° Les conditions d'accès aux locaux, au personnel et aux moyens techniques du prestataire sont satisfaisantes.

Lorsqu'elle estime que les conditions prévues aux 1° à 5° sont remplies, l'Agence nationale de la sécurité des systèmes d'information invite le prestataire à faire évaluer ses services en vue d'obtenir une qualification. Dans le cas contraire, elle lui indique les motifs pour lesquels il ne peut être qualifié.

Art. 10 Les services fournis par le prestataire sont évalués au regard de règles fixées par des référentiels propres à chaque type de services. Ces référentiels sont élaborés

par l'Agence nationale de la sécurité des systèmes d'information et approuvés par le Premier ministre. *(Décr. n° 2018-384 du 23 mai 2018, art. 29)* « Pour les besoins de la sécurité nationale », les référentiels peuvent imposer au prestataire de respecter les prescriptions prévues aux articles R. 2311-1 et suivants du code de la défense.

L'évaluation est réalisée sur pièce et sur place par un centre d'évaluation agréé dans les conditions prévues à la section 2 du présent chapitre. Elle vise à s'assurer que le prestataire respecte les règles prévues par les référentiels mentionnés au premier alinéa, en particulier qu'il dispose du personnel compétent ainsi que des moyens techniques et des locaux adéquats pour fournir ses services.

Lorsque l'évaluation nécessite des compétences techniques particulières dont ne disposent pas les centres d'évaluation, l'Agence nationale de la sécurité des systèmes d'information apporte son concours à ces centres.

En l'absence de centre d'évaluation agréé, l'Agence nationale de la sécurité des systèmes d'information peut évaluer les services du prestataire.

Art. 11 Le prestataire choisit un centre d'évaluation agréé sur la liste prévue à l'article 19.

Il détermine avec le centre d'évaluation :

1° Les services à évaluer ;

2° Les conditions d'accès à ses locaux, à son personnel et à ses moyens techniques ;

3° Les conditions de protection des informations traitées dans le cadre de l'évaluation ;

4° Le programme de travail du centre.

Il met à la disposition de l'Agence nationale de la sécurité des systèmes d'information et du centre d'évaluation tous les documents nécessaires à l'évaluation. Il leur permet d'accéder à ses locaux et à ses moyens techniques et de rencontrer son personnel.

Dans le cadre de l'évaluation, l'Agence nationale de la sécurité des systèmes d'information et le centre d'évaluation peuvent chacun demander à assister au déroulement d'une prestation de service effectuée par le prestataire.

Art. 12 L'Agence nationale de la sécurité des systèmes d'information veille à la bonne exécution des travaux d'évaluation. Le centre d'évaluation l'informe sans délai de toute difficulté. L'agence peut à tout moment demander à assister à ces travaux ou à obtenir des informations sur leur déroulement. Elle peut également demander au centre de compléter son évaluation.

Art. 13 Au terme de l'évaluation, le centre d'évaluation remet un rapport au prestataire et à l'Agence nationale de la sécurité des systèmes d'information. Lorsqu'elle a réalisé l'évaluation, l'agence remet un rapport d'évaluation au prestataire.

Le rapport d'évaluation est un document confidentiel susceptible de contenir des informations dont la révélation est réprimée par les dispositions de l'article 226-13 du code pénal. Il est, le cas échéant, couvert par le secret de la défense nationale.

Art. 14 *(Décr. n° 2019-1139 du 7 nov. 2019, art. 1er)* Au vu du rapport d'évaluation et, le cas échéant, des conclusions d'une enquête administrative sur le prestataire menée en application de l'article L. 114-1 du code de la sécurité intérieure, le directeur général de l'Agence nationale de la sécurité des systèmes d'information décide de qualifier ou non le prestataire.

Lorsqu'il décide de qualifier le prestataire, le directeur général de l'Agence nationale de la sécurité des systèmes d'information lui notifie une décision attestant sa capacité à respecter les règles mentionnées au premier alinéa de l'article 10 et précisant, s'il y a lieu, le niveau de qualification obtenu. La décision précise les services qualifiés et est assortie, le cas échéant, de conditions et de réserves.

La qualification est valable pour une durée maximale de trois ans et peut être renouvelée dans les mêmes conditions.

Art. 15 L'Agence nationale de la sécurité des systèmes d'information peut s'assurer à tout moment que le prestataire respecte les règles au vu desquelles il a été qualifié. Le prestataire l'informe sans délai de toute modification des circonstances dans lesquelles il a été qualifié.

En cas de manquement aux conditions et réserves fixées par la décision de qualification ou en cas de changement des circonstances de droit ou de fait dans lesquelles le prestataire a été qualifié, le *(Décr. n° 2019-1139 du 7 nov. 2019, art. 1er)* « directeur général de l'Agence nationale de la sécurité des systèmes d'information » peut, après que le prestataire a pu faire valoir ses observations, suspendre ou abroger la qualification.

SECTION 2 *Agrément des centres d'évaluation*

Art. 16 La demande d'agrément est adressée par le centre d'évaluation à l'Agence nationale de la sécurité des systèmes d'information. Celle-ci met à la disposition du public par voie électronique la liste des pièces à joindre à la demande, qui contient notamment :

1° La description des moyens, des ressources et de l'activité passée du centre d'évaluation ;

2° Les types de services pour l'évaluation desquels le centre demande un agrément ;

3° Une accréditation comme centre d'évaluation de services, délivrée par une instance nationale mentionnée au premier alinéa de l'article L. 115-28 du code de la consommation.

Lorsque le dossier de demande est complet, l'Agence nationale de la sécurité des systèmes d'information instruit la demande et en informe le centre d'évaluation.

Art. 17 L'Agence nationale de la sécurité des systèmes d'information audite sur pièce et sur place le centre demandeur au regard des compétences de son personnel, de ses moyens, de ses ressources et de son activité passée. Lors de cet audit, l'agence peut demander à assister au déroulement d'une évaluation de services effectuée par le centre.

Le centre permet à l'agence d'accéder à ses locaux et de rencontrer son personnel. Il lui communique en outre tous documents nécessaires à l'audit.

Art. 18 Le centre d'évaluation ne peut être agréé *(Décr. n° 2018-384 du 23 mai 2018, art. 29)* « pour les besoins de la sécurité nationale » s'il n'est en mesure de respecter les prescriptions prévues aux articles R. 2311-1 et suivants du code de la défense.

Art. 19 *(Décr. n° 2019-1139 du 7 nov. 2019, art. 1er)* Au vu des résultats de l'audit prévu à l'article 17 et, le cas échéant, au vu des conclusions d'une enquête administrative sur le centre d'évaluation menée en application de l'article L. 114-1 du code de la sécurité intérieure, le directeur général de l'Agence nationale de la sécurité des systèmes d'information décide d'agréer ou non le centre d'évaluation.

Lorsqu'il décide d'agréer le centre d'évaluation, le directeur général de l'Agence nationale de la sécurité des systèmes d'information lui notifie une décision précisant les types de service pour l'évaluation desquels le centre est agréé. La décision est assortie, le cas échéant, de conditions et de réserves.

L'agrément est valable pour une durée maximale de trois ans et peut être renouvelé dans les mêmes conditions.

L'Agence nationale de la sécurité des systèmes d'information met à la disposition du public par voie électronique la liste des centres d'évaluation agréés.

Art. 20 L'Agence nationale de la sécurité des systèmes d'information peut s'assurer à tout moment que le centre d'évaluation respecte les conditions au vu desquelles il a été agréé. Le centre d'évaluation l'informe sans délai de toute modification des circonstances dans lesquelles il a été agréé, notamment de la suspension, du retrait ou de toute modification de son accréditation.

En cas de manquement aux conditions et réserves fixées dans la décision d'agrément ou en cas de changement des circonstances de droit ou de fait dans lesquelles le centre d'évaluation a été agréé, le *(Décr. n° 2019-1139 du 7 nov. 2019, art. 1er)* « directeur général de l'Agence nationale de la sécurité des systèmes d'information » peut, après que le centre d'évaluation a pu faire valoir ses observations, suspendre ou abroger l'agrément.

CHAPITRE IV *DISPOSITIONS DIVERSES*

Art. 22 En application du 4° de l'article L. 231-4 du code des relations entre le public et l'administration, le silence gardé pendant deux mois par le *(Décr. n° 2019-1139 du 7 nov. 2019, art. 1er)* « directeur général de l'Agence nationale de la sécurité des systèmes d'information » sur les demandes mentionnées aux articles 2,8 et 16 vaut décision de rejet.

Art. 25 Le chapitre I, le chapitre II, le chapitre III ainsi que les articles 22, 23 et 26 du présent décret *(Décr. n° 2018-384 du 23 mai 2018, art. 29)* « dans leur rédaction résultant du décret n° 2018-384 du 23 mai 2018 » sont applicables sur l'ensemble du territoire de la République.

Loi n° 2018-133 du 26 février 2018,

Portant diverses dispositions d'adaptation au droit de l'Union européenne dans le domaine de la sécurité.

TITRE I DISPOSITIONS TENDANT À TRANSPOSER LA DIRECTIVE (UE) 2016/1148 DU PARLEMENT EUROPÉEN ET DU CONSEIL DU 6 JUILLET 2016 CONCERNANT DES MESURES DESTINÉES À ASSURER UN NIVEAU ÉLEVÉ COMMUN DE SÉCURITÉ DES RÉSEAUX ET DES SYSTÈMES D'INFORMATION DANS L'UNION

Le titre I entre en vigueur à compter d'une date fixée par décret en Conseil d'État, et au plus tard le 10 mai 2018 (L. n° 2018-133 du 26 févr. 2018, art. 25).

CHAPITRE I *DISPOSITIONS COMMUNES*

Art. 1er Pour l'application du présent titre, on entend par réseau et système d'information :

1° Tout réseau de communications électroniques tel que défini au 2° de l'article L. 32 du code des postes et des communications électroniques ;

2° Tout dispositif ou tout ensemble de dispositifs interconnectés ou apparentés dont un ou plusieurs éléments assurent, en exécution d'un programme, un traitement automatisé de données numériques ;

3° Les données numériques stockées, traitées, récupérées ou transmises par les éléments mentionnés aux 1° et 2° du présent article en vue de leur fonctionnement, utilisation, protection et maintenance.

La sécurité des réseaux et systèmes d'information consiste en leur capacité de résister, à un niveau de confiance donné, à des actions qui compromettent la disponibilité, l'authenticité, l'intégrité ou la confidentialité de données stockées, transmises ou faisant l'objet d'un traitement, et des services connexes que ces réseaux et systèmes d'information offrent ou rendent accessibles.

Art. 2 Les dispositions du présent titre ne sont pas applicables aux opérateurs mentionnés au 15° de l'article L. 32 du code des postes et des communications électroniques pour leurs activités liées à l'exploitation de réseaux de communications électroniques ou à la fourniture de services de communications électroniques, ni aux prestataires de services de confiance soumis aux exigences énoncées à l'article 19 du règlement (UE) n° 910/2014 du Parlement européen et du Conseil du 23 juillet 2014 sur l'identification électronique et les services de confiance pour les transactions électroniques au sein du marché intérieur et abrogeant la directive 1999/93/CE.

Elles ne sont pas non plus applicables aux opérateurs de services essentiels ni aux fournisseurs de service numérique pour les réseaux et systèmes d'information mentionnés au premier alinéa des articles 5 et 12 de la présente loi, qui sont soumis, en application d'un acte juridique de l'Union européenne, à des exigences sectorielles de sécurité et de notification d'incidents ayant un effet au moins équivalent aux obligations résultant de l'application du présent titre.

Art. 3 I. – Les prestataires de service habilités à effectuer des contrôles en application du présent titre sont soumis aux mêmes règles de confidentialité et de discrétion professionnelle que les agents publics et les services de l'État à l'égard des informations qu'ils recueillent auprès des opérateurs mentionnés à l'article 5 et des fournisseurs de service numérique mentionnés à l'article 11.

II. – Lorsqu'elle informe le public ou les États membres de l'Union européenne d'incidents dans les conditions prévues aux articles 7 et 13, l'autorité administrative compétente tient compte des intérêts économiques de ces opérateurs et fournisseurs de service numérique et veille à ne pas révéler d'informations susceptibles de porter atteinte à leur sécurité et au secret en matière commerciale et industrielle.

Art. 4 Les modalités d'application du présent titre sont déterminées par décret en Conseil d'État. Ce décret fixe notamment la liste des services essentiels au fonctionnement de la société ou de l'économie mentionnés à l'article 5, ainsi que, pour chacun des domaines de sécurité mentionnés à l'article 12, la nature des mesures que les fournisseurs de service numérique sont tenus de mettre en œuvre.

CHAPITRE II *DISPOSITIONS RELATIVES À LA SÉCURITÉ DES RÉSEAUX ET SYSTÈMES D'INFORMATION DES OPÉRATEURS DE SERVICES ESSENTIELS*

Art. 5 Les opérateurs, publics ou privés, offrant des services essentiels au fonctionnement de la société ou de l'économie et dont la continuité pourrait être gravement affectée par des incidents touchant les réseaux et systèmes d'information nécessaires à la fourniture desdits services sont soumis aux dispositions du présent chapitre. Ces opérateurs sont désignés par le Premier ministre. La liste de ces opérateurs est actualisée à intervalles réguliers et au moins tous les deux ans.

Les dispositions du présent chapitre ne sont pas applicables aux opérateurs mentionnés aux articles L. 1332-1 et L. 1332-2 du code de la défense, pour les systèmes d'information mentionnés au premier alinéa de l'article L. 1332-6-1 du même code.

La désignation des opérateurs de services essentiels prévue au 1er al. de l'art. 5 intervient au plus tard le 9 nov. 2018 (L. nº 2018-133 du 26 févr. 2018, art. 25).

Art. 6 Le Premier ministre fixe les règles de sécurité nécessaires à la protection des réseaux et systèmes d'information mentionnés au premier alinéa de l'article 5. Ces règles ont pour objet de garantir un niveau de sécurité adapté au risque existant, compte tenu de l'état des connaissances. Elles définissent les mesures appropriées pour prévenir les incidents qui compromettent la sécurité des réseaux et systèmes d'information utilisés pour la fourniture des services essentiels ou pour en limiter l'impact afin d'assurer la continuité de ces services essentiels. Les opérateurs mentionnés au même article 5 appliquent ces règles à leurs frais.

Les règles prévues au premier alinéa du présent article sont définies dans chacun des domaines suivants :

1° La gouvernance de la sécurité des réseaux et systèmes d'information ;

2° La protection des réseaux et systèmes d'information ;

3° La défense des réseaux et systèmes d'information ;

4° La résilience des activités.

Les règles prévues au même premier alinéa peuvent notamment prescrire que les opérateurs recourent à des dispositifs matériels ou logiciels ou à des services informatiques dont la sécurité a été certifiée.

Art. 7 I. – Les opérateurs mentionnés à l'article 5 déclarent, sans délai après en avoir pris connaissance, à l'autorité nationale de sécurité des systèmes d'information mentionnée à l'article L. 2321-1 du code de la défense les incidents affectant les réseaux et systèmes d'information nécessaires à la fourniture de services essentiels, lorsque ces incidents ont ou sont susceptibles d'avoir, compte tenu notamment du nombre d'utilisateurs et de la zone géographique touchés ainsi que de la durée de l'incident, un impact significatif sur la continuité de ces services.

II. – Après avoir consulté l'opérateur concerné, l'autorité administrative peut informer le public d'un incident mentionné au I du présent article, lorsque cette information est nécessaire pour prévenir ou traiter un incident. Lorsqu'un incident a un impact significatif sur la continuité de services essentiels fournis par l'opérateur dans d'autres États membres de l'Union européenne, l'autorité administrative en informe les autorités ou organismes compétents de ces États.

Art. 8 Le Premier ministre peut soumettre les opérateurs mentionnés à l'article 5 à des contrôles destinés à vérifier le respect des obligations prévues au présent chapitre ainsi que le niveau de sécurité des réseaux et systèmes d'information nécessaires à la fourniture de services essentiels.

Les contrôles sont effectués, sur pièce et sur place, par l'autorité nationale de sécurité des systèmes d'information mentionnée à l'article L. 2321-1 du code de la défense ou par des prestataires de service qualifiés par le Premier ministre. Le coût des contrôles est à la charge des opérateurs.

Les opérateurs sont tenus de communiquer à l'autorité ou au prestataire de service chargé du contrôle prévu au premier alinéa du présent article les informations et éléments nécessaires pour réaliser le contrôle, y compris les documents relatifs à leur politique de sécurité et, le cas échéant, les résultats d'audit de sécurité, et leur permettre d'accéder aux réseaux et systèmes d'information faisant l'objet du contrôle afin d'effectuer des analyses et des relevés d'informations techniques.

En cas de manquement constaté à l'occasion d'un contrôle, l'autorité mentionnée au deuxième alinéa peut mettre en demeure les dirigeants de l'opérateur concerné de se conformer, dans un délai qu'elle fixe, aux obligations qui incombent à l'opérateur en vertu du présent chapitre. Le délai est déterminé en tenant compte des conditions de fonctionnement de l'opérateur et des mesures à mettre en œuvre.

Art. 9 Est puni de 100 000 € d'amende le fait, pour les dirigeants des opérateurs mentionnés à l'article 5, de ne pas se conformer aux règles de sécurité mentionnées à l'article 6 à l'issue du délai fixé par la mise en demeure qui leur a été adressée en application de l'article 8.

Est puni de 75 000 € d'amende le fait, pour les mêmes personnes, de ne pas satisfaire à l'obligation de déclaration d'incident prévue au I de l'article 7.

Est puni de 125 000 € d'amende le fait, pour les mêmes personnes, de faire obstacle aux opérations de contrôle mentionnées à l'article 8.

CHAPITRE III *DISPOSITIONS RELATIVES À LA SÉCURITÉ DES RÉSEAUX ET SYSTÈMES D'INFORMATION DES FOURNISSEURS DE SERVICE NUMÉRIQUE*

Art. 10 Pour l'application du présent chapitre, on entend :

1° Par service numérique tout service fourni normalement contre rémunération, à distance, par voie électronique et à la demande individuelle d'un destinataire de services ;

2° Par fournisseur de service numérique toute personne morale qui fournit l'un des services suivants :

a) Place de marché en ligne, à savoir un service numérique qui permet à des consommateurs ou à des professionnels, au sens du dernier alinéa de l'article liminaire du code de la consommation, de conclure des contrats de vente ou de service en ligne avec des professionnels soit sur le site internet de la place de marché en ligne, soit sur le site internet d'un professionnel qui utilise les services informatiques fournis par la place de marché en ligne ;

b) Moteur de recherche en ligne, à savoir un service numérique qui permet aux utilisateurs d'effectuer des recherches sur, en principe, tous les sites internet ou sur les sites internet dans une langue donnée, sur la base d'une requête lancée sur n'importe quel sujet sous la forme d'un mot clé, d'une phrase ou d'une autre entrée, et qui renvoie des liens à partir desquels il est possible de trouver des informations en rapport avec le contenu demandé ;

c) Service d'informatique en nuage, à savoir un service numérique qui permet l'accès à un ensemble modulable et variable de ressources informatiques pouvant être partagées.

Art. 11 I. – Tout fournisseur de service numérique au sens de l'article 10, établi hors de l'Union européenne, qui offre ses services sur le territoire national et qui n'a désigné aucun représentant dans un autre État membre de l'Union européenne procède à la désignation d'un représentant établi sur le territoire national auprès de l'autorité nationale de sécurité des systèmes d'information prévue à l'article L. 2321-1 du code de la défense aux fins d'application du présent chapitre. Cette désignation ne fait pas obstacle aux actions qui pourraient être introduites, en application de l'article 15, à l'encontre des dirigeants du fournisseur concerné.

II. – Sont soumis aux dispositions du présent chapitre les fournisseurs de service numérique qui offrent leurs services dans l'Union européenne :

1° Lorsque leur siège social ou leur établissement principal est établi sur le territoire national ;

2° Ou qui ont, en application du I, désigné un représentant sur le territoire national.

III. – Les dispositions du présent chapitre ne sont pas applicables aux entreprises qui emploient moins de cinquante salariés et dont le chiffre d'affaires annuel n'excède pas 10 millions d'euros.

Art. 12 Les fournisseurs de service numérique mentionnés à l'article 11 garantissent, compte tenu de l'état des connaissances, un niveau de sécurité des réseaux et des systèmes d'information nécessaires à la fourniture de leurs services dans l'Union européenne adapté aux risques existants.

A cet effet, ils sont tenus d'identifier les risques qui menacent la sécurité de ces réseaux et systèmes d'information et de prendre des mesures techniques et organisationnelles nécessaires et proportionnées pour gérer ces risques, pour éviter les incidents de nature à porter atteinte à ces réseaux et systèmes d'information ainsi que pour en réduire au minimum l'impact, de manière à garantir la continuité de leurs services. Ces mesures interviennent dans chacun des domaines suivants :

1° La sécurité des systèmes et des installations ;

2° La gestion des incidents ;

3° La gestion de la continuité des activités ;

4° Le suivi, l'audit et le contrôle ;

5° Le respect des normes internationales.

Art. 13 I. – Les fournisseurs de service numérique mentionnés à l'article 11 déclarent, sans délai après en avoir pris connaissance, à l'autorité nationale de sécurité des systèmes d'information mentionnée à l'article L. 2321-1 du code de la défense les incidents affectant les réseaux et systèmes d'information nécessaires à la fourniture de leurs services dans l'Union européenne, lorsque les informations dont ils disposent font apparaître que ces incidents ont un impact significatif sur la fourniture de ces services, compte tenu notamment du nombre d'utilisateurs touchés par l'incident, de sa durée, de sa portée géographique, de la gravité de la perturbation du fonctionnement du service et de l'ampleur de son impact sur le fonctionnement de la société ou de l'économie.

II. – Après avoir consulté le fournisseur de service numérique concerné, l'autorité administrative peut informer le public d'un incident mentionné au I ou imposer au fournisseur de le faire lorsque cette information est nécessaire pour prévenir ou traiter un incident ou est justifiée par un motif d'intérêt général. Lorsqu'un incident a des conséquences significatives sur les services fournis dans d'autres États membres de l'Union européenne, l'autorité administrative en informe les autorités ou organismes compétents de ces États, qui peuvent rendre public l'incident.

Art. 14 Lorsque le Premier ministre est informé qu'un fournisseur de service numérique mentionné à l'article 11 ne satisfait pas à l'une des obligations prévues aux articles 12 ou 13, il peut le soumettre à des contrôles destinés à vérifier le respect des obligations prévues au présent chapitre ainsi que le niveau de sécurité des réseaux et systèmes d'information nécessaires à la fourniture de ses services. Il en informe si nécessaire les autorités compétentes des autres États membres de l'Union européenne

dans lesquels sont situés des réseaux et systèmes d'information de ce fournisseur et coopère avec elles.

Les contrôles sont effectués, sur pièce et sur place, par l'autorité nationale de sécurité des systèmes d'information mentionnée à l'article L. 2321-1 du code de la défense ou par des prestataires de service qualifiés par le Premier ministre. Le coût des contrôles est à la charge des fournisseurs de service numérique.

Les fournisseurs de service numérique sont tenus de communiquer à l'autorité ou au prestataire de service chargé du contrôle prévu au premier alinéa du présent article les informations nécessaires pour évaluer la sécurité de leurs réseaux et systèmes d'information, y compris les documents relatifs à leurs politiques de sécurité, et, le cas échéant, leur permettre d'accéder aux réseaux et systèmes d'information faisant l'objet du contrôle afin d'effectuer des analyses et des relevés d'informations techniques.

En cas de manquement constaté à l'occasion d'un contrôle, l'autorité mentionnée au deuxième alinéa peut mettre en demeure les dirigeants du fournisseur concerné de se conformer, dans un délai qu'elle fixe, aux obligations qui incombent au fournisseur en vertu du présent chapitre. Le délai est déterminé en tenant compte des conditions de fonctionnement du fournisseur et des mesures à mettre en œuvre.

Art. 15 Est puni de 75 000 € d'amende le fait, pour les dirigeants des fournisseurs de service numérique mentionnés à l'article 11, de ne pas se conformer aux mesures de sécurité mentionnées à l'article 12, à l'issue du délai fixé par la mise en demeure qui leur a été adressée en application de l'article 14.

Est puni de 50 000 € d'amende le fait, pour les mêmes personnes, de ne pas satisfaire aux obligations de déclaration d'incident ou d'information du public prévues à l'article 13.

Est puni de 100 000 € d'amende le fait, pour les mêmes personnes, de faire obstacle aux opérations de contrôle mentionnées à l'article 14.

TITRE IV DISPOSITIONS APPLICABLES À L'OUTRE-MER

Art. 24 I. – Les titres I et V sont applicables à Wallis-et-Futuna, en Polynésie française, en Nouvelle-Calédonie et dans les Terres australes et antarctiques françaises, dans leur rédaction résultant de la présente loi.

Pour l'application du premier alinéa de l'article 2 à Wallis-et-Futuna, en Polynésie française, en Nouvelle-Calédonie et dans les Terres australes et antarctiques françaises, les mots : "exigences énoncées à l'article 19 du règlement (UE) n° 910/2014 du Parlement européen et du Conseil du 23 juillet 2014 sur l'identification électronique et les services de confiance pour les transactions électroniques au sein du marché intérieur et abrogeant la directive 1999/93/CE" sont remplacés par les mots : "règles applicables en France métropolitaine en application de l'article 19 du règlement (UE) n° 910/2014 du Parlement européen et du Conseil du 23 juillet 2014 sur l'identification électronique et les services de confiance pour les transactions électroniques au sein du marché intérieur et abrogeant la directive 1999/93/CE".

Décret n° 2018-384 du 23 mai 2018,

Relatif à la sécurité des réseaux et systèmes d'information des opérateurs de services essentiels et des fournisseurs de service numérique.

CHAPITRE I *DISPOSITIONS RELATIVES À LA SÉCURITÉ DES RÉSEAUX ET SYSTÈMES D'INFORMATION DES OPÉRATEURS DE SERVICES ESSENTIELS*

SECTION 1 *Désignation des opérateurs de services essentiels*

Art. 1er La liste des services essentiels au fonctionnement de la société ou de l'économie mentionnés à l'article 5 de la loi du 26 février 2018 susvisée figure à l'annexe au présent décret.

Art. 2 Sont désignés opérateurs de services essentiels, en application de l'article 5 de la loi du 26 février 2018 précitée, les opérateurs fournissant au moins un service mentionné à l'annexe au présent décret lorsque des réseaux et systèmes d'information sont nécessaires à la fourniture de ce service et qu'un incident affectant ces réseaux et systèmes aurait, sur la fourniture de ce service, des conséquences graves, appréciées au regard des critères suivants :

1° Le nombre d'utilisateurs dépendant du service ;

2° La dépendance des autres secteurs d'activités figurant à l'annexe au présent décret à l'égard du service ;

3° Les conséquences qu'un incident pourrait avoir, en termes de gravité et de durée, sur le fonctionnement de l'économie ou de la société ou sur la sécurité publique ;

4° La part de marché de l'opérateur ;

5° La portée géographique eu égard à la zone susceptible d'être touchée par un incident ;

6° L'importance que revêt l'opérateur pour assurer un niveau de service suffisant, compte tenu de la disponibilité de moyens alternatifs pour la fourniture du service ;

7° Le cas échéant, des facteurs sectoriels.

Art. 3 Les opérateurs de services essentiels sont désignés par arrêté du Premier ministre. Cet arrêté mentionne les services essentiels au fonctionnement de la société ou de l'économie fournis par l'opérateur.

Le Premier ministre notifie à chaque opérateur concerné son intention de le désigner comme opérateur de services essentiels. L'opérateur dispose d'un délai d'un mois à compter de cette notification pour présenter ses observations.

Lorsque l'opérateur dont la désignation est envisagée fournit un service essentiel dans un ou plusieurs autres États membres de l'Union européenne, sa désignation est précédée d'une consultation préalable des États membres concernés.

Les arrêtés mentionnés au premier alinéa sont notifiés aux opérateurs intéressés.

Art. 4 Pour la désignation des opérateurs de services essentiels, chaque ministre dont le domaine de compétence recouvre un secteur ou sous-secteur d'activités figurant à l'annexe au présent décret propose au Premier ministre une liste d'opérateurs, relevant de ce secteur ou sous-secteur, susceptibles d'être désignés en tant qu'opérateurs de services essentiels en justifiant, pour chaque opérateur, sa proposition au regard des critères mentionnés à l'article 2.

L'Agence nationale de la sécurité des systèmes d'information peut également, après concertation avec les ministres concernés, proposer dans les mêmes conditions au Premier ministre la désignation d'opérateurs de services essentiels pour tous secteurs et sous-secteurs d'activités figurant à l'annexe au présent décret.

Art. 5 Chaque opérateur de services essentiels désigne une personne chargée de le représenter auprès de l'Agence nationale de la sécurité des systèmes d'information pour toutes les questions relatives à l'application des dispositions prévues au présent chapitre. Il communique à cette agence les coordonnées de cette personne dans un délai de deux mois à compter de la date à laquelle prend effet l'arrêté mentionné à l'article 3.

Art. 6 Le Premier ministre, sur proposition du ministre dont le domaine de compétence recouvre un secteur ou sous-secteur d'activités figurant à l'annexe au présent décret ou de l'Agence nationale de la sécurité des systèmes d'information, met fin à la désignation des opérateurs de services essentiels qui ne satisfont plus aux critères mentionnés à l'article 2.

SECTION 2 *Déclaration des réseaux et systèmes d'information*

Art. 7 Les opérateurs de services essentiels établissent et tiennent à jour la liste des réseaux et systèmes d'information mentionnés au premier alinéa de l'article 5 de la loi du 26 février 2018 précitée, auxquels s'appliquent les règles de sécurité prévues à l'article 6 de la même loi. Cette liste comprend, le cas échéant, les réseaux et systèmes d'information dont ils ont confié l'exploitation à un tiers lorsque ces réseaux et systèmes d'information sont nécessaires à la fourniture des services essentiels de l'opérateur.

Art. 8 Dans un délai de trois mois à compter de sa désignation comme opérateur de services essentiels, l'opérateur communique à l'Agence nationale de la sécurité des systèmes d'information, selon des modalités fixées par arrêté du Premier ministre, la liste mentionnée à l'article 7 ainsi que, pour chaque réseau et système d'information, les informations précisées par cet arrêté.

L'opérateur communique une fois par an à l'Agence nationale de la sécurité des systèmes d'information les mises à jour de la liste et des informations mentionnées au premier alinéa. Il tient cette liste et ces informations à la disposition de l'agence, notamment en vue des contrôles prévus à la section 5 du présent chapitre. Il justifie tout retrait de réseau et système d'information figurant précédemment dans cette liste.

Art. 9 L'Agence nationale de la sécurité des systèmes d'information peut, après avis des ministres concernés, faire des observations à l'opérateur de services essentiels sur la liste mentionnée à l'article 7 et les informations mentionnées à l'article 8. Dans ce cas, l'opérateur modifie sa liste et les informations conformément à ces observations et communique, à l'agence, la liste et les informations modifiées, dans un délai de deux mois à compter de la réception des observations.

SECTION 3 *Règles de sécurité*

Art. 10 *V. Livre III, I. Règles internes.*

SECTION 4 *Déclaration des incidents de sécurité*

Art. 11 Sans préjudice des dispositions sectorielles prévoyant d'autres régimes de déclaration d'incidents, les opérateurs de services essentiels déclarent à l'Agence nationale de la sécurité des systèmes d'information, dès qu'ils en ont connaissance, les incidents mentionnés au I de l'article 7 de la loi du 26 février 2018 précitée.

Dès qu'ils ont connaissance d'informations complémentaires relatives aux causes de l'incident ou à ses conséquences, notamment le cas échéant celles sur la fourniture du service dans d'autres États membres de l'Union européenne, les opérateurs communiquent ces informations à l'agence. Ils répondent, en outre, aux demandes d'informations de l'agence concernant l'incident au fur et à mesure de son évolution.

Un arrêté du Premier ministre fixe les modalités de la déclaration des incidents.

Art. 12 Après chaque incident mentionné au I de l'article 7 de la loi du 26 février 2018 précitée, l'Agence nationale de la sécurité des systèmes d'information transmet aux ministres concernés une synthèse des informations recueillies.

Elle informe les autorités ou organismes compétents d'autres États membres de l'Union européenne des incidents mentionnés au premier alinéa ayant un impact significatif sur la continuité de services essentiels fournis dans ces États.

Dans les conditions prévues par le II du même article 7, elle peut, à la demande du Premier ministre, informer le public des incidents mentionnés au premier alinéa qui lui ont été déclarés.

SECTION 5 *Contrôles de sécurité*

Art. 13 Le Premier ministre, après avis des ministres concernés, notifie aux opérateurs de services essentiels sa décision d'imposer un contrôle prévu à l'article 8 de la loi du 26 février 2018 précitée. Il précise les objectifs et le périmètre du contrôle et fixe le délai dans lequel le contrôle est réalisé. Il indique, en fonction de la nature des opérations à mener, si ce contrôle est réalisé par l'Agence nationale de la sécurité des systèmes d'information ou par un prestataire de service qualifié. Dans ce dernier cas, l'opérateur choisit le prestataire sur la liste qui lui est communiquée et en informe sans délai l'Agence nationale de la sécurité des systèmes d'information.

Le Premier ministre ne peut imposer à un opérateur plus d'un contrôle par année civile d'un même réseau et système d'information, sauf si ce réseau et système d'information de l'opérateur est affecté par un incident de sécurité ou si des vulnérabilités de ce réseau et système d'information ou des manquements aux règles de sécurité mentionnées à l'article 6 de la loi du 26 février 2018 précitée ont été constatés lors d'un contrôle précédent subi par l'opérateur.

Art. 14 Pour la réalisation du contrôle, l'opérateur de services essentiels conclut une convention avec l'Agence nationale de la sécurité des systèmes d'information ou le prestataire de service chargé d'effectuer le contrôle. Cette convention précise notamment :

1° Les objectifs et le périmètre du contrôle ;

2° Les modalités du déroulement du contrôle et le délai dans lequel il est réalisé ;

3° Les conditions dans lesquelles l'agence ou le prestataire accède aux réseaux et systèmes d'information et effectue les analyses et les relevés d'informations techniques ;

4° Les informations et éléments, notamment la documentation technique des matériels et des logiciels, que l'opérateur communique à l'agence ou au prestataire pour la réalisation du contrôle ;

5° Les conditions de protection de la confidentialité des informations traitées dans le cadre du contrôle.

La convention est conclue dans des délais compatibles avec le délai fixé par le Premier ministre pour la réalisation du contrôle.

Lorsque le contrôle est effectué par un prestataire, l'opérateur adresse sans délai une copie de la convention signée à l'agence.

Art. 15 A l'issue du contrôle, l'Agence nationale de la sécurité des systèmes d'information ou le prestataire ayant réalisé le contrôle rédige un rapport exposant ses constatations, au regard de l'objectif du contrôle, sur le respect des obligations prévues au chapitre II du titre I de la loi du 26 février 2018 précitée et sur le niveau de sécurité des réseaux et systèmes d'information contrôlés. Les manquements à ces obligations et les vulnérabilités des réseaux et systèmes d'information constatés lors du contrôle sont indiqués dans le rapport, qui formule le cas échéant des recommandations pour y remédier.

L'agence ou le prestataire ayant réalisé le contrôle met l'opérateur de services essentiels en mesure de faire valoir ses observations sur le rapport mentionné au premier alinéa.

Lorsque le contrôle est réalisé par un prestataire, celui-ci communique à l'agence, dans le délai fixé pour la réalisation du contrôle, le rapport mentionné au premier alinéa et, le cas échéant, les observations de l'opérateur. L'agence peut auditionner, dans un délai de deux mois à compter de la communication du rapport, le prestataire ayant effectué le contrôle, en présence de l'opérateur, si celui-ci a formulé des observations ou si elle l'y convie, et d'un représentant des ministres concernés si ceux-ci en ont exprimé le souhait, pour examiner les constatations et les recommandations figurant dans le rapport.

L'Agence nationale de la sécurité des systèmes d'information communique aux ministres concernés les conclusions du contrôle.

CHAPITRE II *DISPOSITIONS RELATIVES À LA SÉCURITÉ DES RÉSEAUX ET SYSTÈMES D'INFORMATION DES FOURNISSEURS DE SERVICE NUMÉRIQUE*

SECTION 1 *Désignation des représentants des fournisseurs de service numérique*

Art. 16 Les fournisseurs de service numérique qui, en application du I de l'article 11 de la loi du 26 février 2018 précitée, désignent un représentant sur le territoire national, en informent l'Agence nationale de la sécurité des systèmes d'information en lui communiquant, dans un délai de deux mois à compter de cette désignation, les coordonnées de leur représentant. L'agence en informe les ministres concernés.

Le représentant mentionné au premier alinéa agit au nom du fournisseur de service numérique pour remplir les obligations prévues au présent chapitre. En particulier, il représente le fournisseur auprès de l'agence pour toutes les questions relatives à l'application des dispositions prévues au présent chapitre.

SECTION 2 *Liste des réseaux et systèmes d'information*

Art. 17 Les fournisseurs de service numérique établissent et tiennent à jour la liste des réseaux et systèmes d'information mentionnés à l'article 12 de la loi du 26 février 2018 précitée, auxquels s'appliquent les mesures prévues au même article. Cette liste comprend, le cas échéant, les réseaux et systèmes d'information dont ils ont confié l'exploitation à un tiers, lorsque ces réseaux et systèmes d'information sont nécessaires à la fourniture du service numérique.

SECTION 3 *Mesures de sécurité*

Art. 18 La nature des mesures que les fournisseurs de service numérique sont tenus de mettre en œuvre conformément à l'article 12 de la loi du 26 février 2018 précitée est fixée à l'article 2 du règlement d'exécution du 30 janvier 2018 susvisé.

Art. 19 Les fournisseurs de service numérique tiennent à la disposition de l'Agence nationale de la sécurité des systèmes d'information, notamment en vue des contrôles prévus à la section 5 du présent chapitre, la liste des réseaux et systèmes d'information mentionnée à l'article 17 ainsi que les documents permettant de vérifier la mise en œuvre des mesures mentionnées à l'article 12 de la loi du 26 février 2018 précitée.

SECTION 4 *Déclaration des incidents de sécurité*

Art. 20 Sans préjudice des dispositions sectorielles prévoyant d'autres régimes de déclaration d'incidents, les fournisseurs de service numérique déclarent à l'Agence nationale de la sécurité des systèmes d'information, en application du I de l'article 13 de la loi du 26 février 2018 précitée, tout incident ayant un impact significatif sur la fourniture de leurs services. Pour déterminer si un incident a un impact significatif sur la fourniture de leurs services, les fournisseurs de service numérique prennent en compte les paramètres mentionnés aux articles 3 et 4 du règlement d'exécution du 30 janvier 2018 précité.

Les fournisseurs de service numérique répondent aux demandes d'informations de l'agence concernant l'incident au fur et à mesure de son évolution.

Un arrêté du Premier ministre fixe les modalités de déclaration des incidents.

Art. 21 Après chaque incident mentionné au I de l'article 13 de la loi du 26 février 2018 précitée, l'Agence nationale de la sécurité des systèmes d'information transmet aux ministres concernés une synthèse des informations recueillies.

Elle informe les autorités ou organismes compétents d'autres États membres de l'Union européenne des incidents mentionnés au premier alinéa ayant un impact significatif sur les services numériques fournis dans ces États.

Dans les conditions prévues par le II de l'article 13 de la loi du 26 février 2018 précitée, le Premier ministre peut demander à l'Agence nationale de la sécurité des systèmes d'information d'informer le public d'un incident mentionné au premier alinéa ou imposer au fournisseur de service numérique concerné de le faire. Dans ce dernier cas, le Premier ministre précise les informations à rendre publiques et le délai pour le faire. Le fournisseur est tenu de mettre à la disposition du public ces informations au moyen du site internet utilisé pour la fourniture du service, sauf si ce site est indisponible en raison de l'incident, de manière que ces informations soient présentées aux utilisateurs lorsqu'ils accèdent au service.

SECTION 5 *Contrôles de sécurité*

Art. 22 Le Premier ministre notifie aux fournisseurs de service numérique sa décision d'imposer un contrôle prévu à l'article 14 de la loi du 26 février 2018 précitée. Il précise les objectifs et le périmètre du contrôle et fixe le délai dans lequel le contrôle est réalisé. Il indique, en fonction de la nature des opérations à mener, si ce contrôle est effectué par l'Agence nationale de la sécurité des systèmes d'information ou par un prestataire de service qualifié. Dans ce dernier cas, le fournisseur de service numérique choisit le prestataire sur la liste qui lui est communiquée et en informe sans délai l'agence.

Art. 23 Pour la réalisation du contrôle, le fournisseur de service numérique conclut une convention avec l'Agence nationale de la sécurité des systèmes d'information ou le prestataire de service chargé d'effectuer le contrôle. Cette convention précise notamment :

1° Les objectifs et le périmètre du contrôle ;

2° Les modalités du déroulement du contrôle et le délai dans lequel il est réalisé ;

3° Les conditions dans lesquelles l'agence ou le prestataire accède aux réseaux et systèmes d'information et effectue les analyses et les relevés d'informations techniques ;

4° Les informations et éléments, notamment la documentation technique des matériels et des logiciels, que le fournisseur de service numérique communique à l'agence ou au prestataire pour la réalisation du contrôle ;

5° Les conditions de protection de la confidentialité des informations traitées dans le cadre du contrôle.

La convention est conclue dans des délais compatibles avec le délai fixé par le Premier ministre pour la réalisation du contrôle.

Lorsque le contrôle est effectué par un prestataire, le fournisseur de service numérique adresse sans délai une copie de la convention signée à l'agence.

Art. 24 A l'issue du contrôle, l'Agence nationale de la sécurité des systèmes d'information ou le prestataire ayant réalisé le contrôle rédige un rapport exposant ses constatations, au regard de l'objectif du contrôle, sur le respect des obligations prévues aux articles 12 et 13 de la loi du 26 février 2018 précitée et sur le niveau de sécurité des réseaux et systèmes d'information contrôlés. Les manquements à ces obligations et les vulnérabilités des réseaux et systèmes d'information constatés lors du contrôle sont indiqués dans le rapport, qui formule le cas échéant des recommandations pour y remédier.

L'agence ou le prestataire ayant réalisé le contrôle met le fournisseur de service numérique en mesure de faire valoir ses observations sur le rapport mentionné au premier alinéa.

Lorsque le contrôle est effectué par un prestataire, celui-ci communique à l'agence, dans le délai fixé pour la réalisation du contrôle, le rapport mentionné au premier alinéa et, le cas échéant, les observations du fournisseur de service numérique. L'agence peut auditionner, dans un délai de deux mois à compter de la communication du rapport, le prestataire ayant effectué le contrôle, en présence du fournisseur de service numérique, si celui-ci a formulé des observations ou si elle l'y convie, et d'un représentant des ministres concernés si ceux-ci en ont exprimé le souhait, pour examiner les constatations et les recommandations figurant dans le rapport.

L'Agence nationale de la sécurité des systèmes d'information communique aux ministres concernés les conclusions du contrôle.

CHAPITRE III *DISPOSITIONS DIVERSES ET FINALES*

Art. 25 Les opérateurs de services essentiels mentionnés au chapitre I et les fournisseurs de service numérique mentionnés au chapitre II prennent les mesures nécessaires pour garantir l'application des dispositions prévues par le présent décret aux réseaux et systèmes d'information qui sont nécessaires à la fourniture de leurs services et dont ils ont confié l'exploitation à des tiers.

Art. 26 Les prestataires de service habilités à réaliser les contrôles prévus aux articles 8 et 14 de la loi du 26 février 2018 précitée sont qualifiés dans les conditions prévues par le chapitre III *[du]* décret du 27 mars 2015 susvisé.

Art. 27 Le coût des contrôles effectués par l'Agence nationale de la sécurité des systèmes d'information en application des articles 8 et 14 de la loi du 26 février 2018 précitée est calculé en fonction du temps nécessaire à la réalisation du contrôle et du nombre d'agents publics qui y participent. Le coût d'un contrôle mobilisant un agent public pendant une journée est fixé par arrêté du Premier ministre.

Le coût des contrôles effectués par un prestataire de service est déterminé librement par les parties.

Art. 28 Tout recours contentieux formé par un opérateur de services essentiels ou un fournisseur de service numérique à l'encontre des décisions individuelles prises à son égard sur le fondement du présent décret est précédé, à peine d'irrecevabilité, d'un recours administratif préalable formé auprès du Premier ministre.

Art. 32 I. – Le présent décret est applicable à Wallis-et-Futuna, en Polynésie française, en Nouvelle-Calédonie et dans les Terres australes et antarctiques françaises.

II. – Pour l'application du présent décret à Wallis-et-Futuna, en Polynésie française, en Nouvelle-Calédonie et dans les Terres australes et antarctiques françaises, la référence au règlement d'exécution (UE) 2018/151 de la Commission du 30 janvier 2018 portant modalités d'application de la directive (UE) 2016/1148 du Parlement européen et du Conseil précisant les éléments à prendre en considération par les fournisseurs de service numérique pour gérer les risques qui menacent la sécurité des réseaux et des systèmes d'information ainsi que les paramètres permettant de déterminer si un incident a un impact significatif est remplacée par la référence aux règles applicables en métropole en vertu de ce règlement.

ANNEXE

Liste des services essentiels au fonctionnement de la société ou de l'économie

SECTEUR —— Sous-secteur	TYPE D'OPÉRATEURS	SERVICES ESSENTIELS
ÉNERGIE —— Électricité	Entreprises de fourniture	Vente ou revente d'électricité aux particuliers et entreprises (vente d'électricité aux consommateurs finaux, vente d'électricité aux fournisseurs d'électricité, exploitation d'une bourse de l'électricité)
	Gestionnaires de réseau de distribution	Distribution d'électricité (conduite et supervision du réseau de distribution, gestion des raccordements des consommateurs, pilotage des compteurs des consommateurs)
	Gestionnaires de réseau de transport	Transport d'électricité (conduite et supervision du réseau de transport, équilibrage de l'offre et de la demande, gestion des interconnexions)
ÉNERGIE —— Pétrole	Exploitants d'oléoducs	Exploitation d'oléoducs (conduite et supervision d'oléoducs)
	Exploitants d'installations de production, de raffinage, de traitement, de stockage et de transport	Production (conduite et supervision d'installations de production) Raffinage (conduite et supervision de raffineries) Stockage (conduite et supervision d'installations de stockage) Transport hors oléoducs (planification des transports, exploitation d'une flotte de navires ou camions)
	Exploitants de plateformes de transfert de données logistiques numérisées	Service de transfert de données logistiques numérisées entre opérateurs pétroliers, et entre les opérateurs pétroliers et les autorités publiques

SECTEUR —— Sous-secteur	TYPE D'OPÉRATEURS	SERVICES ESSENTIELS
ÉNERGIE —— Gaz	Entreprises de fourniture	Vente ou revente de gaz aux particuliers et entreprises (vente de gaz aux consommateurs finaux, vente de gaz aux fournisseurs de gaz, exploitation d'une bourse du gaz)
	Gestionnaires de réseau de distribution	Distribution de gaz (conduite et supervision du réseau de distribution, gestion des raccordements des consommateurs, pilotage des compteurs des consommateurs)
	Gestionnaires de réseau de transport	Transport de gaz (conduite et supervision du réseau de transport, équilibrage de l'offre et de la demande, gestion des interconnexions)
	Gestionnaires d'installations de stockage	Stockage de gaz (conduite et supervision d'installations de stockage)
	Gestionnaires d'installations de gaz naturel liquéfié	Liquéfaction de gaz (conduite et supervision d'installations de liquéfaction) Déchargement et regazéification (conduite et supervision d'installations de déchargement, conduite et supervision d'installations de regazéification)
	Entreprises de gaz naturel	Fourniture, distribution, transport, stockage et traitement de gaz
	Exploitants d'installations de raffinage et de traitement de gaz naturel	Raffinage (conduite et supervision d'installations de raffinage) Traitement (conduite et supervision d'installations de traitement)
TRANSPORTS —— Transport aérien	Transporteurs aériens	Transport de passagers (enregistrement et embarquement des passagers, exploitation des aéronefs) Transport de fret (enregistrement et embarquement du fret, exploitation des aéronefs)
	Gestionnaires d'aéroports et exploitants d'installations annexes situées dans les aéroports	Exploitation d'installations aéroportuaires (inspection-filtrage, enregistrement et embarquement du fret, gestion des passagers et des bagages) Avitaillement et armement des aéronefs
	Services de la navigation aérienne	Contrôle et régulation de la navigation aérienne en route Contrôle et régulation des aérodromes
	Entreprises de maintenance des aéronefs	Maintenance et réparation aéronautiques
	Opérateurs de systèmes de gestion des flux de passagers	Gestion des flux de passagers

SECTEUR — Sous-secteur	TYPE D'OPÉRATEURS	SERVICES ESSENTIELS
TRANSPORTS — Transport ferroviaire	Gestionnaires d'infrastructures	Contrôle et gestion du trafic ferroviaire (supervision et régulation du trafic, signalisation, gestion des aiguillages, planification du trafic, gestion des sillons)
	Entreprises de maintenance d'infrastructures	Maintenance de l'infrastructure ferroviaire
	Entreprises ferroviaires	Transport de marchandises et de matières dangereuses (exploitation des matériels roulants) Transport de passagers (exploitation des matériels roulants, information et accueil des passagers, gestion des flux de passagers)
	Entreprises de maintenance de matériels roulants	Maintenance des matériels roulants
TRANSPORTS — Transport guidé	Entreprises de transports guidés	Transport de passagers (exploitation des matériels de transports guidés, information et accueil des passagers)
TRANSPORTS — Transport par voie d'eau	Sociétés de transport fluvial, maritime et côtier de passagers et de fret	Transport de passagers (gestion des flux de passagers) Transport de marchandises et de matières dangereuses (réservation, enregistrement des marchandises) Planification des trajets
	Entreprises de maintenance des navires	Maintenance des navires
	Entreprises d'exploitation des infrastructures de transport par voie d'eau	Exploitation des infrastructures de transport par voie d'eau
	Gestionnaires et exploitants de ports ou d'installations portuaires	Service aux marchandises (chargement, déchargement, entreposage, gardiennage, gestion de conteneurs) Accueil des navires (pilotage, remorquage, lamanage, avitaillement) Information, accueil, inspection-filtrage, embarquement-débarquement des passagers Gestion des ouvrages portuaires
	Exploitants de services de trafic maritime	Service de trafic maritime
	Exploitants de services de trafic fluvial	Service de trafic fluvial

SECTEUR —— **Sous-secteur**	**TYPE D'OPÉRATEURS**	**SERVICES ESSENTIELS**
TRANSPORTS —— Transport routier	Autorités routières (autorités publiques)	Gestion de routes (entretien, signalisation, gestion des infrastructures, régulation et surveillance du trafic)
	Entreprises d'exploitation et de gestion d'infrastructures routières	Gestion de routes (entretien, signalisation, gestion des infrastructures, régulation et surveillance du trafic)
	Exploitants de systèmes de transport intelligents	Gestion centralisée d'une flotte de véhicules Aide à la gestion du trafic Information aux passagers Aide à l'exploitation
	Entreprises de transport de marchandises	Transport de marchandises et de matières dangereuses
	Entreprises de transport routier collectif	Gestion des flux de passagers Exploitation
TRANSPORTS	Transitaires	Organisation de transports Affrètement de transporteurs
LOGISTIQUE	Gestionnaires de plateformes logistiques	Gestion de plateforme logistique
BANQUES	Établissements de crédit	Gestion des dépôts Octroi de crédits Service de paiement Service d'investissement
INFRASTRUCTURES DE MARCHÉS FINANCIERS	Exploitants de plateformes de négociation	Exploitation de plateformes de négociation d'instruments financiers
	Contreparties centrales	Service de contrepartie centrale pour les transactions sur les marchés financiers (chambres de compensation)
	Dépositaires centraux	Tenue de registre Gestion des garanties (collatéral) Règlement-livraison de titres
SERVICES FINANCIERS	Prestataires de services financiers, établissements de paiement, établissements de monnaie électronique	Service de paiement Émission de titres spéciaux
	Entreprises de transport de fonds	Planification et exploitation des transports de fonds Gestion des demandes de collecte et d'approvisionnement
ASSURANCE	Assurances, mutuelles, institutions de prévoyance, réassureurs	Assurance vie Assurance non vie Réassurance

SECTEUR — **Sous-secteur**	**TYPE D'OPÉRATEURS**	**SERVICES ESSENTIELS**
SOCIAL	Organismes sociaux	Calcul et paiement des prestations sociales (assurance maladie, vieillesse, allocations familiales et chômage) Gestion du recouvrement et de la trésorerie des organismes sociaux
EMPLOI ET FORMATION PROFESSIONNELLE	Opérateurs de paiement	Calcul et paiement des aides à l'emploi
SANTÉ — Établissements de soins de santé (y compris les hôpitaux et les cliniques privées)	Prestataires de soins de santé	Service concourant aux activités de prévention, de diagnostic ou de soins
	Prestataires fournissant un service d'aide médicale d'urgence	Réception et régulation des appels Service mobile d'urgence et réanimation
SANTÉ — Produits pharmaceutiques	Grossistes répartiteurs pharmaceutiques	Distribution pharmaceutique
FOURNITURE ET DISTRIBUTION D'EAU POTABLE	Fournisseurs et distributeurs d'eau destinée à la consommation humaine	Fourniture d'eau en bouteille (puisage, embouteillage, planification, logistique, contrôle de la qualité de l'eau) Production d'eau courante (conduite, supervision et maintenance des installations de captation, de transport, de traitement et de stockage, contrôle de la qualité de l'eau) Distribution d'eau courante (conduite, supervision et maintenance des installations de distribution d'eau, logistique, contrôle de la qualité de l'eau)
TRAITEMENT DES EAUX NON POTABLES	Entreprises de collecte, d'évacuation ou de traitement des eaux usées	Collecte des eaux usées Traitement des eaux usées
	Gestionnaires des inondations et des eaux pluviales	Collecte et évacuation d'eaux pluviales
INFRASTRUCTURES NUMÉRIQUES	Points d'échange internet (IXP)	Service d'interconnexion par appairage pour l'échange de trafic internet
	Fournisseurs de services de système de noms de domaine (DNS)	Enregistrement et gestion de noms de domaine Hébergement de noms de domaine Service de résolution de noms de domaine
	Registres de noms de domaine de haut niveau	Attribution des noms de domaine et gestion du registre de noms de domaine de premier niveau Hébergement de zones de premier niveau

SECTEUR — Sous-secteur	TYPE D'OPÉRATEURS	SERVICES ESSENTIELS
ÉDUCATION	Opérateurs chargés du parcours éducatif national, opérateurs chargés de l'organisation d'examens nationaux	Gestion d'affectations en parcours scolaire ou étudiant Organisation d'examens nationaux
RESTAURATION	Entreprises de restauration collective destinée aux secteurs de la santé, de l'enfance et de la détention pénitentiaire	Gestion des commandes Gestion de l'approvisionnement, de la logistique, du stockage et de la distribution

Arrêté du 13 juin 2018,

Fixant les modalités des déclarations prévues aux articles 8, 11 et 20 du décret n° 2018-384 du 23 mai 2018 relatif à la sécurité des réseaux et systèmes d'information des opérateurs de services essentiels et des fournisseurs de service numérique.

V. Dir. (UE) 2016/1148 du 6 juill. 2016, infra, II. Règles européennes.

CHAPITRE I *DÉCLARATION DES RÉSEAUX ET SYSTÈMES D'INFORMATION PAR LES OPÉRATEURS DE SERVICES ESSENTIELS*

Art. 1er En application de l'article 8 du décret du 23 mai 2018 susvisé, tout opérateur de services essentiels communique à l'Agence nationale de la sécurité des systèmes d'information la liste des réseaux et systèmes d'information mentionnée au même article et, pour chacun de ces réseaux et systèmes, le formulaire de déclaration, disponible sur le site internet de l'agence (www.ssi.gouv.fr), dûment rempli. Ce formulaire comporte notamment des informations relatives au déclarant, à la description du réseau et système d'information, à ses caractéristiques techniques, à son exploitation et à sa sécurité.

L'opérateur transmet à l'agence la liste et les formulaires, mentionnés au premier alinéa, par voie électronique, selon des modalités précisées sur le site internet de l'agence, ou par voie postale.

Art. 2 L'opérateur de services essentiels communique une fois par an à l'Agence nationale de la sécurité des systèmes d'information, selon les modalités mentionnées à l'article 1er, la liste et les formulaires de déclaration mis à jour.

Lorsqu'il retire un réseau et système d'information de sa liste, l'opérateur en informe sans délai l'agence et lui fournit la justification de ce retrait.

CHAPITRE II *DÉCLARATION DES INCIDENTS DE SÉCURITÉ PAR LES OPÉRATEURS DE SERVICES ESSENTIELS*

Art. 3 Pour effectuer la déclaration d'incidents mentionnée à l'article 11 du décret du 23 mai 2018 précité, tout opérateur de services essentiels communique à l'Agence nationale de la sécurité des systèmes d'information le formulaire de déclaration d'incidents disponible sur le site internet de l'agence (www.ssi.gouv.fr). Ce formulaire comporte notamment des informations relatives au déclarant, au réseau et système d'information affecté par l'incident, aux conséquences de l'incident sur les services essentiels concernés, au type d'incident, à ses causes et aux mesures prises par l'opérateur pour y répondre.

L'opérateur remplit et transmet le formulaire de déclaration mentionné au premier alinéa dès qu'il a connaissance d'un incident, même s'il ne dispose pas de toutes les informations relatives à ses causes et conséquences. Dès qu'il connait ces informations, il communique le formulaire dûment complété.

L'opérateur transmet le formulaire de déclaration susmentionné à l'agence par voie électronique, selon des modalités précisées sur le site internet de l'agence, ou par voie postale.

CHAPITRE III *DÉCLARATION DES INCIDENTS DE SÉCURITÉ PAR LES FOURNISSEURS DE SERVICE NUMÉRIQUE*

Art. 4 Pour effectuer la déclaration d'incidents mentionnée à l'article 20 du décret du 23 mai 2018 précité, tout fournisseur de service numérique communique à l'Agence nationale de la sécurité des systèmes d'information le formulaire de déclaration d'incidents, disponible sur le site internet de l'agence (www.ssi.gouv.fr), dûment rempli. Ce formulaire comporte notamment des informations relatives au déclarant, au réseau et système d'information affecté par l'incident, aux conséquences de l'incident sur les services numériques concernés, au type d'incident, à ses causes et aux mesures prises par le fournisseur de service numérique pour y répondre.

Le fournisseur de service numérique transmet à l'agence le formulaire de déclaration mentionné au premier alinéa, par voie électronique, selon des modalités précisées sur le site internet de l'agence, ou par voie postale.

CHAPITRE IV *DISPOSITIONS FINALES*

Art. 5 Le présent arrêté est applicable sur l'ensemble du territoire de la République.

Arrêté du 18 septembre 2018,

Portant approbation du cahier des clauses simplifiées de cybersécurité.

Art. 1er Est approuvé le cahier des clauses simplifiées de cybersécurité annexé au présent arrêté. Ce cahier des clauses n'est applicable qu'aux marchés qui s'y réfèrent.

ANNEXE

CAHIER DES CLAUSES SIMPLIFIÉES DE CYBERSÉCURITÉ

Art. 1er *Champ d'application.* 1.1. Ce cahier de clauses simplifiées de cybersécurité (CCSC) n'est applicable qu'aux marchés qui s'y réfèrent.

1.2. Les clauses ont pour vocation d'assurer un premier cadre de sécurisation des systèmes d'information et des données associées *via* tout type de marché, aussi bien un marché à objet principal directement associé aux technologies de l'information et de la communication (ordinateurs, logiciels, développements ou hébergement d'application *via* le web) que des fournitures et services annexes (extranet de commande et service clients), ou même les simples échanges d'information par messageries électroniques.

1.3. Pour les marchés ayant un objet principal numérique comme l'externalisation d'une brique de système d'information, les présentes clauses simplifiées peuvent être complétées dans le cahier de clauses particulières du marché auquel fait écho la production par les candidats puis la contractualisation avec le titulaire d'un plan d'assurance sécurité (PAS).

Art. 2 *Politiques de sécurité.* 2.1. Les candidats et titulaires sont tenus de respecter les prescriptions des politiques de sécurité des systèmes d'information (PSSI) des bénéficiaires des marchés, dès lors que ces politiques ont été publiées avant la contractualisation des marchés, *a fortiori* si elles sont fournies au cours de l'appel d'offres.

2.2. Il en est de même pour les annexes techniques des PSSI dès lors qu'elles sont disponibles à première demande motivée.

2.3. Le référentiel général de sécurité (RGS) et la PSSI État s'appliquent aux marchés des entités couvertes par ces textes, sans qu'il soit besoin que le cahier des charges en fasse mention explicitement.

Art. 3 *Contrôles et audits.* 3.1. Durant la préparation ou la réalisation du marché, l'acheteur peut conduire ou mandater des contrôles et audits de sécurité informatique des fournitures, prestations, moyens utilisés et services proposés par le candidat ou titulaire, et leurs sous-traitants.

3.2. Dans tous les cas, des audits légitimés par la sélection ou le suivi de titulaires de marchés peuvent être réalisés sans accord préalable dès lors que les tests et sondes respectent les conventions techniques d'usage permettant de les identifier (par exemple, User-Agent référençant une URL d'explication, reverse-DNS permettant de donner une origine claire à une adresse IP, etc.).

Art. 4 *Documentations.* 4.1. Les politiques de sécurité prévoient généralement une revue formelle de sécurité appelée homologation, auquel *[à laquelle]* les titulaires doivent apporter leur concours en

matière de documentations et de réponses aux questions, permettant d'analyser les risques résiduels en matière de confidentialité, authentification, traçabilité, intégrité, disponibilité et résilience.

4.2. Par ailleurs, les réglementations applicables par exemple à la protection des données à caractère personnel (RGPD) ou aux données de santé prévoient la tenue de registres des traitements et la documentation des mesures de protection. Le candidat ou titulaire et leurs sous-traitants identifient proactivement les traitements de données personnelles ou sensibles et aident à la réalisation d'analyses d'impact relative *[relatives]* à la protection des données et à la consultation préalable des autorités de contrôle.

4.3. Dans tous les cas, un titulaire de marché est tenu de fournir à première demande la documentation nécessaire à la sécurisation de leurs fournitures dans les systèmes d'information, la protection des données des bénéficiaires et aux démonstrations du respect de leurs obligations par les bénéficiaires du marché.

4.4. En particulier, la documentation explicite tous les flux échangés (entrants et sortants, applicatif *[applicatifs]* mais aussi de maintenance, de statistiques, de mise à jour, d'administration distante, etc.), et les dispositifs de contrôle d'accès et de maintien en condition de sécurité.

4.5. Si l'emploi sécurisé du produit ou du service nécessite des actions particulières de la part des bénéficiaires du marché, elles doivent être clairement identifiées dans un chapitre Sécurité du mode d'emploi (par exemple, la procédure de changement des mots de passe par défaut ou des interfaces exposées, de mise à jour de composants logiciels...).

Art. 5 *Maintien en condition de sécurité.* 5.1. Les politiques de sécurité convergent pour exiger les mises à jour des composants logiciels vers des versions supportées par l'éditeur ou la communauté Open Source qui les produisent. Dans ces conditions, une vérification d'aptitude au bon fonctionnement ou au service régulier (VABF et VSR) est refusée si des composants ne sont pas à jours *[à jour]* des correctifs de failles de sécurité.

5.2. La responsabilité du maintien en condition de sécurité d'un titulaire comprend les composants et services développés en propre mais aussi ses composants et dépendances amont (librairies, cadriciels, environnement d'exploitation, API tierces) ou sous-traités.

5.3. Un candidat ou titulaire ne peut conditionner ses garanties de bon fonctionnement de fournitures ou prestations qu'il fournit à l'emploi de composants dans une version non supportée, sauf à démontrer une contrainte supérieure et proposer à ses frais des moyens de cantonner les risques, ou démontrer que les risques sont négligeables dans le contexte d'emploi.

5.4. Dans tous les cas, les unités d'œuvre portant le maintien en condition opérationnelle (labellisée MCO mais aussi tierce maintenance applicative (TMA) ou simplement hébergement) incluent le maintien en condition de sécurité et donc la mise en œuvre des correctifs de failles de sécurité.

Art. 6 *Signalements de sécurité.* 6.1. Pour les prestations, produits et services qu'ils fournissent dans le cadre du marché, les titulaires mettent à disposition des fils publics par abonnement (flux RSS, liste de diffusion par courriel) ou autre dispositif d'information dédié à la sécurité informatique. Ces fils, identifiés dans le chapitre Sécurité des modes d'emploi, permettent aux bénéficiaires d'être tenu *[tenus]* informés en continu des événements et changements impactant la sécurité, par exemple annonce de correctif, attaque en cours, nouvelle configuration à appliquer, violation de données à caractère personnel...

6.2. Afin de garder leur pouvoir d'alerte, ces canaux de diffusion ne sont pas mélangés avec des flux commerciaux et marketing. Les fils peuvent être multiples dans le cas de fournitures en plusieurs composants mais sans laisser de vide d'information.

6.3. Réciproquement, les outils numériques mis à disposition permettent aux bénéficiaires et leurs experts en cybersécurité de signaler directement aux équipes appropriées du titulaire de possibles failles ou détournements de dispositifs de sécurité.

6.4. Afin que ces signalements soient effectifs et efficaces, les conventions d'usage en cybersécurité sont respectées (security.txt, abuse@). Dans tous les cas, il faut moins d'une minute pour trouver le point d'entrée approprié du signalement.

6.5. Après analyse partagée et vérification, le titulaire a obligation d'enregistrer les failles auprès des autorités compétentes (CERT nationaux pour les éditeurs, registres RGPD et CNIL ou équivalent pour la divulgation de données personnelles, ANSSI pour les opérateurs d'importance vitale ou de services essentiels, etc.) en suivant les réglementations établies. L'emploi d'un système de cotation connu (par exemple CVSS) permet de hiérarchiser l'urgence pour tous les acteurs en aval. A défaut d'action sous 3 mois, l'acheteur a la possibilité de se substituer aux titulaires dans les actions précédentes ou de pratiquer une divulgation responsable (annonce de la faille avec embargo pendant au moins 90 jours sur les détails techniques).

Art. 7 *Hébergement de données.* 7.1. A première demande, le candidat ou titulaire identifie tous les prestataires techniques hébergeant ou stockant les données et leurs copies, utilisées ou échangées en cours de marché ainsi que leur localisation.

Peuvent être exclus de cette déclaration les prestataires qui seraient dépositaires de copies chiffrées à condition que l'algorithme soit sans faille connue et que les prestataires ne soient pas en possession des clés cryptographiques.

Art. 8 *Sous-traitances.* 8.1. Les clauses de ce cahier s'appliquent aux marchés publics en incluant tous les sous-traitants. Comme les titulaires sont responsables de leurs sous-traitants, les contrôles et les éventuelles actions de remédiation en cas de défaut, y compris jusqu'au remplacement, sont donc à la charge des titulaires.

Art. 9 *Labels et certificats.* 9.1. Afin de démontrer de manière économique la réalité de leurs efforts pour sécuriser les composants impliqués dans le marché, candidats et titulaires sont invités à présenter des labels et certificats qui permettent à l'acheteur d'avoir un premier niveau d'assurance au cours de l'évaluation d'offres.

9.2. Ces qualifications peuvent parfois être globales (ISO27000), partielles (référentiel en "Tier" 1 à 4 pour l'hébergement), ou très ponctuelles (rapports de test de l'état de l'art sur des interfaces spécifiques, cf. clause ci-dessous).

Art. 10 *Défauts et règlement des différends.* 10.1. Tout au long des processus d'attribution et d'exécution d'un marché, l'acheteur et les bénéficiaires peuvent constater ou découvrir des non-conformités à la politique de sécurité de l'entité et des défauts de sécurisation.

10.2. L'entité apprécie l'enjeu du défaut eu égard à la sensibilité des données manipulées, de leurs volumes, et des conséquences prévisibles si le défaut persiste.

10.3. En fonction de cette analyse, ces défauts peuvent avoir comme conséquence le rejet d'une candidature, d'une offre, la non-validation d'aptitude au service régulier, pénalités de retard, l'ajournement, la suspension ou la résiliation des bons de commandes ou du marché.

10.4. Comme les différends peuvent être techniques et nécessiter un traitement confidentiel, le règlement des éventuelles contestations sur les décisions précitées passera systématiquement par un comité consultatif de règlement amiable.

10.5. Un comité consultatif est composé de membres qualifiés et habilités pour cette fonction, désignés au préalable ou choisis conjointement.

Art. 11 *États de l'art.* 11.1. La sécurisation des systèmes informatiques dépend de l'évolution des technologies. Il appartient à chaque titulaire de marché de s'aligner sur les standards et référentiels qui concernent les services qu'il propose, utilise ou met à disposition. Pour les interfaces web, les services de courriels, les appareils connectés, les sauvegardes de données et l'administration de systèmes d'information, les référentiels à retenir sont résumés ci-après et détaillés dans les textes techniques publiés sur www.economie.gouv.fr/hfds/cybersecurite-et-politique-ministerielle-ssi. Les respects de référentiels sont aussi vérifiés par les agences de notation en cybersécurité.

11.2. A première demande, le candidat ou titulaire fournit la conformité à ces référentiels pour les services et objets numériques qu'il inclut dans son offre de fournitures. Il précise alors les domaines concernés (interfaces web et courriels), les objets et bases d'information concernées (appareils connectés, sauvegardes de données, consoles d'administration).

11.3. Interfaces web

— Interfaces utilisables par des navigateurs à l'état de l'art (part de marché cumulée supérieure à 50 %), sans générer d'alerte de sécurité.

— sans module d'extension.

— dans leur mode Grand public le plus protecteur (souvent appelé navigation Incognito).

— et en exploitant les techniques de protections associées.

— connexion TLS (https) pour authentifier la source et chiffrer les communications.

— marquage approprié des cookies ou jetons de session pour se protéger des vols ou exploitation de sessions déjà ouvertes.

— politique de sécurité des contenus pour se protéger contre les injections de contenus actifs malicieux.

— activation des protections des navigateurs par l'emploi d'entêtes *[en-têtes]* de sécurité.

— Publication d'un point de contact *via* le fichier /.well-known/security.txt pour permettre des signalements directement auprès des bonnes équipes techniques.

11.4. Services de courriels

— Authenticité des émetteurs garantie par l'émission de messages depuis des serveurs associés publiquement aux domaines, signature numérique par domaine et une politique publique liant le tout.

— Identification claire du statut des comptes émetteurs de courriels, par exemple en ajoutant un suffixe à ceux fournis aux personnels qui ne sont pas agents ou salariés directs.

— Intégrité des messages par leur signature numérique.

— Confidentialité des échanges de machines en machines, confidentialité compatible avec les obligations d'interceptions légales.

— Analyse des rapports d'anomalies via DMARC ou abuse@.

11.5. Appareils connectés

— Dispositif de lutte contre les logiciels malveillants (anti-virus, ou système de vérification et détection à base de signatures ou condensats des logiciels autorisés).

— Dispositif de mise à jour sécurisé.

— Limitation de l'exposition via les réseaux en réduisant les ports acceptant des connexions entrantes et en authentifiant les accès distants, sans faille connue (ceci exclut les connections non chiffrés *[chiffrées]* TELNET, HTTP/SMTP sans TLS, et l'emploi de mots de passe génériques ou faciles à découvrir, par exemple du fait d'un hachage insuffisant).

11.6. Sauvegardes des données stockées

— Sauvegardes 3-2-1 (3 copies, 2 technologies, 1 exemplaire hors site principal, donc avec chiffrement) pour se protéger des rançongiciels, des erreurs de manipulations ou des défaillances de matériels.

11.7. Administration des systèmes d'information

— Consoles dédiées à l'exploitation et l'administration, et au minimum isolées des réseaux bureautiques et d'Internet, web et courriel notamment.

— Connexions aux machines administrées par des protocoles chiffrés, authentifiants et sans faille connue et bien configurés (VPN IPsec, TLS, ssh, RDP avec NLA).

Arrêté du 22 mars 2019,

Relatif à la signature électronique des contrats de la commande publique.

Art. 1er Lorsque la signature électronique est requise pour tout document sous forme électronique d'un contrat de la commande publique, il est signé selon les modalités prévues au présent arrêté.

Art. 2 I. – Les acheteurs, les autorités concédantes et les opérateurs économiques utilisent une signature électronique conforme aux exigences du règlement susvisé, relatives à la signature électronique avancée reposant sur un certificat qualifié.

II. – Le certificat de signature électronique qualifié entre au moins dans l'une des catégories suivantes :

1° Un certificat qualifié délivré par un prestataire de service de confiance qualifié répondant aux exigences du règlement susvisé ;

2° Un certificat délivré par une autorité de certification, française ou étrangère, qui répond aux exigences équivalentes à l'annexe I du règlement susvisé.

Art. 3 Les formats de signature sont XAdES, CAdES ou PAdES tels que mentionnés aux articles 1er et 2 de la décision d'exécution (UE) n° 2015/1506 de la Commission du 8 septembre 2015 susvisée.

Art. 4 Le signataire utilise le dispositif de création de signature électronique de son choix.

Art. 5 I. – La validité de la procédure de vérification de la signature se constate par un contrôle fonctionnel qui porte au minimum sur les points suivants :

1° L'identité du signataire ;

2° L'appartenance du certificat du signataire à l'une des catégories de certificats mentionnées à l'article 2 ;

3° Le respect du format de signature mentionné à l'article 3 ;

4° Le caractère non échu et non révoqué du certificat à la date de la signature ;

5° L'intégrité du document signé.

II. – Ces vérifications peuvent être effectuées de manière automatisée, à l'exception de la vérification de l'identité du signataire.

Le système utilisé pour valider la signature électronique fournit le résultat du processus de validation et permet de détecter tout problème relatif à la sécurité.

Art. 6 Le mode d'emploi permettant de procéder à la vérification de la validité de la signature électronique est mis gratuitement à disposition lors du dépôt de document signé.

Toutefois, lorsque le signataire utilise le certificat visé au 1° du II de l'article 2 et l'outil de création de signature électronique proposé par le profil d'acheteur, il est dispensé de transmettre la procédure de vérification de la signature électronique.

Art. 7 La signature électronique peut être apposée au moyen d'un parapheur électronique.

Le parapheur électronique est un outil disposant de fonctions autorisant, au moins, le regroupement de documents à valider ou signer, la signature d'un même document par plusieurs signataires, sans en altérer l'intégrité, que l'utilisation soit locale ou en ligne.

Chaque signature doit pouvoir être vérifiée indépendamment des autres.

Art. 8 I. – Le présent arrêté est applicable aux marchés publics et contrats de concessions conclus par l'État ou ses établissements publics dans les îles Wallis-et-Futuna, en Polynésie française, en Nouvelle-Calédonie et dans les Terres australes et antarctiques françaises, ainsi qu'aux contrats de concession conclus par les autres organismes et personnes de droit public et de droit privé chargés par l'État d'une mission de service public administratif dans les îles Wallis-et-Futuna ou dans les Terres australes et antarctiques françaises.

II. – Pour l'application des articles 2 et 3 du présent arrêté à Saint-Barthélemy, à Saint-Pierre-et-Miquelon, dans les îles Wallis-et-Futuna, en Polynésie française, en Nouvelle-Calédonie et dans les Terres australes et antarctiques françaises, les références au règlement européen susvisé et à la décision d'exécution (UE) n° 2015/1506 de la Commission du 8 septembre 2015 susvisée sont remplacées par les références aux dispositions applicables en métropole en vertu du règlement n° 910/2014 du Parlement européen et du Conseil du 23 juillet 2014 sur l'identification électronique et les services de confiance pour les transactions électroniques au sein du marché intérieur et abrogeant la directive 1999/93/CE et conformément à la décision d'exécution (UE) n° 2015/1506 de la Commission du 8 septembre 2015.

Art. 9 Le présent arrêté constitue l'annexe n° 12 du code de la commande publique.

Art. 10 L'arrêté du 12 avril 2018 relatif à la signature électronique dans la commande publique et abrogeant l'arrêté du 15 juin 2012 relatif à la signature électronique dans les marchés publics est abrogé.

Toutefois, les certificats qualifiés de signature électronique délivrés en application de l'arrêté du 15 juin 2012 relatif à la signature électronique dans les marchés publics demeurent régis par ses dispositions jusqu'à leur expiration.

Art. 11 Le présent arrêté entre en vigueur le 1er avril 2019.

Il s'applique aux marchés publics pour lesquels une consultation est engagée ou un avis d'appel à la concurrence est envoyé à la publication à compter de sa date d'entrée en vigueur.

Il s'applique aux contrats de concession pour lesquels une consultation est engagée ou un avis de concession est envoyé à la publication à compter de sa date d'entrée en vigueur.

Décret n° 2019-536 du 29 mai 2019,

Pris pour l'application de la loi n° 78-17 du 6 janvier 1978 relative à l'informatique, aux fichiers et aux libertés.

TITRE II TRAITEMENTS RELEVANT DU RÉGIME DE PROTECTION DES DONNÉES À CARACTÈRE PERSONNEL PRÉVUE PAR LE RÈGLEMENT (UE) 2016/679 DU 27 AVRIL 2016

CHAPITRE III *OBLIGATIONS INCOMBANT AU RESPONSABLE DU TRAITEMENT ET AU SOUS-TRAITANT*

SECTION 1 *Obligations générales*

Art. 85 Sont autorisés à déroger au droit à la communication d'une violation de données, dans les conditions prévues au II de l'article 58 de la loi du 6 janvier 1978 susvisée :

1° Les traitements comportant des données à caractère personnel susceptibles de permettre, directement ou indirectement, d'identifier des personnes dont l'anonymat est protégé au titre de l'article 39 *sexies* de la loi du 29 juillet 1881 sur la liberté de la presse ;

2° Les traitements de données de gestion administrative, financière et opérationnelle ainsi que les traitements de données de santé pour lesquels la notification d'une divulgation ou d'un accès non autorisé est susceptible de représenter un risque pour la sécurité nationale, la défense nationale ou la sécurité publique au regard du volume des données concernées par la violation et des informations relatives à la vie privée qu'elles comportent telles que l'adresse ou la composition de la famille.

CHAPITRE IV *DROITS ET OBLIGATIONS PROPRES AUX TRAITEMENTS DANS LE SECTEUR DES COMMUNICATIONS ÉLECTRONIQUES*

Art. 117 Le présent chapitre s'applique aux traitements relevant du chapitre IV du titre II de la loi du 6 janvier 1978 susvisée.

Les droits et obligations mentionnés aux chapitres II et III s'appliquent sous réserve des dispositions particulières du présent chapitre.

Art. 118 La notification d'une violation des données à caractère personnel prévue au premier alinéa du II de l'article 83 de la loi du 6 janvier 1978 susvisée est adressée à la Commission nationale de l'informatique et des libertés par lettre remise contre signature ou par voie électronique qui précise la nature et les conséquences de la violation des données à caractère personnel, les mesures déjà prises ou proposées par le fournisseur de services de communications électroniques accessibles au public pour y remédier et les personnes auprès desquelles des informations supplémentaires peuvent être obtenues et, lorsque cela est possible, une estimation du nombre de personnes susceptibles d'être impactées par la violation en cause.

Art. 119 La notification d'une violation des données à caractère personnel prévue au deuxième alinéa du II de l'article 83 de la loi du 6 janvier 1978 est adressée à la personne intéressée par tout moyen permettant au fournisseur de services de communications électroniques accessibles au public d'apporter la preuve de l'accomplissement de cette formalité. Cette notification précise la nature de la violation de données à caractère personnel, les personnes auprès desquelles des informations supplémentaires peuvent être obtenues ainsi que les mesures que le fournisseur recommande à la personne intéressée de prendre pour atténuer les conséquences négatives de cette violation.

Cette notification n'est toutefois pas nécessaire si la Commission nationale de l'informatique et des libertés a constaté que les mesures de protection appropriées au sens de l'article 120 et sur lesquelles elle s'est prononcée dans les conditions prévues aux articles 121 et 122 ont été mises en œuvre par le fournisseur et efficacement appliquées aux données concernées par cette violation.

Art. 120 Constitue une mesure de protection appropriée, au sens de l'article 83 de la loi du 6 janvier 1978, toute mesure technique efficace destinée à rendre les données incompréhensibles à toute personne qui n'est pas autorisée à y avoir accès.

Art. 121 Pour informer la Commission nationale de l'informatique et des libertés des mesures de protection qu'il met en œuvre et qu'il a appliquées au cas particulier, le fournisseur lui adresse, par tout moyen permettant d'apporter la preuve de leur notification, les informations suivantes :

1° Les nom, prénom, adresse et coordonnées téléphoniques du responsable du traitement ;

2° La description des mesures de protection ;

3° Les dispositions prévues et appliquées pour conférer une pleine efficacité à ces mesures ;

4° Le cas échéant, les références du dossier de formalités accomplies auprès de la commission préalablement à la mise en œuvre du traitement considéré ;

5° L'accomplissement ou non de la formalité de notification prévue à la personne intéressée par l'article 119 et, dans la négative, les raisons justifiant l'absence de notification.

Art. 122 La Commission nationale de l'informatique et des libertés vérifie dans un délai de deux mois si les mesures de protection appropriées ont été mises en œuvre et

appliquées et apprécie la gravité au cas particulier de la violation de données à caractère personnel.

Le silence gardé par la commission au terme de ce délai vaut constat de non-application au cas particulier des mesures de protection appropriées et emporte pour le fournisseur, s'il n'a pas déjà averti la personne intéressée, l'obligation de procéder à la notification prévue à l'article 119. Ce délai ne court qu'à compter de la réception complète des informations prévues à l'article 121.

Si le fournisseur n'a pas déjà averti la personne intéressée de la violation de ces données en application de l'article 119, la commission peut en outre, lorsqu'elle estime la violation grave, mettre le fournisseur en demeure de l'informer en application du dernier alinéa du II de l'article 83 de la loi du 6 janvier 1978 dans un délai qui ne peut être supérieur à un mois.

Instruction générale interministérielle n° 1300 du 9 août 2021,

Sur la protection du secret de la défense nationale.

Version approuvée par Arr. du 9 août 2021 (JO 11 août).

Abroge et remplace l'instruction générale interministérielle n° 1300/SGDSN/PSE/PSD du 13 nov. 2020.

BIBL. ▸ Attias, *D. actu. 21 nov. 2022* (la réforme de la protection du secret de la défense nationale : un réel défi pour les entreprises concernées).

RÉFÉRENCES

Constitution du 4 octobre 1958 : articles 5, 20 et 21.

Conseil constitutionnel, décision n° 2011-192 QPC du 10 novembre 2011, décision n° 2015-713 DC du 23 juillet 2015 et décision n° 2016-738 DC du 10 novembre 2016.

Convention de Vienne du 18 avril 1961 sur les relations diplomatiques.

Loi du 18 mars 1918 réglementant la fabrication et la vente des sceaux, timbres et cachets officiels.

Loi n° 78-17 du 6 janvier 1978 relative à l'informatique, aux fichiers et aux libertés.

Loi n° 83-634 du 13 juillet 1983 portant droits et obligations des fonctionnaires, et notamment son article 26.

Code civil : articles 22 et 1837.

Code de la commande publique : articles L. 2141-1 et suivants, R. 2300-1, R. 2332-8, R. 2343-4, R. 2343-5, R. 2343-13, R. 2351-14, R. 2396-6, R. 3123-3.

Code de commerce : article L. 210-3.

Code de la défense : articles L. 1131-1, L. 1332-1 et suivants, L. 2311-1, L. 2312-1 à L. 2312-8, L. 2362-1, L. 4121-2, R.* 1132-1 à R.* 1132-3 ; R. 1143-1, R. 1143-2, R. 1143-5, R. 1143-6, R. 1143-8, R. 2311-1 à R. 2311-9-1, R. 2311-10 à R. 2311-11, D.* 2311-12, R. 2312-1, R. 2312-2.

Code de justice militaire : article L. 332-2.

Code du patrimoine : articles L. 211-1, L. 212-2, L. 212-3 et L. 213-1 à L. 213-7.

Code pénal : articles 121-2, 226-13, 411-6 à 411-8, 413-7, 413-9 à 413-12, 414-5 à 414-9, 434-4, R. 413-1 à R. 413-5 et 444-1 à 444-9.

Code des postes et des communications électroniques : articles L. 36-5, R. 1-2-1 et R. 1-2-6.

Code de procédure pénale : article 56-4.

Code des relations entre le public et l'administration : articles L. 211-2 et L. 311-1 à *[L. 311-]***8.**

Code de la sécurité intérieure : articles L. 114-1, L. 114-2 et L. 234-1.

Code du travail : *[articles]* **L. 8112-1, L. 8113-10 à 11, L. 8114-1, L. 8114-2, L. 8123-1, L. 8123-4, L. 8123-5.**

Décret n° 2005-850 du 27 septembre 2005 relatif aux délégations de signature des membres du Gouvernement.

Décret n° 2009-834 du 7 septembre 2009 modifié portant création d'un service à compétence nationale dénommé "Agence nationale de la sécurité des systèmes d'information".

GLOSSAIRE

Accord de sécurité : accord intergouvernemental conclu entre la France et au moins un État ou une organisation internationale. Ces accords, qui doivent être obligatoirement entrés en vigueur avant tout échange d'information ou support classifiés avec l'État ou l'organisation internationale considéré, définissent les mesures de protection à appliquer dans le cadre de ces échanges, selon un principe d'équivalence entre les niveaux de classification français et ceux du partenaire, identifient les autorités nationales de sécurité compétentes, posent généralement le principe de la reconnaissance mutuelle des habilitations délivrées de part et d'autre, et précisent les modalités de transmission et de protection des informations et supports classifiés. Deux catégories d'accord de sécurité sont à distinguer : les accords applicables à l'ensemble des domaines de l'action gouvernementale, qualifiés d'"accords généraux de sécurité", et les accords limités à un domaine donné (généralement celui de la défense), alors qualifiés d'"accords de sécurité spécifiques".

Action d'administration d'un système d'information classifié : action d'installation, de suppression, de modification et de consultation de la configuration d'un composant du système d'information.

Administrateur de sécurité : personne chargée de la mise en œuvre, du maintien, du contrôle et de l'évolution des mesures de sécurité à appliquer à tout système d'information classifié contenant des informations et supports classifiés aux niveaux *Secret* ou *Très Secret*.

Administrateur système : personne chargée de la mise au point, de l'exploitation, de la maintenance, du contrôle et des évolutions du système informatique.

Agrément d'un produit de sécurité : décision délivrée à l'issue d'une procédure par laquelle l'agence nationale de la sécurité des systèmes d'information reconnaît que le produit de sécurité évalué est apte à protéger des informations et supports sensibles ou classifiés au niveau et selon les conditions d'emploi spécifiées dans la décision d'agrément.

Archivage : opération consistant à verser à un service d'archives des supports d'information lorsqu'ils ne sont plus d'utilisation habituelle. Les supports faisant encore l'objet d'une classification ne peuvent être archivés que dans certaines conditions et dans des services habilités à les recevoir.

Archives : ensemble des documents, y compris les données, quels que soient leur date, leur lieu de conservation, leur forme et leur support, produits ou reçus par toute personne physique ou morale et par tout service ou organisme public ou privé, dans l'exercice de leur activité (cf. article L. 211-1 du code du patrimoine).

Auteur d'une information ou d'un support classifié : autorité qui, conformément aux modalités de classification arrêtées par l'autorité émettrice, prend la décision d'apposer le timbre de classification sur une information ou un support au niveau requis par son contenu.

Autorité d'emploi du système : autorité à l'origine du besoin du système d'information. Elle décide de sa mise en service (après son homologation par l'autorité d'homologation). Disposant d'un niveau hiérarchique suffisant, elle met à disposition des moyens de la sécurité des systèmes d'information au profit des utilisateurs, conformément aux directives de l'autorité qualifiée en sécurité des systèmes d'information (AQSSI). Le responsable de l'organisme peut être l'autorité d'emploi.

Autorité d'habilitation : autorité compétente pour diligenter une enquête administrative dans le cadre de l'habilitation au secret de la défense nationale et prendre la décision d'habilitation ou de refus d'habilitation.

Autorité d'homologation : personne physique qui, après instruction du dossier d'homologation, prononce l'homologation de sécurité du système d'information, c'est-à-dire, prend la décision d'accepter les risques résiduels identifiés sur le système. Elle est désignée à un niveau hiérarchique suffisant pour assumer les responsabilités qui lui incombent.

Autorité émettrice : autorité étatique nationale ou étrangère, ou supranationale, sous la responsabilité de laquelle un timbre de classification est apposé sur une information ou un support. C'est elle qui prend la décision de classification.

Autorité nationale de sécurité (ANS) : autorité nationale chargée d'assurer la protection des informations classifiées étrangères confiées aux organismes relevant de la juridiction de son État et d'assurer la liaison avec les autorités nationales de sécurité étrangères sur tout sujet relative à la protection des informations et supports classifiés. En France, l'autorité nationale de sécurité est le secrétaire général de la défense et de la sécurité nationale.

Autorité qualifiée en sécurité des systèmes d'information (AQSSI) : au titre de la présente instruction, autorité chargée de définir les lignes directrices relatives à la sécurité des systèmes d'information classifiés pour les organismes relevant de ses attributions et d'en contrôler l'application.

Autorité de sécurité déléguée (ASD) : autorité ayant reçu délégation pour exercer les missions dévolues à l'autorité nationale de sécurité dans un domaine spécifique et selon les modalités précisées dans la décision de délégation prise par l'autorité nationale de sécurité.

Avis de sécurité : conclusion émise par un service enquêteur à l'issue d'investigations se rapportant à une personne et visant à détecter et à évaluer les vulnérabilités de cette personne. L'avis de sécurité est une aide à la décision d'habilitation, il ne lie pas l'autorité d'habilitation.

Avis de sécurité provisoire : avis de sécurité rendu à titre provisoire par le service enquêteur, visant à éclairer la décision de l'autorité d'habilitation dans le cadre de la procédure d'urgence prévue par la présente instruction. Cet avis prend fin lors de la délivrance de l'avis de sécurité définitif ou au plus tard six mois après avoir été accordé.

Avis technique d'aptitude physique (ATAP) : appréciation rendue par le service enquêteur portant sur la capacité physique des locaux à conserver et traiter des informations et supports classifiés au niveau requis selon les modalités définies par la présente instruction. Cet avis prend en compte la conformité aux exigences de sécurité du système d'information chargé du contrôle d'accès.

Besoin d'en connaître : nécessité impérieuse de prendre connaissance d'une information dans le cadre de l'exercice d'une fonction ou l'accomplissement d'une mission.

Bureau de protection du secret : bureau chargé de l'élaboration, du marquage, de la conservation, de l'acheminement, de l'enregistrement, du suivi et de la destruction des informations et supports classifiés au sein de l'organisme. Il est obligatoirement créé et dispose d'une zone réservée pour les organismes détenant des informations et supports classifiés au niveau *Très Secret*. Sa création est recommandée pour les organismes détenant des informations et supports classifiés au niveau *Secret*.

Catalogue des emplois : établi pour chaque niveau de classification, il permet d'identifier *via* l'octroi d'un numéro de poste, chaque fonction ou mission impliquant nécessairement l'accès à des informations et supports classifiés au niveau de classification considéré, ainsi que les nom et prénom des personnes physiques les occupant. Un organisme peut ainsi détenir plusieurs catalogues des emplois.

Certificat de sécurité : document attestant de l'habilitation d'une personne à accéder à des informations et supports classifiés à un niveau donné.

Compromission : destruction, détournement, soustraction, reproduction non autorisée ou divulgation d'une information ou d'un support classifié à une ou plusieurs personnes non qualifiées au sens de la présente instruction.

Compte administrateur : droits attribués à une personne exerçant les fonctions d'administrateur permettant l'accès privilégié à un système d'information dans le but exclusif d'y réaliser des actions d'administration.

Compte utilisateur : droits attribués à une personne permettant l'accès à un système d'information dans le but d'y réaliser les actions attendues.

Contrat sensible : contrat, quel que soit son régime juridique ou sa dénomination, qui n'implique pas l'accès à des informations ou supports classifiés mais dont l'exécution nécessite l'accès à un lieu abritant des éléments couverts par le secret de la défense nationale.

Décision d'habilitation : acte administratif autorisant, au terme d'une procédure d'habilitation, le titulaire (personne physique ou morale), en fonction de son besoin d'en connaître, à accéder aux informations et supports classifiés à un niveau inférieur ou égal au niveau mentionné sur la décision.

Décision d'habilitation provisoire : autorisation exceptionnelle et temporaire prise au vu d'un avis de sécurité provisoire délivré dans le cadre de la procédure d'urgence prévue par la présente instruction et permettant l'accès d'une personne aux informations et supports classifiés. Cette décision prend fin lors de la délivrance de la décision définitive ou au plus tard six mois après avoir été accordée.

Décision d'homologation : décision prise par l'autorité d'homologation à l'issue de la démarche d'homologation par laquelle l'autorité d'homologation assume les risques résiduels pesant sur le système d'information considéré et atteste de la capacité de ce système à traiter des informations classifiées pour un niveau de classification donné.

Décision d'habilitation temporaire : décision d'habilitation à accéder à des informations ou supports classifiés au niveau *Très Secret*, à l'exception des informations et supports faisant l'objet d'une classification spéciale, valable pour une durée maximale de trois mois et non renouvelable, délivrée à une personne faisant, par ailleurs, l'objet d'une habilitation au niveau *Secret* conformément au catalogue des emplois de son organisme.

Décision de sécurité convoyeur : autorisation accordée pour assurer, durant le transport, la garde des informations et supports classifiés. Cette décision est délivrée après une enquête administrative effectuée par le service enquêteur compétent.

Déclassement : modification, par abaissement, du niveau de classification d'une information ou d'un support classifié.

Déclassification : suppression de la classification d'une information ou d'un support classifié. Elle intervient automatiquement, sans qu'une décision de déclassification, ni l'apposition d'un timbre de déclassification ne soit nécessaire pour les informations et supports mentionnant la date à partir de laquelle la classification devient caduque, ni pour les informations et supports devenus communicables de plein droit en application de l'article L. 213-2 du code du patrimoine. Pour les informations et supports classifiés dont les délais de communicabilité de plein droit ne sont pas échus, la déclassification n'est effective qu'après l'adoption d'une décision formelle de déclassification par l'autorité émettrice compétente matérialisée par un timbre de déclassification.

Directives techniques particulières : chaque ministre peut en complément de l'instruction ministérielle et sur son fondement, élaborer des directives techniques particulières destinées à préciser, pour un domaine d'activité spécifique, les mesures de protection du secret complémentaires à mettre en œuvre. Chaque directive particulière contient un guide de classification spécifique au domaine considéré permettant à chaque organisme d'évaluer le niveau de classification des informations et supports qu'il produit et d'en déduire les mesures d'organisation et de protection à mettre en œuvre.

Donnée : toute représentation d'une information sous une forme conventionnelle destinée à faciliter son traitement.

Dossier d'habilitation d'une personne physique : dossier constitué en vue de l'habilitation d'une personne. Il comporte la demande d'habilitation établie par l'autorité demandeuse et attestant le besoin d'en connaître, la notice individuelle renseignée par le candidat et une photographie d'identité récente.

Dossier d'habilitation d'une personne morale : dossier permettant d'apprécier les garanties offertes par la personne morale et d'évaluer l'intérêt porté par ses dirigeants à la protection du secret de la défense nationale et aux aspects liés à la sécurité des informations et supports classifiés.

Dossier sécurité d'une personne morale : ensemble des pièces administratives liées à l'exécution des prestations du contrat nécessitant l'accès à des informations et supports classifiés.

Élément constitutif d'un système d'information classifié : tout élément actif relié physiquement ou logiquement à un système d'information. Sont notamment entendus comme des éléments constitutifs au système d'information les supports de stockage dédiés au système d'information (internes ou externes), les écrans et les dispositifs d'affichage et de projection, les commutateurs, routeurs, pare-feu ou autres équipements réseau distribuant les flux, les unités centrales ou les boîtiers de serveurs et de postes de travail, tout équipement du système d'information fourni à l'utilisateur et les imprimantes, claviers et autres périphériques d'entrée et de sortie. Les supports amovibles ne sont pas considérés comme tels.

Engagement de responsabilité : document en deux volets signés par le titulaire de la décision d'habilitation par lequel il reconnaît avoir été informé que les manquements aux obligations liées à son habilitation sont susceptibles d'engager sa responsabilité pénale. Le premier volet est signé lors de la notification de la décision d'habilitation, le second lors de sa cessation de fonction ou, le cas échéant, en cas d'abrogation explicite de la décision d'habilitation, lors de la notification de la décision d'abrogation.

Exigences de sécurité relative à la sécurité des systèmes d'information classifiés : mesures de protection organisationnelles, physiques, logiques et environnementales, conformes aux lignes directrices définies par l'autorité qualifiée en sécurité des systèmes d'information, visant à garantir la sécurité d'un système d'information classifié. Ces exigences sont intégrées à la politique de protection du secret des organismes utilisant un système d'information classifié et sont précisées pour chaque système d'information classifié dans la politique de sécurité du système d'information classifié versée au dossier d'homologation.

Enquête administrative : procédure destinée à vérifier que le comportement des personnes physiques ou morales intéressées n'est pas incompatible avec l'exercice de la fonction ou l'accomplissement de la mission envisagée (article L. 114-1 du code de la sécurité intérieure).

Équipement de mobilité : matériel informatique non-fixe conçu pour permettre le traitement ou la consultation d'informations classifiées dématérialisées (ordinateur portable, téléphone portable, etc.).

Fonctionnaire de sécurité de défense (FSD) : personne placée auprès du haut fonctionnaire de défense et de sécurité, chargée d'accompagner les responsables d'organisme dépendant du champ d'attribution de son ministère dans l'animation de leur chaîne fonctionnelle de protection du secret.

Fonctionnaire de sécurité des systèmes d'information (FSSI) : personne placée auprès du HFDS, chargée d'accompagner les responsables d'organisme dépendant du champ d'attribution de son ministère dans l'animation de leurs chaînes fonctionnelles de sécurité des systèmes d'information et de sécurité des articles contrôlés de la sécurité des systèmes d'information.

Haut fonctionnaire de défense et de sécurité (HFDS) : autorité chargée d'assister le ministre dans l'exercice de ses attributions de sécurité, de défense et de protection du secret. Il est, dans certains ministères, appelé haut fonctionnaire correspondant de défense et de sécurité (HFCDS) ou haut fonctionnaire de défense (HFD).

Homologation d'un système d'information : démarche visant à s'assurer, sur la base d'une analyse de risques globale, prenant en compte tous les éléments, y compris environnementaux, indispensables au fonctionnement et à la sécurité du système d'information considéré, que l'ensemble des risques a été identifié et fait l'objet d'un traitement approprié et que les risques résiduels sont acceptés. Cette démarche est sanctionnée par une décision d'homologation par laquelle l'autorité d'homologation atteste de la capacité du système d'information à traiter des informations classifiées pour un niveau de classification donné.

Identification : mention figurant sur un support d'information et précisant le numéro de l'exemplaire ainsi que son numéro d'enregistrement.

Information d'authentification : donnée visant à établir l'identité de l'utilisateur d'un système d'information au moyen d'un identifiant attribué individuellement et d'un authentifiant (code secret ou mot de passe).

Informations et supports classifiés : information, document, support, matériel, procédé, réseau informatique, donnée informatisée ou fichier, quels qu'en soient la forme, la nature ou le mode de transmission, qu'ils soient élaborés ou en cours d'élaboration, auxquels un niveau de classification a été attribué et qui, dans l'intérêt de la défense nationale et conformément aux procédures, lois et règlements en vigueur, nécessitent une protection contre toute violation, toute destruction, tout détournement, toute divulgation, toute perte ou tout accès par toute personne non autorisée ou tout autre type de compromission. Pour avoir accès à ce type d'information, il faut être habilité au niveau requis et avoir le besoin d'en connaître.

Inspection : mission consistant à s'assurer que les objectifs fixés par la présente instruction et ses déclinaisons ministérielles sont compris et appliqués. Le résultat d'une inspection est adressé aux autorités concernées.

Intégrité : propriété assurant qu'une information n'a pas été modifiée ou détruite de façon non autorisée.

Interconnexion : dispositif rendant possible le transfert d'information entre deux systèmes d'information par une continuité de signaux électromagnétiques entre les deux systèmes d'information (exemple : câble réseau, diode optique, etc.).

Journalisation des événements : processus consistant à enregistrer dans un format donné les événements fonctionnels ou techniques consécutifs à des actions réalisées sur une ressource du système d'information considéré.

Lieu abritant des éléments couverts par le secret de la défense nationale : pièce dans laquelle sont conservés des informations et supports classifiés, quel qu'en soient le niveau et le volume, répertoriée dans la liste des lieux abritant fixée chaque année par arrêté du Premier ministre conformément à l'article 56-4 du code de procédure pénale.

Lignes directrices relatives à la sécurité des systèmes d'information classifiés : lignes directrices fixées pour l'autorité qualifiée en sécurité des systèmes d'information dans la politique de sécurité des systèmes d'information, auxquelles les organismes relevant de son champ d'attribution et utilisant un système d'information classifié doivent se conformer. Ces lignes directrices sont déclinées dans les exigences de sécurité relatives à la sécurité des systèmes d'information intégrées dans la politique de sécurité des informations et supports de l'organisme et dans les politiques de sécurité de chaque système d'information classifié.

Marquage : opération consistant à apposer sur un support classifié les mentions précisant son niveau de protection ou de classification, l'échéance de la classification, le numéro d'exemplaire, le numéro d'enregistrement, la pagination pour un document papier et, le cas échéant, la destination exclusivement nationale.

Matériel classifié : objet, équipement, installation, système ou substance portant un timbre de classification et nécessitant une protection conforme à son niveau de classification.

Mécanismes d'importation ou d'exportation : mécanismes utilisés pour importer ou exporter des informations, classifiées ou non, vers ou depuis un système d'information classifié tel que, notamment, les guichets des diodes, les stations associées à leur durcissement, les moyens logiciels ou la solution logicielle employée.

Mise en éveil : démarche engagée par l'autorité d'habilitation auprès de la personne à habiliter pour la sensibiliser à ses vulnérabilités découvertes au cours de l'enquête administrative.

Mise en garde : démarche engagée par l'autorité d'habilitation visant à sensibiliser l'officier de sécurité du service employeur ou l'autorité hiérarchique du candidat à l'habilitation sur l'existence d'éléments pouvant présenter un risque de vulnérabilité pour le secret de la défense nationale.

Notice individuelle de sécurité : formulaire destiné à recueillir les renseignements nécessaires à l'habilitation d'une personne. Elle est renseignée par le candidat à l'habilitation et l'autorité sollicitant l'habilitation. Elle constitue un élément majeur du dossier d'habilitation et est exploitée par l'autorité d'habilitation et le service enquêteur.

Organisme : au titre de la présente instruction, tout service de l'État (services centraux, services déconcentrés, services à compétence nationale, organismes extérieurs), personne morale ayant accès, même à titre provisoire, à des informations et supports classifiés.

Passerelle d'interconnexion : dispositif ou ensemble de dispositifs permettant le transfert d'information entre deux systèmes d'information.

Personne qualifiée : est qualifiée, au sens de l'article 413-10 du code pénal, la personne qui, par son état, sa profession, sa fonction ou sa mission, temporaire ou permanente, est habilitée à avoir accès à une information classifiée ou à détenir un support classifié et a le besoin d'en connaître.

Plan contractuel de sécurité : document attaché à une convention ou à un contrat énumérant, les engagements pris par la personne morale cocontractante de l'État pour protéger les informations et supports classifiés auxquelles elle aura accès dans le cadre de la convention ou du contrat. Ce document fait partie intégrante de la convention ou du contrat.

Plan d'urgence : document établi par un organisme détenteur d'informations et supports classifiés, prévoyant, en cas de circonstances exceptionnelles, les modalités d'évacuation ou de destruction des supports d'information.

Politique des informations et supports classifiés : document définissant l'ensemble des mesures de protection mises en œuvre par l'organisme pour protéger les informations et supports classifiés auquel il a accès. Ce document est élaboré par l'officier de sécurité de l'organisme, en lien avec l'officier de sécurité des systèmes d'information pour les organismes utilisant un système d'information classifié. Il est conforme à la présente instruction, ainsi qu'à l'instruction ministérielle et le cas échéant aux directives techniques particulières applicables. Il prend en compte les obligations souscrites par l'organisme dans le cadre des plans contractuels de sécurité qui lui sont applicables.

Politique de sécurité des systèmes d'information : politique, applicable à l'ensemble des organismes relevant de l'autorité qualifiée en sécurité des systèmes d'information, définissant les mesures de sécurité des systèmes d'information dans leur ensemble. Les lignes directrices pour la sécurité des systèmes d'information constituent un sous-ensemble de cette politique générale.

Politique de sécurité d'un système d'information classifié : document, versé au dossier d'homologation, déclinant pour un système d'information donné les exigences de sécurité relatives à la sécurité des systèmes d'information intégrées dans la politique de protection du secret de l'organisme.

Principe du moindre privilège : principe consistant à attribuer à un utilisateur d'un système d'information les seuls droits d'accès à une information ou une ressource strictement nécessaire à son besoin légitime.

Primo-contractant : personne physique ou morale qui, dans le cadre d'un marché public, a conclu le contrat avec la personne publique, maître d'ouvrage, et qui confie, sous sa responsabilité, tout ou partie de l'exécution de ce contrat à un ou plusieurs sous-traitants ou sous-contractants.

Procédure d'habilitation : procédure visant à s'assurer qu'une personne peut, sans risque pour la défense et la sécurité nationale ou pour sa propre sécurité, connaître des informations et supports classifiés dans l'exercice de ses fonctions.

Reclassement : modification, par relèvement, du niveau de classification d'une information ou d'un support classifié.

Refus d'habilitation : décision prise par l'autorité d'habilitation, au vu de l'avis de sécurité ou de tout autre élément recueilli sur une personne, de ne pas habiliter cette personne.

Renouvellement d'habilitation : procédure déclenchée à la fin de validité d'un avis de sécurité concernant une personne déjà habilitée en vue d'obtenir un avis actualisé. Ce nouvel avis permettra d'évaluer l'opportunité de renouveler l'habilitation de la personne.

Responsable d'organisme : au sens de la présente instruction, pour les services de l'État (services centraux, services déconcentrés, services à compétence nationale, organismes extérieurs), le responsable d'organisme est le chef du service ayant accès à des informations et supports classifiés (directeur de cabinet ministériel, secrétaire général d'un ministère, directeur d'administration centrale, chef de service, chef d'établissement, etc.). Pour les personnes morales autres que l'État, le responsable d'organisme est le représentant légal de la personne morale. Le responsable d'organisme est pénalement responsable de la protection du secret de la défense nationale au sein de son organisme et par ses personnels.

Sensibilisation : instruction périodiquement prodiguée aux personnes habilitées ou susceptibles d'être habilitées, destinée à leur faire prendre conscience des enjeux de la protection du secret de la défense nationale et des informations sensibles, à les familiariser avec leur obligation de signalement de tout incident dans le respect des règles associées, à les mettre en capacité d'identifier les tentatives d'approche et à leur rappeler les sanctions judiciaires et administratives encourues en cas de manquement aux règles.

Service enquêteur : au sens de la présente instruction, service du ministère de la défense ou du ministère de l'intérieur chargé de procéder aux enquêtes administratives d'habilitation, d'évaluer l'aptitude physique des lieux abritant. Ces services rendent leurs conclusions sous forme d'avis.

Spécial France : mention complémentaire visant à restreindre la divulgation d'une information ou d'un support aux seuls ressortissants français. Une information ou un support portant cette mention ne peut-être communiqué, en tout ou partie, à un État étranger ou à l'un de ses ressortissants, organisation internationale ou personne morale de droit étranger, même s'il existe un accord de sécurité, général ou spécifique, entre la France et l'État ou l'organisation internationale considéré, sous réserve, lorsque cette mention est apposée sur des informations et supports protégés par la mention *Diffusion Restreinte*, des exigences résultant du code du patrimoine et du code des relations entre le public et l'administration.

Support : tout moyen matériel, quelles qu'en soient la forme et les caractéristiques physiques, permettant de recevoir, de conserver ou de restituer des informations ou des données.

Système d'information d'administration : système d'information comprenant les ressources nécessaires pour administrer un système d'information considéré.

Système d'information classifié : système d'information homologué pour traiter, stocker ou transmettre des informations classifiées.

Timbre : mention figurant sur un support d'information précisant son niveau de classification et, le cas échéant, une mention de protection complémentaire. Le timbre respecte les caractéristiques définies par la présente instruction (dimensions, emplacement, aspect).

Travail à distance : toute forme d'organisation dans laquelle des fonctions exercées habituellement dans les locaux de l'employeur sont réalisées hors de ces locaux, soit de façon régulière et volontaire (télétravail), soit de façon occasionnelle ou ponctuelle (nomadisme).

Visite d'aptitude : évaluation de la conformité d'un lieu destiné à abriter des informations et supports classifiés conformément aux obligations fixées par la présente instruction et, le cas échéant, par l'instruction ministérielle, les directives techniques qui s'attachent à chaque niveau de classification.

Vulnérabilité : élément relatif à la situation d'une personne, d'un système d'information ou d'un local et qui amoindrit les garanties qu'il présente face aux menaces sur la protection des informations et supports classifiés.

Zone protégée : zone créée par arrêté du ministre déterminant le besoin de protection et faisant l'objet d'une interdiction d'accès sans autorisation, sanctionnée pénalement en cas d'infraction (articles 413-7 et R. 413-1 à R. 413-5 du code pénal).

Zone réservée : local ou emplacement créé par le responsable d'organisme, au sein d'une zone protégée, qui fait l'objet de mesures de protection matérielle particulières et dont l'accès est réglementé et subordonné à des conditions spéciales.

INTRODUCTION

La présente instruction vise à renforcer la rigueur avec laquelle il est fait recours au secret de la défense nationale, selon un principe de stricte nécessité. Elle clarifie les règles relatives au maniement des informations et supports classifiés dans un contexte de dématérialisation accélérée et de besoin d'échange accru avec les acteurs privés et les partenaires étrangers.

Tirant par ailleurs pleinement les conséquences de la récente modification législative du code du patrimoine, elle s'inscrit plus largement dans la volonté gouvernementale de faciliter, partout où cela est possible, le libre accès aux archives publiques.

Fondée sur le principe d'une conciliation au plus juste des impératifs constitutionnels de sauvegarde des intérêts fondamentaux de la Nation et d'obligation, pour tout Gouvernement, de rendre compte de son administration, elle s'articule autour du diptyque : *"Mieux classifier pour mieux protéger"*.

MIEUX CLASSIFIER...

Visant à protéger les informations et supports dont la divulgation ou auxquels l'accès est de nature à nuire à la défense et à la sécurité nationale, le secret de la défense nationale participe de la sauvegarde des intérêts fondamentaux de la Nation *[Cf. Cons. const., décis. n° 2011-192 QPC du 10 nov. 2011, décis. n° 2015-713 DC du 23 juill. 2015 et décis. n° 2016-738 DC du 10 nov. 2016]*.

Le secret de la défense nationale est invoqué dans les domaines de l'action publique, et notamment, politique, militaire, diplomatique, scientifique, économique et industrielle, dès lors que les informations et supports qu'il entend protéger ont fait l'objet d'une mesure de classification.

La décision de classification, matérialisée par l'apposition du timbre de classification correspondant, constitue ainsi la pierre angulaire de la protection du secret de la défense nationale. C'est elle qui confère son caractère de secret de la défense nationale à une information ou à un support à protéger. C'est également elle qui justifie, en cas de violation de la réglementation applicable, la mise en œuvre des sanctions pénales associées.

Décider de classifier une information ou un support est un acte important, tant par les mesures de protection contraignantes qui en découlent, que par les conséquences judiciaires que cette décision peut entraîner.

La décision de classification est ainsi à manier au plus juste :

– utilisée de façon abusive, la classification nuit, de par les mesures de protection qu'elle impose, à l'exigence de réactivité et d'agilité de l'action publique. Elle se traduit par une dévaluation du secret de la défense nationale et une érosion progressive du respect des règles associées ;

– sous-employée, elle facilite l'accès des services de renseignement étrangers, des groupements hostiles ou des individus cherchant à déstabiliser l'État ou la société, à des informations et supports dont la divulgation est de nature à nuire aux intérêts fondamentaux de la Nation.

La sur-classification, comme la sous-classification, sont ainsi porteuses de risques pour la sécurité de la Nation.

Dans ce contexte, la présente instruction précise les règles relatives à la protection du secret de la défense nationale pour permettre à l'ensemble des personnes, physiques et morales, amenées à accéder, produire, détenir, échanger des informations et supports classifiés, de mieux classifier pour mieux protéger.

Cet objectif n'est pas nouveau, mais il gagne aujourd'hui en acuité face à la nécessité paradoxale d'ouvrir l'accès au secret de la défense nationale à de nouveaux publics dans un contexte d'internationalisation accélérée des politiques de sécurité et de nécessaire implication accrue des acteurs publics et privés dans leur mise en œuvre.

Pour y répondre, le décret n° 2019-1271 du 2 décembre 2019 relatif aux modalités de classification et de protection du secret de la défense nationale a substitué aux trois niveaux de classification *Confidentiel Défense, Secret Défense* et *Très Secret Défense*, les niveaux *Secret* et *Très Secret*. Ce recentrement du dispositif de protection du secret de la défense nationale procède d'une double préoccupation :

– éviter la tendance à un recours irraisonné au plus bas niveau de classification et, par suite, endiguer la prolifération d'informations et supports classifiés ;

– réaligner les standards de protection des niveaux de classification français sur les standards de protection des niveaux de classification des partenaires internationaux, afin de mieux protéger les informations et supports classifiés échangés avec ces derniers.

Dans ce cadre réglementaire rénové, la présente instruction définit par chacun des niveaux de classification *Secret* et *Très Secret*, une protection proportionnée au risque encouru en cas de divulgation des informations et supports qu'il couvre. Le niveau *Secret* protège les informations et supports dont la divulgation ou auxquels l'accès est de nature à porter atteinte à la défense et à la sécurité nationale, tandis que le niveau *Très Secret* concerne ceux dont la divulgation ou auxquels l'accès aurait des conséquences exceptionnellement graves pour la défense et la sécurité nationale. Elle organise également les règles relatives au maniement des informations et supports portant la mention *Diffusion Restreinte* qui n'est pas un niveau de classification mais une mention de protection assortie de règles propres *[Cf. Annexe 1]*.

Elle réaffirme également l'obligation, pour chaque ministre, de préciser par arrêté pour les services relevant de son autorité, les établissements publics placés sous sa tutelle, les opérateurs d'importance vitale dont il est le ministre coordonnateur et les personnes morales avec lesquelles il est lié par une convention ou un contrat, les modalités de classification et de protection aux niveaux *Secret* et *Très Secret*.

Elle renforce l'obligation de réexaminer le niveau de classification à toutes les étapes du cycle de vie d'un document classifié. De même, afin de faciliter l'accès aux archives publiques dans le respect de l'impératif de sauvegarde des intérêts fondamentaux de la Nation, cette nouvelle instruction tire, d'une part, pleinement les conséquences de l'article 25 de la loi n° 2021-998 du 30 juillet 2021 relative à la prévention d'actes de terrorisme et au renseignement en rappelant que tout document ayant l'objet d'une mesure de classification au sens de l'article 413-9 du code pénal est automatiquement déclassifié, sans autre formalité nécessaire, dès lors qu'il devient librement communicable au sens de l'article L. 213-2 du code du patrimoine et même dès cinquante ans après son émission pour les documents frappés du délai de communicabilité de soixante-quinze ans. Elle met, d'autre part, en place des dispositions nouvelles visant à favoriser la déclassification des informations et supports classifiés avant l'échéance des délais de communicabilité prévus au code du patrimoine.

... POUR MIEUX PROTÉGER

Tirant également les conséquences de l'accroissement des coopérations internationales, ainsi que de l'ouverture à la concurrence européenne des marchés publics de défense ou de sécurité, la présente instruction aligne les standards de classification et de protection nationaux sur les standards internationaux afin de faciliter les échanges, tout en garantissant le respect de mesures de sécurité suffisantes. Elle clarifie les règles applicables dans le cadre des coopérations internationales et des contrats internationaux, ainsi que la procédure d'habilitation des ressortissants français appelés à accéder à des informations et supports classifiés au profit d'États étrangers ou d'organisations internationales.

Elle prend davantage en compte la dématérialisation croissante des informations classifiées. A cette fin, elle précise l'articulation entre la chaîne fonctionnelle de protection du secret et la chaîne fonctionnelle de sécurité des systèmes d'information et énonce les règles relatives à la sécurité des systèmes d'information homologués pour traiter des informations classifiées, afin de garantir la disponibilité, l'intégrité, la confidentialité et la traçabilité des informations traitées par leur biais.

Enfin, elle explicite les règles applicables à l'ensemble des organismes amenés à accéder, même à titre provisoire, à des informations et supports classifiés, indépendamment de leur forme juridique et des finalités justifiant qu'ils y aient accès.

La présente instruction est applicable aux services de l'État, ainsi qu'à toute personne physique ou morale, indépendamment de son statut juridique, ayant accès, même à titre provisoire, au secret de la défense nationale ou à des informations ou supports portant la mention de protection *Diffusion Restreinte.*

Les termes les plus couramment utilisés dans la présente instruction sont définis dans le glossaire.

1 *PRINCIPES GÉNÉRAUX*

1.1 *FONDEMENT DU SECRET DE LA DÉFENSE NATIONALE*

Le secret de la défense nationale vise, au travers de mesures de sécurité physiques, logiques ou organisationnelles à protéger les informations et supports dont la divulgation ou auxquels l'accès est de nature à nuire à la défense et à la sécurité nationale. Protégeant la Nation contre l'espionnage des services de renseignement étrangers et les tentatives de déstabilisation par des groupements terroristes, criminels, subversifs ou des individus isolés, la protection du secret de la défense nationale participe de la sauvegarde des intérêts fondamentaux de la Nation.

Le secret de la défense nationale est invoqué dans les domaines de l'action publique, et notamment, politique, militaire, diplomatique, scientifique, économique et industrielle, dès lors que les informations et supports qu'il entend protéger ont fait l'objet d'une mesure de classification.

La décision de classifier une information ou un support au titre de la protection du secret de la défense nationale est une prérogative du pouvoir exécutif qui repose sur plusieurs fondements constitutionnels *[Cf. Const., art. 5, 20 et 21]*.

Le secret de la défense nationale constitue ainsi un outil essentiel à l'exercice par l'État de ses missions régaliennes, et repose, à ce titre, sur un régime spécifique. Il est,

parmi les différents secrets protégés par la loi, celui dont la répression pénale est la plus sévère et l'opposabilité, y compris au juge et à la représentation nationale, est la plus stricte, même si elle connaît quelques exceptions (cf. 1.2.2).

Corollaire de cette spécificité, le secret de la défense nationale impose une extrême rigueur dans son maniement et la mise en œuvre des mesures de protection qu'il induit. Il ne doit jamais être convoqué de façon arbitraire ou illégitime. En particulier, le recours indu au secret de la défense nationale en vue de faire obstacle à la manifestation de la vérité expose son auteur aux sanctions prévues à l'article 434-4 du code pénal *[Cf. C. pr. pén., art. 56-4]*. La défense et la sécurité nationale sont et doivent être les seuls motifs présidant à la décision de classification.

1.2 *ACCÈS AU SECRET DE LA DÉFENSE NATIONALE*

1.2.1 *Principes généraux*

Conformément aux articles 413-10 et suivants du code pénal, l'accès au secret de la défense nationale par des personnes non qualifiées est prohibé.

1.2.1.1 Principes régissant l'accès des personnes physiques au secret de la défense nationale

En application des articles R. 2311-7 à R. 2311-7-2 du code de la défense, deux critères cumulatifs doivent être réunis pour qu'une personne physique puisse accéder au secret de la défense nationale : l'habilitation et le besoin d'en connaître.

Sont ainsi considérées comme des personnes qualifiées au sens du code pénal, les personnes physiques :

– habilitées au niveau de classification requis conformément à l'une des procédures d'habilitation détaillées aux parties 3.2 et 3.3 ou habilitées ès qualités de par la loi ou leur statut constitutionnel (cf. 3.1.4) ;

– justifiant, pour l'exercice de leur fonction ou l'accomplissement de leur mission, du besoin de connaître d'une information ou d'un support classifié tel qu'attesté par le catalogue des emplois établi par l'autorité d'emploi ou l'autorité administrative conformément aux dispositions détaillées au paragraphe 3.1.2.

1.2.1.2 Principes régissant l'accès des personnes morales au secret de la défense nationale

En application des articles R. 2311-7 à R. 2311-7-2 du code de la défense, sont considérées comme des personnes qualifiées au sens du code pénal :

– les services de l'État et les établissements publics sous sa tutelle dans la limite du besoin d'en connaître et du respect des modalités prescrites par la présente instruction, l'instruction ministérielle et, le cas échéant, les directives techniques particulières applicables ;

– les opérateurs désignés opérateurs d'importance vitale dans la limite du besoin d'en connaître en raison de leur désignation en tant qu'opérateurs d'importance vitale et du respect des modalités prescrites, d'une part, par la présente instruction, l'instruction ministérielle et, le cas échéant, les directives techniques particulières applicables, ainsi que, d'autre part, par le plan de sécurité d'opérateur ou le plan particulier de protection ;

– les collectivités territoriales, leurs établissements publics et les personnes morales de droit privé autorisées par l'État à accéder à des informations et supports classifiés pour un besoin précis défini dans le cadre d'une convention et sous réserve du respect des modalités prescrites, d'une part, par la présente instruction, l'instruction ministérielle et, le cas échéant, les directives techniques particulières applicables et, d'autre part, le plan contractuel de sécurité attaché à ladite convention ;

– les personnes morales habilitées au niveau requis au titre d'un contrat de la commande publique, d'un contrat de sous-traitance ou d'un sous-contrat à un contrat de la commande publique, d'un contrat de subvention ou dans le cadre d'un contrat exécuté au profit d'une entité étrangère ou d'une organisation internationale, dans les limites du besoin d'en connaître défini dans l'objet du contrat, selon les modalités

prescrites, d'une part, par la présente instruction, l'instruction ministérielle et, le cas échéant, les directives techniques particulières applicables, et, d'autre part, par le plan contractuel de sécurité attaché au contrat.

1.2.2 *Cas spécifiques*

1.2.2.1 Personnes morales et ressortissants de droit étranger

Les conditions préalablement énoncées sont indépendantes de la nationalité de la personne physique ou du droit applicable à la personne morale considérée.

Ainsi, conformément aux dispositions détaillées au paragraphe 3.2.5, un ressortissant étranger peut, sous réserve de son habilitation préalable au niveau requis et dans la stricte limite du besoin d'en connaître, accéder à des informations et supports classifiés aux niveaux *Secret* et *Très Secret*.

De même, une personne morale de droit étranger peut être qualifiée pour accéder à des informations et supports classifiés aux niveaux *Secret* et *Très Secret*, dès lors qu'il existe, un accord de sécurité, général ou spécifique, entre la France et l'État ou l'organisation internationale dont relève l'organisme et que les exigences fixées par cet accord sont remplies (cf. 7.2.1.3).

Dans les deux cas, l'autorité nationale de sécurité ou l'autorité de sécurité déléguée mentionnées aux articles R. 2311-10 et R. 2311-10-1 du code de la défense peut décider, si le ressortissant ou la personne morale a déjà été habilité(e) par l'État dont il(elle) relève et si l'accord de sécurité général ou spécifique conclu avec cet État le permet, de reconnaître l'habilitation délivrée par l'autorité étrangère sans que la délivrance d'une nouvelle décision d'habilitation par l'autorité nationale de sécurité ou l'autorité de sécurité déléguée soit nécessaire.

En revanche, conformément à l'article R. 2311-4 du code de la défense, aucun État, aucun ressortissant étranger, aucune organisation internationale, aucune institution, organe ou organisme de l'Union européenne, ni aucune personne morale de droit étranger ne peut se voir communiquer d'informations ou supports classifiés ou protégés comportant la mention *Spécial France*.

1.2.2.2 Personnes dans l'exercice de prérogatives juridictionnelles

a) Les juridictions n'ont pas accès au secret de la défense nationale

Le principe constitutionnel de séparation des pouvoirs interdit aux magistrats aussi bien judiciaires qu'administratifs et aux membres du Conseil d'État agissant dans le cadre de leurs prérogatives juridictionnelles d'accéder à des informations et supports couverts par le secret de la défense nationale *[En revanche, des magistrats, judiciaires ou administratifs ou des membres du Conseil d'État, peuvent, hors l'exercice de ces prérogatives, accéder au secret de la défense nationale. Ils sont alors habilités soit ès qualités si la loi en dispose ainsi (cas des magistrats membres d'autorités administratives indépendantes autorisées à accéder au secret de la défense nationale, cf. 3.1.4) soit selon l'une des procédures d'habilitation détaillées aux parties 3.2 et 3.3 (cas des magistrats détachés sur une fonction ou pour l'accomplissement d'une mission administratives)]*. La seule exception à ce principe concerne les membres de la formation spécialisée du Conseil d'État chargée du contentieux de la mise en œuvre des techniques de renseignement soumises à autorisation et de l'exercice du droit d'accès aux fichiers intéressant la sûreté de l'État (cf. 2.1.3.3) *[Cf. CSI, art. L. 841-1 et L. 841-2-2 et CJA, art. L. 773-2]*.

Afin de concilier le principe de séparation des pouvoirs avec le droit à un recours effectif et l'objectif à valeur constitutionnelle de recherche des auteurs d'infraction, le code de la défense a cependant prévu une procédure spécifique qui permet à toute juridiction française, qu'elle soit administrative *[Y compris les juridictions administratives spécialisées, à l'image de la Cour des comptes et des chambres régionales et territoriales des comptes lorsqu'elles statuent en matière juridictionnelle. En revanche, cette procédure n'est pas ouverte aux autorités administratives indépendantes, qui ne sont pas des juridictions]* ou judiciaire, de demander les déclassifications qui lui sont nécessaires à la conduite de la procédure engagée devant elle *[Dans les procédures où les magistrats français agissent en exécution d'une demande de coopération d'une juridiction étrangère ou internationale, et sauf le cas des décisions d'enquêtes européennes, l'autorité administrative décide seule du maintien ou de la mainlevée de la classification pour*

répondre à la juridiction, sans demande d'avis préalable à la commission du secret de la défense nationale].

L'autorité administrative compétente doit alors saisir la commission du secret de la défense nationale, autorité administrative indépendante chargée de rendre un avis public sur la déclassification sollicitée par le juge. Cette procédure s'impose pour toutes les informations et supports portant un marquage de classification français *[Pour ceux qui relèvent d'une autorité étrangère, d'une organisation internationale, d'une institution, d'un organe ou organisme de l'Union européenne, le magistrat saisit les autorités étrangères d'une demande de déclassification sans que la procédure impliquant la commission du secret de la défense nationale trouve à s'appliquer. Le secrétaire général de la défense et de la sécurité nationale, en sa qualité d'autorité nationale de sécurité, peut, en tant que de besoin, l'accompagner dans cette démarche]*.

La procédure de déclassification est la même pour les deux ordres juridictionnels (cf. 1.2.2.2 *a)* i.). En revanche, les pouvoirs d'enquête particuliers dont disposent les magistrats en charge du contentieux pénal, procureurs de la République et juridictions d'instruction notamment *[Les juridictions de jugement procèdent parfois à des suppléments d'information et agissent alors comme des juges d'instruction]*, **justifient des règles spécifiques de perquisition et de saisie prévues au code de procédure pénale et qui s'imposent à peine de nullité (cf. 1.2.2.2 *a)* ii.).**

i. Déclassification pour les besoins d'une procédure contentieuse

Lorsqu'une juridiction décide de solliciter la déclassification d'informations et supports classifiés pour les besoins de la procédure, le processus de déclassification se déroule alors en trois phases successives *[Cf. C. défense, art. L. 2312-4 s.]*.

La juridiction adresse d'abord une requête motivée à l'autorité administrative compétente, à savoir l'autorité émettrice, qui saisit sans délai la commission du secret de la défense nationale. Cette saisine est obligatoire, même si cette autorité est *a priori* favorable à la déclassification des informations et supports pour lesquels la demande est formulée *[L'expression « sans délai » doit être entendue comme le temps strictement nécessaire à la collecte des éléments sollicités avec la préoccupation constante de permettre à la juridiction d'obtenir une réponse le plus rapidement possible. En outre, au-delà de la notion de promptitude que cette expression contient, elle signifie que l'autorité responsable de la classification a "compétence liée" pour saisir la commission du secret de la défense nationale (rapport n° 337 au projet de loi n° 98-567 du 8 juillet 1998 instituant une commission consultative du secret de la défense nationale)]*.

La motivation de la requête permet à la commission de vérifier l'adéquation des recherches documentaires et l'intérêt d'une déclassification au regard des besoins de la juridiction compétente. Les critères de la délibération de la commission sont, d'une part, les missions du service public de la justice, autrement dit la recherche de la manifestation de la vérité, le respect de la présomption d'innocence et les droits de la défense et, d'autre part, le respect des engagements internationaux de la France, la nécessité de préserver les capacités de défense et la sécurité des personnes.

Ensuite, la commission du secret de la défense nationale émet, dans le délai de deux mois à compter de sa saisine, un avis qui peut être favorable, favorable à une déclassification partielle ou défavorable. Elle le transmet à l'autorité administrative compétente. Le sens de l'avis est publié au *Journal officiel* de la République française.

Enfin, dans un délai de quinze jours francs à compter de la réception de l'avis de la commission, ou de l'expiration du délai de deux mois à compter de la saisine à défaut d'avis rendu, l'autorité administrative compétente décide de lever la classification ou bien de la maintenir sur toute ou partie des informations et supports classifiés sans être liée par l'avis de la commission. Elle notifie sa décision à la juridiction ayant demandé la déclassification. Cette décision, qui est dispensée de l'obligation de motivation *[Cf. CRPA, art. L. 211-2]*, **est insusceptible de recours.**

Chaque élément déclassifié est revêtu du timbre de déclassification précisant la date de la décision du ministre : il peut alors être joint au dossier de la procédure dans le respect du principe du contradictoire. Le versement à la procédure, même par erreur, d'une pièce classifiée, doit conduire à prendre immédiatement toute mesure pour faire cesser la diffusion et limiter ses conséquences, tout en préservant, autant que possible, les éléments utiles à la matérialisation du délit. En effet, cette situation fait encourir les sanctions pénales prévues pour la compromission, à celui qui en est à l'origine et à ceux qui relaient l'information compromise. Les dispositions de l'article 40 du code de

procédure pénale relatives à la dénonciation du délit au procureur de la République trouvent par ailleurs à s'appliquer *[Cf. C. pr. pén., art. 40, al. 2 : « toute autorité constituée, tout officier public ou fonctionnaire qui, dans l'exercice de ses fonctions, acquiert la connaissance d'un crime ou d'un délit, est tenu d'en donner avis sans délai au procureur de la République et de transmettre à ce magistrat tous les renseignements, procès-verbaux et actes qui y sont relatifs »]*.

ii. Perquisition et saisie de documents classifiés par les magistrats judiciaires

Acte préalable à une saisie par lequel l'autorité judiciaire recherche des éléments de preuve d'une infraction, la perquisition peut viser expressément des informations ou supports protégés par le secret de la défense nationale, ou bien amener l'autorité judiciaire à la découverte incidente de tels documents dans des lieux où leur présence n'était pas préalablement prévue.

Le code de procédure pénale distingue en effet expressément ces deux hypothèses selon que les lieux investis auront été préalablement identifiés comme "abritant" des informations et supports classifiés, ou bien n'en comportent pas *a priori* et sont donc considérés comme "neutres" *[Cf. C. pr. pén., art. 56-4, dans sa rédaction résultant de Cons. const. décis. n° 2011-192 QPC du 10 nov. 2011]*.

Pour faire connaître ces dispositions et faciliter le déroulement d'une perquisition en préservant les éléments protégés par le secret de la défense nationale de toute compromission, chaque responsable d'organisme détenant des informations et supports classifiés informe son personnel de la conduite à tenir en cas de perquisition conformément à l'instruction ministérielle dont son organisme relève.

— Perquisition dans un lieu abritant des informations et supports classifiés

La commission du secret de la défense nationale joue un rôle essentiel pour éviter la compromission d'informations et supports classifiés dans cette procédure qui exige du magistrat de vérifier au préalable si tout ou partie des lieux objet de son intérêt figure sur la liste des lieux abritant (cf. 2.3.2.2). Dans l'affirmative, il ne peut déléguer la perquisition aux officiers de police judiciaire et doit se déplacer lui-même pour y procéder. Surtout, n'ayant pas accès au secret de la défense nationale (cf. 1.2.2.2 *a)*), le magistrat ne peut réaliser une perquisition qu'après avoir adressé une décision écrite au président de la commission du secret de la défense nationale lui indiquant les informations utiles à l'accomplissement de sa mission. Les opérations ne peuvent débuter qu'en présence du président de la commission ou de son représentant dûment habilité, qui se transporte sur les lieux sans délai et sans que nul ne puisse s'opposer à son action pour aucun motif que ce soit.

Dès le début de la perquisition, le magistrat informe le président de la commission et le responsable de l'organisme ou son représentant, de la nature de l'infraction objet de ses investigations, des motifs justifiant la perquisition et des lieux concernés. Fort de ces éléments, c'est le président de la commission ou son représentant, assisté de toute personne habilitée à cet effet, qui prend connaissance des éléments classifiés, trie et sélectionne pour saisie ceux qui sont relatifs aux faits sur lesquels portent les investigations. Il dresse un inventaire de chaque élément saisi et placé sous scellés fermés *[Si l'enquête l'exige, les documents sont saisis en original, contre copie remise au détenteur]*. Le détail des éléments saisis n'est pas communiqué au magistrat qui, dans la pratique, ne se voit communiquer que le nombre de pièces saisies et, le cas échéant, le nombre de pages et de supports.

Deux procès-verbaux rendant compte des opérations de perquisition sont dressés à l'issue des opérations : l'un, non protégé, établi par le magistrat, est versé au dossier de la procédure pénale. L'autre, rédigé par le président de la commission du secret de la défense nationale, ou son représentant dûment habilité, contient l'inventaire des documents classifiés saisis et est conservé par le président de la commission qui est institué gardien des scellés.

Il appartient ensuite au magistrat de demander, le cas échéant, la déclassification des informations et supports classifiés saisis suivant le processus décrit au point i. Dans ce cas, les scellés sont remis à l'autorité administrative compétente par la commission du secret de la défense nationale en même temps que son avis *[C. défense, art. L. 2312-5]*. Dans le cas où aucune requête en déclassification n'est émise par le magistrat, le devenir des scellés classifiés se résout par l'application des dispositions du droit commun

de la procédure pénale relatives à la restitution des scellés à l'autorité émettrice [*C. pr. pén., art. 41-4, s'agissant des scellés constitués pendant l'enquête initiale ou lorsqu'il n'a pas été statué sur leur restitution par une juridiction de jugement, art. 99 et 212 du même code s'agissant des scellés constitués au cours de l'information judiciaire, art. 479 s. et 373 pour les juridictions de jugement correctionnelle et criminelle*].

Le cas de l'accès, par le magistrat qui opère une perquisition, à un système d'information classifié, doit être traité selon la même logique que l'accès aux informations et supports classifiés, les modalités techniques de constitution des scellés exigeant simplement d'être adaptées. Seul un représentant de la commission du secret de la défense nationale est autorisé à accéder au système.

— Perquisition dans un lieu non déclaré comme lieu abritant révélant la présence d'informations et supports classifiés

Cette hypothèse peut matérialiser l'existence d'une compromission de plus ou moins grande ampleur et est susceptible de déclencher l'ouverture d'une procédure judiciaire incidente visant expressément ce délit. Dès la découverte de supports classifiés, le magistrat présent ou immédiatement prévenu par l'officier de police judiciaire opérant la perquisition, informe le président de la commission du secret de la défense nationale.

Les informations et supports classifiés sont placés sous scellés par le magistrat ou l'officier de police judiciaire qui les a découverts, sans qu'il soit pris connaissance de leur contenu. Le ou les scellés sont transmis à la commission du secret de la défense nationale ou lui sont remis directement au cas où le président ou son représentant se sont rendus sur place. Le président de la commission en devient gardien.

Le procès-verbal relatant les opérations relatives à ces éléments classifiés n'est pas joint au dossier de la procédure judiciaire mais remis au président de la commission qui établit un inventaire des pièces ou documents saisis et en informe le magistrat et la ou les autorités émettrices. Ces dernières sont ainsi à même de prendre la mesure de leur sensibilité, de la gravité de l'atteinte portée au secret de la défense nationale du fait de leur compromission et de mener les actions qui s'imposent. L'évaluation de la gravité de l'atteinte portée au secret du fait de la compromission bénéficie également à l'autorité judiciaire qui apprécie les suites pénales opportunes, nonobstant sa possibilité de demander une déclassification des éléments ainsi placés sous scellés selon la procédure décrite au point i.

Le cas échéant, la déclassification ultérieure pour communication à l'autorité judiciaire des éléments ainsi placés sous scellés relève elle aussi de la procédure décrite au point i.

— Cas particulier des auditions

Une personne habilitée ne peut en aucun cas être déliée de ses obligations de protection du secret de la défense nationale par quiconque, y compris son autorité hiérarchique, tant que l'information ou le support n'est pas déclassifié(e). Si elle est interrogée sur des informations classifiées, il lui appartient d'opposer au magistrat ou aux enquêteurs les dispositions des articles 413-10 et suivants du code pénal qui énoncent les sanctions applicables au délit de compromission.

b) Par exception, les membres de la formation du Conseil d'État spécialisée dans le contentieux des techniques de renseignement soumises à autorisation et des fichiers intéressant la sûreté de l'État ont accès au secret de la défense nationale

Le contentieux de la mise en œuvre des techniques de renseignement soumises à autorisation et des fichiers intéressant la sûreté de l'État et la défense relève de la compétence en premier et dernier ressort d'une formation spécialisée du Conseil d'État, dans les conditions prévues aux articles L. 841-1 et L. 841-2 du code de la sécurité intérieure et L. 773-1 et suivants du code de justice administrative, dont les membres peuvent accéder, dans la mesure nécessaire à l'exercice du contrôle juridictionnel, à des informations et supports classifiés.

Cet accès dérogatoire est justifié par le fait que l'essentiel des informations et supports maniés par les services de renseignement est couvert par le secret de la défense nationale, eu égard à la sensibilité et à la nécessaire discrétion qui sont inhérentes à la mission de recueil de renseignements qui leur incombe, et par l'impossibilité, de ce

fait, d'organiser un contrôle juridictionnel effectif en se conformant aux règles de procédure de droit commun.

En vertu de l'article L. 5 du code de justice administrative, les exigences de la contradiction sont adaptées à celles du secret de la défense nationale. Il en résulte que, par dérogation au principe du contradictoire, le requérant ne reçoit pas communication des informations et supports classifiés qui sont portés à la connaissance de la formation spécialisée. Par ailleurs, lorsqu'est en cause le secret de la défense nationale, le président de la formation de jugement ordonne le huis clos. Enfin, les décisions rendues par la formation spécialisée, qui sont publiques, ne font état d'aucun élément protégé par le secret de la défense nationale.

Par suite, lorsque la formation de jugement constate une illégalité susceptible de constituer, de surcroît, une infraction au regard des règles qui gouvernent la matière, elle en informe la personne concernée ou la juridiction, ainsi que le procureur de la République. De plus, elle transmet à la commission du secret de la défense nationale l'ensemble des éléments du dossier au vu duquel elle a statué, afin que celle-ci donne au Premier ministre son avis sur la possibilité de déclassifier tout ou partie de ces éléments en vue de leur transmission au procureur de la République *[CJA, art. L. 773-7]*.

La procédure devant la formation spécialisée garantit également le droit à un procès équitable et le droit au recours eu égard aux pouvoirs dont elle est investie pour instruire les requêtes, relever d'office toutes les illégalités qu'elle constate et enjoindre à l'administration de prendre toutes mesures utiles afin de remédier aux illégalités constatées *[CE, formation spécialisée, 8 févr. 2017, n° 396550 B ; CE, formation spécialisée, 8 févr. 2017, n° 396567 B]*.

1.2.2.3 Parlementaires

a) Les parlementaires n'ont pas accès au secret de la défense nationale

Eu égard au principe constitutionnel de séparation des pouvoirs, les parlementaires ne peuvent pas, dans le cadre de l'exercice de leur mission de membres du Parlement *[En revanche, des parlementaires peuvent, dans le cadre de fonctions ou dans l'accomplissement d'une mission sans lien avec l'exercice de leur mandat parlementaire, accéder au secret de la défense nationale. Ils sont alors habilités soit ès qualité si la loi en dispose ainsi (cas des parlementaires-membres d'autorités administratives indépendantes autorisées à accéder au secret de la défense nationale, cf. 2.1.3.2 ou selon les modalités prévues à la partie 3.2 (cas de parlementaires en mission pour le Gouvernement par exemple)]*, accéder au secret de la défense nationale, à l'exception des membres de la délégation parlementaire au renseignement selon les modalités définies au *b)*.

Les présidents des commissions chargées des affaires de sécurité intérieure, de la défense ou des finances de l'Assemblée nationale et du Sénat peuvent en revanche demander la déclassification de tout document nécessaire à l'exercice des missions de la commission qu'ils président. Ils adressent alors une demande motivée à l'autorité administrative compétente, qui saisit sans délai la commission du secret de la défense nationale *[C. défense, art. L. 2312-4]*. L'avis de la commission du secret de la défense nationale et la décision de l'autorité émettrice sont rendus selon les mêmes modalités que celles décrites au 1.2.2.2 *a)* i.

b) Par exception, les membres de la délégation parlementaire au renseignement ont accès au secret de la défense nationale

Conformément à l'article 6 *nonies* de l'ordonnance n° 58-1100 du 17 novembre 1958 relative au fonctionnement des assemblées parlementaires, les membres de la délégation parlementaire au renseignement, commune à l'Assemblée nationale et au Sénat, sont destinataires des informations utiles à l'accomplissement de leur mission de contrôle de l'action du Gouvernement en matière de renseignement et d'évaluation de la politique publique en ce domaine. A ce titre, ils sont autorisés ès qualités à accéder aux informations et supports classifiés nécessaires à l'accomplissement de leurs missions, à l'exclusion des documents, informations et éléments d'appréciation portant sur les opérations en cours de ces services, sur les instructions données par les pouvoirs publics à cet égard, sur les procédures et méthodes opérationnelles, ou sur les échanges avec les services étrangers ou des organismes internationaux compétents dans le domaine du renseignement, et des données dont la communication pourrait mettre

en péril l'anonymat, la sécurité ou la vie d'une personne relevant ou non d'un service de renseignement *[Cf. services mentionnés à l'art. L. 811-2 du CSI et ceux désignés par le décret en Conseil d'État mentionné à l'art. L. 811-4 du même code]*, ainsi que les modes opératoires propres à l'acquisition du renseignement. Les agents des assemblées parlementaires désignés pour les assister doivent, pour leur part, être habilités selon l'une des procédures détaillées aux parties 3.2 et 3.3.

1.2.3 *Règles de communication des documents classifiés*

Les dispositions qui suivent définissent, conformément au code des relations entre le public et l'administration et au code du patrimoine, les règles de communication et de consultation des documents classifiés, y compris les données, quels que soient leur date, leur lieu de conservation, leur forme et leur support, produits ou reçus par toute personne physique ou morale et par tout service ou organisme public ou privé dans l'exercice de leur activité.

Conformément à l'article L. 311-2 du code des relations entre le public et l'administration, lorsqu'une administration mentionnée à l'article L. 300-2 du même code ou la commission d'accès aux documents administratifs est saisie d'une demande de communication d'un document administratif susceptible de relever de plusieurs des régimes d'accès mentionnés aux articles L. 342-1 et L. 342-2, il lui appartient de l'examiner d'office au regard de l'ensemble de ces régimes, à l'exception du régime organisé par l'article L. 213-3 du code du patrimoine.

Dès lors, lorsqu'une personne habilitée mais ne disposant pas du besoin d'en connaître pour l'exercice de sa fonction ou l'accomplissement de sa mission, ou bien lorsqu'une personne non habilitée, souhaite accéder à un document classifié, deux situations sont à distinguer :

a) Le caractère classifié du document est le seul motif faisant obstacle à sa libre communication.

Le service qui le détient informe le demandeur qu'il peut, par son intermédiaire, en solliciter la déclassification. Dans le cas où le demandeur souhaite poursuivre en ce sens, le service détenteur relaie sa demande à l'autorité émettrice compétente *via* le service du haut fonctionnaire de défense et de sécurité de cette dernière.

En cas de refus explicite ou résultant du silence gardé par l'autorité émettrice sur la demande, le service détenteur est lié par la décision de cette dernière et le document demeure non communicable *[Cf. CE, 1er oct. 2015, n° 373019 B : "il appartient à l'administration de laquelle émane les documents classifiés d'examiner l'opportunité de procéder à leur déclassification. Dans le cas où elle estime que la classification demeure justifiée, il lui appartient d'informer l'administration chargée des archives qu'elle s'oppose, pour cette raison, à leur consultation anticipée. A défaut d'accord de l'autorité de laquelle émanent les documents dont la consultation est demandée, l'administration chargée des archives est tenue de rejeter la demande de consultation anticipée dont elle est saisie." En outre, "la satisfaction de l'intérêt légitime du demandeur doit être concilié avec le respect de la défense nationale [...] il en résulte qu'il appartient à l'administration de laquelle émanent les documents classifiés d'examiner l'opportunité de procéder à leur déclassification". Enfin, si le refus de l'autorité émettrice "ne constitue pas une décision susceptible de recours, sa régularité et son bien-fondé peuvent être contestés à l'appui d'un recours dirigé contre la décision opposant un refus à la demande de consultation anticipée"]*.

Dans le cas où l'autorité émettrice donne une suite favorable à la demande de déclassification, il y est procédé selon les modalités prévues au 7.6.3. Le document devient alors librement communicable.

b) Outre le caractère classifié du document, un autre motif fait obstacle à sa libre communication.

Le service qui le détient instruit la demande au regard des dispositions respectives des articles L. 311-5 du code des relations entre le public et l'administration et L. 213-2 et L. 213-3 du code du patrimoine, et sollicite parallèlement la déclassification du document.

En cas de refus explicite ou résultant du silence gardé par l'autorité émettrice sur la demande de déclassification, le service détenteur est lié par la décision de cette dernière et le document demeure non communicable *[Cf. CRPA, art. L. 311-1 s. et C. patr., art. L. 213-3 et L. 213-4]*. Ce refus est notifié par le service détenteur.

Dans le cas où l'autorité émettrice donne une suite favorable à la demande de déclassification, il est procédé à la déclassification du document selon les modalités prévues au 7.6.3. Cette décision ne préjuge pas du sens de la décision prise par l'administration dans le cadre de la demande d'accès.

Les règles de communication des documents déclassifiés sont détaillées au 7.6.3.7.

1.3 *PORTÉE DES TIMBRES DE CLASSIFICATION SECRET ET TRÈS SECRET ET DE LA MENTION DIFFUSION RESTREINTE*

1.3.1 *Portée des timbres de classification Secret et Très Secret*

Conformément à l'article 413-9 du code pénal, seuls les informations et supports ayant fait l'objet d'une mesure de classification en application des articles R. 2311-2 et R. 2311-3 du code de la défense présentent un caractère de secret de la défense nationale.

Ainsi, l'apposition d'un timbre de classification, matérialisant la décision de classification et le niveau de classification retenu, constitue le seul moyen de conférer à des informations et supports la protection pénale liée au secret de la défense nationale.

Deux niveaux de classification sont désormais prévus par le code de la défense :

– le niveau *Secret* qui protège les informations et supports dont la divulgation ou auxquels l'accès est de nature à porter atteinte à la défense et à la sécurité nationale ;

– le niveau *Très Secret* qui protège ceux dont la divulgation ou auxquels l'accès aurait des conséquences exceptionnellement graves pour la défense et la sécurité nationale.

Les informations et supports classifiés au niveau *Très Secret* concernant des priorités gouvernementales en matière de défense et de sécurité nationale font de surcroît l'objet d'une classification spéciale (article R. 2311-3 du code de la défense).

La différence entre ces deux niveaux de classification ne réside pas dans l'obligation de protéger les informations et supports dont le caractère est toujours impératif, mais dans la profondeur des mesures de sécurité physiques, logiques ou organisationnelles, qu'ils induisent. Pour autant, les sanctions pénales encourues en cas de compromission d'une information ou d'un support classifié sont les mêmes, quel que soit le niveau de classification de l'information ou du support compromis.

Pierre angulaire de la protection du secret de la défense nationale, l'apposition du timbre de classification est également un critère essentiel pour garantir la protection des informations et supports classifiés étrangers confiés à la France. En effet, conformément à l'article 414-9 du code pénal, la protection que confère le code pénal aux informations et supports classifiés nationaux s'applique également aux informations et supports échangés avec un État étranger, une organisation internationale, une institution, un organe ou un organisme de l'Union européenne en vertu d'un accord de sécurité, général ou spécifique, régulièrement approuvé et publié, dont l'objet ou l'un des objets est de prévoir une équivalence entre les niveaux de protection français et étrangers.

1.3.2 *Portée de la mention de protection Diffusion Restreinte, qui n'est pas un timbre de classification*

La mention *Diffusion Restreinte* n'est pas un timbre de classification mais une mention de protection. Elle vise à protéger des informations et supports qu'il n'y a pas lieu de classifier mais qui présentent une sensibilité particulière, en ce que notamment ils sont susceptibles de comporter des éléments dont la consultation ou la communication porterait atteinte à l'un des secrets, autres que le secret de la défense nationale, mentionnés au 2° de l'article L. 311-5 du code des relations entre le public et l'administration.

Son objectif principal est de sensibiliser l'utilisateur à la nécessaire discrétion dont il doit faire preuve dans la manipulation des informations et supports couverts par cette mention. Ceux-ci ne peuvent être communiqués qu'aux personnes ayant besoin d'en connaître dans le respect des mesures de protection définies à l'Annexe 1.

La circonstance que ces informations et supports soient couverts par la mention *Diffusion Restreinte* ne saurait toutefois, par elle-même, constituer pour l'administration saisie d'une demande tendant à accéder à ces informations et supports un motif de

refus d'accès sur le fondement des dispositions des articles L. 311-1 et suivants du code des relations entre le public et l'administration ou L. 213-1 du code du patrimoine.

1.4 *RESPONSABILITÉ DES DÉPOSITAIRES DU SECRET DE LA DÉFENSE NATIONALE*

1.4.1 *Responsabilité de l'autorité émettrice et de l'auteur d'information classifiée*

Sous la responsabilité du Premier ministre au titre de l'article 21 de la Constitution et, par délégation, de chaque ministre dans son champ d'attribution, la préservation du secret de la défense nationale doit être une préoccupation constante de toute personne physique ou morale intervenant dans l'élaboration et le maniement d'informations et supports classifiés.

Cette préoccupation intervient avant la décision de classification. En effet, la décision de classification est un acte important tant par les mesures de protection contraignantes qui en découlent, que par les conséquences judiciaires que cette décision peut entraîner. Alors que l'efficacité des politiques de protection nécessite l'intervention d'un nombre et d'une typologie d'acteurs de plus en plus variés (ensemble des ministères, collectivités territoriales, acteurs privés, partenaires étrangers), il convient d'éviter toute classification excessive et injustifiée au regard de l'objectif de sauvegarde des intérêts fondamentaux de la Nation, qui aurait pour effet contraire de restreindre à outrance la nécessaire circulation de l'information. La classification au titre du secret de la défense nationale est, en effet, la forme ultime de protection qu'une information ou un support peut recevoir. Il existe d'autres secrets protégés par la loi permettant de limiter la divulgation non autorisée d'informations et de supports.

A cet égard, l'autorité émettrice et l'auteur d'une information ou d'un support classifié exercent une responsabilité première dans la mise en œuvre de la protection du secret de la défense nationale.

En effet, l'autorité émettrice est l'autorité étatique ou supranationale sous la responsabilité de laquelle un timbre de classification est apposé sur une information ou un support. C'est elle qui prend la décision de classification. Sont ainsi autorités émettrices :

– sur le plan national :
  - le Président de la République ;
  - le Premier ministre pour les informations et supports classifiés au niveau *Très Secret* faisant l'objet d'une classification spéciale ou pour les informations et supports classifiés aux niveaux *Secret* et *Très Secret* dont l'élaboration est nécessaire à l'exercice des missions directement exercées par le Premier ministre, son cabinet ou dévolues aux services du Premier ministre et aux administrations placées sous sa responsabilité ;
  - chaque ministre dans le champ de ses attributions (cf. 2.1.2.1) ;
  - dans les limites fixées par la loi, la formation spécialisée du Conseil d'État, la délégation parlementaire au renseignement et les autorités administratives indépendantes autorisées par la loi à accéder au secret de la défense nationale ;
  - dans l'exercice de ses attributions non juridictionnelles, la Cour des comptes.

– sur le plan international : les États, organisations internationales, institutions, organes ou organismes de l'Union européenne sous la responsabilité desquelles des informations et supports relevant de leurs attributions respectives sont classifiés.

L'auteur d'une information ou d'un support classifié est celui qui, conformément aux modalités de classification arrêtées par l'autorité émettrice, prend la décision d'apposer le timbre de classification sur une information ou un support au niveau requis par son contenu. C'est donc lui qui confère matériellement sa protection juridique à l'information ou au support concerné.

Lorsque l'information ou le support est classifié, c'est l'ensemble de la chaîne de sécurité (cf. 2.2) qui est responsable de son intégrité, et pas simplement la personne appelée à le manier et le détenir. Tout responsable d'un organisme ayant accès à des informations et supports protégés par le secret de la défense nationale, indépendamment de son statut, peut lui-même être poursuivi pour compromission lorsqu'une

information détenue par l'un de ses collaborateurs est compromise, dès lors qu'il n'a pas procédé aux diligences nécessaires pour l'empêcher et la prévenir (cf. 1.4.2.1 et 1.4.2.2).

1.4.2 *Répression pénale des atteintes au secret de la défense nationale*

La nature particulière du secret de la défense nationale et son rôle essentiel dans la protection des intérêts fondamentaux de la Nation expliquent une répression pénale sévère de ses atteintes ainsi que certaines particularités procédurales.

Ainsi, le délit de compromission du secret de la défense nationale, prévu aux articles 413-10 et suivants du code pénal, s'insère dans un titre expressément consacré à la protection des intérêts fondamentaux de la Nation et partage avec les autres crimes et délits de ce panel infractionnel, des quantums de peines encourues très élevés *[Ainsi des crimes de trahison et d'espionnage (art. 411-1 à 411-11), de l'attentat et du complot (art. 412-1 et 412-2), du mouvement insurrectionnel (art. 412-3 à 412-6), ou encore de l'usurpation de commandement, de la levée des forces armées ou de la provocation à s'armer illégalement (art. 412-7 et 412-8)]*, sans rapport avec ceux prévus pour la violation d'autres secrets protégés par la loi tels que, par exemple, le secret professionnel, le secret des correspondances ou encore le secret de l'identité de certains personnels dont l'anonymat est protégé *[Les art. 226-13 et 226-15 C. pén. font encourir à l'auteur de violation du secret professionnel et du secret des correspondances, une peine d'emprisonnement de un an, outre des peines d'amende s'élevant respectivement à 15 000 et 45 000 euros ; les art. 413-3 et 413-14 prévoient des peines de cinq ans d'emprisonnement, outre des peines d'amende, pour les atteintes à l'anonymat de certains personnels militaires et membres des services de renseignement]*.

Par ailleurs, et à l'instar d'autres atteintes portées à la défense nationale en temps de guerre, les peines encourues pour la compromission sont aggravées en temps de guerre jusqu'à vingt ans de réclusion criminelle *[CJM, art. L. 332-2]*.

Enfin, l'instruction et le jugement des auteurs de compromission et des infractions connexes relèvent de la compétence de juridictions de droit commun spécialisées en matière militaire prévues et organisées aux articles 697 et 698-6 du code de procédure pénale *[C. pr. pén., art. 701 et 702 ; en temps de guerre, cette compétence est dévolue aux juridictions des forces armées selon les règles définies par le code de la justice militaire]*.

1.4.2.1 Caractérisation du délit

Comme précisé à l'article 413-10 du code pénal, l'élément matériel du délit de compromission consiste en la destruction, le détournement, la soustraction ou la reproduction non autorisée d'une information ou d'un support classifié au regard des règles prescrites par la présente instruction, ainsi que le fait de divulguer ou de rendre possible la divulgation d'un secret de la défense nationale, c'est-à-dire de le rendre accessible ou de le porter à la connaissance d'une ou plusieurs personnes non qualifiées, voire du public.

Ainsi que prévu par l'article 413-11 du même code, l'infraction peut être le fait d'un tiers au secret, ou bien d'une personne qualifiée, c'est-à-dire celle qui, par son état, sa profession, sa fonction ou sa mission, temporaire ou permanente, est habilitée à avoir accès à une information classifiée et a le besoin d'en connaître.

Toute personne légitimement détentrice d'éléments couverts par le secret de la défense nationale en est "responsable" ce qui met à sa charge des obligations positives et exige une vigilance particulière dont le défaut est également sanctionné : la personne qualifiée peut ainsi être poursuivie alors qu'elle a agi par simple imprudence ou négligence. Elle doit donc s'assurer que les informations et supports ne sont pas détruits, détournés, soustraits, reproduits dans des conditions autres que celles autorisées par la présente instruction, ni communiqués à une personne non qualifiée. Enfin, la personne qualifiée n'est pas déliée de ses obligations parce qu'elle n'est plus habilitée : elle y reste tenue tant que l'information reste classifiée.

L'information qui peut faire l'objet de la compromission s'entend de toute information ou système d'information classifié, quelle que soit la nature du support, ayant fait l'objet d'une mesure de classification toujours effective. Ainsi, il convient de vérifier que le timbre de classification matérialisant cette mesure, à l'exclusion de toute autre mention de restriction à la diffusion ou à la manipulation *[Ainsi en est-il des mentions tel-*

les que "confidentiel personnel", ou "Diffusion Restreinte" dont la protection ne relève pas du régime juridique de la compromission], n'a pas perdu sa valeur. Certains documents peuvent en effet avoir perdu leur protection au titre du secret de la défense nationale de façon automatique, sans pour autant avoir fait l'objet d'une décision formelle de déclassification (cf. 7.5.5.1 et premier paragraphe du 7.5.5.2).

Enfin, la répression de la compromission est étendue aux actes commis au préjudice des partenaires étrangers et européens :

– puissances signataires du Traité de l'Atlantique Nord ou de son organisation *[C. pén., art. 414-8]* ;

– État étranger ou organisation internationale en vertu d'un accord de sécurité relatif à la protection des informations classifiées conclu entre la France et un État étranger ou une organisation internationale, régulièrement approuvé et publié ;

– Institution, organe ou organisme de l'Union européenne en vertu des règlements de sécurité de ces derniers qui ont fait l'objet d'une publication au *Journal officiel de l'Union européenne* *[C. pén., art. 414-9]*.

1.4.2.2 Répression du délit

La compromission, ou sa simple tentative, est punie de sept ans d'emprisonnement et de 100 000 euros d'amende lorsqu'elle est le fait d'une personne qualifiée, quantums réduits à trois ans et 45 000 euros d'amende quand elle résulte d'une imprudence ou d'une négligence. Les peines prévues pour une personne non qualifiée sont de cinq ans et 75 000 euros *[C. pén., art. 413-10, 413-11 et 413-12]*. Les personnes physiques s'exposent également à des peines complémentaires d'interdiction d'exercice professionnel (fonction publique ou activité à l'occasion de laquelle les faits ont été commis) *[C. pén., art. 414-5]*. Quant aux personnes morales *[Pour mémoire, l'État n'est pas responsable pénalement]*, responsables des infractions commises, pour leur compte, par leurs organes ou représentants, elles peuvent être poursuivies seules ou en même temps que ces derniers, et condamnées à une amende portée à un montant maximum cinq fois supérieur à celui prévu pour les personnes physiques, outre les peines habituelles qui s'appliquent à elles pouvant aller jusqu'à leur dissolution *[C. pén., art. 414-7 et, par renvoi, C. pén., art. 131-8 et 131-9]*.

Les agissements susceptibles de caractériser une compromission du secret de la défense nationale sont divers et peuvent révéler une démarche plus ou moins active, une intention délictueuse plus ou moins grave de la part de l'auteur : non-respect des instructions et consignes administratives relatives à la manipulation du secret, confidence à un collègue habilité mais n'ayant pas qualité pour connaître d'une information, défaillance dans l'administration d'un réseau informatique conduisant à des "fuites" d'information vers des tiers, révélations à la presse, etc.

L'orientation de la procédure judiciaire lors d'une compromission dénoncée ou constatée relève de la compétence du procureur de la République selon le principe de l'opportunité des poursuites. Il prend alors en compte la gravité de l'atteinte portée au secret de la défense nationale à raison de la compromission commise. L'autorité émettrice lui transmet tout élément susceptible de l'éclairer à cette fin. Mais, que ce soit au stade des poursuites ou du jugement, la gravité du comportement que la compromission révèle, est appréciée par l'autorité judiciaire.

Les conséquences d'une compromission, même en l'absence de poursuites, peuvent être particulièrement lourdes pour une personne qualifiée. En effet, et outre les éventuelles suites administratives et disciplinaires qui pourront être mises en œuvre indépendamment de la procédure judiciaire, la seule mention d'un antécédent judiciaire, peut subsister dans les fichiers de police et empêcher la délivrance d'une nouvelle habilitation ou l'exercice de certaines professions *[V. C. pr. pén., art. 230-6 s. pour les fichiers judiciaires d'antécédents et art. L. 234-1 et, par renvoi, CSI, art. L. 114-1 pour la consultation de ces fichiers dans le cadre de certaines enquêtes administratives]*.

1.4.2.3 Procédure à suivre en cas de compromission

La rapidité et la discrétion de l'intervention revêtent une importance primordiale pour limiter les conséquences de la divulgation des informations et supports classifiés compromis.

Il est rendu compte immédiatement de toute découverte de compromission possible à l'autorité compétente et à la personne exerçant la fonction d'officier de sécurité de l'organisme concerné. Qu'il y ait une compromission avérée ou une simple suspicion, sont informés directement et dans les plus brefs délais :

— soit le service compétent de la direction générale de la sécurité intérieure, chargé de centraliser les cas et de procéder à l'enquête sous le contrôle de l'autorité judiciaire ;

— soit le service compétent de la direction du renseignement et de la sécurité de la défense ou de la direction générale de la sécurité extérieure dans son domaine d'attribution, qui avise lui-même le service compétent de la direction générale de la sécurité intérieure ;

— dans le cadre d'un contrat, sous-traité ou sous-contrat conformément à la partie 4.4 de la présente instruction, l'autorité publique contractante ;

— le haut fonctionnaire de défense et de sécurité du ministère intéressé qui avise lui-même le secrétariat général de la défense et de la sécurité nationale de chaque cas de compromission ;

— et, le cas échéant, l'émetteur du document, l'officier de sécurité des systèmes d'information (le responsable de la sécurité du système d'information éventuellement) ou l'autorité d'emploi du système classifié ;

— la chaîne fonctionnelle de sécurité des systèmes d'information classifiés pour toute perte ou vol d'un élément constitutif d'un système d'information classifié ou d'un support amovible.

L'autorité compétente prend immédiatement, en liaison avec l'officier de sécurité, les mesures adéquates pour prévenir la réitération de tels faits. Une personne qui ne signale pas de tels actes favorisant la divulgation d'une information ou d'un support classifié est susceptible d'encourir des sanctions administratives ou professionnelles, voire pénales dès lors qu'une telle abstention crée les conditions de nouvelles compromissions.

Lorsque la compromission porte sur des informations classifiées étrangères, le secrétariat général de la défense et de la sécurité nationale, ou, le cas échéant, l'autorité de sécurité déléguée compétente après information de ce dernier, informe dans les plus brefs délais l'autorité nationale de sécurité étrangère. Lorsque la compromission concerne des informations de niveau *Très Secret*, l'autorité de sécurité déléguée rend compte au secrétariat général de la défense et de la sécurité nationale qui informe lui-même l'autorité nationale de sécurité étrangère.

L'ensemble de ces procédures s'exécute sans préjudice de l'obligation générale faite à tout officier public ou fonctionnaire et à toute autorité constituée de dénoncer au procureur de la République compétent l'existence d'un délit suffisamment étayé *[C. pr. pén., art. 40, al. 2]*. S'agissant de compromission, cette obligation est mise en œuvre dans des conditions protectrices du secret de la défense nationale auquel les magistrats n'ont pas accès dans le cadre de la conduite des procédures judiciaires. Le cas échéant, un dialogue avec le procureur de la République peut être utilement engagé. La direction générale de la sécurité intérieure étant le service d'enquête saisie de manière privilégiée par l'autorité judiciaire, elle joue un rôle important dans l'articulation entre les mesures administratives de prise en compte et de résolution des dysfonctionnements et la procédure judiciaire éventuellement mise en œuvre.

1.4.2.4 Réponses aux incidents liés à la sécurité des systèmes d'information classifiés

Lorsqu'un organisme détient un système d'information pour le traitement des informations classifiées qu'il échange ou détient, il se dote d'un dispositif technique et humain de gestion des incidents afin de détecter et d'analyser les attaques et de réagir face à des événements susceptibles d'affecter la sécurité du système d'information classifié.

Ce dispositif s'appuie notamment sur des systèmes de détection conformes au paragraphe 6.6.4.5.

Les chaînes fonctionnelles de protection du secret et de sécurité des systèmes d'information évaluent les conséquences de ces incidents de sécurité et prennent les décisions adaptées en réaction. En particulier, l'officier de sécurité informe de l'incident l'officier de sécurité de l'organisme émetteur de l'information classifiée. L'ensemble des

actions entreprises à la suite d'un incident de sécurité ou d'une compromission est répertorié par l'organisme émetteur dans un registre dédié.

L'agence nationale de la sécurité des systèmes d'information et le service enquêteur compétent sont tenus informés des incidents de sécurité et de leurs caractéristiques techniques affectant les systèmes d'information classifiés.

1.4.3 *Sanction de la divulgation non autorisée d'informations et supports portant la mention de protection Diffusion Restreinte*

La mention *Diffusion Restreinte* n'est pas un niveau de classification mais une mention de protection et n'a ainsi pas pour effet de conférer la protection pénale propre au secret de la défense nationale. Pour autant, la divulgation d'informations et supports portant la mention *Diffusion Restreinte* à des personnes physiques ou morales n'ayant pas le besoin d'en connaître est susceptible d'exposer son auteur à des sanctions disciplinaires, administratives, et éventuellement pénales notamment au titre de la violation du secret professionnel.

2 *STRUCTURES ET INSTRUMENTS DE PILOTAGE ET DE MISE EN ŒUVRE*

La protection du secret de la défense nationale est une responsabilité du Premier ministre. A ce titre, avec l'appui du secrétaire général de la défense et de la sécurité nationale, il :

– définit et coordonne la mise en œuvre des mesures générales nécessaires à la protection des informations et supports classifiés, quel que soit leur niveau de classification ;

– détermine les critères de classification et modalités de protection des informations et supports classifiés au niveau *Très Secret* faisant l'objet de classifications spéciales et en contrôle la mise en œuvre ;

– assure l'interface avec les autorités nationales de sécurité étrangères et s'assure de la sécurité des informations classifiées échangées en vertu d'un accord de sécurité conclu entre la France et un État étranger ou une organisation internationale.

Chaque ministre est chargé de décliner ces mesures dans son champ d'attribution et d'en contrôler la mise en œuvre par les personnes physiques et les organismes, publics ou privés, entrant dans son champ de compétence.

La mise en œuvre de la protection du secret s'appuie sur une chaîne fonctionnelle, dite "chaîne de protection du secret", et sur la chaîne de sécurité des systèmes d'information qui assure la sécurité de tous les systèmes d'information utilisés par l'organisme et est renforcée lorsque l'organisme dispose, par ailleurs, des systèmes d'information classifiés (cf. Annexe 2).

Des outils de pilotage, de contrôle et de suivi sont mis en place aux niveaux interministériel et ministériel, pour s'assurer du respect des règles relatives à la protection du secret de la défense nationale (instructions ministérielles, directives techniques particulières, inspection, rapport annuel, bases interministérielles de données pour la gestion des habilitations, des lieux abritant, des décisions de déclassification, etc.) et prendre, le cas échéant, les mesures correctrices nécessaires.

2.1 *AUTORITÉS CHARGÉES DU PILOTAGE DE LA PROTECTION DU SECRET DE LA DÉFENSE NATIONALE*

2.1.1 *Au niveau interministériel*

2.1.1.1 Le Premier ministre

Conformément à l'article 21 de la Constitution, le Premier ministre dirige l'action du Gouvernement et est responsable de la défense nationale.

Il est, à ce titre, chargé de définir, par arrêté, les mesures nécessaires à la protection du secret de la défense nationale suivant lesquelles chaque ministre détermine, dans son champ d'attribution, les informations et supports qu'il y a lieu de classifier aux niveaux *Secret* et *Très Secret*, hors classifications spéciales, et les modalités de leur protection *[C. défense, art. R. 2311-5]*.

Le Premier ministre définit, en outre, les informations et supports classifiés de niveau *Très Secret* portant sur des priorités gouvernementales en matière de défense et de sécurité nationale et devant, par suite, faire l'objet d'une classification spéciale *[C. défense, art. R. 2311-3]*. A cette fin, il détermine les critères de classification et les modalités particulières de protection des informations et supports de niveau *Très Secret* faisant l'objet d'une classification spéciale au travers d'une réglementation spécifique complémentaire à la présente instruction *[C. défense, art. R. 2311-5 et R. 2311-6]*. Il prend les décisions d'habilitation en précisant les classifications spéciales auxquelles la personne habilitée a accès *[C. défense, art. R. 2311-8]*.

Il établit, par arrêté, sur proposition des ministres intéressés, la liste des lieux abritant des éléments couverts par le secret de la défense nationale et définit les conditions d'accès sécurisé à cette liste *[C. défense, art. R. 2311-9-1]*.

Pour l'exercice de ces compétences, le Premier ministre est assisté par le secrétaire général de la défense et de la sécurité nationale.

2.1.1.2 Le secrétaire général de la défense et de la sécurité nationale

Sous l'autorité du Premier ministre, le secrétaire général de la défense et de la sécurité nationale définit et coordonne sur le plan interministériel la politique de sécurité en matière de protection du secret de la défense nationale *[C. défense, art. R. 2311-10-1]*, y compris en matière de sécurité des systèmes d'information.

a) Sur le plan national

Le secrétaire général de la défense et de la sécurité nationale propose, diffuse, fait appliquer et contrôler les mesures nécessaires à la protection du secret de la défense nationale.

Il veille également à la mise en œuvre des mesures relatives aux classifications spéciales. Il définit et organise les réseaux de sécurité correspondant aux classifications spéciales et autorise les organismes, en fonction de leur besoin d'en connaître, à accéder à des informations et supports classifiés au niveau *Très Secret* faisant l'objet de classifications spéciales. Il prend, par délégation du Premier ministre, les décisions d'habilitation à connaître des informations et supports classifiés couvertes par une classification spéciale.

Enfin, il assume les missions dévolues par la présente instruction aux hauts fonctionnaires de défense et de sécurité pour les organismes relevant de ses attributions (cf. 2.1.3.1).

b) Sur le plan international

Le secrétaire général de la défense et de la sécurité nationale est l'autorité nationale de sécurité (ANS) pour le secret de la défense nationale *[C. défense, art. R. 2311-10-1]*. A ce titre, il :

– négocie, en accord avec le ministre des affaires étrangères, en concertation avec l'ensemble des ministères, les accords intergouvernementaux encadrant l'échange d'informations classifiées et protégées avec des États partenaires ou des organisations internationales (cf. 7.2.1.3) ;

– supervise, en lien avec le ministère des affaires étrangères, la négociation par le ministère compétent, des accords intergouvernementaux encadrant l'échange d'informations classifiées et protégées avec des États partenaires ou des organisations internationales dans un domaine spécifique (cf. 7.2.1.3) ;

– est l'interlocuteur des autorités nationales de sécurité étrangères ;

– assure, en application des accords internationaux régulièrement approuvés et publiés, la sécurité des informations et supports classifiés confiés à la France, détermine les procédures d'habilitation requises pour permettre l'accès à ces informations et organise, dirige et contrôle les réseaux correspondant ;

– participe, avec ses partenaires étrangers, à l'élaboration des règles de sécurité au sein des organisations internationales, y représente la France sur ces sujets et en contrôle la mise en œuvre au plan national.

En sa qualité d'autorité nationale de sécurité, le secrétaire général de la défense et de la sécurité nationale peut nommer des autorités de sécurité déléguées, chargées de mettre en œuvre les missions dévolues à l'autorité nationale de sécurité dans un domaine particulier *[C. défense, art. R. 2311-10-1]*. Il définit alors les missions déléguées

à l'autorité de sécurité déléguée et les modalités de mise en œuvre de cette délégation dans une décision de délégation. L'autorité de sécurité déléguée est responsable devant l'autorité nationale de sécurité.

c) Services à disposition du secrétaire général de la défense et de la sécurité nationale

Pour l'exercice de ses missions aux plans national et international, le secrétaire général de la défense et de la sécurité nationale dispose d'un service de sécurité de défense en charge de la protection du secret *[C. défense, art. D*. 2311-12]*.

Dans le domaine de la sécurité des systèmes d'information, il est assisté de l'agence nationale de la sécurité des systèmes d'information (ANSSI) *[Décr. n° 2009-834 du 7 juill. 2009 modifié portant création d'un service à compétence nationale dénommé "Agence nationale de la sécurité des systèmes d'information"]*, service à compétence nationale rattaché au secrétaire général de la défense et de la sécurité nationale.

2.1.2 *Au niveau ministériel*

2.1.2.1 Les ministres

En vertu de l'article R. 2311-6 du code de la défense, chaque ministre est responsable de la protection du secret de la défense nationale dans son champ d'attribution, y compris pour les informations et supports classifiés étrangers confiés à la France en vertu d'un accord général ou spécifique de sécurité.

Relèvent du champ d'attribution ministériel, au titre de la présente instruction :

– les services centraux, services déconcentrés, services à compétence nationale et organismes extérieurs relevant de son autorité ;

– les établissements publics placés sous sa tutelle ;

– les opérateurs d'importance vitale dont il est le ministre coordonnateur ;

– les collectivités territoriales et les personnes morales de droit privé avec lesquelles il a conclu une convention conformément à la partie 4.3 ;

– les personnes morales, publiques ou privées, avec lesquelles le ministre a conclu un contrat de commande publique ou un contrat de subvention conformément à la partie 4.4, ainsi que les sous-traitants ou sous-contractants de ces personnes morales ayant également besoin d'accéder à des informations ou supports classifiés pour l'exécution des prestations du contrat nécessitant l'accès à des informations et supports classifiés réalisés en appui du contrat principal ;

– les personnels qui, au sein de ces différents organismes, ont besoin, pour l'exercice de leur fonction ou l'accomplissement de leur mission, d'accéder à des informations ou supports classifiés.

Dans le respect de la présente instruction, chaque ministre précise, dans une instruction ministérielle approuvée par arrêté, les modalités de classification et de protection des informations et supports aux niveaux *Secret* et *Très Secret* (cf. Annexe 3), hors classifications spéciales. Conformément aux dispositions détaillées au chapitre 4, ces modalités s'appliquent à tous les organismes relevant de son champ d'attribution, ainsi qu'à leur personnel.

Chaque ministre prend également, dans son champ d'attribution, les décisions d'habilitation pour les niveaux *Secret* et *Très Secret*, hors classifications spéciales, en application des dispositions de la présente instruction (cf. 3.2, 3.3 et 4.4.1.4) *[C. défense, art. R. 2311-8]*.

Pour l'exercice de ses responsabilités, chaque ministre est assisté d'un haut fonctionnaire de défense et de sécurité (HFDS) *[En application de l'art. R. 1143-1 C. défense et conformément à l'organisation spécifique de certains ministères, le ministre de la défense et le ministre des affaires étrangères sont assistés, pour leur champ d'attribution respectif, d'un haut fonctionnaire correspondant de défense et de sécurité (HFCDS), le ministre de l'intérieur, d'un haut fonctionnaire de défense (HFD)]*.

2.1.2.2 Les hauts fonctionnaires de défense et de sécurité

Le haut fonctionnaire de défense et de sécurité supervise, anime et coordonne l'application de l'ensemble des dispositions relatives à la protection du secret de la défense nationale pour les personnes physiques et morales relevant du champ d'attribution du

ministre dont il dépend (cf. 2.1.2.1). Il anime également la politique de sécurité des systèmes d'information et contrôle l'application de celle-ci *[C. défense, art. R. 1143-5]*.

Le haut fonctionnaire de défense et de sécurité prend, par délégation du ministre *[Décr. n° 2006-850 du 27 juill. 2005 relatif aux délégations de signature des membres du Gouvernement]*, sous réserve des autres délégations organisées par le code de la défense *[C. défense, art. R. 2311-8 à R. 2311-8-2]*, les décisions d'habilitation pour les niveaux *Secret* et *Très Secret*, hors classifications spéciales.

Il tient à jour le registre des personnes physiques et morales relevant de son champ d'attribution habilitées ou en cours d'habilitation (cf. 2.3.2.1 et 3.1.2).

Le haut fonctionnaire de défense et de sécurité dispose d'un service spécialisé de défense ou de défense et de sécurité (désigné dans la présente instruction "service du haut fonctionnaire de défense et de sécurité") *[C. défense, art. R. 1143-2]*, comprenant, pour l'exercice de ses missions relatives à la protection du secret de la défense nationale :

– un fonctionnaire de sécurité de défense (FSD), chargé d'accompagner les responsables d'organisme dépendant du champ d'attribution de son ministère dans l'animation de leur chaîne fonctionnelle de protection du secret (cf. 2.2.2) ;

– un fonctionnaire de sécurité des systèmes d'information (FSSI), chargé d'accompagner les responsables d'organisme dépendant du champ d'attribution de son ministère et détenant un ou des systèmes d'information classifiés dans l'animation de leurs chaînes fonctionnelles de sécurité des systèmes d'information classifiés et de sécurité des articles contrôlés de la sécurité des systèmes d'information (cf. 2.2.3).

2.1.3 *Cas spécifiques*

Certaines entités disposent, en vertu de la Constitution ou la loi, d'un statut particulier justifiant la mise en place de procédures adaptées.

2.1.3.1 Services du Premier ministre

En application du décret n° 2012-383 du 20 mars 2012 relatif aux attributions du haut fonctionnaire de défense et de sécurité auprès du Premier ministre, le secrétaire général du Gouvernement exerce les missions dévolues par la présente instruction aux hauts fonctionnaires de défense et de sécurité au profit du cabinet et des services du Premier ministre et cabinet des secrétariats d'État rattachés, à l'exception des entités suivantes pour lesquelles ces fonctions sont assumées par le secrétaire général de la défense et de la sécurité nationale :

– le secrétariat général de la défense et de la sécurité nationale, y compris l'agence nationale de la sécurité des systèmes d'information, l'opérateur des systèmes d'information interministériels classifiés et le service de vigilance et de protection contre les ingérences numériques étrangères ;

– l'institut des hautes études de la défense nationale ;

– le groupement interministériel de contrôle (à l'exception des décisions d'habilitations de ses agents aux niveaux *Secret* et *Très Secret*, hors classifications spéciales) *[Décr. du 20 déc. 2016 portant délégation de signature du Premier ministre au directeur du groupement interministériel de contrôle]* ;

– l'académie du renseignement.

2.1.3.2 Autorités administratives indépendantes autorisées, par la loi, à accéder au secret de la défense nationale dans l'accomplissement de leur mission

Certaines autorités administratives indépendantes peuvent être autorisées par la loi, pour l'accomplissement de leur mission, à accéder au secret de la défense nationale.

Elles peuvent être assistées, pour la mise en œuvre des règles relatives à la protection du secret de la défense nationale, par le haut fonctionnaire de défense et de sécurité du ministère dont elles dépendent administrativement ou du secrétaire général du Gouvernement lorsqu'elles sont rattachées pour leur gestion administrative ou budgétaire au Premier ministre.

2.1.3.3 Formation spécialisée du Conseil d'État

Conformément à l'article L. 773-2 du code de justice administrative, les membres de la formation spécialisée du Conseil d'État et les personnes qui les assistent, peuvent avoir besoin, dans l'accomplissement de leur mission, d'accéder à des informations ou supports classifiés.

Le haut fonctionnaire de défense et de sécurité du ministère de la justice accompagne la formation spécialisée dans la mise en œuvre des règles relatives à la protection du secret de la défense nationale. A ce titre notamment, il délivre les habilitations aux agents qui assistent les membres de la formation spécialisée selon les modalités prévues aux parties 3.2 et 3.3, tandis que les membres de la formation spécialisée et son rapporteur public sont autorisés ès qualités par la loi, à accéder à des informations et supports classifiés sans que la délivrance d'une décision d'habilitation soit nécessaire (cf. 3.1.4) *[CJA, art. L. 773-2]*.

2.1.3.4 Cour des comptes

Dans l'exercice de ses attributions non juridictionnelles, la Cour des comptes peut être appelée à accéder à des informations ou supports classifiés, ainsi qu'à en émettre.

Conformément au décret n° 2012-383 du 20 mars 2012 relatif aux attributions du haut fonctionnaire de défense et de sécurité auprès du Premier ministre, le secrétaire général du Gouvernement peut assister la Cour des comptes dans la mise en œuvre des règles relatives à la protection du secret de la défense nationale. A ce titre, il délivre les décisions d'habilitation des membres et du personnel de la Cour qui ont besoin d'accéder à des informations et supports classifiés dans l'accomplissement de leurs attributions non juridictionnelles en relation avec le Gouvernement.

La déclassification des informations et supports classifiés émis par la Cour des comptes est décidée par le président de la Cour des comptes, après avis du Premier ministre.

2.1.3.5 Délégation parlementaire au renseignement

Conformément à l'article 6 *nonies* de l'ordonnance n° 58-1100 du 17 novembre 1958 relative au fonctionnement des assemblées parlementaires, les membres de la délégation parlementaire au renseignement, ainsi que les agents des assemblées parlementaires qui les assistent, peuvent, pour l'exercice du contrôle parlementaire de l'action du Gouvernement en matière de renseignement et l'accomplissement de sa mission d'évaluation de la politique publique en ce domaine, avoir besoin d'accéder à des informations ou supports classifiés.

Alors que les parlementaires membres de la délégation parlementaire au renseignement sont habilités ès qualités (cf. 1.2.2.3 *b)* et 3.1.4), les agents des assemblées parlementaires qui les assistent font l'objet d'une décision d'habilitation selon les modalités prévues aux 3.2 et 3.3.

L'autorité d'habilitation est déterminée par les présidents des assemblées en application de l'article 3 de l'ordonnance du 17 novembre 1958.

2.2 *CHAÎNES DE SÉCURITÉ ENCADRANT, SOUS LA RESPONSABILITÉ DU RESPONSABLE D'ORGANISME, LA MISE EN ŒUVRE DE LA PROTECTION DU SECRET DE LA DÉFENSE NATIONALE*

2.2.1 *Responsabilité première du responsable d'organisme*

Le responsable d'un organisme ayant accès, même à titre provisoire, à des informations et supports classifiés est responsable de la protection du secret de la défense nationale au sein de son organisme et par son personnel.

A ce titre :

– il met en place, selon les modalités prévues par la présente instruction, complétées, le cas échéant, par l'instruction ministérielle, les directives techniques particulières et les dispositions contractuelles applicables, l'organisation et les procédures nécessaires pour garantir la disponibilité, l'intégrité, la confidentialité et la traçabilité des informations et supports classifiés au sein de son organisme ;

– il approuve la politique de protection du secret de son organisme qui intègre, le cas échéant, les exigences relatives à la sécurité des systèmes d'information classifiés. Ces exigences sont cohérentes avec la politique de sécurité des systèmes d'information applicables à l'organisme lorsqu'elle existe ;

– il veille à l'application de cette politique au sein de son organisme et désigne à cet effet un officier de sécurité et, le cas échéant, un officier de sécurité des systèmes d'information ;

– il peut, lorsque l'activité de son organisme le justifie, décider de mettre en place un bureau de protection du secret chargé d'appuyer l'officier de sécurité dans ses missions. Il peut être dirigé par l'officier de sécurité. La mise en place d'un tel bureau est obligatoire lorsque l'organisme détient des informations de niveau *Très Secret* (cf. 7.2.1.2).

Pour les organismes privés ou les organismes publics autres que les établissements publics de l'État, le responsable d'organisme est également chargé de désigner une autorité qualifiée en sécurité des systèmes d'information (cf. 2.2.3.1) dès lors que son organisme détient un système d'information classifié.

Pour exercer ses missions, le responsable d'organisme s'appuie sur une chaîne de sécurité, articulée autour de la chaîne fonctionnelle de sécurité de protection du secret, complétée, le cas échéant, par la chaîne de sécurité des systèmes d'information *[Outre la protection du secret, ces chaînes fonctionnelles sont susceptibles d'être impliquées dans la mise en œuvre d'autres politiques de protection comme la sécurité des activités d'importance vitale (SAIV) ou la protection du potentiel scientifique et technique (PPST)]*.

2.2.2 *Chaîne fonctionnelle de protection du secret*

La chaîne fonctionnelle de protection du secret est organisée de façon à veiller à la mise en œuvre de l'ensemble des dispositions relatives à la protection du secret de la défense nationale au sein de l'organisme. Elle est structurée de façon à :

– veiller à la bonne mise en œuvre des mesures de sécurité applicables aux personnes physiques et morales conformément aux chapitres 3 et 4 ;

– garantir la protection physique et logique des informations et supports classifiés, y compris les systèmes d'information classifiés conformément aux chapitres 5 et 6 ;

– assurer la gestion des informations et supports classifiés conformément au chapitre 7 ;

– être en capacité de détecter dans les meilleurs délais toute compromission avérée ou suspectée du secret de la défense nationale (cf. 1.4.2).

Elle est placée sous la responsabilité du responsable d'organisme et est animée par l'officier de sécurité qu'il désigne à cet effet.

2.2.2.1 L'officier de sécurité

a) Critère de désignation et rôle de l'officier de sécurité

Le responsable de l'organisme ayant accès à des informations et supports classifiés désigne, parmi son personnel, une personne chargée d'exercer la fonction d'officier de sécurité (désignée dans la présente instruction "officier de sécurité") ainsi que, dans la mesure du possible, un adjoint ou un suppléant.

L'officier de sécurité, son adjoint, son suppléant, doivent :

– être habilités au niveau requis par la fonction ;

– être subordonnés au responsable d'organisme et disposer d'un niveau hiérarchique suffisant pour le conseiller ;

– disposer de l'autorité fonctionnelle nécessaire à l'égard du personnel de l'organisme et entretenir une relation étroite avec le fonctionnaire de sécurité de défense du ministère dont il relève ;

– disposer de tous les moyens nécessaires à l'accomplissement de sa mission ;

– appartenir de façon suffisamment stable à l'organisme ;

– être formés à la législation et à la réglementation, relatives à la protection du secret de la défense nationale.

Lorsque l'organisme est appelé à traiter des informations et supports classifiés portant la mention de protection *Spécial France*, l'officier de sécurité doit avoir la nationalité française.

Il revient au responsable d'organisme de communiquer au fonctionnaire de sécurité de défense le nom et les coordonnées de l'officier de sécurité, de son adjoint ou suppléant, et de l'informer de tout changement.

La fonction d'officier de sécurité, adjoint ou suppléant, ainsi que le cas échéant, les missions dévolues au bureau de protection du secret, ne peuvent en aucun cas être externalisées.

b) Rôle de l'officier de sécurité

Outre les missions qui lui sont dévolues par la ou les instructions ministérielles et, le cas échéant, directives techniques particulières, dont il relève, l'officier de sécurité a notamment pour mission, sous l'autorité du responsable d'organisme, de :

– rédiger la politique de protection du secret de son organisme et veiller à son application ;

– s'assurer, en lien avec l'officier de sécurité des systèmes d'information, du niveau de sécurité des systèmes d'information classifiés ;

– tenir à jour le(s) catalogue(s) des emplois de son organisme en identifiant avec les autorités compétentes les fonctions ou missions nécessitant l'accès à des informations et supports classifiés, engager les procédures d'habilitation (cf. 3.3.1) en référence au catalogue des emplois et notifier les décisions ;

– gérer les dossiers d'habilitation du personnel et assurer la liaison avec le fonctionnaire de sécurité de défense et les services enquêteurs ;

– instruire et sensibiliser le personnel en matière de protection du secret de la défense nationale avec, le cas échéant, l'appui de l'officier de sécurité des systèmes d'information ;

– diligenter les enquêtes administratives en matière d'accès en zone protégée (cf. 5.3.1.1) ;

– s'assurer lorsque son organisme est lié par une convention ou un contrat prévoyant l'accès à des informations et support classifiés que les stipulations contractuelles en matière de protection du secret de la défense nationale sont appliquées ;

– réaliser ou faire réaliser des contrôles internes et des audits de sécurité portant sur la gestion des informations et supports classifiés, la sécurité des systèmes d'information classifiés et l'aptitude physique des lieux abritant des éléments couverts par le secret de la défense nationale ;

– assurer un suivi de l'activité liée aux habilitations, aux lieux abritant des éléments couverts par le secret de la défense nationale, aux informations et supports classifiés et aux systèmes d'information classifiés et en rendre compte au fonctionnaire de sécurité de défense ;

– rendre compte, le cas échéant avec l'officier de sécurité des systèmes d'information, *via* leur chaîne fonctionnelle respective (cf. partie 2.2) des compromissions du secret avérées ou supposées ;

– diriger, lorsque le responsable de l'organisme le décide, le bureau de protection du secret.

Pour les questions relatives à la sécurité des systèmes d'information, l'officier de sécurité est assisté de l'officier de sécurité des systèmes d'information.

Lorsque l'officier de sécurité dispose d'un adjoint ou d'un suppléant, la répartition des missions entre le titulaire et son adjoint ou suppléant est approuvée par le responsable d'organisme.

c) Officier de sécurité de groupe ou de holding, officier central de sécurité, officier de sécurité d'établissement, de correspondants de sécurité

i. Officier de sécurité de groupe ou de holding

Un officier de sécurité de groupe ou de holding peut être désigné respectivement au sein d'un groupe de sociétés lorsqu'au moins une société a accès au secret de la défense nationale ou d'une société holding si une de ses filiales a accès au secret de la défense nationale afin d'assurer une cohérence entre la gouvernance du groupe ou de la société holding et les enjeux de la protection du secret.

ii. Officier central de sécurité, officier de sécurité d'établissement, correspondants de sécurité

Lorsque l'organisme dispose d'un ou plusieurs établissements abritant des informations et supports classifiés, le responsable d'organisme peut désigner un officier de sécurité par établissement abritant. Ces derniers sont placés sous la supervision de

l'officier de sécurité placé directement aux côtés du responsable d'organisme, alors désigné "officier central de sécurité".

L'officier de sécurité d'établissement est habilité au niveau requis par sa fonction. Il dispose d'un positionnement hiérarchique suffisant pour conseiller et entretenir une relation étroite avec le directeur d'établissement et les dirigeants de la personne morale. Il dispose de tous les moyens nécessaires pour accomplir ses missions. Cette fonction ne peut en aucun cas être externalisée.

Le responsable d'organisme peut, en outre, en dehors des établissements abritant des informations ou supports classifiés, désigner des correspondants de sécurité placés sous le contrôle opérationnel de l'officier de sécurité ou de l'officier central de sécurité au sein de chaque subdivision physique ou opérationnelle de la personne morale.

2.2.3 *Chaîne fonctionnelle de sécurité des systèmes d'information*

La chaîne fonctionnelle de sécurité des systèmes d'information est organisée de manière à veiller à la sécurité de l'ensemble des systèmes d'information détenus par l'organisme, tout au long de leur cycle de vie. Le rôle de cette chaîne fonctionnelle, qui n'est pas spécifique aux systèmes d'information classifiés, est renforcé dès lors qu'un organisme dispose d'un ou plusieurs systèmes classifiés. Elle contrôle alors l'application de la réglementation en matière de protection du secret sur ces systèmes.

Elle s'appuie sur les autorités qualifiées en sécurité des systèmes d'information, les personnes exerçant la fonction d'officier de sécurité des systèmes d'information (OSSI), les responsables de la sécurité des systèmes d'information (RSSI), les autorités d'homologation et les autorités responsables de l'exploitation des systèmes conformément aux modalités arrêtées par le ministre dont elles relèvent.

Sous la responsabilité du responsable d'organisme, la chaîne de sécurité des systèmes d'information contribue au déploiement et à la traçabilité des articles contrôlés de la sécurité des systèmes d'information (ACSSI).

2.2.3.1 L'autorité qualifiée en sécurité des systèmes d'information

L'autorité qualifiée en sécurité des systèmes d'information (AQSSI) a pour mission de garantir la sécurité des systèmes d'information classifiés. Elle doit avoir un niveau hiérarchique suffisant et disposer de tous les moyens nécessaires à l'accomplissement de ses missions.

a) Modalité de désignation de l'autorité qualifiée en sécurité des systèmes d'information

Chaque ministre désigne pour les services centraux, déconcentrés, les services à compétence nationale relevant de sa responsabilité, les organismes extérieurs ainsi que pour les établissements publics dont il assure la tutelle, la ou les autorités qualifiées en sécurité des systèmes d'information.

S'agissant des autres personnes morales (organisme ayant accès à des informations et supports classifiés en raison de leur désignation en tant qu'opérateur d'importance vitale ou en vertu d'une convention ou d'un contrat conformément aux parties 4.1, 4.2, 4.3 et 4.4), il appartient au responsable de l'organisme de désigner, en son sein, une personne ayant la fonction d'autorité qualifiée en sécurité des systèmes d'information. Il en informe le fonctionnaire de sécurité des systèmes d'information du ministère dont il relève.

b) Missions de l'autorité qualifiée en sécurité des systèmes d'information

L'autorité qualifiée en sécurité des systèmes d'information définit les lignes directrices relatives à la sécurité des systèmes d'information classifiés pour les organismes relevant de ses attributions et en contrôle l'application *[C. défense, art. R. 2311-6-2]*.

A ce titre, elle approuve les exigences de sécurité relatives à la sécurité des systèmes d'information classifiés intégrées dans la politique de protection des organismes relevant de ses attributions (cf. 2.3.1.3).

Les missions en matière de sécurité des systèmes d'information confiées aux officiers de sécurité des systèmes d'information, aux responsables de la sécurité des systèmes d'information, aux autorités d'homologation, aux autorités d'emploi ou, plus généralement, aux organismes, sont réalisées sous l'autorité et la responsabilité de leur autorité qualifiée en sécurité des systèmes d'information.

Afin de lui permettre de maîtriser les systèmes d'information placés sous sa responsabilité et d'améliorer la capacité de réaction en cas d'incident, chaque autorité qualifiée en sécurité des systèmes d'information élabore, avec, le cas échéant, l'appui du ou des officiers de sécurité des systèmes d'information qui lui sont fonctionnellement rattachés, la cartographie de l'ensemble des systèmes d'information classifiés dont elle est responsable. L'autorité qualifiée en sécurité des systèmes d'information s'assure que cette cartographie, établie suivant les recommandations de l'agence nationale de la sécurité des systèmes d'information, est régulièrement actualisée.

L'accès à cette cartographie respecte le besoin d'en connaître. Son éventuelle classification est déterminée par l'autorité qualifiée en sécurité des systèmes d'information.

2.2.3.2 L'officier de sécurité des systèmes d'information (OSSI)

Le responsable d'organisme utilisant des systèmes d'information classifiés désigne, parmi son personnel, une personne exerçant la fonction d'officier de sécurité des systèmes d'information ainsi que, dans la mesure du possible, un adjoint ou un suppléant répondant aux exigences suivantes, complétées le cas échéant par l'instruction ministérielle :

– être habilité au niveau requis par cette fonction ;

– avoir un niveau hiérarchique suffisant ;

– disposer de tous les moyens nécessaires à l'accomplissement de ses missions ;

– appartenir de façon suffisamment stable à l'organisme ;

– être formé à la législation et à la réglementation, relatives à la protection du secret, à la sécurité des systèmes d'information, y compris classifiés.

Lorsque l'organisme est appelé à traiter des informations et supports classifiés portant la mention de protection *Spécial France*, l'officier de sécurité des systèmes d'information doit avoir la nationalité française.

Sous réserve de ces exigences complétées, le cas échéant, par l'instruction ministérielle, l'officier de sécurité des systèmes d'information :

– est le correspondant local du fonctionnaire de sécurité des systèmes d'information et des services enquêteurs selon les modalités définies dans l'instruction ministérielle ;

– conçoit et met en œuvre le management de la sécurité des systèmes d'information au sein de son organisme. A ce titre, il définit les exigences de sécurité applicables au sein de son organisme et relatives à l'usage des systèmes d'information classifiés utilisés au sein de son organisme et les soumet à la validation de l'autorité qualifiée en sécurité des systèmes d'information ;

– s'assure que les politiques de sécurité de chaque système d'information classifié utilisé par l'organisme sont conformes aux exigences de sécurité qui s'y appliquent ;

– participe à l'instruction et à la sensibilisation du personnel en matière de protection du secret de la défense nationale ;

– recense les besoins de communications sécurisées et s'assure de la traçabilité et de l'intégrité des articles contrôlés de la sécurité des systèmes d'information au sein de son organisme ;

– travaille en collaboration quotidienne et étroite avec l'officier de sécurité.

Il revient au responsable d'organisme de communiquer au fonctionnaire de sécurité des systèmes d'information le nom et les coordonnées de l'officier de sécurité des systèmes d'information, de son adjoint ou suppléant, et de l'informer de tout changement.

Lorsque l'officier de sécurité des systèmes d'information dispose d'un adjoint ou d'un suppléant, la répartition des missions entre le titulaire et son adjoint ou suppléant est approuvée par le responsable d'organisme.

Lorsque plusieurs établissements de l'organisme utilisent des systèmes d'information classifiés, le responsable d'organisme désigne un officier de sécurité des systèmes d'information par établissement utilisateur. Ces derniers sont placés sous la supervision de l'officier de sécurité des systèmes d'information placé directement aux côtés du responsable d'organisme et désigné "officier central de sécurité des systèmes d'information".

2.2.3.3 Le responsable de la sécurité du système d'information (RSSI)

Dans le cadre du développement et de l'exploitation d'un système d'information classifié, une personne exerçant la fonction de responsable de la sécurité du système d'information est désignée pour piloter la démarche d'intégration de la sécurité du système d'information classifié durant la phase du projet, jusqu'à l'homologation initiale incluse, qu'il est chargé d'instruire sous la responsabilité de l'autorité d'homologation.

Après l'homologation initiale et dès que le système est opérationnel, le responsable de la sécurité du système d'information assure le suivi de la sécurité du système d'information en service. Il est notamment chargé d'instruire les renouvellements d'homologation. Pour le système dont il a la charge et dans le domaine de la sécurité des systèmes d'information, il conseille, recommande et propose à l'autorité d'emploi du système d'information des règles spécifiques. Il est garant de la cohérence des mécanismes et des procédures de sécurité ainsi que du maintien du niveau de sécurité dans le temps.

Il assure principalement les fonctions opérationnelles liées à la sécurité des systèmes d'information classifiés relevant de son périmètre de responsabilité.

2.3 *OUTILS DE PILOTAGE, DE MISE EN ŒUVRE ET DE SUIVI*

2.3.1 *Instructions ministérielles et documents d'application*

La protection du secret de la défense nationale repose sur un corpus de textes schématisé en Annexe 4, dont le code pénal, le code de la défense et la présente instruction constituent le socle. Ce socle est ensuite décliné par un ensemble de textes réglementaires (instructions interministérielles particulières, instructions ministérielles, directives techniques particulières) et infra-réglementaires (politique de sécurité des systèmes d'information), internes aux organismes (politique de protection du secret, plan de sécurité d'opérateur, plan particulier de protection) ou contractuels (plan contractuel de sécurité).

2.3.1.1 Instructions ministérielles

a) Élaboration de l'instruction ministérielle

Conformément au 2.1.2.1, chaque ministre précise, pour son champ d'attribution, dans une instruction approuvée par arrêté, les modalités de classification et de protection encadrant la classification des informations et supports aux niveaux *Secret* et *Très Secret*, hors classifications spéciales.

L'instruction ministérielle se conforme à la réglementation en vigueur en matière de protection du secret de la défense nationale et, en particulier, aux dispositions fixées par la présente instruction. Elle comporte un guide de classification (cf. Annexe 3).

Le haut fonctionnaire de défense et de sécurité rédige le projet d'instruction ministérielle qu'il transmet, pour avis, au secrétaire général de la défense et de la sécurité nationale. Cet avis est réputé favorable s'il n'est pas intervenu dans le délai de deux mois à compter de la réception du projet. Une copie de l'instruction ministérielle signée est adressée au secrétaire général de la défense et de la sécurité nationale.

Chaque ministre peut en complément de l'instruction ministérielle et sur son fondement, élaborer des directives techniques particulières destinées à préciser, pour un domaine d'activité spécifique, les mesures de protection du secret complémentaires à mettre en œuvre. Chaque directive particulière contient un guide de classification spécifique au domaine considéré permettant à chaque organisme d'évaluer le niveau de classification des informations et supports qu'il produit et d'en déduire les mesures d'organisation et de protection à mettre en œuvre.

b) Revue de l'instruction ministérielle

L'instruction ministérielle fait l'objet d'une revue à intervalles réguliers ou en cas de nécessité afin de garantir la pertinence, l'efficacité et l'adéquation des mesures.

Toute modification est soumise, pour avis, au secrétaire général de la défense et de la sécurité nationale dans les mêmes conditions que celles définies au *a)*.

2.3.1.2 Politique de sécurité des systèmes d'information

Chaque autorité qualifiée en sécurité des systèmes d'information s'assure de l'existence d'une politique de sécurité des systèmes d'information applicable aux organismes relevant de sa compétence et, à défaut, l'élabore.

Cette politique qui porte sur la sécurité des systèmes d'information au sens large comporte des lignes directrices en matière de sécurité des systèmes d'information classifiés (cf. 2.2.3.1 *b*)) *[C. défense, art. R. 2311-6-2]*.

Ces lignes directrices sont déclinées dans la politique de protection du secret des organismes utilisant des systèmes d'information classifiés.

Ces exigences sont ensuite intégrées dans le dossier d'homologation de chaque système d'information (cf. 2.3.1.2).

2.3.1.3 Politique de protection du secret

Chaque responsable d'organisme ayant accès au secret de la défense nationale élabore une politique de protection du secret en déclinaison de l'instruction ministérielle et, le cas échéant, des directives techniques particulières applicables à son organisme. S'agissant de la sécurité des systèmes d'information classifiés, cette politique se conforme aux recommandations de l'agence nationale de la sécurité des systèmes d'information.

Cette politique peut être plus restrictive que la réglementation sous réserve qu'elle ne s'y oppose pas. Elle :

– précise la déclinaison au sein de l'organisme de la chaîne fonctionnelle de protection du secret, et, le cas échéant, des chaînes de la sécurité des systèmes d'information classifiés et de la sécurité des articles contrôlés de la sécurité des systèmes d'information ;

– définit les exigences en ce qui concerne l'habilitation, ainsi que la formation et la sensibilisation à la protection du secret et la sécurité des systèmes d'information et des articles contrôlés de la sécurité des systèmes d'information ;

– précise les mesures de protection et de gestion des informations et supports classifiés, des systèmes d'information classifiés, des articles contrôlés de la sécurité des systèmes d'information et des lieux abritant des éléments couverts par le secret de la défense nationale. A ce titre, la politique de protection du secret comprend les mesures de contrôle nécessaires pour limiter l'accès des personnes non qualifiées aux emprises de l'organisme abritant des informations et supports classifiés et comprend, pour les organismes utilisant des systèmes d'information classifiés, les exigences relatives à leur sécurité. Ces exigences sont élaborées par l'officier de sécurité des systèmes d'information ;

– prend en compte, le cas échéant, les exigences propres, à la protection des informations classifiées étrangères ou relevant d'une organisation internationale. En particulier, elle intègre les exigences relatives à la protection des informations classifiées de l'OTAN et de l'Union européenne ;

– fixe les obligations en matière de contrôle et de suivi de l'activité liée aux habilitations, aux lieux abritant des éléments couverts par le secret de la défense nationale, aux informations et supports classifiés, aux systèmes d'information classifiés et aux articles contrôlés de la sécurité des systèmes d'information ;

– établit les procédures de remontée de l'information et les mesures de protection à mettre en œuvre en cas de compromission avérée ou supposée du secret de la défense nationale ou d'articles contrôlés de la sécurité des systèmes d'information.

Pour les opérateurs d'importance vitale, cette politique est conforme aux engagements pris dans le cadre du plan de sécurité d'opérateur ou du plan particulier de protection.

Pour les organismes accédant à des informations et supports classifiés au titre d'une convention ou d'un contrat selon les modalités définies aux parties 4.3 et 4.4, cette politique est conforme aux stipulations du ou des plans contractuels de sécurité applicables à l'organisme.

La politique de protection du secret fait l'objet d'une révision à intervalles réguliers ou en cas de nécessité afin de garantir la pertinence, l'efficacité et l'adéquation des

mesures. En particulier, elle est revue lorsqu'un incident de sécurité a abouti à divulguer ou rendre possible la divulgation d'un secret de la défense nationale.

2.3.2 *Outils et mesures de suivi de l'activité "protection du secret"*

2.3.2.1 Traitement automatisé relatif à la gestion des habilitations au secret de la défense nationale

Chaque ministère met en place et tient à jour, dans les conditions fixées par voie réglementaire, un traitement automatisé des dossiers d'habilitation en cours d'instruction et de suivi des habilitations en cours de validité pour les personnes physiques et morales relevant de son champ d'attribution.

Le secrétaire général de la défense et de la sécurité nationale met en place et tient à jour, dans les mêmes conditions, un traitement automatisé des dossiers d'habilitation en cours d'instruction et de suivi des habilitations en cours de validité pour les domaines relevant de sa compétence.

2.3.2.2 Base de données des lieux abritant des éléments couverts par le secret de la défense nationale

Les lieux abritant des éléments couverts par le secret de la défense nationale sont les pièces dans lesquelles sont conservés des informations et supports classifiés. Les mesures de protection et les règles régissant l'accès à ces lieux sont encadrées par les dispositions du code pénal, du code de procédure pénale, du code de la défense, du code de la sécurité intérieure, du code du travail, des accords généraux ou spécifiques de sécurité (cf. 7.2.1.3) et selon les modalités précisées, pour les opérateurs d'importance vitale, dans le plan de sécurité d'opérateur ou le plan particulier de protection (cf. 4.2) et, pour les autres personnes morales liées à l'État pour une convention ou un contrat, dans le plan contractuel de sécurité (cf. 4.3 et 4.4).

Afin de garantir l'intégrité de ces lieux et de s'assurer qu'aucune personne non qualifiée ne puisse, même par inadvertance, y avoir accès, une base de données interministérielle recensant l'ensemble des lieux abritant est mise en place. Cette base de données est tenue à jour. Ainsi, l'officier de sécurité informe le service du haut fonctionnaire de défense et de sécurité de tout changement (création, modification, suppression) affectant les lieux abritant placés dans son domaine de compétence. La base de données est vérifiée annuellement au plus tard le 15 novembre par les services des hauts fonctionnaires de défense et de sécurité compétents, au sens des paragraphes 2.1.2.2 et 2.1.3.

Sur la base des informations contenues dans la base de données interministérielle sur les lieux abritant, une liste des lieux abritant des éléments couverts par le secret de la défense nationale est établie annuellement par arrêté du Premier ministre, sur proposition des ministres intéressés *[C. défense, art. R. 2311-9-1]*. Elle précise, pour chaque lieu, l'organisme concerné, les pièces clairement déterminées *[Conformément à l'art. 56-4 C. pr. pén., un lieu abritant est un "lieu précisément identifié" et se limite, ainsi que l'a rappelé le Cons. const. dans sa décis. n° 2011-192 QPC du 10 nov. 2011, à une pièce clairement déterminée]* et l'adresse du site où sont conservés les informations et supports classifiés.

La liste est accessible au ministre de la justice et à la commission du secret de la défense nationale.

2.3.3 *Inspections, contrôles et audits*

Conformément aux dispositions législatives et réglementaires relatives à la protection du secret de la défense nationale, des inspections, contrôles ou audits *[C. défense, art. R. 2311-9]* des organismes ayant accès à des informations ou supports classifiés sont organisés périodiquement par le haut fonctionnaire de défense et de sécurité compétent, avec l'appui, si nécessaire, des services compétents en matière de protection physique et de sécurité des systèmes d'information, afin de s'assurer du respect des règles relatives à la protection des informations et supports classifiés aux niveaux *Secret* et *Très Secret*, hors classifications spéciales.

Par dérogation à l'alinéa précédent, pour les organismes relevant du champ d'attribution du ministre des armées, ces audits, contrôles et inspections, sont organisés confor-

mément à l'instruction ministérielle dans les organismes ayant conclu une convention ou un contrat classifiés à son profit.

Chaque inspection, contrôle ou audit donne lieu à un rapport adressé au responsable de l'organisme contrôlé et au haut fonctionnaire de défense et de sécurité dont il relève. Ce rapport identifie, par ordre de priorité, les mesures propres à améliorer les conditions générales de sécurité.

Le secrétariat général de la défense et de la sécurité nationale peut également inspecter tout organisme ayant accès à des informations et supports classifiés, en liaison avec le haut fonctionnaire de défense et de sécurité compétent, notamment au regard du compte rendu annuel d'évaluation de la protection du secret adressé par le haut fonctionnaire de défense et de sécurité dont l'organisme dépend. Le secrétariat général de la défense et de la sécurité nationale peut, si nécessaire, se faire assister par l'agence nationale de la sécurité des systèmes d'information ou la diligenter.

Le secrétariat général de la défense et de la sécurité nationale procède, par ailleurs, aux inspections, contrôles ou audits permettant de s'assurer du respect de la réglementation spécifique applicable aux classifications spéciales. A l'issue de chaque inspection, contrôle ou audit, le secrétariat général de la défense et de la sécurité nationale adresse un rapport au responsable d'organisme contrôlé et au haut fonctionnaire de défense et de sécurité dont il relève. Ce rapport identifie, par ordre de priorité, les mesures propres à améliorer les conditions générales de sécurité.

En cas d'anomalies graves constatées à l'occasion d'une inspection, d'un audit ou d'un contrôle réalisé par le secrétariat général de la défense et de la sécurité nationale, celui-ci en informe sans délai le haut fonctionnaire de défense et de sécurité compétent et, en cas de compromission avérée ou suspectée, saisit la direction générale de la sécurité intérieure qui concourt à la prévention et à la répression des actes portant atteinte au secret de la défense nationale sous le contrôle et la direction de l'autorité judiciaire, sans préjudice de la dénonciation de l'infraction au procureur de la République sur le fondement de l'article 40 du code de procédure pénale.

2.3.4 *Rapport annuel sur la protection du secret de la défense nationale*

Le secrétaire général de la défense et de la sécurité nationale contrôle l'application des mesures de protection du secret. Afin de lui permettre d'assurer ce contrôle et de disposer de la vision la plus précise possible de la mise en œuvre de la réglementation, chaque haut fonctionnaire de défense et de sécurité lui remet, avant le 31 mars de chaque année, un compte rendu d'évaluation de la protection du secret de la défense nationale dans son champ d'attribution. Ce rapport est classifié au niveau *Secret* et marqué *Spécial France*. Il est établi sur la base d'un questionnaire transmis par le secrétariat général de la défense et de la sécurité nationale au plus tard le 30 novembre de chaque année.

Ce compte rendu porte sur l'ensemble du champ d'attribution du ministre concerné. Ainsi, pour chaque ministère, ce compte rendu porte à la fois sur la mise en œuvre de la protection du secret par les services centraux, déconcentrés, services à compétence nationale et établissements publics relevant de son ministère, mais également sur les opérateurs d'importance vitale qui lui sont rattachés, ainsi que sur les autres personnes morales avec lesquelles le ministère a conclu une convention ou un contrat nécessitant l'accès à des informations ou supports classifiés.

Ces comptes rendus comportent des données précises sur l'organisation, la gestion et la sensibilisation à la protection du secret dans le champ d'attribution du ministère concerné. Ils contiennent également des données sur le nombre d'incidents de sécurité recensés, sur le volume d'habilitations en cours de validité, le nombre de demandes en cours d'instruction, le nombre de refus et d'abrogation de décisions d'habilitation prononcés, ainsi que sur les contentieux en cours ou clos au cours de l'année écoulée. Les données relatives à l'activité des services enquêteurs sont intégrées dans les comptes rendus des ministères dont ils dépendent. Elles comportent notamment un bilan annuel des compromissions établi par les services enquêteurs et l'état d'avancement des procédures et des suites données.

Ce compte rendu fait également état des carences relevées dans le dispositif de protection du secret et des actions correctrices envisagées et engagées.

Sur la base des comptes rendus établis par les hauts fonctionnaires de défense et de sécurité, le secrétariat général de la défense et de la sécurité nationale adresse chaque année au Premier ministre un rapport d'évaluation de la protection du secret de la défense nationale.

3 MESURES DE SÉCURITÉ APPLICABLES AUX PERSONNES PHYSIQUES

Conformément à l'article R. 2311-7 du code de la défense, "sauf exceptions prévues par la loi, nul n'est qualifié pour connaître d'informations et supports classifiés s'il n'a fait au préalable l'objet d'une décision d'habilitation et s'il n'a besoin, au regard du catalogue des emplois justifiant une habilitation, établi dans les conditions définies par arrêté du Premier ministre ; de les connaître pour l'exercice de sa fonction ou l'accomplissement de sa mission".

Le présent chapitre définit chaque étape du processus d'habilitation des personnes physiques et rappelle les exceptions prévues par la loi.

3.1 PORTÉE ET FONDEMENT DE LA PROCÉDURE D'HABILITATION

3.1.1 *Portée de l'habilitation et besoin d'en connaître*

Conformément aux articles 413-10 et suivants du code pénal, l'accès par des personnes non qualifiées à des informations ou supports protégés par le secret de la défense nationale est prohibé.

Pour qu'une personne physique puisse être considérée comme qualifiée au sens du code pénal, elle doit répondre à deux exigences cumulatives :

– avoir été dûment habilitée au niveau de classification requis, à l'issue d'une enquête administrative destinée à évaluer les vulnérabilités qu'elle est susceptible de présenter pour le secret de la défense nationale (cf. 3.3) ou être habilitée ès qualités de par la loi ou son statut constitutionnel (cf. 3.1.4) ;

– justifier du besoin d'en connaître.

En effet, l'habilitation ne permet pas d'accéder sans limite à toute information ou support classifié. D'une part, elle ne permet d'accéder qu'aux informations et supports portant un timbre de classification de niveau inférieur ou égal au niveau mentionné sur la décision d'habilitation. D'autre part, une personne habilitée ne peut ni ne doit accéder à une information ou un support classifié que si l'autorité ayant sollicité son habilitation estime absolument nécessaire qu'elle ait accès à l'information ou au support considéré.

La procédure d'habilitation ne peut être lancée que pour les fonctions et missions figurant au catalogue des emplois de l'organisme concerné, justifiant la nécessité pour le candidat à l'habilitation d'accéder à des informations et supports classifiés au niveau requis.

3.1.2 *Justification de la demande d'habilitation au regard du catalogue des emplois*

3.1.2.1 Autorités compétentes pour l'établissement et la mise à jour des catalogues des emplois

En application de l'article R. 2311-7 du code de la défense, nul ne peut faire l'objet d'une demande d'habilitation si la fonction ou la mission justifiant son besoin d'accéder à des informations ou supports classifiés ne figure sur un catalogue des emplois établi par une autorité compétente.

Chaque ministre précise pour les services centraux, les services déconcentrés, les services à compétence nationale, les organismes extérieurs relevant de son autorité, ainsi que les établissements publics placés sous sa tutelle et les opérateurs d'importance vitale relevant d'un secteur d'activités dont il est le coordonnateur, les autorités chargées d'établir, en lien avec leur officier de sécurité, les catalogues des emplois.

3.1.2.2 Contenu et actualisation annuelle du catalogue des emplois

Un catalogue des emplois est établi pour chaque niveau de classification. Il identifie, *via* l'octroi d'un numéro de poste, chaque fonction ou mission impliquant nécessairement l'accès à des informations et supports classifiés au niveau de classification consi-

déré, ainsi que les noms et prénoms des personnes physiques occupant les postes inscrits au catalogue des emplois. Chaque catalogue des emplois est mis à jour par l'officier de sécurité.

Dès l'ouverture d'un catalogue des emplois, l'officier de sécurité en adresse une copie au haut fonctionnaire de défense et de sécurité, sauf dispositions contraires prévues par l'instruction ministérielle.

Il lui adresse par ailleurs chaque année une version mise à jour en date du 31 décembre au plus tard le 1er février de l'année suivante. A cette occasion, il vérifie auprès des titulaires des postes répertoriés s'ils ont effectivement eu accès à des informations et supports classifiés pour le niveau concerné et inscrit les postes qui requièrent un accès au secret de la défense nationale. Le cas échéant, l'officier de sécurité, en lien avec l'autorité compétente, réévalue le niveau d'habilitation requis par les fonctions ou missions. Dans le cas où elles ne nécessitent plus d'accéder au secret de la défense nationale, il les supprime du catalogue des emplois, notifie aux titulaires des emplois concernés que leur décision d'habilitation est abrogée et leur fait signer le second volet de l'engagement de responsabilité (cf. 3.5.2).

3.1.2.3 Référence au catalogue des emplois dans les demandes d'habilitation et mise à jour éventuelle

Les demandes d'habilitation sont établies en référence au catalogue des emplois et précisent le numéro de poste du catalogue des emplois auquel correspond la demande.

Lorsqu'une demande d'habilitation porte sur une fonction ou une mission nouvelle, ou sur une fonction ou une mission non préalablement inscrite sur un catalogue des emplois, et que la fonction ou la mission considérée nécessite sans conteste que son titulaire accède à des informations et supports classifiés, l'officier de sécurité met à jour le catalogue des emplois en concertation avec l'autorité d'habilitation.

3.1.3 *Responsabilité de l'autorité hiérarchique ou administrative sollicitant l'habilitation*

De même qu'une habilitation ne doit pas être sollicitée pour une personne appelée à exercer une fonction ou à accomplir une mission qui ne figure pas sur un catalogue des emplois, il appartient au responsable d'organisme de s'assurer, avec l'appui de l'officier de sécurité, que toute personne occupant un poste ou accomplissant une mission figurant dans le ou l'un des catalogues des emplois de son organisme a été dûment habilitée selon les modalités définies dans la présente instruction.

Dans le cas contraire, la personne est écartée des fonctions ou missions nécessitant l'accès aux informations et supports classifiés dans l'attente de son habilitation au niveau requis. Toute personne occupant ou visant un poste pour lequel le besoin d'habilitation est avéré et qui refuserait de se soumettre à la procédure d'habilitation est définitivement écartée du poste.

A titre exceptionnel, un service de l'État peut solliciter l'inscription à l'un de ses catalogues des emplois d'une personne physique ou d'un ensemble de personnes physiques non rattachées à lui, ni hiérarchiquement, ni fonctionnellement, ni sous couvert d'une convention ou d'un contrat au titre des parties 4.3 et 4.4. A cet effet, il adresse une demande motivée, justifiant précisément son besoin, au haut fonctionnaire de défense et de sécurité dont il dépend. Ce dernier rend sa décision après consultation du secrétariat général de la défense et de la sécurité nationale.

3.1.4 *Personnes physiques habilitées ès qualités*

Compte tenu de leur statut constitutionnel, le chef de l'État, le Premier ministre et les membres du gouvernement sont habilités ès qualités à connaître d'informations et supports couverts par le secret de la défense nationale.

Il en va de même des personnes dont la loi détermine qu'elles sont habilitées ès qualités pour l'exercice de leurs fonctions ou l'accomplissement de leurs missions et dans ces seules limites. Sont uniquement concernés :

– les membres de la délégation parlementaire au renseignement *[Ord. n° 58-1100 du 17 nov. 1958, relative au fonctionnement des assemblées parlementaires, art. 6 nonies, IV]* ;

– les membres de la formation spécialisée du Conseil d'État *[CJA, art. L. 773-2]* ;
– les membres de la commission du secret de la défense nationale *[C. défense, art. 2312-5]* ;
– les membres de la commission nationale de contrôle des techniques de renseignement *[CSI, art. L. 832-5]*.

En revanche, les personnes susceptibles de les assister dans l'exercice de leur fonction ou dans l'accomplissement de leur mission font l'objet d'une procédure d'habilitation conforme aux dispositions des parties 3.2 et 3.3.

3.2 *DIFFÉRENTS TYPES DE PROCÉDURE*

La demande d'habilitation déclenche une procédure destinée à vérifier que le candidat à l'habilitation peut, sans risque pour la défense et la sécurité nationale ou pour sa propre sécurité, accéder à des informations et supports classifiés dans l'exercice de sa fonction ou l'accomplissement de sa mission.

3.2.1 *Balance des risques dans le choix de la procédure*

Plusieurs cas de figure peuvent justifier la mise en œuvre de procédures d'habilitation dérogatoires que sont les procédures simplifiée (cf. 3.2.3) et d'urgence (cf. 3.2.4). L'autorité qui sollicite l'habilitation doit avoir à l'esprit que ces procédures offrent des garanties de sécurité moindres que la procédure de droit commun. Il revient ainsi au responsable d'organisme sollicitant l'habilitation, par le biais de son officier de sécurité, de procéder systématiquement à une balance "coût-avantage" avant de solliciter l'enclenchement d'une procédure dérogatoire.

En tous les cas, le recours à la procédure simplifiée ou à la procédure d'urgence est prohibé pour l'habilitation des agents des services spécialisés de renseignement visés à l'article R. 811-1 du code de la sécurité intérieure, à l'exception de ceux nommés conformément à l'article 13 de la Constitution ou relevant du chapitre I du titre II du décret n° 2019-1594 du 31 décembre 2019 relatif aux emplois de direction de l'État. Par ailleurs, conformément aux règles propres à leur service, les agents des services de renseignement peuvent faire l'objet d'une procédure d'habilitation plus approfondie que celle décrite dans la présente instruction.

3.2.2 *Procédure d'habilitation de droit commun*

Cette procédure (cf. Annexe 5) concerne toutes les personnes appelées à occuper un poste pour lequel le besoin d'habilitation au niveau *Secret* ou *Très Secret*, y compris pour les classifications spéciales de ce dernier niveau, est avéré.

Une habilitation temporaire peut être délivrée à l'issue de cette procédure selon les conditions définies au paragraphe 3.4.1.1.

Une procédure d'habilitation en urgence peut être engagée selon les conditions détaillées au paragraphe 3.3.2.

3.2.3 *Procédure simplifiée*

Distincte de l'enquête réalisée par le service enquêteur dans le cadre de la procédure d'habilitation de droit commun, cette procédure, uniquement applicable aux demandes d'habilitation au niveau *Secret* et réservée aux seuls agents publics (fonctionnaires ou agents non-titulaires, civils ou militaires), permet de délivrer une décision d'habilitation sur le fondement d'une enquête administrative réalisée au moment du recrutement, de la nomination ou de l'affectation, conformément aux articles L. 114-1 et L. 114-2 du code de la sécurité intérieure (cf. Annexe 6), sous réserve, pour le candidat à l'habilitation, de remplir une notice individuelle de sécurité comportant une attestation sur l'honneur de l'exactitude des informations mentionnées.

La décision d'habilitation délivrée dans le cadre d'une procédure simplifiée est valide pour une durée limitée ne dépassant pas la durée maximale déterminée par l'instruction ministérielle du ministère dont relève la personne habilitée.

L'autorité ayant sollicité l'habilitation par procédure simplifiée peut, à tout moment, solliciter une enquête administrative auprès du service enquêteur compétent conformément au II de l'article L. 114-1 du code de la sécurité intérieure.

La procédure simplifiée n'est pas applicable aux agents des services spécialisés de renseignement visés à l'article R. 811-1 du code de la sécurité intérieure, à l'exception des agents nommés conformément à l'article 13 de la Constitution ou relevant du chapitre I du titre II du décret n° 2019-1594 du 31 décembre 2019 relatif aux emplois de direction de l'État.

3.2.4 *Procédure d'urgence*

Distincte de la procédure simplifiée, cette procédure exceptionnelle, applicable quel que soit le niveau de l'habilitation, *Secret* ou *Très Secret*, sollicité, permet de délivrer une habilitation à une personne dans des délais très brefs selon les modalités détaillées au 3.3.2 afin que cette dernière puisse avoir accès à des informations et supports classifiés dès sa prise de fonction.

La procédure d'urgence s'applique aux seuls cas exceptionnels de personnes affectées dans des conditions ne permettant pas le respect des délais mentionnés au 3.3.1.3 *c)* et exerçant des fonctions exigeant un accès immédiat à des informations et supports classifiés.

La procédure d'urgence n'est pas applicable aux agents des services spécialisés de renseignement visés à l'article R. 811-1 du code de la sécurité intérieure, à l'exception des agents nommés conformément à l'article 13 de la Constitution ou relevant du chapitre I du titre II du décret n° 2019-1594 du 31 décembre 2019 relatif aux emplois de direction de l'État.

3.2.5 *Habilitation des ressortissants étrangers*

Les ressortissants étrangers *[Conformément à l'art. 22 C. civ. : "La personne qui a acquis la nationalité française jouit de tous les droits et est tenue à toutes les obligations attachées à la qualité de Français, à dater du jour de cette acquisition." Tout binational, quelle que soit son autre nationalité, est considéré en France comme jouissant de la seule nationalité française]* occupant une fonction ou accomplissant une mission nécessitant l'accès à des informations ou supports classifiés, dans la limite du strict besoin d'en connaître, peuvent être habilités au niveau *Secret* ou *Très Secret*, à la condition qu'il existe un accord de sécurité, général ou spécifique, entre la France et l'État dont l'intéressé est ressortissant.

Par dérogation au paragraphe précédent, lorsqu'il n'existe aucun accord de sécurité entre la France et l'État dont l'intéressé est ressortissant, à titre exceptionnel, si le besoin d'en connaître est avéré, le responsable de l'organisme dont il relève saisit, en motivant sa demande, *via* le haut fonctionnaire de défense et de sécurité compétent, le secrétaire général de la défense et de la sécurité nationale qui apprécie l'opportunité de l'habilitation et définit, le cas échéant, la procédure à suivre *[C. défense, art. R. 2311-11]*.

3.2.5.1 Attestation d'habilitation ou de sécurité dans le cadre d'une coopération étatique

Lorsque, dans le cadre d'une coopération étatique, un ressortissant d'un État étranger ou relevant d'un organisme de droit international public avec lequel la France a conclu un accord de sécurité, général ou spécifique applicable au cas d'espèce, est envoyé en mission ou détaché dans un organisme français, l'attestation d'habilitation ou le certificat de sécurité délivré(e) par l'autorité étrangère ou internationale compétente suffit à permettre la délivrance d'une décision d'habilitation au niveau requis conformément au tableau d'équivalence de l'accord de sécurité applicable, sans qu'il soit nécessaire de diligenter une enquête administrative au préalable.

3.2.5.2 Procédure d'habilitation hors coopération étatique

Lorsqu'un ressortissant étranger d'un État avec lequel la France a conclu un accord de sécurité général ou spécifique applicable au cas d'espèce, présente sa candidature à un emploi en France nécessitant l'accès à des informations et supports classifiés, la

procédure d'habilitation est engagée par le responsable de l'organisme français concerné avec l'appui de son officier de sécurité, selon les modalités suivantes :

– le responsable d'organisme adresse la demande d'habilitation à l'autorité d'habilitation dont il dépend, après avoir vérifié que le dossier remplit toutes les exigences fixées au 3.3.1.1 ;

– l'autorité d'habilitation saisit le service enquêteur compétent selon les procédures habituelles détaillées à la partie 3.3 ;

– parallèlement, l'autorité d'habilitation saisit le secrétaire général de la défense et de la sécurité nationale, en sa qualité d'autorité nationale de sécurité. Cette saisine est transmise *via* le haut fonctionnaire de défense et de sécurité compétent quand l'autorité d'habilitation est distincte de celui-ci (cf. 3.3.1.2) ;

– le secrétaire général de la défense et de la sécurité nationale assure la liaison avec les autorités nationales de sécurité étrangères afin d'obtenir l'assurance qu'il n'existe aucune information défavorable sur l'intéressé de nature à constituer une vulnérabilité pour le secret de la défense nationale, sans pour autant que ces éléments soient liant pour la délivrance de la décision d'habilitation ;

– le secrétaire général de la défense et de la sécurité nationale transmet les éléments reçus de son homologue étranger au haut fonctionnaire de défense et de sécurité compétent, qui les retransmet à l'autorité d'habilitation lorsque l'autorité d'habilitation est distincte de celui-ci.

Dans le cas particulier où l'autorité d'habilitation est autorité de sécurité déléguée, et sous réserve des dispositions de l'accord de sécurité applicable, cette dernière peut saisir directement son homologue étranger. L'autorité de sécurité déléguée peut, en outre, au besoin, solliciter une démarche analogue du secrétaire général de la défense et de la sécurité nationale vers l'autorité nationale de sécurité étrangère.

La décision d'habilitation n'est prise par l'autorité française d'habilitation qu'à l'issue de cette procédure.

3.2.6. *Habilitation des ressortissants français au profit d'une organisation internationale, d'une institution, d'un organisme ou d'un organe de l'Union européenne ou d'une personne morale de droit étranger*

Les ressortissants français, occupant une fonction ou accomplissant une mission au sein d'une organisation internationale, d'une institution, d'un organisme ou d'un organe de l'Union européenne ou d'un organisme de droit étranger et nécessitant l'accès à des informations et supports classifiés étrangers peuvent être habilités au niveau requis selon les modalités ci-après détaillées.

3.2.6.1 Procédure d'habilitation pour les ressortissants français mis à disposition ou envoyés en mission dans le cadre d'une coopération étatique ou détachés par la France dans une organisation internationale, une institution, un organisme ou un organe de l'Union européenne

Lorsque, dans le cadre d'une coopération étatique, un ressortissant français est envoyé en mission ou détaché dans un organisme étranger ou relevant du droit international public, l'officier de sécurité de l'organisme français dont il ressort délivre, sur demande de l'autorité d'accueil, une attestation d'habilitation ou un certificat de sécurité conformément au tableau d'équivalence de l'accord de sécurité conclu entre la France, l'État partenaire ou l'organisation internationale, l'institution, l'organe ou l'organisme de l'Union européenne concerné.

Dans le cas où le ressortissant français ne dispose pas d'une habilitation en cours de validité, une demande d'habilitation est transmise par le responsable de l'organisme français dont le ressortissant français relève, selon les mêmes modalités que pour tout autre candidat à l'habilitation relevant de son organisme.

3.2.6.2 Procédures applicables aux ressortissants français candidats à un poste ou employés, sans lien avec l'État français, par un organisme étranger ou relevant du droit international public

Lorsqu'un ressortissant français candidate à un poste ou est employé, sans lien avec l'État français, par une personne morale de droit étranger, la procédure d'habilitation est engagée par l'autorité étrangère compétente.

L'autorité de sécurité étrangère compétente en vertu de l'accord de sécurité applicable ou des règles de sécurité de l'organisation internationale concernée saisit le secrétaire général de la défense et de la sécurité nationale, en sa qualité d'autorité nationale de sécurité ou, le cas échéant, l'autorité de sécurité déléguée compétente, afin d'obtenir l'assurance qu'il n'existe aucune information défavorable sur l'intéressé de nature à constituer une vulnérabilité pour la protection du secret.

Le secrétaire général de la défense et de la sécurité nationale ou, le cas échéant, l'autorité de sécurité déléguée compétente, saisit le service enquêteur compétent pour vérifier si l'intéressé dispose d'un avis de sécurité en cours de validité ou procéder à l'enquête.

Dès le retour du service enquêteur, le secrétaire général de la défense et de la sécurité nationale, ou, le cas échéant, l'autorité de sécurité déléguée compétente, répond à l'autorité étrangère à l'origine de la demande conformément aux modalités définies dans l'accord de sécurité applicable ou par les règles de sécurité de l'organisation internationale concernée.

Indépendamment de la forme que prend la réponse française (acte préparatoire à la décision d'habilitation de l'autorité étrangère ou décision d'habilitation au profit de cette dernière), cette dernière peut, lorsqu'elle fait grief, faire l'objet de recours administratifs ou contentieux (cf. 3.4.2.2).

3.3 *DÉROULEMENT DES PROCÉDURES D'HABILITATION*

Sauf cas particulier, la procédure d'habilitation n'est engagée qu'au profit de la personne effectivement nommée dans l'emploi afin d'éviter toute surcharge inutile des services chargés d'en assurer la conduite. Elle doit toutefois être anticipée, sans attendre la prise effective de fonction, de façon à permettre à la personne de prendre connaissance d'informations et supports classifiés au plus tôt à sa prise de fonction. Ainsi, le dossier d'habilitation dûment constitué (cf. 3.3.1.1) doit être transmis à l'autorité d'habilitation compétente avant toute prise de poste.

S'agissant des personnes candidates à un poste au sein des services spécialisés de renseignement définis à l'article R. 811-1 du code de la sécurité intérieure, à l'exception des personnes nommées conformément à l'article 13 de la Constitution ou relevant du chapitre I du titre II du décret n° 2019-1594 du 31 décembre 2019 relatif aux emplois de direction de l'État, la procédure d'habilitation est conduite dès la phase de recrutement et doit être finalisée avant la prise de fonction dans le service concerné. Si cette procédure débouche sur un refus d'habilitation, conformément à l'article L. 114-1 du code de la sécurité intérieure, la personne candidate n'est pas recrutée.

Tout candidat à l'habilitation est informé par l'officier de sécurité, lors de sa demande, des obligations induites par l'habilitation ainsi que des dispositions relatives à sa responsabilité pénale en cas de compromission.

3.3.1 *Procédure de droit commun*

3.3.3.1 Constitution du dossier

Le dossier d'habilitation (cf. Annexe 7) a pour objet de réunir les éléments nécessaires à la conduite de l'enquête administrative *[Le traitement de données à caractère personnel est notamment encadré par la L. n° 78-17 du 6 janv. 1978 modifiée relative à l'informatique, aux fichiers et aux libertés]*. **Il est constitué de :**

– la demande d'habilitation formulée par l'autorité compétente attestant le besoin de connaître des informations et supports classifiés à un niveau donné, pour une personne nommément désignée à un poste donné ;

– la notice individuelle de sécurité, renseignée intégralement et signée par le candidat et vérifiée par l'officier de sécurité de l'organisme dont il relève.

L'officier de sécurité adresse le dossier d'habilitation à l'autorité d'habilitation et en conserve une copie datée et signée au plus tard jusqu'à un an après la durée de l'avis de sécurité en cours de validité. La transmission du dossier par voie électronique est privilégiée à condition que le système d'information employé garantisse l'identification et l'authentification de l'émetteur comme du destinataire, assure la confidentialité et l'intégrité des données et permette de tracer les actions effectuées. Dans le cas contraire, le dossier d'habilitation est établi en trois exemplaires (un original et deux photocopies, datées et revêtues de la signature originale du candidat) et accompagné de trois photographies d'identité originales, identiques et récentes.

3.3.1.2 Autorité d'habilitation

L'autorité d'habilitation est :

– le ministre pour les organismes relevant de son champ d'attribution (cf. 2.1.2.1) ou, par délégation, le haut fonctionnaire de défense et de sécurité, ainsi que toute autre personne désignée par arrêté *[Décr. n° 2005-850 du 27 juill. 2005 relatif aux délégations de signature des membres du Gouvernement]* ;

– le secrétaire général de la défense et de la sécurité nationale :

• par délégation du Premier ministre pour les demandes d'habilitation au niveau *Très Secret* faisant l'objet d'une classification spéciale ;

• pour les personnes relevant des organismes entrant dans son champ de compétence au titre du décret n° 2012-383 du 20 mars 2012 relatif aux attributions du haut fonctionnaire de défense et de sécurité auprès du Premier ministre, à l'exception des agents du groupement interministériel de contrôle *[Décr. du 20 déc. 2016 portant délégation de signature du Premier ministre au directeur du groupement interministériel de contrôle]* ;

– dans les limites des compétences définies par la décision de délégation mentionnée à l'article R. 2311-10-1 du code de la défense, l'autorité de sécurité déléguée pour les ressortissants français candidats à un poste ou employés, sans lien avec l'État français, par une personne morale de droit étranger ;

– les autorités endossant la fonction de haut fonctionnaire de défense et de sécurité selon les modalités décrites au 2.1.3.

L'autorité d'habilitation vérifie que le dossier d'habilitation est complet et le transmet au service enquêteur compétent afin qu'il diligente une enquête administrative. La transmission du dossier par voie électronique est privilégiée à condition que le système d'information employé soit conforme aux conditions détaillées au 3.3.1.1.

Le secrétaire général de la défense et de la sécurité nationale est également autorité d'habilitation des ressortissants français candidats à un poste ou employés, sans lien avec l'État français, par une personne morale de droit étranger sous réserve des compétences des autorités de sécurité déléguées.

3.3.1.3 Enquête administrative

a) Finalité de l'enquête administrative préalable à la décision d'habilitation

Cette enquête administrative est fondée sur des critères objectifs permettant de déterminer si l'intéressé, par son comportement ou par son environnement proche, présente une vulnérabilité, soit parce qu'il constitue lui-même une menace pour le secret, soit parce qu'il se trouve exposé à un risque de chantage ou de pressions pouvant mettre en péril les intérêts de l'État, chantage ou pressions exercés notamment par un service étranger de renseignement, un groupe terroriste, une organisation ou une personne se livrant à des activités subversives.

b) Service enquêteur chargé de diligenter l'enquête administrative

Sont services enquêteurs :

– la direction du renseignement et de la sécurité de la défense (DRSD) pour le personnel civil ou militaire relevant du ministère de la défense *[Les dossiers des personnels militaires qui ont fait l'objet d'un avis de sécurité émis par les services enquêteurs du ministère de la défense leur restent attachés, dans l'hypothèse d'une nouvelle enquête administrative, pendant un délai de cinq ans après la cessation de leurs fonctions]*, le personnel militaire de la gendarmerie, les

organismes relevant du champ d'attribution de ce ministère ainsi que leur personnel à l'exception de ceux travaillant au profit de la direction générale de la sécurité extérieure, les auditeurs de l'institut des hautes études de défense nationale ;

– la direction générale de la sécurité extérieure (DGSE) pour son personnel, les organismes travaillant à son profit et leur personnel ;

– la direction générale de la sécurité intérieure (DGSI) pour le personnel civil, y compris pour le personnel civil travaillant pour la gendarmerie, les organismes et leur personnel travaillant dans le domaine civil.

c) Durée et priorisation des enquêtes par les services enquêteurs

La durée de l'enquête administrative est en principe de trois mois pour un dossier d'habilitation au niveau *Secret* et six mois au niveau *Très Secret*, à compter de sa réception par le service chargé de la réaliser. Dans le cadre d'une procédure d'urgence (cf. 3.2.4 et 3.3.2), ce dernier peut délivrer, sur demande de l'autorité compétente, un avis de sécurité provisoire qui ne prolonge pas la durée de l'enquête. Cet avis de sécurité provisoire est valable jusqu'à réception de l'avis de sécurité définitif ou, au plus tard, six mois après sa date d'émission.

Les enquêtes administratives relatives aux agents des services spécialisés de renseignement mentionnés à l'article R. 811-1 du code de la sécurité intérieure sont diligentées en priorité.

d) Clôture de l'instruction et avis de sécurité

L'enquête administrative donne lieu à un avis de sécurité dans lequel le service chargé de la réaliser adresse ses conclusions à l'autorité d'habilitation.

Cet avis permet à l'autorité d'habilitation d'apprécier l'opportunité d'habiliter le candidat, au regard des éléments communiqués, des garanties qu'il présente et du niveau d'habilitation requis.

Les conclusions de l'avis de sécurité sont de trois types *[Chaque ministère peut décliner, dans l'instruction ministérielle, chacune de ces trois catégories pour l'adapter à ses besoins propres]* :

– "avis sans objection" : l'instruction n'a révélé aucune vulnérabilité de nature à constituer un risque pour la sécurité des informations et supports classifiés ni pour celle de l'intéressé ;

– "avis restrictif" : le candidat présente certaines vulnérabilités constituant des risques directs ou indirects pour la sécurité des informations et supports classifiés auxquels il aurait accès, mais que des mesures de sécurité spécifiques prises par l'officier de sécurité et, le cas échéant, une sensibilisation particulière du candidat, permettraient de maîtriser. Dans ce cas, le service ayant réalisé l'enquête recommande une procédure de mise en garde de l'employeur ou de mise en éveil de l'intéressé, ou qu'il soit recouru à ces deux procédures (cf. 3.4.1.2) ;

– "avis défavorable" : des informations précises font apparaître que le candidat présente des vulnérabilités faisant peser sur le secret de la défense nationale des risques tels qu'aucune mesure de sécurité ne permettrait de maîtriser.

L'avis de sécurité est émis pour un niveau donné d'habilitation. L'avis "sans objection" est valable pour le niveau pour lequel il a été requis et, le cas échéant, pour le niveau inférieur. Sa durée de validité ne dépasse pas celle de l'avis initial. Sauf précision contraire du service enquêteur, l'avis restrictif ou défavorable vaut pour le niveau d'habilitation concerné et le niveau inférieur.

Les avis restrictifs et défavorables sont assortis d'une fiche confidentielle classifiée indiquant les motifs de l'avis. Cette fiche distingue clairement :

– les éléments classifiés qui ne sont communiqués qu'à l'autorité d'habilitation et, de façon strictement nécessaire, dans le cas où :

  • une procédure de mise en garde est recommandée, aux autorités chargées de procéder à la mise en garde de l'autorité compétente ou de l'officier de sécurité dont relève le candidat à l'habilitation ainsi que, le cas échéant, à ladite autorité ou au dit officier de sécurité ;

  • une procédure de mise en éveil est recommandée, à l'autorité chargée de procéder à la mise en éveil du candidat selon les modalités définies par l'autorité d'habilitation, en liaison avec le service enquêteur conformément aux dispositions du paragraphe *b)*.

– les éléments communicables, y compris au candidat.

Ne pouvant être reproduite, la fiche confidentielle est retournée après communication et sans délai au service enquêteur qui l'a émise, aux fins de conservation. L'autorité d'habilitation peut, en tant que de besoin, demander à nouveau communication des éléments qu'elle contient, en particulier, lorsqu'elle est chargée de mettre en garde l'autorité d'emploi, en cas de changement de comportement ou de situation de l'intéressé, à l'occasion de l'instruction d'une nouvelle demande d'habilitation le concernant ou pour l'instruction des recours gracieux ou contentieux dont la décision qu'elle a prise sur la base de l'avis de sécurité du service enquêteur peut faire l'objet.

La durée de validité de l'avis de sécurité dépend du niveau d'habilitation demandé. Elle ne peut excéder :

– sept ans pour le niveau *Secret* ;
– cinq ans pour le niveau *Très Secret*.

L'avis de sécurité constitue un acte préparatoire à la décision d'habilitation. Il ne constitue en soi ni une autorisation, ni un refus, et ne lie pas l'autorité d'habilitation, qui prend sa décision après avoir apprécié l'ensemble des éléments recueillis pendant l'instruction du dossier.

3.3.2 *Procédure d'urgence*

La procédure d'urgence est engagée dans les seuls cas prévus au 3.2.4. Le dossier d'habilitation est identique à celui prévu au 3.3.1.1. Il est constitué selon la procédure de droit commun, à la différence près que l'autorité compétente doit, dans la demande, préciser et motiver l'urgence de l'habilitation et l'impossibilité de procéder autrement. Pour les classifications spéciales, seul le secrétaire général de la défense et de la sécurité nationale peut, en sa qualité d'autorité d'habilitation, engager une telle procédure au regard des éléments transmis par l'autorité d'emploi.

Dans les quinze jours ouvrables suivant sa saisine, le service enquêteur émet un avis de sécurité provisoire. La procédure de droit commun se poursuit après l'émission de l'avis de sécurité provisoire.

Au vu de ce dernier, l'autorité d'habilitation peut prendre une décision d'habilitation provisoire qui expire :

– soit lorsqu'à réception de l'avis de sécurité définitif, la décision d'habilitation ou de refus d'habilitation est prise ;
– soit au plus tard six mois après sa date d'émission.

3.4 *DÉCISION D'HABILITATION OU DE REFUS D'HABILITATION*

3.4.1 *Typologie des décisions*

3.4.1.1 Décision d'habilitation

La décision d'habilitation est l'autorisation donnée à une personne, sous réserve de son besoin d'en connaître, d'accéder à des informations et supports classifiés au niveau précisé dans la décision, ainsi qu'au niveau inférieur (cf. Annexe 8).

Elle est prononcée par l'autorité d'habilitation *[C. défense, art. R. 2311-8]* au regard notamment des conclusions du service enquêteur, quel que soit le sens de l'avis de sécurité. L'autorité d'habilitation informe le service enquêteur de sa décision.

L'autorité d'habilitation peut également décider d'accorder une décision d'habilitation temporaire *[Une personne morale de droit privé ayant accès à des informations et supports classifiés dans le cadre d'un contrat ou d'une convention, et les personnes physiques travaillant pour son compte ne peuvent bénéficier d'une habilitation temporaire]*, à l'issue d'une procédure d'habilitation de droit commun (cf. 3.3.1) à un agent de l'État ou d'un de ses établissements publics lorsque l'intéressé fait l'objet d'une habilitation au niveau *Secret* pour lequel il est inscrit au catalogue des emplois et qu'il a besoin, de façon ponctuelle, d'accéder à des informations et supports classifiés au niveau *Très Secret*, hors classification spéciale. Cette décision, non renouvelable, est valable pour une durée maximale de trois mois, à l'exception des décisions délivrées aux militaires pour l'accomplissement de leur mission en opération intérieure ou extérieure, qui sont valables la durée de la projection.

L'autorité d'habilitation est tenue d'en informer le service enquêteur.

3.4.1.2 Décision d'habilitation assortie de mesures particulières

L'autorité d'habilitation peut décider, lorsque l'enquête a mis en évidence des éléments de vulnérabilité, d'accorder l'habilitation après avoir pris des précautions particulières. Les deux procédures sont éventuellement cumulables.

a) Procédure de mise en garde

L'autorité d'habilitation peut décider d'accorder l'habilitation à l'intéressé sous réserve de la mise en garde de l'autorité compétente ou de l'officier de sécurité de l'organisme ayant fait la demande d'habilitation dont relève le candidat à l'habilitation.

Cette procédure permet à ces derniers de mettre en œuvre des mesures de sécurité ou de prendre des précautions particulières à l'égard de l'intéressé, si besoin avec le conseil de l'autorité d'habilitation ou du service enquêteur.

A l'issue de l'entretien de mise en garde, une attestation (cf. Annexe 9) est signée par l'autorité compétente ou l'officier de sécurité dont relève l'intéressé et conservée par l'autorité d'habilitation. La décision d'habilitation n'est rendue qu'à l'issue de la procédure. L'autorité d'habilitation en informe le service enquêteur.

b) Procédure de mise en éveil

L'autorité d'habilitation peut décider d'accorder l'habilitation après une mise en éveil de l'intéressé, qui consiste à sensibiliser ce dernier sur les éléments communicables de vulnérabilité révélés par l'enquête *[Il peut s'agir par exemple de ses attaches avec l'étranger ou de diverses particularités de son environnement]*.

L'autorité d'habilitation définit conjointement avec l'officier de sécurité de l'organisme ayant demandé l'habilitation les modalités de la mise en éveil. Elle consulte à cette fin le service enquêteur et peut solliciter sa présence lors de l'entretien avec l'intéressé. L'officier de sécurité étudie avec le service enquêteur les mesures de sécurité complémentaires à mettre en œuvre au regard de la situation lorsque cela s'avère justifié.

A l'issue de l'entretien de mise en éveil, une attestation (cf. Annexe 10) est signée par l'autorité d'habilitation ou son représentant, par l'officier de sécurité et par l'intéressé. Elle est conservée par l'autorité d'habilitation. La décision d'habilitation n'est prise qu'à l'issue de la procédure. L'autorité d'habilitation en informe le service enquêteur.

3.4.1.3 Décision de refus d'habilitation

La décision de refus d'habilitation est prononcée par l'autorité d'habilitation au regard notamment des conclusions du service enquêteur, quel que soit le sens de l'avis de sécurité.

3.4.2 *Notification de la décision*

L'officier de sécurité qui a fait la demande d'habilitation est informé par l'autorité d'habilitation de la décision prise par cette dernière. La décision ou, à défaut, le sens de la décision est communiqué à l'officier de sécurité. A réception, ce dernier notifie au candidat à l'habilitation la décision individuelle prise à son endroit, qu'elle soit favorable ou non.

3.4.2.1 Décision favorable

L'officier de sécurité notifie la décision d'habilitation à l'intéressé en le sensibilisant aux obligations particulières imposées par l'accès à des informations et supports classifiés, aux risques liés à la sécurité des systèmes d'information classifiés lorsque des droits d'accès à un tel système lui sont accordés ainsi qu'aux sanctions prévues par le code pénal en cas d'inobservation de la réglementation protégeant le secret de la défense nationale. L'intéressé signe le premier volet de l'engagement de responsabilité (cf. Annexe 11) par lequel il reconnaît avoir connaissance de ces obligations.

L'intéressé est également avisé de ce qu'il est tenu d'informer sans délai l'officier de sécurité, pendant toute la durée de son habilitation, de tout changement affectant sa vie personnelle (concubinage, pacte civil de solidarité, mariage, séparation, etc.), professionnelle ou géographique (lieu de domicile ou de résidence). Il lui est également

signifié qu'il doit l'informer de toute relation suivie, dépassant le cadre professionnel, avec un ou plusieurs ressortissants étrangers et de le consigner dans une notice individuelle de sécurité transmise à l'autorité d'habilitation. De tels changements de situation peuvent justifier un réexamen du dossier d'habilitation et, le cas échéant, la saisine ou l'auto-saisine du service enquêteur, qui émet un nouvel avis de sécurité.

3.4.2.2 Refus d'habilitation

La décision par laquelle l'autorité d'habilitation refuse d'habiliter une personne au titre de la protection du secret de la défense nationale (cf. Annexe 12), est notifiée à l'intéressé par l'officier de sécurité. Cette décision est dispensée de l'obligation de motivation *[CRPA, art. L. 211-2]*.

Lors de cet entretien, l'officier de sécurité remet à l'intéressé la décision de refus d'habilitation ainsi qu'un récépissé de notification de décision de refus d'habilitation (cf. Annexe 13) qui comporte la mention des voies et délais de recours et dont un exemplaire, daté et signé par l'intéressé, est conservé par l'autorité d'habilitation. Le refus d'habilitation ou l'avis défavorable à l'habilitation d'un ressortissant français pour l'exercice d'une fonction ou l'accomplissement d'une mission au profit d'une personne morale de droit étranger suit le même formalisme (cf. 3.2.6.2).

3.4.3 *Obligation de discrétion de la personne habilitée*

Une personne titulaire d'une décision d'habilitation ne peut en faire état ni révéler son niveau d'habilitation sauf si la communication de ces informations est nécessaire à l'exercice de ses fonctions ou de l'accomplissement d'une mission à raison desquelles elle a été habilitée.

3.4.4 *Portée de la décision en matière internationale*

Toute décision d'habilitation émise au niveau national pour un ressortissant français peut, sous réserve du besoin d'en connaître, donner accès, de manière exceptionnelle, aux informations et supports classifiés du niveau correspondant et des niveaux inférieurs échangés dans un cadre international en application de l'accord de sécurité conclu entre les États membres de l'OTAN et des dispositions mises en place dans le cadre de l'Union européenne.

Un certificat de sécurité peut être émis par l'autorité d'habilitation.

3.5 *CYCLE DE VIE DE LA DÉCISION D'HABILITATION*

3.5.1 *Durée de validité*

La décision d'habilitation cesse de produire ses effets :

– soit à la fin de validité figurant sur la décision qui peut être au plus égale à celle de l'avis de sécurité (cf. 3.3.1.3 *d)*) ;

– soit lorsque la fonction ou la mission l'ayant justifié disparaît, y compris si la date de fin de validité figurant sur la décision est postérieure.

Ainsi, la décision d'habilitation est implicitement abrogée au terme de la durée de validité de la décision ou lorsque la fonction ou la mission cesse, quand bien même la date de fin de validité inscrite sur la décision d'habilitation n'est pas échue.

3.5.2 *Abrogation explicite d'une décision d'habilitation*

Une décision d'habilitation peut être abrogée à tout moment ou ne pas être renouvelée si l'intéressé ne remplit plus les conditions nécessaires à sa délivrance.

L'abrogation fait l'objet d'une décision explicite, notifiée à l'intéressé selon les modalités prévues au 3.4.2.2. Lors de la notification, l'intéressé signe le second volet de l'engagement de responsabilité (cf. Annexe 11). L'officier de sécurité met alors en œuvre les mesures du 3.5.8. L'autorité d'habilitation informe le service enquêteur de la décision d'abrogation.

3.5.3 *Enquêtes administratives pendant la durée de l'habilitation*

Afin de s'assurer que le comportement de la personne habilitée n'est pas devenu incompatible avec les exigences relatives à la protection du secret de la défense natio-

nale, l'autorité d'habilitation peut, d'elle-même ou après signalement par l'officier de sécurité ou l'autorité d'emploi dont la personne habilitée relève, d'un changement de comportement ou de situation, diligenter une nouvelle enquête administrative conformément au II de l'article L. 114-1 du code de la sécurité intérieure.

Si des vulnérabilités sont apparues, l'autorité d'habilitation peut décider d'abroger la décision d'habilitation selon les modalités décrites au 3.5.2.

3.5.4 *Conservation des décisions*

Pendant leur durée de validité, les décisions d'habilitation sont conservées par l'officier de sécurité ou par l'autorité compétente désignée dans l'instruction ministérielle. Ces documents ne sont en aucun cas remis aux intéressés, ni reproduits.

3.5.5 *Certificat de sécurité*

Afin d'attester de son habilitation, il peut être remis à l'intéressé un certificat de sécurité (cf. Annexe 14) d'une durée de validité limitée à un an au maximum et pour une mission déterminée. Ce certificat de sécurité est délivré par l'autorité d'habilitation ou par l'officier de sécurité de l'organisme de l'intéressé.

L'intéressé procède ou fait procéder à sa destruction avant la fin de validité mentionnée sur le certificat.

3.5.6 *Renouvellement*

Afin d'éviter une interruption inopportune des conditions d'emploi, dans l'exercice de la fonction ou l'accomplissement de la mission du titulaire d'une décision d'habilitation lorsque la durée d'habilitation, qui ne peut excéder celle de l'avis de sécurité, est inférieure à celle de la fonction ou de la mission la justifiant, la validité de la décision initiale est tacitement prorogée d'une durée maximale de douze mois après la fin de validité de la décision initiale sous réserve qu'une demande de renouvellement, pour la même fonction ou la même mission, soit engagée dans un délai d'un an minimum et, au plus tard, trois mois avant la date d'expiration de l'habilitation en cours.

Cette demande de renouvellement s'accompagne d'un nouveau dossier de demande d'habilitation (cf. 3.3.1.1).

Si la procédure de renouvellement n'est pas engagée dans les délais impartis, aucune prorogation tacite n'est, en revanche, possible. Le titulaire doit quitter sans délai les fonctions ou cesser la mission ayant justifié son habilitation à expiration de la décision initiale.

3.5.7 *Portabilité de l'avis de sécurité en cas de changement de fonction ou de mission nécessitant une nouvelle habilitation*

En cas de changement de fonction ou de mission de la personne habilitée, l'habilitation détenue à ce titre devient caduque *[A l'exception d'une décision d'habilitation couvrant expressément plusieurs postes, conformément à l'art. R. 2311-8 C. défense]*. Si l'intéressé exerce une nouvelle fonction ou accomplit une nouvelle mission pour laquelle une habilitation est requise, une nouvelle procédure est engagée.

Lorsque l'avis de sécurité ayant fondé l'habilitation précédente est toujours en cours de validité et qu'aucun changement de situation justifiant sa révision (cf. 3.5.3) n'est survenu, la nouvelle décision d'habilitation est délivrée sur la base de l'avis de sécurité en cours et n'excède pas la durée de validité de ce dernier.

Afin de garantir la portabilité de l'avis de sécurité en cas de changement d'autorité d'habilitation, l'officier de sécurité de l'organisme quitté ou l'autorité compétente renvoie la décision d'habilitation et l'engagement de responsabilité à l'autorité ayant décidé l'habilitation. La précédente autorité d'habilitation transmet à la nouvelle autorité d'habilitation une attestation d'avis de sécurité (cf. Annexe 15) assortie de sa durée de validité. Parallèlement, afin d'éclairer sa décision, la nouvelle autorité d'habilitation peut demander au service enquêteur que l'avis de sécurité lui soit renvoyé, ainsi que les motifs l'ayant justifié.

3.5.8 *Cessation ou modification des droits associés à l'habilitation*

Le service des ressources humaines collabore avec l'autorité d'emploi et l'officier de sécurité afin de gérer les aspects liés au départ ou au changement de fonction de la personne habilitée (sensibilisation, retrait des droits d'accès au site et aux systèmes d'information classifiés, etc.). En outre, l'officier de sécurité s'assure du retrait immédiat des différents droits d'accès. Il en informe l'officier de sécurité des systèmes d'information concernés qui veille au retrait des droits et moyens d'accès aux systèmes d'information classifiés.

Un inventaire des informations et supports classifiés dont l'intéressé a été le détenteur est établi dans les conditions énumérées à la partie 7.4.

Les obligations relatives à la protection des informations classifiées auxquelles il a pu être donné accès, perdurent au-delà du terme mis aux fonctions ou à l'habilitation de l'intéressé. Ce dernier en est informé lorsqu'il signe le second volet de l'engagement de responsabilité. Une fois signé, ce document est retourné à l'autorité d'habilitation.

3.6 *FORMATION ET SENSIBILISATION DE LA PERSONNE HABILITÉE*

Lors de la notification de sa décision d'habilitation, la personne habilitée est sensibilisée aux enjeux de la protection du secret. A cette occasion, elle est informée qu'elle ne peut se prévaloir de sa décision d'habilitation en dehors de l'exercice de ses fonctions ou de l'accomplissement de sa mission (cf. 3.4.3).

La personne habilitée est formée de manière adaptée à ses fonctions, à la protection du secret, de façon à développer les compétences nécessaires pour traiter des informations et supports classifiés. Ces actions de formation sont renforcées pour les personnes ayant des responsabilités particulièrement sensibles au regard de la protection du secret *[Officier de sécurité, officier de sécurité des systèmes d'information, personnel servant dans les bureaux de protection du secret, personnes en charge de l'administration de la sécurité des systèmes d'information classifiés ou disposant de droits d'accès privilégiés à ces systèmes]*.

La formation, organisée par l'officier de sécurité et l'officier de sécurité des systèmes d'information, porte notamment sur :

– les risques d'investigations ou d'approches par des individus ou des organisations étrangers ;

– les dispositions législatives et réglementaires en vigueur (code pénal, code de la défense, présente instruction, instruction ministérielle), ainsi que les accords et règles internationales applicables ;

– la politique de protection du secret, y compris celle des systèmes d'information de l'organisme ;

– les bonnes pratiques à mettre en œuvre dans l'environnement de travail et celles relatives à la sécurité informatique appliquées aux systèmes d'information *[Conformément aux recommandations de l'ANSSI]* ;

– les mesures à prendre en cas de compromission, ainsi qu'en cas d'incident affectant la sécurité d'un système d'information.

Lorsque la personne habilitée est amenée à se rendre hors du territoire national, elle en avertit l'officier de sécurité qui, le cas échéant, peut organiser une action de sensibilisation spécifique avant son déplacement et éventuellement, à son retour.

L'officier de sécurité et l'officier de sécurité des systèmes d'information ou toute autre personne désignée par eux, dans leur domaine respectif de compétence, sont chargés de veiller à l'application de la présente instruction et, le cas échéant, de l'instruction ministérielle, ainsi qu'à la sensibilisation du personnel sur les nécessités de garantir la protection du secret.

4 *MESURES DE SÉCURITÉ APPLICABLES AUX PERSONNES MORALES*

Toute personne morale peut être qualifiée pour accéder à des informations et supports couverts par le secret de la défense nationale si son besoin d'en connaître est reconnu par l'État.

Les exigences à remplir par la personne morale pour être alors considérée comme qualifiée au sens des articles 413-10 et suivants du code pénal varient selon la nature juridique de la personne morale considérée et selon les finalités justifiant cet accès.

Ces exigences sont détaillées au sein du présent chapitre et synthétisées en Annexe 16.

4.1 *ÉTABLISSEMENTS PUBLICS DE L'ÉTAT*

Tout établissement public sous tutelle de l'État peut accéder à des informations et supports classifiés sous réserve :

– de disposer d'un besoin d'en connaître reconnu par le ministre dont il relève ;

– du respect des mesures définies par la présente instruction, complétée de l'instruction ministérielle de son ministre de tutelle et, le cas échéant, des directives techniques particulières applicables à son secteur d'activité.

Le responsable de l'établissement est, en sa qualité de responsable d'organisme, responsable du respect des règles de la protection du secret en son sein et par son personnel (cf. 2.2.1), sous le contrôle de son ministre et, par délégation, du haut fonctionnaire de défense et de sécurité, de tutelle.

A ce titre, notamment, le responsable de l'établissement s'assure de l'aptitude de ses locaux à abriter des éléments couverts par le secret de la défense nationale au regard de la présente instruction, complétée de l'instruction ministérielle de son ministre de tutelle et, le cas échéant, des directives techniques particulières applicables à son secteur d'activité. En cas d'utilisation d'un système d'information, il s'assure, de la même façon, que ce système est apte à traiter et protéger les informations et supports classifiés qu'il héberge.

Lorsqu'un établissement public candidate à un appel d'offres ou un appel à projet international nécessitant l'accès à des informations et supports classifiés, il se conforme aux exigences de l'autorité contractante étrangère et suit, le cas échéant, la procédure décrite au 4.4.1.4 *g*).

4.2 *OPÉRATEURS D'IMPORTANCE VITALE*

Les opérateurs d'importance vitale *[C. défense, art. L. 1332-1 s.]* ayant accès, en cette qualité, à des informations et supports classifiés n'ont pas à faire l'objet d'une habilitation "personne morale" mais se conforment aux dispositions de la présente instruction, complétée de l'instruction ministérielle du ministre coordonnateur dont ils relèvent, des directives techniques particulières, le cas échéant, applicables, ainsi qu'aux dispositions spécifiques détaillées dans le plan de sécurité d'opérateur et le plan particulier de protection *[C. défense, art. R. 2311-9]*.

En dehors des activités liées à sa désignation en tant qu'opérateur d'importance vitale, un tel opérateur ne peut accéder au secret de la défense nationale sauf s'il est partie à une convention ou un contrat nécessitant l'accès au secret de la défense nationale, conformément aux dispositions des parties 4.3 et 4.4.

Le délégué pour la défense et la sécurité, prévu par la réglementation relative à la sécurité des activités d'importance vitale, exerce la fonction d'officier de sécurité. Le cas échéant, cette fonction peut être exercée par son adjoint.

4.3 *AUTRES PERSONNES MORALES ASSOCIÉES À LA PROTECTION DES INTÉRÊTS FONDAMENTAUX DE LA NATION*

La recrudescence de l'espionnage par les services de renseignements étrangers, les évolutions de la menace non-étatique et les tentatives accrues de captation du patrimoine scientifique et technologique de la Nation nécessitent d'associer pleinement les collectivités territoriales et les acteurs privés à la protection des intérêts fondamentaux de la Nation.

Lorsqu'il est justifié par cette association, fondée sur le volontariat de la collectivité territoriale ou de la personne morale de droit privé, l'accès à des informations ou supports classifiés est autorisé sous réserve d'être encadré par une convention précisant l'objet et l'objectif de cette association et comportant un plan contractuel de sécurité énumérant, conformément aux exigences décrites au paragraphe 4.4.2.3 *a*) et en Annexe 17, les engagements pris par la personne morale pour protéger ces informations et supports classifiés.

L'État peut décider de suspendre ou de mettre fin unilatéralement à la convention à tout moment. En cas de fin de la convention, les informations et supports classifiés

transmis à la collectivité territoriale ou à la personne morale de droit privé sont restitués ou détruits conformément aux stipulations du plan contractuel de sécurité.

Lorsque la coopération le justifie, l'État peut exiger que l'exécution de la convention soit conditionnée à l'habilitation préalable de la personne morale selon les modalités décrites à la partie 4.4. Cette exigence est stipulée dans le plan contractuel de sécurité adossé à la convention.

Les conventions conclues au titre du présent paragraphe sont élaborées selon le modèle établi par le secrétaire général de la défense et de la sécurité nationale et conclues après avis favorable du haut fonctionnaire de défense et de sécurité dont l'autorité étatique contractante relève. Le haut fonctionnaire de défense et de sécurité en contrôle la mise en œuvre, adresse une copie de chaque convention signée au secrétaire général de la défense et de la sécurité nationale et en dresse le bilan qualitatif dans le compte rendu annuel sur la protection du secret (cf. 2.3.4).

4.4 *MESURES APPLICABLES DANS LE CADRE D'UN CONTRAT DE LA COMMANDE PUBLIQUE, D'UN CONTRAT DE SOUS-TRAITANCE OU D'UN SOUS-CONTRAT À UN CONTRAT DE LA COMMANDE PUBLIQUE OU D'UN CONTRAT DE SUBVENTION*

Les dispositions de la présente partie s'appliquent, selon les modalités définies ci-après, aux personnes morales (y compris les autoentrepreneurs), candidates ou parties à un contrat de la commande publique, à un contrat de sous-traitance, à un sous-contrat à un contrat de la commande publique, à un contrat de subvention, ci-après désigné sous le terme générique de "contrat", ou à un contrat exécuté au profit d'une entité étrangère impliquant l'accès du contractant à des informations et supports classifiés (cf. Annexe 18).

L'État doit pouvoir, y compris dans l'exercice de ses missions en matière de défense et de sécurité nationale, s'appuyer sur des compétences extérieures, en particulier dans les domaines technique, technologique, industriel ou pour l'optimisation des fonctions de soutien. Il doit alors être en mesure d'échanger en toute confiance avec ses cocontractants et leurs sous-traitants, y compris des informations et supports couverts par le secret de la défense nationale.

Ainsi, la procédure d'habilitation propre à la personne morale vise un double objectif :

— à travers les vérifications effectuées dans son cadre sur l'actionnariat de la personne morale, son équipe dirigeante, ses modes de financement, sa stratégie, ses relations contractuelles, elle permet à l'État de prendre des garanties sur la fiabilité de ses co-contractants et leur chaîne de sous-traitance, indépendamment de celle qu'offre la procédure d'habilitation du représentant légal de la personne morale et de ses seuls préposés susceptibles d'accéder à des informations et supports classifiés ;

— à travers les vérifications faites sur l'organisation de la chaîne de sécurité mise en place par la personne morale (cf. 4.4.1.2), elle permet de s'assurer que la personne morale dispose de la structure de sécurité nécessaire à la protection des informations et supports classifiés auxquels elle est susceptible d'avoir accès et d'engager pénalement son représentant légal en cas de défaillance de cette structure de sécurité.

L'habilitation de la personne morale impose des exigences plus ou moins étendues, selon qu'elle autorise :

— uniquement l'accès de la personne morale à des informations et supports classifiés, sans détention de ces informations et supports par la personne morale dans ses locaux ou au sein d'un système d'information qu'elle détient ;

— l'accès de la personne morale à des informations et supports classifiés avec détention physique de tout ou partie de ces informations et supports au sein d'au moins l'un de ses établissements ;

— la détention par la personne morale d'informations et supports classifiés au sein d'un système d'information qu'elle détient.

4.4.1 *Avant signature du contrat*

4.4.1.1 Obligation d'information par l'autorité publique contractante

a) Information relative à l'obligation d'habilitation

Le responsable légal est informé, dans la mesure du possible dès la pré-information et au plus tard dès l'avis d'appel public à la concurrence ou, à défaut de mise en concurrence, dès le début de la procédure de passation, de son obligation d'obtenir, pour lui-même et pour la personne morale qu'il représente, des habilitations de même niveau, préalablement à la signature du contrat, voire dès le dépôt de leur candidature *[Conformément à l'art. R. 2343-5 CCP, l'autorité contractante peut en effet exiger des candidats qu'ils soient habilités au moment du dépôt de leur candidature, c'est-à-dire qu'ils soient en mesure de présenter une attestation d'habilitation et, dans le cadre d'un contrat impliquant la détention d'informations et supports classifiés, qu'ils produisent un avis technique d'aptitude physique délivré par le service enquêteur compétent justifiant de leur capacité à traiter, conserver et transmettre ces informations et supports classifiés au niveau de protection nécessaire]*.

L'autorité publique contractante l'informe des délais impartis pour fournir les éléments constitutifs des dossiers de demande d'habilitation. Elle lui adresse les formulaires nécessaires ou, à défaut, lui indique les modalités pour se les procurer ainsi que, le cas échéant, le service compétent pour traiter le dossier. Dans le cadre d'un contrat de sous-traitance ou d'un sous-contrat à un contrat de la commande publique impliquant également l'accès à des informations ou supports classifiés, le primo-contractant *[Primo-contractant : est ainsi dénommé celui qui, dans le cadre d'un marché public, a conclu le contrat avec la personne publique, maître d'ouvrage, et qui confie, sous sa responsabilité, tout ou partie de l'exécution de ce contrat à un ou plusieurs sous-traitants ou sous-contractants]* **est tenu à la même obligation d'information à l'égard de ses sous-traitants et sous-contractants.**

b) Informations relatives à l'obligation de mise en conformité physique en cas de détention d'informations ou supports classifiés

Lorsque le contrat ou sa procédure de passation ou de conclusion impliquent la détention au sein d'un ou plusieurs établissements de la personne morale d'informations et supports classifiés, l'autorité publique contractante informe la personne morale des normes physiques que cette détention implique et dont la conformité aux exigences de la présente instruction est sanctionnée par l'obtention d'un avis d'aptitude physique délivré par le service enquêteur compétent.

c) Informations relatives à l'obligation d'homologation des systèmes d'information appelés à traiter des informations classifiées et aux procédures de sécurité à mettre en place pour la gestion des articles contrôlés de la sécurité des systèmes d'information

Si l'utilisation d'un système d'information classifié est requise pour l'exécution du contrat, voire dans le cadre de sa passation ou de sa conclusion, l'autorité publique contractante précise que ce système doit faire l'objet, préalablement à son emploi, d'une décision d'homologation *[C. défense, art. R. 2311-6-1]* **et que la mise en œuvre ou l'accès à des articles contrôlés de la sécurité des systèmes d'information (ACSSI) impliquent le respect des mesures de sécurité requises par la présente instruction.**

4.4.1.2 Préfiguration de la chaîne de sécurité de la personne morale

Pour toutes les démarches engagées avant la signature du contrat, le représentant légal de la personne morale désigne, parmi son personnel, la personne qui exercera la fonction d'officier de sécurité (cf. Annexe 19) et, le cas échéant, celle qui exercera la fonction d'officier de sécurité des systèmes d'information, répondant aux exigences définies aux 2.2.2.1 et 2.2.3.2 pour être les correspondants de l'autorité publique contractante et de l'autorité d'habilitation.

4.4.1.3 Communication d'informations et supports classifiés en phase précontractuelle

Sauf si l'autorité publique contractante exige l'habilitation dès la candidature *[CCP, art. R. 2343-5]*, **lorsqu'en phase précontractuelle d'un contrat de la commande publique ou d'un contrat de subvention, l'accès à des informations et supports classifiés par les candidats admis est nécessaire, l'habilitation des personnes physiques employées par la personne morale candidate est possible sans que la personne morale qui les emploie**

ne soit elle-même habilitée, à condition que la procédure d'habilitation la concernant ait été engagée et que les lieux destinés à abriter les informations et supports classifiés soient aptes à les conserver conformément aux dispositions mentionnées au chapitre 5, à moins que l'autorité publique contractante ou le pouvoir adjudicateur lui permette de disposer d'un accès aux informations et supports classifiés dans ses propres locaux.

Le candidat désigne parmi son personnel, au plus tard lorsque sa candidature a été retenue pour établir une offre, les personnes qui accèderont aux informations et supports classifiés dans le strict besoin de l'élaboration de l'offre. Si les personnes désignées ne sont pas titulaires d'une habilitation ou si la décision d'habilitation les concernant n'est pas appropriée aux besoins du contrat, le candidat dépose simultanément une demande d'habilitation pour chacune d'elles. Cette demande est instruite en procédure d'urgence (cf. 3.3.2). La délivrance d'une décision d'habilitation provisoire des personnes qui accèderont aux informations et supports classifiés dans le strict besoin de l'élaboration de l'offre ne préjuge pas de l'habilitation de la personne morale pour exécuter ledit contrat.

Le candidat dont l'offre n'est pas retenue détenant des informations et supports classifiés est tenu de les restituer à l'autorité contractante dès la notification du rejet de son offre et selon les modalités définies par l'autorité publique contractante. Il remet à l'autorité publique contractante une attestation par laquelle il certifie ne conserver aucune information ni support classifié. Dans le cas où des informations ou supports classifiés ont été transmis sous forme dématérialisée, il fournit une attestation précisant que les documents ont été effacés conformément aux dispositions de la présente instruction. Si les systèmes d'information classifiés et les articles contrôlés de la sécurité des systèmes d'information utilisés pour consulter les informations dématérialisées ne sont plus utilisés dans le cadre d'autres conventions ou contrats, ils sont détruits selon les dispositions de la présente instruction.

4.4.1.4 Procédure d'habilitation de la personne morale

A l'exception des établissements publics de l'État pour les contrats conclus avec une autorité publique contractante française, les personnes morales souhaitant conclure un contrat nécessitant pour son exécution l'accès à des informations et supports classifiés doivent être habilitées. La personne morale doit pouvoir justifier de son habilitation, ainsi que de celle de son responsable légal dès la candidature si l'autorité publique contractante l'exige *[CCP, art. R. 2343-5]* ou au plus tard au moment de la signature du contrat (cf. 4.4.1.4 *d)*).

a) Constitution du dossier d'habilitation

Afin d'enclencher la procédure d'habilitation, la personne morale constitue un dossier d'habilitation (cf. Annexe 20). Ce dossier comprend également les éléments nécessaires au lancement de la procédure d'habilitation de son responsable légal conformément à la procédure détaillée à la partie 3.3.

Si la personne morale a déjà fait l'objet d'une décision d'habilitation à l'occasion d'un précédent contrat, elle est tenue de présenter :

– une attestation d'avis de sécurité (cf. Annexe 21) produite par l'autorité d'habilitation mentionnant la fin de validité de l'avis de sécurité délivré par le service enquêteur compétent ou, dans le cas où l'autorité d'habilitation est identique à celle ayant délivré la précédente habilitation, une attestation d'habilitation (cf. Annexe 22) ;

– une attestation précisant qu'aucun changement dans la direction ou les statuts de la personne morale n'est intervenu depuis la délivrance de la précédente habilitation.

b) Envoi du dossier d'habilitation

Le dossier d'habilitation est transmis par l'officier de sécurité de la personne morale à l'autorité publique contractante.

Dans le cadre d'un contrat de sous-traitance ou de sous-contrat à un contrat de la commande publique ou à un contrat de subvention, le dossier constitué par le sous-traitant ou le sous-contractant est transmis soit par l'officier de sécurité du primo-contractant à l'autorité publique contractante, après vérification par ce dernier, de la complétude du dossier, soit directement à l'autorité publique contractante. Cette transmission est assortie d'une justification par le primo-contractant du besoin d'habilitation de son sous-traitant ou sous-contractant et d'une copie du plan contractuel de

sécurité du contrat que le primo-contractant prévoit de conclure avec le sous-traitant ou le sous-contractant, afin que l'autorité publique contractante puisse apprécier sa conformité avec la réglementation applicable et le plan contractuel de sécurité du contrat principal.

L'envoi du dossier d'habilitation par voie dématérialisée est privilégié.

c) Instruction du dossier d'habilitation

L'autorité publique contractante vérifie la complétude des dossiers d'habilitation. Lorsque le dossier est incomplet, elle informe la personne morale des pièces manquantes et du délai imparti pour les fournir. A expiration de ce délai, la personne morale n'ayant pas fourni les documents nécessaires à la complétude de son dossier est réputée avoir renoncé au contrat.

Le dossier d'habilitation est ensuite vérifié :

– dans le cadre d'un contrat de la commande publique ou d'un appel à projet : par l'autorité publique contractante. Seuls les dossiers des candidats retenus sont ensuite transmis à l'autorité d'habilitation. L'autorité publique contractante informe l'autorité d'habilitation des candidats écartés aux différents stades de la compétition. Elle lui transmet le projet de plan contractuel de sécurité. Seuls les candidats retenus se voient délivrés une décision d'habilitation ;

– dans le cadre d'un contrat de sous-traitance ou d'un sous-contrat : par l'autorité d'habilitation du primo-contractant.

Après cette première phase d'instruction, l'autorité d'habilitation transmet les dossiers d'habilitation au service enquêteur compétent conformément au 3.3.1.3 *b)*.

Le service enquêteur mène les investigations nécessaires sur chaque personne morale pour évaluer l'absence de vulnérabilité pour la défense et la sécurité nationale.

Le service enquêteur émet un avis de sécurité qui est ensuite transmis à l'autorité d'habilitation. Sauf changement dans la situation de fait ou de droit de la personne morale, la durée de validité de l'avis de sécurité émis est fixée conformément au 3.3.1.3 *d)*.

Au regard du principe de reconnaissance des habilitations entre autorités d'habilitation (cf. 4.4.1.4 *e)*), l'avis de sécurité ainsi que tous les éléments relatifs à l'habilitation de la personne morale détenue par l'autorité d'habilitation précédente sont transmis à la nouvelle autorité d'habilitation. A cet effet, la personne morale fait état des habilitations en cours ou précédemment détenues par la personne morale, ainsi que des autorités d'habilitation correspondantes (cf. Annexe 20).

d) Délivrance de la décision d'habilitation

La décision d'habilitation de la personne morale est une décision explicite délivrée par l'autorité d'habilitation (cf. Annexe 23), notamment sur le fondement de l'avis de sécurité émis par le service enquêteur compétent. L'autorité d'habilitation n'est pas liée par cet avis, qui n'est qu'un des éléments parmi les actes préparatoires à sa décision.

La décision d'habilitation comporte une durée de validité fixée par l'autorité d'habilitation ainsi que, s'il y a lieu, un domaine de validité. Cette durée ne peut excéder la durée de validité de l'avis de sécurité émis conformément au 3.3.1.3 *d)*.

Dans le cas où le service enquêteur n'a pas encore rendu son avis, en cas d'urgence justifiée et après saisine du service enquêteur, l'autorité d'habilitation, peut exceptionnellement prendre sa décision au vu d'autres éléments utiles en sa possession. L'habilitation ainsi délivrée est provisoire.

Tout changement de fait ou de droit dans la situation de la personne morale de droit privé intervenant après la décision doit être signalé à l'autorité d'habilitation afin de lui permettre, le cas échéant, de reconsidérer sa décision.

La décision de refus d'habilitation (cf. Annexe 24) est notifiée au représentant légal de la personne morale (cf. Annexe 25) dans les conditions prévues au 3.4.2.2.

Une décision de refus ne préjuge pas de la conclusion de conventions ou de contrats de toute nature n'impliquant pas la mise en œuvre de mesures de protection du secret de la défense et de la sécurité nationale ou impliquant l'accès au secret de la défense nationale pour un besoin autre que celui résultant du contrat pour lequel l'habilitation est refusée.

e) Principe de reconnaissance de la décision d'habilitation d'une personne morale

Dans le cas où une personne morale a déjà fait l'objet d'une habilitation à l'occasion d'une convention ou d'un contrat, cette habilitation demeure valable, pour toute autre convention ou contrat passé avec cette même personne morale par le ministère ou le service de l'État dont l'autorité d'habilitation relève, dans les limites de date et de domaine de validité de l'habilitation initiale et sauf changement dans la situation de fait ou de droit de la personne morale.

Dans le cas où une personne morale a déjà fait l'objet d'une habilitation à l'occasion d'une convention ou d'un contrat par une autorité d'habilitation relevant d'un autre ministère ou d'un autre service de l'État et lorsque l'avis de sécurité émis à cette occasion est toujours valide, sauf changement dans la situation de droit ou de fait de la personne morale, une nouvelle décision d'habilitation est prise sur la base de l'avis de sécurité en cours. Cette décision ne peut excéder ni la durée de validité ni le domaine d'application de l'avis de sécurité initial.

f) Cas particulier des personnes morales de droit étranger soumissionnant à un contrat de droit français nécessitant l'accès à des informations ou supports classifiés

Seule une personne morale établie sur le territoire d'un État avec lequel la France dispose d'un accord général ou spécifique de sécurité (cf. 7.2.1.3) peut être habilitée dans le cadre d'un contrat de droit français prévoyant l'accès à des informations ou supports classifiés.

La personne morale de droit étranger souhaitant conclure un tel contrat est alors tenue, à l'appui de sa candidature, de produire une attestation justifiant de son habilitation, délivrée par l'autorité compétente de l'État dont elle relève. Si la personne morale de droit étranger n'est pas habilitée, l'autorité française d'habilitation saisit le secrétaire général de la défense et de la sécurité nationale, en sa qualité d'autorité nationale de sécurité, ou, le cas échéant, l'autorité de sécurité déléguée compétente afin de solliciter de l'autorité compétente de l'État, sous la juridiction de laquelle la personne morale de droit étranger se trouve, qu'elle procède à son habilitation.

Aucune personne morale de droit étranger ne peut candidater ou présenter une offre lorsque l'exécution du contrat implique la détention au sein d'un établissement de la personne morale d'un système d'informations, d'informations ou supports portant la mention *Spécial France*.

g) Cas des personnes morales de droit français soumissionnant dans un cadre international

Lorsqu'une personne morale de droit français, non préalablement habilitée, candidate à un marché ou à un appel à projet au profit d'une autorité contractante de droit étranger, en vue d'un contrat nécessitant l'accès à des informations ou supports classifiés étrangers, elle adresse un dossier d'habilitation au secrétaire général de la défense et de la sécurité nationale, en sa qualité d'autorité nationale de sécurité ou, le cas échéant, à l'autorité de sécurité déléguée compétente.

Le secrétaire général de la défense et de la sécurité nationale ou, le cas échéant, l'autorité de sécurité déléguée, transmet le dossier d'habilitation au service du haut fonctionnaire de défense et de sécurité compétent au regard du domaine d'activité de la personne morale ou du contrat considéré, en vue de la délivrance d'une décision d'habilitation conformément à la procédure décrite au sein de la présente partie. Lorsque la procédure d'habilitation permet la délivrance d'une décision d'habilitation, le haut fonctionnaire de défense et de sécurité adresse une attestation d'habilitation (cf. Annexe 22) à l'officier de sécurité de la personne morale candidate à l'habilitation, directement ou *via* le secrétaire général de la sécurité et de la défense nationale ou, le cas échant, l'autorité de sécurité déléguée compétente. Dans tous les cas, une copie de la décision d'habilitation ou du refus d'habilitation est transmise au secrétaire général de la sécurité et de la défense nationale et, le cas échant, à l'autorité de sécurité déléguée compétente.

Une personne morale déjà habilitée et disposant d'un avis de sécurité en cours de validité s'adresse à son autorité d'habilitation pour une extension éventuelle de son domaine d'habilitation. L'autorité d'habilitation adresse une attestation d'habilitation à l'officier de sécurité de la personne morale candidate, directement ou *via* le secrétaire général de la défense et de la sécurité nationale ou, le cas échant, l'autorité de sécurité déléguée compétente. Dans tous les cas, une copie de l'attestation d'habilitation est

transmise au secrétaire général de la défense et de la sécurité nationale et, le cas échant, à l'autorité de sécurité déléguée compétente.

4.4.1.5 Lancement de la procédure d'aptitude physique

a) Cas où la personne morale ne dispose pas d'avis technique d'aptitude des locaux et des systèmes d'information contribuant à la sécurité des locaux

Lorsque le contrat implique la détention par la personne morale d'informations et supports classifiés, la personne morale dépose, parallèlement au dossier d'habilitation et le cas échéant d'homologation du ou des systèmes d'information classifiés qui ont vocation à être utilisés pour l'exécution du contrat, un dossier d'aptitude pour chacun des établissements situés sur le territoire français dans lesquels elle envisage de conserver des informations et supports classifiés. Ce dossier est destiné à évaluer l'aptitude desdits établissements à assurer la protection des éléments couverts par le secret de la défense nationale.

Un contrôle initial d'aptitude portant sur les mesures prises par la personne morale pour assurer la sécurité des informations et supports classifiés et, le cas échéant, du système d'information chargé du contrôle d'accès, est effectué par le service enquêteur dans le ou les établissement(s) concerné(s), préalablement à la signature de la convention ou du contrat.

A l'issue du contrôle initial, l'avis technique d'aptitude physique délivré par le service enquêteur est transmis à l'autorité publique contractante et à l'autorité d'habilitation et notifié à la personne morale :

– si l'avis est sans réserve : le responsable légal de la personne morale établit une attestation de conformité physique certifiant la conformité aux normes des locaux du ou des établissements concernés (cf. Annexe 26) ;

– si l'avis fait état de carences dans le dispositif de sécurité mis en œuvre au sein de la personne morale : son responsable légal s'engage à mettre en œuvre toutes les mesures nécessaires à la mise en conformité de son établissement et des systèmes d'information contribuant à la sécurité des locaux, dans un délai défini en liaison avec le service enquêteur et l'autorité publique contractante et compatible avec la date de début des prestations du contrat nécessitant la détention d'informations et de supports classifiés.

A l'issue des travaux de mise aux normes et, au plus tard, à la date d'échéance du délai défini en liaison avec le service enquêteur, le responsable légal de la personne morale transmet le certificat de mise aux normes de sécurité physique (cf. Annexe 27) à l'autorité publique contractante et à l'autorité d'habilitation. Cette dernière en informe le service enquêteur et peut, en lien avec l'autorité publique contractante, le solliciter pour diligenter un contrôle.

b) Cas où un avis technique d'aptitude des locaux et des systèmes d'information contribuant à la sécurité des locaux est déjà en cours de validité

Si les locaux où seront abrités les informations et supports classifiés dans le cadre de la convention ou du contrat considéré disposent d'un avis technique d'aptitude physique en cours de validité et qu'aucun changement des conditions qui ont présidé à sa délivrance n'est intervenu, cet avis suffit. Le responsable d'organisme le communique alors à l'autorité publique contractante et à l'autorité d'habilitation, accompagné d'une attestation de non-changement des conditions qui ont présidé à sa délivrance.

Il en va de même pour le système d'information chargé du contrôle d'accès.

4.4.1.6 Lancement de la démarche d'homologation

Lorsque l'exécution de la convention ou du contrat prévoit l'utilisation d'un système d'information classifié, la personne morale engage parallèlement à la procédure d'habilitation et à la démarche d'aptitude physique, une démarche d'homologation conformément aux modalités précisées à la partie 6.1.

Si la personne morale dispose déjà d'un système d'information classifié homologué au niveau requis, la décision d'homologation demeure valide. La personne morale adresse alors une copie de la décision d'homologation à l'autorité publique contractante, ainsi qu'à l'autorité d'habilitation.

4.4.2 *Exécution du contrat*

4.4.2.1 Décisions administratives préalables au lancement de l'exécution des prestations du contrat nécessitant l'accès à des informations ou supports classifiés

a) Finalisation du dossier d'aptitude physique

Si les attestations d'aptitude physique ne sont pas parvenues dans le délai prédéfini ou si des carences sont constatées lors des contrôles effectués par le service enquêteur conformément au 4.4.1.5 *a)*, une mise en demeure de se conformer aux prescriptions de la présente instruction est effectuée par l'autorité publique contractante *[C. défense, art. R. 2311-9]*. Le défaut d'exécution des travaux de mise en conformité fait obstacle à l'exécution du contrat et engage la responsabilité du représentant légal de la personne morale.

b) Finalisation de la démarche d'homologation des systèmes d'information classifiés

Dans le cas où la procédure d'homologation du système d'information classifié devant être utilisé pour l'exécution du contrat n'a pas été finalisée avant la signature du contrat, l'homologation du système doit intervenir au plus tard avant le début des prestations du contrat nécessitant son utilisation selon un calendrier établi en liaison avec l'autorité publique contractante.

L'autorité publique contractante peut, en parallèle de la démarche d'homologation ou de confirmation de l'existence d'une décision d'homologation en cours de validité, solliciter auprès du service enquêteur compétent, un contrôle d'aptitude visant à vérifier la capacité du système d'information à traiter des informations et supports classifiés au niveau requis conformément aux exigences de la présente instruction et de l'instruction interministérielle n° 300 sur les signaux parasitaires compromettants.

c) Habilitation des personnes physiques participant à l'exécution du contrat prévoyant l'accès à des informations ou supports classifiés

Sont seules autorisées à connaître des informations et supports classifiés pour le compte d'une personne morale habilitée les personnes rattachées à cette dernière qui ont fait l'objet d'une décision d'habilitation délivrée à l'issue de l'une des procédures d'habilitation définies à la partie 3.3.

Cette décision doit intervenir avant le début d'exécution par la personne physique considérée de ses missions nécessitant l'accès à des informations ou supports classifiés.

Afin d'éviter tout retard dans le lancement de l'exécution des prestations du contrat nécessitant l'accès à des informations ou supports classifiés, les procédures d'habilitation des personnes non encore habilitées sont lancées dès la signature du contrat, ou en amont de celle-ci, si la conclusion du contrat avec la personne morale considérée est certaine.

Sauf exception relative aux administrateurs et auditeurs des systèmes d'information classifiés et internes à la personne morale (cf. 3.2.2), le niveau et la durée de validité de cette habilitation ne peuvent excéder ceux de l'habilitation de la personne morale.

Un catalogue des emplois, tenu par l'officier de sécurité de la personne morale, est établi et mis à jour selon les modalités définies au 3.1.2.2, complétées le cas échéant des dispositions de l'instruction ministérielle, des directives techniques particulières applicables et des stipulations du plan contractuel de sécurité.

Ce catalogue des emplois tient lieu de répertoire des postes nécessitant l'accès à des informations ou supports classifiés. Il indique le niveau, les dates de délivrance et de fin de validité des décisions d'habilitation du personnel. Une mise à jour annuelle est réalisée et, à cette occasion, le représentant légal de la personne morale vérifie que les personnes habilitées ont effectivement eu accès à des informations et supports classifiés pour le niveau concerné et supprime, le cas échéant, les fonctions et missions ne nécessitant plus d'accéder au secret de la défense nationale.

Dès lors qu'une personne physique est susceptible, dans l'exécution de son contrat de travail, de connaître ou de détenir des informations et supports classifiés, son contrat de travail comporte, dans la mesure du possible, une clause de protection du secret de la défense nationale conforme à la clause-type figurant à l'Annexe 17. En cas de changement d'affectation amenant le salarié à travailler dans les conditions définies au premier alinéa, le contrat de travail fait l'objet d'un avenant écrit conforme aux présentes

dispositions. Les parties au contrat de travail peuvent compléter ou adapter la clause-type selon les spécificités dudit contrat sans lui être contraire.

4.4.2.2 Obligations du titulaire

a) Devoir de discrétion de la personne morale habilitée

La personne morale et son personnel titulaire d'une décision d'habilitation ne peut publiquement en faire état ni s'en prévaloir. Elle ne peut communiquer à des tiers cette décision, ni aucune information résultant des informations et supports auxquels elle a accès pour l'exécution des prestations du contrat nécessitant l'accès à des informations et supports classifiés, sauf autorisation expresse de l'autorité publique contractante ou en réponse à des procédures contractuelles qui l'exigeraient.

b) Obligations du responsable légal

En sa qualité de responsable d'organisme (cf. 2.2.1), le responsable légal de la personne morale s'engage, sous sa responsabilité pénale et contractuelle et celle de la personne morale, à assurer la protection des informations et supports classifiés dont son organisme et son personnel ont à connaître, selon les dispositions réglementaires applicables (cf. Annexe 4) et le plan contractuel de sécurité qu'il a conclu avec l'autorité publique contractante.

A ce titre, il approuve la politique de sécurité des systèmes d'information et la politique de protection du secret de son organisme (cf. 2.3.1.3) et met en place la chaîne de sécurité détaillée à la partie 2.2.

c) Obligations spécifiques des primo-contractants

En cas de recours à des sous-traitants ou sous-contractants pour l'exécution de son contrat qui ont besoin, à cet effet, d'accéder à des informations et supports classifiés, le primo-contractant en informe l'autorité publique contractante au moment de la signature du contrat, sauf impossibilité caractérisée, et justifie leur besoin d'en connaître pour exécuter le contrat.

Lorsque l'autorité publique contractante reconnaît ou identifie le besoin du sous-traitant ou du sous-contractant d'accéder à des informations et supports classifiés, le primo-contractant informe le sous-traitant ou le sous-contractant pressenti.

Le sous-traitant ou le sous-contractant pressenti constitue alors un dossier de demande d'habilitation de la personne morale selon les modalités décrites au 4.4.1.4. Ce dossier est transmis à l'autorité d'habilitation selon les modalités définies au 4.4.1.4 *b)*.

L'accès à des informations et supports classifiés par un sous-traitant ou un sous-contractant ne peut se faire que sous couvert d'un contrat comportant un plan contractuel de sécurité approuvé par l'autorité publique contractante de référence et sous réserve de l'habilitation préalable du sous-traitant ou du sous-contractant et de ses employés appelés à en connaître. Cet accès est strictement limité au besoin d'en connaître de sous-traitants ou sous-contractants, eu égard aux prestations définies par le sous-traité ou le sous-contrat.

Dans le cas où l'autorité publique contractante reconnaît ou identifie le besoin du sous-traitant ou du sous-contractant d'accéder à des informations et supports classifiés, le primo-contractant informe le sous-traitant ou le sous-contractant pressenti.

4.4.2.3 Mesures de sécurité liées à la détention d'informations et supports classifiés

Durant l'exécution du contrat, le titulaire est tenu de mettre en œuvre les mesures de sécurité requises pour assurer la protection des informations et supports classifiés. Ces mesures sont détaillées dans un plan contractuel de sécurité partie intégrante au contrat.

a) Plan contractuel de sécurité

Toute convention ou tout contrat nécessitant l'accès à des informations ou supports classifiés comporte un plan contractuel de sécurité qui énumère les exigences de sécurité relatives à la convention ou au contrat et détermine le besoin d'en connaître. Il stipule que des inspections, contrôles ou audits peuvent être organisés dans les établissements de la personne morale abritant des informations et supports classifiés aux fins de s'assurer de leur condition de protection.

Le plan contractuel de sécurité répond aux exigences mentionnées en Annexe **28**. Celles-ci peuvent être adaptées par l'autorité publique contractante en liaison avec le titulaire sans pouvoir leur être contraires. Il doit mentionner, entre autres, la classification suivant le niveau retenu (*Secret*, *Très Secret*) et la nature (France, OTAN, UE, autres) des informations et supports classifiés.

Lorsque son contenu le justifie, le plan contractuel de sécurité est classifié en tout ou partie. Il peut être modifié en cours d'exécution de la convention ou du contrat à l'initiative de l'autorité publique contractante ou sur proposition de la personne morale.

L'autorité publique contractante valide le plan contractuel de sécurité des éventuels sous-traités et des sous-contrats au contrat principal.

Le plan contractuel de sécurité du primo-contrat intègre la liste des sous-traités et des sous-contrats concernés identifiés lors de la rédaction du plan contractuel de sécurité, les travaux réalisés, leurs dates prévisionnelles de début et de fin d'exécution ainsi que les informations et supports classifiés dont la connaissance est nécessaire à leur réalisation.

Le suivi des plans contractuels de sécurité des sous-traités ou des sous-contrats est effectué par le contractant principal sous la responsabilité et le contrôle de l'autorité publique contractante de référence. Les modalités de ce contrôle peuvent être définies dans des clauses particulières ou dans le plan contractuel de sécurité du contrat principal.

b) Inspections, contrôles et audits

Conformément aux stipulations du plan contractuel de sécurité, la personne morale se soumet à des inspections, contrôles et audits périodiques de l'autorité publique contractante ou du service enquêteur, tout au long de l'exécution du contrat et après son exécution si elle continue à détenir des informations et supports classifiés.

Des contrôles d'aptitude sont diligentés périodiquement dans ses locaux pour vérifier le respect de la protection du secret pour l'exécution de chaque convention et contrat.

Ces inspections, contrôles et audits incluent les systèmes d'information s'ils traitent d'informations classifiées ou s'ils contribuent à la sécurité des locaux abritant des éléments couverts par le secret de la défense nationale.

Lorsqu'une inspection, un contrôle ou un audit fait apparaître que les locaux ou les systèmes d'information de la personne morale ne sont plus conformes à la réglementation et aux normes fixées par le(s) plan(s) contractuel(s) de sécurité actif(s), le service enquêteur informe la personne morale, l'autorité publique contractante et le haut fonctionnaire de défense et de sécurité du ministère compètent de la non-conformité de ses locaux. Le responsable légal de la personne morale fait procéder à leur mise en conformité et prend toutes les mesures nécessaires pour assurer la sécurité des informations et supports classifiés pendant les travaux de réaménagement.

Après chaque mise en conformité, un contrôle donnant lieu à un nouvel avis d'aptitude des locaux concernés est effectué par le service enquêteur. Lorsqu'il apparaît que des informations et supports classifiés sont conservés dans des lieux qui ne sont pas de nature à garantir leur protection, le service enquêteur en informe l'autorité d'habilitation ainsi que l'autorité publique contractante. Cette dernière peut mettre en demeure la personne morale d'effectuer les travaux nécessaires à leur mise en sécurité dans un délai de trois mois à compter de la notification de la mise en demeure. A l'issue d'une mise en demeure infructueuse, l'autorité d'habilitation peut abroger la décision d'habilitation de la personne morale *[C. défense, art. R. 2311-9]*.

Tout refus de mise en conformité ou tout retard pour se mettre en conformité peut être considéré comme un non-respect des engagements conventionnels ou contractuels en matière de protection du secret et entraîner le prononcé des sanctions prévues par la convention ou le contrat, sans préjudice d'éventuelles sanctions pénales.

4.4.3 *Résiliation et terme du contrat*

4.4.3.1 Fin de l'habilitation de la personne morale

Si la décision d'habilitation arrive à expiration au cours de l'exécution d'un contrat visé par les présentes dispositions, une demande de renouvellement est déposée auprès de l'autorité d'habilitation dans l'année et, au plus tard, six mois avant cette date

d'expiration. La durée de validité de la décision est alors prorogée dans les conditions définies au paragraphe 3.5.6.

L'habilitation peut être abrogée en cours de validité ou peut ne pas être renouvelée si la personne morale de droit privé ne remplit plus les conditions nécessaires à sa délivrance.

L'abrogation de la décision d'habilitation (cf. Annexe 24) est notifiée au représentant légal de la personne morale dans les mêmes formes que le refus d'habilitation (cf. 3.4.2.2).

L'abrogation de la décision d'habilitation n'entraîne pas nécessairement la résiliation du contrat, en particulier si l'accès aux informations et supports classifiés n'est plus nécessaire à son exécution. Les conséquences d'une telle décision doivent ainsi être examinées au cas par cas.

4.4.3.2 Mesures particulières en fin d'exécution du contrat

Lorsque les prestations du contrat nécessitant l'accès à des informations et supports classifiés ont été réalisées, la personne morale en informe dans le délai d'un mois l'autorité publique contractante qui lui précise la destination à donner aux informations et supports classifiés qu'elle détenait jusqu'alors. A cet effet, les modalités de destruction, d'archivage ou de restitution des informations et supports classifiés ainsi que celles portant sur le démantèlement des systèmes d'information classifiés sont définies par l'autorité publique contractante de référence en liaison avec les services concernés dans une fiche de clôture du plan contractuel de sécurité. Le plan contractuel de sécurité du contrat est clôturé sauf s'il a donné lieu à un ou plusieurs sous-traités ou sous-contrats. Dans ce cas, il ne peut être clôturé qu'après la clôture des plans contractuels de sécurité de chaque sous-contrat.

Si la personne morale conserve des informations et supports classifiés après la clôture du plan contractuel de sécurité, elle est tenue de :

– maintenir la chaîne fonctionnelle de protection du secret, complétée, le cas échéant, de la chaîne fonctionnelle de la sécurité des systèmes d'information ;

– disposer d'une décision d'habilitation pour elle-même, valide et cohérente avec les informations et supports classifiés conservés ;

– maintenir les habilitations de son personnel ayant le besoin d'en connaître ;

– entretenir les aptitudes physiques des locaux abritant des informations et supports classifiés ;

– tenir à jour les dossiers d'homologation des systèmes d'information classifiés et maintenir l'homologation de ces systèmes.

Un suivi de ces obligations est assuré par le service enquêteur compétent.

4.5 *MESURES DE SÉCURITÉ APPLICABLES EN CAS DE CESSATION D'ACTIVITÉ OU DE DISSOLUTION DE LA PERSONNE MORALE*

Le plan contractuel de sécurité précise les modalités de destruction, d'archivage ou de restitution des informations et supports classifiés détenus par la personne morale, en cas de cessation d'activité ou de dissolution de cette dernière.

5 *SÉCURITÉ DES LIEUX*

5.1 *PRINCIPE DE DÉFENSE EN PROFONDEUR ET ANALYSE DE RISQUES*

La protection du secret de la défense nationale appelle la mise en place de mesures de sécurité plus ou moins élevées selon qu'il s'agit de :

– lieux dit "abritant", c'est-à-dire de lieux ayant vocation à conserver des informations et supports classifiés, quels qu'en soient le niveau et le volume [*Conformément à l'art. 56-4 C. pr. pén., la liste des lieux visés abritant est établie de façon précise et limitative par arrêté du Premier ministre. Cet arrêté est actualisé chaque année (cf. 2.3.2.2)*] ;

– ou de lieux, telles que les salles de réunion, où des informations et supports classifiés sont communiqués, échangés ou manipulés mais où ces informations et supports n'ont pas vocation à être conservés.

Dans les deux cas, le système de protection déployé est destiné à protéger les informations et supports classifiés contre toute menace, interne ou externe, qui pourrait mettre en cause leur disponibilité, leur intégrité, leur confidentialité et leur traçabilité et à empêcher qu'une personne non qualifiée puisse y accéder. Il s'appuie sur une analyse de risques et s'inscrit dans une logique de défense en profondeur qui repose sur des barrières successives répondant aux critères suivants :

– être multifonctions, c'est-à-dire comporter plusieurs dispositifs successifs, complémentaires, de nature différente, associés ou combinés à un ou plusieurs dispositifs de détection-alarme reposant eux-mêmes sur des principes différents ;

– être homogènes, c'est-à-dire garantir la même efficacité en tous points, l'atteinte aux informations et supports classifiés se mesurant toujours dans la zone de moindre résistance et la valeur d'un système équivalant à celle de son élément le plus faible ;

– être dissuasives, c'est-à-dire contribuer à réduire le risque d'une tentative d'atteinte aux informations et supports classifiés ;

– être contrôlées, c'est-à-dire être testées fréquemment afin de vérifier qu'elles sont en état opérationnel ;

– être traçables, c'est-à-dire fournir tout moyen pouvant apporter un historique du fonctionnement des différents composants.

La sécurité des lieux résulte de l'articulation des différentes mesures de protection définies à l'Annexe 29. La sécurité des lieux abritant repose sur une articulation de l'ensemble de ces mesures, conforme au niveau de classification des informations et supports qu'ils conservent. Les lieux où des informations et supports classifiés sont communiqués ou manipulés sans y être conservés garantissent a minima le respect des règles relatives à la classe du bâtiment et/ou de l'emprise, ainsi qu'à la classe du local (cf. 2. a) et b) de l'Annexe 30). Il est à noter qu'un lieu où est installé ou conservé un système d'information classifié est considéré comme un lieu abritant *[Conformément à l'art. 413-9 C. pén., les réseaux informatiques et données informatisées qui ont fait l'objet de mesures de classification destinées à restreindre leur diffusion ou leur accès présentent un caractère de secret de la défense nationale. Il en découle que les lieux dans lesquels sont conservés ces réseaux informatiques et données informatisées sont des lieux abritant]*.

5.2 *PROTECTION PHYSIQUE*

5.2.1 *Règles générales*

Conformément au principe de défense en profondeur, la sécurité des informations et supports classifiés est assurée par un ensemble de mesures destinées à garantir l'intégrité des bâtiments, des lieux qui abritent les meubles dans lesquels ils sont conservés ou dans lesquels un système d'information classifié est déployé, ainsi que par la fiabilité des meubles dans lesquels ils sont conservés. Ces mesures ont pour objet d'éviter toute dégradation, compromission ou risque de compromission des informations et supports classifiés.

Le degré de sécurité physique à appliquer pour assurer la protection des lieux abritant dépend des niveaux de classification et, le cas échéant, de protection logique des informations et supports classifiés qu'ils abritent et des menaces auxquelles ils sont exposés.

Le dispositif global de protection et la solution technique retenue reposent sur les conclusions rendues par l'autorité compétente qui s'appuient sur l'évaluation des menaces et des contraintes inhérentes à l'environnement du site, ainsi que sur les méthodes de travail et de gestion des informations et supports classifiés concernés (par exemple, en fonction de la circulation de ces informations et supports dans le site et du nombre de personnes y ayant accès).

La sécurisation physique des accès d'énergie, des locaux techniques et des moyens de communication participe également de la protection physique des informations et supports classifiés.

Les informations et supports classifiés qui ne sont plus sous la surveillance de l'utilisateur font l'objet, selon les risques liés à leur environnement, de mesures de protection adaptées, déterminées par l'autorité compétente.

5.2.2 *Dispositif global de protection*

Le dispositif de protection physique des informations, supports et systèmes d'information classifiés est constitué de plusieurs barrières successives, que sont :

– l'emprise du bâtiment et/ou le bâtiment lui-même ;

– les locaux qui contiennent le meuble ou les éléments du système d'information ;

– le meuble dans lequel sont conservés les informations et supports classifiés ;

– et, pour les systèmes d'information, la sécurité logique à l'égard des utilisateurs du système et éventuellement, à l'égard des ressources du système d'information.

Le degré de protection de l'ensemble du dispositif est fonction du niveau de protection assuré par les mesures appliquées à chacune de ces barrières. Les types de mesures de sécurité physique, leur articulation selon le type de barrière et les mesures spécifiques aux niveaux supérieurs de classification sont détaillés de l'Annexe 29 à l'Annexe 32.

Compte tenu de leur environnement particulier, les lieux dans lesquels sont conservés des informations et supports classifiés et, le cas échéant, des systèmes d'information classifiés, peuvent faire l'objet de dispositions de sécurité adaptées.

Sur un territoire étranger et compte tenu de leur environnement particulier, les organismes détenteurs d'informations et supports classifiés français relevant administrativement ou contractuellement de la juridiction de l'État français, doivent, sauf urgence ou contrainte majeure (opérationnelle, etc.), appliquer les mesures de protection décrites dans la présente instruction.

Lorsque les circonstances imposent la détention et la production d'informations et supports classifiés mais ne permettent pas la mise en place des moyens adéquats de sécurité physique, des mesures compensatoires sont prises afin de conserver le même niveau de protection. Ces mesures de substitution procèdent d'une analyse précise des risques, réalisée par le responsable du site concerné ou, le cas échéant, par le service enquêteur compétent. Elles sont évaluées par le service enquêteur compétent. Le service du haut fonctionnaire de défense et de sécurité est destinataire de l'analyse de risques et de l'avis du service enquêteur. Le niveau de protection doit, en toute hypothèse, être suffisant pour permettre la prise en compte du délai réel d'intervention avant la compromission.

5.3 *CONTRÔLE D'ACCÈS*

5.3.1 *Contrôle physique des accès*

Le contrôle d'accès s'intègre dans un système de management de la sûreté qui comprend aussi bien des moyens de détection que de surveillance. Il combine des moyens techniques, organisationnels et humains et a pour objectif :

– de filtrer les flux de circulation, les individus et les véhicules qui souhaitent entrer ou sortir d'un site, d'un bâtiment ou d'un local. L'accès à un local technique d'un système d'information classifié fait l'objet de mesures de protection physique supplémentaires ;

– d'empêcher ou de limiter les déplacements de personnes non autorisées.

Il peut s'appuyer sur la création de zones protégées et réservées.

5.3.1.1 Zones protégées

La création d'une zone protégée est conseillée pour les lieux abritant des informations et supports classifiés au niveau *Secret* et obligatoire au niveau *Très Secret*.

Une zone protégée est un local ou un terrain clos rattaché à une entreprise, un service, un établissement, public ou privé, intéressant la défense nationale, auquel l'accès est soumis à autorisation afin de protéger les installations, les matériels, le secret des recherches, des études ou des fabrications ou les informations et supports classifiés qui s'y trouvent *[C. pén., art. 413-7 et R. 413-1 s.]*.

Elle est créée par arrêté ministériel selon les modalités définies aux articles R. 413-1 à R. 413-5 du code pénal et permet d'assurer aux lieux abritant des informations et

supports protégés par le secret de la défense nationale une protection juridique renforcée, et notamment pénale, contre les intrusions, que ces lieux soient rattachés à un service de l'État, à un établissement public ou à toute personne physique ou morale, publique ou privée, intéressant la défense nationale.

L'ensemble des accès est contrôlé et tracé en permanence afin d'éviter toute pénétration intentionnelle ou fortuite dans la zone protégée. Le système d'information permettant de contrôler et tracer les accès en zone protégée, homologué par l'autorité d'emploi, met en œuvre des mécanismes d'authentification et d'intégrité garantissant l'accès à ce système par les seules personnes autorisées. A défaut d'un tel système, un registre physique répondant aux mêmes objectifs, accessible aux seules personnes ayant le besoin d'en connaître, est utilisé.

Les limites de la zone protégée et les mesures d'interdiction d'accès dont elle fait l'objet sont rendues apparentes afin de ne pas être franchies par inadvertance. A cet effet, des panneaux sont disposés en nombre suffisant aux endroits appropriés.

Par principe, l'autorisation de pénétrer dans une zone protégée est donnée par le chef du service, de l'établissement ou de l'entreprise, selon les directives et sous le contrôle du ministre ayant déterminé le besoin de protection. Lorsque la zone est instituée pour protéger des recherches, études ou fabrications qui doivent être tenues secrètes dans l'intérêt de la défense nationale, l'autorisation est délivrée uniquement par le ministre qui a déterminé le besoin de protection.

Conformément à l'article L. 114-1 du code de la sécurité intérieure, l'autorité chargée de prendre la décision peut diligenter une enquête administrative afin de s'assurer que le comportement de la personne, physique ou morale, n'est pas incompatible avec l'accès à cette zone ou ne l'est pas devenu. L'officier de sécurité du site saisit alors le service compétent d'une demande d'enquête administrative (cf. Annexe 6) avant d'autoriser l'accès à la zone protégée. Après instruction du dossier et sur la base des éléments qu'il a pu réunir, le service compétent émet un avis qu'il adresse au demandeur. Cet avis peut être favorable, défavorable ou réservé. La durée de validité de cet avis est laissée à l'appréciation de chaque ministre.

L'autorisation d'accéder à une zone protégée est délivrée par écrit et peut être retirée à tout moment dans les mêmes formes.

Sans préjudice des sanctions disciplinaires, toute personne non autorisée s'introduisant ou tentant de s'introduire dans une zone protégée encourt la peine prévue à l'article 413-7 du code pénal.

5.3.1.2 Zones réservées

La création d'une zone réservée, par définition incluse dans une zone protégée et pouvant même lui correspondre, vise à apporter une protection complémentaire. Elle est obligatoire pour les lieux abritant des informations et supports classifiés, y compris les systèmes d'information classifiés, au niveau *Très Secret*.

Les zones réservées sont créées par décision du responsable d'organisme. Chaque ministre veille à ce que des zones réservées soient créées dans tous les organismes qui, de manière habituelle, élaborent, traitent, reçoivent ou détiennent des informations et supports classifiés au niveau *Très Secret*.

Les mesures de sécurité propres aux zones réservées sont définies en Annexe 32.

Lorsqu'un organisme est amené à traiter ou détenir de tels informations et supports au niveau *Très Secret* pour des raisons opérationnelles et de manière temporaire, le responsable d'organisme crée une zone réservée temporaire soumise aux mesures de sécurité détaillées en Annexe 32, y compris lorsque les conditions de création d'une zone protégée ne sont pas réunies *[Dans le cas des moyens mobiles (aéronefs, navires, etc.) conservant des informations et supports classifiés au niveau Très Secret, lorsque les conditions de création d'une zone protégée ne sont pas réunies, une zone réservée peut exceptionnellement y être créée et faire l'objet de modalités spécifiques de sécurité définies dans l'instruction ministérielle]*.

5.3.2 *Accès des personnes non habilitées dans le cadre de l'exécution d'un contrat "sensible"*

5.3.2.1 Mesures de sécurité relatives au contrat sensible

Un contrat "sensible" est un contrat, quel que soit son régime juridique ou sa dénomination, qui n'implique pas l'accès à des informations ou supports classifiés mais dont l'exécution nécessite l'accès à un lieu abritant des éléments couverts par le secret de la défense nationale.

Il s'agit notamment des contrats de gardiennage, d'entretien ou de maintenance de lieux abritant des éléments couverts par le secret de la défense nationale.

Sauf si un accord de sécurité ou des règles de sécurité d'une organisation internationale, d'une institution, d'un organe ou d'un organisme de l'Union européenne impose, au cas d'espèce, des règles plus strictes, il n'y a pas lieu de procéder à l'habilitation de la personne morale ni à celle de son personnel. En revanche, l'autorité publique contractante ou le primo-contractant dans le cadre d'un contrat sensible en sous-traitance ou sous-contrat à un contrat classifié (cf. 4.4) ou sensible fait figurer au contrat les stipulations nécessaires pour garantir que ses conditions d'exécution ne portent pas atteinte au secret de la défense nationale. Ces stipulations prennent la forme d'une clause de protection du secret sur le modèle de clause-type présenté en Annexe 33, complétée ou adaptée, le cas échéant, selon les spécificités du contrat considéré, sans toutefois être contraire ou moins disante que le modèle.

5.3.2.2 Mesures de sécurité relatives à la personne morale exécutant un contrat sensible

En application des dispositions des articles L. 114-1 et R. 114-4 du code de la sécurité intérieure, l'autorité contractante peut solliciter du service compétent que soit diligentée une enquête administrative à l'encontre d'une personne morale, ainsi que de ses éventuels sous-contractants et leur personnel, sur la base des éléments fournis à l'occasion de la procédure de passation du marché ou lors de la demande d'acceptation du sous-contractant.

Le service compétent adresse son avis, consigné sur une fiche navette (cf. Annexe 34), à l'autorité contractante et au service du haut fonctionnaire de défense et de sécurité concerné.

Lorsque l'avis révèle un fait constituant un motif d'exclusion au sens des articles L. 2141-1 à L. 2141-5 de la commande publique, l'autorité publique contractante écarte la candidature de la personne morale concernée *[CCP, art. L. 214-1 s.]*, sauf si des raisons impérieuses imposent le recours à la dite personne morale, que le marché en cause ne peut être confié qu'à ce seul opérateur économique et qu'un jugement définitif d'une juridiction d'un État membre de l'Union européenne n'exclut pas expressément l'opérateur concerné des marchés.

Lorsque l'avis révèle un fait pouvant constituer un motif d'exclusion au sens des articles L. 2141-7 à L. 2141-10 *[du code]* de la commande publique, l'autorité publique contractante peut écarter la candidature de la personne morale concernée selon les modalités prévues à l'article L. 2141-11 du même code.

5.3.2.3 Mesures de sécurité relatives au personnel de la personne morale exécutant un contrat sensible

En application des dispositions des articles L. 114-1 et R. 114-4 du code de la sécurité intérieure, le personnel de la personne morale chargé d'exécuter la prestation prévue par le contrat sensible peut préalablement faire l'objet d'une enquête administrative par le service compétent.

Il est recommandé d'insérer une clause de protection du secret (cf. Annexe 17, point 5) dans les contrats de travail des personnes exécutant un contrat sensible. Lorsqu'un salarié exécutant un contrat de travail ordinaire se trouve soumis aux conditions applicables aux contrats sensibles, un avenant conforme aux présentes dispositions peut être introduit dans son contrat de travail.

Les parties contractantes peuvent compléter ou adapter la clause du contrat de travail mentionnée précédemment selon les spécificités dudit contrat sensible sans jamais lui être contraires.

5.3.2.4 Accès des personnes non habilitées à des lieux abritant des éléments couverts par le secret de la défense nationale, dans le cadre de la législation du travail

Les règles de protection du secret de la défense nationale s'appliquent à toute inspection ou à tout contrôle prévu par des dispositions législatives ou réglementaires.

En matière de législation sociale, les personnes morales de droit privé liées par un contrat prévoyant l'accès à des informations et supports classifiés (cf. chapitre 4) doivent concilier l'impératif de protection du secret de la défense nationale avec la nécessité d'appliquer les règles propres au droit du travail *[C. trav., art. L. 8112-1, L. 8123-1, L. 8123-4]* relatives aux contrôles et inspections (par exemple les médecins ou les inspecteurs du travail, les ingénieurs de prévention, les instances représentatives du personnel). Lorsque la personne morale de droit privé détient des éléments couverts par le secret de la défense nationale conformément aux dispositions précédentes, seule l'autorité responsable du site auquel le lieu abritant est rattaché, après contrôle de la qualité et vérification de l'identité des contrôleurs ou inspecteurs *[C. trav., art. L. 8114-1 et L. 8114-2 : le refus du responsable du site de se prêter à ces opérations constitue le délit d'entrave]*, les autorise à pénétrer dans les zones où sont abrités des informations et supports classifiés.

Bien que les contrôleurs ou inspecteurs s'engagent à ne rien révéler des secrets de fabrication ou procédés d'exploitation qui pourraient leur être révélés à cette occasion *[C. trav., art. L. 8113-10, L. 8113-11, L. 8114-2 et L. 8123-5]*, sous peine d'encourir des poursuites sur le fondement de la violation du secret professionnel *[C. pén., art. 226-13]*, ils ne sont nullement autorisés, sauf à être dûment habilités et à justifier du besoin d'en connaître pour l'exercice de leur fonction ou l'accomplissement de leur mission, à accéder ou à prendre connaissance d'informations et supports classifiés, cet accès restant subordonné au respect des règles énoncées par la présente instruction.

Si, dans des circonstances exceptionnelles, l'un d'eux accède fortuitement à un secret de la défense nationale, il s'expose, en cas de divulgation, aux peines prévues à l'article 413-11 du code pénal.

5.3.2.5 Exception en cas de secours, de sécurité ou d'incendie

Le personnel d'intervention en matière de secours, de sécurité ou d'incendie, agissant dans des cas d'urgence avérée, est autorisé à procéder aux opérations requises par la situation sans être soumis aux formalités ordinaires.

Si, dans des circonstances exceptionnelles, l'une de ces personnes accède fortuitement à un secret de la défense nationale, elle s'expose, en cas de divulgation, aux peines prévues à l'article 413-11 du code pénal.

5.3.3 *Vérification de la protection physique par les services enquêteurs*

5.3.3.1 Règles générales

Les lieux abritant des informations et supports classifiés font l'objet d'un avis technique d'aptitude physique à un niveau au moins égal au niveau de classification des informations et supports qu'ils ont vocation à abriter.

Cet avis est délivré par le service enquêteur compétent.

a) Au niveau Secret

– pour les services de l'État : cet avis est facultatif ;

– pour les établissements publics de l'État, les opérateurs d'importance vitale dans le cadre de leur accès à des informations et supports classifiés en raison de leur désignation en tant qu'opérateur d'importance vitale, les personnes morales, publiques ou privées, dans le cadre d'une convention au titre de la partie 4.3 : cet avis n'est pas obligatoire avant la détention et intervient au plus tard à l'occasion d'un contrôle organisé par le haut fonctionnaire de défense et de sécurité conformément au 2.3.3 ;

– pour les personnes morales, publiques ou privées, liées par un contrat au sens de la partie 4.4, cet avis est obligatoire préalablement à la détention (cf. 4.4.1.1 *b*)).

b) Au niveau Très Secret

Cet avis est obligatoire, pour tout organisme, indépendamment de son statut juridique et de la finalité de détention, préalablement à la détention, sauf en cas d'impossibilité majeure.

5.3.3.2 Évaluation de la sécurité physique

Le service enquêteur s'assure de la cohérence de l'analyse de risques et des moyens mis en œuvre pour contrer une atteinte aux informations et supports classifiés, notamment que les mesures de protection physique des locaux et de protection logique des systèmes d'information chargés de la sûreté, qu'elles soient réglementaires ou compensatoires, permettent de détecter une intrusion suffisamment tôt et de la freiner le temps nécessaire à une intervention (cf. Annexe 30). Cette évaluation figure dans l'avis technique d'aptitude physique. En raison de la diversité des dispositifs de protection disponibles sur le marché et de l'évolution constante des techniques utilisées, le responsable d'organisme peut, en cas de besoin, consulter les services enquêteurs sur les normes que doivent respecter les matériels et les systèmes de protection qu'ils désirent mettre en place.

Lorsque les moyens techniques et, le cas échéant, logiques ne permettent pas de contrer une atteinte à la protection des informations et supports classifiés, le service enquêteur émet un avis technique d'inaptitude physique. Il peut également émettre un avis technique avec réserve si la mise aux normes est envisageable sous réserve de la réalisation de travaux de sécurité physique dans un délai défini en liaison avec l'officier de sécurité de l'organisme concerné.

L'avis technique d'aptitude physique précise le niveau de classification des informations et supports classifiés qui peuvent être traités et conservés dans le local.

En cas de changement affectant l'aptitude physique du lieu abritant pour lequel un avis technique d'aptitude physique a été délivré ou à l'occasion d'une inspection, d'un contrôle ou d'un audit réalisé par le service enquêteur ou par l'autorité administrative, une demande de réévaluation est formulée par l'officier de sécurité dans les plus brefs délais et avant l'échéance de l'avis, auprès du service enquêteur.

Les éléments de vulnérabilité décelés à l'occasion d'une évaluation technique sollicitée par l'officier de sécurité, lors d'une demande de renouvellement ou à l'occasion d'une inspection, d'un contrôle ou d'un audit peuvent entraîner une réévaluation des avis techniques précédemment émis par le service enquêteur.

5.4 *SÉCURISATION DES SALLES, BUREAUX ET ÉQUIPEMENTS*

5.4.1 *Principe d'identification*

Les informations et supports classifiés sont traités dans des locaux qui sont à l'abri des captations, réémissions ou enregistrements non autorisés de sons, d'images et d'informations.

Le niveau de classification des informations et supports qui peuvent être traités dans le local est indiqué à l'intérieur de celui-ci. Le contrôle du local est effectué de manière régulière sous la responsabilité de l'officier de sécurité.

5.4.2 *Politique du bureau propre et de l'écran vide*

En dehors des heures de travail ou lorsqu'une personne pénètre dans son espace de travail, tout détenteur d'information ou support classifié s'assure qu'aucune information ou support classifié n'est susceptible d'être accessible par une personne non qualifiée au sens de la présente instruction.

5.4.3 *Organisation des réunions*

La tenue d'une réunion de travail, d'une conférence, d'un exercice ou la présentation de matériels impliquant l'accès de ses participants à des informations et supports classifiés exige la mise en œuvre de mesures de sécurité. L'autorité organisatrice veille à la protection des informations et supports classifiés échangés au cours ou dans la suite

d'une réunion de travail, d'une conférence, d'un exercice ou d'une présentation de matériels et s'assure notamment que :

– le local où se tient la réunion présente les garanties de sécurité prévues par la présente instruction complétées, le cas échéant, par l'instruction ministérielle, les directives techniques particulières et le plan contractuel de sécurité applicables ;

– les participants à la réunion sont habilités au niveau requis par la réunion et ont le besoin d'en connaître ;

– les informations et supports classifiés communiqués aux participants à l'issue de la réunion sont traités et gérés conformément à la réglementation applicable.

Les mesures de sécurité devant être mises en œuvre, avant, pendant et après la réunion, sont détaillées en Annexe 35.

5.5 *PROTECTION CONTRE LES MENACES EXTÉRIEURES ET ENVIRONNEMENTALES*

Selon le besoin en disponibilité des systèmes d'information classifiés et le résultat de l'analyse de risques, le responsable d'organisme détermine les mesures de protection physique contre les menaces extérieures et environnementales adéquates. Lorsque le site abrite des systèmes d'information classifiés, ces mesures figurent dans le dossier d'homologation (cf. 6.1.4).

Ces mesures concernent notamment les dispositifs contre les incendies, les dégâts des eaux, les risques liés à l'alimentation électrique et tout autre risque environnemental identifié.

6 *SÉCURITÉ DES SYSTÉMES D'INFORMATIONS CLASSIFIÉS*

Comme pour les lieux abritant des éléments couverts par le secret de la défense nationale, les mesures de sécurité applicables aux systèmes d'information classifiés visent, conformément à l'article R. 2311-6-1 du code de la défense à prévenir toute menace, interne ou externe, qui pourrait mettre en cause la disponibilité, l'intégrité, la confidentialité et la traçabilité des informations et supports classifiés qu'ils contiennent, ainsi qu'à empêcher qu'une personne non autorisée puisse y accéder.

La sécurité d'un système d'information classifié repose avant tout sur une analyse de risques, à partir de laquelle un ensemble de mesures organisationnelles, physiques, logiques et environnementales sont mises en place. Une logique de défense en profondeur articulée autour de cinq axes en découle :

– prévenir : éviter la présence ou l'apparition de failles de sécurité ;

– bloquer : empêcher les attaques ;

– contenir : limiter les conséquences d'une attaque ;

– détecter : pouvoir identifier, en vue d'y réagir, les incidents et les attaques survenant sur le système d'information ;

– réparer : disposer de moyens pour remettre le système en fonctionnement et en conditions de sécurité à la suite d'un incident ou d'une attaque.

La sécurité d'un système d'information classifié repose sur deux grands types de barrières de sécurité : les mesures de sécurité physiques et environnementales et les mesures de sécurité logiques inhérentes au système lui-même.

L'ensemble de ces mesures sont prises en compte dans la démarche d'homologation préalable à la mise en service de tout système d'information classifié.

L'agence nationale de la sécurité des systèmes d'information tient à jour sur son site internet la liste des instructions et recommandations citées dans la présente instruction.

6.1 *HOMOLOGATION DU SYSTÈME D'INFORMATION CLASSIFIÉ*

6.1.1 *Démarche d'homologation*

Conformément à l'article R. 2311-6-1 du code de la défense, tout système d'information classifié doit faire l'objet d'une décision d'homologation préalablement à son emploi.

La démarche d'homologation vise à s'assurer que l'ensemble des risques pesant sur le système a été identifié et a fait l'objet d'un traitement approprié afin de réduire la

vraisemblance d'une attaque informatique, et en particulier, au titre de la protection du secret, d'une compromission des informations classifiées qu'il aura à traiter.

Cette démarche repose sur une analyse de risques globale et prend ainsi en compte tous les éléments, y compris environnementaux, indispensables au fonctionnement et à la sécurité du système. Le dossier d'homologation inclut ainsi les éléments fonctionnels, organisationnels et techniques mis en œuvre pour garantir la disponibilité, l'intégrité, la confidentialité et la traçabilité des informations classifiées que le système d'information classifié est appelé à traiter, ainsi que le périmètre géographique et physique dans lequel le système est déployé.

La décision d'homologation, aboutissement de cette démarche, est une décision prise par l'autorité d'homologation. Elle atteste que les risques pesant sur la sécurité de ce système et sur les informations classifiées qu'il aura à traiter ont été identifiés et que les mesures nécessaires pour le protéger sont mises en œuvre. Le traitement d'informations dont le niveau de classification est supérieur au niveau de classification prévu par la décision d'homologation du système d'information est interdit.

Le périmètre d'homologation d'un système d'information classifié inclut les éventuels supports amovibles mis à disposition par l'autorité d'emploi pour ce système d'information, que ceux-ci soient destinés à être utilisés exclusivement au sein du système d'information classifié (cf. 6.8.1) ou qu'ils soient destinés à réaliser des échanges avec d'autres systèmes d'information (cf. 6.8.2). Par la décision d'homologation, l'autorité d'homologation accepte les risques résiduels de sécurité, en pleine connaissance de cause.

En particulier, une grande attention est prêtée à :
– l'interconnexion avec d'autres systèmes ;
– l'usage de supports amovibles ;
– l'accès à distance par des utilisateurs en mobilité ;
– les moyens de visualisation et d'hébergement des informations classifiées ;
– les opérations de maintenance ou d'exploitation du système ou d'administration, en particulier lorsqu'elles sont effectuées par des prestataires externes.

6.1.2 *Autorité d'homologation*

L'autorité d'homologation est :
– le secrétaire général de la défense et de la sécurité nationale :
  • pour les systèmes d'information traitant d'informations classifiées au niveau *Très Secret* faisant l'objet d'une classification spéciale ;
  • pour les systèmes d'information amenés à traiter des informations classifiées de l'Union européenne ou de l'OTAN, ou toute autre autorité à laquelle il délègue cette responsabilité ;
  • pour les systèmes d'information classifiés utilisés par des organismes relevant de son périmètre au titre de l'article 2 du décret n° 2012-383 du 20 mars 2012 relatif aux attributions du haut fonctionnaire de défense et de sécurité auprès du Premier ministre.
– l'autorité qualifiée en sécurité des systèmes d'information ou la personne qu'elle désigne pour les systèmes d'information traitant d'informations classifiées au niveau *Secret* ou *Très Secret*, hors classifications spéciales.

Dans le cas où le système d'information classifié dépend de la responsabilité de plusieurs ministres, les autorités qualifiées en sécurité des systèmes d'information désignent une autorité d'homologation unique.

6.1.3 *Commission d'homologation*

L'autorité d'homologation met en place une commission d'homologation chargée de l'assister et de préparer la décision d'homologation. Cette commission comprend notamment des représentants de l'autorité d'emploi du système d'information, dont l'officier de sécurité des systèmes d'information et le responsable de la sécurité du système d'information, ainsi que des représentants du service du haut fonctionnaire de défense et de sécurité compétent. Des représentants du service enquêteur compétent peuvent être conviés à la commission et sont obligatoirement présents lorsque l'homologation est au profit d'une personne morale de droit privé. Dans le cadre de l'utilisa-

tion d'un système d'information classifié en exécution d'un contrat au sens de la partie 4.4, l'autorité contractante participe également à la commission.

En tant qu'autorité nationale en matière de sécurité des systèmes d'information, l'agence nationale de la sécurité des systèmes d'information peut participer à toute commission d'homologation d'un système d'information classifié. Afin de lui permettre d'apprécier la nécessité de sa participation, l'autorité d'homologation l'informe dans un délai raisonnable de la date de la commission et lui transmet, le cas échéant, les pièces nécessaires à l'instruction du dossier d'homologation. Les modalités de transmission des décisions et d'accès aux dossiers sont déterminées en accord avec le service du haut fonctionnaire de défense et de sécurité compétent.

L'agence nationale de la sécurité des systèmes d'information est membre de droit de la commission d'homologation lorsque le secrétaire général de la défense et de la sécurité nationale est autorité d'homologation.

6.1.4 *Dossier d'homologation*

Le dossier d'homologation est établi selon les recommandations de l'agence nationale de la sécurité des systèmes d'information. Le dossier d'homologation, initié dès la conception du système, est par la suite tenu à jour tout au long du cycle de vie du système d'information classifié.

La stratégie d'homologation précise, à partir de l'analyse de risques pesant sur le système d'information classifié et conformément à la politique de sécurité des systèmes d'information applicable, la constitution du dossier d'homologation.

La nécessité de verser au dossier d'homologation les documents listés ci-après est ainsi évaluée et justifiée au regard de l'analyse de risques et de la stratégie d'homologation. Si un document n'est pas versé au dossier d'homologation, la justification associée y figure.

Peuvent être versés au dossier d'homologation les documents suivants :

– la politique de sécurité du système d'information applicable ;

– les procédures d'exploitation sécurisée du système, y compris la documentation à destination des utilisateurs et des administrateurs ;

– les modalités de gestion des risques résiduels ;

– le plan d'amélioration continue de la sécurité ;

– les résultats des tests et des audits menés pour vérifier l'état de sécurité du système ;

– la documentation relative à la gestion des éléments cryptographiques mis en œuvre dans le système d'information ;

– la cartographie complète du système d'information qui comprend notamment la liste des équipements externes pouvant être connectés au système d'information (matériel de maintenance, d'audit, etc.) ;

– les schémas détaillés de l'architecture du système d'information ;

– les agréments des dispositifs de sécurité ;

– l'analyse de risques et les mesures de mitigation envisagées, lorsque, par dérogation, il est envisagé de recourir à des dispositifs de sécurité non agréés (cf. 6.5.2).

Une fois le système d'information classifié déployé, les documents relatifs aux lieux d'installation, et notamment les mesures de protection physique et les avis techniques d'aptitude physique, sont versés au dossier d'homologation.

Le dossier d'homologation est tenu à disposition :

– du service du haut fonctionnaire de défense et de sécurité ;

– de l'agence nationale de la sécurité des systèmes d'information.

6.1.5 *Durée de la décision d'homologation*

La décision d'homologation est prononcée pour une durée maximale :

– de trois ans pour un système d'information au niveau *Secret* ;

– de deux ans pour un système d'information au niveau *Très Secret*.

L'agence nationale de la sécurité des systèmes d'information est destinataire de toute décision d'homologation portant sur les systèmes d'information classifiés et peut demander le dossier d'homologation correspondant. Les modalités de transmission des décisions et d'accès aux dossiers sont déterminées en accord avec le service du haut

fonctionnaire de défense et de sécurité de chaque ministère. Le service du haut fonctionnaire de défense et de sécurité et, le cas échéant, l'autorité contractante, sont également destinataires de la décision d'homologation. Le service enquêteur compétent est destinataire de la décision d'homologation prise au profit d'une personne morale de droit privé.

6.1.6 *Contrôle et renouvellement de l'homologation*

Conformément aux lignes directrices de l'autorité qualifiée en sécurité des systèmes d'information (cf. 2.2.3.1 *b*)), l'autorité d'homologation fixe les conditions du maintien de l'homologation de sécurité tout au long du cycle de vie du système d'information. Elle contrôle régulièrement que le système fonctionne effectivement selon les conditions qu'elle a approuvées.

L'autorité d'homologation procède au renouvellement de l'homologation avant le terme prévu. Elle s'assure de la complétude du dossier d'homologation et vérifie que les pièces nécessaires à son actualisation y figurent.

Une nouvelle décision d'homologation est nécessaire lorsque :

– les conditions d'emploi et d'exploitation du système ont été significativement modifiées ;

– de nouvelles fonctionnalités ou applications ont été installées ;

– le système a été interconnecté à de nouveaux systèmes ;

– des problèmes d'application des mesures de sécurité ou des conditions de maintien de l'homologation ont été révélés, par exemple lors d'un audit de sécurité ;

– les menaces sur le système ont significativement évolué ;

– de nouvelles vulnérabilités non corrigées ont été identifiées ;

– le système a fait l'objet d'un incident de sécurité significatif au regard de l'analyse de risques.

Si le système d'information classifié n'a pas connu de changements significatifs, une procédure simplifiée d'homologation est mise en œuvre.

6.1.7 *Procédure dérogatoire en cas d'urgence opérationnelle*

La décision d'homologation intervient avant la mise en service opérationnelle du système. Cependant, de façon exceptionnelle, lorsque l'urgence opérationnelle le requiert, il peut être procédé à une mise en service provisoire, sans attendre l'homologation du système, en tenant compte de l'avancement de la procédure d'homologation et des risques résiduels de sécurité.

Dans ce cas, l'autorité d'homologation délivre une autorisation provisoire d'emploi (APE) pour une durée courte et associée à un plan de mise en conformité.

6.2 *HOMOLOGATION DES INTERCONNEXIONS D'UN SYSTÈME D'INFORMATION CLASSIFIÉ*

6.2.1 *Interconnexion entre deux systèmes d'information classifiés de même niveau*

Toute interconnexion entre systèmes d'information classifiés de même niveau doit être justifiée et faire l'objet d'une homologation spécifique à ce même niveau. L'ajout d'une interconnexion constitue, en effet, un changement structurel nécessitant une nouvelle homologation des systèmes d'information interconnectés.

L'autorité d'homologation est désignée après concertation entre les autorités d'homologation de chaque système d'information interconnecté.

L'autorité d'homologation est le secrétariat général de la sécurité et de la défense nationale, ou toute autorité à qui il en délègue la responsabilité, dans les cas suivants :

– pour les transferts d'informations entre des systèmes d'information classifiés de même niveau, dont l'un n'est pas sous maîtrise nationale ;

– pour les transferts d'informations entre des systèmes d'information classifiés de même niveau, dont l'un est amené à traiter des informations classifiées de l'Union européenne ou de l'OTAN ;

– lorsque l'utilisation de dispositifs de sécurité agréés est obligatoire mais impossible, notamment lorsqu'il n'existe pas de dispositif de sécurité agréé ou lorsqu'il n'est pas agréé au bon niveau.

L'interconnexion est obligatoirement réalisée à l'aide de dispositifs de sécurité agréés lorsqu'ils sont utilisés comme moyens essentiels de protection contre les accès non autorisés aux informations classifiées ou au système :

– pour les transferts d'informations entre des systèmes d'information classifiés de même niveau ou de niveaux équivalents, dont l'un n'est pas sous maîtrise nationale ;

– pour les transferts d'informations entre des systèmes d'information classifiés de même niveau ou de niveaux équivalents, dont l'un est amené à traiter des informations classifiées de l'Union européenne ou de l'OTAN.

Ces dispositifs de sécurité agréés sont déployés dans les conditions d'emploi associées aux décisions d'agrément pour cet usage.

6.2.2 *Autres interconnexions*

Les interconnexions entre systèmes d'information de niveaux de classification différents ou entre un système d'information classifié et un système d'information non-classifié sont par principe interdites.

Toute interconnexion de ce type dérogeant à l'interdiction de principe doit être justifiée par un besoin opérationnel strictement nécessaire. La justification est versée au dossier d'homologation.

Toute interconnexion d'un système d'information classifié avec un système d'information non classifié ou de niveau de classification différent est homologuée au niveau du système d'information le plus élevé. Cette interconnexion fait l'objet d'une homologation spécifique. L'ajout d'une interconnexion constitue un changement structurel nécessitant une nouvelle homologation des systèmes d'information interconnectés.

L'autorité d'homologation est par défaut l'autorité d'homologation du système d'information du niveau le plus élevé, mais elle peut être aussi désignée après concertation entre les autorités d'homologation de chaque système d'information interconnecté.

L'autorité d'homologation est le secrétariat général de la sécurité et de la défense nationale, ou toute autorité à laquelle il en délègue la responsabilité, dans les cas suivants :

– pour les transferts d'informations entre un système d'information classifié avec un système d'information non classifié ou de niveau de classification différent, dont l'un n'est pas sous maîtrise nationale ;

– pour les transferts d'informations entre un système d'information classifié avec un système d'information non classifié ou de niveau de classification différent, dont l'un est amené à traiter des informations classifiées de l'Union européenne ou de l'OTAN ;

– lorsque l'utilisation de dispositifs de sécurité agréés est obligatoire mais n'est pas possible, notamment lorsqu'il n'existe pas de dispositif de sécurité agréé ou lorsqu'il n'est pas agréé au bon niveau.

L'interconnexion est obligatoirement réalisée à l'aide de dispositifs de sécurité agréés lorsqu'ils sont utilisés comme moyens essentiels de protection contre les accès non-autorisés aux informations classifiées ou au système.

Ces dispositifs de sécurité agréés sont déployés dans les conditions d'emploi associées aux décisions d'agrément pour cet usage.

6.3 *MESURES DE SÉCURITÉ APPLICABLES EN CAS DE SOUS-TRAITANCE DU DÉVELOPPEMENT OU DE LA MAINTENANCE D'UN SYSTÈME D'INFORMATION CLASSIFIÉ*

Le développement ou le maintien en condition opérationnelle et de sécurité d'un système d'information classifié respecte les règles définies dans la présente instruction. Aucun sous-traitant ne peut accéder à un système d'information classifié s'il ne fait pas l'objet d'une décision d'habilitation (cf. partie 4.4).

Toute information spécifique liée au développement ou à la configuration d'un logiciel ou d'un système d'information classifié et dont la divulgation est susceptible de porter atteinte à la sécurité du système d'information classifié ou des informations classifiées qu'il contient est classifiée à un niveau équivalent ou supérieur à celui du système d'information classifié lui-même.

Lorsqu'ils sont considérés comme des documents administratifs au sens de l'article L. 300-2 du code des relations entre le public et l'administration, compte tenu du ris-

que d'atteinte au secret de la défense nationale et à la sécurité des systèmes d'information susceptible de résulter de leur divulgation, les codes source et les éléments de configuration d'un système d'information classifié ne sont pas librement communicables et peuvent être classifiés en fonction de leur sensibilité.

Les besoins de protection du code source et des éléments de configuration d'un système d'information classifié sont définis dans le plan contractuel de sécurité du contrat correspondant.

6.4 *MESURES DE SÉCURITÉ PHYSIQUES ET PRISE EN COMPTE DES SIGNAUX PARASITES COMPROMETTANTS*

6.4.1 *Lieu abritant le système d'information classifié*

Comme tout lieu abritant des informations et supports classifiés, les lieux abritant des systèmes d'information classifiés doivent satisfaire aux règles énoncées au chapitre 5.

De surcroît, ils respectent la réglementation en matière de protection contre les signaux parasites compromettants, y compris en matière de câblage *[Instr. intermin. n° 300/SGDSN/ANSSI du 23 juin 2014 relative à la protection contre les signaux parasites compromettants]*.

6.4.2 *Matériel classifié laissé sans surveillance par son détenteur*

La démarche d'homologation tient compte des risques liés à la protection physique des matériels classifiés, y compris lorsque des matériels classifiés peuvent être laissés sans surveillance par leur détenteur. A cette fin, différentes mesures de défense en profondeur sont combinées conformément aux dispositions de l'Annexe 30. Des mesures spécifiques sont également prises pour protéger l'accès aux éléments physiques des systèmes d'information classifiés hors équipements de mobilité. Le cas échéant, l'homologation du système d'information classifié prévoit des mesures de protection adaptées.

L'autorité d'emploi du système d'information met à disposition les moyens prescrits par l'officier de sécurité ou permet leur mise en œuvre.

6.5 *MESURES DE SÉCURITÉ INHÉRENTES AU SYSTÈME D'INFORMATION CLASSIFIÉ*

Tout équipement constitutif d'un système d'information classifié est équipé de moyens de protection et doté d'une configuration durcie.

6.5.1 *Dispositifs de sécurité*

Les dispositifs de sécurité sont des moyens matériels ou logiciels destinés à protéger les informations traitées par le système ou à protéger le système lui-même. Ces dispositifs proposés par le responsable de la sécurité des systèmes d'information peuvent être développés pour un usage général ou pour un système particulier. Ils mettent en œuvre différents types de fonctions et de mécanismes de sécurité, comme :

– des fonctions cryptographiques permettant la protection en confidentialité ou en intégrité, l'authentification ou la signature des informations stockées sur des supports ou transmises sur des réseaux ;

– des fonctions ou des mécanismes destinés à protéger le dispositif lui-même, comme le contrôle, l'enregistrement et l'imputabilité des accès au dispositif, à empêcher ou à détecter les intrusions physiques ou logiques non autorisées, à garantir la protection, ou l'effacement le cas échéant, des données sensibles stockées, et plus généralement toute fonction ou tout mécanisme destiné à garantir l'intégrité et la disponibilité du dispositif ;

– des fonctions d'administration et de gestion sécurisée du dispositif ;

– des fonctions protégeant la transmission d'un signal radio, notamment contre le brouillage ;

– des fonctions ou des mécanismes limitant les émissions de signaux compromettants.

6.5.2 *Recours à des dispositifs de sécurité agréés*

Un dispositif de sécurité mis en place dans un système d'information qui traite d'informations classifiées est agréé par l'agence nationale de la sécurité des systèmes d'information *[Décr. n° 2009-834 du 7 juill. 2009 portant création d'un service à compétence nationale dénommé "Agence nationale de la sécurité des systèmes d'information", art. 3]* **lorsqu'il est utilisé, en complément de mesures organisationnelles de sécurité, comme un moyen essentiel de protection contre les accès non autorisés aux informations classifiées ou au système.**

A titre exceptionnel, et sur le fondement d'une analyse de risques réalisée par le responsable de la sécurité du système d'information dans le cadre de l'homologation, l'autorité d'homologation peut autoriser le recours à des matériels et logiciels agréés à un niveau inférieur, voire non agréés lorsqu'il n'existe pas de dispositif de sécurité agréé au bon niveau. La justification de cette autorisation est motivée dans le dossier d'homologation du système.

6.6 *CONCEPTION ET EXPLOITATION DU SYSTÈME D'INFORMATION*

6.6.1 *Administration des systèmes d'information classifiés*

Les actions d'administration permettent de maintenir le système d'information classifié en condition de sécurité et en condition opérationnelle. Qu'il s'agisse d'actions liées à des évolutions du système d'information ou à l'exploitation courante, celles-ci nécessitent des privilèges. Elles constituent à ce titre une activité critique.

De manière générale, les principes suivants doivent être appliqués :

– les actions d'administration sont menées par du personnel spécialement formé et sensibilisé ;

– le système d'information d'administration est classifié au même niveau que le système d'information administré ;

– l'administration d'un système d'information classifié au niveau *Secret* est faite dans une zone protégée et au niveau *Très Secret* dans une zone réservée.

Les pratiques d'administration, en particulier pour la gestion des comptes privilégiés et la protection de leurs mécanismes d'authentification, sont établies suivant les recommandations de l'agence nationale de la sécurité des systèmes d'information. Toute non-conformité est justifiée et intégrée dans les risques résiduels présentés lors de la commission d'homologation après avoir été notifiée à l'autorité qualifiée en sécurité des systèmes d'information et au service du haut fonctionnaire de défense et de sécurité compétents. Au niveau *Très Secret*, les non-conformités sont également déclarées à l'agence nationale de la sécurité des systèmes d'information, au plus tard lors de la commission d'homologation.

L'autorité d'emploi d'un système d'information classifié applique les règles suivantes au système d'information d'administration et aux flux correspondants :

– les ressources matérielles, les ressources logicielles et les informations d'authentification sont strictement séparées selon leur usage. Ainsi, toute action d'administration est réalisée exclusivement par un administrateur depuis un compte administrateur individuel et dédié à cet usage. En outre, les actions d'administration sont conduites depuis des ressources d'administration dédiées (postes de travail, serveurs, ou autres équipements spécifiques). Les ressources d'administration, matérielles et logicielles, en particulier les postes d'administration, sont utilisées exclusivement pour les actions d'administration. Ces ressources sont gérées et configurées par l'autorité responsable de l'administration du système d'information classifié ou par le prestataire qu'elle a mandaté pour réaliser les actions d'administration ;

– les flux d'administration sont cloisonnés à l'égard des flux métier au niveau des ressources administrées. Les ressources d'administration accèdent aux ressources administrées au moyen d'une interface réseau dédiée à l'administration. Cette interface est physique ou, à défaut, logique. L'interface réseau utilisée pour les actions d'administration n'est accessible qu'aux seules ressources d'administration. En l'absence de mesure d'isolation physique de cette interface, un filtrage logique assure cette restriction d'accès. Quand des raisons techniques ou opérationnelles ne permettent pas l'administration des ressources administrées par des interfaces réseau dédiées, les actions

d'administration sont faites par l'unique interface réseau de la ressource administrée. Ce cas de figure est justifié dans le dossier d'homologation ;

– les flux réseau entre les ressources administrées et les ressources d'administration sont filtrés. Afin de réduire le risque de compromission des ressources d'administration depuis les ressources administrées, les ressources d'administration sont déployées sur un réseau dédié à cet usage. Ce réseau portant les ressources d'administration est un réseau physiquement cloisonné de préférence ou, à défaut, un réseau logiquement cloisonné à l'aide de mécanismes de chiffrement et d'authentification réseau. Un filtrage strict des flux réseau entre les ressources administrées et les ressources d'administration est mis en place. Pour minimiser les possibilités de rebonds entre ressources administrées en cas de compromission de l'une d'entre-elles, un mécanisme de filtrage restreint les possibilités de communication sur ce réseau d'administration.

6.6.2 *Maîtrise des logiciels en exploitation*

L'autorité d'emploi du système d'information installe, sur un système d'information classifié, les seuls services et fonctionnalités qui sont indispensables au fonctionnement ou à la sécurité du système d'information. Le responsable de la sécurité des systèmes d'information s'assure que les services et les fonctionnalités qui ne sont pas indispensables, notamment ceux installés par défaut, sont désactivés et les fait désinstaller si cela est possible. Lorsque la désinstallation n'est pas possible, cela est mentionné dans le dossier d'homologation du système d'information classifié en précisant les services et fonctionnalités concernés, ainsi que les mesures de réduction du risque mises en œuvre.

L'autorité d'emploi du système prévoit des dispositifs pour empêcher l'installation de services et fonctionnalités hors de ces procédures. En cas d'impossibilité, il y est fait mention dans le dossier d'homologation.

6.6.3 *Contrôle d'accès aux systèmes d'information classifiés*

6.6.3.1 Gestion des droits d'accès sur la base du principe du moindre privilège, corolaire du respect du besoin d'en connaître

Par principe, toute personne habilitée accédant à des informations ou support classifiés depuis un système d'information classifié utilise, à cette fin, un compte utilisateur individuel assorti des droits d'accès correspondant à son profil et à son besoin d'en connaître. Ce compte ne dispose pas de droits d'administration sur le système d'information classifié. Ainsi, l'administrateur d'un système d'information classifié et l'administrateur de sécurité disposent de comptes individuels dédiés pour chacune de ces fonctions, distincts de leur compte utilisateur.

Par défaut, un administrateur est habilité au niveau d'habilitation correspondant au moins au niveau de classification du système d'information classifié administré. Lorsque les droits qui lui sont octroyés sur le système d'information classifié sont étendus, lui permettant notamment d'outrepasser ses droits ou de masquer ses actions sur le système d'information classifié, l'administrateur doit être habilité au niveau *Très Secret*, sans incidence sur le niveau d'habilitation de la personne morale.

A titre dérogatoire, lorsque des raisons techniques ou opérationnelles ne permettent pas de créer de compte individuel, ni de restreindre les droits d'administration aux seules personnes autorisées, cela est justifié dans le dossier d'homologation et l'autorité qualifiée en sécurité des systèmes d'information et le service du haut fonctionnaire de défense et de sécurité compétents en sont informés. Le responsable de la sécurité du système d'information met alors en place les mesures nécessaires pour réduire le risque lié à l'utilisation de comptes partagés et assurer la traçabilité et l'imputabilité de l'utilisation de ces comptes. Ces mesures et les raisons justifiant le recours à des comptes partagés sont décrites dans le dossier d'homologation du système d'information classifié concerné.

Seule l'agence nationale de la sécurité des systèmes d'information peut autoriser cette dérogation pour les systèmes d'information classifiés au niveau *Très Secret*. L'autorité d'homologation sollicite son autorisation dès la phase de conception du système d'information classifié.

Les utilisateurs d'un système d'information classifié ont uniquement accès aux données, systèmes et services auxquels ils sont autorisés à accéder au regard de leur niveau d'habilitation et de leur besoin d'en connaître. Les éléments constitutifs du système d'information s'authentifient, dans la mesure du possible, auprès des réseaux et des services. Le principe de moindre privilège est pris en compte dans la mesure du possible.

La procédure relative au retrait des droits d'accès (cf. 3.5.8) est validée par l'autorité d'emploi du système. Elle est précisée dans la politique de sécurité du système d'information considéré (cf. 2.3.1.2 et 2.3.1.3).

a) Maîtrise de la gestion des accès des utilisateurs

L'autorité d'emploi du système d'information classifié met en place une politique de gestion des éléments d'authentification liés aux comptes utilisateurs et administrateurs suivant les recommandations de l'agence nationale de la sécurité des systèmes d'information et s'assure de son respect.

Dans le cas d'un système d'information classifié au niveau *Très Secret*, le mécanisme de contrôle d'accès permet également de tracer chaque accès (consultation, copie, modification, impression, etc.) à chaque information classifiée.

Le mécanisme de contrôle d'accès repose sur des mécanismes d'authentification forte établis selon le référentiel général de sécurité.

Si la mise en œuvre de tels mécanismes n'est pas possible pour des raisons techniques ou opérationnelles et après en avoir rendu compte à l'autorité qualifiée en sécurité des systèmes d'information et au service du haut fonctionnaire de défense et de sécurité compétents, des mesures organisationnelles sont prises pour pallier cette lacune et sont décrites dans le dossier d'homologation. Au niveau *Très Secret*, cette exception est soumise à l'autorisation de l'agence nationale de la sécurité des systèmes d'information dès la phase de conception du système d'information.

b) Revue des droits d'accès des comptes

Pour chaque système d'information classifié et système d'administration des systèmes d'information classifiés, une revue des droits d'accès des comptes est mise en place. La périodicité et les modalités de cette revue sont fixées par l'autorité d'homologation en cohérence avec les besoins opérationnels et ne doit pas excéder un an. Les conditions précises de cette revue sont décrites dans le dossier d'homologation, ainsi que dans les exigences relatives à la sécurité des systèmes d'information intégrées dans la politique des informations et supports classifiés de l'organisme (cf. 2.3.1.2 et 2.3.1.3).

c) Mesures de sécurité logiques relatives aux mentions complémentaires de protection [*Cf. 7.1.1.3 de la présente instruction*]

Les systèmes d'information susceptibles de traiter des informations portant une mention complémentaire de protection, notamment la mention *Spécial France*, font l'objet de mesures de sécurité particulières techniques ou organisationnelles pour garantir l'accès aux seules personnes ayant le besoin d'en connaître. Le processus d'homologation tient compte du fait que le système d'information est susceptible de traiter de telles informations.

Dans le cas d'un système devant traiter à la fois des informations portant la mention complémentaire de protection et d'autres ne la portant pas, et accessible à des personnes non autorisées à accéder à des informations portant la mention complémentaire de protection, le système d'information considéré et les mesures organisationnelles afférentes garantissent notamment que :

– pour chaque mention de protection, les informations classifiées en étant marquées sont stockées dans des zones du système d'information clairement identifiées et indiquées dans le dossier d'homologation ;

– les zones du système d'information ainsi identifiées sont cloisonnées du reste du système d'information avec des mesures conformes aux recommandations de l'agence nationale de la sécurité des systèmes d'information ;

– le contrôle d'accès du système d'information permet d'assurer la protection du besoin d'en connaître pour les informations classifiées marquées de la mention de protection considérée. Si nécessaire, un contrôle d'accès dédié est mis en place ;

– lorsque des données portant une mention de protection circulent hors des zones identifiées, elles sont chiffrées avec des moyens conformes aux recommandations de l'agence nationale de la sécurité des systèmes d'information ;

– l'accès aux informations portant une mention de protection complémentaire ou aux zones les contenant est tracé et indique explicitement les éventuelles mentions de protection.

6.6.3.2 Responsabilité des utilisateurs

Chaque utilisateur est responsable de la protection de ses informations d'authentification et du bon usage des outils associés (de type ACSSI, cartes à puce, etc.). L'autorité d'emploi du système d'information met à sa disposition des moyens de conservation sécurisés et adaptés de ces informations.

6.6.3.3 Articles contrôlés de la sécurité des systèmes d'information classifiés

Certains moyens, tels que les dispositifs de sécurité ou leurs composants, et certaines informations relatives à ces moyens (spécifications algorithmiques, documents de conception, clefs de chiffrement, rapports d'évaluation, etc.) nécessitent la mise en œuvre d'une gestion spécifique visant à assurer leur traçabilité et leur intégrité tout au long de leur cycle de vie. Ces moyens et informations, appelés "articles contrôlés de la sécurité des systèmes d'information", sont traités conformément à l'instruction interministérielle n° 910/SGDSN/ANSSI du 22 octobre 2013 relative aux articles contrôlés de la sécurité des systèmes d'information (ACSSI).

6.6.4 *Supervision logicielle de la sécurité et traçabilité*

6.6.4.1 Synchronisation des horloges

Pour les besoins en traçabilité, les composantes d'un système d'information classifié sont synchronisées sur une source de temps unique. Lorsque des raisons techniques ou opérationnelles ne le permettent pas, cette impossibilité est mentionnée dans le dossier d'homologation et des mesures palliatives sont mises en place par le responsable de la sécurité des systèmes d'information.

6.6.4.2 Journalisation des événements

A des fins d'investigation, de suivi *a posteriori* des échanges, de traitement des incidents et d'archivage, une journalisation des événements est mise en place pour tracer et imputer les actions réalisées sur les systèmes d'information classifiés selon les recommandations de l'agence nationale de la sécurité des systèmes d'information.

Les événements enregistrés par le système de journalisation sont horodatés au moyen de sources de temps synchronisées entre elles. Ils sont, pour chaque système d'information classifié, centralisés et archivés pour une durée d'au moins trois ans pour le niveau *Secret* et d'au moins cinq ans pour le niveau *Très Secret*. Le format d'archivage des événements permet de réaliser des recherches automatisées sur ces événements. Si la mise en œuvre de tels mécanismes est impossible pour des raisons techniques ou organisationnelles et, après en avoir rendu compte à l'autorité qualifiée en sécurité des systèmes d'information et au service du haut fonctionnaire de défense et de sécurité compétents, des mesures palliatives sont prises et décrites dans le dossier d'homologation.

6.6.4.3 Protection de l'information journalisée

Les journaux des événements ne doivent pas être conçus pour contenir d'informations permettant de retrouver les informations d'authentification (de type mots de passe, codes PIN, clés privées, etc.).

Les journaux d'événements sont sauvegardés et protégés de manière à assurer leur intégrité et leur disponibilité.

6.6.4.4 Accès aux journaux

Pour chaque système d'information classifié, une procédure portant sur la manipulation des journaux est élaborée par le responsable de la sécurité des systèmes d'information. Elle précise les personnes autorisées à y accéder, leurs modes de traitement

ainsi que les moyens techniques et opérationnels mis en œuvre pour assurer le respect du besoin d'en connaître et la traçabilité des accès.

Les données de traçabilité des accès sont archivées sur une durée d'au moins trois ans pour le niveau *Secret* et cinq ans pour le niveau *Très Secret*.

6.6.4.5 Systèmes de détection

Une procédure de détection des incidents de sécurité affectant le système d'information classifié est établie.

Cette procédure prévoit des mesures organisationnelles et techniques destinées à détecter les incidents de sécurité affectant le système d'information classifié. Les mesures organisationnelles comprennent les modalités d'exploitation des dispositifs de détection et décrivent la chaîne de traitement des événements de sécurité identifiés par ces dispositifs. Les mesures techniques précisent la nature et le positionnement des dispositifs de détection.

Des dispositifs de détection capables d'identifier des événements caractéristiques d'un incident de sécurité notamment d'une attaque en cours ou à venir et de permettre la recherche de traces d'incidents antérieurs sont mis en œuvre. A cet effet, ces dispositifs :

– collectent les données représentatives de l'activité du système d'information, issues du réseau, des systèmes et/ou des applications, à partir de capteurs positionnés de manière à optimiser la couverture du dispositif de supervision global ;

– analysent les données issues des capteurs notamment en recherchant des marqueurs techniques d'attaques connus ou des anomalies, dans le but d'identifier les événements de sécurité et de les caractériser ;

– archivent les métadonnées des événements identifiés afin de permettre une recherche *a posteriori* de marqueurs techniques d'attaques ou de compromission sur une durée d'au moins trois ans pour le niveau *Secret* et d'au moins cinq ans pour le niveau *Très Secret*.

Les stratégies de collecte et d'analyse sont élaborées par le responsable de la sécurité des systèmes d'information et approuvées par l'autorité qualifiée en sécurité des systèmes d'information.

Le recours à plusieurs sources de données pour détecter des activités malveillantes est encouragé. Un système de corrélation et d'analyse des journaux des événements doit être mis en œuvre et exploité.

L'architecture de déploiement des systèmes de détection ne doit pas remettre en cause la sécurité du système d'information classifié. Dans le cadre de systèmes de détection réseau, des dispositifs de type "TAP" qualifiés, qui concourent à l'atteinte de cet objectif de sécurité, sont utilisés.

Ces systèmes de détection sont exploités en s'appuyant sur les exigences du référentiel en matière de détection des incidents de sécurité pris conformément à l'article 10 du décret n° 2015-350 du 27 mars 2015 relatif à la qualification des produits de sécurité et des prestataires de service de confiance pour les besoins de la sécurité des systèmes d'information.

Les systèmes de détection sont pris en compte dans le périmètre de l'homologation et les risques propres à ces systèmes font l'objet d'une attention particulière. Si les systèmes de détection sont communs à plusieurs systèmes d'information classifiés, ils font l'objet d'une homologation spécifique.

Si la mise en œuvre de tels systèmes de détection est impossible pour des raisons techniques ou organisationnelles et, après en avoir rendu compte à l'autorité qualifiée en sécurité des systèmes d'information et au service du haut fonctionnaire de défense et de sécurité compétents, des mesures palliatives sont prises et décrites dans le dossier d'homologation.

6.6.5 *Maintenance et maintien en condition opérationnelle et en condition de sécurité*

Les opérations de maintenance, qui incluent les opérations de maintien en condition opérationnelle et en condition de sécurité sur un système d'information classifié sont tracées et imputées à leur auteur sous la responsabilité de l'officier de sécurité des sys-

tèmes d'information. Elles sont réalisées par des personnes habilitées conformément à la partie 3.3.

Le matériel connecté au système d'information classifié pour sa maintenance et son maintien en condition opérationnelle ou de sécurité lui est dédié et est classifié au même niveau que le système d'information. Les équipements sont utilisés conformément aux parties 6.5 et 6.7.

Tout élément constitutif d'un système d'information traitant d'informations classifiées est maintenu en condition opérationnelle et en condition de sécurité.

L'autorité d'emploi du système d'information élabore, tient à jour et met en œuvre une procédure de maintien en condition de sécurité des ressources matérielles et logicielles de ses systèmes d'information classifiés.

Cette procédure prévoit :

– l'installation et la maintenance de toutes les ressources matérielles et logicielles des systèmes d'information classifiés dans des versions supportées par leurs fournisseurs ou leurs fabricants et mises à jour du point de vue de la sécurité, sauf en cas de difficultés techniques ou opérationnelles justifiées ;

– préalablement à l'installation de toute nouvelle version, la vérification de l'origine de cette version et de son intégrité, et l'analyse de l'impact, d'un point de vue technique et opérationnel, de cette version sur le système d'information classifié concerné ;

– une veille sur les vulnérabilités affectant le système d'information classifié afin de pouvoir mettre en œuvre, dès qu'une vulnérabilité est connue, des mesures palliatives en attente de la publication d'une mesure correctrice de sécurité ;

– l'installation sans délai sous le contrôle du responsable de la sécurité du système d'information, de toute mesure correctrice de sécurité concernant l'une de ses ressources, après s'être assuré de l'origine de cette mesure et de son intégrité.

Lorsque des raisons techniques ou opérationnelles le justifient, conformément aux instructions de l'autorité d'homologation, l'autorité d'emploi du système d'information peut décider, pour certaines ressources de ses systèmes d'information classifiés et des systèmes d'administration de systèmes d'information classifiés, de ne pas installer une version supportée par le fournisseur ou le fabricant de la ressource concernée ou de ne pas installer une mesure correctrice de sécurité. Dans ce cas, le responsable de la sécurité du système d'information met en œuvre des mesures techniques ou organisationnelles pour réduire les risques liés à l'utilisation d'une version obsolète ou comportant des vulnérabilités connues. Il documente ces mesures et les intègre au cycle de maintien en condition de sécurité de son système d'information.

6.6.6 *Cloisonnement*

Les systèmes d'information classifiés sont séparés physiquement des systèmes d'information de classification différente et des systèmes d'information non-classifiés. A défaut, des moyens agréés sont utilisés pour cloisonner logiquement ces systèmes d'information.

Lorsque sont concernés deux systèmes d'information classifiés au même niveau dont l'un n'est pas sous maîtrise nationale, les mêmes dispositions s'appliquent.

Tout système d'information classifié est découpé en zones fonctionnelles ayant des besoins de sécurité homogènes, cloisonnées entre elles suivant les recommandations de l'agence nationale de la sécurité des systèmes d'information.

6.6.7 *Mécanismes de filtrage des flux de données*

L'autorité d'emploi du système d'information classifié met en place des mécanismes de filtrage des flux de données circulant dans ou entre les systèmes d'information classifiés afin de bloquer la circulation des flux susceptibles de faciliter des attaques informatiques. Ces mécanismes respectent les règles suivantes :

– le responsable de la sécurité des systèmes d'information établit et tient à jour une liste des règles de filtrage mentionnant l'ensemble des règles en vigueur ou supprimées ;

– la circulation des flux de données est limitée autant que possible aux seuls flux nécessaires au fonctionnement et à la sécurité du système d'information classifié ;

– les flux entrants et sortants ainsi que les flux entre sous-systèmes du système d'information classifié sont filtrés au niveau de leurs interconnexions de manière à ne

permettre que la circulation des seuls flux strictement nécessaires au fonctionnement et à la sécurité du système d'information. Les flux qui ne sont pas conformes aux règles de filtrage sont bloqués.

6.6.8 *Gestion de la continuité et de la reprise de l'activité*

Tout système d'information classifié le nécessitant fait l'objet d'un plan de continuité ou de reprise informatique (PCI/PRI).

Ce plan se conforme au plan de protection des sites, au plan de continuité ou de reprise d'activité (PCA/PRA) de l'organisme et ainsi que, le cas échéant, aux exigences du contrat au profit duquel le système d'information classifié est mis en œuvre.

Il est tenu à jour et régulièrement testé à l'occasion d'exercices.

L'absence de plan de continuité ou de reprise informatique est mentionnée et justifiée dans le dossier d'homologation.

6.7 *SÉCURITÉ EN MOBILITÉ*

6.7.1 *Sécurité des équipements de mobilité*

L'utilisation en mobilité d'équipements informatiques exploitant des informations classifiées est soumise à une analyse de risques dédiée qui est intégrée au dossier d'homologation. Des mécanismes et des fonctions de sécurité sont mis en place afin de protéger les informations classifiées.

Seuls les équipements mis à disposition et administrés par l'autorité d'emploi du système d'information classifié pour un usage en mobilité peuvent être utilisés.

De plus, si un équipement permet d'exploiter en mobilité des informations classifiées, il fait l'objet d'un agrément et est utilisé dans les conditions prévues par la décision d'agrément du produit.

Les règles minimales applicables aux équipements utilisés en mobilité sont :

– l'équipement est sous la surveillance permanente de l'utilisateur conformément aux conditions prévues par l'agrément de l'équipement ;

– l'utilisation d'un équipement contenant des informations classifiées n'est pas autorisée dès lors qu'une personne non habilitée ou n'ayant pas le besoin d'en connaître est susceptible d'en prendre connaissance directement ou indirectement ;

– la sortie du territoire national d'un équipement contenant des informations classifiées est soumise à autorisation de l'officier de sécurité des systèmes d'information qui fixe des règles particulières d'emploi et de l'officier de sécurité.

Ces règles sont, le cas échéant, complétées par l'officier de sécurité des systèmes d'information.

Lors de la remise d'un tel équipement, l'officier de sécurité des systèmes d'information informe l'utilisateur des règles spécifiques d'utilisation et le sensibilise aux risques liés à l'utilisation d'un tel équipement.

6.7.2 *Sécurisation des accès à distance*

Par principe, les systèmes d'information classifiés sont conçus et paramétrés pour interdire les accès à distance.

Lorsqu'un tel accès est absolument nécessaire pour des raisons opérationnelles, l'autorité d'homologation, s'appuyant sur le responsable de la sécurité du système d'information, protège l'accès à distance à ces systèmes d'information en ayant recours à des équipements mettant en œuvre des dispositifs de sécurité agréés au niveau de classification du système d'information auquel il donne accès.

6.8 *SUPPORTS AMOVIBLES*

La connexion ou l'installation d'équipements personnels à un système d'information classifié est strictement interdite.

La connexion d'un support amovible non classifié à un système d'information classifié est possible sous réserve de la mise en place de mesures techniques de protection, notamment des mesures de détection ou de protection contre l'introduction de codes malveillants ou d'exfiltration d'information.

Avant toute utilisation sur un système d'information traitant d'informations classifiées, l'innocuité de tout support est vérifiée.

Si l'utilisation de supports amovibles est autorisée, ceux-ci sont intégrés au périmètre d'homologation du système d'information classifié (cf. 6.1.1) lorsqu'ils sont gérés, administrés et mis à disposition par l'autorité d'emploi du système d'information classifié.

Tout support amovible susceptible de contenir ou d'avoir contenu de l'information classifiée d'un niveau donné est classifié au moins au même niveau et est soumis à ce titre aux obligations décrites au chapitre 7. En aucun cas, un support amovible classifié ne peut être connecté à un système d'information non-classifié ou de classification inférieure.

Lorsque des informations classifiées sont transportées à l'aide de supports amovibles, les supports amovibles respectent les exigences en matière de transport d'informations classifiées sur un support amovible (cf. 7.3.2.2).

L'officier de sécurité des systèmes d'information sensibilise les utilisateurs aux mesures de sécurité à respecter dans l'emploi des supports amovibles.

6.8.1 *Supports amovibles au sein du système d'information classifié*

Seuls les supports amovibles gérés, administrés et mis à disposition par l'autorité d'emploi du système d'information classifié sont autorisés à se connecter à ce système d'information classifié.

Des dispositifs de sécurité permettant de prévenir la connexion ou l'installation de supports amovibles non autorisés sont mis en place.

6.8.2 *Supports amovibles entre un système d'information classifié et d'autres systèmes*

Lorsque des supports amovibles sont utilisés pour importer et exporter des informations à partir d'un système d'information classifié, ce transfert d'information est réalisé exclusivement en connectant ces supports amovibles à des points de connexion appartenant au système d'information classifié. Ces points de connexion des supports amovibles sont dédiés à cet usage et garantissent notamment les exigences de sécurité suivantes :

– contrôle d'autorisation (approbation de la sortie d'information) ;

– rupture protocolaire (rupture du flux transitant entre le support amovible et le système d'information émetteur ou destinataire) ;

– traçabilité et imputabilité du transfert.

Les exportations d'informations classifiées réalisées à partir de supports amovibles sont tracées par des moyens techniques ou organisationnels qui permettent notamment d'horodater le transfert et de l'imputer à un utilisateur du système d'information classifié.

Pour les systèmes d'information classifiés au niveau *Très Secret*, les mécanismes d'importation et d'exportation d'informations par support amovible permettent d'identifier l'émetteur et les destinataires de l'information classifiée.

L'utilisation de supports amovibles entre un système d'information classifié et un système d'information non classifié ou de classification différente est par principe interdite.

Toute dérogation à l'interdiction de principe doit être justifiée par un besoin opérationnel strictement nécessaire. La justification est versée au dossier d'homologation et les mesures de protection minimales suivantes s'appliquent :

– une analyse de risques est conduite pour identifier les mesures techniques et organisationnelles visant à prévenir tout risque de sortie incontrôlée d'information classifiée lié aux cas d'usage de ces supports amovibles ;

– les échanges d'information entre un système d'information classifié et un système d'information non classifié ou de classification différente s'effectuent au moyen de points de connexion des supports amovibles mettant en œuvre des dispositifs de sécurité utilisés comme moyens essentiels de protection contre les accès non-autorisés aux informations classifiées. Ces dispositifs de sécurité sont agréés (cf. 6.5.2). En absence de dispositifs agréés et après en avoir rendu compte à l'autorité qualifiée en sécurité

des systèmes d'information et au service du haut fonctionnaire de défense et de sécurité compétents, des mesures palliatives sont prises et décrites dans le dossier d'homologation.

6.9 *AUDIT DES SYSTÈMES D'INFORMATION*

En complément des tâches de maintien en condition de sécurité, l'autorité d'homologation réalise ou fait réaliser, en lien avec la chaîne fonctionnelle de la sécurité des systèmes d'information classifiés, des audits de sécurité périodiques des systèmes d'information classifiés, avant chaque homologation ou renouvellement d'homologation.

L'autorité d'emploi du système d'information visé précise les conditions du déroulement de l'audit, notamment de l'utilisation et de la restitution des équipements nécessaires à l'audit.

L'autorité d'homologation et l'autorité d'emploi du système d'information formalisent les conditions de réalisation de l'audit, le cas échéant, par une convention d'audit. Ces audits de sécurité doivent, au-delà de la conformité aux règles de la présente instruction, évaluer le niveau de robustesse des systèmes d'information eu égard aux évolutions de la menace informatique. Il s'agit de vérifier l'application de mesures de défense en profondeur, de les éprouver par des techniques et outils à l'état de l'art et de réaliser des tests complémentaires qui peuvent être conduits inopinément en fonction des relevés d'audit initiaux.

Les risques associés à l'utilisation des outils d'audit, des privilèges et de communication des relevés techniques nécessaires à la réalisation de l'audit de sécurité figurent dans le dossier d'homologation du système visé, quel que soit son niveau de classification et sans préjudice des dispositions de la présente instruction. Les rapports d'audit portant sur des systèmes d'information classifiés sont classifiés au moins au niveau *Secret*. Les relevés techniques d'audit sont classifiés au maximum au même niveau que le rapport.

L'autorité d'homologation et l'officier de la sécurité des systèmes d'information tiennent les rapports d'audit à disposition de l'agence nationale de la sécurité des systèmes d'information, du service du haut fonctionnaire de défense et de sécurité et du service enquêteur compétents. Les modalités de consultation des rapports d'audit sont déterminées en accord avec le service du haut fonctionnaire de défense et de sécurité.

En cas de recours, pour un audit d'un système d'information classifié, à un prestataire privé, la prestation d'audit doit être qualifiée par l'agence nationale de la sécurité des systèmes d'information *[Décr. nº 2015-350 du 27 mars 2015 relatif à la qualification des produits de sécurité et des prestataires de service de confiance pour les besoins de la sécurité des systèmes d'information, Chap. III]*.

Par principe, les auditeurs doivent être habilités au niveau de classification du système d'information classifié audité selon les modalités détaillées à la partie 3.3. Toutefois, lorsque les droits qui leur sont octroyés initialement sur le système d'information classifié sont étendus, leur permettant notamment d'outrepasser leurs droits ou de masquer leurs actions sur celui-ci, les auditeurs doivent être habilités au niveau *Très Secret*.

7 *GESTION DES INFORMATIONS ET SUPPORTS CLASSIFIÉS TOUT AU LONG DE LEUR CYCLE DE VIE*

La décision de classifier une information ou un support au titre du secret de la défense nationale a pour objet de restreindre l'accès à cette information ou à ce support aux seules personnes qualifiées au sens des articles 413-10 et suivants du code pénal (cf. 1.2).

La classification est matérialisée par l'apposition d'un timbre de classification défini dans la présente instruction qui permet de caractériser l'infraction pénale en cas de compromission et détermine les mesures de protection à mettre en œuvre pour l'élaboration et la gestion de l'information et du support classifié tout au long de son cycle de vie.

7.1 ÉLABORATION DES INFORMATIONS ET SUPPORTS CLASSIFIÉS

7.1.1 Règles de classification

Classifier une information ou un support au titre du secret de la défense nationale a pour conséquence de le placer sous la protection des dispositions spécifiques du code pénal *[C. pén., art. 413-9 s.]*.

L'apposition d'un timbre de classification visible constitue le seul moyen de conférer cette protection particulière. Il est une marque de l'autorité publique *[C. pén., art. 444-1 à 444-9 et L. du 18 mars 1918 réglementant la fabrication et la vente des sceaux, timbres et cachets officiels]* permettant de vérifier l'authenticité et l'intégrité du support.

7.1.1.1 Principes régissant la décision de classification

a) Articulation des rôles d'autorité émettrice et d'auteur d'informations et supports classifiés

La décision de procéder à la classification d'une information ou d'un support est une prérogative du Premier ministre exercée par le Premier ministre ou, par délégation, par chaque ministre dans son champ d'attribution (cf. 2.1.2.1), ainsi que par certaines autorités, du fait de leur statut constitutionnel ou du pouvoir qui leur a été conféré par la loi (cf. 2.1.3).

Ces différentes autorités sont qualifiées d'autorité émettrice, c'est-à-dire, l'autorité nécessairement étatique ou, dans le cas des organisations internationales ou de l'Union européenne, supra-étatique, sous la responsabilité de laquelle un timbre de classification ou de déclassification est apposé sur une information ou un support.

Le Premier ministre est seule autorité émettrice pour le niveau *Très Secret* faisant l'objet d'une classification spéciale.

L'auteur d'une information ou d'un support classifié est celui qui prend la décision d'apposer le timbre de classification sur une information ou un support au niveau requis par son contenu, conformément aux modalités de classification arrêtées par l'autorité émettrice. Ces modalités sont définies :

– pour le niveau *Très Secret* faisant l'objet d'une classification spéciale, dans les dispositions spécifiques prises par le secrétaire général de la défense et de la sécurité nationale ;

– pour les niveaux *Secret* et *Très Secret*, hors classifications spéciales : dans les guides de classification attachés aux instructions ministérielles du ministre sous l'autorité duquel l'information est classifiée, complétés, le cas échéant, des directives techniques particulières et, pour les personnes morales ayant accès à des informations ou supports classifiés dans le cadre d'une convention ou d'un contrat, par le plan contractuel de sécurité attaché à la convention ou au contrat ;

– pour les informations et supports classifiés émis sous la responsabilité des autorités visées au paragraphe 2.1.3, par ces autorités, en conformité avec la présente instruction.

Avant de décider d'apposer un timbre de classification sur une information ou un support, l'auteur d'informations ou supports classifiés procède à l'analyse de l'importance de l'information *[Ou procédé, objet, document, réseau informatique, données informatisées ou fichier intéressant la défense nationale au sens de l'art. 413-9 C. pén.]* au regard de son contexte et eu égard aux directives de classification applicables.

Il veille ainsi, sous le contrôle de son autorité hiérarchique, ainsi que sous la responsabilité de son responsable d'organisme et de l'autorité émettrice pour laquelle il procède à la classification, à ce que le niveau de classification soit approprié à l'information ou au support concernés, c'est-à-dire à ce qu'il soit à la fois strictement nécessaire et suffisant.

Chaque échelon de la chaîne de responsabilité (cf. 1.4) doit être en mesure de justifier le timbre de classification apposé sur une information ou un support classifié et prévient les classifications abusives, qui génèrent des coûts de gestion, des charges de travail importantes et altèrent la valeur du secret de la défense nationale. Inversement, chaque échelon de la chaîne de responsabilité s'assure qu'aucune information ou support justifiant une classification n'échappe à la classification. Ne pas classifier une information ou un support dont la divulgation ou auquel l'accès est de nature à porter

atteinte à la défense et à la sécurité nationale constitue un manquement grave aux règles de la protection du secret de la défense nationale, dont chaque échelon de la chaîne de responsabilité est comptable. Cela caractérise une faute, qu'il revient à l'autorité compétente, le cas échéant, de sanctionner.

b) Le choix du niveau de classification

Ainsi que rappelé à la partie 1.3, il existe deux niveaux de classification *[C. défense, art. R. 2311-2 et R. 2311-3]* :

– *Secret* : réservé aux informations et supports dont la divulgation ou auxquels l'accès est de nature à porter atteinte à la défense et à la sécurité nationale ;

– *Très Secret* : réservé aux informations et supports dont la divulgation ou auxquels l'accès aurait des conséquences exceptionnellement graves pour la défense et la sécurité nationale. Des classifications spéciales sont créées, pour le niveau *Très Secret*, pour protéger les informations relatives aux priorités gouvernementales en matière de défense et de sécurité nationale.

Chaque ministre précise dans son instruction ministérielle les modalités de classification et de protection des informations et supports et souligne l'importance de ne classifier que ce qui est réellement nécessaire (cf. Annexe 3).

Le niveau de classification est déterminé par la nature et le contexte de l'information ou du support classifié. La source de l'information peut également être prise en considération lorsque sa sensibilité justifie une protection *[Par source, il est ici entendu le(s) système(s) de renseignement ayant permis de produire une information]*. Les cas manifestes de sur-classification ou de sous-classification sont signalés par le(s) destinataire(s) à l'autorité émettrice ou à l'auteur de l'information ou du support classifié qui procède, si nécessaire, à la modification appropriée, en informe l'ensemble des destinataires et prend les mesures nécessaires pour éviter une compromission lorsque l'information change de niveau.

7.1.1.2 Principes de classification

a) Principe de classification d'un document

Tout ensemble (pages, paraphes, annexes, appendices, pièces jointes) d'un document contenant des informations classifiées à des niveaux différents est classifié lui-même au niveau le plus élevé des informations qu'il contient.

Lorsqu'un document comprend diverses parties, les unes nécessitant une classification, les autres non, il convient de s'efforcer de préciser le niveau de classification en marge face aux parties ou paragraphes qu'il couvre (cf. Annexe 36). La diffusion des paragraphes non classifiés ou des paragraphes d'un niveau de classification inférieur est rendue possible par extraction des éléments non classifiés ou en rendant illisibles *[Selon les recommandations de l'ANSSI lorsqu'il s'agit d'un support numérique]*, de manière irréversible, les paragraphes classifiés ou classifiés au niveau supérieur.

Par principe, l'objet d'un document est classifié au même niveau que le document lui-même, sauf si son auteur en décide autrement et le précise.

b) Principe de classification d'un matériel et des informations qui lui sont relatives

Le niveau de classification des informations (notices, plans, etc.) concernant un matériel peut être différent du niveau de classification de ce dernier.

c) Principe de classification d'un agrégat

Un ensemble d'informations ou supports, dit "agrégat", peut être classifié si le regroupement des informations ou supports qui le composent le justifie, alors même qu'aucun de ses éléments, pris isolément, n'est classifié *[La somme des informations portant la mention de protection Diffusion Restreinte stockées sur un système d'information n'entraîne pas nécessairement la classification du système d'information]*. Un agrégat d'informations ou supports classifiés peut également être classifié à un niveau supérieur.

d) Principe de transitivité du niveau de classification d'une information extraite d'une information classifiée

Un extrait d'information classifiée conserve le niveau de classification de l'information elle-même, sauf accord de l'autorité compétente désignée par l'autorité émettrice. En l'absence d'indication contraire, la diffusion séquentielle d'extraits non classifiés par découpage de l'information classifiée est interdite. Lorsque des extraits de documents contenant des informations classifiées sont transférés sur un autre support, si

ces extraits sont eux-mêmes classifiés, la mention de classification est reportée sur le nouveau support conformément aux dispositions de la présente instruction.

e) Principe de classification des systèmes d'informations classifiés

Pour les systèmes d'information, la décision d'homologation du système vaut décision de classification.

f) Principe de rémanence du niveau de classification des supports informatiques traitant des informations classifiées

En raison de l'impossibilité technique de faire disparaître de manière fiable et irréversible des informations en principe effacées, un support informatique conserve toujours le niveau de classification le plus élevé qui lui a été attribué au cours de son cycle de vie. Il ne peut être déclassé ou déclassifié qu'à la condition que les informations qu'il contient ou a contenues aient elles-mêmes préalablement fait l'objet d'une telle mesure. Il peut être réaffecté dans les conditions prévues au paragraphe 7.5.2.

7.1.1.3 Mentions complémentaires à la marque de classification

a) Spécial France

La mention *Spécial France* n'est pas un timbre de classification. Elle est employée pour les informations et supports classifiés ou pour les informations et supports portant la mention *Diffusion Restreinte*, qui ne sauraient être communiqués, en tout ou partie, à un État étranger ou à l'un de ses ressortissants, à une organisation internationale, une institution, un organisme ou un organe de l'Union européenne, ni à une personne morale de droit étranger, même s'il existe un accord de sécurité entre la France et l'État ou la personne de droit international public considérée, sous réserve, lorsque cette mention est apposée sur des informations et supports protégés par la mention *Diffusion Restreinte*, des exigences résultant du code du patrimoine et du code des relations entre le public et l'administration. La mention *Spécial France* peut ne concerner que certaines parties d'un document.

Lorsque des informations marquées *Spécial France* sont classifiées, elles doivent, outre satisfaire aux mesures de sécurité appropriées à leur niveau de classification, n'être transmises qu'à des personnes physiques ou morales françaises considérées comme qualifiées au regard du code pénal (cf. 1.2).

b) Autres mentions particulières

Les informations et supports classifiés devant faire l'objet de restrictions spécifiques de diffusion en raison de leur contenu portent, en plus de la marque éventuelle de leur niveau de classification, une mention particulière précisant les services, les États ou les organisations internationales, les institutions, organes ou organismes de l'Union européenne pouvant y avoir accès ou la classification spéciale dont ils font l'objet *[C. défense, art. R. 2311-4]*. Les modalités d'emploi de ces mentions peuvent faire l'objet de directives d'application.

Cette mention, apposée par l'auteur d'informations ou supports classifiés sous la responsabilité de l'autorité émettrice, a pour effet de circonscrire expressément le périmètre de diffusion de ces informations et supports ainsi que d'attirer l'attention sur le strict besoin d'en connaître. Les mesures de sécurité du niveau de classification sont appliquées et leur acheminement est réalisé de façon à garantir le respect du périmètre de diffusion ainsi délimité.

7.1.2 *Marquage*

7.1.2.1 Visibilité du marquage

L'accès à une information ou un support classifié par une personne non qualifiée est prohibé par le code pénal. Aussi, une information doit pouvoir être identifiée comme étant classifiée avant même d'être consultée. Chaque information et support classifié porte ainsi la marque du niveau de classification des informations qu'il contient. Cette marque est qualifiée de "timbre de classification".

Le marquage constitue une marque de l'autorité publique *[C. pén., art. 444-1 à 444-9 et L. du 18 mars 1918 réglementant la fabrication et la vente des sceaux, timbres et cachets officiels]* dont l'usage est strictement réservé aux seules personnes autorisées dans le cadre de la présente instruction.

Des abréviations indiquant la classification peuvent être utilisées pour préciser le niveau de classification des paragraphes du texte d'une information ou d'un support classifié. Les abréviations employées sont les suivantes :

– *Secret :* S ;

– *Très Secret :* TS.

Ces abréviations ne remplacent pas la marque de classification inscrite en toutes lettres sur le support.

En cas de non-respect de ces consignes, la protection pénale qui s'attache aux informations classifiées ne s'applique pas *[Organisée notamment par les art. 413-9 à 413-12 C. pén.]*.

7.1.2.2 Marquage des supports préparatoires

Les supports préparatoires servant à l'élaboration d'une information ou d'un support classifié portent un timbre de classification de niveau requis dès lors qu'ils contiennent des informations justifiant la classification de l'information ou du support final.

Dans le cas, à éviter, où la décision de classification ne peut intervenir qu'au moment de la finalisation de l'information ou du support classifié, les informations ou supports ayant servi à l'élaboration de l'information ou du support classifié (brouillons, documents de travail, impressions sur papier) qui ne sont pas marqués, sont détruits ou effacés, dans les conditions prévues au 7.5.1, le plus rapidement possible dès qu'ils sont devenus sans objet et, en tout état de cause, au plus tard lorsque l'information ou le support classifié est émis.

7.1.2.3 Marquage d'un support papier

Le marquage comprend à la fois le timbre, l'identification et la pagination.

a) Timbre

Il indique le niveau de classification et permet par sa position, sa taille et sa couleur, d'attirer immédiatement l'attention sur le caractère secret de l'information ou du support.

Il est apposé, avec une encre de couleur rouge, ou, à titre exceptionnel, d'une couleur contrastant avec celle du support, au milieu du haut et du bas de chaque page. Pour les documents reliés, un timbre d'un modèle de dimension supérieure est placé au milieu du bas de la couverture et de la page de garde (cf. Annexe 37). Le timbre, dont la dimension peut être adaptée à celle du support, est définitif et toujours visible.

Si l'information doit être divulguée aux seuls ressortissants français, le timbre *Spécial France*, de couleur bleue, est apposé en haut de chaque page, immédiatement à droite ou au-dessous du timbre de classification de l'information.

b) Identification

Tout document classifié est identifié dès sa première page. En plus des références ordinaires de toute pièce administrative, des mesures particulières sont prises. Ainsi, sur la première page du document, figurent :

– le timbre du niveau de classification (cf. Annexe 37) ;

– l'échéance de la classification ou, à titre exceptionnel, notamment, le cas échéant, pour les documents visés aux points *a)* à *e)* du 3° du I. de l'article L. 213-2 du code du patrimoine, lorsqu'une telle échéance ne peut être déterminée au moment de la classification, la date ou le délai au terme duquel le niveau de classification doit être réévalué (cf. 7.6.1). Le cas échéant, la mention de déclassement ou de déclassification est apposée sur cette même page (cf. Annexe 38) ;

– les références de l'autorité émettrice et de l'auteur de l'information ou du support classifié ;

– la date d'émission ;

– le numéro d'enregistrement.

Les paragraphes, alinéas, annexes traitant d'informations classifiées à un niveau inférieur ou non classifiées, sont mis en évidence s'il y a lieu, par la mention dans la marge, de leur propre niveau de classification ou de protection, ou par une mise en page qui les détache sans ambiguïté du contexte général du document.

Au niveau *Très Secret*, chaque document est individualisé par son numéro d'exemplaire et le nombre total d'exemplaires est porté sur la première page. Chaque page porte également la référence du document.

c) Pagination

Chaque page du document est numérotée. Sur la première page sont précisés le nombre total de pages et les annexes ou plans qui le composent.

Les pages de chaque annexe sont numérotées de la pagination du document lui-même, et portent mention du nombre total de pages de l'annexe sur la première page de celle-ci.

Pour les documents classifiés au niveau *Très Secret*, les pages vierges et les feuilles intercalaires sont également numérotées. Toute page vierge porte en son centre la mention "PAS DE TEXTE".

7.1.2.4 Marquage d'un matériel classifié hors support amovible

Le marquage d'un matériel classifié hors support amovible est adapté au type de support, définitif et toujours visible. Il consiste en :

– un timbre de classification, spécifiant le niveau de classification ayant une dimension adaptée à celle du support et comporte la mention de ce niveau en toutes lettres. En cas de difficultés pratiques, les abréviations mentionnées au 7.1.2.1 évoquées peuvent y être substituées ;

– la référence de l'élément.

7.1.2.5 Marquage d'un support immatériel

Le marquage d'un support immatériel d'informations classifiées (message ou fichier électronique, base de données, etc.) est adapté au type de support et est toujours visible. Il consiste en :

– un timbre spécifiant le niveau de classification en toutes lettres et ayant une dimension adaptée à celle du support (abréviations). Il peut contenir la mention *Spécial France* si l'information doit être divulguée aux seuls ressortissants français ;

– la référence et, le cas échéant, le volume de chacune des informations enregistrées.

Dans la mesure du possible, les règles de marquage d'un support immatériel doivent respecter les règles de marquage d'un support papier (cf. 7.1.2.3).

S'il est matériellement impossible d'apposer le marquage sur le support classifié ou contenant une information classifiée, il convient de mettre en œuvre les mesures techniques et organisationnelles décrites dans le dossier d'homologation et la documentation utilisateur.

7.1.2.6 Marquage des éléments constitutifs d'un système d'information classifié

Le marquage des éléments constitutifs d'un système d'information classifié est adapté au type d'élément et toujours visible. Il consiste en :

– un timbre spécifiant le niveau de classification en toutes lettres et ayant une dimension adaptée à celle de l'élément ;

– une identification assurée par l'inscription des références de l'élément.

S'il est matériellement impossible d'apposer le marquage sur l'élément, il convient de mettre en œuvre les mesures techniques et organisationnelles décrites dans le dossier d'homologation et la documentation utilisateur.

Les claviers et autres périphériques d'entrée similaires peuvent être exemptés de marquage. Cette exemption doit être mentionnée dans le dossier d'homologation.

7.1.2.7 Marquage d'un support amovible

Le marquage d'un support amovible d'informations classifiées est adapté au type d'élément et toujours visible. Il consiste en :

– un timbre spécifiant le niveau de classification en toutes lettres et ayant une dimension adaptée à celle du support ;

– une identification assurée par l'inscription des références du support.

S'il est matériellement impossible d'apposer le marquage sur le support, il convient de mettre en œuvre les mesures techniques et organisationnelles décrites dans le dossier d'homologation et la documentation utilisateur.

Pour les supports amovibles agréés, le marquage est réalisé dans les conditions prévues par les instructions d'emploi du support, mentionnées dans la décision d'agrément.

7.2 *TRAÇABILITÉ DES INFORMATIONS ET SUPPORTS CLASSIFIÉS AU SEIN DE L'ORGANISME DÉTENTEUR* *[Les critères et les modalités d'organisation de la protection des informations et supports classifiés Très Secret faisant l'objet d'une des classifications spéciales mentionnées à l'art. R. 2311-3 C. défense relèvent de dispositions spécifiques prises par le Premier ministre]*

7.2.1 *Organisation de la gestion des informations et supports classifiés*

7.2.1.1 Recommandation au niveau *Secret*

Les personnes en charge de la gestion des informations et supports classifiés au niveau *Secret* doivent être habilitées au niveau au moins égal à ce niveau et sont fonctionnellement rattachées, pour l'accomplissement de ces missions, à l'officier de sécurité de leur organisme.

Il est par ailleurs recommandé aux responsables d'organisme ayant accès à des informations et supports classifiés au niveau *Secret* de créer un bureau de protection du secret, constitué de personnes identifiées au sein de son personnel, chargé de veiller à la bonne application de la réglementation relative à la gestion des informations et supports classifiés à ce niveau. Ces missions ne peuvent pas être externalisées.

7.2.1.2 Obligation au niveau *Très Secret*

La création d'un bureau de protection du secret est obligatoire dans les organismes ayant accès à des informations ou supports classifiés au niveau *Très Secret*.

Chaque ministre veille à la création de ces bureaux dans les organismes relevant de son champ d'attribution (cf. 2.1.2.1). Le bureau de protection du secret est composé exclusivement de personnes choisies parmi le personnel de l'organisme, habilitées au niveau *Très Secret*. Il dispose d'une zone réservée (cf. 5.3.1.2).

Le bureau de protection du secret assure le traitement, le marquage, la conservation et le suivi des informations et supports classifiés au niveau *Très Secret* jusqu'à leur destruction ou leur versement à un service d'archives. A ce titre, il est responsable de l'enregistrement, de l'expédition, de la réception et de la circulation des informations et supports classifiés à ce niveau, qui ne peuvent transiter que par son intermédiaire, hormis ceux comportant la mention "ACSSI" *[Instr. gén. intermin. n° 910/SGDSN/ANSSI du 22 oct. 2013 relative aux articles contrôlés de la sécurité des systèmes d'information (ACSSI)]* (cf. 2.2.3). Il dresse un inventaire annuel des informations et supports classifiés qu'il traite.

Pour remplir ses missions, le bureau de protection du secret peut mettre en place un système assurant par voie informatique les fonctions suivantes :

– identification du support d'information (numéro d'enregistrement arrivée ou départ, autorité émettrice et auteur de l'information ou du support classifié, date de création, domaine, titre ou objet, nombre de pages, niveau de classification, mode et date prévue de déclassification, nombre d'exemplaires gérés par le bureau de protection du secret) ;

– traçabilité des événements concernant les exemplaires du support d'information (arrivée, départ, reproduction, archivage, destruction, déclassification, numéro de référence de l'événement, date de l'événement, référence individuelle des exemplaires, nom et fonction du détenteur de chaque exemplaire) ;

– recherche sur les supports d'information (détenteurs successifs d'un exemplaire, date de création, service émetteur, etc.) ;

– inventaire des informations et supports classifiés ;

– fourniture d'états relatifs aux actions effectuées sur les supports d'information (historique, fiche d'enregistrement, fiche de suivi, bordereau d'envoi, procès-verbal de destruction, avis de déclassification, archivage, reproduction, etc.).

Aucun organisme ne peut élaborer, traiter, conserver, détruire ou acheminer des informations et supports classifiés au niveau *Très Secret* faisant l'objet d'une classification spéciale sans y avoir été préalablement autorisé par le secrétaire général de la défense et de la sécurité nationale.

7.2.1.3 Organisation des échanges d'informations et de supports classifiés avec des personnes physiques ou morales de droit étranger

Conformément à l'article 414-9 du code pénal, la France assure la même protection aux informations et supports classifiés étrangers, reçus ou produits en commun en vertu d'un accord de sécurité, général ou spécifique, régulièrement approuvé et publié, qu'aux informations et supports classifiés français de niveau équivalent.

Symétriquement, la communication d'informations ou supports classifiés français à une personne physique ou morale relevant de la juridiction d'un État étranger ou d'une organisation internationale n'est possible qu'en vertu d'un accord intergouvernemental conclu entre la France et l'État ou l'organisation internationale considéré ou conformément aux règles de sécurité de l'organisation internationale, lorsque ces dernières sont directement applicables.

Les accords intergouvernementaux relatifs à l'échange et à la protection d'informations classifiées peuvent porter soit :

– sur un domaine spécifique (généralement celui de la défense) : l'accord est alors qualifié d'accord de sécurité dans le domaine considéré ;

– sur l'ensemble de l'action gouvernementale : l'accord est alors qualifié d'accord général de sécurité.

Plutôt que de définir, avec chaque partenaire, des mesures de protection ad hoc, ces accords fonctionnent sur la base d'un modèle-type et organisent la protection des informations et supports échangés sur la base d'un régime d'équivalence entre les niveaux de classification français et ceux du partenaire. Ce régime d'équivalence est établi après analyse de la législation du partenaire et présenté généralement sous la forme d'un tableau d'équivalence. La mention *Diffusion Restreinte* qui n'est pas, en France, une mention de classification conférant à ces informations la protection pénale propre au secret de la défense nationale, mais qui peut être un niveau de classification chez certains partenaires fait, par ailleurs, généralement l'objet d'un traitement spécifique au sein de ces accords.

Partant, sauf dispositions contraires dans l'accord ou des règles de sécurité applicables qu'il convient toujours de consulter avant tout échange d'information ou support classifié avec un partenaire étranger, la gestion (enregistrement, conservation, reproduction, diffusion, transport, expédition, réception, inventaire) des informations et supports classifiés étrangers confiés à la France suit des règles au moins aussi strictes que celles applicables aux informations classifiées nationales de niveau équivalent.

De la même façon, la protection des systèmes d'information traitant d'informations classifiées confiées à la France par des États étrangers ou par des organisations internationales, des institutions, organes ou organismes de l'Union européenne est assurée conformément à l'accord ou aux règles de sécurité applicables.

Symétriquement, lorsque des informations classifiées françaises sont transmises *via* et sur des systèmes d'information relevant de la responsabilité d'États étrangers ou d'organisations internationales, d'institutions, organes ou organismes de l'Union européenne, les mesures de protection sont fixées par l'accord ou les règles de sécurité applicables, qui assurent à ces informations un niveau de protection au moins équivalent à celui prévu dans la présente instruction.

Les accords et règles de sécurité font, le cas échéant, l'objet d'instructions complémentaires pour leur application en France. Notamment, dans le cadre des échanges avec les organisations internationales, des règles spécifiques peuvent s'ajouter aux règles nationales et imposer une supervision par l'autorité nationale de sécurité (rôle endossé en France par le secrétaire général de la défense et de la sécurité nationale ou l'autorité de sécurité déléguée (cf. 2.1.1.2 *b*)) des modalités de gestion des informations et supports classifiés émises dans le cadre de l'organisation internationale, quel que soit le niveau de classification des informations et supports considérés. Ainsi, le secrétariat général de la défense et de la sécurité nationale est notamment bureau d'ordre central

pour les informations et supports classifiés de l'OTAN et des institutions, organes ou organismes de l'Union européenne, dont les règles de gestion sont complétées par des instructions interministérielles spécifiques *[Instr. intermin. n° 2100 pour l'application en France du système de sécurité de l'OTAN et instruction générale interministérielle n° 2102 sur la protection en France des informations classifiées de l'Union européenne]*.

Enfin, des règles complémentaires, si nécessaire plus restrictives, peuvent être stipulées dans le plan contractuel de sécurité attaché à des contrats internationaux nécessitant d'échanger ou de produire des informations ou supports classifiés avec un partenaire étranger.

A défaut d'instruction ou de stipulations complémentaires, les dispositions de la présente instruction s'appliquent.

7.2.2 *Enregistrement*

Tout support d'information classifiée est enregistré, dans l'ordre chronologique, dans un système d'enregistrement spécifique, manuel ou informatisé, dont l'accès est restreint aux personnes ayant le besoin d'en connaître *[Un support amovible est enregistré comme un seul document même s'il contient plusieurs fichiers et ceux-ci sont inscrits dans le document d'enregistrement. La traçabilité intrinsèque du support dématérialisé permet de connaître les fichiers qu'il contient ou qu'il a contenus]*. Si ce système est classifié, les personnes y ayant accès sont habilitées au niveau requis.

Pour les informations classifiées dématérialisées, les obligations d'enregistrement sont assurées par les fonctions de traçabilité du système d'informations classifié les hébergeant.

L'enregistrement établit sans ambiguïté l'attribution du support à un détenteur, personne physique, clairement identifiée. Le détenteur assume alors la responsabilité de la protection du support. Cet enregistrement est la seule référence de cette attribution de responsabilité. Dans la mesure du possible, le numéro d'enregistrement est assorti d'une fiche où sont inscrites les références des informations contenues. Pour chaque support classifié, il est précisé dans le système d'enregistrement l'échéance de classification ou, à défaut, la date ou le délai de réévaluation impérative du niveau de classification (cf. 7.6.1) fixé par l'auteur de l'information. La mention de l'objet du document peut figurer dans le système d'enregistrement s'il porte le même niveau de protection ou de classification précisé par son auteur que le système ou si son auteur a précisé qu'il n'était pas protégé.

7.2.2.1 Au niveau *Secret*

Un système d'enregistrement est mis en place par le responsable d'organisme avec l'appui de l'officier de sécurité. Il est tenu, sous le contrôle de l'officier de sécurité, par les personnes en charge de la gestion des informations et supports classifiés ou, le cas échéant, par le bureau de protection du secret. Ce système peut être relié à une base de gestion du courrier sous réserve que l'accès à la base soit restreint aux seules personnes ayant le besoin d'en connaître et que cette base permette de tracer les documents jusqu'au détenteur final.

7.2.2.2 Au niveau *Très Secret*

Le bureau de protection du secret assure l'enregistrement des informations et supports classifiés sur un système d'enregistrement. Par principe, ce système est classifié au niveau *Très Secret*. Sa classification peut toutefois être limitée au niveau *Secret*, si les objets des informations et supports enregistrés n'y sont pas mentionnés ou si ces derniers ont tous été expressément déclassifiés ou déclassés par leur auteur conformément au dernier paragraphe du *a)* du 7.1.1.2.

Chaque support d'informations classifiées au niveau *Très Secret* fait l'objet d'une double numérotation présentée sous la forme d'une fraction comportant le numéro d'enregistrement de l'auteur sur le numéro d'enregistrement du bureau de protection du secret chargé de leur traitement.

7.2.3 *Conservation*

Le responsable d'organisme met en place des moyens de conservation sécurisés et pérennes des informations et supports classifiés. Lorsque l'organisme dispose de plusieurs établissements, chaque établissement détenant des informations ou supports classifiés dispose des moyens sécurisés et pérennes nécessaires à leur conservation.

En dehors des périodes d'utilisation, les supports classifiés sont conservés dans un meuble de sécurité (coffre-fort ou armoire forte) répondant aux exigences énoncées dans la présente instruction (cf. Annexe 30). Le niveau de classification des documents contenus ne doit pas figurer à l'extérieur du meuble.

Des informations et supports classifiés de diverses origines peuvent être conservés à l'intérieur d'un même meuble de sécurité à condition d'en assurer le cloisonnement en séparant et précisant l'origine des supports et sous réserve que les personnes y ayant accès aient le même besoin d'en connaître. Dans le cas contraire, les informations et supports classifiés sont conservés dans des sous-coffres précisant leur origine.

La combinaison du meuble de sécurité, suffisamment complexe pour être fiable, n'est connue que des seuls utilisateurs. Une copie de cette combinaison est conservée sous enveloppe opaque, fermée, dans le coffre-fort ou l'armoire forte d'une autorité spécialement désignée, la clef de ce meuble étant elle-même placée dans un meuble distinct.

La combinaison est changée tous les ans et, à chaque fois, en cas de mutation des utilisateurs, d'identification d'un risque ou de suspicion de compromission.

Les clefs des lieux abritant des informations et supports classifiés sont impérativement mises en sécurité, notamment hors des heures ouvrables, suivant une procédure clairement établie par chaque autorité responsable (dépôt dans un coffre mural, sans clef, à combinaison et à commande unique ou avec ouverture par lecture de badge, garde permanente avec système d'alarme, etc.). Il est formellement interdit d'emporter les clefs de ces lieux et des meubles de sécurité à l'extérieur des locaux de travail.

La responsabilité de la conservation des informations et supports classifiés incombe au détenteur auquel l'information ou le support classifié a été attribué, au chef du bureau de protection du secret ou aux personnes en charge de la gestion des informations et supports classifiés.

Les informations classifiées dématérialisées sont stockées sur un système d'information homologué au même niveau de classification ou au niveau supérieur. Les exigences de sécurité relatives à la sécurité du système d'information de l'organisme (cf. 2.3.1.2) prévoient des moyens et des procédures de sauvegarde et de conservation sécurisés et pérennes des informations classifiées contenues au sein des systèmes d'information classifiés utilisés. Ces moyens et procédures respectent le besoin d'en connaître. Le système de sauvegarde est du même niveau de classification que le système d'information traitant les données.

7.2.4 *Reproduction*

Chaque ministre définit dans son instruction ministérielle les consignes pour la reproduction et l'impression de supports classifiés de niveaux *Secret* et *Très Secret*. Ces consignes :

– désignent les personnes habilitées à autoriser la reproduction ;

– fixent les procédures et les mesures techniques garantissant la traçabilité des impressions, le contrôle du processus par le détenteur, de bout en bout, du lancement de l'impression jusqu'à la récupération de l'information classifiée imprimée.

Le détenteur de l'information ou du support classifié initial est responsable des reproductions et impressions qu'il entreprend jusqu'à leur attribution à un autre détenteur conformément aux modalités de la présente instruction, complétées, le cas échéant, par l'instruction ministérielle, les directives techniques particulières et le plan contractuel de sécurité applicables.

Les matériels utilisés pour la reproduction d'informations classifiées (photocopieuses, télécopieurs, systèmes informatiques, etc.) sont physiquement protégés afin d'en limiter l'emploi aux seules personnes autorisées. Si ces matériels sont connectés à un système d'information, ils sont intégrés dans le périmètre d'homologation du système d'information. Les opérations de maintenance sur ces matériels sont effectuées dans

des conditions permettant de garantir la sécurité des informations classifiées qui ont été reproduites, dans le respect des dispositions de la présente instruction complétées, le cas échéant, par l'instruction ministérielle, les directives techniques particulières et le plan contractuel de sécurité applicables. Il en est de même pour leur mise au rebut qui doit garantir la destruction des mémoires de ces appareils (cf. 7.5.2).

La reproduction numérique d'informations classifiées dématérialisées est autorisée et se fait sous la responsabilité de l'utilisateur, qui est sensibilisé par l'officier de sécurité des systèmes d'information sur les bonnes pratiques en la matière. Il veille ainsi à limiter la diffusion de ces informations classifiées dématérialisées selon le strict besoin d'en connaître et s'assure que la convention de marquage de ces informations est respectée. Lorsque la reproduction numérique est réalisée sur un support amovible, elle respecte les exigences prévues par la présente instruction (cf. 6.8 et 7.3.1.1)

7.2.4.1 Au niveau *Secret*

La reproduction totale est effectuée par le détenteur, sous sa responsabilité, à condition de conserver sur un système d'enregistrement détenu par les personnes en charge de la gestion des informations et supports classifiés à ce niveau, les traces du nombre et des destinataires des exemplaires papiers reproduits.

Pour les informations classifiées dématérialisées, ce suivi est assuré par les fonctions de traçabilité du système d'information prévues par la présente instruction.

La reproduction partielle est possible dans les mêmes conditions que la reproduction totale. Les extraits d'informations classifiées ainsi reproduits sont classifiés au même niveau que le document dont ils sont extraits, sauf si l'autorité émettrice les a expressément classifiés à un niveau inférieur ou ne les a pas classifiés (cf. 7.1.2.3 *b*)).

7.2.4.2 Au niveau *Très Secret*

La reproduction des informations papier et supports classifiés n'est possible qu'avec l'autorisation écrite préalable de l'autorité émettrice.

Le détenteur de l'information papier ou du support classifié qui souhaite en effectuer une reproduction adresse une demande motivée (cf. Annexe 39) à cette autorité *via* son bureau de protection du secret, en précisant le nombre d'exemplaires. Si l'autorité émettrice consent à la reproduction (cf. Annexe 40), elle porte mention de cette reproduction sur l'exemplaire en sa possession. Le bureau de protection du secret du détenteur assure l'enregistrement de cet(ces) exemplaire(s) et le fait prendre en compte par les personnes citées dans la demande.

En cas d'urgence et à titre exceptionnel, le détenteur peut s'affranchir de cette procédure à la condition de prendre les dispositions suivantes *via* son bureau de protection du secret :

– limiter au minimum indispensable le nombre de reproductions ;

– procéder au marquage réglementaire en attribuant à chaque exemplaire un numéro individuel composé de deux nombres fractionnaires, en numérateur le numéro d'ordre de la copie dans la série des reproductions et en dénominateur le nombre total de reproductions ;

– porter, sur l'exemplaire reproduit, la destination qui en est faite ou établir une liste séparée des destinataires ;

– rendre compte sans délai à l'autorité émettrice du nombre de reproductions, des numéros de reproduction et de la destination des exemplaires. L'autorité émettrice porte mention de cette reproduction sur l'exemplaire en sa possession.

Pour les informations classifiées dématérialisées, ce suivi est assuré par les fonctions de traçabilité du système d'information prévues par la présente instruction décrites au 6.6.4.

7.2.5 *Gestion des éléments constitutifs d'un système d'information classifié*

La sortie d'éléments constitutifs d'un système d'information classifié de la zone dans laquelle ils se trouvent est soumise à une autorisation de l'officier de sécurité des systèmes d'information identifiant clairement les équipements concernés et désignant nominativement les personnes autorisées à sortir ces éléments. Cette autorisation peut avoir un caractère ponctuel ou permanent.

7.3 *DIFFUSION DES INFORMATIONS ET SUPPORTS CLASSIFIÉS*

7.3.1 *Envoi d'informations et supports classifiés*

Avant toute diffusion d'informations ou supports classifiés, son auteur établit la liste des destinataires en s'assurant qu'ils sont habilités au niveau de classification requis. Si cette liste est sensible, elle n'est pas jointe aux informations et supports classifiés.

7.3.1.1 Transmission dématérialisée d'informations classifiées

La transmission d'informations classifiées ne peut être réalisée que depuis ou vers un système d'information classifié.

Le transfert d'une information classifiée au travers d'un réseau non classifié ou d'un niveau de classification inférieur s'effectue à l'aide de moyens de chiffrement agréés.

7.3.1.2 Expédition d'informations et supports classifiés

Les procédures d'expédition doivent :

– permettre de respecter des délais compatibles avec le degré d'urgence de la transmission ;

– permettre le suivi des informations ou des supports transmis ;

– garantir leur intégrité physique grâce à un conditionnement adapté.

Les autorités d'expédition sont :

– au niveau *Secret*, les personnes en charge de la gestion des informations et supports classifiés à ce niveau (cf. 7.2.1.1) ;

– au niveau *Très Secret*, le bureau de protection du secret (cf. 7.2.1.2).

Au niveau *Très Secret*, le nombre et le numéro des supports attribués à chaque destinataire ainsi que le numéro des exemplaires conservés par l'émetteur sont précisés dans la liste de diffusion (deux exemplaires au moins, dont un original destiné à terme aux archives).

Après marquage et enregistrement de chaque support, il est procédé aux opérations suivantes :

a) Conditionnement

L'envoi de supports classifiés se fait sous double enveloppe. Chaque enveloppe présente des garanties de solidité suffisantes pour garantir au maximum son intégrité physique :

– l'enveloppe extérieure : renforcée, elle porte l'indication du service expéditeur, l'adresse du destinataire (sans mention trop explicite de nature à attirer l'attention sur le caractère classifié du contenu) et la mention du suivi. Elle ne porte en aucun cas la mention du niveau de classification de l'information ou du support qu'elle contient ;

– l'enveloppe intérieure de sécurité : opaque, toilée ou armée, elle interdit l'ouverture ou la refermeture discrète. Elle porte le timbre du niveau de classification, la référence des supports transmis, le cachet de l'autorité expéditrice, le nom et la fonction du destinataire ainsi que l'indication de l'organisme dans lequel il est affecté.

b) Suivi de l'expédition

Un bordereau d'envoi, sans timbre de classification ni indication de l'objet des informations envoyées, est placé dans l'enveloppe intérieure de sécurité. Il comporte trois feuillets détachables A, B et B' (cf. Annexe 41), signés par le responsable de l'autorité expéditrice ou une personne désignée par lui :

– les feuillets A et B sont placés dans l'enveloppe intérieure et sont adressés au destinataire (cf. 7.3.1) qui conserve le premier comme élément de preuve et renvoie le second à titre d'accusé de réception ;

– le feuillet B' est conservé par l'expéditeur jusqu'à réception du feuillet B qui lui est alors substitué.

L'expéditeur s'assure de la date et de l'heure de livraison. Il en avise aussitôt le service destinataire par courrier électronique en indiquant le bureau de dépôt du courrier et les références du support, à l'exclusion de leur objet et de leur caractère secret. Tout retard anormal doit conduire à suspecter une compromission. Le bureau de protection du secret ou le service destinataire met alors en œuvre les dispositions du 1.4.2.3.

7.3.2 *Transport*

7.3.2.1 Supports classifiés

a) Sur le territoire national, à l'intérieur d'un site ou d'une même emprise

Les supports classifiés sont transportés par le détenteur lui-même, par une personne habilitée au niveau requis ou un convoyeur autorisé de l'organisme détenteur ou une personne du service de courrier interne de cet organisme.

La position des supports classifiés doit être suivie sans discontinuité, notamment dans le système d'enregistrement des supports classifiés.

Une fiche de suivi, établie pour chaque support classifié au niveau *Très Secret*, permet d'en contrôler la position et est émargée par chaque personne qualifiée y ayant accès. La fiche de suivi est conservée par le bureau de protection du secret dans les mêmes conditions que pour un support classifié au niveau *Très Secret*.

b) Sur le territoire national, avec changement de site ou d'emprise

Le transport s'opère :

– aux niveaux *Secret* et *Très Secret*, par un porteur, qui est :

• soit une personne habilitée de l'organisme détenteur ou d'un autre organisme ministériel ou d'un organisme lié par contrat (cf. 4.4) ;

• soit une personne ayant la qualité de convoyeur autorisé. Le convoyeur autorisé est une personne physique appartenant à l'organisme détenteur, titulaire d'une décision de sécurité convoyeur (cf. Annexe 42) délivrée par l'autorité d'habilitation après réalisation, par l'autorité compétente, d'une enquête administrative (cf. Annexe 6). Conformément à la demande de l'autorité d'habilitation, cette décision est valide soit pour une mission particulière, soit pour une durée nécessairement inférieure à trois ans. Cette décision peut être renouvelée par une demande qui est nécessairement effectuée avant l'expiration du délai fixé. Cette décision n'autorise en aucun cas à prendre connaissance d'informations et supports classifiés.

Le porteur ne peut se dessaisir des informations et supports classifiés jusqu'à leur remise au destinataire, sauf dérogation exceptionnelle accordée par le ministre dont il relève après consultation du secrétaire général de la défense et de la sécurité nationale.

– au niveau *Secret* et par dérogation au niveau *Très Secret*, par voie postale :

• au niveau *Secret*, le transport par voie postale est autorisé à la condition impérative de confier le transport à un opérateur postal autorisé conformément aux dispositions du code des postes et des communications électroniques *[Autorisation délivrée par l'autorité de régulation des communications électroniques et des postes (ARCEP), CPCE, art. L. 36-5 s. et R. 1-2-1 s.]* ;

• au niveau *Très Secret*, le transport par voie postale est en principe prohibé. Toutefois, à défaut de porteur disponible dans des délais compatibles avec le degré d'urgence de transmission, degré d'urgence qui doit pouvoir être clairement justifié, le transport par un opérateur postal autorisé peut être permis à titre exceptionnel.

Conformément aux dispositions du code des postes et des communications électroniques, pour pouvoir être autorisé à acheminer des supports protégés par le secret de la défense nationale, l'opérateur postal doit notamment répondre aux exigences énoncées ci-dessous *[CPCE, art. R. 1-2-6]* :

– jouir d'un établissement sur le territoire national ;

– disposer d'un programme de sécurité pour la prise en charge d'articles de valeur au moyen d'un service de signature comportant notamment une surveillance et un enregistrement permanents permettant d'identifier à tout moment le responsable de la garde des articles concernés, soit par un registre de signature et de pointage, soit par un système électronique de suivi et d'enregistrement ;

– être en capacité de fournir à l'expéditeur un justificatif de livraison sur le registre de signature et de pointage ou un reçu portant les numéros de colis ;

– garantir que la livraison sera effectuée dans un délai maximal de 24 heures, ou avant une date et une heure données.

L'instruction ministérielle peut imposer des conditions plus restrictives que celles prévues ci-dessus.

Le transport des supports marqués *Spécial France* est réalisé par les bureaux courriers nationaux de l'opérateur postal et emprunte exclusivement des voies nationales. La mention *Spécial France* est indiquée sur l'enveloppe intérieure de sécurité.

c) Vers ou depuis l'étranger

Les supports classifiés envoyés à l'étranger ou transitant par des pays étrangers doivent être protégés en permanence pour interdire leur compromission pendant le transport, et notamment lors des escales. Les supports classifiés marqués *Spécial France* ne peuvent sortir des frontières du territoire que par la valise diplomatique ou, en cas d'urgence, par lettre de courrier délivrée par le ministère des affaires étrangères.

Le transport peut s'opérer :

– par valise diplomatique et lettre de courrier : lors de la remise des envois, au plus tard la veille du départ de la valise, à la division de la valise diplomatique du ministère des affaires étrangères, un cachet apparent doit être apposé sur l'enveloppe extérieure ou sur une étiquette fixée au colis et comportant obligatoirement la mention "Par valise accompagnée-sacoche".

Le transport est assuré par un porteur selon les règles édictées par le ministère des affaires étrangères. A défaut, il y a lieu de prévoir des mesures particulières en fonction des instructions de ce ministère. Une "lettre de courrier" accrédite la qualité du porteur afin d'éviter l'examen du courrier par la douane ou le service de police compétent.

La valise diplomatique ne doit ni être ouverte, ni retenue *[Conv. Vienne 18 avr. 1961 sur les relations diplomatiques, art. 27, pt 3]*.

Le porteur doit seulement présenter sa "lettre de courrier" et faire appel, en cas de besoin, à l'assistance de l'agent diplomatique ou consulaire le plus proche. Si toutefois les autorités compétentes de l'État d'accueil demandent que la valise soit ouverte en leur présence, le porteur est en droit d'opposer un refus et de repartir avec la valise vers l'État d'origine.

– par porteur muni d'un certificat de courrier : lorsqu'un accord ou un règlement international de sécurité le prévoit, le transport est possible par porteur, dans les conditions déterminées au point *b)*. Le porteur est alors muni d'un certificat de courrier pour un seul ou plusieurs voyages (cf. Annexe 43 et Annexe 44), délivré par le secrétaire général de la défense et de la sécurité nationale, en sa qualité d'autorité nationale de sécurité ou, le cas échéant, par l'autorité de sécurité déléguée compétente. Il est rappelé au porteur qu'il s'engage, tout au long du voyage, à garder en sa possession ou sous sa surveillance directe le colis contenant les documents, équipements ou composants classifiés.

– par voie postale, pour les supports classifiés au niveau *Secret* envoyés vers les pays de l'Union européenne ou de l'OTAN, à la condition impérative de confier le transport à un opérateur postal autorisé conformément aux exigences définies au point *b)*. Il est fait usage du service prioritaire "recommandé international", sous réserve que l'instruction de sécurité du programme l'autorise. A défaut, il convient de se référer à ce document pour connaître les modalités d'envoi de ces supports classifiés.

Pour les informations échangées dans le cadre d'un accord ou d'un programme international, il convient de se référer aux stipulations de l'accord ou du plan contractuel de sécurité applicable.

7.3.2.2 Transport d'informations classifiées sur un support amovible

Par principe, les informations classifiées stockées sur un support amovible en vue de leur transport sont chiffrées.

Lorsqu'elles sont chiffrées aux moyens d'un produit ou d'un mécanisme de chiffrement agréé par l'agence nationale de la sécurité des systèmes d'information au niveau de classification des informations transportées, le support amovible peut être transporté sans mesure de sécurité complémentaire.

En l'absence de solution agréée au niveau de classification requis ou lorsqu'à titre exceptionnel le chiffrement est impossible, le support amovible est transporté conformément aux dispositions du paragraphe 7.3.2.1.

7.3.2.3 Matériels classifiés

La circulation et le transport des matériels classifiés nécessitent des mesures particulières de sécurité : protection contre les vues dans la mesure du possible et garde permanente pendant la durée du transport.

Les itinéraires sont choisis en fonction du degré de sécurité qu'ils présentent. Suivant le type de matériel à protéger et dès lors que le matériel transporté figure sur la liste tenue à jour par le ministère de la défense, il convient de se reporter aux dispositions particulières de l'instruction interministérielle n° 3100 *[Instr. intermin. n° 3100/SGDN/ACD/PS/DR du 25 juin 1980 sur la sécurité des transports de certains matériels sensibles effectués sous responsabilité civile et Dir. intermin. n° 312/SGDN/ANS/DR du 21 août 1981 sur la sécurité nucléaire dans le domaine de la défense]*.

Pour les autres matériels classifiés, l'autorité en ayant prescrit le mouvement assume la responsabilité des tâches suivantes :

– conditionnement des matériels ;
– choix de l'itinéraire et des lieux d'étape, en accord avec les autorités civiles ou militaires intéressées ;
– organisation du convoyage ou de l'escorte et des dispositions techniques en cas de panne ou d'accident.

Le transport des matériels classifiés est effectué, sauf impossibilité absolue ou opération conjointe, par des moyens nationaux. A défaut, ils sont convoyés et toutes les dispositions sont prises pour que la sécurité soit assurée sans discontinuité pendant toute la durée du transport. Avant tout transport de matériel classifié, un certificat de courrier (cf. Annexe 43 et Annexe 44) est établi pour le porteur. Un plan de transport peut être exigé par le secrétaire général de la défense et de la sécurité nationale, en sa qualité d'autorité nationale de sécurité ou, le cas échéant, par l'autorité de sécurité déléguée compétente, en fonction du poids ou des dimensions du matériel.

7.3.3 *Réception*

La réception est assurée par le destinataire de l'envoi au niveau *Secret* ou, au niveau *Très Secret*, par le bureau de protection du secret de l'organisme destinataire, suivant la procédure suivante :

– l'intégrité de l'emballage est vérifiée afin de déceler une éventuelle compromission ;
– le destinataire fait procéder à son enregistrement :
  • au niveau *Secret*, auprès du service en charge de la gestion des informations et supports classifiés à ce niveau ;
  • au niveau *Très Secret*, par le bureau de protection du secret ;
– pour le support physique, le feuillet B du bordereau d'envoi est daté, signé et renvoyé à titre d'accusé de réception. Le bureau de protection du secret remet le support classifié *Très Secret* au destinataire.

Ces règles s'appliquent à la réception, par voie physique, des informations et supports devant faire l'objet d'un enregistrement (cf. 7.2.2). Dans le cas d'une information classifiée dématérialisée, la réception est attestée par les fonctions de traçabilité du système d'information classifié prévues par la présente instruction.

Dans le cas d'un acheminement à l'étranger, le destinataire appose son visa sur la liste d'inventaire présentée par le porteur (cf. Annexe 43 et Annexe 44).

7.4 *INVENTAIRE*

7.4.1 *Principes généraux*

Tout support classifié, y compris les supports de stockage d'informations classifiées dématérialisées, fait l'objet d'un suivi permanent afin d'assurer sa traçabilité et sa prise en compte par des détenteurs habilités.

A cette fin, un inventaire est réalisé chaque année par chaque détenteur avant le 31 décembre et avant toute prise et fin de fonction, sous le contrôle de l'officier de sécurité.

A l'occasion de l'inventaire, chaque détenteur procède à l'examen rigoureux de la pertinence de la conservation des supports qu'il détient, ainsi que du maintien de la classification des informations et supports dont il est l'auteur.

L'inventaire des informations classifiées dématérialisées contenues au sein d'un système d'information classifié n'est pas obligatoire, leur suivi étant assuré par la traçabilité interne du système d'information renforcée par les exigences organisationnelles et logiques prévues par la présente instruction.

7.4.1.1 Destruction des exemplaires inutiles

Lorsque plusieurs copies d'un même support initial sont détenues :
– si l'original est détenu, seul l'original est conservé ;
– si seules des copies sont détenues, une seule copie est conservée. Les autres copies sont détruites conformément aux dispositions du 7.5.1.

7.4.1.2 Réexamen de la pertinence de la classification et de son échéance

La pertinence de la classification d'une information ou d'un support classifié évolue dans le temps.

Chaque détenteur réévalue, à l'occasion de l'inventaire, la pertinence du niveau de classification des informations et supports classifiés dont il est l'auteur et procède, chaque fois que possible, à leur déclassification, ou, à tout le moins, à leur déclassement. Dans les cas, rares, où du fait de circonstances particulières une information ou un support classifié dont il est l'auteur a, depuis sa classification, gagné en sensibilité, le détenteur procède, le cas échéant, à son reclassement, conformément aux directives de classification inscrites dans l'instruction ministérielle dont il relève.

Lorsque le détenteur décide le maintien en classification d'informations et de supports dont il est l'auteur, il procède alors au réexamen de la pertinence de l'échéance de classification (cf. 7.6.1) et la revoit à la baisse chaque fois que possible. Le cas échéant, le cartouche mentionnant l'échéance de classification (cf. Annexe 36) est barré d'un trait rouge, oblique de haut en bas, de gauche à droite, et un nouveau cartouche, indiquant la nouvelle échéance, est placé sous le cartouche barré.

Dès la mise en service de la base interministérielle des décisions de déclassification mentionnée au 7.6.2, chaque organisme détenteur vérifie, en outre, au moment de l'inventaire, si les supports qu'il détient ont fait l'objet d'une déclassification et procède, le cas échéant, à leur démarquage conformément à l'Annexe 38.

7.4.1.3 Appréciation de l'utilité administrative courante

Lors de l'inventaire, chaque détenteur identifie les informations et supports classifiés ne présentant plus d'utilité administrative courante et procède à leur destruction, après accord de l'administration des archives, ou à leur versement aux archives selon les modalités respectivement définies aux 7.5.1, 7.5.2 et 7.5.4.

7.4.1.4 Banalisation d'une période dédiée à l'inventaire

Afin de permettre aux détenteurs d'informations et supports classifiés de procéder à cet examen rigoureux, chaque responsable d'organisme arrête une période ouvrée dédiée à l'inventaire, au cours de laquelle les détenteurs sont déchargés de leurs missions habituelles.

De même, le responsable d'organisme accorde à chaque personne détenant des informations et supports classifiés quittant ses fonctions une période lui permettant de procéder à son inventaire.

L'inventaire précise, pour chaque support classifié, l'échéance de classification fixée par son auteur pour le compte de l'autorité émettrice.

Si l'inventaire fait mention de documents dont l'objet est classifié, il est lui-même classifié au niveau de classification le plus élevé des documents qu'il inventorie.

Chaque ministre précise dans son instruction ministérielle, les modalités d'inventaire et de suivi des informations et supports classifiés *Secret* et *Très Secret*, hors classifications spéciales, détenus par les organismes relevant de son champ d'attribution.

7.4.2 *Inventaire au niveau Secret*

Un inventaire annuel est effectué sous la responsabilité de chaque détenteur qui doit être en mesure de le présenter aux personnes en charge de la gestion des informations et supports classifiés et à l'officier de sécurité.

Un inventaire est effectué, sous forme contradictoire, à chaque mutation de personnel, l'ancien détenteur et le nouveau apposant tous deux leur signature sur le procès-verbal.

7.4.3 *Inventaire au niveau Très Secret*

Un inventaire annuel est effectué par chaque détenteur en liaison avec le bureau de protection du secret. Le procès-verbal d'inventaire annuel mentionne les références et l'identification de chaque support classifié *Très Secret* et est accompagné, le cas échéant *[Ces pièces ne sont jointes à l'inventaire que si elles concernent des mouvements de documents ayant eu lieu depuis la production du procès-verbal d'inventaire de l'année précédente]*, de l'une ou l'autre des pièces administratives suivantes :

– un bordereau de prise en compte ;

– un procès-verbal de destruction (cf. Annexe 45) ;

– une fiche de suivi du support (cf. 7.3.2.1 *a)*) ;

– un procès-verbal de versement au service public d'archives compétent.

Un inventaire est effectué, sous forme contradictoire, à chaque mutation de personnel, l'ancien détenteur et le nouveau apposant tous deux leur signature sur le procès-verbal.

7.5 *FIN D'EXPLOITATION DES INFORMATIONS ET SUPPORTS CLASSIFIÉS*

Toute autorité détenant des informations et supports classifiés, produits ou reçus, a pour obligation de faire assurer leur conservation et leur protection conformément aux dispositions législatives et réglementaires en vigueur.

A l'expiration de leur période d'utilisation courante, les informations et supports classifiés font l'objet d'un tri, selon la périodicité prévue par chaque ministre, visant à séparer les supports destinés à être conservés de ceux dépourvus d'utilité administrative ou d'intérêt historique ou scientifique :

– les supports présentant une utilité administrative ou un intérêt historique ou scientifique sont versés aux services publics d'archives compétents *[C. patr., art. L. 212-2, L. 212-3, L. 212-4 et R. 212-1 s.]* ;

– les autres supports sont détruits selon les principes développés au paragraphe suivant.

7.5.1 *Procédure de destruction*

Lorsque des informations et supports classifiés sont périmés ou devenus inutiles, il peut être procédé à leur destruction avec l'accord de l'administration des archives *[C. patr., art. L. 212-2 et L. 212-3]*. La destruction ne peut être réalisée que par des personnes habilitées ou sous leur surveillance.

La destruction est effectuée de façon à rendre impossible toute reconstitution même partielle des informations contenues sur les supports.

Les techniques de destruction sont adaptées au nombre et au type de supports à détruire. Les principales formes de destruction sont le brûlage, l'incinération, le broyage, le déchiquetage et la surtension électrique, dont les normes techniques sont arrêtées par le secrétaire général de la défense et de la sécurité nationale après expertise des services compétents. Lorsque des documents classifiés doivent être transportés afin d'être incinérés, ils doivent impérativement avoir été préalablement déchiquetés et mélangés.

Après l'opération, un procès-verbal de destruction est dressé. Ce procès-verbal de destruction porte la signature du détenteur et, en sus pour les documents *Très Secret*, celle d'un témoin habilité au niveau *Très Secret* (cf. Annexe 45).

Au niveau *Très Secret*, le détenteur du support informe par écrit l'autorité émettrice que, sauf avis contraire de sa part, elle procédera à sa destruction. Sans réponse dans un délai de deux mois, le détenteur procède à la destruction du support et en rend compte à l'autorité émettrice en lui adressant une copie du procès-verbal de destruction *[En cas de dissolution du service dont relevait l'autorité ayant procédé à la classification, la copie du procèsverbal de destruction est adressée au service du haut fonctionnaire de défense et de sécurité du ministère compétent]*. Une copie de ce procès-verbal est transmise au bureau de protection du secret.

7.5.2 *Mise au rebut ou réaffectation sécurisée du matériel informatique classifié*

Un support classifié ou ayant contenu des informations classifiées ne peut être affecté à un nouvel utilisateur ou à un nouveau besoin qu'après effacement sécurisé de

l'ensemble des informations et supports classifiés qu'il contient et reste classifié à un niveau au moins égal au niveau de classification des informations et supports classifiés qu'il a préalablement contenus.

En l'absence d'une telle procédure d'effacement sécurisé, le support classifié n'est pas réaffecté.

Tout support de stockage électronique classifié mis au rebut est préalablement effacé selon les recommandations de l'agence nationale de la sécurité des systèmes d'information. A défaut, il est détruit physiquement, selon un procédé conforme aux recommandations du secrétariat général de la défense et de la sécurité nationale, qui rend impossible la reconstitution de tout ou partie de l'information classifiée qu'il a contenue.

7.5.3 *Évacuation et destruction d'urgence*

Pour faire face à des circonstances exceptionnelles et en cas de menace immédiate nécessitant l'évacuation des bâtiments par le personnel ou la destruction des informations et supports classifiés, des plans d'évacuation et de destruction d'urgence sont établis par chaque service ou organisme qui détient des informations et supports classifiés. Ces plans prévoient notamment les procédures d'accès, en toute circonstance, aux locaux et aux informations et supports classifiés.

Les modalités d'exécution pratiques de ces plans figurent sur des fiches placées dans chaque coffre par les personnes détenant des éléments couverts par le secret de la défense nationale. Elles précisent :

- les autorités désignées pour donner l'ordre de destruction ou d'évacuation ;
- la liste des informations et supports classifiés à détruire ou à évacuer ;
- les mesures applicables aux systèmes d'information ;
- la liste et la localisation des moyens de destruction et d'évacuation à utiliser.

La mise en œuvre du dispositif ainsi établi est contrôlée par l'officier de sécurité, selon une périodicité définie par chaque ministère pour les niveaux *Secret* et *Très Secret*, qui ne peut excéder trois ans.

7.5.4 *Versement aux archives*

7.5.4.1 Préparation du versement par le service versant

a) Examen systématique de la pertinence de la classification par le service versant

i. le service versant est l'auteur de l'information classifiée

Avant tout versement aux archives, le service versant s'assure que la classification, lorsqu'elle est toujours effective (cf. 7.6.3.1), demeure pertinente et procède, chaque fois que possible, à sa déclassification selon les modalités prévues au 7.6.3.2. Lorsqu'après examen, il s'avère que la déclassification n'est pas possible, le support est traité selon les modalités décrites dans les paragraphes suivants.

ii. le service versant n'est pas l'auteur de l'information classifiée

Dans l'attente de la mise en service de la base interministérielle des décisions de déclassification mentionnée au. 7.6.3.5, le support est traité selon les modalités décrites au paragraphe 7.5.4.2.

Dès la mise en service de la base interministérielle des décisions de déclassification mentionnée au. 7.6.3.5, le service versant la consulte afin de vérifier si l'information ou le support est toujours classifié.

Dans le cas où l'information ou le support a fait l'objet d'une décision de déclassification, le service versant appose le timbre de déclassification conformément à l'Annexe 38.

Dans le cas où l'information ou le support n'a pas fait l'objet d'une décision de déclassification, lorsque le service versant est distinct du service ayant procédé à la classification, le support est traité selon les modalités décrites au paragraphe 7.5.4.2.

b) Identification et regroupement des supports classifiés

Avant chaque versement au service d'archives compétent, chaque support classifié contenu dans un dossier se voit attribuer un numéro d'ordre et fait l'objet d'un inventaire précisant, conformément à l'Annexe 46, la cote d'archives, le nom du service

ayant procédé à la classification ou de l'auteur du support classifié, son numéro d'enregistrement, sa date d'émission, son titre ou objet, son niveau de classification et l'échéance de la classification. Ces supports et l'inventaire qui les décrits sont réunis, selon le niveau de classification et le volume représenté, dans une enveloppe scellée conforme à l'Annexe 46, rangée en tête du dossier auquel ils appartiennent, ou dans des articles clairement séparés des articles non classifiés de manière à faciliter leur protection au sein du service d'archives détenteur.

Les services publics d'archives compétents se chargent ensuite de porter sur chaque article matériel (carton, enveloppe ou dossier) sa référence archivistique ("cote").

7.5.4.2 Versement et conservation aux services publics d'archives compétents

a) Responsabilité du service public d'archives compétent

Lorsque des informations ou supports classifiés sont versés au service public d'archives compétent, la responsabilité de leur protection incombe à ce dernier. Le ministère de tutelle (culture, défense, affaires étrangères) s'assure de la conformité aux exigences de la présente instruction des conditions de conservation des informations et supports classifiés.

Les services publics d'archives compétents peuvent recevoir des informations et supports classifiés jusqu'au niveau *Très Secret* hors classifications spéciales. Les informations et supports classifiés au niveau *Très Secret* faisant l'objet d'une classification spéciale ne peuvent être versés aux archives qu'après une procédure, obligatoire et préalable, de déclassement ou de déclassification.

b) Conservation des informations et supports classifiés

Les supports classifiés versés aux services publics d'archives compétents sont conservés dans l'enveloppe scellée rangée en tête du dossier auquel ils appartiennent ou dans des articles clairement séparés et identifiés conservés dans les conditions de sécurité définies au chapitre 5, et comme prévu au 7.5.4.1 *b)*. L'ensemble est conservé conformément aux exigences détaillées au chapitre 7.

7.5.5 *Accès aux informations et supports ayant fait l'objet d'une mesure de classification versés dans un service public d'archives*

Les dispositions qui suivent s'appliquent conformément à la volonté du Gouvernement et du législateur de garantir l'accès le plus large et le plus précoce possible aux archives publiques, dans le respect de l'impératif de sauvegarde des intérêts fondamentaux de la Nation.

7.5.5.1 Accès aux informations et supports ayant fait l'objet d'une mesure de classification devenus communicables de plein droit

Les informations et supports comportant un timbre de classification matérialisant une mesure de classification au sens de l'article 413-9 du code pénal sont automatiquement déclassifiés, sans qu'une décision formelle de déclassification (matérialisée par l'apposition d'un timbre de déclassification) ne soit nécessaire, dès lors qu'ils deviennent communicables de plein droit en application de l'article L. 213-2 du code du patrimoine. Ils peuvent alors être librement communiqués.

Par exception, les mesures de classification dont font l'objet, le cas échéant, les documents mentionnés au 4° du I de l'article L. 213-2 du code du patrimoine, et notamment les documents relatifs aux enquêtes réalisées par les services de la police judiciaire et aux affaires portées devant les juridictions, prennent automatiquement fin dès l'expiration des délais prévus au 3° du I du même article L. 213-2 du code du patrimoine.

Dans la grande majorité des cas, la déclassification automatique intervient donc dans un délai de cinquante ans. Ce délai est, dans certains cas, porté à cent ans *[Cf. C. patr., art. L. 213-2, I, 5°]*.

7.5.5.2 Accès aux informations et supports ayant fait l'objet d'une mesure de classification devenue caduque du fait de l'échéance de la date mentionnée dans leur timbre ou ayant fait l'objet d'une décision formelle de déclassification

Les informations et supports ayant fait l'objet d'une mesure de classification et qui, conformément aux dispositions de la présente instruction, comportent une date d'échéance de classification, sont automatiquement déclassifiés à cette date.

La déclassification à date d'une information ou d'un support ou après décision formelle ne signifie pas pour autant que cette information ou ce support devient librement communicable (cf. 7.6.3.7). Des délais de communicabilité définis par le code du patrimoine (article L. 213-2) peuvent en effet s'appliquer. Ainsi, le service public d'archives qui le détient s'assure qu'aucun autre motif d'incommunicabilité ne s'applique en vertu de l'article L. 213-2 du code du patrimoine, avant d'en permettre l'accès. Si un autre motif d'incommunicabilité s'applique, la demande est instruite conformément aux dispositions des articles L. 213-3 et L. 213-4 du code du patrimoine.

7.5.5.3 Accès aux informations et supports ayant fait l'objet d'une mesure de classification toujours effective

Est classifié toute information ou tout support ayant fait l'objet d'une mesure de classification mentionnée à l'article 413-9 du code pénal et qui n'a fait l'objet d'aucune mesure de déclassification formelle (cf. 7.6.3.2) ni automatique (cf. 7.6.3.1).

Seule une personne habilitée et qui dispose du besoin d'en connaître pour l'exercice de sa fonction ou l'accomplissement de sa mission peut accéder à une information ou à un support classifié détenu par un service public d'archives. Elle doit, pour ce faire, obtenir préalablement une autorisation de consultation anticipée par dérogation aux délais de communicabilité des archives publiques, conformément aux articles L. 213-3 et L. 213-4 du code du patrimoine. Cette autorisation peut être assortie de conditions spécifiques. Une telle autorisation n'est pas nécessaire pour les représentants de l'autorité dont émanent les documents, les agents des services des archives concernés et les représentants de leur autorité de tutelle.

Lorsqu'une personne habilitée mais ne disposant pas du besoin d'en connaître pour l'exercice de sa fonction ou l'accomplissement de sa mission, ou bien lorsqu'une personne non habilitée souhaite accéder à une information ou un support classifié détenu par un service public d'archives, sa demande est instruite selon la procédure définie au 1.2.3.

7.5.5.4 Incommunicabilité perpétuelle des informations et supports classifiés dont la communication est susceptible d'entraîner la diffusion d'informations permettant de concevoir, fabriquer, utiliser ou localiser des armes nucléaires, radiologiques, biologiques, chimiques ou toutes autres armes ayant des effets directs ou indirects de destruction d'un niveau analogue

Conformément au II. de l'article L. 213-2 du code du patrimoine, les informations et supports classifiés dont la communication est susceptible d'entraîner la diffusion d'informations permettant de concevoir, fabriquer, utiliser ou localiser des armes nucléaires, radiologiques, biologiques, chimiques ou toutes autres armes ayant des effets directs ou indirects de destruction d'un niveau analogue ne peuvent être communiqués ni ne peuvent, conformément au 7.6.1, être déclassifiés.

7.6 *EXPIRATION DE LA CLASSIFICATION*

7.6.1 *Mention d'échéance de la classification*

La sensibilité d'une information ou d'un support classifié évolue en fonction du temps ou des circonstances.

La protection qui lui est accordée initialement peut ainsi être réévaluée soit dans le sens d'un renforcement (reclassement au niveau supérieur), soit, dans la majorité des cas, dans le sens d'un abaissement prenant la forme d'un déclassement ou d'une

déclassification. De même, une information ou un support non protégé peut être classifié postérieurement à son émission si l'évolution de sa sensibilité au regard de la défense et de la sécurité nationale l'exige.

Afin de garantir le caractère dérogatoire du recours au secret de la défense nationale et de limiter les lourdeurs liées à la gestion des informations classifiées, l'auteur de l'information classifiée, apprécie, sous la responsabilité de l'autorité émettrice et selon les directives qu'elle a fixées dans son instruction ministérielle, la durée utile de classification.

Ainsi, l'auteur de l'information procède simultanément à deux opérations juridiques distinctes : la classification, qu'il matérialise par l'apposition d'un timbre de classification, et la déclassification à une date d'entrée en vigueur différée, qu'il matérialise par l'apposition d'une date d'échéance valant timbre de déclassification. Cette date est antérieure à l'échéance du délai de cinquante ans généralement prévu pour sa communicabilité et, pour faciliter l'accès des chercheurs aux archives publiques, lui est même largement antérieure dans la très grande majorité des cas. Pour autant, l'autorité émettrice conserve la possibilité à tout moment de rabaisser (cf. 7.4.1.2) ou, sous réserve des dispositions de l'article L. 213-2 du code du patrimoine, de prolonger le délai fixé, sous sa responsabilité, par l'auteur de l'information classifiée, ainsi que la possibilité de déclasser ou reclasser le support.

Lorsqu'à titre exceptionnel, notamment, le cas échéant, pour les documents visés aux points *a)* à *e)* du 3° du I de l'article L. 213-2 du code du patrimoine, aucune date entraînant automatiquement la déclassification du support ne peut être déterminée, l'auteur de l'information classifiée indique la date ou le délai au terme duquel, en sus des réexamens annuels mentionnés au 7.4.1.2, le niveau de classification doit impérativement être réévalué. Cette date ou ce délai n'excède pas vingt ans à compter de la date de production du support.

Par dérogation aux dispositions précédentes, les informations classifiées dont la divulgation est susceptible d'entraîner la diffusion d'informations permettant de concevoir, fabriquer, utiliser ou localiser des armes nucléaires, radiologiques, biologiques, chimiques ou toutes autres armes ayant des effets directs ou indirects de niveau analogue ne comportent aucune échéance de classification et ne peuvent être déclassifiées.

7.6.2 *Réexamen de la classification des informations et supports classifiés détenus par les services publics d'archives*

Afin de faciliter l'accès aux archives publiques, le comité interministériel aux Archives de France, sur proposition des administrations des archives, identifie, parmi les ensembles d'archives versées et comportant un volume important de documents ayant fait l'objet d'une mesure de classification toujours effective (cf. 7.5.5.3), ceux qui sont fréquemment sollicités ou sont susceptibles de l'être, ou qui présentent un intérêt particulier pour la recherche historique ou scientifique. Il en fait rapport aux autorités émettrices compétentes, afin qu'elles puissent apprécier la pertinence du maintien de la classification des documents considérés et que soit, le cas échéant, entreprise, selon les modalités définies au 7.6.3.2, une déclassification anticipée et homogène de l'ensemble considéré, par exemple dans le contexte d'une décision d'ouverture anticipée de fonds d'archives publiques intégrant ces ensembles, décidée en application du II de l'article L. 213-3 du code du patrimoine.

Un point d'étape des déclassifications décidées dans ce cadre est réalisé à chaque réunion du comité.

Ces réunions du comité interministériel aux Archives de France en formation spécialisée sont également l'occasion pour les administrations des archives d'établir un bilan de la mise en œuvre des dispositions des points *a)* à *e)* du 3° du I de l'article L. 213-2 du code du patrimoine et du traitement des demandes de consultation anticipée des documents entrant dans leur champ.

Les activités du comité interministériel aux Archives de France en formation spécialisée font l'objet d'un rapport annuel au Premier ministre

7.6.3 *Procédure de déclassification*

7.6.3.1 Déclassification automatique

Pour les informations et supports qui, conformément aux dispositions de la présente instruction, comportent une date d'échéance de classification, la déclassification intervient automatiquement à cette date, sans qu'une décision formelle de déclassification (matérialisée par l'apposition d'un timbre de déclassification) ne soit nécessaire.

De même, les informations et supports comportant un timbre de classification matérialisant une mesure de classification au sens de l'article 413-9 du code pénal sont automatiquement déclassifiés, sans qu'une décision formelle de déclassification (matérialisée par l'apposition d'un timbre de déclassification) ne soit nécessaire, dès lors qu'ils sont devenus communicables de plein droit en application de l'article L. 213-2 du code du patrimoine (cf. 7.5.5.1).

7.6.3.2 Déclassification nécessitant une décision formelle matérialisée par un timbre de déclassification

Les dispositions qui suivent s'appliquent aux seuls informations et supports classifiés qui ne comportent pas d'échéance de classification et pour lesquels les délais de communicabilité prévus à l'article L. 213-2 du code du patrimoine ne sont pas échus et qui ne peuvent, en conséquence, être déclassifiés qu'après une décision formelle de déclassification, matérialisée sur le document par l'apposition d'un timbre de déclassification.

7.6.3.3 Organisation de la fonction de déclassification

Conformément à l'article R. 2311-4 du code de la défense : "Toute modification du niveau de classification, déclassification, modification ou suppression d'une mention particulière de protection d'une information ou d'un support classifié est décidée par l'autorité sous la responsabilité de laquelle il a été procédé à la classification".

Ainsi, lorsque le support classifié ne comporte pas dans son timbre de classification de date à partir de laquelle il est automatiquement déclassifié – cas général pour les supports classifiés préalablement à l'entrée en vigueur de la présente instruction et cas dérogatoire et exceptionnel pour les supports classifiés après cette entrée en vigueur (cf. 7.6.1) – et que les délais de communicabilité prévus à l'article L. 213-2 du code du patrimoine ne sont pas échus, seule l'autorité émettrice (cf. 1.4) peut décider de reclasser, déclasser ou déclassifier le support.

Pour autant, chaque ministre peut, pour les informations et supports dont il est autorité émettrice, organiser dans son champ d'attribution, la fonction de déclassification comme il le souhaite et décider, s'il l'estime pertinent, de la centraliser, sans qu'il soit nécessaire de consulter, préalablement à l'adoption de la décision de déclassification, le service auteur ayant procédé à son marquage, ni, le cas échéant, le service successeur.

7.6.3.4 Matérialisation de la décision de déclassification sur le support classifié

Pour que la décision de déclassification des informations et supports classifiés, qui ne mentionnent pas dans leur timbre de classification de date à partir de laquelle ils sont automatiquement déclassifiés, produise pleinement ses effets et permette leur manipulation sans risque de compromission, elle doit être matérialisée sur le support par l'apposition d'un timbre de déclassification qui précise la date et la référence de la décision de déclassification, conformément au modèle de l'Annexe 38. Cette opération est appelée "démarquage".

7.6.3.5 Information des destinataires et consignation des décisions de déclassification

L'autorité émettrice informe de sa décision de déclassification les destinataires à qui elle a transmis les informations et supports objet de la décision, afin qu'ils procèdent à leur démarquage.

En outre, le secrétariat général de la défense et de la sécurité nationale œuvre à la mise en place d'une base interministérielle regroupant les fac-similés des décisions de

déclassification, afin de permettre à toute administration détenant des informations et supports classifiés de s'assurer qu'elle ne détient pas de support improprement marqué alors que l'information qu'il contient a fait l'objet d'une décision de déclassification et de permettre à tout citoyen d'accéder sans entrave aux supports déclassifiés, sous réserve des règles de communicabilité par ailleurs applicables (cf. 7.6.3.7). Cette base de données comprend toutes les décisions de déclassification émises à compter de sa mise en service. Afin de renforcer sa complétude, elle est progressivement complétée des décisions antérieures.

7.6.3.6 Déclassification des informations et supports classifiés d'origine étrangère

Pour les informations et supports classifiés d'origine étrangère, seule l'autorité étrangère émettrice peut procéder à leur déclassification ou leur déclassement. Le service du haut fonctionnaire de défense et de sécurité saisit le secrétariat général de la défense et de la sécurité nationale, en sa qualité d'autorité nationale de sécurité, afin d'obtenir des informations sur la procédure d'accès à de tels documents.

7.6.3.7 Règles de communication des documents déclassifiés

La déclassification formelle ou automatique d'un document ne le rend pas nécessairement communicable. En effet, d'autres motifs d'incommunicabilité prévus à l'article L. 311-5 du code des relations entre le public et l'administration et/ou d'autres délais de communicabilité au titre de l'article L. 213-2 du code du patrimoine peuvent s'appliquer.

Ainsi, lorsque le service détenteur d'un document déclassifié est saisi d'une demande de communication, il s'assure de sa communicabilité au regard des règles de l'article L. 311-5 du code des relations entre le public et l'administration et L. 213-2 du code du patrimoine et instruit la demande en conséquence.

ANNEXE 1

RÈGLES DE PROTECTION DES INFORMATIONS ET SUPPORTS PORTANT LA MENTION *DIFFUSION RESTREINTE*

Comme rappelé au paragraphe 1.3.2 de la présente instruction, la mention *Diffusion Restreinte* (DR) n'est pas un niveau de classification mais une mention de protection. Son objectif principal est de sensibiliser l'utilisateur à la nécessaire discrétion dont il doit faire preuve dans la manipulation des informations et supports couverts par cette mention.

1. Condition d'emploi de la mention *Diffusion Restreinte*

Il appartient au Premier ministre et aux ministres de fixer les directives permettant de considérer que la diffusion d'une information doit être restreinte et d'identifier les organismes autorisés à apposer la mention de protection *Diffusion Restreinte*.

Ainsi, sous l'autorité de chaque ministre, sont autorisés à apposer sur des informations et supports la mention *Diffusion Restreinte* et à y accéder :

— les services centraux, services déconcentrés et services à compétence nationale relevant de son autorité ;

— les établissements publics placés sous sa tutelle ;

— les opérateurs d'importance vitale dont il est le ministre coordonnateur ;

— les collectivités territoriales et les personnes morales de droit privé avec lesquelles il a conclu une convention ;

— les personnes morales, publiques ou privées, avec lesquelles il a conclu un contrat de commande publique ou un contrat de subvention, ainsi que les sous-traitants ou sous-contractants de ces personnes morales ayant également besoin d'accéder à des informations ou supports protégés par la mention *Diffusion Restreinte* pour l'exécution de travaux réalisés en appui du contrat principal ;

— les personnels qui, au sein de ces différents organismes, ont besoin, pour l'exercice de leur fonction ou l'accomplissement de leur mission, d'accéder à des informations ou supports protégés par la mention *Diffusion Restreinte*.

Il revient à tout signataire d'un document émis pour le compte de l'une des autorités précitées d'apprécier, dans le respect des directives du Premier ministre et du ministre compétent, la sensibilité des informations qu'il contient et notamment d'apprécier si elles sont susceptibles de comporter des éléments dont la consultation ou la communication porterait atteinte à l'un des secrets, autres que le secret de la défense nationale, mentionnés au 2° de l'article L. 311-5 du code des relations

entre le public et l'administration, et de décider, en conséquence, de l'opportunité d'y apposer la mention *Diffusion Restreinte*.

Il est recommandé de faire signer aux personnes susceptibles d'avoir accès à des informations *Diffusion Restreinte* un engagement de non-divulgation.

L'utilisation de la mention complémentaire de protection *Spécial France*, en sus de la mention *Diffusion Restreinte*, reste soumise aux dispositions de la présente instruction.

2. Élaboration, marquage et enregistrement

L'élaboration des documents *Diffusion Restreinte* ne peut être effectuée que dans les lieux offrant des conditions de sécurité suffisantes interdisant l'accès de personnes non autorisées à ces documents.

Les documents *Diffusion Restreinte* sont identifiés sur la première page avec les références de l'autorité émettrice ou de l'organisme auteur, la date d'émission et le numéro d'enregistrement. Ils portent le marquage suivant :

DIFFUSION RESTREINTE

— sur chaque page, le timbre *Diffusion Restreinte* est apposé au milieu du haut de la page ;

— pour les messages et autres documents électroniques, la mention *Diffusion Restreinte* est rappelée en début de chaque page ;

— pour les documents reliés, le timbre *Diffusion Restreinte* est apposé au milieu de la page de garde et de la couverture ;

— sur un support non papier, la mention *Diffusion Restreinte* est adaptée au type de support, définitive et toujours visible.

Les documents *Diffusion Restreinte* sont enregistrés au départ et à l'arrivée.

3. Conservation, reproduction et destruction

Les documents *Diffusion Restreinte* doivent être conservés dans des meubles fermant à clef.

Leur reproduction doit rester limitée aux seuls besoins du service.

Leur destruction irréversible a lieu sous la responsabilité des détenteurs, sans mention particulière sur les documents d'enregistrement du courrier.

4. Diffusion

La diffusion interne de documents *Diffusion Restreinte* peut être effectuée :

— à l'intérieur :

• d'un local, d'un bâtiment ou d'une emprise relevant d'un ministère, par toute personne de ce ministère ;

• d'un organisme public ou privé dans le cadre d'un contrat de la commande publique, d'un contrat de sous-traitance ou d'un sous-contrat à un contrat de la commande publique, d'un contrat de subvention ou d'une convention, ou dans le cadre d'un plan contractuel de sécurité, d'un plan de sécurité d'opérateur ou d'un plan particulier de protection, sous enveloppe ou par personne désignée par le responsable d'organisme ;

— vers l'extérieur :

• sous double enveloppe, l'enveloppe intérieure portant la mention *Diffusion Restreinte* et les références du document, l'enveloppe extérieure ne comportant que les indications nécessaires à la transmission ;

• par voie postale en France métropolitaine, vers les départements, les collectivités territoriales ou vers l'étranger, par un moyen garantissant leur bonne réception de leur acheminement.

La transmission d'informations *Diffusion Restreinte* est interdite sur le réseau Internet ou sur tout autre système d'information non homologué *Diffusion Restreinte*, sauf à faire l'objet de mesures de protection particulières conformément à l'instruction interministérielle n° 901/SGDSN/ANSSI relative à la protection des systèmes d'information sensibles.

5. Sécurité des systèmes d'information

Les systèmes d'information destinés au traitement, au stockage ou à la transmission des informations *Diffusion Restreinte* font l'objet d'une homologation de sécurité. L'instruction interministérielle n° 901/SGDSN/ANSSI précitée définit les règles applicables à ces systèmes d'information.

Lorsque l'urgence de leur traitement ou de leur transmission est plus importante que la protection de leur confidentialité, des informations *Diffusion Restreinte* peuvent, à titre exceptionnel, être traitées ou transmises sur des systèmes n'ayant pas fait l'objet d'une homologation de sécurité spécifique au *Diffusion Restreinte*. Ces cas exceptionnels sont notifiés au fonctionnaire de sécurité des systèmes d'information du service du haut fonctionnaire de défense et de sécurité du ministère concerné.

ANNEXE 2

STRUCTURE ET PILOTAGE DE LA PROTECTION DU SECRET DE LA DÉFENSE NATIONALE

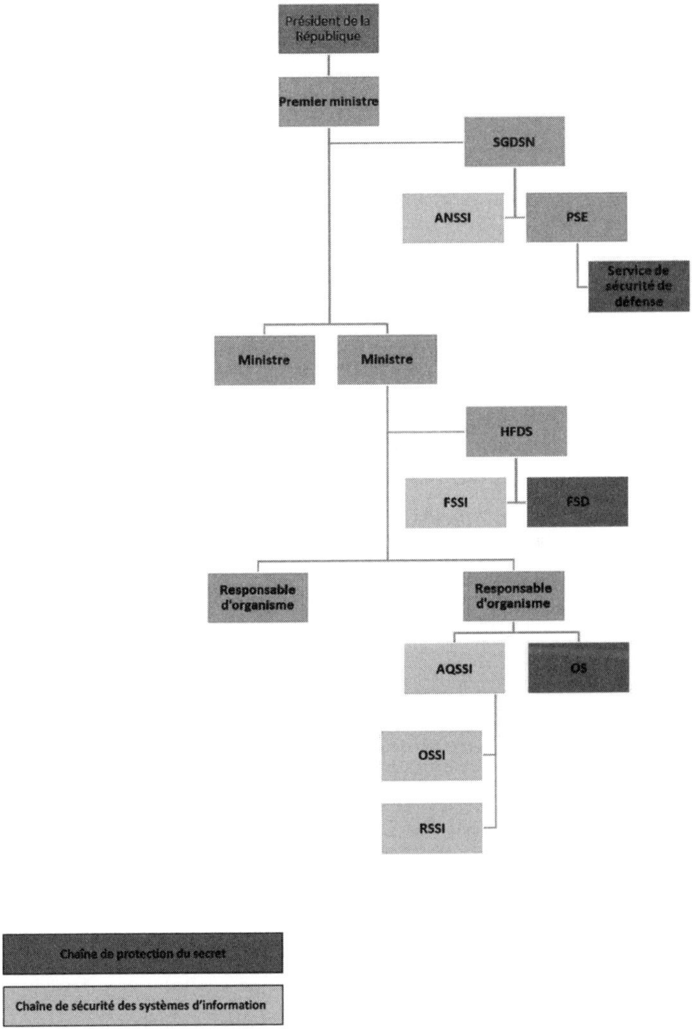

ANNEXE 3

Recommandations pour l'élaboration de l'instruction ministérielle

Par délégation du Premier ministre, chaque ministre est responsable de la protection du secret de la défense nationale dans son champ d'attribution, y compris pour les informations et supports classifiés étrangers confiés à la France en vertu d'un accord général ou spécifique de sécurité régulièrement approuvé et publié.

Pour organiser cette protection, conformément à l'article R. 2311-6 du code de la défense, chaque ministre précise, dans une instruction approuvée par arrêté, les modalités de classification et de protection des informations et supports classifiés aux niveaux *Secret* et *Très Secret*, ainsi que des informations et supports classifiés étrangers échangés ou détenus en vertu d'un accord général ou spécifique de sécurité par les organismes relevant de son champ d'attribution.

Chaque ministre peut, par ailleurs, en complément de l'instruction ministérielle et sur son fondement, élaborer des directives techniques particulières destinées à préciser, pour un domaine d'activité spécifique, les mesures de protection du secret complémentaires à mettre en œuvre. Chaque directive particulière contient un guide de classification spécifique au domaine considéré permettant à chaque organisme d'évaluer le niveau de classification des informations et supports qu'il produit et d'en déduire les mesures d'organisation et de protection à mettre en œuvre (cf. chapitre 2).

Par souci de lisibilité et par suite de clarté juridique, il est recommandé que l'instruction ministérielle, qui constitue une déclinaison de la présente instruction, en reprenne, la structure d'ensemble.

Il est également recommandé d'éviter de réécrire les dispositions de la présente instruction et d'opérer autant que possible par renvoi, afin que l'instruction ministérielle se concentre sur les mesures d'adaptation nécessaire à la spécificité ministérielle.

Sous réserve du respect de la hiérarchie des normes, l'instruction ministérielle peut être plus restrictive que la présente instruction, sans s'y opposer.

L'instruction ministérielle établit, en autres :

— un ou plusieurs guide(s) de classification définissant, par niveau de classification, les critères objectifs à considérer pour apprécier le caractère secret de l'information (par exemple : son importance au regard de l'organisation et de la politique de défense et de sécurité nationale, le domaine concerné, la nature de la source, etc. ; cf. chapitre 2), ainsi que la nomenclature des informations ou catégories d'informations à classifier ;

— les autorités sous la responsabilité desquelles, par délégation du ministre et conformément à ses directives, un timbre de classification peut être apposé sur un support ;

— les mesures de protection nécessaires pour chaque type de systèmes d'information ; les éléments permettant au sein de chaque service de l'État, organisme public ou privé, d'établir les catalogues des emplois identifiant les postes nécessitant d'accéder à des informations et supports classifiés.

ANNEXE 4

Hiérarchie des normes relatives à la protection du secret de la défense nationale

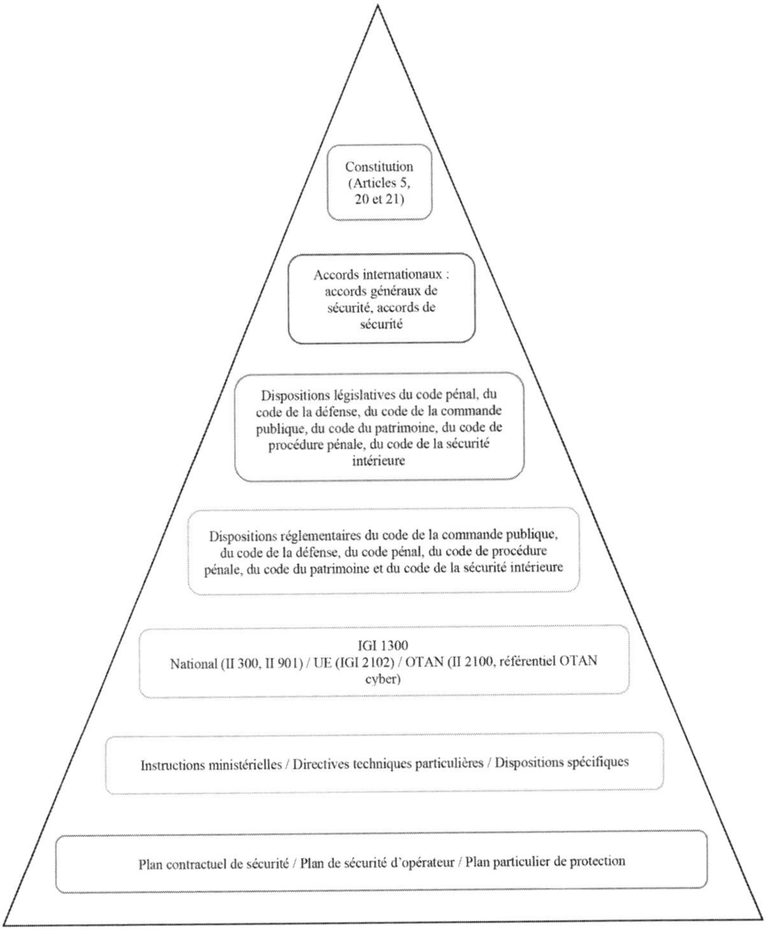

ANNEXE 5

Schéma présentant la procédure d'habilitation au secret de la défense nationale d'un ressortissant français travaillant en France

Chef du service employeur	•Informe son officier de sécurité du besoin d'habilitation du candidat auprès de l'officier de sécurité compétent
Officier de sécurité	•Informe le candidat à l'habilitation des obligations inhérentes à l'habilitation. •Transmet au candidat les renseignements nécessaires pour remplir la notice individuelle de sécurité.
Candidat à l'habilitation	•Remplit intégralement et signe la notice individuelle de sécurité qu'il transmet à l'officier de sécurité.
Officier de sécurité	•Vérifie que la notice est dûment remplie et signée. •Renseigne la partie réservée à la demande d'habilitation. •Transmet le dossier d'habilitation à l'autorité d'habilitation.
Autorité d'habilitation	•Vérifie la demande d'habilitation. •Remplit la partie réservée à l'autorité française d'habilitation. •Saisit le service enquêteur compétent.
Service enquêteur	•Réalise l'enquête administrative à l'issue de laquelle il émet un avis de sécurité. •Transmet son avis de sécurité à l'autorité d'habilitation.
Autorité d'habilitation	•Prononce la décision d'habilitation ou de refus d'habilitation. •Informe l'officier de sécurité et, le cas échéant, lui transmet la décision. •Informe le service enquêteur du sens de sa décision.
Officier de sécurité	•Notifie la décision •En cas d'habilitation, sensibilise et fait signer à la personne nouvellement habilitée l'engagement de responsabilité. • En cas de refus d'habilitation, informe l'intéressé des délais et voies de recours et lui remet la décision de l'autorité d'habilitation.

ANNEXE 6

Modèle de demande d'enquête administrative

Ministère :
Organisme :
Date et numéro d'enregistrement :

DEMANDE D'ENQUÊTE ADMINISTRATIVE

Motifs de la demande :
Identité de la personne
Nom :
Prénom :
Date et lieu de naissance :
Nationalité(s) de naissance :
Nationalité(s) actuelle(s) :
Domicile actuel :
Domicile antérieur :
Renseignements
Grade ou titre :
Fonctions ou missions exercées :
Date d'expiration de la présente enquête administrative :

Nom, qualité, date, signature de l'autorité compétente *[Autorité de décision ayant reçu délégation à cet effet]* et cachet de l'organisme

ANNEXE 7

MODÈLE DE DOSSIER DE DEMANDE D'HABILITATION D'UNE PERSONNE PHYSIQUE

PREMIER MINISTRE
Liberté
Égalité
Fraternité

DEMANDE D'HABILITATION

A REMPLIR PAR L'AUTORITE D'EMPLOI/ADMINISTRATIVE DU CANDIDAT A L'HABILITATION

1. Organisme demandeur

Organisme :

N° de la demande : Date d'enregistrement de la demande :

2. Personne en charge du suivi du dossier

Nom et prénom :

Fonctions :

3. Procédure d'habilitation engagée

Type de demande :
- ☐ ADMISSION
- ☐ RENOUVELLEMENT
- ☐ RÉVISION

Procédure d'urgence :
- ☐ Oui, le cas échéant, préciser et motiver la demande :

4. Habilitation demandée

Niveau d'habilitation :
- ☐ CONFIDENTIEL (uniquement UE et OTAN)
- ☐ SECRET
- ☐ TRÈS SECRET
  - ☐ CLASSIFICATION SPECIALE

Nature des informations et supports classifiés :
- ☐ France
- ☐ UE
- ☐ OTAN
- ☐ Autres, préciser (ESA, OCCAr, etc.) :

5. Motif de la demande

Emploi et fonctions exercées (sans acronyme) :

Préciser, le cas échéant, le numéro de poste au catalogue des emplois :

Pour les ressortissants français employés par une personne morale de droit étranger
A REMPLIR PAR L'AUTORITE ETRANGERE COMPETENTE (autorité nationale de sécurité, autorité de sécurité désignée/déléguée étrangère, autre)

Autorité compétente :

Date :

A REMPLIR PAR L'AUTORITE FRANÇAISE D'HABILITATION

Organisme :

Nom – prénom de la personne en charge du dossier :

Date :

NOTICE INDIVIDUELLE DE SECURITE

PARTIE 1 – INFORMATIONS SUR LE CANDIDAT A L'HABILITATION

1. Identité

Nom de famille (de naissance) :
Nom d'usage :
Prénoms (dans l'ordre d'état civil) :
Prénom usuel :
Sexe : ☐ M ☐ F
Surnom ou alias éventuels :

Insérer une photographie d'identité de moins de 3 mois

2. Naissance

Date : Pays :

Commune : Code postal :

3. Nationalité(s)

Nationalité(s) :
Année d'acquisition de la nationalité française :
Année d'arrivée en France :

4. Document(s) d'identité

	Numéro	Date de délivrance	Autorité de délivrance
Carte nationale d'identité			
Passeport français			
Titre de séjour			
Autre pièce justificative d'identité			

5. Domicile actuel

N°, voie :
Commune : Code postal : Pays :
Depuis le :
Identité des personnes résidant au même domicile (autres que celles visées dans « situation de famille actuelle » page 3) :

6. Domicile précédent (si changement depuis moins de six mois) ☐ Cocher si sans objet

N°, voie :
Commune : Code postal : Pays :

Période :

7. Résidence secondaire ou occasionnelle, y compris à l'étranger
si nécessaire, utiliser l'espace « renseignements complémentaires » ☐ Cocher si sans objet

N°, voie :
Commune : Code postal : Pays :
Depuis le : Téléphone domicile :

8. Coordonnées personnelles

Téléphone(s) portable(s) :
Téléphone(s) fixe(s) :
Email(s) :

9. Situation professionnelle actuelle

Fonction/profession : ☐ Civil ☐ Militaire
Organisme d'emploi : Depuis le :
Adresse professionnelle (N°, voie, code postal, commune, pays) :

Téléphone(s) professionnel(s) :
Email(s) professionnel(s) :
Le cas échéant, préciser :
- ministère d'origine :
- ministère d'emploi :
- grade :
- pour les militaires, armée/arme d'appartenance :

10. Emploi(s) successif(s) durant les cinq dernières années, si nécessaire, utiliser l'espace « renseignements complémentaires » ☐ Cocher si sans objet

Organisme d'emploi et adresse (n°, voie, code postal, commune, pays si étranger)	Emploi/fonction	Période du	au

11. Habilitation déjà détenue ☐ Cocher si sans objet

Niveau d'habilitation :
Depuis le :

12. Niveau d'études et culture générale

Diplômes obtenus ou niveau équivalent	Langues étrangères	
	Langues	Degré de connaissance

13. Situation de famille actuelle

☐ Célibataire ☐ En instance de mariage ☐ Marié(e) ☐ Veuf(ve) ☐ Séparé(e)
☐ Divorcé(e) ☐ En instance de remariage ☐ Remarié(e) ☐ Concubinage ☐ PACS
☐ Autre situation (en couple, avec ou sans cohabitation, en instance de séparation, etc.) :

Depuis le : Commune : Pays :

14. Parents du candidat (même si décédés)

		Père – Parent 1	Mère – Parent 2
Identité	Nom de famille (de naissance)		
	Nom d'usage		
	Prénom(s)		
	Sexe		
Naissance - décès	Date de naissance		
	Code postal de naissance		
	Commune de naissance		
	Pays de naissance		
	Date de décès		
Nationalité(s)	Nationalité(s)		
	Année d'acquisition de la nationalité française		
	Année d'arrivée en France		
	Type et numéro du document		

	d'identité (obligatoire pour les ressortissants étrangers)		
Domicile actuel - dernier domicile	N° et voie		
	Code postal		
	Commune		
	Pays		
Employeur actuel – dernier employeur	Organisme d'emploi		
	Fonctions		
	Adresse de l'organisme d'emploi (n°, voie, code postal, commune, pays si étranger)		

☐ **Voyages et séjours à l'étranger durant les cinq dernières années (en partant du plus récent).** Si nécessaire, utiliser l'espace « renseignements complémentaires » ☐ Cocher si sans objet

Pays – adresse *(uniquement séjours de plus de six mois)*	*Période (date de début et de fin)*	Motif

PARTIE 2 – INFORMATIONS SUR LE CONJOINT DU CANDIDAT A L'HABILITATION (conjoint identifié au point 13 de la PARTIE 1)

☐ **Identité**

Nom de famille (de naissance) :

Nom d'usage :

Prénoms (dans l'ordre d'état civil) :

Prénom usuel :

Sexe : ☐ M ☐ F

Surnom ou alias éventuels :

15. Naissance

Date : Pays :

Commune : Code postal :

16. Nationalité(s)

Nationalité(s) :

Année d'acquisition de la nationalité française :

Année d'arrivée en France :

17. Document(s) d'identité

	Numéro	Date de délivrance	Autorité de délivrance
Carte nationale d'identité			
Passeport français			
Titre de séjour			
Autre pièce justificative d'identité			

18. Domicile actuel ☐ Si même domicile que le candidat, cocher et ne pas renseigner

N°, voie :
Commune : Code postal : Pays :
Depuis le :

19. Résidence secondaire ou occasionnelle, y compris à l'étranger si nécessaire, utiliser l'espace « renseignements complémentaires »

☐ Si sans objet ou si même résidence que le candidat, cocher et ne pas renseigner

N°, voie :
Commune : Code postal : Pays :
Depuis le : Téléphone domicile :

20. Coordonnées personnelles

Téléphone(s) portable(s) :
Téléphone(s) fixe(s) :
Email(s) :

21. Situation professionnelle actuelle

Fonction/profession : ☐ Civil ☐ Militaire
Organisme d'emploi : Depuis le :
Adresse professionnelle (N°, voie, code postal, commune, pays) :

Téléphone(s) professionnel(s) :
Email(s) professionnel(s) :
Le cas échéant, préciser :

- ministère d'origine :
- ministère d'emploi :
- grade :
- pour les militaires, armée/arme d'appartenance :

22. Niveau d'études et culture générale

Diplômes obtenus ou niveau équivalent	Langues étrangères	
	Langues	Degré de connaissance

23. Parents du conjoint du candidat (même si décédés)

		Père – Parent 1	Mère – Parent 2
Identité	Nom de famille (de naissance)		
	Nom d'usage		
	Prénom(s)		
	Sexe		
Naissance - décès	Date de naissance		
	Code postal de naissance		
	Commune de naissance		
	Pays de naissance		
	Date de décès		
Nationalité(s)	Nationalité(s)		
	Année d'acquisition de la nationalité française		

	Année d'arrivée en France		
	Type et numéro du document d'identité (obligatoire pour les ressortissants étrangers)		
Domicile actuel - dernier domicile	N° et voie		
	Code postal		
	Commune		
	Pays		
Employeur actuel – dernier employeur	Organisme d'emploi		
	Fonctions		
	Adresse de l'organisme d'emploi (n°, voie, code postal, commune, pays si étranger)		

24. Voyages et séjours à l'étranger durant les cinq dernières années (en partant du plus récent). Si nécessaire, utiliser l'espace « renseignements complémentaires » ☐ Cocher si sans objet

Pays – adresse *(uniquement séjours de plus de six mois)*	Période *(date de début et de fin)*	Motif.

PARTIE 3 – INFORMATIONS SUR LE(S) ENFANT(S) DU CANDIDAT A L'HABILITATION ET DE SON CONJOINT (identifié à la PARTIE 2)

25. Enfant(s) issu(s) de l'union entre le candidat et son conjoint ☐ Cocher si sans objet

Identité	Nom de famille (de naissance)	
	Nom d'usage	
	Prénom(s)	
	Sexe	
Naissance - décès	Date de naissance	
	Code postal de naissance	
	Commune de naissance	
	Pays de naissance	
	Date de décès	
Nationalité(s)	Nationalité(s)	

	Année d'acquisition de la nationalité française	
	Année d'arrivée en France	
	Type et numéro du document d'identité	
Domicile actuel (si différent du domicile du candidat) - dernier domicile)	N° et voie	
	Code postal	
	Commune	
	Pays	
Employeur actuel – dernier employeur	Organisme d'emploi	
	Fonctions	
	Adresse de l'organisme d'emploi (n°, voie, code postal, commune, pays si étranger)	

26. Enfant(s) du candidat issu(s) d'une précédente union ☐ Cocher si sans objet

Identité	Nom de famille (de naissance)	
	Nom d'usage	
	Prénom(s)	
	Sexe	
Naissance - décès	Date de naissance	
	Code postal de naissance	
	Commune de naissance	
	Pays de naissance	
	Date de décès	
Nationalité(s)	Nationalité(s)	
	Année d'acquisition de la nationalité française	
	Année d'arrivée en France	
	Type et numéro du document d'identité	
Domicile actuel (si différent du domicile du candidat) - dernier domicile)	N° et voie	
	Code postal	
	Commune	
	Pays	
Employeur actuel – dernier employeur	Organisme d'emploi	
	Fonctions	
	Adresse de l'organisme d'emploi (n°, voie, code postal, commune, pays si étranger)	

27. Enfant(s) du conjoint du candidat issu(s) d'une précédente union ☐ Cocher si sans objet

Identité	Nom de famille (de naissance)	

	Nom d'usage	
	Prénom(s)	
	Sexe	
Naissance - décès	Date de naissance	
	Code postal de naissance	
	Commune de naissance	
	Pays de naissance	
	Date de décès	
Nationalité(s)	Nationalité(s)	
	Année d'acquisition de la nationalité française	
	Année d'arrivée en France	
	Type et numéro du document d'identité	
Domicile actuel (si différent du domicile du candidat) - dernier domicile)	N° et voie	
	Code postal	
	Commune	
	Pays	
Employeur actuel – dernier employeur	Organisme d'emploi	
	Fonctions	
	Adresse de l'organisme d'emploi (n°, voie, code postal, commune, pays si étranger)	

PARTIE 4 – ENVIRONNEMENT PERSONNEL COMPLEMENTAIRE

Cette partie concerne l'environnement proche du candidat et du conjoint du candidat (fratries, nouveau conjoint d'un parent, autre parent d'un enfant issu d'une précédente union et toute autre personne vivant sous le même toit). Si vous êtes concerné par une ou plusieurs situations, vous devez renseigner le document à partir des informations dont vous disposez.

Personne(s)		
Statut		
Identité	Nom de famille (de naissance)	
	Nom d'usage	
	Prénom(s)	
	Sexe	
Naissance - décès	Date de naissance	
	Code postal de naissance	
	Commune de naissance	
	Pays de naissance	
	Date de décès	
Nationalité(s)	Nationalité(s)	

	Année d'acquisition de la nationalité française	
	Année d'arrivée en France	
	Type et numéro du document d'identité	
Domicile actuel (si différent du domicile du candidat) - dernier domicile)	N° et voie	
	Code postal	
	Commune	
	Pays	
Employeur actuel – dernier employeur	Organisme d'emploi	
	Fonctions	
	Adresse de l'organisme d'emploi (n°, voie, code postal, commune, pays si étranger)	

PARTIE 5 – ENVIRONNEMENT NUMERIQUE

1) Utilisez-vous des réseaux sociaux ?

☐ OUI
☐ NON

2) Si oui, à quelle fréquence ?

☐ Rarement
☐ Occasionnellement
☐ Souvent
☐ Très souvent

3) Quel(s) réseau(x) utilisez-vous ?

Nom du réseau	Pseudo utilisé

PARTIE 6 – AUTRES RENSEIGNEMENTS DE SECURITE

1) Pensez-vous

- avoir été sollicité(e) en dehors de vos attributions professionnelles pour fournir des informations à caractère sensible ?	☐ OUI	☐ NON
- que des pressions ont été exercées sur vous, ou sur des membres de votre famille, à la suite d'un incident survenu sur le territoire étranger ?	☐ OUI	☐ NON
- avoir été l'objet d'approches de la part d'un service de renseignement ou de sécurité étranger ?	☐ OUI	☐ NON

En cas de réponse(s) positive(s), décrire les circonstances :

2) Etes-vous en relations suivies, à titre professionnel ou privé, avec des ressortissants étrangers ou des français résidant à l'étranger ? Si oui, préciser. ☐ Cocher si sans objet

Nom et prénom	Date et lieu de naissance	Nationalité(s)	Caractériser le lien	Commune et pays de résidence	Employeur

3) Des personnes interviennent-elle régulièrement, à titre professionnel ou privé, auprès de vos proches (garde d'enfant, entretien du domicile, etc.) ? ☐ Cocher si sans objet

Nom et prénom	Date et lieu de naissance	Nationalité(s)	Caractériser le lien

4) Si vous souhaitez communiquer un point particulier au service chargé de l'instruction de votre dossier, remplissez le champ suivant. ☐ Cocher si sans objet

ATTESTATION DU CANDIDAT À L'HABILITATION

Je soussigné(e) *[Nom et prénom]* :

a) reconnais avoir été informé(e) de l'objet de l'habilitation à laquelle je suis candidat(e) et de sa portée. Ainsi, il m'a été indiqué que la décision d'habilitation, si elle est favorable, m'autorise, en fonction de mon besoin d'en connaître, à accéder à des informations et supports classifiés au(x) niveau(x) précisé(s) dans cette décision. Il m'a également été précisé que la présente demande d'habilitation déclenche une procédure destinée à vérifier qu'il m'est possible, sans risque pour la défense et la sécurité nationale ou pour ma propre sécurité, de connaître des informations et supports classifiés dans l'exercice de mes fonctions ou dans le cadre de l'accomplissement de ma mission ;

b) reconnais être informé(e) :

— du caractère obligatoire des réponses qui me sont demandées ;

— qu'en l'absence de réponse aux questions posées, aucune décision ne pourra être prise quant à mon éventuelle habilitation ;

— que je dispose d'un droit d'accès et de rectification, en application de la loi n° 78-17 du 6 janvier 1978 modifiée relative à l'informatique, aux fichiers et aux libertés que je pourrais exercer auprès du service du haut fonctionnaire de défense et de sécurité du ministère dont ma procédure d'habilitation dépend ;

— que les informations recueillies font l'objet d'un traitement informatique destiné à la gestion des habilitations au secret de la défense nationale ;

— que les destinataires des données de ce traitement sont, en fonction de leurs attributions et dans la limite du besoin d'en connaître, le service du haut fonctionnaire de défense et de sécurité du ministère dont je dépends.

c) certifie l'exactitude des renseignements que j'ai fournis dans la présente notice et admets avoir été informé(e) que je m'expose, en cas d'altération frauduleuse de la vérité, à une peine de 3 ans d'emprisonnement et de 45 000 euros d'amende, en application des dispositions de l'article 441-1 du code pénal ;

d) déclare avoir été dûment avisé(e) qu'en vertu des dispositions législatives et réglementaires relatives à la protection du secret, l'habilitation à laquelle je me porte candidat(e) engage ma responsabilité et fait naître à ma charge des obligations, parmi lesquelles celles de :

— garantir la sécurité des informations et supports classifiés auxquels je peux avoir accès par le strict respect de la réglementation applicable ;

— répondre, pénalement et administrativement, de tout acte de malveillance, d'imprudence, de négligence ou d'inattention ayant pour résultat la destruction, le détournement, la soustraction, la reproduction ou la divulgation au public ou à une personne non qualifiée, d'une information ou d'un support classifié (article 413-10 du code pénal prévoyant et réprimant le délit de compromission du secret de la défense nationale).

A

Le

Signature du candidat

ANNEXE 8

Modèle de décision d'habilitation d'une personne physique

Ministère :

Organisme :

Date et numéro d'enregistrement :

DÉCISION D'HABILITATION

Le *[Autorité d'habilitation ou autorité ayant reçu délégation à cet effet]* :

décide que Madame/Monsieur *[Nom et prénom]* :

Date et lieu de naissance :

Grade ou titre :

Fonctions ou missions :

Est habilité(e) jusqu'au *[Date d'expiration de la décision d'une durée égale ou moindre à celle de l'avis de sécurité]* :

Pour accéder à des informations et supports classifiés au(x) niveau(x) *[Préciser le(s) niveau(x) de classification auquel (auxquels) il est donné accès]* :

☐ TRÈS SECRET	☐ TRÈS SECRET UE/ EU TOP SECRET	☐ COSMIC TRÈS SECRET / COSMIC TOP SECRET
☐ SECRET	☐ SECRET UE/ EU SECRET	☐ NATO SECRET/ NATO SECRET
	☐ CONFIDENTIEL UE/ EU CONFIDENTIAL	☐ NATO CONFIDENTIEL/ NATO CONFIDENTIAL

A

Le

Signature et cachet de l'autorité d'habilitation

ANNEXE 9

Modèle d'attestation de mise en garde

Ministère :

Organisme :

Date et numéro d'enregistrement :

ATTESTATION DE MISE EN GARDE

Je *[A remplir par l'autorité compétente ou l'officier de sécurité]* soussigné(e) *[Préciser les nom et prénom, grade ou titre, fonction]* :

certifie avoir été mis(e) en garde en présence de :

contre les risques que pourrait faire courir l'habilitation de *[Nom et prénom, grade ou titre, fonction du candidat à l'habilitation]* :

à connaître des informations et supports classifiés au(x) niveau(x) *[Préciser le(s) niveau(x) de classification auquel (auxquels) il est donné accès]* :

☐ TRÈS SECRET	☐ TRÈS SECRET UE/ EU TOP SECRET	☐ COSMIC TRÈS SECRET / COSMIC TOP SECRET
☐ SECRET	☐ SECRET UE/ EU SECRET	☐ NATO SECRET/ NATO SECRET
	☐ CONFIDENTIEL UE/ EU CONFIDENTIAL	☐ NATO CONFIDENTIEL/ NATO CONFIDENTIAL

A
Le
Signature de l'autorité compétente ou de l'officier de sécurité

ANNEXE 10

Modèle d'attestation de mise en éveil

Ministère :
Organisme :
Date et numéro d'enregistrement :

ATTESTATION DE MISE EN ÉVEIL

Je *[A remplir par le candidat à l'habilitation]* soussigné(e) *[Nom et prénom, grade ou titre, fonction]* :
reconnais avoir été mis(e) en éveil le :
en présence de *[Nom et prénom, grade ou titre, fonction]* :
sur les risques que pourrait faire courir mon habilitation à connaître des informations et supports classifiés
au(x) niveau(x) : *[Cocher la case concernée]*

☐ TRÈS SECRET	☐ TRÈS SECRET UE/ EU TOP SECRET	☐ COSMIC TRÈS SECRET / COSMIC TOP SECRET
☐ SECRET	☐ SECRET UE/ EU SECRET	☐ NATO SECRET/ NATO SECRET
	☐ CONFIDENTIEL UE/ EU CONFIDENTIAL	☐ NATO CONFIDENTIEL/ NATO CONFIDENTIAL

Je m'engage à ne pas divulguer les informations et supports classifiés dont je pourrais avoir connaissance dans l'exercice de mes fonctions ou l'accomplissement de ma mission et à signaler immédiatement à mon officier de sécurité ou mon autorité d'emploi, toute tentative de pression dont je pourrais faire l'objet.

Intéressé(e) signature	Officier de sécurité signature	Autorité d'habilitation ou représentant signature

ANNEXE 11

Modèle d'engagement de responsabilité

Ministère :
Organisme :
Date et numéro d'enregistrement :

ENGAGEMENT DE RESPONSABILITÉ

VOLET 1

Je, soussigné(e)
déclare :

— avoir été informé(e) de la décision en date du ____ m'autorisant l'accès à des informations et supports classifiés au(x) niveau(x) :

☐ TRÈS SECRET	☐ TRÈS SECRET UE/ EU TOP SECRET	☐ COSMIC TRÈS SECRET / COSMIC TOP SECRET
☐ SECRET	☐ SECRET UE/ EU SECRET	☐ NATO SECRET/ NATO SECRET
	☐ CONFIDENTIEL UE/ EU CONFIDENTIAL	☐ NATO CONFIDENTIEL/ NATO CONFIDENTIAL

— avoir pris connaissance de l'instruction générale interministérielle n° 1300 sur la protection du secret de la défense nationale, ainsi que des dispositions du code pénal citées en références de l'instruction ;

— être pleinement conscient(e) de mes responsabilités en ce qui concerne la protection des informations et supports classifiés ;

— être informé(e) des conséquences prévues par les dispositions législatives (articles 121-2, 411-1 à 411-11, 413-9 à 413-12 et 414-7 à 414-9 du code pénal) et réglementaires, notamment pour le cas où, sciemment ou par négligence, je laisserais ces informations et supports classifiés parvenir à des personnes non qualifiées.

En conséquence, je m'engage à ne pas divulguer, même après la cessation de mes fonctions ou de ma mission, à des personnes non qualifiées les informations et supports classifiés dont j'aurais connaissance dans l'exercice de mes fonctions ou l'accomplissement de ma mission.

A ____, le ____

Nom et signature de l'officier de sécurité ____ Signature de l'intéressé(e)

VOLET 2

A compter de la date de cessation des fonctions ou de ma mission, pour lesquelles une décision d'habilitation à connaître d'informations et supports classifiés m'a été délivrée, je m'engage à ne pas divulguer à des personnes non qualifiées les informations et supports classifiés dont j'ai eu connaissance dans l'exercice de mes fonctions ou pendant l'accomplissement de ma mission et à ne conserver par-devers moi aucun support classifié.

Je reconnais être informé(e) des conséquences prévues par les dispositions législatives (articles 121-2, 411-1 à 411-11, 413-9 à 413-12 et 414-7 à 414-9 du code pénal) et réglementaires, notamment pour le cas où, sciemment ou par négligence, je porterais à la connaissance de personnes non qualifiées, ces informations et supports classifiés.

A ____, le ____

Nom et signature de l'officier de sécurité ____ Signature de l'intéressé(e)

ANNEXE 12

Modèle de décision de refus d'habilitation ou d'abrogation d'une décision d'habilitation

Ministère :
Organisme :
Date et numéro d'enregistrement :

DÉCISION DE REFUS D'HABILITATION OU D'ABROGATION D'UNE DÉCISION D'HABILITATION

☐ Refus d'habilitation
☐ Abrogation de la décision d'habilitation *[Référence et date de la décision d'habilitation]*
concernant
Madame/Monsieur *[Nom et prénom]* :
Date et lieu de naissance :
Grade ou titre :
Organisme :
Fonctions ou missions :

La présente décision est notifiée à l'intéressé(e) conformément à l'instruction générale interministérielle n° 1300 sur la protection du secret de la défense nationale.

A
Le
Nom, qualité, signature de l'autorité d'habilitation et cachet de l'organisme

ANNEXE 13

Modèle de récépissé de notification d'une décision de refus d'habilitation ou d'abrogation d'une décision d'habilitation

Ministère :
Organisme :
Date et numéro d'enregistrement :

RÉCÉPISSÉ DE NOTIFICATION D'UNE DÉCISION DE REFUS D'HABILITATION OU D'ABROGATION D'UNE DÉCISION D'HABILITATION

Je soussigné(e) :
reconnais que l'officier de sécurité de *[Organisme]* :
m'a notifié et remis ce jour la décision *[Référence et date de la décision]* :
prise par *[Autorité d'habilitation ou autorité ayant reçu délégation à cet effet]* :
portant refus de délivrance ou d'abrogation de l'autorisation d'accéder aux informations et supports classifiés
au(x) niveau(x) :

☐ TRÈS SECRET	☐ TRÈS SECRET UE/ EU TOP SECRET	☐ COSMIC TRÈS SECRET / COSMIC TOP SECRET
☐ SECRET	☐ SECRET UE/ EU SECRET	☐ NATO SECRET/ NATO SECRET
	☐ CONFIDENTIEL UE/ EU CONFIDENTIAL	☐ NATO CONFIDENTIEL/ NATO CONFIDENTIAL

Je prends connaissance des voies et délais de recours relatifs à cette décision, indiqués ci-après.
Il est rappelé qu'aux termes de l'article L. 411-2 du code des relations entre le public et l'administration
"Toute décision administrative peut faire l'objet, dans le délai imparti pour l'introduction d'un recours contentieux, d'un recours gracieux ou hiérarchique qui interrompt le cours de ce délai. / Lorsque dans le délai initial du recours contentieux ouvert à l'encontre de la décision, sont exercés contre cette décision un recours gracieux et un recours hiérarchique, le délai du recours contentieux, prorogé par l'exercice de ces recours administratifs, ne recommence à courir à l'égard de la décision initiale que lorsqu'ils ont été l'un et l'autre rejetés".
A
Le
Signature de l'intéressé(e)

ANNEXE 14

Modèle de certificat de sécurité

Ministère :
Organisme :
Date et numéro d'enregistrement :

CERTIFICAT DE SÉCURITÉ

Attestation of personnel security clearance

Délivré par (ministère, organisme) :
Issued by (Ministry, entity)
Date et lieu de délivrance :
Date and place of issue
Numéro :
Number
valable jusqu'au *[Certificat à détruire à l'expiration de sa date de validité]* :
valid until
Objet / mission :
Object/mission

Il est certifié par le présent document que Madame/Monsieur

It is hereby certified that Ms/Mr

Nom et prénom :
Family name, given name
Grade et fonctions :
Rank and functions
Date et lieu de naissance :
Date and place of birth
Détenteur(trice) du passeport / de la carte d'identité n° :
Passport/identity card number
Délivré à :
Place of issue
en date du :
date of issue
a fait l'objet de la décision d'habilitation n° :
has been granted the personnel security clearance n°
valable jusqu'au :
until
pour accéder à des informations et supports classifiés au niveau *[Niveau de classification maximum (maximum level of classification)]* :
for access to classified information up to the level

Nom, qualité, signature de l'autorité délivrant le certificat et cachet de l'organisme

Fin de validité :

ANNEXE 15

MODÈLE D'ATTESTATION D'AVIS DE SÉCURITÉ

Ministère :
Organisme :
Date et numéro d'enregistrement :

ATTESTATION D'AVIS DE SÉCURITÉ

Attestation of a positive clearance procedure

Délivré par (ministère, organisme) :
Issued by (ministry, entity)
Date et lieu de délivrance :
Date and place of issue

Il est certifié par le présent document que Madame/Monsieur

It is hereby certified that Ms/Mr

Nom et prénom :
Family name, given name
Grade et fonctions :
Rank and functions
fait l'objet d'un avis de sécurité (sans objection, restrictif ou défavorable) *[Rayer la mention inutile]* délivré par :
holds a security notice delivered by
valable jusqu'au :
expiring on DD/MM/AAAA
pour l'accès aux informations et supports classifiés au niveau *[Niveau de classification maximum (maximum level of classification)]* :
for access up to and including the level

Nom, qualité, signature de l'autorité d'habilitation et cachet de l'organisme

ANNEXE 16

Récapitulatif des obligations des personnes morales ayant accès au secret de la défense nationale

Obligations / Situation	Habilitation			Mise en place des chaînes de sécurité		Obtention d'une attestation d'aptitude physique à détenir des ISC		Homologation des systèmes d'information classifiés en cas de détention d'un tel système	Vecteur juridique de référence
	Personne référence morale	**Responsable de l'organisme ayant accès à des ISC** *[Informations et supports classifiés]*	**Personnes physiques de l'organisme ayant accès à des ISC**	**ISC**	**Adaptation de la chaîne SSI** *[Sécurité des systèmes d'information]*	**Niveau** ***Secret***	**Niveau** ***Très secret***		
Services de l'État	Non	Oui, sauf si besoin d'en connaître non avéré	Toute personne de l'organisme nécessitant, dans les limites du besoin d'en connaître, d'accéder à des informations ou supports classifiés dans l'exercice de sa fonction ou pour l'accomplissement de sa mission, conformément au catalogue des emplois de l'organisme	Oui, même en l'absence de détention au sein de l'organisme	Si hébergement ou exploitation d'un système d'information classifié	Non	Oui, préalablement à la détention	Oui, préalablement au déploiement et à l'exploitation du système	IGI 1300 Instruction ministérielle Le cas échéant, directives techniques particulières
Établissements publics de l'État	Non	Oui, sauf si besoin d'en connaître non avéré				Oui, à l'occasion des contrôles organisés par le haut fonctionnaire de défense et de sécurité du ministre de tutelle	Oui, préalablement à la détention		

Obligations / Situation	Habilitation			Mise en place des chaînes de sécurité		Obtention d'une attestation d'aptitude physique à détenir des ISC		Homologation des systèmes d'information classifiés en cas de détention d'un tel système	Vecteur juridique de référence
	Personne référence morale	**Responsable de l'organisme ayant accès à des ISC** *[Informations et supports classifiés]*	**Personnes physiques de l'organisme ayant accès à des ISC**	**ISC**	**Adaptation de la chaîne SSI** *[Sécurité des systèmes d'information]*	**Niveau *Secret***	**Niveau *Très secret***		
Opérateurs d'importance vitale	Non	Non, sauf si besoin d'en connaître avéré par le ministre coordonnateur	Délégué à la défense et à la sécurité Toute autre personne nécessitant d'accéder pour la réalisation par l'opérateur de ses missions d'importance vitale et conformément au catalogue des emplois de l'opérateur	Oui, même en l'absence de détention au sein de l'organisme	Si hébergement ou exploitation d'un système d'information classifié	Oui, à l'occasion des contrôles organisés par le haut fonctionnaire de défense et de sécurité du ministre coordonnateur	Oui, préalablement à la détention	Oui, préalablement au déploiement et à l'exploitation du système	Plan de sécurité d'opérateur ou Plan particulier de protection

Obligations / Situation	**Habilitation**			**Mise en place des chaînes de sécurité**		**Obtention d'une attestation d'aptitude physique à détenir des ISC**		**Homologation des systèmes d'information classifiés en cas de détention d'un tel système**	**Vecteur juridique de référence**
	Personne référence morale	**Responsable de l'organisme ayant accès à des ISC** *[Informations et supports classifiés]*	**Personnes physiques de l'organisme ayant accès à des ISC**	**ISC**	**Adaptation de la chaîne SSI** *[Sécurité des systèmes d'information]*	**Niveau *Secret***	**Niveau *Très secret***		
Convention au sens de la présente instruction	Non, sauf si la convention en stipule autrement	Oui	Tout personnel de la collectivité territoriale ou de la personne morale de droit privée ayant besoin d'accéder à des informations ou supports classifiés pour l'exécution de la convention inscrit au catalogue des emplois mentionné dans le plan contractuel de sécurité	Oui, même en l'absence de détention au sein de l'organisme	Si hébergement ou exploitation d'un système d'information classifié	Oui, au plus tard à l'occasion des contrôles organisés par le haut fonctionnaire de défense et de sécurité du ministre cocontractant	Oui, préalablement à la détention	Oui, préalablement au déploiement et à l'exploitation du système	Plan contractuel de sécurité

Obligations / Situation	Habilitation			Mise en place des chaînes de sécurité		Obtention d'une attestation d'aptitude physique à détenir des ISC		Homologation des systèmes d'information classifiés en cas de détention d'un tel système	Vecteur juridique de référence
	Personne référence morale	**Responsable de l'organisme ayant accès à des ISC** *[Informations et supports classifiés]*	**Personnes physiques de l'organisme ayant accès à des ISC**	**ISC**	**Adaptation de la chaîne SSI** *[Sécurité des systèmes d'information]*	**Niveau *Secret***	**Niveau *Très secret***		
Contrat de la commande publique/ contrat de sous-traitance ou sous-contrat à un contrat de la commande publique / contrat de subvention	Oui, exigence préalable à la signature du contrat	Oui, exigence préalable à la signature du contrat	Tout personnel du cocontractant ayant besoin d'accéder à des informations ou supports classifiés pour l'exécution du contrat inscrit au catalogue des emplois mentionné dans le plan contractuel de sécurité	Oui, même en l'absence de détention au sein de l'organisme	Si hébergement ou exploitation d'un système d'information classifié	Oui, au plus tard à l'occasion des contrôles organisés par le haut fonctionnaire de défense et de sécurité du ministre cocontractant	Oui, préalablement à la détention	Oui, préalablement au déploiement et à l'exploitation du système	Plan contractuel de sécurité
						Oui, préalablement à l'exécution des prestations du contrat nécessitant la détention d'ISC par le cocontractant			

ANNEXE 17

CLAUSES-TYPES GÉNÉRALES CONTRACTUELLES DE PROTECTION DU SECRET DE LA DÉFENSE NATIONALE À INSÉRER DANS LES CONVENTIONS ET LES CONTRATS

Les présentes clauses sont insérées dans les conventions et les contrats en application de la présente instruction. Elles peuvent être adaptées ou complétées par l'autorité contractante ou l'acheteur mais ne peuvent pas leur être contraires.

1. Clauses générales de protection du secret de la défense nationale

En application des dispositions législatives et réglementaires en matière de protection du secret de la défense nationale, le titulaire de la convention ou du contrat s'engage à assurer la protection des informations et supports classifiés qu'il aura à connaître et, le cas échéant détenir, en tenant compte des dispositions particulières stipulées dans le plan contractuel de sécurité.

Il reconnaît avoir pris connaissance des textes suivants portant sur ses obligations résultant de la connaissance et de la détention d'informations et supports classifiés :

— le code pénal, notamment ses articles 413-9 à 414-9 ;

— l'arrêté [xxxx] portant approbation de l'instruction générale interministérielle n° 1300 sur la protection du secret de la défense nationale ;

— [l'arrêté [xxxx] portant approbation de l'instruction ministérielle xxx]

— le cas échéant : [les directives techniques particulières [xxx]].

— Le cas échéant : [l'accord entre le Gouvernement de la République française et ...]

Il déclare se soumettre aux obligations résultant pour lui de l'application de ces dispositions ainsi qu'à celles découlant de l'ensemble des textes législatifs et réglementaires relatifs à la protection du secret de la défense nationale.

Toute violation ou inobservation par le titulaire des mesures de sécurité, même dans les cas où elles résultent d'une imprudence ou d'une négligence, peut entraîner l'abrogation de la décision d'habilitation au secret de la défense nationale de la personne morale et, par voie de conséquence, la résiliation de la convention ou du contrat, sans préjudice des peines prévues par les dispositions des articles 413-9 à 413-12 du code pénal.

2. Stipulations additionnelles relatives aux conventions ou aux contrats nécessitant la détention d'informations et supports classifiés

Les lieux du titulaire de la convention ou du contrat voués à abriter des informations et supports classifiés, ainsi que les systèmes d'information utilisés pour traiter des informations et supports classifiés doivent présenter toutes les garanties pour assurer la protection du secret de la défense nationale et peuvent faire l'objet d'inspections, de contrôles ou d'audits de la part de l'autorité administrative.

Le titulaire s'engage à signaler toute modification susceptible de remettre en cause les garanties que présentent ses locaux ainsi que les systèmes d'information utilisés pour la protection des informations et supports classifiés communiqués au titre de la convention ou du contrat.

A l'achèvement des prestations du contrat nécessitant l'accès à des informations et supports classifiés, le titulaire dispose d'un délai d'un mois pour en informer l'autorité contractante qui détermine, dans la fiche de clôture du plan contractuel de sécurité, la destination à donner aux informations et supports classifiés jusqu'alors détenus par le titulaire ainsi que les conditions de démantèlement du système d'information classifié. Le titulaire s'engage à respecter ces dispositions. En cas d'inexécution, le titulaire s'expose à des sanctions pénales et contractuelles.

3. Stipulations additionnelles pour les contrats de recherche ou d'étude

Le titulaire du contrat reconnaît à l'autorité contractante le pouvoir de faire rechercher, parmi les documents et matériels qui se trouveraient en sa possession, les informations et supports classifiés se rapportant au contrat et à faire apposer les scellés sur les meubles de sécurité et les locaux à l'intérieur desquels les documents et matériels réclamés par l'administration sont conservés en vue d'assurer leur protection.

Les informations et supports classifiés énumérés dans le plan contractuel de sécurité doivent être intégralement retournés à l'autorité contractante au terme du contrat.

Les locaux de travail du titulaire du contrat doivent présenter toutes les garanties pour assurer la protection du secret de la défense nationale et peuvent faire l'objet d'inspections, de contrôles ou d'audits de la part de l'autorité administrative.

4. Stipulations relatives à la protection du secret dans le contrat de travail d'une personne habilitée

En application des dispositions législatives et réglementaires en matière de protection du secret de la défense nationale, le titulaire du contrat de travail s'engage à respecter les mesures qui lui sont prescrites pour assurer, lors de l'exécution dudit contrat, la protection des informations et supports classifiés qu'il peut, sous réserve du besoin d'en connaître, être amené à connaître ou détenir, au titre de la décision d'habilitation délivrée par l'autorité administrative compétente.

Il reconnaît avoir pris connaissance des articles 413-9 à 413-12 du code pénal, de l'instruction générale interministérielle n° 1300 sur la protection du secret de la défense nationale ainsi que des dispositions prises pour garantir la protection des informations et supports classifiés.

5. Stipulations relatives à la protection du secret dans le contrat de travail d'une personne non habilitée

En application des dispositions législatives et réglementaires en matière de protection du secret de la défense nationale, le titulaire du contrat de travail s'engage à respecter les mesures qui lui sont prescrites pour assurer, lors de l'exécution du contrat, la protection des informations et supports classifiés qui peuvent être détenus dans le service au profit duquel le contrat est exécuté ou dans tout lieu dans lequel ce contrat est exécuté. Le titulaire est informé qu'il n'est pas autorisé à connaître d'informations et supports couverts par le secret de la défense nationale.

6. Stipulations relatives à la protection du secret en cas de disparition de la personne morale

En cas de cessation d'activité ou de dissolution, le titulaire du contrat [restitue/détruit/archive] les informations et supports classifiés qu'il détient au titre du contrat selon les modalités suivantes : [modalités à définir par l'autorité publique contractante].

ANNEXE 18

Schéma présentant la procédure d'habilitation d'une personne morale française

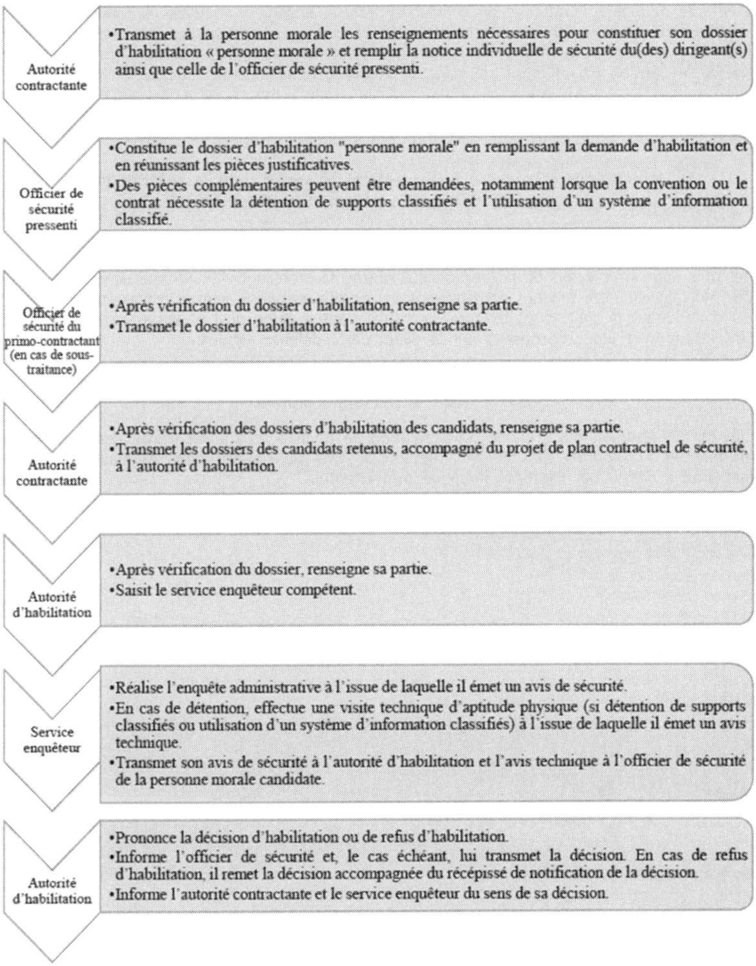

ANNEXE 19

Modèle de désignation d'un officier de sécurité

Je soussigné(e) *[Nom, prénom du représentant légal de la personne morale]* :

désigne *[Nom, prénom de l'officier de sécurité]* :

pour exercer la fonction d'officier de sécurité de *[Raison ou dénomination sociale de la personne morale]* :

Adresse de la personne morale :

Le cas échéant, n° RCS ou SIRET :

chargé, sous ma responsabilité, de mettre en œuvre les dispositions législatives et réglementaires en matière de protection du secret de la défense nationale pour assurer la protection des informations et supports classifiés confiés dans le cadre d'une convention/d'un contrat. Je m'engage à lui donner les moyens nécessaires pour accomplir les missions qui lui sont confiées, qu'il exerce pour mon compte et sous ma responsabilité.

A

Le

Signature

ANNEXE 20

MODÈLE DE DOSSIER DE DEMANDE D'HABILITATION D'UNE PERSONNE MORALE

PREMIER MINISTRE

Liberté Égalité Fraternité

À REMPLIR PAR LA PERSONNE MORALE		
Dénomination ou raison sociale :		Date et signature du représentant de la personne morale
N° RCS :		
Procédure d'habilitation engagée :	☐ ADMISSION ☐ RENOUVELLEMENT ☐ RÉVISION	

À REMPLIR PAR L'AUTORITE CONTRACTANTE/LE MAITRE D'ŒUVRE/L'ACHETEUR/ LE PRIMO-CONTRACTANT (DANS LE CAS D'UNE SOUS-TRAITANCE/D'UN SOUS-CONTRAT)	
Niveau d'habilitation demandé :	☐ CONFIDENTIEL (uniquement UE et OTAN) ☐ SECRET ☐ TRÈS SECRET ☐ CLASSIFICATION SPECIALE
Nature des informations et supports classifiés	☐ France ☐ UE ☐ OTAN ☐ Autres, préciser (ESA, OCCAr, etc.) :
Modalités d'accès et production d'informations et supports classifiés	
Objet du contrat:	
Motif du besoin d'en connaître :	
Accès à des informations et supports classifiés en phase précontractuelle	☐ OUI ☐ NON
Accès sans détention d'informations et supports classifiés	☐ OUI ☐ NON
Accès avec détention d'informations et supports classifiés dans les locaux de la personne morale	☐ OUI ☐ NON
Le cas échéant, préciser le(s) lieu(x) :	
Utilisation d'un système d'information classifié :	☐ OUI ☐ NON

Renseignements relatifs au contrat[154]
1. Description de la prestation confiée à la personne morale : 2. Lieux d'exécution du contrat :
3. Date prévisionnelle de notification du contrat : 4. Date et durée d'exécution du contrat : 5. En cas de sous-traitance/sous-contrat, préciser : dénomination ou raison sociale du contractant: N° d'identification et date de notification : N° d'identification et date d'approbation du plan contractuel de sécurité : 6. Conséquences (opérationnelles, calendaires, financières, techniques, etc.) si l'entreprise : - n'est pas habilitée à la date prévisionnelle indiquée au point 5 : - ne peut pas être habilitée :
Nom de l'autorité contractante/acheteur : Nom, prénom et coordonnées de la personne en charge du dossier : Date :

À REMPLIR PAR L'AUTORITE D'HABILITATION
Ministère : N° de la demande d'habilitation : Date :

[154] Ne concerne que les contrats prévoyant les prestations suivantes : travaux, fournitures, services.

NOTICE DE SÉCURITÉ PERSONNE MORALE

[A renseigner également par les indépendants, les microentreprises]

PARTIE 1 - DESCRIPTION DE LA PERSONNE MORALE

Nom :
Nom abrégé :
Raison sociale :
Enseigne commerciale :
Nationalité(s) :
Commune d'implantation :
Code postal :
Début d'activité (RCS)

Identification de la personne morale

Numéro RC :
Numéro SIREN :
Numéro NIC
Numéro SIRET :

Adresse

N°, voie :
Commune
Code postal :
Pays :
Depuis le :

Données complémentaires

Forme juridique :
Type/taille :

Domaine d'activité

Code Naf :

Effectifs

Nombre :
Date

Gouvernance

Nom :
Prénom (si personne physique) :
Sexe (si personne physique) :
Date de naissance (si personne physique) :
Lieu de naissance (si personne physique) :
Fonction :
Date de prise de fonction :
SIREN :
Nationalité(s) :
Tél. professionnel : Tél. portable : Fax :
Email professionnel :
Site internet :

Officier de sécurité *(à remplir s'il est différent du représentant de la personne morale)*

Nom - prénom :
Fonction :
Tél. bureau : Tél. portable : Fax :
Email :

Officier de sécurité des systèmes d'information ☐ Cocher si sans objet

Nom - prénom :

Fonction :

Tél. bureau : Tél. portable : Fax :

Email :

Officier de sécurité des systèmes d'information ☐ Cocher si sans objet

Nom :

Prénom :

Date de naissance :

Lieu de naissance :

Téléphone :

Habilitation déjà détenue par la personne morale ☐ Cocher si sans objet

La personne morale a-t-elle déjà été habilitée au secret de la défense nationale ? ☐ OUI ☐ NON

Si oui, préciser :
- l'autorité d'habilitation :
- la date de la décision d'habilitation :
- la date de fin de validité de l'avis de sécurité :
- le niveau d'habilitation :
- la nature de l'habilitation (France, UE, OTAN, autres) :

La personne morale dispose-t-elle d'un local apte à conserver des informations et supports classifiés ? ☐ OUI ☐ NON

Si oui, préciser :
- l'emplacement et le numéro du local :
- l'autorité ayant délivré l'avis technique d'aptitude physique :
- la date de délivrance de cet avis :
- le niveau de classification des supports pouvant être conservés dans le local :

La personne morale dispose-t-elle d'un système d'information homologué pour traiter des informations classifiées ? ☐ OUI ☐ NON

Si oui, préciser :
- l'autorité ayant délivré la décision d'homologation :
- la date de délivrance de la décision d'homologation :
- le niveau de classification des informations pouvant être traitées sur le système d'information :

Capital social *(dans le cadre d'un contrat de la commande publique, d'un contrat de sous-traitance ou de sous-contrat à un contrat de la commande publique, d'un contrat de subvention).*

Pour les entreprises non cotées, fournir l'actionnariat détaillé

Capital :

Date :

1er niveau d'actionnariat

Nom(s) (et prénom(s) pour les personnes physiques) du ou des actionnaires	Nationalité(s)	Date et lieu de naissance des personnes physiques	N° RCS pour les personnes morales (Kbis à fournir)	% détenu	Droit de vote (%)

2e niveau d'actionnariat

Nom(s) (et prénom(s) pour les personnes physiques) du ou des actionnaires	Nationalité(s)	Date et lieu de naissance des personnes physiques	N° RCS pour les personnes morales (Kbis à fournir)	% détenu	Droit de vote (%)

3e niveau d'actionnariat					
Nom(s) (et prénom(s) pour les personnes physiques) du ou des actionnaires	Nationalité(s)	Date et lieu de naissance des personnes physiques	N° RCS pour les personnes morales (Kbis à fournir)	% détenu	Droit de vote (%)

Tête de groupe et bénéficiaires effectifs					
Nom(s) (et prénom(s) pour les personnes physiques) du ou des actionnaires	Nationalité(s)	Date et lieu de naissance des personnes physiques	N° RCS pour les personnes morales (Kbis à fournir)	% détenu	Droit de vote (%)

PARTIE 2 – GESTION DES RISQUES

Assurances
Biens immobiliers :
Responsabilité civile :
Risques perte exploitation :

La fonction de « risk manager » ou équivalent existe-t-elle ?
☐ OUI
Nom :
Prénom :
Date de naissance :
Lieu de naissance :
Téléphone :
☐ NON, comment la personne morale gère-t-elle ses risques ?

La fonction de « compliance officer » est-elle prise en compte ? ☐ Cocher si sans objet
Nom :
Prénom :
Date de naissance :
Lieu de naissance :
Téléphone :

La fonction de « control expert manager » est-elle prise en compte ? ☐ Cocher si sans objet
Nom :
Prénom :
Date de naissance :
Lieu de naissance :
Téléphone :

Normes
Qualité :
Environnement :
Autres :

Recours à un cabinets d'avocats/audits/conseils accompagnant, y compris intervenant ou ayant intervenu dans les locaux de la personne morale ces cinq dernières années ☐ Cocher si sans objet
Nom du(es) cabinet(s)/société(s):
Date(s)/période(s) :
Nationalité(s)
N° RCS :
Informations complémentaires :

PARTIE 3 – ENVIRONNEMENT INTERNATIONAL

Implantations à l'étranger : filiales, établissements, etc. ☐ Cocher si sans objet

Pays	Nom(s)de la (des) filiale(s), établissement(s), etc.	N° d'identification	Adresse(s)

Liens commerciaux avec des pays étrangers (contrats d'exportation) ☐ Cocher si sans objet

Pays	Nom(s)de la (des) société(s)	N° d'identification	Produits/services

La personne morale a-t-elle des fournisseurs clé étrangers ? ☐ Cocher si sans objet

Pays	Nom(s)de la (des) société(s)	N° d'identification	Produits/services (s)

La personne morale a-t-elle des échanges avec des entreprises ou organismes étrangers ☐ Cocher si sans objet

Pays	Nom(s)de la (des) société(s)	N° d'identification	Raison(s)

PARTIE 4 – INFORMATIONS RELATIVES A LA PERSONNE MORALE (dans le cadre d'un contrat de la commande publique, d'un contrat de sous-traitance ou de sous-contrat à un contrat de la commande publique, d'un contrat de subvention)

La personne morale détient-elle l'exclusivité du savoir-faire pour les travaux classifiés ?

☐ Oui, décrire le savoir-faire :

☐ Non. Si une autre entreprise détient ce savoir-faire, expliquer la raison pour laquelle elle n'a pas été retenue ou pas consultée ?

PARTIE 5 – RENSEIGNEMENTS DE SECURITE

Répondre aux questions suivantes

1. Votre société fait-elle l'objet d'enquêtes, de poursuites ou de mises en accusation de la part d'une juridiction financière ? ☐ OUI ☐ NON
2. Des pressions ont-elles été exercées sur votre société, ou sur des employés de votre société, à la survenue sur un territoire étranger ? ☐ OUI ☐ NON

3. Votre société a-t-elle été l'objet d'approches de la part d'un service de renseignement ou de sécurité étranger ?	☐ OUI	☐ NON

En cas de réponse(s) positive(s), décrire les circonstances :

---

4. Votre société a-t-elle fait l'objet ou fait-elle l'objet de velléités de rachat par une personne morale ou une personne physique étrangère ?	☐ OUI	☐ NON
5. Prévoit-elle ou est-elle en négociation de rachat/cession/fusion/absorption avec une société étrangère ?	☐ OUI	☐ NON

En cas de réponse(s) positive(s), décrire les circonstances :

---

6. Souhaitez-vous évoquer un point particulier avec le service chargé de l'instruction du dossier ?	☐ OUI	☐ NON

Liste des pièces requises pour le dossier d'habilitation « personne morale »

• **Par la personne morale, en complément de la notice de sécurité :**

☐ Demande d'habilitation de la personne morale

☐ Demande d'habilitation de chaque dirigeant de droit de la personne morale

☐ Demande d'habilitation de l'officier de sécurité de la personne morale pressenti, candidate à l'habilitation, et lettre de désignation

☐ Kbis complet récent

☐ Kbis complet récent des personnes morales détenant la majorité du capital social

☐ Extrait en cours de validité du registre du commerce et des sociétés (modèle L *bis*) ou copie du bail de location

☐ Statuts à jour

☐ Composition du conseil d'administration et des organes de gouvernance (conseil de surveillance, directoire, etc.)

☐ Liste des autres conseils d'administration au sein desquels les représentants de la personne morale siègeraient

☐ Organigramme positionnant la société dans le groupe

☐ Organigramme fonctionnel de la personne morale (y compris les membres n'ayant pas le pouvoir d'engager la société) pour le siège social

☐ Organigramme fonctionnel et nominatif de l'établissement

☐ Pacte d'actionnaires (SA, SAS, etc.) ou pacte d'associés (SARL, SCI, etc.)

☐ Document relatif au(x) bénéficiaire(s) effectif(s) d'une société

☐ Plaquette de présentation de l'entreprise

☐ Liste des dettes principales par origine (prêts des établissements bancaires, etc.)

☐ Dernier bilan

☐ Liste des sous-traitants ou sous-contractants intervenant dans l'établissement, en identifiant les prestataires de services au titre d'un contrat sensible

Si la personne morale a déjà été habilitée :

☐ Attestation d'habilitation de l'autorité d'habilitation ou attestation d'avis de sécurité en cas de changement d'autorité d'habilitation

☐ Attestation de non-changement (fait et droit) de la personne morale depuis la dernière habilitation

Si le présent contrat/convention prévoit la détention d'informations et supports classifiés :

☐ Copie de l'avis technique d'aptitude physique du service enquêteur

☐ Attestation de conformité physique

☐ Identification et description de la protection, actuelle et envisagée, du local dans lequel est envisagé la conservation des informations et supports classifiés

☐ Plan de masse de l'établissement

☐ Organisation et moyens de protection et de gardiennage de l'établissement

☐ En cas d'avis technique avec réserve ou défavorable, lettre du dirigeant de la personne morale par laquelle celui-ci s'engage à mettre en place, avant le début de l'exécution des prestations du contrat nécessitant l'accès à des informations et des supports classifiés, les dispositions nécessaires à la protection des informations et supports classifiés qui lui seront confiés

Si le présent contrat/convention prévoit l'utilisation d'un système d'information classifié :
☐ Copie de la décision d'homologation
☐ Dossier de sécurité du système d'information
• **A transmettre par l'autorité contractante ou l'acheteur :**
☐ Plan contractuel de sécurité ou projet

ANNEXE 21

Modèle d'attestation d'avis de sécurité d'une personne morale

Ministère :
Organisme :
Date et numéro d'enregistrement :

ATTESTATION D'AVIS DE SÉCURITÉ D'UNE PERSONNE MORALE

Attestation of a positive facility clearance procedure

Délivré par (ministère, organisme) :
Issued by (ministry, entity)
Date et lieu de délivrance :
Date and place of issue

Il est certifié, par le présent document, que la personne morale

It is hereby certified that the company

Dénomination ou raison sociale :
Full company name
fait l'objet d'un avis de sécurité (sans objection, restrictif ou défavorable) *[Rayer la mention inutile]* délivré par :
hold a security notice delivered by
valable jusqu'au :
expiring on DD/MM/AAAA
pour l'accès aux informations et supports classifiés au niveau *[Niveau de classification maximum (maximum level of classification)]* :
for access up to and including the level
Nom, qualité, signature de l'autorité d'habilitation
et cachet de l'organisme

ANNEXE 22

Modèle d'attestation d'habilitation d'une personne morale

Ministère :
Organisme :
Date et numéro d'enregistrement :

ATTESTATION HABILITATION D'UNE PERSONNE MORALE

Attestation of facility security clearance decision

Délivré par (ministère, organisme) :
Issued by (ministry, entity)
Date et lieu de délivrance :
Date and place

Il est certifié par le présent document que la personne morale

It is hereby certified that the company

Dénomination ou raison sociale :
Full facility name
fait l'objet d'une décision d'habilitation délivrée par :
hold a facility security clearance decision delivered by

valable jusqu'au :
expiring on DD/MM/AAAA
pour l'accès aux informations et supports classifiés au niveau *[Niveau de classification maximum. (maximum level of classification)]* :
for access up to and including the level
Nom, qualité, signature de l'autorité compétente
et cachet de l'organisme

ANNEXE 23

Modèle de décision d'habilitation d'une personne morale

Ministère :
Organisme :
Date et numéro d'enregistrement :

DÉCISION D'HABILITATION D'UNE PERSONNE MORALE

Le *[Autorité d'habilitation ou autorité ayant reçu délégation à cet effet]* :
décide que
Dénomination ou raison sociale :
Adresse :
N° RCS ou SIRET :
est habilitée jusqu'au *[Date d'expiration de la décision]* :
pour accéder à des informations et supports classifiés au(x) niveau(x) :

☐ TRÈS SECRET	☐ TRÈS SECRET UE/ EU TOP SECRET	☐ COSMIC TRÈS SECRET / COSMIC TOP SECRET
☐ SECRET	☐ SECRET UE/ EU SECRET	☐ NATO SECRET/ NATO SECRET
	☐ CONFIDENTIEL UE/ EU CONFIDENTIAL	☐ NATO CONFIDENTIEL/ NATO CONFIDENTIAL

dans le domaine suivant *[Préciser le domaine en cas de limitation du champ de l'habilitation]* :
A
Le
Signature et cachet de l'autorité d'habilitation

ANNEXE 24

Modèle de décision de refus d'habilitation ou d'abrogation d'une décision d'habilitation d'une personne morale

Ministère :
Organisme :
Date et numéro d'enregistrement :

DÉCISION DE REFUS D'HABILITATION OU D'ABROGATION D'UNE DÉCISION D'HABILITATION D'UNE PERSONNE MORALE

☐ Refus d'habilitation
☐ Abrogation de la décision d'habilitation *[Référence et date de la décision d'habilitation]* :
concernant
Dénomination ou raison sociale :
Adresse :
N° RCS ou SIRET :

La présente décision sera notifiée au représentant légal de la personne morale conformément à l'instruction générale interministérielle n° 1300 sur la protection du secret de la défense nationale.

A
Le
Nom, qualité, signature de l'autorité compétente *[Autorité de décision ayant reçu délégation à cet effet]* et cachet de l'organisme

ANNEXE 25

Modèle de récépissé de notification d'une décision de refus d'habilitation ou d'abrogation d'une décision d'habilitation d'une personne morale

Ministère :
Organisme :
Date et numéro d'enregistrement :

RÉCÉPISSÉ DE NOTIFICATION D'UNE DÉCISION DE REFUS D'HABILITATION OU D'ABROGATION D'UNE DÉCISION D'HABILITATION D'UNE PERSONNE MORALE

Je soussigné(e) *[Nom, prénom du responsable de la personne morale]* :
reconnais que l'autorité suivante *[Dénomination de l'autorité d'habilitation ou de l'autorité administrative compétente]* :
m'a notifié et remis ce jour la décision *[Référence et date de la décision]* :
prise par *[Autorité d'habilitation ou autorité ayant reçu délégation à cet effet]* :
portant refus de délivrance ou d'abrogation de l'autorisation d'accéder aux informations et supports classifiés au(x) niveau(x) :

☐ TRÈS SECRET	☐ TRÈS SECRET UE/ EU TOP SECRET	☐ COSMIC TRÈS SECRET / COSMIC TOP SECRET
☐ SECRET	☐ SECRET UE/ EU SECRET	☐ NATO SECRET/ NATO SECRET
	☐ CONFIDENTIEL UE/ EU CONFIDENTIAL	☐ NATO CONFIDENTIEL/ NATO CONFIDENTIAL

Je prends connaissance des voies et délais de recours relatifs à cette décision, indiqués ci-après :
Il est rappelé qu'aux termes de l'article L. 411-2 du code des relations entre le public et l'administration
"Toute décision administrative peut faire l'objet, dans le délai imparti pour l'introduction d'un recours contentieux, d'un recours gracieux ou hiérarchique qui interrompt le cours de ce délai. / Lorsque dans le délai initial du recours contentieux ouvert à l'encontre de la décision, sont exercés contre cette décision un recours gracieux et un recours hiérarchique, le délai du recours contentieux, prorogé par l'exercice de ces recours administratifs, ne recommence à courir à l'égard de la décision initiale que lorsqu'ils ont été l'un et l'autre rejetés".
A
Le
Signature

ANNEXE 26

Modèle d'attestation de conformité physique

Organisme :
Date et numéro d'enregistrement :

ATTESTATION DE CONFORMITÉ PHYSIQUE

Je soussigné(e) *[Nom, prénom, qualité du responsable de la personne morale]* :
atteste que les lieux où seront reçus, manipulés, élaborés, conservés et émis des informations et supports classifiés au sein de mon organisme *[Dénomination ou raison sociale]*
pour les établissements ci-dessous mentionnés :
au titre de la convention/du contrat :
bénéficient des conditions de protection prévues par la réglementation en vigueur. La vérification de ces lieux a été effectuée le :
par le service enquêteur *[Préciser le service ayant émis l'avis technique d'aptitude physique]* :

et a donné lieu à un avis technique d'aptitude physique *[Date et référence de l'avis technique d'aptitude physique]* :

A

Le

Signature

ANNEXE 27

Modèle de certificat de mise aux normes de sécurité physique

Organisme :

Date et numéro d'enregistrement :

CERTIFICAT DE MISE AUX NORMES DE SÉCURITÉ PHYSIQUE

Je soussigné(e) *[Nom, prénom, qualité du responsable de la personne morale]* :

certifie que les locaux où seront reçus, manipulés, élaborés, conservés et émis des informations et supports classifiés au sein de mon organisme *[Dénomination ou raison sociale]*

pour les établissements ci-dessous mentionnés :

au titre de la convention/du contrat :

à la suite de la vérification de ces locaux effectuée le :

par le service enquêteur *[Préciser le service ayant émis l'avis technique d'aptitude physique]* :

ayant donné lieu à l'avis technique *[Date et référence de l'avis technique]* :

ont fait l'objet de travaux de mise en conformité et bénéficient des conditions de protection prévues par la réglementation en vigueur.

A

Le

Signature

ANNEXE 28

Prescriptions relatives aux plans contractuels de sécurité, aux plans de sécurité d'opérateurs et aux plans particuliers de protection

Ces plans comportent notamment les éléments suivants :

— l'engagement pris par le contractant ou l'opérateur d'importance vitale de s'assurer que les personnes qui ont besoin d'accéder à des informations et supports classifiés dans l'exercice de leurs fonctions ou l'accomplissement d'une mission ont fait l'objet d'une décision d'habilitation au niveau requis ;

— l'engagement pris par le contractant ou l'opérateur d'importance vitale de s'assurer que toutes les personnes qui ont accès à des informations et supports classifiés sont informées de leur responsabilité en matière de protection desdits informations et supports en vertu des lois et règlements appropriés ;

— l'engagement de signaler toute infraction effective ou supposée aux lois et règlements afférents à la protection des informations et supports classifiés couverts par la convention, le contrat ou l'activité d'importance vitale ;

— l'identification des personnes parties à la chaîne de sécurité et chargées de coordonner la protection des informations et supports classifiés couverts par la convention, le contrat ou l'activité d'importance vitale, en particulier, l'officier de sécurité, l'officier de sécurité des systèmes d'information et le cas échéant, toute autre personne exerçant une fonction en lien avec la protection du secret ;

— les locaux dans lesquels la convention ou le contrat doit être exécuté et les informations et supports classifiés abrités et conservés ; la liste de ces locaux peut évoluer ;

— les systèmes d'information utilisés pour l'exécution de la convention ou du contrat ou l'activité d'importance vitale, dont la liste peut évoluer ;

— la liste des informations et supports classifiés et pouvant être générés, leurs niveaux respectifs de classification (guide de classification) et les modalités de déclassification ou déclassement ainsi que les conditions de protection dont chaque information ou support doit faire l'objet, conformément aux dispositions de l'instruction générale interministérielle n° 1300 sur la protection du secret de la défense nationale et aux textes réglementaires qui la déclinent, ainsi que leurs modalités d'archivage et de destruction ;

— les mesures particulières de sécurité qui doivent être prises pour l'exécution de ce contrat en vue de garantir la protection des informations et supports classifiés ;

— les modes de diffusion, y compris par voie dématérialisée, des informations et supports classifiés ;

— la liste des sous-contractants et sous-traitants identifiés lors de la rédaction du plan contractuel de sécurité et devant être mise à jour ;

— les modalités de diffusion des informations et supports classifiés aux sous-contractants et sous-traitants ;

— les modalités de gestion prévisionnelle des informations et supports classifiés et des systèmes d'information classifiés à la fin de la convention ou du contrat ou de la caducité du plan de sécurité opérateur ou du plan particulier de protection ;

— les modalités de destruction, d'archivage ou de restitution des informations et supports classifiés détenus par le contractant et, le cas échéant, ses sous-contractants et sous-traitants participant à l'exécution du contrat, en cas de cessation d'activité ou de dissolution du contractant ou, le cas échéant, de l'un de ses sous-contractants et sous-traitants participant à l'exécution du contrat.

Un exemplaire du plan contractuel de sécurité est transmis au service enquêteur chargé du suivi de la personne morale par l'autorité contractante ou l'acheteur.

Pour les titulaires d'une convention ou d'un contrat, ces éléments sont complémentaires des clauses-types générales (cf. Annexe 17).

ANNEXE 29

Types de mesures de protection physique

L'ensemble des mesures de protection se compose de quatre éléments combinés ou dissociés en fonction du niveau de classification :

— un ou plusieurs dispositifs de dissuasion (indications) ;

— un ou plusieurs dispositifs de détection et d'alarme ;

— un ou plusieurs dispositifs de freinage (les obstacles) ;

— des moyens d'intervention articulés sur des procédures et des consignes préétablies.

Ainsi, selon une logique de défense en profondeur, un dispositif de sécurité satisfaisant a pour objectif, en retardant l'intrusion (aucun obstacle n'étant infranchissable), de permettre la mise en œuvre des moyens d'intervention, alertés et guidés par les dispositifs de détection avant que les informations ou supports classifiés ne soient compromis.

Pour être efficace, un système de protection physique doit s'appuyer sur une analyse de risques et :

— être multifonctions, c'est-à-dire comporter plusieurs dispositifs successifs, complémentaires, de nature différente, associés ou combinés à un ou plusieurs dispositifs de détection-alarme reposant eux-mêmes sur des principes différents ;

— être homogène, c'est-à-dire garantir la même efficacité en tous points, l'intrusion s'opérant toujours dans la zone de moindre résistance et la valeur d'un système équivalant à celle de son élément le plus faible ;

— être dissuasif, c'est-à-dire contribuer à réduire le risque d'une tentative d'intrusion ;

— être contrôlé, c'est-à-dire être testé fréquemment afin de vérifier qu'il est en état opérationnel ;

— être traçable, c'est-à-dire fournir tout moyen pouvant apporter un historique du fonctionnement des différents composants.

Afin d'éviter l'intrusion, à l'intérieur d'un site ou d'un local protégé, d'une personne non autorisée qui représente toujours une menace pour les informations et supports classifiés détenus, la protection physique comprend nécessairement un système d'information de sûreté dont la composante "contrôle d'accès" est décrite en Annexe 31.

ANNEXE 30

Protection physique des informations et supports classifiés : méthode et recommandations

1. Méthode et effet final recherché en matière de protection physique des informations et supports classifiés

Dans un contexte où les malveillants disposent de capacités élevées, l'identification des moyens à mettre en œuvre pour garantir la protection physique des informations et supports classifiés, déclinée dans la politique de protection du secret, s'appuie sur une analyse de risques réalisée par l'organisme abritant ou, le cas échéant, par le service enquêteur.

Conformément au principe de défense en profondeur qui doit guider l'analyse de risques, la protection des informations et supports classifiés s'obtient par une combinaison globale de moyens techniques, humains et organisationnels ainsi que, pour les systèmes d'information (SI), logiques.

Les moyens physiques mis en œuvre visent à détecter et freiner l'intrusion afin de permettre l'intervention. Ils doivent, en outre, permettre d'assurer la traçabilité en cas d'effraction. Ils s'inscrivent dans la profondeur en étageant différentes couches de protection, appelées également barrières (périphériques *[Partie extérieure de l'emprise (ou site) à protéger, souvent matérialisée par la limite de propriété]*, périmétriques *[Zone située entre la partie extérieure de la propriété et les locaux à protéger, souvent matérialisée par l'enveloppe du bâtiment]* et intérieures), qui s'appuient essentiellement sur :

— l'emprise (ou le site) et/ou le bâtiment ;

— le local (ou un groupe de locaux regroupés en zone) ;

— le meuble ;

— le système d'information (au niveau du poste utilisateur) contenant les informations et supports classifiés.

Le choix du dispositif global de protection par le responsable d'organisme, sur les conseils de l'officier de sécurité, doit permettre d'atteindre l'équation de sûreté, définie comme suit (T pour "temps") :

T freinage > T de détection et de traitement de l'alarme + T intervention

Le temps de freinage équivaut au temps mis par l'intrus pour franchir les différentes barrières de protection placées entre la détection et les actifs ou la zone à protéger.

Le temps de détection et de traitement de l'alarme correspond au délai existant entre l'alarme par le premier moyen de détection d'intrusion et sa prise en compte effective par l'élément chargé d'exécuter l'intervention dans les meilleurs délais. Il inclut les délais de levée de doute et de transmission.

Le temps d'intervention est le temps mis par l'élément chargé de l'intervention (interne ou externe *[L'élément d'intervention peut être externe et s'entend au sens des forces de sécurité intérieure, d'une société de gardiennage, etc.]* à l'emprise du lieu abritant) pour se trouver au cœur de la zone d'action. Il tient compte de la distance à parcourir pour se rendre sur place, du temps moyen constaté pour la parcourir et de la disponibilité moyenne de l'élément d'intervention. En cas de doute, le temps majorant est retenu.

Des moyens de freinage sont déployés en nombre et en nature suffisants pour que la somme des délais de freinage, depuis la première barrière dotée d'une détection (l'extérieur de l'emprise (ou site) ou du bâtiment) jusqu'aux informations et supports classifiés, soit supérieure au temps cumulé nécessaire à l'intervention.

2. Recommandations pour atteindre l'équation de sûreté

Les tableaux qui suivent formulent des recommandations sur les combinaisons possibles de moyens techniques, humains et organisationnels *[Les moyens organisationnels incluent les dispositifs juridiques]* permettant d'atteindre l'équation de sûreté, en réponse aux scénarios de menaces mis en évidence par l'analyse de risques.

Ces recommandations constituent un ensemble cohérent et homogène permettant de répondre à l'équation de sûreté. En cas d'impossibilité, des solutions équivalentes doivent être mises en œuvre pour atteindre cet objectif global.

Le niveau de protection des informations et supports classifiés repose sur la mise en place de trois barrières, réparties en classes de résistance (de la moins résistante à la plus résistante).

a. Classes du bâtiment (ou site) et/ou de l'emprise ou du site

CLASSE	DESCRIPTION
4	Emprise (ou site) dont le périmètre est délimité physiquement, disposant d'une protection mécanique (clôture dont le franchissement n'est pas possible sans facilitateur *[pierre servant de marchepieds, perche, canne, escalade, etc.]* et dont tous les points d'accès sont contrôlés *[au moyen d'une solution ou d'un dispositif de contrôle d'accès adapté]* et assortis d'un dispositif de verrouillage mécanique ou électromécanique *[ce dispositif assure un verrouillage permanent en cas de coupure de courant]*. Ou Bâtiment dont les ouvrants accessibles sont *[étant entendu que l'accessibilité s'apprécie au regard d'un seuil minimal de 40 cm × 11 cm]* dans la mesure du possible rendus discrets *[moyen permanent interdisant les vues de l'extérieur (par exemple : film opacifiant]* et systématiquement dotés d'une protection mécanique (barreaux par exemple) et dont tous les points d'accès sont contrôlés *[au moyen d'une solution ou d'un dispositif de contrôle d'accès adapté]* et assortis d'un dispositif de verrouillage mécanique ou électromagnétique *[ce dispositif assure un verrouillage permanent en cas de coupure du courant]*. *Nota : Bien que la présence de moyens de détection d'intrusion ne soit pas imposée à ce niveau, l'existence d'un tel dispositif permet d'augmenter significativement le niveau de sûreté et peut donc être pris en compte dans l'équation de sûreté.*
3	Enceinte *[emprise (ou site) et/ou bâtiment]* de classe 4 : + contrôle d'accès conforme à l'Annexe 31, par identification *[l'identification s'appuie sur un des facteurs suivants : – ce que l'on sait (un code) ; – ce que l'on a (un badge, une clé) ; – ce que l'on est (comparaison biométrique) cela inclut également ce que l'on sait faire]* en périmétrie pour les flux piétons et véhicules, + personnel de surveillance *[par exemple, agent privé de sécurité, gardien-veilleur, garde]* présent en permanence, effectuant des rondes dans l'enceinte et ses sous-ensembles, + élément d'intervention extérieur mobilisable sur alarme du personnel de surveillance. ou Enceinte *[emprise (ou site) et/ou bâtiment]* de classe 4 : + contrôle d'accès conforme à l'Annexe 31, par identification en périmétrie pour les flux piétons et véhicules ; + moyen de détection d'ouverture sur les ouvrants accessibles et les points d'accès reliés à une centrale d'intrusion + système de vidéosurveillance/détection sur les zones sensibles pour la levée de doute. Ces dispositifs techniques de détection-alarme sont reliés à un élément d'intervention extérieur.

CLASSE	DESCRIPTION
2	Les exigences de sécurité à remplir pour une emprise de classe 2 peuvent être atteintes par une combinaison de moyens humains et techniques, s'ajoutant aux éléments de la classe 4 et s'articulant de la façon suivante : Enceinte de classe 4 : + contrôle d'accès conforme à l'Annexe 31, par identification en périmétrie pour les flux piétons et véhicules ; + personnel de surveillance présent en permanence effectuant des rondes dans l'enceinte et ses sous-ensembles ; + ensemble de télé-sécurité (télésurveillance + intervention) ; + dispositifs techniques de détection-alarme dont ; - un moyen de détection volumétrique sur les lieux de passage permettant d'accéder aux lieux abritant des informations et supports classifiés ; - traçabilité des entrées et sorties au niveau du bâtiment (ou d'un groupement de bâtiments) hébergeant les lieux abritant des informations et supports classifiés.
1	Enceinte de classe 2 : + présence à l'extérieur du local d'un système de vidéosurveillance des accès ; + moyen de détection d'intrusion placé sur tous les points d'accès des lieux abritant des informations et supports classifiés ; + présence permanente sur site d'un élément humain d'intervention.

b. Classes du local

Si l'emprise ne présente pas de dispositif de détection-alarme, un dispositif de ce type doit être installé au niveau du local.

Les parois (plafonds, sols et murs) des locaux ainsi que les ouvrants (portes, fenêtres, etc.) *[Les dispositifs électromécaniques ou électromagnétiques de fermeture des ouvrants ne peuvent pas à eux seuls garantir l'intégrité des accès aux bâtiments ou aux emprises. Ils doivent obligatoirement être complétés par des systèmes mécaniques de verrouillage mis en service en dehors des périodes d'occupation des bâtiments]*, leurs serrures et leurs sûretés doivent présenter une résistance mécanique suffisante et homogène pour retarder l'intrusion et permettre la mise en œuvre des moyens d'intervention.

Toutes les serrures des portes des locaux sont équipées d'un dispositif de verrouillage mécanique, électromagnétique ou motorisé comme dispositif principal *[Le cas échéant, tout dispositif électronique est complété par un dispositif de verrouillage mécanique, électromagnétique ou motorisé. Les clés de secours sont conservées selon les dispositions du 7.2.3]*.

Les fabricants de serrure de sûreté à clef justifient que leurs produits possèdent :

— une technologie qui s'oppose aux techniques d'ouverture à l'aide d'outils manuels ;

— une conception qui complique l'usage de moyens d'ouverture fine (outils spécifiques dit "de crochetage").

La fourniture et la reproduction de la clef ne doivent être possibles qu'après l'authentification d'une personne désignée auprès du fournisseur. La présence d'une carte dite de propriété ne peut pas, à elle seule, suffire comme moyen de protection contre la copie.

CLASSE	DESCRIPTION
d	Local avec bloc-porte à serrure mono-point et baies fermées (fenêtres, évacuateur de fumées, bloc d'un climatiseur, etc.).

CLASSE	DESCRIPTION
c	Local avec : – bloc-porte (métallique ou en bois plein ou matériau équivalent) à serrure mécanique multipoints ; – sûreté à clef présentant un temps de résistance suffisant *[en référence à la norme NF-EN 1627 ou équivalente, la classe de résistance CR3 (= 5 minutes) peut servir de référence. L'outillage est précisé]* ; – contrôle d'accès par identification ; – fenêtres protégées lorsqu'elles sont accessibles (depuis le sol, toit, corniche, descente d'eau pluviale, promontoire, etc.). A l'intérieur des lieux abritant des informations et supports classifiés : – moyen de détection volumétrique double technologie relié à une centrale d'intrusion ; ou – moyen de détection d'intrusion sur les ouvrants et serrure mécanique de fermeture sur les points d'accès (bloc-portes, baies, etc.).
b	Local avec : – bloc-porte renforcé équipé d'un système anti-dégondage, à serrure mécanique multipoints avec détecteur ; – sûreté à clef présentant un temps de résistance suffisant *[en référence à la norme NF-EN 1627 ou équivalente, la classe de résistance CR5 (= 15 minutes) peut servir de référence. L'outillage est précisé]* ; – fenêtres protégées lorsqu'elles sont accessibles (depuis le sol, toit, corniche, descente d'eau pluviale, promontoire, etc.) ; – contrôle d'accès par authentification avec traçabilité des entrées et sorties. À l'intérieur des lieux abritant les informations et supports classifiés : – moyen de détection intrusion sur les ouvrants et serrure mécanique de fermeture sur les points d'accès (bloc-portes, baies, etc.) ; – moyen de détection volumétrique double technologie relié à une centrale d'intrusion ; – système permettant la levée de doute en dehors des heures de service (vidéosurveillance par ex.).
a	Chambre forte *[le local répond aux exigences de la norme NF-EN 1143-1 ou équivalente]* dont le bloc-porte est au minimum équipé des systèmes de sécurité des armoires fortes de classe B.

c. Classes du meuble

Les meubles de sécurité destinés à la conservation des informations et supports classifiés ne peuvent pas être ouverts frauduleusement sans effraction : toute tentative d'ouverture illégitime laisse des traces visibles détectables par l'utilisateur. Ils sont dotés par défaut de serrure à combinaison mécanique conforme à la norme EN1300 niveau B (ou équivalente) minimum.

Les meubles prévus pour protéger des équipements électroniques en fonctionnement sont naturellement pourvus d'ouïes de ventilation. En raison de l'accès visuel sur le contenu offert par leur présence, ces meubles ne doivent pas contenir de supports à lecture directe.

CLASSE	DESCRIPTION
C	Armoire forte à structure métallique d'au moins 2 millimètres d'épaisseur, munie d'une serrure mécanique à combinaison silencieuse et à manœuvre discrète. Les battants possèdent un système d'accrochage du côté du pivot interdisant le démontage des portes en cas de sectionnement des gonds, lorsque le meuble est condamné. Les pênes, inaccessibles de l'extérieur, ne doivent pas pouvoir être démontés.

CLASSE	DESCRIPTION
B	Armoire forte de structure identique à la classe C : + renforcement de la structure de la zone située entre la face avant de la porte et les organes essentiels dont la présence peut être vérifiée visuellement par démontage du foncet de porte (face intérieure de la porte) ; + dispositif délateur, à déclenchement mécanique et thermique, bloquant définitivement les mécanismes d'ouverture en cas de tentative d'ouverture illégitime ; + plombage du foncet de porte (face intérieure de la porte) permettant de détecter aisément un démontage ; + système à clef interdisant l'accès au dispositif de changement de la combinaison pour les modèles mécaniques ; + système d'asservissement, interdisant la sortie des pênes de la porte principale lorsque l'autre battant n'est pas fermé, s'il ne s'agit pas d'un meuble à porte unique ; + dispositif qui interdise aux pênes de la porte principale, une fois sortis, de se rétracterà moins que la combinaison soit à nouveau composée ; + compteur d'ouverture non falsifiable et non réutilisable, sans dispositif de remiseà zéro et protégé par le foncet ; + une serrure mécanique à combinaison silencieuse et à manœuvre discrète est à recommander. L'emploi d'une serrure électronique, conforme à la norme EN1300 niveau B au minimum, disposant d'un dispositif de composition discret et assurant la traçabilité des combinaisons, peut être autorisé s'il est justifié. Le meuble équipé d'une combinaison électronique comporte une serrure mécanique à clef facilement permutable en supplément. Cette clef est prisonnière de la serrure tant que le pêne de la combinaison et les pênes du meuble ne sont pas sortis portes fermées ; + système de tringlerie métallique en acier assurant sur la porte principale une répartition géographique de plusieurs pênes horizontaux et verticaux. Si une poignée actionne ce système, elle possède un point de rupture pour éviter un effort trop conséquent sur la tringlerie. Les portes sont dépourvues de toute plaque de propreté et de tout enjoliveur.
A	Coffre-fort blindé sur toutes ses faces, d'un poids minimum à vide de 500 kg ou, à défaut, fixé au mur, au sol ou sur une plaque métallique dont la plus petite dimension est supérieure à la plus grande dimension des issues du local. Ce meuble comporte tous les systèmes de sécurité de la classe B + une ou plusieurs serrures pouvant s'adapter à un nouveau jeu de clefs (serrures mécaniques dites à clef facilement permutable) ; + au moins une serrure dont la clef reste prisonnière du mécanisme tant que le pêne de la combinaison et les pênes du meuble ne sont pas sortis porte fermée. La marque et le numéro de série du meuble sont estampillés de façon apparente et inaltérable, à l'extérieur de celui-ci, sur le corps et sur toutes les portes du meuble ; le numéro de série et l'année de fabrication de chaque serrure figurent sur celles-ci.

d. Classes des postes utilisateurs classifiés

Il est possible de déroger aux mesures de protection logiques prévues ci-dessous en mettant en œuvre des mesures de protection compensatoires, sous réserve de leur validation formelle par l'autorité d'homologation pour le niveau *Secret* ou, pour le niveau *Très Secret*, par l'autorité qualifiée en sécurité des systèmes d'information.

DESCRIPTION	CLASSE γ DE BASE	CLASSE β RENFORCÉ	CLASSE α FORT
Intégrité physique des éléments constitutifs du SI	Scellés génériques de contrôle d'ouverture de l'équipement avec traçabilité des équipements ayant reçu des scellés Contrôle ponctuel de l'intégrité des scellés par l'utilisateur.	Protection de la classe γ + Contrôle annuel de l'intégrité des scellés.	Dispositif de détection d'ouverture de l'équipement ou scellés numérotés de contrôle d'ouverture de l'équipement avec traçabilité des équipements ayant reçu ces scellés Contrôle semestriel de l'intégrité des scellés.
Confidentialité des données lorsque le terminal *[le terminal s'entend comme le poste utilisateur fixe, nomade ou mobile, qui permet l'accès et le traitement des informations classifiées lorsqu'il est en fonctionnement]* n'est pas en fonctionnement	Chiffrement des données utilisateur par un logiciel agréé pour la protection des informations portant la mention *Diffusion Restreinte* ou Stockage à distance des données sur l'infrastructure d'hébergement du SI ou Mémoire de masse extractible ou équipement mobile stockable dans un meuble de classe adaptée à la classification des données en clair	Chiffrement intégral du disque par un logiciel agréé pour la protection des informations portant la mention *Diffusion Restreinte* ou Stockage à distance des données sur l'infrastructure d'hébergement du SI ou Mémoire de masse extractible ou équipement mobile stockable dans un meuble de classe adaptée à la classification des données en clair	Protection de la classe β

DESCRIPTION	CLASSE γ DE BASE	CLASSE β RENFORCÉ	CLASSE α FORT
Sécurité du contrôle d'accès de l'utilisateur	Mot de passe avec politique de sécurité des mots de passe conforme à la politique de sécurité de l'organisme	Dispositif d'authentification forte, par exemple basée sur une infrastructure de gestion de clefs (IGC) conforme au RGS** *[le référentiel général de sécurité (RGS) publié par l'ANSSI est le cadre règlementaire permettant d'instaurer la confiance dans les échanges au sein de l'administration et avec les citoyens. Son niveau est déterminé par le nombre d'étoiles (une, deux ou trois étoiles)]* homologuée par l'organisme	Dispositif d'authentification forte, par exemple basée sur une IGC qualifiée au moins RGS**.
Accès aux dispositifs d'import - export du poste utilisateur	Réservé aux utilisateurs authentifiés sur le terminal + supports amovibles préalablement »enrôlés » sur le système et autorisés pour cet utilisateur	Protection de la classe γ	Réservé aux utilisateurs assurant une fonction d'enregistrement des documents classifiés ou de gestion des échanges
Contrôle des équipements connectés au réseau	Désactivation des services non utilisés (conformité)	Protection de la classe γ + Authentification des équipements au réseau	Protection de la classe β
Cloisonnement et filtrage	Cloisonnement par fonction homogène au sein du SI (cloisonnement des réseaux locaux-LANs – par population)	Cloisonnement entre les utilisateurs d'une même population, exemple PVLAN.	Cloisonnement par le chiffre pour chaque poste utilisateur (tunnel dédié vers les services)

DESCRIPTION	CLASSE γ DE BASE	CLASSE β RENFORCÉ	CLASSE α FORT
Capacité à restreindre la visualisation des IC par un tiers.	Disposition des terminaux par rapport aux ouvertures du local (portes, fenêtres, vasistas, hublots, etc.) et protection des vis-à-vis	Protection de la classe γ	Protection de la classe β

3. Tableaux de combinaison des classes

L'objectif final est d'égaler ou de surpasser le temps de freinage tel que défini au point 1 pour obtenir un niveau de sécurité minimal pour les informations et supports classifiés.

La détermination de ce niveau est réalisée en deux temps :

— la classification des barrières (emprise (ou site) ou bâtiment, local, meuble ou moyen logique) à travers les moyens de détection d'intrusion ou de freinage qui leur sont associées ;

— la vérification de la validité de la combinaison des classes des barrières en fonction du niveau de classification des informations et supports classifiés.

Dans le cas où le niveau minimal de sécurité ne peut être atteint, il faut faire évoluer la classe d'une ou des barrières pour atteindre ce niveau.

a. *Protection des informations et supports classifiés*

La protection des informations et supports classifiés est assurée par trois barrières physiques successives au niveau de l'emprise (ou site) ou du bâtiment, du local et du meuble.

Les tableaux 1 et 2 définissent, pour chaque niveau de classification, la classe minimale du meuble en fonction des classes de protection du bâtiment et du local.

Tableau 1 : niveau *Secret*

CLASSE DU BÂTIMENT	CLASSE DU LOCAL			
	a	b	c	d
1	C	C	C	C
2	C	C	C	C
3	C	C	C	B
4	C	C	a	interdit

Si des informations et supports classifiés au niveau *Secret*, hors systèmes d'information classifiés, ne peuvent être conservés dans un meuble de sécurité en raison de leur dimension, ils sont alors conservés dans un local renforcé correspondant aux caractéristiques suivantes :

— l'emprise (ou site) ou le bâtiment est au minimum de classe 3. Un contrôle permanent de la zone est organisé en s'appuyant sur un dispositif de détection-alarme relié à un élément d'intervention extérieur ;

— le local est au minimum de classe c avec un dispositif de détection-alarme indépendant de ceux de l'emprise/bâtiment *[Les détecteurs sont généralement raccordés à une centrale locale placée dans le local ou la zone, sans qu'aucun élément (câblage par exemple) ne sorte de la zone à protéger. C'est la liaison entre les centrales locale et générale qui peut sortir de la zone, sous réserve qu'elle soit chiffrée. C'est en cela que le système est indépendant. Il ne s'agit donc pas obligatoirement de déployer deux systèmes d'information de détection d'intrusion]*.

S'agissant des systèmes d'informations classifiés au niveau *Secret*, les mesures de sécurité sont conformes à celles définies au tableau 3.

Tableau 2 : niveau *Très Secret*

CLASSE DU BÂTIMENT	CLASSE DU LOCAL			
	a	b	c	d
1	C	C	interdit	interdit
2	C	C	interdit	interdit
3	C	C	interdit	interdit
4	interdit	interdit	interdit	interdit

Si des informations et supports classifiés au niveau *Très Secret*, hors systèmes d'information classifiés, ne peuvent être conservés dans un meuble de sécurité en raison de leur dimension, ils sont alors conservés dans un local renforcé correspondant aux caractéristiques suivantes :

— l'emprise (ou site) ou le bâtiment est au minimum de classe 2. Un contrôle permanent de la zone est organisé en s'appuyant sur un dispositif de détection-alarme relié à un élément d'intervention extérieur ;

— le local est au minimum de classe b avec un dispositif de détection-alarme indépendant de ceux de l'emprise/bâtiment.

S'agissant des systèmes d'informations classifiés au niveau *Très Secret*, les mesures de sécurité sont conformes à celles définies au tableau 4.

b. Protection des systèmes d'information classifiés

La protection des systèmes d'information classifiés est assurée par la combinaison de deux barrières physiques et d'une barrière logique.

Les tableaux 3 et 4 définissent, pour chaque niveau de classification, la classe minimale de la protection logique en fonction des classes de protection physique de l'emprise (ou site) ou du bâtiment et du local. La lettre grecque désigne la classe du système d'information classifié.

Tableau 3 : niveau *Secret*

CLASSE DU BÂTIMENT	CLASSE DU LOCAL			
	a	b	c	d
1	γ	γ	β	β
2	γ	γ	β	β
3	γ	γ	β	α
4	γ	γ	α	interdit

Tableau 4 : niveau *Très Secret*

CLASSE DU BÂTIMENT	CLASSE DU LOCAL			
	a	b	c	d
1	β	β	interdit	interdit
2	β	β	interdit	interdit
3	β	β	interdit	interdit
4	interdit	interdit	interdit	interdit

Dans l'hypothèse où les barrières physiques sont assurées par le local et un meuble adapté *[Par exemple, baie technique blindée ou armoire forte dédiée aux serveurs]*, sans considération du niveau de protection du bâtiment, le tableau 5 définit, pour le seul niveau de classification *Secret*, la classe minimale de protection logique.

Tableau 5 : niveau *Secret*

CLASSE DU MEUBLE	CLASSE DU LOCAL			
	a	b	c	d
A	γ	γ	β	α
B	γ	γ	β	α
C	γ	β	α	α

ANNEXE 31

Contrôle d'accès

Le contrôle d'accès s'intègre dans un dispositif global de sécurité fondé sur son association avec les protections décrites à l'Annexe 29. Composant d'un système de management de la sûreté, il est déployé en cohérence avec les systèmes de détection d'intrusion et de vidéosurveillance. Il comprend les moyens suivants :

— identification pour recueillir les droits d'accès de l'individu et les transmettre à un moyen de traitement ;

— traitement qui valide, selon les droits accordés, les informations fournies par le moyen de contrôle afin de lever l'obstacle et de libérer le passage. Il recouvre trois méthodes : l'action d'une personne, celle d'un système automatisé ou la combinaison des deux ;

— freinage pour faire obstacle à l'intrusion et gagner le temps nécessaire à l'intervention ;

— les mesures organisationnelles et humaines qui permettent sa mise en œuvre et la conduite à tenir en cas d'incident.

Le contrôle d'accès consiste à vérifier si une personne demandant à accéder à un lieu est autorisée à pénétrer dans une enceinte ou un bâtiment. Il repose sur les principes suivants :

— l'homogénéité entre les moyens de contrôle d'accès et les autres moyens de protection retenus ;

— la succession de filtres (le contrôle des accédants doit être réparti dans la profondeur, en plusieurs couches) ;

— la proportionnalité à la menace (le contrôle doit être adapté aux agresseurs potentiels) ;

— l'adaptation aux accédants (il doit être accepté par ses utilisateurs courants).

Les solutions techniques retenues dépendent des besoins :

— son utilité : accès à une emprise, un bâtiment, une zone, un local ;

— objet du contrôle : militaires, civils, scientifiques, personnel d'entretien, techniciens, personnel de maintenance ;

— menace dont il faut se protéger : menace interne, vandalisme ou renseignement.

Avant tout choix de conception, un audit est nécessaire afin d'avoir une bonne connaissance du site, ce qui permet :

— d'identifier, localiser, hiérarchiser les cibles d'un site et les zones précises à contrôler ;

— d'analyser les flux d'individus, de véhicules à chaque point d'accès ;

— de constater les niveaux existant de protection des zones (ouvertures, parois, existence ou non de systèmes de contrôle comme les lecteurs de badges, obstacles au passage, niveau de résistance de ces obstacles à l'effraction, homogénéité de ces différents points, etc.) ;

— d'identifier les menaces potentielles (intrusion involontaire ou de curieux, pénétration délibérée de personnes initiées et/ou équipées, complicité interne, etc.) ;

— de prendre en compte les contraintes architecturales et réglementaires (incendie, protection du secret de la défense nationale, etc.).

Exemples de moyens pour contrôler les accès : portillons, portes à unicité de passage, barrières, sas, interphones, vidéophones, serrures à clefs, claviers à code, lecteurs de badge, lecteurs biométriques, lecteur de plaque d'immatriculation, etc.

ANNEXE 32

Mesures applicables aux zones réservées

Dès lors que des informations et supports classifiés au niveau *Très Secret* sont traités dans des locaux, des mesures particulières de sécurité doivent être mises en place. Ces mesures de sécurité permettent de définir les zones réservées, elles-mêmes obligatoirement situées en zone protégée.

Dans le cas des moyens mobiles (aéronefs, navires, etc.) conservant des informations et supports classifiés au niveau *Très Secret*, lorsque les conditions de création d'une zone protégée ne sont pas réunies, une zone réservée peut exceptionnellement y être créée et faire l'objet de modalités spécifiques de sécurité définies dans l'instruction ministérielle qui complètent ou se substituent aux dispositions suivantes.

Le traitement ou la conservation d'informations et supports classifiés dans ces locaux ne peut intervenir, sauf en cas d'impossibilité majeure, qu'après avis technique d'aptitude physique du service enquêteur quant à l'aptitude de ces locaux à accueillir des informations de niveau *Très Secret*.

Lorsque des services ou des organismes sont amenés à traiter de telles informations, pour des raisons opérationnelles et de manière temporaire, une zone réservée temporaire soumise aux mesures de sécurité détaillées plus haut peut être créée, y compris lorsque les conditions de création d'une zone protégée ne sont pas réunies.

Les lieux abritant des informations et supports classifiés au niveau *Très Secret*, faisant l'objet d'une classification spéciale, répondent aux normes complémentaires suivantes :

— un local pourvu d'ouvertures en nombre restreint à la protection renforcée ;

— ce local contient un meuble de sécurité approuvé ;

— un contrôle permanent du lieu est organisé, s'appuyant au minimum sur un des systèmes de protection décrits en Annexe 31.

1. Contrôles des locaux

Pour chaque lieu, un responsable s'assure que les mesures de protection prévues, dont notamment les règles d'accès au site, sont appliquées.

Pendant les heures de travail, le contrôle du lieu incombe aux personnes qui y sont employées. Avant toute absence, ils vérifient la mise en sûreté des supports classifiés ainsi que la fermeture des meubles de sécurité et des bureaux.

En dehors des heures ouvrables, les autorités responsables s'organisent pour contrôler :

— le fonctionnement des systèmes de détection ;

— la fermeture des bureaux, des meubles de sécurité, etc. ;

— le vidage des corbeilles à papier et l'absence dans celles-ci de brouillons ou de documents préparatoires aux informations classifiées ;

— l'absence, hors des coffres, de supports classifiés, hormis les matériels qui ne pourraient pas être soustraits aux vues directes.

Des rondes de sécurité sont régulièrement effectuées par des gardiens ayant fait l'objet d'une enquête administrative conformément à l'article L. 114-1 du code de la sécurité intérieure et qui disposent de consignes écrites précisant leur mission. Ils ne sont pas autorisés à pénétrer dans ces zones réservées en l'absence du personnel de ces dernières, sauf nécessité de service (levée de doute, réglementation particulière, urgence avérée).

2. Contrôle des personnes et des visiteurs dans des lieux abritant des informations et supports classifiés *Très Secret*

Les personnes en service ayant accès, en raison de leurs fonctions au lieu abritant des éléments classifiés du niveau *Très Secret*, disposent d'un badge apparent.

Les visiteurs :

— font l'objet d'une autorisation individuelle de l'autorité responsable ;

— sont accompagnés pendant toute la durée de leur visite par une personne habilitée autorisée.

Le personnel d'entretien :

— a satisfait à une enquête administrative conformément à l'article L. 114-1 du code de sécurité intérieure ;

— appartient à une société ayant au préalable satisfait à une enquête administrative conformément à l'article L. 114-1 du code de la sécurité intérieure ;

— porte un badge apparent avec photographie ;

— intervient en présence d'une personne habilitée autorisée.

ANNEXE 33

Clauses-types contractuelles de protection du secret de la défense nationale pour les contrats sensibles

1. Dans le cadre des dispositions législatives et réglementaires en matière de protection du secret de la défense et de la sécurité nationale, le titulaire s'engage à prendre toutes les mesures utiles pour assurer lors de l'exécution du contrat la protection des informations et supports classifiés qui peuvent être détenus dans le service, au profit duquel le contrat est exécuté ou dans tout lieu dans lequel ce contrat est exécuté.

2. Le titulaire reconnaît :

— avoir pris connaissance des articles 413-9 à 413-12 du code pénal ;

— qu'il n'a pas à connaître ou détenir les informations couvertes par le secret de la défense et de la sécurité nationale.

3. Le titulaire reconnaît avoir fait signer une déclaration individuelle à l'ensemble du personnel appelé, sous sa responsabilité à un titre quelconque, à intervenir pour son compte pour exécuter les prestations. Par ce document, le personnel atteste :

— avoir pris connaissance des articles 413-9 à 413-12 du code pénal ;

— qu'il n'a pas, sous peine de poursuites pénales, à connaître ou détenir des informations couvertes par le secret de la défense et de la sécurité nationale.

4. Le titulaire s'engage à ce que seules les personnes ayant préalablement souscrit la déclaration précitée accèdent au lieu d'exécution des prestations.

5. Le titulaire s'engage à remettre à l'autorité contractante la ou les déclarations individuelles ci-dessus avant tout accès du personnel concerné au lieu d'exécution des prestations.

6. Il ne peut être dérogé aux prescriptions ci-dessus, y compris en cas de remplacement inopiné, fortuit ou même urgent d'un personnel du titulaire.

7. Le non-respect ou l'inobservation par le titulaire de ces mesures de sécurité, même dans les cas où elles résultent d'une imprudence ou d'une négligence, peut entraîner le prononcé d'une sanction contractuelle, sans préjudice des sanctions pénales.

ANNEXE 34

Modèle de fiche navette

Ministère :

Organisme :

Date et numéro d'enregistrement :

FICHE NAVETTE

AVIS SUR UNE PERSONNE MORALE DANS LE CADRE D'UN CONTRAT SENSIBLE

Dénomination ou raison sociale de l'entreprise :

N° RCS du siège social ou SIRET de l'entreprise :

Adresse du siège social :

Identification de l'autorité contractante/acheteur bénéficiaire de la prestation :

Justification du recours au contrat sensible :

Dates prévisionnelles de début et de fin de travaux :

Lieu(x) d'exécution des prestations du contrat sensible :

Date d'expiration de la présente enquête administrative (s'il y a lieu) :

Avis du service enquêteur :

☐ Sans réserve

☐ Avec réserve

A	A
Le	Le
Autorité contractante/acheteur	Service enquêteur
Nom, prénom, qualité, signature	Signature

ANNEXE 35

Guide des mesures de sécurité applicables au cours d'une réunion impliquant des informations et supports classifiés

1. Avant la réunion

— l'organisateur détermine le niveau de classification de la réunion ;

— l'autorité destinataire de l'invitation adresse en temps utile à l'organisateur les noms et fonctions des personnes chargées de les représenter ainsi que leur niveau d'habilitation au moyen d'un certificat de sécurité ;

— l'organisateur établit la liste des participants, quelque soit leur qualité (auditeurs, conférenciers, assistants, techniciens chargés des projections ou essais, etc.). Cette liste est transmise à l'officier de sécurité ;

— l'officier de sécurité vérifie que l'habilitation des participants est valide et correspond au niveau des informations et supports qui vont être traités ;

— l'officier de sécurité s'assure que la salle accueillant la réunion répond aux conditions de sécurité inhérentes au niveau de classification des informations qui seront abordées et prend toutes les précautions utiles pour s'assurer qu'aucun appareil électronique ne soit susceptible de capter, réémettre ou enregistrer des sons, images ou informations sauf autorisation de sa part.

2. Au début de la réunion

— l'organisateur s'assure, conformément à la liste des participants, de l'identité et du niveau d'habilitation de ceux qui sont présents au vu de leur certificat de sécurité ;

— il leur indique le niveau maximal de classification des informations qui seront abordées au cours de la réunion et les règles de sécurité correspondantes ;

— assisté de l'officier de sécurité, l'organisateur s'assure que personne ne détienne, lors de la réunion, d'appareil permettant la captation, la réémission et l'enregistrement d'informations tels que, par exemple, un téléphone mobile ou un ordinateur portable ou tout objet connecté. Dans certains établissements affectés aux besoins de la défense nationale, des installations radioélectriques de brouillage peuvent être utilisées aux fins de rendre inopérants, tant pour l'émission que pour la réception, les appareils de communications électroniques de tous types (téléphones mobiles et ordinateurs portables par exemple).

3. Pendant la réunion

— le niveau maximal de classification des informations évoquées au cours de la réunion ne doit pas dépasser le niveau d'habilitation de chaque participant ainsi que les capacités de protection de la salle accueillant la réunion ;

— l'organisateur peut interdire toute prise de note par les auditeurs. Il veille, en application des principes stricts de cloisonnement de l'information classifiée, en particulier au niveau *Très Secret*, y compris pour les classifications spéciales de ce niveau, à ce que la communication demeure limitée à l'objet de la réunion ;

— pendant les pauses, les participants sont autorisés à quitter la salle si la sécurité des supports classifiés qui y sont laissés est assurée. Les informations classifiées ne doivent pas être discutées en dehors de la salle de réunion ;

— toute faille dans la sécurité pendant la réunion doit être notifiée à l'organisateur et à l'officier de sécurité qui en informe les participants.

4. A l'issue de la réunion

— les documents classifiés sont récupérés, rangés ou détruits sous la responsabilité de l'organisateur et de l'officier de sécurité dès lors qu'ils cessent d'être utiles ;

— l'organisateur rédige un document succinct, éventuellement classifié, dans lequel il est fait mention de la liste des participants, des domaines d'informations classifiées exposés ainsi que des mesures prises pour en assurer la protection. Ce document peut être diffusé aux personnes qualifiées puis est géré dans les conditions fixées par la présente instruction ;

— lorsque les participants sont autorisés à prendre des notes au cours de la réunion, ils sont informés, par l'organisateur, de leur responsabilité en matière de protection du secret ;

— l'organisateur fait procéder à la récupération et à la mise en sécurité des supports classifiés éventuellement mis à la disposition des auditeurs (documents, graphiques, plans, films, bandes d'enregistrement, etc.) ainsi qu'à la destruction des supports provisoires et préparatoires ;

— les participants assument la pleine responsabilité de la protection de leurs documents de travail et de leurs notes, qui sont à classifier au niveau correspondant à celui des informations recueillies. Ces documents sont détruits par leurs soins dès qu'ils ont cessé d'être utiles.

ANNEXE 36

Exemple de document classifié

SECRET **SPÉCIAL FRANCE**

À *lieu*, le *date*
N° *enregistrement lors de l'émission*

Déclassifié le [*date*]

Objet : [NP] Intitulé

[NP] Paragraphe d'introduction contenant des éléments non classifiés et non protégés.

1. Chapitre contenant des informations classifiées jusqu'au niveau *Secret* et protégées par la mention *Spécial France*

[NP] Paragraphe contenant des éléments non protégés.

Paragraphe contenant des éléments classifiés au niveau *Secret* et protégés par la mention *Spécial France*

2. Chapitre contenant des informations classifiées jusqu'au niveau *Secret* et protégées par la mention *Spécial France*

[DR] Paragraphe contenant des éléments protégés par la mention *Diffusion Restreinte*

Paragraphe contenant des éléments classifiés au niveau *Secret* et protégés par la mention *Spécial France*

SECRET

ANNEXE 37

MODÈLES DE TIMBRES DE CLASSIFICATION ET DE PROTECTION

Les timbres sont apposés avec une encre indélébile de couleur rouge, sauf le timbre *Spécial France* qui est de couleur bleue.

1. Couverture et page de garde pour les documents reliés

Le timbre est apposé au milieu du bas de la couverture, selon les règles de marquage suivantes :
— Niveau de classification : centré, police Arial, gras, taille 18. Texte : taille 6 ;
— Épaisseur du cadre : 3 points.

TRÈS SECRET

Toute personne qui détient ce document sans avoir qualité pour le connaître tombe sous le coup des dispositions du code pénal réprimant les atteintes au secret de la défense nationale

SECRET

Toute personne qui détient ce document sans avoir qualité pour le connaître tombe sous le coup des dispositions du code pénal réprimant les atteintes au secret de la défense nationale

La mention complémentaire de protection *Spécial France* est apposée sous le timbre de classification et respectent les règles de marquage prévues au point 2.

2. Pages du document

Le timbre est apposé au milieu du haut et du bas de la page (à l'exception du marquage *Spécial France* qui est apposé uniquement en haut de la page), selon les règles de marquage suivantes :
— Niveau de classification / *Spécial France* : centré, police Arial, gras, taille 18 ;
— Épaisseur du cadre : 2,5 points.

TRÈS SECRET

SECRET

SPÉCIAL FRANCE

ANNEXE 38

Modèles de timbres de déclassement et de déclassification

— Pour réévaluer le niveau de classification :

Classification à réévaluer le [*date*]

— Pour abaisser le niveau de classification :

Le déclassement du niveau *Très Secret* au niveau *Secret* intervient le par décision n° du

— Pour rehausser le niveau de classification

Le reclassement du niveau *Secret* au niveau *Très Secret* intervient le par décision n° du

— Pour déclassifier une information ou un support

À déclassifier sur ordre de l'autorité émettrice

Déclassifié le [*date*]

DÉCLASSIFIÉ Le [*date*] par décision n° du

ANNEXE 39

Modèle de demande de reproduction d'un support classifié *Très Secret*

Ministère :
Organisme :
Date et numéro d'enregistrement :

DEMANDE DE REPRODUCTION D'UN SUPPORT CLASSIFIÉ *TRÈS SECRET*

Renseignements *[L'objet du support ne doit en aucun cas être mentionné]* concernant le support classifié *Très Secret* dont la reproduction est demandée
— Numéro d'enregistrement :
— Date d'enregistrement :
— Numéro de l'exemplaire à partir duquel la reproduction sera effectuée :
Organisme demandeur :
Motif de la demande :
Copies demandées
— Nombre :
— Numérotation :
— Diffusion :

A
Le
Nom, qualité, signature de l'autorité responsable de la demande et cachet de l'organisme

ANNEXE 40

Modèle d'autorisation de reproduction d'un support classifié *Très Secret*

Ministère :
Organisme :
Date et numéro d'enregistrement :

AUTORISATION DE REPRODUCTION D'UN SUPPORT CLASSIFIÉ *TRÈS SECRET*

Support classifié *Très Secret* dont la reproduction est autorisée
— Numéro d'enregistrement :
— Date d'enregistrement :
— Numéro de l'exemplaire à partir duquel la reproduction sera effectuée :
Organisme demandeur :
Référence de la demande :
Reproduction autorisée
— Nombre :
— Numérotation :
— Diffusion :

A
Le
Nom, qualité, signature de l'autorité responsable de la demande et cachet de l'organisme

Destinataires :

____

____

____

ANNEXE 41

Modèle de bordereau de transmission de supports classifiés

Ministère :
Organisme :
Date et numéro d'enregistrement :

BORDEREAU DE TRANSMISSION DE SUPPORTS CLASSIFIÉS

[A] – B – B'

Références *(ne pas mentionner l'objet)*	Date de création	Niveau de classification/ Autres mentions	Numéro d'exemplaire	Numéro de copie	Noms des destinataires

Nom, qualité, signature de l'expéditeur
et cachet de l'organisme

Reçu le :
Par :
Organisme destinataire :
A : à conserver par le destinataire.
B : à renvoyer sans délai à l'expéditeur après émargement.
B' : à conserver en archives par l'expéditeur jusqu'à réception du feuillet B qui lui sera substitué.
Ministère :
Organisme :
Date et numéro d'enregistrement :

BORDEREAU DE TRANSMISSION DE SUPPORTS CLASSIFIÉS

A – [B] – B'

Références *(ne pas mentionner l'objet)*	Date de création	Niveau de classification/ Autres mentions	Numéro d'exemplaire	Numéro de copie	Noms des destinataires

Nom, qualité, signature de l'expéditeur
et cachet de l'organisme

Reçu le :
Par :
Organisme destinataire :
A : à conserver par le destinataire.
B : à renvoyer sans délai à l'expéditeur après émargement.
B' : à conserver en archives par l'expéditeur jusqu'à réception du feuillet B qui lui sera substitué.
Ministère :
Organisme :
Date et numéro d'enregistrement :

BORDEREAU DE TRANSMISSION DE SUPPORTS CLASSIFIÉS

A – B – B

Références *(ne pas mentionner l'objet)*	Date de création	Niveau de classification/ Autres mentions	Numéro d'exemplaire	Numéro de copie	Noms des destinataires

Nom, qualité, signature de l'expéditeur
et cachet de l'organisme

Reçu le :
Par :
Organisme destinataire :

ANNEXE 42

MODÈLE DE DÉCISION DE SÉCURITÉ CONVOYEUR

Ministère :
Organisme :
Date et numéro d'enregistrement :

DÉCISION DE SÉCURITÉ CONVOYEUR

Le *[Autorité d'habilitation ou autorité ayant reçu délégation à cet effet]* :
décide que Madame/Monsieur *[Nom et prénom]* :
Date et lieu de naissance :
Grade ou titre :
Fonctions ou missions :
Peut effectuer le convoyage de supports classifiés jusques et y compris *[Préciser le niveau de classification et le domaine (France, UE ou OTAN)]* :
Cette décision est valable pour la mission suivante :

A
Le
Nom, qualité, signature de l'autorité compétente *[Autorité d'habilitation ou autorité ayant reçu délégation à cet effet]* et cachet de l'organisme

ANNEXE 43

Modèle de certificat de courrier

Ministère :
Organisme :
Date et numéro d'enregistrement :

CERTIFICAT DE COURRIER

pour le convoyage international par porteur autorisé de supports et/ou matériels classifiés

Courier certificate
for international carriage of classified material and/or equipment

Nom du programme/projet :
Name of programme/project

Il est certifié que le porteur
This is to certify that the bearer

Madame/Monsieur (nom, prénom et titre) :
Ms/Mr (family name, first name and title)
Employé(e) par (organisme) :
Employed by (entity)
Né(e) le (jour/mois/année) :
Born on (day/month/year)
Pays :
Country
Nationalité :
Nationality
Titulaire du passeport ou de la carte d'identité n°
Holder of passport/identity card n°
Délivré(e) par (autorité) :
Issued by (issuing authority)
Le (jour/mois/année) :
On (day/month/year)
Est autorisé(e) à effectuer le voyage décrit ci-dessous avec l'envoi suivant (indiquer le n° des paquets, poids et dimensions de chaque colis) *Is authorised to carry on the journey detailed below with the following consignment (number, weight and dimensions of each package)*
Départ le :
Departure on
Retour prévu le :
Planned return on
De (pays) :
From (country)
A (pays) :
To (country)
Via (pays traversés) :
Through (countries)

Officier de sécurité de l'organisme *Entity security officer* *Date, cachet et signature/Date, stamp and signature*	**Autorité nationale de sécurité ou autorité de sécurité déléguée** *National Security Authority or Designed Security Authority* *Date, cachet et signature/Date, stamp and signature*

L'attention des autorités des douanes, de police ou des services d'immigration est attirée sur les points indiqués au dos de ce certificat / *The attention of Customs, Police, and/or Immigration Officials is drawn to the points stated on the back of this certificate.*

Annexe au certificat de courrier n°

L'attention des autorités des douanes, de police et/ou des services d'immigration est attirée sur les points suivants / *The attention of Customs, Police, and/or Immigration Officials is drawn to the following* :

— Le contenu de cet envoi est classifié dans l'intérêt de la sécurité nationale des pays cités ci-dessus / *The content of this consignment is classified in the interests of national security of the countries mentioned above* ;

— Il est demandé que l'envoi ne soit inspecté que par des personnes dûment autorisées ou titulaires d'une autorisation spéciale / *It is requested that the consignment not be inspected other than by properly authorized persons or those with special permission* ;

— Si une inspection est jugée nécessaire, il est demandé qu'elle soit effectuée dans une zone hors de vue des personnes qui n'ont pas une nécessité d'accès aux informations et en présence du porteur / *If an inspection is deemed necessary, it is requested that it be carried out in an area out of sight of persons who do not have a need-to-know and in the presence of the bearer* ;

— Il est demandé que le paquet, s'il a été ouvert pour inspection, soit muni, après avoir été refermé, de la preuve de cette ouverture, par signature et cachet et par annotation des documents d'expédition (s'il y en a) attestant l'ouverture de l'envoi / *It is requested that the package, if opened for inspection, be reclosed and marked by sealing and signing it and by annotating the shipping documents (if any) that the consignment has been opened in order to show evidence of the opening* ;

— Les fonctionnaires des douanes, de la police et/ou des services d'immigration des pays traversés, à l'entrée ou à la sortie, sont priés d'apporter leur assistance en cas de besoin afin que l'envoi soit amené à destination en toute sécurité / *Customs, Police, and/or Immigration officials of countries to be crossed, entered or exited are requested to give assistance if necessary to ensure the successful and secure delivery of the consignment.*

INSTRUCTIONS À L'ATTENTION DU PORTEUR AUTORISÉ

Annexe au certificat de courrier n°
Annexe à l'ordre de mission n°

Vous avez été désigné pour convoyer un support classifié. Un certificat de courrier vous a été délivré. Avant le début du voyage, vous êtes informé des règles de sécurité relatives au convoiement de supports classifiés et de vos obligations en matière de sécurité durant ledit voyage (comportement à adopter, itinéraire, horaire, etc.). Il vous est également demandé de signer une déclaration attestant que vous avez lu et compris les obligations relatives à la sécurité.

Votre attention est appelée sur les généralités suivantes :

1) Vous êtes responsable du convoyage décrit dans le certificat de courrier.

2) Tout au long du voyage, l'envoi classifié doit rester en votre possession ou sous votre surveillance directe.

3) L'envoi ne doit pas être ouvert en cours de route, sauf dans les circonstances exposées au paragraphe 10 ci-dessous.

4) Vous ne devez ni parler de cet envoi classifié, ni le montrer dans un lieu public.

5) Cet envoi classifié ne doit en aucun cas être laissé sans surveillance durant les arrêts nocturnes. Les organismes publics ou privés, ayant les habilitations et aptitudes appropriées, peuvent être utilisés. Dans ce domaine, vous êtes renseigné par l'officier de sécurité de votre organisme.

6) Durant le convoiement d'un envoi classifié, il vous est interdit de dévier du plan de voyage fourni.

7) En cas d'urgence, vous devez prendre les mesures que vous jugez nécessaires à la protection de l'envoi, mais en aucun cas vous ne devez permettre que l'envoi ne reste pas en votre possession ; à cette fin, vos instructions précisent comment entrer en rapport avec les organismes de sécurité des pays dans lesquels vous passez en transit (cf. 12)). Si ces précisions ne vous ont pas été fournies, demandez-les à l'officier de sécurité de votre organisme.

8) Il appartient, à vous-même et à l'officier de sécurité de votre organisme de vous assurer que les documents nécessaires à votre sortie du territoire et à votre voyage (passeport, certificats de change, carnet sanitaire, etc.) sont complets et en cours de validité.

9) Si des circonstances imprévues vous obligent à remettre l'envoi à des personnes autres que les représentants désignés de la société ou du gouvernement que vous devez joindre, vous le remettrez uniquement à des agents autorisés de l'un des points de contact énumérés au point 12).

10) Il ne vous est conféré aucune immunité par rapport aux fouilles effectuées par les services de douanes, de police et/ou d'immigration des différents pays dont vous traversez la frontière ; de ce fait, au cas où des agents demanderaient à connaître le contenu de l'envoi, vous leur montrez votre

certificat de courrier et la présente note et vous insistez pour les présenter au chef du service de douane, de police et/ou d'immigration en personne. Cette démarche devrait suffire à faire passer l'envoi sans qu'il soit ouvert. Toutefois, si le chef du service de douane, de police et/ou d'immigration demande à voir effectivement le contenu de l'envoi, vous pourrez ouvrir celui-ci, à condition que cela soit fait hors de la vue de tierces personnes.

Vous devez prendre la précaution de ne montrer à l'agent intéressé qu'une partie du contenu suffisante pour le convaincre que l'envoi ne contient aucun autre objet et vous lui demandez de refermer l'emballage ou de vous aider à le refermer immédiatement après achèvement de l'inspection.

Vous demandez au chef du service de douane, de police et/ou d'immigration de fournir la preuve de l'ouverture et de l'inspection des colis en y apposant sa signature et son cachet après fermeture et en confirmant au verso des listes inventaires que l'envoi a été ouvert.

S'il vous a été demandé d'ouvrir l'envoi dans les circonstances exposées ci-dessus, vous devez le faire savoir à l'officier de sécurité de l'organisme destinataire et à l'officier de sécurité de l'organisme expéditrice, qui en informeront les autorités de sécurité compétentes de leur gouvernement respectif (autorité nationale de sécurité/autorité de sécurité déléguée).

11) A votre retour, vous devez produire un récépissé de l'envoi, signé par l'officier de sécurité de l'organisme ayant reçu l'envoi ou par une autorité de sécurité compétente du gouvernement destinataire.

12) Au cours de votre itinéraire, vous contactez les autorités désignées ci-après pour leur demander assistance :

DÉCLARATION DU PORTEUR AUTORISÉ

Annexe au certificat de courrier n°

Je, soussigné(e) *[Nom, prénom, fonction]* :

employé(e) par *[Dénomination de l'organisme]* :

déclare que

l'officier de sécurité de :

m'a remis les notes concernant la manipulation et la garde des supports/matériels classifiés que je dois transporter. Je les ai lues et comprises.

Je conserverai à tout moment, durant le voyage, ces supports/matériels classifiés et n'ouvrirai pas le colis à moins d'en être requis par les autorités douanières.

A mon arrivée, je remettrai au dépositaire désigné, contre signature du récépissé, les supports/matériels classifiés destinés à l'organisme réceptionnaire.

A

Le

Officier de sécurité

(nom, prénom et signature)

Porteur

(nom, prénom et signature)

DESCRIPTIF DU TRANSPORT

Annexe au certificat de courrier n°

Transport effectué par (nom et prénom) :
Transported by (family name and given name)

Départ le :
Departure on (date)

Retour prévu le :
Planned return (date)

De (pays) :
From (country)

À (pays) :
To (country)

Via (pays traversés) :
Through (countries)

Arrêts autorisés (pays) :
Authorized stops (countries)

Références du bordereau d'envoi ou du récépissé
References of shipping docket or receipt

Coordonnées des autorités susceptibles d'être contactées en cas de besoin :
Officials you may contact to request assistance

Officier de sécurité
(Nom, prénom et signature)

Compte rendu à remplir et signer à la fin du voyage

Je déclare sur l'honneur que durant le voyage correspondant au présent descriptif, il ne s'est produit à ma connaissance aucun événement ou acte, de mon fait ou du fait d'autrui, de nature à compromettre la sécurité de l'envoi, à l'exception des éléments signalés ci-dessous, le cas échéant :

____

____

____

____

À
Le

Officier de sécurité
(nom, prénom et signature)

Porteur
(nom, prénom et signature)

LISTE INVENTAIRE

Annexe au certificat de courrier n°

□ Documents, niveau(x) :	□ *Secret*	□ *Très Secret*
□ Equipements, niveau(x) :	□ *Secret*	□ *Très Secret*
□ Composants, niveau(x) :	□ *Secret*	□ *Très Secret*

L'inventaire, inscrit au verso, a été approuvé par[207] :

Dans le cadre du projet/contrat :

Référence de l'autorisation[208] :

Toute inspection a été avalisée par[209] :

Dans le cadre du projet/contrat :

Référence de l'autorisation[210] :

À
Le

Officier de sécurité
(nom, prénom et signature)

Porteur
(nom, prénom et signature)

RÉCÉPISSÉ[211]

Date et heure de remise au destinataire :

Cachet, timbre ou sceau officiel de l'organisme destinataire

Nom et fonction du signataire

---

[207] Nom, prénom, fonction, organisme, adresse de l'organisme.
[208] Accordée par le directeur de programme au niveau *Très Secret.*
[209] Nom, prénom, fonction, organisme, adresse de l'organisme.
[210] Accordée par le directeur de programme au niveau *Très Secret.*
[211] Rayer si mention inutile. Nombre d'exemplaires :
- Procédure liste inventaire sans récépissé ;
- Procédure liste inventaire avec récépissé ;
- Archivage définitif : 1exemplaire officier de sécurité expéditeur (dernier exemplaire en retour).

INVENTAIRE

Annexe au certificat de courrier n°

Numéro d'ordre	Description précise des documents, équipements et/ou composants classifiés	Nombre d'exemplaires ou quantités	Nombre de pages par document y compris annexes	Nombre total de pages	Nombre de paquets
	Total :	Total :		Total :	

PARTIE RÉSERVÉE EN CAS D'INSPECTION DU OU DES COLIS

Visa et sceau du chef :

des douanes	
de la police	
des services de l'immigration	

ANNEXE 44

MODÈLE DE CERTIFICAT DE COURRIER MULTI-VOYAGES

Ministère :
Organisme :
Date et numéro d'enregistrement :

CERTIFICAT DE COURRIER MULTI-VOYAGES

pour le convoyage international par porteur autorisé de supports et/ou matériels classifiés

Multi-journey courier certificate
for international carriage of classified material and/or equipment

Nom du programme/projet :
Name of programme/project

Il est certifié que le porteur
This is to certify that the bearer

Madame/Monsieur (nom, prénom et titre) :
Ms/Mr (family name, first name and title)

Employé(e) par (organisme) :
Employed by (entity)

Né(e) le (jour/mois/année) : Pays :
Born on (day/month/year) *Country*

Nationalité :
Nationality

Titulaire du passeport ou de la carte d'identité n°
Holder of passport/identity card n°

Délivré(e) par (autorité) : Le (jour/mois/année) :
Issued by (issuing authority) *On (day/month/year)*

Est autorisé(e) à transporter des supports et/ou matériels classifiés (indiquer le n° des paquets, poids et dimensions de chaque colis) entre les pays suivants / *Is authorized to carry classified material and/or equipment (number, weight and dimensions of each package) between the following countries* :

Le porteur est autorisé à utiliser le présent certificat autant que de besoin, pour des transports de supports et/ou matériels classifiés entre les pays ci-dessus / *The bearer is authorized to use this certificate as many times as necessary, for the transport of classified material and/or equipment between the countries mentioned above*

jusqu'à (date de validité) :
until (validity date)

Officier de sécurité de l'organisme *Entity security officer* Date, cachet et signature/*Date, stamp and signature*	**Autorité nationale de sécurité ou autorité de sécurité déléguée** *National Security Authority or Designed Security Authority* Date, cachet et signature/*Date, stamp and signature*

L'attention des autorités des douanes, de police ou des services d'immigration est attirée sur les points indiqués au dos de ce certificat. /*The attention of Customs, Police, and/or Immigration Officials is drawn to the points stated on the back of this certificate.*

Annexe au certificat de courrier multi-voyages n°

L'attention des autorités des douanes, de police et/ou des services d'immigration est attirée sur les points suivants / *The attention of Customs, Police, and/or Immigration Officials is drawn to the following* :

— Le contenu de cet envoi est classifié dans l'intérêt de la sécurité nationale des pays cités ci-dessus / *The content of this consignment is classified in the interests of national security of the countries mentioned above* ;

— Il est demandé que l'envoi ne soit inspecté que par des personnes dûment autorisées ou titulaires d'une autorisation spéciale / *It is requested that the consignment not be inspected other than by properly authorized persons or those with special permission* ;

— Si une inspection est jugée nécessaire, il est demandé qu'elle soit effectuée dans une zone hors de vue des personnes qui n'ont pas une nécessité d'accès aux informations et en présence du porteur / *If an inspection is deemed necessary, it is requested that it be carried out in an area out of sight of persons who do not have a need-to-know and in the presence of the bearer* ;

— Il est demandé que le paquet, s'il a été ouvert pour inspection, soit muni, après avoir été refermé, de la preuve de cette ouverture, par signature et cachet et par annotation des documents d'expédition (s'il y en a) attestant l'ouverture de l'envoi / *It is requested that the package, if ope-*

ned for inspection, be reclosed and marked by sealing and signing it and by annotating the shipping documents (if any) that the consignment has been opened in order to show evidence of the opening ;

— Les fonctionnaires des douanes, de la police et/ou des services d'immigration des pays traversés, à l'entrée ou à la sortie, sont priés d'apporter leur assistance en cas de besoin afin que l'envoi soit amené à destination en toute sécurité / *Customs, Police, and/or Immigration officials of countries to be crossed, entered or exited are requested to give assistance if necessary to ensure the successful and secure delivery of the consignment.*

INSTRUCTIONS À L'ATTENTION DU PORTEUR AUTORISÉ

Annexe au certificat de courrier multi-voyages n°
Annexe à l'ordre de mission n°

Vous avez été désigné pour convoyer un support classifié. Un certificat de courrier vous a été délivré. Avant le début du voyage, vous êtes informé des règles de sécurité relatives au convoiement de supports classifiés et de vos obligations en matière de sécurité durant ledit voyage (comportement à adopter, itinéraire, horaire, etc.). Il vous est également demandé de signer une déclaration attestant que vous avez lu et compris les obligations relatives à la sécurité.

Votre attention est appelée sur les généralités suivantes :

1) Vous êtes responsable du convoyage décrit dans le certificat de courrier.

2) Tout au long du voyage, l'envoi classifié doit rester en votre possession ou sous votre surveillance directe.

3) L'envoi ne doit pas être ouvert en cours de route, sauf dans les circonstances exposées au paragraphe 10 ci-dessous.

4) Vous ne devez ni parler de cet envoi classifié, ni le montrer dans un lieu public.

5) Cet envoi classifié ne doit en aucun cas être laissé sans surveillance durant les arrêts nocturnes. Les organismes publics ou privés, ayant les habilitations et aptitudes appropriées, peuvent être utilisés. Dans ce domaine, vous êtes renseigné par l'officier de sécurité de votre organisme.

6) Durant le convoiement d'un envoi classifié, il vous est interdit de dévier du plan de voyage fourni.

7) En cas d'urgence, vous devez prendre les mesures que vous jugez nécessaires à la protection de l'envoi, mais en aucun cas vous ne devez permettre que l'envoi ne reste pas en votre possession ; à cette fin, vos instructions précisent comment entrer en rapport avec les organismes de sécurité des pays dans lesquels vous passez en transit (cf. 12)). Si ces précisions ne vous ont pas été fournies, demandez-les à l'officier de sécurité de votre organisme.

8) Il appartient, à vous-même et à l'officier de sécurité de votre organisme de vous assurer que les documents nécessaires à votre sortie du territoire et à votre voyage (passeport, certificats de change, carnet sanitaire, etc.) sont complets et en cours de validité.

9) Si des circonstances imprévues vous obligent à remettre l'envoi à des personnes autres que les représentants désignés de la société ou du gouvernement que vous devez joindre, vous le remettrez uniquement à des agents autorisés de l'un des points de contact énumérés au point 12).

10) Il ne vous est conféré aucune immunité par rapport aux fouilles effectuées par les services de douanes, de police et/ou d'immigration des différents pays dont vous traversez la frontière ; de ce fait, au cas où des agents demanderaient à connaître le contenu de l'envoi, vous leur montrez votre certificat de courrier et la présente note et vous insistez pour les présenter au chef du service de douane, de police et/ou d'immigration en personne. Cette démarche devrait suffire à faire passer l'envoi sans qu'il soit ouvert. Toutefois, si le chef du service de douane, de police et/ou d'immigration demande à voir effectivement le contenu de l'envoi, vous pourrez ouvrir celui-ci, à condition que cela soit fait hors de la vue de tierces personnes.

11) Vous devez prendre la précaution de ne montrer à l'agent intéressé qu'une partie du contenu suffisante pour le convaincre que l'envoi ne contient aucun autre objet et vous lui demandez de refermer l'emballage ou de vous aider à le refermer immédiatement après achèvement de l'inspection.

12) Vous demandez au chef du service de douane, de police et/ou d'immigration de fournir la preuve de l'ouverture et de l'inspection des colis en y apposant sa signature et son cachet après fermeture et en confirmant au verso des listes inventaires que l'envoi a été ouvert.

13) S'il vous a été demandé d'ouvrir l'envoi dans les circonstances exposées ci-dessus, vous devez le faire savoir à l'officier de sécurité de l'organisme destinataire et à l'officier de sécurité de l'organisme expéditrice, qui en informeront les autorités de sécurité compétentes de leur gouvernement respectif (autorité nationale de sécurité/autorité de sécurité déléguée).

14) A votre retour, vous devez produire un récépissé de l'envoi, signé par l'officier de sécurité de l'organisme ayant reçu l'envoi ou par une autorité de sécurité compétente du gouvernement destinataire.

15) Au cours de votre itinéraire, vous contactez les autorités désignées ci-après pour leur demander assistance :

DÉCLARATION DU PORTEUR AUTORISÉ

Annexe au certificat de courrier multi-voyages n°

Je, soussigné(e) *[Nom, prénom, fonction]* :

employé(e) par *[Dénomination de l'organisme]* :

déclare que

l'officier de sécurité de :

m'a remis les notes concernant la manipulation et la garde des supports/matériels classifiés que je dois transporter. Je les ai lues et comprises.

Je conserverai à tout moment, durant le voyage, ces supports/matériels classifiés et n'ouvrirai pas le colis à moins d'en être requis par les autorités douanières.

A mon arrivée, je remettrai au dépositaire désigné, contre signature du récépissé, les supports/matériels classifiés destinés à l'organisme réceptionnaire.

A

Le

Officier de sécurité (nom, prénom et signature)	Porteur (nom, prénom et signature)

DESCRIPTIF DU TRANSPORT

Annexe au certificat de courrier multi-voyages n°

Transport effectué par (nom et prénom) :
Transported by (family name and given name)

Départ le :
Departure on (date)

Retour prévu le :
Planned return (date)

De (pays) :
From (country)

À (pays) :
To (country)

Via (pays traversés) :
Through (countries)

Arrêts autorisés (pays) :
Authorized stops (countries)

Références du bordereau d'envoi ou du récépissé
References of shipping docket or receipt

Coordonnées des autorités susceptibles d'être contactées en cas de besoin :
Officials you may contact to request assistance

Officier de sécurité
(Nom, prénom, signature)

Compte rendu à remplir et signer à la fin du voyage

Je déclare sur l'honneur que durant le voyage correspondant au présent descriptif, il ne s'est produit à ma connaissance aucun événement ou acte, de mon fait ou du fait d'autrui, de nature à compromettre la sécurité de l'envoi, à l'exception des éléments signalés ci-dessous, le cas échéant

:

___

___

___

___

À
Le

Officier de sécurité
(nom, prénom et signature)

Porteur
(nom, prénom et signature)

LISTE INVENTAIRE

An nexe au certificat de courrier multi-voyages n°

□ Documents, niveau(x) :	□ *Secret*	□ *Très Secret*
□ Equipements, niveau(x) :	□ *Secret*	□ *Très Secret*
□ Composants, niveau(x) :	□ *Secret*	□ *Très Secret*

L'inventaire, inscrit au verso, a été approuvé par *[Nom, prénom, fonction, organisme, adresse de l'organisme]* :

Dans le cadre du projet/contrat :

Référence de l'autorisation *[Accordée par le directeur de programme au niveau Très Secret]* :

Toute inspection a été avalisée par *[Nom, prénom, fonction, organisme, adresse de l'organisme]* :

Dans le cadre du projet/contrat : Référence de l'autorisation *[Accordée par le directeur de programme au niveau Très Secret.]* :

A

Le

Officier de sécurité (nom, prénom et signature)	Porteur (nom, prénom et signature)

RÉCÉPISSÉ[218]

Date et heure de remise au destinataire :

Cachet, timbre ou sceau officiel de l'organisme destinataire	Nom et fonction du signataire

[218] Rayer si mention inutile. Nombre d'exemplaires :

- Procédure liste inventaire sans récépissé ;
- Procédure liste inventaire avec récépissé ;
- Archivage définitif : 1exemplaire officier de sécurité expéditeur (dernier exemplaire en retour).

INVENTAIRE

Annexe au certificat de courrier multi-voyages n°

Numéro d'ordre	Description précise des documents, équipements et/ou composants classifiés	Nombre d'exemplaires ou quantités	Nombre de pages par document y compris annexes	Nombre total de pages	Nombre de paquets
	Total :	Total :		Total :	

PARTIE RÉSERVÉE EN CAS D'INSPECTION DU OU DES COLIS

Visa et sceau du chef :

des douanes	
de la police	
des services de l'immigration	

ANNEXE 45

Modèle de procès-verbal de destruction de supports classifiés *Secret* ou *Très Secret*

Ministère :
Organisme :
Date et numéro d'enregistrement :

PROCÈS-VERBAL DE DESTRUCTION DE SUPPORTS CLASSIFIÉS *SECRET* OU *TRÈS SECRET*

Date et lieu de la destruction :
Référence de l'ordre de destruction :
Nom, grade, fonction du détenteur responsable :

Référence du support *[Les références doivent être portées sur le procès-verbal de telle manière qu'il soit impossible de les modifier ou de les compléter ultérieurement, ajoutant par exemple, entre deux mentions, les références d'un autre document ou support]*	Date	Catégorie (éventuellement)	Numéro d'exemplaire	Numéro de copie

Nom, fonction et signature du témoin (Uniquement pour la destruction d'un support Très Secret)

Nom, fonction, signature du détenteur responsable et cachet de l'organisme

Copie à *[Autorité ayant donné l'ordre de destruction]*

ANNEXE 46

MODÈLE D'INVENTAIRE DES SUPPORTS CLASSIFIÉS

Cote : [À renseigner par le service d'archives].

INVENTAIRE DES SUPPORTS CLASSIFIÉS CONTENUS DANS LA PRÉSENTE ENVELOPPE

Numéro d'ordre [à reporter sur le support inventorié]	Nom du service ayant procédé à la classification ou de l'auteur du support classifié	Numéro d'enregis-trement	Date d'émission	Titre ou objet du document	Niveau de classification	Date d'échéance de la classification
1						
2						
3						
4						
5						

Décret n° 2021-1362 du 20 octobre 2021,

Relatif à la conservation des données permettant d'identifier toute personne ayant contribué à la création d'un contenu mis en ligne, pris en application du II de l'article 6 de la loi n° 2004-575 du 21 juin 2004 pour la confiance dans l'économie numérique.

V. CPCE, art. L. 39-3 et R. 10-13, supra.

Art. 1er Le présent décret précise les obligations de conservation de données qui, en vertu du II de l'article 6 de la loi du 21 juin 2004 susvisée, incombent aux personnes mentionnées aux 1 et 2 du I du même article, dans les conditions prévues aux II *bis*, III et III *bis* de l'article L. 34-1 du code des postes et communications électroniques.

Art. 2 Les informations relatives à l'identité civile de l'utilisateur, au sens du 1° du II *bis* de l'article L. 34-1 du code des postes et des communications électroniques, que les personnes mentionnées à l'article 1er sont tenues de conserver jusqu'à l'expiration d'un délai de cinq ans à compter de la fin de validité du contrat de l'utilisateur, sont les suivantes :

1° Les nom et prénom, la date et le lieu de naissance ou la raison sociale, ainsi que les nom et prénom, date et lieu de naissance de la personne agissant en son nom lorsque le compte est ouvert au nom d'une personne morale ;

2° La ou les adresses postales associées ;

3° La ou les adresses de courrier électronique de l'utilisateur et du ou des comptes associés le cas échéant ;

4° Le ou les numéros de téléphone.

Art. 3 Les autres informations fournies par l'utilisateur lors de la souscription d'un contrat ou de la création d'un compte, mentionnées au 2° du II *bis* de l'article L. 34-1 du code des postes et des communications électroniques, que les personnes mentionnées à l'article 1er sont tenues de conserver jusqu'à l'expiration d'un délai d'un an à compter

de la fin de validité du contrat de l'utilisateur ou de la clôture de son compte, sont les suivantes :

1° L'identifiant utilisé ;

2° Le ou les pseudonymes utilisés ;

3° Les données destinées à permettre à l'utilisateur de vérifier son mot de passe ou de le modifier, le cas échéant par l'intermédiaire d'un double système d'identification de l'utilisateur, dans leur dernière version mise à jour.

Art. 4 Les informations relatives au paiement, mentionnées au 2° du II bis de l'article L. 34-1 du code des postes et des communications électroniques, que les personnes mentionnées à l'article 1er sont tenues de conserver, pour chaque opération de paiement, jusqu'à l'expiration d'un délai d'un an à compter de la fin de validité du contrat de l'utilisateur ou de la clôture de son compte, sont les suivantes :

1° Le type de paiement utilisé ;

2° La référence du paiement ;

3° Le montant ;

4° La date, l'heure et le lieu en cas de transaction physique.

Art. 5 Les données techniques permettant d'identifier la source de la connexion ou celles relatives aux équipements terminaux utilisés, mentionnées au 3° du II *bis* de l'article L. 34-1 du code des postes et des communications électroniques, que les personnes mentionnées à l'article 1er sont tenues de conserver jusqu'à l'expiration d'un délai d'un an à compter de la connexion ou de l'utilisation des équipements terminaux, sont les suivantes :

1° Pour les personnes mentionnées au 1 du I de l'article 6 de la loi du 21 juin 2004 susvisée et pour chaque connexion de leurs abonnés :

a) L'identifiant de la connexion ;

b) L'identifiant attribué par ces personnes à l'abonné ;

c) L'adresse IP attribuée à la source de la connexion et le port associé ;

2° Pour les personnes mentionnées au 2 du I de l'article 6 de la loi du 21 juin 2004 susvisée et pour chaque opération de création d'un contenu telle que définie à l'article 6 :

a) L'identifiant de la connexion à l'origine de la communication ;

b) Les types de protocoles utilisés pour la connexion au service et pour le transfert des contenus.

Le délai mentionné au premier alinéa du présent article court à compter du jour de la connexion ou de la création d'un contenu, pour chaque opération contribuant à cette création.

Art. 6 Les catégories de données de trafic et de localisation mentionnées au III de l'article L. 34-1 du code des postes et des communications électroniques, que les personnes mentionnées à l'article 1er sont tenues de conserver pour une durée d'un an en cas d'injonction du Premier ministre, sont les suivantes :

1° Pour les personnes mentionnées au 1 du I de l'article 6 de la loi du 21 juin 2004 susvisée et pour chaque connexion de leurs abonnés :

a) Les dates et heure de début et de fin de la connexion ;

b) Les caractéristiques de la ligne de l'abonné ;

2° Pour les personnes mentionnées au 2 du I de l'article 6 de la loi du 21 juin 2004 susvisée et pour chaque opération de création d'un contenu :

a) L'identifiant attribué par le système d'information au contenu, objet de l'opération ;

b) La nature de l'opération ;

c) Les date et heure de l'opération ;

d) L'identifiant utilisé par l'auteur de l'opération lorsque celui-ci l'a fourni.

Le délai mentionné au premier alinéa du présent article court à compter du jour de la connexion ou de la création d'un contenu, pour chaque opération contribuant à cette création.

Art. 7 La contribution à une création de contenu mentionnée au dernier alinéa des articles 5 et 6 du présent décret comprend les opérations portant sur :

1° Des créations initiales de contenus ;

2° Des modifications des contenus et de données liées aux contenus ;

3° Des suppressions de contenus.

Art. 8 Les données mentionnées aux articles 2 à 6 ne doivent être conservées que dans la mesure où elles sont collectées par les personnes mentionnées aux 1 et 2 du I de l'article 6 de la loi du 21 juin 2004 susvisée lorsqu'elles assurent la mise en œuvre des services de communication au public en ligne.

Art. 12 Les dispositions du présent décret sont applicables en Nouvelle-Calédonie, en Polynésie française et à Wallis-et-Futuna.

B Agence nationale de la sécurité des systèmes d'information (ANSSI)

Recommandations ANSSI du 9 octobre 2014,

De sécurité concernant l'analyse des flux HTTPS.

1 Préambule

Le protocole HTTPS correspond à la déclinaison sécurisée de HTTP encapsulé à l'aide d'un protocole de niveau inférieur nommé TLS *[Transport Layer Security]* (anciennement SSL *[Secure Socket Layer]*). Ce protocole est conçu pour protéger en confidentialité et en intégrité des communications de bout en bout (entre un client et un serveur). Il apporte également des fonctions d'authentification du serveur, mais aussi optionnellement du client.

La protection de bout en bout qu'apporte TLS est *a priori* incompatible avec d'autres exigences de sécurité complémentaires visant à inspecter le contenu des échanges. L'analyse d'un contenu (web par exemple) sécurisé à l'aide de TLS, peut toutefois se justifier afin de s'assurer que les données provenant d'un réseau non maîtrisé (Internet par exemple) ne représentent pas une menace pour le système d'information interne. Les architectures visant à déchiffrer les flux TLS, pour permettre leur analyse, "tordent" donc le modèle pour lequel ce protocole est conçu.

Pour pouvoir mettre en œuvre le déchiffrement de flux TLS de façon maîtrisée, il est nécessaire de disposer, entre autres, d'un niveau de connaissance suffisant dans les deux domaines spécifiques et évolutifs que sont les IGC *[Infrastructure de Gestion de Clés]* et la cryptographie. **Quel que soit le contexte, la mise en place de mécanismes de déchiffrement HTTPS présente des risques dans la mesure où cette opération entraîne la rupture d'un canal sécurisé et expose des données en clair au niveau de l'équipement en charge de l'opération. Lorsqu'un tel déchiffrement est nécessaire, sa mise en œuvre doit s'accompagner de beaucoup de précautions et se faire uniquement après validation de la direction des systèmes d'information voire d'une autorité de niveau supérieur.**

Cette note présente donc les recommandations d'ordre technique à suivre lorsque l'analyse des flux HTTPS échangés entre un système d'information maîtrisé et des réseaux externes est indispensable. Deux scénarios sont présentés. Le premier, en théorie plus rare, détaille le cas où les flux HTTPS sont déchiffrés après avoir été initiés par des clients présents sur le système d'information en direction des sites web externes. Le second, plus fréquent, présente le cas où des clients externes souhaitent se connecter à l'aide du protocole HTTPS à des sites web hébergés au sein d'un système d'information maîtrisé. Ce document n'a pas pour objectif de décrire à nouveau en détail le fonctionnement du protocole TLS ; la publication intitulée "SSL/TLS : état des lieux et recommandations" disponible sur le site de l'ANSSI *[http://www.ssi.gouv.fr/IMG/pdf/SSL_TLS_etat_des_lieux_et_recommandations.pdf]* présente ce protocole et les problématiques associées. Par contre, certains aspects juridiques relatifs au déchiffrement de flux HTTPS sont abordés à la fin de ce document.

2 Généralités

2.1 *Rappels sur TLS*

Voici un résumé de la séquence permettant l'établissement d'un tunnel TLS. Ce schéma illustre un cas classique *[C'est-à-dire sans authentification du client, et en utilisant un mécanisme d'échange de clés par chiffrement RSA]* ; il a pour principal objectif de faire apparaître les éléments nécessaires à la compréhension de ce document.

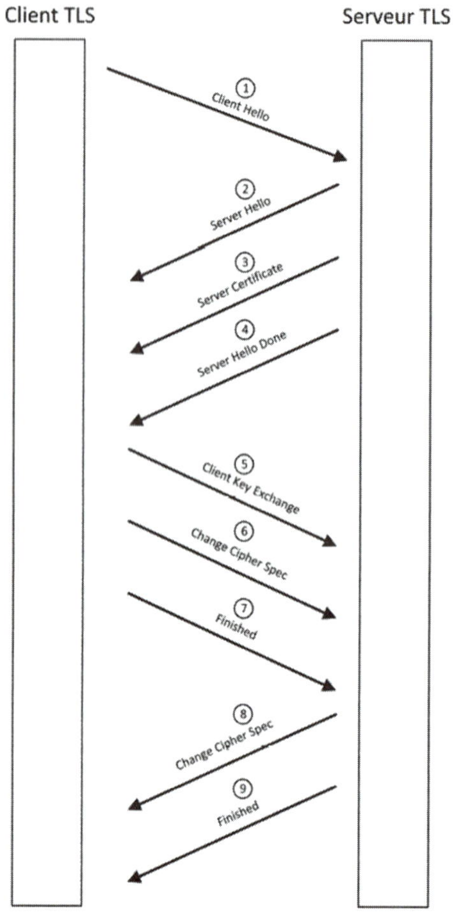

FIGURE 1 – Établissement d'une session TLS

Détail des échanges :

1. le client initie une requête en direction du serveur en envoyant un message de type *Client Hello*. Ce message contient en particulier les éléments suivants :

– les suites cryptographiques (*ciphersuite*) supportées par le client ;

– la version la plus élevée de SSL/TLS qu'il supporte ;
– les algorithmes de compression qu'il supporte ;
– optionnellement, les informations relatives aux extensions qu'il utilise *[Par ex. SNI (Server Name Indication)]*.

2. le serveur répond par un message de type *Server Hello*. Ce message contient en particulier les éléments suivants :
– la suite cryptographique sélectionnée par le serveur parmi celles qu'il supporte et celles proposées par le client ;
– l'algorithme de compression sélectionné par le serveur parmi ceux qu'il supporte et ceux proposés par le client ;
– les informations relatives aux extensions utilisées par le client (acceptation ou non de ces extensions).

3. le serveur envoie ensuite un message de type *Server Certificate* au client en lui fournissant son certificat au format *X.509* (contenant sa clé publique) pour que celui-ci puisse l'authentifier ;

4. le serveur envoie un message de type *Server Hello Done* pour signifier au client qu'il a terminé cette première séquence et qu'il est en attente d'une réponse de sa part ;

5. après avoir validé le certificat du serveur, le client répond par un message de type *Client Key Exchange* ; celui-ci contient le *Pre-master Secret* chiffré à l'aide de la clé publique du serveur. Ce secret sera utilisé par les deux parties pour générer le *Master Secret* qui permet d'obtenir par dérivation les clés de session utilisées pour sécuriser les données échangées après l'établissement du tunnel TLS ;

6. le client poursuit par l'envoi d'un message de type *Change Cipher Spec* chiffré à l'aide de l'algorithme de chiffrement symétrique négocié précédemment. Ce message indique que les données que le client transmettra par la suite au serveur seront également chiffrées ;

7. le client termine par un message de type *Finished* ;

8. le serveur répond par l'envoi d'un message de type *Change Cipher Spec* chiffré à l'aide de l'algorithme de chiffrement symétrique négocié précédemment. Ce message indique que les données que le serveur transmettra par la suite au client seront également chiffrées ;

9. le serveur termine par un message de type *Finished*.

A la suite de cette séquence, le trafic échangé entre le client et le serveur sera protégé à l'aide du protocole TLS configuré en fonction des paramètres définis au cours de la séquence de négociation.

Attention : La séquence d'établissement présentée pose problème car la confidentialité des clés de session utilisées pour protéger les communications TLS dépend de la clé privée du serveur TLS. En effet, si cette dernière est compromise par un attaquant, qui aurait également capturé le trafic TLS, il sera en mesure d'obtenir le *Pre-master Secret, le Master Secret* ainsi que l'ensemble des clés de session. Pour éviter ce problème, le mécanisme d'échange de clés utilisé lors de l'établissement de la session TLS doit permettre la *PFS* (*Perfect Forward Secrecy*). Cette propriété permet de générer des clés de session sans que la confidentialité de celles-ci ne dépende de la clé privée du serveur, cette dernière n'est alors utilisée que pour authentifier le serveur vis-à-vis des clients. Dans cette configuration, la compromission de la clé privée du serveur ne permet donc pas le déchiffrement de sessions TLS enregistrées au préalable, mais la clé peut néanmoins être utilisée pour usurper l'identité du serveur (attaque active dite de "l'homme du milieu") dans le but de déchiffrer le trafic futur. Les suites cryptographiques qui permettent la *PFS* reposent sur un échange de clés de type Diffie-Hellman éphémère (DHE ou ECDHE figure dans le nom de la suite au format IANA *[Internet Assigned Numbers Authority]*) et utilisent un autre algorithme de signature (RSA par exemple) pour réaliser l'authentification des parties.

2.2 *Implémentation de TLS*

Les applicatifs TLS (clients et serveurs) sont généralement développés à partir de bibliothèques TLS existantes. Certaines implémentations comme OpenSSL et NSS sont libres alors que d'autres sont propriétaires. La bibliothèque Schannel, par exemple, est

développée par Microsoft. Lorsqu'une vulnérabilité est détectée dans une bibliothèque, celle-ci affecte l'ensemble des applications basées sur une des versions vulnérables du composant. La présence d'une vulnérabilité au sein d'une bibliothèque TLS peut ainsi avoir des conséquences extrêmement importantes en termes de sécurité. Cela peut conduire à l'affaiblissement du niveau de protection qu'apporte TLS (divulgation d'informations, perte d'intégrité, usurpation d'identité).

> **R1**
> Il est impératif d'appliquer rapidement les correctifs de sécurité associés à une bibliothèque ou à un applicatif TLS dès lors qu'ils corrigent des vulnérabilités jugées importantes.

2.3 *Référentiel Général de Sécurité*

Le Référentiel Général de Sécurité (RGS), disponible sur le site de l'ANSSI *[http://www.ssi.gouv.fr/fr/reglementation-ssi/referentiel-general-de-securite/]* définit les règles à respecter concernant la sécurisation des échanges électroniques entre les usagers et les autorités administratives et entre autorités administratives. Au-delà de son périmètre d'applicabilité strict, le RGS fournit des recommandations et des métriques qui font référence et qui sont utilisables dans un contexte plus large. Deux annexes composant le RGS sont particulièrement pertinentes lorsqu'il s'agit de mettre en œuvre TLS :

– l'annexe B1 *[http://www.ssi.gouv.fr/IMG/pdf/RGS_v-2-0_B1.pdf]* précise les règles et les recommandations à respecter lorsque des mécanismes cryptographiques sont employés ;

– l'annexe A4 *[http://www.ssi.gouv.fr/IMG/pdf/RGS_v-2-0_A4.pdf]* rassemble les règles relatives aux formats de certificats.

2.4 *Protection des clés privées*

Une mise en œuvre sécurisée de TLS requiert l'emploi d'au moins un bi-clé côté serveur ; celui-ci est composée d'un couple certificat/clé privée. Le niveau de sécurité d'un canal TLS dépend donc en partie des mesures de protection qui sont appliquées à la clé privée par l'équipement qui l'héberge. Si cette clé était compromise par une personne mal intentionnée, celle-ci pourrait être en mesure de déchiffrer des échanges enregistrés avant le vol de la clé (si la PFS n'est pas activée) ou d'usurper l'identité du serveur légitime après le vol. Il est donc primordial de mettre en place des mécanismes de protection logiciels ou matériels au niveau des équipements qui hébergent les bi-clés.

> **R2**
> Les clés privées associées aux certificats doivent être correctement protégées.

La solution la plus sécurisée consiste à stocker les données cryptographiques dans un composant matériel de type *HSM* *[Hardware Security Module. La liste des HSM certifiés par l'ANSSI est disponible à l'adresse : http://www.ssi.gouv.fr/fr/produits-et-prestataires/]* pouvant dialoguer de façon sécurisée (à l'aide de l'API PKCS#11 par exemple) avec l'équipement qui termine les tunnels TLS.

2.5 *Validité des certificats*

L'acceptation de certificats invalides (date de validité échue, certificat révoqué, etc.) est un problème de sécurité ouvrant la voie à des attaques pouvant compromettre la sécurité des communications.

> **R3**
> Quel que soit le contexte de mise en œuvre de TLS, des mécanismes de vérification automatiques doivent être mis en place afin de s'assurer que les certificats employés sont bien valides.

Voici un aperçu des deux principaux mécanismes de vérification automatiques de révocation :

– *CRL [Certificate Revocation List ou "liste de révocation de certificats"]* : une CRL est un fichier contenant la liste des certificats révoqués par une autorité de certification (ou AC). Le maintien en ligne d'une *CRL* à jour fait partie des fonctions que doit assurer une IGC. L'emplacement de la *CRL* associée à une AC doit être renseigné dans le champ *CRLDP [CRL Distribution Point ou "point de distribution de la CRL"]* de chaque certificat émis par cette AC ;

– *OCSP [Online Certificate Status Protocol ou "protocole de vérification en ligne de certificat"]* : le protocole *OCSP* fonctionne en mode client-serveur. Il permet à un client de vérifier en ligne la validité d'un certificat en interrogeant des serveurs *OCSP* (appelés "répondeurs"). Si une IGC met à disposition un service *OCSP*, l'emplacement des répondeurs associés doit être renseigné dans le champ AIA *[Authority Information Access ou "accès aux informations de l'autorité"]* de chaque certificat émis par l'AC.

D'autres solutions plus récentes existent, elles visent essentiellement à améliorer l'efficacité de ces deux mécanismes, c'est le cas notamment de *OCSP Stapling [Littéralement "agrafage OCSP"]* ou de *CRLSets* (initiative de Google).

3 Traitement des flux HTTPS sortants

Cette section a pour objectif de présenter les possibilités de traitement des flux HTTPS dont les requêtes sont initiées à partir de clients se trouvant sur un système d'information maîtrisé et qui sont destinées à établir un canal sécurisé avec des serveurs web externes (situés sur Internet par exemple).

3.1 *Architecture*

L'usage de serveurs mandataires (ou proxy) HTTP est une bonne pratique d'architecture permettant de s'assurer que l'ensemble des clients d'un système d'information passent par un point de contrôle unique pour pouvoir accéder à des sites web hébergés sur d'autres réseaux. C'est généralement au niveau de ce type d'équipement que sont analysés les flux HTTPS sortants, si la solution de proxy employée dispose des fonctionnalités permettant l'analyse de ce type de flux. Un proxy web peut être positionné de plusieurs façons vis-à-vis de ses clients ; la description des architectures les plus répandues dépasse le cadre de ce document.

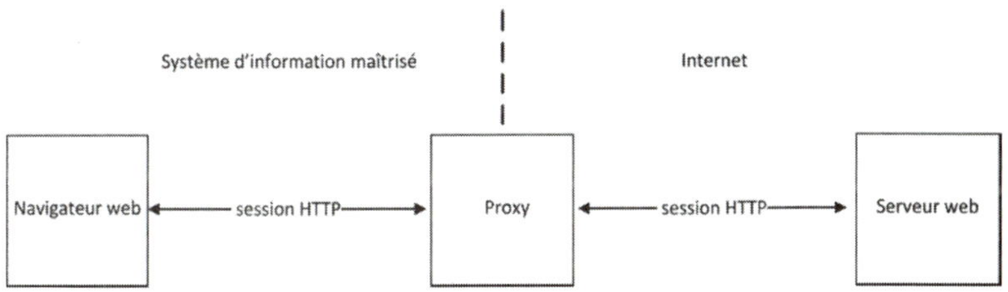

FIGURE 2 – Schéma général d'un proxy HTTP

3.2 *Traitement des flux HTTPS par déchiffrement*

Ce paragaphe détaille le cas où le proxy est en mesure de disposer du trafic en clair échangé entre le client et le serveur web cible. Cela est possible lorsque le proxy peut "duper" le client en interceptant la connexion TLS qu'il initie en direction du serveur web cible. Le proxy doit pour cela intégrer un serveur TLS pour pouvoir être le point de terminaison des sessions HTTPS. Le proxy joue ensuite le rôle de client vis-à-vis du serveur cible avec lequel il établit un autre tunnel TLS pour sécuriser les échanges qui transitent sur Internet. Ce double rôle permet ainsi au proxy de disposer du trafic HTTP non chiffré entre les deux tunnels TLS établis.

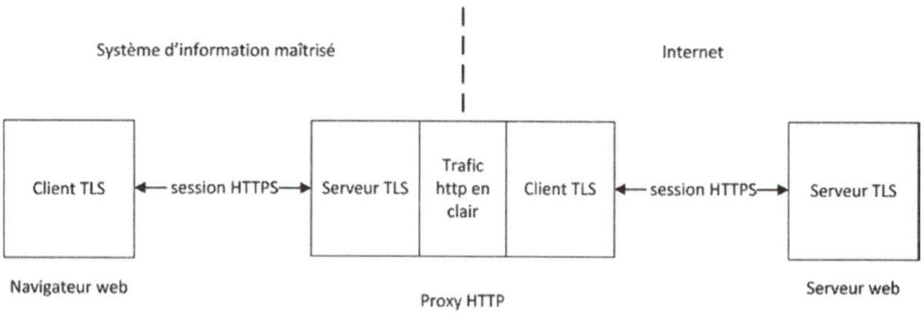

FIGURE 3 – Traitement des flux HTTPS sortants par déchiffrement

Le proxy jouant le rôle de serveur TLS pour les clients, il doit s'authentifier auprès de ces derniers en leur présentant un certificat valide lorsqu'ils initient une connexion HTTPS. Le serveur web cible devra de la même façon s'authentifier auprès du proxy en lui présentant son propre certificat. Une fois les deux tunnels TLS établis, le proxy relaie au serveur cible les demandes qu'il reçoit de ses clients. Le déchiffrement HTTPS déporte ainsi au niveau du client TLS intégré au proxy les vérifications des éléments transmis par le serveur externe (certificat, paramètres TLS, etc.) nécessaires à l'établissement du tunnel TLS.

3.2.1 *Les enjeux du déchiffrement*

Avant de mettre en place des mécanismes de déchiffrement au niveau d'un proxy web, il est nécessaire de bien comprendre les avantages, les inconvénients et les problématiques que cela induit.

La possibilité de disposer du trafic HTTP en clair au niveau d'un proxy web procure plusieurs avantages :

– il est possible d'analyser le trafic HTTP afin de protéger le client de menaces émanant du serveur web cible : contenus inappropriés, fichiers malveillants, etc. ;

– il est possible de contrôler le contenu des données échangées entre le client et le serveur afin de s'assurer que les flux HTTPS ne sont pas utilisés pour faire sortir du système d'information des données confidentielles. L'analyse doit être réalisée en limitant autant que possible l'exposition des données à caractère personnel des clients (se reporter au § 3.2.2.3) ;

– il est possible d'appliquer la même politique de journalisation que celle mise en œuvre pour les flux HTTP non sécurisés. La journalisation doit être réalisée en accord avec le respect de la vie privée des clients (se reporter au § 3.2.2.3) ;

– le proxy a la possibilité de mettre en cache du contenu qu'il peut resservir à plusieurs clients qui souhaitent accéder au même serveur cible.

Cependant, le déchiffrement présente plusieurs inconvénients :

– des données normalement chiffrées sont présentes en clair au niveau du proxy. Si ce dernier est compromis, des informations sensibles peuvent être exposées ;

– l'authentification du client à l'aide d'un certificat n'est plus possible auprès d'un site web qui requerrait ce mode d'authentification. En effet, le proxy étant placé en coupure, le client ne dialogue pas directement en TLS avec le site web ; il ne reçoit donc pas les demandes d'authentification par certificat formulées par ce dernier. Les sites qui requièrent une authentification par certificat doivent donc être placés dans une liste blanche pour laquelle le déchiffrement n'est pas effectué ;

– le niveau de sécurité du tunnel TLS établi sur Internet avec le serveur cible ne dépend plus du navigateur web du client. Celui-ci n'est donc pas en mesure de connaître les risques qu'il prend (validité du certificat serveur, suite cryptographique employée, version de TLS, utilisation de la *PFS*, etc.). La sécurisation des tunnels TLS établis avec le monde extérieur repose uniquement sur les possibilités offertes par le proxy en tant que client, celui-ci étant potentiellement plus laxiste au niveau TLS que les navigateurs web les plus récents ;

– une AC interne doit être employée pour générer les certificats que le proxy présente à ses clients (se reporter au § 3.2.1.1).

En résumé, si le déchiffrement des flux HTTPS permet un meilleur contrôle des données échangées entre un système d'information et le monde extérieur, ce processus complexifie l'architecture d'accès à Internet et déporte la sécurisation du canal de communication avec l'extérieur sur le proxy. Ce type d'équipement devient ainsi très critique. Sa mise en œuvre doit donc être réalisée en respectant les recommandations mentionnées dans la suite de ce document.

3.2.1.1 *Génération des certificats*

Les certificats présentés par le proxy pour s'authentifier auprès de ses clients sont particuliers. En effet, ils sont générés spécifiquement pour les besoins de déchiffrement et doivent être valides vis-à-vis des clients pour que l'opération soit transparente. Même si ces certificats respectent les règles présentées ci-dessous ainsi que les recommandations édictées par le RGS, leur existence même est incompatible avec ce référentiel dans la mesure où ils sont générés pour usurper l'identité de sites web appartenant à des tiers.

Plusieurs contraintes doivent être respectées lors de la génération de ces certificats.

R4
Seule une AC non publique (dont la confiance n'est pas reconnue au delà du système d'information) doit être utilisée pour signer les certificats que le proxy présente à ses clients.

Si cette règle n'est pas respectée, cela peut conduire à la génération de certificats valides publiquement (hors du système d'information) mais qui ne sont pas légitimes vis-à-vis des sites web auxquels ils sont associés. Le vol des clés privées associées à ces certificats pourrait permettre à une personne mal intentionnée de déchiffrer le trafic HTTPS de clients présents sur Internet sans que ceux-ci ne puissent s'en apercevoir (puisque leur navigateur validerait le certificat sans provoquer d'erreur). Afin de détecter ces certificats "illégitimes", les versions récentes des navigateurs (les plus répandus) implémentent des fonctionnalités spécifiques permettant des vérifications avancées. Chrome et Firefox intègrent le *Certificate Pinning* *[Littéralement : "épinglage de certificats". Cette fonctionnalité est décrite dans une RFC (brouillon) : http://tools.ietf.org/html/draft-ietf-websec-key-pinning]*. Internet Explorer dispose de *SmartScreen Filter* *[C'est à partir de la version 11 d'Internet Explorer que SmartScreen Filter vérifie les informations présentes dans les certificats. Pour plus d'informations : http://blogs.technet.com/b/pki/ (publication du 21 février 2014)]*. Ces fonctionnalités permettent de vérifier que le certificat présenté par un site web est signé par l'AC publique qu'il a déclarée comme étant celle légitime pour signer son certificat. Si l'AC qui a signé le certificat présenté au client par le site web ne correspond pas à celle dont le navigateur a connaissance pour ce site web, le navigateur peut alerter l'utilisateur, voire lui interdire l'accès au site (possibilité d'attaque active dite de "l'homme du milieu"). L'alerte peut même être remontée automatiquement à la société qui édite le navigateur afin que celle-ci soit informée du mauvais usage d'une AC dont la confiance est reconnue publiquement.

Les fonctionnalités de *Certificate Pinning/SmartScreen Filter* n'interdisent cependant pas l'usage d'AC internes (dont la confiance n'est pas reconnue publiquement) pour signer des certificats associés à des sites web publics. Cette pratique est considérée comme un cas d'usage "légitime" de déchiffrement des flux HTTPS : en effet, la configuration des postes clients est obligatoire pour que le déchiffrement puisse s'effectuer sans que les navigateurs web ne lèvent d'alerte de sécurité.

A noter qu'il existe d'autres mécanismes permettant à certains navigateurs de vérifier la légitimité des certificats serveurs, c'est par exemple le cas du projet Certificate Transparency *[http://www.certificate-transparency.org]* initié par Google.

R5
La chaîne de confiance associée au certificat de l'AC interne qui a signé les certificats présentés par le proxy à ses clients doit être placée dans le magasin des autorités de confiance utilisé par le navigateur des clients. La confiance accordée à cette chaîne par le navigateur doit être limitée à l'authentification des sites web (si l'AC interne n'est utilisée que pour signer des certificats serveurs).

La présence de cette chaîne dans ce magasin va permettre au client de vérifier que le certificat que lui présente le proxy est signé par une AC dont la confiance est garantie au préalable. Si le navigateur n'est pas en mesure d'effectuer cette vérification, celui-ci affichera au client une alerte de sécurité lorsqu'il tentera de se connecter au site web cible. Le message indiquera à l'utilisateur que le certificat présenté est signé par une AC inconnue. Si celui-ci choisit malgré tout d'accorder sa confiance à cette autorité et se connecte au site web il prend un risque important (déchiffrement du trafic par un tiers à son insu).

Pour assurer un fonctionnement transparent et sans alerte, la chaîne de confiance associée à l'AC interne doit donc être placée au préalable dans le magasin de certificats par une personne disposant des droits d'administration sur l'application cliente ou le système.

Cas des *EV Certificates* *[Extented Validation Certificate : littéralement "certificat à validation étendue"]* : L'utilisation d'une AC interne pour signer les certificats de sites web publics pose problème au niveau du navigateur du client lorsque celui-ci accède à des sites qui disposent normalement de certificats de type *Extented Validation Certificate* (ou *EV Certificate*). Pour rappel, ce type de certificat, d'un niveau de confiance élevé, peut être délivré par une AC uniquement si elle respecte une procédure précise *[Procédure intitulée "EV SSL Certificate Guidelines" publiée par le CA/Browser Forum : https://cabforum.org/extended-validation/]*. Une entité qui fait une demande d'*EV Certificate* à une AC autorisée à en délivrer doit par exemple apporter la preuve de son existence physique et légale. Lorsqu'un navigateur accède à un site qui lui présente un *EV Certificate* sa barre d'adresse se teinte en vert ; celle-ci peut également afficher (en fonction des navigateurs) des informations relatives à l'entité qui détient l'*EV certificate*. Cela permet d'indiquer à l'utilisateur qu'il accède à un site web qui dispose d'un niveau de confiance important ; c'est-à-dire qui présente un certificat qui a été signé par une AC spécifique qui dispose du droit de signer des *EV Certificates*. Les versions récentes des navigateurs sont en mesure d'effectuer cette vérification car ils embarquent directement dans leur code source, de façon statique, les informations relatives aux AC publiques qui ont l'autorisation d'émettre des *EV Certificates* *[Internet Explorer est le seul navigateur qui permet de passer outre la liste des autorités reconnues publiquement aptes à délivrer des EV Certificate. Il permet à l'administrateur d'ajouter des AC internes comme étant légitimes pour émettre des EV Certificate. Pour plus d'informations : http://technet.microsoft.com/en-us/library/dd759060.aspx]*. Lorsqu'un proxy déchiffre les flux HTTPS, il présente à l'utilisateur un certificat signé par une AC interne qui n'est pas reconnue par le navigateur comme étant une autorité en mesure de délivrer des *EV Certificate*. Le certificat présenté est bien valide, le navigateur n'affiche pas d'alerte de sécurité, mais il ne teinte pas sa barre d'adresse en vert. L'utilisateur est ainsi privé d'indications visuelles prévues à l'origine pour renforcer le crédit qu'il accorde à certains sites web.

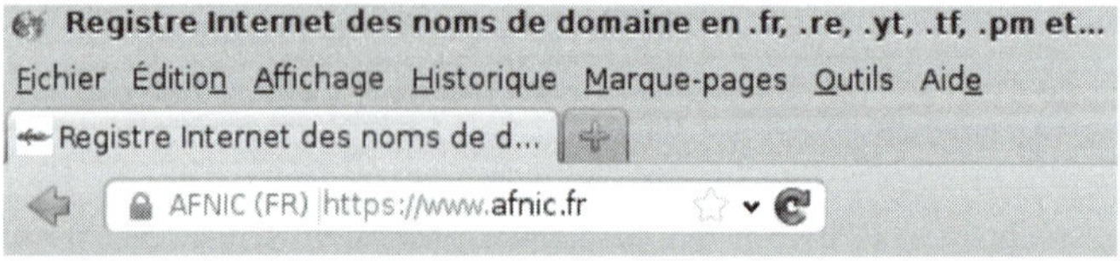

FIGURE 4 – Barre d'adresse du navigateur Firefox lorsqu'un *EV Certificate* lui est présenté.

3.2.1.2 *Impact sur les performances*

Les opérations cryptographiques réalisées par le proxy pour déchiffrer le trafic HTTPS sont coûteuses en ressources. L'équipement qui porte la fonction proxy doit donc être dimensionné correctement pour pouvoir supporter les tunnels TLS de l'ensemble des clients pour lesquels le trafic HTTPS est déchiffré (en partie ou en totalité).

3.2.2 *Bonnes pratiques*

3.2.2.1 *Génération des certificats*

Voici quelques recommandations concernant la génération des certificats présentés par le proxy à ses clients :

R6
Une AC intermédiaire interne (sous-AC) doit être dédiée à la signature des certificats présentés par le proxy à ses clients.

R7
Si la solution de proxy intégre nativement une AC (pré-configurée en amont par l'éditeur ou initialisée à l'installation), celle-ci ne doit pas être utilisée pour signer de certificats. L'usage de ce type d'AC présente des risques : autorité identique sur différents équipements, utilisation de gabarits non appropriés, etc.

R8
Les clés privées associées aux certificats présentés par le proxy à ses clients doivent être protégées par des mécanismes adaptés (se reporter au § 2.4).

R9
Les certificats présentés par le proxy à ses clients doivent être générés en utilisant des gabarits qui respectent les recommandations mentionnées dans les annexes du RGS (se reporter au § 2.3).

3.2.2.2 *Renforcement de la sécurité de TLS*

3.2.2.2.1 Sécurité TLS entre les clients et le proxy

Bien que les réseaux qui séparent les clients du proxy sont généralement considérés comme étant de confiance, le trafic HTTPS interne doit être correctement sécurisé afin d'éviter toute exposition inutile des données à protéger. Cela est d'autant plus aisé à mettre en œuvre que les deux entités (les clients et le proxy) sont maîtrisées.

Voici quelques recommandations visant à renforcer la sécurité TLS entre les clients et le proxy.

R10
Le proxy ne doit permettre l'établissement de tunnels TLS qu'en utilisant les versions de TLS les plus récentes supportées par les navigateurs web des clients.

L'usage de TLS v1.1 (et versions supérieures) permet d'éviter d'exposer les tunnels HTTPS à des attaques récentes (*BEAST [Browser Exploit Against SSL/TLS : Cette attaque publiée en 2011 concerne les versions de TLS inférieures à 1.1. Elle est référencée sous la CVE 2011-3389 (http://www.cvedetails.com/cve/CVE-2011-3389)]* par exemple). L'ensemble des versions de SSL (v2.0 et v3.0) doit être désactivé au niveau du serveur TLS du proxy car les navigateurs récents supportent *a minima* TLS v1.0.

R11
Le proxy ne doit offrir à ses clients que des suites cryptographiques robustes (se reporter à l'annexe B de ce document).

Il est nécessaire de vérifier la compatibilité des suites retenues avec celles que supporte les navigateurs web utilisés par les clients. La suite sélectionnée par le proxy pour établir le tunnel TLS avec le client doit être la plus robuste parmi celles proposées par son navigateur (cette suite n'est pas nécessairement celle qui a la préférence du client).

R12
Les suites cryptographiques les plus robustes offertes par le proxy doivent permettre la *PFS*.

Le renforcement du niveau de sécurité de TLS à l'aide de la propriété *PFS* permet de se prémunir contre des attaques internes dont le but serait de capturer du trafic afin de le déchiffrer ultérieurement.

R13
La compression TLS doit être désactivée au niveau du serveur TLS du proxy.

L'usage de la compression TLS rend vulnérable le flux HTTPS à l'attaque CRIME *[Compression Ratio Info-leak Made Easy : Cette attaque a été publiée en 2012, elle est référencée sous les CVE 2012-4929 (http://www.cvedetails.com/cve/CVE-2012-4929) et 2012-4930 (http://www.cvedetails.com/cve/ CVE-2012-4930)]*.

R14
Si le proxy supporte la reprise des sessions TLS, il est nécessaire de vérifier quels mécanismes il implémente et comment ces derniers fonctionnent.

La reprise de sessions TLS peut s'effectuer en utilisant des identifiants de session (*session ID [RFC 5246]*) ou des tickets de session (*session ticket [RFC 5077]*). Dans les deux cas, les informations sensibles relatives à l'état des sessions en cours sont manipulées par le serveur TLS. Si ces données venaient à être compromises, les sessions TLS pourraient être déchiffrées (même si la *PFS* est activée). Il est donc nécessaire de s'assurer que ces informations ne sont pas conservées abusivement par le serveur TLS. Idéalement ces données ne doivent être stockées qu'en mémoire et durant un laps de temps défini, de préférence configurable.

3.2.2.2.2 Sécurité TLS entre le proxy et Internet

Les réseaux qui séparent le proxy du serveur web cible ne sont pas maîtrisés. Le trafic HTTPS doit donc être sécurisé au maximum afin d'éviter toute compromission des données à protéger. Cela est d'autant plus difficile à mettre en œuvre que l'une des deux entités (le serveur web) n'est pas maîtrisée.

Voici quelques recommandations visant à renforcer la sécurité TLS entre le proxy et le serveur web cible :

R15
Le comportement du proxy en tant que client TLS doit être vérifié afin de s'assurer que celui-ci n'introduise pas de faiblesses lors de l'établissement des tunnels TLS. Il est par exemple nécessaire de valider le fonctionnement du proxy lorsqu'un serveur lui présente un certificat qui n'est plus valide.

Certaines solutions de proxy ne vérifient pas correctement les caractéristiques des certificats présentés par les serveurs web (durée de validité, chaîne de certification, etc.), ce qui expose par transitivité les clients *[Pour plus de détails : http://www.secureworks.com/cyber-threat-intelligence/threats/transitive-trust/]*. Le fonctionnement des mécanismes de révocation supportés par le proxy doivent être testés afin de déterminer le comportement exact du proxy lorsque celui-ci reçoit un certificat révoqué.

R16
Le client TLS du proxy doit supporter TLS v1.1 et v1.2 afin de disposer du meilleur niveau de sécurité lorsque les sites web visités supportent ces versions récentes du protocole.

R17
Les suites cryptographiques supportées par le proxy doivent être proposées au serveur web selon un ordre pré-établi. Les suites les plus robustes (incluant la PFS) doivent être préférées.

R18
Si le client du proxy supporte la renégociation TLS, celle-ci doit être sécurisée *[RFC 5746]*.

Le support de la renégociation sécurisée permet d'éviter de rendre vulnérable le canal de communication à certaines attaques actives dites de "l'homme du milieu" *[Vulnérabilité référencée sous la CVE 2009-3555 (http://www.cvedetails.com/cve/CVE-2009-3555)]*.

R19
Sauf à ce que ce soit expressément validé, lorsqu'un serveur web sélectionne une suite cryptographique qui n'est pas assez robuste, le proxy doit refuser l'établissement du tunnel TLS. Le proxy peut informer le client à l'origine de la demande et lui indiquer que le site qu'il cherche à joindre ne fournit pas un niveau de sécurité suffisant au regard des exigences qui lui sont fixées.

Si un serveur web retient une suite cryptographique trop faible, cela signifie qu'elle fait partie de celles proposées par le proxy. Ce dernier peut être amené à supporter des suites cryptographiques qui ne sont pas robustes (au sens RGS du terme) pour des questions de compatibilité. Cependant, le proxy peut être configuré pour interdire l'usage de ces suites lorsque le site web demandé par le client appartient à une catégorie qui exige un niveau de sécurité élevé (compatible avec les exigences du RGS par exemple).

R20
La compression TLS doit être désactivée au niveau du client TLS du proxy.

L'usage de la compression TLS rend vulnérable le flux HTTPS à l'attaque *CRIME*.

R21
La liste des AC publiques de confiance intégrées à la solution de proxy doit être vérifiée à l'installation et doit être revue de façon régulière.

Les AC publiques intégrées à la solution de proxy ont été jugées de confiance par l'éditeur. Il a donc choisi d'intégrer les chaînes de confiance associées dans le magasin de ses proxys. Cette liste n'est pas nécessairement la même que celle présente dans le magasin des navigateurs web des clients du proxy. Il est possible que l'équipement accorde sa confiance à des autorités qui ont été retirées du magasin des versions récentes des navigateurs, par exemple suite à des incidents de sécurité rendus publics. C'est la raison pour laquelle le magasin du proxy doit être vérifié et maintenu à jour par les personnes en charge de son exploitation. Il est possible que ce magasin soit modifié lors des mises à jour logicielles du proxy (les notes de version doivent être consultées pour le vérifier) ou par l'intermédiaire d'un mécanisme automatique spécifique à la solution de proxy employée.

3.2.2.3 *Protection de la vie privée*

Voici quelques recommandations visant à limiter au maximum le traitement de données à caractère personnel au niveau d'un proxy :

R22
Ne pas procéder au déchiffrement de certains types de sites web identifiés comme étant destinés à un usage strictement personnel (certains sites bancaires par exemple).

La décision de ne pas déchiffrer le trafic HTTPS échangé avec certains sites web doit être prise par le proxy avant l'établissement complet du tunnel TLS. Plusieurs possibilités existent mais elles dépendent de la solution de proxy employée. Elles sont détaillées dans le paragraphe 3.3. Le déchiffrement sélectif présente également l'avantage de diminuer la consommation de ressources au niveau du proxy.

R23
La journalisation des flux déchiffrés doit être équivalente à celle configurée pour les flux HTTP standards traités par le proxy. Elle ne doit pas permettre d'enregistrer davantage d'informations.

R24
Si le proxy transmet à d'autres équipements le contenu déchiffré des flux HTTPS, les liens sur lesquels transitent ces informations doivent être protégés logiquement et physiquement pour éviter tout accès illégitime aux données.

Le proxy peut par exemple transmettre le contenu déchiffré à d'autres équipements à l'aide du protocole ICAP *[Internet Content Adaptation Protocol]* qui n'est pas nécessairement sécurisé. Des proxys peuvent également s'échanger des données issues du traffic déchiffré lorsqu'ils sont déployés en grappe.

3.3 *Traitement des flux HTTPS sans déchiffrement*

Ce paragraphe détaille le cas où le proxy web ne déchiffre pas le trafic HTTPS. Dans cette configuration les possibilités d'action du proxy sont beaucoup plus limitées.

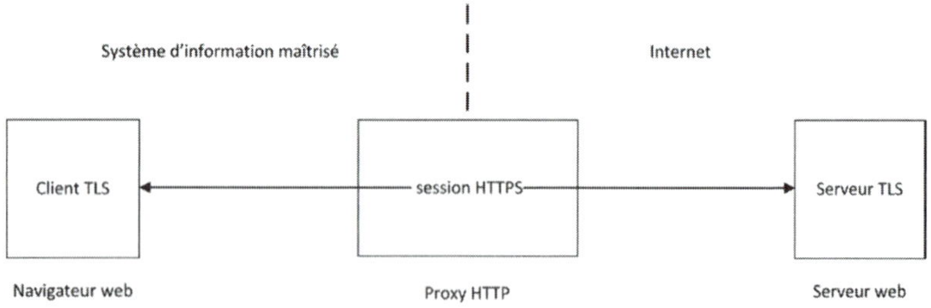

FIGURE 5 – Traitement des flux HTTPS sans déchiffrement

Sans procéder au déchiffrement du trafic HTTPS, il n'est pas possible d'inspecter le contenu des échanges HTTP. Cependant, il peut être envisageable de réaliser un filtrage élémentaire en procédant à l'analyse du contenu de certains flux transmis en clair avant l'établissement du tunnel TLS.

Il est par exemple possible d'analyser le contenu de la demande de connexion HTTPS initiale pour obtenir des informations concernant le site web demandé. Lorsque les clients accèdent à un proxy HTTP configuré en mode explicite, la première requête HTTPS utilise la méthode HTTP *CONNECT* et contient en argument le FQDN *[Full Qualified Domain Name ou nom d'hôte pleinnement qualifié (ex : www.ssi.gouv.fr)]* associé à la première URL demandée par le client.

L'analyse de la séquence de négociation TLS, qui débute une fois le client connecté au serveur, permet également d'obtenir des informations concernant le site web demandé quel que soit le mode dans lequel le proxy est configuré.

Voici les éléments qui circulent en clair et qu'il est possible d'analyser pour obtenir le domaine ou le FQDN du site :

– le champ *Common Name*, contenu dans le certificat présenté par le serveur, peut contenir un FQDN (voire un domaine) pour lequel le certificat est valide ;

– le champ *Subject Alternative Name*, contenu dans le certificat présenté par le serveur, peut contenir plusieurs FQDN (voire des domaines) pour lesquels le certificat est valide ;

– le champ *Server Name* de l'extension TLS *Server Name Indication (SNI)* contient le FQDN du site web lorsque cette extension est utilisée par le navigateur du client. Cette extension est employée par certains navigateurs pour formuler explicitement, au

moment de l'initiation du tunnel TLS, le FQDN du site web auquel le client souhaite accéder. Si plusieurs sites web sont accessibles par une même adresse IP, le serveur web peut, grâce à ce mécanisme, être en mesure de présenter au client le certificat correspondant au site qu'il cherche à joindre.

L'inspection du contenu de la séquence de négociation TLS permet également de vérifier certains paramètres qui déterminent le niveau de sécurité du canal de communication (version de TLS, suites cryptographiques, certificats, etc.). Si certaines exigences ne sont pas satisfaites, le proxy peut choisir d'empêcher l'établissement du tunnel TLS.

4 Traitement des flux HTTPS entrants

Cette section a pour objectif de présenter les possibilités de traitement des flux HTTPS qui sont initiés à partir de clients externes (Internet par exemple) et destinées à des serveurs web hébergés au sein d'un système d'information maîtrisé.

4.1 *Architecture*

L'usage de serveurs mandataires inverses HTTP (ou reverse proxy HTTP) est une bonne pratique d'architecture permettant de s'assurer que l'ensemble des clients passent par un point de contrôle unique pour pouvoir accéder à des sites web hébergés sur des réseaux maîtrisés. C'est donc au niveau du reverse proxy que sont généralement analysés les flux HTTPS entrants, si celui-ci dispose des fonctionnalités permettant l'analyse de ce type de flux.

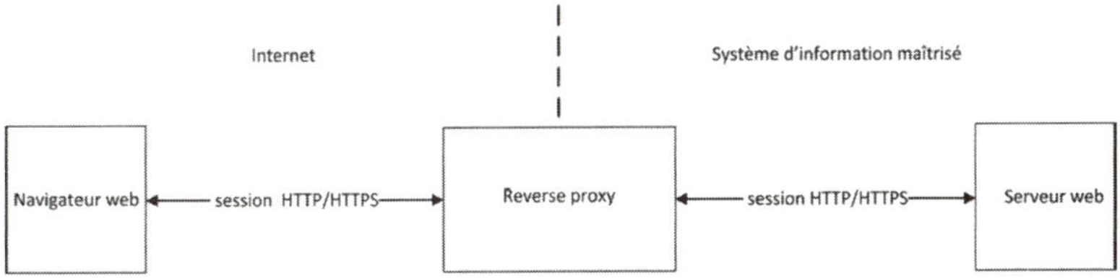

FIGURE 6 – Reverse proxy HTTP

Remarque : Il n'est pas recommandé de procéder à l'analyse des flux HTTPS entrants à l'aide d'équipements qui ne se positionnent pas en coupure des sessions TLS (ex : sonde "passive"). En effet, dans ce type d'architecture, l'équipement en charge de l'analyse ne peut procéder au déchiffrement des flux HTTPS que si les deux conditions suivantes sont remplies :

1. l'équipement dispose d'une copie des clés privées des sites web ;
2. les suites cryptographiques proposées par les serveurs web ne permettent pas la PFS. En effet, l'équipement en charge du déchiffrement doit être en mesure de déterminer les clés de session en utilisant uniquement les clés privées des serveurs web, ce qui n'est pas possible avec la PFS. Cette contrainte dégrade ainsi fortement le niveau de sécurité des tunnels TLS établis entre les clients et les serveurs.

Ces architectures spécifiques ne seront pas traitées dans la suite de ce document, nous considérerons que le traitement des flux HTTPS est réalisé par un équipement positionné en coupure des sessions TLS et qui assure la fonction de reverse proxy.

4.2 *Traitement des flux HTTPS par déchiffrement*

Ce paragraphe détaille le cas où le reverse proxy est le point de terminaison des sessions HTTPS initiées par les clients qui souhaitent accéder au site web hébergé en interne. Dans cette configuration le reverse proxy peut ensuite se connecter au serveur web cible en HTTP ou en HTTPS, cela va dépendre des choix réalisés au niveau de l'architecture interne (se référer au § 4.2.2.3).

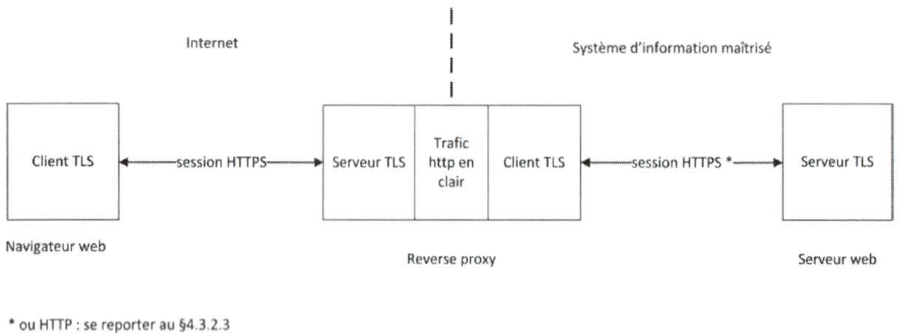

FIGURE 7 – Traitement des flux HTTPS entrants par déchiffrement

4.2.1 *Les enjeux du déchiffrement*

Avant de mettre en place des mécanismes de déchiffrement au niveau d'un reverse proxy web, il est nécessaire de bien comprendre les avantages, les inconvénients et les problématiques que cela induit.

Le fait de terminer les tunnels TLS au niveau du reverse proxy procure plusieurs avantages :

– il est possible d'analyser le contenu HTTP afin de protéger les serveurs web internes contre des menaces émanant des clients : attaque au niveau applicatif, envoi de fichiers malveillants, etc. ;

– il est possible d'agir sur le contenu HTTP délivré : mise en cache, réécriture, etc. ;

– il est possible de configurer de façon homogène et centralisée la politique de journalisation des accès aux sites web, au même titre que pour les flux HTTP non sécurisés ;

– la centralisation des configurations TLS de l'ensemble des sites web accessibles publiquement permet d'assurer une cohérence et une homogénéité au niveau du paramétrage TLS de chacun d'entre eux ;

– la protection des clés privées associées aux certificats publics peut être homogène et peut être plus facilement renforcée (usage de *HSM* par exemple). Celle-ci ne dépend plus des mécanismes de protection mis en œuvre par les serveurs qui hébergent les sites web internes ;

– il est possible de décharger les serveurs web internes. Lorsque ces derniers sont accédés à l'aide du protocole HTTP par le reverse proxy (se référer au § 4.2.2.3), ils n'ont pas à exécuter les opérations cryptographiques nécessaires à l'établissement et au maintien de tunnels TLS.

Cependant, le déchiffrement présente quelques inconvénients :

– des données normalement chiffrées jusqu'au serveur web sont présentes en clair au niveau du reverse proxy ;

– la concentration de l'ensemble des bi-clés au niveau du reverse proxy accroît la criticité de ce composant ;

– si une authentification du client à l'aide d'un certificat doit être mise en place, c'est le reverse proxy qui porte cette fonction. Une fois le client correctement authentifié, le reverse proxy doit

ensuite employer des mécanismes sécurisés pour propager l'identité du client jusqu'au serveur web cible (se reporter au § 4.2.2.4).

En résumé, si le déchiffrement des flux HTTPS au niveau d'un reverse proxy présente quelques inconvénients, ce choix d'architecture est particulierement pertinent pour exercer un contrôle des données échangées avec l'extérieur. Ce type d'architecture permet également d'assurer l'homogénéité d'un ensemble d'éléments de configuration contribuant à renforcer la sécurité des tunnels TLS établis avec des clients non maîtrisés.

4.2.2 *Bonnes pratiques*

4.2.2.1 *Génération des certificats*

Les certificats présentés aux clients par le reverse proxy doivent être générés à partir d'une AC dont la confiance est reconnue publiquement (dont la chaîne de confiance associée est présente dans le magasin des navigateurs). Cette condition est nécessaire pour qu'aucun message d'erreur ne soit présenté aux clients lorsqu'ils cherchent à accéder au serveur web hébergé au sein du système d'information interne. Le choix du PSCE *[Prestataire de Service de Certification Électronique]* en charge de fournir les certificats publics est un élément structurant qui contribue à améliorer le niveau de sécurité d'un service HTTPS accessible depuis Internet.

Les PSCE qualifiés par l'ANSSI sont référencés sur le site web du LSTI *[LSTI : Laboratoire en Sciences et Technologies de l'Information. La liste des PSCE qualifiés est détaillée à l'adresse http://www.lsti-certification.fr/images/liste_entreprise/Liste PSCe.pdf]*. Certaines recommandations mentionnées dans le guide ANSSI relatif à l'externalisation *[http://www.ssi.gouv.fr/IMG/pdf/2010-12-03_Guide_externalisation.pdf]* peuvent également aider à la sélection d'un PSCE.

Les critères suivants peuvent également permettre de sélectionner un PSCE :

R25
Utiliser une AC opérée sur le territoire national.

R26
Utiliser une AC qui propose des certificats compatibles avec les exigences formulées par le RGS.

R27
Utiliser une AC reconnue comme étant de confiance par une large majorité des navigateurs web du marché.

R28
Choisir un prestataire qui est en mesure d'apporter des éléments prouvant son sérieux : accès sécurisé au service client, engagements du support technique, certification *[Certification WebTrust For CA par exemple : http://www.webtrust.org]*, délivrance d'*EV Certificate*, etc.

4.2.2.2 *Sécurité TLS entre le reverse proxy et Internet (les clients)*

Les réseaux qui séparent les clients et le reverse proxy ne sont pas maîtrisés. Le trafic HTTPS doit donc être sécurisé au maximum afin d'éviter toute compromission des données à protéger. Cela est d'autant plus difficile à mettre en œuvre que l'une des deux entités (le client) n'est pas maîtrisée.

Les recommandations suivantes visent à renforcer la sécurité TLS entre le reverse proxy et Internet :

R29
Le reverse proxy ne doit permettre l'établissement de tunnels TLS qu'en utilisant les versions récentes de ce protocole.

L'usage de TLS v1.1 (et versions supérieures) permet d'éviter d'exposer les tunnels HTTPS à des attaques récentes (*BEAST* par exemple). L'ensemble des versions de SSL (v2.0 et v3.0) doit être désactivé. Par contre, pour des questions de compatibilité, il est encore nécessaire de supporter TLS v1.0. Néanmoins, si cette version est activée, il est nécessaire de vérifier que la solution de reverse proxy employée implémente correctement les contre mesures corrigeant certaines vulnérabilités propres à cette version du protocole.

R30
Le reverse proxy ne doit proposer que des suites cryptographiques dont le niveau de sécurité est acceptable (se reporter à l'annexe B de ce document). Il doit sélectionner en priorité les suites les plus robustes (incluant la *PFS*) parmi celles proposées par le client.

R31
Seule une renégociation sécurisée peut être autorisée par le reverse proxy.

R32
Si le reverse proxy supporte la reprise de sessions TLS, il est nécessaire de déterminer quels mécanismes il implémente et comment ces derniers fonctionnent.

La reprise de sessions TLS peut s'effectuer en utilisant des identifiants de session (*session ID*) ou des tickets de session (*session ticket*). Dans les deux cas, les informations sensibles relatives à l'état des sessions en cours sont manipulées par le serveur TLS. Si ces données venaient à être compromises, les sessions TLS pourraient être déchiffrées (même si la *PFS* est activée). Il est donc nécessaire de s'assurer que ces informations ne sont pas conservées abusivement par le reverse proxy. Idéalement ces données ne doivent être stockées qu'en mémoire et durant un laps de temps défini, de préférence configurable.

R33
La compression TLS doit être désactivée au niveau du reverse proxy.

L'usage de la compression TLS rend vulnérable le flux HTTPS à l'attaque *CRIME*.

4.2.2.3 *Sécurité du trafic interne (entre le reverse proxy et le serveur web)*

Deux choix sont possibles concernant le trafic web qui circule entre le reverse proxy et le serveur web interne :

1. le protocole HTTPS peut être utilisé par le reverse proxy pour accéder au serveur web. Dans ce cas, les données qui circulent sur les réseaux internes sont protégées. Dans cette configuration, le serveur web doit disposer de bi-clés (couples certificat/clé privée) qui lui sont propres. Les certificats présents sur le serveur web doivent être signés par une AC non publique. Seul le reverse proxy aura connaissance de ces certificats. Il ne sera jamais visible par les clients (qui n'ont connaissance que des certificats présentés par le reverse proxy). Le reverse proxy doit également disposer dans son magasin de la chaîne de confiance associée à l'AC interne pour valider le certificat présenté par le serveur Web ;
2. le protocole HTTP peut être utilisé par le reverse proxy pour accéder au serveur web. Dans ce cas, les données qui circulent sur les réseaux internes ne sont pas protégées. Dans cette configuration, le serveur cible n'héberge pas de bi-clé.

Le choix de l'architecture dépend :

– *du niveau de confidentialité du contenu :* il est nécessaire de déterminer si l'architecture réseau interne permet de garantir une protection suffisante pour autoriser la circulation en clair de données qui sont protégées lorsqu'elles circulent sur Internet ;

– *du besoin en intégrité :* il est nécessaire de déterminer si la contrainte en intégrité est forte sur les données. Par exemple, lorsque le reverse proxy transmet au serveur web cible des informations relatives aux utilisateurs qu'il a préalablement authentifiés (se reporter au § 4.2.2.4) ;

– *du dimensionnement des serveurs web :* il est nécessaire de déterminer si les serveurs qui hébergent les sites web internes disposent des ressources matérielles suffisantes pour pouvoir supporter les opérations cryptographiques nécessaires à l'établissement et au maintien de sessions HTTPS ;

– *du coût d'exploitation :* l'emploi du procotole HTTPS au niveau des serveurs web implique la gestion de certificats internes en plus de ceux hébergés par le reverse proxy.

4.2.2.4 *Propagation de l'identité des clients*

Les architectures nécessitant le déport de la première authentification des clients au niveau du reverse proxy (usage de certificats clients par exemple) pose la problématique de la propagation des informations d'identification jusqu'au site web cible. En effet, le reverse proxy doit être en mesure de communiquer au site les informations relatives aux utilisateurs qu'il a correctement authentifiés. Une solution simple (parmi d'autres) consiste à configurer le reverse proxy pour qu'il inscrive dans les en-têtes HTTP les informations relatives à l'identité des utilisateurs authentifiés. Le contenu de ces en-têtes est ensuite pris en compte par le site web cible qui peut ainsi différencier ses traitements en fonction des informations d'identification qu'il reçoit.

L'ajout d'informations dans les en-têtes HTTP par un reverse proxy n'est pas un mécanisme utilisé exclusivement pour propager des informations d'identification, il peut par exemple être employé pour transmettre au serveur web cible l'adresse IP originelle du client (en-tête *X-Forwarded-For*).

Quel que soit le cas d'usage, l'ajout d'informations dans les en-têtes HTTP peut présenter un risque si les clients sont en mesure de forger ces en-têtes en amont dans le but de tromper le serveur cible. Pour éviter cela, le reverse proxy doit vérifier au préalable les en-têtes des requêtes HTTP qu'il reçoit des clients et doit procéder à leur nettoyage si nécessaire.

Attention : L'acceptation du client ne doit pas se baser uniquement sur la validité des informations d'authentification qu'il présente. Un client peut s'authentifier correctement sans pour autant être autorisé à accéder à la ressource qu'il demande. En conséquence, la solution mise en œuvre doit également permettre de vérifier que l'utilisateur dispose des droits d'accès au site web demandé, charge au reverse proxy ou au seveur web de réaliser cette vérification.

4.3 *Traitement des flux HTTPS sans déchiffrement*

Ce paragraphe présente le cas où le reverse proxy n'est pas le point de terminaison des sessions HTTPS initiées par les clients qui souhaient accéder au site web hébergé sur le système d'information interne. Dans cette configuration, le reverse proxy ne fait que transférer les données chiffrées entre le client et le serveur web cible. Il n'héberge alors aucun bi-clé.

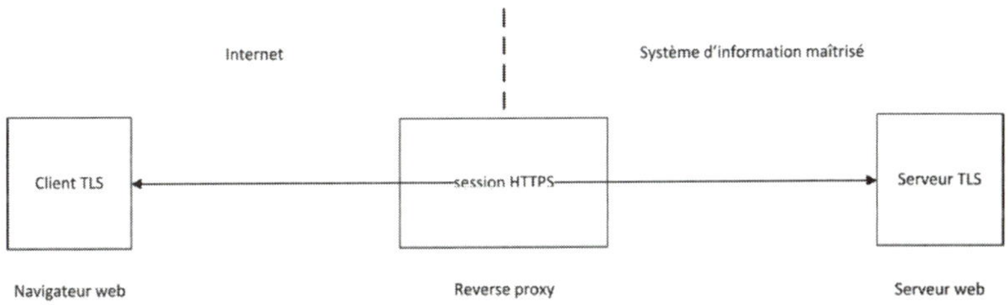

FIGURE 8 – Traitement des flux HTTPS entrants sans déchiffrement

La mise en œuvre de ce type d'architecture ne présente pas de réel intérêt dans la mesure où elle ne permet pas au reverse proxy d'accéder au contenu HTTP. Ce dernier peut simplement s'assurer que les serveurs web internes établissent les tunnels TLS en respectant les exigences de sécurité auxquelles ils sont normalement assujettis (suites cryptographiques, version de TLS, etc.). Ce type de configuration oblige également les serveurs web à héberger leurs clés privées accompagnées de leurs certificats signés par une AC dont la confiance est reconnue publiquement.

4.4 *Sécurité web complémentaire*

L'usage de TLS est fondamental pour assurer la sécurisation de flux HTTP mais l'emploi de ce protocole n'est pas suffisant. D'autres mesures complémentaires doivent être mises en œuvre au niveau des serveurs web pour ne pas exposer les informations à protéger.

Voici une liste non exhaustive de bonnes pratiques de sécurisation qui viennent en complément de l'usage du protocole HTTPS. Ces recommandations sont applicables directement au niveau de la configuration des sites web hébergés.

> **R34**
> Ne pas activer le protocole de compression HTTP nommé *SPDY36* lorsqu'un site web est accessible à l'aide du protocole HTTPS.

Cette mesure est nécessaire afin de se prémunir contre l'attaque *CRIME* mentionnée précédemment. Cette dernière fonctionne non seulement lorsque la compression TLS est activée mais également lors de l'emploi combiné du protocole HTTPS et de *SPDY*.

> **R35**
> Ne pas inclure de liens HTTP dans une page web accessible à l'aide du protocole HTTPS (problème dit de *mixed content* *[https://developer.mozilla.org/en-US/docs/Security/MixedContent]*).

Le fait d'inclure du contenu non sécurisé dans une page accessible à l'aide du protocole HTTPS rend vulnérable le site web à des attaques actives dites de "l'homme du milieu" réalisées à l'aide de scripts malveillants. Certains navigateurs alertent l'utilisateur lorsque des contenus de différentes natures sont présents dans une page web.

> **R36**
> Renforcer la sécurité des cookies à l'aide des attributs *Secure* et *HttpOnly*.

L'attribut *Secure* indique que le cookie ne peut être transmis par le serveur que par l'intermédiaire du protocole HTTPS. Cela évite son envoi sans protection. L'attribut *HttpOnly* interdit l'accès au cookie par des scripts exécutés par le navigateur du client. Cela réduit le risque d'attaques de type *XSS* *[Cross-site scripting ou "injection de code indirecte"]*.

> **R37**
> Utiliser les en-têtes HTTP *HSTS* *[HTTP Strict Transport Security]* et *CSP* *[Content Security Policy]* pour renforcer la sécurité de l'accès et du contenu des sites web.

L'en-tête *HSTS* indique au navigateur du client (s'il est compatible) que le site web doit être accédé uniquement à l'aide du protocole HTTPS. L'en-tête *CSP* permet de restreindre l'origine des contenus (image, script, etc.) inclus dans une page. Cela permet de se prémunir contre les attaques de type *XSS* en restreignant les domaines de provenance des contenus tiers présents dans une page web.

La note technique ANSSI intitulée "Recommandations pour la sécurisation des sites web *[http://www.ssi.gouv.fr/IMG/pdf/NP_Securite_Web_NoteTech.pdf]*" détaille plus largement les mesures de sécurisation d'un site web, qu'il soit accessible à l'aide du protocole HTTPS ou non.

5 Validation des configurations

La configuration TLS d'un proxy ou d'un reverse proxy doit être validée afin de s'assurer que celle-ci est correctement sécurisée. Elle peut être testée à l'aide d'outils, voire de services, spécifiques disponibles sur Internet.

Voici quelques exemples d'outils *[Les outils et services sont donnés à titre indicatif sans garantie de l'ANSSI sur la confiance à leur accorder]* permettant de tester le paramétrage d'un serveur TLS :

– *client OpenSSL* : *OpenSSL* *[http://www.openssl.org]* est une implémentation de SSL/TLS en source ouverte. Cette boîte à outils inclut en particulier un client SSL/TLS en ligne de commande : *openssl s_client*. Cet outil offre des fonctionnalités étendues permettant d'interroger un serveur TLS et d'investiguer en détail d'éventuels problèmes de configuration. TLS v1.2 n'est supporté qu'à partir de la version 1.0.1 d'*OpenSSL* ;

– *SSLScan* : cet outil repose sur *OpenSSL*. Il permet de tester un service SSL/TLS et offre en particulier la possibilité de lister les suites cryptographiques supportées par le serveur. A noter que TLS v1.1 et v1.2 ne sont supportés qu'à partir de la version 1.10.0 *[https://github.com/dinotools/sslscan]* de *SSLScan* ;

– *SSLyze* : cet outil est également un scanner SSL/TLS qui repose aussi sur OpenSSL. TLS v1.2 n'est supporté qu'à partir de la version 0.4 de SSLyze [*https://github.com/isecpartners/sslyze*].

Pour les services en ligne, le site https://www.ssllabs.com (qui appartient à l'éditeur de solutions de sécurité Qualys) met à disposition gratuitement de nombreuses ressources concernant TLS (bonnes pratiques, tableaux de bord, etc.). Il fournit en particulier des services permettant d'évaluer en ligne la configuration TLS d'un client ou d'un serveur.

ANNEXES

A Aspects juridiques

Cette annexe présente les aspects juridiques liés au déchiffrement de flux dans un but informatif et de manière non-exhaustive. En particulier, elle se limite aux problématiques liées aux flux entrants et sortants depuis les postes de travail de salariés qu'ils soient fixes ou nomades.

La question du déchiffrement d'un contenu implique nécessairement celle du chiffrement de celui-ci en amont. Or les deux opérations comportent des risques juridiques qui peuvent apparaître antinomiques. En effet, un contenu chiffré peut être source de comportement délictueux donnant lieu à la mise en jeu de la responsabilité de l'entité. Le déchiffrement, qui rend visible un contenu destiné à être confidentiel, permet de se prémunir contre ce risque mais parfois au prix des risques censés être couverts par le chiffrement.

Le chiffrement étant relié à une technologie à laquelle peuvent correspondre plusieurs usages, la présente note se limite au fait qu'il répond au seul besoin de garantir la confidentialité des échanges de données électroniques, à l'exclusion du chiffrement à usage de signature ou d'authentification.

En tout état de cause, le lecteur qui souhaite obtenir des informations plus détaillées est invité à se faire assister par un conseil.

De façon synthétique, si la mise en place d'outils de chiffrement est autorisée et soumise à un régime juridique particulier, elle n'en est pas moins susceptible d'entraîner un risque non négligeable de mise en cause de la responsabilité de l'entité qui en bénéficie, et ce sur plusieurs fondements. Pour se préserver, l'employeur peut effectivement être amené à mettre en place un système de déchiffrement et de contrôle des échanges d'information réalisés par ses salariés sur les systèmes d'information qu'il met à leur disposition qui, s'il n'est pas strictement encadré, peut conduire l'employeur à engager sa responsabilité sur d'autres fondements.

Le régime juridique du chiffrement

L'utilisation des moyens de cryptologie est libre en France [*L. n° 2004-575 du 21 juin 2004 pour la confiance dans l'économie numérique (LCEN), art. 30 ; Décr. n° 2007-663 du 2 mai 2007 pris pour l'application des art. 30, 31 et 36 de la L. n° 2004-575 du 21 juin 2004 pour la confiance dans l'économie numérique et relatif aux moyens et aux prestations de cryptologie*]. En revanche, la fourniture, le transfert depuis ou vers un État membre de la Communauté européenne ainsi que l'importation et l'exportation de ces moyens sont réglementés lorsqu'ils n'assurent pas exclusivement des fonctions d'authentification ou de contrôle d'intégrité. En sont donc, par nature exclus, les outils de contrôle d'accès et les passeports. Ces opérations doivent alors faire l'objet d'une déclaration préalable ou d'une autorisation de l'ANSSI [*Informations complémentaires disponibles sur : http://www.ssi.gouv.fr/fr/reglementation-ssi/cryptologie/. Contact : controle [at] ssi.gouv.fr*].

La mise en place d'outils de chiffrement est soumise à des dispositions légales relatives à la cryptologie dont la violation peut être sanctionnée sur le plan administratif, civil et pénal [*En cas de non-respect de ces dispositions, des sanctions administratives telles l'interdiction de mise en circulation du moyen de cryptologie (art. 34 LCEN), des sanctions pénale assorties, le cas échéant, de peines complémentaires telles la confiscation, la fermeture d'établissement et l'exclusion des marchés publics peuvent être appliquées. Dans ce dernier cas, les art. 35, 36 et 37 de la LCEN prévoient notamment un an d'emprisonnement et 15 000 € d'amende en cas de non déclaration ou de communication d'informations et jusqu'à deux ans d'emprisonnement et 30 000 € d'amende en cas de non obtention d'autorisation*].

Les risques juridiques liés au chiffrement

L'utilisation de moyens de chiffrement peut être source de responsabilité de l'employeur, notamment, lorsque le chiffrement a permis ou facilité la commission d'infractions ou a conduit au non-respect des obligations de sécurité à sa charge. Les fondements sont multiples, à savoir :

— selon l'article 1384 alinéa 5 du code civil, l'employeur est responsable de l'agissement de ses salariés [*Paris, 4 mai 2007 : il est en outre impossible de se prévaloir de la faute contractuelle du cocontractant du fait des comportements fautifs de ses propres salariés*] notamment sur les réseaux informatiques [*TGI Marseille, 11 juin 2003, D. 2003, le TGI avait jugé solidairement responsable une société qui avait fourni un accès internet à l'un de ses salariés qui avait diffusé des contenus préjudiciables sur internet par*

l'intermédiaire de pages personnelles]. Un employeur peut être tenu responsable si l'employé commet des infractions sur son lieu de travail et avec les outils professionnels mis à sa disposition sauf si l'employeur démontre que le salarié a agi sans autorisation et en dehors de ces attributions *[Cass., ass. plén., 19 mai 1988, n° 87682.654, et Versailles, 5e ch., 31 mars 2011, Michaël P.C./ Mireille B.-P. illustrent la validation du licenciement pour faute grave d'un salarié ayant téléchargé illégalement des fichiers musicaux sur son poste de travail] ;*

— l'employeur peut être soumis à certaines obligations précisées à l'article 6-I-7° de la LCEN (notamment la conservation des éléments de journalisation relatifs aux échanges) s'il est considéré comme un fournisseur d'accès à Internet *[Un arrêt de la CA Paris du 4 févr. 2005 a pu jeter le doute sur l'application du régime juridique des FAI aux employeurs mettant à disposition de leurs salariés un accès à Internet]* au sens de l'article 6-I de la LCEN *[Cette interprétation est présentée de manière détaillée dans la note technique "Recommandations de sécurité pour la mise en œuvre d'un système de journalisation" rédigée par l'ANSSI : http://www.ssi.gouv.fr/IMG/pdf/NP_Journalisation_NoteTech.pdf] ;*

— en tant que responsable du traitement des données à caractère personnel qui est soumis aux obligations de sécurité et de notification de la violation des données à caractère personnel imposées par la loi "Informatique et Libertés" *[Art. 34 et 34 bis de la L. n° 78-17 du 6 janv. 1978 relative à l'informatique, aux fichiers et aux libertés] ;*

— le titulaire d'un accès à des services de communications au public en ligne est responsable de la sécurisation de cet accès selon les articles L. 336-3 et R. 335-5 du code de propriété intellectuelle.

L'utilisation de moyens de chiffrement n'entraîne pas, par elle-même, la responsabilité de l'employeur dès lors qu'elle est libre.

En revanche, sa responsabilité peut être engagée soit :

- en raison d'agissements délictueux qui pourraient être commis par les salariés grâce aux moyens qu'il leur a fournis (matériels, accès internet, etc.) et dissimulés grâce au chiffrement ;

- en raison du non-respect d'obligations liées à la sécurité (des données, de l'accès à Internet, etc.).

En conséquence, l'employeur est légitime à déchiffrer les contenus de flux chiffrés transitant sur les postes de travail de ses salariés, mais uniquement de façon encadrée en raison des risques juridiques liés au déchiffrement.

L'identification et la qualification des risques juridiques liés au déchiffrement

A titre de rappel, les articles 100 et suivants du code de la procédure pénale imposent une obligation légale de déchiffrement dans le cadre des interceptions judiciaires, les articles L. 241-1 à L. 245-3 du code de la sécurité intérieure dans le cadre des interceptions de sécurité et l'article 230-1 du code de procédure pénale dans le cadre d'une enquête ou d'une instruction *[L'art. 434-15-2 C. pén. prévoit également trois ans d'emprisonnement et 45 000 € d'amende si le détenteur des clés de déchiffrement de données chiffrées ne les fournit pas à l'autorité judiciaire et aux services d'investigation qui peuvent en à avoir besoin dans le cadre d'une enquête pénale].*

En dehors de ces hypothèses, le déchiffrement d'un flux chiffré, en particulier lorsqu'il concerne la sphère personnelle, sur le lieu de travail pourrait notamment porter atteinte :

— au secret des correspondances privées *[Art. 226-15 C. pén.] ;*

— à la protection des données à caractère personnel *[Art. 226-16 à 226-24 C. pén.] ;*

— à la vie privée *[Art. 226-1 à 226-7 C. pén.]* des utilisateurs en dehors et dans le cadre du travail ;

— à la sensibilité des informations (déchiffrement de données protégées par le secret professionnel, par une réglementation telle la réglementation relative à la protection du patrimoine scientifique et technique de la Nation *[La protection du potentiel scientifique et technique de la Nation est définie par le Décr. n° 2011-1425 du 2 nov. 2011 portant application de l'art. 413-7 C. pén. et relatif à la protection du potentiel scientifique et technique de la Nation et par l'arrêté du Premier ministre du 3 juill. 2012 relatif à la protection du potentiel scientifique et technique de la Nation]* ou le secret de la défense nationale *[Instruction générale interministérielle n° 1300/SGDSN/PSE/PSD du 30 nov. 2011 sur la protection du secret de la défense nationale]*).

Le déchiffrement soulève également des risques juridiques dans le cadre de l'intervention de tiers sur les systèmes d'information (sous-traitance, audit des systèmes découvrant des vulnérabilités contenant des données à caractère personnel, etc.). Afin de prévenir ces risques, il est primordial d'encadrer juridiquement cette possibilité dans le contrat d'externalisation, notamment en soumettant le sous-traitant à des obligations identiques à celles auxquelles se soumet l'employeur pour préserver sa responsabilité *[A titre d'ex., T. corr. Nanterre, 10 nov. 2011 : la responsabilité pénale de l'entreprise est retenue du fait des infractions commises par son sous-traitant sur le système d'informations d'une autre entité. Il est donc primordial d'encadrer le contenu des contrats des sous-traitants et surtout le périmètre de leurs interventions pour ne pas risquer de contrevenir aux législations précisées dans la note. En outre, la mise en place de procédures de contrôle internes pour éviter toute ingérence d'un sous-traitant est recommandée (sous-traitant en charge de déchiffrer les contenus, par exemple, qui devra respecter les obligations mises à la charge d'un administrateur)].*

Le déchiffrement d'un flux chiffré peut porter atteinte aux libertés individuelles et engager la responsabilité de l'employeur qui n'aurait pas prévu les mesures destinées à préserver celles-ci.

Encadrement juridique du déchiffrement

Généralités

La mise en place par une entité d'un mécanisme de déchiffrement des flux doit s'accompagner du respect des principes généraux suivants *[Ces principes généraux sont les principes retenus dans les jurisprudences relatives au droit du travail et dont l'appréciation du respect reste soumise à l'appréciation souveraine des juges]* :

— transparence et loyauté de l'employeur vis-à-vis de ses salariés en les informant sur la nature des mesures informatiques prises sur le réseau informatique de l'entité et en recueillant leur consentement individuel sur la charte informatique ainsi qu'en consultant les instances représentatives du personnel *[Art. 2323-32 C. trav.]* ;

— nécessité et proportionnalité *[Art. 1121-1 C. trav.]* de la mise en place d'un outil de déchiffrement par rapport aux finalités annoncées par l'employeur (telles la sécurité du réseau, la protection des données sensibles de l'entité) qui imposent que les mesures prises soient justifiées par la nature de la tâche et proportionnées à la finalité ;

— la protection des données à caractère personnel et notamment la vérification que les formalités accomplies auprès de la Commission nationale de l'informatique et des libertés (CNIL) couvrent les traitements et les données opérées par de tels mécanismes ;

— le contrôle de l'accès aux outils de déchiffrement (logiciels de déchiffrement, clés de chiffrement des matériels ou des utilisateurs) en particulier lorsqu'une mauvaise utilisation peut engager la responsabilité d'un tiers (salarié notamment). Les accès aux clés de chiffrement notamment lorsqu'il s'agit d'un accès au séquestre des clés des utilisateurs doivent être journalisés et être prévu dans la charte informatique de l'entité.

Le déchiffrement ne doit pas être mis en place sans avoir satisfait à des formalités légales et sans avoir anticipé sa mise en place pour assurer son opposabilité aux salariés de l'entité.

Encadrement juridique de la fonction d'administrateur de réseau ou de parc informatique en matière de déchiffrement

L'administrateur a pour mission d'assurer le fonctionnement normal et la sécurité des réseaux et systèmes dont il a la charge. En conséquence de cette mission, l'administrateur est tenu par une obligation de confidentialité et ne doit donc pas divulguer des informations dont il a eu connaissance dans le cadre de ses fonctions.

Selon la jurisprudence *[Paris, 11e ch., 17 déc. 2001 : "[i]l est dans la fonction des administrateurs de réseaux d'assurer le fonctionnement normal de ceux-ci ainsi que leur sécurité ce qui entraîne entre autre, qu'ils aient accès aux messageries et à leur contenu [...]. Par contre, la divulgation du contenu des messages, et notamment du dernier qui concernait le conflit latent dont le laboratoire était le cadre, ne relevait pas de cet objectif"]*, l'administrateur peut, dans le cadre de ses fonctions et en particulier pour garantir la sécurité du réseau, de manière intentionnelle ou non, avoir accès à des informations relevant de la vie privée et des correspondances privées des utilisateurs. L'accès à de telles données ne peut être justifié que dans les cas où le bon fonctionnement et le maintien en condition de sécurité du réseau des systèmes informatiques ne peuvent être assurés par d'autres moyens moins intrusifs. L'utilisateur doit être présent, ou "dûment appelé" *[Soc. 17 juin 2009, no 08-40.274]*, en cas de lecture de contenus identifiés comme personnels ou privés *[Soc. 17 mai 2005, no 03-40.017]*.

L'administrateur, fonctionnaire ou tout agent public contractuel, est tenu par une obligation de dénonciation de portée générale, qui est de nature à le délier de son obligation de secret professionnel y compris en cas de délit commis par un membre de sa hiérarchie dans l'exercice de ses fonctions *[Art. 40, al. 2, C. pr. pén.]*.

L'administrateur peut dans le cadre de ses missions déchiffrer des données tout en restant soumis à une obligation de confidentialité.

En conclusion, la mise en place d'un dispositif de déchiffrement par l'entité doit être encadrée juridiquement :

— par la charte d'utilisation des moyens informatiques et de communications électroniques rédigée par l'employeur et annexée au règlement intérieur de l'entité, après consultation des instances représentatives du personnel. Celle-ci devra prévoir, notamment, les règles d'utilisation des moyens mis à disposition par l'employeur, les modalités d'accès aux données et aux équipements, l'hypothèse, les sanctions en cas de non-respect, etc. ;

– par la mise en place d'un administrateur expressément autorisé à accéder aux contenus déchiffrés moyennant le respect d'une obligation de confidentialité qui le lie, y compris à l'égard de l'employeur ;

– par la politique de sécurité des systèmes d'information de l'entité qui devra envisager cette hypothèse, et éventuellement le cas des sous-traitants ;

– par les déclarations adaptées à la CNIL en considérant avec soin les finalités pour lesquelles le déchiffrement est envisagé.

B Suites cryptographiques acceptables

L'ensemble des suites cryptographiques qu'il est possible d'employer avec TLS sont référencées sur le site de l'*IANA* [*La liste de l'ensemble des suites : http://iana.org/assignments/tls-parameters/tls-parameters.xhtml*]. Il en existe plus de 300.

Chaque suite cryptographique est identifiée par un code hexadécimal ainsi que par une description qui obéit à la convention de nommage suivante :

Clé_[Auth]_Sym_Hach

Détail des champs :

— *Clé :* mécanisme d'échange de clés (ex : ECDHE) ;

— *Auth :* algorithme (facultatif) utilisé pour l'authentification des parties (ex : RSA) ;

— *Sym :* algorithme de chiffrement symétrique utilisé pour chiffrer les données ; il est accompagné de la taille de clé en bits ainsi que du mode utilisé (ex : AES_128_GCM) ;

— *Hach :* fonction de hachage utilisée pour protéger en intégrité les échanges (ex : SHA256).

Il est souvent très difficile de restreindre la liste des suites cryptographiques en se basant uniquement sur les exigences listées dans le RGS. Cela conduit en effet à la définition d'une liste très réduite ne permettant pas d'assurer une compatibilité suffisante pour pouvoir être utilisée dans un environnement de production hétérogène. Cependant les suites à privilégier doivent permettre la *PFS* et doivent employer des algorithmes et des tailles de clés robustes au sens RGS du terme.

Les suites cryptographiques qu'il est possible de considérer comme acceptables [*A la date de rédaction de ce document*], pour TLS uniquement (v1.0, 1.1 et 1.2), doivent respecter les recommandations suivantes :

— l'usage de suites dont l'une des composantes est à NULL est à proscrire ;

— l'usage de suites permettant une authentification anonyme (anon) est à proscrire ;

— à moins qu'elles ne soient explicitement souhaitées, les suites reposant sur l'un des mécanismes d'échange de clés suivant sont à proscrire : PSK, SRP, KRB5 ;

— l'usage de suites utilisant MD5 comme fonction de hachage est à proscrire ;

— l'usage de suites utilisant un des algorithmes de chiffrement symétrique suivant est à proscrire : DES, RC2, RC4 ;

— l'usage de suites utilisant un mécanisme d'échange de clés basé sur DSS est à proscrire ;

— l'usage de suites utilisant SHA1 comme fonction de hachage est toléré, mais il est conseillé de privilégier des fonctions plus robustes telles que SHA256 ;

— l'usage de suites utilisant 3DES comme algorithme de chiffrement symétrique est toléré en dernier recours, mais il est conseillé d'utiliser des algorithmes robustes tels que AES128 ;

— si TLS v1.0 est activé, il est nécessaire de s'assurer que l'implémentation du composant utilisé (client ou serveur TLS) inclut les contre-mesures permettant de rendre inopérante l'attaque *BEAST* sur le mode CBC des algorithmes concernés (CVE 2011-3389 [*http://www.cvedetails.com/cve/CVE-2011-3389*]).

C Commission nationale de l'informatique et des libertés (CNIL)

Délibération CNIL n° 2019-001 du 10 janvier 2019,

Portant règlement type relatif à la mise en œuvre de dispositifs ayant pour finalité le contrôle d'accès par authentification biométrique aux locaux, aux appareils et aux applications informatiques sur les lieux de travail.

Contexte

La loi n° 2018-493 du 20 juin 2018 relative à la protection des données personnelles a confié à la commission une mission nouvelle, celle d'établir et de publier, en concertation avec les organismes publics et privés représentatifs des acteurs concernés, "des règlements types en vue d'assurer la sécurité des systèmes de traitement de données à caractère personnel et de régir les traitements de données biométriques, génétiques et de santé".

A ce titre, la commission peut prescrire des mesures, notamment techniques et organisationnelles, supplémentaires pour le traitement des données biométriques, devenues sensibles au sens de l'article 9-1° du règlement général sur la protection des données

(ci-après RGPD), ainsi que des données génétiques et de santé en application du 4° du même article.

La présente délibération a pour objet l'adoption d'un règlement type relatif à la mise en œuvre de dispositifs ayant pour finalité le contrôle d'accès par authentification biométrique aux locaux, aux appareils et aux applications informatiques sur les lieux de travail.

Elle intervient à la suite d'une consultation publique menée du 3 au 30 septembre 2018.

En conséquence, la commission adopte le règlement type suivant :

Art. 1er *Objet et champ d'application du présent règlement.* Conformément aux dispositions des articles 9-4° du RGPD, 11-I-2° (*b*) et 8-II-9° de la loi du 6 janvier 1978 modifiée relative à l'informatique, aux fichiers et aux libertés, le présent règlement type a pour objet de fixer des exigences spécifiques applicables aux traitements de données biométriques nécessaires au contrôle par les employeurs publics ou privés de l'accès aux lieux de travail ainsi qu'aux appareils et aux applications utilisés dans le cadre des missions confiées aux salariés, aux agents, aux stagiaires ou aux prestataires (ci-après, "personnes concernées").

Les données biométriques s'entendent, conformément à l'article 4-14 du RGPD, comme les données à caractère personnel résultant d'un traitement technique spécifique, relatives aux caractéristiques physiques, physiologiques ou comportementales d'une personne physique, qui permettent ou confirment son identification unique, telles que des images faciales ou des données dactyloscopiques. Ces données sont considérées comme sensibles au sens de l'article 9 du RGPD.

Constitue un "gabarit", au sens du présent règlement type, le résultat du traitement de l'enregistrement brut (photo, enregistrement audio, etc.) de la caractéristique biométrique par un algorithme rendant impossible la reconstitution de celle-ci. Les gabarits constituent des données biométriques dérivées et doivent ainsi être distinguées des données dont sont issues les caractéristiques biométriques.

Le règlement type n'a pas vocation à se substituer aux obligations générales découlant du RGPD et de la loi "Informatique et Libertés" modifiée, mais à les compléter ou à préciser certaines d'entre elles. Les organismes mettant en œuvre de tels traitements devront ainsi respecter l'ensemble des autres exigences légales et réglementaires relatives aux principes du traitement de données, aux droits des personnes ou aux transferts internationaux des données.

Les organismes devront s'assurer que les traitements de contrôle d'accès concernés sont fondés au regard de l'article 6 du RGPD.

Art. 2 *Finalités du traitement.* Le recours aux dispositifs biométriques n'est autorisé, dans le champ du présent règlement type, que pour les finalités suivantes :

— le contrôle d'accès aux locaux limitativement identifiés par l'organisme comme devant faire l'objet d'une restriction de circulation ;

— le contrôle d'accès aux appareils et applications informatiques professionnels limitativement identifiés de l'organisme.

Art. 3 *Justification du recours à un traitement de données biométriques.* Le responsable de traitement doit démontrer la nécessité de recourir à un traitement de données biométriques, en indiquant les raisons pour lesquelles le recours à d'autres dispositifs d'identification (badges, mots de passe, etc.) ou mesures organisationnelles et techniques de protection ne permet pas d'atteindre le niveau de sécurité exigé.

Cette justification doit :

— détailler le contexte spécifique rendant nécessaire un niveau de protection élevé ;

— détailler les raisons justifiant l'utilisation de la biométrie plutôt qu'une autre technologie ;

— être documentée par le responsable du traitement.

Art. 4 *Données personnelles collectées et traitées.* Dans le cadre du présent règlement type, le dispositif de contrôle d'accès biométrique ne peut comporter que les données à caractère personnel suivantes :

— **Données renseignées par l'employeur ou ses préposés (données d'identification) :**

— l'identité : nom, prénoms, photographie, enregistrement brut (photo, enregistrement audio, etc.) de la caractéristique biométrique et gabarit(s) d'une ou plusieurs

caractéristiques biométriques, numéro d'authentification ou numéro de support individuel, coordonnées professionnelles, clés de chiffrement ;
– la vie professionnelle : numéro de matricule interne, corps ou service d'appartenance, grade, identité ou dénomination sociale de la personne (physique ou morale) ayant la qualité d'employeur ;
– l'accès aux locaux : accès, zones et plages horaires autorisés ;
– l'accès aux outils de travail : matériels ou applicatifs concernés, plages horaires et modalités d'accès autorisées ;

– **Données générées par le dispositif (données de journalisation) ;**
– journalisation des accès aux locaux : accès utilisés, horodatage des tentatives d'accès, numéro d'authentification ou numéro de support individuel ;
– journalisation des accès aux outils de travail : matériels ou applicatifs concernés, horodatage des tentatives d'accès, numéro d'authentification ou numéro de support individuel.

Art. 5 *Données biométriques.* Est autorisée, en milieu professionnel, l'authentification biométrique basée sur des caractéristiques morphologiques des personnes concernées. L'authentification biométrique nécessitant un prélèvement biologique (salive, sang, etc.) est proscrite dans le champ du présent règlement.

Le choix du ou des types de biométrie (iris, empreinte digitale, réseau veineux de la main, etc.) doit être justifié et documenté par l'employeur, notamment la raison d'utilisation d'une caractéristique biométrique plutôt qu'une autre.

Art. 6 *Personnes habilitées à traiter les données.* Des profils d'habilitation doivent être prévus afin de gérer les accès aux données en tant que de besoin.

Les personnes habilitées ne peuvent accéder aux données que dans les limites de leurs attributions. Une revue annuelle des habilitations doit être opérée afin d'assurer que les droits accordés restent bien cohérents avec les personnes habilitées et leurs fonctions.

– **Concernant les données biométriques :**
Seules peuvent avoir accès aux données biométriques les personnes qui sont limitativement habilitées en raison de leurs fonctions à gérer l'enrôlement de la personne concernée, à supprimer les gabarits ou à assurer la maintenance du dispositif. Elles ne doivent accéder à ces gabarits dans le cadre de leur habilitation que de façon temporaire et pour les stricts besoins des actions précitées.

– **Concernant les autres données renseignées par l'employeur ou ses préposés :**
Peuvent avoir accès aux autres données à caractère personnel renseignées dans le dispositif biométrique (identité, vie professionnelle, accès aux locaux, matériels et applicatifs) les personnes qui sont limitativement habilitées en raison de leurs fonctions à gérer l'enrôlement de la personne concernée, la suppression ou la modification de son profil d'accès, ou à assurer la maintenance du dispositif.

– **Concernant les données générées par le dispositif :**
Seules peuvent avoir accès aux données générées par le dispositif biométrique les personnes qui sont limitativement habilitées en raison de leurs fonctions à assurer la sécurité des locaux, matériels et applicatifs concernés, ou de la sécurité du dispositif biométrique lui-même.

Art. 7 *Choix des modalités de détention du gabarit.* Le présent règlement distingue trois types de détention de gabarits biométriques, selon le degré de maîtrise exercé par les personnes concernées sur le support de conservation :

– *type 1* : les gabarits sous maîtrise des personnes concernées sont ceux dont le seul support de stockage durable est détenu par la personne elle-même, par exemple sous forme de badge ou de carte à puce ;

– *type 2* : les gabarits sous maîtrise partagée sont ceux dont le support de stockage durable est maîtrisé par l'employeur ou ses préposés, mais qui sont conservés sous une forme les rendant inexploitables sans l'utilisation d'un secret détenu par la personne concernée ;

– *type 3* : les gabarits non maîtrisés par les personnes concernées sont ceux dont le support de stockage durable est maîtrisé par l'employeur ou ses préposés sous une forme exploitable ne nécessitant ni badge contenant le gabarit ni utilisation d'un secret maîtrisé par la personne concernée.

En l'absence de circonstances particulières mentionnées aux alinéas suivants, les traitements de données biométriques mis en place par des employeurs publics ou privés ne peuvent utiliser que des gabarits sous maîtrise des personnes concernées (type 1).

Il ne peut être fait recours aux gabarits sous maîtrise partagée (type 2) que s'il est avéré que la détention d'un support dédié au seul stockage du gabarit (type 1) n'est pas adaptée à l'architecture et au contexte d'exploitation du dispositif.

De la même manière, il ne peut être fait recours aux gabarits non maîtrisés par les personnes (type 3) que s'il est avéré que la mise en place des gabarits sous maîtrise partagée (type 2) ou des gabarits sous maîtrise des personnes concernées (type 1) n'est pas adapté au vu de l'architecture et du contexte d'exploitation du dispositif et seulement si les éléments de sécurité prévus à l'article 10 sont complétés par l'analyse des risques sur les droits et libertés des personnes prévue à l'article 11.

La décision de recourir aux gabarits de type 2 ou 3 doit être documentée de manière détaillée en justifiant le choix effectué.

Art. 8 *Modalités et durées de conservation.* **Les enregistrements bruts (photo, enregistrement audio, etc.) de la caractéristique biométrique** ne peuvent être traités que le temps nécessaire au calcul du ou des gabarits : elles ne peuvent donc pas être conservées.

Les données biométriques dérivées ne peuvent être conservées que sous forme de gabarits chiffrés ne permettant pas de recalculer la caractéristique biométrique d'origine.

Elles ne peuvent être conservées que pendant la durée d'habilitation de la personne concernée, et doivent être supprimées en cas de retrait des habilitations ou en cas de cessation des fonctions de la personne concernée dans l'organisme employeur.

Les données de journalisation des accès produites par le dispositif biométrique ne peuvent être conservées en base active pendant plus de six mois glissants à compter de leur date d'enregistrement. Cela ne fait toutefois pas obstacle à leur conservation sous forme d'archives intermédiaires distinctes de la base active, avec accès restreint, dans la mesure où il existerait des dispositions législatives ou réglementaires spécifiques, ou encore si ces données présenteraient un intérêt en cas de contentieux, justifiant de les conserver le temps des règles de prescription/forclusion applicables.

Les données d'identification, autres que les gabarits biométriques, doivent être supprimées au plus tard dans les six mois qui suivent la date du retrait des habilitations ou celle de la cessation des fonctions de la personne concernée au sein ou pour le compte de la personne physique ou morale ayant la qualité de l'employeur.

Pour rappel, cette suppression n'impacte pas les autres traitements mis en place par l'employeur pour des finalités différentes et portant sur des données similaires.

Art. 9 *Information des personnes.* Sans préjudice de ses obligations relatives à l'information et à la consultation des instances représentatives du personnel, l'employeur fournit aux personnes concernées l'information individuelle obligatoire prévue par les articles 12 et suivants du RGPD.

Cette information doit figurer dans une notice écrite remise par le responsable de traitement à chaque personne concernée préalablement à l'enrôlement des données biométriques de ce dernier.

Art. 10 *Sécurité des données.* Le responsable du traitement prend toutes précautions utiles, au regard de la nature des données et des risques que le traitement fait peser sur les personnes concernées et leurs droits, pour préserver la disponibilité, l'intégrité et la confidentialité des données traitées.

A cette fin, le responsable de traitement adopte au minimum les mesures suivantes ou des mesures dont il démontre l'équivalence :

Mesures relatives aux données :

– cloisonner les données lors de leur transmission et leur conservation ;

– chiffrer les données biométriques, dont les gabarits, à l'aide d'un algorithme cryptographique et d'une gestion des clés conformes à l'état de l'art ; en particulier, une politique de chiffrement et de gestion des clés doit être clairement définie (changement des clés par défaut, algorithmes et taille des clés conformes à l'état de l'art, renouvellement prévu, etc.) ;

– associer un code d'intégrité aux données (par exemple, signature ou hachage) ;

– intégrer une mesure technique ou organisationnelle de détection de fraude (par exemple : mesure de détection de faux doigts) ;

– interdire tout accès externe à la donnée biométrique, par exemple en mettant en œuvre des mesures de types comparaison sur carte ("match-on-card") ou module de sécurité physique/logique de type HSM (*Hardware Security Module*) ;

– effectuer le contrôle d'accès par une comparaison entre l'échantillon calculé et le gabarit d'enrôlement enregistré (en base interne/distante ou sur support individuel) sans copie du gabarit ;

– interdire la transmission de tout gabarit stocké par l'employeur en dehors du système ;

– veiller à l'effectivité de l'effacement des données à l'issue de la durée de conservation (destruction physique des cartes restituées en présence de la personne concernée ou information sur les moyens de destruction de la puce en l'absence de restitution, effacement automatisé et sécurisé des données en base, etc.) ;

– supprimer la donnée biométrique en cas d'accès non autorisé au terminal de lecture-comparaison ou au serveur distant (non applicable au stockage de type 1) ;

– supprimer toute donnée non utile au traitement ultérieur lors de la fin de vie du dispositif biométrique.

Mesures relatives à l'organisation :

– responsabiliser les personnes concernées sur les bonnes conditions d'utilisation des matériels ;

– mettre à disposition un dispositif alternatif "de secours" ou utilisé à titre exceptionnel, sans contrainte ni surcoût pour les personnes n'utilisant pas la solution biométrique ; en particulier, pour les personnes ne répondant pas aux contraintes du dispositif biométrique (enrôlement ou lecture de la donnée biométrique impossible, situation de handicap rendant difficile son utilisation, etc.) et en prévision d'une indisponibilité du dispositif biométrique (tel qu'un dysfonctionnement du dispositif), une "solution de secours" doit être mise en œuvre pour assurer une continuité du service proposé, limitée toutefois à un usage exceptionnel ;

– tester le système selon une procédure formalisée, avant sa mise en place et après toute modification, dans un environnement dédié et sans recourir à des données réelles. L'utilisation de données biométriques de volontaires, qui ne sauraient être liées à leur profil réel mais à des profils créés pour les tests pour la validation du bon fonctionnement, doit être limitée au strict nécessaire. L'ensemble des données doit être supprimé au plus tard à la fin des tests ;

– déterminer les actions à entreprendre en cas d'échec de l'authentification (impossibilité de vérifier une identité, défaut d'habilitation à pénétrer dans une zone sécurisée, etc.) ;

– gérer de manière stricte l'accès physique et logique aux dispositifs et bases de données par les personnes habilitées ; en particulier, une politique de gestion des droits et des accès doit être clairement définie ; il s'agit de formaliser les différentes catégories de personnes habilitées (utilisateurs, administrateurs et gestionnaires de bases de données, personnes en charge de la gestion des données, personnes techniques de maintenance, etc.), leurs droits sur les données, la manière dont les habilitations sont gérées, la manière dont leur accès est contrôlé, la manière dont les secrets sont gérés, les traces journalisées, la manière dont les traces sont gérées, etc. ;

– former spécifiquement les administrateurs et personnes habilités à gérer les données (enrôlement, traitements, effacement, etc.) ;

– prévenir les personnes concernées en cas d'accès non autorisé à leurs données ;

– formaliser, appliquer et faire connaître une procédure de secours en cas d'incident (prévoyant notamment le réenrôlement).

Mesures relatives aux matériels :

– mettre en œuvre des mesures soit permettant d'être alerté, soit supprimant les données biométriques en cas de tentative d'effraction sur le lecteur ou le dispositif de stockage. En particulier, en cas de stockage de la donnée sur une base locale intégrée au dispositif biométrique, toute tentative d'ouverture ou d'arrachage du terminal de lecture-comparaison doit être détectée, suivie d'un signalement à l'administrateur du dispositif ;

– réserver un matériel spécifique au stockage des données biométriques, voire aux données du traitement ;
– utiliser des matériels certifiés aux conditions d'usage et en termes de sécurité ;
– garantir la traçabilité du cycle de vie du matériel.

Mesures relatives aux logiciels :
– réserver un logiciel spécifique à l'usage des données ;
– signer le logiciel et vérifier sa signature ;
– tenir les logiciels à jour selon une procédure formalisée ;
– vérifier que les modifications apportées par les éditeurs de logiciels ne favorisent pas la fuite de données ;
– recourir à des mécanismes de détection et de protection contre les logiciels malveillants et logiciels espions, éprouvés et tenus à jour ;
– limiter les actions des usagers sur les logiciels ;
– garantir la traçabilité du cycle de vie des logiciels ;
– vérifier régulièrement les licences des logiciels utilisés ;
– interdire l'installation de logiciels permettant une observation interne (dans le cas d'un badge) ;
– s'assurer du cloisonnement de l'environnement d'exécution de l'application de biométrie.

Mesures relatives aux canaux informatiques :
– sécuriser les canaux informatiques (canaux réservés et chiffrés).

Le responsable de traitement doit régulièrement, et au moins tous les ans, contrôler la bonne mise en œuvre de ces mesures. Il doit de plus effectuer une veille lui permettant d'agir dans un délai raisonnable en cas de modification par la CNIL de cette liste de mesures.

Art. 11 *Analyse d'impact relative à la protection des données.* Conformément à la délibération n° 2018-327 du 11 octobre 2018 portant adoption de la liste des types d'opérations de traitement pour lesquelles une analyse d'impact relative à la protection des données est requise, les traitements régis par le présent règlement type sont considérés comme susceptibles d'engendrer un risque élevé pour les droits et libertés des personnes physiques concernées.

Par conséquent, une analyse d'impact relative à la protection des données doit être effectuée par le responsable du traitement préalablement à leur mise en œuvre, et ce quel que soit le type (1, 2 ou 3) de détention du gabarit biométrique choisi, conformément à l'article 35 du RGPD.

Le responsable de traitement devra donc à la fois respecter les dispositions du présent règlement type, documenter et tenir à disposition de la CNIL les justifications qui y sont demandées et procéder à une évaluation des risques sur les droits et libertés des personnes aux fins de les identifier et, le cas échéant, de les traiter.

Le choix de recourir aux modalités de détention du gabarit biométrique garantissant une moindre maîtrise de la personne, en particulier du type 3, doit faire l'objet d'une documentation particulièrement circonstanciée.

Le responsable de traitement illustre les risques résiduels et les estime en termes de gravité et de vraisemblance.

Il doit mettre à jour régulièrement, au moins tous les trois ans, cette évaluation des risques ainsi que les mesures de sécurité supplémentaires qui en découleraient.

La présente délibération sera publiée au *Journal officiel* de la République française.

D GIP ACYMA

Arrêté du 3 mars 2017,

Portant approbation de la convention constitutive du groupement d'intérêt public pour le dispositif national d'assistance aux victimes d'actes de cybermalveillance.

Par arrêté du Premier ministre, du ministre de l'économie et des finances, du garde des sceaux, ministre de la justice, du ministre de l'intérieur, du secrétaire d'État chargé

du budget et des comptes publics et du secrétaire d'État chargé de l'industrie, du numérique et de l'innovation en date du 3 mars 2017, est approuvée la convention constitutive du groupement d'intérêt public pour le dispositif national d'assistance aux victimes d'actes de cybermalveillance dénommé "ACYMA". Cette convention constitutive, dont des extraits sont publiés en annexe au présent arrêté, peut être consultée au siège du groupement, 51, boulevard de la Tour-Maubourg 75007 Paris, ainsi que sur le site internet de l'Agence nationale de la sécurité des systèmes d'information (www.ssi.gouv.fr/gipacyma.pdf).

ANNEXE

CONVENTION CONSTITUTIVE DU GROUPEMENT D'INTÉRÊT PUBLIC POUR LE DISPOSITIF NATIONAL D'ASSISTANCE AUX VICTIMES D'ACTES DE CYBERMALVEILLANCE DÉNOMMÉ "ACYMA"

V. cette annexe sur le Code en ligne 🏛.

E Commandement de la cyberdéfense (COMCYBER)

V. C. défense, art. R. 1132-3 s., infra, Livre III.*

F Service de vigilance et protection contre les ingérences numériques étrangères (VIGINUM)

V. C. défense, art. R. 1132-3 s., infra, Livre III.*

II RÈGLES EUROPÉENNES

A Union européenne

Directive 2002/58/CE du 12 juillet 2002 (directive "e-privacy"),

Concernant le traitement des données à caractère personnel et la protection de la vie privée dans le secteur des communications électroniques (directive vie privée et communications électroniques).

La directive est en cours de révision, V. :

— Proposition de Règlement du Parlement européen et du Conseil concernant le respect de la vie privée et la protection des données à caractère personnel dans les communications électroniques et abrogeant la directive 2002/58/CE (règlement "vie privée et communications électroniques") (COM/2017/010 final - 2017/03 (COD)).

— Conseil de l'UE, communiqué de presse du 10 févr. 2021, accord sur un mandat de négociation en vue de la révision des règles e-privacy (https://www.consilium.europa.eu).

— CEPD, Déclaration 03/20 du 9 mars 2021 sur le Règlement ePrivacy (https://edpb.europa.eu/).

V. les consid. sur le Code en ligne.

BIBL. ▶ Dossier : L'accès et la conservation des données de connexion : *AJ pénal 2022. 391*.

Art. 1er ***Champ d'application et objectif.*** *(Dir. 2009/136/CE du 25 nov. 2009, art. 2, en vigueur le 19 déc. 2009)* **« 1. La présente directive prévoit l'harmonisation des dispositions nationales nécessaires pour assurer un niveau équivalent de protection des droits et libertés fondamentaux, et en particulier du droit à la vie privée et à la confidentialité, en ce qui concerne le traitement des données à caractère personnel dans le secteur des communications électroniques, ainsi que la libre circulation de ces données et des équipements et services de communications électroniques dans la Communauté. »**

2. Les dispositions de la présente directive précisent et complètent la directive 95/46/CE aux fins énoncées au paragraphe 1. En outre, elles prévoient la protection des intérêts légitimes des abonnés qui sont des personnes morales.

3. La présente directive ne s'applique pas aux activités qui ne relèvent pas du traité instituant la Communauté européenne, telles que celles visées dans les titres V et VI du traité sur l'Union européenne, et, en tout état de cause, aux activités concernant la sécurité publique, la défense, la sûreté de l'État (y compris la prospérité économique de l'État lorsqu'il s'agit d'activités liées à la sûreté de l'État) ou aux activités de l'État dans des domaines relevant du droit pénal.

Art. 2 ***Définitions.*** **Sauf disposition contraire, les définitions figurant dans la direction 95/46/CE et dans la directive 2002/21/CE du Parlement européen et du Conseil du 7 mars 2002 relative à un cadre réglementaire commun pour les réseaux et les services de communications électroniques (directive "cadre")** *[JOCE L 108 du 24 avr. 2002, p. 33.]* **s'appliquent aux fins de la présente directive.**

Les définitions suivantes sont aussi applicables :

a) "utilisateur" : toute personne physique utilisant un service de communications électroniques accessible au public à des fins privées ou professionnelles sans être nécessairement abonnée à ce service ;

b) "données relatives au trafic" : toutes les données traitées en vue de l'acheminement d'une communication par un réseau de communications électroniques ou de sa facturation ;

(Dir. 2009/136/CE du 25 nov. 2009, art. 2, en vigueur le 19 déc. 2009) **« c) "données de localisation" : toutes les données traitées dans un réseau de communications électroniques ou par un service de communications électroniques indiquant la position géographique de l'équipement terminal d'un utilisateur d'un service de communications électroniques accessible au public ; »**

d) "communication" ; toute information échangée ou acheminée entre un nombre fini de parties au moyen d'un service de communications électroniques accessible au public. Cela ne comprend pas les informations qui sont acheminées dans le cadre d'un service de radiodiffusion au public par l'intermédiaire d'un réseau de communications électroniques, sauf dans la mesure où un lien peut être établi entre l'information et l'abonné ou utilisateur identifiable qui la reçoit ;

e) *Abrogé par Dir. 2009/136/CE du 25 nov. 2009, art. 2, en vigueur le 19 déc. 2009.*

f) le "consentement" d'un utilisateur ou d'un abonné correspond au "consentement de la personne concernée" figurant dans la directive 95/46/CE ;

g) "service à valeur ajoutée" : tout service qui exige le traitement de données relatives au trafic ou à la localisation, à l'exclusion des données qui ne sont pas indispensables pour la transmission d'une communication ou sa facturation ;

h) "courrier électronique" : tout message sous forme de texte, de voix, de son ou d'image envoyé par un réseau public de communications qui peut être stocké dans le réseau ou dans l'équipement terminal du destinataire jusqu'à ce que ce dernier le récupère ;

(Dir. 2009/136/CE du 25 nov. 2009, art. 2, en vigueur le 19 déc. 2009 ; rectif. JOUE L 241 du 10.9.2013, p. 9) « i) "violation de données à caractère personnel" : une violation de la sécurité entraînant accidentellement ou de manière illicite la destruction, la perte, l'altération, la divulgation ou l'accès non autorisés de données à caractère personnel transmises, stockées ou traitées d'une autre manière en relation avec la fourniture de services de communications électroniques accessibles au public dans la Communauté. »

Art. 3 *Services concernés. (Dir. 2009/136/CE du 25 nov. 2009, art. 2, en vigueur le 19 déc. 2009)* La présente directive s'applique au traitement des données à caractère personnel dans le cadre de la fourniture de services de communications électroniques accessibles au public sur les réseaux de communications publics dans la Communauté, y compris les réseaux de communications publics qui prennent en charge les dispositifs de collecte de données et d'identification.

Art. 4 *(Dir. 2009/136/CE du 25 nov. 2009, art. 2, en vigueur le 19 déc. 2009) « Sécurité de traitement ».* 1. Le fournisseur d'un service de communications électroniques accessible au public prend les mesures d'ordre technique et organisationnel appropriées afin de garantir la sécurité de ses services, le cas échéant conjointement avec le fournisseur du réseau public de communications en ce qui concerne la sécurité du réseau. Compte tenu des possibilités techniques les plus récentes et du coût de leur mise en œuvre, ces mesures garantissent un degré de sécurité adapté au risque existant.

(Dir. 2009/136/CE du 25 nov. 2009, art. 2, en vigueur le 19 déc. 2009) « 1 *bis*. Sans préjudice des dispositions de la directive 95/46/CE, les mesures visées au paragraphe 1, pour le moins :

« — garantissent que seules des personnes autorisées peuvent avoir accès aux données à caractère personnel à des fins légalement autorisées,

« — protègent les données à caractère personnel stockées ou transmises contre la destruction accidentelle ou illicite, la perte ou l'altération accidentelles et le stockage, le traitement, l'accès et la divulgation non autorisés ou illicites, et

« — assurent la mise en œuvre d'une politique de sécurité relative au traitement des données à caractère personnel.

« Les autorités nationales compétentes en la matière sont habilitées à vérifier les mesures prises par les fournisseurs de services de communications électroniques accessibles au public, ainsi qu'à émettre des recommandations sur les meilleures pratiques concernant le degré de sécurité que ces mesures devraient atteindre. »

2. Lorsqu'il existe un risque particulier de violation de la sécurité du réseau, le fournisseur d'un service de communications électroniques accessible au public informe les abonnés de ce risque et, si les mesures que peut prendre le fournisseur du service ne permettent pas de l'écarter, de tout moyen éventuel d'y remédier, y compris en en indiquant le coût probable.

(Dir. 2009/136/CE du 25 nov. 2009, art. 2, en vigueur le 19 déc. 2009) « **3.** En cas de violation de données à caractère personnel, le fournisseur de services de communications électroniques accessibles au public avertit sans retard indu l'autorité nationale compétente de la violation.

« Lorsque la violation de données à caractère personnel est de nature à affecter négativement les données à caractère personnel ou la vie privée d'un abonné ou d'un particulier, le fournisseur avertit également sans retard indu l'abonné ou le particulier concerné de la violation.

« La notification d'une violation des données à caractère personnel à l'abonné ou au particulier concerné n'est pas nécessaire si le fournisseur a prouvé, à la satisfaction de l'autorité compétente, qu'il a mis en œuvre les mesures de protection technologiques appropriées et que ces dernières ont été appliquées aux données concernées par ladite violation. De telles mesures de protection technologiques rendent les données incompréhensibles à toute personne qui n'est pas autorisée à y avoir accès.

« Sans préjudice de l'obligation du fournisseur d'informer les abonnés et les particuliers concernés, si le fournisseur n'a pas déjà averti l'abonné ou le particulier de la violation de données à caractère personnel, l'autorité nationale compétente peut, après avoir examiné les effets éventuellement négatifs de cette violation, exiger du fournisseur qu'il s'exécute.

« La notification faite à l'abonné ou au particulier décrit au minimum la nature de la violation de données à caractère personnel et les points de contact auprès desquels des informations supplémentaires peuvent être obtenues et recommande des mesures à prendre pour atténuer les conséquences négatives possibles de la violation de données à caractère personnel. La notification faite à l'autorité nationale compétente décrit en outre les conséquences de la violation de données à caractère personnel, et les mesures proposées ou prises par le fournisseur pour y remédier.

« 4. Sous réserve des mesures techniques d'application adoptées en vertu du paragraphe 5, les autorités nationales compétentes peuvent adopter des lignes directrices et, le cas échéant, édicter des instructions précisant les circonstances dans lesquelles le fournisseur est tenu de notifier la violation de données à caractère personnel, le format applicable à cette notification et sa procédure de transmission. Elles doivent également être en mesure de contrôler si les fournisseurs ont satisfait aux obligations de notification qui leur incombent en vertu du présent paragraphe et infligent des sanctions appropriées si ces derniers ne s'y sont pas conformés.

« Les fournisseurs tiennent à jour un inventaire des violations de données à caractère personnel, notamment de leur contexte, de leurs effets et des mesures prises pour y remédier, les données consignées devant être suffisantes pour permettre aux autorités nationales compétentes de vérifier le respect des dispositions du paragraphe 3. Cet inventaire comporte uniquement les informations nécessaires à cette fin.

« 5. Afin d'assurer une mise en œuvre cohérente des mesures visées aux paragraphes 2, 3 et 4, la Commission peut, après consultation de l'Agence européenne chargée de la sécurité des réseaux et de l'information (ENISA), du groupe de protection des personnes à l'égard du traitement des données à caractère personnel institué par l'article 29 de la directive 95/46/CE du Contrôleur européen de la protection des données, adopter des mesures techniques d'application concernant les circonstances, le format et les procédures applicables aux exigences en matière d'information et de notification visées au présent article. Lors de l'adoption de ces mesures, la Commission associe toutes les parties prenantes concernées, notamment pour être informée des meilleures solutions techniques et économiques disponibles pour assurer la mise en œuvre du présent article.

« Ces mesures, qui visent à modifier des éléments non essentiels de la présente directive en la complétant, sont arrêtées en conformité avec la procédure de réglementation avec contrôle visée à l'article 14 *bis*, paragraphe 2. »

Art. 5 *Confidentialité des communications.* 1. Les États membres garantissent, par la législation nationale, la confidentialité des communications effectuées au moyen d'un réseau public de communications et de services de communications électronique accessibles au public, ainsi que la confidentialité des données relatives au trafic y afférentes.

En particulier, ils interdisent à toute autre personne que les utilisateurs d'écouter, d'intercepter, de stocker les communications et les données relatives au trafic y afférentes, ou de les soumettre à tout autre moyen d'interception ou de surveillance, sans le consentement des utilisateurs concernés sauf lorsque cette personne y est légalement autorisée, conformément à l'article 15, paragraphe 1. Le présent paragraphe n'empêche pas le stockage technique nécessaire à l'acheminement d'une communication, sans préjudice du principe de confidentialité.

2. Le paragraphe 1 n'affecte pas l'enregistrement légalement autorisé de communications et des données relatives au trafic y afférentes, lorsqu'il est effectué dans le cadre des usages professionnels licites, afin de fournir la preuve d'une transaction commerciale ou de toute autre communication commerciale.

(Dir. 2009/136/CE du 25 nov. 2009, art. 2, en vigueur le 19 déc. 2009) « 3. Les États membres garantissent que le stockage d'informations, ou l'obtention de l'accès à des informations déjà stockées, dans l'équipement terminal d'un abonné ou d'un utilisateur n'est permis qu'à condition que l'abonné ou l'utilisateur ait donné son accord, après avoir reçu, dans le respect de la directive 95/46/CE, une information claire et complète, entre autres sur les finalités du traitement. Cette disposition ne fait pas obstacle à un stockage ou à un accès techniques visant exclusivement à effectuer la transmission d'une communication par la voie d'un réseau de communications électroniques, ou strictement nécessaires au fournisseur pour la fourniture d'un service de la société de l'information expressément demandé par l'abonné ou l'utilisateur. »

Art. 6 *Données relatives au trafic.* 1. Les données relatives au trafic concernant les abonnés et les utilisateurs traitées et stockées par le fournisseur d'un réseau public de communications ou d'un service de communications électroniques accessibles au public doivent être effacées ou rendues anonymes lorsqu'elles ne sont plus nécessaires à la transmission d'une communication sans préjudice des paragraphes 2, 3 et 5, du présent article ainsi que de l'article 15, paragraphe 1.

2. Les données relatives au trafic qui sont nécessaires pour établir les factures des abonnés et les paiements pour interconnexion peuvent être traitées. Un tel traitement n'est autorisé que jusqu'à la fin de la période au cours de laquelle la facture peut être légalement contestée ou des poursuites engagées pour en obtenir le paiement.

(Dir. 2009/136/CE du 25 nov. 2009, art. 2, en vigueur le 19 déc. 2009) « 3. Afin de commercialiser des services de communications électroniques ou de fournir des services à valeur ajoutée, le fournisseur d'un service de communications électroniques accessible au public peut traiter les données visées au paragraphe 1 dans la mesure et pour la durée nécessaires à la fourniture ou à la commercialisation de ces services, pour autant que l'abonné ou l'utilisateur que concernent ces données ait donné son consentement préalable. Les utilisateurs ou abonnés ont la possibilité de retirer à tout moment leur consentement pour le traitement des données relatives au trafic. »

4. Le fournisseur de service doit informer l'abonné ou l'utilisateur des types de données relatives au trafic qui sont traités ainsi que de la durée de ce traitement aux fins visées au paragraphe 2 et, avant d'obtenir leur consentement, aux fins visées au paragraphe 3.

5. Le traitement des données relatives au trafic effectué conformément aux dispositions des paragraphes 1, 2, 3 et 4 doit être restreint aux personnes agissant sous l'autorité des fournisseurs de réseaux publics de communications et de services de communications électroniques accessibles au public qui sont chargées d'assurer la facturation ou la gestion du trafic, de répondre aux demandes de la clientèle, de détecter les fraudes et de commercialiser les services de communications électroniques ou de fournir un service à valeur ajoutée ; ce traitement doit se limiter à ce qui est nécessaire à de telles activités.

6. Les paragraphes 1, 2, 3 et 5 s'appliquent sans préjudice de la possibilité qu'ont les organes compétents de se faire communiquer des données relatives au trafic conformément à la législation en vigueur dans le but de régler des litiges, notamment en matière d'interconnexion ou de facturation.

Art. 7 *Facturation détaillée.* 1. Les abonnés ont le droit de recevoir des factures non détaillées.

2. Les États membres appliquent des dispositions nationales afin de concilier les droits des abonnés recevant des factures détaillées avec le droit à la vie privée des utilisateurs appelants et des abonnés appelés, par exemple en veillant ce que lesdits utilisateurs et abonnés disposent de modalités complémentaires suffisantes renforçant le respect de la vie privée pour les communications ou les paiements.

Art. 8 *Présentation et restriction de l'identification de la ligne appelante et de la ligne connectée.* 1. Dans les cas où la présentation de l'identification de la ligne appelante est offerte, le fournisseur du service doit offrir à l'utilisateur appelant, par un moyen simple et gratuit, la possibilité d'empêcher la présentation de l'identification de la ligne appelante, et ce, appel par appel. L'abonné appelant doit avoir cette possibilité pour chaque ligne.

2. Dans les cas où la présentation de l'identification de la ligne appelante est offerte, le fournisseur du service doit offrir à l'abonné appelé, par un moyen simple et gratuit pour un usage raisonnable de cette fonction, la possibilité d'empêcher la présentation de l'identification de la ligne appelante pour les appels entrants.

3. Dans les cas où la présentation de l'identification de la ligne appelante est offerte et où l'identification de la ligne appelante est présentée avant l'établissement de l'appel, le fournisseur de service doit offrir à l'abonné appelé, par un moyen simple, la possibilité de refuser les appels entrants lorsque l'utilisateur ou l'abonné appelant a empêché la présentation de l'identification de la ligne appelante.

4. Dans les cas où la présentation de l'identification de la ligne connectée est offerte, le fournisseur de service doit offrir à l'abonné appelé, par un moyen simple et gratuit, la possibilité d'empêcher la présentation de l'identification de la ligne connectée à l'utilisateur appelant.

5. Le paragraphe 1 s'applique également aux appels provenant de la Communauté à destination de pays tiers. Les paragraphes 2, 3 et 4 s'appliquent également aux appels entrants provenant de pays tiers.

6. Les États membres veillent à ce que, dans les cas où la présentation de l'identification de la ligne appelante et/ou de la ligne connectée est offerte, les fournisseurs de services de communications électroniques accessibles au public informent le public de cette situation, ainsi que des possibilités prévues aux paragraphes 1, 2, 3 et 4.

Art. 9 *Données de localisation autres que les données relatives au trafic.* 1. Lorsque les données de localisation, autres que des données relatives au trafic, concernant des utilisateurs ou abonnés de réseaux publics de communications ou de services de communications électroniques accessibles au public ou des abonnés à ces réseaux ou services, peuvent être traitées, elles ne le seront qu'après avoir été rendues anonymes ou moyennant le consentement des utilisateurs ou des abonnés, dans la mesure et pour la durée nécessaires à la fourniture d'un service à valeur ajoutée. Le fournisseur du service doit informer les utilisateurs ou les abonnés, avant d'obtenir leur consentement, du type de données de localisation autres que les données relatives au trafic qui sera traité, des objectifs et de la durée de ce traitement, et du fait que les données seront ou non transmises à un tiers en vue de la fourniture du service à valeur ajoutée. Les utilisateurs ou les abonnés ont la possibilité de retirer à tout moment leur consentement pour le traitement des données de localisation autres que les données relatives au trafic.

2. Lorsque les utilisateurs ou les abonnés ont donné leur consentement au traitement des données de localisation autres que les données relatives au trafic, ils doivent garder la possibilité d'interdire temporairement, par un moyen simple et gratuit, le traitement de ces données pour chaque connexion au réseau ou pour chaque transmission de communication.

3. Le traitement des données de localisation autres que les données relatives au trafic effectué conformément aux paragraphes 1 et 2 doit être restreint aux personnes agissant sous l'autorité du fournisseur du réseau public de communications ou service de communications électroniques accessible au public ou du tiers qui fournit le service à valeur ajoutée, et doit se limiter à ce qui est nécessaire pour assurer la fourniture du service à valeur ajoutée.

Art. 10 *Dérogations.* Les États membres veillent à ce que des procédures transparentes régissent les modalités grâce auxquelles le fournisseur d'un réseau public de communications ou d'un service de communications électroniques accessible au public peut passer outre :

a) à la suppression de la présentation de l'identification de la ligne appelante, à titre temporaire, lorsqu'un abonné demande l'identification d'appels malveillants ou dérangeants ; dans ce cas, conformément au droit interne, les données permettant d'identifier l'abonné appelant seront conservées et mises à disposition par le fournisseur d'un réseau public de communications et/ou d'un service de communications électroniques accessible au public ;

b) à la suppression de la présentation de l'identification de la ligne appelante et à l'interdiction temporaire ou à l'absence de consentement d'un abonné ou d'un utilisateur en ce qui concerne le traitement de données de localisation, ligne par ligne, pour les organismes chargés de traiter les appels d'urgence et reconnus comme tels par un État membre, y compris les services de police, les services d'ambulance et les pompiers, dans le but de réagir à de tels appels.

Art. 11 *Renvoi automatique d'appel.* Les États membres veillent à ce que tout abonné ait la possibilité, par un moyen simple et gratuit, de mettre fin au renvoi automatique des appels par un tiers vers son terminal.

Art. 12 *Annuaires d'abonnés.* 1. Les États membres veillent à ce que les abonnés soient informés gratuitement et avant d'y être inscrits des fins auxquelles sont établis des annuaires d'abonnés imprimés ou électroniques accessibles au public ou consultables par l'intermédiaire de services de renseignements, dans lesquels les données à caractère personnel les concernant peuvent figurer, ainsi que de toute autre possibilité d'utilisation reposant sur des fonctions de recherche intégrées dans les versions électroniques des annuaires.

2. Les États membres veillent à ce que les abonnés aient la possibilité de décider si les données à caractère personnel les concernant, et lesquelles de ces données, doivent figurer dans un annuaire public, dans la mesure où ces données sont pertinentes par rapport à la fonction de l'annuaire en question telle qu'elle a été établie par le fournisseur de l'annuaire. Ils font également en sorte que les abonnés puissent vérifier, corriger ou supprimer ces données. La non-inscription dans un annuaire public d'abonnés, la vérification, la correction ou la suppression de données à caractère personnel dans un tel annuaire est gratuite.

3. Les États membres peuvent demander que le consentement des abonnés soit également requis pour toute finalité d'annuaire public autre que la simple recherche des coordonnées d'une personne sur la base de son nom et, au besoin, d'un nombre limité d'autres paramètres.

4. Les paragraphes 1 et 2 s'appliquent aux abonnés qui sont des personnes physiques. Les États membres veillent également, dans le cadre du droit communautaire et des législations nationales applicables, à ce que les intérêts légitimes des abonnés autres que les personnes physiques soient suffisamment protégés en ce qui concerne leur inscription dans des annuaires publics.

Art. 13 *Communications non sollicitées. (Dir. 2009/136/CE du 25 nov. 2009, art. 2, en vigueur le 19 déc. 2009)* 1. L'utilisation de systèmes automatisés d'appel et de communication sans intervention humaine (automates d'appel), de télécopieurs ou de courrier électronique à des fins de prospection directe ne peut être autorisée que si elle vise des abonnés ou des utilisateurs ayant donné leur consentement préalable.

2. Nonobstant le paragraphe 1, lorsque, dans le respect de la directive 95/46/CE, une personne physique ou morale a, dans le cadre de la vente d'un produit ou d'un service, obtenu de ses clients leurs coordonnées électroniques en vue d'un courrier électronique, ladite personne physique ou morale peut exploiter ces coordonnées électroniques à des fins de prospection directe pour des produits ou services analogues qu'elle-même fournit pour autant que lesdits clients se voient donner clairement et expressément la faculté de s'opposer, sans frais et de manière simple, à une telle exploitation des coordonnées électroniques au moment où elles sont recueillies et lors de chaque message, au cas où ils n'auraient pas refusé d'emblée une telle exploitation.

3. Les États membres prennent les mesures appropriées pour assurer que les communications non sollicitées effectuées à des fins de prospection directe, dans les cas autres que ceux visés aux paragraphes 1 et 2, ne soient pas autorisées, soit sans le consentement des abonnés ou des utilisateurs concernés, soit à l'égard des abonnés ou des utilisateurs qui ne souhaitent pas recevoir ces communications, le choix entre ces deux solutions étant régi par la législation nationale, sachant que les deux solutions doivent être gratuites pour l'abonné ou l'utilisateur.

4. Dans tous les cas, il est interdit d'émettre des messages électroniques à des fins de prospection directe en camouflant ou en dissimulant l'identité de l'émetteur au nom duquel la communication est faite, en violation de l'article 6 de la directive 2000/31/CE, sans indiquer d'adresse valable à laquelle le destinataire peut transmettre une demande visant à obtenir que ces communications cessent, ou en encourageant les destinataires à visiter des sites internet enfreignant ledit article.

5. Les paragraphes 1 et 3 s'appliquent aux abonnés qui sont des personnes physiques. Les États membres veillent également, dans le cadre du droit communautaire et des législations nationales applicables, à ce que les intérêts légitimes des abonnés autres que les personnes physiques soient suffisamment protégés en ce qui concerne les communications non sollicitées.

6. Sans préjudice d'éventuels recours administratifs qui peuvent être prévus notamment en vertu de l'article 15 *bis*, paragraphe 2, les États membres veillent à ce que toute personne physique ou morale ayant pâti d'infractions aux dispositions nationales adoptées en application du présent article et ayant dès lors un intérêt légitime à voir cesser ou interdire ces infractions, y compris un fournisseur de services de communications électroniques protégeant ses intérêts professionnels légitimes, puisse engager des actions en justice en ce qui concerne de telles infractions. Les États membres peuvent également déterminer le régime spécifique des sanctions applicables aux fournisseurs de services de communications électroniques qui, par leur négligence, contribuent aux violations des dispositions nationales prises en application du présent article.

Art. 14 *Caractéristiques techniques et normalisation.* 1. Lors de la mise en œuvre des dispositions de la présente directive, les États membres veillent, sous réserve des paragraphes 2 et 3, à ce qu'aucune exigence relative à des caractéristiques techniques spécifiques ne soit imposée aux terminaux ou à d'autres équipements de communications électroniques si elle risque d'entraver la mise sur le marché d'équipements et la libre circulation de ces équipements dans les États membres et entre ces derniers.

2. Lorsque des dispositions de la présente directive ne peuvent être mise en œuvre qu'en imposant des caractéristiques techniques spécifiques aux réseaux de communications électroniques, les États membres en informent la Commission, conformément aux procédures prévues par la directive 98/34/CE du Parlement européen et du Conseil du 22 juin 1998 prévoyant une procédure d'information dans le domaine des normes et réglementations techniques et des règles relatives aux services de la société de l'information *[JOCE L 204 du 21 juill. 1998, p. 37]*.

3. Au besoin des mesures peuvent être adoptées afin de garantir que les équipements terminaux seront construits de manière compatible avec le droit des utilisateurs de protéger et de contrôler l'utilisation de leurs données à caractère personnel, conformément à la directive 1999/5/CE et à la décision 87/95/CEE du Conseil du 22 décembre 1986 relative à la normalisation dans le domaine des technologies de l'information et des télécommunications *[JOCE L 36 du 7 févr. 1987, p. 31]*.

Art. 14 *bis* *Procédure de comité. (Dir. 2009/136/CE du 25 nov. 2009, art. 2, en vigueur le 19 déc. 2009)* 1. La Commission est assistée par le comité des communications institué par l'article 22 de la directive 2002/21/CE (directive "cadre").

2. Dans le cas où il est fait référence au présent paragraphe, l'article 5 *bis*, paragraphes 1 à 4, et l'article 7 de la décision 1999/468/CE s'appliquent, dans le respect des dispositions de l'article 8 de celle-ci.

3. Dans le cas où il est fait référence au présent paragraphe, l'article 5 *bis*, paragraphes 1, 2, 4 et 6, et l'article 7 de la décision 1999/468/CE s'appliquent, dans le respect des dispositions de l'article 8 de celle-ci.

Art. 15 *Application de certaines dispositions de la directive 95/46/CE.* 1. Les États membres peuvent adopter des mesures législatives visant à limiter la portée des droits et des obligations prévus aux articles 5 et 6, à l'article 8, paragraphes 1, 2, 3 et 4, et à l'article 9 de la présente directive lorsqu'une telle limitation constitue une mesure nécessaire, appropriée et proportionnée, au sein d'une société démocratique, pour sauvegarder la sécurité nationale – c'est-à-dire la sûreté de l'État – la défense et la sécurité publique, ou assurer la prévention, la recherche, la détection et la poursuite d'infractions pénales ou d'utilisations non autorisées du système de communications électroniques, comme le prévoit l'article 13, paragraphe 1, de la directive 95/46/CE. A cette fin, les États membres peuvent, entre autres, adopter des mesures législatives prévoyant la conservation de données pendant une durée limitée lorsque cela est justifié par un des motifs énoncés dans le présent paragraphe. Toutes les mesures visées dans le présent paragraphe sont prises dans le respect des principes généraux du droit communautaire, y compris ceux visés à l'article 6, paragraphes 1 et 2, du traité sur l'Union européenne.

(Dir. 2006/24/CE du 15 mars 2006, art. 11, en vigueur le 3 mai 2006) « 1 *bis.* Le paragraphe 1 n'est pas applicable aux données dont la conservation est spécifiquement exigée par la directive 2006/24/CE du Parlement européen et du Conseil du 15 mars 2006 sur la conservation de données traitées dans le cadre de la fourniture de services de communications électroniques accessibles au public ou de réseaux publics de communications *[JOUE L 105 du 13 avr. 2006, p. 54.]* aux fins visées à l'article 1er, paragraphe 1, de ladite directive. »

(Dir. 2009/136/CE du 25 nov. 2009, art. 2, en vigueur le 19 déc. 2009) « 1 *ter.* Les fournisseurs établissent, sur la base des dispositions nationales adoptées au titre du paragraphe 1, des procédures internes permettant de répondre aux demandes d'accès aux données à caractère personnel concernant les utilisateurs. Ils mettent, sur demande, à la disposition de l'autorité nationale compétente des informations sur ces procédures, sur le nombre de demandes reçues, sur la base juridique invoquée et sur leur réponse. »

2. Les dispositions du chapitre III de la directive 95/46/CE relatif aux recours juridictionnels, à la responsabilité et aux sanctions sont applicables aux dispositions nationales adoptées en application de la présente directive ainsi qu'aux droits individuels résultant de la présente directive.

3. Le groupe de protection des personnes à l'égard du traitement des données à caractère personnel, institué par l'article 29 de la directive 95/46/CE, remplit aussi les tâches visées à l'article 30 de ladite directive en ce qui concerne les matières couvertes par la présente directive, à savoir la protection des droits et des libertés fondamentaux ainsi que des intérêts légitimes dans le secteur des communications électroniques.

Art. 15 *bis* *Mise en œuvre et contrôle de l'application. (Dir. 2009/136/CE du 25 nov. 2009, art. 2, en vigueur le 19 déc. 2009)* 1. Les États membres déterminent le régime des sanctions, y compris des sanctions pénales s'il y a lieu, applicables aux violations des dispositions nationales prises en application de la présente directive et prennent toute mesure nécessaire pour assurer la mise en œuvre de celles-ci. Les sanctions ainsi prévues doivent être effectives, proportionnées et dissuasives et peuvent être appliquées pour couvrir la durée de l'infraction, même si celle-ci a été ultérieurement corrigée. Les États membres notifient ces dispositions à la Commission, au plus tard le 25 mai 2011, et toute modification ultérieure les concernant dans les meilleurs délais.

2. Sans préjudice de tout recours judiciaire qui pourrait être disponible, les États membres veillent à ce que l'autorité nationale compétente et, le cas échéant, d'autres organismes nationaux aient le pouvoir d'ordonner la cessation des infractions visées au paragraphe 1.

3. Les États membres veillent à ce que l'autorité nationale compétente et, le cas échéant, d'autres organismes nationaux disposent des pouvoirs d'enquête et des ressources nécessaires, et notamment du pouvoir d'obtenir toute information pertinente dont ils pourraient avoir besoin, afin de surveiller et de contrôler le respect des dispositions nationales adoptées en application de la présente directive.

4. Les autorités réglementaire nationales compétentes peuvent adopter des mesures afin d'assurer une coopération transfrontalière effective dans le contrôle de l'applica-

tion des législations nationales adoptées en application de la présente directive et de créer des conditions harmonisées pour la fourniture de services impliquant des flux de données transfrontaliers.

Les autorités réglementaires nationales fournissent à la Commission, en temps utile avant l'adoption de ces mesures, un résumé des raisons sur lesquelles se fondent leur intervention, les mesures envisagées et la démarche proposée. Après avoir examiné ces informations et consulté l'ENISA et le groupe de protection des personnes à l'égard du traitement des données à caractère personnel institué par l'article 29 de la directive 95/46/CE, la Commission peut émettre des commentaires ou faire des recommandations, en particulier pour garantir que les mesures envisagées ne font pas obstacle au fonctionnement du marché intérieur. Les autorités réglementaires nationales tiennent le plus grand compte des commentaires ou recommandations de la Commission lorsqu'elles statuent sur ces mesures.

Art. 16 *Dispositions transitoires.* 1. L'article 12 ne s'applique pas aux éditions d'annuaires qui ont déjà été établies ou commercialisées en version papier ou en version électronique hors ligne avant l'entrée en vigueur des dispositions nationales adoptées en application de la présente directive.

2. Si les données à caractère personnel concernant des abonnés à des services publics de téléphonie vocale fixe ou mobile ont été insérées dans un annuaire public d'abonnés conformément aux dispositions de la directive 95/46/CE et de l'article 11 de la directive 97/66/CE avant que ne soient entrées en vigueur les dispositions de droit interne prises par les États membres pour se conformer à la présente directive, les données à caractère personnel desdits abonnés peuvent continuer de figurer dans cet annuaire public dans sa version papier ou électronique, y compris les versions dotées de fonctions de recherche inverse, sauf si lesdits abonnés, après avoir été pleinement informés de leurs droits et des fins auxquelles l'annuaire est établi, conformément à l'article 12 de la présente directive, s'y opposent.

Art. 17 *Transposition.* 1. Les États membres mettent en vigueur avant le 31 octobre 2003 les dispositions nécessaires pour se conformer à la présente directive. Ils en informent immédiatement la Commission.

Lorsque les États membres adoptent ces dispositions, celles-ci contiennent une référence à la présente directive ou sont accompagnées d'une telle référence lors de leur publication officielle. Les modalités de cette référence sont arrêtées par les États membres.

2. Les États membres communiquent à la Commission le texte des dispositions de droit interne qu'ils adoptent dans le domaine régi par la présente directive, ainsi que de toute modification ultérieure de ces dispositions.

Art. 18 *Réexamen.* Au plus tard trois ans après la date visée à l'article 17, paragraphe 1, la Commission présente au Parlement européen et au Conseil un rapport sur l'application de la présente directive et sur son impact sur les opérateurs économiques et les consommateurs, notamment en ce qui concerne les dispositions relatives aux communications non sollicitées, en prenant en considération l'environnement international. A cette fin, la Commission peut demander des informations aux États membres, lesquelles doivent être fournies sans retard indû. Le cas échéant, la Commission soumet des propositions de modification de la présente directive, en tenant compte des conclusions du rapport susmentionné, de tout changement intervenu dans le secteur ainsi que de toute autre proposition qu'elle peut juger nécessaire afin d'améliorer l'efficacité de la présente directive.

Art. 19 *Abrogation.* La directive 97/66/CE est abrogée avec effet à partir de la date visée à l'article 17, paragraphe 1.

Les références faites à la directive abrogée s'entendent comme étant faites à la présente directive.

Art. 20 *Entrée en vigueur.* La présente directive entre en vigueur le jour de sa publication au *Journal officiel des Communautés européennes.*

Règlement (CE) n° 765/2008 du 9 juillet 2008,

Fixant les prescriptions relatives à l'accréditation et abrogeant le règlement CEE n° 339/93 (Règl. (UE) 2019/1020 du 20 juin 2019, art. 39).

V. les consid. sur le Code en ligne.

CHAPITRE I *DISPOSITIONS GÉNÉRALES*

Art. 1er *Objet et champ d'application.* 1. Le présent règlement établit les règles concernant l'organisation et le fonctionnement de l'accréditation des organismes d'évaluation chargés d'accomplir des tâches d'évaluation de la conformité.

(Abrogé par Règl. (UE) 2019/1020 du 20 juin 2019, art. 39) ***« 2. Le présent règlement fixe un cadre pour la surveillance du marché des produits afin de garantir qu'ils répondent aux exigences garantissant un haut niveau de protection des intérêts publics tels que la santé et la sécurité en général, la santé et la sécurité sur le lieu de travail, la protection des consommateurs, la protection de l'environnement et la sécurité.***

« 3. Le présent règlement fixe un cadre pour les contrôles sur les produits provenant de pays tiers. »

4. Le présent règlement établit les principes généraux applicables au marquage CE.

Art. 2 *Définitions.* Les définitions ci-après sont applicables aux fins du présent règlement :

(Abrogé par Règl. (UE) 2019/1020 du 20 juin 2019, art. 39) ***« 1) "mise à disposition sur le marché" : toute fourniture d'un produit destiné à être distribué, consommé ou utilisé sur le marché communautaire dans le cadre d'une activité commerciale, à titre onéreux ou gratuit ;***

2) "mise sur le marché" : la première mise à disposition d'un produit sur le marché communautaire ; »

3) "fabricant" : toute personne physique ou morale qui fabrique un produit ou fait concevoir ou fabriquer un produit, et commercialise ce produit sous son propre nom ou sa propre marque ;

4) "mandataire" : toute personne physique ou morale établie dans la Communauté ayant reçu mandat écrit d'un fabricant pour agir en son nom aux fins de l'accomplissement de tâches déterminées qui sont liées aux obligations incombant à ce dernier en vertu de la législation communautaire applicable ;

5) "importateur" : toute personne physique ou morale établie dans la Communauté qui met un produit provenant d'un pays tiers sur le marché communautaire ;

6) "distributeur" : toute personne physique ou morale faisant partie de la chaîne d'approvisionnement, autre que le fabricant ou l'importateur, qui met un produit à disposition sur le marché ;

7) "opérateurs économiques" : le fabricant, le mandataire, l'importateur et le distributeur ;

8) "spécifications techniques" : document fixant les exigences techniques devant être respectées par un produit, processus ou service ;

9) "norme harmonisée" : une norme européenne adoptée par l'un des organismes européens de normalisation visés à l'annexe I de la directive 98/34/CE du Parlement européen et du Conseil du 22 juin 1998 prévoyant une procédure d'information dans le domaine des normes et réglementations techniques *[JO L 204 du 21 juill. 1998, p. 37]*, sur la base d'une demande formulée par la Commission conformément à l'article 6 de cette directive ;

10) "accréditation" : attestation délivrée par un organisme national d'accréditation selon laquelle un organisme d'évaluation de la conformité satisfait aux critères définis par les normes harmonisées et, le cas échéant, à toute autre exigence supplémentaire, notamment celles fixées dans les programmes sectoriels pertinents, requis pour effectuer une opération spécifique d'évaluation de la conformité ;

11) "organisme national d'accréditation" : l'unique organisme dans un État membre chargé de l'accréditation, qui tire son autorité de cet État ;

12) "évaluation de la conformité" : processus évaluant s'il est démontré que des exigences spécifiées relatives à un produit, processus, service, système, personne ou organisme ont été respectées ;

13) "organisme d'évaluation de la conformité" : organisme qui effectue des opérations d'évaluation de la conformité, comme l'étalonnage, les essais, la certification et l'inspection ;

(Abrogé par Règl. (UE) 2019/1020 du 20 juin 2019, art. 39) ***« 14) "rappel » : toute mesure visant à obtenir le retour d'un produit qui a déjà été mis à la disposition de l'utilisateur final ;***

« 15) "retrait » : toute mesure visant à empêcher la mise à disposition sur le marché d'un produit de la chaîne d'approvisionnement ; »

16) "évaluation par les pairs" : processus d'évaluation d'un organisme national d'accréditation par d'autres organismes nationaux d'accréditation effectué conformément aux exigences du présent règlement et, le cas échéant, d'autres spécifications techniques sectorielles ;

(Abrogé par Règl. (UE) 2019/1020 du 20 juin 2019, art. 39) ***« 17) "surveillance du marché" : opérations effectuées et mesures prises par les autorités publiques pour garantir que les produits sont conformes aux exigences légales définies dans la législation communautaire d'harmonisation pertinente et ne portent pas atteinte à la santé et à la sécurité ou à tout autre aspect de la protection de l'intérêt public ;***

« 18) "autorité de surveillance du marché" : autorité d'un État membre compétente pour la réalisation de la surveillance du marché sur son territoire ;

« 19) "mise en libre pratique" : la procédure définie à l'article 79 du règlement (CEE) n° 2913/92 du Conseil du 12 octobre 1992 établissant le code des douanes communautaire *[JO L 302 du 19 oct. 1992, p. 1]* ***» ;***

20) "marquage CE" : marquage par lequel le fabricant indique que le produit est conforme aux exigences applicables de la législation communautaire d'harmonisation prévoyant son apposition ;

21) "législation communautaire d'harmonisation" : toute législation communautaire visant à harmoniser les conditions de la commercialisation des produits.

CHAPITRE II ***ACCRÉDITATION***

Art. 3 *Champ d'application.* Le présent chapitre s'applique à l'accréditation utilisée, à titre obligatoire ou volontaire, dans le cadre de l'évaluation de la conformité, que cette évaluation soit ou non obligatoire, et indépendamment du statut juridique de l'organisme réalisant l'accréditation.

Art. 4 *Principes généraux.* 1. Chaque État membre désigne un organisme national d'accréditation unique.

2. Lorsqu'un État membre estime qu'il n'est pas pertinent ou pas réalisable du point de vue économique de constituer un organisme national d'accréditation ou de fournir certains services d'accréditation, il a recours, dans la mesure du possible, à l'organisme national d'accréditation d'un autre État membre.

3. Les États membres informent la Commission et les autres États membres lorsqu'ils ont recours à l'organisme national d'accréditation d'un autre État membre en vertu du paragraphe 2.

4. Sur la base des informations visées au paragraphe 3 et à l'article 12, la Commission établit et met à jour une liste des organismes nationaux d'accréditation qu'elle rend publique.

5. Lorsque l'accréditation n'est pas assurée directement par les autorités publiques elles-mêmes, un État membre confie à son organisme national d'accréditation les tâches d'accréditation comme une activité de puissance publique et lui accorde une reconnaissance formelle.

6. Les responsabilités et les tâches de l'organisme national d'accréditation sont clairement distinguées de celles des autres autorités nationales.

7. L'organisme national d'accréditation exerce ses fonctions sans but lucratif.

8. L'organisme national d'accréditation ne peut pas offrir ou fournir des activités ou des services que les organismes d'évaluation de la conformité proposent, fournir de services de conseil, détenir des parts ou avoir un intérêt financier ou administratif dans un organisme d'évaluation de la conformité.

9. Chaque État membre veille à ce que son organisme national d'accréditation dispose des ressources financières et humaines appropriées pour la bonne réalisation de ses tâches, y compris pour l'exécution de tâches spécialisées telles que des activités de coopération européenne et internationale en matière d'accréditation et des missions d'ordre public qui ne s'autofinancent pas.

10. L'organisme national d'accréditation est membre de l'organisme reconnu en vertu de l'article 14.

11. Les organismes nationaux d'accréditation établissent et gèrent les structures adéquates pour garantir la participation effective et équilibrée de toutes les parties intéressées, tant au sein de leurs organisations que de l'organisme reconnu en vertu de l'article 14.

Art. 5 *Fonctionnement de l'accréditation.* 1. Un organisme national d'accréditation évalue, à la demande d'un organisme d'évaluation de la conformité, si celui-ci est compétent pour réaliser une activité spécifique d'évaluation de la conformité. Si tel est le cas, l'organisme national d'accréditation délivre un certificat d'accréditation correspondant.

2. Lorsqu'un État membre décide de ne pas recourir à l'accréditation, il fournit à la Commission et aux autres États membres toutes les preuves documentaires nécessaires à la vérification de la compétence des organismes d'évaluation de la conformité qu'il choisit afin d'appliquer la législation communautaire d'harmonisation concernée.

3. Les organismes nationaux d'accréditation contrôlent les organismes d'évaluation de la conformité auxquels ils ont délivré un certificat d'accréditation.

4. Lorsqu'un organisme national d'accréditation estime qu'un organisme d'évaluation de la conformité ayant obtenu un certificat d'accréditation n'est plus compétent pour réaliser une activité spécifique d'évaluation de la conformité ou a commis un manquement grave à ses obligations, il prend toutes les mesures appropriées dans un délai raisonnable pour restreindre, suspendre ou retirer le certificat d'accréditation.

5. Les États membres établissent les procédures concernant le traitement des recours, y compris le cas échéant, des plaintes à l'encontre de décisions d'accréditation ou de l'absence de décisions d'accréditation.

Art. 6 *Principe de non-concurrence.* 1. Les organismes nationaux d'accréditation n'entrent pas en concurrence avec les organismes d'évaluation de la conformité.

2. Les organismes nationaux d'accréditation n'entrent pas en concurrence avec d'autres organismes nationaux d'accréditation.

3. Les organismes nationaux d'accréditation sont autorisés à exercer leurs activités au-delà de leurs frontières sur le territoire d'un autre État membre, à la demande d'un organisme d'évaluation de la conformité, dans les conditions prévues à l'article 7, paragraphe 1, ou s'ils y sont invités par un organisme national d'accréditation, conformément à l'article 7, paragraphe 3, en coopération avec l'organisme national d'accréditation de l'État membre en question.

Art. 7 *Accréditation transfrontalière.* 1. Lorsqu'un organisme d'évaluation de la conformité sollicite une accréditation, il l'effectue auprès de l'organisme national d'accréditation de l'État membre dans lequel il est établi ou auprès d'un des organismes nationaux d'accréditation auxquels l'État membre a recours conformément à l'article 4, paragraphe 2.

Un organisme d'évaluation de la conformité peut toutefois demander l'accréditation auprès d'un organisme national d'accréditation autre que ceux visés au premier alinéa dans les cas suivants :

a) lorsque l'État membre dans lequel il est établi a décidé de ne pas constituer d'organisme national d'accréditation et n'a pas recours à l'organisme national d'accréditation d'un autre État membre conformément à l'article 4, paragraphe 2 ;

b) lorsque les organismes nationaux d'accréditation visés au premier alinéa ne réalisent pas d'accréditation pour les activités d'évaluation de la conformité pour lesquelles l'accréditation est souhaitée ;

c) lorsque les organismes nationaux d'accréditation visés au premier alinéa n'ont pas passé avec succès l'évaluation par les pairs visée à l'article 10 en ce qui concerne les activités d'évaluation de la conformité pour lesquelles l'accréditation est souhaitée.

2. Lorsqu'un organisme national d'accréditation reçoit une demande en vertu du paragraphe 1, point b) ou c), il informe l'organisme national d'accréditation de l'État

membre dans lequel l'organisme d'évaluation de la conformité demandeur est établi. Dans ce cas, l'organisme national d'accréditation de l'État membre dans lequel l'organisme d'évaluation de la conformité demandeur est établi peut participer en tant qu'observateur.

3. Un organisme national d'accréditation peut demander à un autre organisme national d'accréditation de réaliser une partie de l'activité d'évaluation. Dans ce cas, le certificat d'accréditation est délivré par l'organisme demandeur.

Art. 8 *Exigences applicables aux organismes nationaux d'accréditation.* Un organisme national d'accréditation satisfait aux exigences suivantes :

1) il est organisé de manière à être indépendant des organismes d'évaluation de la conformité qu'il évalue, à ne pas subir de pressions commerciales et à éviter tout conflit d'intérêts avec les organismes d'évaluation de la conformité ;

2) il fonctionne et est organisé de façon à sauvegarder l'objectivité et l'impartialité de ses activités ;

3) il veille à ce que toute décision concernant l'attestation de compétence soit prise par des personnes compétentes autres que celles qui ont réalisé l'évaluation ;

4) il prend les dispositions appropriées pour sauvegarder la confidentialité des informations obtenues ;

5) il identifie les activités d'évaluation de la conformité pour lesquelles il a compétence en matière d'accréditation en se référant le cas échéant à la législation et aux normes communautaires ou nationales ;

6) il établit les procédures nécessaires pour garantir une gestion efficace ainsi que des contrôles internes appropriés ;

7) il dispose d'un personnel compétent en nombre suffisant pour la bonne réalisation de ses tâches ;

8) il recense les devoirs, les responsabilités et les pouvoirs du personnel qui pourraient influencer la qualité de l'évaluation et l'attestation de compétence ;

9) il établit, applique et met à jour des procédures pour le contrôle de la performance et de la compétence du personnel concerné ;

10) il vérifie que les évaluations de la conformité sont effectuées d'une manière appropriée en évitant les contraintes inutiles pour les entreprises et en prenant en compte la taille des entreprises, le secteur dans lequel elles exercent leurs activités et leur structure, le degré de complexité de la technologie employée par le produit en question et la nature en masse, ou série, du processus de production ;

11) il publie des comptes annuels vérifiés établis conformément aux principes comptables généralement acceptés.

Art. 9 *Respect des exigences.* 1. Lorsqu'un organisme national d'accréditation ne satisfait pas aux exigences du présent règlement ou manque à ses obligations en vertu de celui-ci, l'État membre concerné prend les mesures correctives appropriées ou veille à ce que de telles mesures soient prises et en informe la Commission.

2. Les États membres contrôlent leur organisme national d'accréditation à intervalles réguliers afin de garantir qu'il satisfait de manière permanente aux exigences visées à l'article 8.

3. Lorsqu'ils assurent le contrôle visé au paragraphe 2 du présent article, les États membres tiennent particulièrement compte des résultats de l'évaluation par les pairs visée à l'article 10.

4. Les organismes nationaux d'accréditation se dotent des procédures nécessaires pour traiter les plaintes formulées à l'encontre des organismes d'évaluation de la conformité qu'ils ont accrédités.

Art. 10 *Évaluation par les pairs.* 1. Les organismes nationaux d'accréditation se soumettent à un système d'évaluation par les pairs mis en place par l'organisme reconnu en vertu de l'article 14.

2. Les parties intéressées ont le droit de participer au système mis en place pour surveiller les activités d'évaluation par les pairs, mais pas aux procédures individuelles d'évaluation par les pairs.

3. Les États membres veillent à ce que les organismes nationaux d'accréditation soient soumis régulièrement à une évaluation par les pairs, comme l'exige le paragraphe 1.

4. L'évaluation par les pairs est effectuée selon des critères et des procédures d'évaluation cohérents et transparents, en particulier en ce qui concerne les exigences organisationnelles, celles relatives aux ressources humaines et aux processus, ainsi que la confidentialité et les plaintes. Des procédures de recours appropriées à l'encontre de décisions prises à la suite de cette évaluation sont prévues.

5. L'évaluation par les pairs établit si les organismes nationaux d'accréditation répondent aux exigences définies à l'article 8 en tenant compte des normes harmonisées pertinentes visées à l'article 11.

6. Les résultats de l'évaluation par les pairs sont rendus publics et communiqués à tous les États membres ainsi qu'à la Commission par l'organisme reconnu en vertu de l'article 14.

7. La Commission, en coopération avec les États membres, supervise les règles et le bon fonctionnement du système d'évaluation par les pairs.

Art. 11 *Présomption de conformité des organismes nationaux d'accréditation.* 1. Les organismes nationaux d'accréditation qui, ayant fait l'objet avec succès de l'évaluation par les pairs visée à l'article 10, démontrent ainsi leur conformité avec les critères définis dans la norme harmonisée concernée dont la référence a été publiée au *Journal officiel de l'Union européenne* sont réputés satisfaire aux exigences définies à l'article 8.

2. Les autorités nationales reconnaissent l'équivalence des services fournis par les organismes d'accréditation qui ont fait l'objet avec succès de l'évaluation par les pairs visée à l'article 10, acceptant ainsi, sur la base de la présomption visée au paragraphe 1 du présent article, les certificats d'accréditation desdits organismes et les attestations établies par les organismes d'évaluation de la conformité qu'ils ont accrédités.

Art. 12 *Obligation d'information.* 1. Chaque organisme national d'accréditation informe les autres organismes nationaux d'accréditation des activités d'évaluation de la conformité pour lesquelles il réalise l'accréditation et de tout changement à ce sujet.

2. Chaque État membre informe la Commission et l'organisme reconnu en vertu de l'article 14 de l'identité de son organisme national d'accréditation et de toutes les activités d'évaluation de la conformité pour lesquelles cet organisme réalise des accréditations à l'appui de la législation communautaire d'harmonisation et de tout changement à ce sujet.

3. Chaque organisme national d'accréditation rend régulièrement accessibles au public les informations concernant les résultats de son évaluation par les pairs, les activités d'évaluation de la conformité pour lesquelles il réalise l'accréditation et tout changement à ce sujet.

Art. 13 *Requêtes auprès de l'organisme reconnu en vertu de l'article 14.* 1. La Commission peut demander à l'organisme reconnu en vertu de l'article 14, après consultation du comité mis en place par l'article 5 de la directive 98/34/CE, à contribuer au développement, à la maintenance et à la mise en œuvre de l'accréditation dans la Communauté.

2. La Commission peut aussi, conformément à la procédure définie au paragraphe 1 :

a) demander à l'organisme reconnu en vertu de l'article 14 à fixer des critères d'évaluation et des procédures pour l'évaluation par les pairs et à développer des programmes d'accréditation sectorielle ;

b) accepter tout programme existant qui fixe déjà des critères d'évaluation et des procédures pour l'évaluation par les pairs.

3. La Commission s'assure que les programmes sectoriels identifient les spécifications techniques nécessaires pour atteindre le niveau de compétence requis par la législation communautaire d'harmonisation dans des domaines concernés par des exigences de technologie, de santé et de sécurité spécifiques, des exigences en matière d'environnement ou tout autre aspect de la protection de l'intérêt public.

Art. 14 *Infrastructure européenne d'accréditation.* 1. Après consultation des États membres, la Commission reconnaît un organisme satisfaisant aux exigences énoncées à l'annexe I du présent règlement.

2. Pour être reconnu en vertu du paragraphe 1, un organisme conclut un accord avec la Commission. Cet accord précise notamment les missions de l'organisme, les

dispositions en matière de financement et celles concernant la surveillance de l'organisme. La Commission et l'organisme peuvent dénoncer l'accord sans motif à l'issue d'un préavis raisonnable tel que fixé par ledit accord.

3. La Commission et l'organisme publient l'accord.

4. La Commission communique la reconnaissance d'un organisme en vertu du paragraphe 1 aux États membres et aux organismes nationaux d'accréditation.

5. La Commission ne peut reconnaître qu'un seul organisme à la fois.

6. Le premier organisme reconnu en vertu du présent règlement est la coopération européenne pour l'accréditation dès lors qu'elle a conclu l'accord prévu au paragraphe 2.

CHAPITRE III *[ABROGÉ]* *CADRE COMMUNAUTAIRE DE LA SURVEILLANCE DU MARCHÉ ET CONTRÔLE DE L'ENTRÉE DES PRODUITS SUR LE MARCHÉ COMMUNAUTAIRE*

(Abrogé par Règl. (UE) 2019/1020 du 20 juin 2019, art. 39)

SECTION 1 *[ABROGÉE]* *Dispositions générales*

Art. 15 Champ d'application. 1. *Les articles 16 à 26 s'appliquent aux produits couverts par la législation communautaire d'harmonisation.*

2. Chacune des dispositions des articles 16 à 26 ne s'applique que dans la mesure où il n'existe pas, dans la législation communautaire d'harmonisation, de dispositions spécifiques ayant le même objectif.

3. L'application du présent règlement ne fait pas obstacle à ce que les autorités de surveillance du marché prennent des mesures plus spécifiques, prévues dans la directive 2001/95/CE.

4. Aux fins des articles 16 à 26, on entend par "produit" une substance, préparation ou autre marchandise produite par un procédé de fabrication, à l'exclusion des denrées alimentaires, des aliments pour animaux, des plantes et animaux vivants, des produits d'origine humaine et des produits de plantes et d'animaux se rapportant directement à leur reproduction future.

5. Les articles 27, 28 et 29 s'appliquent à tous les produits couverts par la législation communautaire dans la mesure où d'autres actes communautaires ne contiennent pas de dispositions spécifiques concernant l'organisation de contrôles aux frontières.

Art. 16 Exigences générales. 1. *Les États membres organisent et réalisent une surveillance du marché comme prévu par le présent chapitre.*

2. La surveillance du marché garantit que les produits couverts par la législation communautaire d'harmonisation qui, lorsqu'ils sont utilisés aux fins prévues ou dans des conditions raisonnablement prévisibles, et lorsqu'ils sont correctement installés et entretenus, sont susceptibles de compromettre la santé ou la sécurité des utilisateurs, ou qui ne sont pas conformes pour toute autre raison aux exigences applicables définies dans la législation communautaire d'harmonisation, sont retirés ou font l'objet d'une interdiction ou de restrictions quant à leur mise à disposition sur le marché, et que le public, la Commission et les autres États membres en sont informés.

3. Les infrastructures et les programmes nationaux de surveillance du marché garantissent que des mesures efficaces puissent être prises à l'égard de toute catégorie de produits soumise à la législation communautaire d'harmonisation.

4. La surveillance du marché couvre les produits assemblés ou fabriqués pour l'usage propre du fabricant, lorsque la législation communautaire d'harmonisation prévoit que ses dispositions s'appliquent à de tels produits.

SECTION 2 *[ABROGÉE]* *Cadre communautaire de la surveillance du marché*

Art. 17 Obligations d'information. 1. *Chaque État membre informe la Commission des autorités qui assurent la surveillance du marché, et de leurs domaines de compétence. La Commission transmet ces informations aux autres États membres.*

2. Chaque État membre veille à ce que le public connaisse l'existence, les responsabilités et l'identité des autorités nationales de surveillance du marché, ainsi que les moyens de prendre contact avec elles.

Art. 18 Obligations des États membres en matière d'organisation. 1. *Les États membres établissent des mécanismes de communication et de coordination appropriés entre leurs autorités de surveillance du marché.*

2. Les États membres établissent des procédures appropriées en vue :

a) d'assurer le suivi des plaintes ou des rapports sur des aspects liés aux risques liés aux produits relevant de la législation communautaire d'harmonisation ;

b) de contrôler les accidents et les préjudices pour la santé que ces produits sont suspectés d'avoir provoqués ;

c) de vérifier que des mesures correctives ont effectivement été prises ; et

d) d'assurer le suivi des connaissances scientifiques et techniques concernant les questions de sécurité.

3. Les États membres assurent aux autorités de surveillance du marché les pouvoirs, les ressources et les connaissances nécessaires pour accomplir correctement leurs tâches.

4. Les États membres veillent à ce que les autorités de surveillance du marché exercent leurs compétences conformément au principe de proportionnalité.

5. Les États membres établissent, appliquent et mettent à jour périodiquement leurs programmes de surveillance du marché. Les États membres établissent, soit un programme général de surveillance du marché, soit des programmes sectoriels spécifiques, couvrant les secteurs dans lesquels ils procèdent à la surveillance du marché. Ils communiquent ces programmes aux autres États membres et à la Commission et les mettent à la disposition du public par la voie électronique et, au besoin, par d'autres moyens. La première de ces communications intervient le 1er janvier 2010 au plus tard. Les mises à jour ultérieures des programmes sont rendues publiques de la même manière. Les États membres peuvent, à cette fin, coopérer avec toutes les parties concernées.

6. Les États membres revoient et évaluent périodiquement le fonctionnement de leurs activités de surveillance. Ces bilans et ces évaluations sont réalisés au moins tous les quatre ans et leurs conclusions sont communiquées aux autres États membres et à la Commission et mises à la disposition du public par la voie électronique et, au besoin, par d'autres moyens.

Art. 19 Mesures de surveillance du marché. 1. *Les autorités de surveillance du marché effectuent des contrôles appropriés, d'une ampleur suffisante, sur les caractéristiques des produits, par des contrôles documentaires et, au besoin, par des contrôles physiques et des examens de laboratoire sur la base d'échantillons adéquats. A cette fin, ils prennent en considération les principes établis d'évaluation des risques, les plaintes et les autres informations.*

Les autorités de surveillance du marché peuvent exiger des opérateurs économiques qu'ils mettent à disposition la documentation et les informations qu'elles jugent nécessaires pour mener leurs activités, y compris, lorsque cela s'avère nécessaire et justifié, en pénétrant dans les locaux des opérateurs économiques et en prélevant les échantillons de produits dont elles ont besoin. Elles peuvent détruire ou rendre inutilisables par d'autres moyens les produits qui présentent un risque grave, si elles le jugent nécessaire.

Les autorités de surveillance du marché tiennent dûment compte des rapports d'essai ou des certificats attestant la conformité délivrés par un organisme accrédité d'évaluation de la conformité, que les opérateurs économiques leur présentent.

2. Les autorités de surveillance du marché prennent les mesures appropriées afin de prévenir, dans un délai approprié, les utilisateurs sur leur territoire des dangers qu'elles ont identifiés au sujet de tout produit, de façon à réduire le risque de blessures ou d'autres dommages.

Elles coopèrent avec les opérateurs économiques pour l'adoption de mesures susceptibles d'éviter ou de réduire les risques présentés par des produits que ces opérateurs ont mis à disposition.

3. Lorsque les autorités de surveillance du marché d'un État membre décident le retrait d'un produit fabriqué dans un autre État membre, elles en informent l'opérateur économique concerné à l'adresse indiquée sur le produit en question ou dans la documentation accompagnant le produit.

4. Les autorités de surveillance du marché exercent leurs tâches en toute indépendance et impartialité, et sans parti pris.

5. Les autorités de surveillance du marché respectent la confidentialité, si nécessaire, afin de protéger les secrets commerciaux ou afin de préserver des données à caractère personnel en vertu de la législation nationale, sous réserve, toutefois, que les informations soient rendues

publiques, en vertu du présent règlement, dans toute la mesure nécessaire à la protection des intérêts des utilisateurs dans la Communauté.

Art. 20 Produits présentant un risque grave. 1. *Les États membres garantissent que les produits présentant un risque grave nécessitant une intervention rapide, y compris un risque grave dont les effets ne sont pas immédiats, soient rappelés ou retirés, ou fassent l'objet de restrictions quant à leur mise à disposition sur leur marché, et à ce que la Commission soit avertie sans délai conformément à l'article 22.*

2. *La décision quant à la gravité du risque que présente un produit est prise compte tenu d'une évaluation appropriée de la nature du risque et de la probabilité de sa réalisation. La possibilité d'atteindre un niveau de sécurité supérieur ou la disponibilité d'autres produits présentant un risque moindre ne constitue pas une raison suffisante pour considérer un produit comme présentant un risque grave.*

Art. 21 Mesures restrictives. 1. *Les États membres garantissent que toute mesure prise en vertu de la législation communautaire d'harmonisation pertinente et visant à interdire ou restreindre la mise à disposition d'un produit sur le marché, ou à le rappeler ou le retirer du marché, soit proportionnée et qu'elle établisse les motifs exacts sur lesquels elle repose.*

2. *De telles mesures sont communiquées sans délai à l'opérateur économique concerné. Celui-ci est informé en même temps des recours possibles en vertu de la législation de l'État membre concerné et des délais auxquels ils sont soumis.*

3. *Avant l'adoption d'une mesure en vertu du paragraphe 1, l'opérateur économique concerné doit avoir la possibilité d'être entendu dans un délai approprié qui ne peut être inférieur à dix jours, à moins que l'urgence des mesures à prendre n'interdise une telle consultation, compte tenu des exigences en matière de santé et de sécurité ou d'autres motifs d'intérêt public couverts par la législation communautaire d'harmonisation. Si une mesure a été prise sans que l'opérateur ait été entendu, il est donné à ce dernier l'occasion d'être entendu dès que possible et la mesure prise est réexaminée ensuite à bref délai.*

4. *Les mesures visées au paragraphe 1 sont retirées ou modifiées rapidement lorsque l'opérateur économique a démontré qu'il a pris des dispositions effectives.*

Art. 22 Échange d'informations – Système communautaire d'échange rapide d'informations. 1. *Lorsqu'un État membre prend ou entend prendre des mesures conformément à l'article 20 et considère que les raisons ou les effets de ces mesures dépassent les frontières de son territoire, il informe immédiatement la Commission desdites mesures, conformément au paragraphe 4 du présent article. Il informe également la Commission sans délai de toute modification ou retrait de ces mesures.*

2. *Si un produit présentant un risque grave a été mis à disposition sur le marché, les États membres notifient à la Commission toute mesure volontaire prise et communiquée par un opérateur économique.*

3. *Les informations fournies conformément aux paragraphes 1 et 2 comprennent tous les détails disponibles, en particulier en ce qui concerne les données requises pour l'identification du produit, l'origine et la chaîne d'approvisionnement, les risques liés, la nature et la durée de la mesure nationale adoptée et toute mesure volontaire prise par les opérateurs économiques.*

4. *Le système de surveillance du marché et d'échange d'informations visé à l'article 12 de la directive 2001/95/CE est utilisé aux fins des paragraphes 1, 2 et 3. L'article 12, paragraphes 2, 3 et 4, de la directive 2001/95/CE s'applique mutatis mutandis.*

Art. 23 Système général d'aide à l'information. 1. *La Commission développe et gère un système général d'archivage et d'échange d'informations, par des moyens électroniques, sur les questions liées aux activités et programmes de surveillance du marché et les informations connexes sur le non-respect de la législation communautaire d'harmonisation. Ce système tient dûment compte des notifications et des informations fournies conformément à l'article 22.*

2. *Aux fins du paragraphe 1, les États membres fournissent à la Commission les informations dont ils disposent, et qui n'ont pas déjà été fournies en vertu de l'article 22, sur les produits présentant un risque, en particulier, sur l'identification des risques, les résultats des tests, les mesures restrictives provisoires, les contacts avec les opérateurs économiques et la justification de l'adoption ou de la non-adoption de mesures.*

3. Sans préjudice de l'article 19, paragraphe 5, ou de la législation nationale en matière de confidentialité, la protection de la confidentialité concernant le contenu d'information est garantie. La protection de la confidentialité ne s'oppose pas à la diffusion auprès des autorités de surveillance du marché des informations utiles pour garantir l'efficacité des activités de surveillance du marché.

Art. 24 Principes de coopération entre les États membres et la Commission. *1. Les États membres garantissent une coopération efficace et l'échange d'informations entre leurs autorités de surveillance du marché et celles des autres États membres et entre leurs propres autorités et la Commission ainsi que les agences communautaires concernées, sur leurs programmes de surveillance du marché et sur toutes les questions liées aux produits présentant des risques.*

2. Aux fins du paragraphe 1, les autorités de surveillance du marché d'un État membre fournissent une assistance aux autorités de surveillance du marché d'autres États membres, d'une portée adaptée, en leur communiquant des informations ou de la documentation, en effectuant des recherches ou toute autre mesure appropriée et en participant à des recherches initiées dans d'autres États membres.

3. La Commission collecte et organise les données relatives aux mesures nationales de surveillance du marché qui lui permettent de remplir ses obligations.

4. Lorsque l'État membre déclarant notifie ses constatations et actions aux autres États membres et à la Commission, il joint toute information fournie par un opérateur économique, en vertu ou non de l'article 21, paragraphe 3. Toutes les informations notifiées ultérieurement sont clairement identifiées comme se rapportant aux informations précédentes.

Art. 25 Partage des ressources. *1. Des initiatives de surveillance du marché destinées à partager les ressources et l'expertise entre les États membres peuvent être mises sur pied par la Commission ou les États membres concernés. Ces initiatives sont coordonnées par la Commission.*

2. Aux fins du paragraphe 1, la Commission, en coopération avec les États membres,

a) développe et organise des programmes de formation et d'échange de fonctionnaires nationaux ;

b) élabore, organise et met en place des programmes pour l'échange d'expériences, d'informations et de meilleures pratiques, des programmes et actions pour des projets communs, des campagnes d'information, des programmes de visites conjointes, et un partage des ressources en conséquence.

3. Les États membres veillent à ce que leurs autorités compétentes participent pleinement aux activités visées au paragraphe 2.

Art. 26 Coopération avec les autorités compétentes des pays tiers. *1. Les autorités de surveillance du marché peuvent coopérer avec les autorités compétentes des pays tiers en vue de procéder à un échange d'informations et de soutien technique, de promouvoir les systèmes européens et d'y faciliter l'accès, de promouvoir les activités relatives à l'évaluation de la conformité, à la surveillance du marché et à l'accréditation.*

La Commission élabore, en coopération avec les États membres, des programmes appropriés à cette fin.

2. La coopération avec les autorités compétentes des pays tiers prend la forme, notamment, des activités visées à l'article 25, paragraphe 2. Les États membres veillent à ce que leurs autorités compétentes participent pleinement à ces activités.

SECTION 3 *[ABROGÉE]* ***Contrôles des produits entrant sur le marché communautaire***

Art. 27 Contrôles des produits entrant sur le marché communautaire. *1. Les autorités des États membres chargées du contrôle des produits entrant sur le marché communautaire disposent des pouvoirs et des ressources nécessaires pour accomplir correctement leurs tâches. Elles effectuent des contrôles appropriés, d'ampleur suffisante, sur les caractéristiques des produits, conformément aux principes énoncés à l'article 19, paragraphe 1, avant que ces produits soient mis en libre pratique.*

2. Lorsque, dans un même État membre, plusieurs autorités sont responsables de la surveillance du marché ou des contrôles aux frontières extérieures, ces autorités coopèrent entre elles en partageant les informations nécessaires à l'exercice de leurs fonctions et d'autres manières, le cas échéant.

3. Les autorités chargées des contrôles aux frontières extérieures suspendent la mise en libre pratique sur le marché communautaire si, lors des contrôles visés au paragraphe 1, au moins l'une des constatations suivantes est faite :

a) le produit possède des caractéristiques qui donnent à penser que, installé, entretenu et utilisé correctement, il présente un danger grave pour la santé, la sécurité, l'environnement ou tout autre intérêt public visé à l'article 1er ;

b) le produit n'est pas accompagné des documents écrits ou électroniques prévus par la législation communautaire d'harmonisation pertinente ou n'est pas muni du marquage prévu par cette législation ;

c) le produit porte un marquage CE apposé de façon fausse ou trompeuse.

Les autorités chargées des contrôles aux frontières extérieures avertissent sans délai les autorités de surveillance du marché de toute suspension de mainlevée.

4. Dans le cas de marchandises périssables, les autorités chargées des contrôles aux frontières extérieures s'efforcent de veiller, autant que possible, à ce que les conditions d'entreposage des marchandises ou de stationnement des moyens de transport qu'elles pourraient imposer ne soient pas incompatibles avec la conservation des marchandises.

5. Aux fins de la présente section, l'article 24 est applicable aux autorités chargées des contrôles aux frontières extérieures, sans préjudice de l'application des dispositions de droit communautaire prévoyant des systèmes de coopération plus spécifiques entre ces autorités.

Art. 28 Mainlevée. *1. Un produit dont la mainlevée a été suspendue par les autorités chargées des contrôles aux frontières extérieures conformément à l'article 27 est mis en libre pratique si, dans un délai de trois jours ouvrables à compter de la suspension de la mainlevée, ces autorités n'ont pas été informées de mesures d'intervention prises par les autorités de surveillance du marché, et pour autant que toutes les autres conditions et formalités de mise en libre pratique aient été respectées.*

2. Si les autorités de surveillance du marché estiment que le produit en cause ne présente pas un danger grave pour la santé et la sécurité ou qu'il ne peut pas être considéré comme non conforme à la législation communautaire d'harmonisation, le produit est mis en libre pratique, sous réserve que toutes les autres conditions et formalités de mise en libre pratique aient été respectées.

Art. 29 Mesures nationales. *1. Lorsque les autorités de surveillance du marché constatent qu'un produit présente un danger grave, elles prennent des mesures d'interdiction de mise sur le marché du produit en cause et demandent aux autorités chargées des contrôles aux frontières extérieures d'apposer sur la facture commerciale qui accompagne le produit, ainsi que sur tout autre document d'accompagnement approprié, ou, lorsque le traitement des données s'effectue électroniquement, dans le système informatique lui-même, la mention suivante :*

"Produit dangereux – mise en libre pratique non autorisée – Règlement (CE) n° 765/2008".

2. Lorsque les autorités de surveillance du marché constatent qu'un produit ne respecte pas la législation communautaire d'harmonisation, elles prennent les mesures appropriées, pouvant aller au besoin jusqu'à l'interdiction de la mise sur le marché du produit.

En cas d'interdiction de mise sur le marché en vertu du premier alinéa, les autorités de surveillance du marché demandent aux autorités chargées des contrôles aux frontières extérieures de ne pas mettre le produit en libre pratique et d'apposer sur la facture commerciale qui l'accompagne, ainsi que sur tout autre document d'accompagnement approprié, ou, lorsque le traitement des données s'effectue électroniquement, dans le système informatique lui-même, la mention suivante :

"Produit non conforme – mise en libre pratique non autorisée – Règlement (CE) n° 765/2008".

3. Si le produit en cause est ensuite déclaré pour une procédure douanière autre que la mise en libre pratique, et pour autant que les autorités de surveillance du marché ne s'y opposent pas, les mentions visées aux paragraphes 1 et 2 sont également apposées, dans les mêmes conditions, sur les documents relatifs à cette procédure.

4. Si elles le jugent nécessaire et proportionné, les autorités des États membres peuvent détruire ou rendre inutilisables par d'autres moyens les produits qui présentent un risque grave.

5. Les autorités de surveillance du marché fournissent aux autorités chargées des contrôles aux frontières extérieures des informations sur les catégories de produits dans lesquelles un danger grave ou un cas de non-respect de la législation, au sens des paragraphes 1 et 2, a été identifié.

CHAPITRE IV *MARQUAGE CE*

Art. 30 *Principes généraux du marquage CE.* 1. Le marquage CE ne peut être apposé que par le fabricant ou son mandataire.

2. Le marquage CE, tel que présenté à l'annexe II, est apposé uniquement sur des produits pour lesquels son apposition est prévue spécifiquement par la législation communautaire d'harmonisation, à l'exclusion de tout autre produit.

3. En apposant ou en faisant apposer le marquage CE, le fabricant indique qu'il assume la responsabilité de la conformité du produit avec toutes les exigences applicables définies dans la législation communautaire d'harmonisation pertinente qui prévoit son apposition.

4. Le marquage CE est le seul marquage qui atteste la conformité du produit avec les exigences applicables de la législation communautaire d'harmonisation pertinente qui prévoit son apposition.

5. Il est interdit d'apposer sur un produit des marquages, signes ou inscriptions de nature à induire en erreur les tiers sur la signification ou le graphisme du marquage CE, ou les deux à la fois. Tout autre marquage peut être apposé sur le produit, dans la mesure où il ne porte pas atteinte à la visibilité, à la lisibilité et à la signification du marquage CE.

6. Sans préjudice de l'article 41, les États membres assurent l'application correcte du régime régissant le marquage CE et prennent les mesures appropriées en cas d'utilisation non conforme du marquage. Les États membres instaurent, en outre, des sanctions à la suite de la commission d'infractions, qui peuvent comprendre des sanctions pénales applicables aux infractions graves. Ces sanctions sont proportionnées à la gravité de l'infraction et constituent un moyen de dissuasion efficace contre les utilisations non conformes.

CHAPITRE V *FINANCEMENT COMMUNAUTAIRE*

Art. 31 *Organisme poursuivant un but d'intérêt général européen.* L'organisme reconnu en vertu de l'article 14 est considéré comme un organisme poursuivant un but d'intérêt général européen, au sens de l'article 162 du règlement (CE, Euratom) n° 2342/2002 de la Commission du 23 décembre 2002 établissant les modalités d'exécution du règlement (CE, Euratom) n° 1605/2002 du Conseil portant règlement financier applicable au budget général des Communautés européennes *[JO L 312 du 23 déc. 1995, p. 1]*.

Art. 32 *Activités admissibles au bénéfice d'un financement communautaire.* 1. La Communauté peut financer les activités suivantes dans le cadre de la mise en œuvre du présent règlement :

a) la production et la révision des programmes d'accréditation sectorielle visés à l'article 13, paragraphe 3 ;

b) les activités du secrétariat de l'organisme reconnu en vertu de l'article 14, telles que la coordination d'activités d'accréditation, la réalisation de travaux techniques liés au fonctionnement du système d'évaluation par les pairs, la fourniture d'informations aux parties intéressées, ainsi que la participation de l'organisme aux activités d'organismes internationaux dans le domaine de l'accréditation ;

(Règl. (UE) 2019/1020 du 20 juin 2019, art. 39) « c) la rédaction et la mise à jour de contributions aux orientations dans les domaines de l'accréditation, de la notification à la Commission d'organismes d'évaluation de la conformité et de l'évaluation de la conformité ; »

(Abrogé par Règl. (UE) 2019/1020 du 20 juin 2019, art. 39) « d) les activités d'intercomparaison liées à la mise en œuvre de clauses de sauvegarde ;

« e) la mise à la disposition de la Commission de connaissances techniques en vue d'assister celle-ci dans la mise en œuvre de la coopération administrative en matière de surveillance

du marché – y compris le financement de groupes de coopération administrative –, des décisions relatives à la surveillance du marché, ainsi que dans le traitement d'affaires relatives aux clauses de sauvegarde ; »

(Règl. (UE) 2019/1020 du 20 juin 2019, art. 39) « f) l'accomplissement de travaux préparatoires ou accessoires liés à la réalisation d'activités d'évaluation de la conformité, de métrologie et d'accréditation en relation avec l'application de la législation communautaire, telles que des études, des programmes, des évaluations, des orientations, des analyses comparatives, des visites mutuelles conjointes, des travaux de recherche, le développement et la maintenance des bases de données, des activités de formation, des travaux de laboratoire, des essais d'aptitude, des essais interlaboratoires et des travaux d'évaluation de la conformité ;

« g) les activités réalisées dans le cadre de programmes d'assistance technique, la coopération avec des pays tiers, ainsi que la promotion et la valorisation des politiques et systèmes européens d'évaluation de la conformité et d'accréditation auprès des parties intéressées dans la Communauté et sur le plan international ; »

2. Les activités visées au paragraphe 1, point a), ne sont admissibles au bénéfice d'un financement communautaire que si le comité institué par l'article 5 de la directive 98/34/CE a été consulté sur les demandes à adresser à l'organisme reconnu en vertu de l'article 14 du présent règlement.

Art. 33 *Entités admissibles au bénéfice d'un financement communautaire.* Un financement communautaire peut être accordé à l'organisme reconnu en vertu de l'article 14 en vue de la réalisation des activités visées à l'article 32.

Toutefois, un financement communautaire peut également être octroyé à d'autres entités en vue de la réalisation des activités visées à l'article 32, à l'exception de celles visées au paragraphe 1, points a) et b), dudit article.

Art. 34 *Financement.* Les crédits alloués aux activités visées par le présent règlement sont arrêtés annuellement par l'autorité budgétaire dans les limites du cadre financier en vigueur.

Art. 35 *Modalités de financement.* 1. Des financements communautaires sont accordés :

a) sans appel de propositions, à l'organisme reconnu en vertu de l'article 14, pour réaliser les activités visées à l'article 32, paragraphe 1, points a) à g), qui peuvent bénéficier de subventions conformément au règlement financier ;

b) par l'octroi de subventions après appel de propositions, ou par la voie de la passation de marchés publics, à d'autres entités, pour réaliser les activités visées à l'article 32, paragraphe 1, points c) à g).

2. Le financement des activités du secrétariat de l'organisme reconnu en vertu de l'article 14, visées à l'article 32, paragraphe 1, point b), peut se faire sur la base de subventions de fonctionnement. Celles-ci ne sont pas automatiquement réduites en cas de renouvellement.

3. Les conventions de subventions peuvent permettre une couverture forfaitaire des frais généraux du bénéficiaire à concurrence de 10 % du total des frais directs admissibles pour les actions, sauf si les coûts indirects du bénéficiaire sont couverts par une subvention de fonctionnement financée par le budget communautaire.

4. Les objectifs communs de coopération et les conditions administratives et financières relatives aux subventions attribuées à l'organisme reconnu en vertu de l'article 14 peuvent être définis dans une convention-cadre de partenariat conclue entre la Commission et cet organisme, conformément au règlement financier et au règlement (CE, Euratom) n° 2342/2002. Le Parlement européen et le Conseil sont informés de la conclusion d'une telle convention.

Art. 36 *Gestion et suivi.* 1. Les crédits arrêtés par l'autorité budgétaire pour le financement d'activités d'évaluation de la conformité, d'accréditation et de surveillance du marché peuvent également couvrir les dépenses administratives afférentes à la préparation, le suivi, le contrôle, l'audit et l'évaluation qui sont directement nécessaires à la réalisation des objectifs du présent règlement, et notamment des études, des réunions, des actions d'information et de publication, des dépenses liées aux réseaux informatiques visant à l'échange d'informations, ainsi que toute autre dépense d'assistance

administrative et technique à laquelle peut recourir la Commission pour les activités d'évaluation de la conformité et d'accréditation.

2. La Commission apprécie la pertinence des activités d'évaluation de la conformité, d'accréditation et de surveillance du marché bénéficiant d'un financement communautaire au regard des besoins des politiques et de la législation communautaires, et informe le Parlement européen et le Conseil du résultat de cette évaluation le 1er janvier 2013 au plus tard, puis tous les cinq ans.

Art. 37 *Protection des intérêts financiers de la Communauté.* 1. La Commission veille à ce que, lors de la mise en œuvre des activités financées au titre du présent règlement, les intérêts financiers de la Communauté soient protégés par l'application de mesures préventives contre la fraude, la corruption et d'autres activités illégales, par des contrôles efficaces et par le recouvrement des montants indûment payés, ainsi que, lorsque des irrégularités sont constatées, par des sanctions efficaces, proportionnées et dissuasives, conformément au règlement (CE, Euratom) n° 2988/95 du Conseil du 18 décembre 1995 relatif à la protection des intérêts financiers des Communautés européennes *[JO L 312 du 23 déc. 1995, p. 1]*, au règlement (Euratom, CE) n° 2185/96 du Conseil du 11 novembre 1996 relatif aux contrôles et vérifications sur place effectués par la Commission pour la protection des intérêts financiers des Communautés européennes contre les fraudes et autres irrégularités *[JO L 292 du 15 nov. 1996, p. 2]* et au règlement (CE) n° 1073/1999 du Parlement européen et du Conseil du 25 mai 1999 relatif aux enquêtes effectuées par l'Office européen de lutte antifraude (OLAF) *[JO L 136 du 31 mai 1999, p. 1]*.

2. Aux fins des activités communautaires financées au titre du présent règlement, la notion d'irrégularité visée à l'article 1er, paragraphe 2, du règlement (CE, Euratom) n° 2988/95 s'entend comme toute violation d'une disposition de droit communautaire ou tout manquement à une obligation contractuelle résultant d'un acte ou d'une omission commis par un opérateur économique, qui a ou aurait pour effet, par une dépense indue, de porter préjudice au budget général de l'Union européenne ou à des budgets gérés par celle-ci.

3. Les conventions et contrats qui découlent du présent règlement prévoient un suivi et un contrôle financier assuré par la Commission ou tout représentant habilité par celle-ci, ainsi que des audits de la Cour des comptes, réalisés le cas échéant sur place.

CHAPITRE VI *DISPOSITIONS FINALES*

Art. 38 *Orientations techniques.* Pour faciliter la mise en œuvre du présent règlement, la Commission élabore des lignes directrices non contraignantes, en concertation avec les parties concernées.

Art. 39 *Dispositions transitoires.* Les certificats d'accréditation délivrés avant le 1er janvier 2010 peuvent rester valables jusqu'à leur date d'expiration, mais pas au-delà du 31 décembre 2014. Le présent règlement est cependant applicable en cas de prorogation ou de renouvellement de ces certificats.

Art. 40 *Clause de réexamen.* Au plus tard le 2 septembre 2013, la Commission présente au Parlement européen et au Conseil un rapport sur l'application du présent règlement, de la directive 2001/95/CE, ainsi que de tout autre instrument communautaire pertinent en matière de surveillance du marché. Ce rapport analyse en particulier la cohérence des règles communautaires dans le domaine de la surveillance du marché. Le cas échéant, il est accompagné de propositions visant à modifier et/ou consolider les instruments concernés, dans l'intérêt d'une meilleure réglementation et d'une simplification. Le rapport comprend une évaluation de l'extension du champ d'application du chapitre III du présent règlement à tous les produits.

Au plus tard le 1er janvier 2013, puis tous les cinq ans, la Commission, en coopération avec les États membres, produit et soumet au Parlement européen et au Conseil un rapport sur la mise en œuvre du présent règlement.

Art. 41 *Pénalités.* Les États membres fixent les règles relatives aux pénalités applicables aux opérateurs économiques – qui peuvent comprendre des sanctions pénales, en cas d'infraction grave – qu'entraînent les infractions aux dispositions du présent

règlement et prennent toutes les mesures nécessaires pour garantir qu'elles soient appliquées. Ces pénalités sont efficaces, proportionnées et dissuasives, et peuvent être majorées si l'opérateur économique concerné a déjà commis une infraction analogue aux dispositions du présent règlement. Les États membres communiquent ces dispositions à la Commission d'ici au 1er janvier 2010 et informent celle-ci sans délai de toute modification ultérieure.

Art. 42 *Modification de la directive 2001/95/CE.*

Art. 43 *Abrogation.* Le règlement (CEE) n° 339/93 est abrogé à la date du 1er janvier 2010.

Les références au règlement abrogé s'entendent comme des références faites au présent règlement.

Art. 44 *Entrée en vigueur.* Le présent règlement entre en vigueur le vingtième jour suivant celui de sa publication au *Journal officiel de l'Union européenne.*

Il est applicable à partir du 1er janvier 2010.

ANNEXE 1

Conditions à remplir pour que l'organisme puisse être reconnu en vertu de l'article 14

1. L'organisme reconnu en vertu de l'article 14 du règlement ("l'organisme") est établi dans la Communauté.

2. Aux termes des statuts de l'organisme, les organismes nationaux d'accréditation de la Communauté ont le droit d'en être membres, dès lors qu'ils se conforment aux règles et aux objectifs de l'organisme, ainsi qu'aux autres conditions fixées dans le présent règlement, et aux dispositions convenues avec la Commission dans l'accord-cadre.

3. L'organisme consulte toutes les parties concernées.

4. L'organisme fournit à ses membres des services d'évaluation par les pairs qui satisfont aux exigences définies aux articles 10 et 11.

5. L'organisme coopère avec la Commission conformément aux dispositions du présent règlement.

ANNEXE 2

Marquage CE

1. Le marquage CE est constitué des initiales "CE" selon le graphisme suivant :

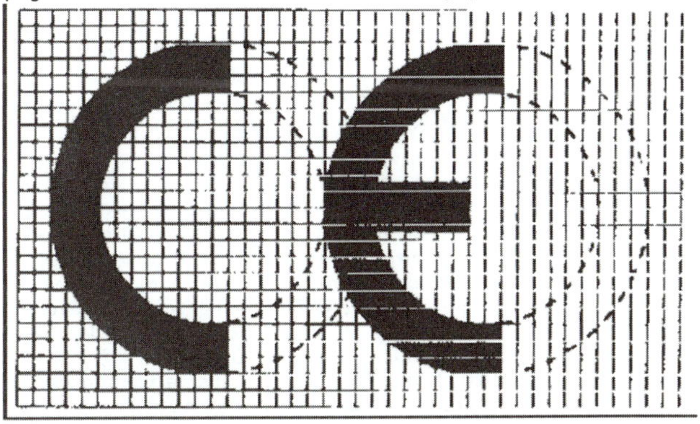

2. En cas de réduction ou d'agrandissement du marquage CE, les proportions telles qu'elles ressortent du graphisme gradué figurant au paragraphe 1 sont respectées.

3. En l'absence de dispositions législatives spécifiques imposant des dimensions précises, le marquage CE a une hauteur minimale de 5 mm.

Règlement (UE) n° 611/2013 du 24 juin 2013,

Concernant les mesures relatives à la notification des violations de données à caractère personnel en vertu de la directive 2002/58/CE du Parlement européen et du Conseil sur la vie privée et les communications électroniques.

V. les consid. sur le Code en ligne.

Art. 1er *Champ d'application.* Le présent règlement s'applique à la notification, par les fournisseurs de services de communications électroniques accessibles au public (ci-après dénommés le "fournisseur"), des violations de données à caractère personnel.

Art. 2 *Notification à l'autorité nationale compétente.* 1. Le fournisseur notifie toutes les violations de données à caractère personnel à l'autorité nationale compétente.

2. Le fournisseur notifie la violation de données à caractère personnel à l'autorité nationale compétente, au plus tard vingt-quatre heures après le constat de la violation, si possible.

Le fournisseur fournit les informations visées à l'annexe I dans sa notification à l'autorité nationale compétente.

Le constat d'une violation de données à caractère personnel est considéré comme établi dès lors que le fournisseur dispose d'assez d'éléments indiquant qu'il s'est produit un incident de sécurité ayant compromis des données à caractère personnel pour justifier une notification conformément au présent règlement.

3. Si les informations visées à l'annexe I ne sont pas toutes disponibles et si la violation de données à caractère personnel exige une enquête plus approfondie, le fournisseur est autorisé à transmettre une notification initiale à l'autorité nationale compétente, au plus tard vingt-quatre heures après le constat de la violation. Cette notification initiale comprend les informations visées à la partie 1 de l'annexe I. Le fournisseur transmet une seconde notification à l'autorité nationale compétente le plus rapidement possible et au plus tard trois jours après la notification initiale. Cette seconde notification comprend les informations visées à la partie 2 de l'annexe I et, si nécessaire, actualise les informations déjà fournies.

Si le fournisseur, malgré ses recherches, n'est pas en mesure de fournir toutes les informations dans le délai de trois jours à compter de la notification initiale, il notifie toutes les informations qu'il a recueillies dans ce délai et présente à l'autorité nationale compétente une justification valable de la notification tardive des informations restantes. Le fournisseur notifie dès que possible les informations restantes à l'autorité nationale compétente et, si nécessaire, actualise les informations déjà fournies.

4. L'autorité nationale compétente met à la disposition de tous les fournisseurs établis dans l'État membre concerné un moyen électronique sécurisé de notification des violations de données à caractère personnel ainsi que des informations sur les procédures pour y accéder et l'utiliser. Si nécessaire, la Commission organise des réunions avec les autorités nationales compétentes pour faciliter l'application de cette disposition.

5. Si la violation de données à caractère personnel porte atteinte à des abonnés ou des particuliers d'États membres autres que celui de l'autorité nationale compétente à laquelle la violation a été notifiée, ladite autorité informe les autres autorités nationales concernées.

Pour faciliter l'application de cette disposition, la Commission établit et tient à jour une liste des autorités nationales compétentes et des points de contact appropriés.

Art. 3 *Notification à l'abonné ou au particulier.* 1. Lorsque la violation de données à caractère personnel est susceptible de porter atteinte aux données à caractère personnel ou à la vie privée d'un abonné ou d'un particulier, le fournisseur, en plus de la notification visée à l'article 2, notifie également la violation à l'abonné ou au particulier.

2. Il est déterminé si une violation de données à caractère personnel est susceptible de porter atteinte aux données à caractère personnel ou à la vie privée d'un abonné ou d'un particulier en prenant notamment en compte les éléments suivants :

a) la nature et la teneur des données concernées, en particulier s'il s'agit de données relatives à des informations financières, de catégories de données particulières visées à

l'article 8, paragraphe 1, de la directive 95/46/CE ainsi que de données de localisation, fichiers journaux internet, historiques de sites web consultés, données relatives au courrier électronique et listes d'appels téléphoniques détaillées ;

b) les conséquences vraisemblables de la violation de données à caractère personnel pour l'abonné ou le particulier concerné, notamment les cas où la violation pourrait entraîner un vol ou une usurpation d'identité, une atteinte à l'intégrité physique, une souffrance psychologique, une humiliation ou une atteinte à la réputation ; et

c) les circonstances de la violation de données à caractère personnel, en particulier l'endroit où les données ont été volées ou le moment auquel le fournisseur sait que les données sont en possession d'un tiers non autorisé.

3. La notification à l'abonné ou au particulier est effectuée sans retard injustifié après constat de la violation de données à caractère personnel tel que défini à l'article 2, paragraphe 2, troisième alinéa. Cela est indépendant de la notification de la violation de données à caractère personnel à l'autorité nationale compétente, visée à l'article 2.

4. Le fournisseur fournit les informations visées à l'annexe II dans sa notification à l'abonné ou au particulier. La notification à l'abonné ou au particulier est rédigée dans une langue claire et aisément compréhensible. Le fournisseur n'utilise pas la notification comme un moyen de promouvoir ou d'annoncer des services nouveaux ou supplémentaires.

5. Dans certains cas exceptionnels, s'il y a un risque que la notification à l'abonné ou au particulier nuise à l'efficacité de l'enquête sur la violation de données à caractère personnel, le fournisseur est autorisé, après avoir obtenu l'accord de l'autorité nationale compétente, à retarder la notification jusqu'au moment où ladite autorité juge possible de notifier la violation conformément au présent article.

6. Le fournisseur notifie la violation de données à caractère personnel à l'abonné ou au particulier par des moyens de communication qui garantissent une réception rapide de l'information et qui sont sécurisés conformément aux règles de l'art. Les informations concernant la violation se limitent à celle-ci et ne sont pas associées à des informations concernant autre chose.

7. Si le fournisseur directement lié par contrat avec l'utilisateur final, malgré les efforts raisonnables déployés, n'est pas en mesure d'identifier dans le délai fixé au paragraphe 3 toutes les personnes susceptibles d'être lésées par la violation de données à caractère personnel, il peut, dans le même délai, informer ces personnes par des avis dans de grands médias nationaux ou régionaux dans les États membres concernés. Ces avis contiennent les informations visées à l'annexe II, si nécessaire sous une forme condensée. Dans ce cas, le fournisseur continue à déployer tous les efforts raisonnables pour identifier ces personnes et leur notifier dès que possible les informations visées à l'annexe II.

Art. 4 *Mesures de protection technologiques.* 1. Par dérogation à l'article 3, paragraphe 1, la notification d'une violation de données à caractère personnel à l'abonné ou au particulier concerné n'est pas nécessaire si le fournisseur a prouvé, à la satisfaction de l'autorité nationale compétente, qu'il a mis en œuvre les mesures de protection technologiques appropriées et que ces dernières ont été appliquées aux données concernées par ladite violation de sécurité. De telles mesures de protection technologiques rendent les données incompréhensibles à toute personne qui n'est pas autorisée à y avoir accès.

2. Les données sont considérées comme incompréhensibles si :

a) elles ont été cryptées en mode sécurisé à l'aide d'un algorithme normalisé et la clé utilisée pour les décrypter n'a été compromise dans aucune violation de sécurité et a été générée de façon à ne pouvoir être trouvée, par aucun moyen technologique existant, par quelqu'un qui n'est pas autorisé à l'utiliser ; ou

b) elles ont été remplacées par leur valeur hachée, calculée à l'aide d'une fonction de hachage normalisée à clé cryptographique, et la clé utilisée pour les hacher n'a été compromise dans aucune violation de sécurité et a été générée de façon à ne pouvoir être trouvée, par aucun moyen technologique existant, par quelqu'un qui n'est pas autorisé à l'utiliser.

3. La Commission peut, après avoir consulté les autorités nationales compétentes par l'intermédiaire du groupe de travail Article 29, l'Agence européenne chargée de la sécurité des réseaux et de l'information et le Contrôleur européen de la protection des données, publier une liste indicative des mesures de protection technologiques appropriées, visées au paragraphe 1, selon les pratiques actuelles.

Art. 5 *Recours à un autre fournisseur.* Lorsque, pour fournir une partie du service de communications électroniques, il est fait appel à un autre fournisseur qui n'est pas directement lié par contrat avec les abonnés, cet autre fournisseur informe immédiatement celui qui l'a engagé en cas de violation de données à caractère personnel.

Art. 6 *Rapport et réexamen.* Dans les trois ans suivant l'entrée en vigueur du présent règlement, la Commission établit un rapport sur l'application du règlement, son efficacité et son impact sur les fournisseurs, les abonnés et les particuliers. Sur la base de ce rapport, la Commission procède au réexamen du présent règlement.

Art. 7 *Entrée en vigueur.* Le présent règlement entre en vigueur le 25 août 2013.

Le présent règlement est obligatoire dans tous ses éléments et directement applicable dans tout État membre.

ANNEXE I

CONTENU DE LA NOTIFICATION À L'AUTORITÉ NATIONALE COMPÉTENTE

Partie 1

Identification du fournisseur

1. Nom du fournisseur

2. Identité et coordonnées du délégué à la protection des données ou d'un autre point de contact auprès duquel des informations supplémentaires peuvent être obtenues

3. Mention indiquant s'il s'agit d'une première ou d'une deuxième notification

Informations initiales sur la violation de données à caractère personnel (à compléter dans des notifications ultérieures le cas échéant)

4. Date et heure de l'incident (si elles sont connues ; une estimation peut être fournie si nécessaire) et du constat de l'incident

5. Circonstances de la violation de données à caractère personnel (par exemple, perte, vol, reproduction)

6. Nature et teneur des données à caractère personnel concernées

7. Mesures techniques et d'organisation appliquées (ou à appliquer) par le fournisseur aux données à caractère personnel concernées

8. Recours à d'autres fournisseurs ayant joué un rôle (le cas échéant)

Partie 2

Informations supplémentaires sur la violation de données à caractère personnel

9. Résumé de l'incident à l'origine de la violation de données à caractère personnel (y compris le lieu physique de la violation et le moyen de stockage concerné)

10. Nombre d'abonnés ou de particuliers concernés

11. Conséquences et préjudices potentiels pour les abonnés ou particuliers

12. Mesures techniques et d'organisation prises par le fournisseur pour atténuer les préjudices potentiels

Notification supplémentaire éventuelle aux abonnés ou aux particuliers

13. Contenu de la notification

14. Moyens de communication utilisés

15. Nombre d'abonnés ou de particuliers informés

Questions transnationales éventuelles

16. Violation de données à caractère personnel concernant des abonnés ou des particuliers dans d'autres États membres

17. Notification à d'autres autorités nationales compétentes

ANNEXE II

CONTENU DE LA NOTIFICATION À L'ABONNÉ OU AU PARTICULIER

1. Nom du fournisseur
2. Identité et coordonnées du délégué à la protection des données ou d'un autre point de contact auprès duquel des informations supplémentaires peuvent être obtenues
3. Résumé de l'incident à l'origine de la violation de données à caractère personnel
4. Date estimée de l'incident
5. Nature et teneur des données à caractère personnel concernées, conformément à l'article 3, paragraphe 2
6. Conséquences vraisemblables de la violation de données à caractère personnel pour l'abonné ou le particulier concerné, conformément à l'article 3, paragraphe 2
7. Circonstances de la violation de données à caractère personnel, conformément à l'article 3, paragraphe 2
8. Mesures prises par le fournisseur pour remédier à la violation de données à caractère personnel
9. Mesures recommandées par le fournisseur pour atténuer les préjudices potentiels

Directive 2013/40/UE du 12 août 2013,

Relative aux attaques contre les systèmes d'information et remplaçant la décision-cadre 2005/222/JAI du Conseil.

V. les consid. sur le Code en ligne 🏛.

Art. 1er *Objet.* La présente directive fixe des règles minimales concernant la définition des infractions pénales et les sanctions en matière d'attaques contre les systèmes d'information. Elle vise également à faciliter la prévention de ces infractions et à améliorer la coopération entre les autorités judiciaires et les autres autorités compétentes.

Art. 2 *Définitions.* Aux fins de la présente directive, on entend par :

a) "système d'information" : un dispositif isolé ou un ensemble de dispositifs interconnectés ou apparentés, qui assure ou dont un ou plusieurs éléments assurent, en exécution d'un programme, un traitement automatisé de données informatiques, ainsi que les données informatiques stockées, traitées, récupérées ou transmises par ce dispositif ou cet ensemble de dispositifs en vue du fonctionnement, de l'utilisation, de la protection et de la maintenance de celui-ci ;

b) "données informatiques" : une représentation de faits, d'informations ou de concepts sous une forme qui se prête à un traitement informatique, y compris un programme de nature à faire en sorte qu'un système d'information exécute une fonction ;

c) "personne morale" : une entité à laquelle le droit en vigueur reconnaît le statut de personne morale, à l'exception des États ou des entités publiques agissant dans l'exercice de prérogatives de puissance publique, ou des organisations internationales relevant du droit public ;

d) "sans droit" : un comportement visé dans la présente directive, y compris un accès, une atteinte à l'intégrité ou une interception, qui n'est pas autorisé par le propriétaire du système ou d'une partie du système ou un autre titulaire de droits sur celui-ci ou une partie de celui-ci, ou n'est pas permis par le droit national.

Art. 3 *Accès illégal à des systèmes d'information.* Les États membres prennent les mesures nécessaires pour ériger en infraction pénale punissable l'accès sans droit, lorsqu'il est intentionnel, à tout ou partie d'un système d'information, lorsque l'acte est commis en violation d'une mesure de sécurité, au moins lorsqu'il ne s'agit pas de cas mineurs.

Art. 4 *Atteinte illégale à l'intégrité d'un système.* Les États membres prennent les mesures nécessaires pour ériger en infraction pénale punissable le fait de provoquer une perturbation grave ou une interruption du fonctionnement d'un système d'information, en introduisant, en transmettant, en endommageant, en effaçant, en détériorant, en altérant, en supprimant ou en rendant inaccessibles des données informatiques lorsque l'acte est commis de manière intentionnelle et sans droit, au moins lorsqu'il ne s'agit pas de cas mineurs.

Art. 5 *Atteinte illégale à l'intégrité des données.* Les États membres prennent les mesures nécessaires pour ériger en infraction pénale punissable le fait d'effacer, d'endommager, de détériorer, d'altérer, de supprimer ou de rendre inaccessibles des données informatiques d'un système d'information lorsque l'acte est commis de manière intentionnelle et sans droit, au moins lorsqu'il ne s'agit pas de cas mineurs.

Art. 6 *Interception illégale.* Les États membres prennent les mesures nécessaires pour ériger en infraction pénale punissable l'interception, effectuée par des moyens techniques, de transmissions non publiques de données informatiques à destination, en provenance ou à l'intérieur d'un système d'information, y compris les émissions électromagnétiques provenant d'un système d'information transportant de telles données informatiques, lorsque l'acte est commis de manière intentionnelle et sans droit, au moins lorsqu'il ne s'agit pas de cas mineurs.

Art. 7 *Outils utilisés pour commettre les infractions.* Les États membres prennent les mesures nécessaires pour ériger en infraction pénale punissable la production, la vente, l'obtention pour utilisation, l'importation, la diffusion ou d'autres formes de mise à disposition intentionnelles d'un des outils suivants lorsque l'acte est commis sans droit et dans l'intention de l'utiliser pour commettre l'une des infractions visées aux articles 3 à 6, au moins lorsqu'il ne s'agit pas de cas mineurs :

a) un programme informatique, principalement conçu ou adapté pour permettre la commission de l'une des infractions visées aux articles 3 à 6 ;

b) un mot de passe, un code d'accès ou des données informatiques similaires permettant d'accéder à tout ou partie d'un système d'information.

Art. 8 *Incitation, participation et complicité, et tentative.* 1. Les États membres veillent à ériger en infraction pénale punissable le fait d'inciter à commettre l'une des infractions visées aux articles 3 à 7, d'y participer ou de s'en rendre complice.

2. Les États membres veillent à ériger en infraction pénale punissable la tentative de commettre une infraction visée aux articles 4 et 5.

Art. 9 *Sanctions.* 1. Les États membres prennent les mesures nécessaires pour faire en sorte que les infractions visées aux articles 3 à 8 soient passibles de sanctions pénales effectives, proportionnées et dissuasives.

2. Les États membres prennent les mesures nécessaires pour faire en sorte que les infractions visées aux articles 3 à 7 soient passibles d'une peine d'emprisonnement maximale d'au moins deux ans, au moins lorsqu'il ne s'agit pas de cas mineurs.

3. Les États membres prennent les mesures nécessaires pour faire en sorte que les infractions visées aux articles 4 et 5 soient passibles d'une peine d'emprisonnement maximale d'au moins trois ans lorsqu'elles sont commises de manière intentionnelle et qu'un nombre important de systèmes d'information est atteint au moyen d'un des outils visés à l'article 7.

4. Les États membres prennent les mesures nécessaires pour faire en sorte que les infractions visées aux articles 4 et 5 soient passibles d'une peine d'emprisonnement maximale d'au moins cinq ans dans les cas où :

a) elles sont commises dans le cadre d'une organisation criminelle telle que définie dans la décision-cadre 2008/841/JAI, indépendamment de la sanction qui y est prévue ; ou

b) elles causent un préjudice grave ; ou

c) elles sont commises contre un système d'information d'une infrastructure critique.

5. Les États membres prennent les mesures nécessaires pour que, lorsque les infractions visées aux articles 4 et 5 sont commises par l'utilisation abusive des données à caractère personnel d'une autre personne, en vue de gagner la confiance d'une tierce partie, causant ainsi un préjudice au propriétaire légitime de l'identité, ces éléments puissent, conformément au droit national, être considérés comme des circonstances aggravantes, à moins que ces circonstances ne soient déjà couvertes par une autre infraction punissable en vertu du droit national.

Art. 10 *Responsabilité des personnes morales.* 1. Les États membres prennent les mesures nécessaires pour que les personnes morales puissent être tenues pour responsables des infractions visées aux articles 3 à 8, lorsqu'elles sont commises pour leur compte

par toute personne agissant soit individuellement, soit en tant que membre d'un organe de la personne morale en cause, et qui exerce un pouvoir de direction en son sein fondé sur :

a) un pouvoir de représentation de la personne morale ;

b) une autorité pour prendre des décisions au nom de la personne morale ;

c) une autorité pour exercer un contrôle au sein de la personne morale.

2. Les États membres prennent les mesures nécessaires pour s'assurer que les personnes morales puissent être tenues pour responsables lorsque l'absence de surveillance ou de contrôle de la part d'une personne visée au paragraphe 1 a rendu possible la commission de l'une des infractions visées aux articles 3 à 8 pour le compte de ladite personne morale, par une personne soumise à son autorité.

3. La responsabilité des personnes morales au titre des paragraphes 1 et 2 n'exclut pas les poursuites pénales contre les personnes physiques auteurs, instigatrices ou complices de l'une des infractions visées aux articles 3 à 8.

Art. 11 *Sanctions à l'encontre des personnes morales.* 1. Les États membres prennent les mesures nécessaires pour qu'une personne morale déclarée responsable au titre de l'article 10, paragraphe 1, soit passible de sanctions effectives, proportionnées et dissuasives, qui incluent des amendes pénales ou non pénales, et éventuellement d'autres sanctions, telles que :

a) l'exclusion du bénéfice d'un avantage ou d'une aide publics ;

b) l'interdiction temporaire ou définitive d'exercer une activité commerciale ;

c) le placement sous surveillance judiciaire ;

d) une mesure judiciaire de dissolution ;

e) la fermeture temporaire ou définitive d'établissements ayant servi à commettre l'infraction.

2. Les États membres prennent les mesures nécessaires pour qu'une personne morale déclarée responsable au titre de l'article 10, paragraphe 2, soit passible de sanctions ou d'autres mesures effectives, proportionnées et dissuasives.

Art. 12 *Compétence.* 1. Les États membres établissent leur compétence à l'égard des infractions visées aux articles 3 à 8, lorsque l'infraction a été commise :

a) en tout ou en partie sur leur territoire ; ou

b) par un de leurs ressortissants, au moins dans les cas où l'acte constitue une infraction là où il a été commis.

2. Lorsqu'il établit sa compétence conformément au paragraphe 1, point a), un État membre veille à être compétent lorsque :

a) l'auteur de l'infraction a commis celle-ci alors qu'il était physiquement présent sur son territoire, que l'infraction vise un système d'information situé sur son territoire ou non ; ou

b) l'infraction vise un système d'information situé sur son territoire, que l'auteur de l'infraction soit physiquement présent sur son territoire ou non lors de la commission de l'infraction.

3. Un État membre informe la Commission de sa décision d'établir sa compétence à l'égard des infractions visées aux articles 3 à 8 qui ont été commises en dehors de son territoire, notamment dans les cas suivants :

a) l'auteur de l'infraction réside habituellement sur son territoire ; ou

b) l'infraction a été commise pour le compte d'une personne morale établie sur son territoire.

Art. 13 *Échange d'informations.* 1. Aux fins de l'échange d'informations relatives aux infractions visées aux articles 3 à 8, les États membres veillent à disposer d'un point de contact national opérationnel et à recourir au réseau existant de points de contact opérationnels, disponibles vingt-quatre heures sur vingt-quatre et sept jours sur sept. Les États membres veillent également à mettre en place des procédures afin que, en cas de demandes urgentes d'assistance, l'autorité compétente indique, dans un délai de huit heures à compter de la réception de la demande, au moins si la demande sera satisfaite, et la forme et le délai estimé pour cette réponse.

2. Les États membres communiquent à la Commission le point de contact visé au paragraphe 1 qu'ils ont désigné. La Commission transmet ces informations aux autres États membres et aux agences et organes spécialisés compétents de l'Union.

3. Les États membres prennent les mesures nécessaires pour faire en sorte que des canaux de communication appropriés soient mis à disposition afin de faciliter la notification sans retard indu aux autorités nationales compétentes des infractions visées aux articles 3 à 6.

Art. 14 *Suivi et statistiques.* 1. Les États membres veillent à mettre en place un système d'enregistrement, de production et de communication de statistiques sur les infractions visées aux articles 3 à 7.

2. Les statistiques visées au paragraphe 1 portent, au minimum, sur les données existantes concernant le nombre d'infractions visées aux articles 3 à 7 enregistrées par les États membres, ainsi que le nombre de personnes poursuivies et condamnées pour les infractions visées aux articles 3 à 7.

3. Les États membres transmettent à la Commission les données recueillies en vertu du présent article. La Commission veille à ce qu'un état consolidé des rapports statistiques soit publié et soumis aux agences et organes spécialisés compétents de l'Union.

Art. 15 *Remplacement de la décision-cadre 2005/222/JAI.* La décision-cadre 2005/222/JAI est remplacée à l'égard des États membres qui participent à l'adoption de la présente directive, sans préjudice des obligations des États membres concernant le délai de transposition de la décision-cadre en droit national.

A l'égard des États membres participant à l'adoption de la présente directive, les références faites à la décision-cadre 2005/222/JAI s'entendent comme faites à la présente directive.

Art. 16 *Transposition.* 1. Les États membres mettent en vigueur les dispositions législatives, réglementaires et administratives nécessaires pour se conformer à la présente directive, au plus tard le 4 septembre 2015.

2. Les États membres communiquent à la Commission le texte des dispositions transposant dans leur droit national les obligations que leur impose la présente directive.

3. Lorsque les États membres adoptent ces dispositions, celles-ci contiennent une référence à la présente directive ou sont accompagnées d'une telle référence lors de leur publication officielle. Les modalités de cette référence sont arrêtées par les États membres.

Art. 17 *Rapports.* La Commission présente au Parlement européen et au Conseil, au plus tard le 4 septembre 2017, un rapport évaluant dans quelle mesure les États membres ont pris les dispositions nécessaires pour se conformer à la présente directive, accompagné, le cas échéant, de propositions législatives. La Commission tient également compte des évolutions techniques et juridiques dans le domaine de la cybercriminalité, en particulier au regard du champ d'application de la présente directive.

Art. 18 *Entrée en vigueur.* La présente directive entre en vigueur le vingtième jour suivant celui de sa publication au *Journal officiel de l'Union européenne*.

Règlement (UE) n° 910/2014 du 23 juillet 2014 (règlement "eIDAS"),

Sur l'identification électronique et les services de confiance pour les transactions électroniques au sein du marché intérieur [eIDAS] et abrogeant la directive 1999/93/CE.

BIBL. ▶ Douville, *JCP E 2017, n° 1005* (le règlement européen sur l'identification électronique et les services de confiance (eIDAS)). – Caprioli et Agosti, *CCE 2013. Étude 3* (la régulation du marché européen de la confiance numérique : enjeux et perspectives de la proposition de règlement européen sur l'identification électronique et les services de confiance).

COMMENTAIRE

Champ d'application. Entré en vigueur le 1er juillet 2016, le règlement (UE) n° 910/2014 du Parlement européen et du Conseil du 23 juillet 2014 sur l'identification électronique et les services de confiance pour les transactions électroniques au sein du marché intérieur comporte un ensemble de dispositions en matière de cybersécurité. Leur portée dépend du champ d'application du règlement. Celui-ci comprend deux volets,

d'une part, l'identification électronique et, d'autre part, les services de confiance. Directement applicable dans les États membres, des dispositions nationales ne pourront être conservées ou introduites qu'en l'absence d'harmonisation complète, ce qui est le cas des aspects internes de l'identification électronique de certains services de confiance qualifiés comme l'envoi recommandé électronique qualifié et pour les services de confiance non qualifiés. La loi n° 2016-1321 du 7 octobre 2016 pour une République numérique a adapté le droit interne au règlement eIDAS concernant les envois recommandés électroniques (CPCE, art. L. 100 et 101 ; Décr. n° 2018-347 du 9 mai 2018 relatif à la lettre recommandée électronique) et l'identification électronique (CPCE, art. L. 102) dont les dispositions ont été complétées par l'ordonnance n° 2017-1426 du 4 octobre 2017 relative à l'identification électronique et aux services de confiance pour les transactions électroniques.

I. L'IDENTIFICATION ÉLECTRONIQUE

Définitions. L'identification électronique désigne le « processus consistant à utiliser des données d'identification personnelle sous une forme électronique représentant de manière univoque une personne physique ou morale » (eIDAS, art. 3, § 1). Un fournisseur d'identité va associer des données (nom, prénom, âge...) à une personne à laquelle sera attribué un moyen d'identification électronique qui lui permettra de « s'authentifier pour un service en ligne » (eIDAS, art. 3, § 2), autrement dit de confirmer son identité au moyen d'un ou plusieurs facteurs d'authentification reposant sur la connaissance (mot de passe), sur la possession (certificat électronique implémenté dans un support physique) ou inhérent à la personne (authentification biométrique).

Objet. Le règlement eIDAS prévoit les conditions de la reconnaissance mutuelle des moyens d'identification électronique délivrés par les États membres et l'interopérabilité des schémas nationaux d'identification électronique dans le cadre desquels ils sont délivrés (eIDAS, art. 6 et 12). Un schéma d'identification électronique désigne « un système pour l'identification électronique en vertu duquel des moyens d'identification électronique sont délivrés à des personnes physiques ou morales, ou à des personnes physiques représentant des personnes morales » (eIDAS, art. 3, § 4). L'objectif du règlement est de permettre l'utilisation des moyens d'identification délivrés par un État membre pour s'authentifier auprès des services en ligne fournis par d'autres États membres. Est ainsi mise en place une fédération d'identité européenne réunissant des fournisseurs d'identité, des fournisseurs de services qui se fient aux moyens d'identification électronique délivrés par les premiers et reposant sur les schémas nationaux d'identification électronique notifiés à la Commission européenne. La cybersécurité des schémas nationaux d'identification électronique est déterminante de la confiance mutuelle des États membres et des utilisateurs mais aussi de leur pérennité.

Champ d'application. Le champ d'application de l'identification électronique transfrontalière dépend de plusieurs variables. Tout d'abord, elle ne concerne que les schémas d'identification électronique qui ont été notifiés par les États membres à la Commission européenne (eIDAS, art. 6). Si les États n'ont pas l'obligation d'en notifier un, s'ils décident de le faire, ils devront remplir différentes conditions d'éligibilité (eIDAS, art. 7 ; Décis. exéc. (UE) 2015/1984 du 3 nov. 2015). Celles-ci portent principalement sur les niveaux de garantie des moyens d'identification électronique qui désignent le « niveau de fiabilité d'un moyen d'identification électronique pour établir l'identité d'une personne, garantissant ainsi que la personne revendiquant une identité particulière est bien la personne à laquelle cette identité a été attribuée » (eIDAS, consid. 16). Trois niveaux sont distingués – faible, substantiel et élevé – et leurs spécifications techniques précisées par le règlement eIDAS et un règlement d'exécution (Règl. exéc. (UE) 2015/1502 du 8 sept. 2015). Ces spécifications tiennent pour l'essentiel aux caractéristiques du moyen d'identification électronique, au degré de vérification de l'identité des demandeurs lors de leur enrôlement et aux conditions de la délivrance des moyens d'identification électronique. Par ailleurs, l'État notifiant doit permettre l'utilisation des moyens d'identification électronique pour accéder à au moins un service en ligne. Ensuite, la reconnaissance mutuelle des moyens d'identification électronique est prévue concernant l'accès à un service en ligne fourni par un organisme du secteur public à certaines conditions (eIDAS, art. 6, § 1). Le moyen d'identification électronique doit relever d'un schéma d'identification électronique notifié à la Commission. Il doit avoir un niveau de garantie supérieur ou égal à celui requis par le fournisseur de services et en toute hypothèse correspondre au niveau de

garantie substantiel ou élevé. En résumé, un moyen d'identification électronique de niveau substantiel peut être requis pour accéder au service en ligne, auquel cas il sera possible d'utiliser un moyen d'identification électronique délivré par un autre État membre présentant un niveau de garantie substantiel ou élevé. Les États membres disposent d'une marge de manœuvre : ils peuvent accepter un moyen d'identification électronique de niveau faible relevant d'un schéma d'identification électronique notifié par un autre État membre (eIDAS, art. 6, § 2). Les schémas d'identification électronique ont vocation à être ouverts à des fournisseurs de services ne relevant pas de la sphère publique comme les plateformes en ligne aux conditions définies par chacun des États membres.

Cybersécurité. La cybersécurité des schémas d'identification électronique fait l'objet d'une disposition particulière qui prévoit essentiellement des obligations d'ordre procédural (eIDAS, art. 10). En cas d'« atteinte » ou « d'altération partielle » du schéma d'identification électronique ou de l'authentification électronique, l'État notifiant doit suspendre ou révoquer cette dernière ou les éléments altérés et en informer les autres États membres. La suspension ou la révocation sont temporaires, elles ne peuvent durer plus de trois mois à compter de la notification. Si, dans ce délai, il a été remédié à l'incident, la suspension ou la révocation prend fin et l'État membre en informe les autres États membres. A défaut, le schéma d'identification électronique est retiré. Il est donc nécessaire pour les fournisseurs de services de maintenir un processus d'identification et d'authentification alternatif au schéma national d'identification électronique. En effet, à défaut, en cas de retrait de ce schéma, l'accès au service en ligne serait impossible. Les notions « d'atteinte » et « d'altération partielle » sont floues. Un exemple est donné, à savoir la remise en cause de la fiabilité de l'authentification. Ces atteintes ou altérations peuvent prendre différentes formes : altération des données d'identification ou d'authentification, altération du fonctionnement de l'authentification, impossibilité d'accéder à l'authentification électronique. Une coopération entre les États membres est prévue concernant la sécurité des schémas d'identification électronique (eIDAS, art. 12, § 5, b ; Décis. exéc. (UE) 2015/296 du 24 févr. 2015). Des « normes opérationnelles communes de sécurité » sont précisées au titre des exigences concernant l'interopérabilité des schémas d'identification électronique (eIDAS, art. 12, § 4 ; Règl. exéc. (UE) 2015/1501 du 8 sept. 2015). Ainsi, la confidentialité et l'intégrité des données doit être assurée. De plus, les « nœuds », c'est-à-dire les points de connexion entre les schémas d'identification électronique doivent respecter la norme ISO/CEI 27001 relatifve au management de la sécurité de l'information et faire l'objet d'une certification ou d'une évaluation par une méthode équivalente (Règl. exéc. (UE) 2015/1501 préc., art. 10). A cela s'ajoutent les exigences en matière de cybersécurité prévues en matière de protection des données à caractère personnel, de services de confiance ou à l'égard des opérateurs de services essentiels qui ont vocation, le cas échéant, à s'appliquer à tout ou partie des schémas d'identification électronique.

Responsabilité. Le régime de responsabilité prévu en matière d'identification électronique ne sanctionne pas le manquement aux exigences de cybersécurité. Son domaine est cantonné aux manquements préjudiciables, commis intentionnellement ou par négligence, aux exigences applicables à l'enrôlement, à l'attribution et à la délivrance des moyens d'identification électronique dans le cadre d'une transaction transfrontalière (eIDAS, art. 7, d et e). De même, la partie qui gère la procédure d'authentification est responsable du dommage causé par sa mauvaise gestion (eIDAS, art. 7, f).

II. LES SERVICES DE CONFIANCE

Champ d'application. Le règlement (UE) n° 910/2014 a consacré et encadré divers services de confiance en harmonisant totalement ou partiellement leur régime. Ont également été introduites des règles communes à tous les prestataires de services de confiance notamment en matière de cybersécurité. La portée de ces dispositions dépend du champ d'application du règlement. Les services de confiance visés sont les services de création, de vérification et de validation de signature électronique, de cachet électronique, d'horodatage électronique, d'envoi recommandé électronique et de certificat électronique, les services de conservation de signatures électroniques, de cachets électroniques et de certificats électroniques et enfin les services de création, de vérification et de validation de certificats pour l'authentification de site internet (eIDAS, art. 3, § 16). Ces services correspondent aux outils de la dématérialisation des actes juridiques, et plus particulièrement des forma-

lismes contractuels. Leur régime s'applique indifféremment dans le secteur privé comme dans le secteur public. Il importe peu que ces services soient fournis contre rémunération ou non.

Services de confiance qualifiés et non qualifiés. Tous ces services peuvent être qualifiés ou non qualifiés. La différence tient, en substance, au niveau de fiabilité du service et, d'un point de vue statutaire, à la qualité du prestataire du service, seuls des prestataires qualifiés peuvent fournir des services de confiance qualifiés. De la même manière, les effets juridiques associés aux services de confiance qualifiés et non qualifiés ne sont pas les mêmes. Ainsi, une signature électronique qualifiée est réputée équivalente à une signature manuscrite et elle bénéficie d'une reconnaissance mutuelle dans l'Union, ce qui n'est pas le cas des signatures électroniques avancées ou simples. Autre illustration, une présomption simple d'intégrité des données, d'envoi des données à l'expéditeur identifié et de leur réception par le destinataire identifié, d'exactitude de la date et de l'heure d'envoi et de la réception est associée à l'usage d'un service d'envoi recommandé électronique qualifié.

Autres services de confiance. En dehors du champ d'application du règlement eIDAS, les États membres peuvent consacrer d'autres services de confiance. C'est le cas en France du coffre-fort numérique par la loi n° 2016-1321 du 7 octobre 2016 pour une République numérique (CPCE, art. L. 103). De bonne méthode, ces services de confiance devraient s'appuyer sur les dispositions générales du règlement eIDAS. Ce n'est toutefois pas le choix fait en France contrairement à la Belgique (code de droit économique, art. XII.27 s.), ce qui crée une incertitude sur le statut des prestataires de ces services de confiance et sur l'application du régime de cybersécurité.

Sécurité des services de confiance. Les régimes de la signature électronique et du cachet électronique font spécialement référence à la sécurité des dispositifs de création de signature électronique et cachet électronique qualifiés qui désignent « un dispositif logiciel ou matériel configuré servant à créer une signature électronique » (eIDAS, art. 3, § 22, 23, 31 et 32). Ces dispositifs peuvent être proposés localement ou à distance. Ils permettent l'apposition d'une signature ou d'un cachet électronique par la mise en œuvre des clés de signature des signataires et utilisateurs de cachets sur le document à signer et des certificats électroniques qui sont des attestations électroniques associant les données de validation de la signature à une personne physique identifiée (eIDAS, art. 3, § 14, § 29). Ces dispositifs doivent faire l'objet d'une certification. A cette occasion doit être évaluée leur sécurité conformément à l'une des normes relatives à l'évaluation de la sécurité des produits informatiques visée par une décision d'exécution de la Commission, à savoir des normes techniques ISO ou des normes techniques européennes (Décis. exéc. (UE) 2016/650 du 25 avr. 2016).

Cybersécurité des prestataires de services de confiance. Les prestataires de services de confiance (PSC) qualifiés ou non qualifiés obéissent à un ensemble de règles communes et notamment des exigences de sécurité (eIDAS, art. 19). Ainsi, les PSC sont tenus d'adopter « les mesures techniques et organisationnelles adéquates pour gérer les risques liés à la sécurité des services de confiance qu'ils fournissent ». Cette approche par les risques suppose que le PSC les identifie. Les risques varient selon la nature des services proposés mais aussi les conditions d'utilisation de ces derniers au regard par exemple du type ou de l'importance des transactions réalisées. L'altération des données de validation des signatures électroniques n'aura pas les mêmes conséquences si le service est proposé uniquement en matière de commerce électronique pour des contrats dont l'importance économique est faible ou si la solution est générique et le plafond des transactions non limité. L'identification des risques permet au prestataire de déterminer les mesures de sécurité à mettre en place de telle sorte que le niveau de sécurité soit proportionné au risque. Pour cela, le prestataire doit tenir compte des « évolutions technologiques les plus récentes » dans la définition des mesures de gestion des risques. Dans leur substance, elles doivent permettre de prévenir les risques, de gérer les incidents en limitant les conséquences et d'informer les intéressés des effets préjudiciables des incidents (eIDAS, art. 19, § 1). En cas d'atteinte à la sécurité ou de perte d'intégrité du service, une notification doit intervenir dans les meilleurs délais et au maximum dans les 24 heures de la connaissance de l'incident auprès de l'ANSSI. Un seuil de notification est prévu pour éviter l'engorgement de l'ANSSI : l'incident doit avoir « une incidence importante sur le service de confiance fourni ou sur les données à caractère personnel qui y sont conservées ».

C'est le cas par exemple de l'arrêt du service ou de l'altération des données du service de confiance. Une notification auprès de la CNIL devra également intervenir dès lors qu'une violation de données à caractère personnel apparaît à l'occasion de l'incident de sécurité. Lorsque l'incident de sécurité concerne plusieurs États membres, l'organe de contrôle à qui il a été notifié informe les autres organes intéressés ainsi que l'ENISA. Une notification doit également intervenir, à certaines conditions, auprès des personnes concernées. Il faut que l'incident de sécurité soit « susceptible de porter préjudice à une personne physique ou morale à laquelle le service de confiance a été fourni ». Il s'agit par exemple des signataires d'un contrat ou de la société recourant aux services du prestataire de services de confiance. La possibilité d'un préjudice pour les utilisateurs du service existe dès lors que l'incident affecte les services fournis, comme l'exactitude de la date et de l'heure de l'envoi et de la réception d'un envoi recommandé électronique ou la possibilité de valider une signature ou un cachet électronique. Le plus souvent, l'incident de sécurité affectant le prestataire fera naître un risque de dommage aux utilisateurs. Enfin, une information du public par le prestataire peut intervenir à la demande de l'ANSSI, celle-ci pouvant y procéder directement. Pour cela, l'ANSSI doit constater qu'il est dans l'intérêt du public de divulguer l'incident de sécurité. Ce peut être le cas afin de permettre aux intéressés d'adopter des mesures pour répondre à l'incident de sécurité, comme le changement d'authentifiant ou la nécessité de cesser d'utiliser le service de confiance proposé.

Cybersécurité des prestataires de services de confiance qualifiés. Des règles complémentaires s'ajoutent concernant les prestataires de services de confiance qualifiés. Certaines d'entre elles traitent, directement ou indirectement, de la cybersécurité du prestataire : la qualification et l'expérience des salariés, la fiabilité des systèmes, des produits et du stockage des données, leur protection contre la falsification et le vol, la mise en place d'un plan d'arrêt d'activité pour assurer la continuité du service ou la licéité du traitement des données à caractère personnel collectées. D'autres prescriptions concernent la délivrance et la gestion des certificats électroniques qualifiés utilisés pour les services de confiance qualifiés, une vérification d'identité en face à face ou selon d'autres modalités équivalentes doit intervenir. Sur la forme, la fourniture de services de confiance qualifiés est soumise à une évaluation préalable : un rapport d'évaluation de la conformité doit être réalisé par un organisme d'évaluation de la conformité accrédité, ce qui permettra à l'ANSSI de s'assurer du respect par le demandeur des exigences posées par le règlement. Si tel est le cas, le prestataire se verra attribuer le statut de prestataire de services de confiance qualifié, il sera inscrit sur les listes de confiance (Décis. exéc. (UE) 2015/1505 du 8 sept. 2015) et pourra utiliser le label de confiance européen (Règl. exéc. (UE) 2015/806 du 22 mai 2015).

Contrôle des prestataires de services de confiance. L'ANSSI est chargée d'une mission de contrôle des prestataires de services de confiance qui porte sur le respect des exigences prévues par le règlement eIDAS, ce compris les exigences en matière de cybersécurité. La portée du contrôle n'est pas la même selon que le prestataire est qualifié ou non. S'il n'est pas qualifié, l'ANSSI exerce un contrôle *a posteriori* (eIDAS, art. 17, § 3, b). Pour autant, le droit français ne prévoit pas que l'ANSSI puisse prononcer des sanctions administratives contre un prestataire non qualifié sur le terrain du règlement eIDAS. Les prestataires de services de confiance qualifiés sont soumis à un contrôle régulier : ils font l'objet à leurs frais d'une évaluation biennale par un organisme d'évaluation de la conformité. L'objectif est de s'assurer du respect du règlement eIDAS. Le rapport d'évaluation est transmis à l'ANSSI dans les trois jours de sa remise. Des évaluations ponctuelles, aux frais des prestataires, peuvent également être exigées par l'ANSSI. En cas de manquement, le prestataire peut être mis en demeure dans un délai déterminé de le corriger. Si tel n'est pas le cas, le statut « qualifié » peut être retiré au prestataire.

Responsabilité des prestataires de services de confiance. En cas de manquement des prestataires de services de confiance aux exigences en matière de cybersécurité, leur responsabilité pourra être engagée en application d'un régime spécial. Si le prestataire n'est pas qualifié, un régime de responsabilité pour faute s'applique tandis qu'un régime de responsabilité pour faute présumée est prévu concernant les prestataires de services de confiance qualifiés. Cette différence de régime interroge alors que les prestataires non qualifiés offrent des garanties plus faibles et ne sont pas soumis au contrôle *a priori* de l'ANSSI. L'objectif du législateur européen était de favoriser leur développement afin qu'un écosystème apparaisse en matière de services de confiance et que les prestataires puissent obtenir par la suite leur qualification. Cela dit, l'engagement de la responsabilité

des prestataires de services de confiance suppose que l'utilisateur subisse un préjudice en raison d'un incident de sécurité, ce qui ne sera pas toujours aisé à démontrer.

Lien avec le droit interne. Le référentiel général de sécurité (Ord. n° 2005-1516 du 8 déc. 2005 relative aux échanges électroniques entre les usagers et les autorités administratives et entre les autorités administratives, art. 9) peut trouver application de manière cumulative avec le règlement eIDAS. ❑

V. les consid. sur le Code en ligne 🏛.

CHAPITRE I ***DISPOSITIONS GÉNÉRALES***

Art. 1er *Objet.* **En vue d'assurer le bon fonctionnement du marché intérieur tout en visant à atteindre un niveau adéquat de sécurité des moyens d'identification électronique et des services de confiance, le présent règlement :**

a) fixe les conditions dans lesquelles un État membre reconnaît les moyens d'identification électronique des personnes physiques et morales qui relèvent d'un schéma d'identification électronique notifié d'un autre État membre ;

b) établit des règles applicables aux services de confiance, en particulier pour les transactions électroniques ; et

c) instaure un cadre juridique pour les services de signatures électroniques, de cachets électroniques, d'horodatages électroniques, de documents électroniques, d'envoi recommandé électronique et les services de certificats pour l'authentification de site internet.

Art. 2 *Champ d'application.* **1. Le présent règlement s'applique aux schémas d'identification électronique qui ont été notifiés par un État membre et aux prestataires de services de confiance établis dans l'Union.**

2. Le présent règlement ne s'applique pas à la fourniture de services de confiance utilisés exclusivement dans des systèmes fermés résultant du droit national ou d'accords au sein d'un ensemble défini de participants.

3. Le présent règlement n'affecte pas le droit national ou de l'Union relatif à la conclusion et à la validité des contrats ou d'autres obligations juridiques ou procédurales d'ordre formel.

Art. 3 *Définitions.* **Aux fins du présent règlement, on entend par :**

1. "identification électronique", le processus consistant à utiliser des données d'identification personnelle sous une forme électronique représentant de manière univoque une personne physique ou morale, ou une personne physique représentant une personne morale ;

2. "moyen d'identification électronique", un élément matériel et/ou immatériel contenant des données d'identification personnelle et utilisé pour s'authentifier pour un service en ligne ;

3. "données d'identification personnelle", un ensemble de données permettant d'établir l'identité d'une personne physique ou morale, ou d'une personne physique représentant une personne morale ;

4. "schéma d'identification électronique", un système pour l'identification électronique en vertu duquel des moyens d'identification électronique sont délivrés à des personnes physiques ou morales, ou à des personnes physiques représentant des personnes morales ;

5. "authentification", un processus électronique qui permet de confirmer l'identification électronique d'une personne physique ou morale, ou l'origine et l'intégrité d'une donnée sous forme électronique ;

6. "partie utilisatrice", une personne physique ou morale qui se fie à une identification électronique ou à un service de confiance ;

7. "organismes du secteur public", un État, une autorité régionale ou locale, un organisme de droit public ou une association constituée d'une ou de plusieurs de ces autorités ou d'un ou de plusieurs de ces organismes de droit public, ou une entité privée mandatée par au moins un ou une de ces autorités, organismes, ou associations pour fournir des services publics lorsqu'elle agit en vertu de ce mandat ;

8. "organisme de droit public", un organisme au sens de l'article 2, paragraphe 1, point 4), de la directive 2014/24/UE du Parlement européen et du Conseil *[du 26 févr.*

2014 sur la passation des marchés publics et abrogeant la Dir. 2004/18/CE (JO L 94 du 28 mars 2014, p. 65)] ;

9. "signataire", une personne physique qui crée une signature électronique ;

10. "signature électronique", des données sous forme électronique, qui sont jointes ou associées logiquement à d'autres données sous forme électronique et que le signataire utilise pour signer ;

11. "signature électronique avancée", une signature électronique qui satisfait aux exigences énoncées à l'article 26 :

12. "signature électronique qualifiée", une signature électronique avancée qui est créée à l'aide d'un dispositif de création de signature électronique qualifié, et qui repose sur un certificat qualifié de signature électronique ;

13. "données de création de signature électronique", des données uniques qui sont utilisées par le signataire pour créer une signature électronique ;

14. "certificat de signature électronique", une attestation électronique qui associe les données de validation d'une signature électronique à une personne physique et confirme au moins le nom ou le pseudonyme de cette personne ;

15. "certificat qualifié de signature électronique", un certificat de signature électronique, qui est délivré par un prestataire de services de confiance qualifié et qui satisfait aux exigences fixées à l'annexe I ;

16. "service de confiance", un service électronique normalement fourni contre rémunération qui consiste :

a) en la création, en la vérification et en la validation de signatures électroniques, de cachets électroniques ou d'horodatages électroniques, de services d'envoi recommandé électronique et de certificats relatifs à ces services ; ou

b) en la création, en la vérification et en la validation de certificats pour l'authentification de site internet ; ou

c) en la conservation de signatures électroniques, de cachets électroniques ou des certificats relatifs à ces services ;

17. "service de confiance qualifié", un service de confiance qui satisfait aux exigences du présent règlement ;

18. "organisme d'évaluation de la conformité", un organisme défini à l'article 2, point 13), du règlement (CE) n° 765/2008, qui est accrédité conformément audit règlement comme étant compétent pour effectuer l'évaluation de la conformité d'un prestataire de services de confiance qualifié et des services de confiance qualifiés qu'il fournit ;

19. "prestataire de services de confiance", une personne physique ou morale qui fournit un ou plusieurs services de confiance, en tant que prestataire de services de confiance qualifié ou non qualifié ;

20. "prestataire de services de confiance qualifié", un prestataire de services de confiance qui fournit un ou plusieurs services de confiance qualifiés et a obtenu de l'organe de contrôle le statut qualifié ;

21. "produit", un dispositif matériel ou logiciel, ou les composants correspondants du dispositif matériel ou logiciel, qui sont destinés à être utilisés pour la fourniture de services de confiance ;

22. "dispositif de création de signature électronique", un dispositif logiciel ou matériel configuré servant à créer une signature électronique ;

23. "dispositif de création de signature électronique qualifié", un dispositif de création de signature électronique qui satisfait aux exigences énoncées à l'annexe II ;

24. "créateur de cachet", une personne morale qui crée un cachet électronique ;

25. "cachet électronique", des données sous forme électronique, qui sont jointes ou associées logiquement à d'autres données sous forme électronique pour garantir l'origine et l'intégrité de ces dernières ;

26. "cachet électronique avancé", un cachet électronique qui satisfait aux exigences énoncées à l'article 36 ;

27. "cachet électronique qualifié", un cachet électronique avancé qui est créé à l'aide d'un dispositif de création de cachet électronique qualifié et qui repose sur un certificat qualifié de cachet électronique ;

28. "données de création de cachet électronique", des données uniques qui sont utilisées par le créateur du cachet électronique pour créer un cachet électronique ;

29. "certificat de cachet électronique", une attestation électronique qui associe les données de validation d'un cachet électronique à une personne morale et confirme le nom de cette personne ;

30. "certificat qualifié de cachet électronique", un certificat de cachet électronique, qui est délivré par un prestataire de services de confiance qualifié et qui satisfait aux exigences fixées à l'annexe III ;

31. "dispositif de création de cachet électronique", un dispositif logiciel ou matériel configuré utilisé pour créer un cachet électronique ;

32. "dispositif de création de cachet électronique qualifié", un dispositif de création de cachet électronique qui satisfait mutatis mutandis aux exigences fixées à l'annexe II ;

33. "horodatage électronique", des données sous forme électronique qui associent d'autres données sous forme électronique à un instant particulier et établissent la preuve que ces dernières données existaient à cet instant ;

34. "horodatage électronique qualifié", un horodatage électronique qui satisfait aux exigences fixées à l'article 42 ;

35. "document électronique", tout contenu conservé sous forme électronique, notamment un texte ou un enregistrement sonore, visuel ou audiovisuel ;

36. "service d'envoi recommandé électronique", un service qui permet de transmettre des données entre des tiers par voie électronique, qui fournit des preuves concernant le traitement des données transmises, y compris la preuve de leur envoi et de leur réception, et qui protège les données transmises contre les risques de perte, de vol, d'altération ou de toute modification non autorisée ;

37. "service d'envoi recommandé électronique qualifié", un service d'envoi recommandé électronique qui satisfait aux exigences fixées à l'article 44 ;

38. "certificat d'authentification de site internet", une attestation qui permet d'authentifier un site internet et associe celui-ci à la personne physique ou morale à laquelle le certificat est délivré ;

39. "certificat qualifié d'authentification de site internet", un certificat d'authentification de site internet, qui est délivré par un prestataire de services de confiance qualifié et qui satisfait aux exigences fixées à l'annexe IV ;

40. "données de validation", des données qui servent à valider une signature électronique ou un cachet électronique ;

41. "validation", le processus de vérification et de confirmation de la validité d'une signature ou d'un cachet électronique.

Signature électronique qualifiée. L'art. 3, pt 12, du Règl. (UE) n° 910/2014 du 23 juill. 2014 doit être interprété en ce sens que l'absence de « certificat qualifié de signature électronique », au sens de l'art. 3, pt 15, de ce règlement, est suffisante pour établir qu'une signature électronique ne constitue pas une « signature électronique qualifiée », au sens de cet art. 3, pt 12, la qualification éventuelle de celle-ci en tant que « signature électronique professionnelle » étant dépourvue de pertinence à cet égard. • CJUE 20 oct. 2022, n° C-362/21 : *CCE 2023, n° 7, obs. Caprioli.* ♦ Le Règl. (UE) n° 910/2014 doit être interprété en ce sens que l'inscription d'une signature électronique dans le certificat délivré par le prestataire de services de confiance ne suffit pas pour que cette signature réponde aux exigences établies par ce règlement pour être considérée comme une « signature électronique qualifiée », au sens de l'art. 3, pt 12, dudit règlement. Lorsqu'une telle qualification est contestée dans le cadre d'une procédure judiciaire, la juridiction nationale est tenue de vérifier si les conditions cumulatives prévues à cet art. 3, pt 12, sont toutes remplies, ce qui lui impose notamment de vérifier s'il est satisfait aux conditions visées à l'art. 26 et à l'ann. I du même règlement. • Même décision. ♦ L'art. 3, pt 12, et l'ann. I du Règl. (UE) n° 910/2014 doivent être interprétés en ce sens que, lors du contrôle de la conformité, aux exigences de cette annexe, de la signature électronique qualifiée, la circonstance que les noms du signataire, lequel a habituellement recours à l'alphabet cyrillique pour écrire ceux-ci, ont fait l'objet d'une translittération dans l'alphabet latin ne s'oppose pas à ce que la signature électronique de celui-ci soit considérée comme une « signature électronique qualifiée », au sens de cet art. 3, pt 12, pour autant que cette signature soit liée au signataire de manière univoque et qu'elle permette de l'identifier, ce qu'il appartient au juge national de vérifier. • Même décision.

Art. 4 *Principe du marché intérieur.* 1. Il n'y a pas de restriction à la fourniture de services de confiance, sur le territoire d'un État membre, par un prestataire de services

de confiance établi dans un autre État membre pour des raisons qui relèvent des domaines couverts par le présent règlement.

2. Les produits et les services de confiance qui sont conformes au présent règlement sont autorisés à circuler librement au sein du marché intérieur.

Art. 5 *Protection et traitement des données à caractère personnel.* 1. Le traitement de données à caractère personnel est effectué conformément à la directive 95/46/CE.

2. Sans préjudice de l'effet juridique donné aux pseudonymes au titre du droit national, l'utilisation de pseudonymes dans les transactions électroniques n'est pas interdite.

CHAPITRE II *IDENTIFICATION ÉLECTRONIQUE*

Art. 6 *Reconnaissance mutuelle.* 1. Lorsqu'une identification électronique à l'aide d'un moyen d'identification électronique et d'une authentification est exigée en vertu du droit national ou de pratiques administratives nationales pour accéder à un service en ligne fourni par un organisme du secteur public dans un État membre, le moyen d'identification électronique délivré dans un autre État membre est reconnu dans le premier État membre aux fins de l'authentification transfrontalière pour ce service en ligne, à condition que les conditions suivantes soient remplies :

a) la délivrance de ce moyen d'identification électronique relève d'un schéma d'identification électronique qui figure sur la liste publiée par la Commission en vertu de l'article 9 ;

b) le niveau de garantie de ce moyen d'identification électronique correspond à un niveau de garantie égal ou supérieur à celui requis par l'organisme du secteur public concerné pour accéder à ce service en ligne dans le premier État membre, à condition que le niveau de garantie de ce moyen d'identification électronique corresponde au niveau de garantie substantiel ou élevé ;

c) l'organisme du secteur public concerné utilise le niveau de garantie substantiel ou élevé pour ce qui concerne l'accès à ce service en ligne.

Cette reconnaissance intervient au plus tard douze mois après la publication par la Commission de la liste visée au point a) du premier alinéa.

2. Un moyen d'identification électronique dont la délivrance relève d'un schéma d'identification électronique figurant sur la liste publiée par la Commission en vertu de l'article 9 et qui correspond au niveau de garantie faible peut être reconnu par des organismes du secteur public aux fins de l'authentification transfrontalière du service fourni en ligne par ces organismes.

Art. 7 *Éligibilité pour la notification des schémas d'identification électronique.* Un schéma d'identification électronique est éligible aux fins de notification en vertu de l'article 9, paragraphe 1, si toutes les conditions suivantes sont remplies :

a) les moyens d'identification électronique relevant du schéma d'identification électronique sont délivrés :

i) par l'État membre notifiant ;

ii) dans le cadre d'un mandat de l'État membre notifiant ; ou

iii) indépendamment de l'État membre notifiant et sont reconnus par cet État membre ;

b) les moyens d'identification électronique relevant du schéma d'identification électronique peuvent être utilisés pour accéder au moins à un service qui est fourni par un organisme du secteur public et qui exige l'identification électronique dans l'État membre notifiant ;

c) le schéma d'identification électronique et les moyens d'identification électronique délivrés dans ce cadre répondent aux exigences d'au moins un des niveaux de garantie prévus dans l'acte d'exécution visé à l'article 8, paragraphe 3 ;

d) l'État membre notifiant veille à ce que les données d'identification personnelle représentant de manière univoque la personne en question soient attribuées conformément aux spécifications techniques, aux normes et aux procédures pour le niveau de garantie concerné prévues dans l'acte d'exécution visé à l'article 8, paragraphe 3, à la personne physique ou morale visée à l'article 3, point 1), au moment de la délivrance du moyen d'identification électronique relevant de ce schéma ;

e) la partie délivrant le moyen d'identification électronique relevant de ce schéma veille à ce que le moyen d'identification électronique soit attribué à la personne visée

au point d) du présent article conformément aux spécifications techniques, aux normes et aux procédures pour le niveau de garantie concerné prévues dans l'acte d'exécution visé à l'article 8, paragraphe 3 ;

f) l'État membre notifiant veille à ce qu'une authentification en ligne soit disponible afin de permettre à toute partie utilisatrice établie sur le territoire d'un autre État membre de confirmer les données d'identification personnelle reçues sous forme électronique.

Pour les parties utilisatrices autres que des organismes du secteur public, l'État membre notifiant peut définir les conditions d'accès à cette authentification. Cette authentification transfrontalière est fournie gratuitement lorsqu'elle est effectuée en liaison avec un service en ligne fourni par un organisme du secteur public.

Les États membres n'imposent aucune exigence technique disproportionnée aux parties utilisatrices qui envisagent de procéder à cette authentification, lorsque de telles exigences empêchent ou entravent sensiblement l'interopérabilité des schémas d'identification électronique notifiés ;

g) six mois au moins avant la notification en vertu de l'article 9, paragraphe 1, l'État membre notifiant fournit aux autres États membres aux fins de l'obligation au titre de l'article 12, paragraphe 5, une description de ce schéma conformément aux modalités de procédure établies par les actes d'exécution visés à l'article 12, paragraphe 7.

h) le schéma d'identification électronique satisfait aux exigences de l'acte d'exécution visé à l'article 12, paragraphe 8.

Art. 8 *Niveaux de garantie des schémas d'identification électronique.* 1. Un schéma d'identification électronique notifié en vertu de l'article 9, paragraphe 1, détermine les spécifications des niveaux de garantie faible, substantiel et/ou élevé des moyens d'identification électronique délivrés dans le cadre dudit schéma.

2. Les niveaux de garantie faible, substantiel et élevé satisfont, respectivement, aux critères suivants :

a) le niveau de garantie faible renvoie à un moyen d'identification électronique dans le cadre d'un schéma d'identification électronique qui accorde un degré limité de fiabilité à l'identité revendiquée ou prétendue d'une personne, et est caractérisé sur la base de spécifications techniques, de normes et de procédures y afférents, y compris les contrôles techniques, dont l'objectif est de réduire le risque d'utilisation abusive ou d'altération de l'identité ;

b) le niveau de garantie substantiel renvoie à un moyen d'identification électronique dans le cadre d'un schéma d'identification électronique qui accorde un degré substantiel de fiabilité à l'identité revendiquée ou prétendue d'une personne, et est caractérisé sur la base de spécifications techniques, de normes et de procédures y afférents, y compris les contrôles techniques, dont l'objectif est de réduire substantiellement le risque d'utilisation abusive ou d'altération de l'identité ;

c) le niveau de garantie élevé renvoie à un moyen d'identification électronique dans le cadre d'un schéma d'identification électronique qui accorde un niveau de fiabilité à l'identité revendiquée ou prétendue d'une personne plus élevé qu'un moyen d'identification électronique ayant le niveau de garantie substantiel, et est caractérisé sur la base de spécifications techniques, de normes et de procédures y afférents, y compris les contrôles techniques, dont l'objectif est d'empêcher l'utilisation abusive ou l'altération de l'identité.

3. Au plus tard le 18 septembre 2015, compte tenu des normes internationales pertinentes et sous réserve du paragraphe 2, la Commission fixe, au moyen d'actes d'exécution, les spécifications techniques, normes et procédures minimales sur la base desquelles les niveaux de garantie faible, substantiel et élevé sont spécifiés pour les moyens d'identification électronique aux fins du paragraphe 1.

Ces spécifications techniques, normes et procédures minimales sont fixées par référence à la fiabilité et à la qualité des éléments suivants :

a) la procédure visant à prouver et vérifier l'identité des personnes physiques ou morales demandant la délivrance de moyens d'identification électronique ;

b) la procédure de délivrance des moyens d'identification électronique demandés ;

c) le mécanisme d'authentification au moyen duquel la personne physique ou morale utilise le moyen d'identification électronique pour confirmer son identité à une partie utilisatrice ;

d) l'entité délivrant les moyens d'identification électronique ;

e) tout autre organisme associé à la demande de délivrance de moyens d'identification électronique ; et

f) les spécifications techniques et de sécurité des moyens d'identification électronique délivrés.

Ces actes d'exécution sont adoptés en conformité avec la procédure d'examen visée à l'article 48, paragraphe 2.

Art. 9 *Notification.* 1. L'État membre notifiant notifie les informations suivantes à la Commission et lui communique toute modification ultérieure qui leur est apportée dans les meilleurs délais :

a) une description du schéma d'identification électronique, y compris ses niveaux de garantie et l'entité ou les entités qui délivrent les moyens d'identification électronique relevant de ce schéma ;

b) le régime de contrôle applicable et des informations sur la responsabilité en ce qui concerne les aspects suivants :

i) la partie qui délivre le moyen d'identification électronique ; et

ii) la partie qui gère la procédure d'authentification ;

c) l'autorité ou les autorités responsables du schéma d'identification électronique ;

d) des informations sur l'entité ou les entités qui gèrent l'enregistrement des données d'identification personnelle uniques ;

e) une description de la façon dont il est satisfait aux exigences énoncées dans l'acte d'exécution visé à l'article 12, paragraphe 8 ;

f) une description de l'authentification visée à l'article 7, point f) ;

g) les dispositions concernant la suspension ou la révocation du schéma d'identification électronique notifié, de l'authentification ou des parties compromises concernées.

2. Un an à compter de la date d'application des actes d'exécution visés à l'article 8, paragraphe 3, et à l'article 12, paragraphe 8, la Commission publie au *Journal officiel de l'Union européenne* la liste des schémas d'identification électronique qui ont été notifiés en vertu du paragraphe 1, et les informations essentielles à leur sujet.

3. Si la Commission reçoit une notification après expiration du délai visé au paragraphe 2, elle publie au *Journal officiel de l'Union européenne* les modifications apportées à la liste visée au paragraphe 2 dans les deux mois à compter de la date de réception de cette notification.

4. Un État membre peut soumettre à la Commission une demande visant à retirer de la liste visée au paragraphe 2 le schéma d'identification électronique qu'il a notifié. La Commission publie au *Journal officiel de l'Union européenne* les modifications correspondantes apportées à la liste dans un délai d'un mois à compter de la date de réception de la demande de l'État membre.

5. La Commission peut définir, au moyen d'actes d'exécution, les circonstances, les formats et les procédures pour les notifications au titre du paragraphe 1. Ces actes d'exécution sont adoptés en conformité avec la procédure d'examen visée à l'article 48, paragraphe 2.

Art. 10 *Atteinte à la sécurité.* 1. En cas d'atteinte ou d'altération partielle du schéma d'identification électronique notifié en application de l'article 9, paragraphe 1, ou de l'authentification visée à l'article 7, point f), telle qu'elle affecte la fiabilité de l'authentification transfrontalière de ce schéma, l'État membre notifiant suspend ou révoque, immédiatement, cette authentification transfrontalière ou les éléments altérés en cause, et en informe les autres États membres et la Commission.

2. Lorsqu'il a été remédié à l'atteinte ou à l'altération visée au paragraphe 1, l'État membre notifiant rétablit l'authentification transfrontalière et en informe les autres États membres et la Commission dans les meilleurs délais.

3. S'il n'est pas remédié à l'atteinte ou à l'altération visée au paragraphe 1 dans un délai de trois mois à compter de la suspension ou de la révocation, l'État membre notifiant notifie le retrait du schéma d'identification électronique aux autres États membres et à la Commission.

La Commission publie, dans les meilleurs délais, au *Journal officiel de l'Union européenne*, les modifications correspondantes apportées à la liste visée à l'article 9, paragraphe 2.

Art. 11 *Responsabilité.* 1. L'État membre notifiant est responsable du dommage causé intentionnellement ou par négligence à toute personne physique ou morale en raison d'un manquement aux obligations qui lui incombent en vertu de l'article 7, points d) et f), dans le cas d'une transaction transfrontalière.

2. La partie qui délivre le moyen d'identification électronique est responsable du dommage causé intentionnellement ou par négligence à toute personne physique ou morale en raison d'un manquement aux obligations qui lui incombent en vertu de l'article 7, point e), dans le cas d'une transaction transfrontalière.

3. La partie qui gère la procédure d'authentification est responsable du dommage causé intentionnellement ou par négligence à toute personne physique ou morale pour ne pas avoir assuré la gestion correcte de l'authentification visée à l'article 7, point f), dans le cas d'une transaction transfrontalière.

4. Les paragraphes 1, 2 et 3 s'appliquent conformément aux dispositions nationales en matière de responsabilité.

5. Les paragraphes 1, 2 et 3 sont sans préjudice de la responsabilité incombant, au titre du droit national, aux parties à une transaction effectuée à l'aide de moyens d'identification électronique relevant du schéma d'identification électronique notifié en vertu de l'article 9, paragraphe 1.

Art. 12 *Coopération et interopérabilité.* 1. Les schémas nationaux d'identification électronique notifiés en vertu de l'article 9, paragraphe 1, sont interopérables.

2. Aux fins du paragraphe 1, un cadre d'interopérabilité est établi.

3. Le cadre d'interopérabilité satisfait aux critères suivants :

a) il vise à être neutre du point de vue technologique et n'opère pas de discrimination entre l'une ou l'autre des solutions techniques nationales particulières destinées à l'identification électronique au sein d'un État membre ;

b) il suit les normes européennes et internationales, dans la mesure du possible ;

c) il facilite la mise en œuvre du principe du respect de la vie privée dès la conception ; et

d) il garantit que les données à caractère personnel sont traitées conformément à la directive 95/46/CE.

4. Le cadre d'interopérabilité est composé :

a) d'une référence aux exigences techniques minimales liées aux niveaux de garantie prévus à l'article 8 ;

b) d'une table de correspondance entre les niveaux de garantie nationaux des schémas d'identification électronique notifiés et les niveaux de garantie au titre de l'article 8 ;

c) d'une référence aux exigences techniques minimales en matière d'interopérabilité ;

d) d'une référence à un ensemble minimal de données d'identification personnelle représentant de manière univoque une personne physique ou morale, qui est disponible dans les schémas d'identification électronique ;

e) de règles de procédure ;

f) de dispositions pour le règlement des litiges ; et

g) de normes opérationnelles communes de sécurité.

5. Les États membres coopèrent en ce qui concerne :

a) l'interopérabilité des schémas d'identification électronique notifiés en application de l'article 9, paragraphe 1, et des schémas d'identification électronique que les États membres entendent notifier ; et

b) la sécurité des schémas d'identification électronique.

6. La coopération entre les États membres consiste :

a) en un échange d'informations, d'expériences et de bonnes pratiques en ce qui concerne les schémas d'identification électronique, notamment les exigences techniques liées à l'interopérabilité et aux niveaux de garantie ;

b) en un échange d'informations, d'expériences et de bonnes pratiques en ce qui concerne l'utilisation des niveaux de garantie des schémas d'identification électronique prévus à l'article 8 ;

c) en une évaluation par les pairs des schémas d'identification électronique relevant du présent règlement ; et

d) en un examen des évolutions pertinentes dans le secteur de l'identification électronique.

7. Au plus tard le 18 mars 2015, la Commission fixe, au moyen d'actes d'exécution, les modalités de procédure nécessaires pour faciliter la coopération entre les États membres visée aux paragraphes 5 et 6, en vue de favoriser un niveau élevé de confiance et de sécurité approprié au degré de risque.

8. Au plus tard le 18 septembre 2015, aux fins de fixer des conditions uniformes d'exécution de l'obligation prévue au paragraphe 1, la Commission adopte, sous réserve des critères énoncés au paragraphe 3 et compte tenu des résultats de la coopération entre les États membres, des actes d'exécution sur le cadre d'interopérabilité énoncé au paragraphe 4.

9. Les actes d'exécution visés aux paragraphes 7 et 8 du présent article sont adoptés en conformité avec la procédure d'examen visés à l'article 48, paragraphe 2.

CHAPITRE III *SERVICES DE CONFIANCE*

SECTION 1 *Dispositions générales*

Art. 13 *Responsabilité et charge de la preuve.* 1. Sans préjudice du paragraphe 2, les prestataires de services de confiance sont responsables des dommages causés intentionnellement ou par négligence à toute personne physique ou morale en raison d'un manquement aux obligations prévues par le présent règlement.

Il incombe à la personne physique ou morale qui invoque les dommages visés au premier alinéa de prouver que le prestataire de services de confiance non qualifié a agi intentionnellement ou par négligence.

Un prestataire de services de confiance qualifié est présumé avoir agi intentionnellement ou par négligence, à moins qu'il ne prouve que les dommages visés au premier alinéa ont été causés sans intention ni négligence de sa part.

2. Lorsque les prestataires de services de confiance informent dûment leurs clients au préalable des limites qui existent à l'utilisation des services qu'ils fournissent et que ces limites peuvent être reconnues par des tiers, les prestataires de services de confiance ne peuvent être tenus responsables des dommages découlant de l'utilisation des services au-delà des limites indiquées.

3. Les paragraphes 1 et 2 s'appliquent conformément aux règles nationales en matière de responsabilité.

Art. 14 *Aspects internationaux.* 1. Les services de confiance fournis par des prestataires de services de confiance établis dans un pays tiers sont reconnus comme équivalents, sur le plan juridique, à des services de confiance qualifiés fournis par des prestataires de services de confiance qualifiés établis dans l'Union lorsque les services de confiance provenant du pays tiers sont reconnus en vertu d'un accord conclu entre l'Union et le pays tiers concerné ou une organisation internationale conformément à l'article 218 du traité sur le fonctionnement de l'Union européenne.

2. Les accords visés au paragraphe 1 garantissent, en particulier, que :

a) les exigences applicables aux prestataires de services de confiance qualifiés établis dans l'Union et les services de confiance qualifiés qu'ils fournissent sont respectés par les prestataires de services de confiance dans le pays tiers ou par les organisations internationales avec lesquels l'accord est conclu, et par les services de confiance qu'ils fournissent ;

b) les services de confiance qualifiés fournis par des prestataires de services de confiance qualifiés établis dans l'Union sont reconnus comme équivalents, sur le plan juridique, à des services de confiance fournis par des prestataires de services de confiance dans le pays tiers ou par l'organisation internationale avec lequels *[lesquels]* l'accord est conclu.

Art. 15 *Accessibilité aux personnes handicapées.* Dans la mesure du possible, les services de confiance fournis, ainsi que les produits destinés à un utilisateur final qui servent à fournir ces services, sont accessibles aux personnes handicapées.

Art. 16 *Sanctions.* Les États membres fixent le régime des sanctions applicables aux violations du présent règlement. Les sanctions prévues sont effectives, proportionnées et dissuasives.

SECTION 2 *Contrôle*

Art. 17 *Organe de contrôle.* 1. Les États membres désignent un organe de contrôle établi sur leur territoire ou, d'un commun accord avec un autre État membre, un organe de contrôle établi dans cet autre État membre. Cet organe est chargé des tâches de contrôle dans l'État membre qui a procédé à la désignation.

Les organes de contrôle sont investis des pouvoirs nécessaires et dotés des ressources adéquates pour l'exercice de leurs tâches.

2. Les États membres notifient à la Commission le nom et l'adresse de l'organe de contrôle qu'ils ont désigné.

3. Le rôle de l'organe de contrôle est le suivant :

a) contrôler les prestataires de services de confiance qualifiés établis sur le territoire de l'État membre qui a procédé à la désignation afin de s'assurer, par des activités de contrôle *a priori* et *a posteriori*, que ces prestataires de services de confiance qualifiés et les services de confiance qualifiés qu'ils fournissent satisfont aux exigences fixées dans le présent règlement ;

b) prendre des mesures, si nécessaire, en ce qui concerne les prestataires de services de confiance non qualifiés établis sur le territoire de l'État membre qui a procédé à la désignation, par des activités de contrôle *a posteriori*, lorsqu'il est informé que ces prestataires de services de confiance non qualifiés ou les services de confiance qu'ils fournissent ne satisferaient pas aux exigences fixées dans le présent règlement.

4. Aux fins du paragraphe 3 et sous réserve des limites qu'il prévoit, les tâches de l'organe de contrôle consistent notamment :

a) à coopérer avec d'autres organes de contrôle et à leur apporter assistance conformément à l'article 18 ;

b) à analyser les rapports d'évaluation de la conformité visés à l'article 20, paragraphe 1, et à l'article 21, paragraphe 1 ;

c) à informer d'autres organes de contrôle et le public d'atteintes à la sécurité ou de pertes d'intégrité conformément à l'article 19, paragraphe 2 ;

d) à présenter un rapport à la Commission sur ses principales activités conformément au paragraphe 6 du présent article ;

e) à procéder à des audits ou à demander à un organisme d'évaluation de la conformité d'effectuer une évaluation de la conformité des prestataires de services de confiance qualifiés conformément à l'article 20, paragraphe 2 ;

f) à coopérer avec les autorités chargées de la protection des données, en particulier en les informant, dans les meilleurs délais, des résultats des audits des prestataires de services de confiance qualifiés lorsqu'il apparaît que des règles en matière de protection des données à caractère personnel ont été violées ;

g) à accorder le statut qualifié aux prestataires de services de confiance et aux services qu'ils fournissent et à retirer ce statut conformément aux articles 20 et 21 ;

h) à informer l'organisme chargé de la liste nationale de confiance visée à l'article 22, paragraphe 3, de ses décisions d'accorder ou de retirer le statut qualifié, à moins que cet organisme ne soit également l'organe de contrôle ;

i) à vérifier l'existence et l'application correcte de dispositions relatives aux plans d'arrêt d'activité lorsque le prestataire de services de confiance qualifié cesse son activité, y compris la façon dont les informations restent accessibles conformément à l'article 24, paragraphe 2, point h) ;

j) à exiger que les prestataires de services de confiance corrigent tout manquement aux obligations fixées par le présent règlement.

5. Les États membres peuvent exiger de l'organe de contrôle qu'il établisse, gère et actualise une infrastructure de confiance conformément aux conditions prévues par le droit national.

6. Au plus tard le 31 mars de chaque année, chaque organe de contrôle soumet à la Commission un rapport sur ses principales activités de l'année civile précédente, accompagné d'un résumé des notifications d'atteinte à la sécurité reçues de prestataires de services de confiance conformément à l'article 19, paragraphe 2.

7. La Commission met le rapport annuel visé au paragraphe 6 à la disposition des États membres.

8. La Commission peut définir, au moyen d'actes d'exécution, les formats et procédures applicables aux fins du rapport visé au paragraphe 6. Ces actes d'exécution sont adoptés en conformité avec la procédure d'examen visée à l'article 48, paragraphe 2.

Art. 18 *Assistance mutuelle.* 1. Les organes de contrôle coopèrent en vue d'échanger des bonnes pratiques.

Un organe de contrôle fournit, après réception d'une demande justifiée d'un autre organe de contrôle, à cet organe une assistance afin que les activités des organes de contrôle puissent être exécutées de façon cohérente. L'assistance mutuelle peut notamment couvrir des demandes d'informations et des mesures de contrôle, telles que des demandes de procéder à des inspections liées aux rapports d'évaluation de la conformité visés aux articles 20 et 21.

2. Un organe de contrôle saisi d'une demande d'assistance peut refuser cette demande sur la base de l'un ou l'autre des motifs suivants :

a) l'organe de contrôle n'est pas compétent pour fournir l'assistance demandée ;

b) l'assistance demandée n'est pas proportionnée aux activités de contrôle de l'organe de contrôle effectuées conformément à l'article 17 ;

c) la fourniture de l'assistance demandée serait incompatible avec le présent règlement.

3. Le cas échéant, les États membres peuvent autoriser leurs organes de contrôle respectifs à mener des enquêtes conjointes faisant intervenir des membres des organes de contrôle d'autres États membres. Les modalités et procédures concernant ces actions conjointes sont approuvées et établies par les États membres concernés conformément à leur droit national.

Art. 19 *Exigences de sécurité applicables aux prestataires de services de confiance.* 1. Les prestataires de services de confiance qualifiés et non qualifiés prennent les mesures techniques et organisationnelles adéquates pour gérer les risques liés à la sécurité des services de confiance qu'ils fournissent. Compte tenu des évolutions technologiques les plus récentes, ces mesures garantissent que le niveau de sécurité est proportionné au degré de risque. Des mesures sont notamment prises en vue de prévenir et de limiter les conséquences d'incidents liés à la sécurité et d'informer les parties concernées des effets préjudiciables de tels incidents.

2. Les prestataires de services de confiance qualifiés et non qualifiés notifient, dans les meilleurs délais et en tout état de cause dans un délai de vingt-quatre heures après en avoir eu connaissance, à l'organe de contrôle et, le cas échéant, à d'autres organismes concernés, tels que l'organisme national compétent en matière de sécurité de l'information ou l'autorité chargée de la protection des données, toute atteinte à la sécurité ou toute perte d'intégrité ayant une incidence importante sur le service de confiance fourni ou sur les données à caractère personnel qui y sont conservées.

Lorsque l'atteinte à la sécurité ou la perte d'intégrité est susceptible de porter préjudice à une personne physique ou morale à laquelle le service de confiance a été fourni, le prestataire de services de confiance notifie aussi, dans les meilleurs délais, à la personne physique ou morale l'atteinte à la sécurité ou la perte d'intégrité.

Le cas échéant, notamment lorsqu'une atteinte à la sécurité ou une perte d'intégrité concerne deux États membres ou plus, l'organe de contrôle notifié informe les organes de contrôle des autres États membres concernés ainsi que l'ENISA.

L'organe de contrôle notifié informe le public ou exige du prestataire de services de confiance qu'il le fasse, dès lors qu'il constate qu'il est dans l'intérêt public de divulguer l'atteinte à la sécurité ou la perte d'intégrité.

3. Une fois par an, l'organe de contrôle fournit à l'ENISA un résumé des notifications d'atteinte à la sécurité et de perte d'intégrité reçues de prestataires de services de confiance.

4. La Commission peut, au moyen d'actes d'exécution :

a) préciser davantage les mesures visées au paragraphe 1 ; et

b) définir les formats et procédures, y compris les délais, applicables aux fins du paragraphe 2.

Ces actes d'exécution sont adoptés en conformité avec la procédure d'examen visée à l'article 48, paragraphe 2.

SECTION 3 *Services de confiance qualifiés*

Art. 20 *Contrôle des prestataires de services de confiance qualifiés.* 1. Les prestataires de services de confiance qualifiés font l'objet, au moins tous les vingt-quatre mois, d'un audit effectué à leurs frais par un organisme d'évaluation de la conformité. Le but de l'audit est de confirmer que les prestataires de services de confiance qualifiés et les services de confiance qualifiés qu'ils fournissent remplissent les exigences fixées par le présent règlement. Les prestataires de services de confiance qualifiés transmettent le rapport d'évaluation de la conformité à l'organe de contrôle dans un délai de trois jours ouvrables qui suivent sa réception.

2. Sans préjudice du paragraphe 1, l'organe de contrôle peut à tout moment, soumettre les prestataires de services de confiance qualifiés à un audit ou demander à un organisme d'évaluation de la conformité de procéder à une évaluation de la conformité des prestataires de services de confiance qualifiés, aux frais de ces prestataires de services de confiance, afin de confirmer que les prestataires et les services de confiance qualifiés qu'ils fournissent remplissent les exigences fixées par le présent règlement. L'organe de contrôle informe les autorités chargées de la protection des données des résultats de ses audits lorsqu'il apparaît que les règles en matière de protection des données à caractère personnel ont été violées.

3. Lorsque l'organe de contrôle exige du prestataire de services de confiance qualifié qu'il corrige un manquement aux exigences prévues par le présent règlement et que le prestataire n'agit pas en conséquence, et le cas échéant dans un délai fixé par l'organe de contrôle, l'organe de contrôle, tenant compte, en particulier, de l'ampleur, de la durée et des conséquences de ce manquement, peut retirer à ce prestataire ou au service affecté le statut qualifié et informe l'organisme visé à l'article 22, paragraphe 3, aux fins de la mise à jour des listes de confiance visées à l'article 22, paragraphe 1. L'organe de contrôle informe le prestataire de services de confiance qualifié du retrait de son statut qualifié ou du retrait du statut qualifié du service concerné.

4. La Commission peut, au moyen d'actes d'exécution, déterminer les numéros de référence des normes suivantes :

a) accréditation des organismes d'évaluation de la conformité et rapports d'évaluation de la conformité visés au paragraphe 1 ;

b) règles d'audit en fonction desquelles les organismes d'évaluation de la conformité procéderont à leur évaluation de la conformité des prestataires de services de confiance qualifiés visés au paragraphe 1.

Ces actes d'exécution sont adoptés en conformité avec la procédure d'examen visée à l'article 48, paragraphe 2.

Art. 21 *Lancement d'un service de confiance qualifié.* 1. Lorsque des prestataires de services de confiance, sans statut qualifié, ont l'intention de commencer à offrir des services de confiance qualifiés, ils soumettent à l'organe de contrôle une notification de leur intention accompagnée d'un rapport d'évaluation de la conformité délivré par un organisme d'évaluation de la conformité.

2. L'organe de contrôle vérifie que le prestataire de services de confiance et les services de confiance qu'il fournit respectent les exigences fixées par le présent règlement, en particulier les exigences en ce qui concerne les prestataires de services de confiance qualifiés et les services de confiance qualifiés qu'ils fournissent.

Si l'organe de contrôle conclut que le prestataire de services de confiance et les services de confiance qu'il fournit respectent les exigences visées au premier alinéa, l'organe de contrôle accorde le statut qualifié au prestataire de services de confiance et aux services de confiance qu'il fournit et informe l'organisme visé à l'article 22, paragraphe 3, aux fins de la mise à jour des listes de confiance visées à l'article 22, paragraphe 1, au plus tard trois mois suivant la notification conformément au paragraphe 1 du présent article.

Si la vérification n'est pas terminée dans un délai de trois mois à compter de la notification, l'organe de contrôle en informe le prestataire de services de confiance en précisant les raisons du retard et le délai nécessaire pour terminer la vérification.

3. Les prestataires de services de confiance qualifiés peuvent commencer à fournir le service de confiance qualifié une fois que le statut qualifié est indiqué sur les listes de confiance visées à l'article 22, paragraphe 1.

4. La Commission peut définir, au moyen d'actes d'exécution, les formats et les procédures applicables aux fins des paragraphes 1 et 2. Ces actes d'exécution sont adoptés en conformité avec la procédure d'examen visée à l'article 48, paragraphe 2.

Art. 22 *Listes de confiance.* 1. Chaque État membre établit, tient à jour et publie des listes de confiance, y compris des informations relatives aux prestataires de services de confiance qualifiés dont il est responsable, ainsi que des informations relatives aux services de confiance qualifiés qu'ils fournissent.

2. Les États membres établissent, tiennent à jour et publient, de façon sécurisée et sous une forme adaptée au traitement automatisé, les listes de confiance visées au paragraphe 1 portant une signature électronique ou un cachet électronique.

3. Les États membres communiquent à la Commission, dans les meilleurs délais, des informations relatives à l'organisme chargé d'établir, de tenir à jour et de publier les listes nationales de confiance, ainsi que des détails précisant où ces listes sont publiées, indiquant les certificats utilisés pour apposer une signature électronique ou un cachet électronique sur ces listes et signalant les modifications apportées à ces listes.

4. La Commission met à la disposition du public, par l'intermédiaire d'un canal sécurisé, les informations visées au paragraphe 3 sous une forme portant une signature électronique ou un cachet électronique adaptée au traitement automatisé.

5. Au plus tard le 18 septembre 2015, la Commission précise, au moyen d'actes d'exécution, les informations visées au paragraphe 1 et définit les spécifications techniques et les formats des listes de confiance applicables aux fins des paragraphes 1 à 4. Ces actes d'exécution sont adoptés en conformité avec la procédure d'examen visée à l'article 48, paragraphe 2.

Art. 23 *Label de confiance de l'Union pour les services de confiance qualifiés.* 1. Une fois que le statut qualifié visé à l'article 21, paragraphe 2, deuxième alinéa, a été indiqué sur la liste de confiance visée à l'article 22, paragraphe 1, les prestataires de service de confiance qualifiés peuvent utiliser le label de confiance de l'Union pour indiquer d'une manière simple, claire et reconnaissable les services de confiance qualifiés qu'ils fournissent.

2. Lorsqu'ils utilisent le label de confiance de l'Union pour les services de confiance qualifiés visé au paragraphe 1, les prestataires de services de confiance qualifiés veillent à ce qu'un lien vers la liste de confiance concernée soit disponible sur leur site internet.

3. Au plus tard le 1er juillet 2015, la Commission prévoit, au moyen d'actes d'exécution, les spécifications relatives à la forme et notamment à la présentation, à la composition, à la taille et à la conception du label de confiance de l'Union pour les services de confiance qualifiés. Ces actes d'exécution sont adoptés en conformité avec la procédure d'examen visée à l'article 48, paragraphe 2.

Art. 24 *Exigences applicables aux prestataires de services de confiance qualifiés.* 1. Lorsqu'un prestataire de services de confiance qualifié délivre un certificat qualifié pour un service de confiance, il vérifie, par des moyens appropriés et conformément au droit national, l'identité et, le cas échéant, tous les attributs spécifiques de la personne physique ou morale à laquelle il délivre le certificat qualifié.

Les informations visées au premier alinéa sont vérifiées par le prestataire de services de confiance qualifié directement ou en en ayant recours à un tiers conformément au droit national :

a) par la présence en personne de la personne physique ou du représentant autorisé de la personne morale ; ou

b) à distance, à l'aide de moyens d'identification électronique pour lesquels, avant la délivrance du certificat qualifié, la personne physique ou un représentant autorisé de la personne morale s'est présenté en personne et qui satisfont aux exigences énoncées à l'article 8 en ce qui concerne les niveaux de garantie substantiel et élevé ; ou

c) au moyen d'un certificat de signature électronique qualifié ou d'un cachet électronique qualifié délivré conformément au point a) ou b) ; ou

d) à l'aide d'autres méthodes d'identification reconnues au niveau national qui fournissent une garantie équivalente en termes de fiabilité à la présence en personne. La garantie équivalente est confirmée par un organisme d'évaluation de la conformité.

2. Un prestataire de services de confiance qualifié qui fournit des services de confiance qualifiés :

a) informe l'organe de contrôle de toute modification dans la fourniture de ses services de confiance qualifiés et de son intention éventuelle de cesser ces activités ;

b) emploie du personnel et, le cas échéant, des sous-traitants qui possèdent l'expertise, la fiabilité, l'expérience et les qualifications nécessaires, qui ont reçu une formation appropriée en ce qui concerne les règles en matière de sécurité et de protection des données à caractère personnel et appliquent des procédures administratives et de gestion correspondant à des normes européennes ou internationales ;

c) en ce qui concerne le risque de responsabilité pour dommages conformément à l'article 13, maintient des ressources financières suffisantes et/ou contracte une assurance responsabilité appropriée, conformément au droit national ;

d) avant d'établir une relation contractuelle, informe, de manière claire et exhaustive, toute personne désireuse d'utiliser un service de confiance qualifié des conditions précises relatives à l'utilisation de ce service, y compris toute limite quant à son utilisation ;

e) utilise des systèmes et des produits fiables qui sont protégés contre les modifications et assure la sécurité technique et la fiabilité des processus qu'ils prennent en charge ;

f) utilise des systèmes fiables pour stocker les données qui lui sont fournies, sous une forme vérifiable de manière que :

i) les données ne soient publiquement disponibles pour des traitements qu'après avoir obtenu le consentement de la personne concernée par ces données ;

ii) seules des personnes autorisées puissent introduire des données et modifier les données conservées ;

iii) l'authenticité des données puisse être vérifiée ;

g) prend des mesures appropriées contre la falsification et le vol de données ;

h) enregistre et maintient accessibles pour une durée appropriée, y compris après que les activités du prestataire de services de confiance qualifié ont cessé, toutes les informations pertinentes concernant les données délivrées et reçues par le prestataire de services de confiance qualifié, aux fins notamment de pouvoir fournir des preuves en justice et aux fins d'assurer la continuité du service. Ces enregistrements peuvent être effectués par voie électronique ;

i) a un plan actualisé d'arrêt d'activité afin d'assurer la continuité du service conformément aux dispositions vérifiées par l'organe de contrôle au titre de l'article 17, paragraphe 4, point i) ;

j) assure le traitement licite de données à caractère personnel conformément à la directive 95/46/CE ;

k) au cas où le prestataire de services de confiance qualifié délivre des certificats qualifiés, établit et tient à jour une base de données relative aux certificats.

3. Lorsqu'un prestataire de services de confiance qualifié qui délivre des certificats qualifiés décide de révoquer un certificat, il enregistre cette révocation dans sa base de données relative aux certificats et publie le statut de révocation du certificat en temps utile, et en tout état de cause dans les vingt-quatre heures suivant la réception de la demande. Cette révocation devient effective immédiatement dès sa publication.

4. En ce qui concerne le paragraphe 3, les prestataires de services de confiance qualifiés qui délivrent des certificats qualifiés fournissent à toute partie utilisatrice des informations sur la validité ou le statut de révocation des certificats qualifiés qu'ils ont délivrés. Ces informations sont disponibles, au moins par certificat, à tout moment et au-delà de la période de validité du certificat, sous une forme automatisée qui est fiable, gratuite et efficace.

5. La Commission peut, au moyen d'actes d'exécution, déterminer les numéros de référence des normes applicables aux systèmes et produits fiables, qui satisfont aux exigences du paragraphe 2, points e) et f), du présent article. Les systèmes et les produits fiables sont présumés satisfaire aux exigences fixées au présent article lorsqu'ils

respectent ces normes. Ces actes d'exécution sont adoptés en conformité avec la procédure d'examen visée à l'article 48, paragraphe 2.

SECTION 4 *Signatures électroniques*

Art. 25 *Effets juridiques des signatures électroniques.* 1. L'effet juridique et la recevabilité d'une signature électronique comme preuve en justice ne peuvent être refusés au seul motif que cette signature se présente sous une forme électronique ou qu'elle ne satisfait pas aux exigences de la signature électronique qualifiée.

2. L'effet juridique d'une signature électronique qualifiée est équivalent à celui d'une signature manuscrite.

3. Une signature électronique qualifiée qui repose sur un certificat qualifié délivré dans un État membre est reconnue en tant que signature électronique qualifiée dans tous les autres États membres.

Signature électronique qualifiée. L'art. 25, § 1, du Règl. (UE) n° 910/2014 du 23 juill. 2014 doit être interprété en ce sens qu'il ne s'oppose pas à ce qu'un acte administratif établi sous la forme d'un document électronique soit déclaré nul, lorsqu'il est signé au moyen d'une signature électronique qui ne satisfait pas aux exigences de ce règlement pour être regardée comme une « signature électronique qualifiée », au sens de l'art. 3, pt 12, de celui-ci, à condition que la nullité de cet acte ne soit pas constatée au seul motif que la signature de celui-ci se présente sous une forme électronique. • CJUE 20 oct. 2022, n° C-362/21 : *préc. note ss. art. 3 du présent Règl.*

Art. 26 *Exigences relatives à une signature électronique avancée.* Une signature électronique avancée satisfait aux exigences suivantes :

a) être liée au signataire de manière univoque ;

b) permettre d'identifier le signataire ;

c) avoir été créée à l'aide de données de création de signature électronique que le signataire peut, avec un niveau de confiance élevé, utiliser sous son contrôle exclusif ; et

d) être liée aux données associées à cette signature de telle sorte que toute modification ultérieure des données soit détectable.

Art. 27 *Signatures électroniques dans les services publics.* 1. Si un État membre exige une signature électronique avancée pour utiliser un service en ligne offert par un organisme du secteur public ou pour l'utiliser au nom de cet organisme, il reconnaît les signatures électroniques avancées, les signatures électroniques avancées qui reposent sur un certificat qualifié de signature électronique et les signatures électroniques qualifiées au moins dans les formats ou utilisant les méthodes définis dans les actes d'exécution visés au paragraphe 5.

2. Si un État membre exige une signature électronique avancée qui repose sur un certificat qualifié pour utiliser un service en ligne proposé par un organisme du secteur public ou pour l'utiliser au nom de cet organisme, il reconnaît les signatures électroniques avancées qui reposent sur un certificat qualifié et les signatures électroniques qualifiées au moins dans les formats ou utilisant les méthodes définis dans les actes d'exécution visés au paragraphe 5.

3. Les États membres n'exigent pas, pour une utilisation transfrontalière dans un service en ligne offert par un organisme du secteur public, de signature électronique présentant un niveau de sécurité supérieur à celui de la signature électronique qualifiée.

4. La Commission peut, au moyen d'actes d'exécution, déterminer les numéros de référence des normes applicables aux signatures électroniques avancées. Une signature électronique avancée est présumée satisfaire aux exigences applicables aux signatures électroniques avancées visées aux paragraphes 1 et 2 du présent article et à l'article 26 lorsqu'elle respecte ces normes. Ces actes d'exécution sont adoptés en conformité avec la procédure d'examen visée à l'article 48, paragraphe 2.

5. Au plus tard le 18 septembre 2015, et compte tenu des pratiques et des normes ainsi que des actes juridiques de l'Union en vigueur, la Commission définit, au moyen d'actes d'exécution, les formats de référence des signatures électroniques avancées ou les méthodes de référence lorsque d'autres formats sont utilisés. Ces actes d'exécution sont adoptés en conformité avec la procédure d'examen visée à l'article 48, paragraphe 2.

Art. 28 *Certificats qualifiés de signature électronique.* 1. Les certificats qualifiés de signature électronique satisfont aux exigences fixées à l'annexe I.

2. Les certificats qualifiés de signature électronique ne font l'objet d'aucune exigence obligatoire allant au-delà des exigences fixées à l'annexe I.

3. Les certificats qualifiés de signature électronique peuvent comprendre des attributs spécifiques supplémentaires non obligatoires. Ces attributs n'affectent pas l'interopérabilité et la reconnaissance des signatures électroniques qualifiées.

4. Si un certificat qualifié de signature électronique a été révoqué après la première activation, il perd sa validité à compter du moment de sa révocation et il ne peut en aucun cas recouvrer son statut antérieur.

5. Sous réserve des conditions suivantes, les États membres peuvent établir des règles nationales relatives à la suspension temporaire d'un certificat qualifié de signature électronique :

a) si un certificat qualifié de signature électronique a été temporairement suspendu, ce certificat perd sa validité pendant la période de suspension.

b) la période de suspension est clairement indiquée dans la base de données relative aux certificats et le statut de suspension est visible, pendant la période de suspension, auprès du service fournissant les informations sur le statut du certificat.

6. La Commission peut, au moyen d'actes d'exécution, déterminer les numéros de référence des normes applicables aux certificats qualifiés de signature électronique. Un certificat qualifié de signature électronique est présumé satisfaire aux exigences fixées à l'annexe I lorsqu'il respecte ces normes. Ces actes d'exécution sont adoptés en conformité avec la procédure d'examen visée à l'article 48, paragraphe 2.

Art. 29 *Exigences applicables aux dispositifs de création de signature électronique qualifiés.* 1. Les dispositifs de création de signature électronique qualifiés respectent les exigences fixées à l'annexe II.

2. La Commission peut, au moyen d'actes d'exécution, déterminer les numéros de référence des normes applicables aux dispositifs de création de signature électronique qualifiés. Un dispositif de création de signature électronique qualifié est présumé satisfaire aux exigences fixées à l'annexe II lorsqu'il respecte ces normes. Ces actes d'exécution sont adoptés en conformité avec la procédure d'examen visée à l'article 48, paragraphe 2.

Art. 30 *Certification des dispositifs de création de signature électronique qualifiés.* 1. La conformité des dispositifs de création de signature électronique qualifiés avec les exigences fixées à l'annexe II est certifiée par les organismes publics ou privés compétents désignés par les États membres.

2. Les États membres notifient à la Commission le nom et l'adresse de l'organisme public ou privé visé au paragraphe 1.

La Commission met ces informations à la disposition des États membres.

3. La certification visée au paragraphe 1 est fondée sur l'un des éléments suivants :

a) un processus d'évaluation de la sécurité mis en œuvre conformément à l'une des normes relatives à l'évaluation de la sécurité des produits informatiques figurant sur la liste établie conformément au deuxième alinéa ; ou

b) un processus autre que le processus visé au point a), à condition qu'il recoure à des niveaux de sécurité comparables et que l'organisme public ou privé visé au paragraphe 1 notifie ce processus à la Commission. Ledit processus ne peut être utilisé qu'en l'absence des normes visées au point a) ou lorsqu'un processus d'évaluation de la sécurité visé au point a) est en cours.

La Commission établit, au moyen d'actes d'exécution, une liste de normes relatives à l'évaluation de la sécurité des produits informatiques visés au point a). Ces actes d'exécution sont adoptés en conformité avec la procédure d'examen visée à l'article 48, paragraphe 2.

4. La Commission est habilitée à adopter des actes délégués, en conformité avec l'article 47, en ce qui concerne la définition de critères spécifiques que doivent respecter les organismes désignés visés au paragraphe 1 du présent article.

Art. 31 *Publication d'une liste des dispositifs de création de signature électronique qualifiés certifiés.* 1. Les États membres notifient à la Commission, dans les meilleurs délais et

au plus tard un mois après la conclusion de la certification, des informations sur les dispositifs de création de signature électronique qualifiés qui ont été certifiés par les organismes visés à l'article 30, paragraphe 1. Ils notifient également à la Commission, dans les meilleurs délais et au plus tard un mois après l'annulation de la certification, des informations sur les dispositifs de création de signature électronique qui ne sont plus certifiés.

2. Sur la base des informations reçues, la Commission établit, publie et met à jour une liste des dispositifs de création de signature électronique qualifiés certifiés.

3. La Commission peut définir, au moyen d'actes d'exécution, les formats et les procédures applicables aux fins du paragraphe 1. Ces actes d'exécution sont adoptés en conformité avec la procédure d'examen visée à l'article 48, paragraphe 2.

Art. 32 *Exigences applicables à la validation des signatures électroniques qualifiées.* 1. Le processus de validation d'une signature électronique qualifiée confirme la validité d'une signature électronique qualifiée à condition que :

a) le certificat sur lequel repose la signature ait été, au moment de la signature, un certificat qualifié de signature électronique conforme à l'annexe I ;

b) le certificat qualifié ait été délivré par un prestataire de services de confiance qualifié et était valide au moment de la signature ;

c) les données de validation de la signature correspondent aux données communiquées à la partie utilisatrice ;

d) l'ensemble unique de données représentant le signataire dans le certificat soit correctement fourni à la partie utilisatrice ;

e) l'utilisation d'un pseudonyme soit clairement indiquée à la partie utilisatrice, si un pseudonyme a été utilisé au moment de la signature ;

f) la signature électronique ait été créée par un dispositif de création de signature électronique qualifié ;

g) l'intégrité des données signées n'ait pas été compromise ;

h) les exigences prévues à l'article 26 aient été satisfaites au moment de la signature.

2. Le système utilisé pour valider la signature électronique qualifiée fournit à la partie utilisatrice le résultat correct du processus de validation et permet à celle-ci de détecter tout problème pertinent relatif à la sécurité.

3. La Commission peut, au moyen d'actes d'exécution, déterminer les numéros de référence des normes applicables à la validation des signatures électroniques qualifiées. La validation des signatures électroniques qualifiées est présumée satisfaire aux exigences fixées au paragraphe 1 lorsqu'elle respecte ces normes. Ces actes d'exécution sont adoptés en conformité avec la procédure d'examen visée à l'article 48, paragraphe 2.

Art. 33 *Service de validation qualifié des signatures électroniques qualifiées.* 1. Un service de validation qualifié des signatures électroniques qualifiées ne peut être fourni que par un prestataire de services de confiance qualifié qui :

a) fournit une validation en conformité avec l'article 32, paragraphe 1 ; et

b) permet aux parties utilisatrices de recevoir le résultat du processus de validation d'une manière automatisée, fiable, efficace et portant la signature électronique avancée ou le cachet électronique avancé du prestataire qui fournit le service de validation qualifié.

2. La Commission peut, au moyen d'actes d'exécution, déterminer les numéros de référence des normes applicables au service de validation qualifié visé au paragraphe 1. Le service de validation de signatures électroniques qualifiées est présumé satisfaire aux exigences fixées au paragraphe 1 lorsqu'il respecte ces normes. Ces actes d'exécution sont adoptés en conformité avec la procédure d'examen visée à l'article 48, paragraphe 2.

Art. 34 *Service de conservation qualifié des signatures électroniques qualifiées.* 1. Un service de conservation qualifié des signatures électroniques qualifiées ne peut être fourni que par un prestataire de services de confiance qualifié qui utilise des procédures et des technologies permettant d'étendre la fiabilité des signatures électroniques qualifiées au-delà de la période de validité technologique.

2. La Commission peut, au moyen d'actes d'exécution, déterminer les numéros de référence des normes applicables au service de conservation qualifié des signatures

électroniques qualifiées. Le service de conservation qualifié des signatures électroniques qualifiées est présumé satisfaire aux exigences fixées au paragraphe 1 lorsqu'il respecte ces normes. Ces actes d'exécution sont adoptés en conformité avec la procédure d'examen visée à l'article 48, paragraphe 2.

SECTION 5 *Cachets électroniques*

Art. 35 *Effets juridiques des cachets électroniques.* 1. L'effet juridique et la recevabilité d'un cachet électronique comme preuve en justice ne peuvent être refusés au seul motif que ce cachet se présente sous une forme électronique ou qu'il ne satisfait pas aux exigences du cachet électronique qualifié.

2. Un cachet électronique qualifié bénéficie d'une présomption d'intégrité des données et d'exactitude de l'origine des données auxquelles le cachet électronique qualifié est lié.

3. Un cachet électronique qualifié qui repose sur un certificat qualifié délivré dans un État membre est reconnu en tant que cachet électronique qualifié dans tous les autres États membres.

Art. 36 *Exigences du cachet électronique avancé.* Un cachet électronique avancé satisfait aux exigences suivantes :

a) être lié au créateur du cachet de manière univoque ;

b) permettre d'identifier le créateur du cachet ;

c) avoir été créé à l'aide de données de création de cachet électronique que le créateur du cachet peut, avec un niveau de confiance élevé, utiliser sous son contrôle pour créer un cachet électronique ; et

d) être lié aux données auxquelles il est associé de telle sorte que toute modification ultérieure des données soit détectable.

Art. 37 *Cachets électroniques dans les services publics.* 1. Si un État membre exige un cachet électronique avancé pour utiliser un service en ligne offert par un organisme du secteur public ou pour l'utiliser au nom de cet organisme, il reconnaît les cachets électroniques avancés, les cachets électroniques avancés qui reposent sur un certificat qualifié de cachet électronique et les cachets électroniques qualifiés au moins dans les formats ou utilisant les méthodes définis dans les actes d'exécution visés au paragraphe 5.

2. Si un État membre exige un cachet électronique avancé qui repose sur un certificat qualifié pour utiliser un service en ligne proposé par un organisme du secteur public ou pour l'utiliser au nom de cet organisme, il reconnaît les cachets électroniques avancés qui reposent sur un certificat qualifié et les cachets électroniques qualifiés au moins dans les formats ou utilisant les méthodes définis dans les actes d'exécution visés au paragraphe 5.

3. Les États membres n'exigent pas, pour l'utilisation transfrontalière dans un service en ligne offert par un organisme du secteur public, de cachet électronique présentant un niveau de sécurité supérieur à celui du cachet électronique qualifié.

4. La Commission peut, au moyen d'actes d'exécution, déterminer les numéros de référence des normes applicables aux cachets électroniques avancés. Un cachet électronique avancé est présumé satisfaire aux exigences applicables aux cachets électroniques avancés visées aux paragraphes 1 et 2 du présent article et à l'article 36 lorsqu'il respecte ces normes. Ces actes d'exécution sont adoptés en conformité avec la procédure d'examen visée à l'article 48, paragraphe 2.

5. Au plus tard le 18 septembre 2015, et compte tenu des pratiques et des normes ainsi que des actes juridiques de l'Union en vigueur, la Commission définit, au moyen d'actes d'exécution, les formats de référence des cachets électroniques avancés ou les méthodes de référence lorsque d'autres formats sont utilisés. Ces actes d'exécution sont adoptés en conformité avec la procédure d'examen visée à l'article 48, paragraphe 2.

Art. 38 *Certificats qualifiés de cachet électronique.* 1. Les certificats qualifiés de cachet électronique satisfont aux exigences fixées à l'annexe III.

2. Les certificats qualifiés de cachet électronique ne font l'objet d'aucune exigence obligatoire allant au-delà des exigences fixées à l'annexe III.

3. Les certificats qualifiés de cachet électronique peuvent comprendre des attributs spécifiques supplémentaires non obligatoires. Ces attributs n'affectent pas l'interopérabilité et la reconnaissance des cachets électroniques qualifiés.

4. Si un certificat qualifié de cachet électronique a été révoqué après la première activation, il perd sa validité à compter du moment de sa révocation et il ne peut en aucun cas recouvrer son statut antérieur.

5. Sous réserve des conditions suivantes, les États membres peuvent établir des règles nationales relatives à la suspension temporaire de certificats qualifiés de cachet électronique :

a) si un certificat qualifié de cachet électronique a été temporairement suspendu, ce certificat perd sa validité pendant la période de suspension ;

b) la période de suspension est clairement indiquée dans la base de données relative aux certificats et le statut de suspension est visible, pendant la période de suspension, auprès du service fournissant les informations sur le statut du certificat.

6. La Commission peut, au moyen d'actes d'exécution, déterminer les numéros de référence des normes applicables aux certificats qualifiés de cachet électronique. Un certificat qualifié de cachet électronique est présumé satisfaire aux exigences fixées à l'annexe III lorsqu'il respecte ces normes. Ces actes d'exécution sont adoptés en conformité avec la procédure d'examen visée à l'article 48, paragraphe 2.

Art. 39 *Dispositifs de création de cachet électronique qualifiés.* 1. L'article 29 s'applique mutatis mutandis aux exigences applicables aux dispositifs de création de cachet électronique qualifiés.

2. L'article 30 s'applique *mutatis mutandis* à la certification des dispositifs de création de cachet électronique qualifiés.

3. L'article 31 s'applique *mutatis mutandis* à la publication d'une liste de dispositifs de création de cachet électronique qualifiés.

Art. 40 *Validation et conservation des cachets électroniques qualifiés.* Les articles 32, 33 et 34 s'appliquent *mutatis mutandis* à la validation et à la conservation des cachets électroniques qualifiés.

SECTION 6 *Horodatage électronique*

Art. 41 *Effet juridique des horodatages électroniques.* 1. L'effet juridique et la recevabilité d'un horodatage électronique comme preuve en justice ne peuvent être refusés au seul motif que cet horodatage se présente sous une forme électronique ou qu'il ne satisfait pas aux exigences de l'horodatage électronique qualifié.

2. Un horodatage électronique qualifié bénéficie d'une présomption d'exactitude de la date et de l'heure qu'il indique et d'intégrité des données auxquelles se rapportent cette date et cette heure.

3. Un horodatage électronique qualifié délivré dans un État membre est reconnu en tant qu'horodatage électronique qualifié dans tous les États membres.

Art. 42 *Exigences applicables aux horodatages électroniques qualifiés.* 1. Un horodatage électronique qualifié satisfait aux exigences suivantes :

a) il lie la date et l'heure aux données de manière à raisonnablement exclure la possibilité de modification indétectable des données ;

b) il est fondé sur une horloge exacte liée au temps universel coordonné ; et

c) il est signé au moyen d'une signature électronique avancée ou cacheté au moyen d'un cachet électronique avancé du prestataire de services de confiance qualifié, ou par une méthode équivalente.

2. La Commission peut, au moyen d'actes d'exécution, établir les numéros de référence des normes en ce qui concerne l'établissement du lien entre la date et l'heure et les données, et les horloges exactes. L'établissement du lien entre la date et l'heure et les données et les horloges exactes sont présumés *[présumées]* satisfaire aux exigences fixées au paragraphe 1 lorsqu'ils respectent ces normes. Ces actes d'exécution sont adoptés en conformité avec la procédure d'examen visée à l'article 48, paragraphe 2.

SECTION 7 *Services d'envoi recommandé électronique*

Art. 43 *Effet juridique d'un service d'envoi recommandé électronique.* 1. L'effet juridique et la recevabilité des données envoyées et reçues à l'aide d'un service d'envoi recommandé électronique comme preuves en justice ne peuvent être refusés au seul motif que ce service se présente sous une forme électronique ou qu'il ne satisfait pas aux exigences du service d'envoi recommandé électronique qualifié.

2. Les données envoyées et reçues au moyen d'un service d'envoi recommandé électronique qualifié bénéficient d'une présomption quant à l'intégrité des données, à l'envoi de ces données par l'expéditeur identifié et à leur réception par le destinataire identifié, et à l'exactitude de la date et de l'heure de l'envoi et de la réception indiquées par le service d'envoi recommandé électronique qualifié.

Art. 44 *Exigences applicables aux services d'envoi recommandé électronique qualifiés.* 1. Les services d'envoi recommandé électronique qualifiés satisfont aux exigences suivantes :

a) ils sont fournis par un ou plusieurs prestataires de services de confiance qualifiés ;

b) ils garantissent l'identification de l'expéditeur avec un degré de confiance élevé ;

c) ils garantissent l'identification du destinataire avant la fourniture des données ;

d) l'envoi et la réception de données sont sécurisés par une signature électronique avancée ou par un cachet électronique avancé d'un prestataire de services de confiance qualifié, de manière à exclure toute possibilité de modification indétectable des données ;

e) toute modification des données nécessaire pour l'envoi ou la réception de celles-ci est clairement signalée à l'expéditeur et au destinataire des données ;

f) la date et l'heure d'envoi, de réception et toute modification des données sont indiquées par un horodatage électronique qualifié.

Dans le cas où les données sont transférées entre deux prestataires de services de confiance qualifiés ou plus, les exigences fixées aux points a) à f) s'appliquent à tous les prestataires de services de confiance qualifiés.

2. La Commission peut, au moyen d'actes d'exécution, déterminer les numéros de référence des normes applicables aux processus d'envoi et de réception de données. Le processus d'envoi et de réception de données est présumé satisfaire aux exigences fixées au paragraphe 1 lorsqu'il respecte ces normes. Ces actes d'exécution sont adoptés en conformité avec la procédure d'examen visée à l'article 48, paragraphe 2.

SECTION 8 *Authentification de site internet*

Art. 45 *Exigences applicables aux certificats qualifiés d'authentification de site internet.* 1. Les certificats qualifiés d'authentification de site internet satisfont aux exigences fixées à l'annexe IV.

2. La Commission peut, au moyen d'actes d'exécution, déterminer les numéros de référence des normes applicables aux certificats qualifiés d'authentification de site internet. Un certificat qualifié d'authentification de site internet est présumé satisfaire aux exigences fixées à l'annexe IV lorsqu'il respecte ces normes. Ces actes d'exécution sont adoptés en conformité avec la procédure d'examen visée à l'article 48, paragraphe 2.

CHAPITRE IV *DOCUMENTS ÉLECTRONIQUES*

Art. 46 *Effets juridiques des documents électroniques.* L'effet juridique et la recevabilité d'un document électronique comme preuve en justice ne peuvent être refusés au seul motif que ce document se présente sous une forme électronique.

CHAPITRE V *DÉLÉGATIONS DE POUVOIR ET DISPOSITIONS D'EXÉCUTION*

Art. 47 *Exercice de la délégation.* 1. Le pouvoir d'adopter des actes délégués conféré à la Commission est soumis aux conditions fixées au présent article.

2. Le pouvoir d'adopter des actes délégués visé à l'article 30, paragraphe 4, est conféré à la Commission pour une durée indéterminée à compter du 17 septembre 2014.

3. La délégation de pouvoir visée à l'article 30, paragraphe 4, peut être révoquée à tout moment par le Parlement européen ou le Conseil. La décision de révocation met fin à la délégation de pouvoir qui y est précisée. La révocation prend effet le jour sui-

vant celui de la publication de ladite décision au *Journal officiel de l'Union européenne* ou à une date ultérieure qui est précisée dans ladite décision. Elle ne porte pas atteinte à la validité des actes délégués déjà en vigueur.

4. Aussitôt qu'elle adopte un acte délégué, la Commission le notifie au Parlement européen et au Conseil simultanément.

5. Un acte délégué adopté en vertu de l'article 30, paragraphe 4, n'entre en vigueur que si le Parlement européen ou le Conseil n'a pas exprimé d'objections dans un délai de deux mois à compter de la notification de cet acte au Parlement européen et au Conseil ou si, avant l'expiration de ce délai, le Parlement européen et le Conseil ont tous deux informé la Commission de leur intention de ne pas exprimer d'objections. Ce délai est prolongé de deux mois à l'initiative du Parlement européen ou du Conseil.

Art. 48 *Comité.* 1. La Commission est assistée par un comité. Ledit comité est un comité au sens du règlement (UE) n° 182/2011.

2. Lorsqu'il est fait référence au présent paragraphe, l'article 5 du règlement (UE) n° 182/2011 s'applique.

CHAPITRE VI *DISPOSITIONS FINALES*

Art. 49 *Réexamen.* La Commission procède à un réexamen de l'application du présent règlement et rend compte au Parlement européen et au Conseil, au plus tard le 1er juillet 2020. La Commission évalue, en particulier, s'il convient de modifier le champ d'application du présent règlement ou ses dispositions spécifiques, y compris l'article 6, l'article 7, point f) et les articles 34, 43, 44 et 45, compte tenu de l'expérience acquise dans l'application du présent règlement ainsi que de l'évolution des technologies, du marché et du contexte juridique.

Le rapport visé au premier alinéa est, au besoin, accompagné de propositions législatives.

En outre, la Commission présente au Parlement européen et au Conseil, tous les quatre ans après la présentation du rapport visé au premier alinéa, un rapport sur les progrès accomplis dans la réalisation des objectifs du présent règlement.

Art. 50 *Abrogation.* 1. La directive 1999/93/CE est abrogée avec effet au 1er juillet 2016.

2. Les références faites à la directive abrogée s'entendent comme faites au présent règlement.

Art. 51 *Mesures transitoires.* 1. Les dispositifs sécurisés de création de signature dont la conformité a été déterminée conformément à l'article 3, paragraphe 4, de la directive 1999/93/CE sont considérés comme des dispositifs de création de signature électronique qualifiés au titre du présent règlement.

2. Les certificats qualifiés délivrés aux personnes physiques au titre de la directive 1999/93/CE sont considérés comme des certificats qualifiés de signature électronique au titre du présent règlement jusqu'à leur expiration.

3. Un prestataire de services de certification qui délivre des certificats qualifiés au titre de la directive 1999/93/CE soumet un rapport d'évaluation de la conformité à l'organe de contrôle le plus rapidement possible, et au plus tard le 1er juillet 2017. Jusqu'à la présentation d'un tel rapport d'évaluation de la conformité et l'achèvement de l'évaluation par l'organe de contrôle, ce prestataire de services de certification est considéré comme un prestataire de services de confiance qualifié au titre du présent règlement.

4. Si un prestataire de services de certification qui délivre des certificats qualifiés au titre de la directive 1999/93/CE ne soumet pas de rapport d'évaluation de la conformité à l'organe de contrôle dans le délai visé au paragraphe 3, ce prestataire de services de certification n'est pas considéré comme un prestataire de services de confiance qualifié au titre du présent règlement à partir du 2 juillet 2017.

Art. 52 *Entrée en vigueur.* 1. Le présent règlement entre en vigueur le vingtième jour suivant celui de sa publication au *Journal officiel de l'Union européenne*.

2. Le présent règlement est applicable à partir du 1er juillet 2016, à l'exception des dispositions suivantes :

a) l'article 8, paragraphe 3, l'article 9, paragraphe 5, l'article 12, paragraphes 2 à 9, l'article 17, paragraphe 8, l'article 19, paragraphe 4, l'article 20, paragraphe 4, l'article 21, paragraphe 4, l'article 22, paragraphe 5, l'article 23, paragraphe 3, l'article 24, paragraphe 5, l'article 27, paragraphes 4 et 5, l'article 28, paragraphe 6, l'article 29, paragraphe 2, l'article 30, paragraphes 3 et 4, l'article 31, paragraphe 3, l'article 32, paragraphe 3, l'article 33, paragraphe 2, l'article 34, paragraphe 2, l'article 37, paragraphes 4 et 5, l'article 38, paragraphe 6, l'article 42, paragraphe 2, l'article 44, paragraphe 2, l'article 45, paragraphe 2, et les articles 47 et 48 sont applicables à partir du 17 septembre 2014 ;

b) l'article 7, l'article 8, paragraphes 1 et 2, les articles 9, 10, 11, et l'article 12, paragraphe 1, sont applicables à compter de la date d'application des actes d'exécution visés à l'article 8, paragraphe 3, et à l'article 12, paragraphe 8 ;

c) l'article 6 s'applique après trois ans à compter de la date d'application des actes d'exécution visés à l'article 8, paragraphe 3 et à l'article 12, paragraphe 8.

3. Lorsque le schéma d'identification électronique notifié est inscrit sur la liste publiée par la Commission en application de l'article 9 avant la date visée au paragraphe 2, point c), du présent article, la reconnaissance des moyens d'identification électronique dans le cadre de ce schéma en application de l'article 6 a lieu au plus tard douze mois après la publication dudit schéma, mais pas avant la date visée au paragraphe 2, point c), du présent article.

4. Nonobstant le paragraphe 2, point c), du présent article, un État membre peut décider que des moyens d'identification électronique relevant d'un schéma d'identification électronique notifié en application de l'article 9, paragraphe 1, par un autre État membre sont reconnus dans le premier État membre à compter de la date d'application des actes d'exécution visés à l'article 8, paragraphe 3, et à l'article 12, paragraphe 8. Les États membres concernés informent la Commission. La Commission rend publiques ces informations.

Le présent règlement est obligatoire dans tous ses éléments et directement applicable dans tout État membre.

ANNEXE I

Exigences applicables aux certificats qualifiés de signature électronique

Les certificats qualifiés de signature électronique contiennent :

a) une mention indiquant, au moins sous une forme adaptée au traitement automatisé, que le certificat a été délivré comme certificat qualifié de signature électronique ;

b) un ensemble de données représentant sans ambiguïté le prestataire de services de confiance qualifié délivrant les certificats qualifiés, comprenant au moins l'État membre dans lequel ce prestataire est établi, et :

— pour une personne morale : le nom et, le cas échéant, le numéro d'immatriculation tels qu'ils figurent dans les registres officiels,

— pour une personne physique : le nom de la personne ;

c) au moins le nom du signataire ou un pseudonyme ; si un pseudonyme est utilisé, cela est clairement indiqué ;

d) des données de validation de la signature électronique qui correspondent aux données de création de la signature électronique ;

e) des précisions sur le début et la fin de la période de validité du certificat ;

f) le code d'identité du certificat, qui doit être unique pour le prestataire de services de confiance qualifié ;

g) la signature électronique avancée ou le cachet électronique avancé du prestataire de services de confiance qualifié délivrant le certificat ;

h) l'endroit où peut être obtenu gratuitement le certificat sur lequel reposent la signature électronique avancée ou le cachet électronique avancé mentionnés au point g) ;

i) l'emplacement des services qui peuvent être utilisés pour connaître le statut de validité du certificat qualifié ;

j) lorsque les données de création de la signature électronique associées aux données de validation de la signature électronique se trouvent dans un dispositif de création de signature électronique qualifié, une mention l'indiquant, au moins sous une forme adaptée au traitement automatisé.

ANNEXE II

Exigences applicables aux dispositifs de création de signature électronique qualifiés

1. Les dispositifs de création de signature électronique qualifiés garantissent au moins, par des moyens techniques et des procédures appropriés, que :

a) la confidentialité des données de création de signature électronique utilisées pour créer la signature électronique est suffisamment assurée ;

b) les données de création de signature électronique utilisées pour créer la signature électronique ne peuvent être pratiquement établies qu'une seule fois ;

c) l'on peut avoir l'assurance suffisante que les données de création de signature électronique utilisées pour créer la signature électronique ne peuvent être trouvées par déduction et que la signature électronique est protégée de manière fiable contre toute falsification par les moyens techniques actuellement disponibles ;

d) les données de création de signature électronique utilisées pour créer la signature électronique peuvent être protégées de manière fiable par le signataire légitime contre leur utilisation par d'autres.

2. Les dispositifs de création de signature électronique qualifiés ne modifient pas les données à signer et n'empêchent pas la présentation de ces données au signataire avant la signature.

3. La génération ou la gestion de données de création de signature électronique pour le compte du signataire peut être seulement confiée à un prestataire de services de confiance qualifié.

4. Sans préjudice du paragraphe 1, point d), un prestataire de services de confiance qualifié gérant des données de création de signature électronique pour le compte d'un signataire ne peut reproduire les données de création de signature électronique qu'à des fins de sauvegarde, sous réserve du respect des exigences suivantes :

a) le niveau de sécurité des ensembles de données reproduits doit être équivalent à celui des ensembles de données d'origine ;

b) le nombre d'ensembles de données reproduits n'excède pas le minimum nécessaire pour assurer la continuité du service.

ANNEXE III

Exigences applicables aux certificats qualifiés de cachet électronique

Les certificats qualifiés de cachet électronique contiennent :

a) une mention indiquant, au moins sous une forme adaptée au traitement automatisé, que le certificat a été délivré comme certificat qualifié de cachet électronique ;

b) un ensemble de données représentant sans ambiguïté le prestataire de services de confiance qualifié délivrant les certificats qualifiés, comprenant au moins l'État membre dans lequel ce prestataire est établi et :

— pour une personne morale : le nom et, le cas échéant, le numéro d'immatriculation tels qu'ils figurent dans les registres officiels,

— pour une personne physique : le nom de la personne ;

c) au moins le nom du créateur du cachet et, le cas échéant, son numéro d'immatriculation tels qu'ils figurent dans les registres officiels ;

d) des données de validation du cachet électronique, qui correspondent aux données de création du cachet électronique ;

e) des précisions sur le début et la fin de la période de validité du certificat ;

f) le code d'identité du certificat, qui doit être unique pour le prestataire de services de confiance qualifié ;

g) la signature électronique avancée ou le cachet électronique avancé du prestataire de services de confiance qualifié délivrant le certificat ;

h) l'endroit où peut être obtenu gratuitement le certificat sur lequel reposent la signature électronique avancée ou le cachet électronique avancé mentionnés au point g) ;

i) l'emplacement des services qui peuvent être utilisés pour connaître le statut de validité du certificat qualifié ;

j) lorsque les données de création du cachet électronique associées aux données de validation du cachet électronique se trouvent dans un dispositif de création de cachet électronique qualifié, une mention l'indiquant, au moins sous une forme adaptée au traitement automatisé.

ANNEXE IV

Exigences applicables aux certificats qualifiés d'authentification de site internet

Les certificats qualifiés d'authentification de site internet contiennent :

a) une mention indiquant, au moins sous une forme adaptée au traitement automatisé, que le certificat a été délivré comme certificat qualifié d'authentification de site internet ;

b) un ensemble de données représentant sans ambiguïté le prestataire de services de confiance qualifié délivrant les certificats qualifiés, comprenant au moins l'État membre dans lequel ce prestataire est établi et :

— pour une personne morale : le nom et, le cas échéant, le numéro d'immatriculation tels qu'ils figurent dans les registres officiels,

— pour une personne physique : le nom de la personne ;

c) pour les personnes physiques : au moins le nom de la personne à qui le certificat a été délivré, ou un pseudonyme. Si un pseudonyme est utilisé, cela est clairement indiqué ;

pour les personnes morales : au moins le nom de la personne morale à laquelle le certificat est délivré et, le cas échéant, son numéro d'immatriculation, tels qu'ils figurent dans les registres officiels ;

d) des éléments de l'adresse, dont au moins la ville et l'État, de la personne physique ou morale à laquelle le certificat est délivré et, le cas échéant, ces éléments tels qu'ils figurent dans les registres officiels ;

e) le(s) nom(s) de domaine exploité(s) par la personne physique ou morale à laquelle le certificat est délivré ;

f) des précisions sur le début et la fin de la période de validité du certificat ;

g) le code d'identité du certificat, qui doit être unique pour le prestataire de services de confiance qualifié ;

h) la signature électronique avancée ou le cachet électronique avancé du prestataire de services de confiance qualifié délivrant le certificat ;

i) l'endroit où peut être obtenu gratuitement le certificat sur lequel reposent la signature électronique avancée ou le cachet électronique avancé visés au point h) ;

j) l'emplacement des services de statut de validité des certificats qui peuvent être utilisés pour connaître le statut de validité du certificat qualifié.

Règlement d'exécution (UE) 2015/1502 du 8 septembre 2015,

Fixant les spécifications techniques et procédures minimales relatives aux niveaux de garantie des moyens d'identification électronique visés à l'article 8, paragraphe 3, du règlement (UE) n° 910/2014 du Parlement européen et du Conseil sur l'identification électronique et les services de confiance pour les transactions électroniques au sein du marché intérieur.

V. les consid. sur le Code en ligne .

Art. 1er **1. Les niveaux de garantie faible, substantiel et élevé des moyens d'identification électronique délivrés dans le cadre d'un schéma d'identification électronique notifié sont déterminés par référence aux spécifications et procédures figurant à l'annexe.**

2. Les spécifications et procédures figurant à l'annexe doivent être utilisées pour spécifier le niveau de garantie des moyens d'identification électronique délivrés dans le cadre d'un schéma d'identification électronique notifié en déterminant la fiabilité et la qualité des éléments suivants :

a) inscription, conformément aux dispositions du point 2.1 de l'annexe du présent règlement établies en vertu de l'article 8, paragraphe 3, point a), du règlement (UE) n° 910/2014 ;

b) gestion des moyens d'identification électronique, conformément aux dispositions du point 2.2 de l'annexe du présent règlement établies en vertu de l'article 8, paragraphe 3, points b) et f), du règlement (UE) n° 910/2014 ;

c) authentification, conformément aux dispositions du point 2.3 de l'annexe du présent règlement établies en vertu de l'article 8, paragraphe 3, point c), du règlement (UE) n° 910/2014 ;

d) gestion et organisation, conformément aux dispositions du point 2.4 de l'annexe du présent règlement établies en vertu de l'article 8, paragraphe 3, points d) et e), du règlement (UE) n° 910/2014.

3. Lorsque les moyens d'identification électronique délivrés dans le cadre d'un schéma d'identification électronique notifié répondent à une exigence énoncée pour un niveau de garantie plus élevé, ils sont réputés respecter l'exigence équivalente d'un niveau de garantie inférieur.

4. Sauf indication contraire dans la partie pertinente de l'annexe, un moyen d'identification électronique délivré dans le cadre d'un schéma d'identification électronique notifié doit, pour correspondre à un niveau de garantie donné, comporter tous les éléments énumérés à l'annexe en ce qui concerne ce niveau de garantie.

Art. 2 Le présent règlement entre en vigueur le vingtième jour suivant celui de sa publication au *Journal officiel de l'Union européenne*.

Le présent règlement est obligatoire dans tous ses éléments et directement applicable dans tout État membre.

ANNEXE

SPÉCIFICATIONS TECHNIQUES ET PROCÉDURES POUR LES NIVEAUX DE GARANTIE FAIBLE, SUBSTANTIEL ET ÉLEVÉ DES MOYENS D'IDENTIFICATION ÉLECTRONIQUE DÉLIVRÉS DANS LE CADRE D'UN SCHÉMA D'IDENTIFICATION ÉLECTRONIQUE NOTIFIÉ

1. Définitions applicables

Aux fins de la présente annexe, on entend par :

1) "source faisant autorité", toute source, quelle que soit sa forme, à laquelle on peut se fier pour obtenir des données, des informations et/ou des éléments d'identification exacts pouvant être utilisés pour prouver l'identité ;

2) "facteur d'authentification", un facteur confirmé comme étant lié à une personne, qui relève de l'une des catégories suivantes :

a) "facteur d'authentification basé sur la possession", un facteur d'authentification dont il revient au sujet de démontrer la possession ;

b) "facteur d'authentification basé sur la connaissance", un facteur d'authentification dont il revient au sujet de démontrer la connaissance ;

c) "facteur d'authentification inhérent", un facteur d'authentification qui est basé sur un attribut physique d'une personne physique, et dont il revient au sujet de démontrer qu'il possède cet attribut physique ;

3) "authentification dynamique", un processus électronique utilisant la cryptographie ou d'autres techniques pour fournir un moyen permettant de créer sur demande une preuve électronique attestant que le sujet contrôle ou possède les données d'identification et qui change avec chaque authentification entre le sujet et le système vérifiant l'identité du sujet ;

4) "système de gestion de la sécurité de l'information", un ensemble de processus et de procédures visant à gérer les risques associés à la sécurité de l'information pour les maintenir à des niveaux acceptables.

2. Spécifications techniques et procédures

Les éléments des spécifications techniques et des procédures décrits dans la présente annexe servent à déterminer de quelle façon les exigences et les critères de l'article 8 du règlement (UE) n° 910/2014 sont appliqués aux moyens d'identification électronique délivrés dans le cadre d'un schéma d'identification électronique.

2.1. Inscription

2.1.1. Demande et enregistrement

Niveau de garantie	Éléments nécessaires
Faible	1. S'assurer que le demandeur est informé des conditions associées à l'utilisation du moyen d'identification électronique. 2. S'assurer que le demandeur est informé des précautions de sécurité recommandées relatives au moyen d'identification électronique. 3. Recueillir les données d'identité pertinentes requises pour la preuve et la vérification d'identité.
Substantiel	Identique au niveau faible.
Élevé	Identique au niveau faible.

2.1.2. Preuve et vérification d'identité (personne physique)

Niveau de garantie	Éléments nécessaires
Faible	1. La personne peut être présumée en possession d'un élément d'identification reconnu par l'État membre dans lequel est déposée la demande relative au moyen d'identité électronique et représentant l'identité alléguée. 2. L'élément d'identification peut être présumé authentique ou on peut présumer qu'il existe selon une source faisant autorité et cet élément semble être valide. 3. L'existence de l'identité alléguée est connue d'une source faisant autorité et on peut présumer que la personne est bien celle qu'elle prétend être.
Substantiel	Niveau faible, plus l'une des options énumérées aux points 1 à 4 ci-après : 1. Il a été vérifié que la personne est en possession d'un élément d'identification reconnu par l'État membre dans lequel est déposée la demande relative au moyen d'identité électronique et représentant l'identité alléguée et l'élément d'identification fait l'objet d'une vérification visant à déterminer son authenticité ou l'existence de cet élément est connue d'une source faisant autorité et il se rapporte à une personne réelle et des mesures ont été prises pour minimiser le risque que l'identité de la personne ne soit pas l'identité alléguée, en tenant compte par exemple du risque de perte, de vol, de suspension, de révocation ou d'expiration de l'élément d'identification ; ou 2. une pièce d'identité est présentée au cours d'un processus d'enregistrement dans l'État membre où la pièce d'identité a été délivrée et la pièce d'identité semble se rapporter à la personne qui la présente et des mesures ont été prises pour minimiser le risque que l'identité de la personne ne soit pas l'identité alléguée, en tenant compte par exemple du risque de perte, de vol, de suspension, de révocation ou d'expiration de la pièce d'identité ; ou 3. lorsque les procédures précédemment utilisées par une entité publique ou privée dans le même État membre dans un but autre que la délivrance du moyen d'identification électronique assurent une garantie équivalente à celle énoncée au point 2.1.2 pour le niveau de garantie substantiel, l'entité responsable de l'enregistrement n'est pas tenue de répéter ces précédentes procédures, sous réserve que ladite garantie équivalente soit confirmée par un organisme d'évaluation de la conformité au sens de l'article 2, point 13), du règlement (CE) n° 765/2008 du Parlement européen et du Conseil ([1]) ou par un organisme équivalent ; ou 4. lorsque des moyens d'identification électronique sont délivrés sur la base d'un moyen d'identification électronique notifié valide ayant le niveau de garantie élevé ou substantiel et tenant compte des risques d'une modification des données d'identification personnelle, il n'est pas nécessaire de répéter les processus de preuve et de vérification d'identité. Lorsque le moyen d'identification électronique servant de base n'a pas été notifié, le niveau de garantie élevé ou substantiel doit être confirmé par un organisme d'évaluation de la conformité au sens de l'article 2, point 13), du règlement (CE) n° 765/2008 ou par un organisme équivalent.

Niveau de garantie	Éléments nécessaires
Élevé	Les exigences du point 1 ou 2 ci-dessous doivent être respectées : 1. Niveau substantiel, plus l'une des options énumérées aux points a) à c) ci-dessous : a) Lorsqu'il a été vérifié que la personne est en possession d'un élément d'identification biométrique ou photographique reconnu par l'État membre dans lequel est déposée la demande relative au moyen d'identité électronique et que cet élément correspond à l'identité alléguée, l'élément fait l'objet d'une vérification visant à déterminer sa validité selon une source faisant autorité et le demandeur est identifié comme ayant l'identité alléguée par comparaison d'une ou de plusieurs caractéristiques physiques de la personne auprès d'une source faisant autorité ; ou b) lorsque les procédures précédemment utilisées par une entité publique ou privée dans le même État membre dans un but autre que la délivrance du moyen d'identification électronique assurent une garantie équivalente à celle visée au point 2.1.2 pour le niveau de garantie élevé, l'entité responsable de l'enregistrement n'est pas tenue de répéter ces précédentes procédures, sous réserve que cette garantie équivalente soit confirmée par un organisme d'évaluation de la conformité au sens de l'article 2, point 13), du règlement (CE) n° 765/2008 ou par un organisme équivalent et des mesures sont prises pour prouver que les résultats des procédures antérieures demeurent valides ; ou c) lorsque des moyens d'identification électronique sont délivrés sur la base d'un moyen d'identification électronique notifié valide ayant le niveau de garantie élevé, et en tenant compte des risques d'une modification des données d'identification personnelle, il n'est pas nécessaire de répéter les processus de preuve et de vérification d'identité. Lorsque le moyen d'identification électronique servant de base n'a pas été notifié, le niveau de garantie élevé doit être confirmé par un organisme d'évaluation de la conformité au sens de l'article 2, point 13), du règlement (CE) n° 765/2008 ou par un organisme équivalent et des mesures sont prises pour prouver que les résultats de cette précédente procédure de délivrance d'un moyen d'identification électronique notifié demeurent valides ; ou 2. lorsque le demandeur ne présente pas d'élément d'identification biométrique ou photographique reconnu, les mêmes procédures que celles utilisées au niveau national dans l'État membre de l'entité responsable de l'inscription afin d'obtenir ledit élément d'identification biométrique ou photographique reconnu sont appliquées.

(1) Règlement (CE) n° 765/2008 du Parlement européen et du Conseil du 9 juillet 2008 fixant les prescriptions relatives à l'accréditation et à la surveillance du marché pour la commercialisation des produits et abrogeant le règlement (CEE) n° 339/93 du Conseil (JO L 218 du 13.8.2008, p. 30).

2.1.3. Preuve et vérification d'identité (personne morale)

Niveau de garantie	Éléments nécessaires
Faible	1. L'identité alléguée de la personne morale est établie sur la base de l'élément d'identification reconnu par l'État membre dans lequel est déposée la demande relative au moyen d'identité électronique. 2. L'élément d'identification semble être valide et on peut présumer qu'il est authentique ou qu'il existe selon une source faisant autorité, l'inscription d'une personne morale auprès de la source faisant autorité étant une démarche volontaire et régie par un accord entre la personne morale et la source faisant autorité. 3. La personne morale n'est pas connue par une source faisant autorité comme étant dans une situation qui l'empêcherait d'agir en qualité de personne morale.
Substantiel	Niveau faible, plus l'une des options énumérées aux points 1 à 3 ci-après : 1. L'identité alléguée de la personne morale est établie sur la base de l'élément d'identification reconnu par l'État membre dans lequel est déposée la demande relative au moyen d'identité électronique, y compris le nom de la personne morale, sa forme juridique et (le cas échéant) son numéro d'immatriculation et l'élément d'identification est soumis à une vérification visant à déterminer s'il est authentique, ou si son existence est connue d'une source faisant autorité, l'inscription de la personne morale auprès de la source faisant autorité étant requise pour que la personne morale puisse exercer ses activités dans son secteur et des mesures ont été prises pour minimiser le risque que l'identité de la personne morale ne soit pas l'identité alléguée, en tenant compte par exemple du risque de perte, de vol, de suspension, de révocation ou d'expiration des documents ; ou 2. lorsque les procédures précédemment utilisées par une entité publique ou privée dans le même État membre dans un but autre que la délivrance du moyen d'identification électronique assurent une garantie équivalente à celle visée au point 2.1.3 pour le niveau de garantie substantiel, l'entité responsable de l'enregistrement n'est pas tenue de répéter ces précédentes procédures sous réserve que cette garantie équivalente soit confirmée par un organisme d'évaluation de la conformité au sens de l'article 2, point 13), du règlement (CE) n° 765/2008 ou par un organisme équivalent ; ou 3. lorsque des moyens d'identification électronique sont délivrés sur la base d'un moyen d'identification électronique notifié valide ayant le niveau de garantie élevé ou substantiel, il n'est pas nécessaire de répéter les processus de preuve et de vérification d'identité. Lorsque le moyen d'identification électronique servant de base n'a pas été notifié, le niveau de garantie élevé ou substantiel doit être confirmé par un organisme d'évaluation de la conformité au sens de l'article 2, point 13), du règlement (CE) n° 765/2008 ou par un organisme équivalent.

Niveau de garantie	Éléments nécessaires
Élevé	Niveau substantiel, plus l'une des options énumérées aux points 1 à 3 ci-après : 1. L'identité alléguée de la personne morale est établie sur la base de l'élément d'identification reconnu par l'État membre dans lequel est déposée la demande relative au moyen d'identité électronique, y compris le nom de la personne morale, sa forme juridique et au moins un identifiant unique représentant la personne morale utilisé dans un contexte national et l'élément d'identification est soumis à une vérification visant à déterminer s'il est valide selon une source faisant autorité ; ou 2. lorsque les procédures précédemment utilisées par une entité publique ou privée dans le même État membre dans un but autre que la délivrance du moyen d'identification électronique assurent une garantie équivalente à celle énoncée au point 2.1.3 pour le niveau de garantie élevé, l'entité responsable de l'enregistrement n'est pas tenue de répéter ces précédentes procédures, sous réserve que cette garantie équivalente soit confirmée par un organisme d'évaluation de la conformité au sens de l'article 2, point 13), du règlement (CE) n° 765/2008 ou par un organisme équivalent et des mesures sont prises pour prouver que les résultats de cette procédure antérieure demeurent valides ; ou 3. lorsque les moyens d'identification électronique sont délivrés sur la base d'un moyen d'identification électronique notifié valide ayant le niveau de garantie élevé, il n'est pas nécessaire de répéter les processus de preuve et de vérification d'identité. Lorsque le moyen d'identification électronique servant de base n'a pas été notifié, le niveau de garantie élevé doit être confirmé par un organisme d'évaluation de la conformité au sens de l'article 2, point 13), du règlement (CE) n° 765/2008 ou par un organisme équivalent et des mesures sont prises pour prouver que les résultats de cette précédente procédure de délivrance d'un moyen d'identification électronique notifié demeurent valides.

2.1.4. Lien établi entre les moyens d'identification électronique de personnes physiques et morales

Le cas échéant, pour établir un lien entre le moyen d'identification électronique d'une personne physique et le moyen d'identification électronique d'une personne morale ("lien établi"), les conditions suivantes s'appliquent :

1) Il doit être possible de suspendre et/ou de révoquer le lien établi. Le cycle de vie d'un lien établi (par exemple activation, suspension, renouvellement, révocation) doit être géré selon des procédures reconnues à l'échelle nationale.

2) La personne physique dont le moyen d'identification électronique est lié au moyen d'identification électronique de la personne morale peut déléguer l'établissement du lien à une autre personne physique sur la base de procédures reconnues à l'échelle nationale. Toutefois, la personne physique délégante reste responsable.

3) L'établissement du lien s'effectue comme suit :

Niveau de garantie	Éléments nécessaires
Faible	1. Il est vérifié que le processus suivi pour prouver l'identité de la personne physique agissant au nom de la personne morale correspond au niveau faible ou supérieur. 2. Le lien a été établi sur la base de procédures reconnues à l'échelle nationale. 3. La personne morale n'est pas connue par une source faisant autorité comme étant dans une situation qui l'empêcherait d'agir au nom de la personne morale.
Substantiel	Point 3 du niveau faible, plus : 1. Il est vérifié que le processus suivi pour prouver l'identité de la personne physique agissant au nom de la personne morale correspond au niveau substantiel ou élevé. 2. Le lien a été établi sur la base de procédures reconnues à l'échelle nationale, qui ont abouti à l'enregistrement du lien établi auprès d'une source faisant autorité. 3. Le lien établi a été vérifié sur la base d'informations provenant d'une source faisant autorité.
Élevé	Point 3 du niveau faible et point 2 du niveau substantiel, plus : 1. Il est vérifié que le processus suivi pour prouver l'identité de la personne physique agissant au nom de la personne morale correspond au niveau élevé. 2. Le lien a été vérifié sur la base d'un identifiant unique représentant la personne morale et utilisé dans le contexte national ; et sur la base d'informations représentant de façon unique la personne physique et provenant d'une source faisant autorité.

2.2. Gestion des moyens d'identification électronique

2.2.1. Caractéristiques et conception des moyens d'identification électronique

Niveau de garantie	Éléments nécessaires
Faible	1. Le moyen d'identification électronique utilise au moins un facteur d'authentification. 2. Le moyen d'identification électronique est conçu pour que l'émetteur prenne des mesures raisonnables afin de vérifier qu'il est utilisé uniquement sous le contrôle de la personne à laquelle il appartient ou en sa possession.
Substantiel	1. Le moyen d'identification électronique utilise au moins deux facteurs d'authentification de différentes catégories. 2. Le moyen d'identification électronique est conçu de sorte qu'on puisse présumer qu'il est utilisé uniquement sous le contrôle de la personne à laquelle il appartient ou en sa possession.
Élevé	Niveau substantiel, plus : 1. Le moyen d'identification électronique protège contre les doubles emplois et les manipulations ainsi que contre les attaquants à potentiel d'attaque élevé. 2. Le moyen d'identification électronique est conçu de sorte que la personne à laquelle il appartient puisse le protéger de façon fiable contre toute utilisation non autorisée.

2.2.2. Délivrance, mise à disposition et activation

Niveau de garantie	Éléments nécessaires
Faible	Après la délivrance, le moyen d'identification électronique est mis à disposition par un mécanisme permettant de présumer qu'il ne sera reçu que par le destinataire prévu.
Substantiel	Après la délivrance, le moyen d'identification électronique est mis à disposition par un mécanisme permettant de présumer qu'il sera exclusivement remis en la possession de la personne à laquelle il appartient.
Élevé	Le processus d'activation vérifie que le moyen d'identification électronique a été remis exclusivement en la possession de la personne à laquelle il appartient.

2.2.3. Suspension, révocation et réactivation

Niveau de garantie	Éléments nécessaires
Faible	1. Il est possible de suspendre et/ou de révoquer un moyen d'identification électronique de manière rapide et efficace. 2. Des mesures ont été prises pour prévenir toute suspension, révocation et/ou réactivation non autorisées. 3. La réactivation ne pourra avoir lieu que si les exigences de garantie établies avant la suspension ou la révocation sont toujours respectées.
Substantiel	Identique au niveau faible.
Élevé	Identique au niveau faible.

2.2.4. Renouvellement et remplacement

Niveau de garantie	Éléments nécessaires
Faible	En tenant compte des risques d'une modification des données d'identification personnelles, le renouvellement ou le remplacement doit satisfaire aux mêmes exigences de garantie que la preuve et la vérification d'identité initiales ou reposer sur un moyen d'identification électronique valide ayant un niveau de garantie identique ou supérieur.
Substantiel	Identique au niveau faible.
Élevé	Niveau faible, plus : Lorsque le renouvellement ou le remplacement est basé sur un moyen d'identification électronique valide, les données d'identité sont vérifiées auprès d'une source faisant autorité.

2.3. Authentification

La présente section met l'accent sur les menaces liées à l'utilisation du mécanisme d'authentification et répertorie les exigences applicables à chaque niveau de garantie. Dans la présente section, les contrôles sont censés être proportionnés aux risques au niveau donné.

2.3.1. Mécanisme d'authentification

Le tableau suivant définit les exigences par niveau de garantie eu égard au mécanisme d'authentification employé par la personne physique ou morale pour utiliser le moyen d'identification électronique destiné à confirmer son identité à une partie utilisatrice.

Niveau de garantie	Éléments nécessaires
Faible	1. La diffusion de données d'identification personnelle est précédée par la vérification fiable du moyen d'identification électronique et de sa validité. 2. Lorsque des données d'identification personnelle sont mémorisées dans le cadre du mécanisme d'authentification, ces informations sont sécurisées afin d'assurer leur protection contre toute perte ou compromission, y compris une analyse hors ligne. 3. Le mécanisme d'authentification met en œuvre des contrôles de sécurité pour la vérification du moyen d'identification électronique, de sorte qu'il est hautement improbable que des activités telles que les tentatives de décryptage, l'écoute, l'attaque par rejeu ou la manipulation d'une communication par un attaquant ayant un potentiel d'attaque de base renforcé puissent nuire aux mécanismes d'authentification.
Substantiel	Niveau faible, plus : 1. La diffusion de données d'identification personnelle est précédée par la vérification fiable du moyen d'identification électronique et de sa validité par une authentification dynamique. 2. Le mécanisme d'authentification met en œuvre des contrôles de sécurité pour la vérification du moyen d'identification électronique, de sorte qu'il est hautement improbable que des activités telles que les tentatives de décryptage, l'écoute, l'attaque par rejeu ou la manipulation d'une communication par un attaquant ayant un potentiel d'attaque modéré puissent nuire aux mécanismes d'authentification.
Élevé	Niveau substantiel, plus : Le mécanisme d'authentification met en œuvre des contrôles de sécurité pour la vérification du moyen d'identification électronique, de sorte qu'il est hautement improbable que des activités telles que les tentatives de décryptage, l'écoute, l'attaque par rejeu ou la manipulation d'une communication par un attaquant ayant un potentiel d'attaque élevé puissent nuire aux mécanismes d'authentification.

2.4. Gestion et organisation

Tous les participants fournissant un service lié à l'identification électronique dans un contexte transfrontalier ("fournisseurs") doivent disposer de pratiques de gestion de la sécurité de l'information documentées, de politiques, d'approches de la gestion des risques et d'autres contrôles reconnus afin de garantir aux organes de gouvernance appropriés responsables des schémas d'identification électronique dans les différents États membres que des pratiques efficaces sont en place. Tous les éléments/exigences figurant au point 2.4 sont censés être proportionnés aux risques au niveau donné.

2.4.1. Dispositions générales

Niveau de garantie	Éléments nécessaires
Faible	1. Les fournisseurs fournissant un service opérationnel visé par le présent règlement sont une autorité publique ou une personne morale reconnue comme telle par le droit national d'un État membre, avec une organisation établie et pleinement opérationnelle à tous les égards pertinents pour la fourniture des services. 2. Les fournisseurs respectent toute exigence légale qui leur incombe dans le cadre du fonctionnement et de l'exécution du service, y compris les types d'informations pouvant être recherchés, la façon dont la preuve d'identité est établie, le type d'informations pouvant être conservées et leur durée de conservation. 3. Les fournisseurs sont en mesure de démontrer leur capacité à assumer la responsabilité d'éventuels dommages, ainsi que le fait qu'ils disposent de ressources financières suffisantes pour la poursuite de leurs activités et la fourniture des services. 4. Les fournisseurs sont responsables de l'exécution de toute tâche sous-traitée à une autre entité, ainsi que du respect de la politique du schéma, comme s'ils s'étaient acquittés eux-mêmes de leur mission. 5. Les schémas d'identification électronique non constitués par le droit national doivent mettre en place un plan de cessation d'activités efficace. Ce plan comporte des mesures concernant l'organisation en cas d'arrêt de fourniture du service ou de la reprise de la fourniture par un autre fournisseur, la façon dont les autorités compétentes et les utilisateurs finaux sont informés, ainsi que des détails sur les modalités de protection, conservation et destruction des informations conformément à la politique du schéma.
Substantiel	Identique au niveau faible.
Élevé	Identique au niveau faible.

2.4.2. Avis publiés et information des utilisateurs

Niveau de garantie	Éléments nécessaires
Faible	1. Il doit exister une définition de service publiée qui inclut toutes les modalités, conditions et frais, y compris les éventuelles limitations de son utilisation. La définition de service doit inclure une politique de confidentialité. 2. Il convient de mettre en place des procédures et politiques appropriées permettant de garantir que les utilisateurs du service sont informés de façon fiable et rapide de tout changement apporté à la définition de service et à toute modalité, condition et politique de confidentialité relative au service spécifié. 3. Il y a lieu de mettre en place des procédures et politiques appropriées permettant d'apporter des réponses complètes et exactes aux demandes de renseignements.
Substantiel	Identique au niveau faible.
Élevé	Identique au niveau faible.

2.4.3. Gestion de la sécurité de l'information

Niveau de garantie	Éléments nécessaires
Faible	Il existe un système de gestion de la sécurité de l'information efficace pour la gestion et le contrôle des risques de sécurité de l'information.
Substantiel	Niveau faible, plus : Le système de gestion de la sécurité de l'information adhère à des normes ou principes éprouvés pour la gestion et le contrôle des risques de sécurité de l'information.
Élevé	Identique au niveau substantiel.

2.4.4. Conservation d'informations

Niveau de garantie	Éléments nécessaires
Faible	1. Enregistrer et conserver les informations pertinentes à l'aide d'un système efficace de gestion des informations, en tenant compte de la législation applicable et des bonnes pratiques en matière de protection et de conservation des données. 2. Conserver, autant qu'il est permis par la législation nationale ou par tout autre arrangement administratif national, et protéger les informations pendant aussi longtemps qu'elles sont nécessaires pour auditer et enquêter sur les atteintes à la sécurité, et à des fins de conservation, après quoi les informations doivent être détruites en toute sécurité.
Substantiel	Identique au niveau faible.
Élevé	Identique au niveau faible.

2.4.5. Installations et personnel

Le tableau suivant présente les exigences relatives aux installations, au personnel et aux sous-traitants, le cas échéant, qui se chargent des tâches visées par le présent règlement. Le respect de chacune des exigences doit être proportionné au niveau de risque associé au niveau de garantie fourni.

Niveau de garantie	Éléments nécessaires
Faible	1. Il existe des procédures garantissant que le personnel et les sous-traitants sont suffisamment formés, qualifiés et expérimentés eu égard aux compétences nécessaires pour exécuter les tâches qui leur sont confiées. 2. Le personnel et les sous-traitants doivent être en nombre suffisant pour faire fonctionner et gérer de manière adéquate le service conformément à ses politiques et procédures. 3. Les installations utilisées pour fournir le service sont surveillées en permanence et protégées contre les dommages causés par des événements environnementaux, l'accès non autorisé et d'autres facteurs susceptibles d'avoir une incidence sur la sécurité du service. 4. Les installations utilisées pour fournir le service garantissent que l'accès aux zones de conservation ou de traitement d'informations personnelles, cryptographiques ou autres informations sensibles est limité au personnel ou aux sous-traitants autorisés.

Niveau de garantie	Éléments nécessaires
Substantiel	Identique au niveau faible.
Élevé	Identique au niveau faible.

2.4.6. Contrôles techniques

Niveau de garantie	Éléments nécessaires
Faible	1. Il existe des contrôles techniques proportionnés pour gérer les risques menaçant la sécurité des services, en protégeant la confidentialité, l'intégrité et la disponibilité de l'information traitée. 2. Les canaux de communication électronique utilisés pour échanger des informations personnelles ou sensibles sont protégés contre les écoutes clandestines, la manipulation et le rejeu. 3. L'accès à du matériel cryptographique sensible, si ce dernier est utilisé pour la délivrance de moyens d'identification électronique et l'authentification, est limité aux rôles et aux applications pour lesquels il est strictement nécessaire. Il convient de s'assurer que ce matériel n'est jamais conservé de manière permanente en texte clair. 4. Il existe des procédures permettant de garantir que la sécurité est maintenue sur la durée et qu'il est possible de réagir aux changements des niveaux de risque, incidents et atteintes à la sécurité. 5. Tous les supports contenant des informations personnelles, cryptographiques ou autres informations sensibles sont stockés, transportés et mis au rebut de façon sécurisée.
Substantiel	Identique au niveau faible, plus : Le matériel cryptographique sensible, s'il est utilisé pour la délivrance de moyens d'identification électronique et l'authentification, est protégé contre toute manipulation non autorisée.
Élevé	Identique au niveau substantiel.

2.4.7. Conformité et audit

Niveau de garantie	Éléments nécessaires
Faible	Il existe des audits internes périodiques dont le champ couvre tous les aspects relatifs à la fourniture des services fournis pour assurer la conformité avec les politiques pertinentes.
Substantiel	Il existe des audits internes ou externes indépendants périodiques dont le champ couvre tous les sujets relatifs à la fourniture des services fournis pour assurer la conformité avec les politiques pertinentes.
Élevé	1. Il existe des audits externes indépendants périodiques dont le champ couvre tous les sujets relatifs à la fourniture des services fournis pour assurer la conformité avec les politiques pertinentes. 2. Lorsqu'un schéma est directement géré par un organisme gouvernemental, il est audité conformément au droit national.

Règlement (UE) 2016/679 du 27 avril 2016 (RGPD),

Relatif à la protection des personnes physiques à l'égard du traitement des données à caractère personnel et à la libre circulation de ces données, et abrogeant la directive 95/46/CE (Règlement général sur la protection des données).

V. les consid. sur le Code en ligne 🏛.

CHAPITRE I *DISPOSITIONS GÉNÉRALES*

Art. 4 *Définitions.* Aux fins du présent règlement, on entend par :

1) "données à caractère personnel", toute information se rapportant à une personne physique identifiée ou identifiable (ci-après dénommée "personne concernée") ; est réputée être une "personne physique identifiable" une personne physique qui peut être identifiée, directement ou indirectement, notamment par référence à un identifiant, tel qu'un nom, un numéro d'identification, des données de localisation, un identifiant en ligne, ou à un ou plusieurs éléments spécifiques propres à son identité physique, physiologique, génétique, psychique, économique, culturelle ou sociale ;

2) "traitement", toute opération ou tout ensemble d'opérations effectuées ou non à l'aide de procédés automatisés et appliquées à des données ou des ensembles de données à caractère personnel, telles que la collecte, l'enregistrement, l'organisation, la structuration, la conservation, l'adaptation ou la modification, l'extraction, la consultation, l'utilisation, la communication par transmission, la diffusion ou toute autre forme de mise à disposition, le rapprochement ou l'interconnexion, la limitation, l'effacement ou la destruction ;

3) "limitation du traitement", le marquage de données à caractère personnel conservées, en vue de limiter leur traitement futur ;

4) "profilage", toute forme de traitement automatisé de données à caractère personnel consistant à utiliser ces données à caractère personnel pour évaluer certains aspects personnels relatifs à une personne physique, notamment pour analyser ou prédire des éléments concernant le rendement au travail, la situation économique, la santé, les préférences personnelles, les intérêts, la fiabilité, le comportement, la localisation ou les déplacements de cette personne physique ;

5) "pseudonymisation", le traitement de données à caractère personnel de telle façon que celles-ci ne puissent plus être attribuées à une personne concernée précise sans avoir recours à des informations supplémentaires, pour autant que ces informations supplémentaires soient conservées séparément et soumises à des mesures techniques et organisationnelles afin de garantir que les données à caractère personnel ne sont pas attribuées à une personne physique identifiée ou identifiable ;

6) "fichier", tout ensemble structuré de données à caractère personnel accessibles selon des critères déterminés, que cet ensemble soit centralisé, décentralisé ou réparti de manière fonctionnelle ou géographique ;

7) "responsable du traitement", la personne physique ou morale, l'autorité publique, le service ou un autre organisme qui, seul ou conjointement avec d'autres, détermine les finalités et les moyens du traitement ; lorsque les finalités et les moyens de ce traitement sont déterminés par le droit de l'Union ou le droit d'un État membre, le responsable du traitement peut être désigné ou les critères spécifiques applicables à sa désignation peuvent être prévus par le droit de l'Union ou par le droit d'un État membre ;

8) "sous-traitant", la personne physique ou morale, l'autorité publique, le service ou un autre organisme qui traite des données à caractère personnel pour le compte du responsable du traitement ;

9) "destinataire", la personne physique ou morale, l'autorité publique, le service ou tout autre organisme qui reçoit communication de données à caractère personnel, qu'il s'agisse ou non d'un tiers. Toutefois, les autorités publiques qui sont susceptibles de recevoir communication de données à caractère personnel dans le cadre d'une mission d'enquête particulière conformément au droit de l'Union ou au droit d'un État membre ne sont pas considérées comme des destinataires ; le traitement de ces données par les autorités publiques en question est conforme aux règles applicables en matière de protection des données en fonction des finalités du traitement ;

10) "tiers", une personne physique ou morale, une autorité publique, un service ou un organisme autre que la personne concernée, le responsable du traitement, le sous-traitant et les personnes qui, placées sous l'autorité directe du responsable du traitement ou du sous-traitant, sont autorisées à traiter les données à caractère personnel ;

11) "consentement" de la personne concernée, toute manifestation de volonté, libre, spécifique, éclairée et univoque par laquelle la personne concernée accepte, par une déclaration ou par un acte positif clair, que des données à caractère personnel la concernant fassent l'objet d'un traitement ;

12) "violation de données à caractère personnel", une violation de la sécurité entraînant, de manière accidentelle ou illicite, la destruction, la perte, l'altération, la divulgation non autorisée de données à caractère personnel transmises, conservées ou traitées d'une autre manière, ou l'accès non autorisé à de telles données ;

13) "données génétiques", les données à caractère personnel relatives aux caractéristiques génétiques héréditaires ou acquises d'une personne physique qui donnent des informations uniques sur la physiologie ou l'état de santé de cette personne physique et qui résultent, notamment, d'une analyse d'un échantillon biologique de la personne physique en question ;

14) "données biométriques", les données à caractère personnel résultant d'un traitement technique spécifique, relatives aux caractéristiques physiques, physiologiques ou comportementales d'une personne physique, qui permettent ou confirment son identification unique, telles que des images faciales ou des données dactyloscopiques ;

15) "données concernant la santé", les données à caractère personnel relatives à la santé physique ou mentale d'une personne physique, y compris la prestation de services de soins de santé, qui révèlent des informations sur l'état de santé de cette personne ;

16) "établissement principal",

a) en ce qui concerne un responsable du traitement établi dans plusieurs États membres, le lieu de son administration centrale dans l'Union, à moins que les décisions quant aux finalités et aux moyens du traitement de données à caractère personnel soient prises dans un autre établissement du responsable du traitement dans l'Union et que ce dernier établissement a le pouvoir de faire appliquer ces décisions, auquel cas l'établissement ayant pris de telles décisions est considéré comme l'établissement principal ;

b) en ce qui concerne un sous-traitant établi dans plusieurs États membres, le lieu de son administration centrale dans l'Union ou, si ce sous-traitant ne dispose pas d'une administration centrale dans l'Union, l'établissement du sous-traitant dans l'Union où se déroule l'essentiel des activités de traitement effectuées dans le cadre des activités d'un établissement du sous-traitant, dans la mesure où le sous-traitant est soumis à des obligations spécifiques en vertu du présent règlement ;

17) "représentant", une personne physique ou morale établie dans l'Union, désignée par le responsable du traitement ou le sous-traitant par écrit, en vertu de l'article 27, qui les représente en ce qui concerne leurs obligations respectives en vertu du présent règlement ;

18) "entreprise", une personne physique ou morale exerçant une activité économique, quelle que soit sa forme juridique, y compris les sociétés de personnes ou les associations qui exercent régulièrement une activité économique ;

19) "groupe d'entreprises", une entreprise qui exerce le contrôle et les entreprises qu'elle contrôle ;

20) "règles d'entreprise contraignantes", les règles internes relatives à la protection des données à caractère personnel qu'applique un responsable du traitement ou un sous-traitant établi sur le territoire d'un État membre pour des transferts ou pour un ensemble de transferts de données à caractère personnel à un responsable du traitement ou à un sous-traitant établi dans un ou plusieurs pays tiers au sein d'un groupe d'entreprises, ou d'un groupe d'entreprises engagées dans une activité économique conjointe ;

21) "autorité de contrôle", une autorité publique indépendante qui est instituée par un État membre en vertu de l'article 51 ;

22) "autorité de contrôle concernée", une autorité de contrôle qui est concernée par le traitement de données à caractère personnel parce que :

a) le responsable du traitement ou le sous-traitant est établi sur le territoire de l'État membre dont cette autorité de contrôle relève ;

b) des personnes concernées résidant dans l'État membre de cette autorité de contrôle sont sensiblement affectées par le traitement ou sont susceptibles de l'être ; ou

c) une réclamation a été introduite auprès de cette autorité de contrôle ;

23) "traitement transfrontalier",

a) un traitement de données à caractère personnel qui a lieu dans l'Union dans le cadre des activités d'établissements dans plusieurs États membres d'un responsable du traitement ou d'un sous-traitant lorsque le responsable du traitement ou le sous-traitant est établi dans plusieurs États membres ; ou

b) un traitement de données à caractère personnel qui a lieu dans l'Union dans le cadre des activités d'un établissement unique d'un responsable du traitement ou d'un sous-traitant, mais qui affecte sensiblement ou est susceptible d'affecter sensiblement des personnes concernées dans plusieurs États membres ;

24) "objection pertinente et motivée", une objection à un projet de décision quant à savoir s'il y a ou non violation du présent règlement ou si l'action envisagée en ce qui concerne le responsable du traitement ou le sous-traitant respecte le présent règlement, qui démontre clairement l'importance des risques que présente le projet de décision pour les libertés et droits fondamentaux des personnes concernées et, le cas échéant, le libre flux des données à caractère personnel au sein de l'Union ;

25) "service de la société de l'information", un service au sens de l'article 1er, paragraphe 1, point b), de la directive (UE) 2015/1535 du Parlement européen et du Conseil ;

26) "organisation internationale", une organisation internationale et les organismes de droit public international qui en relèvent, ou tout autre organisme qui est créé par un accord entre deux pays ou plus, ou en vertu d'un tel accord.

CHAPITRE II *PRINCIPES*

Art. 5 *Principes relatifs au traitement des données à caractère personnel.* 1. Les données à caractère personnel doivent être :

a) traitées de manière licite, loyale et transparente au regard de la personne concernée (licéité, loyauté, transparence) ;

b) collectées pour des finalités déterminées, explicites et légitimes, et ne pas être traitées ultérieurement d'une manière incompatible avec ces finalités ; le traitement ultérieur à des fins archivistiques dans l'intérêt public, à des fins de recherche scientifique ou historique ou à des fins statistiques n'est pas considéré, conformément à l'article 89, paragraphe 1, comme incompatible avec les finalités initiales (limitation des finalités) ;

c) adéquates, pertinentes et limitées à ce qui est nécessaire au regard des finalités pour lesquelles elles sont traitées (minimisation des données) ;

d) exactes et, si nécessaire, tenues à jour ; toutes les mesures raisonnables doivent être prises pour que les données à caractère personnel qui sont inexactes, eu égard aux finalités pour lesquelles elles sont traitées, soient effacées ou rectifiées sans tarder (exactitude) ;

e) conservées sous une forme permettant l'identification des personnes concernées pendant une durée n'excédant pas celle nécessaire au regard des finalités pour lesquelles elles sont traitées ; les données à caractère personnel peuvent être conservées pour des durées plus longues dans la mesure où elles seront traitées exclusivement à des fins archivistiques dans l'intérêt public, à des fins de recherche scientifique ou historique ou à des fins statistiques conformément à l'article 89, paragraphe 1, pour autant que soient mises en œuvre les mesures techniques et organisationnelles appropriées requises par le présent règlement afin de garantir les droits et libertés de la personne concernée (limitation de la conservation) ;

f) traitées de façon à garantir une sécurité appropriée des données à caractère personnel, y compris la protection contre le traitement non autorisé ou illicite et contre

la perte, la destruction ou les dégâts d'origine accidentelle, à l'aide de mesures techniques ou organisationnelles appropriées (intégrité et confidentialité) ;

2. Le responsable du traitement est responsable du respect du paragraphe 1 et est en mesure de démontrer que celui-ci est respecté (responsabilité).

Art. 9 *Traitement portant sur des catégories particulières de données à caractère personnel.* 1. Le traitement des données à caractère personnel qui révèle l'origine raciale ou ethnique, les opinions politiques, les convictions religieuses ou philosophiques ou l'appartenance syndicale, ainsi que le traitement des données génétiques, des données biométriques aux fins d'identifier une personne physique de manière unique, des données concernant la santé ou des données concernant la vie sexuelle ou l'orientation sexuelle d'une personne physique sont interdits.

2. Le paragraphe 1 ne s'applique pas si l'une des conditions suivantes est remplie :

a) la personne concernée a donné son consentement explicite au traitement de ces données à caractère personnel pour une ou plusieurs finalités spécifiques, sauf lorsque le droit de l'Union ou le droit de l'État membre prévoit que l'interdiction visée au paragraphe 1 ne peut pas être levée par la personne concernée ;

b) le traitement est nécessaire aux fins de l'exécution des obligations et de l'exercice des droits propres au responsable du traitement ou à la personne concernée en matière de droit du travail, de la sécurité sociale et de la protection sociale, dans la mesure où ce traitement est autorisé par le droit de l'Union, par le droit d'un État membre ou par une convention collective conclue en vertu du droit d'un État membre qui prévoit des garanties appropriées pour les droits fondamentaux et les intérêts de la personne concernée ;

c) le traitement est nécessaire à la sauvegarde des intérêts vitaux de la personne concernée ou d'une autre personne physique, dans le cas où la personne concernée se trouve dans l'incapacité physique ou juridique de donner son consentement ;

d) le traitement est effectué, dans le cadre de leurs activités légitimes et moyennant les garanties appropriées, par une fondation, une association ou tout autre organisme à but non lucratif et poursuivant une finalité politique, philosophique, religieuse ou syndicale, à condition que ledit traitement se rapporte exclusivement aux membres ou aux anciens membres dudit organisme ou aux personnes entretenant avec celui-ci des contacts réguliers en liaison avec ses finalités et que les données à caractère personnel ne soient pas communiquées en dehors de cet organisme sans le consentement des personnes concernées ;

e) le traitement porte sur des données à caractère personnel qui sont manifestement rendues publiques par la personne concernée ;

f) le traitement est nécessaire à la constatation, à l'exercice ou à la défense d'un droit en justice ou chaque fois que des juridictions agissent dans le cadre de leur fonction juridictionnelle ;

(Rect. JOUE L 127 du 23 mai 2018) « g) le traitement est nécessaire pour des motifs d'intérêt public important, sur la base du droit de l'Union ou du droit d'un État membre qui doit être proportionné à l'objectif poursuivi, respecter l'essence du droit à la protection des données et prévoir des mesures appropriées et spécifiques pour la sauvegarde des droits fondamentaux et des intérêts de la personne concernée ; »

h) le traitement est nécessaire aux fins de la médecine préventive ou de la médecine du travail, de l'appréciation de la capacité de travail du travailleur, de diagnostics médicaux, de la prise en charge sanitaire ou sociale, ou de la gestion des systèmes et des services de soins de santé ou de protection sociale sur la base du droit de l'Union, du droit d'un État membre ou en vertu d'un contrat conclu avec un professionnel de la santé et soumis aux conditions et garanties visées au paragraphe 3 ;

i) le traitement est nécessaire pour des motifs d'intérêt public dans le domaine de la santé publique, tels que la protection contre les menaces transfrontalières graves pesant sur la santé, ou aux fins de garantir des normes élevées de qualité et de sécurité des soins de santé et des médicaments ou des dispositifs médicaux, sur la base du droit de l'Union ou du droit de l'État membre qui prévoit des mesures appropriées et spécifiques pour la sauvegarde des droits et libertés de la personne concernée, notamment le secret professionnel ;

j) le traitement est nécessaire à des fins archivistiques dans l'intérêt public, à des fins de recherche scientifique ou historique ou à des fins statistiques, conformément à l'article 89, paragraphe 1, sur la base du droit de l'Union ou du droit d'un État membre qui doit être proportionné à l'objectif poursuivi, respecter l'essence du droit à la protection des données et prévoir des mesures appropriées et spécifiques pour la sauvegarde des droits fondamentaux et des intérêts de la personne concernée.

3. Les données à caractère personnel visées au paragraphe 1 peuvent faire l'objet d'un traitement aux fins prévues au paragraphe 2, point h), si ces données sont traitées par un professionnel de la santé soumis à une obligation de secret professionnel conformément au droit de l'Union, au droit d'un État membre ou aux règles arrêtées par les organismes nationaux compétents, ou sous sa responsabilité, ou par une autre personne également soumise à une obligation de secret conformément au droit de l'Union ou au droit d'un État membre ou aux règles arrêtées par les organismes nationaux compétents.

4. Les États membres peuvent maintenir ou introduire des conditions supplémentaires, y compris des limitations, en ce qui concerne le traitement des données génétiques, des données biométriques ou des données concernant la santé.

CHAPITRE IV *RESPONSABLE DU TRAITEMENT ET SOUS-TRAITANT*

SECTION 1 *Obligations générales*

Art. 25 *Protection des données dès la conception et protection des données par défaut.* 1. Compte tenu de l'état des connaissances, des coûts de mise en œuvre et de la nature, de la portée, du contexte et des finalités du traitement ainsi que des risques, dont le degré de probabilité et de gravité varie, que présente le traitement pour les droits et libertés des personnes physiques, le responsable du traitement met en œuvre, tant au moment de la détermination des moyens du traitement qu'au moment du traitement lui-même, des mesures techniques et organisationnelles appropriées, telles que la pseudonymisation, qui sont destinées à mettre en œuvre les principes relatifs à la protection des données, par exemple la minimisation des données, de façon effective et à assortir le traitement des garanties nécessaires afin de répondre aux exigences du présent règlement et de protéger les droits de la personne concernée.

2. Le responsable du traitement met en œuvre les mesures techniques et organisationnelles appropriées pour garantir que, par défaut, seules les données à caractère personnel qui sont nécessaires au regard de chaque finalité spécifique du traitement sont traitées. Cela s'applique à la quantité de données à caractère personnel collectées, à l'étendue de leur traitement, à leur durée de conservation et à leur accessibilité. En particulier, ces mesures garantissent que, par défaut, les données à caractère personnel ne sont pas rendues accessibles à un nombre indéterminé de personnes physiques sans l'intervention de la personne physique concernée.

3. Un mécanisme de certification approuvé en vertu de l'article 42 peut servir d'élément pour démontrer le respect des exigences énoncées aux paragraphes 1 et 2 du présent article.

SECTION 2 *Sécurité des données à caractère personnel*

Art. 32 *Sécurité du traitement.* 1. Compte tenu de l'état des connaissances, des coûts de mise en œuvre et de la nature, de la portée, du contexte et des finalités du traitement ainsi que des risques, dont le degré de probabilité et de gravité varie, pour les droits et libertés des personnes physiques, le responsable du traitement et le sous-traitant mettent en œuvre les mesures techniques et organisationnelles appropriées afin de garantir un niveau de sécurité adapté au risque, y compris entre autres, selon les besoins :

a) la pseudonymisation et le chiffrement des données à caractère personnel ;

b) des moyens permettant de garantir la confidentialité, l'intégrité, la disponibilité et la résilience constantes des systèmes et des services de traitement ;

c) des moyens permettant de rétablir la disponibilité des données à caractère personnel et l'accès à celles-ci dans des délais appropriés en cas d'incident physique ou technique ;

d) une procédure visant à tester, à analyser et à évaluer régulièrement l'efficacité des mesures techniques et organisationnelles pour assurer la sécurité du traitement.

2. Lors de l'évaluation du niveau de sécurité approprié, il est tenu compte en particulier des risques que présente le traitement, résultant notamment de la destruction, de la perte, de l'altération, de la divulgation non autorisée de données à caractère personnel transmises, conservées ou traitées d'une autre manière, ou de l'accès non autorisé à de telles données, de manière accidentelle ou illicite.

3. L'application d'un code de conduite approuvé comme le prévoit l'article 40 ou d'un mécanisme de certification approuvé comme le prévoit l'article 42 peut servir d'élément pour démontrer le respect des exigences prévues au paragraphe 1 du présent article.

4. Le responsable du traitement et le sous-traitant prennent des mesures afin de garantir que toute personne physique agissant sous l'autorité du responsable du traitement ou sous celle du sous-traitant, qui a accès à des données à caractère personnel, ne les traite pas, excepté sur instruction du responsable du traitement, à moins d'y être obligée par le droit de l'Union ou le droit d'un État membre.

COMMENTAIRE

Devoirs des responsables de traitement et sous-traitants. L'article 32 du RGPD constitue le texte de référence en matière de sécurité des traitements de données à caractère personnel. Comme toujours, le professionnel qui entreprendrait la lecture du Règlement en espérant y trouver un vade-mecum, ou à tout le moins une définition précise de ses devoirs, risque d'être déçu. « Faites le nécessaire » pour assurer la sécurité des données, lui demande-t-on en substance. Telle est la philosophie de « l'accountability » (parfois traduite par « responsabilisation », parfois par « redevabilité ») : le responsable de traitement bénéficie d'une grande liberté d'action, mais devra être en mesure, en cas de contrôle de la CNIL notamment, de démontrer qu'il a procédé à une analyse sérieuse de sa situation et qu'il en a tiré toutes les conséquences.

Assurer la sécurité des données revient à les protéger contre des menaces. Le paragraphe 2 de l'article 32 précise qu'il « est tenu compte en particulier des risques que présente le traitement, résultant notamment de la destruction, de la perte, de l'altération, de la divulgation non autorisée de données à caractère personnel transmises, conservées ou traitées d'une autre manière, ou de l'accès non autorisé à de telles données, de manière accidentelle ou illicite ». Ces dangers semblent pouvoir être regroupés, de manière plus lisible, en deux groupes, comme le suggérait plus haut l'article 5, § 1, f) du Règlement : les questions touchant à « l'intégrité » des données et celles qui concernent la « confidentialité » des informations. Premièrement, une donnée est intègre lorsque sa substance a été préservée. Cela suppose qu'elle ne soit pas indisponible (il n'y a plus d'information là où il devrait y en avoir, temporairement ou définitivement) ni altérée (une information est toujours disponible, mais ce n'est pas la bonne). Deuxièmement, la confidentialité d'une donnée est assurée lorsque sa circulation a été cantonnée au cercle de ses destinataires légitimes. Intégrité et confidentialité peuvent toutes deux être compromises accidentellement ou par l'effet d'une action délibérée. Des exemples seront proposés plus loin.

Adaptation à la sensibilité du traitement. Les objectifs étant identifiés, comment convient-il de les poursuivre ? L'article précise que « le responsable du traitement et le sous-traitant mettent en œuvre les mesures techniques et organisationnelles appropriées afin de garantir un niveau de sécurité adapté au risque ». La formule est typique de l'*accountability*. Elle n'est d'ailleurs qu'une application particulière de l'article 24 du RGPD, qui pose de manière générale que : « compte tenu de la nature, de la portée, du contexte et des finalités du traitement ainsi que des risques, dont le degré de probabilité et de gravité varie, pour les droits et libertés des personnes physiques, le responsable du traitement met en œuvre des mesures techniques et organisationnelles appropriées pour s'assurer et être en mesure de démontrer que le traitement est effectué conformément au présent règlement ».

Cette approche par les risques signifie qu'il ne pèse sur le responsable de traitement ou le sous-traitant aucune obligation de résultat. Nulle sécurité informatique ne peut prétendre à la perfection. Face à une action malveillante, il s'agit très classiquement de résister à un attaquant disposant d'un temps, de moyens et de compétences raisonnables. En matière

d'événements fortuits, de même, les mesures techniques et organisationnelles devront être conçues pour résister à un scénario réaliste.

Le point de départ de la démarche consistera donc dans l'élaboration d'un modèle de menaces crédible. Or, celui-ci dépendra très largement des caractéristiques du traitement. L'article 32, § 1 impose ainsi de tenir compte « de l'état des connaissances, des coûts de mise en œuvre et de la nature, de la portée, du contexte et des finalités du traitement ainsi que des risques, dont le degré de probabilité et de gravité varie, pour les droits et libertés des personnes physiques ». Il n'y a évidemment pas lieu de protéger avec la même intensité un jeu de données totalement anodin, comme celui qui contient les cartes de fidélité dématérialisées d'un coiffeur de quartier, et une base contenant des informations à haute valeur ajoutée.

Nature des mesures. Ainsi, après avoir posé l'exigence d'un « niveau de sécurité adapté », l'article 32 exige des mesures techniques et organisationnelles appropriées. Puis il dresse un inventaire, introduit par la formule « y compris, entre autres, selon les besoins : ». On comprend que suivront de simples exemples, et en aucun cas une liste exhaustive.

L'énumération débute par deux mesures de sécurité particulièrement classiques :

a) "la pseudonymisation et le chiffrement des données à caractère personnel". Alors qu'un processus d'anonymisation coupe entièrement et irrévocablement le jeu de données des identités des personnes concernées, faisant sortir le traitement du champ d'application du RGPD, la simple pseudonymisation ne constitue pas davantage une mesure de sécurité. Aux termes de l'article 4, 5), elle consiste à traiter les données « de telle façon que celles-ci ne puissent plus être attribuées à une personne concernée précise sans avoir recours à des informations supplémentaires », ces informations supplémentaires étant conservées séparément et soumises à des restrictions d'accès. Par exemple, dans un jeu de données, il pourrait s'agir de retirer des numéros de sécurité sociale et de les remplacer par une chaîne aléatoire de caractères. Dans une seconde base de données, on trouverait le pseudonyme placé en regard des matricules : seule la combinaison des deux gisements d'information permet la réidentification. Le chiffrement, quant à lui, consistera à transformer une information pour la rendre inintelligible, excepté pour les personnes disposant d'un secret permettant de les remettre au clair. Il peut être appliqué à des données dormantes ou à des flux de communication. Le a) constitue en réalité le seul élément de la liste comprenant des exemples concrets de mesures de protection.

Envisageons ainsi le b) : « des moyens permettant de garantir la confidentialité, l'intégrité, la disponibilité et la résilience constantes des systèmes et des services de traitement ». Il ne s'agit plus tant de fournir des exemples précis de mesures susceptibles d'être adoptées que de rappeler les objectifs poursuivis, de manière générale, au titre de la sécurité des données.

Quant au c), « des moyens permettant de rétablir la disponibilité des données à caractère personnel et l'accès à celles-ci dans des délais appropriés en cas d'incident physique ou technique », il nous semble en réalité inclus dans l'élément qui précède.

Enfin, le d) évoque « une procédure visant à tester, à analyser et à évaluer régulièrement l'efficacité des mesures techniques et organisationnelles pour assurer la sécurité du traitement ». Le rappel est important : il ne suffit pas d'implémenter des mesures, encore faut-il vérifier qu'elles sont efficaces. A titre d'exemple couramment rencontré sur le terrain, l'achat de solutions logicielles promettant une cybersécurité « clés en mains » ne saurait suffire si l'on ne se préoccupe pas de les implémenter correctement et de former le personnel à son utilisation.

Après avoir proposé une approche générale de l'article 32, complétons-la par quelques exemples concrets de risques et de mesures de sécurité en distinguant selon qu'est en cause l'intégrité ou la confidentialité des données.

Intégrité. Protéger l'intégrité des données signifie éviter que l'information que l'on souhaite traiter soit remplacée par une autre, mais aussi qu'elle soit purement et simplement perdue. Dans tous les cas, l'altération peut être le fruit d'une malveillance ou d'un accident.

Une situation à la limite du principe d'intégrité et du principe d'exactitude des données est celle dans laquelle les données feraient l'objet d'une erreur au moment de la collecte :

saisie erronée par la personne concernée elle-même ou un préposé du responsable de traitement, valeur inexacte résultant d'un capteur dysfonctionnel... Une contre-mesure possible consiste à déclencher des alertes en cas de valeur aberrante ou incohérente avec d'autres informations traitées par ailleurs. L'altération peut ensuite se produire à un stade postérieur. Pour vérifier si le contenu d'un fichier a été modifié par rapport à un état de référence – que ce soit par accident ou à la suite d'une intrusion dans le système informatique –, il peut être utile de recourir à des sommes de contrôle : une empreinte du fichier d'origine est calculée à l'aide d'une fonction de hachage. Toute modification, même d'un seul octet, produira une empreinte radicalement différente en cas de nouveau hachage. Cela pourra provoquer le déclenchement d'une alerte.

Les situations les plus courantes dans lesquelles l'intégrité des données est compromise consistent en une perte pure et simple. On y assimilera l'hypothèse des *ransomwares* ou rançongiciels. Ces logiciels malveillants n'ont pour effet que de chiffrer les données, mais le résultat concret est que l'information est perdue. Le paiement de la rançon demandée n'est pas recommandé et, même si la somme est versée, il est fréquent que les données ne soient jamais remises au clair par l'attaquant. Ces attaques criminelles sont en phase d'expansion rapide. Les mesures de prévention incluent une application rapide et systématique de mises à jour de sécurité des logiciels employés, en particulier celles du système d'exploitation. Mais l'intégrité des données n'est pas toujours compromise à distance. Un simple vol d'unités centrales dans les locaux du responsable de traitement ou de son sous-traitant peut aboutir à la perte des informations, de même qu'un dégât des eaux ou un incendie. La seule parade consiste en une politique de redondance, et encore faut-il que la copie des données ne soit pas physiquement située dans les mêmes locaux, et par conséquent exposée aux mêmes risques.

Confidentialité. Les bris de confidentialité sont les situations dans lesquelles les données ont été rendues accessibles à des personnes qui n'étaient pas supposées en prendre connaissance, quand bien même il existerait une incertitude sur le fait qu'elles ont effectivement été consultées par des tiers. Plusieurs sanctions prononcées par la CNIL concernent des services en ligne souffrant de graves défauts de conception. Par exemple (Délib. CNIL n° SAN-2019-005 du 28 mai 2019), un candidat à la location immobilière dépose sur le site internet d'une agence, dans un espace personnel, des documents tels qu'une pièce d'identité, un avis d'imposition et des bulletins de salaire, et constate que l'ensemble est accessible à une adresse internet (URL) parfaitement prévisible, se terminant par un nombre entier suivi de l'extension « .pdf ». Il suffisait de faire varier ce nombre à la hausse ou à la baisse pour accéder aux dossiers de tous les autres locataires. Il aurait été nécessaire, en pareil cas, non seulement de rendre les URL aléatoires, mais plus radicalement de mettre en place une procédure d'authentification ne donnant accès qu'au contenu d'un unique espace personnel. Toutes sortes d'autres failles de sécurité sont susceptibles d'être relevées par l'autorité. Ainsi d'une politique de mot de passe trop faible, un secret composé d'un seul caractère étant considéré comme valable lors de la création du compte utilisateur (Délib. CNIL n° SAN-2020-018 du 8 déc. 2020 : *Dalloz IP/IT 2021. 349, obs. C. Galichet* ✐), ou encore de l'utilisation d'un seul mot de passe commun à toute l'entreprise pour accéder à la messagerie professionnelle (Délib. CNIL n° SAN-2019-006 du 13 juin 2019). Mais il n'est pas suffisant de sécuriser correctement les accès distants à l'information : le bris de confidentialité peut avoir lieu dans les locaux mêmes du responsable de traitement et peut prendre de nombreuses formes. Des guichets trop proches les uns des autres ou une file d'attente trop proche du guichet pourraient amener des clients ou usagers à révéler des informations confidentielles à portée d'oreille de tiers. Un ordinateur laissé dans une pièce non verrouillée, non surveillée, et qui s'allume ou sort de veille sans être protégé par un mot de passe de session est susceptible de révéler les secrets qu'il contient au premier visiteur de passage. ❑

Art. 33 ***Notification à l'autorité de contrôle d'une violation de données à caractère personnel.*** **1. En cas de violation de données à caractère personnel, le responsable du traitement en notifie la violation en question à l'autorité de contrôle compétente conformément à l'article 55, dans les meilleurs délais et, si possible, 72 heures au plus tard après en avoir pris connaissance, à moins que la violation en question ne soit pas susceptible d'engendrer un risque pour les droits et libertés des personnes physiques. Lorsque la notification à l'autorité de contrôle n'a pas lieu dans les 72 heures, elle est accompagnée des motifs du retard.**

2. Le sous-traitant notifie au responsable du traitement toute violation de données à caractère personnel dans les meilleurs délais après en avoir pris connaissance.

3. La notification visée au paragraphe 1 doit, à tout le moins :

a) décrire la nature de la violation de données à caractère personnel y compris, si possible, les catégories et le nombre approximatif de personnes concernées par la violation et les catégories et le nombre approximatif d'enregistrements de données à caractère personnel concernés ;

b) communiquer le nom et les coordonnées du délégué à la protection des données ou d'un autre point de contact auprès duquel des informations supplémentaires peuvent être obtenues ;

c) décrire les conséquences probables de la violation de données à caractère personnel ;

d) décrire les mesures prises ou que le responsable du traitement propose de prendre pour remédier à la violation de données à caractère personnel, y compris, le cas échéant, les mesures pour en atténuer les éventuelles conséquences négatives.

4. Si, et dans la mesure où, il n'est pas possible de fournir toutes les informations en même temps, les informations peuvent être communiquées de manière échelonnée sans autre retard indu.

5. Le responsable du traitement documente toute violation de données à caractère personnel, en indiquant les faits concernant la violation des données à caractère personnel, ses effets et les mesures prises pour y remédier. La documentation ainsi constituée permet à l'autorité de contrôle de vérifier le respect du présent article.

Art. 34 *Communication à la personne concernée d'une violation de données à caractère personnel.* 1. Lorsqu'une violation de données à caractère personnel est susceptible d'engendrer un risque élevé pour les droits et libertés d'une personne physique, le responsable du traitement communique la violation de données à caractère personnel à la personne concernée dans les meilleurs délais.

2. La communication à la personne concernée visée au paragraphe 1 du présent article décrit, en des termes clairs et simples, la nature de la violation de données à caractère personnel et contient au moins les informations et mesures visées à l'article 33, paragraphe 3, points b), c) et d).

3. La communication à la personne concernée visée au paragraphe 1 n'est pas nécessaire si l'une ou l'autre des conditions suivantes est remplie :

a) le responsable du traitement a mis en œuvre les mesures de protection techniques et organisationnelles appropriées et ces mesures ont été appliquées aux données à caractère personnel affectées par ladite violation, en particulier les mesures qui rendent les données à caractère personnel incompréhensibles pour toute personne qui n'est pas autorisée à y avoir accès, telles que le chiffrement ;

b) le responsable du traitement a pris des mesures ultérieures qui garantissent que le risque élevé pour les droits et libertés des personnes concernées visé au paragraphe 1 n'est plus susceptible de se matérialiser ;

c) elle exigerait des efforts disproportionnés. Dans ce cas, il est plutôt procédé à une communication publique ou à une mesure similaire permettant aux personnes concernées d'être informées de manière tout aussi efficace.

4. Si le responsable du traitement n'a pas déjà communiqué à la personne concernée la violation de données à caractère personnel la concernant, l'autorité de contrôle peut, après avoir examiné si cette violation de données à caractère personnel est susceptible d'engendrer un risque élevé, exiger du responsable du traitement qu'il procède à cette communication ou décider que l'une ou l'autre des conditions visées au paragraphe 3 est remplie.

SECTION 3 *Analyse d'impact relative à la protection des données et consultation préalable*

Art. 35 *Analyse d'impact relative à la protection des données.* 1. Lorsqu'un type de traitement, en particulier par le recours à de nouvelles technologies, et compte tenu de la nature, de la portée, du contexte et des finalités du traitement, est susceptible d'engendrer un risque élevé pour les droits et libertés des personnes physiques, le responsable du traitement effectue, avant le traitement, une analyse de l'impact des opérations de

traitement envisagées sur la protection des données à caractère personnel. Une seule et même analyse peut porter sur un ensemble d'opérations de traitement similaires qui présentent des risques élevés similaires.

2. Lorsqu'il effectue une analyse d'impact relative à la protection des données, le responsable du traitement demande conseil au délégué à la protection des données, si un tel délégué a été désigné.

3. L'analyse d'impact relative à la protection des données visée au paragraphe 1 est, en particulier, requise dans les cas suivants :

a) l'évaluation systématique et approfondie d'aspects personnels concernant des personnes physiques, qui est fondée sur un traitement automatisé, y compris le profilage, et sur la base de laquelle sont prises des décisions produisant des effets juridiques à l'égard d'une personne physique ou l'affectant de manière significative de façon similaire ;

b) le traitement à grande échelle de catégories particulières de données visées à l'article 9, paragraphe 1, ou de données à caractère personnel relatives à des condamnations pénales et à des infractions visées à l'article 10 ; ou

c) la surveillance systématique à grande échelle d'une zone accessible au public.

4. L'autorité de contrôle établit et publie une liste des types d'opérations de traitement pour lesquelles une analyse d'impact relative à la protection des données est requise conformément au paragraphe 1. L'autorité de contrôle communique ces listes au comité visé à l'article 68.

5. L'autorité de contrôle peut aussi établir et publier une liste des types d'opérations de traitement pour lesquelles aucune analyse d'impact relative à la protection des données n'est requise. L'autorité de contrôle communique cette liste au comité.

6. Avant d'adopter les listes visées aux paragraphes 4 et 5, l'autorité de contrôle compétente applique le mécanisme de contrôle de la cohérence visé à l'article 63, lorsque ces listes comprennent des activités de traitement liées à l'offre de biens ou de services à des personnes concernées ou au suivi de leur comportement dans plusieurs États membres, ou peuvent affecter sensiblement la libre circulation des données à caractère personnel au sein de l'Union.

7. L'analyse contient au moins :

a) une description systématique des opérations de traitement envisagées et des finalités du traitement, y compris, le cas échéant, l'intérêt légitime poursuivi par le responsable du traitement ;

b) une évaluation de la nécessité et de la proportionnalité des opérations de traitement au regard des finalités ;

c) une évaluation des risques pour les droits et libertés des personnes concernées conformément au paragraphe 1 ; et

d) les mesures envisagées pour faire face aux risques, y compris les garanties, mesures et mécanismes de sécurité visant à assurer la protection des données à caractère personnel et à apporter la preuve du respect du présent règlement, compte tenu des droits et des intérêts légitimes des personnes concernées et des autres personnes affectées.

8. Le respect, par les responsables du traitement ou sous-traitants concernés, de codes de conduite approuvés visés à l'article 40 est dûment pris en compte lors de l'évaluation de l'impact des opérations de traitement effectuées par lesdits responsables du traitement ou sous-traitants, en particulier aux fins d'une analyse d'impact relative à la protection des données.

9. Le cas échéant, le responsable du traitement demande l'avis des personnes concernées ou de leurs représentants au sujet du traitement prévu, sans préjudice de la protection des intérêts généraux ou commerciaux ou de la sécurité des opérations de traitement.

10. Lorsque le traitement effectué en application de l'article 6, paragraphe 1, points c) ou e), a une base juridique dans le droit de l'Union ou dans le droit de l'État membre auquel le responsable du traitement est soumis, que ce droit réglemente l'opération de traitement spécifique ou l'ensemble des opérations de traitement en question et qu'une analyse d'impact relative à la protection des données a déjà été effectuée dans le cadre d'une analyse d'impact générale réalisée dans le cadre de l'adoption de la base juridique en question, les paragraphes 1 à 7 ne s'appliquent pas, à moins que les

États membres n'estiment qu'il est nécessaire d'effectuer une telle analyse avant les activités de traitement.

11. Si nécessaire, le responsable du traitement procède à un examen afin d'évaluer si le traitement est effectué conformément à l'analyse d'impact relative à la protection des données, au moins quand il se produit une modification du risque présenté par les opérations de traitement.

CHAPITRE VIII *VOIES DE RECOURS, RESPONSABILITÉ ET SANCTIONS*

Art. 83 *Conditions générales pour imposer des amendes administratives.* 1. Chaque autorité de contrôle veille à ce que les amendes administratives imposées en vertu du présent article pour des violations du présent règlement visées aux paragraphes 4, 5 et 6 soient, dans chaque cas, effectives, proportionnées et dissuasives.

2. Selon les caractéristiques propres à chaque cas, les amendes administratives sont imposées en complément ou à la place des mesures visées à l'article 58, paragraphe 2, points a) à h), et j). Pour décider s'il y a lieu d'imposer une amende administrative et pour décider du montant de l'amende administrative, il est dûment tenu compte, dans chaque cas d'espèce, des éléments suivants :

a) la nature, la gravité et la durée de la violation, compte tenu de la nature, de la portée ou de la finalité du traitement concerné, ainsi que du nombre de personnes concernées affectées et le niveau de dommage qu'elles ont subi ;

b) le fait que la violation a été commise délibérément ou par négligence ;

c) toute mesure prise par le responsable du traitement ou le sous-traitant pour atténuer le dommage subi par les personnes concernées ;

d) le degré de responsabilité du responsable du traitement ou du sous-traitant, compte tenu des mesures techniques et organisationnelles qu'ils ont mises en œuvre en vertu des articles 25 et 32 ;

e) toute violation pertinente commise précédemment par le responsable du traitement ou le sous-traitant ;

f) le degré de coopération établi avec l'autorité de contrôle en vue de remédier à la violation et d'en atténuer les éventuels effets négatifs ;

g) les catégories de données à caractère personnel concernées par la violation ;

h) la manière dont l'autorité de contrôle a eu connaissance de la violation, notamment si, et dans quelle mesure, le responsable du traitement ou le sous-traitant a notifié la violation ;

i) lorsque des mesures visées à l'article 58, paragraphe 2, ont été précédemment ordonnées à l'encontre du responsable du traitement ou du sous-traitant concerné pour le même objet, le respect de ces mesures ;

j) l'application de codes de conduite approuvés en application de l'article 40 ou de mécanismes de certification approuvés en application de l'article 42 ; et

k) toute autre circonstance aggravante ou atténuante applicable aux circonstances de l'espèce, telle que les avantages financiers obtenus ou les pertes évitées, directement ou indirectement, du fait de la violation.

3. Si un responsable du traitement ou un sous-traitant viole délibérément ou par négligence plusieurs dispositions du présent règlement, dans le cadre de la même opération de traitement ou d'opérations de traitement liées, le montant total de l'amende administrative ne peut pas excéder le montant fixé pour la violation la plus grave.

4. Les violations des dispositions suivantes font l'objet, conformément au paragraphe 2, d'amendes administratives pouvant s'élever jusqu'à 10 000 000 € ou, dans le cas d'une entreprise, jusqu'à 2 % du chiffre d'affaires annuel mondial total de l'exercice précédent, le montant le plus élevé étant retenu :

a) les obligations incombant au responsable du traitement et au sous-traitant en vertu des articles 8, 11, 25 à 39, 42 et 43 ;

b) les obligations incombant à l'organisme de certification en vertu des articles 42 et 43 ;

c) les obligations incombant à l'organisme chargé du suivi des codes de conduite en vertu de l'article 41, paragraphe 4.

5. Les violations des dispositions suivantes font l'objet, conformément au paragraphe 2, d'amendes administratives pouvant s'élever jusqu'à 20 000 000 € ou, dans le

cas d'une entreprise, jusqu'à 4 % du chiffre d'affaires annuel mondial total de l'exercice précédent, le montant le plus élevé étant retenu :

a) les principes de base d'un traitement, y compris les conditions applicables au consentement en vertu des articles 5, 6, 7 et 9 ;

b) les droits dont bénéficient les personnes concernées en vertu des articles 12 à 22*[;]*

c) les transferts de données à caractère personnel à un destinataire situé dans un pays tiers ou à une organisation internationale en vertu des articles 44 à 49 ;

d) toutes les obligations découlant du droit des États membres adoptées en vertu du chapitre IX ;

e) le non-respect d'une injonction, d'une limitation temporaire ou définitive du traitement ou de la suspension des flux de données ordonnée par l'autorité de contrôle en vertu de l'article 58, paragraphe 2, ou le fait de ne pas accorder l'accès prévu, en violation de l'article 58, paragraphe 1.

6. Le non-respect d'une injonction émise par l'autorité de contrôle en vertu de l'article 58, paragraphe 2, fait l'objet, conformément au paragraphe 2 du présent article, d'amendes administratives pouvant s'élever jusqu'à 20 000 000 € ou, dans le cas d'une entreprise, jusqu'à 4 % du chiffre d'affaires annuel mondial total de l'exercice précédent, le montant le plus élevé étant retenu.

7. Sans préjudice des pouvoirs dont les autorités de contrôle disposent en matière d'adoption de mesures correctrices en vertu de l'article 58, paragraphe 2, chaque État membre peut établir les règles déterminant si et dans quelle mesure des amendes administratives peuvent être imposées à des autorités publiques et à des organismes publics établis sur son territoire.

8. L'exercice, par l'autorité de contrôle, des pouvoirs que lui confère le présent article est soumis à des garanties procédurales appropriées conformément au droit de l'Union et au droit des États membres, y compris un recours juridictionnel effectif et une procédure régulière.

9. Si le système juridique d'un État membre ne prévoit pas d'amendes administratives, le présent article peut être appliqué de telle sorte que l'amende est déterminée par l'autorité de contrôle compétente et imposée par les juridictions nationales compétentes, tout en veillant à ce que ces voies de droit soit effectives et aient un effet équivalent aux amendes administratives imposées par les autorités de contrôle. En tout état de cause, les amendes imposées sont effectives, proportionnées et dissuasives. Les États membres concernés notifient à la Commission les dispositions légales qu'ils adoptent en vertu du présent paragraphe au plus tard le 25 mai 2018 et, sans tarder, toute disposition légale modificative ultérieure ou toute modification ultérieure les concernant.

Directive (UE) 2016/680 du 27 avril 2016 (directive "Police-Justice"),

Relative à la protection des personnes physiques à l'égard du traitement des données à caractère personnel par les autorités compétentes à des fins de prévention et de détection des infractions pénales, d'enquêtes et de poursuites en la matière ou d'exécution de sanctions pénales, et à la libre circulation de ces données, et abrogeant la décision-cadre 2008/977/JAI du Conseil.

BIBL. ▸ LEBRETON, Juges et avocats enjoints de se monter précis s'agissant des données de connexion, *AJ pén. 2023. 58.* – PALLIER, *Bis repetita placent ?* Redondances et précisions sur les conditions de conservation et d'accès aux données de trafic et de localisation aux fins de lutter contre la criminalité, *RTD eur. 2022. 721*.

V. les consid. sur le Code en ligne.

CHAPITRE I *DISPOSITIONS GÉNÉRALES*

Art. 1er *Objet et objectifs.* 1. La présente directive établit des règles relatives à la protection des personnes physiques à l'égard du traitement des données à caractère personnel par les autorités compétentes à des fins de prévention et de détection des infractions pénales, d'enquêtes et de poursuites en la matière ou d'exécution de sanc-

tions pénales, y compris la protection contre les menaces pour la sécurité publique et la prévention de telles menaces.

2. Conformément à la présente directive, les États membres :

a) protègent les libertés et droits fondamentaux des personnes physiques, et en particulier leur droit à la protection des données à caractère personnel ; et

b) veillent à ce que l'échange de données à caractère personnel par les autorités compétentes au sein de l'Union, lorsque cet échange est requis par le droit de l'Union ou le droit d'un État membre, ne soit ni limité ni interdit pour des motifs liés à la protection des personnes physiques à l'égard du traitement des données à caractère personnel.

3. La présente directive n'empêche pas les États membres de prévoir des garanties plus étendues que celles établies dans la présente directive pour la protection des droits et des libertés des personnes concernées à l'égard du traitement des données à caractère personnel par les autorités compétentes.

Art. 2 *Champ d'application.* 1. La présente directive s'applique au traitement de données à caractère personnel effectué par les autorités compétentes aux fins énoncées à l'article 1er, paragraphe 1.

2. La présente directive s'applique au traitement de données à caractère personnel, automatisé en tout ou en partie, ainsi qu'au traitement non automatisé de données à caractère personnel contenues ou appelées à figurer dans un fichier.

3. La présente directive ne s'applique pas au traitement de données à caractère personnel effectué :

a) dans le cadre d'une activité qui ne relève pas du champ d'application du droit de l'Union ;

b) par les institutions, organes, et organismes de l'Union.

Art. 3 *Définitions.* Aux fins de la présente directive, on entend par :

1. "données à caractère personnel", toute information se rapportant à une personne physique identifiée ou identifiable (ci-après dénommée "personne concernée") ; est réputée être une "personne physique identifiable" une personne physique qui peut être identifiée, directement ou indirectement, notamment par référence à un identifiant, tel qu'un nom, un numéro d'identification, des données de localisation, un identifiant en ligne, ou à un ou plusieurs éléments spécifiques propres à son identité physique, physiologique, génétique, psychique, économique, culturelle ou sociale ;

2. "traitement", toute opération ou tout ensemble d'opérations effectuées ou non à l'aide de procédés automatisés et appliquées à des données à caractère personnel ou des ensembles de données à caractère personnel, telles que la collecte, l'enregistrement, l'organisation, la structuration, la conservation, l'adaptation ou la modification, l'extraction, la consultation, l'utilisation, la communication par transmission, la diffusion ou toute autre forme de mise à disposition, le rapprochement ou l'interconnexion, la limitation, l'effacement ou la destruction ;

3. "limitation du traitement", le marquage de données à caractère personnel conservées en vue de limiter leur traitement futur ;

4. "profilage", toute forme de traitement automatisé de données à caractère personnel consistant à utiliser ces données à caractère personnel pour évaluer certains aspects personnels relatifs à une personne physique, notamment pour analyser ou prédire des éléments concernant le rendement au travail, la situation économique, la santé, les préférences personnelles, les intérêts, la fiabilité, le comportement, la localisation ou les déplacements de cette personne ;

5. "pseudonymisation", le traitement de données à caractère personnel de telle façon que celles-ci ne puissent plus être attribuées à une personne concernée précise sans avoir recours à des informations supplémentaires, pour autant que ces informations supplémentaires soient conservées séparément et soumises à des mesures techniques et organisationnelles afin de garantir que les données à caractère personnel ne sont pas attribuées à une personne physique identifiée ou identifiable ;

6. "fichier", tout ensemble structuré de données à caractère personnel accessibles selon des critères déterminés, que cet ensemble soit centralisé, décentralisé ou réparti de manière fonctionnelle ou géographique ;

7. "autorité compétente" :

a) toute autorité publique compétente pour la prévention et la détection des infractions pénales, les enquêtes et les poursuites en la matière ou l'exécution de sanctions pénales, y compris la protection contre les menaces pour la sécurité publique et la prévention de telles menaces ; ou

b) tout autre organisme ou entité à qui le droit d'un État membre confie l'exercice de l'autorité publique et des prérogatives de puissance publique à des fins de prévention et de détection des infractions pénales, d'enquêtes et de poursuites en la matière ou d'exécution de sanctions pénales, y compris la protection contre les menaces pour la sécurité publique et la prévention de telles menaces ;

8. "responsable du traitement", l'autorité compétente qui, seule ou conjointement avec d'autres, détermine les finalités et les moyens du traitement de données à caractère personnel ; lorsque les finalités et les moyens de ce traitement sont déterminés par le droit de l'Union ou le droit d'un État membre, le responsable du traitement ou les critères spécifiques applicables à sa désignation peuvent être prévus par le droit de l'Union ou le droit d'un État membre ;

9. "sous-traitant", la personne physique ou morale, l'autorité publique, le service ou un autre organisme qui traite des données à caractère personnel pour le compte du responsable du traitement ;

10. "destinataire", la personne physique ou morale, l'autorité publique, le service ou tout autre organisme qui reçoit communication des données à caractère personnel, qu'il s'agisse ou non d'un tiers. Toutefois, les autorités publiques qui sont susceptibles de recevoir communication de données à caractère personnel dans le cadre d'une mission d'enquête particulière conformément au droit d'un État membre ne sont pas considérées comme des destinataires ; le traitement de ces données par les autorités publiques en question est conforme aux règles applicables en matière de protection des données en fonction des finalités du traitement ;

11. "violation de données à caractère personnel", une violation de la sécurité entraînant, de manière accidentelle ou illicite, la destruction, la perte, l'altération, la divulgation non autorisée de données à caractère personnel transmises, conservées ou traitées d'une autre manière, ou l'accès non autorisé à de telles données ;

12. "données génétiques", les données à caractère personnel relatives aux caractéristiques génétiques héréditaires ou acquises d'une personne physique qui donnent des informations uniques sur la physiologie ou l'état de santé de cette personne physique et qui résultent, notamment, d'une analyse d'un échantillon biologique de la personne physique en question ;

13. "données biométriques", les données à caractère personnel résultant d'un traitement technique spécifique, relatives aux caractéristiques physiques, physiologiques ou comportementales d'une personne physique, qui permettent ou confirment son identification unique, telles que des images faciales ou des données dactyloscopiques ;

14. "données concernant la santé", les données à caractère personnel relatives à la santé physique ou mentale d'une personne physique, y compris la fourniture de soins de santé, qui révèlent des informations sur l'état de santé de cette personne ;

15. "autorité de contrôle", une autorité publique indépendante qui est instituée par un État membre en vertu de l'article 41 ;

16. "organisation internationale", une organisation internationale et les organismes de droit public international qui en relèvent, ou tout autre organisme qui est créé par un accord entre deux pays ou plus, ou en vertu d'un tel accord.

CHAPITRE II *PRINCIPES*

Art. 4 *Principes relatifs au traitement des données à caractère personnel.* 1. Les États membres prévoient que les données à caractère personnel sont :

a) traitées de manière licite et loyale ;

b) collectées pour des finalités déterminées, explicites et légitimes et ne sont pas traitées d'une manière incompatible avec ces finalités ;

c) adéquates, pertinentes et non excessives au regard des finalités pour lesquelles elles sont traitées ;

d) exactes et, si nécessaire, tenues à jour ; toutes les mesures raisonnables doivent être prises pour que les données à caractère personnel qui sont inexactes, eu égard aux finalités pour lesquelles elles sont traitées, soient effacées ou rectifiées sans tarder ;

e) conservées sous une forme permettant l'identification des personnes concernées pendant une durée n'excédant pas celle nécessaire au regard des finalités pour lesquelles elles sont traitées ;

f) traitées de façon à garantir une sécurité appropriée des données à caractère personnel, y compris la protection contre le traitement non autorisé ou illicite et contre la perte, la destruction ou les dégâts d'origine accidentelle, à l'aide de mesures techniques ou organisationnelles appropriées.

2. Le traitement, par le même ou par un autre responsable du traitement, pour l'une des finalités énoncées à l'article 1er, paragraphe 1, autre que celles pour lesquelles les données ont été collectées, est autorisé à condition que :

a) le responsable du traitement soit autorisé à traiter ces données à caractère personnel pour une telle finalité conformément au droit de l'Union ou au droit d'un État membre ; et

b) le traitement soit nécessaire et proportionné à cette autre finalité conformément au droit de l'Union ou au droit d'un État membre.

3. Le traitement des données par le même ou par un autre responsable du traitement peut comprendre l'archivage dans l'intérêt public, à des fins scientifiques, statistiques ou historiques, aux fins énoncées à l'article 1er, paragraphe 1, sous réserve de garanties appropriées pour les droits et libertés de la personne concernée.

4. Le responsable du traitement est responsable du respect des paragraphes 1, 2 et 3 et est en mesure de démontrer que ces dispositions sont respectées.

Art. 5 *Délais de conservation et d'examen.* Les États membres prévoient que des délais appropriés sont fixés pour l'effacement des données à caractère personnel ou pour la vérification régulière de la nécessité de conserver les données à caractère personnel. Des règles procédurales garantissent le respect de ces délais.

Art. 6 *Distinction entre différentes catégories de personnes concernées.* Les États membres prévoient que le responsable du traitement établit, le cas échéant et dans la mesure du possible, une distinction claire entre les données à caractère personnel de différentes catégories de personnes concernées, telles que :

a) les personnes à l'égard desquelles il existe des motifs sérieux de croire qu'elles ont commis ou sont sur le point de commettre une infraction pénale ;

b) les personnes reconnues coupables d'une infraction pénale ;

c) les victimes d'une infraction pénale ou les personnes à l'égard desquelles certains faits portent à croire qu'elles pourraient être victimes d'une infraction pénale ; et

d) les tiers à une infraction pénale, tels que les personnes pouvant être appelées à témoigner lors d'enquêtes en rapport avec des infractions pénales ou des procédures pénales ultérieures, des personnes pouvant fournir des informations sur des infractions pénales, ou des contacts ou des associés de l'une des personnes visées aux points a) et b).

Art. 7 *Distinction entre les données à caractère personnel et vérification de la qualité des données à caractère personnel.* 1. Les États membres prévoient que les données à caractère personnel fondées sur des faits sont, dans la mesure du possible, distinguées de celles fondées sur des appréciations personnelles.

2. Les États membres prévoient que les autorités compétentes prennent toutes les mesures raisonnables pour garantir que les données à caractère personnel qui sont inexactes, incomplètes ou ne sont plus à jour ne soient pas transmises ou mises à disposition. A cette fin, chaque autorité compétente vérifie, dans la mesure du possible, la qualité des données à caractère personnel avant leur transmission ou mise à disposition. Dans la mesure du possible, lors de toute transmission de données à caractère personnel, sont ajoutées des informations nécessaires permettant à l'autorité compétente destinataire de juger de l'exactitude, de l'exhaustivité, et de la fiabilité des données à caractère personnel, et de leur niveau de mise à jour.

3. S'il s'avère que des données à caractère personnel inexactes ont été transmises ou que des données à caractère personnel ont été transmises de manière illicite, le desti-

nataire en est informé sans retard. Dans ce cas, les données à caractère personnel sont rectifiées ou effacées ou leur traitement est limité conformément à l'article 16.

Art. 8 *Licéité du traitement.* 1. Les États membres prévoient que le traitement n'est licite que si et dans la mesure où il est nécessaire à l'exécution d'une mission effectuée par une autorité compétente, pour les finalités énoncées à l'article 1er, paragraphe 1, et où il est fondé sur le droit de l'Union ou le droit d'un État membre.

2. Une disposition du droit d'un État membre qui réglemente le traitement relevant du champ d'application de la présente directive précise au moins les objectifs du traitement, les données à caractère personnel devant faire l'objet d'un traitement et les finalités du traitement.

Art. 9 *Conditions spécifiques applicables au traitement.* 1. Les données à caractère personnel collectées par les autorités compétentes pour les finalités énoncées à l'article 1er, paragraphe 1, ne peuvent être traitées à des fins autres que celles énoncées à l'article 1er, paragraphe 1, à moins qu'un tel traitement ne soit autorisé par le droit de l'Union ou le droit d'un État membre. Lorsque des données à caractère personnel sont traitées à de telles autres fins, le règlement (UE) 2016/679 s'applique, à moins que le traitement ne soit effectué dans le cadre d'une activité ne relevant pas du champ d'application du droit de l'Union.

2. Lorsque les autorités compétentes sont chargées par le droit d'un État membre d'exécuter des missions autres que celles exécutées pour les finalités énoncées à l'article 1er, paragraphe 1, le règlement (UE) 2016/679 s'applique au traitement effectué à de telles fins, y compris à des fins archivistiques dans l'intérêt public, à des fins de recherche scientifique ou historique, ou à des fins statistiques, à moins que le traitement ne soit effectué dans le cadre d'une activité ne relevant pas du champ d'application du droit de l'Union.

3. Les États membres prévoient que, lorsque le droit de l'Union ou le droit d'un État membre applicable à l'autorité compétente qui transmet les données soumet le traitement à des conditions spécifiques, l'autorité compétente qui transmet les données informe le destinataire de ces données à caractère personnel de ces conditions et de l'obligation de les respecter.

4. Les États membres prévoient que l'autorité compétente qui transmet les données n'applique pas aux destinataires dans les autres États membres ou aux services, organes et organismes établis en vertu des chapitres 4 et 5 du titre V du traité sur le fonctionnement de l'Union européenne des conditions en vertu du paragraphe 3 différentes de celles applicables aux transferts de données similaires à l'intérieur de l'État membre dont relève l'autorité compétente qui transmet les données.

Art. 10 *Traitement portant sur des catégories particulières de données à caractère personnel.* Le traitement des données à caractère personnel qui révèlent l'origine raciale ou ethnique, les opinions politiques, les convictions religieuses ou philosophiques, ou l'appartenance syndicale, et le traitement des données génétiques, des données biométriques aux fins d'identifier une personne physique de manière unique, des données concernant la santé ou des données concernant la vie sexuelle ou l'orientation sexuelle d'une personne physique est autorisé uniquement en cas de nécessité absolue, sous réserve de garanties appropriées pour les droits et libertés de la personne concernée, et uniquement :

a) lorsqu'ils sont autorisés par le droit de l'Union ou le droit d'un État membre ;

b) pour protéger les intérêts vitaux de la personne concernée ou d'une autre personne physique ; ou

c) lorsque le traitement porte sur des données manifestement rendues publiques par la personne concernée.

Art. 11 *Décision individuelle automatisée.* 1. Les États membres prévoient que toute décision fondée exclusivement sur un traitement automatisé, y compris le profilage, qui produit des effets juridiques défavorables pour la personne concernée ou l'affecte de manière significative, est interdite, à moins qu'elle ne soit autorisée par le droit de l'Union ou le droit d'un État membre auquel le responsable du traitement est soumis et qui fournit des garanties appropriées pour les droits et libertés de la personne

concernée, et au minimum le droit d'obtenir une intervention humaine de la part du responsable du traitement.

2. Les décisions visées au paragraphe 1 du présent article ne sont pas fondées sur les catégories particulières de données à caractère personnel visées à l'article 10, à moins que des mesures appropriées pour la sauvegarde des droits et des libertés et des intérêts légitimes de la personne concernée ne soient en place.

3. Tout profilage qui entraîne une discrimination à l'égard des personnes physiques sur la base des catégories particulières de données à caractère personnel visées à l'article 10 est interdit, conformément au droit de l'Union.

CHAPITRE III *DROITS DE LA PERSONNE CONCERNÉE*

Art. 12 *Communication et modalités de l'exercice des droits de la personne concernée.* 1. Les États membres prévoient que le responsable du traitement prend des mesures raisonnables pour fournir toute information visée à l'article 13 et procède à toute communication relative au traitement ayant trait à l'article 11, aux articles 14 à 18 et à l'article 31 à la personne concernée d'une façon concise, compréhensible et aisément accessible, en des termes clairs et simples. Les informations sont fournies par tout moyen approprié, y compris par voie électronique. De manière générale, le responsable du traitement fournit les informations sous la même forme que la demande.

2. Les États membres prévoient que le responsable du traitement facilite l'exercice des droits conférés à la personne concernée par l'article 11 et les articles 14 à 18.

3. Les États membres prévoient que le responsable du traitement informe par écrit, dans les meilleurs délais, la personne concernée des suites données à sa demande.

4. Les États membres prévoient qu'aucun paiement n'est exigé pour fournir les informations visées à l'article 13 et pour procéder à toute communication et prendre toute mesure au titre de l'article 11, des articles 14 à 18 et de l'article 31. Lorsque les demandes d'une personne concernée sont manifestement infondées ou excessives, notamment en raison de leur caractère répétitif, le responsable du traitement peut :

a) soit exiger le paiement de frais raisonnables qui tiennent compte des coûts administratifs supportés pour fournir les informations, procéder à la communication ou prendre les mesures demandées ;

b) soit refuser de donner suite à la demande.

Il incombe au responsable du traitement de démontrer le caractère manifestement infondé ou excessif de la demande.

5. Lorsque le responsable du traitement a des doutes raisonnables quant à l'identité de la personne physique présentant la demande visée à l'article 14 ou 16, il peut demander que lui soient fournies des informations supplémentaires nécessaires pour confirmer l'identité de la personne concernée.

Art. 13 *Informations à mettre à la disposition de la personne concernée ou à lui fournir.* 1. Les États membres prévoient que le responsable du traitement met à la disposition de la personne concernée au moins les informations suivantes :

a) l'identité et les coordonnées du responsable du traitement ;

b) le cas échéant, les coordonnées du délégué à la protection des données ;

c) les finalités du traitement auquel sont destinées les données à caractère personnel ;

d) le droit d'introduire une réclamation auprès d'une autorité de contrôle et les coordonnées de ladite autorité ;

e) l'existence du droit de demander au responsable du traitement l'accès aux données à caractère personnel, leur rectification ou leur effacement, et la limitation du traitement des données à caractère personnel relatives à une personne concernée.

2. En plus des informations visées au paragraphe 1, les États membres prévoient, par la loi, que le responsable du traitement fournit à la personne concernée, dans des cas particuliers, les informations additionnelles suivantes afin de lui permettre d'exercer ses droits :

a) la base juridique du traitement,

b) la durée de conservation des données à caractère personnel ou, lorsque ce n'est pas possible, les critères utilisés pour déterminer cette durée ;

c) le cas échéant, les catégories de destinataires des données à caractère personnel, y compris dans les pays tiers ou au sein d'organisations internationales ;

d) au besoin, des informations complémentaires, en particulier lorsque les données à caractère personnel sont collectées à l'insu de la personne concernée.

3. Les États membres peuvent adopter des mesures législatives visant à retarder ou limiter la fourniture des informations à la personne concernée en application du paragraphe 2, ou à ne pas fournir ces informations, dès lors et aussi longtemps qu'une mesure de cette nature constitue une mesure nécessaire et proportionnée dans une société démocratique, en tenant dûment compte des droits fondamentaux et des intérêts légitimes de la personne physique concernée pour :

a) éviter de gêner des enquêtes, des recherches ou des procédures officielles ou judiciaires ;

b) éviter de nuire à la prévention ou à la détection d'infractions pénales, aux enquêtes ou aux poursuites en la matière ou à l'exécution de sanctions pénales ;

c) protéger la sécurité publique ;

d) protéger la sécurité nationale ;

e) protéger les droits et libertés d'autrui.

4. Les États membres peuvent adopter des mesures législatives afin de déterminer des catégories de traitements susceptibles de relever, dans leur intégralité ou en partie, d'un quelconque des points énumérés au paragraphe 3.

Art. 14 *Droit d'accès par la personne concernée.* Sous réserve de l'article 15, les États membres prévoient que la personne concernée a le droit d'obtenir du responsable du traitement la confirmation que des données à caractère personnel la concernant sont ou ne sont pas traitées et, lorsqu'elles le sont, l'accès auxdites données ainsi que les informations suivantes :

a) les finalités du traitement ainsi que sa base juridique ;

b) les catégories de données à caractère personnel concernées ;

c) les destinataires ou catégories de destinataires auxquels les données à caractère personnel ont été communiquées, en particulier les destinataires qui sont établis dans des pays tiers ou les organisations internationales ;

d) lorsque cela est possible, la durée de conservation des données à caractère personnel envisagée ou, lorsque ce n'est pas possible, les critères utilisés pour déterminer cette durée ;

e) l'existence du droit de demander au responsable du traitement la rectification ou l'effacement des données à caractère personnel, ou la limitation du traitement des données à caractère personnel relatives à la personne concernée ;

f) le droit d'introduire une réclamation auprès de l'autorité de contrôle et les coordonnées de ladite autorité ;

g) la communication des données à caractère personnel en cours de traitement, ainsi que toute information disponible quant à leur source.

Art. 15 *Limitations du droit d'accès.* 1. Les États membres peuvent adopter des mesures législatives limitant, entièrement ou partiellement, le droit d'accès de la personne concernée, dès lors et aussi longtemps qu'une telle limitation partielle ou complète constitue une mesure nécessaire et proportionnée dans une société démocratique, en tenant dûment compte des droits fondamentaux et des intérêts légitimes de la personne physique concernée, pour :

a) éviter de gêner des enquêtes, des recherches ou des procédures officielles ou judiciaires ;

b) éviter de nuire à la prévention ou à la détection d'infractions pénales, aux enquêtes ou aux poursuites en la matière ou à l'exécution de sanctions pénales ;

c) protéger la sécurité publique ;

d) protéger la sécurité nationale ;

e) protéger les droits et libertés d'autrui.

2. Les États membres peuvent adopter des mesures législatives afin de déterminer des catégories de traitements de données susceptibles de relever, dans leur intégralité ou en partie, des points a) à e) du paragraphe 1.

3. Dans les cas visés aux paragraphes 1 et 2, les États membres prévoient que le responsable du traitement informe la personne concernée par écrit, dans les meilleurs délais, de tout refus ou de toute limitation d'accès, ainsi que des motifs du refus ou de la limitation. Ces informations peuvent ne pas être fournies lorsque leur communica-

tion risque de compromettre l'un des objectifs énoncés au paragraphe 1. Les États membres prévoient que le responsable du traitement informe la personne concernée des possibilités d'introduire une réclamation auprès d'une autorité de contrôle ou de former un recours juridictionnel.

4. Les États membres prévoient que le responsable du traitement consigne les motifs de fait ou de droit sur lesquels se fonde la décision. Ces informations sont mises à la disposition des autorités de contrôle.

Art. 16 *Droit de rectification ou d'effacement des données à caractère personnel et limitation du traitement.* 1. Les États membres prévoient le droit pour la personne concernée d'obtenir du responsable du traitement, dans les meilleurs délais, la rectification des données à caractère personnel la concernant qui sont inexactes. Compte tenu des finalités du traitement, les États membres prévoient que la personne concernée a le droit d'obtenir que les données à caractère personnel incomplètes soient complétées, y compris en fournissant à cet effet une déclaration complémentaire.

2. Les États membres exigent que le responsable du traitement efface dans les meilleurs délais les données à caractère personnel et accordent à la personne concernée le droit d'obtenir du responsable du traitement l'effacement dans les meilleurs délais de données à caractère personnel la concernant lorsque le traitement constitue une violation des dispositions adoptées en vertu de l'article 4, 8 ou 10 ou lorsque les données à caractère personnel doivent être effacées pour respecter une obligation légale à laquelle est soumis le responsable du traitement.

3. Au lieu de procéder à l'effacement, le responsable du traitement limite le traitement lorsque :

a) l'exactitude des données à caractère personnel est contestée par la personne concernée et qu'il ne peut être déterminé si les données sont exactes ou non ; ou

b) les données à caractère personnel doivent être conservées à des fins probatoires.

Lorsque le traitement est limité en vertu du premier alinéa, point a), le responsable du traitement informe la personne concernée avant de lever la limitation du traitement.

4. Les États membres prévoient que le responsable du traitement informe la personne concernée par écrit de tout refus de rectifier ou d'effacer des données à caractère personnel ou de limiter le traitement, ainsi que des motifs du refus. Les États membres peuvent adopter des mesures législatives limitant, en tout ou partie, l'obligation de fournir ces informations, dès lors qu'une telle limitation constitue une mesure nécessaire et proportionnée dans une société démocratique en tenant dûment compte des droits fondamentaux et des intérêts légitimes de la personne physique concernée pour :

a) éviter de gêner des enquêtes, des recherches ou des procédures officielles ou judiciaires ;

b) éviter de nuire à la prévention ou à la détection d'infractions pénales, aux enquêtes ou aux poursuites en la matière ou à l'exécution de sanctions pénales ;

c) protéger la sécurité publique ;

d) protéger la sécurité nationale ;

e) protéger les droits et libertés d'autrui.

Les États membres prévoient que le responsable du traitement informe la personne concernée des possibilités d'introduire une réclamation auprès d'une autorité de contrôle ou de former un recours juridictionnel.

5. Les États membres prévoient que le responsable du traitement communique la rectification des données à caractère personnel inexactes à l'autorité compétente dont proviennent les données à caractère personnel inexactes.

6. Les États membres prévoient que, lorsque des données à caractère personnel ont été rectifiées ou effacées ou que le traitement a été limité au titre des paragraphes 1, 2 et 3, le responsable du traitement adresse une notification aux destinataires et que ceux-ci rectifient ou effacent les données à caractère personnel ou limitent le traitement des données à caractère personnel sous leur responsabilité.

Art. 17 *Exercice des droits de la personne concernée et vérification par l'autorité de contrôle.* 1. Dans les cas visés à l'article 13, paragraphe 3, à l'article 15, paragraphe 3, et à l'article 16, paragraphe 4, les États membres adoptent des mesures afin que les droits

de la personne concernée puissent également être exercés par l'intermédiaire de l'autorité de contrôle compétente.

2. Les États membres prévoient que le responsable du traitement informe la personne concernée de la possibilité qu'elle a d'exercer ses droits par l'intermédiaire de l'autorité de contrôle en application du paragraphe 1.

3. Lorsque le droit visé au paragraphe 1 est exercé, l'autorité de contrôle informe au moins la personne concernée du fait qu'elle a procédé à toutes les vérifications nécessaires ou à un examen. L'autorité de contrôle informe également la personne concernée de son droit de former un recours juridictionnel.

Art. 18 *Droits des personnes concernées lors des enquêtes judiciaires et des procédures pénales.* Les États membres peuvent prévoir que les droits visés aux articles 13, 14 et 16 sont exercés conformément au droit d'un État membre lorsque les données à caractère personnel figurent dans une décision judiciaire ou un casier ou dossier judiciaire faisant l'objet d'un traitement lors d'une enquête judiciaire et d'une procédure pénale.

CHAPITRE IV *RESPONSABLE DU TRAITEMENT ET SOUS-TRAITANT*

SECTION 1 *Obligations générales*

Art. 19 *Obligations incombant au responsable du traitement.* 1. Les États membres prévoient que le responsable du traitement, compte tenu de la nature, de la portée, du contexte et des finalités du traitement ainsi que des risques, dont le degré de probabilité et de gravité varie, pour les droits et libertés des personnes physiques, met en œuvre les mesures techniques et organisationnelles appropriées pour s'assurer et être en mesure de démontrer que le traitement est effectué conformément à la présente directive. Ces mesures sont réexaminées et actualisées, si nécessaire.

2. Lorsque cela est proportionné au regard des activités de traitement, les mesures visées au paragraphe 1 comprennent la mise en œuvre de politiques appropriées en matière de protection des données par le responsable du traitement.

Art. 20 *Protection des données dès la conception et protection des données par défaut.* 1. Les États membres prévoient que, compte tenu de l'état des connaissances, des coûts de la mise en œuvre et de la nature, de la portée, du contexte et des finalités du traitement, ainsi que des risques, dont le degré de probabilité et de gravité varie, que présente le traitement pour les droits et libertés des personnes physiques, le responsable du traitement met en œuvre, tant lors de la détermination des moyens du traitement que lors du traitement proprement dit, des mesures techniques et organisationnelles appropriées, telles que la pseudonymisation, qui sont destinées à mettre en œuvre les principes relatifs à la protection des données, par exemple la minimisation des données, de façon effective et à assortir le traitement des garanties nécessaires, afin de répondre aux exigences de la présente directive et de protéger les droits des personnes concernées.

2. Les États membres prévoient que le responsable du traitement met en œuvre les mesures techniques et organisationnelles appropriées pour garantir que, par défaut, seules les données à caractère personnel qui sont nécessaires au regard de chaque finalité spécifique du traitement sont traitées. Cette obligation s'applique à la quantité de données à caractère personnel collectées, à l'étendue de leur traitement, à leur durée de conservation et à leur accessibilité. En particulier, ces mesures garantissent que, par défaut, les données à caractère personnel ne sont pas rendues accessibles à un nombre indéterminé de personnes physiques sans l'intervention de la personne concernée.

Art. 21 *Responsables conjoints du traitement.* 1. Les États membres prévoient que, lorsque deux responsables du traitement ou plus déterminent conjointement les finalités et les moyens du traitement, ils sont les responsables conjoints du traitement. Les responsables conjoints du traitement définissent de manière transparente leurs obligations respectives aux fins d'assurer le respect de la présente directive, notamment en ce qui concerne l'exercice des droits de la personne concernée, et leurs obligations respectives quant à la communication des informations visées à l'article 13, par voie d'accord entre eux, sauf si et dans la mesure où leurs obligations respectives sont définies par le droit de l'Union ou le droit d'un État membre auquel les responsables du traitement

sont soumis. Le point de contact pour les personnes concernées est désigné dans l'accord. Les États membres peuvent préciser lequel des responsables conjoints peut servir de point de contact unique pour que les personnes concernées puissent exercer leurs droits.

2. Indépendamment des termes de l'accord visé au paragraphe 1, les États membres peuvent prévoir que la personne concernée peut exercer les droits que lui confère les dispositions adoptées en vertu de la présente directive à l'égard de et contre chacun des responsables du traitement.

Art. 22 *Sous-traitant.* 1. Les États membres prévoient que le responsable du traitement, lorsqu'un traitement doit être effectué pour son compte, fait uniquement appel à des sous-traitants qui présentent des garanties suffisantes quant à la mise en œuvre de mesures techniques et organisationnelles appropriées de manière que le traitement réponde aux exigences de la présente directive et garantisse la protection des droits de la personne concernée.

2. Les États membres prévoient que le sous-traitant ne recrute pas un autre sous-traitant sans l'autorisation écrite préalable, spécifique ou générale, du responsable du traitement. Dans le cas d'une autorisation écrite générale, le sous-traitant informe le responsable du traitement de tout changement prévu concernant l'ajout ou le remplacement d'autres sous-traitants, donnant ainsi au responsable du traitement la possibilité d'émettre des objections à l'encontre de ces changements.

3. Les États membres prévoient que le traitement par un sous-traitant est régi par un contrat ou un autre acte juridique au titre du droit de l'Union ou du droit d'un État membre, qui lie le sous-traitant à l'égard du responsable du traitement et qui définit l'objet et la durée du traitement, la nature et la finalité du traitement, le type de données à caractère personnel et les catégories de personnes concernées et les obligations et les droits du responsable du traitement. Ce contrat ou cet autre acte juridique prévoit, notamment, que le sous-traitant :

a) n'agit que sur instruction du responsable du traitement ;

b) veille à ce que les personnes autorisées à traiter les données à caractère personnel s'engagent à respecter la confidentialité ou soient soumises à une obligation légale appropriée de confidentialité ;

c) aide le responsable du traitement, par tout moyen approprié, à veiller au respect des dispositions relatives aux droits de la personne concernée ;

d) selon le choix du responsable du traitement, supprime toutes les données à caractère personnel ou les renvoie au responsable du traitement au terme de la prestation des services de traitement des données, et détruit les copies existantes, à moins que le droit de l'Union ou le droit d'un État membre n'exige la conservation des données à caractère personnel ;

e) met à la disposition du responsable du traitement toutes les informations nécessaires pour apporter la preuve du respect du présent article ;

f) respecte les conditions visées aux paragraphes 2 et 3 pour recruter un autre sous-traitant.

4. Le contrat ou l'autre acte juridique visé au paragraphe 3 revêt la forme écrite, y compris la forme électronique.

5. Si, en violation de la présente directive, un sous-traitant détermine les finalités et les moyens du traitement, il est considéré comme un responsable du traitement pour ce qui concerne ce traitement.

Art. 23 *Traitement effectué sous l'autorité du responsable du traitement ou du sous-traitant.* Les États membres prévoient que le sous-traitant et toute personne agissant sous l'autorité du responsable du traitement ou sous celle du sous-traitant, qui a accès à des données à caractère personnel, ne les traite que sur instruction du responsable du traitement, à moins d'y être obligé par le droit de l'Union ou le droit d'un État membre.

Art. 24 *Registre des activités de traitement.* 1. Les États membres prévoient que les responsables du traitement tiennent un registre de toutes les catégories d'activités de trai-

tement effectuées sous leur responsabilité. Ce registre comporte toutes les informations suivantes :

a) le nom et les coordonnées du responsable du traitement et, le cas échéant, du responsable conjoint du traitement et du délégué à la protection des données ;

b) les finalités du traitement ;

c) les catégories de destinataires auxquels les données à caractère personnel ont été ou seront communiquées, y compris les destinataires dans des pays tiers ou des organisations internationales ;

d) une description des catégories de personnes concernées et des catégories de données à caractère personnel ;

e) le cas échéant, le recours au profilage ;

f) le cas échéant, les catégories de transferts de données à caractère personnel vers un pays tiers ou à une organisation internationale ;

g) une indication de la base juridique de l'opération de traitement, y compris les transferts, à laquelle les données à caractère personnel sont destinées ;

h) dans la mesure du possible, les délais prévus pour l'effacement des différentes catégories de données à caractère personnel ;

i) dans la mesure du possible, une description générale des mesures de sécurité techniques et organisationnelles visées à l'article 29, paragraphe 1.

2. Les États membres prévoient que chaque sous-traitant tient un registre de toutes les catégories d'activités de traitement effectuées pour le compte du responsable du traitement, comprenant :

a) le nom et les coordonnées du ou des sous-traitants, de chaque responsable du traitement pour le compte duquel le sous-traitant agit et, le cas échéant, du délégué à la protection des données ;

b) les catégories de traitements effectués pour le compte de chaque responsable du traitement ;

c) le cas échéant, les transferts de données à caractère personnel vers un pays tiers ou à une organisation internationale, lorsqu'il en est expressément chargé par le responsable du traitement, y compris l'identification de ce pays tiers ou de cette organisation internationale ;

d) dans la mesure du possible, une description générale des mesures de sécurité techniques et organisationnelles visées à l'article 29, paragraphe 1.

3. Les registres visés aux paragraphes 1 et 2 se présentent sous une forme écrite, y compris la forme électronique.

Le responsable du traitement et le sous-traitant mettent ces registres à la disposition de l'autorité de contrôle, sur demande.

Art. 25 *Journalisation.* 1. Les États membres prévoient que des journaux sont établis au moins pour les opérations de traitement suivantes dans des systèmes de traitement automatisé : la collecte, la modification, la consultation, la communication, y compris les transferts, l'interconnexion et l'effacement. Les journaux des opérations de consultation et de communication permettent d'établir le motif, la date et l'heure de celles-ci et, dans la mesure du possible, l'identification de la personne qui a consulté ou communiqué les données à caractère personnel, ainsi que l'identité des destinataires de ces données à caractère personnel.

2. Les journaux sont utilisés uniquement à des fins de vérification de la licéité du traitement, d'autocontrôle, de garantie de l'intégrité et de la sécurité des données à caractère personnel et à des fins de procédures pénales.

3. Le responsable du traitement et le sous-traitant mettent les journaux à la disposition de l'autorité de contrôle, sur demande.

Art. 26 *Coopération avec l'autorité de contrôle.* Les États membres prévoient que le responsable du traitement et le sous-traitant coopèrent avec l'autorité de contrôle, à la demande de celle-ci, dans l'exécution de ses missions.

Art. 27 *Analyse d'impact relative à la protection des données.* 1. Lorsqu'un type de traitement, en particulier par le recours aux nouvelles technologies, et compte tenu de la nature, de la portée, du contexte et des finalités du traitement, est susceptible d'engendrer un risque élevé pour les droits et les libertés des personnes physiques, les États

membres prévoient que le responsable du traitement effectue préalablement au traitement une analyse de l'impact des opérations de traitement envisagées sur la protection des données à caractère personnel.

2. L'analyse visée au paragraphe 1 contient au moins une description générale des opérations de traitement envisagées, une évaluation des risques pour les droits et libertés des personnes concernées, les mesures envisagées pour faire face à ces risques, les garanties, mesures et mécanismes de sécurité visant à assurer la protection des données à caractère personnel et à apporter la preuve du respect de la présente directive, compte tenu des droits et des intérêts légitimes des personnes concernées et des autres personnes touchées.

Art. 28 *Consultation préalable de l'autorité de contrôle.* 1. Les États membres prévoient que le responsable du traitement ou le sous-traitant consulte l'autorité de contrôle préalablement au traitement des données à caractère personnel qui fera partie d'un nouveau fichier à créer :

a) lorsqu'une analyse d'impact relative à la protection des données, telle qu'elle est prévue à l'article 27, indique que le traitement présenterait un risque élevé si le responsable du traitement ne prenait pas de mesures pour atténuer le risque ; ou

b) lorsque le type de traitement, en particulier, en raison de l'utilisation de nouveaux mécanismes, technologies ou procédures, présente des risques élevés pour les libertés et les droits des personnes concernées.

2. Les États membres prévoient que l'autorité de contrôle est consultée dans le cadre de l'élaboration d'une proposition de mesure législative devant être adoptée par un parlement national ou d'une mesure réglementaire fondée sur une telle mesure législative qui se rapporte au traitement.

3. Les États membres prévoient que l'autorité de contrôle peut établir une liste des opérations de traitement devant faire l'objet d'une consultation préalable conformément au paragraphe 1.

4. Les États membres prévoient que le responsable du traitement fournit à l'autorité de contrôle l'analyse d'impact relative à la protection des données en vertu de l'article 27 et, sur demande, toute autre information afin de permettre à l'autorité de contrôle d'apprécier la conformité du traitement et, en particulier, les risques pour la protection des données à caractère personnel de la personne concernée et les garanties qui s'y rapportent.

5. Les États membres prévoient que, lorsque l'autorité de contrôle est d'avis que le traitement prévu, visé au paragraphe 1 du présent article, constituerait une violation des dispositions adoptées en vertu de la présente directive, en particulier lorsque le responsable du traitement n'a pas suffisamment identifié ou atténué le risque, l'autorité de contrôle fournit par écrit, dans un délai maximum de six semaines à compter de la réception de la demande de consultation, un avis écrit au responsable du traitement, et le cas échéant au sous-traitant, et elle peut faire usage des pouvoirs visés à l'article 47. Ce délai peut être prolongé d'un mois, en fonction de la complexité du traitement prévu. L'autorité de contrôle informe le responsable du traitement et, le cas échéant, le sous-traitant de toute prorogation dans un délai d'un mois à compter de la réception de la demande de consultation, ainsi que des motifs du retard.

SECTION 2 *Sécurité des données*

Art. 29 *Sécurité du traitement.* 1. Les États membres prévoient que, compte tenu de l'état des connaissances, des coûts de la mise en œuvre et de la nature, de la portée, du contexte et des finalités du traitement ainsi que des risques, dont le degré de probabilité et de gravité varie, pour les droits et libertés des personnes physiques, le responsable du traitement et le sous-traitant mettent en œuvre les mesures techniques et organisationnelles appropriées afin de garantir un niveau de sécurité adapté au risque, notamment en ce qui concerne le traitement portant sur des catégories particulières de données à caractère personnel visées à l'article 10.

2. En ce qui concerne le traitement automatisé, chaque État membre prévoit que le responsable du traitement ou le sous-traitant met en œuvre, à la suite d'une évaluation des risques, des mesures destinées à :

a) empêcher toute personne non autorisée d'accéder aux installations utilisées pour le traitement (contrôle de l'accès aux installations) ;

b) empêcher que des supports de données puissent être lus, copiés, modifiés ou supprimés de façon non autorisée (contrôle des supports de données) ;

c) empêcher l'introduction non autorisée de données à caractère personnel dans le fichier, ainsi que l'inspection, la modification ou l'effacement non autorisé de données à caractère personnel enregistrées (contrôle de la conservation) ;

d) empêcher que les systèmes de traitement automatisé puissent être utilisés par des personnes non autorisées à l'aide d'installations de transmission de données (contrôle des utilisateurs) ;

e) garantir que les personnes autorisées à utiliser un système de traitement automatisé ne puissent accéder qu'aux données à caractère personnel sur lesquelles porte leur autorisation (contrôle de l'accès aux données) ;

f) garantir qu'il puisse être vérifié et constaté à quelles instances des données à caractère personnel ont été ou peuvent être transmises ou mises à disposition par des installations de transmission de données (contrôle de la transmission) ;

g) garantir qu'il puisse être vérifié et constaté *a posteriori* quelles données à caractère personnel ont été introduites dans les systèmes de traitement automatisé, et à quel moment et par quelle personne elles y ont été introduites (contrôle de l'introduction) ;

h) empêcher que, lors de la transmission de données à caractère personnel ainsi que lors du transport de supports de données, les données puissent être lues, copiées, modifiées ou supprimées de façon non autorisée (contrôle du transport) ;

i) garantir que les systèmes installés puissent être rétablis en cas d'interruption (restauration) ;

j) garantir que les fonctions du système opèrent, que les erreurs de fonctionnement soient signalées (fiabilité) et que les données à caractère personnel conservées ne puissent pas être corrompues par un dysfonctionnement du système (intégrité).

Art. 30 *Notification à l'autorité de contrôle d'une violation de données à caractère personnel.* 1. Les États membres prévoient qu'en cas de violation de données à caractère personnel, le responsable du traitement notifie la violation en question à l'autorité de contrôle dans les meilleurs délais et, si possible, dans un délai de 72 heures au plus tard après en avoir pris connaissance, à moins qu'il soit peu probable que la violation en question n'engendre des risques pour les droits et les libertés d'une personne physique. Lorsque la notification à l'autorité de contrôle n'a pas lieu dans les 72 heures, elle est accompagnée des motifs du retard.

2. Le sous-traitant notifie au responsable du traitement toute violation de données à caractère personnel dans les meilleurs délais après en avoir pris connaissance.

3. La notification visée au paragraphe 1 doit, à tout le moins :

a) décrire la nature de la violation de données à caractère personnel y compris, si possible, les catégories et le nombre approximatif de personnes concernées par la violation et les catégories et le nombre approximatif d'enregistrements de données à caractère personnel concernés ;

b) communiquer le nom et les coordonnées du délégué à la protection des données ou d'un autre point de contact auprès duquel des informations supplémentaires peuvent être obtenues ;

c) décrire les conséquences probables de la violation de données à caractère personnel ;

d) décrire les mesures prises ou que le responsable du traitement propose de prendre pour remédier à la violation de données à caractère personnel, y compris, le cas échéant, les mesures pour en atténuer les éventuelles conséquences négatives.

4. Si et dans la mesure où il n'est pas possible de fournir toutes les informations en même temps, les informations peuvent être communiquées de manière échelonnée sans autre retard indu.

5. Les États membres prévoient que le responsable du traitement documente toute violation de données à caractère personnel visée au paragraphe 1, en indiquant les faits concernant la violation des données à caractère personnel, ses effets et les mesures prises pour y remédier. La documentation ainsi constituée permet à l'autorité de contrôle de vérifier le respect du présent article.

6. Les États membres prévoient que, lorsque la violation de données à caractère personnel porte sur des données à caractère personnel qui ont été transmises par le res-

ponsable du traitement d'un autre État membre ou à celui-ci, les informations visées au paragraphe 3 sont communiquées au responsable du traitement de cet État membre dans les meilleurs délais.

Art. 31 *Communication à la personne concernée d'une violation de données à caractère personnel.* 1. Les États membres prévoient que, lorsqu'une violation de données à caractère personnel est susceptible d'engendrer un risque élevé pour les droits et les libertés d'une personne physique, le responsable du traitement communique la violation à la personne concernée dans les meilleurs délais.

2. La communication à la personne concernée visée au paragraphe 1 du présent article décrit, en des termes clairs et simples, la nature de la violation de données à caractère personnel et contient au moins les informations et les mesures visées à l'article 30, paragraphe 3, points b), c) et d).

3. La communication à la personne concernée visée au paragraphe 1 n'est pas nécessaire si l'une ou l'autre des conditions suivantes est remplie :

a) le responsable du traitement a mis en œuvre les mesures de protection techniques et organisationnelles appropriées et ces dernières ont été appliquées aux données à caractère personnel affectées par ladite violation, en particulier les mesures qui rendent les données à caractère personnel incompréhensibles pour toute personne qui n'est pas autorisée à y avoir accès, telles que le chiffrement ;

b) le responsable du traitement a pris des mesures ultérieures qui garantissent que le risque élevé pour les droits et les libertés des personnes concernées visé au paragraphe 1 n'est plus susceptible de se matérialiser ;

c) elle exigerait des efforts disproportionnés. Dans ce cas, il est plutôt procédé à une communication publique ou à une mesure similaire permettant aux personnes concernées d'être informées de manière tout aussi efficace.

4. Si le responsable du traitement n'a pas déjà communiqué à la personne concernée la violation de données à caractère personnel la concernant, l'autorité de contrôle peut, après avoir examiné si cette violation est susceptible d'engendrer un risque élevé, exiger du responsable du traitement qu'il procède à cette communication ou décider que l'une ou l'autre des conditions visées au paragraphe 3 est remplie.

5. La communication à la personne concernée visée au paragraphe 1 du présent article peut être retardée, limitée ou omise, sous réserve des conditions et pour les motifs visés à l'article 13, paragraphe 3.

SECTION 3 *Délégué à la protection des données*

Art. 32 *Désignation du délégué à la protection des données.* 1. Les États membres prévoient que le responsable du traitement désigne un délégué à la protection des données. Les États membres peuvent dispenser les tribunaux et d'autres autorités judiciaires indépendantes de cette obligation lorsqu'elles agissent dans l'exercice de leur fonction juridictionnelle.

2. Le délégué à la protection des données est désigné sur la base de ses qualités professionnelles et, en particulier, de ses connaissances spécialisées du droit et des pratiques en matière de protection des données, et de sa capacité à exercer les missions visées à l'article 34.

3. Un seul délégué à la protection des données peut être désigné pour plusieurs autorités compétentes, compte tenu de leur structure organisationnelle et de leur taille.

4. Les États membres prévoient que le responsable du traitement publie les coordonnées du délégué à la protection des données et les communique à l'autorité de contrôle.

Art. 33 *Fonction du délégué à la protection des données.* 1. Les États membres prévoient que le responsable du traitement veille à ce que le délégué à la protection des données soit associé, d'une manière appropriée et en temps utile, à toutes les questions relatives à la protection des données à caractère personnel.

2. Le responsable du traitement aide le délégué à la protection des données à exercer les missions visées à l'article 34 en fournissant les ressources nécessaires pour exercer ces missions ainsi que l'accès aux données à caractère personnel et aux traitements, et lui permettant d'entretenir ses connaissances spécialisées.

Art. 34 *Missions du délégué à la protection des données.* Les États membres prévoient que le responsable du traitement confie au délégué à la protection des données au moins les missions suivantes :

a) informer et conseiller le responsable du traitement et les employés qui procèdent au traitement sur les obligations qui leur incombent en vertu de la présente directive et d'autres dispositions du droit de l'Union ou du droit des États membres en matière de protection des données ;

b) contrôler le respect de la présente directive, d'autres dispositions du droit de l'Union ou du droit des États membres en matière de protection des données et des règles internes du responsable du traitement en matière de protection des données à caractère personnel, y compris en ce qui concerne la répartition des responsabilités, la sensibilisation et la formation du personnel participant à des opérations de traitement, et les audits s'y rapportant ;

c) dispenser des conseils, sur demande, en ce qui concerne l'analyse d'impact relative à la protection des données et vérifier l'exécution de celle-ci en vertu de l'article 27 ;

d) coopérer avec l'autorité de contrôle ;

e) faire office de point de contact pour l'autorité de contrôle sur les questions relatives au traitement, y compris la consultation préalable visée à l'article 28, et mener des consultations, le cas échéant, sur tout autre sujet.

CHAPITRE V *TRANSFERTS DE DONNÉES À CARACTÈRE PERSONNEL VERS DES PAYS TIERS OU À DES ORGANISATIONS INTERNATIONALES*

Art. 35 *Principes généraux applicables aux transferts de données à caractère personnel.* 1. Les États membres prévoient qu'un transfert, par des autorités compétentes, de données à caractère personnel qui font ou sont destinées à faire l'objet d'un traitement après leur transfert vers un pays tiers ou à une organisation internationale, y compris des transferts ultérieurs vers un autre pays tiers ou à une autre organisation internationale, n'a lieu, sous réserve du respect des dispositions nationales adoptées en application d'autres dispositions de la présente directive, que lorsque les conditions définies dans le présent chapitre sont respectées, à savoir :

a) le transfert est nécessaire aux fins énoncées à l'article 1er, paragraphe 1 ;

b) les données à caractère personnel sont transférées à un responsable du traitement dans un pays tiers ou à une organisation internationale qui est une autorité compétente aux fins visées à l'article 1er, paragraphe 1 ;

c) en cas de transmission ou de mise à disposition de données à caractère personnel provenant d'un autre État membre, celui-ci a préalablement autorisé ce transfert conformément à son droit national ;

d) la Commission a adopté une décision d'adéquation en application de l'article 36, ou, en l'absence d'une telle décision, des garanties appropriées ont été prévues ou existent en application de l'article 37 ou, en l'absence de décision d'adéquation au titre de l'article 36 et de garanties appropriées conformément à l'article 37, des dérogations pour des situations particulières s'appliquent en vertu de l'article 38 ; et

e) en cas de transfert ultérieur vers un autre pays tiers ou à une autre organisation internationale, l'autorité compétente qui a procédé au transfert initial ou une autre autorité compétente du même État membre autorise le transfert ultérieur, après avoir dûment pris en considération l'ensemble des facteurs pertinents, y compris la gravité de l'infraction pénale, la finalité pour laquelle les données à caractère personnel ont été transférées initialement et le niveau de protection des données à caractère personnel dans le pays tiers ou au sein de l'organisation internationale vers lequel/laquelle les données à caractère personnel sont transférées ultérieurement.

2. Les États membres prévoient que les transferts effectués sans l'autorisation préalable d'un autre État membre prévue au paragraphe 1, point c), sont autorisés uniquement lorsque le transfert de données à caractère personnel est nécessaire aux fins de la prévention d'une menace grave et immédiate pour la sécurité publique d'un État membre ou d'un pays tiers ou pour les intérêts essentiels d'un État membre et si l'autorisation préalable ne peut pas être obtenue en temps utile. L'autorité à laquelle il revient d'accorder l'autorisation préalable est informée sans retard.

3. Toutes les dispositions du présent chapitre sont appliquées de manière que le niveau de protection des personnes physiques assuré par la présente directive ne soit pas compromis.

Art. 36 *Transferts sur la base d'une décision d'adéquation.* 1. Les États membres prévoient qu'un transfert de données à caractère personnel vers un pays tiers ou à une organisation internationale peut avoir lieu lorsque la Commission a constaté par voie de décision que le pays tiers, un territoire ou un ou plusieurs secteurs déterminés dans ce pays tiers, ou l'organisation internationale en question assure un niveau de protection adéquat. Un tel transfert ne nécessite pas d'autorisation spécifique.

2. Lorsqu'elle évalue le caractère adéquat du niveau de protection, la Commission tient compte en particulier des éléments suivants :

a) l'État de droit, le respect des droits de l'homme et des libertés fondamentales, la législation pertinente, tant générale que sectorielle, y compris en ce qui concerne la sécurité publique, la défense, la sécurité nationale et le droit pénal ainsi que l'accès des autorités publiques aux données à caractère personnel, de même que la mise en œuvre de ladite législation, les règles en matière de protection des données, les règles professionnelles et les mesures de sécurité, y compris les règles relatives au transfert ultérieur de données à caractère personnel vers un autre pays tiers ou à une autre organisation internationale qui sont respectées dans le pays tiers ou par l'organisation internationale en question, la jurisprudence, ainsi que les droits effectifs et opposables dont bénéficient les personnes concernées et les recours administratifs et judiciaires que peuvent effectivement introduire les personnes concernées dont les données à caractère personnel sont transférées ;

b) l'existence et le fonctionnement effectif d'une ou de plusieurs autorités de contrôle indépendantes dans le pays tiers, ou auxquelles une organisation internationale est soumise, chargées d'assurer le respect des règles en matière de protection des données et de les faire appliquer, y compris par des pouvoirs appropriés d'application desdites règles, d'assister et de conseiller les personnes concernées dans l'exercice de leurs droits et de coopérer avec les autorités de contrôle des États membres ; et

c) les engagements internationaux pris par le pays tiers ou l'organisation internationale en question, ou d'autres obligations découlant de conventions ou d'instruments juridiquement contraignants et de sa participation à des systèmes multilatéraux ou régionaux, en particulier en ce qui concerne la protection des données à caractère personnel.

3. La Commission, après avoir évalué le caractère adéquat du niveau de protection, peut constater au moyen d'un acte d'exécution qu'un pays tiers, un territoire ou un ou plusieurs secteurs déterminés dans un pays tiers en question, ou une organisation internationale, assure un niveau de protection adéquat au sens du paragraphe 2 du présent article. L'acte d'exécution prévoit un mécanisme d'examen périodique, au moins tous les quatre ans, qui prend en compte toutes les évolutions pertinentes dans le pays tiers ou au sein de l'organisation internationale. L'acte d'exécution précise son champ d'application territorial et sectoriel et, le cas échéant, nomme la ou des autorités de contrôle visées au paragraphe 2, point b), du présent article. L'acte d'exécution est adopté en conformité avec la procédure d'examen visée à l'article 58, paragraphe 2.

4. La Commission suit, de manière permanente, les évolutions dans les pays tiers et au sein des organisations internationales qui pourraient porter atteinte au fonctionnement des décisions adoptées en vertu du paragraphe 3.

5. Lorsque les informations disponibles révèlent, en particulier à la suite de l'examen visé au paragraphe 3 du présent article, qu'un pays tiers, un territoire ou un ou plusieurs secteurs déterminés dans un pays tiers, ou une organisation internationale n'assure plus un niveau de protection adéquat au sens du paragraphe 2 du présent article, la Commission abroge, modifie ou suspend, si nécessaire, la décision visée au paragraphe 3 du présent article par voie d'actes d'exécution sans effet rétroactif. Ces actes d'exécution sont adoptés en conformité avec la procédure d'examen visée à l'article 58, paragraphe 2.

Pour des raisons d'urgence impérieuses dûment justifiées, la Commission adopte des actes d'exécution immédiatement applicables en conformité avec la procédure visée à l'article 58, paragraphe 3.

6. La Commission engage des consultations avec le pays tiers ou l'organisation internationale en vue de remédier à la situation donnant lieu à la décision adoptée en vertu du paragraphe 5.

7. Les États membres prévoient qu'une décision adoptée en vertu du paragraphe 5 est sans préjudice des transferts de données à caractère personnel vers le pays tiers, le territoire ou un ou plusieurs secteurs déterminés dans ce pays tiers, ou à l'organisation internationale en question, effectués en application des articles 37 et 38.

8. La Commission publie au *Journal officiel de l'Union européenne* et sur son site internet une liste des pays tiers, des territoires et des secteurs déterminés dans un pays tiers et des organisations internationales pour lesquels elle a constaté par voie de décision qu'un niveau de protection adéquat est ou n'est plus assuré.

Art. 37 *Transferts moyennant des garanties appropriées.* 1. En l'absence de décision en vertu de l'article 36, paragraphe 3, les États membres prévoient qu'un transfert de données à caractère personnel vers un pays tiers ou à une organisation internationale peut avoir lieu lorsque :

a) des garanties appropriées en ce qui concerne la protection des données à caractère personnel sont fournies dans un instrument juridiquement contraignant ; ou

b) le responsable du traitement a évalué toutes les circonstances du transfert et estime qu'il existe des garanties appropriées au regard de la protection des données à caractère personnel.

2. Le responsable du traitement informe l'autorité de contrôle des catégories de transferts relevant du paragraphe 1, point b).

3. Lorsqu'un transfert est effectué sur la base du paragraphe 1, point b), ce transfert est documenté et la documentation est mise à la disposition de l'autorité de contrôle, sur demande, et comporte la date et l'heure du transfert, des informations sur l'autorité compétente destinataire, la justification du transfert et les données à caractère personnel transférées.

Art. 38 *Dérogations pour des situations particulières.* 1. En l'absence de décision d'adéquation en vertu de l'article 36 ou de garanties appropriées en vertu de l'article 37, les États membres prévoient qu'un transfert ou une catégorie de transferts de données à caractère personnel vers un pays tiers ou à une organisation internationale ne peut avoir lieu qu'à condition que le transfert soit nécessaire :

a) à la sauvegarde des intérêts vitaux de la personne concernée ou d'une autre personne ;

b) à la sauvegarde des intérêts légitimes de la personne concernée lorsque le droit de l'État membre transférant les données à caractère personnel le prévoit ;

c) pour prévenir une menace grave et immédiate pour la sécurité publique d'un État membre ou d'un pays tiers ;

d) dans des cas particuliers, aux fins énoncées à l'article 1er, paragraphe 1 ; ou

e) dans un cas particulier, à la constatation, à l'exercice ou à la défense de droits en justice en rapport avec les fins énoncées à l'article 1er, paragraphe 1.

2. Les données à caractère personnel ne sont pas transférées si l'autorité compétente qui transfère les données estime que les libertés et droits fondamentaux de la personne concernée l'emportent sur l'intérêt public dans le cadre du transfert visé au paragraphe 1, points d) et e).

3. Lorsqu'un transfert est effectué sur la base du paragraphe 1, point b), ce transfert est documenté et la documentation est mise à la disposition de l'autorité de contrôle, sur demande, et indique la date et l'heure du transfert, donne des informations sur l'autorité compétente destinataire, indique la justification du transfert et les données à caractère personnel transférées.

Art. 39 *Transferts de données à caractère personnel à des destinataires établis dans des pays tiers.* 1. Par dérogation à l'article 35, paragraphe 1, point b), et sans préjudice de tout accord international visé au paragraphe 2 du présent article, le droit de l'Union ou le droit d'un État membre peut prévoir que les autorités compétentes au sens de l'article 3, point 7) a), peuvent, dans certains cas particuliers, transférer des données à caractère personnel directement aux destinataires établis dans des pays tiers, unique-

ment lorsque les autres dispositions de la présente directive sont respectées et que toutes les conditions ci-après sont remplies :

a) le transfert est strictement nécessaire à l'exécution de la mission de l'autorité compétente qui transfère les données ainsi que le prévoit le droit de l'Union ou le droit d'un État membre aux fins énoncées à l'article 1er, paragraphe 1 ;

b) l'autorité compétente qui transfère les données établit qu'il n'existe pas de libertés ni de droits fondamentaux de la personne concernée qui prévalent sur l'intérêt public nécessitant le transfert dans le cas en question ;

c) l'autorité compétente qui transfère les données estime que le transfert à une autorité qui est compétente aux fins visées à l'article 1er, paragraphe 1, dans le pays tiers est inefficace ou inapproprié, notamment parce que le transfert ne peut pas être effectué en temps opportun ;

d) l'autorité qui est compétente aux fins visées à l'article 1er, paragraphe 1, dans le pays tiers est informée dans les meilleurs délais, à moins que cela ne soit inefficace ou inapproprié ;

e) l'autorité compétente qui transfère les données informe le destinataire de la finalité ou des finalités déterminées pour lesquelles les données à caractère personnel ne doivent faire l'objet d'un traitement que par cette dernière, à condition qu'un tel traitement soit nécessaire.

2. Par accord international visé au paragraphe 1, on entend tout accord international bilatéral ou multilatéral en vigueur entre les États membres et des pays tiers dans le domaine de la coopération judiciaire en matière pénale et de la coopération policière.

3. L'autorité compétente qui transfère les données informe l'autorité de contrôle des transferts relevant du présent article.

4. Lorsqu'un transfert est effectué sur la base du paragraphe 1, ce transfert est documenté.

Art. 40 *Coopération internationale dans le domaine de la protection des données à caractère personnel.* La Commission et les États membres prennent, à l'égard des pays tiers et des organisations internationales, les mesures appropriées pour :

a) élaborer des mécanismes de coopération internationaux destinés à faciliter l'application effective de la législation relative à la protection des données à caractère personnel ;

b) se prêter mutuellement assistance sur le plan international dans l'application de la législation relative à la protection des données à caractère personnel, notamment par la notification, la transmission des réclamations, l'entraide pour les enquêtes et l'échange d'informations, sous réserve de garanties appropriées pour la protection des données à caractère personnel et pour d'autres libertés et droits fondamentaux ;

c) associer les parties prenantes intéressées aux discussions et activités visant à développer la coopération internationale dans le domaine de l'application de la législation relative à la protection des données à caractère personnel ;

d) favoriser l'échange et la documentation de la législation et des pratiques en matière de protection des données à caractère personnel, y compris en ce qui concerne les conflits de compétence avec des pays tiers.

CHAPITRE VI *AUTORITÉS DE CONTRÔLE INDÉPENDANTES*

SECTION 1 *Statut d'indépendance*

Art. 41 *Autorité de contrôle.* 1. Chaque État membre prévoit qu'une ou plusieurs autorités publiques indépendantes sont chargées de surveiller l'application de la présente directive, afin de protéger les libertés et droits fondamentaux des personnes physiques à l'égard du traitement et de faciliter le libre flux des données à caractère personnel au sein de l'Union (ci-après dénommées "autorité de contrôle").

2. Chaque autorité de contrôle contribue à l'application cohérente de la présente directive dans l'ensemble de l'Union. A cette fin, les autorités de contrôle coopèrent entre elles et avec la Commission conformément au chapitre VII.

3. Les États membres peuvent prévoir qu'une autorité de contrôle instituée au titre du règlement (UE) 2016/679 est l'autorité de contrôle visée dans la présente

directive et prend en charge les missions de l'autorité de contrôle devant être instituée en vertu du paragraphe 1 du présent article.

4. Lorsqu'un État membre institue plusieurs autorités de contrôle, il désigne celle qui représente ces autorités au comité visé à l'article 51.

Art. 42 *Indépendance.* 1. Chaque État membre prévoit que chaque autorité de contrôle agit en toute indépendance dans l'exercice de ses missions et des pouvoirs dont elle est investie conformément à la présente directive.

2. Les États membres prévoient que, dans l'exercice de leurs missions et de leurs pouvoirs conformément à la présente directive, le ou les membres de leurs autorités de contrôle demeurent libres de toute influence extérieure, qu'elle soit directe ou indirecte, et ne sollicitent ni n'acceptent d'instructions de quiconque.

3. Le ou les membres des autorités de contrôle des États membres s'abstiennent de tout acte incompatible avec leurs fonctions et, pendant la durée de leur mandat, n'exercent aucune activité professionnelle incompatible, rémunérée ou non.

4. Chaque État membre veille à ce que chaque autorité de contrôle dispose des ressources humaines, techniques et financières ainsi que des locaux et de l'infrastructure nécessaires à l'exercice effectif de ses missions et de ses pouvoirs, y compris lorsque celle-ci doit agir dans le cadre de l'assistance mutuelle, de la coopération et de la participation au comité.

5. Chaque État membre veille à ce que chaque autorité de contrôle choisisse et dispose de ses propres agents, qui sont placés sous les ordres exclusifs du membre ou des membres de l'autorité de contrôle concernée.

6. Chaque État membre veille à ce que chaque autorité de contrôle soit soumise à un contrôle financier qui ne menace pas son indépendance et qu'elle dispose d'un budget annuel public propre, qui peut faire partie du budget global national ou d'une entité fédérée.

Art. 43 *Conditions générales applicables aux membres de l'autorité de contrôle.* 1. Les États membres prévoient que chacun des membres de leurs autorités de contrôle est nommé selon une procédure transparente par :

– leur parlement,

– leur gouvernement,

– leur chef d'État, ou

– un organisme indépendant chargé de procéder à la nomination en vertu du droit de l'État membre.

2. Chaque membre a les qualifications, l'expérience et les compétences nécessaires, en particulier dans le domaine de la protection des données à caractère personnel, pour l'exercice de leurs fonctions et de leurs pouvoirs.

3. Les fonctions d'un membre prennent fin à l'échéance de son mandat, en cas de démission ou de mise à la retraite d'office, conformément au droit de l'État membre concerné.

4. Un membre ne peut être démis de ses fonctions que s'il a commis une faute grave ou s'il ne remplit plus les conditions nécessaires à l'exercice de ses fonctions.

Art. 44 *Règles relatives à l'établissement de l'autorité de contrôle.* 1. Chaque État membre prévoit, par la loi, tous les éléments suivants :

a) la création de chaque autorité de contrôle ;

b) les qualifications et les conditions d'éligibilité requises pour être nommé membre de chaque autorité de contrôle ;

c) les règles et les procédures pour la nomination du ou des membres de chaque autorité de contrôle ;

d) la durée du mandat du ou des membres de chaque autorité de contrôle, qui ne peut être inférieure à quatre ans, sauf pour la première nomination après le 6 mai 2016, dont une partie peut être d'une durée plus courte lorsque cela est nécessaire pour protéger l'indépendance de l'autorité de contrôle au moyen d'une procédure de nominations échelonnées ;

e) le caractère renouvelable ou non renouvelable du mandat du ou des membres de chaque autorité de contrôle et, si c'est le cas, le nombre de mandats ;

f) les conditions régissant les obligations du ou des membres et des agents de chaque autorité de contrôle, les interdictions d'activités, d'emplois et d'avantages incompa-

tibles avec celles-ci, y compris après la fin de leur mandat, et les règles régissant la cessation de l'emploi.

2. Le membre ou les membres et les agents de chaque autorité de contrôle sont soumis, conformément au droit de l'Union ou au droit de l'État membre, au secret professionnel concernant toute information confidentielle dont ils ont eu connaissance dans l'exercice de leurs missions ou de leurs pouvoirs, y compris après la cessation de leurs activités. Pendant la durée de leur mandat, ce devoir de secret professionnel s'applique en particulier au signalement par des personnes physiques de violations de la présente directive.

SECTION 2 *Compétence, missions et pouvoirs*

Art. 45 *Compétence.* 1. Chaque État membre prévoit que chaque autorité de contrôle est compétente pour exercer les missions et les pouvoirs dont elle est investie conformément à la présente directive, sur le territoire de l'État membre dont elle relève.

2. Chaque État membre prévoit que chaque autorité de contrôle n'est pas compétente pour contrôler les opérations de traitement effectuées par les juridictions dans l'exercice de leur fonction juridictionnelle. Les États membres peuvent prévoir que leur autorité de contrôle n'est pas compétente pour contrôler les opérations de traitement effectuées par d'autres autorités judiciaires indépendantes lorsqu'elles agissent dans l'exercice de leur fonction juridictionnelle.

Art. 46 *Missions.* 1. Chaque État membre prévoit que, sur son territoire, chaque autorité de contrôle :

a) contrôle l'application des dispositions adoptées en application de la présente directive et de ses mesures d'exécution et veille au respect de celles-ci ;

b) favorise la sensibilisation du public et sa compréhension des risques, des règles, des garanties et des droits relatifs au traitement ;

c) conseille, conformément au droit de l'État membre, le parlement national, le gouvernement et d'autres institutions et organismes au sujet des mesures législatives et administratives relatives à la protection des droits et libertés des personnes physiques à l'égard du traitement ;

d) encourage la sensibilisation des responsables du traitement et des sous-traitants aux obligations qui leur incombent en vertu de la présente directive ;

e) fournit, sur demande, à toute personne concernée, des informations sur l'exercice de ses droits découlant de la présente directive et, le cas échéant, coopère à cette fin avec les autorités de contrôle d'autres États membres ;

f) traite les réclamations introduites par une personne concernée ou par un organisme, une organisation ou une association conformément à l'article 55, enquête sur l'objet de la réclamation, dans la mesure nécessaire, et informe l'auteur de la réclamation de l'état d'avancement et de l'issue de l'enquête dans un délai raisonnable, notamment si un complément d'enquête ou une coordination avec une autre autorité de contrôle est nécessaire ;

g) vérifie la licéité du traitement en vertu de l'article 17, et informe la personne concernée dans un délai raisonnable de l'issue de la vérification, conformément au paragraphe 3 dudit article, ou des motifs ayant empêché sa réalisation ;

h) coopère avec d'autres autorités de contrôle, y compris en partageant des informations, et leur fournit une assistance mutuelle dans ce cadre en vue d'assurer une application cohérente de la présente directive et des mesures prises pour en assurer le respect ;

i) effectue des enquêtes sur l'application de la présente directive, y compris sur la base d'informations reçues d'une autre autorité de contrôle ou d'une autre autorité publique ;

j) suit les évolutions pertinentes, dans la mesure où elles ont une incidence sur la protection des données à caractère personnel, notamment dans le domaine des technologies de l'information et de la communication ;

k) fournit des conseils sur les opérations de traitement visées à l'article 28 ; et

l) contribue aux activités du comité.

2. Chaque autorité de contrôle facilite l'introduction des réclamations visées au paragraphe 1, point f), par des mesures telles que la fourniture d'un formulaire de récla-

mation qui peut être rempli également par voie électronique, sans que d'autres moyens de communication ne soient exclus.

3. L'accomplissement des missions de chaque autorité de contrôle est gratuit pour la personne concernée et pour le délégué à la protection des données.

4. Lorsqu'une demande est manifestement infondée ou excessive, en raison, notamment, de son caractère répétitif, l'autorité de contrôle peut exiger le paiement de frais raisonnables basés sur ses coûts administratifs ou refuser de donner suite à la demande. Il incombe à l'autorité de contrôle de démontrer le caractère manifestement infondé ou excessif de la demande.

Art. 47 *Pouvoirs.* 1. Chaque État membre prévoit, par la loi, que chaque autorité de contrôle dispose de pouvoirs d'enquête effectifs. Ces pouvoirs comprennent au moins celui d'obtenir du responsable du traitement ou du sous-traitant l'accès à toutes les données à caractère personnel qui sont traitées et à toutes les informations nécessaires à l'exercice de ses missions.

2. Chaque État membre prévoit, par la loi, que chaque autorité de contrôle dispose de pouvoirs effectifs en matière d'adoption de mesures correctrices, tels que, par exemple :

a) avertir un responsable du traitement ou un sous-traitant du fait que les opérations de traitement envisagées sont susceptibles de violer les dispositions adoptées en vertu de la présente directive ;

b) ordonner au responsable du traitement ou au sous-traitant de mettre les opérations de traitement en conformité avec les dispositions adoptées en vertu de la présente directive, le cas échéant, de manière spécifique et dans un délai déterminé, en particulier en ordonnant la rectification ou l'effacement de données à caractère personnel ou la limitation du traitement en application de l'article 16 ;

c) limiter temporairement ou définitivement, y compris interdire, un traitement.

3. Chaque État membre prévoit, par la loi, que chaque autorité de contrôle dispose de pouvoirs consultatifs effectifs pour conseiller le responsable du traitement conformément à la procédure de consultation préalable visée à l'article 28 et d'émettre, de sa propre initiative ou sur demande, des avis à l'attention de son parlement national et de son gouvernement ou, conformément à son droit national, d'autres institutions et organismes ainsi que du public, sur toute question relative à la protection des données à caractère personnel.

4. L'exercice des pouvoirs conférés à l'autorité de contrôle en application du présent article est subordonné à des garanties appropriées, y compris le droit à un recours juridictionnel effectif et à une procédure régulière, prévues par le droit de l'Union et le droit de l'État membre conformément à la Charte.

5. Chaque État membre prévoit, par la loi, que chaque autorité de contrôle a le pouvoir de porter les violations des dispositions adoptées en vertu de la présente directive à la connaissance des autorités judiciaires et, le cas échéant, d'ester en justice d'une manière ou d'une autre, en vue de faire respecter les dispositions adoptées en vertu de la présente directive.

Art. 48 *Signalement des violations.* Les États membres prévoient que les autorités compétentes mettent en place des mécanismes efficaces pour encourager le signalement confidentiel des violations de la présente directive.

Art. 49 *Rapports d'activité.* Chaque autorité de contrôle établit un rapport annuel sur ses activités, qui peut comprendre une liste des types de violations notifiées et des types de sanctions imposées. Les rapports sont transmis au parlement national, au gouvernement et à d'autres autorités désignées par le droit de l'État membre. Ils sont mis à la disposition du public, de la Commission et du comité.

CHAPITRE VII *COOPÉRATION*

Art. 50 *Assistance mutuelle.* 1. Chaque État membre prévoit que leurs autorités de contrôle se communiquent les informations utiles et se prêtent mutuellement assistance en vue de mettre en œuvre et d'appliquer la présente directive de façon cohérente, et met en place des mesures pour coopérer efficacement. L'assistance mutuelle

concerne notamment les demandes d'information et les mesures de contrôle, telles que les demandes de consultation, les inspections et les enquêtes.

2. Chaque État membre prévoit que chaque autorité de contrôle prend toutes les mesures appropriées requises pour répondre à la demande d'une autre autorité de contrôle dans les meilleurs délais et au plus tard un mois après réception de la demande. De telles mesures peuvent comprendre notamment la transmission d'informations utiles sur la conduite d'une enquête.

3. Les demandes d'assistance contiennent toutes les informations nécessaires, notamment la finalité et les motifs de la demande. Les informations échangées ne sont utilisées qu'aux fins pour lesquelles elles ont été demandées.

4. Une autorité de contrôle saisie d'une demande ne peut refuser d'y satisfaire, sauf si :

a) elle n'est pas compétente pour traiter l'objet de la demande ou les mesures qu'elle est invitée à exécuter ; ou

b) satisfaire à la demande constituerait une violation de la présente directive ou du droit de l'Union ou du droit de l'État membre auquel l'autorité de contrôle qui a reçu la demande est soumise.

5. L'autorité de contrôle requise informe l'autorité de contrôle requérante des résultats obtenus ou, selon le cas, de l'avancement du dossier ou des mesures prises pour donner suite à la demande. L'autorité de contrôle requise donne les motifs de tout refus de satisfaire à une demande en application du paragraphe 4.

6. Les autorités de contrôle requises communiquent, en règle générale, par voie électronique et au moyen d'un formulaire type, les informations demandées par d'autres autorités de contrôle.

7. Les autorités de contrôle requises ne perçoivent pas de frais pour une mesure qu'elles prennent à la suite d'une demande d'assistance mutuelle. Les autorités de contrôle peuvent convenir de règles concernant l'octroi de dédommagements entre elles pour des dépenses spécifiques résultant de la fourniture d'une assistance mutuelle dans des circonstances exceptionnelles.

8. La Commission peut, par voie d'actes d'exécution, préciser la forme et les procédures de l'assistance mutuelle visée au présent article, ainsi que les modalités de l'échange d'informations par voie électronique entre les autorités de contrôle et entre les autorités de contrôle et le comité. Ces actes d'exécution sont adoptés en conformité avec la procédure d'examen visée à l'article 58, paragraphe 2.

Art. 51 *Missions du comité.* 1. Le comité institué par le règlement (UE) 2016/679 exerce les missions ci-après en ce qui concerne les activités de traitement relevant du champ d'application de la présente directive :

a) conseiller la Commission sur toute question relative à la protection des données à caractère personnel dans l'Union, notamment sur tout projet de modification de la présente directive ;

b) examiner, de sa propre initiative, à la demande de l'un de ses membres ou à la demande de la Commission, toute question portant sur l'application de la présente directive, et publier des lignes directrices, des recommandations et des bonnes pratiques afin de favoriser l'application cohérente de la présente directive ;

c) élaborer, à l'intention des autorités de contrôle, des lignes directrices concernant l'application des mesures visées à l'article 47, paragraphes 1 et 3 ;

d) publier des lignes directrices, des recommandations et des bonnes pratiques conformément au point b du présent alinéa, en vue d'établir les violations de données à caractère personnel et de déterminer les meilleurs délais visés à l'article 30, paragraphes 1 et 2, et de préciser les circonstances particulières dans lesquelles un responsable du traitement ou un sous-traitant est tenu de notifier la violation des données à caractère personnel ;

e) publier des lignes directrices, des recommandations et des bonnes pratiques conformément au point b) du présent alinéa concernant les circonstances dans lesquelles une violation de données à caractère personnel est susceptible d'engendrer un risque élevé pour les droits et libertés des personnes physiques, comme le prévoit l'article 31, paragraphe 1 ;

(Rect. JOUE L 127 du 23 mai 2018) « f) faire le bilan de l'application pratique des lignes directrices, des recommandations et des bonnes pratiques ; »

g) rendre à la Commission un avis en ce qui concerne l'évaluation du caractère adéquat du niveau de protection assuré par un pays tiers, un territoire ou un ou plusieurs secteurs déterminés dans un pays tiers, ou une organisation internationale, y compris concernant l'évaluation visant à déterminer si ce pays tiers, ce territoire, ce secteur déterminé ou cette organisation internationale n'assure plus un niveau adéquat de protection ;

h) promouvoir la coopération et l'échange bilatéral et multilatéral effectif d'informations et de bonnes pratiques entre les autorités de contrôle ;

i) promouvoir l'élaboration de programmes de formation conjoints et faciliter les échanges de personnel entre autorités de contrôle, ainsi que, le cas échéant, avec les autorités de contrôle de pays tiers ou avec des organisations internationales ;

j) promouvoir l'échange, avec des autorités de contrôle de la protection des données de tous pays, de connaissances et de documentation sur le droit et les pratiques en matière de protection des données.

En ce qui concerne le point g) du premier alinéa, la Commission fournit au comité tous les documents nécessaires, y compris la correspondance avec le gouvernement du pays tiers, le territoire ou le secteur déterminé dans ce pays tiers, ou avec l'organisation internationale.

2. Lorsque la Commission demande conseil au comité, elle peut mentionner un délai, selon l'urgence de la question.

3. Le comité transmet ses avis, lignes directrices, recommandations et bonnes pratiques à la Commission et au comité visé à l'article 58, paragraphe 1, et les publie.

4. La Commission informe le comité des suites qu'elle a réservées aux avis, lignes directrices, recommandations et bonnes pratiques publiés par le comité.

CHAPITRE VIII *VOIES DE RECOURS, RESPONSABILITÉ ET SANCTIONS*

Art. 52 *Droit d'introduire une réclamation auprès d'une autorité de contrôle.* 1. Sans préjudice de tout autre recours administratif ou juridictionnel, les États membres prévoient que toute personne concernée a le droit d'introduire une réclamation auprès d'une autorité de contrôle unique, si elle considère que le traitement de données à caractère personnel la concernant constitue une violation des dispositions adoptées en vertu de la présente directive.

2. Les États membres prévoit *[prévoient]* que, si la réclamation n'est pas introduite auprès de l'autorité de contrôle compétente au titre de l'article 45, paragraphe 1, l'autorité de contrôle auprès de laquelle la réclamation a été introduite la transmet dans les meilleurs délais à l'autorité de contrôle compétente. La personne concernée est informée de cette transmission.

3. Les États membres prévoient que l'autorité de contrôle auprès de laquelle la réclamation a été introduite fournit une assistance supplémentaire à la demande de la personne concernée.

4. La personne concernée est informée par l'autorité de contrôle compétente de l'état d'avancement et de l'issue de la réclamation, y compris de la possibilité d'un recours juridictionnel en vertu de l'article 53.

Art. 53 *Droit à un recours juridictionnel effectif contre une autorité de contrôle.* 1. Sans préjudice de tout autre recours administratif ou extrajudiciaire, les États membres prévoient qu'une personne physique ou morale a le droit de former un recours juridictionnel effectif contre une décision juridiquement contraignante d'une autorité de contrôle qui la concerne.

2. Sans préjudice de tout autre recours administratif ou extrajudiciaire, toute personne concernée a le droit de former un recours juridictionnel effectif lorsque l'autorité de contrôle qui est compétente en vertu de l'article 45, paragraphe 1, ne traite pas une réclamation ou n'informe pas la personne concernée, dans un délai de trois mois, de l'état d'avancement ou de l'issue de la réclamation qu'elle a introduite au titre de l'article 52.

3. Les États membres disposent que les actions contre une autorité de contrôle sont intentées devant les juridictions de l'État membre sur le territoire duquel l'autorité de contrôle est établie.

Art. 54 *Droit à un recours juridictionnel effectif contre un responsable du traitement ou un sous-traitant.* Les États membres prévoient que, sans préjudice de tout recours administratif ou extrajudiciaire qui leur est ouvert, notamment le droit d'introduire une réclamation auprès d'une autorité de contrôle en vertu de l'article 52, une personne concernée a droit à un recours juridictionnel effectif lorsqu'elle considère que ses droits prévus dans les dispositions adoptées en vertu de la présente directive ont été violés du fait d'un traitement de ses données à caractère personnel effectué en violation desdites dispositions.

Art. 55 *Représentation des personnes concernées.* Les États membres prévoient, conformément à leur droit procédural, que la personne concernée a le droit de mandater un organisme, une organisation ou une association à but non lucratif, qui a été valablement constitué conformément au droit d'un État membre, dont les objectifs statutaires sont d'intérêt public et qui est actif dans le domaine de la protection des droits et libertés des personnes concernées dans le cadre de la protection des données à caractère personnel la concernant, pour qu'il introduise une réclamation en son nom et exerce en son nom les droits visés aux articles 52, 53 et 54.

Art. 56 *Droit à réparation.* Les États membres prévoient que toute personne ayant subi un dommage matériel ou un préjudice moral du fait d'une opération de traitement illicite ou de toute action qui constitue une violation des dispositions nationales adoptées en vertu de la présente directive a le droit d'obtenir du responsable du traitement, ou de toute autre autorité compétente en vertu du droit d'un État membre, réparation du préjudice subi.

Art. 57 *Sanctions.* Les États membres déterminent le régime des sanctions applicables en cas de violations des dispositions adoptées en vertu de la présente directive et prennent toutes les mesures nécessaires pour garantir leur mise en œuvre. Les sanctions ainsi prévues doivent être effectives, proportionnées et dissuasives.

CHAPITRE IX *ACTES D'EXÉCUTION*

Art. 58 *Comité.* 1. La Commission est assistée par le comité institué par l'article 93 du règlement (UE) 2016/679. Ledit comité est un comité au sens du règlement (UE) nº 182/2011.

2. Lorsqu'il est fait référence au présent paragraphe, l'article 5 du règlement (UE) nº 182/2011 s'applique.

3. Lorsqu'il est fait référence au présent paragraphe, l'article 8 du règlement (UE) nº 182/2011 s'applique, en liaison avec son article 5.

CHAPITRE X *DISPOSITIONS FINALES*

Art. 59 *Abrogation de la décision-cadre 2008/977/JAI.* 1. La décision-cadre 2008/977/JAI est abrogée à compter du 6 mai 2018.

2. Les références faites à la décision abrogée visée au paragraphe 1 s'entendent comme faites à la présente directive.

Art. 60 *Actes juridiques de l'Union déjà en vigueur.* Les dispositions spécifiques relatives à la protection des données à caractère personnel figurant dans des actes juridiques de l'Union qui sont entrés en vigueur le 6 mai 2016 ou avant cette date dans le domaine de la coopération judiciaire en matière pénale et de la coopération policière, qui réglementent le traitement entre États membres et l'accès des autorités nationales désignées des États membres aux systèmes d'information créés en vertu des traités, dans le cadre de la présente directive, demeurent inchangées.

Art. 61 *Relation avec les accords internationaux conclus antérieurement dans le domaine de la coopération judiciaire en matière pénale et de la coopération policière.* Les accords internationaux impliquant le transfert de données à caractère personnel vers des pays

tiers ou à des organisations internationales qui ont été conclus par les États membres avant le 6 mai 2016 et qui respectent le droit de l'Union tel qu'il est applicable avant cette date restent en vigueur jusqu'à leur modification, leur remplacement ou leur révocation.

Art. 62 *Rapports de la Commission.* 1. Au plus tard le 6 mai 2022, et tous les quatre ans par la suite, la Commission présente au Parlement européen et au Conseil un rapport sur l'évaluation et le réexamen de la présente directive. Ces rapports sont publiés.

2. Dans le cadre de ces évaluations et réexamens visés au paragraphe 1, la Commission examine, en particulier, l'application et le fonctionnement du chapitre V sur le transfert de données à caractère personnel vers des pays tiers ou à des organisations internationales, en accordant une attention particulière aux décisions adoptées en vertu de l'article 36, paragraphe 3, et de l'article 39.

3. Aux fins des paragraphes 1 et 2, la Commission peut demander des informations aux États membres et aux autorités de contrôle.

4. Lorsqu'elle procède aux évaluations et réexamens visés aux paragraphes 1 et 2, la Commission tient compte des positions et des conclusions du Parlement européen, du Conseil ainsi que d'autres organismes ou sources pertinents.

5. La Commission présente, si nécessaire, des propositions législatives visant à modifier la présente directive, en particulier en tenant compte des évolutions en matière de technologie de l'information et de l'état d'avancement de la société de l'information.

6. Au plus tard le 6 mai 2019, la Commission réexamine d'autres actes juridiques adoptés par l'Union qui réglementent le traitement par les autorités compétentes aux fins énoncées à l'article 1er, paragraphe 1, y compris ceux qui sont visés à l'article 60, afin d'apprécier la nécessité de les mettre en conformité avec la présente directive et de formuler, le cas échéant, les propositions nécessaires en vue de modifier ces actes pour assurer une approche cohérente de la protection des données à caractère personnel dans le cadre de la présente directive.

Art. 63 *Transposition.* 1. Les États membres adoptent et publient, au plus tard le 6 mai 2018, les dispositions législatives, réglementaires et administratives nécessaires pour se conformer à la présente directive. Ils communiquent immédiatement à la Commission le texte de ces dispositions. Ils appliquent ces dispositions à partir du 6 mai 2018.

Lorsque les États membres adoptent ces dispositions, celles-ci contiennent une référence à la présente directive ou sont accompagnées d'une telle référence lors de leur publication officielle. Les modalités de cette référence sont arrêtées par les États membres.

2. Par dérogation au paragraphe 1, un État membre peut prévoir que, à titre exceptionnel, lorsque cela exige des efforts disproportionnés, les systèmes de traitement automatisé installés avant le 6 mai 2016 sont mis en conformité avec l'article 25, paragraphe 1, au plus tard le 6 mai 2023.

3. Par dérogation aux paragraphes 1 et 2 du présent article, un État membre peut, dans des circonstances exceptionnelles, mettre un système donné de traitement automatisé visé au paragraphe 2 du présent article, en conformité avec l'article 25, paragraphe 1, dans un délai déterminé après le délai visé au paragraphe 2 du présent article, lorsque, à défaut de cela, de graves difficultés se poseraient pour le fonctionnement du système de traitement automatisé en question. L'État membre concerné notifie à la Commission les raisons de ces graves difficultés et les motifs justifiant le délai déterminé de mise en conformité du système donné de traitement automatisé avec l'article 25, paragraphe 1. Le délai déterminé n'est en aucun cas fixé au-delà du 6 mai 2026.

4. Les États membres communiquent à la Commission le texte des dispositions essentielles de droit interne qu'ils adoptent dans le domaine régi par la présente directive.

Art. 64 *Entrée en vigueur.* La présente directive entre en vigueur le jour suivant celui de sa publication au *Journal officiel de l'Union européenne.*

Art. 65 *Destinataires.* Les États membres sont destinataires de la présente directive.

Directive (UE) 2016/1148 du 6 juillet 2016 (directive "NIS 1"),

Concernant des mesures destinées à assurer un niveau élevé commun de sécurité des réseaux et des systèmes d'information dans l'Union.

La Dir. (UE) 2016/1148 du 6 juill. 2016 est abrogée avec effet au 18 oct. 2024 (Dir. (UE) 2022/2555 du 14 déc. 2022, art. 44 ; V. ce texte infra).

V. les consid. sur le Code en ligne.

CHAPITRE I *DISPOSITIONS GÉNÉRALES*

Art. 1er *Objet et champ d'application.* **1. La présente directive établit des mesures visant à assurer un niveau élevé commun de sécurité des réseaux et des systèmes d'information dans l'Union afin d'améliorer le fonctionnement du marché intérieur.**

2. A cette fin, la présente directive :

a) fixe des obligations à tous les États membres en ce qui concerne l'adoption d'une stratégie nationale en matière de sécurité des réseaux et des systèmes d'information ;

b) institue un groupe de coopération afin de soutenir et faciliter la coopération stratégique et l'échange d'informations entre les États membres et de renforcer la confiance mutuelle ;

c) institue un réseau des centres de réponse aux incidents de sécurité informatique (ci-après dénommé "réseau des CSIRT") afin de contribuer au renforcement de la confiance entre les États membres et de promouvoir une coopération rapide et effective au niveau opérationnel ;

d) établit des exigences en matière de sécurité et de notification pour les opérateurs de services essentiels et pour les fournisseurs de service numérique ;

e) fixe des obligations aux États membres pour la désignation d'autorités nationales compétentes, de points de contact uniques et de CSIRT chargés de tâches liées à la sécurité des réseaux et des systèmes d'information.

3. Les exigences en matière de sécurité et de notification prévues par la présente directive ne s'appliquent pas aux entreprises soumises aux exigences énoncées aux articles 13 *bis* et 13 *ter* de la directive 2002/21/CE ni aux prestataires de services de confiance soumis aux exigences énoncées à l'article 19 du règlement (UE) n° 910/2014.

4. La présente directive est sans préjudice de la directive 2008/114/CE du Conseil *[du 8 déc. 2008 concernant le recensement et la désignation des infrastructures critiques européennes ainsi que l'évaluation de la nécessité d'améliorer leur protection (JO L 345 du 23 déc. 2008, p. 75)]* **et des directives du Parlement européen et du Conseil 2011/93/UE** *[du 13 déc. 2011 relative à la lutte contre les abus sexuels et l'exploitation sexuelle des enfants, ainsi que la pédopornographie et remplaçant la décision-cadre 2004/68/JAI du Conseil (JO L 335 du 17 déc. 2011, p. 1)]* **et 2013/40/UE** *[du 12 août 2013 relative aux attaques contre les systèmes d'information et remplaçant la décision-cadre 2005/222/JAI du Conseil (JO L 218 du 14 août 2013, p. 8)]***.**

5. Sans préjudice de l'article 346 du traité sur le fonctionnement de l'Union européenne, les informations considérées comme confidentielles en application de la réglementation nationale ou de l'Union, telle que les règles applicables au secret des affaires, ne peuvent faire l'objet d'un échange avec la Commission et d'autres autorités concernées que si cet échange est nécessaire à l'application de la présente directive. Les informations échangées se limitent au minimum nécessaire et sont proportionnées à l'objectif de cet échange. Cet échange d'informations préserve la confidentialité des informations concernées et protège la sécurité et les intérêts commerciaux des opérateurs de services essentiels et des fournisseurs de service numérique.

6. La présente directive est sans préjudice des mesures prises par les États membres pour préserver leurs fonctions étatiques essentielles, en particulier dans le but de préserver la sécurité nationale, notamment les mesures visant à protéger les informations dont la divulgation est considérée par les États membres comme contraire aux intérêts essentiels de leur sécurité, et de maintenir l'ordre public, en particulier pour permettre la détection des infractions pénales ainsi que les enquêtes et les poursuites en la matière.

7. Lorsqu'un acte juridique sectoriel de l'Union exige des opérateurs de services essentiels ou des fournisseurs de service numérique qu'ils assurent la sécurité de leurs réseaux et systèmes d'information ou qu'ils procèdent à la notification des incidents, à condition que les exigences en question aient un effet au moins équivalent à celui des obligations prévues par la présente directive, les dispositions de cet acte juridique sectoriel de l'Union s'appliquent.

COMMENTAIRE

Prémisses. La directive concernant la sécurité des réseaux et des systèmes d'information (SRI) est la première grande étape de la stratégie de cybersécurité proposée par la Commission en 2013. Son objectif principal, promouvoir la cyber résilience dans l'Union européenne, repose sur la nécessité de renforcer les capacités nationales et de développer une coopération entre les autorités publiques et le secteur privé. Pour sensibiliser les États et le législateur européen à ces nouveaux enjeux, la Commission avait proposé une vision politique de la sécurité des réseaux et des systèmes d'information à travers plusieurs communications (Sécurité des réseaux et de l'information : proposition pour une approche politique européenne, 6 juin 2001, COM(2001) 298 final ; Une stratégie pour une société de l'information sûre, 31 mai 2006, COM(2006) 251 final ; Protéger l'Europe des cyberattaques et des perturbations de grande envergure : améliorer l'état de préparation, la sécurité et la résilience, 30 mars 2009, COM(2009) 149 final ; approuvé par la résolution du Conseil, 18 déc. 2009, 2009/C 321/01 ; Réalisations et prochaines étapes : vers une cybersécurité mondiale, 31 mars 2011, COM(2011) 163 final ; approuvé par les conclusions du Conseil, 19 mai 2011, 10299/11). L'enjeu de ces textes juridiquement non contraignants était de rassembler le consensus politique nécessaire autour de cette législation.

Compétence du législateur européen. La question de la compétence juridique de l'Union européenne pour agir sur ces sujets n'était pas évidente. La base juridique de la directive finalement retenue est, sans surprise, l'article 114 du Traité sur le fonctionnement de l'Union européenne (TFUE), c'est-à-dire l'article qui permet au législateur européen d'adopter les mesures d'harmonisation nécessaires au bon fonctionnement du marché intérieur. Le prisme économique a été privilégié à un objectif de sécurité qui aurait soulevé de fortes difficultés juridiques pour justifier une action au niveau européen. L'action législative, en permettant de faire face aux cyberrisques et menaces de dimension transnationale et en contribuant à une intervention coordonnée en cas d'urgence, devait favoriser le bon fonctionnement du marché intérieur (et accessoirement seulement accroître la sécurité intérieure de l'UE). Le premier considérant de la directive souligne ainsi que la fiabilité et la sécurité des réseaux et des systèmes d'information « sont essentielles aux fonctions économiques et sociétales et notamment au fonctionnement du marché intérieur ». Ce fondement économique permet de dépasser la compétence nationale en matière de cybersécurité.

Enjeux. Il s'agit du premier acte législatif européen sur la cybersécurité. A ce stade, l'objectif était triple : créer des conditions permettant aux États membres d'améliorer leurs capacités, établir une coopération entre eux et tenter d'instaurer un climat de confiance mutuelle. Pour les atteindre, la directive cherche à développer un minimum de moyens dans les secteurs public et privé pour prévenir, détecter et gérer les incidents de cybersécurité. L'objectif peut paraître modeste au regard de l'importance des enjeux. Il a été défini en tenant compte d'une double contrainte : d'une part, les limites de la compétence européenne et, d'autre part, les différences extrêmement marquées entre les États membres du point de vue des capacités et de l'engagement (Comm. europ., *Assessment of the EU 2013 Cybersecurity Strategy*, 13 sept. 2017, SWD (2017) 295 final). La directive a ainsi été conçue comme une première étape, devant permettre un socle minimal commun à même de créer une confiance réciproque entre les différents acteurs sur les questions de sécurité numérique. La question de l'équilibre des responsabilités entre les utilisateurs et les fournisseurs de produits numériques reste cependant encore un enjeu important.

Objet. Cette directive, qui devait être transposée dans les États membres le 9 mai 2018, cherche à établir un niveau minimum de moyens disponibles au niveau national. Les États membres doivent adopter des stratégies SRI nationales, mettre en place des autorités nationales compétentes et des points de contact et des centres de réponse aux

incidents de sécurité informatique (CSIRT). La directive établit également des exigences en matière de sécurité et de notification pour les opérateurs de services essentiels dans les secteurs critiques et pour les fournisseurs de services numériques. Le renforcement du niveau de préparation et de confiance du secteur privé était un objectif essentiel, qui n'a d'ailleurs pas été complètement atteint, dès lors qu'il exploite l'essentiel des réseaux et systèmes informatiques.

Limites. Si l'instauration d'un climat de confiance sur les questions de cybersécurité est difficile à instaurer, la directive intègre aussi certaines limites à l'échange d'informations au niveau européen, qui tiennent au respect d'informations confidentielles comme le secret des affaires ou la protection des fonctions étatiques essentielles. En France, depuis 2021, les informations en lien avec des enjeux politiques, militaires, diplomatiques, économiques, industriels et scientifiques peuvent être protégées par le secret de la défense nationale (C. défense, art. R. 2311-2 s. ; Instr. gén. intermin. n° 1300/SGDSN/PSE/PSD du 9 août 2021). Le champ des informations protégées par le secret de la défense nationale semble plus large que les dérogations envisagées par la directive SRI. L'article 1er, § 6 souligne que la directive ne s'applique pas aux mesures prises par les États membres « pour préserver leurs fonctions étatiques essentielles, en particulier dans le but de préserver la sécurité nationale, notamment les mesures visant à protéger les informations dont la divulgation est considérée par les États membres comme contraire aux intérêts essentiels de leur sécurité, et de maintenir l'ordre public, en particulier pour permettre la détection des infractions pénales ainsi que les enquêtes et les poursuites en la matière ». Cela dit, dès lors que le texte se limite à une harmonisation minimale respectueuse des compétences nationales en matière de cybersécurité, on peut penser que la communication d'informations sensibles et confidentielles restera facultative, même au-delà du périmètre de la sécurité nationale et de l'ordre public.

Fragmentation législative. La directive SRI s'ajoute aux éléments de régulation contenus dans la législation sur les communications électroniques (Dir. (UE) 2018/1972 du 11 déc. 2018), le règlement général sur la protection des données (Règl. (UE) 2016/679 du 27 avr. 2016, « RGPD »), ainsi que la directive e-privacy (Dir. 2002/58/CE du 12 juill. 2002). Cela pose des questions d'articulation évidentes (sur lesquelles V. spéc. ENISA, *Stock taking of security requirements set by different legal frameworks on OES and DSPs*, 15 nov. 2019). Certaines législations sectorielles intègrent des aspects de cybersécurité, en lien avec la directive SRI. C'est le cas de la cybersécurité des flux énergétiques transfrontaliers (Recomm. (UE) 2019/553 de la Commission du 3 avr. 2019, C(2019) 2400), des règles de cybersécurité dans le domaine de la sûreté aérienne (Règl. exéc. (UE) 2019/1583 du 25 sept. 2019) et de la proposition de la Commission concernant une loi sur la résilience opérationnelle numérique pour les services financiers (24 sept. 2020, COM(2020) 595 final). Le règlement sur l'identification électronique et les services de confiance pour les transactions électroniques dans le marché intérieur (Règl. (UE) n° 910/2014 du 23 juill. 2014, « eIDAS ») apporte des précisions importantes. A ce point de fragmentation, la question de la cohérence générale de la législation européenne va se poser avec une grande acuité.

Plus généralement, la législation européenne de la cybersécurité a été complétée sur d'autres questions qui ne sont pas traitées dans la directive, notamment par le règlement sur la cybersécurité (Règl. (UE) 2019/881 du 17 avr. 2019), ce qui donne un cadre législatif un peu fragmenté dans lequel il reste cependant encore quelques angles morts. La sécurité de l'Internet des objets doit faire l'objet du *Cyber Resilience Act* annoncé en 2021. Ces enjeux rejoignent plus largement les questions d'autonomie stratégique européenne et la capacité de l'Union européenne à maîtriser ses chaînes de valeurs industrielles.

Centre de compétences européen pour l'industrie, les technologies et la recherche en matière de cybersécurité dans l'Union européenne. Les études montrent une certaine faiblesse du niveau de sécurité numérique dans l'Union européenne. Cela est lié aux disparités fortes entre États membres de l'Union dont le niveau de maturité dans la gestion du risque cyber ainsi que les capacités varient considérablement. Cela résulte aussi du fait que l'Union dépend de fournisseurs de services de cybersécurité non européens. Le législateur européen a ainsi pris conscience du fait qu'il est dans l'intérêt stratégique de l'Union de veiller à maintenir et à développer des capacités essentielles dans les domaines de la recherche et des technologies en matière de

cybersécurité pour sécuriser les réseaux et les systèmes d'information des citoyens et des entreprises et, en particulier, pour sécuriser les réseaux et les systèmes d'information critiques, ainsi que pour fournir des services clés de cybersécurité. En 2021, la création du Centre de compétences européen pour l'industrie, les technologies et la recherche en matière de cybersécurité et du Réseau de centres nationaux de coordination doit permettre de mettre en cohérence l'expertise et l'expérience européennes dans les domaines de la recherche, des technologies et du développement industriel en matière de cybersécurité. L'enjeu est de résoudre la dispersion de l'effort industriel et de la recherche sur les technologies de cybersécurité pour assurer une protection efficace des réseaux et systèmes dans ce domaine. Le Centre de compétences européen pour l'industrie, les technologies et la recherche en matière de cybersécurité a vocation à créer des synergies afin de renforcer et de compléter les capacités et les qualifications dans les domaines de la recherche, des technologies et de l'industrie existantes au niveau de l'Union et au niveau national (Règl. (UE) 2021/887 du 20 mai 2021 établissant le Centre de compétences européen pour l'industrie, les technologies et la recherche en matière de cybersécurité et le Réseau de centres nationaux de coordination). ❑

Art. 2 ***Traitement des données à caractère personnel.*** **1. Le traitement de données à caractère personnel au titre de la présente directive est effectué conformément à la directive 95/46/CE.**

2. Le traitement de données à caractère personnel par les institutions et organes de l'Union au titre de la présente directive est effectué conformément au règlement (CE) n° 45/2001.

Art. 3 ***Harmonisation minimale.*** **Sans préjudice de l'article 16, paragraphe 10, et des obligations qui leur incombent en vertu du droit de l'Union, les États membres peuvent adopter ou maintenir des dispositions en vue de parvenir à un niveau de sécurité plus élevé des réseaux et des systèmes d'information.**

COMMENTAIRE

Harmonisation minimale. La directive prévoit un degré d'harmonisation dite minimale, c'est-à-dire qu'elle prévoit des obligations qui laissent la place à des mesures nationales supplémentaires qui permettraient de renforcer le niveau de sécurité des réseaux et des systèmes d'information. Ce n'est pas une uniformisation juridique des pratiques qui est recherchée, mais plutôt un socle minimum pour créer une culture commune européenne en matière de sécurité des réseaux et des systèmes d'information qui doit permettre de créer une confiance mutuelle entre les acteurs impliqués dans les questions de sécurité : entre les autorités publiques et le secteur privé, ainsi qu'entre les différentes autorités nationales dans l'Union européenne. Ce degré d'harmonisation trop faible a posé de réelles difficultés d'application au regard de la très forte hétérogénéité des mesures de transposition nationale rendue possible par la marge d'appréciation importante laissée aux États membres. Ces disparités nationales sont telles qu'une modification de la directive SRI est jugée insuffisante et que seule une nouvelle directive pourrait renforcer le niveau de sécurité sans formellement élever le degré d'harmonisation. Symptomatiquement, le nouveau texte conserve le même instrument, celui de la directive et non d'un règlement qui aurait permis une harmonisation plus forte.

Harmonisation partielle. L'harmonisation réalisée par la directive est non seulement minimale, c'est-à-dire qu'elle laisse les États libres d'adopter des mesures prévoyant un niveau renforcé de sécurité, mais elle n'est également que partielle : sur le plan matériel, son champ d'application ne couvre qu'une faible partie des domaines économiques et sociaux (V. *infra*, comm. ss art. 4). Les États membres peuvent spontanément décider d'étendre les obligations de la directive à des secteurs qu'elle ne couvre pas (Commission européenne, Exploiter tout le potentiel de la directive SRI – Vers la mise en œuvre effective de la Dir. (UE) 2016/1148, 4 oct. 2017, COM(2017) 476 final). Sur le plan normatif, le cadre de surveillance et d'application de la directive ne contient que des dispositions générales qui ne précisent pas les exigences minimales des mesures de surveillance qui peuvent être appliquées par les autorités compétentes. La directive ne précise pas non plus un niveau minimal de sanctions en cas de violation des obligations qu'elle prévoit.

Harmonisation optionnelle. En plus d'être minimale et partielle, l'harmonisation opérée par la directive est souvent optionnelle, c'est-à-dire qu'elle repose sur l'adoption volontaire de mesures par les États et les opérateurs de services essentiels (OSE).

L'application de certaines dispositions de la directive présente un caractère volontaire pour les autorités nationales. Ainsi, dans le cadre du groupe de coopération SRI, l'évaluation des stratégies nationales en matière de sécurité des réseaux et des systèmes d'information ainsi que celle de l'efficacité des centres de réponse aux incidents de sécurité informatique (CSIRT) sont facultatives. Ces mesures volontaires se révèlent peu appliquées en pratique, en l'absence de mesures incitatives pour encourager le partage d'informations ou la coopération opérationnelle entre les autorités compétentes.

L'application de certaines dispositions de la directive présente un caractère volontaire pour les opérateurs privés. C'est l'un des objectifs de l'article 20 de la directive qui prévoit une procédure de notification volontaire. Les entités qui n'ont pas été identifiées en tant qu'OSE et qui ne sont pas des fournisseurs de service numérique (FSN) peuvent notifier, à titre volontaire, les incidents ayant un impact significatif sur la continuité des services qu'elles fournissent (art. 20). L'incitation des entités à recourir à des normes et des spécifications européennes ou internationalement reconnues pour la sécurité des réseaux et des systèmes d'information s'inscrit aussi dans cette forme d'harmonisation optionnelle (art. 19). ❑

Art. 4 ***Définitions.*** **Aux fins de la présente directive, on entend par :**

1) "réseau et système d'information" :

a) un réseau de communications électroniques au sens de l'article 2, point a), de la directive 2002/21/CE ;

b) tout dispositif ou tout ensemble de dispositifs interconnectés ou apparentés, dont un ou plusieurs éléments assurent, en exécution d'un programme, un traitement automatisé de données numériques ; ou

c) les données numériques stockées, traitées, récupérées ou transmises par les éléments visés aux points a) et b) en vue de leur fonctionnement, utilisation, protection et maintenance ;

2) "sécurité des réseaux et des systèmes d'information" : la capacité des réseaux et des systèmes d'information de résister, à un niveau de confiance donné, à des actions qui compromettent la disponibilité, l'authenticité, l'intégrité ou la confidentialité de données stockées, transmises ou faisant l'objet d'un traitement, et des services connexes que ces réseaux et systèmes d'information offrent ou rendent accessibles ;

3) "stratégie nationale en matière de sécurité des réseaux et des systèmes d'information" : un cadre prévoyant des objectifs et priorités stratégiques en matière de sécurité des réseaux et des systèmes d'information au niveau national ;

4) "opérateur de services essentiels" : une entité publique ou privée dont le type figure à l'annexe II et qui répond aux critères énoncés à l'article 5, paragraphe 2 ;

5) "service numérique" : un service au sens de l'article 1er, paragraphe 1, point b), de la directive (UE) 2015/1535 du Parlement européen et du Conseil *[du 9 sept. 2015 prévoyant une procédure d'information dans le domaine des réglementations techniques et des règles relatives aux services de la société de l'information (JO L 241 du 17 sept. 2015, p. 1)]* **dont le type figure dans la liste de l'annexe III ;**

6) "fournisseur de service numérique" : une personne morale qui fournit un service numérique ;

7) "incident" : tout événement ayant un impact négatif réel sur la sécurité des réseaux et des systèmes d'information ;

8) "gestion d'incident" : toutes les procédures utiles à la détection, à l'analyse et au confinement d'un incident et toutes les procédures utiles à l'intervention en cas d'incident ;

9) "risque" : toute circonstance ou tout événement raisonnablement identifiable ayant un impact négatif potentiel sur la sécurité des réseaux et des systèmes d'information ;

10) "représentant" : une personne physique ou morale établie dans l'Union qui est expressément désignée pour agir pour le compte d'un fournisseur de service numérique non établi dans l'Union, qui peut être contactée par une autorité nationale compétente ou un CSIRT à la place du fournisseur de service numérique concernant les

obligations incombant audit fournisseur de service numérique en vertu de la présente directive ;

11) "norme" : une norme au sens de l'article 2, point 1), du règlement (UE) n° 1025/2012 ;

12) "spécification" : une spécification technique au sens de l'article 2, point 4), du règlement (UE) n° 1025/2012 ;

13) "point d'échange internet" (IXP) : une structure de réseau qui permet l'interconnexion de plus de deux systèmes autonomes indépendants, essentiellement aux fins de faciliter l'échange de trafic internet ; un IXP n'assure l'interconnexion que pour des systèmes autonomes ; un IXP n'exige pas que le trafic internet passant entre une paire quelconque de systèmes autonomes participants transite par un système autonome tiers, pas plus qu'il ne modifie ou n'altère par ailleurs un tel trafic ;

14) "système de noms de domaine" (DNS) : un système hiérarchique et distribué d'affectation de noms dans un réseau qui résout les questions liées aux noms de domaines ;

15) "fournisseur de services DNS" : une entité qui fournit des services DNS sur l'internet ;

16) "registre de noms de domaine de haut niveau" : une entité qui administre et gère l'enregistrement de noms de domaine internet dans un domaine de haut niveau donné ;

17) "place de marché en ligne" : un service numérique qui permet à des consommateurs et/ou à des professionnels au sens de l'article 4, paragraphe 1, point a) ou point b) respectivement, de la directive 2013/11/UE du Parlement européen et du Conseil *[du 21 mai 2013 relative au règlement extrajudiciaire des litiges de consommation et modifiant le Règl. (CE) n° 2006/2004 et la Dir. 2009/22/CE (Dir. relative au RELC) (JO L 165 du 18 juin 2013, p. 63)]* **de conclure des contrats de vente ou de service en ligne avec des professionnels soit sur le site internet de la place de marché en ligne, soit sur le site internet d'un professionnel qui utilise les services informatiques fournis par la place de marché en ligne ;**

18) "moteur de recherche en ligne" : un service numérique qui permet aux utilisateurs d'effectuer des recherches sur, en principe, tous les sites internet ou sur les sites internet dans une langue donnée, sur la base d'une requête lancée sur n'importe quel sujet sous la forme d'un mot clé, d'une phrase ou d'une autre entrée, et qui renvoie des liens à partir desquels il est possible de trouver des informations en rapport avec le contenu demandé ;

19) "service d'informatique en nuage" : un service numérique qui permet l'accès à un ensemble modulable et variable de ressources informatiques pouvant être partagées.

COMMENTAIRE

Analyse des cyberattaques. Dans le cadre de ce cycle de rapports annuels de synthèse au titre de la directive SRI, le groupe de coopération a recensé 432 incidents de cybersécurité soumis par les autorités compétentes nationales en 2019. Les secteurs de la santé, de la banque et des infrastructures numériques représentaient près des deux tiers du total des incidents signalés, soit 281 sur 432 (Rapport annuel sur les incidents de la directive SRI en 2019). La plupart des incidents signalés concernent le secteur des soins de santé : plus d'un quart des incidents signalés ont affecté l'infrastructure et les services de santé (122 incidents). Cela est particulièrement problématique au regard des divergences nationales dans l'identification des OSE : dans certains États membres de grands hôpitaux ne relèvent ainsi pas du champ d'application de la directive et ne sont donc pas tenus de mettre en place les mesures de sécurité qu'elle prévoit (V. *infra*, art. 5 et 6).

Les défaillances du système sont la cause première la plus fréquente des incidents signalés (48 % des incidents sont dus à des défaillances du système). Les phénomènes naturels n'ont affecté que l'infrastructure numérique et le secteur de la communication. Au titre des actions malveillantes, les logiciels malveillants et les attaques par hameçonnage sont les causes les plus fréquentes d'incidents.

Définitions communes. Le travail sur des définitions communes est fondamental pour une application, sinon uniforme, du moins cohérente de la directive. C'est là un aspect essentiel pour réduire les très fortes divergences encore observées entre les États

membres. Un travail de qualification a été proposé par le groupe NIS (*Cybersecurity incident taxonomy, juill. 2018, 04/2018*) pour la dénomination des incidents de cybersécurité (et non sur les processus, par exemple pour la notification ou l'escalade des incidents). Cette typologie a vocation à être utilisée aux fins des activités de coordination de la réponse aux incidents au niveau de l'Union, menées dans le cadre des dispositifs intégrés de réponse politique aux crises, ou pour favoriser le partage transfrontalier d'informations, l'établissement de rapports de synthèse annuels en vertu de la directive SRI, ainsi que la collaboration et le partage d'informations au niveau international.

La typologie comporte deux parties : la nature de l'incident, c'est-à-dire la cause qui a déclenché l'incident, et l'impact de l'incident sur l'économie et la société. S'agissant de la nature de l'incident, la taxinomie recense les catégories de causes qui déclenchent un incident (défaillances du système, phénomènes naturels, erreurs humaines, actions malveillantes, défaillances de tiers) et le degré de gravité de la menace (élevée, moyenne, faible). Au titre de l'impact, la taxinomie croise les secteurs touchés (énergie, transport, etc.) avec l'ampleur de l'impact, au niveau national, sur l'économie et la société (rouge : impact très important ; jaune : impact important ; vert : impact mineur ; blanc : aucun impact) et les perspectives, c'est-à-dire le pronostic, concernant l'impact, pour l'économie et la société (amélioration, stable, aggravation). En option, la nature et l'impact peuvent être précisés davantage, à l'aide d'étiquettes, entre parenthèses. Par exemple, une attaque par déni de service peut être étiquetée comme « action malveillante (disponibilité, attaque DDoS) » et l'impact sur une passerelle de paiement peut être étiqueté comme « finance (passerelle de paiement) ».

Le groupe SRI illustre cette taxinomie par quelques exemples (*Cybersecurity incident taxonomy*, préc.) :

– Une grande entreprise de transport maritime est touchée par un logiciel malveillant qui paralyse ses opérations. De nombreux postes de travail sont impactés et beaucoup de données sont perdues. Il n'est pas clair de savoir si le *malware* [logiciel malveillant] est un sabotage ou un *ransomware* [rançongiciel]. Il semble que la vulnérabilité du logiciel qui est exploité soit assez ancienne. Toutes les versions logicielles à jour ne sont pas affectées : [*malicious-actions* (code malveillant), moyen ; transport-maritime (port), rouge, stable].

– Une mise à jour logicielle a désactivé les principaux systèmes SCADA/ICS [internet des automates] d'une centrale électrique, provoquant une importante panne d'électricité dans le pays. Il y a des effets en cascade dans de nombreux secteurs critiques comme les télécommunications et les transports : [défaillances des systèmes (erreurs de maintenance), faible ; énergie-électricité (centrale électrique), rouge, aggravation].

– Une attaque DDoS majeure bloque un service de paiement particulier dans un pays, perturbant gravement la vie quotidienne. La situation ne cesse de se dégrader en quelques heures. De plus en plus de personnes doivent rentrer à pied de leur travail car les cartes de transport public ne fonctionnent pas : [actions malveillantes (disponibilité, DDoS), élevé ; finance (passerelle de paiement), rouge, aggravant].

– Un incendie provoqué par un fusible cassé dans une machine à café détruit complètement un site important d'un IXP [point d'échange internet ou *Internet Exchange Point*]. La connectivité Internet est lente dans le nord-ouest de l'Europe, et certains sites web importants sont difficiles à atteindre : [défaillances du système (incendie), moyen ; infrastructure numérique (IXP), jaune, stable].

En 2019, environ la moitié des incidents signalés étaient des pannes de système (bugs logiciels, défaillances matérielles) et 35 % des incidents étaient le résultat d'actions malveillantes (logiciels malveillants, attaques de *phishing*). Le reste des incidents est dû à des défaillances de tiers, à des erreurs humaines ou des phénomènes naturels.

Restrictions excessives au champ d'application de la directive. Le champ d'application de la directive couvre certains opérateurs de services essentiels (OSE) dans sept secteurs et trois catégories de fournisseurs de services numériques (FSN) prévus à l'annexe III, c'est-à-dire les places de marché en ligne, moteurs de recherche en ligne et services d'informatique en nuage. Les OSE sont des entités publiques ou privées opérant dans les domaines prévus à l'annexe II, c'est-à-dire énergie (électricité, pétrole, gaz), transport (aérien, ferroviaire, par voie d'eau, routier), banques, infrastructures et marchés financiers, secteur de la santé (établissements de soins de santé, y compris hôpitaux et cliniques privées), fourniture et distribution d'eau potable, infrastructures numériques). De

très nombreux domaines ne sont donc pas couverts par la directive, qu'il s'agisse de domaines traditionnels ou plus nouveaux, comme les réseaux sociaux. Aussi certains États membres ont spontanément choisi d'étendre le champ de la directive SRI à d'autres secteurs : onze des vingt-sept États membres ont choisi d'opérer cette extension à des services comme les centres de données, les compagnies d'assurance ou les producteurs de chaleur.

L'exclusion des secteurs de l'administration publique, des industries chimique et nucléaire, de la manufacture, de la transformation de denrées alimentaires, du tourisme, de la logistique et de la protection civile devient problématiques (Comm. europ., 13 sept. 2017, SWD(2017) 295 final) du fait de l'interconnexion et de l'interdépendance accrues dans les secteurs couverts ou non par la directive. Parmi les secteurs non couverts par la directive très sensibles aux cybermenaces, celui de l'hébergement touristique est une brèche importante pour d'autres crimes. Europol souligne notamment les problèmes liés à la traite des êtres humains, au trafic de drogue ou à l'immigration clandestine (Europol, *Internet Organised Crime Threat Assessment, 2017*). Un autre point d'attention concerne la protection de l'intégrité des processus électoraux démocratiques contre toute attaque visant les infrastructures électorales.

De manière générale, la cybersécurité des OSE est affaiblie par leur inscription dans une chaine de valeur dont le niveau de cyber-résilience est très faible. Il a été démontré que, faute d'obligations juridiques, les entreprises n'investissent pas dans des mesures de cybersécurité, à quoi s'ajoute le syndrome du « passager clandestin » des entreprises qui n'ont pas pris de telles mesures mais espèrent, en raison de l'interconnexion des chaînes de valeur, bénéficier de celles adoptées par les OSE (ce que les économistes analysent sous l'angle de « l'aléa moral »).

L'élargissement envisagé par la directive SRI 2. La proposition de directive SRI 2 (16 déc. 2020, COM(2020) 823 final, 2020/0359(COD)) aurait un champ d'application élargi : elle pourrait s'appliquer à certaines entités essentielles publiques ou privées actives dans les secteurs énumérés à l'annexe I (énergie, transports, secteur bancaire, infrastructures des marchés financiers, santé, eau potable, eaux usées, infrastructure numérique, administration publique et espace) et à certaines entités importantes actives dans les secteurs énumérés à l'annexe II (services postaux et de courrier ; gestion des déchets ; fabrication, production et distribution de produits chimiques ; production, transformation et distribution des denrées alimentaires ; fabrication et fournisseurs numériques). Les microentités et les entités de petite taille seraient exclues du champ d'application de la directive, à l'exception des fournisseurs de réseaux de communications électroniques ou de services de communications électroniques accessibles au public, des prestataires de services de confiance, des registres des noms de domaine de premier niveau (*top level domain(s)*, TLD) et de l'administration publique de ces types de domaines, ainsi que de certaines autres entités, comme le fournisseur exclusif d'un service dans un État membre.

La réflexion autour de la directive SRI 2 passe aussi par la mise en cohérence de son champ matériel avec celui de la future directive ICE, actuellement limité aux infrastructures dont l'interruption aurait un impact sur au moins deux États membres dans les secteurs de l'énergie et des transports.

Diversification des cybermenaces. La directive se concentre sur la sécurité des réseaux et des systèmes d'information au regard des cyberattaques qui pourraient compromettre la disponibilité, l'authenticité, l'intégrité ou la confidentialité de données. Dans un contexte où les menaces deviennent hybrides (menaces cybernétiques et non cybernétiques), la cybersécurité doit tenir compte plus largement des enjeux de l'interconnectivité, les cyberattaques exploitant le brouillage des frontières entre le monde physique et le monde numérique (V. la stratégie de l'Union européenne en matière de sécurité). C'est la raison pour laquelle la révision du cadre législatif européen passe aussi par des mesures de renforcement de la protection et la résilience des infrastructures critiques. C'est l'objet de la modification de la directive ICE concernant le recensement et le classement des infrastructures critiques européennes (Dir. 2008/114/CE du 8 déc. 2008).

Certaines cyberattaques perdurent ; c'est le cas en particulier des rançongiciels et des attaques par déni de service distribué (DDoS) qui ciblent des services numériques stratégiques comme les services en nuage (*cloud services*). De façon générale, les logiciels malveillants et les attaques par hameçonnage *(phishing)* sont les causes les plus courantes des

incidents signalés comme des actions malveillantes. Mais on observe aussi une évolution des cyberattaques, notamment des attaques par rebond, de sorte que la disponibilité, l'intégrité et la confidentialité d'un service essentiel ne sont plus adéquatement protégées par des obligations de sécurité qui ne concernent que le seul fournisseur de ce service. L'OSE est affecté par le niveau de protection d'autres secteurs ou services de la chaîne de valeur. L'ANSSI a souligné que la révision de la directive SRI devait intégrer les attaques par rebond qui ciblent désormais l'ensemble de la chaine de valeur des OSE, c'est-à-dire ses sous-traitants, fournisseurs et partenaires. Certains OSE souhaitent une meilleure intégration de tous les acteurs dans la chaîne de valeur numérique pour garantir une résilience de bout en bout contre les cyberattaques. La question se pose ainsi de l'exclusion des fournisseurs et fabricants de logiciels et d'équipements dans le champ d'application de la directive SRI.

Précisons enfin que la Commission européenne a annoncé, en 2021, un *Cyber Resilience Act* pour envisager la cybersécurité de l'Internet des objets qui comblerait là une lacune évidente du cadre législatif européen.

Ambiguïté de la qualification d'actes de cybermalveillance liés à la cyberintrusion et au cyberespionnage.La sécurité des réseaux et des systèmes d'information est définie comme la capacité des réseaux et des systèmes d'information de résister, à un niveau de confiance donné, à des actions qui compromettent la disponibilité, l'authenticité, l'intégrité ou la confidentialité de données stockées, transmises ou faisant l'objet d'un traitement, et des services connexes que ces réseaux et systèmes d'information offrent ou rendent accessibles. Il est possible de se demander dans quelle mesure la notion de sécurité des réseaux inclut toutes les formes de cybermenaces dans un contexte de guerre hybride. La directive n'évoque pas l'acquisition illicite de données par intrusion, et notamment le cyberespionnage, de sorte que de nombreuses cybermenaces restent dans une zone grise.

On songe aux opérations de cyberintrusions liées aux ingérences étrangères dans les campagnes électorales, les systèmes électoraux n'étant pas inclus dans le champ de la directive SRI. Il peut s'agir d'intrusions ciblées pour collecter des informations sensibles et organiser des fuites : ce sont d'abord les pratiques de « *hack and leak* » (HLO), c'est-à-dire de piratage et de divulgation, qui peuvent avoir lieu avec ou sans falsification de ces informations. A cela s'ajoutent parfois des cyberattaques contre les infrastructures électorales critiques et des perturbations de systèmes informatiques, notamment d'entreprises de radiotélédiffusion ou de commissions électorales (Plan d'action contre la désinformation, 5 déc. 2018, JOIN(2018) 36 final). Même si elles sont en dehors du champ de la directive, le groupe de coopération SRI a élaboré des orientations pratiques sur la sécurité des technologies électorales à l'intention des autorités publiques (*Compendium on cyber security of election technology, juill. 2018, CG Publications 03/2018*).

On songe aussi aux cyberintrusions liées aux campagnes de désinformation orchestrées par des puissances étrangères. La campagne dite *Ghostwriter*, révélée en juillet 2020, cible des États membres par des actes de cyberintrusion (piratage de sites internet, usurpation de messageries personnelles, publications dans de faux comptes, prise de contrôle et piratage de comptes de réseaux sociaux de personnalités publiques) pour diffuser artificiellement de faux contenus politiques. Ces actes de cyberintrusion visent des parlementaires, des fonctionnaires, des responsables politiques ainsi que des membres de la presse et de la société civile européens en accédant aux systèmes informatiques et aux comptes personnels. Si ces actes s'accompagnent de vols de données, la qualification de la cyberattaque est facilitée. Le Haut représentant de l'Union pour les affaires étrangères et la politique de sécurité a qualifié ces actes de « cybermalveillance » en les attribuant à l'État russe en précisant qu'ils était « contraires aux normes en matière de comportement responsable des États dans le cyberespace » (Communiqué du Conseil de l'UE, déclaration de J. Borrell, Haut représentant de l'Union pour les affaires étrangères et la politique de sécurité, au nom de l'UE, sur le respect des processus démocratiques de l'UE, Bruxelles, *24 sept. 2021*). La qualification de la cybermenace n'est pas évidente et le renvoi « aux normes en matière de comportement responsable des États dans le cyberespace » est à tout le moins très imprécis. La « cybermalveillance » n'est à l'évidence pas synonyme de cyberattaque. Il n'est pas certain que le cyberespionnage et la diffusion de fausses informations relèvent dans tous les cas des menaces à la sécurité des réseaux et des systèmes d'information au sens de la directive SRI.

Dans la mesure où la directive SRI ne prévoit pas la question de l'acquisition illicite de données par intrusion, elle ne peut servir de fondement à des poursuites pénales comme l'a relevé Europol (Europol, *Internet Organised Crime Threat Assessment*, 2017). ❑

Art. 5 ***Identification des opérateurs de services essentiels.*** **1. Au plus tard le 9 novembre 2018, pour chaque secteur et sous-secteur visé à l'annexe II, les États membres identifient les opérateurs de services essentiels ayant un établissement sur leur territoire.**

2. Les critères d'identification des opérateurs de services essentiels visés à l'article 4, point 4), sont les suivants :

a) une entité fournit un service qui est essentiel au maintien d'activités sociétales et/ou économiques critiques ;

b) la fourniture de ce service est tributaire des réseaux et des systèmes d'information ; et

c) un incident aurait un effet disruptif important sur la fourniture dudit service.

3. Aux fins du paragraphe 1, chaque État membre établit une liste des services visés au paragraphe 2, point a).

4. Aux fins du paragraphe 1, lorsqu'une entité fournit un service visé au paragraphe 2, point a), dans deux États membres ou plus, les États membres en question se consultent mutuellement. La consultation intervient avant que l'identification ne fasse l'objet d'une décision.

5. A intervalles réguliers et au moins tous les deux ans à compter du 9 mai 2018, les États membres procèdent au réexamen et, au besoin, à la mise à jour de la liste des opérateurs de services essentiels identifiés.

6. Le rôle du groupe de coopération consiste, conformément aux tâches visées à l'article 11, à aider les États membres à suivre une approche cohérente dans le processus d'identification des opérateurs de services essentiels.

7. Aux fins du réexamen visé à l'article 23 et au plus tard le 9 novembre 2018, puis tous les deux ans, les États membres communiquent à la Commission les informations qui lui sont nécessaires pour évaluer la mise en œuvre de la présente directive, en particulier la cohérence des approches adoptées par les États membres pour l'identification des opérateurs de services essentiels. Ces informations comprennent au moins :

a) les mesures nationales permettant l'identification des opérateurs de services essentiels ;

b) la liste des services visée au paragraphe 3 ;

c) le nombre d'opérateurs de services essentiels identifiés pour chaque secteur visé à l'annexe II et une indication de leur importance pour ce secteur ;

d) les seuils, pour autant qu'ils existent, permettant de déterminer le niveau de l'offre pertinent en fonction du nombre d'utilisateurs tributaires de ce service visé à l'article 6, paragraphe 1, point a), ou de l'importance de cet opérateur de services essentiels particulier visée à l'article 6, paragraphe 1, point f).

Afin de contribuer à la transmission d'informations comparables, la Commission peut, en tenant le plus grand compte de l'avis de l'ENISA, adopter des lignes directrices techniques appropriées concernant les paramètres applicables aux informations visées dans le présent paragraphe.

COMMENTAIRE

Disparités nationales dans l'identification et la qualification des OSE. Il appartient aux États membres d'identifier les opérateurs de services essentiels (OSE). L'ampleur de la marge nationale d'appréciation laissée aux États membres pour l'identification des OSE a donné lieu à des divergences telles qu'elles sont rapidement devenues problématiques. L'indétermination de la qualification est liée à la très grande souplesse des critères d'identification. Un État peut qualifier d'OSE une entité qui fournit un service qui est essentiel au maintien d'activités sociétales et/ou économiques critiques, dont la fourniture de ce service est tributaire des réseaux et des systèmes d'information, et dont un incident aurait un effet disruptif important sur la fourniture du service. La conséquence de ces disparités nationales est un champ d'application variable, tributaire des appréciations nationales et, par conséquent, une différence de traitement entre des entreprises similaires entre les États membres et une complexité accrue pour les entreprises opérant dans plusieurs États membres, celles-ci pouvant être soumises à des obligations différentes. Les

entités (publiques et privées) qui relèvent de secteurs relevant du champ d'application de la directive peuvent ne pas être soumises aux mesures de sécurité et à l'obligation de signaler les incidents si elles n'ont pas été identifiées comme OSE par l'État membre dont elles relèvent. Ainsi, cinq États membres n'ont identifié aucun ou un seul OSE dans le secteur de la santé, huit États membres n'ont pas identifié d'OSE dans le sous-secteur du transport routier et quatre États membres n'en n'ont pas identifié dans le sous-secteur ferroviaire. Cette hétérogénéité des qualifications nationales d'OSE est la conséquence de l'harmonisation minimale et partielle décidée par le législateur européen.

La question ne se pose pas dans ces termes pour les fournisseurs de services numériques (FSN) qui ne sont pas soumis à un processus national d'identification et relèvent ainsi d'un niveau d'harmonisation accru s'agissant de leurs obligations.

Diversité des conceptions nationales sur la notion de services essentiels. Les États membres ont adopté des approches très hétérogènes de la notion de services essentiels. Ils peuvent appliquer des seuils au sein de chaque secteur prévu par la directive, ce qui donne lieu à une forte disparité des méthodes de qualification. Dans le secteur de la distribution d'eau potable, la qualification des réseaux d'eau comme des services essentiels peut être liée à un seuil bas (10 000 consommateurs) ou très élevé (500 000 consommateurs) selon les États membres.

Certaines approches nationales sont plus sophistiquées et prévoient des seuils très détaillés au sein de chaque sous-secteur. Dans le sous-secteur de l'électricité, certains États membres qualifient de façon globale la fourniture d'électricité comme un service essentiel, alors que d'autres États membres adoptent une conception plus détaillée qui distingue entre la distribution, la transmission ou la production d'électricité (*Report from the Commission assessing the consistency of the approaches taken by Member States in the identification of operators of essential services in accordance with Article 23(1) of Directive 2016/1148/EU*, 28 oct. 2019, COM(2019) 546 final).

Effet disruptif important. Les États membres ont un pouvoir d'appréciation très important pour fixer le seuil à partir duquel les incidents doivent être signalés, même si la directive donne quelques éléments d'appréciation comme le nombre d'utilisateurs touchés par un incident, sa durée et sa répartition géographique.

Les États membres appliquent ainsi des seuils très différents pour la définition des critères permettant de déterminer si un incident a un effet perturbateur significatif. En Allemagne, la transposition de la directive exige que les OSE signalent tous les incidents (sans seuil minimal) qui ont un impact significatif sur la fourniture des services critiques. A l'inverse, la Finlande et l'Irlande ont fixé des seuils élevés pour déterminer si un incident est significatif ou non. Cela explique pourquoi, en 2019, un État membre a signalé 266 incidents alors que d'autres affirment ne pas en avoir connu un seul.

Consultations entre États membres. L'article 5, § 4, prévoit que, lorsqu'une entité fournit un service essentiel dans deux États membres ou plus, les États membres en question se consultent mutuellement. La consultation intervient avant que l'identification ne fasse l'objet d'une décision. Le groupe de coopération SRI a publié un référentiel pour faciliter l'échange d'informations entre États pour l'identification de ces OSE (*Identification of Operators of Essential Services. Reference document on modalities of the consultation process in cases with cross-border impact, 1er juill. 2018, CG Publication 07/2018*). Malgré cela, cette procédure n'a pas été pleinement appliquée (Comm. europ., 28 oct. 2019, COM(2019) 546 final) ❑

Art. 6 *Effet disruptif important.* **1. Lorsque les États membres déterminent l'importance d'un effet disruptif visée à l'article 5, paragraphe 2, point c), ils prennent en compte au moins les facteurs transsectoriels suivants :**

a) le nombre d'utilisateurs tributaires du service fourni par l'entité concernée ;

b) la dépendance des autres secteurs visés à l'annexe II à l'égard du service fourni par cette entité ;

c) les conséquences que des incidents pourraient avoir, en termes de degré et de durée, sur les fonctions économiques ou sociétales ou sur la sûreté publique ;

d) la part de marché de cette entité ;

e) la portée géographique eu égard à la zone susceptible d'être touchée par un incident ;

f) l'importance que revêt l'entité pour garantir un niveau de service suffisant, compte tenu de la disponibilité de solutions de rechange pour la fourniture de ce service.

2. Afin de déterminer si un incident est susceptible d'avoir un effet disruptif important, les États membres prennent aussi en compte, le cas échéant, des facteurs sectoriels.

COMMENTAIRE

Voir le commentaire sous l'article 5.

CHAPITRE II *CADRES NATIONAUX SUR LA SÉCURITÉ DES RÉSEAUX ET DES SYSTÈMES D'INFORMATION*

COMMENTAIRE

Autorités nationales compétentes, point de contact unique et Centres de réponse aux incidents de sécurité informatique. Les États membres doivent désigner une ou plusieurs autorités compétentes pour superviser la mise en œuvre de ces dispositions, un point de contact unique pour la coopération transfrontalière et des équipes de réponse aux incidents de sécurité informatique (CSIRT) pour le traitement des incidents. En France, l'ANSSI est l'autorité compétente et l'équipe nationale de réponse aux incidents informatiques est le CERT-FR, le Centre gouvernemental de veille, d'alerte et de réponse aux attaques informatiques.

La France a aussi adopté une stratégie nationale pour la sécurité du numérique qui repose sur cinq objectifs : intérêts fondamentaux, défense et sécurité des systèmes d'information de l'État et des infrastructures critiques, crise informatique majeure ; confiance numérique, vie privée, données personnelles, cybermalveillance ; sensibilisation, formations initiales, formations continues ; environnement des entreprises du numérique, politique industrielle, export et internationalisation ; Europe, souveraineté numérique, stabilité du cyberespace.

La supervision par les autorités compétentes. La directive prévoit, de façon très générale, que les autorités compétentes contrôlent son application au niveau national. Elle n'harmonise pas le cadre ni les modalités de cette surveillance. Les approches nationales varient ainsi très substantiellement.

Les autorités compétentes contrôlent l'application de la directive au niveau national par une supervision active et *ex ante* pour les opérateurs de services essentiels (OSE) ou de manière réactive *ex post* pour les fournisseurs de service numérique (FSN).

Pour la supervision *ex ante* des OSE, les autorités compétentes peuvent leur demander des documents, recueillir des preuves de la mise en œuvre effective des politiques de sécurité et émettre des instructions contraignantes pour remédier aux déficiences. L'évaluation par la Commission de l'efficacité de cette supervision *ex ante* des OSE a montré de très fortes disparités nationales, allant jusqu'à une certaine ineffectivité des contrôles *ex ante* de l'autorité nationale compétente (Comm. europ., Document de travail. Rapport sur l'étude d'impact, 16 déc. 2020, SWD(2020) 345 final, part. 1/3).

Le FSN sont quant à eux soumis à une approche dite « *light touch* ». Les autorités compétentes n'ont pas d'obligation générale de surveillance des FSN. C'est une surveillance réactive *a posteriori* qui était justifiée, à l'origine, par la nature de leurs services et de leurs opérations. L'évaluation de la mise en œuvre de la directive a aussi mis en évidence l'inefficacité de la supervision *ex post* des FSN dès lors que, par définition, les autorités compétentes n'adoptent des mesures de surveillance qu'en cas de méconnaissance par un FSN de ses exigences de sécurité ou de notification.

En pratique, la plupart des FSN ne sont soumis à aucun contrôle de conformité, dans la mesure où, à la faiblesse de cette supervision, s'ajoute une imprécision des règles de compétences territoriale qui donnent lieu à une très forte indétermination de l'autorité de contrôle compétente pour un FSN (Comm. europ., Document de travail, Rapport sur l'étude d'impact, préc.).

L'enjeu des ressources attribuées aux autorités compétentes. L'article 15 de la directive précise que les États membres veillent à ce que les autorités compétentes disposent des pouvoirs et des moyens nécessaires pour évaluer le respect, par les opérateurs de services essentiels, des obligations qui leur incombent en vertu de l'article 14, ainsi que les effets de ce respect sur la sécurité des réseaux et des systèmes d'information. L'article 17 prévoit que les États membres doivent veiller à ce que les autorités compétentes prennent des mesures, au besoin, dans le cadre de mesures de contrôle *a posteriori*, lorsque, selon les éléments communiqués, un fournisseur de service numérique ne satisfait pas aux exigences énoncées à l'article 16.

Ainsi, pour accomplir les missions qui leur sont assignées par la directive, les autorités nationales de contrôle doivent disposer de moyens matériels et humains nécessaires. Les évaluations ont montré une très forte hétérogénéité dans les ressources attribuées par les États, ce qui explique des différences considérables entre les différents niveaux de maturité dans la gestion des risques de cybersécurité dans les États membres au point qu'il est même difficile pour certaines autorités nationales de remplir efficacement leurs obligations.

Évolutions envisagées dans la directive SRI 2. Les articles 28 à 34 de la proposition de directive SRI 2 prévoient que les autorités compétentes sont tenues de surveiller les entités qui relèvent du champ d'application de la directive, et notamment de s'assurer qu'elles respectent les exigences en matière de sécurité et de notification des incidents (16 déc. 2020, COM(2020) 823 final, 2020/0359(COD)). La proposition établit une distinction entre un régime de surveillance *ex ante* pour les entités essentielles et un régime de surveillance *ex post* pour les entités importantes, le second nécessitant que les autorités compétentes adoptent des mesures lorsque, selon les éléments de preuve ou les indications qui leur sont communiqués, une entité importante ne respecte pas les exigences en matière de sécurité et de notification des incidents. ❑

Art. 7 ***Stratégie nationale en matière de sécurité des réseaux et des systèmes d'information.*** **1. Chaque État membre adopte une stratégie nationale en matière de sécurité des réseaux et des systèmes d'information qui définit les objectifs stratégiques et les mesures politiques et réglementaires appropriées en vue de parvenir à un niveau élevé de sécurité des réseaux et des systèmes d'information et de le maintenir et de couvrir au moins les secteurs visés à l'annexe II et les services visés à l'annexe III. La stratégie nationale en matière de sécurité des réseaux et des systèmes d'information porte, en particulier, sur les points suivants :**

a) les objectifs et les priorités de la stratégie nationale en matière de sécurité des réseaux et des systèmes d'information ;

b) un cadre de gouvernance permettant d'atteindre les objectifs et les priorités de la stratégie nationale en matière de sécurité des réseaux et des systèmes d'information, prévoyant notamment les rôles et les responsabilités des organismes publics et des autres acteurs pertinents ;

c) l'inventaire des mesures en matière de préparation, d'intervention et de récupération, y compris la coopération entre les secteurs public et privé ;

d) un aperçu des programmes d'éducation, de sensibilisation et de formation en rapport avec la stratégie nationale en matière de sécurité des réseaux et des systèmes d'information ;

e) un aperçu des plans de recherche et de développement en rapport avec la stratégie nationale en matière de sécurité des réseaux et des systèmes d'information ;

f) un plan d'évaluation des risques permettant d'identifier les risques ;

g) une liste des différents acteurs concernés par la mise en œuvre de la stratégie nationale en matière de sécurité des réseaux et des systèmes d'information.

2. Les États membres peuvent demander à l'ENISA de leur prêter assistance dans l'élaboration de leur stratégie nationale en matière de sécurité des réseaux et des systèmes d'information.

3. Les États membres communiquent leur stratégie nationale en matière de sécurité des réseaux et des systèmes d'information à la Commission dans un délai de trois mois suivant son adoption. Dans ce cadre, les États membres peuvent exclure des éléments de la stratégie se rapportant à la sécurité nationale.

Art. 8 ***Autorités nationales compétentes et point de contact unique.*** **1. Chaque État membre désigne une ou plusieurs autorités nationales compétentes en matière de sécurité**

des réseaux et des systèmes d'information (ci-après dénommées "autorités compétentes"), couvrant au moins les secteurs visés à l'annexe II et les services visés à l'annexe III. Les États membres peuvent attribuer cette mission à une ou des autorités existantes.

2. Les autorités compétentes contrôlent l'application de la présente directive au niveau national.

3. Chaque État membre désigne un point de contact national unique en matière de sécurité des réseaux et des systèmes d'information (ci-après dénommé "point de contact unique"). Les États membres peuvent attribuer cette mission à une autorité existante. Lorsqu'un État membre désigne une seule autorité compétente, cette dernière fait aussi fonction de point de contact unique.

4. Le point de contact unique exerce une fonction de liaison pour assurer une coopération transfrontalière entre les autorités des États membres, ainsi qu'avec les autorités concernées des autres États membres, le groupe de coopération visé à l'article 11 et le réseau des CSIRT visé à l'article 12.

5. Les États membres veillent à ce que les autorités compétentes et les points de contact uniques disposent de ressources suffisantes pour pouvoir s'acquitter de leurs tâches de manière effective et efficace et atteindre ainsi les objectifs de la présente directive. Les États membres font en sorte que les représentants désignés pour siéger au sein du groupe de coopération puissent coopérer de manière effective, efficace et sûre.

6. En fonction des besoins et conformément au droit national, les autorités compétentes et le point de contact unique consultent les services répressifs nationaux compétents et les autorités nationales chargées de la protection des données et coopèrent avec eux.

7. Chaque État membre notifie sans tarder à la Commission la désignation de l'autorité compétente et du point de contact unique, les tâches qui leur sont confiées et toute modification ultérieure dans ce cadre. Chaque État membre rend publique la désignation de l'autorité compétente et du point de contact unique. La Commission publie la liste des points de contact uniques désignés.

Art. 9 *Centres de réponse aux incidents de sécurité informatique (CSIRT).* 1. Chaque État membre désigne un ou plusieurs CSIRT, se conformant aux exigences énumérées à l'annexe I, point 1), couvrant au moins les secteurs visés à l'annexe II et les services visés à l'annexe III, chargés de la gestion des incidents et des risques selon un processus bien défini. Un CSIRT peut être établi au sein d'une autorité compétente.

2. Les États membres veillent à ce que les CSIRT disposent de ressources suffisantes pour pouvoir s'acquitter efficacement de leurs tâches énumérées à l'annexe I, point 2).

Les États membres veillent à ce que leurs CSIRT coopèrent de manière effective, efficace et sécurisée au sein du réseau des CSIRT visé à l'article 12.

3. Les États membres font en sorte que leurs CSIRT aient accès à une infrastructure d'information et de communication adaptée, sécurisée et résiliente au niveau national.

4. Les États membres informent la Commission des missions de leurs CSIRT ainsi que des principaux éléments de leurs processus de gestion des incidents.

5. Les États membres peuvent solliciter l'assistance de l'ENISA pour la mise en place des CSIRT nationaux.

Art. 10 *Coopération au niveau national.* 1. Lorsqu'ils sont distincts, l'autorité compétente, le point de contact unique et le CSIRT d'un même État membre coopèrent aux fins du respect des obligations énoncées dans la présente directive.

2. Les États membres veillent à ce que soit les autorités compétentes, soit les CSIRT reçoivent les notifications d'incidents transmises en application de la présente directive. Lorsqu'un État membre décide que les CSIRT ne reçoivent pas de notifications, ils se voient accorder, dans la mesure nécessaire à l'accomplissement de leurs tâches, un accès aux données relatives aux incidents notifiés par les opérateurs de services essentiels au titre de l'article 14, paragraphes 3 et 5, ou par les fournisseurs de service numérique au titre de l'article 16, paragraphes 3 et 6.

3. Les États membres veillent à ce que les autorités compétentes ou les CSIRT informent les points de contact uniques des notifications d'incidents transmises en application de la présente directive.

Au plus tard le 9 août 2018, puis tous les ans, le point de contact unique transmet au groupe de coopération un rapport de synthèse sur les notifications reçues, y compris le nombre de notifications et la nature des incidents notifiés, ainsi que sur les mesures prises conformément à l'article 14, paragraphes 3 et 5, et à l'article 16, paragraphes 3 et 6.

CHAPITRE III *COOPÉRATION*

COMMENTAIRE

Le groupe de coopération SRI. Un groupe de coopération, le groupe SRI ou NIS, a été institué pour soutenir et faciliter la coopération stratégique et l'échange d'informations entre les États membres, renforcer la confiance, et parvenir à un niveau élevé commun de sécurité des réseaux et des systèmes d'information dans l'Union. Ce groupe SRI est composé de représentants des États membres, de la Commission et de l'ENISA. Le groupe SRI doit permettre d'échanger les bonnes pratiques concernant l'échange d'informations sur les notifications d'incidents, aider les États membres à renforcer leurs capacités, discuter des capacités et de l'état de préparation des États membres, recueillir des informations sur les bonnes pratiques en matière de risques et d'incidents. Il reçoit les rapports de synthèse nationaux sur les incidents notifiés.

Certaines missions ont un caractère volontaire, comme l'évaluation des stratégies nationales en matière de sécurité des réseaux et des systèmes d'information, ainsi que celle de l'efficacité des centres de réponse aux incidents de sécurité informatique (CSIRT) sont facultatives. Le groupe SRI fonctionne bien et son travail s'étend parfois au-delà même des missions qui lui sont assignées par les textes. Le groupe de coopération SRI a ainsi soutenu les travaux sur la sécurité des réseaux 5G.

Le groupe de coopération établit des rapports réguliers évaluant l'expérience acquise à la suite de la coopération stratégique. Pour que ce travail soit pertinent, le groupe a souligné combien il était important que les données soient fournies par tous les États membres, qu'elles soient exactes et soumises de manière uniforme. L'établissement d'une typologie et de définitions communes des incidents de cybersécurité de l'Union européenne a permis de mettre en cohérence et de rationaliser les approches nationales. Le groupe cherche à perfectionner ce travail de coordination par la notification des différents types d'incidents, et pas seulement des interruptions de service, la notification des incidents allant au-delà des secteurs couverts par la directive.

Un volet spécifique des travaux du groupe de coopération SRI consiste à élaborer des lignes directrices en matière de notification d'incidents, conformément à l'article 14, § 7, de la directive SRI, relatives aux circonstances dans lesquelles les opérateurs de services essentiels sont tenus de notifier les incidents en vertu de l'article 14, § 3, ainsi que la forme et les modalités de ces notifications. Pour pouvoir opérer des choix éclairés, il est indispensable d'acquérir, par des rapports, des évaluations, des recherches, des enquêtes et des analyses, une connaissance et une compréhension de la situation en temps réel, de l'état des capacités de réaction aux risques et des menaces. L'appréciation de la situation par toutes les parties concernées est essentielle pour permettre une réaction coordonnée efficace. Cette appréciation de la situation intègre des éléments relatifs aux causes ainsi qu'aux conséquences et à l'origine de l'incident. Cette appréciation dépend de l'échange et du partage d'informations entre les parties concernées effectués dans un format approprié, selon une taxinomie commune pour décrire l'incident et d'une manière suffisamment sécurisée.

Les limites au partage d'informations entre les États membres. La directive prévoit deux cadres institutionnels pour l'échange d'informations entre les États membres : le groupe de coopération SRI, qui doit soutenir et faciliter les échanges stratégiques ainsi que la coordination des politiques d'une part, et le réseau CSIRT, qui encourage la coopération technique entre les CSIRT nationaux d'autre part.

Les évaluations de l'application de la directive SRI montrent que, si quelques éléments de confiance mutuelle ont pu être mis en place, le partage d'information entre États membres, loin d'être évident, fait l'objet de réticences. Cela s'observe en particulier sur l'échange d'informations tout au long du cycle de vie de la cybersécurité, qui n'est pas

suffisamment structuré. Un autre point d'attention concerne le partage d'informations avec le secteur privé qui, faute d'une culture commune de cybersécurité, pousse encore certaines entreprises à ne pas mettre en lumière leurs vulnérabilités. Une coopération stratégique et opérationnelle européenne est esquissée (Comm. europ., 13 sept. 2017, SWD(2017) 295 final) mais cette coordination reste insuffisante (Communication conjointe de la Commission européenne et du Service européen pour l'action extérieure, 13 juin 2018, JOIN(2018) 16 final).

Dans son étude d'impact de la directive SRI 2, la Commission regrette que la coopération entre les États ne permette pas de s'appuyer sur une connaissance commune de la situation d'un point de vue stratégique et opérationnel. Sur le plan stratégique, les autorités nationales ne recueillent ni ne partagent d'informations pour évaluer l'état de la cybersécurité dans l'Union européenne, ni de retour d'information structuré de la part des entreprises. Sur le plan opérationnel, il n'y a pas de partage régulier d'informations sur l'impact des incidents et des menaces de cybersécurité au niveau national ou européen (Comm. europ., Document de travail. Rapport sur l'étude d'impact, 16 déc. 2020, SWD(2020) 345 final, part. 1/3). En dehors du rapport annuel de synthèse du groupe de coopération sur les notifications reçues au titre de l'article 10, § 3, de la directive, le partage d'informations sur les incidents au sein du groupe de coopération se fait sur une base volontaire et *ad hoc*. Au sein du réseau des CSIRT, les informations sont également partagées sur une base *ad hoc* et ne contribuent pas à une vision précise de l'état de la cybersécurité dans l'Union. Pour améliorer l'échange d'information, le réseau des CSIRT développe des outils comme la plateforme MeliCERTes.

Réactions aux incidents de cybersécurité. Le groupe SRI défend une conception plus opérationnelle du partage d'informations sur les incidents pour favoriser le partage et l'analyse d'ensembles de données plus importants. Le réseau des équipes nationales de réponse aux incidents de sécurité informatique (CSIRT) a aussi permis des échanges plus opérationnels entre les États membres. Après la cyberattaque Wannacry en 2017, la Commission a regretté que le réseau des CSIRT ne soit pas encore suffisamment opérationnel (Comm. europ., Huitième rapport sur les progrès accomplis dans la mise en place d'une union de la sécurité réelle et effective, 29 juin 2017, COM(2017) 354 final).

Les faiblesses des échanges d'information se répercutent sur l'analyse de la situation et la pertinence de la réponse européenne. La Commission estime ainsi que les dysfonctionnements de la coopération prévue par la directive SRI ne permet pas d'analyser et de détecter systématiquement les différences et les schémas d'intensité des attaques entre les États membres et les secteurs, sous-secteurs et types d'entités, ni de déterminer conjointement dans quels secteurs et types d'entités les autorités compétentes doivent canaliser les ressources, ni, enfin, de disposer d'une vue comparative entre les États membres sur la résilience et l'état de préparation des entités publiques et privées et sur le degré de maturité institutionnelle (16 déc. 2020, SWD(2020) 345 final, préc.). Ces carences affaiblissent nécessairement la coopération opérationnelle et l'assistance mutuelle en matière de réaction aux incidents, alors même que l'assistance mutuelle fait partie des missions du réseau des CSIRTs (art. 12, § 3, e) pour les incidents transfrontaliers et de façon volontaire.

En ce sens, dans une recommandation sur la réaction coordonnée aux incidents et crises de cybersécurité majeurs, la Commission analysait déjà avec lucidité les difficultés à l'œuvre en la matière (V. Recomm. (UE) 2017/1584 du 13 sept. 2017, consid. 21 : « Les réactions aux incidents de cybersécurité peuvent prendre de nombreuses formes, comprenant la recherche de mesures techniques pouvant nécessiter la collaboration de plusieurs entités pour enquêter sur les causes techniques de l'incident (par exemple analyse de logiciels malveillants) ou la recherche de moyens permettant aux organisations de vérifier si elles ont été touchées (par exemple indicateurs de compromis), mais aussi des décisions pratiques sur l'application de ces mesures et, à l'échelon politique, la décision de recourir ou non à d'autres instruments, comme le cadre pour une réponse conjointe face aux actes de cybermalveillance (Conclusions du Conseil relatives à un cadre pour une réponse diplomatique conjointe de l'Union européenne face aux actes de cybermalveillance [« boîte à outils cyberdiplomatique »]), document 9916/17) ou le protocole opérationnel de l'Union européenne de lutte contre les menaces hybrides (Document de travail conjoint des services, Protocole opérationnel de l'Union européenne de lutte contre les menaces hybrides [« EU Playbook »], SWD(2016) 227 final, 5 juillet 2016), selon l'incident ». Des exercices de cybersécurité au niveau européen sont conduits pour perfection-

ner la coopération entre les États membres et le secteur privé. Ainsi, l'ENISA organise depuis 2010 des exercices européens de simulation de cyberincidents (« Cyber Europe »).

Réaction opérationnelle. La capacité de l'Union européenne à réagir aux cyberattaques sur les plans opérationnel et politique en cas d'incident transfrontière à grande échelle est faible du fait que la cybersécurité n'est pas encore intégrée dans les mécanismes de coordination de la réaction aux crises à l'échelle de l'Union européenne (Cour des comptes européenne, Défis à relever pour une politique de l'UE efficace dans le domaine de la cybersécurité, mars 2019, n° 02/2019, n° 107, p. 47). Les États membres n'ont pas non plus souhaité donner à l'ENISA un rôle opérationnel important dans le traitement des incidents de cybersécurité majeurs, lui préférant un rôle de soutien aux mesures opérationnelles adoptées au niveau national (Service de recherche du Parlement européen, *Briefing EU Legislation in Progress. ENISA and a new cybersecurity act*, sept. 2018, PE 614.643).

La directive SRI ne permet pas de dépasser ces limites. La coopération qu'elle prévoit se fait sur une base volontaire et ne couvre pas l'ensemble du cycle de gestion des crises, de la préparation à la réponse coordonnée. Les groupes de coopération SRI et du réseau des CSIRT ont surtout vocation à faciliter le partage d'informations.

CyCLONe. La création du réseau CyCLONe s'inscrit aussi dans une perspective plus opérationnelle. Elle résulte du plan d'action pour une réaction d'urgence rapide en cas de cyberincidents ou de crises transfrontalières à grande échelle (Recomm. Blueprint (UE) 2017/1584 de la Commission du 13 sept. 2017) qui établit un réseau d'organisations de liaison en cas de cybercrises. C'est une initiative non contraignante visant à coordonner la réponse aux incidents et aux crises de cybersécurité à grande échelle. CyCLONe incarne la dimension opérationnelle du plan d'action : c'est un cadre institutionnel dans lequel les États membres se réunissent pour discuter des aspects de la coopération opérationnelle en cas de crise de cybersécurité.

Ce plan d'action s'applique aux incidents de cybersécurité qui provoquent des perturbations dépassant les capacités d'action du seul État membre concerné ou qui frappent plusieurs États membres en s'accompagnant de répercussions techniques et politiques si vastes qu'elles requièrent une coordination et une réaction rapides à l'échelle politique dans l'Union. Les incidents de cette ampleur sont considérés comme des « crises de cybersécurité ». En cas de crise à l'échelle de l'Union européenne touchant à la cybersécurité, la coordination de la réaction au niveau politique dans l'Union sera assurée par le Conseil au moyen du dispositif intégré pour une réaction au niveau politique dans les situations de crise (IPCR).

Les États membres ont ainsi développé au niveau opérationnel le réseau des organisations de liaison en cas de crise cybernétique (CyCLONe), qui n'est pas encore opérationnel. CyCLONe a été lancé lors de l'exercice Blue OLEx 2020 en septembre 2020.

Application et renforcement de la boîte à outils cyberdiplomatique de l'Union. Conçue par le Conseil européen de juin 2017 pour empêcher les cyberattaques et les actes de cybermalveillance provenant de personnes physiques ou morales, y compris des entités étatiques, la « boîte à outils cyberdiplomatique » a été mise en œuvre en 2019 par un règlement et une décision du 17 mai 2019 (Règl. (UE) 2019/796 ; Décis. (PESC) 2019/797) qui établissent un cadre pour des mesures restrictives ciblées visant à dissuader et contrer les cyberattaques ayant des effets importants et constituant une menace extérieure pour l'Union ou ses États membres. Le règlement s'applique aux cyberattaques ayant des effets importants, y compris les tentatives de cyberattaques ayant des effets potentiels importants, qui constituent une menace extérieure pour l'Union ou ses États membres. Selon le Conseil, les cyberattaques sont des actions non autorisées qui concernent l'accès aux systèmes d'information, les atteintes à l'intégrité d'un système d'information ou des données, ou l'interception de données (Décis. 2019/797, préc., art. 1er). Ces cyberattaques constituent une menace pour les États membres si elles portent atteinte aux systèmes d'information en ce qui concerne les infrastructures critiques, les services nécessaires au maintien d'activités sociales et/ou économiques critiques, les fonctions critiques des États, le stockage ou le traitement des informations classifiées ou les équipes d'intervention d'urgence mises en place par les pouvoirs publics.

Le 30 juillet 2020, le Conseil a pris des mesures restrictives notamment en appliquant pour la première fois son régime de sanctions en matière de cyberattaques en inscrivant

huit personnes et quatre entités et organismes (chinois, nord-coréens et russes) responsables de cyberattaques sur la liste des personnes et entités ou organismes sanctionnés (Décis. (PESC) 2019/797 préc., mod par Décis. (PESC) 2020/651, 2020/1127, 2020/1537, 2020/1748 et 2021/796 ; Règl. (UE) 2019/796 préc., mod par Régl. d'exéc. (UE) 2020/1125, 2020/1536 et 2020/1744). L'Union a ainsi attribué plusieurs cyberattaques qui ont eu lieu en 2017 (« NotPetya » et une attaque contre un réseau électrique ukrainien) constitutives d'une menace extérieure pour l'Union ou ses États membres en ce qu'elles ont rendu les données inaccessibles dans un certain nombre d'entreprises de l'Union en ciblant les ordinateurs avec des rançongiciels (*ransomware*) et en bloquant l'accès aux données, entraînant entre autres des pertes économiques importantes. L'Union européenne et les États membres doivent cependant « renforcer leur capacité à attribuer l'origine des cyberattaques », « en améliorant l'échange de renseignements » (Comm. europ., 13 juin 2018, JOIN(2018) 16 final, § 3.4). ❑

Art. 11 ***Groupe de coopération.*** **1. Un groupe de coopération est institué aux fins de soutenir et de faciliter la coopération stratégique et l'échange d'informations entre les États membres et de renforcer la confiance, et de parvenir à un niveau élevé commun de sécurité des réseaux et des systèmes d'information dans l'Union.**

Le groupe de coopération exécute ses tâches en s'appuyant sur les programmes de travail bisannuels visés au paragraphe 3, deuxième alinéa.

2. Le groupe de coopération est composé de représentants des États membres, de la Commission et de l'ENISA.

Si besoin est, le groupe de coopération peut inviter des représentants des acteurs concernés à participer à ses travaux. Le secrétariat est assuré par la Commission.

3. Le groupe de coopération est chargé des tâches suivantes :

a) fournir des orientations stratégiques pour les activités du réseau des CSIRT institué en vertu de l'article 12 ;

b) échanger les bonnes pratiques concernant l'échange d'informations sur les notifications d'incidents visé à l'article 14, paragraphes 3 et 5, et à l'article 16, paragraphes 3 et 6 ;

c) échanger les bonnes pratiques entre les États membres et, en coopération avec l'ENISA, aider les États membres à renforcer leurs capacités en matière de sécurité des réseaux et des systèmes d'information ;

d) discuter des capacités et de l'état de préparation des États membres et, à titre volontaire, évaluer les stratégies nationales en matière de sécurité des réseaux et des systèmes d'information et l'efficacité des CSIRT, et identifier les bonnes pratiques ;

e) échanger des informations et les bonnes pratiques en matière de sensibilisation et de formation ;

f) échanger des informations et les bonnes pratiques en matière de recherche et de développement dans le domaine de la sécurité des réseaux et des systèmes d'information ;

g) le cas échéant, procéder à des échanges d'expériences sur des questions relatives à la sécurité des réseaux et des systèmes d'information avec les institutions, organes ou organismes de l'Union concernés ;

h) discuter des normes et des spécifications visées à l'article 19 avec les représentants des organismes de normalisation européens concernés ;

i) recueillir des informations sur les bonnes pratiques en matière de risques et d'incidents ;

j) examiner chaque année les rapports de synthèse visés à l'article 10, paragraphe 3, deuxième alinéa ;

k) discuter du travail accompli en ce qui concerne les exercices relatifs à la sécurité des réseaux et des systèmes d'information, les programmes d'éducation et la formation, y compris le travail réalisé par l'ENISA ;

l) avec l'assistance de l'ENISA, échanger les bonnes pratiques concernant l'identification, par les États membres, des opérateurs de services essentiels, y compris au regard des dépendances transfrontalières, en matière de risques et d'incidents ;

m) discuter des modalités de signalement des notifications d'incidents visées aux articles 14 et 16.

Au plus tard le 9 février 2018, puis tous les deux ans, le groupe de coopération établit un programme de travail prévoyant les actions à entreprendre pour mettre en œuvre les objectifs et les tâches et qui est cohérent avec les objectifs de la présente directive.

4. Aux fins du réexamen visé à l'article 23 et au plus tard le 9 août 2018, puis tous les ans et demi, le groupe de coopération établit un rapport évaluant l'expérience acquise à la suite de la coopération stratégique visée au présent article.

5. La Commission adopte des actes d'exécution fixant les modalités de procédure nécessaires au fonctionnement du groupe de coopération. Ces actes d'exécution sont adoptés en conformité avec la procédure d'examen visée à l'article 22, paragraphe 2.

Aux fins du premier alinéa, la Commission présente au comité visé à l'article 22, paragraphe 1, le premier projet d'acte d'exécution le 9 février 2017 au plus tard.

Art. 12 *Réseau des CSIRT.* 1. Afin de contribuer au renforcement de la confiance entre les États membres et de promouvoir une coopération opérationnelle rapide et effective, un réseau des CSIRT nationaux est établi.

2. Le réseau des CSIRT est composé de représentants des CSIRT des États membres et du CERT-UE. La Commission participe au réseau des CSIRT en qualité d'observateur. L'ENISA assure le secrétariat et soutient activement la coopération entre les CSIRT.

3. Le réseau des CSIRT est chargé des tâches suivantes :

a) échanger des informations sur les services, les opérations et les capacités de coopération des CSIRT ;

b) à la demande du représentant d'un CSIRT d'un État membre susceptible d'être touché par un incident, échanger des informations non sensibles d'un point de vue commercial en rapport avec l'incident en question et les risques correspondants et en débattre ; toutefois, un CSIRT d'un État membre peut refuser de contribuer à ce débat s'il existe un risque de porter atteinte à l'enquête sur l'incident ;

c) échanger et mettre à disposition, à titre volontaire, des informations non confidentielles sur les différents incidents ;

d) à la demande du représentant d'un CSIRT d'un État membre, discuter et, si possible, identifier une réponse coordonnée à un incident identifié qui relève de la juridiction de ce même État membre ;

e) aider les États membres à faire face à des incidents transfrontaliers sur la base d'une assistance mutuelle volontaire ;

f) débattre, étudier et identifier d'autres formes de coopération opérationnelle, notamment en rapport avec :

i) les catégories de risques et d'incidents ;

ii) les alertes précoces ;

iii) l'assistance mutuelle ;

iv) les principes et modalités d'une coordination lorsque les États membres réagissent à des risques et incidents transfrontaliers ;

g) informer le groupe de coopération des activités du réseau et des autres formes de coopération opérationnelle débattues en application du point f) et demander des orientations à cet égard ;

h) étudier les enseignements tirés des exercices relatifs à la sécurité des réseaux et des systèmes d'information, y compris de ceux organisés par l'ENISA ;

i) à la demande d'un CSIRT donné, étudier les capacités et l'état de préparation dudit CSIRT ;

j) publier des lignes directrices afin de faciliter la convergence des pratiques opérationnelles en ce qui concerne l'application des dispositions du présent article relatives à la coopération opérationnelle.

4. Aux fins du réexamen visé à l'article 23 et au plus tard le 9 août 2018, puis tous les ans et demi, le réseau des CSIRT établit un rapport évaluant l'expérience acquise à la suite de la coopération opérationnelle visée au présent article, comprenant des conclusions et des recommandations. Ce rapport est aussi transmis au groupe de coopération.

5. Le réseau des CSIRT établit son propre règlement intérieur.

Art. 13 *Coopération internationale.* L'Union peut, conformément à l'article 218 du traité sur le fonctionnement de l'Union européenne, conclure, avec des pays tiers ou des organisations internationales, des accords internationaux qui permettent et organisent leur participation à certaines activités du groupe de coopération. Ces accords tiennent compte de la nécessité d'assurer un niveau suffisant de protection des données.

CHAPITRE IV *SÉCURITÉ DES RÉSEAUX ET DES SYSTÈMES D'INFORMATION DES OPÉRATEURS DE SERVICES ESSENTIELS*

Art. 14 *Exigences de sécurité et notification d'incidents.* 1. Les États membres veillent à ce que les opérateurs de services essentiels prennent les mesures techniques et organisationnelles nécessaires et proportionnées pour gérer les risques qui menacent la sécurité des réseaux et des systèmes d'information qu'ils utilisent dans le cadre de leurs activités. Ces mesures garantissent, pour les réseaux et les systèmes d'information, un niveau de sécurité adapté au risque existant, compte tenu de l'état des connaissances.

2. Les États membres veillent à ce que les opérateurs de services essentiels prennent les mesures appropriées en vue de prévenir les incidents qui compromettent la sécurité des réseaux et des systèmes d'information utilisés pour la fourniture de ces services essentiels ou d'en limiter l'impact, en vue d'assurer la continuité de ces services.

3. Les États membres veillent à ce que les opérateurs de services essentiels notifient à l'autorité compétente ou au CSIRT, sans retard injustifié, les incidents qui ont un impact significatif sur la continuité des services essentiels qu'ils fournissent. Les notifications contiennent des informations permettant à l'autorité compétente ou au CSIRT de déterminer si l'incident a un impact au niveau transfrontalier. Cette notification n'accroît pas la responsabilité de la partie qui en est à l'origine.

4. Afin de déterminer l'ampleur de l'impact d'un incident, il est, en particulier, tenu compte des paramètres suivants :

a) le nombre d'utilisateurs touchés par la perturbation du service essentiel ;

b) la durée de l'incident ;

c) la portée géographique eu égard à la zone touchée par l'incident.

5. Sur la base des informations fournies dans la notification de l'opérateur de services essentiels, l'autorité compétente ou le CSIRT signale aux autres États membres touchés si l'incident a un impact significatif sur la continuité des services essentiels dans ces États membres. Ce faisant, l'autorité compétente ou le CSIRT doit, dans le respect du droit de l'Union ou de la législation nationale conforme au droit de l'Union, préserver la sécurité et les intérêts commerciaux de l'opérateur de services essentiels ainsi que la confidentialité des informations communiquées dans sa notification.

Lorsque les circonstances le permettent, l'autorité compétente ou le CSIRT fournit à l'opérateur de services essentiels qui est à l'origine de la notification des informations utiles au suivi de sa notification, par exemple celles qui pourraient contribuer à une gestion efficace de l'incident.

A la demande de l'autorité compétente ou du CSIRT, le point de contact unique transmet les notifications visées au premier alinéa aux points de contact uniques des autres États membres touchés.

6. Après avoir consulté l'opérateur de services essentiels qui est à l'origine de la notification, l'autorité compétente ou le CSIRT peut informer le public concernant des incidents particuliers, lorsque la sensibilisation du public est nécessaire pour prévenir un incident ou gérer un incident en cours.

7. Les autorités compétentes, agissant de concert au sein du groupe de coopération, peuvent élaborer et adopter des lignes directrices relatives aux circonstances dans lesquelles les opérateurs de services essentiels sont tenus de notifier les incidents, y compris en ce qui concerne les paramètres permettant de déterminer l'ampleur de l'impact d'un incident au sens du paragraphe 4.

COMMENTAIRE

Dualité du régime juridique. En l'état actuel du droit, le régime juridique est dual et repose sur la distinction entre opérateur de services essentiels (OSE) et fournisseur de service numérique (FSN).

Les OSE opérant dans les domaines couverts par la directive et identifiés par les États membres comme OSE doivent respecter des mesures de sécurité. Ce sont les États membres qui définissent ces exigences de sécurité établissant les seuils et les procédures de notification des incidents. Il revient aux États membres de veiller à ce que les OSE prennent les mesures techniques et organisationnelles nécessaires et proportionnées pour gérer les risques qui menacent la sécurité des réseaux et des systèmes d'information qu'ils utilisent dans le cadre de leurs activités.

Les obligations des FSN, qui ne sont pas soumis à un processus d'identification, sont davantage harmonisées, bien que selon une approche dite « *light touch* ». L'article 16 de la directive, relatif aux exigences de sécurité et notification d'incidents des FSN, prévoit que les États membres veillent à ce que les FSN identifient les risques qui menacent la sécurité des réseaux et des systèmes d'information qu'ils utilisent et prennent les mesures techniques et organisationnelles nécessaires et proportionnées pour les gérer. Ces mesures garantissent, compte tenu de l'état des connaissances, un niveau de sécurité des réseaux et des systèmes d'information adapté au risque existant et prennent en considération les éléments suivants : la sécurité des systèmes et des installations, la gestion des incidents ; la gestion de la continuité des activités ; le suivi, l'audit et le contrôle ; le respect des normes internationales. Les FSN ne sont pas tenus de rassembler des preuves de la mise en œuvre de mesures de sécurité.

Hétérogénéité des pratiques nationales. La directive laisse une grande marge d'appréciation aux États membres pour fixer les exigences en matière de sécurité et de notification des incidents pour les OSE. Les évaluations de l'application de la directive montrent la disparité des choix opérés par les États membres caractérisés par des degrés de contraintes parfois opposés. Certaines législations se limitent à des dispositions très générales quand d'autres adoptent des réglementations allant jusqu'à une précision extrême (qui va jusqu'à détailler la longueur minimale des mots de passe). Certains États membres ont fait le choix d'arrimer les exigences de la législation nationale sur des normes internationales (ISO 27000 ou normes NIST).

Les exigences en matière de notification des incidents diffèrent aussi. La question de savoir quels incidents doivent être notifiés et comment les notifications doivent être faites fait l'objet d'approches nationales très différentes au point que plusieurs États ont estimé, en 2019, qu'il n'y avait pas eu d'incident significatif.

Un faible nombre d'incidents sont signalés au niveau national de sorte que les incidents soumis par les États membres au groupe de coopération SRI sur le fondement de l'article 10, § 3, de la directive ne sont pas représentatifs des incidents survenus dans l'Union européenne. A cela s'ajoute le fait que les États membres appliquent peu la procédure de notification transfrontalière des articles 14, § 5, et 16, § 6, de la directive qui prévoient une information des autres États membres affectés par de tels incidents.

Au-delà des disparités nationales liées à l'harmonisation minimale opérée par la directive, l'enjeu est de créer les conditions d'une culture de la cyberrésilience : il faudra sans doute attendre l'instauration d'une véritable confiance mutuelle et un degré élevé de maturité dans la gestion des risques de cybersécurité pour vaincre la réticence à signaler les incidents. C'est l'un des objectifs de l'article 20 de la directive qui prévoit une procédure de notification volontaire. Les entités qui n'ont pas été identifiées en tant qu'opérateurs de services essentiels et qui ne sont pas des fournisseurs de service numérique peuvent notifier, à titre volontaire, les incidents ayant un impact significatif sur la continuité des services qu'elles fournissent.

Exemples de notifications d'incident. Le rapport de synthèse annuel en 2019 évoque quelques exemples d'incident :

– D'abord, une attaque informatique par un logiciel malveillant ayant entraîné l'exécution d'un rançongiciel (*ransomware*) (étiqueté selon la taxinomie : service : service de *cloud computing*, durée : jours, cause : logiciel malveillant/*ransomware*) : un utilisateur a accédé à une page web compromise qui affichait une fausse fenêtre pop-up pour le téléchargement de mises à jour de Chrome qui a infecté l'utilisateur avec une variante du cheval de Troie Dridex, qui a compromis le système et l'a fait persister. L'attaque a extrait des informations d'identification locales et s'est déplacée latéralement vers d'autres machines, en en compromettant plusieurs. Grâce à ces informations d'identification

volées, les attaquants ont réussi à accéder à un contrôleur de domaine et l'ont utilisé pour déployer un rançongiciel malveillant personnalisé (variante *BitPaymer*) à l'aide de PsExec.

– Un incendie dans une unité d'alimentation sans interruption (*Uninterrupted Power Supply*, UPS) a entraîné l'indisponibilité du système de gestion des informations du laboratoire (*Laboratory Information Management System*, ou LIMS ; secteur : santé, durée : heures, nombre d'utilisateurs : milliers, cause : incendie) : un incendie dans un onduleur a entraîné l'indisponibilité du LIMS.

– Une action malveillante a entraîné l'interruption des services d'un prestataire de soins de santé (secteur : santé, nombre d'utilisateurs : des milliers, cause : logiciel malveillant) : un logiciel malveillant situé dans l'infrastructure de l'hôpital a entraîné une violation des données personnelles et médicales des employés et des patients et une perte totale de la disponibilité des données dans les dossiers partagés du réseau. Ce logiciel malveillant (*malware*) a été supprimé du PC affecté et les dispositifs du réseau ont été scannés, mis à jour et renforcés.

– Un script malveillant installé en tant qu'attaquant sans authentification a réussi à obtenir un accès sur trois serveurs de messagerie (secteur : communications, cause : cryptomonnaie) : cet incident concerne un script de *cryptomining* qui a été identifié comme fonctionnant sur trois machines virtuelles (serveurs de messagerie) qui utilisaient une application nommée Zimbra. L'application était une version obsolète. Par conséquent, les attaquants ont réussi à obtenir un accès non autorisé à ces serveurs de messagerie et un script de *cryptomining* a été installé sans authentification. L'enquête et l'analyse détaillées menées par l'opérateur et deux autres organismes n'ont révélé aucune autre activité malveillante.

– Une grande banque a subi une cyberattaque (secteur : banque, nombre estimé d'utilisateurs : milliers, durée : heures, cause : courriel de hameçonnage/logiciel malveillant) : une grande banque a subi une cyberattaque lorsqu'elle a constaté que des dizaines de millions avaient été transférés par le biais de fausses transactions. Plusieurs transactions douteuses ont été effectuées en l'espace d'une journée. Des mesures ont été prises pour fermer tous les systèmes, y compris les guichets automatiques. Toutes les succursales ont suspendu leurs opérations et déconnecté tous les systèmes informatiques du réseau principal.

– Cyberattaque avec de forts indicateurs d'une menace persistante avancée ciblée [secteur : infrastructure numérique, cause : détournement de DNS] : Accès non autorisé et modification des enregistrements du domaine de premier niveau.

Évolutions envisagées avec la directive SRI 2. La proposition de directive SRI 2 prévoit aux articles 17 à 23 des obligations en matière de gestion et de signalement des risques de cybersécurité (16 déc. 2020, COM(2020) 823 final, 2020/0359(COD)). La proposition prévoit d'imposer aux États membres de s'assurer que les organes de direction de toutes les entités relevant de son champ d'application approuvent les mesures de gestion des risques en matière de cybersécurité adoptées respectivement par ces entités, et qu'ils suivent une formation spécifique aux questions de cybersécurité.

Les États membres seraient en outre tenus de veiller à ce que les entités relevant du champ d'application de la directive prennent les mesures techniques et organisationnelles nécessaires et proportionnées pour gérer les risques de cybersécurité qui menacent la sécurité des réseaux et des systèmes d'information. Ils seraient également tenus de veiller à ce que les entités notifient aux autorités nationales compétentes ou aux CSIRT les incidents de cybersécurité qui ont des effets significatifs sur la prestation des services qu'ils fournissent.

Les registres des noms de domaine de premier niveau ainsi que les entités qui fournissent des services d'enregistrement de noms de domaine de premier niveau devraient collecter et conserver des données d'enregistrement de noms de domaine exactes et complètes. De plus, ces entités seraient tenues de donner un accès efficace aux données d'enregistrement de noms de domaine aux demandeurs d'accès légitimes. ❑

Art. 15 ***Mise en œuvre et exécution.*** **1. Les États membres veillent à ce que les autorités compétentes disposent des pouvoirs et des moyens nécessaires pour évaluer le respect, par les opérateurs de services essentiels, des obligations qui leur incombent en vertu de l'article 14, ainsi que les effets de ce respect sur la sécurité des réseaux et des systèmes d'information.**

2. Les États membres veillent à ce que les autorités compétentes disposent des pouvoirs et des moyens leur permettant d'exiger des opérateurs de services essentiels qu'ils fournissent :

a) les informations nécessaires pour évaluer la sécurité de leurs réseaux et systèmes d'information, y compris les documents relatifs à leurs politiques de sécurité ;

b) des éléments prouvant la mise en œuvre effective des politiques de sécurité, tels que les résultats d'un audit de sécurité exécuté par l'autorité compétente ou un auditeur qualifié et, dans ce dernier cas, qu'ils en mettent les résultats, y compris les éléments probants, à la disposition de l'autorité compétente.

Au moment de formuler une telle demande d'informations et de preuves, l'autorité compétente mentionne la finalité de la demande et précise quelles sont les informations exigées.

3. Après évaluation des informations ou des résultats des audits de sécurité visés au paragraphe 2, l'autorité compétente peut donner des instructions contraignantes aux opérateurs de services essentiels pour remédier aux défaillances identifiées.

4. Pour traiter des incidents donnant lieu à des violations des données à caractère personnel, l'autorité compétente coopère étroitement avec les autorités chargées de la protection des données.

CHAPITRE V *SÉCURITÉ DES RÉSEAUX ET DES SYSTÈMES D'INFORMATION DES FOURNISSEURS DE SERVICE NUMÉRIQUE*

Art. 16 *Exigences de sécurité et notification d'incidents.* 1. Les États membres veillent à ce que les fournisseurs de service numérique identifient les risques qui menacent la sécurité des réseaux et des systèmes d'information qu'ils utilisent pour offrir, dans l'Union, les services visés à l'annexe III, et prennent les mesures techniques et organisationnelles nécessaires et proportionnées pour les gérer. Ces mesures garantissent, compte tenu de l'état des connaissances, un niveau de sécurité des réseaux et des systèmes d'information adapté au risque existant et prennent en considération les éléments suivants :

a) la sécurité des systèmes et des installations ;

b) la gestion des incidents ;

c) la gestion de la continuité des activités ;

d) le suivi, l'audit et le contrôle ;

e) le respect des normes internationales.

2. Les États membres veillent à ce que les fournisseurs de service numérique prennent des mesures pour éviter les incidents portant atteinte à la sécurité de leurs réseaux et systèmes d'information, et réduire au minimum l'impact de ces incidents sur les services visés à l'annexe III qui sont offerts dans l'Union, de manière à garantir la continuité de ces services.

3. Les États membres veillent à ce que les fournisseurs de service numérique notifient à l'autorité compétente ou au CSIRT, sans retard injustifié, tout incident ayant un impact significatif sur la fourniture d'un service visé à l'annexe III qu'ils offrent dans l'Union. Les notifications contiennent des informations permettant à l'autorité compétente ou au CSIRT d'évaluer l'ampleur de l'éventuel impact au niveau transfrontalier. Cette notification n'accroît pas la responsabilité de la partie qui en est à l'origine.

4. Afin de déterminer l'importance de l'impact d'un incident, il convient de tenir compte, en particulier, des paramètres qui suivent :

a) le nombre d'utilisateurs touchés par l'incident, en particulier ceux qui recourent au service pour la fourniture de leurs propres services ;

b) la durée de l'incident ;

c) la portée géographique eu égard à la zone touchée par l'incident ;

d) la gravité de la perturbation du fonctionnement du service ;

e) l'ampleur de l'impact sur les fonctions économiques et sociétales.

L'obligation de notifier un incident ne s'applique que lorsque le fournisseur de service numérique a accès aux informations nécessaires pour évaluer l'impact de l'incident eu égard aux paramètres visés au premier alinéa.

5. Lorsqu'un opérateur de services essentiels s'appuie sur un tiers fournisseur de service numérique pour la prestation d'un service essentiel au maintien de fonctions sociétales et économiques critiques, tout impact significatif sur la continuité des services essentiels en raison d'un incident touchant le fournisseur de service numérique est notifié par ledit opérateur.

6. Lorsque c'est approprié, et notamment si l'incident visé au paragraphe 3 concerne deux États membres ou plus, l'autorité compétente ou le CSIRT informe les autres États membres touchés. Ce faisant, les autorités compétentes, les CSIRT et les points de contact uniques doivent, dans le respect du droit de l'Union ou de la législation nationale conforme au droit de l'Union, préserver la sécurité et les intérêts commerciaux du fournisseur de service numérique ainsi que la confidentialité des informations communiquées.

7. Après avoir consulté le fournisseur de service numérique concerné, l'autorité compétente ou le CSIRT et, lorsque c'est approprié, les autorités ou les CSIRT des autres États membres concernés peuvent informer le public d'incidents particuliers ou imposer au fournisseur de service numérique de le faire, dans le cas où la sensibilisation du public est nécessaire pour prévenir un incident ou pour gérer un incident en cours, ou lorsque la divulgation de l'incident est dans l'intérêt public à d'autres égards.

8. La Commission adopte des actes d'exécution afin de compléter les éléments visés au paragraphe 1 et les paramètres énumérés au paragraphe 4 du présent article. Ces actes d'exécution sont adoptés en conformité avec la procédure d'examen visée à l'article 22, paragraphe 2, au plus tard le 9 août 2017.

9. La Commission peut adopter des actes d'exécution fixant les formats et les procédures à appliquer pour respecter les exigences en matière de notification. Ces actes d'exécution sont adoptés en conformité avec la procédure d'examen visée à l'article 22, paragraphe 2.

10. Sans préjudice de l'article 1er, paragraphe 6, les États membres n'imposent pas aux fournisseurs de service numérique d'autres exigences liées à la sécurité ou aux notifications.

11. Le chapitre V ne s'applique pas aux microentreprises et petites entreprises telles qu'elles sont définies dans la recommandation 2003/361/CE de la Commission *[du 6 mai 2003 concernant la définition des micro, petites et moyennes entreprises (JO L 124 du 20 mai 2003, p. 36)]*.

COMMENTAIRE

Voir le commentaire sous l'article 14 *supra*. ❑

Art. 17 *Mise en œuvre et exécution.* 1. Les États membres veillent à ce que les autorités compétentes prennent des mesures, au besoin, dans le cadre de mesures de contrôle a posteriori, lorsque, selon les éléments communiqués, un fournisseur de service numérique ne satisfait pas aux exigences énoncées à l'article 16. Ces éléments peuvent être communiqués par une autorité compétente d'un autre État membre dans lequel le service est fourni.

2. Aux fins du paragraphe 1, les autorités compétentes disposent des pouvoirs et des moyens nécessaires pour imposer aux fournisseurs de service numérique :

a) de communiquer les informations nécessaires pour évaluer la sécurité de leurs réseaux et systèmes d'information, y compris les documents relatifs à leurs politiques de sécurité ;

b) de corriger tout manquement aux obligations fixées à l'article 16.

3. Si un fournisseur de service numérique a son établissement principal ou un représentant dans un État membre alors que ses réseaux et systèmes d'information sont situés dans un ou plusieurs autres États membres, l'autorité compétente de l'État membre de l'établissement principal ou du représentant et les autorités compétentes de ces autres États membres coopèrent et se prêtent mutuellement assistance si nécessaire. Cette assistance et cette coopération peuvent porter sur les échanges d'informations entre les autorités compétentes concernées et sur les demandes de prise de mesures de contrôle visées au paragraphe 2.

Art. 18 *Compétence et territorialité.* **1. Aux fins de la présente directive, un fournisseur de service numérique est considéré comme relevant de la compétence de l'État membre dans lequel il a son établissement principal. Un fournisseur de service numérique est réputé avoir son établissement principal dans un État membre lorsque son siège social se trouve dans cet État membre.**

2. Un fournisseur de service numérique qui n'est pas établi dans l'Union mais fournit des services visés à l'annexe III à l'intérieur de l'Union désigne un représentant dans l'Union. Le représentant est établi dans l'un des États membres dans lesquels les services sont fournis. Le fournisseur de service numérique est considéré comme relevant de la compétence de l'État membre dans lequel le représentant est établi.

3. La désignation d'un représentant par le fournisseur de service numérique est sans préjudice d'actions en justice qui pourraient être intentées contre le fournisseur de service numérique lui-même.

COMMENTAIRE

Inapplication des règles de compétence territoriale. Les règles de compétence territoriale de la directive ont été mal interprétées et mal appliquées. Par nature, les fournisseurs de service numérique (FSN) fournissent des services transfrontaliers qui ne sont pas facilement rattachables à l'infrastructure physique des États membres. La directive prévoit qu'un FSN est considéré comme relevant de la compétence de l'État membre dans lequel il a son établissement principal. Un FSN est réputé avoir son établissement principal dans un État membre lorsque son siège social se trouve dans cet État membre. Cette règle de compétence s'est révélée imprécise puisque la directive ne permet pas de déterminer la notion de « principal établissement ». Ainsi, pour les FSN établis hors de l'Union européenne qui offrent des services sur le territoire européen, ils relèvent de la compétence de l'État membre où ils ont désigné un représentant. La directive n'imposant pas aux FSN d'informer l'autorité compétente de l'État membre même dans lequel ils ont désigné leur représentant, les autorités nationales ignorent en pratique souvent qu'un FSN relève de leur compétence territoriale. Plus encore, la directive ne permet pas aux autorités nationales de déterminer quelles entités remplissent les conditions pour être soumises à leur compétence territoriale et lesquelles relèvent de la juridiction d'autres États membres. Il en résulte une inapplication de la directive aux FSN, faute pour les autorités nationales d'être en mesure de déterminer leur compétence et, par là même, d'appliquer leur contrôle sur ces entités.

Perspectives de la directive SRI 2. S'agissant de la compétence, la proposition de directive SRI 2 prévoit aux articles 24 et 25 que, de manière générale, les entités essentielles et importantes sont réputées relever de la compétence de l'État membre dans lequel elles fournissent leurs services (16 déc. 2020, COM(2020) 823 final, 2020/0359(COD)). Cependant, certains types d'entités (fournisseurs de services DNS, registres de noms de domaine de premier niveau, fournisseurs de services d'informatique en nuage, fournisseurs de services de centres de données et fournisseurs de réseaux de diffusion de contenu, ainsi que certains fournisseurs numériques) sont réputés relever de la compétence de l'État membre dans lequel se trouve leur établissement principal dans l'Union. Cela permet de garantir que ces entités ne se retrouvent pas confrontées à une multitude d'exigences juridiques différentes alors qu'elles fournissent des services transfrontières dans une mesure particulièrement importante. L'ENISA est tenue de créer et de tenir à jour un registre de ces entités. ❑

CHAPITRE VI ***NORMALISATION ET NOTIFICATION VOLONTAIRE***

Art. 19 *Normalisation.* **1. Afin de favoriser la convergence de la mise en œuvre de l'article 14, paragraphes 1 et 2, et de l'article 16, paragraphes 1 et 2, les États membres encouragent, sans imposer l'utilisation d'un type particulier de technologies ni créer de discrimination en faveur d'un tel type particulier de technologies, le recours à des normes et des spécifications européennes ou internationalement reconnues pour la sécurité des réseaux et des systèmes d'information.**

2. L'ENISA, en collaboration avec les États membres, formule des avis et des lignes directrices relatives aux domaines techniques qui doivent être pris en considération en

liaison avec le paragraphe 1 et relatives aux normes existantes, y compris les normes nationales des États membres, qui permettraient de couvrir ces domaines.

COMMENTAIRE

Certification volontaire. En l'état actuel du droit, les mécanismes de certification et de normalisation reposent sur un mécanisme facultatif pour les États membres. Pour mettre en cohérence les exigences de sécurité et de notification d'incidents des OSE et des FSN, les États membres encouragent, sans imposer l'utilisation d'un type particulier de technologie ni créer de discrimination en faveur d'un tel type particulier de technologie, le recours à des normes et des spécifications européennes ou internationalement reconnues pour la sécurité des réseaux et des systèmes d'information. Cette autorégulation repose sur le principe de neutralité technologique du droit. Les limites d'un mécanisme d'autorégulation sont connues, même si la *soft law* peut avoir des effets juridiques réels, à défaut d'avoir un effet contraignant. Ainsi, il est prévu que, à cet effet, l'ENISA, en collaboration avec les États membres, « formule des avis et des lignes directrices » relatives aux domaines techniques qui « doivent être pris en considération ». Sur d'autres actes de *soft law* qui peuvent être adoptés par les agences, la Cour de justice européenne a adopté une jurisprudence ambigüe sur cette obligation de « prendre en considération » des avis et lignes directrices, qui contribue à leur conférer une véritable portée juridique

Certification partiellement obligatoire dans la proposition de directive SRI 2. L'adoption du règlement sur la cybersécurité (UE) 2019/881 du 17 avril 2019 change désormais la perspective. L'article 21 de la proposition de directive SRI 2 prévoit un recours aux schémas européens de certification de cybersécurité qui serait en partie facultatif (16 déc. 2020, COM(2020) 823 final, 2020/0359(COD)). Afin de démontrer la conformité aux exigences de gestion des risques en matière de cybersécurité, les États membres peuvent exiger que des entités essentielles et importantes certifient certains produits TIC, services TIC et processus TIC dans le cadre de schémas européens de certification en matière de cybersécurité spécifiques adoptés conformément à l'article 49 du règlement (UE) 2019/881. Les produits, services et processus soumis à la certification peuvent être développés par une entité essentielle ou importante ou achetés à des tiers.

Ce recours aux schémas européens de certification de cybersécurité serait en partie obligatoire. La Commission pourrait adopter des actes délégués précisant quelles catégories d'entités essentielles seraient tenues d'obtenir un certificat et dans le cadre de quels régimes européens de certification de cybersécurité spécifiques. ❑

Art. 20 ***Notification volontaire.*** **1. Sans préjudice de l'article 3, les entités qui n'ont pas été identifiées en tant qu'opérateurs de services essentiels et qui ne sont pas des fournisseurs de service numérique peuvent notifier, à titre volontaire, les incidents ayant un impact significatif sur la continuité des services qu'elles fournissent.**

2. Lorsqu'ils traitent des notifications, les États membres agissent conformément à la procédure énoncée à l'article 14. Les États membres peuvent traiter les notifications obligatoires en leur donnant la priorité par rapport aux notifications volontaires. Les notifications volontaires ne sont traitées que lorsque leur traitement ne fait pas peser de charge disproportionnée ou inutile sur les États membres concernés.

Une notification volontaire n'a pas pour effet d'imposer à l'entité qui est à l'origine de la notification des obligations auxquelles elle n'aurait pas été soumise si elle n'avait pas procédé à ladite notification.

COMMENTAIRE

Voir le commentaire sous l'article 19 *supra*. ❑

CHAPITRE VII *DISPOSITIONS FINALES*

Art. 21 ***Sanctions.*** **Les États membres fixent des règles relatives aux sanctions applicables en cas d'infraction aux dispositions nationales adoptées en vertu de la présente directive et prennent toutes les mesures nécessaires pour que ces règles soient appliquées. Les sanctions prévues sont effectives, proportionnées et dissuasives. Les États membres notifient ces règles et ces mesures à la Commission au plus tard le 9 mai 2018 et lui notifient sans retard toute modification ultérieure les concernant.**

COMMENTAIRE

Appréciation par les États membres. Il revient aux États membres de fixer librement des règles relatives aux sanctions applicables en cas d'infraction aux dispositions nationales adoptées en vertu de la directive, sous réserve que ces sanctions soient effectives, proportionnées et dissuasives. La marge de manœuvre des États est presque discrétionnaire puisque la directive ne donne aucune précision sur les formes ou modalités de cette sanction. Aucune précision n'est apportée sur le calcul de la sanction ou des montants susceptibles d'en établir l'efficacité, la proportionnalité et le caractère dissuasif.

Inapplication des sanctions. L'évaluation de la directive a fait apparaître des divergences nationales considérables entre les niveaux de sanction qui sont parfois déterminés de façon fixe, selon des montants qui s'échelonnent de 1 400 euros à 5 000 000 euros, ou des pourcentages du chiffre d'affaires des entreprises allant de 0,5 % à 5 % (Commission européenne, Document de travail. Rapport sur l'étude d'impact, 16 déc. 2020, SWD(2020) 345 final, part. 1/3). Au-delà des disparités, il ressort des études d'impact que le niveau de sanction est trop faible pour être efficace (la sanction maximale médiane est d'environ 100 000 euros) et que la pratique montre une large inapplication de ces sanctions même quand les conditions de l'article 21 de la directive sont réunies. En 2020, la Commission notait que pas un seul cas d'application d'une sanction à une entité publique ou privée n'avait été porté à son attention (16 déc. 2020, SWD(2020) 345 final, préc.).

Les perspectives de la proposition de directive SRI 2. La proposition de directive SRI 2 prévoit, à l'article 33, que les États membres fixent les règles relatives aux sanctions applicables en cas d'infraction aux dispositions nationales adoptées en vertu de la présente directive et prennent toutes les mesures nécessaires pour que ces règles soient appliquées (16 déc. 2020, COM(2020) 823 final, 2020/0359(COD)). Les sanctions prévues sont effectives, proportionnées et dissuasives.

La proposition de directive prévoit également que les États membres imposent des amendes administratives aux entités essentielles et importantes et définit le montant maximal de certaines amendes. L'article 31 de la directive SRI 2 définit les conditions générales pour imposer des amendes administratives à des entités essentielles et importantes.

Les États membres devraient veiller à ce que les violations des obligations de sécurité soient soumises à des amendes administratives d'un montant maximum s'élevant à au moins 10 000 000 euros ou à 2 % du chiffre d'affaires annuel mondial total de l'exercice précédent de l'entreprise à laquelle l'entité essentielle ou importante appartient, le montant le plus élevé étant retenu.

Les États membres pourraient en outre prévoir le pouvoir d'imposer des astreintes pour contraindre une entité essentielle ou importante à mettre un terme à une violation conformément à une décision préalable de l'autorité compétente. ❑

Art. 22 ***Comité.*** **1. La Commission est assistée par le comité de la sécurité des réseaux et des systèmes d'information. Ledit comité est un comité au sens du règlement (UE) n° 182/2011.**

2. Lorsqu'il est fait référence au présent paragraphe, l'article 5 du règlement (UE) n° 182/2011 s'applique.

Art. 23 ***Réexamen.*** **1. Au plus tard le 9 mai 2019, la Commission présente au Parlement européen et au Conseil un rapport évaluant la cohérence de l'approche adoptée par les États membres pour identifier les opérateurs de services essentiels.**

2. La Commission réexamine périodiquement le fonctionnement de la présente directive et en rend compte au Parlement européen et au Conseil. A cette fin et en vue de faire progresser la coopération stratégique et opérationnelle, la Commission tient compte des rapports du groupe de coopération et du réseau des CSIRT sur l'expérience acquise au niveau tant stratégique qu'opérationnel. Dans son réexamen, la Commission évalue en outre les listes figurant aux annexes II et III ainsi que la cohérence de l'identification des opérateurs de services essentiels et des services dans les secteurs visés à l'annexe II. Le premier rapport est présenté au plus tard le 9 mai 2021.

COMMENTAIRE

Au regard des évaluations assez négatives de l'application de la directive SRI, le premier réexamen périodique de la directive, au sens de l'article 23, a imposé l'idée d'un nouvel acte législatif européen. La proposition de directive SRI 2 cherche à renforcer l'efficacité de la directive et de son application (16 déc. 2020, COM(2020) 823 final, 2020/0359(COD)).

Les trois objectifs politiques généraux de ce nouvel acte législatif sont :

1. Augmenter le niveau de cyberrésilience d'un ensemble complet d'entreprises opérant dans l'Union européenne dans tous les secteurs pertinents, en mettant en place des règles qui garantissent que toutes les entités publiques et privées à travers le marché intérieur, qui remplissent des fonctions importantes pour l'économie et la société dans son ensemble, sont tenues de prendre des mesures de cybersécurité adéquates.

2. Réduire les incohérences dans la résilience à travers le marché intérieur dans les secteurs déjà couverts par la directive SRI, en alignant davantage le champ d'application *de facto* de l'instrument juridique, les exigences en matière de sécurité et de notification des incidents que les entités publiques et privées sont tenues de mettre en place, les dispositions régissant la surveillance et l'application nationales et les capacités des autorités compétentes dans les États membres.

3. Améliorer le niveau de connaissance commune de la situation et la capacité collective de préparation et de réaction, en prenant des mesures visant à accroître le niveau de confiance entre les autorités compétentes, en partageant davantage d'informations et en mettant en place des règles et des procédures en cas d'incident ou de crise de grande ampleur.

A ces grands enjeux s'ajoutent quelques objectifs plus spécifiques :

1. Veiller à ce que les entités de tous les secteurs qui dépendent de systèmes de réseau et d'information et qui fournissent des services essentiels à l'économie et à la société dans son ensemble soient tenues de prendre des mesures de cybersécurité et de signaler les incidents en vue d'accroître le niveau global de cyberrésilience dans l'ensemble du marché intérieur.

2. Veiller à ce que toutes les entités actives dans les secteurs couverts par le cadre juridique de la SRI, qui sont de taille similaire et jouent un rôle comparable, soient soumises aux mêmes obligations en matière de cybersécurité. ❑

Art. 24 ***Mesures transitoires.*** **1. Sans préjudice de l'article 25 et afin d'offrir aux États membres des possibilités supplémentaires de coopération appropriée au cours de la période de transposition, le groupe de coopération et le réseau des CSIRT commencent à s'acquitter des tâches définies respectivement à l'article 11, paragraphe 3, et à l'article 12, paragraphe 3, au plus tard le 9 février 2017.**

2. Au cours de la période comprise entre le 9 février 2017 et le 9 novembre 2018, et aux fins d'aider les États membres à adopter une approche cohérente dans le processus d'identification des opérateurs de services essentiels, le groupe de coopération discute du processus, ainsi que du contenu et du type des mesures nationales visant à identifier les opérateurs de services essentiels dans un secteur spécifique, conformément aux critères énoncés aux articles 5 et 6. Le groupe de coopération discute en outre, à la demande d'un État membre, des projets spécifiques de mesures nationales élaborés par cet État membre en vue d'identifier les opérateurs de services essentiels dans un secteur spécifique, conformément aux critères énoncés aux articles 5 et 6.

3. Au plus tard le 9 février 2017, et aux fins du présent article, les États membres assurent une représentation appropriée au sein du groupe de coopération et du réseau des CSIRT.

Art. 25 ***Transposition.*** **1. Les États membres adoptent et publient, au plus tard le 9 mai 2018, les dispositions législatives, réglementaires et administratives nécessaires pour se conformer à la présente directive. Ils en informent immédiatement la Commission.**

Ils appliquent ces dispositions à partir du 10 mai 2018.

Lorsque les États membres adoptent ces dispositions, celles-ci contiennent une référence à la présente directive ou sont accompagnées d'une telle référence lors de leur publication officielle. Les modalités de cette référence sont arrêtées par les États membres.

2. Les États membres communiquent à la Commission le texte des dispositions essentielles de droit interne qu'ils adoptent dans le domaine régi par la présente directive.

Art. 26 *Entrée en vigueur.* La présente directive entre en vigueur le vingtième jour suivant celui de sa publication au *Journal officiel de l'Union européenne.*

ANNEXE I

Obligations et tâches des centres de réponse aux incidents de sécurité informatique (CSIRT)

Les obligations et tâches des CSIRT doivent être correctement et clairement définies sur la base d'une politique ou réglementation nationale. Elles comprennent les éléments suivants :

1) Obligations des CSIRT

a) Les CSIRT doivent veiller à un niveau élevé de disponibilité de leurs services de communication en évitant les points uniques de défaillance et ils doivent disposer de plusieurs moyens pour être contactés et contacter autrui à tout moment. De plus, les canaux de communication doivent être clairement précisés et bien connus des partenaires et collaborateurs.

b) Les locaux des CSIRT et les systèmes d'information utilisés doivent se trouver sur des sites sécurisés.

c) Continuité des opérations :

i) les CSIRT sont dotés d'un système approprié de gestion et de routage des demandes afin de faciliter les transferts ;

ii) les CSIRT sont dotés des effectifs adéquats afin de pouvoir garantir une disponibilité permanente ;

iii) les CSIRT s'appuient sur une infrastructure dont la continuité est garantie. A cette fin, des systèmes redondants et un espace de travail de secours sont disponibles.

d) Les CSIRT ont la possibilité de participer, lorsqu'ils le souhaitent, aux réseaux de coopération internationale.

2) Tâches des CSIRT

a) Les tâches des CSIRT comprennent au moins les éléments suivants :

i) suivi des incidents au niveau national ;

ii) activation du mécanisme d'alerte précoce, diffusion de messages d'alerte, annonces et diffusion d'informations sur les risques et incidents auprès des parties intéressées ;

iii) intervention en cas d'incident ;

iv) analyse dynamique des risques et incidents et conscience situationnelle ;

v) participation au réseau des CSIRT.

b) Les CSIRT établissent des relations de coopération avec le secteur privé.

c) Pour faciliter la coopération, les CSIRT promeuvent l'adoption et l'utilisation de pratiques communes normalisées pour :

i) les procédures de gestion des risques et incidents ;

ii) les systèmes de classification des incidents, risques et informations.

ANNEXE II

Types d'entités aux fins de l'article 4, point 4)

Secteur	Sous-secteur	Type d'entités
1. Énergie	a) Électricité	— Entreprises d'électricité au sens de l'article 2, point 35), de la directive 2009/72/CE du Parlement européen et du Conseil[(1)], qui remplit la fonction de « fourniture » au sens de l'article 2, point 19), de ladite directive
		— Gestionnaires de réseau de distribution au sens de l'article 2, point 6), de la directive 2009/72/CE
		— Gestionnaires de réseau de transport au sens de l'article 2, point 4), de la directive 2009/72/CE
	b) Pétrole	— Exploitants d'oléoducs
		—Exploitants d'installations de production, de raffinage, de traitement, de stockage et de transport de pétrole
	c) Gaz	— Entreprises de fourniture au sens de l'article 2, point 8), de la directive 2009/73/CE du Parlement européen et du Conseil[(2)]
		— Gestionnaires de réseau de distribution au sens de l'article 2, point 6), de la directive 2009/73/CE
		— Gestionnaires de réseau de transport au sens de l'article 2, point 4), de la directive 2009/73/CE
		— Gestionnaires d'installation de stockage au sens de l'article 2, point 10), de la directive 2009/73/CE
		— Gestionnaires d'installation de GNL au sens de l'article 2, point 12), de la directive 2009/73/CE
		— Entreprises de gaz naturel au sens de l'article 2, point 1), de la directive 2009/73/CE
		— Exploitants d'installations de raffinage et de traitement de gaz naturel

Secteur	Sous-secteur	Type d'entités
2. Transports	a) Transport aérien	— Transporteurs aériens au sens de l'article 3, point 4), du règlement (CE) n° 300/2008 du Parlement européen et du Conseil[(3)]
		— Entités gestionnaires d'aéroports au sens de l'article 2, point 2), de la directive 2009/12/CE du Parlement européen et du Conseil[(4)], aéroports au sens de l'article 2, point 1), de ladite directive, y compris les aéroports du réseau central énumérés à l'annexe II, section II, du règlement (UE) n° 1315/2013 du Parlement européen et du Conseil[(5)], et entités exploitant les installations annexes se trouvant dans les aéroports
		— Services du contrôle de la circulation aérienne au sens de l'article 2, point 1), du règlement (CE) n° 549/2004 du Parlement européen et du Conseil[(6)]
	b) Transport ferroviaire	— Gestionnaires de l'infrastructure au sens de l'article 3, point 2), de la directive 2012/34/UE du Parlement européen et du Conseil[(7)]
		— Entreprises ferroviaires au sens de l'article 3, point 1), de la directive 2012/34/UE, y compris les exploitants d'installations de services au sens de l'article 3, point 12), de la directive 2012/34/UE
	c) Transport par voie d'eau	— Sociétés de transport terrestre, maritime et côtier de passagers et de fret au sens de l'annexe I du règlement (CE) n° 725/2004 du Parlement européen et du Conseil[(8)], à l'exclusion des navires exploités à titre individuel par ces sociétés
		— Entités gestionnaires des ports au sens de l'article 3, point 1), de la directive 2005/65/CE du Parlement européen et du Conseil[(9)], y compris les installations portuaires au sens de l'article 2, point 11), du règlement (CE) n° 725/2004, ainsi que les entités exploitant des ateliers et des équipements à l'intérieur des ports
		— Exploitants de services de trafic maritime au sens de l'article 3, point o), de la directive 2002/59/CE du Parlement européen et du Conseil[(10)]
	d) Transport routier	—Autorités routières au sens de l'article 2, point 12), du règlement délégué (UE) 2015/962 de la Commission[(11)], chargées du contrôle de gestion du trafic
		— Exploitants de systèmes de transport intelligents au sens de l'article 4, point 1), de la directive 2010/40/UE du Parlement européen et du Conseil[(12)]
3. Banques		Établissements de crédit au sens de l'article 4, point 1), du règlement (UE) n° 575/2013 du Parlement européen et du Conseil[(13)]
4. Infrastructures de marchés financiers		— Exploitants de plate-forme de négociation au sens de l'article 4, point 24), de la directive 2014/65/UE du Parlement européen et du Conseil[(14)]
		— Contreparties centrales au sens de l'article 2, point 1), du règlement (UE) n° 648/2012 du Parlement européen et du Conseil[(15)]

Secteur	Sous-secteur	Type d'entités
5. Secteur de la santé	Établissements de soins de santé (y compris les hôpitaux et les cliniques privées)	Prestataires de soins de santé au sens de l'article 3, point g), de la directive 2011/24/UE du Parlement européen et du Conseil(16)
6. Fourniture et distribution d'eau potable		Fournisseurs et distributeurs d'eaux destinées à la consommation humaine au sens de l'article 2, point 1) a), de la directive 98/83/CE du Conseil(17), à l'exclusion des distributeurs pour lesquels la distribution d'eaux destinées à la consommation humaine ne constitue qu'une partie de leur activité générale de distribution d'autres produits et biens qui ne sont pas considérés comme des services essentiels
7. Infrastructures numériques		— IXP
		— Fournisseurs de services DNS
		— Registres de noms de domaines de haut niveau

(1) Directive 2009/72/CE du Parlement européen et du Conseil du 13 juillet 2009 concernant des règles communes pour le marché intérieur de l'électricité et abrogeant la directive 2003/54/CE (JO L 211 du 14.8.2009, p. 55).

(2) Directive 2009/73/CE du Parlement européen et du Conseil du 13 juillet 2009 concernant des règles communes pour le marché intérieur du gaz naturel et abrogeant la directive 2003/55/CE (JO L 211 du 14.8.2009, p. 94).

(3) Règlement (CE) n° 300/2008 du Parlement européen et du Conseil du 11 mars 2008 relatif à l'instauration de règles communes dans le domaine de la sûreté de l'aviation civile et abrogeant le réglement (CE) n° 2320/2002 (JO L 97 du 9.4.2008, p. 72).

(4) Directive 2009/12/CE du Parlement européen et du Conseil du 11 mars 2009 sur les redevances aéroportuaires (JO L 70 du 14.3.2009, p. 11).

(5) Règlement (UE) n° 1315/2013 du Parlement européen et du Conseil du 11 décembre 2013 sur les orientations de l'Union pour le développement du réseau transeuropéen de transport et abrogeant la décision n° 661/2010/UE (JO L 348 du 20.12.2013, p. 1).

(6) Règlement (CE) n° 549/2004 du Parlement européen et du Conseil du 10 mars 2004 fixant le cadre pour la réalisation du ciel unique européen (<reglement-cadre>) (JO L 96 du 31.3.2004, p. 1).

(7) Directive 2012/34/UE du Parlement européen et du Conseil du 21 novembre 2012 établissant un espace ferroviaire unique européen (JO L 343 du 14.12.2012, p. 32).

(8) Règlement (CE) n° 725/2004 du Parlement européen et du Conseil du 31 mars 2004 relatif à l'amélioration de la sûreté des navires et des installations portuaires (JO L 129 du 29.4.2004, p. 6).

(9) Directive 2005/65/CE du Parlement européen et du Conseil du 26 octobre 2005 relative à l'amélioration de la sureté des ports (JO L 310 du 25.11.2005, p. 28).

(10) Directive 2002/59/CE du Parlement européen et du Conseil du 27 juin 2002 relative à la mise en place d'un systeme communautaire de suivi du trafic des navires et d'information, et abrogeant la directive 93/75/CEE du Conseil (JO L 208 du 5.8.2002, p. 10).

(11) Règlement délégué (UE) 2015/962 de la Commission du 18 décembre 2014 complétant la directive 2010/40/UE du Parlement européen et du Conseil en ce qui concerne la mise à disposition, dans l'ensemble de l'Union, de services d'informations en temps réel sur la circulation (JO L 157 du 23.6.2015, p. 21).

(12) Directive 2010/40/UE du Parlement européen et du Conseil du 7 juillet 2010 concernant le cadre pour le déploiement de systèmes de transport intelligents dans le domaine du transport routier et d'interfaces avec d'autres modes de transport (JO L 207 du 6.8.2010, p. 1).

(13) Règlement (UE) n° 575/2013 du Parlement européen et du Conseil du 26 juin 2013 concernant les exigences prudentielles applicables aux établissements de crédit et aux entreprises d'investissement et modifiant le réglement (UE) n° 648/2012 (JO L 176 du 27.6.2013, p. 1).

(14) Directive 2014/65/UE du Parlement européen et du Conseil du 15 mai 2014 concernant les marchés d'instruments financiers et modifiant la directive 2002/92/CE et la directive 2011/61/UE (JO L 173 du 12.6.2014, p. 349).

(15) Règlement (UE) n° 648/2012 du Parlement européen et du Conseil du 4 juillet 2012 sur les produits dérivés de gré à gré, les contreparties centrales et les référentiels centraux (JO L 201 du 27.7.2012, p. 1).
(16) Directive 2011/24/UE du Parlement européen et du Conseil du 9 mars 2011 relative à l'application des droits des patients en matière de soins de santé transfrontaliers (JO L 88 du 4.4.2011, p. 45).
(17) Directive 98/83/CE du Conseil du 3 novembre 1998 relative à la qualité des eaux destinées à la consommation humaine (JO L 330 du 5.12.1998, p. 32).

ANNEXE III

TYPES DE SERVICES NUMÉRIQUES AUX FINS DE L'ARTICLE 4, POINT 5)

1. Place de marché en ligne
2. Moteurs de recherche en ligne
3. Service d'informatique en nuage

Règlement d'exécution (UE) 2018/151 du 30 janvier 2018,

Portant modalités d'application de la directive (UE) 2016/1148 du Parlement européen et du Conseil précisant les éléments à prendre en considération par les fournisseurs de service numérique pour gérer les risques qui menacent la sécurité des réseaux et des systèmes d'information ainsi que les paramètres permettant de déterminer si un incident a un impact significatif.

Art. 4 ***Impact significatif d'un incident.*** 1. Un incident est considéré comme ayant un impact significatif si au moins l'une des situations suivantes s'est présentée :

a) le service fourni par un fournisseur de service numérique a été indisponible pendant plus de 5 000 000 heures-utilisateur, une heure-utilisateur correspondant au nombre d'utilisateurs affectés dans l'Union pendant une durée de soixante minutes ;

b) l'incident a entraîné une perte de l'intégrité, de l'authenticité ou de la confidentialité des données stockées, transmises ou transformées ou des services connexes offerts ou accessibles par l'intermédiaire d'un réseau et d'un système informatique du fournisseur de service numérique, qui a touché plus de 100 000 utilisateurs dans l'Union ;

c) l'incident a engendré un risque pour la sécurité ou la sûreté publiques ou a entraîné un décès ;

d) l'incident a causé un préjudice matériel à au moins un utilisateur dans l'Union dès lors que le préjudice causé à cet utilisateur dépasse 1 000 000 EUR.

2. Compte tenu des meilleures pratiques recueillies par le groupe de coopération dans l'exercice des tâches qui lui sont confiées par l'article 11, paragraphe 3, de la directive (UE) 2016/1148 et des discussions visées à l'article 11, paragraphe 3, point m), de ladite directive, la Commission peut revoir les seuils fixés au paragraphe 1.

Art. 5 ***Entrée en vigueur.*** 1. Le présent règlement entre en vigueur le vingtième jour suivant celui de sa publication au *Journal officiel de l'Union européenne.*

2. Il est applicable à compter du 10 mai 2018.

Règlement (UE) 2019/881 du 17 avril 2019 (règlement "sur la cybersécurité"),

Relatif à l'ENISA (Agence de l'Union européenne pour la cybersécurité) et à la certification de cybersécurité des technologies de l'information et des communications et abrogeant le règlement (UE) n° 526/2013.

V. les consid. sur le Code en ligne 🏛.

TITRE I DISPOSITIONS GÉNÉRALES

Art. 1er ***Objet et champ d'application.*** 1. En vue d'assurer le bon fonctionnement du marché intérieur tout en cherchant à atteindre un niveau élevé de cybersécurité, de cyber-résilience et de confiance au sein de l'Union, le présent règlement fixe :

a) les objectifs, les tâches et les questions organisationnelles concernant l'ENISA (l'Agence de l'Union européenne pour la cybersécurité) ; et

b) un cadre pour la mise en place de schémas européens de certification de cybersécurité dans le but de garantir un niveau adéquat de cybersécurité des produits TIC, services TIC et processus TIC dans l'Union, ainsi que dans le but d'éviter la fragmentation du marché intérieur pour ce qui est des schémas de certification dans l'Union.

Le cadre visé au premier alinéa, point b), s'applique sans préjudice des dispositions spécifiques d'autres actes juridiques de l'Union en matière de certification volontaire ou obligatoire.

2. Le présent règlement est sans préjudice des compétences des États membres en ce qui concerne les activités relatives à la sécurité publique, à la défense et à la sécurité nationale, et les activités de l'État dans des domaines du droit pénal.

COMMENTAIRE

Double objet. Le règlement a deux objets très distincts, au point que l'on peut s'interroger sur l'opportunité de les rassembler dans un seul texte. Si la fragmentation du cadre législatif européen de la cybersécurité commence à se poser, le syncrétisme opéré par le règlement pose des questions de cohérence législative. D'une part, il redéfinit les objectifs, les tâches et le statut de l'ENISA (l'Agence de l'Union européenne pour la cybersécurité). A cet égard, comme tous les autres règlements portant statut d'une agence de l'Union européenne, il prévoit des dispositions très précises sur ses missions, son fonctionnement, sa composition, et son personnel notamment. D'autre part, il établit un « cadre » pour la mise en place de schémas européens de certification de cybersécurité dans le but de garantir un niveau adéquat de cybersécurité des produits de technologies d'information et de communication (ci-après TIC), services TIC et processus TIC dans l'Union. L'argument pour rassembler ces deux objets dans un même règlement est que l'instauration d'un système de certification suppose la mise en place d'un système approprié de gouvernance au niveau européen et, notamment, une expertise fournie par une agence indépendante.

Base juridique. La compétence de l'Union européenne peut sembler limitée pour l'adoption du texte, dès lors que la cybersécurité relève des questions de sécurité nationale, de défense, et plus généralement de questions de souveraineté nationale qui relèvent de la responsabilité exclusive des États membres au sens de l'article 4 du traité sur l'Union européenne (TUE). Cette compétence nationale est tempérée en pratique par la dissociation opérée par la Cour de justice entre compétence de l'Union européenne et champ d'application du droit de l'Union. Cela signifie que les effets juridiques des politiques européennes peuvent s'étendre au-delà de ses compétences et ainsi limiter en pratique l'exercice d'une compétence nationale. La Commission a choisi de fonder son texte sur la base juridique de l'article 114 du traité sur le fonctionnement de l'Union européenne (TFUE) qui permet à l'Union de prendre les mesures nécessaires au bon fonctionnement du marché intérieur. C'est pourquoi la motivation du texte insiste sur la fragmentation au sein du marché intérieur du fait de la multiplication des certifications de cybersécurité.

Dans sa proposition, la Commission avait, à dessein, insisté sur l'hétérogénéité des formes de certification de cybersécurité des produits et services TIC dans l'Union européenne. Certains États membres avaient ainsi adopté des certifications internationales d'évaluation de la sécurité informatique, comme les Critères communs d'évaluation de la sécurité des technologies de l'information (norme ISO 15408) qui reposent sur une évaluation par des tiers et prévoient sept niveaux d'assurance de l'évaluation (EAL). Les Critères communs s'accompagnent d'une Méthodologie commune d'évaluation de la sécurité des technologies de l'information (CEM). Treize États membres avaient signé l'Accord de reconnaissance des critères communs (CCRA), qui garantit que les certificats Critères communs sont reconnus par tous ses signataires (notamment les évaluations jusqu'au niveau 2 de l'EAL). Les autorités de certification de douze États membres avaient conclu un accord de reconnaissance mutuelle concernant les certificats délivrés conformément à l'accord sur la base des Critères communs : l'accord de reconnaissance mutuelle (ARM) du groupe des hauts fonctionnaires pour la sécurité des systèmes d'information (SOG-IS). Si l'ARM du SOG-IS a constitué une étape importante pour la coopération et la reconnaissance mutuelle dans le domaine de la certification de sécurité, il a une portée limitée dès lors qu'il ne réunit que certains États membres. A cela s'ajoutaient d'autres certifications des

TIC au niveau national. Ces schémas présentent cependant des lacunes importantes et des différences en termes de couverture des produits, de niveaux d'assurance, de critères de fond et d'utilisation effective, ce qui entrave les mécanismes de reconnaissance mutuelle au sein de l'Union.

L'enjeu sur le marché intérieur était alors le risque de fragmentation des marchés, et des surcoûts pour les entreprises du fait des problèmes d'interopérabilité. Ainsi, une entreprise souhaitant proposer ses produits dans différents États membres devait suivre plusieurs formes de certification. Par exemple, un fabricant de compteurs intelligents qui souhaite vendre ses produits en France et en Allemagne devait se conformer à deux systèmes de certification différents : la Certification de Sécurité de Premier Niveau (CSPN) en France et une certification fondée sur les Critères communs en Allemagne. Une approche européenne commune semblait s'imposer pour établir un cadre européen de certification de cybersécurité établissant les principales exigences horizontales pour les schémas européens de certification de cybersécurité à développer, et ainsi permettre la reconnaissance et l'utilisation dans tous les États membres des certificats de cybersécurité européens et des déclarations de conformité de l'Union européenne pour les produits et services TIC. Le règlement sur la cybersécurité instaure un cadre européen de certification de cybersécurité des produits et services TIC, et précise les fonctions et missions essentielles de l'ENISA dans ce domaine. Le règlement fixe le cadre général des règles régissant les systèmes européens de certification.

Les liens entre l'objet du règlement et les questions de sécurité voire de souveraineté nationale étant cependant forts, la voie pour le législateur européen était étroite. On retrouve cette ambivalence dans l'article 1er, § 1, du règlement qui précise que l'objectif du règlement est « d'assurer le bon fonctionnement du marché intérieur tout en cherchant à atteindre un niveau élevé de cybersécurité, de cyberrésilience et de confiance au sein de l'Union ».

En France, le Sénat avait d'ailleurs estimé que la proposition de la Commission ne respectait pas le principe de subsidiarité et avait insisté sur le respect des compétences des États en matière de sécurité (ces deux aspects n'ont, juridiquement, pas de lien entre eux car le principe de subsidiarité s'applique aux compétences partagées). Rappelant que la cybersécurité relève par plusieurs aspects de la souveraineté nationale, le Sénat estimait que les États membres devaient conserver, d'une part, leur faculté d'adopter des normes et des standards apportant un plus haut niveau de sécurité, et, d'autre part, toute leur place dans le nouveau dispositif européen, fondé sur leur participation volontaire à une cybersécurité européenne. Pour cette raison, concernant la base juridique de la proposition, le Sénat avait estimé qu'un règlement sur la cybersécurité ne pouvait relever uniquement du fonctionnement du marché intérieur (TFUE, art. 26 et 114), mais qu'il devait aussi intégrer les enjeux de sécurité (TUE, art. 4). Cette position est juridiquement impossible car l'article 4 du TUE évoque des compétences nationales exclusives pour la protection de la sécurité intérieure des États membres et ne peut évidemment pas constituer une base juridique pour l'adoption d'un acte législatif européen. Elle montre cependant l'ambivalence du texte, à mi-chemin entre des objectifs économiques et de sécurité et sa sensibilité sur des questions de souveraineté nationale.

La Commission pouvait en outre s'appuyer sur la jurisprudence européenne qui avait accepté le choix de la base juridique « Marché intérieur ». Dans un arrêt de grande chambre, la Cour de justice (CJUE 2 mai 2006, n° C-217/04, *Royaume-Uni c/ Parlement et Conseil*) avait validé ce choix s'agissant du règlement (CE) n° 460/2004 du 10 mars 2004 pour l'instauration de l'Agence européenne chargée de la sécurité des réseaux et de l'information. Cette solution s'inscrit dans une politique jurisprudentielle de la Cour très favorable à une interprétation large des compétences européennes par le rattachement des actes législatifs européens au marché intérieur dont l'effet attractif est renforcé par l'attrait exercé par la procédure législative ordinaire qu'il prévoit pour l'adoption des actes.

Articulation avec les autres législations européennes. La complémentarité du règlement avec la directive (UE) 2016/1148 du 6 juillet 2016 sur la sécurité des réseaux et des systèmes d'information (directive SRI) est évidente : il s'agit de renforcer la cyberrésilience au niveau européen en ajoutant de nouveaux outils techniques mais aussi de nouvelles formes de coopération pour garantir une gestion des risques cohérente et accroître la sensibilisation des acteurs sur les enjeux de cybersécurité. La directive SRI prévoit des mesures de sécurité et une notification des incidents pour les opérateurs de sept

secteurs d'activité (énergie, transports, eau, banques, infrastructures des marchés financiers, soins de santé et infrastructures numériques) ainsi que les fournisseurs de services numériques (moteurs de recherche, services d'informatique en nuage et places de marché en ligne).

La directive SRI, faute de pouvoir se reposer sur un mécanisme européen de certification, prévoit que les processus de certification et de normalisation reposent sur un mécanisme facultatif pour les États membres. Pour mettre en cohérence les exigences de sécurité et de notification d'incidents des opérateurs de services essentiels (OSE) et des fournisseurs de services numériques (FSN), les États membres encouragent le recours à des normes et des spécifications européennes ou internationalement reconnues pour la sécurité des réseaux et des systèmes d'information. Le règlement sur la cybersécurité change désormais la perspective. L'article 21 de la proposition de directive SRI 2 (COM(2020) 823 final) prévoit un recours aux schémas européens de certification de cybersécurité. Afin de démontrer la conformité aux exigences de gestion des risques en matière de cybersécurité, les États membres pourraient exiger que des entités essentielles et importantes certifient certains produits, services et processus TIC dans le cadre de schémas européens de certification en matière de cybersécurité spécifiques adoptés conformément à l'article 49 du règlement (UE) 2019/881 du 17 avril 2019. Ce recours aux schémas européens de certification de cybersécurité pourrait aussi être obligatoire : il est envisagé que la Commission puisse adopter des actes délégués précisant quelles catégories d'entités essentielles seraient tenues d'obtenir un certificat et dans le cadre de quels régimes européens de certification de cybersécurité spécifiques.

Le règlement est ainsi complémentaire de la directive SRI : le système de certification européen doit permettre aux entreprises qui entrent dans le champ d'application de la directive de prouver qu'elles respectent ses exigences. Lors de l'élaboration de nouveaux systèmes de certification de cybersécurité, la Commission et l'ENISA doivent veiller à ce que les exigences SRI soient reprises dans les systèmes de certification.

Le règlement ne modifie pas la certification des opérations de traitement de données, même lorsque ces opérations sont intégrées dans des produits et services, en vertu du règlement général sur la protection des données (UE) 2016/679 du 27 avril 2016 (RGPD). Le RGPD prévoit la mise en place de mécanismes de certification ainsi que de labels et de marques en matière de protection des données pour démontrer la conformité des opérations de traitement effectuées par les responsables du traitement et les sous-traitants.

De plus, les règles relatives à la certification de cybersécurité s'ajoutent aux exigences de sécurité du règlement eIDAS (Règl. (UE) n° 910/2014 du 23 juill. 2014 sur l'identification électronique et les services de confiance pour les transactions électroniques au sein du marché intérieur) et de la directive sur les équipements radioélectriques (Dir. 2014/53/UE du 16 avr. 2014 relative à l'harmonisation des législations des États membres concernant la mise à disposition sur le marché d'équipements radioélectriques). ❑

Art. 2 ***Définitions.*** **Aux fins du présent règlement, on entend par :**

1) "cybersécurité", les actions nécessaires pour protéger les réseaux et les systèmes d'information, les utilisateurs de ces systèmes et les autres personnes exposées aux cybermenaces ;

2) "réseau et système d'information", un réseau et système d'information au sens de l'article 4, point 1), de la directive (UE) 2016/1148 ;

3) "stratégie nationale en matière de sécurité des réseaux et des systèmes d'information", une stratégie nationale en matière de sécurité des réseaux et des systèmes d'information au sens de l'article 4, point 3), de la directive (UE) 2016/1148 ;

4) "opérateur de services essentiels", un opérateur de services essentiels au sens de l'article 4, point 4), de la directive (UE) 2016/1148 ;

5) "fournisseur de service numérique", un fournisseur de service numérique au sens de l'article 4, point 6), de la directive (UE) 2016/1148 ;

6) "incident", un incident au sens de l'article 4, point 7), de la directive (UE) 2016/1148 ;

7) "gestion d'incident", la gestion d'incident au sens de l'article 4, point 8), de la directive (UE) 2016/1148 ;

8) "cybermenace", toute circonstance, tout événement ou toute action potentiels susceptibles de nuire ou de porter autrement atteinte aux réseaux et systèmes d'information, aux utilisateurs de tels systèmes et à d'autres personnes, ou encore de provoquer des interruptions de ces réseaux et systèmes ;

9) "schéma européen de certification de cybersécurité", un ensemble complet de règles, d'exigences techniques, de normes et de procédures qui sont établies à l'échelon de l'Union et qui s'appliquent à la certification ou à l'évaluation de la conformité de produits TIC, services TIC ou processus TIC spécifiques ;

10) "schéma national de certification de cybersécurité", un ensemble complet de règles, d'exigences techniques, de normes et de procédures élaborées et adoptées par une autorité publique nationale et qui s'appliquent à la certification ou à l'évaluation de la conformité des produits TIC, services TIC et processus TIC relevant de ce schéma spécifique ;

11) "certificat de cybersécurité européen", un document délivré par un organisme compétent attestant qu'un produit TIC, service TIC ou processus TIC donné a été évalué en ce qui concerne sa conformité aux exigences de sécurité spécifiques fixées dans un schéma européen de certification de cybersécurité ;

12) "produit TIC", un élément ou un groupe d'éléments appartenant à un réseau ou à un schéma d'information ;

13) "service TIC", un service consistant intégralement ou principalement à transmettre, stocker, récupérer ou traiter des informations au moyen de réseaux et de systèmes d'information ;

14) "processus TIC", un ensemble d'activités exécutées pour concevoir, développer ou fournir un produit TIC ou service TIC ou en assurer la maintenance ;

15) "accréditation", l'accréditation au sens de l'article 2, point 10), du règlement (CE) n° 765/2008 ;

16) "organisme national d'accréditation", un organisme national d'accréditation au sens de l'article 2, point 11), du règlement (CE) n° 765/2008 ;

17) "évaluation de la conformité", une évaluation de la conformité au sens de l'article 2, point 12), du règlement (CE) n° 765/2008 ;

18) "organisme d'évaluation de la conformité", un organisme d'évaluation de la conformité au sens de l'article 2, point 13), du règlement (CE) n° 765/2008 ;

19) "norme", une norme au sens de l'article 2, point 1), du règlement (UE) n° 1025/2012 ;

20) "spécification technique", un document qui établit les exigences techniques auxquelles un produit TIC, service TIC ou processus TIC doit répondre ou des procédures d'évaluation de la conformité afférentes à un produit TIC, service TIC ou processus TIC ;

21) "niveau d'assurance", le fondement permettant de garantir qu'un produit TIC, service TIC ou processus TIC satisfait aux exigences de sécurité d'un schéma européen de certification de cybersécurité spécifique, indique le niveau auquel un produit TIC, service TIC ou processus TIC a été évalué mais, en tant que tel, ne mesure pas la sécurité du produit TIC, service TIC ou processus TIC concerné ;

22) "autoévaluation de la conformité", une action effectuée par un fabricant ou un fournisseur de produits TIC, services TIC ou processus TIC, qui évalue si ces produits TIC, services TIC ou processus TIC satisfont aux exigences fixées dans un schéma européen de certification de cybersécurité spécifique.

COMMENTAIRE

Diversité des standards de cybersécurité. La cybersécurité est définie par le règlement comme les « actions nécessaires pour protéger les réseaux et les systèmes d'information, les utilisateurs de ces systèmes et les autres personnes exposées aux cybermenaces ». La définition proposée est assez brève et très générale. Surtout, alors que beaucoup de définitions du règlement s'opèrent par renvoi à la directive (UE) 2016/1148 du 6 juillet 2016 sur la sécurité des réseaux et des systèmes d'information (directive SRI), la définition de la cybersécurité contraste avec la définition plus précise de la sécurité des réseaux et des systèmes d'information proposée à l'article 4 de la directive SRI. Les notions de « réseau et système d'information », de « stratégie nationale en matière de sécu-

rité des réseaux et des systèmes d'information », d' « opérateur de services essentiels », de « fournisseur de service numérique », d' « incident » et de « gestion d'incident » sont définies par renvoi à la directive SRI. De la même façon, le règlement définit de façon très large les cybermenaces comme recouvrant toute circonstance, tout événement ou toute action potentiels susceptibles de nuire ou de porter autrement atteinte aux réseaux et systèmes d'information, aux utilisateurs de tels systèmes et à d'autres personnes, ou encore de provoquer des interruptions de ces réseaux et systèmes.

La généralité de la définition de la cybersécurité proposée par le règlement contraste ainsi avec l'article 4 de la directive SRI qui définit la sécurité des réseaux et des systèmes d'information comme la « capacité des réseaux et des systèmes d'information de résister, à un niveau de confiance donné, à des actions qui compromettent la disponibilité, l'authenticité, l'intégrité ou la confidentialité de données stockées, transmises ou faisant l'objet d'un traitement, et des services connexes que ces réseaux et systèmes d'information offrent ou rendent accessibles ». Cela est sans doute lié au fait que la directive SRI cherche à harmoniser le standard minimal de sécurité et des systèmes d'information d'opérateurs qui jouent un rôle clé dans la vie économique et sociale alors que le règlement propose une approche plus sophistiquée, fondée sur différents degrés de sécurité, qui a vocation à s'appliquer à un très grand nombre de produits ou de services.

Pour les schémas européens de certification de cybersécurité, il existe en effet plusieurs niveaux d'assurance. Un certificat de cybersécurité qui se réfère au niveau d'assurance élémentaire renvoie à un niveau qui vise à minimiser les risques élémentaires connus d'incidents et de cyberattaques. Le niveau d'assurance substantiel correspond à un niveau qui vise à minimiser les risques liés à la cybersécurité connus et le risque d'incidents et de cyberattaques émanant d'acteurs aux aptitudes et aux ressources limitées. Le niveau d'assurance élevé correspond à un niveau qui vise à minimiser le risque que des cyberattaques de pointe soient menées par des acteurs aux aptitudes solides et aux ressources importantes. On voit ainsi que le niveau d'assurance élémentaire est bas et ne correspond à l'évidence pas au niveau de sécurité attendu d'un opérateur de services essentiels ou d'un fournisseur de services numériques. Si le niveau d'assurance élevé semble plus adéquat pour la protection d'entités qui sont au cœur des activités économiques et sociales, le niveau de cyberrésilience souffre de disparités nationales importantes. Il est vrai cependant que la directive SRI laisse une marge d'appréciation importante aux États pour définir les mesures de sécurité.

Pourtant, l'article 46 du règlement rejoint en grande partie la définition de la directive SRI en soulignant que le cadre européen de certification de cybersécurité prévoit un mécanisme visant à attester que les produits, services et processus TIC qui ont été évalués satisfont à des exigences de sécurité définies dans le but de « protéger la disponibilité, l'authenticité, l'intégrité ou la confidentialité des données stockées, transmises ou traitées ou des fonctions ou services » qui sont offerts par ces produits, services et processus ou accessibles par leur intermédiaire tout au long de leur cycle de vie. ❑

TITRE II ENISA (L'AGENCE DE L'UNION EUROPÉENNE POUR LA CYBERSÉCURITÉ)

CHAPITRE I *MANDAT ET OBJECTIFS*

Art. 3 ***Mandat.*** **1. L'ENISA exécute les tâches qui lui sont assignées par le présent règlement dans le but de parvenir à un niveau commun élevé de cybersécurité dans l'ensemble de l'Union, y compris en aidant activement les États membres et les institutions, organes et organismes de l'Union à améliorer la cybersécurité. L'ENISA sert de point de référence pour les conseils et compétences en matière de cybersécurité pour les institutions, organes et organismes de l'Union ainsi que pour les autres parties prenantes concernées de l'Union.**

L'ENISA contribue à réduire la fragmentation du marché intérieur en s'acquittant des tâches qui lui sont assignées en vertu du présent règlement.

2. L'ENISA exécute les tâches qui lui sont assignées par des actes juridiques de l'Union établissant des mesures destinées à rapprocher les dispositions législatives, réglementaires et administratives des États membres relatives à la cybersécurité.

3. Dans l'accomplissement de ses tâches, l'ENISA agit de façon indépendante tout en évitant la duplication des activités des États membres et en tenant compte des compétences existantes des États membres.

4. L'ENISA développe ses ressources propres, y compris les capacités et les aptitudes techniques et humaines, nécessaires pour exécuter les tâches qui lui sont assignées en vertu du présent règlement.

COMMENTAIRE

Pérennisation du mandat de l'ENISA. Depuis sa création, l'Agence européenne chargée de la sécurité des réseaux et de l'information (ENISA) est un centre d'expertise chargé de renforcer la sécurité des réseaux et de l'information dans l'Union et d'aider les États membres à se doter de moyens. Instituée en 2004 pour contribuer à la réalisation de l'objectif global consistant à assurer un niveau élevé de sécurité des réseaux et de l'information dans l'Union européenne (Règl. (CE) n° 460/2004 du 10 mars 2004), l'ENISA s'est vu confier un nouveau mandat en 2013 (Règl. (UE) n° 526/201 du 21 mais 2013) pour une période de sept ans, jusqu'en 2020. L'Agence avait encore ses bureaux en Grèce (siège administratif à Héraklion et centre opérationnel à Athènes). En 2021, la Commission a adopté la décision relative à l'établissement du bureau de l'Agence de l'Union européenne pour la cybersécurité (ENISA) à Bruxelles, conformément au règlement.

Son mandat était à durée déterminée. De façon générale, comparée aux autres agences européennes, l'ENISA était une agence de taille modeste avec un budget peu élevé et un effectif réduit (75 agents), affaibli par un nombre croissant d'emplois intérimaires. Cette politique d'emploi a été discutée au regard des emplois sensibles en son sein. La difficulté de l'agence à rassembler un haut niveau d'expertise a pu, ponctuellement, contribuer à affaiblir la confiance de certains États membres dans cette agence. Dans sa résolution n° 25 du 6 décembre 2017, le Sénat contestait les nouvelles missions de l'ENISA dans le règlement alors que cette agence n'a aucune expertise en matière de certification et qu'elle pourrait entraîner un affaiblissement de la cybersécurité dans l'Union européenne. La Commission reconnaît aussi, dans sa proposition de règlement, qu'elle n'a pas « réussi à se forger une réputation solide et à acquérir assez de visibilité pour être reconnue comme "le" centre d'expertise en Europe » (COM(2017) 477 final).

Quatre possibilités ont été envisagées s'agissant du mandat de l'ENISA : le maintien du statu quo, c'est-à-dire le renouvellement d'un mandat toujours limité dans le temps, l'expiration du mandat actuel de l'ENISA sans renouvellement et la disparition de l'ENISA, une ENISA réformée ou, enfin, une agence de l'Union européénne pour la cybersécurité disposant de moyens opérationnels complets. Face à l'opposition des États de créer une agence dotée de moyens opérationnels, l'option ENISA réformée a été retenue. Le règlement donne un mandat permanent à l'ENISA pour assurer sa stabilité et lui permettre de construire une action sur le long terme. Son mandat, ses objectifs et ses missions feront l'objet d'un réexamen périodique.

Renforcement du mandat de l'ENISA avec la directive SRI. La directive (UE) 2016/1148 du 6 juillet 2016 sur la sécurité des réseaux et des systèmes d'information (directive SRI) confie des missions importantes à l'ENISA : elle assure le secrétariat du réseau des Centres de réponses à incidents (*Computer Security Incident Response Teams*, ci-après CSIRT) qui doit permettre une coopération rapide et effective, au niveau opérationnel, entre les États membres en cas d'incidents de cybersécurité spécifiques et pour échanger des informations sur les risques. Elle assiste le groupe de coopération SRI, les États membres et la Commission en fournissant son expertise et ses conseils et en facilitant l'échange de bonnes pratiques. Ces fonctions ayant vocation à s'inscrire dans le temps long, une réflexion sur l'Agence s'imposait.

De nouvelles missions pour l'ENISA. Le règlement réforme le mandat de l'ENISA et repense ses missions. L'objectif était de lui donner les moyens de jouer un rôle plus important pour confirmer les évolutions actées par la directive SRI. Si un consensus s'est fait sur l'idée d'en faire un centre d'expertise apportant un soutien aux États membres et à la Commission en matière de certification de cybersécurité, le point le plus débattu a été celui de lui permettre de réagir plus activement aux menaces particulières en lui donnant une certaine capacité opérationnelle. Le mandat défini par le règlement cherche à

situer plus précisément le rôle de l'ENISA en tant qu'agence de l'Union européenne pour la cybersécurité et comme point de référence dans l'écosystème de cybersécurité de l'Union, qui travaille en étroite coopération avec tous les autres organismes compétents de cet écosystème. L'organisation et le fonctionnement de l'ENISA font l'objet de quelques correctifs à la marge.

Le mandat prévoit des domaines d'action bien délimités. Le règlement cible les domaines où la plus-value de l'Agence a été notable, ainsi que les nouveaux domaines où son action est nécessaire : directive SRI, réexamen de la stratégie de cybersécurité de l'Union européenne, et prochain plan de l'Union Européenne en matière de cybersécurité pour la coopération en cas de crise et la certification de sécurité en matière de TIC. ❑

Art. 4 ***Objectifs.*** **1. L'ENISA est un centre de compétences en matière de cybersécurité du fait de son indépendance, de la qualité scientifique et technique des conseils et de l'assistance qu'elle dispense, des informations qu'elle fournit, de la transparence de ses procédures de fonctionnement, des modes de fonctionnement et de sa diligence à exécuter ses tâches.**

2. L'ENISA assiste les institutions, organes et organismes de l'Union, ainsi que les États membres, dans l'élaboration et la mise en œuvre des politiques de l'Union liées à la cybersécurité, y compris les politiques sectorielles concernant la cybersécurité.

3. L'ENISA soutient le renforcement des capacités et contribue à l'état de préparation au sein de l'Union en aidant les institutions, organes et organismes de l'Union, ainsi que les États membres et les parties prenantes des secteurs public et privé, à accroître la protection de leurs réseaux et systèmes d'information, à développer et à améliorer les capacités de cyber-résilience et de cyber-réaction, et à développer des aptitudes et des compétences dans le domaine de la cybersécurité.

4. L'ENISA favorise la coopération, notamment le partage d'informations et la coordination au niveau de l'Union, entre les États membres, les institutions, organes et organismes de l'Union et les parties prenantes concernées des secteurs public et privé en ce qui concerne les questions liées à la cybersécurité.

5. L'ENISA contribue à renforcer les capacités dans le domaine de la cybersécurité au niveau de l'Union afin de soutenir les actions des États membres pour prévenir les cybermenaces et réagir à celles-ci, notamment en cas d'incidents transfrontières.

6. L'ENISA favorise le recours à la certification européenne de cybersécurité en vue d'éviter la fragmentation du marché intérieur. L'ENISA contribue à l'établissement et au maintien d'un cadre européen de certification de cybersécurité, conformément au titre III du présent règlement, en vue de rendre plus transparente la cybersécurité des produits TIC, services TIC et processus TIC et, partant, de rehausser la confiance dans le marché intérieur numérique et la compétitivité de ce dernier.

7. L'ENISA promeut un niveau élevé de sensibilisation des citoyens, des organisations et des entreprises aux questions liées à la cybersécurité, y compris en matière d'hygiène informatique et d'habileté numérique.

COMMENTAIRE

Voir le commentaire sous l'article 3. ❑

CHAPITRE II *TÂCHES*

Art. 5 ***Élaboration et mise en œuvre de la politique et du droit de l'Union.*** **L'ENISA contribue à l'élaboration et à la mise en œuvre de la politique et du droit de l'Union :**

1) en apportant son concours et en fournissant des conseils concernant l'élaboration et la révision de la politique et du droit de l'Union dans le domaine de la cybersécurité, et concernant les initiatives politiques et législatives sectorielles mettant en jeu des questions liées à la cybersécurité, notamment en fournissant des avis et des analyses indépendants, ainsi qu'en effectuant des travaux préparatoires ;

2) en aidant les États membres à mettre en œuvre la politique et le droit de l'Union en matière de cybersécurité de manière cohérente, notamment en ce qui concerne la directive (UE) 2016/1148, y compris en délivrant des avis et des lignes directrices, et en fournissant des conseils et des meilleures pratiques sur des thèmes tels que la ges-

tion des risques, le signalement des incidents et le partage d'informations, ainsi qu'en facilitant l'échange de meilleures pratiques entre les autorités compétentes à cet égard ;

3) en aidant les États membres et les institutions, organes et organismes de l'Union à élaborer et à promouvoir des politiques en matière de cybersécurité visant à soutenir la disponibilité ou l'intégrité générales du noyau public de l'internet ouvert ;

4) en contribuant, par ses compétences et son concours, aux travaux du groupe de coopération institué en application de l'article 11 de la directive (UE) 2016/1148 ;

5) en soutenant :

a) l'élaboration et la mise en œuvre de la politique de l'Union dans le domaine de l'identification électronique et des services de confiance, en particulier en fournissant des conseils et en délivrant des lignes directrices techniques, ainsi qu'en facilitant l'échange de meilleures pratiques entre les autorités compétentes ;

b) la promotion d'une amélioration du niveau de sécurité des communications électroniques, y compris en fournissant des conseils et des compétences, ainsi qu'en facilitant l'échange de meilleures pratiques entre les autorités compétentes ;

c) les États membres dans la mise en œuvre d'aspects spécifiques en matière de cybersécurité des politiques et du droit de l'Union concernant la protection des données et la vie privée, y compris en fournissant des avis au comité européen de la protection des données à sa demande ;

6) en soutenant le réexamen périodique des activités liées aux politiques de l'Union, par la préparation d'un rapport annuel sur l'état d'avancement de la mise en œuvre du cadre juridique applicable en ce qui concerne :

a) les informations sur les notifications d'incidents des États membres transmises par les points de contact uniques au groupe de coopération conformément à l'article 10, paragraphe 3, de la directive (UE) 2016/1148 ;

b) les résumés des notifications d'atteinte à la sécurité ou de perte d'intégrité reçues des prestataires de services de confiance et transmises à l'ENISA par les organes de contrôle, conformément à l'article 19, paragraphe 3, du règlement (UE) n° 910/2014 du Parlement européen et du Conseil *[du 23 juill. 2014 sur l'identification électronique et les services de confiance pour les transactions électroniques au sein du marché intérieur et abrogeant la Dir. 1999/93/CE (JO L 257 du 28 août 2014, p. 73)]* **;**

c) les notifications d'incidents de sécurité transmises par les fournisseurs de réseaux de communications publics ou de services de communications électroniques accessibles au public, fournies à l'ENISA par les autorités compétentes, conformément à l'article 40 de la directive (UE) 2018/1972.

COMMENTAIRE

Fonction consultative pour la conception des politiques. Par une fonction consultative qui se traduit par des avis, analyses ou travaux préparatoires, l'ENISA doit aider à la conception d'une politique européenne dans le domaine de la cybersécurité. Elle doit intervenir aussi sur des politiques sectorielles qui posent des enjeux de cybersécurité (énergie, transports, finance, identification électronique et des services de confiance, sécurité des communications électroniques).

Fonction de soutien à la mise en œuvre des politiques. L'ENISA soutient l'application efficace des politiques européennes en aidant les États membres à la mettre en œuvre par des avis, lignes directrices, conseils et diffusion des bonnes pratiques en matière de gestion des risques, signalement des incidents et le partage d'informations. Elle aide les États dans l'application de législations sectorielles qui présentent des enjeux de sécurité (protection des données et de la vie privée) et contribue aux travaux du groupe de coopération SRI.

Guide de bonnes pratiques. L'ENISA a ainsi fourni des bonnes pratiques et des recommandations, par exemple sur les incitations et barrières au partage "d'information" et un guide de bonnes pratiques sur le partage de l'information. Le guide de bonnes pratiques sur le partage d'informations de l'ENISA de 2009 vise à aider les États membres et les autres parties prenantes à mettre en place et à gérer des échanges d'informations sur la sécurité des réseaux au niveau national. Il insiste par exemple sur la nécessité de réunions régulières, en face à face, comprenant vingt et trente experts en sécurité de haut niveau ; le rôle déterminant du gouvernement dans la mise en place et la gestion

des échanges avec l'industrie ; l'importance d'aborder les questions stratégiques (par exemple les perturbations majeures/critiques) plutôt que les questions opérationnelles ; le respect des sensibilités commerciales des membres liées à la divulgation d'informations aux concurrents et/ou aux régulateurs ; l'échange d'informations plutôt que le transfert d'informations.

Dans un rapport de 2010, l'ENISA a analysé les obstacles et les incitations au partage d'informations dans le domaine de la protection des infrastructures d'information critiques. Selon l'étude, les plus importants sont les incitations économiques découlant des économies de coûts et les incitations découlant de la qualité, de la valeur et de l'utilisation des informations partagées. Les obstacles les plus importants identifiés sont la mauvaise qualité de l'information, des incitations économiques mal alignées découlant des risques de réputation et une mauvaise gestion. ❑

Art. 6 *Renforcement des capacités.* **1. L'ENISA assiste :**

a) les États membres dans leurs efforts pour améliorer la prévention, la détection et l'analyse des cybermenaces et incidents, ainsi que la capacité d'y réagir, en leur fournissant des connaissances et des compétences ;

b) les États membres et les institutions, organes et organismes de l'Union pour établir et mettre en œuvre, sur une base volontaire, des politiques en matière de divulgation des vulnérabilités ;

c) les institutions, organes et organismes de l'Union dans leurs efforts pour améliorer la prévention, la détection et l'analyse des cybermenaces et incidents, et pour améliorer leur capacité à y réagir, notamment en apportant un soutien adapté à la CERT-UE ;

d) les États membres dans la mise en place de CSIRT nationaux, lorsqu'ils le demandent conformément à l'article 9, paragraphe 5, de la directive (UE) 2016/1148 ;

e) les États membres dans l'élaboration de stratégies nationales en matière de sécurité des réseaux et des systèmes d'information, lorsqu'ils le demandent conformément à l'article 7, paragraphe 2, de la directive (UE) 2016/1148, et favorise la diffusion de ces stratégies et prend note de l'avancement de leur mise en œuvre dans toute l'Union afin de promouvoir les meilleures pratiques ;

f) les institutions de l'Union dans l'élaboration et la révision des stratégies de l'Union en matière de cybersécurité, la promotion de leur diffusion et le suivi de l'avancement de leur mise en œuvre ;

g) les CSIRT nationaux et de l'Union dans le relèvement du niveau de leurs capacités, y compris en favorisant le dialogue et les échanges d'informations, pour faire en sorte que chaque CSIRT, eu égard à l'état de l'art, possède un socle commun de capacités minimales et fonctionne selon les meilleures pratiques ;

h) les États membres en organisant régulièrement les exercices de cybersécurité au niveau de l'Union visés à l'article 7, paragraphe 5, au moins tous les deux ans, et en formulant des recommandations en vue d'actions sur la base de l'évaluation de ces exercices et des enseignements qui en ont été tirés ;

i) les organismes publics concernés en proposant des formations sur la cybersécurité, le cas échéant en coopération avec des parties prenantes ;

j) le groupe de coopération pour ce qui est de l'échange de meilleures pratiques, notamment en ce qui concerne l'identification, par les États membres, des opérateurs de services essentiels, conformément à l'article 11, paragraphe 3, point l), de la directive (UE) 2016/1148, y compris au regard des dépendances transfrontières, en matière de risques et d'incidents.

2. L'ENISA soutient le partage d'informations au sein des secteurs et entre ceux-ci, en particulier dans les secteurs énumérés à l'annexe II de la directive (UE) 2016/1148, en fournissant des meilleures pratiques et des orientations sur les outils disponibles, les procédures, ainsi que la manière de traiter les questions de réglementation liées au partage d'informations.

COMMENTAIRE

Soutien aux autorités publiques nationales et européennes. L'ENISA doit contribuer à perfectionner les moyens et les compétences dont disposent les autorités publiques nationales et européennes, sur une pluralité de questions comme la réponse aux incidents et la supervision des mesures réglementaires relatives à la cybersécurité. L'ENISA doit assister les États membres dans leurs efforts pour améliorer la prévention, la détection et l'analyse des cybermenaces et incidents, ainsi que la capacité d'y réagir, en leur fournissant des connaissances et des compétences.

Soutien à la CERT-UE et aux CSIRT. L'amélioration de leur capacité à réagir à des cybermenaces et incidents passe aussi par le soutien à la *Computer Emergency Response Team* de l'Union européenne (CERT-UE) et aux CSIRT nationaux et de l'Union, notamment par l'échange d'informations. L'ENISA peut aussi aider les autorités nationales et européennes à établir, sur une base volontaire, des politiques en matière de divulgation des vulnérabilités. L'enjeu est l'harmonisation du niveau de cyberrésilience au niveau européen afin que tous les États membres, dont le niveau des capacités nationales est encore très hétérogène, disposent d'une base commune de capacités minimales.

Soutien aux centres d'échange et d'analyse d'informations (ISAC). La Commission souhaitait également que l'ENISA puisse contribuer à la mise en place de centres d'échange et d'analyse d'informations (ISAC) dans divers secteurs, en proposant des bonnes pratiques et des orientations sur les outils et procédures disponibles. Cette disposition ne se retrouve plus dans le règlement adopté par le législateur européen mais l'ENISA joue malgré tout ce rôle. Dans un grand nombre d'États membres, les centres d'analyse et de partage de l'information facilitent la collecte d'informations sur les cybermenaces, souvent pour les infrastructures critiques, le partage d'informations entre le secteur privé et le secteur public sur les causes, les incidents et les menaces, ainsi que le partage d'expériences, de connaissances et d'analyses. L'ENISA a publié une étude en 2017 sur les modèles coopératifs pour les centres de partage et d'analyse d'informations, rassemblant des informations sur les meilleures pratiques et les approches communes. Elle y définit les ISAC comme des entités de confiance pour favoriser le partage d'informations et les bonnes pratiques concernant les menaces physiques et cybernétiques et leur atténuation. ❑

Art. 7 ***Coopération opérationnelle au niveau de l'Union.*** **1. L'ENISA apporte son soutien à la coopération opérationnelle entre les États membres, les institutions, organes et organismes de l'Union, et entre les parties prenantes.**

2. L'ENISA coopère sur le plan opérationnel et crée des synergies avec les institutions, organes et organismes de l'Union, y compris la CERT-UE, avec les services traitant de la cybercriminalité et avec les autorités de contrôle responsables de la protection de la vie privée et des données à caractère personnel, en vue de traiter des questions d'intérêt commun, y compris :

a) en échangeant savoir-faire et meilleures pratiques ;

b) en fournissant des conseils et des lignes directrices sur des questions pertinentes liées à la cybersécurité ;

c) en établissant les modalités pratiques de l'exécution de tâches spécifiques, après consultation de la Commission.

3. L'ENISA assure le secrétariat du réseau des CSIRT, conformément à l'article 12, paragraphe 2, de la directive (UE) 2016/1148 et, à ce titre, elle soutient activement le partage d'informations et la coopération entre les membres de ce réseau.

4. L'ENISA soutient les États membres en ce qui concerne la coopération opérationnelle au sein du réseau des CSIRT :

a) en prodiguant des conseils sur la façon d'améliorer leur capacité à prévenir et à détecter les incidents ainsi qu'à y réagir et, à la demande d'un ou de plusieurs États membres, en prodiguant des conseils concernant une cybermenace spécifique ;

b) en prêtant son assistance, à la demande d'un ou de plusieurs États membres, dans l'évaluation des incidents ayant un impact significatif ou substantiel, en les faisant bénéficier de compétences et en facilitant la gestion technique de tels incidents, en particulier en soutenant le partage volontaire d'informations et de solutions techniques pertinentes entre États membres ;

c) en analysant les vulnérabilités et les incidents à l'aide des informations publiquement disponibles ou des informations fournies volontairement par les États membres à cet effet ; et

d) à la demande d'un ou de plusieurs États membres, en apportant un soutien en rapport avec les enquêtes techniques *ex post* sur les incidents ayant un impact significatif ou substantiel au sens de la directive (UE) 2016/1148.

Dans l'accomplissement de ces tâches, l'ENISA mène avec la CERT-UE une coopération structurée afin de tirer avantage des synergies et d'éviter une duplication des activités.

5. L'ENISA organise régulièrement des exercices de cybersécurité à l'échelle de l'Union, et aide, à leur demande, les États membres et les institutions, organes et organismes de l'Union à organiser des exercices de cybersécurité. De tels exercices de cybersécurité à l'échelle de l'Union peuvent comporter des aspects techniques, opérationnels ou stratégiques. Tous les deux ans, l'ENISA organise un exercice global à grande échelle.

Le cas échéant, l'ENISA contribue également à des exercices de cybersécurité sectoriels, qu'elle aide à organiser, en collaboration avec des organisations compétentes qui peuvent participer également à des exercices de cybersécurité à l'échelle de l'Union.

6. L'ENISA prépare à intervalles réguliers, en coopération étroite avec les États membres, un rapport approfondi de situation technique en matière de cybersécurité de l'Union européenne sur les incidents et cybermenaces dans l'Union, sur la base d'informations publiquement disponibles, de ses propres analyses et des rapports que lui communiquent notamment les CSIRT des États membres ou les points de contact uniques institués par la directive (UE) 2016/1148, sur une base volontaire dans les deux cas, l'EC3 et la CERT-UE.

7. L'ENISA contribue à l'élaboration d'une réaction concertée au niveau de l'Union et des États membres en cas d'incidents ou de crises transfrontières de cybersécurité majeurs, principalement :

a) en agrégeant et en analysant des rapports provenant de sources nationales qui sont dans le domaine public ou qui sont partagés sur une base volontaire en vue de contribuer à former une appréciation commune de la situation ;

b) en assurant une circulation efficace de l'information et en proposant des mécanismes de remontée des décisions entre le réseau des CSIRT et les décideurs techniques et politiques au niveau de l'Union ;

c) à la demande, en facilitant la gestion technique de tels incidents ou crises, en particulier en favorisant le partage volontaire de solutions techniques entre les États membres ;

d) en soutenant les institutions, organes et organismes de l'Union et, à leur demande, les États membres dans la communication publique relative à tels incidents ou crises ;

e) en mettant à l'épreuve les plans de coopération destinés à réagir à de tels incidents ou crises au niveau de l'Union et en aidant les États membres, à leur demande, à mettre de tels plans à l'épreuve au niveau national.

COMMENTAIRE

Des compétences opérationnelles limitées. La question de la possibilité pour l'ENISA d'avoir des compétences opérationnelles, parallèlement à ses missions de conception, d'expertise et de conseil, a été au cœur des débats politiques sur le texte. Les États se sont opposés à l'octroi d'une compétence opérationnelle à l'ENISA, souhaitant conserver leurs compétences en la matière. L'ENISA peut cependant apporter son soutien à la coopération opérationnelle entre les États membres, les institutions européennes et les parties prenantes. L'ENISA assure aussi le secrétariat du réseau des CSIRT et soutient activement le partage d'informations et la coopération entre les membres de ce réseau.

Le règlement prévoit que l'ENISA coopère sur le plan opérationnel et crée des synergies avec les institutions européennes, la CERT-UE, les services traitant de la cybercriminalité et les autorités de contrôle responsables de la protection de la vie privée et des données à caractère personnel en vue de traiter des questions d'intérêt commun (échange

de savoir-faire et de meilleures pratiques, conseils et lignes directrices sur des questions de cybersécurité), même s'il ne s'agit pas là de missions véritablement opérationnelles.

Sur un plan plus opérationnel, l'ENISA soutient les États membres en ce qui concerne la coopération opérationnelle au sein du réseau des CSIRT par des conseils sur la façon d'améliorer leur capacité à prévenir et à détecter les incidents ainsi qu'à y réagir et, à la demande d'un ou de plusieurs États membres, mais aussi en prêtant son assistance, à la demande d'un ou de plusieurs États membres, dans l'évaluation des incidents ayant un impact significatif ou substantiel (compétences, gestion technique de ces incidents). A la demande d'un État membre, elle peut apporter un soutien en rapport avec les enquêtes techniques *ex post* sur les incidents ayant un impact significatif ou substantiel au sens de la directive SRI.

L'ENISA organise aussi des exercices de cybersécurité à l'échelle européenne qui peuvent comporter des aspects techniques, opérationnels ou stratégiques. Ces exercices de cybersécurité paneuropéens (Cyber Europe) contribuent à renforcer les moyens opérationnels de prévention existants.

Refus des États d'attribuer des pouvoirs d'enquête à l'ENISA. Le législateur européen s'est heurté au refus des États de donner à l'Agence un rôle plus opérationnel. Si les États membres s'accordent sur le fait que tous doivent disposer de capacités techniques et opérationnelles suffisantes en matière de cybersécurité et qu'un soutien de l'ENISA en ce sens est utile, ils ne souhaitent cependant pas que l'ENISA se substitue aux capacités opérationnelles des États membres. Ils ont ainsi refusé qu'elle dispose d'une équipe d'intervention en cas de crise.

Le Sénat français, rappelant que la coopération européenne dans la cybersécurité devait continuer à se faire sur la base de la participation des États membres et de la transmission volontaire d'informations sensibles, voire relevant de la sécurité nationale, s'est opposé dans sa résolution du 6 décembre 2017 à ce que l'ENISA dispose de pouvoirs d'enquête tels qu'ils étaient prévus à l'article 7, § 5, de la proposition de règlement de la Commission. Cette disposition, qui n'apparaît plus dans le règlement, prévoyait qu'« à la demande d'au moins deux États membres concernés et dans le but de fournir des conseils sur la prévention des incidents, l'Agence apporte son concours ou procède elle-même à une enquête technique *ex post* à la suite de la notification, par les entreprises exposées, d'incidents ayant un impact important ou significatif conformément à la directive (UE) 2016/1148. L'Agence procède également à une enquête de ce type à la demande dûment justifiée de la Commission, en accord avec les États membres concernés, lorsque les incidents atteignent plus de deux États membres. L'enquête se conclut par un rapport technique final élaboré par l'Agence, mettant en évidence les recommandations formulées en vue de la prévention des incidents et est communiquée au réseau des CSIRT ». Ces pouvoirs d'enquête n'ont pas été acceptés par les États membres.

Fonction de soutien à la coopération opérationnelle. Pour assurer la cohérence de la gouvernance, le règlement prévoit des liens entre les agences et groupes qui interviennent sur les questions de cybersécurité. L'ENISA, qui assure le secrétariat du réseau des CSIRT organisé par la directive (UE) 2016/1148 du 6 juillet 2016 sur la sécurité des réseaux et des systèmes d'information (directive SRI), doit développer une coopération structurée avec la CERT-UE afin d'éviter une superposition des activités. Le cas échéant, des accords entre les deux entités devront être conclus afin de définir les modalités pratiques de la mise en œuvre de cette coopération et d'éviter la duplication des activités. La coopération structurée avec la CERT-UE doit permettre à l'ENISA d'assurer une fonction d'assistance technique en cas d'incidents significatifs et de soutien à leur analyse. Les États membres qui en feraient la demande bénéficieraient d'une assistance pour gérer les incidents et d'un soutien pour l'analyse des vulnérabilités, artefacts et incidents afin de renforcer leur propre capacité de prévention et de réaction.

Le règlement prévoit aussi une coopération structurée avec le Centre européen de lutte contre la cybercriminalité (EC3) et d'autres organismes compétents de l'Union européenne.

Multiplication des cadres institutionnels. La multiplication des cadres institutionnels ayant vocation à intervenir sur les questions de cybersécurité au niveau européen montre la construction d'un écosystème européen de la cybersécurité mais interroge aussi, dans le même temps, sur la pertinence et la cohérence d'une approche européenne relativement fragmentée. Le règlement prévoit quelques éléments d'articulation mais il s'insère

aussi dans un cadre plus large dans lequel toutes les questions d'articulation ne sont pas réglées. Les centres d'échange et d'analyse d'informations, ou ISAC, ont vocation à permettre l'échange d'informations sur les cybermenaces entre un grand nombre de parties prenantes. A cela s'ajoute le projet de cyberbouclier européen (CyCLONe ou *Cyber Crisis Liaison Organisation Network*) fondé sur des centres des opérations de sécurité (SOC) et une unité conjointe de cybersécurité.

Le bouclier de cybersécurité européen. La Commission projette de créer un cyberbouclier pour la détection précoce des cyberattaques à l'horizon 2023. Il va reposer sur un réseau de centres des opérations de sécurité (*Security Operations Centres* ou SOC) qui doit permettre, par une surveillance et un suivi constants et à grande échelle des réseaux, de détecter les intrusions et anomalies en temps réel et d'anticiper les signes d'une cyberattaque pour permettre une réaction rapide. Les SOC collectent les fichiers-journaux et isolent les événements suspects survenant sur les réseaux de communication qu'ils surveillent et ainsi identifient des signaux et des schémas et extraient des connaissances sur les menaces à partir des grandes quantités de données évaluées. Cela permet de détecter des activités malveillantes et de prévenir des cyberattaques.

De nombreux centres des opérations de sécurité (SOC) ont été créés par des entités publiques ou privées. La dimension exigeante, répétitive et très hiérarchisée du travail dans ces SOC est telle que les personnes qui y travaillent sont très exposées à de multiples formes de *burn out*. C'est la raison pour laquelle la Commission souhaite développer la formation et le développement des compétences du personnel de ces SOC ainsi que des techniques d'apprentissage automatique pour renforcer cette surveillance des réseaux et systèmes d'information. Les capacités de l'IA, qui a vocation, à terme à être complétée par l'infrastructure de calcul à haute performance développée par l'entreprise commune européenne pour le calcul à haute performance européen, pourraient améliorer la détection et l'analyse des incidents ainsi que les vitesses de réaction à ceux-ci.

A travers le projet de cyberbouclier, la Commission souhaite constituer un réseau de centres des opérations de sécurité à l'échelle européenne pour soutenir l'amélioration des centres existants et permettre la création de nouveaux centres. L'objectif est que ces centres soient en mesure de partager et de corréler plus efficacement les signaux détectés et de créer des renseignements de qualité sur les menaces à partager avec les ISAC et les autorités nationales, permettant ainsi une meilleure connaissance de la situation. L'enjeu sera de relier ces centres dans l'Union afin que ce réseau soit en mesure de fournir des alertes en temps utile sur les incidents de cybersécurité aux autorités et à toutes les parties prenantes intéressées, y compris à l'unité conjointe de cybersécurité.

L'unité conjointe de cybersécurité. Cette unité conjointe de cybersécurité, proposée en juin 2021, est envisagée comme le volet opérationnel du cyberbouclier. Conçue comme une plateforme virtuelle et physique de coopération, elle doit donner aux autorités publiques européennes et nationales les moyen de développer une solidarité et une assistance mutuelle pour lutter contre les cyberattaques importantes. L'unité conjointe de cybersécurité doit permettre une réaction européenne coordonnée aux crises de cybersécurité majeures (partage des informations en temps réel sur les cybermenaces, mobilisation des ressources). Elle doit aussi créer les conditions d'une assistance aux pays touchés par ces attaques, puisque les participants devront fournir des ressources opérationnelles pour l'assistance mutuelle au sein de cette unité. L'ambition est ainsi de constituer et de mobiliser des équipes de réaction rapide de l'Union européenne en matière de cybersécurité, et de faciliter l'adoption de protocoles relatifs à l'assistance mutuelle parmi les participants.

L'unité conjointe de cybersécurité doit entrer dans la phase opérationnelle en juin 2022 et être entièrement mise en place en juin 2023. L'ENISA assurera le secrétariat pendant la phase préparatoire, le temps que l'unité soit installée à proximité des bureaux de l'ENISA à Bruxelles et du bureau de la CERT-EU.

L'ENISA semble avoir un rôle à jouer dans la coordination, au niveau européen, des réactions aux incidents et crises de cybersécurité transfrontières majeurs. L'ENISA pourrait faciliter la coopération entre les différents États membres en matière d'intervention en cas d'urgence en analysant et en agrégeant les rapports de situation nationaux établis à partir des informations fournies à l'agence, sur une base volontaire, par les États membres et d'autres entités. ❑

Art. 8 *Marché, certification de cybersécurité et normalisation.* 1. L'ENISA soutient et favorise l'élaboration et la mise en œuvre de la politique de l'Union en matière de certification de cybersécurité des produits TIC, services TIC et processus TIC, telle qu'elle est établie au titre III du présent règlement :

a) en surveillant, en permanence, les évolutions dans les domaines connexes de la normalisation et en recommandant des spécifications techniques d'utilisation appropriées dans le développement des schémas européens de certification de cybersécurité en application de l'article 54, paragraphe 1, point c), dans les cas où il n'existe aucune norme ;

b) en préparant des schémas européens de certification de cybersécurité candidats (ci-après dénommés "schémas candidats") pour des produits TIC, services TIC et processus TIC, conformément à l'article 49 ;

c) en évaluant les schémas européens de certification de cybersécurité, conformément à l'article 49, paragraphe 8 ;

d) en participant aux examens par les pairs, conformément à l'article 59, paragraphe 4 ;

e) en aidant la Commission à assurer le secrétariat du GECC, conformément à l'article 62, paragraphe 5.

2. L'ENISA assure le secrétariat du groupe des parties prenantes pour la certification de cybersécurité, conformément à l'article 22, paragraphe 4.

3. L'ENISA compile et publie des lignes directrices et met au point des bonnes pratiques en ce qui concerne les exigences de cybersécurité de produits TIC, services TIC et processus TIC, en coopération avec les autorités nationales de certification de cybersécurité et les entreprises du secteur d'une façon formelle, structurée et transparente.

4. L'ENISA contribue à un renforcement des capacités en matière de processus d'évaluation et de certification, en compilant et en délivrant des lignes directrices ainsi qu'en fournissant un soutien aux États membres, à leur demande.

5. L'ENISA facilite l'établissement et l'adoption de normes européennes et internationales en matière de gestion des risques et de sécurité des produits TIC, services TIC et processus TIC.

6. L'ENISA formule, en collaboration avec les États membres et les entreprises du secteur, des avis et des lignes directrices concernant les domaines techniques liés aux exigences de sécurité qui s'imposent aux opérateurs de services essentiels et aux fournisseurs de services numériques, et concernant les normes existantes, y compris les normes nationales des États membres, en application de l'article 19, paragraphe 2, de la directive (UE) 2016/1148.

7. L'ENISA effectue et diffuse, à intervalles réguliers, des analyses des principales tendances du marché de la cybersécurité, tant du côté de la demande que du côté de l'offre, en vue de stimuler le marché de la cybersécurité dans l'Union.

COMMENTAIRE

L'ENISA a des fonctions destinées à soutenir le marché unique numérique de l'Union européenne et à constituer un « observatoire du marché » de la cybersécurité, en analysant les tendances pertinentes sur ce marché pour mieux faire correspondre l'offre et la demande, et en contribuant à l'élaboration de la politique de l'Union européenne dans les domaines de la normalisation et de la certification de cybersécurité en matière de TIC. En ce qui concerne plus particulièrement la normalisation, elle doit faciliter l'instauration et l'adoption de normes de cybersécurité. L'ENISA dispose de missions importantes dans le cadre européen de certification (V. *infra*, art. 47 et 48). ❑

Art. 9 *Connaissance et information.* L'ENISA :

a) analyse les technologies émergentes et fournit des évaluations thématiques sur les incidences escomptées des innovations technologiques en matière de cybersécurité, du point de vue sociétal, juridique, économique et réglementaire ;

b) produit des analyses stratégiques à long terme des cybermenaces et des incidents afin d'identifier les tendances émergentes et de contribuer à prévenir les incidents ;

c) en coopération avec des experts des autorités des États membres et les parties prenantes concernées, fournit des avis, des orientations et des meilleures pratiques en matière de sécurité des réseaux et des systèmes d'information, en particulier pour la

sécurité des infrastructures sur lesquelles s'appuient les secteurs énumérés à l'annexe II de la directive (UE) 2016/1148 et de celles utilisées par les fournisseurs des services numériques énumérés à l'annexe III de ladite directive ;

d) par l'intermédiaire d'un portail spécialisé, regroupe, organise et met à la disposition du public des informations sur la cybersécurité, fournies par les institutions, organes et organismes de l'Union et des informations sur la cybersécurité fournies, sur une base volontaire, par les États membres et les parties prenantes des secteurs public et privé ;

e) collecte et analyse des informations du domaine public sur les incidents importants, et rédige des rapports en vue de fournir des orientations aux citoyens, organisations et entreprises dans toute l'Union.

COMMENTAIRE

L'ENISA a vocation à devenir le principal pôle d'information européen sur les questions de cybersécurité (analyse des technologies émergentes, évaluations sur les incidences des innovations technologiques en matière de cybersécurité, analyses stratégiques des cybermenaces et des incidents pour identifier les tendances émergentes et ainsi prévenir les incidents). Cela implique aussi de promouvoir l'échange de bonnes pratiques et d'initiatives dans toute l'Union en mettant en commun les informations sur la cybersécurité provenant des autorités publiques et nationales. L'ENISA publie ainsi des conseils, des orientations et des bonnes pratiques sur la sécurité des infrastructures critiques.

En cas de cyberincidents transfrontières significatifs, l'ENISA doit collecter et analyser des informations pour établir des rapports afin de donner des orientations aux entreprises et aux particuliers dans toute l'Union européenne. Ces missions impliquent d'organiser régulièrement des activités de sensibilisation en coordination avec les autorités nationales. ❑

Art. 10 *Sensibilisation et éducation.* **L'ENISA :**

a) sensibilise le public aux risques liés à la cybersécurité et fournit, à l'intention des citoyens, des organisations et des entreprises, des orientations sur les bonnes pratiques à adopter par les utilisateurs individuels, y compris en matière d'hygiène informatique et d'habileté numérique ;

b) en coopération avec les États membres, ainsi que les institutions, organes et organismes de l'Union et les entreprises du secteur, organise à intervalles réguliers des campagnes d'information afin de renforcer la cybersécurité et d'en accroître la visibilité dans l'Union, et encourage un large débat public ;

c) aide les États membres dans leurs efforts visant à mieux faire connaître la cybersécurité et à promouvoir l'éducation à la cybersécurité ;

d) encourage une coordination plus étroite et l'échange de meilleures pratiques entre les États membres en matière de sensibilisation et d'éducation à la cybersécurité.

COMMENTAIRE

Sensibilisation. Le règlement cherche à rappeler que la cybersécurité n'est pas qu'une question liée à la technologie, mais encore une question pour laquelle le comportement humain est tout aussi important. C'est pourquoi il convient d'encourager vivement les citoyens, les organisations et les entreprises à adopter une « hygiène informatique », à savoir des mesures simples, de routine, qui, lorsqu'ils les mettent en œuvre et les effectuent régulièrement, réduisent à son minimum l'exposition aux risques liés aux cybermenaces (consid. 8).

Appui aux programmes de recherche européens. L'ENISA conseille les autorités européennes et nationales sur les besoins et les priorités en matière de recherche dans le domaine de la cybersécurité. L'ENISA apporte son expertise en conseillant les autorités nationales et européennes sur la fixation des priorités de recherche et développement, y compris dans le cadre du partenariat public-privé contractuel sur la cybersécurité (PPPc).

Elle peut aussi être amenée à contribuer, sur demande de la Commission, à la réalisation des programmes européens de financement de la recherche et de l'innovation. Elle

contribue ainsi au programme stratégique de recherche et d'innovation au niveau de l'Union dans le domaine de la cybersécurité.

Articulation des compétences de l'ENISA et du Centre européen de recherche et de compétences en matière de cybersécurité. Les conseils de l'ENISA sur la recherche doivent être utiles au Centre européen de recherche et de compétences en matière de cybersécurité créé en 2021 mais la question de leur articulation se pose (Règl. (UE) 2021/887 du 20 mai 2021 établissant le Centre de compétences européen pour l'industrie, les technologies et la recherche en matière de cybersécurité et le Réseau de centres nationaux de coordination).

Le Centre de compétences européen pour l'industrie, les technologies et la recherche en matière de cybersécurité doit précisément permettre de mettre en cohérence l'expertise et l'expérience européenne dans les domaines de la recherche, des technologies et du développement industriel en matière de cybersécurité. Ce centre a vocation à créer des synergies afin de renforcer et de compléter les capacités et les qualifications dans les domaines de la recherche, des technologies et de l'industrie existantes au niveau de l'Union et au niveau national. Il renforce aussi le partenariat public-privé en matière de cybersécurité (PPPc).

Le Réseau de compétences en cybersécurité et le Centre européen de compétences pour l'industrie, les technologies et la recherche en matière de cybersécurité doivent apporter un soutien supplémentaire aux acteurs existants en matière de politique de cybersécurité. Le mandat du Centre de compétences doit compléter le travail de l'ENISA, mais il a une orientation différente et fait appel à d'autres compétences. Même si le mandat de l'ENISA lui donne un rôle de conseil en matière de recherche et d'innovation dans le domaine de la cybersécurité européenne, le mandat du Centre de compétences doit plutôt se concentrer sur d'autres tâches liées au renforcement de la résilience en matière de cybersécurité dans l'Union. Autre élément de distinction invoqué par la Commission, le mandat de l'ENISA ne porte pas sur les activités qui sont au cœur des missions du Centre et du réseau : stimuler le développement et le déploiement des technologies en matière de cybersécurité et compléter les efforts de renforcement des capacités dans ce domaine au niveau de l'Union et au niveau national.

Il reste quelques interférences dans leurs mandats respectifs. Le Centre européen de compétences industrielles, technologiques et de recherche en matière de cybersécurité ainsi que le Réseau de compétences en cybersécurité doivent soutenir la recherche pour faciliter et accélérer les processus de normalisation et de certification, en particulier ceux liés aux systèmes de certification de cybersécurité.

Le Centre européen de compétences a vocation à devenir l'organe unique de mise en œuvre pour divers programmes de l'Union en faveur de la cybersécurité (programme pour une Europe numérique et programme « Horizon Europe »). Il doit en outre compléter les efforts des États membres en matière d'éducation pour améliorer les compétences en cybersécurité (par exemple en élaborant des programmes de formation en matière de cybersécurité dans les systèmes éducatifs civils et militaires) et ainsi contribuer au développement d'une main-d'œuvre qualifiée dans le domaine de la cybersécurité au niveau de l'Union. En ce qui concerne la formation et l'éducation à la cyberdéfense, les activités du Centre européen de compétences s'ajoutent aux travaux de la plateforme d'éducation, de formation et d'exercices dans le domaine de la cyberdéfense créée dans le cadre du Collège européen de sécurité et de défense. ❑

Art. 11 ***Recherche et innovation.*** **En ce qui concerne la recherche et l'innovation, l'ENISA :**

a) conseille les institutions, organes et organismes de l'Union et les États membres sur les besoins et les priorités en matière de recherche dans le domaine de la cybersécurité, afin que des réponses efficaces puissent être apportées aux risques et aux cybermenaces actuels et émergents, y compris en ce qui concerne les technologies de l'information et de la communication nouvelles et émergentes, et afin que les technologies de prévention des risques soient utilisées de manière efficace ;

b) participe, lorsque la Commission lui a conféré les pouvoirs correspondants, à la phase de mise en œuvre des programmes de financement de la recherche et de l'innovation, ou est bénéficiaire de ces programmes ;

c) contribue au programme stratégique de recherche et d'innovation au niveau de l'Union dans le domaine de la cybersécurité.

Art. 12 *Coopération internationale.* L'ENISA contribue aux efforts de l'Union pour coopérer avec les pays tiers et les organisations internationales, ainsi qu'au sein des cadres internationaux de coopération pertinents, afin de promouvoir une coopération internationale sur les problèmes de cybersécurité :

a) le cas échéant, en s'impliquant en tant qu'observateur dans l'organisation d'exercices internationaux, ainsi qu'en analysant les résultats de ces exercices et en en rendant compte au conseil d'administration ;

b) à la demande de la Commission, en facilitant l'échange de meilleures pratiques ;

c) à la demande de la Commission, en lui faisant bénéficier de ses compétences ;

d) en fournissant des conseils et un soutien à la Commission sur les questions relatives aux accords de reconnaissance mutuelle des certificats de cybersécurité avec des pays tiers, en collaboration avec le GECC institué en vertu de l'article 62.

CHAPITRE III *ORGANISATION DE L'ENISA*

Art. 13 *Structure de l'ENISA.* La structure administrative et de gestion de l'ENISA comprend :

a) un conseil d'administration ;

b) un conseil exécutif ;

c) un directeur exécutif ;

d) un groupe consultatif de l'ENISA ;

e) un réseau des agents de liaison nationaux.

SECTION 1 *Conseil d'administration*

Art. 14 *Composition du conseil d'administration.* 1. Le conseil d'administration est composé d'un membre nommé par chaque État membre, et de deux membres nommés par la Commission. Tous les membres disposent du droit de vote.

2. Chaque membre du conseil d'administration dispose d'un suppléant. Ce suppléant représente le membre en son absence.

3. Les membres du conseil d'administration et leurs suppléants sont nommés sur la base de leurs connaissances dans le domaine de la cybersécurité, compte tenu de leurs aptitudes managériales, administratives et budgétaires pertinentes. La Commission et les États membres s'efforcent de limiter le roulement de leurs représentants au sein du conseil d'administration, afin de garantir la continuité des travaux du conseil d'administration. La Commission et les États membres visent à atteindre une représentation hommes-femmes équilibrée au sein du conseil d'administration.

4. La durée du mandat des membres du conseil d'administration et de leurs suppléants est de quatre ans. Ce mandat est renouvelable.

Art. 15 *Fonctions du conseil d'administration.* 1. Le conseil d'administration :

a) fixe l'orientation générale du fonctionnement de l'ENISA et veille à ce que l'ENISA fonctionne conformément aux règles et principes fixés dans le présent règlement ; il assure aussi la cohérence des travaux de l'ENISA avec les activités menées par les États membres ainsi qu'au niveau de l'Union ;

b) adopte le projet de document unique de programmation de l'ENISA visé à l'article 24, avant de le soumettre pour avis à la Commission ;

c) adopte le document unique de programmation de l'ENISA, en tenant compte de l'avis de la Commission ;

d) supervise la mise en œuvre de la programmation annuelle et pluriannuelle contenue dans le document unique de programmation ;

e) adopte le budget annuel de l'ENISA et exerce d'autres fonctions en ce qui concerne le budget de l'ENISA conformément au chapitre IV ;

f) évalue et adopte le rapport annuel consolidé sur les activités de l'ENISA, y compris les comptes et une description de la manière dont l'ENISA a atteint ses indicateurs de performance, et transmet, au plus tard le 1er juillet de l'année suivante, le rapport annuel et l'évaluation de ce rapport au Parlement européen, au Conseil, à la Commission et à la Cour des comptes ; elle publie le rapport annuel ;

g) adopte les règles financières applicables à l'ENISA, conformément à l'article 32 ;

h) adopte une stratégie antifraude qui est proportionnée aux risques de fraude compte tenu de l'analyse coûts-bénéfices des mesures à mettre en œuvre ;

i) adopte des règles en matière de prévention et de gestion des conflits d'intérêts concernant ses membres ;

j) assure le suivi approprié des conclusions et des recommandations découlant des enquêtes de l'Office européen de lutte antifraude (OLAF) et des divers rapports d'audit et évaluations internes et externes ;

k) adopte son règlement intérieur, y compris les règles relatives aux décisions provisoires sur la délégation de tâches spécifiques, en vertu de l'article 19, paragraphe 7 ;

l) exerce, à l'égard du personnel de l'ENISA, les compétences qui sont dévolues par le statut des fonctionnaires de l'Union européenne (ci-après dénommé "statut des fonctionnaires") et le régime applicable aux autres agents de l'Union européenne (ci-après dénommé "régime applicable aux autres agents"), fixés par le règlement (CEE, Euratom, CECA) n° 259/68 du Conseil *[JO L 56 du 4 mars 1968, p. 1]*, à l'autorité investie du pouvoir de nomination et à l'autorité habilitée à conclure les contrats d'engagement (ci-après dénommées "compétences de l'autorité investie du pouvoir de nomination") conformément au paragraphe 2 du présent article ;

m) arrête les règles d'exécution du statut des fonctionnaires et du régime applicable aux autres agents conformément à la procédure prévue à l'article 110 du statut des fonctionnaires ;

n) nomme le directeur exécutif et, le cas échéant, proroge son mandat ou le démet de ses fonctions conformément à l'article 36 ;

o) nomme un comptable, qui peut être le comptable de la Commission et qui est totalement indépendant dans l'exercice de ses fonctions ;

p) prend toutes les décisions relatives à la mise en place des structures internes de l'ENISA et, le cas échéant, à leur modification, en tenant compte des besoins liés à l'activité de l'ENISA et en respectant le principe d'une gestion budgétaire saine ;

q) autorise la conclusion d'arrangements de travail conformément à l'article 7 ;

r) autorise l'élaboration ou la conclusion d'arrangements de travail conformément à l'article 42.

2. Conformément à l'article 110 du statut des fonctionnaires, le conseil d'administration adopte une décision fondée sur l'article 2, paragraphe 1, du statut des fonctionnaires et sur l'article 6 du régime applicable aux autres agents, déléguant au directeur exécutif les compétences correspondantes dévolues à l'autorité investie du pouvoir de nomination et définissant les conditions dans lesquelles cette délégation de compétences peut être suspendue. Le directeur exécutif peut sous-déléguer ces compétences.

3. Lorsque des circonstances exceptionnelles l'exigent, le conseil d'administration peut adopter une décision en vue de suspendre temporairement la délégation au directeur exécutif des compétences dévolues à l'autorité investie du pouvoir de nomination ainsi que les compétences dévolues à l'autorité investie du pouvoir de nomination sous-déléguées par le directeur exécutif, pour les exercer lui-même ou les déléguer à l'un de ses membres ou à un membre du personnel autre que le directeur exécutif.

Art. 16 *Présidence du conseil d'administration.* Le conseil d'administration élit un président et un vice-président parmi ses membres, à la majorité des deux tiers des membres. La durée de leur mandat est de quatre ans ; ce mandat est renouvelable une fois. Cependant, si le président ou le vice-président perd sa qualité de membre du conseil d'administration à un moment quelconque de son mandat, ledit mandat expire automatiquement à la même date. Le vice-président remplace le président d'office lorsque celui-ci n'est pas en mesure d'assumer ses fonctions.

Art. 17 *Réunions du conseil d'administration.* 1. Les réunions du conseil d'administration sont convoquées par son président.

2. Le conseil d'administration tient une réunion ordinaire au moins deux fois par an. Il tient aussi des réunions extraordinaires à l'initiative de son président, à la demande de la Commission ou à la demande d'au moins un tiers de ses membres.

3. Le directeur exécutif participe aux réunions du conseil d'administration mais ne dispose pas du droit de vote.

4. Sur invitation du président, des membres du groupe consultatif de l'ENISA peuvent participer aux réunions du conseil d'administration, mais ne disposent pas du droit de vote.

5. Les membres du conseil d'administration et leurs suppléants peuvent, dans le respect du règlement intérieur du conseil d'administration, être assistés au cours des réunions du conseil d'administration par des conseillers ou des experts.

6. L'ENISA assure le secrétariat du conseil d'administration.

Art. 18 *Règles de vote du conseil d'administration.* 1. Les décisions du conseil d'administration sont prises à la majorité de ses membres.

2. Une majorité des deux tiers des membres du conseil d'administration est nécessaire pour adopter le document unique de programmation et le budget annuel, et pour nommer le directeur exécutif, proroger son mandat ou le révoquer.

3. Chaque membre dispose d'une voix. En l'absence d'un membre, son suppléant peut exercer le droit de vote du membre.

4. Le président du conseil d'administration prend part au vote.

5. Le directeur exécutif ne prend pas part au vote.

6. Le règlement intérieur du conseil d'administration fixe les modalités détaillées du vote, notamment les conditions dans lesquelles un membre peut agir au nom d'un autre membre.

SECTION 2 *Conseil exécutif*

Art. 19 *Conseil exécutif.* 1. Le conseil d'administration est assisté d'un conseil exécutif.

2. Le conseil exécutif :

a) prépare les décisions qui doivent être adoptées par le conseil d'administration ;

b) assure, avec le conseil d'administration, le suivi approprié des conclusions et des recommandations découlant des enquêtes de l'OLAF ainsi que des divers rapports d'audit et des évaluations internes ou externes ;

c) sans préjudice des tâches du directeur exécutif énoncées à l'article 20, assiste et conseille le directeur exécutif dans la mise en œuvre des décisions du conseil d'administration relatives à des questions administratives et budgétaires, conformément à l'article 20.

3. Le conseil exécutif est composé de cinq membres. Les membres du conseil exécutif sont nommés parmi les membres du conseil d'administration. Un des membres est le président du conseil d'administration, qui peut également présider le conseil exécutif, et un autre membre est un des représentants de la Commission. Les nominations des membres du conseil exécutif visent à assurer une représentation hommes-femmes équilibrée au sein du conseil exécutif. Le directeur exécutif participe aux réunions du conseil exécutif, mais ne dispose pas du droit de vote.

4. La durée du mandat des membres du conseil exécutif est de quatre ans. Ce mandat est renouvelable.

5. Le conseil exécutif se réunit au moins une fois par trimestre. Le président du conseil exécutif convoque des réunions supplémentaires à la demande de ses membres.

6. Le conseil d'administration établit le règlement intérieur du conseil exécutif.

7. Lorsque l'urgence le requiert, le conseil exécutif peut prendre certaines décisions provisoires au nom du conseil d'administration, en particulier sur des questions de gestion administrative, comme la suspension de la délégation des compétences dévolues à l'autorité investie du pouvoir de nomination, et sur des questions budgétaires. De telles décisions provisoires sont notifiées sans retard indu. Le conseil d'administration décide ensuite s'il approuve ou s'il rejette la décision provisoire trois mois au plus tard après la prise de décision. Le conseil exécutif ne prend pas de décisions au nom du conseil d'administration qui doivent être approuvées par une majorité des deux tiers des membres du conseil d'administration.

SECTION 3 *Directeur exécutif*

Art. 20 *Tâches du directeur exécutif.* 1. L'ENISA est gérée par son directeur exécutif, qui est indépendant dans l'exécution de ses tâches. Le directeur exécutif rend compte de ses activités au conseil d'administration.

2. Le directeur exécutif fait rapport au Parlement européen sur l'exécution de ses tâches, lorsqu'il y est invité. Le Conseil peut inviter le directeur exécutif à lui faire rapport sur l'exécution de ses tâches.

3. Le directeur exécutif est chargé :

a) d'assurer l'administration courante de l'ENISA ;

b) de mettre en œuvre les décisions adoptées par le conseil d'administration ;

c) de préparer le projet de document unique de programmation et de le soumettre au conseil d'administration pour approbation, avant qu'il ne soit soumis à la Commission ;

d) de mettre en œuvre le document unique de programmation et d'en faire rapport au conseil d'administration ;

e) de préparer le rapport annuel consolidé sur les activités de l'ENISA, y compris la mise en œuvre du programme de travail annuel de l'ENISA, et de le présenter au conseil d'administration pour évaluation et adoption ;

f) de préparer un plan d'action faisant suite aux conclusions des évaluations rétrospectives et de faire rapport tous les deux ans à la Commission sur les progrès accomplis ;

g) de préparer un plan d'action donnant suite aux conclusions des rapports d'audit internes ou externes, ainsi qu'aux enquêtes de l'OLAF, et de présenter des rapports semestriels à la Commission et des rapports réguliers au conseil d'administration sur les progrès accomplis ;

h) de préparer le projet de règles financières applicables à l'ENISA visé à l'article 32 ;

i) de préparer le projet d'état prévisionnel des recettes et dépenses de l'ENISA et d'exécuter son budget ;

j) de protéger les intérêts financiers de l'Union par l'application de mesures préventives contre la fraude, la corruption et d'autres activités illégales, par des contrôles efficaces et, si des irrégularités sont constatées, par le recouvrement des montants indûment payés et, le cas échéant, par des sanctions administratives et financières effectives, proportionnées et dissuasives ;

k) de préparer une stratégie antifraude pour l'ENISA et de la présenter au conseil d'administration pour approbation ;

l) d'établir et de maintenir le contact avec le secteur des entreprises et les organisations de consommateurs afin d'assurer un dialogue régulier avec les parties prenantes concernées ;

m) d'avoir un échange de vues et d'informations régulier avec les institutions, organes et organismes de l'Union sur leurs activités en matière de cybersécurité, pour assurer la cohérence dans l'élaboration et dans la mise en œuvre de la politique de l'Union ;

n) d'exécuter les autres tâches qui sont assignées au directeur exécutif par le présent règlement.

4. En tant que de besoin et dans le cadre des objectifs et tâches de l'ENISA, le directeur exécutif peut créer des groupes de travail *ad hoc* composés d'experts, y compris des experts des autorités compétentes des États membres. Le directeur exécutif en informe le conseil d'administration au préalable. Les procédures concernant en particulier la composition des groupes de travail, la nomination par le directeur exécutif des experts qui composent les groupes de travail et le fonctionnement de ces groupes sont précisées dans les règles internes de fonctionnement de l'ENISA.

5. Lorsque cela s'avère nécessaire, à l'effet d'exécuter les tâches de l'ENISA de manière efficiente et efficace et sur la base d'une analyse coûts-bénéfices appropriée, le directeur exécutif peut décider d'établir un ou plusieurs bureaux locaux dans un ou plusieurs États membres. Avant de prendre une décision sur l'établissement d'un bureau local, le directeur exécutif demande l'avis des États membres concernés, notamment l'État membre dans lequel est situé le siège de l'ENISA, et obtient le consentement préalable de la Commission et du conseil d'administration. En cas de désaccord, au cours de la procédure de consultation, entre le directeur exécutif et les États membres concernés, la question est soumise au Conseil pour discussion. Les effectifs agrégés de l'ensemble des bureaux locaux sont maintenus au minimum et ne dépassent pas 40 % des effectifs totaux de l'ENISA en place dans l'État membre où se situe le siège

de l'ENISA. Les effectifs de chaque bureau local ne dépassent pas 10 % des effectifs totaux de l'ENISA en place dans l'État membre où se situe le siège de l'ENISA.

La décision établissant un bureau local précise la portée des activités confiées à ce bureau local de manière à éviter des coûts inutiles et une duplication des fonctions administratives de l'ENISA.

SECTION 4 *Groupe consultatif de l'ENISA, groupe des parties prenantes pour la certification de cybersécurité et réseau des agents de liaison nationaux*

Art. 21 *Groupe consultatif de l'ENISA.* 1. Le conseil d'administration crée de manière transparente, sur proposition du directeur exécutif, le groupe consultatif de l'ENISA composé d'experts reconnus représentant les parties prenantes concernées, telles que les entreprises du secteur des TIC, les fournisseurs de réseaux ou de services de communications électroniques accessibles au public, les PME, les opérateurs de services essentiels, les organisations de consommateurs, les experts universitaires en matière de cybersécurité, les représentants des autorités compétentes qui ont fait l'objet d'une notification conformément à la directive (UE) 2018/1972, les organisations européennes de normalisation ainsi que les autorités chargées de l'application de la loi et les autorités de contrôle de la protection des données. Le conseil d'administration s'efforce d'assurer un équilibre approprié entre les hommes et les femmes et un équilibre géographique, ainsi qu'un équilibre entre les différents groupes de parties prenantes.

2. Les procédures applicables au groupe consultatif de l'ENISA, notamment en ce qui concerne sa composition, la proposition du directeur exécutif visée au paragraphe 1, le nombre de membres et leur nomination, ainsi que le fonctionnement du groupe consultatif de l'ENISA sont précisées dans les règles internes de fonctionnement de l'ENISA et sont rendues publiques.

3. Le groupe consultatif de l'ENISA est présidé par le directeur exécutif ou par toute personne qu'il désigne à cet effet au cas par cas.

4. La durée du mandat des membres du groupe consultatif de l'ENISA est de deux ans et demi. Les membres du conseil d'administration ne peuvent pas être membres du groupe consultatif de l'ENISA. Des experts de la Commission et des États membres sont autorisés à assister aux réunions et à prendre part aux travaux du groupe consultatif de l'ENISA. Des représentants d'autres organismes jugés intéressants par le directeur exécutif, qui ne sont pas membres du groupe consultatif de l'ENISA, peuvent être invités à assister aux réunions du groupe consultatif de l'ENISA et à prendre part à ses travaux.

5. Le groupe consultatif de l'ENISA conseille l'ENISA en ce qui concerne l'exécution des tâches de celle-ci, excepté l'application des dispositions du titre III du présent règlement. Il conseille en particulier le directeur exécutif pour ce qui est de l'élaboration d'une proposition de programme de travail annuel pour l'ENISA et de la communication à assurer avec les parties prenantes concernées sur les questions liées au programme de travail annuel.

6. Le groupe consultatif de l'ENISA informe régulièrement le conseil d'administration de ses activités.

Art. 22 *Groupe des parties prenantes pour la certification de cybersécurité.* 1. Il est établi un groupe des parties prenantes pour la certification de cybersécurité.

2. Le groupe des parties prenantes pour la certification de cybersécurité se compose de membres sélectionnés parmi des experts reconnus représentant les parties prenantes concernées. La Commission, à la suite d'un appel transparent et ouvert, sélectionne, sur la base d'une proposition de l'ENISA, les membres du groupe des parties prenantes pour la certification de cybersécurité en assurant un équilibre entre les différents groupes de parties prenantes ainsi qu'un équilibre approprié entre les hommes et les femmes et un équilibre géographique.

3. Le groupe des parties prenantes pour la certification de cybersécurité est chargé :

a) de conseiller la Commission sur des questions stratégiques relatives au cadre européen de certification de cybersécurité ;

b) sur demande, de conseiller l'ENISA sur des questions générales et stratégiques concernant les tâches de l'ENISA relatives au marché, à la certification de cybersécurité et à la normalisation ;

c) d'aider la Commission à préparer le programme de travail glissant de l'Union visé à l'article 47 ;

d) de rendre un avis sur le programme de travail glissant de l'Union conformément à l'article 47, paragraphe 4 ; et

e) en cas d'urgence, de donner un avis à la Commission et au GECC sur la nécessité de disposer de schémas de certification supplémentaires qui ne sont pas compris dans le programme de travail glissant de l'Union, comme indiqué aux articles 47 et 48.

4. Le groupe des parties prenantes pour la certification de cybersécurité est coprésidé par les représentants de la Commission et de l'ENISA, et son secrétariat est assuré par l'ENISA.

Art. 23 *Réseau des agents de liaison nationaux.* 1. Le conseil d'administration crée, sur proposition du directeur exécutif, un réseau des agents de liaison nationaux composé de représentants de tous les États membres (les agents de liaison nationaux). Chaque État membre nomme un représentant au sein du réseau des agents de liaison nationaux. Les réunions du réseau des agents de liaison nationaux peuvent se tenir dans différentes configurations d'experts.

2. Le réseau des agents de liaison nationaux facilite en particulier l'échange d'informations entre l'ENISA et les États membres et aide l'ENISA à faire connaître ses activités et à diffuser les résultats de ses travaux et ses recommandations auprès des parties prenantes concernées dans l'ensemble de l'Union.

3. Les agents de liaison nationaux servent de point de contact au niveau national pour faciliter la coopération entre l'ENISA et les experts nationaux dans le cadre de la mise en œuvre du programme de travail annuel de l'ENISA.

4. Si les agents de liaison nationaux coopèrent étroitement avec les représentants du conseil d'administration de leurs États membres respectifs, le réseau des agents de liaison nationaux en lui-même ne doit pas dupliquer le travail du conseil d'administration ou d'autres instances de l'Union.

5. Les fonctions et les procédures du réseau des agents de liaison nationaux sont précisées dans les règles internes de fonctionnement de l'ENISA et sont rendues publiques.

SECTION 5 *Fonctionnement*

Art. 24 *Document unique de programmation.* 1. L'ENISA opère conformément à un document unique de programmation qui décrit sa programmation annuelle et pluriannuelle, et qui contient l'ensemble de ses activités planifiées.

2. Le directeur exécutif établit chaque année un projet de document unique de programmation contenant sa programmation annuelle et pluriannuelle, ainsi que la planification des ressources financières et humaines correspondantes, conformément à l'article 32 du règlement délégué (UE) n° 1271/2013 de la Commission *[du 30 sept. 2013 portant règlement financier-cadre des organismes visés à l'art. 208 du Règl. (UE, Euratom) n° 966/2012 du Parlement européen et du Conseil (JO L 328 du 7 déc. 2013, p. 42)]*, et tenant compte des lignes directrices fixées par la Commission.

3. Le conseil d'administration adopte, au plus tard le 30 novembre de chaque année, le document unique de programmation visé au paragraphe 1 et le transmet au Parlement européen, au Conseil et à la Commission au plus tard le 31 janvier de l'année suivante, ainsi que toute version de ce document actualisée ultérieurement.

4. Le document unique de programmation devient définitif après l'adoption définitive du budget général de l'Union et il est adapté en tant que de besoin.

5. Le programme de travail annuel expose des objectifs détaillés et les résultats escomptés, notamment des indicateurs de performance. Il contient en outre une description des actions à financer et une indication des ressources financières et humaines allouées à chaque action, conformément aux principes d'établissement du budget par activités et de la gestion fondée sur les activités. Le programme de travail annuel s'inscrit dans la logique du programme de travail pluriannuel visé au paragraphe 7. Il indique clairement les tâches qui ont été ajoutées, modifiées ou supprimées par rapport à l'exercice précédent.

6. Le conseil d'administration modifie le programme de travail annuel adopté lorsqu'une nouvelle tâche est assignée à l'ENISA. Toute modification substantielle du programme de travail annuel est soumise à une procédure d'adoption identique à celle applicable au programme de travail annuel initial. Le conseil d'administration peut déléguer au directeur exécutif le pouvoir d'apporter des modifications non substantielles au programme de travail annuel.

7. Le programme de travail pluriannuel expose la programmation stratégique globale comprenant les objectifs, les résultats escomptés et les indicateurs de performance. Il définit également la programmation des ressources, notamment le budget pluriannuel et les effectifs.

8. La programmation des ressources est actualisée chaque année. La programmation stratégique est actualisée en tant que de besoin, notamment pour tenir compte, si nécessaire, des résultats de l'évaluation visée à l'article 67.

Art. 25 *Déclaration d'intérêts.* 1. Les membres du conseil d'administration, le directeur exécutif et les fonctionnaires détachés par les États membres à titre temporaire font chacun une déclaration d'engagements et une déclaration indiquant l'absence ou la présence de tout intérêt direct ou indirect qui pourrait être considéré comme préjudiciable à leur indépendance. Les déclarations sont exactes et complètes, faites par écrit sur une base annuelle et actualisées si nécessaire.

2. Les membres du conseil d'administration, le directeur exécutif et les experts externes participant aux groupes de travail *ad hoc* déclarent chacun de manière exacte et complète, au plus tard au début de chaque réunion, les intérêts qui pourraient être considérés comme préjudiciables à leur indépendance eu égard aux points inscrits à l'ordre du jour, et s'abstiennent de prendre part aux discussions et de voter sur ces points.

3. L'ENISA fixe, dans ses règles internes de fonctionnement, les modalités pratiques concernant les règles relatives aux déclarations d'intérêt visées aux paragraphes 1 et 2.

Art. 26 *Transparence.* 1. L'ENISA exerce ses activités avec un niveau élevé de transparence et conformément à l'article 28.

2. L'ENISA veille à ce que le public et toute partie intéressée reçoivent une information appropriée, objective, fiable et facilement accessible, notamment en ce qui concerne le résultat de ses travaux. Elle rend également publiques les déclarations d'intérêt faites conformément à l'article 25.

3. Le conseil d'administration peut, sur proposition du directeur exécutif, autoriser des parties intéressées à participer en tant qu'observateurs à certaines activités de l'ENISA.

4. L'ENISA fixe, dans ses règles internes de fonctionnement, les modalités pratiques d'application des règles de transparence visées aux paragraphes 1 et 2.

Art. 27 *Confidentialité.* 1. Sans préjudice de l'article 28, l'ENISA ne divulgue pas à des tiers les informations qu'elle traite ou qu'elle reçoit et pour lesquelles une demande motivée de traitement confidentiel a été faite.

2. Les membres du conseil d'administration, le directeur exécutif, les membres du groupe consultatif de l'ENISA, les experts externes participant aux groupes de travail *ad hoc* et les membres du personnel de l'ENISA, y compris les fonctionnaires détachés par les États membres à titre temporaire, respectent les obligations de confidentialité prévues à l'article 339 du traité sur le fonctionnement de l'Union européenne, même après la cessation de leurs fonctions.

3. L'ENISA fixe, dans ses règles internes de fonctionnement, les modalités pratiques d'application des règles de confidentialité visées aux paragraphes 1 et 2.

4. Si l'exécution des tâches de l'ENISA l'exige, le conseil d'administration décide d'autoriser l'ENISA à traiter des informations classifiées. Dans ce cas, l'ENISA, en accord avec les services de la Commission, adopte des règles de sécurité respectant les principes de sécurité énoncés dans les décisions (UE, Euratom) 2015/443 *[de la Commission du 13 mars 2015 relative à la sécurité au sein de la Commission (JO L 72 du 17 mars 2015, p. 41)]* et 2015/444 *[de la Commission du 13 mars 2015 concernant les règles de sécurité aux fins de la protection des informations classifiées de l'Union européenne (JO L 72 du 17 mars 2015, p. 53)]* de la Commission. Ces règles de sécurité comprennent des dispositions relatives à l'échange, au traitement et à l'archivage des informations classifiées.

Art. 28 *Accès aux documents.* 1. Le règlement (CE) n° 1049/2001 s'applique aux documents détenus par l'ENISA.

2. Le conseil d'administration adopte les modalités d'application du règlement (CE) n° 1049/2001 au plus tard le 28 décembre 2019.

3. Les décisions prises par l'ENISA en application de l'article 8 du règlement (CE) n° 1049/2001 peuvent faire l'objet d'une plainte auprès du Médiateur européen au titre de l'article 228 du traité sur le fonctionnement de l'Union européenne, ou d'un recours devant la Cour de justice de l'Union européenne au titre de l'article 263 du traité sur le fonctionnement de l'Union européenne.

CHAPITRE IV *ÉTABLISSEMENT ET STRUCTURE DU BUDGET DE L'ENISA*

Art. 29 *Établissement du budget de l'ENISA.* 1. Chaque année, le directeur exécutif établit un projet d'état prévisionnel des recettes et des dépenses de l'ENISA pour l'exercice budgétaire suivant et le transmet au conseil d'administration avec un projet de tableau des effectifs. Les recettes et les dépenses sont équilibrées.

2. Le conseil d'administration établit chaque année, sur la base du projet d'état prévisionnel, un état prévisionnel des recettes et des dépenses de l'ENISA pour l'exercice budgétaire suivant.

3. Le conseil d'administration transmet, au plus tard le 31 janvier de chaque année, l'état prévisionnel, qui fait partie du projet de document unique de programmation, à la Commission et aux pays tiers avec lesquels l'Union a conclu des accords tels qu'ils sont visés à l'article 42, paragraphe 2.

4. Sur la base de l'état prévisionnel, la Commission inscrit dans le projet de budget général de l'Union les prévisions qu'elle estime nécessaires en ce qui concerne le tableau des effectifs et le montant de la contribution à la charge du budget général de l'Union, qu'elle soumet au Parlement européen et au Conseil conformément à l'article 314 du traité sur le fonctionnement de l'Union européenne.

5. Le Parlement européen et le Conseil autorisent les crédits au titre de la contribution de l'Union destinée à l'ENISA.

6. Le Parlement européen et le Conseil adoptent le tableau des effectifs de l'ENISA.

7. Le conseil d'administration adopte le budget de l'ENISA en même temps que le document unique de programmation. Le budget de l'ENISA devient définitif après l'adoption définitive du budget général de l'Union. En tant que de besoin, le conseil d'administration ajuste le budget de l'ENISA et le document unique de programmation conformément au budget général de l'Union.

Art. 30 *Structure du budget de l'ENISA.* 1. Sans préjudice d'autres ressources, les recettes de l'ENISA sont constituées :

a) d'une contribution provenant du budget général de l'Union ;

b) de recettes allouées à des postes de dépense spécifiques conformément à ses règles financières visées à l'article 32 ;

c) d'un financement de l'Union sous la forme de conventions de délégation ou de subventions *ad hoc*, conformément à ses règles financières visées à l'article 32 et aux dispositions des instruments pertinents appuyant les politiques de l'Union ;

d) de contributions de pays tiers participant aux travaux de l'ENISA conformément à l'article 42 ;

e) de toute contribution volontaire des États membres en espèces ou en nature.

Les États membres qui apportent des contributions volontaires en vertu du premier alinéa, point e), ne peuvent prétendre à aucun droit ou service spécifique du fait de celles-ci.

2. Les dépenses de l'ENISA comprennent la rémunération du personnel, l'assistance administrative et technique, les dépenses d'infrastructure et de fonctionnement et les dépenses résultant de contrats avec des tiers.

Art. 31 *Exécution du budget de l'ENISA.* 1. Le directeur exécutif est responsable de l'exécution du budget de l'ENISA.

2. L'auditeur interne de la Commission exerce à l'égard de l'ENISA les mêmes pouvoirs que ceux qui lui sont attribués à l'égard des services de la Commission.

3. Le comptable de l'ENISA transmet les comptes provisoires pour l'exercice (exercice N) au comptable de la Commission et à la Cour des comptes au plus tard le 1er mars de l'exercice suivant (exercice N + 1).

4. A la réception des observations formulées par la Cour des comptes sur les comptes provisoires de l'ENISA en vertu de l'article 246 du règlement (UE, Euratom) 2018/1046 du Parlement européen et du Conseil *[du 18 juill. 2018 relatif aux règles financières applicables au budget général de l'Union, modifiant les Règl. (UE) n° 1296/2013, (UE) n° 1301/2013, (UE) n° 1303/2013, (UE) n° 1304/2013, (UE) n° 1309/2013, (UE) n° 1316/2013, (UE) n° 223/2014, (UE) n° 283/2014 et la Décis. n° 541/2014/UE, et abrogeant le Règl. (UE, Euratom) n° 966/2012 (JO L 193 du 30 juill. 2018, p. 1)]*, le comptable de l'ENISA établit les comptes définitifs de l'ENISA sous sa propre responsabilité et les soumet au conseil d'administration pour avis.

5. Le conseil d'administration rend un avis sur les comptes définitifs de l'ENISA.

6. Au plus tard le 31 mars de l'année N + 1, le directeur exécutif transmet le rapport sur la gestion budgétaire et financière au Parlement européen, au Conseil, à la Commission et à la Cour des comptes.

7. Au plus tard le 1er juillet de l'année N + 1, le comptable de l'ENISA transmet les comptes définitifs de l'ENISA, accompagnés de l'avis du conseil d'administration, au Parlement européen, au Conseil, au comptable de la Commission et à la Cour des comptes.

8. A la même date que celle de la transmission des comptes définitifs de l'ENISA, le comptable de l'ENISA transmet également à la Cour des comptes une lettre de déclaration concernant ces comptes définitifs, avec copie au comptable de la Commission.

9. Au plus tard le 15 novembre de l'année N + 1, le directeur exécutif publie les comptes définitifs de l'ENISA au *Journal officiel* de l'Union européenne.

10. Au plus tard le 30 septembre de l'année N + 1, le directeur exécutif adresse à la Cour des comptes une réponse aux observations de celle-ci, et adresse également une copie de cette réponse au conseil d'administration et à la Commission.

11. Le directeur exécutif soumet au Parlement européen, à la demande de celui-ci, toute information nécessaire au bon déroulement de la procédure de décharge pour l'exercice budgétaire en question, conformément à l'article 261, paragraphe 3, du règlement (UE, Euratom) 2018/1046.

12. Le Parlement européen, statuant sur recommandation du Conseil et avant le 15 mai de l'année N + 2, donne décharge au directeur exécutif sur l'exécution du budget de l'exercice N.

Art. 32 *Règles financières.* Les règles financières applicables à l'ENISA sont arrêtées par le conseil d'administration, après consultation de la Commission. Elles ne peuvent s'écarter du règlement délégué (UE) n° 1271/2013 que si le fonctionnement de l'ENISA le nécessite spécifiquement et moyennant l'accord préalable de la Commission.

Art. 33 *Lutte contre la fraude.* 1. Afin de faciliter la lutte contre la fraude, la corruption et d'autres activités illégales au titre du règlement (UE, Euratom) n° 883/2013 du Parlement européen et du Conseil *[du 11 sept. 2013 relatif aux enquêtes effectuées par l'Office européen de lutte antifraude (OLAF) et abrogeant le Règl. (CE) n° 1073/1999 du Parlement européen et du Conseil et le Règl. (Euratom) n° 1074/1999 du Conseil (JO L 248 du 18 sept. 2013, p. 1)]*, l'ENISA adhère, au plus tard le 28 décembre 2019, à l'accord interinstitutionnel du 25 mai 1999 entre le Parlement européen, le Conseil de l'Union européenne et la Commission des Communautés européennes relatif aux enquêtes internes effectuées par l'Office européen de lutte antifraude (OLAF) *[JO L 136 du 31 mai 1999, p. 15]*. L'ENISA adopte les dispositions appropriées applicables à tout le personnel de l'ENISA, en utilisant le modèle figurant à l'annexe dudit accord.

2. La Cour des comptes dispose d'un pouvoir d'audit, sur pièces et sur place, à l'égard de tous les bénéficiaires de subventions, contractants et sous-traitants qui ont reçu des fonds de l'Union en provenance de l'ENISA.

3. L'OLAF peut effectuer des enquêtes, y compris des contrôles et vérifications sur place, conformément aux dispositions et procédures prévues par le règlement (UE, Euratom) n° 883/2013 et le règlement (Euratom, CE) n° 2185/96 du Conseil *[du 11 nov. 1996 relatif aux contrôles et vérifications sur place effectués par la Commission pour la protection des intérêts financiers des Communautés européennes contre les fraudes et autres irrégularités*

(JO L 292 du 15 nov. 1996, p. 2)], en vue d'établir l'existence éventuelle d'une fraude, d'un acte de corruption ou de toute autre activité illégale portant atteinte aux intérêts financiers de l'Union, en lien avec une subvention ou un contrat financés par l'ENISA.

4. Sans préjudice des paragraphes 1, 2 et 3, les accords de coopération conclus avec des pays tiers ou des organisations internationales, les contrats, les conventions de subvention et les décisions de subvention de l'ENISA contiennent des dispositions habilitant expressément la Cour des comptes et l'OLAF à procéder à ces audits et à ces enquêtes, conformément à leurs compétences respectives.

CHAPITRE V *PERSONNEL*

Art. 34 *Dispositions générales.* Le statut des fonctionnaires et le régime applicable aux autres agents, ainsi que les règles arrêtées d'un commun accord entre les institutions de l'Union visant à exécuter le statut des fonctionnaires et le régime applicable aux autres agents, s'appliquent au personnel de l'ENISA.

Art. 35 *Privilèges et immunités.* Le protocole n° 7 sur les privilèges et immunités de l'Union européenne, annexé au traité sur l'Union européenne et au traité sur le fonctionnement de l'Union européenne, s'applique à l'ENISA ainsi qu'à son personnel.

Art. 36 *Directeur exécutif.* 1. Le directeur exécutif est engagé en tant qu'agent temporaire de l'ENISA conformément à l'article 2, point a), du régime applicable aux autres agents.

2. Le directeur exécutif est nommé par le conseil d'administration sur la base d'une liste de candidats proposés par la Commission, à la suite d'une procédure de sélection ouverte et transparente.

3. Aux fins de la conclusion du contrat de travail du directeur exécutif, l'ENISA est représentée par le président du conseil d'administration.

4. Avant d'être nommé, le candidat retenu par le conseil d'administration est invité à faire une déclaration devant la commission concernée du Parlement européen et à répondre aux questions des députés.

5. Le mandat du directeur exécutif est de cinq ans. Au terme de cette période, la Commission procède à une évaluation du travail accompli par le directeur exécutif et des tâches et défis futurs de l'ENISA.

6. Le conseil d'administration statue sur la nomination, la prorogation du mandat et la révocation du directeur exécutif conformément à l'article 18, paragraphe 2.

7. Le conseil d'administration, sur proposition de la Commission tenant compte de l'évaluation visée au paragraphe 5, peut proroger une fois le mandat du directeur exécutif pour une durée de cinq ans.

8. Le conseil d'administration informe le Parlement européen de son intention de proroger le mandat du directeur exécutif. Dans les trois mois précédant cette prorogation, le directeur exécutif fait, s'il y est invité, une déclaration devant la commission concernée du Parlement européen et répond aux questions des députés.

9. Un directeur exécutif dont le mandat a été prorogé ne peut pas participer à une nouvelle procédure de sélection pour le même poste.

10. Le directeur exécutif ne peut être démis de ses fonctions que sur décision du conseil d'administration, statuant sur proposition de la Commission.

Art. 37 *Experts nationaux détachés et personnel autre.* 1. L'ENISA peut avoir recours à des experts nationaux détachés ou à d'autres personnes qu'elle n'emploie pas. Le statut des fonctionnaires et le régime applicable aux autres agents ne s'appliquent pas à ces personnes.

2. Le conseil d'administration adopte une décision établissant le régime applicable aux experts nationaux détachés auprès de l'ENISA.

CHAPITRE VI *DISPOSITIONS GÉNÉRALES CONCERNANT L'ENISA*

Art. 38 *Statut juridique de l'ENISA.* 1. L'ENISA est un organisme de l'Union et elle est dotée de la personnalité juridique.

2. Dans chaque État membre, l'ENISA jouit de la capacité juridique la plus étendue accordée aux personnes morales en droit national. Elle peut notamment acquérir ou aliéner des biens mobiliers et immobiliers et ester en justice.

3. L'ENISA est représentée par le directeur exécutif.

Art. 39 *Responsabilité de l'ENISA.* 1. La responsabilité contractuelle de l'ENISA est régie par le droit applicable au contrat en question.

2. La Cour de justice de l'Union européenne est compétente pour statuer en vertu de toute clause compromissoire contenue dans un contrat conclu par l'ENISA.

3. En cas de responsabilité non contractuelle, l'ENISA répare tout dommage causé par ses services ou par son personnel dans l'exercice de leurs fonctions, conformément aux principes généraux communs aux législations des États membres.

4. La Cour de justice de l'Union européenne est compétente pour traiter de tout litige relatif à la réparation d'un dommage visé au paragraphe 3.

5. La responsabilité personnelle du personnel de l'ENISA envers l'ENISA est régie par les dispositions pertinentes applicables au personnel de l'ENISA.

Art. 40 *Régime linguistique.* 1. Le règlement n° 1 du Conseil *[Règlement n° 1 du Conseil portant fixation du régime linguistique de la Communauté économique européenne (JO 17 du 6 oct. 1958, p. 385/58)]* s'applique à l'ENISA. Les États membres et les autres organismes désignés par les États membres peuvent s'adresser à l'ENISA et recevoir une réponse dans la langue officielle des institutions de l'Union qu'ils choisissent.

2. Les services de traduction nécessaires au fonctionnement de l'ENISA sont assurés par le Centre de traduction des organes de l'Union européenne.

Art. 41 *Protection des données à caractère personnel.* 1. Les opérations de traitement de données à caractère personnel effectuées par l'ENISA sont soumises au règlement (UE) 2018/1725.

2. Le conseil d'administration adopte les dispositions d'application visées à l'article 45, paragraphe 3, du règlement (UE) 2018/1725. Le conseil d'administration peut adopter des mesures supplémentaires nécessaires pour l'application du règlement (UE) 2018/1725 par l'ENISA.

Art. 42 *Coopération avec des pays tiers et des organisations internationales.* 1. Dans la mesure nécessaire pour atteindre les objectifs énoncés dans le présent règlement, l'ENISA peut coopérer avec les autorités compétentes de pays tiers ou avec des organisations internationales. A cet effet, l'ENISA peut établir des arrangements de travail avec les autorités de pays tiers et des organisations internationales, sous réserve de l'accord préalable de la Commission. Ces arrangements de travail ne créent pas d'obligations juridiques à l'égard de l'Union ou de ses États membres.

2. L'ENISA est ouverte à la participation des pays tiers qui ont conclu des accords en ce sens avec l'Union. Conformément aux dispositions pertinentes de tels accords, des arrangements de travail sont élaborés pour préciser notamment la nature, l'étendue et les modalités de la participation de ces pays tiers aux travaux de l'ENISA, et contiennent des dispositions relatives à la participation aux initiatives prises par l'ENISA, aux contributions financières et au personnel. En ce qui concerne les questions relatives au personnel, lesdits arrangements de travail respectent le statut des fonctionnaires et le régime applicable aux autres agents.

3. Le conseil d'administration adopte une stratégie en ce qui concerne les relations avec les pays tiers et les organisations internationales sur les questions relevant de la compétence de l'ENISA. La Commission veille à ce que l'ENISA fonctionne dans les limites de son mandat et du cadre institutionnel existant en concluant des arrangements de travail appropriés avec le directeur exécutif.

Art. 43 *Règles de sécurité en matière de protection des informations sensibles non classifiées et des informations classifiées.* Après consultation de la Commission, l'ENISA adopte des règles de sécurité en appliquant les principes de sécurité énoncés dans les règles de sécurité de la Commission visant à protéger les informations sensibles non classifiées et les ICUE, énoncées dans les décisions (UE, Euratom) 2015/443 et (UE, Euratom) 2015/444. Les règles de sécurité de l'ENISA couvrent les dispositions relatives à l'échange, au traitement et au stockage de ces informations.

Art. 44 *Accord de siège et conditions de fonctionnement.* 1. Les dispositions requises pour l'implantation de l'ENISA dans l'État membre du siège et les prestations à fournir par cet État membre, ainsi que les règles particulières qui sont applicables dans ledit État membre au directeur exécutif, aux membres du conseil d'administration, au personnel de l'ENISA et aux membres de leurs familles sont arrêtées dans un accord de siège

conclu entre l'ENISA et l'État membre du siège, après approbation par le conseil d'administration.

2. L'État membre du siège de l'ENISA offre les meilleures conditions possibles pour assurer le bon fonctionnement de l'ENISA, en tenant compte de l'accessibilité de l'emplacement, de l'existence de services d'éducation appropriés pour les enfants des membres du personnel et d'un accès adéquat au marché du travail, à la sécurité sociale et aux soins médicaux pour les enfants et les conjoints des membres du personnel.

Art. 45 *Contrôle administratif.* Les activités de l'ENISA sont soumises au contrôle du Médiateur européen, conformément à l'article 228 du traité sur le fonctionnement de l'Union européenne.

TITRE III CADRE DE CERTIFICATION DE CYBERSÉCURITÉ

Art. 46 *Cadre européen de certification de cybersécurité.* 1. Le cadre européen de certification de cybersécurité est établi afin d'améliorer les conditions de fonctionnement du marché intérieur en renforçant le niveau de cybersécurité au sein de l'Union et en permettant de disposer, au niveau de l'Union, d'une approche harmonisée en ce qui concerne les schémas européens de certification de cybersécurité, en vue de créer un marché unique numérique pour les produits TIC, services TIC et processus TIC.

2. Le cadre européen de certification de cybersécurité prévoit un mécanisme visant à établir des schémas européens de certification de cybersécurité et à attester que les produits TIC, services TIC et processus TIC qui ont été évalués conformément à ces schémas satisfont à des exigences de sécurité définies, dans le but de protéger la disponibilité, l'authenticité, l'intégrité ou la confidentialité des données stockées, transmises ou traitées ou des fonctions ou services qui sont offerts par ces produits, services et processus ou accessibles par leur intermédiaire tout au long de leur cycle de vie.

COMMENTAIRE

Confiance numérique. La multiplication des dispositifs connectés et l'Internet des objets ont constitué l'argument principal de l'idée d'instaurer un cadre concernant la certification de sécurité des produits et services de technologie d'information et de communication (TIC ci-après) afin de susciter davantage la confiance dans le marché unique numérique. La certification de cybersécurité en matière de TIC a d'abord été présentée comme étant importante au regard de l'utilisation accrue de technologies qui exigent un niveau élevé de cybersécurité, comme les voitures connectées et automatisées, la santé électronique, les systèmes de contrôle-commande industriels (IACS) ou les réseaux intelligents.

L'*European Cyber Resilience Act* annoncé en septembre 2021 aura précisément pour objet d'établir des normes communes européennes de cybersécurité pour les produits (notamment les objets connectés) et services.

Pour susciter la confiance dans les produits et services TIC, le règlement repose sur quelques grands principes : la transparence, la sécurité dès la conception des produits et services TIC, ainsi que la clarté. D'une part, la communication d'informations sur le niveau de sécurité des produits, services et processus TIC, associée à des exigences européennes communes de certification reposant sur des exigences et des critères d'évaluation communs en matière de cybersécurité, est de nature à éclairer les utilisateurs. D'autre part, les caractéristiques de sécurité des produits et services TIC doivent être définies dès les premières phases de conception technique et de développement. Enfin, les clients et utilisateurs doivent pouvoir vérifier le niveau d'assurance de la sécurité des produits et services qu'ils acquièrent ou achètent. Si les évaluations de sécurité sont très techniques, le mécanisme de certification a pour finalité d'informer et de rassurer les acheteurs et utilisateurs en ce qui concerne les propriétés des produits et services TIC en matière de sécurité.

Un « cadre » européen pour éviter le « shopping de certifications ». Le règlement établit un Cadre européen de certification de cybersécurité des produits et services TIC. Il cherche à harmoniser les conditions et exigences fondamentales de la certifi-

cation de cybersécurité des produits et services TIC dans l'Union européenne. Pour cela, il ne prévoit pas directement des systèmes de certification immédiatement opérationnels : il établit le cadre général des règles régissant les systèmes européens de certification de cybersécurité. Le règlement cherche, à travers ce cadre, à créer les conditions pour la définition, dans un second temps, de systèmes de certification spécifiques à certains produits/services : il fixe les conditions générales dans lesquelles les « systèmes européens de certification de cybersécurité » vont fonctionner. Le cadre européen de certification de cybersécurité doit être homogène dans tous les États membres afin d'éviter la pratique du « shopping de certifications » en raison des différents niveaux d'exigence dans les différents États membres.

Dans un second temps, la création de systèmes européens de certification de cybersécurité rendus ainsi possibles par ce cadre permettra de faire en sorte que les certificats délivrés en vertu de ces systèmes soient valables et reconnus dans tous les États membres. Le cadre laisse la possibilité aux systèmes de certification de cybersécurité de définir plusieurs niveaux de sécurité. En fonction des besoins de cybersécurité spécifiques, un produit ou service peut être certifié à un niveau de sécurité plus ou moins élevé.

Guichet unique. Avec la création de systèmes de certification de cybersécurité de produits ou services spécifiques à l'échelle européenne, un guichet unique sera mis à la disposition des entreprises pour la certification de cybersécurité dans l'Union européenne. Ces entreprises pourront ainsi ne faire certifier leurs produits qu'une seule fois et obtenir un certificat valable dans tous les États membres. Elles ne seront plus tenues de faire certifier à nouveau leurs produits par différents organismes nationaux de certification. L'enjeu est donc à la fois économique (réduire les coûts multiples de certification des entreprises) et de sécurité (élever le niveau général de cyberrésilience dans l'Union).

Substitution progressive des systèmes européens de certification de cybersécurité sur les systèmes nationaux. Une fois adopté, un système européen de certification se substituera aux systèmes nationaux applicables parallèlement aux mêmes produits ou services TIC à un niveau d'assurance donné. L'idée est de réduire progressivement la fragmentation du marché existante du fait de la multiplicité des systèmes nationaux de certification distincts. Au fur et à mesure de leur adoption, les systèmes européens remplaceront les systèmes nationaux pour parvenir, avec le temps, à une harmonisation européenne. ❑

Art. 47 ***Le programme de travail glissant de l'Union pour la certification européenne de cybersécurité.*** **1. La Commission publie un programme de travail glissant de l'Union pour la certification européenne de cybersécurité (ci-après dénommé "programme de travail glissant de l'Union") qui recense les priorités stratégiques pour les futurs schémas européens de certification de cybersécurité.**

2. Le programme de travail glissant de l'Union inclut notamment une liste de produits TIC, services TIC et processus TIC ou de catégories de ceux-ci qui sont susceptibles de bénéficier d'une inclusion dans le champ d'application d'un schéma européen de certification de cybersécurité.

3. L'inclusion de produits TIC, services TIC et processus TIC spécifiques ou de catégories spécifiques de ceux-ci dans le programme de travail glissant de l'Union doit se justifier sur la base de l'un ou de plusieurs des motifs suivants :

a) la disponibilité et le développement de schémas nationaux de certification de cybersécurité couvrant toute catégorie spécifique de produits TIC, services TIC ou processus TIC et, en particulier, en ce qui concerne le risque de fragmentation ;

b) le droit ou la politique applicable de l'Union ou d'un État membre ;

c) la demande du marché ;

d) l'évolution de la situation en ce qui concerne les cybermenaces ;

e) une demande de préparation d'un schéma candidat spécifique par le GECC.

4. La Commission tient dûment compte des avis du GECC et du groupe des parties prenantes pour la certification de cybersécurité sur le projet de programme de travail glissant de l'Union.

5. Le premier programme de travail glissant de l'Union est publié au plus tard le 28 juin 2020. Le programme de travail glissant de l'Union est mis à jour au moins tous les trois ans, et plus souvent si nécessaire.

COMMENTAIRE

Programme de travail glissant de l'Union pour la certification européenne. La Commission doit préparer un programme de travail glissant de l'Union pour les schémas européens de certification de cybersécurité, après avis du groupe européen de certification de cybersécurité (GECC) et du groupe des parties prenantes pour la certification de cybersécurité, et l'ouverture d'une consultation ouverte.

Le programme de travail, adopté sous la forme d'un instrument non contraignant, doit permettre aux entreprises du secteur, aux autorités nationales et aux organismes de normalisation, en particulier, de se préparer à l'avance dans la perspective des futurs schémas européens de certification de cybersécurité. Le programme de travail glissant de l'Union doit comporter un aperçu pluriannuel des demandes de schémas candidats que la Commission envisage d'adresser à l'ENISA pour préparation. Ce programme de travail glissant doit être pris en compte lors de la préparation de son plan glissant pour la normalisation des TIC et des demandes de normalisation adressées à des organismes européens de normalisation.

Si la visibilité de ce programme est importante, la réactivité l'est aussi au regard de l'évolution rapide et de l'agilité du marché des nouvelles technologies. Aussi, en cas d'apparition de nouveaux risques de cybersécurité, la Commission ou le GECC peuvent demander à l'ENISA de préparer des schémas qui n'ont pas été prévus dans le programme de travail glissant de l'Union.

Demande de schéma européen de certification de cybersécurité. La Commission peut demander à l'ENISA de préparer un schéma candidat ou de réexaminer un schéma européen de certification de cybersécurité existant sur la base du programme de travail glissant de l'Union. Par exception, l'apparition d'un risque inconnu auparavant justifie que la Commission ou le GECC demandent à l'ENISA de préparer un schéma candidat ou de réexaminer un schéma européen de certification de cybersécurité existant qui n'est pas inclus dans le programme de travail glissant de l'Union, ainsi qu'elle l'a fait à propos de la 5G. Les États membres et le groupe peuvent aussi proposer à la Commission de demander à l'ENISA de préparer un système particulier.

Les systèmes européens de certification de cybersécurité sont préparés par l'ENISA, avec l'aide du GECC, et sont ensuite adoptés par la Commission au moyen d'actes d'exécution.

Système européen de certification de cybersécurité. La finalité d'un système européen de certification de cybersécurité est d'attester que les produits et services TIC qui ont été certifiés conformément au système satisfont à des exigences de cybersécurité précises. Il peut s'agir, par exemple, de leur capacité à protéger les données (stockées, transmises ou traitées d'une autre façon) contre le stockage, le traitement, l'accès, la diffusion, la destruction, la perte ou l'altération accidentels ou non autorisés. En ce qui concerne les exigences techniques et les procédures d'évaluation auxquelles les produits doivent satisfaire, les responsables des systèmes européens de certification de cybersécurité utilisent les normes existantes et n'élaborent pas eux-mêmes de normes techniques : ils peuvent choisir de reprendre, par exemple, les Critères communs ainsi que d'en étendre l'application au niveau européen. Le règlement souligne l'importance de s'appuyer sur des schémas nationaux et internationaux existants, ainsi que sur des systèmes de reconnaissance mutuelle, en particulier le SOG-IS, et de créer les conditions d'une transition en douceur des schémas existants relevant de ces systèmes vers les schémas relevant du nouveau cadre européen de certification de cybersécurité. Les systèmes européens de certification de cybersécurité feront ainsi référence à des normes ou des critères d'évaluation et méthodes d'essai communs. Les schémas européens de certification de cybersécurité doivent être non discriminatoires et fondés sur des normes européennes ou internationales, sauf si ces normes sont inefficaces ou inappropriées pour remplir les objectifs légitimes de l'Union à cet égard. Les schémas européens de certification de cybersécurité reposent ainsi sur les éléments déjà existants aux niveaux international et national et, au besoin, sur les spécifications techniques des forums et consortiums, en tirant les leçons des points forts actuels et en évaluant et en corrigeant les points faibles (consid. 71). Les schémas de certification doivent aussi être conçus de manière à éviter le risque d'obsolescence rapide.

Caractère facultatif de la certification européenne. Le recours à la certification européenne de cybersécurité reste facultatif, sauf si un texte législatif national ou européen prévoit de rendre un schéma obligatoire pour certains produits et services TIC.

Il y a cependant un principe de primauté des systèmes européens de certification. Les systèmes nationaux de certification de cybersécurité des produits et services TIC couverts par un système européen de certification de cybersécurité cesseront de s'appliquer à partir de la date fixée dans l'acte d'exécution qui adopte un système européen. En outre, les États membres doivent s'abstenir d'instaurer de nouveaux systèmes nationaux de certification de cybersécurité des produits et services TIC couverts par un système européen.

Après l'adoption d'un système européen de certification de cybersécurité, les fabricants et fournisseurs de services TIC pourront soumettre une demande de certification de leurs produits ou services à un organisme d'évaluation de la conformité. Les organismes d'évaluation de la conformité doivent être agréés par un organisme d'accréditation. L'accréditation est accordée pour une durée maximale de cinq ans renouvelable. Elle peut aussi être refusée si les conditions de l'accréditation ne sont pas remplies ou révoquée si elles ne le sont plus.

Schémas en cours d'adoption. Le premier système de certification de la cybersécurité candidat est le système européen de certification de la cybersécurité (EUCC) basé sur les critères communs. Suite à la demande de la Commission européenne, conformément à l'article 48, § 2, du règlement, l'ENISA a mis en place un groupe de travail *ad hoc* pour soutenir la préparation d'un système candidat de certification de cybersécurité de l'Union européenne qui remplacera les systèmes existants fonctionnant dans le cadre du SOG-IS MRA. Ce système, appelé EUCC (*Common Criteria Based European Candidate Cybersecurity Certification Scheme*), porte sur la certification de la cybersécurité des produits TIC, sur la base des Critères communs, de la Méthodologie commune d'évaluation de la sécurité des technologies de l'information et des normes correspondantes, respectivement ISO/IEC 15408 et ISO/IEC 18045.

Le deuxième système porte sur les services en nuage (*cloud services*). La Commission a demandé en 2019 à l'ENISA de préparer un schéma candidat pour les services en nuage. Ce schéma candidat, appelé EUCS (*European Cybersecurity Certification Scheme for Cloud Services*), doit harmoniser la certification puisqu'une pluralité de schémas de certification existe au niveau national (en France, le SecNumCloud de l'ANSSI ; en Espagne, l'ENS de l'OC-CCN ; en Allemagne, le C5 de BSI). Le projet de système candidat EUCS vise à harmoniser la sécurité des services en nuage avec les règlements de l'Union européenne, les normes internationales, les meilleures pratiques industrielles, ainsi qu'avec les certifications existantes dans les États membres de l'Union européenne. Le projet de schéma candidat EUCS demande les meilleures pratiques en matière de cybersécurité à travers trois niveaux d'assurance et en permet une transition des schémas nationaux actuels dans l'UE. En définissant une base de sécurité pour chaque niveau d'assurance (*basic*, *substantial* et *high*), le projet de système candidat EUCS est un système horizontal et technologique qui vise à attribuer un niveau d'assurance en matière de cybersécurité tout au long de la chaîne d'approvisionnement en nuage et à constituer une base solide pour les systèmes sectoriels. Le projet de système EUCS candidat est un système volontaire qui propose une nouvelle approche inspirée des systèmes nationaux et des normes internationales existants. Il est applicable à tous les types de services en nuage – *Infrastructure-as-a-Service* (IaaS), *Platform-as-a-Service* (PaaS), *Software-as-a-Service* (SaaS) et autres services en nuage, *Anything-as-a-Service* (XaaS). Il accorde une certification de trois ans qui peut être renouvelée et inclut des exigences de transparence telles que la localisation du traitement et du stockage des données. Le schéma doit être validé par la Commission européenne par acte d'exécution.

Un troisième système est en cours sur la 5G. Cette demande s'inscrit dans la possibilité, prévue par l'article 48, § 2, du règlement, qui permet à la Commission d'émettre une demande de schéma de certification de cybersécurité à l'ENISA en dehors du champ d'application du programme de travail glissant de l'Union, si cela est dûment justifié. Pour le développement et la réalisation d'un système de certification de la cybersécurité pour la 5G, l'ENISA coopère avec les parties prenantes concernées : le groupe européen de certification en matière de cybersécurité (ECCG), le groupe de travail du groupe de coopération SRI et son sous-groupe sur la normalisation et la certification de la 5G seront informés en permanence de la planification et des progrès réalisés et auront de nombreuses occasions de participer. Des experts en 5G participeront à travers un groupe de travail *ad hoc*. ❑

Art. 48 *Demande de schéma européen de certification de cybersécurité.* 1. La Commission peut demander à l'ENISA de préparer un schéma candidat ou de réexaminer un schéma européen de certification de cybersécurité existant sur la base du programme de travail glissant de l'Union.

2. Dans des cas dûment justifiés, la Commission ou le GECC peut demander à l'ENISA de préparer un schéma candidat ou de réexaminer un schéma européen de certification de cybersécurité existant qui n'est pas inclus dans le programme de travail glissant de l'Union. Le programme de travail glissant de l'Union est mis à jour en conséquence.

COMMENTAIRE

Voir le commentaire sous l'article 47. ❑

Art. 49 *Préparation, adoption et réexamen d'un schéma européen de certification de cybersécurité.* 1. A la suite d'une demande formulée par la Commission en vertu de l'article 48, l'ENISA prépare un schéma candidat qui satisfait aux exigences énoncées aux articles 51, 52 et 54.

2. A la suite d'une demande formulée par le GECC en vertu de l'article 48, paragraphe 2, l'ENISA peut préparer un schéma candidat qui satisfait aux exigences énoncées aux articles 51, 52 et 54. Si l'ENISA rejette une telle demande, elle doit motiver son refus. Toute décision de rejeter une telle demande est prise par le conseil d'administration.

3. Lors de la préparation d'un schéma candidat, l'ENISA consulte toutes les parties prenantes concernées au moyen d'un processus de consultation formel, ouvert, transparent et inclusif.

4. Pour chaque schéma candidat, l'ENISA crée un groupe de travail *ad hoc*, conformément à l'article 20, paragraphe 4, afin qu'il lui fournisse des conseils et des compétences spécifiques.

5. L'ENISA coopère étroitement avec le GECC. Celui-ci fournit aide et expertise à l'ENISA dans le cadre de la préparation du schéma candidat et adopte un avis sur le schéma candidat.

6. L'ENISA tient le plus grand compte de l'avis du GECC avant de transmettre à la Commission le schéma candidat préparé conformément aux paragraphes 3, 4 et 5. L'avis du GECC n'est pas contraignant pour l'ENISA, et l'absence d'un tel avis n'empêche pas l'ENISA de transmettre le schéma candidat à la Commission.

7. La Commission, se fondant sur le schéma candidat préparé par l'ENISA, peut adopter des actes d'exécution prévoyant un schéma européen de certification de cybersécurité pour les produits TIC, services TIC et processus TIC qui satisfont aux exigences des articles 51, 52 et 54. Ces actes d'exécution sont adoptés en conformité avec la procédure d'examen visée à l'article 66, paragraphe 2.

8. L'ENISA procède au moins tous les cinq ans à une évaluation de chacun des schémas européens de certification de cybersécurité adoptés, en tenant compte des informations reçues en retour des parties intéressées. Si nécessaire, la Commission ou le GECC peut demander à l'ENISA de lancer le processus d'élaboration d'un schéma candidat révisé, conformément à l'article 48 et au présent article.

Art. 50 *Site internet sur les schémas européens de certification de cybersécurité.* 1. L'ENISA tient à jour un site internet dédié qui fournit des informations sur les schémas européens de certification de cybersécurité, les certificats de cybersécurité européens et les déclarations de conformité de l'Union européenne, et leur assure une publicité, y compris des informations relatives aux schémas européens de certification de cybersécurité qui ne sont plus valables, aux certificats de cybersécurité européens qui ont été retirés ou ont expiré et aux déclarations de conformité de l'Union européenne, ainsi qu'au répertoire de liens vers des informations relatives à la cybersécurité fournies conformément à l'article 55.

2. Le cas échéant, le site internet visé au paragraphe 1 indique également les schémas nationaux de certification de cybersécurité qui ont été remplacés par un schéma européen de certification de cybersécurité.

Art. 51 *Objectifs de sécurité des schémas européens de certification de cybersécurité.* Un schéma européen de certification de cybersécurité est conçu de façon à réaliser, selon le cas, au moins les objectifs de sécurité suivants :

a) protéger les données stockées, transmises ou traitées de toute autre façon contre le stockage, le traitement, l'accès ou la diffusion accidentels ou non autorisés au cours de l'ensemble du cycle de vie du produit TIC, service TIC ou processus TIC ;

b) protéger les données stockées, transmises ou traitées de toute autre façon contre la destruction accidentelle ou non autorisée, la perte ou l'altération, ou l'absence de disponibilité, au cours de l'ensemble du cycle de vie du produit TIC, service TIC ou processus TIC ;

c) faire en sorte que les personnes autorisées, les programmes ou les machines ne puissent accéder qu'aux données, services ou fonctions concernés par leurs droits d'accès ;

d) identifier et documenter les dépendances et vulnérabilités connues ;

e) garder une trace des données, fonctions ou services qui ont été consultés, utilisés ou traités de toute autre façon, du moment où ils l'ont été et par qui ;

f) faire en sorte qu'il soit possible de vérifier quels données, services ou fonctions ont été consultés, utilisés ou traités de toute autre façon, à quel moment et par qui ;

g) vérifier que les produits TIC, services TIC et processus TIC ne contiennent pas de vulnérabilités connues ;

h) rétablir la disponibilité des données, services et fonctions ainsi que l'accès à ceux-ci dans les plus brefs délais en cas d'incident physique ou technique ;

i) faire en sorte que les produits TIC, services TIC et processus TIC soient sécurisés par défaut et dès la conception ;

j) faire en sorte que les produits TIC, services TIC et processus TIC soient dotés de logiciels et de matériel à jour et sans vulnérabilités connues du public, et de mécanismes permettant d'assurer les mises à jour en toute sécurité.

COMMENTAIRE

Contenu minimal des schémas européens de certification. Le règlement précise les objectifs de sécurité à prendre en compte dans la conception d'un système européen de certification de cybersécurité spécifique et le contenu minimal de ces systèmes. Chaque système doit préciser le champ d'application et l'objet de la certification de cybersécurité, et donc l'indication des catégories de produits et services couverts, la description détaillée des exigences de cybersécurité (par exemple par référence aux normes ou spécifications techniques pertinentes), les critères et méthodes d'évaluation spécifiques, et le niveau d'assurance qu'il entend garantir (élémentaire, substantiel ou élevé).

Objectifs de sécurité. Un schéma européen de certification de cybersécurité est conçu de façon à réaliser, selon le cas, au moins les dix objectifs de sécurité énumérés à l'article 51 comme par exemple : protéger les données stockées, transmises ou traitées de toute autre façon contre le stockage, le traitement, l'accès, la diffusion, la destruction accidentels ou non autorisés au cours de l'ensemble du cycle de vie du produit ou service ; faire en sorte que les personnes autorisées, les programmes ou les machines ne puissent accéder qu'aux données, services ou fonctions concernés par leurs droits d'accès ; identifier et documenter les dépendances et vulnérabilités connues ; garder une trace des données, fonctions ou services qui ont été consultés ; rétablir la disponibilité des données, services et fonctions ainsi que l'accès à ceux-ci dans les plus brefs délais en cas d'incident physique ou technique ; faire en sorte que les produits, services et processus TIC soient sécurisés par défaut et dès la conception...

Sécurité dès le stade de la conception. Les organisations, les fabricants ou les fournisseurs impliqués dans la conception et le développement de produits, services ou processus TIC sont encouragés à mettre en œuvre, aux stades les plus précoces de la conception et du développement, des mesures permettant de protéger au mieux la sécurité de ces produits, services et processus, de manière que la survenue de cyberattaques soit présumée et que leur incidence soit anticipée et minimisée. La sécurité doit être prise en charge tout au long du cycle de vie du produit, service ou processus TIC par les processus de conception et de développement qui évoluent constamment pour réduire le risque de préjudice causé par une utilisation malveillante (consid. 12).

Sécurité par défaut. Les entreprises, les organisations et le secteur public doivent configurer les produits, services ou processus TIC qu'ils conçoivent de manière à assurer un niveau de sécurité plus élevé, ce qui doit permettre au premier utilisateur de recevoir une configuration par défaut avec les paramétrages les plus sécurisés possibles, réduisant ainsi la charge qui pèse sur les utilisateurs de devoir configurer un produit, service ou processus TIC de manière adéquate. Pour être efficace, la sécurité par défaut ne doit pas nécessiter une configuration approfondie, une compréhension spécifique des détails techniques, ou encore un comportement non intuitif de la part de l'utilisateur, et devrait fonctionner facilement et de façon fiable lorsqu'elle est mise en œuvre. Si, au cas par cas, une analyse des risques et de la facilité d'utilisation aboutit à la conclusion qu'une configuration par défaut n'est pas réalisable, les utilisateurs devraient être incités à choisir le paramétrage le plus sécurisé (consid. 13). ❑

Art. 52 ***Niveaux d'assurance des schémas européens de certification de cybersécurité.*** **1. Un schéma européen de certification de cybersécurité peut préciser un ou plusieurs des niveaux d'assurance suivants pour les produits TIC, services TIC et processus TIC : "élémentaire", "substantiel" ou "élevé". Le niveau d'assurance correspond au niveau de risque associé à l'utilisation prévue du produit TIC, service TIC ou processus TIC, en termes de probabilité et de répercussions d'un incident.**

2. Les certificats de cybersécurité européens et les déclarations de conformité de l'Union européenne mentionnent tout niveau d'assurance précisé dans le schéma européen de certification de cybersécurité dans le cadre duquel le certificat de cybersécurité européen ou la déclaration de conformité de l'Union européenne a été délivré(e).

3. Les exigences de sécurité correspondant à chaque niveau d'assurance sont fournies dans le schéma européen de certification de cybersécurité concerné, y compris les fonctionnalités de sécurité correspondantes ainsi que la rigueur et l'ampleur correspondantes de l'évaluation à laquelle le produit TIC, service TIC ou processus TIC doit être soumis.

4. Le certificat ou la déclaration de conformité de l'Union européenne fait référence aux spécifications techniques, aux normes et aux procédures connexes, y compris les contrôles techniques, l'objectif étant de réduire le risque d'incidents de cybersécurité ou de les prévenir.

5. Un certificat de cybersécurité européen ou une déclaration de conformité de l'Union européenne qui se réfère au niveau d'assurance dit "élémentaire" offre l'assurance que les produits TIC, services TIC et processus TIC pour lesquels ce certificatif ou cette déclaration de conformité de l'Union européenne est délivré(e) satisfont aux exigences de sécurité correspondantes, y compris les fonctionnalités de sécurité, et qu'ils ont été évalués à un niveau qui vise à minimiser les risques élémentaires connus d'incidents et de cyberattaques. Les activités d'évaluation à entreprendre comprennent au moins un examen de la documentation technique. Lorsqu'un tel examen n'est pas approprié, des activités d'évaluation de substitution ayant un effet équivalent sont entreprises.

6. Un certificat de cybersécurité européen qui se réfère au niveau d'assurance dit "substantiel" offre l'assurance que les produits TIC, services TIC et processus TIC pour lesquels ce certificat est délivré satisfont aux exigences de sécurité correspondantes, y compris des fonctionnalités de sécurité, et qu'ils ont été évalués à un niveau qui vise à minimiser les risques liés à la cybersécurité connus, et le risque d'incidents et de cyberattaques émanant d'acteurs aux aptitudes et aux ressources limitées. Les activités d'évaluation à entreprendre comprennent au moins : un examen visant à démontrer l'absence de vulnérabilités connues du public et des vérifications tendant à démontrer que les produits TIC, services TIC ou processus TIC mettent correctement en œuvre les fonctionnalités de sécurité nécessaires. Lorsque de telles activités d'évaluation ne sont pas appropriées, des activités d'évaluation de substitution ayant un effet équivalent sont entreprises.

7. Un certificat de cybersécurité européen qui se réfère au niveau d'assurance dit "élevé" offre l'assurance que les produits TIC, services TIC et processus TIC pour lesquels ce certificat est délivré satisfont aux exigences de sécurité correspondantes, y compris des fonctionnalités de sécurité, et qu'ils ont été évalués à un niveau qui vise à minimiser le risque que des cyberattaques de pointe soient menées par des acteurs aux aptitudes solides et aux ressources importantes. Les activités d'évaluation à entre-

prendre comprennent au moins : un examen démontrant l'absence de vulnérabilités connues du public, des vérifications tendant à démontrer que les produits TIC, services TIC ou processus TIC mettent correctement en œuvre les fonctionnalités de sécurité nécessaires, au niveau de l'état de l'art ; et une évaluation de leur résistance à des attaques menées par des acteurs compétents, au moyen de tests de pénétration. Lorsque de telles activités d'évaluation ne sont pas appropriées, des activités d'évaluation de substitution ayant un effet équivalent sont entreprises.

8. Un schéma européen de certification de cybersécurité peut préciser plusieurs niveaux d'évaluation en fonction de la rigueur et de l'ampleur de la méthode d'évaluation utilisée. Chaque niveau d'évaluation correspond à l'un des niveaux d'assurance et il est défini par une combinaison appropriée de composantes d'assurance.

COMMENTAIRE

Niveaux d'assurance fondés sur le niveau de risque. Un schéma européen de certification de cybersécurité peut préciser un ou plusieurs des niveaux d'assurance suivants pour les produits, services et processus : « élémentaire », « substantiel » ou « élevé ». Le niveau d'assurance correspond au niveau de risque associé à l'utilisation prévue du produit ou du service en termes de probabilité et de répercussions d'un incident.

Pour tous les niveaux d'assurance, les produits, services ou processus TIC doivent contenir un certain nombre de fonctions sécurisées, telles qu'elles sont définies par le schéma, qui peuvent comprendre une configuration sécurisée prête à l'emploi, un code signé, une mise à jour sécurisée, ainsi que la limitation de l'exploitation de failles et des protections complètes (*full stack*) ou du tas de la mémoire.

Le niveau d'assurance est le fondement permettant de garantir qu'un produit, service ou processus TIC satisfait aux exigences de sécurité d'un schéma européen de certification de cybersécurité spécifique, indique le niveau auquel un produit ou service a été évalué mais, en tant que tel, ne mesure pas la sécurité du produit ou service.

Niveau élémentaire. Le niveau d'assurance « élémentaire » vise à minimiser les risques élémentaires connus d'incidents et de cyberattaques. L'évaluation comprend au moins un examen de la documentation technique.

Niveau substantiel. Le niveau d'assurance « substantiel » vise à minimiser les risques liés à la cybersécurité connus et le risque d'incidents et de cyberattaques émanant d'acteurs aux aptitudes et aux ressources limitées. L'évaluation comprend au moins un examen visant à démontrer l'absence de vulnérabilités connues du public et des vérifications démontrant que les produits et services mettent correctement en œuvre les fonctionnalités de sécurité nécessaires.

Niveau élevé. Le niveau d'assurance « élevé » vise à minimiser le risque que des cyberattaques de pointe soient menées par des acteurs aux aptitudes solides et aux ressources importantes. L'évaluation comprend au moins un examen démontrant l'absence de vulnérabilités connues du public, des vérifications tendant à démontrer que les produits et services mettent correctement en œuvre les fonctionnalités de sécurité nécessaires au niveau de l'état de l'art, et une évaluation de leur résistance à des attaques menées par des acteurs compétents au moyen de tests de pénétration. ❑

Art. 53 *Autoévaluation de la conformité.* **1. Un schéma européen de certification de cybersécurité peut permettre la réalisation d'une autoévaluation de la conformité sous la seule responsabilité du fabricant ou du fournisseur de produits TIC, services TIC ou processus TIC. L'autoévaluation de la conformité n'est autorisée que pour les produits TIC, services TIC et processus TIC qui présentent un risque faible schéma correspondant au niveau d'assurance dit "élémentaire".**

2. Le fabricant ou le fournisseur de produits TIC, services TIC ou processus TIC peut délivrer une déclaration de conformité de l'Union européenne indiquant que le respect des exigences énoncées dans le schéma a été démontré. En délivrant une telle déclaration, le fabricant ou fournisseur de produits TIC, services TIC ou processus TIC assume la responsabilité du respect par le produit TIC, service TIC ou processus TIC des exigences fixées dans ce schéma.

3. Le fabricant ou fournisseur de produits TIC, services TIC ou processus TIC garde à la disposition de l'autorité nationale de certification de cybersécurité visée à l'arti-

cle 58 la déclaration de conformité de l'Union européenne, la documentation technique et toutes les autres informations pertinentes relatives à la conformité des produits TIC ou services TIC avec le schéma pendant la durée prévue dans le schéma européen de certification de cybersécurité correspondant. Une copie de la déclaration de conformité de l'Union européenne est transmise à l'autorité nationale de certification de cybersécurité et à l'ENISA.

4. La délivrance d'une déclaration de conformité de l'Union européenne est volontaire, sauf disposition contraire du droit de l'Union ou du droit d'un État membre.

5. Les déclarations de conformité de l'Union européenne sont reconnues dans tous les États membres.

COMMENTAIRE

Les schémas européens de certification de cybersécurité doivent permettre à la fois les autoévaluations de la conformité et les certifications de produits et services pour les niveaux d'assurance élémentaire. Dans ce cas, le schéma doit prévoir des moyens clairs et compréhensibles pour les consommateurs ou les autres utilisateurs afin de distinguer entre les produits et services à l'égard desquels le fabricant ou le fournisseur des produits est responsable de l'évaluation, et les produits et services qui sont certifiés par un tiers.

Lorsqu'un schéma européen de certification de cybersécurité prévoit une autoévaluation de la conformité, il suffit que le fabricant ou le fournisseur de produits ou services ait effectué une autoévaluation de la conformité avec le schéma de certification. L'autoévaluation de la conformité est donc une action effectuée par un fabricant ou un fournisseur qui évalue lui-même si ses produits ou services satisfont aux exigences fixées dans un schéma européen de certification de cybersécurité spécifique.

L'autoévaluation de la conformité n'est possible que pour les produits ou services qui présentent un risque faible, et donc seulement pour un schéma correspondant au niveau d'assurance élémentaire.

Le fabricant ou le fournisseur doit garder à la disposition de l'autorité nationale de certification de cybersécurité la documentation technique et toutes les autres informations pertinentes relatives à la conformité de ses produits ou services. La documentation technique doit préciser les exigences applicables au titre du schéma et couvrir la conception, la fabrication et le fonctionnement du produit ou service dans la mesure nécessaire à l'autoévaluation de la conformité. La documentation technique doit permettre d'évaluer si un produit ou un service respecte les exigences applicables au titre de ce schéma.

Le fabricant ou le fournisseur de produits et services qui effectue une autoévaluation de la conformité doit pouvoir délivrer et signer la déclaration de conformité de l'Union européenne dans le cadre de la procédure d'évaluation de la conformité. Une déclaration de conformité de l'Union européenne est un document qui indique qu'un produit ou service spécifique respecte les exigences du schéma européen de certification de cybersécurité. En délivrant et en signant la déclaration de conformité de l'Union européenne, le fabricant ou le fournisseur de produits ou services assume la responsabilité du respect par le produit ou service des exigences légales du schéma européen de certification de cybersécurité. Une copie de la déclaration de conformité de l'Union européenne doit être soumise à l'autorité nationale de certification de cybersécurité et à l'ENISA. ❑

Art. 54 ***Éléments des schémas européens de certification de cybersécurité.*** **1. Un schéma européen de certification de cybersécurité comprend au moins les éléments suivants :**

a) l'objet et le champ d'application du schéma de certification, notamment le type ou les catégories de produits TIC, services TIC et processus TIC couverts ;

b) une description claire de la finalité du schéma et de la façon dont les normes, les méthodes d'évaluation et les niveaux d'assurance sélectionnés correspondent aux besoins des utilisateurs auxquels le schéma est destiné ;

c) des références aux normes internationales, européennes ou nationales appliquées dans le cadre de l'évaluation ou, lorsque de telles normes n'existent pas ou ne sont pas appropriées, à des spécifications techniques qui satisfont aux exigences énoncées à l'annexe II du règlement (UE) n° 1025/2012 ou, lorsque de telles spécifications ne sont pas disponibles, à des spécifications techniques ou d'autres exigences de cybersécurité définies dans le schéma européen de certification de cybersécurité ;

d) le cas échéant, un ou plusieurs niveaux d'assurance ;

e) une mention indiquant si l'autoévaluation de la conformité est autorisée dans le cadre du schéma ;

f) le cas échéant, des exigences spécifiques ou supplémentaires auxquelles sont soumis les organismes d'évaluation de la conformité aux fins de garantir qu'ils disposent des compétences techniques nécessaires pour évaluer les exigences de cybersécurité ;

g) les critères et méthodes d'évaluation spécifiques qui doivent être utilisés, notamment les types d'évaluation, afin de démontrer que les objectifs de sécurité visés à l'article 51 sont atteints ;

h) le cas échéant, les informations nécessaires à la certification qu'un demandeur doit fournir aux organismes d'évaluation de la conformité ou mettre à leur disposition d'une autre façon ;

i) lorsque le schéma prévoit des marques ou des labels, les conditions dans lesquelles ces marques ou labels peuvent être utilisés ;

j) les règles relatives au contrôle du respect par les produits TIC, services TIC et processus TIC des exigences liées aux certificats de cybersécurité européens ou aux déclarations de conformité de l'Union européenne, notamment les mécanismes permettant de démontrer le respect constant des exigences de cybersécurité qui ont été définies ;

k) le cas échéant, les conditions permettant de délivrer, de maintenir, de prolonger et de renouveler les certificats européen de cybersécurité, ainsi que les conditions auxquelles il est possible d'étendre ou de réduire leur champ d'application ;

l) les règles relatives aux conséquences pour les produits TIC, services TIC et processus TIC qui ont été certifiés ou pour lesquels une déclaration de conformité de l'Union européenne a été délivrée, mais qui ne respectent pas les exigences du schéma ;

m) les règles relatives aux modalités de signalement et de traitement des vulnérabilités de cybersécurité non détectées précédemment dans des produits TIC, services TIC et processus TIC ;

n) le cas échéant, les règles relatives à la conservation des archives par les organismes d'évaluation de la conformité ;

o) l'identification des schémas nationaux ou internationaux de certification de cybersécurité couvrant le même type ou les mêmes catégories de produits TIC, services TIC et processus TIC, d'exigences de sécurité, de critères et méthodes d'évaluation et de niveaux d'assurance ;

p) le contenu et le format des certificats de cybersécurité européens et des déclarations de conformité de l'Union européenne à délivrer ;

q) la période de disponibilité de la déclaration de conformité de l'Union européenne, de la documentation technique et de toutes les autres informations pertinentes qui doivent être mises à disposition par le fabricant ou le fournisseur de produits TIC, services TIC ou processus TIC ;

r) la durée maximale de validité des certificats de cybersécurité européens délivrés dans le cadre du schéma ;

s) la politique de divulgation concernant les certificats de cybersécurité européens délivrés, modifiés ou retirés dans le cadre du schéma ;

t) les conditions de reconnaissance mutuelle des schémas de certification avec les pays tiers ;

u) le cas échéant, les règles relatives à tout mécanisme d'évaluation par les pairs établi par le schéma pour les autorités ou organismes qui délivrent des certificats de cybersécurité européens pour le niveau d'assurance dit "élevé" en vertu de l'article 56, paragraphe 6. Un tel mécanisme est sans préjudice de l'examen par les pairs prévu à l'article 59 ;

v) le format et les procédures que les fabricants ou les fournisseurs de produits TIC, services TIC ou processus TIC doivent appliquer pour fournir et mettre à jour les informations supplémentaires en matière de cybersécurité conformément à l'article 55.

2. Les exigences du schéma européen de certification de cybersécurité qui ont été définies sont cohérentes avec toute exigence légale applicable, notamment les exigences découlant de dispositions harmonisées du droit de l'Union.

3. Lorsqu'un acte juridique spécifique de l'Union le prévoit, un certificat ou une déclaration de conformité de l'Union européenne délivré(e) dans le cadre d'un schéma européen de certification de cybersécurité peut être utilisé(e) pour démontrer la présomption de conformité aux exigences de cet acte juridique.

4. En l'absence de dispositions harmonisées du droit de l'Union, le droit d'un État membre peut aussi prévoir qu'un schéma européen de certification de cybersécurité peut être utilisé pour établir la présomption de conformité aux exigences légales.

Art. 55 *Informations supplémentaires en matière de cybersécurité pour les produits TIC, services TIC et processus TIC certifiés.* 1. Le fabricant ou le fournisseur de produits TIC, services TIC ou processus TIC certifiés ou de produits TIC, services TIC et processus TIC pour lesquels une déclaration de conformité de l'Union européenne a été délivrée met les informations supplémentaires en matière de cybersécurité qui suivent à la disposition du public :

a) des orientations et des recommandations pour aider les utilisateurs finaux à assurer, de façon sécurisée, la configuration, l'installation, le déploiement, le fonctionnement et la maintenance des produits TIC ou services TIC ;

b) la période pendant laquelle une assistance en matière de sécurité sera offerte aux utilisateurs finaux, en particulier en ce qui concerne la disponibilité de mises à jour liées à la cybersécurité ;

c) les informations de contact du fabricant ou du fournisseur et les méthodes acceptées pour recevoir des informations concernant des vulnérabilités de la part d'utilisateurs finaux et de chercheurs dans le domaine de la sécurité ;

d) une mention relative aux répertoires en ligne recensant les vulnérabilités publiquement divulguées liées au produit TIC, service TIC ou processus TIC ainsi que tout conseil pertinent en matière de cybersécurité.

2. Les informations visées au paragraphe 1 sont disponibles sous forme électronique et restent disponibles et actualisées en tant que de besoin au moins jusqu'à l'expiration du certificat de cybersécurité européen ou de la déclaration de conformité de l'Union européenne correspondant(e).

COMMENTAIRE

Voir le commentaire sous l'article 56.

Art. 56 *Certification de cybersécurité.* 1. Les produits TIC, services TIC et processus TIC qui ont été certifiés dans le cadre d'un schéma européen de certification de cybersécurité adopté en vertu de l'article 49 sont présumés respecter les exigences de ce schéma.

2. La certification de cybersécurité est volontaire, sauf disposition contraire du droit de l'Union ou du droit d'un État membre.

3. La Commission évalue régulièrement l'efficacité et l'utilisation des schémas européens de certification de cybersécurité adoptés ainsi que la question de savoir si un schéma européen de certification de cybersécurité spécifique doit être rendu obligatoire, au moyen de dispositions pertinentes du droit de l'Union, pour garantir un niveau adéquat de cybersécurité des produits TIC, services TIC et processus TIC dans l'Union et améliorer le fonctionnement du marché intérieur. La première de ces évaluations est effectuée le 31 décembre 2023 au plus tard, et les évaluations suivantes sont effectuées au moins tous les deux ans par la suite. Sur la base des résultats de ces évaluations, la Commission recense les produits TIC, services TIC et processus TIC couverts par un schéma de certification existant qui doivent relever d'un schéma de certification obligatoire.

La Commission met l'accent en priorité sur les secteurs dont la liste figure à l'annexe II de la directive (UE) 2016/1148 qui sont évalués au plus tard deux ans après l'adoption du premier schéma européen de certification de cybersécurité.

Lorsqu'elle prépare l'évaluation, la Commission :

a) tient compte de l'incidence des mesures, du point de vue des coûts, sur les fabricants ou fournisseurs de ces produits TIC, services TIC ou processus TIC et sur les utilisateurs, ainsi que des avantages sociétaux ou économiques résultant du renforcement escompté du niveau de sécurité des produits TIC, services TIC ou processus TIC ciblés ;

b) tient compte de l'existence et de la mise en œuvre du droit des États membres et des pays tiers concernés ;

c) engage un processus de consultation ouvert, transparent et inclusif avec toutes les parties prenantes concernées et les États membres ;

d) prend en considération les délais de mise en œuvre ainsi que les mesures et périodes transitoires, en ce qui concerne, en particulier, l'incidence éventuelle de la mesure sur les fabricants ou les fournisseurs de produits TIC, services TIC ou processus TIC, y compris les PME ;

e) propose la façon la plus rapide et la plus efficace de mettre en œuvre la transition des schémas de certification volontaires vers les schémas de certification obligatoires.

4. Les organismes d'évaluation de la conformité visés à l'article 60 délivrent des certificats de cybersécurité européens au titre du présent article attestant du niveau d'assurance dit "élémentaire" ou "substantiel" sur la base des critères figurant dans le schéma européen de certification de cybersécurité adopté par la Commission conformément à l'article 49.

5. Par dérogation au paragraphe 4, dans des cas dûment justifiés, un schéma européen de certification de cybersécurité peut prévoir que seul un organisme public peut délivrer des certificats de cybersécurité européens dans le cadre dudit schéma. Cet organisme est l'une des entités suivantes :

a) une autorité nationale de certification de cybersécurité visée à l'article 58, paragraphe 1 ; ou

b) un organisme public accrédité en tant qu'organisme d'évaluation de la conformité conformément à l'article 60, paragraphe 1.

6. Lorsqu'un schéma européen de certification de cybersécurité adopté au titre de l'article 49 exige un niveau d'assurance dit "élevé", le certificat de cybersécurité européen dans le cadre de ce schéma ne doit être délivré que par une autorité nationale de certification de cybersécurité ou, dans les cas suivants, par un organisme d'évaluation de la conformité :

a) moyennant l'approbation préalable de l'autorité nationale de certification de cybersécurité pour chaque certificat de cybersécurité européen délivré par un organisme d'évaluation de la conformité ; ou

b) sur la base d'une délégation préalable de la tâche consistant à délivrer de tels certificats de cybersécurité européens à un organisme d'évaluation de la conformité par l'autorité nationale de certification de cybersécurité.

7. La personne physique ou morale qui soumet des produits TIC, services TIC ou processus TIC à la certification met à la disposition de l'autorité nationale de certification de cybersécurité visée à l'article 58, lorsque cette autorité est l'organisme délivrant le certificat de cybersécurité européen, ou de l'organisme d'évaluation de la conformité visé à l'article 60 toutes les informations nécessaires pour procéder à la certification.

8. Le titulaire d'un certificat de cybersécurité européen informe l'autorité ou l'organisme visé au paragraphe 7 de toute vulnérabilité ou irrégularité détectée ultérieurement concernant la sécurité du produit TIC, service TIC ou processus TIC certifié susceptible d'avoir une incidence sur son respect des exigences liées à la certification. Cette autorité ou cet organisme transmet ces informations sans retard injustifié à l'autorité nationale de certification de cybersécurité concernée.

9. Un certificat de cybersécurité européen est délivré pour la durée prévue par le schéma européen de certification de cybersécurité concerné et peut être renouvelé, pourvu que les exigences applicables continuent d'être satisfaites.

10. Un certificat de cybersécurité européen délivré au titre du présent article est reconnu dans tous les États membres.

COMMENTAIRE

La certification. Le certificat de cybersécurité européen est un document délivré par un organisme compétent attestant qu'un produit, service ou processus TIC donné a été évalué en ce qui concerne sa conformité aux exigences de sécurité spécifiques fixées dans un schéma européen de certification de cybersécurité. Un schéma européen de certification de cybersécurité est un ensemble complet de règles, d'exigences techniques, de normes et de procédures qui sont établies au niveau européen et qui s'appliquent à la certification ou à l'évaluation de la conformité de produits, services ou processus TIC spécifiques.

La certification est donc l'évaluation formelle des produits, services et processus par un organisme indépendant et agréé, selon un ensemble défini de critères ou de normes. Cette certification permet la délivrance d'un certificat attestant la conformité. L'ANSSI définit la certification comme l'attestation de la robustesse d'un produit, basée sur une analyse de conformité et des tests de pénétration réalisés par un évaluateur tiers sous l'autorité de l'ANSSI, selon un schéma et un référentiel adaptés aux besoins de sécurité des utilisateurs et tenant compte des évolutions technologiques.

La certification est une étape fondamentale, qui a vocation à être combinée à d'autres approches comme l'étiquetage ou la normalisation.

Transparence pour l'utilisateur final. Les certificats de cybersécurité européens et les déclarations de conformité de l'Union européenne ont vocation à aider les utilisateurs finaux à faire des choix éclairés. Cela implique que les produits et services TIC qui ont été certifiés ou pour lesquels une déclaration de conformité de l'Union européenne a été émise doivent être accompagnés d'informations structurées et adaptées au niveau technique attendu de l'utilisateur final auquel ils sont destinés. Toutes ces informations doivent être disponibles en ligne.

L'utilisateur final doit avoir accès à des informations concernant le numéro de référence du schéma de certification, le niveau d'assurance, la description des risques liés à la cybersécurité qui sont associés au produit ou service et l'autorité ou l'organisme de délivrance, ou être en mesure d'obtenir une copie du certificat de cybersécurité européen. En outre, l'utilisateur final doit recevoir des informations sur la politique d'assistance en matière de cybersécurité du fabricant ou du fournisseur de produits ou services TIC, en particulier combien de temps il peut escompter recevoir des mises à jour ou des correctifs en matière de cybersécurité. Par ailleurs, la tendance actuelle est d'encourager la fourniture des orientations en ce qui concerne les mesures que l'utilisateur final peut prendre, des paramétrages qu'il peut effectuer pour maintenir ou accroître la cybersécurité du produit ou service et des informations concernant le point de contact unique auquel s'adresser ou duquel recevoir une aide en cas de cyberattaque (outre le signalement automatique). Ces informations doivent être actualisées régulièrement et être mises à disposition sur un site internet fournissant des informations sur les schémas européens de certification de cybersécurité (consid. 93). ❑

Art. 57 ***Schémas nationaux de certification de cybersécurité et certificats.*** **1. Sans préjudice du paragraphe 3 du présent article, les schémas nationaux de certification de cybersécurité et les procédures connexes pour les produits TIC, services TIC et processus TIC couverts par un schéma européen de certification de cybersécurité cessent de produire leurs effets à partir de la date fixée dans l'acte d'exécution adopté en application de l'article 49, paragraphe 7. Les schémas nationaux de certification de cybersécurité et les procédures connexes pour les produits TIC, services TIC et processus TIC qui ne sont pas couverts par un schéma européen de certification de cybersécurité continuent à exister.**

2. Les États membres s'abstiennent d'instaurer de nouveaux schémas nationaux de certification de cybersécurité pour les produits TIC, services TIC et processus TIC qui sont déjà couverts par un schéma européen de certification de cybersécurité en vigueur.

3. Les certificats existants, qui ont été délivrés dans le cadre de schémas nationaux de certification de cybersécurité et qui sont couverts par un schéma européen de certification de cybersécurité, restent valables jusqu'à leur date d'expiration.

4. En vue d'éviter la fragmentation du marché intérieur, les États membres informent la Commission et le GECC de leur intention éventuelle d'élaborer de nouveaux schémas nationaux de certification de cybersécurité.

Art. 58 *Autorités nationales de certification de cybersécurité.* 1. Chaque État membre désigne une ou plusieurs autorités nationales de certification de cybersécurité sur son territoire ou, moyennant l'accord d'un autre État membre, désigne une ou plusieurs autorités nationales de certification de cybersécurité établies dans cet autre État membre comme responsables des tâches de supervision dans l'État membre qui procède à la désignation.

2. Chaque État membre informe la Commission de l'identité des autorités nationales de certification de cybersécurité désignées. Lorsqu'un État membre désigne plus d'une autorité, il communique en outre à la Commission des informations sur les tâches confiées à chacune de ces autorités.

3. Sans préjudice de l'article 56, paragraphe 5, point a), et de l'article 56, paragraphe 6, chaque autorité nationale de certification de cybersécurité est indépendante des entités qu'elle surveille en ce qui concerne son organisation, ses décisions de financement, sa structure juridique et son processus décisionnel.

4. Les États membres veillent à ce que les activités des autorités nationales de certification de cybersécurité liées à la délivrance de certificats de cybersécurité européens visées à l'article 56, paragraphe 5, point a), et à l'article 56, paragraphe 6, soient strictement distinctes de leurs activités de supervision visées au présent article, et à ce que ces activités soient exécutées indépendamment l'une de l'autre.

5. Les États membres veillent à ce que les autorités nationales de certification de cybersécurité disposent de ressources adéquates pour exercer leurs pouvoirs et exécuter leurs tâches de manière efficace et efficiente.

6. Afin d'assurer la mise en œuvre efficace du présent règlement, il convient que les autorités nationales de certification de cybersécurité participent de manière active, efficace, efficiente et sécurisée au GECC.

7. Les autorités nationales de certification de cybersécurité :

a) supervisent et font respecter les règles prévues dans les schémas européens de certification de cybersécurité, en application de l'article 54, paragraphe 1, point j), aux fins du contrôle du respect par les produits TIC, services TIC et processus TIC des exigences des certificats de cybersécurité européens délivrés sur leurs territoires respectifs, en coopération avec les autres autorités compétentes de surveillance du marché ;

b) contrôlent le respect des obligations qui incombent aux fabricants ou fournisseurs de produits TIC, services TIC ou processus TIC qui sont établis sur leurs territoires respectifs et qui procèdent à une autoévaluation de conformité et font respecter ces obligations, et contrôlent, en particulier, le respect des obligations de ces fabricants ou fournisseurs visées à l'article 53, paragraphes 2 et 3, et dans le schéma européen de certification de cybersécurité correspondant, et font respecter ces obligations ;

c) sans préjudice de l'article 60, paragraphe 3, assistent et soutiennent activement les organismes nationaux d'accréditation dans le contrôle et la supervision des activités des organismes d'évaluation de la conformité aux fins du présent règlement ;

d) contrôlent et supervisent les activités des organismes publics visées à l'article 56, paragraphe 5 ;

e) lorsqu'il y a lieu, autorisent les organismes d'évaluation de la conformité à effectuer leurs tâches conformément à l'article 60, paragraphe 3, et limitent, suspendent ou retirent les autorisations existantes lorsque les organismes d'évaluation de la conformité violent les exigences du présent règlement ;

f) traitent les réclamations introduites par des personnes physiques ou morales en rapport avec les certificats de cybersécurité européens délivrés par des autorités nationales de certification de cybersécurité ou en rapport avec les certificats de cybersécurité européens délivrés par des organismes d'évaluation de la conformité conformément à l'article 56, paragraphe 6, ou en rapport avec les déclarations de conformité de l'Union européenne délivrées au titre de l'article 53, examinent l'objet de ces réclamations dans la mesure nécessaire et informent l'auteur de la

réclamation de l'état d'avancement et de l'issue de l'enquête dans un délai raisonnable ;

g) communiquent à l'ENISA et au GECC un résumé annuel des activités entreprises en application des points b), c) et d) du présent paragraphe ou du paragraphe 8 ;

h) coopèrent avec les autres autorités nationales de certification de cybersécurité ou d'autres autorités publiques, notamment en partageant des informations sur l'éventuel non-respect par des produits TIC, services TIC et processus TIC des exigences du présent règlement ou des exigences de schémas de certification de cybersécurité spécifiques ; et

i) suivent les évolutions pertinentes dans le domaine de la certification de cybersécurité.

8. Chaque autorité nationale de certification de cybersécurité dispose au moins des pouvoirs suivants :

a) de demander aux organismes d'évaluation de la conformité, aux titulaires de certificats de cybersécurité européens et aux émetteurs de déclarations de conformité de l'Union européenne de lui communiquer toute information dont elle a besoin pour l'exécution de ses tâches ;

b) d'effectuer des enquêtes, sous la forme d'audits, auprès des organismes d'évaluation de la conformité, des titulaires de certificats de cybersécurité européens et des émetteurs de déclarations de conformité de l'Union européenne afin de vérifier qu'ils respectent le présent titre ;

c) de prendre les mesures appropriées, conformément au droit national, pour veiller à ce que les organismes d'évaluation de la conformité, les titulaires de certificats de cybersécurité européens et les émetteurs de déclarations de conformité de l'Union européenne respectent le présent règlement ou un schéma européen de certification de cybersécurité ;

d) d'obtenir l'accès aux locaux des organismes d'évaluation de la conformité ou des titulaires de certificats de cybersécurité européens afin d'effectuer des enquêtes conformément au droit procédural de l'Union ou au droit procédural d'un État membre ;

e) de retirer, conformément au droit national, les certificats de cybersécurité européens délivrés par les autorités nationales de certification de cybersécurité ou les certificats de cybersécurité européens délivrés par les organismes d'évaluation de la conformité conformément à l'article 56, paragraphe 6, lorsque de tels certificats ne respectent pas le présent règlement ou un schéma européen de certification de cybersécurité ;

f) d'imposer des sanctions conformément au droit national, comme le prévoit l'article 65, et d'exiger la cessation immédiate des violations des obligations énoncées dans le présent règlement.

9. Les autorités nationales de certification de cybersécurité coopèrent entre elles et avec la Commission et échangent notamment des informations, expériences et bonnes pratiques en ce qui concerne la certification de cybersécurité et les questions techniques relatives à la cybersécurité des produits TIC, services TIC et processus TIC.

COMMENTAIRE

Autorités de contrôle de la certification. Les fonctions de suivi, de contrôle et d'exécution du mécanisme de certification relèvent des États membres. Ces derniers doivent instituer une autorité de contrôle de la certification chargée de contrôler que les organismes d'évaluation de la conformité, ainsi que les certificats délivrés par ceux qui sont établis sur son territoire, respectent les exigences du règlement et des systèmes européens de certification de cybersécurité.

Les autorités nationales de contrôle de la certification sont compétentes pour traiter les plaintes déposées par des personnes physiques ou morales concernant les certificats délivrés par les organismes d'évaluation de la conformité établis sur leur territoire. Elles doivent examiner l'objet de la plainte et informer le plaignant de l'avancement et des résultats de leur examen dans un délai raisonnable.

Les autorités nationales de contrôle de la certification coopèrent avec d'autres autorités de contrôle de la certification ou d'autres autorités publiques, par exemple en s'échangeant des informations sur l'éventuelle non-conformité de produits et services TIC aux exigences du règlement ou aux systèmes européens de certification de cybersécurité.

Groupe européen de certification de cybersécurité. Le règlement institue le groupe européen de certification de cybersécurité composé des autorités nationales de contrôle de la certification de tous les États membres. Il est principalement chargé de conseiller la Commission sur des questions concernant la politique de certification de cybersécurité et de travailler avec l'ENISA à l'élaboration de projets de systèmes européens de certification de cybersécurité.

L'ENISA aide la Commission à assurer le secrétariat du groupe et tient un recueil public des systèmes approuvés en vertu du Cadre européen de certification de cybersécurité. L'ENISA coopère aussi avec les organismes de normalisation pour veiller à l'adéquation des normes utilisées dans les systèmes européens et pour analyser les domaines nécessitant des normes de cybersécurité. ❑

Art. 59 ***Examen par les pairs.*** **1. Dans un souci d'équivalence des normes, dans l'ensemble de l'Union, en ce qui concerne les certificats de cybersécurité européens et les déclarations de conformité de l'Union européenne, les autorités nationales de certification de cybersécurité font l'objet d'un examen par les pairs.**

2. L'examen par les pairs est effectué selon des critères et des procédures d'évaluation cohérents et transparents, en particulier en ce qui concerne les exigences structurelles et celles relatives aux ressources humaines et aux processus, ainsi que la confidentialité et les plaintes.

3. L'examen par les pairs évalue :

a) lorsqu'il y a lieu, la question de savoir si les activités des autorités nationales de certification de cybersécurité liées à la délivrance de certificats de cybersécurité européens visées à l'article 56, paragraphe 5, point a), et à l'article 56, paragraphe 6, sont strictement distinctes des activités de supervision visées à l'article 58, et celle de savoir si ces activités sont exercées indépendamment l'une de l'autre ;

b) les procédures permettant de superviser et de faire respecter les règles relatives au contrôle du respect par les produits TIC, services TIC et processus TIC des certificats de cybersécurité européens, conformément à l'article 58, paragraphe 7, point a) ;

c) les procédures permettant de contrôler et de faire respecter les obligations des fabricants et des fournisseurs de produits TIC, services TIC ou processus TIC, conformément à l'article 58, paragraphe 7, point b) ;

d) les procédures permettant de contrôler, d'autoriser et de superviser les activités des organismes d'évaluation de la conformité ;

e) lorsqu'il y a lieu, la question de savoir si le personnel des autorités ou organismes qui délivrent des certificats pour un niveau d'assurance dit "élevé", conformément à l'article 56, paragraphe 6, dispose des compétences nécessaires.

4. L'examen par les pairs est réalisé au moins une fois tous les cinq ans par au moins deux autorités nationales de certification de cybersécurité d'autres États membres et par la Commission. L'ENISA peut participer à l'examen par les pairs.

5. La Commission peut adopter des actes d'exécution établissant un plan pour l'examen par les pairs couvrant une période d'au moins cinq ans et définissant les critères concernant la composition de l'équipe chargée de l'examen par les pairs, la méthode utilisée pour mener cet examen, ainsi que le programme, la fréquence et les autres tâches y afférentes. Lors de l'adoption de ces actes d'exécution, la Commission tient dûment compte des observations formulées par le GECC. Ces actes d'exécution sont adoptés en conformité avec la procédure d'examen visée à l'article 66, paragraphe 2.

6. Les résultats des examens par les pairs sont examinés par le GECC, qui établit des résumés pouvant être rendu publics et qui émet, au besoin, des lignes directrices ou des recommandations sur les actions à entreprendre ou les mesures à prendre par les entités concernées.

COMMENTAIRE

Voir le commentaire sous l'article 58.

Art. 60 *Organismes d'évaluation de la conformité.* 1. Les organismes d'évaluation de la conformité sont accrédités par les organismes nationaux d'accréditation désignés conformément au règlement (CE) n° 765/2008. Cette accréditation n'est délivrée que lorsque l'organisme d'évaluation de la conformité satisfait aux exigences énoncées à l'annexe du présent règlement.

2. Lorsqu'un certificat de cybersécurité européen est délivré par une autorité nationale de certification de cybersécurité en vertu de l'article 56, paragraphe 5, point a), et de l'article 56, paragraphe 6, l'organisme de certification de l'autorité nationale de certification de cybersécurité est accrédité en tant qu'organisme d'évaluation de la conformité conformément au paragraphe 1 du présent article.

3. Lorsque les schémas européens de certification de cybersécurité fixent des exigences spécifiques ou supplémentaires en application de l'article 54, paragraphe 1, point f), seuls les organismes d'évaluation de la conformité qui satisfont à ces exigences sont autorisés par l'autorité nationale de certification de cybersécurité à effectuer les tâches prévues dans le cadre de ces schémas.

(Rect. JOUE du 15 avr. 2021) « 4. L'accréditation visée au paragraphe 1 est délivrée aux organismes d'évaluation de la conformité pour une durée maximale de cinq ans et peut être renouvelée dans les mêmes conditions, pourvu que l'organisme d'évaluation de la conformité satisfasse encore aux exigences énoncées au présent article. » Les organismes nationaux d'accréditation prennent, dans un délai raisonnable, toutes les mesures appropriées pour limiter, suspendre ou révoquer l'accréditation d'un organisme d'évaluation de la conformité délivrée en vertu du paragraphe 1 lorsque les conditions de l'accréditation ne sont pas ou plus remplies ou lorsque l'organisme d'évaluation de la conformité viole le présent règlement.

COMMENTAIRE

Voir le commentaire sous l'article 58.

Art. 61 *Notification.* 1. Pour chaque schéma européen de certification de cybersécurité, les autorités nationales de certification de cybersécurité notifient à la Commission le nom des organismes d'évaluation de la conformité accrédités et, le cas échéant, autorisés en vertu de l'article 60, paragraphe 3, à délivrer des certificats de cybersécurité européens aux niveaux d'assurance déterminés tels qu'ils sont visés à l'article 52. Les autorités nationales de certification de cybersécurité informent la Commission, sans retard indu, de toute modification ultérieure qui y est apportée.

2. Un an après la date d'entrée en vigueur d'un schéma européen de certification de cybersécurité, la Commission publie au *Journal officiel de l'Union européenne* une liste des organismes d'évaluation de la conformité qui ont fait l'objet d'une notification dans le cadre de ce schéma.

3. Si la Commission reçoit une notification après l'expiration du délai visé au paragraphe 2, elle publie les modifications apportées à la liste des organismes d'évaluation de la conformité qui ont fait l'objet d'une notification au *Journal officiel de l'Union européenne* dans un délai de deux mois à compter de la date de réception de cette notification.

4. Une autorité nationale de certification de cybersécurité peut présenter à la Commission une demande visant à retirer de la liste visée au paragraphe 2 un organisme d'évaluation de la conformité qui a fait l'objet d'une notification par cette autorité. La Commission publie au *Journal officiel de l'Union européenne* les modifications correspondantes apportées à la liste dans un délai d'un mois à compter de la date de réception de la demande présentée par l'autorité nationale de certification de cybersécurité.

5. La Commission peut adopter des actes d'exécution visant à établir les circonstances, formats et procédures pour les notifications visées au paragraphe 1 du présent article. Ces actes d'exécution sont adoptés en conformité avec la procédure d'examen visée à l'article 66, paragraphe 2.

Art. 62 *Groupe européen de certification de cybersécurité.* 1. Le groupe européen de certification de cybersécurité (GECC) est institué.

2. Le GECC est composé de représentants d'autorités nationales de certification de cybersécurité ou de représentants d'autres autorités nationales compétentes. Un membre du GECC ne peut représenter plus de deux États membres.

3. Les parties prenantes et les tiers concernés peuvent être invités à assister aux réunions du GECC et à participer à ses travaux.

4. Le GECC a pour mission :

a) de conseiller et d'assister la Commission dans ses efforts pour assurer une mise en œuvre et une application cohérentes du présent titre, notamment en ce qui concerne le programme de travail glissant de l'Union, les questions de politique de certification de cybersécurité, la coordination des approches politiques et la préparation de schémas européens de certification de cybersécurité ;

b) d'assister et de conseiller l'ENISA et de coopérer avec elle en ce qui concerne la préparation d'un schéma candidat en vertu de l'article 49 ;

c) d'adopter un avis sur les schémas candidats préparés par l'ENISA en vertu de l'article 49 ;

d) de demander à l'ENISA de préparer un schéma candidat en vertu de l'article 48, paragraphe 2 ;

e) d'adopter des avis adressés à la Commission concernant la maintenance et le réexamen de schémas européens de certification de cybersécurité existants ;

f) d'examiner les évolutions pertinentes dans le domaine de la certification de cybersécurité et d'échanger des informations et de bonnes pratiques sur les schémas de certification de cybersécurité ;

g) de faciliter la coopération entre les autorités nationales de certification de cybersécurité en vertu du présent titre par le renforcement des capacités et l'échange d'informations, notamment en établissant des méthodes permettant un échange d'informations efficace sur toutes les questions relatives à la certification de cybersécurité ;

h) de fournir un soutien à la mise en œuvre des mécanismes d'évaluation par les pairs conformément aux règles fixées dans un schéma européen de certification de cybersécurité en vertu de l'article 54, paragraphe 1, point u) ;

i) de faciliter l'alignement des schémas européens de certification de cybersécurité sur les normes internationalement reconnues, y compris en examinant les schémas européens de certification de cybersécurité existants et, s'il y a lieu, en recommandant à l'ENISA de nouer le dialogue avec les organisations internationales de normalisation compétentes dans le but de remédier à des insuffisances ou à des lacunes affectant les normes internationalement reconnues en vigueur.

5. Avec l'aide de l'ENISA, la Commission préside le GECC et en assure le secrétariat, conformément à l'article 8, paragraphe 1, point e).

COMMENTAIRE

Voir le commentaire sous l'article 58. ❑

Art. 63 *Droit d'introduire une réclamation.* 1. Les personnes physiques et morales ont le droit d'introduire une réclamation auprès de l'émetteur d'un certificat de cybersécurité européen ou, lorsque la réclamation est en rapport avec un certificat de cybersécurité européen délivré par un organisme d'évaluation de la conformité agissant conformément à l'article 56, paragraphe 6, auprès de l'autorité nationale de certification de cybersécurité concernée.

2. L'autorité ou l'organisme auprès duquel la réclamation a été introduite informe l'auteur de la réclamation de l'état d'avancement de la procédure et de la décision prise, et l'informe de son droit à un recours juridictionnel effectif visé à l'article 64.

COMMENTAIRE

Voir le commentaire sous l'article 58. ❑

Art. 64 *Droit à un recours juridictionnel effectif.* 1. Nonobstant tout recours administratif ou tout autre recours non juridictionnel, les personnes physiques ou morales disposent d'un droit de recours juridictionnel effectif en ce qui concerne :

a) les décisions prises par l'autorité ou l'organisme visé à l'article 63, paragraphe 1, y compris, le cas échéant, en ce qui concerne la délivrance non justifiée, la non-délivrance ou la reconnaissance d'un certificat de cybersécurité européen détenu par ces personnes physiques ou morales ;

b) l'absence de réaction à une réclamation introduite auprès de l'autorité ou de l'organisme visé à l'article 63, paragraphe 1.

2. Les recours formés en vertu du présent article sont portés devant les juridictions de l'État membre dans lequel se trouve l'autorité ou l'organisme à l'encontre duquel le recours juridictionnel a été formé.

Art. 65 *Sanctions.* Les États membres déterminent le régime des sanctions applicables aux violations des dispositions du présent titre et aux violations des schémas européens de certification de cybersécurité et prennent toutes les mesures nécessaires pour assurer la mise en œuvre de ces sanctions. Ces sanctions doivent être effectives, proportionnées et dissuasives. Les États membres informent la Commission sans retard du régime ainsi déterminé et des mesures ainsi prises, de même que de toute modification apportée ultérieurement à ce régime ou à ces mesures.

TITRE IV DISPOSITIONS FINALES

Art. 66 *Comité.* 1. La Commission est assistée par un comité. Ledit comité est un comité au sens du règlement (UE) n° 182/2011.

2. Lorsqu'il est fait référence au présent paragraphe, l'article 5, paragraphe 4, point b), du règlement (UE) n° 182/2011 s'applique.

Art. 67 *Évaluation et révision.* 1. Au plus tard le 28 juin 2024, et tous les cinq ans par la suite, la Commission évalue l'incidence, l'efficacité et l'efficience de l'ENISA et de ses méthodes de travail, ainsi que la nécessité éventuelle de modifier le mandat de l'ENISA et les conséquences financières d'une telle modification. L'évaluation tient compte de toute information communiquée en retour à l'ENISA en réaction à ses activités. Lorsque la Commission estime que le maintien du fonctionnement de l'ENISA n'est plus justifié au regard des objectifs, du mandat et des tâches qui lui ont été assignées, elle peut proposer que les dispositions du présent règlement relatives à l'ENISA soient modifiées.

2. L'évaluation porte également sur les effets, l'efficacité et l'efficience des dispositions du titre III du présent règlement au regard des objectifs consistant à garantir un niveau adéquat de cybersécurité des produits TIC, services TIC et processus TIC dans l'Union et à améliorer le fonctionnement du marché intérieur.

3. L'évaluation examine s'il est nécessaire de fixer des exigences essentielles en matière de cybersécurité comme condition d'accès au marché intérieur pour empêcher que des produits TIC, services TIC et processus TIC qui ne satisfont pas aux exigences de base en matière de cybersécurité entrent sur le marché de l'Union.

4. Au plus tard le 28 juin 2024, et tous les cinq ans par la suite, la Commission transmet le rapport d'évaluation, accompagné de ses conclusions, au Parlement européen, au Conseil et au conseil d'administration. Les conclusions de ce rapport sont rendues publiques.

Art. 68 *Abrogation et succession.* 1. Le règlement (UE) n° 526/2013 est abrogé avec effet au 27 juin 2019.

2. Les références au règlement (UE) n° 526/2013 et à l'ENISA telle qu'instituée par le présent règlement s'entendent comme faites au présent règlement et à l'ENISA telle qu'instituée par le présent règlement.

3. L'ENISA instituée par le présent règlement succède à l'ENISA instituée par le règlement (UE) n° 526/2013 en ce qui concerne tous les droits de propriété, accords, obligations légales, contrats de travail, engagements financiers et responsabilités. Toutes les décisions du conseil d'administration et du conseil exécutif adoptées conformément au règlement (UE) n° 526/2013 restent valables, pour autant qu'elles respectent le présent règlement.

4. L'ENISA est instituée pour une durée indéterminée à compter du 27 juin 2019.

5. Le directeur exécutif nommé en vertu de l'article 24, paragraphe 4, du règlement (UE) n° 526/2013 reste en fonction et exerce les fonctions du directeur exécutif visées à l'article 20 du présent règlement pour la durée restante de son mandat. Les autres conditions de son contrat demeurent inchangées.

6. Les membres du conseil d'administration et leurs suppléants nommés en application de l'article 6 du règlement (UE) n° 526/2013 restent en fonction et exercent les fonctions du conseil d'administration visées à l'article 15 du présent règlement pour la durée restante de leur mandat.

Art. 69 *Entrée en vigueur.* 1. Le présent règlement entre en vigueur le vingtième jour suivant celui de sa publication au *Journal officiel de l'Union européenne*.

2. Les articles 58, 60, 61, 63, 64 et 65 s'appliquent à partir du 28 juin 2021.

Le présent règlement est obligatoire dans tous ses éléments et directement applicable dans tout État membre.

COMMENTAIRE

Le règlement s'applique depuis le 27 juin 2019.

Les articles sur la désignation des autorités nationales de cybersécurité, l'accréditation et la notification des organismes d'évaluation de la conformité, le droit d'introduire des réclamations auprès des émetteurs de certificats européens de cybersécurité et le droit de recours juridictionnel ainsi que sur les sanctions s'appliquent depuis le 28 juin 2021. ❑

ANNEXE

Exigences auxquelles doivent satisfaire les organismes d'évaluation de la conformité

Les organismes d'évaluation de la conformité qui souhaitent être accrédités satisfont aux exigences ci-dessous.

1. Un organisme d'évaluation de la conformité est constitué en vertu du droit national et possède la personnalité juridique.

2. Un organisme d'évaluation de la conformité est un organisme tiers qui est indépendant de l'organisation ou des produits TIC, services TIC ou processus TIC qu'il évalue.

3. Un organisme appartenant à une association d'entreprises ou à une fédération professionnelle qui représente des entreprises participant à la conception, à la fabrication, à la fourniture, à l'assemblage, à l'utilisation ou à l'entretien des produits TIC, services TIC ou processus TIC qu'il évalue peut être considéré comme un organisme d'évaluation de la conformité à condition que son indépendance et que l'absence de tout conflit d'intérêts soient démontrées.

4. Les organismes d'évaluation de la conformité, leurs cadres supérieurs et les personnes chargées d'exécuter les tâches d'évaluation de la conformité ne peuvent être ni le concepteur, le fabricant, le fournisseur, l'installateur, l'acheteur, le propriétaire, l'utilisateur ou le responsable de l'entretien du produit TIC, service TIC ou processus TIC qui est évalué, ni le mandataire d'aucune de ces parties. Cette interdiction n'exclut pas l'utilisation des produits TIC évalués qui sont nécessaires au fonctionnement de l'organisme d'évaluation de la conformité ou l'utilisation de ces produits TIC à des fins personnelles.

5. Les organismes d'évaluation de la conformité, leurs cadres supérieurs et les personnes chargées d'exécuter les tâches d'évaluation de la conformité ne peuvent intervenir, ni directement ni comme mandataires, dans la conception, la fabrication ou la construction, la commercialisation, l'installation, l'utilisation ou l'entretien des produits TIC, services TIC ou processus TIC. Les organismes d'évaluation de la conformité, leurs cadres supérieurs et les personnes chargées d'exécuter les tâches d'évaluation de la conformité ne peuvent participer à aucune activité qui peut entrer en conflit avec l'indépendance de leur jugement ou leur intégrité en ce qui concerne leurs activités d'évaluation de la conformité. Cette interdiction s'applique, en particulier pour les services de conseil.

6. Si un organisme d'évaluation de la conformité appartient à une entité ou à une institution publique, ou est géré par une telle entité ou institution, l'indépendance de l'autorité nationale de certification de cybersécurité et de l'organisme d'évaluation de la conformité et l'absence de conflit d'intérêts entre ces deux instances sont garanties et documentées.

7. Les organismes d'évaluation de la conformité veillent à ce que les activités de leurs filiales et sous-traitants n'aient pas d'incidence sur la confidentialité, l'objectivité ou l'impartialité de leurs activités d'évaluation de la conformité.

8. Les organismes d'évaluation de la conformité et leur personnel accomplissent les activités d'évaluation de la conformité avec la plus haute intégrité professionnelle et la compétence technique requise dans le domaine spécifique et sont à l'abri de toute pression ou incitation susceptible d'influencer leur jugement ou les résultats de leurs travaux d'évaluation de la conformité, notamment des pression *[pressions]* ou incitations d'ordre financier, en particulier de la part de personnes ou de groupes de personnes intéressés par ces résultats.

9. Un organisme d'évaluation de la conformité est capable d'exécuter toutes les tâches d'évaluation de la conformité qui lui ont été assignées au titre du présent règlement, que ces tâches soient exécutées par l'organisme d'évaluation de la conformité lui-même ou en son nom et sous sa responsabilité. Toute sous-traitance ou consultation de personnel externe est documentée de manière appropriée, ne fait intervenir aucun intermédiaire et fait l'objet d'un accord écrit couvrant, entre autres, la confidentialité et les conflits d'intérêts. L'organisme d'évaluation de la conformité en question assume la responsabilité des tâches accomplies.

10. En toutes circonstances et pour chaque procédure d'évaluation de la conformité, ainsi que pour chaque type ou catégorie ou sous-catégorie de produits TIC, services TIC ou processus TIC, un organisme d'évaluation de la conformité dispose à suffisance :

a) du personnel requis ayant les connaissances techniques et l'expérience suffisante et appropriée pour exécuter les tâches d'évaluation de la conformité ;

b) de descriptions des procédures à suivre pour effectuer l'évaluation de la conformité, afin de garantir la transparence et la reproductibilité de ces procédures. Il se dote de politiques et de procédures appropriées faisant la distinction entre les tâches qu'il exécute en tant qu'organisme notifié en vertu de l'article 61 et ses autres activités ;

c) de procédures pour accomplir ses activités qui tiennent dûment compte de la taille des entreprises, du secteur dans lequel elles exercent leurs activités, de leur structure, du degré de complexité de la technologie du produit TIC, service TIC ou processus TIC en question et de la nature, en masse ou en série, du processus de production.

11. Un organisme d'évaluation de la conformité se dote des moyens nécessaires à la bonne exécution des tâches techniques et administratives liées aux activités d'évaluation de la conformité et a accès à tous les équipements et installations nécessaires.

12. Les personnes chargées d'effectuer des activités d'évaluation de la conformité possèdent :

a) une solide formation technique et professionnelle couvrant toutes les activités d'évaluation de la conformité ;

b) une connaissance satisfaisante des exigences applicables aux évaluations de conformité auxquelles elles procèdent et l'autorité nécessaire pour effectuer ces évaluations ;

c) une connaissance et une compréhension adéquates des exigences et des normes d'essai applicables ;

d) l'aptitude à rédiger les attestations, procès-verbaux et rapports qui prouvent que des évaluations de conformité ont été effectuées.

13. L'impartialité des organismes d'évaluation de la conformité, de leurs cadres supérieurs, des personnes chargées de l'exécution des activités d'évaluation de la conformité et de tout sous-traitant est garantie.

14. La rémunération des cadres supérieurs et des personnes chargées de l'exécution des activités d'évaluation de la conformité ne dépend pas du nombre d'évaluations de la conformité effectuées ni de leurs résultats.

15. Les organismes d'évaluation de la conformité souscrivent une assurance couvrant leur responsabilité civile, à moins que cette responsabilité ne soit assumée par l'État membre conformément à son droit national ou que l'évaluation de la conformité ne soit effectuée sous la responsabilité directe de l'État membre.

16. L'organisme d'évaluation de la conformité et son personnel, ses comités, ses filiales, ses sous-traitants et tout organisme associé ainsi que le personnel des organes externes d'un organisme d'évaluation de la conformité assurent le respect de la confidentialité et sont liés par le secret professionnel pour toutes les informations obtenues dans l'exercice de leurs tâches d'évaluation de la conformité au titre du présent règlement ou de toute disposition de droit national donnant effet au présent règlement, sauf dans les cas où la communication d'informations est requise par le droit de l'Union ou de l'État membre auquel ces personnes sont soumises, et sauf à l'égard des autorités compétentes de l'État membre où il exerce ses activités. Les droits de propriété intellectuelle sont protégés. L'organisme d'évaluation de la conformité possède des procédures documentées concernant les exigences du présent point.

17. A l'exception du point 16, les exigences de la présente annexe n'empêchent en rien les échanges d'informations techniques et d'orientations réglementaires entre un organisme d'évaluation de la conformité et une personne qui introduit une demande de certification ou envisage de le faire.

18. Les organismes d'évaluation de la conformité agissent conformément à un ensemble conditions cohérentes, justes et raisonnables, en tenant compte des intérêts des PME pour ce qui est des redevances.

19. Les organismes d'évaluation de la conformité respectent les exigences de la norme pertinente qui est harmonisée au titre du règlement (CE) n° 765/2008 en ce qui concerne l'accréditation des organismes d'évaluation de la conformité qui effectuent la certification de produits TIC, services TIC ou processus TIC.

20. Les organismes d'évaluation de la conformité veillent à ce que les laboratoires d'essai auxquels il est fait appel à des fins d'évaluation de la conformité respectent les exigences de la norme pertinente qui est harmonisée au titre du règlement (CE) n° 765/2008 en ce qui concerne l'accréditation de laboratoires qui réalisent des essais.

Règlement (UE) 2021/821 du 20 mai 2021,

Instituant un régime de l'Union de contrôle des exportations, du courtage, de l'assistance technique, du transit et des transferts en ce qui concerne les biens à double usage (refonte).

V. les consid. sur le Code en ligne .

CHAPITRE I *OBJET ET DÉFINITIONS*

Art. 1er Le présent règlement institue un régime de l'Union de contrôle des exportations, du courtage, de l'assistance technique, du transit et des transferts en ce qui concerne les biens à double usage.

Art. 2 Aux fins du présent règlement, on entend par :

1) "biens à double usage", les produits, y compris les logiciels et les technologies, susceptibles d'avoir une utilisation tant civile que militaire ; ils incluent les biens susceptibles d'être utilisés aux fins de la conception, de la mise au point, de la fabrication ou de l'utilisation d'armes nucléaires, chimiques ou biologiques ou de leurs vecteurs, y compris tous les biens qui peuvent à la fois être utilisés à des fins non explosives et intervenir de quelque manière que ce soit dans la fabrication d'armes nucléaires ou d'autres dispositifs nucléaires explosifs ;

2) "exportation" :

a) une procédure d'exportation au sens de l'article 269 du code des douanes de l'Union ;

b) une procédure de réexportation au sens de l'article 270 du code des douanes de l'Union ; une réexportation a lieu également lorsque, au cours d'un transit par le territoire douanier de l'Union conformément au point 11) du présent article, une déclaration sommaire de sortie doit être déposée parce que la destination finale des biens a été modifiée ;

c) un régime du perfectionnement passif au sens de l'article 259 du code des douanes de l'Union ; ou

d) la transmission de logiciels ou de technologies, par voie électronique, y compris par télécopieur, téléphone, courrier électronique ou tout autre moyen électronique, vers une destination à l'extérieur du territoire douanier de l'Union ; cela comprend la mise à disposition sous forme électronique des logiciels et des technologies à l'intention de personnes physiques ou morales ou de partenariats à l'extérieur du territoire douanier de l'Union ; cela comprend également la transmission orale de technologies, lorsque ces technologies sont décrites via un support de transmission vocale ;

3) "exportateur" :

a) toute personne physique ou morale ou tout partenariat qui, au moment où la déclaration d'exportation ou de réexportation ou la déclaration sommaire de sortie est acceptée, est partie au contrat conclu avec le destinataire du pays tiers et est habilité à décider de l'envoi du produit hors du territoire douanier de l'Union ; et si aucun contrat d'exportation n'a été conclu ou si la partie au contrat n'agit pas pour son propre compte, il faut entendre par exportateur la personne qui est habilitée à décider de l'envoi des biens hors du territoire douanier de l'Union ; ou

b) toute personne physique ou morale ou tout partenariat qui décide de transmettre des logiciels ou des technologies par voie électronique, y compris par télé-

copieur, téléphone, courrier électronique ou tout autre moyen électronique vers une destination à l'extérieur du territoire douanier de l'Union, ou de mettre à disposition sous forme électronique des logiciels et des technologies à l'intention de personnes physiques ou morales ou de partenariats à l'extérieur du territoire douanier de l'Union.

Lorsque le bénéfice d'un droit de disposer des biens à double usage appartient à une personne qui réside ou est établie en dehors du territoire douanier de l'Union selon le contrat sur lequel l'exportation est fondée, l'exportateur est réputé être la partie contractante qui réside ou est établie sur le territoire douanier de l'Union ;

c) si le point a) ou b) du présent point n'est pas applicable, la personne physique qui transporte les biens à double usage à exporter lorsque ceux-ci sont contenus dans ses bagages personnels, au sens de l'article 1er, point 19) a), du règlement délégué (UE) 2015/2446 de la Commission *[du 28 juill. 2015 complétant le Règl. (UE) nº 952/2013 du Parlement européen et du Conseil au sujet des modalités de certaines dispositions du code des douanes de l'Union (JO L 343 du 29 déc. 2015, p. 1)]* ;

4) "déclaration d'exportation", un acte par lequel une personne physique ou morale ou un partenariat manifeste, dans les formes et les modalités prescrites, sa volonté de placer des biens à double usage au sens du point 1) sous le régime de l'exportation ;

5) "déclaration de réexportation", un acte au sens de l'article 5, point 13), du code des douanes de l'Union ;

6) "déclaration sommaire de sortie", un acte au sens de l'article 5, point 10), du code des douanes de l'Union ;

7) "service de courtage" :

a) la négociation ou l'organisation de transactions en vue de l'achat, la vente ou la fourniture des biens à double usage d'un pays tiers vers un autre pays tiers ; ou

b) la vente ou l'achat de biens à double usage qui se situent dans des pays tiers en vue de leur transfert vers un autre pays tiers.

Aux fins du présent règlement, la seule prestation de services auxiliaires est exclue de la présente définition. Les services auxiliaires incluent le transport, les services financiers, l'assurance ou la réassurance, ou encore la publicité générale ou la promotion ;

8) "courtier", toute personne physique ou morale ou tout partenariat qui fournit des services de courtage depuis le territoire douanier de l'Union vers le territoire d'un pays tiers ;

9) "assistance technique", tout appui technique en liaison avec la réparation, le développement, la fabrication, le montage, les essais, l'entretien ou tout autre service technique, qui peut prendre la forme d'instructions, de conseils, de formation, de transmission de connaissances ou de qualifications opérationnelles ou encore de services de consultance, y compris par voie électronique ainsi que par téléphone ou toute autre forme d'assistance fournie de vive voix ;

10) "fournisseur d'assistance technique" :

a) toute personne physique ou morale ou tout partenariat qui fournit une assistance technique depuis le territoire douanier de l'Union vers le territoire d'un pays tiers ;

b) toute personne physique ou morale ou tout partenariat qui réside ou est établi dans un État membre qui fournit une assistance technique à l'intérieur du territoire d'un pays tiers ; ou

c) toute personne physique ou morale ou tout partenariat qui réside ou est établi dans un État membre qui fournit une assistance technique à un résident d'un pays tiers temporairement présent sur le territoire douanier de l'Union ;

11) "transit", le transport de biens à double usage non Union entrant sur le territoire douanier de l'Union et le traversant vers une destination à l'extérieur du territoire douanier de l'Union, y compris les biens :

a) placés sous un régime de transit externe, conformément à l'article 226 du code des douanes de l'Union, et ne faisant que traverser le territoire douanier de l'Union ;

b) transbordés dans une zone franche ou réexportés directement d'une zone franche ;

c) placés en dépôt temporaire qui sont directement réexportés d'une installation de stockage temporaire ; ou

d) amenés sur le territoire douanier de l'Union par le même navire ou aéronef à bord duquel ils quitteront ce même territoire sans être déchargés ;

12) "autorisation individuelle d'exportation", une autorisation octroyée à un exportateur particulier pour un utilisateur final ou un destinataire dans un pays tiers et couvrant un ou plusieurs biens à double usage ;

13) "autorisation globale d'exportation", une autorisation octroyée à un exportateur particulier pour un type ou une catégorie de biens à double usage qui peut être valable pour des exportations vers un ou plusieurs utilisateurs finals spécifiques et/ou dans un ou plusieurs pays tiers spécifiques ;

14) "autorisation applicable à un grand projet", une autorisation individuelle d'exportation ou une autorisation globale d'exportation octroyée à un exportateur particulier pour un type ou une catégorie de biens à double usage, qui peut être valable pour des exportations vers un ou plusieurs utilisateurs finals spécifiques dans un ou plusieurs pays tiers spécifiques aux fins d'un projet à grande échelle précis ;

15) "autorisation générale d'exportation de l'Union", une autorisation d'exportation pour certains pays de destination, octroyée à l'ensemble des exportateurs qui respectent les conditions et exigences d'utilisation énumérées à l'annexe II, sections A à H ;

16) "autorisation générale nationale d'exportation", une autorisation d'exportation définie par la législation nationale conformément à l'article 12, paragraphe 6, et à l'annexe III, section C ;

17) "territoire douanier de l'Union", le territoire douanier de l'Union au sens de l'article 4 du code des douanes de l'Union ;

18) "biens à double usage non Union", les biens ayant le statut de marchandises non Union au sens de l'article 5, point 24), du code des douanes de l'Union ;

19) "embargo sur les armes", un embargo sur les armes imposé par une décision ou une position commune adoptée par le Conseil ou dans une décision de l'Organisation pour la sécurité et la coopération en Europe (OSCE) ou imposé par une résolution contraignante du Conseil de sécurité des Nations unies ;

20) "biens de cybersurveillance", les biens à double usage conçus spécifiquement pour permettre la surveillance discrète de personnes physiques par la surveillance, l'extraction, la collecte ou l'analyse de données provenant de systèmes d'information et de télécommunications ;

21) "programme interne de conformité" ou PIC, les politiques et procédures permanentes efficaces, appropriées et proportionnées, qui sont adoptées par les exportateurs pour favoriser le respect des dispositions et des objectifs du présent règlement ainsi que des conditions d'octroi des autorisations prévues par le présent règlement, et notamment les mesures de vigilance en ce qui concerne l'exportation des biens vers les utilisateurs finaux et aux fins des utilisations finales ;

22) "transaction sensiblement analogue", une transaction portant sur des biens présentant des paramètres ou des caractéristiques techniques sensiblement analogues et ayant le même utilisateur final ou destinataire qu'une autre transaction.

CHAPITRE II *CHAMP D'APPLICATION*

Art. 3 1. L'exportation des biens à double usage énumérés à l'annexe I est soumise à autorisation.

2. Conformément aux articles 4, 5, 9 ou 10, l'exportation vers toutes ou certaines destinations de certains biens à double usage non énumérés à l'annexe I peut également être soumise à autorisation.

Art. 4 1. L'exportation des biens à double usage non énumérés à l'annexe I est soumise à autorisation si l'autorité compétente a informé l'exportateur que les produits en question sont ou peuvent être destinés, entièrement ou en partie :

a) à contribuer à la mise au point, à la production, au maniement, au fonctionnement, à l'entretien, au stockage, à la détection, à l'identification ou à la dissémination d'armes chimiques, biologiques ou nucléaires ou d'autres dispositifs nucléaires explosifs ou à la mise au point, à la production, à l'entretien ou au stockage de missiles pouvant servir de vecteurs à de telles armes ;

b) à servir à une utilisation finale militaire, si le pays acheteur ou de destination est soumis à un embargo sur les armes ; aux fins du présent point, on entend par "utilisation finale militaire" :

i) l'incorporation dans des produits militaires figurant sur la liste des matériels de guerre des États membres ;

ii) l'utilisation d'équipements de production, d'essai ou d'analyse et de composants à cet effet, en vue de la mise au point, de la production ou de l'entretien de produits militaires figurant sur la liste des matériels de guerre des États membres ; ou

iii) l'utilisation en usine de tout produit non fini en vue de la production de produits militaires figurant sur la liste des matériels de guerre des États membres ;

c) à être utilisés comme pièces ou composants de produits militaires figurant sur la liste nationale des matériels de guerre qui ont été exportés du territoire d'un État membre sans l'autorisation prévue par la législation nationale de cet État membre, ou en violation d'une telle autorisation.

2. Si un exportateur a connaissance de ce que des biens à double usage qui ne sont pas énumérés à l'annexe I et qu'il entend exporter sont destinés, en tout ou partie, à l'un des usages visés au paragraphe 1 du présent article, l'exportateur en informe l'autorité compétente. Cette autorité compétente décide de soumettre ou non l'exportation concernée à autorisation.

3. Les États membres peuvent adopter ou maintenir des législations nationales soumettant à autorisation l'exportation de biens à double usage non énumérés à l'annexe I lorsque l'exportateur a des motifs de soupçonner que ces produits sont ou peuvent être destinés, en tout ou partie, à l'un des usages visés au paragraphe 1 du présent article.

4. Un État membre qui impose une autorisation en application du paragraphe 1, 2 ou 3, en informe immédiatement ses autorités douanières et les autres autorités nationales compétentes et communique aux autres États membres et à la Commission les informations pertinentes sur l'obligation d'autorisation en question, en particulier en ce qui concerne les biens et les utilisateurs finals concernés, à moins qu'il n'estime qu'il n'y a pas lieu de le faire en raison de la nature de la transaction ou du caractère sensible des informations en question.

5. Les États membres tiennent dûment compte des informations reçues en vertu du paragraphe 4 et les communiquent à leurs administrations douanières et à leurs autres autorités nationales compétentes.

6. Afin de permettre aux États membres d'examiner l'ensemble des refus en vigueur, l'article 16, paragraphes 1, 2 et 5 à 7, s'applique pour ce qui est des biens à double usage non énumérés à l'annexe I.

7. Tous les échanges d'informations requis en vertu du présent article sont effectués conformément aux exigences juridiques relatives à la protection des informations à caractère personnel, des informations commercialement sensibles ou des informations protégées en matière de défense, de politique étrangère ou de sécurité nationale. Ces échanges d'informations sont effectués par des moyens électroniques sécurisés, y compris le système visé à l'article 23, paragraphe 6.

8. Le présent règlement est sans préjudice du droit des États membres de prendre des mesures nationales au titre de l'article 10 du règlement (UE) 2015/479.

Art. 5 1. L'exportation des biens de cybersurveillance non énumérés à l'annexe I est soumise à autorisation si l'autorité compétente a informé l'exportateur que les produits en question sont ou peuvent être destinés, entièrement ou en partie, à une utilisation impliquant la répression interne et/ou la commission de violations graves et systématiques des droits de l'homme et du droit humanitaire international.

2. Si un exportateur a connaissance, d'après les résultats des procédures de vigilance, de ce que des biens de cybersurveillance qui ne sont pas énumérés à l'annexe I et qu'il entend exporter sont destinés, en tout ou partie, à l'un des usages visés au paragraphe 1 du présent article, l'exportateur en informe l'autorité compétente. Cette autorité compétente décide de soumettre ou non l'exportation concernée à autorisa-

tion. La Commission et le Conseil formulent des orientations à l'intention des exportateurs, conformément à l'article 26, paragraphe 1.

3. Les États membres peuvent adopter ou maintenir des législations nationales soumettant à autorisation l'exportation de biens de cybersurveillance non énumérés à l'annexe I lorsque l'exportateur a des motifs de soupçonner que ces produits sont ou peuvent être destinés, en tout ou partie, à l'un des usages visés au paragraphe 1 du présent article.

4. Un État membre qui impose une autorisation en application du paragraphe 1, 2 ou 3 en informe immédiatement ses autorités douanières et les autres autorités nationales compétentes et communique aux autres États membres et à la Commission les informations pertinentes sur l'obligation d'autorisation en question, en particulier en ce qui concerne les biens et les entités concernés, à moins qu'il n'estime qu'il n'y a pas lieu de le faire en raison de la nature de la transaction ou du caractère sensible des informations en question.

5. Les États membres tiennent dûment compte des informations reçues en vertu du paragraphe 4 et les réexaminent en tenant compte des critères énoncés au paragraphe 1 dans un délai de trente jours ouvrables. Ils informent leurs administrations douanières et les autres autorités nationales compétentes. Dans des cas exceptionnels, tout État membre peut demander la prorogation de ce délai de trente jours. Cette prorogation n'excède toutefois pas trente jours ouvrables.

6. Lorsque tous les États membres s'informent mutuellement et informent la Commission qu'une obligation d'autorisation devrait être imposée pour des transactions sensiblement analogues, la Commission publie dans la série C du *Journal officiel* de l'Union européenne, les informations concernant les biens de cybersurveillance et, le cas échéant, les destinations soumises aux obligations d'autorisation telles que notifiées à cet effet par les États membres.

7. Les États membres examinent les informations publiées en vertu du paragraphe 6 au moins une fois par an, en se fondant sur les informations et les analyses pertinentes fournies par la Commission. Lorsque tous les États membres s'informent mutuellement et informent la Commission que les informations publiées relatives à une obligation d'autorisation devraient être modifiées ou renouvelées, la Commission agit sans délai et modifie ou renouvelle en conséquence les informations publiées, en vertu du paragraphe 6, dans la série C du *Journal officiel de l'Union européenne.*

8. Afin de permettre aux États membres d'examiner l'ensemble des refus en vigueur, l'article 16, paragraphes 1, 2 et 5 à 7, s'applique pour ce qui est des biens de cybersurveillance non énumérés à l'annexe I.

9. Tous les échanges d'informations requis en vertu du présent article sont effectués conformément aux exigences juridiques relatives à la protection des informations à caractère personnel, des informations commercialement sensibles ou des informations protégées en matière de défense, de politique étrangère ou de sécurité nationale. Ces échanges d'informations sont effectués par des moyens électroniques sécurisés, y compris le système visé à l'article 23, paragraphe 6.

10. Les États membres envisagent de soutenir l'inclusion des biens publiés en vertu du paragraphe 6 du présent article dans les régimes internationaux de non-prolifération ou de contrôle des exportations appropriés en vue d'étendre les contrôles. La Commission fournit des analyses portant sur les données pertinentes recueillies conformément à l'article 23, paragraphe 2, et à l'article 26, paragraphe 2.

11. Le présent règlement est sans préjudice du droit des États membres de prendre des mesures nationales au titre de l'article 10 du règlement (UE) 2015/479.

Art. 6 1. Les services de courtage de biens à double usage énumérés à l'annexe I sont soumis à autorisation si l'autorité compétente a informé le courtier que les biens en question sont ou peuvent être destinés, en tout ou partie, à l'un des usages visés à l'article 4, paragraphe 1.

2. Si un courtier propose des services de courtage de biens à double usage énumérés à l'annexe I et a connaissance du fait qu'ils sont destinés, en tout ou partie, à l'un des usages visés à l'article 4, paragraphe 1, le courtier en informe l'autorité compétente. Cette autorité compétente décide de soumettre ou non les services de courtage concernés à autorisation.

3. Un État membre peut étendre l'application du paragraphe 1 aux biens à double usage ne figurant pas sur les listes.

4. Les États membres peuvent adopter ou maintenir des législations nationales soumettant à autorisation la fourniture de services de courtage de biens à double usage si le courtier a des motifs de soupçonner que ces biens sont ou peuvent être destinés à l'un des usages visés à l'article 4, paragraphe 1.

5. L'article 9, paragraphes 2, 3 et 4, s'applique aux mesures nationales visées aux paragraphes 3 et 4 du présent article.

Art. 7 1. Le transit des biens à double usage non Union énumérés à l'annexe I peut être interdit à tout moment par l'autorité compétente de l'État membre où les biens sont situés si ces biens sont ou peuvent être destinés, en tout ou partie, à l'un des usages visés à l'article 4, paragraphe 1.

2. Avant de décider d'interdire ou non un transit, l'autorité compétente a la faculté, dans des cas individuels, de soumettre à autorisation le transit de biens à double usage énumérés à l'annexe I si les biens sont ou peuvent être destinés, en tout ou partie, à l'un des usages visés à l'article 4, paragraphe 1. Si le transit s'effectue par le territoire de plusieurs États membres, l'autorité compétente de chaque État membre concerné peut interdire ce transit par son territoire.

L'autorité compétente peut décider que l'obligation d'autorisation s'applique à toute personne physique ou morale ou tout partenariat qui est partie au contrat conclu avec le destinataire du pays tiers et qui est habilité à décider de l'envoi des biens traversant le territoire douanier de l'Union.

Si la personne physique ou morale ou le partenariat ne réside pas ou n'est pas établi sur le territoire douanier de l'Union, l'autorité compétente peut décider que l'obligation d'autorisation s'applique à l'un des acteurs suivants :

a) le déclarant, au sens de l'article 5, point 15), du code des douanes de l'Union ;

b) le transporteur, au sens de l'article 5, point 40), du code des douanes de l'Union ; ou

c) la personne physique qui transporte les biens à double usage en transit lorsque ceux-ci sont contenus dans ses bagages personnels.

3. Un État membre peut étendre l'application du paragraphe 1 aux biens à double usage ne figurant pas sur les listes.

4. L'article 9, paragraphes 2, 3 et 4, s'applique aux mesures nationales visées au paragraphe 3 du présent article.

Art. 8 1. La fourniture d'assistance technique en ce qui concerne des biens à double usage énumérés à l'annexe I est soumise à autorisation si l'autorité compétente a informé le fournisseur d'assistance technique que les biens en question sont ou peuvent être destinés, en tout ou partie, à l'un des usages visés à l'article 4, paragraphe 1.

2. Si un fournisseur d'assistance technique propose de fournir une assistance technique en rapport avec des biens à double usage énumérés à l'annexe I et a connaissance du fait qu'ils sont destinés, en tout ou partie, à l'un des usages visés à l'article 4, paragraphe 1, le fournisseur d'assistance technique en informe l'autorité compétente. Cette autorité compétente décide de soumettre ou non l'assistance technique concernée à autorisation.

3. Les paragraphes 1 et 2 ne s'appliquent pas si l'assistance technique :

a) est fournie à l'intérieur ou à destination du territoire d'un pays figurant à l'annexe II, section A, partie 2, ou à l'intention d'un résident d'un pays figurant à l'annexe II, section A, partie 2 ;

b) prend la forme d'un transfert d'informations relevant du domaine public ou de la recherche scientifique fondamentale au sens de la note générale relative à la technologie ou de la note relative à la technologie nucléaire figurant à l'annexe I ;

c) est fournie par des autorités ou des organismes d'un État membre dans le cadre de leurs missions officielles ;

d) est fournie par les forces armées d'un État membre sur la base des missions qui leur sont assignées ;

e) est fournie à une fin qui est mentionnée dans les exceptions en ce qui concerne les biens du régime de contrôle de la technologie des missiles (technologie RCTM) figurant à l'annexe IV ; ou

f) constitue le minimum requis pour l'installation, l'exploitation, l'entretien (vérification) ou la réparation de biens pour lesquels une autorisation d'exportation a été octroyée.

4. Un État membre peut étendre l'application du paragraphe 1 aux biens à double usage ne figurant pas sur les listes.

5. Les États membres peuvent adopter ou maintenir des législations nationales soumettant à autorisation la fourniture d'une assistance technique si un prestataire d'assistance technique qui propose de fournir une assistance technique en rapport avec des biens à double usage a des motifs de soupçonner que ces biens sont ou peuvent être destinés à l'un des usages visés à l'article 4, paragraphe 1.

6. L'article 9, paragraphes 2, 3 et 4, s'applique aux mesures nationales visées aux paragraphes 4 et 5 du présent article.

Art. 9 1. Un État membre peut interdire ou soumettre à autorisation l'exportation des biens à double usage non énumérés à l'annexe I pour des raisons liées à la sécurité publique, notamment la prévention d'actes terroristes, ou à la sauvegarde des droits de l'homme.

2. Les États membres notifient à la Commission et aux autres États membres les mesures prises conformément au paragraphe 1 sans tarder et en précisent les raisons. Si la mesure consiste à établir une liste de contrôle nationale, les États membres informent également la Commission et les autres États membres de la description des biens contrôlés.

3. Les États membres notifient également sans tarder à la Commission et aux autres États membres toute modification apportée aux mesures adoptées conformément au paragraphe 1, y compris toute modification de leurs listes de contrôle nationales.

4. La Commission publie les mesures notifiées conformément aux paragraphes 2 et 3 dans la série C du *Journal officiel de l'Union européenne*. La Commission publie séparément, sans tarder et dans toutes les langues officielles de l'Union, une compilation des listes de contrôle nationales en vigueur dans les États membres. La Commission publie sans tarder et dans toutes les langues officielles de l'Union, après notification par un État membre de toute modification apportée à sa liste de contrôle nationale, une mise à jour de l'ensemble des listes de contrôle nationales en vigueur dans les États membres.

Art. 10 1. Une autorisation est requise pour l'exportation de biens à double usage non énumérés à l'annexe I si un autre État membre impose une obligation d'autorisation pour l'exportation de ces biens sur la base d'une liste nationale de contrôle des biens adoptée par cet État membre en vertu de l'article 9 et publiée par la Commission conformément à l'article 9, paragraphe 4, et si l'exportateur a été informé par l'autorité compétente que les biens en question sont ou peuvent être destinés, en tout ou partie, à des usages préoccupants en matière de sécurité publique, y compris la prévention d'actes de terrorisme ou de considérations liées aux droits de l'homme.

2. Un État membre qui refuse l'autorisation requise en vertu du paragraphe 1 informe également la Commission et les autres États membres de cette décision.

3. Un État membre qui, en vertu du paragraphe 1 du présent article sur l'exportation d'un bien à double usage non énuméré à l'annexe I, soumet ces biens à une autorisation d'exportation, en informe sans tarder ses autorités douanières et les autres autorités nationales compétentes et, le cas échéant, communique aux autres États membres et à la Commission les informations pertinentes à cet égard, en particulier celles relatives aux biens et aux utilisateurs finals concernés. Les autres États membres tiennent dûment compte de cette information et la communiquent à leurs autorités douanières et à leurs autres autorités nationales compétentes.

Art. 11 1. Une autorisation est requise pour les transferts intra-Union de biens à double usage énumérés à l'annexe IV. Les biens à double usage énumérés à l'annexe IV, partie 2, ne sont pas couverts par une autorisation générale.

2. Un État membre peut décider qu'une autorisation est requise pour le transfert d'autres biens à double usage depuis son territoire vers un autre État membre dans les cas où, au moment du transfert :

a) l'opérateur ou l'autorité compétente sait que la destination finale des biens en question est située à l'extérieur du territoire douanier de l'Union ;

b) l'exportation de ces biens vers cette destination finale est soumise à une obligation d'autorisation dans l'État membre depuis lequel les biens sont destinés à être transférés en vertu de l'article 3, 4, 5, 9 ou 10 et une telle exportation réalisée directement depuis son territoire n'est pas autorisée par une autorisation générale ou globale ; et

c) aucune transformation ou ouvraison telles que définies à l'article 60, paragraphe 2, du code des douanes de l'Union ne doit être réalisée sur les biens dans l'État membre vers lequel ils sont destinés à être transférés.

3. La demande d'autorisation de transfert visée aux paragraphes 1 et 2 est déposée dans l'État membre à partir duquel les biens à double usage doivent être transférés.

4. Dans les cas où l'exportation ultérieure de biens à double usage a déjà été acceptée, dans le cadre des procédures de consultation prévues à l'article 14, par l'État membre depuis lequel les biens sont destinés à être transférés, l'autorisation de transfert est immédiatement délivrée à l'opérateur, à moins que les circonstances n'aient considérablement changé.

5. Un État membre qui adopte une législation prévoyant une obligation d'autorisation telle que visée au paragraphe 2 informe sans tarder la Commission et les autres États membres des mesures qu'il a prises. La Commission publie cette information dans la série C du *Journal officiel de l'Union européenne*.

6. L'application des mesures prises en vertu des paragraphes 1 et 2 n'implique pas la réalisation de contrôles aux frontières intérieures du territoire douanier de l'Union mais uniquement des contrôles effectués dans le cadre des procédures normales de contrôle appliquées de manière non discriminatoire sur l'ensemble du territoire douanier de l'Union.

7. L'application des mesures prises en vertu des paragraphes 1 et 2 n'a pour résultat que les transferts d'un État membre à l'autre soient soumis à des conditions plus restrictives que celles imposées pour les exportations des mêmes biens vers des pays tiers.

8. Un État membre peut, par sa législation nationale, exiger que, pour tout transfert intra-Union au départ de cet État membre de biens visés à l'annexe I, catégorie 5, partie 2, qui ne sont pas énumérés à l'annexe IV, des informations complémentaires concernant ces biens soient fournies à ses autorités compétentes.

9. Les documents commerciaux pertinents relatifs au transfert intra-Union de biens à double usage énumérés à l'annexe I indiquent clairement que ces biens sont soumis à des contrôles s'ils sont exportés depuis le territoire douanier de l'Union. Au nombre de ces documents figurent, notamment, les contrats de vente, confirmations de commandes, factures ou bordereaux d'expédition.

CHAPITRE III *AUTORISATION D'EXPORTATION ET AUTORISATION DE SERVICES DE COURTAGE ET D'ASSISTANCE TECHNIQUE*

Art. 12 1. Le présent règlement permet de délivrer ou établit les types d'autorisations d'exportation suivantes :

a) les autorisations individuelles d'exportation ;

b) les autorisations globales d'exportation ;

c) les autorisations générales nationales d'exportation ;

d) les autorisations générales d'exportation de l'Union, pour l'exportation de certains biens vers certaines destinations assorties de conditions et exigences d'utilisation spécifiques, exposées à l'annexe II, sections A à H.

Les autorisations délivrées ou établies en vertu du présent règlement sont valables dans l'ensemble du territoire douanier de l'Union.

2. Les autorisations individuelles et globales d'exportation au titre du présent règlement sont octroyées par l'autorité compétente de l'État membre où l'exportateur réside ou est établi.

Sans préjudice de l'article 2, point 3, si l'exportateur ne réside pas sur le territoire douanier de l'Union ou n'y est pas établi, les autorisations individuelles d'exportation sont octroyées au titre du présent règlement par l'autorité compétente de l'État membre dans lequel les biens à double usage sont situés.

Toutes les autorisations individuelles et globales d'exportation sont établies, dans la mesure du possible, en format électronique sur des formulaires contenant au moins

l'ensemble des éléments et dans l'ordre prévu dans les modèles figurant à l'annexe III, section A.

3. Les autorisations individuelles d'exportation et les autorisations globales d'exportation ont une durée de validité maximale de deux ans, sauf décision contraire de l'autorité compétente.

La durée de validité des autorisations applicables aux grands projets est déterminée par l'autorité compétente mais ne dépasse pas quatre ans au maximum, sauf dans des circonstances dûment justifiées sur la base de la durée du projet.

4. Les exportateurs fournissent à l'autorité compétente toutes les informations pertinentes requises pour leurs demandes d'autorisation individuelles et globales d'exportation, de façon à communiquer des informations exhaustives, en particulier sur l'utilisateur final, le pays de destination et les utilisations finales du bien exporté.

Les autorisations individuelles d'exportation sont soumises à une déclaration d'utilisation finale. L'autorité compétente peut exempter certaines demandes de l'obligation de fournir une déclaration d'utilisation finale. Les autorisations globales d'exportation peuvent être subordonnées, le cas échéant, à la fourniture d'une déclaration d'utilisation finale.

Les exportateurs qui utilisent des autorisations globales d'exportation mettent en œuvre un PIC, à moins que l'autorité compétente ne le juge inutile en raison d'autres informations dont elle a tenu compte lors du traitement de la demande d'autorisation globale d'exportation présentée par l'exportateur.

Les exigences en matière de rapports et de PIC relatives à l'utilisation des autorisations globales d'exportation sont définies par les États membres.

A la demande des exportateurs, les autorisations globales d'exportation comportant des limitations quantitatives sont fractionnées.

5. Les autorités compétentes des États membres traitent les demandes d'autorisations individuelles ou globales dans un délai qui doit être déterminé par le droit national ou la pratique nationale.

6. Les autorisations générales nationales d'exportation :

a) excluent de leur champ d'application les biens énumérés à l'annexe II, section 1 ;

b) sont définies par le droit national ou la pratique nationale ; elles peuvent être utilisées par tous les exportateurs qui résident ou sont établis dans l'État membre délivrant ces autorisations, s'ils satisfont aux exigences fixées dans le présent règlement et dans la législation nationale complémentaire ; elles sont délivrées conformément aux indications figurant à l'annexe III, section C ;

c) ne sont pas utilisées si l'exportateur a été informé par l'autorité compétente que les biens en question sont ou peuvent être destinés, en tout ou partie, à l'un des usages visés à l'article 4, paragraphe 1, ou si l'exportateur a connaissance du fait que les biens en question sont destinés aux usages précités.

Les autorisations générales nationales d'exportation peuvent également s'appliquer aux biens et destinations énumérés à l'annexe II, sections A à H.

Les États membres notifient immédiatement à la Commission toute autorisation générale nationale d'exportation délivrée ou modifiée. La Commission publie ces notifications dans la série C du *Journal officiel de l'Union européenne*.

7. L'autorité compétente de l'État membre dans lequel réside ou est établi l'exportateur peut interdire à ce dernier d'utiliser des autorisation générales d'exportation de l'Union si on peut raisonnablement douter de la faculté de l'exportateur de se conformer aux termes de cette autorisation ou à une disposition de la législation applicable en matière de contrôle des exportations.

Les autorités compétentes des États membres échangent des informations sur les exportateurs frappés d'une interdiction d'utiliser une autorisation générale d'exportation de l'Union à moins que l'autorité compétente de l'État membre dans lequel l'exportateur réside ou est établi n'établisse que l'exportateur ne cherchera pas à exporter des biens à double usage par le biais d'un autre État membre. Le système électronique visé à l'article 23, paragraphe 6, est utilisé pour cet échange d'informations.

Art. 13 1. Les autorisations de services de courtage et d'assistance technique au titre du présent règlement sont octroyées par l'autorité compétente de l'État membre

où le courtier ou le fournisseur d'assistance technique réside ou est établi. Si le courtier ou le fournisseur d'assistance technique ne réside pas ou n'est pas établi sur le territoire douanier de l'Union, les autorisations de service de courtage ou d'assistance technique au titre du présent règlement sont octroyées par l'autorité compétente de l'État membre depuis lequel les services de courtage ou d'assistance technique seront fournis.

2. Les autorisations de services de courtage sont octroyées pour une quantité fixe de biens donnés et précisent clairement la localisation des biens dans le pays tiers d'origine, l'utilisateur final et sa localisation exacte.

Les autorisations d'assistance technique indiquent clairement l'utilisateur final et sa localisation exacte.

Les autorisations sont valables dans l'ensemble du territoire douanier de l'Union.

3. Les courtiers et les fournisseurs d'assistance technique communiquent à l'autorité compétente toutes les informations pertinentes requises pour leur demande d'autorisation au titre du présent règlement, notamment des détails sur la localisation des biens à double usage, une description claire des biens, la quantité concernée, les tiers concernés par l'opération, le pays de destination, l'utilisateur final dans ce pays et sa localisation exacte.

4. Les autorités compétentes des États membres traitent les demandes d'autorisations de services de courtage et d'assistance technique dans un délai qui doit être déterminé par le droit national ou la pratique nationale.

5. Toutes les autorisations de services de courtage et d'assistance technique sont établies, dans la mesure du possible, en format électronique sur des formulaires contenant au moins l'ensemble des éléments et dans l'ordre prévu dans les modèles figurant à l'annexe III, section B.

Art. 14 1. Si les biens à double usage pour lesquels a été demandée une autorisation individuelle d'exportation vers une destination non énumérée à l'annexe II, section A, partie 2, ou vers toute destination dans le cas des biens à double usage énumérés à l'annexe IV, sont ou seront situés dans un ou plusieurs États membres autres que celui dans lequel la demande a été introduite, ces précisions sont indiquées dans la demande. L'autorité compétente de l'État membre auprès de laquelle la demande d'autorisation a été introduite consulte immédiatement les autorités compétentes des États membres en question et leur fournit toutes les informations utiles. Le système électronique visé à l'article 23, paragraphe 6, peut être utilisé pour cette consultation. Les États membres consultés font connaître, dans un délai de dix jours ouvrables, leurs objections éventuelles à l'octroi d'une telle autorisation, qui sont contraignantes pour l'État membre où la demande a été introduite.

Si aucune objection n'est reçue dans un délai de dix jours ouvrables, les États membres consultés sont réputés n'avoir pas d'objection.

Dans des cas exceptionnels, tout État membre consulté peut demander la prorogation de ce délai de dix jours. Cette prorogation n'excède toutefois pas trente jours ouvrables.

2. Si une exportation risque de porter atteinte aux intérêts essentiels de sécurité d'un État membre, celui-ci peut demander à un autre État membre de ne pas octroyer d'autorisation d'exportation ou, si cette autorisation a été octroyée, demander son annulation, sa suspension, sa modification ou sa révocation. L'État membre qui reçoit une telle demande engage immédiatement avec l'État membre requérant une consultation ne présentant pas de caractère contraignant, qui doit être achevée dans un délai de dix jours ouvrables. Si l'État membre qui reçoit une telle demande décide d'octroyer l'autorisation, il communique sa décision à la Commission et aux autres États membres en utilisant le système électronique visé à l'article 23, paragraphe 6.

Art. 15 1. Pour décider de l'octroi d'une autorisation, ou encore pour interdire un transit, au titre du présent règlement, les États membres prennent en considération tous les éléments pertinents, et notamment :

a) les obligations et engagements internationaux de l'Union et des États membres, en particulier les obligations et engagements que chaque État membre a acceptés en tant que membre des régimes internationaux de non-prolifération et de contrôle

des exportations ou du fait de la ratification des traités internationaux en la matière ;

b) leurs obligations découlant des sanctions imposées par une décision ou par une position commune adoptée par le Conseil ou par une décision de l'OSCE ou par une résolution contraignante du Conseil de sécurité des Nations unies ;

c) des considérations de politique étrangère et de sécurité nationale, y compris celles qui s'inscrivent dans le cadre de la position commune 2008/944/PESC ;

d) des considérations relatives à l'utilisation finale prévue et au risque de détournement.

2. Outre les critères énoncés au paragraphe 1, lorsqu'ils examinent une demande d'autorisation globale d'exportation, les États membres tiennent compte de la mise en œuvre d'un PIC par l'exportateur.

Art. 16 1. L'autorité compétente, agissant conformément au présent règlement, peut refuser d'accorder une autorisation d'exportation et annuler, suspendre, modifier ou retirer une autorisation d'exportation qu'elle a déjà accordée. Au cas où l'autorité compétente refuse, annule, suspend, limite substantiellement ou révoque l'autorisation d'exportation ou si elle a déterminé que l'exportation envisagée ne doit pas être autorisée, elle notifie sa décision aux autorités compétentes des autres États membres et à la Commission et elle partage toutes informations utiles avec elles. Au cas où l'autorité compétente d'un État membre a suspendu une autorisation d'exportation, l'évaluation finale est communiquée aux autorités compétentes des autres États membres et à la Commission à l'issue de la période de suspension.

2. Les autorités compétentes des États membres réexaminent les refus d'autorisation notifiés en vertu du paragraphe 1 dans un délai de trois ans à compter de la notification et les révoquent, les modifient ou les renouvellent. Les autorités compétentes des États membres notifient les résultats du réexamen aux autorités compétentes des autres États membres et à la Commission dans les meilleurs délais. Les refus qui ne sont pas révoqués restent en vigueur et font l'objet d'un réexamen tous les trois ans. Lors du troisième réexamen, l'État membre concerné est tenu d'expliquer les raisons du maintien de ce refus.

3. L'autorité compétente notifie sans tarder aux autorités compétentes des autres États membres et à la Commission leurs décisions d'interdire un transit de biens à double usage prises en vertu de l'article 7. Ces notifications contiennent toutes les informations pertinentes, y compris la classification du bien, ses paramètres techniques, le pays de destination et l'utilisateur final.

4. Les paragraphes 1 et 2 du présent article s'appliquent aux autorisations de services de courtage et d'assistance technique visées à l'article 13.

5. Avant que l'autorité compétente d'un État membre ne décide d'octroyer ou non une autorisation ou d'interdire un transit en vertu du présent règlement, elle examine tous les refus en vigueur ou toutes les décisions d'interdire un transit de biens à double usage énumérés à l'annexe I prises en vertu du présent règlement afin d'établir si une autorisation ou un transit a été refusé par les autorités compétentes d'un autre État membre pour une transaction sensiblement analogue. Elle consulte ensuite les autorités compétentes des États membres qui ont rejeté la demande ou pris la décision d'interdire le transit conformément aux paragraphes 1, 3 et 4 du présent article.

Les autorités compétentes des États membres consultés font savoir dans un délai de 10 jours ouvrables si elles considèrent ou non la transaction en cause comme une opération essentiellement identique. En l'absence de réaction dans un délai de 10 jours ouvrables, les autorités compétentes des États membres consultés sont réputées ne considérant pas la transaction en cause comme étant essentiellement identique.

Si des informations supplémentaires sont nécessaires pour évaluer correctement la transaction en question, les autorités compétentes des États membres concernés conviennent de prolonger ce délai de 10 jours. Cette prorogation n'excède toutefois pas trente jours ouvrables.

Si, après ces consultations, l'autorité compétente décide d'octroyer l'autorisation ou d'autoriser le transit, elle en informe les autorités compétentes des autres États membres et la Commission en apportant toutes les informations pertinentes à l'appui de sa décision.

6. Toutes les notifications requises en vertu du présent article sont effectuées par des moyens électroniques sécurisés, y compris le système visé à l'article 23, paragraphe 6.

7. Toutes les informations communiquées en vertu du présent article sont conformes à l'article 23, paragraphe 5, concernant la confidentialité de ces informations.

CHAPITRE IV *MODIFICATION DES LISTES DES BIENS À DOUBLE USAGE ET DES DESTINATIONS*

Art. 17 1. La Commission est habilitée à adopter des actes délégués conformément à l'article 18 afin de modifier les listes des biens à double usage figurant aux annexes I et IV comme suit :

a) la liste des biens à double usage figurant à l'annexe I est modifiée dans le respect des obligations et engagements pertinents, et de toute modification de ces derniers, que les États membres et, le cas échéant, l'Union ont acceptés en tant que membres des régimes internationaux de non-prolifération et de contrôle des exportations, ou du fait de la ratification des traités internationaux en la matière ;

b) lorsque la modification de l'annexe I concerne des biens à double usage qui sont également énumérés à l'annexe II ou IV, ces annexes sont modifiées en conséquence.

2. La Commission est habilitée à adopter des actes délégués conformément à l'article 18 afin de modifier l'annexe II pour retirer des biens et pour ajouter ou retirer des destinations du champ d'application des autorisations générales d'exportation de l'Union, en consultation avec le groupe de coordination "double usage" institué en vertu de l'article 24 et en tenant compte des obligations et engagements découlant des régimes de non-prolifération et de contrôle des exportations pertinents, tels que les modifications des listes de contrôle, ainsi que des évolutions géopolitiques pertinentes. Lorsque des raisons d'urgence impérieuses exigent le retrait de certaines destinations spécifiques du champ d'application d'une autorisation générale d'exportation de l'Union, la procédure prévue à l'article 19 s'applique aux actes délégués adoptés en application du présent paragraphe.

Art. 18 1. Le pouvoir d'adopter des actes délégués conféré à la Commission est soumis aux conditions fixées au présent article.

2. Le pouvoir d'adopter des actes délégués visé à l'article 17 est conféré à la Commission pour une période de cinq ans à compter du 9 septembre 2021. La Commission élabore un rapport relatif à la délégation de pouvoir au plus tard neuf mois avant la fin de la période de cinq ans. La délégation de pouvoir est tacitement prorogée pour des périodes d'une durée identique, sauf si le Parlement européen ou le Conseil s'oppose à cette prorogation trois mois au plus tard avant la fin de chaque période.

3. La délégation de pouvoir visée à l'article 17 peut être révoquée à tout moment par le Parlement européen ou le Conseil. La décision de révocation met fin à la délégation de pouvoir qui y est précisée. La révocation prend effet le jour suivant celui de la publication de ladite décision au *Journal officiel de l'Union européenne* ou à une date ultérieure qui est précisée dans ladite décision. Elle ne porte pas atteinte à la validité des actes délégués déjà en vigueur.

4. Avant l'adoption d'un acte délégué, la Commission consulte les experts désignés par chaque État membre, conformément aux principes définis dans l'accord interinstitutionnel du 13 avril 2016 "Mieux légiférer".

5. Aussitôt qu'elle adopte un acte délégué, la Commission le notifie au Parlement européen et au Conseil simultanément.

6. Un acte délégué adopté en application de l'article 17 n'entre en vigueur que si le Parlement européen ou le Conseil n'a pas exprimé d'objections dans un délai de deux mois à compter de la notification de cet acte au Parlement européen et au Conseil ou si, avant l'expiration de ce délai, le Parlement européen et le Conseil ont tous deux informé la Commission de leur intention de ne pas exprimer d'objections. Ce délai est prolongé de deux mois à l'initiative du Parlement européen ou du Conseil.

Art. 19 1. Les actes délégués adoptés en vertu du présent article entrent en vigueur sans tarder et s'appliquent tant qu'aucune objection n'est exprimée conformément au paragraphe 2. La notification d'un acte délégué au Parlement européen et au Conseil expose les raisons du recours à la procédure d'urgence.

2. Le Parlement européen ou le Conseil peut exprimer des objections à l'égard d'un acte délégué, conformément à la procédure visée à l'article 18, paragraphe 6. En pareil cas, la Commission abroge l'acte concerné immédiatement après que le Parlement européen ou le Conseil lui a notifié sa décision d'exprimer des objections.

Art. 20 La liste des biens à double usage figurant à l'annexe IV, qui reprend en partie l'annexe I, est mise à jour compte tenu de l'article 36 du traité sur le fonctionnement de l'Union européenne, c'est-à-dire des intérêts des États membres en matière d'ordre public et de sécurité publique.

CHAPITRE V *PROCÉDURES DOUANIÈRES*

Art. 21 1. Lorsqu'il accomplit les formalités pour l'exportation de biens à double usage auprès du bureau de douane compétent pour traiter la déclaration d'exportation, l'exportateur apporte la preuve que toute autorisation d'exportation nécessaire a été obtenue.

2. La traduction des documents produits comme preuve vers une langue officielle de l'État membre où la déclaration d'exportation est présentée peut être demandée à l'exportateur.

3. Sans préjudice des compétences qui lui seraient conférées au titre et en application du code des douanes de l'Union, un État membre peut également, pour une période ne dépassant pas les périodes visées au paragraphe 4, suspendre la procédure d'exportation à partir de son territoire ou, au besoin, empêcher d'une autre manière les biens à double usage couverts ou non par une autorisation d'exportation en bonne et due forme de quitter l'Union à partir de son territoire lorsqu'il :

a) a des raisons de soupçonner :

i) que des informations pertinentes n'ont pas été prises en considération lors de l'octroi de l'autorisation ; ou

ii) que les circonstances ont considérablement changé depuis l'octroi de l'autorisation ; ou

b) dispose d'informations pertinentes concernant l'application potentielle de mesures au titre de l'article 4, paragraphe 1.

4. Dans les cas visés au paragraphe 3 du présent article, l'État membre visé audit paragraphe consulte l'autorité compétente de l'État membre ayant octroyé l'autorisation d'exportation ou susceptible de prendre des mesures en vertu de l'article 4, paragraphe 1, sans tarder pour que l'autorité compétente puisse prendre des mesures en vertu de l'article 4, paragraphe 1 ou de l'article 16, paragraphe 1. Si cette autorité compétente décide de maintenir l'autorisation ou de ne prendre aucune mesure conformément à l'article 4, paragraphe 1, elle répond dans un délai de dix jours ouvrables, qui, à sa demande, peut être porté à trente jours ouvrables dans des circonstances exceptionnelles. A la réception de cette réponse ou si aucune réponse n'est reçue dans un délai, respectivement, de dix ou de trente jours ouvrables, les biens à double usage sont immédiatement libérés. L'autorité compétente de l'État membre qui a accordé l'autorisation en informe les autorités compétentes des autres États membres ainsi que la Commission.

5. La Commission, en coopération avec les États membres, peut élaborer des orientations visant à appuyer la coopération entre les services des autorités qui octroient les autorisations et ceux des autorités douanières.

Art. 22 1. Les États membres peuvent prévoir que les formalités douanières d'exportation des biens à double usage ne peuvent être accomplies qu'auprès de bureaux de douane habilités à cet effet.

2. Lorsqu'ils ont recours à la possibilité prévue au paragraphe 1, les États membres communiquent à la Commission les bureaux de douane dûment habilités. La Commission publie cette information dans la série C du *Journal officiel de l'Union européenne*.

CHAPITRE VI *COOPÉRATION ADMINISTRATIVE, APPLICATION ET CONTRÔLE DE L'APPLICATION*

Art. 23 1. Les États membres informent sans tarder la Commission des dispositions législatives, réglementaires et administratives adoptées en application du présent règlement, notamment :

a) la liste des autorités compétentes des États membres habilitées à :

– octroyer les autorisations d'exportation de biens à double usage,

– accorder des autorisations de services de courtage ou d'assistance technique au titre du présent règlement,

– interdire le transit de biens à double usage non Union au titre du présent règlement ;

b) les mesures visées à l'article 25, paragraphe 1.

La Commission communique les informations aux autres États membres et les publie dans la série C du *Journal officiel de l'Union européenne.*

2. Les États membres, en coopération avec la Commission, prennent toutes les mesures utiles pour établir une coopération directe et un échange d'informations entre les autorités compétentes afin de renforcer l'efficacité du régime de contrôle des exportations de l'Union et d'assurer la cohérence et l'efficacité de l'application et du contrôle de l'application des contrôles dans l'ensemble du territoire douanier de l'Union. L'échange d'informations peut porter sur les éléments suivants :

a) les données pertinentes relatives à l'octroi d'autorisations, pour chaque autorisation octroyée (par exemple, valeur, types et destinations concernées, nombre d'utilisateurs des autorisations générales) ;

b) des informations complémentaires sur le contrôle de l'application du régime de contrôle, y compris des informations sur l'application des critères énoncés à l'article 15, paragraphe 1, le nombre d'opérateurs disposant d'un PIC et, lorsqu'elles sont disponibles, les données sur les exportations de biens à double usage effectuées dans d'autres États membres ;

c) des informations concernant l'analyse sous-jacente aux ajouts ou aux ajouts prévus aux listes de contrôle nationales conformément à l'article 9 ;

d) des informations sur le contrôle de l'application du régime de contrôle, y compris des audits fondés sur les risques, des renseignements concernant les exportateurs déchus du droit d'utiliser des autorisations générales d'exportation nationales ou de l'Union, et le cas échéant, le nombre des violations signalées, des saisies et sur l'application d'autres sanctions ;

e) des données sur les utilisateurs finals sensibles, les acteurs impliqués dans des activités d'acquisition suspectes et, s'ils sont disponibles, les itinéraires.

3. L'échange de données relatives aux autorisations a lieu au moins une fois par an conformément aux orientations qui devront être établies par le groupe de coordination "double usage" en vertu de l'article 24 et en tenant dûment compte des exigences juridiques relatives à la protection des informations à caractère personnel, des informations commercialement sensibles ou des informations protégées en matière de défense, de politique étrangère ou de sécurité nationale.

4. Les États membres et la Commission examinent régulièrement la mise en œuvre de l'article 15 en se fondant sur les informations fournies en application du présent règlement et sur les analyses de ces données. Les participants à ces échanges respectent la confidentialité des discussions.

5. Le règlement (CE) n° 515/97 du Conseil *[Règl (CE) n° 515/97 du Conseil du 13 mars 1997 relatif à l'assistance mutuelle entre les autorités administratives des États membres et à la collaboration entre celles-ci et la Commission en vue d'assurer la bonne application des réglementations douanière et agricole (JO L 82 du 22 mars 1997, p. 1)]*, en particulier ses dispositions relatives à la confidentialité des informations, s'applique *mutatis mutandis.*

6. La Commission met en place un système sécurisé et crypté, en consultation avec le groupe de coordination "double usage" institué en vertu de l'article 24, afin d'appuyer la coopération directe et l'échange d'informations entre les autorités compétentes des États membres et, le cas échéant, la Commission. Ledit système, dans la mesure du possible, est relié par la Commission aux systèmes d'autorisations électroniques des autorités compétentes des États membres dans la mesure nécessaire pour

faciliter cette coopération directe et cet échange d'informations. Le Parlement européen est tenu informé de la situation relative au budget, au développement et au fonctionnement du système.

7. Les données à caractère personnel sont traitées conformément aux règles énoncées dans les règlements (UE) 2016/679 et (UE) 2018/1725.

Art. 24 1. Il est institué un groupe de coordination "double usage" présidé par un représentant de la Commission. Chaque État membre y désigne un représentant. Le groupe de coordination examine toute question concernant l'application du présent règlement susceptible d'être soulevée par la présidence ou par le représentant d'un État membre.

2. Le groupe de coordination "double usage" consulte, chaque fois qu'il l'estime nécessaire, les exportateurs, courtiers, fournisseurs d'assistance technique et autres acteurs concernés par le présent règlement.

3. Le groupe de coordination "double usage" met en place, s'il y a lieu, des groupes d'experts techniques constitués d'experts des États membres, en vue d'examiner des questions spécifiques liées à l'application des contrôles, y compris en ce qui concerne l'actualisation des listes de contrôle de l'Union figurant à l'annexe I. Les groupes d'experts techniques consultent les exportateurs, les courtiers, les fournisseurs d'assistance technique et d'autres acteurs concernés par le présent règlement.

4. La Commission soutient un programme d'octroi d'autorisations et de renforcement des capacités d'exécution de l'Union, notamment en élaborant, en consultation avec le groupe de coordination "double usage", des programmes communs de formation à l'intention des fonctionnaires des États membres.

Art. 25 1. Chaque État membre prend toute mesure appropriée pour assurer la mise en œuvre du présent règlement. Il détermine notamment le régime des sanctions applicables aux violations des dispositions du présent règlement ou des dispositions adoptées pour son application. Ces sanctions doivent être effectives, proportionnées et dissuasives.

2. Le groupe de coordination "double usage" met en place un mécanisme de coordination de l'application en vue de soutenir l'échange d'informations et la coopération directe entre les autorités compétentes et les services chargés de l'application de la loi des États membres (ci-après dénommé "mécanisme de coordination de l'application"). Dans le cadre du mécanisme de coordination de l'application, les États membres et la Commission échangent, le cas échéant, des informations pertinentes, y compris sur l'application, la nature et l'effet des mesures prises en vertu du paragraphe 1, sur l'application des bonnes pratiques et les exportations non autorisées de biens à double usage et/ou sur les infractions au présent règlement et/ou à la législation nationale pertinente.

Dans le cadre du mécanisme de coordination de l'application, les États membres et la Commission échangent aussi des informations pertinentes sur les bonnes pratiques des autorités répressives nationales en ce qui concerne les audits fondés sur les risques ainsi que la détection et la poursuite des exportations non autorisées de biens à double usage et/ou des infractions au présent règlement et/ou à la législation nationale pertinente.

L'échange d'informations dans le cadre du mécanisme de coordination de l'application est confidentiel.

CHAPITRE VII *TRANSPARENCE, SENSIBILISATION, SUIVI ET ÉVALUATION*

Art. 26 1. La Commission et le Conseil mettent, s'il y a lieu, à disposition des orientations et/ou des recommandations concernant les bonnes pratiques pour les questions relevant du présent règlement, dans le but d'assurer l'efficacité du régime de contrôle des exportations de l'Union et la cohérence de sa mise en œuvre. La mise à disposition d'orientations et/ou de recommandations concernant les bonnes pratiques aux exportateurs, aux courtiers et aux fournisseurs d'assistance technique relève de la responsabilité des États membres dans lesquels ils résident ou sont établis. Ces orientations et/ou recommandations concernant les bonnes pratiques tiennent particulièrement compte des besoins en informations des PME.

2. La Commission, en consultation avec le groupe de coordination "double usage", présente au Parlement européen et au Conseil un rapport annuel sur l'application du présent règlement ainsi que sur les activités, les analyses et les consultations du groupe de coordination "double usage". Ce rapport annuel est publié.

Le rapport annuel contient des informations sur les autorisations (en particulier le nombre et la valeur par type de bien et par destination au niveau de l'Union et des États membres) sur les refus et interdictions au titre du présent règlement. Le rapport annuel contient également des informations sur l'administration (notamment les effectifs, les activités de mise en conformité et d'information, les outils spécifiques d'octroi d'autorisations ou de classification) et l'exécution des contrôles (en particulier le nombre d'infractions et de sanctions).

En ce qui concerne les éléments de cybersurveillance, le rapport annuel contient des informations spécifiques sur les autorisations, en particulier sur le nombre de demandes reçues par bien, l'État membre émetteur et sur les destinations concernées par ces demandes, ainsi que sur les décisions prises à leur sujet.

Les informations contenues dans le rapport annuel sont présentées conformément aux principes énoncés au paragraphe 3.

La Commission et le Conseil publient des orientations sur la méthode de collecte et de traitement des données pour l'élaboration du rapport annuel, y compris sur la détermination des types de biens et la disponibilité des données relatives à l'application.

3. Les États membres communiquent à la Commission toutes les informations appropriées pour la préparation du rapport en tenant dûment compte des exigences juridiques relatives à la protection des informations à caractère personnel, des informations commercialement sensibles ou des informations protégées en matière de défense, de politique étrangère ou de sécurité nationale. Le règlement (CE) nº 223/2009 du Parlement européen et du Conseil *[du 11 mars 2009 relatif aux statistiques européennes et abrogeant le Règl. (CE, Euratom) nº 1101/2008 relatif à la transmission à l'Office statistique des Communautés européennes d'informations statistiques couvertes par le secret, le Règl. (CE) nº 322/97 du Conseil relatif à la statistique communautaire et la Décis. 89/382/CEE, Euratom du Conseil instituant un comité du programme statistique des Communautés européennes (JO L 87 du 31 mars 2009, p. 164)]* relatif aux statistiques européennes s'applique aux informations échangées ou publiées en vertu du présent article.

4. Entre le 10 septembre 2026 et le 10 septembre 2028, la Commission effectue une évaluation du présent règlement et présente un rapport sur les principales conclusions tirées à cette occasion au Parlement européen, au Conseil et au Comité économique et social européen. Après le 10 septembre 2024, la Commission procède à une évaluation de l'article 5 et présente un rapport exposant ses principales conclusions au Parlement européen, au Conseil et au Comité économique et social européen.

CHAPITRE VIII *MESURES DE CONTRÔLE*

Art. 27 1. Les exportateurs de biens à double usage conservent des registres ou relevés détaillés de leurs exportations, selon le droit national ou la pratique nationale en vigueur dans l'État membre concerné. Ces registres ou relevés contiennent en particulier les documents commerciaux tels que les factures, les manifestes, les documents de transport ou autres documents d'expédition comportant les informations suffisantes pour identifier :

a) une description des biens à double usage ;

b) la quantité des biens à double usage ;

c) les nom et adresse de l'exportateur et du destinataire ;

d) l'utilisation finale et l'utilisateur final des biens à double usage, s'ils sont connus.

2. Conformément au droit national ou à la pratique nationale en vigueur dans l'État membre concerné, les courtiers et les fournisseurs d'assistance technique conservent des registres ou relevés des services de courtage ou de l'assistance technique de façon à pouvoir prouver, sur demande, la description des biens à double usage qui ont fait l'objet de services de courtage ou d'assistance technique, ainsi que la période au cours de laquelle les biens ont fait l'objet de ces services, la destination de ces biens et services et les pays concernés par ces services.

3. Les registres ou relevés et les documents visés aux paragraphes 1 et 2 sont conservés pendant une période d'au moins cinq ans à partir de la fin de l'année civile au cours de laquelle l'exportation a eu lieu ou les services de courtage ou l'assistance technique ont été assurés. Ils doivent être présentés, sur demande, à l'autorité compétente.

4. Les documents et relevés concernant les transferts intra-Union de biens à double usage énumérés à l'annexe I sont conservés pendant une période d'au moins trois ans à partir de la fin de l'année civile au cours de laquelle le transfert a eu lieu et sont présentés sur demande à l'autorité compétente de l'État membre depuis lequel les biens ont été transférés.

Art. 28 En vue d'assurer la bonne application du présent règlement, chaque État membre adopte toutes les mesures nécessaires permettant à ses autorités compétentes :

a) de recueillir des informations sur toute commande ou opération portant sur des biens à double usage ;

b) d'établir si les mesures de contrôle des exportations sont correctement appliquées, ce qui peut inclure le droit d'accès aux locaux professionnels des personnes ayant un intérêt dans une opération d'exportation ou des courtiers qui assurent des services de courtage dans les circonstances visées à l'article 6, ou encore des fournisseurs d'assistance technique dans les circonstances visées à l'article 8.

CHAPITRE IX *COOPÉRATION AVEC LES PAYS TIERS*

Art. 29 1. La Commission et les États membres entretiennent, s'il y a lieu, des dialogues avec des pays tiers en vue de promouvoir la convergence mondiale des contrôles.

Les dialogues peuvent favoriser une coopération régulière et réciproque avec les pays tiers, y compris l'échange d'informations et de bonnes pratiques, ainsi que le renforcement des capacités des pays tiers et leur sensibilisation. Les dialogues peuvent également encourager les pays tiers à appliquer des contrôles rigoureux des exportations, mis au point par des régimes multilatéraux de contrôle des exportations, en tant que modèle de bonnes pratiques internationales.

2. Sans préjudice des dispositions concernant les accords d'aide administrative mutuelle ou les protocoles en matière douanière conclues entre l'Union et des pays tiers, le Conseil peut autoriser la Commission à négocier avec des pays tiers des accords prévoyant la reconnaissance mutuelle des contrôles d'exportation de biens à double usage couverts par le présent règlement.

Ces négociations sont menées conformément aux procédures établies à l'article 207, paragraphe 3, du traité sur le fonctionnement de l'Union européenne et du traité établissant la Communauté européenne de l'énergie atomique, le cas échéant.

CHAPITRE X *DISPOSITIONS FINALES*

Art. 30 Le présent règlement s'applique sans préjudice de la décision déléguée de la Commission du 15 septembre 2015 complétant la décision n° 1104/2011/UE.

Art. 31 Le règlement (CE) n° 428/2009 est abrogé.

Toutefois, les dispositions pertinentes du règlement (CE) n° 428/2009 restent applicables pour les demandes d'autorisation d'exportation introduites avant le 9 septembre 2021.

Les références faites au règlement abrogé s'entendent comme faites au présent règlement et sont à lire selon le tableau de correspondance figurant à l'annexe VI.

Art. 32 Le présent règlement entre en vigueur le 90e jour suivant celui de sa publication au *Journal officiel de l'Union européenne*.

Le présent règlement est obligatoire dans tous ses éléments et directement applicable dans tout État membre.

Règlement (UE) 2021/887 du Parlement européen et du Conseil du 20 mai 2021,

Établissant le Centre de compétences européen pour l'industrie, les technologies et la recherche en matière de cybersécurité et le Réseau de centres nationaux de coordination.

(1) La majorité de la population de l'Union est connectée à l'internet. La vie quotidienne des personnes et les économies deviennent de plus en plus tributaires des technologies numériques. Les citoyens et les entreprises sont de plus en plus exposés à de graves incidents de cybersécurité et de nombreuses entreprises dans l'Union connaissent au moins un incident de cybersécurité chaque année. Cela met en évidence le besoin de résilience, de renforcer les capacités technologiques et industrielles, et d'utiliser des normes élevées et des solutions globales en matière de cybersécurité, qui concernent les personnes, les produits, les processus et les technologies dans l'Union, ainsi que le besoin de leadership de l'Union dans les domaines de la cybersécurité et de l'autonomie numérique. La cybersécurité peut également être renforcée en sensibilisant aux menaces en la matière et en développant les compétences, les moyens et les capacités dans l'ensemble de l'Union, tout en prenant pleinement en compte les implications et préoccupations d'ordre social et éthique.

(2) L'Union n'a cessé d'intensifier ses activités pour relever les défis croissants en matière de cybersécurité, dans le prolongement de la stratégie de cybersécurité présentée par la Commission et le haut représentant de l'Union pour les affaires étrangères et la politique de sécurité (ci-après dénommé "haut représentant") dans leur communication conjointe au Parlement européen, au Conseil, au Comité économique et social européen et au Comité des régions du 7 février 2013 intitulée "Stratégie de cybersécurité de l'Union européenne : un cyberespace ouvert, sûr et sécurisé" (ci-après dénommée "stratégie de cybersécurité de 2013"). Cette stratégie visait à favoriser un cyberécosystème fiable, sûr et ouvert. En 2016, l'Union a adopté les premières mesures dans le domaine de la cybersécurité avec la directive (UE) 2016/1148 du Parlement européen et du Conseil *[du 6 juill. 2016 concernant des mesures destinées à assurer un niveau élevé commun de sécurité des réseaux et des systèmes d'information dans l'Union]* relative à la sécurité des réseaux et des systèmes d'information.

(3) En septembre 2017, la Commission et le haut représentant ont présenté au Parlement européen et au Conseil une communication conjointe intitulée "Résilience, dissuasion et défense : doter l'UE d'une cybersécurité solide" afin de renforcer encore la résilience, la capacité de dissuasion et la capacité de réaction de l'Union face aux cyberattaques.

(4) Lors du sommet numérique de Tallinn, en septembre 2017, les chefs d'État ou de gouvernement ont appelé l'Union à devenir un acteur mondial de premier plan dans le domaine de la cybersécurité d'ici à 2025, afin de s'assurer de la confiance des citoyens, consommateurs et entreprises, d'assurer leur protection en ligne et de permettre un internet libre, plus sûr et réglementé, et déclaré leur intention d'utiliser davantage de solutions de source ouverte et de normes ouvertes lors de la (re)construction de systèmes et de solutions des technologies de l'information et de la communication (TIC), évitant notamment les situations de verrouillage à l'égard du vendeur, y compris celles développées ou promues par des programmes de l'Union en matière d'interopérabilité et de normalisation, telles que ISA[2].

(5) Le Centre de compétences européen pour l'industrie, les technologies et la recherche en matière de cybersécurité (ci-après dénommé "Centre de compétences") établi par le présent règlement devrait contribuer à accroître la sécurité des réseaux et des systèmes d'information, y compris l'internet et les autres infrastructures critiques pour le fonctionnement de la société, telles que les transports, la santé, l'énergie, les infrastructures numériques, l'eau, les marchés financiers et les systèmes bancaires.

(6) La perturbation importante des réseaux et des systèmes d'information peut affecter les différents États membres et l'Union dans son ensemble. Un niveau élevé de sécurité des réseaux et des systèmes d'information dans l'ensemble de l'Union est donc essentiel pour la société comme pour l'économie. Actuellement, l'Union dépend de

fournisseurs de services de cybersécurité non européens. Cependant, il est dans l'intérêt stratégique de l'Union de veiller à maintenir et à développer des capacités essentielles dans les domaines de la recherche et des technologies en matière de cybersécurité pour sécuriser les réseaux et les systèmes d'information des citoyens et des entreprises et, en particulier, pour sécuriser les réseaux et les systèmes d'information critiques, ainsi que pour fournir des services clés de cybersécurité.

(7) L'Union dispose d'une expertise et d'une expérience considérables dans les domaines de la recherche, des technologies et du développement industriel en matière de cybersécurité, mais les efforts des milieux industriels et de la recherche sont fragmentés, manquent de cohésion et d'une mission commune, ce qui entrave la compétitivité et la protection efficace des réseaux et systèmes dans ce domaine. Ces efforts et cette expertise doivent être mis en commun, mis en réseau et utilisés de manière efficace afin de renforcer et de compléter les capacités et les qualifications dans les domaines de la recherche, des technologies et de l'industrie existantes au niveau de l'Union et au niveau national. Bien que le secteur des TIC soit confronté à des problèmes de taille, par exemple pour trouver la main-d'œuvre qualifiée dont il a besoin, il peut tirer profit d'une représentation de la diversité de la société dans son ensemble et d'une représentation équilibrée des sexes, de la diversité ethnique et de la non-discrimination à l'égard des personnes handicapées, ainsi que d'un accès facilité à la connaissance et à la formation pour les futurs experts en cybersécurité, y compris l'éducation de ces experts dans des contextes non formels, par exemple dans des projets de logiciels libres et ouverts, des projets de technologie civique, des start-up et des microentreprises.

(8) Les petites et moyennes entreprises (PME) sont des parties prenantes essentielles du secteur de la cybersécurité de l'Union, et elles peuvent apporter des solutions de pointe grâce à leur agilité. Toutefois, les PME qui ne sont pas spécialisées en cybersécurité ont également tendance à être plus vulnérables aux incidents de cybersécurité en raison du niveau élevé d'investissements et de connaissances requis pour mettre en place des solutions efficaces en matière de cybersécurité. Il est dès lors nécessaire que le Centre de compétences et le Réseau de centres nationaux de coordination (ci-après dénommé "Réseau") apportent un soutien aux PME en les aidant à accéder aux connaissances et en leur fournissant un accès sur mesure aux résultats de la recherche et développement, afin de permettre aux PME de se protéger suffisamment et de permettre à celles dont l'activité se rapporte à la cybersécurité d'être concurrentielles et de contribuer au leadership de l'Union dans le domaine de la cybersécurité.

(9) L'expertise existe en dehors des contextes industriels et de recherche. Les projets non commerciaux et avant commercialisation, dénommés projets "de technologie civique", utilisent des normes ouvertes, des données ouvertes et des logiciels libres et ouverts, dans l'intérêt de la société et du bien public.

(10) Le domaine de la cybersécurité est varié. Les parties prenantes concernées comprennent des parties prenantes provenant d'organismes publics, d'États membres et de l'Union, ainsi que de l'industrie, de la société civile, tels que les syndicats, les associations de consommateurs, la communauté des logiciels libres et ouverts et les milieux académiques et de la recherche, et d'autres entités.

(11) Dans ses conclusions adoptées en novembre 2017, le Conseil avait invité la Commission à fournir rapidement une analyse d'impact sur les options possibles pour créer un réseau de centres de compétences en cybersécurité et un centre européen de recherche et de compétences en matière de cybersécurité, et à proposer, pour la mi-2018, l'instrument juridique pertinent pour la création d'un tel réseau et d'un tel centre.

(12) L'Union ne dispose toujours pas de moyens et de capacités technologiques et industriels suffisants pour sécuriser de manière autonome son économie et ses infrastructures critiques et devenir un acteur mondial de premier plan dans le domaine de la cybersécurité. Le niveau de la coordination et de la coopération stratégiques et durables entre les industries, les milieux de la recherche dans le domaine de la cybersécurité et les pouvoirs publics est insuffisant. L'Union pâtit d'un investissement insuffisant et d'un accès limité au savoir-faire, aux qualifications et aux installations en matière

de cybersécurité et rares sont les résultats de la recherche et de l'innovation dans le domaine de la cybersécurité dans l'Union qui débouchent sur des solutions commercialisables ou qui sont largement déployés dans l'ensemble de l'économie.

(13) La création du Centre de compétences et du Réseau, ayant pour mandat de mener des actions tant en faveur des technologies industrielles que dans le domaine de la recherche et de l'innovation, est la meilleure façon d'atteindre les objectifs du présent règlement, tout en ayant le plus grand impact au niveau économique, sociétal et environnemental et en préservant les intérêts de l'Union.

(14) Le Centre de compétences devrait être le principal instrument de l'Union pour mettre en commun les investissements dans la recherche, les technologies et le développement industriel en matière de cybersécurité et pour mettre en œuvre les projets et initiatives pertinents, en collaboration avec le Réseau. Le Centre de compétences devrait gérer le soutien financier lié à la cybersécurité au titre du programme-cadre pour la recherche et l'innovation "Horizon Europe", établi par le règlement (UE) 2021/695 du Parlement européen et du Conseil *[du 28 avr. 2021 portant établissement du programme-cadre pour la recherche et l'innovation "Horizon Europe" et définissant ses règles de participation et de diffusion]*, et du programme pour une Europe numérique, établi par le règlement (UE) 2021/694 du Parlement européen et du Conseil *[du 29 avr. 2021 établissant le programme pour une Europe numérique]*, et il devrait être ouvert, s'il y a lieu, à d'autres programmes. Cette approche devrait contribuer à créer des synergies et à coordonner l'aide financière liée aux initiatives de l'Union dans le domaine de la recherche et du développement, de l'innovation, des technologies et du développement industriel en matière de cybersécurité, et à éviter les doubles emplois inutiles.

(15) Il importe que le respect des droits fondamentaux et un comportement éthique soient garantis dans les projets de recherche en matière de cybersécurité soutenus par le Centre de compétences.

(16) Le Centre de compétences ne devrait pas exercer de tâches opérationnelles en matière de cybersécurité, telles que celles liées aux centres de réponse aux incidents de sécurité informatique (CSIRT), y compris le suivi et le traitement des incidents de cybersécurité. Toutefois, le Centre de compétences devrait pouvoir faciliter le développement d'infrastructures TIC au service des industries, en particulier des PME, des milieux de la recherche, de la société civile et du secteur public, conformément à la mission et aux objectifs prévus dans le présent règlement. Là où les CSIRT et d'autres parties prenantes cherchent à promouvoir le signalement et la divulgation de vulnérabilités, le Centre de compétences et les membres de la communauté de compétences en matière de cybersécurité (ci-après dénommée "communauté") devraient pouvoir soutenir ces parties prenantes, à leur demande, dans les limites de leurs tâches respectives et en évitant tout double emploi avec l'Agence de l'Union européenne pour la cybersécurité (ENISA), établie par le règlement (UE) 2019/881 du Parlement européen et du Conseil *[du 17 avr. 2019 relatif à l'ENISA (Agence de l'Union européenne pour la cybersécurité) et à la certification de cybersécurité des technologies de l'information et des communications]*.

(17) Le Centre de compétences, la communauté et le Réseau sont destinés à tirer parti de l'expérience et de la représentation large des parties prenantes concernées, acquises grâce au partenariat public-privé contractuel en matière de cybersécurité instauré entre la Commission et l'Organisation européenne pour la cybersécurité (ECSO) pour la durée du programme-cadre pour la recherche et l'innovation "Horizon 2020" (2014-2020), établi par le règlement (UE) n° 1291/2013 du Parlement européen et du Conseil *[du 11 déc. 2013 portant établissement du programme-cadre pour la recherche et l'innovation "Horizon 2020" (2014-2020)]*, et des enseignements tirés de quatre projets pilotes lancés au début de l'année 2019 dans le cadre d'Horizon 2020, à savoir CONCORDIA, ECHO, SPARTA et CyberSec4Europe, ainsi que du projet pilote et de l'action préparatoire sur les audits de logiciels libres et ouverts (EU FOSSA), pour la gestion de la communauté et la représentation de la communauté au sein du Centre de compétences.

(18) Compte tenu de l'ampleur du défi que représente la cybersécurité et des investissements dans les moyens et capacités en matière de cybersécurité consentis dans

d'autres parties du monde, l'Union et les États membres devraient être encouragés à accroître leur soutien financier à la recherche, au développement et au déploiement dans ce domaine. Dans le but de réaliser des économies d'échelle et d'atteindre un niveau comparable de protection dans l'ensemble de l'Union, les États membres devraient déployer leurs efforts dans un cadre de l'Union en contribuant activement aux travaux du Centre de compétences et du Réseau.

(19) Afin de favoriser la compétitivité de l'Union et la mise en place de normes élevées en matière de cybersécurité au niveau international, le Centre de compétences et la communauté devraient rechercher les échanges avec la communauté internationale sur les évolutions dans le domaine de la cybersécurité, y compris les évolutions des produits et des processus ainsi que des normes et des normes techniques, lorsque cela entre dans le cadre de la mission, des objectifs et des tâches du Centre de compétences. Aux fins du présent règlement, les normes techniques pertinentes pourraient comprendre la création d'applications de référence, y compris celles publiées dans le cadre de licences types ouvertes.

(20) Le siège du Centre de compétences se trouve à Bucarest.

(21) Lorsqu'il élabore son programme de travail annuel (ci-après dénommé "programme de travail annuel"), le Centre de compétences devrait informer la Commission de ses besoins de cofinancement sur la base des contributions prévues par les États membres pour le cofinancement d'actions conjointes, de manière que la Commission soit à même de prendre en compte la contribution de l'Union correspondante lors de l'élaboration du projet de budget général de l'Union pour l'exercice suivant.

(22) Lorsqu'elle élabore le programme de travail d'Horizon Europe pour les questions liées à la cybersécurité, y compris dans le cadre de son processus de consultation des parties prenantes et spécialement avant l'adoption dudit programme de travail, la Commission devrait prendre en compte la contribution du Centre de compétences et la partager avec le comité du programme Horizon Europe.

(23) Afin de permettre au Centre de compétences de jouer son rôle dans le domaine de la cybersécurité, de faciliter la participation du Réseau et de donner aux États membres un rôle important dans la gouvernance, il convient que le Centre de compétences soit créé sous la forme d'un organisme de l'Union doté de la personnalité juridique auquel le règlement délégué (UE) 2019/715 de la Commission *[du 18 déc. 2018 portant règlement financier-cadre des organismes créés en vertu du traité sur le fonctionnement de l'Union européenne et du traité Euratom et visés à l'art. 70 du règlement (UE, Euratom) 2018/1046 du Parlement européen et du Conseil]* doit s'appliquer. Le Centre de compétences devrait exercer un double rôle, consistant à réaliser des tâches spécifiques dans les domaines de l'industrie, des technologies et de la recherche en matière de cybersécurité conformément au présent règlement et à gérer les financements liés à la cybersécurité issus de plusieurs programmes en même temps, notamment d'Horizon Europe et du programme pour une Europe numérique, et éventuellement aussi d'autres programmes de l'Union. Cette gestion devrait s'exercer conformément aux règles applicables à ces programmes. Néanmoins, étant donné que le financement destiné au fonctionnement du Centre de compétences proviendrait principalement d'Horizon Europe et du programme pour une Europe numérique, il est nécessaire que le Centre de compétences soit considéré comme un partenariat aux fins de l'exécution du budget, y compris pendant la phase de programmation.

(24) Du fait de la contribution de l'Union, l'accès aux résultats des activités et des projets du Centre de compétences doit être aussi ouvert que possible et aussi fermé que nécessaire, et le réemploi de ces résultats doit être possible s'il y a lieu.

(25) Le Centre de compétences devrait faciliter et coordonner les travaux du Réseau. Le Réseau devrait être composé d'un centre national de coordination par État membre. Les centres nationaux de coordination qui ont été reconnus par la Commission comme ayant la capacité nécessaire de gérer des fonds pour remplir la mission et les objectifs prévus par le présent règlement devraient bénéficier d'un soutien financier direct de l'Union, y compris de subventions octroyées sans appel à propositions, pour exercer leurs activités liées au présent règlement.

(26) Les centres nationaux de coordination devraient être des entités du secteur public ou des entités avec une participation majoritaire du secteur public, exerçant des fonctions d'administration publique en vertu du droit national, y compris sur délégation, et ils devraient être sélectionnés par les États membres. Il devrait être possible que les fonctions d'un centre national de coordination dans un État membre donné soient exercées par une entité qui remplit d'autres fonctions découlant du droit de l'Union, telles que les fonctions d'une autorité nationale compétente, d'un point de contact unique au sens de la directive (UE) 2016/1148 ou de tout autre règlement de l'Union, ou d'un pôle d'innovation numérique au sens du règlement (UE) 2021/694. D'autres entités du secteur public ou entités exerçant des fonctions d'administration publique dans un État membre devraient pouvoir assister le centre national de coordination de cet État membre dans l'exercice de ses fonctions.

(27) Les centres nationaux de coordination devraient avoir les capacités administratives nécessaires, posséder une expertise dans les domaines de l'industrie, des technologies et de la recherche en matière de cybersécurité, ou y avoir accès, et être en mesure d'assurer un dialogue et une coordination efficaces avec l'industrie, le secteur public et les milieux de la recherche.

(28) L'éducation, dans les États membres, devrait refléter l'importance de disposer d'une sensibilisation adéquate au domaine de la cybersécurité et de qualifications adéquates dans ce domaine. A cette fin, en tenant compte du rôle de l'ENISA et sans préjudice des compétences des États membres en matière d'éducation, les centres nationaux de coordination, aux côtés des autorités publiques et des parties prenantes concernées, devraient contribuer à promouvoir et à diffuser des programmes éducatifs en matière de cybersécurité.

(29) Les centres nationaux de coordination devraient pouvoir recevoir des subventions du Centre de compétences afin d'apporter un soutien financier à des tiers sous la forme de subventions. Les coûts directs engagés par les centres nationaux de coordination pour la fourniture et la gestion d'un soutien financier à des tiers devraient être éligibles à un financement au titre des programmes pertinents.

(30) Le Centre de compétences, le Réseau et la communauté devraient contribuer à faire progresser et à diffuser les produits, les services et les processus les plus récents en matière de cybersécurité. Parallèlement, le Centre de compétences et le Réseau devraient promouvoir les capacités en matière de cybersécurité des secteurs du côté de la demande, en particulier en soutenant les développeurs et les opérateurs dans des secteurs tels que les transports, l'énergie, la santé, la finance, l'administration, les télécommunications, l'industrie manufacturière et l'espace, afin d'aider ces développeurs et opérateurs à résoudre leurs problèmes de cybersécurité, par exemple en mettant en œuvre la sécurité dès la conception. Le Centre de compétences et le Réseau devraient également soutenir la normalisation et le déploiement de produits, de services et de processus de cybersécurité, tout en promouvant, dans la mesure du possible, la mise en œuvre du cadre européen de certification de cybersécurité établi par le règlement (UE) 2019/881.

(31) En raison de la rapidité avec laquelle les cybermenaces et la cybersécurité changent, l'Union doit être capable de s'adapter rapidement et en permanence aux nouvelles évolutions dans ce domaine. Le Centre de compétences, le Réseau et la communauté devraient dès lors être suffisamment souples afin de garantir la capacité nécessaire pour réagir à de telles évolutions. Ils devraient favoriser des projets qui aident les entités à être en mesure de renforcer constamment leurs capacités pour accroître leur propre résilience et celle de l'Union.

(32) Le Centre de compétences devrait soutenir la communauté. Le Centre de compétences devrait mettre en œuvre les parties relatives à la cybersécurité d'Horizon Europe et du programme pour une Europe numérique conformément au programme de travail pluriannuel du Centre de compétences (ci-après dénommé "programme de travail pluriannuel"), au programme de travail annuel et au processus de planification stratégique d'Horizon Europe en attribuant des subventions et d'autres formes de financement, essentiellement à la suite d'un appel à propositions concurrentiel. Le Centre de compétences devrait aussi faciliter le transfert d'expertise au sein du Réseau et de

la communauté et soutenir les investissements conjoints de l'Union, des États membres ou de l'industrie. Il devrait accorder une attention particulière au soutien des PME dans le domaine de la cybersécurité ainsi qu'aux actions qui contribuent à combler le déficit de compétences.

(33) L'assistance technique à la préparation des projets devrait être apportée de manière totalement objective et transparente, afin de garantir que tous les bénéficiaires potentiels reçoivent les mêmes informations, et devrait éviter les conflits d'intérêts.

(34) Le Centre de compétences devrait encourager et soutenir la coopération et la coordination stratégiques à long terme des activités de la communauté, qui réunirait un groupe important, ouvert, interdisciplinaire et varié de parties prenantes européennes concernées par les technologies de la cybersécurité. Il convient que la communauté inclue les entités de recherche, les industries et le secteur public. La communauté devrait contribuer aux activités du Centre de compétences, au programme de travail pluriannuel et au programme de travail annuel, notamment par l'intermédiaire du groupe consultatif stratégique. Elle devrait également bénéficier des activités de renforcement des communautés déployées par le Centre de compétences et le Réseau, mais elle ne devrait pas être privilégiée d'une autre manière en ce qui concerne les appels à propositions ou les appels d'offres. La communauté devrait être constituée d'organismes collectifs et d'organisations collectives. Dans le même temps, afin de tirer parti de l'ensemble de l'expertise en matière de cybersécurité dans l'Union, le Centre de compétences et ses organes devraient pouvoir également recourir à l'expertise de personnes physiques en tant qu'experts *ad hoc*.

(35) Le Centre de compétences devrait coopérer et assurer des synergies avec l'ENISA et devrait recevoir des contributions pertinentes de l'ENISA lorsqu'il détermine les priorités de financement.

(36) Afin de répondre aux besoins tant du côté de l'offre de cybersécurité que du côté de la demande de cybersécurité, la tâche du Centre de compétences consistant à fournir aux industries des connaissances et une assistance technique en matière de cybersécurité devrait porter à la fois sur les produits, processus et services TIC et sur tous les autres produits et processus technologiques dans lesquels la cybersécurité doit être intégrée. Lorsqu'il en fait la demande, le secteur public pourrait également bénéficier du soutien du Centre de compétences.

(37) Afin de créer un environnement de cybersécurité viable, il importe que la sécurité dès la conception soit mise en œuvre en tant que principe dans le processus de développement, de maintenance, d'exploitation et de mise à jour des infrastructures, des produits et des services, notamment en soutenant des méthodes de développement sûres de pointe, des essais de sécurité et des audits de sécurité appropriés, en mettant à disposition, sans tarder, des mises à jour remédiant aux vulnérabilités ou menaces connues et en permettant aux tiers, lorsque c'est possible, de créer et de fournir des mises à jour au-delà de la durée de vie respective de chaque produit. La sécurité dès la conception devrait être assurée sur l'ensemble du cycle de vie des produits, services ou processus TIC, ainsi que grâce à des processus de développement qui évoluent constamment pour réduire le risque de préjudice causé par une utilisation malveillante.

(38) Alors que le Centre de compétences et le Réseau devraient s'efforcer de renforcer les synergies et la coordination entre les sphères civile et de défense en matière de cybersécurité, les projets relevant du présent règlement qui sont financés par Horizon Europe devraient être mis en œuvre conformément au règlement (UE) 2021/695, qui prévoit que les activités de recherche et d'innovation menées au titre d'Horizon Europe doivent se concentrer exclusivement sur les applications civiles.

(39) Le présent règlement s'applique essentiellement aux questions civiles, mais les activités des États membres menées au titre du présent règlement peuvent tenir compte des spécificités des États membres lorsque la politique en matière de cybersécurité est menée par des autorités effectuant des tâches à la fois civiles et militaires, devraient rechercher les complémentarités avec les instruments de financement relatifs à la défense et éviter les chevauchements avec ces instruments.

(40) Le présent règlement devrait garantir la responsabilité et la transparence du Centre de compétences et des entreprises qui reçoivent des financements, conformément aux règlements relatifs aux programmes concernés.

(41) La mise en œuvre des projets de déploiement, notamment des projets de déploiement liés aux infrastructures et aux capacités déployées au niveau de l'Union ou par le biais d'acquisitions conjointes, pourrait être divisée en différentes phases de mise en œuvre, comme des appels d'offres distincts pour la conception de l'architecture matérielle et logicielle, la production du matériel et des logiciels, et leur exploitation et leur maintenance, mais les entreprises pourraient ne participer qu'à une seule de ces phases et, s'il y a lieu, pourrait exiger des bénéficiaires lors de l'une ou de plusieurs de ces phases qu'ils remplissent certaines conditions en matière de propriété ou de contrôle au niveau européen.

(42) Compte tenu de son expertise en matière de cybersécurité et de son mandat en tant que point de référence pour les conseils et l'expertise en matière de cybersécurité pour les institutions, organes et organismes de l'Union ainsi que pour les parties prenantes concernées de l'Union, et compte tenu des contributions qu'elle a recueillies dans le cadre de ses tâches, l'ENISA devrait jouer un rôle actif dans les activités du Centre de compétences, y compris l'élaboration de la stratégie, en évitant toute duplication de leurs tâches, en particulier grâce à son rôle d'observateur permanent au sein du conseil de direction du Centre de compétences. En ce qui concerne la rédaction de la stratégie, du programme de travail annuel et du programme de travail pluriannuel, le directeur exécutif du Centre de compétences et le conseil de direction devraient tenir compte de tous les avis et contributions stratégiques pertinents fournis par l'ENISA, conformément au règlement intérieur du conseil de direction.

(43) Lorsqu'ils reçoivent une contribution financière du budget général de l'Union, les centres nationaux de coordination et les entités qui font partie de la communauté devraient faire connaître au public le fait que leurs activités respectives sont menées dans le cadre du présent règlement.

(44) Les coûts découlant de la création du Centre de compétences et des activités administratives et de coordination du Centre de compétences devraient être financés par l'Union et par les États membres, au prorata des contributions volontaires des États membres aux actions conjointes. Afin d'éviter un double financement, ces activités ne devraient pas bénéficier simultanément d'une contribution d'autres programmes de l'Union.

(45) Le conseil de direction, qui devrait se composer de représentants des États membres et de la Commission, devrait définir l'orientation générale des activités du Centre de compétences et devrait veiller à ce que celui-ci s'acquitte de ses tâches conformément au présent règlement. Le conseil de direction devrait adopter la stratégie.

(46) Le conseil de direction devrait être investi des pouvoirs nécessaires pour établir le budget du Centre de compétences. Il devrait vérifier l'exécution du budget, adopter les règles financières appropriées et établir des procédures de travail transparentes pour la prise de décisions par le Centre de compétences, y compris pour l'adoption, en tenant compte de la stratégie, du programme de travail annuel et du programme de travail pluriannuel. Le conseil de direction devrait également adopter son règlement intérieur, nommer le directeur exécutif et statuer sur toute prorogation ou cessation du mandat du directeur exécutif.

(47) Le conseil de direction devrait superviser les activités stratégiques et de mise en œuvre du Centre de compétences et veiller à ce que ces activités soient mises en adéquation entre elles. Dans son rapport annuel, le Centre de compétences devrait mettre particulièrement l'accent sur les objectifs stratégiques qu'il a atteints et, si nécessaire, proposer des mesures visant à améliorer encore le niveau de réalisation de ces objectifs stratégiques.

(48) Afin que le Centre de compétences fonctionne de manière appropriée et efficace, la Commission et les États membres devraient veiller à ce que les personnes à nommer au conseil de direction disposent d'une expertise et d'une expérience profes-

sionnelles appropriées dans des domaines fonctionnels. La Commission et les États membres devraient s'efforcer de limiter le roulement de leurs représentants respectifs au sein du conseil de direction, afin de garantir la continuité des travaux de ce dernier.

(49) Compte tenu du statut spécifique du Centre de compétences et de sa responsabilité en ce qui concerne la mise en œuvre des fonds de l'Union, en particulier ceux provenant d'Horizon Europe et du programme pour une Europe numérique, la Commission devrait disposer, au sein du conseil de direction, de 26 % du total des voix pour les décisions impliquant des fonds de l'Union, afin de maximiser la valeur ajoutée de l'Union de ces décisions, tout en veillant à la légalité de ces décisions et à leur cohérence avec les priorités de l'Union.

(50) Le bon fonctionnement du Centre de compétences exige que son directeur exécutif soit nommé de manière transparente sur la base du mérite, de ses qualifications et compétences attestées en matière d'administration et de gestion et de son expérience en matière de cybersécurité, et que les fonctions du directeur exécutif soient exercées en toute indépendance.

(51) Le Centre de compétences devrait disposer d'un groupe consultatif stratégique en tant qu'organe consultatif. Le groupe consultatif stratégique devrait fournir des conseils sur la base d'un dialogue régulier entre le Centre de compétences et la communauté, qui devrait être formée des représentants du secteur privé, d'organisations de consommateurs, des milieux académiques et d'autres parties prenantes pertinentes. Le groupe consultatif stratégique devrait se concentrer sur les questions intéressant les parties prenantes et les porter à l'attention du conseil de direction et du directeur exécutif. Les tâches du groupe consultatif stratégique devraient inclure la fourniture de conseils sur la stratégie, le programme de travail annuel et le programme de travail pluriannuel. Il convient que les différentes parties prenantes soient représentées de façon équilibrée au sein du groupe consultatif stratégique, une attention particulière étant accordée à la représentation des PME, afin d'assurer une représentation appropriée des parties prenantes dans les travaux du Centre de compétences.

(52) Les contributions des États membres aux ressources du Centre de compétences pourraient être financières ou en nature. Par exemple, ces contributions financières pourraient consister en une subvention accordée par un État membre à un bénéficiaire situé sur son territoire, qui complète le soutien financier octroyé par l'Union à un projet dans le cadre du programme de travail annuel. Les contributions en nature, quant à elles, interviendraient généralement lorsqu'une entité d'un État membre est elle-même bénéficiaire d'un soutien financier de l'Union. Par exemple, si l'Union subventionne une activité d'un centre national de coordination à un taux de financement de 50 %, les coûts restants de l'activité seraient comptabilisés comme une contribution en nature. Autre exemple, lorsqu'une entité d'un État membre reçoit un soutien financier de l'Union pour la création ou la modernisation d'une infrastructure qui doit être partagée entre les parties prenantes conformément au programme de travail annuel, les coûts non subventionnés y afférents seraient comptabilisés comme des contributions en nature.

(53) Conformément aux dispositions pertinentes du règlement délégué (UE) 2019/715 concernant les conflits d'intérêts, le Centre de compétences devrait disposer de règles en matière de prévention, de détection, de résolution et de gestion des conflits d'intérêts à l'égard de ses membres, organes et membres du personnel, du conseil de direction, ainsi que du groupe consultatif stratégique et de la communauté. Les États membres devraient veiller à la prévention, à la détection et à la résolution des conflits d'intérêts en ce qui concerne les centres nationaux de coordination conformément au droit national. Le Centre de compétences devrait également appliquer les dispositions pertinentes du droit de l'Union en ce qui concerne l'accès du public aux documents prévu par le règlement (CE) n° 1049/2001 du Parlement européen et du Conseil *[du 30 mai 2001 relatif à l'accès du public aux documents du Parlement européen, du Conseil et de la Commission]*. Le traitement de données à caractère personnel effectué par le Centre de compétences devrait être soumis au règlement (UE) 2018/1725 du Parlement européen et du Conseil *[du 23 oct. 2018 relatif à la protection des personnes physiques à l'égard du traitement des données à caractère personnel par les institutions, organes et organismes de*

l'Union et à la libre circulation de ces données]. Le Centre de compétences devrait respecter les dispositions du droit de l'Union qui s'appliquent aux institutions de l'Union, et le droit national concernant le traitement des informations, en particulier le traitement des informations non classifiées sensibles et des informations classifiées de l'Union européenne.

(54) Les intérêts financiers de l'Union et des États membres devraient être protégés par des mesures proportionnées tout au long du cycle des dépenses, notamment par la prévention et la détection des irrégularités et les enquêtes en la matière, le recouvrement des fonds perdus, indûment versés ou mal employés et, s'il y a lieu, l'application de sanctions administratives et financières conformément au règlement (UE, Euratom) 2018/1046 du Parlement européen et du Conseil *[du 18 juill. 2018 relatif aux règles financières applicables au budget général de l'Union]* (ci-après dénommé "règlement financier").

(55) Le Centre de compétences devrait fonctionner de manière ouverte et transparente. Il devrait fournir en temps utile toutes les informations pertinentes et promouvoir ses activités, notamment des activités d'information et de diffusion à l'intention du grand public. Le règlement intérieur du conseil de direction du Centre de compétences et du groupe consultatif stratégique devrait être mis à la disposition du public.

(56) L'auditeur interne de la Commission devrait exercer à l'égard du Centre de compétences les mêmes pouvoirs que ceux qu'il exerce à l'égard de la Commission.

(57) La Commission, la Cour des comptes et l'Office européen de lutte antifraude devraient avoir accès à toutes les informations nécessaires et aux locaux du Centre de compétences pour mener les audits et les enquêtes concernant les subventions, contrats et accords signés par le Centre de compétences.

(58) Étant donné que les objectifs du présent règlement, à savoir le renforcement de la compétitivité et des capacités de l'Union, le maintien et le développement des capacités de l'Union dans les domaines de la recherche, des technologies et de l'industrie en matière de cybersécurité, le renforcement de la compétitivité du secteur de la cybersécurité de l'Union et la transformation de la cybersécurité en un avantage concurrentiel pour d'autres industries de l'Union, ne peuvent pas être atteints de manière suffisante par les seuls États membres compte tenu du fait que les ressources existantes sont limitées et dispersées ainsi qu'en raison de l'ampleur des investissements nécessaires, mais peuvent, pour éviter la duplication inutile des efforts, contribuer à atteindre une masse critique d'investissements et garantir l'utilisation optimale des fonds publics et la promotion d'un niveau élevé de cybersécurité dans l'ensemble des États membres, l'être mieux au niveau de l'Union, celle-ci peut prendre des mesures, conformément au principe de subsidiarité consacré à l'article 5 du traité sur l'Union européenne. Conformément au principe de proportionnalité énoncé audit article, le présent règlement n'excède pas ce qui est nécessaire pour atteindre ces objectifs.

CHAPITRE I *DISPOSITIONS ET PRINCIPES GÉNÉRAUX DU CENTRE DE COMPÉTENCES ET DU RÉSEAU*

Art. 1er *Objet et champ d'application.* 1. Le présent règlement établit le Centre de compétences européen pour l'industrie, les technologies et la recherche en matière de cybersécurité (ci-après dénommé "Centre de compétences") et le Réseau de centres nationaux de coordination (ci-après dénommé "Réseau"). Le présent règlement fixe les règles applicables à la désignation des centres nationaux de coordination et à la création de la communauté de compétences en matière de cybersécurité (ci-après dénommée "communauté").

2. Le Centre de compétences joue un rôle essentiel dans la mise en œuvre de la partie "Cybersécurité" du programme pour une Europe numérique, en particulier en ce qui concerne les actions se rapportant à l'article 6 du règlement (UE) 2021/694, et contribue à la mise en œuvre d'Horizon Europe, en particulier en ce qui concerne l'annexe I, pilier II, section 3.1.3, de la décision (UE) 2021/764 du Conseil *[du 10 mai 2021 établissant le programme spécifique d'exécution du programme-cadre pour la recherche et l'innovation "Horizon Europe"]*.

3. Les États membres contribuent collectivement aux travaux du Centre de compétences et du Réseau.

4. Le présent règlement s'entend sans préjudice des compétences des États membres en ce qui concerne la sécurité publique, la défense et la sécurité nationale et les activités de l'État dans les domaines du droit pénal.

Art. 2 *Définitions.* Aux fins du présent règlement, on entend par :

1) "cybersécurité" : les actions nécessaires pour protéger les réseaux et les systèmes d'information, les utilisateurs de ces systèmes et les autres personnes exposées aux cybermenaces ;

2) "réseau et système d'information" : un réseau et système d'information au sens de l'article 4, point 1), de la directive (UE) 2016/1148 ;

3) "produits, services et processus de cybersécurité" : les produits, services ou processus TIC, commerciaux et non commerciaux, ayant pour objectif précis de protéger les réseaux et systèmes d'information ou de garantir la confidentialité, l'intégrité et l'accessibilité des données qui sont traitées ou stockées dans les réseaux et les systèmes d'information, ainsi que la cybersécurité des utilisateurs de ces systèmes et des autres personnes exposées aux cybermenaces ;

4) "cybermenace" : toute circonstance, tout événement ou toute action potentiels susceptibles de nuire ou de porter autrement atteinte aux réseaux et systèmes d'information, aux utilisateurs de tels systèmes et à d'autres personnes, ou encore de provoquer des interruptions de ces réseaux et systèmes ;

5) "action conjointe" : une action figurant dans le programme de travail annuel qui reçoit un soutien financier de l'Union au titre d'Horizon Europe, du programme pour une Europe numérique ou d'autres programmes de l'Union, ainsi qu'un soutien financier ou en nature d'un ou de plusieurs États membres, et qui est mise en œuvre au travers de projets faisant intervenir des bénéficiaires établis dans lesdits États membres et qui reçoivent un soutien financier ou en nature desdits États membres ;

6) "contribution en nature" : les coûts éligibles engagés par les centres nationaux de coordination et d'autres entités publiques dans le cadre de leur participation à des projets financés au titre du présent règlement, lorsque ces coûts ne sont financés ni par une contribution de l'Union ni par des contributions financières d'États membres ;

7) "pôle européen d'innovation numérique" : un pôle européen d'innovation numérique tel qu'il est défini à l'article 2, point e) du règlement (UE) 2021/694 ;

8) "stratégie" : une stratégie globale et durable dans les domaines de l'industrie, des technologies et de la recherche en matière de cybersécurité, qui formule des recommandations stratégiques en vue du développement et de la croissance du secteur européen de la cybersécurité dans les domaines de l'industrie, des technologies et de la recherche et définit les priorités stratégiques pour les activités du Centre de compétences, et qui n'est pas contraignante en ce qui concerne les décisions à adopter relatives aux programmes de travail annuels ;

9) "assistance technique" : une assistance apportée par le Centre de compétences aux centres nationaux de coordination ou à la communauté dans l'exécution de leurs tâches, consistant à fournir des connaissances ou à faciliter l'accès à l'expertise dans le domaine de la recherche, des technologies et de l'industrie en matière de cybersécurité, à favoriser la mise en réseau, à sensibiliser et à promouvoir la coopération, ou l'assistance apportée par le Centre de compétences, en collaboration avec les centres nationaux de coordination, aux parties prenantes en ce qui concerne la préparation de projets en rapport avec la mission du Centre de compétences et du Réseau et les objectifs du Centre de compétences.

Art. 3 *Mission du Centre de compétences et du Réseau.* 1. La mission du Centre de compétences et du Réseau consiste à aider l'Union à :

a) renforcer son leadership et son autonomie stratégique dans le domaine de la cybersécurité en maintenant et développant les moyens et capacités académiques, sociétaux, technologiques, industriels et de recherche de l'Union en matière de cybersécurité nécessaires pour renforcer la confiance et la sécurité, y compris la confidentialité, l'intégrité et l'accessibilité des données, au sein du marché unique numérique ;

b) soutenir les moyens, capacités, et compétences technologiques de l'Union en ce qui concerne la résilience et la fiabilité des infrastructures des réseaux et des sys-

tèmes d'information, y compris des infrastructures critiques ainsi que du matériel et des logiciels couramment utilisés dans l'Union ; et

c) accroître la compétitivité du secteur de la cybersécurité de l'Union au niveau mondial, à garantir des normes de cybersécurité élevées dans l'ensemble de l'Union et à transformer la cybersécurité en un avantage concurrentiel pour d'autres industries de l'Union.

2. Le Centre de compétences et le Réseau s'acquittent de leurs tâches en collaboration avec l'ENISA et la communauté, s'il y a lieu.

3. Le Centre de compétences utilise les ressources financières pertinentes de l'Union de manière à contribuer à la mission énoncée au paragraphe 1, conformément aux actes législatifs établissant les programmes concernés, notamment Horizon Europe et le programme pour une Europe numérique.

Art. 4 *Objectifs du Centre de compétences.* 1. Le Centre de compétences a pour objectif général de promouvoir la recherche, l'innovation et le déploiement dans le domaine de la cybersécurité afin de remplir la mission décrite à l'article 3.

2. Le Centre de compétences poursuit les objectifs spécifiques suivants :

a) renforcer les moyens, les capacités, les connaissances et les infrastructures en matière de cybersécurité au bénéfice des industries, en particulier les PME, des milieux de la recherche, du secteur public et de la société civile en tant que de besoin ;

b) promouvoir la résilience en matière de cybersécurité, l'adoption de bonnes pratiques en matière de cybersécurité, le principe de la sécurité dès le stade de la conception et la certification de la sécurité des produits et services numériques, d'une façon qui complète les efforts déployés par d'autres entités publiques ;

c) contribuer à la mise en place d'un écosystème européen de cybersécurité solide qui réunit toutes les parties prenantes concernées.

3. Le Centre de compétences met en œuvre les objectifs spécifiques énoncés au paragraphe 2 :

a) en établissant des recommandations stratégiques pour ce qui est de la recherche, de l'innovation et du déploiement en matière de cybersécurité conformément au droit de l'Union, et en définissant les priorités stratégiques pour les activités du Centre de compétences ;

b) en mettant en œuvre des actions au titre des programmes de financement pertinents de l'Union, conformément aux programmes de travail concernés et aux actes législatifs de l'Union établissant lesdits programmes de financement ;

c) en favorisant la coopération et la coordination entre les centres nationaux de coordination, avec la communauté et au sein de celle-ci ; et

d) lorsque cela est pertinent, opportun et nécessaire, en acquérant et en exploitant des services et infrastructures TIC pour remplir les tâches énoncées à l'article 5 et conformément aux programmes de travail respectifs visés à l'article 5, paragraphe 3, point b).

Art. 5 *Tâches du Centre de compétences.* 1. Afin de remplir sa mission et ses objectifs, le Centre de compétences est chargé :

a) de tâches stratégiques ; et

b) de tâches de mise en œuvre.

2. Les tâches stratégiques visées au paragraphe 1, point a), consistent à :

a) mettre au point la stratégie et en contrôler la mise en œuvre ;

b) par l'entremise de la stratégie et du programme de travail pluriannuel, tout en évitant toute duplication des activités avec l'ENISA et en prenant en compte la nécessité de créer des synergies entre le volet "cybersécurité" et d'autres volets d'Horizon Europe et du programme pour une Europe numérique :

i) définir des priorités pour les travaux du Centre de compétences concernant :

1) le renforcement de la recherche et de l'innovation en matière de cybersécurité, couvrant l'intégralité du cycle de l'innovation, et le déploiement de cette recherche et innovation ;

2) le développement de moyens, de capacités et d'infrastructures industriels, technologiques et de recherche en matière de cybersécurité ;

3) le renforcement des qualifications et compétences en matière de cybersécurité et de technologies dans les secteurs de l'industrie, des technologies et de la recherche, ainsi qu'à tous les niveaux d'enseignement pertinents, en favorisant l'équilibre entre les hommes et les femmes ;

4) le déploiement de produits, de services et de processus de cybersécurité ;

5) le soutien à l'adoption par le marché de produits, services et processus de cybersécurité contribuant à la mission énoncée à l'article 3 ;

6) le soutien à l'adoption et à l'intégration de produits, services et processus de pointe en matière de cybersécurité par les pouvoirs publics à leur demande, par les secteurs du côté de la demande et par d'autres utilisateurs ;

ii) soutenir l'industrie de la cybersécurité, en particulier les PME, en vue de renforcer l'excellence, les capacités et la compétitivité de l'Union en matière de cybersécurité, y compris en vue d'établir un lien avec des marchés potentiels et des possibilités de déploiement, et d'attirer les investissements ; et

iii) fournir un soutien et une assistance technique aux start-up, aux PME, aux microentreprises, aux associations, aux experts individuels et aux projets de technologie civique en matière de cybersécurité ;

c) veiller aux synergies entre les institutions, organes et organismes de l'Union concernés, en particulier l'ENISA, et à la coopération avec ceux-ci, tout en évitant toute duplication des activités avec ces institutions, organes et organismes ;

d) coordonner les centres nationaux de coordination par l'intermédiaire du Réseau et assurer un échange régulier d'expertise ;

e) fournir aux États membres, à leur demande, des conseils d'experts dans les domaines de l'industrie, des technologies et de la recherche en matière de cybersécurité, y compris en ce qui concerne l'acquisition et le déploiement de technologies ;

f) faciliter la collaboration et le partage d'expertise entre toutes les parties prenantes concernées, en particulier les membres de la communauté ;

g) assister à des conférences, foires et forums nationaux, internationaux et de l'Union en rapport avec la mission, les objectifs et les tâches du Centre de compétences, dans le but de partager des points de vue et d'échanger des bonnes pratiques pertinentes avec d'autres participants ;

h) faciliter l'utilisation des résultats des projets de recherche et d'innovation dans des actions liées au développement de produits, services et processus de cybersécurité, tout en cherchant à éviter la fragmentation et les doubles emplois et reproduire les bonnes pratiques en matière de cybersécurité et les bons produits, services et processus de cybersécurité, en particulier ceux mis au point par des PME et ceux utilisant des logiciels ouverts.

3. Les tâches de mise en œuvre visées au paragraphe 1, point b), consistent à :

a) coordonner et gérer les travaux du Réseau et de la communauté en vue de remplir la mission énoncée à l'article 3, en particulier en soutenant les start-up, les PME, les microentreprises, les associations et les projets de technologie civique de l'Union en matière de cybersécurité et en facilitant leur accès à l'expertise, aux financements, aux investissements et aux marchés ;

b) établir et mettre en œuvre le programme de travail annuel, conformément à la stratégie et au programme de travail pluriannuel, pour les volets relatifs à la cybersécurité :

i) du programme pour une Europe numérique, en particulier les actions liées à l'article 6 du règlement (UE) 2021/694 ;

ii) des actions conjointes recevant un soutien au titre des dispositions relatives à la cybersécurité d'Horizon Europe, en particulier en ce qui concerne l'annexe I, pilier II, section 3.1.3, de la décision (UE) 2021/764, conformément au programme de travail pluriannuel et au processus de planification stratégique d'Horizon Europe ; et

iii) d'autres programmes de l'Union lorsque cela est prévu dans les actes législatifs pertinents de l'Union ;

c) soutenir, le cas échéant, la réalisation de l'objectif spécifique 4 "Compétences numériques avancées" énoncé à l'article 7 du règlement (UE) 2021/694, en coopération avec les pôles européens d'innovation numérique ;

d) fournir des conseils d'experts dans les domaines de l'industrie, des technologies et de la recherche en matière de cybersécurité à la Commission lorsque celle-ci élabore les projets de programme de travail en vertu de l'article 13 de la décision (UE) 2021/764 ;

e) réaliser ou permettre le déploiement d'infrastructures TIC et faciliter l'acquisition de telles infrastructures, au bénéfice de la société, de l'industrie et du secteur public, à la demande des États membres, des milieux de la recherche et des opérateurs de services essentiels, grâce entre autres à des contributions des États membres et à des financements de l'Union pour des actions conjointes, conformément à la stratégie, au programme de travail annuel et au programme de travail pluriannuel ;

f) sensibiliser à la mission du Centre de compétences et du Réseau ainsi qu'aux objectifs et aux tâches du Centre de compétences ;

g) sans préjudice de la nature civile des projets à financer au titre d'Horizon Europe, et conformément aux règlements (UE) 2021/695 et (UE) 2021/694, renforcer les synergies et la coordination entre les sphères civiles et de défense de la cybersécurité en facilitant l'échange :

i) de connaissances et d'informations en ce qui concerne les technologies et applications à double usage ;

ii) de résultats, d'exigences et de bonnes pratiques ; et

iii) d'informations en ce qui concerne les priorités des programmes pertinents de l'Union.

4. Le Centre de compétences exerce les tâches énoncées au paragraphe 1 en étroite coopération avec le Réseau.

5. Conformément à l'article 6 du règlement (UE) 2021/695 et sous réserve d'une convention de contribution au sens de l'article 2, point 18, du règlement financier, le Centre de compétences peut se voir confier la mise en œuvre des volets relatifs à la cybersécurité d'Horizon Europe qui ne sont pas cofinancées par les États membres, en particulier en ce qui concerne l'annexe I, pilier II, section 3.1.3, de la décision (UE) 2021/764.

Art. 6 *Désignation des centres nationaux de coordination.* 1. Au plus tard le 29 décembre 2021, chaque État membre désigne une entité qui remplit les critères fixés au paragraphe 5 pour agir comme son centre national de coordination aux fins du présent règlement. Chaque État membre notifie sans tarder la désignation de cette entité au conseil de direction. Cette entité peut être une entité déjà établie dans ledit État membre.

Le délai énoncé au premier alinéa du présent paragraphe est prolongé de la période au cours de laquelle la Commission doit rendre l'avis visé au paragraphe 2.

2. A tout moment, un État membre peut demander à la Commission un avis quant à savoir si l'entité que l'État membre a désignée ou a l'intention de désigner pour agir comme son centre national de coordination, dispose de la capacité nécessaire pour gérer des fonds de manière à remplir la mission et les objectifs fixés dans le présent règlement. La Commission rend son avis à l'intention dudit État membre dans un délai de trois mois à compter de la demande de l'État membre.

3. Sur la base de la notification de la désignation d'une entité à laquelle a procédé un État membre conformément au paragraphe 1, le conseil de direction inscrit cette entité en tant que centre national de coordination au plus tard trois mois après la notification. Le Centre de compétences publie la liste des centres nationaux de coordination désignés.

4. Un État membre peut désigner à tout moment une nouvelle entité pour agir comme son centre national de coordination aux fins du présent règlement. Les paragraphes 1, 2 et 3 s'appliquent à la désignation de toute nouvelle entité.

5. Le centre national de coordination est une entité du secteur public ou une entité majoritairement détenue par l'État membre qui exerce des fonctions d'administration publique en vertu du droit national, y compris par voie de délégation, et ayant la capacité d'aider le Centre de compétences et le Réseau à remplir la mission qui leur est confiée à l'article 3 du présent règlement. Il possède ou a un accès à l'expertise dans les domaines des technologies et de la recherche en matière de cybersécurité. Il est en

mesure d'assurer un dialogue et une coordination efficaces avec l'industrie, le secteur public, les milieux académiques et de la recherche et les citoyens, ainsi qu'avec les autorités désignées conformément à la directive (UE) 2016/1148.

6. A tout moment, un centre national de coordination peut demander à ce qu'il soit reconnu comme disposant de la capacité nécessaire pour gérer des fonds de manière à remplir la mission et les objectifs fixés dans le présent règlement, conformément aux règlements (UE) 2021/695 et (UE) 2021/694. Dans un délai de trois mois à compter d'une telle demande, la Commission évalue si ce centre national de coordination dispose d'une telle capacité et rend une décision.

Lorsque la Commission a rendu un avis favorable à l'intention d'un État membre conformément à la procédure prévue au paragraphe 2 du présent article, ledit avis est réputé constituer une décision reconnaissant que l'entité concernée dispose de la capacité nécessaire aux fins du présent paragraphe.

Au plus tard le 29 août 2021, après consultation du conseil de direction, la Commission émet des lignes directrices concernant l'évaluation visée au premier alinéa, précisant notamment les conditions de reconnaissance et les modalités d'élaboration des avis et des évaluations.

Avant de rendre l'avis visé au paragraphe 2 et la décision visée au premier alinéa du présent paragraphe, la Commission tient compte de toute information et documentation fournies par le centre national de coordination demandeur.

Toute décision de ne pas reconnaître qu'un centre national de coordination dispose de la capacité nécessaire pour gérer des fonds de manière à remplir la mission et les objectifs fixés dans le présent règlement est dûment motivée et précise les exigences que le centre national de coordination demandeur n'a pas encore remplies qui justifient la décision de refuser la reconnaissance. Tout centre national de coordination dont la demande de reconnaissance a été rejetée peut à tout moment présenter à nouveau sa demande en l'accompagnant d'informations complémentaires.

Les États membres informent la Commission en cas de changements concernant le centre national de coordination, tels que sa composition, sa forme juridique ou d'autres aspects pertinents ayant une incidence sur sa capacité à gérer les fonds de manière à remplir la mission et les objectifs fixés dans le présent règlement. Lorsqu'elle reçoit de telles informations, la Commission peut réexaminer sa décision d'accorder ou de refuser la reconnaissance du centre national de coordination comme disposant de la capacité nécessaire pour gérer des fonds en conséquence.

7. Le Réseau se compose de tous les centres nationaux de coordination dont la désignation a été notifiée au conseil de direction par les États membres.

Art. 7 *Tâches des centres nationaux de coordination.* 1. Les centres nationaux de coordination s'acquittent des tâches suivantes :

a) faire office de points de contact au niveau national pour la communauté afin d'aider le Centre de compétences à remplir sa mission et ses objectifs, en particulier, à coordonner la communauté au moyen d'une coordination entre ses membres dans leur État membre ;

b) fournir une expertise et contribuer activement aux tâches stratégiques énoncées à l'article 5, paragraphe 2, en tenant compte des défis pertinents au niveau national et régional en matière de cybersécurité dans les différents secteurs ;

c) promouvoir, encourager et favoriser la participation de la société civile, de l'industrie, en particulier des start-up et des PME, des milieux académiques et de la recherche ainsi que d'autres parties prenantes au niveau national à des projets transfrontières et à des actions en matière de cybersécurité financés par des programmes de l'Union pertinents ;

d) fournir une assistance technique aux parties prenantes en les aidant dans leur phase de candidature pour les projets gérés par le Centre de compétences en rapport avec sa mission et ses objectifs, et dans le plein respect des règles de bonne gestion financière, notamment en matière de conflits d'intérêts ;

e) s'efforcer de créer des synergies avec les activités pertinentes au niveau national, régional et local, telles que les politiques nationales en matière de recherche, de développement et d'innovation dans le domaine de la cybersécurité, en particulier les politiques énoncées dans les stratégies nationales de cybersécurité ;

f) mettre en œuvre des actions spécifiques pour lesquelles des subventions ont été accordées par le Centre de compétences, y compris par la fourniture d'un soutien financier à des tiers conformément à l'article 204 du règlement financier, dans les conditions spécifiées dans les conventions de subvention concernées ;

g) sans préjudice des compétences des États membres en matière d'éducation et en tenant compte des tâches pertinentes de l'ENISA, nouer un dialogue avec les autorités nationales en ce qui concerne d'éventuelles contributions à la promotion et à la diffusion de programmes éducatifs en matière de cybersécurité ;

h) promouvoir et diffuser les résultats pertinents des travaux du Réseau, de la communauté et du Centre de compétences au niveau national, régional ou local ;

i) évaluer les demandes présentées par des entités établies dans le même État membre que le centre national de coordination en vue de faire partie de la communauté ;

j) prôner et faciliter la participation des entités concernées aux activités résultant du Centre de compétences, du Réseau et de la communauté, et assurer un suivi, le cas échéant, du niveau de participation à la recherche, au développement et au déploiement en matière de cybersécurité et du montant du soutien financier public qui y est accordé.

2. Aux fins du paragraphe 1, point f), du présent article, le soutien financier à des tiers peut être fourni sous l'une des formes de contribution de l'Union spécifiées à l'article 125 du règlement financier, y compris sous la forme de montants forfaitaires.

3. Sur la base d'une décision rendue conformément à l'article 6, paragraphe 6, du présent règlement, les centres nationaux de coordination peuvent recevoir une subvention de l'Union conformément à l'article 195, premier alinéa, point d), du règlement financier pour l'exécution des tâches définies dans le présent article.

4. Les centres nationaux de coordination coopèrent, le cas échéant, par l'intermédiaire du Réseau.

Art. 8 *La communauté de compétences en matière de cybersécurité.* 1. La communauté contribue à la mission du Centre de compétences et du Réseau telle qu'elle énoncée à l'article 3, et améliore, partage et diffuse l'expertise en matière de cybersécurité dans toute l'Union.

2. La communauté se compose, d'une part, de l'industrie, y compris de PME, d'institutions académiques et de recherche, d'autres associations concernées de la société civile ainsi que, selon les besoins, d'organismes européens de normalisation pertinents, d'entités publiques et d'autres entités traitant de questions de cybersécurité de nature opérationnelle et technique et, le cas échéant, de parties prenantes de secteurs qui ont un intérêt dans le domaine de la cybersécurité et sont confrontés à des défis en la matière. La communauté réunit les principales parties prenantes en ce qui concerne les capacités technologiques, industrielles, académiques et de recherche en matière de cybersécurité dans l'Union. Elle associe les centres nationaux de coordination, les pôles européens d'innovation numérique, le cas échéant, ainsi que les institutions, organes et organismes de l'Union disposant de l'expertise nécessaire, tels que l'ENISA.

3. Seules les entités établies dans les États membres sont enregistrées en tant que membres de la communauté. Elles démontrent qu'elles sont à même de contribuer à la mission et qu'elles possèdent une expertise en matière de cybersécurité dans au moins l'un des domaines suivants :

a) milieux académiques, recherche ou innovation ;

b) développement industriel ou de produits ;

c) formation et éducation ;

d) sécurité de l'information ou opérations de réaction en cas d'incident ;

e) éthique ;

f) normalisation et spécifications formelles et techniques.

4. Le Centre de compétences enregistre les entités, à leur demande, en tant que membres de la communauté après une évaluation effectuée par le centre national de coordination de l'État membre dans lequel lesdites entités sont établies, destinée à confirmer que ces entités remplissent les critères énoncés au paragraphe 3 du présent article. Cette évaluation tient également compte de toute évaluation nationale pertinente fondée sur des motifs de sécurité effectuée par les autorités nationales compé-

tentes. Cet enregistrement n'est pas limité dans le temps, mais peut être révoqué à tout moment par le Centre de compétences si le centre national de coordination concerné estime que l'entité en question ne remplit plus les critères énoncés au paragraphe 3 du présent article ou qu'elle relève de l'article 136 du règlement financier, ou pour des raisons de sécurité justifiées. Lorsque l'appartenance à la communauté est révoquée pour des raisons de sécurité, la décision de révocation est proportionnée et motivée. Les centres nationaux de coordination visent à parvenir à une représentation équilibrée des parties prenantes au sein de la communauté et encouragent activement la participation, en particulier des PME.

5. Les centres nationaux de coordination sont encouragés à coopérer par l'intermédiaire du Réseau afin d'harmoniser la manière dont ils appliquent les critères énoncés au paragraphe 3 ainsi que les procédures d'évaluation et d'enregistrement des entités visées au paragraphe 4.

6. Le Centre de compétences enregistre les institutions, organes et organismes de l'Union concernés en tant que membres de la communauté, après avoir procédé à une évaluation destinée à confirmer que l'institution, l'organe ou l'organisme de l'Union satisfait aux critères énoncés au paragraphe 3 du présent article. Cet enregistrement n'est pas limité dans le temps, mais peut être révoqué à tout moment par le Centre de compétences si ce dernier estime que l'institution, l'organe ou l'organisme de l'Union en question ne remplit plus les critères énoncés au paragraphe 3 du présent article ou relève de l'article 136 du règlement financier.

7. Les représentants des institutions, organes et organismes de l'Union peuvent participer aux travaux de la communauté.

8. Une entité enregistrée en tant que membre de la communauté désigne ses représentants afin d'assurer un dialogue efficace. Ces représentants possèdent une expertise dans le domaine de la recherche, des technologies ou de l'industrie en matière de cybersécurité. Les exigences peuvent être précisées davantage par le conseil de direction, sans limiter indûment les entités dans la désignation de leurs représentants.

9. La communauté fournit au directeur exécutif et au conseil de direction, par l'intermédiaire de ses groupes de travail, et en particulier du groupe consultatif stratégique, des conseils stratégiques sur la stratégie, le programme de travail annuel et le programme de travail pluriannuel conformément au règlement intérieur du conseil de direction.

Art. 9 *Tâches des membres de la communauté.* Les membres de la communauté :

a) aident le Centre de compétences à remplir sa mission et ses objectifs et, à cette fin, travaillent en étroite collaboration avec le Centre de compétences et les centres nationaux de coordination ;

b) le cas échéant, participent aux activités formelles ou informelles ainsi qu'aux groupes de travail visés à l'article 13, paragraphe 3, point n), pour exercer les activités spécifiques prévues dans le programme de travail annuel ; et

c) le cas échéant, aident le Centre de compétences et les centres nationaux de coordination à promouvoir des projets spécifiques.

Art. 10 *Coopération entre le Centre de compétences et les autres institutions, organes et organismes de l'Union, et les organisations internationales.* 1. Aux fins d'assurer la cohérence et la complémentarité, tout en évitant la duplication des efforts, le Centre de compétences coopère avec les institutions, organes et organismes de l'Union concernés, dont l'ENISA, le Service européen pour l'action extérieure, la direction générale du Centre commun de recherche de la Commission, l'Agence exécutive européenne pour la recherche, l'Agence exécutive du Conseil européen de la recherche et l'Agence exécutive européenne pour la santé et le numérique, instituées par la décision d'exécution (UE) 2021/173 de la Commission *[du 12 févr. 2021 instituant l'Agence exécutive européenne pour le climat, les infrastructures et l'environnement, l'Agence exécutive européenne pour la santé et le numérique, l'Agence exécutive européenne pour la recherche, l'Agence exécutive pour le Conseil européen de l'innovation et les PME, l'Agence exécutive du Conseil européen de la recherche et l'Agence exécutive européenne pour l'éducation et la culture]*, les pôles européens d'innovation numérique concernés, le Centre européen de lutte contre la cybercriminalité au sein de l'Agence de l'Union européenne pour la coopération des services répressifs établie par le règlement (UE) 2016/794 du Parlement européen et du Conseil *[du 11 mai 2016*

relatif à l'Agence de l'Union européenne pour la coopération des services répressifs (Europol)], l'Agence européenne de défense pour ce qui est des tâches énoncées à l'article 5 du présent règlement, et d'autres entités pertinentes de l'Union. Le Centre de compétences peut également coopérer avec des organisations internationales, s'il y a lieu.

2. La coopération visée au paragraphe 1 du présent article peut s'inscrire dans le cadre d'arrangements de travail. Ces arrangements sont soumis à l'approbation du conseil de direction. Tout partage d'informations classifiées s'effectue dans le cadre d'arrangements administratifs conclus conformément à l'article 36, paragraphe 3.

CHAPITRE II *ORGANISATION DU CENTRE DE COMPÉTENCES*

Art. 11 *Composition et structure.* 1. Les membres du Centre de compétences sont l'Union, représentée par la Commission, et les États membres.

2. La structure du Centre de compétences assure la réalisation des objectifs énoncés à l'article 4 et des tâches définies à l'article 5 et comprend :

a) un conseil de direction ;

b) un directeur exécutif ;

c) un groupe consultatif stratégique.

SECTION 1 *Conseil de direction*

Art. 12 *Composition du conseil de direction.* 1. Le conseil de direction se compose d'un représentant de chaque État membre et de deux représentants de la Commission qui agissent au nom de l'Union.

2. Chaque membre du conseil de direction dispose d'un suppléant. Ce suppléant représente le membre en cas d'absence du membre.

3. Les membres du conseil de direction nommés par les États membres et leurs suppléants font partie du personnel du secteur public dans leur État membre respectif et sont désignés sur la base de leurs connaissances dans les domaines de la recherche, des technologies et de l'industrie en matière de cybersécurité, de leur capacité à assurer la coordination des actions et prises de position avec leur centre national de coordination respectif, ou de leurs qualifications pertinentes en matière de gestion, d'administration et de budget. La Commission nomme ses membres au conseil de direction et leurs suppléants sur la base de leurs connaissances dans le domaine de la cybersécurité, des technologies, ou de leurs qualifications pertinentes en matière de gestion, d'administration et de budget, et de leur capacité à assurer la coordination, les synergies et, dans la mesure du possible, la mise en œuvre d'initiatives conjointes entre les différentes politiques sectorielles ou horizontales de l'Union touchant à la cybersécurité. La Commission et les États membres s'efforcent de limiter le roulement de leurs représentants au sein du conseil de direction, afin de garantir la continuité des travaux de celui-ci. La Commission et les États membres visent à atteindre une représentation équilibrée entre les hommes et les femmes au sein du conseil de direction.

4. Le mandat des membres du conseil de direction et de leurs suppléants a une durée de quatre ans. Ce mandat est renouvelable.

5. Les membres du conseil de direction veillent à la sauvegarde de la mission, des objectifs, de l'identité et de l'autonomie du Centre de compétences et à la cohérence entre cette mission et ces objectifs, en toute indépendance et transparence.

6. Le conseil de direction peut inviter des observateurs, y compris des représentants d'institutions, d'organes et organismes compétents de l'Union, et les membres de la communauté, à prendre part à ses réunions, s'il y a lieu.

7. Un représentant de l'ENISA est un observateur permanent au sein du conseil de direction. Le conseil de direction peut inviter un représentant du groupe consultatif stratégique à participer à ses réunions.

8. Le directeur exécutif participe aux réunions du conseil de direction mais ne dispose pas de droit de vote.

Art. 13 *Tâches du conseil de direction.* 1. Le conseil de direction a la responsabilité globale de l'orientation stratégique et du fonctionnement du Centre de compétences, supervise la mise en œuvre de ses activités et est responsable de toute tâche qui n'est pas spécifiquement assignée au directeur exécutif.

2. Le conseil de direction arrête son règlement intérieur. Ce règlement intérieur contient des procédures spécifiques visant à détecter et prévenir les conflits d'intérêts et à garantir la confidentialité de toutes les informations sensibles.

3. Le conseil de direction prend les décisions stratégiques nécessaires, en particulier concernant :

a) la mise au point et l'adoption de la stratégie, et le suivi de sa mise en œuvre ;

b) en tenant compte des priorités stratégiques de l'Union et de la stratégie, l'adoption du programme de travail pluriannuel comportant les priorités communes dans les domaines de l'industrie, des technologies et de la recherche, qui s'appuient sur les besoins répertoriés par les États membres en coopération avec la communauté et qui nécessitent une concentration du soutien financier de l'Union, en ce compris les technologies et domaines essentiels pour le développement des capacités propres de l'Union en matière de cybersécurité ;

c) l'adoption du programme de travail annuel pour la mise en œuvre des fonds de l'Union concernés, notamment les parties relatives à la cybersécurité d'Horizon Europe dans la mesure où elles sont cofinancés de manière volontaire par les États membres, et du programme pour une Europe numérique, conformément au programme de travail pluriannuel du Centre de compétences et au processus de planification stratégique d'Horizon Europe ;

d) l'adoption des comptes annuels, du bilan et du rapport d'activité annuel du Centre de compétences, sur la base d'une proposition du directeur exécutif ;

e) l'adoption des règles financières spécifiques du Centre de compétences conformément à l'article 70 du règlement financier ;

f) dans le cadre du programme de travail annuel, l'affectation de fonds du budget de l'Union à des thèmes pour des actions conjointes entre l'Union et des États membres ;

g) dans le cadre du programme de travail annuel et conformément aux décisions visées au point f) du présent alinéa, ainsi que dans le respect des règlements (UE) 2021/695 et (UE) 2021/694, la description des actions conjointes visées au point f) du présent alinéa, et la définition des conditions applicables à leur mise en œuvre ;

h) l'adoption d'une procédure de nomination du directeur exécutif, la nomination et la révocation du directeur exécutif, la prorogation de son mandat, la formulation d'orientations à l'intention du directeur exécutif et le suivi du travail accompli par celui-ci ;

i) l'adoption de lignes directrices pour l'évaluation et l'enregistrement des entités en tant que membres de la communauté ;

j) l'adoption des arrangements de travail visés à l'article 10, paragraphe 2 ;

k) la nomination du comptable ;

l) l'adoption du budget annuel du Centre de compétences, y compris le tableau des effectifs correspondant indiquant le nombre de postes temporaires par groupe de fonctions et par grade, ainsi que le nombre d'agents contractuels et d'experts nationaux détachés, exprimés en équivalents temps plein ;

m) l'adoption de règles de transparence applicables au Centre de compétences et de règles en matière de prévention et de gestion des conflits d'intérêts, y compris en ce qui concerne les membres du conseil de direction, conformément à l'article 42 du règlement délégué (UE) 2019/715 ;

n) la création de groupes de travail au sein de la communauté, en tenant compte, le cas échéant, des conseils fournis par le groupe consultatif stratégique ;

o) la nomination des membres du groupe consultatif stratégique ;

p) l'adoption de règles relatives au remboursement des frais pour les membres du groupe consultatif stratégique ;

q) la mise en place d'un mécanisme de suivi afin de veiller à ce que la mise en œuvre des fonds respectifs gérés par le Centre de compétences ait lieu conformément à la stratégie, à la mission et au programme de travail pluriannuel ainsi qu'aux règles des programmes qui sont la source des financements concernés ;

r) la garantie d'un dialogue régulier avec la communauté et l'établissement d'un mécanisme de coopération efficace avec celle-ci ;

s) l'établissement de la politique de communication du Centre de compétences sur la base d'une recommandation du directeur exécutif ;

t) s'il y a lieu, l'établissement des modalités d'application du statut des fonctionnaires de l'Union européenne et du régime applicable aux autres agents de l'Union, fixés par le règlement (CEE, Euratom, CECA) n° 259/68 du Conseil (ci-après dénommés "statut" et "régime"), conformément à l'article 30, paragraphe 3, du présent règlement ;

u) s'il y a lieu, l'établissement des règles applicables au détachement d'experts nationaux auprès du Centre de compétences et à l'emploi de stagiaires, conformément à l'article 31, paragraphe 2 ;

v) l'adoption de règles de sécurité pour le Centre de compétences ;

w) l'adoption d'une stratégie de lutte contre la fraude et la corruption qui est proportionnée aux risques de fraude et de corruption, ainsi que l'adoption de mesures globales, conformément à la législation applicable de l'Union, pour la protection des personnes qui signalent des violations du droit de l'Union, en tenant compte de l'analyse coût-bénéfice des mesures à mettre en œuvre ;

x) si nécessaire, l'adoption de la méthode de calcul des contributions financières et en nature volontaires des États membres contributeurs conformément aux règlements (UE) 2021/695 et (UE) 2021/694, ou à tout autre législation applicable ;

y) dans le cadre du programme de travail annuel et du programme de travail pluriannuel, la garantie d'une cohérence et de synergies avec les parties du programme pour une Europe numérique et d'Horizon Europe qui ne sont pas gérées par le Centre de compétences, ainsi qu'avec d'autres programmes de l'Union ;

z) l'adoption du rapport annuel relatif à la mise en œuvre des objectifs et priorités stratégiques du Centre de compétences, en l'accompagnant, si nécessaire, d'une recommandation en vue d'une meilleure réalisation de ces objectifs et priorités.

Dans la mesure où le programme de travail annuel comprend des actions conjointes, il contient des informations sur les contributions volontaires des États membres aux actions conjointes. S'il y a lieu, des propositions, en particulier la proposition de programme de travail annuel, évaluent la nécessité d'appliquer les règles de sécurité énoncées à l'article 33 du présent règlement, y compris la procédure d'autoévaluation de la sécurité conformément à l'article 20 du règlement (UE) 2021/695.

4. En ce qui concerne les décisions énoncées au paragraphe 3, points a), b) et c), le directeur exécutif et le conseil de direction prennent en considération tout conseil et toute contribution stratégiques pertinents fournis par l'ENISA, conformément au règlement intérieur du conseil de direction.

5. Il incombe au conseil de direction de veiller au suivi adéquat des recommandations figurant dans le rapport de mise en œuvre et l'évaluation visés à l'article 38, paragraphes 2 et 4.

Art. 14 *Président et réunions du conseil de direction.* 1. Le conseil de direction élit un président et un vice-président parmi ses membres, chacun pour une période de trois ans. Le mandat du président et du vice-président peut être prorogé une fois, sur décision du conseil de direction. Cependant, si le président ou le vice-président perd sa qualité de membre du conseil de direction à un moment quelconque de son mandat, ledit mandat expire automatiquement à ce moment. Le vice-président remplace le président d'office lorsque celui-ci n'est pas en mesure d'assumer ses fonctions. Le président participe au vote.

2. Le conseil de direction tient des réunions ordinaires au moins trois fois par an. Il peut tenir des réunions extraordinaires à la demande de la Commission, à la demande d'un tiers de tous ses membres, à la demande du président, ou à la demande du directeur exécutif dans l'accomplissement de ses tâches.

3. Le directeur exécutif prend part aux délibérations du conseil de direction, à moins que le conseil de direction n'en décide autrement, mais il n'a pas de droit de vote.

4. Le conseil de direction peut inviter d'autres personnes à assister à ses réunions en qualité d'observateurs, au cas par cas.

5. Le président peut inviter des représentants de la communauté à participer aux réunions du conseil de direction, mais ils n'ont pas de droit de vote.

6. Les membres du conseil de direction et leurs suppléants peuvent être assistés par des conseillers ou des experts lors des réunions, sous réserve du règlement intérieur du conseil de direction.

7. Le Centre de compétences assure le secrétariat du conseil de direction.

Art. 15 *Règles de vote du conseil de direction.* 1. Le conseil de direction adopte une approche consensuelle lors des discussions menées en son sein. Un vote est organisé si les membres du conseil de direction ne parviennent pas à un consensus.

2. Si le conseil de direction ne parvient pas à un consensus sur une question, il adopte ses décisions à la majorité d'au moins 75 % des votes de l'ensemble de ses membres, les représentants de la Commission constituant un seul membre à cette fin. Un membre absent du conseil de direction peut déléguer son droit de vote à son suppléant ou, en l'absence de celui-ci, à un autre membre. Aucun membre du conseil de direction ne peut représenter plus d'un autre membre.

3. Les décisions du conseil de direction sur les actions conjointes et leur gestion visées à l'article 13, paragraphe 3, points f) et g), sont prises comme suit :

a) les décisions visant à allouer des fonds du budget de l'Union à des actions conjointes conformément à l'article 13, paragraphe 3, point f), et les décisions visant à intégrer ces actions conjointes dans le programme de travail annuel sont prises conformément au paragraphe 2 du présent article ;

b) les décisions ayant trait à la description des actions conjointes et déterminant les conditions applicables à leur mise en œuvre visées à l'article 13, paragraphe 3, point g), sont prises par les États membres participants et par la Commission, les droits de vote des membres étant cependant proportionnels à leurs contributions respectives à cette action conjointe, calculées conformément à la méthode adoptée en vertu de l'article 13, paragraphe 3, point x).

4. Pour les décisions prises en vertu de l'article 13, paragraphe 3, points b), c), d), e), f), k), l), p), q), t), u), w), x) et y), la Commission dispose de 26 % du total des voix au sein du conseil de direction.

5. Pour les décisions autres que celles visées au paragraphe 3, point b), et au paragraphe 4, chaque État membre et l'Union disposent d'une voix. Le vote de l'Union est exprimé conjointement par les deux représentants de la Commission.

6. Le président participe au vote.

SECTION 2 *Directeur exécutif*

Art. 16 *Nomination, révocation et prorogation du mandat du directeur exécutif.* 1. Le directeur exécutif est une personne ayant une expertise et jouissant d'une solide réputation dans les domaines d'activité du Centre de compétences.

2. Le directeur exécutif est engagé en tant qu'agent temporaire du Centre de compétences conformément à l'article 2, point a), du régime.

3. Le directeur exécutif est nommé par le conseil de direction à partir d'une liste de candidats proposés par la Commission à la suite d'une procédure de sélection ouverte, transparente et non discriminatoire.

4. Aux fins de la conclusion du contrat du directeur exécutif, le Centre de compétences est représenté par le président du conseil de direction.

5. Le mandat du directeur exécutif est de quatre ans. Avant la fin de cette période, la Commission procède à une évaluation qui tient compte de l'évaluation du travail accompli par le directeur exécutif et des tâches et défis futurs du Centre de compétences.

6. Le conseil de direction, statuant sur proposition de la Commission tenant compte de l'évaluation visée au paragraphe 5, peut proroger une fois le mandat du directeur exécutif, pour une durée n'excédant pas quatre ans.

7. Un directeur exécutif dont le mandat a été prorogé ne peut pas participer à une nouvelle procédure de sélection pour le même poste.

8. Le directeur exécutif n'est démis de ses fonctions que sur décision du conseil de direction, statuant sur proposition de la Commission ou d'au moins 50 % des États membres.

Art. 17 *Tâches du directeur exécutif.* 1. Le directeur exécutif est chargé du fonctionnement et de la gestion quotidienne du Centre de compétences, dont il est le représen-

tant légal. Il rend compte au conseil de direction et exerce ses fonctions en toute indépendance, dans les limites des pouvoirs qui lui sont dévolus. Le directeur exécutif s'appuie sur le personnel du Centre de compétences.

2. Le directeur exécutif exerce au moins les tâches suivantes de manière indépendante :

a) mettre en œuvre les décisions adoptées par le conseil de direction ;

b) assister le conseil de direction dans ses travaux, assurer le secrétariat des réunions du conseil de direction et fournir toutes les informations nécessaires à l'exercice des fonctions du conseil de direction ;

c) après consultation du conseil de direction et de la Commission, et prenant en compte la contribution des centres nationaux de coordination et de la communauté, préparer et soumettre au conseil de direction pour adoption la stratégie ainsi que, conformément à la stratégie, le projet de programme de travail annuel et le projet de programme de travail pluriannuel du Centre de compétences, y compris le contenu des appels à propositions, des appels à manifestation d'intérêt et des appels d'offres nécessaires à la mise en œuvre du programme de travail annuel et les estimations de dépenses correspondantes, comme le proposent les États membres et la Commission ;

d) préparer et soumettre le projet de budget annuel pour adoption au conseil de direction, y compris le tableau des effectifs correspondant visé à l'article 13, paragraphe 3, point l), indiquant le nombre de postes temporaires dans chaque grade et chaque groupe de fonctions et le nombre d'agents contractuels et d'experts nationaux détachés, exprimés en équivalents temps plein ;

e) mettre en œuvre le programme de travail annuel et le programme de travail pluriannuel et en rendre compte au conseil de direction ;

f) élaborer le projet de rapport d'activité annuel du Centre de compétences, y compris les informations sur les dépenses correspondantes et la mise en œuvre de la stratégie et du programme de travail pluriannuel ; si nécessaire, ce rapport s'accompagne de propositions visant à améliorer encore la réalisation des objectifs et priorités stratégiques ou à les reformuler ;

g) assurer la mise en œuvre de procédures efficaces de suivi et d'évaluation du travail accompli par le Centre de compétences ;

h) préparer un plan d'action donnant suite aux conclusions du rapport de mise en œuvre et de l'évaluation visés à l'article 38, paragraphes 2 et 4, et présenter des rapports tous les deux ans au Parlement européen et à la Commission sur les progrès accomplis ;

i) préparer et conclure des accords avec les centres nationaux de coordination ;

j) assumer la responsabilité des questions administratives, financières et de personnel, y compris de l'exécution du budget du Centre de compétences, en tenant dûment compte des conseils reçus de la fonction d'audit interne, conformément aux décisions visées à l'article 13, paragraphe 3, points e), l), t), u), v) et w) ;

k) approuver et gérer le lancement des appels à propositions, conformément au programme de travail annuel, et gérer les conventions et les décisions de subvention qui en découlent ;

l) approuver la liste des actions sélectionnées en vue d'un financement sur la base d'un classement établi par un groupe d'experts indépendants ;

m) approuver et gérer le lancement des appels d'offres, conformément au programme de travail annuel, et gérer les contrats qui en découlent ;

n) approuver les offres sélectionnées en vue d'un financement ;

o) soumettre les projets de comptes annuels et de bilan à la fonction d'audit interne concernée et, par la suite, au conseil de direction ;

p) s'assurer de la bonne exécution des évaluations des risques et de la gestion des risques ;

q) signer les conventions, décisions et contrats de subvention individuels ;

r) signer les contrats de passation de marché ;

s) préparer un plan d'action donnant suite aux conclusions des rapports d'audit internes ou externes, ainsi qu'aux enquêtes de l'Office européen de lutte antifraude (OLAF) institué par la décision 1999/352/CE, CECA, Euratom de la Commission *[du 28 avr. 1999 instituant l'Office européen de lutte antifraude]*, et présenter des rapport

semestriels à la Commission et des rapports réguliers au conseil de direction sur les progrès accomplis ;
t) préparer un projet de règles financières applicables au Centre de compétences ;
u) mettre en place un système de contrôle interne efficace et efficient et en assurer le fonctionnement, et signaler au conseil de direction tout changement important qui y serait apporté ;
v) assurer une communication efficace avec les institutions de l'Union et rendre compte, lorsqu'il y est invité, au Parlement européen et au Conseil ;
w) prendre toute autre mesure nécessaire pour évaluer la réalisation par le Centre de compétences de sa mission et de ses objectifs ;
x) exécuter toutes les autres tâches qui lui sont confiées ou déléguées par le conseil de direction.

SECTION 3 *Groupe consultatif stratégique*

Art. 18 *Composition du groupe consultatif stratégique.* 1. Le groupe consultatif stratégique se compose de 20 membres au maximum. Les membres sont nommés par le conseil de direction, statuant sur proposition du directeur exécutif, parmi les représentants des membres de la communauté autres que les représentants des institutions, organes et organismes de l'Union. Seuls les représentants de membres qui ne sont pas contrôlés par un pays tiers ou par une entité établie dans un pays tiers sont éligibles. La nomination se fait selon une procédure ouverte, transparente et non discriminatoire. Le conseil de direction vise à ce que la composition du groupe consultatif stratégique représente la communauté de façon équilibrée en ce qui concerne les entités scientifiques et industrielles et la société civile, les secteurs du côté de la demande et de l'offre, les grandes entreprises et les PME, ainsi qu'au regard de la provenance géographique et de l'équilibre entre les hommes et les femmes. Il vise également à atteindre un équilibre intrasectoriel, en ayant égard à la cohésion de l'Union et de tous les États membres dans le domaine de la recherche, de l'industrie et des technologies en matière de cybersécurité. Le groupe consultatif stratégique est composé de manière à permettre un dialogue global, continu et permanent entre la communauté et le Centre de compétences.

2. Les membres du groupe consultatif stratégique possèdent une expertise en ce qui concerne la recherche, le développement industriel, l'offre, la mise en œuvre ou le déploiement de services ou produits professionnels en matière de cybersécurité. Les exigences relatives à cette expertise sont précisées davantage par le conseil de direction.

3. Les procédures relatives à la nomination des membres du groupe consultatif stratégique par le conseil de direction et au fonctionnement du groupe consultatif stratégique sont précisées dans le règlement intérieur du conseil de direction et sont rendues publiques.

4. La durée du mandat des membres du groupe consultatif stratégique est de deux ans. Ce mandat est renouvelable une fois.

5. Des représentants de la Commission et d'autres institutions, organes et organismes de l'Union, en particulier l'ENISA, peuvent être invités par le groupe consultatif stratégique à prendre part à ses travaux et à les appuyer. Le groupe consultatif stratégique peut inviter, le cas échéant, au cas par cas, d'autres représentants de la communauté en qualité d'observateurs, de conseillers ou d'experts, afin de prendre en compte la dynamique des évolutions dans le domaine de la cybersécurité. Les membres du conseil de direction peuvent participer en qualité d'observateurs aux réunions du groupe consultatif stratégique.

Art. 19 *Fonctionnement du groupe consultatif stratégique.* 1. Le groupe consultatif stratégique se réunit au moins trois fois par an.

2. Le groupe consultatif stratégique fournit des conseils au conseil de direction sur la création de groupes de travail au sein de la communauté, conformément à l'article 13, paragraphe 3, point n), sur des questions spécifiques pertinentes pour les travaux du Centre de compétences, lorsque ces questions sont en lien direct avec les tâches et domaines de compétence énoncés à l'article 20. Lorsque cela est nécessaire, ces groupes de travail font l'objet d'une coordination d'ensemble par un ou plusieurs membres du groupe consultatif stratégique.

3. Le groupe consultatif stratégique élit son président à la majorité simple de ses membres.

4. Le secrétariat du groupe consultatif stratégique est assuré par le directeur exécutif et le personnel du Centre de compétences, en utilisant les ressources existantes, en tenant dûment compte de la charge de travail globale du Centre de compétences. Les ressources affectées au soutien du groupe consultatif stratégique sont indiquées dans le projet de budget annuel.

5. Le groupe consultatif stratégique adopte son règlement intérieur à la majorité simple de ses membres.

Art. 20 *Tâches du groupe consultatif stratégique.* Le groupe consultatif stratégique conseille régulièrement le Centre de compétences sur l'exécution de ses activités et assure la communication avec la communauté et les autres parties prenantes concernées. Le groupe consultatif stratégique est également chargé des tâches suivantes :

a) en tenant compte des contributions de la communauté et des groupes de travail visés à l'article 13, paragraphe 3, point n), le cas échéant, fournir au directeur exécutif et au conseil de direction des conseils et des avis stratégiques, et les actualiser en permanence, en ce qui concerne la stratégie, le programme de travail annuel et le programme de travail pluriannuel, dans les délais fixés par le conseil de direction ;

b) conseiller le conseil de direction quant à la création de groupes de travail au sein de la communauté conformément à l'article 13, paragraphe 3, point n), sur des questions spécifiques pertinentes pour les travaux du Centre de compétences ;

c) sous réserve de l'approbation du conseil de direction, décider de la tenue de consultations publiques ouvertes à toutes les parties prenantes publiques et privées ayant un intérêt dans le domaine de la cybersécurité, afin de recueillir des contributions pour les conseils stratégiques visés au point a), et organiser de telles consultations.

CHAPITRE III *DISPOSITIONS FINANCIÈRES*

Art. 21 *Contributions financières de l'Union et des États membres.* 1. Le Centre de compétences est financé par l'Union, tandis que les actions conjointes sont financées par l'Union et par des contributions volontaires des États membres.

2. Les coûts administratifs et les frais de fonctionnement des actions conjointes sont pris en charge par l'Union et par les États membres contribuant aux actions conjointes, conformément aux règlements (UE) 2021/695 et (UE) 2021/694.

3. La contribution de l'Union au Centre de compétences pour couvrir les coûts administratifs et les frais de fonctionnement comprend les éléments suivants :

a) jusqu'à 1 649 566 000 EUR provenant du programme pour une Europe numérique, dont jusqu'à 32 000 000 EUR pour les coûts administratifs ;

b) un montant provenant d'Horizon Europe, y compris pour les coûts administratifs, pour les actions conjointes, qui est égal au montant apporté à titre de contribution par les États membres en vertu du paragraphe 7 du présent article mais qui ne dépasse pas le montant déterminé dans le cadre du processus de planification stratégique d'Horizon Europe devant être mis en œuvre en vertu de l'article 6, paragraphe 6, du règlement (UE) 2021/695, dans le programme de travail annuel ou dans le programme de travail pluriannuel ;

c) un montant provenant des autres programmes de l'Union pertinents, dans la mesure où cela est nécessaire à la mise en œuvre des tâches ou à la réalisation des objectifs du Centre de compétences, sous réserve des décisions prises conformément aux actes juridiques de l'Union établissant ces programmes.

4. La contribution maximale de l'Union est prélevée sur les crédits du budget général de l'Union alloués au programme pour une Europe numérique, au programme spécifique d'exécution d'Horizon Europe, établi par la décision (UE) 2021/764, et aux autres programmes et projets relevant du Centre de compétences ou du Réseau.

5. Le Centre de compétences met en œuvre les actions en matière de cybersécurité du programme pour une Europe numérique et d'Horizon Europe conformément à l'article 62, paragraphe 1, premier alinéa, point c) iv), du règlement financier.

6. Les contributions provenant de programmes de l'Union autres que ceux visés aux paragraphes 3 et 4 et qui s'inscrivent dans le cadre du cofinancement de l'Union en

faveur d'un programme mis en œuvre par l'un des États membres ne sont pas prises en compte dans le calcul de la contribution financière maximale de l'Union visée dans lesdits paragraphes.

7. Les États membres participent aux actions conjointes sur une base volontaire au moyen de contributions financières et/ou en nature volontaires. Si un État membre participe à une action conjointe, sa contribution financière couvre les coûts administratifs au prorata de sa contribution à ladite action conjointe. Les coûts administratifs des actions conjointes sont couverts par des contributions financières. Les frais de fonctionnement des actions conjointes peuvent être couverts par des contributions financières ou en nature, comme le prévoient Horizon Europe et le programme pour une Europe numérique. Les contributions de chaque État membre peuvent prendre la forme d'un soutien apporté par cet État membre dans le cadre d'une action conjointe à des bénéficiaires établis dans ledit État membre. Les contributions en nature des États membres se composent des coûts éligibles engagés par les centres nationaux de coordination et autres entités publiques lorsqu'ils participent à des projets financés au titre du présent règlement, déduction faite d'une éventuelle contribution de l'Union à ces coûts. Dans le cas de projets financés au titre d'Horizon Europe, les coûts éligibles sont calculés conformément à l'article 36 du règlement (UE) 2021/695. Dans le cas de projets financés au titre du programme pour une Europe numérique, les coûts éligibles sont calculés conformément au règlement financier.

Le montant envisagé pour les contributions volontaires totales des États membres aux actions conjointes relevant d'Horizon Europe, y compris les contributions financières pour les coûts administratifs, est déterminé de façon à être pris en compte dans le processus de planification stratégique d'Horizon Europe devant être mis en œuvre en vertu de l'article 6, paragraphe 6, du règlement (UE) 2021/695, avec la participation du conseil de direction. En ce qui concerne les actions relevant du programme pour une Europe numérique, nonobstant l'article 15 du règlement (UE) 2021/694, les États membres peuvent apporter une contribution aux coûts du Centre de compétences qui sont cofinancés au titre du programme pour une Europe numérique, qui est inférieure aux montants spécifiés au paragraphe 3, point a), du présent article.

8. Le cofinancement national par les États membres d'actions soutenues par des programmes de l'Union autres qu'Horizon Europe et le programme pour une Europe numérique est considéré comme constituant des contributions nationales des États membres dans la mesure où ces contributions font partie d'actions conjointes et figurent dans le programme de travail du Centre de compétences.

9. Aux fins de l'évaluation des contributions visées au paragraphe 3 du présent article et à l'article 22, paragraphe 2, point b), les coûts sont déterminés conformément aux pratiques habituelles des États membres concernés en matière de comptabilité analytique, aux normes comptables applicables de l'État membre concerné, ainsi qu'aux normes comptables internationales et aux normes internationales d'information financière applicables. Les coûts sont certifiés par un auditeur externe indépendant désigné par l'État membre concerné. La méthode d'évaluation peut être vérifiée par le Centre de compétences en cas de doute quant à la certification.

10. Si l'un des États membres se trouve en situation de défaut d'exécution de ses engagements en matière de contribution financière ou en nature aux actions conjointes, le directeur exécutif notifie cette situation par écrit à l'État membre concerné et fixe un délai raisonnable dans lequel il doit être remédié à cette situation. S'il n'est pas remédié à la situation dans ce délai, le directeur exécutif convoque une réunion du conseil de direction pour décider si le droit de vote de l'État membre participant défaillant doit être révoqué ou si d'autres mesures doivent être prises jusqu'à ce que cet État membre ait rempli ses obligations. Le droit de vote de l'État membre défaillant concernant les actions conjointes est suspendu jusqu'à ce qu'il soit remédié au défaut d'exécution de ses engagements.

11. La Commission peut supprimer la contribution financière de l'Union aux actions conjointes, réduire proportionnellement ou suspendre cette contribution si les États membres contributeurs ne contribuent pas ou n'apportent que partiellement ou tardivement les contributions visées au paragraphe 3, point b). La suppression, la réduction ou la suspension de la contribution financière de l'Union par la Commission est pro-

portionnelle, quant au montant et à la durée, au défaut de contribution, ou à la contribution partielle ou tardive de l'État membre.

12. Les États membres contributeurs communiquent au conseil de direction, au plus tard le 31 janvier de chaque année, la valeur des contributions visées au paragraphe 7 pour l'action conjointe avec l'Union versées au cours de chaque exercice précédent.

Art. 22 *Coûts et ressources du Centre de compétences.* 1. Les coûts administratifs du Centre de compétences sont en principe couverts par des contributions financières de l'Union versées sur une base annuelle. Des contributions financières supplémentaires sont versées par les États membres contributeurs proportionnellement à leurs contributions volontaires aux actions conjointes. Si une partie de la contribution aux coûts administratifs n'est pas utilisée, elle peut être mise à disposition pour couvrir les frais de fonctionnement du Centre de compétences.

2. Les frais de fonctionnement du Centre de compétences sont couverts par :

a) la contribution financière de l'Union ;

b) les contributions volontaires, financières ou en nature, des États membres contributeurs en cas d'actions conjointes.

3. Les ressources du Centre de compétences inscrites à son budget proviennent des contributions suivantes :

a) les contributions financières de l'Union aux frais de fonctionnement et aux coûts administratifs ;

b) les contributions financières volontaires des États membres contributeurs aux coûts administratifs en cas d'actions conjointes ;

c) les contributions financières volontaires des États membres contributeurs aux frais de fonctionnement en cas d'actions conjointes ;

d) toute recette générée par le Centre de compétences ;

e) toutes autres contributions financières, ressources ou recettes.

4. Les intérêts produits par les contributions versées au Centre de compétences par les États membres contributeurs sont considérés comme une recette du Centre de compétences.

5. Toutes les ressources du Centre de compétences et ses activités sont utilisées aux fins de la réalisation de ses objectifs.

6. Le Centre de compétences est propriétaire de tous les actifs qu'il génère ou qui lui sont transférés aux fins de la réalisation de ses objectifs. Sans préjudice des règles applicables du programme de financement concerné, il est décidé de la propriété des actifs générés ou acquis dans le cadre d'actions conjointes conformément à l'article 15, paragraphe 3, point b).

7. Sauf en cas de liquidation du Centre de compétences, l'excédent éventuel de recettes sur les dépenses reste la propriété du Centre de compétences et n'est pas versé aux membres contributeurs du Centre de compétences.

8. Le Centre de compétences coopère étroitement avec les autres institutions, organes et organismes de l'Union, compte dûment tenu de leurs mandats respectifs et sans dupliquer les mécanismes de coopération existants, afin de profiter des synergies avec ces institutions, organes et organismes et, si c'est possible et approprié, de réduire les coûts administratifs.

Art. 23 *Engagements financiers.* Les engagements financiers du Centre de compétences n'excèdent pas le montant des ressources financières disponibles ou inscrites à son budget par ses membres.

Art. 24 *Exercice budgétaire.* L'exercice budgétaire commence le 1er janvier et s'achève le 31 décembre.

Art. 25 *Établissement du budget.* 1. Chaque année, le directeur exécutif établit un projet d'état prévisionnel des recettes et des dépenses du Centre de compétences pour l'exercice budgétaire suivant et le transmet au conseil de direction avec le projet de tableau des effectifs visé à l'article 13, paragraphe 3, point l). Les recettes et les dépenses sont en équilibre. Les dépenses du Centre de compétences comprennent les dépenses de personnel, d'administration, d'infrastructure et de fonctionnement. Les dépenses administratives sont réduites au minimum, y compris au moyen d'un redéploiement de personnel ou de postes.

2. Le conseil de direction établit chaque année, sur la base du projet d'état prévisionnel des recettes et des dépenses visé au paragraphe 1, un état prévisionnel des recettes et des dépenses du Centre de compétences pour l'exercice budgétaire suivant.

3. Le conseil de direction transmet à la Commission, au plus tard le 31 janvier de chaque année, l'état prévisionnel visé au paragraphe 2 du présent article, qui fait partie du projet de document de programmation unique visé à l'article 32, paragraphe 1, du règlement délégué (UE) 2019/715.

4. Sur la base de l'état prévisionnel visé au paragraphe 2 du présent article, la Commission inscrit dans le projet de budget de l'Union les prévisions qu'elle estime nécessaires en ce qui concerne le tableau des effectifs visé à l'article 13, paragraphe 3, point l), du présent règlement, et le montant de la contribution à la charge du budget général, et le soumet au Parlement européen et au Conseil conformément aux articles 313 et 314 du traité sur le fonctionnement de l'Union européenne.

5. Le Parlement européen et le Conseil autorisent les crédits pour la contribution destinée au Centre de compétences.

6. Le Parlement européen et le Conseil adoptent le tableau des effectifs visé à l'article 13, paragraphe 3, point l).

7. En même temps que le programme de travail annuel et le programme de travail pluriannuel, le conseil de direction adopte le budget du Centre de compétences. Ce budget devient définitif après l'adoption définitive du budget général de l'Union. S'il y a lieu, le conseil de direction adapte le budget et le programme de travail annuel du Centre de compétences en fonction du budget général de l'Union.

Art. 26 *Présentation des comptes du Centre de compétences et décharge.* La présentation des comptes provisoires et définitifs du Centre de compétences ainsi que la décharge respectent les règles et le calendrier du règlement financier et des règles financières du Centre de compétences.

Art. 27 *Rapports opérationnels et financiers.* 1. Le directeur exécutif présente chaque année au conseil de direction un rapport sur l'exécution de ses tâches conformément aux règles financières du Centre de compétences.

2. Dans un délai de deux mois à compter de la fin de chaque exercice budgétaire, le directeur exécutif soumet au conseil de direction, pour approbation, un rapport d'activité annuel sur les progrès accomplis par le Centre de compétences au cours de l'année civile précédente, en ce qui concerne notamment le programme de travail annuel adopté pour l'année en question et la réalisation de ses objectifs et priorités stratégiques. Ce rapport comprend des informations sur les points suivants :

a) les actions opérationnelles qui ont été réalisées, ainsi que les dépenses correspondantes ;

b) les actions proposées, avec une ventilation par type de participants, y compris les PME, et par État membre ;

c) les actions sélectionnées en vue d'un financement, avec une ventilation par type de participants, y compris les PME, et par État membre, indiquant les contributions versées par le Centre de compétences aux différents participants et aux différentes actions ;

d) la réalisation de la mission et des objectifs fixés dans le présent règlement et des propositions concernant d'autres initiatives nécessaires pour remplir ladite mission et lesdits objectifs ;

e) la cohérence des tâches de mise en œuvre avec la stratégie et le programme de travail pluriannuel.

3. Une fois approuvé par le conseil de direction, le rapport d'activité annuel est rendu public.

Art. 28 *Règles financières.* Le Centre de compétences adopte ses règles financières spécifiques conformément à l'article 70 du règlement financier.

Art. 29 *Protection des intérêts financiers de l'Union.* 1. Le Centre de compétences prend les mesures appropriées pour garantir la protection des intérêts financiers de l'Union lors de la mise en œuvre d'actions financées au titre du présent règlement, par l'application de mesures préventives contre la fraude, la corruption et toute autre activité illégale, par des contrôles réguliers et efficaces et, si des irrégularités sont décelées, par

le recouvrement des montants indûment versés et, s'il y a lieu, par des sanctions administratives effectives, proportionnées et dissuasives.

2. Le Centre de compétences accorde au personnel de la Commission et aux autres personnes autorisées par celle-ci, ainsi qu'à la Cour des comptes, l'accès aux sites et locaux du Centre de compétences, ainsi qu'à toutes les informations, y compris sous forme électronique, qui sont nécessaires pour mener leurs audits.

3. L'OLAF peut mener des enquêtes, y compris des contrôles et vérifications sur place, conformément aux dispositions et procédures prévues par le règlement (Euratom, CE) n° 2185/96 du Conseil *[du 11 nov. 1996 relatif aux contrôles et vérifications sur place effectués par la Commission pour la protection des intérêts financiers des Communautés européennes contre les fraudes et autres irrégularités]* et le règlement (UE, Euratom) n° 883/2013 du Parlement européen et du Conseil *[du 11 sept. 2013 relatif aux enquêtes effectuées par l'Office européen de lutte antifraude (OLAF)]* en vue d'établir l'existence éventuelle d'une fraude, d'un acte de corruption ou de toute autre activité illégale portant atteinte aux intérêts financiers de l'Union, dans le cadre d'une convention de subvention ou d'un contrat bénéficiant d'un financement direct ou indirect au titre du présent règlement.

4. Sans préjudice des paragraphes 1, 2 et 3, les contrats et les conventions de subvention résultant de la mise en œuvre du présent règlement contiennent des dispositions habilitant expressément la Commission, le Centre de compétences, la Cour des comptes et l'OLAF à procéder à ces audits et enquêtes conformément à leurs compétences respectives. Lorsque la mise en œuvre d'une action est externalisée ou soustraitée, en tout ou partie, ou lorsqu'elle nécessite l'attribution d'un marché ou un soutien financier à un tiers, le contrat ou la convention de subvention prévoit l'obligation, pour le contractant ou le bénéficiaire, d'imposer à tout tiers concerné l'acceptation explicite desdits pouvoirs de la Commission, du Centre de compétences, de la Cour des comptes et de l'OLAF.

CHAPITRE IV *PERSONNEL DU CENTRE DE COMPÉTENCES*

Art. 30 *Personnel.* 1. Le statut et le régime, ainsi que les règles adoptées conjointement par les institutions de l'Union aux fins de l'application du statut et du régime, s'appliquent au personnel du Centre de compétences.

2. Le conseil de direction exerce, à l'égard du personnel du Centre de compétences, les pouvoirs conférés par le statut à l'autorité investie du pouvoir de nomination et les pouvoirs conférés par le régime à l'autorité habilitée à conclure les contrats d'engagement (ci-après dénommés "pouvoirs de l'autorité investie du pouvoir de nomination").

3. Le conseil de direction adopte, conformément à l'article 110 du statut, une décision fondée sur l'article 2, paragraphe 1, du statut et sur l'article 6 du régime, déléguant au directeur exécutif les pouvoirs correspondants de l'autorité investie du pouvoir de nomination et définissant les conditions dans lesquelles cette délégation peut être suspendue. Le directeur exécutif est autorisé à subdéléguer ces pouvoirs.

4. Lorsque des circonstances exceptionnelles l'exigent, le conseil de direction peut, par la voie d'une décision, suspendre temporairement la délégation des pouvoirs de l'autorité investie du pouvoir de nomination au directeur exécutif et toute subdélégation de ces pouvoirs par ce dernier. Dans ce cas, le conseil de direction exerce lui-même les pouvoirs de l'autorité investie du pouvoir de nomination ou les délègue à l'un de ses membres ou à un membre du personnel du Centre de compétences autre que le directeur exécutif.

5. Le conseil de direction arrête les règles d'exécution du statut et du régime conformément à l'article 110 du statut.

6. Les ressources en personnel sont déterminées par le tableau des effectifs visé à l'article 13, paragraphe 3, point l), lequel indique le nombre d'emplois temporaires par groupe de fonctions et par grade et le nombre d'agents contractuels exprimés en équivalents temps plein, conformément au budget annuel du Centre de compétences.

7. Les besoins en ressources humaines du Centre de compétences sont rencontrés en premier lieu par un redéploiement de membres du personnel ou de postes des institutions, organes et organismes de l'Union, et par des ressources humaines supplémen-

taires par voie de recrutement. Le personnel du Centre de compétences peut se composer d'agents temporaires et d'agents contractuels.

8. Toutes les dépenses de personnel sont à la charge du Centre de compétences.

Art. 31 *Experts nationaux détachés et autre personnel.* 1. Le Centre de compétences peut recourir à des experts nationaux détachés ou à d'autres membres du personnel qui ne sont pas employés par le Centre de compétences.

2. Le conseil de direction adopte une décision fixant les règles applicables au détachement d'experts nationaux auprès du Centre de compétences, en accord avec la Commission.

Art. 32 *Privilèges et immunités.* Le protocole n° 7 sur les privilèges et immunités de l'Union européenne annexé au traité sur l'Union européenne et au traité sur le fonctionnement de l'Union européenne s'applique au Centre de compétences et à son personnel.

CHAPITRE V *DISPOSITIONS COMMUNES*

Art. 33 *Règles de sécurité.* 1. L'article 12 du règlement (UE) 2021/694 s'applique à la participation à toutes les actions financées par le Centre de compétences.

2. Les règles de sécurité spécifiques suivantes s'appliquent aux actions financées au titre d'Horizon Europe :

a) aux fins de l'article 38, paragraphe 1, du règlement (UE) 2021/695, lorsque le programme de travail annuel le prévoit, l'octroi de licences non exclusives peut être limité à des tiers qui sont établis ou réputés établis dans un État membre et qui sont contrôlés par ledit État membre ou par des ressortissants de cet État membre ;

b) aux fins de l'article 40, paragraphe 4, premier alinéa, point b), du règlement (UE) 2021/695, le transfert ou l'octroi d'une licence à une entité juridique établie dans un pays associé ou établie dans l'Union, mais contrôlée depuis des pays tiers, constituent également des motifs d'objection aux transferts de propriété des résultats ou à l'octroi d'une licence exclusive en ce qui concerne les résultats ;

c) aux fins de l'article 41, paragraphe 7, premier alinéa, point a), du règlement (UE) 2021/695, lorsque le programme de travail annuel le prévoit, l'octroi de droits d'accès, tels qu'ils sont définis à l'article 2, point 9), dudit règlement, peut être réservé uniquement à une entité juridique qui est établie ou réputée établie dans un État membre et qui est contrôlée par ledit État membre ou par des ressortissants de cet État membre.

Art. 34 *Transparence.* 1. Le Centre de compétences exerce ses activités dans la plus grande transparence.

2. Le Centre de compétences veille à ce que le public et toute partie intéressée reçoivent, en temps utile, des informations suffisantes, objectives, fiables et facilement accessibles, notamment en ce qui concerne les résultats de ses travaux. Il rend également publiques les déclarations d'intérêt faites conformément à l'article 43. Ces exigences s'appliquent également aux centres nationaux de coordination, à la communauté et au groupe consultatif stratégique conformément au droit applicable.

3. Le conseil de direction, statuant sur proposition du directeur exécutif, peut autoriser des parties intéressées à participer en tant qu'observateurs à certaines activités du Centre de compétences.

4. Le Centre de compétences fixe dans le règlement intérieur de son conseil de direction et dans le règlement intérieur du groupe consultatif stratégique les modalités pratiques de mise en œuvre des règles de transparence visées aux paragraphes 1 et 2 du présent article. En ce qui concerne les actions financées au titre d'Horizon Europe, ces règles et modalités tiennent compte du règlement (UE) 2021/695.

Art. 35 *Équilibre entre les hommes et les femmes.* Dans le cadre de la mise en œuvre du présent règlement, lorsqu'ils désignent des candidats ou proposent des représentants, la Commission, les États membres et les autres parties prenantes institutionnelles et privées choisissent des représentants parmi plusieurs candidats, dans la mesure du possible, et dans le but d'assurer un équilibre entre les hommes et les femmes.

Art. 36 *Règles de sécurité en matière de protection des informations classifiées et des informations sensibles non classifiées.* 1. Après approbation par la Commission, le conseil de direction adopte les règles de sécurité du Centre de compétences. Ces règles de sécurité appliquent les principes et les règles de sécurité fixés dans les décisions (UE, Euratom) 2015/443 *[du 13 mars 2015 relative à la sécurité au sein de la Commission]* et (UE, Euratom) 2015/444 *[du 13 mars 2015 concernant les règles de sécurité aux fins de la protection des informations classifiées de l'Union européenne]* de la Commission.

2. Les membres du conseil de direction, le directeur exécutif, les experts externes participant aux groupes de travail *ad hoc* et les membres du personnel du Centre de compétences se conforment aux exigences de confidentialité prévues à l'article 339 du traité sur le fonctionnement de l'Union européenne, même après la cessation de leurs fonctions.

3. Le Centre de compétences peut prendre les mesures nécessaires pour faciliter l'échange d'informations utiles à l'exécution de ses tâches, avec la Commission et les États membres et, s'il y a lieu, les institutions, organes et organismes de l'Union concernés. Tout arrangement administratif conclu à cette fin concernant le partage d'informations classifiées de l'Union européenne (ICUE) ou, en l'absence d'un tel arrangement, toute communication *ad hoc* exceptionnelle d'ICUE est préalablement approuvé par la Commission.

Art. 37 *Accès aux documents.* 1. Le règlement (CE) n° 1049/2001 s'applique aux documents détenus par le Centre de compétences.

2. Le conseil de direction adopte les modalités de mise en œuvre du règlement (CE) n° 1049/2001 au plus tard le 29 décembre 2021.

3. Les décisions prises par le Centre de compétences en vertu de l'article 8 du règlement (CE) n° 1049/2001 peuvent faire l'objet d'une plainte auprès du médiateur au titre de l'article 228 du traité sur le fonctionnement de l'Union européenne ou d'un recours devant la Cour de justice de l'Union européenne au titre de l'article 263 du traité sur le fonctionnement de l'Union européenne.

Art. 38 *Suivi, évaluation et réexamen.* 1. Le Centre de compétences veille à ce que ses activités, y compris celles qui sont gérées par l'intermédiaire des centres nationaux de coordination et du Réseau, fassent l'objet d'un suivi continu et systématique et d'une évaluation périodique. Le Centre de compétences veille à ce que les données nécessaires au suivi de la mise en œuvre et des résultats des programmes de financement de l'Union visés à l'article 4, paragraphe 3, point b), soient collectées de manière efficace et effective et en temps utile, et impose aux destinataires de fonds de l'Union et aux États membres des obligations de déclaration proportionnées. Les conclusions de ladite évaluation sont rendues publiques.

2. Dès qu'elle dispose d'informations suffisantes sur la mise en œuvre du présent règlement, et en tout état de cause au plus tard 30 mois après la date prévue à l'article 46, paragraphe 4, la Commission élabore un rapport de mise en œuvre sur les activités du Centre de compétences, en prenant en compte les contributions préliminaires du conseil de direction, des centres nationaux de coordination et de la communauté. La Commission soumet ce rapport de mise en œuvre au Parlement européen et au Conseil au plus tard le 30 juin 2024. Le Centre de compétences et les États membres fournissent à la Commission les informations nécessaires à l'élaboration de ce rapport.

3. Le rapport de mise en œuvre visé au paragraphe 2 comporte une évaluation :

a) des capacités de travail du Centre de compétences au regard de sa mission, de ses objectifs, de son mandat et de ses tâches, ainsi que de la coopération et de la coordination avec les parties prenantes, en particulier les centres nationaux de coordination, la communauté et l'ENISA ;

b) des résultats obtenus par le Centre de compétences, eu égard à sa mission, à ses objectifs, à son mandat et à ses tâches, et en particulier de l'efficacité du Centre de compétences en ce qui concerne la coordination des fonds de l'Union et la mise en commun de l'expertise ;

c) de la cohérence des tâches de mise en œuvre avec la stratégie et le programme de travail pluriannuel ;

d) de la coordination et de la coopération du Centre de compétences avec le comité du programme d'Horizon Europe et le comité du programme pour une Europe numérique, en particulier en vue d'accroître la cohérence et les synergies avec la stratégie, le programme de travail annuel, le programme de travail pluriannuel, Horizon Europe et le programme pour une Europe numérique ;

e) des actions conjointes.

4. Après avoir présenté le rapport de mise en œuvre visé au paragraphe 2 du présent article, la Commission procède à une évaluation du Centre de compétences, en prenant en compte les contributions préliminaires du conseil de direction, des centres nationaux de coordination et de la communauté. Cette évaluation renvoie, au besoin, aux évaluations visées au paragraphe 3 du présent article, ou les actualise, et est réalisée avant l'expiration de la période indiquée à l'article 47, paragraphe 1, de manière à déterminer en temps utile s'il convient de prolonger la durée du mandat du Centre de compétences au-delà de cette période. Cette évaluation analyse les aspects juridiques et administratifs du mandat du Centre de compétences et les possibilités de créer des synergies et d'éviter la fragmentation avec d'autres institutions, organes et organismes de l'Union.

Si la Commission estime que le maintien du Centre de compétences est justifié au regard de sa mission, de ses objectifs, de son mandat et de ses tâches, elle peut présenter une proposition législative visant à prolonger la durée du mandat du Centre de compétences énoncée à l'article 47.

5. Sur la base des conclusions du rapport de mise en œuvre visé au paragraphe 2, la Commission peut prendre des mesures appropriées.

6. Le suivi, l'évaluation, la suppression progressive et le renouvellement de la contribution au titre d'Horizon Europe ont lieu conformément aux articles 10, 50 et 52 du règlement (UE) 2021/695, et aux modalités d'exécution convenues.

7. Le suivi et l'évaluation de la contribution au titre du programme pour une Europe numérique ainsi que les rapports établis à ce sujet sont réalisés conformément aux articles 24 et 25 du règlement (UE) 2021/694.

8. En cas de liquidation du Centre de compétences, la Commission procède à une évaluation finale du Centre de compétences dans les six mois à compter de sa liquidation et, en tout état de cause, au plus tard deux ans après le déclenchement de la procédure de liquidation visée à l'article 47. Les résultats de cette évaluation finale sont présentés au Parlement européen et au Conseil.

Art. 39 *Personnalité juridique du Centre de compétences.* 1. Le Centre de compétences est doté de la personnalité juridique.

2. Dans chaque État membre, le Centre de compétences jouit de la capacité juridique la plus large reconnue aux personnes morales par le droit de cet État. Il peut notamment acquérir ou aliéner des biens mobiliers et immobiliers et ester en justice.

Art. 40 *Responsabilité du Centre de compétences.* 1. La responsabilité contractuelle du Centre de compétences est régie par le droit applicable à la convention, à la décision ou au contrat en question.

2. En matière de responsabilité non contractuelle, le Centre de compétences doit réparer les dommages causés par son personnel dans l'exercice de ses fonctions, conformément aux principes généraux communs aux législations des États membres.

3. Tout paiement effectué par le Centre de compétences relativement à la responsabilité visée aux paragraphes 1 et 2, ainsi que les frais et dépenses exposés en relation avec celle-ci, sont considérés comme des dépenses du Centre de compétences et sont couverts par ses ressources.

4. Le Centre de compétences répond seul de ses obligations.

Art. 41 *Compétence de la Cour de justice de l'Union européenne et droit applicable.* 1. La Cour de justice de l'Union européenne est compétente :

a) pour statuer en vertu de clauses compromissoires contenues dans les décisions adoptées par le Centre de compétences ou dans les conventions ou contrats conclus par celui-ci ;

b) pour les litiges concernant la réparation des dommages causés par le personnel du Centre de compétences dans l'exercice de ses fonctions ;

c) pour tout litige entre le Centre de compétences et son personnel dans les limites et dans les conditions prévues par le statut.

2. Le droit de l'État membre où se trouve le siège du Centre de compétences est applicable à toute matière non couverte par le présent règlement ou par d'autres actes juridiques de l'Union.

Art. 42 *Responsabilité de l'Union et des États membres et assurances.* 1. La responsabilité financière de l'Union et des États membres en ce qui concerne les dettes du Centre de compétences est limitée à la contribution qu'ils ont déjà versée pour couvrir les coûts administratifs.

2. Le Centre de compétences contracte et maintient en vigueur les assurances nécessaires.

Art. 43 *Conflits d'intérêts.* Le conseil de direction adopte des règles en matière de prévention, de détection et de résolution des conflits d'intérêts qui s'appliquent à ses membres, à ses organes et à son personnel, y compris au directeur exécutif. Ces règles contiennent des dispositions visant à éviter tout conflit d'intérêts impliquant des représentants des membres siégeant au conseil de direction ainsi qu'au groupe consultatif stratégique, conformément au règlement financier, y compris des dispositions relatives à d'éventuelles déclarations d'intérêts. Les centres nationaux de coordination sont soumis au droit national en ce qui concerne les conflits d'intérêts.

Art. 44 *Protection des données à caractère personnel.* 1. Les opérations de traitement de données à caractère personnel effectuées par le Centre de compétences sont soumises au règlement (UE) 2018/1725.

2. Le conseil de direction adopte les dispositions d'application visées à l'article 45, paragraphe 3, du règlement (UE) 2018/1725. Le conseil de direction peut adopter des mesures supplémentaires nécessaires à l'application dudit règlement par le Centre de compétences.

Art. 45 *Soutien apporté par l'État membre d'accueil.* Un accord administratif peut être conclu entre le Centre de compétences et l'État membre d'accueil où se trouve son siège en ce qui concerne les privilèges et immunités et les autres formes de soutien à fournir par cet État membre au Centre de compétences.

CHAPITRE VI *DISPOSITIONS FINALES*

Art. 46 *Mesures initiales.* 1. La Commission est chargée de la création et de l'exploitation initiale du Centre de compétences jusqu'à ce que celui-ci dispose de la capacité opérationnelle pour exécuter son propre budget. La Commission prend, conformément au droit de l'Union, toutes les mesures nécessaires avec la participation des organes compétents du Centre de compétences.

2. Aux fins du paragraphe 1 du présent article, la Commission peut désigner un directeur exécutif par intérim jusqu'à ce que le directeur exécutif prenne ses fonctions après avoir été nommé par le conseil de direction conformément à l'article 16. Le directeur exécutif par intérim exerce les fonctions du directeur exécutif et peut être assisté par un nombre limité de membres du personnel de la Commission. La Commission peut détacher, à titre provisoire, un nombre limité de membres de son personnel au Centre de compétences.

3. Le directeur exécutif par intérim peut autoriser tous les paiements couverts par les crédits prévus au budget annuel du Centre de compétences après que celui-ci a été adopté par le conseil de direction, et peut conclure des conventions et des contrats, y compris des contrats d'engagement, et adopter des décisions, après l'adoption du tableau des effectifs visé à l'article 13, paragraphe 3, point l).

4. Le directeur exécutif par intérim détermine, d'un commun accord avec le directeur exécutif et sous réserve de l'approbation du conseil de direction, la date à partir de laquelle le Centre de compétences aura la capacité d'exécuter son propre budget. À compter de cette date, la Commission s'abstient de procéder à des engagements et d'exécuter des paiements pour les activités du Centre de compétences.

Art. 47 *Durée.* 1. Le Centre de compétences est établi pour la période du 28 juin 2021 au 31 décembre 2029.

2. Sauf prorogation du mandat du Centre de compétences conformément à l'article 38, paragraphe 4, la procédure de liquidation est déclenchée automatiquement au terme de la période visée au paragraphe 1 du présent article.

3. Pour les besoins de la procédure de liquidation du Centre de compétences, le conseil de direction nomme un ou plusieurs liquidateurs, qui se conforment aux décisions du conseil de direction.

4. Lors de la liquidation du Centre de compétences, ses actifs sont utilisés pour couvrir ses dettes et les dépenses liées à sa liquidation. Tout excédent est réparti entre l'Union et les États membres contributeurs, au prorata de leur contribution financière au Centre de compétences. Tout excédent de ce type attribué à l'Union est reversé au budget de l'Union.

Art. 48 *Entrée en vigueur.* Le présent règlement entre en vigueur le vingtième jour suivant celui de sa publication au *Journal officiel de l'Union européenne* *[JOUE L 202 du 8 juin 2021]*.

Règlement (UE) 2022/2554 du Parlement européen et du Conseil du 14 décembre 2022 (règlement "DORA"),

Sur la résilience opérationnelle numérique du secteur financier.

BIBL. ▶ Jouffin, DORA, le texte de référence en matière de cyber-résilience des entités financières, *Banque et Dr. 1-2/2023. 47.* – Storrer, The Age of Resilience [DORA et les autres], *Banque et Dr. 1-2/2023. 21.*

V. les consid. sur le Code en ligne 🏛.

CHAPITRE I *DISPOSITIONS GÉNÉRALES*

Art. 1er *Objet.* 1. Pour atteindre un niveau commun élevé de résilience opérationnelle numérique, le présent règlement définit les exigences uniformes relatives à la sécurité des réseaux et des systèmes d'information sous-tendant les processus opérationnels des entités financières, comme suit :

a) les exigences applicables aux entités financières en ce qui concerne :

i) la gestion des risques liés aux technologies de l'information et de la communication (TIC) ;

ii) la notification, aux autorités compétentes, des incidents majeurs liés aux TIC et la notification, à titre volontaire, des cybermenaces importantes aux autorités compétentes ;

iii) la notification aux autorités compétentes, par les entités financières visées à l'article 2, paragraphe 1, points a) à d), des incidents opérationnels ou de sécurité majeurs liés au paiement ;

iv) les tests de résilience opérationnelle numérique ;

v) le partage d'informations et de renseignements en rapport avec les cybermenaces et les cybervulnérabilités ;

vi) les mesures destinées à garantir la gestion saine du risque lié aux prestataires tiers de services TIC ;

b) les exigences relatives aux accords contractuels conclus entre des prestataires tiers de services TIC et des entités financières ;

c) les règles relatives à l'établissement du cadre de supervision applicable aux prestataires tiers critiques de services TIC lorsqu'ils fournissent des services à des entités financières, ainsi que celles liées à l'exercice des tâches dans ce cadre ;

d) les règles relatives à la coopération entre les autorités compétentes, et les règles relatives à la surveillance et à l'exécution par les autorités compétentes en ce qui concerne toutes les questions couvertes par le présent règlement.

2. S'agissant des entités financières identifiées en tant qu'entités essentielles ou importantes conformément aux dispositions nationales transposant l'article 3 de la directive (UE) 2022/2555, le présent règlement est considéré comme un acte juridique sectoriel de l'Union aux fins de l'article 4 de ladite directive.

3. Le présent règlement est sans préjudice de la responsabilité des États membres pour ce qui est des fonctions essentielles de l'État en matière de sécurité publique, de défense et de sécurité nationale conformément au droit de l'Union.

Art. 2 *Champ d'application.* 1. Sans préjudice des paragraphes 3 et 4, le présent règlement s'applique aux entités suivantes :

a) les établissements de crédit ;

b) les établissements de paiement, y compris les établissements de paiement exemptés en vertu de la directive (UE) 2015/2366 ;

c) les prestataires de services d'information sur les comptes ;

d) les établissements de monnaie électronique, y compris les établissements de monnaie électronique exemptés en vertu de la directive 2009/110/CE ;

e) les entreprises d'investissement ;

f) les prestataires de services sur crypto-actifs agréés en vertu du règlement du Parlement européen et du Conseil sur les marchés de crypto-actifs, et modifiant les règlements (UE) n° 1093/2010 et (UE) n° 1095/2010 et les directives 2013/36/UE et (UE) 2019/1937 (ci-après dénommé "règlement sur les marchés de crypto-actifs") et les émetteurs de jetons se référant à un ou des actifs ;

g) les dépositaires centraux de titres ;

h) les contreparties centrales ;

i) les plates-formes de négociation ;

j) les référentiels centraux ;

k) les gestionnaires de fonds d'investissement alternatifs ;

l) les sociétés de gestion ;

m) les prestataires de services de communication de données ;

n) les entreprises d'assurance et de réassurance ;

o) les intermédiaires d'assurance, les intermédiaires de réassurance et les intermédiaires d'assurance à titre accessoire ;

p) les institutions de retraite professionnelle ;

q) les agences de notation de crédit ;

r) les administrateurs d'indices de référence d'importance critique ;

s) les prestataires de services de financement participatif ;

t) les référentiels des titrisations ;

u) les prestataires tiers de services TIC.

2. Aux fins du présent règlement, les entités visées au paragraphe 1, points a) à t), sont collectivement dénommées "entités financières".

3. Le présent règlement ne s'applique pas aux :

a) gestionnaires de fonds d'investissement alternatifs visés à l'article 3, paragraphe 2, de la directive 2011/61/UE ;

b) entreprises d'assurance et de réassurance visées à l'article 4 de la directive 2009/138/CE ;

c) institutions de retraite professionnelle qui gèrent des régimes de retraite qui, ensemble, ne comptent pas plus de quinze affiliés au total ;

d) personnes physiques ou morales exemptées en vertu des articles 2 et 3 de la directive 2014/65/UE ;

e) intermédiaires d'assurance, intermédiaires de réassurance et intermédiaires d'assurance à titre accessoire qui sont des microentreprises ou des petites ou moyennes entreprises ;

f) offices des chèques postaux visés à l'article 2, paragraphe 5, point 3), de la directive 2013/36/UE.

4. Les États membres peuvent exclure du champ d'application du présent règlement les entités visées à l'article 2, paragraphe 5, points 4) à 23), de la directive 2013/36/UE qui sont situées sur leur territoire respectif. Lorsqu'un État membre fait usage de cette option, il en informe la Commission ainsi que de toute modification ultérieure. La Commission met ces informations à la disposition du public sur son site internet ou par d'autres moyens facilement accessibles.

Art. 3 *Définitions.* Aux fins du présent règlement, on entend par :

1) "résilience opérationnelle numérique" : la capacité d'une entité financière à développer, garantir et réévaluer son intégrité et sa fiabilité opérationnelles en assurant directement ou indirectement par le recours aux services fournis par des prestataires tiers de services TIC, l'intégralité des capacités liées aux TIC nécessaires pour garantir la sécurité des réseaux et des systèmes d'information qu'elle utilise, et qui sous-tendent

la fourniture continue de services financiers et leur qualité, y compris en cas de perturbations ;

2) "réseau et système d'information" : un réseau et système d'information au sens de l'article 6, point 1), de la directive (UE) 2022/2555 ;

3) "système de TIC hérité" : un système de TIC qui a atteint la fin de son cycle de vie (fin de vie), qui ne se prête pas à des mises à jour ou des corrections, pour des raisons technologiques ou commerciales, ou qui n'est plus pris en charge par son fournisseur ou par un prestataire tiers de services TIC, mais qui est toujours utilisé et soutient les fonctions de l'entité financière ;

4) "sécurité des réseaux et des systèmes d'information" : la sécurité des réseaux et des systèmes d'information au sens de l'article 6, point 2), de la directive (UE) 2022/2555 ;

5) "risque lié aux TIC" : toute circonstance raisonnablement identifiable liée à l'utilisation des réseaux et des systèmes d'information qui, si elle se concrétise, peut compromettre la sécurité des réseaux et des systèmes d'information, de tout outil ou processus dépendant de la technologie, du fonctionnement et des processus ou de la fourniture de services en produisant des effets préjudiciables dans l'environnement numérique ou physique ;

6) "actif informationnel" : un ensemble d'informations, matérielles ou immatérielles, qui justifie une protection ;

7) "actif de TIC" : un actif logiciel ou matériel dans les réseaux et les systèmes d'information utilisés par l'entité financière ;

8) "incident lié aux TIC" : un événement ou une série d'événements liés entre eux que l'entité financière n'a pas prévu qui compromet la sécurité des réseaux et des systèmes d'information, et a une incidence négative sur la disponibilité, l'authenticité, l'intégrité ou la confidentialité des données ou sur les services fournis par l'entité financière ;

9) "incident opérationnel ou de sécurité lié au paiement" : un événement ou une série d'événements liés entre eux que les entités financières visées à l'article 2, paragraphe 1, points a) à d), n'ont pas prévu, lié ou non aux TIC, qui a une incidence négative sur la disponibilité, l'authenticité, l'intégrité ou la confidentialité des données liées au paiement ou sur les services liés au paiement fournis par l'entité financière ;

10) "incident majeur lié aux TIC" : un incident lié aux TIC qui a une incidence négative élevée sur les réseaux et les systèmes d'information qui soutiennent les fonctions critiques ou importantes de l'entité financière ;

11) "incident opérationnel ou de sécurité majeur lié au paiement" : un incident opérationnel ou de sécurité lié au paiement qui a une incidence négative élevée sur les services fournis liés au paiement ;

12) "cybermenace" : une cybermenace au sens de l'article 2, point 8), du règlement (UE) 2019/881 ;

13) "cybermenace importante" : une cybermenace dont les caractéristiques techniques indiquent qu'elle pourrait donner lieu à un incident majeur lié aux TIC ou à un incident opérationnel ou de sécurité majeur lié au paiement ;

14) "cyberattaque" : un incident lié aux TIC malveillant causé par une tentative de destruction, d'exposition, de modification, de désactivation, de vol, d'utilisation non autorisée d'un actif ou d'accès non autorisé à celui-ci, perpétrée par un acteur de la menace ;

15) "renseignements sur les menaces" : les informations qui ont été rassemblées, transformées, analysées, interprétées ou enrichies pour fournir le contexte nécessaire à la prise de décisions et permettre une compréhension pertinente et suffisante en vue d'atténuer les effets d'un incident lié aux TIC ou d'une cybermenace, y compris les détails techniques d'une cyberattaque, les responsables de l'attaque, ainsi que leur mode opératoire et leurs motivations ;

16) "vulnérabilité" : une faiblesse, une susceptibilité ou un défaut d'un actif, d'un système, d'un processus ou d'un contrôle qui peuvent être exploités ;

17) "tests de pénétration fondés sur la menace" : un cadre simulant les tactiques, les techniques et les procédures d'acteurs de la menace réels perçus comme représentant une véritable cybermenace, qui permet de tester de manière contrôlée, sur mesure et

en fonction des renseignements (*red team*) les systèmes critiques en environnement de production de l'entité financière ;

18) "risque lié aux prestataires tiers de services TIC" : un risque lié aux TIC auquel une entité financière peut être exposée du fait de son recours à des services TIC fournis par des prestataires tiers de services TIC ou par des sous-traitants, y compris au moyen d'accords d'externalisation ;

19) "prestataire tiers de services TIC" : une entreprise qui fournit des services TIC ;

20) "prestataire de services TIC intra-groupe" : une entreprise qui fait partie d'un groupe financier et qui fournit principalement des services TIC à des entités financières du même groupe ou à des entités financières appartenant au même système de protection institutionnel, y compris à leurs entreprises mères, filiales et succursales ou à d'autres entités détenues ou contrôlées par la même entité ;

21) "services TIC" : les services numériques et de données fournis de manière permanente par l'intermédiaire des systèmes de TIC à un ou plusieurs utilisateurs internes ou externes, dont le matériel en tant que service et les services matériels qui englobent la fourniture d'assistance technique au moyen de mises à jour de logiciels ou de micrologiciels réalisées par le fournisseur de matériel, à l'exclusion des services de téléphonie analogique traditionnels ;

22) "fonction critique ou importante" : une fonction dont la perturbation est susceptible de nuire sérieusement à la performance financière d'une entité financière, ou à la solidité ou à la continuité de ses services et activités, ou une interruption, une anomalie ou une défaillance de l'exécution de cette fonction est susceptible de nuire sérieusement à la capacité d'une entité financière de respecter en permanence les conditions et obligations de son agrément, ou ses autres obligations découlant des dispositions applicables du droit relatif aux services financiers ;

23) "prestataire tiers critique de services TIC" : un prestataire tiers de services TIC désigné comme étant critique conformément à l'article 31 ;

24) "prestataire tiers de services TIC établi dans un pays tiers" : un prestataire tiers de services TIC qui est une personne morale établie dans un pays tiers et qui a conclu un accord contractuel avec une entité financière pour la fourniture de services TIC ;

25) "filiale" : une entreprise filiale au sens de l'article 2, point 10), et de l'article 22 de la directive 2013/34/UE ;

26) "groupe" : un groupe au sens de l'article 2, point 11), de la directive 2013/34/UE ;

27) "entreprise mère" : une entreprise mère au sens de l'article 2, point 9), et de l'article 22 de la directive 2013/34/UE ;

28) "sous-traitant de TIC établi dans un pays tiers" : un sous-traitant de TIC qui est une personne morale établie dans un pays tiers et qui a conclu un accord contractuel soit avec un prestataire tiers de services TIC, soit avec un prestataire tiers de services TIC établi dans un pays tiers ;

29) "risque de concentration de TIC" : une exposition à des prestataires tiers critiques de services TIC individuels ou multiples et liés, créant un degré de dépendance à l'égard de ces prestataires, de sorte que l'indisponibilité, la défaillance ou tout autre type d'insuffisance de ces derniers peut potentiellement mettre en péril la capacité d'une entité financière à assurer des fonctions critiques ou importantes, ou l'exposer à subir d'autres types d'effets préjudiciables, y compris des pertes importantes, ou mettre en péril la stabilité financière de l'Union dans son ensemble ;

30) "organe de direction" : un organe de direction au sens de l'article 4, paragraphe 1, point 36), de la directive 2014/65/UE, de l'article 3, paragraphe 1, point 7), de la directive 2013/36/UE, de l'article 2, paragraphe 1, point s), de la directive 2009/65/CE du Parlement européen et du Conseil *[du 13 juill. 2009 portant coordination des dispositions législatives, réglementaires et administratives concernant certains organismes de placement collectif en valeurs mobilières (OPCVM)]*, de l'article 2, paragraphe 1, point 45), du règlement (UE) n° 909/2014, de l'article 3, paragraphe 1, point 20), du règlement (UE) 2016/1011, et de la disposition pertinente du règlement sur les marchés de crypto-actifs, ou les personnes assimilées qui dirigent effectivement l'entité ou qui exercent des fonctions clés conformément au droit de l'Union ou au droit national applicable ;

31) "établissement de crédit" : un établissement de crédit au sens de l'article 4, paragraphe 1, point 1), du règlement (UE) n° 575/2013 du Parlement européen et du Conseil *[du 26 juin 2013 concernant les exigences prudentielles applicables aux établissements de crédit]* ;

32) "établissement exempté en vertu de la directive 2013/36/UE" : une entité visée à l'article 2, paragraphe 5, points 4) à 23), de la directive 2013/36/UE ;

33) "entreprise d'investissement" : une entreprise d'investissement au sens de l'article 4, paragraphe 1, point 1), de la directive 2014/65/UE ;

34) "petite entreprise d'investissement non interconnectée" : une entreprise d'investissement qui répond aux conditions énoncées à l'article 12, paragraphe 1, du règlement (UE) 2019/2033 du Parlement européen et du Conseil *[du 27 nov. 2019 concernant les exigences prudentielles applicables aux entreprises d'investissement]* ;

35) "établissement de paiement" : un établissement de paiement au sens de l'article 4, point 4), de la directive (UE) 2015/2366 ;

36) "établissement de paiement exempté en vertu de la directive (UE) 2015/2366" : un établissement de paiement bénéficiant d'une exemption au titre de l'article 32, paragraphe 1, de la directive (UE) 2015/2366 ;

37) "prestataires de services d'information sur les comptes" : un prestataire de services d'information sur les comptes visé à l'article 33, paragraphe 1, de la directive (UE) 2015/2366 ;

38) "établissement de monnaie électronique" : un établissement de monnaie électronique au sens de l'article 2, point 1), de la directive 2009/110/CE ;

39) "établissement de monnaie électronique exempté en vertu de la directive 2009/110/CE" : un établissement de monnaie électronique bénéficiant d'une exemption visé à l'article 9, paragraphe 1, de la directive 2009/110/CE ;

40) "contrepartie centrale" : une contrepartie centrale au sens de l'article 2, point 1), du règlement (UE) n° 648/2012 ;

41) "référentiel central" : un référentiel central au sens de l'article 2, point 2), du règlement (UE) n° 648/2012 ;

42) "dépositaire central de titres" : un dépositaire central de titres au sens de l'article 2, paragraphe 1, point 1), du règlement (UE) n° 909/2014 ;

43) "plate-forme de négociation" : une plate-forme de négociation au sens de l'article 4, paragraphe 1, point 24), de la directive 2014/65/UE ;

44) "gestionnaire de fonds d'investissement alternatifs" : un gestionnaire de fonds d'investissement alternatifs au sens de l'article 4, paragraphe 1, point b), de la directive 2011/61/UE ;

45) "société de gestion" : une société de gestion au sens de l'article 2, paragraphe 1, point b), de la directive 2009/65/CE ;

46) "prestataire de services de communication de données" : un prestataire de services de communication de données au sens du règlement (UE) n° 600/2014, tel que visé à l'article 2, paragraphe 1, points 34) à 36), dudit règlement ;

47) "entreprise d'assurance" : une entreprise d'assurance au sens de l'article 13, point 1), de la directive 2009/138/CE ;

48) "entreprise de réassurance" : une entreprise de réassurance au sens de l'article 13, point 4), de la directive 2009/138/CE ;

49) "intermédiaire d'assurance" : un intermédiaire d'assurance au sens de l'article 2, paragraphe 1, point 3), de la directive (UE) 2016/97 du Parlement européen et du Conseil *[du 20 janv. 2016 sur la distribution d'assurances]* ;

50) "intermédiaire d'assurance à titre accessoire" : un intermédiaire d'assurance à titre accessoire au sens de l'article 2, paragraphe 1, point 4), de la directive (UE) 2016/97 ;

51) "intermédiaire de réassurance" : un intermédiaire de réassurance au sens de l'article 2, paragraphe 1, point 5), de la directive (UE) 2016/97 ;

52) "institution de retraite professionnelle" : une institution de retraite professionnelle au sens de l'article 6, point 1), de la directive (UE) 2016/2341 ;

53) "petite institution de retraite professionnelle" : une institution de retraite professionnelle qui gère des régimes de retraite qui, ensemble, comptent moins de cent affiliés au total ;

54) "agence de notation de crédit" : une agence de notation de crédit au sens de l'article 3, paragraphe 1, point b), du règlement (CE) n° 1060/2009 ;

55) "prestataire de services sur crypto-actifs" : un prestataire de services sur crypto-actifs au sens de la disposition pertinente du règlement sur les marchés de crypto-actifs ;

56) "émetteur de jetons se référant à un ou des actifs" : un émetteur de jetons se référant à un ou des actifs au sens de la disposition pertinente du règlement sur les marchés de crypto-actifs ;

57) "administrateur d'indices de référence d'importance critique" : un administrateur d'indices de référence d'importance critique au sens de l'article 3, paragraphe 1, point 25), du règlement (UE) 2016/1011 ;

58) "prestataire de services de financement participatif" : un prestataire de services de financement participatif au sens de l'article 2, paragraphe 1, point e), du règlement (UE) 2020/1503 du Parlement européen et du Conseil *[du 7 oct. 2020 relatif aux prestataires européens de services de financement participatif pour les entrepreneurs]* ;

59) "référentiel des titrisations" : un référentiel des titrisations au sens de l'article 2, point 23), du règlement (UE) 2017/2402 du Parlement européen et du Conseil *[du 12 déc. 2017 créant un cadre général pour la titrisation ainsi qu'un cadre spécifique pour les titrisations simples, transparentes et standardisées]* ;

60) "microentreprise" : une entité financière, autre qu'une plate-forme de négociation, une contrepartie centrale, un référentiel central ou un dépositaire central de titres, qui emploie moins de dix personnes et dont le chiffre d'affaires annuel et/ou le total du bilan annuel n'excède pas 2 millions d'euros ;

61) "superviseur principal" : l'autorité européenne de surveillance désignée conformément à l'article 31, paragraphe 1, point b), du présent règlement ;

62) "comité mixte" : le comité visé à l'article 54 des règlements (UE) n° 1093/2010, (UE) n° 1094/2010 et (UE) n° 1095/2010 ;

63) "petite entreprise" : une entité financière qui emploie dix personnes ou plus mais moins de cinquante personnes et dont le chiffre d'affaires annuel et/ou le total du bilan annuel dépasse 2 millions d'euros mais n'excède pas 10 millions d'euros ;

64) "moyenne entreprise" : une entité financière qui n'est pas une petite entreprise et qui emploie moins de 250 personnes et dont le chiffre d'affaires annuel n'excède pas 50 millions d'euros et/ou dont le bilan annuel n'excède pas 43 millions d'euros ;

65) "autorité publique" : tout gouvernement ou toute autre entité de l'administration publique, y compris les banques centrales nationales.

Art. 4 *Principe de proportionnalité.* 1. Les entités financières mettent en œuvre les règles énoncées au chapitre II conformément au principe de proportionnalité, en tenant compte de leur taille et de leur profil de risque global ainsi que de la nature, de l'ampleur et de la complexité de leurs services, activités et opérations.

2. En outre, l'application par les entités financières des chapitres III et IV et du chapitre V, section 1, est proportionnée à leur taille et à leur profil de risque global, ainsi qu'à la nature, à l'ampleur et à la complexité de leurs services, activités et opérations, comme le prévoient expressément les règles pertinentes desdits chapitres.

3. Les autorités compétentes tiennent compte de l'application du principe de proportionnalité par les entités financières lorsqu'elles examinent la cohérence du cadre de gestion du risque lié aux TIC sur la base des rapports présentés à la demande des autorités compétentes conformément à l'article 6, paragraphe 5, et à l'article 16, paragraphe 2.

CHAPITRE II *GESTION DU RISQUE LIÉ AUX TIC*

SECTION 1

Art. 5 *Gouvernance et organisation.* 1. Les entités financières disposent d'un cadre de gouvernance et de contrôle interne qui garantit une gestion efficace et prudente du risque lié aux TIC, conformément à l'article 6, paragraphe 4, en vue d'atteindre un niveau élevé de résilience opérationnelle numérique.

2. L'organe de direction de l'entité financière définit, approuve, supervise et est responsable de la mise en œuvre de toutes les dispositions relatives au cadre de gestion

du risque lié aux TIC visé à l'article 6, paragraphe 1. Aux fins du premier alinéa, l'organe de direction :

a) assume la responsabilité ultime de la gestion du risque lié aux TIC de l'entité financière ;

b) met en place des stratégies visant à garantir le maintien de normes élevées en matière de disponibilité, d'authenticité, d'intégrité et de confidentialité des données ;

c) définit clairement les rôles et les responsabilités pour toutes les fonctions liées aux TIC et met en place des dispositifs de gouvernance appropriés pour assurer une communication, une coopération et une coordination efficaces et en temps utile entre ces fonctions ;

d) assume la responsabilité globale de la définition et de l'approbation de la stratégie de résilience opérationnelle numérique visée à l'article 6, paragraphe 8, y compris la détermination du niveau approprié de tolérance au risque lié aux TIC de l'entité financière, tel que visé à l'article 6, paragraphe 8, point b) ;

e) approuve, supervise et examine périodiquement la mise en œuvre de la politique de continuité des activités de TIC de l'entité financière et des plans de réponse et de rétablissement des TIC visés, respectivement, à l'article 11, paragraphes 1 et 3, qui peuvent être adoptés en tant que politique spécifique faisant partie intégrante de la politique globale de continuité des activités et du plan de réponse et de rétablissement de l'entité financière ;

f) approuve et examine périodiquement les plans internes d'audit des TIC et les audits des TIC de l'entité financière ainsi que les modifications significatives qui y sont apportées ;

g) alloue et réexamine périodiquement le budget approprié pour satisfaire les besoins de l'entité financière en matière de résilience opérationnelle numérique pour tous les types de ressources, y compris les programmes pertinents de sensibilisation à la sécurité des TIC et les formations pertinentes à la résilience opérationnelle numérique visés à l'article 13, paragraphe 6, et les compétences en matière de TIC pour l'ensemble du personnel ;

h) approuve et examine périodiquement la politique de l'entité financière concernant les modalités d'utilisation des services TIC fournis par des prestataires tiers de services TIC ;

i) met en place, au niveau de l'entreprise, des canaux de notification lui permettant d'être dûment informé des éléments suivants :

i) des accords conclus avec des prestataires tiers de services TIC sur l'utilisation des services TIC ;

ii) de tout changement significatif pertinent prévu concernant les prestataires tiers de services TIC ;

iii) des incidences potentielles de ces changements sur les fonctions critiques ou importantes faisant l'objet de ces accords, notamment un résumé de l'analyse des risques visant à évaluer les incidences de ces changements, et au minimum des incident majeurs liés aux TIC et de leur incidence, ainsi que des mesures de réponse, de rétablissement et de correction.

3. Les entités financières, autres que les microentreprises, instituent un rôle de suivi des accords conclus avec des prestataires tiers de services TIC sur l'utilisation des services TIC, ou désignent un membre de la direction générale chargé de superviser l'exposition aux risques connexe et la documentation pertinente.

4. Les membres de l'organe de direction de l'entité financière maintiennent activement à jour des connaissances et des compétences suffisantes pour comprendre et évaluer le risque lié aux TIC et son incidence sur les opérations de l'entité financière, notamment en suivant régulièrement une formation spécifique proportionnée au risque lié aux TIC géré.

SECTION 2

Art. 6 *Cadre de gestion du risque lié aux TIC.* 1. Les entités financières disposent d'un cadre de gestion du risque lié aux TIC solide, complet et bien documenté, faisant partie de leur système global de gestion des risques, qui leur permet de parer au risque lié aux TIC de manière rapide, efficiente et exhaustive et de garantir un niveau élevé de résilience opérationnelle numérique.

2. Le cadre de gestion du risque lié aux TIC englobe au moins les stratégies, les politiques, les procédures, les protocoles et les outils de TIC qui sont nécessaires pour protéger dûment et de manière appropriée tous les actifs informationnels et les actifs de TIC, y compris les logiciels, le matériel informatique, les serveurs, ainsi que toutes les composantes et infrastructures physiques pertinentes, telles que les locaux, centres de données et zones sensibles désignées, afin de garantir que tous les actifs informationnels et actifs de TIC sont correctement protégés contre les risques, y compris les dommages et les accès ou utilisations non autorisés.

3. Conformément à leur cadre de gestion du risque lié aux TIC, les entités financières réduisent au minimum l'incidence du risque lié aux TIC en déployant des stratégies, des politiques, des procédures, des protocoles et des outils de TIC adéquats. Elles fournissent des informations complètes et actualisées sur le risque lié aux TIC et sur leur cadre de gestion du risque lié aux TIC aux autorités compétentes à leur demande.

4. Les entités financières, autres que les microentreprises, confient la responsabilité de la gestion et de la surveillance du risque lié aux TIC à une fonction de contrôle et garantissent un niveau approprié d'indépendance de cette fonction de contrôle afin d'éviter les conflits d'intérêts. Les entités financières garantissent une séparation et une indépendance adéquates des fonctions de gestion du risque lié aux TIC, des fonctions de contrôle et des fonctions d'audit interne, selon le modèle reposant sur trois lignes de défense ou un modèle de gestion des risques et de contrôle internes.

5. Le cadre de gestion du risque lié aux TIC est documenté et réexaminé au moins une fois par an, ou périodiquement pour les microentreprises, ainsi qu'en cas de survenance d'incidents majeurs liés aux ICT, et conformément aux instructions des autorités de surveillance ou aux conclusions tirées des tests de résilience opérationnelle numérique ou des processus d'audit pertinents. Il est amélioré en permanence sur la base des enseignements tirés de la mise en œuvre et du suivi. Un rapport sur le réexamen du cadre de gestion du risque lié aux TIC est présenté à l'autorité compétente à sa demande.

6. Le cadre de gestion du risque lié aux TIC des entités financières, autres que les microentreprises, fait l'objet d'audits internes réguliers réalisés par des auditeurs conformément au plan d'audit des entités financières. Ces auditeurs possèdent des connaissances, des compétences et une expertise suffisantes en matière de risque lié aux TIC, et font preuve d'une indépendance adéquate. La fréquence et l'objectif des audits des TIC sont proportionnés au risque lié aux TIC de l'entité financière.

7. Sur la base des conclusions de l'audit interne, les entités financières mettent en place un processus de suivi formel, comprenant des règles pour la vérification et la correction en temps utile des constatations d'importance critique de l'audit des TIC.

8. Le cadre de gestion du risque lié aux TIC comprend une stratégie de résilience opérationnelle numérique qui définit les modalités de mise en œuvre du cadre. A cette fin, la stratégie de résilience opérationnelle numérique précise les méthodes pour parer au risque lié aux TIC et atteindre des objectifs spécifiques en matière de TIC, en :

a) expliquant la manière dont le cadre de gestion du risque lié aux TIC soutient la stratégie d'entreprise et les objectifs de l'entité financière ;

b) déterminant le niveau de tolérance au risque lié aux TIC, en fonction de l'appétit pour le risque de l'entité financière, et en analysant la tolérance à l'incidence des dysfonctionnements des TIC ;

c) définissant des objectifs clairs en matière de sécurité de l'information, y compris des indicateurs de performance clés et des indicateurs de risque clés ;

d) décrivant l'architecture des TIC de référence et les changements nécessaires pour atteindre des objectifs spécifiques de l'entité financière ;

e) présentant les différents mécanismes mis en place pour détecter et prévenir les incidents liés aux TIC, ainsi que pour se protéger contre leurs effets ;

f) déterminant la situation actuelle en matière de résilience opérationnelle numérique sur la base du nombre d'incidents majeurs liés aux TIC signalés et de l'efficacité des mesures de prévention ;

g) mettant en œuvre des tests de résilience opérationnelle numérique, conformément au chapitre IV du présent règlement ;

h) définissant une stratégie de communication en cas d'incidents liés aux TIC qui doivent être divulgués en vertu de l'article 14.

9. Les entités financières peuvent, dans le contexte de la stratégie de résilience opérationnelle numérique visée au paragraphe 8, définir une stratégie globale multi-fournisseurs en matière de TIC au niveau du groupe ou de l'entité, qui met en évidence les principales relations de dépendance à l'égard des prestataires tiers de services TIC et expose les raisons qui sous-tendent la combinaison de prestataires tiers de services TIC choisis.

10. Les entités financières peuvent, conformément au droit de l'Union et au droit sectoriel national, externaliser les tâches de vérification du respect des exigences en matière de gestion du risque lié aux TIC à des entreprises intra-groupe ou externes. Dans le cas d'une telle externalisation, l'entité financière reste pleinement responsable de la vérification du respect des exigences en matière de gestion du risque lié aux TIC.

Art. 7 *Systèmes, protocoles et outils de TIC.* Afin d'atténuer et de gérer le risque lié aux TIC, les entités financières utilisent et tiennent à jour des systèmes, protocoles et outils de TIC qui sont :

a) adaptés à l'ampleur des opérations qui sous-tendent l'exercice de leurs activités, conformément au principe de proportionnalité visé à l'article 4 ;

b) fiables ;

c) équipés d'une capacité suffisante pour traiter avec exactitude les données nécessaires à l'exécution des activités et à la fourniture des services en temps utile, et pour faire face aux pics de volume d'ordres, de messages ou de transactions, selon les besoins, y compris lorsque de nouvelles technologies sont mises en place ;

d) suffisamment résilients sur le plan technologique pour répondre de manière adéquate aux besoins supplémentaires de traitement de l'information qui apparaissent en situation de tensions sur les marchés ou dans d'autres situations défavorables.

Art. 8 *Identification.* 1. Aux fins du cadre de gestion du risque lié aux TIC visé à l'article 6, paragraphe 1, les entités financières identifient, classent et documentent de manière adéquate toutes les fonctions "métiers", tous les rôles et toutes les responsabilités s'appuyant sur les TIC, les actifs informationnels et les actifs de TIC qui soutiennent ces fonctions, ainsi que leurs rôles et dépendances en ce qui concerne le risque lié aux TIC. Les entités financières examinent si nécessaire, et au moins une fois par an, le caractère adéquat de cette classification et de toute documentation pertinente.

2. Les entités financières identifient, de manière continue, toutes les sources de risque lié aux TIC, en particulier l'exposition au risque vis-à-vis d'autres entités financières et émanant de celles-ci, et évaluent les cybermenaces et les vulnérabilités des TIC qui concernent leurs fonctions "métiers" s'appuyant sur les TIC, leurs actifs informationnels et leurs actifs de TIC. Les entités financières examinent régulièrement, et au moins une fois par an, les scénarios de risque qui ont des incidences sur elles.

3. Les entités financières, autres que les microentreprises, procèdent à une évaluation des risques à chaque modification importante de l'infrastructure du réseau et du système d'information, des processus ou des procédures, qui affecte leurs fonctions "métiers" s'appuyant sur les TIC, leurs actifs informationnels ou leurs actifs de TIC.

4. Les entités financières identifient tous les actifs informationnels et actifs de TIC, y compris ceux situés sur des sites extérieurs, les ressources du réseau et les équipements matériels, et répertorient ceux considérés comme critiques. Elles répertorient la configuration des actifs informationnels et des actifs de TIC et les liens et interdépendances entre les différents actifs informationnels et actifs de TIC.

5. Les entités financières identifient et documentent tous les processus qui dépendent de prestataires tiers de services TIC, et identifient les interconnexions avec des prestataires tiers de services TIC qui fournissent des services qui soutiennent des fonctions critiques ou importantes.

6. Aux fins des paragraphes 1, 4 et 5, les entités financières tiennent des inventaires pertinents et les mettent à jour périodiquement et chaque fois qu'a lieu une modification importante visée au paragraphe 3.

7. Les entités financières, autres que les microentreprises, procèdent régulièrement, et au moins une fois par an, à une évaluation spécifique du risque lié aux TIC sur tous

les systèmes de TIC hérités et, dans tous les cas, avant et après la connexion de technologies, d'applications ou de systèmes.

Art. 9 *Protection et prévention.* 1. Aux fins de la protection adéquate des systèmes de TIC et en vue d'organiser les mesures de réponse, les entités financières assurent un suivi et un contrôle permanents de la sécurité et du fonctionnement des systèmes et outils de TIC et réduisent au minimum l'incidence du risque lié aux TIC sur les systèmes de TIC par le déploiement d'outils, de stratégies et de procédures appropriés en matière de sécurité des TIC.

2. Les entités financières conçoivent, acquièrent et mettent en œuvre des stratégies, des politiques, des procédures, des protocoles et des outils de sécurité de TIC qui visent à garantir la résilience, la continuité et la disponibilité des systèmes de TIC, en particulier ceux qui soutiennent des fonctions critiques ou importantes, et à maintenir des normes élevées en matière de disponibilité, d'authenticité, d'intégrité et de confidentialité des données, que ce soit au repos, en cours d'utilisation ou en transit.

3. Pour atteindre les objectifs visés au paragraphe 2, les entités financières utilisent des solutions et des processus de TIC qui sont appropriés conformément à l'article 4. Ces solutions et processus de TIC :

a) garantissent la sécurité des moyens de transfert de données ;

b) réduisent au minimum le risque de corruption ou de perte de données, d'accès non autorisé et de défauts techniques susceptibles d'entraver les activités ;

c) empêchent le manque de disponibilité, les atteintes à l'authenticité et à l'intégrité, les violations de la confidentialité et la perte de données ;

d) garantissent que les données sont protégées contre les risques découlant de la gestion des données, y compris une mauvaise administration, les risques relatifs au traitement et l'erreur humaine.

4. Aux fins du cadre de gestion du risque lié aux TIC visé à l'article 6, paragraphe 1, les entités financières :

a) élaborent et documentent une politique de sécurité de l'information qui définit des règles visant à protéger la disponibilité, l'authenticité, l'intégrité et la confidentialité des données, des actifs informationnels et des actifs de TIC, y compris ceux de leurs clients, le cas échéant ;

b) instaurent, selon une approche fondée sur les risques, une gestion solide des réseaux et des infrastructures en recourant aux techniques, aux méthodes et aux protocoles appropriés, qui peuvent inclure la mise en œuvre de mécanismes automatisés pour isoler les actifs informationnels affectés en cas de cyberattaques ;

c) mettent en œuvre des politiques qui limitent l'accès physique ou logique aux actifs informationnels et aux actifs de TIC, à ce qui est nécessaire pour les fonctions et les activités légitimes et approuvées uniquement, et définissent à cette fin un ensemble de politiques, de procédures et de contrôles qui portent sur les droits d'accès et veillent à leur bonne administration ;

d) mettent en œuvre des politiques et des protocoles pour des mécanismes d'authentification forte, fondés sur des normes pertinentes et des systèmes de contrôle spécifiques, et des mesures de protection des clés de chiffrement par lesquelles les données sont chiffrées sur la base des résultats des processus approuvés de classification des données et d'évaluation du risque lié aux TIC ;

e) mettent en œuvre des politiques, des procédures et des contrôles documentés pour la gestion des changements dans les TIC, y compris les changements apportés aux logiciels, au matériel, aux composants de micrologiciels, aux systèmes ou aux paramètres de sécurité, qui sont fondés sur une approche d'évaluation des risques et font partie intégrante du processus global de gestion des changements de l'entité financière, afin de garantir que tous les changements apportés aux systèmes de TIC sont consignés, testés, évalués, approuvés, mis en œuvre et vérifiés de manière contrôlée ;

f) disposent de stratégies documentées appropriées et globales en matière de correctifs et de mises à jour. Aux fins du premier alinéa, point b), les entités financières conçoivent l'infrastructure de connexion au réseau de manière à permettre une déconnexion instantanée ou segmentée afin de réduire au minimum la contagion et de la prévenir, en particulier pour les processus financiers interconnectés.

Aux fins du premier alinéa, point e), le processus de gestion des changements dans les TIC est approuvé par la structure hiérarchique appropriée et comporte des protocoles spécifiques.

Art. 10 *Détection.* 1. Les entités financières mettent en place des mécanismes permettant de détecter rapidement les activités anormales, conformément à l'article 17, y compris les problèmes de performance des réseaux de TIC et les incidents liés aux TIC, ainsi que de repérer les points uniques de défaillance potentiellement significatifs. Tous les mécanismes de détection visés au premier alinéa sont régulièrement testés conformément à l'article 25.

2. Les mécanismes de détection visés au paragraphe 1 permettent la mise en place de plusieurs niveaux de contrôle, définissent des seuils d'alerte et des critères de déclenchement et de lancement des processus de réponse en cas d'incident lié aux TIC, y compris des mécanismes d'alerte automatique destinés au personnel compétent chargé de la réponse aux incidents liés aux TIC.

3. Les entités financières consacrent des ressources et des capacités suffisantes pour surveiller l'activité des utilisateurs, l'apparition d'anomalies liées aux TIC et d'incidents liés aux TIC, en particulier les cyberattaques.

4. Les prestataires de services de communication de données disposent en outre de systèmes capables de vérifier efficacement l'exhaustivité des déclarations de transactions, de repérer les omissions et les erreurs manifestes et de demander une nouvelle transmission de ces déclarations.

Art. 11 *Réponse et rétablissement.* 1. Aux fins du cadre de gestion du risque lié aux TIC visé à l'article 6, paragraphe 1, et sur la base des exigences en matière d'identification énoncées à l'article 8, les entités financières se dotent d'une politique de continuité des activités de TIC complète, qui peut être adoptée en tant que politique spécifique, et qui forme une partie intégrante de leur politique globale de continuité des activités.

2. Les entités financières mettent en œuvre la politique de continuité des activités de TIC au moyen de dispositifs, de plans, de procédures et de mécanismes spécifiques, appropriés et documentés visant à :

a) garantir la continuité des fonctions critiques ou importantes de l'entité financière ;

b) répondre aux incidents liés aux TIC et les résoudre rapidement, dûment et efficacement de manière à limiter les dommages et à donner la priorité à la reprise des activités et aux mesures de rétablissement ;

c) activer, sans retard, des plans spécifiques permettant de déployer des mesures, des processus et des technologies d'endiguement adaptés à chaque type d'incident lié aux TIC et de prévenir tout dommage supplémentaire, ainsi que des procédures sur mesure de réponse et de rétablissement, définies conformément à l'article 12 ;

d) estimer les incidences, les dommages et les pertes préliminaires ;

e) définir des mesures de communication et de gestion des crises qui garantissent la transmission d'informations actualisées à tous les membres du personnel interne et à toutes les parties prenantes externes concernés, conformément à l'article 14, et leur déclaration aux autorités compétentes, conformément à l'article 19.

3. Aux fins du cadre de gestion du risque lié aux TIC visé à l'article 6, paragraphe 1, les entités financières mettent en œuvre des plans de réponse et de rétablissement des TIC qui, dans le cas des entités financières, autres que les microentreprises, font l'objet de revues indépendantes de l'audit interne.

4. Les entités financières mettent en place, maintiennent et testent périodiquement des plans de continuité des activités de TIC appropriés, notamment en ce qui concerne les fonctions critiques ou importantes externalisées ou sous-traitées dans le cadre d'accords avec des prestataires tiers de services TIC.

5. Dans le cadre de la politique globale de continuité des activités, les entités financières procèdent à une analyse des incidences sur les activités de leurs expositions à de graves perturbations de leurs activités. Dans le cadre de cette analyse, les entités financières évaluent l'incidence potentielle de graves perturbations de leurs activités au moyen de critères quantitatifs et qualitatifs, à l'aide de données internes et externes et d'une analyse de scénarios, le cas échéant. L'analyse des incidences sur les activités tient compte du caractère critique des fonctions "métiers", des processus de soutien,

des dépendances de tiers et des actifs informationnels identifiés et cartographiés, ainsi que de leurs interdépendances. Les entités financières veillent à ce que les actifs de TIC et les services TIC soient conçus et utilisés dans le respect total de l'analyse des incidences sur les activités, en particulier en garantissant de manière adéquate la redondance de toutes les composantes critiques.

6. Dans le cadre de leur gestion globale du risque lié aux TIC, les entités financières :

a) testent les plans de continuité des activités de TIC et les plans de réponse et de rétablissement des TIC concernant les systèmes de TIC soutenant toutes les fonctions au moins une fois par an ainsi qu'en cas de modifications substantielles apportées aux systèmes de TIC qui soutiennent des fonctions critiques ou importantes ;

b) testent les plans de communication en situation de crise établis conformément à l'article 14.

Aux fins du premier alinéa, point a), les entités financières, autres que les microentreprises, incluent dans les plans de test des scénarios de cyberattaques et de basculement entre l'infrastructure de TIC principale et la capacité redondante, les sauvegardes et les installations redondantes nécessaires pour satisfaire aux obligations énoncées à l'article 12.

Les entités financières réexaminent régulièrement leur politique de continuité des activités de TIC et leurs plans de réponse et de rétablissement des TIC en tenant compte des résultats des tests effectués conformément au premier alinéa et des recommandations découlant des contrôles d'audit ou des examens des autorités de surveillance.

7. Les entités financières, autres que les microentreprises, disposent d'une fonction de gestion de crise qui, en cas d'activation de leurs plans de continuité des activités de TIC ou de leurs plans de réponse et de rétablissement des TIC, définit, entre autres, des procédures claires pour gérer les communications internes et externes en situation de crise, conformément à l'article 14.

8. Les entités financières tiennent un registre, facile d'accès, des activités avant et pendant les perturbations lorsque leurs plans de continuité des activités de TIC et leurs plans de réponse et de rétablissement des TIC sont activés.

9. Les dépositaires centraux de titres fournissent aux autorités compétentes des copies des résultats des tests de continuité des activités de TIC ou d'exercices similaires.

10. Les entités financières, autres que les microentreprises, communiquent aux autorités compétentes, à leur demande, une estimation des coûts et pertes annuels agrégés occasionnés par des incidents majeurs liés aux TIC.

11. Conformément à l'article 16 des règlements (UE) n° 1093/2010, (UE) n° 1094/2010 et (UE) n° 1095/2010, les AES, agissant par l'intermédiaire du comité mixte, élaborent, au plus tard le 17 juillet 2024, des orientations communes sur l'estimation des coûts et pertes annuels agrégés visés au paragraphe 10.

Art. 12 *Politiques et procédures de sauvegarde, procédures et méthodes de restauration et de rétablissement.* 1. Dans le but de veiller à la restauration des systèmes et des données des TIC en limitant au maximum la durée d'indisponibilité, les perturbations et les pertes, aux fins de leur cadre de gestion du risque lié aux TIC, les entités financières définissent et documentent :

a) des politiques et procédures de sauvegarde qui précisent la portée des données concernées par la sauvegarde et la fréquence minimale de celle-ci, en fonction de la criticité des informations ou du niveau de confidentialité des données ;

b) des procédures et méthodes de restauration et de rétablissement.

2. Les entités financières mettent en place des systèmes de sauvegarde qui peuvent être activés conformément aux politiques et procédures de sauvegarde, ainsi qu'aux procédures et méthodes de restauration et de rétablissement. L'activation de systèmes de sauvegarde ne compromet pas la sécurité du réseau et des systèmes d'information ni la disponibilité, l'authenticité, l'intégrité ou la confidentialité des données. Des tests des procédures de sauvegarde et des procédures et méthodes de restauration et de rétablissement sont effectués périodiquement.

3. Lorsqu'elles restaurent des données de sauvegarde à l'aide de leurs propres systèmes, les entités financières utilisent des systèmes de TIC qui sont séparés physiquement et logiquement du système de TIC source. Les systèmes de TIC sont protégés de

manière sécurisée contre tout accès non autorisé ou toute corruption des TIC et permettent la restauration en temps utile des services grâce à la sauvegarde des données et des systèmes si nécessaire.

Dans le cas des contreparties centrales, les plans de rétablissement favorisent la reprise de toutes les transactions qui étaient en cours au moment de la perturbation, pour permettre aux contreparties centrales de continuer à fonctionner avec précision et d'achever le règlement à la date programmée.

Les prestataires de services de communication de données maintiennent en outre des ressources adéquates et possèdent des dispositifs de sauvegarde et de restauration afin d'offrir et de maintenir leurs services à tout moment.

4. Les entités financières, autres que les microentreprises, maintiennent des capacités en matière de TIC redondantes dotées de ressources, de capacités et de fonctions adéquates pour répondre à leurs besoins. Les microentreprises évaluent la nécessité de maintenir ces capacités en matière de TIC redondantes en se fondant sur leur profil de risque.

5. Les dépositaires centraux de titres maintiennent au moins un site de traitement secondaire doté de ressources, de capacités, de fonctions et d'effectifs adéquats pour répondre à leurs besoins. Le site de traitement secondaire :

a) est situé à une certaine distance géographique du site de traitement primaire afin de veiller à ce qu'il présente un profil de risque distinct et d'éviter qu'il ne soit affecté par l'événement qui a touché le site primaire ;

b) est capable d'assurer la continuité des fonctions critiques ou importantes de la même manière que le site primaire, ou de fournir le niveau de services dont l'entité financière a besoin pour effectuer ses opérations critiques dans le cadre des objectifs de rétablissement ;

c) est immédiatement accessible au personnel de l'entité financière afin d'assurer la continuité des fonctions critiques ou importantes en cas d'indisponibilité du site de traitement primaire.

6. Lorsqu'elles déterminent les objectifs en matière de délai de rétablissement et de point de rétablissement pour chaque fonction, les entités financières tiennent compte du caractère critique ou important de la fonction et des effets globaux potentiels sur l'efficience du marché. Ces objectifs temporels permettent d'assurer, dans des scénarios extrêmes, le respect des niveaux de service convenus.

7. Lorsqu'elles opèrent un rétablissement à la suite d'un incident lié aux TIC, les entités financières effectuent les contrôles nécessaires, y compris tout contrôle multiple et rapprochement, afin de garantir le niveau d'intégrité des données le plus haut possible. Ces contrôles sont également effectués lors de la reconstitution des données provenant de parties prenantes externes, afin que toutes les données soient cohérentes entre les systèmes.

Art. 13 *Apprentissage et évolution.* 1. Les entités financières disposent de capacités et d'effectifs pour recueillir des informations sur les vulnérabilités et les cybermenaces, et sur les incidents liés aux TIC, en particulier les cyberattaques, et analyser leurs incidences probables sur leur résilience opérationnelle numérique.

2. Les entités financières réalisent des examens post-incident lié aux TIC après qu'un incident majeur lié aux TIC a perturbé leurs activités principales, afin d'analyser les causes de la perturbation et de déterminer les améliorations à apporter aux opérations de TIC ou dans le cadre de la politique de continuité des activités de TIC visée à l'article 11.

Les entités financières, autres que les microentreprises, communiquent, sur demande, aux autorités compétentes les changements qui ont été apportés à la suite des examens post-incident lié aux TIC visés au premier alinéa.

Les examens post-incident lié aux TIC visés au premier alinéa consistent à déterminer si les procédures établies ont été suivies et si les mesures prises ont été efficaces, notamment en ce qui concerne :

a) la célérité de la réponse aux alertes de sécurité et de l'évaluation des effets associés aux incidents liés aux TIC et de leur gravité ;

b) la qualité et la rapidité de l'analyse technico-légale, le cas échéant ;

c) l'efficacité de la remontée des incidents au sein de l'entité financière ;

d) l'efficacité de la communication interne et externe.

3. Les enseignements tirés des tests de résilience opérationnelle numérique effectués conformément aux articles 26 et 27 et des incidents liés aux TIC en situation réelle, en particulier les cyberattaques, ainsi que les difficultés rencontrées lors de l'activation des plans de continuité des activités de TIC et des plans de réponse et de rétablissement des TIC, de même que les informations pertinentes échangées avec les contreparties et évaluées lors des contrôles prudentiels, sont dûment intégrés, de manière continue, dans le processus d'évaluation du risque lié aux TIC. Ces constatations permettent d'effectuer un examen approprié des composantes pertinentes du cadre de gestion du risque lié aux TIC visé à l'article 6, paragraphe 1.

4. Les entités financières contrôlent l'efficacité de la mise en œuvre de leur stratégie de résilience opérationnelle numérique définie à l'article 6, paragraphe 8. Elles retracent l'évolution du risque lié aux TIC dans le temps, analysent la fréquence, les types, l'ampleur et l'évolution des incidents liés aux TIC, en particulier les cyberattaques et leurs caractéristiques, afin de cerner le niveau d'exposition au risque lié aux TIC, en particulier en ce qui concerne les fonctions critiques ou importantes, et de renforcer la maturité et la préparation des TIC de l'entité financière.

5. Les membres de l'encadrement supérieur responsables des TIC rendent compte au moins une fois par an, à l'organe de direction, des constatations visées au paragraphe 3 et formulent des recommandations.

6. Les entités financières élaborent des programmes de sensibilisation à la sécurité des TIC et des formations à la résilience opérationnelle numérique qu'elles intègrent à leurs programmes de formation du personnel sous forme de modules obligatoires. Ces programmes et formations sont destinés à tous les employés et aux membres de la direction et présentent un niveau de complexité proportionné à leurs fonctions. Le cas échéant, les entités financières incluent également les prestataires tiers de services TIC dans leurs programmes de formation pertinents conformément à l'article 30, paragraphe 2, point i).

7. Les entités financières, autres que les microentreprises, assurent un suivi continu des évolutions technologiques pertinentes, notamment en vue de déterminer l'incidence que le déploiement de ces nouvelles technologies pourrait avoir sur les exigences en matière de sécurité des TIC et la résilience opérationnelle numérique. Elles se tiennent informées des processus de gestion du risque lié aux TIC les plus récents, afin de lutter efficacement contre les formes actuelles ou émergentes de cyberattaques.

Art. 14 *Communication.* 1. Aux fins du cadre de gestion du risque lié aux TIC visé à l'article 6, paragraphe 1, les entités financières mettent en place des plans de communication en situation de crise qui favorisent une divulgation responsable, au minimum, des incidents majeurs liés aux TIC ou des vulnérabilités majeures aux clients et aux contreparties ainsi qu'au public, le cas échéant.

2. Aux fins du cadre de gestion du risque lié aux TIC, les entités financières mettent en œuvre des politiques de communication à l'intention des membres du personnel interne et des parties prenantes externes. Les politiques de communication à l'intention du personnel tiennent compte de la nécessité d'établir une distinction entre le personnel participant à la gestion du risque lié aux TIC, en particulier le personnel responsable de la réponse et du rétablissement, et le personnel qui doit être informé.

3. Au moins une personne au sein de l'entité financière est chargée de mettre en œuvre la stratégie de communication concernant les incidents liés aux TIC et remplit la fonction d'information du public et des médias à cette fin.

Art. 15 *Harmonisation accrue des outils, méthodes, processus et politiques de gestion du risque lié aux TIC.* Les AES élaborent, par l'intermédiaire du comité mixte, en concertation avec l'Agence de l'Union européenne pour la cybersécurité (ENISA), des projets communs de normes techniques de réglementation afin :

a) de préciser davantage les éléments à inclure dans les politiques, procédures, protocoles et outils de sécurité des TIC visés à l'article 9, paragraphe 2, en vue de garantir la sécurité des réseaux, de favoriser la mise en place de garanties adéquates contre les intrusions et les utilisations abusives des données, de préserver la disponibilité, l'authenticité, l'intégrité et la confidentialité des données, y compris en recourant à des techniques cryptographiques, et de garantir une transmission précise et rapide des données sans perturbation majeure et sans retard injustifié ;

b) d'approfondir les composantes relatives au contrôle des droits de gestion des accès visés à l'article 9, paragraphe 4, point c), et de la politique connexe en matière de ressources humaines, en précisant les droits d'accès, les procédures d'octroi et de révocation des droits, le suivi des comportements anormaux par rapport au risque lié aux TIC au moyen d'indicateurs adéquats, notamment pour les manières d'utiliser le réseau et les heures d'utilisation du réseau, l'activité de TIC et les dispositifs inconnus ;

c) d'approfondir les mécanismes précisés à l'article 10, paragraphe 1, qui permettent une détection rapide des activités anormales, ainsi que les critères définis à l'article 10, paragraphe 2, qui entraînent le déclenchement des processus de détection des incidents liés aux TIC et de réponse à ces incidents ;

d) de détailler davantage les composantes de la politique de continuité des activités de TIC visée à l'article 11, paragraphe 1 ;

e) de détailler davantage les tests des plans de continuité des activités de TIC visés à l'article 11, paragraphe 6, afin de veiller à ce que ces tests tiennent dûment compte des scénarios dans lesquels la qualité de l'exécution d'une fonction critique ou importante se détériore à un niveau inacceptable ou dans lesquels l'exécution d'une fonction critique ou importante échoue, et à ce que ces tests prennent dûment en considération les incidences potentielles de l'insolvabilité ou d'autres défaillances de tout prestataire tiers de services TIC concerné et, le cas échéant, les risques politiques dans les juridictions des prestataires en question ;

f) de détailler davantage les composantes des plans de réponse et de rétablissement des TIC visés à l'article 11, paragraphe 3 ;

g) de préciser davantage le contenu et le format du rapport sur le réexamen du cadre de gestion du risque lié aux TIC visé à l'article 6, paragraphe 5.

Lors de l'élaboration de ces projets de normes techniques de réglementation, les AES tiennent compte de la taille et du profil de risque global de l'entité financière, ainsi que de la nature, de l'ampleur et de la complexité de ses services, activités et opérations, tout en tenant dûment compte de toute caractéristique particulière découlant de la nature distincte des activités dans les différents secteurs des services financiers.

Les AES soumettent ces projets de normes techniques de réglementation à la Commission au plus tard le 17 janvier 2024.

Le pouvoir de compléter le présent règlement par l'adoption des normes techniques de réglementation visées au premier alinéa est délégué à la Commission conformément aux articles 10 à 14 des règlements (UE) n° 1093/2010, (UE) n° 1094/2010 et (UE) n° 1095/2010.

Art. 16 *Cadre simplifié de gestion du risque lié aux TIC.* 1. Les articles 5 à 15 du présent règlement ne s'appliquent pas aux petites entreprises d'investissement non interconnectées et aux établissements de paiement exemptés en vertu de la directive (UE) 2015/2366 ; aux établissements exemptés en vertu de la directive 2013/36/UE pour lesquels les États membres ont décidé de ne pas appliquer l'option visée à l'article 2, paragraphe 4, du présent règlement ; aux établissements de monnaie électronique exemptés en vertu de la directive 2009/110/CE ; et aux petites institutions de retraite professionnelle.

Sans préjudice du premier alinéa, les entités énumérées au premier alinéa doivent :

a) mettre en place et maintenir un cadre de gestion du risque lié aux TIC solide et documenté qui détaille les mécanismes et les mesures permettant une gestion rapide, efficace et complète du risque lié aux TIC, y compris en ce qui concerne la protection des composantes et infrastructures physiques pertinentes ;

b) surveiller en permanence la sécurité et le fonctionnement de tous les systèmes de TIC ;

c) réduire au minimum l'incidence du risque lié aux TIC grâce à l'utilisation de systèmes, protocoles et outils de TIC solides, résilients et actualisés, aptes à soutenir l'exercice de leurs activités et la fourniture de services et à protéger de manière adéquate la disponibilité, l'authenticité, l'intégrité et la confidentialité des données dans le réseau et les systèmes d'information ;

d) permettre d'identifier et de détecter rapidement les sources de risque et les anomalies liés aux TIC dans le réseau et les systèmes d'information et de traiter rapidement les incidents liés aux TIC ;

e) recenser les principales dépendances vis-à-vis des prestataires tiers de services TIC ;

f) assurer la continuité des fonctions critiques ou importantes, au moyen de plans de continuité des activités et de mesures de réponse et de rétablissement, qui comprennent au moins des mesures de sauvegarde et de restauration ;

g) tester régulièrement les plans et mesures visés au point f), ainsi que l'efficacité des contrôles mis en œuvre conformément aux points a) et c) ;

h) mettre en œuvre, le cas échéant, les conclusions opérationnelles pertinentes résultant des tests visés au point g) et de l'analyse post-incident dans le processus d'évaluation du risque lié aux TIC et élaborer, en fonction des besoins et du profil de risque lié aux TIC, des programmes de sensibilisation en matière de sécurité des TIC et de formation à la résilience opérationnelle numérique à l'intention du personnel et de la direction.

2. Le cadre de gestion du risque lié aux TIC visé au paragraphe 1, deuxième alinéa, point a), est documenté et réexaminé périodiquement et en cas d'incidents majeurs liés aux TIC conformément aux instructions des autorités de surveillance. Il est amélioré en permanence sur la base des enseignements tirés de la mise en œuvre et du suivi. Un rapport sur le réexamen du cadre de gestion du risque lié aux TIC est présenté à l'autorité compétente à sa demande.

3. Les AES élaborent, par l'intermédiaire du comité mixte, en concertation avec l'ENISA, des projets communs de normes techniques de réglementation afin de :

a) préciser davantage les éléments à inclure dans le cadre de gestion du risque lié aux TIC visé au paragraphe 1, deuxième alinéa, point a) ;

b) préciser davantage les éléments relatifs aux systèmes, protocoles et outils visant à réduire au minimum l'incidence du risque lié aux TIC visés au paragraphe 1, deuxième alinéa, point c), en vue de garantir la sécurité des réseaux, de favoriser la mise en place de garanties adéquates contre les intrusions et les utilisations abusives des données et de préserver la disponibilité, l'authenticité, l'intégrité et la confidentialité des données ;

c) détailler davantage les composantes des plans de continuité des activités de TIC visés au paragraphe 1, deuxième alinéa, point f) ;

d) préciser davantage les règles relatives aux tests des plans de continuité des activités, veiller à l'efficacité des contrôles visées au paragraphe 1, deuxième alinéa, point g), et veiller à ce que ces tests tiennent dûment compte des scénarios dans lesquels la qualité de l'exécution d'une fonction critique ou importante se détériore à un niveau inacceptable ou dans lesquels l'exécution d'une fonction critique ou importante échoue ;

e) préciser davantage le contenu et le format du rapport sur le réexamen du cadre de gestion du risque lié aux TIC visé au paragraphe 2.

Lorsqu'elles élaborent ces projets de normes techniques de réglementation, les AES tiennent compte de la taille et du profil de risque global de l'entité financière, ainsi que de la nature, de l'ampleur et de la complexité de ses services, activités et opérations.

Les AES soumettent ces projets de normes techniques de réglementation à la Commission au plus tard le 17 janvier 2024.

Le pouvoir de compléter le présent règlement par l'adoption des normes techniques de réglementation visées au premier alinéa est délégué à la Commission conformément aux articles 10 à 14 des règlements (UE) n° 1093/2010, (UE) n° 1094/2010 et (UE) n° 1095/2010.

CHAPITRE III *GESTION, CLASSIFICATION ET NOTIFICATION DES INCIDENTS LIÉS AUX TIC*

Art. 17 *Processus de gestion des incidents liés aux TIC.* 1. Les entités financières définissent, établissent et mettent en œuvre un processus de gestion des incidents liés aux TIC afin de détecter, de gérer et de notifier les incidents liés aux TIC.

2. Les entités financières enregistrent tous les incidents liés aux TIC et les cybermenaces importantes. Les entités financières mettent en place des procédures et des processus adéquats pour assurer une surveillance, un traitement et un suivi cohérents et

intégrés des incidents liés aux TIC, pour veiller à ce que les causes originelles soient identifiées et documentées et qu'il y soit remédié pour éviter que de tels incidents ne se produisent.

3. Le processus de gestion des incidents liés aux TIC visé au paragraphe 1 :

a) met en place des indicateurs d'alerte précoce ;

b) instaure des procédures destinées à identifier, suivre, consigner, catégoriser et classer les incidents liés aux TIC en fonction de leur priorité et de leur gravité et en fonction de la criticité des services touchés, conformément aux critères fixés à l'article 18, paragraphe 1 ;

c) attribue les rôles et les responsabilités qui doivent être activés pour différents types et scénarios d'incidents liés aux TIC ;

d) établit des plans pour la communication à l'intention du personnel, des parties prenantes externes et des médias, conformément à l'article 14, et pour la notification aux clients, les procédures internes de remontée des informations, y compris les plaintes des clients liées aux TIC, ainsi que pour la fourniture d'informations aux entités financières qui agissent en tant que contreparties, le cas échéant ;

e) permet de notifier au minimum les incidents majeurs liés aux TIC aux membres de la direction concernés et de communiquer à l'organe de direction au minimum des informations sur les incidents majeurs liés aux TIC, expliquant leurs incidences, la réponse à leur apporter et les contrôles supplémentaires à mettre en place à la suite de tels incidents ;

f) définit des procédures de réponse en cas d'incident lié aux TIC, afin d'en atténuer les effets et de garantir que les services redeviennent opérationnels et sécurisés en temps utile.

Art. 18 *Classification des incidents liés aux TIC et des cybermenaces.* 1. Les entités financières classent les incidents liés aux TIC et déterminent leur incidence sur la base des critères suivants :

a) le nombre et/ou l'importance des clients ou des contreparties financières touchés et, le cas échéant, le volume ou le nombre de transactions touchées par l'incident lié aux TIC, et si cet incident a porté atteinte à la réputation ;

b) la durée de l'incident lié aux TIC, y compris les interruptions de service ;

c) la répartition géographique en ce qui concerne les zones touchées par l'incident lié aux TIC, en particulier si celui-ci touche plus de deux États membres ;

d) les pertes de données occasionnées par l'incident lié aux TIC en ce qui concerne la disponibilité, l'authenticité, l'intégrité ou la confidentialité des données ;

e) la criticité des services touchés, y compris les transactions et les opérations de l'entité financière ;

f) les conséquences économiques, en particulier les coûts et pertes directs et indirects, en termes absolus et relatifs, de l'incident lié aux TIC.

2. Les entités financières classent les cybermenaces comme significatives en fonction de la criticité des services à risque, y compris des transactions et des opérations de l'entité financière, du nombre et/ou de l'importance des clients ou des contreparties financières ciblés et de la répartition géographique des zones à risque.

3. Les AES élaborent, par l'intermédiaire du comité mixte et en concertation avec la BCE et l'ENISA, des projets communs de normes techniques de réglementation qui précisent les éléments suivants :

a) les critères énoncés au paragraphe 1, y compris les seuils d'importance significative pour déterminer les incidents majeurs liés aux TIC ou, le cas échéant, les incidents opérationnels ou de sécurité majeurs liés au paiement, qui sont soumis à l'obligation de déclaration prévue à l'article 19, paragraphe 1 ;

b) les critères que les autorités compétentes doivent appliquer pour évaluer si des incidents majeurs liés aux TIC ou, le cas échéant, des incidents opérationnels ou de sécurité majeurs liés au paiement, sont pertinents pour les autorités compétentes concernées des autres États membres, et les détails des rapports d'incidents majeurs liés aux TIC ou, le cas échéant, d'incidents opérationnels ou de sécurité majeurs liés au paiement, à partager avec les autres autorités compétentes conformément à l'article 19, paragraphes 6 et 7 ;

c) les critères énoncés au paragraphe 2 du présent article, y compris les seuils d'importance significative élevés pour déterminer les cybermenaces importantes.

4. Lors de l'élaboration des projets communs de normes techniques de réglementation visés au paragraphe 3 du présent article, les AES tiennent compte des critères énoncés à l'article 4, paragraphe 2, ainsi que des normes, orientations et spécifications internationales élaborées et publiées par l'ENISA, y compris, le cas échéant, des spécifications relatives à d'autres secteurs économiques. Aux fins de l'application des critères énoncés à l'article 4, paragraphe 2, les AES tiennent dûment compte de la nécessité pour les microentreprises et les petites et moyennes entreprises de mobiliser des ressources et des capacités suffisantes pour garantir une gestion rapide des incidents liés aux TIC.

Les AES soumettent ces projets communs de normes techniques de réglementation à la Commission au plus tard le 17 janvier 2024.

Le pouvoir de compléter le présent règlement par l'adoption des normes techniques de réglementation visées au paragraphe 3 est délégué à la Commission conformément aux articles 10 à 14 des règlements (UE) n° 1093/2010, (UE) n° 1094/2010 et (UE) n° 1095/2010.

Art. 19 *Déclaration des incidents majeurs liés aux TIC et notification volontaire des cybermenaces importantes.* 1. Les entités financières déclarent à l'autorité compétente pertinente visée à l'article 46 les incidents majeurs liés aux TIC, conformément au paragraphe 4 du présent article.

Lorsqu'une entité financière est soumise à la surveillance de plusieurs autorités nationales compétentes visées à l'article 46, les États membres désignent une seule autorité compétente en tant qu'autorité compétente concernée chargée d'exercer les fonctions et missions prévues au présent article.

Les établissements de crédit classés comme importants, conformément à l'article 6, paragraphe 4, du règlement (UE) n° 1024/2013, déclarent les incidents majeurs liés aux TIC à l'autorité nationale compétente concernée désignée conformément à l'article 4 de la directive 2013/36/UE, qui transmet immédiatement cette déclaration à la BCE.

Aux fins du premier alinéa, les entités financières établissent, après avoir recueilli et analysé toutes les informations pertinentes, la notification initiale et les rapports visés au paragraphe 4 du présent article en utilisant les modèles visés à l'article 20, et les soumettent à l'autorité compétente. S'il s'avère qu'une impossibilité technique empêche la soumission de la notification initiale au moyen du modèle, les entités financières le notifient à l'autorité compétente par d'autres moyens.

La notification initiale et les rapports visés au paragraphe 4 comprennent toutes les informations nécessaires pour permettre à l'autorité compétente de déterminer l'importance de l'incident majeur lié aux TIC et d'évaluer les éventuelles incidences transfrontières.

Sans préjudice de la déclaration par l'entité financière à l'autorité compétente concernée en vertu du premier alinéa, les États membres peuvent en outre décider que certaines entités financières ou toutes les entités financières fournissent également la notification initiale et chacun des rapports visés au paragraphe 4 du présent article, en utilisant les modèles visés à l'article 20, aux autorités compétentes ou aux centres de réponse aux incidents de sécurité informatique (CSIRT) désignés ou établis conformément à la directive (UE) 2022/2555.

2. Les entités financières peuvent notifier, à titre volontaire, les cybermenaces importantes à l'autorité compétente concernée lorsqu'elles estiment que la menace est pertinente pour le système financier, les utilisateurs de services ou les clients. L'autorité compétente concernée peut communiquer ces informations à d'autres autorités compétentes conformément au paragraphe 6.

Les établissements de crédit classés comme importants, conformément à l'article 6, paragraphe 4, du règlement (UE) n° 1024/2013, peuvent, à titre volontaire, notifier les cybermenaces importantes à l'autorité nationale compétente concernée, désignée conformément à l'article 4 de la directive 2013/36/UE, qui transmet immédiatement la notification à la BCE.

Les États membres peuvent décider que les entités financières qui, à titre volontaire, notifient conformément au premier alinéa peuvent également transmettre cette notification aux CSIRT désignés ou établis conformément à la directive (UE) 2022/2555.

3. Lorsqu'un incident majeur lié aux TIC survient et a une incidence sur les intérêts financiers des clients, les entités financières informent leurs clients de cet incident majeur lié aux TIC et des mesures qui ont été prises pour atténuer les effets préjudiciables de cet incident sans retard injustifié, dès qu'elles en ont connaissance.

En cas de cybermenace importante, les entités financières informent, le cas échéant, leurs clients susceptibles d'être affectés de toute mesure de protection appropriée que ces derniers pourraient envisager de prendre.

4. Les entités financières soumettent, dans les délais à fixer conformément à l'article 20, premier alinéa, point a) ii), à l'autorité compétente concernée les éléments suivants :

a) une notification initiale ;

b) un rapport intermédiaire après la notification initiale visée au point a), dès que la situation de l'incident initial a sensiblement changé ou que le traitement de l'incident majeur lié aux TIC a changé sur la base des nouvelles informations disponibles, suivi, le cas échéant, de notifications actualisées chaque fois qu'une mise à jour pertinente de la situation est disponible, ainsi que sur demande spécifique de l'autorité compétente ;

c) un rapport final, lorsque l'analyse des causes originelles est terminée, que des mesures d'atténuation aient déjà été mises en œuvre ou non, et lorsque les chiffres relatifs aux incidences réelles sont disponibles en lieu et place des estimations.

5. Les entités financières peuvent externaliser, conformément au droit sectoriel de l'Union et national, les obligations de déclaration prévues par le présent article à un prestataire tiers de services. Dans le cas d'une telle externalisation, l'entité financière reste pleinement responsable du respect des exigences en matière de déclaration des incidents.

6. Dès réception de la notification initiale et de chaque rapport visé au paragraphe 4, l'autorité compétente fournit, en temps utile, des détails sur l'incident majeur lié aux TIC aux destinataires suivants sur la base, selon le cas, de leurs compétences respectives :

a) à l'ABE, à l'AEMF ou à l'AEAPP ;

b) à la BCE pour ce qui est des entités financières visées à l'article 2, paragraphe 1, points a), b) et d) ;

c) aux autorités compétentes, aux points de contact uniques ou aux CSIRT désignés ou établis conformément à la directive (UE) 2022/2555 ;

d) aux autorités de résolution visées à l'article 3 de la directive 2014/59/UE et au Conseil de résolution unique (CRU) en ce qui concerne les entités visées à l'article 7, paragraphe 2, du règlement (UE) n° 806/2014 du Parlement européen et du Conseil *[du 15 juill. 2014 établissant des règles et une procédure uniformes pour la résolution des établissements de crédit et de certaines entreprises d'investissement dans le cadre d'un mécanisme de résolution unique et d'un Fonds de résolution bancaire unique]* et, en ce qui concerne les entités et les groupes visés à l'article 7, paragraphe 4, point b), et à l'article 7, paragraphe 5, du règlement (UE) n° 806/2014, si ces détails concernent des incidents qui présentent un risque pour l'exercice de fonctions critiques au sens de l'article 2, paragraphe 1, point 35, de la directive 2014/59/UE ; et

e) à d'autres autorités publiques compétentes en vertu du droit national.

7. Après réception des informations visées au paragraphe 6, l'ABE, l'AEMF ou l'AEAPP et la BCE, en consultation avec l'ENISA et en coopération avec l'autorité compétente concernée, évaluent si l'incident majeur lié aux TIC est pertinent pour les autorités compétentes d'autres États membres. A la suite de cette évaluation, l'ABE, l'AEMF ou l'AEAPP informent en conséquence, dès que possible, les autorités compétentes concernées des autres États membres. La BCE informe les membres du Système européen de banques centrales des questions pertinentes pour le système de paiement. Sur la base de cette notification, les autorités compétentes prennent, le cas échéant, toutes les mesures nécessaires afin de protéger la stabilité immédiate du système financier.

8. La notification à effectuer par l'AEMF en vertu du paragraphe 7 du présent article est sans préjudice de la responsabilité de l'autorité compétente de transmettre d'urgence les détails de l'incident majeur lié aux TIC à l'autorité concernée de l'État membre d'accueil, lorsqu'un dépositaire central de titres exerce une activité transfrontière importante dans l'État membre d'accueil, que l'incident majeur lié aux TIC est susceptible d'avoir de graves conséquences sur les marchés financiers de l'État membre d'accueil et qu'il existe des accords de coopération entre les autorités compétentes en matière de surveillance des entités financières.

Art. 20 *Harmonisation du contenu et des modèles des rapports de notification.* Les AES, agissant par l'intermédiaire du comité mixte et en concertation avec l'ENISA et la BCE, élaborent :

a) des projets communs de normes techniques de réglementation dans le but :

i) de définir le contenu des rapports relatifs aux incidents majeurs liés aux TIC afin de refléter les critères énoncés à l'article 18, paragraphe 1, et d'intégrer d'autres éléments, tels que des détails permettant de déterminer la pertinence de la notification pour les autres États membres et s'il s'agit d'un incident opérationnel ou de sécurité majeur lié au paiement ;

ii) de fixer les délais pour la notification initiale et pour chaque rapport visé à l'article 19, paragraphe 4 ;

iii) d'établir le contenu de la notification en ce qui concerne les cybermenaces importantes.

Lorsqu'elles élaborent ces projets de normes techniques de réglementation, les AES tiennent compte de la taille et du profil de risque global de l'entité financière, ainsi que de la nature, de l'ampleur et de la complexité de ses services, activités et opérations, et en particulier en vue de garantir que, aux fins du point a) ii), du présent alinéa, différents délais puissent refléter, le cas échéant, les spécificités des secteurs financiers, sans préjudice du maintien d'une approche cohérente de la notification des incidents liés aux TIC en application du présent règlement et de la directive (UE) 2022/2555. Les AES fournissent, le cas échéant, une justification lorsqu'elles s'écartent des approches adoptées dans le cadre de ladite directive ;

b) des projets communs de normes techniques d'exécution afin de définir les formulaires, les modèles et les procédures types permettant aux entités financières de notifier un incident majeur lié aux TIC et de notifier une cybermenace importante.

Les AES soumettent à la Commission les projets communs de normes techniques de réglementation visés au premier alinéa, point a), et les projets communs de normes techniques d'exécution visés au premier alinéa, point b), au plus tard le 17 juillet 2024.

Le pouvoir de compléter le présent règlement par l'adoption des normes techniques de réglementation communes visées au premier alinéa, point a), est délégué à la Commission conformément aux articles 10 à 14 des règlements (UE) n° 1093/2010, (UE) n° 1094/2010 et (UE) n° 1095/2010.

Le pouvoir d'adopter les normes techniques d'exécution communes visées au premier alinéa, point b), est conféré à la Commission conformément à l'article 15 des règlements (UE) n° 1093/2010, (UE) n° 1094/2010 et (UE) n° 1095/2010.

Art. 21 *Centralisation des notifications d'incidents majeurs liés aux TIC.* 1. Les AES, agissant par l'intermédiaire du comité mixte, et en consultation avec la BCE et l'ENISA, élaborent un rapport conjoint qui évalue la possibilité de renforcer la centralisation des notifications d'incidents par la création d'une plateforme unique de l'Union pour la notification des incidents majeurs liés aux TIC par les entités financières. Le rapport conjoint étudie les moyens de faciliter le flux des notifications d'incidents liés aux TIC, de réduire les coûts connexes et d'étayer les analyses thématiques en vue de renforcer la convergence en matière de surveillance.

2. Le rapport conjoint visé au paragraphe 1 comprend au moins les éléments suivants :

a) les conditions préalables à la création de cette plateforme unique de l'Union ;

b) les avantages, les limites et les risques, y compris les risques associés à la concentration élevée d'informations sensibles ;

c) la capacité nécessaire pour assurer l'interopérabilité au regard d'autres mécanismes de notification pertinents ;
d) les aspects de la gestion opérationnelle ;
e) les conditions de participation ;
f) les modalités techniques d'accès des entités financières et des autorités nationales compétentes à la plateforme unique de l'Union ;
g) une évaluation préliminaire des coûts financiers engendrés par la mise en place de la plateforme opérationnelle qui soutiendra la plateforme unique de l'Union, y compris l'expertise requise.

3. Les AES remettent le rapport visé au paragraphe 1 au Parlement européen, au Conseil et à la Commission au plus tard le 17 janvier 2025.

Art. 22 *Retour d'information en matière de surveillance.* 1. Sans préjudice des contributions, avis ou mesures correctives techniques et du suivi correspondant pouvant être fournis, le cas échéant, conformément au droit national, par les CSIRT relevant de la directive (UE) 2022/2555, dès qu'elle reçoit la notification initiale et chaque rapport visé à l'article 19, paragraphe 4, l'autorité compétente en accuse réception et peut, dans la mesure du possible, fournir en temps voulu à l'entité financière un retour d'information pertinent et adapté ou une orientation de haut niveau, notamment en rendant disponibles les informations et renseignements anonymisés pertinents sur des menaces similaires, et peut examiner les mesures correctives appliquées au niveau de l'entité financière et les moyens de réduire au maximum et d'atténuer les effets préjudiciables dans le secteur financier. Sans préjudice du retour d'information reçu en matière de surveillance, les entités financières restent pleinement responsables du traitement et des conséquences des incidents liés aux TIC déclarés conformément à l'article 19, paragraphe 1.

2. Les AES, agissant par l'intermédiaire du comité mixte, présentent chaque année un rapport anonymisé et agrégé sur les incidents majeurs liés aux TIC, dont les détails sont fournis par les autorités compétentes conformément à l'article 19, paragraphe 6, en indiquant au minimum le nombre d'incidents majeurs liés aux TIC, leur nature, leurs répercussions sur les opérations des entités financières ou des clients, les mesures correctives prises et les coûts.

Les AES émettent des avertissements et produisent des statistiques de haut niveau à l'appui des évaluations relatives aux menaces liées aux TIC et à la vulnérabilité des TIC.

Art. 23 *Incidents opérationnels ou de sécurité liés au paiement concernant les établissements de crédit, les établissements de paiement, les prestataires de services d'information sur les comptes et les établissements de monnaie électronique.* Les exigences énoncées au présent chapitre s'appliquent également aux incidents opérationnels ou de sécurité liés au paiement et aux incidents opérationnels ou de sécurité majeurs liés au paiement lorsqu'ils concernent des établissements de crédit, des établissements de paiement, des prestataires de services d'information sur les comptes et des établissements de monnaie électronique.

CHAPITRE IV *TESTS DE RÉSILIENCE OPÉRATIONNELLE NUMÉRIQUE*

Art. 24 *Exigences générales applicables à la réalisation de tests de résilience opérationnelle numérique.* 1. Afin d'évaluer l'état de préparation en vue du traitement d'incidents liés aux TIC, de recenser les faiblesses, les défaillances et les lacunes en matière de résilience opérationnelle numérique et de mettre rapidement en œuvre des mesures correctives, les entités financières, autres que les microentreprises, établissent, maintiennent et réexaminent, en tenant compte des critères énoncés à l'article 4, paragraphe 2, un programme solide et complet de tests de résilience opérationnelle numérique, qui fait partie intégrante du cadre de gestion du risque lié aux TIC visé à l'article 6.

2. Le programme de tests de résilience opérationnelle numérique comprend une série d'évaluations, de tests, de méthodologies, de pratiques et d'outils à appliquer conformément aux articles 25 et 26.

3. Lorsqu'elles exécutent le programme de tests de résilience opérationnelle numérique visé au paragraphe 1 du présent article, les entités financières, autres que les microentreprises, adoptent une approche fondée sur le risque tenant compte des critères énoncés à l'article 4, paragraphe 2, en prenant dûment en considération l'évolution du risque lié aux TIC, tout risque spécifique auquel l'entité financière concernée est ou pourrait être exposée, la criticité des actifs informationnels et des services fournis, ainsi que tout autre facteur que l'entité financière juge approprié.

4. Les entités financières, autres que les microentreprises, veillent à ce que les tests soient effectués par des parties indépendantes internes ou externes. Lorsque les tests sont effectués par un testeur interne, les entités financières leur accordent des ressources suffisantes et veillent à éviter les conflits d'intérêts pendant les phases de conception et d'exécution du test.

5. Les entités financières, autres que les microentreprises, définissent des procédures et des stratégies destinées à hiérarchiser, classer et résoudre tous les problèmes mis en évidence au cours des tests et élaborent des méthodes de validation interne pour veiller à ce que toutes les faiblesses, défaillances ou lacunes recensées soient entièrement corrigées.

6. Les entités financières, autres que les microentreprises, veillent à soumettre, au moins une fois par an, tous les systèmes et applications de TIC qui soutiennent des fonctions critiques ou importantes à des tests appropriés.

Art. 25 *Test des outils et systèmes de TIC.* 1. Le programme de tests de résilience opérationnelle numérique visé à l'article 24 prévoit, conformément aux critères énoncés à l'article 4, paragraphe 2, l'exécution de tests appropriés, tels que des évaluations et des analyses de vulnérabilité, des analyses de sources ouvertes, des évaluations de la sécurité des réseaux, des analyses des écarts, des examens de la sécurité physique, des questionnaires et des solutions logicielles de balayage, des examens du code source lorsque cela est possible, des tests fondés sur des scénarios, des tests de compatibilité, des tests de performance, des tests de bout en bout et des tests de pénétration.

2. Les dépositaires centraux de titres et les contreparties centrales procèdent à des évaluations de la vulnérabilité avant tout déploiement ou redéploiement d'applications et composantes d'infrastructures nouvelles ou existantes et de services TIC nouveaux ou existants qui soutiennent des fonctions critiques ou importantes de l'entité financière.

3. Les microentreprises effectuent les tests visés au paragraphe 1 en combinant une approche fondée sur les risques avec une planification stratégique des tests des TIC, en tenant dûment compte de la nécessité de maintenir une approche équilibrée entre, d'une part, l'ampleur des ressources et le temps à consacrer aux tests des TIC prévus au présent article et, d'autre part, l'urgence, le type de risque, la criticité des actifs informationnels et des services fournis, ainsi que tout autre facteur pertinent, y compris la capacité de l'entité financière à prendre des risques calculés.

Art. 26 *Tests avancés d'outils, de systèmes et de processus de TIC sur la base de tests de pénétration fondés sur la menace.* 1. Les entités financières, autres que les entités visées à l'article 16, paragraphe 1, premier alinéa, et autres que les microentreprises, qui sont identifiées conformément au paragraphe 8, troisième alinéa, du présent article effectuent au moins tous les trois ans des tests avancés au moyen d'un test de pénétration fondé sur la menace. En fonction du profil de risque de l'entité financière et compte tenu des circonstances opérationnelles, l'autorité compétente peut, le cas échéant, demander à l'entité financière de réduire ou d'augmenter cette fréquence.

2. Chaque test de pénétration fondé sur la menace couvre plusieurs, voire la totalité, des fonctions critiques ou importantes d'une entité financière et est effectué sur des systèmes en environnement de production en direct qui soutiennent ces fonctions.

Les entités financières recensent tous les systèmes, processus et technologies de TIC sous-jacents pertinents qui soutiennent des fonctions critiques ou importantes et des services TIC, y compris ceux qui soutiennent des fonctions critiques ou importantes qui ont été externalisés ou sous-traités à des prestataires tiers de services TIC.

Les entités financières évaluent quelles fonctions critiques ou importantes doivent être couvertes par les tests de pénétration fondés sur la menace. Le résultat de cette

évaluation détermine la portée précise de ces tests et est validé par les autorités compétentes.

3. Lorsque des prestataires tiers de services TIC sont inclus dans le champ d'application du test de pénétration fondé sur la menace, l'entité financière prend les mesures et garanties nécessaires pour assurer la participation de ces prestataires tiers de services TIC à ce test, et conserve à tout moment l'entière responsabilité de veiller au respect du présent règlement.

4. Sans préjudice du paragraphe 2, premier et deuxième alinéas, lorsque l'on peut raisonnablement s'attendre à ce que la participation d'un prestataire tiers de services TIC au test de pénétration fondé sur la menace, visée au paragraphe 3, ait une incidence négative sur la qualité ou sur la sécurité des services que le prestataire tiers de services TIC fournit à des clients qui sont des entités ne relevant pas du champ d'application du présent règlement, ou sur la confidentialité des données liées à ces services, l'entité financière et le prestataire tiers de services TIC peuvent convenir par écrit que le prestataire tiers de services TIC conclut directement des accords contractuels avec un testeur externe, aux fins de la réalisation, sous la direction d'une entité financière désignée, d'un test groupé de pénétration fondé sur la menace associant plusieurs entités financières (test groupé) auxquelles le prestataire tiers de services TIC fournit des services TIC.

Ce test groupé couvre la gamme pertinente de services TIC qui soutiennent des fonctions critiques ou importantes sous-traitées par les entités financières au prestataire tiers de services TIC concerné. Le test groupé est considéré comme un test de pénétration fondé sur la menace réalisé par les entités financières participant au test groupé.

Le nombre d'entités financières participant au test groupé est dûment calibré compte tenu de la complexité et des types de services concernés.

5. Les entités financières procèdent, avec la coopération de prestataires tiers de services TIC et d'autres parties concernées, y compris les testeurs mais à l'exception des autorités compétentes, à des contrôles efficaces de la gestion des risques afin d'atténuer les risques d'incidence potentielle sur les données, de dommages aux actifs et de perturbation des fonctions, services ou opérations critiques ou importants au sein de l'entité financière elle-même, de ses contreparties ou du secteur financier.

6. A l'issue du test, une fois que les rapports et les plans de mesures correctives ont été approuvés, l'entité financière et, s'il y a lieu, les testeurs externes fournissent à l'autorité, désignée conformément au paragraphe 9 ou 10, une synthèse des conclusions pertinentes, les plans de mesures correctives et la documentation démontrant que le test de pénétration fondé sur la menace a été effectué conformément aux exigences.

7. Les autorités fournissent aux entités financières une attestation qui confirme que le test a été effectué conformément aux exigences, comme prouvé dans la documentation, afin de permettre la reconnaissance mutuelle des tests de pénétration fondés sur la menace entre les autorités compétentes. L'entité financière notifie à l'autorité compétente concernée l'attestation, la synthèse des conclusions pertinentes et les plans de mesures correctives.

Sans préjudice de ladite attestation, les entités financières restent à tout moment pleinement responsables de l'incidence des tests visée au paragraphe 4.

8. Pour réaliser les tests de pénétration fondés sur la menace, les entités financières font appel à des testeurs, conformément à l'article 27. Lorsque des entités financières ont recours à des testeurs internes aux fins de la réalisation de ces tests, elles engagent un testeur externe tous les trois tests.

Les établissements de crédit qui sont classés comme importants conformément à l'article 6, paragraphe 4, du règlement (UE) n° 1024/2013 ont uniquement recours à des testeurs externes conformément à l'article 27, paragraphe 1, points a) à e).

Les autorités compétentes désignent les entités financières qui sont tenues de réaliser un test de pénétration fondé sur la menace en tenant compte des critères énoncés à l'article 4, paragraphe 2, sur la base d'une appréciation des éléments suivants :

a) les facteurs d'incidence, en particulier la mesure dans laquelle les services fournis et les activités entreprises par l'entité financière affectent le secteur financier ;

b) les éventuels problèmes de stabilité financière, y compris le caractère systémique de l'entité financière au niveau de l'Union ou au niveau national, le cas échéant ;

c) le profil du risque lié aux TIC spécifique, le niveau de maturité des TIC de l'entité financière ou les caractéristiques technologiques concernées.

9. Les États membres peuvent désigner une autorité publique unique au sein du secteur financier chargée des questions liées aux tests de pénétration fondés sur la menace dans le secteur financier au niveau national, et leur confient toutes les compétences et tâches nécessaires à cet effet.

10. En l'absence de désignation conformément au paragraphe 9 du présent article, et sans préjudice du pouvoir de désigner les entités financières qui sont tenues de réaliser un test de pénétration fondé sur la menace, une autorité compétente peut déléguer l'exercice de tout ou partie des tâches visées au présent article et à l'article 27 à une autre autorité nationale du secteur financier.

11. Les AES élaborent, en accord avec la BCE, des projets conjoints de normes techniques de réglementation conformément au cadre TIBER-EU afin de préciser :

a) les critères utilisés aux fins de l'application du paragraphe 8, deuxième alinéa ;

b) les exigences et normes régissant le recours à des testeurs internes ;

c) les exigences concernant :

i) la portée du test de pénétration fondé sur la menace visé au paragraphe 2 ;

ii) la méthodologie des tests et l'approche à suivre pour chaque phase spécifique du processus de test ;

iii) les stades de résultats, de clôture et de correction des tests ;

d) le type de coopération en matière de surveillance et les autres types de coopération pertinents qui sont nécessaires pour l'exécution des tests de pénétration fondés sur la menace et pour la facilitation de la reconnaissance mutuelle de ces tests, dans le contexte des entités financières qui opèrent dans plus d'un État membre, afin de garantir un niveau approprié de participation des autorités de surveillance et une mise en œuvre souple tenant compte des spécificités des sous-secteurs financiers ou des marchés financiers locaux.

Lors de l'élaboration de ces projets de normes techniques de réglementation, les AES tiennent dûment compte de toute caractéristique particulière découlant de la nature distincte des activités dans les différents secteurs des services financiers.

Les AES soumettent ces projets de normes techniques de réglementation à la Commission au plus tard le 17 juillet 2024.

Le pouvoir de compléter le présent règlement par l'adoption des normes techniques de réglementation visées au premier alinéa est délégué à la Commission conformément aux articles 10 à 14 des règlements (UE) n° 1093/2010, (UE) n° 1094/2010 et (UE) n° 1095/2010.

Art. 27 *Exigences applicables aux testeurs afin de réaliser des tests de pénétration fondés sur la menace.* 1. Afin de réaliser des tests de pénétration fondés sur la menace, les entités financières ont uniquement recours à des testeurs qui :

a) possèdent l'aptitude et la réputation les plus élevées ;

b) possèdent des capacités techniques et organisationnelles et justifient d'une expertise spécifique en matière de renseignement sur les menaces, de tests de pénétration et de tests en mode red team ;

c) sont certifiés par un organisme d'accréditation dans un État membre ou adhèrent à des codes de conduite ou des cadres éthiques formels ;

d) fournissent une assurance indépendante ou un rapport d'audit ayant trait à la bonne gestion des risques associés à la réalisation de tests de pénétration fondés sur la menace, y compris la protection adéquate des informations confidentielles de l'entité financière et la couverture des risques opérationnels de l'entité financière ;

e) sont dûment et entièrement couverts par les assurances de responsabilité civile professionnelle pertinentes, y compris contre les risques de mauvaise conduite et de négligence.

2. Lorsqu'elles ont recours à des testeurs internes, les entités financières veillent à ce que, outre les exigences du paragraphe 1, les conditions suivantes soient remplies :

a) le recours à ces testeurs internes a été approuvé par l'autorité compétente concernée ou par l'autorité publique unique désignée conformément à l'article 26, paragraphes 9 et 10 ;

b) l'autorité compétente concernée a vérifié que l'entité financière dispose des ressources suffisantes et a veillé à éviter les conflits d'intérêts pendant les phases de conception et d'exécution du test ; et

c) le fournisseur de renseignements sur les menaces est externe à l'entité financière.

3. Les entités financières veillent à ce que les contrats conclus avec des testeurs externes requièrent une gestion efficace des résultats des tests de pénétration fondés sur la menace et à ce que le traitement de données correspondant, y compris la génération, le stockage, l'agrégation, l'élaboration, le projet, le rapport, la communication ou la destruction, ne fasse pas courir de risques à l'entité financière.

CHAPITRE V *GESTION DES RISQUES LIÉS AUX PRESTATAIRES TIERS DE SERVICES TIC*

SECTION 1 *Principes clés pour une bonne gestion des risques liés aux prestataires tiers de services TIC*

Art. 28 *Principes généraux.* 1. Les entités financières gèrent les risques liés aux prestataires tiers de services TIC en tant que partie intégrante du risque lié aux TIC dans leur cadre de gestion du risque lié aux TIC visé à l'article 6, paragraphe 1, et conformément aux principes suivants :

a) les entités financières qui ont conclu des accords contractuels pour l'utilisation de services TIC dans le cadre de leurs activités restent à tout moment pleinement responsables du respect et de l'exécution de toutes les obligations découlant du présent règlement et du droit applicable aux services financiers ;

b) les entités financières gèrent les risques liés aux prestataires tiers de services TIC dans le respect du principe de proportionnalité, en tenant compte :

i) de la nature, de l'ampleur, de la complexité et de l'importance des relations de dépendance en matière de TIC,

ii) des risques découlant des accords contractuels portant sur l'utilisation de services TIC conclus avec des prestataires tiers de services TIC, compte tenu de la criticité ou de l'importance du service, du processus ou de la fonction en question, ainsi que des incidences potentielles de ces risques sur la continuité et la disponibilité des services et activités financiers, au niveau individuel et au niveau du groupe.

2. Aux fins de leur cadre de gestion du risque lié aux TIC, les entités financières, autres que les entités visées à l'article 16, paragraphe 1, premier alinéa, et autres que les microentreprises, adoptent une stratégie en matière de risques liés aux prestataires tiers de services TIC et la réexaminent régulièrement, en tenant compte de la stratégie multi-fournisseurs visée à l'article 6, paragraphe 9, le cas échéant. La stratégie en matière de risques liés aux prestataires tiers de services TIC inclut une politique relative à l'utilisation des services TIC qui soutiennent des fonctions critiques ou importantes fournis par des prestataires tiers de services TIC et s'applique sur une base individuelle et, le cas échéant, sur une base sous-consolidée et consolidée. Sur la base d'une évaluation du profil de risque global de l'entité financière ainsi que de l'ampleur et de la complexité des services, l'organe de direction examine régulièrement les risques identifiés en ce qui concerne les accords contractuels relatifs à l'utilisation des services TIC qui soutiennent des fonctions critiques ou importantes.

3. Aux fins de leur cadre de gestion du risque lié aux TIC, les entités financières tiennent et mettent à jour, au niveau de l'entité et aux niveaux sous-consolidé et consolidé, un registre d'informations en rapport avec tous les accords contractuels portant sur l'utilisation de services TIC fournis par des prestataires tiers de services TIC.

Les accords contractuels visés au premier alinéa sont dûment documentés, en opérant une distinction entre ceux qui couvrent des services TIC qui soutiennent des fonctions critiques et ceux qui ne le font pas.

Les entités financières communiquent au moins une fois par an aux autorités compétentes le nombre de nouveaux accords relatifs à l'utilisation de services TIC, les catégories de prestataires tiers de services TIC, le type d'accords contractuels et les services et fonctions de TIC qui sont fournis.

Les entités financières mettent à la disposition de l'autorité compétente, si elle en fait la demande, le registre d'informations complet ou, le cas échéant, des sections spécifiques de celui-ci, ainsi que toute information jugée nécessaire pour garantir une surveillance efficace de l'entité financière.

Les entités financières informent en temps utile l'autorité compétente de tout projet d'accord contractuel portant sur l'utilisation de services TIC qui soutiennent des fonctions critiques ou importantes ainsi que lorsqu'une fonction est devenue critique ou importante.

4. Avant de conclure un accord contractuel sur l'utilisation de services TIC, les entités financières :

a) déterminent si l'accord contractuel couvre l'utilisation de services TIC qui soutiennent une fonction critique ou importante ;

b) évaluent si les conditions de surveillance en matière de conclusion de contrats sont remplies ;

c) identifient et évaluent tous les risques pertinents ayant trait à l'accord contractuel, y compris la possibilité que cet accord contractuel contribue à accroître le risque de concentration informatique visé à l'article 29 ;

d) font preuve de toute la diligence requise à l'égard des prestataires tiers de services TIC potentiels et s'assurent, tout au long des processus de sélection et d'évaluation, que les prestataires tiers de services TIC présentent les qualités requises ;

e) identifient et évaluent les conflits d'intérêts susceptibles de découler de l'accord contractuel.

5. Les entités financières ne peuvent conclure des accords contractuels qu'avec des prestataires tiers de services TIC qui respectent des normes adéquates en matière de sécurité de l'information. Lorsque ces accords contractuels portent sur des fonctions critiques ou importantes, les entités financières prennent en considération, avant la conclusion des accords, l'utilisation par les prestataires tiers de services TIC des normes les plus actualisées et les plus élevées en matière de sécurité de l'information.

6. Lorsqu'elles exercent leurs droits d'accès, d'inspection et d'audit à l'égard d'un prestataire tiers de services TIC, les entités financières déterminent au préalable, sur la base d'une approche fondée sur les risques, la fréquence des audits et des inspections, ainsi que les domaines qui doivent faire l'objet d'un audit, dans le respect des normes d'audit communément admises et conformément à toute instruction de surveillance relative à l'utilisation et à l'incorporation de ces normes d'audit.

Lorsque des accords contractuels conclus avec des prestataires tiers de services TIC impliquent un niveau élevé de complexité technique, l'entité financière vérifie que les auditeurs, qu'il s'agisse d'auditeurs internes ou externes ou d'un groupe d'auditeurs, possèdent les compétences et les connaissances requises pour réaliser efficacement les évaluations et les audits pertinents.

7. Les entités financières veillent à ce que les accords contractuels relatifs à l'utilisation de services TIC puissent être résiliés dans l'une des circonstances suivantes :

a) le prestataire tiers de services TIC a gravement enfreint les dispositions législatives, réglementaires ou contractuelles applicables ;

b) le suivi des risques liés aux prestataires tiers de services TIC a révélé l'existence de circonstances susceptibles d'altérer l'exécution des fonctions prévues par l'accord contractuel, y compris des changements significatifs qui affectent l'accord ou la situation du prestataire tiers de services TIC ;

c) le prestataire tiers de services TIC présente des faiblesses avérées liées à sa gestion globale du risque lié aux TIC et, en particulier, dans la manière dont il assure la disponibilité, l'authenticité, l'intégrité et la confidentialité des données, qu'il s'agisse de données à caractère personnel ou autrement sensibles, ou de données à caractère non personnel ;

d) l'autorité compétente ne peut plus surveiller efficacement l'entité financière en raison des conditions de l'accord contractuel en question ou des circonstances qui y sont liées.

8. Pour les services TIC qui soutiennent des fonctions critiques ou importantes, les entités financières mettent en place des stratégies de sortie. Les stratégies de sortie tiennent compte des risques susceptibles d'apparaître au niveau des prestataires tiers de services TIC, en particulier une éventuelle défaillance de leur part, une détérioration de la qualité des services TIC fournis, toute perturbation de l'activité due à une fourniture inappropriée ou défaillante de services TIC ou tout risque significatif découlant du déploiement approprié et continu du service TIC concerné, ou la résiliation d'accords contractuels conclus avec un prestataire tiers de services TIC dans l'une des circonstances énumérées au paragraphe 7.

Les entités financières veillent à ce qu'elles puissent se retirer des accords contractuels sans :

a) perturber leurs activités ;

b) restreindre le respect des exigences réglementaires ;

c) porter atteinte à la continuité et à la qualité des services fournis aux clients.

Les plans de sortie sont complets et documentés et, conformément aux critères énoncés à l'article 4, paragraphe 2, sont soumis à des tests suffisants et réexaminés périodiquement.

Les entités financières définissent des solutions alternatives et élaborent des plans de transition leur permettant de supprimer les services TIC visés par le contrat et les données pertinentes détenues par le prestataire tiers de services TIC, et de les transférer en toute sécurité et intégralement à des prestataires alternatifs ou de les réincorporer en interne.

Les entités financières disposent des mesures d'urgence qui s'imposent pour maintenir la continuité des activités au cas où les circonstances visées au premier alinéa se présenteraient.

9. Les AES élaborent, agissant par l'intermédiaire du comité mixte, des projets de normes techniques d'exécution visant à mettre en place les modèles types aux fins du registre d'informations visé au paragraphe 3, y compris les informations communes à tous les accord contractuels relatifs à l'utilisation de services TIC. Les AES soumettent ces projets de normes techniques d'exécution à la Commission au plus tard le 17 janvier 2024.

Le pouvoir d'adopter les normes techniques d'exécution visées au premier alinéa est conféré à la Commission conformément à l'article 15 des règlements (UE) n° 1093/2010, (UE) n° 1094/2010 et (UE) n° 1095/2010.

10. Les AES élaborent, agissant par l'intermédiaire du comité mixte, des projets de normes techniques de réglementation pour préciser davantage le contenu détaillé de la stratégie visée au paragraphe 2 en ce qui concerne les accords contractuels relatifs à l'utilisation de services TIC qui soutiennent des fonctions critiques ou importantes fournis par des prestataires tiers de services TIC.

Lorsqu'elles élaborent ces projets de normes techniques de réglementation, les AES tiennent compte de la taille et du profil de risque global de l'entité financière, ainsi que de la nature, de l'ampleur et de la complexité de ses services, activités et opérations. Les AES soumettent ces projets de normes techniques de réglementation à la Commission au plus tard le 17 janvier 2024.

Le pouvoir de compléter le présent règlement par l'adoption des normes techniques de réglementation visées au premier alinéa est délégué à la Commission conformément aux articles 10 à 14 des règlements (UE) n° 1093/2010, (UE) n° 1094/2010 et (UE) n° 1095/2010.

Art. 29 *Évaluation préliminaire du risque de concentration de TIC au niveau de l'entité.* 1. Lorsqu'elles procèdent à l'identification et à l'évaluation des risques visés à l'article 28, paragraphe 4, point c), les entités financières déterminent également si la conclusion envisagée d'un accord contractuel portant sur des services TIC qui soutiennent des fonctions critiques ou importantes déboucherait sur l'une des situations suivantes :

a) la conclusion d'un contrat avec un prestataire tiers de services TIC dont les services ne sont pas facilement substituables ; ou

b) la mise en place de plusieurs accords contractuels relatifs à la fourniture de services TIC qui soutiennent des fonctions critiques ou importantes avec le même

prestataire tiers de services TIC ou avec des prestataires tiers de services TIC étroitement liés.

Les entités financières évaluent les avantages et les coûts des solutions alternatives, telles que le recours à différents prestataires tiers de services TIC, en tenant compte de la compatibilité éventuelle des solutions envisagées avec leurs besoins et leurs objectifs définis dans leur stratégie de résilience numérique, et de la manière de garantir cette compatibilité.

2. Lorsque les accords contractuels relatifs à l'utilisation de services TIC qui soutiennent des fonctions critiques ou importantes prévoient la possibilité qu'un prestataire tiers de services TIC sous-traite des services TIC qui soutiennent une fonction critique ou importante à d'autres prestataires tiers de services TIC, les entités financières évaluent les avantages et les risques qui peuvent découler de cette sous-traitance, en particulier dans le cas d'un sous-traitant de services TIC établi dans un pays tiers.

Lorsque des accords contractuels concernent des services TIC qui soutiennent des fonctions critiques ou importantes, les entités financières tiennent dûment compte des dispositions de la législation en matière d'insolvabilité qui s'appliqueraient en cas de faillite du prestataire tiers de services TIC, ainsi que de toute contrainte qui pourrait survenir relativement à la récupération urgente des données de l'entité financière.

Lorsque des accords contractuels relatifs à l'utilisation de services TIC qui soutiennent des fonctions critiques ou importantes sont conclus avec un prestataire tiers de services TIC établi dans un pays tiers, les entités financières tiennent également compte, en plus des considérations visées au deuxième alinéa, du respect des règles de l'Union en matière de protection des données et de l'application effective de la législation dans ce pays tiers.

Lorsque les accords contractuels relatifs à l'utilisation de services TIC qui soutiennent des fonctions critiques ou importantes prévoient une sous-traitance, les entités financières évaluent si et comment des chaînes de sous-traitance potentiellement longues ou complexes sont susceptibles de compromettre leur capacité à assurer un suivi rigoureux des fonctions visées par le contrat et la capacité de l'autorité compétente à surveiller efficacement l'entité financière à cet égard.

Art. 30 *Principales dispositions contractuelles.* 1. Les droits et obligations de l'entité financière et du prestataire tiers de services TIC sont définis clairement et consignés par écrit. L'intégralité du contrat comprend les accords de niveau de service et est consignée dans un document écrit unique qui est mis à la disposition des parties sur papier, ou dans un document sous un autre format téléchargeable, durable et accessible.

2. Les accords contractuels relatifs à l'utilisation de services TIC comportent au moins les éléments suivants :

a) une description claire et exhaustive de tous les services TIC et fonctions qui seront fournis par le prestataire tiers de services TIC, indiquant si la sous-traitance d'un service TIC qui soutient une fonction critique ou importante, ou de parties significatives de celle-ci, est autorisée et, le cas échéant, les conditions applicables à cette sous-traitance ;

b) les lieux, notamment les régions ou les pays, où les services TIC et fonctions visés par le contrat ou la sous-traitance seront fournis et où les données seront traitées, y compris le lieu de stockage, et l'obligation pour le prestataire tiers de services TIC d'informer au préalable l'entité financière si celui-ci envisage de changer ces lieux ;

c) des dispositions sur la disponibilité, l'authenticité, l'intégrité et la confidentialité en ce qui concerne la protection des données, y compris les données à caractère personnel ;

d) des dispositions sur la garantie de l'accès, de la récupération et de la restitution, dans un format facilement accessible, des données à caractère personnel et autres traitées par l'entité financière en cas d'insolvabilité, de résolution, de cessation des activités du prestataire tiers de services TIC ou de résiliation des accords contractuels ;

e) des descriptions des niveaux de service, y compris leurs mises à jour et révisions ;

f) l'obligation pour le prestataire tiers de services TIC de fournir à l'entité financière, sans frais supplémentaires ou à un coût déterminé ex ante, une assistance en cas d'incident lié aux TIC en rapport avec le service TIC fourni à l'entité financière ;

g) l'obligation pour le prestataire tiers de services TIC de coopérer pleinement avec les autorités compétentes et les autorités de résolution de l'entité financière, y compris les personnes nommées par eux ;

h) les droits de résiliation et les délais de préavis minimaux correspondants pour la résiliation des accords contractuels, conformément aux attentes des autorités compétentes et des autorités de résolution ;

i) les conditions de participation des prestataires tiers de services TIC aux programmes de sensibilisation à la sécurité des TIC et aux formations à la résilience opérationnelle numérique élaborés par les entités financières, conformément à l'article 13, paragraphe 6.

3. Les accords contractuels relatifs à l'utilisation de services TIC qui soutiennent des fonctions critiques ou importantes comportent au moins les éléments suivants, en plus de ceux qui figurent au paragraphe 2 :

a) des descriptions complètes des niveaux de service, y compris leurs mises à jour et révisions, assorties d'objectifs de performance quantitatifs et qualitatifs précis dans le cadre des niveaux de service convenus, afin de permettre un suivi efficace par l'entité financière des services TIC, et de prendre, sans retard injustifié, des mesures correctives appropriées lorsque les niveaux de service convenus ne sont pas atteints ;

b) les délais de préavis et les obligations de notification du prestataire tiers de services TIC à l'entité financière, y compris la notification de tout développement susceptible d'avoir une incidence significative sur la capacité du prestataire tiers de services TIC à fournir les services TIC qui soutiennent des fonctions critiques ou importantes de manière efficace conformément aux niveaux de service convenus ;

c) l'obligation pour le prestataire tiers de services TIC de mettre en œuvre et de tester des plans d'urgence et de mettre en place des mesures, des outils et des politiques de sécurité des TIC qui fournissent un niveau approprié de sécurité en vue de la prestation de services par l'entité financière, conformément à son cadre réglementaire ;

d) l'obligation pour le prestataire tiers de services TIC de participer et de coopérer pleinement au test de pénétration fondé sur la menace effectué par l'entité financière visé aux articles 26 et 27 ;

e) le droit d'assurer un suivi permanent des performances du prestataire tiers de services TIC, qui comprend les éléments suivants :

i) les droits illimités d'accès, d'inspection et d'audit par l'entité financière ou par une tierce partie désignée, et par l'autorité compétente, et le droit de prendre des copies des documents pertinents sur place s'ils sont essentiels aux activités du prestataire tiers de services TIC, dont l'exercice effectif n'est pas entravé ou limité par d'autres accords contractuels ou politiques d'exécution ;

ii) le droit de convenir d'autres niveaux d'assurance si les droits d'autres clients sont affectés ;

iii) l'obligation pour le prestataire tiers de services TIC de coopérer pleinement lors des inspections sur place et des audits effectués par les autorités compétentes, le superviseur principal, l'entité financière ou une tierce partie désignée ; et

iv) l'obligation de fournir des précisions sur la portée, les procédures à suivre et la fréquence de ces inspections et audits ;

f) les stratégies de sortie, en particulier la fixation d'une période de transition adéquate obligatoire :

i) au cours de laquelle le prestataire tiers de services TIC continuera à fournir les fonctions ou services TIC concernés en vue de réduire le risque de perturbation au niveau de l'entité financière ou d'assurer sa résolution et sa restructuration efficaces ;

ii) qui permet à l'entité financière de migrer vers un autre prestataire tiers de services TIC ou de recourir à des solutions en interne adaptées à la complexité du service fourni.

Par dérogation au point e), le prestataire tiers de services TIC et l'entité financière qui est une microentreprise peuvent convenir que les droits d'accès, d'inspection et d'audit de l'entité financière peuvent être délégués à une tierce partie indépendante, nommée par le prestataire tiers de services TIC, et que l'entité financière est habilitée à demander à la tierce partie, en tout temps, des informations ainsi qu'une garantie concernant la performance du prestataire tiers de services TIC.

4. Lors de la négociation d'accords contractuels, les entités financières et les prestataires tiers de services TIC envisagent l'utilisation de clauses contractuelles types élaborées par les autorités publiques pour des services particuliers.

5. Les AES élaborent, par l'intermédiaire du comité mixte, des projets de normes techniques de réglementation visant à préciser davantage les éléments visés au paragraphe 2, point a), qu'une entité financière doit déterminer et évaluer lorsqu'elle sous-traite des services TIC qui soutiennent des fonctions critiques ou importantes.

Lorsqu'elles élaborent ces projets de normes techniques de réglementation, les AES tiennent compte de la taille et du profil de risque global de l'entité financière, ainsi que de la nature, de l'ampleur et de la complexité de ses services, activités et opérations.

Les AES soumettent ces projets de normes techniques de réglementation à la Commission au plus tard le 17 juillet 2024.

Le pouvoir de compléter le présent règlement par l'adoption des normes techniques de réglementation visées au premier alinéa est délégué à la Commission conformément aux articles 10 à 14 des règlements (UE) n° 1093/2010, (UE) n° 1094/2010 et (UE) n° 1095/2010.

SECTION 2 *Cadre de supervision des prestataires tiers critiques de services TIC*

Art. 31 *Désignation de prestataires tiers critiques de services TIC.* 1. Les AES, agissant par l'intermédiaire du comité mixte et sur recommandation du forum de supervision établi conformément à l'article 32, paragraphe 1 :

a) désignent les prestataires tiers de services TIC qui sont critiques pour les entités financières, à l'issue d'une évaluation tenant compte des critères précisés au paragraphe 2 ;

b) désignent comme superviseur principal pour chaque prestataire tiers critique de services TIC l'AES responsable, conformément aux règlements (UE) n° 1093/2010, (UE) n° 1094/2010 ou (UE) n° 1095/2010, des entités financières totalisant ensemble la plus grande part d'actifs de la valeur du total des actifs de toutes les entités financières qui utilisent les services du prestataire tiers critique de services TIC concerné, sur la base de la somme des bilans individuels de ces entités financières.

2. La désignation visée au paragraphe 1, point a), repose sur l'ensemble des critères suivants en ce qui concerne les services TIC fournis par le prestataire tiers de services TIC :

a) l'effet systémique sur la stabilité, la continuité ou la qualité de la fourniture de services financiers dans les cas où le prestataire tiers de services TIC concerné serait confronté à une défaillance opérationnelle à grande échelle dans la prestation de ses services, compte tenu du nombre d'entités financières et de la valeur totale des actifs des entités financières auxquelles le prestataire tiers de services TIC concerné fournit des services ;

b) le caractère ou l'importance systémique des entités financières qui dépendent du prestataire tiers de services TIC concerné, appréciés selon les paramètres suivants :

i) le nombre d'établissements d'importance systémique mondiale (EISm) ou d'autres établissements d'importance systémique (autres EIS) qui dépendent du prestataire tiers de services TIC concerné ;

ii) l'interdépendance entre les EISm ou les autres EIS visés au point i) et d'autres entités financières, y compris les situations dans lesquelles les EISm ou les autres

EIS fournissent des services d'infrastructure financière à d'autres entités financières ;

c) la dépendance des entités financières à l'égard des services fournis par le prestataire tiers de services TIC concerné en ce qui concerne les fonctions critiques ou importantes des entités financières qui font en fin de compte intervenir le même prestataire tiers de services TIC, que les entités financières dépendent de ces services directement ou indirectement, par des accords de sous-traitance ;

d) le degré de substituabilité du prestataire tiers de services TIC, en tenant compte des paramètres suivants :

i) l'absence de réelles solutions de substitution, même partielles, en raison du nombre limité de prestataires tiers de services TIC actifs sur un marché donné, ou de la part de marché du prestataire tiers de services TIC concerné, ou de la complexité ou du degré de sophistication technique en jeu, y compris en ce qui concerne toute technologie propriétaire, ou des caractéristiques spécifiques de l'organisation ou de l'activité du prestataire tiers de services TIC ;

ii) des difficultés liées à la migration partielle ou totale des données et des charges de travail pertinentes du prestataire tiers de services TIC concerné vers un autre, en raison soit de coûts financiers importants, de contraintes de temps ou d'autres ressources que le processus de migration peut imposer, soit du risque lié aux TIC accru ou d'autres risques opérationnels auxquels l'entité financière est susceptible d'être exposée du fait de cette migration.

3. Lorsque le prestataire tiers de services TIC appartient à un groupe, les critères visés au paragraphe 2 sont considérés par rapport aux services TIC fournis par l'ensemble du groupe.

4. Les prestataires tiers critiques de services TIC qui font partie d'un groupe désignent une personne morale comme point de coordination afin de veiller à une représentation adéquate et à la communication avec le superviseur principal.

5. Le superviseur principal notifie au prestataire tiers de services TIC les résultats de l'évaluation menée en vue de la désignation visée au paragraphe 1, point a). Dans un délai de six semaines à compter de la notification, le prestataire tiers de services TIC peut adresser au superviseur principal une déclaration motivée contenant toute information pertinente aux fins de l'évaluation. Le superviseur principal tient compte de la déclaration motivée et peut demander que de plus amples informations soient transmises dans un délai de 30 jours civils à compter de la réception de cette déclaration.

Après avoir désigné un prestataire tiers de services TIC comme critique, les AES, agissant par l'intermédiaire du comité mixte, notifient au prestataire tiers de services TIC cette désignation ainsi que la date à partir de laquelle il fera effectivement l'objet d'activités de supervision. Cette date est fixée au plus tard un mois après la notification. Le prestataire tiers de services TIC notifie aux entités financières auxquelles il fournit des services la désignation le qualifiant de critique.

6. La Commission est habilitée à adopter un acte délégué conformément à l'article 57 pour compléter le présent règlement en précisant davantage les critères visés au paragraphe 2 du présent article, au plus tard le 17 juillet 2024.

7. La désignation visée au paragraphe 1, point a), n'est pas employée tant que la Commission n'a pas adopté un acte délégué conformément au paragraphe 6.

8. La désignation visée au paragraphe 1, point a), ne s'applique pas :

i) aux entités financières qui fournissent des services TIC à d'autres entités financières ;

ii) aux prestataires tiers de services TIC qui sont soumis à des cadres de supervision établis en vue de soutenir les missions visées à l'article 127, paragraphe 2, du traité sur le fonctionnement de l'Union européenne ;

iii) aux prestataires tiers de services TIC intra-groupe ;

iv) aux prestataires tiers de services TIC qui fournissent des services TIC dans un seul État membre à des entités financières qui ne sont actives que dans cet État membre.

9. Les AES, agissant par l'intermédiaire du comité mixte, établissent, publient et mettent à jour chaque année la liste des prestataires tiers critiques de services TIC au niveau de l'Union.

10. Aux fins du paragraphe 1, point a), les autorités compétentes transmettent, sur une base annuelle et agrégée, les rapports visés à l'article 28, paragraphe 3, troisième alinéa, au forum de supervision institué en vertu de l'article 32. Le forum de supervision évalue les relations de dépendance des entités financières à l'égard de prestataires tiers de services TIC sur la base des informations reçues des autorités compétentes.

11. Les prestataires tiers de services TIC qui ne figurent pas sur la liste visée au paragraphe 9 peuvent demander à être désignés comme critiques conformément au paragraphe 1, point a).

Aux fins du premier alinéa, le prestataire tiers de services TIC présente une demande motivée à l'ABE, à l'AEMF ou à l'AEAPP, lesquelles, par l'intermédiaire du comité mixte, décident de désigner ou non ce prestataire tiers de services TIC comme critique conformément au paragraphe 1, point a).

La décision visée au deuxième alinéa est adoptée et notifiée au prestataire tiers de services TIC dans un délai de six mois à compter de la réception de la demande.

12. Les entités financières ne font appel aux services d'un prestataire tiers de services TIC établi dans un pays tiers et ayant été désigné comme critique en vertu du paragraphe 1, point a), que si ce dernier a établi une filiale dans l'Union dans un délai de 12 mois à compter de la désignation.

13. Le prestataire tiers critique de services TIC visé au paragraphe 12 notifie au superviseur principal toute modification de la structure de la direction de la filiale établie dans l'Union.

Art. 32 *Structure du cadre de supervision.* 1. Le comité mixte institue, conformément à l'article 57, paragraphe 1, des règlements (UE) n° 1093/2010, (UE) n° 1094/2010 et (UE) n° 1095/2010, le forum de supervision en tant que sous-comité dans le but de soutenir les travaux du comité mixte et du superviseur principal visé à l'article 31, paragraphe 1, point b), dans le domaine des risques liés aux prestataires tiers de services TIC dans les différents secteurs financiers. Le forum de supervision prépare les projets de positions communes et d'actes communs du comité mixte dans ce domaine.

Le forum de supervision examine régulièrement les évolutions pertinentes en matière de risques et de vulnérabilités des TIC et promeut une approche cohérente dans le suivi des risques liés aux prestataires tiers de services TIC au niveau de l'Union.

2. Le forum de supervision procède chaque année à une évaluation collective des résultats et des conclusions des activités de supervision menées pour l'ensemble des prestataires tiers critiques de services TIC et promeut des mesures de coordination visant à accroître la résilience opérationnelle numérique des entités financières, à encourager les bonnes pratiques en matière de gestion du risque de concentration informatique et à envisager des mesures d'atténuation des transferts de risques intersectoriels.

3. Le forum de supervision soumet des indices de référence exhaustifs concernant les prestataires tiers critiques de services TIC, qui seront adoptés par le comité mixte en tant que positions communes des AES, conformément à l'article 56, paragraphe 1, des règlements (UE) n° 1093/2010, (UE) n° 1094/2010 et (UE) n° 1095/2010.

4. Le forum de supervision se compose :

a) des présidents des AES ;

b) d'un représentant de haut niveau du personnel en poste de l'autorité compétente concernée de chaque État membre, visée à l'article 46 ;

c) des directeurs exécutifs de chaque AES et d'un représentant de la Commission, du CERS, de la BCE et de l'ENISA, en qualité d'observateurs ;

d) s'il y a lieu, d'un représentant supplémentaire d'une autorité compétente visée à l'article 46, de chaque État membre, en qualité d'observateur ;

e) le cas échéant, d'un représentant des autorités compétentes désignées ou établies conformément à la directive (UE) 2022/2555, responsables de la supervision d'une entité essentielle ou importante relevant de ladite directive, qui a été désignée en tant que prestataire tiers critique de services TIC, en qualité d'observateur.

Le forum de supervision peut, le cas échéant, demander l'avis d'experts indépendants désignés conformément au paragraphe 6.

5. Chaque État membre désigne l'autorité compétente concernée dont le membre du personnel est le représentant de haut niveau visé au paragraphe 4, premier alinéa, point b), et en informe le superviseur principal.

Les AES publient sur leur site internet la liste des représentants de haut niveau désignés par les États membres au sein de l'actuel personnel de l'autorité compétente concernée.

6. Les experts indépendants visés au paragraphe 4, deuxième alinéa, sont désignés par le forum de supervision parmi un groupe d'experts sélectionnés à l'issue d'une procédure de candidature publique et transparente.

Les experts indépendants sont désignés sur la base de leur expertise en matière de stabilité financière, de résilience opérationnelle numérique et de questions de sécurité des TIC. Ils agissent en toute indépendance et objectivité dans le seul intérêt de l'ensemble de l'Union et ne sollicitent ni ne suivent aucune instruction émanant des institutions ou organes de l'Union, des gouvernements des États membres ou d'autres entités publiques ou privées.

7. Conformément à l'article 16 des règlements (UE) n° 1093/2010, (UE) n° 1094/2010 et (UE) n° 1095/2010, les AES publient, au plus tard le 17 juillet 2024, aux fins de la présente section, des orientations sur la coopération entre les AES et les autorités compétentes concernant les procédures et les conditions détaillées relatives à la répartition et à l'exécution des tâches entre les autorités compétentes et les AES, ainsi que les modalités des échanges d'informations qui sont nécessaires aux autorités compétentes pour assurer le suivi des recommandations, conformément à l'article 35, paragraphe 1, point d), adressées aux prestataires tiers critiques de services TIC.

8. Les exigences énoncées dans la présente section sont sans préjudice de l'application de la directive (UE) 2022/2555 et des autres règles de l'Union en matière de supervision applicables aux fournisseurs de services d'informatique en nuage.

9. Les AES, agissant par l'intermédiaire du comité mixte et sur la base des travaux préparatoires menés par le forum de supervision, présentent, une fois par an, un rapport sur l'application de la présente section au Parlement européen, au Conseil et à la Commission.

Art. 33 *Tâches du superviseur principal.* 1. Le superviseur principal, désigné conformément à l'article 31, paragraphe 1, point b), assure la supervision des prestataires tiers critiques de services TIC assignés et est, aux fins de toutes les questions liées à la supervision, le premier point de contact de ces prestataires tiers critiques de services TIC.

2. Aux fins du paragraphe 1, le superviseur principal détermine si chaque prestataire tiers critique de services TIC a mis en place des règles, des procédures, des mécanismes et des dispositifs complets, solides et efficaces pour gérer le risque lié aux TIC qu'il est susceptible de faire peser sur les entités financières.

L'évaluation visée au premier alinéa porte essentiellement sur les services TIC fournis par le prestataire tiers critique de services TIC qui soutient les fonctions critiques ou importantes des entités financières. Lorsque cela est nécessaire pour parer à tous les risques pertinents, cette évaluation s'étend aux services TIC qui soutiennent des fonctions autres que celles qui sont critiques ou importantes.

3. L'évaluation visée au paragraphe 2 comprend :

a) des exigences en matière de TIC pour garantir, en particulier, la sécurité, la disponibilité, la continuité, l'extensibilité et la qualité des services que le prestataire tiers critique de services TIC fournit aux entités financières, ainsi que la capacité à maintenir à tout moment des normes élevées de disponibilité, d'authenticité, d'intégrité ou de confidentialité des données ;

b) la sécurité physique qui contribue à assurer la sécurité des TIC, y compris la sécurité des locaux, des installations et des centres de données ;

c) les processus de gestion des risques, y compris les politiques de gestion du risque lié aux TIC, la politique de continuité des activités de TIC et les plans de réponse et de rétablissement des TIC ;

d) les modalités de gouvernance, notamment une structure organisationnelle comportant des lignes de responsabilité et des règles d'imputabilité claires, transparentes et cohérentes permettant une gestion efficace du risque lié aux TIC ;

e) le recensement et le suivi des incidents importants liés aux TIC, ainsi que leur notification rapide aux entités financières, la gestion et la résolution de ces incidents, en particulier les cyberattaques ;

f) les mécanismes relatifs à la portabilité des données, à la portabilité des applications et à l'interopérabilité, qui garantissent un exercice effectif des droits de résiliation par les entités financières ;

g) les tests des systèmes, des infrastructures et des contrôles de TIC ;

h) les audits des TIC ;

i) l'utilisation des normes nationales et internationales pertinentes applicables à la fourniture de ses services TIC aux entités financières.

4. Sur la base de l'évaluation visée au paragraphe 2 et en coordination avec le réseau de supervision commun visé à l'article 34, paragraphe 1, le superviseur principal adopte un plan de supervision individuel clair, détaillé et motivé décrivant les objectifs annuels de supervision et les principales actions de supervision prévues pour chaque prestataire tiers critique de services TIC. Ce plan est communiqué chaque année au prestataire tiers critique de services TIC.

Avant l'adoption du plan de supervision, le superviseur principal communique le projet de plan de surveillance au prestataire tiers critique de services TIC.

Dès réception du projet de plan de supervision, le prestataire tiers critique de services TIC peut présenter, dans un délai de quinze jours civils, une déclaration motivée dans laquelle il démontre l'incidence attendue sur les clients qui sont des entités ne relevant pas du champ d'application du présent règlement et formule, le cas échéant, des solutions pour atténuer les risques.

5. Une fois que les plans annuels de supervision visés au paragraphe 4 ont été adoptés et notifiés aux prestataires tiers critiques de services TIC, les autorités compétentes ne peuvent prendre des mesures concernant les prestataires tiers critiques de services TIC qu'en accord avec le superviseur principal.

Art. 34 *Coordination opérationnelle entre superviseurs principaux.* 1. Afin de garantir une approche cohérente en matière d'activités de supervision et en vue de permettre la coordination des stratégies générales de supervision ainsi que des approches opérationnelles et des méthodes de travail cohérentes, les trois superviseurs principaux désignés conformément à l'article 31, paragraphe 1, point b), mettent en place un réseau de supervision commun pour assurer la coordination de leurs activités au cours des phases préparatoires et durant l'exécution des activités de supervision de leurs prestataires tiers critiques de services TIC respectifs qui font l'objet d'une supervision, ainsi qu'au cours de toute action qui pourrait s'avérer nécessaire en vertu de l'article 42.

2. Aux fins du paragraphe 1, les superviseurs principaux élaborent un protocole de supervision commun précisant les procédures détaillées à suivre pour assurer la coordination quotidienne et permettre des échanges et des réactions rapides. Le protocole est révisé périodiquement pour tenir compte des besoins opérationnels, en particulier de l'évolution des modalités pratiques de supervision.

3. Les superviseurs principaux peuvent, sur une base ad hoc, demander à la BCE et à l'ENISA de fournir des conseils techniques, de partager leur expérience pratique ou de participer à des réunions de coordination spécifiques du réseau de supervision commun.

Art. 35 *Pouvoirs du superviseur principal.* 1. Aux fins de l'exécution des tâches prévues dans la présente section, le superviseur principal dispose des pouvoirs suivants en ce qui concerne les prestataires tiers critiques de services TIC :

a) demander l'ensemble des informations et des documents pertinents conformément à l'article 37 ;

b) mener des enquêtes et des inspections générales conformément à l'article 38 et à l'article 39, respectivement ;

c) demander, au terme des activités de supervision, des rapports dans lesquels sont précisées les mesures qui ont été prises ou les solutions qui ont été mises en œuvre

par les prestataires tiers critiques de services TIC en ce qui concerne les recommandations visées au point d) du présent paragraphe ;

d) formuler des recommandations dans les domaines visés à l'article 33, paragraphe 3, notamment en ce qui concerne :

i) le recours à des exigences ou à des processus spécifiques de sécurité et de qualité en matière de TIC, en particulier en ce qui concerne le déploiement de correctifs, de mises à jour, de mesures de chiffrement et d'autres mesures de sécurité que le superviseur principal juge pertinentes pour garantir la sécurité en matière de TIC des services fournis aux entités financières ;

ii) le recours à des conditions et des modalités, y compris leur mise en œuvre technique, en vertu desquelles les prestataires tiers critiques de services TIC fournissent des services TIC aux entités financières, que le superviseur principal juge pertinentes pour prévenir l'émergence de points uniques de défaillance ou leur amplification, ou pour réduire au maximum l'effet systémique éventuel dans l'ensemble du secteur financier de l'Union en cas de risque de concentration informatique ;

iii) toute sous-traitance envisagée, lorsque le superviseur principal estime que la poursuite de la sous-traitance, y compris les accords d'externalisation que les prestataires tiers critiques de services TIC prévoient de conclure avec des prestataires tiers de services TIC ou avec des sous-traitants de TIC établis dans un pays tiers, peut entraîner des risques pour la fourniture de services par l'entité financière ou des risques pour la stabilité financière, sur la base de l'examen des informations recueillies conformément aux articles 37 et 38 ;

iv) l'abstention de conclure un nouvel accord de sous-traitance, lorsque les conditions cumulatives suivantes sont remplies :

– le sous-traitant envisagé est un prestataire tiers de services TIC ou un sous-traitant de TIC établi dans un pays tiers,

– la sous-traitance concerne des fonctions critiques ou importantes de l'entité financière, et

– le superviseur principal estime que le recours à la sous-traitance présente un risque clair et sérieux pour la stabilité financière de l'Union ou pour les entités financières, y compris en ce qui concerne la capacité des entités financières à se conformer aux exigences prudentielles.

Aux fins du point iv) du présent point, les prestataires tiers de services TIC transmettent au superviseur principal, en utilisant le modèle visé à l'article 41, paragraphe 1, point b), les informations relatives à la sous-traitance.

2. Lorsqu'il exerce les pouvoirs visés au présent article, le superviseur principal :

a) assure une coordination régulière au sein du réseau de supervision commun et, en particulier, s'efforce d'adopter des approches cohérentes, le cas échéant, en ce qui concerne la supervision des prestataires tiers critiques de services TIC ;

b) tient dûment compte du cadre établi par la directive (UE) 2022/2555 et, s'il y a lieu, consulte les autorités compétentes concernées désignées ou établies conformément à ladite directive, afin d'éviter la duplication des mesures techniques et organisationnelles qui pourraient s'appliquer aux prestataires tiers critiques de services TIC en vertu de ladite directive ;

c) s'efforce de réduire au minimum, dans la mesure du possible, le risque de perturbation des services fournis par des prestataires tiers critiques de services TIC à des clients qui sont des entités ne relevant pas du champ d'application du présent règlement.

3. Le superviseur principal consulte le forum de supervision avant d'exercer les pouvoirs visés au paragraphe 1.

Avant de formuler des recommandations conformément au paragraphe 1, point d), le superviseur principal donne au prestataire tiers de services TIC la possibilité de fournir, dans un délai de trente jours civils, des informations pertinentes dans lesquelles il démontre l'incidence attendue sur les clients qui sont des entités ne relevant pas du champ d'application du présent règlement et, le cas échéant, formule des solutions pour atténuer les risques.

4. Le superviseur principal informe le réseau de supervision commun du résultat de l'exercice des pouvoirs visés au paragraphe 1, points a) et b). Le superviseur principal

transmet sans retard injustifié les rapports visés au paragraphe 1, point c), au réseau de supervision commun et aux autorités compétentes des entités financières qui utilisent les services TIC de ce prestataire tiers critique de services TIC.

5. Les prestataires tiers critiques de services TIC coopèrent de bonne foi avec le superviseur principal, et l'assistent dans l'accomplissement de ses tâches.

6. En cas de non-respect total ou partiel des mesures à adopter en vertu de l'exercice des pouvoirs visés au paragraphe 1, points a), b) et c), et après l'expiration d'un délai d'au moins trente jours civils à compter de la date à laquelle le prestataire tiers critique de services TIC a reçu notification des mesures correspondantes, le superviseur principal adopte une décision imposant une astreinte pour obliger le prestataire tiers critique de services TIC à se conformer à ces mesures.

7. L'astreinte visée au paragraphe 6 est imposée sur une base journalière jusqu'à ce que la conformité soit atteinte et pendant une période maximale de six mois à compter de la notification au prestataire tiers critique de services TIC de la décision d'imposer une astreinte.

8. Le montant de l'astreinte, calculé à partir de la date indiquée dans la décision d'astreinte, est égal à 1 % au maximum du chiffre d'affaires quotidien moyen réalisé au niveau mondial par le prestataire tiers critique de services TIC au cours de l'exercice précédent. Lorsqu'il détermine le montant de l'astreinte, le superviseur principal tient compte des critères suivants concernant le non-respect des mesures visées au paragraphe 6 :

a) la gravité et la durée du non-respect ;

b) si le non-respect est délibéré ou résulte d'une négligence ;

c) le niveau de coopération du prestataire tiers de services TIC avec le superviseur principal.

Aux fins du premier alinéa, afin de garantir une approche cohérente, le superviseur principal procède à des consultations au sein du réseau de supervision commun.

9. Les astreintes sont de nature administrative et sont exécutoires. L'exécution forcée est régie par les règles de la procédure civile en vigueur dans l'État membre sur le territoire duquel les inspections sont effectuées et l'accès accordé. Les juridictions de l'État membre concerné sont compétentes pour statuer sur les plaintes relatives à un comportement abusif en matière d'exécution. Les montants des astreintes sont affectés au budget général de l'Union européenne.

10. Le superviseur principal rend publique toute astreinte infligée, sauf dans les cas où cette publication perturberait gravement les marchés financiers ou causerait un préjudice disproportionné aux parties en cause.

11. Avant d'imposer une astreinte en vertu du paragraphe 6, le superviseur principal donne aux représentants du prestataire tiers critique de services TIC faisant l'objet de la procédure la possibilité d'être entendus sur les conclusions et ne fonde ses décisions que sur les conclusions sur lesquelles le prestataire tiers critique de services TIC faisant l'objet de la procédure a eu la possibilité de formuler des observations.

Les droits de la défense des personnes faisant l'objet de la procédure sont pleinement assurés au cours de la procédure. Le prestataire tiers critique de services TIC faisant l'objet de la procédure dispose d'un droit d'accès au dossier, sous réserve de l'intérêt légitime d'autres personnes à ce que leurs secrets d'affaires ne soient pas divulgués. Le droit d'accès au dossier ne s'étend pas aux informations confidentielles ni aux documents préparatoires internes du superviseur principal.

Art. 36 *Exercice des pouvoirs du superviseur principal en dehors de l'Union.* 1. Lorsque les objectifs en matière de supervision ne peuvent être atteints en interagissant avec la filiale créée aux fins de l'article 31, paragraphe 12, ou en exerçant des activités de supervision dans des locaux situés dans l'Union, le superviseur principal peut exercer les pouvoirs visés dans les dispositions suivantes dans tout local situé dans un pays tiers qui est détenu, ou utilisé de quelque manière que ce soit, aux fins de la fourniture de services à des entités financières de l'Union par un prestataire tiers critique de services TIC, dans le cadre de ses activités, de ses fonctions ou de ses services, y compris tout bureau administratif, commercial ou opérationnel, tout local, terrain, bâtiment ou autre bien immobilier :

a) à l'article 35, paragraphe 1, point a) ; et

b) à l'article 35, paragraphe 1, point b), conformément à l'article 38, paragraphe 2, points a), b) et d), et à l'article 39, paragraphe 1, et à l'article 39, paragraphe 2, point a).

Les pouvoirs visés au premier alinéa peuvent être exercés pour autant que l'ensemble des conditions suivantes soient remplies :

i) le superviseur principal juge qu'il est nécessaire de réaliser une inspection dans un pays tiers pour pouvoir s'acquitter pleinement et efficacement des tâches qui lui incombent en vertu du présent règlement ;

ii) l'inspection dans un pays tiers est directement liée à la fourniture de services TIC à des entités financières dans l'Union ;

iii) le prestataire tiers critique de services TIC concerné consent à la réalisation d'une inspection dans un pays tiers ; et

iv) l'autorité compétente du pays tiers concerné a été officiellement informée par le superviseur principal et n'a soulevé aucune objection à cet égard.

2. Sans préjudice des compétences respectives des institutions de l'Union et des États membres, aux fins du paragraphe 1, l'ABE, l'AEMF ou l'AEAPP conclut des accords de coopération administrative avec l'autorité compétente du pays tiers afin de permettre le bon déroulement des inspections menées dans le pays tiers concerné par le superviseur principal et son équipe désignée pour sa mission dans ce pays tiers. Ces accords de coopération ne créent pas d'obligations juridiques à l'égard de l'Union et de ses États membres et n'empêchent pas les États membres et leurs autorités compétentes de conclure des accords bilatéraux ou multilatéraux avec ces pays tiers et leurs autorités concernées.

Ces accords de coopération précisent au moins les éléments suivants :

a) les procédures de coordination des activités de supervision menées au titre du présent règlement et tout contrôle analogue du risque lié aux prestataires tiers de services TIC dans le secteur financier exercé par l'autorité compétente du pays tiers concerné, y compris les modalités de transmission de l'accord de cette dernière visant à permettre au superviseur principal et à son équipe désignée de mener les enquêtes générales et les inspections sur place visées au paragraphe 1, premier alinéa, sur le territoire relevant de sa juridiction ;

b) le mécanisme de transmission de toute information pertinente entre l'ABE, l'AEMF ou l'AEAPP et l'autorité concernée du pays tiers concerné, en particulier en ce qui concerne les informations qui peuvent être demandées par le superviseur principal en vertu de l'article 37 ;

c) les mécanismes de notification rapide, par l'autorité compétente du pays tiers concerné, à l'ABE, à l'AEMF ou à l'AEAPP des cas où un prestataire tiers de services TIC établi dans un pays tiers et désigné comme critique conformément à l'article 31, paragraphe 1, point a), est réputé avoir enfreint les exigences auxquelles il est tenu d'adhérer en vertu du droit applicable du pays tiers concerné lorsqu'il fournit des services à des établissements financiers dans ce pays tiers, ainsi que les voies de recours et les sanctions appliquées ;

d) la transmission régulière d'informations actualisées sur l'évolution de la réglementation ou de la supervision en matière de suivi du risque lié aux prestataires tiers de services TIC des établissements financiers dans le pays tiers concerné ;

e) les modalités permettant, si nécessaire, la participation d'un représentant de l'autorité compétente du pays tiers aux inspections menées par le superviseur principal et l'équipe désignée.

3. Lorsque le superviseur principal n'est pas en mesure de mener les activités de supervision, en dehors de l'Union, visées aux paragraphes 1 et 2, il :

a) exerce les pouvoirs qui lui sont conférés en vertu de l'article 35 sur la base de tous les faits et documents dont il dispose ;

b) documente et explique toute conséquence résultant de son incapacité à mener les activités de supervision envisagées visées au présent article.

Les conséquences potentielles visées au point b) du présent paragraphe sont prises en considération dans les recommandations formulées par le superviseur principal conformément à l'article 35, paragraphe 1, point d).

Art. 37 *Demande d'informations.* 1. Le superviseur principal peut, sur simple demande ou par voie de décision, exiger des prestataires tiers critiques de services TIC qu'ils fournissent toutes les informations nécessaires à l'exécution des tâches qui lui incombent en vertu du présent règlement, notamment tous les documents commerciaux ou opérationnels, contrats, documents stratégiques, rapports d'audit de sécurité des TIC, rapports d'incidents liés aux TIC, ainsi que toute information relative aux parties auxquelles le prestataire tiers critique de services TIC a externalisé des fonctions ou activités opérationnelles.

2. Lorsqu'il sollicite des renseignements par simple demande en vertu du paragraphe 1, le superviseur principal :

a) se réfère au présent article en tant que base juridique de la demande ;

b) indique le but de la demande ;

c) précise la nature des informations demandées ;

d) fixe un délai dans lequel ces informations doivent être communiquées ;

e) informe le représentant du prestataire tiers critique de services TIC auquel les informations sont demandées qu'il n'est pas tenu de les communiquer, mais que toute réponse donnée volontairement à la demande de renseignements ne doit pas être inexacte ni trompeuse.

3. Lorsqu'il demande des informations par voie de décision en vertu du paragraphe 1, le superviseur principal :

a) se réfère au présent article en tant que base juridique de la demande ;

b) indique le but de la demande ;

c) précise la nature des informations demandées ;

d) fixe un délai dans lequel ces informations doivent être communiquées ;

e) indique les astreintes prévues par l'article 35, paragraphe 6, pour le cas où les informations communiquées seraient incomplètes ou lorsque ces informations ne sont pas communiquées dans le délai fixé au point d) du présent paragraphe ;

f) informe du droit de former un recours contre la décision devant la commission de recours de l'AES et d'en demander le réexamen par la Cour de justice de l'Union européenne (ci-après dénommée "Cour de justice") conformément aux articles 60 et 61 des règlements (UE) n° 1093/2010, (UE) n° 1094/2010 et (UE) n° 1095/2010.

4. Les représentants des prestataires tiers critiques de services TIC fournissent les informations demandées. Les avocats dûment mandatés peuvent fournir les renseignements demandés au nom de leurs mandants. Le prestataire tiers critique de services TIC reste pleinement responsable du caractère incomplet, inexact ou trompeur des renseignements fournis.

5. Le superviseur principal transmet, sans retard, une copie de la décision portant sur la communication d'informations aux autorités compétentes des entités financières qui ont recours aux services pertinents des prestataires tiers critiques de services TIC ainsi qu'au réseau de supervision commun.

Art. 38 *Enquêtes générales.* 1. Afin d'exercer les fonctions qui lui incombent en vertu du présent règlement, le superviseur principal, assisté de l'équipe d'examen conjoint visée à l'article 40, paragraphe 1, peut, si nécessaire, mener des enquêtes auprès des prestataires tiers critiques de services TIC.

2. Le superviseur principal a le pouvoir :

a) d'examiner les dossiers, données, procédures et tout autre document pertinent pour l'exécution de ses tâches, quel qu'en soit le support ;

b) de prendre ou d'obtenir des copies certifiées conformes ou de prélever des extraits de ces dossiers, données, procédures documentées et tout autre document ;

c) de convoquer les représentants du prestataire tiers critique de services TIC et de leur demander de fournir oralement ou par écrit des explications sur des faits ou des documents en rapport avec l'objet et le but de l'enquête, et d'enregistrer leurs réponses ;

d) d'interroger toute autre personne physique ou morale qui accepte de l'être aux fins de recueillir des informations concernant l'objet d'une enquête ;

e) de demander les enregistrements des échanges téléphoniques et de données.

3. Les agents et autres personnes mandatés par le superviseur principal pour mener les enquêtes visées au paragraphe 1 exercent leurs pouvoirs sur présentation d'un mandat écrit qui indique l'objet et le but de l'enquête.

Ce mandat indique également les astreintes prévues à l'article 35, paragraphe 6, lorsque les dossiers, données, procédures documentées ou autres documents requis, ou les réponses aux questions posées aux représentants du prestataire tiers de services TIC ne sont pas fournis ou sont incomplets.

4. Les représentants des prestataires tiers critiques de services TIC sont tenus de se soumettre aux enquêtes sur la base d'une décision du superviseur principal. La décision indique l'objet et le but de l'enquête, les astreintes prévues à l'article 35, paragraphe 6, les voies de recours existantes en vertu des règlements (UE) n° 1093/2010, (UE) n° 1094/2010 et (UE) n° 1095/2010, ainsi que le droit de recours qui peut être ouvert devant la Cour de justice contre la décision.

5. En temps utile avant le début de l'enquête, le superviseur principal informe les autorités compétentes des entités financières qui utilisent les services TIC de ce prestataire tiers critique de services TIC de l'enquête envisagée et de l'identité des personnes mandatées.

Le superviseur principal communique au réseau de supervision commun toutes les informations transmises en application du premier alinéa.

Art. 39 *Inspections.* 1. Afin d'exercer les fonctions qui lui incombent en vertu du présent règlement, le superviseur principal, assisté des équipes d'examen conjoint visées à l'article 40, paragraphe 1, peut pénétrer dans tout local professionnel, sur tout terrain ou sur toute propriété des prestataires tiers de services TIC, tels que les sièges sociaux, les centres d'exploitation et les locaux secondaires, et y effectuer toutes les inspections sur place nécessaires, ainsi que procéder à des inspections hors site.

Aux fins de l'exercice des pouvoirs visés au premier alinéa, le superviseur principal consulte le réseau de supervision commun.

2. Les agents et autres personnes mandatés par le superviseur principal pour effectuer une inspection sur place sont investis des pouvoirs suivants :

a) pénétrer dans ces locaux professionnels, sur ces terrains ou sur ces propriétés ; et

b) sceller ces locaux professionnels, livres ou registres, pendant la durée de l'inspection et dans la mesure nécessaire à celle-ci.

Les agents et autres personnes mandatés par le superviseur principal exercent leurs pouvoirs sur présentation d'un mandat écrit précisant l'objet et le but de l'inspection et les astreintes prévues à l'article 35, paragraphe 6, lorsque les représentants des prestataires tiers critiques de services TIC concernés ne se soumettent pas à l'inspection.

3. En temps utile avant le début de l'inspection, le superviseur principal informe les autorités compétentes des entités financières utilisant ce prestataire tiers de services TIC.

4. Les inspections couvrent l'ensemble des systèmes, réseaux, dispositifs, informations et données de TIC pertinents utilisés pour la fourniture de services TIC aux entités financières ou contribuant à cette fourniture.

5. Avant toute inspection sur place prévue, le superviseur principal adresse un préavis raisonnable aux prestataires tiers critiques de services TIC, à moins que ce préavis ne soit pas possible en raison d'une situation d'urgence ou de crise, ou qu'il n'aboutisse à une situation dans laquelle l'inspection ou l'audit ne serait plus efficace.

6. Le prestataire tiers critique de services TIC se soumet aux inspections sur place ordonnées par décision du superviseur principal. La décision indique l'objet et le but de l'inspection, fixe la date à laquelle l'inspection commence et indique les astreintes prévues à l'article 35, paragraphe 6, les voies de recours existantes en vertu des règlements (UE) n° 1093/2010, (UE) n° 1094/2010 et (UE) n° 1095/2010, ainsi que le droit de recours qui peut être ouvert devant la Cour de justice contre la décision.

7. Lorsque les agents et les autres personnes mandatés par le superviseur principal constatent qu'un prestataire tiers critique de services TIC s'oppose à une inspection ordonnée en vertu du présent article, le superviseur principal informe le prestataire tiers critique de services TIC des conséquences de cette opposition, et notamment de

la possibilité qu'ont les autorités compétentes d'exiger des entités financières concernées de résilier les accords contractuels conclus avec ce prestataire tiers critique de services TIC.

Art. 40 *Supervision continue.* 1. Lorsqu'il mène des activités de supervision, en particulier des enquêtes générales ou des inspections, le superviseur principal est assisté par une équipe d'examen conjoint, constituée pour chaque prestataire tiers critique de services TIC.

2. L'équipe d'examen conjoint visée au paragraphe 1 se compose de membres du personnel :

a) des AES ;

b) des autorités compétentes concernées qui assurent la surveillance des entités financières auxquelles le prestataire tiers critique de services TIC fournit des services TIC ;

c) de l'autorité nationale compétente visée à l'article 32, paragraphe 4, point e), à titre volontaire ;

d) d'une autorité nationale compétente de l'État membre dans lequel le prestataire tiers critique de services TIC est établi, à titre volontaire.

Les membres de l'équipe d'examen conjoint possèdent une expertise en matière de TIC et de risque opérationnel. L'équipe d'examen conjoint travaille sous la coordination d'un membre désigné du personnel du superviseur principal (ci-après dénommé "coordonnateur du superviseur principal").

3. Dans les trois mois suivant la fin d'une enquête ou d'une inspection, le superviseur principal, après consultation du forum de supervision, adopte des recommandations qu'il adresse au prestataire tiers critique de services TIC en vertu des pouvoirs visés à l'article 35.

4. Les recommandations visées au paragraphe 3 sont immédiatement communiquées au prestataire tiers critique de services TIC et aux autorités compétentes des entités financières auxquelles il fournit des services TIC.

Aux fins de la réalisation des activités de supervision, le superviseur principal peut prendre en considération toute certification pertinente d'un tiers et tout rapport d'audit interne ou externe d'un prestataire tiers de services TIC mis à disposition par le prestataire tiers critique de services TIC.

Art. 41 *Harmonisation des conditions permettant l'exercice des activités de supervision.* 1. Les AES élaborent, par l'intermédiaire du comité mixte, des projets de normes techniques de réglementation destinées à préciser :

a) les informations que doit fournir un prestataire tiers de services TIC dans la demande de désignation volontaire en tant que prestataire critique, en vertu de l'article 31, paragraphe 11 ;

b) le contenu, la structure et le format des informations que les prestataires tiers de services TIC sont tenus de soumettre, de publier ou de fournir conformément à l'article 35, paragraphe 1, y compris le modèle destiné à la communication des informations relatives aux accords de sous-traitance ;

c) les critères pour déterminer la composition de l'équipe d'examen conjoint en vue de garantir une participation équilibrée des membres du personnel des AES et des autorités compétentes concernées, leur désignation, leurs tâches et leurs modalités de travail ;

d) les détails de l'évaluation, par les autorités compétentes, des mesures prises par des prestataires tiers critiques de services TIC sur la base des recommandations formulées par le superviseur principal conformément à l'article 42, paragraphe 3.

2. Les AES soumettent ces projets de normes techniques de réglementation à la Commission au plus tard le 17 juillet 2024.

Le pouvoir de compléter le présent règlement en adoptant les normes techniques de réglementation prévues au paragraphe 1 est délégué à la Commission conformément à la procédure prévue aux articles 10 à 14 des règlements (UE) n 1093/2010, (UE) n° 1094/2010 et (UE) n° 1095/2010.

Art. 42 *Suivi par les autorités compétentes.* 1. Dans les soixante jours civils suivant la réception des recommandations formulées par le superviseur principal conformément

à l'article 35, paragraphe 1, point d), les prestataires tiers critiques de services TIC notifient au superviseur principal leur intention de suivre les recommandations ou fournissent une explication circonstanciée des raisons pour lesquelles elles ne suivront pas ces recommandations. Le superviseur principal transmet immédiatement ces informations aux autorités compétentes des entités financières concernées.

2. Le superviseur principal divulgue publiquement les cas où un prestataire tiers critique de services TIC ne présente pas au superviseur principal la notification prévue au paragraphe 1 ou ceux où l'explication fournie par le prestataire tiers critique de services TIC n'est pas jugée suffisante. Les informations publiées révèlent l'identité du prestataire tiers critique de services TIC et contiennent également des informations sur le type et la nature du non-respect. Ces informations sont limitées à ce qui est pertinent et proportionné aux fins de la sensibilisation du public, à moins que cette publication ne soit susceptible de causer un préjudice disproportionné aux parties concernées ou de compromettre gravement le bon fonctionnement et l'intégrité des marchés financiers ou la stabilité de tout ou partie du système financier de l'Union.

Le superviseur principal notifie cette divulgation publique au prestataire tiers de services TIC.

3. Les autorités compétentes informent les entités financières concernées des risques recensés dans les recommandations adressées aux prestataires tiers critiques de services TIC conformément à l'article 35, paragraphe 1, point d).

Lorsqu'elles gèrent le risque lié aux prestataires tiers de services TIC, les entités financières tiennent compte des risques visés au premier alinéa.

4. Lorsqu'une autorité compétente estime qu'une entité financière ne tient pas compte ou ne prend pas suffisamment en considération, dans le cadre de sa gestion du risque lié aux prestataires tiers de services TIC, des risques spécifiques recensés dans les recommandations, elle informe l'entité financière de la possibilité qu'une décision soit prise, dans un délai de soixante jours civils à compter de la réception d'une telle notification, conformément au paragraphe 6, en l'absence de dispositions contractuelles appropriées visant à parer à ces risques.

5. Dès qu'elles reçoivent les rapports visés à l'article 35, paragraphe 1, point c), et avant de prendre la décision visée au paragraphe 6 du présent article, les autorités compétentes peuvent, à titre volontaire, consulter les autorités compétentes désignées ou établies conformément à la directive (UE) 2022/2555, responsables de la supervision d'une entité essentielle ou importante relevant de ladite directive, qui a été désignée comme un prestataire tiers critique de services TIC.

6. Les autorités compétentes peuvent, en dernier recours, après la notification et, le cas échéant, la consultation visée aux paragraphes 4 et 5 du présent article, conformément à l'article 50, exiger des entités financières qu'elles suspendent temporairement, en partie ou en totalité, l'utilisation ou le déploiement d'un service fourni par le prestataire tiers critique de services TIC, jusqu'à ce que les risques identifiés dans les recommandations adressées aux prestataires tiers critiques de services TIC aient été écartés. Le cas échéant, elles peuvent exiger des entités financières qu'elles résilient, en partie ou en totalité, les accords contractuels concernés conclus avec les prestataires tiers critiques de services TIC.

7. Lorsqu'un prestataire tiers critique de services TIC refuse d'approuver des recommandations, en se fondant sur une approche qui diverge de celle recommandée par le superviseur principal, et que cette approche divergente pourrait avoir une incidence négative sur un grand nombre d'entités financières, ou sur une partie importante du secteur financier, et que les alertes individuelles émises par les autorités compétentes n'ont pas abouti à des approches cohérentes permettant d'atténuer le risque potentiel pour la stabilité financière, le superviseur principal peut, après avoir consulté le forum de supervision, émettre des avis non contraignants et non publics à l'intention des autorités compétentes, afin de promouvoir des mesures de suivi cohérentes et convergentes en matière de supervision, s'il y a lieu.

8. Dès réception des rapports visés à l'article 35, paragraphe 1, point c), les autorités compétentes, lorsqu'elles prennent la décision visée au paragraphe 6 du présent article, tiennent compte du type et de l'ampleur des risques qui n'ont pas été écartés

par le prestataire tiers critique de services TIC, ainsi que de la gravité de la non-conformité, au regard des critères suivants, en examinant :

a) la gravité et la durée de la non-conformité ;

b) si la non-conformité a révélé de graves faiblesses dans les procédures, les systèmes de gestion, la gestion des risques et les contrôles internes du prestataire tiers critique de services TIC ;

c) si un délit financier a été facilité ou occasionné par la non-conformité ou est imputable, d'une quelconque manière, à cette non-conformité ;

d) si la non-conformité est délibérée ou résulte d'une négligence ;

e) si la suspension ou la résiliation des accords contractuels entraîne un risque pour la continuité des activités de l'entité financière, en dépit des efforts déployés par l'entité financière pour éviter toute perturbation dans la fourniture de ses services ;

f) le cas échéant, l'avis, sollicité à titre volontaire conformément au paragraphe 5 du présent article, des autorités compétentes désignées ou établies conformément à la directive (UE) 2022/2555, responsables de la supervision d'une entité essentielle ou importante relevant de ladite directive, qui a été désignée en tant que prestataire tiers critique de services TIC.

Les autorités compétentes accordent aux entités financières le délai nécessaire pour leur permettre d'adapter les accords contractuels conclus avec des prestataires tiers critiques de services TIC, afin d'éviter des effets préjudiciables sur leur résilience opérationnelle numérique et de leur permettre de déployer les stratégies de sortie et les plans de transition visés à l'article 28.

9. La décision visée au paragraphe 6 du présent article est notifiée aux membres du forum de supervision visés à l'article 32, paragraphe 4, points a), b) et c), ainsi qu'au réseau de supervision commun.

Les prestataires tiers critiques de services TIC concernés par les décisions prévues au paragraphe 6 coopèrent pleinement avec les entités financières affectées, en particulier dans le cadre du processus de suspension ou de résiliation de leurs accords contractuels.

10. Les autorités compétentes informent régulièrement le superviseur principal des approches suivies et des mesures prises dans le cadre de leurs tâches de surveillance des entités financières, ainsi que des accords contractuels conclus par les entités financières lorsque des prestataires tiers critiques de services TIC n'ont pas suivi, en partie ou en totalité, les recommandations qui leur ont été adressées par le superviseur principal.

11. Le superviseur principal peut, sur demande, fournir des précisions supplémentaires sur les recommandations émises afin de donner des orientations aux autorités compétentes concernant les mesures de suivi.

Art. 43 *Redevances de supervision.* 1. Conformément à l'acte délégué visé au paragraphe 2 du présent article, le superviseur principal perçoit, auprès des prestataires tiers critiques de services TIC, des redevances qui couvrent intégralement les dépenses que le superviseur principal doit engager pour exercer les tâches de supervision que lui assigne le présent règlement, y compris le remboursement de tous les coûts pouvant résulter des travaux effectués par l'équipe d'examen conjoint visée à l'article 40, ainsi que les coûts des conseils fournis par les experts indépendants visés à l'article 32, paragraphe 4, deuxième alinéa, en rapport avec les questions liées aux activités de supervision directes.

Le montant de la redevance perçue auprès d'un prestataire tiers critique de services TIC couvre tous les frais afférents à l'exécution des tâches exposées dans la présente section et est proportionnel à son chiffre d'affaires.

2. La Commission est habilitée à adopter un acte délégué conformément à l'article 57 pour compléter le présent règlement en déterminant le montant des redevances et leurs modalités de paiement au plus tard le 17 juillet 2024.

Art. 44 *Coopération internationale.* 1. Sans préjudice de l'article 36, l'ABE, l'AEMF et l'AEAPP peuvent, conformément à l'article 33 des règlements (UE) n° 1093/2010, (UE) n° 1095/2010 et (UE) n° 1094/2010, respectivement, conclure des accords administratifs avec les autorités de réglementation et de surveillance de pays tiers afin

de faciliter la coopération internationale en ce qui concerne les risques liés aux prestataires tiers de services TIC dans différents secteurs financiers, en particulier en élaborant des bonnes pratiques pour l'examen des pratiques et des contrôles en matière de gestion du risque lié aux TIC, des mesures d'atténuation et des réponses apportées en cas d'incident.

2. Les AES remettent tous les cinq ans au Parlement européen, au Conseil et à la Commission, par l'intermédiaire du comité mixte, un rapport conjoint confidentiel qui résume les conclusions de leurs discussions en la matière avec les autorités de pays tiers visées au paragraphe 1 et qui met l'accent sur l'évolution du risque lié aux prestataires tiers de services TIC et sur ses implications pour la stabilité financière, l'intégrité du marché, la protection des investisseurs et le fonctionnement du marché intérieur.

CHAPITRE VI *DISPOSITIFS DE PARTAGE D'INFORMATIONS*

Art. 45 *Dispositifs de partage d'informations et de renseignements sur les cybermenaces.* 1. Les entités financières peuvent échanger entre elles des informations et des renseignements sur les cybermenaces, notamment des indicateurs de compromis, des tactiques, des techniques et des procédures, des alertes de cybersécurité et des outils de configuration, dans la mesure où ce partage d'informations et de renseignements :

a) vise à améliorer la résilience opérationnelle numérique des entités financières, notamment en les sensibilisant aux cybermenaces, en limitant ou en bloquant la capacité de propagation des cybermenaces, et en soutenant les capacités de défense, les techniques de détection des menaces et les stratégies d'atténuation ou les phases de réponse et de rétablissement ;

b) se déroule au sein de communautés d'entités financières de confiance ;

c) repose sur des dispositifs de partage des informations qui protègent la nature potentiellement sensible des informations partagées et qui sont régis par des règles de conduite dans le plein respect de la confidentialité des affaires, de la protection des données à caractère personnel conformément au règlement (UE) 2016/679 et des lignes directrices sur la politique de concurrence.

2. Aux fins du paragraphe 1, point c), les dispositifs de partage d'informations définissent les conditions à respecter pour y participer et, le cas échéant, précisent les modalités de participation des autorités publiques, et en quelle qualité elles peuvent être associées à ces dispositifs, les modalités de la participation des prestataires tiers de services TIC, ainsi que les aspects opérationnels de ce partage, y compris de l'utilisation de plateformes de TIC spécialisées.

3. Les entités financières notifient aux autorités compétentes leur participation aux dispositifs de partage d'informations visés au paragraphe 1 lors de la validation de leur adhésion ou, le cas échéant, la cessation de leur adhésion, lorsque celle-ci prend effet.

CHAPITRE VII *AUTORITÉS COMPÉTENTES*

Art. 46 *Autorités compétentes.* Sans préjudice des dispositions relatives au cadre de supervision des prestataires tiers critiques de services TIC visés au chapitre V, section 2, du présent règlement, le respect du présent règlement est assuré par les autorités compétentes suivantes, conformément aux pouvoirs conférés par les actes juridiques correspondants :

a) pour les établissements de crédit et pour les établissements exemptés en vertu de la directive 2013/36/UE, l'autorité compétente désignée conformément à l'article 4 de ladite directive, et pour les établissements de crédit classés comme importants conformément à l'article 6, paragraphe 4, du règlement (UE) n° 1024/2013, la BCE conformément aux pouvoirs et missions conférés par ledit règlement ;

b) pour les établissements de paiement, y compris les établissements de paiement exemptés en vertu de la directive (UE) 2015/2366, les établissements de monnaie électronique exemptés en vertu de la directive 2009/110/CE et les prestataires de services d'information sur les comptes visés à l'article 33, paragraphe 1, de la directive (UE) 2015/2366, l'autorité compétente désignée conformément à l'article 22 de la directive (UE) 2015/2366 ;

c) pour les entreprises d'investissement, l'autorité compétente désignée conformément à l'article 4 de la directive (UE) 2019/2034 du Parlement européen et du Conseil *[du 27 nov. 2019 concernant la surveillance prudentielle des entreprises d'investissement]* ;
d) pour les prestataires de services sur crypto-actifs, agréés en vertu du règlement sur les marchés de crypto-actifs et les émetteurs de jetons se référant à un ou des actifs, l'autorité compétente désignée conformément à la disposition pertinente dudit règlement ;
e) pour les dépositaires centraux de titres, l'autorité compétente désignée conformément à l'article 11 du règlement (UE) n° 909/2014 ;
f) pour les contreparties centrales, l'autorité compétente désignée conformément à l'article 22 du règlement (UE) n° 648/2012 ;
g) pour les plates-formes de négociation et les prestataires de services de communication de données, l'autorité compétente désignée conformément à l'article 67 de la directive 2014/65/UE, et l'autorité compétente définie à l'article 2, paragraphe 1, point 18), du règlement (UE) n° 600/2014 ;
h) pour les référentiels centraux, l'autorité compétente désignée conformément à l'article 22 du règlement (UE) n° 648/2012 ;
i) pour les gestionnaires de fonds d'investissement alternatifs, l'autorité compétente désignée conformément à l'article 44 de la directive 2011/61/UE ;
j) pour les sociétés de gestion, l'autorité compétente désignée conformément à l'article 97 de la directive 2009/65/CE ;
k) pour les entreprises d'assurance et de réassurance, l'autorité compétente désignée conformément à l'article 30 de la directive 2009/138/CE ;
l) pour les intermédiaires d'assurance, les intermédiaires de réassurance et les intermédiaires d'assurance à titre accessoire, l'autorité compétente désignée conformément à l'article 12 de la directive (UE) 2016/97 ;
m) pour les institutions de retraite professionnelle, l'autorité compétente désignée conformément à l'article 47 de la directive (UE) 2016/2341 ;
n) pour les agences de notation de crédit, l'autorité compétente désignée conformément à l'article 21 du règlement (CE) n° 1060/2009 ;
o) pour les administrateurs d'indices de référence d'importance critique, l'autorité compétente désignée conformément aux articles 40 et 41 du règlement (UE) 2016/1011 ;
p) pour les prestataires de services de financement participatif, l'autorité compétente désignée conformément à l'article 29 du règlement (UE) 2020/1503 ;
q) pour les référentiels des titrisations, l'autorité compétente désignée conformément à l'article 10 et à l'article 14, paragraphe 1, du règlement (UE) 2017/2402.

Art. 47 *Coopération avec les structures et autorités établies par la directive (UE) 2022/2555.* 1. Afin de favoriser la coopération et de permettre des échanges en matière de surveillance entre les autorités compétentes désignées conformément au présent règlement et le groupe de coopération institué par l'article 14 de la directive (UE) 2022/2555, les AES et les autorités compétentes peuvent participer aux activités du groupe de coopération pour les questions qui concernent leurs activités de supervision liées aux entités financières. Les AES et les autorités compétentes peuvent demander à être invitées à participer aux activités du groupe de coopération pour les questions en lien avec les entités essentielles ou importantes relevant de la directive (UE) 2022/2555 qui ont également été désignées comme des prestataires tiers critiques de services TIC en vertu de l'article 31 du présent règlement.

2. Le cas échéant, les autorités compétentes peuvent consulter les points de contact uniques et les CSIRT désignés ou établis conformément à la directive (UE) 2022/2555 et partager des informations avec ceux-ci.

3. Le cas échéant, les autorités compétentes peuvent demander tout conseil et assistance technique pertinents aux autorités compétentes désignées ou établies conformément à la directive (UE) 2022/2555 et établir des accords de coopération permettant la mise en place de mécanismes de coordination efficaces et rapides.

4. Les accords visés au paragraphe 3 du présent article peuvent, entre autres, préciser les procédures relatives à la coordination des activités de surveillance et de super-

vision en ce qui concerne les entités essentielles ou importantes relevant de la directive (UE) 2022/2555 qui ont été désignées comme prestataires tiers critiques de services TIC en vertu de l'article 31 du présent règlement, ainsi que les procédures relatives à la réalisation, conformément au droit national, d'enquêtes et d'inspections sur place, et les procédures régissant les mécanismes d'échange d'informations entre les autorités compétentes relevant du présent règlement et les autorités compétentes désignées ou établies conformément à ladite directive, y compris l'accès aux informations demandées par ces dernières.

Art. 48 *Coopération entre autorités.* 1. Les autorités compétentes coopèrent étroitement entre elles et, le cas échéant, avec le superviseur principal.

2. Les autorités compétentes et le superviseur principal s'échangent mutuellement, en temps utile, toutes les informations pertinentes concernant les prestataires tiers critiques de services TIC qui leur sont nécessaires pour s'acquitter des missions qui leur incombent en vertu du présent règlement, en particulier en ce qui concerne les risques recensés, les approches et les mesures adoptées dans le cadre des tâches de supervision du superviseur principal.

Art. 49 *Exercices, communication et coopération entre secteurs financiers.* 1. Les AES, agissant par l'intermédiaire du comité mixte et en collaboration avec les autorités compétentes, les autorités de résolution visées à l'article 3 de la directive 2014/59/UE, la BCE, le Conseil de résolution unique en ce qui concerne les informations relatives aux entités relevant du champ d'application du règlement (UE) n° 806/2014, le CERS et l'ENISA, le cas échéant, peuvent mettre en place des mécanismes qui permettent le partage de pratiques efficaces entre les secteurs financiers afin d'améliorer la perception de chaque situation et de détecter les cybervulnérabilités et les cyberrisques communs aux différents secteurs.

Elles peuvent mettre au point des exercices de gestion de crise et d'urgence reposant sur des scénarios de cyberattaques, en vue de développer les canaux de communication et de favoriser la mise en place progressive d'une réponse efficace et coordonnée au niveau de l'Union, en cas d'incident transfrontière majeur lié aux TIC ou de menace connexe ayant une incidence systémique sur l'ensemble du secteur financier de l'Union.

Ces exercices peuvent aussi, le cas échéant, tester les relations de dépendance du secteur financier vis-à-vis d'autres secteurs économiques.

2. Les autorités compétentes, les AES et la BCE coopèrent étroitement entre elles et échangent des informations afin de s'acquitter de leurs missions conformément aux articles 47 à 54. Elles coordonnent étroitement leurs activités de surveillance afin d'identifier les infractions au présent règlement et d'y remédier, de mettre au point et de promouvoir des bonnes pratiques, de faciliter la coopération, de renforcer la cohérence des interprétations et de fournir des avis interjuridictionnels en cas de désaccord.

Art. 50 *Sanctions administratives et mesures correctives.* 1. Les autorités compétentes disposent de tous les pouvoirs de surveillance, d'enquête et de sanction nécessaires pour s'acquitter des tâches qui leur incombent en vertu du présent règlement.

2. Les pouvoirs visés au paragraphe 1 incluent au minimum les pouvoirs suivants :

a) accéder à tout document ou toute donnée, quelle qu'en soit la forme, que les autorités compétentes jugent pertinent pour l'accomplissement de leur mission de surveillance, et en recevoir ou en réaliser une copie ;

b) procéder à des inspections sur place ou à des enquêtes, qui comprennent, sans s'y limiter, les actions suivantes :

i) convoquer les représentants des entités financières et leur demander de fournir oralement ou par écrit des explications sur des faits ou des documents en rapport avec l'objet et le but de l'enquête, et enregistrer leurs réponses ;

ii) interroger toute autre personne physique ou morale qui accepte de l'être aux fins de recueillir des informations concernant l'objet d'une enquête ;

c) imposer des mesures correctives en cas de manquement aux exigences du présent règlement.

3. Sans préjudice du droit des États membres d'imposer des sanctions pénales conformément à l'article 52, les États membres arrêtent des règles prévoyant des sanctions

administratives et des mesures correctives appropriées en cas de violation du présent règlement et veillent à leur mise en œuvre effective.

Ces sanctions et ces mesures sont effectives, proportionnées et dissuasives.

4. Les États membres confèrent aux autorités compétentes le pouvoir d'appliquer au moins les sanctions administratives ou les mesures correctives suivantes en cas de violation du présent règlement :

a) émettre une injonction ordonnant à la personne physique ou morale de mettre un terme au comportement qui constitue une violation du présent règlement et lui interdisant de le réitérer ;

b) exiger la cessation temporaire ou définitive de toute pratique ou conduite que l'autorité compétente juge contraire aux dispositions du présent règlement et en prévenir la répétition ;

c) adopter tout type de mesure, y compris de nature pécuniaire, propre à garantir que les entités financières continueront à respecter leurs obligations légales ;

d) exiger, dans la mesure où le droit national le permet, les enregistrements d'échanges de données existants détenus par un opérateur de télécommunications, lorsqu'il est raisonnablement permis de suspecter une violation du présent règlement et que ces enregistrements peuvent être importants pour une enquête portant sur une violation du présent règlement ; et

e) émettre des communications au public, y compris des déclarations publiques, indiquant l'identité de la personne physique ou morale et la nature de la violation.

5. Lorsque le paragraphe 2, point c), et le paragraphe 4 s'appliquent à des personnes morales, les États membres confèrent aux autorités compétentes le pouvoir d'appliquer les sanctions administratives et les mesures correctives prévues, sous réserve des conditions prévues dans le droit national, aux membres de l'organe de direction, ainsi qu'aux autres personnes responsables de la violation au sens du droit national.

6. Les États membres veillent à ce que toute décision d'imposer des sanctions administratives ou des mesures correctives visées au paragraphe 2, point c), soit dûment motivée et puisse faire l'objet d'un recours.

Art. 51 *Exercice du pouvoir d'imposer des sanctions administratives et des mesures correctives.* 1. Les autorités compétentes exercent le pouvoir d'imposer les sanctions administratives et les mesures correctives prévues par l'article 50 conformément à leurs cadres juridiques nationaux, et, selon le cas, comme suit :

a) directement ;

b) en collaboration avec d'autres autorités ;

c) par délégation à d'autres autorités agissant sous leur responsabilité ; ou

d) par la saisine des autorités judiciaires compétentes.

2. Les autorités compétentes, lorsqu'elles déterminent le type et le niveau des sanctions administratives ou des mesures correctives à imposer en vertu de l'article 50, tiennent compte de la mesure dans laquelle la violation est intentionnelle ou résulte d'une négligence ainsi que de toutes les autres circonstances pertinentes, et notamment, le cas échéant, des éléments suivants :

a) la matérialité, la gravité et la durée de la violation ;

b) le degré de responsabilité de la personne physique ou morale responsable de la violation ;

c) l'assise financière de la personne physique ou morale responsable ;

d) l'importance des gains obtenus ou des pertes évitées par la personne physique ou morale en cause, dans la mesure où ils peuvent être déterminés ;

e) les préjudices subis par des tiers du fait de la violation, dans la mesure où ils peuvent être déterminés ;

f) le degré de coopération de la personne physique ou morale en cause avec l'autorité compétente, sans préjudice de la nécessité de veiller à la restitution des gains obtenus ou des pertes évitées par cette personne physique ou morale ;

g) les violations antérieures commises par la personne physique ou morale en cause.

Art. 52 *Sanctions pénales.* 1. Les États membres peuvent décider de ne pas prévoir de régime de sanctions administratives ou de mesures correctives pour les violations qui font l'objet de sanctions pénales dans le cadre de leur droit national.

2. Les États membres qui choisissent d'instituer des sanctions pénales pour les violations du présent règlement veillent à ce que des mesures appropriées soient prises pour que les autorités compétentes disposent de tous les pouvoirs nécessaires pour se mettre en rapport avec les autorités judiciaires, les autorités chargées des poursuites ou les autorités judiciaires pénales de leur ressort territorial en vue de recevoir des informations spécifiques liées aux enquêtes ou procédures pénales engagées pour violation du présent règlement, et de fournir ces mêmes informations aux autres autorités compétentes, ainsi qu'à l'ABE, l'AEMF ou l'AEAPP, afin de s'acquitter de leurs obligations de coopération aux fins du présent règlement.

Art. 53 *Obligations de notification.* Les États membres notifient à la Commission, à l'AEMF, à l'ABE et à l'AEAPP les dispositions législatives, réglementaires et administratives qui mettent en œuvre le présent chapitre, y compris toute disposition de droit pénal pertinente, au plus tard le 17 janvier 2025. Les États membres notifient à la Commission, à l'AEMF, à l'ABE et à l'AEAPP, sans retard injustifié, toute modification ultérieure desdites dispositions.

Art. 54 *Application de sanctions administratives.* 1. Les autorités compétentes publient sur leur site internet officiel, sans retard injustifié, toute décision d'imposer une sanction administrative contre laquelle il n'y a pas de recours, une fois que cette décision a été notifiée au destinataire de la sanction.

2. La publication prévue au paragraphe 1 contient des informations sur le type et la nature de la violation ainsi que sur l'identité des personnes responsables et les sanctions imposées.

3. Si l'autorité compétente, après une évaluation au cas par cas, estime que la publication de l'identité de personnes morales, ou de l'identité et des données à caractère personnel de personnes physiques, serait disproportionnée, notamment en ce qui concerne les risques liés à la protection des données à caractère personnel, compromettrait la stabilité des marchés financiers ou la poursuite d'une enquête pénale en cours, ou causerait, dans la mesure où ils peuvent être déterminés, des dommages disproportionnés à la personne concernée, elle adopte l'une des solutions suivantes en ce qui concerne la décision d'imposer une sanction administrative :

a) reporter sa publication jusqu'à ce qu'il n'existe plus aucune raison de ne pas la publier ;

b) la publier en préservant l'anonymat des intéressés, conformément au droit national ; ou

c) s'abstenir de la publier, si les options a) et b) sont jugées insuffisantes pour garantir l'absence totale de risque pour la stabilité des marchés financiers, ou si cette publication ne serait pas proportionnée, eu égard à la clémence de la sanction imposée.

4. S'il est décidé de publier une sanction administrative en préservant l'anonymat des intéressés, conformément au paragraphe 3, point b), la publication des données concernées peut être différée.

5. Si une autorité compétente publie une décision de sanction administrative pouvant faire l'objet d'un recours devant les autorités judiciaires concernées, les autorités compétentes publient immédiatement cette information sur leur site internet officiel et y publient, ultérieurement, toute information connexe sur l'issue de ce recours. Toute décision judiciaire annulant une décision de sanction administrative est également publiée.

6. Les autorités compétentes veillent à ce que toute publication visée aux paragraphes 1 à 4 ne demeure sur leur site internet officiel que pendant la période nécessaire aux fins de l'entrée en vigueur du présent article. Cette période n'excède pas cinq ans à compter de sa publication.

Art. 55 *Secret professionnel.* 1. Toute information confidentielle reçue, échangée ou transmise en vertu du présent règlement est soumise aux conditions relatives à l'obligation de secret professionnel énoncées au paragraphe 2.

2. L'obligation de secret professionnel s'applique à toutes les personnes qui travaillent, ou ont travaillé, pour les autorités compétentes en vertu du présent règlement, ou pour toute autorité, entreprise de marché ou personne physique ou morale à

laquelle ces autorités compétentes ont délégué leurs pouvoirs, y compris les auditeurs et les experts qu'elles ont mandatés.

3. Les informations couvertes par le secret professionnel, y compris l'échange d'informations entre les autorités compétentes relevant du présent règlement et les autorités compétentes désignées ou établies conformément à la directive (UE) 2022/2555, ne peuvent être divulguées à quelque autre personne ou autorité que ce soit, sauf en vertu de dispositions du droit de l'Union ou du droit national.

4. Toutes les informations que s'échangent les autorités compétentes au titre du présent règlement au sujet des conditions commerciales ou opérationnelles et d'autres questions économiques ou personnelles sont considérées comme confidentielles et sont soumises aux exigences du secret professionnel, sauf si l'autorité compétente précise, au moment où elle les communique, qu'elles peuvent être divulguées, ou si cette divulgation est nécessaire aux fins d'une procédure judiciaire.

Art. 56 *Protection des données.* 1. Les AES et les autorités compétentes ne sont autorisées à traiter des données à caractère personnel que lorsque cela est nécessaire à l'accomplissement de leurs obligations et missions respectives en vertu du présent règlement, en particulier en matière d'enquête, d'inspection, de demande d'informations, de communication, de publication, d'évaluation, de vérification, d'évaluation et d'élaboration de plans de supervision. Les données à caractère personnel sont traitées conformément au règlement (UE) 2016/679 ou au règlement (UE) 2018/1725, selon le cas.

2. Sauf disposition contraire dans d'autres actes sectoriels, les données à caractère personnel visées au paragraphe 1 sont conservées jusqu'à l'accomplissement des missions de contrôle applicables et, en tout état de cause, pendant une période maximale de quinze ans, sauf dans le cas de procédures judiciaires en cours nécessitant la conservation de ces données pendant une période plus longue.

CHAPITRE VIII *ACTES DÉLÉGUÉS*

Art. 57 *Exercice de la délégation.* 1. Le pouvoir d'adopter des actes délégués conféré à la Commission est soumis aux conditions fixées au présent article.

2. Le pouvoir d'adopter des actes délégués visé à l'article 31, paragraphe 6, et à l'article 43, paragraphe 2, est conféré à la Commission pour une période de cinq ans à compter du 17 janvier 2024. La Commission élabore un rapport relatif à la délégation de pouvoir au plus tard neuf mois avant la fin de la période de cinq ans. La délégation de pouvoir est tacitement prorogée pour des périodes d'une durée identique, sauf si le Parlement européen ou le Conseil s'oppose à cette prorogation trois mois au plus tard avant la fin de chaque période.

3. La délégation de pouvoir visée à l'article 31, paragraphe 6, et à l'article 43, paragraphe 2, peut être révoquée à tout moment par le Parlement européen ou le Conseil. La décision de révocation met fin à la délégation de pouvoir qui y est précisée. La révocation prend effet le jour suivant celui de la publication de ladite décision au *Journal officiel de l'Union européenne* ou à une date ultérieure qui est précisée dans ladite décision. Elle ne porte pas atteinte à la validité des actes délégués déjà en vigueur.

4. Avant l'adoption d'un acte délégué, la Commission consulte les experts désignés par chaque État membre, conformément aux principes définis dans l'accord interinstitutionnel du 13 avril 2016 "Mieux légiférer".

5. Aussitôt qu'elle adopte un acte délégué, la Commission le notifie au Parlement européen et au Conseil simultanément.

6. Un acte délégué adopté en vertu de l'article 31, paragraphe 6, et de l'article 43, paragraphe 2, n'entre en vigueur que si le Parlement européen ou le Conseil n'a pas exprimé d'objections dans un délai de trois mois à compter de la notification de cet acte au Parlement européen et au Conseil ou si, avant l'expiration de ce délai, le Parlement européen et le Conseil ont tous deux informé la Commission de leur intention de ne pas exprimer d'objections. Ce délai est prolongé de trois mois à l'initiative du Parlement européen ou du Conseil.

CHAPITRE IX *DISPOSITIONS TRANSITOIRES ET FINALES*

SECTION 1

Art. 58 *Clause de réexamen.* 1. Au plus tard le 17 janvier 2028, la Commission, après avoir consulté les AES et le CERS, selon le cas, procède à un réexamen et remet au Parlement européen et au Conseil un rapport, accompagné, le cas échéant, d'une proposition législative. Le réexamen porte au moins sur les points suivants :

a) les critères de désignation des prestataires tiers critiques de services TIC conformément à l'article 31, paragraphe 2 ;

b) le caractère volontaire de la notification des cybermenaces importantes, visé à l'article 19 ;

c) le régime visé à l'article 31, paragraphe 12, et les pouvoirs du superviseur principal prévus à l'article 35, paragraphe 1, point d) iv), premier tiret, en vue d'évaluer l'efficacité de ces dispositions pour assurer une supervision efficace des prestataires tiers critiques de services TIC établis dans un pays tiers, et la nécessité d'établir une filiale dans l'Union.

Aux fins du premier alinéa du présent point, le réexamen comprend une analyse du régime visé à l'article 31, paragraphe 12, y compris les conditions d'accès des entités financières de l'Union aux services de pays tiers et la disponibilité de services sur le marché de l'Union, et il tient compte de l'évolution des marchés des services couverts par le présent règlement, de l'expérience pratique des entités financières et des superviseurs financiers en ce qui concerne l'application et, respectivement, la supervision de ce régime, ainsi que de toute évolution pertinente en matière de réglementation et de supervision au niveau international ;

d) l'opportunité d'inclure dans le champ d'application du présent règlement les entités financières visées à l'article 2, paragraphe 3, point e), qui font usage de systèmes de vente automatisés, compte tenu de l'évolution future du marché en ce qui concerne l'utilisation de ces systèmes ;

e) le fonctionnement et l'efficacité du réseau de supervision commun pour ce qui est de soutenir la cohérence de la supervision et l'efficacité de l'échange d'informations au sein du cadre de supervision.

2. Dans le cadre du réexamen de la directive (UE) 2015/2366, la Commission évalue la nécessité de renforcer la cyberrésilience des systèmes de paiement et des activités de traitement de paiements, ainsi que l'opportunité d'étendre le champ d'application du présent règlement aux opérateurs de systèmes de paiement et aux entités participant aux activités de traitement de paiements. A la lumière de cette évaluation, la Commission soumet, dans le cadre du réexamen de la directive (UE) 2015/2366, un rapport au Parlement européen et au Conseil au plus tard le 17 juillet 2023.

Sur la base de ce rapport de réexamen, et après avoir consulté les AES, la BCE et le CERS, la Commission peut présenter, le cas échéant et dans le cadre de la proposition législative qu'elle peut adopter en vertu de l'article 108, deuxième alinéa, de la directive (UE) 2015/2366, une proposition visant à faire en sorte que tous les opérateurs de systèmes de paiement et entités participant à des activités de traitement des paiements fassent l'objet d'une surveillance appropriée, tout en tenant compte de la supervision existante par la banque centrale.

3. Au plus tard le 17 janvier 2026, la Commission, après avoir consulté les AES et le comité des organes européens de supervision de l'audit, procède à un réexamen et remet au Parlement européen et au Conseil un rapport, accompagné, le cas échéant, d'une proposition législative sur l'opportunité de renforcer les exigences applicables aux contrôleurs légaux des comptes et aux cabinets d'audit en ce qui concerne la résilience opérationnelle numérique, au moyen de l'inclusion des contrôleurs légaux des comptes et des cabinets d'audit dans le champ d'application du présent règlement ou au moyen de modifications de la directive 2006/43/CE du Parlement européen et du Conseil *[du 17 mai 2006 concernant les contrôles légaux des comptes annuels et des comptes consolidés]*.

SECTION 2 *Modifications*

Art. 64 *Entrée en vigueur et application.* Le présent règlement entre en vigueur le vingtième jour suivant celui de sa publication au *Journal officiel de l'Union européenne* *[JOUE L 333 du 27 déc. 2022]*.

Il s'applique à partir du 17 janvier 2025.

Directive (UE) 2022/2555 du Parlement européen et du Conseil du 14 décembre 2022 (directive "NIS 2"),

Concernant des mesures destinées à assurer un niveau élevé commun de cybersécurité dans l'ensemble de l'Union.

V. les consid. sur le Code en ligne 🏛.

BIBL. ▶ Douville et Porcher, *JCP E 2023. Actu. 124* (directive NIS 2 : un socle transversal renforcé). – Saillant, *D. actu. 17 janv. 2023* (la directive SRI 2 : élargissement du champ d'application et renforcement de la coopération en matière de cybersécurité).

CHAPITRE I *DISPOSITIONS GÉNÉRALES*

Art. 1er *Objet.* 1. La présente directive établit des mesures qui ont pour but d'obtenir un niveau commun élevé de cybersécurité dans l'ensemble de l'Union, afin d'améliorer le fonctionnement du marché intérieur.

2. A cette fin, la présente directive fixe :

a) des obligations qui imposent aux États membres d'adopter des stratégies nationales en matière de cybersécurité, de désigner ou de mettre en place des autorités compétentes, des autorités chargées de la gestion des cybercrises, des points de contact uniques en matière de cybersécurité (ci-après dénommés "points de contact uniques") et des centres de réponse aux incidents de sécurité informatique (CSIRT) ;

b) des mesures de gestion des risques en matière de cybersécurité et des obligations d'information pour les entités d'un type visé à l'annexe I ou II, ainsi que pour les entités recensées en tant qu'entités critiques en vertu de la directive (UE) 2022/2557 ;

c) des règles et des obligations pour le partage d'informations en matière de cybersécurité ;

d) les obligations des États membres en matière de supervision et d'exécution.

Art. 2 *Champ d'application.* 1. La présente directive s'applique aux entités publiques ou privées d'un type visé à l'annexe I ou II qui constituent des entreprises moyennes en vertu de l'article 2 de l'annexe de la recommandation 2003/361/CE, ou qui dépassent les plafonds prévus au paragraphe 1 dudit article, et qui fournissent leurs services ou exercent leurs activités au sein de l'Union.

L'article 3, paragraphe 4, de l'annexe de ladite recommandation ne s'applique pas aux fins de la présente directive.

2. La présente directive s'applique également aux entités d'un type visé à l'annexe I ou II, quelle que soit leur taille, dans les cas suivants :

a) les services sont fournis par :

i) des fournisseurs de réseaux de communications électroniques publics ou de services de communications électroniques accessibles au public ;

ii) des prestataires de services de confiance ;

iii) des registres des noms de domaine de premier niveau et des fournisseurs de services de système de noms de domaine ;

b) l'entité est, dans un État membre, le seul prestataire d'un service qui est essentiel au maintien d'activités sociétales ou économiques critiques ;

c) une perturbation du service fourni par l'entité pourrait avoir un impact important sur la sécurité publique, la sûreté publique ou la santé publique ;

d) une perturbation du service fourni par l'entité pourrait induire un risque systémique important, en particulier pour les secteurs où cette perturbation pourrait avoir un impact transfrontière ;

e) l'entité est critique en raison de son importance spécifique au niveau national ou régional pour le secteur ou le type de service en question, ou pour d'autres secteurs interdépendants dans l'État membre ;

f) l'entité est une entité de l'administration publique :

i) des pouvoirs publics centraux tels qu'ils sont définis par un État membre conformément au droit national ; ou

ii) au niveau régional, tel qu'il est défini par un État membre conformément au droit national, qui, à la suite d'une évaluation basée sur les risques, fournit des services dont la perturbation pourrait avoir un impact important sur des activités sociétales ou économiques critiques.

3. La présente directive s'applique aux entités recensées en tant qu'entités critiques en vertu de la directive (UE) 2022/ 2557, quelle que soit leur taille.

4. La présente directive s'applique aux entités fournissant des services d'enregistrement de noms de domaine, quelle que soit leur taille.

5. Les États membres peuvent prévoir que la présente directive s'applique :

a) aux entités de l'administration publique au niveau local ;

b) aux établissements d'enseignement, en particulier lorsqu'ils mènent des activités de recherche critiques.

6. La présente directive est sans préjudice de la responsabilité des États membres en matière de sauvegarde de la sécurité nationale et de leur pouvoir de garantir d'autres fonctions essentielles de l'État, notamment celles qui ont pour objet d'assurer l'intégrité territoriale de l'État et de maintenir l'ordre public.

7. La présente directive ne s'applique pas aux entités de l'administration publique qui exercent leurs activités dans les domaines de la sécurité nationale, de la sécurité publique, de la défense ou de l'application de la loi, y compris la prévention et la détection des infractions pénales, ainsi que les enquêtes et les poursuites en la matière.

8. Les États membres peuvent exempter des entités spécifiques qui exercent des activités dans les domaines de la sécurité nationale, de la sécurité publique, de la défense ou de l'application de la loi, y compris la prévention et la détection des infractions pénales, ainsi que les enquêtes et les poursuites en la matière, ou qui fournissent des services exclusivement aux entités de l'administration publique visées au paragraphe 7 du présent article, des obligations prévues à l'article 21 ou 23 en ce qui concerne ces activités ou services. Dans de tels cas, les mesures de supervision et d'exécution visées au chapitre VII ne s'appliquent pas à ces activités ou services spécifiques. Lorsque les entités exercent des activités ou fournissent des services exclusivement du type visé au présent paragraphe, les États membres peuvent également décider d'exempter ces entités des obligations prévues aux articles 3 et 27.

9. Les paragraphes 7 et 8 ne s'appliquent pas lorsqu'une entité agit en tant que prestataire de services de confiance.

10. La présente directive ne s'applique pas aux entités que les États membres ont exclues du champ d'application du règlement (UE) 2022/2554 conformément à l'article 2, paragraphe 4, dudit règlement.

11. Les obligations énoncées dans la présente directive n'impliquent pas la fourniture d'informations dont la divulgation serait contraire aux intérêts essentiels des États membres en matière de sécurité nationale, de sécurité publique ou de défense.

12. La présente directive est sans préjudice du règlement (UE) 2016/679, de la directive 2002/58/CE, des directives 2011/93/UE *[du 13 déc. 2011 relative à la lutte contre les abus sexuels et l'exploitation sexuelle des enfants, ainsi que la pédopornographie]* et 2013/40/UE *[du 12 août 2013 relative aux attaques contre les systèmes d'information]* du Parlement européen et du Conseil et de la directive (UE) 2022/2557.

13. Sans préjudice de l'article 346 du traité sur le fonctionnement de l'Union européenne, les informations considérées comme confidentielles en application de la réglementation de l'Union ou nationale, telle que les règles applicables au secret des affaires, ne peuvent faire l'objet d'un échange avec la Commission et d'autres autorités concernées conformément à la présente directive que si cet échange est nécessaire à l'application de la présente directive. Les informations échangées se limitent au minimum nécessaire et sont proportionnées à l'objectif de cet échange. Cet échange d'informations préserve la confidentialité des informations concernées et protège la sécurité et les intérêts commerciaux des entités concernées.

14. Les entités, les autorités compétentes, les points de contact uniques et les CSIRT traitent les données à caractère personnel dans la mesure nécessaire aux fins de la présente directive et conformément au règlement (UE) 2016/679 ; ce traitement est fondé en particulier sur l'article 6 dudit règlement.

Le traitement des données à caractère personnel en vertu de la présente directive par les fournisseurs de réseaux de communications électroniques publics ou les fournisseurs de services de communications électroniques accessibles au public est effectué conformément au droit de l'Union en matière de protection des données et au droit de l'Union en matière de protection de la vie privée, en particulier la directive 2002/58/CE.

COMMENTAIRE

Le champ d'application de la directive NIS 2 est bien plus large que celui de la directive NIS 1 (Dir. (UE) 2016/1148 du Parlement européen et du Conseil du 6 juill. 2016 concernant des mesures destinées à assurer un niveau élevé commun de sécurité des réseaux et des systèmes d'information dans l'Union). Rappelons que cette dernière s'appliquait aux opérateurs de services essentiels, identifiés par les États membres par référence à différents secteurs d'activité et en application de trois critères (une entité fournit un service qui est essentiel au maintien d'activités sociétales et/ou économiques critiques ; la fourniture de ce service est tributaire des réseaux et des systèmes d'information ; et un incident aurait un effet disruptif important sur la fourniture dudit service), et à certains fournisseurs de services numériques, à savoir les places de marché en ligne, les moteurs de recherche en ligne et les services d'informatique en nuage (Dir. 2016/1148, art. 1er § 2, b). La directive NIS 2 ne distingue plus ces catégories.

I. ENTITÉS SOUMISES À LA DIRECTIVE NIS 2

Elle s'applique de manière transversale aux entités privées et publiques qui relèvent d'un secteur visé par les annexes I ou II de la directive. Ces annexes reprennent les secteurs d'activité dont relevaient les opérateurs de services essentiels en les complétant par quatre catégories (eaux usées, gestion des services TIC, administration publique et espace). Sont par exemple visés les réseaux de chaleur et de froid dans le secteur de l'énergie. Le secteur de la santé est quant à lui enrichi de deux sous-catégories (laboratoires de référence et fabricants de produits pharmaceutiques et de dispositifs médicaux). Ces entités doivent par ailleurs fournir leurs services ou exercer leur activité dans l'Union. Aucune référence n'est faite à leur lieu d'établissement. Seul le lieu de leur activité compte et une approche matérielle de celle-ci est retenue, le ciblage de l'Union européenne ou d'un État membre par un prestataire établi dans un pays tiers n'est pas requis. Un seuil de taille des entités est prévu pour éviter de soumettre aux exigences de la directive de petits prestataires ce qui est une application de la règle *de minimis*. Relèvent des dispositions de la directive NIS 2, les entités qui sont des entreprises moyennes ou qui dépassent le seuil des entreprises moyennes (art. 2 § 1). En d'autres termes, il s'agit des entreprises qui occupent plus de 250 personnes et dont le chiffre d'affaires est supérieur à 50 millions d'euros ou dont le bilan total annuel excède 43 millions d'euros. Il s'agit aussi des entreprises qui sont en dessous de ces seuils mais qui rassemblent plus de 50 personnes et dont le chiffre d'affaires annuel ou le total du bilan annuel excède 10 millions d'euros (Recommandation de la commission du 6 mai 2003 concernant la définition des micros, petites et moyennes entreprises, art. 2).

Par exception, certaines entités qui n'atteignent pas ce seuil sont néanmoins soumises aux exigences de la directive NIS 2 en raison de l'importance de leur activité pour la continuité de la vie sociale et économique. Plusieurs catégories sont visées à ce titre. Il s'agit des services fournis par les fournisseurs de réseaux de communications électroniques publics ou des services de communications électroniques accessibles au public, des prestataires de services de confiance et des registres des noms de domaine de premier niveau ainsi que des fournisseurs de services de systèmes de noms de domaine. C'est aussi le cas du « seul » prestataire qui est essentiel au maintien d'activités sociétales ou économiques critiques dans un État membre, de celui dont la perturbation du service pourrait avoir un impact important sur la sécurité publique, la sûreté publique ou la santé publique, de celui dont la perturbation du service pourrait induire un risque systémique important, notamment pour les secteurs où cette perturbation pourrait avoir un impact transfrontalier. À

cela s'ajoutent les entités critiques en raison de leur importance spécifique au niveau national ou régional pour le secteur ou le type de service concerné ou pour d'autres secteurs interdépendants dans l'État membre. S'ajoutent également les entités de l'administration publique correspondant aux pouvoirs centraux de l'État ou, au niveau régional, des entités qui fournissent des services dont la perturbation pourrait avoir un impact important sur des activités sociétales ou économiques critiques. Sont enfin visées les entités qui fournissent des services d'enregistrement de noms de domaine (art. 2 § 4).

Par ailleurs, la directive NIS s'applique aux entités critiques désignées sur le fondement de la directive 2022/2557 du 14 décembre 2022 sur la résilience des entités critiques, et cela quelle que soit leur taille. Ces entités critiques, publiques ou privées, devront être recensées par les États membres au plus tard le 17 juillet 2026. Elles sont désignées par référence à des secteurs d'activités qui sont sensiblement les mêmes que ceux de l'annexe I de la directive NIS 2 (Dir. 2022/2557, art. 6 et Annexe). Ces entités devront être résilientes, c'est-à-dire avoir la capacité « à prévenir tout incident, à s'en protéger, à y réagir, à y résister, à l'atténuer, à l'absorber, à s'y adapter et à s'en rétablir (art. 2, 2). Les risques visés par la directive 2022/2557 ne se limitent pas à la cybersécurité mais recouvrent les incidents, notion qui désigne « un évènement qui perturbe ou est susceptible de perturber de manière importante la fourniture d'un service essentiel, y compris lorsqu'il affecte les systèmes nationaux qui préservent l'état de droit » (art. 2, 3). Par volonté de cohérence et en raison de la spécificité des exigences prévues par la directive NIS 2, la directive 2022/2557 réserve l'application de cette dernière concernant les risques en matière de cybersécurité (Dir. 2022/2557, art. 1er § 2 ; consid. 9). C'est ce qui explique, par effet miroir, que les entités critiques sont automatiquement soumises à la directive NIS 2 (Dir. 2022/2555, art. 2 § 3).

Une marge d'appréciation est laissée aux États membres à l'occasion de la transposition de la directive NIS 2 concernant son champ d'application. Les entités de l'administration publique au niveau local et les établissements d'enseignement en particulier ceux qui mènent des activités de recherche critique peuvent être soumises à ses dispositions (art. 2 § 5).

II. ENTITÉS ÉCHAPPANT À LA DIRECTIVE NIS 2

Une exclusion du champ d'application de la directive NIS 2 est prévue concernant la sauvegarde de la sécurité nationale et les fonctions essentielles de l'État. Ainsi, la directive ne s'applique pas aux entités exerçant des activités dans le domaine de la sécurité nationale, de la sécurité publique, de la défense ou de l'application de la loi. C'est une déclinaison des limites du champ d'application du droit de l'Union (TUE, art. 4 § 2 ; art. 2 § 6 et 7). Pour autant, les entités qui ne sont pas administratives qui exercent des activités dans les domaines précitées ou qui fournissent des services à de telles entités sont en principe soumises aux dispositions de la directive NIS 2 sauf à ce que les États membres les excluent du champ d'application de ses articles 21 ou 23 (V. *infra*). De plus, les prestataires de services de confiance demeurent en toute hypothèse soumise à la directive NIS 2 (art. 2 § 10), c'est le cas du service de création de signature électronique utilisé pour signer électroniquement des actes. ❑

Art. 3 ***Entités essentielles et importantes.*** **1. Aux fins de la présente directive, les entités suivantes sont considérées comme étant des entités essentielles :**

a) les entités d'un type visé à l'annexe I qui dépassent les plafonds applicables aux moyennes entreprises prévus à l'article 2, paragraphe 1, de l'annexe de la recommandation 2003/361/CE ;

b) les prestataires de services de confiance qualifiés et les registres de noms de domaine de premier niveau ainsi que les fournisseurs de services DNS, quelle que soit leur taille ;

c) les fournisseurs de réseaux publics de communications électroniques publics ou de services de communications électroniques accessibles au public qui constituent des moyennes entreprises en vertu de l'article 2 de l'annexe de la recommandation 2003/361/CE ;

d) les entités de l'administration publique visées à l'article 2, paragraphe 2, point f) i) ;

e) toute autre entité d'un type visé à l'annexe I ou II qui est identifiée par un État membre en tant qu'entité essentielle en vertu de l'article 2, paragraphe 2, points b) à e) ;

f) les entités recensées en tant qu'entités critiques en vertu de la directive (UE) 2022/2557, visées à l'article 2, paragraphe 3, de la présente directive ;

g) si l'État membre en dispose ainsi, les entités que cet État membre a identifiées avant le 16 janvier 2023 comme des opérateurs de services essentiels conformément à la directive (UE) 2016/1148 ou au droit national.

2. Aux fins de la présente directive, les entités d'un type visé à l'annexe I ou II qui ne constituent pas des entités essentielles en vertu du paragraphe 1 du présent article sont considérées comme des entités importantes. Celles-ci incluent les entités identifiées par un État membre en tant qu'entités importantes en vertu de l'article 2, paragraphe 2, points b) à e).

3. Au plus tard le 17 avril 2025, les États membres établissent une liste des entités essentielles et importantes ainsi que des entités fournissant des services d'enregistrement de noms de domaine. Les États membres réexaminent cette liste et, le cas échéant, la mettent à jour régulièrement et au moins tous les deux ans par la suite.

4. Aux fins de l'établissement de la liste visée au paragraphe 3, les États membres exigent des entités visées audit paragraphe qu'elles communiquent aux autorités compétentes au moins les informations suivantes :

a) le nom de l'entité ;

b) l'adresse et les coordonnées actualisées, y compris les adresses électroniques, les plages d'IP et les numéros de téléphone ;

c) le cas échéant, le secteur et le sous-secteur concernés visés à l'annexe I ou II ; et

d) le cas échéant, une liste des États membres dans lesquels elles fournissent des services relevant du champ d'application de la présente directive.

Les entités visées au paragraphe 3 notifient sans tarder toute modification des informations qu'elles ont communiquées conformément au premier alinéa du présent paragraphe et, en tout état de cause, dans un délai de deux semaines à compter de la date de la modification.

La Commission, avec l'aide de l'Agence de l'Union européenne pour la cybersécurité (ENISA), fournit sans retard injustifié des lignes directrices et des modèles concernant les obligations prévues au présent paragraphe.

Les États membres peuvent mettre en place des mécanismes nationaux permettant aux entités de s'enregistrer elles-mêmes.

5. Au plus tard le 17 avril 2025, puis tous les deux ans par la suite, les autorités compétentes notifient :

a) à la Commission et au groupe de coopération le nombre des entités essentielles et importantes identifiées conformément au paragraphe 3 pour chaque secteur et sous-secteur visé à l'annexe I ou II ; et

b) à la Commission les informations pertinentes sur le nombre d'entités essentielles et importantes identifiées en vertu de l'article 2, paragraphe 2, points b) à e), le secteur et le sous-secteur visés à l'annexe I ou II auxquels elles appartiennent, le type de service qu'elles fournissent et la disposition, parmi celles figurant à l'article 2, paragraphe 2, points b) à e), en vertu de laquelle elles ont été identifiées.

6. Jusqu'au 17 avril 2025 et à la demande de la Commission, les États membres peuvent notifier à la Commission le nom des entités essentielles et importantes visées au paragraphe 5, point b).

COMMENTAIRE

La directive NIS 2 distingue deux catégories d'entités : les entités essentielles et les entités importantes. Sont des entités essentielles, les entités qui dépassent les plafonds des moyennes entreprises (art. 3 § 1). En principe, les entreprises moyennes ne sont donc pas des entités essentielles. Toutefois, certaines entités le sont en raison de la nature de leur activité. C'est le cas des prestataires de services de confiance, des registres des noms de domaine de premier niveau et des fournisseurs de services DNS. C'est aussi le cas des fournisseurs de réseaux publics de communications électroniques ou de services de commu-

nications électroniques accessibles au public qui constituent des entreprises moyennes. S'y ajoutent, les entités de l'administration publique (art. 2 § 2, f et i). C'est par ailleurs le cas des entités critiques au sens de la directive 2022/2557. C'est enfin le cas des entités antérieurement désignées comme opérateurs de services essentiels et de celles qui sont désignées comme essentielles par les États membres. Il existe donc ici une marge d'appréciation laissant aux États membres le soin de fixer le curseur de la qualification d'entité essentielle ou importante.

Les autres entités relevant de la directive 2022/2555 sont des entités importantes. C'est le cas en particulier de celles qui sont sous le seuil des entreprises moyennes mais qui relèvent de la directive NIS 2 en raison des caractéristiques de leur activité ou du contexte dans lequel elles exercent leur activité. Prenons l'exemple de l'entité dont la perturbation du service pourrait induire un risque systémique important et qui, pour cette raison, est identifiée par un État membre (art. 3 § 2).

Les États membres devront établir une liste des entités importantes et des entités essentielles qui sera notifiée à la Commission et au groupe de coopération (art. 3 § 3 à 5).

L'enjeu de la qualification d'une entité d'essentielle ou d'importante tient à la différence du régime de supervision et d'exécution (art. 32 et 33). L'objectif de cette distinction est de « garantir un juste équilibre entre les exigences et les obligations basées sur les risques, d'une part, et la charge administrative qui découle du contrôle de la conformité, d'autre part » (cons. 15). Notons que ces entités sont soumises au même régime de gestion des risques et sont tenues par une même obligation d'information (art. 20 à 25). ❑

Art. 4 ***Actes juridiques sectoriels de l'Union.*** **1. Lorsque des actes juridiques sectoriels de l'Union imposent à des entités essentielles ou importantes d'adopter des mesures de gestion des risques en matière de cybersécurité ou de notifier des incidents importants, et lorsque ces exigences ont un effet au moins équivalent à celui des obligations prévues par la présente directive, les dispositions pertinentes de la présente directive, y compris celles relatives à la supervision et à l'exécution prévues au chapitre VII, ne sont pas applicables auxdites entités. Lorsque des actes juridiques sectoriels de l'Union ne couvrent pas toutes les entités d'un secteur spécifique relevant du champ d'application de la présente directive, les dispositions pertinentes de la présente directive continuent de s'appliquer aux entités non couvertes par ces actes juridiques sectoriels de l'Union.**

2. Les exigences visées au paragraphe 1 du présent article sont considérées comme ayant un effet équivalent aux obligations prévues par la présente directive lorsque :

a) les mesures de gestion des risques en matière de cybersécurité ont un effet au moins équivalent à celui des mesures prévues à l'article 21, paragraphes 1 et 2 ; ou

b) l'acte juridique sectoriel de l'Union prévoit un accès immédiat, s'il y a lieu, automatique et direct, aux notifications d'incidents par les CSIRT, les autorités compétentes ou les points de contact uniques en vertu de la présente directive, et lorsque les exigences relatives à la notification des incidents importants sont au moins équivalentes à celles prévues à l'article 23, paragraphes 1 à 6, de la présente directive.

3. Au plus tard le 17 juillet 2023, la Commission fournit des lignes directrices clarifiant l'application des paragraphes 1 et 2. La Commission réexamine ces lignes directrices à intervalles réguliers. Lors de la préparation de ces lignes directrices, la Commission tient compte de toutes les observations du groupe de coopération et de l'ENISA.

Art. 5 ***Harmonisation minimale.*** **La présente directive ne fait pas obstacle à l'adoption ou au maintien par les États membres de dispositions assurant un niveau plus élevé de cybersécurité, à condition que ces dispositions soient compatibles avec les obligations des États membres prévues par le droit de l'Union.**

Art. 6 ***Définitions.*** **Aux fins de la présente directive, on entend par :**

1) "réseau et système d'information" :

a) un réseau de communications électroniques au sens de l'article 2, point 1), de la directive (UE) 2018/1972 ;

b) tout dispositif ou tout ensemble de dispositifs interconnectés ou apparentés, dont un ou plusieurs éléments assurent, en exécution d'un programme, un traitement automatisé de données numériques ; ou

c) les données numériques stockées, traitées, récupérées ou transmises par les éléments visés aux points a) et b) en vue de leur fonctionnement, utilisation, protection et maintenance ;

2) "sécurité des réseaux et des systèmes d'information" : la capacité des réseaux et des systèmes d'information de résister, à un niveau de confiance donné, à tout événement susceptible de compromettre la disponibilité, l'authenticité, l'intégrité ou la confidentialité de données stockées, transmises ou faisant l'objet d'un traitement, ou des services que ces réseaux et systèmes d'information offrent ou rendent accessibles ;

3) "cybersécurité" : la cybersécurité au sens de l'article 2, point 1), du règlement (UE) 2019/881 ;

4) "stratégie nationale en matière de cybersécurité" : le cadre cohérent d'un État membre fournissant des objectifs et des priorités stratégiques dans le domaine de la cybersécurité et de la gouvernance en vue de les réaliser dans cet État membre ;

5) "incident évité" : un événement qui aurait pu compromettre la disponibilité, l'authenticité, l'intégrité ou la confidentialité des données stockées, transmises ou faisant l'objet d'un traitement, ou des services que les réseaux et systèmes d'information offrent ou rendent accessibles, mais dont la réalisation a pu être empêchée ou ne s'est pas produite ;

6) "incident" : un événement compromettant la disponibilité, l'authenticité, l'intégrité ou la confidentialité des données stockées, transmises ou faisant l'objet d'un traitement, ou des services que les réseaux et systèmes d'information offrent ou rendent accessibles ;

7) "incident de cybersécurité majeur" : un incident qui provoque des perturbations dépassant les capacités de réaction du seul État membre concerné ou qui a un impact important sur au moins deux États membres ;

8) "traitement des incidents" : toutes les actions et procédures visant à prévenir, détecter, analyser et contenir un incident ou à y répondre et à y remédier ;

9) "risque" : le potentiel de perte ou de perturbation causé par un incident, à exprimer comme la combinaison de l'ampleur de cette perte ou de cette perturbation et de la probabilité qu'un tel incident se produise ;

10) "cybermenace" : une cybermenace au sens de l'article 2, point 8), du règlement (UE) 2019/881 ;

11) "cybermenace importante" : une cybermenace qui, compte tenu de ses caractéristiques techniques, peut être considérée comme susceptible d'avoir un impact grave sur les réseaux et les systèmes d'information d'une entité ou les utilisateurs des services de l'entité, en causant un dommage matériel, corporel ou moral considérable ;

12) "produit TIC" : un produit TIC au sens de l'article 2, point 12), du règlement (UE) 2019/881 ;

13) "service TIC" : un service TIC au sens de l'article 2, point 13), du règlement (UE) 2019/881 ;

14) "processus TIC" : un processus TIC au sens de l'article 2, point 14), du règlement (UE) 2019/881 ;

15) "vulnérabilité" : une faiblesse, susceptibilité ou faille de produits TIC ou de services TIC qui peut être exploitée par une cybermenace ;

16) "norme" : une norme au sens de l'article 2, point 1), du règlement (UE) n° 1025/2012 du Parlement européen et du Conseil *[du 25 oct. 2012 relatif à la normalisation européenne]* ;

17) "spécification technique" : une spécification technique au sens de l'article 2, point 4), du règlement (UE) n° 1025/2012 ;

18) "point d'échange internet" : une structure de réseau qui permet l'interconnexion de plus de deux réseaux indépendants (systèmes autonomes), essentiellement aux fins de faciliter l'échange de trafic internet, qui n'assure l'interconnexion que pour des systèmes autonomes et qui n'exige pas que le trafic internet passant entre une paire quelconque de systèmes autonomes participants transite par un système autonome tiers, pas plus qu'il ne modifie ou n'altère par ailleurs un tel trafic ;

19) "système de noms de domaine" ou "DNS" : un système hiérarchique et distribué d'affectation de noms qui permet l'identification des services et des ressources internet, ce qui rend possible l'utilisation de services de routage et de connectivité internet par les dispositifs des utilisateurs finaux pour accéder à ces services et ressources ;

20) "fournisseur de services DNS" : une entité qui fournit :

a) des services de résolution de noms de domaine récursifs accessibles au public destinés aux utilisateurs finaux de l'internet ; ou

b) des services de résolution de noms de domaine faisant autorité pour une utilisation par des tiers, à l'exception des serveurs de noms de racines ;

21) "registre de noms de domaine de premier niveau" : une entité à laquelle un domaine de premier niveau spécifique a été délégué et qui est responsable de l'administration du domaine de premier niveau, y compris de l'enregistrement des noms de domaine relevant du domaine de premier niveau et du fonctionnement technique du domaine de premier niveau, notamment l'exploitation de ses serveurs de noms, la maintenance de ses bases de données et la distribution des fichiers de zone du domaine de premier niveau sur les serveurs de noms, que ces opérations soient effectuées par l'entité elle-même ou qu'elles soient sous-traitées, mais à l'exclusion des situations où les noms de domaine de premier niveau sont utilisés par un registre uniquement pour son propre usage ;

22) "entité fournissant des services d'enregistrement de noms de domaine" : un bureau d'enregistrement ou un agent agissant pour le compte de bureaux d'enregistrement, tel qu'un fournisseur ou revendeur de services d'anonymisation ou d'enregistrement fiduciaire ;

23) "service numérique" : un service au sens de l'article 1er, paragraphe 1, point b), de la directive (UE) 2015/1535 du Parlement européen et du Conseil *[du 9 sept. 2015 prévoyant une procédure d'information dans le domaine des réglementations techniques et des règles relatives aux services de la société de l'information]* ;

24) "service de confiance" : un service de confiance au sens de l'article 3, point 16, du règlement (UE) n° 910/2014 ;

25) "prestataire de services de confiance" : un prestataire de services de confiance au sens de l'article 3, point 19, du règlement (UE) n° 910/2014 ;

26) "service de confiance qualifié" : un service de confiance qualifié au sens de l'article 3, point 17, du règlement (UE) n° 910/2014 ;

27) "prestataire de services de confiance qualifié" : un prestataire de services de confiance qualifié au sens de l'article 3, point 20, du règlement (UE) n° 910/2014 ;

28) "place de marché en ligne" : une place de marché en ligne au sens de l'article 2, point n), de la directive 2005/29/CE du Parlement européen et du Conseil *[du 11 mai 2005 relative aux pratiques commerciales déloyales des entreprises vis-à-vis des consommateurs dans le marché intérieur]* ;

29) "moteur de recherche en ligne" : un moteur de recherche en ligne au sens de l'article 2, point 5), du règlement (UE) 2019/1150 du Parlement européen et du Conseil *[du 20 juin 2019 promouvant l'équité et la transparence pour les entreprises utilisatrices de services d'intermédiation en ligne]* ;

30) "service d'informatique en nuage" : un service numérique qui permet l'administration à la demande et l'accès large à distance à un ensemble modulable et variable de ressources informatiques pouvant être partagées, y compris lorsque ces ressources sont réparties à différents endroits ;

31) "service de centre de données" : un service qui englobe les structures, ou groupes de structures, dédiées à l'hébergement, l'interconnexion et l'exploitation centralisées des équipements informatiques et de réseau fournissant des services de stockage, de traitement et de transport des données, ainsi que l'ensemble des installations et infrastructures de distribution d'électricité et de contrôle environnemental ;

32) "réseau de diffusion de contenu" : un réseau de serveurs géographiquement répartis visant à assurer la haute disponibilité, l'accessibilité ou la fourniture rapide de contenu et de services numériques aux utilisateurs d'internet pour le compte de fournisseurs de contenu et de services ;

33) "plateforme de services de réseaux sociaux" : une plateforme qui permet aux utilisateurs finaux de se connecter, de partager, de découvrir et de communiquer entre

eux sur plusieurs terminaux, notamment par conversations en ligne, publications, vidéos et recommandations ;

34) "représentant" : une personne physique ou morale établie dans l'Union qui est expressément désignée pour agir pour le compte d'un fournisseur de services DNS, d'un registre de noms de domaine de premier niveau, d'une entité fournissant des services d'enregistrement de noms de domaine, d'un fournisseur d'informatique en nuage, d'un fournisseur de services de centre de données, d'un fournisseur de réseau de diffusion de contenu, d'un fournisseur de services gérés, d'un fournisseur de services de sécurité gérés ou d'un fournisseur de places de marché en ligne, de moteurs de recherche en ligne ou de plateformes de services de réseaux sociaux non établi dans l'Union, qui peut être contactée par une autorité compétente ou un CSIRT à la place de l'entité elle-même concernant les obligations incombant à ladite entité en vertu de la présente directive ;

35) "entité de l'administration publique" : une entité reconnue comme telle dans un État membre conformément au droit national, à l'exclusion de la justice, des parlements et des banques centrales, qui satisfait aux critères suivants :

a) elle a été créée pour satisfaire des besoins d'intérêt général et n'a pas de caractère industriel ou commercial ;

b) elle est dotée de la personnalité juridique ou est juridiquement habilitée à agir pour le compte d'une autre entité dotée de la personnalité juridique ;

c) elle est financée majoritairement par l'État, les autorités régionales ou d'autres organismes de droit public, sa gestion est soumise à un contrôle de la part de ces autorités ou organismes, ou son organe d'administration, de direction ou de surveillance est composé de membres dont plus de la moitié sont désignés par l'État, les autorités régionales ou d'autres organismes de droit public ;

d) elle a le pouvoir d'adresser à des personnes physiques ou morales des décisions administratives ou réglementaires affectant leurs droits en matière de mouvements transfrontières des personnes, des biens, des services ou des capitaux ;

36) "réseau de communications électroniques public" : un réseau de communications électroniques public au sens de l'article 2, point 8), de la directive (UE) 2018/1972 ;

37) "service de communications électroniques" : un service de communications électroniques au sens de l'article 2, point 4), de la directive (UE) 2018/1972 ;

38) "entité" : une personne physique ou morale constituée et reconnue comme telle en vertu du droit national de son lieu de constitution, et ayant, en son nom propre, la capacité d'être titulaire de droits et d'obligations ;

39) "fournisseur de services gérés" : une entité qui fournit des services liés à l'installation, à la gestion, à l'exploitation ou à l'entretien de produits, de réseaux, d'infrastructures ou d'applications TIC ou d'autres réseaux et systèmes d'information, par l'intermédiaire d'une assistance ou d'une administration active, soit dans les locaux des clients, soit à distance ;

40) "fournisseur de services de sécurité gérés" : un fournisseur de services gérés qui effectue ou fournit une assistance pour des activités liées à la gestion des risques en matière de cybersécurité ;

41) "organisme de recherche" : une entité dont l'objectif premier est de mener des activités de recherche appliquée ou de développement expérimental en vue d'exploiter les résultats de cette recherche à des fins commerciales, à l'exclusion des établissements d'enseignement.

CHAPITRE II *CADRES COORDONNÉS EN MATIÈRE DE CYBERSÉCURITÉ*

Art. 7 *Stratégie nationale en matière de cybersécurité.* 1. Chaque État membre adopte une stratégie nationale en matière de cybersécurité qui détermine les objectifs stratégiques, les ressources nécessaires pour atteindre ces objectifs ainsi que les mesures politiques et réglementaires appropriées, en vue de parvenir à un niveau élevé de cybersécurité et de le maintenir. La stratégie nationale en matière de cybersécurité comprend :

a) les objectifs et priorités de la stratégie de l'État membre en matière de cybersécurité, couvrant en particulier les secteurs visés aux annexes I et II ;

b) un cadre de gouvernance visant à atteindre les objectifs et priorités visés au point a) du présent paragraphe, y compris les politiques visées au paragraphe 2 ;
c) un cadre de gouvernance précisant les rôles et les responsabilités des parties prenantes concernées au niveau national, et sur lequel reposent la coopération et la coordination au niveau national entre les autorités compétentes, les points de contact uniques et les CSIRT en vertu de la présente directive, ainsi que la coordination et la coopération entre ces organismes et les autorités compétentes en vertu d'actes juridiques sectoriels de l'Union ;
d) un mécanisme visant à déterminer les actifs pertinents et une évaluation des risques dans cet État membre ;
e) un inventaire des mesures garantissant la préparation, la réaction et la récupération des services après incident, y compris la coopération entre les secteurs public et privé ;
f) une liste des différents acteurs et autorités concernés par la mise en œuvre de la stratégie nationale en matière de cybersécurité ;
g) un cadre politique visant une coordination renforcée entre les autorités compétentes en vertu de la présente directive et de la directive (UE) 2022/2557 aux fins du partage d'informations relatives aux risques, aux menaces et aux incidents dans les domaines cyber et non cyber et de l'exercice des tâches de supervision, le cas échéant ;
h) un plan comprenant les mesures nécessaires en vue d'améliorer le niveau général de sensibilisation des citoyens à la cybersécurité.

2. Dans le cadre de la stratégie nationale en matière de cybersécurité, les États membres adoptent notamment des politiques portant sur les éléments suivants :
a) la cybersécurité dans le cadre de la chaîne d'approvisionnement des produits et services TIC utilisés par des entités pour la fourniture de leurs services ;
b) l'inclusion et la spécification d'exigences liées à la cybersécurité pour les produits et services TIC dans les marchés publics, y compris concernant la certification de cybersécurité, le chiffrement et l'utilisation de produits de cybersécurité en sources ouvertes ;
c) la gestion des vulnérabilités, y compris la promotion et la facilitation de la divulgation coordonnée des vulnérabilités en vertu de l'article 12, paragraphe 1 ;
d) le maintien de la disponibilité générale, de l'intégrité et de la confidentialité du noyau public de l'internet ouvert, y compris, le cas échéant, la cybersécurité des câbles de communication sous-marins ;
e) la promotion du développement et de l'intégration de technologies avancées pertinentes visant à mettre en œuvre des mesures de pointe dans la gestion des risques en matière de cybersécurité ;
f) la promotion et le développement de l'éducation et de la formation en matière de cybersécurité, des compétences en matière de cybersécurité, des initiatives de sensibilisation et de recherche et développement en matière de cybersécurité, ainsi que des orientations sur les bonnes pratiques de cyberhygiène et les contrôles, à l'intention des citoyens, des parties prenantes et des entités ;
g) le soutien aux institutions universitaires et de recherche visant à développer, améliorer et promouvoir le déploiement des outils de cybersécurité et à sécuriser les infrastructures de réseau ;
h) la mise en place de procédures pertinentes et d'outils de partage d'informations appropriés visant à soutenir le partage volontaire d'informations sur la cybersécurité entre les entités conformément au droit de l'Union ;
i) le renforcement des valeurs de cyberrésilience et de cyberhygiène des petites et moyennes entreprises, en particulier celles qui sont exclues du champ d'application de la présente directive, en fournissant des orientations et un soutien facilement accessibles pour répondre à leurs besoins spécifiques ;
j) la promotion d'une cyberprotection active.

3. Les États membres notifient leur stratégie nationale en matière de cybersécurité à la Commission dans un délai de trois mois suivant leur adoption. Les États membres peuvent exclure de ces notifications les informations relatives à leur sécurité nationale.

4. Les États membres évaluent régulièrement leur stratégie nationale en matière de cybersécurité, et au moins tous les cinq ans, sur la base d'indicateurs clés de perfor-

mance et, le cas échéant, les modifient. L'ENISA aide les États membres, à leur demande, à élaborer ou actualiser une stratégie nationale en matière de cybersécurité et des indicateurs clés de performance aux fins de l'évaluation de cette stratégie, afin de l'aligner sur les exigences et les obligations prévues par la présente directive.

Art. 8 *Autorités compétentes et points de contact uniques.* 1. Chaque État membre désigne ou établit une ou plusieurs autorités compétentes chargées de la cybersécurité et des tâches de supervision visées au chapitre VII (ci-après dénommées "autorités compétentes").

2. Les autorités compétentes visées au paragraphe 1 contrôlent la mise en œuvre de la présente directive au niveau national.

3. Chaque État membre désigne ou établit un point de contact unique. Lorsqu'un État membre désigne ou établit une seule autorité compétente conformément au paragraphe 1, cette dernière fait aussi fonction de point de contact unique dudit État membre.

4. Chaque point de contact unique exerce une fonction de liaison visant à assurer la coopération transfrontière des autorités de son État membre avec les autorités compétentes des autres États membres et, le cas échéant, avec la Commission et l'ENISA, ainsi qu'à garantir la coopération intersectorielle avec les autres autorités compétentes de son État membre.

5. Les États membres veillent à ce que leurs autorités compétentes et points de contact uniques disposent de ressources suffisantes pour pouvoir s'acquitter de leurs tâches de manière effective et efficace et atteindre ainsi les objectifs de la présente directive.

6. Chaque État membre notifie à la Commission, sans retard injustifié, l'identité de l'autorité compétente visée au paragraphe 1 et du point de contact unique visé au paragraphe 3, les tâches qui sont confiées à ces autorités et toute modification ultérieure dans ce cadre. Chaque État membre rend publique l'identité de son autorité compétente. La Commission publie une liste des points de contact uniques.

Art. 9 *Cadres nationaux de gestion des crises cyber.* 1. Chaque État membre désigne ou établit une ou plusieurs autorités compétentes qui sont chargées de la gestion des incidents de cybersécurité majeurs et des crises (ci-après dénommées "autorités de gestion des crises cyber"). Les États membres veillent à ce que ces autorités disposent de ressources suffisantes pour s'acquitter, de manière effective et efficace, des tâches qui leur sont dévolues. Les États membres veillent à la cohérence avec les cadres nationaux existants pour la gestion générale des crises.

2. Lorsqu'un État membre désigne ou établit plus d'une autorité de gestion des crises cyber conformément au paragraphe 1, il indique clairement laquelle de ces autorités fera office de coordinateur pour la gestion des incidents de cybersécurité majeurs et des crises.

3. Chaque État membre recense les capacités, les moyens et les procédures qui peuvent être déployés en cas de crise aux fins de la présente directive.

4. Chaque État membre adopte un plan national de réaction aux crises et incidents de cybersécurité majeurs dans lequel sont définis les objectifs et les modalités de gestion des incidents de cybersécurité majeurs et des crises. Ce plan établit notamment les éléments suivants :

a) les objectifs des mesures et activités nationales de préparation ;

b) les tâches et responsabilités des autorités de gestion des crises cyber ;

c) les procédures de gestion des crises cyber, y compris leur intégration dans le cadre national général de gestion des crises et les canaux d'échange d'informations ;

d) les mesures de préparation nationales, y compris des exercices et des activités de formation ;

e) les parties prenantes et les infrastructures des secteurs public et privé concernées ;

f) les procédures et arrangements nationaux entre les autorités et les organismes nationaux compétents visant à garantir la participation et le soutien effectifs de l'État membre à la gestion coordonnée des incidents de cybersécurité majeurs et des crises au niveau de l'Union.

5. Dans un délai de trois mois à compter de la désignation ou de la mise en place de l'autorité de gestion des crises cyber visée au paragraphe 1, chaque État membre notifie à la Commission l'identité de son autorité et toute modification ultérieure dans ce cadre. Les États membres soumettent à la Commission et au réseau européen pour la préparation et la gestion des crises cyber (EU-CyCLONe) les informations pertinentes relatives aux prescriptions du paragraphe 4 concernant leurs plans nationaux d'intervention en cas d'incident de cybersécurité majeurs et de crise dans un délai de trois mois suivant l'adoption de ces plans. Les États membres peuvent exclure certaines informations si et dans la mesure où cette exclusion est nécessaire pour préserver la sécurité nationale.

Art. 10 *Centres de réponse aux incidents de sécurité informatique (CSIRT).* 1. Chaque État membre désigne ou met en place un ou plusieurs CSIRT. Les CSIRT peuvent être désignés ou établis au sein d'une autorité compétente. Les CSIRT se conforment aux exigences énumérées à l'article 11, paragraphe 1, couvrent au moins les secteurs, les sous-secteurs et les types d'entités visés aux annexes I et II, et sont chargés de la gestion des incidents selon un processus bien défini.

2. Les États membres veillent à ce que chaque CSIRT dispose de ressources suffisantes pour pouvoir s'acquitter efficacement de ses tâches énumérées à l'article 11, paragraphe 3.

3. Les États membres veillent à ce que chaque CSIRT dispose d'une infrastructure de communication et d'information adaptée, sécurisée et résiliente leur permettant d'échanger des informations avec les entités essentielles et importantes et les autres parties prenantes. A cette fin, les États membres veillent à ce que chaque CSIRT contribue au déploiement d'outils sécurisés de partage d'informations.

4. Les CSIRT coopèrent et, le cas échéant, échangent des informations pertinentes conformément à l'article 29 avec des communautés sectorielles ou intersectorielles d'entités essentielles et importantes.

5. Les CSIRT participent aux évaluations par les pairs organisées conformément à l'article 19.

6. Les États membres veillent à ce que leurs CSIRT coopèrent de manière effective, efficace et sécurisée au sein du réseau des CSIRT.

7. Les CSIRT peuvent établir des relations de coopération avec les centres de réponse aux incidents de sécurité informatique nationaux de pays tiers. Dans le cadre de ces relations de coopération, les États membres facilitent un échange d'informations effectif, efficace et sécurisé avec ces centres de réponse aux incidents de sécurité informatique nationaux de pays tiers, en utilisant les protocoles d'échange d'informations appropriés, y compris le "Traffic Light Protocol". Les CSIRT peuvent échanger des informations pertinentes avec des centres de réponse aux incidents de sécurité informatique nationaux de pays tiers, y compris des données à caractère personnel, dans le respect du droit de l'Union en matière de protection des données.

8. Les CSIRT peuvent coopérer avec des centres de réponse aux incidents de sécurité informatique nationaux de pays tiers ou des organismes équivalents de pays tiers, notamment dans le but de leur fournir une assistance en matière de cybersécurité.

9. Chaque État membre notifie à la Commission, sans retard injustifié, l'identité des CSIRT visés au paragraphe 1 du présent article et du CSIRT désigné comme coordinateur conformément à l'article 12, paragraphe 1, leurs tâches respectives à l'égard des entités essentielles et importantes, et toute modification ultérieure dans ce cadre.

10. Les États membres peuvent solliciter l'assistance de l'ENISA pour la mise en place de leurs CSIRT.

Art. 11 *Obligations, capacités techniques et tâches des CSIRT.* 1. Les CSIRT satisfont aux exigences suivantes :

a) les CSIRT veillent à un niveau élevé de disponibilité de leurs canaux de communication en évitant les points uniques de défaillance et disposent de plusieurs moyens pour être contactés et contacter autrui à tout moment ; ils spécifient clairement les canaux de communication et les font connaître aux partenaires et collaborateurs ;

b) les locaux des CSIRT et les systèmes d'information utilisés se trouvent sur des sites sécurisés ;

c) les CSIRT sont dotés d'un système approprié de gestion et de routage des demandes afin, notamment, de faciliter les transferts effectifs et efficaces ;

d) les CSIRT garantissent la confidentialité et la fiabilité de leurs opérations ;

e) les CSIRT sont dotés des effectifs adéquats afin de pouvoir garantir une disponibilité permanente de leurs services et ils veillent à ce que leur personnel reçoive une formation appropriée ;

f) les CSIRT sont dotés de systèmes redondants et d'un espace de travail de secours pour assurer la continuité de leurs services. Les CSIRT peuvent participer à des réseaux de coopération internationale.

2. Les États membres veillent à ce que leurs CSIRT disposent conjointement des capacités techniques nécessaires pour pouvoir s'acquitter des tâches visées au paragraphe 3. Les États membres veillent à ce que des ressources suffisantes soient allouées à leurs CSIRT pour garantir des effectifs suffisants leur permettant de développer leurs capacités techniques.

3. Les CSIRT assument les tâches suivantes :

a) surveiller et analyser les cybermenaces, les vulnérabilités et les incidents au niveau national et, sur demande, apporter une assistance aux entités essentielles et importantes concernées pour surveiller en temps réel ou quasi réel leurs réseaux et systèmes d'information ;

b) activer le mécanisme d'alerte précoce, la diffusion de messages d'alerte, les annonces et la diffusion d'informations sur les cybermenaces, les vulnérabilités et les incidents auprès des entités essentielles et importantes concernées ainsi qu'auprès des autorités compétentes et des autres parties prenantes concernées, si possible en temps quasi réel ;

c) réagir aux incidents et apporter une assistance aux entités essentielles et importantes concernées, le cas échéant ;

d) rassembler et analyser des données de police scientifique, et assurer une analyse dynamique des risques et incidents et une appréciation de la situation en matière de cybersécurité ;

e) réaliser, à la demande d'une entité essentielle ou importante, un scan proactif du réseau et des systèmes d'information de l'entité concernée afin de détecter les vulnérabilités susceptibles d'avoir un impact important ;

f) participer au réseau des CSIRT et apporter une assistance mutuelle en fonction de leurs capacités et de leurs compétences aux autres membres du réseau des CSIRT à leur demande ;

g) le cas échéant, agir en qualité de coordinateur aux fins du processus de divulgation coordonnée des vulnérabilités en vertu de l'article 12, paragraphe 1 ;

h) contribuer au déploiement d'outils de partage d'informations sécurisés conformément à l'article 10, paragraphe 3.

Les CSIRT peuvent procéder à un scan proactif et non intrusif des réseaux et systèmes d'information accessibles au public d'entités essentielles et importantes. Ce scan est effectué dans le but de détecter les réseaux et systèmes d'information vulnérables ou configurés de façon peu sûre et d'informer les entités concernées. Ce scan n'a pas d'effet négatif sur le fonctionnement des services des entités.

Lorsqu'ils exécutent les tâches visées au premier alinéa, les CSIRT peuvent donner la priorité à certaines tâches sur la base d'une approche basée sur les risques.

4. Les CSIRT établissent des relations de coopération avec les acteurs concernés du secteur privé, en vue d'atteindre les objectifs de la présente directive.

5. Afin de faciliter la coopération visée au paragraphe 4, les CSIRT encouragent l'adoption et l'utilisation de pratiques, de systèmes de classification et de taxonomies communs ou normalisés en ce qui concerne :

a) les procédures de gestion des incidents ;

b) la gestion de crise ; et

c) la divulgation coordonnée des vulnérabilités en vertu de l'article 12, paragraphe 1.

Art. 12 *Divulgation coordonnée des vulnérabilités et base de données européenne des vulnérabilités.* 1. Chaque État membre désigne l'un de ses CSIRT comme coordinateur aux fins de la divulgation coordonnée des vulnérabilités. Le CSIRT désigné comme

coordinateur fait office d'intermédiaire de confiance en facilitant, si nécessaire, les interactions entre la personne physique ou morale qui signale une vulnérabilité et le fabricant ou le fournisseur des produits TIC ou des services TIC potentiellement vulnérables, à la demande de l'une des deux parties. Les tâches du CSIRT désigné comme coordinateur consistent :

a) à identifier et contacter les entités concernées ;

b) à apporter une assistance aux personnes physiques ou morales signalant une vulnérabilité ; et

c) à négocier des délais de divulgation et gérer les vulnérabilités qui touchent plusieurs entités.

Les États membres veillent à ce que les personnes physiques ou morales soient en mesure de signaler une vulnérabilité, de manière anonyme lorsqu'elles le demandent, au CSIRT désigné comme coordinateur. Le CSIRT désigné comme coordinateur veille à ce que des mesures de suivi diligentes soient prises en ce qui concerne la vulnérabilité signalée et veille à l'anonymat de la personne physique ou morale signalant la vulnérabilité. Lorsque la vulnérabilité signalée est susceptible d'avoir un impact important sur des entités dans plusieurs États membres, le CSIRT désigné comme coordinateur de chaque État membre concerné coopère, le cas échéant, avec les autres CSIRT désignés comme coordinateurs au sein du réseau des CSIRT.

2. L'ENISA élabore et tient à jour, après consultation du groupe de coopération, une base de données européenne des vulnérabilités. A cette fin, l'ENISA établit et gère les systèmes d'information, les politiques et les procédures appropriés, et adopte les mesures techniques et organisationnelles nécessaires pour assurer la sécurité et l'intégrité de la base de données européenne des vulnérabilités, en vue notamment de permettre aux entités, indépendamment du fait qu'elles relèvent ou non du champ d'application de la présente directive, et à leurs fournisseurs de réseaux et de systèmes d'information, de divulguer et d'enregistrer, à titre volontaire, les vulnérabilités publiquement connues présentes dans les produits TIC ou les services TIC. Toutes les parties prenantes ont accès aux informations sur les vulnérabilités contenues dans la base de données européenne sur les vulnérabilités. Cette base de données comprend :

a) des informations décrivant la vulnérabilité ;

b) les produits TIC ou les services TIC affectés ainsi que la gravité de la vulnérabilité rapportée aux circonstances dans lesquelles elle peut être exploitée ;

c) la disponibilité des correctifs correspondants et, en l'absence de correctifs disponibles, des orientations fournies par les autorités compétentes ou les CSIRT, adressées aux utilisateurs des produits TIC et des services TIC vulnérables, sur la manière dont les risques résultant des vulnérabilités divulguées peuvent être atténués.

Art. 13 *Coopération au niveau national.* 1. Lorsqu'ils sont distincts, les autorités compétentes, le point de contact unique et les CSIRT d'un même État membre coopèrent les uns avec les autres afin de respecter les obligations énoncées dans la présente directive.

2. Les États membres veillent à ce que leurs CSIRT ou, le cas échéant, leurs autorités compétentes reçoivent les notifications relatives aux incidents importants conformément à l'article 23, et aux incidents, aux cybermenaces et aux incidents évités conformément à l'article 30.

3. Les États membres veillent à ce que leurs CSIRT ou, le cas échéant, leurs autorités compétentes informent leurs points de contact uniques des notifications d'incidents, de cybermenaces et d'incidents évités soumises en application de la présente directive.

4. Afin de veiller à ce que les tâches et obligations des autorités compétentes, des points de contact uniques et des CSIRT soient exécutées efficacement, les États membres assurent, dans la mesure du possible, une coopération appropriée entre ces organes et les autorités répressives, les autorités chargées de la protection des données, les autorités nationales en vertu des règlements (CE) n° 300/2008 et (UE) 2018/1139, les organes de contrôle au titre du règlement (UE) n° 910/2014, les autorités compétentes en vertu du règlement (UE) 2022/2554, les autorités de régulation nationales en vertu de la directive (UE) 2018/1972, les autorités compétentes en vertu de la directive (UE) 2022/2557, ainsi que les autorités compétentes en vertu d'autres actes juridiques sectoriels de l'Union, dans cet État membre.

5. Les États membres veillent à ce que leurs autorités compétentes en vertu de la présente directive et leurs autorités compétentes en vertu de la directive (UE) 2022/2557 coopèrent et échangent régulièrement des informations sur le recensement des entités critiques, les risques, les cybermenaces et les incidents, ainsi que sur les risques, menaces et incidents non cyber qui touchent les entités essentielles recensées en tant qu'entités critiques en vertu de la directive (UE) 2022/2557, et sur les mesures prises pour faire face à ces risques, menaces et incidents. Les États membres veillent également à ce que leurs autorités compétentes en vertu de la présente directive et leurs autorités compétentes en vertu du règlement (UE) n° 910/2014, du règlement (UE) 2022/2554 et de la directive (UE) 2018/1972 échangent régulièrement des informations pertinentes, y compris en ce qui concerne les incidents et les cybermenaces concernés.

6. Les États membres simplifient la communication d'informations par des moyens techniques pour les notifications visées aux articles 23 et 30.

CHAPITRE III *COOPÉRATION AU NIVEAU DE L'UNION ET AU NIVEAU INTERNATIONAL*

Art. 14 *Groupe de coopération.* 1. Un groupe de coopération est institué afin de soutenir et de faciliter la coopération stratégique et l'échange d'informations entre les États membres et de renforcer la confiance.

2. Le groupe de coopération exécute ses tâches en s'appuyant sur les programmes de travail bisannuels visés au paragraphe 7.

3. Le groupe de coopération est composé de représentants des États membres, de la Commission et de l'ENISA. Le Service européen pour l'action extérieure participe aux activités du groupe de coopération en qualité d'observateur. Les autorités européennes de surveillance (AES) et les autorités compétentes en vertu du règlement (UE) 2022/2554 peuvent participer aux activités du groupe de coopération conformément à l'article 47, paragraphe 1, dudit règlement.

Si besoin est, le groupe de coopération peut inviter le Parlement européen et des représentants des acteurs concernés à participer à ses travaux.

Le secrétariat est assuré par la Commission. 4. Le groupe de coopération est chargé des tâches suivantes :

a) la fourniture d'orientations aux autorités compétentes en rapport avec la transposition et la mise en œuvre de la présente directive ;

b) la fourniture d'orientations aux autorités compétentes en ce qui concerne l'élaboration et la mise en œuvre des politiques de divulgation coordonnée des vulnérabilités visées à l'article 7, paragraphe 2, point c) ;

c) l'échange des meilleures pratiques et d'informations relatives à la mise en œuvre de la présente directive, notamment en ce qui concerne les cybermenaces, les incidents, les vulnérabilités, les incidents évités, les initiatives de sensibilisation, les formations, les exercices et les compétences, le renforcement des capacités, les normes et les spécifications techniques ainsi que l'identification des entités essentielles et importantes en vertu de l'article 2, paragraphe 2, points b) à e) ;

d) l'échange de conseils et la coopération avec la Commission sur les initiatives politiques émergentes en matière de cybersécurité et la cohérence globale des exigences sectorielles en matière de cybersécurité ;

e) l'échange de conseils et la coopération avec la Commission sur les projets d'actes délégués ou d'actes d'exécution adoptés en vertu de la présente directive ;

f) l'échange de bonnes pratiques et d'informations avec les institutions, organes et organismes compétents de l'Union ;

g) l'échange de vues sur la mise en œuvre d'actes juridiques sectoriels de l'Union contenant des dispositions en matière de cybersécurité ;

h) le cas échéant, la discussion portant sur les rapports relatifs à l'évaluation par les pairs visés à l'article 19, paragraphe 9, et l'élaboration de conclusions et de recommandations ;

i) la réalisation d'évaluations coordonnées des risques pour la sécurité des chaînes d'approvisionnement critiques, conformément à l'article 22, paragraphe 1 ;

j) la discussion portant sur les cas d'assistance mutuelle, y compris les expériences et les résultats des activités de contrôle transfrontières visées à l'article 37 ;

k) à la demande d'un ou de plusieurs États membres concernés, la discussion portant sur les demandes spécifiques d'assistance mutuelle visées à l'article 37 ;

l) l'indication d'une orientation stratégique au réseau des CSIRT et au réseau UE-CyCLONe sur des questions spécifiques émergentes ;

m) l'échange de vues sur la politique relative aux mesures prises à la suite d'incidents de cybersécurité majeurs et de crises, sur la base des enseignements tirés du réseau des CSIRT et d'EU-CyCLONe ;

n) la contribution aux capacités en matière de cybersécurité dans l'ensemble de l'Union via la facilitation de l'échange de fonctionnaires nationaux grâce à un programme de renforcement des capacités impliquant le personnel des autorités compétentes ou des CSIRT ;

o) l'organisation régulière de réunions conjointes avec les parties intéressées privées, de toute l'Union, en vue de discuter des activités menées par le groupe de coopération et de recueillir des informations sur les nouveaux défis politiques ;

p) la discussion portant sur les travaux entrepris en relation avec les exercices de cybersécurité, y compris les travaux effectués par l'ENISA ;

q) la mise au point de la méthodologie et des aspects organisationnels des évaluations par les pairs visées à l'article 19, paragraphe 1, ainsi que la définition de la méthode d'autoévaluation pour les États membres conformément à l'article 19, paragraphe 4, avec l'aide de la Commission et de l'ENISA, et l'élaboration, en coopération avec la Commission et l'ENISA, des codes de conduite sous-tendant les méthodes de travail des experts en cybersécurité désignés conformément à l'article 19, paragraphe 6 ;

r) l'élaboration, aux fins de la révision visée à l'article 40, de rapports sur l'expérience acquise au niveau stratégique et à partir des évaluations par les pairs ;

s) l'examen et l'évaluation, de manière régulière, de l'état de la situation en matière de cybermenaces ou d'incidents, comme les rançongiciels.

Le groupe de coopération soumet les rapports visés au premier alinéa, point r), à la Commission, au Parlement européen et au Conseil.

5. Les États membres font en sorte que leurs représentants au sein du groupe de coopération puissent coopérer de manière effective, efficace et sécurisée.

6. Le groupe de coopération peut demander au réseau des CSIRT d'élaborer un rapport technique sur des sujets choisis.

7. Au plus tard le 1er février 2024, puis tous les deux ans, le groupe de coopération établit un programme de travail concernant les actions à entreprendre pour mettre en œuvre ses objectifs et ses tâches.

8. La Commission peut adopter des actes d'exécution fixant les modalités de procédure nécessaires au fonctionnement du groupe de coopération.

Ces actes d'exécution sont adoptés en conformité avec la procédure d'examen visée à l'article 39, paragraphe 2.

La Commission échange des conseils et coopère avec le groupe de coopération sur les projets d'actes d'exécution visés au premier alinéa du présent paragraphe conformément au paragraphe 4, point e).

9. Le groupe de coopération se réunit régulièrement et en tout état de cause au moins une fois par an avec le groupe sur la résilience des entités critiques institué par la directive (UE) 2022/2557 afin de promouvoir et de faciliter la coopération stratégique et l'échange d'informations.

Art. 15 *Réseau des CSIRT.* 1. Un réseau des CSIRT nationaux est institué afin de contribuer au renforcement de la confiance et de promouvoir une coopération opérationnelle rapide et effective entre les États membres.

2. Le réseau des CSIRT est composé de représentants des CSIRT, désignés ou mis en place en vertu de l'article 10, et de l'équipe d'intervention en cas d'urgence informatique pour les institutions, organes et agences de l'Union (CERT-UE). La Commission participe au réseau des CSIRT en qualité d'observateur. L'ENISA assure le secrétariat et apporte une aide active à la coopération entre les CSIRT.

3. Le réseau des CSIRT est chargé des tâches suivantes :

a) l'échange d'informations sur les capacités des CSIRT ;

b) la facilitation du partage, du transfert et de l'échange, entre les CSIRT, des technologies et des mesures, politiques, outils, processus, meilleures pratiques et cadres pertinents ;

c) l'échange d'informations pertinentes sur les incidents, les incidents évités, les cybermenaces, les risques et les vulnérabilités ;

d) l'échange d'informations en ce qui concerne les publications et les recommandations en matière de cybersécurité ;

e) l'assurance de l'interopérabilité en ce qui concerne les spécifications et les protocoles relatifs au partage d'informations ;

f) à la demande d'un membre du réseau des CSIRT potentiellement affecté par un incident, l'échange et la discussion portant sur les informations en rapport avec cet incident et les cybermenaces, risques et vulnérabilités connexes ;

g) à la demande d'un membre du réseau des CSIRT, la discussion et, si possible, la mise en œuvre d'une réponse coordonnée à un incident déterminé qui relève de la compétence de l'État membre concerné ;

h) la fourniture aux États membres d'une assistance face aux incidents transfrontières en application de la présente directive ;

i) la coopération, l'échange des meilleures pratiques et la fourniture d'une assistance aux CSIRT désignés comme coordinateurs conformément à l'article 12, paragraphe 1, en ce qui concerne la gestion de la divulgation coordonnée des vulnérabilités susceptibles d'avoir un impact important sur des entités de plusieurs États membres ;

j) la discussion et l'identification d'autres formes de coopération opérationnelle, notamment en rapport avec :

i) les catégories de cybermenaces et d'incidents ;

ii) les alertes précoces ;

iii) l'assistance mutuelle ;

iv) les principes et modalités d'une coordination en réponse à des risques et incidents transfrontières ;

v) la contribution au plan national de réaction aux crises et incidents de cybersécurité majeurs visé à l'article 9, paragraphe 4, à la demande d'un État membre ;

k) l'information du groupe de coopération de ses activités et des autres formes de coopération opérationnelle débattues en application du point j) et, lorsque cela s'avère nécessaire, la demande de fourniture d'orientations à cet égard ;

l) l'examen des exercices de cybersécurité, y compris ceux organisés par l'ENISA ;

m) à la demande d'un CSIRT donné, l'étude des capacités et de l'état de préparation dudit CSIRT ;

n) la coopération et l'échange d'informations avec les centres d'opérations de sécurité (SOC) régionaux et au niveau de l'Union afin d'améliorer la connaissance commune de la situation concernant les incidents et les cybermenaces dans toute l'Union ;

o) s'il y a lieu, l'examen des rapports de l'évaluation par les pairs visés à l'article 19, paragraphe 9 ;

p) la fourniture de lignes directrices afin de faciliter la convergence des pratiques opérationnelles en ce qui concerne l'application des dispositions du présent article relatives à la coopération opérationnelle.

4. Au plus tard le 17 janvier 2025, puis tous les deux ans, le réseau des CSIRT évalue, aux fins du réexamen visé à l'article 40, les progrès réalisés en matière de coopération opérationnelle et adopte un rapport. Le rapport formule notamment des conclusions et des recommandations à partir des résultats des évaluations par les pairs visées à l'article 19 et concernant les CSIRT nationaux. Ce rapport est aussi transmis au groupe de coopération.

5. Le réseau des CSIRT adopte son règlement intérieur.

6. Le réseau des CSIRT et EU-CyCLONe fixent ensemble les modalités procédurales et coopèrent sur la base de ces modalités.

Art. 16 *Le réseau européen pour la préparation et la gestion des crises cyber (EU-CyCLONe).* 1. EU-CyCLONe est institué afin de contribuer à la gestion coordonnée, au niveau opérationnel, des incidents de cybersécurité majeurs et des crises, et de garantir l'échange régulier d'informations pertinentes entre les États membres et les institutions, organes et organismes de l'Union.

2. EU-CyCLONe est composé des représentants des autorités des États membres chargées de la gestion des crises de cybersécurité, ainsi que de la Commission lorsqu'un incident de cybersécurité majeur, potentiel ou en cours, a ou est susceptible d'avoir un impact important sur les services et les activités relevant du champ d'application de la présente directive. Dans les autres situations, la Commission participe aux activités d'EU-CyCLONe en qualité d'observateur.

L'ENISA assure le secrétariat d'EU-CyCLONe et soutient l'échange sécurisé d'informations, et fournit également les outils nécessaires pour soutenir la coopération entre États membres en garantissant un échange sécurisé d'informations.

Si besoin est, EU-CyCLONe peut inviter des représentants des acteurs concernés à participer à ses travaux en qualité d'observateurs.

3. EU-CyCLONe a pour tâches :

a) de renforcer le niveau de préparation à la gestion des incidents de cybersécurité majeurs et des crises ;

b) de développer une connaissance situationnelle partagée des incidents de cybersécurité majeurs et des crises ;

c) d'évaluer les conséquences et l'impact des incidents de cybersécurité majeurs et des crises en question et de proposer d'éventuelles mesures d'atténuation ;

d) de coordonner la gestion des incidents de cybersécurité majeurs et des crises et de soutenir la prise de décision au niveau politique en ce qui concerne ces incidents et ces crises ;

e) d'examiner, à la demande de l'État membre concerné, le plan national de réaction aux crises et aux incidents de cybersécurité majeurs visé à l'article 9, paragraphe 4.

4. EU-CyCLONe adopte son règlement intérieur.

5. EU-CyCLONe rend régulièrement compte au groupe de coopération de la gestion des incidents de cybersécurité majeurs et des crises, ainsi que des tendances, en mettant notamment l'accent sur leur impact sur les entités essentielles et importantes.

6. EU-CyCLONe coopère avec le réseau des CSIRT sur la base des modalités procédurales convenues conformément à l'article 15, paragraphe 6.

7. Au plus tard le 17 juillet 2024 et tous les 18 mois par la suite, EU-CyCLONe soumet au Parlement européen et au Conseil un rapport évaluant ses travaux.

Art. 17 *Coopération internationale.* L'Union peut, conformément à l'article 218 du traité sur le fonctionnement de l'Union européenne et lorsque cela est pertinent, conclure avec des pays tiers ou des organisations internationales des accords internationaux qui permettent et organisent leur participation à certaines activités du groupe de coopération, du réseau des CSIRT et d'EU-CyCLONe. Ces accords sont conformes au droit de l'Union en matière de protection des données.

Art. 18 *Rapport sur l'état de la cybersécurité dans l'Union.* 1. L'ENISA adopte, en coopération avec la Commission et le groupe de coopération, un rapport bisannuel sur l'état de la cybersécurité dans l'Union et le soumet et le présente au Parlement européen. Le rapport est notamment mis à disposition dans un format lisible par machine et comporte les éléments suivants :

a) une évaluation des risques en matière de cybersécurité à l'échelle de l'Union, qui tient compte du panorama des cybermenaces ;

b) une évaluation du développement des capacités de cybersécurité dans les secteurs public et privé dans l'ensemble de l'Union ;

c) une évaluation du degré général de sensibilisation à la cybersécurité et de cyberhygiène des citoyens et des entités, y compris les petites et moyennes entreprises ;

d) une évaluation agrégée du résultat des évaluations par les pairs visées à l'article 19 ;

e) une évaluation agrégée du niveau de maturité des capacités de cybersécurité et des ressources en la matière dans l'ensemble de l'Union, notamment au niveau sec-

toriel, ainsi que du degré d'harmonisation des stratégies nationales en matière de cybersécurité des États membres.

2. Le rapport comprend des recommandations politiques spécifiques visant à remédier aux lacunes et à accroître le niveau de cybersécurité dans l'Union, ainsi qu'un résumé des conclusions pour la période concernée des rapports de situation technique en matière de cybersécurité de l'Union européenne sur les incidents et cybermenaces, élaborés par l'ENISA conformément à l'article 7, paragraphe 6, du règlement (UE) 2019/881.

3. L'ENISA, en coopération avec la Commission, le groupe de coopération et le réseau des CSIRT, élabore la méthodologie, y compris les variables pertinentes, telles que les indicateurs quantitatifs et qualitatifs, de l'évaluation agrégée visée au paragraphe 1, point e).

Art. 19 *Évaluations par les pairs.* 1. Le groupe de coopération établit, au plus tard le 17 janvier 2025, avec l'aide de la Commission et de l'ENISA et, s'il y a lieu, du réseau des CSIRT, la méthodologie et les aspects organisationnels des évaluations par les pairs en vue de tirer des enseignements des expériences partagées, de renforcer la confiance mutuelle, de parvenir à un niveau élevé commun de cybersécurité, ainsi que de renforcer les capacités et les politiques des États membres en matière de cybersécurité qui sont nécessaires à la mise en œuvre de la présente directive. La participation aux évaluations par les pairs s'effectue à titre volontaire. Les évaluations par les pairs sont effectuées par des experts en cybersécurité. Ces experts en cybersécurité sont désignés par au moins deux États membres différents de l'État membre faisant l'objet de l'évaluation.

Les évaluations par les pairs portent au moins sur l'un des points suivants :

a) le niveau de mise en œuvre des mesures de gestion des risques en matière de cybersécurité et des obligations d'information prévues aux articles 21 et 23 ;

b) le niveau des capacités, y compris les ressources financières, techniques et humaines disponibles, et l'efficacité de l'exercice des tâches des autorités compétentes ;

c) les capacités opérationnelles des CSIRT ;

d) le niveau de mise en œuvre de l'assistance mutuelle visée à l'article 37 ;

e) le niveau de mise en œuvre des accords de partage d'informations en matière de cybersécurité visés à l'article 29 ;

f) des questions spécifiques de nature transfrontière ou transsectorielle.

2. La méthodologie visée au paragraphe 1 comprend des critères objectifs, non discriminatoires, équitables et transparents sur la base desquels les États membres désignent les experts en cybersécurité habilités à effectuer les évaluations par les pairs. La Commission et l'ENISA participent en tant qu'observateurs aux évaluations par les pairs.

3. Les États membres peuvent définir des questions spécifiques visées au paragraphe 1, point f), aux fins d'une évaluation par les pairs.

4. Avant d'entamer l'évaluation par les pairs visée au paragraphe 1, les États membres en notifient la portée, en ce compris les questions définies en vertu du paragraphe 3, aux États membres qui y participent.

5. Avant le début de l'évaluation par les pairs, les États membres peuvent procéder à une autoévaluation des aspects évalués et fournir celle-ci aux experts en cybersécurité désignés. Le groupe de coopération établit, avec l'aide de la Commission et de l'ENISA, la méthode pour l'autoévaluation des États membres.

6. Les évaluations par les pairs comportent des visites sur place physiques ou virtuelles et des échanges d'information hors site. Conformément au principe de bonne coopération, l'État membre faisant l'objet de l'évaluation par les pairs fournit aux experts en cybersécurité désignés les informations nécessaires à l'évaluation, sans préjudice du droit de l'Union ou du droit national concernant la protection des informations confidentielles ou classifiées, ni de la préservation des fonctions essentielles de l'État, telles que la sécurité nationale. Le groupe de coopération, en coopération avec la Commission et l'ENISA, élabore des codes de conduite appropriés qui sous-tendent les méthodes de travail des experts en cybersécurité désignés. Toute information obtenue durant l'évaluation par les pairs n'est utilisée qu'à cet effet. Les experts en cyber-

sécurité participant à l'évaluation par les pairs ne divulguent à aucun tiers les informations sensibles ou confidentielles obtenues au cours de cette évaluation par les pairs.

7. Une fois qu'ils ont fait l'objet d'une évaluation par les pairs dans un État membre, les mêmes aspects ne font pas l'objet d'une nouvelle évaluation par les pairs dans cet État membre au cours des deux années suivant la conclusion de l'évaluation par les pairs, sauf si l'État membre le demande ou si une proposition en ce sens du groupe de coopération est approuvée.

8. Les États membres veillent à ce que tout risque de conflit d'intérêts concernant les experts en cybersécurité désignés soit révélé aux autres États membres, au groupe de coopération, à la Commission et à l'ENISA, avant le début de l'évaluation par les pairs. L'État membre faisant l'objet de l'évaluation par les pairs peut s'opposer à la désignation de certains experts en cybersécurité pour des raisons dûment motivées communiquées à l'État membre qui les a désignés.

9. Les experts en cybersécurité participant aux évaluations par les pairs rédigent des rapports sur les résultats et les conclusions des évaluations par les pairs. Les États membres qui font l'objet d'une évaluation par les pairs peuvent formuler des observations sur les projets de rapport les concernant et ces observations sont jointes aux rapports. Les rapports contiennent des recommandations permettant d'améliorer les aspects sur lesquels l'évaluation par les pairs a porté. Les rapports sont soumis, s'il y a lieu, au groupe de coopération et au réseau des CSIRT. Un État membre qui a fait l'objet d'une évaluation par les pairs peut décider de rendre public le rapport le concernant ou une version expurgée de celui-ci.

CHAPITRE IV *MESURES DE GESTION DES RISQUES EN MATIÈRE DE CYBERSÉCURITÉ ET OBLIGATIONS D'INFORMATION*

Art. 20 *Gouvernance.* 1. Les États membres veillent à ce que les organes de direction des entités essentielles et importantes approuvent les mesures de gestion des risques en matière de cybersécurité prises par ces entités afin de se conformer à l'article 21, supervisent sa mise en œuvre et puissent être tenus responsables de la violation dudit article par ces entités.

L'application du présent paragraphe est sans préjudice du droit national en ce qui concerne les règles en matière de responsabilité applicables aux institutions publiques, ainsi que de responsabilité des agents de la fonction publique et des responsables élus ou nommés.

2. Les États membres veillent à ce que les membres des organes de direction des entités essentielles et importantes soient tenus de suivre une formation et ils encouragent les entités essentielles et importantes à offrir régulièrement une formation similaire aux membres de leur personnel afin que ceux-ci acquièrent des connaissances et des compétences suffisantes pour déterminer les risques et évaluer les pratiques de gestion des risques en matière de cybersécurité et leur impact sur les services fournis par l'entité.

COMMENTAIRE

Une gestion des risques cyber endossée par les dirigeants. La relative brièveté de cet article 20 ne doit pas tromper le lecteur : ce texte emporte de lourdes conséquences. Il est question ici aussi bien des « entités essentielles » que des « entités importantes ».

Le point de départ du raisonnement se situe dans « les mesures de gestion des risques de cybersécurité » qu'elles doivent prendre en vertu de l'article 21, reproduit et commenté ci-dessous. Il s'agit en substance de prendre « les mesures techniques, opérationnelles et organisationnelles appropriées et proportionnées » à la situation.

L'article 20 précise alors que « les organes de direction » des entités « approuvent » ces mesures et les « supervisent ». L'idée est assez simple : les structures relevant du champ d'application de la directive ne sont pas ordinaires ; on ne peut y laisser l'encadrement intermédiaire, comprenant notamment la direction des systèmes d'information, prendre seul les décisions relatives à la cybersécurité. Dans le cas des entités essentielles et impor-

tantes, ces mesures sont bien trop cruciales. Aussi doivent-elles remonter pour approbation au « top management » de la structure.

Une responsabilité personnelle des personnes physiques. Cette approbation ne pourra se contenter d'être purement formelle. Le texte exige en effet que les organes dirigeants « puissent être tenus responsables » de la violation de l'article 21. Tel est son apport le plus marquant. Il semble en effet commander aux États membres de déroger aux éventuelles règles nationales, notamment de droit des affaires, qui protègent les mandataires sociaux s'étant contentés d'agir dans le cadre de leurs fonctions.

Cette lecture est corroborée par l'article 32 sur les entités essentielles, qui pose en son 6 : « Les États membres veillent à ce que toute personne physique responsable d'une entité essentielle ou agissant en qualité de représentant légal d'une entité essentielle sur la base du pouvoir de la représenter, de prendre des décisions en son nom ou d'exercer son contrôle ait le pouvoir de veiller au respect, par l'entité, de la présente directive. Les États membres veillent à ce que **ces personnes physiques puissent être tenues responsables** des manquements à leur devoir de veiller au respect de la présente directive » (souligné par nous). L'article 33, relatif aux entités importantes, reprend la même règle en son 5.

Exceptions de droit public. L'interprétation qui précède est encore renforcée par le deuxième alinéa de l'article 20, 1. : « L'application du présent paragraphe est sans préjudice du droit national en ce qui concerne les règles en matière de responsabilité applicables aux institutions publiques, ainsi que de responsabilité des agents de la fonction publique et des responsables élus ou nommés ». *A contrario*, les règles nationales de droit civil et des affaires ne bénéficient donc pas de cette préséance sur la directive NIS 2.

Obligations de formation. C'est un corollaire de la lourde responsabilité qu'elles supportent : les personnes membres d'organes de direction des entités essentielles et importantes seront « tenues », selon l'article 20, 2, de suivre une formation afin d'acquérir « des connaissances et des compétences suffisantes pour déterminer les risques et évaluer les pratiques de gestion des risques en matière de cybersécurité et leur impact sur les services fournis par l'entité ». Ainsi sera-t-on enclin à renforcer la présence de profils « techniques » au sein des organes dirigeants de telles structures. Il reste que tout le monde ne peut être issu de formations initiales à dominante « cybersécurité » au sein des organes dirigeants, même lorsque l'on parle d'entités essentielles ou importantes. Il faudra donc aux États faire preuve de tact et d'équilibre lorsqu'ils dessineront la physionomie de ces formations, dont le suivi sera obligatoire pour l'ensemble des membres des organes de direction.

Le texte attend par ailleurs des États qu'ils « encouragent » le reste du personnel à suivre de telles formations. Ici, point de devoirs, mais une simple incitation. ❑

Art. 21 ***Mesures de gestion des risques en matière de cybersécurité.*** **1. Les États membres veillent à ce que les entités essentielles et importantes prennent les mesures techniques, opérationnelles et organisationnelles appropriées et proportionnées pour gérer les risques qui menacent la sécurité des réseaux et des systèmes d'information que ces entités utilisent dans le cadre de leurs activités ou de la fourniture de leurs services, ainsi que pour éliminer ou réduire les conséquences que les incidents ont sur les destinataires de leurs services et sur d'autres services.**

Les mesures visées au premier alinéa garantissent, pour les réseaux et les systèmes d'information, un niveau de sécurité adapté au risque existant, en tenant compte de l'état des connaissances et, s'il y a lieu, des normes européennes et internationales applicables, ainsi que du coût de mise en œuvre. Lors de l'évaluation de la proportionnalité de ces mesures, il convient de tenir dûment compte du degré d'exposition de l'entité aux risques, de la taille de l'entité et de la probabilité de survenance d'incidents et de leur gravité, y compris leurs conséquences sociétales et économiques.

2. Les mesures visées au paragraphe 1 sont fondées sur une approche "tous risques" qui vise à protéger les réseaux et les systèmes d'information ainsi que leur environnement physique contre les incidents, et elles comprennent au moins :

a) les politiques relatives à l'analyse des risques et à la sécurité des systèmes d'information ;

b) la gestion des incidents ;

c) la continuité des activités, par exemple la gestion des sauvegardes et la reprise des activités, et la gestion des crises ;
d) la sécurité de la chaîne d'approvisionnement, y compris les aspects liés à la sécurité concernant les relations entre chaque entité et ses fournisseurs ou prestataires de services directs ;
e) la sécurité de l'acquisition, du développement et de la maintenance des réseaux et des systèmes d'information, y compris le traitement et la divulgation des vulnérabilités ;
f) des politiques et des procédures pour évaluer l'efficacité des mesures de gestion des risques en matière de cybersécurité ;
g) les pratiques de base en matière de cyberhygiène et la formation à la cybersécurité ;
h) des politiques et des procédures relatives à l'utilisation de la cryptographie et, le cas échéant, du chiffrement ;
i) la sécurité des ressources humaines, des politiques de contrôle d'accès et la gestion des actifs ;
j) l'utilisation de solutions d'authentification à plusieurs facteurs ou d'authentification continue, de communications vocales, vidéo et textuelles sécurisées et de systèmes sécurisés de communication d'urgence au sein de l'entité, selon les besoins.

3. Les États membres veillent à ce que, lorsqu'elles examinent lesquelles des mesures visées au paragraphe 2, point d), du présent article sont appropriées, les entités tiennent compte des vulnérabilités propres à chaque fournisseur et prestataire de services direct et de la qualité globale des produits et des pratiques de cybersécurité de leurs fournisseurs et prestataires de services, y compris de leurs procédures de développement sécurisé. Les États membres veillent également à ce que, lorsqu'elles examinent lesquelles des mesures visées audit point sont appropriées, les entités soient tenues de prendre en compte les résultats des évaluations coordonnées des risques pour la sécurité des chaînes d'approvisionnement critiques, effectuées conformément à l'article 22, paragraphe 1.

4. Les États membres veillent à ce que, lorsqu'une entité constate qu'elle ne se conforme pas aux mesures prévues au paragraphe 2, elle prenne, sans retard injustifié, toutes les mesures correctives nécessaires appropriées et proportionnées.

5. Au plus tard le 17 octobre 2024, la Commission adopte des actes d'exécution établissant les exigences techniques et méthodologiques liées aux mesures visées au paragraphe 2 en ce qui concerne les fournisseurs de services DNS, les registres des noms de domaine de premier niveau, les fournisseurs de services d'informatique en nuage, les fournisseurs de services de centres de données, les fournisseurs de réseaux de diffusion de contenu, les fournisseurs de services gérés, les fournisseurs de services de sécurité gérés, ainsi que les fournisseurs de places de marché en ligne, de moteurs de recherche en ligne et de plateformes de services de réseaux sociaux, et les prestataires de services de confiance.

La Commission peut adopter des actes d'exécution établissant les exigences techniques et méthodologiques ainsi que les exigences sectorielles, si nécessaire, liées aux mesures visées au paragraphe 2 concernant les entités essentielles et importantes autres que celles visées au premier alinéa du présent paragraphe.

Lorsqu'elle prépare les actes d'exécution visés aux premier et deuxième alinéas du présent paragraphe, la Commission suit, dans la mesure du possible, les normes européennes et internationales ainsi que les spécifications techniques pertinentes. La Commission échange des conseils et coopère avec le groupe de coopération et l'ENISA sur les projets d'actes d'exécution conformément à l'article 14, paragraphe 4, point e).

Ces actes d'exécution sont adoptés en conformité avec la procédure d'examen visée à l'article 39, paragraphe 2.

COMMENTAIRE

Une approche par la « redevabilité ». L'article 21 de la directive NIS 2 ne manquera pas de rappeler aux responsables techniques et juridiques des systèmes d'information un texte qu'ils manient depuis plus longtemps : l'article 32 du RGPD relatif à la « sécurité du traitement ». Dans les deux cas, en vertu du principe d'*accountability* – par-

fois traduit en « responsabilité », parfois en « redevabilité » - c'est au destinataire de la législation de déterminer lui-même les mesures appropriées à sa situation.

Les textes sont cependant différents par plusieurs aspects. Le plus évident est le champ d'application : dans le RGPD, il s'adresse à tous les responsables de traitement, mais est cantonné par la – vaste – notion de « données personnelles ». Dans NIS 2, tous les traitements sont concernés, y compris ceux qui n'incluraient aucune donnée personnelle, mais la limite tient aux personnes visées : les entités essentielles et importantes.

Par ailleurs et surtout, parce qu'il s'adresse à des destinataires plus critiques et en nombre restreint, le texte de NIS 2 se montre plus exigeant. Là où le RGPD exige que soient prises des mesures « techniques et organisationnelles appropriées », NIS 2 vise des « mesures techniques, opérationnelles et organisationnelles » qui soient « appropriées et proportionnées ». L'apport précis des nouveaux adjectifs n'est pas facilement identifiable, mais leur démultiplication pose un ton, et laisse entendre que le niveau des attentes sera élevé.

L'objet de ces mesures sera, très largement, de « gérer les risques qui menacent la sécurité des réseaux et des systèmes d'information que ces entités utilisent dans le cadre de leurs activités ou de la fourniture de leurs services, ainsi que pour éliminer ou réduire les conséquences que les incidents ont sur les destinataires de leurs services et sur d'autres services ». La sécurité informatique est ainsi considérée le plus largement possible, à la fois dans l'ordre interne et dans l'ordre externe.

Critères de la proportionnalité. Le deuxième alinéa de l'article 21, 1 se lit plus facilement à rebours. Pour estimer quelles mesures il convient d'adopter, il faut en effet commencer par « tenir dûment compte du degré d'exposition de l'entité aux risques, de la taille de l'entité et de la probabilité de survenance d'incidents et de leur gravité, y compris leurs conséquences sociétales et économiques ». Ce n'est qu'une fois ces facteurs de risque identifiés qu'il sera possible de s'intéresser aux moyens de mitigation. On aura alors égard à « l'état des connaissances et, s'il y a lieu, des normes européennes et internationales applicables, ainsi que du coût de mise en œuvre ». Sur ce dernier point, il faut bien comprendre qu'une mesure ne pourra pas être écartée du seul fait qu'elle serait coûteuse, voire d'un coût écrasant : le seul argument recevable serait que ce coût soit hors de proportions avec les facteurs de risque. A risque extraordinairement intense, mesures extraordinairement fortes, y compris si elles coûtent extraordinairement cher.

Mesures minimales. L'article 21, 2 révèle une autre différence d'approche importante avec son homologue du RGPD. Là où le texte de droit des données personnelles ne propose qu'une liste purement indicative de mesures, qui pourraient ne pas être nécessaires au cas d'espèce, la directive NIS 2 fixe un plancher, puisqu'elle est introduite par la formule : « les mesures visées au premier alinéa [...] comprennent au moins ».

Cette liste est hétérogène. On y trouve des objectifs ultimes, comme « la sécurité de la chaîne d'approvisionnement » ou « la sécurité des ressources humaines » ; mais aussi des procédures, comme la mise en place de « politiques relatives à l'analyse des risques et à la sécurité des systèmes d'information » ; enfin, des moyens concrets de sécurisation, à l'instar de « solutions d'authentification à plusieurs facteurs ou d'authentification continue ».

A propos du j), relevons que la préconisation doit être adaptée « selon les besoins », ce qui peut sembler partiellement contradictoire avec l'idée de départ, qui était celle d'une liste d'exigences minimales.

Surveillance des partenaires de la structure. L'article 21, 3 nous semble destiné à combattre une tentation courante dans le domaine de la sécurité informatique : celle qui consiste à transférer la préoccupation cyber à des tiers, au prétexte de leur réputation bien assise, du prix substantiel auquel on aura acheté leurs produits ou des honoraires conséquents associés à leurs prestations.

Les États devront en effet faire en sorte que « les entités tiennent compte des vulnérabilités propres à chaque fournisseur et prestataire de services direct et de la qualité globale des produits et des pratiques de cybersécurité de leurs fournisseurs et prestataires de services, y compris de leurs procédures de développement sécurisé ».

Là où le RGPD commandait déjà aux responsables du traitement de se préoccuper du sérieux de leurs sous-traitants, il s'agit une fois encore dans NIS 2 d'aller plus loin et de développer activement une véritable familiarité, constamment tenue à jour, avec les pratiques cyber de leurs fournisseurs de solutions matérielles et logicielles.

Mesures correctives. Cela allait sans dire, mais va probablement mieux en le disant : en vertu de l'article 21, 4, « lorsqu'une entité constate qu'elle ne se conforme pas aux mesures prévues au paragraphe 2 [...] » elle devra prendre, « [...] sans retard injustifié, toutes les mesures correctives nécessaires appropriées et proportionnées ».

Actes d'exécution. On aura compris que, bien davantage que le RGPD, la directive NIS 2 mêle une approche par l'autodiscipline et la redevabilité avec des exigences de mesures et de politique précisément listées. L'article 21, 5 prévoit que ces listes d'exigences-socles pourront être allongées et durcies dans certains cas.

D'abord, dans le cas de certains services cruciaux, la Commission sera chargée d'adopter « des actes d'exécution établissant les exigences techniques et méthodologiques liées aux mesures visées au paragraphe 2 », au plus tard le 17 octobre 2024. On vise « les fournisseurs de services DNS, les registres des noms de domaine de premier niveau, les fournisseurs de services d'informatique en nuage, les fournisseurs de services de centres de données, les fournisseurs de réseaux de diffusion de contenu, les fournisseurs de services gérés, les fournisseurs de services de sécurité gérés, ainsi que les fournisseurs de places de marché en ligne, de moteurs de recherche en ligne et de plateformes de services de réseaux sociaux, et les prestataires de services de confiance ».

Ensuite, s'agissant des « autres » entités essentielles et importantes, la Commission n'a pas l'obligation, mais la faculté d'adopter de tels actes d'exécution, et il est probable qu'elle le fera. ❑

Art. 22 ***Évaluations coordonnées au niveau de l'Union des risques pour la sécurité des chaînes d'approvisionnement critiques.*** **1. Le groupe de coopération, en coopération avec la Commission et l'ENISA, peut procéder à des évaluations coordonnées des risques pour la sécurité des chaînes d'approvisionnement de services TIC, de systèmes TIC ou de produits TIC critiques spécifiques, en tenant compte des facteurs de risque techniques et, le cas échéant, non techniques.**

2. La Commission, après avoir consulté le groupe de coopération et l'ENISA et, selon le cas, les acteurs concernés, détermine les services TIC, systèmes TIC ou produits TIC critiques spécifiques qui peuvent faire l'objet de l'évaluation coordonnée des risques de sécurité visée au paragraphe 1.

Art. 23 ***Obligations d'information.*** **1. Chaque État membre veille à ce que les entités essentielles et importantes notifient, sans retard injustifié, à son CSIRT ou, selon le cas, à son autorité compétente, conformément au paragraphe 4, tout incident ayant un impact important sur leur fourniture des services visés au paragraphe 3 (ci-après dénommé "incident important"). Le cas échéant, les entités concernées notifient, sans retard injustifié, aux destinataires de leurs services les incidents importants susceptibles de nuire à la fourniture de ces services. Chaque État membre veille à ce que ces entités signalent, entre autres, toute information permettant au CSIRT ou, le cas échéant, à l'autorité compétente de déterminer si l'incident a un impact transfrontière. Le simple fait de notifier un incident n'accroît pas la responsabilité de l'entité qui est à l'origine de la notification.**

Lorsque les entités concernées notifient un incident important à l'autorité compétente en application du premier alinéa, l'État membre veille à ce que cette autorité compétente transmette la notification au CSIRT dès qu'elle la reçoit.

En cas d'incident important transfrontière ou transsectoriel, les États membres veillent à ce que leurs points de contact uniques reçoivent en temps utile les informations notifiées conformément au paragraphe 4.

2. Le cas échéant, les États membres veillent à ce que les entités essentielles et importantes communiquent, sans retard injustifié, aux destinataires de leurs services qui sont potentiellement affectés par une cybermenace importante toutes les mesures ou corrections que ces destinataires peuvent appliquer en réponse à cette menace. Le cas échéant, les entités informent également ces destinataires de la cybermenace importante elle-même.

3. Un incident est considéré comme important si :

a) il a causé ou est susceptible de causer une perturbation opérationnelle grave des services ou des pertes financières pour l'entité concernée ;

b) il a affecté ou est susceptible d'affecter d'autres personnes physiques ou morales en causant des dommages matériels, corporels ou moraux considérables.

4. Les États membres veillent à ce que, aux fins de la notification visée au paragraphe 1, les entités concernées soumettent au CSIRT ou, selon le cas, à l'autorité compétente :

a) sans retard injustifié et en tout état de cause dans les 24 heures après avoir eu connaissance de l'incident important, une alerte précoce qui, le cas échéant, indique si l'on suspecte l'incident important d'avoir été causé par des actes illicites ou malveillants ou s'il pourrait avoir un impact transfrontière ;

b) sans retard injustifié et en tout état de cause dans les 72 heures après avoir eu connaissance de l'incident important, une notification d'incident qui, le cas échéant, met à jour les informations visées au point a) et fournit une évaluation initiale de l'incident important, y compris de sa gravité et de son impact, ainsi que des indicateurs de compromission, lorsqu'ils sont disponibles ;

c) à la demande d'un CSIRT ou, selon le cas, de l'autorité compétente, un rapport intermédiaire sur les mises à jour pertinentes de la situation ;

d) un rapport final au plus tard un mois après la présentation de la notification d'incident visée au point b), comprenant les éléments suivants :

i) une description détaillée de l'incident, y compris de sa gravité et de son impact ;

ii) le type de menace ou la cause profonde qui a probablement déclenché l'incident ;

iii) les mesures d'atténuation appliquées et en cours ;

iv) le cas échéant, l'impact transfrontière de l'incident ;

e) en cas d'incident en cours au moment de la présentation du rapport final visé au point d), les États membres veillent à ce que les entités concernées fournissent à ce moment-là un rapport d'avancement puis un rapport final dans un délai d'un mois à compter du traitement de l'incident.

Par dérogation au premier alinéa, point b), un prestataire de services de confiance notifie au CSIRT ou, selon le cas, à l'autorité compétente les incidents importants qui ont un impact sur la fourniture de ses services de confiance, sans retard injustifié et en tout état de cause dans les 24 heures après avoir eu connaissance de l'incident important.

5. Le CSIRT ou l'autorité compétente fournissent, sans retard injustifié et si possible dans les 24 heures suivant la réception de l'alerte précoce visée au paragraphe 4, point a), une réponse à l'entité émettrice de la notification, y compris un retour d'information initial sur l'incident important et, à la demande de l'entité, des orientations ou des conseils opérationnels sur la mise en œuvre d'éventuelles mesures d'atténuation. Lorsque le CSIRT n'est pas le premier destinataire de la notification visée au paragraphe 1, l'orientation est émise par l'autorité compétente en coopération avec le CSIRT. Le CSIRT fournit un soutien technique supplémentaire si l'entité concernée le demande. Lorsqu'il y a lieu de suspecter que l'incident est de nature criminelle, le CSIRT ou l'autorité compétente fournit également des orientations sur les modalités de notification de l'incident important aux autorités répressives.

6. Lorsque c'est approprié, et notamment si l'incident important concerne deux États membres ou plus, le CSIRT, l'autorité compétente ou le point de contact unique informent sans retard injustifié les autres États membres touchés et l'ENISA de l'incident important. Sont alors partagées des informations du type de celles reçues conformément au paragraphe 4. Ce faisant, le CSIRT, l'autorité compétente ou le point de contact unique doivent, dans le respect du droit de l'Union ou du droit national, préserver la sécurité et les intérêts commerciaux de l'entité ainsi que la confidentialité des informations communiquées.

7. Lorsque la sensibilisation du public est nécessaire pour prévenir un incident important ou pour faire face à un incident important en cours, ou lorsque la divulgation de l'incident important est par ailleurs dans l'intérêt public, le CSIRT d'un État membre ou, selon le cas, son autorité compétente et, le cas échéant, les CSIRT ou les autorités compétentes des autres États membres concernés peuvent, après avoir consulté l'entité concernée, informer le public de l'incident important ou exiger de l'entité qu'elle le fasse.

8. A la demande du CSIRT ou de l'autorité compétente, le point de contact unique transmet les notifications reçues en vertu du paragraphe 1 aux points de contact uniques des autres États membres touchés.

9. Le point de contact unique soumet tous les trois mois à l'ENISA un rapport de synthèse comprenant des données anonymisées et agrégées sur les incidents importants, les incidents, les cybermenaces et les incidents évités notifiés conformément au paragraphe 1 du présent article et à l'article 30. Afin de contribuer à la fourniture d'informations comparables, l'ENISA peut adopter des orientations techniques sur les paramètres des informations à inclure dans le rapport de synthèse. L'ENISA informe le groupe de coopération et le réseau des CSIRT de ses conclusions concernant les notifications reçues tous les six mois.

10. Les CSIRT ou, selon le cas, les autorités compétentes fournissent aux autorités compétentes en vertu de la directive (UE) 2022/2557 des informations sur les incidents importants, les incidents, les cybermenaces et les incidents évités notifiés conformément au paragraphe 1 du présent article et à l'article 30 par les entités identifiées comme des entités critiques en vertu de la directive (UE) 2022/2557.

11. La Commission peut adopter des actes d'exécution précisant plus en détail le type d'informations, le format et la procédure des notifications présentées en vertu du paragraphe 1 du présent article et de l'article 30 ainsi que des communications présentées en vertu du paragraphe 2 du présent article.

Au plus tard le 17 octobre 2024, la Commission adopte, en ce qui concerne les fournisseurs de services DNS, les registres des noms de domaine de premier niveau, les fournisseurs de services d'informatique en nuage, les fournisseurs de services de centres de données, les fournisseurs de réseaux de diffusion de contenu, les fournisseurs de services gérés, les fournisseurs de services de sécurité gérés, ainsi que les fournisseurs de places de marché en ligne, de moteurs de recherche en ligne et de plateformes de services de réseaux sociaux, des actes d'exécution précisant plus en détail les cas dans lesquels un incident est considéré comme important au sens du paragraphe 3.

La Commission peut adopter de tels actes d'exécution pour d'autres entités essentielles et importantes. La Commission échange des conseils et coopère avec le groupe de coopération sur les projets d'actes d'exécution visés aux premier et deuxième alinéas du présent paragraphe conformément à l'article 14, paragraphe 4, point e).

Ces actes d'exécution sont adoptés en conformité avec la procédure d'examen visée à l'article 39, paragraphe 2.

Art. 24 *Recours aux schémas européens de certification de cybersécurité.* 1. Afin de démontrer la conformité à certaines exigences visées à l'article 21, les États membres peuvent prescrire aux entités essentielles et importantes d'utiliser des produits TIC, services TIC et processus TIC particuliers qui, mis au point par l'entité essentielle ou importante ou acquis auprès de tiers, sont certifiés dans le cadre de schémas européens de certification de cybersécurité adoptés conformément à l'article 49 du règlement (UE) 2019/881. En outre, les États membres encouragent les entités essentielles et importantes à utiliser des services de confiance qualifiés.

2. La Commission est habilitée à adopter des actes délégués, conformément à l'article 38, pour compléter la présente directive en précisant quelles catégories d'entités essentielles et importantes sont tenues d'utiliser certains produits TIC, services TIC et processus TIC certifiés ou d'obtenir un certificat dans le cadre d'un schéma européen de certification de cybersécurité adopté conformément à l'article 49 du règlement (UE) 2019/881. Ces actes délégués sont adoptés lorsque des niveaux insuffisants de cybersécurité ont été constatés et ils prévoient une période de mise en œuvre.

Avant d'adopter de tels actes délégués, la Commission procède à une analyse d'impact et mène des consultations conformément à l'article 56 du règlement (UE) 2019/881.

3. Lorsqu'il n'existe pas de schéma européen de certification de cybersécurité approprié aux fins du paragraphe 2 du présent article, la Commission peut, après consultation du groupe de coopération et du groupe européen de certification de cybersécurité, demander à l'ENISA de préparer un schéma candidat conformément à l'article 48, paragraphe 2, du règlement (UE) 2019/881.

Art. 25 *Normalisation.* 1. Afin de favoriser la mise en œuvre convergente de l'article 21, paragraphes 1 et 2, les États membres encouragent, sans imposer l'utilisation

d'un type particulier de technologies ni créer de discrimination en faveur d'un tel type particulier de technologies, le recours à des normes et des spécifications techniques européennes et internationales pour la sécurité des réseaux et des systèmes d'information.

2. L'ENISA, en coopération avec les États membres et, le cas échéant, après consultation des acteurs concernés, formule des avis et des lignes directrices concernant les domaines techniques qui doivent être pris en considération en lien avec le paragraphe 1 et concernant les normes existantes, y compris les normes nationales, qui permettraient de couvrir ces domaines.

CHAPITRE V *COMPÉTENCE ET ENREGISTREMENT*

Art. 26 *Compétence et territorialité.* 1. Les entités relevant du champ d'application de la présente directive sont considérées comme relevant de la compétence de l'État membre dans lequel elles sont établies, à l'exception des cas suivants :

a) les fournisseurs de réseaux de communications électroniques publics ou les fournisseurs de services de communications électroniques accessibles au public, qui sont considérés comme relevant de la compétence de l'État membre dans lequel ils fournissent leurs services ;

b) les fournisseurs de services DNS, les registres des noms de domaine de premier niveau, les entités fournissant des services d'enregistrement de noms de domaine, les fournisseurs de services d'informatique en nuage, les fournisseurs de services de centres de données, les fournisseurs de réseaux de diffusion de contenu, les fournisseurs de services gérés, les fournisseurs de services de sécurité gérés, ainsi que les fournisseurs de places de marché en ligne, de moteurs de recherche en ligne ou de plateformes de services de réseaux sociaux, qui sont considérés comme relevant de la compétence de l'État membre dans lequel ils ont leur établissement principal dans l'Union en application du paragraphe 2 ;

c) les entités de l'administration publique, qui sont considérées comme relevant de la compétence de l'État membre qui les a établies.

2. Aux fins de la présente directive, un entité visée au paragraphe 1, point b), est considérée avoir son établissement principal dans l'Union dans l'État membre où sont principalement prises les décisions relatives aux mesures de gestion des risques en matière de cybersécurité. Si un tel État membre ne peut être déterminé ou si ces décisions ne sont pas prises dans l'Union, l'établissement principal est considéré comme se trouvant dans l'État membre où les opérations de cybersécurité sont effectuées. Si un tel État membre ne peut être déterminé, l'établissement principal est considéré comme se trouvant dans l'État membre où l'entité concernée possède l'établissement comptant le plus grand nombre de salariés dans l'Union.

3. Si une entité visée au paragraphe 1, point b), n'est pas établie dans l'Union mais offre des services dans l'Union, elle désigne un représentant dans l'Union. Le représentant est établi dans l'un des États membres dans lesquels les services sont fournis. Une telle entité est considérée comme relevant de la compétence de l'État membre dans lequel le représentant est établi. En l'absence d'un représentant dans l'Union désigné en vertu du présent paragraphe, tout État membre dans lequel l'entité fournit des services peut intenter une action en justice contre l'entité pour violation de la présente directive.

4. La désignation d'un représentant par une entité visée au paragraphe 1, point b), est sans préjudice d'actions en justice qui pourraient être intentées contre l'entité elle-même.

5. Les États membres qui ont reçu une demande d'assistance mutuelle en lien avec une entité visée au paragraphe 1, point b), peuvent, dans les limites de cette demande, prendre des mesures de supervision et d'exécution appropriées à l'égard de l'entité concernée qui fournit des services ou qui dispose d'un réseau et d'un système d'information sur leur territoire.

Art. 27 *Registre des entités.* 1. L'ENISA crée et tient, sur la base des informations reçues des points de contact uniques conformément au paragraphe 4, un registre des fournisseurs de services DNS, des registres des noms de domaine de premier niveau, des entités qui fournissent des services d'enregistrement de noms de domaine, des

fournisseurs de services d'informatique en nuage, des fournisseurs de services de centres de données, des fournisseurs de réseaux de diffusion de contenu, des fournisseurs de services gérés, des fournisseurs de services de sécurité gérés, ainsi que des fournisseurs de places de marché en ligne, de moteurs de recherche en ligne et de plateformes de services de réseaux sociaux. Sur demande, l'ENISA permet aux autorités compétentes d'accéder à ce registre, tout en veillant à ce que la confidentialité des informations soit protégée, s'il y a lieu.

2. Les États membres demandent aux entités visées au paragraphe 1 de soumettre les informations suivantes aux autorités compétentes au plus tard le 17 janvier 2025 :

a) le nom de l'entité ;

b) les secteur, sous-secteur et type d'entité concernés, visés à l'annexe I ou II, le cas échéant ;

c) l'adresse de l'établissement principal de l'entité et de ses autres établissements légaux dans l'Union ou, si elle n'est pas établie dans l'Union, de son représentant désigné conformément à l'article 26, paragraphe 3 ;

d) les coordonnées actualisées, y compris les adresses de courrier électronique et les numéros de téléphone de l'entité et, le cas échéant, de son représentant désigné conformément à l'article 26, paragraphe 3 ;

e) les États membres dans lesquels l'entité fournit des services ; et

f) les plages d'IP de l'entité.

3. Les États membres veillent à ce que les entités visées au paragraphe 1 notifient à l'autorité compétente toute modification des informations qu'elles ont communiquées en vertu du paragraphe 2 sans tarder et, en tout état de cause, dans un délai de trois mois à compter de la date de la modification.

4. A la réception des informations visées aux paragraphes 2 et 3, à l'exception des informations visées au paragraphe 2, point f), le point de contact unique de l'État membre concerné les transmet sans retard injustifié à l'ENISA.

5. S'il y a lieu, les informations visées aux paragraphes 2 et 3 du présent article sont communiquées via le mécanisme national visé à l'article 3, paragraphe 4, quatrième alinéa.

Art. 28 *Base des données d'enregistrement des noms de domaine.* 1. Afin de contribuer à la sécurité, à la stabilité et à la résilience du DNS, les États membres imposent aux registres des noms de domaine de premier niveau et aux entités fournissant des services d'enregistrement de noms de domaine de collecter les données d'enregistrement de noms de domaine et de les maintenir exactes et complètes au sein d'une base de données spécialisée avec la diligence requise par le droit de l'Union en matière de protection des données pour ce qui concerne les données à caractère personnel.

2. Aux fins du paragraphe 1, les États membres exigent que la base des données d'enregistrement des noms de domaine contienne les informations nécessaires pour identifier et contacter les titulaires des noms de domaine et les points de contact qui gèrent les noms de domaine relevant des domaines de premier niveau. Ces informations comprennent notamment les éléments suivants :

a) le nom de domaine ;

b) la date d'enregistrement ;

c) le nom du titulaire, l'adresse de courrier électronique et le numéro de téléphone permettant de le contacter ;

d) l'adresse de courrier électronique et le numéro de téléphone permettant de contacter le point de contact qui gère le nom de domaine, si ces coordonnées sont différentes de celles du titulaire.

3. Les États membres exigent que les registres des noms de domaine de premier niveau et les entités fournissant des services d'enregistrement de noms de domaine aient mis en place des politiques et des procédures, notamment des procédures de vérification, visant à garantir que les bases de données visées au paragraphe 1 contiennent des informations exactes et complètes. Les États membres imposent que ces politiques et procédures soient mises à la disposition du public.

4. Les États membres exigent que les registres des noms de domaine de premier niveau et les entités fournissant des services d'enregistrement de noms de domaine rendent publiques, sans retard injustifié après l'enregistrement d'un nom de domaine,

les données d'enregistrement du nom de domaine qui ne sont pas des données à caractère personnel.

5. Les États membres imposent aux registres des noms de domaine de premier niveau et aux entités fournissant des services d'enregistrement de noms de domaine de donner accès aux données spécifiques d'enregistrement de noms de domaine sur demande légitime et dûment motivée des demandeurs d'accès légitimes, dans le respect du droit de l'Union en matière de protection des données. Les États membres exigent que les registres des noms de domaine de premier niveau et les entités fournissant des services d'enregistrement de noms de domaine répondent sans retard injustifié et en tout état de cause dans un délai de 72 heures après réception de toute demande d'accès. Les États membres imposent que les politiques et procédures de divulgation de ces données soient rendues publiques.

6. Le respect des obligations énoncées aux paragraphes 1 à 5 ne saurait entraîner de répétition inutile de la collecte des données d'enregistrement de noms de domaine. A cet effet, les États membres imposent aux registres des noms de domaine de premier niveau et aux entités fournissant des services d'enregistrement de noms de domaine de coopérer entre eux.

CHAPITRE VI *PARTAGE D'INFORMATIONS*

Art. 29 *Accords de partage d'informations en matière de cybersécurité.* 1. Les États membres veillent à ce que les entités relevant du champ d'application de la présente directive et, le cas échéant, les autres entités concernées ne relevant pas du champ d'application de la présente directive puissent échanger entre elles, à titre volontaire, des informations pertinentes en matière de cybersécurité, y compris des informations relatives aux cybermenaces, aux incidents évités, aux vulnérabilités, aux techniques et procédures, aux indicateurs de compromission, aux tactiques adverses, ainsi que des informations spécifiques sur les acteurs de la menace, des alertes de cybersécurité et des recommandations concernant la configuration des outils de cybersécurité pour détecter les cyberattaques, lorsque ce partage d'informations :

a) vise à prévenir et à détecter les incidents, à y réagir, à s'en rétablir ou à atténuer leur impact ;

b) renforce le niveau de cybersécurité, notamment en sensibilisant aux cybermenaces, en limitant ou en empêchant leur capacité de se propager, en soutenant une série de capacités de défense, en remédiant aux vulnérabilités et en les révélant, en mettant en œuvre des techniques de détection, d'endiguement et de prévention des menaces, des stratégies d'atténuation ou des étapes de réaction et de rétablissement, ou en encourageant la recherche collaborative en matière de cybermenaces entre les entités publiques et privées.

2. Les États membres veillent à ce que l'échange d'informations ait lieu au sein de communautés d'entités essentielles et importantes ainsi que, le cas échéant, de leurs fournisseurs ou prestataires de services. Cet échange est mis en œuvre au moyen d'accords de partage d'informations en matière de cybersécurité, compte tenu de la nature potentiellement sensible des informations partagées.

3. Les États membres facilitent la mise en place des accords de partage d'informations en matière de cybersécurité visés au paragraphe 2 du présent article. Ces accords peuvent préciser les éléments opérationnels, y compris l'utilisation de plateformes TIC spécialisées et d'outils d'automatisation, le contenu et les conditions des accords de partage d'informations. Lorsqu'ils précisent la participation des autorités publiques à ces accords, les États membres peuvent imposer des conditions en ce qui concerne les informations mises à disposition par les autorités compétentes ou les CSIRT. Les États membres offrent un soutien à l'application de ces accords conformément à leurs politiques visées à l'article 7, paragraphe 2, point h).

4. Les États membres veillent à ce que les entités essentielles et importantes notifient aux autorités compétentes leur participation aux accords de partage d'informations en matière de cybersécurité visés au paragraphe 2, lorsqu'elles concluent de tels accords ou, le cas échéant, lorsqu'elles se retirent de ces accords, une fois que le retrait prend effet.

5. L'ENISA fournit une assistance pour la mise en place des accords de partage d'informations en matière de cybersécurité visés au paragraphe 2 par l'échange de bonnes pratiques et l'apport d'orientations.

Art. 30 *Notification volontaire d'informations pertinentes.* 1. Les États membres veillent à ce que, outre l'obligation de notification prévue à l'article 23, des notifications puissent être transmises à titre volontaire aux CSIRT ou, s'il y a lieu, aux autorités compétentes par :

a) les entités essentielles et importantes en ce qui concerne les incidents, les cybermenaces et les incidents évités ;

b) les entités autres que celles visées au point a), indépendamment du fait qu'elles relèvent ou non du champ d'application de la présente directive, en ce qui concerne les incidents importants, les cybermenaces ou les incidents évités.

2. Les États membres traitent les notifications visées au paragraphe 1 du présent article conformément à la procédure énoncée à l'article 23. Les États membres peuvent traiter les notifications obligatoires en leur donnant la priorité par rapport aux notifications volontaires.

Lorsque cela est nécessaire, les CSIRT et, le cas échéant, les autorités compétentes fournissent aux points de contact uniques les informations relatives aux notifications reçues en vertu du présent article, tout en garantissant la confidentialité et une protection appropriée des informations fournies par l'entité à l'origine de la notification. Sans préjudice de la prévention et de la détection d'infractions pénales et des enquêtes et poursuites en la matière, un signalement volontaire n'a pas pour effet d'imposer à l'entité ayant effectué la notification des obligations supplémentaires auxquelles elle n'aurait pas été soumise si elle n'avait pas transmis la notification.

CHAPITRE VII *SUPERVISION ET EXÉCUTION*

Art. 31 *Aspects généraux concernant la supervision et l'exécution.* 1. Les États membres veillent à ce que leurs autorités compétentes procèdent à une supervision efficace et prennent les mesures nécessaires pour assurer le respect de la présente directive.

2. Les États membres peuvent autoriser leurs autorités compétentes à fixer des priorités en ce qui concerne les tâches de supervision. La définition de ces priorités suit une approche basée sur les risques. A cet effet, lorsqu'elles accomplissent leurs tâches de supervision prévues aux articles 32 et 33, les autorités compétentes peuvent mettre au point des méthodes de supervision permettant de fixer des priorités concernant ces tâches selon une approche basée sur les risques.

3. Lorsqu'elles traitent des incidents donnant lieu à des violations de données à caractère personnel, les autorités compétentes coopèrent étroitement avec les autorités de contrôle en vertu du règlement (UE) 2016/679, sans préjudice de la compétence et des missions des autorités de contrôle.

4. Sans préjudice des cadres législatifs et institutionnels nationaux, les États membres veillent à ce que, dans le cadre de la supervision du respect de la présente directive par les entités de l'administration publique et de l'imposition d'éventuelles mesures d'exécution en cas de violation de la présente directive, les autorités compétentes disposent de pouvoirs appropriés pour mener à bien ces tâches en jouissant d'une indépendance opérationnelle vis-à-vis des entités de l'administration publique supervisées. Les États membres peuvent décider d'imposer des mesures de supervision et d'exécution appropriées, proportionnées et efficaces à l'égard de ces entités, conformément aux cadres législatifs et institutionnels nationaux.

Art. 32 *Mesures de supervision et d'exécution en ce qui concerne les entités essentielles.* 1. Les États membres veillent à ce que les mesures de supervision ou d'exécution imposées aux entités essentielles à l'égard des obligations prévues par la présente directive soient effectives, proportionnées et dissuasives, compte tenu des circonstances de chaque cas.

2. Les États membres veillent à ce que les autorités compétentes, lorsqu'elles accomplissent leurs tâches de supervision à l'égard d'entités essentielles, aient le pouvoir de soumettre ces entités à, au minimum :

a) des inspections sur place et des contrôles à distance, y compris des contrôles aléatoires effectués par des professionnels formés ;

b) des audits de sécurité réguliers et ciblés réalisés par un organisme indépendant ou une autorité compétente ;

c) des audits ad hoc, notamment lorsqu'ils sont justifiés en raison d'un incident important ou d'une violation de la présente directive par l'entité essentielle ;

d) des scans de sécurité fondés sur des critères d'évaluation des risques objectifs, non discriminatoires, équitables et transparents, si nécessaire avec la coopération de l'entité concernée ;

e) des demandes d'informations nécessaires à l'évaluation des mesures de gestion des risques en matière de cybersécurité adoptées par l'entité concernée, notamment les politiques de cybersécurité consignées par écrit, ainsi que du respect de l'obligation de soumettre des informations aux autorités compétentes conformément à l'article 27 ;

f) des demandes d'accès à des données, à des documents et à toutes informations nécessaires à l'accomplissement de leurs tâches de supervision ;

g) des demandes de preuves de la mise en œuvre de politiques de cybersécurité, telles que les résultats des audits de sécurité effectués par un auditeur qualifié et les éléments de preuve sous-jacents correspondants.

Les audits de sécurité ciblés visés au premier alinéa, point b), sont basés sur des évaluations des risques effectuées par l'autorité compétente ou l'entité contrôlée, ou sur d'autres informations disponibles relatives aux risques.

Les résultats de tout audit de sécurité ciblé sont mis à la disposition de l'autorité compétente. Les coûts de cet audit de sécurité ciblé effectué par un organisme indépendant sont à la charge de l'entité contrôlée, sauf lorsque l'autorité compétente en décide autrement dans des cas dûment motivés.

3. Lorsqu'elles exercent leurs pouvoirs en vertu du paragraphe 2, point e), f) ou g), les autorités compétentes mentionnent la finalité de la demande et précisent quelles sont les informations exigées.

4. Les États membres veillent à ce que leurs autorités compétentes, lorsqu'elles exercent leurs pouvoirs d'exécution à l'égard d'entités essentielles, aient au minimum le pouvoir :

a) d'émettre des avertissements concernant les violations de la présente directive par les entités concernées ;

b) d'adopter des instructions contraignantes, y compris en ce qui concerne les mesures nécessaires pour éviter un incident ou y remédier, ainsi que les délais pour mettre en œuvre ces mesures et rendre compte de cette mise en œuvre, ou une injonction exigeant des entités concernées qu'elles remédient aux insuffisances constatées ou aux violations de la présente directive ;

c) d'ordonner aux entités concernées de mettre un terme à un comportement qui viole la présente directive et de ne pas le réitérer ;

d) d'ordonner aux entités concernées de garantir la conformité de leurs mesures de gestion des risques en matière de cybersécurité avec l'article 21 ou de respecter les obligations d'information énoncées à l'article 23, de manière spécifique et dans un délai déterminé ;

e) d'ordonner aux entités concernées d'informer les personnes physiques ou morales à l'égard desquelles elles fournissent des services ou exercent des activités susceptibles d'être affectées par une cybermenace importante de la nature de la menace, ainsi que de toutes mesures préventives ou réparatrices que ces personnes physiques ou morales pourraient prendre en réponse à cette menace ;

f) d'ordonner aux entités concernées de mettre en œuvre les recommandations formulées à la suite d'un audit de sécurité dans un délai raisonnable ;

g) de désigner, pour une période déterminée, un responsable du contrôle ayant des tâches bien définies pour superviser le respect, par les entités concernées, des articles 21 et 23 ;

h) d'ordonner aux entités concernées de rendre publics les aspects de violations de la présente directive de manière spécifique ;

i) d'imposer ou de demander aux organes compétents ou aux juridictions d'imposer, conformément au droit national, une amende administrative en vertu de l'article 34 en plus de l'une ou l'autre des mesures visées aux points a) à h) du présent paragraphe.

5. Lorsque les mesures d'exécution adoptées en vertu du paragraphe 4, points a) à d) et point f), sont inefficaces, les États membres veillent à ce que leurs autorités compétentes aient le pouvoir de fixer un délai dans lequel l'entité essentielle est invitée à prendre les mesures nécessaires pour pallier les insuffisances ou satisfaire aux exigences de ces autorités. Si la mesure demandée n'est pas prise dans le délai imparti, les États membres veillent à ce que leurs autorités compétentes aient le pouvoir :

a) de suspendre temporairement ou de demander à un organisme de certification ou d'autorisation, ou à une juridiction, conformément au droit national, de suspendre temporairement une certification ou une autorisation concernant tout ou partie des services pertinents fournis ou des activités pertinentes menées par l'entité essentielle ;

b) de demander aux organes compétents ou aux juridictions compétentes, conformément au droit national, d'interdire temporairement à toute personne physique exerçant des responsabilités dirigeantes à un niveau de directeur général ou de représentant légal dans l'entité essentielle d'exercer des responsabilités dirigeantes dans cette entité.

Les suspensions ou interdictions temporaires imposées au titre du présent paragraphe sont uniquement appliquées jusqu'à ce que l'entité concernée prenne les mesures nécessaires pour remédier aux insuffisances ou se conformer aux exigences de l'autorité compétente à l'origine de l'application de ces mesures d'exécution. L'imposition de ces suspensions ou interdictions temporaires est soumise à des garanties procédurales appropriées conformément aux principes généraux du droit de l'Union et à la Charte, y compris le droit à un recours effectif et à accéder à un tribunal impartial, la présomption d'innocence et les droits de la défense.

Les mesures d'exécution prévues au présent paragraphe ne peuvent pas être appliquées aux entités de l'administration publiques qui relèvent de la présente directive.

6. Les États membres veillent à ce que toute personne physique responsable d'une entité essentielle ou agissant en qualité de représentant légal d'une entité essentielle sur la base du pouvoir de la représenter, de prendre des décisions en son nom ou d'exercer son contrôle ait le pouvoir de veiller au respect, par l'entité, de la présente directive. Les États membres veillent à ce que ces personnes physiques puissent être tenues responsables des manquements à leur devoir de veiller au respect de la présente directive.

En ce qui concerne les entités de l'administration publique, le présent paragraphe est sans préjudice du droit national en ce qui concerne la responsabilité des agents de la fonction publique et des responsables élus ou nommés.

7. Lorsqu'elles prennent toute mesure d'exécution visée au paragraphe 4 ou 5, les autorités compétentes respectent les droits de la défense et tiennent compte des circonstances propres à chaque cas et, au minimum, tiennent dûment compte :

a) de la gravité de la violation et de l'importance des dispositions enfreintes, les faits suivants, entre autres, devant être considérés en tout état de cause comme graves :

i) les violations répétées ;

ii) le fait de ne pas notifier des incidents importants ou de ne pas y remédier ;

iii) le fait de ne pas pallier les insuffisances à la suite d'instructions contraignantes des autorités compétentes ;

iv) le fait d'entraver des audits ou des activités de contrôle ordonnées par l'autorité compétente à la suite de la constatation d'une violation ;

v) la fourniture d'informations fausses ou manifestement inexactes relatives aux mesures de gestion des risques en matière de cybersécurité ou aux obligations d'information prévues aux articles 21 et 23 ;

b) de la durée de la violation ;

c) de toute violation antérieure pertinente commise par l'entité concernée ;

d) des dommages matériels, corporels ou moraux causés, y compris des pertes financières ou économiques, des effets sur d'autres services et du nombre d'utilisateurs touchés ;

e) du fait que l'auteur de la violation a agi délibérément ou par négligence ;

f) des mesures prises par l'entité pour prévenir ou atténuer les dommages matériels, corporels ou moraux ;

g) de l'application de codes de conduite approuvés ou de mécanismes de certification approuvés ;

h) du degré de coopération avec les autorités compétentes des personnes physiques ou morales tenues pour responsables.

8. Les autorités compétentes exposent en détail les motifs de leurs mesures d'exécution. Avant de prendre de telles mesures, les autorités compétentes informent les entités concernées de leurs conclusions préliminaires. Elles laissent en outre à ces entités un délai raisonnable pour communiquer leurs observations, sauf dans des cas exceptionnels dûment motivés où cela empêcherait une intervention immédiate pour prévenir un incident ou y répondre.

9. Les États membres veillent à ce que leurs autorités compétentes en vertu de la présente directive informent les autorités compétentes concernées au sein du même État membre en vertu de la directive (UE) 2022/2557 lorsqu'elles exercent leurs pouvoirs de supervision et d'exécution dans le but de garantir qu'une entité définie comme critique en vertu de la directive (UE) 2022/2557 respecte la présente directive. S'il y a lieu, les autorités compétentes en vertu de la directive (UE) 2022/2557 peuvent demander aux autorités compétentes en vertu de la présente directive d'exercer leurs pouvoirs de supervision et d'exécution à l'égard d'une entité qui est définie comme entité critique en vertu de la directive (UE) 2022/ 2557.

10. Les États membres veillent à ce que leurs autorités compétentes en vertu de la présente directive coopèrent avec les autorités compétentes pertinentes de l'État membre concerné au titre du règlement (UE) 2022/2554. Les États membres veillent, en particulier, à ce que leurs autorités compétentes en vertu de la présente directive informent le forum de supervision institué en vertu de l'article 32, paragraphe 1, du règlement (UE) 2022/2554 lorsqu'elles exercent leurs pouvoirs de supervision et d'exécution dans le but de garantir qu'une entité essentielle qui a été désignée comme étant un prestataire tiers critique de services TIC au titre de l'article 31 du règlement (UE) 2022/2554 respecte la présente directive.

Art. 33 *Mesures de supervision et d'exécution en ce qui concerne les entités importantes.* 1. Au vu d'éléments de preuve, d'indications ou d'informations selon lesquels une entité importante ne respecterait pas la présente directive, et notamment ses articles 21 et 23, les États membres veillent à ce que les autorités compétentes prennent des mesures, le cas échéant, dans le cadre de mesures de contrôle ex post. Les États membres veillent à ce que ces mesures soient effectives, proportionnées et dissuasives, compte tenu des circonstances propres à chaque cas d'espèce.

2. Les États membres veillent à ce que les autorités compétentes, lorsqu'elles accomplissent leurs tâches de supervision à l'égard d'entités importantes, aient le pouvoir de soumettre ces entités, au minimum, à :

a) des inspections sur place et des contrôles à distance ex post, effectués par des professionnels formés ;

b) des audits de sécurité ciblés réalisés par un organisme indépendant ou une autorité compétente ;

c) des scans de sécurité fondés sur des critères d'évaluation des risques objectifs, non discriminatoires, équitables et transparents, si nécessaire avec la coopération de l'entité concernée ;

d) des demandes d'informations nécessaires à l'évaluation ex post des mesures de gestion des risques en matière de cybersécurité adoptées par l'entité concernée, notamment les politiques de cybersécurité consignées par écrit, ainsi que du respect de l'obligation de soumettre des informations aux autorités compétentes conformément à l'article 27 ;

e) des demandes d'accès à des données, à des documents et à des informations nécessaires à l'accomplissement de leurs tâches de supervision ;

f) des demandes de preuves de la mise en œuvre de politiques de cybersécurité, telles que les résultats des audits de sécurité effectués par un auditeur qualifié et les éléments de preuve sous-jacents correspondants.

Les audits de sécurité ciblés visés au premier alinéa, point b), sont fondés sur des évaluations des risques effectuées par l'autorité compétente ou l'entité contrôlée, ou sur d'autres informations disponibles relatives aux risques.

Les résultats de tout audit de sécurité ciblé sont mis à la disposition de l'autorité compétente. Les coûts de cet audit de sécurité ciblé effectué par un organisme indépendant sont à la charge de l'entité contrôlée, sauf lorsque l'autorité compétente en décide autrement dans des cas dûment motivés.

3. Lorsqu'elles exercent leurs pouvoirs en vertu du paragraphe 2, point d), e) ou f), les autorités compétentes mentionnent la finalité de la demande et précisent quelles sont les informations exigées.

4. Les États membres veillent à ce que les autorités compétentes, lorsqu'elles exercent leurs pouvoirs d'exécution à l'égard d'entités importantes, aient au minimum le pouvoir :

a) d'émettre des avertissements concernant des violations de la présente directive par les entités concernées ;

b) d'adopter des instructions contraignantes ou une injonction exigeant des entités concernées qu'elles pallient les insuffisances constatées ou les violations de la présente directive ;

c) d'ordonner aux entités concernées de mettre un terme à un comportement qui viole la présente directive et de ne pas le réitérer ;

d) d'ordonner aux entités concernées de garantir la conformité de leurs mesures de gestion des risques en matière de cybersécurité avec l'article 21 ou de respecter les obligations d'information prévues à l'article 23, de manière spécifique et dans un délai déterminé ;

e) d'ordonner aux entités concernées d'informer les personnes physiques ou morales à l'égard desquelles elles fournissent des services ou exercent des activités susceptibles d'être affectées par une cybermenace importante de la nature de la menace, ainsi que de toutes mesures préventives ou réparatrices que ces personnes physiques ou morales pourraient prendre en réponse à cette menace ;

f) d'ordonner aux entités concernées de mettre en œuvre les recommandations formulées à la suite d'un audit de sécurité dans un délai raisonnable ;

g) d'ordonner aux entités concernées de rendre publics des aspects de violations de la présente directive de manière spécifique ;

h) d'imposer ou de demander aux organes compétents ou aux juridictions compétentes d'imposer, conformément au droit national, une amende administrative en vertu de l'article 34 en plus de l'une ou l'autre des mesures visées aux points a) à g) du présent paragraphe.

5. L'article 32, paragraphes 6, 7 et 8, s'applique mutatis mutandis aux mesures de supervision et d'exécution prévues au présent article pour les entités importantes.

6. Les États membres veillent à ce que leurs autorités compétentes en vertu de la présente directive coopèrent avec les autorités compétentes pertinentes de l'État membre concerné au titre du règlement (UE) 2022/2554. Les États membres veillent, en particulier, à ce que leurs autorités compétentes au titre de la présente directive informent le forum de supervision établi en vertu de l'article 32, paragraphe 1, du règlement (UE) 2022/2554 lorsqu'elles exercent leurs pouvoirs de supervision et d'exécution dans le but de garantir qu'une entité importante qui a été désignée comme étant un prestataire tiers critique de services TIC en vertu de l'article 31 du règlement (UE) 2022/2554 respecte la présente directive.

Art. 34 *Conditions générales pour imposer des amendes administratives à des entités essentielles et importantes.* 1. Les États membres veillent à ce que les amendes administratives imposées aux entités essentielles et importantes en vertu du présent article pour des violations de la présente directive soient effectives, proportionnées et dissuasives, compte tenu des circonstances de chaque cas.

2. Les amendes administratives sont imposées en complément de l'une ou l'autre des mesures visées à l'article 32, paragraphe 4, points a) à h), à l'article 32, paragraphe 5, et à l'article 33, paragraphe 4, points a) à g).

3. Au moment de décider s'il y a lieu d'imposer une amende administrative et de décider de son montant, dans chaque cas d'espèce, il est dûment tenu compte, au minimum, des éléments prévus à l'article 32, paragraphe 7.

4. Les États membres veillent à ce que, lorsqu'elles violent l'article 21 ou 23, les entités essentielles soient soumises, conformément aux paragraphes 2 et 3 du présent

article, à des amendes administratives d'un montant maximal s'élevant à au moins 10 000 000 EUR ou à au moins 2 % du chiffre d'affaires annuel mondial total de l'exercice précédent de l'entreprise à laquelle l'entité essentielle appartient, le montant le plus élevé étant retenu.

5. Les États membres veillent à ce que, lorsqu'elles violent l'article 21 ou 23, les entités importantes soient soumises, conformément aux paragraphes 2 et 3 du présent article, à des amendes administratives d'un montant maximal s'élevant à au moins 7 000 000 EUR ou à au moins 1,4 % du chiffre d'affaires annuel mondial total de l'exercice précédent de l'entreprise à laquelle l'entité importante appartient, le montant le plus élevé étant retenu.

6. Les États membres peuvent prévoir le pouvoir d'imposer des astreintes pour contraindre une entité essentielle ou importante à mettre un terme à une violation de la présente directive conformément à une décision préalable de l'autorité compétente.

7. Sans préjudice des pouvoirs des autorités compétentes en vertu des articles 32 et 33, chaque État membre peut établir les règles déterminant si et dans quelle mesure des amendes administratives peuvent être imposées à des entités de l'administration publique.

8. Si le système juridique d'un État membre ne prévoit pas d'amendes administratives, cet État membre veille à ce que le présent article soit appliqué de telle sorte que l'amende soit déterminée par l'autorité compétente et imposée par les juridictions nationales compétentes, tout en veillant à ce que ces voies de droit soit effectives et aient un effet équivalent aux amendes administratives imposées par les autorités compétentes. En tout état de cause, les amendes imposées sont effectives, proportionnées et dissuasives. L'État membre notifie à la Commission les dispositions légales qu'il adopte en vertu du présent paragraphe au plus tard le 17 octobre 2024 et, sans tarder, toute disposition légale modificative ou modification ultérieure les concernant.

Art. 35 *Infractions donnant lieu à une violation de données à caractère personnel.* 1. Lorsque les autorités compétentes prennent connaissance, dans le cadre de la supervision ou de l'exécution, du fait que la violation commise par une entité essentielle ou importante à l'égard des obligations énoncées aux articles 21 et 23 de la présente directive peut donner lieu à une violation de données à caractère personnel au sens de l'article 4, point 12, du règlement (UE) 2016/679, devant être notifiée en vertu de l'article 33 dudit règlement, elles en informent sans retard injustifié les autorités de contrôle visées à l'article 55 ou 56 dudit règlement.

2. Lorsque les autorités de contrôle visées à l'article 55 ou 56 du règlement (UE) 2016/679 imposent une amende administrative en vertu de l'article 58, paragraphe 2, point i), dudit règlement, les autorités compétentes n'imposent pas d'amende administrative au titre de l'article 34 de la présente directive pour une violation visée au paragraphe 1 du présent article et découlant du même comportement que celui qui a fait l'objet d'une amende administrative au titre de l'article 58, paragraphe 2, point i), du règlement (UE) 2016/679. Les autorités compétentes peuvent toutefois imposer les mesures d'exécution prévues à l'article 32, paragraphe 4, points a) à h), à l'article 32, paragraphe 5, et à l'article 33, paragraphe 4, points a) à g), de la présente directive.

3. Lorsque l'autorité de contrôle compétente en vertu du règlement (UE) 2016/679 est établie dans un autre État membre que l'autorité compétente, l'autorité compétente informe l'autorité de contrôle établie dans son propre État membre de la violation potentielle de données à caractère personnel visée au paragraphe 1.

Art. 36 *Sanctions.* Les États membres déterminent le régime des sanctions applicables aux violations des dispositions nationales adoptées conformément à la présente directive et prennent toutes les mesures nécessaires pour assurer la mise en œuvre de ces sanctions. Les sanctions prévues sont effectives, proportionnées et dissuasives. Les États membres informent la Commission, au plus tard le 17 janvier 2025, des règles et mesures adoptées à cet égard, ainsi que, sans retard, de toute modification qui y serait apportée ultérieurement.

Art. 37 *Assistance mutuelle.* 1. Lorsqu'une entité fournit des services dans plusieurs États membres, ou fournit des services dans un ou plusieurs États membres alors que ses réseaux et systèmes d'information sont situés dans un ou plusieurs autres États

membres, les autorités compétentes des États membres concernés coopèrent et se prêtent mutuellement assistance si nécessaire. Cette coopération suppose, au minimum :

a) que les autorités compétentes appliquant des mesures de supervision ou d'exécution dans un État membre informent et consultent, par l'intermédiaire du point de contact unique, les autorités compétentes des autres États membres concernés en ce qui concerne les mesures de supervision et d'exécution prises ;

b) qu'une autorité compétente puisse demander à une autre autorité compétente de prendre des mesures de supervision ou d'exécution ;

c) qu'une autorité compétente, dès réception d'une demande motivée d'une autre autorité compétente, fournisse à l'autre autorité compétente une assistance mutuelle proportionnée à ses propres ressources afin que les mesures de supervision ou d'exécution puissent être mises en œuvre de manière effective, efficace et cohérente.

L'assistance mutuelle visée au premier alinéa, point c), peut porter sur des demandes d'informations et des mesures de contrôle, y compris des demandes de procéder à des inspections sur place, à des contrôles à distance ou à des audits de sécurité ciblés. Une autorité compétente à laquelle une demande d'assistance est adressée ne peut refuser cette demande que s'il est établi que l'autorité n'est pas compétente pour fournir l'assistance demandée, que l'assistance demandée n'est pas proportionnée aux tâches de supervision de l'autorité compétente ou que la demande concerne des informations ou implique des activités dont la divulgation ou l'exercice seraient contraires aux intérêts essentiels de la sécurité nationale, la sécurité publique ou la défense de cet État membre. Avant de refuser une telle demande, l'autorité compétente consulte les autres autorités compétentes concernées ainsi que, à la demande de l'un des États membres concernés, la Commission et l'ENISA.

2. Le cas échéant et d'un commun accord, les autorités compétentes de différents États membres peuvent mener à bien des actions communes de supervision.

CHAPITRE VIII *ACTES DÉLÉGUÉS ET ACTES D'EXÉCUTION*

Art. 38 *Exercice de la délégation.* 1. Le pouvoir d'adopter des actes délégués conféré à la Commission est soumis aux conditions fixées au présent article.

2. Le pouvoir d'adopter des actes délégués visé à l'article 24, paragraphe 2, est conféré à la Commission pour une période de cinq ans à compter du 16 janvier 2023.

3. La délégation de pouvoir visée à l'article 24, paragraphe 2, peut être révoquée à tout moment par le Parlement européen ou le Conseil. La décision de révocation met fin à la délégation de pouvoir qui y est précisée. La révocation prend effet le jour suivant celui de la publication de ladite décision au *Journal officiel de l'Union européenne* ou à une date ultérieure qui est précisée dans ladite décision. Elle ne porte pas atteinte à la validité des actes délégués déjà en vigueur.

4. Avant l'adoption d'un acte délégué, la Commission consulte les experts désignés par chaque État membre, conformément aux principes définis dans l'accord interinstitutionnel du 13 avril 2016 "Mieux légiférer".

5. Aussitôt qu'elle adopte un acte délégué, la Commission le notifie au Parlement européen et au Conseil simultanément.

6. Un acte délégué adopté en vertu de l'article 24, paragraphe 2, n'entre en vigueur que si le Parlement européen ou le Conseil n'a pas exprimé d'objections dans un délai de deux mois à compter de la notification de cet acte au Parlement européen et au Conseil ou si, avant l'expiration de ce délai, le Parlement européen et le Conseil ont tous deux informé la Commission de leur intention de ne pas exprimer d'objections. Ce délai est prolongé de deux mois à l'initiative du Parlement européen ou du Conseil.

Art. 39 *Comité.* 1. La Commission est assistée par un comité. Ledit comité est un comité au sens du règlement (UE) n° 182/2011.

2. Lorsqu'il est fait référence au présent paragraphe, l'article 5 du règlement (UE) n° 182/2011 s'applique.

3. Lorsque l'avis du comité doit être obtenu par procédure écrite, ladite procédure est close sans résultat lorsque, dans le délai prévu pour émettre un avis, le président du comité le décide ou un membre du comité le demande.

CHAPITRE IX *DISPOSITIONS FINALES*

Art. 40 *Réexamen.* Au plus tard le 17 octobre 2027 et tous les 36 mois par la suite, la Commission réexamine le fonctionnement de la présente directive et en fait rapport au Parlement européen et au Conseil. Le rapport évalue notamment la pertinence de la taille des entités concernées et des secteurs, sous-secteurs et types d'entité visés aux annexes I et II pour le fonctionnement de l'économie et de la société en ce qui concerne la cybersécurité. A cette fin et en vue de faire progresser la coopération stratégique et opérationnelle, la Commission tient compte des rapports du groupe de coopération et du réseau des CSIRT sur l'expérience acquise au niveau stratégique et opérationnel. Le rapport est accompagné, si nécessaire, d'une proposition législative.

Art. 41 *Transposition.* 1. Les États membres adoptent et publient, au plus tard le 17 octobre 2024, les dispositions nécessaires pour se conformer à la présente directive. Ils en informent immédiatement la Commission. Ils appliquent ces dispositions à partir du 18 octobre 2024.

2. Lorsque les États membres adoptent les dispositions visées au paragraphe 1, celles-ci contiennent une référence à la présente directive ou sont accompagnées d'une telle référence lors de leur publication officielle. Les modalités de cette référence sont arrêtées par les États membres.

Art. 44 *Abrogation.* La directive (UE) 2016/1148 *[V. supra]* est abrogée avec effet au 18 octobre 2024.

Les références à la directive abrogée s'entendent comme faites à la présente directive et sont à lire selon le tableau de correspondance figurant à l'annexe III.

Art. 45 *Entrée en vigueur.* La présente directive entre en vigueur le vingtième jour suivant celui de sa publication au *Journal officiel de l'Union européenne* *[JOUE L 333 du 27 déc. 2022]*.

ANNEXES

ANNEXE I

SECTEURS HAUTEMENT CRITIQUES

Secteur	Sous-secteur	Type d'entité
1. Énergie	a) Électricité	— Entreprises d'électricité au sens de l'article 2, point 57), de la directive (UE) 2019/944 du Parlement européen et du Conseil *[du 5 juin 2019 concernant des règles communes pour le marché intérieur de l'électricité]*, qui remplissent la fonction de « fourniture » au sens de l'article 2, point 12), de ladite directive
		— Gestionnaires de réseau de distribution au sens de l'article 2, point 29), de la directive (UE) 2019/944
		— Gestionnaires de réseau de transport au sens de l'article 2, point 35), de la directive (UE) 2019/944
		— Producteurs au sens de l'article 2, point 38), de la directive (UE) 2019/944
		— Opérateurs désignés du marché de l'électricité au sens de l'article 2, point 8), du règlement (UE) 2019/943 du Parlement européen et du Conseil *[du 5 juin 2019 sur le marché intérieur de l'électricité]*. — Acteurs du marché au sens de l'article 2, point 25), du règlement (UE) 2019/943 fournissant des services d'agrégation, de participation active de la demande ou de stockage d'énergie au sens de l'article 2, points 18), 20) et 59), de la directive (UE) 2019/944 — Exploitants d'un point de recharge qui sont responsables de la gestion et de l'exploitation d'un point de recharge, lequel fournit un service de recharge aux utilisateurs finals, y compris au nom et pour le compte d'un prestataire de services de mobilité
	b) Réseaux de chaleur et de froid	— Opérateurs de réseaux de chaleur ou de réseaux de froid au sens de l'article 2, point 19), de la directive (UE) 2018/2001 du Parlement européen et du Conseil *[du 11 déc. 2018 relative à la promotion de l'utilisation de l'énergie produite à partir de sources renouvelables]*.
	c) Pétrole	— Exploitants d'oléoducs
		— Exploitants d'installations de production, de raffinage, de traitement, de stockage et de transport de pétrole
		— Entités centrales de stockage au sens de l'article 2, point f), de la directive 2009/119/CE du Conseil *[du 14 sept. 2009 faisant obligation aux États membres de maintenir un niveau minimal de stocks de pétrole brut et/ou de produits pétroliers]*.

Secteur	Sous-secteur	Type d'entité
	d) Gaz	— Entreprises de fourniture au sens de l'article 2, point 8, de la directive 2009/73/CE du Parlement européen et du Conseil *[du 13 juill. 2009 concernant des règles communes pour le marché intérieur du gaz naturel].*
		— Gestionnaires de réseau de distribution au sens de l'article 2, point 6, de la directive 2009/73/CE
		— Gestionnaires de réseau de transport au sens de l'article 2, point 4, de la directive 2009/73/CE
		— Gestionnaires d'installation de stockage au sens de l'article 2, point 10, de la directive 2009/73/CE
		— Gestionnaires d'installation de GNL au sens de l'article 2, point 12, de la directive 2009/73/CE
		— Entreprises de gaz naturel au sens de l'article 2, point 1, de la directive 2009/73/CE
		— Exploitants d'installations de raffinage et de traitement de gaz naturel
	e) Hydrogène	— Exploitants de systèmes de production, de stockage et de transport d'hydrogène
2. Transports	a) Transports aériens	— Transporteurs aériens au sens de l'article 3, point 4), du règlement (CE) n° 300/2008 utilisés à des fins commerciales
		— Entités gestionnaires d'aéroports au sens de l'article 2, point 2), de la directive 2009/12/CE du Parlement européen et du Conseil *[du 11 mars 2009 sur les redevances aéroportuaires]*, aéroports au sens de l'article 2, point 1), de ladite directive, y compris les aéroports du réseau central énumérés à l'annexe II, section 2, du règlement (UE) n° 1315/2013 du Parlement européen et du Conseil *[du 11 mars 2009 sur les redevances aéroportuaires]*, et entités exploitant les installations annexes se trouvant dans les aéroports
		— Services du contrôle de la circulation aérienne au sens de l'article 2, point 1), du règlement (CE) n° 549/2004 du Parlement européen et du Conseil *[du 10 mars 2004 fixant le cadre pour la réalisation du ciel unique européen (« règlement-cadre »).*
	b) Transports ferroviaires	— Gestionnaires de l'infrastructure au sens de l'article 3, point 2), de la directive 2012/34/UE du Parlement européen et du Conseil *[du 21 novembre 2012 établissant un espace ferroviaire unique européen].*
		— Entreprises ferroviaires au sens de l'article 3, point 1), de la directive 2012/34/UE, y compris les exploitants d'installation de service au sens de l'article 3, point 12), de ladite directive

Secteur	Sous-secteur	Type d'entité
	c) Transports par eau	— Sociétés de transport par voie d'eau intérieure, maritime et côtier de passagers et de fret, telles qu'elles sont définies pour le domaine du transport maritime à l'annexe I du règlement (CE) n° 725/2004 du Parlement européen et du Conseil *[du 31 mars 2004 relatif à l'amélioration de la sûreté des navires et des installations portuaires]*, à l'exclusion des navires exploités à titre individuel par ces sociétés
		— Entités gestionnaires des ports au sens de l'article 3, point 1, de la directive 2005/65/CE du Parlement européen et du Conseil *[du 26 oct. 2005 relative à l'amélioration de la sûreté des ports]*, y compris les installations portuaires au sens de l'article 2, point 11), du règlement (CE) n° 725/2004, ainsi que les entités exploitant des infrastructures et des équipements à l'intérieur des ports
		— Exploitants de services de trafic maritime (STM) au sens de l'article 3, point o), de la directive 2002/59/CE du Parlement européen et du Conseil *[du 27 juin 2002 relative à la mise en place d'un système communautaire de suivi du trafic des navires et d'information]*.
	d) Transports routiers	— Autorités routières au sens de l'article 2, point 12), du règlement délégué (UE) 2015/962 de la Commission *[du 18 déc. 2014 complétant la dir. 2010/40/UE du Parlement européen et du Conseil en ce qui concerne la mise à disposition, dans l'ensemble de l'Union, de services d'informations en temps réel sur la circulation]* chargées du contrôle de la gestion de la circulation, à l'exclusion des entités publiques pour lesquelles la gestion de la circulation ou l'exploitation de systèmes de transport intelligents constituent une partie non essentielle de leur activité générale
		— Exploitants de systèmes de transport intelligents au sens de l'article 4, point 1), de la directive 2010/40/UE du Parlement européen et du Conseil *[du 7 juill. 2010 concernant le cadre pour le déploiement de systèmes de transport intelligents dans le domaine du transport routier et d'interfaces avec d'autres modes de transport]*.
3. Secteur bancaire		Établissements de crédit au sens de l'article 4, point 1), du règlement (UE) n° 575/2013 du Parlement européen et du Conseil *[du 26 juin 2013 concernant les exigences prudentielles applicables aux établissements de crédit]*.
4. Infrastructures des marchés financiers		— Exploitants de plates-formes de négociation au sens de l'article 4, point 24), de la directive 2014/65/UE du Parlement européen et du Conseil *[du 15 mai 2014 concernant les marchés d'instruments financiers]*.
		— Contreparties centrales au sens de l'article 2, point 1), du règlement (UE) n° 648/2012 du Parlement européen et du Conseil *[du 4 juill. 2012 sur les produits dérivés de gré à gré, les contreparties centrales et les référentiels centraux]*.

Secteur	Sous-secteur	Type d'entité
5. Santé		— Prestataires de soins de santé au sens de l'article 3, point g), de la directive 2011/24/UE du Parlement européen et du Conseil *[du 9 mars 2011 relative à l'application des droits des patients en matière de soins de santé transfrontaliers].*
		— Laboratoires de référence de l'Union européenne visés à l'article 15 du règlement (UE) 2022/2371 du Parlement européen et du Conseil *[du 23 novembre 2022 concernant les menaces transfrontières graves pour la santé].*
		— Entités exerçant des activités de recherche et de développement dans le domaine des médicaments au sens de l'article 1er, point 2, de la directive 2001/83/CE du Parlement européen et du Conseil *[du 6 novembre 2001 instituant un code communautaire relatif aux médicaments à usage humain].* — Entités fabriquant des produits pharmaceutiques de base et des préparations pharmaceutiques au sens de la NACE Rév. 2, section C, division 21 — Entités fabriquant des dispositifs médicaux considérés comme critiques en cas d'urgence de santé publique (liste des dispositifs médi caux critiques en cas d'urgence de santé publique) au sens de l'article 22 du règlement (UE) 2022/123 du Parlement européen et du Conseil *[du 25 janv. 2022 relatif à un rôle renforcé de l'Agence européenne des médicaments dans la préparation aux crises et la gestion de celles-ci en ce qui concerne les médicaments et les dispositifs médicaux].*
6. Eau potable		Fournisseurs et distributeurs d'eaux destinées à la consommation humaine au sens de l'article 2, point 1) a), de la directive (UE) 2020/2184 du Parlement européen et du Conseil *[du 16 décembre 2020 relative à la qualité des eaux destinées à la consommation humaine]*, à l'exclusion des distributeurs pour lesquels la distribution d'eaux destinées à la consommation humaine constitue une partie non essentielle de leur activité générale de distribution d'autres produits et biens
7. Eaux usées		Entreprises collectant, évacuant ou traitant les eaux urbaines résiduaires, les eaux ménagères usées ou les eaux industrielles usées au sens de l'article 2, points 1), 2) et 3), de la directive 91/271/CEE du Conseil *[du 21 mai 1991 relative au traitement des eaux urbaines résiduaires]*, à l'exclusion des entreprises pour lesquelles la collecte, l'évacuation ou le traitement des eaux urbaines résiduaires, des eaux ménagères usées ou des eaux industrielles usées constituent une partie non essentielle de leur activité générale

Secteur	Sous-secteur	Type d'entité
8. Infrastructure numérique		— Fournisseurs de points d'échange internet
		— Fournisseurs de services DNS, à l'exclusion des opérateurs de serveurs racines de noms de domaine
		— Registres de noms de domaine de premier niveau
		— Fournisseurs de services d'informatique en nuage
		— Fournisseurs de services de centres de données
		— Fournisseurs de réseaux de diffusion de contenu
		— Prestataires de services de confiance
		— Fournisseurs de réseaux de communications électroniques publics
		— Fournisseurs de services de communications électroniques accessibles au public
9. Gestion des services TIC (interentreprises)		— Fournisseurs de services gérés — Fournisseurs de services de sécurité gérés
10. Administration publique		— Entités de l'administration publique des pouvoirs publics centraux définies comme telles par un État membre conformément au droit national. — Entités de l'administration publique au niveau régional définies comme telles par un État membre conformément au droit national
11. Espace		Exploitants d'infrastructures terrestres, détenues, gérées et exploitées par des États membres ou par des parties privées, qui soutiennent la fourniture de services spatiaux, à l'exclusion des fournisseurs de réseaux de communications électroniques publics

ANNEXE II

Autres secteurs critiques

Secteur	Sous-secteur	Type d'entité
1. Services postaux et d'expédition		Prestataires de services postaux au sens de l'article 2, point 1 *bis*), de la directive 97/67/CE, y compris les prestataires de services d'expédition
2. Gestion des déchets		Entreprises exécutant des opérations de gestion des déchets au sens de l'article 3, point 9), de la directive 2008/98/CE du Parlement européen et du Conseil *[du 19 nov. 2008 relative aux déchets]*, à l'exclusion des entreprises pour lesquelles la gestion des déchets n'est pas la principale activité économique

Secteur	Sous-secteur	Type d'entité
3. Fabrication, production et distribution de produits chimiques		Entreprises procédant à la fabrication de substances et à la distribution de substances ou de mélanges au sens de l'article 3, points 9 et 14, du règlement (CE) n° 1907/2006 du Parlement européen et du Conseil *[du 18 déc. 2006 concernant l'enregistrement, l'évaluation et l'autorisation des substances chimiques, ainsi que les restrictions applicables à ces substances (REACH), instituant une agence européenne des produits chimiques]* et entreprises procédant à la production d'articles au sens de l'article 3, point 3), dudit règlement, à partir de substances ou de mélanges
4. Production, transformation et distribution des denrées alimentaires		Entreprises du secteur alimentaire au sens de l'article 3, point 2), du règlement (CE) n° 178/2002 du Parlement européen et du Conseil *[du 28 janv. 2002 établissant les principes généraux et les prescriptions générales de la législation alimentaire, instituant l'Autorité européenne de sécurité des aliments et fixant des procédures relatives à la sécurité des denrées alimentaires]* qui exercent des activités de distribution en gros ainsi que de production et de transformation industrielles
5. Fabrication	a) Fabrication de dispositifs médicaux et de dispositifs médicaux de diagnostic *in vitro*	Entités fabriquant des dispositifs médicaux au sens de l'article 2, point 1), du règlement (UE) 2017/745 du Parlement européen et du Conseil *[du 5 avr. 2017 relatif aux dispositifs médicaux]* et entités fabriquant des dispositifs médicaux de diagnostic *in vitro* au sens de l'article 2, point 2), du règlement (UE) 2017/746 du Parlement européen et du Conseil *[du 5 avr. 2017 relatif aux dispositifs médicaux de diagnostic in vitro]*, à l'exception des entités fabriquant des dispositifs médicaux mentionnés à l'annexe I, point 5, cinquième tiret, de la présente directive
	b) Fabrication de produits informatiques, électroniques et optiques	Entreprises exerçant l'une des activités économiques visées dans la NACE Rév. 2, section C, division 26
	c) Fabrication d'équipements électriques	Entreprises exerçant l'une des activités économiques visées dans la NACE Rév. 2, section C, division 27
	d) Fabrication de machines et équipements n.c.a.	Entreprises exerçant l'une des activités économiques visées dans la NACE Rév. 2, section C, division 28
	e) Construction de véhicules automobiles, remorques et semi-remorques	Entreprises exerçant l'une des activités économiques visées dans la NACE Rév. 2, section C, division 29
	f) Fabrication d'autres matériels de transport	Entreprises exerçant l'une des activités économiques visées dans la NACE Rév. 2, section C, division 30

Secteur	Sous-secteur	Type d'entité
6. Fournisseurs numériques		— Fournisseurs de places de marché en ligne — Fournisseurs de moteurs de recherche en ligne — Fournisseurs de plateformes de services de réseaux sociaux
7. Recherche		Organismes de recherche

ANNEXE III

TABLEAU DE CORRESPONDANCE

Directive (UE) 2016/1148	Présente directive
Article 1er, paragraphe 1	Article 1er, paragraphe 1
Article 1er, paragraphe 2	Article 1er, paragraphe 2
Article 1er, paragraphe 3	—
Article 1er, paragraphe 4	Article 2, paragraphe 12
Article 1er, paragraphe 5	Article 2, paragraphe 13
Article 1er, paragraphe 6	Article 2, paragraphes 6 et 11
Article 1er, paragraphe 7	Article 4
Article 2	Article 2, paragraphe 14
Article 3	Article 5
Article 4	Article 6
Article 5	—
Article 6	—
Article 7, paragraphe 1	Article 7, paragraphes 1 et 2
Article 7, paragraphe 2	Article 7, paragraphe 4
Article 7, paragraphe 3	Article 7, paragraphe 3
Article 8, paragraphes 1 à 5	Article 8, paragraphes 1 à 5
Article 8, paragraphe 6	Article 13, paragraphe 4
Article 8, paragraphe 7	Article 8, paragraphe 6
Article 9, paragraphes 1, 2 et 3	Article 10, paragraphes 1, 2 et 3
Article 9, paragraphe 4	Article 10, paragraphe 9
Article 9, paragraphe 5	Article 10, paragraphe 10
Article 10, paragraphes 1 et 2 et paragraphe 3, premier alinéa	Article 13, paragraphes 1, 2 et 3
Article 10, paragraphe 3, deuxième alinéa	Article 23, paragraphe 9

Directive (UE) 2016/1148	Présente directive
Article 11, paragraphe 1	Article 14, paragraphes 1 et 2
Article 11, paragraphe 2	Article 14, paragraphe 3
Article 11, paragraphe 3	Article 14, paragraphe 4, premier alinéa, points a) à r) et s), et paragraphe 7
Article 11, paragraphe 4	Article 14, paragraphe 4, premier alinéa, point r), et deuxième alinéa
Article 11, paragraphe 5	Article 14, paragraphe 8
Article 12, paragraphes 1 à 5	Article 15, paragraphes 1 à 5
Article 13	Article 17
Article 14, paragraphes 1 et 2	Article 21, paragraphes 1 à 4
Article 14, paragraphe 3	Article 23, paragraphe 1
Article 14, paragraphe 4	Article 23, paragraphe 3
Article 14, paragraphe 5	Article 23, paragraphes 5, 6 et 8
Article 14, paragraphe 6	Article 23, paragraphe 7
Article 14, paragraphe 7	Article 23, paragraphe 11
Article 15, paragraphe 1	Article 31, paragraphe 1
Article 15, paragraphe 2, premier alinéa, point a)	Article 32, paragraphe 2, point e)
Article 15, paragraphe 2, premier alinéa, point b)	Article 32, paragraphe 2, point g)
Article 15, paragraphe 2, deuxième alinéa	Article 32, paragraphe 3
Article 15, paragraphe 3	Article 32, paragraphe 4, point b)
Article 15, paragraphe 4	Article 31, paragraphe 3
Article 16, paragraphes 1 et 2	Article 21, paragraphes 1 à 4
Article 16, paragraphe 3	Article 23, paragraphe 1
Article 16, paragraphe 4	Article 23, paragraphe 3
Article 16, paragraphe 5	—
Article 16, paragraphe 6	Article 23, paragraphe 6
Article 16, paragraphe 7	Article 23, paragraphe 7
Article 16, paragraphes 8 et 9	Article 21, paragraphe 5, et article 23, paragraphe 11
Article 16, paragraphe 10	—
Article 16, paragraphe 11	Article 2, paragraphes 1, 2 et 3
Article 17, paragraphe 1	Article 33, paragraphe 1

Directive (UE) 2016/1148	Présente directive
Article 17, paragraphe 2, point a)	Article 32, paragraphe 2, point e)
Article 17, paragraphe 2, point b)	Article 32, paragraphe 4, point b)
Article 17, paragraphe 3	Article 37, paragraphe 1, points a) et b)
Article 18, paragraphe 1	Article 26, paragraphe 1, point b), et paragraphe 2
Article 18, paragraphe 2	Article 26, paragraphe 3
Article 18, paragraphe 3	Article 26, paragraphe 4
Article 19	Article 25
Article 20	Article 30
Article 21	Article 36
Article 22	Article 39
Article 23	Article 40
Article 24	—
Article 25	Article 41
Article 26	Article 45
Article 27	Article 46
Annexe I, point 1)	Article 11, paragraphe 1
Annexe I, points 2 a) i) à iv)	Article 11, paragraphe 2, points a) à d)
Annexe I, point 2) a) v)	Article 11, paragraphe 2, point f)
Annexe I, point 2) b)	Article 11, paragraphe 4
Annexe I, points 2) c) i) et ii)	Article 11, paragraphe 5, point a)
Annexe II	Annexe I
Annexe III, points 1) et 2)	Annexe II, point 6)
Annexe III, point 3)	Annexe I, point 8)

Directive (UE) 2022/2557 du Parlement européen et du Conseil du 14 décembre 2022 (directive "CER"),

sur la résilience des entités critiques.

V. les consid. sur le Code en ligne.

CHAPITRE I *DISPOSITIONS GÉNÉRALES*

Art. 1er *Objet et champ d'application.* 1. La présente directive :
a) impose aux États membres l'obligation d'adopter des mesures spécifiques visant à garantir que les services qui sont essentiels au maintien de fonctions sociétales ou d'activités économiques vitales, dans le champ d'application de l'article 114 du traité sur le fonctionnement de l'Union européenne, soient fournis sans entrave

dans le marché intérieur, en particulier l'obligation de recenser les entités critiques et l'obligation d' aider les entités critiques à s'acquitter des obligations qui leur incombent ;

b) impose aux entités critiques des obligations visant à renforcer leur résilience et leur capacité à fournir les services visés au point a) dans le marché intérieur ;

c) établit des règles relatives :

i) à la supervision des entités critiques ;

ii) à l'exécution des règles ;

iii) au recensement des entités critiques d'importance européenne particulière, ainsi qu'aux missions de conseil pour évaluer les mesures que ces entités ont mises en place pour satisfaire aux obligations qui leur incombent en vertu du chapitre III ;

d) établit des procédures communes en matière de coopération et d'établissement de rapports sur l'application de la présente directive ;

e) prévoit des mesures visant à atteindre un niveau élevé de résilience des entités critiques afin de garantir la fourniture de services essentiels dans l'Union et d'améliorer le fonctionnement du marché intérieur.

2. La présente directive ne s'applique pas aux questions couvertes par la directive (UE) 2022/2555, sans préjudice de l'article 8 de la présente directive. La sécurité physique et la cybersécurité des entités critiques étant liées, les États membres veillent à ce que la présente directive et la directive (UE) 2022/2555 soient mises en œuvre de manière coordonnée.

3. Lorsque des dispositions d'actes juridiques sectoriels de l'Union exigent des entités critiques qu'elles adoptent des mesures pour renforcer leur résilience, et lorsque ces exigences sont reconnues par les États membres comme étant au moins équivalentes aux obligations correspondantes prévues par la présente directive, les dispositions pertinentes de la présente directive, y compris les dispositions relatives à la supervision et à l'exécution prévues au chapitre VI, ne s'appliquent pas.

4. Sans préjudice de l'article 346 du traité sur le fonctionnement de l'Union européenne, les informations qui sont confidentielles en application de règles de l'Union ou de règles nationales, telles que les règles relatives au secret des affaires, ne peuvent faire l'objet d'un échange avec la Commission et d'autres autorités concernées conformément à la présente directive que si cet échange est nécessaire à l'application de la présente directive. Les informations échangées se limitent à ce qui est nécessaire et proportionné à l'objectif de cet échange. L'échange d'informations préserve la confidentialité desdites informations ainsi que la sécurité et les intérêts commerciaux des entités critiques, tout en respectant la sécurité des États membres.

5. La présente directive est sans préjudice de la responsabilité des États membres en matière de sauvegarde de la sécurité nationale et de la défense et de leur pouvoir de garantir d'autres fonctions essentielles de l'État, notamment celles qui ont pour objet d'assurer l'intégrité territoriale de l'État et le maintien de l'ordre public.

6. La présente directive ne s'applique pas aux entités de l'administration publique qui exercent leurs activités dan les domaines de la sécurité nationale, de la sécurité publique, de la défense ou de l'application de la loi, y compris la détection des infractions pénales ainsi que les enquêtes et les poursuites en la matière.

7. Les États membres peuvent décider que l'article 11 et les chapitres III, IV et VI, en tout ou en partie, ne s'appliquent pas à certaines entités critiques qui exercent des activités dans les domaines de la sécurité nationale, de la sécurité publique, de la défense ou de l'application de la loi, y compris la détection des infractions pénales ainsi que les enquêtes et les poursuites en la matière, ou qui fournissent des services exclusivement aux entités de l'administration publique visées au paragraphe 6 du présent article.

8. Les obligations prévues dans la présente directive n'impliquent pas la fourniture d'informations dont la divulgation serait contraire aux intérêts essentiels des États membres en matière de sécurité nationale, de sécurité publique ou de défense.

9. La présente directive est sans préjudice du droit de l'Union relatif à la protection des données à caractère personnel, en particulier le règlement (UE) 2016/679 du Parlement européen et du Conseil *[du 27 avr. 2016 relatif à la protection des personnes physiques à l'égard du traitement des données à caractère personnel et à la libre circulation de ces données]* e

la directive 2002/58/CE du Parlement européen et du Conseil *[du 12 juill. 2002 concernant le traitement des données à caractère personnel et la protection de la vie privée dans le secteur des communications électroniques (directive vie privée et communications électroniques)]*.

Art. 2 *Définitions.* Aux fins de la présente directive, on entend par :

1) "entité critique", une entité publique ou privée qui a été désignée par un État membre conformément à l'article 6 comme appartenant à l'une des catégories qui figurent dans la troisième colonne du tableau de l'annexe ;

2) "résilience", la capacité d'une entité critique à prévenir tout incident, à s'en protéger, à y réagir, à y résister, à l'atténuer, à l'absorber, à s'y adapter et à s'en rétablir ;

3) "incident", un événement qui perturbe ou est susceptible de perturber de manière importante la fourniture d'un service essentiel, y compris lorsqu'il affecte les systèmes nationaux qui préservent l'état de droit ;

4) "infrastructure critique", un bien, une installation, un équipement, un réseau ou un système, ou une partie d'un bien, d'une installation, d'un équipement, d'un réseau ou d'un système, qui est nécessaire à la fourniture d'un service essentiel ;

5) "service essentiel", un service qui est crucial pour le maintien de fonctions sociétales ou d'activités économiques vitales, de la santé publique et de la sûreté publique, ou de l'environnement ;

6) "risque", le potentiel de perte ou de perturbation causé par un incident, à exprimer comme la combinaison de l'ampleur de cette perte ou de cette perturbation et la probabilité que l'incident se produise ;

7) "évaluation des risques", l'ensemble du processus permettant de déterminer la nature et l'étendue d'un risque en déterminant et en analysant les menaces, les vulnérabilités et les dangers potentiels pertinents qui pourraient conduire à un incident et en évaluant la perte ou la perturbation potentielle de la fourniture d'un service essentiel causée par cet incident ;

8) "norme", une norme au sens de l'article 2, point 1), du règlement (UE) n° 1025/2012 du Parlement européen et du Conseil *[du 25 oct. 2012 relatif à la normalisation européenne]* ;

9) "spécification technique", une spécification technique au sens de l'article 2, point 4), du règlement (UE) n° 1025/2012 ;

10) "entité de l'administration publique", une entité reconnue comme telle dans un État membre conformément au droit national, à l'exclusion de l'organisation judiciaire, des parlements et des banques centrales, qui satisfait aux critères suivants :

a) elle a été créée pour satisfaire des besoins d'intérêt général et n'a pas de caractère industriel ou commercial ;

b) elle est dotée de la personnalité juridique ou est juridiquement habilitée à agir pour le compte d'une autre entité dotée de la personnalité juridique ;

c) elle est financée majoritairement par les autorités de l'État ou d'autres organismes de droit public de niveau central, ou sa gestion est soumise à un contrôle de la part de ces autorités ou organismes, ou son organe d'administration, de direction ou de surveillance est composé, pour plus de la moitié, de membres désignés par les autorités de l'État ou d'autres organismes de droit public de niveau central ;

d) elle a le pouvoir d'adresser à des personnes physiques ou morales des décisions administratives ou réglementaires affectant leurs droits en matière de mouvements transfrontières des personnes, des biens, des services ou des capitaux.

Art. 3 *Harmonisation minimale.* La présente directive ne fait pas obstacle à l'adoption ou au maintien par les États membres de dispositions de droit national afin d'atteindre un niveau plus élevé de résilience des entités critiques, à condition que ces dispositions soient compatibles avec les obligations des États membres prévues par le droit de l'Union.

CHAPITRE II *CADRES NATIONAUX POUR LA RÉSILIENCE DES ENTITÉS CRITIQUES*

Art. 4 *Stratégie pour la résilience des entités critiques.* 1. A la suite d'une consultation qui est, dans la mesure du possible en pratique, ouverte aux parties prenantes concernées, chaque État membre adopte, au plus tard le 17 janvier 2026, une stratégie visant à renforcer la résilience des entités critiques (ci-après dénommée "stratégie"). La stra-

tégie définit des objectifs stratégiques et des mesures politiques, en s'appuyant sur des stratégies nationales et sectorielles, des plans ou des documents similaires pertinents existants, en vue d'atteindre et de maintenir un niveau élevé de résilience des entités critiques et de couvrir au moins les secteurs figurant à l'annexe.

2. Chaque stratégie contient au moins les éléments suivants :

a) les objectifs stratégiques et les priorités aux fins de renforcer la résilience globale des entités critiques, compte tenu des dépendances et des interdépendances transfrontières et transsectorielles ;

b) un cadre de gouvernance permettant d'atteindre les objectifs stratégiques et les priorités, y compris une description des rôles et des responsabilités des différentes autorités, entités critiques et autres parties participant à la mise en œuvre de la stratégie ;

c) une description des mesures nécessaires pour renforcer la résilience globale des entités critiques, y compris une description de l'évaluation des risques visée à l'article 5 ;

d) une description du processus par lequel les entités critiques sont recensées ;

e) une description du processus de soutien aux entités critiques conformément au présent chapitre, y compris les mesures visant à renforcer la coopération entre le secteur public, d'une part, et le secteur privé et les entités publiques et privées, d'autre part ;

f) une liste des principales autorités et parties prenantes concernées, autres que les entités critiques, participant à la mise en œuvre de la stratégie ;

g) un cadre d'action pour la coordination entre les autorités compétentes en vertu de la présente directive (ci-après dénommées "autorités compétentes") et les autorités compétentes en vertu de la directive (UE) 2022/2555 aux fins du partage d'informations sur les risques, menaces et incidents en matière de cybersécurité ainsi que sur les risques, menaces et incidents non liés à la cybersécurité, et de l'exercice des tâches de supervision ;

h) une description des mesures déjà en place visant à faciliter la mise en œuvre des obligations prévues au chapitre III de la présente directive par les petites et moyennes entreprises au sens de l'annexe de la recommandation 2003/361/CE de la Commission *[du 6 mai 2003 concernant la définition des micro, petites et moyennes entreprises]* que les États membres concernés ont recensées en tant qu'entités critiques.

A la suite d'une consultation qui est, dans la mesure du possible en pratique, ouverte aux parties prenantes concernées, les États membres mettent à jour leur stratégie au moins tous les quatre ans.

3. Les États membres communiquent leur stratégie et leurs mises à jour substantielles à la Commission dans un délai de trois mois à compter de leur adoption.

Art. 5 *Évaluation des risques par les États membres.* 1. La Commission est habilitée à adopter un acte délégué, conformément à l'article 23, au plus tard le 17 novembre 2023, afin de compléter la présente directive en établissant une liste non exhaustive de services essentiels dans les secteurs et les sous-secteurs figurant à l'annexe. Les autorités compétentes utilisent ladite liste des services essentiels pour effectuer une évaluation des risques (ci-après dénommée "évaluation des risques d'État membre") au plus tard le 17 janvier 2026, puis selon les besoins, et au moins tous les quatre ans. Les autorités compétentes utilisent les évaluations des risques d'États membres aux fins de recenser les entités critiques conformément à l'article 6 et pour aider les entités critiques à adopter des mesures en vertu de l'article 13.

Les évaluations des risques d'États membres rendent compte des risques naturels et d'origine humaine pertinents, y compris ceux qui revêtent un caractère transsectoriel ou transfrontière, des accidents, des catastrophes naturelles, des urgences de santé publique et des menaces hybrides ou autres menaces antagonistes, lesquelles comprennent les infractions terroristes prévues par la directive (UE) 2017/541 du Parlement européen et du Conseil *[du 15 mars 2017 relative à la lutte contre le terrorisme]*.

2. Lorsqu'ils procèdent à des évaluations des risques d'États membres, les États membres tiennent compte au moins des éléments suivants :

a) l'évaluation des risques générale effectuée en vertu de l'article 6, paragraphe 1, de la décision n° 1313/2013/UE ;

b) d'autres évaluations des risques pertinentes effectuées conformément aux exigences des actes juridiques sectoriels pertinents de l'Union, y compris les règlements (UE) 2017/1938 *[du 25 oct. 2017 concernant des mesures visant à garantir la sécurité de l'approvisionnement en gaz naturel]* et (UE) 2019/941 *[du 5 juin 2019 sur la préparation aux risques dans le secteur de l'électricité]* du Parlement européen et du Conseil, ainsi que les directives 2007/60/CE *[du 23 oct. 2007 relative à l'évaluation et à la gestion des risques d'inondation]* et 2012/18/UE *[du 4 juill. 2012 concernant la maîtrise des dangers liés aux accidents majeurs impliquant des substances dangereuses]* du Parlement européen et du Conseil ;

c) les risques pertinents découlant de la mesure dans laquelle les secteurs figurant à l'annexe dépendent les uns des autres, y compris de la mesure dans laquelle ils dépendent d'entités situées dans d'autres États membres et des pays tiers, et l'incidence qu'une perturbation importante dans un secteur peut avoir sur d'autres secteurs, y compris tout risque importante pour les citoyens et le marché intérieur ;

d) toute information sur les incidents notifiés conformément à l'article 15.

Aux fins du premier alinéa, point c), les États membres coopèrent avec les autorités compétentes d'autres États membres et les autorités compétentes de pays tiers, s'il y a lieu.

3. Les États membres mettent à la disposition des entités critiques qu'ils ont recensées conformément à l'article 6, s'il y a lieu par l'intermédiaire de leur point de contact unique, les éléments pertinents des évaluations des risques d'États membres. Les États membres veillent à ce que les informations fournies aux entités critiques aident ces dernières à réaliser leurs évaluations des risques en vertu de l'article 12, et à adopter des mesures pour garantir leur résilience en vertu de l'article 13.

4. Dans un délai de trois mois à compter de la réalisation d'une évaluation des risques d'État membre, l'État membre fournit à la Commission des informations pertinentes sur les types de risques recensés suivant cette évaluation des risques d'État membre et les résultats de l'évaluation des risques d'État membre, par secteur et sous-secteur figurant à l'annexe.

5. La Commission, en coopération avec les États membres, élabore un modèle commun facultatif de rapport aux fins du respect du paragraphe 4.

Art. 6 *Recensement des entités critiques.* 1. Au plus tard le 17 juillet 2026, chaque État membre recense les entités critiques pour les secteurs et sous-secteurs figurant à l'annexe.

2. Lorsqu'un État membre recense les entités critiques en vertu du paragraphe 1, il tient compte des résultats de son évaluation des risques d'État membre et de sa stratégie et applique tous les critères suivants :

a) l'entité fournit un ou plusieurs services essentiels ;

b) l'entité exerce ses activités sur le territoire dudit État membre et son infrastructure critique est située sur ledit territoire ; et

c) un incident aurait des effets perturbateurs importants, déterminés conformément à l'article 7, paragraphe 1, sur la fourniture par l'entité d'un ou de plusieurs services essentiels ou sur la fourniture d'autres services essentiels dans les secteurs figurant à l'annexe qui dépendent dudit ou desdits services essentiels.

3. Chaque État membre dresse une liste des entités critiques recensées en vertu du paragraphe 2 et veille à ce que ces entités critiques reçoivent notification de ce qu'elles ont été recensées en tant qu'entités critiques dans un délai d'un mois à compter de ce recensement. Les États membres informent ces entités critiques des obligations qui leur incombent en vertu des chapitres III et IV et de la date à partir de laquelle ces obligations leur sont applicables, sans préjudice de l'article 8. Les États membres informent les entités critiques des secteurs figurant aux points 3, 4 et 8 du tableau de l'annexe qu'elles ne sont soumises à aucune des obligations prévues aux chapitres III et IV, sauf mesures nationales contraires.

Le chapitre III s'applique aux entités critiques concernées dix mois suivant la date de la notification visée au premier alinéa du présent paragraphe.

4. Les États membres veillent à ce que leurs autorités compétentes en vertu de la présente directive notifient aux autorités compétentes en vertu de la directive (UE) 2022/2555 l'identité des entités critiques qu'ils ont recensées en vertu du présent arti-

cle dans un délai d'un mois à compter dudit recensement. Cette notification précise, le cas échéant, que les entités critiques concernées sont des entités des secteurs figurant aux points 3, 4 et 8 du tableau de l'annexe de la présente directive et qu'elles ne sont soumises à aucune des obligations prévues aux chapitres III et IV de la présente directive.

5. Si nécessaire et en tout état de cause au moins tous les quatre ans, les États membres réexaminent et, s'il y a lieu, mettent à jour la liste des entités critiques recensées visées au paragraphe 3. Lorsque ces mises à jour entraînent le recensement d'entités critiques supplémentaires, les paragraphes 3 et 4 s'appliquent à ces entités critiques supplémentaires. En outre, les États membres veillent à ce que les entités qui ne sont plus recensées en tant qu'entités critiques à la suite d'une telle mise à jour reçoivent notification en temps utile de ce fait et du fait qu'elles ne sont plus soumises aux obligations prévues au chapitre III à compter de la date de réception de cette notification.

6. La Commission élabore, en coopération avec les États membres, des recommandations et des lignes directrices non contraignantes pour soutenir les États membres dans leur recensement des entités critiques.

Art. 7 *Effet perturbateur important.* 1. Lorsqu'ils déterminent l'importance d'un effet perturbateur visé à l'article 6, paragraphe 2, point c), les États membres prennent en compte les critères suivants :

a) le nombre d'utilisateurs tributaires du service essentiel fourni par l'entité concernée ;

b) la mesure dans laquelle les autres secteurs et sous-secteurs figurant à l'annexe dépendent du service essentiel en question ;

c) l'impact que des incidents pourraient avoir, du point de vue de l'ampleur et de la durée, sur les activités économiques et sociétales, l'environnement, la sûreté et la sécurité publiques, ou la santé de la population ;

d) la part de marché de l'entité sur le marché du ou des services essentiels concernés ;

e) la zone géographique susceptible d'être affectée par un incident, y compris toute incidence transfrontière, compte tenu de la vulnérabilité associée au degré d'isolement de certains types de zones géographiques, telles que les régions insulaires, les régions éloignées ou les zones montagneuses ;

f) l'importance que revêt l'entité pour le maintien d'un niveau suffisant de service essentiel, compte tenu de la disponibilité de solutions de rechange pour la fourniture de ce service essentiel.

2. Après le recensement des entités critiques en vertu de l'article 6, paragraphe 1, chaque État membre communique les informations suivantes à la Commission, sans retard injustifié :

a) une liste de services essentiels dans ledit État membre lorsqu'il existe des services essentiels supplémentaires par rapport à la liste des services essentiels visée à l'article 5, paragraphe 1 ;

b) le nombre d'entités critiques recensées pour chaque secteur et sous-secteur figurant à l'annexe et pour chaque service essentiel ;

c) les seuils éventuellement appliqués en vue de préciser un ou plusieurs des critères du paragraphe 1.

Les seuils visés au premier alinéa, point c), peuvent être présentés tels quels ou sous une forme agrégée.

Les États membres communiquent ensuite les informations visées au premier alinéa chaque fois que cela est nécessaire et au moins tous les quatre ans.

3. Après consultation du groupe sur la résilience des entités critiques visé à l'article 19, la Commission adopte des lignes directrices non contraignantes pour faciliter l'application des critères visés au paragraphe 1 du présent article, en tenant compte des informations visées au paragraphe 2 du présent article.

Art. 8 *Entités critiques des secteurs des banques, des infrastructures des marchés financiers et des infrastructures numériques.* Les États membres veillent à ce que l'article 11 et les chapitres III, IV et VI ne s'appliquent pas aux entités critiques qu'ils ont recensées dans les secteurs figurant aux points 3, 4 et 8 du tableau de l'annexe. Les États membres peuvent adopter ou maintenir des dispositions de droit national afin d'atteindre

un niveau de résilience plus élevé pour ces entités critiques à condition que ces dispositions soient compatibles avec le droit de l'Union applicable.

Art. 9 *Autorités compétentes et point de contact unique.* 1. Chaque État membre désigne ou met en place une ou plusieurs autorités compétentes chargées de veiller à l'application correcte des règles énoncées dans la présente directive au niveau national et, si nécessaire, de les faire respecter.

En ce qui concerne les entités critiques des secteurs figurant aux points 3 et 4 du tableau de l'annexe de la présente directive, les autorités compétentes sont, en principe, les autorités compétentes visées à l'article 46 du règlement (UE) 2022/2554. En ce qui concerne les entités critiques du secteur figurant au point 8 du tableau de l'annexe de la présente directive, les autorités compétentes sont, en principe, les autorités compétentes en vertu de la directive (UE) 2022/2555. Les États membres peuvent désigner une autorité compétente différente pour les secteurs figurant aux points 3, 4 et 8 du tableau de l'annexe de la présente directive conformément aux cadres nationaux existants.

Lorsqu'ils désignent ou mettent en place plus d'une autorité compétente, les États membres définissent clairement les tâches de chacune des autorités concernées et veillent à ce qu'elles coopèrent efficacement pour accomplir les tâches qui leur incombent en vertu de la présente directive, y compris en ce qui concerne la désignation et les activités du point de contact unique visé au paragraphe 2.

2. Chaque État membre désigne ou met en place un point de contact unique, chargé d'exercer une fonction de liaison afin d'assurer la coopération transfrontière avec les points de contact uniques des autres États membres et avec le groupe sur la résilience des entités critiques visé à l'article 19 (ci-après dénommé "point de contact unique"). S'il y a lieu, un État membre désigne son point de contact unique au sein d'une autorité compétente. S'il y a lieu, un État membre peut prévoir que son point de contact unique exerce également une fonction de liaison avec la Commission et assure la coopération avec les pays tiers.

3. Au plus tard le 17 juillet 2028, et tous les deux ans par la suite, les points de contact uniques présentent à la Commission et au groupe sur la résilience des entités critiques visé à l'article 19 un rapport de synthèse sur les notifications qu'ils ont reçues, mentionnant le nombre de notifications, la nature des incidents signalés et les mesures prises conformément à l'article 15, paragraphe 3.

La Commission, en coopération avec le groupe sur la résilience des entités critiques, élabore un modèle commun de rapport. Les autorités compétentes peuvent utiliser, à titre volontaire, ce modèle commun de rapport aux fins de la présentation des rapports de synthèse visés au premier alinéa.

4. Chaque État membre veille à ce que son autorité compétente et son point de contact unique disposent des pouvoirs et des ressources financières, humaines et techniques nécessaires pour accomplir, de manière efficace et efficiente, les tâches qui leur sont assignées.

5. Chaque État membre veille à ce que son autorité compétente consulte, chaque fois que cela est approprié, et conformément au droit de l'Union et au droit national, les autres autorités nationales concernées, y compris celles chargées de la protection civile, de l'application de la loi et de la protection des données à caractère personnel, et les entités critiques et les parties intéressées concernées, et à ce qu'elle coopère avec celles-ci.

6. Chaque État membre veille à ce que son autorité compétente en vertu de la présente directive coopère et échange des informations avec les autorités compétentes en vertu de la directive (UE) 2022/2555 sur les risques, menaces et incidents en matière de cybersécurité et sur les risques, menaces et incidents non liés à la cybersécurité affectant les entités critiques, y compris en ce qui concerne les mesures pertinentes que son autorité compétente et les autorités compétentes en vertu de la directive (UE) 2022/2555 ont prises.

7. Dans les trois mois à compter de la désignation ou de la mise en place de l'autorité compétente et du point de contact unique, chaque État membre notifie à la Commission leur identité et les tâches et responsabilités qui leur incombent en vertu de la présente directive, leurs coordonnées, ainsi que toute modification ultérieure y relative.

Les États membres informent la Commission lorsqu'ils décident de désigner une autorité autre que les autorités compétentes visées au paragraphe 1, deuxième alinéa, en tant qu'autorités compétentes à l'égard des entités critiques des secteurs figurant aux points 3, 4 et 8 du tableau de l'annexe. Chaque État membre rend publique l'identité de son autorité compétente et de son point de contact unique.

8. La Commission met une liste des points de contact uniques à la disposition du public.

Art. 10 *Soutien des États membres aux entités critiques.* 1. Les États membres aident les entités critiques à renforcer leur résilience. Dans ce cadre, ils peuvent élaborer des documents d'orientation et des méthodologies, apporter leur soutien à l'organisation d'exercices visant à tester leur résilience et dispenser des conseils et des formations au personnel des entités critiques. Sans préjudice des règles applicables en matière d'aides d'État, les États membres peuvent fournir des ressources financières aux entités critiques, lorsque cela est nécessaire et justifié par des objectifs d'intérêt général.

2. Chaque État membre veille à ce que son autorité compétente coopère et échange des informations et des bonnes pratiques avec les entités critiques des secteurs figurant à l'annexe.

3. Les États membres facilitent le partage volontaire d'informations entre les entités critiques sur les questions couvertes par la présente directive, conformément au droit de l'Union et au droit national en matière, en particulier, d'informations classifiées et sensibles, de concurrence et de protection des données à caractère personnel.

Art. 11 *Coopération entre États membres.* 1. Chaque fois que cela est approprié, les États membres se consultent mutuellement au sujet des entités critiques aux fins d'assurer l'application cohérente de la présente directive. Ces consultations ont lieu en particulier au sujet des entités critiques qui :

a) utilisent des infrastructures critiques qui sont physiquement connectées entre deux États membres ou plus ;

b) font partie de structures d'entreprise qui sont connectées ou liées à des entités critiques dans d'autres États membres ;

c) ont été recensées en tant qu'entités critiques dans un État membre et fournissent des services essentiels à ou dans d'autres États membres.

2. Les consultations visées au paragraphe 1 visent à renforcer la résilience des entités critiques et, si possible, à réduire la charge administrative pesant sur celles-ci.

CHAPITRE III *RÉSILIENCE DES ENTITÉS CRITIQUES*

Art. 12 *Évaluation des risques par les entités critiques.* 1. Nonobstant le délai énoncé à l'article 6, paragraphe 3, deuxième alinéa, les États membres veillent à ce que les entités critiques procèdent à une évaluation des risques dans un délai de neuf mois suivant la réception de la notification visée à l'article 6, paragraphe 3, selon les besoins par la suite et au moins tous les quatre ans, sur la base des évaluations des risques d'États membres et d'autres sources d'informations pertinentes, afin d'évaluer tous les risques pertinents qui pourraient perturber la fourniture de leur services essentiels (ci-après dénommée "évaluation des risques d'entité critique").

2. Les évaluations des risques d'entités critiques rendent compte de tous les risques naturels et d'origine humaine pertinents, susceptibles d'entraîner un incident, y compris ceux qui revêtent un caractère transsectoriel ou transfrontière, des accidents, des catastrophes naturelles, des urgences de santé publique et des menaces hybrides et autres menaces antagonistes, lesquelles comprennent les infractions terroristes prévues par la directive (UE) 2017/541. Une évaluation des risques d'entité critique tient compte de la mesure dans laquelle d'autres secteurs figurant à l'annexe dépendent du service essentiel fourni par l'entité critique et de la mesure dans laquelle cette entité critique dépend des services essentiels fournis par d'autres entités de ces autres secteurs, y compris s'il y a lieu, dans les États membres voisins et les pays tiers.

Lorsqu'une entité critique a réalisé d'autres évaluations des risques ou établi des documents en vertu d'obligations prévues dans d'autres actes juridiques qui sont pertinents pour son évaluation des risques d'entité critique, elle peut utiliser ces évaluations et documents pour satisfaire aux exigences énoncées dans le présent article. Dans

l'exercice de ses fonctions de supervision, l'autorité compétente peut déclarer qu'une évaluation des risques existante réalisée par une entité critique qui porte sur les risques et le degré de dépendance visés au premier alinéa du présent paragraphe respecte, en tout ou en partie, les obligations prévues par le présent article.

Art. 13 *Mesures de résilience des entités critiques.* 1. Les États membres veillent à ce que les entités critiques prennent des mesures techniques, des mesures de sécurité et des mesures organisationnelles appropriées et proportionnées pour garantir leur résilience, sur la base des informations pertinentes fournies par les États membres concernant l'évaluation des risques d'État membre et les résultats de l'évaluation des risques d'entité critique, y compris des mesures nécessaires pour :

a) prévenir la survenance d'incidents, en tenant dûment compte de mesures de réduction des risques de catastrophe et d'adaptation au changement climatique ;

b) assurer une protection physique adéquate de leurs locaux et infrastructures critiques, en prenant dûment en considération, par exemple, des clôtures, des barrières, des outils et procédures de surveillance des enceintes, et des équipements de détection et de contrôle des accès ;

c) réagir et résister aux conséquences des incidents et les atténuer, en prenant dûment en considération la mise en œuvre de procédures et protocoles de gestion des risques et des crises et de procédures d'alerte ;

d) se rétablir d'incidents, en prenant dûment en considération des mesures assurant la continuité des activités et la détermination d'autres chaînes d'approvisionnement, afin de reprendre la fourniture du service essentiel ;

e) assurer une gestion adéquate de la sécurité liée au personnel, en prenant dûment en considération des mesures telles que la définition des catégories de personnel qui exerce des fonctions critiques, l'établissement de droits d'accès aux locaux, aux infrastructures critiques et aux informations sensibles, la mise en place de procédures de vérification des antécédents conformément à l'article 14, la désignation des catégories de personnes tenues de faire l'objet de telles vérifications des antécédents et la définition d'exigences et de qualifications appropriées en matière de formation ;

f) sensibiliser le personnel concerné aux mesures visées aux points a) à e), en tenant dûment compte des séances de formation, du matériel d'information et des exercices.

Aux fins du premier alinéa, point e), les États membres veillent à ce que les entités critiques tiennent compte du personnel des prestataires de services extérieurs lorsqu'ils définissent les catégories de personnel qui exerce des fonctions critiques.

2. Les États membres veillent à ce que les entités critiques aient mis en place et appliquent un plan de résilience ou un ou plusieurs documents équivalents, qui décrivent les mesures prises en application du paragraphe 1. Lorsque les entités critiques ont élaboré des documents ou pris des mesures en vertu d'obligations prévues dans d'autres actes juridiques qui sont pertinents pour les mesures visées au paragraphe 1, elles peuvent utiliser ces documents et mesures pour satisfaire aux exigences énoncées dans le présent article. Dans l'exercice de ses fonctions de supervision, l'autorité compétente peut déclarer que des mesures existantes de renforcement de la résilience prises par une entité critique qui portent, de manière appropriée et proportionnée, sur les mesures techniques, les mesures de sécurité et les mesures organisationnelles visées au paragraphe 1 respectent, en tout ou en partie, les obligations prévues par le présent article.

3. Les États membres veillent à ce que chaque entité critique désigne un agent de liaison ou une personne ayant une fonction équivalente en tant que point de contact avec les autorités compétentes.

4. A la demande de l'État membre qui a déterminé l'entité critique et avec l'accord de l'entité critique concernée, la Commission organise des missions de conseil, conformément aux modalités prévues à l'article 18, paragraphes 6, 8 et 9, afin de conseiller l'entité critique concernée en vue du respect des obligations qui lui incombent en vertu du chapitre III. La mission de conseil communique ses conclusions à la Commission, audit État membre et à l'entité critique concernée.

5. Après consultation du groupe sur la résilience des entités critiques visé à l'article 19, la Commission adopte des lignes directrices non contraignantes afin de préciser davantage les mesures techniques, les mesures de sécurité et les mesures organisationnelles qui peuvent être prises en vertu du paragraphe 1 du présent article.

6. La Commission adopte des actes d'exécution afin d'établir les spécifications techniques et méthodologiques nécessaires relatives à l'application des mesures visées au paragraphe 1 du présent article. Ces actes d'exécution sont adoptés en conformité avec la procédure d'examen visée à l'article 24, paragraphe 2.

Art. 14 *Vérification des antécédents.* 1. Les États membres précisent les conditions dans lesquelles une entité critique est autorisée, dans des cas dûment motivés et compte tenu de l'évaluation des risques d'État membre, à présenter des demandes de vérification des antécédents des personnes :

a) qui occupent des fonctions sensibles au sein de l'entité critique ou au bénéfice de celle-ci, notamment en ce qui concerne la résilience de l'entité critique ;

b) qui sont autorisées à avoir un accès direct ou à distance aux locaux et aux systèmes d'information ou de contrôle de l'entité critique, y compris en lien avec sa sécurité ;

c) dont le recrutement est envisagé à des postes répondant aux critères énoncés au point a) ou b).

2. Les demandes visées au paragraphe 1 du présent article sont évaluées dans un délai raisonnable et traitées conformément au droit national et aux procédures nationales, ainsi qu'au droit de l'Union pertinent et applicable, y compris le règlement (UE) 2016/679 et la directive (UE) 2016/680 du Parlement européen et du Conseil *[du 27 avr. 2016 relative à la protection des personnes physiques à l'égard du traitement des données à caractère personnel par les autorités compétentes à des fins de prévention et de détection des infractions pénales, d'enquêtes et de poursuites en la matière ou d'exécution de sanctions pénales, et à la libre circulation de ces données]*. Les vérifications des antécédents sont proportionnées et strictement limitées à ce qui est nécessaire. Elles sont effectuées dans le seul but d'évaluer un risque potentiel pour la sécurité de l'entité critique concernée.

3. A tout le moins, une vérification des antécédents visée au paragraphe 1 :

a) corrobore l'identité de la personne qui fait l'objet d'une demande de vérification des antécédents ;

b) vérifie les casiers judiciaires de cette personne en ce qui concerne des infractions qui seraient pertinentes pour un poste déterminé.

Lors de la vérification des antécédents, les États membres recourent au système européen d'information sur les casiers judiciaires conformément aux procédures prévues dans la décision-cadre 2009/315/JAI et, si cela est pertinent et applicable, dans le règlement (UE) 2019/816, aux fins de l'obtention des informations issues des casiers judiciaires détenus par d'autres États membres. Les autorités centrales visées à l'article 3, paragraphe 1, de la décision-cadre 2009/315/JAI et à l'article 3, point 5, du règlement (UE) 2019/816 répondent aux demandes d'informations dans un délai de dix jours ouvrables à compter de la date de réception de la demande conformément à l'article 8, paragraphe 1, de la décision-cadre 2009/315/JAI.

Art. 15 *Notification d'incidents.* 1. Les États membres veillent à ce que les entités critiques notifient sans retard injustifié à l'autorité compétente les incidents qui perturbent ou sont susceptibles de perturber de manière importante la fourniture de services essentiels. Les États membres veillent à ce que, sauf à être dans l'incapacité de le faire pour des raisons opérationnelles, les entités critiques présentent une première notification au plus tard 24 heures après avoir pris connaissance d'un incident, suivie s'il y a lieu, d'un rapport détaillé au plus tard un mois après. Afin de déterminer l'importance de la perturbation, les paramètres suivants sont, en particulier, pris en compte :

a) le nombre et la proportion d'utilisateurs affectés par la perturbation ;

b) la durée de la perturbation ;

c) la zone géographique concernée par la perturbation, en tenant compte de son éventuel isolement géographique.

Lorsqu'un incident a ou pourrait avoir un impact important sur la continuité de la fourniture de services essentiels à ou dans six États membres ou plus, les autorités

compétentes des États membres affectés par l'incident notifient ledit incident à la Commission.

2. Les notifications visées au paragraphe 1, premier alinéa, comprennent toutes les informations disponibles nécessaires pour permettre à l'autorité compétente de comprendre la nature, la cause et les conséquences possibles de l'incident, y compris toute information disponible nécessaire pour déterminer tout impact transfrontière de l'incident. Ces notifications n'ont pas pour effet de soumettre les entités critiques à une responsabilité accrue.

3. Sur la base des informations fournies par une entité critique dans une notification visée au paragraphe 1, l'autorité compétente concernée, par l'intermédiaire du point de contact unique, informe le point de contact unique des autres États membres affectés lorsque l'incident a ou pourrait avoir un impact important sur les entités critiques et sur la continuité de la fourniture de services essentiels à ou dans un ou plusieurs autres États membres.

Les points de contact uniques qui envoient et reçoivent des informations en vertu du premier alinéa traitent ces informations, conformément au droit de l'Union ou au droit national, de manière à en respecter la confidentialité et à préserver la sécurité et les intérêts commerciaux de l'entité critique concernée.

4. Dès que possible après la réception d'une notification visée au paragraphe 1, l'autorité compétente concernée fournit à l'entité critique concernée des informations de suivi pertinentes, y compris des informations qui pourraient aider ladite entité critique à réagir efficacement à l'incident en question. Les États membres informent le public lorsqu'ils estiment qu'il serait dans l'intérêt général de le faire.

Art. 16 *Normes.* Afin de favoriser la mise en œuvre convergente de la présente directive, les États membres encouragent, lorsque c'est utile et sans imposer ni créer de discriminations en faveur de l'utilisation d'un type particulier de technologie, le recours à des normes et des spécifications techniques européennes et internationales pertinentes pour les mesures de sécurité et les mesures de résilience applicables aux entités critiques.

CHAPITRE IV *ENTITÉS CRITIQUES D'IMPORTANCE EUROPÉENNE PARTICULIÈRE*

Art. 17 *Recensement des entités critiques d'importance européenne particulière.* 1. Une entité est considérée comme une entité critique d'importance européenne particulière lorsqu'elle :

a) a été désignée en tant qu'entité critique conformément à l'article 6, paragraphe 1 ;

b) fournit les mêmes services essentiels ou des services essentiels similaires à ou dans six États membres ou plus ; et

c) elle a fait l'objet d'une notification conformément au paragraphe 3 du présent article.

2. Les États membres veillent à ce qu'une entité critique, à la suite de la notification visée à l'article 6, paragraphe 3, informe son autorité compétente lorsqu'elle fournit des services essentiels à ou dans six États membres ou plus. En pareil cas, les États membres veillent à ce que l'entité critique informe son autorité compétente au sujet des services essentiels qu'elle fournit à ou dans ces États membres et au sujet des États membres auxquels ou dans lesquels elle fournit ces services essentiels. Les États membres notifient à la Commission, sans retard injustifié, l'identité de ces entités critiques et les informations qu'elles fournissent au titre du présent paragraphe.

La Commission consulte l'autorité compétente de l'État membre qui a déterminé une entité critique visée au premier alinéa, l'autorité compétente des autres États membres concernés et l'entité critique en question. Lors de ces consultations, chaque État membre informe la Commission lorsqu'il estime que les services qui sont fournis audit État membre par l'entité critique sont des services essentiels.

3. Lorsque la Commission établit, sur la base des consultations visées au paragraphe 2 du présent article, que l'entité critique concernée fournit des services essentiels à ou dans six États membres ou plus, la Commission notifie à ladite entité critique, par l'intermédiaire de son autorité compétente, qu'elle est considérée comme une entité critique d'importance européenne particulière et l'informe des obligations

qui lui incombent en vertu du présent chapitre et de la date à partir de laquelle ces obligations lui sont applicables. Une fois que la Commission informe l'autorité compétente de sa décision de considérer une entité critique comme une entité critique d'importance européenne particulière, l'autorité compétente transmet ladite notification à ladite entité critique sans retard injustifié.

4. Le présent chapitre s'applique à l'entité critique d'importance européenne particulière concernée à compter de la date de réception de la notification visée au paragraphe 3 du présent article.

Art. 18 *Missions de conseil.* 1. A la demande de l'État membre qui a désigné une entité critique d'importance européenne particulière en tant qu'entité critique en vertu de l'article 6, paragraphe 1, la Commission organise une mission de conseil afin d'évaluer les mesures mises en place par ladite entité pour satisfaire aux obligations qui lui incombent en vertu du chapitre III.

2. De sa propre initiative ou à la demande d'un ou de plusieurs États membres auxquels ou dans lesquels le service essentiel est fourni et à condition que l'État membre qui a désigné une entité critique d'importance européenne particulière en tant qu'entité critique en vertu de l'article 6, paragraphe 1, y consente, la Commission organise une mission de conseil visée au paragraphe 1.

3. Sur demande motivée de la Commission ou d'un ou de plusieurs des États membres auxquels ou dans lesquels le service essentiel est fourni, l'État membre qui a désigné une entité critique d'importance européenne particulière en tant qu'entité critique en vertu de l'article 6, paragraphe 1, communique à la Commission ce qui suit :

a) les éléments pertinents de l'évaluation des risques d'entité critique ;

b) une liste des mesures pertinentes prises conformément à l'article 13 ;

c) toute mesure de supervision ou d'exécution, y compris des évaluations du respect des obligations qui ont été faites ou des injonctions qui ont été émises, prise par son autorité compétente en vertu des articles 21 et 22 à l'égard de ladite entité critique.

4. La mission de conseil communique ses conclusions à la Commission, à l'État membre qui a désigné une entité critique d'importance européenne particulière en tant qu'entité critique en vertu de l'article 6, paragraphe 1, aux États membres auxquels ou dans lesquels le service essentiel est fourni et à l'entité critique concernée, dans un délai de trois mois à compter de la fin de la mission de conseil.

Les États membres auxquels ou dans lesquels le service essentiel est fourni analysent le rapport visé au premier alinéa et, lorsque cela est nécessaire, conseillent la Commission quant à la question du respect par l'entité critique d'importance européenne particulière concernée des obligations qui lui incombent en vertu du chapitre III et, s'il y a lieu, quant aux mesures qui pourraient être prises pour améliorer la résilience de ladite entité critique.

Sur la base des conseils visés au deuxième alinéa du présent paragraphe, la Commission communique à l'État membre qui a désigné une entité critique d'importance européenne particulière en tant qu'entité critique en vertu de l'article 6, paragraphe 1, aux États membres auxquels ou dans lesquels le service essentiel est fourni et à ladite entité critique son avis quant à la question du respect par ladite entité critique des obligations qui lui incombent en vertu du chapitre III et, le cas échéant, quant aux mesures qui pourraient être prises pour améliorer la résilience de ladite entité critique.

L'État membre qui a désigné une entité critique d'importance européenne particulière en tant qu'entité critique en vertu de l'article 6, paragraphe 1, veille à ce que son autorité compétente et l'entité critique concernée tiennent compte de l'avis visé au troisième alinéa du présent paragraphe, et fournit à la Commission et aux États membres auxquels ou dans lesquels le service essentiel est fourni des informations sur les mesures qu'il a adoptées à la suite de cet avis.

5. Chaque mission de conseil est composée d'experts de l'État membre dans lequel se situe l'entité critique d'importance européenne particulière, d'experts des États membres auxquels ou dans lesquels le service essentiel est fourni et de représentants de la Commission. Ces États membres peuvent proposer des candidats à la participation à une mission de conseil. A la suite d'une consultation de l'État membre qui a désigné une entité critique d'importance européenne particulière en tant qu'entité critique en

vertu de l'article 6, paragraphe 1, la Commission sélectionne et nomme les membres de chaque mission de conseil sur la base de leurs compétences professionnelles et en veillant, lorsque cela est possible, à une représentation géographique équilibrée de tous ces États membres. Chaque fois que cela est nécessaire, les membres de la mission de conseil disposent d'une habilitation de sécurité en cours de validité et au niveau approprié. La Commission prend en charge les coûts liés à la participation à des missions de conseil.

La Commission organise le programme de chaque mission de conseil, en concertation avec les membres de la mission de conseil en question et en accord avec l'État membre qui a désigné une entité critique d'importance européenne particulière en tant qu'entité critique en vertu de l'article 6, paragraphe 1.

6. La Commission adopte un acte d'exécution établissant les règles relatives aux modalités de procédure pour les demandes d'organisation de missions de conseil, le traitement de ces demandes, la conduite et les rapports des missions de conseil et pour le traitement de la communication de l'avis de la Commission visé au paragraphe 4, troisième alinéa, et des mesures prises, en tenant dûment compte de la confidentialité et du caractère commercial sensible des informations concernées. Cet acte d'exécution est adopté en conformité avec la procédure d'examen visée à l'article 24, paragraphe 2.

7. Les États membres veillent à ce que les entités critiques d'importance européenne particulière accordent aux missions de conseil l'accès aux informations, systèmes et installations relatifs à la fourniture de leurs services essentiels nécessaires à l'exécution de la mission de conseil concernée.

8. Les missions de conseil sont menées dans le respect du droit national applicable de l'État membre dans lequel elles ont lieu, en respectant la responsabilité de cet État membre en matière de sécurité nationale et la protection de ses intérêts dans le domaine de la sécurité.

9. Lorsqu'elle organise des missions de conseil, la Commission tient compte des rapports de toute inspection qu'elle a effectuée en vertu des règlements (CE) n° 725/2004 et (CE) n° 300/2008, ainsi que des rapports de tout suivi qu'elle a effectué en vertu de la directive 2005/65/CE à l'égard de l'entité critique concernée.

10. La Commission informe le groupe sur la résilience des entités critiques visé à l'article 19 chaque fois qu'une mission de conseil est organisée. L'État membre dans lequel la mission de conseil a été menée et la Commission informent également le groupe sur la résilience des entités critiques des principales conclusions de la mission de conseil et des enseignements tirés en vue de favoriser l'apprentissage mutuel.

CHAPITRE V *COOPÉRATION ET RAPPORTS*

Art. 19 *Groupe sur la résilience des entités critiques.* 1. Un groupe sur la résilience des entités critiques est institué. Le groupe sur la résilience des entités critiques soutient la Commission et facilite la coopération entre les États membres et l'échange d'informations sur les questions relatives à la présente directive.

2. Le groupe sur la résilience des entités critiques est composé de représentants des États membres et de la Commission qui, s'il y a lieu, disposent d'une habilitation de sécurité. Lorsque cela est pertinent pour l'exécution de ses tâches, le groupe sur la résilience des entités critiques peut inviter des parties prenantes concernées à participer à ses travaux. Lorsque le Parlement européen le demande, la Commission peut inviter des experts du Parlement européen à assister aux réunions du groupe sur la résilience des entités critiques.

Le représentant de la Commission préside le groupe sur la résilience des entités critiques.

3. Le groupe sur la résilience des entités critiques est chargé des tâches suivantes :

a) soutenir la Commission pour ce qui est d'aider les États membres à renforcer leur capacité à contribuer à garantir la résilience des entités critiques conformément à la présente directive ;

b) analyser les stratégies afin de recenser les bonnes pratiques en ce qui concerne les stratégies ;

c) faciliter l'échange de bonnes pratiques concernant le recensement des entités critiques par les États membres en vertu de l'article 6, paragraphe 1, y compris pour ce qui est des dépendances transfrontières et transsectorielles et en ce qui concerne les risques et incidents ;

d) s'il y a lieu, contribuer, sur les questions relatives à la présente directive, aux documents relatifs à la résilience au niveau de l'Union ;

e) contribuer à l'élaboration des lignes directrices visées à l'article 7, paragraphe 3, et à l'article 13, paragraphe 5, et, sur demande, de tout acte délégué ou de tout acte d'exécution adopté en vertu de la présente directive ;

f) analyser les rapports de synthèse visés à l'article 9, paragraphe 3, en vue de promouvoir le partage des bonnes pratiques concernant les mesures prises conformément à l'article 15, paragraphe 3 ;

g) échanger les bonnes pratiques concernant la notification d'incidents visée à l'article 15 ;

h) examiner les rapports de synthèse des missions de conseil et les enseignements tirés conformément à l'article 18, paragraphe 10 ;

i) échanger des informations et les bonnes pratiques en matière d'innovation, de recherche et de développement concernant la résilience des entités critiques conformément à la présente directive ;

j) s'il y a lieu, procéder à des échanges d'informations sur des questions relatives à la résilience des entités critiques avec les institutions, organes et organismes de l'Union concernés.

4. Au plus tard le 17 janvier 2025, puis tous les deux ans, le groupe sur la résilience des entités critiques établit un programme de travail prévoyant les actions à entreprendre pour réaliser ses objectifs et ses tâches. Ce programme de travail est cohérent avec les exigences et les objectifs de la présente directive.

5. Le groupe sur la résilience des entités critiques se réunit régulièrement et en tout état de cause au moins une fois par an avec le groupe de coopération institué en vertu de la directive (UE) 2022/2555 afin de promouvoir et de faciliter la coopération et l'échange d'informations.

6. La Commission peut adopter des actes d'exécution fixant les modalités de procédure nécessaires au fonctionnement du groupe sur la résilience des entités critiques, dans le respect de l'article 1er, paragraphe 4. Ces actes d'exécution sont adoptés en conformité avec la procédure d'examen visée à l'article 24, paragraphe 2.

7. La Commission remet au groupe sur la résilience des entités critiques un rapport de synthèse concernant les informations communiquées par les États membres en vertu de l'article 4, paragraphe 3, et de l'article 5, paragraphe 4, au plus tard le 17 janvier 2027, puis chaque fois que cela est nécessaire et au moins tous les quatre ans.

Art. 20 *Soutien de la Commission aux autorités compétentes et aux entités critiques.* 1. La Commission aide, s'il y a lieu, les États membres et les entités critiques à respecter les obligations qui leur incombent en vertu de la présente directive. La Commission élabore une vue d'ensemble, au niveau de l'Union, des risques transfrontières et transsectoriels pesant sur la fourniture de services essentiels, organise les missions de conseil visées à l'article 13, paragraphe 4, et à l'article 18, et facilite l'échange d'informations entre États membres et experts dans l'ensemble de l'Union.

2. La Commission complète les activités des États membres visées à l'article 10 en élaborant des bonnes pratiques, des documents d'orientation et des méthodes, et des activités de formation et des exercices transfrontières pour tester la résilience des entités critiques.

3. La Commission informe les États membres des ressources financières à leur disposition au niveau de l'Union pour renforcer la résilience des entités critiques.

CHAPITRE VI *SUPERVISION ET EXÉCUTION*

Art. 21 *Supervision et exécution.* 1. Afin d'évaluer le respect des obligations découlant de la présente directive par les entités qu'ils ont recensées en tant qu'entités critiques en vertu de l'article 6, paragraphe 1, de la présente directive, les États membres

veillent à ce que les autorités compétentes disposent des pouvoirs et des moyens nécessaires pour :

a) procéder à des inspections sur place de l'infrastructure critique et des locaux utilisés par l'entité critique pour fournir ses services essentiels et à la supervision à distance des mesures prises par les entités critiques conformément à l'article 13 ;

b) effectuer ou ordonner des audits portant sur ces entités critiques.

2. Les États membres veillent à ce que les autorités compétentes disposent des pouvoirs et des moyens pour exiger que, lorsque l'exécution des tâches qui leur incombent en vertu de la présente directive le requiert, les entités en vertu de la directive (UE) 2022/2555 que les États membres ont recensées en tant qu'entités critiques en vertu de la présente directive fournissent, dans un délai raisonnable fixé par ces autorités :

a) les informations nécessaires pour évaluer si les mesures prises par ces entités pour garantir leur résilience satisfont aux exigences énoncées à l'article 13 ;

b) la preuve de la mise en œuvre effective de ces mesures, y compris les résultats d'un audit effectué par un auditeur indépendant et qualifié sélectionné par ladite entité et effectué à ses frais.

Lorsqu'elles requièrent ces informations, les autorités compétentes mentionnent la finalité de la demande et précisent les informations exigées.

3. Sans préjudice de la possibilité d'imposer des sanctions conformément à l'article 22, les autorités compétentes peuvent, à la suite des mesures de supervision visées au paragraphe 1 du présent article ou de l'évaluation des informations visées au paragraphe 2 du présent article, enjoindre aux entités critiques concernées de prendre les mesures nécessaires et proportionnées pour remédier à toute violation constatée de la présente directive, dans un délai raisonnable fixé par lesdites autorités, et de leur fournir des informations sur les mesures prises. Ces injonctions tiennent compte, notamment, de la gravité de la violation.

4. Les États membres veillent à ce que les pouvoirs prévus aux paragraphes 1, 2 et 3 ne puissent être exercés que sous réserve de garanties appropriées. Ces garanties font en sorte, en particulier, que les pouvoirs soient exercés de manière objective, transparente et proportionnée et que les droits et les intérêts légitimes des entités critiques concernées, tels que la protection des secrets commerciaux et d'affaires, soient dûment préservés, ce qui comprend le droit d'être entendu, les droits de la défense et le droit à un recours effectif devant une juridiction indépendante.

5. Les États membres veillent à ce que, lorsqu'une autorité compétente en vertu de la présente directive évalue le respect par une entité critique de ses obligations en vertu du présent article, ladite autorité compétente en informe les autorités compétentes des États membres concernés en vertu de la directive (UE) 2022/2555. A cette fin, les États membres veillent à ce que les autorités compétentes en vertu de la présente directive puissent demander aux autorités compétentes en vertu de la directive (UE) 2022/2555 d'exercer leurs pouvoirs de supervision et d'exécution à l'égard d'une entité relevant de ladite directive qui a été désignée en tant qu'entité critique en vertu de la présente directive. A cette fin, les États membres veillent à ce que les autorités compétentes en vertu de la présente directive coopèrent et échangent des informations avec les autorités compétentes en vertu de la directive (UE) 2022/2555.

Art. 22 *Sanctions.* Les États membres déterminent le régime des sanctions applicables aux violations des dispositions nationales adoptées conformément à la présente directive et prennent toutes les mesures nécessaires pour assurer la mise en œuvre de ces sanctions. Ces sanctions doivent être effectives, proportionnées et dissuasives. Les États membres informent la Commission, au plus tard le 17 octobre 2024 du régime ainsi déterminé et des mesures ainsi prises, de même que, sans retard, de toute modification apportée ultérieurement à ce régime ou à ces mesures.

CHAPITRE VII *ACTES DÉLÉGUÉS ET ACTES D'EXÉCUTION*

Art. 23 *Exercice de la délégation.* 1. Le pouvoir d'adopter des actes délégués conféré à la Commission est soumis aux conditions fixées au présent article.

2. Le pouvoir d'adopter des actes délégués visé à l'article 5, paragraphe 1, est conféré à la Commission pour une période de cinq ans à compter du 16 janvier 2023.

3. La délégation de pouvoir visée à l'article 5, paragraphe 1, peut être révoquée à tout moment par le Parlement européen ou le Conseil. La décision de révocation met fin à la délégation de pouvoir qui y est précisée. La révocation prend effet le jour suivant celui de la publication de ladite décision au Journal officiel de l'Union européenne ou à une date ultérieure qui est précisée dans ladite décision. Elle ne porte pas atteinte à la validité des actes délégués déjà en vigueur.

4. Avant l'adoption d'un acte délégué, la Commission consulte les experts désignés par chaque État membre, conformément aux principes définis dans l'accord interinstitutionnel du 13 avril 2016 "Mieux légiférer".

5. Aussitôt qu'elle adopte un acte délégué, la Commission le notifie au Parlement européen et au Conseil simultanément.

6. Un acte délégué adopté en vertu de l'article 5, paragraphe 1, n'entre en vigueur que si le Parlement européen ou le Conseil n'a pas exprimé d'objections dans un délai de deux mois à compter de la notification de cet acte au Parlement européen et au Conseil ou si, avant l'expiration de ce délai, le Parlement européen et le Conseil ont tous deux informé la Commission de leur intention de ne pas exprimer d'objections. Ce délai est prolongé de deux mois à l'initiative du Parlement européen ou du Conseil.

Art. 24 *Comité.* 1. La Commission est assistée par un comité. Ledit comité est un comité au sens du règlement (UE) n° 182/2011.

2. Lorsqu'il est fait référence au présent paragraphe, l'article 5 du règlement (UE) n° 182/2011 s'applique.

CHAPITRE VIII ***DISPOSITIONS FINALES***

Art. 25 *Rapports et réexamen.* Au plus tard le 17 juillet 2027, la Commission présente au Parlement européen et au Conseil un rapport évaluant la mesure dans laquelle chaque État membre a pris les dispositions nécessaires pour se conformer à la présente directive.

La Commission réexamine périodiquement le fonctionnement de la présente directive et fait rapport au Parlement européen et au Conseil. Ce rapport évalue en particulier la valeur ajoutée de la présente directive, son impact en vue de garantir la résilience des entités critiques et détermine si l'annexe de la présente directive devrait être modifiée. La Commission présente le premier rapport de ce type au plus tard le 17 juin 2029. Aux fins de l'établissement des rapports au titre du présent article, la Commission tient compte des documents pertinents du groupe sur la résilience des entités critiques.

Art. 26 *Transposition.* 1. Les États membres adoptent et publient, au plus tard le 17 octobre 2024, les dispositions nécessaires pour se conformer à la présente directive. Ils en informent immédiatement la Commission.

Ils appliquent ces dispositions à partir du 18 octobre 2024.

2. Lorsque les États membres adoptent les dispositions visées au paragraphe 1, celles-ci contiennent une référence à la présente directive ou sont accompagnées d'une telle référence lors de leur publication officielle. Les modalités de cette référence sont arrêtées par les États membres.

Art. 27 *Abrogation de la directive 2008/114/CE.* La directive 2008/114/CE est abrogée avec effet au 18 octobre 2024.

Les références faites à la directive abrogée s'entendent comme faites à la présente directive.

Art. 28 *Entrée en vigueur.* La présente directive entre en vigueur le vingtième jour suivant celui de sa publication au *Journal officiel de l'Union européenne* *[JOUE L 333 du 27 déc. 2022]*.

ANNEXE

Secteurs, sous-secteurs et catégories d'entités

Secteur	Sous-secteur	Type d'entité
1. Énergie	a) Électricité	— Entreprises d'électricité au sens de l'article 2, point 57), de la directive (UE) 2019/944 du Parlement européen et du Conseil *[du 5 juin 2019 concernant des règles communes pour le marché intérieur de l'électricité et modifiant la Dir. 2012/27/UE]*, qui assurent la fonction de « fourniture » au sens de l'article 2, point 12), de ladite directive.
		— Gestionnaires de réseau de distribution au sens de l'article 2, point 29), de la directive (UE) 2019/944 (UE) 2019/944
		— Gestionnaires de réseau de transport au sens de l'article 2, point 35), de la directive (UE) 2019/944
		— Producteurs au sens de l'article 2, point 38), de la directive (UE) 2019/944
		— Opérateurs désignés du marché de l'électricité au sens de l'article 2, point 8), du règlement (UE) 2019/943 du Parlement européen et du Conseil *[du 5 juin 2019 sur le marché intérieur de l'électricité]*.
		— Acteurs du marché au sens de l'article 2, point 25), du règlement (UE) 2019/943, qui fournissent des services d'agrégation, de participation active de la demande ou de stockage d'énergie au sens de l'article 2, points 18), 20) et 59), de la directive (UE) 2019/944
	b) Réseaux de chaleur et de froid	— Opérateurs de réseaux de chaleur ou de réseaux de froid au sens de l'article 2, point 19), de la directive (UE) 2018/2001 du Parlement européen et du Conseil *[du 11 déc. 2018 relative à la promotion de l'utilisation de l'énergie produite à partir de sources renouvelables]*.
	c) Pétrole	— Exploitants d'oléoducs
		— Exploitants d'installations de production, de raffinage, de traitement, de stockage et de transport de pétrole
		— Entités centrales de stockage au sens de l'article 2, point f), de la directive 2009/119/CE du Conseil *[du 14 sept. 2009 faisant obligation aux États membres de maintenir un niveau minimal de stocks de pétrole brut et/ou de produits pétroliers]*.

Secteur	Sous-secteur	Type d'entité
	d) Gaz	— Entreprises de fourniture au sens de l'article 2, point 8), de la directive 2009/73/CE du Parlement européen et du Conseil *[du 13 juill. 2009 concernant des règles communes pour le marché intérieur du gaz naturel et abrogeant la Dir. 2003/55/CE].*
		— Gestionnaires de réseau de distribution au sens de l'article 2, point 6), de la directive 2009/73/CE
		— Gestionnaires de réseau de transport au sens de l'article 2, point 4), de la directive 2009/73/CE
		— Gestionnaires d'installation de stockage au sens de l'article 2, point 10), de la directive 2009/73/CE
		— Gestionnaires d'installation de GNL au sens de l'article 2, point 12), de la directive 2009/73/CE
		— Entreprises de gaz naturel au sens de l'article 2, point 1), de la directive 2009/73/CE
		— Exploitants d'installations de raffinage et de traitement de gaz naturel
	e) Hydrogène	— Exploitants de systèmes de production, de stockage et de transport d'hydrogène
2. Transports	a) Transports aériens	— Transporteurs aériens au sens de l'article 3, point 4), du règlement (CE) n° 300/2008 utilisés à des fins commerciales
		— Entités gestionnaires d'aéroports au sens de l'article 2, point 2), de la directive 2009/12/CE du Parlement européen et du Conseil *[du 11 mars 2009 sur les redevances aéroportuaires]*, aéroports au sens de l'article 2, point 1), de ladite directive, y compris les aéroports du réseau central énumérés à l'annexe II, section 2, du règlement (UE) n° 1315/2013 du Parlement européen et du Conseil *[du 11 déc. 2013 sur les orientations de l'Union pour le développement du réseau transeuropéen de transport et abrogeant la Déc. n° 661/2010/UE]*, et entités exploitant les installations annexes se trouvant dans les aéroports.
		— Services du contrôle de la circulation aérienne assurant les services du contrôle de la circulation aérienne au sens de l'article 2, point 1), du règlement (CE) n° 549/2004 du Parlement européen et du Conseil *[du 10 mars 2004 fixant le cadre pour la réalisation du ciel unique européen (« règlement-cadre »)].*
	b) Transports ferroviaires	— Gestionnaires de l'infrastructure au sens de l'article 3, point 2), de la directive 2012/34/UE du Parlement européen et du Conseil *[du 21 nov. 2012 établissant un espace ferroviaire unique européen].*
		— Entreprises ferroviaires au sens de l'article 3, point 1), de la directive 2012/34/UE et exploitants d'installations de services au sens de l'article 3, point 12), de ladite directive
	c) Transports par eau	— Sociétés de transport par voie d'eau intérieure, maritime et côtier de passagers et de fret telles qu'elles sont définies pour le domaine du transport maritime visé à l'annexe I du règlement (CE) n° 725/2004, à l'exclusion des navires exploités à titre individuel par ces sociétés

Secteur	Sous-secteur	Type d'entité
		— Entités gestionnaires des ports au sens de l'article 3, point 1), de la directive 2005/65/CE, y compris les installations portuaires au sens de l'article 2, point 11), du règlement (CE) n° 725/2004, ainsi que les entités exploitant des ateliers et des équipements à l'intérieur des ports
		— Exploitants de services de trafic maritime (STM) au sens de l'article 3, point o), de la directive 2002/59/CE du Parlement européen et du Conseil *[du 27 juin 2002 relative à la mise en place d'un système communautaire de suivi du trafic des navires et d'information, et abrogeant la Dir. 93/75/CEE du Conseil].*
	d) Transports routiers	— Autorités routières au sens de l'article 2, point 12), du règlement délégué (UE) 2015/962 de la Commission *[du 18 déc. 2014 complétant la Dir. 2010/40/UE du Parlement européen et du Conseil en ce qui concerne la mise à disposition, dans l'ensemble de l'Union, de services d'informations en temps réel sur la circulation]* chargées du contrôle de la gestion de la circulation, à l'exclusion des entités publiques pour lesquelles la gestion de la circulation ou l'exploitation des systèmes de transport intelligents constituent une partie non essentielle de leur activité générale
		— Exploitants de systèmes de transport intelligents au sens de l'article 4, point 1), de la directive 2010/40/UE du Parlement européen et du Conseil *[du 7 juill. 2010 concernant le cadre pour le déploiement de systèmes de transport intelligents dans le domaine du transport routier et d'interfaces avec d'autres modes de transport].*
	e) Transports publics	Opérateurs de services publics au sens de l'article 2, point d), du règlement (CE) n° 1370/2007 du Parlement européen et du Conseil *[du 23 oct. 2007 relatif aux services publics de transport de voyageurs par chemin de fer et par route, et abrogeant les Règl. (CEE) nos 1191/69 et (CEE) 1107/70 du Conseil].*
3. Secteur bancaire		— Établissements de crédit au sens de l'article 4, point 1), du règlement (UE) n° 575/2013
4. Infrastructures des marchés financiers		— Exploitants de plates-formes de négociation au sens de l'article 4, point 24), de la directive 2014/65/UE
		— Contreparties centrales au sens de l'article 2, point 1), du règlement (UE) n° 648/2012

Secteur	Sous-secteur	Type d'entité
5. Santé		— Prestataires de soins de santé au sens de l'article 3, point g), de la directive 2011/24/UE du Parlement européen et du Conseil *[du 9 mars 2011 relative à l'application des droits des patients en matière de soins de santé transfrontaliers].*
		Laboratoires de référence de l'UE visés à l'article 15 du règlement (UE) 2022/2371 du Parlement européen et du Conseil *[du 23 nov. 2022 concernant les menaces transfrontières graves pour la santé et abrogeant la décision n° 1082/2013/UE].*
		— Entités exerçant des activités de recherche et de développement dans le domaine des médicaments au sens de l'article 1er, point 2), de la directive 2001/83/CE du Parlement européen et du Conseil *[du 6 nov. 2001 instituant un code communautaire relatif aux médicaments à usage humain]* — Entités fabriquant des produits pharmaceutiques de base et des préparations pharmaceutiques au sens de la NACE Rév. 2, section C, division 21 — Entités fabriquant des dispositifs médicaux considérés comme critiques en cas d'urgence de santé publique (liste des dispositifs médicaux critiques en cas d'urgence de santé publique) au sens de l'article 22 du règlement (UE) 2022/123 du Parlement européen et du Conseil *[du 25 janv. 2022 relatif à un rôle renforcé de l'Agence européenne des médicaments dans la préparation aux crises et la gestion de celles-ci en ce qui concerne les médicaments et les dispositifs médicaux].*
		— Entités titulaires d'une autorisation de distribution au sens de l'article 79 de la directive 2001/83/CE
6. Eau potable		— Fournisseurs et distributeurs d'eaux destinées à la consommation humaine au sens de l'article 2, point 1) a), de la directive (UE) 2020/2184 du Parlement européen et du Conseil *[du 16 déc. 2020 relative à la qualité des eaux destinées à la consommation humaine]*, à l'exclusion des distributeurs pour lesquels la distribution d'eaux destinées à la consommation humaine constitue une partie non essentielle de leur activité générale de distribution d'autres produits et biens
7. Eaux résiduaires		— Entreprises collectant, évacuant ou traitant les eaux urbaines résiduaires, des eaux ménagères usées ou des eaux industrielles usées au sens de l'article 2, points 1), 2) et 3), de la directive 91/271/CEE du Conseil *[du 21 mai 1991 relative au traitement des eaux urbaines résiduaires]*, à l'exclusion des entreprises pour lesquelles la collecte, l'évacuation ou le traitement des eaux urbaines résiduaires, des eaux ménagères usées ou des eaux industrielles usées constituent une partie non essentielle de leur activité générale

Secteur	Sous-secteur	Type d'entité
8. Infrastructures numériques		— Fournisseurs de points d'échange internet au sens de l'article 6, point 18), de la directive (UE) 2022/2555
		— Fournisseurs de services DNS au sens de l'article 6, point 20), de la directive (UE) 2022/2555, à l'exclusion des opérateurs de serveurs racines de noms de domaines
		— Registres de noms de domaines de premier niveau au sens de l'article 6, point 21), de la directive (UE) 2022/2555
		— Fournisseurs de services d'informatique en nuage
		— Fournisseurs de services d'informatique en nuage au sens de l'article 6, point 30), de la directive (UE) 2022/2555
		— Fournisseurs de services de centre de données au sens de l'article 6, point 31), de la directive (UE) 2022/2555
		— Fournisseurs de réseaux de diffusion de contenu au sens de l'article 6, point 32), de la directive (UE) 2022/2555
		— Prestataires de services de confiance au sens de l'article 3, point 19), du règlement (UE) n° 910/2014 du Parlement européen et du Conseil *[du 23 juill. 2014 sur l'identification électronique et les services de confiance pour les transactions électroniques au sein du marché intérieur et abrogeant la Dir. 1999/93/CE].*
		— Fournisseurs de réseaux de communications électroniques publics au sens de l'article 2, point 8), de la directive (UE) 2018/1972 du Parlement européen et du Conseil *[du 11 déc. 2018 établissant le code des communications électroniques européen].*
		— Fournisseurs de services de communications électroniques au sens de l'article 2, point 4), de la directive (UE) 2018/1972 dans la mesure où leurs services sont accessibles au public
9. Administration publique (inter-entreprises)		— Entités de l'administration publique des pouvoirs publics centraux définies comme telles par un État membre conformément au droit national
10. Espace		— Exploitants d'infrastructures au sol, détenues, gérées et exploitées par des États membres ou par des parties privées, qui soutiennent la fourniture de services spatiaux, à l'exclusion des fournisseurs de réseaux de communications électroniques publics au sens de l'article 2, point 8), de la directive (UE) 2018/1972

Secteur	Sous-secteur	Type d'entité
11. Production, transformation et distribution de denrées alimentaires		— Entreprises du secteur alimentaire au sens de l'article 3, point 2), du règlement (CE) n° 178/2002 du Parlement européen et du Conseil *[du 28 janv. 2002 établissant les principes généraux et les prescriptions générales de la législation alimentaire, instituant l'Autorité européenne de sécurité des aliments et fixant des procédures relatives à la sécurité des denrées alimentaires]*, qui exercent exclusivement des activités de logistique et de distribution en gros ainsi que de production et de transformation industrielles à grande échelle

Recommandation du Conseil du 8 décembre 2022,

Relative à une approche coordonnée à l'échelle de l'Union pour renforcer la résilience des infrastructures critiques.

B Comité européen de la protection des données (CEPD – anc. G29)

Avis n° 05/2014 du G29 du 10 avril 2014,

Sur les techniques d'anonymisation (WP 216).

Résumé

Dans le présent avis, le groupe de travail "Article 29" analyse l'efficacité et les limites des techniques d'anonymisation existantes dans le contexte juridique de la protection des données dans l'Union et formule des recommandations pour l'utilisation de ces techniques en tenant compte du risque résiduel d'identification inhérent à chacune d'elles.

Le groupe de travail "Article 29" convient de l'intérêt potentiel de l'anonymisation notamment comme stratégie permettant aux citoyens et à la société en général de bénéficier des avantages des "données ouvertes", tout en atténuant les risques pour les personnes concernées. Cependant, les études de cas et les recherches publiées ont montré combien il est difficile de créer un ensemble de données vraiment anonymes en conservant suffisamment d'informations sous-jacentes pour les besoins de la tâche concernée.

Au regard de la directive 95/46/CE et d'autres instruments juridiques pertinents de l'Union, l'anonymisation est le résultat du traitement des données personnelles afin d'empêcher, de façon irréversible, toute identification. Ce faisant, les responsables du traitement des données doivent tenir compte de plusieurs éléments, en prenant en considération l'ensemble des moyens "susceptibles d'être raisonnablement mis en œuvre" à des fins d'identification (soit par le responsable du traitement, soit par un tiers).

L'anonymisation constitue un traitement ultérieur des données à caractère personnel ; à ce titre, elle doit satisfaire à l'exigence de compatibilité au regard des motifs juridiques et des circonstances du traitement ultérieur. De plus, si les données anonymisées sortent du champ d'application de la législation sur la protection des données, les personnes concernées peuvent néanmoins avoir droit à une protection au titre d'autres dispositions (comme celles qui protègent la confidentialité des communications).

Les principales techniques d'anonymisation, à savoir la randomisation et la généralisation, sont décrites dans le présent avis. Il y est notamment question d'ajout de

bruit, de permutation, de confidentialité différentielle, d'agrégation, de *k*-anonymat, de *l*-diversité et de *t*-proximité. Les principes, les points forts et les points faibles de ces techniques sont expliqués, de même que les erreurs courantes et les échecs qui se rapportent à l'utilisation de chaque technique.

L'avis examine la fiabilité de chaque technique sur la base de trois critères :

i) est-il toujours possible d'isoler un individu ?

ii) est-il toujours possible de relier entre eux les enregistrements relatifs à un individu ? et

iii) peut-on déduire des informations concernant un individu ?

La connaissance des principales forces et faiblesses de chaque technique peut être utile pour décider comment concevoir un processus d'anonymisation adéquat dans un contexte donné.

Il est aussi question de la pseudonymisation, afin d'éviter certains écueils et idées fausses : la pseudonymisation n'est pas une méthode d'anonymisation. Elle réduit simplement la corrélation d'un ensemble de données avec l'identité originale d'une personne concernée et constitue par conséquent une mesure de sécurité utile.

La conclusion du présent avis est que les techniques d'anonymisation peuvent apporter des garanties en matière de respect de la vie privée et peuvent servir à créer des procédés d'anonymisation efficaces, mais uniquement si leur application est correctement conçue – ce qui suppose que les conditions préalables (le contexte) et les objectifs du processus d'anonymisation soient clairement définis de façon à parvenir à l'anonymisation visée, tout en produisant des données utiles. Le choix de la solution optimale devrait s'opérer au cas par cas, en utilisant éventuellement une combinaison de techniques différentes, sans perdre de vue les recommandations pratiques formulées dans cet avis.

Enfin, les responsables du traitement des données devraient être conscients qu'un ensemble de données anonymisées peut encore présenter des risques résiduels pour les personnes concernées. En effet, d'une part, l'anonymisation et la ré-identification sont des domaines de recherche très actifs où de nouvelles découvertes sont régulièrement publiées et, d'autre part, même des données anonymisées, comme les statistiques, peuvent servir à étoffer des profils existants, créant ainsi de nouveaux problèmes en termes de protection des données. C'est pourquoi l'anonymisation ne doit pas être considérée comme un exercice ponctuel : il appartient aux responsables du traitement des données de réévaluer régulièrement les risques associés.

1. Introduction

Alors que les appareils, les capteurs et les réseaux engendrent des volumes considérables et de nouveaux types de données et que le coût de leur stockage devient négligeable, les perspectives de réutilisation de ces données suscitent dans le public un intérêt et une demande qui ne cessent de croître. Les "données ouvertes" peuvent apporter des avantages évidents à la société, aux citoyens et aux organisations, à condition cependant que soit respecté le droit de chacun à la protection de ses données à caractère personnel et de sa vie privée.

L'anonymisation peut constituer une bonne stratégie afin de préserver ces avantages tout en atténuant les risques. Dès lors qu'un ensemble de données est vraiment anonymisé et que les individus ne sont plus identifiables, la législation européenne sur la protection des données ne s'applique plus. Toutefois, les études de cas et les travaux de recherche publiés font clairement ressortir toute la difficulté de créer un ensemble de données vraiment anonymes à partir d'une profusion de données à caractère personnel, en conservant suffisamment d'informations sous-jacentes pour les besoins de la tâche concernée. Par exemple, un ensemble de données considérées comme anonymes peut être combiné avec un autre ensemble de données de telle façon qu'un ou plusieurs individus deviennent identifiables.

Dans le présent avis, le groupe de travail "Article 29" analyse l'efficacité et les limites des techniques d'anonymisation existantes dans le contexte juridique de la protection des données dans l'Union et formule des recommandations pour une utilisation prudente et responsable de ces techniques afin de mettre en place un processus d'anonymisation.

2. Définitions et analyse juridique

2.1. *Définitions dans le contexte législatif de l'Union*

La directive 95/46/CE mentionne l'anonymisation au considérant 26 pour exclure les données anonymisées du champ d'application de la législation sur la protection des données :

"considérant que les principes de la protection doivent s'appliquer à toute information concernant une personne identifiée ou identifiable ; que, pour déterminer si une personne est identifiable, il convient de considérer l'ensemble des moyens susceptibles d'être raisonnablement mis en œuvre, soit par le responsable du traitement, soit par une autre personne, pour identifier ladite personne ; que les principes de la protection ne s'appliquent pas aux données rendues anonymes d'une manière telle que la personne concernée n'est plus identifiable ; que les codes de conduite au sens de l'article 27 peuvent être un instrument utile pour fournir des indications sur les moyens par lesquels les données peuvent être rendues anonymes et conservées sous une forme ne permettant plus l'identification de la personne concernée"*[Il est à noter, de surcroît, que c'est aussi l'approche suivie dans le projet de règlement de l'Union sur la protection des données, au considérant 23 : "Pour déterminer si une personne est identifiable, il convient de considérer l'ensemble des moyens susceptibles d'être raisonnablement mis en œuvre, soit par le responsable du traitement, soit par une autre personne, pour identifier ladite personne."]*.

Une lecture attentive du considérant 26 permet d'en tirer une définition conceptuelle de l'anonymisation. Le considérant 26 signifie que, pour rendre des données anonymes, il faut en retirer suffisamment d'éléments pour que la personne concernée ne puisse plus être identifiée. Plus précisément, les données doivent être traitées de façon à ne plus pouvoir être utilisées pour identifier une personne physique en recourant à "l'ensemble des moyens susceptibles d'être raisonnablement mis en œuvre", soit par le responsable du traitement, soit par un tiers. Un facteur important est que le traitement doit être irréversible. La directive ne précise pas comment un tel processus d'anonymisation devrait ou pourrait être exécuté *[Cette notion est approfondie ci-dessous dans le présent avis.]*. L'accent est mis sur le résultat : il faut faire en sorte que les données ne permettent pas d'identifier la personne concernée par "l'ensemble" des moyens "susceptibles" d'être "raisonnablement" employés. Il est fait référence aux codes de conduite en tant qu'instrument*[s]* utile*[s]* pour envisager des mécanismes possibles d'anonymisation et de conservation des données sous une forme "ne permettant plus" l'identification de la personne concernée. La directive place donc manifestement la barre très haut.

La directive "vie privée et communications électroniques" (directive 2002/58/CE) évoque aussi l'anonymisation et les données anonymes dans une optique très similaire. Le considérant 26 indique :

"Il convient également d'effacer ou de rendre anonymes les données relatives au trafic utilisées pour la commercialisation de services de communications ou pour la fourniture de services à valeur ajoutée, lorsque les services en question ont été fournis."

En conséquence de quoi, l'article 6, paragraphe 1, dispose :

"Les données relatives au trafic concernant les abonnés et les utilisateurs traitées et stockées par le fournisseur d'un réseau public de communications ou d'un service de communications électroniques accessibles au public doivent être effacées ou rendues anonymes lorsqu'elles ne sont plus nécessaires à la transmission d'une communication sans préjudice des paragraphes 2, 3 et 5, du présent article ainsi que de l'article 15, paragraphe 1."

De plus, conformément à l'article 9, paragraphe 1 :

"Lorsque des données de localisation, autres que des données relatives au trafic, concernant des utilisateurs ou *[des]* abonnés de réseaux publics de communications ou de services de communications électroniques accessibles au public ou des abonnés à ces réseaux ou services, peuvent être traitées, elles ne le seront qu'après avoir été rendues anonymes ou moyennant le consentement des utilisateurs ou des abon-

nés, dans la mesure et pour la durée nécessaires à la fourniture d'un service à valeur ajoutée."

Le raisonnement qui sous-tend ces dispositions est que le résultat de l'anonymisation, en tant que technique appliquée aux données à caractère personnel, devrait être, dans l'état actuel de la technologie, aussi permanent qu'un effacement, c'est-à-dire qu'il devrait rendre impossible tout traitement de données à caractère personnel *[Il convient de rappeler ici que l'anonymisation est aussi définie dans des normes internationales - notamment la norme ISO 29100 - comme étant le "processus par lequel des informations personnellement identifiables (IPI) sont irréversiblement altérées de telle façon que le sujet des IPI ne puisse plus être identifié directement ou indirectement, que ce soit par le responsable du traitement des IPI seul ou en collaboration avec une quelconque autre partie" (ISO 29100 :2011). L'irréversibilité de l'altération subie par les données personnelles pour ne plus permettre l'identification directe ou indirecte est donc aussi un élément déterminant pour l'ISO. De ce point de vue, la norme présente une convergence considérable avec les principes et les notions qui sous-tendent la directive 95/46/CE. Cela s'applique aussi aux définitions que l'on peut trouver dans certaines législations nationales (par exemple, en Italie, en Allemagne et en Slovénie), qui insistent sur le caractère non identifiable et qui font référence à l'"effort disproportionné" qu'exigerait une ré-identification (D, SI). La loi française relative à la protection des données prévoit néanmoins que les données conservent un caractère personnel même si la ré-identification de la personne concernée est rendue très difficile et improbable - c'est-à-dire qu'il n'y a pas de disposition renvoyant au critère du "caractère raisonnable".]*.

2.2. *Analyse juridique*

L'analyse du libellé des dispositions relatives à l'anonymisation dans les principaux instruments de protection des données de l'Union permet de retenir quatre aspects essentiels :

– L'anonymisation peut être le résultat du traitement de données à caractère personnel dans le but d'empêcher irréversiblement l'identification de la personne concernée.

– Plusieurs techniques d'anonymisation peuvent être envisagées ; il n'y a pas de normes prescriptives dans la législation de l'Union.

– Les éléments contextuels ont leur importance : il faut prendre en considération "l'ensemble" des moyens "susceptibles" d'être "raisonnablement" utilisés à des fins d'identification par le responsable du traitement ou par des tiers, en prêtant une attention particulière aux moyens que l'état actuel de la technologie a rendu récemment "susceptibles" d'être "raisonnablement" mis en œuvre (compte tenu de l'évolution de la puissance de calcul et des outils disponibles).

– Pour apprécier la validité d'une technique d'anonymisation, il faut tenir compte du facteur de risque qui lui est inhérent – et notamment des utilisations possibles des données "anonymisées" au moyen de cette technique et évaluer la gravité et la probabilité de ce risque.

L'expression "technique d'anonymisation" est employée dans le présent avis, plutôt que les termes "anonymat" ou "données anonymes", afin d'insister sur le risque résiduel de ré-identification inhérent à toute mesure technique ou organisationnelle visant à rendre des données "anonymes".

2.2.1. *Licéité du processus d'anonymisation*

Premièrement, l'anonymisation est une technique appliquée aux données à caractère personnel afin d'empêcher irréversiblement leur identification. L'hypothèse de départ est donc que les données à caractère personnel doivent avoir été collectées et traitées dans le respect de la législation applicable en matière de conservation des données sous une forme identifiable.

Dans ce contexte, le processus d'anonymisation, désignant le traitement de telles données à caractère personnel en vue de les rendre anonymes, constitue un "traitement ultérieur". A ce titre, ce traitement doit satisfaire au critère de compatibilité conformément aux lignes directrices proposées par le groupe de travail "Article 29" dans son avis 03/2013 sur la limitation des finalités *[Avis 03/2013 du groupe de travail "Article 29"]*.

Il s'ensuit que la base juridique de l'anonymisation peut, en principe, résider dans l'un des motifs mentionnés à l'article 7 (notamment l'intérêt légitime poursuivi par le

responsable du traitement des données) pour autant que les exigences de qualité des données visées à l'article 6 de la directive soient également satisfaites, en tenant dûment compte des circonstances spécifiques et de tous les facteurs mentionnés dans l'avis du groupe de travail "Article 29" sur la limitation des finalités [*Cela signifie notamment qu'il faut procéder à une appréciation matérielle à la lumière de toutes les circonstances pertinentes, en prêtant une attention particulière aux facteurs-clés suivants : a) la relation entre les finalités pour lesquelles les données à caractère personnel ont été collectées et les finalités du traitement ultérieur ; b) le contexte dans lequel les données à caractère personnel ont été collectées et les attentes raisonnables des personnes concernées à propos de leur utilisation ultérieure ; c) la nature des données à caractère personnel et l'impact du traitement ultérieur sur les personnes concernées ; d) les garanties appliquées par le responsable du traitement pour assurer un traitement équitable et éviter tout impact excessif sur les personnes concernées.*].

D'un autre côté, il faut mentionner les dispositions énoncées à l'article 6, paragraphe 1, point e, de la directive 95/46/CE (mais aussi à l'article 6, paragraphe 1, et à l'article 9, paragraphe 1, de la directive "vie privée et communications électroniques"), qui soulignent la nécessité de conserver des données à caractère personnel "sous une forme permettant l'identification" pendant une durée n'excédant pas celle nécessaire à la réalisation des finalités pour lesquelles elles sont collectées ou pour lesquelles elles sont traitées ultérieurement.

En soi, cette exigence insiste sur le fait que les données à caractère personnel devraient, à tout le moins, être anonymisées "par défaut" (sous réserve de dispositions juridiques différentes, comme celles mentionnées dans la directive "vie privée et communications électroniques" à propos des données relatives au trafic). Si le responsable du traitement des données souhaite conserver ces données à caractère personnel après que les finalités du traitement original ou ultérieur ont été réalisées, des techniques d'anonymisation devraient être appliquées de façon à empêcher irréversiblement l'identification.

Par conséquent, le groupe de travail "Article 29" considère que l'anonymisation, en tant que traitement ultérieur de données à caractère personnel, peut être jugée compatible avec les finalités originales du traitement, à condition que le processus d'anonymisation soit de nature à produire des informations anonymisées au sens décrit dans le présent document.

Il faut ajouter que l'anonymisation doit demeurer conforme aux contraintes juridiques rappelées par la Cour de justice dans son arrêt C-553/07 (*College van burgemeester en wethouders van Rotterdam/M.E.E. Rijkeboer*), concernant la nécessité de conserver les données sous une forme identifiable pour permettre, par exemple, l'exercice des droits d'accès des personnes concernées. La Cour a jugé que "[l]'article 12, sous a, de la directive [95/46/CE] impose aux États membres de prévoir un droit d'accès à l'information sur les destinataires ou les catégories de destinataires des données ainsi qu'au contenu de l'information communiquée non seulement pour le présent, mais aussi pour le passé. Il appartient aux États membres de fixer un délai de conservation de cette information ainsi qu'un accès corrélatif à celle-ci qui constituent un juste équilibre entre, d'une part, l'intérêt de la personne concernée à protéger sa vie privée, notamment au moyen des voies d'intervention et de recours prévus par la directive et, d'autre part, la charge que l'obligation de conserver cette information représente pour le responsable du traitement.".

Cela vaut en particulier dans le cas où un responsable du traitement des données s'appuie sur l'article 7, point f, de la directive 95/46/CE, en ce qui concerne l'anonymisation : l'intérêt légitime poursuivi par le responsable du traitement des données doit toujours être mis en balance avec les droits et les libertés fondamentales des personnes concernées.

Par exemple, une enquête des autorités néerlandaises chargées de la protection des données DPA en 2012-2013 sur le recours à des technologies d'inspection approfondie des paquets par quatre opérateurs de téléphonie mobile a mis en évidence un fondement juridique, au titre de l'article 7, point f de la directive 95/46/CE, justifiant l'anonymisation des contenus des données relatives au trafic dès que possible après la collecte de ces données. En effet, l'article 6 de la directive "vie privée et communications électroniques" stipule que les données relatives au trafic concernant les abonnés et les utilisateurs traitées et stockées par le fournisseur d'un réseau public de commu-

nications ou d'un service de communications électroniques accessibles au public doivent être effacées ou rendues anonymes aussi rapidement que possible. Dans ce cas, dès lors que l'article 6 de la directive "vie privée et communications électroniques" le permet, il existe un fondement juridique correspondant dans l'article 7 de la directive sur la protection des données. L'inverse est vrai également : si un type de traitement de données n'est pas autorisé au titre de l'article 6 de la directive "vie privée et communications électroniques", l'article 7 de la directive sur la protection des données ne peut constituer un fondement juridique.

2.2.2. *Caractère potentiellement identifiable des données anonymisées*

Le groupe de travail "Article 29" a examiné en détail le concept de données à caractère personnel dans son avis 4/2007 sur les données à caractère personnel, en concentrant son attention sur les éléments constitutifs de la définition figurant à l'article 2, point a, de la directive 95/46/CE, et notamment la mention "identifiée ou identifiable" qui fait partie de cette définition. Dans ce contexte, le groupe de travail "Article 29" a aussi conclu que les "données anonymisées" sont donc des données anonymes qui concernaient auparavant une personne identifiable, mais ne permettent plus cette identification.

De ce fait, le groupe de travail "Article 29" a déjà fait ressortir que le critère des "moyens susceptibles d'être raisonnablement mis en œuvre" évoqué par la directive doit être appliqué pour apprécier si le procédé d'anonymisation est suffisamment fiable, c'est-à-dire si l'identification est devenue "raisonnablement" impossible. Le contexte et les circonstances propres à chaque cas spécifique ont un impact direct sur le caractère identifiable. Dans l'annexe technique jointe au présent avis, les conséquences du choix de la technique la plus appropriée sont analysées.

Ainsi qu'il a déjà été signalé, les recherches, les outils et la puissance de calcul évoluent. Il n'est par conséquent ni réaliste ni utile de dresser une liste exhaustive des circonstances dans lesquelles l'identification n'est plus possible. Cependant, certains facteurs-clés méritent d'être pris en considération et illustrés.

Premièrement, il peut être avancé que les responsables du traitement des données devraient concentrer leur attention sur les moyens concrets qui seraient nécessaires pour inverser la technique d'anonymisation, notamment en termes de coût et de savoir-faire requis pour mettre en œuvre ces moyens, et sur l'appréciation de leur probabilité et de leur gravité. Par exemple, les responsables du traitement des données devraient mettre en balance leurs efforts d'anonymisation et les coûts résultants (en termes de temps et de ressources) avec la disponibilité croissante, à peu de frais, des moyens techniques permettant d'identifier des individus dans des ensembles de données, l'accessibilité publique croissante d'autres ensembles de données (comme ceux mis à disposition dans le cadre de politique de "données ouvertes"), et les nombreux exemples d'anonymisation incomplète entraînant par la suite des effets négatifs, parfois irréparables, pour les personnes concernées *[Il est intéressant de relever que les amendements du Parlement européen au projet de Règlement général sur la protection des données récemment proposé (21 oct. 2013) mentionnent spécifiquement au considérant 23 : "Pour établir si des moyens sont raisonnablement susceptibles d'être mis en œuvre afin d'identifier une personne physique, il convient de considérer l'ensemble des facteurs objectifs, tels que le coût de l'identification et le temps nécessaire à celle-ci, en tenant compte à la fois des technologies disponibles au moment du traitement et de l'évolution de celles-ci."]*. Il est à noter que le risque d'identification peut augmenter avec le temps et dépend aussi des progrès des technologies de l'information et des communications. Les règles juridiques doivent donc, le cas échéant, être formulées d'une manière technologiquement neutre et tenir compte, dans l'idéal, des capacités d'évolution des technologies de l'information *[V. l'avis 4/2007 du groupe de travail "Article 29", p. 16.]*.

Deuxièmement, "les moyens" qu'il convient de considérer "pour déterminer si une personne est identifiable" sont ceux "susceptibles d'être raisonnablement mis en œuvre, soit par le responsable du traitement, soit par une autre personne". Il est donc crucial de comprendre que, dans le cas où un responsable du traitement des données n'efface pas les données originales (identifiables) au niveau des événements individuels et transmet une partie de cet ensemble de données (par exemple après avoir supprimé ou masqué les données identifiables), l'ensemble de données résultant constitue encore

des données à caractère personnel. Ce n'est que si les données sont agrégées par le responsable de leur traitement à un niveau où les événements individuels ne sont plus identifiables que l'ensemble de données résultant peut être qualifié d'anonyme. Par exemple : si une organisation collecte des données sur des déplacements individuels, les habitudes de voyage au niveau des événements individuels pourraient encore être considérées comme des données à caractère personnel pour toute partie intéressée, tant que le responsable du traitement des données (ou un tiers) continue à avoir accès aux données brutes originales, même si les identifiants directs ont été supprimés de l'ensemble de données transmis à des tiers. Mais si le responsable du traitement des données efface les données brutes et ne transmet à des tiers que des statistiques agrégées à un niveau supérieur, par exemple "le lundi, sur le trajet X, le nombre de passagers est supérieur de 160 % à celui du mardi", ces données pourraient être qualifiées d'anonymes.

Une solution d'anonymisation efficace doit empêcher toutes les parties d'isoler un individu dans un ensemble de données, de relier entre eux deux enregistrements dans un ensemble de données (ou dans deux ensembles de données séparés) et de déduire des informations de cet ensemble de données. D'une manière générale, il ne suffit donc pas de supprimer directement des éléments qui sont, en eux-mêmes, identifiants pour garantir que toute identification de la personne n'est plus possible. Il sera souvent nécessaire de prendre des mesures supplémentaires pour empêcher l'identification, toujours en fonction du contexte et des finalités du traitement auquel sont destinées les données anonymisées.

EXEMPLE :

Les profils génétiques constituent un exemple de données à caractère personnel qui, en raison du caractère unique de certains profils, peuvent présenter un risque d'identification si la seule technique utilisée est la suppression de l'identité du donneur. Il a déjà été démontré dans la littérature *[V. John Bohannon, "Genealogy Databases Enable Naming of Anonymous DNA Donors", Science, vol. 339, n° 6117 (18 janv. 2013), p. 262.]* **que la combinaison de ressources génétiques publiquement disponibles (par exemple, des registres généalogiques, des notices nécrologiques, les résultats obtenus en interrogeant les moteurs de recherche) et des métadonnées concernant les données d'ADN (date du prélèvement, âge, lieu de résidence) peut révéler l'identité de certains individus même si cet ADN a été donné "anonymement".**

Les deux grandes familles de techniques d'anonymisation – la randomisation et la généralisation des données *[Les principales caractéristiques de ces deux techniques d'anonymisation et leurs différences sont décrites à la sect. 3 ci-après ("Analyse technique").]* – ont leurs lacunes ; cependant, chacune d'elles peut être appropriée, selon les circonstances et le contexte, pour atteindre la finalité souhaitée sans compromettre le droit des personnes concernées au respect de leur vie privée. Il faut insister sur le fait que l'"identification" ne désigne pas simplement la possibilité de retrouver le nom et/ou l'adresse d'une personne, mais inclut aussi la possibilité de l'identifier par un procédé d'individualisation, de corrélation ou d'inférence. De surcroît, pour que la législation sur la protection des données s'applique, peu importe que les intentions soient celles du responsable du traitement des données ou de celui à qui elles sont destinées. Du moment que les données sont identifiables, les règles en matière de protection des données s'appliquent.

Quand des tiers traitent un ensemble de données auquel une technique d'anonymisation a été appliquée (données anonymisées et communiquées par le responsable de leur traitement à l'origine), ils ne sont pas tenus d'observer les exigences de protection des données pour autant qu'ils ne puissent pas identifier (directement ou indirectement) les personnes concernées dans l'ensemble de données original. Cependant, les tiers doivent prendre en compte les facteurs contextuels et circonstanciels mentionnés précédemment (y compris les spécificités des techniques d'anonymisation appliquées par le responsable du traitement des données à l'origine) pour décider comment ils comptent exploiter et, en particulier, combiner ces données anonymisées pour leur propre usage – car les conséquences résultantes peuvent entraîner différents types de responsabilité de leur part. Dans le cas où ces facteurs et ces caractéristiques

sont de nature à comporter un risque inacceptable d'identification des personnes concernées, le traitement entre de nouveau dans le champ d'application de la législation en matière de protection des données.

La liste présentée plus haut ne se veut en aucune façon exhaustive, mais vise plutôt à donner une orientation générale pour l'appréciation du caractère potentiellement identifiable d'un ensemble de données selon les différentes techniques d'anonymisation disponibles qui lui sont appliquées. Tous les aspect mentionnés ci-dessus peuvent être considérés comme autant de facteurs de risque que doivent peser aussi bien les responsables du traitement qui anonymisent les ensembles de données que les tiers qui exploitent ces ensembles de données "anonymisés" pour leur propre usage.

2.2.3. *Risques de l'utilisation de données anonymisées*

Quand ils envisagent de recourir à des techniques d'anonymisation, les responsables du traitement des données doivent tenir compte des risques suivants.

– Un piège à éviter en particulier est de considérer les données pseudonymisées comme équivalentes à des données anonymisées. La section consacrée à l'analyse technique expliquera que les données pseudonymisées ne peuvent être assimilées à des informations anonymisées puisqu'elles continuent à permettre l'individualisation d'une personne concernée et la corrélation entre différents ensembles de données. Le pseudonymat n'est pas de nature à empêcher qu'une personne concernée soit identifiable et reste donc dans le champ d'application du régime juridique de la protection des données. Cela vaut en particulier dans le contexte des recherches scientifiques, statistiques ou historiques *[V. aussi l'avis 4/2007 du groupe de travail "Article 29", p. 19 à 21.]*.

EXEMPLE :

L'affaire AOL (America On Line) illustre de manière typique les idées fausses qui entourent la pseudonymisation. En 2006, une base de données contenant vingt millions de mots-clés figurant dans les recherches effectuées par plus de 650 000 utilisateurs au cours d'une période de trois mois a été diffusée publiquement, sans autre mesure destinée à préserver la vie privée que le remplacement de l'identifiant d'utilisateur AOL par un attribut numérique. A la suite de quoi, l'identité et la localisation de certains utilisateurs ont été rendues publiques. Les requêtes transmises à un moteur de recherches *[recherche]*, **surtout si elles peuvent être couplées avec d'autres attributs, comme les adresses IP ou d'autres paramètres de configuration, ont un potentiel d'identification très élevé.**

– Une deuxième erreur serait de considérer que les individus n'ont plus aucune garantie dès lors que les données ont été correctement anonymisées (ayant satisfait à l'ensemble des conditions et critères mentionnés ci-dessus et sortant, par définition, du champ d'application de la directive sur la protection des données) – d'abord et avant tout parce que d'autres actes législatifs peuvent s'appliquer à l'utilisation de ces données. Par exemple, l'article 5, paragraphe 3, de la directive "vie privée et communications électroniques" interdit le stockage d'"informations" le quelque type que ce soit (y compris les informations non personnelles) et l'accès à ces informations sur l'équipement terminal d'un abonné ou d'un utilisateur sans son accord, dans le cadre du principe plus large de la confidentialité des communications.

– Une troisième négligence résulterait aussi de ne pas envisager l'impact que des données correctement anonymisées peuvent avoir sur les individus dans certaines circonstances, en particulier dans le cas du profilage. La vie privée des personnes est protégée par l'article 8 de la CEDH et par l'article 7 de la Charte des droits fondamentaux de l'Union européenne ; de ce fait, même si la législation sur la protection des données ne s'applique plus à ce type de données, l'usage qui est fait des ensembles de données anonymisées et mises à la disposition de tiers peut entraîner une atteinte à la vie privé*[e]*. Une prudence particulière s'impose dans la manipulation d'informations anonymisées, surtout lorsque ces informations servent (souvent en combinaison avec d'aunes données) à prendre des décisions qui produisent des effets (même indirectement) sur les individus. Ainsi qu'il a déjà été signalé dans le présent avis et comme l'a clairement précisé le groupe de travail "Article 29" notamment dans son

avis sur la notion de limitation des finalités" (avis 03/2013) *[WP203 du 2 avr. 2013]*, les attentes légitimes des personnes concernées quant au traitement ultérieur de leurs données doivent être appréciées à la lumière des facteurs contextuels pertinents – comme la nature de la relation entre les personnes concernées et les responsables du traitement des données, les obligations juridiques applicables, la transparence des opérations de traitement.

3. Analyse technique, fiabilité des technologies et erreurs typiques

Il existe différentes pratiques et techniques d'anonymisation, avec des degrés de fiabilité variables. Cette section portera sur les principaux points que les responsables du traitement des données doivent prendre en considération quand ils choisissent d'appliquer une technique donnée, au regard notamment des garanties offertes par cette technique, en tenant compte de l'état actuel de la technologie et en envisageant trois risques essentiels en matière d'anonymisation :

– l'*individualisation*, qui correspond à la possibilité d'isoler une partie ou la totalité des enregistrements identifiant un individu dans l'ensemble de données ;

– la *corrélation*, qui consiste dans la capacité de relier entre elles *[eux]*, au moins, deux enregistrements se rapportant à la même personne concernée ou à un groupe de personnes concernées (soit dans la même base de données, soit dans deux bases de données différentes). Si une attaque permet d'établir (par exemple, au moyen d'une analyse de corrélation) que deux enregistrements correspondent à un même groupe d'individus, mais ne permet pas d'isoler des individus au sein de ce groupe, la technique résiste à l'"individualisation", mais non à la corrélation ;

– l'*inférence*, qui est la possibilité de déduire, avec un degré de probabilité élevé, la valeur d'un attribut à partir des valeurs d'un ensemble d'autres attributs.

Une solution résistant à ces trois risques offrirait par conséquent une protection fiable contre les tentatives de ré-identification utilisant les moyens les plus susceptibles d'être raisonnablement mis en œuvre par le responsable du traitement des données ou par des tiers. Le groupe de travail "Article 29" souligne, à cet égard, que les recherches en matière de techniques d'anonymisation se poursuivent et font apparaître invariablement qu'aucune technique n'est, en soi, infaillible. En termes généraux, on distingue deux grandes approches de l'anonymisation : la première repose sur la *randomisation* tandis que la seconde se fonde sur la *généralisation*. D'autres notions sont aussi abordées dans le présent avis, comme *la pseudonymisation*, la confidentialité différentielle, la *l-diversité* et la *t-proximité*.

Le vocabulaire suivant est employé dans cette section : un ensemble de données se compose des différents enregistrements relatifs à des individus (les personnes concernées). Chaque enregistrement se rapporte à une personne concernée et comporte une série de valeurs (ou "entrées", par exemple : 2013) pour chaque attribut (par exemple, l'année). Un ensemble de données est donc un groupe d'enregistrements qui peuvent être présentés tantôt sous la forme d'un tableau (ou de plusieurs tableaux), tantôt sous la forme d'un graphique annoté/pondéré, ce qui est de plus en plus souvent le cas aujourd'hui. Les exemples donnés dans le présent avis porteront sur des tableaux, mais ils s'appliquent aussi à d'autres représentations graphiques des enregistrements. Les combinaisons d'attributs qui se rapportent à une personne concernée ou à un groupe de personnes concernées peuvent être désignées par le terme de "quasi-identifiants". Dans certains cas, un ensemble de données peut comporter des enregistrements multiples pour un même individu. Un "attaquant" est un tiers (c'est-à-dire ni le responsable du traitement des données ni un sous-traitant) qui accède aux enregistrements originaux par accident ou de manière intentionnelle.

3.1. *Randomisation*

La randomisation est une famille de techniques qui altèrent la véracité des données afin d'affaiblir le lien entre les données et l'individu. Si les données sont suffisamment incertaines, elles ne peuvent plus être rattachées à un individu en particulier. En elle-même, la randomisation ne réduira pas la singularité de chaque enregistrement, qui sera toujours dérivé d'une seule personne concernée, mais elle peut apporter une protection contre les attaques/risques relevant de l'inférence et peut être combinée avec

des techniques de généralisation pour offrir de meilleures garanties de respect de la vie privée. Des techniques supplémentaires peuvent se révéler nécessaires pour empêcher qu'un enregistrement permette d'identifier un individu.

3.1.1. *Ajout de bruit*

La technique d'ajout de bruit est particulièrement utile quand des attributs peuvent avoir un effet négatif important sur des individus et consiste à modifier des attributs dans l'ensemble de données pour les rendre moins précis, tout en conservant la distribution générale. Pour traiter un ensemble de données, un observateur supposera que les valeurs sont exactes, mais ce ne sera vrai qu'à un certain degré. Par exemple, si la taille d'un individu a été mesurée à l'origine au centimètre près, l'ensemble de données anonymisées peut présenter une précision de ± 10 cm seulement. Si cette technique est appliquée efficacement, un tiers ne sera pas en mesure d'identifier un individu ni ne pourra restaurer les données ou discerner de quelque autre façon comment les données ont été modifiées.

L'ajout de bruit devra ordinairement être combiné avec d'autres techniques d'anonymisation comme la suppression des attributs évidents et des quasi-identifiants. Le niveau de bruit devrait dépendre du niveau d'information requis et de l'impact que la divulgation des attributs protégés aurait sur le respect de la vie privée des individus.

3.1.1.1. *Garanties*

- *Individualisation* : Il reste possible d'isoler les enregistrements correspondant à un individu (peut-être de manière non identifiable), même si les enregistrements sont moins fiables.
- *Corrélation* : Il reste possible relier entre eux les enregistrements correspondant au même individu, mais ces enregistrements sont moins fiables et il peut donc arriver qu'un enregistrement réel soit relié à un enregistrement ajouté artificiellement (c'est-à-dire à un "bruit"). Dans certains cas, une attribution erronée pourrait exposer une personne concernée à un niveau de risque considérable, voire plus élevé que celui résultant d'une attribution correcte.
- *Inférence* : Une attaque par inférence est peut-être possible, mais le taux de succès sera moins élevé et certains faux positifs (et faux négatifs) sont plausibles.

3.1.1.2. *Erreurs courantes*

- *Ajout de bruit incohérent* : Si le bruit n'est pas sémantiquement viable (c'est-à-dire s'il est disproportionné et ne respecte pas la logique entre les attributs d'un ensemble), un attaquant ayant accès à la base de données sera en mesure de le filtrer et, dans certains cas, de recréer les entrées manquantes. De plus, si l'ensemble de données est trop clairsemé *[Cette notion est examinée plus en détail dans l'annexe]*, il peut arriver qu'il reste possible de relier les entrées de données bruitées avec une source extérieure.
- *Supposer que l'ajout de bruit est suffisant* : l'ajout de bruit est une mesure complémentaire qui rend plus difficile la récupération des données à caractère personnel par un attaquant. A moins que le bruit ne soit plus élevé que le niveau d'information contenu dans l'ensemble de données, il ne faut pas supposer que l'ajout de bruit représente une solution d'anonymisation qui se suffit à elle-même.

3.1.1.3. *Échecs de l'ajout de bruit*

Une expérience de ré-identification très connue est celle réalisée sur la base de données des clients du fournisseur de contenu vidéo Netflix. Des chercheurs ont analysé les propriétés géométriques de cette base de données composée de plus de 100 millions d'évaluations, sur une échelle de 1 à 5, attribuées à plus de 18 000 films par près de 500 000 utilisateurs, qu : avait été rendue publique par la société, après avoir été "anonymisée" conformément à la politique interne de l'entreprise en matière de confidentialité, en supprimant toutes les informations d'identification des utilisateurs hormis les évaluations et les dates. Un bruit avait été ajouté dans la mesure où les évaluations avaient été légèrement augmentées ou diminuées.

Malgré ces précautions, il est apparu que 99 % des enregistrements des utilisateurs pouvaient être identifiés de manière unique dans l'ensemble de données en prenant comme critères de sélection huit évaluations et des dates comportant une marge d'erreur de 14 jours, tandis qu'un abaissement des critères de sélection (deux évaluations, avec une marge d'erreur de trois jours dans les dates) permettait encore d'identifier 68 % des utilisateurs *[Narayanan, A., et Shmatikov, V. (mai 2008), "Robust de-anonymization of large sparse datasets", in Security and Privacy, 2008, SP 2008, IEEE Symposium on (p. 111 à 125), IEEE.]*.

3.1.2. *Permutation*

Cette technique, qui consiste à mélanger les valeurs des attributs dans un tableau de telle sorte que certaines d'entre elles sont artificiellement liées à des personnes concernées différentes, est utile quand il est important de conserver la distribution exacte de chaque attribut dans l'ensemble de données.

La permutation peut être considérée comme une forme spéciale d'ajout de bruit. Dans une technique de bruit classique, les attributs sont modifiés au moyen de valeurs aléatoires. La production d'un bruit cohérent peut se révéler une tâche difficile et le simple fait de modifier légèrement les valeurs des attributs risque de ne pas garantir la confidentialité adéquate. Au lieu de quoi, les techniques de permutation altèrent les valeurs au sein de l'ensemble de données en les échangeant simplement d'un enregistrement à un autre. Cet échange garantira que la fourchette et la distribution des valeurs resteront les mêmes, mais non les corrélations entre les valeurs et les individus. Si deux ou plusieurs attributs sont liés par une relation logique ou une corrélation statistique et sont permutés indépendamment l'un de l'autre, ce lien sera détruit. Il peut donc être important de permuter un ensemble d'attributs de façon à ne pas briser la relation logique, faute de quoi un attaquant pourrait identifier les attributs permutés et inverser la permutation.

Par exemple, si l'on examine un sous-ensemble d'attributs dans un ensemble de données médicales, comme les "motifs d'hospitalisation/symptômes/service concerné", les valeurs seront dans la plupart des cas liées par une forte relation logique et la permutation d'une seule des valeurs serait par conséquent détectée et pourrait même être inversée.

A l'instar de l'ajout de bruit, la permutation risque de ne pas garantir en soi l'anonymisation et devrait toujours être combinée à la suppression des attributs évidents/quasi-identifiants.

3.1.2.1. *Garanties*

- *Individualisation* : Comme dans le cas de l'ajout de bruit, il reste possible d'isoler les enregistrements correspondant à un individu, mais ces enregistrements sont moins fiables.
- *Corrélation* : Si la permutation affecte des attributs et des quasi-identifiants, elle peut empêcher de relier "correctement" des attributs entre eux tant à l'intérieur qu'à l'extérieur d'un ensemble de données, mais elle autorise toujours une corrélation "incorrecte", puisqu'une entrée réelle peut se trouver associée à une personne concernée différente.
- *Inférence* : Des déductions peuvent encore être tirées de l'ensemble de données, en particulier si les attributs sont corrélés entre eux ou ont des relations logiques fortes ; toutefois, sans savoir quels attributs ont été permutés, l'attaquant doit envisager la possibilité que son inférence se fonde sur une hypothèse et seule une inférence probabiliste demeure possible.

3.1.2.2. *Erreurs courantes*

- *Sélection du mauvais attribut* : La permutation des attributs non sensibles ou ne comportant pas de risques n'apporterait pas de gain significatif en termes de protection des données à caractère personnel. En effet, si les attributs sensibles/à risque restent associés à la valeur originale, un attaquant aura toujours la possibilité d'extraire des informations sensibles à propos des individus.

• *Permutation aléatoire des attributs* : Si deux attributs sont fortement corrélés, le fait de permuter les attributs au hasard n'offrira pas de garanties solides. Cette erreur courante est illustrée dans le tableau 1.
• *Supposer que la permutation est suffisante* : A l'instar de l'ajout de bruit, la permutation ne garantit pas en elle-même l'anonymat et devrait être combinée avec d'autres techniques comme la suppression des attributs évidents.

3.1.2.3. *Échecs de la permutation*

L'exemple qui suit montre que la permutation aléatoire des attributs offre de piètres garanties de confidentialité quand il existe des liens logiques entre différents attributs. Après la tentative d'anonymisation, il est facile de déduire le revenu de chaque individu selon sa situation professionnelle (et l'année de sa naissance). Par exemple, un examen direct des données permet de soutenir que le P.-D.G. est très probablement né en 1957 et perçoit la rémunération la plus élevée, tandis que le chômeur est né en 1964 et a le revenu le moins élevé.

Année	Sexe	Situation professionnelle	Revenu (permuté)
1957	M	Ingénieur	70 000
1957	M	PDG	5 000
1957	M	Sans emploi	43 000
1964	M	Ingénieur	100 000
1964	M	Directeur	45 000

Tableau 1. Un exemple d'anonymisation inefficace par permutation d'attributs corrélés

3.1.3. *Confidentialité différentielle*

La confidentialité différentielle *[Dwork, C. (2006), "Differential privacy", in Automata, languages and programming (p. 1 à 12), Springer Berlin Heidelberg.]* fait partie de la famille des techniques de randomisation, avec une approche différente : si, dans les faits, l'insertion de bruit intervient à l'avance, quand l'ensemble de données est censé être publié, la confidentialité différentielle peut être utilisée quand le responsable du traitement des données produit des aperçus anonymisés d'un ensemble de données tout en conservant une copie des données originales. Ces aperçus anonymisés sont ordinairement produits au moyen d'un sous-ensemble de requêtes à l'intention d'un tiers en particulier. Le sous-ensemble comprend un bruit aléatoire délibérément ajouté *a posteriori*. La confidentialité différentielle indique au responsable du traitement des données quel niveau de bruit il doit ajouter, et sous quelle forme, pour obtenir les garanties nécessaires *[V. Ed Felten (2012), "Protecting privacy by adding noise". Internet : https://techatftc.wordpress.com/2012/06/21/protecting-privacy-by-adding-noise/]*. Dans ce contexte, il sera particulièrement important d'assurer un contrôle permanent (au moins pour chaque nouvelle requête), afin de repérer toute possibilité d'identifier un individu dans l'ensemble des résultats de la requête. Il faut cependant préciser que les techniques de confidentialité différentielle ne modifient pas les données originales et que, par conséquent, tant que les données originales sont conservées, le responsable du traitement des données reste en mesure d'identifier des individus dans les résultats des requêtes de confidentialité différentielle, compte tenu de l'ensemble des moyens susceptibles d'être raisonnablement mis en œuvre. Ces résultats doivent donc aussi être considérés comme des données à caractère personnel.

L'un des avantages d'une approche reposant sur la confidentialité différentielle tient au fait que des ensembles de données sont communiqués à des tiers autorisés en

réponse à une demande spécifique, plutôt que d'être publiés sous la forme d'un unique ensemble de données. Pour faciliter le contrôle, le responsable du traitement des données peut conserver une liste de toutes les demandes et requêtes afin de vérifier que les tiers n'ont pas accès à des données pour lesquelles ils ne disposent pas d'autorisation. Une requête peut aussi être soumise à des techniques d'anonymisation, incluant l'ajout de bruit ou la substitution, pour mieux garantir la confidentidité. Les recherches se poursuivent en vue de trouver un bon mécanisme interactif de question-réponse, qui soit capable tout à la fois de répondre assez précisément à n'importe quelle question (c'est-à-dire en ajoutant le moins de bruit possible) et de préserver la confidentialité.

Pour limiter les attaques par inférence et par corrélation, il est nécessaire de garder une trace des requêtes soumises par une entité et de surveiller les informations obtenues à propos des personnes concernées ; par conséquent, les bases de données à "confidentialité différentielle" ne devraient pas être déployées sur des moteurs de recherche ouverts qui n'offrent aucune traçabilité des entités requérantes.

3.1.3.1. *Garanties*

- *Individualisation* : Si les résultats se limitent à la production de statistiques et si les règles appliquées à l'ensemble de données sont bien choisies, il ne devrait pas être possible d'utiliser les réponses pour isoler un individu.
- *Corrélation* : En recourant à des requêtes multiples, il pourrait être possible de relier entre elles les entrées relatives à un individu spécifique d'une réponse à l'autre.
- *Inférence* : Il est possible de déduire des informations concernant des individus ou des groupes au moyen de requêtes multiples.

3.1.3.2. *Erreurs courantes*

• Ne pas injecter suffisamment de bruit : Afin d'empêcher que des liens puissent être établis avec des connaissances tirées du contexte, la difficulté consiste à fournir le moins d'éléments possibles indiquant si une personne concernée ou un groupe de personnes concernées en particulier a contribué ou non à l'ensemble de données. Le plus difficile, du point de vue de la protection des données, est de parvenir à générer le niveau de bruit approprié à ajouter aux réponses réelles, de façon à protéger la vie privée des individus sans nuire à l'utilité des réponses fournies.

3.1.3.3. *Échecs de la confidentialité différentielle*

Traitement indépendant de chaque requête : Une combinaison de résultats de requêtes risque de permettre la divulgation d'informations censées rester confidentielles. Si un historique des requêtes n'est pas conservé, un attaquant peut concevoir des questions multiples destinées à interroger une base de données à "confidentialité différentielle" qui réduisent progressivement l'amplitude de l'échantillon résultant jusqu'à ce qu'un caractère spécifique à une seule personne concernée ou à un groupe de personnes concernées finisse par émerger, de façon certaine ou avec un taux de probabilité très élevé. Il faut, en outre, veiller à ne pas commettre l'erreur de penser que les données sont anonymes pour les tiers, alors que le responsable du traitement des données reste en mesure d'identifier la personne concernée dans la base de données originale, compte tenu de l'ensemble des moyens susceptibles d'être raisonnablement mis en œuvre.

3.2. *Généralisation*

La généralisation constitue la seconde famille de techniques d'anonymisation. Cette approche consiste à généraliser, ou diluer, les attributs des personnes concernées en modifiant leur*[s]* échelle*[s]* ou leur*[s]* ordre*[s]* de grandeur respectif*[s]* (par exemple, une région plutôt qu'une ville, un mois plutôt qu'une semaine). Si la généralisation peut être efficace pour empêcher l'individualisation, elle ne garantit pas une anonymisation effective dans tous les cas ; en particulier, elle requiert des approches quantitatives spécifiques et sophistiquées afin de prévenir la corrélation et l'inférence.

3.2.1. *Agrégation et k-anonymat*

Les techniques de l'agrégation et du *k*-anonymat visent à empêcher qu'une personne concernée puisse être isolée en la regroupant avec, au moins, *k* autres individus. Pour ce faire, les valeurs des attributs sont généralisées dans une mesure telle que tous les individus partagent la même valeur. Par exemple, en abaissant la granularité géographique d'une ville à un pays, on inclut un nombre plus élevé de personnes concernées. Les dates de naissance individuelles peuvent être généralisées en une fourchette de dates, ou regroupées par mois ou par année. D'autres attributs numériques (par exemple, les salaires, le poids, la taille ou la dose d'un médicament administrée) peuvent être généralisés au moyen de valeurs d'intervalle (par exemple, salaire de 20 000 à 30 000 €). Ces méthodes peuvent être utilisées quand la corrélation de valeurs d'attributs ponctuelles risque de créer des quasi-identifiants.

3.2.1.1. *Garanties*

- *Individualisation* : Dès lors que les mêmes attributs sont désormais partagés par *k* utilisateurs, il ne devrait plus être possible d'isoler un individu au sein d'un groupe de *k* utilisateurs.
- *Corrélation* : Si la corrélation est limitée, il reste possible de relier les enregistrements par groupe de *k* utilisateurs. Ensuite, au sein de ce groupe, la probabilité que deux enregistrements correspondent aux mêmes pseudo-identifiants est de $1/k$ (ce qui pourrait être nettement plus que la probabilité que ces entrées ne puissent pas être reliées entre elles).
- *Inférence* : Le principal défaut du modèle du *k*-anonymat est qu'il n'empêche pas un quelconque type d'attaque par inférence. En effet, si tous les *k* individus font partie du même groupe, pour peu que l'on sache à quel groupe appartient un individu, il est facile d'obtenir la valeur de cette propriété.

3.2.1.2. *Erreurs courantes*

- Négliger certains quasi-identifiants : Le seuil de *k* constitue un paramètre critique dans la technique du *k*-anonymat. Plus la valeur de *k* est élevée, plus les garanties de confidentialité sont fortes. Une erreur courante consiste à augmenter artificiellement la valeur de *k* en réduisant l'ensemble des quasi-identifiants pris en considération. Un nombre réduit de quasi-identifiants facilite la constitution de groupes de *k* utilisateurs du fait de la capacité d'identification inhérente associée aux autres attributs (surtout si certains d'entre eux sont sensibles ou ont une entropie très élevée, comme dans le cas d'attributs très rares). Le fait de ne pas prendre en considération tous les quasi-identifiants lors de la sélection de l'attribut à généraliser est une erreur critique ; si certains attributs peuvent servir à isoler un individu dans un groupe de *k*, la généralisation ne permet pas de protéger certains individus (voir l'exemple du tableau 2).
- Faible valeur de *k* : La recherche d'une faible valeur de *k* se révèle, elle aussi, problématique. Si *k* est trop petit, le coefficient de pondération d'un individu au sein d'un groupe est trop important et les attaques par inférence ont de meilleures chances de succès. Par exemple, si $k = 2$*[,]* la probabilité que les deux individus partagent la même propriété est plus grande que dans le cas où $k > 10$.
- Ne pas regrouper des individus dont le coefficient de pondération est similaire : Le fait de constituer un ensemble d'individus présentant une distribution inégale d'attributs peut aussi créer des problèmes. L'impact des enregistrements correspondant à un individu sur un ensemble de données variera : certains représenteront une fraction considérable des entrées tandis les contributions d'autres resteront assez insignifiantes. Il est donc important de veiller à ce que *k* soit suffisamment élevé pour qu'aucun individu ne représente une fraction trop grande des entrées dans un groupe.

3.2.1.3. *Échecs du k-anonymat*

Le principal problème lié au *k*-anonymat est qu'il n'empêche pas les attaques par inférence. Dans l'exemple qui suit, si l'attaquant sait qu'un individu figure dans l'ensemble de données et est né en 1964, il sait aussi que cet individu a fait une crise cardiaque. De plus, si l'on sait que cet ensemble de données a été obtenu auprès d'une

organisation française, on peut en déduire que chacun des individus réside à Paris puisque les trois premiers chiffres des codes postaux sont 750*).

Année	Sexe	Code postal	Diagnostic
1957	M	750*	Crise cardiaque
1957	M	750*	Cholestérol
1957	M	750*	Cholestérol
1964	M	750*	Crise cardiaque
1964	M	750*	Crise cardiaque

Tableau 2. Un exemple de *k*-anonymisation mal conçue

3.2.2. *l-diversité/t-proximité*

La *l*-diversité étend le *k*-anonymat pour faire en sorte qu'il ne soit plus possible d'obtenir des résultats certains au moyen d'attaques par inférence en veillant à ce que, dans chaque classe d'équivalence, chaque attribut ait au moins *l* valeurs différentes.

Un objectif fondamental à atteindre est d'éviter autant que possible les classes d'équivalence caractérisées par une faible variabilité des attributs, de telle sorte qu'un attaquant reste toujours confronté à un degré d'incertitude considérable, malgré les connaissances tirées du contexte dont il pourrait disposer à propos d'une personne concernée.

La *l*-diversité est utile pour protéger les données contre les attaques par inférence, quand les valeurs des attributs sont bien distribuées. Il faut cependant souligner que cette technique n'empêche pas les fuites d'informations si les attributs au sein d'un segment sont distribués de manière inégale ou ne présentent qu'un faible écart de valeurs ou de contenus sémantiques. En définitive, la *l*-diversité se prête à des attaques par inférence probabilistes.

La *t*-proximité constitue un affinement de la *l*-diversité, en ce sens qu'elle vise à créer des classes d'équivalence qui ressemblent à la distribution initiale des attributs dans le tableau. Cette technique est utile quand il est important de conserver des données aussi proches que possible des données originales ; à cet effet, une contrainte supplémentaire est ajoutée à la classe d'équivalence, à savoir que non seulement chaque classe d'équivalence doit comporter au moins *l* valeurs différentes, mais aussi que chaque valeur est représentée autant de fois que nécessaire pour refléter la distribution initiale de chaque attribut.

3.2.2.1. *Garanties*

- *Individualisation* : A l'instar du *k*-anonymat, la *l*-diversité et la *t*-proximité permettent d'empêcher que les enregistrements relatifs à un individu soient isolés dans la base de données.
- *Corrélation* : La *l*-diversité et la *t*-proximité n'apportent pas d'amélioration par rapport au k-anonymat pour ce qui est d'empêcher la corrélation. Le problème reste le même pour n'importe quel regroupement : la probabilité que les mêmes entrées se rapportent à la même personne concernée est plus élevée que 1/N (où N est le nombre de personnes concernées dans la base de données).
- *Inférence* : la principale amélioration de la *l*-diversité et de la *t*-proximité par rapport au *k*-anonymat est qu'il n'est plus possible de lancer des attaques par inférence contre une base de données à "*l*-diversité" ou "*t*-proximité" avec un degré de certitude de 100 %.

3.2.2.2. *Erreurs courantes*

- Protéger les valeurs des attributs sensibles en les mélangeant avec d'autres attributs sensibles : Le fait d'avoir deux valeurs pour un attribut dans un groupe ne suffit pas à apporter des garanties de confidentialité. En fait, la distribution des valeurs sensibles dans chaque groupe devrait être semblable à la distribution de ces valeurs dans la population totale ou, du moins, elle devrait être uniforme dans l'ensemble du groupe.

3.2.2.3. *Échecs de la l-diversité*

Dans le tableau présenté ci-dessous, la *l*-diversité est assurée pour l'attribut "Diagnostic" ; cependant, pour peu que l'on connaisse un individu né en 1964 qui figure dans ce tableau, il reste possible de supposer avec une probabilité très élevée qu'il a fait une crise cardiaque.

Année	Sexe	Code postal	Diagnostic
1957	M	750*	Crise cardiaque
1957	M	750*	Cholestérol
1957	M	750*	Cholestérol
1957	M	750*	Cholestérol
1964	M	750*	Crise cardiaque
1964	M	750*	Crise cardiaque
1964	M	750*	Crise cardiaque
1964	M	750*	Cholestérol
1964	M	750*	Crise cardiaque
1964	M	750*	Crise cardiaque
1964	M	750*	Crise cardiaque
1964	M	750*	Crise cardiaque
1964	M	750*	Crise cardiaque
1964	M	750*	Crise cardiaque
1964	M	750*	Crise cardiaque

Tableau 3. Un exemple de *l*-diversité où les valeurs de « Diagnostic » ne sont pas uniformément distribuées

Nom	Date de naissance	Sexe
Smith	1964	M
Rossi	1964	M
Dupont	1964	M
Jansen	1964	M
Garcia	1964	M

Tableau 4. En sachant que ces individus figurent dans le tableau 3, un attaquant pourrait en déduire qu'ils ont fait une crise cardiaque

4. Pseudonymisation

La pseudonymisation consiste à remplacer un attribut (généralement un attribut unique) par un autre dans un enregistrement. La personne physique est donc toujours susceptible d'être identifiée indirectement ; par conséquent, la pseudonymisation ne permet pas, à elle seule, de produire un ensemble de données anonymes. Elle est néanmoins examinée dans le présent avis en raison de nombreuses idées fausses et erreurs qui entourent son utilisation.

La pseudonymisation réduit le risque de mise en corrélation d'un ensemble de données avec l'identité originale d'une personne concernée ; à ce titre, c'est une mesure de sécurité utile, mais non une méthode d'anonymisation.

Le résultat de la pseudonymisation peut être indépendant de la valeur initiale (comme dans le cas d'un numéro aléatoire généré par le responsable du traitement ou

d'un nom choisi par la personne concernée) ou il peut être dérivé des valeurs originales d'un attribut ou d'un ensemble d'attributs, par exemple au moyen d'une fonction de hachage ou d'un système de chiffrement.

Les techniques de pseudonymisation les plus utilisées sont les suivantes :

• Système cryptographique à clé secrète : dans ce cas, le détenteur de la clé peut aisément ré-identifier chaque personne concernée en décryptant l'ensemble de données, puisque les données à caractère personnel y figurent toujours, quoique sous une forme cryptée. En supposant qu'un système cryptographique conforme à l'état de la technique a été appliqué, le décryptage ne serait possible qu'à condition de connaître la clé.

• Fonction de hachage : il s'agit d'une fonction qui renvoie un résultat de taille fixe, quelle que soit la taille de l'entrée encodée (l'entrée peut être un attribut unique ou un ensemble d'attributs) et qui ne peut être inversée ; c'est-à-dire que le risque de récupération des données observé dans le cas du chiffrement n'existe plus. Cependant, si la fourchette dans laquelle se situent les valeurs d'entrée de la fonction de hachage est connue, il est possible de réintroduire ces valeurs dans la fonction de hachage afin d'obtenir la valeur correcte correspondant à un enregistrement en particulier. Par exemple, si un ensemble de données a été pseudonymisé en procédant au hachage du numéro d'identification national, il peut être reconstitué simplement en appliquant la fonction de hachage à toutes les valeurs possibles et en comparant les résultats avec les valeurs figurant dans l'ensemble de données. Les fonctions de hachage sont ordinairement conçues pour être calculées relativement vite et se prêtent donc à des attaques par force brute *[Ces attaques consistent à essayer toutes les entrées plausibles afin de constituer des tableaux de correspondance.]*. Des tables pré-calculées peuvent aussi être créées pour permettre la reconstitution en masse d'un ensemble volumineux de valeurs de hachage.

L'utilisation d'une fonction de hachage avec salage (où une valeur aléatoire, appelée "sel", est ajoutée à l'attribut qui fait l'objet du hachage) permet de réduire la probabilité de reconstituer la valeur d'entrée. Il reste néanmoins possible, avec des moyens raisonnables, de calculer la valeur originale de l'attribut qui se cache derrière le résultat d'une fonction de hachage avec salage *[Surtout si le type d'attribut est connu (nom, numéro de sécurité sociale, date de naissance, etc.). Pour augmenter la puissance de calcul requise, on pourrait recourir à une fonction de hachage à dérivation de clé, où la valeur calculée est hachée plusieurs fois avec une courte chaîne de "sel".]*.

• Fonction de hachage par clé avec clé enregistrée : il s'agit d'une fonction de hachage particulière qui utilise une clé secrète comme entrée supplémentaire (à la différence d'une fonction de hachage avec salage, où le "sel" n'est généralement pas secret). Un responsable du traitement des données peut ré-exécuter la fonction sur l'attribut en se servant de la clé secrète, mais il est beaucoup plus difficile pour un attaquant de ré-exécuter la fonction sans connaître la clé car le nombre de possibilités à tester est suffisamment grand pour rendre la tâche impraticable.

• Chiffrement déterministe ou fonction de hachage par clé avec suppression de la clé : cette technique équivaut à sélectionner un nombre aléatoire comme pseudonyme pour chaque attribut de la base de données et à supprimer ensuite la table de correspondance. Cette solution permet *[Tout dépend des autres attributs figurant dans l'ensemble de données et de la suppression des données originales.]* de réduire le risque de corrélation entre les données à caractère personnel figurant dans l'ensemble de données et celles qui se rapportent au même individu dans un autre ensemble de données, où *[dans lequel]* un pseudonyme différent est utilisé. En supposant qu'un algorithme conforme à l'état de la technique soit appliqué, il sera difficile pour un attaquant, en termes de puissance de calcul requise, de décrypter ou de ré-exécuter la fonction, car cela supposerait d'essayer chaque clé possible, puisque la clé n'est pas disponible.

• Tokenization : cette technique est généralement appliquée dans le secteur financier (même si elle n'y est pas confinée) pour remplacer les numéros d'identification de cartes par des valeurs sans grande utilité pour un attaquant. Elle dérive des techniques précédentes, dans la mesure où elle repose normalement sur l'application de mécanismes de chiffrement à sens unique ou sur l'assignation, au moyen d'une fonction d'index, d'un numéro séquentiel ou d'un nombre produit de manière aléatoire qui n'est pas mathématiquement dérivé des données originales.

4.1. *Garanties*

- *Individualisation* : Il reste possible d'isoler les enregistrements d'un individu, puisque celui-ci est toujours identifié par un attribut unique qui est le résultat de la fonction de pseudonymisation (= l'attribut pseudonymisé).
- *Corrélation* : La corrélation restera facile entre les enregistrements qui utilisent le même attribut pseudonymisé en référence au même individu. Même si des attributs pseudonymisés différents sont utilisés pour la même personne concernée, la corrélation est encore possible au moyen d'autres attributs. Ce n'est que dans le cas où aucun autre attribut dans l'ensemble de données ne peut servir à identifier la personne concernée et où tout lien entre l'attribut original et l'attribut pseudonymisé a été éliminé (notamment par la suppression des données originales) qu'aucun recoupement évident ne pourra être fait entre deux ensembles de données qui utilisent des attributs pseudonymisés différents.
- *Inférence* : Les attaques par inférence sur l'identité réelle d'une personne concernée sont possibles au sein de l'ensemble de données ou entre différentes bases de données qui utilisent le même attribut pseudonymisé pour un individu, ou encore dans le cas où les pseudonymes sont transparents et ne masquent pas correctement l'identité originale de la personne concernée.

4.2. *Erreurs courantes*

- Croire qu'un ensemble de données pseudonymisé est anonymisé : Les responsables du traitement des données supposent souvent qu'il suffit de supprimer ou de remplacer un ou plusieurs attributs pour rendre l'ensemble de données anonyme. De nombreux exemples ont montré que ce n'est pas le cas ; le simple fait de modifier l'identité n'empêche pas quelqu'un d'identifier une personne concernée s'il subsiste des quasi-identifiants dans l'ensemble de données, ou si les valeurs d'autres attributs permettent encore d'identifier un individu. Dans bien des cas, il peut se révéler aussi facile d'identifier un individu dans un ensemble de données pseudonymisé qu'à partir des données originales. Des mesures supplémentaires devraient être prises pour pouvoir considérer l'ensemble de données comme anonymisé, notamment la suppression et la généralisation d'attributs, l'effacement des données originales ou du moins leur conservation à un niveau hautement agrégé.
- Erreurs courantes lors de l'utilisation de la pseudonymisation comme technique destinée à réduire la corrélation :
  - Utiliser la même clé dans des bases de données différentes : l'élimination du risque de corrélation entre différents ensembles de données dépend beaucoup de l'utilisation d'un algorithme à clé et du fait qu'un même individu correspondra à différents attributs pseudonymisés dans des contextes différents. Il est donc important d'éviter d'utiliser la même clé dans des bases de données différentes pour pouvoir réduire la corrélation.
  - Utiliser des clés différentes ("clés alternées") pour des utilisateurs différents : il pourrait être tentant d'employer des clés différentes pour différents ensembles d'utilisateurs et de changer la clé en fonction de son utilisation (par exemple, se servir de la même clé pour dix entrées d'enregistrement relatives au même utilisateur). Cependant, si elle n'est pas correctement conçue, cette opération pourrait faire apparaître des motifs, réduisant partiellement les avantages escomptés. Par exemple, l'utilisation alternée d'une clé selon des règles spécifiques pour des individus spécifiques faciliterait la mise en corrélation des entrées correspondant à des individus donnés. De plus, la disparition de données pseudonymisées récurrentes dans la base de données au moment où de nouvelles données apparaissent peut indiquer que les enregistrements se rapportent à la même personne physique.
  - Conserver la clé : si la clé secrète est conservée avec les données pseudonymisées, et si les données sont compromises, l'attaquant peut être en mesure de relier facilement les données pseudonymisées avec leur attribut original. Il en va de même si la clé est conservée séparément, mais de façon peu sûre.

4.3. *Lacunes de la pseudonymisation*

- **Soins de santé**

1. Nom, adresse, date de naissance	**2. Période de perception d'une prestation d'assistance spéciale**	**3. Indice de masse corporelle**	**6. N° de référence dans la cohorte de recherche**
	< 2 ans	15	QA5FRD4
	> 5 ans	14	2B48HFG
	< 2 ans	16	RC3URPQ
	> 5 ans	18	SD289K9
	< 2 ans	20	5E1FL7Q

Tableau 5. Un exemple de pseudonymisation par hachage (nom, adresse, date de naissance) qui peut être aisément inversée

Un ensemble de données a été créé pour examiner la relation entre le poids d'une personne et la perception d'une prestation d'assistance spéciale. L'ensemble de données original comprenait le nom, l'adresse et la date de naissance des personnes concernées, qui ont été effacés. Le numéro de référence dans la cohorte de recherche a été généré à partir des données supprimées en utilisant une fonction de hachage. Bien que le nom, l'adresse et la date de naissance aient été supprimés du tableau, si l'on connaît le nom, l'adresse et la date de naissance d'une personne concernée, en plus de la fonction de hachage utilisée, il est facile de calculer les numéros de référence dans la cohorte de recherche.

- *Réseaux sociaux*

Il a été démontré *[A. Narayanan et V. Shmatikov, "De-anonymizing social networks", in 30th IEEE Symposium on Security and Privacy, 2009.]* que des informations sensibles à propos d'individus spécifiques peuvent être extraites des graphes de réseaux sociaux, malgré les techniques de "pseudonymisation" appliquées à ces données. L'exploitant d'un réseau social a supposé à tort que la pseudonymisation suffisait à empêcher l'identification après la vente des données à d'autres sociétés à des fins de marketing et de publicité. A la place des noms réels, l'exploitant utilisait des pseudonymes, mais ce n'est manifestement pas assez pour anonymiser les profils d'utilisateurs, étant donné que les relations entre les différents individus sont uniques et peuvent servir d'identifiants.

- *Localisation*

Les chercheurs du MIT *[Y.-A. de Montjoye, C. Hidalgo, M. Verleysen et V. Blondel, "Unique in the Crowd : The privacy bounds of human mobility", Nature, n° 1376, 2013.]* ont récemment analysé un ensemble de données pseudonymisé couvrant 15 mois de coordonnées mobiles spatiales et temporelles de 1,5 million de personnes sur un territoire d'un rayon de 100 km. Ils ont démontré que quatre points de localisation permettaient d'isoler 95 % de cette population et que deux points seulement suffisaient pour isoler plus de 50 % des personnes concernées (un seul point étant supposé être très probablement le domicile ou le lieu de travail), ce qui laissait très peu de place à la protection de la vie privée, même si les identités des individus avaient été pseudonymisées en remplaçant leurs attributs réels *[...]* par d'autres étiquettes.

5. Conclusions et recommandations

5.1. *Conclusions*

Les techniques d'anonymisation font l'objet de recherches intensives, et le présent document a invariablement montré que chaque technique a ses avantages et ses inconvénients. Le plus souvent, il n'est pas possible de formuler des recommandations

minimales quant aux paramètres à utiliser, étant donné que chaque ensemble de données doit être envisagé au cas par cas.

Dans beaucoup de situations, un ensemble de données anonymisées peut encore présenter un risque résiduel pour les personnes concernées. En effet, même quand il n'est plus possible de reconstituer précisément l'enregistrement d'un individu, il reste parfois possible de glaner des informations à propos de cet individu à l'aide d'autres sources d'informations disponibles (publiquement ou non). Il faut souligner qu'au-delà de l'impact direct produit par les conséquences d'un processus d'anonymisation inefficace sur les personnes concernées (désagrément, temps perdu et sentiment de perte de contrôle du fait de l'inclusion dans un groupe sans notification ni accord préalable), d'autres effets secondaires indirects peuvent survenir quand une personne concernée est erronément prise pour cible par un quelconque attaquant, à la suite du traitement de données anonymisées – surtout si les intentions de l'attaquant sont malveillantes. C'est pourquoi le groupe de travail "Article 29" insiste sur le fait que les techniques d'anonymisation peuvent apporter des garanties en matière de respect de la vie privée, mais uniquement si leur application est correctement conçue – ce qui suppose que les conditions préalables (le contexte) et les objectifs du processus d'anonymisation soient clairement définis de façon à assurer le niveau d'anonymisation visé.

5.2. *Recommandations*

– Il existe des limitations inhérentes à certaines techniques d'anonymisation. Ces limitations doivent être envisagées avec attention par les responsables du traitement avant de recourir à une technique donnée pour élaborer un processus d'anonymisation. Il faut prendre en considération les finalités que l'anonymisation vise à atteindre – comme de protéger la vie privée des personnes lors de la publication d'un ensemble de données, ou de permettre l'obtention de certaines informations à partir d'un ensemble de données.

– Aucune des techniques décrites dans le présent document ne satisfait de façon certaine aux critères d'une anonymisation efficace (à savoir, empêcher l'individualisation d'une personne concernée, la corrélation entre les enregistrements se rapportant à un individu et l'obtention par inférence de données concernant un individu). Cependant, dès lors que certains de ces risques peuvent être évités complètement ou partiellement au moyen d'une technique donnée, il est nécessaire de concevoir avec soin l'application d'une technique individuelle à la situation concernée et d'opter pour une combinaison de ces techniques en vue de renforcer la fiabilité du résultat.

Le tableau présenté ci-après donne un aperçu des forces et des faiblesses des techniques considérées au regard des trois exigences fondamentales :

	Reste-t-il un risque d'individualisation ?	**Reste-t-il un risque de corrélation ?**	**Reste-t-il un risque d'inférence ?**
Pseudonymisation	Oui	Oui	Oui
Ajout de bruit	Oui	Peut-être pas	Peut-être pas
Substitution	Oui	Oui	Peut-être pas
Agrégation ou *k*-anonymat	Non	Oui	Oui
l-diversité	Non	Oui	Peut-être pas
Confidentialité différentielle	Peut-être pas	Peut-être pas	Peut-être pas
Hachage/Tokenization	Oui	Oui	Peut-être pas

Tableau 6. Forces et faiblesses des techniques considérées

– La solution optimale devrait être choisie au cas par cas. Une solution (c'est-à-dire un processus d'anonymisation complet) répondant aux trois critères résisterait aux tentatives d'identification utilisant les moyens les plus susceptibles d'être raisonnablement mis en œuvre par le responsable du traitement des données ou par des tiers.

– Lorsqu'un des critères n'est pas rempli par une proposition, il convient de procéder à une évaluation approfondie des risques d'identification. Cette évaluation devrait être soumise à l'autorité compétente si le droit national requiert l'examen ou l'autorisation du processus d'anonymisation par ladite autorité.

Afin de réduire les risques d'identification, les bonnes pratiques suivantes devraient être prises en considération :

Bonne pratique d'anonymisation

En général.

– Ne pas se contenter de "publier et oublier". Compte tenu du risque résiduel d'identification, les responsables du traitement des données devraient :

- 1. identifier les nouveaux risques et réévaluer régulièrement le(s) risque(s) résiduel(s) ;
- 2. examiner si les contrôles des risques identifiés sont suffisants et les ajuster en conséquence ; et
- 3. surveiller et contrôler les risques.

– Parmi ces risques résiduels, la possibilité d'identifier la partie non anonymisée d'un ensemble de données devrait (le cas échéant) être prise en considération, surtout en combinaison avec la partie anonymisée, ainsi que les corrélations possibles entre les attributs (par exemple entre les données relatives à la localisation géographique et celles concernant le niveau de prospérité).

Éléments contextuels.

– Les finalités visées par l'anonymisation d'un ensemble de données devraient être clairement définies, dans la mesure où elles jouent un rôle-clé dans la détermination du risque d'identification.

– Cela va de pair avec la prise en considération de tous les éléments contextuels pertinents – par exemple, la nature des données originales, les mécanismes de contrôle en place (y compris les mesures de sécurité restreignant l'accès aux ensembles de données), la taille de l'échantillon (aspects quantitatifs), la disponibilité de ressources d'informations publiques (sur lesquelles peuvent s'appuyer les destinataires), la communication envisagée de données à des tiers (limitée ou illimitée, par exemple sur l'internet, etc.).

– Il convient de prendre en considération les attaquants possibles, compte tenu de l'attrait des données pour des attaques ciblées (là encore, le caractère sensible des informations et la nature des données seront des facteurs-clés à cet égard).

Éléments techniques.

– Les responsables du traitement des données devraient divulguer la technique d'anonymisation / la combinaison de techniques appliquée, surtout s'ils prévoient de diffuser l'ensemble de données anonymisées.

– Les attributs évidents (par exemple, rares)/quasi-identifiants devraient être supprimés de l'ensemble de données.

– Si des techniques d'ajout de bruit sont utilisées (dans le cadre de la randomisation), le niveau de bruit ajouté aux enregistrements devrait être déterminé en fonction de la valeur d'un attribut (c'est-à-dire qu'il ne faut pas injecter un bruit démesuré), de l'impact des attributs à protéger pour les personnes concernées et/ou du caractère clairsemé de l'ensemble de données.

– En cas de recours à la confidentialité différentielle (dans le cadre de la randomisation), il convient de tenir compte de la nécessité de conserver une trace des requêtes de façon à détecter celles qui présentent un risque d'intrusion dans la vie privée, car le caractère intrusif des requêtes est cumulatif.

– Si des techniques de généralisation sont appliquées, il est crucial que le responsable du traitement des données ne se limite pas à un critère de généralisation qui reste inchangé pour le même attribut ; c'est-à-dire qu'il convient de sélectionner des granularités géographiques ou des intervalles de temps différents. Le choix du critère à

appliquer doit être dicté par la distribution des valeurs des attributs dans la population concernée. Toutes les distributions ne se prêtent pas à une généralisation. Autrement dit, il n'existe pas d'approche universelle à suivre en matière de généralisation. Il importe de veiller à la variabilité au sein des classes d'équivalence ; par exemple, un seuil spécifique devrait être sélectionné en fonction des "éléments contextuels" mentionnés ci-dessus (taille de l'échantillon, etc.) et, si ce seuil n'est pas atteint, il conviendrait de rejeter l'échantillon concerné (ou de définir un critère de généralisation différent).

ANNEXE

Un aperçu des techniques d'anonymisation

A. 1. Introduction

Il existe dans l'Union différentes interprétations de l'anonymat : dans certains pays, la notion correspond à un anonymat informatique (c'est-à-dire qu'il doit être difficile, en termes de puissance de calcul, d'identifier directement ou indirectement une des personnes concernées, même pour le responsable du traitement des données, avec la collaboration de quelque autre partie)*[,]* et dans d'autres pays, il s'agit d'un anonymat parfait (c'est-à-dire qu'il doit être impossible d'identifier directement ou indirectement une des personnes concernées, même pour le responsable du traitement des données, avec la collaboration de quelque autre partie). Néanmoins, l'"anonymisation" désigne dans les deux cas le processus au moyen duquel des données sont rendues anonymes. La différence réside dans ce qui est considéré comme un niveau acceptable de risque de ré-identification.

Divers usages peuvent être envisagés pour les données anonymisées : enquêtes sociales, analyses statistiques, développement de nouveaux services/produits. Aussi générales que soient les finalités poursuivies, il arrive parfois que ces activités puissent avoir un impact sur certaines personnes concernées, annulant le caractère prétendument anonyme des données traitées. On peut en citer de nombreux exemples, depuis le lancement d'actions de marketing ciblées jusqu'à la mise en œuvre de mesures publiques fondées sur les profils, les comportements ou les schémas de mobilité des utilisateurs *[Par exemple, dans le cas de TomTom aux Pays-Bas (V. l'exemple expliqué à la section 2.2.3.)]*.

Malheureusement, hormis les déclarations générales, il n'existe pas de système de mesure suffisamment évolué qui permette d'apprécier à l'avance le temps ou les efforts nécessaires pour parvenir à une ré-identification après le traitement, ou encore de sélectionner la procédure la plus appropriée à mettre en place si l'on veut réduire la probabilité qu'une base de données diffusée renvoie à un ensemble identifié de personnes concernées.

L'"art de l'anonymisation", ainsi qu'on désigne parfois ces pratiques dans la littérature scientifique *[Jun Gu, Yuexian Chen, Jinning Fu, HuanchunPeng, Xiaojun Ye, Synthesizing : Art of Anonymization, Database and Expert Systems Applications Lecture Notes in Computer Science, Springer, volume 6261, 2010, p. 385 à 399.]*, est une nouvelle branche scientifique encore balbutiante et il existe beaucoup de pratiques visant à réduire la capacité d'identification des ensembles de données ; il doit être bien clair, cependant, que la majorité de ces pratiques n'empêchent *[empêche]* pas la mise en relation des données traitées avec les personnes concernées. Dans certaines circonstances, les tentatives d'identification d'ensembles de données censés être anonymes ont été couronnées de succès ; dans d'autres situations, des faux positifs ont été constatés.

Il existe, en gros, deux approches différentes : l'une se fonde sur la généralisation de l'attribut, l'autre sur la randomisation. Un examen des détails et des subtilités de ces pratiques nous aidera à mieux comprendre le potentiel d'identification des données et jettera un nouvel éclairage sur la notion même de données à caractère personnel.

A. 2. L'"anonymisation" par randomisation

En matière d'anonymisation, une option consiste à modifier les valeurs réelles pour empêcher que les données anonymisées puissent être mises en relation avec les valeurs originales. Cet objectif peut être atteint au moyen de nombreuses méthodes, qui vont de l'injection de bruit à la substitution de données (permutation). Il faut aussi souligner que la suppression d'un attribut équivaut à une forme extrême de randomisation dudit attribut (lequel est alors entièrement couvert par le bruit).

Dans certaines circonstances, l'objectif du traitement n'est pas tant de publier un ensemble de données randomisées, mais plutôt de permettre l'accès aux données au moyen de requêtes. Le risque pour les personnes concernées vient dans ce cas de la probabilité qu'un attaquant soit en mesure d'obtenir des informations en transmettant une série de requêtes différentes, sans que le responsable du traitement des données en ait connaissance. Pour garantir l'anonymat des individus auxquels se rapporte l'ensemble de données, il faudrait qu'il ne soit pas possible de conclure qu'une

personne concernée a contribué à l'ensemble de données, de façon à rompre le lien avec d'éventuelles informations tirées du contexte qu'un attaquant pourrait avoir en sa possession.

En ajoutant du bruit, selon les modalités appropriées, à la réponse à une requête, il est possible de réduire encore le risque de ré-identification. Cette approche, désignée dans la littérature par les termes de "confidentialité différentielle" *[Cynthia Dwork, Differential Privacy, International Colloquium on Automata, Languages and Programming, ICALP, 2006, p. 1 à 12]* s'écarte des méthodes décrites précédemment en ce qu'elle donne à ceux qui publient des données un plus grand contrôle sur l'accès aux données par rapport à une diffusion publique. L'ajout de bruit vise deux objectifs principaux : premièrement, protéger la vie privée des personnes concernées reprises dans l'ensemble de données et, deuxièmement, préserver l'utilité des informations communiquées. En particulier, l'ampleur du bruit doit être proportionnelle au niveau des requêtes (des réponses trop précises à de trop nombreuses requêtes concernant des individus augmentent le risque d'identification). Pour être efficace, l'application de la randomisation doit aujourd'hui être envisagée au cas par cas, car aucune technique ne constitue une méthodologie à toute épreuve. Il existe des exemples de fuites d'informations à propos des attributs d'une personne concernée (figurant ou non dans l'ensemble de données), alors même que le responsable du traitement considérait l'ensemble de données comme randomisé.

Il peut être utile d'examiner des exemples précis pour mettre en lumière les failles possibles de la randomisation, en tant que procédé d'anonymisation. Ainsi, dans le cas d'un accès interactif, des requêtes jugées anodines en termes de confidentialité pourraient représenter un risque pour la vie privée des personnes concernées. En fait, si l'attaquant sait qu'un sous-groupe S d'individus figure dans l'ensemble de données qui contient des informations relatives à l'incidence d'un attribut A dans une population P, en posant simplement les deux questions "Combien d'individus dans la population P possèdent l'attribut A ?" et "Combien d'individus dans la population P, hormis ceux repris dans le sous-groupe S, possèdent l'attribut A ?", il peut être possible de déterminer (par soustraction) le nombre d'individus du sous-groupe S qui possèdent effectivement l'attribut A — soit de façon certaine, soit par inférence probabiliste. En tout cas, le respect de la vie privée des individus du sous-groupe S pourrait être gravement compromis, selon la nature de l'attribut A.

On peut aussi considérer que la publication d'un ensemble de données peut présenter un risque pour la vie privée d'une personne concernée qui n'y est pas reprise, s'il existe un lien connu entre cette personne et des données figurant dans cet ensemble. Par exemple, si l'on sait que "la valeur de l'attribut A de la cible diffère dans une quantité X de la valeur moyenne de la population", en demandant simplement à l'administrateur de la base de données d'exécuter une opération - anodine en termes de confidentialité - d'extraction de la valeur moyenne de l'attribut A, l'attaquant peut déduire avec exactitude des données à caractère personnel relatives à une personne concernée en particulier.

L'opération qui consiste à injecter certaines inexactitudes relatives dans les valeurs réelles d'une base de données doit être conçue correctement. Il faut ajouter suffisamment de bruit pour protéger la confidentialité, mais pas trop non plus, afin de préserver l'utilité des données. Par exemple, si le nombre de personnes concernées présentant un attribut particulier est très réduit ou si l'attribut a un caractère hautement sensible, il peut être préférable de s'en tenir à une fourchette, ou à une phrase générale, du genre "un petit nombre de cas, peut-être même zéro", plutôt que d'indiquer le chiffre exact. De cette façon, même si le mécanisme d'ajout de bruit est connu à l'avance, la vie privée des personnes concernées est respectée, puisqu'il subsiste un degré d'incertitude. Du point de vue de l'utilité, si l'inexactitude est correctement conçue, les résultats restent utiles à des fins d'analyse statistique ou de prise de décision.

La randomisation d'une base de données et l'accès en confidentialité différentielle requièrent une réflexion plus poussée. Premièrement, la juste dose de distorsion peut varier considérablement selon le contexte (le type de requête, la taille de la population de la base de données, la nature de l'attribut et le risque d'identification inhérent) et aucune solution universelle ne peut être envisagée. De plus, le contexte peut changer avec le temps et le mécanisme interactif devrait être modifié en conséquence. Le calibrage du bruit nécessite une surveillance des risques cumulatifs qu'un mécanisme interactif représente pour le respect de la vie privée des personnes concernées. Le mécanisme d'accès aux données devrait donc disposer d'alertes qui se déclenchent lorsqu'un budget "coût pour la confidentialité" est épuisé et que les personnes concernées pourraient être exposées à des risques spécifiques si une nouvelle requête est *[était]* transmise, afin d'aider le responsable du traitement des données à déterminer le niveau approprié de distorsion qu'il y a lieu d'injecter à chaque fois dans les données à caractère personnel.

D'un autre côté, il faut aussi envisager le cas où des valeurs d'attributs sont supprimées (ou modifiées). Une solution souvent employée pour traiter certaines valeurs d'attributs atypiques est la suppression de l'ensemble de*[s]* données relatives aux individus atypiques ou des valeurs atypiques. Dans ce dernier cas, il est important de veiller à ce que l'absence de la valeur ne devienne pas en elle-même un élément permettant l'identification d'une personne concernée.

Passons à présent à la randomisation par substitution d'attribut. Une des principales idées fausses qui circulent à propos de l'anonymisation consiste à l'assimiler au chiffrement ou au codage à clé. Cette erreur repose sur deux suppositions, à savoir a) que lorsque certains attributs d'un enregistrement dans une base de données (par exemple, le nom, l'adresse, la date de naissance) font l'objet d'un chiffrement ou qu'une chaîne apparemment aléatoire leur est substituée à la suite d'une opération de codage à clé, comme une fonction de hachage, cet enregistrement est "anonymisé", et b) que l'anonymisation est plus efficace si la longueur de la clé est appropriée et si l'algorithme de chiffrement est conforme à l'état de la technique. Cette idée fausse est largement répandue parmi les responsables du traitement des données et appelle des éclaircissements, car elle se rapporte aussi à la pseudonymisation et à ses risques prétendument moindres.

Premièrement, les objectifs de ces techniques sont radicalement différents : le chiffrement, en tant que mesure de sécurité, vise à garantir la confidentialité d'un canal de communication entre des parties identifiées (êtres humains, appareils ou éléments logiciels/matériels) afin d'éviter une interception ou une divulgation involontaire. Le codage à clé correspond à une traduction sémantique des données qui dépend d'une clé secrète. L'objectif de l'anonymisation, en revanche, est d'éviter l'identification d'individus en empêchant que des attributs puissent être mis en relation avec une personne concernée à son insu.

Ni le chiffrement ni le codage à clé ne se prêtent, en eux-mêmes, à l'objectif de rendre une personne concernée non identifiable, puisque les données originales, entre les mains du responsable du traitement au moins, peuvent encore être consultées ou reconstituées par déduction. La seule traduction sémantique de données à caractère personnel, telle qu'elle est appliquée dans le cas du codage à clé, n'exclut pas la possibilité de rétablir la structure originale des données, en exécutant l'algorithme en sens inverse ou au moyen d'attaques par force brute, selon la nature des mécanismes employés, ou à la suite d'une violation de données. Un chiffrement conforme à l'état de la technique peut garantir une meilleure protection des données, c'est-à-dire empêcher leur consultation par des entités qui ignorent la clé de décryptage, mais il ne se traduit pas nécessairement par une anonymisation. Tant que la clé ou les données originales sont accessibles (même dans le cas de leur conservation par un tiers de confiance, tenu par contrat d'assurer un service de séquestre), la possibilité d'identifier une personne concernée n'a pas été éliminée.

Le fait de se fonder exclusivement sur la robustesse du mécanisme de chiffrement comme mesure du degré d'"anonymisation" d'un ensemble de données est trompeur, car de nombreux autres facteurs techniques et organisationnels affectent la sécurité générale d'un mécanisme de chiffrement ou d'une fonction de hachage. La littérature fait état de beaucoup d'attaques couronnées de succès, qui contournent totalement l'algorithme, en exploitant les faiblesses de la conservation des clés (par exemple, l'existence d'un mode par défaut moins sécurisé) ou d'autres facteurs humains (par exemple, des mots de passe faibles permettant de récupérer la clé). Enfin, un système de chiffrement sélectionné, avec une clé d'une taille donnée, est conçu pour garantir la confidentialité pendant une certaine période (la taille de la plupart des clés actuelles devra être revue vers 2020), tandis qu'un processus d'anonymisation ne devrait pas être limité dans le temps.

Il peut être intéressant d'examiner en détail les limites de la randomisation (ou de la substitution et de la suppression) de l'attribut, à la lumière de divers exemples d'anonymisation par randomisation inefficaces recensés ces dernières années et des raisons qui expliquent ces échecs.

Un cas bien connu de diffusion d'un ensemble de données mal anonymisé est celui du prix Netflix *[Arvind Narayanan, Vitaly Shmatikov, "Robust De-anonymization of Large Sparse Datasets", in IEEE Symposium on Security and Privacy, 2008, p. 111 à 125]*. En examinant un enregistrement générique dans une base de données dont plusieurs attributs relatifs à une personne concernée ont été randomisés, chaque enregistrement peut encore être scindé en deux sous-enregistrements comme suit : {attributs randomisés, attributs en clair}, où les attributs en clair peuvent constituer n'importe quelle combinaison de données qui ne sont pas censées avoir un caractère personnel. Dans le cas de l'ensemble de données du prix Netflix, il est à noter que chaque enregistrement peut être représenté par un point dans un espace multidimensionnel, où *[dans lequel]* chaque attribut en clair est une coordonnée. En appliquant cette technique, tout ensemble de données peut être considéré comme une constellation de points dans cet espace multidimensionnel, qui présente parfois un caractère très clairsemé, c'est-à-dire que les points sont distants les uns des autres. En fait, ils peuvent être si éloignés qu'après avoir divisé l'espace en vastes régions, chaque région ne contient qu'un seul enregistrement. Même l'injection de bruit ne parvient pas à rapprocher suffisamment les enregistrements pour qu'ils partagent la même région multidimensionnelle. Dans l'expérience de Netflix, par exemple, huit évaluations de films attribuées au cours d'une période s'étendant sur 14 jours suffisaient à rendre les enregistrements uniques. Après l'ajout de bruit aux évaluations et aux dates, aucune superposition de régions ne pouvait être constatée. Autrement dit, cette même sélection de huit films évalués constituait une empreinte digitale des évaluations attribuées, qui n'était pas partagée par deux personnes concernées dans la base de données. Sur la base de cette observation géométrique, les chercheurs ont comparé l'ensemble de données prétendument anonyme de Netflix

avec une autre base de données publique contenant des évaluations de films (IMDB) et découvert ainsi des utilisateurs qui avaient attribué des évaluations pour les mêmes films au cours de la même période. Comme la majorité des utilisateurs présentaient *[présentait]* une correspondance biunivoque, les informations auxiliaires récupérées dans la base de données IMDB ont pu être importées dans l'ensemble de *[des]* données publiées *[publié]* par Netflix, de façon à identifier tous les enregistrements censés être anonymes.

Il est important de souligner qu'il s'agit d'une propriété générale : la part résiduelle de toute base de données "randomisée" conserve un potentiel d'identification très élevé, selon la rareté de la combinaison des attributs résiduels. C'est une mise en garde que les responsables du traitement des données devraient toujours avoir à l'esprit en choisissant la randomisation comme moyen de parvenir à l'anonymisation recherchée.

De nombreuses expériences de ré-identification de ce type ont été menées selon une approche similaire de projection de deux bases de données sur le même sous-espace. C'est une méthode de ré-identification très puissante, qui a récemment été appliquée dans de nombreux domaines différents. Par exemple, une expérience d'identification réalisée à l'encontre d'un réseau social *[L. Backstrom, C. Dwork, et J. M. Kleinberg, "Wherefore art thou r3579x ? : anonymized social networks, hidden patterns, and structural steganography", compte rendu de la 16e Conférence internationale sur le World Wide Web WWW'07, p. 181 à 190 (2007).]* a exploité le graphe social d'utilisateurs pseudonymisés au moyen d'étiquettes. Dans ce cas, les attributs utilisés à des fins d'identification étaient les listes de contacts des différents utilisateurs, puisqu'il avait été démontré que la probabilité que deux individus aient une liste de contacts identique est très faible. Sur la base de cette hypothèse intuitive, il a été constaté qu'un sous-graphe de liens internes comportant un nombre très limité de nœuds constitue une empreinte topologique exploitable, cachée au sein du réseau, et qu'une large portion de l'ensemble du réseau social peut être identifiée dès lors que ce sous-réseau a été délimité. Pour ne donner que quelques chiffres sur les performances d'une attaque similaire, il a été démontré qu'en utilisait *[utilisant]* moins de dix nœuds (qui peuvent déboucher sur des millions de configurations de sous-réseaux différentes, chacun constituant potentiellement une empreinte topologique)*[,]* un réseau social de plus de 4 millions de nœuds pseudonymisés et de 70 millions de liens peut être vulnérable à des attaques de ré-identification susceptibles de compromettre un grand nombre de relations. Il faut ajouter que cette approche de ré-identification n'est pas limitée au contexte spécifique des réseaux sociaux, mais est suffisamment générale pour pouvoir être adaptée à d'autres bases de données où *[dans lesquelles]* les relations entre les utilisateurs sont enregistrées (par exemple, un répertoire téléphonique, une messagerie électronique, des sites de rencontre, etc.).

Un autre moyen d'identifier un enregistrement supposé anonyme repose sur l'analyse du style de rédaction (stylométrie) *[http://33bits.org/2012/02/20/is-writing-style-sufficient-to-deanonymize-material-posted-online/]*. Plusieurs algorithmes ont déjà été mis au point pour extraire des mesures de texte analysé, qui couvrent la fréquence d'utilisation d'un mot particulier, l'occurrence de constructions grammaticales spécifiques et le type de ponctuation. Toutes ces propriétés peuvent être utilisées pour associer un texte censé être anonyme au style de rédaction d'un auteur identifié. Des chercheurs ont extrait le style de rédaction de plus de 100 000 blogs et sont aujourd'hui capables d'identifier automatiquement l'auteur d'un message avec une précision approchant déjà de 80 % ; l'efficacité de cette technique devrait aussi se renforcer avec l'exploitation d'autres indications, comme la localisation ou des métadonnées contenues dans le texte.

Le potentiel d'identification au moyen de la sémantique d'un enregistrement (à savoir la part résiduelle non randomisée d'un enregistrement) est un problème qui mérite davantage de considération de la part des milieux de la recherche et de l'industrie. L'exemple récent d'une tentative couronnée de succès visant à rétablir les identités de donneurs d'ADN (2013) *[Les données génétiques constituent un exemple particulièrement important de données sensibles, qui peuvent être exposées à un risque de ré-idenitification si le seul mécanisme censé les "anonymiser" est la suppression des identités des donneurs. V. l'exemple cité à la sect. 2.2.2 ci-dessus. V. aussi John Bohannon, "Genealogy Databases Enable Naming of Anonymous DNA Donors", Science, vol. 339, n° 6117 (18 janv. 2013), p. 262.]* montre que peu de progrès ont été accomplis depuis la célèbre affaire *AOL* (2006), où *[dans laquelle]* une base de données contenant vingt millions de mots-clés figurant dans les recherches effectuées par plus de 650 000 utilisateurs au cours d'une période de trois mois avait été diffusée publiquement. A la suite de quoi, l'identité et la localisation de certains utilisateurs avaient été rendues publiques.

Les données de localisation constituent une autre famille de données dont l'anonymat est rarement garanti par le simple fait de supprimer les identités des personnes concernées ou par le chiffrement partiel de certains attributs. Les schémas de mobilité sont peut-être suffisamment uniques pour que la partie sémantique des données de localisation (le lieu où la personne concernée se trouvait à un certain moment), même en l'absence d'autres attributs, permette de révéler bon nombre de caractéristiques d'une personne concernée *[Ce problème a été pris en compte dans certaines législations nationales. Par exemple, en France, les statistiques de localisation publiées sont anonymisées par des techniques de généralisation et de permutation. Ainsi, l'INSEE publie des statistiques qui sont généralisées en*

agrégeant toutes les données au niveau d'une superficie de 40 000 m². *La granularité de l'ensemble de données est suffisante pour préserver l'utilité des données et des permutations empêchent des attaques de ré-identification dans les zones clairsemées. D'une manière plus générale, l'agrégation de cette famille de données et la permutation apportent de solides garanties contre les attaques par inférence et les tentatives de ré-identification (http://www.insee.fr/fr/).]*. Cela a été démontré bien des fois dans des travaux universitaires représentatifs *[De Montjoye, Y.-A., Hidalgo, C.A., Verleysen, M. et Blondel, V.D., "Unique in the Crowd : The privacy bounds of human mobility", Nature, 3, p. 1376 (2013).]*.

A cet égard, il faut se garder de considérer les pseudonymes comme un moyen d'assurer une protection adéquate des personnes concernées contre les fuites d'identité ou d'attribut. Si la pseudonymisation se fonde sur le remplacement d'une identité par un autre code unique, il serait naïf de supposer qu'un tel procédé constitue une solution d'anonymisation fiable, sans tenir compte de la complexité des méthodes d'identification et des multiples contextes dans lesquels elles pourraient être appliquées.

A. 3. L'"anonymisation" par généralisation

Un exemple simple peut contribuer à clarifier l'approche fondée sur la généralisation de l'attribut.

Prenons le cas d'un responsable du traitement des données qui décide de publier un simple tableau contenant trois éléments d'information, ou attributs : un numéro d'identification, unique pour chaque enregistrement, une identification de localisation, qui relie la personne concernée au lieu où elle vit, et une identification de propriété, qui spécifie la propriété de la personne concernée. Supposons en outre que cette propriété correspond à une valeur parmi deux valeurs distinctes, indiquée de façon générique par {P1, P2} :

Identification par n° d'ordre	Localisation	Propriété
N° 1	Rome	P1
N° 2	Madrid	P1
N° 3	Londres	P2
N° 4	Paris	P1
N° 5	Barcelone	P1
N° 6	Milan	P2
N° 7	New York	P2
N° 8	Berlin	P1

Tableau A1. Échantillon de personnes concernées, avec leur localisation et leurs propriétés P1 ou P2

Si quelqu'un, qu'on appellera "l'attaquant", sait à l'avance qu'une personne concernée spécifique (la cible), qui vit à Milan, figure dans le tableau, il lui suffit d'examiner le tableau pour apprendre aussi que sa propriété est P2, le n° 6 étant la seule personne concernée identifiée par cette localisation.

Cet exemple très sommaire montre les principaux éléments de toute procédure d'identification appliquée à un ensemble de données qui a fait l'objet d'un processus d'anonymisation supposé. C'est-à-dire qu'un attaquant se trouve (accidentellement ou délibérément) en possession de connaissances tirées du contexte à propos de certaines ou de toutes les personnes concernées dans un ensemble de données. L'attaquant s'efforce de relier ces connaissances tirées du contexte avec les données figurant dans l'ensemble de données publié pour avoir une idée plus claire des caractéristiques de ces personnes concernées.

Afin de rendre moins efficace ou moins immédiate la mise en relation des données avec une forme quelconque de connaissances tirées du contexte, le responsable du traitement des données pourrait intervenir sur l'identification de localisation, en remplaçant la ville où vivent les personnes concernées par une zone plus large, comme le pays. De cette façon, le tableau se présenterait comme suit :

Identification par n° d'ordre	Localisation	Propriété
N° 1	Italie	P1
N° 2	Espagne	P1
N° 3	Royaume-Uni	P2
N° 4	France	P1
N° 5	Espagne	P1
N° 6	Italie	P2
N° 7	États-Unis	P2
N° 8	Allemagne	P1

Tableau A2. Généralisation du tableau A1 par nationalité

Avec cette nouvelle agrégation de données, les connaissances tirées du contexte dont dispose l'attaquant à propos d'une personne concernée identifiée (disons : "la cible vit à Rome et figure dans le tableau") ne permettent pas de parvenir à une conclusion claire concernant sa propriété, puisque les deux Italiens mentionnés dans le tableau ont des propriétés distinctes, respectivement P1 et P2. L'attaquant se trouve confronté à une incertitude de 50 % quant à la propriété de l'entité cible. Ce simple exemple montre l'effet de la généralisation sur la pratique d'anonymisation. En fait, si ce procédé de généralisation peut être efficace pour réduire de moitié la probabilité d'identifier une cible italienne, il est sans effet dans le cas de cibles vivant à d'autres endroits (aux États-Unis, par exemple).

De plus, un attaquant peut encore obtenir des informations sur une cible espagnole. Si les connaissances tirées du contexte sont du type "la cible vit à Madrid et figure dans le tableau" ou "la cible vit à Barcelone et figure dans le tableau", l'attaquant peut en déduire avec 100 % de certitude que la cible a la propriété P1. Par conséquent, la généralisation ne garantit pas le même niveau de confidentialité ou de résistance aux attaques par inférence à toute la population de l'ensemble de données.

En suivant ce raisonnement, on pourrait être tenté de conclure qu'une généralisation accrue serait utile pour empêcher toute mise en relation – par exemple une généralisation par continent. De cette façon, le tableau se présenterait comme suit :

Identification par n° d'ordre	Localisation	Propriété
N° 1	Europe	P1
N° 2	Europe	P1
N° 3	Europe	P2
N° 4	Europe	P1
N° 5	Europe	P1
N° 6	Europe	P2
N° 7	Amérique du Nord	P2
N° 8	Europe	P1

Tableau A3. Généralisation du tableau A1 par continent

Avec ce genre d'agrégation, toutes les personnes concernées dans le tableau, hormis celle qui vit aux États-Unis, seraient protégées contre les attaques par corrélation et les tentatives d'identification, et toute information tirée du contexte du type "la cible vit à Madrid et figure dans le tableau" ou "la cible vit à Milan et figure dans le tableau" aboutirait à un certain niveau de probabilité quant à la propriété qui s'applique à la personne concernée (P1 avec une probabilité de 71,4 % et P2 avec une probabilité de 28,6 %), plutôt qu'à une mise en relation directe. Mais cette généralisation supplémentaire s'opère au prix d'une perte évidente et radicale d'informations : le tableau ne permet pas de découvrir des corrélations potentielles entre les propriétés et la localisation, c'est-à-dire d'apprécier si un lieu spécifique serait plus susceptible de déclencher l'une des deux propriétés, puisqu'il ne fait apparaître que les distributions dites "marginales", à savoir la probabilité absolue de l'occurrence des propriétés P1 et P2 dans l'ensemble de la population (respectivement 62,5 % et 37,5 % dans notre exemple) et dans chaque continent (respectivement, comme il a été indiqué, 71,4 % et 28,6 % en Europe et 100 % et 0 % en Amérique du Nord).

L'exemple montre aussi que le recours à la généralisation affecte l'utilité pratique des données. Il existe aujourd'hui certains outils qui permettent de déterminer au préalable (c'est-à-dire avant qu'un ensemble de données soit rendu public) quel est le niveau de généralisation de l'attribut le plus approprié, de façon à réduire les risques d'identification des personnes concernées dans un tableau sans affecter exagérément l'utilité des données publiées.

k-anonymat.

Le *k*-anonymat est une technique fondée sur la généralisation des attributs qui vise à prévenir les attaques par corrélation. Cette pratique est issue d'une expérience de ré-identification menée à la fin des années 1990, aux États-Unis, où une entreprise privée, active dans le secteur de la santé, a rendu public un ensemble de données censé être anonymisé. Cette anonymisation consistait à effacer les noms des personnes concernées, mais l'ensemble de données contenait encore des informations d'ordre médical et d'autres attributs comme le code postal (identification de localisation indiquant où vivaient les personnes concernées), le sexe et la date de naissance complète. Le même triplet {code postal, sexe, date de naissance complète} figurait aussi dans d'autres registres accessibles au public (par exemple, la liste électorale) et a donc pu être utilisé par un chercheur pour mettre en relation l'identité de certaines personnes concernées avec les attributs de l'ensemble de données publié. Les connaissances tirées du contexte dont disposait l'attaquant (le chercheur) pouvaient être énoncées comme suit : "Je sais que la personne concernée figurant dans la liste électorale avec un triplet {code postal, sexe, date de naissance complète} spécifique est unique. Il existe un enregistrement correspondant à ce triplet dans l'ensemble de données publié." Il a été constaté empiriquement *[L. Sweeney, "Weaving Technology and Policy Together to Maintain Confidentiality", Journal of Law, Medicine & Ethics, 25, n°s 2 et 3 (1997), p. 98 à 110]* que la grande majorité (plus de 80 %) des personnes concernées dans le registre public utilisé pour cette expérience de recherche étaient *[était]* associées *[associée]* de façon univoque à un triplet spécifique, ce qui rendait l'identification possible. Par conséquent, les données n'étaient pas correctement anonymisées dans ce cas.

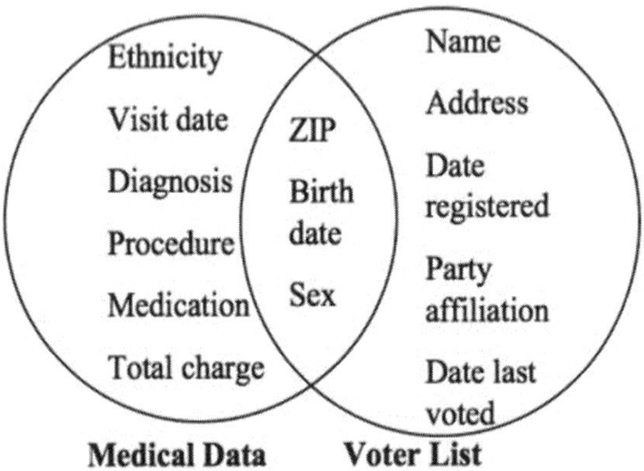

Figure A1. Ré-identification par corrélation entre les données

Afin de réduire l'efficacité d'attaques par corrélation similaires, il a été avancé que les responsables du traitement devraient d'abord examiner l'ensemble de données et regrouper les attributs qui pourraient raisonnablement être exploités par un attaquant pour mettre le tableau publié en relation avec une autre source auxiliaire ; chaque groupe devrait inclure au moins *k* combinaisons identiques d'attributs généralisés (c'est-à-dire qu'il devrait représenter une classe d'équivalence d'attributs). Les ensembles de données ne seraient ensuite publiés qu'après avoir été répartis dans de tels groupes homogènes. Les attributs retenus en vue de leur généralisation sont appelés "quasi-identifiants", puisque leur connaissance, en clair, entraînerait l'identification immédiate des personnes concernées.

De nombreuses expériences d'identification ont démontré la faiblesse de tableaux *k*-anonymisés mal conçus. Cela peut être dû, par exemple, au fait que les autres attributs d'une classe d'équivalence sont identiques (comme dans le cas de la classe d'équivalence des personnes concernées espagnoles dans l'exemple du tableau A2) ou que leur distribution est très déséquilibrée, avec une forte prévalence d'un attribut spécifique, ou encore au fait que le nombre d'enregistrements dans une classe d'équivalence est très réduit, ce qui permet dans les deux cas une inférence probabiliste, ou qu'il n'existe pas de différence "sémantique" significative entre les attributs en clair des classes d'équivalence (ainsi, la mesure quantitative de ces attributs pourrait être effectivement différente, mais très proche en termes numériques, ou ils pourraient relever d'une gamme d'attributs sémantiquement similaires, par exemple, une même catégorie de risque*[s]* de crédit ou une même famille de pathologies), de telle sorte que l'ensemble de données peut encore laisser filtrer une grande quantité d'informations sur les personnes concernées exploitables par des attaques par corrélation *[Il faut souligner que des corrélations peuvent aussi être établies une fois que les enregistrements ont été regroupés par attributs. Quand le responsable du traitement des données sait quels sont les types de corrélations qu'il souhaite vérifier, il peut sélectionner les attributs les plus pertinents. Par exemple, les résultats des enquêtes du centre PEW ne sont pas vulnérables à des attaques par inférence à granularité fine et restent très utiles pour la recherche de corrélations entre les données démographiques et les intérêts (http://www.pewintemet.org/Reports/2013/Anonymity-online.aspx).]*. Un point important sur lequel il faut insister ici est que, dans tous les cas où les données sont clairsemées (si, par exemple, il y a peu d'occurrences d'une propriété spécifique dans une zone géographique) et où une première agrégation ne permet pas de regrouper les données avec un nombre suffisant d'occurrences de propriétés différentes (si, par exemple, il reste un petit nombre d'occurrences de quelques propriétés seulement qui peuvent être localisées dans une zone géographique), il est nécessaire de procéder à une agrégation d'attributs supplémentaire pour atteindre l'anonymisation recherchée.

l-diversité.

A partir de ces observations, des variantes du *k*-anonymat ont été proposées au fil des années, et certains critères techniques de renforcement de la pratique d'anonymisation par généralisation ont été mis au point, en vue de réduire les risques des attaques par corrélation. Ils se fondent sur des propriétés probabilistes des ensembles de données. En particulier, une contrainte supplémentaire est ajoutée, à savoir que chaque attribut d'une classe d'équivalence apparaît au moins à *l* reprises, de telle sorte qu'un attaquant reste toujours confronté à un degré d'incertitude considérable concernant les attributs, malgré les connaissances tirées du contexte dont il pourrait disposer à propos d'une personne concernée. Cela revient à dire qu'un ensemble de données (ou un segment) doit posséder un nombre minimal d'occurrences d'une propriété sélectionnée : ce procédé permet d'atténuer le risque de ré-identification. Tel est l'objectif de la pratique d'anonymisation à *l*-diversité. Un exemple de cette pratique est donné dans les tableaux A4 (les données originales) et A5 (le résultat du traitement). Comme on le voit, en traitant correctement l'identification de localisation et les âges des individus du tableau A4, le processus de généralisation d'attributs se traduit par une augmentation considérable de l'incertitude quant aux attributs réels de chaque personne concernée dans l'enquête. Par exemple, même si l'attaquant sait qu'une personne concernée figure dans la première classe d'équivalence, il ne peut déterminer avec plus de certitude si une personne a la propriété X, Y ou Z, puisqu'il existe au moins un enregistrement dans cette classe (et dans n'importe quelle classe d'équivalence) présentant ces propriétés.

Numéro d'ordre	Identification de localisation	Âge	Propriété
1	111	38	X
2	122	39	X
3	122	31	Y
4	111	33	Y

Numéro d'ordre	Identification de localisation	Âge	Propriété
5	231	60	Z
6	231	65	X
7	233	57	Y
8	233	59	Y
9	111	41	Z
10	111	47	Z
11	122	46	Z
12	122	45	Z

Tableau A4. Un tableau où les individus sont regroupés par localisation, âge et trois propriétés X, Y et Z

Numéro d'ordre	Identification de localisation	Âge	Propriété
1	11*	< 50	X
4	11*	< 50	Y
9	11*	< 50	Z
10	11*	< 50	Z
5	23*	> 50	Z
6	23*	> 50	X
7	23*	> 50	Y
8	23*	> 50	Y
2	12*	< 50	X
3	12*	< 50	Y
11	12*	< 50	Z
12	12*	< 50	Z

Tableau A5. Un exemple de version à *l*-diversité du tableau A4

t-proximité.

L'approche désignée par le terme "*t*-proximité" prend en considération le cas particulier des attributs qui sont distribués de manière inégale au sein d'un segment ou qui ne présentent qu'un faible écart de valeurs ou de contenus sémantiques. C'est une amélioration supplémentaire de l'anonymisation par généralisation consistant à organiser les données de façon à créer des classes d'équivalence qui reflètent autant que possible la distribution initiale des attributs dans l'ensemble de données original. A cet effet, une procédure en deux étapes est appliquée comme suit. Le tableau A6 constitue la base de données originale comprenant les enregistrements en clair des personnes concernées, groupées par localisation, âge, salaire et deux familles de propriétés sémantiquement similaires, respectivement {X1, X2, X3} et {Y1, Y2, Y3} (par exemple, des classes de risque de

crédit similaires, des maladies similaires). Premièrement, le tableau est *l*-diversifié avec une valeur *l* = 1 (tableau A7), en regroupant des enregistrements en classes d'équivalence sémantiquement similaires qui présentent un faible niveau d'anonymisation ciblée ; puis il est traité en vue d'obtenir une *t*-proximité (tableau A8) et une plus grande variabilité au sein de chaque segment. En fait, après cette deuxième étape, chaque classe d'équivalence comprend des enregistrements des deux familles de propriétés. Il est à noter que l'identification de localisation et l'âge ont des granularités différentes dans les diverses étapes du processus : il s'ensuit que chaque attribut peut nécessiter des critères de généralisation différents pour parvenir à l'anonymisation recherchée, ce qui à son tour requiert, de la part des responsables du traitement des données, un ajustement spécifique et un calcul informatique approprié.

Numéro d'ordre	Identification de localisation	Âge	Salaire	Propriété
1	1127	29	30 000	X1
2	1112	22	32 000	X2
3	1128	27	35 000	X3
4	1215	43	50 000	X2
5	1219	52	120 000	Y1
6	1216	47	60 000	Y2
7	1115	30	55 000	Y2
8	1123	36	100 000	Y3
9	1117	32	110 000	X3

Tableau A6. Un tableau où les individus sont regroupés par localisation, âge, salaire et deux familles de propriétés

Numéro d'ordre	Identification de localisation	Âge	Salaire	Propriété
1	11**	2*	30 000	X1
2	11**	2*	32 000	X2
3	11**	2*	35 000	X3
4	121*	> 40	50 000	X2
5	121*	> 40	120 000	Y1
6	121*	> 40	60 000	Y2
7	11**	3*	55 000	Y2
8	11**	3*	100 000	Y3
9	11**	3*	110 000	X3

Tableau A7. Une version à *l*-diversité du tableau A6

Numéro d'ordre	Identification de localisation	Âge	Salaire	Propriété
1	112*	< 40	30 000	X1
3	112*	< 40	35 000	X3
8	112*	< 40	100 000	Y3
4	121*	> 40	50 000	X2
5	121*	> 40	120 000	Y1
6	121*	> 40	60 000	Y2
2	111*	< 40	32 000	X2
7	111*	< 40	55 000	Y2
9	111*	< 40	110 000	X3

Tableau A8. Une version à *t*-proximité du tableau A6

Il faut préciser que l'objectif de la généralisation des attributs des personnes concernées par des procédés aussi élaborés ne peut parfois être atteint que pour un petit nombre d'enregistrements et non pour l'ensemble d'entre eux. Les bonnes pratiques devraient veiller à ce que chaque classe d'équivalence contienne plusieurs individus et qu'aucune attaque par inférence ne reste possible. En tout cas, cette approche requiert un examen approfondi des données disponibles de la part des responsables du traitement, ainsi qu'une analyse combinatoire de diverses alternatives (par exemple, des fourchettes d'amplitudes différentes, une granularité différente en termes de localisation ou d'âge, etc.). Autrement dit, l'anonymisation par généralisation ne peut être le résultat d'une tentative rudimentaire qui consisterait, pour les responsables du traitement des données, à remplacer des valeurs d'attributs analytiques dans un enregistrement par des fourchettes. Des approches quantitatives plus spécifiques sont nécessaires, de façon par exemple à évaluer l'entropie des attributs au sein de chaque segment ou à mesurer la distance entre les distributions originales des attributs et la distribution dans chaque classe d'équivalence.

Lignes directrices du G29 du 6 février 2018,

Sur la notification des violations de données à caractère personnel en vertu du règlement (UE) 2016/679.

V. CEPD, Guidelines 01/2021 on Examples regarding Personal Data Breach Notification, Adopted on 14 December 2021.

INTRODUCTION

Le règlement général sur la protection des données (ci-après le "RGPD") introduit l'exigence que toute violation de données à caractère personnel (ci-après la "violation") soit notifiée à l'autorité de contrôle nationale compétente *[V. art. 4, § 21, du RGPD]* (ou en cas de violation transfrontalière, à l'autorité chef de file) et, dans certains cas, communiquée aux personnes dont les données à caractère personnel ont été affectées par ladite violation.

L'obligation de notifier les violations existe déjà à l'heure actuelle pour certaines organisations, telles que les fournisseurs de services de communications électroniques accessibles au public *[comme prévu par la Dir. 2009/136/CE et le Règl. (CE) n° 611/2013]*. Certains États membres disposent par ailleurs déjà de leur propre obligation de notification des violations. Il peut s'agir de l'obligation de notifier les violations impliquant certaines catégories de responsables du traitement autres que les fournisseurs de services de communications électroniques accessibles au public (par exemple, en Allemagne et en Italie), ou de l'obligation de notifier toutes les violations portant sur des données à caractère personnel (par exemple, aux Pays-Bas). D'autres États membres

peuvent disposer de codes de bonne pratique pertinents (par exemple, en Irlande *[V. https://www.dataprotection.ie/docs/Data_Security_Breach_Code_of_Practice/1082.htm]*). Cependant, si un certain nombre d'autorités européennes chargées de la protection des données encouragent actuellement les responsables du traitement à notifier les violations, la directive 95/46/CE sur la protection des données *[V. http://eur-lex.europa.eu/legal-content/FR/TXT/ ?uri=celex :31995L0046]*, que le RGPD remplace, ne contient pas d'obligation spécifique à cet égard. Une telle exigence sera donc nouvelle pour de nombreuses organisations. Le RGPD rend en effet cette notification obligatoire pour tous les responsables du traitement à moins qu'une violation soit peu susceptible d'engendrer un risque pour les droits et libertés des individus *[Les droits consacrés par la Charte des droits fondamentaux de l'Union européenne, disponible à l'adresse suivante : http://eur-lex.europa.eu/legal-content/FR/TXT/ ?uri=CELEX :12012P/TXT]*. Les sous-traitants ont également un rôle important à jouer et doivent notifier toute violation au responsable du traitement *[V. art. 33, § 2. Ce concept est similaire à celui de l'art. 5 du Règl. (UE) n° 611/2013, qui dispose qu'un fournisseur auquel il est fait appel pour fournir une partie d'un service de communications électroniques (sans qu'il soit directement lié par contrat avec les abonnés) est tenu d'informer le fournisseur qui l'a engagé en cas de violation de données à caractère personnel]*.

Le groupe de travail "Article 29" (G29) considère que cette nouvelle exigence de notification présente plusieurs avantages. Lors de la notification à l'autorité de contrôle, les responsables du traitement peuvent notamment obtenir des conseils afin de savoir s'il convient d'informer les personnes concernées. En effet, l'autorité de contrôle peut ordonner au responsable du traitement d'informer lesdites personnes de la violation *[V. art. 34, § 4, et art. 58]*. D'un autre côté, la communication d'une violation aux personnes concernées permet au responsable du traitement de leur fournir des informations sur les risques résultant de la violation et sur les mesures qu'elles peuvent prendre afin de se protéger des conséquences potentielles. Tout plan de réaction à une violation devrait viser à protéger les individus et leurs données à caractère personnel. Aussi la notification des violations devrait-elle être vue comme un outil permettant de renforcer la conformité en matière de protection des données à caractère personnel. Parallèlement, il convient de noter que la non-communication d'une violation aux personnes concernées ou à l'autorité de contrôle pourrait entraîner une sanction pour le responsable du traitement en vertu de l'article 83.

Les responsables du traitement et les sous-traitants sont ainsi encouragés à prévoir à l'avance et à mettre en place des processus leur permettant de détecter et d'endiguer rapidement toute violation, d'évaluer les risques pour les personnes concernées *[Ceci peut se faire dans le cadre de l'exigence de suivi et d'examen de l'analyse d'impact relative à la protection des données (AIPD), requise pour les opérations de traitement susceptibles d'engendrer un risque élevé pour les droits et libertés des personnes physiques (art. 35, § 1 et 11)]* et de déterminer ensuite s'il est nécessaire d'informer l'autorité de contrôle compétente et de communiquer, si nécessaire, la violation aux personnes concernées. La notification à l'autorité de contrôle devrait faire partie intégrante de ce plan de réaction aux incidents.

Le RGPD contient des dispositions concernant les cas où une violation doit être notifiée, les personnes et entités auxquelles il convient de la notifier ainsi que les informations que devrait comprendre cette notification. Les informations requises pour une telle notification peuvent certes être communiquées de façon échelonnée, mais les responsables du traitement devraient réagir à toute violation dans des délais appropriés.

Dans son avis 03/2014 sur la notification des violations de données à caractère personnel *[V. http://ec.europa.eu/justice/article-29/documentation/opinion-recommendation/files/2014/wp213_fr.pdf]*, le G29 a fourni des orientations aux responsables du traitement afin de les aider à décider s'il convient d'informer les personnes concernées en cas de violation. L'avis portait sur l'obligation imposée aux fournisseurs de communications électroniques au titre de la directive 2002/58/CE, fournissait des exemples tirés de nombreux secteurs, dans le contexte du RGPD, encore à l'état de projet à l'époque, et présentait une série de bonnes pratiques à l'intention de tous les responsables du traitement.

Les présentes lignes directrices expliquent les obligations établies par le RGPD en matière de notification et de communication des violations ainsi que certaines des mesures que les responsables du traitement et les sous-traitants peuvent adopter en vue de respecter ces nouvelles obligations. Elles fournissent également des exemples de différents types de violations et des entités et personnes à informer dans différents cas de figure.

I. Notification d'une violation de données à caractère personnel en vertu du RGPD

A. *Considérations de base concernant la sécurité*

L'une des exigences du RGPD est que les données à caractère personnel soient traitées de façon à garantir un niveau de sécurité approprié desdites données, et notamment à les protéger contre le traitement non autorisé ou illicite et contre la perte, la destruction ou les dégâts d'origine accidentelle, à l'aide de mesures techniques ou organisationnelles appropriées *[Art. 5, § 1, pt f), et art. 32]*.

Le RGPD exige par conséquent des responsables du traitement et des sous-traitants qu'ils mettent en place des mesures techniques et organisationnelles appropriées afin de garantir un niveau de sécurité adapté au risque pour les données à caractère personnel traitées. Ils devraient tenir compte de l'état des connaissances, des coûts de mise en œuvre et de la nature, de la portée, du contexte et des finalités du traitement ainsi que des risques, dont le degré de probabilité et de gravité varie, que présente le traitement pour les droits et libertés des personnes physiques *[Art. 32 ; V. également consid. 8]*. Le RGPD exige également que toutes les mesures de protection techniques et organisationnelles appropriées soient mises en œuvre pour établir immédiatement si une violation des données à caractère personnel s'est produite, ce qui déterminera si l'obligation de notification s'applique *[V. consid. 87]*.

Aussi l'un des éléments clés de toute politique de sécurité des données est-il d'être en mesure de prévenir toute violation dans la mesure du possible et, lorsqu'une telle violation se produit malgré tout, d'y réagir dans les meilleurs délais.

B. *Qu'est-ce qu'une violation de données à caractère personnel ?*

1. *Définition*

Avant de pouvoir remédier à une violation, le responsable du traitement doit être capable de la reconnaître. A son article 4, paragraphe 12, le RGPD définit une :

"violation de données à caractère personnel" comme : "une violation de la sécurité entraînant, de manière accidentelle ou illicite, la destruction, la perte, l'altération, la divulgation non autorisée de données à caractère personnel transmises, conservées ou traitées d'une autre manière, ou l'accès non autorisé à de telles données".

Ce que l'on entend par "destruction" de données à caractère personnel devrait être assez clair : il s'agit des cas où les données n'existent plus, ou n'existent plus sous une forme utile pour le responsable du traitement. "Dommage" devrait également être relativement clair : il s'agit des cas où les données à caractère personnel ont été altérées, corrompues ou ne sont plus complètes. Pour ce qui est de la "perte" de données à caractère personnel, cela signifie que les données pourraient toujours exister, mais que le responsable du traitement a perdu tout contrôle ou tout accès à ces données, ou encore qu'il ne les a plus en sa possession. Enfin, le traitement non autorisé ou illicite peut inclure la divulgation de données à caractère personnel à des destinataires (ou l'accès à de telles données par ceux-ci) n'étant pas autorisés à les recevoir (ou à y avoir accès), ou toute autre forme de traitement en infraction au RGPD.

Exemple : Il peut, par exemple, y avoir perte de données à caractère personnel lorsqu'un appareil contenant une copie de la base de données client d'un responsable du traitement est perdu ou volé. Un autre exemple de perte serait lorsque la copie unique d'un ensemble de données à caractère personnel a été cryptée par un rançongiciel, ou par le responsable du traitement à l'aide d'une clé qui n'est plus en sa possession.

Il convient avant tout de garder à l'esprit qu'une violation est une forme d'incident de sécurité. Toutefois, comme indiqué à l'article 4, paragraphe 12, le RGPD ne s'applique que lorsqu'il s'agit d'une violation de *données à caractère personnel*. Une telle violation aura pour conséquence que le responsable du traitement ne sera plus en mesure d'assurer la conformité avec les principes relatifs au traitement de données à

caractère personnel tels que définis à l'article 5 du RGPD. Cette nuance met en lumière la différence entre un incident de sécurité et une violation de données à caractère personnel : si toutes les violations de données à caractère personnel constituent des incidents de sécurité, tous les incidents de sécurité ne constituent pas nécessairement des violations de données à caractère personnel *[Il convient de noter qu'un incident de sécurité ne se limite pas à des modèles de menaces où une entité extérieure s'attaque à une organisation, mais qu'il inclut également les incidents de traitement internes qui enfreignent les principes de sécurité]*.

Les éventuelles conséquences négatives d'une violation pour les personnes concernées sont envisagées ci-après.

2. *Types de violations de données à caractère personnel*

Dans son avis 03/2014 sur la notification des violations, le G29 expliquait que les violations pouvaient être classées selon trois principes de sécurité de l'information bien connus :

• "violation de la confidentialité" – la divulgation ou l'accès non autorisés ou accidentels à des données à caractère personnel ;

• "violation de l'intégrité" – l'altération non autorisée ou accidentelle de données à caractère personnel ;

• "violation de la disponibilité" – la destruction ou la perte accidentelles ou non autorisées de l'accès *[Il est bien établi que l'"accès" est une composante fondamentale de la "disponibilité". V. par exemple NIST SP800-53rev4, qui définit la "disponibilité" comme : "[l]'assurance d'une utilisation et d'un accès opportuns et fiables à des informations", disponible à l'adresse suivante : http://nvlpubs.nist.gov/nistpubs/SpecialPublications/NIST.SP. 800-53r4.pdf. Le CNSSI-4009 mentionne également : "L'accès rapide et fiable aux données et services d'information pour les utilisateurs autorisés." V. https://rmf.org/wp-content/uploads/2017/10/CNSSI-4009.pdf. L'ISO/IEC 27000 :2016 définit également la disponibilité comme la "propriété d'être accessible et utilisable à la demande par une entité autorisée" : https://www.iso.org/obp/ui/#iso:std:iso-iec:27000:ed-4:v1:fr]* à des données à caractère personnel.

Il convient également de noter qu'en fonction des circonstances, une violation peut concerner à la fois la confidentialité, l'intégrité et la disponibilité de données à caractère personnel ou une combinaison de ces éléments.

S'il est relativement facile de déterminer si une violation de la confidentialité ou de l'intégrité s'est produite, il peut être moins évident de déterminer l'existence d'une violation de la disponibilité. Une violation sera toujours considérée comme une violation de la disponibilité en cas de perte ou de destruction permanente de données à caractère personnel.

Exemple : Il peut, par exemple, y avoir perte de disponibilité lorsque des données ont été supprimées, soit accidentellement, soit par une personne non autorisée, ou encore, dans le cas de données cryptées de façon sécurisée, lorsque la clé de décryptage a été perdue. Si le responsable du traitement n'est pas en mesure de restaurer l'accès aux données, par exemple au moyen d'une sauvegarde, alors la perte de disponibilité sera considérée comme permanente.

Une perte de disponibilité peut également se produire en cas de perturbation majeure du service normal d'une organisation, par exemple dans le cas d'une panne de courant ou d'une attaque par déni de service rendant les données à caractère personnel indisponibles.

La question pourrait se poser de savoir si une perte de disponibilité temporaire des données à caractère personnel doit être considérée comme une violation, et, si tel est le cas, s'il est nécessaire de la notifier. L'article 32 du RGPD sur la "sécurité du traitement" explique que, lors de la mise en œuvre des mesures techniques et organisationnelles appropriées afin de garantir un niveau de sécurité adapté au risque, il convient d'envisager, entre autres, "des moyens permettant de garantir la confidentialité, l'intégrité, la disponibilité et la résilience constantes des systèmes et des services de traitement", ainsi que "des moyens permettant de rétablir la disponibilité des données à caractère personnel et l'accès à celles-ci dans des délais appropriés en cas d'incident physique ou technique".

Par conséquent, un incident de sécurité entraînant l'indisponibilité temporaire de données à caractère personnel est également considéré comme un type de violation, dès lors que la perte de l'accès aux données peut avoir une incidence significative sur les droits et libertés des personnes physiques. Il convient de préciser que l'indisponibilité de données à caractère personnel en raison d'un entretien planifié du système n'est pas considérée comme une "violation de la sécurité" au sens de l'article 4, paragraphe 12.

Une violation entraînant une perte de disponibilité temporaire devrait être documentée conformément à l'article 33, paragraphe 5, au même titre qu'une perte ou une destruction permanente de données à caractère personnel (ou tout autre type de violation). Cela aidera le responsable du traitement à démontrer son respect du principe de responsabilité à l'autorité de contrôle, qui pourrait demander à consulter ces registres *[V. l'art. 33, § 5]*. Toutefois, en fonction des circonstances de la violation, il peut être nécessaire ou non de la notifier à l'autorité de contrôle et de la communiquer aux personnes concernées. Afin d'en juger, le responsable du traitement devra évaluer la probabilité et la gravité de l'incidence de la perte de disponibilité des données à caractère personnel sur les droits et libertés des personnes physiques. Conformément à l'article 33, le responsable du traitement devra en effet notifier la violation, à moins que celle-ci ne soit pas susceptible d'engendrer un risque pour les droits et libertés des personnes physiques. Ce point devra évidemment faire l'objet d'une appréciation au cas par cas.

Exemples : Si des données médicales critiques concernant les patients d'un hôpital sont rendues indisponibles, ne serait-ce que temporairement, cela pourrait présenter un risque pour les droits et libertés des personnes concernées ; des opérations pourraient par exemple être annulées et des vies mises en danger.

Inversement, si les systèmes d'une entreprise médiatique ne sont pas disponibles pendant plusieurs heures (par ex. en raison d'une panne de courant), et que l'entreprise en question n'est de ce fait plus en mesure d'envoyer des bulletins d'information à ses abonnés, il est peu probable que cela représente un risque pour les droits et libertés des personnes concernées.

Il convient de noter que, bien qu'une perte de disponibilité des systèmes du responsable du traitement puisse être uniquement temporaire et n'avoir aucune incidence sur les personnes physiques, il est important que le responsable du traitement envisage toutes les conséquences potentielles d'une violation, dès lors qu'elle peut encore nécessiter une notification pour d'autres raisons.

Exemple : Une attaque par rançongiciel (logiciel malveillant qui crypte les données du responsable du traitement jusqu'à ce qu'une rançon soit versée) pourrait entraîner une perte temporaire de disponibilité si les données peuvent être restaurées au moyen d'une sauvegarde. Cependant, une intrusion dans le réseau s'est tout de même produite et sa notification pourrait se révéler nécessaire si l'incident est considéré comme une violation de la confidentialité (c.-à-d. que le pirate a accédé aux données à caractère personnel) et que cela présente un risque pour les droits et libertés des personnes physiques.

3. *Les conséquences possibles d'une violation de données à caractère personnel*

Une violation peut potentiellement avoir, pour les personnes concernées, toute une série de conséquences négatives, susceptibles d'entraîner des dommages physiques, matériels ou un préjudice moral. Le RGPD explique que ces dommages et préjudices peuvent inclure une perte de contrôle sur leurs données à caractère personnel, la limitation de leurs droits, une discrimination, un vol ou une usurpation d'identité, une perte financière, un renversement non autorisé de la procédure de pseudonymisation, une atteinte à la réputation ou une perte de confidentialité de données à caractère personnel protégées par le secret professionnel. Ils peuvent également comprendre

tout autre dommage économique ou social important pour les personnes concernées *[V. aussi les consid. 85 et 75]*.

Le RGPD exige donc du responsable du traitement qu'il notifie toute violation à l'autorité de contrôle, à moins qu'elle ne soit pas susceptible d'engendrer le risque que de telles conséquences négatives ne se produisent. Lorsqu'en revanche, ce risque est élevé, le RGPD exige du responsable du traitement qu'il communique la violation aux personnes concernées dans les meilleurs délais *[V. également le consid. 86]*.

Le considérant 87 du RGPD souligne l'importance d'être en mesure d'identifier une violation, d'évaluer ses risques pour les personnes concernées et de la notifier, le cas échéant :

"Il convient de vérifier si toutes les mesures de protection techniques et organisationnelles appropriées ont été mises en œuvre pour établir immédiatement si une violation des données à caractère personnel s'est produite et pour informer rapidement l'autorité de contrôle et la personne concernée. Il convient d'établir que la notification a été faite dans les meilleurs délais, compte tenu en particulier de la nature et de la gravité de la violation des données à caractère personnel et de ses conséquences et effets négatifs pour la personne concernée. Une telle notification peut amener une autorité de contrôle à intervenir conformément à ses missions et à ses pouvoirs fixés par le présent règlement."

Des orientations complémentaires sur l'évaluation du risque de conséquences négatives pour les personnes concernées sont disponibles au chapitre IV du présent document.

Si les responsables du traitement ne notifient pas une violation de données à l'autorité de contrôle, aux personnes concernées ou aux deux, alors que les conditions établies à l'article 33 et/ou 34 sont remplies, l'autorité de contrôle sera amenée à effectuer un choix, dans le cadre duquel elle sera tenue d'envisager toutes les mesures correctrices à sa disposition, notamment l'imposition d'une amende administrative appropriée *[Pour plus de détails, V. les lignes directrices du G29 sur l'application et la fixation des amendes administratives, disponible à l'adresse suivante : https://cnpd.public.lu/content/dam/cnpd/fr/dossiers-thematiques/Reglement-general-sur-la-protection-des-donnees/wp253-fr.pdf]*, que celle-ci accompagne l'une des mesures correctrices définies par l'article 58, paragraphe 2, ou soit imposée comme une sanction indépendante. Si une telle amende administrative est choisie, celle-ci pourra s'élever jusqu'à 10 000 000 EUR ou jusqu'à 2 % du chiffre d'affaires annuel mondial total de l'entreprise conformément à l'article 83, paragraphe 4, point a), du RGPD. Il importe également de garder à l'esprit que dans certains cas, la non-notification d'une violation pourrait trahir une absence de mesures de sécurité ou l'inadéquation des mesures de sécurité existantes. Les lignes directrices du G29 sur les amendes administratives disposent que : "[l]a survenance de plusieurs violations différentes commises simultanément dans un cas particulier implique que l'autorité de contrôle a la possibilité d'infliger les amendes administratives à un niveau qui rend celles-ci efficaces, proportionnées et dissuasives, dans les limites de la violation la plus grave". Dans un tel cas, l'autorité de contrôle aura également la possibilité de prononcer des sanctions pour non-notification ou non-communication d'une violation (articles 33 et 34), d'une part, et pour absence de mesures de sécurité (adéquates) (article 32), d'autre part, dès lors qu'il s'agit de deux violations distinctes.

II. Article 33 – Notification à l'autorité de contrôle

A. *Quand procéder à la notification*

1. *Exigences de l'article 33*

L'article 33, paragraphe 1, dispose ce qui suit :

"En cas de violation de données à caractère personnel, le responsable du traitement en notifie la violation en question à l'autorité de contrôle compétente conformément à l'article 55, dans les meilleurs délais et, si possible, 72 heures au plus tard après en avoir pris connaissance, à moins que la violation en question ne soit pas susceptible d'engendrer un risque pour les droits et libertés des personnes physiques. Lorsque la

notification à l'autorité de contrôle n'a pas lieu dans les 72 heures, elle est accompagnée des motifs du retard."

Le considérant 87 prévoit *[Le consid. 85 est également important à cet égard]* :

"Il convient de vérifier si toutes les mesures de protection techniques et organisationnelles appropriées ont été mises en œuvre pour établir immédiatement si une violation des données à caractère personnel s'est produite et pour informer rapidement l'autorité de contrôle et la personne concernée. Il convient d'établir que la notification a été faite dans les meilleurs délais, compte tenu en particulier de la nature et de la gravité de la violation des données à caractère personnel et de ses conséquences et effets négatifs pour la personne concernée. Une telle notification peut amener une autorité de contrôle à intervenir conformément à ses missions et à ses pouvoirs fixés par le présent règlement."

2. *Quand un responsable du traitement prend-il "connaissance" ?*

Comme indiqué ci-dessus, en cas de violation, le RGPD exige du responsable du traitement qu'il notifie la violation en question dans les meilleurs délais, et, si possible, 72 heures au plus tard après en avoir pris connaissance. Cette exigence soulève la question de savoir quand un responsable du traitement peut être considéré comme ayant pris "connaissance" d'une violation. Le G29 considère qu'un responsable du traitement devrait être considéré comme ayant pris "connaissance" lorsqu'il est raisonnablement certain qu'un incident de sécurité s'est produit et que cet incident a compromis des données à caractère personnel.

Cependant, comme indiqué précédemment, le RGPD exige du responsable du traitement qu'il mette en œuvre toutes les mesures de protection techniques et organisationnelles appropriées pour établir immédiatement si une violation des données à caractère personnel s'est produite et pour informer rapidement l'autorité de contrôle et les personnes concernées. Il dispose également qu'il convient d'établir que la notification a été faite dans les meilleurs délais, compte tenu en particulier de la nature et de la gravité de la violation et de ses conséquences et effets négatifs pour la personne concernée *[V. le consid. 87]*. Le responsable du traitement se voit ainsi tenu de prendre les mesures nécessaires pour s'assurer de prendre "connaissance" de toute violation dans les meilleurs délais afin de pouvoir réagir de façon appropriée.

Le moment exact où un responsable du traitement peut être considéré comme ayant pris "connaissance" d'une violation spécifique dépendra des circonstances de la violation en question. Dans certains cas, il sera relativement clair dès le début qu'une violation s'est produite, tandis que dans d'autres, un certain temps pourrait être nécessaire avant de pouvoir déterminer si des données à caractère personnel ont été compromises. L'accent devrait toutefois être mis sur une intervention et une enquête rapide visant à déterminer s'il y a effectivement eu violation de données à caractère.

Exemples : 1. Dans le cas de la perte d'une clé USB contenant des données à caractère personnel cryptées, il est souvent impossible d'évaluer si des personnes non autorisées ont eu accès auxdites données. Cependant, bien que le responsable du traitement ne soit pas en mesure de déterminer si une violation de la confidentialité s'est produite, un tel cas doit être notifié dès lors qu'il est raisonnablement certain qu'une violation de la disponibilité a eu lieu ; le responsable du traitement aurait pris "connaissance" de cette violation lorsqu'il s'est rendu compte de la disparition de la clé USB.

2. Un tiers informe un responsable du traitement qu'il a accidentellement reçu les données à caractère personnel de l'un de ses clients et fournit la preuve de cette divulgation non autorisée. Dès lors que le responsable du traitement a reçu des preuves claires attestant d'une violation de la confidentialité, il ne fait aucun doute qu'il en a pris "connaissance".

3. Un responsable du traitement remarque une possible intrusion dans son réseau. Il vérifie son système afin de déterminer si les données à caractère personnel qui y sont conservées ont été compromises et confirme que tel est le cas. Une fois encore, dès lors que le responsable du traitement dispose à présent de preuves claires attestant d'une violation, il ne fait aucun doute qu'il en a pris "connaissance".

4. Un cybercriminel contacte le responsable du traitement après avoir piraté son système afin de lui demander une rançon. Dans ce cas, après avoir vérifié son système en vue de confirmer qu'il a été piraté, le responsable du traitement dispose de preuves claires attestant qu'une violation s'est produite, et il ne fait aucun doute qu'il en a pris connaissance.

Après avoir été informé d'une possible violation par un individu, par une organisation médiatique ou par une autre source, ou encore lorsqu'il a lui-même détecté un incident de sécurité, le responsable du traitement peut mener une brève enquête afin de déterminer si une violation s'est effectivement produite. Lors de cette période d'enquête, le responsable du traitement peut ne pas être considéré comme ayant pris "connaissance". Cette période d'enquête initiale devrait cependant débuter aussi rapidement que possible et déterminer avec un degré de certitude raisonnable si une violation s'est produite ; une enquête plus détaillée pourra alors suivre.

Après avoir pris connaissance d'un incident, le responsable du traitement devra notifier toute violation soumise à l'obligation de notification dans les meilleurs délais, et, si possible, dans les 72 heures. Pendant cette période, le responsable du traitement devrait évaluer le risque probable pour les personnes concernées afin de déterminer si l'obligation de notification s'applique et quelle ou quelles mesures doivent être prises afin de remédier à cette violation. Un responsable du traitement peut cependant déjà disposer d'une évaluation initiale des risques potentiels qui pourraient résulter d'une violation dans le cadre d'une analyse d'impact relative à la protection des données (AIPD) *[V. les lignes directrices du G29 sur les AIPD à l'adresse suivante : https://www.cnil.fr/sites/default/files/atoms/files/wp248_rev.01_fr.pdf]* effectuée préalablement aux opérations de traitement concernées. Une AIPD est néanmoins plus générale que les circonstances spécifiques de toute violation réelle. Aussi une évaluation complémentaire tenant compte de ces circonstances devra-t-elle être réalisée en tout état de cause. Pour plus d'informations sur l'évaluation du risque, voir le chapitre IV.

Dans la plupart des cas, ces mesures préliminaires devraient être prises peu de temps après l'alerte initiale (c'est-à-dire lorsque le responsable du traitement ou le sous-traitant suspecte qu'un incident de sécurité portant sur des données à caractère personnel pourrait avoir eu lieu). A l'exception de certains cas exceptionnels, cette procédure ne devrait pas être plus longue que dans l'exemple ci-dessous.

Exemple : Une personne informe le responsable du traitement qu'elle a reçu un courrier électronique dont l'expéditeur se fait passer pour le responsable du traitement et qui contient des données à caractère personnel concernant son utilisation (réelle) des services du responsable du traitement, ce qui indiquerait que la sécurité de ce dernier a été compromise. Le responsable du traitement procède à une brève enquête et repère une intrusion dans son réseau ainsi que des preuves signalant un accès non autorisé à des données à caractère personnel. Le responsable du traitement sera désormais considéré comme ayant pris "connaissance" de la violation et devra en informer l'autorité de contrôle, à moins que ladite violation ne soit peu susceptible d'engendrer un risque pour les droits et libertés des individus. Le responsable du traitement devra prendre des mesures correctives appropriées afin de remédier à la violation.

Le responsable du traitement devrait disposer de procédures internes afin d'être en mesure de détecter une violation et d'y remédier. Par exemple, afin de détecter certaines irrégularités dans le traitement des données, un responsable du traitement ou un sous-traitant peut avoir recours à certaines mesures techniques telles que des analyseurs de flux de données et de journaux, qui permettront de définir des incidents et des alertes en établissant des corrélations entre des données journal *[Il convient de noter que les données journal facilitant la vérifiabilité par exemple du stockage, des modifications ou de l'effacement des données peuvent aussi être qualifiées de données à caractère personnel concernant la personne qui a lancé les opérations de traitement respectives]*. Il est important qu'une fois détectée, une violation soit communiquée au niveau de direction approprié afin qu'il soit possible d'y remédier et, le cas échéant, de la notifier conformément à l'article 33 et, si nécessaire, à l'article 34. De telles mesures et de tels mécanismes de notification devraient être détaillés dans le plan de réaction aux incidents et/ou dans les accords

de gouvernance. Ceux-ci aideront le responsable du traitement à planifier et à déterminer efficacement à qui échoit la responsabilité opérationnelle au sein de l'organisation concernant la gestion d'une violation, ainsi que s'il faut, et comment, rapporter une violation de façon appropriée.

Le responsable du traitement devrait également disposer d'accords avec tout sous-traitant auquel il a recours, lui-même soumis à l'obligation d'avertir le responsable du traitement en cas de violation (voir plus bas).

S'il incombe aux responsables du traitement et aux sous-traitants de mettre en place les mesures appropriées afin d'être en mesure de prévenir une violation, d'y réagir et d'y remédier, certaines mesures pratiques devraient être prises en toutes circonstances.

• Des informations concernant tous les incidents de sécurité devraient être communiquées à une personne responsable ou aux personnes chargées de remédier aux incidents, d'établir l'existence d'une violation et d'évaluer le risque.

• Le risque pour les personnes concernées résultant d'une violation devrait ensuite être évalué (risque inexistant, risque, ou risque élevé) et les services concernés de l'organisation devraient être informés.

• Le cas échéant, il conviendra subséquemment de notifier la violation à l'autorité de contrôle et de la communiquer aux personnes concernées.

• Parallèlement, le responsable du traitement devrait prendre des mesures pour endiguer la violation et y remédier.

• La violation devrait être documentée tout au long de son évolution.

Il doit donc être clair que le responsable du traitement a l'obligation de réagir à une alerte initiale et de déterminer si une violation a effectivement eu lieu. Cette brève période permet au responsable du traitement de procéder à une enquête et de collecter des preuves et autres informations pertinentes. Une fois que le responsable du traitement a établi, avec un degré de certitude raisonnable, qu'une violation a eu lieu, si les conditions de l'article 33, paragraphe 1, sont remplies, il doit alors la notifier à l'autorité de contrôle dans les meilleurs délais et, si possible, dans les 72 heures *[V. le Règl. (CEE, Euratom) n° 1182/71 portant détermination des règles applicables aux délais, aux dates et aux termes, disponible à l'adresse suivante : http://eur-lex.europa.eu/legal-content/FR/TXT/HTML/?uri=CELEX:31971R1182]*. Si un responsable du traitement ne réagit pas dans les meilleurs délais et qu'il apparaît de façon évidente qu'une violation a eu lieu, ce manque de réaction pourrait être considéré comme une non-notification en vertu de l'article 33.

L'article 32 dispose clairement que le responsable du traitement et le sous-traitant doivent mettre en œuvre les mesures techniques et organisationnelles appropriées afin de garantir un niveau de sécurité adapté des données à caractère personnel : la capacité de détecter une violation, d'y remédier et de la communiquer dans les meilleurs délais devrait être considérée comme un élément essentiel de ces mesures.

3. *Responsables conjoints du traitement*

L'article 26 concerne les responsables conjoints du traitement et dispose que ceux-ci devraient définir leurs obligations respectives aux fins d'assurer le respect du RGPD *[V. également le consid. 79]*. Ceci impliquera de déterminer quelle partie sera responsable du respect des obligations définies aux articles 33 et 34. Le G29 recommande que les arrangements contractuels entre les responsables conjoints du traitement comprennent des dispositions déterminant quel responsable du traitement prendra la direction ou sera responsable du respect de l'obligation de notification des violations établie par le RGPD.

4. *Obligations du sous-traitant*

Si le responsable du traitement conserve la responsabilité générale en matière de protection des données à caractère personnel, le rôle du sous-traitant est essentiel afin de permettre au responsable du traitement de respecter ses obligations, notamment en termes de notification des violations. En effet, l'article 28, paragraphe 3, précise que le traitement par un sous-traitant est régi par un contrat ou un autre acte juridique. L'article 28, paragraphe 3, point f), dispose que le contrat ou l'autre acte juridique doit prévoir que le sous-traitant "aide le responsable du traitement à garantir le respect des obligations prévues aux articles 32 à 36, compte tenu de la nature du traitement et des informations à la disposition du sous-traitant".

L'article 33, paragraphe 2, indique clairement que si un responsable du traitement a recours à un sous-traitant et que celui-ci prend connaissance d'une violation des données à caractère personnel qu'il traite au nom du responsable du traitement, il doit la lui notifier "dans les meilleurs délais". Il convient de noter que le sous-traitant ne doit pas évaluer la probabilité qu'un risque découle d'une violation avant de la notifier au responsable du traitement ; il appartient au responsable du traitement d'effectuer cette évaluation après avoir pris connaissance de la violation. Le sous-traitant doit simplement établir si une violation s'est produite puis la notifier au responsable du traitement. Le responsable du traitement a recours au sous-traitant pour atteindre ses objectifs ; aussi le responsable du traitement doit-il en principe être considéré comme ayant pris "connaissance" une fois que le sous-traitant l'a informé de la violation. L'obligation faite au sous-traitant de notifier la violation au responsable du traitement permet à ce dernier d'y remédier et de déterminer s'il est nécessaire d'avertir l'autorité de contrôle conformément à l'article 33, paragraphe 1, ainsi que les personnes concernées conformément à l'article 34, paragraphe 1. Le responsable du traitement pourrait également analyser lui-même la violation en question, dès lors que le sous-traitant pourrait ne pas connaître tous les éléments pertinents liés à la violation. Il pourrait par exemple ne pas savoir si le responsable du traitement conserve toujours une copie ou une sauvegarde des données à caractère personnel détruites ou perdues par le sous-traitant. Ces éléments pourraient avoir une incidence sur l'obligation de notification du responsable du traitement.

Le RGPD ne définit pas de délai spécifique dans lequel le sous-traitant doit alerter le responsable du traitement, si ce n'est qu'il doit le faire "dans les meilleurs délais". Aussi le G29 recommande-t-il au sous-traitant de notifier rapidement la violation en question au responsable du traitement et de lui fournir des informations complémentaires à ce sujet au fur et à mesure que des détails supplémentaires se font jour. Cette communication est essentielle afin d'aider le responsable du traitement à satisfaire à son obligation de notifier la violation à l'autorité de contrôle dans les 72 heures.

Comme expliqué plus haut, le contrat entre le responsable du traitement et le sous-traitant devrait inclure des dispositions précisant la façon de satisfaire aux exigences définies à l'article 33, paragraphe 2, parallèlement à d'autres dispositions du RGPD. Ces dispositions pourraient inclure des exigences de notification rapide par le sous-traitant, ce qui aiderait le responsable du traitement à respecter l'obligation d'informer l'autorité de contrôle dans les 72 heures.

Lorsque le sous-traitant propose ses services à plusieurs responsables du traitement affectés par le même incident, le sous-traitant devra communiquer les détails dudit incident à tous les responsables du traitement.

Un sous-traitant pourrait effectuer une notification au nom du responsable du traitement si celui-ci lui en a donné l'autorisation et si cela fait partie des dispositions contractuelles entre le responsable du traitement et le sous-traitant. Une telle notification doit être effectuée conformément aux articles 33 et 34. Il est cependant important de noter que le titulaire de l'obligation légale de notification reste le responsable du traitement.

B. *Fournir des informations à l'autorité de contrôle*

1. *Informations à fournir*

Lorsqu'un responsable du traitement notifie une violation à l'autorité de contrôle, l'article 33, paragraphe 3, prévoit que la notification doit, à tout le moins :

"a) décrire la nature de la violation de données à caractère personnel y compris, si possible, les catégories et le nombre approximatif de personnes concernées par la violation et les catégories et le nombre approximatif d'enregistrements de données à caractère personnel concernés ;

b) communiquer le nom et les coordonnées du délégué à la protection des données ou d'un autre point de contact auprès duquel des informations supplémentaires peuvent être obtenues ;

c) décrire les conséquences probables de la violation de données à caractère personnel ;

d) décrire les mesures prises ou que le responsable du traitement propose de prendre pour remédier à la violation de données à caractère personnel, y compris, le cas échéant, les mesures pour en atténuer les éventuelles conséquences négatives".

Le RGPD ne définit pas les catégories de personnes concernées ni les enregistrements de données à caractère personnel. Toutefois, le G29 suggère que les catégories de personnes concernées se réfèrent aux différents types d'individus dont les données à caractère personnel ont été affectées par une violation : en fonction des descripteurs utilisés, cela pourrait inclure, entre autres, les enfants et autres groupes vulnérables, les personnes handicapées, les employés ou les clients. De façon similaire, les catégories d'enregistrements des données à caractère personnel pourraient se référer aux différents types d'enregistrement que le responsable du traitement pourrait traiter, telles que les données concernant la santé, les dossiers de scolarité, les informations relatives à l'assistance sociale, les données financières, les numéros de compte bancaire, les numéros de passeport, etc.

Le considérant 85 indique clairement que l'obligation de notification a pour finalité de limiter les dommages pour les personnes physiques. Par conséquent, si les types de personnes concernées ou les types de données à caractère personnel témoignent d'un risque de dommages particuliers causés par une violation (par ex. usurpation d'identité, fraude, perte financière, menace envers le secret professionnel), il est important que la notification indique ces catégories. De cette façon, l'obligation de définir les catégories est liée à l'obligation de décrire les conséquences probables de la violation.

L'absence d'informations précises (par ex. le nombre exact de personnes concernées affectées) ne devrait pas constituer un obstacle à la notification d'une violation dans les meilleurs délais. Le RGPD accepte que des chiffres approximatifs soient communiqués quant au nombre de personnes et d'enregistrements de données concernés. Il convient de se concentrer davantage sur le fait de remédier aux conséquences négatives de la violation que sur la fourniture de chiffres précis. Aussi, lorsqu'il a été clairement établi qu'une violation s'est produite, mais que sa portée exacte n'est pas encore connue, une notification échelonnée (voir ci-après) est-elle une bonne manière de satisfaire à l'obligation de notification.

L'article 33, paragraphe 3, dispose que le responsable du traitement doit "à tout le moins" inclure les informations listées dans toute notification, ce qui signifie qu'un responsable du traitement peut, si nécessaire, décider de fournir plus d'informations. Les différents types de violations (confidentialité, intégrité ou disponibilité) peuvent nécessiter la fourniture d'informations complémentaires afin d'expliquer en détail les circonstances de chaque cas.

Exemple : Le responsable du traitement pourrait trouver utile d'inclure le nom de son sous-traitant dans sa notification à l'autorité de contrôle si celui-ci est à l'origine de la violation, notamment si cette dernière a entraîné un incident ayant affecté les enregistrements de données à caractère personnel de nombreux autres responsables du traitement ayant recours au même sous-traitant.

En tout état de cause, l'autorité de contrôle peut demander des informations complémentaires dans le cadre de son enquête sur la violation.

2. *Notification échelonnée*

En fonction de la nature de la violation, il peut être nécessaire que le responsable du traitement effectue une enquête complémentaire afin d'établir tous les faits pertinents liés à l'incident. Aussi l'article 33, paragraphe 4, dispose-t-il ce qui suit :

"Si, et dans la mesure où, il n'est pas possible de fournir toutes les informations en même temps, les informations peuvent être communiquées de manière échelonnée sans autre retard indu."

Cela signifie que le RGPD reconnaît que les responsables du traitement ne disposeront pas toujours de toutes les informations nécessaires concernant une violation dans les 72 heures après en avoir pris connaissance, dès lors que l'ensemble des détails de l'incident peuvent ne pas être systématiquement disponibles au cours de cette période initiale. Il autorise donc une notification échelonnée. Une telle notification intervien-

dra plus probablement dans le cas de violations plus complexes, telles que certains types d'incidents de cybersécurité nécessitant par exemple une enquête approfondie et détaillée afin d'établir pleinement la nature de la violation et la mesure dans laquelle des données à caractère personnel ont été compromises. Dans de nombreux cas, le responsable du traitement devra ainsi poursuivre son enquête et fournir des informations complémentaires à l'autorité de contrôle par la suite. Il y est autorisé à condition de justifier son retard conformément à l'article 33, paragraphe 1. Le G29 recommande que, si le responsable du traitement ne dispose pas encore de toutes les informations nécessaires, il en informe l'autorité de contrôle dans le cadre de sa notification initiale et précise qu'il fournira des informations plus détaillées par la suite. L'autorité de contrôle devrait déterminer la façon et le moment où des informations complémentaires devraient être fournies. Cela n'empêche toutefois pas le responsable du traitement de fournir des informations complémentaires à tout autre moment s'il prend connaissance d'informations complémentaires pertinentes concernant la violation devant être communiquées à l'autorité de contrôle.

L'obligation de notification a pour objectif d'encourager les responsables du traitement à réagir rapidement à une violation, à l'endiguer et, si possible, à récupérer les données à caractère personnel compromises, ainsi qu'à solliciter des conseils auprès de l'autorité de contrôle. La notification à l'autorité de contrôle dans les premières 72 heures peut permettre au responsable du traitement de s'assurer que sa décision concernant la communication ou non de la violation aux personnes concernées est correcte.

L'objectif de cette notification à l'autorité de contrôle n'est cependant pas uniquement d'obtenir des conseils relatifs à la notification éventuelle des personnes concernées. Dans certains cas, il sera évident qu'en raison de la nature de la violation et de la gravité du risque, le responsable du traitement devra informer les personnes concernées dans les meilleurs délais. Par exemple, s'il existe un risque immédiat d'usurpation d'identité, ou si des catégories particulières de données à caractère personnel sont divulguées sur le web, le responsable du traitement devrait réagir dans les meilleurs délais afin d'endiguer la violation et de la communiquer aux personnes concernées (V. chap. III). Dans des circonstances exceptionnelles, cette communication peut même être effectuée avant la notification à l'autorité de contrôle. De façon plus générale, la notification à l'autorité de contrôle ne peut servir de justification à la non-communication de la violation aux personnes concernées lorsque celle-ci est nécessaire.

Il convient également de préciser que si une enquête de suivi met au jour, après la notification initiale, des preuves indiquant que l'incident de sécurité a été endigué et qu'aucune violation n'a effectivement eu lieu, le responsable du traitement peut en informer l'autorité de contrôle. Cette information pourrait alors être ajoutée aux informations déjà fournies à l'autorité de contrôle et l'incident classé comme n'étant pas une violation. Aucune sanction n'est prévue en cas de notification d'un incident qui s'avère, en fin de compte, ne pas constituer une violation.

Exemple : Un responsable du traitement informe l'autorité de contrôle, dans les 72 heures suivant la détection de la violation, de la perte d'une clé USB contenant une copie des données à caractère personnel de certains de ses clients. Il s'avère par la suite que ladite clé USB avait été rangée au mauvais endroit dans les locaux du responsable du traitement et qu'elle a été retrouvée. Le responsable du traitement en informe l'autorité de contrôle et demande à ce que sa notification soit modifiée.

Il convient de noter qu'une telle approche échelonnée de la notification existe déjà en vertu des obligations découlant de la directive 2002/58/CE et du règlement nº 611/2013 ainsi que dans le cadre d'autres incidents autodéclarés.

3. *Notification tardive*

L'article 33, paragraphe 1, indique clairement que lorsque la notification à l'autorité de contrôle n'a pas lieu dans les 72 heures, elle est accompagnée des motifs du retard. Cette disposition reconnaît, au même titre que le concept de notification échelonnée,

qu'un responsable du traitement pourrait ne pas toujours être en mesure de notifier une violation dans ce délai, et qu'une notification tardive pourrait être autorisée.

Un tel scénario pourrait par exemple se produire lorsqu'un responsable du traitement constate, sur une courte période, plusieurs violations similaires affectant de façon identique de grandes quantités de personnes concernées. Un responsable du traitement pourrait prendre connaissance d'une violation et, en entreprenant son enquête et avant la notification, détecter d'autres violations similaires dont la cause diffère. En fonction des circonstances, il pourrait falloir un certain temps au responsable du traitement pour établir la portée des violations et pour élaborer une notification constructive comprenant différentes violations très similaires, mais aux causes potentiellement différentes, plutôt que de notifier chaque violation individuellement. La notification à l'autorité de contrôle pourrait par conséquent avoir lieu plus de 72 heures après la prise de connaissance de ces violations par le responsable du traitement.

A proprement parler, chaque violation individuelle est un incident devant être notifié. Toutefois, afin d'éviter que la notification ne soit excessivement fastidieuse, le responsable du traitement pourrait soumettre une notification "groupée" énumérant toutes ces violations, à condition qu'elles concernent un seul type de données à caractère personnel compromises de façon similaire et qu'elles se soient produites sur une période de temps relativement courte. Si une série de violations concernant différents types de données à caractère personnel compromises de façon différente se produisent, la notification devra alors se faire selon la procédure classique, c'est-à-dire que chaque violation devra être notifiée conformément à l'article 33.

Si le RGPD autorise dans une certaine mesure les notifications tardives, celles-ci restent exceptionnelles. Il convient de signaler qu'une notification groupée peut également être effectuée pour des violations similaires multiples notifiées dans les 72 heures.

C. *Violations transfrontalières et violations dans des établissements de pays tiers*

1. *Violations transfrontalières*

En cas de traitement transfrontalier *[V. l'art. 4, § 23]* de données à caractère personnel, une violation peut affecter des personnes concernées dans plus d'un État membre. L'article 33, paragraphe 1, indique clairement qu'en cas de violation, le responsable du traitement doit la notifier à l'autorité de contrôle compétente conformément à l'article 55 du RGPD *[V. également le consid. 122]*. L'article 55, paragraphe 1, dispose ce qui suit :

"Chaque autorité de contrôle est compétente pour exercer les missions et les pouvoirs dont elle est investie conformément au présent règlement sur le territoire de l'État membre dont elle relève."

Toutefois, l'article 56, paragraphe 1, prévoit ce qui suit :

"Sans préjudice de l'article 55, l'autorité de contrôle de l'établissement principal ou de l'établissement unique du responsable du traitement ou du sous-traitant est compétente pour agir en tant qu'autorité de contrôle chef de file concernant le traitement transfrontalier effectué par ce responsable du traitement ou ce sous-traitant, conformément à la procédure prévue à l'article 60."

Par ailleurs, l'article 56, paragraphe 6, énonce ce qui suit :

"L'autorité de contrôle chef de file est le seul interlocuteur du responsable du traitement ou du sous-traitant pour le traitement transfrontalier effectué par ce responsable du traitement ou ce sous-traitant."

Cela signifie qu'en cas de violation dans le cadre d'un traitement transfrontalier nécessitant une notification, le responsable du traitement devra informer l'autorité de contrôle chef de file *[V. les lignes directrices du G29 sur la désignation d'une autorité de contrôle chef de file d'un responsable du traitement ou d'un sous-traitant disponibles à l'adresse suivante : https://www.cnil.fr/sites/default/files/atoms/files/wp244rev01_fr.pdf]*. Aussi un responsable du traitement doit-il, lors de la rédaction de son plan de réaction à une violation, évaluer quelle autorité de contrôle est l'autorité de contrôle chef de file qu'il devra informer *[Une liste des coordonnées de toutes les autorités de protection des données nationales est disponible à*

l'adresse suivante : http://ec.europa.eu/justice/data-protection/bodies/authorities/index_en.htm]. Cela permettra au responsable du traitement de réagir rapidement à une violation et de respecter ses obligations au titre de l'article 33. Il doit être clair qu'en cas de violation impliquant un traitement transfrontalier, il convient de notifier la violation à l'autorité de contrôle chef de file, qui n'est pas nécessairement celle de l'endroit où les personnes concernées résident ou de l'endroit où la violation a eu lieu. Lorsqu'il notifie la violation à l'autorité de contrôle chef de file, le responsable du traitement devrait indiquer, le cas échéant, si la violation implique des établissements situés dans d'autres États membres et les États membres dans lesquels des personnes concernées sont susceptibles d'être affectées par la violation. Si le responsable du traitement a des doutes concernant l'identité de l'autorité de contrôle chef de file, il devrait, à tout le moins, informer l'autorité de contrôle locale de l'endroit où la violation s'est produite.

2. *Violations dans des établissements de pays tiers*

L'article 3 concerne le champ d'application territorial du RGPD, y compris lorsqu'il s'applique au traitement de données à caractère personnel par un responsable du traitement ou un sous-traitant n'étant pas établi dans l'UE. Plus précisément, l'article 3, paragraphe 2, énonce ce qui suit : *[V. également les consid. 23 et 24]*

"Le présent règlement s'applique au traitement des données à caractère personnel relatives à des personnes concernées qui se trouvent sur le territoire de l'Union par un responsable du traitement ou un sous-traitant qui n'est pas établi dans l'Union, lorsque les activités de traitement sont liées :

a) à l'offre de biens ou de services à ces personnes concernées dans l'Union, qu'un paiement soit exigé ou non desdites personnes ; ou

b) au suivi du comportement de ces personnes, dans la mesure où il s'agit d'un comportement qui a lieu au sein de l'Union."

L'article 3, paragraphe 3, est également pertinent en la matière et dispose que : *[V. également le consid. 25]*.

"[l]e présent règlement s'applique au traitement de données à caractère personnel par un responsable du traitement qui n'est pas établi dans l'Union mais dans un lieu où le droit d'un État membre s'applique en vertu du droit international public".

Lorsqu'un responsable du traitement qui n'est pas établi dans l'UE est soumis à l'article 3, paragraphe 2, ou à l'article 3, paragraphe 3, et constate une violation, il est par conséquent toujours tenu de respecter les obligations de notification définies aux articles 33 et 34. L'article 27 dispose qu'un responsable du traitement (ou un sous-traitant) doit désigner un représentant dans l'UE lorsque l'article 3, paragraphe 2, s'applique. Dans de tels cas, le G29 recommande que la notification soit adressée à l'autorité de contrôle de l'État membre dans lequel le représentant du responsable du traitement dans l'UE est établi *[V. le consid. 80 et l'art. 27]*. De la même façon, lorsqu'un sous-traitant est soumis à l'article 3, paragraphe 2, il sera tenu de respecter les obligations incombant aux sous-traitants, et notamment l'obligation de notifier la violation au responsable du traitement conformément à l'article 33, paragraphe 2.

D. *Conditions dans lesquelles la notification n'est pas obligatoire*

L'article 33, paragraphe 1, indique clairement qu'une violation qui n'est "pas susceptible d'engendrer un risque pour les droits et libertés des personnes physiques" ne doit pas être notifiée à l'autorité de contrôle. Tel pourrait par exemple être le cas lorsque les données à caractère personnel sont déjà disponibles pour le public et qu'une divulgation desdites données n'est pas susceptible d'engendrer un risque pour les personnes concernées. Ceci contraste avec les obligations de notification s'appliquant aux fournisseurs de services de communications électroniques accessibles au public en vertu de la directive 2009/136/CE, qui dispose que toutes les violations pertinentes doivent être notifiées à l'autorité compétente.

Dans son avis 03/2014 sur la notification des violations *[http://ec.europa.eu/justice/article-29/documentation/opinion-recommendation/files/2014/wp213_fr.pdf]*, le G29 expliquait qu'une violation de la confidentialité de données à caractère personnel qui ont été cryptées à l'aide d'un algorithme de pointe constituait tout de même une violation de données à caractère personnel, et que celle-ci devait être notifiée. Néanmoins, si la

confidentialité de la clé de cryptage est intacte – c'est-à-dire que la clé n'a été compromise dans aucune violation de sécurité et a été générée de façon à ne pouvoir être trouvée, par aucun moyen technologique existant, par quelqu'un qui n'est pas autorisé à l'utiliser –, les données sont en principe incompréhensibles. La violation n'est donc pas susceptible de porter atteinte aux personnes concernées et n'aurait donc pas besoin de leur être communiquée *[V. également l'art. 4, § 1 et 2, du règl. (UE) n° 611/2013]*. Toutefois, même lorsque les données sont cryptées, une perte ou une altération peut avoir des conséquences négatives pour les personnes concernées lorsque le responsable du traitement ne dispose pas de sauvegardes adéquates. Dans ce cas de figure, il convient de communiquer la violation aux personnes concernées, même si les données elles-mêmes ont fait l'objet de mesures de cryptage adéquates.

Le G29 expliquait aussi que le même raisonnement s'appliquait dans les cas où les données à caractère personnel, telles les mots de passe, sont hachées et salées en mode sécurisé, où la valeur hachée a été calculée à l'aide d'une fonction de hachage à clé cryptographique de pointe, où la clé utilisée pour hacher les données n'a été compromise dans aucune violation de sécurité et où celle-ci a été générée de façon à ne pouvoir être trouvée, par aucun moyen technologique existant, par quelqu'un qui n'est pas autorisé à l'utiliser.

Par conséquent, si les données à caractère personnel ont été rendues incompréhensibles pour tout tiers non autorisé et si les données en question constituent une copie ou qu'il en existe une sauvegarde, une violation de la confidentialité portant sur des données à caractère personnel correctement cryptées ne doit pas être notifiée à l'autorité de contrôle. La raison en est qu'une telle violation est peu susceptible d'engendrer un risque pour les droits et libertés des personnes physiques. Cela signifie bien entendu que la personne concernée ne devra pas non plus être informée dès lors que la violation est peu susceptible d'engendrer un risque élevé. Il convient toutefois de garder à l'esprit que si la notification peut ne pas être requise dans un premier temps dans la mesure où il n'existe pas de risque probable pour les droits et libertés des personnes physiques, cet état des choses peut évoluer avec le temps, et le risque devra alors être réévalué. Par exemple, si l'on se rend ultérieurement compte que la clé est compromise ou si l'on découvre une vulnérabilité dans le logiciel de cryptage, une notification pourrait toujours être nécessaire.

Il convient en outre de noter qu'une violation de données cryptées ne disposant pas d'une sauvegarde constitue une violation de la disponibilité, ce qui pourrait engendrer un risque pour les personnes concernées et donc nécessiter une notification. De la même façon, une violation qui entraîne la perte de données cryptées disposant d'une sauvegarde peut toujours constituer une violation à notifier en fonction de la période de temps nécessaire pour restaurer les données à partir de la sauvegarde en question et des conséquences de cette perte de disponibilité pour les personnes physiques. Comme indiqué à l'article 32, paragraphe 1, point c), un facteur de sécurité important est en effet l'existence de "moyens permettant de rétablir la disponibilité des données à caractère personnel et l'accès à celles-ci dans des délais appropriés en cas d'incident physique ou technique".

Exemple : Une violation qui ne nécessiterait aucune notification à l'autorité de contrôle serait la perte d'un appareil mobile crypté de façon sécurisée et utilisé par le responsable du traitement et son personnel. Si la clé de cryptage reste en la possession du responsable du traitement et que les données à caractère personnel affectées ne constituent pas une copie unique, celles-ci seraient inaccessibles à tout pirate. Cela signifie que la violation est peu susceptible d'engendrer un risque pour les droits et libertés des personnes concernées. Si, par la suite, il devient évident que la clé de cryptage a été compromise ou que le logiciel ou algorithme de cryptage est vulnérable, le risque pour les droits et libertés des personnes physiques s'en verra affecté et une notification pourra alors être nécessaire.

Cependant, si un responsable du traitement n'informe pas l'autorité de contrôle alors que les données n'ont pas été effectivement cryptées de façon sécurisée, il se trouvera en situation de non-respect de l'article 33. Ainsi, en choisissant leur logiciel

de cryptage, les responsables du traitement devraient être particulièrement attentifs à la qualité et à la bonne application du cryptage envisagé, s'assurer de comprendre le niveau de protection qu'il fournit effectivement et évaluer s'il convient aux risques potentiels. Les responsables du traitement devraient également connaître en détail le fonctionnement de leur produit de cryptage. Par exemple, un appareil pourrait être crypté une fois éteint, mais pas lorsqu'il se trouve en mode veille. Certains produits de cryptage disposent par ailleurs de "clés par défaut" qui doivent être modifiées par chaque client afin d'être efficaces. Le cryptage pourrait également être considéré comme adéquat par des experts en sécurité au moment de sa mise en œuvre, mais pourrait être dépassé quelques années plus tard. Il ne serait alors plus certain que les données sont cryptées de façon suffisante par le produit en question et que celui-ci fournit un niveau de protection approprié.

III. Article 34 – Communication à la personne concernée

A. *Informer les personnes concernées*

Dans certains cas, en plus de notifier une violation à l'autorité de contrôle, le responsable du traitement est également tenu de la communiquer aux personnes concernées.

L'article 34, paragraphe 1, dispose que :

"[l]orsqu'une violation de données à caractère personnel est susceptible d'engendrer un risque élevé pour les droits et libertés d'une personne physique, le responsable du traitement communique la violation de données à caractère personnel à la personne concernée dans les meilleurs délais".

Les responsables du traitement devraient garder à l'esprit que la notification à l'autorité de contrôle est obligatoire, à moins que la violation en question ne soit pas susceptible d'engendrer un risque pour les droits et libertés des personnes physiques. En outre, lorsqu'une violation est susceptible d'engendrer un risque élevé pour les droits et libertés des personnes physiques, ces dernières doivent également être informées. Le seuil à atteindre est par conséquent plus élevé pour la communication aux personnes concernées que pour la notification à l'autorité de contrôle, et toutes les violations ne devront donc pas être communiquées aux personnes concernées, ce qui les protège de notifications excessives et non nécessaires.

Le RGPD indique que la communication d'une violation aux personnes concernées devrait se faire "dans les meilleurs délais", c'est-à-dire aussi vite que possible. L'objectif principal de la notification aux personnes concernées est de fournir des informations spécifiques concernant les mesures qu'elles devraient prendre pour se protéger *[V. également le consid. 86]*. Comme précisé ci-dessus, en fonction de la nature de la violation et des risques engendrés, une communication rapide aidera les personnes concernées à prendre des mesures pour se protéger contre toute conséquence négative de la violation.

L'annexe B des présentes lignes directrices fournit une liste non exhaustive d'exemples de cas où une violation pourrait être susceptible d'engendrer un risque élevé pour les personnes concernées et, partant, de cas où un responsable du traitement devra notifier une violation aux personnes concernées.

B. *Informations à fournir*

Concernant la notification des personnes concernées, l'article 34, paragraphe 2, dispose que :

"[l]a communication à la personne concernée visée au paragraphe 1 du présent article décrit, en des termes clairs et simples, la nature de la violation de données à caractère personnel et contient au moins les informations et mesures visées à l'article 33, paragraphe 3, points b), c) et d)".

Conformément à cette disposition, le responsable du traitement devrait au moins fournir les informations suivantes :

- une description de la nature de la violation ;

• le nom et les coordonnées du délégué à la protection des données ou d'un autre point de contact ;

• une description des conséquences probables de la violation ; et

• une description des mesures prises ou que le responsable du traitement propose de prendre pour remédier à la violation, y compris, le cas échéant, des mesures pour en atténuer les éventuelles conséquences négatives.

A titre d'exemple de mesures prises pour remédier à la violation et pour en atténuer les conséquences négatives, un responsable du traitement pourrait indiquer qu'après avoir notifié la violation à l'autorité de contrôle pertinente, il a reçu des conseils sur la gestion de la violation et l'atténuation de ses conséquences. Le responsable du traitement devrait également, le cas échéant, fournir des conseils spécifiques aux personnes affectées concernant la façon de se protéger des éventuelles conséquences négatives de la violation, par exemple en réinitialisant leurs mots de passe si les informations de connexion ont été compromises. Une fois encore, un responsable du traitement peut choisir de fournir des informations complémentaires à celles présentées ici comme nécessaires.

C. *Contacter les personnes concernées*

En principe, la violation devrait être communiquée aux personnes concernées directement, à moins que cela n'exige des efforts disproportionnés. Dans ce cas, il est plutôt procédé à une communication publique ou à une mesure similaire permettant aux personnes concernées d'être informées de manière tout aussi efficace [article 34, paragraphe 3, point c)].

La communication d'une violation aux personnes concernées devrait se faire au moyen de messages dédiés ne contenant pas d'autres informations, telles que des comptes rendus réguliers, des bulletins d'informations ou des messages standard. La communication de la violation sera ainsi plus claire et transparente.

De telles méthodes de communication transparente pourraient être des messages directs (par ex. e-mail, SMS, message direct), des notifications ou des bannières bien visibles sur le site internet, des communications postales et des annonces bien visibles dans des médias imprimés. Une notification se limitant uniquement à un communiqué de presse ou à un blog d'entreprise ne constituerait pas une méthode efficace de communication d'une violation à une personne. Le G29 recommande que les responsables du traitement choisissent une méthode qui maximise la probabilité que les informations soient communiquées comme il se doit à toutes les personnes concernées. En fonction des circonstances, cela peut impliquer que le responsable du traitement ait recours à plusieurs méthodes de communication, par opposition à un canal de contact unique.

Il pourrait également être nécessaire que les responsables du traitement s'assurent que la communication soit accessible dans des formats alternatifs appropriés ainsi que dans les langues pertinentes afin que les personnes concernées soient en mesure de comprendre les informations qui leur sont communiquées. Par exemple, la langue utilisée lors des échanges habituels préalables avec une personne concernée sera généralement appropriée pour communiquer une violation à cette même personne. Toutefois, si la violation touche des personnes concernées avec lesquelles le responsable du traitement n'a jamais interagi par le passé, ou en particulier des personnes qui résident dans un État membre ou un pays non membre de l'UE autre que celui où est établi le responsable du traitement, une communication dans la langue locale devrait être appropriée, compte tenu des ressources nécessaires. L'objectif principal est d'aider les personnes concernées à comprendre la nature de la violation ainsi que les mesures qu'elles peuvent mettre en place pour se protéger.

Les responsables du traitement sont les mieux placés pour déterminer le canal le plus approprié afin de communiquer une violation aux personnes concernées, en particulier s'ils interagissent fréquemment avec leurs clients. Cependant, un responsable du traitement devrait bien évidemment se montrer prudent dans l'utilisation d'un canal de contact compromis par une violation, dès lors que ce canal pourrait également être utilisé par le pirate pour se faire passer pour le responsable du traitement.

Parallèlement, le considérant 86 explique ce qui suit :

"Il convient que de telles communications aux personnes concernées soient effectuées aussi rapidement qu'il est raisonnablement possible et en coopération étroite avec l'autorité de contrôle, dans le respect des directives données par celle-ci ou par d'autres autorités compétentes, telles que les autorités répressives. Par exemple, la nécessité d'atténuer un risque immédiat de dommage pourrait justifier d'adresser rapidement une communication aux personnes concernées, alors que la nécessité de mettre en œuvre des mesures appropriées empêchant la poursuite de la violation des données à caractère personnel ou la survenance de violations similaires peut justifier un délai plus long pour la communication."

Les responsables du traitement pourraient dès lors contacter et consulter l'autorité de contrôle non seulement pour obtenir des conseils sur la façon d'informer les personnes concernées d'une violation conformément à l'article 34, mais également sur les messages adéquats à envoyer aux personnes concernées et sur la façon la plus appropriée de les contacter.

Parallèlement, le considérant 88 indique que la notification d'une violation devrait "tenir compte des intérêts légitimes des autorités répressives lorsqu'une divulgation prématurée risquerait d'entraver inutilement l'enquête sur les circonstances de la violation des données à caractère personnel". Cela peut signifier que, dans certaines circonstances, lorsque cela se justifie et sur les conseils des autorités répressives, le responsable du traitement peut retarder la communication de la violation aux personnes concernées jusqu'au moment où cette communication n'entraverait plus une telle enquête. Passé ce délai, les personnes concernées devront toutefois toujours être informées dans les meilleurs délais.

Dans le cas particulier où le responsable du traitement n'est pas en mesure de communiquer une violation à une personne concernée car il ne dispose pas d'informations suffisantes pour la contacter, il devrait l'informer dès que raisonnablement possible (par ex. lorsqu'une personne concernée exerce son droit d'accès à ses données à caractère personnel au titre de l'article 15 et fournit au responsable du traitement les informations complémentaires nécessaires afin de la contacter).

D. *Conditions dans lesquelles la communication n'est pas obligatoire*

L'article 34, paragraphe 3, définit trois conditions dans lesquelles la communication aux personnes concernées n'est pas nécessaire en cas de violation, à savoir :

- le responsable du traitement a mis en œuvre les mesures techniques et organisationnelles appropriées afin de protéger les données à caractère personnel préalablement à la violation, en particulier les mesures qui rendent les données à caractère personnel incompréhensibles pour toute personne qui n'est pas autorisée à y avoir accès. Cela pourrait par exemple inclure la protection des données à caractère personnel au moyen d'un chiffrement de pointe ou par tokénisation ;
- le responsable du traitement a pris, immédiatement après la violation, des mesures qui garantissent que le risque élevé pour les droits et libertés des personnes concernées n'est plus susceptible de se concrétiser. Par exemple, en fonction des circonstances du cas d'espèce, le responsable du traitement peut avoir immédiatement déterminé et pris des mesures contre la personne ayant accédé aux données à caractère personnel avant qu'elle n'ait pu les utiliser. Il convient cependant toujours de tenir compte des conséquences potentielles de toute violation de la confidentialité, toujours en fonction de la nature des données concernées ;
- contacter les personnes concernées exigerait des efforts disproportionnés *[V. les lignes directrices du G29 sur la transparence, qui aborderont la problématique des efforts disproportionnés, disponible à l'adresse suivante : http://ec.europa.eu/newsroom/just/document.cfm ?doc_id=48850]*, par exemple si leurs coordonnées ont été perdues à la suite de la violation ou ne sont tout simplement pas connues. Par exemple, l'entrepôt d'un bureau de statistiques a été inondé et les documents contenant les données à caractère personnel n'existaient qu'en format papier. Dans un tel cas, le responsable du traitement doit procéder à une communication publique ou prendre une mesure similaire permettant aux personnes concernées d'être informées de manière tout aussi efficace. En cas d'efforts disproportionnés, des dispositions techniques pourraient également être envisagées afin que les informations concernant la violation soient disponibles sur demande, ce qui pourrait se révéler utile pour les personnes

éventuellement affectées par la violation, mais que le responsable du traitement n'est pas en mesure de contacter par un autre biais.

Conformément au principe de responsabilité, les responsables du traitement devraient être en mesure de démontrer à l'autorité de contrôle qu'ils remplissent l'une ou plusieurs de ces conditions *[V. l'art. 5, § 2]*. Il convient de garder à l'esprit que si la notification peut ne pas être requise dans un premier temps dans la mesure où il n'existe pas de risque pour les droits et libertés des personnes physiques, cet état des choses peut évoluer avec le temps, et le risque devra alors être réévalué.

Si un responsable du traitement décide de ne pas communiquer une violation aux personnes concernées, l'article 34, paragraphe 4, explique que l'autorité de contrôle peut exiger de lui qu'il procède à cette communication si elle considère que la violation est susceptible d'engendrer un risque élevé pour les personnes concernées. Elle peut également au contraire considérer que les conditions visées à l'article 34, paragraphe 3, sont remplies et qu'aucune communication aux personnes concernées n'est donc requise. Si l'autorité de contrôle juge que la décision de ne pas informer les personnes concernées n'est pas fondée, elle peut par ailleurs envisager de recourir aux pouvoirs et sanctions à sa disposition.

IV. Évaluation de l'existence d'un risque ou d'un risque élevé

A. *Le risque en tant que déclencheur de la notification*

Bien que le RGPD introduise l'obligation de notifier une violation, celle-ci ne s'impose pas en toutes circonstances :

• la notification à l'autorité de contrôle compétente est obligatoire à moins qu'une violation soit peu susceptible d'engendrer un risque pour les droits et libertés des individus ;

• la communication d'une violation aux personnes concernées ne devient nécessaire que lorsque ladite violation est susceptible d'engendrer un risque élevé pour leurs droits et libertés.

Cela signifie qu'immédiatement après avoir pris connaissance d'une violation, il est crucial que le responsable du traitement ne cherche pas uniquement à endiguer l'incident, mais qu'il évalue également le risque qui pourrait en résulter. Il y a deux raisons principales à cela : premièrement, si le responsable du traitement connaît la probabilité et la gravité potentielle des conséquences pour les personnes concernées, cela l'aidera à prendre des mesures efficaces pour endiguer et remédier à la violation ; deuxièmement, cela l'aidera à déterminer s'il est tenu d'informer l'autorité de contrôle et, le cas échéant, les personnes concernées.

Comme expliqué plus haut, la notification d'une violation est obligatoire à moins que cette violation soit peu susceptible d'engendrer un risque pour les droits et libertés des individus, tandis que la communication d'une violation aux personnes concernées ne devient nécessaire que lorsque ladite violation est susceptible d'engendrer un risque élevé pour leurs droits et libertés. Un tel risque existe lorsqu'une violation est susceptible d'engendrer des dommages physiques, matériels ou un préjudice moral pour les personnes dont les données ont fait l'objet de la violation. Des exemples de tels dommages sont la discrimination, le vol ou l'usurpation d'identité, la perte financière ou l'atteinte à la réputation. Lorsque la violation implique des données à caractère personnel qui révèlent l'origine raciale ou ethnique, les opinions politiques, la religion ou les convictions philosophiques, l'appartenance syndicale, ou des données génétiques, des données concernant la santé ou des données concernant la vie sexuelle ou des données relatives à des condamnations pénales et à des infractions, ou encore à des mesures de sûreté connexes, de tels dommages sont considérés comme susceptibles de se produire *[V. les consid. 75 et 85]*.

B. *Les facteurs à prendre en compte lors de l'évaluation du risque*

Les considérants 75 et 76 du RGPD indiquent qu'en général, lors de l'évaluation du risque, il convient de tenir compte à la fois de la probabilité et de la gravité du risque pour les droits et libertés des personnes concernées. Ils disposent en outre que le risque devrait faire l'objet d'une évaluation objective.

Il est à noter que l'évaluation du risque présenté par une violation pour les droits et libertés des personnes concernées se fait selon une approche différente de celle adoptée dans le cadre d'une AIPD *[V. les lignes directrices du G29 sur les AIPD à l'adresse suivante : https://www.cnil.fr/sites/default/files/atoms/files/wp248_rev.01_fr.pdf]*. L'AIPD envisage en effet autant les risques encourus si le traitement des données est effectué comme prévu que les risques en cas de violation. Dans le cadre de son appréciation d'une éventuelle violation, une telle analyse évalue de façon générale la probabilité d'une telle violation ainsi que les dommages qu'elle pourrait engendrer pour les personnes concernées ; il s'agit, en d'autres termes, de l'évaluation d'un incident hypothétique. En cas de violation réelle, l'incident s'est déjà produit et l'accent est donc entièrement mis sur le risque présenté par la violation pour les personnes concernées.

Exemple : Une AIPD considère que l'utilisation envisagée d'un logiciel de sécurité donné afin de protéger les données à caractère personnel constitue une mesure appropriée pour assurer un niveau de sécurité adapté au risque que le traitement présenterait pour les personnes concernées sans ledit logiciel. Toutefois, si le logiciel révélait ultérieurement une vulnérabilité, cela changerait sa capacité à limiter le risque pour les données à caractère personnel protégées et il devrait donc être réévalué dans le cadre d'une AIPD continue.

Cette vulnérabilité est ensuite exploitée et une violation se produit. Le responsable du traitement devrait évaluer les circonstances spécifiques de la violation, les données concernées et la gravité potentielle des conséquences pour les personnes concernées, ainsi que la probabilité que le risque se concrétise.

En évaluant le risque présenté par une violation pour les personnes concernées, le responsable du traitement devrait par conséquent tenir compte des circonstances spécifiques de la violation, y compris la gravité des conséquences potentielles et la probabilité que celles-ci se produisent. Le G29 recommande donc que l'évaluation tienne compte des critères suivants *[L'art. 3, § 2, du règl. (UE) nº 611/2013 fournit des orientations sur les facteurs qui devraient être pris en compte pour ce qui est de la notification des violations dans le secteur des services de communications électroniques et pouvant être utiles dans le cadre de la notification en vertu du RGPD]* :

- Le type de violation

Le type de la violation survenue peut avoir une incidence sur le niveau de risque encouru par les personnes concernées. Par exemple, les conséquences d'une violation de la confidentialité dans le cadre de laquelle des informations médicales ont été divulguées à des parties non autorisées pourraient différer de celles engendrées par une violation dans le cadre de laquelle les informations médicales d'un patient ont été perdues ou ne sont plus disponibles.

- La nature, le caractère sensible et le volume des données à caractère personnel

De toute évidence, l'un des facteurs clés dans l'évaluation du risque est le type et le caractère sensible des données à caractère personnel qui ont été compromises par la violation. En général, plus les données sont sensibles, plus le risque de dommage sera élevé pour les personnes concernées, mais il convient également de tenir compte des autres données à caractère personnel qui pourraient déjà être disponibles au sujet de la personne concernée. Par exemple, dans des circonstances normales, la divulgation du nom et de l'adresse d'une personne est peu susceptible d'entraîner un préjudice important. Par contre, si le nom et l'adresse d'un parent adoptif sont divulgués à un parent biologique, les conséquences pourraient être considérables à la fois pour le parent adoptif et pour l'enfant.

Si, prises individuellement, des violations portant sur des données relatives à la santé, des documents d'identité ou des données financières, telles que des données de carte de crédit, peuvent nuire à la personne concernée, prises ensemble, elles pourraient être utilisées pour une usurpation d'identité. La combinaison de données à caractère personnel est ainsi généralement plus sensible que chaque type de données à caractère personnel pris séparément.

Si certains types de données à caractère personnel peuvent sembler, au premier abord, relativement inoffensifs, il convient tout de même d'évaluer minutieusement ce que les données pourraient révéler sur la personne concernée. Une liste de clients

acceptant des livraisons régulières n'est *a priori* pas particulièrement sensible, mais ces mêmes données concernant des clients ayant demandé à ce que leurs livraisons soient interrompues lorsqu'ils partent en vacances constitueraient des informations utiles aux yeux de criminels.

De la même façon, si une petite quantité de données à caractère personnel hautement sensibles peut avoir d'importantes conséquences pour la personne concernée, un grand nombre de détails peut révéler une quantité d'informations plus grande encore au sujet de cette même personne. Une violation touchant de gros volumes de données à caractère personnel au sujet de très nombreuses personnes peut ainsi avoir des conséquences pour un tout aussi grand nombre de personnes.

• La facilité d'identification des personnes concernées

Un facteur important à prendre en compte est la facilité avec laquelle une partie ayant accès à des données à caractère personnel compromises peut identifier des individus spécifiques ou associer les données en question à d'autres informations afin d'identifier ces mêmes individus. Dans certaines circonstances, une identification pourrait être possible directement à partir des données à caractère personnel compromises, sans que des recherches spécifiques ne soient nécessaires pour découvrir l'identité de la personne concernée, tandis que dans d'autres, il pourrait être extrêmement difficile d'attribuer des données à caractère personnel à une personne spécifique, bien que cela puisse toujours être possible dans certaines conditions. Une identification peut être directement ou indirectement possible à partir des données compromises, comme elle peut dépendre des circonstances spécifiques de la violation et de la disponibilité publique de renseignements personnels connexes. Cette dernière éventualité serait plus pertinente en cas de violation de la confidentialité ou de la disponibilité.

Comme indiqué plus haut, les données à caractère personnel protégées par un niveau de cryptage approprié seront incompréhensibles pour tout tiers non autorisé sans la clé de décryptage. En outre, une pseudonymisation correctement mise en œuvre (définie à l'article 4, paragraphe 5, comme "le traitement de données à caractère personnel de telle façon que celles-ci ne puissent plus être attribuées à une personne concernée précise sans avoir recours à des informations supplémentaires, pour autant que ces informations supplémentaires soient conservées séparément et soumises à des mesures techniques et organisationnelles afin de garantir que les données à caractère personnel ne sont pas attribuées à une personne physique identifiée ou identifiable") peut également réduire la probabilité que des personnes physiques soient identifiées en cas de violation. Les techniques de pseudonymisation ne peuvent néanmoins pas être considérées comme suffisantes à elles seules pour rendre les données incompréhensibles.

• La gravité des conséquences pour les personnes concernées

En fonction de la nature des données à caractère personnel impliquées dans une violation, par exemple des catégories particulières de données, les dommages potentiels pour les personnes concernées peuvent être particulièrement graves, notamment lorsque la violation pourrait entraîner un vol ou une usurpation d'identité, un préjudice physique, une détresse psychologique, une humiliation ou une atteinte à la réputation. Si la violation concerne des données à caractère personnel de personnes vulnérables, celles-ci pourraient être exposées à un plus grand risque de dommages.

Le fait que le responsable du traitement ait connaissance ou non de ce que des données à caractère personnel se trouvent en la possession de personnes dont les intentions sont inconnues ou potentiellement malicieuses peut avoir une incidence sur le niveau de risque potentiel. Prenons le cas d'une violation de la confidentialité dans le cadre de laquelle des données à caractère personnel ont été accidentellement divulguées à un tiers, tel que défini à l'article 4, paragraphe 10, ou à un autre destinataire. Une telle situation peut par exemple se produire lorsque des données à caractère personnel sont envoyées par erreur au mauvais service d'une organisation ou à un organisme fournisseur fréquemment sollicité. Le responsable du traitement peut demander au destinataire de lui renvoyer les données reçues ou de les détruire de façon sécurisée. Dans les deux cas, dès lors que le responsable du traitement entretient une relation continue avec le destinataire et qu'il pourrait avoir connaissance de ses procédures, de ses antécédents et de toute autre information pertinente, ce dernier peut être considéré comme "fiable". En d'autres termes, le responsable du traitement

peut disposer d'un certain degré de confiance envers le destinataire, de manière à pouvoir raisonnablement s'attendre à ce que ce dernier ne lise pas les données envoyées par erreur ou n'y accède pas et à ce qu'il satisfasse à sa demande de les lui renvoyer. Quand bien même le destinataire aurait accédé aux données, le responsable du traitement pourrait toujours être convaincu qu'il n'entreprendra aucune autre action par rapport à celles-ci et qu'il les lui renverra rapidement et coopérera pour assurer leur récupération. Dans de tels cas, le responsable du traitement peut tenir compte de ce facteur dans son évaluation du risque présenté par la violation. Si le fait que le destinataire est considéré comme fiable peut neutraliser la gravité des conséquences de la violation, cela ne signifie en effet pas pour autant qu'aucune violation ne s'est produite. La probabilité que ladite violation engendre un risque pour les personnes concernées peut en revanche s'en voir invalidée et il ne serait dès lors plus nécessaire de la notifier à l'autorité de contrôle ou aux personnes concernées. Encore une fois, tout dépendra des circonstances spécifiques de chaque violation. Le responsable du traitement devra cependant toujours conserver les renseignements relatifs à la violation dans le cadre de son obligation générale de tenir des registres des violations (voir le chapitre V ci-après).

Il convient également de tenir compte de la permanence des conséquences pour les personnes concernées, celles-ci pouvant être considérées comme plus importantes si elles ont un effet à long terme.

• Les caractéristiques particulières des personnes concernées

Une violation peut toucher des données à caractère personnel concernant des enfants ou d'autres personnes vulnérables, qui pourraient alors être exposés à un risque plus important. D'autres facteurs spécifiques aux personnes concernées pourraient également affecter la gravité des conséquences de la violation pour les personnes en question.

• Les caractéristiques particulières du responsable du traitement

La nature et le rôle du responsable du traitement ainsi que de ses activités peuvent affecter le niveau de risque qu'engendre une violation pour les personnes concernées. Par exemple, dès lors qu'une organisation médicale traite des catégories particulières de données à caractère personnel, le risque pour les personnes concernées sera plus important en cas de violation de données à caractère personnel que s'il s'agissait d'une liste de diffusion d'un journal.

• Le nombre de personnes concernées

Une violation peut toucher uniquement une personne, un nombre restreint de personnes ou des milliers de personnes, voire davantage. En général, plus le nombre de personnes concernées est élevé, plus les conséquences potentielles d'une violation sont nombreuses. Une violation peut cependant également avoir de graves conséquences ne serait-ce que pour une seule personne en fonction de la nature des données à caractère personnel et du contexte dans lequel elles ont été compromises. La solution consiste à nouveau à évaluer la probabilité et la gravité des conséquences pour les personnes concernées.

• Éléments généraux

Lorsqu'il évalue le risque susceptible de résulter d'une violation, le responsable du traitement devrait ainsi examiner à la fois la gravité des conséquences potentielles pour les droits et libertés des personnes concernées et la probabilité que ces conséquences se produisent. Il est évident que lorsque les conséquences d'une violation sont potentiellement plus graves, le risque est plus élevé. De même, lorsque la probabilité que celles-ci se produisent est plus importante, le risque s'en verra également renforcé. En cas de doute, le responsable du traitement devrait opter pour la prudence et procéder à une notification. L'annexe B fournit une série d'exemples utiles de différents types de violations représentant un risque ou un risque élevé pour les personnes concernées.

L'Agence de l'Union européenne chargée de la sécurité des réseaux et de l'information (ENISA) a publié des recommandations relatives à la méthodologie à adopter pour évaluer la gravité d'une violation que les responsables du traitement et les sous-traitants pourraient trouver utiles lors de la conception de leur plan de réaction et d'intervention en cas de violation *[ENISA, Recommendations for a methodology of the assessment of severity of personal data breaches, https://www.enisa.europa.eu/publications/dbn-severity]*.

V. Responsabilité et tenue de registres

A. *Documenter les violations*

Qu'une violation doive être notifiée à l'autorité de contrôle ou non, le responsable du traitement est tenu de documenter toutes les violations, comme expliqué à l'article 33, paragraphe 5 :

"Le responsable du traitement documente toute violation de données à caractère personnel, en indiquant les faits concernant la violation des données à caractère personnel, ses effets et les mesures prises pour y remédier. La documentation ainsi constituée permet à l'autorité de contrôle de vérifier le respect du présent article."

Cette obligation de documentation est liée au principe de responsabilité du RGPD figurant à l'article 5, paragraphe 2. Cette exigence de tenir des registres des violations, qu'elles soient sujettes à notification ou non, est également liée aux obligations du responsable du traitement au titre de l'article 24, et l'autorité de contrôle peut demander à voir lesdits registres. Les responsables du traitement sont donc encouragés à établir un registre interne des violations, qu'ils soient tenus de les notifier ou non *[Le responsable du traitement peut décider de documenter les violations dans le cadre de son registre des activités de traitement tenu conformément à l'article 30. Un registre séparé n'est pas nécessaire, à condition que les informations concernant les violations soient clairement identifiables en tant que telles et puissent être extraites sur demande]*.

S'il appartient au responsable du traitement de déterminer la méthode et la structure à utiliser pour documenter une violation, certaines informations clés devraient être incluses en toutes circonstances. Comme requis à l'article 33, paragraphe 5, le responsable du traitement doit reprendre des informations concernant la violation, y compris les causes, les faits et les données à caractère personnel concernées. Il devrait également inclure les effets et les conséquences de la violation ainsi que les mesures prises par le responsable du traitement pour y remédier.

Le RGPD ne définit pas la période de conservation d'une telle documentation. Lorsque de tels registres contiennent des données à caractère personnel, il incombera au responsable du traitement de déterminer la période de conservation appropriée conformément aux principes liés au traitement de données à caractère personnel *[V. l'art. 5]* et au fondement juridique du traitement *[V. l'art. 6 et l'art. 9]*. Il devra conserver cette documentation conformément à l'article 33, paragraphe 5, dès lors que l'autorité de contrôle pourrait la réclamer à titre de preuve du respect dudit article, ou plus généralement du principe de responsabilité. De toute évidence, si les registres en eux-mêmes ne contiennent pas de données à caractère personnel, le principe de limitation de la conservation *[V. l'art. 5, § 1, pt e)]* du RGPD ne s'applique pas.

Outre ces informations, le G29 recommande que le responsable du traitement documente également le raisonnement justifiant les décisions prises en réaction à la violation. En particulier, lorsqu'une violation n'est pas notifiée, la justification de cette décision devrait être documentée. Cette justification devrait inclure les raisons pour lesquelles le responsable du traitement considère que la violation est peu susceptible d'engendrer un risque pour les droits et libertés des individus *[V. le consid. 85]*. Si le responsable du traitement considère que l'une des conditions visées à l'article 34, paragraphe 3, est remplie, il devrait également pouvoir fournir des éléments de preuve appropriés à cet égard.

Lorsque le responsable du traitement ne notifie pas une violation à l'autorité de contrôle, mais que la notification est retardée, le responsable du traitement doit être en mesure de fournir les raisons d'un tel retard ; une documentation à cet égard pourrait contribuer à démontrer que le retard de notification est bien justifié et n'est pas excessif.

Lorsque le responsable du traitement communique une violation aux personnes concernées, il devrait être transparent en ce qui concerne la violation en question et communiquer de façon efficace et en temps utile. Conserver la trace d'une telle communication aiderait ainsi le responsable du traitement à démontrer son respect du principe de responsabilité et du RGPD en général.

Dans le but de favoriser leur conformité avec les articles 33 et 34, il serait bénéfique à la fois pour les responsables du traitement et les sous-traitants de disposer d'une

procédure de notification documentée définissant la procédure à suivre lorsqu'une violation est détectée, y compris concernant la façon d'endiguer, de gérer et de remédier à l'incident, d'évaluer le risque et de notifier la violation. A cet égard, toujours afin de prouver leur conformité avec le RGPD, il pourrait être utile de démontrer que les employés ont été informés de l'existence de tels mécanismes et procédures et qu'ils savent comment réagir en cas de violation.

Il convient de noter qu'en cas de manquement à cette obligation de documenter correctement une violation, l'autorité de contrôle pourrait exercer ses pouvoirs au titre de l'article 58 et/ou imposer une amende administrative conformément à l'article 83.

B. *Rôle du délégué à la protection des données*

Un responsable du traitement ou un sous-traitant peut disposer d'un délégué à la protection des données (DPD) *[V. les lignes directrices du G29 concernant les DPD à l'adresse suivante : https://www.cnil.fr/sites/default/files/atoms/files/wp243rev01_fr.pdf]* comme exigé à l'article 37 ou sur une base volontaire à titre de bonne pratique. L'article 39 du RGPD définit un certain nombre de tâches obligatoires pour le DPD, mais n'interdit nullement que d'autres tâches lui soient attribuées par le responsable du traitement si nécessaire.

Les tâches imposées au DPD et présentant un intérêt particulier pour la notification des violations comprennent, entre autres, celle d'informer et de conseiller le responsable du traitement ou le sous-traitant en matière de protection des données, de contrôler le respect du RGPD et de dispenser des conseils en ce qui concerne l'AIPD. Le DPD doit également coopérer avec l'autorité de contrôle et faire office de point de contact pour celle-ci ainsi que pour les personnes concernées. Il convient également de noter que, lors de la notification d'une violation à l'autorité de contrôle, l'article 33, paragraphe 3, point b), exige du responsable du traitement qu'il communique le nom et les coordonnées de son DPD ou d'un autre point de contact.

Pour ce qui est de la documentation des violations, le responsable du traitement ou le sous-traitant pourrait solliciter l'avis de son DPD concernant la structure, l'organisation et l'administration d'une telle documentation. Le DPD pourrait également être chargé de tenir de tels registres.

Ces tâches indiquent que le DPD devrait jouer un rôle clé dans la prévention des violations et la préparation à une violation en fournissant des conseils et en contrôlant le respect du RGPD, ainsi que lors d'une telle violation (par ex. lors de la notification à l'autorité de contrôle) et durant l'enquête subséquente de l'autorité de contrôle. A cet égard, le G29 recommande que le DPD soit rapidement informé de l'existence d'une violation et participe à la gestion et au processus de notification de la violation.

VI. Obligations de notification en vertu d'autres instruments juridiques

Outre la notification et la communication au titre du RGPD, et indépendamment de celles-ci, les responsables du traitement devraient également avoir connaissance de toute obligation de notification d'incidents de sécurité pouvant s'appliquer en vertu d'autres législations associées, ainsi que de la possibilité qu'ils soient ainsi tenus de notifier parallèlement à l'autorité de contrôle une violation de données à caractère personnel. De telles obligations peuvent varier d'un État membre à l'autre. Des exemples d'obligations de notification définies par d'autres instruments juridiques et de la façon dont celles-ci interagissent avec le RGPD peuvent toutefois être trouvés ci-dessous :

• Règlement (UE) n° 910/2014 sur l'identification électronique et les services de confiance pour les transactions électroniques au sein du marché intérieur (règlement eIDAS).

L'article 19, paragraphe 2, du règlement eIDAS exige des prestataires de services de confiance qu'ils notifient à l'organe de contrôle toute atteinte à la sécurité ou toute perte d'intégrité ayant une incidence importante sur le service de confiance fourni ou sur les données à caractère personnel qui y sont conservées. Le cas échéant – c'est-à-dire lorsqu'une telle atteinte ou perte constitue une violation de données à caractère personnel en vertu du RGPD – le prestataire de services de confiance devrait également avertir l'autorité de contrôle.

• Directive (UE) 2016/1148 concernant des mesures destinées à assurer un niveau élevé commun de sécurité des réseaux et des systèmes d'information dans l'Union (directive SRI).

Les articles 14 et 16 de la directive SRI exigent des opérateurs de services essentiels et des fournisseurs de service numérique qu'ils notifient tout incident à leur autorité compétente. Le considérant 63 de la directive SRI *[Consid. 63 : "Dans de nombreux cas, des données à caractère personnel sont compromises à la suite d'incidents. Dans de telles circonstances, les autorités compétentes et les autorités chargées de la protection des données devraient coopérer et échanger des informations sur tous les aspects pertinents de la lutte contre toute atteinte aux données à caractère personnel à la suite d'incidents."]* reconnaît que dans de nombreux cas, des données à caractère personnel peuvent être compromises à la suite d'incidents. Si la directive en question prévoit que les autorités compétentes et les autorités de contrôle coopèrent et échangent des informations dans ce cadre, il n'en reste pas moins que lorsque de tels incidents sont, ou deviennent, des violations de données à caractère personnel en vertu du RGPD, ces opérateurs et/ou fournisseurs sont tenus d'avertir l'autorité de contrôle indépendamment des exigences de notification des incidents définies par la directive SRI.

Exemple : Un fournisseur de services en nuage qui notifie une violation en vertu de la directive SRI pourrait également devoir la notifier à un responsable du traitement si ladite violation comprend une violation de données à caractère personnel. De la même façon, un prestataire de services de confiance au sens du règlement eIDAS peut également être tenu d'informer l'autorité chargée de la protection des données compétente en cas de violation.

• Directive 2009/136/CE (directive "Droits des citoyens") et règlement (UE) n° 611/2013 (règlement relatif à la notification des violations).

Les fournisseurs de services de communications électroniques accessibles au public au sens de la directive 2002/58/CE *[Le 10 janv. 2017, la Commission européenne a proposé un règlement concernant le respect de la vie privée et la protection des données à caractère personnel dans les communications électroniques, qui remplacera la directive 2009/136/CE et supprimera les exigences de notification de celle-ci. Toutefois, tant que la proposition n'est pas approuvée par le Parlement européen, l'actuelle exigence de notification reste en vigueur ; V. https://ec.europa.eu/digital-single-market/en/news/proposal-regulation-privacy-and-electronic-communications]* sont tenus de notifier les violations aux autorités nationales compétentes.

Les responsables du traitement devraient également avoir connaissance de toute autre obligation de notification juridique, médicale ou professionnelle en vertu d'autres régimes applicables.

VII. Annexe

A. *Organigramme indiquant les obligations de notifications*

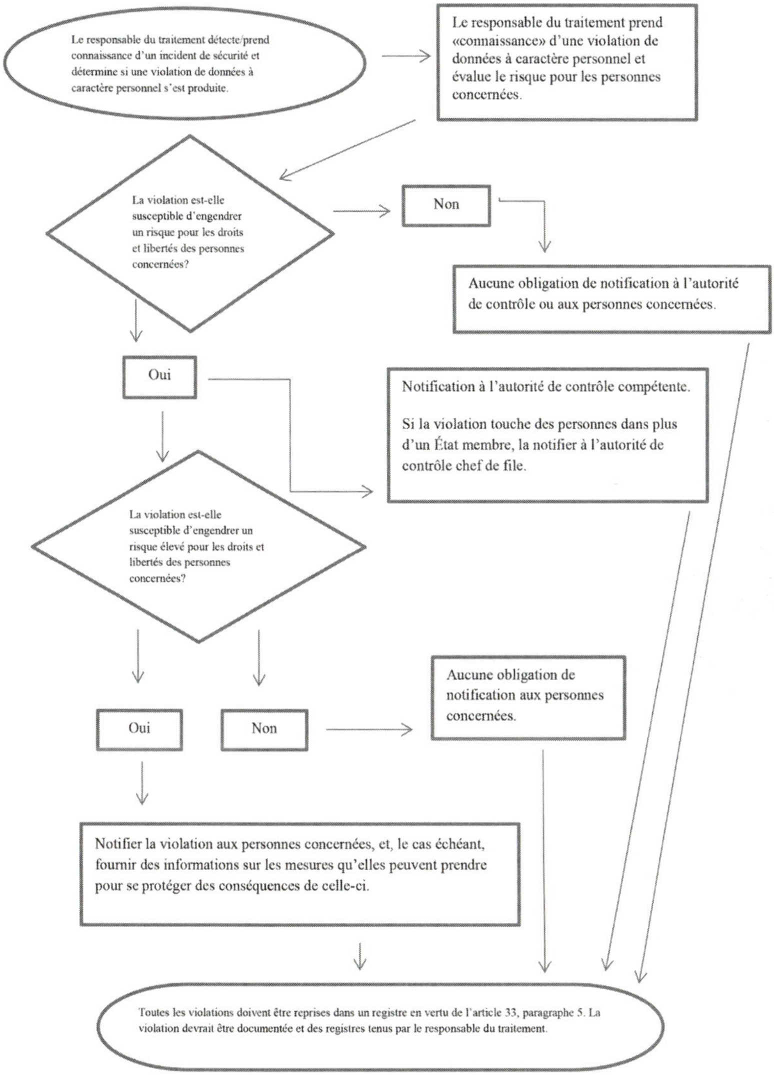

B. *Exemples de violations de données à caractère personnel et à qui les notifier*

Les exemples suivants, non exhaustifs, aideront les responsables du traitement à déterminer si l'obligation de notification s'applique dans différents cas de violation de données à caractère personnel. Ces exemples peuvent également aider à distinguer un risque d'un risque élevé pour les droits et libertés des personnes concernées.

Exemple	Notifier la violation à l'autorité de contrôle ?	Notifier la violation aux personnes concernées ?	Notes/ recommandations
i. Un responsable du traitement a stocké une sauvegarde d'une archive de données à caractère personnel cryptées sur une clé USB. La clé est volée lors d'un cambriolage.	Non	Non	Tant que les données sont cryptées à l'aide d'un algorithme de pointe, que des sauvegardes des données existent, que la clé unique n'est pas compromise et que les données peuvent être restaurées en temps utile, cette violation peut ne pas devoir être notifiée. Si les données sont en revanche ultérieurement compromises, la notification est nécessaire.
ii. Un responsable du traitement assure un service en ligne. À la suite d'une cyberattaque sur ce service, des données à caractère personnel de personnes physiques en sont soutirées. Le responsable du traitement n'a de clients que dans un seul État membre.	Oui, avertir l'autorité de contrôle en cas de conséquences probables pour les personnes concernées.	Oui, avertir les personnes concernées en fonction de la nature des données à caractère personnel concernées et si la gravité des conséquences probables pour celles-ci est élevée.	
iii. Une courte panne de courant de quelques minutes dans le centre d'appel d'un responsable du traitement empêche les clients d'appeler ce dernier et d'accéder à leurs dossiers.	Non	Non	Pas d'obligation de notifier la violation, mais l'incident doit être documenté en vertu de l'article 33, paragraphe 5. Des registres appropriés devraient être tenus par le responsable du traitement.

Exemple	Notifier la violation à l'autorité de contrôle ?	Notifier la violation aux personnes concernées ?	Notes/ recommandations
iv. Un responsable du traitement est victime d'une cyberattaque au moyen d'un rançongiciel qui crypte toutes ses données. Aucune sauvegarde n'est disponible et les données ne peuvent pas être restaurées. L'enquête révèle que la seule fonctionnalité du rançongiciel était de crypter les données et qu'aucun autre programme malveillant n'est présent dans le système.	Oui, avertir l'autorité de contrôle en cas de conséquences probables pour les personnes concernées, dès lors qu'il s'agit d'une perte de disponibilité.	Oui, avertir les personnes concernées en fonction de la nature des données à caractère personnel concernées et des conséquences potentielles de la perte de disponibilité des données, ainsi que des autres conséquences probables.	Si une sauvegarde avait été disponible et si les données avaient pu être restaurées en temps utile, il n'aurait pas été nécessaire de notifier la violation à l'autorité de contrôle ou aux personnes concernées dès lors qu'il n'y aurait pas eu de perte permanente de la disponibilité ou de la confidentialité. Toutefois, si l'autorité de contrôle prenait connaissance de l'incident par d'autres moyens, elle pourrait envisager de procéder à une enquête afin d'évaluer le respect des exigences de sécurité plus générales de l'article 32.
v. Une personne appelle le centre d'appel d'une banque pour signaler une violation de données. La personne en question a reçu le relevé mensuel d'une autre personne. Le responsable du traitement procède à une courte enquête (c.-à-d. terminée sous 24 heures), établit, avec un degré de certitude raisonnable, qu'une violation de données à caractère personnel s'est produite et signale l'existence potentielle d'un défaut systémique impliquant que d'autres personnes sont ou pourraient être affectées.	Oui	Seules les personnes concernées sont informées en cas de risque élevé et s'il est évident qu'aucune autre personne n'a été affectée.	Si, après une enquête complémentaire, on s'aperçoit que davantage de personnes sont concernées, il convient de notifier cette évolution à l'autorité de contrôle et de prendre des mesures complémentaires afin d'informer les autres personnes concernées en cas de risque élevé pour celles-ci.

Exemple	Notifier la violation à l'autorité de contrôle ?	Notifier la violation aux personnes concernées ?	Notes/ recommandations
vi. Un responsable du traitement gère un marché en ligne et a des clients dans plusieurs États membres. Le marché en question est victime d'une cyberattaque et les noms d'utilisateur, les mots de passe et les historiques d'achat sont publiés en ligne par le pirate.	Oui, informer l'autorité de contrôle chef de file si l'attaque concerne un traitement transfrontalier.	Oui, dès lors que l'attaque pourrait engendrer un risque élevé.	Le responsable devrait prendre des mesures, p. ex. en forçant la réinitialisation des mots de passe des comptes touchés, ainsi que d'autres mesures pour limiter le risque. Le responsable du traitement devrait également tenir compte d'autres obligations de notification, p. ex. en vertu de la directive SRI en tant que fournisseur de service numérique.
vii. Une entreprise d'hébergement de sites internet agissant en tant que sous-traitant détecte une erreur dans le code qui contrôle l'autorisation utilisateur. En raison de ce défaut, n'importe quel utilisateur peut accéder aux informations de compte de n'importe quel autre utilisateur.	En tant que sous-traitant, l'entreprise d'hébergement de sites internet doit avertir les clients concernés (les responsables du traitement) dans les meilleurs délais. En partant du principe que l'entreprise d'hébergement de sites internet a mené sa propre enquête, les responsables du traitement concernés devraient être relativement certains de l'occurrence éventuelle d'une violation, et ils seront probablement considérés comme ayant "pris connaissance" une fois que l'entreprise d'hébergement (le sous-traitant) les en aura informés. Le responsable du traitement doit alors informer l'autorité de contrôle.	Si la violation est peu susceptible d'entraîner un risque élevé pour les personnes concernées, il ne sera pas nécessaire de la leur notifier.	L'entreprise d'hébergement de sites internet (sous-traitant) doit également tenir compte d'autres obligations de notification (p. ex. en vertu de la directive SRI en tant que fournisseur de service numérique). S'il n'existe aucune preuve que cette vulnérabilité a été exploitée chez l'un des responsables du traitement de l'entreprise, il se pourrait que l'incident ne soit pas soumis à l'obligation de notification, mais il est probable qu'il doive être documenté ou qu'il soit le signe d'une non-conformité à l'article 32.

Exemple	Notifier la violation à l'autorité de contrôle ?	Notifier la violation aux personnes concernées ?	Notes/ recommandations
viii. Une cyberattaque rend indisponibles les dossiers médicaux d'un hôpital pendant 30 heures.	Oui, l'hôpital est tenu de le signaler à l'autorité de contrôle dès lors qu'un risque élevé pour le bien-être des patients et leur vie privée pourrait en résulter.	Oui, informer les personnes concernées.	
ix. Des données à caractère personnel d'un grand nombre d'étudiants sont envoyées par erreur à une mauvaise liste d'adresses contenant plus de 1 000 destinataires.	Oui, avertir l'autorité de contrôle.	Oui, avertir les personnes concernées en fonction de la portée et du type de données à caractère personnel concernées ainsi que de la gravité des conséquences potentielles.	
x. Un courrier électronique de marketing direct est envoyé aux destinataires dans les champs "à :" ou "cc :", permettant ainsi à chaque destinataire de voir l'adresse électronique des autres destinataires.	Oui, il pourrait être obligatoire de le notifier à l'autorité de contrôle si un grand nombre de personnes sont touchées, si des données sensibles sont révélées (p. ex. une liste d'adresses de patients d'un psychothérapeute) ou si d'autres facteurs présentent des risques élevés (p. ex. le courrier électronique contient les mots de passe initiaux).	Oui, avertir les personnes concernées en fonction de la portée et du type de données à caractère personnel concernées ainsi que de la gravité des conséquences potentielles.	La notification pourrait ne pas être nécessaire si aucune donnée sensible n'est révélée et si seul un nombre limité d'adresses électroniques a été divulgué.

Lignes directrices 6/2020 du CEPD du 15 décembre 2020,

Relatives à l'interaction entre la deuxième directive sur les services de paiement et le RGPD (version 2.0).

V. les consid. sur le Code en ligne 🏛.

1 INTRODUCTION

1 La DSP2 a introduit plusieurs nouveautés dans le domaine des services de paiement. Si elle crée de nouvelles possibilités pour les consommateurs et améliore la transparence dans ce domaine, l'application de la DSP2 soulève certaines questions et certaines inquiétudes quant à la nécessité que les personnes concernées conservent le contrôle total de leurs données à caractère personnel. Le RGPD s'applique au traitement des données à caractère personnel, y compris les activités de traitement effectuées dans le contexte des services de paiement tels que définis par la DSP2 *[Art. 1er § 1 du RGPD]*. Les responsables du traitement actifs dans le domaine couvert par la DSP2 doivent donc toujours garantir le respect des exigences du RGPD, y compris les

principes de protection des données définis à l'article 5 du RGPD, ainsi que les dispositions pertinentes de la directive "Vie privée et communications électroniques" *[Dir. 2002/58/CE du Parlement européen et du Conseil du 12 juill. 2002 concernant le traitement des données à caractère personnel et la protection de la vie privée dans le secteur des communications électroniques (directive "Vie privée et communications électroniques"). JO L 201 du 31.7.2002, p. 37]*. **Si la DSP2** *[Art. 94 de la DSP2, etc.]* **et les normes techniques de réglementation relatives à l'authentification forte du client et à des normes ouvertes communes et sécurisées de communication (ci-après, les "NTR"** *[Règl. délégué (UE) 2018/389 de la Commission du 27 nov. 2017 complétant la Dir. (UE) 2015/2366 du Parlement européen et du Conseil par des normes techniques de réglementation relatives à l'authentification forte du client et à des normes ouvertes communes et sécurisées de communication (Texte présentant de l'intérêt pour l'EEE) ; C/2017/7782 ; JO L 69 du 13.3.2018, p. 23 ; disponible à l'adresse https://eur-lex.europa.eu/legal-content/FR/TXT/PDF/uri=CELEX :32018R0389&from=FR]*) **contiennent certaines dispositions relatives à la protection et à la sécurité des données, l'interprétation de ces dispositions ainsi que l'interaction entre le cadre général de protection des données et la DSP2 ont soulevé des incertitudes.**

2 Le 5 juillet 2018, le Comité européen de la protection des données (ci-après l'"EDPBD") a publié une lettre concernant la DSP2 dans laquelle il donnait des éclaircissements sur des questions concernant la protection des données à caractère personnel en relation avec la DSP2, en particulier sur le traitement des données à caractère personnel des parties non contractantes (les "données des parties silencieuses") par des PSIC et des PSIP, les procédures d'octroi et de retrait du consentement, les NTR et la coopération entre les PSPGC concernant les mesures de sécurité. Considérant que le travail préparatoire des présentes lignes directrices a nécessité la collecte de contributions des parties concernées, par écrit et lors d'un événement leur étant destiné, afin de déterminer les problèmes les plus urgents.

3 Les présentes lignes directrices visent à fournir des orientations complémentaires sur les aspects liés à la protection des données dans le contexte de la DSP2, en particulier sur la relation entre les dispositions pertinentes du RGPD et la DSP2. Les présentes lignes directrices sont essentiellement axées sur le traitement des données à caractères personnel par les PSIC et les PSIP. Le présent document aborde donc les conditions d'octroi de l'accès aux informations sur les comptes de paiement par les PSPGC et de traitement des données à caractère personnel par les PSIP et les PSIC, y compris les exigences et les garanties en relation avec le traitement des données à caractère personnel par les PSIP et les PSIC à des fins autres que celles pour lesquelles les données ont initialement été collectées, en particulier lorsqu'elles ont été collectées dans le contexte de la fourniture de services d'information sur les comptes *[Un service d'information sur les comptes est un service en ligne consistant à fournir des informations consolidées concernant un ou plusieurs comptes de paiement détenus par l'utilisateur de services de paiement soit auprès d'un autre prestataire de services de paiement, soit auprès de plus d'un prestataire de services de paiement]*. **Le présent document aborde aussi différentes notions du consentement explicite au titre de la DSP2 et du RGPD, le traitement des "données des parties silencieuses", le traitement des catégories particulières de données à caractère personnel par les PSIP et les PSIC, l'application des principaux principes de protection des données énoncés dans le RGPD, dont la minimisation des données, la transparence, la responsabilité et les mesures de sécurité. La DSP2 fait intervenir des responsabilités interfonctionnelles dans les domaines, entre autres, de la protection des consommateurs et du droit de la concurrence. Les présentes lignes directrices ne couvrent pas les aspects liés à ces domaines.**

4 Pour faciliter la lecture des présentes lignes directrices, les principales définitions utilisées dans ce document sont fournies ci-après.

1.1 *Définitions*

Aux fins des présentes lignes directrices, on entend par :
"prestataire de services d'information sur les comptes" ("PSIC"), un prestataire de services en ligne consistant à fournir des informations consolidées concernant un ou plusieurs comptes de paiement détenus par l'utilisateur de services de paiement soit

auprès d'un autre prestataire de services de paiement, soit auprès de plus d'un prestataire de services de paiement ;

"prestataire de services de paiement gestionnaire du compte" ("PSPGC"), un prestataire de services de paiement qui fournit et gère un compte de paiement pour un payeur ;

"minimisation des données", un principe de protection des données selon lequel les données à caractère personnel sont adéquates, pertinentes et limitées à ce qui est nécessaire au regard des finalités pour lesquelles elles sont traitées ;

"payeur", une personne physique ou morale qui est titulaire d'un compte de paiement et autorise un ordre de paiement à partir de ce compte de paiement, ou, en l'absence de compte de paiement, une personne physique ou morale qui donne un ordre de paiement ;

"bénéficiaire", une personne physique ou morale qui est le destinataire prévu de fonds ayant fait l'objet d'une opération de paiement ;

"compte de paiement", un compte détenu au nom d'un ou de plusieurs utilisateurs de services de paiement et utilisé aux fins de l'exécution d'opérations de paiement ;

"prestataire de services d'initiation de paiement" ("PSIP"), un prestataire de services consistant à initier un ordre de paiement à la demande de l'utilisateur de services de paiement concernant un compte de paiement détenu auprès d'un autre prestataire de services de paiement ;

"prestataire de services de paiement", une entité visée à l'article 1er, paragraphe 1, de la DSP2 *[L'art. 1er, § 1, de la DSP2 fixe les règles selon lesquelles les États membres distinguent les six catégories suivantes de prestataires de services de paiement : a) les établissements de crédit au sens de l'art. 4, § 1, pt 1), du Règl. (UE) n° 575/2013 du Parlement européen et du Conseil, y compris leurs succursales au sens du pt 17) dudit art. 4, § 1, lorsque ces succursales sont situées dans l'Union, qu'il s'agisse de succursales d'établissements de crédit ayant leur siège dans l'Union ou, conformément à l'art. 47 de la dir. 2013/36/UE et au droit national, hors de l'Union ; b) les établissements de monnaie électronique au sens de l'art. 2, pt 1), de la dir.2009/110/CE, y compris, conformément à l'art. 8 de ladite dir. et au droit national, une succursale d'un tel établissement, lorsque celle-ci est située dans l'Union et son siège hors de l'Union, dans la mesure où les services de paiement fournis par ladite succursale sont liés à l'émission de monnaie électronique ; c) les offices de chèques postaux qui sont habilités en droit national à fournir des services de paiement ; d) les établissements de paiement ; e) la BCE et les banques centrales nationales lorsqu'elles n'agissent pas en qualité d'autorités monétaires ou d'autres autorités publiques ; f) les États membres ou leurs autorités régionales ou locales lorsqu'ils n'agissent pas en qualité d'autorités publiques]* ou une personne physique ou morale bénéficiant d'une dérogation au titre des articles 32 ou 33 de la DSP2 ;

"utilisateur de services de paiement", une personne physique ou morale qui utilise un service de paiement en qualité de payeur, de bénéficiaire ou des deux ;

"donnée à caractère personnel", toute information se rapportant à une personne physique identifiée ou identifiable (ci-après dénommée "personne concernée") ; "personne physique identifiable", une personne physique qui peut être identifiée, directement ou indirectement, notamment par référence à un identifiant, tel qu'un nom, un numéro d'identification, des données de localisation, un identifiant en ligne, ou à un ou plusieurs éléments spécifiques propres à son identité physique, physiologique, génétique, psychique, économique, culturelle ou sociale ;

"protection des données dès la conception", l'ensemble de mesures techniques et organisationnelles intégrées dans un produit ou un service, qui sont destinées à mettre en œuvre les principes relatifs à la protection des données de façon effective et à assortir le traitement des garanties nécessaires afin de répondre aux exigences du RGPD et de protéger les droits de la personne concernée ;

"protection des données par défaut", l'ensemble de mesures techniques et organisationnelles appropriées mises en œuvre dans un produit ou un service pour garantir que, par défaut, seules les données à caractère personnel qui sont nécessaires au regard de chaque finalité spécifique du traitement sont traitées ;

"NTR", les normes objet du règlement délégué (UE) 2018/389 de la Commission du 27 novembre 2017 complétant la directive (UE) 2015/2366 du Parlement européen et du Conseil par des normes techniques de réglementation relatives à l'authentification forte du client et à des normes ouvertes communes et sécurisées de communication ;

"prestataires tiers" ("PT"), les PSIP et les PSIC confondus.

1.2 *Services au titre de la DSP2*

5 La DSP2 introduit deux nouveaux types de (prestataires de) services : les PSIP et les PSIC. L'annexe 1 de la DSP2 contient les huit services de paiement qui sont couverts par la directive.

6 Les PSIP fournissent des services consistant à initier un ordre de paiement à la demande de l'utilisateur de services de paiement concernant un compte de paiement détenu auprès d'un autre prestataire de services de paiement *[Art. 4, pt 15, de la DSP2]*. Un PSIP peut demander à un PSPGC (généralement, une banque) d'initier une opération pour le compte de l'utilisateur de services de paiement. L'utilisateur (de services de paiement) peut être une personne physique (personne concernée) ou une personne morale.

7 Les PSIC fournissent des services en ligne consistant à fournir des informations consolidées concernant un ou plusieurs comptes de paiement détenus par l'utilisateur de services de paiement soit auprès d'un autre prestataire de services de paiement, soit auprès de plus d'un prestataire de services de paiement *[Art. 4, pt 16, de la DSP2]* . Conformément au considérant 28 de la DSP2, l'utilisateur de services de paiement est en mesure d'avoir immédiatement une vue d'ensemble de sa situation financière à un moment donné.

8 En ce qui concerne les services d'informations sur les comptes, plusieurs types de services différents peuvent être proposés, qui mettent chacun l'accent sur différentes prestations et finalités. Par exemple, certains prestataires peuvent proposer aux utilisateurs des services tels que la panification de leur budget et le suivi de leurs dépenses. Le traitement des données à caractère personnel dans le contexte de ces services est couvert par la DSP2. Les services qui requièrent des évaluations de la solvabilité de l'utilisateur de services de paiement ou les services d'audit fournis sur la base de la collecte d'informations par l'intermédiaire d'un service d'information sur les comptes ne relèvent pas de la DSP2 et sont par conséquent soumis au RGPD. En outre, les comptes autres que les comptes de paiement (par exemple, les comptes d'épargne ou d'investissement) ne sont pas non plus couverts par la DSP2. En tout état de cause, le RGPD est le cadre juridique applicable pour le traitement des données à caractère personnel.

Exemple 1 : HappyPayments est une société proposant un service en ligne qui consiste à fournir des informations sur un ou plusieurs comptes de paiement par l'intermédiaire d'une application mobile à des fins de contrôle financier (un service d'information sur les comptes). Grâce à ce service, l'utilisateur peut voir en un instant les soldes et les opérations récentes sur deux comptes de paiement ou plus auprès de différentes banques. Elle propose aussi, lorsqu'un utilisateur de services de paiement le décide, de catégoriser les dépenses et les revenus selon différentes typologies (salaire, loisirs, énergie, crédit hypothécaire, etc.), aidant ainsi l'utilisateur de services de paiement à planifier ses finances. Avec cette application, HappyPayments propose aussi un service qui consiste à initier des paiements directement à partir du ou des comptes de paiement désigné(s) de l'utilisateur (un service d'initiation de paiement).

9 Pour fournir ces services, la DSP2 régit les conditions juridiques en vertu desquelles les PSIP et les PSIC peuvent accéder aux comptes de paiement pour fournir un service à l'utilisateur de services de paiement.

10 L'article 66, paragraphe 1, et l'article 67, paragraphe 1, de la DSP2 déterminent que l'accès aux services de paiement et d'information sur les comptes et leur utilisation sont des droits de l'utilisateur de services de paiement. Cela signifie que l'utilisateur de services de paiement devrait demeurer entièrement libre au regard de l'exercice de ce droit et ne peut être contraint d'y recourir.

11 L'accès aux comptes de paiement et l'utilisation des informations sur les comptes de paiement sont en partie régis par les articles 66 et 67 de la DSP2, qui contiennent des garanties concernant la protection des données (à caractère personnel). L'arti-

cle 66, paragraphe 3, point f), de la DSP2 dispose que le PSIP ne demande pas à l'utilisateur de services de paiement des données autres que celles nécessaires pour fournir le service d'initiation de paiement, et l'article 66, paragraphe 3, point g), de la DSP2 dispose que le PSIP n'utilise, ne consulte ou ne stocke des données à des fins autres que la fourniture du service d'initiation de paiement expressément demandée par l'utilisateur de services de paiement. En outre, l'article 67, paragraphe 2, point d), de la DSP2 limite l'accès du PSIC aux informations provenant des comptes de paiement désignés et des opérations de paiement associées, tandis que l'article 67, paragraphe 2, point f), de la DSP2 dispose que le PSIC n'utilise, ne consulte ou ne stocke des données à des fins autres que la fourniture du service d'information sur les comptes expressément demandée par l'utilisateur de services de paiement, conformément aux règles relatives à la protection des données. Ces dernières soulignent que, dans le contexte des services d'information sur les comptes, les données à caractère personnel peuvent uniquement être collectées pour des finalités déterminées, explicites et légitimes. Un PSIC devrait donc indiquer explicitement dans le contrat les finalités déterminées pour lesquelles des données à caractère personnel vont être traitées, dans le contexte du service d'information sur les comptes qu'il fournit. Le contrat devrait être licite, loyal et transparent au titre de l'article 5 du RGPD et respecter les autres dispositions législatives relatives à la protection des consommateurs.

12 Selon les circonstances, le prestataire de services de paiement peut être un responsable du traitement ou un sous-traitant au titre du RGPD. Dans les présentes lignes directrices, par "responsables du traitement", il faut entendre les prestataires de services de paiement qui, seuls ou conjointement avec d'autres, déterminent les finalités et les moyens du traitement de données à caractère personnel. De plus amples informations à ce sujet figurent dans les lignes directrices 7/2020 de l'EDPB sur les notions de responsable du traitement et de sous-traitant dans le RGPD.

2 MOTIFS LÉGITIMES ET TRAITEMENT ULTÉRIEUR AU TITRE DE LA DSP2

2.1 *Motifs légitimes de traitement*

13 En vertu du RGPD, les responsables du traitement doivent disposer d'une base juridique afin de traiter des données à caractère personnel. L'article 6, paragraphe 1, du RGPD constitue une liste exhaustive et restrictive de six bases juridiques du traitement des données à caractère personnel au titre du RGPD *[Conformément à l'art. 6, le traitement n'est licite que si, et dans la mesure où, au moins une des conditions suivantes est remplie : (a) la personne concernée a consenti au traitement de ses données à caractère personnel pour une ou plusieurs finalités spécifiques ; (b) le traitement est nécessaire à l'exécution d'un contrat auquel la personne concernée est partie ou à l'exécution de mesures précontractuelles prises à la demande de celle-ci ; (c) le traitement est nécessaire au respect d'une obligation légale à laquelle le responsable du traitement est soumis ; (d) le traitement est nécessaire à la sauvegarde des intérêts vitaux de la personne concernée ou d'une autre personne physique ; (e) le traitement est nécessaire à l'exécution d'une mission d'intérêt public ou relevant de l'exercice de l'autorité publique dont est investi le responsable du traitement ; (f) le traitement est nécessaire aux fins des intérêts légitimes poursuivis par le responsable du traitement ou par un tiers, à moins que ne prévalent les intérêts ou les libertés et droits fondamentaux de la personne concernée qui exigent une protection des données à caractère personnel, notamment lorsque la personne concernée est un enfant]*. Il incombe au responsable du traitement de définir la base juridique adéquate et de veiller à ce que toutes les conditions de cette base juridique soient remplies. Pour déterminer quelle base est valable et la plus appropriée dans une situation donnée, il faut tenir compte des circonstances dans lesquelles le traitement a lieu, notamment de la finalité du traitement et de la relation entre le responsable du traitement et la personne concernée.

2.2 *Article 6, paragraphe 1, point b), du RGPD (le traitement est nécessaire à l'exécution d'un contrat)*

14 Les services de paiement sont fournis sur la base d'un contrat entre l'utilisateur de services de paiement et le prestataire de services de paiement. Tel qu'indiqué au considérant 87 de la DSP2, "[l]a présente directive ne devrait concerner que les obligations contractuelles et les responsabilités respectives de l'utilisateur de services de paiement et du prestataire de services de paiement." En ce qui concerne le RGPD, la principale base juridique pour le traitement des données à caractère personnel pour la fourniture de services de paiement est l'article 6, paragraphe 1, point b), du règlement, autrement dit, le traitement est nécessaire à l'exécution d'un contrat auquel la personne concernée est partie ou à l'exécution de mesures précontractuelles prises à la demande de celle-ci.

15 Les services de paiement au titre de la DSP2 sont définis à l'annexe 1 de la directive. La fourniture de ces services telle que définie par la DSP2 est une exigence en vue de l'établissement d'un contrat dans le cadre duquel les parties ont accès aux données sur les comptes de paiement de l'utilisateur des services de paiement. Ces prestataires de services de paiement doivent aussi être des opérateurs agréés. En ce qui concerne les services d'initiation de paiement et les services d'information sur les comptes au titre de la DSP2, les contrats peuvent contenir des clauses qui imposent aussi des conditions relatives à des services supplémentaires qui ne sont pas régis par la DSP2. Les lignes directrices 2/2019 de l'EDPB sur le traitement des données à caractère personnel au titre de l'article 6, paragraphe 1, point b), du RGPD dans le cadre de la fourniture de services en ligne aux personnes concernées indiquent clairement que les responsables du traitement doivent évaluer quel traitement des données à caractère personnel est objectivement nécessaire pour exécuter le contrat. Ces lignes directrices soulignent que la justification de la nécessité dépend de la nature du service, des perspectives et attentes mutuelles des parties au contrat, de la justification du contrat et des éléments essentiels du contrat.

16 Les lignes directrices 2/2019 de l'EDPB indiquent aussi clairement qu'à la lumière de l'article 7, paragraphe 4, du RGPD, une distinction est établie entre les activités de traitement nécessaires à l'exécution d'un contrat, d'un côté, et les clauses subordonnant le service à certaines activités de traitement qui ne sont en fait pas nécessaires à l'exécution du contrat, de l'autre. "Nécessaire à l'exécution" suppose quelque chose de plus qu'une simple clause contractuelle *[Lignes directrices 2/2019 sur le traitement des données à caractère personnel au titre de l'art. 6, § 1, pt b), du RGPD dans le cadre de la fourniture de services en ligne aux personnes concernées, EDPB]*. Le responsable des données devrait être en mesure de démontrer comment l'objet principal du contrat spécifique avec la personne concernée ne peut, en fait, être exécuté si le traitement spécifique des données à caractère personnel en question n'a pas lieu. Il ne suffit pas de simplement faire référence au traitement des données ou de le mentionner dans un contrat pour que le traitement en question relève de l'article 6, paragraphe 1, point b), du RGPD.

17 L'article 5, paragraphe 1, point b), du RGPD prévoit le principe de limitation de la finalité, selon lequel les données à caractère personnel doivent être collectées pour des finalités déterminées, explicites et légitimes, et ne pas être traitées ultérieurement de manière incompatible avec ces finalités. Pour déterminer si l'article 6, paragraphe 1, point b), constitue une base juridique appropriée pour un service (de paiement) en ligne, il convient de tenir compte du but, de la finalité ou de l'objectif particulier du service *[Lignes directrices 2/2019 sur le traitement des données à caractère personnel au titre de l'art. 6, § 1, pt b), du RGPD dans le cadre de la fourniture de services en ligne aux personnes concernées, EDPB]*. Les finalités du traitement doivent être indiquées clairement et communiquées à la personne concernée, conformément aux obligations de limitation de la finalité et de transparence du responsable du traitement. L'évaluation de ce qui est "nécessaire" implique une évaluation factuelle globale du traitement "aux fins de l'objectif poursuivi et de déterminer si ce traitement est moins intrusif par rapport aux autres moyens de réaliser le même objectif". L'article 6, paragraphe 1, point b), ne couvrira pas les traitements qui sont utiles mais non objectivement nécessaires à l'exécution du service contractuel ou à la mise en œuvre des mesures précontractuelles pertinentes à la demande de la personne concernée, même s'ils sont nécessaires pour les autres finalités commerciales du responsable du traitement *[Lignes directrices 2/2019 sur le traitement des données à caractère personnel au titre de l'art. 6, § 1, pt b), du RGPD dans le cadre de la fourniture de services en ligne aux personnes concernées, EDPB]*.

18 Les lignes directrices 2/2019 de l'EDPB indiquent clairement qu'un contrat ne peut élargir artificiellement les catégories de données à caractère personnel ou les types de traitements que le responsable du traitement doit effectuer pour garantir l'exécution du contrat au sens de l'article 6, paragraphe 1, point b) *[Lignes directrices 2/2019 sur le traitement des données à caractère personnel au titre de l'art. 6, § 1, pt b), du RGPD dans le cadre de la fourniture de services en ligne aux personnes concernées, EDPB]*. Ces lignes directrices traitent aussi des cas dans lesquels des situations de type "à prendre ou à laisser" pourraient être créées pour les personnes concernées, qui pourraient n'être intéressées que par un seul de ces services. Cela peut se produire lorsqu'un responsable du traitement souhaite regrouper, au sein d'un même contrat, plusieurs services ou éléments distincts d'un même service, avec des finalités, des caractéristiques et des motifs fondamentaux différents. Lorsque le contrat consiste en plusieurs services ou éléments distincts d'un même service, qui peuvent en fait être raisonnablement exécutés indépendamment les uns des autres, l'applicabilité de l'article 6, paragraphe 1, point b), devrait être évaluée dans le contexte de chacun de ces services séparément, en examinant ce qui est objectivement nécessaire pour exécuter chacun des services que la personne concernée a activement demandés ou souscrits *[Lignes directrices 2/2019 sur le traitement des données à caractère personnel au titre de l'art. 6, § 1, pt b), du RGPD dans le cadre de la fourniture de services en ligne aux personnes concernées, EDPB]*.

19 Selon les lignes directrices susmentionnées, les responsables du traitement doivent évaluer ce qui est objectivement nécessaire à l'exécution du contrat. Lorsque les responsables du traitement ne peuvent démontrer que le traitement des données à caractère personnel sur les comptes de paiement est objectivement nécessaire pour fournir chacun de ces services séparément, l'article 6, paragraphe 1, point b), du RGPD n'est pas un motif légitime de traitement valable. Dans ces cas, le responsable du traitement devrait envisager une autre base juridique pour le traitement.

2.3 *Prévention de la fraude*

20 L'article 94, paragraphe 1, de la DSP2 dispose que les États membres autorisent le traitement des données à caractère personnel par les systèmes de paiement et les prestataires de services de paiement lorsque cela est nécessaire pour garantir la prévention, la recherche et la détection des fraudes en matière de paiements. Le traitement de données à caractère personnel strictement nécessaire à des fins de prévention de la fraude peut constituer un intérêt légitime du prestataire de services de paiement concerné, pour autant que les intérêts ou les libertés et droits fondamentaux de la personne concernée ne prévalent pas sur ces intérêts *[Consid. 47 du RGPD]*. Les activités de traitement à des fins de prévention de la fraude devraient reposer sur une évaluation approfondie au cas par cas par le responsable du traitement, conformément au principe de responsabilité. En outre, pour prévenir la fraude, les responsables du traitement peuvent aussi être soumis à des obligations juridiques particulières qui nécessitent le traitement de données à caractère personnel.

2.4 *Traitement ultérieur (PSIC et PSIP)*

21 L'article 6, paragraphe 4, du RGPD définit les conditions du traitement des données à caractère personnel à une fin autre que celle pour laquelle les données à caractère personnel ont été collectées. Plus précisément, ce traitement ultérieur peut avoir lieu lorsqu'il est fondé sur le droit d'un État membre de l'UE, qui constitue une mesure nécessaire et proportionnée dans une société démocratique pour garantir les objectifs visés à l'article 23, paragraphe 1, lorsque la personne concernée a donné son consentement ou lorsque le traitement à une fin autre que celle pour laquelle les données à caractère personnel ont été collectées est compatible avec la finalité initiale.

22 L'article 66, paragraphe 3, point g), et l'article 67, paragraphe 2, point f), de la DSP2 doivent être soigneusement pris en considération. Comme mentionné ci-dessus, l'article 66, paragraphe 3, point g), de la DSP2 dispose que le PSIP n'utilise, ne consulte ou ne stocke des données à des fins autres que la fourniture du service d'initiation de paiement expressément demandée par le payeur. L'article 67, paragraphe 2, point f), de la DSP2 dispose que le PSIC n'utilise, ne consulte ou ne stocke des données à des fins autres que la fourniture du service d'information sur les comptes expressément demandée par l'utilisateur de services de paiement, conformément aux règles relatives à la protection des données.

23 En conséquence, l'article 66, paragraphe 3, point g), et l'article 67, paragraphe 2, point f), de la DSP2 limitent considérablement les possibilités de traitement à d'autres fins, ce qui signifie que le traitement à une autre fin n'est pas autorisé, sauf si la personne concernée a donné son consentement en application de l'article 6, paragraphe 1, point a), du RGPD ou si le traitement est prévu par le droit de l'Union ou celui de l'État membre auquel le responsable du traitement est soumis, en application de l'article 6, paragraphe 4, du RGPD. Lorsque le traitement à une fin autre que celle pour laquelle les données ont été collectées n'est pas fondé sur le consentement de la personne concernée ou sur le droit de l'Union ou le droit d'un État membre, les limitations prévues à l'article 66, paragraphe 3, point g), et à l'article 67, paragraphe 2, point f), de la DSP2 indiquent clairement que toute autre fin n'est pas compatible avec la fin pour laquelle les données à caractère personnel ont été initialement collectées. Le test de compatibilité de l'article 6, paragraphe 4, du RGPD ne peut donner lieu à une base juridique pour le traitement.

24 L'article 6, paragraphe 4, du RGPD permet le traitement ultérieur sur la base du droit de l'Union ou d'un État membre. Par exemple, tous les PSIP et les PSIC sont des entités assujetties en vertu de l'article 3, paragraphe 2, point a), de la directive (UE) 2015/849 du Parlement européen et du Conseil du 20 mai 2015 relative à la prévention de l'utilisation du système financier aux fins du blanchiment de capitaux ou du financement du terrorisme. Ces entités assujetties sont donc tenues d'appliquer les mesures de vigilance à l'égard de la clientèle tel que spécifié dans la directive. Les données à caractère personnel traitées en relation avec un service au titre de la DSP2 sont donc traitées ultérieurement sur la base d'au moins une obligation juridique incombant au prestataire de services *[Il est à noter qu'un examen approfondi de la question de savoir si la directive anti-blanchiment répond aux exigences de l'art. 6, § 4, du RGPD ne fait pas l'objet du présent document]*.

25 Comme mentionné au point 20, l'article 6, paragraphe 4, du RGPD indique que le traitement à une autre fin que celle pour laquelle les données à caractère personnel ont été collectées pourrait être fondé sur le consentement de la personne concernée, si toutes les conditions du consentement au titre du RGPD sont réunies. Comme indiqué ci-dessus, le responsable du traitement doit démontrer qu'il est possible de refuser ou de retirer son consentement sans subir de préjudice (considérant 42 du RGPD).

2.5 *Motif légitime d'octroyer l'accès au compte (PSPGC)*

26 Comme mentionné au point 10, les utilisateurs de services de paiement peuvent exercer leur droit de recourir à des services d'initiation de paiement et d'information sur les comptes. Les obligations imposées aux États membres à l'article 66, paragraphe 1, et à l'article 67, paragraphe 1, de la DSP2 devraient être mises en œuvre dans le droit national afin de garantir l'application effective du droit de l'utilisateur de services de paiement de bénéficier des services de paiement susvisés. L'application effective de ces droits ne serait pas possible sans l'existence d'une obligation correspondante de la part du PSPGC, généralement une banque, d'octroyer au prestataire de services de paiement l'accès au compte à la condition qu'il ait satisfait à toutes les exigences d'accès au compte de l'utilisateur de services de paiement. En outre, l'article 66, paragraphe 5, et l'article 67, paragraphe 4, de la DSP2 indiquent clairement que la fourniture de services d'initiation de paiement et d'information sur les comptes n'est pas subordonnée à l'existence de relations contractuelles entre le PSIP/PSIC et le PSPGC.

27 Le traitement des données à caractère personnel par le PSPGC qui consiste à octroyer l'accès aux données à caractère personnel requises par le PSIP et le PSIC afin de fournir leur service de paiement à l'utilisateur de services de paiement est fondé sur une obligation juridique. Pour atteindre les objectifs de la DSP2, les PSPGC doivent fournir les données à caractère personnel pour les services des PSIP et des PSIC, ce qui est une condition nécessaire pour permettre à ces derniers de fournir leurs services et qui garantit donc les droits prévus à l'article 66, paragraphe 1, et à l'article 67, paragraphe 1, de la DSP2. Par conséquent, la base juridique applicable dans ce cas est l'article 6, paragraphe 1, point c), du RGPD.

28 Dès lors que le RGPD précise que le traitement fondé sur une obligation juridique doit être clairement défini par le droit de l'Union ou d'un État membre (voir article 6, paragraphe 3, du RGPD), l'obligation pour les PSPGC d'octroyer l'accès devrait découler de la disposition du droit national transposant la DSP2.

3 CONSENTEMENT EXPLICITE

3.1 *Consentement au titre du RGPD*

29 En vertu du RGPD, le consentement constitue l'une des six bases juridiques de la licéité du traitement des données à caractère personnel. L'article 4, paragraphe 11, du RGPD défini le consentement comme "toute manifestation de volonté, libre, spécifique, éclairée et univoque par laquelle la personne concernée accepte, par une déclaration ou par un acte positif clair, que des données à caractère personnel la concernant fassent l'objet d'un traitement". Ces quatre conditions (libre, spécifique, éclairée et univoque) sont essentielles pour que le consentement soit valable. Selon les lignes directrices 5/2020 de l'EDPB sur le consentement au sens du règlement (UE) 2016/679, le consentement ne constitue une base juridique appropriée que si la personne concernée dispose d'un contrôle et d'un choix réel concernant l'acceptation ou le refus des conditions proposées ou de la possibilité de les refuser sans subir de préjudice. Lorsqu'il sollicite un consentement, le responsable du traitement a l'obligation d'évaluer si celui-ci satisfera à toutes les conditions d'obtention d'un consentement valable. S'il a été obtenu dans le plein respect du RGPD, le consentement est un outil qui confère aux personnes concernées un contrôle sur le traitement éventuel de leurs données à caractère personnel. Dans le cas contraire, le contrôle de la personne concernée devient illusoire et le consentement ne constituera pas une base juridique valable pour le traitement des données, rendant de ce fait l'activité de traitement illicite *[Lignes directrices 5/2020 sur le consentement au sens du Règl. (UE) 2016/679, CEPD, pt 3]*.

30 Le RGPD contient aussi d'autres garanties en son article 7, qui dispose que le responsable du traitement doit être en mesure de démontrer qu'il y a eu un consentement valable au moment du traitement. De plus, la demande de consentement doit être présentée sous une forme qui la distingue clairement des autres questions, sous une forme compréhensible et aisément accessible, et formulée en des termes clairs et simples. La personne concernée doit par ailleurs être informée du droit de retirer son consentement à tout moment, aussi simplement qu'elle l'avait octroyé.

31 Conformément à l'article 9 du RGPD, le consentement constitue l'une des exceptions à l'interdiction générale de traitement de catégories particulières de données à caractère personnel. Dans ce cas, le consentement de la personne concernée doit toutefois être "explicite" *[V. également avis 15/2011 sur la définition du consentement (CP 187), p. 6-9 et/ou avis 6/2014 sur la notion d'intérêt légitime poursuivi par le responsable du traitement des données au sens de l'art. 7 de la Dir. 95/46/CE (WP 217)]*.

32 Selon les lignes directrices 5/2020 de l'EDPB sur le consentement au sens du règlement (UE) 2016/679, le consentement explicite au titre du RGPD se rapporte à la façon dont le consentement est exprimé par la personne concernée. Il implique que la personne concernée doit formuler une déclaration de consentement exprès. Une manière évidente de s'assurer que le consentement est explicite serait de confirmer expressément le consentement dans une déclaration écrite. Le cas échéant, le responsable du traitement pourrait s'assurer que la déclaration écrite est signée par la personne concernée afin de prévenir tout doute potentiel et toute absence potentielle de preuve à l'avenir.

33 Le consentement ne peut en aucun cas être déduit de déclarations ou d'actions potentiellement équivoques. Un responsable du traitement doit également être conscient que le consentement ne peut être obtenu moyennant la même action que lorsqu'une personne concernée accepte un contrat ou les conditions générales d'un service.

3.2 *Consentement au titre de la DSP2*

34 Relatif au consentement explicite est complexe, étant donné que tant la DSP2 que le RGPD incluent la notion de "consentement explicite". Il y a donc lieu de se demander si le "consentement explicite" tel que visé à l'article 94, paragraphe 2, de la DSP2 doit être interprété de la même façon que le consentement explicite au titre du RGPD.

3.2.1 *Consentement explicite au sens de l'article 94, paragraphe 2, de la DSP2*

35 La DSP2 inclut une série de règles particulières concernant le traitement des données à caractère personnel, en particulier en son article 94, paragraphe 1, qui dispose que le traitement des données à caractère personnel aux fins de la DSP2 doit respecter le droit de l'UE en matière de protection des données. Par ailleurs, l'article 94, paragraphe 2, de la DSP2 dispose que les prestataires de services de paiement n'ont accès à des données à caractère personnel nécessaires à l'exécution de leurs services de paiement, ne les traitent et ne les conservent qu'avec le consentement explicite de l'utilisateur de services de paiement. En application de l'article 33, paragraphe 2, de la DSP2, cette exigence de consentement explicite de l'utilisateur de services de paiement ne s'applique pas aux PSIC. Cependant, l'article 67, paragraphe 2, point a), de la DSP2 prévoit que les PSIC fournissent des services sur la base du consentement explicite.

36 Ainsi que nous l'avons indiqué ci-dessus, la liste des bases juridiques du traitement au titre du RGPD est exhaustive. Comme signalé au point 14, la principale base juridique du traitement des données à caractère personnel pour la fourniture de services de paiement est, en principe, l'article 6, paragraphe 1, point b), du règlement, autrement dit, le traitement est nécessaire à l'exécution d'un contrat auquel la personne concernée est partie ou à l'exécution de mesures précontractuelles prises à la demande de celle-ci. Il s'ensuit que l'article 94, paragraphe 2, de la DSP2 ne peut être considéré comme une base juridique supplémentaire du traitement des données à caractère personnel. L'EDPB estime qu'eu égard à ce qui précède, ce point devrait être interprété, d'une part, de façon cohérente avec le cadre juridique applicable en matière de protection des données et, d'autre part, de manière à préserver son effet utile. Le consentement explicite au sens de l'article 94, paragraphe 2, de la DSP2 devrait donc être considéré comme une exigence supplémentaire de nature contractuelle *[Lettre de l'EDPB concernant la DSP2, 5 juill. 2018, p. 4.]* en relation avec l'accès à des données à caractère personnel et avec leur traitement ultérieur et leur conservation, aux fins de fournir des services de paiement, et n'est donc pas identique au consentement (explicite) au sens du RGPD.

37 Le "consentement explicite" visé à l'article 94, paragraphe 2, de la DSP2 est un consentement contractuel. Cela signifie que l'article 94, paragraphe 2, de la DSP2 devrait être interprété comme signifiant que lorsqu'elles concluent un contrat avec un prestataire de services de paiement au titre de la DSP2, les personnes concernées doivent être pleinement informées des catégories particulières de données à caractère personnel qui seront traitées. Elles doivent en outre être informées de la finalité précise (service de paiement) pour laquelle leurs données à caractère personnel seront traitées et doivent marquer leur accord explicite avec ces clauses. Ces clauses devraient pouvoir être distinguées clairement des autres questions abordées dans le contrat et devraient être explicitement acceptées par la personne concernée.

38 L'obtention de l'accès aux données à caractère personnel pour traiter ultérieurement et conserver ces données aux fins de la fourniture de services de paiement est centrale pour la notion de "consentement explicite" au sens de l'article 94, paragraphe 2, de la DSP2. Cela signifie que le prestataire services de paiement *[Cela s'applique aux services 1 à 7 de l'annexe 1 de la DSP2.]* ne traite pas encore les données à caractère personnel, mais a besoin d'accéder à des données à caractère personnel qui ont été traitées sous la responsabilité d'un autre responsable du traitement. Si un utilisateur de services de paiement conclut un contrat avec, par exemple, un prestataire de services d'initiation de paiement, ce prestataire doit obtenir l'accès aux données à caractère personnel de l'utilisateur de services de paiement qui sont traitées sous la responsabilité du prestataire de services de paiement gestionnaire du compte. L'objet du consentement explicite au sens de l'article 94, paragraphe 2, de la DSP2 est la permission d'obtenir l'accès à ces données à caractère personnel afin de pouvoir traiter et conserver les données à caractère personnel qui sont nécessaires aux fins de la fourniture du service de paiement. Si la personne concernée donne son consentement, le prestataire de services de paiement gestionnaire du compte est tenu d'octroyer l'accès aux données à caractère personnel indiquées.

39 Bien que le consentement au sens de l'article 94, paragraphe 2, de la DSP2, ne constitue pas une base juridique pour le traitement des données à caractère personnel, ce consentement est expressément lié aux données à caractère personnel et à la protection des données, et garantit à l'utilisateur de services de paiement la transparence et un certain contrôle *[L'art. 94, § 2, de la DSP2 relève du chap. 4 "Protection des données"]*. Si la DSP2 ne précise pas les conditions de fond du consentement au titre de l'article 94, paragraphe 2, de la DSP2, il devrait, tel qu'indiqué ci-dessus, être interprété de manière cohérente avec le cadre juridique applicable en matière de protection des données et de manière à préserver son effet utile.

40 Concernant les informations que les responsables du traitement doivent fournir et l'exigence de transparence, les lignes directrices sur la transparence du groupe de travail "Article 29" indiquent qu'un "aspect primordial du principe de transparence mis en lumière dans ces dispositions est que la personne concernée devrait être en mesure de déterminer à l'avance ce que la portée et les conséquences du traitement englobent afin de ne pas être prise au dépourvu à un stade ultérieur quant à la façon dont ses données à caractère personnel ont été utilisées" *[Groupe de travail "Article 29", Lignes directrices sur la transparence au sens du règlement (UE) 2016/679, pt 10 (adoptées le 11 avril 2018) - approuvées par l'EDPB]*.

41 En outre, tel que requis par le principe de limitation de la finalité, les données à caractère personnel doivent être collectées pour des finalités déterminées, explicites et légitimes [article 5, paragraphe 1, point b), du RGPD]. Lorsque des données à caractère personnel sont collectées pour plusieurs finalités, "les responsables du traitement devraient éviter de ne définir qu'une seule finalité générale pour justifier plusieurs activités de traitement ultérieur qui ne sont en fait que vaguement liées à la finalité initiale réelle" *[Avis 3/2013 du groupe de travail "Article 29" sur la limitation de la finalité (WP203), p. 16, pt 16 (version pour consultation publique) et avis 3/2013 du groupe de travail "Article 29" sur la limitation de la finalité (WP203), p. 15-16]*. L'EDPB a mis en évidence, dernièrement dans le contexte de contrats relatifs à des services en ligne, le risque d'inclusion de clauses générale de traitement dans les contrats et a déclaré que la finalité de la collecte devait être indiquée d'une manière claire et spécifique : elle doit être suffisamment détaillée pour déterminer quel type de traitement est ou n'est pas inclus dans la finalité spécifiée, mais aussi pour permettre l'évaluation du respect de la loi et l'application de garanties de protection des données *[Lignes directrices 2/2019 sur le traitement des données à caractère personnel au titre de l'art. 6, § 1, pt b), du RGPD dans le cadre de la fourniture de services en ligne aux personnes concernées]*.

42 Dans le contexte de l'exigence supplémentaire de consentement explicite en application de l'article 94, paragraphe 2, de la DSP2, cela signifie que les responsables du traitement doivent fournir aux personnes concernées des informations précises et explicites concernant les finalités particulières définies par le responsable du traitement et pour lesquelles leurs données à caractère personnel sont consultées, traitées et conservées. Conformément à l'article 94, paragraphe 2, de la DSP2, les personnes concernées doivent accepter explicitement ces finalités particulières.

43 En outre, comme indiqué ci-dessus au point 10, l'EDPB souligne que l'utilisateur de services de paiement doit pouvoir choisir de recourir ou non au service et ne peut y être contraint. Le consentement au sens de l'article 94, paragraphe 2, de la DSP2, doit donc lui aussi être un consentement libre.

3.3 *Conclusion*

44 Le consentement explicite au sens de la DSP2 est différent du consentement (explicite) au sens du RGPD. Le consentement explicite au sens de l'article 94, paragraphe 2, de la DSP2 est une exigence supplémentaire de nature contractuelle. Lorsqu'un prestataire de services de paiement doit accéder à des données à caractère personnel pour fournir un service de paiement, le consentement explicite au sens de l'article 94, paragraphe 2, de la DSP2 de l'utilisateur de services de paiement est requis.

4 TRAITEMENT DES DONNÉES DES PARTIES SILENCIEUSES

4.1 *Données des parties silencieuses*

45 Un aspect de la protection des données qui mérite une attention particulière est le traitement de ce que l'on appelle les "données des parties silencieuses". Dans le contexte du présent document, les données des parties silencieuses sont des données à caractère personnel relatives à une personne concernée qui n'est pas l'utilisateur d'un service de paiement donné, mais dont les données à caractère personnel sont traitées par le prestataire du service aux fins de l'exécution d'un contrat entre lui-même et l'utilisateur de services de paiement. Tel est, par exemple, le cas lorsqu'un utilisateur de services de paiement, la personne concernée A, a recours aux services d'un PSIC, et la personne concernée B a effectué une série d'opérations de paiement sur le compte de paiement de la personne concernée A. Dans ce cas, la personne concernée B est considérée comme la "partie silencieuse" et les données à caractère personnel (telles que le numéro de compte de la personne concernée B et le montant de ces opérations) relatives à la personne concernée B, sont considérées comme des "données des parties silencieuses".

4.2 *Intérêt légitime du responsable du traitement*

46 L'article 5, paragraphe 1, point b), du RGPD, exige que les données à caractère personnel soient uniquement collectées pour des finalités déterminées, explicites et légitimes, et ne soient pas être traitées ultérieurement de manière incompatible avec ces finalités. En outre, le RGPD impose que tout traitement de données à caractère personnel soit nécessaire et proportionné et conforme aux principes de protection des données, tels que ceux de la limitation de la finalité et de la minimisation des données.

47 Le RGPD peut autoriser le traitement de données des parties silencieuses lorsque ce traitement est nécessaire aux fins des intérêts légitimes poursuivis par un responsable du traitement ou par un tiers [article 6, paragraphe 1, point f), du RGPD]. Ce traitement ne peut cependant seulement avoir lieu que lorsque "les intérêts ou les libertés et droits fondamentaux de la personne concernée qui exigent une protection des données à caractère personnel" ne prévalent pas sur l'intérêt légitime du responsable du traitement.

48 Une base juridique pour le traitement des données des parties silencieuses par les PSIP et les PSIC – dans le contexte de la fourniture de services de paiement au titre de la DSP2 – pourrait donc être l'intérêt légitime d'un responsable du traitement ou d'un tiers à exécuter le contrat avec l'utilisateur de services de paiement. La nécessité de traiter les données à caractère personnel des parties silencieuses est limitée et déterminée par les attentes raisonnables de ces personnes concernées. Dans le contexte de la fourniture des services de paiement couverts par la DSP2, des mesures effectives et appropriées doivent être prises pour garantir que les intérêts ou les libertés ou droits fondamentaux des parties silencieuses prévalent, et pour veiller à ce que les attentes raisonnables de ces personnes concernées à l'égard du traitement de leurs données à caractère personnel soient respectées. A cet égard, le responsable du traitement (PSIC ou PSIP) doit mettre en place les garanties nécessaires pour le traitement afin de protéger les droits des personnes concernées. Cela inclut des mesures techniques en vue de garantir que les données des parties silencieuses ne sont pas traitées à une fin autre que celle pour laquelle les données à caractère personnel ont initialement été collectées par les PSIP et les PSIC. Si possible, le chiffrement et d'autres techniques devraient aussi être appliqués afin d'atteindre un niveau suffisant de sécurité et de minimisation des données.

4.3 *Traitement ultérieur des données à caractère personnel des parties silencieuses*

49 Comme indiqué au point 29, les données à caractère personnel traitées en relation avec un service de paiement régi par la DSP2 peuvent être traitées ultérieurement sur la base d'obligations juridiques imposées au prestataire de services. Ces obligations juridiques peuvent concerner les données à caractère personnel de la partie silencieuse.

50 Concernant le traitement ultérieur des données des parties silencieuses sur la base d'un intérêt légitime, l'EDPB est d'avis que ces données ne peuvent être utilisées à une fin autre que celle pour laquelle les données à caractère personnel ont été collectées, sur la base du droit de l'Union ou du droit d'un État membre. Le consentement de la partie silencieuse ne peut juridiquement pas être obtenu, car il faudrait pour ce faire collecter ou traiter les données à caractère personnel de la partie silencieuse, et l'article 6 du RGPD ne prévoit aucune base juridique à cet effet. Le test de compatibilité de l'article 6, paragraphe 4, du RGPD ne peut pas non plus servir de base au traitement à d'autres fins (par exemple, des activités de prospection). Les droits et libertés de ces parties silencieuses concernées ne seront pas respectés si le nouveau responsable du traitement utilise les données à caractère personnel à d'autres fins, compte tenu du contexte dans lequel les données à caractère personnel ont été collectées, en particulier l'absence de relation avec les personnes concernées qui sont des parties silencieuses *[Selon le considérant 87 de la DSP2, la directive ne devrait concerner que "les obligations contractuelles et les responsabilités respectives de l'utilisateur de services de paiement et du prestataire de services de paiement". Les données des parties silencieuses ne relèvent donc pas de la DSP2]* ; l'absence de relation entre toute autre fin et la fin pour laquelle les données à caractère personnel ont initialement été collectées (c'est-à-dire le fait que les prestataires de services de paiement ont uniquement besoin des données des parties silencieuses afin d'exécuter un contrat avec l'autre partie contractante) ; la nature des données à caractère personnel en cause *[Il y a lieu d'être particulièrement attentif lors du traitement des données à caractère personnel financières, car le traitement est réputé accroître le risque pour les droits et libertés des personnes, selon les lignes directrices concernant l'analyse d'impact relative à la protection des données (AIPD)]* ; le fait que les personnes concernées ne sont pas en position de raisonnablement s'attendre à un traitement ultérieur voire de savoir quel responsable du traitement est susceptible de traiter leurs données à caractère personnel et étant donné les limitations juridiques du traitement prévues à l'article 66, paragraphe 3, point g), et à l'article 67, paragraphe 2, point f), de la DSP2.

5 TRAITEMENT DE CATÉGORIES PARTICULIÈRES DE DONNÉES À CARACTÈRE PERSONNEL AU TITRE DE LA DSP2

5.1 *Catégories particulières de données à caractère personnel*

51 L'article 9, paragraphe 1, du RGPD interdit le traitement de "données à caractère personnel qui révèlent l'origine raciale ou ethnique, les opinions politiques, les convictions religieuses ou philosophiques ou l'appartenance syndicale ainsi que le traitement des données génétiques, des données biométriques aux fins d'identifier une personne physique de manière unique, des données concernant la santé ou des données concernant la vie sexuelle ou l'orientation sexuelle d'une personne physique".

52 Il est à souligner que dans certains États membres, les paiements électroniques sont déjà omniprésents et sont préférés aux paiements en espèces par de nombreuses personnes dans leurs opérations quotidiennes. Dans le même temps, les opérations financières peuvent révéler des informations sensibles au sujet d'une personne concernée, notamment celles liées à des catégories particulières de données à caractère personnel. Par exemple, selon les détails de l'opération, les opinions politiques et les croyances religieuses peuvent être révélées par des dons faits à des partis politiques ou à des organisations, à des églises ou à des paroisses. L'appartenance à un syndicat peut être révélée par le prélèvement d'une cotisation annuelle sur le compte bancaire d'une personne. Des données à caractère personnel concernant la santé peuvent être obtenues en analysant les factures médicales payées par une personne concernée à un professionnel de la santé (par exemple, un psychiatre). Enfin, des informations sur certains achats peuvent révéler des informations sur la vie sexuelle ou l'orientation sexuelle d'une personne. Comme le montrent ces exemples, même des opérations uniques peuvent contenir des catégories particulières de données à caractère personnel. En outre, les services d'information sur les comptes peuvent recourir au profilage tel que défini à l'article 4, paragraphe 4, du RGPD. Comme indiqué dans les lignes directrices du groupe de travail "Article 29" relatives à la prise de décision individuelle automatisée et au profilage aux fins du règlement (UE) 2016/679, approuvées par l'EDPB, "le profilage peut engendrer des données d'une catégorie particulière par inférence à partir de données qui n'appartiennent pas à une catégorie particulière en soi, mais qui le deviennent lorsqu'elles sont combinées avec d'autres données" *[Lignes directrices du groupe de travail "Article 29" relatives à la prise de décision individuelle automatisée et au profilage aux fins du règlement (UE) 2016/679, WP251rev.01, p. 15]*. Cela signifie qu'en faisant la somme des opérations financières, différents types d'habitudes de comportement peuvent être révélés, qui peuvent inclure des catégories particulières de données à caractère personnel. Les chances qu'un prestataire de services qui traite des informations sur les opérations financières d'une personne concernée traite aussi des catégories particulières de données à caractère personnel sont donc considérables.

53 En ce qui concerne le terme "données de paiement sensibles", l'EDPB note ceci : la définition des données de paiement sensibles dans la DSP2 diffère considérablement de la manière dont le terme "données à caractère personnel sensibles" est communément utilisé dans le contexte du RGPD et (du droit) de la protection des données. Là où la DSP2 définit les "données de paiement sensibles" comme "des données, y compris les données de sécurité personnalisées, qui sont susceptibles d'être utilisées pour commettre une fraude", le RGPD insiste sur la nécessité d'une protection spécifique des données à caractère personnel qui, en vertu de l'article 9 du RGPD, sont, par nature, particulièrement sensibles du point de vue des libertés et des droits fondamentaux, telles que les catégories particulières de données à caractère personnel *[Par exemple, au considérant 10 du RGPD, les catégories particulières de données à caractère personnel sont qualifiées de "données sensibles"]*. A cet égard, il est recommandé d'au moins recenser et catégoriser précisément le type de données à caractère personnel qui sera traité. Il est très probable qu'une analyse d'impact relative à la protection des données (AIPD) sera requise conformément à l'article 35 du RGPD, ce qui facilitera l'exercice de recensement. Des orientations complémentaires concernant les DPIA figurent dans les lignes directrices du groupe de travail "Article 29" concernant l'analyse d'impact relative à la protection des données (AIPD) et la manière de déterminer si le traitement est "susceptible d'engendrer un risque élevé" aux fins du règlement (UE) 2016/679, telles qu'approuvées par l'EDPB.

5.2 *Possibilités de dérogations*

54 L'interdiction prévue à l'article 9 du RGPD n'est pas absolue. En particulier, alors que les dérogations des points b) à f) et h) à j) de l'article 9, paragraphe 2, du RGPD ne sont manifestement pas applicables au traitement des données à caractère personnel dans le contexte de la DSP2, les deux dérogations suivantes de l'article 9, paragraphe 2, du RGPD pourraient quant à elles être envisagées.

a) L'interdiction ne s'applique pas si la personne concernée a donné son consentement explicite au traitement de ces données à caractère personnel pour une ou plusieurs finalités spécifiques [article 9, paragraphe 2, point a), du RGPD].

b) L'interdiction ne s'applique pas si le traitement est nécessaire pour des motifs d'intérêt public important, sur la base du droit de l'Union ou du droit d'un État membre qui doit être proportionné à l'objectif poursuivi, respecter l'essence du droit à la protection des données et prévoir des mesures appropriées et spécifiques pour la sauvegarde des droits fondamentaux et des intérêts de la personne concernée [article 9, paragraphe 2, point g), du RGPD].

55 Il est à noter que la liste des dérogations de l'article 9, paragraphe 2, du RGPD est exhaustive. La possibilité que des catégories particulières de données à caractère personnel figurent parmi les données à caractère personnel traitées aux fins de la fourniture d'un des services relevant de la DSP2 doit être reconnue par le prestataire de services. Comme l'interdiction prévue à l'article 9, paragraphe 1, du RGPD est applicable à ces prestataires de services, ils doivent garantir qu'une des exceptions prévues à l'article 9, paragraphe 2, de la DSP2 leur est applicable. Il y a lieu de souligner que lorsque le prestataire de services n'est pas en mesure de montrer qu'une des dérogations est satisfaite, l'interdiction prévue à l'article 9, paragraphe 1, s'applique.

5.3 *Intérêt public important*

56 Les services de paiement peuvent nécessiter le traitement de catégories particulières de données à caractère personnel pour des motifs d'intérêt public important, mais uniquement lorsque toutes les conditions prévues à l'article 9, paragraphe 2, point g), du RGPD sont remplies. Cela signifie que le traitement des catégories particulières de données à caractère personnel doit faire l'objet d'une dérogation spécifique à l'article 9, paragraphe 1, du RGPD dans le droit de l'Union ou des États membres. Cette disposition devra aborder la proportionnalité au regard de l'objectif poursuivi par le traitement et contenir des mesures appropriées et spécifiques pour la sauvegarde des droits fondamentaux et des intérêts de la personne concernée. En outre, cette disposition en vertu du droit de l'Union ou des États membres devra respecter l'essence du droit à la protection des données. Enfin, il y a aussi lieu de démontrer que le traitement des catégories particulières de données est nécessaire pour le motif d'intérêt public important, y compris des intérêts d'importance systémique. Ce n'est que lorsque toutes ces conditions sont remplies que cette dérogation peut être rendue applicable à certains types de services de paiement.

5.4 *Consentement explicite*

57 Dans les cas où la dérogation prévue à l'article 9, paragraphe 2, point g), du RGPD ne s'applique pas, l'obtention du consentement explicite conformément aux conditions de validité du consentement du RGPD semble être la seule dérogation licite possible en vue du traitement des catégories particulières de données à caractère personnel par des PT. Selon les lignes directrices 5/2020 de l'EDPB sur le consentement au sens du règlement (UE) 2016/679 *[Lignes directrices 5/2020 sur le consentement au sens du règlement (UE) 2016/679, CEPD, pt 99]*, "[l]'article 9, paragraphe 2, ne reconnaît pas le caractère "nécessaire à l'exécution d'un contrat" comme une exception à l'interdiction générale de traiter des catégories particulières de données. Les responsables du traitement et les États membres se trouvant dans cette situation devraient se pencher sur les exceptions spécifiques des points b) à j) de l'article 9, paragraphe 2. Lorsque les prestataires de services se fondent sur l'article 9, paragraphe 2, point a), du RGPD, ils doivent veiller à obtenir le consentement explicite avant d'entamer le traitement". Le consentement explicite tel que défini à l'article 9, paragraphe 2, point a), du RGPD doit satisfaire à toutes les exigences du RGPD.

5.5 *Absence de dérogation valable*

58 Tel qu'indiqué ci-dessus, lorsque le prestataire de services n'est pas en mesure de montrer qu'une des dérogations est satisfaite, l'interdiction prévue à l'article 9, paragraphe 1, s'applique. Dans ce cas, des mesures techniques peuvent être mises en place pour prévenir le traitement de catégories particulières de données à caractère personnel, par exemple en empêchant le traitement de certains points de données. A cet égard, les prestataires de services de paiement peuvent explorer les possibilités techniques d'exclure des catégories particulières de données à caractère personnel et d'autoriser un accès sélectif qui empêcherait le traitement des catégories particulières de données à caractère personnel relatives aux parties silencieuses par des PT.

6 MINIMISATION DES DONNÉES, SÉCURITÉ, TRANSPARENCE, RESPONSABILITÉ ET PROFILAGE

6.1 *Minimisation des données et protection des données dès la conception et par défaut*

59 Le principe de minimisation des données est inscrit à l'article 5, paragraphe 1, point c), du RGPD : "[l]es données à caractère personnel doivent être [...] adéquates, pertinentes et limitées à ce qui est nécessaire au regard des finalités pour lesquelles elles sont traitées". En substance, en vertu du principe de minimisation des données, les responsables du traitement ne devraient pas traiter plus de données à caractère personnel qu'il n'en faut pour parvenir à la finalité spécifique en question. Comme indiqué au chapitre 2, la quantité et le type de données à caractère personnel nécessaires pour fournir le service de paiement sont déterminés par la finalité contractuelle objective et mutuellement comprise *[Lignes directrices 2/2019 sur le traitement des données à caractère personnel au titre de l'art. 6, § 1, pt b), du RGPD dans le cadre de la fourniture de services en ligne aux personnes concernées, CEPD, pt 32]*. La minimisation des données est applicable à chaque traitement (par exemple, chaque collecte ou demande de données à caractère personnel et chaque accès à celles-ci). Selon les lignes directrices 4/2019 de l'EDPB relatives à l'article 25 du RGPD – Protection des données dès la conception et protection des données par défaut, "les soustraitants et les fournisseurs de technologies sont aussi reconnus comme des catalyseurs essentiels pour la protection des données dès la conception et par défaut ; ils devraient aussi savoir que les responsables du traitement sont tenus de traiter les données à caractère personnel uniquement avec des systèmes et des technologies dotés d'une protection des données intégrée" *[Lignes directrices 4/2019 de l'EDPB relatives à l'article 25 du RGPD - Protection des données dès la conception et protection des données par défaut, p. 29]*.

60 L'article 25 du RGPD prévoit les obligations d'appliquer la protection des données dès la conception et par défaut. Ces obligations revêtent une importance particulière pour le principe de minimisation des données. Cet article dispose que les responsables du traitement mettent en œuvre, tant au moment de la détermination des moyens du traitement qu'au moment du traitement lui-même, des mesures techniques et organisationnelles appropriées qui sont destinées à mettre en œuvre les principes relatifs à la protection des données de façon effective et à assortir le traitement des garanties nécessaires afin de répondre aux exigences du RGPD et de protéger les droits de la personne concernée. Le responsable du traitement met en œuvre les mesures techniques et organisationnelles appropriées pour garantir que, par défaut, seules les données à caractère personnel qui sont nécessaires au regard de chaque finalité spécifique du traitement sont traitées. Cela s'applique à la quantité de données à caractère personnel collectées, à l'étendue de leur traitement, à leur durée de conservation et à leur accessibilité. Ces mesures peuvent inclure le chiffrement, la pseudonymisation et d'autres mesures techniques.

61 Lorsque l'obligation prévue à l'article 25 du RGPD est appliquée, l'état des connaissances, les coûts de mise en œuvre et la nature, la portée, le contexte et les finalités du traitement ainsi que les risques, dont le degré de probabilité et de gravité varie, que présente le traitement pour les droits et libertés des personnes physiques sont les éléments qui doivent être pris en compte. Des précisions concernant cette obligation figurent dans les lignes directrices 4/2019 de l'EDPB relatives à l'article 25 du RGPD – Protection des données dès la conception et protection des données par défaut mentionnées ci-dessus.

6.2 *Mesures de minimisation des données*

62 Les prestataires tiers qui accèdent à des données de comptes de paiement pour fournir les services requis doivent aussi tenir compte du principe de minimisation et doivent uniquement collecter les données à caractère personnel nécessaires pour fournir les services de paiement requis par l'utilisateur de services de paiement. En principe, l'accès aux données à caractère personnel devrait être limité à ce qui est nécessaire aux fins de la fourniture des services de paiement. Comme on l'a montré au chapitre 2, la DSP2 impose aux PSPGC de partager les informations de l'utilisateur de services de paiement à la demande de ce dernier, lorsque ledit utilisateur de services de paiement souhaite recourir à un service d'initiation de paiement ou à un service d'information sur les comptes.

63 Lorsque l'exécution d'un contrat ne nécessite pas l'intégralité des données sur le compte de paiement, le PSIC devrait sélectionner les catégories de données pertinentes avant que les données ne soient collectées. Par exemple, les catégories de données qui peuvent ne pas être nécessaires peuvent inclure l'identité de la partie silencieuse et les caractéristiques de l'opération. En outre, à moins que le droit de l'État membre ou de l'Union ne l'exige, il peut ne pas être nécessaire d'afficher l'IBAN du compte bancaire de la partie silencieuse.

64 A cet égard, l'application potentielle de mesures techniques visant à permettre aux PT de s'acquitter de leur obligation d'accéder et d'extraire uniquement les données à caractère personnel nécessaires aux fins de la fourniture de leurs services ou à les aider dans cette tâche pourrait être envisagée dans le contexte de la mise en œuvre de politiques de protection des données adéquates, conformément à l'article 24, paragraphe 2, du RGPD. A cet égard, l'EDPB recommande de recourir à des outils numériques pour aider les PSIC à s'acquitter de leur obligation de collecter uniquement les données à caractère personnel qui sont nécessaires aux fins pour lesquelles elles sont traitées. Par exemple, lorsqu'un prestataire de services n'a pas besoin des caractéristiques de l'opération (dans le champ descriptif des relevés des opérations) aux fins de la fourniture de son service, un outil de sélection numérique pourrait constituer un moyen pour les PT d'exclure ce champ de leurs opérations de traitement globales.

Exemple 2 :

HappyPayments, notre prestataire de services d'information sur les comptes de l'exemple 1, veut s'assurer de traiter uniquement les données à caractère personnel des comptes de paiement qui intéressent ses utilisateurs. L'accès à d'autres données sur les comptes de paiement ne serait pas nécessaire aux fins de la fourniture du service. Il permet donc aux utilisateurs de sélectionner les types d'informations qui les intéressent.

L'utilisateur A veut un aperçu de ses dépenses au cours des deux derniers mois. Il demande donc, pour ses deux comptes bancaires, auprès de deux PSPGC différents, les informations concernant toutes les opérations effectuées au cours des deux derniers mois, le montant des opérations, la date d'exécution et le nom du bénéficiaire, et il coche les cases correspondantes dans l'interface utilisateur de HappyPayments.

HappyPayments commence alors à demander aux différents PSPGC uniquement les informations correspondant aux champs définis par l'utilisateur A et uniquement pour les deux derniers mois. Des informations telles que la "communication" du virement ou même l'IBAN ne sont pas requises, car l'utilisateur A n'a pas demandé ces informations.

Pour permettre à HappyPayments de se conformer à ses obligations de minimisation des données, les PSPGC autorisent HappyPayments à requérir des champs bien précis pour une plage de dates.

65 Il est aussi à noter, à cet égard, qu'en vertu de la DSP2, les PSPGC sont uniquement autorisés à donner accès aux informations sur les comptes de paiement. Il n'existe pas de base juridique au titre de la DSP2 permettant de donner accès aux données à caractère personnel contenues dans d'autres comptes, tels que les comptes d'épargne, hypothécaires ou d'investissement. En conséquence, en vertu de la DSP2, des mesures techniques doivent être prises afin de garantir que l'accès est limité aux informations sur les comptes de paiement nécessaires.

66 En plus de collecter aussi peu de données que possible, le prestataire de services doit aussi mettre en œuvre des périodes de conservation limitées. Le prestataire de

services ne devrait pas conserver les données à caractère personnel plus longtemps que nécessaire aux fins requises par l'utilisateur de services de paiement.

67 Si le contrat entre la personne concernée et le PSIC exige la transmission de données à caractère personnel à des tiers, alors seules les données à caractère personnel qui sont nécessaires aux fins de l'exécution du contrat peuvent être transmises. Les personnes concernées devraient aussi être expressément informées au sujet de la transmission et des données à caractère personnel qui vont être transmises à ce tiers.

6.3 *Sécurité*

68 L'EDPB a déjà souligné que la violation des données à caractère personnel financières "aurait clairement des incidences graves dans la vie quotidienne de la personne concernée" et cite comme exemple les risques de paiements frauduleux *[Lignes directrices du groupe de travail "Article 29" concernant l'analyse d'impact relative à la protection des données (AIPD) et la manière de déterminer si le traitement est "susceptible d'engendrer un risque élevé" aux fins du règlement (UE) 2016/679, WP248 rev.01 - approuvées par l'EDPB]*.

69 Lorsqu'une violation de données concerne des données financières, la personne concernée peut être exposée à des risques considérables. Selon les informations qui ont été divulguées, les personnes concernées peuvent être exposées à un risque d'usurpation d'identité ou de vol des fonds présents sur leurs comptes et d'autres actifs. En outre, la possibilité existe que la divulgation de données sur les opérations s'accompagne de risques considérables pour la protection de la vie privée, car les données sur les opérations peuvent contenir des références à tous les aspects de la vie privée d'une personne concernée. Dans le même temps, les données financières présentent un intérêt évident pour les criminels et sont donc une cible de choix.

70 En qualité de responsables du traitement, les prestataires de services de paiement sont tenus de prendre les mesures adéquates pour protéger les données à caractère personnel des personnes concernées (article 24, paragraphe 1, du RGPD). Plus les risques liés à l'activité de traitement exécutée par le responsable du traitement sont grands, plus les normes de sécurité qui doivent être appliquées sont élevées. Comme le traitement des données financières est lié à plusieurs risques graves, les mesures de sécurité devraient être proportionnellement élevées.

71 Les prestataires de services devraient être tenus d'appliquer des normes élevées, y compris des mécanismes d'authentification forte du client et des normes de sécurité élevées pour l'équipement technique *[V. NTR]*. D'autres procédures, telles que la vérification des normes de sécurités des sous-traitants et la mise en œuvre de procédures contre l'accès non autorisé, sont aussi importantes.

6.4 *Transparence et responsabilité*

72 La transparence et la responsabilité sont deux principes fondamentaux du RGPD.

73 En ce qui concerne la transparence [article 5, paragraphe 1, point a), du RGPD], l'article 12 du RGPD précise que les responsables du traitement prennent des mesures appropriées pour fournir toute information visée aux articles 13 et 14 du règlement. Cela nécessite en outre que l'information ou la communication concernant le traitement des données à caractère personnel soit concise, transparente, compréhensible et aisément accessible. Les informations doivent être formulées en des termes clairs et simples et par écrit "ou par d'autres moyens y compris, lorsque c'est approprié, par voie électronique". Les lignes directrices du groupe de travail "Article 29" sur la transparence au sens du règlement (UE) 2016/679, telles qu'approuvées par l'EDPB, donnent des orientations spécifiques en vue de se conformer au principe de transparence dans les environnements numériques.

74 Conformément aux lignes directrices susmentionnées sur la transparence au sens du règlement (UE) 2016/679, l'article 11 du RGPD devrait être interprété comme un moyen de faire appliquer une véritable minimisation des données sans entraver l'exercice des droits des personnes concernées, et qu'un tel exercice doit être rendu possible grâce aux informations complémentaires fournies par les personnes concernées. Des situations peuvent se présenter où un responsable du traitement traite des données à caractère personnel qui ne requièrent pas d'identifier une personne concernée (par exemple, des données pseudonymisées). Dans de tels cas, l'article 11, paragraphe 1, peut également être pertinent puisqu'il dispose qu'un responsable du traitement n'est pas tenu de conserver, d'obtenir ou de traiter des informations supplémentaires pour identifier la personne concernée à la seule fin de respecter le RGPD.

75 Pour les services au titre de la DSP2, l'article 13 du RGPD est applicable aux données à caractère personnel collectées auprès de la personne concernée et l'article 14 est applicable lorsque les données à caractère personnel n'ont pas été obtenues de la personne concernée.

76 En particulier, la personne concernée doit être informée de la durée pendant laquelle les données à caractère personnel seront conservées ou, si ce n'est pas possible, des critères utilisés pour déterminer cette durée et, le cas échéant, des intérêts légitimes poursuivis par le responsable du traitement ou par un éventuel tiers. Lorsque le traitement est fondé sur le consentement visé à l'article 6, paragraphe 1, point a), du RGPD ou sur le consentement explicite visé à l'article 9, paragraphe 2, point a), du RGPD, la personne concernée doit être informée de son droit de retirer son consentement à tout moment.

77 Le responsable du traitement fournit les informations à la personne concernée, compte tenu des circonstances particulières dans lesquelles les données à caractère personnel sont traitées. Si les données à caractère personnel doivent être utilisées aux fins de la communication avec la personne concernée *[art. 14, § 3, pt b), du RGPD]* ce qui sera probablement le cas pour les PSIC, les informations doivent être fournies au plus tard au moment de la première communication à ladite personne. Si des données à caractère personnel doivent être divulguées à un autre destinataire, les informations doivent être fournies au plus tard lorsque les données sont divulguées pour la première fois.

78 En ce qui concerne les services de paiement en ligne, les lignes directrices susmentionnées précisent que les responsables du traitement peuvent adopter une approche à plusieurs niveaux, par laquelle ils choisissent d'utiliser plusieurs méthodes pour garantir la transparence. Il est en particulier recommandé que les avis/déclarations sur la protection de la vie privée à différents niveaux soient utilisés pour relier les différentes catégories d'informations à fournir à la personne concernée, au lieu d'afficher toutes ces informations sur une seule et même page, afin d'éviter de noyer d'informations la personne concernée tout en garantissant l'efficacité de l'information.

79 Les lignes directrices susmentionnées précisent aussi que les responsables du traitement peuvent choisir d'utiliser des outils de transparence supplémentaires pour fournir des informations à la personne concernée, tels que des tableaux de bord sur la protection de la vie privée. Un tableau de bord sur la protection de la vie privée est un lieu unique depuis lequel les personnes concernées peuvent visualiser les informations relatives à la confidentialité et gérer leurs préférences en permettant ou en empêchant que leurs données soient utilisées de certaines façons par le responsable du traitement en question *[Selon les lignes directrices du groupe de travail "Article 29" sur la transparence au sens du règlement (UE) 2016/679 - approuvées par le CEPD, les tableaux de bord sur la protection de la vie privée sont particulièrement utiles lorsqu'un même service est utilisé par les personnes concernées sur une pluralité d'appareils différents, car cela leur donne accès à leurs données à caractère personnel et leur permet de les gérer sans égard à la façon dont elles utilisent le service. Permettre aux personnes concernées de régler manuellement leurs paramètres de confidentialité au moyen d'un tableau de bord sur la protection de la vie privée peut également faciliter la personnalisation d'un avis ou d'une déclaration sur la protection de la vie privée, en reflétant uniquement les types de traitement ayant lieu précisément pour cette personne concernée]*. Un tel tableau de bord peut donner une vue d'ensemble des PT qui ont obtenu le consentement explicite des personnes concernées et peut aussi fournir des informations utiles sur la nature et la quantité des données à caractère personnel auxquelles les PT ont eu accès. En principe, un PSPGC peut donner à l'utilisateur la possibilité de retirer son consentement explicite au titre de la DSP2 *[V., par ex., le "consentement explicite" mentionné à l'art. 67, § 2, pt a), de la DSP2]* par l'intermédiaire de la vue d'ensemble, ce qui se traduirait par un refus d'accéder à leurs comptes de paiement pour un ou plusieurs PT. L'utilisateur peut aussi demander à un PSPGC de refuser l'accès à leur(s) compte(s) de paiement à un ou plusieurs PT donnés *[V. également EBA/OP/2020/10, pt 45]*, car l'utilisateur est en droit de (ne pas) recourir à un service d'information sur les comptes. Si des tableaux de bord sur la protection de la vie privée sont utilisés pour donner ou retirer un consentement explicite, ils devraient être conçus et appliqués dans le respect de la loi et, en particulier, empêcher la création d'entraves au droit des PT de fournir des services conformément à la DSP2. A cet égard et conformément aux dispositions applicables au titre de la DSP2, un PT a la possibilité d'obtenir à nouveau le consentement explicite de l'utilisateur après que ce consentement a été retiré.

80 Le principe de responsabilité impose au responsable du traitement de définir des mesures techniques et organisationnelles appropriées pour garantir et être en mesure de démontrer que le traitement est effectué conformément au RGPD, en particulier aux grands principes de protection des données prévus à l'article 5, paragraphe 1. Ces mesures devraient tenir compte de la nature, de la portée, du contexte et des finalités du traitement ainsi que du risque que celui-ci présente pour les droits et libertés des personnes physiques, et doivent être révisées et mises à jour si nécessaire *[art. 5, § 2, et art. 24 du RGPD]*.

6.5 *Profilage*

81 Le traitement des données à caractère personnel par des prestataires de services de paiement peut s'accompagner d'un "profilage" tel que visé à l'article 4, point 4), du RGPD. Par exemple, les PSIC peuvent s'en remettre au traitement automatique des données à caractère personnel pour évaluer certains aspects personnels relatifs à une personne physique. La situation financière personnelle d'une personne concernée peut être évaluée, en fonction des spécificités du service. Les services d'information sur les comptes, à fournir sur demande des utilisateurs, peuvent nécessiter une évaluation approfondie des données sur les comptes de paiement personnels.

82 Le responsable du traitement doit aussi être transparent vis-à-vis de la personne concernée au sujet de l'existence d'une prise de décision automatisée, y compris un profilage. Dans ces cas, le responsable du traitement doit fournir des informations utiles concernant la logique sous-jacente, ainsi que l'importance des conséquences prévues de ce traitement pour la personne concernée [article 13, paragraphe 2, point f), et article 14, paragraphe 2, point g), et considérant 60] *[Lignes directrices sur la transparence au sens du règlement (UE) 2016/679, WP260rev.01 - approuvées par l'EDPB]*. De même, en vertu de l'article 15 du RGPD, la personne concernée a le droit de demander et d'obtenir du responsable du traitement des informations sur l'existence d'une prise de décision automatisée, y compris un profilage, sur la logique sous-jacente, ainsi que sur les conséquences pour la personne concernée et, dans certaines circonstances, sur le droit de s'opposer au profilage, indépendamment du fait qu'il s'agisse ou non d'une prise de décision individuelle exclusivement automatisée fondée sur le profilage *[Lignes directrices du groupe de travail "Article 29" relatives à la prise de décision individuelle automatisée et au profilage aux fins du règlement (UE) 2016/679, WP251rev.01]*.

83 En outre, un autre élément également pertinent dans ce contexte est le droit de la personne concernée de ne pas faire l'objet d'une décision fondée exclusivement sur un traitement automatisé, y compris le profilage, produisant des effets juridiques la concernant ou l'affectant de manière significative de façon similaire, prévu à l'article 22 du RGPD. Cette norme inclut aussi, dans certaines circonstances, la nécessité pour les responsables du traitement, de mettre en place des mesures appropriées pour sauvegarder les droits de la personne concernée tels qu'une information spécifique de la personne concernée, le droit d'obtenir une intervention humaine dans le contexte de la prise de décision et d'exprimer son point de vue et de contester la décision. Comme également indiqué au considérant 71 du RGPD, cela signifie, entre autres, que les personnes concernées ont le droit de ne pas faire l'objet d'une décision, comme le

rejet automatique d'une demande de crédit en ligne sans aucune intervention humaine *[Considérant 71 du RGPD]*.

84 **La prise de décision automatisée qui implique des catégories particulières de données à caractère personnel n'est autorisée que dans les conditions cumulatives prévues à l'article 22, paragraphe 4, du RGPD :**
– il existe une exception applicable en vertu de l'article 22, paragraphe 2 ;
– et le point a) ou g) de l'article 9, paragraphe 2, du RGPD s'applique. Dans les deux cas, le responsable du traitement doit mettre en place des mesures appropriées pour sauvegarder les droits et libertés de la personne concernée ainsi que ses intérêts légitimes *[Lignes directrices du groupe de travail "Article 29" relatives à la prise de décision individuelle automatisée et au profilage aux fins du règlement (UE) 2016/679, WP251rev.01, p. 24]*.

85 **Les exigences applicables au traitement ultérieur, telles qu'indiquées dans les présentes lignes directrices, devraient aussi être respectées. Les précisions et les instructions sur la prise de décision individuelle automatisée et le profilage fournies par les lignes directrices du groupe de travail "Article 29" relatives à la prise de décision individuelle automatisée et au profilage aux fins du règlement (UE) 2016/679, telles qu'approuvées par l'EDPB, sont tout à fait pertinentes dans le contexte des services de paiement et devraient donc être dûment prises en considération.**

III RÈGLES INTERNATIONALES

Convention de sauvegarde des droits de l'homme et des libertés fondamentales du 4 novembre 1950

BIBL. ▸ Cadre de cybersécurité, Union postale universelle. – Guides ICANN/IETF sur les noms de domaine, https://kindns.org/dns-security-resources/.

COMMENTAIRE

A l'instar d'autres instruments internationaux de protection des droits de l'homme, la Convention européenne des droits de l'homme consacre des droits qui sont transposables à la sphère des activités numériques, qu'il s'agisse de la protection de la vie privée (art. 8) ou de la liberté d'expression (art. 10).

Concernant ce deuxième aspect, une jurisprudence substantielle condamne les mesures de restriction d'accès à Internet, lesquelles sont considérées comme compromettant la liberté de recevoir et de communiquer des informations (CEDH 18 déc. 2012, *Ahmet Yildirim c/ Turquie*, n° 3111/10 ; 11 mars 2014, *Akdeniz c/ Turquie*, n° 20877/1 ; 23 juin 2020, *Vladimir Kharitonov c/ Russie*, n° 10795/14 ; 23 juin 2020, *Flavus et a. c/ Russie*, n°s 12468/15, 23489/15 et 19074/16 ; 23 juin 2020, *Bulgakov c/ Russie*, n° 20159/15 ; 23 juin 2020, *Engels c/ Russie*, n° 61919/16).

De tels droits n'ont, *a priori*, pas vocation à être directement invoqués par les particuliers devant la CEDH, *a fortiori* dans le contexte d'une cyberattaque. Ils intègrent toutefois le patrimoine juridique des individus dans le cadre du Conseil de l'Europe et permettent de souligner le préjudice pouvant être suscité à leur égard, à la suite de la compromission ou de la destruction d'une infrastructure informatique.

Sur la protection des diplomate, voir le commentaire introductif à la Convention de Vienne du 18 avril 1961 sur les relations diplomatiques, Livre troisième, III. Règles internationales. ❑

Art. 8 ***Droit au respect de la vie privée et familiale.*** **1. Toute personne a droit au respect de sa vie privée et familiale, de son domicile et de sa correspondance.**

2. Il ne peut y avoir ingérence d'une autorité publique dans l'exercice de ce droit que pour autant que cette ingérence est prévue par la loi et qu'elle constitue une mesure qui, dans une société démocratique, est nécessaire à la sécurité nationale, à la sûreté publique, au bien-être économique du pays, à la défense de l'ordre et à la prévention

des infractions pénales, à la protection de la santé ou de la morale, ou à la protection des droits et libertés d'autrui.

Art. 10 *Liberté d'expression.* 1. Toute personne a droit à la liberté d'expression. Ce droit comprend la liberté d'opinion et la liberté de recevoir ou de communiquer des informations ou des idées sans qu'il puisse y avoir ingérence d'autorités publiques et sans considération de frontière. Le présent article n'empêche pas les États de soumettre les entreprises de radiodiffusion, de cinéma ou de télévision à un régime d'autorisations.

2. L'exercice de ces libertés comportant des devoirs et des responsabilités peut être soumis à certaines formalités, conditions, restrictions ou sanctions prévues par la loi, qui constituent des mesures nécessaires, dans une société démocratique, à la sécurité nationale, à l'intégrité territoriale ou à la sûreté publique, à la défense de l'ordre et à la prévention du crime, à la protection de la santé ou de la morale, à la protection de la réputation ou des droits d'autrui, pour empêcher la divulgation d'informations confidentielles ou pour garantir l'autorité et l'impartialité du pouvoir judiciaire.

Pacte international du 16 décembre 1966,

Relatif aux droits civils et politiques.

COMMENTAIRE

La facette numérique des droits consacrés par le Pacte international relatif aux droits civils et politiques explique la pertinence de cet instrument en matière cyber. En effet, les articles 17 et 19 du Pacte sont reconnus dans la pratique internationale comme s'appliquant à Internet (V. l'Obs. générale n° 34 du Comité des droits de l'homme, 12 sept. 2011, CCPR/C/GC/34 ; Technologies d'intelligence artificielle et incidences dans le cyberespace. Rapport du rapporteur spécial sur la promotion et la protection du droit à la liberté d'opinion et d'expression, 29 août 2018, A/73/348).

Il en résulte qu'une restriction d'accès à Internet ou une atteinte massive à des données personnelles, orchestrées par un État ou résultant de ses actions, est en contrariété avec le droit international des droits de l'homme. Aussi, un État qui déclencherait une cyberattaque ayant pour finalité ou comme effet de restreindre durablement l'accès d'une population à Internet (par exemple aux fins de déstabilisation) ou de compromettre la vie privée d'individus, serait-il accusé de violer les droits reconnus aux articles 17 et 19 du Pacte.

Néanmoins, l'invocation de ces dispositions est généralement limitée aux organes juridictionnels de protection des droits de l'homme et aux organes de traités instaurés par exemple dans le cadre de l'Organisation des Nations unies. ❑

Art. 17 1. Nul ne sera l'objet d'immixtions arbitraires ou illégales dans sa vie privée, sa famille, son domicile ou sa correspondance, ni d'atteintes illégales à son honneur et à sa réputation.

2. Toute personne a droit à la protection de la loi contre de telles immixtions ou de telles atteintes.

Art. 19 1. Nul ne peut être inquiété pour ses opinions.

2. Toute personne a droit à la liberté d'expression ; ce droit comprend la liberté de rechercher, de recevoir et de répandre des informations et des idées de toute espèce, sans considération de frontières, sous une forme orale, écrite, imprimée ou artistique, ou par tout autre moyen de son choix.

3. L'exercice des libertés prévues au paragraphe 2 du présent article comporte des devoirs spéciaux et des responsabilités spéciales. Il peut en conséquence être soumis à certaines restrictions qui doivent toutefois être expressément fixées par la loi et qui sont nécessaires :

a) Au respect des droits ou de la réputation d'autrui ;

b) A la sauvegarde de la sécurité nationale, de l'ordre public, de la santé ou de la moralité publiques.

Constitution de l'UIT du 22 décembre 1992

Art. 37 *Secret des télécommunications.* **1. Les États Membres s'engagent à prendre toutes les mesures possibles, compatibles avec le système de télécommunication employé, en vue d'assurer le secret des correspondances internationales.**

2. Toutefois, ils se réservent le droit de communiquer ces correspondances aux autorités compétentes, afin d'assurer l'application de leur législation nationale ou l'exécution des conventions internationales auxquelles ils sont parties.

COMMENTAIRE

L'Union internationale des télécommunications (UIT) est une organisation internationale intergouvernementale fondée en 1865. Son mandat, consacré aux télécommunications et technologies de l'information et de la communication, l'amène notamment à élaborer des normes techniques destinées à favoriser l'interconnexion des réseaux et technologies et à en assurer l'intégrité.

L'annexe à la Constitution de l'UIT précise que constitue une télécommunication toute « transmission, émission ou réception de signes, de signaux, d'écrits, d'images, de sons ou de renseignements de toute nature, par fil, radioélectricité, optique ou autres systèmes électromagnétiques ».

Le principe établi à l'article 37 crée une obligation à la charge des États membres de prévenir toute intrusion illégitime dans des « correspondances » internationales, sans que soit précisée la nature publique ou privée de l'entité à l'origine de leur compromission. Il s'agit ici d'une obligation de moyen, limitée par l'application de normes issues des droits nationaux des États membres ou du droit international.

Bien que les travaux de l'UIT ne l'explicitent pas, le développement de ses activités dans le domaine de la cybersécurité de l'Organisation permet, par analogie, d'assimiler aux correspondances de l'article 37 toutes formes de communication mises en œuvre par le biais d'outils numériques.

Pour connaître la liste des textes et leur portée juridique, voir le commentaire introductif au Livre troisième, III. Règles internationales sur les sujets suivants :
– Conventions sur le terrorisme ;
– Droit dérivé/droit international de la cybersécurité ;
– Culture mondiale de la cybersécurité ;
– Résolution du Conseil de sécurité des Nations unies S/RES/2341 (2017) sur les infrastructures critiques ;
– Droit dérivé sectoriel : décisions et recommandations de l'UIT ;
– Droit souple hors résolution (instruments relatifs à la gouvernance et à la cybersécurité internationale).

Sur la sécurité des câbles sous-marins : voir la convention des Nations unies du 10 décembre 1982 au Livre troisième, III. Règles internationales. ❑

Résolution MSC.428(98) de l'Organisation maritime internationale du 16 juin 2017,

Gestion des cyber-risques maritimes dans le cadre des systèmes de gestion de la sécurité.

BIBL. ▶ BIMCO, The Guidelines on Cyber security onboard ships 2021. – JONES, *Maritime risk International, 30 mai 2022* (navigating maritime cyber security with effective risk management). – LASMOLES, *DMF 2019. vol. 817* (cybersécurité et navires sans équipage). – LOOTGIETER, *Gazette de la chambre arbitrale maritime de Paris. Printemps 2017, n° 43, 3- 4* (cyber-sécurité). – Dossier « Le défi de la cybersécurité maritime, aspects pratiques et juridiques », *DMF 2022. 3.*

LE COMITÉ DE LA SÉCURITÉ MARITIME,

RECONNAISSANT qu'il est urgent de sensibiliser aux menaces et aux vulnérabilités en matière de cyber-risques afin de renforcer la sécurité et la sûreté des transports maritimes pour qu'ils aient une résilience opérationnelle face aux cyber-risques,

RECONNAISSANT ÉGALEMENT que les Administrations, les sociétés de classification, les propriétaires et exploitants de navires, les agents maritimes, les fabricants

d'équipement, les prestataires de services, les ports et installations portuaires, ainsi que toutes les autres parties prenantes du secteur maritime, devraient accélérer les travaux afin de protéger les transports maritimes contre les cybermenaces et vulnérabilités actuelles et émergentes,

GARDANT À L'ESPRIT la circulaire MSC-FAL. 1/Circ.3 contenant les Directives sur la gestion des cyber-risques maritimes, que le Comité de la simplification des formalités a approuvée à sa quarante et unième session (4-7 avril 2017) et que le Comité de la sécurité maritime a approuvée à sa quatre-vingt-dix-huitième session (7-16 juin 2017) et qui fournit des recommandations de haut niveau sur la gestion des cyber-risques maritimes qui peuvent être incorporées dans des processus de gestion des risques existants et complètent les pratiques en matière de gestion de la sécurité et de la sûreté établies par l'Organisation,

RAPPELANT la résolution A. 741(18) par laquelle l'Assemblée a adopté le Code international de gestion pour la sécurité de l'exploitation des navires et la prévention de la pollution (Code international de gestion de la sécurité) (Code ISM) et a reconnu notamment que la gestion devait être convenablement structurée pour que le personnel de bord puisse assurer et maintenir un niveau élevé de sécurité et de protection de l'environnement,

NOTANT les objectifs du Code ISM, qui consistent notamment à offrir des pratiques d'exploitation et un environnement de travail sans danger, à évaluer tous les risques identifiés pour les navires, leur personnel et l'environnement, à établir des mesures de précaution appropriées et à améliorer constamment les compétences du personnel à terre et à bord des navires,

1. AFFIRME qu'un système de gestion de la sécurité approuvé devrait tenir compte de la gestion des cyber-risques conformément aux objectifs et aux prescriptions fonctionnelles du Code ISM ;

2. ENCOURAGE les Administrations à s'assurer que les cyber-risques sont convenablement incorporés dans les systèmes de gestion de la sécurité au plus tard à la date de la première vérification annuelle du document de conformité délivré à la compagnie après le 1er janvier 2021 ;

3. PREND NOTE des précautions nécessaires qu'il y aurait lieu de prendre pour préserver la confidentialité de certains aspects de la gestion des cyber-risques ;

4. PRIE les États Membres de porter la présente résolution à l'attention de toutes les parties prenantes.

Règlement ONU n° 155 du 24 juin 2020,

Énonçant des prescriptions uniformes relatives à l'homologation des véhicules en ce qui concerne la cybersécurité et le système de gestion de la cybersécurité.

Entrée en vigueur le 22 janv. 2021.

COMMENTAIRE

Ce texte n'est pas à proprement parler un règlement, au sens par exemple du droit de l'Union européenne. Il s'agit formellement d'un traité, au sens de l'article deux de la convention de Vienne sur le droit des traités de 1969, pris en application d'un accord concernant l'adoption de règlements techniques harmonisés de l'ONU applicables aux véhicules à roues et aux équipements et pièces utilisés sur les véhicules à roues et les conditions de reconnaissance réciproque des homologations délivrées conformément à ces règlements, adopté à Genève le 20 mars 1958. ❑

1. Champ d'application

1.1. Le présent règlement s'applique aux véhicules des catégories M et N en ce qui concerne la cybersécurité.

Il s'applique également aux véhicules de la catégorie O s'ils sont équipés d'au moins un module de gestion électronique.

1.2. Le présent règlement s'applique également aux véhicules des catégories L_6 et L_7, s'ils sont équipés de fonctions de conduite automatisée de niveau 3 ou plus, telles que spécifiées dans le Document de référence proposant des définitions de la conduite automatisée dans le cadre du WP. 29 et des principes généraux pour l'élaboration d'un règlement ONU sur les véhicules automatisés (ECE/TRANS/WP. 29/1140).

1.3. Le présent règlement s'entend sans préjudice des autres règlements ONU et textes législatifs régionaux ou nationaux régissant l'accès des parties autorisées au véhicule et à ses données, fonctions et ressources*[,]* et les conditions de cet accès. Il s'entend également sans préjudice de l'application de la législation nationale et régionale sur la vie privée et la protection des personnes physiques en ce qui concerne le traitement de leurs données personnelles.

1.4. Le présent règlement s'entend sans préjudice des autres règlements ONU et textes législatifs nationaux ou régionaux régissant la conception et l'installation ou l'intégration de pièces et d'éléments de rechange, physiques et numériques, en ce qui concerne la cybersécurité.

2. Définitions

Aux fins du présent règlement, on entend par :

2.1. *"Type de véhicule"*, l'ensemble des véhicules qui ne présentent pas entre eux de différences, au moins au regard des critères de base suivants :

a) La désignation du type de véhicule donnée par le constructeur ;

b) Les aspects essentiels de l'architecture électrique/électronique et des interfaces externes en ce qui concerne la cybersécurité.

2.2. *"Cybersécurité"*, la protection des véhicules routiers et de leurs fonctions contre les cyberattaques visant les composants électriques ou électroniques.

2.3. *"Système de gestion de la cybersécurité (CSMS)"*, une approche systématique fondée sur les risques et définissant, au niveau organisationnel, les processus, les responsabilités et les mesures de gouvernance dont l'objet est de traiter les risques associés aux cybermenaces visant les véhicules et de protéger ceux-ci contre les cyberattaques.

2.4. *"Système"*, un ensemble de composants et/ou de sous-systèmes qui assurent une ou plusieurs fonctions.

2.5. *"Phase de développement"*, la période précédant l'homologation de type d'un type de véhicule.

2.6. *"Phase de production"*, la durée de production d'un type de véhicule.

2.7. *"Phase de postproduction"*, la période pendant laquelle un type de véhicule n'est plus produit, jusqu'à la fin de vie de tous les véhicules de ce type. Les véhicules conformes à un type de véhicule donné restent opérationnels pendant cette phase mais ne sont plus produits. La phase prend fin lorsque plus aucun véhicule d'un type donné n'est opérationnel.

2.8. *"Mesure d'atténuation"*, une mesure qui réduit les risques.

2.9. *"Risque"*, la possibilité qu'une menace donnée exploite les vulnérabilités d'un véhicule et cause ainsi un préjudice à l'entreprise ou à une personne.

2.10. *"Appréciation des risques"*, le processus englobant la recherche, la reconnaissance et la description des risques (définition des risques), en vue d'en comprendre la nature et d'en déterminer le niveau (analyse des risques), et la comparaison des résultats de l'analyse des risques aux critères de risque afin de déterminer si les risques et/ou leur importance sont acceptables ou tolérables (évaluation des risques).

2.11. *"Gestion des risques"*, les activités coordonnées visant à diriger et à piloter une entreprise vis-à-vis des risques.

2.12. *"Menace"*, la source potentielle d'événements indésirables susceptibles de nuire à un système, à une entreprise ou à une personne.

2.13. *"Vulnérabilité"*, un point faible d'un élément ou d'une mesure d'atténuation, qui l'expose à une ou plusieurs menaces.

3. Demande d'homologation

3.1. La demande d'homologation d'un type de véhicule en ce qui concerne la cybersécurité doit être présentée par le constructeur du véhicule ou par son représentant dûment accrédité.

3.2. Elle doit être accompagnée des pièces mentionnées ci-après, en triple exemplaire, et des informations suivantes :

3.2.1. Une description du type de véhicule en ce qui concerne les points mentionnés à l'annexe 1 du présent règlement ;

3.2.2. Dans les cas où il est indiqué que les informations font l'objet de droits de propriété intellectuelle, ou qu'elles constituent un savoir-faire spécifique du constructeur ou de ses fournisseurs, le constructeur ou les fournisseurs doivent fournir des éléments d'information suffisants pour permettre d'effectuer convenablement les vérifications mentionnées dans le présent règlement. Ces éléments d'information doivent être utilisés de façon confidentielle ;

3.2.3. Le certificat de conformité du CSMS, conformément aux dispositions du paragraphe 6 du présent règlement.

3.3. La documentation doit être fournie en deux parties :

a) Le dossier d'information officiel aux fins de l'homologation, contenant les renseignements énumérés à l'annexe 1, à présenter à l'autorité d'homologation ou à son service technique au moment du dépôt de la demande d'homologation de type. Ce dossier d'information doit être utilisé par l'autorité d'homologation ou son service technique comme référence de base pour la procédure d'homologation. L'autorité d'homologation ou son service technique doit faire en sorte que ce dossier d'information reste disponible pendant au moins 10 ans à compter de la date de l'arrêt définitif de la production du type de véhicule considéré ;

b) Les autres éléments d'information pertinents au regard des prescriptions du présent règlement, qui peuvent être conservés par le constructeur mais doivent pouvoir faire l'objet d'une inspection au moment de l'homologation de type. Le constructeur doit faire en sorte que toute information pouvant faire l'objet d'une inspection au moment de l'homologation de type reste disponible pendant au moins 10 ans à compter de la date de l'arrêt définitif de la production du type de véhicule considéré.

4. Marquage

4.1. Sur tout véhicule conforme à un type de véhicule homologué en application du présent règlement doit être apposée de manière visible, en un endroit facilement accessible et indiqué sur la fiche d'homologation, une marque d'homologation internationale composée :

4.1.1. D'un cercle à l'intérieur duquel est placée la lettre "E" suivie du numéro distinctif du pays ayant délivré l'homologation ;

4.1.2. Du numéro du présent règlement, suivi de la lettre "R", d'un tiret et du numéro d'homologation, à la droite du cercle prévu au paragraphe 4.1.1. ci-dessus.

4.2. Si le véhicule est conforme à un type de véhicule homologué en application d'un ou de plusieurs autres règlements annexés à l'Accord dans le pays qui a accordé l'homologation en application du présent règlement, il n'est pas nécessaire de répéter le symbole prescrit au paragraphe 4.1.1. ci-dessus ; dans un tel cas, les numéros de règlement et d'homologation et les symboles additionnels pour tous les règlements en application desquels l'homologation a été accordée dans le pays qui l'a accordée en application du présent règlement doivent être inscrits l'un au-dessous de l'autre à droite du symbole prescrit au paragraphe 4.1.1.

4.3. La marque d'homologation doit être nettement lisible et indélébile.

4.4. Elle doit être placée sur la plaque signalétique du véhicule apposée par le constructeur, ou à proximité.

4.5. On trouvera à l'annexe 3 du présent règlement des exemples de marques d'homologation.

5. Homologation

5.1. Les autorités d'homologation accordent, selon qu'il convient, l'homologation de type en ce qui concerne la cybersécurité, uniquement aux types de véhicules qui satisfont aux prescriptions du présent règlement.

5.1.1. L'autorité d'homologation ou son service technique doit vérifier les documents attestant que le constructeur a fait le nécessaire, en fonction du type de véhicule, pour :

a) Recueillir et contrôler, tout au long de la chaîne d'approvisionnement, les informations prescrites par le présent règlement de façon à démontrer que les risques liés aux fournisseurs sont répertoriés et gérés ;

b) Rendre compte de l'appréciation des risques (qui a lieu pendant la phase de développement ou rétrospectivement), des résultats des essais effectués et des mesures d'atténuation prises pour le type de véhicule en question, notamment en fournissant des informations sur la conception à l'appui de l'appréciation des risques ;

c) Mettre en œuvre des mesures de cybersécurité appropriées dans le cadre de la conception du type de véhicule ;

d) Détecter les menaces de cyberattaque et y réagir ;

e) Consigner des données à l'appui de la détection des cyberattaques et disposer des capacités de traitement de données permettant d'analyser les tentatives de cyberattaque et les cyberattaques.

5.1.2. L'autorité d'homologation ou son service technique doit vérifier, en soumettant un véhicule du type concerné aux essais voulus, que le constructeur a bien mis en œuvre les mesures de cybersécurité dont il a fait état. Ces essais doivent être réalisés par l'autorité d'homologation ou par son service technique ou bien en collaboration avec le constructeur sur la base d'un échantillonnage. L'échantillonnage doit cibler, sans s'y limiter, les risques définis comme élevés pendant l'appréciation des risques.

5.1.3. L'autorité d'homologation ou son service technique doit refuser d'accorder l'homologation de type en ce qui concerne la cybersécurité si le constructeur du véhicule n'a pas satisfait à l'une ou à plusieurs des prescriptions énoncées au paragraphe 7.3, notamment :

a) Si le constructeur n'a pas suivi toutes les étapes de l'appréciation des risques, telle que décrite au paragraphe 7.3.3, par exemple s'il n'a pas tenu compte de tous les risques relatifs aux menaces mentionnées dans la partie A de l'annexe 5 ;

b) Si le constructeur n'a pas protégé le type de véhicule contre les risques répertoriés dans le cadre de son appréciation des risques ou si les mesures d'atténuation proportionnées prescrites au paragraphe 7 n'ont pas été mises en œuvre ;

c) Si le constructeur n'a pas pris les mesures appropriées et proportionnées pour sécuriser les environnements du type du véhicule prévus (le cas échéant) pour le stockage et l'exécution des logiciels, services, applications ou données du marché secondaire ;

d) Si le constructeur n'a pas effectué, avant l'homologation, des essais appropriés et suffisants afin de s'assurer de l'efficacité des mesures de sécurité mises en œuvre.

5.1.4. L'autorité d'homologation en charge de l'évaluation doit également refuser d'accorder l'homologation de type en ce qui concerne la cybersécurité si ni elle ni son service technique n'ont reçu d'informations suffisantes de la part du constructeur pour évaluer la cybersécurité du type de véhicule.

5.2. L'homologation ou l'extension ou le refus d'homologation d'un type de véhicule en application du présent règlement doit être notifié aux Parties à l'Accord de 1958 appliquant ledit règlement au moyen d'une fiche conforme au modèle de l'annexe 2 du présent règlement.

5.3. Les autorités d'homologation ne doivent pas délivrer d'homologation de type sans s'assurer que le constructeur a mis en place des dispositions et des procédures satisfaisantes pour gérer convenablement les aspects de la cybersécurité dont il est question dans le présent règlement.

5.3.1. L'autorité d'homologation et ses services techniques s'assurent, en sus des critères établis dans l'annexe 2 de l'accord de 1958 :

a) qu'ils disposent d'un personnel compétent doté des compétences appropriées en cybersécurité et de connaissances spécifiques en matière d'évaluation des risques dans le secteur automobile *[V. par ex. les normes ISO 26262-2018, ISO/PAS 21448 et ISO/SAE 21434]* ;

b) qu'ils ont mis en œuvre les procédures relatives à l'évaluation uniforme conformément au présent règlement.

5.3.2. Chaque partie contractante appliquant le présent règlement doit notifier et informer les autorités d'homologation des autres parties contractantes appliquant le présent règlement ONU, par l'intermédiaire de son autorité d'homologation, de la méthode et des critères servant de base à cette dernière pour évaluer le caractère approprié des mesures prises conformément au présent règlement et en particulier aux paragraphes 5.1., 7.2. et 7.3.

Ces renseignements doivent être communiqués a) avant la délivrance de la première homologation, seulement, conformément au présent règlement, et b) chaque fois que la méthode ou les critères d'évaluation sont mis à jour.

Ces renseignements sont destinés à être partagés en vue de la compilation et l'analyse des meilleures pratiques et dans l'optique d'une application convergente des dispositions par toutes les autorités d'homologation qui appliquent le présent règlement.

5.3.3. Les renseignements visés au paragraphe 5.3.2. doivent être téléchargés en anglais dans la base de données électronique sécurisée DETA *[https://www.unece.org/trans/main/wp29/datasharing.html]*, établie par la Commission économique pour l'Europe, en temps voulu et au plus tard 14 jours avant la délivrance de la première homologation en application des méthodes et critères d'évaluation pertinents. Les renseignements doivent être suffisants pour permettre de comprendre quels objectifs minimaux l'autorité d'homologation a adoptés pour chaque prescription mentionnée au paragraphe 5.3.2, ainsi que les processus et mesures qu'elle applique pour vérifier que ces objectifs minimaux sont atteints *[Des lignes directrices concernant les renseignements (méthode, critères et objectifs minimaux, par exemple) à télécharger et le format à utiliser doivent être données dans le document d'interprétation que le groupe de travail informel de la cybersécurité et des questions de sûreté des transmissions sans fil (CS/OTA) prépare pour la septième session du GRVA]*.

5.3.4. Lorsqu'elles reçoivent les renseignements visés au paragraphe 5.3.2., les autorités d'homologation peuvent soumettre des observations à l'autorité d'homologation émettrice en les téléchargeant dans la DETA dans un délai de 14 jours suivant la notification.

5.3.5. Si l'autorité d'homologation accordant une homologation ne peut pas tenir compte des observations formulées en vertu du paragraphe 5.3.4., les autorités d'homologation qui les ont transmises et l'autorité d'homologation accordant une homologation doivent demander des éclaircissements en application de l'annexe 6 de l'accord de 1958. Le groupe de travail subsidiaire *[Groupe de travail des véhicules automatisés/autonomes et connectés (GRVA)]* du Forum mondial de l'harmonisation des règlements concernant les véhicules (WP. 29) chargé du présent règlement doit convenir d'une interprétation commune des méthodes et critères d'évaluation *[Cette interprétation doit être prise en compte dans le document d'interprétation mentionné dans la note de bas de page du § 5.3.3]*. Cette interprétation commune doit être appliquée et toutes les autorités d'homologation doivent délivrer des homologations de type en conséquence, au titre du présent règlement.

5.3.6. Chaque autorité d'homologation qui délivre une homologation de type en application du présent règlement doit en notifier les autres autorités d'homologation. L'homologation de type et les documents justificatifs doivent être téléchargés dans la DETA, en anglais, par l'autorité d'homologation, dans les 14 jours suivant la délivrance de ladite homologation *[Des renseignements complémentaires sur les prescriptions minimales concernant les documents seront préparés par le GRA durant sa septième session]*.

5.3.7. Les parties contractantes peuvent étudier les homologations délivrées sur la base des renseignements téléchargés en vertu du paragraphe 5.3.6. Toutes divergences de vues éventuelles entre les parties contractantes doivent être réglées conformément à l'article 10 et à l'annexe 6 de l'accord de 1958. Les parties contractantes doivent également informer le groupe de travail subsidiaire compétent du Forum mondial de l'harmonisation des règlements concernant les véhicules (WP. 29) des interprétations divergentes au sens de l'annexe 6 de l'accord de 1958. Le groupe de travail compétent doit contribuer au règlement des divergences de vues et peut, au besoin, consulter le WP. 29 à cet effet

5.4 Aux fins du paragraphe 7.2. du présent règlement, le constructeur doit veiller à ce que les aspects de la cybersécurité dont il est question dans le présent règlement soient mis en œuvre.

6. Certificat de conformité du système de gestion de la cybersécurité

6.1. Les Parties contractantes doivent désigner une autorité d'homologation chargée de procéder à l'évaluation du constructeur et de délivrer le certificat de conformité du CSMS.

6.2. La demande de certificat de conformité du système de gestion de la cybersécurité doit être présentée par le constructeur du véhicule ou par son représentant dûment accrédité.

6.3. Elle doit être accompagnée des pièces mentionnées ci-après, en triple exemplaire, et des informations suivantes :

6.3.1. Une description du système de gestion de la cybersécurité ;

6.3.2. Une déclaration signée conforme au modèle de l'appendice 1 de l'annexe 1.

6.4. Dans le cadre de l'évaluation, le constructeur doit déclarer, à l'aide du modèle de l'appendice 1 de l'annexe 1, et démontrer à la satisfaction de l'autorité d'homologation ou de son service technique qu'il a mis en place les procédures requises pour satisfaire à toutes les prescriptions en matière de cybersécurité énoncées dans le présent règlement.

6.5. Si les résultats de cette évaluation sont satisfaisants, et à réception d'une déclaration signée par le constructeur conforme au modèle de l'appendice 1 de l'annexe 1, un certificat appelé "certificat de conformité du CSMS" tel que décrit à l'annexe 4 du présent règlement est délivré au constructeur.

6.6. L'autorité d'homologation ou son service technique doit établir le certificat de conformité du CSMS en suivant le modèle de l'annexe 4 du présent règlement.

6.7. Le certificat de conformité du CSMS a une durée de validité de trois ans au maximum à compter de la date de sa délivrance, à moins qu'il ne soit retiré.

6.8. L'autorité d'homologation qui a délivré le certificat de conformité du CSMS peut à tout moment vérifier que les conditions de sa validité restent remplies. L'autorité d'homologation doit retirer le certificat de conformité du CSMS si les prescriptions énoncées dans le présent règlement ne sont plus respectées.

6.9. Le constructeur doit informer l'autorité d'homologation ou son service technique de toute modification ayant une incidence sur la validité du certificat de conformité du CSMS. Après avoir consulté le constructeur, l'autorité d'homologation ou son service technique doit déterminer s'il convient de procéder à de nouvelles vérifications.

6.10. Le constructeur doit demander un nouveau certificat de conformité du CSMS ou une prolongation du certificat existant en temps voulu, de façon à permettre à l'autorité d'homologation d'achever son évaluation avant la fin de la période de validité du certificat de conformité du CSMS. Sous réserve d'une évaluation favorable, l'autorité d'homologation doit délivrer un nouveau certificat de conformité du CSMS ou prolonger la validité du certificat périmé pour une nouvelle période de trois ans. L'autorité d'homologation doit vérifier que le CSMS est toujours conforme aux prescriptions du présent règlement. L'autorité d'homologation doit délivrer un nouveau certificat lorsque des modifications ont été portées à son attention ou à celle de son service technique et que ces modifications ont fait l'objet d'une réévaluation favorable.

6.11. L'expiration ou le retrait du certificat de conformité du CSMS accordé au constructeur doit faire l'objet d'un examen compte tenu du type de véhicules pour lesquels le CSMS concerné était pertinent, en tant que modification de l'approbation, comme indiqué au paragraphe 8, ce qui peut impliquer le retrait de l'homologation si les conditions d'octroi ne sont plus remplies.

7. Spécifications

7.1. Spécifications générales

7.1.1. Les prescriptions du présent règlement ne limitent pas les dispositions ou prescriptions d'autres règlements ONU.

7.2. Prescriptions relatives au système de gestion de la cybersécurité

7.2.1. Aux fins de l'évaluation, l'autorité d'homologation ou son service technique doit vérifier que le constructeur du véhicule dispose d'un système de gestion de la cybersécurité et que celui-ci est conforme au présent règlement.

7.2.2. Le système de gestion de la cybersécurité doit couvrir les aspects suivants :

7.2.2.1. Le constructeur du véhicule doit démontrer à l'autorité d'homologation ou à son service technique que son système de gestion de la cybersécurité s'applique aux phases suivantes :

a) Phase de développement ;

b) Phase de production ;

c) Phase de postproduction.

7.2.2.2. Le constructeur du véhicule doit démontrer que les processus mis en œuvre dans le cadre de son système de gestion de la cybersécurité garantissent que la sécurité est dûment prise en compte, notamment au regard des risques et mesures d'atténuation énumérés à l'annexe 5. Ces processus comprennent :

a) Les processus mis en œuvre en interne par le constructeur pour gérer la cybersécurité ;

b) Les processus mis en œuvre pour répertorier les risques auxquels chaque type de véhicule est exposé. Dans le cadre de ces processus, les menaces énumérées dans la partie A de l'annexe 5 et les autres menaces pertinentes doivent être prises en compte ;

c) Les processus mis en œuvre pour apprécier, catégoriser et traiter les risques répertoriés ;

d) Les processus en place pour vérifier que les risques répertoriés sont correctement gérés ;

e) Les processus mis en œuvre pour contrôler la cybersécurité d'un type de véhicule ;

f) Les processus mis en œuvre pour garantir que l'appréciation des risques est actualisée ;

g) Les processus mis en œuvre, s'agissant de chaque type de véhicule, pour surveiller et détecter les cyberattaques, les cybermenaces et les vulnérabilités et y réagir, et les processus mis en œuvre pour évaluer si les mesures de cybersécurité prises sont toujours efficaces à la lumière des nouvelles cybermenaces et vulnérabilités qui ont été répertoriées ;

h) Les processus mis en œuvre pour recueillir les données utiles à l'analyse des tentatives de cyberattaque et des cyberattaques.

7.2.2.3. Le constructeur du véhicule doit démontrer que les processus mis en œuvre dans le cadre de son système de gestion de la cybersécurité garantissent que, sur la base des catégories mentionnées aux alinéas c) et g) du paragraphe 7.2.2.2., les cybermenaces et les vulnérabilités auxquelles il doit réagir sont atténuées dans un délai raisonnable.

7.2.2.4. Le constructeur du véhicule doit démontrer que les processus mis en œuvre dans le cadre de son système de gestion de la cybersécurité garantissent que la surveillance mentionnée à l'alinéa g) du paragraphe 7.2.2.2. est permanente. Cette surveillance doit :

a) Commencer dès la première immatriculation du véhicule ;

b) Permettre d'analyser et de détecter les cybermenaces, les vulnérabilités et les cyberattaques à partir des données et des journaux du véhicule. Cette capacité doit s'exercer conformément au paragraphe 1.3. et dans le respect des droits des propriétaires ou des conducteurs des véhicules en matière de vie privée, en particulier s'agissant du consentement.

7.2.2.5. Le constructeur du véhicule doit montrer comment son système de gestion de la cybersécurité gérera les dépendances pouvant exister avec ses fournisseurs, ses prestataires de services ou ses sous-entités en ce qui concerne les prescriptions du paragraphe 7.2.2.2.

7.3. Prescriptions relatives aux types de véhicules

7.3.1. Le constructeur doit disposer d'un certificat de conformité valide pour le système de gestion de la cybersécurité correspondant au type de véhicule à homologuer.

Toutefois, pour les homologations de type antérieures au 1er juillet 2024, si le constructeur peut donner la preuve que le type de véhicule n'a pas pu être développé conformément au système de gestion de la cybersécurité, il doit démontrer que la cybersécurité a été dûment prise en compte pendant la phase de développement du type de véhicule en question.

7.3.2. Le constructeur du véhicule doit répertorier et gérer, pour le type de véhicule à homologuer, les risqués liés aux fournisseurs.

7.3.3. Le constructeur doit répertorier les éléments critiques du type de véhicule concerné, procéder à une appréciation des risques complète pour ce type de véhicule et traiter ou gérer correctement les risques répertoriés. L'appréciation des risques doit tenir compte de chaque élément du type de véhicule et des interactions entre ces éléments. Elle doit également porter sur les interactions avec tout système externe. Dans le cadre de l'appréciation des risques, le constructeur du véhicule doit tenir compte des risques liés à toutes les menaces visées dans la partie A de l'annexe 5 ainsi que de tout autre risque pertinent.

7.3.4. Le constructeur doit protéger le type de véhicule contre les risques répertoriés dans le cadre de son appréciation des risques et, à cette fin, prendre des mesures d'atténuation proportionnées. Celles-ci doivent comprendre toutes les mesures mentionnées dans les parties B et C de l'annexe 5 qui sont pertinentes au regard des risques répertoriés. Toutefois, si une mesure d'atténuation mentionnée dans la partie B ou C de l'annexe 5 n'est pas pertinente ou suffisante au regard du risque répertorié, le constructeur du véhicule doit s'assurer qu'une mesure de remplacement appropriée est mise en œuvre.

En particulier, pour les homologations de type antérieures au 1er juillet 2024, le constructeur du véhicule doit s'assurer qu'une mesure de remplacement appropriée est mise en œuvre si une mesure d'atténuation mentionnée dans la partie B ou C de l'annexe 5 n'est pas faisable d'un point de vue technique. Le cas échéant, le constructeur doit communiquer l'évaluation de la faisabilité technique à l'autorité d'homologation.

7.3.5. Le constructeur du véhicule doit mettre en œuvre des mesures appropriées et proportionnées pour sécuriser les environnements du type du véhicule prévus (le cas échéant) pour le stockage et l'exécution des logiciels, services, applications ou données du marché secondaire.

7.3.6. Le constructeur du véhicule doit effectuer, avant l'homologation de type, des essais appropriés et suffisants afin de s'assurer de l'efficacité des mesures de sécurité mises en œuvre.

7.3.7. Le constructeur du véhicule doit mettre en œuvre des mesures correspondant au type de véhicule pour :

a) Détecter et prévenir les cyberattaques contre les véhicules de ce type ;

b) Renforcer ses capacités de surveillance aux fins de la détection des menaces, vulnérabilités et cyberattaques qui concernent ce type de véhicule ;

c) Disposer des capacités de traitement des données permettant d'analyser les tentatives de cyberattaque et les cyberattaques.

7.3.8. Les modules cryptographiques utilisés aux fins du présent règlement doivent être conformes aux normes consensuelles. Dans le cas contraire, le constructeur du véhicule doit justifier leur utilisation.

7.4. Dispositions relatives à la communication de l'information

7.4.1. Le constructeur du véhicule doit rendre compte, au moins une fois par an et, si nécessaire, plus fréquemment, à l'autorité d'homologation ou à son service technique des résultats de ses activités de surveillance, telles que définies à l'alinéa g) du paragraphe 7.2.2.2., notamment en communiquant des informations relatives aux nouvelles cyberattaques. Le constructeur doit également confirmer à l'autorité d'homologation ou à son service technique que les mesures d'atténuation des cyberattaques mises en œuvre pour les types de véhicules concernés demeurent efficaces, et l'informer des mesures supplémentaires éventuellement prises.

7.4.2. L'autorité d'homologation ou son service technique doit vérifier les informations communiquées et, si nécessaire, demander au constructeur du véhicule de remédier aux faiblesses éventuellement détectées.

Si les informations communiquées ou la réponse apportée ne suffisent pas, l'autorité d'homologation peut décider de retirer le certificat de conformité du CSMS en application du paragraphe 6.8.

8. Modification du type de véhicule et extension de l'homologation de type

8.1. Toute modification du type de véhicule ayant une incidence sur ses caractéristiques techniques en ce qui concerne la cybersécurité et/ou sur la documentation prescrite dans le présent règlement doit être portée à la connaissance de l'autorité d'homologation ayant délivré l'homologation correspondante. Cette dernière peut alors :

8.1.1. Soit considérer que le véhicule ainsi modifié est toujours conforme aux prescriptions et à la documentation correspondant à l'homologation de type existante ;

8.1.2. Soit réaliser une évaluation complémentaire nécessaire en vertu du paragraphe 5 et exiger, le cas échéant, un nouveau procès-verbal du service technique chargé des essais.

8.1.3. La confirmation, l'extension ou le refus de l'homologation, faisant mention des modifications apportées, doit être notifié au moyen d'une fiche de communication conforme au modèle de l'annexe 2 du présent règlement. L'autorité d'homologation qui délivre une extension d'homologation doit attribuer un numéro de série à ladite extension et en informer les autres Parties à l'Accord de 1958 appliquant le présent règlement au moyen d'une fiche de communication conforme au modèle de l'annexe 2 dudit Règlement.

9. Conformité de la production

9.1. Les procédures relatives à la conformité de la production doivent correspondre à celles qui sont énoncées dans l'annexe 1 de l'Accord de 1958 (E/ECE/TRANS/505/Rev.3) et satisfaire aux prescriptions suivantes :

9.1.1. Le titulaire de l'homologation doit veiller à ce que les résultats des essais de contrôle de la conformité de la production soient enregistrés et que les documents annexés restent disponibles pour une période fixée en accord avec l'autorité d'homologation ou son service technique. Cette période ne doit pas excéder 10 ans à partir de la date de l'arrêt définitif de la production ;

9.1.2. L'autorité qui a accordé l'homologation de type peut à tout moment vérifier les méthodes de contrôle de la conformité appliquées dans chaque unité de production. La fréquence normale de ces vérifications est d'une fois tous les trois ans.

10. Sanctions pour non-conformité de la production

10.1. L'homologation délivrée pour un type de véhicule en application du présent règlement peut être retirée si les prescriptions énoncées dans ledit règlement ne sont pas respectées ou si les véhicules prélevés ne satisfont pas auxdites prescriptions.

10.2. Lorsqu'une autorité d'homologation retire une homologation qu'elle avait accordée, elle doit en aviser immédiatement les Parties contractantes appliquant le présent règlement par l'envoi d'une fiche de communication conforme au modèle de l'annexe 2 dudit règlement.

11. Arrêt définitif de la production

11.1. Si le titulaire d'une homologation cesse définitivement la production d'un type de véhicule homologué conformément au présent règlement, il doit en informer l'autorité qui a délivré l'homologation, laquelle, à son tour, avise les Parties à l'Accord appliquant ledit règlement, au moyen d'une copie de la fiche d'homologation portant à la fin, en gros caractères, la mention signée et datée "PRODUCTION ARRÊTÉE".

12. Noms et adresses des services techniques chargés des essais d'homologation et des autorités d'homologation de type

12.1. Les Parties à l'Accord appliquant le présent règlement communiquent au Secrétariat de l'Organisation des Nations unies les noms et adresses des services techniques chargés des essais d'homologation et des autorités d'homologation de type qui délivrent

les homologations et auxquelles doivent être envoyées les fiches d'homologation ou d'extension, de refus ou de retrait d'homologation émises dans les autres pays.

ANNEXE 1

Fiche de renseignements

Les renseignements ci-dessous doivent, s'il y a lieu, être fournis en triple exemplaire et être accompagnés d'une table des matières. Les schémas, s'il y en a, doivent être fournis à l'échelle appropriée, au format A4 ou pliés à ce format, et être suffisamment détaillés. Les photographies, s'il y en a, doivent être suffisamment détaillées.

1. Marque (raison sociale du constructeur) : ....
2. Type et dénomination(s) commerciale(s) générale(s) : ....
3. Moyen d'identification du type, s'il est indiqué sur le véhicule : ....
4. Emplacement de cette marque : ....
5. Catégorie(s) du véhicule : ....
6. Nom et adresse du constructeur ou de son représentant : ....
7. Nom(s) et adresse(s) de l'atelier (des ateliers) de montage : ....
8. Photographie(s) ou dessin(s) d'un véhicule type : ....
9. Cybersécurité

9.1. Caractéristiques générales de conception du type de véhicule, y compris :

a) Les systèmes du véhicule qui sont pertinents pour la cybersécurité du type de véhicule ;

b) Les composants de ces systèmes qui sont pertinents pour la cybersécurité ;

c) Les interactions de ces systèmes avec d'autres systèmes du type de véhicule et les interfaces externes.

9.2. Représentation schématique du type de véhicule

9.3. Numéro du certificat de conformité du CSMS : ....

9.4. Documents relatifs au type de véhicule à homologuer décrivant les résultats de l'appréciation des risques et les risques répertoriés : ....

9.5. Documents relatifs au type de véhicule à homologuer décrivant les mesures d'atténuation qui ont été mises en œuvre sur les systèmes énumérés ou sur le type de véhicule, et la façon dont elles permettent de gérer les risques répertoriés : ....

9.6. Documents relatifs au type de véhicule à homologuer décrivant la protection des environnements prévus pour les logiciels, services, applications ou données du marché secondaire : ....

9.7. Documents relatifs au type de véhicule à homologuer décrivant les essais qui ont été effectués pour vérifier la cybersécurité du type de véhicule et de ses systèmes et les résultats de ces essais : ....

9.8. Description de la prise en compte de la chaîne d'approvisionnement en ce qui concerne la cybersécurité : ....

ANNEXE 1 – APPENDICE 1

Modèle de déclaration de conformité du CSMS à établir par le constructeur

Déclaration du constructeur s'agissant de la conformité du système de gestion de la cybersécurité aux prescriptions y relatives

Nom du constructeur : ....

Adresse du constructeur : ....

(nom du constructeur) atteste que les processus nécessaires pour satisfaire aux prescriptions relatives au système de gestion de la cybersécurité énoncées au paragraphe 7.2 du règlement ONU n° 155 sont en place et qu'ils seront maintenus...

Fait à .... *(lieu)*

Le : ....

Nom du signataire : ....

Fonction du signataire : ....

(Cachet et signature du représentant du constructeur)

ANNEXE 2

Fiche de communication

[(Format maximal : A4 (210 x 297 mm)]

Émanant de : Nom de l'administration :
....
....
....

[1] Numéro distinctif du pays qui a accordé/étendu/refusé/retiré l'homologation (voir les dispositions du présent Règlement relatives à l'homologation).

concernant *[Biffer la mention inutile]* :

Délivrance d'une homologation
Extension d'homologation
Retrait d'homologation avec effet au jj/mm/aaaa
Refus d'homologation
Arrêt définitif de la production

d'un type de véhicule, conformément au règlement ONU n° 155.

N° d'homologation : ....
N° d'extension : ....
Motif de l'extension : ....

1. Marque (raison sociale du constructeur) : ....
2. Type et dénomination(s) commerciale(s) générale(s) : ....
3. Moyen d'identification du type, s'il est indiqué sur le véhicule : ....
3.1 Emplacement de cette marque : ....
4. Catégorie(s) du véhicule : ....
5. Nom et adresse du constructeur ou de son représentant : ....
6. Nom(s) et adresse(s) de l'atelier (des ateliers) de montage : ....
7. Numéro du certificat de conformité du système de gestion de la cybersécurité : ....
8. Service technique chargé des essais : ....
9. Date du procès-verbal d'essai : ....
10. Numéro du procès-verbal d'essai : ....
11. Remarques (le cas échéant) : ....
12. Lieu : ....
13. Date : ....
14. Signature : ....
15. On trouvera en annexe la liste des documents du dossier d'homologation déposé auprès de l'autorité d'homologation, qui peut être obtenu sur demande.

ANNEXE 3

Exemple de marque d'homologation

Modèle A

(Voir le paragraphe 4.2 du présent règlement)

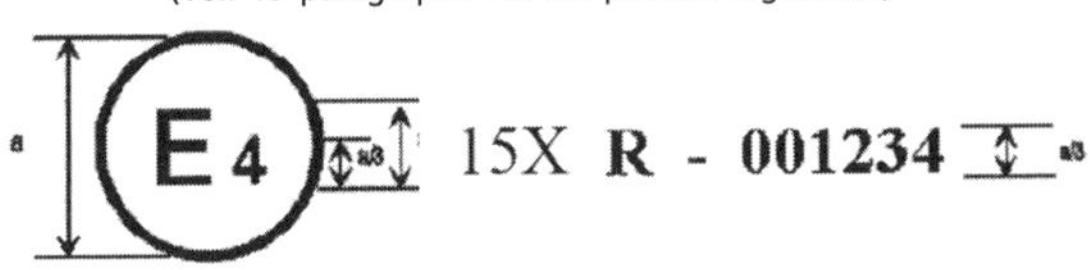

a = 8 mm min.

La marque d'homologation ci-dessus, apposée sur un véhicule, indique que le type de ce véhicule a été homologué aux Pays-Bas (E 4), en application du règlement n° [15X], sous le numéro d'homologation 001234. Les deux premiers chiffres du numéro d'homologation (00) signifient que l'homologation a été délivrée conformément aux prescriptions dudit règlement sous sa forme originale.

ANNEXE 4

MODÈLE DE CERTIFICAT DE CONFORMITÉ DU CSMS

Certificat de conformité
du système de gestion de la cybersécurité

avec le règlement ONU n° 155

Numéro de certificat [*numéro de référence*]

[... *autorité d'homologation*]

Certifie que

Nom du constructeur : ....
Adresse du constructeur : ....
est en conformité avec les dispositions du paragraphe 7.2 du règlement n° 155.
Des contrôles ont été effectués le : ....
par (nom et adresse de l'autorité d'homologation ou du service technique) : ....
Numéro du procès-verbal : ....

Le présent certificat est valable jusqu'au : [.......... *date*]

Fait à : [........ *lieu*]

Le : [....... *date*]

[......... *signature*]

Pièces jointes : description du système de gestion de la cybersécurité établie par le constructeur.

ANNEXE 5

LISTE DES MENACES ET DES MESURES D'ATTÉNUATION CORRESPONDANTES

1. La présente annexe se compose de trois parties. La partie A décrit l'état de référence des menaces, vulnérabilités et méthodes d'attaque. La partie B décrit les mesures d'atténuation des menaces visant les types de véhicule. La partie C décrit les mesures d'atténuation des menaces visant les zones situées en dehors des véhicules, par exemple les systèmes dorsaux.

2. Les parties A, B et C doivent être prises en compte dans le cadre de l'appréciation des risques et des mesures d'atténuation que les constructeurs de véhicules doivent mettre en œuvre.

3. La vulnérabilité de haut niveau et les exemples correspondants ont été indexés dans la partie A. La même indexation a été référencée dans les tableaux des parties B et C pour établir un lien entre chaque attaque ou vulnérabilité et les mesures d'atténuation correspondantes.

4. L'analyse des menaces doit également inclure un examen des éventuelles conséquences d'une attaque. Cet examen peut contribuer à déterminer le degré de risque et à déceler d'autres risques. Une attaque peut :

a) Compromettre la sécurité d'utilisation du véhicule ;
b) Interrompre certaines fonctions du véhicule ;
c) Modifier des logiciels et altérer les performances ;
d) Modifier des logiciels sans avoir d'effet sur le fonctionnement ;
e) Compromettre l'intégrité des données ;
f) Compromettre la confidentialité des données ;
g) Interdire l'accès aux données ;
h) Avoir d'autres conséquences, par exemple d'ordre criminel.

Partie A Vulnérabilités ou méthodes d'attaque liées aux menaces

1. Des descriptions de haut niveau des menaces et des vulnérabilités ou des méthodes d'attaque correspondantes sont présentées dans le tableau A1.

Tableau A1

Liste de vulnérabilités ou de méthodes d'attaque liées aux menaces

Descriptions de haut niveau et de sous-niveau de la vulnérabilité/menace			**Exemple de vulnérabilité ou de méthode d'attaque**	
4.3.1 Menaces concernant les serveurs dorsaux liés aux véhicules en circulation	1	Serveurs dorsaux utilisés pour attaquer un véhicule ou extraire des données	1.1	Abus de privilèges de la part du personnel (**attaque d'initié**)
			1.2	**Accès Internet non autorisé** au serveur (activé par exemple par des portes dérobées, des vulnérabilités logicielles système non corrigées, des attaques SQL ou d'autres moyens)
			1.3	**Accès physique non autorisé** au serveur (au moyen, par exemple, de clefs USB ou d'autres supports connectés au serveur)
	2	Services d'un serveur dorsal perturbés, entravant le fonctionnement d'un véhicule	2.1	**Attaque d'un serveur dorsal bloquant son fonctionnement**, par exemple en l'empêchant d'interagir avec les véhicules et de fournir les services dont ils ont besoin
	3	Données liées aux véhicules stockées sur des serveurs dorsaux perdues ou compromises ("violation des données")	3.1	Abus de privilèges de la part du personnel (**attaque d'initié**)
			3.2	**Perte d'informations dans le "nuage"**. Des données sensibles peuvent être perdues en raison d'attaques ou d'accidents lorsque les données sont stockées par des fournisseurs de services en nuage tiers
			3.3	**Accès Internet non autorisé** au serveur (activé par exemple par des portes dérobées, des vulnérabilités logicielles système non corrigées, des attaques SQL ou d'autres moyens)
			3.4	**Accès physique non autorisé** au serveur (au moyen, par exemple, de clef*[s]* USB ou d'autres supports connectés au serveur)
			3.5	**Atteinte à la sécurité de l'information** due au partage involontaire de données (par exemple, erreurs administratives)

Descriptions de haut niveau et de sous-niveau de la vulnérabilité/menace			**Exemple de vulnérabilité ou de méthode d'attaque**	
4.3.2 Menaces pour les véhicules liées à leurs voies de communication	4	Simulation de messages ou de données reçus par le véhicule	4.1	**Simulation de messages** par usurpation d'identité (802.11p V2X en cas de circulation en peloton, messages GNSS, etc.)
			4.2	**Attaque Sybil** (visant à simuler d'autres véhicules pour faire croire qu'il y en a beaucoup sur la route)
	5	Voies de communication utilisées pour effectuer des manipulations, suppressions ou autres modifications non autorisées du code ou des données du véhicule	5.1	Les voies de communication permettent l'**injection de code**, par exemple un code binaire altéré peut être injecté dans le flux de communication
			5.2	Les voies de communication permettent de **manipuler** les données ou le code du véhicule
			5.3	Les voies de communication permettent d'**écraser** les données ou le code du véhicule
			5.4	Les voies de communication permettent d'**effacer** les données ou le code du véhicule
			5.5	Les voies de communication permettent l'introduction de données ou de code dans le véhicule (écriture de données ou de code)
	6	Voies de communication permettant l'acceptation de messages non fiables, ou vulnérables au détournement de session ou aux attaques par rejeu	6.1	Acceptation d'informations provenant d'une **source non fiable**
			6.2	**Attaque de l'homme du milieu**/détournement de session
			6.3	**Attaque par rejeu,** par exemple une attaque contre une passerelle de communication permettant à l'attaquant d'installer une version antérieure du logiciel d'un module de gestion électronique ou du microprogramme de la passerelle

Descriptions de haut niveau et de sous-niveau de la vulnérabilité/menace			**Exemple de vulnérabilité ou de méthode d'attaque**	
	7	Les informations peuvent être facilement divulguées. Par exemple, les communications peuvent être interceptées ou l'accès non autorisé à des fichiers ou dossiers sensibles peut être rendu possible	7.1	**Interception de l'information**/rayonnements brouilleurs/surveillance des communications
			7.2	Obtention d'un **accès non autorisé** à des fichiers ou à des données
	8	Attaques par déni de service sur les voies de communication pour perturber les fonctions du véhicule	8.1	**Envoi** d'un grand nombre de **données** parasites au système d'information du véhicule, **de sorte qu'il soit incapable de fournir des services** de manière normale
			8.2	**Attaque par trou noir**, visant à perturber la communication entre les véhicules en bloquant les messages entre ceux-ci
	9	Un utilisateur sans privilèges peut obtenir un accès privilégié aux systèmes du véhicule	9.1	Un utilisateur sans privilèges peut **obtenir un accès privilégié**, par exemple un accès racine
	10	Des virus introduits dans les moyens de communication peuvent infecter les systèmes du véhicule	10.1	Un **virus** introduit dans les moyens de communication infecte les systèmes du véhicule
	11	Des messages reçus par le véhicule (par exemple, messages X2V ou de diagnostic), ou transmis à l'intérieur de celui-ci, renferment des contenus malveillants	11.1	**Messages internes** malveillants (par exemple, bus CAN)
			11.2	**Messages V2X** malveillants, par exemple, messages d'infrastructure à véhicule ou de véhicule à véhicule (CAM, DENM, etc.)
			11.3	Messages de diagnostic malveillants
			11.4	**Messages propriétaires** malveillants (par exemple, ceux normalement envoyés par les équipementiers ou les fournisseurs de composants /systèmes/fonctions)

Descriptions de haut niveau et de sous-niveau de la vulnérabilité/menace			**Exemple de vulnérabilité ou de méthode d'attaque**	
4.3.3. Menaces pour les véhicules liées à leurs procédures de mise à jour	12	Utilisation abusive ou compromission des procédures de mise à jour	12.1	Compromission **des procédures** de **mise à jour logicielle sans fil**, y compris la fabrication du programme ou du microprogramme de mise à jour du système
			12.2	Compromission des **procédures de mise à jour logicielle locales/physiques**, y compris la fabrication du programme ou du microprogramme de mise à jour du système
			12.3	Le **logiciel** est **manipulé avant le processus de mise à jour** (il est donc corrompu), bien que le processus de mise à jour soit intact
			12.4	**Compromission** des clefs cryptographiques du fournisseur du logiciel **visant à permettre une mise à jour non valide**
	13	Possibilité d'empêcher des mises à jour légitimes	13.1	Attaque par déni de service contre le serveur ou le réseau de mise à jour pour **empêcher le déploiement de mises à jour logicielles critiques** et/ou le déverrouillage de fonctionnalités spécifiques au client
4.3.4 Menaces pour les véhicules liées à des actions humaines non intentionnelles qui facilitent les cyberattaques	15	Des acteurs légitimes peuvent prendre des mesures sans avoir conscience que celles-ci sont susceptibles de faciliter une cyberattaque	15.1	Victime innocente (par exemple, propriétaire, opérateur ou ingénieur de maintenance) **amenée par la ruse** et à son insu à charger un logiciel malveillant ou à permettre une attaque
			15.2	Les **procédures de sécurité définies** ne sont pas suivies

Descriptions de haut niveau et de sous-niveau de la vulnérabilité/menace			**Exemple de vulnérabilité ou de méthode d'attaque**	
4.3.5 Menaces pour les véhicules liées à leur connectivité et à leurs connexions externes	16	La manipulation de la connectivité des fonctions du véhicule permet une cyberattaque, les moyens utilisés comprenant : la télématique, les systèmes permettant des opérations à distance et les systèmes utilisant des communications sans fil à courte portée	16.1	Manipulation des **fonctions conçues pour commander à distance des systèmes**, tels qu'une clef à distance, un dispositif d'immobilisation et une pile de chargement
			16.2	**Manipulation de la télématique du véhicule** (par exemple, manipulation de la mesure de la température de marchandises qui y sont sensibles, déverrouillage à distance des portes de chargement)
			16.3	Interférence avec des **systèmes** ou capteurs **sans fil à courte portée**
	17	Utilisation de logiciels tiers embarqués, comme les applications de divertissement, pour attaquer les systèmes du véhicule	17.1	Utilisation d'**applications corrompues**, ou dont la sécurité logicielle est déficiente, pour attaquer des systèmes du véhicule
	18	Utilisation de dispositifs connectés à des interfaces externes, par exemple des ports USB ou le port OBD, pour attaquer les systèmes du véhicule	18.1	**Interfaces externes** telles que les ports USB ou autres utilisées comme point*[s]* d'attaque, par exemple par injection de code
			18.2	Support infecté par un **virus** connecté à un système du véhicule
			18.3	**Accès diagnostique (par exemple, dongles dans le port OBD)** utilisé pour faciliter une attaque, comme la manipulation (directe ou indirecte) des paramètres du véhicule

Descriptions de haut niveau et de sous-niveau de la vulnérabilité/menace			**Exemple de vulnérabilité ou de méthode d'attaque**	
4.3.6 Menaces pour les données ou le code du véhicule	19	Extraction des données ou du code du véhicule	19.1	Extraction de logiciels soumis à des droits d'auteur ou propriétaires des systèmes du véhicule (**piratage** de produits)
			19.2	Accès non autorisé aux **données personnelles du propriétaire**, notamment concernant son identité, son compte de paiement, son carnet d'adresses, sa localisation, l'identifiant électronique du véhicule, etc.
			19.3	Extraction de clefs cryptographiques
	20	Manipulation des données ou du code du véhicule	20.1	Modifications illicites/non autorisées de l'**identifiant électronique du véhicule**
			20.2	**Usurpation d'identité**. Par exemple, si un utilisateur souhaite afficher une autre identité lorsqu'il communique avec les systèmes de péage, le système dorsal du constructeur
			20.3	Mesure visant à **contourner les systèmes de surveillance** (par exemple, piratage/altération/blocage de messages tels que les données ODR Tracker ou le nombre de passages)
			20.4	Manipulation des données visant à **falsifier les données de conduite du véhicule** (kilométrage, vitesse de conduite, itinéraire, etc.)
			20.5	Modifications non autorisées des **données de diagnostic du système**
	21	Effacement des données ou du code	21.1	Effacement/manipulation non autorisé(e) des **journaux d'événements du système**
	22	Introduction de logiciels malveillants	22.2	Introduire un **logiciel malveillant** ou une activité logicielle malveillante
	23	Introduction de nouveaux logiciels ou écrasement de logiciels existants	23.1	**Fabrication du logiciel** du système de commande ou d'information du véhicule

Descriptions de haut niveau et de sous-niveau de la vulnérabilité/menace			**Exemple de vulnérabilité ou de méthode d'attaque**	
	24	Perturbation des systèmes ou des opérations	24.1	**Déni de service** que l'on peut, par exemple, déclencher sur le réseau interne en inondant un bus CAN, ou en provoquant des pannes sur un module de gestion électronique par l'envoi d'un grand nombre de messages
	25	Manipulation des paramètres du véhicule	25.1	Accès non autorisé visant à **falsifier les paramètres de configuration** des fonctions critiques du véhicule, telles que les données de freinage, le seuil de déploiement du coussin gonflable, etc.
			25.2	Accès non autorisé visant à **falsifier les paramètres de charge**, tels que la tension de charge, la puissance de charge, la température de la batterie, etc.
4.3.7 Vulnérabilités potentielles susceptibles d'être exploitées si elles ne sont pas suffisamment protégées ou réduites	26	Les technologies cryptographiques peuvent être compromises ou ne sont pas suffisamment appliquées	26.1	L'utilisation de courtes **clefs cryptographiques** ayant une longue période de validité permet à l'attaquant de casser le cryptage
			26.2	Recours insuffisant aux algorithmes cryptographiques pour protéger les systèmes vulnérables
			26.3	Utilisation d'**algorithmes cryptographiques** obsolètes ou sur le point de l'être
	27	Des pièces ou des fournitures pourraient être compromises afin que les véhicules puissent être attaqués	27.1	**Matériel ou logiciel que l'on modifie pour permettre une attaque** ou qui ne répond pas aux critères de conception permettant de bloquer une attaque

Descriptions de haut niveau et de sous-niveau de la vulnérabilité/menace			**Exemple de vulnérabilité ou de méthode d'attaque**	
	28	La conception des logiciels ou du matériel est à l'origine de vulnérabilités	28.1	**Bogues logiciels.** La présence de bogues logiciels peut être la cause de vulnérabilités potentiellement exploitables, en particulier si l'on n'a pas contrôlé le logiciel pour vérifier l'absence de mauvais code ou de bogues connus et pour réduire le risque de leur présence.
			28.2	**L'utilisation des restes** de la phase de développement (ports de débogage, ports JTAG, microprocesseurs, certificats de développement, mots de passe des développeurs, etc.) peut permettre l'accès aux modules de gestion électronique ou permettre à des attaquants d'obtenir des privilèges plus élevés
	29	La conception des réseaux introduit des vulnérabilités	29.1	**Ports Internet superflus laissés ouverts**, donnant accès aux systèmes réseau
			29.2	Contourner la **séparation réseau** pour en prendre le contrôle. Par exemple, en utilisant des passerelles non protégées, ou des points d'accès (tels que les passerelles camion-remorque), pour contourner les protections et accéder à d'autres segments du réseau en vue de commettre des actes malveillants, comme l'envoi de messages arbitraires sur le bus CAN
	31	Le transfert involontaire de données est possible	31.1	Atteinte à la sécurité de l'information. Des données personnelles peuvent être divulguées lorsque la **voiture change de main** (par exemple, en cas de vente ou d'utilisation comme véhicule de location par de nouveaux clients)

Descriptions de haut niveau et de sous-niveau de la vulnérabilité/menace			Exemple de vulnérabilité ou de méthode d'attaque	
	32	La manipulation physique des systèmes peut permettre une attaque	32.1	**Manipulation du matériel électronique**, par exemple ajout de matériel non autorisé à un véhicule pour permettre une attaque de "l'homme du milieu" **Remplacement de matériel électronique autorisé** (par exemple capteurs) par du matériel électronique non autorisé **Manipulation des informations** recueillies par un capteur (par exemple utilisation d'un aimant pour altérer le capteur à effet Hall relié à la boîte de vitesses)

Partie B Mesures d'atténuation des menaces visant les véhicules

1. Mesures d'atténuation – "Voies de communication des véhicules"

Les mesures d'atténuation des menaces liées aux voies de communication des véhicules sont indiquées dans le tableau B1.

Tableau B1

Mesures d'atténuation des menaces liées aux voies de communication des véhicules

Référence du tableau A1	Menace liée aux voies de communication des véhicules	Réf.	Mesure d'atténuation
4.1	Simulation de messages (par exemple, 802.11p V2X en cas de circulation en peloton, messages GNSS, etc.) par usurpation d'identité	M10	Le véhicule doit vérifier l'authenticité et l'intégrité des messages qu'il reçoit.
4.2	Attaque Sybil (visant à simuler d'autres véhicules pour faire croire qu'il y en a beaucoup sur la route)	M11	Des contrôles de sécurité doivent être mis en œuvre pour le stockage des clefs cryptographiques (par exemple au moyen de modules matériels de sécurité).
5.1	Les voies de communication permettent l'injection de code dans les données ou le code du véhicule, par exemple un code binaire altéré peut être injecté dans le flux de communication	M10 M6	Le véhicule doit vérifier l'authenticité et l'intégrité des messages qu'il reçoit. La sécurité doit être prise en compte dans la conception des systèmes afin que les risques soient réduits au minimum.

Référence du tableau A1	Menace liée aux voies de communication des véhicules	Réf.	Mesure d'atténuation
5.2	Les voies de communication permettent de manipuler les données ou le code du véhicule	M7	Des techniques et des conceptions de contrôle de l'accès doivent être utilisées aux fins de la protection des données ou du code du système.
5.3	Les voies de communication permettent d'écraser les données ou le code du véhicule		
5.4 21.1	Les voies de communication permettent d'effacer les données ou le code du véhicule		
5.5	Les voies de communication permettent l'introduction de données ou de code dans les systèmes du véhicule (écriture de données ou de code)		
6.1	Acceptation d'informations provenant d'une source non fiable	M10	Le véhicule doit vérifier l'authenticité et l'intégrité des messages qu'il reçoit.
6.2	Attaque de l'homme du milieu/détournement de session	M10	Le véhicule doit vérifier l'authenticité et l'intégrité des messages qu'il reçoit.
6.3	Attaque par rejeu, par exemple une attaque contre une passerelle de communication permettant à l'attaquant d'installer une version antérieure du logiciel d'un module de gestion électronique ou du microprogramme de la passerelle		
7.1	Interception de l'information/ rayonnements brouilleurs/surveillance des communications	M12	Les données confidentielles reçues et transmises par le véhicule doivent être protégées.
7.2	Obtention d'un accès non autorisé à des fichiers ou à des données	M8	La conception du système et le contrôle de l'accès devraient empêcher que des personnes non autorisées puissent accéder à des données personnelles ou à des données critiques du système. Pour des exemples de contrôles de sécurité, voir OWASP.
8.1	Envoi d'un grand nombre de données parasites au système d'information du véhicule, de sorte qu'il soit incapable de fournir des services de manière normale	M13	Des mesures visant à détecter une attaque par déni de service et à s'en remettre doivent être mises en œuvre.
8.2	Attaque par trou noir, perturbation de la communication entre les véhicules par blocage du transfert de messages vers d'autres véhicules	M13	Des mesures visant à détecter une attaque par déni de service et à s'en remettre doivent être mises en œuvre.

Référence du tableau A1	Menace liée aux voies de communication des véhicules	Réf.	Mesure d'atténuation
9.1	Un utilisateur sans privilèges peut obtenir un accès privilégié, par exemple un accès racine	M9	Des mesures visant à empêcher et à détecter les accès non autorisés doivent être mises en œuvre.
10.1	Un virus introduit dans les moyens de communication infecte les systèmes du véhicule	M14	Des mesures de protection des systèmes contre les virus/logiciels malveillants intégrés devraient être envisagées.
11.1	Messages internes malveillants (par exemple, bus CAN)	M15	Des mesures de détection des messages ou activités internes malveillant(e)s devraient être envisagées.
11.2	Messages V2X malveillants, par exemple, messages d'infrastructure à véhicule ou de véhicule à véhicule (CAM, DENM, etc.)	M10	Le véhicule doit vérifier l'authenticité et l'intégrité des messages qu'il reçoit.
11.3	Messages de diagnostic malveillants		
11.4	Messages propriétaires malveillants (par exemple, ceux normalement envoyés par les équipementiers ou les fournisseurs de composants/systèmes/fonctions)		

2. Mesures d'atténuation – "Processus de mise à jour"

Les mesures d'atténuation des menaces liées au processus de mise à jour sont indiquées dans le tableau B2.

Tableau B2

Mesures d'atténuation des menaces liées au processus de mise à jour

Référence du tableau A1	Menace liée au processus de mise à jour	Réf.	Mesure d'atténuation
12.1	Compromission des procédures de mise à jour logicielle sans fil, y compris la fabrication du programme ou du microprogramme de mise à jour du système	M16	Des procédures sécurisées de mise à jour logicielle doivent être utilisées.
12.2	Compromission des procédures de mise à jour logicielle locales/physiques, y compris la fabrication du programme ou du microprogramme de mise à jour du système		
12.3	Le logiciel est manipulé avant le processus de mise à jour (il est donc corrompu), bien que le processus de mise à jour soit intact		

Référence du tableau A1	Menace liée au processus de mise à jour	Réf.	Mesure d'atténuation
12.4	Compromission des clefs cryptographiques du fournisseur du logiciel visant à permettre une mise à jour non valide	M11	Des contrôles de sécurité doivent être mis en œuvre pour le stockage des clefs cryptographiques.
13.1	Attaque par déni de service contre le serveur ou le réseau de mise à jour pour empêcher le déploiement de mises à jour logicielles critiques et/ou le déverrouillage de fonctionnalités spécifiques au client	M3	Des contrôles de sécurité doivent être réalisés sur les systèmes dorsaux. Lorsque les serveurs dorsaux sont essentiels à la prestation des services, des mesures de rétablissement sont disponibles en cas de panne du système. Pour des exemples de contrôles de sécurité, voir OWASP.

3. Mesures d'atténuation – "Actions humaines non intentionnelles qui facilitent les cyberattaques"

Les mesures d'atténuation des menaces liées aux actions humaines non intentionnelles qui facilitent les cyberattaques sont indiquées dans le tableau B3.

Tableau B3

Mesures d'atténuation des menaces liées aux actions humaines non intentionnelles qui facilitent les cyberattaques

Référence du tableau A1	Menace liée aux actions humaines non intentionnelles	Réf.	Mesure d'atténuation
15.1	Victime innocente (par exemple, propriétaire, opérateur ou ingénieur de maintenance) amenée par la ruse et à son insu à charger un logiciel malveillant ou à permettre une attaque	M18	Des mesures visant à définir et à contrôler les rôles des utilisateurs et les privilèges d'accès doivent être mises en œuvre selon le principe du moindre privilège.
15.2	Les procédures de sécurité définies ne sont pas suivies	M19	Les entreprises doivent s'assurer que les procédures de sécurité sont définies et suivies, notamment pour ce qui est du journal d'actions et des accès réservés à la gestion des fonctions de sécurité.

4. Mesures d'atténuation – "Connectivité et connexions externes"

Les mesures d'atténuation des menaces liées à la connectivité et aux connexions externes sont indiquées dans le tableau B4.

Tableau B4

Mesures d'atténuation des menaces liées à la connectivité et aux connexions externes

Référence du tableau A1	Menace liée à la connectivité et aux connexions externes	Réf.	Mesure d'atténuation
16.1	Manipulation des fonctions conçues pour commander à distance des systèmes du véhicule, tels qu'une clef à distance, un dispositif d'immobilisation et une pile de chargement	M20	Des contrôles de sécurité doivent être réalisés sur les systèmes qui ont un accès à distance.
16.2	Manipulation de la télématique du véhicule (par exemple, manipulation de la mesure de la température de marchandises qui y sont sensibles, déverrouillage à distance des portes de chargement)		
16.3	Interférence avec des systèmes ou capteurs sans fil à courte portée		
17.1	Utilisation d'applications corrompues, ou dont la sécurité logicielle est déficiente, pour attaquer des systèmes du véhicule	M21	Les logiciels doivent faire l'objet d'une évaluation de sécurité, ils doivent être authentifiés et leur intégrité doit être protégée. Des contrôles de sécurité doivent être réalisés de façon à ce que le risque lié aux logiciels tiers destinés à être installés sur le véhicule ou vraisemblablement susceptibles de l'être soit réduit au minimum.
18.1	Interfaces externes telles que les ports USB ou autres utilisées comme point*[s]* d'attaque, par exemple par injection de code	M22	Des contrôles de sécurité doivent être réalisés sur les interfaces externes.
18.2	Support infecté par des virus connecté au véhicule		
18.3	Accès diagnostique (par exemple, dongles dans le port OBD) utilisé pour faciliter une attaque, comme la manipulation (directe ou indirecte) des paramètres du véhicule	M22	Des contrôles de sécurité doivent être réalisés sur les interfaces externes.

5. Mesures d'atténuation – "Cibles ou motivations potentielles d'une attaque"

Les mesures d'atténuation des menaces liées aux cibles ou motivations potentielles d'une attaque sont indiquées dans le tableau B5.

Tableau B5

Mesures d'atténuation des menaces liées aux cibles ou motivations potentielles d'une attaque

Référence du tableau A1	**Menace liée aux cibles ou motivations potentielles d'une attaque**	**Réf.**	**Mesure d'atténuation**
19.1	Extraction de logiciels soumis à des droits d'auteur ou propriétaires des systèmes du véhicule (piratage de produits/logiciel volé)	M7	Des techniques et des conceptions de contrôle de l'accès doivent être utilisées pour protéger les données ou le code du système. Pour des exemples de contrôles de sécurité, voir OWASP.
19.2	Accès non autorisé aux données personnelles du propriétaire, notamment concernant son identité, son compte de paiement, son carnet d'adresses, sa localisation, l'identifiant électronique du véhicule, etc.	M8	La conception du système et le contrôle de l'accès devraient empêcher que des personnes non autorisées puissent accéder à des données personnelles ou à des données critiques du système. Pour des exemples de contrôles de sécurité, voir OWASP.
19.3	Extraction de clefs cryptographiques	M11	Des contrôles de sécurité doivent être mis en œuvre pour le stockage des clefs cryptographiques, par exemple des modules de sécurité.
20.1	Modifications illicites/non autorisées de l'identifiant électronique du véhicule	M7	Des techniques et des conceptions de contrôle de l'accès doivent être utilisées pour protéger les données ou le code du système. Pour des exemples de contrôles de sécurité, voir OWASP.
20.2	Usurpation d'identité. Par exemple, si un utilisateur souhaite afficher une autre identité lorsqu'il communique avec les systèmes de péage, le système dorsal du constructeur		
20.3	Mesure visant à contourner les systèmes de surveillance (par exemple, piratage/altération/blocage de messages tels que les données ODR Tracker ou le nombre de passages)	M7	Des techniques et des conceptions de contrôle de l'accès doivent être utilisées afin que les données ou le code du système soient protégés. Pour des exemples de contrôles de sécurité, voir OWASP. Il est possible d'atténuer les attaques qui consistent à manipuler des données et ciblent des capteurs ou des données transmises grâce à un recoupement des données provenant de différentes sources d'information.
20.4	Manipulation des données visant à falsifier les données de conduite du véhicule (kilométrage, vitesse de conduite, itinéraire, etc.)		
20.5	Modifications non autorisées des données de diagnostic du système		
21.1	Effacement/manipulation non autorisé(e) des journaux d'événements du système	M7	Des techniques et des conceptions de contrôle de l'accès doivent être utilisées pour protéger les données ou le code du système. Pour des exemples de contrôles de sécurité, voir OWASP.

Référence du tableau A1	Menace liée aux cibles ou motivations potentielles d'une attaque	Réf.	Mesure d'atténuation
22.2	Introduire un logiciel malveillant ou une activité logicielle malveillante	M7	Des techniques et des conceptions de contrôle de l'accès doivent être utilisées afin que les données ou le code du système soient protégés. Pour des exemples de contrôles de sécurité, voir OWASP.
23.1	Fabrication du logiciel du système de commande ou d'information du véhicule		
24.1	Déni de service que l'on peut, par exemple, déclencher sur le réseau interne en inondant un bus CAN, ou en provoquant des pannes sur un module de gestion électronique par l'envoi d'un grand nombre de messages	M13	Des mesures visant à détecter une attaque par déni de service et à s'en remettre doivent être mises en œuvre.
25.1	Accès non autorisé visant à falsifier les paramètres de configuration des fonctions critiques du véhicule, telles que les données de freinage, le seuil de déploiement du coussin gonflable, etc.	M7	Des techniques et des conceptions de contrôle de l'accès doivent être utilisées afin que les données ou le code du système soient protégés. Pour des exemples de contrôles de sécurité, voir OWASP.
25.2	Accès non autorisé visant à falsifier les paramètres de charge, tels que la tension de charge, la puissance de charge, la température de la batterie, etc.		

6. Mesures d'atténuation – "Vulnérabilités potentielles susceptibles d'être exploitées si elles ne sont pas suffisamment protégées ou réduites"

Les mesures d'atténuation des menaces liées aux vulnérabilités potentielles susceptibles d'être exploitées si elles ne sont pas suffisamment protégées ou réduites sont indiquées dans le tableau B6.

Tableau B6

Mesures d'atténuation des menaces liées aux vulnérabilités potentielles susceptibles d'être exploitées si elles ne sont pas suffisamment protégées ou réduites

Référence du tableau A1	Menace liée aux vulnérabilités potentielles susceptibles d'être exploitées si elles ne sont pas suffisamment protégées ou réduites	Réf.	Mesure d'atténuation
26.1	L'utilisation de courtes clefs cryptographiques ayant une longue période de validité permet à l'attaquant de casser le cryptage	M23	Les meilleures pratiques de cybersécurité doivent être suivies dans le cadre du développement des logiciels et du matériel.
26.2	Recours insuffisant aux algorithmes cryptographiques pour protéger les systèmes vulnérables		
26.3	Utilisation d'algorithmes cryptographiques obsolètes		

Référence du tableau A1	**Menace liée aux vulnérabilités potentielles susceptibles d'être exploitées si elles ne sont pas suffisamment protégées ou réduites**	**Réf.**	**Mesure d'atténuation**
27.1	Matériel ou logiciel que l'on modifie pour permettre une attaque ou qui ne répond pas aux critères de conception permettant de bloquer une attaque	M23	Les meilleures pratiques de cybersécurité doivent être suivies dans le cadre du développement des logiciels et du matériel.
28.1	La présence de bogues logiciels peut être la cause de vulnérabilités potentiellement exploitables, en particulier si l'on n'a pas testé le logiciel pour vérifier l'absence de mauvais code ou de bogues connus et pour réduire le risque de leur présence.	M23	Les meilleures pratiques de cybersécurité doivent être suivies lors du développement des logiciels et du matériel. Les contrôles en matière de cybersécurité doivent avoir une portée suffisante.
28.2	L'utilisation des restes de la phase de développement (ports de débogage, ports JTAG, microprocesseurs, certificats de développement, mots de passe des développeurs, etc.) peut permettre à un attaquant d'accéder aux modules de gestion électronique ou d'obtenir des privilèges plus élevés		
29.1	Ports Internet superflus laissés ouverts, donnant accès aux systèmes réseau		
29.2	Contourner la séparation réseau pour en prendre le contrôle. Par exemple, en utilisant des passerelles non protégées, ou des points d'accès (tels que les passerelles camion-remorque), pour contourner les protections et accéder à d'autres segments du réseau en vue de commettre des actes malveillants, comme l'envoi de messages arbitraires sur le bus CAN	M23	Les meilleures pratiques de cybersécurité doivent être suivies lors du développement des logiciels et du matériel. Les meilleures pratiques de cybersécurité en matière de conception et d'intégration des systèmes doivent être suivies.

7. Mesures d'atténuation – "Perte de données/violation des données du véhicule"

Les mesures d'atténuation des menaces liées à la perte de données ou à la violation des données du véhicule sont indiquées dans le tableau B7.

Tableau B7

Mesures d'atténuation des menaces liées à la perte de données ou à la violation des données du véhicule

Référence du tableau A1	Menace liée à la perte de données/ou à la violation des données du véhicule	Réf.	Mesure d'atténuation
31.1	Atteinte à la sécurité de l'information. Des données personnelles ou confidentielles peuvent être divulguées lorsque la voiture change de main (par exemple, en cas de vente ou d'utilisation comme véhicule de location par de nouveaux clients)	M24	Les meilleures pratiques de protection de l'intégrité et de la confidentialité des données doivent être suivies pour le stockage des données personnelles.

8. Mesures d'atténuation – "Manipulation physique des systèmes en vue de permettre une attaque"

Les mesures d'atténuation des menaces liées à la manipulation physique des systèmes en vue de permettre une attaque sont indiquées dans le tableau B8.

Tableau B8

Mesures d'atténuation des menaces liées à la manipulation physique des systèmes en vue de permettre une attaque

Référence du tableau A1	Menace liée à la manipulation physique des systèmes en vue de permettre une attaque	Réf.	Mesure d'atténuation
32.1	Manipulation du matériel électronique, par exemple ajout de matériel non autorisé à un véhicule pour permettre une attaque de l'homme du milieu	M9	Des mesures visant à empêcher et à détecter les accès non autorisés doivent être prises.

Partie C Mesures d'atténuation des menaces visant les zones situées en dehors des véhicules

1. Mesures d'atténuation – "Serveurs dorsaux"

Les mesures d'atténuation des menaces liées aux serveurs dorsaux sont indiquées dans le tableau C1.

Tableau C1

Mesures d'atténuation des menaces liées aux serveurs dorsaux

Référence du tableau A1	Menace liée aux serveurs dorsaux	Réf.	Mesure d'atténuation
1.1 et 3.1	Abus de privilèges de la part du personnel (attaque d'initié)	M1	Des contrôles de sécurité doivent être réalisés sur les systèmes dorsaux afin que le risque d'attaques d'initié soit réduit au minimum.

Référence du tableau A1	Menace liée aux serveurs dorsaux	Réf.	Mesure d'atténuation
1.2 et 3.3	Accès Internet non autorisé au serveur (activé par exemple par des portes dérobées, des vulnérabilités logicielles système non corrigées, des attaques SQL ou d'autres moyens)	M2	Des contrôles de sécurité doivent être réalisés sur les systèmes dorsaux afin que les accès non autorisés soient réduits au minimum. Pour des exemples de contrôles de sécurité, voir OWASP.
1.3 et 3.4	Accès physique non autorisé au serveur (au moyen, par exemple, de clefs USB ou d'autres supports connectés au serveur)	M8	La conception du système et le contrôle de l'accès devraient empêcher que des personnes non autorisées puissent accéder à des données personnelles ou des données critiques du système.
2.1	Attaque d'un serveur dorsal bloquant son fonctionnement, par exemple en l'empêchant d'interagir avec les véhicules et de fournir les services dont ils ont besoin	M3	Des contrôles de sécurité doivent être réalisés sur les systèmes dorsaux. Lorsque les serveurs dorsaux sont essentiels à la prestation des services, des mesures de rétablissement doivent être disponibles en cas de panne du système. Pour des exemples de contrôles de sécurité, voir OWASP.
3.2	Perte d'informations dans le "nuage". Des données sensibles peuvent être perdues en raison d'attaques ou d'accidents lorsque les données sont stockées par des fournisseurs de services en nuage tiers	M4	Des contrôles de sécurité doivent être réalisés pour que les risques associés à l'informatique en nuage soient réduits au minimum. Pour des exemples de contrôles de sécurité, voir OWASP et les orientations NCSC sur l'informatique en nuage.
3.5	Atteinte à la sécurité de l'information due au partage involontaire de données (par exemple, erreurs administratives, stockage des données sur des serveurs situés dans des garages)	M5	Des contrôles de sécurité visant à éviter les atteintes à la sécurité des données doivent être réalisés sur les systèmes dorsaux. Pour des exemples de contrôles de sécurité, voir OWASP.

2. Mesures d'atténuation – "Actions humaines non intentionnelles"

Les mesures d'atténuation des menaces liées aux actions humaines non intentionnelles sont indiquées dans le tableau C2.

Tableau C2

Mesures d'atténuation des menaces liées aux actions humaines non intentionnelles

Référence du tableau A1	Menace liée aux actions humaines non intentionnelles	Réf.	Mesure d'atténuation
15.1	Victime innocente (par exemple, propriétaire, opérateur ou ingénieur de maintenance) amenée par la ruse et à son insu à charger un logiciel malveillant ou à permettre une attaque	M18	Des mesures visant à définir et à contrôler les rôles des utilisateurs et les privilèges d'accès doivent être mises en œuvre selon le principe du moindre privilège.

Référence du tableau A1	Menace liée aux actions humaines non intentionnelles	Réf.	Mesure d'atténuation
15.2	Les procédures de sécurité définies ne sont pas suivies	M19	Les entreprises doivent s'assurer que les procédures de sécurité sont définies et suivies, notamment pour ce qui est du journal d'actions et des accès réservés à la gestion des fonctions de sécurité.

3. Mesures d'atténuation – "Perte physique de données"

Les mesures d'atténuation des menaces liées à la perte physique de données sont indiquées dans le tableau C3.

Tableau C3

Mesures d'atténuation des menaces liées à la perte physique de données

Référence du tableau A1	Menace liée à la perte physique de données	Réf.	Mesure d'atténuation
30.1	Dommages causés par un tiers. Des données sensibles peuvent être perdues ou compromises en raison de dommages matériels subis en cas d'accident de la circulation ou de vol	M24	Les meilleures pratiques de protection de l'intégrité et de la confidentialité des données doivent être suivies pour le stockage des données personnelles. Pour des exemples de contrôles de sécurité, voir ISO/SC27/WG5.
30.2	Perte due à des conflits de gestion des droits numériques (DRM). Les données de l'utilisateur peuvent être effacées en raison de problèmes de DRM		
30.3	Des données sensibles (ou leur intégrité) peuvent être perdues en raison de l'usure des composants informatiques, ce qui peut entraîner des problèmes en cascade (en cas de modification des clefs, par exemple)		

Résolution ONU du 16 décembre 2020,

Sur la base du rapport de la Troisième Commission (A/75/478/Add.2, par. 89).

Pour connaître la portée juridique de ce texte : V. comm. introductif au Livre troisième, III. Règles internationales.

75/176 Le droit à la vie privée à l'ère du numérique

L'Assemblée générale,

Réaffirmant **les buts et principes énoncés dans la Charte des Nations unies, les droits humains et les libertés fondamentales inscrits dans la Déclaration universelle des droits de l'homme** *[Résol. 217 A (III)]* **et dans les instruments internationaux applicables relatifs aux droits humains, notamment le Pacte international relatif aux droits civils et**

politiques *[V. Résol. 2200 A (XXI), annexe]* et le Pacte international relatif aux droits économiques, sociaux et culturels*[ibid.]* , ainsi que la Déclaration et le Programme d'action de Vienne *[A/CONF.157/24 (Part I), chap. III]*,

Rappelant ses résolutions 68/167 du 18 décembre 2013, 69/166 du 18 décembre 2014, 71/199 du 19 décembre 2016 et 73/179 du 17 décembre 2018 sur le droit à la vie privée à l'ère du numérique et sa résolution 45/95 du 14 décembre 1990 sur les principes directeurs pour la réglementation des fichiers personnels informatisés, ainsi que les résolutions du Conseil des droits de l'homme 28/16 du 26 mars 2015 *[V. Documents officiels de l'Assemblée générale, 70e session, Supplément no 53 (A/70/53), chap. III, sect. A]*, 34/7 du 23 mars 2017 *[ibid., 72e session, Suppl. no 53 (A/72/53), chap. IV, sect. A]*, 37/2 du 22 mars 2018 *[ibid., 73e session, Suppl. no 53 (A/73/53), chap. IV, sect. A]* et 42/15 du 26 septembre 2019 *[ibid., 74e session, Suppl. no 53A (A/74/53/Add.1), chap. III]* sur le droit à la vie privée à l'ère du numérique, et 32/13 du 1er juillet 2016 *[ibid., 71e session, Suppl. no 53 (A/71/53), chap. V, sect. A]* et 38/7 du 5 juillet 2018 *[ibid., 73e session, Suppl. no 53 (A/73/53), chap. VI, sect. A]* sur la promotion, la protection et l'exercice des droits de l'homme sur Internet,

Rappelant également le document final de sa réunion de haut niveau sur l'examen d'ensemble de la mise en œuvre des textes issus du Sommet mondial sur la société de l'information *[Résol. 70/125]*,

Prenant note des rapports du Rapporteur spécial sur le droit à la vie privée *[A/HRC/43/52 et A/75/147]* et du Rapporteur spécial sur la promotion et la protection du droit à la liberté d'opinion et d'expression *[A/HRC/44/49 et A/75/261]* , ainsi que des rapports pertinents du Rapporteur spécial sur les droits à la liberté de réunion pacifique et à la liberté d'association *[A/HRC/44/50 et A/75/184]* et de la Rapporteuse spéciale sur les formes contemporaines de racisme, de discrimination raciale, de xénophobie et de l'intolérance qui y est associée *[A/HRC/44/57 et A/75/329]*,

Saluant les travaux du Haut-Commissariat des Nations unies aux droits de l'homme sur le droit à la vie privée à l'ère du numérique, prenant note avec intérêt du rapport qu'il a établi sur le sujet *[A/HRC/39/29]* et rappelant les ateliers d'experts tenus sur la question les 19 et 20 février 2018 et les 27 et 28 mai 2020,

Prenant note de la Stratégie du Secrétaire général en matière de nouvelles technologies et de son Plan d'action de coopération numérique, notant les discussions menées chaque année au Forum sur la gouvernance d'Internet, qui offre un espace de dialogue multipartite sur les questions liées à la gouvernance d'Internet et dont le mandat a été prorogé de 10 ans en 2015 par l'Assemblée générale, et consciente qu'il faut, pour surmonter efficacement les difficultés liées au droit à la vie privée eu égard aux techniques modernes de communication, que toutes les parties concernées mènent une action suivie et concertée,

Notant que le rythme soutenu du progrès technique qui permet à chacun, partout dans le monde, d'utiliser les technologies de l'information et des communications, accroît en même temps la capacité des pouvoirs publics, des entreprises et des particuliers d'exercer une surveillance ainsi que d'intercepter et de collecter des données, ce qui peut constituer une violation des droits humains ou une atteinte à ces droits, notamment le droit à la vie privée consacré par l'article 12 de la Déclaration universelle des droits de l'homme et par l'article 17 du Pacte international relatif aux droits civils et politiques, et est donc un motif de préoccupation croissante,

Notant également que les violations du droit à la vie privée à l'ère du numérique et les atteintes à ce droit peuvent toucher tout un chacun et avoir des conséquences particulières pour les femmes, les enfants, en particulier les filles, et les personnes vulnérables et marginalisées,

Considérant que la promotion et le respect du droit à la vie privée sont essentiels pour prévenir la violence, y compris les violences fondées sur le genre, les mauvais traitements et le harcèlement sexuel, en particulier contre les femmes et les enfants, ainsi que toutes les formes de discrimination, qui peuvent se produire dans l'espace numérique et en ligne, et qui comprennent la cyberintimidation et le cyberharcèlement,

Notant que les enfants peuvent être particulièrement vulnérables face aux violations du droit à la vie privée et aux atteintes à ce droit,

Réaffirmant le droit à la vie privée, en vertu duquel nul ne sera l'objet d'immixtions arbitraires ou illégales dans sa vie privée, sa famille, son domicile ou sa correspondance, et le droit à la protection de la loi contre de telles immixtions, et consciente que l'exercice du droit à la vie privée est important pour la réalisation du droit à la liberté d'expression, du droit de ne pas être inquiété pour ses opinions et du droit à la liberté de réunion pacifique et d'association, et qu'il est l'un des fondements d'une société démocratique,

Rappelant avec satisfaction l'observation générale n° 16 du Comité des droits de l'homme sur l'article 17 du Pacte international relatif aux droits civils et politiques, qui porte sur le droit de chacun à la protection contre les immixtions dans sa vie privée, sa famille, son domicile et sa correspondance et à la protection de son honneur et de sa réputation *[Documents officiels de l'Assemblée générale, 43ᵉ session, Suppl. n° 40 (A/43/40), annexe VI]*, et notant les progrès technologiques considérables accomplis depuis son adoption, ainsi que la nécessité d'examiner le droit à la vie privée au regard des défis que pose l'ère du numérique,

Consciente qu'il faut continuer d'examiner et d'analyser, à la lumière du droit international des droits de l'homme, les questions liées à la promotion et la protection du droit à la vie privée à l'ère du numérique, aux garanties procédurales, au contrôle interne efficace et aux recours, ainsi qu'aux incidences de la surveillance sur le droit à la vie privée et d'autres droits humains, et qu'il convient d'examiner les principes d'absence d'arbitraire, de légalité, de nécessité et de proportionnalité au regard des pratiques de surveillance,

Considérant que le débat sur le droit à la vie privée devrait tenir compte des obligations juridiques imposées par le droit interne et le droit international, notamment le droit international des droits de l'homme, ainsi que des engagements pris en la matière, et ne devrait pas ouvrir la voie à des atteintes aux droits de la personne,

Soulignant l'importance du plein respect de la liberté de rechercher, de recevoir et de communiquer des informations, et en particulier l'importance capitale de l'accès à l'information et de la participation démocratique,

Considérant que le droit à la vie privée est important pour l'exercice d'autres droits et qu'il peut contribuer à faire en sorte que chacun soit à même de participer à la vie politique, économique, sociale et culturelle, et notant avec préoccupation que les violations du droit d'être protégé contre toute atteinte illégale ou arbitraire au droit à la vie privée, ou les atteintes à ce droit, peuvent nuire à l'exercice d'autres droits humains, notamment le droit à la liberté d'expression et le droit de ne pas être inquiété pour ses opinions, le droit de réunion pacifique et le droit à la liberté d'association,

Constatant que*[,]* si les métadonnées peuvent offrir des avantages, certains types de métadonnées peuvent aussi, par agrégation, révéler des informations personnelles tout aussi sensibles que le contenu même des communications et donner des indications sur le comportement, les relations sociales, les préférences personnelles et l'identité de particuliers,

Notant avec préoccupation que*[,]* souvent, les personnes, en particulier les enfants, ne donnent pas ou ne peuvent pas donner leur consentement libre, exprès et éclairé à la vente et à la revente de leurs données personnelles, et que la collecte, le traitement, l'utilisation, le stockage et l'échange des informations personnelles, notamment sensibles, se sont beaucoup développés à l'ère du numérique,

Notant que, dans son observation générale n° 16, le Comité des droits de l'homme recommande aux États de prendre des mesures effectives pour prévenir la conservation, le traitement et l'utilisation de données personnelles stockées par les autorités publiques ou les entreprises,

Constatant que l'utilisation de l'intelligence artificielle peut contribuer à la promotion et à la protection des droits humains, transformer les gouvernements et les sociétés, les secteurs économiques et le monde du travail, et avoir des répercussions de portée considérable, y compris en ce qui concerne le droit à la vie privée,

Constatant avec inquiétude que l'intelligence artificielle ou l'apprentissage par la machine peut, en l'absence de garanties techniques, réglementaires, juridiques et éthiques, conduire à des décisions de nature à nuire à l'exercice des droits humains, notamment les droits économiques, sociaux et culturels, et au principe de non-discrimination, et consciente qu'il faut appliquer le droit international des droits de l'homme et les dispositifs de protection de données lors de la conception, de l'évaluation et de la réglementation de ces techniques,

Consciente que, si elle peut avoir des effets positifs notables aux niveaux économique et social, l'utilisation de l'intelligence artificielle nécessite et permet le traitement d'importants volumes de données, souvent personnelles, y compris des données biométriques et des données sur le comportement, les relations sociales, la race ou l'appartenance ethnique, la religion ou les convictions d'une personne, ce qui peut faire peser de graves risques sur l'exercice du droit à la vie privée, notamment lorsque cette technologie est utilisée sans les garanties appropriées, en particulier à des fins d'identification, de localisation, de profilage, de reconnaissance faciale, de classification, de prédiction des comportements ou d'évaluation des personnes,

Notant que, si aucun garde-fou n'est prévu, l'utilisation de l'intelligence artificielle risque de renforcer la discrimination, y compris les inégalités structurelles, et consciente de la nécessité d'empêcher que la conception, l'élaboration, la mise en œuvre et l'utilisation des nouvelles technologies numériques aient des effets discriminatoires, notamment sur le plan racial,

Soulignant que la surveillance ou l'interception illicite ou arbitraire des communications, ainsi que la collecte illicite ou arbitraire de données personnelles, le piratage et l'utilisation illicite des technologies biométriques, compte tenu de leur caractère éminemment intrusif, portent atteinte au droit à la vie privée, sont de nature à constituer une atteinte au droit à la liberté d'expression, au droit de ne pas être inquiété pour ses opinions, au droit à la liberté de réunion pacifique et d'association et au droit à la liberté de religion ou de conviction, et peuvent être contraires aux principes d'une société démocratique, notamment lorsqu'elles sont pratiquées en dehors du territoire national ou à grande échelle,

Consciente que les droits dont les personnes jouissent hors ligne, y compris le droit à la vie privée, doivent également être protégés en ligne,

Notant en particulier que la surveillance des communications numériques doit être conforme aux obligations internationales relatives aux droits humains et reposer sur un cadre juridique accessible à tous, clair, précis, complet et non discriminatoire, et qu'aucune limitation du droit à la vie privée ne doit être arbitraire ou illicite, ni déraisonnable au regard des objectifs légitimes poursuivis, et rappelant que les États parties au Pacte international relatif aux droits civils et politiques doivent prendre les arrangements devant permettre l'adoption de telles mesures d'ordre législatif ou autre propres à donner effet aux droits reconnus dans le Pacte,

Se déclarant préoccupée par la diffusion d'informations erronées et fallacieuses, notamment sur les plateformes de médiaux sociaux, qui peuvent viser à tromper, à promouvoir le racisme, la xénophobie, les stéréotypes négatifs et la stigmatisation, à porter atteinte aux droits humains, y compris au droit à la vie privée, à entraver la liberté d'expression, y compris la liberté de rechercher, de recevoir et de communiquer des informations, et à inciter à la violence, à la haine, à l'intolérance, à la discrimination et à l'hostilité sous toutes leurs formes, et soulignant le rôle majeur que jouent les journalistes, la société civile et le monde universitaire pour contrer cette tendance,

Soulignant que les États doivent s'acquitter de leurs obligations internationales en matière de droits humains relatives au droit à la vie privée lorsqu'ils interceptent des communications numériques de particuliers ou collectent des données personnelles, lorsqu'ils font jouer, entre autres, des accords d'échange d'informations et de renseignements pour échanger des données ou autoriser l'accès aux données qu'ils ont collectées et lorsqu'ils demandent à des tiers, notamment à des entreprises, de communiquer des données personnelles,

Prenant note de l'intensification de la collecte de données biométriques sensibles auprès de particuliers, et soulignant que les États doivent respecter leurs obligations en matière de droits humains et que les entreprises sont tenues de respecter le droit à la vie privée et les autres droits humains lorsqu'elles collectent, traitent, échangent et stockent les données biométriques, notamment en envisageant d'adopter des mesures de protection et des garde-fous,

Profondément préoccupée par l'incidence néfaste que la surveillance ou l'interception des communications, y compris en dehors du territoire national, ainsi que la collecte de données personnelles, en particulier lorsqu'elle est effectuée à grande échelle, peuvent avoir sur l'exercice des droits humains,

Soulignant que, à l'ère du numérique, il est important d'avoir recours à des solutions techniques pour protéger la confidentialité des communications numériques, notamment à des techniques de chiffrement, de pseudonymisation et d'anonymisation, pour garantir l'exercice des droits humains, notamment le droit à la vie privée, le droit à la liberté d'opinion et d'expression et le droit à la liberté de réunion pacifique et d'association, et estimant que les États doivent s'abstenir de recourir à des techniques de surveillance illicites ou arbitraires, y compris à des formes de piratage,

Constatant avec une profonde inquiétude que, dans de nombreux pays, il est fréquent que les personnes et les organisations qui travaillent à la promotion et à la défense des droits humains et des libertés fondamentales, les journalistes et les autres professionnels des médias fassent l'objet de menaces et de harcèlement, se trouvent en situation d'insécurité ou soient l'objet d'immixtions arbitraires ou illégales dans leur vie privée en raison de leurs activités,

Notant que, si des considérations tenant à la sécurité publique peuvent justifier la collecte et la protection de certaines données sensibles, les États doivent pleinement s'acquitter des obligations qui leur incombent au titre du droit international des droits de l'homme,

Notant également à cet égard que la prévention et la répression du terrorisme sont des activités d'intérêt public qui revêtent une grande importance, tout en réaffirmant que les États doivent veiller à ce que toute mesure prise pour combattre le terrorisme soit conforme aux obligations que leur impose le droit international, en particulier le droit international des droits de l'homme, le droit international des réfugiés et le droit international humanitaire,

Soulignant qu'il faut faire face aux défis majeurs pour réduire la fracture numérique, tant entre les pays et à l'intérieur de ces derniers qu'entre femmes et hommes, et mettre les technologies de l'information et des communications au service du développement, et rappelant qu'il convient de mettre l'accent sur la qualité de l'accès afin de réduire la fracture numérique et combler le fossé des connaissances à la faveur d'une stratégie multidimensionnelle qui tienne compte de la vitesse, de la stabilité, du coût, de la langue, de la formation, du renforcement des capacités, du contenu local et de l'accessibilité pour les personnes handicapées, ainsi que de promouvoir le plein exercice des droits humains, y compris le droit à la vie privée,

Soulignant également qu'il convient de veiller à ce que les mesures de sécurité nationale et de santé publique, y compris l'utilisation de la technologie aux fins du suivi et de l'endiguement de la propagation de maladies infectieuses, soient pleinement conformes aux obligations qui incombent aux États au titre du droit international des droits de l'homme et respectent les principes de licéité, de légalité, de légitimité du but poursuivi, de nécessité et de proportionnalité, ainsi que l'obligation de protéger les droits humains, y compris le droit à la vie privée, et les données personnelles dans les réponses aux situations d'urgence sanitaire et autres crises,

Notant qu'il importe de protéger et de respecter le droit des personnes à la vie privée lors de la conception, de l'élaboration ou du déploiement de technologies permettant de faire face aux catastrophes, aux épidémies et aux pandémies, tout particulièrement à la pandémie de maladie à coronavirus 2019 (COVID-19), y compris de technologies de notification d'exposition et de recherche des contacts,

1 *Réaffirme* le droit à la vie privée, en vertu duquel nul ne sera l'objet d'immixtions arbitraires ou illégales dans sa vie privée, sa famille, son domicile ou sa correspondance, et le droit à la protection de la loi contre de telles immixtions, consacrés par l'article 12 de la Déclaration universelle des droits de l'homme et par l'article 17 du Pacte international relatif aux droits civils et politiques ;

2 *Estime* que le caractère mondial et ouvert d'Internet et les progrès rapides dans le domaine des technologies de l'information et de la communication constituent un facteur accélérant la réalisation du développement sous ses diverses formes, et notamment celle des objectifs de développement durable *[V. résol. 70/1]* ;

3 *Affirme* que les droits dont les personnes jouissent hors ligne doivent également être protégés en ligne, y compris le droit à la vie privée, et qu'une attention particulière doit être accordée à la protection des enfants ;

4 *Rappelle* que les États devraient veiller à ce que toute immixtion dans la vie privée respecte les principes de légalité, de nécessité et de proportionnalité ;

5 *Encourage* tous les États à promouvoir un environnement informatique et télématique ouvert, sûr, stable, accessible et pacifique, fondé sur le respect du droit international, notamment les obligations inscrites dans la Charte des Nations unies et les instruments relatifs aux droits humains ;

6 *Constate* que la conception, l'élaboration, l'utilisation, le déploiement et le développement de technologies nouvelles et naissantes, telles que celles qui font appel à l'intelligence artificielle, peuvent avoir des incidences sur l'exercice du droit à la vie privée et d'autres droits humains, et que les risques qui pèsent sur ces droits peuvent et doivent être évités et réduits au minimum grâce à l'adoption de règlements adéquats ou d'autres mécanismes appropriés ou à l'adaptation de ceux existants, conformément aux obligations découlant du droit international des droits de l'homme qui régissent la conception, l'élaboration, le développement et le déploiement des technologies nouvelles et naissantes telles que l'intelligence artificielle, à la prise de mesures visant à garantir des infrastructures de données de qualité, sûres, transparentes, responsables et sécurisées, et à la création de mécanismes de contrôle axés sur les droits humains, de mécanismes de réparation et de mécanismes de surveillance humaine ;

7 *Demande* à tous les États :

a) De respecter et de protéger le droit à la vie privée, y compris dans le cadre des communications numériques ;

b) De prendre des mesures pour mettre fin aux violations de ce droit et de créer les conditions permettant de les prévenir, notamment en veillant à ce que la législation nationale applicable soit conforme aux obligations imposées par le droit international des droits de l'homme ;

c) De revoir régulièrement leurs procédures, leurs pratiques et leur législation en matière de surveillance et d'interception des communications et de collecte de données personnelles, notamment à grande échelle, et concernant l'utilisation du profilage, la prise de décisions automatisée, l'apprentissage automatique et les technologies biométriques, dans le souci de défendre le droit à la vie privée en veillant à respecter pleinement et effectivement toutes leurs obligations au regard du droit international des droits de l'homme ;

d) De créer, ou de maintenir en place, des mécanismes nationaux de contrôle judiciaire, administratif ou parlementaire qui soient indépendants, effectifs, impartiaux et dotés de moyens suffisants et qui puissent garantir la transparence, selon qu'il convient, et la responsabilité des États en termes de surveillance et d'interception des communications et de collecte de données personnelles ;

e) De permettre aux personnes dont le droit à la vie privée a été violé en conséquence d'une surveillance illégale ou arbitraire d'avoir accès à des voies de recours effectives, conformément aux obligations internationales en matière de droits humains ;

f) D'envisager d'élaborer, ou de maintenir, et d'appliquer une législation adaptée, en consultation avec toutes les parties prenantes, y compris les entreprises, les organisations internationales et la société civile, prévoyant des sanctions effectives et des voies de recours adéquates, en vue de protéger les personnes des violations du droit à la vie privée et des atteintes à ce droit, notamment la collecte, le traitement, la conservation, l'échange et l'utilisation illicites et arbitraires de données à caractère personnel par des particuliers, des administrations publiques, des entreprises et des organisations privées ;

g) D'envisager d'élaborer, ou de maintenir, et d'appliquer des lois, des règlements et des politiques visant à faire en sorte que toutes les entreprises, notamment les entreprises de médias sociaux et autres plateformes en ligne, respectent pleinement le droit à la vie privée et les autres droits humains lorsqu'elles conçoivent, mettent au point, déploient et évaluent des technologies, y compris l'intelligence artificielle, et de permettre aux personnes qui ont pu être victimes de violations de leurs droits ou d'atteintes à ces droits d'accéder à des voies de recours effectives, notamment d'obtenir une réparation et des garanties de non-répétition ;

h) D'envisager d'adopter ou de maintenir des lois, des règlements et des politiques de protection des données, y compris celles relatives aux communications numériques, qui soient conformes à leurs obligations internationales en matière de droits humains, notamment d'établir des autorités nationales indépendantes dotées de l'autorité et des moyens nécessaires pour assurer le suivi des pratiques en ce qui concerne la confidentialité des données, enquêter sur les violations et les atteintes et recevoir des communications émanant de particuliers ou d'organismes, et d'offrir des voies de recours adéquates ;

i) De renforcer ou de maintenir, à cet égard, les mesures préventives et les voies de recours contre les violations du droit à la vie privée à l'ère du numérique et les atteintes à ce droit qui pourraient toucher chaque personne, y compris lorsqu'elles ont des conséquences particulières pour les femmes et les enfants ;

j) D'envisager d'élaborer, d'examiner, d'appliquer et de renforcer des politiques tenant compte des questions de genre qui protègent le droit de tous à la vie privée à l'ère du numérique ;

k) De fournir aux entreprises des orientations efficaces et actualisées en ce qui concerne le respect des droits humains, en leur donnant des conseils sur les méthodes appropriées, notamment sur la diligence voulue en matière de droits humains, et la manière de tenir efficacement compte des questions liées au genre, à la vulnérabilité ou à la marginalisation ;

l) De promouvoir une éducation de qualité et des possibilités de formation pour tous tout au long de la vie afin de favoriser, notamment, l'acquisition des connaissances informatiques et des compétences techniques nécessaires pour protéger efficacement leur vie privée ;

m) De s'abstenir de demander aux entreprises de prendre des mesures portant arbitrairement et illégalement atteinte au droit à la vie privée ;

n) De protéger les personnes contre les violations du droit à la vie privée et les atteintes à ce droit, notamment celles découlant de la collecte, du traitement, du stockage et de l'échange arbitraires et illégaux de données et de l'utilisation du profilage, de processus automatisés et de l'apprentissage automatique ;

o) De prendre des dispositions pour donner aux entreprises la possibilité d'adopter des mesures de transparence volontaires et appropriées s'agissant des demandes d'accès des autorités publiques aux données et informations des utilisateurs privés ;

p) D'envisager d'élaborer ou de maintenir des lois, des mesures préventives et des voies de recours contre les effets nocifs du traitement, de l'utilisation, de la vente ou de la revente ou de tout autre partage entre les entreprises de données personnelles, sans le consentement libre, exprès, véritable et éclairé des intéressés ;

q) De prendre les mesures qui s'imposent pour garantir que la conception, la mise en œuvre et l'exploitation des programmes d'identification numérique ou biométrique s'accompagnent des garanties juridiques et techniques appropriées et se déroulent dans le plein respect des obligations qui incombent aux États au titre du droit international des droits de l'homme ;

8 *Demande* à toutes les entreprises qui collectent, stockent, utilisent, échangent et traitent des données :

a) De s'acquitter de l'obligation qui est la leur de respecter les droits humains, conformément aux principes intitulés « Principes directeurs relatifs aux entreprises et aux droits de l'homme : mise en œuvre du cadre de référence "protéger, respecter et réparer" des Nations unies » *[A/HRC/17/31, annexe]*, y compris le droit à la vie privée à l'ère du numérique ;

b) D'informer les utilisateurs, d'une manière claire et aisément accessible, des pratiques de collecte, d'utilisation, de partage et de conservation des données de nature à porter atteinte à leur droit à la vie privée, et de mettre en place des politiques de transparence qui prévoient le consentement libre, éclairé et véritable des utilisateurs, selon qu'il convient ;

c) De mettre en place des mesures de précaution d'ordre administratif, technique et physique pour veiller à ce que les données soient traitées de manière légale et à ce que leur traitement se limite à ce qui est nécessaire au regard des objectifs visés, et pour garantir la légalité de ces objectifs, ainsi que l'exactitude, l'intégrité et la confidentialité du traitement des données ;

d) De veiller à ce que le respect du droit à la vie privée et d'autres droits internationalement reconnus soit pris en compte dans la conception, l'utilisation, l'évaluation et la réglementation des programmes informatiques d'aide à la décision et de l'apprentissage par la machine, et de prévoir des mécanismes de réparation pour les atteintes aux droits humains qu'elles pourraient causer ou auxquelles elles pourraient contribuer ;

e) De veiller à ce que les personnes aient accès à leurs données personnelles et de prendre des mesures appropriées pour qu'elles puissent les modifier, les corriger, les mettre à jour, les effacer et retirer leur consentement au traitement de ces données, en particulier si celles-ci sont fausses ou inexactes ou si elles ont été obtenues par des moyens illicites ;

f) De mettre en place des garanties adéquates en vue de prévenir ou d'atténuer les incidences négatives sur les droits humains qui sont directement liées à leurs activités, produits ou services, y compris, le cas échéant, au moyen de clauses contractuelles et en informant les entités compétentes des atteintes ou des violations dans les cas où une utilisation abusive de leurs produits et services est constatée ;

9 *Encourage* les entreprises à favoriser la mise en place de solutions techniques permettant de garantir et de préserver la confidentialité des communications numériques, notamment des techniques de chiffrement, de pseudonymisation et d'anonymisation, et demande aux États de ne pas s'ingérer dans l'utilisation de telles solutions et de n'imposer d'autres restrictions que celles qui sont conformes aux obligations mises à leur charge par le droit international des droits de l'homme, ainsi que d'adopter des politiques qui reconnaissent et protègent la confidentialité des communications numériques des particuliers ;

10 *Encourage* toutes les parties prenantes à participer à des dialogues informels sur le droit à la vie privée, et prend note avec satisfaction du concours apporté à cet effet par le Rapporteur spécial du Conseil des droits de l'homme sur le droit à la vie privée ;

11 *Décide* de poursuivre l'examen de la question à sa soixante-dix-septième session.

Résolution A41-19 de la 41e session de l'Assemblée plénière de l'Organisation de l'aviation civile internationale des 27 septembre – 7 octobre 2022,

Sur la cybersécurité de l'aviation civile.

BIBL. ▶ AAE, Dossier n° 45 : « Cybermenaces visant le transport aérien », *2019.*

A41-19 Cybersécurité de l'aviation civile

L'Assemblée,

Considérant que le système mondial de l'aviation est un système éminemment complexe et intégré constitué de systèmes qui sont essentiels à la sécurité et à la sûreté des vols d'aviation civile,

Notant que le secteur de l'aviation dépend de plus en plus de la disponibilité, de l'intégrité et de la confidentialité de l'information, des données et des systèmes,

Consciente que les cybermenaces pesant sur l'aviation civile sont en évolution rapide et constante, que l'aviation demeure une cible pour ceux qui mettent en œuvre des cybermenaces ou des menaces physiques, et que ces cybermenaces peuvent évoluer et porter atteinte aux systèmes critiques de l'aviation civile dans le monde entier,

Notant que tous les événements de cybersécurité qui compromettent la sécurité de l'aviation civile ne sont pas illégaux et/ou intentionnels,

Constatant la nature multiforme et multidisciplinaire des défis et solutions en matière de cybersécurité, et notant que les cyberrisques peuvent simultanément toucher une vaste gamme de domaines de l'aviation et s'étendre rapidement,

Réaffirmant les obligations qu'impose la *Convention relative à l'aviation civile internationale* (Convention de Chicago) de garantir la sécurité, la sûreté et la continuité de l'aviation civile,

Considérant que la *Convention sur la répression des actes illicites dirigés contre l'aviation civile internationale* (Convention de Beijing) et le *Protocole complémentaire à la Convention pour la répression de la capture illicite d'aéronefs* (Protocole de Beijing) renforceraient le cadre juridique mondial visant à considérer les cyberattaques contre l'aviation civile internationale comme des crimes, et qu'en conséquence la ratification à grande échelle de ces instruments par les États découragerait et punirait de telles attaques où qu'elles se produisent,

Réaffirmant l'importance et l'urgence de prendre en compte la cybersécurité et la cyberrésilience des systèmes, des données et des informations critiques de l'aviation civile contre les cybermenaces et les cyberrisques, notamment les interfaces communes entre l'aviation civile et l'aviation militaire,

Considérant la nécessité de travailler de façon collaborative en vue de l'élaboration d'un cadre mondial efficace et coordonné de cybersécurité de l'aviation, et de favoriser la cybersécurité et la cyberrésilience du système mondial de l'aviation face aux cybermenaces qui peuvent compromettre la sécurité et/ou la sûreté de l'aviation civile,

Notant le rôle mobilisateur de l'OACI et le travail qu'elle mène en matière de cybersécurité et de cyberrésilience de l'aviation, dans les différentes disciplines aéronautiques,

Notant qu'il est nécessaire d'harmoniser la cybersécurité de l'aviation aux échelons mondial, régional et national afin d'assurer la cohérence et la pleine interopérabilité des mesures de protection et des systèmes de gestion du risque,

Mesurant l'importance d'élaborer des principes clairs de gouvernance et de responsabilité au niveau national en matière de cybersécurité de l'aviation civile, notamment en désignant une autorité nationale compétente responsable de la cybersécurité de l'aviation en coordination avec les autorités et agences nationales concernées,

Prenant acte de la valeur des initiatives, plans d'action, publications et autres médias conçus pour faire face aux problèmes de cybersécurité de manière collaborative et intégrée,

1 *Prie* instamment les États membres d'adopter et de ratifier la *Convention sur la répression des actes illicites dirigés contre l'aviation civile internationale* (Convention de Beijing) et du *Protocole complémentaire à la Convention pour la répression de la capture illicite d'aéronefs* (Protocole de Beijing) comme moyen de viser les cyberattaques dirigées contre l'aviation civile ;

2 *Invite* les États et les parties prenantes de l'industrie à prendre les mesures suivantes pour faire obstacle aux cybermenaces auxquelles est confrontée l'aviation civile :

a) mettre en œuvre la Stratégie de cybersécurité de l'aviation civile de l'OACI et s'appuyer sur le Plan d'action pour la cybersécurité de l'OACI afin de faciliter la mise en œuvre de la Stratégie ;

b) désigner l'autorité compétente pour les questions liées à la cybersécurité de l'aviation et définir les rapports entre cette autorité et les organismes nationaux concernés ;

c) définir les responsabilités des organismes nationaux et des parties prenantes de l'industrie en ce qui concerne la cybersécurité de l'aviation civile ;

d) élaborer et mettre en œuvre un cadre de gestion des risques pour la cybersécurité solide et fondé sur les pratiques pertinentes en matière de gestion des risques pour la sécurité et la sûreté, et adopter une approche axée sur le risque pour protéger des cybermenaces les systèmes, les informations et les données critiques de l'aviation civile ;

e) établir des politiques et des instruments et affecter des ressources afin que, en ce qui concerne les systèmes d'aviation critiques : la sécurité soit intégrée à la conception des architectures de systèmes ; les systèmes soient protégés et résistants ; les données soient sécurisées et disponibles pendant le stockage et le transfert ; la surveillance des systèmes et les méthodes de détection et de compte rendu d'incidents soient mises en œuvre ; des plans de reprise à la suite d'incident soient élaborés et mis en pratique ; des analyses techniques des cyberincidents soient réalisées ;

f) encourager la coordination des gouvernements et de l'industrie quant aux stratégies, politiques et plans relatifs à la cybersécurité de l'aviation, ainsi que le partage d'informations pour aider à déceler les vulnérabilités critiques auxquelles il faut remédier ;

g) encourager la coopération civilo-militaire visant à recenser, protéger et surveiller les vulnérabilités et les flux de données communs aux connexions entre les systèmes d'aviation civils et militaires, et coopérer aux fins de la gestion des cybermenaces communes et de la reprise à la suite de cyberincidents ;

h) développer, à l'échelle nationale et internationale, des partenariats et des mécanismes gouvernements-industries, et jouer un rôle dans lesdits partenariats et mécanismes, afin que soient systématiquement partagées les informations sur les cybermenaces, les incidents, les tendances dans ce domaine et les efforts d'atténuation ;

i) créer et faire respecter une solide culture de cybersécurité dans l'ensemble du secteur de l'aviation civile ;

j) encourager les États à continuer d'apporter leur contribution à l'OACI en vue d'élaborer des normes internationales, des stratégies et des bonnes pratiques visant à renforcer la cybersécurité et la cyberrésilience de l'aviation ;

k) continuer de collaborer à l'élaboration du cadre de cybersécurité de l'OACI selon une approche horizontale, transversale et fonctionnelle qui met à contribution la sécurité de l'aviation, la sûreté de l'aviation, la facilitation, la navigation aérienne, la communication, la surveillance, la gestion de la circulation aérienne, l'exploitation technique, la navigabilité des aéronefs et d'autres disciplines pertinentes.

3 *Charge l'OACI :*

a) de continuer d'encourager l'adoption et la ratification universelles de la *Convention sur la répression des actes illicites dirigés contre l'aviation civile internationale* (Convention de Beijing) et du *Protocole complémentaire pour la répression de la capture illicite d'aéronefs* (Protocole de Beijing) ;

b) de continuer à veiller à ce que les questions de cybersécurité et de cyberrésilience soient examinées et coordonnées dans toutes les disciplines pertinentes au moyen du nouveau mécanisme d'examen des questions de cybersécurité de l'aviation à l'OACI.

IV RÈGLES ÉTRANGÈRES

Code of Federal Regulations (États-Unis)

BIBL. ▸ SGDSN, Les réglementations américaines de contrôle à l'exportation.

Textes fondamentaux de la République populaire de Chine : Loi sur la cybersécurité (Cybersecurity Law), traduction en anglais : https://digichina.stanford.edu/work/translation-cybersecurity-law-of-the-peoples-republic-of-china-effective-june-1-2017/. – Loi sur la sécurité des données (Data Security Law), traduction en anglais : https://digichina.stanford.edu/work/translation-data-security-law-of-the-peoples-republic-of-china/. – Loi sur la protection des données personnelles (Personal Information Protection law), traduction en anglais : https://digichina.stanford.edu/work/translation-personal-information-protection-law-of-the-peoples-republic-of-china-effective-nov-1-2021/.

PART 732 – STEPS FOR USING THE EAR

§ 732.1 *Steps overview*

(a)

(1) *Introduction.* In this part, references to the EAR are references to 15 CFR chapter VII, subchapter C. This part is intended to help you determine your obligations under the EAR by listing logical steps in §§ 732.2 through 732.5 of this part that you can take in reviewing these regulations. A flow chart describing these steps is contained in supplement no. 1 to part. 732. By cross-references to the relevant provisions of the EAR, this part describes the suggested steps for you to determine applicability of the following :

(i) The scope of the EAR (part. 734 of the EAR) ;

(ii) Each of the general prohibitions (part. 736 of the EAR) ;

The License Exceptions (part. 740 of the EAR) ; and

(iv) Other requirements such as clearing your export with the U.S. Customs Service, keeping records, and completing and documenting license applications.

(2) These steps describe the organization of the EAR, the relationship among the provisions of the EAR, and the appropriate order for you to consider the various provisions of the EAR.

(3) The general information in this part is intended to provide an overview of the steps to be taken for certain requirements in the EAR, though not all of them. Nothing in this part shall be construed as altering or affecting any other authority, regulation, investigation or other enforcement measure provided by or established under any other provision of federal law, including provisions of the EAR.

(b) *Facts about your transaction.* The following five types of facts determine your obligations under the EAR and will be of help to you in reviewing these steps :

(1) *What is it ?* What an item is, for export control purposes, depends on its classification, which is its place on the Commerce Control List (see part. 774 of the EAR).

(2) *Where is it going ?* The country of ultimate destination for an export or reexport also determines licensing requirements (see parts 738 and 774 of the EAR concerning the Country Chart and the Commerce Control List).

(3) *Who will receive it ?* The ultimate end-user of your item cannot be a bad end-user. See General Prohibition Four (Denial Orders) in § 736.2b)(4) and parts 744 and 764 of the EAR for a reference to the list of persons you may not deal with.

(4) *What will they do with it ?* The ultimate end-use of your item cannot be a bad end-use. See General Prohibition Five (End-Use End-User) in § 736.2b)(5) and part. 744 of the EAR for general end-use and end-user restrictions.

(5) *What else do they do ?* Conduct such as contracting, financing, and freight forwarding in support of a proliferation project (as described in § 744.6 of the EAR) may prevent you from dealing with someone.

(c) *Are your items and activities subject to the EAR ?* You should first determine whether your commodity, software, or technology is subject to the EAR (see part. 734 of the EAR concerning scope), and Steps 1 through 6 help you do that. For exports from the United States, only Steps 1 and 2 are relevant. If you already know that your item or activity is subject to the EAR, you should go on to consider the ten general prohibitions in part. 736 of the EAR. If your item or activity is not subject to the EAR, you have no obligations under the EAR and may skip the remaining steps.

(d) *Does your item or activity require a license under one or more of the ten general prohibitions ?*

(1) *Brief summary of the ten general prohibitions.* The general prohibitions are found in part. 736 of the EAR and referred to in these steps. They consist, very briefly, of the following :

(i) General Prohibition One (Exports and Reexports) : Export and reexport of controlled items to listed countries.

(ii) General Prohibition Two (Parts and Components Reexports) : Reexport and export from abroad of foreign-made items incorporating more than a *de minimis* amount of controlled U.S. content.

(iii) General Prohibition Three (Foreign-produced Direct Product Reexports) : Reexport and export from abroad of the foreign-produced direct product of U.S. technology and software.

(iv) General Prohibition Four (Denial Orders) : Engaging in actions prohibited by a denial order.

(v) General Prohibition Five (End-Use End-User) : Export or reexport to prohibited end uses or end users.

(vi) General Prohibition Six (Embargo) : Export or reexport to embargoed destinations.

(vii) General Prohibition Seven (U.S. Person Proliferation Activity) : Support of proliferation activities.

(viii) General Prohibition Eight (In-Transit) : In-transit shipments and items to be unladen from vessels and aircraft.

(ix) General Prohibition Nine (Orders, Terms and Conditions) : Violation of any orders, terms, or conditions.

(x) General Prohibition Ten (Knowledge Violation to Occur) : Proceeding with transactions with knowledge that a violation has occurred or is about to occur.

(2) *Controls on items on the Commerce Control List (CCL)*. If your item or activity is subject to the EAR, you should determine whether any one or more of the ten general prohibitions require a license for your export, reexport, or activity. Steps 7 through 11 refer to classification of your item on the Commerce Control List (CCL) (part. 774 of the EAR) and how to use the Country Chart (supplement no. 1 to part. 738 of the EAR) to determine whether a license is required based upon the classification of your item. These steps refer to General Prohibitions One (Exports and Reexports), Two (Parts and Components Reexports), and Three (Foreign-Produced Direct Product Reexports) for all countries except : Cuba, Iran, North Korea, and Syria. For these countries, you may skip Steps 7 through 11 and go directly to Step 12.

(3) *Controls on activities*. Steps 12 through 18 refer to General Prohibitions Four through Ten. Those general prohibitions apply to all items subject to the EAR, not merely those items listed on the CCL in part. 774 of the EAR. For example, they refer to the general prohibitions for persons denied export privileges, prohibited end-uses and end-users, countries subject to a comprehensive embargo (e.g., Cuba, Iran, North Korea and Syria), prohibited activities of U.S. persons in support of proliferation of weapons of mass destruction, prohibited unlading of shipments, compliance with orders, terms and conditions, and activities when a violation has occurred or is about to occur.

(4) *General prohibitions*. If none of the ten general prohibitions applies, you should skip the steps concerning License Exceptions and for exports from the United States, review Steps 27 through 29 concerning Shipper's Export Declarations to be filed with the U.S. Customs Service, Destination Control Statements for export control documents, and recordkeeping requirements.

(e) *Is a License Exception available to overcome the license requirement ?* If you decide by reviewing the CCL in combination with the Country Chart that a license is required for your destination, you should determine whether a License Exception will except you from that requirement. Steps 20 through 24 help you determine whether a License Exception is available. Note that generally License Exceptions are not available to overcome General Prohibitions Four through Ten. However, selected License Exceptions for embargoed destinations are specified in part. 746 of the EAR and License Exceptions for short supply controls are specified in part. 754 of the EAR. If a License Exception is available and the export is from the United States, you should review Steps 26 through 28 concerning Shipper's Export Declarations to be filed with the U.S. Customs Service, Destination Control Statements for export control documents and recordkeeping requirements. If a License Exception is not available, go on to Steps 25 through 29.

(f) *How do you apply for a license ?* If you must file a license application, you should review the requirements of part. 748 of the EAR as suggested by Step 26. Then you should review Steps 27 through 29 concerning Shipper's Export Declarations to be filed with the U.S. Customs Service, Destination Control Statements for export control documents, and recordkeeping requirements.

§ 732.2 *Steps regarding scope of the EAR*

Steps 1 though 6 are designed to aid you in determining the scope of the EAR. A flow chart describing these steps is contained in supplement n° 2 to part. 732.

(a) *Step 1 : Items subject to the exclusive jurisdiction of another Federal agency*. This step is relevant for both exports and reexports. Determine whether your item is subject to the exclusive jurisdiction of another Federal Agency as provided in § 734.3 of the EAR.

(1) If your item is subject to the exclusive jurisdiction of another Federal agency, comply with the regulations of that agency. You need not comply with the EAR and may skip the remaining steps.

(2) If your item is not subject to the exclusive jurisdiction of another federal agency, then proceed to Step 2 in paragraph (b) of this section.

(b) *Step 2 : Publicly available technology and software.* This step is relevant for both exports and reexports. Determine if your technology or software is publicly available as defined and explained at part. 734 of the EAR. Supplement n° 1 to part. 734 of the EAR contains several practical examples describing publicly available technology and software that are outside the scope of the EAR. The examples are illustrative, not comprehensive. Note that encryption software classified under ECCN 5D002 on the Commerce Control List (refer to supplement n° 1 to Part. 774 of the EAR) is subject to the EAR even if publicly available, except for publicly available encryption object code software classified under ECCN 5D002 when the corresponding source code meets the criteria specified in § 740.13(e) of the EAR. The following also remains subject to the EAR : "Software" or "technology" for the production of a firearm, or firearm frame or receiver, controlled under ECCN 0A501, as referenced in § 734.7(c) of the EAR).

(1) If your technology or software is publicly available, and therefore outside the scope of the EAR, you may proceed with the export or reexport if you are not a U.S. person subject to General Prohibition Seven. If you are a U.S. person, go to Step 15 at § 732.3(j) of this part. If you are a U.S. person and General Prohibition Seven concerning proliferation activity of U.S. persons does not apply, then you may proceed with the export or reexport of your publicly available technology or software. Note that all U.S. persons are subject to the provisions of General Prohibition Seven.

(2) If your technology or software is not publicly available and you are exporting from the United States, skip to the Step 7 in § 732.3(b) of this part concerning the general prohibitions.

(3) If you are exporting items from a foreign country, you should then proceed to Step 3 in paragraph (c) of this section and the other steps concerning the scope of the EAR.

(c) *Step 3 : Reexport of U.S.-origin items.* This step is appropriate only for reexporters. For an item in a foreign country, you should determine whether the item is of U.S. origin. If it is of U.S.-origin, skip to Step 7 in § 732.3(b) of this part. If it is not of U.S. origin, then proceed to Step 4 in paragraph (d) of this section.

(d) *Step 4 : Foreign-made items incorporating controlled U.S.-origin items.* This step is appropriate only for items that are made outside the United States and not currently located in the United States. Special requirements and restrictions apply to foreign-made items that incorporate U.S.-origin encryption items (see § 734.4(a)(2), (b), and (g) of the EAR).

(1) Determining whether your foreign made item is subject to the EAR. Using the guidance provided in supplement n° 2 to part. 734 of the EAR, determine whether controlled U.S.-origin items are incorporated into the foreign-made item and are above the *de minimis* level set forth in § 734.4 of the EAR.

(2) If n° U.S.-origin controlled items are incorporated or if the percentage of incorporated U.S.-origin controlled items are equal to or below the *de minimis* level described in § 734.4 of the EAR, then the foreign-made item is not subject to the EAR by reason of the *de minimis* rules, and you should go on to consider Step 6 regarding the foreign-produced direct product rule.

(3) If the foreign-made item incorporates more than the *de minimis* level of U.S.-origin items, then that item is subject to the EAR and you should skip to Step 7 at § 732.3 of this part and consider the steps regarding all other general prohibitions, license exceptions, and other requirements to determine applicability of these provisions to the foreign-made item.

(e) [Reserved]

(f) *Step 6 : Direct product rule.* Foreign items that are the direct product of U.S. technology, software, or plant or major component of a plant made from U.S. technology or software may be subject to the EAR if they meet the conditions of General Prohibition Three in § 736.2(b)(3) of the EAR. Direct products that are subject to the EAR may require a license to be exported from abroad or reexported to certain countries.

(1) *Subject to the EAR.* If your foreign item is captured by the direct product rule (General Prohibition Three), then the item is subject to the EAR and its export from abroad or reexport may require a license. You should next consider the steps regarding all other general prohibitions, license exceptions, and other requirements. If the item is not captured by General Prohibition Three, then you have completed the steps necessary to determine whether the item is subject to the EAR, and you may skip the remaining steps. As described in part. 734 of the EAR, items outside the U.S. are subject to the EAR when they are :

(i) U.S.-origin commodities, software, or technology, unless controlled for export exclusively by another U.S. Federal agency or unless publicly available ;

(ii) Foreign-origin commodities, software, or technology that are within the scope of General Prohibition Two (*De minimis* rules), or General Prohibition Three (Direct Product rule). However, such foreign-origin items are also outside the scope of the EAR if they are controlled for export exclusively by another U.S. Federal Agency or, if technology or software, are publicly available as described in paragraph (b) of this section.

(2) [Reserved]

Editorial Note : For Federal Register citations affecting § 732.2, see the List of CFR Sections Affected, which appears in the Finding Aids section of the printed volume and at *www.govinfo.gov.*

§ 732.3 *Steps regarding the ten general prohibitions*

(a) *Introduction.* If your item or activity is subject to the scope of the EAR, you should then consider each of the ten general prohibitions listed in part. 736 of the EAR. General Prohibitions One (Exports and Reexports), Two (Parts and Components Reexports), and Three (Foreign-Produced Direct Product Reexports) (§ 736.2(b) (1), (2), and (3) of the EAR) are product controls that are shaped and limited by parameters specified on the CCL and Country Chart. General Prohibitions Four through Ten are prohibitions on certain activities that are not allowed without authorization from BIS, and these prohibitions apply to all items subject to the EAR unless otherwise specified (§ 736.2(b) (4) through (10) of the EAR).

(b) *Step 7 : Classification.*

(1) You should classify your items "subject to the EAR" in the relevant entry on the CCL, and you may do so on your own without BIS assistance. The CCL includes a supplement n° 4 to part. 774 - Commerce Control List Order of Review. This supplement establishes the steps (i.e., the order of review) that should be followed in classifying items that are "subject to the EAR." The exporter, reexporter, or transferor is responsible for correctly classifying the items in a transaction, which may involve submitting a classification request to BIS. Failure to classify or have classified the item correctly does not relieve the person of the obligation to obtain a license when one is required by the EAR.

(2) You have a right to request the applicable classification of your item from BIS, and BIS has a duty to provide that classification to you. For further information on how to obtain classification assistance from BIS, see part. 748 of the EAR.

(3) For items subject to the EAR but not listed on the CCL, the proper classification is EAR99. This number is a "basket" for items not specified under any CCL entry and appears at the end of each Category on the CCL.

(4) Items subject to temporary CCL controls are classified under the ECCN 0Y521 series (i.e., 0A521, 0B521, 0C521, 0D521 and 0E521) pursuant to § 742.6a)(8) of the EAR while a determination is being made as to whether classification under a revised or new ECCN or EAR99 designation is appropriate.

(c) *Step 8 : Country of ultimate destination.* You should determine the country of ultimate destination. The country of destination determines the applicability of several general prohibitions, License Exceptions, and other requirements. Note that part. 754 of the EAR concerning short supply controls is self-contained and is the only location in the EAR that contains both the prohibitions and exceptions applicable to short supply controls.

(d) *Step 9 : Reason for control and the Country Chart*

(1) *Reason for control and column identifier within the Export Control Classification Number (ECCN).* Once you have determined that your item is controlled by a specific ECCN, you must use information contained in the "License Requirements" section of that ECCN in combination with the Country Chart to decide whether a license is required under General Prohibitions One, Two, or Three to a particular destination. The CCL and the Country Chart are taken together to define these license requirements. The applicable ECCN will indicate the reason or reasons for control for items within that ECCN. For example, ECCN 6A007 is controlled for national security, missile technology, and anti-terrorism reasons.

(2) *Reason for control within the Country Chart.* With each of the applicable Country Chart column identifiers noted in the correct ECCN, turn to the Country Chart. Locate the correct Country Chart column identifier on the horizontal axis, and determine whether an "X" is marked in the cell next to the destination in question. Consult § 738.4 of the EAR for comprehensive instructions on using the Country Chart and a detailed example.

(i) An "X" in the cell or cells for the relevant country and reason(s) for control column indicates that a license is required for General Prohibitions One (Exports and Reexports in the Form Received), Two (Parts and Components Reexports), and Three (Foreign-Produced Direct Product Reexports). b)(1), b)(2), and b)(3) of the EAR).

(ii) If one or more cells have an "X" in the relevant column, a license is required unless you qualify for a License Exception described in part. 740 of the EAR. If a cell does not contain an "X" for your destination in one or more relevant columns, a license is not required under the CCL and the Country Chart.

(iii) Additional controls may apply to your export. You must go on to steps 12 through 18 described in paragraphs (g) to (m) of this section to determine whether additional limits described in General Prohibition Two (Parts and Components Reexports) and General Prohibition Three (Foreign-Produced Direct Product Reexports) apply to your proposed transaction. If you are exporting an item from the United States, you should skip Step 10 and Step 11. Proceed directly to Step 12 in paragraph (g) of this section.

(3) *License requirements not on the Country Chart.* There are two instances where the Country Chart cannot be used to determine if a license is required. Items controlled for short supply reasons are not governed by the Country Chart. Part. 754 of the EAR contains license requirements and License Exceptions for items subject to short supply controls. A limited number of ECCNs contained on the CCL do not identify a Country Chart column identifier. In these instances, the ECCN states whether a license is required and for which destinations. See § 738.3(a) of the EAR for a list of the ECCNs for which you do not need to consult the Country Chart to determine licensing requirements.

(4) *Destinations subject to embargo and other special controls provisions.* The Country Chart does not apply to Cuba, Iran, North Korea, and Syria. For those countries you should review the provisions at part. 746 of the EAR and may skip this step concerning the Country Chart. For Iraq and Russia, the Country Chart provides for certain license requirements, and part. 746 of the EAR provides additional requirements.

(5) *Items subject to the EAR but not on the CCL.* Items subject to the EAR that are not on the CCL are properly classified EAR99. For such items, you may skip this step and proceed directly with Step 12 in paragraph (g) of this section.

(e) *Step 10 : Foreign-made items incorporating controlled U.S.-origin items and the de minimis rules*

(i) *De minimis rules.* If your foreign-made item abroad is a foreign-made commodity that incorporates controlled U.S.-origin commodities, a foreign-made commodity that is 'bundled' with controlled U.S.- origin software, foreign-made software that is commingled with controlled U.S.-origin software, or foreign-made technology that is commingled with controlled U.S.-origin technology, then it is subject to the EAR if the U.S.-origin controlled content exceeds the *de minimis* levels described in Sec. 734.4 of the EAR.

(2) *Guidance for calculations.* FGuidance for calculations. For guidance on how to calculate the U.S.-controlled content, refer to supplement n° 2 to part. 734 of the EAR. Note, U.S.-origin technology controlled by ECCN 9E003.a.1 through a.11, and.h, and related controls, and encryption software controlled for "EI" reasons under ECCN 5D002 (not eligible for *de minimis* treatment pursuant to § 734.4(b) of the EAR) or encryption technology controlled for "EI" reasons under ECCN 5E002 (not eligible for *de minimis* treatment pursuant to § 734.4(a)(2) of the EAR) do not lose their U.S.-origin when redrawn, used, consulted, or otherwise commingled abroad in any respect with other software or technology of any other origin. Therefore, any subsequent or similar software or technology prepared or engineered abroad for the design, construction, operation, or maintenance of any plant or equipment, or part thereof, which is based on or uses any such U.S.-origin software or technology is subject to the EAR.

(f) *Step 11 : Foreign-produced direct product rule - General Prohibition.* Three. Foreign-produced items located outside the U.S. that are the direct product of "technology" or "software" subject to the EAR or produced by a plant or major component of a plant located outside the United States that is a direct product of U.S.- origin "technology" or "software" subject to the EAR, whether made in the U.S. or a foreign country, may be subject to the EAR if they meet the conditions of General Prohibition Three in § 736.2(b)(3). Direct products that are subject to the EAR may require a license to be exported from abroad, transferred (in- country), or reexported to specified countries or end users. If your foreign item meets the conditions of the foreign-produced direct product rule (General Prohibition Three), then your export from abroad, transfer (in-country), or reexport is subject to the EAR. You should next consider the steps regarding all other general prohibitions, license exceptions, and other requirements. If your item does not meet the conditions of General Prohibition Three, then your export from abroad, transfer (in-country), or reexport is not subject to the EAR. You have completed the steps necessary to determine whether your transaction is subject to the EAR, and you may skip the remaining steps

(g) *Step 12 : Persons denied export privileges.*

(1) Determine whether your transferee, ultimate end-user, any intermediate consignee, or any other party to a transaction is a person denied export privileges (see part. 764 of the EAR). It is a violation of the EAR to engage in any activity that violates the terms or conditions of a denial order. General Prohibition Four (Denial Orders) applies to all items subject to the EAR, i.e., both items on the CCL and within EAR99.

(2) There are no License Exceptions to General Prohibition Four (Denial Orders). The prohibition concerning persons denied export privileges may be overcome only by a specific authorization from BIS, something that is rarely granted.

(h) *STEP 13 : Prohibited end-uses and end-users.*

(1) Review the end-uses and end-users prohibited under General Prohibition Five (End-Use and End-User) b)(5) of the EAR) described in part. 744 of the EAR. Part. 744 of the EAR contains all the end- use and end-user license requirements, and those are in addition to the license requirements under General Prohibitions One (Exports and Reexports), Two (Parts and Components Reexports), and Three (Foreign-produced Direct Product Reexports). Unless otherwise indicated, the license requirements of General Prohibition Five (End-Use and End-User) described in part. 744 of the EAR apply to all items subject to the EAR, i.e. both items on the CCL and within EAR99. Moreover, the requirements of General Prohibition Five (End-Use and End-User) are in addition to various end-use and end-user limitations placed on certain License Exceptions.

(2) Under License Exception TSU (§ 740.13 of the EAR), operation technology and software, sales technology, and software updates overcome General Prohibition Five (End-Use and End-User) b)(5) of the EAR) if all terms and conditions of these provisions are met by the exporter or reexporter.

(i) *Step 14 : Embargoed countries and special destinations.* If your destination for any item is Cuba, Iran, Iraq, North Korea, or Syria, you must consider the requirements of parts 742 and 746 of the EAR. Unless otherwise indicated, General Prohibition Six

(Embargo) applies to all items subject to the EAR, i.e., both items on the CCL and within EAR99. See § 746.1(b) for destinations subject to limited sanctions under United Nations Security Council arms embargoes. See §§ 746.5 for Russian and Belarusian industry sector sanctions, 746.6 for Crimea region of Ukraine and covered regions of Ukraine, 746.8 for Sanctions against Russia and Belarus, and 746.10 for `luxury goods' sanctions against Russia and Belarus and Russian and Belarusian oligarchs and malign actors. You may not make an export, reexport, or transfer (in-country) contrary to the provisions of part. 746 of the EAR without a license unless :

(1) You are exporting, reexporting, or transferring only published information or software as specified in § 734.7 or other items outside the scope of the EAR, or

(2) You qualify for a License Exception referenced in part. 746 of the EAR concerning embargoed destinations. You may not use a license exception described in part. 740 of the EAR to overcome General Prohibition Six (Embargo) b)(6) of the EAR) unless it is specifically authorized in part. 746 of the EAR. Note that part. 754 of the EAR concerning short supply controls is self-contained and is the only location in the EAR for both the prohibitions and exceptions applicable to short supply controls.

(j) *Step 15 : Restrictions on specific activities of "U.S. persons."*

(1) Review the scope of activity prohibited by General Prohibition Seven ("U.S. person" activities) b)(7) of the EAR) as that activity is described in § 744.6 of the EAR. Keep in mind that such activity is not limited to exports, reexports, or transfers (in-country). "U.S. person" activities extend to services and shipping or transmitting certain wholly foreign-origin items, or facilitating such shipments or transmissions, in 'support' of the specified weapons of mass destruction and military- intelligence-related end uses and end users and is not limited to items listed on the CCL or designated EAR99. See § 744.6b)(6) of the EAR for the full definition of 'support,' which includes ordering, storing, using, selling, loaning, disposing, servicing, financing, transporting, freight forwarding, or conducting negotiations in furtherance of.

(2) Review the definition of "U.S. person" in § 772.1 of the EAR.

(k) *Step 16 : In-transit.* Shippers and operators of vessels or aircraft should review General Prohibition Eight (In-Transit) to determine the countries in which you may not unladen or ship certain items in-transit. General Prohibition Eight applies to all items subject to the EAR, i.e. both items on the CCL and within EAR99.

(l) *Step 17 : Review orders, terms, and conditions.* Review the orders, terms, and conditions applicable to your transaction. General Prohibition Nine (Orders, Terms, and Conditions) prohibits the violation of any orders, terms, and conditions imposed under the EAR. Terms and conditions are frequently contained in licenses. In addition, the ten general prohibitions (part. 736 of the EAR) and the License Exceptions (part. 740 of the EAR) impose terms and conditions or limitations on your proposed transactions and use of License Exceptions. A given license or License Exception may not be used unless each relevant term or condition is met.

(m) *Step 18 : Review the "Know Your Customer" Guidance and General Prohibition Ten (Knowledge Violation to Occur).* License requirements under the EAR are determined solely by the classification, end-use, end-user, ultimate destination, and conduct of U.S. persons. Supplement n° 1 to part. 732 of the EAR is intended to provide helpful guidance regarding the process for the evaluation of information about customers, end- uses, and end-users. General Prohibition Ten (Knowledge Violation to Occur) prohibits anyone from proceeding with a transaction with knowledge that a violation of the EAR has occurred or is about to occur. It also prohibits related shipping, financing, and other services. General Prohibition Ten applies to all items subject to the EAR, i.e. both items on the CCL and within EAR99.

(n) *Step 19 : Complete the review of the general prohibitions.* After completion of Steps described in this section and review of all ten general prohibitions in part. 736 of the EAR, including cross-referenced regulations in the EAR, you will know which, if any, of the ten general prohibitions of the EAR apply to you and your contemplated transaction or activity.

(1) If none of the ten general prohibitions is applicable to your export from the United States, no license from BIS is required, you do not need to qualify for a License Exception under part. 740 of the EAR. You should skip the Steps in § 732.4 of this part regarding License Exceptions and proceed directly to the Steps in § 732.5 of this part regarding recordkeeping, clearing the Bureau of Customs and Border Protection with the appropriate Shipper's Export Declaration or Automated Export System record, and using the required Destination Control Statement.

(2) If none of the ten general prohibitions is applicable to your reexport or export from abroad, no license is required and you should skip all remaining Steps.

(3) If one or more of the ten general prohibitions are applicable, continue with the remaining steps.

Editorial Note : For Federal Register citations affecting § 732.3, see the List of CFR Sections Affected, which appears in the Finding Aids section of the printed volume and at *www.govinfo.gov*.

§ 732.4 *Steps regarding License Exceptions*

(a) *Introduction to Steps for License Exceptions.* If your export or reexport is subject to the EAR and is subject to General Prohibitions One (Exports and Reexports), Two (Parts and Components Reexports), or Three (Foreign-Produced Direct Product Reexports), consider the steps listed in paragraph (b) of this section. If your export or reexport is subject to General Prohibitions Four (Denial Orders), Seven (U.S. Person Proliferation Activity), Eight (In-Transit), Nine (Orders, Terms, and Conditions), or Ten (Knowledge Violation to Occur), there are no License Exceptions available for your export or reexport. If your export is subject to General Prohibition Five (End-Use End-User), consult part. 744 of the EAR. If your export or reexport is subject to General Prohibition Six (Embargo), consult part. 746 of the EAR for applicable License Exceptions.

(b) *Steps for License Exceptions*

(1) *Step 20 : Applicability of General Prohibitions.* Determine whether any one or more of the general prohibitions described in § 736.2(b) of the EAR apply to your export or reexport. If no general prohibition applies to your export or reexport, then you may proceed with your export or reexport and need not review part. 740 of the EAR regarding License Exceptions. You are reminded of your recordkeeping obligations related to the clearance of the U.S. Customs Service provided in parts 762 and 758 of the EAR.

(2) *Step 21 : Applicability of restrictions on all License Exceptions.* Determine whether any one or more of the restrictions in § 740.2 of the EAR applies to your export or reexport. If any one or more of these restrictions apply, there are no License Exceptions available to you, and you must either obtain a license or refrain from the export or reexport.

(3) *Step 22 : Terms and conditions of the License Exceptions.*

(i) If none of the restrictions in § 740.2 of the EAR applies, then review each of the License Exceptions to determine whether any one of them authorizes your export or reexport. Eligibility for License Exceptions is based on the item, the country of ultimate destination, the end-use, and the end-user, along with any special conditions imposed within a specific License Exception.

(ii) You may meet the conditions for more than one License Exception. Moreover, although you may not qualify for some License Exceptions you may qualify for others. Review the broadest License Exceptions first, and use any License Exception available to you. You are not required to use the most restrictive applicable License Exception. If you fail to qualify for the License Exception that you first consider, you may consider any other License Exception until you have determined that no License Exception is available.

(iii) License Exceptions TMP, RPL, BAG, AVS, GOV, and TSU authorize exports notwithstanding the provisions of the CCL. List-based License Exceptions (LVS, GBS, CIV, TSR, and APP) are available only to the extent specified on the CCL. Part. 740 of the EAR provides authorization for reexports only to the extent each License Exception expressly authorizes reexports. Some ECCNs contain License

Exception STA exclusion paragraphs. Those paragraphs delineate items excluded from the License Exception STA provisions in § 740.20c)(2) of the EAR. License Exception APR authorizes reexports only.

(iv) If you are exporting under License Exceptions GBS, CIV, LVS, STA, APP, TSR or GOV, you should review § 743.1 of the EAR to determine the applicability of certain reporting requirements. If you are exporting under License Exceptions LVS, TMP, RPL, STA, or GOV and your item is classified in the "600 series," you should review § 743.4 of the EAR to determine the applicability of certain reporting requirements for conventional arms exports.

(4) *Step 23 : Scope of License Exceptions.* Some License Exceptions are limited by country or by type of item.

(i) Countries are arranged in country groups for ease of reference. For a listing of country groups, please refer to supplement n° 1 to part. 740 of the EAR. Unless otherwise indicated in a License Exception, License Exceptions do not apply to any exports or reexports to embargoed destinations. If your export or reexport is subject to General Prohibition Six (Embargo) for embargoed destinations, License Exceptions are only available to the extent specifically provided in part. 746 of the EAR concerning embargoed destinations.

(ii) Special commodity controls apply to short supply items. no License Exceptions described in part. 740 of the EAR may be used for items listed on the CCL as controlled for Short Supply reasons. License Exceptions for short supply items are found in part. 754 of the EAR.

(5) *Step 24 : Compliance with all terms and conditions.* If a License Exception is available, you may proceed with your export or reexport. However, you must meet all the terms and conditions required by the License Exception that you determined authorized your export or reexport. You must also consult part. 758 and 762 of the EAR to determine your recordkeeping and documentation requirements.

(6) *Step 25 : License requirements.* If no License Exception is available, then you must either obtain a license before proceeding with your export or reexport or you must refrain from the proposed export or reexport.

(7) *Step 26 : License applications.*

(i) If you are going to file a license application with BIS, you should first review the requirements in part. 748 of the EAR. Exporters, reexporters, and transferors should review the instructions concerning applications and required support documents prior to submitting an application for a license.

(ii) If you are going to file a license application with BIS for the export, reexport, or in-country transfer for aircraft or military vessels controlled under ECCNs 0A606.a, 8A609.a, 8A620.a, 8A620.b, certain "spacecraft" controlled under ECCN subparagraphs 9A515.a.1, a.2, a.3, a.4 or 9A515.g, ECCN 9A610.a, or technology under ECCNs 9E515.b,.d,.e, or.f, § 740.20(g) permits you to request in the application that subsequent exports of the type of aircraft, spacecraft, military vessels, or technology at issue be eligible for export under License Exception STA. The types of "items" controlled under ECCNs 0A606.a, 8A609.a, 8A620.a, 8A620.b, certain spacecraft controlled under ECCN subparagraphs 9A515.a.1, a.2, a.3, a.4 or 9A515.g, ECCN 9A610.a, and technology ECCNs 9E515.b,.d,.e, or.f, that have been determined to be eligible for License Exception STA pursuant to § 740.20(g) are identified in the License Exceptions paragraphs of ECCNs 0A606, 8A609, 8A620, 9A610, 9A515, and 9E515. Supplement No. 2 to part. 748, paragraph (w) (License Exception STA eligibility requests), contains the instructions for such applications.

Note 1 to paragraph (b)(7)(ii) : If you intend to use License Exception STA, return to paragraphs (a) and then (b) of this section to review the Steps regarding the use of license exceptions.

§ 732.5 *Steps regarding Electronic Export Information (EEI) requirements, Destination Control Statements, and recordkeeping*

(a) *Step 27 : Electronic Export Information (EEI) filing requirements*. Exporters or agents authorized to file EEI to the Automated Export System (AES), should review § 758.1 of the EAR to determine when the EAR requires EEI to be filed and what EEI data elements the EAR requires to be included. More detailed information about EEI filing procedures and requirements may be found in the Bureau of Census Foreign Trade Regulations (FTR) at 15 CFR Part. 30. Reexporters and firms exporting from abroad may skip Steps 27 through 29 and proceed directly to § 732.6 of the EAR.

(1) *License code/license exception code (license code)*. You must report the correct license code that corresponds with your license authority (license or license exception) or designation (no License Required (NLR)) for your export on the EEI filing, as appropriate. See § 758.1(g) of the EAR and 15 CFR 30.6a)(23) and Part III of Appendix B to 15 CFR Part. 30 of the FTR. Generally, conflicts of data elements with license exception criteria, e.g., ECCN or destination, will result in a fatal error in the AES system. By reporting a license code for a license exception on an EEI filing you are certifying that your transaction meets the criteria of that license exception. By reporting a license code of NLR you are certifying that no license is required for your export.

(2) *License number*. If you are exporting under the authority of a license, you must report the license number on the EEI filing. See 15 CFR 30.6(b)(5) of the FTR.

(3) *Item description*. You must report an item description identical to the item description on the license when a license is required, or report an item description sufficient in detail to permit review by the U.S. Government and verification of the Schedule B Number or the Harmonized Tariff Schedule of the United States (HTS) for license exception exports or exports for which no License is Required (NLR). See § 758.1(g) of the EAR ; and 15 CFR 30.6a)(13) of the FTR.

(4) *Entering the ECCN*. You must report the correct Export Control Classification Number (ECCN) or "EAR99" for items that are not classified under an ECCN on the EEI filing for all licensed and license exception exports, and "no License Required" (NLR) exports of items having a reason for control other than or in addition to anti-terrorism (AT). The only exception to this requirement would be the return of unwanted foreign origin items, meeting the provisions of License Exception TMP, under § 740.9b)(3) of the EAR. See § 758.1(g) of the EAR and 15 CFR 30.6b)(6) of the FTR.

(b) *Step 28 : Destination Control Statement*. The Destination Control Statement (DCS) must be entered on the invoice and on the bill of lading, air waybill, or other export control document that accompanies the shipment from its point of origin in the United States to the ultimate consignee or end-user abroad. The person responsible for preparation of those documents is responsible for entry of the DCS. The DCS is required for all exports from the United States of items on the Commerce Control List and is not required for items classified as EAR99, unless the export may be made under License Exception BAG or GFT (see part. 740 of the EAR). DCS requirements do not apply to reexports. See § 758.6 of the EAR.

(c) *Step 29 : Recordkeeping*. Records of transactions subject to the EAR must be maintained for five years in accordance with the recordkeeping provisions of part. 762 of the EAR.

[65 FR 42568, July 10, 2000, as amended at 79 FR 4615, Jan. 29, 2014 ; 80 FR 51730, Aug. 26, 2015]

§ 732.6 *Steps for other requirements*

Sections 732.1 through 732.4 of this part are useful in determining the license requirements that apply to you. Other portions of the EAR impose other obligations and requirements. Some of them are :

(a) Requirements relating to the use of a license in § 758.4 of the EAR.

(b) Obligations of carriers, forwarders, exporters and others to take specific steps and prepare and deliver certain documents to assure that items subject to the EAR are delivered to the destination to which they are licensed or authorized by a License Exception or some other provision of the regulations in § 758.1 through § 758.6 of the EAR.

(c) Duty of carriers to return or unload shipments at the direction of U.S. Government officials (see § 758.8 of the EAR).

(d) [Reserved]

(e) Recordkeeping requirements imposed in part. 762 of the EAR.

(f) Requirements of part. 764 of the EAR to disclose facts that may come to your attention after you file a license application or make other statements to the government concerning a transaction or proposed transaction that is subject to the EAR.

(g) Certain obligations imposed by part. 760 of the EAR on parties who receive requests to take actions related to foreign boycotts and prohibits certain actions relating to those boycotts.

Supplement n° 1 to Part. 732 - Export Control Decision Tree.

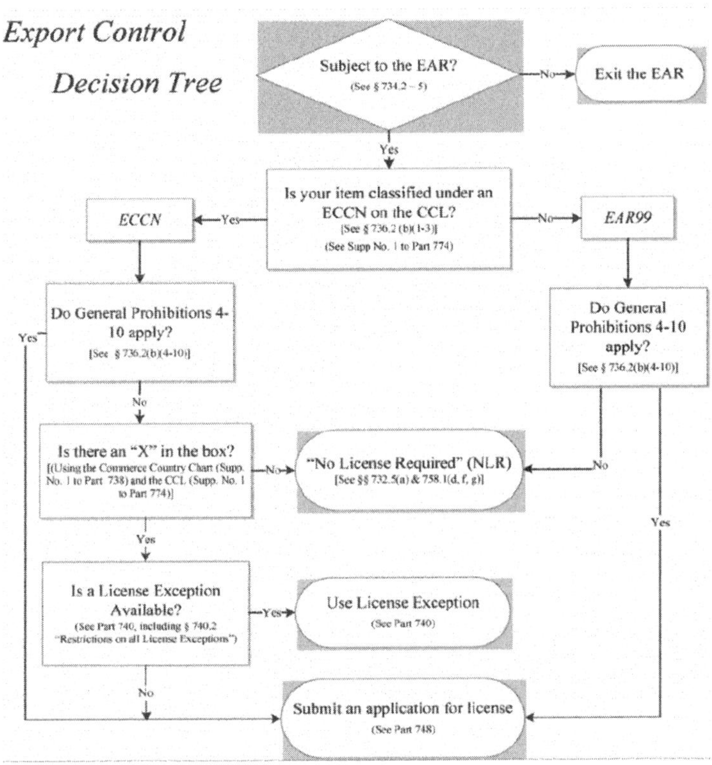

[82 FR 61155, Dec, 27, 2017]

Supplement n° 2 to Part. 732 - Subject to the Ear ?.

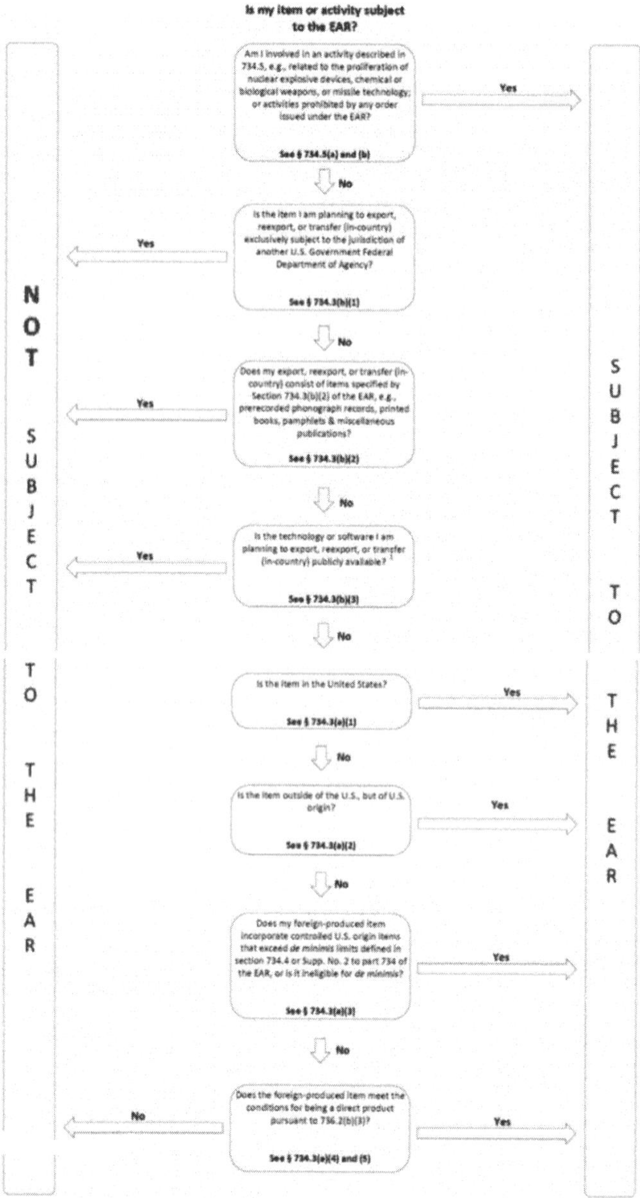

[86 FR 54809, Oct. 5, 2021]

Supplement n° 3 to Part. 732 - BIS's "Know Your Customer" Guidance and Red Flags.

"Know Your Customer" Guidance

Various requirements of the EAR are dependent upon a person's knowledge of the end-use, end-user, ultimate destination, or other facts relating to a transaction or activity. These provisions include the nonproliferation-related "catch-all" sections and the prohibition against proceeding with a transaction with knowledge that a violation of the EAR has occurred or is about to occur.

(a) BIS provides the following guidance on how individuals and firms should act under this knowledge standard. This guidance does not change or interpret the EAR.

(1) *Decide whether there are "red flags"*. Take into account any abnormal circumstances in a transaction that indicate that the export may be destined for an inappropriate end-use, end-user, or destination. Such circumstances are referred to as "red flags". Included among examples of red flags are orders for items that are inconsistent with the needs of the purchaser, a customer declining installation and testing when included in the sales price or when normally requested, or requests for equipment configurations that are incompatible with the stated destination (e.g., 120 volts in a country with 220 volts). Commerce has developed lists of such red flags that are not all-inclusive but are intended to illustrate the types of circumstances that should cause reasonable suspicion that a transaction will violate the EAR.

(2) *If there are "red flags"*, inquire. If there are no "red flags" in the information that comes to your firm, you should be able to proceed with a transaction in reliance on information you have received. That is, absent "red flags" (or an express requirement in the EAR), there is no affirmative duty upon exporters to inquire, verify, or otherwise "go behind" the customer's representations. However, when "red flags" are raised in information that comes to your firm, you have a duty to check out the suspicious circumstances and inquire about the end-use, end- user, or ultimate country of destination. The duty to check out "red flags" is not confined to the use of License Exceptions affected by the "know" or "reason to know" language in the EAR. Applicants for licenses are required by part. 748 of the EAR to obtain documentary evidence concerning the transaction, and misrepresentation or concealment of material facts is prohibited, both in the licensing process and in all export control documents. You can rely upon representations from your customer and repeat them in the documents you file unless red flags oblige you to take verification steps.

(3) *Do not self-blind*. Do not cut off the flow of information that comes to your firm in the normal course of business. For example, do not instruct the sales force to tell potential customers to refrain from discussing the actual end-use, end-user, and ultimate country of destination for the product your firm is seeking to sell. Do not put on blinders that prevent the learning of relevant information. An affirmative policy of steps to avoid "bad" information would not insulate a company from liability, and it would usually be considered an aggravating factor in an enforcement proceeding.

(4) *Employees need to know how to handle "red flags"*. Knowledge possessed by an employee of a company can be imputed to a firm so as to make it liable for a violation. This makes it important for firms to establish clear policies and effective compliance procedures to ensure that such knowledge about transactions can be evaluated by responsible senior officials.

Failure to do so could be regarded as a form of self-blinding.

(5) Reevaluate all the information after the inquiry. The purpose of this inquiry and reevaluation is to determine whether the "red flags" can be explained or justified. If they can, you may proceed with the transaction. If the "red flags" cannot be explained or justified and you proceed, you run the risk of having had "knowledge" that would make your action a violation of the EAR.

(6) Refrain from the transaction or advise BIS and wait. If you continue to have reasons for concern after your inquiry, then you should either refrain from the transaction or submit all the relevant information to BIS in the form of an application for a license or in such other form as BIS may specify.

(b) Industry has an important role to play in preventing exports and reexports contrary to the national security and foreign policy interests of the United States. BIS will continue to work in partnership with industry to make this front line of defense effective, while minimizing the regulatory burden on exporters. If you have any question about whether you have encountered a "red flag", you may contact the Office of Export Enforcement at 1-800-424-2980 or the Office of Exporter Services at (202) 482-4532.

Red Flags

Possible indicators that an unlawful diversion might be planned by your customer include the following :

1. The customer or purchasing agent is reluctant to offer information about the end-use of a product.
2. The product's capabilities do not fit the buyer's line of business ; for example, a small bakery places an order for several sophisticated lasers.
3. The product ordered is incompatible with the technical level of the country to which the product is being shipped. For example, semiconductor manufacturing equipment would be of little use in a country without an electronics industry.
4. The customer has little or no business background.
5. The customer is willing to pay cash for a very expensive item when the terms of the sale call for financing.
6. The customer is unfamiliar with the product's performance characteristics but still wants the product.
7. Routine installation, training or maintenance services are declined by the customer.
8. Delivery dates are vague, or deliveries are planned for out-of-the-way destinations.
9. A freight forwarding firm is listed as the product's final destination.
10. The shipping route is abnormal for the product and destination.
11. Packaging is inconsistent with the stated method of shipment or destination.
12. When questioned, the buyer is evasive or unclear about whether the purchased product is for domestic use, export or reexport.
13. You receive an order for "parts" or "components" for an end item in 9x515 or the "600 series." The requested "parts" or "components" may be eligible for License Exception STA, another authorization, or may not require a destination-based license requirement for the country in question. However, the requested "parts" or "components" would be sufficient to service one hundred of the 9x515 or "600 series" end items, but you "know" the country does not have those types of end items or only has two of those end items.
14. The customer indicates or the facts pertaining to the proposed export suggest that a 9x515 or "600 series" item may be reexported to a destination listed in Country Group D :5 (see supplement n° 1 to part. 740 of the EAR).

[61 FR 12740, Mar. 25, 1996. Redesignated and amended at 62 FR 25453, 25456, May 9, 1997 ; 78 FR 22706, Apr. 16, 2013 ; 79 FR 27434, May 13, 2014].

Clarifying Lawful Overseas Use of Data Act du 6 février 2018 (Cloud Act),

To amend title 18, United States Code, to improve law enforcement access to data stored across borders, and for other purposes.

SECTION 1 **Short title**

This Act may be cited as the "Clarifying Lawful Overseas Use of Data Act" or the "CLOUD Act".

SECTION 2 **Congressional findings**

Congress finds the following :

(1) Timely access to electronic data held by communications-service providers is an essential component of government efforts to protect public safety and combat serious crime, including terrorism.

(2) Such efforts by the United States Government are being impeded by the inability to access data stored outside the United States that is in the custody, control, or possession of communications-service providers that are subject to jurisdiction of the United States.

(3) Foreign governments also increasingly seek access to electronic data held by communications-service providers in the United States for the purpose of combating serious crime.

(4) Communications-service providers face potential conflicting legal obligations when a foreign government orders production of electronic data that United States law may prohibit providers from disclosing.

(5) Foreign law may create similarly conflicting legal obligations when chapter 121 of title 18, United States Code (commonly known as the "Stored Communications Act"), requires disclosure of electronic data that foreign law prohibits communications-service providers from disclosing.

(6) International agreements provide a mechanism for resolving these potential conflicting legal obligations where the United States and the relevant foreign government share a common commitment to the rule of law and the protection of privacy and civil liberties.

SECTION 3 Preservation of records ; comity analysis of legal process

(a) REQUIRED PRESERVATION AND DISCLOSURE OF COMMUNICATIONS AND RECORDS–

(1) AMENDMENT.– Chapter 121 of title 18, United States Code, is amended by adding at the end the following :

"§ 2713. Required preservation and disclosure of communications and records

"A provider of electronic communication service or remote computing service shall comply with the obligations of this chapter to preserve, backup, or disclose the contents of a wire or electronic communication and any record or other information pertaining to a customer or subscriber within such provider's possession, custody, or control, regardless of whether such communication, record, or other information is located within or outside of the United States.".

(2) TABLE OF SECTIONS. – The table of sections for chapter 121 of title 18, United States Code, is amended by inserting after the item relating to section 2712 the following :

"2713. Required preservation and disclosure of communications and records.".

(b) COMITY ANALYSIS OF LEGAL PROCESS SEEKING CONTENTS OF WIRE OR ELECTRONIC COMMUNICATION. - Section 2703 of title 18, United States Code, is amended by adding at the end the following :

"(h) COMITY ANALYSIS AND DISCLOSURE OF INFORMATION REGARDING LEGAL PROCESS SEEKING CONTENTS OF WIRE OR ELECTRONIC COMMUNICATION. –

"(1) DEFINITIONS.– In this subsection–

"(A) the term 'qualifying foreign government' means a foreign government–

"(i) with which the United States has an executive agreement that has entered into force under section 2523 ; and

"(ii) the laws of which provide to electronic communication service providers and remote computing service providers substantive and procedural opportunities similar to those provided under paragraphs (2) and (5) ; and

"(B) the term 'United States person' has the meaning given the term in section 2523.

"(2) MOTIONS TO QUASH OR MODIFY.– (A) A provider of electronic communication service to the public or remote computing service, that is being required to disclose pursuant to legal process issued under this section the contents of a wire or electronic communication of a subscriber or customer, may file a motion to modify or quash the legal process where the provider reasonably believes–

"(i) that the customer or subscriber is not a United States person and does not reside in the United States ; and "(ii) that the required disclosure would create a material risk that the provider would violate the laws of a qualifying foreign government.

Such a motion shall be filed not later than 14 days after the date on which the provider was served with the legal process, absent agreement with the government or permission from the court to extend the deadline based on an application made within the 14 days. The right to move to quash is without prejudice to any other grounds to move to quash or defenses thereto, but it shall be the sole basis for moving to quash on the grounds of a conflict of law related to a qualifying foreign government.

"(B) Upon receipt of a motion filed pursuant to subparagraph (A), the court shall afford the governmental entity that applied for or issued the legal process under this section the opportunity to respond. The court may modify or quash the legal process, as appropriate, only if the court finds that–

"(i) the required disclosure would cause the provider to violate the laws of a qualifying foreign government ;

"(ii) based on the totality of the circumstances, the interests of justice dictate that the legal process should be modified or quashed ; and

"(iii) the customer or subscriber is not a United States person and does not reside in the United States.

"(3) COMITY ANALYSIS. – For purposes of making a determination under paragraph (2)(B)(ii), the court shall take into account, as appropriate–

"(A) the interests of the United States, including the investigative interests of the governmental entity seeking to require the disclosure ;

"(B) the interests of the qualifying foreign government in preventing any prohibited disclosure ;

"(C) the likelihood, extent, and nature of penalties to the provider or any employees of the provider as a result of inconsistent legal requirements imposed on the provider ;

"(D) the location and nationality of the subscriber or customer whose communications are being sought, if known, and the nature and extent of the subscriber or customer's connection to the United States, or if the legal process has been sought on behalf of a foreign authority pursuant to section 3512, the nature and extent of the subscriber or customer's connection to the foreign authority's country ;

"(E) the nature and extent of the provider's ties to and presence in the United States ;

"(F) the importance to the investigation of the information required to be disclosed ;

"(G) the likelihood of timely and effective access to the information required to be disclosed through means that would cause less serious negative consequences ; and

"(H) if the legal process has been sought on behalf of a foreign authority pursuant to section 3512, the investigative interests of the foreign authority making the request for assistance.

"(4) DISCLOSURE OBLIGATIONS DURING PENDENCY OF CHALLENGE.–A service provider shall preserve, but not be obligated to produce, information sought during the pendency of a motion brought under this subsection, unless the court finds that immediate production is necessary to prevent an adverse result identified in section 2705(a)(2).

"(5) DISCLOSURE TO QUALIFYING FOREIGN GOVERNMENT.–(A) It shall not constitute a violation of a protective order issued under section 2705 for a provider of electronic communication service to the public or remote computing service to disclose to the entity within a qualifying foreign government, designated in an executive agreement under section 2523, the fact of the existence of legal process issued under this section seeking the contents of a wire or electronic communication of a customer or subscriber who is a national or resident of the qualifying foreign government.

"(B) Nothing in this paragraph shall be construed to modify or otherwise affect any other authority to make a motion to modify or quash a protective order issued under section 2705.".

(c) RULE OF CONSTRUCTION. – Nothing in this section, or an amendment made by this section, shall be construed to modify or otherwise affect the common law standards governing the availability or application of comity analysis to other types of compulsory process or to instances of compulsory process issued under section 2703 of title 18, United States Code, as amended by this section, and not covered under subsection (h)(2) of such section 2703.

SECTION 4 Additional amendments to current communications laws

Title 18, United States Code, is amended–

(1) in chapter 119–

(A) in section 2511(2), by adding at the end the following :

"(j) It shall not be unlawful under this chapter for a provider of electronic communication service to the public or remote computing service to intercept or disclose the contents of a wire or electronic communication in response to an order from a foreign government that is subject to an executive agreement that the Attorney General has determined and certified to Congress satisfies section 2523." ; and

(B) in section 2520(d), by amending paragraph (3) to read as follows :

"(3) a good faith determination that section 2511(3), 2511(2)(i), or 2511(2)(j) of this title permitted the conduct complained of ;"

(2) in chapter 121–

(A) in section 2702–

(i) in subsection (b)–

(I) in paragraph (8), by striking the period at the end and inserting " ; or" ; and

(II) by adding at the end the following :

"(9) to a foreign government pursuant to an order from a foreign government that is subject to an executive agreement that the Attorney General has determined and certified to Congress satisfies section 2523." ; and

(ii) in subsection (c)–

(I) in paragraph (5), by striking "or" at the end ;

(II) in paragraph (6), by striking the period at the end and inserting " ; or" ; and

(III) by adding at the end the following :

"(7) to a foreign government pursuant to an order from a foreign government that is subject to an executive agreement that the Attorney General has determined and certified to Congress satisfies section 2523." ; and

(B) in section 2707(e), by amending paragraph (3) to read as follows :

"(3) a good faith determination that section 2511(3), section 2702(b)(9), or section 2702(c)(7) of this title permitted the conduct complained of ;" ; and

(3) in chapter 206–

(A) in section 3121(a), by inserting before the period at the end the following : "or an order from a foreign government that is subject to an executive agreement that the Attorney General has determined and certified to Congress satisfies section 2523" ; and

(B) in section 3124–

(i) by amending subsection (d) to read as follows :

"(d) NO CAUSE OF ACTION AGAINST A PROVIDER DISCLOSING INFORMATION UNDER THIS CHAPTER. – no cause of action shall lie in any court against any provider of a wire or electronic communication service, its officers, employees, agents, or other specified persons for providing information, facilities, or assistance in accordance with a court order under this chapter, request pursuant to section 3125 of this title, or an order from a foreign government that is subject to an executive agreement that the Attorney General has determined and certified to Congress satisfies section 2523." ; and

(ii) by amending subsection (e) to read as follows :

"(e) DEFENSE.–A good faith reliance on a court order under this chapter, a request pursuant to section 3125 of this title, a legislative authorization, a statutory authorization, or a good faith determination that the conduct complained of was permitted by an order from a foreign government that is subject to executive agreement that the Attorney General has determined and certified to Congress satisfies section 2523, is a complete defense against any civil or criminal action brought under this chapter or any other law.".

SECTION 5 Executive agreements on access to data by foreign governments

(a) IN GENERAL.– Chapter 119 of title 18, United States Code, is amended by adding at the end the following :

"§ 2523. Executive agreements on access to data by foreign governments

"(a) DEFINITIONS.– In this section–

"(1) the term 'lawfully admitted for permanent residence' has the meaning given the term in section 101(a) of the Immigration and Nationality Act (8 U.S.C. 1101(a)) ; and

"(2) the term 'United States person' means a citizen or national of the United States, an alien lawfully admitted for permanent residence, an unincorporated association a substantial number of members of which are citizens of the United States or aliens lawfully admitted for permanent residence, or a corporation that is incorporated in the United States.

"(b) EXECUTIVE AGREEMENT REQUIREMENTS.–For purposes of this chapter, chapter 121, and chapter 206, an executive agreement governing access by a foreign government to data subject to this chapter, chapter 121, or chapter 206 shall be considered to satisfy the requirements of this section if the Attorney General, with the concurrence of the Secretary of State, determines, and submits a written certification of such determination to Congress, that–

"(1) the domestic law of the foreign government, including the implementation of that law, affords robust substantive and procedural protections for privacy and civil liberties in light of the data collection and activities of the foreign government that will be subject to the agreement, if–

"(A) such a determination under this section takes into account, as appropriate, credible information and expert input ; and

"(B) the factors to be considered in making such a determination include whether the foreign government–

"(i) has adequate substantive and procedural laws on cybercrime and electronic evidence, as demonstrated by being a party to the Convention on Cybercrime, done at Budapest November 23, 2001, and entered into force January 7, 2004, or through domestic laws that are consistent with definitions and the requirements set forth in chapters I and II of that Convention ;

"(ii) demonstrates respect for the rule of law and principles of nondiscrimination ;

"(iii) adheres to applicable international human rights obligations and commitments or demonstrates respect for international universal human rights, including–

"(I) protection from arbitrary and unlawful interference with privacy ;

"(II) fair trial rights ;

"(III) freedom of expression, association, and peaceful assembly ;

"(IV) prohibitions on arbitrary arrest and detention ; and

"(V) prohibitions against torture and cruel, inhuman, or degrading treatment or punishment ;

"(iv) has clear legal mandates and procedures governing those entities of the foreign government that are authorized to seek data under the executive agreement, including procedures through which those authorities collect, retain, use, and share data, and effective oversight of these activities ;

"(v) has sufficient mechanisms to provide accountability and appropriate transparency regarding the collection and use of electronic data by the foreign government ; and

"(vi) demonstrates a commitment to promote and protect the global free flow of information and the open, distributed, and interconnected nature of the Internet ;

"(2) the foreign government has adopted appropriate procedures to minimize the acquisition, retention, and dissemination of information concerning United States persons subject to the agreement ; and

"(3) the agreement requires that, with respect to any order that is subject to the agreement–

"(A) the foreign government may not intentionally target a United States person or a person located in the United States, and shall adopt targeting procedures designed to meet this requirement ;

"(B) the foreign government may not target a non-United States person located outside the United States if the purpose is to obtain information concerning a United States person or a person located in the United States ;

"(C) the foreign government may not issue an order at the request of or to obtain information to provide to the United States Government or a third-party government, nor shall the foreign government be required to share any information produced with the United States Government or a third-party government ;

"(D) an order issued by the foreign government–

"(i) shall be for the purpose of obtaining information relating to the prevention, detection, investigation, or prosecution of serious crime, including terrorism ;

"(ii) shall identify a specific person, account, address, or personal device, or any other specific identifier as the object of the order ;

"(iii) shall be in compliance with the domestic law of that country, and any obligation for a provider of an electronic communications service or a remote computing service to produce data shall derive solely from that law ;

"(iv) shall be based on requirements for a reasonable justification based on articulable and credible facts, particularity, legality, and severity regarding the conduct under investigation ;

"(v) shall be subject to review or oversight by a court, judge, magistrate, or other independent authority ; and

"(vi) in the case of an order for the interception of wire or electronic communications, and any extensions thereof, shall require that the interception order–

"(I) be for a fixed, limited duration ;

"(II) may not last longer than is reasonably necessary to accomplish the approved purposes of the order ; and

"(III) be issued only if the same information could not reasonably be obtained by another less intrusive method ;

"(E) an order issued by the foreign government may not be used to infringe freedom of speech ;

"(F) the foreign government shall promptly review material collected pursuant to the agreement and store any unreviewed communications on a secure system accessible only to those persons trained in applicable procedures ;

"(G) the foreign government shall, using procedures that, to the maximum extent possible, meet the definition of minimization procedures in section 101 of the Foreign Intelligence Surveillance Act of 1978 (50 U.S.C. 1801), segregate, seal, or delete, and not disseminate material found not to be information that is, or is necessary to understand or assess the importance of information that is, relevant to the prevention, detection, investigation, or prosecution of serious crime, including terrorism, or necessary to protect against a threat of death or serious bodily harm to any person ;

"(H) the foreign government may not disseminate the content of a communication of a United States person to United States authorities unless the communication may be disseminated pursuant to subparagraph (G) and relates to significant harm, or the threat thereof, to the United States or United States persons, including crimes involving national security such as terrorism, significant violent crime, child exploitation, transnational organized crime, or significant financial fraud ;

"(I) the foreign government shall afford reciprocal rights of data access, to include, where applicable, removing restrictions on communications service providers, including providers subject to United States jurisdiction, and thereby allow them to respond to valid legal process sought by a governmental entity (as defined in section 2711) if foreign law would otherwise prohibit communications-service providers from disclosing the data ;

"(J) the foreign government shall agree to periodic review of compliance by the foreign government with the terms of the agreement to be conducted by the United States Government ; and

"(K) the United States Government shall reserve the right to render the agreement inapplicable as to any order for which the United States Government concludes the agreement may not properly be invoked.

"(c) LIMITATION ON JUDICIAL REVIEW.– A determination or certification made by the Attorney General under subsection (b) shall not be subject to judicial or administrative review.

"(d) EFFECTIVE DATE OF CERTIFICATION.–

"(1) NOTICE.– Not later than 7 days after the date on which the Attorney General certifies an executive agreement under subsection (b), the Attorney General shall provide notice of the determination under subsection (b) and a copy of the executive agreement to Congress, including–

"(A) the Committee on the Judiciary and the Committee on Foreign Relations of the Senate ; and

"(B) the Committee on the Judiciary and the Committee on Foreign Affairs of the House of Representatives.

"(2) ENTRY INTO FORCE.– An executive agreement that is determined and certified by the Attorney General to satisfy the requirements of this section shall enter into force not earlier than the date that is 90 days after the date on which notice is provided under paragraph (1), unless Congress enacts a joint resolution of disapproval in accordance with paragraph (4).

"(3) CONSIDERATION BY COMMITTEES.–

"(A) IN GENERAL.– During the 60-day period beginning on the date on which notice is provided under paragraph (1), each congressional committee described in paragraph (1) may–

"(i) hold one or more hearings on the executive agreement ; and

"(ii) submit to their respective House of Congress a report recommending whether the executive agreement should be approved or disapproved.

"(B) REQUESTS FOR INFORMATION. – Upon request by the Chairman or Ranking Member of a congressional committee described in paragraph (1), the head of an agency shall promptly furnish a summary of factors considered in determining that the foreign government satisfies the requirements of this section.

"(4) CONGRESSIONAL REVIEW.–

"(A) JOINT RESOLUTION DEFINED. – In this paragraph, the term 'joint resolution' means only a joint resolution–

"(i) introduced during the 90-day period described in paragraph (2) ;

"(ii) which does not have a preamble ;

"(iii) the title of which is as follows : 'Joint resolution disapproving the executive agreement signed by the United States and __.', the blank space being appropriately filled in ; and

"(iv) the matter after the resolving clause of which is as follows : 'That Congress disapproves the executive agreement governing access by ___ to certain electronic data as submitted by the Attorney General on ___', the blank spaces being appropriately filled in.

"(B) JOINT RESOLUTION ENACTED.– Notwithstanding any other provision of this section, if not later than 90 days after the date on which notice is provided to Congress under paragraph (1), there is enacted into law a joint resolution disapproving of an executive agreement under this section, the executive agreement shall not enter into force.

"(C) INTRODUCTION.– During the 90-day period described in subparagraph (B), a joint resolution of disapproval may be introduced–

"(i) in the House of Representatives, by the majority leader or the minority leader ; and

"(ii) in the Senate, by the majority leader (or the majority leader's designee) or the minority leader (or the minority leader's designee).

"(5) FLOOR CONSIDERATION IN HOUSE OF REPRESENTATIVES.– If a committee of the House of Representatives to which a joint resolution of disapproval has been referred has not reported the joint resolution within 60 days after the date of referral, that committee shall be discharged from further consideration of the joint resolution.

"(6) CONSIDERATION IN THE SENATE.–

"(A) COMMITTEE REFERRAL.– A joint resolution of disapproval introduced in the Senate shall be–

"(i) referred to the Committee on the Judiciary ; and

"(ii) referred to the Committee on Foreign Relations.

"(B) REPORTING AND DISCHARGE.– If a committee to which a joint resolution of disapproval was referred has not reported the joint resolution within 60 days after the date of referral of the joint resolution, that committee shall be discharged from further consideration of the joint resolution and the joint resolution shall be placed on the appropriate calendar.

"(C) PROCEEDING TO CONSIDERATION.– Notwithstanding rule XXII of the Standing Rules of the Senate, it is in order at any time after either the Committee on the Judiciary or the Committee on Foreign Relations, as the case may be, reports a joint resolution of disapproval to the Senate or has been discharged from consideration of such a joint resolution (even though a previous motion to the same effect has been disagreed to) to move to proceed to the consideration of the joint resolution, and all points of order against the joint resolution (and against consideration of the joint resolution) are waived. The motion is not subject to a motion to postpone. A motion to reconsider the vote by which the motion is agreed to or disagreed to shall not be in order.

"(D) RULINGS OF THE CHAIR ON PROCEDURE.– Appeals from the decisions of the Chair relating to the application of the rules of the Senate, as the case may be, to the procedure relating to a joint resolution of disapproval shall be decided without debate.

"(E) CONSIDERATION OF VETO MESSAGES.– Debate in the Senate of any veto message with respect to a joint resolution of disapproval, including all debatable motions and appeals in connection with the joint resolution, shall be limited to 10 hours, to be equally divided between, and controlled by, the majority leader and the minority leader or their designees.

"(7) RULES RELATING TO SENATE AND HOUSE OF REPRESENTATIVES.–

"(A) TREATMENT OF SENATE JOINT RESOLUTION IN HOUSE.– In the House of Representatives, the following procedures shall apply to a joint resolution of disapproval received from the Senate (unless the House has already passed a joint resolution relating to the same proposed action) :

"(i) The joint resolution shall be referred to the appropriate committees.

"(ii) If a committee to which a joint resolution has been referred has not reported the joint resolution within 7 days after the date of referral, that committee shall be discharged from further consideration of the joint resolution.

"(iii) Beginning on the third legislative day after each committee to which a joint resolution has been referred reports the joint resolution to the House or has been discharged from further consideration thereof, it shall be in order to move to proceed to consider the joint resolution in the House. All points of order against the motion are waived. Such a motion shall not be in order after the House has disposed of a motion to proceed on the joint resolution. The previous question shall be considered as ordered on the motion to its adoption without intervening motion. The motion shall not be debatable. A motion to reconsider the vote by which the motion is disposed of shall not be in order.

"(iv) The joint resolution shall be considered as read. All points of order against the joint resolution and against its consideration are waived. The previous question shall be considered as ordered on the joint resolution to final passage without intervening motion except 2 hours of debate equally divided and controlled by the sponsor of the joint resolution (or a designee) and an opponent. A motion to reconsider the vote on passage of the joint resolution shall not be in order.

"(B) TREATMENT OF HOUSE JOINT RESOLUTION IN SENATE.–

"(i) If, before the passage by the Senate of a joint resolution of disapproval, the Senate receives an identical joint resolution from the House of Representatives, the following procedures shall apply :

"(I) That joint resolution shall not be referred to a committee.

"(II) With respect to that joint resolution–

"(aa) the procedure in the Senate shall be the same as if no joint resolution had been received from the House of Representatives ; but

"(bb) the vote on passage shall be on the joint resolution from the House of Representatives.

"(ii) If, following passage of a joint resolution of disapproval in the Senate, the Senate receives an identical joint resolution from the House of Representatives, that joint resolution shall be placed on the appropriate Senate calendar.

"(iii) If a joint resolution of disapproval is received from the House, and no companion joint resolution has been introduced in the Senate, the Senate procedures under this subsection shall apply to the House joint resolution.

"(C) APPLICATION TO REVENUE MEASURES.– The provisions of this paragraph shall not apply in the House of Representatives to a joint resolution of disapproval that is a revenue measure.

"(8) RULES OF HOUSE OF REPRESENTATIVES AND SENATE.– This subsection is enacted by Congress–

"(A) as an exercise of the rulemaking power of the Senate and the House of Representatives, respectively, and as such is deemed a part of the rules of each House, respectively, and supersedes other rules only to the extent that it is inconsistent with such rules ; and

"(B) with full recognition of the constitutional right of either House to change the rules (so far as relating to the procedure of that House) at any time, in the same manner, and to the same extent as in the case of any other rule of that House.

"(e) RENEWAL OF DETERMINATION.–

"(1) IN GENERAL.– The Attorney General, with the concurrence of the Secretary of State, shall renew a determination under subsection (b) every 5 years.

"(2) REPORT.– Upon renewing a determination under subsection (b), the Attorney General shall file a report with the Committee on the Judiciary and the Committee on Foreign Relations of the Senate and the Committee on the Judiciary and the Committee on Foreign Affairs of the House of Representatives describing–

"(A) the reasons for the renewal ;

"(B) any substantive changes to the agreement or to the relevant laws or procedures of the foreign government since the original determination or, in the case of a second or subsequent renewal, since the last renewal ; and

"(C) how the agreement has been implemented and what problems or controversies, if any, have arisen as a result of the agreement or its implementation.

"(3) NONRENEWAL.– If a determination is not renewed under paragraph (1), the agreement shall no longer be considered to satisfy the requirements of this section.

"(f) PUBLICATION.– Any determination or certification under subsection (b) regarding an executive agreement under this section, including any termination or renewal of such an agreement, shall be published in the FEDERAL REGISTER as soon as is reasonably practicable.

"(g) MINIMIZATION PROCEDURES.– A United States authority that receives the content of a communication described in subsection (b)(3)(H) from a foreign government in accordance with an executive agreement under this section shall use procedures that, to the maximum extent possible, meet the definition of minimization procedures in section 101 of the Foreign Intelligence Surveillance Act of 1978 (50 U.S.C. 1801) to appropriately protect nonpublicly available information concerning United States persons.".

(b) TABLE OF SECTIONS AMENDMENT.– The table of sections for chapter 119 of title 18, United States Code, is amended by inserting after the item relating to section 2522 the following :

"2523. Executive agreements on access to data by foreign governments."

SECTION 6 Rule of construction

Nothing in this Act, or the amendments made by this Act, shall be construed to preclude any foreign authority from obtaining assistance in a criminal investigation or prosecution pursuant to section 3512 of title 18, United States Code, section 1782 of title 28, United States Code, or as otherwise provided by law.

LIVRE DEUXIÈME
LA LUTTE CONTRE LA CYBERCRIMINALITÉ

BIBL. GÉN. ▶ **Ouvrage** : FREYSSINET, La cybercriminalité en mouvement, *Hermès, coll. Management et Informatique, 2012.*

▶ **Articles** : ADDESA-PELLISER, *AJ pénal 2019. 366* (former à l'investigation et à l'analyse financière criminelle, une impérieuse nécessité). – BAILLY et DAOUD, *AJ pénal 2012. 252* (cybercriminalité et réseaux sociaux : la réponse pénale). – BERTHELET, *RSC 2018. 59* (aperçus de la lutte contre la cybercriminalité dans l'Union européenne). – CHARPENEL, *Dalloz IP/IT 2017. 71* (le *Darkweb*, un objet juridique parfaitement identifié). – CHÉRIF, *D. 2019. 1536* (lutte contre la cybercriminalité : une traque au sein des réseaux informatiques) ; *RIDP 2013* (le concept de cybercriminalité, rapport pour la France, colloque AIDP, *nov. 2012*) ; *RIDP 2013/2* (les infractions relatives aux technologies de l'information et de la communication et à la cybercriminalité : rapport pour la France). – CHOPIN, *AJ pénal 2009. 101* (les politiques publiques de lutte contre la cybercriminalité) ; *ibid. 2012. 258* (téléchargement illégal et HADOPI). – DELERUE, *in* M. Grange et A.-Th. Norodom (dir.), *Pedone, 2018, p. 47* (cyberopérations : quel régime de preuve ?). – GHERNAOUTI, *RSC 2018. 599* (la cybercriminalité/les nouvelles armes du pouvoir). – LAURENT, *Dalloz IP/IT 2021. 79* (retour d'expérience sur le premier démantèlement d'une plateforme francophone du *darkweb* : le dossier *Black Hand*). – LEVASTRE-BODOULE SOSSO, *Dalloz IP/IT 2021. 83* (les principaux usages illicites de l'Internet sombre) ; *ibid.* (Tor en pratique). – DE MAISON ROUGE, *Dalloz IP/IT 2017. 74* (*Darkweb* : plongée en eaux troubles). – MARTINON, *Dalloz IP/IT 2021. 68* (propos introductifs sur les « darknets »). – MESA, *D. 2023. 27* (la réponse pénale au cyber-délit commis à l'encontre d'un mineur). – PERNET, *Dalloz IP/IT 2021. 73* (le *darknet*). – PETIT, *Dalloz IP/IT 2017. 86* (visite guidée du *Darkweb* cybercriminel). – QUÉMÉNER, *Dalloz IP/IT 2018. 418* (l'accès à la preuve numérique, enjeu majeur de toute enquête pénale : pratiques et perspectives) ; *Dalloz IP/IT 2019. 55* (présentation d'une nouvelle dépêche sur les cyber-fraudes par crypto-actifs). – SAENKO, *Dalloz IP/IT 2017. 80* (le *Darkweb* : un nouveau défi pour le droit pénal contemporain). – VIOLEAU, *AJ pénal 2017. 324* (les techniques d'investigation numérique : entre insécurités juridiques et limites pratiques).

COMMENTAIRE

1. La cybercriminalité matérialise souvent l'échec de la SSI, sa définition n'emportant pas consensus. Par exemple, en 1986, le professeur René Gassin (Le droit pénal de l'informatique, *Dalloz 1986, Chron. 35*) distinguait :
- les cas dans lesquels l'informatique est l'objet même de la délinquance ;
- les cas dans lesquels l'informatique est l'instrument, le moyen de la fraude ;
- les cas dans lesquels l'informatique fournit l'occasion de délits.

2. La convention du Conseil de l'Europe sur la cybercriminalité n° 185 du 23 novembre 2001 ne donne pas de définition mais dresse une liste d'infractions qui en relèvent :
- les infractions contre la confidentialité, l'intégrité et la disponibilité des données et systèmes informatiques, domaine de la sécurité des systèmes d'information (SSI) ;
- les infractions informatiques : falsification informatique, fraude informatique ;
- les infractions se rapportant au contenu et portant sur la pornographie enfantine ;
- les infractions liées aux atteintes à la propriété intellectuelle et aux droits connexes.

Cette liste correspond à une époque ; elle a été complétée par le Protocole relatif à l'incrimination d'actes de nature raciste et xénophobe par système informatique (28/01/2003). Elle est aujourd'hui très incomplète, compte tenu de l'évolution du comportement des prédateurs (c'est ce qui conduit les Russes, non sans arrière-pensée, à faire approuver par l'Assemblée générale de l'ONU, l'élaboration, d'ici à 2023, d'une convention internationale qui porte sur vingt-trois infractions [Résol. A/75/L. 87/Rev.1 du 26 mai 2021]).

3. L'OCDE qualifie de cybercriminel « tout comportement illégal ou contraire à l'éthique ou non autorisé qui concerne un traitement automatique de données et/ou de transmis-

sion de données » (Rapport Politiques d'information, d'informatique et de communications : la fraude liée à l'informatique, analyse des politiques juridiques, *1986, p. 7*). Entrent dans cette définition :
- les manipulations informatiques ;
- l'espionnage par ordinateur ;
- le sabotage informatique ;
- le vol de temps ordinateur ;
- le détournement de fonds par utilisation de moyens informatiques ;
- l'accès indu aux systèmes et aux réseaux.

4. L'ONU reconnaît explicitement la difficulté d'arrêter une définition : « La façon dont est définie la cybercriminalité dépend le plus souvent de l'objectif visé dans le contexte où ce terme est utilisé. Un nombre limité d'atteintes à la confidentialité, à l'intégrité et à la disponibilité des données ou des systèmes informatiques constitue la quintessence de la cybercriminalité. Cependant, d'autres agissements, tels que l'utilisation d'ordinateurs pour réaliser un gain ou porter un préjudice, financier ou autre, y compris certaines formes d'usurpation d'identité et les atteintes aux contenus informatiques (qui relèvent tous de la "cybercriminalité" prise dans son sens le plus large), ne facilitent pas les efforts visant à définir juridiquement ce terme dans sa globalité » (ONUDC, Étude approfondie sur le phénomène de la cybercriminalité et les mesures prises par les États membres, la communauté internationale et le secteur privé pour y faire face, *23 janv. 2013, UNODC/CCPCJ/EG.4/2013/2, § 4, p. 2*). L'ONU se heurte aussi à la forte divergence qui divise deux blocs : les démocraties et les États autoritaires. Les négociations de Vienne (2022-2023), relatives à l'élaboration d'une Convention sur la cybercriminalité soulignent le risque de transformer une convention de l'ONU sur la cybercriminalité en un traité de contrôle de l'information, contenant des dispositions contraires aux libertés sur Internet et aux droits de l'homme.

5. En France, selon l'ANSSI, « la cybercriminalité est constituée des actes contrevenant aux traités internationaux ou aux lois nationales, utilisant les réseaux ou les systèmes d'information comme moyens de réalisation d'un crime ou d'un délit, ou les ayant pour cible. Elle regroupe :

« – 1. les crimes et délits traditionnels facilités par l'usage des nouvelles technologies : blanchiment d'argent sale, pédophilie, grand banditisme, terrorisme, etc. ;

« – 2. les crimes et délits nouveaux directement liés à l'usage des Technologies de l'information et de la Communication [Pour une étude détaillée : « Les marchés noirs de la cybercriminalité », CEIS, juin 2011, voir http://www.aisg. info/public/fr/medias/docutheque/document/externe/2011/186_ceis.pdf] : falsification de cartes bancaires, usurpation d'identité, taggage ou défacement de sites officiels, attaque en déni de service, vol de données, vol de ressources informatiques, "phishing" ou hameçonnage, "bonets", "carding" (vente illégale de numéros de cartes bancaires), etc. ;

« — 3. le détournement rapide des nouvelles technologies à des fins criminelles et terroristes : usage des téléphones portables pour déclencher des bombes artisanales, GPS de plus en plus accessible et couplé à des moyens de communication pour guider des engins explosifs, drones commerciaux, internet des objets, etc. » (P. Wolf et L. Vallée, Cyber-conflits, quelques clés de compréhension, *in* ONDRP, *Rapport 2011, p. 787 s., spéc. p. 794*, en ligne : https://www.ssi.gouv.fr/uploads/IMG/pdf/Cyber_conflits_quelques_cles_de_comprehension.pdf).

On notera que ni le sabotage, ni l'espionnage ne figurent dans la liste, or ces infractions sont aujourd'hui considérées par l'Agence comme les menaces les plus graves sur la sécurité nationale.

6. Plus simple et sans doute plus opérante est la définition retenue par le rapport du procureur général Marc Robert (Protéger les internautes, rapport sur la cybercriminalité, févr. 2014) qui reprend les conclusions du rapport Breton (Breton, rapporteur Watin-Augouard, Chantier sur la lutte contre la cybercriminalité, 25 février 2005) : « la cybercriminalité regroupe toutes les infractions pénales tentées ou commises à l'encontre ou au moyen d'un système d'information et de communication, principalement internet ». Elle est très voisine de celle de l'Union européenne, pour qui « la cybercriminalité devrait s'entendre comme des infractions pénales commises à l'aide de réseaux de communications électroniques et de systèmes d'informations ou contre ces réseaux ou systèmes » (Commission au Parlement européen, au Conseil et au Comité des régions, Vers une politique générale en matière de lutte contre la cybercriminalité, *communication COM(2007) du 22 mai 2007*). Cette définition s'attache à la qualification juridique des faits ; elle retient la cible et l'outil sans risquer de se perdre dans une classification selon les auteurs, les mobiles ou les modes d'action.

7. Le périmètre de la cybercriminalité pourrait être délimité en se reportant au corpus pénal. Celui-ci ressemble à un « mille-feuille ». Il se forme par sédimentation au fur et à mesure que se multiplient les usages et donc les mésusages. Il en résulte une législation aujourd'hui éclatée entre plusieurs codes (code pénal, code de procédure pénale, code des douanes, code de commerce, code de la consommation, code des postes et des communications électroniques, code de la propriété intellectuelle, code monétaire et financier, code de la défense, code de la sécurité intérieure, etc.), ce qui souligne une fois de plus l'intérêt d'un code de la cybersécurité.

I. LE PÉRIMÈTRE DE LA CYBERCRIMINALITÉ

8. L'absence de définition exhaustive de la cybercriminalité conduit parfois à exclure certains comportements qui pourtant en relèvent. Il suffit de se reporter à la très officielle *Revue stratégique de cyberdéfense* (SGDSN, *Revue stratégique de cyberdéfense, 12 févr. 2018, p. 11* s., sgdsn.gouv.fr) pour constater que celle-ci distingue la cybercriminalité de l'espionnage, du sabotage et de la déstabilisation. Ici, le vocable « cybercriminalité » est pris avec un sens très restrictif le confinant dans le champ de la délinquance à caractère crapuleux. En vérité, la cybercriminalité épouse les évolutions de la société numérique. En 1978, la loi n° 78-17 du 6 janvier 1978 relative à l'informatique, aux fichiers et aux libertés introduit dans le code pénal les premières infractions qui relèvent de la cybercriminalité : les traitements de données à caractère personnel (C. pén., art. 226-16 à 226-24). En 1988, avec la loi dite « Godfrain » (L. n° 88-19 du 5 janv. 1988 relative à la fraude informatique), ce sont les systèmes de traitement de données qui font l'objet d'une protection par le droit pénal. Depuis, ce sont les données qui sont au cœur de l'action des prédateurs et justifient donc l'attention du législateur national ou européen.

9. En réalité, le périmètre de la cybercriminalité se superpose à celui de l'espace numérique, qui est souvent présenté de manière pédagogique en quatre couches : la couche « matérielle », la couche des protocoles, la couche « logique » (les logiciels) et la couche « cognitive » (les données). Cette classification tend à perdre de sa pertinence, car la couche matérielle se déplace vers la couche logique avec une 5G fortement dématérialisée. Des données issues de la couche logique entrent dans les contenus, dès lors qu'elles sont porteuses de sens (profilage à partir des *logs* de connexion).

A. LA COUCHE MATÉRIELLE DE L'ESPACE NUMÉRIQUE

10. La première couche regroupe l'ensemble de moyens physiques qui constituent l'architecture du cyberespace : ordinateurs, serveurs, cœurs de réseaux, relais, câbles sous-marins, etc. La destruction ou le vol de l'une de ces composantes suffit à perturber, voire à empêcher le fonctionnement d'un réseau. Les conséquences, même temporaires, de ruptures de câbles sous-marins, par lesquels transitent 99 % des communications intercontinentales, suffisent pour mesurer la sensibilité de la couche matérielle. L'article L. 81 du code des postes et des communications électroniques réprime par un emprisonnement de cinq ans et une amende de 75 000 euros le fait de rompre volontairement un câble sous-marin ou de lui causer une détérioration qui pourrait interrompre ou entraver les communications électroniques. Doit-on inclure cette infraction dans la cybercriminalité ? Assurément oui, car le cyberespace doit être appréhendé dans son entièreté, même si les câbles existent antérieurement à la création du cyberespace. La même observation peut porter sur les destructions volontaires qui affectent le réseau et qui constituent un acte de sabotage (C. pén., art. 411-9) lorsque les faits sont susceptibles de porter atteinte aux intérêts fondamentaux de la Nation. La cybercriminalité ne peut être restreinte au champ de l'immatériel. Il n'est pas nécessaire de commettre une cyberattaque pour neutraliser tout ou partie du réseau internet ; une destruction physique des nœuds stratégiques suffit. Cette question sera à l'ordre du jour des discussions relatives au "bouclier européen", annoncé par Thierry Breton, le 5 avril 2023, lors du FIC.

B. LA COUCHE DES PROTOCOLES

11. La couche des protocoles ne pose guère de problèmes de frontière. Pour fonctionner, l'espace numérique repose notamment sur le protocole TCP/IP (*Transfert Control Protocol* (TCP) qui permet l'acheminement des données ; *Internet Protocol* (IP) qui définit les numéros d'identification, adresses des appareils connectés) et le protocole DNS (*Domain Name System*). Ces protocoles peuvent subir une attaque qui peut être considérée comme une usurpation d'adresse IP (*IP spoofing*) ou de nom de domaine (*DNS spoofing* ou *DNS cache poisoning*). Ces infractions entrent dans le champ de la loi « Godfrain » précitée (C. pén., art. 323-2) et peuvent dans certains cas relever de l'usurpation d'identité numérique (C. pén., art. 226-4-1, al. 2).

La vulnérabilité du DNS est prise en compte dans la loi de programmation militaire (2024-2030) qui introduit dans le code de la défense des mesures préventives. L'article L. 2321-2-3 prescrit aux hébergeurs, fournisseurs d'accès à internet (FAI) ou registrars des mesures de filtrage de noms de domaine en cas de menace susceptible de porter atteinte à la sécurité nationale. L'article L. 2321-3-1 permet à l'ANSSI d'agir auprès des opérateurs de communication électronique qui conservent de manière temporaire les "données de cache", c'est-à-dire les correspondances entre les adresses IP et les noms de domaines.

C. LA COUCHE LOGIQUE

12. Les atteintes à la couche « logique » ne soulèvent guère de discussion, car c'est le domaine encore privilégié des auteurs de cyberattaques qui créent des failles ou les exploitent. Elles sont principalement réprimées par la loi « Godfrain » (C. pén., art. 323-1 s.) qui évolue, tout en conservant son appellation d'origine. Ainsi la loi d'orientation et de programmation du ministère de l'intérieur (LOPMI - L. n° 2023-22 du 24 janv. 2023) enrichit son dispositif. Un nouvel article corrige les insuffisances d'une loi qui visait principalement les faits et rarement les effets. La gravité des cyberattaques devient telle qu'il faut imaginer le pire, comme cela peut être le cas, notamment lorsqu'on vise un établissement de santé ou un opérateur d'importance vitale. Le nouvel article 323-4-2 punit de dix ans d'emprisonnement et de 300 000 € d'amende les infractions prévues aux articles 323-1 à 323-3-1 qui ont pour effet d'exposer autrui à un risque immédiat de mort ou de blessures de nature à entraîner une mutilation ou une infirmité permanente ou de faire obstacle aux secours destinés à faire échapper une personne à un péril imminent ou à combattre un sinistre présentant un danger pour la sécurité des personnes. Elles peuvent être précédées par des usurpations d'identité (hameçonnages), des actions d'ingénierie sociale ayant pour objectif de faciliter, par le biais d'une faille humaine, la pénétration dans les réseaux.

Les outils permettant de commettre des cyberattaques sont de plus en plus sophistiqués, mais aussi de plus en plus accessibles « sur étagère ». La loi Godfrain (art. 323-3-1) réprime l'importation, la détention, l'offre, la cession ou la mise à disposition de dispositifs permettant de commettre une infraction visée par la loi Godfrain. La LOPMI complète l'arsenal répressif avec une responsabilité pénale des plateformes (au sens de l'art. L. 111-7 du code de la consommation) qui retreignent leur accès aux personnes qui utilisent des techniques d'anonymisation (cf. les darknets) et permettent sciemment la cession de produits manifestement illicites (C. pén., nouv. art. 323-3-2).

Les conséquences des cyberattaques peuvent être couvertes par une assurance. Cette possibilité a fait l'objet d'un vaste débat, s'agissant notamment des versements de rançons en vue de faire cesser l'action d'un rançongiciel. La LOPMI enrichit le code des assurances avec l'article L. 12-10-1 qui subordonne le versement d'une indemnisation, consécutive à une atteinte aux STAD visée par la loi Godfrain, à un dépôt de plainte dans les 72 heures. Une bonne manière de réduire le "chiffre noir" particulièrement important, faute d'information des services enquêteurs.

Les actes accomplis à l'égard d'un STAD ne sont pas toujours punissables. Ainsi, ne sont pas pénalement responsables les *hackers* éthiques qui agissent dans le cadre d'un contrat de *bug bounty*, c'est-à-dire avec l'assentiment du « maître du système ». Par ailleurs, le code de la défense (art. L. 2321-2) autorise les services de l'État déterminés par le Premier ministre à détenir des équipements, des instruments, des programmes informatiques et toutes données susceptibles de permettre la réalisation d'une ou plusieurs des infractions prévues aux articles 323-1 à 323-3 du code pénal, en vue d'analyser leur conception et d'observer leur fonctionnement. Enfin, les dispositions pénales de la loi Godfrain ne sont pas applicables aux mesures mises en œuvre, par les agents habilités des services de l'État désignés par arrêté du Premier ministre parmi les services spécialisés de renseignement pour assurer hors du territoire national la protection des intérêts fondamentaux de la Nation (C. pén., art. 323-8).

L'article L. 2321-4 du code de la défense institue une forme de repentir : « Pour les besoins de la sécurité des systèmes d'information, l'obligation prévue à l'article 40 du code de procédure pénale n'est pas applicable à l'égard d'une personne de bonne foi qui transmet à la seule autorité nationale de sécurité des systèmes d'information une information sur l'existence d'une vulnérabilité concernant la sécurité d'un système de traitement automatisé de données ».

D. LA COUCHE COGNITIVE, ÉGALEMENT DITE « COUCHE SÉMANTIQUE »

13. Plus subjective, la couche « cognitive » est celle des contenus. Elle est porteuse de sens, de non-sens, de faux-sens, de contre-sens. Avec la création du web et son évolution du web statique 1.0 au web dynamique 2.0, marquée par l'essor des réseaux sociaux, cette couche s'étend de manière exponentielle. Elle comprend toutes les informations véhiculées par le net. La couche sémantique est celle du sens, du non-sens, du faux-sens, du contresens. Elle facilite les atteintes à la confiance, dont les escroqueries. Les transgressions qu'elle porte sont multiples et énumérées ci-après de manière non exhaustive :
– délits réprimés par la loi du 29 juillet 1881 et « commis par tout moyen de communication au public par voie électronique » ;
– atteinte à la vie privée ;
– atteinte à la dignité ou à la personnalité (vengeance pornographique, vidéo-lynchage) ;
– atteinte à la réputation ;
– cyberharcèlement moral ou sexuel ;
– antisémitisme, haine, discrimination, etc. ;
– contenus à caractère terroriste : provocation ou apologie ;
– contenus à caractère pédophile (dont consultation habituelle de sites) ;
– provocation au suicide ;
– influence, manipulation de l'information, etc. ;
– vente de produits illicites.

Certains contenus justifient des mesures de retrait, de blocage ou de déréférencement (L. n° 2004-575 du 21 juin 2004, art. 6, 1 et 6-3 [créé par la loi n° 2021-1109 du 24 août 2021] confortant le respect des principes de la République]), notamment lorsqu'il s'agit de contenus à caractère pédophile (dont la consultation habituelle est réprimée par la loi,V. C. pén., art. 227-23) ou terroriste. Un décret du 12 juin 2023 (n° 2023-454) indique d'ailleurs que c'est l'OCLCTIC qui est l'autorité de référence pour appliquer une décision de justice relative au blocage et au déréférencement d'un site « miroir », c'est-à-dire d'un site qui reprend « en totalité ou de manière substantielle » (art. 3, 1°, du décret) le contenu d'un site bloqué à la suite d'une décision de justice, la copie étant souvent située à l'étranger pour éviter l'effet exécutoire de la décision française. Au niveau de l'Union européenne, le Digital Services Act a notamment pour objectif de lutter contre les contenus illicites (art. 8).

E. INCLURE OU EXCLURE LES INFRACTIONS DE CONTENU DU PÉRIMÈTRE DE LA CYBERCRIMINALITÉ ?

14. Les puristes pourraient rejeter ces infractions hors du champ de la cybercriminalité, ce qui éliminerait toutes les infractions précitées. Il est vrai qu'elles préexistaient, le cyberespace jouant un rôle d'amplificateur. Pour autant, les omettre serait une erreur, eu égard au caractère englobant de l'espace numérique. Le système de traitement automatisé de données le plus fragile est le cerveau humain, celui qui est connecté au réseau sans bénéficier des protections d'anti-virus, de pare-feu, etc. Les Russes ne font pas référence au cyberespace mais à l'espace informationnel, privilégiant ainsi le contenu au contenant. La bataille de l'information est engagée, avec des victimes dépourvues de discernement, d'esprit critique, soumises à la viralité des réseaux sociaux, trompées par un e-commerce sans frontière et donc sans règles.

15. Les contenus illicites sont souvent protégés contre les investigations par un recours au chiffrement. L'article 132-79 du code pénal érige en circonstance aggravante le fait d'user d'un moyen de cryptologie, au sens de l'article 29 de la loi n° 2004-575 du 21 juin 2004 pour la confiance dans l'économie numérique, pour préparer ou commettre un crime ou un délit, ou pour en faciliter la préparation ou la commission. L'article 434-15-2 du code pénal (déclaré conforme à la Constitution par Cons. const. 30 mars 2018, n° 2018-696 QPC) sanctionne le refus par quiconque ayant connaissance de la convention secrète de déchiffrement d'un moyen de cryptologie susceptible d'avoir été utilisé pour préparer, faciliter ou commettre un crime ou un délit, de refuser de remettre ladite convention aux autorités judiciaires ou de la mettre en œuvre, sur les réquisitions de ces autorités. Le code de la sécurité intérieure (CSI, art. L. 871-1), quant à lui, oblige les personnes physiques ou morales qui fournissent des prestations de cryptologie visant à assurer une fonction de confidentialité à remettre, dans un délai de soixante-douze heures, les conventions permettant le déchiffrement des données transformées au moyen des prestations qu'elles ont fournies. Le refus opposé est puni de deux ans d'emprisonnement et de 150 000 euros d'amende (CSI, art. L. 881-2). Les infractions liées au chiffrement ne sont pas à proprement parler des infractions de contenu, mais elles en facilitent la commission.

F. L'EXTENSION DU DOMAINE DE LA LUTTE CONTRE LA CYBERCRIMINALITÉ

16. Les contenus pourraient connaître une évolution inédite dans les prochaines années : la virtualité réelle, le *métavers* (de *meta* (autour) et de *vers* (univers)), est l'Internet de demain. Le virtuel envahit le monde du réel. Hyperconnexion, intelligence artificielle, mégadonnées se conjuguent pour offrir une évasion dans un autre monde. La réalité augmentée permet déjà de repousser les limites de notre univers. Mais elle n'est qu'une valorisation de nos sens, notamment visuels et auditifs. La virtualité réelle est tout autre. Au-delà des possibilités qu'elle offre en matière d'apprentissage, de simulation, elle nous exfiltre vers un espace qui pourrait se substituer au théâtre physique de notre quotidien. Ainsi serons-nous bientôt transportés dans un ailleurs qui pourrait devenir notre référence, le champ de nos interactions sociales, tout en gardant « les pieds sur terre ». Ce dédoublement de personnalité peut être un jeu, comme il peut être dangereux. Avec la « réification de l'abstrait », c'est le virtuel qui a raison avec le risque de perte de relation avec le réel. Ce que l'on ne voit pas n'existe pas. Alors que le cerveau humain est le terminal de la couche cognitive d'Internet, sommes-nous en train de perdre le contrôle de notre imaginaire et, partant, le contrôle de nous-mêmes ? Serons-nous demain plus esclaves encore des plateformes qui ambitionnent de régir nos vies ? Nos avatars vont-ils commettre dans la « quatrième dimension » les actes que nous réprouvons dans le monde réel ? L'exemple récent d'une agression sexuelle par leur entremise est une illustration d'un transfert possible de l'interdit dans ce qui est encore un *no man's land* juridique (Alex Heath, *Meta opens up access to its VR social platform Horizon Worlds, Theverge.com, 9 déc. 2021*).

17. Le champ de la cybercriminalité est donc vaste et pourrait être extensible au fur et à mesure que se multiplient les usages et les mésusages des potentialités d'Internet. La dépêche du garde des Sceaux, direction des affaires criminelles et des grâces (DACG), en date du 9 juin 2021, relative à la lutte contre la cybercriminalité opte pour une définition extensive, comme en témoigne son annexe 1 (V. M. Quéméner, La justice face à la cybercriminalité. Vers une politique pénale réaffirmée, *RLDI 2021, n° 185*). Elle précise les compétences *rationae materiae* des juridictions chargées de la répression de la cybercriminalité.

II. LES ACTEURS DE LA LUTTE CONTRE LA CYBERCRIMINALITÉ

18. Les infractions qui entrent dans le champ de la cybercriminalité sont souvent des infractions complexes, avec le sens que le droit pénal donne au qualificatif. Plusieurs catégories d'infractions peuvent se cumuler dans un même fait : par exemple, atteinte à un système de traitement automatisé de données, extorsion, atteinte aux données à caractère personnel peuvent se cumuler dans une attaque par rançongiciel. Mais la complexité est inhérente à l'élément matériel de l'infraction qui requiert parfois une compétence particulière, une expertise pointue. Le caractère transfrontalier de la plupart des cyberinfractions ajoute à la difficulté. Les acteurs doivent donc se mettre en ordre de bataille pour appréhender un contentieux d'un genre nouveau.

A. LE JUGE DE LA CYBERCRIMINALITÉ

19. C'est la raison pour laquelle les juridictions françaises tendent à se spécialiser. La dépêche du garde des Sceaux du 9 juin 2021 précitée, dans son annexe 2, offre une grille d'analyse des compétences respectives des tribunaux judiciaires, des juridictions interrégionales spécialisées (JIRS) et du tribunal judiciaire de Paris. La dépêche reprend les dispositions de la loi n° 2016-731 du 3 juin 2016 qui centralise auprès du tribunal judiciaire de Paris (section J3) les actes les plus graves, les plus complexes dans leur matérialité ou leur dimension géographique. Les actes incriminés par les articles 323-1 à 323-4-1 (L. « Godfrain », préc.) et 411-9 du code pénal (sabotage) sont ainsi poursuivis, instruits et jugés selon des règles particulières fixées par les articles 706-72-1 à 706-72-6 du code de procédure pénale. La loi permet désormais de juger avec un juge unique (CCP, art. 398) l'introduction et la maintien frauduleux dans un STAD, infraction visée au premier alinéa de l'article 323-1 du code pénal.

Le tribunal judiciaire de Paris est chargé du haut du spectre quant au mode opératoire, aux liens avec une puissance étrangère, à la pluralité ou à la qualité des victimes. Les JIRS traitent les infractions relevant de la criminalité organisée qui ne justifient pas une saisine de la section J3. Quant aux tribunaux judiciaires, ils prennent en compte tout le reste du contentieux. Un magistrat référent est désigné au sein de chacun d'entre eux. Cette construction à étage n'est pas assimilable à la gestion des infractions terroristes, le dessaisissement n'étant pas obligatoire mais faisant l'objet d'un échange entre les parquets ou les juridictions d'instruction. Les infractions « cyber » vont progressivement envahir les prétoires et changer la physionomie des juridictions et la nature du procès pénal. Les technologies et le droit deviennent inséparables, ce qui modifie le profil du juge moderne. Ce juge doit s'appuyer sur un réseau d'experts, mais surtout sur des enquêteurs spécialisés. Ainsi, le tribunal judiciaire de Paris dispose à proximité des services de la gendarmerie nationale (Comcybergend, Commandement de la gendarmerie dans le cyberespace, qui rassemble l'ensemble des cyberenquêteurs de la gendarmerie nationale) et de la police nationale (OCLCTIC, Office central de lutte contre les infractions liées aux technologies de l'information et de la communication relevant de la DCPJ, Direction centrale de la police judiciaire, et BL2C, Brigade de lutte contre la cybercriminalité de la préfecture de police de Paris).

B. LE RÉSEAU DES ENQUÊTEURS

20. Les institutions régaliennes ont toutes pris en compte la lutte contre la cybercriminalité, qu'elle porte sur l'ensemble du spectre ou sur des domaines plus spécialisés. La Direction générale de la sécurité intérieure (DGSI) présente la particularité d'être à la fois un service de renseignement du « premier cercle », relevant des dispositions du code de la sécurité intérieure, et un service d'enquêtes agissant selon les règles du code de procédure pénale. La DGSI qui, selon le décret n° 2014-445 du 30 avril 2014 relatif aux missions et à l'organisation de la direction générale de la sécurité intérieure, concourt à la prévention et à la répression de la criminalité liée aux technologies de l'information et de la communication, a le monopole des enquêtes relatives aux cyberattaques qui visent l'appareil d'État et les opérateurs d'importance vitale (OIV). Elle arme le Centre technique d'assistance (CTA) chargé de « casser » les clés de chiffrement utilisées par les malfaiteurs qui refusent de déférer à la réquisition des enquêteurs. L'article 230-1 du code de procédure pénale permet, en effet, si la peine encourue est égale ou supérieure à deux ans d'emprisonnement et que les nécessités de l'enquête ou de l'instruction l'exigent, de recourir à ses services qui traitent les demandes émanant des magistrats, des services de police et des unités de gendarmerie.

21. La police nationale est chargée de la sécurité publique sur 5 % du territoire où vit près de la moitié de la population. L'organisation de ses services dédiés à la cybercriminalité est donc marquée par une concentration des capacités au sein de l'OCLCTIC et de la BL2C. L'office central est le point de contact 24 heures sur 24 prévu par la convention de Budapest sur la cybercriminalité du 23 novembre 2001. Il abrite la plateforme PHAROS (Plateforme d'harmonisation, d'analyse, de recoupement et d'orientation des signalements) qui centralise les signalements de contenus illicites. Comme tous les autres offices de police judiciaire, il est composé de policiers et de gendarmes. La BL2C est en quelque sorte la projection de l'action de la police nationale sur le territoire de la Préfecture de police (Paris et la petite couronne). Sa proximité géographique avec les sièges des grandes entreprises en fait un interlocuteur privilégié mais non exclusif en cas de cyberattaque les visant. La BL2C peut agir sur l'ensemble du territoire, au profit des services déconcentrés de la police nationale. La police nationale s'appuie sur un réseau d'environ 600 investigateurs en cybercriminalité (ICC).

22. La gendarmerie nationale est responsable de la sécurité publique sur 95 % du territoire métropolitain et d'outre-mer, où vit désormais plus de la moitié de la population. Elle doit donc agir au profit de personnes physiques ou morales dispersées dans les territoires, notamment des collectivités territoriales, PME, ETI et TPE souvent oubliés dans les politiques de cybersécurité. D'où l'importance du réseau de proximité que développe Comcybergend (V. Arr. du 25 févr. 2021 portant création du commandement de la gendarmerie dans le cyberespace) avec bientôt 10 000 « cyberenquêteurs », correspondants NTECH (en technologies numériques), enquêteurs en technologies numériques spécialisées NTECH et experts de haut niveau, répartis dans des unités qui fonctionnent selon le principe de subsidiarité. De la brigade jusqu'au Centre de lutte contre la cybercriminalité numérique (C3N), une répartition des compétences s'opère, qui épouse celles des tribunaux. Ainsi, les sections opérationnelles de lutte contre les cybermenaces (SOLC) agissent à l'échelon des tribunaux judiciaires, les antennes de C3N apportent aux JIRS une capacité d'investigations en matière de cybercriminalité organisée, le C3N étant le correspondant naturel du parquet (section J3 du Parquet de Paris). La particularité de Comcybergend est d'héberger un département informatique-électronique (INL) qui traite de la preuve numérique sur tous types de supports et assure des expertises judiciaires et des examens scientifiques au profit des magistrats et des enquêteurs. Ce département permet des investigations de haute technicité. La gendarmerie nationale a une stratégie « cyber » soutenue par l'innovation et très appuyée au travers du recrutement de 40 % de scientifiques dans le corps des officiers et, depuis 2001, de la formation d'e-gendarmes qui viennent renforcer le réseau de proximité des 3 200 brigades territoriales.

C. LES SERVICES DE BERCY

23. La Direction générale des douanes et des droits indirects (DGDDI) et la Direction générale de la concurrence, de la consommation et de la répression des fraudes (DGCCRF) sont également impliquées, chacune dans leur domaine, dans la lutte contre la cybercriminalité. La douane, au travers de la Direction nationale du renseignement et des enquêtes et recherches douanières (DNRED) s'intéresse évidemment aux contenus illicites véhiculés par Internet. Dans sa ligne de mire les contrefaçons, les trafics de stupéfiants, les trafics d'armes, de tabac, de médicaments, d'alcools, etc. Cyberdouane, entité qui lui est rattachée, est entrée en action en février 2009. En 2021, il a été décidé de créer une direction technique (DT) à l'instar de celles qui existent au sein de la Direction générale de la sécurité extérieure (DGSE) et de la Direction générale de la sécurité intérieure (DGSI). La Cyberdouane s'investit tout particulièrement dans le démantèlement des *darknets*, marchés noirs qui offrent sur Internet des plateformes d'échanges illégaux, payés par des cryptoactifs.

24. La DGCCRF est plus orientée vers la défense du consommateur. Un centre de surveillance du commerce électronique a été créé en 2000 à Morlaix. Il traque les annonces trompeuses, les plateformes qui vendent des produits dangereux, notamment pour la santé. Eu égard aux risques encourus par les clients, on comprend pourquoi la notion de cybercriminalité doit être comprise avec un sens large, d'autant plus que les auteurs relèvent souvent de la criminalité organisée.

25. Les acteurs précités sont complémentaires, ont des cultures professionnelles différentes qui enrichissent la lutte contre la cybercriminalité. Il appartient aux magistrats du parquet et de l'instruction d'opérer les arbitrages nécessaires au regard des compétences de chacun et de la matière considérée. Les services régaliens voient leurs capacités élargies dès lors qu'ils s'inscrivent dans une coopération européenne et internationale.

D. LES ACTEURS EUROPÉENS ET INTERNATIONAUX

26. Europol. Europol est une agence européenne créée à la suite de la décision du Conseil 2009/371/JAI du 6 avril 2009 portant création de l'Office européen de police (Europol préexistait à la suite d'une convention conclue en 1995 entre les États membres). L'unité cyber d'Europol (*European Cybercrime Centre*, EC3) constitue un dispositif de soutien aux services d'investigation des pays de l'UE. Les programmes EMPACT

(*European Multidisciplinary Platform Against Criminal Threats*) concernent notamment la lutte contre les cyberattaques, les fraudes aux moyens de paiement non liquides et les atteintes aux mineurs. Europol permet un partage d'expertise, la définition de nouveaux moyens, le développement de nouvelles coopérations et de partenariats avec le secteur privé. Un nouveau règlement européen modifiant le règlement « Europol » devrait accroître les pouvoirs de traitement des données afin qu'il puisse continuer à soutenir et à renforcer efficacement l'action des autorités nationales (Règl. (UE) 2016/794 du 11 mai 2016). De nombreuses affaires judiciaires (*botnets*, rançongiciels, *darknets*, etc.) sont résolues grâce à une coopération entre plusieurs États membres. Europol coopère avec d'autres forces de police (États-Unis, Canada, Colombie, Australie, etc.), ce qui renforce sa capacité d'action.

27. Eurojust. Eurojust est une agence implantée à La Haye, en face d'Europol. Elle a été instituée par la décision du Conseil 2002/187/JAI du 28 février 2002, amendée par la décision du Conseil 2009/426/JAI du 16 décembre 2008. La mission d'Eurojust consiste à renforcer l'efficacité des autorités nationales chargées des enquêtes et des poursuites dans les dossiers de criminalité transfrontalière grave et de criminalité organisée, et de traduire les criminels en justice de façon rapide et efficace (Comm. europ., comm. presse, « Déclaration commune de la Commissaire Jourová et du Président d'Eurojust, Ladislav Hamran sur le vote du Parlement européen sur la réforme d'Eurojust », 4 oct. 2018). Eurojust est un acteur clé et un centre d'expertise pour lutter efficacement contre la criminalité organisée transfrontalière dans l'Union européenne et notamment contre la cybercriminalité. Eurojust met en œuvre les équipes communes d'enquête prévues par l'article 13 de la Convention 2000/C 197/01 relative à l'entraide judiciaire en matière pénale entre les États membres de l'Union européenne conclue le 29 mai 2000.

28. Interpol. Interpol est la plus ancienne institution de coopération policière, puisque sa création remonte au 7 septembre 1923. Son siège est à Lyon, mais son activité dans la lutte contre la cybercriminalité a été implantée à Singapour (*Interpol global complex for innovation*), sans doute pour tenir compte du glissement du centre de gravité de l'espace numérique vers l'Asie. Interpol agit dans cinq domaines : le renforcement de la cybersécurité et la lutte contre la cybercriminalité, le développement de la police technique et scientifique (PTS) en lien avec le numérique, la recherche sur les cyberattaques, le partenariat public/privé et la gouvernance de la sécurité d'Internet. Il est néanmoins parfois difficile de coopérer avec des États qui sont à l'origine des cyberattaques ou dont le territoire en est le point de départ. Certains de ces États n'ont pas ratifié la convention de Budapest précitée, seul traité contraignant qui favorise la coopération dans la lutte contre la cybercriminalité.

III. LES DONNÉES AU CŒUR DES INVESTIGATIONS

29. L'accès aux données est facilité par des techniques d'enquête dites « techniques spéciales d'enquête » lorsque l'on agit dans le cadre du terrorisme ou de la criminalité organisée. Ces données doivent être légalement accessibles et pouvoir faire l'objet de transferts transfrontaliers dans un cadre respectueux de la souveraineté nationale.

A. LA CONVENTION DE BUDAPEST, INSTRUMENT DE COOPÉRATION INTERNATIONALE

30. Le Conseil de l'Europe a élaboré une convention relative à la cybersécurité, dite convention de Budapest (conv. du Conseil de l'Europe sur la cybercriminalité, 23 nov. 2001, STE n° 185) ouverte à des États non membres. En 2022, 68 États l'ont ratifiée, plus de 70 États ont des lois fondées sur elles ou l'utilisent. Elle a donc un rayonnement certain mais souffre de l'absence de ratification d'États comme la Russie, la Chine, Cuba, la Corée du Nord, etc., bases de départ de nombreuses cyberattaques. La convention initiale a été complétée par un protocole additionnel relatif à l'incrimination d'actes de nature raciste et xénophobe commis par système informatique du 28 janvier 2003 (STE n° 189) et de notes d'orientations thématiques (*botnet*, vol d'identité, etc.). Depuis vingt ans, la convention a vieilli : « alors que [selon le Conseil de l'Europe] prospèrent la cybercriminalité et les autres infractions impliquant des preuves électroniques sur des systèmes informatiques, et que ces preuves sont de plus en plus stockées sur des serveurs hébergés dans des juridictions étrangères, multiples, fluctuantes ou inconnues, autrement dit dans le *Cloud*, les pouvoirs des services répressifs sont limités par les frontières territoriales » (Conseil de l'Europe, comm. presse, « Coopération internationale renforcée sur la cybercriminalité et les preuves électroniques : vers un protocole à la convention de Budapest », 14 avr. 2021, en ligne : https://rm.coe.int/t-cy-pd-f-pubsummary-v7a-avril2021-/1680a22a1f). D'où la nécessité d'un deuxième protocole additionnel qui été approuvé le 17 novembre 2021 et qui s'applique lorsque l'infraction est commise par le biais d'un système informatique, ou lorsqu'une infraction non commise par le biais d'un système informatique (par exemple un meurtre) exige des preuves électroniques et la mise en œuvre de pouvoirs, procédures et mesures de coopération créées par ce protocole. Le deuxième protocole additionnel permet notamment de faciliter les actes dits de « coopération directe », en prévoyant :

– une procédure de demande d'informations concernant l'enregistrement d'un nom de domaine (art. 6), première étape indispensable pour de nombreuses enquêtes criminelles, et pour déterminer où adresser des demandes de coopération internationale ;

– un régime permettant la divulgation de données relatives aux abonnés (art. 7) ;

– des mesures de coopération internationale renforcée entre autorités, comme celle de donner effet aux injonctions d'une autre partie ordonnant la production accélérée de données (art. 8) ;

– une procédure de divulgation accélérée de données informatiques stockées en situation d'urgence (art. 9) ;

– une procédure de demande d'entraide d'urgence (art. 10) ;

– des mesures de coopération internationale, qui ne s'appliquent que lorsqu'il n'existe pas de traité ou d'arrangement d'entraide (art. 11 sur la vidéoconférence ; art. 12 sur les équipes communes d'enquête et enquêtes communes).

La convention de Budapest a des adversaires, notamment les Russes : l'Assemblée générale de l'ONU a adopté le 26 mai 2021 par consensus une résolution proposée par la Russie visant à aboutir à l'horizon 2023 à un traité contre la cybercriminalité. Pour les promoteurs de cette résolution, la convention de Budapest ne vise que neuf infractions alors qu'ils en proposent vingt-trois. Il n'est pas certain, dans le contexte international, que cette initiative aille jusqu'à son terme. La convention de Budapest fait la démonstration de son efficacité pour accéder aux données, cibles de prédateurs, mais qui constituent également un élément clé des investigations. La perte d'influence des Russes depuis la guerre en Ukraine et le clivage entre deux conceptions de la gouvernance d'internet réduisent le risque d'un traité international contraire aux principes de la Convention.

B. LES TECHNIQUES D'ENQUÊTE

31. Les techniques d'enquête sont mises en œuvre pour la recherche de la preuve numérique. Ces techniques sont intrusives, notamment dans la vie privée des personnes qui sont concernées. Plus que dans le « monde réel », l'équilibre sécurité/liberté se trouve mis à l'épreuve dans l'espace numérique. Le Conseil constitutionnel veille à ce que la procédure apporte des garanties propres à assurer une conciliation équilibrée entre le droit au respect de la vie privée et l'objectif à valeur constitutionnelle de recherche des auteurs d'infractions.

32. Le code de procédure pénale offre de nombreuses possibilités aux enquêteurs : perquisitions et saisies informatiques, réquisitions de données informatiques, mise au clair des données de chiffrement, interception de correspondances par voie électronique, géolocalisation en temps réel, enquête sous pseudonyme. S'agissant des infractions relatives à la criminalité organisée et au terrorisme, le code de procédure pénale permet de recueillir les correspondances électroniques stockées, d'intercepter les correspondances par voie électronique et de recueillir les données de connexion avec un IMSI catcher (*International Mobile Subscriber Identity* ; valises permettant d'imiter une antenne de radio téléphonie mobile en s'insérant entre le mobile et l'antenne relais ; numéro permettant d'identifier l'utilisateur d'un réseau de téléphonie mobile), de mettre en œuvre des sonorisations et fixations d'images dans des lieux privés, de procéder à des captations de données informatiques, telles qu'elles sont stockées dans un système informatique, telles qu'elles s'affichent sur un écran pour l'utilisateur d'un système de traitement automatisé de données, telles qu'il les y introduit par saisie de caractères ou telles qu'elles sont reçues et émises par des périphériques (C. pr. pén., art. 706-102-1). L'article 706-154 du code de procédure pénale est modifié par la LOPMI en permettant à l'officier de police judiciaire, autorisé par le procureur de la République ou le juge d'instruction à saisir des cryptoactifs versés sur un compte ouvert auprès d'un établissement habilité par la loi à tenir des comptes de dépôts ou d'actifs numériques mentionnés à l'article L. 54-10-1 du code monétaire et financier. Il s'agit d'une extension aux « cryptomonnaies » des possibilités déjà offertes s'agissant des comptes de dépôt. Les cryptoactifs devant de plus en plus la « monnaie » de la criminalité organisée, cette modification était attendue.

33. Le recours aux techniques d'enquête et aux techniques spéciales d'enquête est généralement placé sous le contrôle de magistrats indépendants (juge des libertés et de la détention, juge d'instruction). L'intervention du procureur de la République est plus contestée. Ainsi, le Conseil constitutionnel a récemment censuré l'article 77-1-1 du code de procédure pénale concernant l'enquête préliminaire qui permet au procureur de la République ou, sur son autorisation, à un officier ou à un agent de police judiciaire, de requérir, par tout moyen, des informations détenues par toute personne publique ou privée y compris celles issues d'un système informatique ou d'un traitement de données nominatives, sans que puisse lui être opposée, sans motif légitime, l'obligation au secret professionnel (Cons. const. 3 déc. 2021, n° 2021-952 QPC). Il en a fait de même à propos de l'article 77-1-2 du code de procédure pénale, transposant pour l'enquête préliminaire des dispositions prévues par l'article 60-2 du code de procédure pénale qui encadre la réquisition par voie télématique ou informatique (*ibid.*). Le Conseil constitutionnel rappelle le caractère sensible des données de connexion, qui « comportent notamment les données relatives à l'identification des personnes, à leur localisation et à leurs contacts téléphoniques et numériques ainsi qu'aux services de communication au public en ligne qu'elles consultent. Compte tenu de leur nature, de leur diversité et des traitements dont elles peuvent faire l'objet, les données de connexion fournissent sur les personnes en cause ainsi que, le cas échéant, sur des tiers, des informations nombreuses et précises, particulièrement attentatoires à leur vie privée » (*ibid.*, pt 11).

C. LE PROBLÈME DE LA CONSERVATION ET DE L'ACCÈS AUX DONNÉES DE CONNEXION

34. L'accès à certaines données techniques est nécessaire pour établir des preuves numériques. A plusieurs reprises, la Cour de justice de l'Union européenne a écarté la légalité de cette conservation de données, instaurant pour toute personne, pour tous les moyens de communication électronique et pour toutes les données sans différenciation, une obligation générale et absolue de conservation, et a détaillé les limites posées à ses yeux par le droit européen. Par trois décisions rendues le 6 octobre 2020 (CJUE 6 oct. 2020, n^{os} C-511/18, C-512/18, C-520/18 et C-623/17), la CJUE a confirmé sa jurisprudence précédente (CJUE 8 avr. 2014, n° C-293/12 : invalidation avec effet rétroactif de Dir. 2006/24/CE du 15 mars 2006 « Data Retention » ; CJUE (gr. ch.), 21 déc. 2016, n° C-203/15 : interprétation de Dir. 2002/58/CE du 12 juill. 2012 « ePrivacy » ; CJUE 2 oct. 2018, n° C-207/16 : notion de « gravité suffisante de l'infraction » permettant de justifier la conservation des données).

35. Les États membres ne peuvent, à des fins de lutte contre la criminalité, imposer aux opérateurs une obligation générale et absolue de conservation des données de trafic et des données de localisation de tous les abonnés et utilisateurs inscrits et concernant tous les moyens de communication électronique :

– la conservation généralisée et indifférenciée des données de connexion (autres que les données d'identité) ne peut être imposée aux opérateurs que pour les besoins de la sécurité nationale en cas de menace grave. En outre, l'accès à ces données par les services de renseignement doit être soumis au contrôle préalable d'une autorité indépendante et au contrôle d'un juge en aval lors de l'exploitation des données conservées ;

– pour la lutte contre la criminalité grave, les États peuvent seulement imposer la conservation ciblée de données, dans certaines zones ou pour certaines catégories de personnes pré-identifiées comme présentant des risques particuliers. Mais, comme le prévoit la convention de Budapest du 23 novembre 2001, les autorités peuvent demander aux opérateurs de geler les données de trafic et de localisation relatives à une personne, pour les besoins d'une enquête pénale, sur une courte période (méthode dite de « conservation rapide » des données).

36. La conservation des données de connexion n'est pas permise pour d'autres motifs, notamment pour la recherche des infractions ne relevant pas de la criminalité grave. Appelé à statuer après les arrêts de la CJUE du 6 octobre 2020 précités, le Conseil d'État considère (CE 21 avr. 2021, n° 393099) que l'encadrement de la conservation des données par le droit européen ne remet pas en cause les exigences constitutionnelles relatives à la sécurité nationale et à la lutte contre la criminalité (*Contra* : Cons. const. 25 févr. 2022, n° 2021-976/977 QPC). La CJUE ayant considéré que la conservation était possible pour les besoins de sauvegarde de la sécurité nationale, le Conseil d'État exploite la brèche ainsi ouverte pour permettre, pour la poursuite des infractions pénales, le recours à ces données par la méthode de « conservation rapide » autorisée par la convention de Budapest.

37. En ce qui concerne la distinction établie par la CJUE entre la criminalité grave et la criminalité ordinaire, pour laquelle elle n'admet aucune conservation ou utilisation de données de connexion, le Conseil d'État, dans sa décision du 21 avril 2021, rappelle que le principe de proportionnalité entre gravité de l'infraction et importance des mesures d'enquête mises en œuvre, qui gouverne la procédure pénale, justifie également que le recours aux données de connexion soit limité aux poursuites d'infractions d'un degré de gravité suffisant.

38. C'est le dispositif retenu par la loi n° 2021-998 du 30 juillet 2021 relative à la prévention d'actes de terrorisme et au renseignement qui a modifié l'article L. 34-1, III du code des postes et des communications électroniques. Le débat juridique sur les données de connexion met en lumière la question plus générale du traitement des données aux fins de poursuite d'infractions pénales. Le 13 janvier 2022, le Contrôleur européen de la protection des données (CEPD) a ordonné à Europol de supprimer quatre pétaoctets de données personnelles relatives à des enquêtes conduites par différentes forces de police et de gendarmerie d'Europe (Cases 2019-0370 & 2021-0699), malgré les observations d'Ylva Johansson, commissaire européen chargé des affaires intérieures selon lequel « les services répressifs ont besoin des outils, des ressources et du temps nécessaires pour analyser les données qui leur sont légalement transmises. En Europe, Europol est la plateforme qui soutient les autorités de police nationales dans cette tâche herculéenne » (propos rapportés par V. Cimino, Europol est sommé d'effacer une partie de sa base de données, *Siecledigital.fr, 11 janv. 2022*).

39. Au-delà de l'accès aux données ou de leur conservation, se pose la question de leur accessibilité et de leur transfert hors des frontières.

D. ACCÈS AUX DONNÉES ET TRANSFERT EN DEHORS DU TERRITOIRE NATIONAL

40. Avec le développement rapide de l'informatique en nuage, les données sont de plus en plus stockées hors des frontières. Il en est ainsi de la plupart de celles qui sont véhiculées par le web, en particulier les réseaux sociaux. Plusieurs instruments juridiques prévoient des dispositions autorisant et encadrant l'accès aux données et leur transfert : la convention de Budapest du 23 novembre 2001, la directive « Police-Justice » (UE) 2016/680 du 27 avril 2016, le futur règlement européen *e-evidence* (Comm. europ., 14 avr. 2018, COM(2018) 225 final). La volonté de respecter la souveraineté nationale est parfois remise en cause, comme en témoigne le *Cloud Act* qui est contraire au droit européen.

41. La convention de Budapest. Déjà en 2001 est posée la question de l'accès transfrontière à des données stockées. L'article 32 de la convention de Budapest permet à une partie d'accéder à des données informatiques stockées accessibles au public (source ouverte), quelle que soit la localisation géographique de ces données. Il autorise également l'accès ou la réception au moyen d'un système informatique situé sur son territoire des données informatiques stockées situées dans un autre État, si la partie obtient le consentement légal et volontaire de la personne légalement autorisée à lui divulguer ces données au moyen de ce système informatique. Le deuxième protocole additionnel, approuvé le 17 novembre 2021, fixe par son article 14 les conditions de transfert pour les États qui ne s'appuient pas sur d'autres textes (par ex. Conv. n° 108 du Conseil de l'Europe pour la protection des personnes à l'égard du traitement automatisé des données à caractère personnel) ou sur les dispositions de la directive « Police-Justice » du 27 avril 2016 précitée.

42. La directive européenne du 27 avril 2016. La directive « Police-Justice » (UE) 2016/680 du 27 avril 2016 entend faciliter le libre flux des données à caractère personnel entre les autorités compétentes à des fins de prévention et de détection des infractions pénales, d'enquêtes et de poursuites en la matière ou d'exécution de sanctions pénales, y compris la protection contre les menaces pour la sécurité publique et la prévention de telles menaces au sein de l'Union. Ce texte est indissociable du RGPD publié le même jour puisqu'il vise à garantir un niveau élevé de protection des données à caractère personnel (Règl. (UE) 2016/679). Il permet les échanges au sein de l'Union mais également les transferts en dehors de l'Union, à condition qu'ils soient nécessaires à l'une des finalités fixées par la directive et s'adressent à une autorité compétente (magistrat, policier, gendarme, etc.).

43. Le futur règlement e-evidence. Un futur règlement européen, le règlement « e-evidence », devrait compléter les règles relatives à la collecte transfrontière des preuves électroniques (Comm. europ., 14 avr. 2018, COM(2018) 225 final). Ce règlement répond à un double besoin : pouvoir accéder à des données susceptibles de servir de preuves stockées à l'extérieur des frontières et/ou par des fournisseurs de services établis dans d'autres États membres ou dans des pays tiers et répondre au problème spécifique de la nature volatile des preuves électroniques et de leur dimension internationale. Le règlement prévoit deux procédures émanant d'une autorité judiciaire d'un État membre : l'injonction de production de données et l'injonction de conservation de données déjà stockées. La première est applicable à toute infraction pénale et, la seconde, aux infractions pénales passibles dans l'État d'émission d'une peine privative de liberté d'une durée maximale d'au moins trois ans ou aux infractions spécifiques, lorsqu'il existe un lien particulier avec les outils et infractions électroniques visés par la directive (UE) 2017/541 du 15 mars 2017 relative à la lutte contre le terrorisme.

44. Tous les mécanismes précités respectent la souveraineté des États concernés. Tel n'est pas le cas du *Cloud Act*, illustration de l'extraterritorialité d'une loi américaine.

45. Le Cloud Act : l'extraterritorialité de la loi américaine. Le *Cloud Act* est une réponse à l'affaire du *warrant case Microsoft vs. Department of Justice* jugé le 17 avril 2018 devant la Cour suprême des États-Unis. Il trouve son origine dans une demande du FBI non satisfaite par Microsoft et qui portait sur des données concernant un étranger et stockées hors des États-Unis. Microsoft a refusé, arguant que les services enquêteurs ne peuvent exiger, hors demande de coopération judiciaire (*Mutual Legal Assistance Treaty* [MLAT] ou Traité d'assistance judiciaire mutuelle), la fourniture de données de contenu d'un non-Américain, stockées en Irlande, au motif qu'elles sont accessibles depuis le territoire américain et détenues par une entreprise américaine. Or, le *Stored Communications Act* (loi sur les communication stockées) de 1986 n'avait pas de portée extraterritoriale. Le 23 mars 2018, avant que la Cour suprême ne se prononce, le président américain a fait incorporer dans la loi de finances américaine le *Cloud Act*. Ce texte facilite l'accès par les autorités américaines aux données stockées à l'étranger par des entreprises américaines dans le cadre exclusif d'une procédure judiciaire pour combattre le *« serious crime »* (notion très vague). Sont aussi concernées les entreprises non américaines ayant une filiale aux États-Unis ciblant le marché américain. C'est dire si le champ est vaste ! Dans ce contexte, les données des européens stockées sur le territoire de l'Union sont accessibles sans la moindre intervention du juge national. La souveraineté des États membres est ainsi bafouée, même s'il existe des procédures de contestation sur la base du droit en vigueur dans le pays où les données sont stockées. Le *Cloud Act* entre directement en conflit avec le RGPD. Depuis le 25 septembre 2019, des négociations sont ouvertes entre les États-Unis et l'Union européenne en vue d'un accord.

46. Bien qu'ils couvrent un champ plus large que celui de la recherche des preuves numériques, le programme *Upstream* (nouveau programme d'espionnage américain), l'*Executive order 12333* signé le 4 décembre 1981 par le Président américain Ronald Reagan et le FISA *(Foreign Intelligence Surveillance Amendment Act)* signé en 2008 mettent en lumière, pour la seule partie américaine (elle n'est pas la seule à agir ainsi), les entorses à la coopération judiciaire internationale.

47. Le programme *Upstream* repose sur l'assistance obligatoire des entreprises exploitant la « dorsale » – à savoir le réseau de câbles, commutateurs et routeurs – sur laquelle transitent les communications téléphoniques et les communications internet. Ces entreprises sont contraintes de permettre à la NSA de copier et de filtrer les flux de trafic internet afin d'acquérir des communications « en provenance », « à destination » ou « concernant » un sélecteur mentionné dans une directive de cette agence. L'*Executive order 12333* autorise la surveillance de communications électroniques en dehors du territoire des États-Unis en permettant l'accès, à des fins de renseignement extérieur, à des données soit « en transit » vers ce territoire, soit « transitant » par ce territoire sans être destinées à y subir un traitement, ainsi que la collecte et la conservation de ces données. L'*Executive order12333* habilite la NSA à accéder aux câbles sous marins situés sur le plancher de l'océan Atlantique au moyen desquels des données sont transférées depuis l'Union vers les États-Unis, avant que ces données arrivent aux États-Unis et soient de ce fait soumises aux dispositions du FISA. Les données concernées peuvent être des données de contenu (substance et signification des messages, documents et communications électroniques), des métadonnées (ID, *logs*, adresses électroniques) et des données de souscription concernant un abonné (nom, prénom, adresse, numéro de téléphone, moyen de paiement, numéro de carte bancaire).

48. La contrainte dans ou par l'espace numérique est sans aucun doute la manifestation contemporaine de la contrainte légitime. Les délinquants en ont pris conscience en cherchant par tous les moyens à y échapper. L'usage des techniques d'anonymisation, telles le recours à un réseau privé virtuel (VPN), à des logiciels (TOR, I2P, Freenet) ou à un chiffrement de « bout en bout », vient contrarier l'action des pouvoirs publics qui cherchent, par l'intelligence artificielle notamment, à prendre le dessus dans un duel « canon-cuirasse » d'un nouveau genre. Devenir « l'Homme invisible » sur le net est un moyen d'échapper à la contrainte, ce qui n'est guère possible dans le monde réel, sauf dans la fiction (Wells, *Invisible Man*, 1897). Parce que les *darknets* hébergent de plus en plus d'offres illicites ou constituent un moyen de communication pour les terroristes ou la criminalité organisée, la lutte contre les nouveaux marchés du crime va nécessiter des investigations sans cesse plus intrusives, plus contraignantes. Dès lors, la question quitte le seul champ du droit pour rejoindre celui de la politique, au sens le plus élevé du terme. Sous la pression de l'insécurité, une société doit-elle renoncer au risque en réclamant une sécurité sans faille ?

49. « Un peuple prêt à sacrifier un peu de liberté pour un peu de sécurité ne mérite ni l'une ni l'autre, et finit par perdre les deux », affirmait Benjamin Franklin. Jamais sans doute le choix de société n'aura été posé en des termes aussi existentiels. Si les mesures de contrainte dans le monde réel peuvent évoluer et être réversibles, il n'y a pas d'atténuation possible ni de retour en arrière dans l'espace numérique. Il faut donc faire un choix entre la « liberté surveillée », à la manière des États-Unis, la « surveillance sécurisée », selon le modèle chinois, et la « liberté sécurisée », c'est-à-dire une sécurité toujours au service de la liberté, même s'il faut parfois en payer le prix.

50. La cybercriminalité est polymorphe, comme le montre le panorama que nous venons de dresser. L'approche globale doit être retenue, car le substrat numérique n'est pas divisible. En la cantonnant dans la cyberdélinquance crapuleuse, on privilégie les voies extra-judiciaires pour le traitement des autres faits qui demeurent des infractions. En la restreignant aux infractions qui visent les systèmes de traitement automatisé de données, on néglige la dimension cognitive d'Internet. La lutte contre la cybercriminalité doit être poussée jusqu'à ses limites techniques et géographiques. La cyberdéfense ne commence pas là où s'arrête la lutte contre la cybercriminalité, car l'une et l'autre ont des domaines sécants, là où la cybercriminalité porte atteinte à la sécurité nationale (V. Livre III). ❑

I RÈGLES INTERNES

Code des assurances

LIVRE I LE CONTRAT

TITRE II RÈGLES RELATIVES AUX ASSURANCES DE DOMMAGES

CHAPITRE X *L'ASSURANCE DES RISQUES DE CYBERATTAQUES*

Art. L. 12-10-1 *(L. nº 2023-22 du 24 janv. 2023, art. 5, en vigueur le 24 avr. 2023)* **Le versement d'une somme en application de la clause d'un contrat d'assurance visant à indemniser un assuré des pertes et dommages causés par une atteinte à un système de**

traitement automatisé de données mentionnée aux articles 323-1 à 323-3-1 du code pénal *[V. infra]* est subordonné au dépôt d'une plainte de la victime auprès des autorités compétentes au plus tard soixante-douze heures après la connaissance de l'atteinte par la victime.

Le présent article s'applique uniquement aux personnes morales et aux personnes physiques dans le cadre de leur activité professionnelle.

BIBL. ▶ BEGUIN-FAYNEL, *RCA 2023. Étude 5* (2023 : entrée du cyber-risque dans le Code des assurances). – KULLMANN, *RGDA juill. 2022, n° RGA200w5* (assurance rançon : oui pour les cyberattaques, mais les autres ?). – LAFARGE-SARKOZY, *JCP 2022, n° 1177* (l'indemnisation des rançons : un paradoxe insolvable). – LEDUCQ, *Gaz. Pal. 21 mars 2023, p. 43* (de l'assurance du cyber-risque à l'assurabilité des cyber-rançons...). – LINAIS, LYON LYNCH, *JCP 2023. Actu. 4* (LOMPI : un éclaircissement bienvenu sur la légalité de l'assurabilité des cyber-rançons). – MARLY, *D. 2023. 112* (l'assurance des risques de cyberattaques). – MARLY, VALENÇON, *D. 2019. 603* (l'assurance du risque cyber). – PICARD, *Dalloz IP/IT 2023. 159* (la couverture assurantielle des dommages numériques). – PORCHER, *Lexbase Pénal, mars 2023* (la LOPMI ou la consécration de l'assurance des cyberattaques). – ZAROUI, *D. actu. 1er févr. 2023* (l'assurance des risques de cyberattaques fait son entrée dans le code des assurances).

COMMENTAIRE

Cette disposition a été introduite par la loi du 24 janvier 2023 d'orientation et de programmation du ministère de l'Intérieur (L. n° 2023-22 du 24 janv. 2023, *JO 25 janv.*, LOPMI). Elle est entrée en vigueur le 24 avril 2023 (L. préc., art. 5, II). Elle figure dans un nouveau chapitre du titre II du livre I du code des assurances intitulé « L'assurance des risques de cyberattaques ». L'intitulé de ce chapitre rend compte du contenu de l'article unique qu'il contient. Il introduit un premier élément de régime de l'assurance des cyberattaques.

Le champ d'application du dispositif prévu par l'article L. 12-10-1 du code des assurances est limité. Il ne trouve application qu'en raison d'une atteinte à un système de traitement automatisé de données (STAD) mentionnée aux articles 323-1 à 323-3-1 du code pénal. Un renvoi, assez maladroit, est donc opéré à certaines incriminations, celles qui protègent les STAD et qui sont prévues par le chapitre III du titre II du livre III du code pénal. Sont visés l'accès et le maintien frauduleux dans un système d'information, l'entrave à son fonctionnement, l'introduction frauduleuse de données ou le fait de détenir des équipements adaptés pour commettre une ou plusieurs infractions. Inversement, les atteintes non intentionnelles à un STAD n'entrent pas dans le champ de l'article L. 12-10-1 du code des assurances. Dit autrement, le dispositif introduit ne s'applique pas à tout incident de sécurité au sens de la directive NIS, entendu comme « tout événement ayant un impact négatif réel sur la sécurité des réseaux et des systèmes d'information » (Dir. (UE) 2016/1148 du 6 juill. 2016 concernant des mesures destinées à assurer un niveau élevé commun de sécurité des réseaux et des systèmes d'information dans l'Union, art. 4, 7).

Le champ d'application personnel du texte est également limité : l'article L. 12-10-1 du code des assurances vise les assurés personnes morales et personnes physiques dans leur activité professionnelle. Au contraire, les personnes physiques n'agissant pas dans leur activité professionnelle et victime d'une cyberattaque ne seront pas tenues de déposer plainte afin de profiter d'une garantie assurantielle.

Le champ d'application matériel s'étend aux seuls contrats d'assurance qui couvrent l'indemnisation des pertes et dommages subis par un assuré à la suite de l'atteinte à un STAD. Cela embrasse à la fois la rançon versée, les dommages subis par le STAD (par ex., reconstitution des données) et leurs conséquences.

Le dispositif introduit fait dépendre le jeu de la garantie d'assurance pour les pertes et les dommages causés par une atteinte à un STAD du dépôt d'une plainte de la victime dans les 72 heures à partir de la connaissance de l'atteinte. Le délai peut sembler court. De plus, le point de départ est flottant pour tenir compte de ce que la victime n'aura souvent connaissance de l'atteinte que postérieurement à sa réalisation. Ce délai est inspiré du droit des données à caractère personnel, où certaines violations de données doivent être notifiées à l'autorité de contrôle, la CNIL en France, dans les meilleurs délais et si possible 72 heures au plus tard (Régl. (UE) du 27 avr. 2016 relatif à la protection des personnes physiques à l'égard du traitement des données à caractère personnel, RGPD, art. 33, § 1). De la même manière, en l'état du droit positif, les opérateurs de services essentiels sont tenus de notifier les incidents de sécurité « sans retard injustifié » (Dir. (UE) du 6 juill. 2016 concernant des mesures destinées à assurer un niveau élevé commun de sécurité des réseaux et des systèmes d'information dans l'Union, art. 14, § 3 et 16, § 3). Évidemment, au stade de la plainte, la question de l'exactitude de la qualification pénale ne se pose pas. Il y a lieu de penser que les assureurs exigeront, quelle que soit la cause de l'atteinte au STAD, le dépôt d'une plainte de la victime, transformant le dispositif créé en simple formalisme. En favorisant les dépôts de plainte, les autorités compétentes pourront néanmoins avoir une meilleure connaissance des atteintes aux STAD ce qui est le véritable objectif poursuivi par le législateur. ❑

Loi n° 2023-22 du 24 janvier 2023, *d'orientation et de programmation du ministère de l'intérieur.* **Art. 29** Le Gouvernement remet au Parlement, avant le 31 décembre 2023, deux rapports d'évaluation des politiques publiques en matière de cybersécurité.

Un premier rapport évalue la protection des collectivités territoriales et leur vulnérabilité aux intrusions numériques. Des recommandations pour mieux les protéger, validées par l'Agence nationale de la sécurité des systèmes d'information, sont proposées.

Un second rapport évalue la protection des entreprises, en examinant la possibilité de subordonner le remboursement d'une assurance contre les risques de cyberattaques au recours par la victime à un prestataire informatique labellisé. Ce rapport comporte un avis et des préconisations de l'Agence nationale de la sécurité des systèmes d'information et du groupement d'intérêt public "Action contre la cybermalveillance" sur les exigences minimales de l'éventuelle labellisation des prestataires.

Code de la consommation

PREMIÈRE PARTIE : *LÉGISLATIVE*

LIVRE IV CONFORMITÉ ET SÉCURITÉ DES PRODUITS ET SERVICES

TITRE I CONFORMITÉ

CHAPITRE III *FALSIFICATIONS ET AUTRES INFRACTIONS RELATIVES AUX PRODUITS*

SECTION 2 *Autres infractions relatives aux produits*

Art. L. 413-6 Il est interdit de supprimer, masquer, altérer ou modifier frauduleusement de quelque façon que ce soit, les noms, signatures, monogrammes, lettres, chiffres, numéros de série, emblèmes, signes de toute nature apposés ou intégrés sur ou dans les marchandises et servant à les identifier de manière physique ou électronique. – *[C. consom., art. L. 217-2, hors sanction.]*

Sur les sanctions, V. art. L. 451-11, L. 451-15 et L. 451-16. – ***C. consom.***

LIVRE V POUVOIRS D'ENQUÊTE ET SUITES DONNÉES AUX CONTRÔLES

TITRE I RECHERCHE ET CONSTATATION

CHAPITRE II *POUVOIRS D'ENQUÊTE*

SOUS-SECTION 3 *Contrôle de la vente de biens et de la fourniture de services sur internet*

Art. L. 512-16 Pour le contrôle de la vente de biens et de la fourniture de services sur internet, les agents habilités peuvent faire usage d'une identité d'emprunt.

Les conditions dans lesquelles ils procèdent à leurs constatations sont précisées par décret en Conseil d'État. – *[C. consom., art. L. 141-1, al. 1er, renvoyant au II de l'art. L. 450-3-2 C. com. et L. 215-3-4, II.] – V. art. R. 512-8.*

Code des douanes

TITRE II ORGANISATION ET FONCTIONNEMENT DU SERVICE DES DOUANES

CHAPITRE IV *POUVOIRS DES AGENTS DES DOUANES*

SECTION 7 *Procédures spéciales d'enquête douanière* *(L. nº 2016-731 du 3 juin 2016, art. 39).*

(L. nº 91-1264 du 19 déc. 1991)

Art. 67 *bis*-1 A *(L. nº 2016-731 du 3 juin 2016, art. 39)* Dans le but de constater les délits mentionnés aux articles 414 *(L. nº 2020-1672 du 24 déc. 2020, art. 30)* « , 414-2 », 415 et 459 et, lorsque ceux-ci sont commis par un moyen de communication électronique, d'en rassembler les preuves et d'en rechercher les auteurs, les complices ainsi que ceux qui y ont participé comme intéressés au sens de l'article 399, les agents des douanes habilités par le ministre chargé des douanes dans des conditions fixées par décret peuvent, après information du procureur de la République et sauf opposition de ce magistrat, procéder aux actes suivants sans être pénalement responsables :

1º Participer sous un pseudonyme aux échanges électroniques ;

2º Être en contact par le moyen mentionné au 1º du présent article avec les personnes susceptibles d'être les auteurs, les complices ou les intéressés à la fraude de ces infractions ;

3º Extraire, acquérir ou conserver par ce moyen les éléments de preuve et les données sur les personnes susceptibles d'être les auteurs, les complices ou les intéressés à la fraude de ces infractions.

Si les nécessités de l'enquête douanière l'exigent, les agents des douanes habilités peuvent faire usage d'une identité d'emprunt. La révélation de l'identité de ces agents est passible des peines prévues au V de l'article 67 *bis*.

A peine de nullité, ces actes ne peuvent constituer une incitation à commettre ces infractions.

Art. 67 *bis*-1 *(L. nº 2011-267 du 14 mars 2011, art. 108-II)* Sans préjudice des dispositions de l'article 67 *bis*, et aux seules fins de constater *(L. nº 2023-610 du 18 juill. 2023, art. 26)* « les délits mentionnés aux articles 414, 414-2 et 459 », d'en identifier les auteurs et complices *(L. nº 2014-315 du 11 mars 2014, art. 10)* « ainsi que ceux qui y ont participé comme intéressés au sens de l'article 399 » et d'effectuer les saisies prévues par le présent code, les agents des douanes habilités par le ministre chargé des douanes dans les conditions fixées par décret peuvent, sur l'ensemble du territoire national, avec l'autorisation du procureur de la République et sans être pénalement responsables de ces actes :

1º Acquérir des *(L. nº 2023-610 du 18 juill. 2023, art. 26)* « marchandises en infraction au titre des délits mentionnés au premier alinéa du présent article, y compris les espèces de la faune et de la flore sauvages inscrites aux annexes du règlement (CE) nº 338/97 du Conseil du 9 décembre 1996 relatif à la protection des espèces de faune et flore sauvages par le contrôle de leur commerce, ainsi que les produits et les parties de ces spécimens » ;

2º En vue de l'acquisition des *(L. nº 2023-610 du 18 juill. 2023, art. 26)* « marchandises mentionnées au 1º du présent article », mettre à la disposition des personnes se livrant à ces infractions des moyens de caractère juridique ou financier ainsi que des moyens de transport, de dépôt, d'hébergement, de conservation et de télécommunication.

(L. nº 2012-1510 du 29 déc. 2012, art. 13) « 3º Lorsque l'infraction est commise en ayant recours à un moyen de communication électronique, faire usage d'une identité d'emprunt en vue de l'acquisition des produits stupéfiants. Dans ce cadre, les agents des douanes habilités peuvent également :

« *a)* Participer sous un pseudonyme à des échanges électroniques ; »

(L. n° 2016-731 du 3 juin 2016, art. 27) « ***b)*** Être en contact par le moyen mentionné au *a* avec les personnes susceptibles d'être les auteurs de ces infractions ;

« *c)* Extraire, acquérir ou conserver par ce moyen les éléments de preuve et les données sur les personnes susceptibles d'être les auteurs de ces infractions ainsi que sur les comptes bancaires utilisés ;

« ***d)*** Extraire, transmettre en réponse à une demande expresse, acquérir ou conserver des contenus illicites, dans des conditions fixées par décret. » — *V. Décr. n° 2016-1845 du 23 déc. 2016 au* ***C. douanes****.*

(L. n° 2012-1510 du 29 déc. 2012, art. 13) « L'exonération de responsabilité prévue au premier alinéa du présent article est également applicable, pour les actes commis à seule fin de procéder à l'opération d'acquisition des produits stupéfiants, aux personnes requises par les agents des douanes pour permettre la réalisation de cette opération. »

A peine de nullité, l'autorisation du procureur de la République, qui peut être donnée par tout moyen, est mentionnée ou versée au dossier de la procédure et les actes autorisés ne peuvent constituer une incitation à commettre une infraction.

(L. n° 2012-1510 du 29 déc. 2012, art. 13) « La révélation de l'identité d'emprunt des agents des douanes ayant effectué l'acquisition est passible des peines prévues au V de l'article 67 *bis* du présent code. »

(Abrogé par L. n° 2023-610 du 18 juill. 2023, art. 26) ***« Le présent article est applicable aux fins de constatation de l'infraction d'importation, d'exportation ou de détention illicite de tabac manufacturé, d'armes ou de leurs éléments, de munitions ou d'explosifs et de marchandises contrefaisantes. »***

Code de l'environnement

LIVRE I : ***DISPOSITIONS COMMUNES***

TITRE VII **DISPOSITIONS COMMUNES RELATIVES AUX CONTRÔLES ET AUX SANCTIONS**

CHAPITRE II ***RECHERCHE ET CONSTATATION DES INFRACTIONS***

SECTION 2 ***Opérations de recherche et de constatation des infractions***

Art. L. 172-11-1 *(L. n° 2016-1087 du 8 août 2016, art. 130-I)* Aux seules fins de constater les infractions prévues aux articles L. 415-3 et L. 415-6 lorsque celles-ci sont commises en ayant recours à un moyen de communication électronique, les inspecteurs de l'environnement habilités dans des conditions précisées par arrêté des ministres de la justice et chargé de l'écologie peuvent, sans être pénalement responsables de ces actes :

1° Participer sous un pseudonyme aux échanges électroniques ;

2° Être en contact par ce moyen avec les personnes susceptibles d'être les auteurs de ces infractions ;

3° Acquérir des produits ou substances.

A peine de nullité, ces actes ne peuvent avoir pour effet d'inciter autrui à commettre une infraction. — *V. Arr. du 17 juin 2019 relatif à l'habilitation des inspecteurs de l'environnement pouvant procéder aux enquêtes sous pseudonyme (JO 6 juill.).*

Code pénal

PREMIÈRE PARTIE : *LÉGISLATIVE*

LIVRE I **DISPOSITIONS GÉNÉRALES**

TITRE PREMIER **DE LA LOI PÉNALE**

CHAPITRE III ***DES INFRACTIONS COMMISES OU RÉPUTÉES COMMISES SUR LE TERRITOIRE DE LA RÉPUBLIQUE***

Art. 113-2 La loi pénale française est applicable aux infractions commises sur le territoire de la République.

L'infraction est réputée commise sur le territoire de la République dès lors qu'un de ses faits constitutifs a eu lieu sur ce territoire.

BIBL. ▶ Fayard, *RSC 1968. 769.* – Latry-Bonnart, *Gaz. Pal. 1997. 2. Doctr. 997* (l'arsenal pénal juridique sur Internet). – Padova, *RSC 2002. 765* (aperçu de la lutte contre la cybercriminalité en France).

Extradition. Extradition Les infractions pour lesquelles le requérant a fait l'objet d'un mandat d'arrêt, qui consistent notamment en la fourniture d'armes à des personnes liées au Hezbollah, relèvent, en droit français, des qualifications d'association de malfaiteurs à caractère terroriste et de financement d'une entreprise terroriste. En outre, certains des faits poursuivis ont été commis au moyen d'un réseau de communication électronique, au préjudice des États-Unis. Si ces faits avaient eu lieu au préjudice de personnes résidant sur le territoire français ou de la France, les infractions reprochées à l'intéressé seraient réputées avoir eu lieu sur ce territoire en vertu de l'article 113-2-1 C. pén. Le requérant n'est donc pas fondé à demander l'annulation du décret accordant son extradition aux autorités américaines. • CE, 21 déc. 2021, n° 454114.

TITRE III **DES PEINES**

CHAPITRE II ***DU RÉGIME DES PEINES***

SECTION 3 ***De la définition de certaines circonstances entraînant l'aggravation, la diminution ou l'exemption des peines*** *(L. n° 2004-204 du 9 mars 2004, art. 12-I).*

BIBL. ▶ Guéry, *Dr. pénal 2023. Étude 11* (bref retour sur l'utilisation d'un moyen de cryptologie au travers d'une circonstance aggravante générale oubliée).

Art. 132-79 *(L. n° 2004-575 du 21 juin 2004, art. 37)* Lorsqu'un moyen de cryptologie au sens de l'article 29 de la loi n° 2004-575 du 21 juin 2004 pour la confiance dans l'économie numérique a été utilisé pour préparer ou commettre un crime ou un délit, ou pour en faciliter la préparation ou la commission, le maximum de la peine privative de liberté encourue est relevé ainsi qu'il suit :

1° Il est porté à la réclusion criminelle à perpétuité lorsque l'infraction est punie de trente ans de réclusion criminelle ;

2° Il est porté à trente ans de réclusion criminelle lorsque l'infraction est punie de vingt ans de réclusion criminelle ;

3° Il est porté à vingt ans de réclusion criminelle lorsque l'infraction est punie de quinze ans de réclusion criminelle ;

4° Il est porté à quinze ans de réclusion criminelle lorsque l'infraction est punie de dix ans d'emprisonnement ;

5° Il est porté à dix ans d'emprisonnement lorsque l'infraction est punie de sept ans d'emprisonnement ;

6° Il est porté à sept ans d'emprisonnement lorsque l'infraction est punie de cinq ans d'emprisonnement ;

7° Il est porté au double lorsque l'infraction est punie de trois ans d'emprisonnement au plus.

Les dispositions du présent article ne sont toutefois pas applicables à l'auteur ou au complice de l'infraction qui, à la demande des autorités judiciaires ou administratives, leur a remis la version en clair des messages chiffrés ainsi que les conventions secrètes nécessaires au déchiffrement.

COMMENTAIRE

Le principe d'aggravation. La loi n° 2004-575 du 21 juin 2004 pour la confiance dans l'économie numérique (LCEN) a inséré dans le code pénal, à côté de la récidive, une circonstance aggravante générale : l'utilisation d'un moyen de cryptologie.

Définition. Cette loi a également entrepris de définir le chiffrement avant d'en construire son régime juridique. Ainsi, aux termes de l'article 29 de la LCEN, on « entend par moyen de cryptologie tout matériel ou logiciel conçu ou modifié pour transformer des données, qu'il s'agisse d'informations ou de signaux, à l'aide de conventions secrètes ou pour réaliser l'opération inverse avec ou sans convention secrète. Ces moyens de cryptologie ont principalement pour objet de garantir la sécurité du stockage ou de la transmission de données, en permettant d'assurer leur confidentialité, leur authentification ou le contrôle de leur intégrité. / On entend par prestation de cryptologie toute opération visant à la mise en œuvre, pour le compte d'autrui, de moyens de cryptologie ».

Il résulte de cette définition que la cryptologie est la technique consistant à transformer des données à l'aide de conventions secrètes, ou de les déchiffrer, cette fois-ci avec ou sans convention secrète. Quant aux objectifs de la cryptologie, il s'agit de garantir la sécurité du stockage ou de la transmission de données, en permettant d'assurer : leur confidentialité, leur authentification ou le contrôle de leur intégrité.

Champ. S'agissant d'une circonstance aggravante générale, l'utilisation d'un moyen de chiffrement est en principe susceptible d'aggraver les peines de toutes les infractions. A la lecture du texte, il apparaît cependant que l'aggravation est prévue pour les infractions punies au moins de trois ans d'emprisonnement. Par conséquent, aucun délit puni de deux ans, un an ou six mois d'emprisonnement ne peut être aggravé par le recours à une moyen de chiffrement.

Mécanisme d'aggravation. Comme le précisait le sénateur Alex Turk, « cette aggravation des peines encourues en cas d'utilisation d'un moyen de cryptologie pour commettre une infraction est tout à fait justifiée. Elle est le corollaire de la libéralisation de l'activité de cryptologie » (Sénat, 11 juin 2003, avis n° 351).

Selon l'article 37 de la LCEN, devenu l'article 132-79 du code pénal, les pénalités d'une infraction sont en principe relevées d'un cran lorsqu'un moyen de cryptologie au sens de l'article 29 de la LCEN a été utilisé pour préparer ou commettre un crime ou un délit, ou pour en faciliter la préparation ou la commission.

Le texte prévoit l'aggravation des peines d'emprisonnement dès lors que le chiffrement a permis de préparer ou commettre une infraction, ou a permis d'en faciliter la préparation ou la commission. Les conditions légales sont donc matériellement larges puisque l'aggravation n'est pas liée qu'à la consommation du délit ou du crime au sens strict. Il suffit en effet que le chiffrement ait facilité le passage à l'acte ou la réalisation des actes préparatoires pour que les peines soient augmentées par le jeu de l'article 132-79 du code pénal.

Illustrations. Nonobstant la plasticité certaine du texte, il n'existe, depuis l'entrée en vigueur du texte, aucune illustration ayant fait l'objet d'un pourvoi en cassation. Il n'est pourtant pas difficile d'imaginer des cas pouvant donner lieu à l'usage du texte :
– l'extorsion (C. pén., art. 312-1) par *ransomware*, les données dérobées ayant été chiffrées par le délinquant ;
– l'introduction ou l'extraction de données d'un STAD (C. pén., art. 323-3) par « cassage » (ou déchiffrement) d'un mot de passe ;
– le fait de diffuser ces données « hackées », personnelles ou non, constitutif du même délit au titre de la détention ou de la transmission ;
– le blanchiment du produit d'une infraction (C. pén., art. 324-1) au moyen d'une cryptomonnaie, d'un *initial coin offering* (ICO), voire d'un *nonfungible token* (NFT) ;
– le fait d'usurper une identité numérique, en l'ayant déchiffrée, aux fins de faire remettre un bien quelconque constitutif d'une escroquerie (C. pén., art. 313-1) ;

– la cession de produits illicites (stupéfiants : C. pén., art. 222-37 ; armes : C. pén., art. 222-52) qui serait opérée par le truchement d'un cryptoactif ;
– le faux (C. pén., art. 441-1) produit à partir d'un document dérobé en ayant recours, par exemple, au déchiffrement d'un serveur protégé. ❑

LIVRE II DES CRIMES ET DÉLITS CONTRE LES PERSONNES

TITRE II DES ATTEINTES À LA PERSONNE HUMAINE

CHAPITRE II *DES ATTEINTES À L'INTÉGRITÉ PHYSIQUE OU PSYCHIQUE DE LA PERSONNE*

SECTION 3 *Du viol, de l'inceste et des autres agressions sexuelles*

§ 1er *Du viol et du viol incestueux*

Art. 222-23 Tout acte de pénétration sexuelle, de quelque nature qu'il soit, *(L. n° 2021-478 du 21 avr. 2021, art. 9)* **« ou tout acte bucco-génital » commis sur la personne d'autrui** *(L. n° 2018-703 du 3 août 2018, art. 2)* **« ou sur la personne de l'auteur » par violence, contrainte, menace ou surprise est un viol.**

Le viol est puni de quinze ans de réclusion criminelle.

COMMENTAIRE

Le viol dans le métavers

Le métavers peut être défini comme un univers virtuel interactif en ligne (Tournay, Ceci tuera cela. Le métaverse de Zuckerberg va-t-il tuer l'édifice ?, *Humanisme, 2022/2 (n° 335), p. 61-64*), offrant une expérience persistante et permanente aux utilisateurs qui peuvent interagir avec d'autres personnes par le biais d'avatars. Contrairement à un jeu en ligne, le métavers est caractérisé par sa persistance, c'est-à-dire que les événements continuent à évoluer dans cet univers même si les utilisateurs ne sont pas connectés. Les faits se déroulant dans le métavers sont aussi permanents. La réalité virtuelle est largement utilisée dans le métavers pour créer une expérience immersive. En effet, l'utilisation d'un casque de réalité virtuelle est nécessaire à une immersion audiovisuelle, permettant aux utilisateurs de voir et d'entendre ce qui se passe dans l'univers virtuel.

Récemment, une chercheuse américaine a rapporté avoir été victime de viol dans le métavers (SumOfUs. (2022). Metaverse : another cesspool of toxic content. Dans SumOfUs. Consulté le 2 mars 2023, à l'adresse https://www.eko.org/images/Metaverse_report_May_2022.pdf). Lorsqu'elle s'est connectée à une plateforme de métavers en utilisant un casque, d'autres avatars se sont rapidement approchés de son avatar et l'ont violé. Du fait de l'immersion audiovisuelle, la chercheuse a vu et entendu les agresseurs. Elle aurait également développé des séquelles psychologiques comparables à celles des victimes de viol. Ce témoignage soulève des interrogations quant à la possibilité de réprimer les agressions sexuelles, notamment le viol, dans le contexte du métavers, à la lumière du droit français.

Les infractions pénales nécessitent trois éléments constitutifs : légal, matériel et intentionnel. L'élément légal est défini à l'article 222-23 du code pénal qui dispose que « Tout acte de pénétration sexuelle, de quelque nature qu'il soit, ou tout acte bucco-génital commis sur la personne d'autrui ou sur la personne de l'auteur par violence, contrainte, menace ou surprise est un viol. » Le viol est puni par une peine de quinze ans de réclusion criminelle. En ce qui concerne l'élément matériel du viol, la jurisprudence exige une pénétration sexuelle et un défaut de consentement. Il est nécessaire qu'une pénétration sexuelle ait eu lieu, sans quoi la qualification de viol ne saurait être retenue (Crim. 15 nov. 2006, n° 06-08.655). En l'espèce, la solution est aisée, lorsque l'avatar d'un individu est violé dans le métavers, il n'y a pas de pénétration sexuelle de l'internaute et par conséquent il ne peut y avoir de viol au sens de l'article 222-23 du code pénal.

Cependant, des sous-vêtements haptiques sont en train de se développer et sont vendus dans le commerce. Ces dispositifs permettent aux internautes de ressentir des sensations telles que des câlins ou des coups de poing subis par leur avatar. Si des sous-vêtements haptiques permettant à des internautes de ressentir des pénétrations sexuelles sont utilisés et détournés intentionnellement par un tiers pour commettre un viol, les juges pourraient alors retenir la qualification de viol. ❑

CHAPITRE VI *DES ATTEINTES À LA PERSONNALITÉ*

SECTION 1 *De l'atteinte à la vie privée*

Art. 226-3 *(Ord. nº 2011-1012 du 24 août 2011, art. 44)* **Est puni de cinq ans d'emprisonnement et de 300 000 € d'amende :**

1º La fabrication, l'importation, la détention, l'exposition, l'offre, la location ou la vente d'appareils ou de dispositifs techniques *(L. nº 2013-1168 du 18 déc. 2013, art. 23)* **« de nature à permettre la réalisation d'opérations » pouvant constituer l'infraction prévue par le** *(L. nº 2020-936 du 30 juill. 2020, art. 18)* **« deuxième** *[ancienne rédaction : second]* **» alinéa de l'article 226-15 ou qui, conçus pour la détection à distance des conversations, permettent de réaliser l'infraction prévue par l'article 226-1 ou ayant pour objet la captation de données informatiques prévue** *(L. nº 2015-912 du 24 juill. 2015, art. 7)* **« aux articles 706-102-1** *(Abrogé par L. nº 2019-222 du 23 mars 2019, art. 46-V et 109-XIII, à compter du 1er juin 2019) (L. nº 2016-731 du 3 juin 2016, art. 5)* **« *et 706-102-2* » du code de procédure pénale et L. 853-2 du code de la sécurité intérieure » et figurant sur une liste dressée dans des conditions fixées par décret en Conseil d'État, lorsque ces faits sont commis, y compris par négligence, en l'absence d'autorisation ministérielle dont les conditions d'octroi sont fixées par ce même décret ou sans respecter les conditions fixées par cette autorisation ;** *– V. Arr. du 4 juill. 2012 fixant la liste d'appareils et de dispositifs techniques prévue par l'art. 226-3 C. pén. (JO 1er août), mod. par Arr. du 17 juill. 2015 (JO 22 juill.) ; Arr. du 15 déc. 2015 (JO 27 déc.) ; Arr. du 11 août 2016 (JO 25 août).*

2º Le fait de réaliser une publicité en faveur d'un appareil ou d'un dispositif technique susceptible de permettre la réalisation des infractions prévues par l'article 226-1 et le *(L. nº 2020-936 du 30 juill. 2020, art. 18)* **« deuxième** *[ancienne rédaction : second]* **» alinéa de l'article 226-15 lorsque cette publicité constitue une incitation à commettre cette infraction ou ayant pour objet la captation de données informatiques prévue** *(L. nº 2015-912 du 24 juill. 2015, art. 7)* **« aux articles 706-102-1** *(Abrogé par L. nº 2019-222 du 23 mars 2019, art. 46-V et 109-XIII, à compter du 1er juin 2019) (L. nº 2016-731 du 3 juin 2016, art. 5)* **« *et 706-102-2* » du code de procédure pénale et L. 853-2 du code de la sécurité intérieure » lorsque cette publicité constitue une incitation à en faire un usage frauduleux.**

(L. nº 2019-810 du 1er août 2019, art. 4) **« Le présent article n'est pas applicable à la détention ou à l'acquisition par les opérateurs mentionnés à l'article L. 1332-1 du code de la défense, ainsi désignés en vertu de leur activité d'exploitant d'un réseau de communications électroniques ouvert au public, des appareils soumis à une autorisation du Premier ministre en application de la section VII du chapitre II du titre Ier du livre II du code des postes et des communications électroniques. »**

Art. 226-4-1 *(L. nº 2011-267 du 14 mars 2011, art. 2)* **Le fait d'usurper l'identité d'un tiers ou de faire usage d'une ou plusieurs données de toute nature permettant de l'identifier en vue de troubler sa tranquillité ou celle d'autrui, ou de porter atteinte à son honneur ou à sa considération, est puni d'un an d'emprisonnement et de 15 000 € d'amende.**

Cette infraction est punie des mêmes peines lorsqu'elle est commise sur un réseau de communication au public en ligne.

(L. nº 2020-936 du 30 juill. 2020, art. 19) **« Lorsqu'ils sont commis par le conjoint ou le concubin de la victime ou par le partenaire lié à la victime par un pacte civil de solidarité, ces faits sont punis de deux ans d'emprisonnement et de 30 000 euros d'amende. »**

SECTION 5 *Des atteintes aux droits de la personne résultant des fichiers ou des traitements informatiques*

Art. 226-16 *(L. n° 2004-801 du 6 août 2004, art. 14)* Le fait, y compris par négligence, de procéder ou de faire procéder à des traitements de données à caractère personnel sans qu'aient été respectées les formalités préalables à leur mise en œuvre prévues par la loi est puni de cinq ans d'emprisonnement et de 300 000 € d'amende.

Est puni des mêmes peines le fait, y compris par négligence, de procéder ou de faire procéder à un traitement qui a fait l'objet de l'une des mesures prévues au *(L. n° 2016-1321 du 7 oct. 2016, art. 64)* « 3° » du *(L. n° 2018-493 du 20 juin 2018, art. 7)* « III » de l'article *(Ord. n° 2018-1125 du 12 déc. 2018, art. 13, en vigueur au plus tard le 1er juin 2019)* « 20 *[ancienne rédaction : 45]* » de la loi n° 78-17 du 6 janvier 1978 relative à l'informatique, aux fichiers et aux libertés.

(Abrogé par L. n° 2018-493 du 20 juin 2018, art. 18) (L. n° 2016-731 du 3 juin 2016, art. 117) « *Est puni des mêmes peines le fait de permettre l'accès aux données contenues dans un traitement mentionné à l'article L. 4123-9-1 du code de la défense sans avoir recueilli l'avis favorable mentionné au II du même article.* »

Art. 226-16-1 A *(Abrogé par L. n° 2018-493 du 20 juin 2018, art. 11) (L. n° 2004-801 du 6 août 2004, art. 14) Lorsqu'il a été procédé ou fait procéder à un traitement de données à caractère personnel dans les conditions prévues par le I ou le II de l'article 24 de la loi n° 78-17 du 6 janvier 1978 précitée, le fait de ne pas respecter, y compris par négligence, les normes simplifiées ou d'exonération établies à cet effet par la Commission nationale de l'informatique et des libertés est puni de cinq ans d'emprisonnement et de 300 000 € d'amende.*

Art. 226-16-1 *(L. n° 2004-801 du 6 août 2004, art. 14)* Le fait, hors les cas où le traitement a été autorisé dans les conditions prévues par la loi n° 78-17 du 6 janvier 1978 précitée, de procéder ou faire procéder à un traitement de données à caractère personnel incluant parmi les données sur lesquelles il porte le numéro d'inscription des personnes au répertoire national d'identification des personnes physiques, est puni de cinq ans d'emprisonnement et de 300 000 € d'amende.

Art. 226-16-2 *(L. n° 2021-646 du 25 mai 2021, art. 52)* Le fait de procéder ou de faire procéder à un traitement de données à caractère personnel relatives à des fonctionnaires ou à des personnes chargées d'une mission de service public en raison de leur qualité hors des finalités prévues par le règlement (UE) 2016/679 du Parlement européen et du Conseil du 27 avril 2016 relatif à la protection des personnes physiques à l'égard du traitement des données à caractère personnel et à la libre circulation de ces données, et abrogeant la directive 95/46/CE (règlement général sur la protection des données) et par la loi n° 78-17 du 6 janvier 1978 précitée est puni de cinq ans d'emprisonnement et de 300 000 euros d'amende.

Art. 226-17 et 226-17-1 *V. ces art. Livre I, I. Règles internes.*

Art. 226-18 *(L. n° 2004-801 du 6 août 2004, art. 14)* Le fait de collecter des données à caractère personnel par un moyen frauduleux, déloyal ou illicite est puni de cinq ans d'emprisonnement et de 300 000 € d'amende.

Art. 226-18-1 *(L. n° 2004-801 du 6 août 2004, art. 14)* Le fait de procéder à un traitement de données à caractère personnel concernant une personne physique malgré l'opposition de cette personne, lorsque ce traitement répond à des fins de prospection, notamment commerciale, ou lorsque cette opposition est fondée sur des motifs légitimes, est puni de cinq ans d'emprisonnement et de 300 000 € d'amende.

Art. 226-19 *(L. n° 2004-801 du 6 août 2004, art. 14)* Le fait, hors les cas prévus par la loi, de mettre ou de conserver en mémoire informatisée, sans le consentement exprès de l'intéressé, des données à caractère personnel qui, directement ou indirectement, font apparaître les origines raciales ou ethniques, les opinions politiques, philosophiques ou religieuses, ou les appartenances syndicales des personnes, ou qui sont relatives à la santé ou à l'orientation *(L. n° 2017-86 du 27 janv. 2017, art. 171)* « sexuelle ou à l'identité de genre » de celles-ci, est puni de cinq ans d'emprisonnement et de 300 000 € d'amende.

Est puni des mêmes peines le fait, hors les cas prévus par la loi, de mettre ou de conserver en mémoire informatisée des données à caractère personnel concernant des infractions, des condamnations ou des mesures de sûreté.

(Ord. nº 2018-1125 du 12 déc. 2018, art. 13, en vigueur au plus tard le 1er juin 2019) « Les dispositions du présent article sont applicables aux traitements non automatisés de données à caractère personnel dont la mise en œuvre ne se limite pas à l'exercice d'activités exclusivement personnelles. »

Art. 226-19-1 *(L. nº 2004-801 du 6 août 2004, art. 14)* En cas de traitement de données à caractère personnel ayant pour fin la recherche dans le domaine de la santé, est puni de cinq ans d'emprisonnement et de 300 000 € d'amende le fait de procéder à un traitement :

1° Sans avoir préalablement informé individuellement les personnes sur le compte desquelles des données à caractère personnel sont recueillies ou transmises de leur droit d'accès, de rectification et d'opposition, de la nature des données transmises et des destinataires de celles-ci ;

2° Malgré l'opposition de la personne concernée ou, lorsqu'il est prévu par la loi, en l'absence du consentement éclairé et exprès de la personne, ou s'il s'agit d'une personne décédée, malgré le refus exprimé par celle-ci de son vivant.

Art. 226-20 *(L. nº 2004-801 du 6 août 2004, art. 14)* Le fait de conserver des données à caractère personnel au-delà de la durée prévue par la loi ou le règlement, par la demande d'autorisation ou d'avis, ou par la déclaration préalable adressée à la Commission nationale de l'informatique et des libertés, est puni de cinq ans d'emprisonnement et de 300 000 € d'amende, sauf si cette conservation est effectuée à des fins historiques, statistiques ou scientifiques dans les conditions prévues par la loi.

Est puni des mêmes peines le fait, hors les cas prévus par la loi, de traiter à des fins autres qu'historiques, statistiques ou scientifiques des données à caractère personnel conservées au-delà de la durée mentionnée au premier alinéa.

Art. 226-21 *(L. nº 2004-801 du 6 août 2004, art. 14)* Le fait, par toute personne détentrice de données à caractère personnel à l'occasion de leur enregistrement, de leur classement, de leur transmission ou de toute autre forme de traitement, de détourner ces informations de leur finalité telle que définie par la disposition législative, l'acte réglementaire ou la décision de la Commission nationale de l'informatique et des libertés autorisant le traitement automatisé, ou par les déclarations préalables à la mise en œuvre de ce traitement, est puni de cinq ans d'emprisonnement et de 300 000 € d'amende.

Art. 226-22 *(L. nº 2004-801 du 6 août 2004, art. 14)* Le fait, par toute personne qui a recueilli, à l'occasion de leur enregistrement, de leur classement, de leur transmission ou d'une autre forme de traitement, des données à caractère personnel dont la divulgation aurait pour effet de porter atteinte à la considération de l'intéressé ou à l'intimité de sa vie privée, de porter, sans autorisation de l'intéressé, ces données à la connaissance d'un tiers qui n'a pas qualité pour les recevoir est puni de cinq ans d'emprisonnement et de 300 000 € d'amende.

La divulgation prévue à l'alinéa précédent est punie de trois ans d'emprisonnement et de 100 000 € d'amende lorsqu'elle a été commise par imprudence ou négligence.

Dans les cas prévus aux deux alinéas précédents, la poursuite ne peut être exercée que sur plainte de la victime, de son représentant légal ou de ses ayants droit.

Fuite de données. Un numéro de téléphone constitue une information nominative au sens de l'art. 4 de la loi nº 78-17 du 6 janv. 1978 puisqu'il permet l'identification de la personne physique ou de l'abonné qui en est titulaire ; la divulgation d'une telle information nominative a nécessairement pour effet de porter atteinte à l'intimité de la vie privée de son titulaire. En sa qualité de propriétaire et exploitant du matériel informatique, un gérant d'un service télématique à caractère pornographique est pénalement responsable de l'imprudence ou de la négligence qui a permis la divulgation de cette information, même à son insu, cette infraction étant un délit non intentionnel ; les micro-coupures d'électricité dont l'éventualité est avancée pour expliquer la divulgation d'une information normalement secrète ne constituent pas un cas de force majeure dès lors qu'elles ne sont ni imprévisibles ni irrésistibles. • T. corr. Briey, 15 sept. 1992 : *D. 1994. Somm. 289, obs. Maisl ; Gaz. Pal. 1993. 1. 201 et la note ; ibid. 1994. 1. Somm. 107.*

Art. 226-22-1 *(L. nº 2004-801 du 6 août 2004, art. 14)* Le fait *(Abrogé par L. nº 2018-493 du 20 juin 2018, art. 27)* « , ***hors les cas prévus par la loi,*** » de procéder ou de faire procéder à un transfert de données à caractère personnel faisant l'objet ou destinées à faire l'objet d'un traitement vers un État n'appartenant pas à *(L. nº 2018-493 du 20 juin 2018, art. 27)* « l'Union européenne ou à une organisation internationale en violation du chapitre V du règlement (UE) 2016/679 du Parlement européen et du Conseil du 27 avril 2016 relatif à la protection des personnes physiques à l'égard du traitement des données à caractère personnel et à la libre circulation de ces données, et abrogeant la directive 95/46/ CE, ou des articles *(Ord. nº 2018-1125 du 12 déc. 2018, art. 13, en vigueur au plus tard le 1er juin 2019)* « 112 à 114 *[ancienne rédaction : 70-25 à 70-27]* » » de la loi nº 78-17 du 6 janvier 1978 précitée est puni de cinq ans d'emprisonnement et de 300 000 € d'amende.

Art. 226-22-2 *(Ord. nº 2018-1125 du 12 déc. 2018, art. 13, en vigueur au plus tard le 1er juin 2019)* Est puni d'un an d'emprisonnement et de 15 000 € d'amende le fait d'entraver l'action de la Commission nationale de l'informatique et des libertés :

1° Soit en s'opposant à l'exercice des missions confiées à ses membres ou aux agents habilités en application du dernier alinéa de l'article 10 de la loi nº 78-17 du 6 janvier 1978 précitée lorsque la visite a été autorisée par le juge ;

2° Soit en refusant de communiquer à ses membres ou aux agents habilités en application du dernier alinéa de l'article 10 de la même loi, ou aux agents d'une autorité de contrôle d'un État membre de l'Union européenne en application de l'article 62 du règlement (UE) 2016/679 du 27 avril 2016 précité, les renseignements et documents utiles à leur mission, ou en dissimulant lesdits documents ou renseignements, ou en les faisant disparaître ;

3° Soit en communiquant des informations qui ne sont pas conformes au contenu des enregistrements tel qu'il était au moment où la demande a été formulée ou qui ne présentent pas ce contenu sous une forme directement accessible.

Art. 226-23 *(Ord. nº 2018-1125 du 12 déc. 2018, art. 13, en vigueur au plus tard le 1er juin 2019)* Dans les cas prévus aux articles 226-16 à 226-22-2, l'effacement de tout ou partie des données à caractère personnel faisant l'objet du traitement ayant donné lieu à l'infraction peut être ordonné. Les membres et les agents de la Commission nationale de l'informatique et des libertés sont habilités à constater l'effacement de ces données.

Art. 226-24 *(L. nº 2009-526 du 12 mai 2009, art. 124-I)* « Les personnes morales déclarées responsables pénalement, dans les conditions prévues par l'article 121-2, des infractions définies à la présente section encourent, outre l'amende suivant les modalités prévues par l'article 131-38, les peines prévues par les 2° à 5° et 7° à 9° de l'article 131-39. »

L'interdiction mentionnée au 2° de l'article 131-39 porte sur l'activité dans l'exercice ou à l'occasion de l'exercice de laquelle l'infraction a été commise.

LIVRE III DES CRIMES ET DÉLITS CONTRE LES BIENS

TITRE I DES APPROPRIATIONS FRAUDULEUSES

CHAPITRE PREMIER *DU VOL*

SECTION 1 *Du vol simple et des vols aggravés*

Art. 311-1 Le vol est la soustraction frauduleuse de la chose d'autrui.

COMMENTAIRE

Le vol dans le métavers

Le métavers peut être défini comme un univers virtuel interactif en ligne (Tournay, Ceci tuera cela. Le métaverse de Zuckerberg va-t-il tuer l'édifice ?, *Humanisme, 2022/2 (nº 335), p. 61-64*), offrant une expérience persistante et permanente aux utilisateurs qui peuvent interagir avec d'autres personnes par le biais d'avatars. La persistance des événements peut causer préjudice à un internaute, en particulier lorsque son avatar est victime d'un vol. Dans ce cas, l'internaute perd définitivement son bien et ne peut pas recommencer le jeu ou l'étape pour éviter le vol. De nombreux biens immatériels, tels que des voitures, des maisons ou des parcelles de terrain, peuvent être volés dans le métavers. Ces biens peuvent être représentés ou non par des jetons (fongibles ou non fongibles). Certains biens présents dans le monde réel peuvent être reproduits dans le métavers mais ils ne sont pas identiques et n'appartiennent pas nécessairement à la même personne. Des utilisateurs ont déjà été victimes de vol dans le métavers, ce qui soulève la question de la possibilité de réprimer ce type de vol en droit français.

Les infractions pénales nécessitent trois éléments constitutifs : légal, matériel et intentionnel. L'élément légal est défini à l'article 311-1 du Code pénal qui dispose que « le vol est la soustraction frauduleuse de la chose d'autrui ». En ce qui concerne l'élément matériel, il faut la soustraction d'une chose appartenant à autrui. La chose doit en principe être une chose corporelle (CA Alger, 24 mars 1911 : *DP 1913. 2. 168*). La raison en est que le vol doit entraîner une dépossession (cf. jurisprudence sur le vol d'électricité : Crim. 3 août 1912 : *DP 1913. 1. 439 ; S. 1913. 1. 337*) de la personne. Or, le vol des biens immatériels n'entraîne pas nécessairement une dépossession. En l'espèce, les biens présents dans le métavers ne sont pas corporels mais plutôt virtuels et immatériels. Faut-il considérer, dès lors, que le vol de ces biens n'est pas admis ? La réponse n'est pas si simple. Dans une décision de la Cour de cassation concernant le vol de données informatiques, celle-ci a approuvé la décision d'une cour d'appel qui avait reconnu le vol de données informatiques (Crim. 20 mai 2015, n° 14-81.336). Si cette décision peut être contestée en ce que le vol de données informatiques n'entraîne pas de dépossession, mais constitue plutôt une copie non autorisée, elle permet de constater que la Haute Cour pourrait être favorable à une adaptation de sa solution aux avancées technologiques. La portée de cette solution pourrait être remise en cause à l'aune de la loi du 13 novembre 2014 (L. n° 2014-1353 du 13 nov. 2014) qui a modifié l'article 323-3 du code pénal incriminant l'atteinte aux données contenues dans un STAD. Désormais, le texte réprime le fait de s'introduire frauduleusement dans un STAD pour, notamment, « extraire, détenir, reproduire et transmettre » les données qu'il contient. Cependant, le vol de biens immatériels, dans le métavers, entraîne forcément une dépossession pour la personne. Par conséquent, il n'est pas improbable que la Cour de cassation admette que ces biens puissent faire l'objet d'un vol. La Cour suprême des Pays-Bas a déjà admis en 2012 que les biens immatériels ou virtuels peuvent être volés conformément au droit (Cour suprême des Pays-Bas, J. 10/00101, Chambre criminelle, 31 janvier 2012). ❑

CHAPITRE II *DE L'EXTORSION*

SECTION 1 *De l'extorsion*

BIBL. GÉN. ▶ Le Moulec, *Lexbase, La Lettre juridique, n° 855, févr. 2021* (cybercriminalité : la qualification pénale de l'utilisation d'un rançongiciel).

Art. 312-1 L'extorsion est le fait d'obtenir par violence, menace de violences ou contrainte soit une signature, un engagement ou une renonciation, soit la révélation d'un secret, soit la remise de fonds, de valeurs ou d'un bien quelconque.

L'extorsion est punie de sept ans d'emprisonnement et de 100 000 € d'amende.

Art. 312-2 L'extorsion est punie de dix ans d'emprisonnement et de 150 000 € d'amende :

1° Lorsqu'elle est précédée, accompagnée ou suivie de violences sur autrui ayant entraîné une incapacité totale de travail pendant huit jours au plus ;

2° Lorsqu'elle est commise au préjudice d'une personne dont la particulière vulnérabilité, due à son âge, à une maladie, à une infirmité, à une déficience physique ou psychique ou à un état de grossesse, est apparente ou connue de son auteur ;

(Abrogé par L. n° 2017-86 du 27 janv. 2017, art. 171) (L. n° 2004-204 du 9 mars 2004, art. 40-II) ***« 3° Lorsqu'elle est commise à raison de l'appartenance ou de la non-appartenance, vraie ou supposée, de la victime à une ethnie, une Nation, une race ou une religion déterminée, ou de son orientation*** *(L. n° 2012-954 du 6 août 2012, art. 4)* ***« ou identité » sexuelle, vraie ou supposée ; »***

(L. n° 2010-201 du 2 mars 2010, art. 3 et 12) « 4° Lorsqu'elle est commise par une personne dissimulant volontairement en tout ou partie son visage afin de ne pas être identifiée ;

« 5° Lorsqu'elle est commise dans les établissements d'enseignement ou d'éducation ainsi que, lors des entrées ou sorties des élèves ou dans un temps très voisin de celles-ci, aux abords de ces établissements. »

Art. 312-3 L'extorsion est punie de quinze ans de réclusion criminelle et de 150 000 € d'amende lorsqu'elle est précédée, accompagnée ou suivie de violences sur autrui ayant entraîné une incapacité totale de travail pendant plus de huit jours.

Les deux premiers alinéas de l'article 132-23 relatif à la période de sûreté sont applicables à l'infraction prévue par le présent article.

Art. 312-4 L'extorsion est punie de vingt ans de réclusion criminelle et de 150 000 € d'amende lorsqu'elle est précédée, accompagnée ou suivie de violences sur autrui ayant entraîné une mutilation ou une infirmité permanente.

Les deux premiers alinéas de l'article 132-23 relatif à la période de sûreté sont applicables à l'infraction prévue par le présent article.

Art. 312-5 L'extorsion est punie de trente ans de réclusion criminelle et de 150 000 € d'amende lorsqu'elle est commise soit avec usage ou menace d'une arme, soit par une personne porteuse d'une arme soumise à autorisation ou dont le port est prohibé.

Les deux premiers alinéas de l'article 132-23 relatif à la période de sûreté sont applicables à l'infraction prévue par le présent article.

Art. 312-6 L'extorsion en bande organisée est punie de vingt ans de réclusion criminelle et de 150 000 € d'amende.

Elle est punie de trente ans de réclusion criminelle et de 150 000 € d'amende lorsqu'elle est précédée, accompagnée ou suivie de violences sur autrui ayant entraîné une mutilation ou une infirmité permanente.

Elle est punie de la réclusion criminelle à perpétuité lorsqu'elle est commise soit avec usage ou menace d'une arme, soit par une personne porteuse d'une arme soumise à autorisation ou dont le port est prohibé.

Les deux premiers alinéas de l'article 132-23 relatif à la période de sûreté sont applicables aux infractions prévues par le présent article.

Art. 312-6-1 *(L. n° 2004-204 du 9 mars 2004, art. 12-XIII)* Toute personne qui a tenté de commettre une extorsion en bande organisée prévue par l'article 312-6 est exempte de peine si, ayant averti l'autorité administrative ou judiciaire, elle a permis d'éviter la réalisation de l'infraction et d'identifier, le cas échéant, les autres auteurs ou complices.

La peine privative de liberté encourue par l'auteur ou le complice d'une extorsion en bande organisée est réduite de moitié si, ayant averti l'autorité administrative ou judiciaire, il a permis de faire cesser l'infraction ou d'éviter que l'infraction n'entraîne mort d'homme ou infirmité permanente et d'identifier, le cas échéant, les autres auteurs ou complices. Lorsque la peine encourue est la réclusion criminelle à perpétuité, celle-ci est ramenée à vingt ans de réclusion criminelle.

Art. 312-7 L'extorsion est punie de la réclusion criminelle à perpétuité et de 150 000 € d'amende lorsqu'elle est précédée, accompagnée ou suivie soit de violences ayant entraîné la mort, soit de tortures ou d'actes de barbarie.

Les deux premiers alinéas de l'article 132-23 relatif à la période de sûreté sont applicables à l'infraction prévue par le présent article.

Art. 312-8 Constitue, au sens des articles 312-2, 312-3, 312-4, 312-6 et 312-7, une extorsion suivie de violences l'extorsion à la suite de laquelle des violences ont été commises pour favoriser la fuite ou assurer l'impunité d'un auteur ou d'un complice.

Art. 312-9 La tentative des délits prévus par la présente section est punie des mêmes peines.

Les dispositions de l'article 311-12 sont applicables aux infractions prévues par la présente section.

COMMENTAIRE

EXTORSION ET RANÇONGICIEL

I. APPROCHE FACTUELLE

Définition. Comme le précise l'ANSSI dans son guide « Attaques par rançongiciels, tous concernés – Comment les anticiper et réagir en cas d'incident ? » (2020) : « Un rançongiciel – *ransomware* en anglais – est un programme malveillant dont le but est d'obtenir de la victime le paiement d'une rançon. Les rançongiciels figurent au catalogue des outils auxquels ont recours les cybercriminels motivés par l'appât du gain.

Lors d'une attaque par rançongiciel, l'attaquant met l'ordinateur ou le système d'information de la victime hors d'état de fonctionner de manière réversible. En pratique, la plupart des rançongiciels chiffrent par des mécanismes cryptographiques les données de l'ordinateur ou du système, rendant leur consultation ou leur utilisation impossibles. L'attaquant adresse alors un message non chiffré à la victime où il lui propose, contre le paiement d'une rançon, de lui fournir le moyen de déchiffrer ses donnée ».

Pratique. Les exemples ne manquent plus. Hôpitaux, collectivités et même cabinets d'avocats ont récemment été victimes de *ransomware*. Si les médias s'en émeuvent, cette pratique touche en réalité essentiellement des entreprises. On aurait recensé en Europe 4 000 attaques par rançongiciel chaque jour en 2017 (+ 300 % par rapport à 2015) et 80 % des entreprises européennes auraient été concernées par au moins une attaque. Selon une étude menée par un cabinet de conseil en cybersécurité, 84 % des entreprises américaines auraient subi une attaque par *phishing* ou *ransomware* en 2021. Le montant moyen des rançons aurait atteint la somme faramineuse de 500 000 dollars et les revenus générés par les *ransomwares* s'élèveraient à 400 millions de dollars à l'échelle mondiale. En 2020, l'ANSSI notait ainsi une augmentation de 255 % des signalements d'attaque par rançongiciel dans son périmètre par rapport à 2019 (ANSSI, « État de la menace rançongiciel à l'encontre des entreprises et des institutions », 2020). Au demeurant, l'ANSSI a constaté que les attaques par rançongiciel avaient diminué de 46 % entre 2021 et 2022 (Panorama de la cybermenace, 2022, p. 15). Quant au mode opératoire, trois tendances se dégagent ainsi :

– ***le Big Game Hunting*** : le *ransomware* se fait davantage par ciblage d'entreprises et institutions particulières. La préparation de l'attaque peut ainsi prendre plusieurs mois, cette dernière se révélant d'autant plus difficile à parer.

– ***le ransomware-as-a-service (RaaS)*** : les rançongiciels sont disponibles sur les marchés cybercriminels par un système d'affiliation et sont utilisés à la fois de façon ciblée et lors d'attaques massives. La majorité des signalements remontés à l'ANSSI en 2020 ont concerné des rançongiciels fonctionnant selon ce modèle économique.

– ***la double extorsion*** : cette tendance, identifiée depuis au moins novembre 2019, consiste à exfiltrer les données avant de les chiffrer. Le cyber-attaquant menace ainsi de publier les données sur un site Internet afin d'obtenir le paiement de la rançon. Ce procédé pénalise deux fois la victime : la donnée n'est, dans un premier temps, plus accessible ; dans un second temps elle est révélée au grand public. Or en cas de données à caractère personnel, la fuite de sécurité peut être d'une gravité considérable…

II. QUALIFICATION DIFFÉRENTIELLE

Variétés. Le droit pénal est évidemment à même de présenter plusieurs solutions à la question de la qualification juridique du recours à un *ransomware*. Si les articles 323-1 à 323-4 du code pénal sont *prima facie* susceptibles d'apporter des réponses satisfaisantes, il apparaît qu'un texte « commun » constituerait une qualification idoine. Au demeurant, la nouvelle règle de résolution des concours d'infractions permet ici de retenir un cumul d'infractions.

A. ATTEINTES À UN STAD

Qualifications. A dire vrai, toutes les incriminations prévues aux articles 323-1 et suivants du code pénal peuvent trouver à s'appliquer selon la manière dont est préparée et commise l'attaque par *ransomware*.

Accès et maintien frauduleux. L'implantation du rançongiciel peut à la vérité se faire de plusieurs manières. Si les vecteurs d'infiltration par courriels d'hameçonnage ou

« point d'eau » ne nécessitent pas d'accès frauduleux, il est évident que la mise en place du logiciel par accès RDP mal sécurisé ou par l'exploitation de vulnérabilités de serveurs ou VPN impose d'accéder de manière frauduleuse à un STAD et de s'y maintenir le temps de déposer le *malware*. L'infraction punie à l'article 323-1 du code pénal trouve alors à s'appliquer.

Entrave au fonctionnement du STAD. L'article 323-2 du code pénal incrimine parfaitement le fait de bloquer un système informatique en ayant recours au chiffrement de ses données par utilisation d'un ransomware. Cela va certes sans dire. Le fait de ne plus avoir accès aux données contenues dans un STAD entrave ou fausse son fonctionnement.

Altération des données d'un STAD. L'article 323-3 du code pénal punit de cinq ans d'emprisonnement et de 150 000 € d'amende le fait d'introduire frauduleusement des données dans un système de traitement automatisé (le *malware*), d'extraire, de détenir, de reproduire, de transmettre, de supprimer ou de modifier frauduleusement les données (chiffrement) qu'il contient. Même si une attaque par rançongiciel n'impose pas l'exfiltration des données avec menace de les publier, il n'en demeure pas moins que l'introduction de données (*malware*), la modification des données (chiffrement) voire leur suppression consomment le délit.

Fourniture ou détention des moyens permettant l'attaque par ransomware. On sait que l'article 323-3-1 du code pénal incrimine le fait, sans motif légitime, notamment de recherche ou de sécurité informatique, d'importer, de détenir, d'offrir, de céder ou de mettre à disposition un équipement, un instrument, un programme informatique ou toute donnée conçus ou spécialement adaptés pour commettre une ou plusieurs des infractions prévues par les articles 323-1 à 323-3. La fourniture, l'importation ou la détention d'un kit « *ransomware* » (tel qu'un *ransomware-as-a-service*) relèvent ainsi de cette disposition du code pénal.

Cyberassociation de malfaiteurs. Il n'est pas rare que l'attaque soit préparée à plusieurs ou nécessite la combinaison de plusieurs services gérés par différents protagonistes et acteurs. Il en résulte que la participation à un groupement (ou à une entente) destiné à lancer une attaque par *ransomware* constitue le délit puni à l'article 323-4 du code pénal. On sait que la Cour de cassation n'exige pas, à la différence de la bande organisée, de structure organisée entre les membres de l'entente (Crim. 8 juill. 2015, n° 14-88.329), ce qui permet une qualification assez aisée du délit comme en témoigne un arrêt rendu par la chambre criminelle en 2017 (Crim. 7 nov. 2017, n° 16-84.918).

Sanctions. Rappelons que chaque délit prévoit une aggravation si le STAD visé est géré par l'État et contient des données à caractère personnel. Si à cette particularité s'ajoute la commission de l'infraction en bande organisée alors, aux termes de l'article 323-4-1 du code pénal, la peine est portée à dix ans d'emprisonnement et à 300 000 € d'amende.

Compétence. Enfin, en application de l'article 706-72-1 du code de procédure pénale, la poursuite, l'instruction et le jugement des infractions prévues aux articles 323-1 à 323-4-1 et 411-9 du code pénal, relèvent de la compétence concurrente du tribunal judiciaire de Paris. Le parquet parisien bénéficie ici d'une compétence en réalité privilégiée en application de l'article 43-1 du code de procédure pénale.

B. EXTORSION

Consommation. Il a été parfaitement démontré que la qualification d'extorsion convenait à l'attaque par rançongiciel (V. Le Moulec, « Cybercriminalité : la qualification pénale de l'utilisation d'un rançongiciel », *Lexbase Pénal, févr. 2021*). L'article 312-1 du code pénal définit ainsi l'extorsion comme le fait d'obtenir par violence, menace de violences ou contrainte soit une signature, un engagement ou une renonciation, soit la révélation d'un secret, soit la remise de fonds, de valeurs ou d'un bien quelconque.

L'article 312-9 incriminant la tentative, le simple fait de chiffrer des données et de formuler une demande de rançon suffirait à commettre le délit. Demeure une interrogation fondamentale : le risque de perte définitive des informations chiffrées ou de diffusion des informations peut-il s'apparenter à une contrainte ?

L'article 312-1 du code pénal fait, à côté de la violence, une place à la contrainte afin de consommer l'infraction. Et il est désormais bien ancré en jurisprudence que la contrainte morale est à même de constituer l'infraction d'extorsion, même en l'absence de toute forme de violence physique. Il en va ainsi, par exemple, en cas de menace de ne pas alimenter en eau un abonné s'il ne s'acquitte pas de la dette du précédent locataire (Crim. 27 oct. 1999, n° 98-85.729). La cour d'appel avait ici relevé que la victime n'avait alors aucune liberté et n'avait d'autre alternative que de se soumettre. Il y a également extorsion par contrainte lorsque la gérante d'un organisme de formation exige des étudiants ayant déjà entamé leur formation une participation financière sous menace d'une exclusion du centre ou de refus d'accès aux examens en cas de non-paiement (Crim. 28 févr. 2018, n° 17-80.684).

Avec le Pr Le Moulec, nous pouvons donc conclure à la parfaite application du délit d'extorsion à l'attaque par *ransomware*.

Sanctions. L'extorsion est punie à titre principal de sept ans d'emprisonnement et de 100 000 € d'amende. En vertu de l'article 312-6 du code pénal, elle est punie de vingt ans de réclusion criminelle et de 150 000 € d'amende si commise en bande organisée. Enfin, l'utilisation d'un moyen de cryptologie devrait conduire à l'aggravation des sanctions par le jeu de l'article 132-79 du code pénal.

Compétence. En application de l'article 706-75 alinéa 4 du code de procédure pénale, la juridiction parisienne exerce une compétence concurrente sur l'ensemble du territoire national pour l'enquête, la poursuite, l'instruction et le jugement des crimes et délits mentionnés au premier alinéa du même article (criminalité organisée), dans les affaires qui sont ou apparaîtraient d'une très grande complexité, en raison notamment du ressort géographique sur lequel elles s'étendent. Or, l'extorsion en bande organisée fait partie des infractions visées par renvoi.

C. AUTRES

Révélation de DCP. L'article 226-22 du code pénal dispose que le fait, par toute personne qui a recueilli, à l'occasion de leur enregistrement, de leur classement, de leur transmission ou d'une autre forme de traitement, des données à caractère personnel dont la divulgation aurait pour effet de porter atteinte à la considération de l'intéressé ou à l'intimité de sa vie privée, de porter, sans autorisation de l'intéressé, ces données à la connaissance d'un tiers qui n'a pas qualité pour les recevoir est puni de cinq ans d'emprisonnement et de 300 000 € d'amende.

Le texte vise en première intention toute personne qui aurait recueilli de manière licite les données (responsable de traitement, sous-traitant...) mais qui les aurait révélées sans droit. Rien n'empêche *a priori* d'appliquer le texte à une personne ayant obtenu les données par fraude. Le texte vise en effet « toute autre forme de traitement ».

Sabotage. Aux termes de l'article 411-9 du code pénal, le fait de détruire, détériorer ou détourner tout système de traitement automatisé d'informations ou d'y apporter des malfaçons, lorsque ce fait est de nature à porter atteinte aux intérêts fondamentaux de la Nation, est puni de quinze ans de détention criminelle et de 225 000 € d'amende. Les intérêts fondamentaux de la Nation s'entendent de son indépendance, de l'intégrité de son territoire, de sa sécurité, de la forme républicaine de ses institutions, des moyens de sa défense et de sa diplomatie, de la sauvegarde de sa population en France et à l'étranger, de l'équilibre de son milieu naturel et de son environnement et des éléments essentiels de son potentiel scientifique et économique et de son patrimoine culturel (C. pén., art. 410-1). Par conséquent, si l'utilisation du rançongiciel est de nature à porter atteinte auxdits intérêts fondamentaux, elle peut alors consommer le crime de sabotage. Et il faut ici préciser que si ce sabotage est commis dans le but de servir les intérêts d'une puissance étrangère, d'une entreprise ou organisation étrangère ou sous contrôle étranger, le même fait est puni de vingt ans de détention criminelle et de 300 000 € d'amende.

D. CONCOURS/CUMUL DE QUALIFICATIONS

Concours. La qualification différentielle d'une attaque par rançongiciel peut ainsi donner lieu à un grand nombre de résultats. La question est donc de savoir comment faire le tri et résoudre ce concours de qualifications. Il faut ici préciser que nous sommes confrontés à la fois à un concours de qualifications et d'infractions. On entend évidemment par concours réel la situation décrite à l'article 132-2 du code pénal : deux infractions sont commises successivement avant d'être poursuivies. Le concours idéal correspond en principe à un fait unique pouvant faire l'objet de plusieurs qualifications pénales.

Or le *ransomware* impose plusieurs comportements successifs illicites (accès éventuel puis atteinte à un STAD, modification de données par chiffrement, demande de rançon sous contrainte et éventuellement diffusion publique des données), certains faits pouvant être qualifiés de différentes manières : la modification d'une donnée (C. pén., art. 323-3) peut entraver le fonctionnement d'un STAD (C. pén., art. 323-2) tout en nécessitant l'accès (C. pén., art. 323-1) et le maintien (C. pén., art. 323-1) dans un STAD.

Principe de résolution. Après de nombreuses évolutions prétoriennes, la dernière position de la chambre criminelle est la suivante (Crim. 15 déc. 2021, n° 21-81.864) : l'interdiction de cumuler les qualifications lors de la déclaration de culpabilité doit être réservée, outre à la situation dans laquelle la caractérisation des éléments constitutifs de l'une des infractions exclut nécessairement la caractérisation des éléments constitutifs de l'autre, aux cas où un fait ou des faits identiques sont en cause et où l'on se trouve dans l'une des deux hypothèses suivantes :
– Dans la première, l'une des qualifications, telles qu'elles résultent des textes d'incrimination, correspond à un élément constitutif ou une circonstance aggravante de l'autre, qui seule doit alors être retenue.
– Dans la seconde, l'une des qualifications retenues, dite spéciale, incrimine une modalité particulière de l'action répréhensible sanctionnée par l'autre infraction, dite générale.

En d'autres termes, et par principe désormais, des qualifications en concours se cumulent sauf qualifications incompatibles ou redondantes, ou application du principe « *specialia generalibus derogant* ».

Solution. Il est à ce stade difficile de déterminer les effets de cette nouvelle jurisprudence dans le champ des qualifications relatives à l'utilisation d'un rançongiciel. Les infractions propres aux STAD constituent sans doute des textes spéciaux. Mais ceux-ci présentent le double défaut de ne prendre en considération ni la gravité intrinsèque des faits lorsqu'il s'agit de données personnelles non contenues dans un STAD géré par l'État, ni l'éventuelle révélation publique des données chiffrées. En l'état de la jurisprudence il ne semble dès lors pas incongru, *a minima*, de retenir le cumul des différentes infractions « STAD » commises et de l'extorsion.

Sanctions. En vertu de l'article 132-3 du code pénal, chacune des peines encourues peut en principe être prononcée. Cependant, lorsque plusieurs peines de même nature sont encourues, il ne peut être prononcé qu'une seule peine de cette nature dans la limite du maximum légal le plus élevé. L'extorsion devrait en principe constituer le plafond de sanctions, surtout si la bande organisée est retenue. ❑

SECTION 2 *Du chantage*

Art. 312-10 Le chantage est le fait d'obtenir, en menaçant de révéler ou d'imputer des faits de nature à porter atteinte à l'honneur ou à la considération, soit une signature, un engagement ou une renonciation, soit la révélation d'un secret, soit la remise de fonds, de valeurs ou d'un bien quelconque.

Le chantage est puni de cinq ans d'emprisonnement et de 75 000 € d'amende.

Art. 312-11 Lorsque l'auteur du chantage a mis sa menace à exécution, la peine est portée à sept ans d'emprisonnement et à 100 000 € d'amende.

Art. 312-12 La tentative des délits prévus par la présente section est punie des mêmes peines.

Les dispositions de l'article 311-12 sont applicables aux infractions prévues par la présente section.

CHAPITRE III *DE L'ESCROQUERIE ET DES INFRACTIONS VOISINES*

SECTION 1 *De l'escroquerie*

Art. 313-1 L'escroquerie est le fait, soit par l'usage d'un faux nom ou d'une fausse qualité, soit par l'abus d'une qualité vraie, soit par l'emploi de manœuvres frauduleuses, de tromper une personne physique ou morale et de la déterminer ainsi, à son

préjudice ou au préjudice d'un tiers, à remettre des fonds, des valeurs ou un bien quelconque, à fournir un service ou à consentir un acte opérant obligation ou décharge.

L'escroquerie est punie de cinq ans d'emprisonnement et de 375 000 € d'amende.

COMMENTAIRE

Qualification de la fraude à la carte bancaire. Au-delà des qualifications d'accès, de maintien ou de modification frauduleuse des systèmes de traitement automatisé de données (C. pén., art. 321-1), les fraudes à la carte bancaire sont fréquemment qualifiées d'escroqueries et sont donc poursuivies sur le fondement de l'article 313-1 du code pénal. L'Observatoire de la sécurité des moyens de paiement définit alors la fraude aux moyens de paiement comme « l'utilisation illégitime d'un moyen de paiement ou des données qui lui sont attachées ainsi que tout acte concourant à la préparation ou la réalisation d'une telle utilisation » (V. OSMP, Rapp. d'activité 2020, 18 oct. 2021, p. 72).

Les typologies de fraude à la carte de paiement sont diverses, qu'il s'agisse, entre autres, de cartes falsifiées ou contrefaites par la modification des données magnétiques ou de programmation d'une carte authentique, ou de numéros de cartes usurpés et relevés à l'insu de leurs porteurs. Les techniques qui gravitent autour de ces types de fraudes sont souvent rassemblées sous le terme de « carding » (V. par exemple, Crim. 30 avr. 2014, n° 13-88.162), ceux qui s'y livrent étant alors qualifiés de « cardeurs ».

Des modes opératoires variés. Les fraudes à la carte bancaire par piratage englobent un ensemble de méthodes variées. L'objectif sera toujours de satisfaire un esprit de lucre et de pouvoir créer de nouvelles cartes bancaires copiées, que celles-ci soient des cartes physiques ou des cartes virtuelles. Initialement, les délinquants avaient pour principal méthode d'opérer physiquement la récupération de données bancaires, par l'installation par exemple de dispositifs techniques sur les distributeurs automatiques de billets, les terminaux de paiement de stations-service ou de parking pour ne citer qu'eux. Au fil du temps, d'autres *modus operandi* sont apparus : récupération des données à distance, achat de données en ligne, darknet, etc.

Manœuvres frauduleuses physiques : le skimming. Les appareils permettant de procéder à la lecture et à l'extraction d'informations de tout type de cartes sont légion. Il peut s'agir, par exemple, de cartes de fidélité, de badges d'accès tels qu'une carte de parking, ou encore bien évidemment de cartes bancaires. Le procédé consistant à récolter et à réinscrire ces données issues des bandes magnétiques s'appelle le « skimming ». Le dispositif technique est pour sa part appelé le « skimmer ». Dans un premier temps, les pirates procèdent au remplacement du lecteur de carte à puce d'origine par un lecteur pirate. Tel est par exemple le cas sur des distributeurs automatiques de billets. L'usager n'insère donc plus sa carte bancaire dans la fente du dispositif de la banque, mais dans celle du dispositif pirate, et ce sans que cela soit apparent pour lui. De cette façon, les informations contenues par la piste magnétique de la carte sont lues et clonées pour remonter directement au délinquant qui les reçoit. Plus rarement, il est possible d'installer deux autres dispositifs de surveillance au distributeur automatique de billets. Le premier peut être une caméra dissimulée au-dessus de la zone de saisie du code confidentiel de la carte, quasiment imperceptible pour l'usager. Le second est un pavé numérique lui aussi pirate, venant en lieu et place du pavé d'origine du distributeur, ce afin d'enregistrer la saisie du code confidentiel qui remontera avec les données absorbées. Cette seconde possibilité n'est pas la plus courante tant en raison du coût de sa mise en place que des difficultés techniques qu'elle pose.

Les données bancaires récoltées peuvent ensuite être réinscrites sur la bande magnétique d'une carte vierge que l'on appelle « white card ». Cette méthode n'est pas nouvelle, et l'utilisation de « cartes blanches » se trouvait déjà dans la jurisprudence de la chambre criminelle d'il y a trente ans (Crim. 3 nov. 1993, n° 92-85.337). Sans code à quatre chiffres, ces cartes seront utilisées dans les pays utilisant seulement la bande magnétique pour le paiement, l'on pense par exemple aux États-Unis. Elles seront également utilisées lorsque la saisie du code confidentiel n'est pas exigée pour procéder au paiement, aux barrières de péage ou à la sortie de parkings par exemple.

Skimmer et répression. Si le législateur a entendu réprimer l'usage de tels dispositifs à l'article L. 163-4 du code monétaire et financier en sanctionnant de sept ans d'emprisonnement et 750 000 € d'amende le fait de fabriquer, d'acquérir, de détenir, de céder, d'offrir ou de mettre à disposition des équipements, instruments, programmes informatiques ou toutes données conçus ou spécialement adaptés pour commettre ces infractions, les poursuites sur ce fondement sont relativement rares, pour ne pas dire inexistantes. Une première explication pourrait être donnée en avançant que ces dispositifs ne sont généralement pas « conçus » ou « spécialement adaptés » pour commettre de telles infractions. Leur utilisation le permet, au même titre qu'un couteau peut être utilisé dans le but de porter atteinte à l'intégrité physique d'une personne, mais leur raison d'être n'est pas exactement celle-ci telle que déjà expliquée. La seconde raison tient dans ce que la pratique ne s'encombre que peu de cette première difficulté en ce que la poursuite demeure possible sur le fondement de la complicité par fourniture de moyens en connaissance de cause (C. pén., art. 121-6 et 121-7).

Manœuvre frauduleuse à distance. La façon d'opérer des cyberdélinquants s'est de plus en plus faite à distance. Par les méthodes d'hameçonnage *(phishing)* que l'on retrouve dans les emails frauduleux (*spamming*), l'extraction frauduleuse d'informations issues des bases de données des établissements bancaires ou, de façon plus large, de tout organisme collectant ce type de données, ou encore par l'achat de ces données sur des sites en ligne, des forums spécialisés librement accessibles ou bien des sites situés sur le darknet *(darknet markets* et *blackmarkets)*, il n'est aujourd'hui plus obligatoire d'avoir un accès physique aux cartes bancaires originales afin de pouvoir procéder à leur copie. L'achat en ligne de données de pistes magnétiques permet ainsi de dupliquer les cartes d'origine sans avoir besoin de procéder à leur récolte préalable.

Paiement sans contact, captation de données et télépickpocketting. Depuis les premières expérimentations en France qui ont commencé en 2010, le paiement sans contact s'est largement répandu. Il fonctionne à partir d'une technique numérique de communication elle-même issue de la « RFID » (*Radio Frequency Identification*), c'est-à-dire de l'identification par fréquence radio. Cette nouvelle technique est celle de la « communication en champ proche » (CCP) issue de la norme ISO/CEI 14443, une technique de communication sans fil, à portée courte puisque permettant l'échange d'informations à une dizaine de centimètres tout au plus. Si son expression française est peu connue du grand public, c'est qu'il la connaît davantage sous l'acronyme de « NFC » *(Near-Field Communication)*. Certains dispositifs, qu'il s'agisse d'ordinateurs, de tablettes ou de téléphones, permettent alors de capter directement les données liées à une carte bancaire en étant proche de celle-ci. Diverses informations sont alors absorbées, à l'instar du nom du titulaire de la carte bancaire, du numéro de la carte ou encore de la date d'expiration. S'il est exact que le cryptogramme visuel associé à la carte ne remonte pas et que la plupart des sites de paiement en ligne l'exigent afin de respecter la réglementation française sur ce point, tel n'est pas le cas de tous les sites étrangers. Les données de carte sont alors utilisables pour réaliser des paiements sur des sites étrangers.

Sécurité bancaire. D'autres manœuvres frauduleuses apparaissent au fil du temps, mais restent encore marginales. S'il est vrai que cela ne signifie pour autant pas qu'elles le resteront tant on connaît l'ingéniosité de la cyberdélinquance, force est en revanche de constater que les fraudes à la carte bancaire ne représentent qu'une partie résiduelle des cyberattaques. Les données clés sur la fraude du dernier rapport d'activité de l'Observatoire de la sécurité des moyens de paiement dont les chiffres sont arrêtés à septembre 2021 démontrent d'une part qu'après trois années de hausse continue la carte voit son taux de fraude baisser, et d'autre part que ce type de fraude représente moins de 0,1% des fraudes, principalement en raison des dispositifs antifraude des banques permettant d'en réduire l'impact. La fraude par chèque bancaire reste par ailleurs loin devant. Les dispositifs de sécurité bancaire toujours plus perfectionnés ne seront pas inattaquables, mais font tout de même preuve d'une efficacité certaine. ❑

1. Qualification d'escroquerie par l'usage d'un faux nom en rapport avec le piratage de ligne téléphonique (phishing). **BIBL.** Père et Forest, *D. Affaires 2006. 2666* (l'arsenal répressif du *phishing*).

2. L'individu qui, au cours d'une quête faite par une chanteuse de café-concert, dépose dans la coupe qu'elle lui présente, une pièce étrangère qu'il sait fausse, afin de se faire rendre la monnaie, conformément à l'usage généralement admis, ne commet pas le délit d'escroquerie, alors qu'aucune manœuvre frauduleuse autre que la remise de la pièce ne lui est imputée, mais se rend coupable du crime d'émission en France d'une monnaie étrangère contrefaite et altérée (ancien art. 133 C. pén. ; nouvel art. 442-2). • Caen, 18 déc. 1889 : *DP 1891. 2. 240.* ♦ Mais est justifié l'arrêt qui, pour déclarer le prévenu coupable d'escroquerie, constate que ce prévenu s'est présenté chez divers commerçants, auxquels il a remis en paiement d'objets de valeur très modique des billets de cent francs qu'il savait faux, de façon à recevoir en échange de la monnaie en espèces véritables. • Crim. 24 oct. 1983 : *Gaz. Pal. 1984. 1. Somm. 99* • Paris, 12 juin 1946 : *D. 1946. 405 ; S. 1947. 2. 129 ; Gaz. Pal. 1946. 2. 126.* ♦ Rappr., pour une tentative d'escroquerie non caractérisée : • Crim. 11 août 1910 : *DP 1912. 5. 3.* ♦ Pour une hypothèse non constitutive d'escroquerie, faute de mauvaise foi. • T. corr. Seine, 29 mai 1946 : *Gaz. Pal. 1946. 2. 10.*

3. Escroquerie aux appareils automatiques. Pour la constitution de l'infraction d'escroquerie, peu importe que les manœuvres frauduleuses se soient exercées immédiatement sur l'esprit d'une personne ou se soient réalisées par des manipulations destinées à fausser le fonctionnement normal d'un appareil automatique, dès lors que, dans un cas, comme dans l'autre, elles ont abouti à tromper directement ou indirectement la victime. • Aix-en-Provence, 13 sept. 1972 : *JCP 1972. II. 17240, note A. C.*

4. Constitue donc le délit d'escroquerie : l'usage frauduleux de compteurs taximètres artificiellement préparés pour majorer le prix normal de la course. • Crim. 20 déc. 1928 : *DH 1928. 117 ; S. 1930. 1. 196.* ♦ ... L'utilisation d'une rondelle sans valeur pour déclencher le mécanisme d'un compteur de stationnement dit « parcmètre ». • Crim. 10 déc. 1970 : *Bull. crim. n° 334 ; D. 1972. 155, note Roujou de Boubée ; JCP 1972. II. 17277 (1re esp.), note Gassin ; Gaz. Pal. 1971. 2. 640* • 29 mai 1978 : *Bull. crim. n° 170.* ♦ Pour une application du délit de mise en circulation d'un signe monétaire non autorisé (art. 136 C. pén., devenu le nouvel art. 442-4) : • T. corr. Saint-Étienne, 17 avr. 1970 : *JCP 1972. II. 17277 (2e esp.), note Gassin.* ♦ ... Le déclenchement d'un dispositif sur une ligne téléphonique, destiné à éviter l'imputation des taxes de communications à l'occasion d'appels de correspondants de l'extérieur. • Crim. 4 mai 1987 : *Bull. crim. n° 175.* ♦ ... L'abus des possibilités d'un appareil téléphonique public pour obtenir sans coût des communications. • Douai, 16 juin 1972 : *Gaz. Pal. 1972. 2. 722* • Aix-en-Provence, 13 sept. 1972 : *préc. note 3.* ♦ *Contra* : • T. corr. Lille, 6 déc. 1971 : *Gaz. Pal. 1972. 2. 722.* ♦ ... L'utilisation d'une télécarte irrégulière. • Toulouse, 23 juin 1993 : *RSC 1994. 337, obs. Bouzat.* ♦ ... Ou d'une carte magnétique falsifiée dont la mémoire a été retraitée. • Crim. 14 nov. 1994 : *Dr. pénal 1995. 58 ; Gaz. Pal. 1995. 1. Somm. 163.*

5. Utilisation frauduleuse de cartes de crédit. BIBL. J. Morel-Maroger, *Gaz. Pal. 2012. 1. 1809* (répression des fraudes à la carte bancaire). ♦ Le fait, pour une personne, de tenter de se procurer du numéraire en introduisant, dans un distributeur automatique de billets, une carte dont elle n'était pas titulaire, même si elle n'y parvient pas, est constitutif des manœuvres caractérisant le délit d'escroquerie. • Rennes, 26 janv. 1981 : *D. 1982. IR 500, obs. Vasseur.*

6. Les cartes de crédit magnétiques étant nominatives, et portant, outre des numéros, le nom et le prénom du client, commet le délit d'escroquerie par usage de faux nom, dont est victime non le banquier mais le titulaire de la carte, le prévenu qui a retiré des fonds avec une carte volée, en se servant du code confidentiel après l'avoir obtenu par surprise. • Bordeaux, 25 mars 1987 : *D. 1987. 424, note Pradel.*

7. Déclarent à bon droit le prévenu coupable d'escroquerie par manœuvres frauduleuses les juges qui exposent qu'il s'est fait remettre par un commerçant des marchandises dont il a acquitté le prix au moyen de cartes de crédit volées en faisant frauduleusement usage du nom de leurs titulaires et en apposant des signatures apocryphes sur les documents établis par le commerçant. • Crim. 19 mai 1987 : *Gaz. Pal. 1988. 1. Somm. 5, note Doucet.*

8. Le fait de passer commande de produits à des maisons de vente par correspondance en fournissant le numéro de la carte bancaire d'autrui constitue un délit d'escroquerie. • Toulouse, 15 nov. 2001 : *Gaz. Pal. 2002. 2. Somm. 1161, note Blanchot.*

9. Commet le délit d'escroquerie le titulaire d'un compte en banque, qui, lors de l'émission de chèques sans provision, présente sa carte d'immatriculation au service Intercarte, dont il savait que le crédit était épuisé, dans le but de faire croire àl'existence d'un crédit imaginaire. • Paris, 3 mars 1972 : *Gaz. Pal. 1972. 2. 721.*

10. Le prévenu a proposé au fils de sa compagne, mineur âgé de 16 ans, de voler la carte bancaire de la victime qui l'avait hébergé et qui lui avait confié le code de cette carte pour faire des courses ; il est établi qu'il a donné au mineur les précisions nécessaires à l'exécution du vol, notamment l'adresse de l'appartement, la façon d'y pénétrer et l'endroit où se trouvait la carte bancaire ; c'est donc à bon droit qu'il a été condamné d'une part pour complicité de vol par aide et assistance, et d'autre part pour provocation de mineur à commettre le délit de vol aggravé. • Montpellier, 9 mars 2005 : *JCP 2005. IV. 3638.* ♦ ... Le prévenu, ainsi que sa compagne, coprévenue, et le fils mineur de cette dernière ont utilisé une carte bancaire volée pour payer des marchandises ou obtenir des fonds ; c'est dès lors à bon droit qu'ils ont été condamnés pour escroquerie par emploi de manœuvres frauduleuses et provocation de mineur à commettre cette infraction. • Même arrêt.

11. Sur l'utilisation abusive de cartes de crédit par leurs titulaires, V. ss. art. 311-1 et 311-2.

12. Fonds et valeurs. Les fonds désignent les espèces. • Crim. 14 mars 1967 : *Bull. crim. n° 102.*

13. Subit un préjudice direct et personnel le conjoint d'une personne victime d'une escroquerie portant sur des fonds provenant de la communauté de biens des époux ; cassation de l'arrêt de la cour d'appel qui, pour relaxer les prévenues du chef d'escroquerie et complicité de ce délit et débouter la partie civile de ses demandes, énonce que les sommes escroquées ont été remises par l'épouse du plaignant et qu'il n'est établi par aucun des éléments de la procédure que ce dernier ait lui-même versé une somme quelconque aux prévenues, de sorte qu'il ne saurait invoquer un préjudice résultant directement de l'infraction, alors que les juges du second degré avaient relevé que les époux étaient communs en biens et qu'il n'était pas contesté que les fonds remis provenaient de la communauté. • Crim. 9 juill. 1996, n° 95-81.058 P : *Dr. pénal 1997. 32, obs. Véron.*

Art. 313-2 Les peines sont portées à sept ans d'emprisonnement et à 750 000 € d'amende lorsque l'escroquerie est réalisée :

1° Par une personne dépositaire de l'autorité publique ou chargée d'une mission de service public, dans l'exercice ou à l'occasion de l'exercice de ses fonctions ou de sa mission ;

2° Par une personne qui prend indûment la qualité d'une personne dépositaire de l'autorité publique ou chargée d'une mission de service public ;

3° Par une personne qui fait appel au public en vue de l'émission de titres ou en vue de la collecte de fonds à des fins d'entraide humanitaire ou sociale ;

4° Au préjudice d'une personne dont la particulière vulnérabilité, due à son âge, à une maladie, à une infirmité, à une déficience physique ou psychique ou à un état de grossesse, est apparente ou connue de son auteur ;

(L. n° 2013-1203 du 23 déc. 2013, art. 86) « 5° Au préjudice d'une personne publique, d'un organisme de protection sociale ou d'un organisme chargé d'une mission de service public, pour l'obtention d'une allocation, d'une prestation, d'un paiement ou d'un avantage indu. »

(L. n° 2004-204 du 9 mars 2004, art. 6-X) « Les peines sont portées à dix ans d'emprisonnement et à 1 000 000 € d'amende lorsque l'escroquerie est commise en bande organisée. »

Art. 313-3 La tentative des infractions prévues par la présente section est punie des mêmes peines.

Les dispositions de l'article 311-12 sont applicables au délit d'escroquerie.

TITRE II DES AUTRES ATTEINTES AUX BIENS

CHAPITRE III *DES ATTEINTES AUX SYSTÈMES DE TRAITEMENT AUTOMATISÉ DE DONNÉES*

RÉP. PÉN. v° Cybercriminalité, par CHOPIN.

BIBL. GÉN. ▸ **Dossiers** : Cybermenaces et protection des entreprises, *Dalloz IP/IT 2016. 7*. – Cybersécurité, cybercriminalité : quelles réponses stratégiques et juridiques, *ibid. 2018. 158*. – Comment réagir en cas de cyberattaque ?, *ibid., 2021. 376*.

▸ **Articles** : CHRISTODOULOU, *Gaz. Pal. 13 juin 2023, p. 8* (les attaques informatiques dans le code pénal : de la redondance à la simplification). – ECHARD, *Dalloz IP/IT 2019. 678* (cybersécurité en entreprise, comment protéger votre patrimoine intellectuel et industriel). – LE MOULEC, *Lexbase Pénal, n° 35, févr. 2021* (cybercriminalité : la qualification pénale de l'utilisation d'un rançongiciel). – MARLY, *Dalloz IP/IT 2019. 603* (l'assurance du risque cyber).

COMMENTAIRE

ATTEINTE À UN SYSTÈME DE TRAITEMENT AUTOMATISÉ DE DONNÉES (STAD)

Légalité. La loi n° 88-19 du 5 janvier 1988, dite « loi Godfrain », du nom de l'ancien député Jacques Godfrain qui en est à l'origine, est le premier texte à avoir pénalement sanctionné les différents comportements susceptibles de porter atteinte à des systèmes de traitement automatisé de données. La pérennité du texte, sa relative stabilité et sa capacité à traverser les époques ont de quoi surprendre. Le Sénat lui-même observait récemment : « en dépit des évolutions technologiques considérables observées depuis plus de trente ans, ces incriminations pénales ont été rédigées en des termes suffisamment larges pour pouvoir s'appliquer aux formes contemporaines de la cybercriminalité » (Sénat, Rapport d'information n° 613, 2019-2020).

Le constat sénatorial pourrait inquiéter à l'aune de la légalité criminelle et de ses corollaires. En effet, pour que le principe de légalité constitue une véritable garantie, il est indispensable que la loi pénale soit rédigée en des termes clairs et précis (ce que Beccaria entendait par intelligibilité du droit). En s'appuyant sur l'article 8 de la Déclaration des droits de l'homme et du citoyen, les sages de la rue de Montpensier ont imposé dès 1981 « la nécessité pour le législateur de définir les infractions en termes suffisamment clairs et précis pour exclure l'arbitraire » (Décis. n° 80-127 DC des 19 et 20 janv. 1981).

Le Conseil constitutionnel a eu, à plusieurs reprises, l'occasion de le rappeler. Reste que la constitutionnalité des incriminations prévues aux articles 323-1 et suivants du code pénal n'a encore jamais été contrôlée par le Consel (pour un non-renvoi, V. Crim. 10 avr. 2013, n° 12-85.618).

Notion de STAD. Les incriminations se retrouvant aux articles 323-1 et suivants du code pénal font indifféremment référence à des système automatisés de données (STAD). Or cette notion n'est nullement définie par la loi. Il résulte des débats parlementaires (Sénat, Texte n° 27, 1987-1988, 4 nov. 1987, p. 2) que le système de traitement automatisé de données (STAD) peut être défini comme : « tout ensemble composé d'une ou plusieurs unités de traitement, de mémoires, de logiciels, de données, d'organes d'entrées-sorties et de liaisons qui concourent à un résultat déterminé, cet ensemble étant protégé par des dispositifs déterminés ». La plasticité de la notion a permis d'appliquer les textes à des comportements portant atteinte à des sites internet mais également intranet ainsi qu'au réseau numérique des cartes bancaires. Il a ainsi déjà été jugé que le fait d'accéder au réseau numérique des cartes bancaires tel que mis en place par le GIE Cartes bancaires doit être qualifié d'introduction dans un STAD (TGI Paris, 25 févr. 2000 : *D. Affaires 2000. 219, obs. Delpech*).

A dire vrai, ce champ paraît infini ou presque dès lors que de l'informatique est en cause.

Variété. Qu'il s'agisse d'attaques par déni de service, de malware, de vol de données, de mise à disposition d'objets permettant de commettre ce type d'infractions, le code pénal incrimine aux articles 323-1 et suivants un nombre considérable d'agissements, et ce de manière assez large. La falsification d'une blockchain par « cassage » de la cryptologie symétrique du nonce relèverait de l'article 323-1. Quant aux organismes de paiement en ligne, le détournement de données bancaires numériques par utilisation de codes SWIFT relèverait *a minima* de la même infraction. Enfin, l'extraction des données d'un portefeuille Bitcoin pourrait être incriminée par l'article 323-3 qui vise l'extraction de données d'un STAD. Le détournement de sommes placées en ligne sur un site de *crowdfunding* relèverait sans doute de la même disposition. Il faut au demeurant vérifier que les éléments constitutifs des délits sont bien réunis.

Limites. On peut toutefois observer qu'en fixant la focale essentiellement sur le système et peu sur la donnée, les articles 323-1 et suivants du code pénal n'appréhendent pas nécessairement les comportements incriminés à la hauteur de leur réelle gravité. Le préjudice effectif, blocage ou perte de données emportant des dommages économiques importants, n'est ainsi que très peu pris en considération (C. pén., art. 323-1, al. 2, et art. 323-3). A telle enseigne que les délits issus de la loi « Godfrain » peuvent être perçus telles des infractions-obstacles, les infractions contre les biens pouvant prendre le relais en cas de préjudice économique avéré ou simplement envisagé (escroquerie, extorsion et leurs tentatives). Au surplus, le fait que les textes n'envisagent d'aggravation liée à l'atteinte à des données à caractère personnel qu'en cas de STAD géré par l'État achève de s'en convaincre : malgré la dynamique avant-gardiste de la loi n° 88-19 du 5 janvier 1988, ses dispositions manquent la cible moderne de la cyberdélinquance, *i. e.* la donnée numérique entendue comme valeur de premier plan.

Peines principales. L'échelle des peines est assez ramassée puisque les infractions sont punies, hors aggravation, de 2 à 5 ans d'emprisonnement et de 60 000 à 150 000 € d'amende. La loi n° 2023-22 du 24 janvier 2023 d'orientation et de programmation du ministère de l'intérieur (LOPMI) a, au demeurant, augmenté le quantum de certaines sanctions et créé une nouvelle circonstance aggravante liée à la mise en danger (C. pén., art. 323-4-2).

Concernant les aggarvations, si l'infraction vise un système de traitement automatisé de données à caractère personnel géré par l'État, la peine est portée à sept ans d'emprisonnement et à 300 000 euros d'amende par chaque texte d'incrimination. Aux termes de l'article 323-4-1, si les infractions prévues aux articles 323-1 à 323-3-1 ont été commises en bande organisée, la peine est portée à dix ans d'emprisonnement et à 300 000 € d'amende. Depuis la LOPMI (L. n° 2023-22 du 24 janv. 2023 d'orientation et de programmation du ministère de l'intérieur), il n'est plus nécessaire que le délit commis en bande organisée vise un STAD personnelles mis en œuvre par l'État. Désormais, la seule bande organisée suffit. Rappelons que selon l'article 132-71 : « constitue une bande organisée au sens de la loi tout groupement formé ou toute entente établie en vue de la préparation, caractérisée par un ou plusieurs faits matériels, d'une ou de plusieurs infractions. » Seule la participation à une association de cyberdélinquants (C. pén., art. 324-1) échappe à cette aggravation.

Depuis la LOPMI, l'article 323-4-2 du code pénal prévoit également dix ans d'emprisonnement et 300 000 € d'amende lorsque les infractions prévues aux articles 323-1 à 323-3-1 ont pour effet d'exposer autrui à un risque immédiat de mort ou de blessures de nature à entraîner une mutilation ou une infirmité permanente, ou de faire obstacle aux secours destinés à faire échapper une personne à un péril imminent ou à combattre un sinistre présentant un danger pour la sécurité des personnes. Comme l'explique la circulaire d'application de la LOPMI (3 févr. 2023, NOR : JUSD2303546C) : « En progression constante depuis 2016, les cyber-attaques, notamment par rançongiciel, impactent tout particulièrement l'activité du secteur de la santé (hôpitaux, centres de recherche médicale, EPHAD, etc.). Une atteinte à un système de traitement automatisé de données (ASTAD) peut entraîner la suspension temporaire de l'activité médicale des établissements qui en sont victimes. Cette rupture d'activité peut alors avoir des conséquences particulièrement importantes sur les prises en charge et la continuité des soins (transfert de patients, arrêt des systèmes monitoring, etc.) et/ou sur leur accès aux numéros d'urgence (arrêt des systèmes de numéros d'urgences, etc.). Le développement de ces attaques et leurs effets potentiellement graves pour la santé des personnes ont conduit à l'insertion dans le code pénal d'une nouvelle circonstance aggravante de mise en danger d'autrui appliquée aux ASTAD ».

Enfin les délits de possession et mise à disposition d'un matériel pouvant porter atteinte à un STAD d'une part (C. pén., art. 323-3-1), et de cyberassociation de malfaiteurs d'autre part (C. pén., art. 323-3) font l'objet d'une répression originale : sont encourues les sanctions prévues pour l'infraction contre un STAD projetée, ou, en cas de pluralités de projets criminels, pour l'infraction la plus sévèrement réprimée. En d'autres termes, la pénalité est empruntée au projet délictuel principal.

Peines complémentaires. L'article 323-5 du code pénal liste les peines complémentaires encourues par les personnes physiques en cas d'infractions portant atteinte aux STAD. Il résulte par ailleurs des dispositions de l'article 323-6 que les personnes morales déclarées responsables pénalement, dans les conditions prévues par l'article 121-2, des infractions définies aux articles 323-1 et suivants encourent, outre l'amende suivant les modalités prévues par l'article 131-38, les peines prévues par l'article 131-39. Encore faut-il préciser que l'interdiction mentionnée au 2° de l'article 131-39 porte sur l'activité dans l'exercice ou à l'occasion de l'exercice de laquelle l'infraction a été commise.

Tentative. Conformément à l'article 121-4 du code pénal, la tentative des délits n'est réprimée que sur prévision expresse de la loi (alors qu'elle l'est toujours par principe pour les crimes). Le législateur a donc pris le soin de préciser à l'article 323-7 que la tentative des délits prévus aux articles 323-1 à 323-3-1 est réprimée (hors donc la cyberassociation de malfaiteurs, ce qui est logique puisque ce comportement est incriminé en principe avant tout commencement d'exécution).

Immunité. En vertu de l'article 323-8 du code pénal, le chapitre dudit code relatif aux atteintes aux systèmes de traitement automatisé de données (art. 323-1 à 323-8) n'est pas applicable aux mesures mises en œuvre par les agents habilités des services de l'État désignés par arrêté du Premier ministre parmi les services spécialisés de renseignement mentionnés à l'article L. 811-2 du code de la sécurité intérieure, pour assurer hors du territoire national la protection des intérêts fondamentaux de la Nation mentionnés à l'article L. 811-3 du même code. ❑

Art. 323-1 **Le fait d'accéder ou de se maintenir, frauduleusement, dans tout ou partie d'un système de traitement automatisé de données est puni de** *(L. n° 2023-22 du 24 janv. 2023, art. 6)* **« trois** *[ancienne rédaction : deux]* **» ans d'emprisonnement et de** *(L. n° 2023-22 du 24 janv. 2023, art. 6)* **« 100 000 €** *[ancienne rédaction : 60 000 €]* **» d'amende.**

Lorsqu'il en est résulté soit la suppression ou la modification de données contenues dans le système, soit une altération du fonctionnement de ce système, la peine est de *(L. n° 2023-22 du 24 janv. 2023, art. 6)* **« cinq** *[ancienne rédaction : trois]* **» ans d'emprisonnement et de** *(L. n° 2023-22 du 24 janv. 2023, art. 6)* **« 150 000 €** *[ancienne rédaction : 100 000 €]* **» d'amende.**

(L. n° 2012-410 du 27 mars 2012, art. 9) **« Lorsque les infractions prévues aux deux premiers alinéas ont été commises à l'encontre d'un système de traitement automatisé de données à caractère personnel mis en œuvre par l'État, la peine est portée à** *(L. n° 2023-22 du 24 janv. 2023, art. 6)* **« sept** *[ancienne rédaction : cinq]* **» ans d'emprisonnement et à** *(L. n° 2023-22 du 24 janv. 2023, art. 6)* **« 300 000 €** *[ancienne rédaction : 150 000 €]* **» d'amende. »**

COMMENTAIRE

ACCÈS OU MAINTIEN FRAUDULEUX DANS UN STAD

I. INCRIMINATION

Matérialités. L'article 323-1 du code pénal punit de trois ans d'emprisonnement et de 100 000 euros d'amende le fait d'accéder ou de se maintenir frauduleusement dans tout ou partie d'un système de traitement automatisé de données. Le texte incrimine le fait d'accéder ou de se maintenir frauduleusement dans un STAD. Il résulte des débats parlementaires (Sénat, texte n° 27, 1987-1988, 4 nov. 1987, p. 2) qu'un système de traitement automatisé de données peut être défini comme « tout ensemble composé d'une ou plusieurs unités de traitement, de mémoires, de logiciels, de données, d'organes d'entrées-sorties et de liaisons qui concourent à un résultat déterminé, cet ensemble étant protégé par des dispositifs déterminés ». Littéralement, peut être condamné celui qui accède légitimement à un STAD mais s'y maintient frauduleusement. La jurisprudence est en ce sens. Il a ainsi été jugé que celui qui, au terme d'une période d'essai, continue à accéder gratuitement à une banque de données qui n'est accessible qu'aux personnes autorisées, sans avoir à saisir à chaque fois le code, commet l'infraction de maintien frauduleux dans un système de traitement informatisé de données (Crim. 3 oct. 2007, n° 07-81.045 : *D. 2007. 2807* ; *AJ pénal 2007. 535, obs. G. Royer* ; *RSC 2008. 99, obs. J. Francillon* ; *RTD com. 2008. 433, obs. B. Bouloc*).

II. ILLUSTRATIONS

Maintien illicite. La dynamique alternative du délit (accès *ou* maintien frauduleux a été confirmé dans la célèbre *affaire Bluetouff*. En l'espèce, le dénommé Bluetouff s'est introduit dans le site extranet de l'Agence nationale de sécurité sanitaire de l'alimentation, de l'environnement et du travail (ANSES) à la suite d'une défaillance technique. Plus précisément, une simple recherche Google lui avait permis d'accéder à l'intranet de l'agence, les liens ayant été indexés par le géant de Mountain View... Or, il s'y était maintenu bien qu'ayant constaté l'existence d'un contrôle d'accès et avait téléchargé des données fixées sur différents supports et diffusées à des tiers. Poursuivi des chefs d'accès et de maintien frauduleux dans un STAD et de vol de données, il a été relaxé par le tribunal ; le procureur de la République a interjeté appel. Pour déclarer le prévenu coupable de maintien frauduleux dans un tel système de vol, la cour d'appel relève, entre autres que : « M. X... reconnaissait avoir récupéré *via* son VPN panaméen l'ensemble des données litigieuses stockées sur le serveur extranet de l'ANSES ; qu'il déclarait avoir découvert tous ces documents en libre accès après une recherche complexe sur le moteur de recherche Google ; que, s'il affirmait être arrivé par erreur au cœur de l'extranet de l'ANSES, il reconnaissait néanmoins avoir parcouru l'arborescence des répertoires de celle-ci et être remonté jusqu'à la page d'accueil sur laquelle il avait constaté la prestance de contrôle d'accès (authentification par identifiant et mot de passe) ; qu'il précisait ne pas avoir diffusé l'archive de 7,7 Go qu'il avait générée et en avoir seulement fait une extraction de 250 mégaoctets qu'il avait utilisés pour argumenter son article sur la légionellose ; qu'il admettait avoir communiqué des documents à un autre rédacteur du site Reflet Info à savoir M. Y... identifié comme étant M. Pascal Z... » (Paris, ch. 4-10, 5 févr. 2014, n° 13/04833 : *CCE 2014, n° 40, obs. Caprioli ; RLDI 2014/102, n° 3394, obs. Costes*).

Le pourvoi formé par le prévenu est rejeté par la chambre criminelle : « en l'état de ces énonciations, dépourvues d'insuffisance comme de contradiction, et d'où il résulte que M. X... s'est maintenu dans un système de traitement automatisé après avoir découvert que celui-ci était protégé et a soustrait des données qu'il a utilisées sans le consentement de leur propriétaire, la cour d'appel, qui a caractérisé les délits en tous leurs éléments, a justifié sa décision » (Crim. 20 mai 2015, n° 14-81.336 : *D. 2015. 1466, note L. Saenko ; ibid. 2465, obs. G. Roujou de Boubée, T. Garé, C. Ginestet, M.-H. Gozzi et S. Mirabail ; AJ pénal 2015. 413, note E. Dreyer ; Légipresse 2015. 393 et les obs. ; RSC 2015. 860, obs. H. Matsopoulou ; ibid. 887, obs. J. Francillon ; RTD com. 2015. 600, obs. B. Bouloc ; RTD eur. 2016. 374 -54, obs. Ève Matringe*).

Keylogger. Il résulte d'une décision rendue par la chambre criminelle de la Cour de cassation le 10 mai 2017 (n° 16-81.822) que deux associés au sein du même cabinet d'avocats et par ailleurs mariés ont été en instance de divorce à compter du mois de juin 2009. Or, l'époux, administrateur du réseau informatique du cabinet, avait installé, selon lui en mars ou avril 2009, un logiciel sur l'ordinateur de son épouse, à l'insu de celle-ci, lui permettant d'envoyer sur un serveur extérieur les données saisies sur le clavier de cet ordinateur (*keylogger*). Cette intervention lui avait permis de prendre connaissance tant de l'adresse personnelle, créée par son épouse afin de converser avec un « ami » par le biais d'une messagerie électronique, et de son code d'accès, que des conversations ainsi échangées. A l'occasion de la procédure de divorce et afin d'établir que son épouse avait entretenu une relation extra-conjugale, le prévenu a produit plusieurs messages personnels, émis et reçus par son épouse sur ladite messagerie, après les avoir obtenus par le truchement du logiciel mis en place par ses soins. L'époux a été poursuivi des chefs d'atteintes au secret des correspondances émises par voie électronique (C. pén., art. 226-15) et d'accès et de maintien frauduleux dans un STAD. Le tribunal correctionnel l'a déclaré coupable du premier chef et l'a relaxé du second : le prévenu, de même que le procureur de la République ont relevé appel de cette décision. Pour dire établi le délit de maintien frauduleux dans un STAD, l'arrêt retient que, si l'époux avait qualité pour installer un logiciel dans l'exercice de son activité d'avocat et de ses fonctions spécifiques d'administrateur réseau, l'exploitation par ses soins de cet outil à des fins étrangères au contrôle du bon fonctionnement du cabinet, à l'insu de son épouse, caractérise le délit de maintien frauduleux dans partie du système de traitement automatisé de données. Selon la chambre criminelle : « en l'état de ces énonciations, relevant de son appréciation souveraine des faits de la cause, la cour d'appel a justifié sa décision, dès lors que se rend coupable de l'infraction prévue à l'article 323-1 du code pénal la personne qui, sachant qu'elle n'y est pas autorisée, se maintient dans un système de traitement automatisé de données ». Comme l'observe très justement Warren Azoulay : « Si le recours à un tel programme pouvait s'expliquer par un objectif de sécurité, le fait d'excéder ses droits d'administrateur réseau constituait bien un maintien frauduleux dans un STAD réprimé par l'article 321-1 du code pénal » (Panorama de droit pénal des nouvelles technologies (janv. 2017 à mars 2018) – première partie, *Lexbase Pénal 2018, n° 3, N3205BXY*).

L'installation d'un *keylogger* a permis à la chambre criminelle de confirmer une autre condamnation du fait d'accès et maintien illicite à un STAD : « en l'état de ces énonciations, relevant de son appréciation souveraine des faits de la cause, la cour d'appel a justifié sa décision ; qu'en effet, se rend coupable de l'infraction prévue à l'article 323-1 du code pénal la personne qui, sachant qu'elle n'y est pas autorisée, accède, à l'insu des victimes, à un système de traitement automatisé de données » (Crim. 16 janv. 2018, n° 16-87.168, *D. 2018. 172 ; ibid. 2259, obs. G. Roujou de Boubée, T. Garé, C. Ginestet, S. Mirabail et E. Tricoire ; AJ pénal 2018. 205, obs. J.-B. Thierry ; RSC 2018. 480, obs. P. Mistretta ; ibid. 701, obs. E. Dreyer*).

Accès à un intranet universitaire. De manière assez étrange, un étudiant entré dans l'intranet d'une université pour modifier ses notes fut seulement poursuivi du chef d'accès illicite à un STAD. Des notes ayant été modifiées, il aurait sans doute été plus logique de le poursuivre du chef de modification des données d'un STAD (C. pén., art. 323-3). Il est condamné, et son pourvoi fut rejeté par la chambre criminelle : « se rend coupable de l'infraction prévue à l'article 323-1 du code pénal la personne qui, sachant qu'elle n'y est pas autorisée, pénètre dans un système de traitement automatisé de données » (Crim. 9 mars 2016, n° 14-86.795, *RSC 2016. 540, obs. J. Francillon* ; *ibid. 2017. 81, obs. A. Giudicel*).

III. RÉPRESSION

Concours. Le dernier exemple illustre la plasticité des incriminations issues de la loi Godfrain. Il est en effet rare qu'un pirate se contente d'accéder illégalement à un STAD. Souvent des données seront captées, modifiées ou ajoutées. Réciproquement, il est difficile (mais non impossible) d'imaginer une soustraction de données sans accès illicite.

Les concours de qualifications sont donc ici tout sauf théoriques. Le principe du cumul de qualifications doit ici être retenu depuis que la Cour de cassation a considérablement limité les cas où une seule qualification s'impose (V. Crim. 15 déc. 2021, n° 21-81.864).

Sanctions et aggravations. La loi n° 2023-22 du 24 janvier 2023 d'orientation et de programmation du ministère de l'intérieur (LOPMI) a aggravé les sanctions encourues. L'article 323-1 du code pénal punit de désormait de trois ans d'emprisonnement et de 100 000 euros d'amende le fait d'accéder ou de se maintenir frauduleusement dans tout ou partie d'un système de traitement automatisé de données.

Or, s'il résulte de l'introduction ou du maintien dans le STAD soit la suppression ou la modification (non-intentionnelle) de données contenues dans le système soit une altération (involontaire) du fonctionnement de ce système, la peine est portée à cinqans d'emprisonnement et 150 000 euros d'amende (al. 2). En revanche, si l'altération du fonctionnement ou des données du STAD est intentionnelle alors l'article 321-1, alinéa 1er doit être mobilisé, ce délit se cumulant avec les incriminations prévues aux articles 323-2 ou 323-3 du code (V. en effet Crim. 15 déc. 2021, n° 20-85.924).

Lorsque ces infractions ont été commises à l'encontre d'un système de traitement automatisé de données à caractère personnel mis en œuvre par l'État, la peine est portée à cinq ans d'emprisonnement et à 300 000 euros d'amende (al. 3). Si l'infraction est commise en bande organisée, la peine est portée à dix ans d'emprisonnement et à 300 000 euros d'amende en application de l'article 323-4-1 du code pénal. Avec cette précision que, selon la loi, « (c)onstitue une bande organisée au sens de la loi tout groupement formé ou toute entente établie en vue de la préparation, caractérisée par un ou plusieurs faits matériels, d'une ou de plusieurs infractions » (C. pén., art. 132-71). A cet égard, précisons que le Conseil constitutionnel estime que « la bande organisée suppose la préméditation des infractions et une organisation structurée de leurs auteurs » (Décis. n° 2004-492 DC du 2 mars 2004, § 13). Et la Cour de cassation de reprendre cette définition en affirmant que « la bande organisée suppose la préméditation des infractions et, à la différence de l'association de malfaiteurs, une organisation structurée entre ses membres » (Crim. 8 juill. 2015, n° 14-88.329).

Enfin, depuis la LOPMI en date du 24 janvier 2023, il résulte de l'article 323-4-2 du code pénal que si le maintien ou l'accès frauduleux a pour effet d'exposer autrui à un risque immédiat de mort ou de blessures de nature à entraîner une mutilation ou une infirmité permanente, ou de faire obstacle aux secours destinés à faire échapper une personne à un péril imminent ou à combattre un sinistre présentant un danger pour la sécurité des personnes, la peine est portée à dix ans d'emprisonnement et à 300 000 € d'amende.

Peines complémentaires. L'article 323-5 du code pénal liste les peines complémentaires encourues par les personnes physiques. Il résulte par ailleurs des dispositions de l'article 323-6 que les personnes morales déclarées responsables pénalement, dans les conditions prévues par l'article 121-2, des infractions définies au présent chapitre encourent, outre l'amende suivant les modalités prévues par l'article 131-38, les peines prévues par l'article 131-39. Avec cette précision que l'interdiction mentionnée au 2° de l'article 131-39 porte sur l'activité dans l'exercice ou à l'occasion de l'exercice de laquelle l'infraction a été commise.

Tentative (oui).Conformément à l'article 121-4 du code pénal, la tentative des délits n'est réprimée que sur prévision expresse de la loi (alors qu'elle l'est toujours par principe pour les crimes). Le législateur a donc pris le soin de préciser à l'article 323-7 que la tentative des délits prévus aux articles 323-1 à 323-3-1 est réprimée (hors donc la cyberassociation de malfaiteurs, ce qui est logique).

Immunité. En vertu de l'article 323-8 du code pénal, le chapitre du code pénal relatif aux atteintes aux systèmes de traitement automatisé de données (art. 323-1 à 323-8) n'est pas applicable aux mesures mises en œuvre, par les agents habilités des services de l'État désignés par arrêté du Premier ministre parmi les services spécialisés de renseignement mentionnés à l'article L. 811-2 du code de la sécurité intérieure, pour assurer hors du territoire national la protection des intérêts fondamentaux de la Nation mentionnés à l'article L. 811-3 du même code. ❑

1. Système de traitement automatisé de données. L'art. 323-1 vise l'accès et le maintien dans tout ou partie d'un système de traitement automatisé de données ; le système CB est, au sens de ces dispositions, un système de traitement automatisé de données ; les terminaux de paiement sont conçus pour permettre de recevoir les paiements dans le cadre du réseau CB ; ils font l'objet de procédures d'agrément et de qualification pour répondre aux spécifications techniques et fonctionnelles « Carte Bleue » ; le commerçant, ou en l'espèce le prévenu, n'est en rien le propriétaire des logiciels de données qui y sont logés ; le terminal de paiement, parce qu'il vérifie lors d'une transaction l'authenticité de la carte en effectuant un calcul de données sur celle-ci, doit être considéré comme partie intégrante du système automatisé de données ; le fait que les travaux du prévenu aient été menés sur un terminal inerte est sans conséquence sur la prévention, démonstration étant faite par le prévenu lui-même que le secret de la valeur d'authentification de la carte à puce sera percé *via* les informations contenues dans ce terminal ; de ces éléments conjugués, il résulte que l'élément matériel de l'infraction d'accès à tout ou partie d'un système automatisé de données est établi ; cette démarche, pour scientifique qu'elle fût au regard de la méthode utilisée, inclut la connaissance de la violation de la norme, le prévenu qui s'est attaché précisément à forcer les dispositifs de sécurité mis en place, n'ayant pu à aucun moment ignorer, au cours de ses années de recherches, qu'il accédait dans le STAD du GIE Cartes bancaires contre le gré du maître du système ; partant, l'élément moral est suffisamment établi. • TGI Paris, 25 févr. 2000 : *D. Affaires 2000. 219, obs. X. Delpech.* ♦ … Il en est de même en ce qui concerne l'infraction de maintien frauduleux dans le système de traitement automatisé de données ; cette infraction réside plus spécifiquement dans la recherche pour isoler et identifier l'algorithme de cryptage ; le caractère frauduleux de ce maintien est sans conteste établi dès lors que le prévenu a consacré ses efforts à décrypter une donnée cryptée par le maître du système ; par ailleurs, il lui est reproché d'avoir introduit frauduleusement des données dans le système de traitement automatisé de données du GIE Cartes bancaires ; l'intéressé s'attachera effectivement à leurrer le terminal de paiement ; pour ce faire, après avoir manipulé et décrypté les données cryptées précédemment mentionnées, il insérera sur des cartes de nouvelles données aptes à le tromper ; ce faisant, il se rendra coupable d'introduction frauduleuse de données (art. 323-3). • Même jugement.

2. Accès frauduleux. L'accès frauduleux, au sens de l'art. 462-2 C. pén. issu de la L. du 5 janv. 1988 et au sens de l'art. 323-1, vise tous les modes de pénétration irréguliers d'un système de traitement automatisé de données, que l'accédant travaille déjà sur la même machine mais à un autre système, qu'il procède à distance ou qu'il se branche sur une ligne de télécommunication. • Paris, 5 avr. 1994 : *D. 1994. IR 130 ; JCP 1995, éd. E, I, 461, obs. Vivant et Le Stanc ; LPA 1995, n° 80, p. 13, note Alvarez ; Dr. informatique et télécoms 1996/3, p. 51, note Alvarez.* ♦ Comp. : • Douai, 7 oct. 1992 : *Gaz. Pal. 1993. 2. 326, note Latry-Bonnart.* ♦ Rappr. : • Paris, 14 janv. 1997 : *RSC 1998. 142, obs. Francillon.*

3. Celui qui, n'ayant forcé ni utilisé aucun code, accède volontairement au contenu et à la copie de messages stockés dans la messagerie d'une personne à son insu, et ce dans le but de lui nuire alors même que cette messagerie n'est protégée par un code qu'à l'issue d'une période d'inactivité se rend coupable de l'infraction prévue à l'article 323-1 du code pénal • Crim., 27 mars 2018, n° 17-81.989

4. Les atteintes aux systèmes de traitement automatisé de données prévues aux art. 323-1 à 323-3 C. pén. ne sauraient être reprochées à la personne qui, bénéficiant des droits d'accès et de modification des données, procède à des suppressions de données, sans les dissimuler à d'éventuels autres utilisateurs du système. • Crim. 7 janv. 2020, n° 18-84.755 P : *D. actu. 7 févr. 2020, obs. Roques ; Dr. pénal 2020, n° 93, obs. Conte ; ibid. Chron. 12, obs. Lepage.*

5. Maintien frauduleux. Le fait de se créer un accès à un traitement de données d'une entreprise, à son insu, pour en récupérer frauduleusement des données caractérise le caractère intentionnel de l'infraction de maintien frauduleux dans un système de traitement des données • Crim. 5 avr. 2022, n° 21-83.590 : *RSC 2022. 609, obs. Dreyer ; CCE 2022, comm. 54, obs. E.-A. Caprioli.*

6. Le fait d'utiliser clandestinement des terminaux Minitel par le biais de lignes d'essai de France

Télécom, dans le but de se connecter à un serveur télématique permettant d'obtenir des bons d'achat en fonction de la durée de connexion au service, est constitutif du délit d'accès et de maintien frauduleux dans un système de traitement automatisé de données. • Aix-en-Provence, 23 oct. 1996 : *Gaz. Pal. 1997. 2. 489, note Latry-Bonnart et Rothhahn ; RSC 1998. 140, obs. Francillon* .

7. En l'absence de mise en place d'une protection ou de manifestation de volonté, par les dirigeants d'une entreprise, de restreindre l'accès au système informatisé de données, le délit de l'art. 323-1 C. pén. n'est pas constitué. • Paris, 8 déc. 1997 : *Gaz. Pal. 1998. 1, chron. crim. 54.* ♦ Le prévenu parfaitement habilité par ses fonctions à accéder à la partie du système informatique contenant les données sensibles, doit être relaxé du chef d'atteinte à un système de traitement automatique de données, aucune atteinte au système informatique lui-même ou aux données contenues n'étant par ailleurs invoquée. • Grenoble, 4 mai 2000 : *JCP 2001. IV. 1473.*

8. Se rend coupable d'accès frauduleux dans un système de traitement automatisé de données ainsi que d'introduction frauduleuse de données dans ce même système, du fait de la mise en œuvre d'un programme « sniffer » à l'intérieur d'un serveur, la personne qui, en employant des codes d'accès confidentiels qui ne lui appartiennent pas, et en se faisant passer pour leur titulaire légitime, détermine une société à lui fournir un accès au réseau Internet. • TGI Paris, 16 déc. 1997 : *Gaz. Pal. 1998. 2. Somm. 433, note Ronjinsky.*

9. Doit être condamné pour altération au fonctionnement d'un système de traitement automatisé de données suite à un accès frauduleux, le salarié qui, depuis son nouveau travail et à l'aide du matériel mis à sa disposition, a intentionnellement saturé la bande passante de son ex-employeur en lui envoyant une grande quantité de courriers électroniques et de gros fichiers dans l'intention de lui causer un préjudice commercial ; par ailleurs, bien que les actes frauduleux commis par le prévenu l'ont été sur son lieu de travail et au moyen du micro-ordinateur fourni par son employeur, celui-ci doit être mis hors de cause dès lors que le salarié a agi à l'insu de son employeur, et que les actes qu'il a commis sont, sans contestation possible, étrangers à l'existence de ses fonctions. • TGI Lyon, 20 févr. 2001 : *Gaz. Pal. 2001. 2. Somm. 1686, note A. Blanchot.*

10. Comme le soutient à bon droit le ministère public dans ses réquisitions écrites d'appel aux fins de relaxe, il ne peut être reproché à un internaute d'accéder aux données, ou de se maintenir dans les parties des sites qui peuvent être atteintes par la simple utilisation d'un logiciel grand public de navigation, ces parties de site, qui ne font, par définition, l'objet d'aucune protection de la part de l'exploitant du site ou de son prestataire de services, devant être réputées non confidentielles à défaut de toute indication contraire et de tout obstacle à l'accès ; même s'agissant de données nominatives, l'internaute y accédant dans de telles conditions ne peut inférer de leur nature qu'elles ne sont pas publiées avec l'accord des intéressés, et ne peut dès lors être considéré comme ayant accédé ou s'étant maintenu frauduleusement dans cette partie du système automatisé de traitement de données, la détermination du caractère confidentiel (en l'espèce non discuté, mais qui n'a donné lieu à aucune utilisation en pratique préjudiciable) et des mesures nécessaires à l'indication et à la protection de cette confidentialité relevant de l'initiative de l'exploitant du site ou de son mandataire ; dès lors, les accès et le maintien de l'internaute dans des parties nominatives du site incriminé ne peuvent être qualifiés de frauduleux, et il convient de déclarer le prévenu non coupable des faits qui lui sont reprochés et de le renvoyer des fins de la poursuite. • Paris, 30 oct. 2002 : *D. 2003. 2827, obs. Le Stanc ; Gaz. Pal. 2003. 2. 2364, note Prat et Bréban.*

11. Constituent de façon incontestable un moyen frauduleux d'accès dans le système de traitement automatisé l'usage de fausses adresses électroniques d'expéditeurs dont certaines ont été usurpées à leur détenteur, ainsi que l'envoi de tels messages sur les services de messageries électroniques d'une entreprise. • TGI Le Mans, 7 nov. 2003 : *Gaz. Pal. 2004. 2. 2693, obs. Barbry.*

12. Pour la falsification de notes d'examen par le biais d'un accès irrégulier dans un système de traitement automatisé de données. • Crim. 9 mars 2016, n° 14-86.795 : *Legalis.net 2 mai 2016 ; RSC 2016. 540, obs. Francillon* . ♦ Pour la prise de connaissance frauduleuse de sujets de concours par la même voie informatique. • Crim. 12 juill. 2016, n° 16-82.455 : *RSC 2016. 540, obs. Francillon* .

13. Se rend coupable de l'infraction prévue à l'art. 323-1 la personne qui, sachant qu'elle n'y est pas autorisée, accède, à l'insu des victimes, à un système de traitement automatisé de données par l'installation d'un « *keylogger* matériel ». • Crim. 16 janv. 2018, n° 16-87.168 P : *D. actu. 12 févr. 2018, obs. Recotillet ; D. 2018. 172 ; ibid. 2267, obs. Garet ; AJ pénal 2018. 205, obs. Thierry ; Dr. pénal 2018, n° 74, obs. Conte ; RSC 2018. 701, obs. Dreyer ; ibid. 480, obs. Mistretta* .

14. Maintien frauduleux. La loi incrimine également le maintien irrégulier dans un système de la part de celui qui y serait entré par inadvertance, ou de la part de celui qui, y ayant régulièrement pénétré, se serait maintenu frauduleusement. • Paris, 5 avr. 1994 : *D. 1994. IR 130 ; JCP E 1995. I. 461, obs. Vivant et Le Stanc ; LPA 1995, n° 80, p. 13, note Alvarez ; Dr. informatique et télécoms 1996/3, p. 51, note Alvarez.*

15. Se rendent coupables de maintien frauduleux dans des systèmes de traitement automatisé de données les fondateurs de sociétés téllématiques ou gérants de centres serveurs ou informaticiens à leur service, qui ont accédé et se sont maintenus dans des systèmes sans droit et en pleine connaissance de cause, étant précisé à cet égard qu'il n'est pas nécessaire, pour que l'infraction existe, que l'accès soit limité par un dispositif de protection, mais qu'il suffit que le « maître du système » ait manifesté l'intention d'en restreindre l'accès aux seules personnes autorisées. • Paris, 5 avr. 1994 : *préc. note 14.*

16. Lorsque l'accès a été régulier, le maintien sur un système automatisé de données peut devenir frauduleux lorsque, par une sorte d'interversion de titre, l'auteur du maintien se trouve privé de toute habilitation. • Paris, 5 avr. 1994 : *préc. note 14.*

17. Conformément aux dispositions de l'art. 462-2 C. pén. ancien, le maintien dans tout ou partie d'un système de traitement automatisé de données doit être frauduleux, ce qui suppose la conscience pour les contrevenants de l'irrégularité de leurs actes ; la cour qui constate, d'une part, qu'après avoir branché leur minitel, introduit le code et respecté le protocole de connexion, des employés de l'ANPE, à la disposition desquels l'employeur a mis des appareils minitel dans un but exclusivement professionnel et évidemment non ludique, ont abusivement prolongé leur maintien durant des heures, voire des nuits entières, hors leur présence, et à l'insu de leur entourage, le minitel, grâce aux systèmes d'inhibition et des écrans noirs, donnant l'impression de ne pas être connecté, dans le seul but de multiplier le nombre de points leur ouvrant droit à des cadeaux et de l'argent, ce dans une configuration où, à aucun moment, ils n'auraient bourse déliée, le prix des communications restant à la charge du titulaire de la ligne, en l'espèce, l'ANPE, employeur, et d'autre part, que le maintien se définit comme l'action de faire durer, le temps qui s'est écoulé en l'espèce, pour le minitelliste entre le moment de la connexion puis le débranchement de l'appareil, contient en lui-même l'action par les prévenus de faire durer la connexion dans le but avoué d'augmenter la valeur de leurs gains, peut en déduire que les intéressés ont agi en violation évidente de la mission qui leur était impartie sur le lieu de leur travail, celle-ci ne pouvant en aucun cas consister à se livrer au jeu, et n'étant pas titulaire des lignes utilisées, ils savaient ne jamais avoir à payer le prix de leur présence exorbitante dans la durée ; dès lors, le délit de maintien frauduleux dans un système informatisé de données se trouve caractérisé en tous ses éléments tant matériels qu'intentionnels. • Paris, 15 déc. 1999 : *D. 2000. IR 44 ; Gaz. Pal. 2001. 1. Somm. 268, note Prat.*

18. Une société, ayant pour objet la fourniture de renseignements commerciaux au travers d'une base de données, a dénoncé l'utilisation frauduleuse, de janvier 1998 à juin 2000, d'un logiciel payant, par une société dont le gérant a déclaré que le code d'identification, qui a permis à ses employés de se connecter gratuitement à cette banque de données, lui avait été remis, pour la période d'essai, par la personne chargée d'installer le logiciel, et qu'ultérieurement ce code n'avait plus eu à être saisi à chaque connexion ; le tribunal correctionnel, devant lequel le prévenu a été renvoyé du chef d'abus de confiance, a dit que les faits constituaient en réalité l'infraction de maintien frauduleux dans un système de traitement informatisé de données et l'a déclaré coupable de cette infraction ; pour prononcer la relaxe, la cour d'appel a énoncé que, pour que ce délit soit constitué, il importe que soit rapportée la preuve de la fraude par laquelle le prévenu a accédé ou s'est maintenu dans un système de traitement automatisé ; que s'il apparaît effectivement que les salariés du prévenu ont bénéficié, pour se connecter, d'une carence du logiciel d'accès installé par la partie civile, qui ne leur imposait pas, à chaque connexion, la frappe d'un code d'accès, mais qui validait, par défaut, le code initialement saisi, ces agissements ne caractérisent nullement la mise en œuvre d'une fraude, élément constitutif du délit prévu et réprimé par l'art. 323-1 C. pén., mais révèlent seulement la passivité de la partie civile qui, à aucun moment ne s'est opposée aux accès dénoncés ; en se déterminant ainsi, alors qu'elle relevait, par ailleurs, que le prévenu avait utilisé pendant plus deux ans, et avec un code qui lui avait été remis pour une période d'essai, une base de données qui n'est accessible qu'aux personnes autorisées, la cour d'appel n'a pas tiré les conséquences légales de ses propres constatations ; d'où il suit que la cassation est encourue. • Crim. 3 oct. 2007, n° 07-81.045 P : *RSC 2008. 99, obs. Francillon ; AJ pénal 2007. 535, obs. Royer ; Dr. pénal 2007. 158, obs. Véron.*

19. A caractérisé en tous leurs éléments les délits de maintien frauduleux dans un système de traitement automatisé et de vol de données, et a justifié sa décision la cour d'appel qui énonce que le prévenu s'est maintenu dans un système de traitement automatisé après avoir découvert que celui-ci était protégé, et a soustrait des données qu'il a utilisées sans le consentement de leur propriétaire. • Crim. 20 mai 2015, n° 14-81.336 P : *D. actu. 5 juin 2015, obs. Benelli de Bénazé ; AJ pénal 2015. 413, obs. Dreyer ; D. 2015. 1466, note Saenko ; Dr. pénal 2015, n° 106, obs. Véron ; ibid., n° 123, obs. Conte ; ibid. Chron. 10, obs. Lepage ; Journal spécial des sociétés, 30 déc. 2015 note Auffret ; RSC 2015. 860, obs. Matsopoulou ; ibid. 887, obs. Francillon.*

20. Retombées en droit du travail. La cour d'appel qui a relevé, sans dénaturation, que le rapport envoyé par un salarié, à l'insu de son supérieur hiérarchique, au directeur général de la société, loin de se borner à contester la politique menée par la direction des systèmes informatiques et à préconiser de nouvelles orientations, recommandait l'éviction des responsables de ladite direction et comportait des informations confidentielles que le salarié s'était procurées, sans informer quiconque de sa démarche, par une intrusion dans des fichiers qui ne lui étaient pas accessibles au prétexte de la mise en évidence de carences, déjà avérées, du système de sécurité informatique, a dès lors caractérisé l'abus par le salarié de sa liberté d'expression et a pu décider que son comportement rendait impossible son maintien dans l'entreprise pendant la durée du préavis et constituait une faute. • Soc. 1er oct. 2002 : *Gaz. Pal. 2003. 1. 1082, note Tessalonikos.*

Code de procédure pénale

Art. 398-1 Sont jugés dans les conditions prévues au troisième alinéa de l'article 398 les délits suivants, lorsqu'ils sont punis d'une peine inférieure ou égale à cinq ans d'emprisonnement :

1° Les délits ci-après mentionnés, prévus aux dispositions suivantes du code pénal :

[...]

— les délits d'accès et de maintien frauduleux dans un système de traitement automatisé de données prévus au premier alinéa de l'article 323-1 ;

[...]

Art. 323-2 Le fait d'entraver ou de fausser le fonctionnement d'un système de traitement automatisé de données est puni de *(L. n° 2004-575 du 21 juin 2004, art. 45-II)* **« cinq ans** *[ancienne rédaction : trois ans]* **» d'emprisonnement et de** *(L. n° 2015-912 du 24 juill. 2015, art. 4)* **« 150 000 € » d'amende.**

(L. n° 2012-410 du 27 mars 2012, art. 9) **« Lorsque cette infraction a été commise à l'encontre d'un système de traitement automatisé de données à caractère personnel mis en œuvre par l'État, la peine est portée à sept ans d'emprisonnement et à** *(L. n° 2015-912 du 24 juill. 2015, art. 4)* **« 300 000 € » d'amende. »**

COMMENTAIRE

ENTRAVER OU FAUSSER LE FONCTIONNEMENT D'UN STAD

I. INCRIMINATION

Spectre large. L'article 323-2 du code pénal incrimine le fait d'entraver ou de fausser le fonctionnement d'un système de traitement automatisé de données. La matérialité du délit est vaste tant les pratiques de nature à perturber le fonctionnement normal d'un STAD sont variées. Les attaques DDoS, par déni de service, relèvent de cette qualification (TGI Paris, 19 mai 2006 : *Gaz. Pal. 17-18 janv. 2007, p. 35*) si l'intention de nuire est démontrée (TGI Bordeaux, 6 janv. 2011 : *CCE 2011. Comm. 109*). L'implantation et l'usage de *botnets*, à l'instar de l'impressionnante attaque du serveur DNS Dyn en octobre 2016, peuvent pareillement relever de cette incrimination. En effet, tout malware destiné à ralentir, détourner, bloquer voire dévier le flux de connexions d'un STAD expose son utilisateur à une condamnation en application de ce texte. Une ancienne jurisprudence permet de s'en convaincre.

Virus. Une société spécialisée dans l'édition de publications relatives aux matériels informatiques, et le concepteur d'un logiciel de bureautique, ont passé commande, à une société animée par Marius X..., pour la duplication, en 65 000 exemplaires, d'une disquette (ancêtre de la clé USB...) publicitaire contenant un aperçu du logiciel élaboré, destinée à être vendue dans un numéro d'une revue d'informatique. A l'occasion des opérations de compactage des données inscrites sur la disquette originaire, réalisées par Alexis Y..., avec un appareil de la société de Marius X..., un virus destructeur a été introduit dans le logiciel et, disséminé dans le public à l'occasion de la vente de la revue, a contaminé les programmes d'un grand nombre d'utilisateurs. Marius X... et Alexis Y... sont poursuivis, sur le fondement des articles 323-2 et 323-3 du code pénal, pour avoir introduit frauduleusement des données dans un logiciel et pour avoir faussé le fonctionnement de STAD.

Pour relaxer les prévenus, la cour d'appel énonce que ni l'enquête ni les expertises judiciaires n'apportent de renseignements précis sur les circonstances dans lesquelles la disquette a été infectée, qu'il n'a pas été demandé aux techniciens de la société si des essais avaient été faits après réception de la maquette, et, « si oui, par qui et sur quel ordinateur ». Ainsi, selon la cour d'appel, une phase des opérations n'a pas été sérieusement étudiée et vérifiée ; il existe donc un doute sur les conditions exactes de la contamination de la disquette. Pour la Cour de cassation, en se bornant à prononcer ainsi, sans ordonner les mesures d'investigations dont elle reconnaissait la nécessité et dont elle donnait les modalités, et sans répondre aux conclusions des parties civiles faisant valoir que l'intention frauduleuse des prévenus se déduisait de leur parfaite connaissance du diagnostic et des traitements antivirus, la cour d'appel n'a pas motivé sa décision.

Fort logiquement, la Cour de cassation a ainsi admis dès 1996 qu'un virus informatique était de nature à entraver ou à fausser le fonctionnement d'un STAD (étant précisé que, parfois, pour être implanté, le virus doit modifier les données du STAD).

Au demeurant, nonobstant la largesse de l'incrimination, le contentieux est relativement peu nourri devant le juge de cassation…

II. RÉPRESSION

Peines principales. Le fait d'entraver ou de fausser le fonctionnement d'un système de traitement automatisé de données est puni de cinq ans d'emprisonnement et de 150 000 € d'amende.

Aggravation : STAD étatique. Lorsque cette infraction a été commise à l'encontre d'un système de traitement automatisé de données à caractère personnel mis en œuvre par l'État, la peine est portée à sept ans d'emprisonnement et à 300 000 € d'amende.

A contrario cela signifie évidemment que si le système de traitement automatisé contient des données personnelles sans être mis en œuvre par l'État, seuls cinq ans d'emprisonnement et 150 000 € d'amende sont encourus. Avec la réforme des textes répressifs lors de l'entrée en vigueur du RGPD (Règl. (UE) 2016/679 du 27 avr. 2016 relatif à la protection des personnes physiques à l'égard du traitement des données à caractère personnel et à la libre circulation de ces données), le législateur a ostensiblement manqué l'occasion de mettre la loi pénale en accord avec l'esprit du texte européen.

Aggravation : bande organisée. Si l'infraction est commise en bande organisée contre un STAD géré par l'État, la peine est portée à dix ans d'emprisonnement et à 300 000 euros d'amende en application de l'article 323-4-1 du code pénal. Depuis la LOPMI (L. n° 2023-22 du 24 janv. 2023 d'orientation et de programmation du ministère de l'intérieur), il n'est plus nécessaire que le délit commis en bande organisée vise un STAD personnelles mis en œuvre par l'État. Désormais, la seule bande organisée suffit. A cet égard, « (c)onstitue une bande organisée au sens de la loi tout groupement formé ou toute entente établie en vue de la préparation, caractérisée par un ou plusieurs faits matériels, d'une ou de plusieurs infractions » (C. pén., art. 132-71). Selon le Conseil constitutionnel, « la bande organisée suppose la préméditation des infractions et une organisation structurée de leurs auteurs » (Décis. n° 2004-492 DC du 2 mars 2004, §13). La Cour de cassation a logiquement repris cette définition en estimant que « la bande organisée suppose la préméditation des infractions et, à la différence de l'association de malfaiteurs, une organisation structurée entre ses membres » (Crim. 8 juill. 2015, n° 14-88.329).

Aggravation : mise en danger. Depuis la LOPMI, l'article 323-4-2 du code pénal prévoit dix ans d'emprisonnement et 300 000 € d'amende lorsque le délit a pour effet d'exposer autrui à un risque immédiat de mort ou de blessures de nature à entraîner une mutilation ou une infirmité permanente, ou de faire obstacle aux secours destinés à faire échapper une personne à un péril imminent ou à combattre un sinistre présentant un danger pour la sécurité des personnes. Cette aggravation devrait logiquement être mobilisée lorsqu'une attaque vise, entre autres, un établissement de santé.

Concours. Rappelons que l'altération du fonctionnement d'un STAD constitue également une circonstance aggravante du délit d'accès ou maintien frauduleux dans un STAD (art. 323-1, al. 2). Le délit est alors puni de trois ans d'emprisonnement et de 100 000 € d'amende. Comment dès lors résoudre le concours entre l'accès ayant entraîné l'entrave d'une part et le délit autonome d'entrave prévu à l'article 323-2 d'autre part ?

L'échelle des sanctions invite à estimer que si l'entrave est intentionnelle alors peuvent être retenus en concours les délits d'accès « simple » (art. 323-1, al. 1er) et d'altération (art. 323-3). C'est à tout le moins ce qui résulte des nouvelles règles de concours édictées par la Cour de cassation le 15 décembre 2021 (n° 20-85.924). A l'inverse, si l'altération après un maintien ou un accès frauduleux est non intentionnelle alors seul l'article 323-1, alinéa 2 devrait trouver application.

Peines complémentaires. L'article 323-5 du code pénal liste les peines complémentaires encourues par les personnes physiques. Il résulte par ailleurs des dispositions de l'article 323-6 que les personnes morales déclarées responsables pénalement, dans les conditions prévues par l'article 121-2, des infractions définies au présent chapitre encourent, outre l'amende suivant les modalités prévues par l'article 131-38, les peines prévues par l'article 131-39. Avec cette précision que l'interdiction mentionnée au 2° de l'article 131-39 porte sur l'activité dans l'exercice ou à l'occasion de l'exercice de laquelle l'infraction a été commise.

Tentative (oui). Conformément à l'article 121-4 du code pénal, la tentative des délits n'est réprimée que sur prévision expresse de la loi (alors qu'elle l'est toujours par principe pour les crimes). Le législateur a donc pris le soin de préciser à l'article 323-7 que la tentative des délits prévus aux articles 323-1 à 323-3-1 est réprimée (hors donc la cyber-association de malfaiteurs, ce qui est logique).

Immunité. En vertu de l'article 323-8, le chapitre du code pénal relatif aux atteintes aux systèmes de traitement automatisé de données (art. 323-1 à 323-8) n'est pas applicable aux mesures mises en œuvre, par les agents habilités des services de l'État désignés par arrêté du Premier ministre parmi les services spécialisés de renseignement mentionnés à l'article L. 811-2 du code de la sécurité intérieure, pour assurer hors du territoire national la protection des intérêts fondamentaux de la Nation mentionnés à l'article L. 811-3 du même code. ❑

1. Captation de programmes télédiffusés. Le système de traitement automatisé de données se définit comme tout ensemble composé d'une ou plusieurs unités de traitement, de mémoire, de logiciel, de données, d'organes d'entrées-sorties et de liaisons qui concourent à un résultat déterminé ; en l'espèce, il est constant que le matériel permettant d'accéder aux programmes des chaînes cryptées répond à cette définition, le décodeur vérifiant l'authenticité de la carte à puce en effectuant des calculs sur cette dernière (cryptage et décryptage). • T. corr. Carpentras, 25 juin 2004 : *D. 2006. Pan. 792, obs. Le Stanc*.

2. Messages massifs (spamming, mail bombing). Commettent le délit d'entrave au fonctionnement de système de traitement automatisé de données, réprimé par l'art. 323-2 C. pén., les prévenus qui ont procédé à l'envoi automatique de messages et ont utilisé des programmes simulant la connexion de multiples minitels aux centres serveurs concernés, qui ont eu des effets perturbateurs sur les performances des systèmes de traitement automatisé de données visés par ces manœuvres, et ont entraîné un ralentissement de la capacité des serveurs. • Paris, 5 avr. 1994 : *D. 1994, Flash n° 18.*

3. La loi réprime l'accès et le maintien frauduleux dans un système de traitement automatisé de données ainsi que l'action frauduleuse sur celles-ci, à titre individuel ou par association de malfaiteurs informatiques, mais elle réprime également l'entrave au fonctionnement d'un système informatique ; seul ce dernier délit, prévu et puni par les art. 323-2 et 323-5 C. pén., est reproché au prévenu dont il n'est pas contesté qu'il est entré régulièrement dans un système de données qu'il n'a pas modifié de façon frauduleuse ; cependant, les faits commis, consistant en un envoi massif et simultané de messages non sollicités, n'ont pas perturbé de façon sensible le fonctionnement des moyens informatiques mis à la disposition de sa clientèle par la partie civile ; en conséquence, en l'espèce, seule une responsabilité contractuelle est susceptible d'être recherchée à l'encontre du prévenu dont il convient de confirmer la relaxe. • Paris, 18 déc. 2001 : *D. 2002. IR 940.*

4. Doit être condamné pour entrave à un système de traitement automatisé gérant les services de messageries électroniques d'une société le prévenu qui, en saturant les boîtes aux lettres électroniques de nombreux membres de la société, lui a causé un préjudice commercial. • TGI Le Mans, 7 nov. 2003 : *Gaz. Pal. 2004. 2. Somm. 2693, obs. Barbry.*

5. Déni de service. Sont des faits qualifiés d'entrave au fonctionnement d'un système de traitement automatisé de données, punis et réprimés par l'art. 323-2 C. pén., les attaques de type déni de service, destinées à altérer le fonctionnement d'un site par une saturation de requête • TGI Paris, 19 mai 2006 : *Gaz. Pal. 2007. 1. Somm. 573, note Forgeron et Fiévée.*

6. Virus. C'est à tort que la cour d'appel a relaxé les prévenus du chef d'atteinte à des systèmes de traitement automatisé de données pour avoir introduit un virus informatique, au motif qu'il existe un doute sur les circonstances exactes de la contamination de la disquette ; en se bornant à prononcer ainsi, sans ordonner les mesures d'investigations dont elle reconnaissait la nécessité et dont elle donnait les modalités, et sans répondre aux conclusions des parties civiles faisant valoir que l'intention frauduleuse des prévenus se déduisait de leur parfaite connaissance du diagnostic et des traitements anti-virus, la cour d'appel a violé les art. 463 et 512 C. pr. pén. • Crim. 12 déc. 1996, n° 95-82.198 P : *JCP 1997. IV. 779 ; Gaz. Pal. 1997. 1, chron. crim. 78 ; RSC 1998. 144, obs. Francillon*. ♦ Cassation de • Paris, 15 mars 1995 : *JCP 1995. IV. 1425.*

7. Rétention salariale. N'est pas une entrave le défaut d'explication d'un système informatique mis en place par un salarié brutalement mis à pied, dès lors que, du fait de cette mesure, il n'a pu trouver le temps et l'interlocuteur compétent pour permettre au système qu'il avait développé d'être utilisé par son ou ses remplaçants. • T. corr. Poitiers, 26 juin 1997 : *Gaz. Pal. 1997. 2, chron. crim. 215.* ♦ Le refus de restitution par un salarié à son ancien employeur d'une partie des codes d'accès à un programme informatique ne constitue ni un recel ni le délit d'entrave à un système automatisé de données, dès lors que cette rétention n'avait pas paralysé le fonctionnement quotidien du système et que le délit d'entrave suppose un acte positif de nature à altérer son fonctionnement. • Poitiers, 20 janv. 1998 : *Gaz. Pal. 2000. 1. Somm. 301, note Prat.*

8. Suppression de données. Les atteintes aux systèmes de traitement automatisé de données prévues aux art. 323-1 à 323-3 C. pén. ne sauraient être reprochées à la personne qui, bénéficiant des droits d'accès et de modification des données, procède à des suppressions de données, sans les dissimuler à d'éventuels autres utilisateurs du système. • Crim. 7 janv. 2020, n° 18-84.755 P : *D. actu. 7 févr. 2020, obs. Roques ; Dr. pénal 2020, n° 93, obs. Conte ; ibid. Chron. 12, obs. Lepage.*

Art. 323-3 Le fait d'introduire frauduleusement des données dans un système de traitement automatisé *(L. n° 2014-1353 du 13 nov. 2014, art. 16)* **« , d'extraire, de détenir, de reproduire, de transmettre, » de supprimer ou de modifier frauduleusement les données qu'il contient est puni de** *(L. n° 2004-575 du 21 juin 2004, art. 45-III)* **« cinq ans » d'emprisonnement et de** *(L. n° 2015-912 du 24 juill. 2015, art. 4)* **« 150 000 € » d'amende.**

(L. n° 2012-410 du 27 mars 2012, art. 9) **« Lorsque cette infraction a été commise à l'encontre d'un système de traitement automatisé de données à caractère personnel mis en œuvre par l'État, la peine est portée à sept ans d'emprisonnement et à** *(L. n° 2015-912 du 24 juill. 2015, art. 4)* **« 300 000 € » d'amende. »**

COMMENTAIRE

ATTEINTE AUX DONNÉES D'UN STAD

I. INCRIMINATION

La loi. L'atteinte à l'intégrité des données contenues dans un STAD est punie à l'article 323-3 du code pénal. Il s'agit « d'introduire frauduleusement des données dans un système de traitement automatisé, d'extraire, de détenir, de reproduire, de transmettre, de supprimer ou de modifier frauduleusement les données qu'il contient ». Le texte a été modifié par la loi antiterroriste n° 2014-1353 du 13 novembre 2014 afin d'étendre la répression à davantage de comportements (art. 16). A l'origine, le texte ne visait en effet que l'introduction frauduleuse de données, leur suppression ou encore leur modification. Depuis 2014, le texte vise également l'extraction, la détention, la reproduction et la transmission de données contenues dans un STAD.

Sa constitutionnalité. La chambre criminelle a rejeté une QPC portant sur la conformité de cet article au principe de légalité, et plus précisément à l'aune de l'obligation de rédiger les infractions en des termes clairs et précis : « la question posée ne présente pas, à l'évidence, un caractère sérieux dès lors que les termes de l'article 323-3 du code pénal sont suffisamment clairs et précis pour que son interprétation et sa sanction, qui entrent dans l'office du juge pénal, puissent se faire sans risque d'arbitraire » (Crim. 10 avr. 2013, n° 12-85.618).

II. CONSOMMATION

Matérialité. Les éléments matériels du délit sont nombreux : introduction, suppression, modification, extraction, détention, reproduction et transmission de données contenues dans un STAD. Ce faisant, le texte permet la répression de comportements usuellement réprimés au moyen de textes de droit commun. On sait en effet qu'à deux reprises la chambre criminelle a accepté que la soustraction ou reproduction de données numériques soit qualifiée de vol (V. ainsi Crim. 20 mai 2015 : n° 14-81.336 et Crim. 28 juin 2017 : n° 16-81.113). Cette interprétation pouvait être discutée à l'aune des éléments constitutifs du délit réprimé à l'article 311-1 du code pénal, tant en termes de « soustraction » que de

« chose ». Désormais, la controverse semble dépassée puisque l'article 323-3 vise l'extraction et la reproduction.

Fraude ?. L'atteinte occasionnée aux données d'un STAD doit être frauduleuse. L'exigence est rappelée deux fois au sein du même alinéa. Elle a toutefois pu interroger tant on sent à la lecture du texte qu'il ne s'agit pas simplement d'insister sur la nature intentionnelle du délit. En effet, se pose régulièrement la question de savoir si disposer d'un droit d'accès à un STAD permet d'échapper à sa responsabilité pénale. Sans même étudier la jurisprudence, une réponse négative s'impose. L'accès frauduleux à un STAD est en effet une infraction autonome punie à l'article 323-1 du code pénal. L'article 323-3 incrimine un autre comportement : non pas l'atteinte à la confidentialité du système mais à l'intégrité, à la pérennité ou à l'exclusivité des données numériques. Avoir un droit d'accès ne change rien à la cause. La jurisprudence est logiquement en ce sens.

Fraude ne rime pas avec intention de nuire. La chambre criminelle de la Cour de cassation juge que le seul fait de modifier ou supprimer, en violation de la réglementation en vigueur, des données contenues dans un STAD caractérise le délit incriminé à l'article 323-3 du code pénal, sans qu'il soit nécessaire que ces modifications ou suppressions émanent d'une personne n'ayant pas un droit d'accès au système, ni que leur auteur soit animé de la volonté de nuire (Crim. 8 déc. 1999, n° 98-84.752). En l'espèce, était poursuivi le chef comptable d'une chambre de commerce et d'industrie pour avoir modifié des données qui avaient été enregistrées de manière définitive dans le système automatisé de comptabilité dont il avait la charge. La cour d'appel le déclara coupable de l'infraction prévue à l'article 323-3 motif pris qu'une écriture validée et introduite dans un système comptable automatisé constitue une donnée dont la suppression et la modification sont prohibées par les règles et principes comptables. L'argumentation fut donc validée par la chambre criminelle.

Le délit peut ainsi être consommé par une personne ayant accès au système et en mesure d'en modifier les informations dès lors que la suppression est contraire aux règles en vigueur.

Fraude à l'insu d'un usager avec droit d'accès. *Quid* du greffier ayant fait disparaître un jugement, tant dans l'historique informatique du greffe du tribunal de commerce que dans le minutier ? Pour la Cour de cassation, « des modifications ou suppressions de données sont nécessairement frauduleuses dès lors qu'elles ont été sciemment dissimulées à au moins un autre utilisateur d'un tel système, même s'il n'est pas titulaire de droits de modification ».

Partant, la cour d'appel a pu condamner le greffier au titre de l'article 323-3 du code pénal puisque « la suppression, en toute connaissance de cause, de la minute numérisée du jugement et des mentions informatiques relatives au dossier concerné, a été faite à l'insu » d'un greffier associé « autre utilisateur du système » (Crim. 8 juin 2021, n° 20-85.853). Ce faisant, la Cour confirme la solution érigée en 1999. L'accès légitime au STAD et le droit d'y modifier des données n'autorisent pas pour autant tout comportement. L'altération des données y est frauduleuse, donc délictuelle, si un autre usager ignore ladite modification (V. égal. Crim. 5 avr. 2022, n° 21-83.590, statuant sur une action civile).

Droit d'accès et modification connue des utilisateurs : absence de fraude. La Cour de cassation a en revanche eu l'occasion de préciser, quant à un logiciel de gestion comptable de pharmacie que, dans l'hypothèse où des opérations sont effectuées par le seul titulaire des droits d'accès et de modification des données, sans dissimulation à d'éventuels autres utilisateurs du système, l'infraction ne pouvait être consommée (Crim. 7 janv. 2020, n° 18-84.755, V. *infra*, C. pén., art. 323-3-1). Bien que cette solution ait été formulée afin de répondre à la consommation du délit puni à l'article 323-3-1 du code pénal, elle reste riche d'enseignements. Elle atteste en effet que la fraude doit être appréciée dans le chef du maître du système. L'infraction ne peut être réprimée que si la personne bénéficiant des droits d'accès et de modification des données procède à une altération des données à l'insu d'autres utilisateurs du système.

III. SANCTIONS

Rappel. L'altération frauduleuse des données constitue une circonstance aggravante du délit d'accès ou maintien frauduleux dans un STAD (C. pén., art. 323-1, al. 2). Le concours entre ces délits doit ainsi être résolu en application des règles édictées par la Cour de cassation le 15 décembre 2021 (n° 20-85.924) : si l'altération est intentionnelle, alors les délits d'accès (art. 323-1, al. 1er) et d'altération (art. 323-3) peuvent être retenus en concours. Si l'altération après un maintien ou un accès frauduleux est non intentionnelle alors seul l'article 323-1, alinéa 2, doit trouver application.

Peines principales et aggravation. Les sanctions ont été aggravées par la loi n° 2015-912 du 24 juillet 2015 relative au renseignement (art. 4). L'altération des données contenues dans un STAD est ainsi puni, à titre principal de cinq ans d'emprisonnement et de 150 000 euros d'amende.

Une fois encore, lorsque cette infraction a été commise à l'encontre d'un système de traitement automatisé de données à caractère personnel mis en œuvre par l'État – et lui seul – la peine est portée à sept ans d'emprisonnement et à 300 000 euros d'amende. Si l'infraction est commise en bande organisée, la peine est portée à dix ans d'emprisonnement et à 300 000 euros d'amende en application de l'article 323-4-1 du code pénal. Depuis la loi n° 2023-22 du 24 janvier 2023 d'orientation et de programmation du ministère de l'Intérieur (LOPMI), il n'est plus nécessaire que le délit commis en bande organisée vise un STAD personnelles mis en œuvre par l'État. Désormais la seule bande organisée suffit. Rappelons qu'aux termes de l'article 132-71 « (c)onstitue une bande organisée au sens de la loi tout groupement formé ou toute entente établie en vue de la préparation, caractérisée par un ou plusieurs faits matériels, d'une ou de plusieurs infractions ». Or il résulte de la décision n° 2004-492 DC rendue par le Conseil constitutionnel le 2 mars 2004 que « la bande organisée suppose la préméditation des infractions et une organisation structurée de leurs auteurs » (§ 13). Et la Cour de cassation de reprendre cette définition en affirmant que « la bande organisée suppose la préméditation des infractions et, à la différence de l'association de malfaiteurs, une organisation structurée entre ses membres » (Crim. 8 juill. 2015, n° 14-88.329).

Enfin, depuis la LOPMI, l'article 323-4-2 du code pénal prévoit dix ans d'emprisonnement et 300 000 € d'amende lorsque le délit a pour effet d'exposer autrui à un risque immédiat de mort ou de blessures de nature à entraîner une mutilation ou une infirmité permanente, ou de faire obstacle aux secours destinés à faire échapper une personne à un péril imminent ou à combattre un sinistre présentant un danger pour la sécurité des personnes.

Peines complémentaires. L'article 323-5 du code pénal liste les peines complémentaires encourues par les personnes physiques. Par ailleurs, il résulte des dispositions de l'article 323-6 que les personnes morales déclarées responsables pénalement, dans les conditions prévues par l'article 121-2, des infractions définies au présent chapitre encourent, outre l'amende suivant les modalités prévues par l'article 131-38, les peines prévues par l'article 131-39. Avec cette précision que l'interdiction mentionnée au 2° de l'article 131-39 porte sur l'activité dans l'exercice ou à l'occasion de l'exercice de laquelle l'infraction a été commise.

Tentative (oui). Conformément à l'article 121-4 du code pénal, la tentative des délits n'est réprimée que sur prévision expresse de la loi (alors qu'elle l'est toujours par principe pour les crimes). Le législateur a donc pris le soin de préciser à l'article 323-7 que la tentative des délits prévus aux articles 323-1 à 323-3-1 est réprimée (hors donc la cyberassociation de malfaiteurs, ce qui est logique).

Immunité. En vertu de l'article 323-8 du code pénal, le chapitre dudit code relatif aux atteintes aux systèmes de traitement automatisé de données (art. 323-1 à 323-8) n'est pas applicable aux mesures mises en œuvre, par les agents habilités des services de l'État désignés par arrêté du Premier ministre parmi les services spécialisés de renseignement mentionnés à l'article L. 811-2 du code de la sécurité intérieure, pour assurer hors du territoire national la protection des intérêts fondamentaux de la Nation mentionnés à l'article L. 811-3 du même code. ❑

1. Principe de légalité. La question prioritaire de constitutionnalité est ainsi rédigée : « Les dispositions de l'art. 323-3 C. pén. qui sont rédigées en des termes généraux et imprécis quant au champ d'application de la loi pénale et à la définition du délit pénalement sanctionné, dans la mesure où ni le système protégé, ni les modalités de la fraude, ni la finalité de l'atteinte portée au système ne sont précisés, ni l'obligation qui s'impose aux usagers d'un système informatique clairement définie, portent-elles atteinte aux droits et libertés garantis par la Constit., eu égard à l'obligation pour le législateur de fixer lui-même le champ d'application de la loi pénale et de définir les crimes et délits en des termes suffisamment clairs et précis ? » ; la question posée ne présente pas, à l'évidence, un caractère sérieux dès lors que les termes de l'art. 323-3 sont suffisamment clairs et précis pour que son interprétation et sa sanction, qui entrent dans l'office du juge pénal, puissent se faire sans risque d'arbitraire ; d'où il suit qu'il n'y a pas lieu de renvoyer la question au Cons. const. • Crim., QPC, 10 avr. 2013 : *RSC 2013. 559, obs. Francillon ; Gaz. Pal. 9-11 févr. 2014, p. 27, obs. Dreyer.* ♦ Rappr. • Crim. 30 oct. 2013, n° 12-85.618 : *Gaz. Pal. 2014. 1. 471, obs. Dreyer ; RSC 2014. 119, obs. Francillon .*

2. L'art. 323-3 C. pén. est rédigé en des termes suffisamment clairs et précis pour permettre que son interprétation se fasse sans risque d'arbitraire. • Crim. 19 mars 2014, n° 12-87.416 P : *D. actu. 20 mars 2014, obs. Coustet ; ibid. 27 mars 2014, obs. Priou-Alibert ; D. 2014. 912, obs. Coustet, et note Lasserre Capdeville ; ibid. 1564, obs. Mascala ; AJ pénal 2014. 293, note Gallois ; RSC 2015. 379, obs. Stasiak ; RTD civ. 2014. 389, obs. Jourdain ; RTD com. 2014. 427, obs. Bouloc ; JCP 2014, n° 15, p. 449, note Wester-Ouisse ; JCP E 2014, n° 18, p. 1234, note Mortier ; BJB 2014, n° 5, p. 265, note Rontchevsky ; ibid., n° 6, p. 313, note Rebut ; LPA 16 avr. 2014, n° 76, p. 3, note de Lamaze ; RLDA 10/2014, n° 97, note Stasiak ; Gaz. Pal. 2014. 1. 919, note Pitti ; ibid. 2. 2342, obs. Fourment.* ♦ Sur l'arrêt objet du pourvoi : • Paris, 24 oct. 2012 : *JCP 2012, n° 1371, note Lasserre Capdeville.*

3. Atteinte aux droits d'autrui. Constitue le délit d'altération volontaire de données dans un système de traitement automatisé le fait, par la prévenue, salariée d'une société, d'avoir porté, sur des fiches manuscrites de saisie informatique destinées à la constitution du fichier des produits de la société, des mentions inexactes quant au code du taux de TVA applicable, ces données ayant été, partie par elle, introduites dans le système informatique de gestion de l'entreprise, en cours d'installation : en effet, l'introduction volontaire de données inexactes dans un système de traitement automatisé en cours d'élaboration porte nécessairement atteinte aux droits d'autrui et caractérise le délit prévu par l'art. 462-4 de l'ancien code pénal ; la prévenue est à bon droit condamnée à des dommages-intérêts en réparation du préjudice résultant pour la société du retard apporté à la mise en exploitation du système informatique. • Crim. 5 janv. 1994 : *JCP E 1994. I. 359, obs. Vivant et Le Stanc ; Gaz. Pal. 1996. 2. Somm. 419, note Latry-Bonnart ; RSC 1998. 143, obs. Francillon .*

4. Accès au système. Le seul fait de modifier ou supprimer, en violation de la réglementation en vigueur, des données contenues dans un système de traitement automatisé, caractérise le délit prévu à l'art. 323-3 C. pén., sans qu'il soit nécessaire que ces modifications ou suppressions émanent d'une personne n'ayant pas un droit d'accès au système, ni que leur auteur soit animé de la volonté de nuire ; ainsi, justifie légalement sa décision la cour d'appel qui, pour déclarer un prévenu coupable de l'infraction prévue à l'art. 323-3 C. pén., et le condamner à verser des dommages-intérêts à son employeur, relève qu'une écriture validée et introduite dans un système comptable automatisé constitue une donnée dont la suppression et la modification sont prohibées par les règles et principes comptables, et que le prévenu doit réparer le préjudice résultant des frais engagés par son employeur pour reconstituer sa comptabilité. • Crim. 8 déc. 1999, n° 98-84.752 P : *D. Affaires 2001. 627, obs. Navarro ; Dr. pénal 2000, n° 53, obs. Véron ; Gaz. Pal. 2000. 2. Somm. 2134, note Boulanger et Coletti.*

5. Le fait, pour un greffier ayant les droits d'accès et de modification des données, de supprimer en toute connaissance de cause la minute numérisée d'un jugement et des mentions informatiques relatives à un dossier, à l'insu d'au moins un autre utilisateur du STAD même non titulaire de droits de modification, constitue le délit prévu à l'art. 323-3 C. pén. • Crim. 8 juin 2021, n° 20-85.853 P : *D. actu. 25 juin 2021, obs. Récotillet.*

6. En revanche, les atteintes aux systèmes de traitement automatisé de données prévues aux art. 323-1 à 323-3 C. pén. ne sauraient être reprochées à la personne qui, bénéficiant des droits d'accès et de modification des données, procède à des suppressions de données, sans les dissimuler à d'éventuels autres utilisateurs du système. • Crim. 7 janv. 2020, n° 18-84.755 P : *D. actu. 7 févr. 2020, obs. Roques ; Dr. pénal 2020, n° 93, obs. Conte ; ibid. Chron. 12, obs. Lepage.*

7. Virus. Doivent être relaxés au bénéfice du doute du chef du délit prévu et réprimé par l'art. 462-4 de l'ancien C. pén., devenu l'art. 323-3 nouv. C. pén., les prévenus, dirigeant et salarié d'une société chargée, avant sa duplication par une autre société, de la confection d'une disquette de démonstration infectée par le virus FRODO et distribuée en de multiples exemplaires dans une revue spécialisée, dès lors qu'aucune constatation matérielle ne permet d'affirmer que l'infection se soit produite au cours de la phase de la confection, la disquette ayant pu être infectée au cours d'essais de fonctionnement ou d'opérations quelconques postérieurement à sa remise à la société chargée de la duplication, l'installation d'une disquette saine sur un ordinateur infecté conduisant, ainsi que cela a été vérifié par les experts, à infecter le fichier COURS.ALO. • Paris, 15 mars 1995 : *JCP 1995. IV. 1425.* ♦ Décision cassée par : • Crim. 12 déc. 1996, n° 95-82.198 P : *JCP 1997. IV. 779 ; Gaz. Pal. 1997. 1, chron. crim. 77 ; RSC 1998. 144, obs. Francillon* (V. notes ss. art. 323-2).

8. Irrégularité. Le défaut de concordance entre la méthode de gestion informatique des stocks et la méthode comptable constitue une irrégularité qui, en l'absence de méthode de travail prédéfinie et obligatoire, imposée par l'employeur, ne peut s'analyser comme un comportement frauduleux imputable au prévenu ; dès lors, il n'est pas établi que ce dernier ait introduit frauduleusement des données dans un système de traitement automatisé, ou supprimé, ou modifié frauduleusement les données qu'il contenait. • Paris, 19 mai 1999 : *Gaz. Pal. 2000. 1. Somm. 821, note Tessalonikos.*

9. Programme « sniffer ». Se rend coupable d'accès frauduleux dans un système de traitement automatisé de données, ainsi que d'introduction frauduleuse de données dans ce même système, du fait de la mise en œuvre d'un programme « sniffer » à l'intérieur d'un serveur, la personne qui, en employant des codes d'accès confidentiels qui ne lui appartiennent pas, et en se faisant passer pour leur titulaire légitime, détermine une société à lui fournir un accès au réseau internet. • TGI Paris, 16 déc. 1997 : *Gaz. Pal. 1998. 2. Somm. 433, note Rojinsky.*

10. Désinstallation d'un logiciel. Le fait de s'introduire frauduleusement dans un système de données pour y désinstaller des logiciels (en l'espèce, le Pack Office) constitue une suppression des données au sens de l'art. 323-3 C. pén. • Crim. 9 déc. 2015, n° 14-87.835.

Art. 323-3-1 *(L. n° 2004-575 du 21 juin 2004, art. 46-I)* **Le fait, sans motif légitime** *(L. n° 2013-1168 du 18 déc. 2013, art. 25)* **« , notamment de recherche ou de sécurité informatique », d'importer, de détenir, d'offrir, de céder ou de mettre à disposition un équipement, un instrument, un programme informatique ou toute donnée conçus ou spécialement adaptés pour commettre une ou plusieurs des infractions prévues par les articles 323-1 à 323-3 est puni des peines prévues respectivement pour l'infraction elle-même ou pour l'infraction la plus sévèrement réprimée.**

BIBL. ▶ Mattatia, *RSC 2015. 837* (faut-il dépénaliser les *hackers* blancs ?). – Saber, *JCP 2023, n° 434* (ChatGPT : une intelligence artificielle au service de la cybercriminalité ?). – Europol, rapport « ChatGPT – the impact of Large Language Models on Law Enforcement », 27 mars 2023.

COMMENTAIRE

MISE À DISPOSITION OU DÉTENTION D'UN OUTIL POUVANT PORTER ATTEINTE À UN STAD

I. INCRIMINATION

Infraction de prévention. L'article 46 de la loi n° 2004-575 du 21 juin 2004 pour la confiance dans l'économie numérique a créé l'article 323-3-1 du code pénal. Est incriminé « le fait, sans motif légitime, notamment de recherche ou de sécurité informatique, d'importer, de détenir, d'offrir, de céder ou de mettre à disposition un équipement, un instrument, un programme informatique ou toute donnée conçus ou spécialement adaptés pour commettre une ou plusieurs des infractions prévues par les articles 323-1 à 323-3 ».

Il s'agit évidemment ici de prévenir les atteintes aux STAD (ASTAD) en pénalisant la mise à disposition de toute chose conçue ou spécialement adaptée pour y parvenir. Cette incrimination préventive et autonome permet de sanctionner l'aide ou l'assistance non suivie d'effets qui, à défaut d'infraction principale, ne pourrait être poursuivie au titre de la complicité.

Objet destiné à une ASTAD. Le texte vise un large éventail d'outils en faisant référence à « un équipement, un instrument, un programme informatique ou toute donnée ». Il s'agira le plus souvent d'un programme tel un virus destiné à bloquer un STAD, voire à détruire ou chiffrer ses données. Le *malware* peut également avoir pour objet de transformer le STAD cible en « machine zombie » afin de disposer des ressources locales pour effectuer certaines opérations telles que l'attaque d'un autre STAD (attaque de site internet par DDOS par exemple). Le texte vise également toute donnée, ce qui est pertinent car tout *malware* n'est pas nécessairement un programme « exécutable » en ce sens que certains « virus » peuvent tout simplement être constitués de simples lignes de commande. Cette ligne de programmation, sans constituer un programme complet (et encore moins un logiciel), est toutefois de nature à venir modifier un processus et altérer le fonctionnement de la machine (par exemple activer les macros d'un fichier.doc infecté).

De manière plus évidente, le fait de recourir à un logiciel permettant de forcer des protocoles de chiffrement (force brute, table arc-en-ciel…) consomme l'infraction.

Enfin, la fourniture d'un kit complet aux fins de lancer une attaque de type « rançongiciel » peut également être réprimée au moyen de l'article 323-3-1 du code pénal. La simple détention du kit suffit également à consommer le délit tant les actes envisagés par la loi sont nombreux.

Peut-il en outre s'agir d'un instrument mécanique ? Si l'esprit du texte amène à envisager les techniques informatiques et numériques, observons qu'un STAD est également sensible à des effets mécaniques. En d'autres termes, il est possible d'altérer le fonctionnement d'un STAD ou de ses données... en mettant par exemple le feu aux équipements. Pareillement, provoquer une surtension dans un parc de serveurs modifiera de manière plus ou moins grave son fonctionnement. Débrancher un STAD également. A dire vrai, tous les procédés ne sont pas de nature à consommer l'infraction. En effet, aux termes de la loi, le moyen employé doit être conçu ou spécialement adapté pour commettre une ou plusieurs des infractions prévues par les articles 323-1 à 323-3. De sorte que, si l'instrument mobilisé, fût-il mécanique ou informatique, n'est pas construit ou modifié pour porter atteinte à un STAD (ASTAD), alors : sa mise à disposition, sa détention, sa cession ou son importation ne consomment pas le délit réprimé à l'article 323-3-1 du code pénal.

Actes de consommation. La loi prévoit ici un vaste champ d'incrimination. Sont visées l'importation, la détention, l'offre, la cession ou encore la mise à disposition. Le producteur, l'intermédiaire ou encore le simple détenteur (futur usager ou non) peuvent être retenus dans les liens de la prévention. La dynamique prophylactique du texte est indéniable, qui permet la répression de comportements avant toute « attaque ». Sans passer par la cyberassociation de malfaiteurs (autre délit de prévention sanctionné à l'art. 323-4 C. pén.), le délit de mise à disposition ou détention d'un outil d'attaque de STAD cherche à punir :

– des actes préparatoires qui, à défaut de ce texte spécifique, ne pourraient être réprimés au titre de la tentative, faute de commencement d'exécution,

– des actes d'éventuelle assistance non nécessairement qualifiables de complicité.

Intention et infraction visée. Les termes de la loi sont ici clairs. L'outil détenu, cédé ou importé doit être conçu ou spécialement adapté afin de commettre une ou plusieurs des infractions prévues par les articles 323-1 à 323-3 du code pénal. De ces précisions découlent deux conséquences concrètes et logiques :

1° Sur le plan de l'élément moral, l'infraction est intentionnelle par simple application des dispositions générales de l'article 121-3, alinéa 1er, du code pénal. En ce sens, la chambre criminelle de la Cour de cassation a pu juger que « la constatation de la violation, sans motif légitime et en connaissance de cause, de l'une des interdictions prévues par l'article 323-3-1 du code pénal implique de la part de son auteur l'intention coupable exigée par l'article 121-3 du même code » (Crim. 27 oct. 2009, n° 09-82.346). La formule, aussi fréquente soit-elle en droit pénal, interroge nécessairement. L'intention est en principe le résultat d'une double volonté, celle-ci devant porter sur l'acte incriminé *et* sur le résultat redouté. Or, il est certain, concernant l'article 323-3-1, que l'auteur doit avoir voulu détenir, importer ou céder un outil de nature à porter atteinte à un STAD, et ce, en contravention avec les articles 323-1 à 323-3 du code pénal. Doit-il en outre avoir eu la volonté de porter atteinte à un STAD soit en détenant l'outil soit en le mettant à disposition d'autrui ? La formule employée par la Cour de cassation semble indiquer une réponse négative qui n'allait pas nécessairement de soi.

2° Au-delà, l'article 323-3-1 du code pénal n'est retenu qu'à partir du moment où l'outil a été conçu ou adapté (pensons aux *babyphones* dont la programmation avait été modifiée pour se transformer en machine zombie devant attaquer par DDOS un serveur DNS) pour commettre une infraction contre un ou des STAD : accès ou maintien frauduleux (C. pén., art. 323-1), altération du fonctionnement (C. pén., art. 323-2) ou encore altération des données contenues (C. pén., art. 323-3). Infraction de prévention, l'article 323-3-1 ne se comprend qu'à l'aune d'une infraction-cible.

Il est dès lors logique que la Cour de cassation ait rejeté le pourvoi formé à l'encontre d'une décision d'appel ayant estimé que « l'infraction prévue à l'article 323-3-1 du code pénal ne peut être reprochée aux sociétés (...), dès lors que celles prévues aux articles 323-1 à 323-3 ne peuvent être caractérisées ». En effet, dès lors que le logiciel vendu ne permettait pas d'altérer de manière frauduleuse les donnes contenues dans le STAD, sa mise à disposition ne pouvait relever des dispositions de l'article 323-3-1 du code pénal. Cette décision a pu étonner car ledit programme permettait à des pharmaciens de commettre... des *fraudes* fiscales. Or, il faut entendre par altération *frauduleuse*, au sens de l'article 323-3, non la modification d'une donnée numérique aux fins de commettre une fraude, mais la « modification dissimulée à d'éventuels autres utilisateurs du système ». Puisque les pharmaciens savaient que la fonction pouvait être activée afin de faire sortir du processus comptable des transactions, il n'y avait pas de fraude entre le concepteur et l'usager du STAD. Donc, par ricochet, pas de cession d'un outil destiné à commettre une infraction punie aux articles 323-1 à 323-3 du code pénal.

II. JUSTIFICATION

Loi(s). La loi prévoit qu'un motif légitime, notamment de recherche ou de sécurité informatique, est de nature à faire échec à l'incrimination des faits de mise à disposition d'un outil susceptible de porter atteinte à un STAD. C'est l'article 25 de la loi n° 2013-1168 du 18 décembre 2013 relative à la programmation militaire qui a précisé cette notion de « motif légitime » en mentionnant « notamment » la recherche ou la sécurité informatique. L'adverbe « notamment » invite logiquement à estimer que cette (courte) liste n'est pas exhaustive. Il n'en demeure pas moins que la loi vise essentiellement ce qu'il convient d'appeler les *hackers* blancs (« white hat »). L'article L. 2321-4 du code de la défense précise d'ailleurs que, pour « les besoins de la sécurité des systèmes d'information, l'obligation prévue à l'article 40 du code de procédure pénale n'est pas applicable à l'égard d'une personne de bonne foi qui transmet à la seule autorité nationale de sécurité des systèmes d'information une information sur l'existence d'une vulnérabilité concernant la sécurité d'un système de traitement automatisé de données ».

Interprétation. Le motif légitime visé à l'article 323-3-1 est apprécié de manière restrictive par les juges comme en atteste un arrêt rendu en 2009 par la Cour de cassation (Crim. 27 oct. 2009, n° 09-82.346). En l'espèce, un individu avait diffusé sur le portail internet de sa société spécialisée dans le conseil en sécurité informatique des écrits, directement visibles sur le site et accessibles à tous, permettant d'exploiter des failles de sécurité informatique d'un produit édité par Microsoft. Renvoyé devant le tribunal correctionnel pour mise à disposition, sans motif légitime, de moyens conçus ou spécialement adaptés pour commettre une atteinte à un système de traitement automatisé de données, il a été relaxé. Pour infirmer, sur appel du ministère public, le jugement et condamner le prévenu, la cour d'appel affirme que le prévenu ne pouvait valablement arguer d'un motif légitime tiré de la volonté d'information, dès lors que, du fait de son expertise en la matière, il savait qu'il diffusait des informations présentant un risque d'utilisation à des fins de piratage par un public particulier en recherche de ce type de déviance. Le prévenu avait pourtant prouvé qu'il avait dans un premier temps directement prévenu Microsoft de la faille identifiée. La cour d'appel a au demeurant observé que la loi n'exige pas que soit caractérisée une incitation à l'utilisation d'un tel système. Selon la chambre criminelle, « en l'état de ces énonciations, abstraction faite du motif surabondant relatif aux antécédents judiciaires du prévenu, et dès lors que la constatation de la violation, sans motif légitime et en connaissance de cause, de l'une des interdictions prévues par l'article 323-3-1 du code pénal implique de la part de son auteur l'intention coupable exigée par l'article 121-3 du même code, la cour d'appel a justifié sa décision ».

Enfin, la Cour de cassation a eu l'occasion de préciser que l'autorisation de détention prévue par l'article 323-3-1 du code pénal se limite, quant à un *keylogger*, aux seules personnes habilitées à assurer la maintenance et la sécurité d'un parc informatique (Crim. 16 janv. 2018, n° 16-87.168). Ce qui est infiniment restrictif…

Cyberdéfense : autorisation de la loi. Ajoutons que la précision donnée à l'article 323-3-1 du code pénal n'est pas la seule cause d'irresponsabilité pénale prévue par la loi. En effet, l'article L. 2321-2 du code de la défense dispose en son second alinéa, que, pour être en mesure de répondre à une attaque informatique qui vise les systèmes d'information affectant le potentiel de guerre ou économique, la sécurité ou la capacité de survie de la Nation mentionnées au premier alinéa, « les services de l'État déterminés par le Premier ministre peuvent détenir des équipements, des instruments, des programmes informatiques et toutes données susceptibles de permettre la réalisation d'une ou plusieurs des infractions prévues aux articles 323-1 à 323-3 du code pénal, en vue d'analyser leur conception et d'observer leur fonctionnement ».

Selon un arrêté en date du 17 juillet 2015, il s'agit de l'Agence nationale de la sécurité des systèmes d'information, de l'état-major de la cyberdéfense de l'état-major des armées, de la direction technique de la direction générale de l'armement et de la direction technique de la direction générale de la sécurité extérieure, du service du haut fonctionnaire de défense et de la direction technique de la direction générale de la sécurité intérieure.

La cyberdéfense peut donc être à même de justifier le délit réprimé à l'article 323-3-1 du code pénal.

Immunité. En vertu de l'article 323-8 du code pénal, le chapitre dudit code relatif aux atteintes aux systèmes de traitement automatisé de données (art. 323-1 à 323-8) n'est pas applicable aux mesures mises en œuvre, par les agents habilités des services de l'État désignés par arrêté du Premier ministre parmi les services spécialisés de renseignement mentionnés à l'article L. 811-2 du code de la sécurité intérieure, pour assurer hors du territoire national la protection des intérêts fondamentaux de la Nation mentionnés à l'article L. 811-3 du même code.

III. RÉPRESSION

Originalité : pénalité par emprunt. A l'instar de la cyberassociation de malfaiteurs (C. pén., art. 323-4), la loi envisage ici une pénalité par emprunt. La mise à disposition et la détention d'un outil de nature à porter atteinte à un STAD sont punies des peines prévues respectivement pour l'infraction projetée elle-même ou pour l'infraction la plus sévèrement réprimée.

Les sanctions prévues au titre de l'infraction cible seront donc transférées à l'auteur du délit incriminé à l'article 323-3-1 du code pénal. Il convient par conséquent de renvoyer aux différentes sanctions (et à leur aggravation) prévues aux articles 323-1, 323-2 et 323-3 du même code.

Précisons cependant que, selon l'article 323-4-1 du code pénal, si les infractions prévues aux articles 323-1 à 323-3-1 ont été commises en bande organisée, la peine est portée à dix ans d'emprisonnement et 300 000 € d'amende. Depuis la « LOPMI » (L. n° 2023-22 du 24 janv. 2023 d'orientation et de programmation du ministère de l'intérieur), il n'est plus nécessaire que le délit commis en bande organisée vise un STAD personnelles mis en œuvre par l'État. Désormais la seule bande organisée suffit.

Par ailleurs, depuis cette même loi, l'article 323-4-2 du code pénal porte derechef la peine à dix ans d'emprisonnement et à 300 000 € d'amende lorsque les infractions prévues aux articles 323-1 à 323-3-1 ont pour effet d'exposer autrui à un risque immédiat de mort ou de blessures de nature à entraîner une mutilation ou une infirmité permanente, ou de faire obstacle aux secours destinés à faire échapper une personne à un péril imminent ou à combattre un sinistre présentant un danger pour la sécurité des personnes.

Peines complémentaires. L'article 323-5 du code pénal liste les peines complémentaires encourues par les personnes physiques en cas d'infractions portant atteinte aux STAD. Il résulte par ailleurs des dispositions de l'article 323-6 que les personnes morales déclarées responsables pénalement, dans les conditions prévues par l'article 121-2, des infractions définies au présent chapitre encourent, outre l'amende suivant les modalités prévues par l'article 131-38, les peines prévues par l'article 131-39. Avec cette précision que l'interdiction mentionnée au 2° de l'article 131-39 porte sur l'activité dans l'exercice ou à l'occasion de l'exercice de laquelle l'infraction a été commise.

Tentative (oui). Conformément à l'article 121-4 du code pénal, la tentative des délits n'est réprimée que sur prévision expresse de la loi (alors qu'elle l'est toujours par principe pour les crimes). Le législateur a donc pris le soin de préciser à l'article 323-7 du code pénal que la tentative des délits prévus aux articles 323-1 à 323-3-1 est réprimée. La tentative de mise à disposition, d'offre, de détention, de cession ou d'importation d'un instrument conçu pour porter illégalement atteinte à un STAD est donc susceptible de poursuites.

PRÉCISIONS TECHNIQUES

Ventes, achats et location : professionnalisation du cybercrime. L'on pourrait penser que les cybercriminels conçoivent leurs infections informatiques et en usent par la suite afin d'en retirer des profits. Non seulement leur cupidité va bien au-delà de cette approche, mais leur organisation aussi en ce qu'ils se structurent désormais en véritables gestionnaires d'entreprises. En effet, plutôt que de consommer par eux-mêmes les infractions relatives aux systèmes de traitement automatisés de données, certains préfèrent en permettre la réalisation matérielle en offrant, cédant ou mettant à disposition tous les équipements et dispositifs permettant de réaliser l'infraction. Cette offre rencontre alors une forte demande en ligne qui cherche à acquérir ces équipements, soit parce qu'elle ne possède pas les compétences techniques pour les concevoir, soit qu'elle préfère seulement les exploiter dans une optique de gain de temps par exemple. Ces derniers consomment alors l'infraction de l'article 323-3-1 du code pénal du fait de la seule détention de tels équipements, instruments ou programmes informatiques, et encourent les mêmes peines que celles prévues aux articles 323-1 à 323-3 du code pénal.

Ventes sur le blackmarket du darknet. Au-delà du web surfacique qui regroupe l'ensemble des sites indexables et indexés par les moteurs de recherche, que l'on retrouve donc par la saisie de leur nom sur Google, une autre partie du web contient des sites non indexés, car non indexables. Parmi eux se trouvent les sites.onion, accessibles seulement par le navigateur Tor *(The Onion Router)*. Lorsqu'un internaute s'y connecte, les paquets de données transitent à travers plusieurs couches ayant pour but de dissimuler son identité, d'où la métaphore de l'oignon pour caractériser le logo de ce navigateur et l'extension de ses sites en.onion. L'une des particularités de ce réseau parallèle est donc d'offrir un certain anonymat et une absence de traçabilité aux internautes. Tor propose bien des choses sans le moindre rapport avec les comportements cybercriminels, par exemple la possibilité pour des chercheurs étrangers de pouvoir publier et consulter de la recherche académique contenant des idées et propos censurés par les pouvoirs politiques en place. Tor est toutefois également utilisé pour la création de supermarchés virtuels illégaux qui constituent ce que l'on appelle le « *blackmarket* ». Il est alors possible d'y acheter ou d'y louer des équipements, instruments et programmes informatiques permettant de réaliser les infractions des articles 323-1 à 323-3 du code pénal, lesquels tombent sous le coup de l'article 323-3-1 du code pénal.

L'exemple des cryptovirus ou « ransomware ». Parmi l'ensemble des produits proposés sur les *blackmarkets* du *darknet*, nous trouvons des dispositifs physiques comme des « skimmers » (V. comm. ss. C. pén., art. 313-1), mais aussi des virus directement utilisables (V. illustration *infra*). Si l'on retrouve ce type d'offres sur le web classique, l'acheteur s'expose néanmoins au risque d'acheter des contrefaçons de virus, eux-mêmes infectés ou ne fonctionnant tout simplement pas. Les sites de commerce en ligne illégaux sont un meilleur gage de produits de qualité et fonctionnels et proposent un service d'accompagnement des utilisateurs dans le fonctionnement des outils, dans la récupération des capitaux illégalement acquis, et, si besoin, dans le blanchiment du produit de l'infraction.

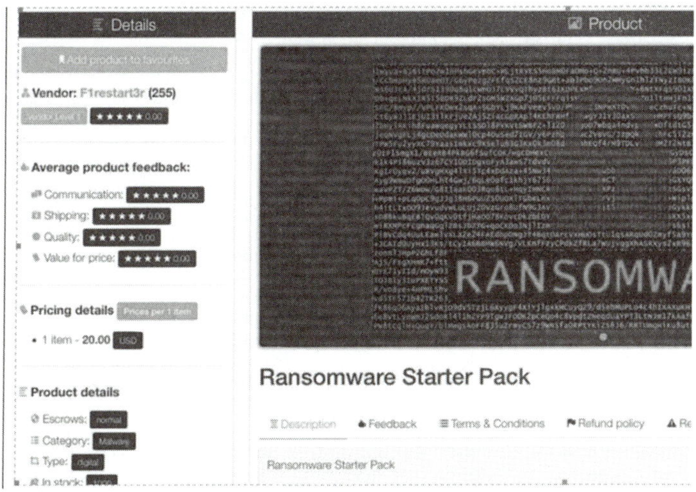

Source : capture d'écran réalisée pour les besoins de la recherche, 16 févr. 2022.

Les sources d'approvisionnement sont nombreuses puisque l'offre est en augmentation constante, l'accompagnement des utilisateurs lambda dans l'exploitation des maliciels s'améliore toujours plus, et le client a toujours plus de choix dans les kits proposés sur le marché.

Service après-vente. De la même façon qu'il existe différents marchés concurrentiels dans notre économie réelle, il existe une compétition forte entre les vendeurs de maliciels sur le *darknet*. Afin de gagner des parts de marché, ils adoptent alors des techniques de marketing et de communication aussi classiques que performantes. Une fois la transaction conclue, l'acheteur aura accès à un service après-vente de qualité afin de pouvoir utiliser au mieux le produit acquis. D'abord, ce dernier recevra un explicatif complet du fonctionnement de l'infection : comment l'inoculer, comment tracer les victimes, récupérer ses gains, générer des tableurs afin de tenir une comptabilité, etc. En cas de problème ou de question de l'utilisateur, il pourra soit se rendre sur un forum en ligne pour résoudre ses difficultés, soit contacter directement le vendeur dont la réputation dépend en partie de sa disponibilité après la transaction. L'ensemble des échanges sera chiffré par des outils de cryptologie asymétrique, l'outil PGP étant souvent privilégié *(Pretty Good Privacy)*. Le message sera donc chiffré grâce à une clé privée, il sera envoyé à un destinataire qui utilisera la clé publique de l'expéditeur afin de pouvoir le lire. Si l'un des messages venait à être intercepté, par une attaque dite de « l'homme du milieu » par exemple *(Man in the middle)*, sa lecture serait rendue impossible. Enfin, au-delà de la sécurité que procure le chiffrement PGP, il permet également de signer électroniquement la correspondance et ainsi d'identifier de façon certaine son expéditeur.

Des outils variés. Parmi les dispositifs et équipements visés par l'article 323-3-1 du code pénal, les cryptovirus ne sont pas les seuls instruments qu'il est possible d'acheter ou de trouver en ligne. Certains proposent par exemple la vente de *botnets*, c'est-à-dire de machines infectées dont il est possible de profiter de la puissance afin de la mutualiser avec d'autres machines et ainsi d'attaquer une plateforme en vue de provoquer un déni de services et de la voir s'écrouler (c'est l'attaque dite « DDOS », ou « distributed denial of service attack »). L'on pourrait aussi penser à l'utilisation de ces *botnets*, toujours afin de profiter de la puissance énergétique des objets connectés, en vue de miner des cryptodevises (c'est ce que l'on appelle le *cryptojacking*). D'autres proposent la location ou la vente d'infrastructures complètes. D'autres enfin proposent des packs d'outils, des « exploit kits », véritables couteaux suisses du cybercrime. Enfin, des organisations criminelles proposent leurs services pour procéder eux-mêmes aux infections. Les fabricants de virus négocient désormais de plus en plus les infections, comme de la simple prestation de service, dont les prix varient selon le type d'attaque désiré et le nombre de machines à infecter. Dans cette dernière hypothèse, la prestation de service n'entrera pas dans les liens de la prévention qui n'envisage que l'importation, la détention, l'offre, la cession et la mise à disposition d'équipement, d'instrument ou de toute donnée. En revanche, elle consommera les infractions des articles 323-1 à 323 du code pénal pour le prestataire, le commanditaire étant poursuivi pour avoir, par don, provoqué à l'infraction (C. pén., art. 121-7, al. 2) et le cas échéant pour le recel profit de ces infractions (C. pén., art. 321-1, al. 2).

Un profil cybercriminel propre ? Cette commercialisation et la mise à disposition d'outils ou de données relativisent très largement l'idée selon laquelle il serait nécessaire d'être particulièrement formé et compétent en ingénierie des systèmes pour consommer les infractions consistant à porter atteinte aux systèmes de traitements automatisés de données. Il n'est plus nécessaire, depuis quelques années maintenant, de disposer de compétences techniques pour créer du code malveillant et l'exploiter afin de satisfaire son esprit de lucre. Toutes les formes de délinquance traditionnelle peuvent donc s'adapter au numérique et ainsi disposer de la compétence des pirates informatiques pour conduire une attaque cyber dans une finalité mercantile. La cybercriminalité devient ainsi un véritable caméléon dont il devient ardu de connaître les contours et les couleurs, délinquance protéiforme constituée de modes opératoires innovants mobilisés par des profils traditionnels. ❑

La constatation de la violation, sans motif légitime et en connaissance de cause, de l'une des interdictions prévues par l'art. 323-3-1 C. pén. implique de la part de son auteur l'intention coupable exigée par l'art. 121-3 du même code ; justifie sa décision la cour d'appel qui retient qu'un prévenu ne pouvait arguer d'un motif légitime tiré de la volonté d'information dès lors que, du fait de son expertise, il savait qu'il diffusait des informations présentant un risque d'utilisation à des fins de piratage. • Crim. 27 oct. 2009, n° 09-82.346 P : *RSC 2010. 178, obs. Francillon ; D. 2009. AJ 2935, obs. Darsonville ; ibid. 2010. 806, note Lasserre Capdeville ; AJ pénal 2010. 79, obs. Royer ; Dr. pénal 2010, n° 3, obs. Véron ; ibid. Chron. 10, obs. Lepage ; JCP 2010, n° 1-2, 19, note Lepage ; Gaz. Pal. 2010. 261, note Arrigo et Blin.*

N'entrent pas dans les prévisions de l'art. 323-3-1 C. pén. la conception et la commercialisation d'un logiciel intégrant une fonctionnalité permettant, après saisie d'un mot de passe personnel, de faire disparaître des lignes d'écritures relatives à des ventes payées en espèces, à la condition qu'elles ne soient pas liées à une prescription médicale ou au paiement d'un tiers, avant qu'elles ne soient arrêtées d'un point de vue comptables, dès lors que les atteintes aux systèmes de traitement automatisé de données prévues aux art. 323-1 à 323-3 C. pén. ne sauraient être reprochées à la personne qui, bénéficiant des droits d'accès et de modification des données, procède à des suppressions de données, sans les dissimuler à d'éventuels autres utilisateurs du système. • Crim. 7 janv. 2020, n° 18-84.755 P : *D. actu. 7 févr. 2020, obs. Roques ; Dr. pénal 2020, n° 93, obs. Conte ; ibid. Chron. 12, obs. Lepage.*

Art. 323-3-2 *(L. n° 2023-22 du 24 janv. 2023, art. 4)* **I. — Le fait, pour un opérateur de plateforme en ligne mentionné à l'article L. 111-7 du code de la consommation** *[V. ce texte, supra]* **qui restreint l'accès à cette dernière aux personnes utilisant des techniques d'anonymisation des connexions ou qui ne respecte pas les obligations mentionnées au VI de l'article 6 de la loi n° 2004-575 du 21 juin 2004 pour la confiance dans l'économie numérique** *[V. ce texte, infra]*, **de permettre sciemment la cession de produits, de contenus ou de services dont la cession, l'offre, l'acquisition ou la détention sont manifestement illicites est puni de cinq d'emprisonnement et de 150 000 euros d'amende.**

II. — Est puni des peines prévues au I du présent article le fait de proposer, par l'intermédiaire de ces plateformes ou au soutien de transactions qu'elles permettent, des prestations d'intermédiation ou de séquestre qui ont pour objet unique ou principal de mettre en œuvre, de dissimuler ou de faciliter les opérations mentionnées au même I.

III. — Les infractions prévues aux I et II sont punies de dix ans d'emprisonnement et de 500 000 euros d'amende lorsqu'elles sont commises en bande organisée.

IV. — La tentative des infractions prévues aux I, II et III est punie des mêmes peines.

Art. 323-4 La participation à un groupement formé ou à une entente établie en vue de la préparation, caractérisée par un ou plusieurs faits matériels, d'une ou de plusieurs des infractions prévues par *(L. n° 2004-575 du 21 juin 2004, art. 46-II)* **« les articles 323-1 à 323-3-1** *[ancienne rédaction : les articles 323-1 à 323-3]* **» est punie des peines prévues pour l'infraction elle-même ou pour l'infraction la plus sévèrement réprimée.**

COMMENTAIRE

CYBERASSOCIATION DE MALFAITEURS

I. INCRIMINATION

Déjà-vu. L'article 323-4 du code pénal incrimine la participation à un groupement formé ou à une entente établie en vue de la préparation, caractérisée par un ou plusieurs faits matériels, d'une ou de plusieurs des infractions prévues par les articles 323-1 à 323-3-1.

Ce texte rappelle évidemment l'association de malfaiteurs de droit commun réprimée à l'article 450-1 du code pénal. Il s'agit d'incriminer très tôt sur l'*iter criminis* en permettant la répression d'actes préparatoires qui, en dehors du groupement ou de l'entente, ne sont pas punissables au titre de la tentative faute de commencement d'exécution et de désistement involontaire.

Consommation. A l'instar de l'association de malfaiteurs de droit commun, cette variante cyber impose de participer à une entreprise sans que doive être reprochée la participation à des atteintes à des STAD telles qu'incriminées aux articles 323-1 à 323-3-1 du code pénal. Pour être condamné, il suffit de s'être associé à un groupement délictueux dont on connaissait les objectifs et le caractère répréhensible peu important qu'on n'ait pas participé personnellement à la réalisation de chacune des infractions projetées.

Comme le rappelle la Cour de cassation, « l'association de malfaiteurs constitue une infraction autonome, distincte des délits préparés » (Crim. 27 juin 2012, n° 11-86.773). C'est la participation au groupement et non aux infractions projetées qui consomme le délit.

L'interprétation donnée par la chambre criminelle à l'article 323-4 du code pénal est pour le moins extensive...

Illustration : « Anonymous ». La chambre criminelle a rendu en 2017 une décision attestant de la flexibilité du texte (Crim. 7 nov. 2017, n° 16-84.918). En l'espèce, le portail Internet de l'opérateur d'importance vitale (OIV) EDF a fait l'objet en avril 2011 d'une attaque dite par « déni de service distribué », dans le cadre d'une offensive d'envergure menée par l'organisation « Anonymous », et apparaissant sous l'intitulé « opération Greenrights ». L'enquête a permis notamment d'établir que l'adresse internet ayant servi à relayer les appels aux attaques informatiques appartenait à un serveur dont le prévenu était le titulaire, *via* le fournisseur de sites OVH. Il avait en effet proposé ses services de passerelle vers le canal dédié à l'opération « Greenrights », sur lequel il a reconnu avoir constaté qu'EDF figurait parmi les cibles. Il a estimé toutefois n'être à cet égard qu'un acteur de mise en relation et n'avoir agi que dans le but de favoriser un usage flexible et libre d'Internet, même s'il n'a pas contesté que son serveur, en donnant accès au lien internet, avait pu renforcer l'ampleur des opérations en cause. Poursuivi du chef de participation à des ententes établies en vue de la préparation d'entraves au bon fonctionnement de systèmes de traitement automatisé de données (STAD), le prévenu a été renvoyé des fins de la poursuite par le tribunal correctionnel. Le ministère public a relevé appel de cette décision. Pour dire établie sa participation à une entente formée en vue de conduire des entraves par déni de service contre des distributeurs d'énergie, en particulier la société EDF, les juges d'appel retiennent tout d'abord la diffusion de l'adresse de son raccourcisseur d'url, dans des documents d'« Anonymous », plus d'un an auparavant. Ils relèvent également la mise à disposition des internautes, par le prévenu, d'un web dont il est locataire et gestionnaire, passerelle technique au fonctionnement simplifié permettant à ses usagers, en particulier non férus d'informatique, d'accéder à des sites de discussion, d'avoir connaissance des modalités concrètes d'opérations du mouvement « Anonymous », le terme « anonops » étant un raccourci des termes « Anonymous » et « opérations », et l'intitulé « greenrights » visant les sujets ciblés par le mouvement.

Les juges ajoutent que le prévenu avait constaté qu'EDF était une cible du mouvement, dans le cadre des positions contre le nucléaire, et n'ignorait pas qu'un des moyens d'action des Anonymous était les entraves par déni de service et que la mise à disposition des moyens techniques et des informations, pour laquelle il avait obtenu le statut de « semi-opérateur », permettait de réaliser ces dénis de service. Les juges en déduisent la pleine conscience qu'avait l'intéressé du caractère irrégulier de telles attaques, qu'il reconnaissait finalement désapprouver.

Selon la chambre criminelle, « en statuant par des motifs qui établissent que le prévenu avait conscience de participer à une entente ayant pour but d'entraver le fonctionnement d'un service de traitement automatisé de données, la cour d'appel, qui n'a méconnu aucun des textes visés au moyen, a justifié sa décision ».

Appréciation. Cette décision atteste du fait acquis en jurisprudence selon lequel l'association de malfaiteurs ne suppose pas d'« organisation structurée entre ses membres » (Crim. 8 juill. 2015, n° 14-88.329). Comme l'a fort opportunément observé Warren Azoulay : « les Anonymous » (...) ne sont ni un mouvement, ni un collectif pas plus qu'un groupement, ceux-ci constituant bien une nébuleuse dénuée de structure, de chef, de hiérarchie ou d'organisation, et dépourvue d'idées ou de doctrines communément partagées » *(Panorama de droit pénal des (nouvelles) technologies, Lexbase Pénal, n° 3, 22 mars 2018*).

L'association de malfaiteurs, eût-elle été cyber, exige donc peu d'organisation pour autoriser les juges répressifs à entrer en voie de condamnation. La préparation à plusieurs, caractérisée par un ou plusieurs faits matériels, d'une ou de plusieurs des infractions prévues par les articles 323-1 à 323-3-1 suffit ainsi à retenir un prévenu dans les liens de la répression.

Infractions visées. A cet égard, observons que l'article 323-4 du code pénal vise les délits incriminés aux articles 323-1 à 323-3-1. Outre l'accès ou le maintien frauduleux dans un STAD (art. 323-1), l'entrave au fonctionnement d'un STAD (art. 323-2) et l'altération de données contenues dans un STAD (art. 323-3), la cyberassociation de malfaiteurs peut viser la commission de l'infraction punie à l'article 323-3-1 du code pénal. Il en résulte que la participation à un groupement formé ou à une entente établie en vue de la préparation, caractérisée par un ou plusieurs faits matériels de mise à disposition, cession, détention ou importation d'un instrument destiné à porter atteinte à un STAD est incriminé !

II. RÉPRESSION

Emprunt de pénalité. L'article 323-4 du code pénal envisage, comme l'article 323-3-1, une pénalité par emprunt : la cyberassociation est punie des peines prévues respectivement pour l'infraction elle-même ou pour l'infraction la plus sévèrement réprimée aux articles 323-1 à 323-3-1. Le délit est donc réprimé à hauteur des comportements envisagés ou réalisés par le groupement ou l'entente.

La peine est donc déterminable sans pour autant être déterminée *a priori* : tout dépendra des infractions projetées. Au demeurant, selon l'article 323-4-1 du code pénal, si les infractions prévues aux articles 323-1 à 323-3-1 ont été commises en bande organisée, la peine est portée à dix ans d'emprisonnement et 300 000 € d'amende. Depuis la « LOPMI » (L. n° 2023-22 du 24 janv. 2023 d'orientation et de programmation du ministère de l'intérieur), il n'est plus nécessaire que le délit commis en bande organisée vise un STAD personnelles mis en œuvre par l'État. Désormais, la seule bande organisée suffit.

Par ailleurs, depuis cette même loi, l'article 323-4-2 du code pénal porte à nouveau la peine à dix ans d'emprisonnement et à 300 000 € d'amende lorsque les infractions prévues aux articles 323-1 à 323-3-1 ont pour effet d'exposer autrui à un risque immédiat de mort ou de blessures de nature à entraîner une mutilation ou une infirmité permanente, ou de faire obstacle aux secours destinés à faire échapper une personne à un péril imminent ou à combattre un sinistre présentant un danger pour la sécurité des personnes.

Peines complémentaires. L'article 323-5 du code pénal liste les peines complémentaires encourues par les personnes physiques en cas d'infractions portant atteinte aux STAD. Il résulte par ailleurs des dispositions de l'article 323-6 que les personnes morales déclarées responsables pénalement, dans les conditions prévues par l'article 121-2, des infractions définies au présent chapitre encourent, outre l'amende suivant les modalités prévues par l'article 131-38, les peines prévues par l'article 131-39. Avec cette précision que l'interdiction mentionnée au 2° de l'article 131-39 porte sur l'activité dans l'exercice ou à l'occasion de l'exercice de laquelle l'infraction a été commise.

Tentative (non). Conformément à l'article 121-4 du code pénal, la tentative des délits n'est réprimée que sur prévision expresse de la loi (alors qu'elle l'est toujours par principe pour les crimes). Le législateur a donc pris le soin de préciser à l'article 323-7 du code pénal que la tentative des délits prévus aux articles 323-1 à 323-3-1 est réprimée. L'article 323-4 n'étant pas visé par cette disposition, la tentative de cyberassociation de malfaiteurs n'est par conséquent pas réprimée. Cela est logique puisqu'il s'agit d'une incrimination prenant rang au stade des actes préparatoires soit bien avant tout commencement d'exécution ou commission des faits envisagés par le groupement ou l'entente. ❑

1. Matérialité. L'entente visée par l'art. 323-4 doit se concrétiser par un ou plusieurs faits matériels (échange d'informations, par ex.) ayant pour finalité de commettre des atteintes à un système informatique ; elle suppose en principe une participation en amont de la commission de ces atteintes. L'action de fausser doit s'entendre dans le fait de faire produire au système un résultat différent de celui qu'il aurait dû être ; quelle que soit la motivation de chacun, défi intellectuel pour certains, recherche de profits pour d'autres, ils ont tous participé à une entente pénalement répréhensible au sens de l'art. 323-4. Dès lors, ils n'ignoraient pas que les informations échangées avaient pour finalité de commettre des atteintes au système informatique d'accès à Canal + et à TPS. • T. corr. Carpentras, 25 juin 2004 : *D. 2006. Pan. 792, obs. Le Stanc*.

2. Pour un autre exemple d'application : • TGI Paris, 12 oct. 1988 : *JCP 1989. II. 21253, note Devèze.* ♦ En appel : • Paris, 22 mai 1989 : *Gaz. Pal. 1989. 2. 559, note Marchi.*

3. Intention. A justifié sa décision la cour d'appel qui statue par des motifs qui établissent que le prévenu avait conscience de participer à une entente ayant pour but d'entraver le fonctionnement d'un service de traitement automatisé de données. • Crim. 7 nov. 2017, n° 16-84.918 P : *D. actu. 24 nov. 2017, obs. Azoulay ; AJ pénal 2018. 44, obs. Thierry ; RSC 2018. 114, note Dreyer*.

Art. 323-4-1 *(L. n° 2014-1353 du 13 nov. 2014, art. 17)* Lorsque les infractions prévues aux articles 323-1 à 323-3-1 ont été commises en bande organisée *(Abrogé par L. n° 2023-22 du 24 janv. 2023, art. 7)* « ***et à l'encontre d'un système de traitement automatisé de données à caractère personnel mis en œuvre par l'État*** », la peine est portée à dix ans d'emprisonnement et à *(L. n° 2015-912 du 24 juill. 2015, art. 4)* « **300 000 €** » d'amende.

Art. 323-4-2 *(L. n° 2023-22 du 24 janv. 2023, art. 8)* Lorsque les infractions prévues aux articles 323-1 à 323-3-1 ont pour effet d'exposer autrui à un risque immédiat de mort ou de blessures de nature à entraîner une mutilation ou une infirmité permanente ou de faire obstacle aux secours destinés à faire échapper une personne à un péril imminent ou à combattre un sinistre présentant un danger pour la sécurité des personnes, la peine est portée à dix ans d'emprisonnement et à 300 000 € d'amende.

Art. 323-5 Les personnes physiques coupables des délits prévus au présent chapitre encourent également les peines complémentaires suivantes :

1° L'interdiction, pour une durée de cinq ans au plus, des droits civiques, civils et de famille, suivant les modalités de l'article 131-26 ;

2° L'interdiction, pour une durée de cinq ans au plus, d'exercer une fonction publique ou d'exercer l'activité professionnelle ou sociale dans l'exercice de laquelle ou à l'occasion de laquelle l'infraction a été commise ;

3° La confiscation de la chose qui a servi ou était destinée à commettre l'infraction ou de la chose qui en est le produit, à l'exception des objets susceptibles de restitution ;

4° La fermeture, pour une durée de cinq ans au plus, des établissements ou de l'un ou de plusieurs des établissements de l'entreprise ayant servi à commettre les faits incriminés ;

5° L'exclusion, pour une durée de cinq ans au plus, des marchés publics ;

6° L'interdiction, pour une durée de cinq ans au plus, d'émettre des chèques autres que ceux qui permettent le retrait de fonds par le tireur auprès du tiré ou ceux qui sont certifiés ;

7° L'affichage ou la diffusion de la décision prononcée dans les conditions prévues par l'article 131-35.

Art. 323-6 *(L. n° 2009-526 du 12 mai 2009, art. 124-I)* « Les personnes morales déclarées responsables pénalement, dans les conditions prévues par l'article 121-2, des infractions définies au présent chapitre encourent, outre l'amende suivant les modalités prévues par l'article 131-38, les peines prévues par l'article 131-39. »

L'interdiction mentionnée au 2° de l'article 131-39 porte sur l'activité dans l'exercice ou à l'occasion de l'exercice de laquelle l'infraction a été commise.

Art. 323-7 La tentative des délits prévus par *(L. n° 2004-575 du 21 juin 2004, art. 46-II)* « les articles 323-1 à 323-3-1 » est punie des mêmes peines.

Art. 323-8 *(L. n° 2015-912 du 24 juill. 2015, art. 18)* Le présent chapitre n'est pas applicable aux mesures mises en œuvre, par les agents habilités des services de l'État désignés par arrêté du Premier ministre parmi les services spécialisés de renseignement mentionnés à l'article L. 811-2 du code de la sécurité intérieure, pour assurer hors du territoire national la protection des intérêts fondamentaux de la Nation mentionnés à l'article L. 811-3 du même code.

CHAPITRE IV *DU BLANCHIMENT*

(L. n° 96-392 du 13 mai 1996)

SECTION 1 *Du blanchiment simple et du blanchiment aggravé*

Art. 324-1 Le blanchiment est le fait de faciliter, par tout moyen, la justification mensongère de l'origine des biens ou des revenus de l'auteur d'un crime ou d'un délit ayant procuré à celui-ci un profit direct ou indirect.

Constitue également un blanchiment le fait d'apporter un concours à une opération de placement, de dissimulation ou de conversion du produit direct ou indirect d'un crime ou d'un délit.

Le blanchiment est puni de cinq ans d'emprisonnement et de 375 000 € d'amende.

Art. 324-1-1 Pour l'application de l'article 324-1, les biens ou les revenus sont présumés être le produit direct ou indirect d'un crime ou d'un délit dès lors que les conditions matérielles, juridiques ou financières de l'opération de placement, de dissimulation ou de conversion ne peuvent avoir d'autre justification que de dissimuler l'origine ou le bénéficiaire effectif de ces biens ou revenus.

BIBL. ▶ Bourgais et Olivier, *Gaz. Pal, 14 fév. 2023, p. 10-14*, (la saisie pénale des actifs numériques : une saisie virtuelle ?). – Clément et Lelieur, *RSC 2021. 15* (la conformité anti-blanchiment face aux crypto-actifs) – Deleuze et Bianchi, *RDBF 2020. Dossier 17* (le droit pénal des cryptomonnaies) – Dossier : La justice pénale à l'épreuve des cryptomonnaies, *Dalloz IP/IT 2019. 530* – Goldszlagier et le Teurnier, *AJ pénal 2021. 465* (la lutte contre le blanchiment à l'épreuve de la territorialité des crypto-actifs).

Illustration. L'utilisation par le mis en cause d'une solution de chiffrement qui présente les caractéristiques (confidentialité, chiffrement de bout en bout, absence de coopération avec les autorités policières et judiciaires) d'un outil utilisé principalement dans le cadre d'activités relevant de la criminalité organisée justifie la saisie des cryptoactifs et l'application de la présomption de blanchiment de l'art. 324-1-1 C. pén. • Crim. 15 févr. 2023, n° 22-81.326 : *Procédures 2023. comm. 123, obs. Buisson.*

LIVRE IV DES CRIMES ET DÉLITS CONTRE LA NATION, L'ÉTAT ET LA PAIX PUBLIQUE

TITRE I DES ATTEINTES AUX INTÉRÊTS FONDAMENTAUX DE LA NATION

CHAPITRE I *DE LA TRAHISON ET DE L'ESPIONNAGE*

SECTION 3 *De la livraison d'informations à une puissance étrangère*

Art. 411-6 Le fait de livrer ou de rendre accessibles à une puissance étrangère, à une entreprise ou organisation étrangère ou sous contrôle étranger ou à leurs agents des renseignements, procédés, objets, documents, données informatisées ou fichiers dont l'exploitation, la divulgation ou la réunion est de nature à porter atteinte aux intérêts fondamentaux de la Nation est puni de quinze ans de détention criminelle et de 225 000 € d'amende.

Art. 411-7 Le fait de recueillir ou de rassembler, en vue de les livrer à une puissance étrangère, à une entreprise ou organisation étrangère ou sous contrôle étranger ou à leurs agents, des renseignements, procédés, objets, documents, données informatisées ou fichiers dont l'exploitation, la divulgation ou la réunion est de nature à porter atteinte aux intérêts fondamentaux de la Nation est puni de dix ans d'emprisonnement et de 150 000 € d'amende.

Art. 411-8 Le fait d'exercer, pour le compte d'une puissance étrangère, d'une entreprise ou organisation étrangère ou sous contrôle étranger ou de leurs agents, une activité ayant pour but l'obtention ou la livraison de dispositifs, renseignements, procédés, objets, documents, données informatisées ou fichiers dont l'exploitation, la divulgation ou la réunion est de nature à porter atteinte aux intérêts fondamentaux de la Nation est puni de dix ans d'emprisonnement et de 150 000 € d'amende.

SECTION 4 *Du sabotage*

Art. 411-9 Le fait de détruire, détériorer ou détourner tout document, matériel, construction, équipement, installation, appareil, dispositif technique ou système de traitement automatisé d'informations ou d'y apporter des malfaçons, lorsque ce fait est de nature à porter atteinte aux intérêts fondamentaux de la Nation, est puni de quinze ans de détention criminelle et de 225 000 € d'amende.

Lorsqu'il est commis dans le but de servir les intérêts d'une puissance étrangère, d'une entreprise ou organisation étrangère ou sous contrôle étranger, le même fait est puni de vingt ans de détention criminelle et de 300 000 € d'amende.

TITRE II DU TERRORISME

CHAPITRE I *DES ACTES DE TERRORISME*

Art. 421-1 Constituent des actes de terrorisme, lorsqu'elles sont *(L. n° 96-647 du 22 juill. 1996)* « intentionnellement » en relation avec une entreprise individuelle ou collective ayant pour but de troubler gravement l'ordre public par l'intimidation ou la terreur, les infractions suivantes :

1° Les atteintes volontaires à la vie, les atteintes volontaires à l'intégrité de la personne, l'enlèvement et la séquestration ainsi que le détournement d'aéronef, de navire ou de tout autre moyen de transport, définis par le livre II du présent code ;

2° Les vols, les extorsions, les destructions, dégradations et détériorations, ainsi que les infractions en matière informatique définis par le livre III du présent code ;

(L. n° 96-647 du 22 juill. 1996) « 3° Les infractions en matière de groupes de combat et de mouvements dissous définies par les articles **431-13** à **431-17** et les infractions définies par les articles **434-6** et **441-2** à **441-5** ; »

(Ord. n° 2012-351 du 12 mars 2012, art. 8, en vigueur le 1er mai 2012) « 4° Les infractions en matière d'armes, de produits explosifs ou de matières nucléaires définies par *(L. n° 2014-1353 du 13 nov. 2014, art. 4)* « les *(L. n° 2016-731 du 3 juin 2016, art. 26)* « articles **222-52** à **222-54**, **322-6-1** et **322-11-1** » du présent code, » le I de l'article **L. 1333-9**, les articles **L. 1333-11** et **L. 1333-13-2**, le II des articles **L. 1333-13-3** et **L. 1333-13-4**, les articles **L. 1333-13-6**, **L. 2339-2**, **L. 2339-14**, **L. 2339-16**, **L. 2341-1**, **L. 2341-4**, **L. 2341-5**, **L. 2342-57** à **L. 2342-62**, **L. 2353-4**, le 1° de l'article **L. 2353-5** et l'article **L. 2353-13** du code de la défense, ainsi que les articles *(Abrogé par L. n° 2016-731 du 3 juin 2016, art. 26)* « **L. 317-4**, » **L. 317-7** et **L. 317-8** à l'exception des *(L. n° 2012-304 du 6 mars 2012, art. 33 et 34-XVI, en vigueur le 6 sept. 2013)* « armes de la catégorie D définies par décret en Conseil d'État *[ancienne rédaction : armes de la 6e catégorie]* », du code de la sécurité intérieure » ;

(L. n° 96-647 du 22 juill. 1996) « 5° Le recel du produit de l'une des infractions prévues aux 1° à 4° ci-dessus » ;

(L. n° 2001-1062 du 15 nov. 2001, art. 33 ; L. n° 2003-239 du 18 mars 2003, art. 31) « 6° Les infractions de blanchiment prévues au chapitre IV du titre II du livre III du présent code ;

« 7° Les délits d'initié prévus *(L. n° 2016-819 du 21 juin 2016, art. 1er, en vigueur le 3 juill. 2016)* « aux articles **L. 465-1** à **L. 465-3** » du code monétaire et financier. »

TITRE III DES ATTEINTES À L'AUTORITÉ DE L'ÉTAT

CHAPITRE IV *DES ATTEINTES À L'ACTION DE JUSTICE*

SECTION 2 *Des entraves à l'exercice de la justice*

Art. 434-15-2 *(L. n° 2001-1062 du 15 nov. 2001, art. 31 ; L. n° 2003-239 du 18 mars 2003, art. 31)* Est puni de trois ans d'emprisonnement et de *(L. n° 2016-731 du 3 juin 2016, art. 16)* « 270 000 € » d'amende le fait, pour quiconque ayant connaissance de la convention secrète de déchiffrement d'un moyen de cryptologie susceptible d'avoir été utilisé pour préparer, faciliter ou commettre un crime ou un délit, de refuser de remettre ladite convention aux autorités judiciaires ou de la mettre en œuvre, sur les réquisitions de ces autorités délivrées en application des titres II et III du livre I du code de procédure pénale.

Si le refus est opposé alors que la remise ou la mise en œuvre de la convention aurait permis d'éviter la commission d'un crime ou d'un délit ou d'en limiter les effets, la peine est portée à cinq ans d'emprisonnement et à *(L. n° 2016-731 du 3 juin 2016, art. 16)* « 450 000 € » d'amende.

COMMENTAIRE

NON-RÉVÉLATION D'UNE CLÉ DE CHIFFREMENT

I. INCRIMINATION

Genèse. Lors du vote de la loi n° 2001-1062 du 15 novembre 2001 pour la sécurité quotidienne (LSQ), adoptée peu après les attentats de New York du 11 septembre, le Gouvernement fit adopter en dernière lecture deux amendements relatifs au chiffrement (n° 10 rect. et n° 11 rect.). Ces textes avaient pour finalité de permettre à l'État de réagir en cas d'utilisation d'un procédé de chiffrement. La loi a ainsi créé des dispositions imposant aux fournisseurs de prestations de cryptologie orientée « confidentialité » de remettre à des agents autorisés les conventions permettant le déchiffrement des données transformées au moyen des prestations qu'elles ont fournies, ou de mettre eux-mêmes en œuvre ces conventions. Depuis la loi sur le renseignement du 24 juillet 2015, l'article L. 881-2 du code de la sécurité intérieure assure la sanction pénale de l'obligation mise à la charge des fournisseurs de prestations de cryptologie orientée « confidentialité ».

La loi pour la sécurité quotidienne de 2001 a en outre inséré à l'article 434-15-2 du code pénal l'incrimination générale de non-révélation d'une clé de chiffrement. Ce délit n'avait toutefois qu'une durée de vie provisoire puisque son application ne courait que jusqu'au 31 décembre 2013 en application de l'article 22 de la loi pour la sécurité quotidienne. C'est la raison pour laquelle la loi n° 2003-239 du 18 mars 2003, pour la sécurité intérieure, a pérennisé le texte. Les peines furent par ailleurs modifiées par l'article 16 de la loi n° 2016-731 du 3 juin 2016.

Lettre. « Est puni de trois ans d'emprisonnement et de 270 000 € d'amende le fait, pour quiconque ayant connaissance de la convention secrète de déchiffrement d'un moyen de cryptologie susceptible d'avoir été utilisé pour préparer, faciliter ou commettre un crime ou un délit, de refuser de remettre ladite convention aux autorités judiciaires ou de la mettre en œuvre, sur les réquisitions de ces autorités délivrées en application des titres II et III du livre I du code de procédure pénale. »

Au surplus, l'article 29 de la loi n° 2004-575 du 21 juin 2004 pour la confiance dans l'économie numérique précise qu'on « entend par moyen de cryptologie tout matériel ou logiciel conçu ou modifié pour transformer des données, qu'il s'agisse d'informations ou de signaux, à l'aide de conventions secrètes ou pour réaliser l'opération inverse avec ou sans convention secrète. Ces moyens de cryptologie ont principalement pour objet de garantir la sécurité du stockage ou de la transmission de données, en permettant d'assurer leur confidentialité, leur authentification ou le contrôle de leur intégrité ».

Constitutionnalité. Le 30 mars 2018, dans le cadre d'une décision n° 2018-696 QPC, le Conseil constitutionnel a estimé :
« 7. En premier lieu, en imposant à la personne ayant connaissance d'une convention secrète de déchiffrement d'un moyen de cryptologie de remettre ladite convention aux autorités judiciaires ou de la mettre en œuvre uniquement si ce moyen de cryptologie est susceptible d'avoir été utilisé pour préparer, faciliter ou commettre un crime ou un délit et uniquement si la demande émane d'une autorité judiciaire, le législateur a poursuivi les objectifs de valeur constitutionnelle de prévention des infractions et de recherche des auteurs d'infractions, tous deux nécessaires à la sauvegarde de droits et de principes de valeur constitutionnelle ».

Le Conseil poursuit en relevant au paragraphe 8 que :
– Les dispositions critiquées n'imposent à la personne suspectée d'avoir commis une infraction, en utilisant un moyen de cryptologie, de délivrer ou de mettre en œuvre la convention secrète de déchiffrement que s'il est établi qu'elle en a connaissance.
– Elles n'ont pas pour objet d'obtenir des aveux de sa part et n'emportent ni reconnaissance ni présomption de culpabilité mais permettent seulement le déchiffrement des données cryptées.
– En outre, l'enquête ou l'instruction doivent avoir permis d'identifier l'existence des données traitées par le moyen de cryptologie susceptible d'avoir été utilisé pour préparer, faciliter ou commettre un crime ou un délit.
– Enfin, ces données, déjà fixées sur un support, existent indépendamment de la volonté de la personne suspectée.

Et le Conseil de conclure que « les dispositions contestées ne portent pas atteinte au droit de ne pas s'accuser ni au droit au respect de la vie privée et au secret des correspondances » (§ 9).

Conventionnalité. Un prévenu a soulevé l'inconventionnalité de l'article 434-15-2 du code pénal, motif pris qu'il serait contraire au droit au respect de la présomption d'innocence, au droit au silence et au droit de ne pas contribuer à sa propre incrimination. L'argument n'a pas convaincu la chambre criminelle, qui a estimé que « dès lors que le droit de ne pas s'incriminer soi-même ne s'étend pas aux données que l'on peut obtenir de la personne concernée en recourant à des pouvoirs coercitifs mais qui existent indépendamment de la volonté de l'intéressé, la cour d'appel n'a méconnu aucune des dispositions légales et conventionnelles visées au moyen » (Crim. 10 déc. 2019, n° 18-86.878).

Au demeurant, la France a été mise en cause devant la cour européenne des droits de l'homme à raison d'une atteinte au droit de garder le silence et de ne pas contribuer à sa propre incrimination tel que garanti par l'article 6 de la Convention, et au respect de la vie privée et de la correspondance, au sens de l'article 8 de la Convention (n° 23624/20, introduite le 10 juin 2020, communiquée le 31 mai 2021).

Matérialité. L'élément matériel du délit est le refus de communiquer une clé de déchiffrement aux autorités judiciaires, *ou* le refus de la mettre en œuvre, à la suite de réquisitions en ce sens de ces autorités. Il s'agit donc d'une infraction par omission puisque, ici, est sanctionnée une abstention. En réprimant le refus de mettre en œuvre une convention de déchiffrement, le législateur a simplement envisagé l'hypothèse dans laquelle, même avec la clé, les enquêteurs ne parviendraient pas à déchiffrer le message. Le refus de communiquer doit en outre porter sur la clé de déchiffrement d'un moyen de cryptologie « susceptible d'avoir été utilisé pour préparer, faciliter ou commettre un crime ou un délit ».

Enfin, le refus doit être opposé à l'autorité judiciaire qui a requis cette communication en application des titres II et III du livre I du code de procédure pénale. Or, le livre I concerne la « conduite de la politique pénale, de l'exercice de l'action publique et de l'instruction », et plus précisément le titre II porte sur les « enquêtes et [...] contrôles d'identité » alors que le titre III aborde les « juridictions d'instruction ». Par conséquent le délit ne devrait être consommé que si le refus est opposé à une réquisition du procureur de la République ou d'un magistrat instructeur. Cela exclut, *a priori*, les officiers de police judiciaire ou encore les juridictions de jugement. Sous condition la jurisprudence inclut pourtant les OPJ dans le champ des autorités requérantes...

Intentionnalité. L'infraction est intentionnelle. La logique propre au texte et l'article 121-3 du code pénal vont évidemment en ce sens.

II. INTERPRÉTATION

Lecture extensive du texte. Les distances prises par les juges avec la lettre de la loi imposent d'analyser à part les interprétations jurisprudentielles de l'article 434-15-2 du code pénal. Alors que la création du délit n'avait aucun lien avec le verrouillage d'un téléphone, la production prétorienne récente se concentre sur le refus de révéler le code. Ce qui a amené les juges à prendre des largesses certaines avec le texte sans que l'esprit de la loi ne soit réellement en mesure d'expliquer les interprétations retenues.

Lien entre le chiffrement et l'infraction suspectée (non). Dans l'espèce ayant donné lieu à la décision rendue par la chambre criminelle le 10 décembre 2019 (n° 18-86.878), le demandeur au pourvoi reprochait à la cour d'appel d'être entrée en voie de condamnation alors que le refus de remise ou de mise en œuvre de la convention de déchiffrement ne serait incriminé, selon lui, que si les juges du fond constataient que le téléphone avait effectivement pu être utilisé pour préparer, faciliter ou commettre un crime ou un délit. Or, selon le prévenu, en se bornant à affirmer, pour entrer en voie de condamnation, que les éléments découverts en possession du prévenu lors de son interpellation « laissaient présumer un usage du téléphone portable en lien avec les infractions à la législation sur les stupéfiants », motifs impropres à caractériser les conditions dans lesquelles le téléphone litigieux avait pu être utilisé pour commettre, préparer ou faciliter ces infractions, la cour d'appel aurait violé l'article 434-15-2 du code pénal. Cet argument ne manquait pas de poids. Le Conseil a en effet jugé, rappelons-le, que « l'enquête ou l'instruction doivent avoir permis d'identifier l'existence des données traitées par le moyen de cryptologie susceptible d'avoir été utilisé pour préparer, faciliter ou commettre un crime ou un délit » (Décis. n° 2018-696 QPC du 30 mars 2018, § 8).

Le moyen est toutefois rejeté par la chambre criminelle. Voici sa motivation : « Pour déclarer le prévenu coupable de refus de remettre aux autorités judiciaires ou de mettre en œuvre la convention secrète de déchiffrement d'un moyen de cryptologie, l'arrêt relève que M. R... a refusé de communiquer aux enquêteurs les codes de ses téléphones, rendant ainsi impossible leur exploitation ; les juges ajoutent que les éléments découverts en sa possession au moment de son interpellation, soit la plaquette de résine de cannabis et les sommes d'argent très importantes, dont l'analyse des billets a démontré la présence d'un taux de cannabis et de cocaïne supérieurs à ceux habituellement rencontrés sur les billets en circulation normale, laissent présumer un usage du téléphone portable en lien avec des infractions à la législation sur les stupéfiants ».

Selon la chambre criminelle, « en l'état de ses motifs, dépourvus d'insuffisance comme de contradiction et résultant de son appréciation souveraine des circonstances de fait contradictoirement débattues, la cour d'appel a justifié sa décision » (Crim. 10 déc. 2019, n° 18-86.878).

Au-delà, la Cour de cassation relève que la demande de déverrouillage du téléphone a été formulée par des enquêteurs, sans que ne soit mentionnée une réquisition en ce sens du procureur... Ce qui ne provoque pas davantage de censure par la chambre criminelle...

Confirmations. L'application du texte à un téléphone portable sur réquisitions d'un « simple » OPJ a par la suite été confirmée à plusieurs reprises.

1° Dans un arrêt inédit rendu le 13 octobre 2020, la Cour de cassation a entériné cette perspective en affirmant que « le code de déverrouillage d'un téléphone mobile peut constituer une clé de déchiffrement, si ce téléphone est équipé d'un moyen de cryptologie ». Une fois de plus, le fait qu'un OPJ et non un magistrat ait requis à un suspect de déverrouiller son téléphone n'a pas heurté la chambre criminelle (Crim. 13 oct. 2020, n° 19-85.984).

2° Le même jour dans un arrêt publié, la Cour affirmait : « la réquisition délivrée par un officier de police judiciaire agissant en vertu des articles 60-1, 77-1-1 et 99-3 du code de procédure pénale, dans leur rédaction applicable au litige, sous le contrôle de l'autorité judiciaire, entre dans les prévisions de l'article 434-15-2 du code pénal ». Toutefois, précise la Cour, pour que la demande s'apparente à la réquisition visée par le texte, encore faut-il que l'OPJ avertisse le suspect que le refus d'y déférer est susceptible de constituer une infraction pénale.

Et la Cour de répéter que « le code de déverrouillage d'un téléphone portable peut constituer une telle convention lorsque ledit téléphone est équipé d'un moyen de cryptologie ». La Cour ajoute toutefois : *« l'existence d'un tel moyen peut se déduire des caractéristiques de l'appareil ou des logiciels qui l'équipent ainsi que par les résultats d'exploitation des téléphones au moyen d'outils techniques, utilisés notamment par les personnes qualifiées requises ou experts désignés à cette fin, portés, le cas échéant, à la connaissance de la personne concernée »*. La Cour censure alors une cour d'appel ayant recouru à la notion « inopérante » de téléphone d'usage courant pour écarter la qualification de moyen de cryptologie (Crim. 13 oct. 2020, n° 20-80.150).

3° Enfin dans un arrêt rendu le 3 mars 2021, la Cour de cassation a estimé que la réquisition délivrée par un OPJ, agissant en vertu des articles 60-1, 77-1-1 et 99-3 du code de procédure pénale, sous le contrôle de l'autorité judiciaire, entrait dans les prévisions de l'article 434-15-2 du code pénal. La chambre criminelle a au surplus estimé qu'une cour d'appel ne pouvait condamner du chef de l'article 434-15-2 du code pénal par un motif d'ordre général, sans avoir constaté que le téléphone du prévenu était équipé d'un moyen de cryptologie et que le code de déverrouillage permettait de mettre au clair les données qu'il contenait (Crim. 3 mars 2021, n° 19-86.757).

L'assemblée plénière de la Cour de cassation a fini par avaliser ces perspectives en 2022 : « une convention de déchiffrement s'entend de tout moyen logiciel ou de toute autre information permettant la mise au clair d'une donnée transformée par un moyen de cryptologie, que ce soit à l'occasion de son stockage ou de sa transmission. Il en résulte que le code de déverrouillage d'un téléphone mobile peut constituer une clé de déchiffrement si ce téléphone est équipé d'un moyen de cryptologie. Dès lors, il incombe au juge de rechercher si le téléphone en cause est équipé d'un tel moyen et si son code de déverrouillage permet de mettre au clair tout ou partie des données cryptées qu'il contient ou auxquelles il donne accès » (Cass., ass. plén., 7 nov. 2022, n° 21-83.146 : cité note 3 ss. art. 434-15-2). En l'espèce fut censurée une cour d'appel ayant estimé que la clé de déverrouillage de l'écran d'accueil d'un smartphone n'était pas une convention secrète de déchiffrement, car elle n'intervenait pas à l'occasion de l'émission d'un message et ne visait pas à rendre incompréhensibles ou compréhensibles des données, au sens de l'article 29 de la loi du 21 juin 2004, mais tendait seulement à permettre d'accéder aux données et aux applications d'un téléphone, lesquelles pouvaient être ou non cryptées.

Synthèse. Il résulte de toutes ces jurisprudences que le chiffrement par verrouillage d'un téléphone portable est un moyen de cryptologie au sens de l'article 434-15-2. Par ailleurs, la réquisition judiciaire, imposée par la loi pour entrer en voie de condamnation en cas de refus de remettre la clé de déchiffrement, peut être émise par un OPJ à la condition que ce dernier avertisse le suspect que le refus d'y déférer est susceptible de constituer une infraction pénale.

En revanche, la Cour de cassation n'a toujours pas donné vigueur à la précision du Conseil constitutionnel selon lequel « l'enquête ou l'instruction doivent avoir permis d'identifier l'existence des données traitées par le moyen de cryptologie susceptible d'avoir été utilisé pour préparer, faciliter ou commettre un crime ou un délit » (Décis. n° 2018-696 QPC du 30 mars 2018, § 8). De vagues présomptions au cours des investigations suffisent pour sanctionner la non-révélation.

III. RÉPRESSION

Peines principales et aggravation. Les peines encourues ont été modifiées par l'article 16 de la loi n° 2016-731 du 3 juin 2016. La non-révélation est punie de trois ans d'emprisonnement et de 270 000 € d'amende (45 000 € avant 2016). Toutefois, si le refus est opposé alors que la remise ou la mise en œuvre de la convention aurait permis d'éviter la commission d'un crime ou d'un délit ou d'en limiter les effets, la peine est portée à cinq ans d'emprisonnement et à 450 000 € d'amende (75 000 € auparavant).

Peines complémentaires (non). Aucune peine complémentaire n'est prévue aux articles 434-44 à 434-48 du code pénal.

PRÉCISIONS TECHNIQUES

Le « moyen de cryptologie » a été défini *ex nihilo* par l'article 29 de la loi n° 2004-575 du 21 juin 2004, pour la confiance dans l'économie numérique (LCEN). Elle dispose que l'« on entend par moyen de cryptologie tout matériel ou logiciel conçu ou modifié pour transformer des données, qu'il s'agisse d'informations ou de signaux, à l'aide de conventions secrètes ou pour réaliser l'opération inverse avec ou sans convention secrète. Ces moyens de cryptologie ont principalement pour objet de garantir la sécurité du stockage ou de la transmission de données, en permettant d'assurer leur confidentialité, leur authentification ou le contrôle de leur intégrité ». La notion de « convention secrète de déchiffrement d'un moyen de cryptologie » trouve également des précisions dans l'article L. 871-1 du code de la sécurité intérieure, selon lequel les « conventions permettant le déchiffrement des données transformées au moyen de prestations » s'étendent aux « clés cryptographiques ainsi que de tout moyen logiciel ou de toute autre information permettant la mise au clair de ces données ». Plus concrètement, les mécanismes de chiffrement utilisent des algorithmes mathématiques (appelés algorithmes de chiffrement) pour chiffrer les données (les rendre inintelligibles) qui ne peuvent être déchiffrées qu'à l'aide d'une clé mathématique secrète (clé de déchiffrement). Suivant les applications, on distingue deux principaux types de chiffrement des données : le chiffrement symétrique et le chiffrement asymétrique. Dans le premier cas, l'algorithme n'a besoin que d'une seule clé pour chiffrer et déchiffrer les données. Cette technique est, par exemple, utilisée pour chiffrer les données de certains téléphones quand l'utilisateur entre un mot de passe (qui peut également prendre la forme d'une signature biométrique : palmaire ou faciale). Dans le cas du chiffrement asymétrique, qui est, par exemple, utilisé pour envoyer des messages chiffrés entre un émetteur et un destinataire ou dans le cadre des transactions en cryptomonnaies, il y a plusieurs jeux de clés : une clé privée (gardée secrète) et une clé publique (connue de tous) par utilisateur (un jeu pour l'émetteur et un jeu pour le destinataire). Lorsque l'émetteur souhaite envoyer un message au destinataire, il utilise la clé publique du destinataire pour chiffrer la donnée. Le destinataire utilisera alors sa propre clé privée pour déchiffrer et lire le message.

Le processus d'obtention des informations d'origine (texte en clair) à partir du texte chiffré et avec la clé de chiffrement est appelé déchiffrement. *A contrario*, le processus d'obtention des informations d'origine (texte en clair) à partir du texte chiffré sans la clé de chiffrement est appelé décryptage. Il met en avant directement une faille dans l'algorithme de chiffrement. Le déchiffrement, quant à lui, met en avant une faille d'implémentation de la clé dans le terminal cible (ou utilise simplement la clé dans le cadre d'un fonctionnement normal). Généralement, les « personnes physiques ou morales qualifiées » qui doivent remettre en clair des données chiffrées utilisent des techniques de déchiffrement. Les opérations menées, qu'elles soient logicielles (*software*) ou matérielles (*hardware*), visent à aller récupérer la clé de chiffrement puis à l'utiliser afin de rendre les données exploitables. Ces dispositifs techniques sont très complexes à mettre en œuvre et nécessitent des opérations de retroconception (longues et coûteuses). Elles sont prévues dans le cadre de l'article 230-1 du code de procédure pénale : « Lorsqu'il apparaît que des données saisies ou obtenues au cours de l'enquête ou de l'instruction ont fait l'objet d'opérations de transformation empêchant d'accéder aux informations en clair qu'elles contiennent ou de les comprendre, ou que ces données sont protégées par un mécanisme d'authentification, *[l'autorité judiciaire]* saisie de l'affaire peut désigner toute personne physique ou morale qualifiée, en vue d'effectuer les opérations techniques permettant d'obtenir l'accès à ces informations, leur version en clair ainsi que, dans le cas où un moyen de cryptologie a été utilisé, la convention secrète de déchiffrement, si cela apparaît nécessaire ». Nous comprenons que ces opérations sont à réaliser pour chaque nouveau modèle et à chaque mise à jour majeure des logiciels. La clé de déchiffrement est une suite de bits dont la longueur dépend de l'algorithme utilisé. Une fois la clé connue, des opérations mathématiques sont réalisées afin de remonter au mot de passe. Suivant la longueur et la complexité du mot de passe utilisé (caractères spéciaux), cette opération est plus ou moins longue et nécessite une puissance de calcul très importante. Par conséquent, les experts peuvent avoir besoin d'accéder à des moyens importants pour retrouver le mot de passe. Ainsi, l'article 230-1 du code de procédure pénale prévoit que « si la peine encourue est égale ou supérieure à deux ans d'emprisonnement et que les nécessités de l'enquête ou de l'instruction l'exigent, *[l'autorité judiciaire]* saisie de l'affaire peut prescrire le recours aux moyens de l'État soumis au secret de la défense nationale ». Il s'agit ici d'une puissance de calcul considérable dont l'ampleur ne doit pas être connue pour des raisons de sécurité nationale (cyberdéfense) et qui fait l'objet actuellement d'une question prioritaire de constitutionnalité (Crim., QPC 1er févr. 2022 : n° 21-85.148).

Il existe souvent des confusions entre chiffrement et verrouillage. Le déverrouillage simple du téléphone n'est pas une technologie de chiffrement de données. Il permet uniquement de limiter l'accès aux données du téléphone sans nécessairement utiliser de technologie de chiffrement au niveau de la mémoire physique du téléphone. Concrètement, il bloque simplement les fonctionnalités et l'accès au système qui restreint alors l'accès aux données contenues dans la mémoire. Ainsi, une lecture directe (physique) de la mémoire permettra d'accéder aux données. En ce qui concerne les téléphones mobiles, il convient de souligner que certains systèmes d'exploitation peuvent recourir au code de déverrouillage pour chiffrer la mémoire physique. En ce qui concerne les téléphones de marque Apple, chaque fichier est chiffré par défaut avec un chiffrement différent, dérivé d'une clé primaire qui est elle-même chiffrée avec le code de déverrouillage ou le FaceID, si ce dernier est activé. Pour les téléphones Android, un chiffrement complet du disque avec une clé unique dérivée du code de déverrouillage était disponible pour les versions Android 5 à Android 9. Cependant, ce chiffrement a été supprimé par Android en raison de certaines limitations, telles que le blocage des appels et des alarmes qui n'étaient disponibles qu'une fois le téléphone déverrouillé, même si la puce était déverrouillée. Depuis la version Android 10, un chiffrement différent pour chaque fichier est devenu obligatoire et est utilisé par défaut. Les clés de chiffrement sont dérivées d'une clé primaire générée de manière aléatoire et différente du code de déverrouillage.

La différence entre les notions de déverrouillage et déchiffrement est importante car elle conditionne l'application de l'article 434-15-2 du Code pénal. Cet article dispose qu'« est puni de trois ans d'emprisonnement et de 270 000 € d'amende le fait, pour quiconque ayant connaissance de la convention secrète de déchiffrement d'un moyen de cryptologie susceptible d'avoir été utilisé pour préparer, faciliter ou commettre un crime ou un délit, de refuser de remettre ladite convention aux autorités judiciaires ou de la mettre en œuvre ». La jurisprudence a complété cette définition. Après le renvoi d'une QPC portant sur cet article (Crim. 10 janv. 2018, n° 17-90.019), la Cour de cassation a apporté plusieurs précisions. Dans un premier arrêt (Crim. 10 déc. 2019, n° 18-86.878), elle indique que le droit de ne pas « s'auto-incriminer ne s'étend pas aux données qui existent indépendamment de la volonté de l'intéressé » et précise l'application du texte aux téléphones portables. Cependant, dans un arrêt du 16 avril 2019 (CA Paris, 16 avr. 2019, n° 18/09267), la cour d'appel de Paris soutenait qu'« un code de déverrouillage d'un téléphone portable d'usage courant, qui ouvre l'accès aux données qui y sont contenues, ne constitue pas une convention secrète d'un moyen de cryptologie, en ce qu'il ne permet pas de déchiffrer des données ou messages cryptés ». Saisie d'un pourvoi, la chambre criminelle de la cour de cassation précise dans un arrêt du 13 octobre 2020 (Crim. 13 oct. 2020, n° 20-80.150) que le fait de ne pas révéler le code de déverrouillage de son téléphone portable est susceptible de poursuites « si le téléphone portable est équipé d'un moyen de cryptologie » et souligne au passage la possibilité pour l'OPJ de requérir la communication de ce code (acté *ipso facto* sur un procès-verbal). La Haute Cour précise également que le moyen de cryptologie peut se déduire « des caractéristiques de l'appareil ou des logiciels qui l'équipent ainsi que par les résultats d'exploitation des téléphones au moyen d'outils techniques, utilisés notamment par les personnes qualifiées requises ou experts désignés à cette fin, portés, le cas échéant, à la connaissance de la personne concernée ». Quelques mois plus tard, la cour d'appel de Toulouse avait condamné un individu, interpellé dans le cadre d'une manifestation, qui avait refusé de divulguer le code permettant aux enquêteurs de déverrouiller son téléphone. L'arrêt de la chambre criminelle de la Cour de cassation du 3 mars 2021 (Crim. 3 mars 2021, n° 19-86.757) précise que, même si le code du téléphone « qui a pour objet de garantir la sécurité du stockage ou de la transmission des données contenues dans le téléphone et d'assurer leur confidentialité » constitue bien un moyen de cryptologie, la cour d'appel s'est uniquement déterminée par un « motif d'ordre général » sans constater « que le téléphone du prévenu était équipé d'un moyen de cryptologie et que le code de déverrouillage permettait de mettre au clair les données qu'il contenait ». Ainsi, elle précise que « c'est au regard de l'appareil en cause que doit être opérée la constatation du fait que celui-ci est équipé d'un moyen de cryptologie et que le code de déverrouillage permet de mettre au clair les données qu'il contient » (O. Addad, Garde à vue : ne dites rien, votre téléphone parlera pour vous, *D. actu. 7 avr. 2021*).

Dans un arrêt rendu le 7 novembre 2022 (Ass. Plén. 7 nov. 2022, n° 21-83.146), l'assemblée plénière de la Cour de cassation a admis que le code de déverrouillage d'un téléphone mobile pouvait être considéré comme une convention de déchiffrement, même s'il n'avait pas été utilisé directement dans le processus de chiffrement des données. Cette décision a été prise dans le cadre d'une affaire où une personne placée en garde à vue pour violation de la législation sur les stupéfiants avait refusé de communiquer les mots de passe de ses téléphones. Le tribunal correctionnel avait relaxé cette personne par un jugement rendu le 15 mai 2018, décision qui avait été confirmée en appel par la cour d'appel de Douai. Cette dernière avait estimé que le code de déverrouillage de l'écran d'accueil d'un téléphone, qu'il s'agisse d'un code chiffré ou d'un ensemble de points à relier dans un sens prédéfini par l'utilisateur, « ne pouvait être qualifié [...] de convention secrète de déchiffrement », car il ne servait qu'à débloquer l'écran pour accéder aux données contenues dans le téléphone et non à décrypter ces données. Toutefois, la Cour de cassation avait cassé cette décision par un arrêt rendu par la chambre criminelle le 13 octobre 2020 (n° 19-85.984), affirmant que le « code de déverrouillage d'un téléphone portable constituait une convention de déchiffrement s'il permet de mettre au clair les données qu'il contient ». La cour d'appel de Douai, saisie à nouveau sur renvoi, avait néanmoins maintenu la relaxe. Dans son arrêt en assemblée plénière, la Cour de cassation a confirmé sa position et a rappelé que toute information permettant la mise au clair d'une donnée transformée par un moyen de cryptologie, que ce soit à l'occasion de son stockage ou de sa transmission, pouvait être considérée comme une convention de déchiffrement. Ainsi, même si le code de déverrouillage n'est pas directement utilisé dans le chiffrement des données, il peut constituer une convention de déchiffrement s'il permet d'accéder ou de mettre en clair les données stockées en mémoire. Cette décision est justifiée par le fait que de nos jours, la plupart des téléphones sont configurés de manière à chiffrer automatiquement les données lorsque l'appareil est verrouillé, même si aucun code de déverrouillage n'a été activé. Ainsi, même sans code de déverrouillage, les données sont chiffrées lors du verrouillage et déchiffrées lors du déverrouillage. Lorsqu'un code de déverrouillage est activé et même s'il n'est pas utilisé comme clé de chiffrement, il permet dans une certaine mesure, en déverrouillant le téléphone, de contrôler le déchiffrement des données. Cependant, il est possible que des difficultés pratiques surgissent avec cette décision. Par exemple, concernant les téléphones Android, bien que le chiffrement soit obligatoire depuis Android 10, les fabricants peuvent apporter des modifications significatives au système d'exploitation et pourraient ne pas chiffrer les téléphones des modèles d'entrée de gamme peu performants. Par conséquent, si l'on se contente de vérifier la présence d'un chiffrement de la mémoire lors de la réception des téléphones, il est possible que celui-ci soit un chiffrement tiers sur lequel le code de déverrouillage n'a aucune incidence. Il serait donc préférable de tenir une liste des modèles de téléphones pour lesquels le chiffrement par défaut est certain. Dans ces cas, le code de déverrouillage sera une convention de déchiffrement. Si un chiffrement tiers est utilisé en complément, il suffirait de demander le nouveau code de chiffrement au prévenu. Cependant, si le téléphone n'est pas dans la liste et que sa mémoire est chiffrée, le code de déverrouillage ne sera pas nécessairement une convention de déchiffrement.

Nous notons, au regard de l'article 434-15-2 du code pénal, qu'il est également prévu plusieurs mécanismes d'aggravation : « si le refus est opposé alors que la remise ou la mise en œuvre de la convention aurait permis d'éviter la commission d'un crime ou d'un délit ou d'en limiter les effets, la peine est portée à cinq ans d'emprisonnement et à 450 000 € d'amende ». La LCEN a ajouté un nouveau mécanisme dans l'article 132-79 du code pénal : « lorsqu'un moyen de cryptologie au sens de l'article 29 de la loi n° 2004-575 du 21 juin 2004 pour la confiance dans l'économie numérique a été utilisé pour préparer ou commettre un crime ou un délit, ou pour en faciliter la préparation ou la commission, le maximum de la peine privative de liberté encourue est relevé ainsi qu'il suit :

« 1° Il est porté à la réclusion criminelle à perpétuité lorsque l'infraction est punie de trente ans de réclusion criminelle ;

« 2° Il est porté à trente ans de réclusion criminelle lorsque l'infraction est punie de vingt ans de réclusion criminelle ; [...]

« 7° Il est porté au double lorsque l'infraction est punie de trois ans d'emprisonnement au plus ». En outre, le mis en cause aura à tout moment la possibilité de remettre aux autorités sa convention secrète : « les dispositions du présent article ne sont toutefois pas applicables à l'auteur ou au complice de l'infraction qui, à la demande des autorités judiciaires ou administratives, leur a remis la version en clair des messages chiffrés ainsi que les conventions secrètes nécessaires au déchiffrement ». ❑

1. QPC. Le requérant, rejoint par les parties intervenantes, soutient que les dispositions contestées, en ce qu'elles sanctionnent le refus pour une personne suspectée d'une infraction de remettre aux autorités judiciaires, ou de mettre en œuvre à leur demande, une clé de déchiffrement susceptible d'avoir été utilisée pour commettre cette infraction, porteraient atteinte au droit au silence et au droit de ne pas contribuer à sa propre incrimination ; elles seraient ainsi contraires au droit à une procédure juste et équitable garanti par l'art. 16 DDH et au principe de présomption d'innocence garanti par l'art. 9 de cette même déclaration ; enfin, selon les parties intervenantes, ces mêmes dispositions violeraient également le droit au respect de la vie privée et, selon l'une des parties intervenantes, le secret des correspondances, les droits de la défense, le principe de proportionnalité des peines et la liberté d'expression ; en premier lieu, en imposant à la personne ayant connaissance d'une convention secrète de déchiffrement d'un moyen de cryptologie de remettre ladite convention aux autorités judiciaires ou de la mettre en œuvre uniquement si ce moyen de cryptologie est susceptible d'avoir été utilisé pour préparer, faciliter ou commettre un crime ou un délit et uniquement si la demande émane d'une autorité judiciaire, le législateur a poursuivi les objectifs de valeur constitutionnelle de prévention des infractions et de recherche des auteurs d'infractions, tous deux nécessaires à la sauvegarde de droits et de principes de valeur constitutionnelle ; en second lieu, aux termes de la première phrase de l'art. 29 de la L. n° 2004-575 du 21 juin 2004 pour la confiance dans l'économie numérique, constitue un moyen de cryptologie « tout matériel ou logiciel conçu ou modifié pour transformer des données, qu'il s'agisse d'informations ou de signaux, à l'aide de conventions secrètes ou pour réaliser l'opération inverse avec ou sans convention secrète » ; les dispositions critiquées n'imposent à la personne suspectée d'avoir commis une infraction, en utilisant un moyen de cryptologie, de délivrer ou de mettre en œuvre la convention secrète de déchiffrement que s'il est établi qu'elle en a connaissance ; elles n'ont pas pour objet d'obtenir des aveux de sa part et n'emportent ni reconnaissance ni présomption de culpabilité mais permettent seulement le déchiffrement des données cryptées, en outre, l'enquête ou l'instruction doivent avoir permis d'identifier l'existence des données traitées par le moyen de cryptologie susceptible d'avoir été utilisé pour préparer, faciliter ou commettre un crime ou un délit ; enfin, ces données, déjà fixées sur un support, existent indépendamment de la volonté de la personne suspectée ; il résulte de ce qui précède que les dispositions contestées ne portent pas atteinte au droit de ne pas s'accuser ni au droit au respect de la vie privée et au secret des correspondances ; le 1er al. de l'art. 434-15-2 C. pén., qui ne méconnaît pas non plus les droits de la défense, le principe de proportionnalité des peines et la liberté d'expression, ni aucun autre droit ou liberté que la Constitution garantit, doit être déclaré conforme à la Constitution. • Cons. const., 30 mars 2018, n° 2018-696 QPC : *JO 31 mars ; AJ pénal 2018. 257, obs. Lacaze ; Dr. pénal 2018. Comm. 123, obs. Conte.*

2. Conv. EDH. Pour écarter le moyen pris de l'inconventionalité de l'art. 434-15-2 C. pén., l'arrêt énonce que l'atteinte au droit de se taire et au droit de ne pas s'auto-incriminer est constituée dès lors que les données ne peuvent exister indépendamment de la volonté du suspect, ce qui n'est pas le cas des données contenues dans les téléphones, qui peuvent être obtenues par des moyens techniques ; en statuant ainsi, et dès lors que le droit de ne pas s'incriminer soi-même ne s'étend pas aux données que l'on peut obtenir de la personne concernée en recourant à des pouvoirs coercitifs mais qui existent indépendamment de la volonté de l'intéressé, la cour d'appel n'a méconnu aucune des dispositions légales et conventionnelles visées au moyen. • Crim. 10 déc. 2019, n° 18-86.878 : *D. 2019. 2410 ; JCP 2019. 1369 ; AJ pénal 2020. 33, obs. Bello et Mercinier ; Dr. pénal 2020. Comm. 27, obs. Conte ; ibid. Chron. 12, obs. Lepage ; Gaz. Pal. 2020. 238, note Mésa ; ibid. 1771, obs. Fourment.*

3. Convention de déchiffrement. La convention de déchiffrement, visée par l'art. 434-15-2 C. pén., s'entend, au sens de l'art. 29 de la L. n° 2004-575 du 21 juin 2004, de tout moyen logiciel ou de toute autre information permettant la mise au clair d'une donnée transformée par un moyen de cryptologie, que ce soit à l'occasion de son stockage ou de sa transmission. Il en résulte que le code de déverrouillage d'un téléphone mobile peut constituer une clé de déchiffrement si ce téléphone est équipé d'un moyen de cryptologie. Dès lors, pour l'application de l'art. 434-15-2, il incombe au juge de rechercher si le téléphone en cause est équipé d'un tel moyen et si son code de déverrouillage permet de mettre au clair tout ou partie des données cryptées qu'il contient ou auxquelles il donne accès. • Cass., ass. plén., 7 nov. 2022, n° 21-83.146 B : *D. actu. 16 nov. 2022, obs. Sontag Koenig ; D. 2022. Actu. 1968 ; AJ pénal 2022. 577, note Audibert ; JCP 2022, n° 1320, note Ribeyre ; CCE 2022, n° 89, obs. Caprioli ; LPA 31 janv. 2023, note Le Maigat.* ♦ Le code de déverrouillage d'un téléphone portable peut constituer une convention secrète de déchiffrement d'un moyen de cryptologie lorsque ledit téléphone est équipé d'un tel moyen, ce qui peut se déduire des caractéristiques de l'appareil ou des logiciels qui l'équipent ainsi que par les résultats d'exploitation des téléphones au moyen d'outils techniques, utilisés notamment par les personnes qualifiées requises ou experts désignés à cette fin, portés, le cas échéant, à la connaissance de la personne concernée. • Crim. 13 oct. 2020, n° 20-80.150 : *D. 2020. 2009 ; ibid. 2021. 609, note Vergnolle ; D. actu. 20 oct. 2020, obs. Fucini ; AJ pénal 2020. 587, obs. de Combles de Nayves ; JCP 2020. 1417, note Dreyer ; Gaz. Pal. 2020. 3357, note Thierry ; ibid. 2021. 474, obs. Fourment ; Dr. pénal 2020. Chron. 12, obs. Lepage ; ibid. 2021, n° 1, obs. Ribeyre ; Dr. pénal 2021, n° 1, obs. Ribeyre* • Paris, 16 avr. 2019, n° 19/09267 : *D. actu. 3 oct. 2019, obs. Azoulay ; AJ pénal 2019. 439, note de Combles de Nayves* (qui avait jugé, au contraire, que le code de déverrouillage d'un téléphone n'est pas une convention secrète de déchiffrement).

TITRE IV DES ATTEINTES À LA CONFIANCE PUBLIQUE

CHAPITRE I *DES FAUX*

Art. 441-1 Constitue un faux toute altération frauduleuse de la vérité, de nature à causer un préjudice et accomplie par quelque moyen que ce soit, dans un écrit ou tout autre support d'expression de la pensée qui a pour objet ou qui peut avoir pour effet d'établir la preuve d'un droit ou d'un fait ayant des conséquences juridiques.

Le faux et l'usage de faux sont punis de trois ans d'emprisonnement et de 45 000 € d'amende.

Art. 441-2 Le faux commis dans un document délivré par une administration publique aux fins de constater un droit, une identité ou une qualité ou d'accorder une autorisation est puni de cinq ans d'emprisonnement et de 75 000 € d'amende.

L'usage du faux mentionné à l'alinéa précédent est puni des mêmes peines.

Les peines sont portées à sept ans d'emprisonnement et à 100 000 € d'amende lorsque le faux ou l'usage de faux est commis :

1° Soit par une personne dépositaire de l'autorité publique ou chargée d'une mission de service public agissant dans l'exercice de ses fonctions ;

2° Soit de manière habituelle ;

3° Soit dans le dessein de faciliter la commission d'un crime ou de procurer l'impunité à son auteur.

Art. 441-3 La détention frauduleuse de l'un des faux documents définis à l'article 441-2 est punie de deux ans d'emprisonnement et de 30 000 € d'amende.

La peine est portée à cinq ans d'emprisonnement et à 75 000 € d'amende en cas de détention frauduleuse de plusieurs faux documents.

Art. 441-4 Le faux commis dans une écriture publique ou authentique ou dans un enregistrement ordonné par l'autorité publique est puni de dix ans d'emprisonnement et de 150 000 € d'amende.

L'usage du faux mentionné à l'alinéa qui précède est puni des mêmes peines.

Les peines sont portées à quinze ans de réclusion criminelle et à 225 000 € d'amende lorsque le faux ou l'usage de faux est commis par une personne dépositaire de l'autorité publique ou chargée d'une mission de service public agissant dans l'exercice de ses fonctions ou de sa mission.

Art. 441-5 Le fait de procurer frauduleusement à autrui un document délivré par une administration publique aux fins de constater un droit, une identité ou une qualité ou d'accorder une autorisation est puni de cinq ans d'emprisonnement et de 75 000 € d'amende.

Les peines sont portées à sept ans d'emprisonnement et à 100 000 € d'amende lorsque l'infraction est commise :

1° Soit par une personne dépositaire de l'autorité publique ou chargée d'une mission de service public agissant dans l'exercice de ses fonctions ;

2° Soit de manière habituelle ;

3° Soit dans le dessein de faciliter la commission d'un crime ou de procurer l'impunité à son auteur.

Art. 441-6 Le fait de se faire délivrer indûment par une administration publique ou par un organisme chargé d'une mission de service public, par quelque moyen frauduleux que ce soit, un document destiné à constater un droit, une identité ou une qualité ou à accorder une autorisation est puni de deux ans d'emprisonnement et de 30 000 € d'amende.

(L. n° 2013-1203 du 23 déc. 2013, art. 86) « Est puni des mêmes peines le fait de fournir sciemment une fausse déclaration ou une déclaration incomplète en vue d'obtenir ou de tenter d'obtenir, de faire obtenir ou de tenter de faire obtenir d'une personne publique, d'un organisme de protection sociale ou d'un organisme chargé d'une mission de service public une allocation, une prestation, un paiement ou un avantage indu. »

Art. 441-7 Indépendamment des cas prévus au présent chapitre, est puni d'un an d'emprisonnement et de 15 000 € d'amende le fait :

1° D'établir une attestation ou un certificat faisant état de faits matériellement inexacts ;

2° De falsifier une attestation ou un certificat originairement sincère ;

3° De faire usage d'une attestation ou d'un certificat inexact ou falsifié.

Les peines sont portées à trois ans d'emprisonnement et à 45 000 € d'amende lorsque l'infraction est commise *(L. n° 2018-778 du 10 sept. 2018, art. 39)* « soit en vue de porter préjudice au Trésor public ou au patrimoine d'autrui, soit en vue d'obtenir un titre de séjour ou le bénéfice d'une protection contre l'éloignement. »

Art. 441-8 *(L. n° 2016-274 du 7 mars 2016, art. 53)* Le fait d'utiliser un document d'identité ou de voyage *(L. n° 2018-778 du 10 sept. 2018, art. 35)* « , un titre de séjour ou tout document provisoire mentionné à l'article *(Ord. n° 2020-1733 du 16 déc. 2020, art. 10, en vigueur le 1er mai 2021)* « L. **431-3** *[ancienne rédaction : L. 311-4]* » du code de l'entrée et du séjour des étrangers et du droit d'asile » appartenant à un tiers, avec ou sans son consentement, aux fins d'entrer *(L. n° 2018-778 du 10 sept. 2018, art. 35)* « , de circuler » ou de se maintenir sur le territoire *(L. n° 2018-778 du 10 sept. 2018, art. 35)* « français *[ancienne rédaction : de l'espace Schengen]* » ou d'obtenir indûment un titre, une qualité, un statut ou un avantage est puni de cinq ans d'emprisonnement et de 75 000 € d'amende.

Le fait pour le titulaire du document d'identité ou de voyage *(L. n° 2018-778 du 10 sept. 2018, art. 35)* « , du titre de séjour ou du document provisoire mentionné au même article L. 311-4 » d'avoir sciemment facilité la commission de l'infraction mentionnée au premier alinéa est puni de la même peine.

Les peines sont portées à sept ans d'emprisonnement et à 100 000 € d'amende lorsque ces infractions sont commises de manière habituelle.

Art. 441-9 La tentative des délits prévus aux articles 441-1, 441-2 et 441-4 à 441-8 est punie des mêmes peines.

Art. 441-10 Les personnes physiques coupables des crimes et délits prévus au présent chapitre encourent également les peines suivantes :

1° L'interdiction des droits civiques, civils et de famille suivant les modalités prévues par l'article 131-26 ;

2° *(L. n° 2008-776 du 4 août 2008, art. 70)* « L'interdiction, suivant les modalités prévues par l'article 131-27, soit d'exercer une fonction publique ou d'exercer l'activité professionnelle ou sociale dans l'exercice ou à l'occasion de l'exercice de laquelle l'infraction a été commise, soit d'exercer une profession commerciale ou industrielle, de diriger, d'Administrer de gérer ou de contrôler à un titre quelconque, directement ou indirectement, pour son propre compte ou pour le compte d'autrui, une entreprise commerciale ou industrielle ou une société commerciale. Ces interdictions d'exercice peuvent être prononcées cumulativement ; »

3° L'exclusion des marchés publics ;

4° La confiscation de la chose qui a servi ou était destinée à commettre l'infraction ou de la chose qui en est le produit, à l'exception des objets susceptibles de restitution.

Art. 441-11 L'interdiction du territoire français peut être prononcée dans les conditions prévues par l'article 131-30, soit à titre définitif, soit pour une durée de dix ans au plus, à l'encontre de tout étranger coupable de l'une des infractions définies au présent chapitre.

Art. 441-12 *(L. n° 2009-526 du 12 mai 2009, art. 124-I)* « Les personnes morales déclarées responsables pénalement, dans les conditions prévues par l'article 121-2, des infractions définies au présent chapitre encourent, outre l'amende suivant les modalités prévues par l'article 131-38, les peines prévues par l'article 131-39. »

L'interdiction mentionnée au 2° de l'article 131-39 porte sur l'activité dans l'exercice ou à l'occasion de l'exercice de laquelle l'infraction a été commise.

DEUXIÈME PARTIE : *DÉCRETS EN CONSEIL D'ÉTAT*

LIVRE II DES CRIMES ET DÉLITS CONTRE LES PERSONNES

TITRE II DES ATTEINTES À LA PERSONNE HUMAINE

CHAPITRE VI *DES ATTEINTES À LA PERSONNALITÉ*

SECTION 1 *DE L'ATTEINTE À LA VIE PRIVÉE*

Art. R. 226-1 *(Décr. n° 97-757 du 10 juill. 1997)* La liste d'appareils *(Décr. n° 2016-67 du 29 janv. 2016, art. 6)* « et de dispositifs techniques » prévue par l'article 226-3 est établie par arrêté du Premier ministre. — *V. Arr. du 4 juill. 2012 (JO*

1er août), mod. par Arr. du 17 juill. 2015 (JO 22 juill.), mod. par Arr. du 15 déc. 2015 (JO 27 déc.), mod. par Arr. du 11 août 2016 (JO 26 août).

Par dérogation aux dispositions de l'article 1er du décret n° **97-34** du **15** janvier **1997** relatif à la déconcentration des décisions administratives individuelles, les autorisations prévues aux articles R. **226-3** et R. **226-7** sont délivrées par le *(Décr. n° 2019-1139 du 7 nov. 2019, art. 1er)* « directeur général de l'Agence nationale de la sécurité des systèmes d'information *[ancienne rédaction : Premier ministre]* ».

Code des postes et des communications électroniques

PARTIE LÉGISLATIVE

LIVRE II **LES COMMUNICATIONS ÉLECTRONIQUES**

TITRE I **DISPOSITIONS GÉNÉRALES**

CHAPITRE II ***RÉGIME JURIDIQUE***

SECTION 3 ***Protection de la vie privée des utilisateurs de réseaux et services de communications électroniques***

(L. n° 96-659 du 26 juill. 1996, art. 6)

Art. L. 34-1 *[...]*

III. — Pour des motifs tenant à la sauvegarde de la sécurité nationale, lorsqu'est constatée une menace grave, actuelle ou prévisible, contre cette dernière, le Premier ministre peut enjoindre par décret aux opérateurs de communications électroniques de conserver, pour une durée d'un an, certaines catégories de données de trafic, en complément de celles mentionnées au 3° du II *bis*, et de données de localisation précisées par décret en Conseil d'État.

L'injonction du Premier ministre, dont la durée d'application ne peut excéder un an, peut être renouvelée si les conditions prévues pour son édiction continuent d'être réunies. Son expiration est sans incidence sur la durée de conservation des données mentionnées au premier alinéa du présent III.

Code de procédure pénale

PREMIÈRE PARTIE : ***LÉGISLATIVE***

LIVRE I **DE LA CONDUITE DE LA POLITIQUE PÉNALE, DE L'EXERCICE DE L'ACTION PUBLIQUE ET DE L'INSTRUCTION**

(L. n° 2013-669 du 25 juill. 2013, art. 2-1°).

TITRE II **DES ENQUÊTES ET DES CONTRÔLES D'IDENTITÉ** *(L. n° 83-466 du 10 juin 1983).*

CHAPITRE I ***DES CRIMES ET DÉLITS FLAGRANTS***

Art. 60-1 *(L. n° 2004-204 du 9 mars 2004, art. 80-II ; L. n° 2007-297 du 5 mars 2007, art. 69)* « Le procureur de la République ou l'officier de police judiciaire *(L. n° 2019-222 du 23 mars 2019, art. 47)* « ou, sous le contrôle de ce dernier, l'agent de police judiciaire » *(L. n° 2023-22 du 24 janv. 2023, art. 18)* « ou, dans le cas prévu au 3° de l'article 21-3, l'assistant d'enquête » peut, par tout moyen, requérir de toute personne, de tout établissement ou organisme privé ou public ou de toute administration publique qui sont susceptibles de détenir des *(L. n° 2014-1353 du 13 nov. 2014, art. 14)*

« informations » intéressant l'enquête, y compris *(L. n° 2022-299 du 2 mars 2022, art. 12-II)* **« , sous réserve de l'article 60-1-2, »** *(L. n° 2014-1353 du 13 nov. 2014, art. 14)* **« celles issues » d'un système informatique ou d'un traitement de données nominatives, de lui remettre ces** *(L. n° 2014-1353 du 13 nov. 2014, art. 14)* **« informations », notamment sous forme numérique,** *(L. n° 2019-222 du 23 mars 2019, art. 47)* **« le cas échéant selon des normes fixées par voie réglementaire, » sans que puisse lui être opposée, sans motif légitime, l'obligation au secret professionnel. Lorsque les réquisitions concernent des personnes mentionnées aux articles 56-1 à** *(L. n° 2016-731 du 3 juin 2016, art. 58, en vigueur le 1er oct. 2016)* **« 56-5 », la remise des** *(L. n° 2014-1353 du 13 nov. 2014, art. 14)* **« informations » ne peut intervenir qu'avec leur accord. »**

A l'exception des personnes mentionnées aux articles 56-1 à *(L. n° 2016-731 du 3 juin 2016, art. 58, en vigueur le 1er oct. 2016)* **« 56-5 », le fait de s'abstenir de répondre** *(L. n° 2019-222 du 23 mars 2019, art. 47)* **« à cette réquisition dans les meilleurs délais et s'il y a lieu selon les normes exigées » est puni d'une amende de 3 750 €.** *(Abrogé par L. n° 2009-526 du 12 mai 2009, art. 124-II-1°)* ***« Les personnes morales sont responsables pénalement, dans les conditions prévues par l'article 121-2 du code pénal, du délit prévu par le présent alinéa ».***

(L. n° 2010-1 du 4 janv. 2010) **« A peine de nullité, ne peuvent être versés au dossier les éléments obtenus par une réquisition prise en violation de l'article 2 de la loi du 29 juillet 1881 sur la liberté de la presse. »**

BIBL. ▶ ROUMIER, *Dr. pénal 2023, Focus 28* (Données de connexion – Accès aux données de connexion dans le cadre des procédures pénales).

COMMENTAIRE

Voir commentaire sous l'articlde 99-4

I. GÉNÉRALITÉS

1. QPC. Secret des sources. En application des art. 170 et 173, au cours de l'information, le juge d'instruction, le procureur de la République, les parties ou le témoin assisté peuvent saisir la chambre de l'instruction aux fins d'annulation d'un acte ou d'une pièce de la procédure. Il résulte de la législation et de la jurisprudence constante de la Cour de cassation qu'un tiers à la procédure, y compris un journaliste, ne peut pas demander l'annulation d'un acte qui aurait été accompli en violation du secret des sources. Mais, lorsqu'un tel acte est constitutif d'une infraction, le journaliste qui s'estime lésé peut se constituer partie civile ou, si les conditions de l'art. 6-1 ne sont pas réunies, engager une action en responsabilité contre l'État. Le 3e al. de l'art. 60-1 est donc conforme à la Constitution. • Cons. const. 28 oct. 2022, n° 2022-1022 QPC.

2. Journalistes. L'accord des journalistes n'est nécessaire que si ces professionnels sont directement requis de fournir des informations ; il ne l'est pas lorsqu'un opérateur de téléphonie est requis de fournir les « fadettes » d'un journaliste. • Crim. 14 mai 2013 : *D. actu. 12 juin 2013, obs. Lavric ; AJ pénal 2013. 467, obs. Lasserre Capdeville ; Procédures 2013, n° 220, note Chavent-Leclère.* ♦ V. aussi ss. art. 99-3.

3. Enregistrements de vidéosurveillance. Les OPJ peuvent se faire remettre par voie de réquisition judiciaire les enregistrements de vidéosurveillance installée, par le propriétaire, dans les parties communes d'un immeuble collectif, qui échappent aux prescriptions des art. 706-96 s. • Crim. 6 mars 2013 : *Gaz. Pal. 21 juill. 2013, p. 37, note Fourment.* ♦ En revanche, la prise, même ponctuelle, de photographies, sans son consentement, d'une personne se trouvant dans un lieu privé est subordonnée, dans le cadre de l'enquête, à l'autorisation du JLD, peu important qu'il s'agisse d'un lieu extérieur et pour partie visible depuis la voie publique. • Crim. 11 oct. 2022, n° 22-81.383. ♦ Les dispositions de l'art. L. 252-3 CSI relatives aux conditions de désignation des agents, appartenant notamment aux services de police et de gendarmerie nationales, habilités à recevoir les enregistrements effectués par les systèmes de vidéoprotection, ne sauraient priver un OPJ des pouvoirs qu'il tient de l'art. 60-1, qui lui prescrivent de veiller à la conservation des indices susceptibles de disparaître et de tout ce qui peut servir à la manifestation de la vérité, et lui permettent par conséquent de visionner ces enregistrements et d'annexer à ses procès-verbaux les éléments utiles à l'enquête. • Crim. 9 janv. 2018, n° 17-82.946 P : *AJ pénal 2018. 158, obs. Frinchaboy.*

4. Code de déverrouillage d'un téléphone. La réquisition délivrée par un officier de police judiciaire agissant en vertu des art. 60-1, 77-1-1 et 99-3, sous le contrôle de l'autorité judiciaire, entre dans les prévisions de l'art. 434-15-2 C. pén. (refus de remettre une convention secrète de déchiffrement d'un moyen de cryptologie susceptible d'avoir été utilisé pour préparer, faciliter ou commettre un crime ou un délit), mais la simple demande faite au gardé à vue de délivrance du code de déverrouillage d'un téléphone portable, formulée au cours d'une audition, sans avertissement que le refus d'y déférer est susceptible de constituer une infraction pénale, ne constitue pas une réquisition au sens du texte précité. • Crim. 13 oct. 2020, n° 20-80.150 P : *AJ pénal 2020. 587, obs. de Combles de Nayves*. ♦ Le code de déverrouillage d'un téléphone mobile peut constituer une clé de déchiffrement si ce téléphone est équipé d'un moyen de cryptologie de sorte que, pour l'application de l'art. 434-15-2 C. pén., il incombe au juge de rechercher si le téléphone en cause est équipé d'un tel moyen et si son code de déverrouillage permet de mettre au clair tout ou partie des données cryptées qu'il contient ou auxquelles il donne accès. • Cass., ass. plén., 7 nov. 2022, n° 21-83.146 B : *D. actu. 16 nov. 2022, obs. Sontag-Koenig ; AJ pénal 2022. 577, note Audibert*.

II. DONNÉES DE CONNEXION

A. JURISPRUDENCE DE LA CJUE

5. L'atteinte portée à la protection de la vie privée des individus et au droit à la protection des données personnelles par la conservation généralisée des données par les opérateurs téléphoniques rendue obligatoire par la directive 2006/24/CE est jugée disproportionné, la directive, qui obligeait les États membres à imposer aux opérateurs la conservation de toutes les données de trafic pour une durée comprise entre six mois et deux ans au maximum est donc annulée. • CJUE 8 avr. 2014, *Digital Rights Ireland Ltd*, n° C-293/12 et C-594/12 : *AJDA 2014. 773 ; ibid. 1147, chron. Aubert, Broussy et Cassagnabère ; D. 2014. 1355, et les obs., note Castets-Renard ; ibid. 2317, obs. Larrieu, Le Stanc et Tréfigny ; Légipresse 2014. 265 et les obs. ; RTD eur. 2014. 283, édito. Jacqué ; ibid. 2015. 117, étude Peyrou ; ibid. 168, obs. Benoît-Rohmer ; ibid. 786, obs. Benlolo-Carabot*.

6. Le droit dérivé s'oppose à ce qu'une législation nationale permette une conservation généralisée et indifférenciée des données de trafic et de localisation à des fins pénales et l'accès à ces métadonnées les plus sensibles doit être limité à la seule lutte contre la criminalité « grave » et, sauf urgence, être préalablement soumis à une juridiction ou à une autorité administrative indépendante ; par ailleurs, les autorités nationales compétentes auxquelles l'accès aux données conservées a été accordé doivent en informer les personnes concernées, dès lors que cette communication n'est pas susceptible de compromettre les enquêtes menées par ces autorités, afin de leur permettre d'exercer leur droit de recours. • CJUE 21 déc. 2016, *Tele2 Sverige AB c/ Post-och telestyrelsen*, n° C-203/15, C-698/15 : *AJDA 2016. 2466 ; ibid. 2017. 1106, chron. Broussy, Cassagnabère, Gänser et Bonneville ; D. 2017. 8 ; ibid. 2018. 1033, obs. Fauvarque-Cosson et Maxwell ; Dalloz IP/IT 2017. 230, obs. Forest ; JAC 2017, n° 43, p. 13, obs. Scaramozzino ; RTD eur. 2017. 884, obs. Benlolo-Carabot ; ibid. 2018. 461, obs. Benoît-Rohmer ; Rev. UE 2017. 178, étude Bréchot*.

7. Si les infractions graves peuvent seules justifier une ingérence grave et donc un accès aux métadonnées sensibles, les infractions pénales d'une gravité moindre peuvent justifier un accès aux données peu sensibles : l'accès d'autorités publiques aux données visant à l'identification des titulaires des cartes SIM activées avec un téléphone mobile volé comporte une ingérence dans les droits fondamentaux qui ne présente pas une gravité telle que cet accès devrait être limité en matière de prévention, de recherche, de détention et de poursuite d'infractions pénales, à la lutte contre la criminalité grave. • CJUE 2 oct. 2018, *Ministerio Fiscal*, n° C-207/16 : *D. actu. 16 oct. 2018, obs. Fucini.*

8. La demande ne peut exiger des opérateurs et fournisseurs de services ni de conserver ni de communiquer des données qui ne sont nullement pertinentes pour l'acheminement d'une communication, telle par exemple l'URL ; premièrement, les données les plus sensibles, que sont les données de trafic et de localisation, peuvent donner lieu d'une part à une conservation généralisée et indifférenciée, uniquement en vue de sauvegarder la sécurité nationale et la décision de recourir à une telle conservation, d'une durée limitée mais renouvelable, doit pouvoir faire l'objet d'un recours devant une juridiction ou une entité administrative indépendante, d'autre part, à une conservation ciblée, eu égard aux personnes ou aux lieux concernés, sur la base d'éléments objectifs et non discriminatoires, lorsqu'elles sont utiles à la lutte contre la criminalité grave, encadrée dans une durée strictement nécessaire ; deuxièmement, les données relatives aux adresses IP attribuées à la source d'une connexion peuvent donner lieu à une conservation généralisée et indifférenciée aux fins de lutter contre la criminalité grave mais la durée de conservation doit être limitée au strict nécessaire ; troisièmement, les données les moins sensibles, à savoir celles relatives à l'identité civile des utilisateurs, peuvent donner lieu à une conservation généralisée et indifférenciée aux fins de prévention, de recherche, de détection et de poursuite d'infractions pénales en général. Les législations nationales peuvent prévoir qu'une autorité, en se soumettant à un contrôle juridictionnel effectif *a posteriori*, puisse émettre une injonction de conservation rapide de données de connexion déjà stockées lorsqu'il importe de conserver des données aux fins d'élucidation d'infractions pénales graves. • CJUE, 6 oct. 2020, *La Quadrature du Net et a.*, n° C-511/18, C-512/18 et C-520/18 : *AJDA 2020. 1880 ; D. 2021. 406, et les obs.,* *note Lassalle ; ibid. 2020. 2262, obs. Larrieu, Le Stanc et. Tréfigny ; AJ pénal 2020. 531, obs. Nicaud ; Dalloz IP/IT 2021. 46, obs. Daoud, Bello et Pecriaux ; Légipresse 2020. 671, étude W. Maxwell ; ibid. 2021. 240, étude Mallet-Poujol ; RTD eur. 2021. 175, obs. Bertrand ; ibid. 181, obs. Bertrand ; ibid. 973, obs. Benoît-Rohmer .*

9. L'accès aux données de trafic et de localisation présentant par nature une ingérence grave, il importe de ne réserver cet accès qu'aux procédures visant à la lutte contre la criminalité et délinquance grave ou à la prévention de menaces graves contre la sécurité publique, l'accès devant être soumis au contrôle préalable d'une juridiction ou d'une autorité administrative indépendante dotée d'un pouvoir contraignant, présentant toutes les garanties nécessaires en vue d'assurer une conciliation entre, d'une part, les intérêts liés aux besoins de l'enquête dans le cadre de l'identification et la poursuite des auteurs d'infractions pénales et, d'autre part, les droits fondamentaux au respect de la vie privée et à la protection des données à caractère personnel des personnes dont les données sont sollicitées. Le procureur, dont la mission est de diriger la procédure d'instruction pénale et d'exercer, le cas échéant, l'action publique lors d'une procédure ultérieure, est impliqué dans la conduite de l'enquête pénale et ne présente pas une position de neutralité. • CJUE 2 mars 2021, *H.K./ Prokuratuur*, n° C-746/18 : *AJDA 2021. 1086, chron. Bonneville, Gänser et Iljic ; D. 2021. 470 ; ibid. 1564, obs. Perrier ; AJ pénal 2021. 267, obs. Lavric ; Dalloz IP/IT 2021. 468, obs. Bertrand ; RTD eur. 2022. 481, obs. Bertrand .*

10. La criminalité particulièrement grave ne peut pas être assimilée à une menace pour la sécurité nationale et les autorités nationales ne peuvent indifféremment accéder aux données de trafic et de localisation conservées de manière généralisée et indifférenciée en vue de sauvegarder la sécurité nationale aux fins de lutter contre la criminalité grave ; toutefois, il est loisible aux États de prévoir la possibilité, au moyen d'une décision de l'autorité compétente soumise à un contrôle juridictionnel effectif, d'enjoindre aux fournisseurs de services de communications électroniques de procéder, pour une durée déterminée, à la conservation rapide des données relatives au trafic et des données de localisation dont ils disposent aux fins de l'élucidation d'infractions pénales graves ou d'atteintes à la sécurité nationale, et ce tant dans la situation où ces infractions ou ces atteintes ont déjà pu être constatées que dans celle où leur existence peut, au terme d'un examen objectif de l'ensemble des circonstances pertinentes, être raisonnablement soupçonnée. • CJUE 5 avr. 2022, *G.D. c/ Commissioner of An Garda Síochána*, n° C-140/20 : *AJDA 2022. 718 ; D. 2022. 705 ; ibid. 1487, obs. Perrier ; Légipresse 2022. 209, et les obs.*

B. JURISPRUDENCE DE LA CEDH

11. Dans le cadre d'une enquête portant sur un trafic de stupéfiants au cours de laquelle des réquisitions aux fins d'obtention de métadonnées avaient été émises, la Cour EDH juge que l'ingérence des autorités dans la vie privée des personnes visées poursuivait un but légitime, était prévue par la loi et était nécessaire dans une société démocratique pour lutter contre un trafic de stupéfiants de grande ampleur ; les réquisitions, adressées à un opérateur de téléphonie sur le fondement de l'art. 77-1-1, n'ont dans cette espèce pas violé l'art. 8 Conv. CEDH. • CEDH 8 mai 2018, *B. en Faiza c/ France*, n° 31446/12.

12. La CEDH juge le régime britannique de conservation et d'accès aux métadonnées contraire à l'art. 8 Conv. EDH en ce qu'il concerne toutes les infractions et n'est soumis à aucun contrôle d'une juridiction ou d'une instance administrative indépendante.58170/13 • CEDH 25 mai 2021, *Big Brother Watch et a. c/ R.U*, n°s 58170/13, 62322/14 et 24969/15 : *AJDA 2021. 1060 ; D. 2021. 1082, obs. de Montecler ; Légipresse 2022. 253, obs. Mallet-Poujol ; RTD civ. 2021. 843, obs. Marguénaud .*

C. JURISPRUDENCE DU CONSEIL CONSTITUTIONNEL

13. Compte tenu de leur nature, de leur diversité et des traitements dont elles peuvent faire l'objet, les données de connexion fournissent sur les personnes en cause ainsi que, le cas échéant, sur des tiers, des informations nombreuses et précises, particulièrement attentatoires à leur vie privée. • Cons. const. 5 août 2015, n° 2015-715 DC : *AJDA 2015. 1570 ; D. 2016. 807, obs. Lokiec et Porta ; ibid. 1461, obs. Jacquinot et Mangiavillano ; Constitutions 2015. 421, chron. Fabre .*

14. Les mots « , y compris celles issues d'un système informatique ou d'un traitement de données nominatives, » figurant à la 1re phrase du 1er al. de l'art. 77-1-1, dans sa rédaction résultant de la L. n° 2020-1672 du 24 déc. 2020 relative au Parquet européen, à la justice environnementale et à la justice pénale spécialisée, et « aux réquisitions prévues par le premier alinéa de l'article 60-2 » figurant au 1er al. de l'art. 77-1-2, dans sa rédaction résultant de la L. n° 2019-222 du 23 mars 2019 de programmation 2018-2022 et de réforme pour la justice, sont contraires à la Constitution en considération du nombre important d'informations obtenues grâce aux réquisitions, du cadre d'enquête préliminaire et de l'absence de limite matérielle et temporelle, bien que ces réquisitions soient soumises à l'autorisation du procureur de la République, magistrat de l'ordre judiciaire auquel il revient, en application de l'art. 39-3, de contrôler la légalité des moyens mis en œuvre par les enquêteurs et la proportionnalité des actes d'in-

ou d'un traitement de données nominatives, de lui remettre ces documents, *(L. nº 2007-297 du 5 mars 2007, art. 69)* **« notamment sous forme numérique, » sans que puisse lui être opposée, sans motif légitime, l'obligation au secret professionnel. Lorsque les réquisitions concernent des personnes mentionnées aux articles 56-1 à 56-3** *(L. nº 2016-731 du 3 juin 2016, art. 58, en vigueur le 1er oct. 2016)* **« et à l'article 56-5 », la remise des documents ne peut intervenir qu'avec leur accord.**

En l'absence de réponse de la personne aux réquisitions, les dispositions du deuxième alinéa de l'article 60-1 sont applicables.

(L. nº 2010-1 du 4 janv. 2010) **« Le dernier alinéa de l'article 60-1 est également applicable. »**

(L. nº 2021-1729 du 22 déc. 2021, art. 3, en vigueur le 1er mars 2022) **« Lorsque les réquisitions portent sur des données mentionnées à l'article 60-1-1 et émises par un avocat, elles ne peuvent être faites que sur ordonnance motivée du juge des libertés et de la détention, saisi à cette fin par le juge d'instruction, et les trois derniers alinéas du même article 60-1-1 sont applicables. »**

L'accord de l'une des personnes mentionnées aux articles 56-1 à 56-3, parmi lesquelles figurent les avocats, n'est requis par l'art. 99-3 que pour la remise des documents détenus par cette personne même. • Crim. 17 déc. 2013, nº 13-85.717 P : *D. actu. 20 janv. 2014, obs. Fucini ; AJ pénal 2014. 141, obs. de Combles de Nayves* . ♦ V. aussi notes ss. art. 60-1 et 77-1-1.

Art. 99-4 *(L. nº 2004-204 du 9 mars 2004, art. 116-II ; L. nº 2003-239 du 18 mars 2003, art. 18)* **Pour les nécessités de l'exécution de la commission rogatoire, l'officier de police judiciaire peut procéder aux réquisitions prévues par le premier alinéa de l'article 60-2.**

Avec l'autorisation expresse du juge d'instruction, l'officier de police *(L. nº 2023-22 du 24 janv. 2023, art. 24)* **« judiciaire ou, sous le contrôle de celui-ci, l'agent de police judiciaire » peut procéder aux réquisitions prévues par le deuxième alinéa de l'article 60-2.**

Les organismes ou personnes concernés mettent à disposition les informations requises par voie télématique ou informatique dans les meilleurs délais.

Le fait de refuser de répondre sans motif légitime à ces réquisitions est puni conformément aux dispositions du quatrième alinéa de l'article 60-2.

BIBL. ▸ A. Archembault, *AJ pénal, 2022, p. 400* (accès aux données de connexion : quelles pistes pour une mise en conformité ?) – M. Audibert, *Lexbase Pénal, nº 43, 23 déc. 2021, p. 91* (inconstitutionnalité différée des réquisitions de données informatiques par le procureur de la République dans le cadre de l'enquête préliminaire : le jour d'après) ; *Lexbase Pénal nº 36, 25 mars 2021* (La conservation et l'accès aux métadonnées dans le cadre des enquêtes judiciaires : vers un bouleversement dans la procédure pénale française ?) ; Lexbase pénal nº 51, 24 août 2022 (L'accès aux données de trafic et de localisation dans le cadre d'une enquête judiciaire). – M. Bendavid, C. Quendolo, *AJ pénal 2022, p. 415* (Conservation et accès aux données de connexion : la Cour de cassation prend position). – J. Bossan, *Droit pénal nº 7-8, juill.-août 2022, étude 17* (Les réquisitions judiciaires relatives aux données de connexion : suite... et fin ?). – A. Botton, *RSC 2022, p. 895* (Autorité de contrôle des réquisitions de données informatiques : suite et fin). – C. Ghica-Lemarchand, *J.-Cl. Pr. pén., LexisNexis, 25 mai 2017, § 5* (réquisitions judiciaires au cours de l'instruction [art. 99-3 et 99-4 – fasc. 20]). – A. Gogorza, *Droit pénal nº 10, oct. 2022, étude 20, §1* (L'accès aux données de connexion : les affres du pluralisme normatif). – M. Lassalle, *D. 2022, p. 1540* (Conservation et réquisition des données relatives aux communications électroniques : un débat serein est-il enfin possible ?). – T. Lebreton, *AJ pénal 2022.25* (Les réquisitions judiciaires) ; *AJ pénal 2023, p. 38* (Juges et avocats enjoints de se montrer précis s'agissant des données de connexion). – Michalski, *Gaz. Pal. 9 févr. 2014* (recherche et saisie des preuves électroniques). – B. Nicaud, *AJ pénal 2020, p. 531* (CJUE : un équilibre – trop ? – rigoureux entre droit au respect de la vie privée et conservation des données). – M. Quéméner, *AJ pénal 2014. 63* (les spécificités juridiques de la preuve numérique). – Signourel, *Dalloz IP/IT 2020.172* (retour d'expérience du CSIRT – PJ au groupe d'experts mondial de la cybercriminalité d'INTERPOL). – Rousselet-Magri, *RSC 2017.659* (les perquisitions « informatiques » à l'épreuve du principe de souveraineté, dans un contexte de mondialisation du stockage de données – Étude comparée en droit français et états-unien). – Dossier : Les techniques d'enquête numériques judiciaires, *AJ pénal 2017. 311 s.*

COMMENTAIRE

LA PREUVE NUMÉRIQUE (C. PR. PÉN., ART. 60-1, 60-2, 77-1-1, 77-1-2, 99-3 ET 99-4)

Diversité. « Les indices numériques sont très fugaces, fragiles et volatiles » (M. Quéméner, Les spécificités juridiques de la preuve numérique, *AJ pénal 2014. 63*) car fondés sur des données informatiques. A cet égard, l'accès aux données contenues dans un système distant revêt une importance spécifique car la preuve numérique n'est pas immédiatement accessible aux enquêteurs mais détenue par un tiers (hébergeur, opérateur de communications électroniques, fournisseurs d'accès à Internet, etc.)

Sur la base de ces six articles du code de procédure pénale, il existe trois types de réquisitions judiciaires. La première vise la communication de documents, plus généralement d'informations issues d'un système informatique. La deuxième vise la mise à disposition de ces documents ou informations. La troisième vise la préservation ou le gel du contenu des informations consultées sur Internet.

I. LES RÉQUISITIONS ÉMISES AUX FINS DE REMISE DE DOCUMENTS OU D'INFORMATIONS ISSUES D'UN SYSTÈME INFORMATIQUE OU D'UN TRAITEMENT DE DONNÉES NOMINATIVES

Formes. Les articles 60-1 dans le cadre de l'enquête de flagrance, 77-1-1 dans le cadre de l'enquête préliminaire et 99-3 du code de procédure pénale dans le cadre de l'information judiciaire donnent la possibilité à un officier de police judiciaire (ou un agent de police judiciaire en enquête de flagrance, ou sous le contrôle d'un officier de police judiciaire en enquête préliminaire), au procureur de la République et au juge d'instruction de requérir toute personne, tout établissement ou organisme privé ou public ou toute administration publique, qui sont susceptibles de détenir des informations intéressant l'enquête, y compris celle issues d'un système informatique ou d'un traitement de données nominatives, de lui remettre ces informations, notamment sous forme numérique, sans que puisse lui être opposée, sans motif légitime, l'obligation au secret professionnel.

Lorsque ces réquisitions concernent les per0sonnes ou structures mentionnées aux articles 56-1 à 56-5 du code de procédure pénale (art. 56-1 : cabinet d'avocat ou son domicile ; art. 56-2 : locaux d'une entreprise de presse, d'une entreprise de communication audiovisuelle, d'une entreprise de communication au public en ligne, d'une agence de presse, véhicules professionnels de ces entreprises ou agences ou domicile d'un journaliste lorsque les investigations sont liées à son activité professionnelle ; art. 56-3 : cabinet d'un médecin, d'un notaire ou d'un huissier ; art. 56-4 : lieu précisément identifié abritant des éléments couverts par le secret de la défense nationale ; art. 56-5 : locaux d'une juridiction ou domicile d'une personne exerçant des fonctions juridictionnelles et qui tendent à la saisie de documents susceptibles d'être couverts par le secret du délibéré), la remise de ces informations ne peut intervenir qu'avec leur accord (C. pr. pén., art. 60-1, al. 2).

Comme c'est le cas pour l'ensemble des réquisitions, le dépositaire (ou l'administrateur des systèmes informatiques concernés) par la réquisition ne dispose d'aucun pouvoir d'appréciation sur le bien-fondé de cette réquisition. En outre, les textes susvisés ne distinguent ni les typologies de données concernées (données de localisation et de trafic ou données de contenu) ni leur localisation.

A défaut de réponse à cette réquisition, une perquisition pour récupérer ces données est toujours possible (C. pr. pén., art. 56, al. 1er).

Avocats. La loi pour la confiance dans l'institution judiciaire (L. n° 2021-1729 du 22 déc. 2021, art. 3) a renforcé la protection des avocats s'agissant des articles 60-1, 77-1-1 et 99-3 du code de procédure pénale. Ainsi, lorsque les réquisitions prévues par ces articles portent sur des données de connexion émises par un avocat et liées à l'utilisation d'un réseau ou d'un service de communications électroniques, elles ne peuvent être faites que sur ordonnance motivée du juge des libertés et de la détention, saisi à cette fin par le procureur de la République ou le juge d'instruction (C. pr. pén., art. 60-1-1). Ces dispositions entrent en vigueur le premier jour du troisième mois suivant la publication de cette loi (1er mars 2022).

II. LES RÉQUISITIONS ÉMISES AUX FINS DE MISE À DISPOSITION D'INFORMATIONS CONTENUES DANS LES SYSTÈMES INFORMATIQUES OU TRAITEMENTS DE DONNÉES NOMINATIVES

Formes. Par rapport aux réquisitions précédentes, la terminologie diffère dans les articles 60-2, alinéa 1er (enquête de flagrance), 77-1-2 (enquête préliminaire) et 99-4, alinéa 1er, du code de procédure pénale.

La demande intervient ici uniquement par voie télématique ou informatique. L'autorité requérante bénéficie de la mise à disposition des données par le responsable ou l'administrateur du système ou du traitement informatique mais elle ne dispose pas d'un droit d'accès direct et intégral à ce système ou traitement.

Les informations requises sont ainsi mises à disposition de l'autorité requérante soit dans un fichier spécifique, soit par un accès temporaire et limité à la base de données de l'organisme ou de la personne morale requise (C. pr. pén., art. R. 15-33-67 à R. 15-33-75).

La mise à disposition est limitée aux seules informations utiles à la manifestation de la vérité, les données communiquées ne devant pas être protégées par un secret prévu par la loi (Crim. 21 juin 2011, n° 11-81.846). L'article 60-1 évoque lui le terme « d'informations intéressant l'enquête ».

Enfin, les personnes pouvant être requises au titre de ces articles sont strictement listées à l'article R. 15-33-68 du code de procédure pénale (opérateurs de communications électroniques ; fournisseurs d'accès à Internet ; établissements financiers, bancaires et de crédit ; groupement des cartes bancaires ; organismes sociaux ; entreprises d'assurance ; organismes publics ou privés gestionnaires de logements ; services des administrations publiques gestionnaires de fichiers administratif, notamment fiscaux et bancaires ; entreprises de transport collectif de voyageurs ; opérateurs de distribution de l'énergie).

Ces réquisitions sont notamment celles émises dans la plateforme nationale des interceptions judiciaires (Décr. n° 2017-614 du 24 avr. 2017 portant création d'un service à compétence nationale dénommé « Agence nationale des techniques d'enquêtes numériques judiciaires » et d'un comité d'orientation des techniques d'enquêtes numériques judiciaires) prévue par l'article 230-45 du code de procédure pénale (C. pr. pén., art. R. 15-33-71). L'autorisation donnée aux enquêteurs par le procureur de la République d'adresser des réquisitions *via* la PNIJ, en application de l'article 77-1-2 du code de procédure pénale n'est soumise à aucun formalisme (Crim. 30 mars 2021, n° 20-85.556), ce qui constitue la règle en matière de réquisitions informatiques (Crim. 31 mai 2017, n° 16-81.847 ; Crim. 10 mai 2016, n° 15-84.266 ; Crim. 20 juill. 2011, n° 11-81.823 ; Crim. 23 mai 2006, n° 06-83.241).

Données concernées. Ainsi, dans le cadre des articles évoqués aux I et II, il est possible de solliciter les données suivantes :

– La liste des appels entrants et sortants d'une ligne téléphonique et les cellules relais activées par une ligne téléphonique chez un opérateur de téléphonie (Crim. 22 nov. 2011, n° 11-84.308) ;

– La liste des appels concernant une ligne de téléphonie étrangère, sans violer les règles de compétence territoriale et de souveraineté des États, dès lors que ces appels sont émis à partir du territoire français, entrent sur le territoire national ou transitent sur le réseau d'un opérateur de téléphonie français (Crim. 1er févr. 2011, n° 10-82.523) ;

– Les associations IMEI (numéro d'identification d'un terminal de téléphonie mobile) et IMSI (numéro d'identification stocké dans la carte SIM permettant d'identifier l'usager) (Crim. 21 juin 2011, n° 11-81.846) ;

– Les données techniques détenues par le gestionnaire d'un service de messagerie électronique (Crim. 6 nov. 2013, n° 12-87.130).

La Cour de cassation a admis que ces réquisitions puissent être adressées à une société implantée à l'étranger, dès lors que cette communication est réalisée sans recours à des moyens coercitifs, « ladite société restant, dans ce cas, libre de ne pas y répondre » (*ibid.*).

Enfin, il convient de préciser que le Conseil constitutionnel a jugé inconstitutionnelle la réquisition, par voie télématique ou informatique, des informations issues d'un système informatique ou d'un traitement de données nominatives par le procureur de la République ou sur autorisation de celui-ci par l'officier ou l'agent de police judiciaire (Cons.

const. 3 déc 2021, n° 2021-952 QPC). Le Conseil constitutionnel soulignant que « le législateur n'a pas entouré la procédure prévue par les dispositions des articles 77-1-1 et 77-1-2 de garanties propres à assurer une conciliation équilibrée entre, d'une part, le droit au respect de la vie privée et, d'autre part, la recherche des auteurs d'infractions ». Les effets de cette décision d'inconstitutionnalité ont été reportés au 31 décembre 2022 (M. Audibert, Inconstitutionnalité différée des réquisitions de données informatiques par le procureur de la République dans le cadre de l'enquête préliminaire : le jour d'après, *Lexbase Pénal, n° 43, 23 déc. 2021, p. 91*).

A la suite de cette décision du Conseil constitutionnel, le législateur a adopté de nouvelles dispositions qui viennent encadrer et limiter les possibilités de recours aux réquisitions de données de connexion. Le II de l'article 12 de la loi n° 2022-299 du 2 mars 2022 modifie ainsi le code de procédure pénale pour y insérer un nouvel article 60-1-2. Par coordination, le législateur a complété les articles 60-1, 60-1-1, 60-2, 77-1-1, 77-1-2 et 99-3 prévoyant en flagrance, en préliminaire et au cours de l'instruction la possibilité de recourir à ces réquisitions.

Le nouveau régime prévu à l'article 60-1-2 du code de procédure pénale vise deux types de données :
– les données techniques permettant d'identifier la source de la connexion ou celles relatives aux équipements terminaux utilisés (CPCE, art. L. 34-1, II *bis*, 3e). Ces données sont listées par décrets (Décr. n° 2021-1361 du 20 oct. 2021 relatif aux catégories de données conservées par les opérateurs de communications électronique, art. 3, IV ; Décr. n° 2021-1362 du 20 oct. 2021 relatif à la conservation des données permettant d'identifier toute personne ayant contribué à la création d'un contenu en ligne, art. 5) ;
– les données de trafic et de localisation (CPCE, art. L. 34-1, III), également listées par décrets (Décr. n° 2021-1361 du 20 oct. 2021, art. 3 ; V. Décr. n° 2021-1362 du 20 oct. 2021, art. 6).

Il convient de noter que les données relatives aux informations fournies par l'utilisateur lors de la souscription d'un contrat ou de l'utilisation d'un compte ne sont pas concernées par ce nouveau régime.

Infractions visées. Ce nouvel article prévoit ainsi quatre hypothèses dans lesquelles il peut désormais être recouru aux réquisitions portant sur des données de connexion :
– la procédure porte sur un crime ou délit puni d'au moins trois ans d'emprisonnement ;
– la procédure porte sur un délit puni d'au moins un an d'emprisonnement commis par l'utilisation d'un réseau de communications électroniques et ces réquisitions ont pour seul objet d'identifier l'auteur de l'infraction ;
– les réquisitions concernent les équipements terminaux de la victime et interviennent à la demande de celle-ci en cas de délit puni d'une peine d'emprisonnement ;
– les réquisitions interviennent dans le cadre d'une procédure tendant à rechercher une personne disparue (C. pr. pén., art. 71-4 et 80-4) ou à retracer un parcours criminel (C. pr. pén., art. 706-106-4).

Contrôle indépendant des réquisitions. Néanmoins, « l'absence de contrôle par une autorité indépendante et impartiale questionne » (J. Bossan, Les réquisitions judiciaires relatives aux données de connexion : suite… et fin ?, *Droit pénal n° 7-8, juill.-août 2022, étude 17*).

En effet, la conventionnalité du dispositif français d'accès aux données de connexion suscite toujours des interrogations. Dans ses différents arrêts (CJUE, gr. ch., Prokuratuur, 2 mars 2021, C-746/18 ; CJUE, gr. ch., Commissioner of An Garda Siochana, 5 avril 2022, C-140/20), la CJUE précise que « l'accès des autorités nationales compétentes aux données conservées [doit être] subordonné à un contrôle préalable effectué soit par une juridiction soit par une entité administrative indépendante et que la décision de cette juridiction ou de cette entité [doit intervenir] à la suite d'une demande motivée de ces autorités présentée, notamment, dans le cadre de procédures de prévention, de détection ou de poursuites pénales (CJUE, gr. ch., Prokuratuur, 2 mars 2021, C-746/18, pt. 51 et CJUE, gr. ch., La Quadrature du Net e.a, 6 oct. 2020, C-511/18, C-512/18 et C-520/18, pt. 189). Le droit de l'Union s'oppose à une législation nationale donnant compétence au ministère public, lequel dirige l'enquête judiciaire et exerce, le cas échéant, l'action publique, pour autoriser l'accès des enquêteurs aux données de trafic et de localisation (M. Audibert, La conservation et l'accès aux métadonnées dans le cadre des enquêtes judiciaires : vers un bouleversement dans la procédure pénale française ?, *Lexbase Pénal n° 36, 25 mars 2021*).

De ce fait, les dispositions procédurales françaises relatives au parquet sont clairement menacées tant en raison de son positionnement dans la procédure qu'en raison de ses propres attributions (*ibid.*). La Cour de cassation a d'ailleurs tiré les conséquences des décisions rendues par la CJUE relatives à l'accès aux données de connexion dans le cadre des procédures pénales. Dans quatre arrêts (Crim. 12 juill. 2022, n° 21-83.710, 21-83.820, 21-84.096 et 20-86.652), elle a ainsi exprimé une position forte à savoir que « les articles 60-1, 60-2, 77-1-1 et 77-1-2 du Code de procédure pénale sont contraires au droit de l'Union uniquement en ce qu'ils ne prévoient pas un contrôle préalable par une juridiction ou une entité administrative indépendante » (*ibid.*). Sur les conséquences de cette inconventionnalité, la Cour de cassation soumet à la nullité des procédures dans lesquelles les données de connexion auraient été irrégulièrement récupérées à l'existence d'un grief au sens de l'article 802 du Code de procédure pénale (M. Audibert, L'accès aux données de trafic et de localisation dans le cadre d'une enquête judiciaire, *Lexbase pénal n° 51, 24 août 2022*). Or « cette absence de contrôle indépendant préalable ne peut faire grief au requérant que s'il établit l'existence d'une ingérence injustifiée dans sa vie privée et dans ses données à caractère personnel, de sorte que cet accès aurait dû être prohibé » (Crim. 12 juill. 2022, n° 21-83.710, § 57).

III. LES RÉQUISITIONS ÉMISES AUX FINS DE PRÉSERVATION DU CONTENU DES INFORMATIONS CONSULTÉES SUR INTERNET

Données de contenu. Les articles 60-2, alinéa 2 (en enquête de flagrance), 77-1-2, alinéa 2 (en enquête préliminaire) et 99-4, alinéa 2 (dans le cadre d'une information judiciaire) du code de procédure pénale prévoient la possibilité de requérir des opérateurs de télécommunications et notamment ceux dont l'activité est d'offrir un accès à des services de communication au public en ligne (L. n° 2004-575 du 21 juin 2004 pour la confiance dans l'économie numérique, art. 6, I, 1) de prendre sans délai toutes mesures propres à assurer la préservation, pour une durée ne pouvant excéder une année, du contenu des informations consultées par les personnes utilisatrices des services fournis par les opérateurs.

Contrairement aux deux autres types de réquisitions précitées, il s'agit ici de conserver, de geler des informations consultées. Il s'agit donc de données plus sensibles, contrairement aux données de localisation et de trafic concernées par les deux autres types de réquisitions. En outre, il ne s'agit que d'une demande de conservation et non de l'interception en temps réel de ces données ou informations (O. Violeau, Les techniques d'investigations numériques : entre insécurité juridique et limites pratiques, *AJ pénal 2017. 326* ✐).

Cette conservation rapide (ou gel de données) est issue de l'article 16 de la Convention du Conseil de l'Europe sur la cybercriminalité du 23 novembre 2001 (C. Ghica-Lemarchand, Art. 99-3 et 99-4 – fasc. 20 : Réquisitions judiciaires au cours de l'instruction *J.-Cl. Pr. pén., LexisNexis, 25 mai 2017, § 5*). ❑

TITRE IV **DISPOSITIONS COMMUNES**

CHAPITRE I *DE LA MISE AU CLAIR DES DONNÉES CHIFFRÉES NÉCESSAIRES À LA MANIFESTATION DE LA VÉRITÉ*

Art. 230-1 **Sans préjudice des dispositions des articles 60, 77-1 et 156, lorsqu'il apparaît que des données saisies ou obtenues au cours de l'enquête ou de l'instruction ont fait l'objet d'opérations de transformation empêchant d'accéder aux informations en clair qu'elles contiennent ou de les comprendre,** *(L. n° 2014-1353 du 13 nov. 2014, art. 15)* **« ou que ces données sont protégées par un mécanisme d'authentification, » le procureur de la République, la juridiction d'instruction** *(L. n° 2014-1353 du 13 nov. 2014, art. 15)* **« , l'officier de police judiciaire, sur autorisation du procureur de la République ou du juge d'instruction, » ou la juridiction de jugement saisie de l'affaire**

peut désigner toute personne physique ou morale qualifiée, en vue d'effectuer les opérations techniques permettant d'obtenir *(L. nº 2014-1353 du 13 nov. 2014, art. 15)* « l'accès à ces informations, leur version en clair » ainsi que, dans le cas où un moyen de cryptologie a été utilisé, la convention secrète de déchiffrement, si cela apparaît nécessaire.

(L. nº 2004-575 du 21 juin 2004, art. 38) « Si la personne ainsi désignée est une personne morale, son représentant légal soumet à l'agrément du procureur de la République *(L. nº 2014-1353 du 13 nov. 2014, art. 15)* « , de l'officier de police judiciaire » ou de la juridiction saisie de l'affaire le nom de la ou des personnes physiques qui, au sein de celle-ci et en son nom, effectueront les opérations techniques mentionnées au premier alinéa. Sauf si elles sont inscrites sur une liste prévue à l'article 157, les personnes ainsi désignées prêtent, par écrit, le serment prévu *(L. nº 2014-1353 du 13 nov. 2014, art. 15 ; L. nº 2023-22 du 24 janv. 2023, art. 20)* « au troisième alinéa de l'article 60 et à » l'article 160. »

Si la peine encourue est égale ou supérieure à deux ans d'emprisonnement et que les nécessités de l'enquête ou de l'instruction l'exigent, le procureur de la République, la juridiction d'instruction *(L. nº 2014-1353 du 13 nov. 2014, art. 15)* « , l'officier de police judiciaire, sur autorisation du procureur de la République ou du juge d'instruction, » ou la juridiction de jugement saisie de l'affaire peut prescrire le recours aux moyens de l'État soumis au secret de la défense nationale selon les formes prévues au présent chapitre.

Art. 230-2 Lorsque le procureur de la République, la juridiction d'instruction *(L. nº 2014-1353 du 13 nov. 2014, art. 15)* « , l'officier de police judiciaire, sur autorisation du procureur de la République ou du juge d'instruction, » ou la juridiction de jugement saisie de l'affaire décident d'avoir recours, pour les opérations mentionnées à l'article 230-1, aux moyens de l'État couverts par le secret de la défense nationale, la réquisition écrite doit être adressée *(L. nº 2014-1353 du 13 nov. 2014, art. 15)* « à un organisme technique soumis au secret de la défense nationale, et désigné par décret », avec le support physique contenant les données à mettre au clair ou une copie de celui-ci. Cette réquisition fixe le délai dans lequel les opérations de mise au clair doivent être réalisées. Le délai peut être prorogé dans les mêmes conditions de forme. A tout moment, *(L. nº 2014-1353 du 13 nov. 2014, art. 15)* « le procureur de la République, la juridiction d'instruction, l'officier de police judiciaire sur autorisation du procureur de la République ou du juge d'instruction, ou la juridiction de jugement saisie de l'affaire ou ayant requis l'organisme technique » peut ordonner l'interruption des opérations prescrites.

(L. nº 2016-731 du 3 juin 2016, art. 17) « Aux fins de réaliser les opérations de mise au clair, l'organisme technique mentionné au premier alinéa du présent article est habilité à procéder à l'ouverture ou à la réouverture des scellés et à confectionner de nouveaux scellés après avoir, le cas échéant, procédé au reconditionnement des supports physiques qu'il était chargé d'examiner. En cas de risque de destruction des données ou du support physique qui les contient, l'autorisation d'altérer le support physique doit être délivrée par le procureur de la République, la juridiction d'instruction ou la juridiction de jugement saisie de l'affaire. »

(Abrogé par L. nº 2014-1353 du 13 nov. 2014, art. 15) « *Le service de police judiciaire auquel la réquisition a été adressée transmet sans délai cette dernière ainsi que, le cas échéant, les ordres d'interruption, à un organisme technique soumis au secret de la défense nationale, et désigné par décret.* » Les données protégées au titre du secret de la défense nationale ne peuvent être communiquées que dans les conditions prévues *(L. nº 2017-55 du 20 janv. 2017, art. 36)* « aux articles L. 2312-4 à L. 2312-8 du code de la défense ».

(L. nº 2016-731 du 3 juin 2016, art. 88, en vigueur le 1er janv. 2017) « Lorsqu'il s'agit de données obtenues dans le cadre d'interceptions de communications électroniques, au sein du traitement mentionné *(L. nº 2018-699 du 3 août 2018, art. 16)* « au I de » l'article 230-45, la réquisition est adressée directement à l'organisme technique désigné en application du premier alinéa du présent article. »

L'organisme technique visé à l'art. 230-2 a été créé par le Décr. nº 2002-1073 du 7 août 2002 (JO 10 août).

Art. 230-3 *(L. nº 2014-1353 du 13 nov. 2014, art. 15)* « Dès l'achèvement des opérations ou dès qu'il apparaît que ces opérations sont techniquement impossibles ou à l'expiration du délai prescrit ou à la réception de l'ordre d'interruption émanant du procureur de la République, de la juridiction d'instruction, de l'officier de police judiciaire, sur autorisation du procureur de la République ou du juge d'instruction, ou de la juridiction de jugement saisie de l'affaire, les résultats obtenus et les pièces reçues sont retournés par le responsable de l'organisme technique *(L. nº 2016-731 du 3 juin 2016, art. 88, en vigueur le 1er janv. 2017)* « soit à l'auteur de la réquisition, soit au magistrat mandant dans le cas où la réquisition a été adressée directement ». » Sous réserve des obligations découlant du secret de la défense nationale, les résultats sont accompagnés des indications techniques utiles à la compréhension et à leur exploitation ainsi que d'une attestation visée par le responsable de l'organisme technique certifiant la sincérité des résultats transmis.

(Abrogé par L. nº 2014-1353 du 13 nov. 2014, art. 15) ***« Ces pièces sont immédiatement remises à l'autorité judiciaire par le service national de police judiciaire chargé de la lutte contre la criminalité liée aux technologies de l'information. »***

Les éléments ainsi obtenus font l'objet d'un procès-verbal de réception et sont versés au dossier de la procédure.

CHAPITRE VII *DE L'ENQUÊTE SOUS PSEUDONYME*

(L. nº 2019-222 du 23 mars 2019, art. 45 et 109-XIII, en vigueur le 1er juin 2019)

Art. 230-46 Aux seules fins de constater les crimes et les délits punis d'une peine d'emprisonnement commis par la voie des communications électroniques, et lorsque les nécessités de l'enquête ou de l'instruction le justifient, les officiers ou agents de police judiciaire agissant au cours de l'enquête ou sur commission rogatoire peuvent, s'ils sont affectés dans un service spécialisé et spécialement habilités à cette fin dans des conditions précisées par arrêté du ministre de la justice et du ministre de l'intérieur, procéder sous pseudonyme aux actes suivants sans en être pénalement responsables :

1° Participer à des échanges électroniques, y compris avec les personnes susceptibles d'être les auteurs de ces infractions ;

2° Extraire ou conserver par ce moyen les données sur les personnes susceptibles d'être les auteurs de ces infractions et tout élément de preuve ;

(L. nº 2023-22 du 24 janv. 2023, art. 10) « 3° Acquérir tout contenu, produit, substance, prélèvement ou service ou transmettre tout contenu en réponse à une demande expresse. *[Dispositions déclarées non conformes à la Constitution par la décision du Conseil constitutionnel nº 2022-846 DC du 19 janvier 2023]* l'opération est autorisée par le procureur de la République ou par le juge d'instruction saisi des faits *[ancienne rédaction : 3° Après autorisation du procureur de la République ou du juge d'instruction saisi des faits, acquérir tout contenu, produit, substance, prélèvement ou service, y compris illicite, ou transmettre en réponse à une demande expresse des contenus illicites.]* ;

« 4° Après autorisation du procureur de la République ou du juge d'instruction saisi des faits, en vue de l'acquisition, de la transmission ou de la vente par les personnes susceptibles d'être les auteurs de ces infractions de tout contenu, produit, substance, prélèvement ou service, y compris illicite, mettre à la disposition de ces personnes des moyens juridiques ou financiers ainsi que des moyens de transport, de dépôt, d'hébergement, de conservation et de télécommunication. »

A peine de nullité, l'autorisation prévue *(L. nº 2023-22 du 24 janv. 2023, art. 10)* « aux 3° et 4° », qui peut être donnée par tout moyen, est mentionnée ou versée au dossier de la procédure et les actes autorisés ne peuvent constituer une incitation à commettre ces infractions.

Les actes mentionnés au présent article s'effectuent sous le contrôle du procureur de la République ou du juge d'instruction.

LIVRE IV **DE QUELQUES PROCÉDURES PARTICULIÈRES**

TITRE XIII **DE LA PROCÉDURE APPLICABLE AUX INFRACTIONS EN MATIÈRE ÉCONOMIQUE ET FINANCIÈRE** *(L. nº 2004-204 du 9 mars 2004, art. 21-I, en vigueur le 1er oct. 2004).*

CHAPITRE I ***DES COMPÉTENCES DES JURIDICTIONS INTERRÉGIONALES SPÉCIALISÉES EN MATIÈRE ÉCONOMIQUE ET FINANCIÈRE*** *(L. nº 2013-1117 du 6 déc. 2013, art. 62 et 73, en vigueur le 1er févr. 2014).*

Art. 704 *(L. nº 2013-1117 du 6 déc. 2013, art. 63, en vigueur le 1er févr. 2014)* **« Dans les affaires qui sont ou apparaîtraient d'une grande complexité, en raison notamment du grand nombre d'auteurs, de complices ou de victimes ou du ressort géographique sur lequel elles s'étendent, la compétence territoriale d'un tribunal judiciaire peut être étendue au ressort de plusieurs cours d'appel pour l'enquête, la poursuite, l'instruction et, s'il s'agit de délits, le jugement des infractions suivantes : »**

(L. nº 2004-204 du 9 mars 2004, art. 21-II) **« 1° Délits prévus par les articles 222-38, 223-15-2, 313-1 et 313-2, 313-6, 314-1 et 314-2, 323-1 à** *(L. nº 2014-1353 du 13 nov. 2014, art. 17)* **« 323-4-1 », 324-1 et 324-2, 432-10 à 432-15, 433-1 et 433-2, 434-9,** *(L. nº 2013-1117 du 6 déc. 2013, art. 63, en vigueur le 1er févr. 2014)* **« 434-9-1, » 442-1 à 442-8 et** *(L. nº 2006-64 du 23 janv. 2006, art. 24)* **« 321-6-1 » du code pénal ;**

« 2° Délits prévus par le code de commerce ;

« 3° Délits prévus par le code monétaire et financier ; »

4° Délits prévus par le code de la construction et de l'habitation ;

5° Délits prévus par le code de la propriété intellectuelle ;

6° Délits prévus par les articles 1741 à 1753 *bis* A du code général des impôts ;

7° Délits prévus par le code des douanes ;

8° Délits prévus par le code de l'urbanisme ;

9° Délits prévus par le code de la consommation ;

(L. nº 2013-1117 du 6 déc. 2013, art. 63, en vigueur le 1er févr. 2014) **« 10° Délits prévus aux articles L. 106 à L. 109 du code électoral ; »**

11° *Abrogé par L. nº 2003-706 du 1er août 2003, art. 15.*

12° Délits prévus par *(Ord. nº 2019-1015 du 2 oct. 2019, art. 34, en vigueur le 1er janv. 2020)* **« les articles L. 324-3, L. 324-4, L. 324-13 et L. 324-14 du code de la sécurité intérieure** *[ancienne rédaction : la loi nº 83-628 du 12 juillet 1983 relative aux jeux de hasard]* **» ;**

13° Délits prévus par la loi du 28 mars 1885 sur les marchés à terme ;

14° *Abrogé par L. nº 2004-204 du 9 mars 2004, art. 21-II.*

15° Délits prévus par la loi nº 86-897 du 1er août 1986 portant réforme du régime juridique de la presse ;

16° *Abrogé par L. nº 2004-204 du 9 mars 2004, art. 21-II.*

(Abrogé par L. nº 2013-1117 du 6 déc. 2013, art. 63, en vigueur le 1er févr. 2014) (L. nº 2004-204 du 9 mars 2004, art. 21-II) ***« La compétence territoriale d'un tribunal de grande instance peut également être étendue au ressort de plusieurs cours d'appel pour l'enquête, la poursuite, l'instruction et, s'il s'agit de délits, le jugement de ces infractions, dans les affaires qui sont ou apparaîtraient d'une très grande complexité, en raison notamment du grand nombre d'auteurs, de complices ou de victimes où*** *[ou]* ***du ressort géographique sur lequel elles s'étendent. »***

(L. nº 2004-204 du 9 mars 2004, art. 21-II) **« La compétence des juridictions mentionnées au premier alinéa** *(Abrogé par L. nº 2013-1117 du 6 déc. 2013, art. 63, à compter du 1er févr. 2014)* ***« et à l'alinéa qui précède »*** **s'étend aux infractions connexes.**

« Un décret fixe la liste et le ressort de ces juridictions, qui comprennent une section du parquet et des formations d'instruction et de jugement spécialisées pour connaître de ces infractions. »

(L. nº 2013-1117 du 6 déc. 2013, art. 63, en vigueur le 1er févr. 2014) **« Au sein de chaque tribunal judiciaire dont la compétence territoriale est étendue au ressort d'une**

ou plusieurs cours d'appel, le premier président, après avis du président du tribunal judiciaire donné après consultation de la commission restreinte de l'assemblée des magistrats du siège, désigne un ou plusieurs juges d'instruction et magistrats du siège chargés spécialement de l'instruction et, s'il s'agit de délits, du jugement des infractions entrant dans le champ d'application du présent article. *(L. n° 2021-1729 du 22 déc. 2021, art. 14)* « Pour siéger au sein du tribunal correctionnel, peuvent être désignés des magistrats honoraires exerçant des fonctions juridictionnelles dans les conditions prévues à la section 2 du chapitre V *bis* de l'ordonnance n° **58-1270** du **22 décembre 1958** portant loi organique relative au statut de la magistrature ». Le procureur général, après avis du procureur de la République, désigne un ou plusieurs magistrats du parquet chargés de l'enquête et de la poursuite des infractions entrant dans le champ d'application du présent article.

« Au sein de chaque cour d'appel dont la compétence territoriale est étendue au ressort d'une ou plusieurs cours d'appel, le premier président, après consultation de la commission restreinte de l'assemblée des magistrats du siège, et le procureur général désignent, respectivement, des magistrats du siège et du parquet général chargés spécialement du jugement des délits et du traitement des affaires entrant dans le champ d'application du présent article. *(L. n° 2021-1729 du 22 déc. 2021, art. 14)* « Pour siéger au sein de la chambre des appels correctionnels, peuvent être désignés des magistrats honoraires exerçant des fonctions juridictionnelles dans les conditions prévues à la section 2 du chapitre V *bis* de l'ordonnance n° **58-1270** du **22 décembre 1958** précitée. »

« Dans le ressort de certaines cours d'appel, dont la liste est fixée par décret, un tribunal judiciaire est compétent pour l'enquête, la poursuite, l'instruction et, s'il s'agit de délits, le jugement de ces infractions, dans les affaires qui sont ou apparaîtraient d'une grande complexité.

« La compétence de ces juridictions s'étend aux infractions connexes.

« Un décret fixe la liste de ces juridictions, qui comprennent une section du parquet et des formations d'instruction et de jugement spécialisées pour connaître de ces infractions. »

TITRE XV **DE LA POURSUITE DE L'INSTRUCTION ET DU JUGEMENT DES ACTES DE TERRORISME** *(L. n° 92-1336 du 16 déc. 1992).*

SECTION 1 ***Compétence***

Art. 706-17 *(L. n° 86-1020 du 9 sept. 1986)* Pour la poursuite, l'instruction et le jugement des infractions entrant dans le champ d'application de l'article **706-16**, le procureur de la République *(L. n° 2019-222 du 23 mars 2019, art. 69 et 109-XVIII, en vigueur le 1er juill. 2019)* « antiterroriste », le *L. n° 2007-291 du 5 mars 2007, art. 5-IV)* « pôle de l'instruction », le tribunal correctionnel et la cour d'assises de Paris exercent une compétence concurrente à celle qui résulte de l'application des articles **43**, **52** *(L. n° 2004-204 du 9 mars 2004, art. 112-III)* « **et 382** ».

En ce qui concerne les mineurs, le procureur de la République *(L. n° 2019-222 du 23 mars 2019, art. 69 et 109-XVIII, en vigueur le 1er juill. 2019)* « antiterroriste », le juge d'instruction, le juge des enfants, le tribunal pour enfants et la cour d'assises des mineurs de Paris exercent une compétence concurrente à celle qui résulte de l'application des dispositions de l'ordonnance n° **45-174** du **2 février 1945** relative à l'enfance délinquante.

Lorsqu'ils sont compétents pour la poursuite et l'instruction des infractions entrant dans le champ d'application de l'article **706-16**, le procureur de la République *(L. n° 2019-222 du 23 mars 2019, art. 69 et 109-XVIII, en vigueur le 1er juill. 2019)* « antiterroriste » et le *L. n° 2007-291 du 5 mars 2007, art. 5-IV)* « pôle de l'instruction » de Paris exercent leurs attributions sur toute l'étendue du territoire national.

(L. n° 2001-1062 du 15 nov. 2001, art. 33-V; L. n° 2003-239 du 18 mars 2003, art. 31) « L'instruction des actes de terrorisme définis aux 5° à 7° de l'article **421-1** du code pénal *(L. n° 2004-204 du 9 mars 2004, art. 10)* « et aux articles **421-2-2** et **421-2-3** » du même code peut être confiée, le cas échéant dans les conditions prévues à l'article **83-1**, à un magistrat du tribunal judiciaire de Paris affecté aux formations

d'instruction spécialisées en matière économique et financière en application des dispositions du *(L. n° 2013-1117 du 6 déc. 2013, art. 63, en vigueur le 1er févr. 2014)* **« vingt et unième » alinéa de l'article 704. »**

TITRE XXIV DE LA PROCÉDURE APPLICABLE AUX ATTEINTES AUX SYSTÈMES DE TRAITEMENT AUTOMATISÉ DE DONNÉES

Art. 706-72-1 *(L. n° 2016-731 du 3 juin 2016, art. 28)* **Pour la poursuite, l'instruction et le jugement des infractions entrant dans le champ d'application de l'article 706-72, le procureur de la République, le pôle de l'instruction, le tribunal correctionnel et la cour d'assises de Paris exercent une compétence concurrente à celle qui résulte de l'application des articles 43, 52 et 382.**

En ce qui concerne les mineurs, le procureur de la République, le pôle de l'instruction, le juge des enfants, le tribunal pour enfants et la cour d'assises des mineurs de Paris exercent une compétence concurrente à celle qui résulte de l'application de l'ordonnance n° 45-174 du 2 février 1945 relative à l'enfance délinquante.

Lorsqu'ils sont compétents pour la poursuite et l'instruction des infractions entrant dans le champ d'application de l'article 706-72, le procureur de la République et le pôle de l'instruction de Paris exercent leurs attributions sur toute l'étendue du territoire national.

TITRE XXV DE LA PROCÉDURE APPLICABLE À LA CRIMINALITÉ ET À LA DÉLINQUANCE ORGANISÉES ET AUX CRIMES *(L. n° 2019-222 du 23 mars 2019, art. 46-II et 109-XIII, en vigueur le 1er juin 2019).*

V., infra, Circ. du 17 déc. 2019 relative à la compétence nationale concurrente du tribunal de grande instance et de la cour d'assises de Paris dans la lutte contre la criminalité organisée de très grande complexité, et à l'articulation du rôle des différents acteurs judiciaires en matière de lutte contre la criminalité organisée.

COMMENTAIRE

LOI N° 2019-222 DU 23 MARS 2019 – CRÉATION DE LA JUNALCO

Évolution de la spécialisation. La compétence territoriale des parquets est une question complexe depuis que le législateur s'est aperçu que la spécialisation des magistrats permettait d'apporter une réponse pertinente à certaines formes de délinquance. Il en va évidemment ainsi en matières terroriste, de criminalité organisée ou encore économique. La création des JIRS (juridictions interrégionales spécialisées), du parquet national financier ou encore du procureur antiterroriste en atteste.

La cybercriminalité n'échappe pas à cette logique. Ainsi, depuis la loi du 3 juin 2016 et en application de l'article 706-72-1 du code de procédure pénale, les infractions mentionnées aux articles 323-1 à 323-4-1 (atteintes à l'encontre des STAD) et 411-9 du code pénal (sabotage) sont poursuivies, instruites et jugées respectivement par le procureur de la République, le pôle de l'instruction, le tribunal correctionnel et la cour d'assises de Paris dans le cadre d'une compétence concurrente à celle qui résulte de l'application classique des articles 43, 52 et 382 du code de procédure pénale.

Cette logique de spécialisation et de centralisation a pris un tour nouveau depuis la loi du 23 mars 2019. Cette loi a en effet créé la JUNALCO (juridiction nationale chargée de la lutte contre la criminalité organisée). En application de l'article 706-75 alinéa 4 du code de procédure pénale, le tribunal judiciaire et la cour d'assises de Paris exercent une compétence concurrente sur l'ensemble du territoire national pour l'enquête, la poursuite, l'instruction et le jugement des crimes et délits mentionnés au premier alinéa du même article (criminalité organisée), dans les affaires qui sont ou apparaîtraient d'une très grande complexité, en raison notamment du ressort géographique sur lequel elles s'étendent.

La combinaison des différents textes a ainsi amené à créer auprès du parquet de Paris une division (n° 3) intitulée « JIRS/JUNALCO ». En son sein existe une section J3 Cybercriminalité qui a donc compétence sur tout le territoire pour les infractions portant atteinte aux STAD et le sabotage (entre autres).

Compétence concurrente ? Cette notion, très française, a longtemps impliqué un partage des compétences non officiellement tranché. En d'autres termes, le fait que deux parquets soient compétents pour poursuivre les mêmes faits ne donnait pas lieu à une résolution légale en faveur de l'un ou de l'autre. La diplomatie intrajudiciaire permettait de résoudre le concours de compétences. Dans les faits, le parquet à compétence territoriale étendue bénéficiait d'une option qu'il levait ou non. Cette question est désormais tranchée depuis la loi n° 2020-1672 du 24 décembre 2020. L'article 43-1 du code de procédure pénale dispose désormais que, « lorsque le ministère public près le tribunal judiciaire dispose, en application du présent code, d'une compétence spécialisée et concurrente qui s'étend aux ressorts d'autres tribunaux judiciaires, spécialisés ou non, cette compétence s'exerce de façon prioritaire sur celle des parquets près ces tribunaux tant que l'action publique n'a pas été mise en mouvement. Lorsqu'il décide d'exercer sa compétence, les parquets près ces tribunaux se dessaisissent sans délai à son profit ».

La loi a donc consacré la pratique pour octroyer au parquet à compétence étendue un privilège lui permettant d'imposer son choix au parquet local « tant que l'action publique n'a pas été mise en mouvement ». ❑

Art. 706-73 La procédure applicable à l'enquête, la poursuite, l'instruction et le jugement des crimes et des délits suivants est celle prévue par le présent code, sous réserve des dispositions du présent titre :

1° Crime de meurtre commis en bande organisée prévu par le 8° de l'article 221-4 du code pénal ;

(L. n° 2023-22 du 24 janv. 2023, art. 16) **« 1° *bis* Crime de meurtre commis en concours, au sens de l'article 132-2 du code pénal, avec un ou plusieurs autres meurtres ; »**

2° Crime de tortures et d'actes de barbarie commis en bande organisée prévu par l'article 222-4 du code pénal ;

(L. n° 2023-22 du 24 janv. 2023, art. 16) **« 2° *bis* Crime de viol commis en concours, au sens de l'article 132-2 du code pénal, avec un ou plusieurs autres viols commis sur d'autres victimes ; »**

3° Crimes et délits de trafic de stupéfiants prévus par les articles 222-34 à 222-40 du code pénal ;

4° Crimes et délits d'enlèvement et de séquestration commis en bande organisée prévus par l'article 224-5-2 du code pénal ;

5° Crimes et délits aggravés de traite des êtres humains prévus par les articles 225-4-2 à 225-4-7 du code pénal ;

6° Crimes et délits aggravés de proxénétisme prévus par les articles 225-7 à 225-12 du code pénal ;

7° Crime de vol commis en bande organisée prévu par l'article 311-9 du code pénal ;

8° Crimes aggravés d'extorsion prévus par les articles 312-6 et 312-7 du code pénal ;

(Abrogé par L. n° 2015-993 du 17 août 2015, art. 11) (L. n° 2011-525 du 17 mai 2011, art. 157-1°) ***« 8° bis Délit d'escroquerie en bande organisée prévu par le dernier alinéa de l'article 313-2 du code pénal ; »*** *— L'art. 706-73, 8° bis, a été abrogé par la L. n° 2007-1598 du 13 nov. 2007 puis rétabli. Il a été déclaré inconstitutionnel (Cons. const. 9 oct. 2014, n° 2014-420/421 QPC).*

9° Crime de destruction, dégradation et détérioration d'un bien commis en bande organisée prévu par l'article 322-8 du code pénal ;

10° Crimes en matière de fausse monnaie prévus par les articles 442-1 et 442-2 du code pénal ;

11° Crimes et délits constituant des actes de terrorisme prévus par les articles 421-1 à *(L. n° 2006-64 du 23 janv. 2006, art. 11)* **« 421-6 » du code pénal ;**

(L. n° 2017-1510 du 30 oct. 2017, art. 9) **« 11° *bis* Crimes portant atteinte aux intérêts fondamentaux de la Nation prévus au titre I du livre IV du code pénal ; »**

(L. n° 2016-731 du 3 juin 2016, art. 25) **« 12° Délits en matière d'armes et de produits explosifs prévus aux articles 222-52 à 222-54, 222-56 à 222-59, 322-6-1 et 322-11-1 du code pénal, aux articles L. 2339-2, L. 2339-3, L. 2339-10, L. 2341-4, L. 2353-4 et L. 2353-5 du code de la défense ainsi qu'aux articles L. 317-2 et L. 317-7 du code de la sécurité intérieure ; »** *— V. les art. du C. défense in C. pén., App., v° Armes et explosifs. —* ***C. pén.***

13° Délits d'aide à l'entrée, à la circulation et au séjour irréguliers d'un étranger en France commis en bande organisée prévus *(Ord. n° 2020-1733 du 16 déc. 2020, art. 11, en vigueur le 1er mai 2021)* « par les articles L. 823-1 et L. 823-2 du code de l'entrée et du séjour des étrangers et du droit d'asile » ;

14° Délits de blanchiment prévus par les articles 324-1 et 324-2 du code pénal, ou de recel prévus par les articles 321-1 et 321-2 du même code, du produit, des revenus, des choses provenant des infractions mentionnées aux 1° à 13° ;

15° Délits d'association de malfaiteurs prévus par l'article 450-1 du code pénal, lorsqu'ils ont pour objet la préparation de l'une des infractions mentionnées aux 1° à 14° *(L. n° 2011-13 du 5 janv. 2011, art. 5-1°)* « et 17° » ;

(L. n° 2006-64 du 23 janv. 2006, art. 24) « 16° Délit de non-justification de ressources correspondant au train de vie, prévu par l'article 321-6-1 du code pénal, lorsqu'il est en relation avec l'une des infractions mentionnées aux 1° à 15° » *(L. n° 2011-13 du 5 janv. 2011 art. 5-1°)* « et 17° » ;

(L. n° 2011-13 du 5 janv. 2011, art. 5-2°) « 17° Crime de détournement d'aéronef, de navire ou de tout autre moyen de transport commis en bande organisée prévu par l'article 224-6-1 du code pénal » ;

(L. n° 2011-266 du 14 mars 2011, art. 17-2°) « 18° Crimes et délits punis de dix ans d'emprisonnement, contribuant à la prolifération des armes de destruction massive et de leurs vecteurs entrant dans le champ d'application de l'article 706-167. »

Pour les infractions visées aux 3°, 6° et 11°, sont applicables, sauf précision contraire, les dispositions du présent titre ainsi que celles des titres XV, XVI et XVII ;

(L. n° 2013-1029 du 15 nov. 2013, art. 32) « 19° Délit d'exploitation d'une mine ou de disposition d'une substance concessible sans titre d'exploitation ou autorisation, accompagné d'atteintes à l'environnement, commis en bande organisée, prévu à l'article L. 512-2 du code minier, lorsqu'il est connexe avec l'une des infractions mentionnées aux 1° à 17° du présent article » ;

(L. n° 2023-22 du 24 janv. 2023, art. 16) « 20° Délit d'abus frauduleux de l'état d'ignorance ou de faiblesse commis en bande organisée prévu au dernier alinéa de l'article 223-15-2 du code pénal ; »

(L. n° 2023-610 du 18 juill. 2023, art. 29) « 21° Délits prévus au dernier alinéa de l'article 414 du code des douanes, lorsqu'ils sont commis en bande organisée. »

Art. 706-73-1 *(L. n° 2015-993 du 17 août 2015, art. 11)* Le présent titre, à l'exception de l'article 706-88, est également applicable à l'enquête, à la poursuite, à l'instruction et au jugement des délits suivants :

1° Délit d'escroquerie en bande organisée, prévu au dernier alinéa de l'article 313-2 du code pénal *(L. n° 2016-731 du 3 juin 2016, art. 28)* « , délit d'atteinte aux systèmes de traitement automatisé de données *(Abrogé par L. n° 2023-22 du 24 janv. 2023, art. 7)* « *caractère personnel mis en œuvre par l'État* » commis en bande organisée, prévu à l'article 323-4-1 du même code et délit d'évasion commis en bande organisée prévu au second alinéa de l'article 434-30 dudit code » ;

2° Délits de dissimulation d'activités ou de salariés, de recours aux services d'une personne exerçant un travail dissimulé, de marchandage de main-d'œuvre, de prêt illicite de main-d'œuvre ou d'emploi d'étranger sans titre de travail, commis en bande organisée, prévus aux 1° et 3° de l'article L. 8221-1 et aux articles L. 8221-3, L. 8221-5, L. 8224-1, L. 8224-2, L. 8231-1, L. 8234-1, L. 8234-2, L. 8241-1, L. 8243-1, L. 8243-2, L. 8251-1 et L. 8256-2 du code du travail ;

3° Délits de blanchiment, prévus *(L. n° 2016-731 du 3 juin 2016, art. 30)* « à l'article 324-1 » du code pénal, ou de recel, prévus aux articles 321-1 et 321-2 du même code, du produit, des revenus ou des choses provenant des infractions mentionnées aux 1° et 2° du présent article ;

(L. n° 2016-731 du 3 juin 2016, art. 30) « 3° *bis* Délits de blanchiment prévus à l'article 324-2 du code pénal, à l'exception de ceux mentionnés au 14° de l'article 706-73 du présent code ; »

4° Délits d'association de malfaiteurs, prévus à l'article 450-1 du code pénal, lorsqu'ils ont pour objet la préparation de l'une des infractions mentionnées aux 1° à 3° du présent article ;

5° Délit de non-justification de ressources correspondant au train de vie, prévu à l'article **321-6-1** du code pénal, lorsqu'il est en relation avec l'une des infractions mentionnées aux 1° à 4° du présent article ;

(L. n° 2016-731 du 3 juin 2016, art. 29) « 6° Délits d'importation, d'exportation, de transit, de transport, de détention, de vente, d'acquisition ou d'échange d'un bien culturel prévus à l'article **322-3-2** du code pénal » ;

(L. n° 2016-1087 du 8 août 2016, art. 164) « 7° Délits d'atteintes au patrimoine naturel commis en bande organisée, prévus à l'article L. **415-6** du code de l'environnement ;

« 8° Délits de trafic de produits phytopharmaceutiques commis en bande organisée, prévus au 3° de l'article L. **253-17-1**, au II des articles L. **253-15** et L. **253-16** et au III de l'article L. **254-12** du code rural et de la pêche maritime ;

« 9° Délits relatifs aux déchets mentionnés au I de l'article L. **541-46** du code de l'environnement commis en bande organisée, prévus au VII du même article » ;

(L. n° 2017-257 du 28 févr. 2017, art. 34) « 10° Délit de participation à la tenue d'une maison de jeux *(Ord. n° 2019-1015 du 2 oct. 2019, art. 34, en vigueur le 1er janv. 2020)* « d'argent et de hasard » commis en bande organisée, prévu au premier alinéa de l'article L. **324-1** du code de la sécurité intérieure et délits d'importation, de fabrication, de détention, de mise à disposition de tiers, d'installation et d'exploitation d'appareil de jeux *(Ord. n° 2019-1015 du 2 oct. 2019, art. 34, en vigueur le 1er janv. 2020)* « d'argent et de hasard » ou d'adresse commis en bande organisée, prévu *[prévus]* au premier alinéa de l'article *(Ord. n° 2019-1015 du 2 oct. 2019, art. 34, en vigueur le 1er janv. 2020)* « L. **324-4** » du même code » ;

(L. n° 2017-1510 du 30 oct. 2017, art. 9) « 11° Délits portant atteinte aux intérêts fondamentaux de la Nation prévus aux articles **411-5**, **411-7** et **411-8**, aux deux premiers alinéas de l'article **412-2**, à l'article **413-1** et au troisième alinéa de l'article **413-13** du code pénal » ;

(L. n° 2023-22 du 24 janv. 2023, art. 4) « 12° Délits d'administration d'une plateforme en ligne pour permettre la cession de produits, de contenus ou de services dont la cession, l'offre, l'acquisition ou la détention sont manifestement illicites et délits d'intermédiation ou de séquestre ayant pour objet unique ou principal de mettre en œuvre, de dissimuler ou de faciliter ces opérations, prévus à l'article **323-3-2** du même code. »

Art. 706-74 Lorsque la loi le prévoit, les dispositions du présent titre sont également applicables :

1° Aux crimes et délits commis en bande organisée, autres que ceux relevant *(L. n° 2015-993 du 17 août 2015, art. 11)* « des articles **706-73** et **706-73-1** » ;

2° Aux délits d'association de malfaiteurs prévus par le deuxième alinéa de l'article **450-1** du code pénal autres que ceux relevant du 15° de l'article **706-73** *(L. n° 2015-993 du 17 août 2015, art. 11)* « ou du 4° de l'article **706-73-1** » du présent code.

CHAPITRE I *COMPÉTENCE DES JURIDICTIONS SPÉCIALISÉES*

Art. 706-75 La compétence territoriale d'un tribunal judiciaire et d'une cour d'assises peut être étendue au ressort d'une ou plusieurs cours d'appel pour l'enquête, la poursuite, l'instruction et le jugement des crimes et délits entrant dans le champ d'application des articles **706-73**, à l'exception du 11° *(L. n° 2017-1510 du 30 oct. 2017, art. 9)* « , du 11° *bis* » *(L. n° 2011-266 du 14 mars 2011, art. 17-3°)* « et du 18° », *(L. n° 2015-993 du 17 août 2015, art. 11)* « **706-73-1** » *(L. n° 2017-1510 du 30 oct. 2017, art. 9)* « , à l'exclusion du 11°, » ou **706-74**, dans les affaires qui sont ou apparaîtraient d'une grande complexité.

Cette compétence s'étend aux infractions connexes.

Un décret fixe la liste et le ressort de ces juridictions, qui comprennent une section du parquet et des formations d'instruction et de jugement spécialisées pour connaître de ces infractions.

(L. n° 2019-222 du 23 mars 2019, art. 68) **« Toutefois, le tribunal judiciaire et la cour d'assises de Paris exercent une compétence concurrente sur l'ensemble du territoire national pour l'enquête, la poursuite, l'instruction et le jugement des crimes et délits mentionnés au premier alinéa du présent article, dans les affaires qui sont ou apparaîtraient d'une très grande complexité, en raison notamment du ressort géographique sur lequel elles s'étendent. »**

CHAPITRE II ***PROCÉDURE***

SECTION 5 ***De l'accès à distance aux correspondances stockées par la voie des communications électroniques accessibles au moyen d'un identifiant informatique*** *(L. n° 2019-222 du 23 mars 2019, art. 46-II et 109-XIII, en vigueur le 1er juin 2019).*

Art. 706-95-1 *(L. n° 2016-731 du 3 juin 2016, art. 2)* **Si les nécessités de l'enquête relative** *(L. n° 2019-222 du 23 mars 2019, art. 46-II et 109-XIII, en vigueur le 1er juin 2019)* **« à un crime ou » à l'une des infractions entrant dans le champ d'application des articles 706-73 et 706-73-1 l'exigent, le juge des libertés et de la détention peut, à la requête du procureur de la République, autoriser par ordonnance motivée l'accès, à distance et à l'insu de la personne visée, aux correspondances stockées par la voie des communications électroniques accessibles au moyen d'un identifiant informatique. Les données auxquelles il a été permis d'accéder peuvent être saisies et enregistrées ou copiées sur tout support.**

Art. 706-95-2 *(L. n° 2016-731 du 3 juin 2016, art. 2)* **Si les nécessités de l'information relative** *(L. n° 2019-222 du 23 mars 2019, art. 46-II et 109-XIII, en vigueur le 1er juin 2019)* **« à un crime ou » à l'une des infractions entrant dans le champ d'application des articles 706-73 et 706-73-1 l'exigent, le juge d'instruction peut autoriser par ordonnance motivée l'accès, à distance et à l'insu de la personne visée, aux correspondances stockées par la voie des communications électroniques accessibles au moyen d'un identifiant informatique. Les données auxquelles il a été permis d'accéder peuvent être saisies et enregistrées ou copiées sur tout support.**

COMMENTAIRE

ACCÈS AUX CORRESPONDANCES STOCKÉES

Historique. Les dispositions des articles 706-95-1 et 706-95-2 du code de procédure pénale correspondent à un régime de saisie de données de messagerie électronique, à distance et à l'insu de la personne visée, et ce, indépendamment du régime juridique de la perquisition.

Auparavant, cet accès aux correspondances stockées était usité dans le cadre de l'interception de correspondances émises par la voie des télécommunications, autorisée par le juge d'instruction dans le cadre des articles 100 à 100-7 du code de procédure pénale. L'interception de correspondances émises par la voie des télécommunications permettait ainsi l'interception, l'enregistrement et la transcription de l'ensemble des correspondances émises ou reçues depuis un compte de messagerie.

Selon la pratique des juges d'instruction (D. Bénichou, Accès à un compte de données personnelles à l'insu de son titulaire : aspects techniques et juridiques, *AJ pénal 2013. 451*) et validée par certaines chambres de l'instruction (Aix-en-Provence, chambre de l'instruction, 17 déc. 2014, arrêt cassé par Crim. 8 juill. 2015, n° 14-88.457), la notion d'interception ne visait pas les seules correspondances échangées depuis la décision d'interception, mais l'ensemble des messages envoyés au destinataire, y compris les messages archivés sur la boîte de messagerie électronique, donc antérieurs à l'autorisation d'interception.

Dans un arrêt du 8 juillet 2015 (n° 14-88.457), la chambre criminelle de la Cour de cassation a mis un terme à cette possibilité en précisant que l'appréhension, l'enregistrement et la transcription des correspondances émises ou reçues antérieurement à la date de la décision d'interception prise par le juge d'instruction, soit la récupération des correspondances stockées sur une boîte de messagerie électronique, ne peuvent relever du cadre des interceptions judiciaires de correspondances (C. Benelli-de-Bénazé, Instruction : précision sur la notion d'interception des correspondances, *D. actu. 1er sept. 2015*). A défaut d'un autre cadre légal, elles relèvent des dispositions légales relatives aux perquisitions et plus particulièrement celles relatives aux saisies (G. Roussel, Les mails émis et reçus avant la décision ne peuvent faire l'objet que d'une perquisition, *AJ pénal 2016. 90*).

Or, conformément aux dispositions des articles 56 et suivants du code de procédure pénale, les opérations de perquisition doivent être réalisées en présence de la personne ou, à défaut, en présence d'un représentant de son choix ou de deux témoins. Elles ne peuvent être réalisées à l'insu de la personne concernée. S'agissant de preuve numérique, cette information préalable est grandement préjudiciable à la réussite des investigations puisqu'elle peut permettre à la personne soupçonnée de supprimer toute information avant la réalisation de la perquisition.

Les articles 706-95-1 et 706-95-2 du code de procédure pénale répondent à cette difficulté en instaurant un nouveau cadre légal permettant la saisie de correspondances, à l'insu de la personne concernée, de manière indépendante de la perquisition (E. Vergès, La procédure pénale à son point d'équilibre, *RSC 2016. 551*).

Conditions. En application des dispositions des articles 706-95-1 et 706-95-2 du code de procédure pénale, l'accès à distance et à l'insu de la personne visée, aux correspondances stockées par la voie des communications électroniques accessibles au moyen d'un identifiant informatique est possible dans l'enquête de flagrance et dans l'enquête préliminaire sous deux conditions cumulatives. Les nécessités de l'enquête doivent l'exiger et l'enquête doit porter sur un crime ou sur l'une des infractions entrant dans le champ d'application des articles 706-73 et 706-73-1 du code de procédure pénale.

Dans le cadre de l'information judiciaire, les conditions sont identiques : les nécessités de l'information doivent l'exiger et l'information doit porter sur un crime ou sur l'une des infractions entrant dans le champ d'application des articles 706-73 et 706-73-1 du code de procédure pénale.

L'usage de cette technique suppose donc la réunion de trois exigences :
– les enquêteurs doivent s'assurer que les données sont bien stockées dans des correspondances ;
– les enquêteurs doivent disposer d'un moyen technique d'accès aux données à distance et à l'insu de la personne visée. Il peut s'agir par exemple de l'obtention préalable d'un identifiant et d'un mot de passe, d'un *token* (jeton de connexion) ou d'un code d'accès spécifique. Ce moyen technique d'accès peut avoir été récupéré lors d'une perquisition préalable (C. pr. pén., art. 56 s.) ou lors de l'examen d'un support numérique saisi (C. pr. pén., art. 60-3) ;
– les infractions visées doivent nécessairement relever d'un crime ou des infractions limitativement listées aux articles 706-73 et 706-73-1 du code de procédure pénale.

Modalités. Dans le cadre de l'enquête, la mesure est autorisée par le juge des libertés et de la détention, par une ordonnance motivée, à la requête du procureur de la République. Dans le cadre de l'information, la mesure est autorisée par le juge d'instruction qui rend une ordonnance motivée. Dans le cadre de l'enquête et de l'information, les données auxquelles il a été permis d'accéder peuvent être saisies et enregistrées ou copiées sur tout support.

En vertu de l'article 706-95-3 du code de procédure pénale, pour réaliser cette technique, le magistrat ou l'officier de police judiciaire commis par lui peut requérir tout agent qualifié d'un service ou d'un organisme placé sous l'autorité ou la tutelle du ministre chargé des communications électroniques ou tout agent qualifié d'un exploitant de réseau ou fournisseurs de services de communications électroniques autorisé. A cet égard, en vertu de l'article 2 du décret n° 2017-614 du 24 avril 2017, l'Agence nationale des techniques d'enquêtes numériques judiciaires peut apporter son expertise pour l'emploi de cette technique.

Contrôle de la mesure et nullités. En vertu de l'article 706-95-3 du code de procédure pénale, l'accès à distance aux correspondances stockées par la voie des communications électroniques accessibles au moyen d'un identifiant informatique est effectué sous l'autorité et le contrôle du magistrat (le juge des libertés et de la détention dans le cadre de l'enquête, le juge d'instruction dans le cadre de l'information) qui l'a autorisé.

Cet accès ne peut, à peine de nullité, avoir un autre objet que la recherche et la constatation des infractions visées dans la décision du juge des libertés et de la détention ou du juge d'instruction. En outre, le fait que la mise en œuvre de cette technique révèle des infractions autres que celles visées dans la décision du magistrat qui l'a autorisée ne constitue pas une cause de nullité des éventuelles procédures incidentes.

Enfin, lorsque l'identifiant informatique est associé au compte d'un avocat, d'un magistrat, d'un sénateur ou d'un député, les prescriptions de l'article 100-7 du code de procédure pénale doivent être appliquées à peine de nullité.

Pour un député ou un sénateur, le président de l'assemblée à laquelle il appartient doit être informé par le magistrat ayant ordonné la technique.

S'agissant du compte d'un avocat, le bâtonnier doit être informé par le magistrat ayant ordonné la technique.

Pour le compte d'un magistrat, le premier président, s'il s'agit d'un magistrat du siège, ou le procureur général, s'il s'agit d'un magistrat du parquet, de la juridiction où il réside doit être informé par le magistrat ayant ordonné la technique. ❑

SECTION 6 *Des autres techniques spéciales d'enquête* *(L. n° 2019-222 du 23 mars 2019, art. 46-III et 109-XIII, en vigueur le 1er juin 2019).*

§ 4 *De la captation des données informatiques* *(L. n° 2019-222 du 23 mars 2019, art. 46-III et 109-XIII, en vigueur le 1er juin 2019).*

Art. 706-102-1 *(L. n° 2016-731 du 3 juin 2016, art. 5) (L. n° 2019-222 du 23 mars 2019, art. 46-III et 109-XIII, en vigueur le 1er juin 2019)* **« Il peut être recouru à la mise en place d' » un dispositif technique ayant pour objet, sans le consentement des intéressés, d'accéder, en tous lieux, à des données informatiques, de les enregistrer, de les conserver et de les transmettre, telles qu'elles sont stockées dans un système informatique, telles qu'elles s'affichent sur un écran pour l'utilisateur d'un système de traitement automatisé de données, telles qu'il les y introduit par saisie de caractères ou telles qu'elles sont reçues et émises par des périphériques** *(Abrogé par L. n° 2019-222 du 23 mars 2019, art. 46-III et 109-XIII, à compter du 1er juin 2019) « **audiovisuels** »*.

Le procureur de la République *(L. n° 2019-222 du 23 mars 2019, art. 46-III et 109-XIII, en vigueur le 1er juin 2019)* **« ou le juge d'instruction » peut désigner toute personne physique ou morale habilitée et inscrite sur l'une des listes prévues à l'article 157, en vue d'effectuer les opérations techniques permettant la réalisation du dispositif technique mentionné au premier alinéa du présent article. Le procureur de la République** *(L. n° 2019-222 du 23 mars 2019, art. 46-III et 109-XIII, en vigueur le 1er juin 2019)* **« ou le juge d'instruction » peut également prescrire le recours aux moyens de l'État soumis au secret de la défense nationale selon les formes prévues au chapitre I du titre IV du livre I.**

QCP. L'art. 706-102-1 C. pr. pén. qui permet l'utilisation de moyens de l'État soumis au secret de la défense nationale a pour effet de soustraire au débat contradictoire les informations relatives à ces moyens. Ces dispositions poursuivent l'objectif de valeur constitutionnelle de recherche des auteurs d'infractions et mettent en œuvre les exigences constitutionnelles inhérentes à la sauvegarde des intérêts fondamentaux de la Nation. La seconde phrase de l'art. 706-102-1 al. 2 C. pr. pén., dans sa rédaction résultant de la L. n° 2019-222 du 23 mars 2019 de programmation 2018-2022 et de réforme pour la justice, est conforme à la Constitution. • Cons. Const. 8 avr. 2022, n° 2022-987 QPC.

Code de la santé publique

PREMIÈRE PARTIE : *LÉGISLATIVE*

PREMIÈRE PARTIE *PROTECTION GÉNÉRALE DE LA SANTÉ*

LIVRE IV **ADMINISTRATION GÉNÉRALE DE LA SANTÉ**

TITRE III AGENCES RÉGIONALES DE SANTÉ

CHAPITRE V *MODALITÉS ET MOYENS D'INTERVENTION DES AGENCES RÉGIONALES DE SANTÉ*

SECTION 4 *Inspections et contrôles*

Art. L. 1435-7-2 *(Ord. n° 2013-1183 du 19 déc. 2013, art. 19-II)* Aux seules fins de constater les infractions prévues aux articles L. 5421-2, L. 5421-3, L. 5421-13, L. 5432-1, L. 5432-2, L. 5438-4, L. 5461-3 et L. 5462-3 du code de la santé publique, lorsque celles-ci sont commises en ayant recours à un moyen de communication électronique, les inspecteurs de l'agence régionale de santé habilités dans des conditions précisées par arrêté des ministres de la justice, de l'intérieur et chargé de la santé peuvent, sans être pénalement responsables de ces actes :

1° Participer sous un pseudonyme aux échanges électroniques ;

2° Être en contact par ce moyen avec les personnes susceptibles d'être les auteurs de ces infractions ;

3° Acquérir des produits ou substances.

A peine de nullité, ces actes ne peuvent avoir pour effet d'inciter autrui à commettre une infraction.

CINQUIÈME PARTIE *PRODUITS DE SANTÉ*

LIVRE III **AGENCE NATIONALE DE SÉCURITÉ DU MÉDICAMENT ET DES PRODUITS DE SANTÉ**

TITRE I MISSIONS ET PRÉROGATIVES

CHAPITRE III *INSPECTION*

Art. L. 5313-2-1 *(Ord. n° 2013-1183 du 19 déc. 2013, art. 20-V)* Aux seules fins de constater les infractions prévues aux articles L. 5421-2, L. 5421-3, L. 5421-13, L. 5432-1, L. 5432-2, L. 5438-4, L. 5461-3 et L. 5462-3 du code de la santé publique, lorsque celles-ci sont commises en ayant recours à un moyen de communication électronique, les inspecteurs de l'agence mentionnés à l'article L. 5412-1 habilités dans des conditions précisées par arrêté des ministres de la justice, de l'intérieur et chargé de la santé peuvent, sans être pénalement responsables de ces actes :

1° Participer sous un pseudonyme aux échanges électroniques ;

2° Être en contact par ce moyen avec les personnes susceptibles d'être les auteurs de ces infractions ;

3° Acquérir des produits ou substances.

A peine de nullité, ces actes ne peuvent avoir pour effet d'inciter autrui à commettre une infraction.

V. Arr. du 18 sept. 2018 pris pour l'application des art. L. 1435-7-2 et L. 5313-2-1 CSP relatif à l'habilitation des inspecteurs des agences régionales de santé et de l'Agence nationale de sécurité du médicament et des produits de santé mettant en œuvre des techniques d'enquêtes sous pseudonyme (JO 22 sept.).

Code de la sécurité intérieure

PREMIÈRE PARTIE : *LÉGISLATIVE*

LIVRE VIII **DU RENSEIGNEMENT**

TITRE VI DES AGENTS DES SERVICES SPÉCIALISÉS DE RENSEIGNEMENT

CHAPITRE I *DE LA PROTECTION DU SECRET DE LA DÉFENSE NATIONALE ET DE L'ANONYMAT DES AGENTS*

Art. L. 861-2 *(L. n° 2011-267 du 14 mars 2011, art. 27)* Pour l'exercice d'une mission intéressant la défense et la sécurité nationale, les agents des services spécialisés de renseignement *(L. n° 2015-912 du 24 juill. 2015, art. 23-III-1°, en vigueur le 3 oct. 2015)* « mentionnés à l'article L. 811-2 » peuvent, sous l'autorité de l'agent chargé de superviser ou de coordonner la mission, faire usage d'une identité d'emprunt ou d'une fausse qualité.

Dans ce cas, ne sont pas pénalement responsables de cet usage les agents mentionnés au premier alinéa, non plus que de leurs actes les personnes requises à seule fin d'établir ou de permettre l'usage de l'identité d'emprunt ou de la fausse qualité. Les articles 50 à 52 du code civil ne sont pas applicables à ces personnes.

(Abrogé par L. n° 2015-912 du 24 juill. 2015, art. 23-III-2°, à compter du 3 oct. 2015) ***« Les services spécialisés de renseignement mentionnés au premier alinéa du présent article sont désignés par arrêté du Premier ministre parmi les services mentionnés à l'article 6 nonies de l'ordonnance n° 58-1100 du 17 novembre 1958 relative au fonctionnement des assemblées parlementaires. »***

(L. n° 2015-912 du 24 juill. 2015, art. 23-III-3°, en vigueur le 3 oct. 2015)« Un arrêté du Premier ministre précise, parmi les services désignés par le décret en Conseil d'État prévu à l'article L. 811-4 du présent code, ceux dont les agents peuvent également faire usage d'une identité d'emprunt ou d'une fausse qualité. »

CHAPITRE III *DE L'INFORMATION DES SERVICES DE RENSEIGNEMENT*

Art. L. 863-1 *(L. n° 2015-912 du 24 juill. 2015, art. 8-V, en vigueur le 3 oct. 2015)* Dans l'accomplissement de leurs missions définies au titre I du présent livre, les agents individuellement désignés et habilités des services mentionnés à l'article L. 811-2 ou des services désignés par le décret en Conseil d'État prévu à l'article L. 811-4 peuvent procéder aux actes suivants sans en être pénalement responsables :

1° Être en contact, par le moyen d'échanges électroniques et dans les conditions prévues à l'article L. 861-2, avec des personnes susceptibles de porter atteinte aux intérêts fondamentaux de la Nation mentionnés à l'article L. 811-3 ;

2° Extraire, acquérir ou conserver par ce moyen des données sur les personnes mentionnées au 1° du présent article ;

3° Extraire, transmettre en réponse à une demande expresse, acquérir ou conserver des contenus provoquant directement à la commission d'actes de terrorisme ou en faisant l'apologie.

Ces actes ne peuvent constituer une incitation à commettre des infractions, sous peine d'un an d'emprisonnement et de 30 000 € d'amende.

TITRE VII OBLIGATIONS DES OPÉRATEURS ET PRESTATAIRES DE SERVICES

Art. L. 871-1 Les personnes physiques ou morales qui fournissent des prestations de cryptologie visant à assurer une fonction de confidentialité sont tenues de remettre *(L. n° 2015-912 du 24 juill. 2015, art. 12-3°-a, en vigueur le 3 oct. 2015)* « dans un délai de soixante-douze heures » aux agents autorisés dans les conditions prévues à l'article *(L. n° 2015-912 du 24 juill. 2015, art. 12-3°-a, en vigueur le 3 oct. 2015)* « **L. 821-4** », sur leur demande, les conventions permettant le déchiffrement des données transformées au moyen des prestations qu'elles ont fournies. Les agents autorisés peuvent demander aux fournisseurs de prestations susmentionnés de mettre eux-mêmes en œuvre *(L. n° 2015-912 du 24 juill. 2015, art. 12-3°-b, en vigueur le 3 oct. 2015)* « dans un délai de soixante-douze heures » ces conventions, sauf si ceux-ci démontrent qu'ils ne sont pas en mesure de satisfaire à ces réquisitions.

Un décret en Conseil d'État précise les procédures suivant lesquelles cette obligation est mise en œuvre ainsi que les conditions dans lesquelles la prise en charge financière de cette mise en œuvre est assurée par l'État.

TITRE VIII **DISPOSITIONS PÉNALES**

Art. L. 881-1 Le fait par une personne concourant, dans les cas prévus par la loi, à l'exécution d'une *(L. n° 2015-912 du 24 juill. 2015, art. 13-3°, en vigueur le 3 oct. 2015)* « technique de recueil de renseignement, de révéler l'existence de la mise en œuvre de cette technique » est puni des peines mentionnées aux articles 226-13, 226-14 et 226-31 du code pénal.

Code du sport

PREMIÈRE PARTIE : ***LÉGISLATIVE***

LIVRE III **PRATIQUE SPORTIVE**

TITRE III **MANIFESTATIONS SPORTIVES**

CHAPITRE III ***EXPLOITATION DES MANIFESTATIONS SPORTIVES***

SECTION 3 ***Lutte contre la retransmission illicite des manifestations et compétitions sportives***

Art. L. 333-11 *(L. n° 2021-1382 du 25 oct. 2021, art. 3)* Les agents habilités et assermentés de l'Autorité de régulation de la communication audiovisuelle et numérique peuvent constater les faits susceptibles de constituer des atteintes aux droits mentionnés à l'article L. 333-10.

Dans ce cadre, ces agents peuvent, sans en être tenus pénalement responsables :

1° Participer, sous un pseudonyme, à des échanges électroniques susceptibles de se rapporter aux atteintes aux droits mentionnés au même article L. 333-10 ;

2° Reproduire des manifestations ou des compétitions sportives diffusées sur les services de communication au public en ligne ;

3° Extraire, acquérir ou conserver par ce moyen des éléments de preuve sur ces services aux fins de la caractérisation des faits susceptibles de constituer des atteintes aux droits ;

4° Acquérir et étudier les matériels et logiciels propres à faciliter la commission des atteintes aux droits mentionnés audit article L. 333-10.

A peine de nullité, ces actes ne peuvent avoir pour effet d'inciter autrui à commettre une infraction.

Les agents consignent les informations ainsi recueillies dans un procès-verbal, qui rend compte des conditions dans lesquelles les facultés reconnues aux 1° à 4° du présent article ont été employées.

Loi n° 86-1067 du 30 septembre 1986

relative à la liberté de communication.

Art. 19 I. — Pour l'accomplissement des missions qui lui sont confiées par la présente loi, l'Autorité de régulation de la communication audiovisuelle et numérique peut :

1° Recueillir, sans que puissent lui être opposées d'autres limitations que celles qui résultent du libre exercice de l'activité des partis et groupements politiques mentionnés à l'article 4 de la Constitution :

– auprès des autorités administratives, toutes les informations nécessaires à l'élaboration de ses avis, études et décisions ;

– auprès des administrations, des producteurs d'œuvres audiovisuelles et cinématographiques, des personnes mentionnées à l'article 95, des éditeurs et distributeurs de services de communication audiovisuelle et des sociétés assurant la diffusion de services de communication audiovisuelle ainsi que des plateformes de partage de vidéos, toutes les informations nécessaires pour s'assurer du respect des obligations qui sont imposées aux personnes soumises à la présente loi et, plus généralement, toutes les informations nécessaires à l'élaboration de ses avis, études et décisions ;

– auprès des opérateurs de réseaux satellitaires, toutes les informations nécessaires à l'identification des éditeurs des services de télévision et de médias audiovisuels à la demande transportés et de l'État membre compétent ;

– auprès de toute personne physique ou morale détenant, directement ou indirectement, une part égale ou supérieure à 10 % du capital ou des droits de vote aux assemblées générales d'une société éditant ou distribuant un service de télévision ou de radio dont les programmes contribuent à l'information politique et générale, toutes les informations sur les marchés publics et délégations de service public pour l'attribution desquels cette personne ou une société qu'elle contrôle ont présenté une offre au cours des vingt-quatre derniers mois ;

2° Procéder, auprès des éditeurs et distributeurs de services de communication audiovisuelle, des opérateurs de réseaux satellitaires, des sociétés assurant la diffusion de services de communication audiovisuelle ainsi que des plateformes de partage de vidéos, aux enquêtes nécessaires pour s'assurer du respect de leurs obligations, de manière proportionnée aux besoins liés à l'accomplissement de ses missions et sur la base d'une décision motivée de sa part.

Ces enquêtes sont menées par des agents de l'Autorité de régulation de la communication audiovisuelle et numérique spécialement habilités à cet effet par celle-ci et assermentés dans des conditions fixées par décret en Conseil d'État.

Ces agents peuvent, sans que le secret des affaires puisse leur être opposé :

– obtenir des personnes morales mentionnées au premier alinéa du présent 2° la communication de tous documents professionnels ou supports d'information nécessaires à l'enquête ;

– procéder à des auditions, qui donnent lieu à un procès-verbal établi de façon contradictoire. Si l'intéressé refuse de signer, mention en est faite au procès-verbal. Un double du procès-verbal est transmis dans un délai de cinq jours à compter de son établissement aux personnes concernées ;

– recueillir auprès de ces mêmes personnes morales les renseignements et justifications nécessaires à l'enquête.

Dans le cadre de ces enquêtes, ces agents peuvent, sans en être tenus pénalement responsables :

a) Participer, sous un pseudonyme, à des échanges électroniques susceptibles de se rapporter à des infractions aux dispositions régissant les activités soumises à l'enquête ;

b) Extraire, acquérir ou conserver par ce moyen des éléments de preuve sur ces services aux fins de caractérisation des faits.

A peine de nullité, ces actes ne peuvent avoir pour effet d'inciter autrui à commettre une infraction.

Les renseignements recueillis par l'autorité en application du présent I ne peuvent être utilisés à d'autres fins que l'accomplissement des missions qui lui sont confiées par la présente loi. Leur divulgation est interdite.

II. – L'Autorité de régulation de la communication audiovisuelle et numérique et le Centre national du cinéma et de l'image animée se communiquent en tant que de besoin les informations qu'ils détiennent relatives notamment aux chiffres d'affaires et au nombre d'utilisateurs des éditeurs de services de communication audiovisuelle et des redevables des impositions mentionnées aux articles L. 115-6 à L. 115-13 du code du cinéma et de l'image animée et à l'article 1609 *sexdecies* B du code général des impôts.

Décret n° 2001-1192 du 13 décembre 2001,

Relatif au contrôle à l'exportation, à l'importation et au transfert de biens et technologies à double usage.

V. Livre I, I. Règles internes.

Loi n° 2004-575 du 21 juin 2004,

Pour la confiance dans l'économie numérique.

Art. 6-3 *(L. n° 2021-1109 du 24 août 2021, art. 39)* Lorsqu'une décision judiciaire exécutoire a ordonné toute mesure propre à empêcher l'accès à un service de communication au public en ligne dont le contenu relève des infractions prévues au 7 du I de l'article 6, l'autorité administrative, saisie le cas échéant par toute personne intéressée, peut demander aux personnes mentionnées aux 1 ou 2 du même I ou à toute personne ou catégorie de personnes visée par cette décision judiciaire, pour une durée ne pouvant excéder celle restant à courir pour les mesures ordonnées par cette décision judiciaire, d'empêcher l'accès à tout service de communication au public en ligne qu'elle aura préalablement identifié comme reprenant le contenu du service mentionné par ladite décision, en totalité ou de manière substantielle.

Dans les mêmes conditions et pour la même durée, l'autorité administrative peut également demander à tout exploitant d'un service reposant sur le classement ou le référencement, au moyen d'algorithmes informatiques, de contenus proposés ou mis en ligne par des tiers de faire cesser le référencement des adresses électroniques donnant accès aux services de communication au public en ligne mentionnés au premier alinéa du présent article.

L'autorité administrative tient à jour une liste des services de communication au public en ligne mentionnés au même premier alinéa qui ont fait l'objet d'une demande de blocage d'accès en application dudit premier alinéa ainsi que des adresses électroniques donnant accès à ces services et met cette liste à la disposition des annonceurs, de leurs mandataires et des services mentionnés au 2° du II de l'article 299 du code général des impôts. Ces services sont inscrits sur cette liste pour la durée restant à courir des mesures ordonnées par l'autorité judiciaire. Pendant toute la durée de l'inscription sur ladite liste, les annonceurs, leurs mandataires et les services mentionnés au même 2° qui entretiennent des relations commerciales, notamment pour y pratiquer des insertions publicitaires, avec les services de communication au public en ligne figurant sur cette liste sont tenus de rendre publique sur leur site internet, au moins une fois par an, l'existence de ces relations et de les mentionner au rapport annuel, s'ils sont tenus d'en adopter un.

Lorsqu'il n'est pas procédé au blocage ou au déréférencement desdits services en application du présent article, le président du tribunal judiciaire, statuant selon la procédure accélérée au fond, peut prescrire toute mesure destinée à faire cesser l'accès aux contenus de ces services.

Art. 30 I. — L'utilisation des moyens de cryptologie est libre.

II. — La fourniture, le transfert depuis ou vers un État membre de la Communauté européenne, l'importation et l'exportation des moyens de cryptologie assurant exclusivement des fonctions d'authentification ou de contrôle d'intégrité sont libres.

III. — La fourniture, le transfert depuis un État membre de la Communauté européenne ou l'importation d'un moyen de cryptologie n'assurant pas exclusivement des fonctions d'authentification ou de contrôle d'intégrité sont soumis à une déclaration préalable auprès du Premier ministre, sauf dans les cas prévus au *b* du présent III. Le fournisseur ou la personne procédant au transfert ou à l'importation tiennent à la disposition du Premier ministre une description des caractéristiques techniques de ce moyen de cryptologie, ainsi que le code source des logiciels utilisés. Un décret en Conseil d'État fixe :

a) Les conditions dans lesquelles sont souscrites ces déclarations, les conditions et les délais dans lesquels le Premier ministre peut demander communication des caractéristiques du moyen, ainsi que la nature de ces caractéristiques ;

b) Les catégories de moyens dont les caractéristiques techniques ou les conditions d'utilisation sont telles que, au regard des intérêts de la défense nationale et de la sécurité intérieure ou extérieure de l'État, leur fourniture, leur transfert depuis un État membre de la Communauté européenne ou leur importation peuvent être dispensés de toute formalité préalable.

IV. – Le transfert vers un État membre de la Communauté européenne et l'exportation d'un moyen de cryptologie n'assurant pas exclusivement des fonctions d'authentification ou de contrôle d'intégrité sont soumis à autorisation du Premier ministre, sauf dans les cas prévus au *b* du présent IV. Un décret en Conseil d'État fixe :

a) Les conditions dans lesquelles sont souscrites les demandes d'autorisation ainsi que les délais dans lesquels le Premier ministre statue sur ces demandes ;

b) Les catégories de moyens dont les caractéristiques techniques ou les conditions d'utilisation sont telles que, au regard des intérêts de la défense nationale et de la sécurité intérieure ou extérieure de l'État, leur transfert vers un État membre de la Communauté européenne ou leur exportation peuvent être soit soumis au régime déclaratif et aux obligations d'information prévus au III, soit dispensés de toute formalité préalable.

BIBL. ▶ Dossier, Le droit saisi par les algorithmes, *Dalloz IP/IT 2017. 494*.

Loi n° 2010-476 du 12 mai 2010,

Relative à l'ouverture à la concurrence et à la régulation du secteur des jeux d'argent et de hasard en ligne.

Art. 59 *(L. n° 2012-354 du 14 mars 2012, art. 21)* Dans le but de constater *(Ord. n° 2019-1015 du 2 oct. 2019, art. 12, en vigueur le 1er janv. 2020)* « une offre de jeux d'argent et de hasard en ligne en contravention avec les dispositions du titre II du livre II du code de la sécurité intérieure ou la promotion d'une telle offre » , les officiers et agents de police judiciaire désignés par le ministre de l'intérieur, les agents des douanes désignés par le ministre chargé des douanes et les fonctionnaires et agents mentionnés au II de l'article 42 peuvent, sans en être pénalement responsables :

(Ord. n° 2019-1015 du 2 oct. 2019, art. 12, en vigueur le 1er janv. 2020) « 1° Participer sous une identité d'emprunt à des échanges électroniques sur un site de jeux ou paris agréé ou non, et notamment à une session de jeu en ligne. L'utilisation d'une identité d'emprunt est sans incidence sur la régularité des constatations effectuées. Un décret en Conseil d'État précise les conditions dans lesquelles, dans ce cas, les fonctionnaires et agents concernés procèdent à leurs constatations ; »

2° Extraire, acquérir ou conserver par ce moyen *(L. n° 2014-1353 du 13 nov. 2014, art. 20)* « les éléments de preuve et les données » sur les personnes susceptibles d'être les auteurs de ces infractions ainsi que sur les comptes bancaires utilisés.

3° Extraire, transmettre en réponse à une demande expresse, acquérir ou conserver des contenus illicites dans des conditions fixées par décret.

A peine de nullité, ces actes ne peuvent avoir pour effet d'inciter autrui à commettre une infraction ou de contrevenir *(Ord. n° 2019-1015 du 2 oct. 2019, art. 12)* « aux dispositions de l'article L. 320-8 et du premier alinéa de l'article L. 320-9 du code de la sécurité intérieure »

[...]

Arrêté du 29 janvier 2015,

Définissant la forme et le contenu des dossiers de déclaration et de demande d'autorisation d'opérations relatives aux moyens et aux prestations de cryptologie.

V. Livre I, I. Règles internes.

Circulaire du 2 décembre 2016,

De présentation des dispositions de la loi n° 2016-731 du 3 juin 2016 renforçant la lutte contre le crime organisé, le terrorisme et leur financement,et améliorant l'efficacité et les garanties de la procédure pénale, relative au renforcement du dispositif en matière de lutte contre la délinquance et la criminalité organisée.

La loi n° 2016-731 du 3 juin 2016 renforçant la lutte contre le crime organisé, le terrorisme et leur financement, et améliorant l'efficacité et les garanties de la procé-

dure pénale complète le dispositif instauré par la loi du 9 mars 2004 en prenant en compte l'évolution des nouvelles technologies et leur emploi dans le cadre d'activités criminelles, nécessitant une adaptation des textes de procédure et de droit pénal.

En consacrant le recours à des techniques d'enquête désormais adaptées aux transformations récentes de la criminalité, certaines dispositions de cette loi offrent aux magistrats des outils permettant de lutter plus efficacement contre les organisations criminelles, lesquelles recourent à de nouveaux moyens afin de déjouer les surveillances techniques mises en place par les services enquêteurs.

En effet, à l'utilisation de téléphones "dédiés" fonctionnant en circuit fermé, se sont ajoutés d'autres modes de communication sécurisés, tels les outils VoIP (voix internet protocole) permettant de communiquer soit par Internet ou par des réseaux compatibles privés, soit à travers des échanges cryptés. De même, les messageries instantanées ne peuvent être aisément interceptées.

Par ailleurs, la loi n° 2016-731 du 3 juin 2016 adapte également les dispositions applicables en matière douanière à l'évolution des formes de délinquance, en particulier par une extension des différentes prérogatives conférées aux agents des douanes.

En dernier lieu, cette loi introduit un cadre juridique spécifique relatif à l'usage des armes par les forces de l'ordre dans l'hypothèse d'un périple meurtrier.

1 Des moyens d'enquête adaptés aux évolutions de la criminalité organisée et aux technologies qu'elle emploie

1.1. *Une adaptation par l'amélioration des moyens existants*

1.1.1. *En matière de sonorisation et de captation d'images*

En introduisant les articles 706-96 et 706-96-1 au sein du code de procédure pénale, le législateur a prévu qu'en matière de criminalité organisée, le procureur de la République puisse désormais disposer de la faculté de recourir, sur autorisation préalable du juge des libertés et de la détention, aux sonorisations dans des lieux ou véhicules privés ou publics et fixations d'images dans un lieu privé.

Les dispositifs de sonorisation et de captation d'images peuvent être autorisés de manière alternative ou cumulative par le juge des libertés et de la détention.

En vue de mettre en place le dispositif technique utilisé à ces fins, le juge des libertés et de la détention peut autoriser l'introduction dans un véhicule ou un lieu privé, y compris hors des heures autorisées pour les perquisitions, à l'insu du propriétaire ou du possesseur du véhicule ou de l'occupant des lieux.

Ces dispositifs ne peuvent être mis en œuvre :

– dans un cabinet d'avocat, à son domicile ou dans son véhicule ;

– dans les locaux ou véhicules professionnels d'une entreprise ou agence de presse ; entreprise de communication audiovisuelle, de communication au publique *[public]* en ligne ;

– au domicile d'un journaliste ;

– dans les locaux d'une juridiction ;

– au domicile d'une personne exerçant des fonctions juridictionnelles ;

– dans le véhicule, au bureau ou au domicile d'un magistrat ;

– dans le véhicule, au bureau ou au domicile de parlementaires.

Ces techniques spéciales d'enquête peuvent être utilisées pour une durée d'un mois renouvelable une fois dans les enquêtes menées par le parquet et de deux mois renouvelable dans la limite de deux ans à l'instruction. Le point de départ de ce délai doit être fixé au jour de la mise en place effective de la mesure.

Les séquences ayant trait à la vie privée qui sont étrangères aux infractions visées ne peuvent être conservées en procédure (C. pr. pén., art. 706-101).

1.1.2. *En matière de témoignages*

L'introduction de deux nouveaux articles 706-62-1 et 706-62-2 au sein du code de procédure pénale permet désormais à un témoin de déposer publiquement sans que son identité soit révélée et de se voir offrir une protection et la possibilité de recourir à une identité d'emprunt.

• *Le témoignage anonyme devant les juridictions (C. pr. pén., art. 706-62-1)*

Désormais, pour les procédures portant sur un crime ou sur un délit puni d'au moins trois ans d'emprisonnement, lorsque la révélation de l'identité d'un témoin est susceptible de mettre gravement en danger sa vie ou son intégrité physique ou celles de ses proches, le juge d'instruction ou le président de la juridiction de jugement statuant en chambre du conseil peut ordonner soit d'office, soit à la demande du procureur de la République ou des parties, que cette identité ne soit pas mentionnée au cours des audiences publiques et ne figure pas dans les ordonnances, jugements ou arrêts de la juridiction d'instruction ou de jugement qui sont susceptibles d'être rendus publics.

Le juge d'instruction adresse sans délai une copie de la décision ordonnant la confidentialité de l'identité du témoin, qui n'est pas susceptible de recours, au procureur de la République et aux parties.

Le témoin est alors désigné au cours des audiences ou dans les ordonnances, jugements ou arrêts par un numéro que lui attribue le juge d'instruction ou le président de la juridiction de jugement.

Le fait de révéler l'identité d'un témoin ayant bénéficié de ces dispositions ou de diffuser des informations permettant son identification ou sa localisation est puni de cinq ans d'emprisonnement et de 75 000 euros d'amende.

• *Le dispositif de protection des témoins (C. pr. pén., art. 706-62-2)*

Pour les procédures portant sur un crime contre l'humanité, un crime ou délit de guerre, ou une infraction relevant du champ de la délinquance en bande organisée, lorsque l'audition d'un témoin est susceptible de mettre gravement en danger sa vie ou son intégrité physique ou celle de ses proches, ce témoin doit faire l'objet, en tant que de besoin, de mesures de protection destinées à assurer sa sécurité.

Ces mesures de protection sont définies, sur réquisitions du procureur de la République, par la commission nationale chargée d'assurer le suivi des mesures de protection, qu'elle peut modifier ou auxquelles elle peut mettre fin à tout moment. En cas d'urgence, les services compétents prennent les mesures nécessaires et en informent sans délai la commission nationale. Un décret en conseil d'État fixe les conditions d'application du présent article.

En cas de nécessité, le témoin peut être autorisé, par ordonnance motivée rendue par le président du tribunal de grande instance, à faire usage d'une identité d'emprunt. Toutefois, il ne peut pas être fait usage de cette identité d'emprunt pour une audition au cours de la procédure dans laquelle ce dernier est témoin.

Les membres de la famille et les proches du témoin concerné peuvent également faire l'objet de mesures de protection et être autorisés à faire usage d'une identité d'emprunt, dans les mêmes conditions.

Le fait de révéler qu'une personne fait usage d'une identité d'emprunt ou de révéler tout élément permettant son identification ou sa localisation est puni de cinq ans d'emprisonnement et de 75 000 euros d'amende. Lorsque cette révélation a eu pour conséquence, directe ou indirecte, des violences à l'encontre de cette personne ou de son conjoint, de ses enfants ou de ses ascendants directs, les peines sont portées à sept ans d'emprisonnement et à 100 000 euros d'amende.

Les peines sont portées à dix ans d'emprisonnement et à 150 000 euros d'amende lorsque cette révélation a eu pour conséquence, directe ou indirecte, la mort de cette personne ou de son conjoint, de ses enfants ou de ses ascendants directs.

1.1.3. *La création d'un nouveau critère de compétence territoriale en matière de crimes et délits commis par le biais d'un réseau de communication électronique*

L'article 28 de la loi crée un nouveau critère de compétence à l'article 113-2-1 du code pénal pour les crimes et délits commis par le biais d'un réseau de communication électronique : lorsque ces faits sont tentés ou commis **au préjudice d'une personne physique résidant sur le territoire de la République ou d'une personne morale dont le siège se situe sur le territoire de la République**, ils sont réputés commis sur le territoire de la République.

Cette nouvelle disposition n'impose pas de plainte préalable.

Les dispositions relatives à la compétence du procureur de la République, du juge d'instruction et du tribunal correctionnel ont été corrélativement modifiées *[C. pr. pén., art. 43, 52 et 382]*.

1.1.4. *L'extension des règles applicables en matière de criminalité organisée aux délits d'atteinte aux systèmes de traitement automatisé de données (STAD), de sabotage et d'évasion en bande organisée ainsi que de blanchiment aggravé*

L'article 28 de la loi modifie les dispositions spécifiques de l'article 706-72 du code de procédure pénale relatif aux **atteintes aux systèmes de traitement automatisé de données** (C. pén., art. 323-1 à 323-4-1) et au **sabotage** (C. pén., art. 411-9) dans un double objectif :

– créer une compétence concurrente des juridictions parisiennes (du procureur de la République, du pôle de l'instruction, du tribunal correctionnel et de la cour d'assises de Paris) pour ces infractions ;

– appliquer certaines techniques spéciales d'enquête prévues en matière de criminalité organisée aux infractions précitées ainsi qu'au blanchiment de ces infractions et à l'association de malfaiteurs qui a pour objet la préparation de l'un desdits délits.

Aux termes de l'article 706-72 du code de procédure pénale, **sont ainsi possibles** les actes d'enquête suivants :

– la surveillance prévue par l'article 706-80 du code de procédure pénale ;
– l'infiltration prévue par les articles 706-81 à 706-87 du code de procédure pénale ;
– l'enquête sous pseudonyme prévue par l'article 706-87-1 du code de procédure pénale ;
– les interceptions de correspondances émises par la voie des communications électroniques prévues par les articles 706-95 à 706-95-10 du code de procédure pénale ;
– les sonorisations et fixations d'image prévues par les articles 706-96 à 706-102 du code de procédure pénale ;
– la captation de données informatiques prévue par les articles 706-102-1 du code de procédure pénale ;
– les mesures conservatoires prévues par l'article 706-103 du code de procédure pénale.

Sont en revanche exclues :

– les dispositions relatives à la garde à vue ;
– les dispositions relatives aux perquisitions de nuit.

L'article 28 introduit deux nouvelles infractions au sein de la liste prévue par l'article 706-73-1 du code de procédure pénale lequel prévoit désormais que le régime de la criminalité organisée, exception faite des règles relatives à la garde à vue, est applicable :

– aux atteintes aux **systèmes de traitement automatisé de données à caractère personnel mis en œuvre par l'État commis en bande organisée** (prévu à l'art. 323-4-1 C. pén.) ;

– au délit d'**évasion commis en bande organisée** (prévu au second al. de l'art. 434-30 C. pén.).

Cet article autorise ainsi, pour ces deux infractions, ainsi que pour le blanchiment de ces infractions et l'association de malfaiteurs qui a pour objet leur préparation, le recours aux techniques spéciales d'enquête suivantes :

– l'infiltration (art. 706-81 s.) ;
– la perquisition de nuit (art. 706-89 s.) ;
– les écoutes téléphoniques en flagrance ou préliminaire (art. 706-95 s) ;
– les sonorisations et fixations d'images (art. 706-96 s.) ;
– la captation de données informatiques (art. 706-102 s.).

1.1.5. *L'aggravation des peines d'amende en cas de non-réponse à des réquisitions en matière de cryptologie*

Les peines d'amendes prévues à l'article 434-15-2 du code pénal ont été alourdies.

Ce texte réprime le fait, pour quiconque ayant connaissance de la convention secrète de déchiffrement d'un moyen de cryptologie susceptible d'avoir été utilisé pour préparer, faciliter ou commettre un crime ou un délit, de refuser de remettre ladite convention aux autorités judiciaires ou de la mettre en œuvre, sur les réquisitions de ces autorités.

Antérieurement sanctionnés d'une peine de 45 000 euros d'amende, ces faits sont désormais punis d'une peine de 270 000 euros.

Lorsque le refus est opposé alors que la remise ou la mise en œuvre de la convention aurait permis d'éviter la commission d'un crime ou d'un délit ou d'en limiter les effets, la peine a été portée de 75 000 à 450 000 euros d'amende.

Les peines d'emprisonnement, respectivement de 3 et 5 ans, n'ont pas été modifiées.

1.2. *Une adaptation par la création de nouveaux moyens d'enquête*

1.2.1. *L'accès aux correspondances électroniques*

Afin de créer un régime juridique spécifique en matière de criminalité organisée permettant, au parquet avec l'autorisation préalable du juge des libertés et de la détention, et au juge d'instruction, de récupérer, à distance et à l'insu de la personne visée, les correspondances électroniques stockées et accessibles au moyen d'un identifiant informatique, le législateur a introduit un nouveau dispositif par les articles 706-95-1, 706-95-2 et 706-95-3 du code de procédure pénale.

Dans l'objectif de renforcer l'efficacité de l'ensemble des enquêtes, la possibilité d'accéder aux données informatiques stockées a été ouverte au magistrat instructeur (C. pr. pén., art. 706-95-2) ainsi qu'au procureur de la République, sur autorisation du juge de la liberté et de la détention (C. pr. pén., art. 706-95-1).

L'article 706-95-3 précise que ces opérations sont effectuées sous l'autorité et le contrôle du magistrat qui les a autorisées et ne peuvent, à peine de nullité, avoir un autre objet que la recherche et la constatation des infractions visées dans la décision de ce magistrat. Cependant, si ces opérations révèlent des infractions autres que celles visées dans la décision du magistrat qui les a autorisées, cela ne constitue pas une cause de nullité des procédures incidentes.

Pour procéder à ces opérations, le magistrat ou l'officier de police judiciaire peuvent requérir tout agent qualifié d'un service ou d'un organisme placé sous l'autorité ou la tutelle du ministre chargé des communications électroniques ou tout agent qualifié d'un exploitant de réseau ou fournisseur de services de communications électroniques autorisé.

Enfin, lorsque l'identifiant informatique est associé au compte d'un avocat, d'un magistrat, d'un sénateur ou d'un député, le dispositif rend applicable l'article 100-7 du code de procédure pénale prévoyant l'information préalable du bâtonnier, du premier président ou du procureur général ou du président de l'assemblée à laquelle il appartient.

1.2.2. *Le recours aux IMSI-catcher*

Les articles 706-95-4 à 706-95-10 introduits par la loi instaurent un régime juridique encadrant l'utilisation de dispositifs techniques dits "IMSI-catcher" dans le cadre des enquêtes judicaires *[judiciaires]*, menées par le procureur de la République, après autorisation du juge des libertés et de la détention, ou des informations judiciaires conduites par le juge d'instruction.

Le recours à l'*IMSI-catcher* n'est possible que dans le cadre des procédures relevant de la criminalité organisée, portant sur les infractions visées par les articles 706-73 et 706-73-1 du code de procédure pénale.

Le recours à ce dispositif technique permet :

– d'une part d'identifier les **données techniques** de connexion permettant l'identification d'un équipement terminal ou du numéro d'abonnement de son utilisateur (numéros de téléphone et numéros IMEI notamment) ou de localisation de personnes ciblées par l'enquête ;

– et d'autre part, d'**intercepter les correspondances** émises ou reçues par un équipement terminal.

Le code de procédure pénale pose le principe de la nécessité d'une autorisation délivrée par le juge des libertés et de la détention ou par le juge d'instruction prenant la forme d'une **ordonnance écrite et motivée** qui n'a pas de caractère juridictionnel et n'est susceptible d'aucun recours.

Les opérations de recueil de données techniques ou d'interceptions de communications réalisées à l'aide d'un dispositif *IMSI-catcher* sont effectuées **sous l'autorité et le contrôle du magistrat** qui les a autorisées et ne peuvent, à peine de nullité, avoir un autre objet que la recherche et la constatation des infractions visées dans la décision de ce magistrat.

Le fait que les opérations révèlent des infractions autres que celles visées dans la décision du magistrat qui les a autorisées ne constitue pas une cause de nullité des procédures incidentes.

Les autorisations sont accordées pour des **durées** relativement courtes :

– en matière de recueil de données de connexion, l'autorisation est donnée pour un mois renouvelable une fois dans le cadre d'une enquête parquet et pour deux mois renouvelable dans la limite de 6 mois dans le cadre d'une information judiciaire ;

– en matière d'interceptions de communications, l'autorisation est accordée pour une durée de 48 heures renouvelable une fois en enquête et à l'instruction.

En **cas d'urgence** résultant d'un risque imminent de dépérissement des preuves ou d'atteinte grave aux personnes ou aux biens, le procureur de la République peut autoriser pour une durée de vingt-quatre heures le recours à l'*IMSI-catcher*, dans l'une ou l'autre de ses modalités [*Cette possibilité fait écho à celle offerte, par l'art. 230-35 C. pr. pén., à un enquêteur, de procéder à la pose, en urgence, d'un dispositif de géolocalisation, et d'en aviser postérieurement le procureur de la République ou le juge d'instruction à charge pour ces derniers de prescrire la poursuite des opérations ou d'en ordonner la main-levée*]. Cette autorisation du procureur de la République doit comporter l'énoncé des circonstances de fait établissant l'existence du risque imminent et être confirmée par le juge des libertés et de la détention dans un délai maximal de vingt-quatre heures. A défaut, il est mis fin à l'opération, les données ou correspondances recueillies sont placées sous scellés fermés et ne peuvent pas être exploitées ou utilisées dans la procédure.

Aux termes des articles [*de l'article*] 706-95-9 du code de procédure pénale, s'agissant du recueil des données techniques, et des articles 100-4 à 100-7 du même code s'agissant des interceptions de communications, il est prévu que l'officier de police judiciaire dresse **procès-verbal** des opérations effectuées mentionnant la date et l'heure auxquelles chacune des opérations nécessaires a commencé et s'est terminée. Ce dernier doit également joindre au procès-verbal les données recueillies qui sont **utiles à la manifestation de la vérité**.

Les données recueillies à l'aide d'un dispositif *IMSI-catcher* sont détruites, à la diligence du procureur de la République ou du procureur général, à l'expiration du délai de prescription de l'action publique ou lorsqu'une décision définitive a été rendue au fond. Il est dressé procès-verbal de l'opération de destruction.

S'agissant des enquêtes parquet, la loi pose l'exigence que le juge des libertés et de la détention qui a délivré ou confirmé l'autorisation soit informé dans les meilleurs délais par le procureur de la République des actes accomplis et des procès-verbaux dressés en exécution de son autorisation.

1.2.3. *L'accès aux données informatiques stockées*

Jusqu'à présent, les dispositions de l'article 706-102-1 du code de procédure pénale autorisaient la captation, sans le consentement des intéressés, des données informatiques "telles qu'elles s'affichent sur un écran pour l'utilisateur d'un système de traitement automatisé de données, telles qu'il les y introduit par saisie de caractères ou telles qu'elles sont reçues et émises par des périphériques audiovisuels".

Le législateur a donc modifié les articles 706-102-1 et suivants du code de procédure pénale afin que la captation des données informatiques ne soit plus réservée à celles qui s'affichent sur un écran ou sont reçues et émises par des périphériques audiovisuels, mais également étendue à celles qui sont "stockées dans un système informatique".

En effet, auparavant, ces dispositions ne permettaient pas de capter à distance les données stockées dans un ordinateur ou sur un serveur de type "cloud".

En outre, par un arrêt en date du 8 juillet 2015, la Cour de cassation a clairement énoncé que si les dispositions des articles 100 et suivants du code de procédure pénale relatifs aux interceptions de correspondance permettaient d'enregistrer les courriels envoyés et reçus postérieurement à l'autorisation d'interception, ils ne pouvaient en revanche pas servir à consulter ceux conservés au sein d'une boite *[boîte]* de courrier électronique *[Crim. 8 juill. 2015, n° 14-88.457]*.

Les services répressifs étaient par conséquent contraints, pour prendre connaissance de cette correspondance électronique mais également pour accéder à tout autre élément stocké dans un système de traitement automatisé de données, de procéder à une perquisition en respectant la procédure applicable à cette mesure, à savoir la présence du mis en cause ou de deux témoins.

Les règles relatives à la perquisition s'avèrent toutefois particulièrement inadaptées aux contraintes des enquêtes diligentées pour des faits de criminalité organisée ou de terrorisme dès lors qu'elles ne permettent pas de procéder à l'interception des données conservées à l'insu du propriétaire.

Ces modifications législatives, qui accroissent les pouvoirs d'enquête sous le contrôle du juge, devraient donc permettre de renforcer l'efficacité des investigations judiciaires.

Afin de renforcer l'efficacité de l'ensemble des enquêtes, la possibilité d'accéder aux données informatiques stockées a été ouverte :

– au procureur de la République, sur autorisation du juge de la liberté *[des libertés]* et de la détention (C. pr. pén., art. 706-102-1) qui peut y procéder pour une durée d'un mois renouvelable une fois ;

– au magistrat instructeur (C. pr. pén., art. 706-102-2) qui peut y procéder pour une durée de quatre mois renouvelable une fois.

La décision doit être prise par ordonnance motivée mentionnant l'infraction concernée, la localisation ou la description détaillée des STAD concernés.

1.2.4. *L'ouverture de scellés aux fins de décryptage*

L'article 230-2 du code de procédure pénale, relatif à la mise au clair de données chiffrées nécessaires à la manifestation de la vérité, a été complété afin d'autoriser l'organisme technique soumis au secret de la défense nationale désigné aux fins de décryptage à procéder à l'ouverture ou à la réouverture des scellés et à confectionner de nouveaux scellés après avoir, le cas échéant, procédé au reconditionnement des supports physiques qu'il était chargé d'examiner.

Le texte prévoit en outre qu'en cas de risque de destruction des données ou du support physique qui les contient, l'autorisation d'altérer le support physique doit être délivrée par le procureur de la République, la juridiction d'instruction ou la juridiction de jugement saisie de l'affaire.

2. L'adaptation des prérogatives des douanes et des douanes judiciaires

2.1. *L'extension du champ de compétences des officiers de douane judiciaire*

Dans le but de renforcer la coordination et la complémentarité de l'action de l'ensemble des forces de police, de gendarmerie et de douanes, l'article 28-1 du code de procédure pénale a été modifié.

Ce texte prévoit désormais que le procureur de la République ou le juge d'instruction territorialement compétent peut constituer des unités temporaires composées d'officiers de police judiciaire et d'officiers de douane judiciaire (ODJ) pour la recherche et la constatation des infractions suivantes :

– blanchiment en lien avec une entreprise terroriste (C. pén., art. 421-1, 6°) ;

– financement d'entreprise terroriste (C. pén., art. 421-2-2).

Ces unités temporaires agissent sous la direction du procureur de la République ou du juge d'instruction mandant, conformément aux dispositions du code de procédure pénale. Elles ont compétence sur toute l'étendue du territoire national.

Dès lors, dans ce cadre, l'action du service national de la douane judiciaire (SNDJ) doit permettre de renforcer le volet financier des enquêtes portant sur les infractions en matière de terrorisme.

Pour mémoire, la constitution de telles unités est déjà possible en matière de trafic de produits stupéfiants (C. pén., art. 222-34 à 222-40).

2.2. *L'allègement de la charge de la preuve en matière de blanchiment douanier*

En vue d'assurer une plus grande efficacité de l'action de l'administration des douanes et de la répression pénale, il a été introduit dans le code des douanes un article 415-1 s'inspirant des dispositions de l'article 324-1-1 du code pénal.

Cet article prévoit en effet que "les fonds sont présumés être le produit direct ou indirect d'un délit prévu au présent code ou d'une infraction à la législation sur les substances ou plantes vénéneuses classées comme stupéfiants lorsque les conditions matérielles, juridiques ou financières de l'opération d'exportation, d'importation, de transfert ou de compensation ne paraissent obéir à d'autre motif que de dissimuler que les fonds ont une telle origine."

Ce dispositif s'applique à la recherche du délit prévu à l'article 415, quel que soit le service concerné (douane judiciaire ou douane administrative). De plus, la présomption d'illicéité de l'origine des fonds n'est pas irréfragable : la personne peut apporter la preuve contraire par tout moyen.

L'intérêt d'une telle présomption est de surmonter la difficulté, dans certaines hypothèses de transfert de fonds entre la France et l'étranger, d'établir que des fonds, dont l'origine illicite est suspectée, proviennent d'un délit douanier ou d'une infraction à la législation sur les stupéfiants. A cette fin, ce dispositif opère un allègement de la charge de la preuve de l'origine des fonds sans modifier les éléments constitutifs de l'infraction de blanchiment douanier. Dès lors, il devra toujours être démontré l'élément intentionnel ainsi que l'existence d'une opération financière entre la France et l'étranger.

Par ailleurs, la mise en œuvre de cette présomption implique que les conditions de fait ou de droit de l'opération de transfert financier ne peuvent avoir d'autres objectifs que de dissimuler l'origine illicite des fonds, telle que prévue par l'article 415 du code des douanes. Autrement dit, sous réserve de l'interprétation que retiendra la jurisprudence, si les éléments rapportés doivent mettre en lumière que les mécanismes de dissimulation mis en œuvre au cours de l'opération financière visent à masquer l'origine illicite des fonds, ils doivent également permettre de retenir ou de raisonnablement supposer la nature spécifique de l'infraction d'origine : infraction à la législation sur les stupéfiants ou au code des douanes.

Le mécanisme de présomption de l'origine illicite des fonds ne peut en aucun cas servir à relever et poursuivre l'infraction d'origine, dont les fonds seraient tirés. Par exemple, la contrebande de produits stupéfiants visée à l'article 414 du code des douanes ne pourra pas être poursuivie sur la base du dispositif de présomption instauré à l'article 415-1 du même code en l'absence de preuve permettant la caractérisation du délit.

2.3. *L'introduction de techniques spéciales d'enquête en matière de lutte contre le trafic d'armes*

L'article 27 de la loi a pour objet de modifier les articles 67 *bis* et 67 *bis*-1 du code des douanes permettant aux agents des douanes de disposer de deux techniques spéciales d'enquête supplémentaires afin de constater les infractions relatives au trafic d'armes ou d'explosifs : l'infiltration et le coup d'achat.

2.3.1. *L'élargissement du champ de l'infiltration (article 67 bis du code des douanes)*

Comme en procédure pénale, l'infiltration en procédure douanière est une technique d'enquête permettant à un agent des douanes spécialement habilité de surveiller des personnes suspectées de commettre un délit douanier en se faisant passer, sous couvert d'une identité d'emprunt, pour l'un de leurs coauteurs, complices ou intéressés à la fraude. Cette opération, qui se déroule sous le contrôle du procureur de la République, vise à constater des infractions douanières, identifier les auteurs ou complices de ces infractions ainsi que les individus qui y sont intéressés, et à effectuer les saisies prévues au code des douanes.

Si les caractéristiques de l'infiltration douanière sont alignées sur celle *[celles]* de l'infiltration pénale, son champ d'application matérielle diffère. En effet, déjà autorisée pour lutter contre le trafic illicite de produits stupéfiants, de tabac manufacturé, d'alcool, de marchandises contrefaisantes, ainsi que pour constater des faits de blanchiment douanier, **cette technique est désormais ouverte à la recherche des flux de contrebande et d'importation/exportation sans déclaration d'armes ou d'éléments d'armes, de munitions et d'explosifs.**

La circonstance aggravante de bande organisée n'est pas une condition de mise en œuvre d'une infiltration par les agents des douanes.

Par ailleurs, bien que le texte ne le précise pas, la spécificité de cette procédure ainsi que sa complexité opérationnelle rendent préférable que les opérations d'infiltration ne soient principalement autorisées que par le magistrat du parquet de la juridiction interrégionale spécialisée (JIRS). Le procureur de la République local qui se verrait transmettre une telle demande, devra la porter à la connaissance du parquet de la JIRS qui appréciera, selon les circonstances de l'espèce, l'opportunité de s'en saisir.

2.3.2. *L'élargissement du champ du coup d'achat (article 67 bis-1 du code des douanes)*

Le coup d'achat est une technique d'enquête prévue à l'article 67 *bis*-1 du code des douanes dont les objectifs sont de constater des infractions de détention illicite, d'importation ou d'exportation de marchandises prohibées, d'en identifier les auteurs et complices ainsi que ceux qui y ont participé comme intéressés et d'effectuer les saisies prévues au code des douanes.

Comme pour le coup d'achat en procédure pénale cette technique permet aux agents des douanes spécialement habilités, après autorisation du procureur de la République territorialement compétent :

– d'acquérir des marchandises prohibées ;

– en vue de cette acquisition, à fournir des moyens juridiques, financiers ou logistiques à des personnes se livrant à des infractions données.

En aucun cas, les actes des enquêteurs ne doivent inciter à la commission d'infraction.

Par ailleurs, le 3° de l'article 67 *bis*-1 prévoit explicitement le cas où l'infraction est commise à l'aide d'un moyen de communication électronique. Cette disposition permet notamment de diligenter des coups d'achat sur le *darknet* en ayant recours à une identité d'emprunt.

Le champ matériel des marchandises prohibées pouvant donner lieu à la mise en œuvre de cette procédure était limité aux produits stupéfiants, aux marchandises contrefaisantes et au tabac manufacturé. **Désormais, ce champ est élargi aux armes, à leurs éléments, aux munitions et aux explosifs.**

La circonstance aggravante de bande organisée n'est pas une condition de mise en œuvre d'un coup d'achat par les agents des douanes.

Cette technique ne peut être envisagée que dans le cadre d'opérations très ponctuelles. En revanche, le recours à l'infiltration doit être privilégié lorsque les opérations s'inscrivent dans la durée et se caractérisent par une pénétration de la structure criminelle.

La procédure du coup d'achat vient compléter et s'articuler avec le dispositif douanier applicable en matière de trafic d'armes :

• en amont, l'article 67 *bis*-1 A du code des douanes, dont la mise en œuvre est détaillée au paragraphe suivant, qui prévoit la possibilité pour des agents des douanes spécialement habilités d'enquêter sous pseudonyme afin notamment d'identifier les individus impliqués dans un trafic d'armes et de rassembler des preuves à leur encontre ;

• en aval, les dispositions de l'article 64 du code des douanes qui permettent de procéder à la visite de tout lieu, y compris un domicile privé, en flagrance ou sur ordonnance du juge des libertés et de la détention, afin de rechercher des délits douaniers et de procéder à la saisie des marchandises prohibées ou des biens et avoirs provenant directement ou indirectement des délits recherchés.

De plus, la procédure de livraison surveillée, prévue au I de l'article 67 *bis* du code des douanes, est également applicable, après information du procureur de la République, pour tout délit douanier puni de deux ans d'emprisonnement au moins et notamment en matière de trafics d'armes. Ce dispositif consiste notamment à suivre des marchandises prohibées jusqu'à leur destination, en retardant l'interpellation des intermédiaires et la saisie des marchandises afin d'appréhender autant que possible les véritables commanditaires du trafic.

Il importe de préciser que les coups d'achat diligentés par la douane en matière de trafic d'armes peuvent intéresser directement le parquet au travers des développements judiciaires potentiels de la procédure douanière initiale.

2.4. *La création d'une cyberpatrouille en matière douanière*

L'article 67 *bis*-1 A nouveau du code des douanes prévoit que des agents des douanes habilités peuvent diligenter des enquêtes sous pseudonyme sur internet, ou *"cyberpatrouilles"* *[Ce dispositif est à distinguer de celui des "coups d'achat" de l'art. 67 bis-1 C. douanes, qui prévoit également la possibilité de participer sous pseudonyme à des échanges avec des personnes susceptibles d'être les auteurs des infractions mais uniquement en vue de l'acquisition des marchandises prohibées]*.

Un tel dispositif est déjà applicable aux officiers de police judiciaire ou agents de police judiciaire pour des infractions limitativement énumérées : criminalité organisée (C. pr. pén., art. 706-87-1), traite d'être humain, proxénétisme et recours à la prostitution d'un mineur ou d'une personne vulnérable (C. pr. pén., art. 706-35-1), infractions aux produits de santé (C. pr. pén., art. 706-2-2) et mise en péril des mineurs (C. pr. pén., art. 706-47-3).

Il est désormais étendu aux agents des douanes habilités *[Selon les conditions prévues dans le Décr. n° 2004-976 du 15 sept. 2004 fixant les conditions d'habilitation des agents des douanes visés aux art. 67 bis à 67 bis-2 C. douanes]* mettant en œuvre les pouvoirs prévus par le code des douanes.

Cette cyberpatrouille est autorisée uniquement pour les délits suivants lorsqu'ils sont commis par un moyen de communication électronique :

– contrebande de marchandises prohibées ou fortement taxées (C. douanes, art. 414) ;

– blanchiment douanier (C. douanes, art. 415) ;

– non*[-]*respect des règles en matière de relations financières avec l'étranger (C. douanes, art. 459).

La cyberpatrouille vise ainsi à constater ces infractions, à en rassembler les preuves et en rechercher les auteurs, les complices ainsi que ceux qui y ont participé comme intéressés.

Pour atteindre cet objectif, les agents habilités, après information du procureur de la République et sauf opposition de ce magistrat, peuvent procéder aux actes suivants sans être pénalement responsables :

– participer sous un pseudonyme aux échanges électroniques ;

– être en contact, par voie d'échanges électroniques, avec les personnes susceptibles d'être les auteurs, les complices ou les intéressés à la fraude de ces infractions ;

– extraire, acquérir ou conserver par ce moyen les éléments de preuve et les données sur les personnes susceptibles d'être les auteurs, les complices ou les intéressés à la fraude de ces infractions.

Si les nécessités de l'enquête douanière l'exigent, les agents des douanes habilités peuvent faire usage d'une identité d'emprunt. La révélation de l'identité de ces agents est pénalement réprimée *[V. C. douanes, art. 67 bis]*.

A peine de nullité, ces actes ne peuvent constituer une incitation à commettre ces infractions.

2.5. *La rémunération des informateurs des douanes judiciaires*

L'article 15-1 de la loi n° 95-73 du 21 janvier 1995 d'orientation et de programmation relative à la sécurité a été modifié afin de prévoir que les agents des douanes habilités à effectuer des enquêtes judiciaires puissent désormais, comme les services de police et de gendarmerie, rétribuer leurs informateurs, définis comme *"toute personne étrangère aux administrations publiques qui leur a fourni des renseignements ayant amené directement soit la découverte de crimes ou de délits, soit l'identification des auteurs de crimes ou de délits."*

3. L'usage des armes par les forces de l'ordre en cas de périple meurtrier

L'article 122-4-1 du code pénal, introduit par la loi du 3 juin, prévoit un nouveau cas d'exonération de responsabilité pénale pour le fonctionnaire de la police nationale, le militaire de la gendarmerie nationale, le militaire déployé dans le cadre du maintien de l'ordre public ou l'agent des douanes qui fait usage de son arme pour interrompre un "périple meurtrier".

Cet article constitue un cas particulier d'autorisation de la loi *[C. pr. pén., art. 122-4]* visant à permettre à un agent des forces de l'ordre de mettre hors d'état de nuire une personne armée venant de commettre un ou plusieurs meurtres ou tentatives de meurtre et dont on peut légitimement supposer qu'il se prépare à en commettre d'autres, alors même qu'elle ne constituerait pas une menace actuelle – susceptible de caractériser la légitime défense – au moment précis où ledit agent est en capacité d'intervenir.

Au regard de la jurisprudence de la Cour européenne des droits de l'homme et de la Cour de cassation, qui se réfèrent à la notion d'"absolue nécessité", les forces de l'ordre ne sauraient s'affranchir, pour user de leurs armes, d'une riposte proportionnée à l'atteinte dont elles-mêmes ou autrui pourraient être victimes.

L'usage de l'arme doit donc être absolument nécessaire et strictement proportionné, et doit intervenir dans le but exclusif d'empêcher la réitération, dans un temps rapproché, d'un ou plusieurs meurtres ou tentatives de meurtre venant d'être commis.

L'agent des forces de l'ordre doit avoir eu des raisons réelles et objectives d'estimer que cette réitération était probable au regard des informations dont il disposait au moment où il a fait usage de son arme.

FICHE TECHNIQUE
LE RECUEIL DE LA PREUVE NUMÉRIQUE
Enjeux et perspectives

INTRODUCTION AUX DONNÉES NUMÉRIQUES

La conservation et la préservation des données numériques :

L'obligation générale de conservation d'un an des données numériques à la charge des opérateurs de communications électroniques et des hébergeurs prévue par l'article L. 34-1 du code des postes et des communications électroniques (CPCE) porte "exclusivement sur l'identification des personnes utilisatrices des services fournis par les opérateurs, sur les caractéristiques techniques des communications assurées par ces derniers et sur la localisation des équipements terminaux".

A l'inverse, l'article L. 34-1, VI du CPCE exclut de l'obligation de conservation d'un an de "certaines catégories de données techniques", précisées par décret, "le contenu des correspondances échangées ou des informations consultées, sous quelque forme que ce soit, dans le cadre de ces communications".

Toutefois, les articles 60-2, alinéa 2, du code de procédure pénale (flagrance), 77-1-2, alinéa 2, du code de procédure pénale (préliminaire), et 99-4, alinéa 2, du code de procédure pénale (instruction), prévoient la préservation, sur autorisation du juge des libertés et de la détention ou du juge d'instruction, pour une durée maximum d'un an, du "contenu des informations consultées par les personnes utilisatrices des services fournies par les opérateurs".

Ces articles ne visent donc pas "le contenu des correspondances échangées".

Le nouveau régime légal de recueil des correspondances numériques stockées (V. *infra*) doit permettre d'obtenir directement le contenu de ces dernières sans qu'il soit nécessaire de les préserver en amont.

Pour autant, les pays signataires de la convention dite de Budapest du Conseil de l'Europe doivent permettre "la conservation *[Le terme "conservation" correspond ici davantage à un mécanisme de "préservation" au sens du droit interne]* rapide de données informatiques de données stockées" (art. 29 de ladite Conv.). Les États-Unis et le Canada ont ratifié cet instrument international. Sur ce fondement, il peut être demandé de "geler" des données situées à l'étranger, même si elles concernent des correspondances afin d'éviter un effacement de la part de l'utilisateur (ex. : conversations sur Facebook).

Plus largement et concernant la conservation des données numériques, la situation est loin d'être homogène au sein de l'Union européenne, ce qui est susceptible de limiter l'efficacité de l'entraide pénale *[Même si des perspectives intéressantes pourraient se concrétiser avec la transposition de la directive européenne sur l'acte européen d'enquête ("European Investigation Order"), par exemple pour l'identification d'une personne détentrice d'une adresse IP].*

Il convient de rappeler que la Cour de justice de l'Union européenne (CJUE) a annulé la directive 2006/24 du 15 mars 2006 sur la conservation de données générées ou traitées dans le cadre de la fourniture de services de communications électroniques accessibles au public, par un arrêt du 8 avril 2014, au motif qu'elle "[...] couvre de manière généralisée toute personne et tous les moyens de communication électronique ainsi que l'ensemble des données relatives au trafic sans qu'aucune différenciation, limitation ou exception soient opérées en fonction de l'objectif de lutte contre les infractions graves. [...] Force est donc de constater que cette directive comporte une ingérence dans ces droits fondamentaux d'une vaste ampleur et d'une gravité particulière dans l'ordre juridique de l'Union sans qu'une telle ingérence soit précisément encadrée par des dispositions permettant de garantir qu'elle est effectivement limitée au strict nécessaire".

A ce jour, aucun projet de nouvelle directive "conservation de données" n'est en cours.

Une typologie des données numériques en construction :

La convention dite de Budapest distingue trois catégories de données : celles "relatives aux abonnées" (comme les informations données par l'utilisateur à l'ouverture d'un compte), celles de "trafic" et celles de "contenu".

Cette nomenclature internationale n'est pas exactement reprise en droit interne, même si la volonté d'accorder un régime plus protecteur à certaines données est également présente, comme l'illustre le régime des correspondances en droit français.

Ainsi, le Conseil constitutionnel a indiqué dans sa décision n° 2015-713 DC du 23 juillet 2015 que la notion de "données de connexion", telle qu'elle figure à l'article L. 851-1 du code de la sécurité intérieure, "ne peut être entendue comme comprenant le contenu de correspondances ou les informations consultées" *[Considérant n° 55].*

Une typologie des données semble ainsi s'établir par une scission nette entre le *"contenant"* et le *"contenu"*, ce qui est explicitement formulé dans la délibération n° 1/2016 du 14 janvier 2016 de la Commission nationale de contrôle des techniques de renseignement (CNCTR) : "les données de connexion, par opposition au contenu de correspondances échangées ou d'informations consultées, désignent le "contenant", c'est-à-dire les données permettant l'acheminement d'une communication électronique."

La CNCTR se livre à un examen poussé de la typologie des données de connexion, en référence à des normes techniques internationales.

En réalité, la frontière entre "contenant" et "contenu" est parfois délicate, comme le démontre l'appréciation de la CNIL relative à la nature des adresses "URL" (communément appelées "adresse*[s]* internet") dans sa délibération n° 2015-455 du 17 décembre 2015, qu'elle considère comme "nécessaire[s] à l'acheminement d'une communication" tout en étant "porteuse[s] par nature des informations consultées".

Le recours à l'IMSI Catcher fait l'objet d'une "fiche technique DACG" distincte et ne sera pas traité dans le présent document. Cette technique de recueil des données de connexion sera toutefois intégrée dans le tableau synthétique en annexe 1.

Enfin, le régime juridique des données numériques se croise partiellement avec celui des données personnelles. Un arrêt récent de la CJUE concernant la nature de l'adresse IP en est l'illustration *[CJUE 19 oct. 2016, n° C-582/14 : la conservation de données à caractère personnel, telles que notamment l'adresse de protocole Internet dynamique d'un visiteur (adresse IP), par un site Internet est licite, par exception, dans la mesure où il [elle] est nécessaire à la réalisation de l'intérêt légitime poursuivi, en l'occurrence le bon fonctionnement d'un site Internet].*

LES RÉGIMES JURIDIQUES DU RECUEIL DE LA PREUVE NUMÉRIQUE

[HORS ENTRAIDE PÉNALE INTERNATIONALE]

BIBL. ▶ Michalski, *Gaz. Pal. 9 févr. 2014* (recherche et saisie des preuves électroniques). – Rousselet-Magri, *RSC 2017. 659* (les perquisitions « informatiques » à l'épreuve du principe de souveraineté, dans un contexte de mondialisation du stockage de données – Étude comparée en droit français et états-unien). – Signourel, *Dalloz IP/IT 2020. 172* (retour d'expérience au CSIRT-PJ au groupe d'experts mondial de la cybercriminalité d'Interpol).

1. Le régime de la perquisition "informatique"

Cadre légal

Dans le cadre de la perquisition, certaines dispositions concernent spécifiquement les "données informatiques".

Ainsi l'article 56, alinéa 2, du code de procédure pénale autorise la prise de connaissance par l'OPJ des données informatiques avant de procéder à leur saisie *[Cette prise de connaissance doit cependant en pratique se faire avec précaution afin de ne pas altérer lesdites données].*

De même, la saisie des données informatiques peut se faire soit en plaçant sous main de justice le support physique de ces données (par exemple : ordinateur, tablette, téléphone, disque dur, clés USB...), soit en réalisant une copie en présence des personnes qui assistent à la perquisition (C. pr. pén., art. 56, al. 5). Dans cette dernière hypothèse, le procureur (ou le juge d'instruction) peut ordonner l'effacement définitif des données sur le support physique qui n'a pas été placé sous main de justice (C. pr. pén., art. 56, al. 6).

Mais surtout, l'article 57-1 du code de procédure pénale dispose que "les officiers de police judiciaire ou, sous leur responsabilité, les agents de police judiciaire peuvent, au cours d'une perquisition effectuée dans les conditions prévues par le présent code, accéder par un système informatique implanté sur les lieux où se déroule la perquisition à des données intéressant l'enquête en cours et stockées dans ledit système ou dans un autre système informatique, dès lors que ces données sont accessibles à partir du système initial ou disponibles pour le système initial.

"Ils peuvent également, dans les conditions de perquisition prévues au présent code, accéder par un système informatique implanté dans les locaux d'un service ou d'une unité de police ou de gendarmerie à des données intéressant l'enquête en cours et stockées dans un autre système informatique, si ces données sont accessibles à partir du système initial.

"S'il est préalablement avéré que ces données, accessibles à partir du système initial ou disponibles pour le système initial, sont stockées dans un autre système informatique situé en dehors du territoire national, elles sont recueillies par l'officier de police judiciaire, sous réserve des conditions d'accès prévues par les engagements internationaux en vigueur."

Mise en œuvre

La difficulté principale se pose en pratique dans le cas de données stockées dans un autre système informatique, si ces données sont accessibles pour le système initial (par ex. : si l'ordinateur est connecté à un compte de réseau social type Facebook, Twitter...).

Il ressort de l'article 57-1 du code de préocédure pénale que lors d'une perquisition, si le matériel informatique permet une connexion à un service distant (par exemple un stockage type *Cloud*), les enquêteurs peuvent en principe y accéder.

De même, s'ils ont en leur possession les identifiants et mots de passe, ils pourront obtenir les informations en se connectant depuis un système informatique installé dans leur service d'enquête (art. 57-1, al. 2).

Dans l'hypothèse où des données saisies seraient des correspondances numériques (boîte mail), il ne semble pas qu'il soit obligatoire de recourir au nouveau régime de la loi du 3 juin 2016, visant le recueil des correspondances numériques stockées, puisque les garanties inhérentes à la perquisition sont déjà présentes.

S'il est préalablement avéré que les données sont stockées en dehors du territoire national, renvoi est fait aux engagements internationaux en vigueur, en l'espèce l'article 32 de la convention de Budapest.

L'application de l'article 32 de la convention de Budapest conduit à recueillir l'assentiment de la personne concernée par les données. En effet, l'expression "consentement légal et volontaire de la personne légalement autorisée à divulguer ces données" ne saurait concerner le prestataire privé "simple gardien" des données *["Il est peu probable que les prestataires de services remplissent les conditions d'un consentement valide et volontaire concernant la divulgation des données de leurs utilisateurs dans les conditions de l'art. 32. En général, les prestataires de services ne sont que les dépositaires de ces données. Ils n'en ont pas le contrôle ni la propriété et ne sont donc pas dans la capacité de donner un consentement valide." (note d'orientation n° 3 du comité T-CY relative à l'art. 32)]*. Afin de contourner cette difficulté, et seulement dans l'hypothèse où les données à saisir seraient des correspondances numériques stockées à l'étranger, et sous réserve de remplir les conditions légales, il pourrait être tenté de recourir au nouveau régime issu de la loi du 3 juin 2016 (C. pr. pén., art. 706-95-1 et 706-95-2, V. *infra*) qui permet justement de se passer du consentement de la personne ("à l'insu de la personne visée") lors d'un accès "à distance".

Cependant, il n'apparaît pas que les enquêteurs soient légalement obligés de vérifier systématiquement si les données sont stockées à l'étranger. En cas de doute légitime, le 3e alinéa de l'article 57-1 du code de procédure pénale ne semble pas pouvoir être opposé.

Concernant la problématique de l'accès au contenu stocké dans un terminal verrouillé et placé sous scellé à l'issue de la perquisition, il sera renvoyé à la "fiche technique DACG : le recours au Centre technique d'assistance (CTA)".

2. *Le régime de la réquisition*

Cadre légal

Les articles 60-1 du code de procédure pénale (flagrance), 77-1-1 du code de procédure pénale (préliminaire) et 99-3 du code de procédure pénale (instruction) permettent au juge d'instruction, au procureur de la République ou à l'officier de police judiciaire, par tout moyen, de *"requérir de toute personne, de tout établissement ou organisme privé ou public ou de toute administration publique qui sont susceptibles de détenir des informations intéressant l'enquête, y compris celles issues d'un système informatique ou d'un traitement de données nominatives, de lui remettre ces informations, notamment sous forme numérique, sans que puisse lui être opposée, sans motif légitime, l'obligation au secret professionnel. [...]".*

Au-delà des possibilités de réquisition, l'article 60-2, alinéa 1er, du code de procédure pénale prévoit la possibilité d'une "mise à disposition" de ces informations suite à une demande d'un OPJ "intervenant par voie télématique ou informatique". Cette souplesse est toutefois conditionnée à la mise en place de protocoles avec les organismes visées *[visés]* (opérateur de communication électronique, établissement bancaires...). Cette "mise à disposition" a vocation à se développer dans les prochaines années.

Mise en œuvre

A titre liminaire, il sera remarqué que ces textes ne distinguent ni les catégories de données numériques, de type "contenu" ou "contenant", ni leur localisation.

La Cour de cassation a donc posé certaines limites.

Ainsi, l'arrêt "Ciprelli" du 6 novembre 2013 (n° 12-87.130) indique, à la lumière de la convention de Budapest, que "les juges ont fait une exacte application de l'article 77-1-1 du code de procédure pénale et du texte conventionnel invoqué, dès lors que la remise de documents au sens du premier de ces textes s'entend également de la communication, sans recours à un moyen coercitif, de documents issus d'un système informatique ou d'un traitement de données nominatives, tels ceux détenus par le gestionnaire d'un système de messagerie électronique, hors, comme en l'espèce, le contenu des correspondances échangées, et que l'ingérence ainsi apportée dans l'exercice du droit au respect de la vie privée et familiale n'excède pas ce qui est nécessaire, dans une société démocratique, à la recherche et à la poursuite des infractions."

Ainsi, lorsque les données sont stockées à l'étranger, les réquisitions sur le fondement des articles 60-1 du code de procédure pénale, 77-1-1 du code de procédure pénale et 99-3 du code de procédure pénale correspondent à une demande de remise de données, sans caractère contraignant, et en dehors des données de contenu des correspondances.

En effet, si les données sont stockées à l'étranger, il est probable qu'une demande d'entraide pénale soit rapidement nécessaire pour prévenir les difficultés liées à un conflit de lois.

Dans ce cadre, il convient de préciser que la loi américaine interdit à un prestataire américain de délivrer à une autorité étrangère des données de contenu (et donc les correspondances) en dehors de l'entraide pénale internationale, sauf en cas d'urgence vitale (enlèvement, risque d'attentat imminent).

L'introduction d'un nouveau régime pour les correspondances (V. *infra*) exclut désormais d'user des réquisitions afin d'obtenir des correspondances, même si elles sont stockées en France.

S'agissant de données autres que de contenu, une plus grande souplesse de la part des opérateurs privés est constatée.

3. Le nouveau régime des correspondances numériques

→ L'interception des correspondances numériques futures

Cadre légal

Article 100 du code de procédure pénale (instruction) : "En matière criminelle et en matière correctionnelle, si la peine encourue est égale ou supérieure à deux ans d'emprisonnement, le juge d'instruction peut, lorsque les nécessités de l'information l'exigent, prescrire l'interception, l'enregistrement et la transcription de correspondances émises par la voie des communications électroniques."

Article 706-95 du code de procédure pénale (parquet) : "Si les nécessités de l'enquête de flagrance ou de l'enquête préliminaire relative à l'une des infractions entrant dans le champ d'application des articles 706-73 et 706-73-1 l'exigent, le juge des libertés et de la détention du tribunal de grande instance peut, à la requête du procureur de la République, autoriser l'interception, l'enregistrement et la transcription de correspondances émises par la voie des communications électroniques selon les modalités prévues par les articles 100, deuxième alinéa, 100-1 et 100-3 à 100-7, pour une durée maximum d'un mois, renouvelable une fois dans les mêmes conditions de forme et de durée."

Mise en œuvre

Il s'agit en effet du même régime que les écoutes téléphoniques traditionnelles, puisque la Cour de cassation valide désormais l'utilisation de l'article 100 du code de procédure pénale (et donc des dispositions de l'art. 706-95 C. pr. pén.) pour intercepter des courriels *[Crim. 8 juill. 2015, n° 14-88.457 : dans un attendu de principe a contrario : "n'entrent pas dans les prévisions de ces textes [art. 100 s. C. pr. pén.] l'appréhension, l'enregistrement et la transcription de correspondances émises ou reçues par la voie des télécommunications antérieurement à la date de la décision écrite d'interception prise par le juge d'instruction, lesquels doivent être réalisés conformément aux dispositions légales relatives aux perquisitions". Il s'agissait en l'occurrence de la copie du contenu d'une boîte mail].*

Si les enquêteurs obtiennent les identifiants et mots de passe d'une boîte mail, ces bases juridiques peuvent être utilisées pour l'interception de courriels futurs. Pour conserver une certaine furtivité, il conviendrait de contacter le prestataire privé pour lui demander, si possible, de ne pas alerter l'utilisateur d'une connexion à son compte par un système informatique étranger.

Au demeurant, en l'absence du mot de passe, certains opérateurs privés sont en théorie en capacité d'initialiser un nouveau mot de passe, mais au risque d'alerter l'utilisateur de la messagerie dont le propre mot de passe ne serait plus fonctionnel.

La mise en œuvre pratique de cette technique d'enquête nécessite une certaine imagination (voire une ingénierie sociale) et les difficultés rencontrées devront être signalées immédiatement à la Direction des affaires criminelles et des grâces pour analyse.

Concernant la question de l'interception des services de messagerie instantanée, la Cour de cassation *[Notamment Crim. 16 déc. 2015, n° 15-82.643, dans une espèce où le service BlackBerry Messenger (BBM) avait été intercepté sur commission rogatoire d'un juge d'instruction grâce à la collaboration de la société BlackBerry]* précise que "les messages instantanés échangés entre plusieurs personnes au moyen d'une liaison sécurisée par un dispositif de cryptage (SIC) constituent des correspondances par la voie des télécommunications au sens de l'article 100 du code de procédure pénale et sont, comme telles, susceptibles d'être appréhendées sur la décision et sous l'autorité et le contrôle d'un juge".

Cet attendu de principe peut être transposé à tous les services de messagerie instantanée comme Imessage, Whatsapp, Viber, Messenger. Toutefois, ces interceptions réalisées sur la base des articles 100 et 706-95 du code de procédure pénale sont dépendantes de la bonne volonté des sociétés privés *[privées]* en question (à notre connaissance, seule la société BlackBerry a pu accepter de collaborer dans ce cadre) et la mise en œuvre pratique se heurte en réalité au chiffrement de bout en bout de ces communications *[V. les développements relatifs à la "captation de données informatiques", infra]*.

→ Le recueil des correspondances numériques stockées

Cadre légal

Afin de répondre aux exigences jurisprudentielles tirées de l'arrêt de la Cour de cassation du 8 juillet 2015, la loi du 3 juin 2016 consacre le principe de l'accès furtif à des correspondances numériques stockées, c'est-à-dire antérieures à la décision d'interception du juge.

Ainsi l'article 706-95-1 du code de procédure pénale (parquet) précise-t-il : "Si les nécessités de l'enquête relative à l'une des infractions entrant dans le champ d'application des articles 706-73 et 706-73-1 l'exigent, le juge des libertés et de la détention peut, à la requête du procureur de la République, autoriser par ordonnance motivée l'accès, à distance et à l'insu de la personne visée, aux correspondances stockées par la voie des communications électroniques accessibles au moyen d'un identifiant informatique. Les données auxquelles il a été permis d'accéder peuvent être saisies et enregistrées ou copiées sur tout support."

De même, l'article 706-95-2 du code de procédure pénale (instruction) dispose que : "Si les nécessités de l'information relative à l'une des infractions entrant dans le champ d'application des articles 706-73 et 706-73-1 l'exigent, le juge d'instruction peut autoriser par ordonnance motivée l'accès, à distance et à l'insu de la personne visée, aux correspondances stockées par la voie des communications électroniques accessibles au moyen d'un identifiant informatique. Les données auxquelles il a été permis d'accéder peuvent être saisies et enregistrées ou copiées sur tout support."

Mise en œuvre

Les mêmes réserves formulées pour la mise en œuvre des interceptions de correspondances numériques futures sont applicables au recueil des correspondances numériques stockées.

Une difficulté supplémentaire est la mise en place dans certains services de messageries d'une fonction de suppression automatique des messages après une période de temps prédéterminée (de quelques secondes à 24 heures). Comme exposé en introduction, il n'existe à l'heure actuelle aucune obligation légale pour les opérateurs de conserver les correspondances et aucune possibilité d'ordonner judiciairement leur préservation sur la base de l'article 60-2 du code de procédure pénale, dès lors qu'il ne s'agit pas *"d'informations consultées"*.

Toutefois, l'article 706-95-3 du code de procédure pénale permet la réquisition de tout "agent qualifié d'un service ou d'un organisme placé sous l'autorité ou la tutelle du ministre chargé des communications électroniques ou tout agent qualifié d'un exploitant de réseau ou fournisseur de services de communications électroniques" pour la mise en œuvre des articles 706-95-1 et 706-95-2 du code de procédure pénale.

Cette disposition est l'équivalent de l'article 100-3 du code de procédure pénale pour les interceptions de correspondances numériques futures (et les écoutes traditionnelles classiques), mais dans ce cas de figure, il pourrait être utile de tenter de requérir la préservation des correspondances afin d'éviter un effacement par l'utilisateur, si les données en question sont dupliquées ou conservées dans les serveurs de l'opérateur.

Une réquisition devrait également en théorie permettre d'imposer à l'opérateur de préserver, si possible, le caractère furtif de la technique d'enquête en bloquant les messages de notification à titre de sécurité.

Une difficulté grandissante est que la plupart des sociétés de messagerie électronique ne se considèrent pas comme des "fournisseurs de services de communications". Un débat est en cours au niveau de l'Union européenne sur un nouveau cadre réglementaire concernant ces nouveaux acteurs, communément appelés "Over The Top" *[Une société "OTT-1" est une société qui n'est pas légalement un fournisseur de services de communication mais qui potentiellement offre des services comparables aux consommateurs].*

Remarques sur le champ infractionnel de ces textes

Par le biais de l'article 706-1-1 du code de procédure pénale, de nombreuses infractions financières bénéficient de ces techniques d'enquêtes, au-delà de l'article 706-73-1 du code de procédure pénale

D'autre part, dans le cadre d'informations judiciaires, ce nouveau régime crée une asymétrie notable entre le champ infractionnel du recueil [des] correspondances antérieures (« stockées ») et celui des correspondances futures. Concrètement, dans une affaire de meurtre simple ou de viol, le juge d'instruction pourra faire intercepter les correspondances futures mais pas les correspondances antérieures, ces dernières étant réservées au régime dérogatoire de l'article 706-95-2 du code de procédure pénale.

4. Le régime de la captation de données informatiques

Cadre légal

Les articles 706-102-1 du code de procédure pénale (parquet sur autorisation du juge des libertés et de la détention) et 706-102-2 du code de procédure pénale (instruction) autorisent la mise en place d'"un dispositif technique ayant pour objet, sans le consentement des intéressés, d'accéder, en tous lieux, à des données informatiques, de les enregistrer, de les conserver et de les transmettre, telles qu'elles sont stockées dans un système informatique, telles qu'elles s'affichent sur un écran pour l'utilisateur d'un système de traitement automatisé de données, telles qu'il les y introduit par saisie de caractères ou telles qu'elles sont reçues et émises par des périphériques audiovisuels."

Le procureur de la République et le juge d'instruction peuvent désigner toute personne physique ou morale habilitée et inscrite sur l'une des listes prévues à l'article 157 du code de procédure pénale, en vue d'effectuer les opérations techniques permettant la réalisation du dispositif technique mentionné au premier alinéa du présent article.

Le procureur de la République ou le juge d'instruction peut également prescrire le recours aux moyens de l'État soumis au secret de la défense nationale selon les formes prévues au chapitre I du titre IV du livre I.

Mise en œuvre

Ce mécanisme est assimilable à un logiciel dit "espion" qui prend partiellement le contrôle du terminal informatique visé, afin d'en extraire certaines données de façon furtive. Cette solution a notamment l'avantage de contourner le chiffrement des communications.

La loi du 3 juin 2016 a étendu la catégorie des données récupérables aux données stockées dans un système informatique, ce qui permet en théorie de rechercher à distance dans le disque dur du terminal ciblé des informations utiles pour la manifestation de la vérité.

L'injection du dispositif peut se faire à distance, ou par contact physique avec le terminal. Dans ce dernier cas, les mêmes garanties que celles prévues dans le cadre de l'installation d'un micro-espion s'appliquent, à savoir notamment l'autorisation supplémentaire du juge des libertés et de la détention pour accéder à un lieu d'habitation en dehors des heures légales.

Le ministère de la justice œuvre activement afin de permettre aux magistrats prescripteurs de bénéficier dans un délai raisonnable de cette technique spéciale d'enquête très prometteuse mais devant être réservée, dans un premier temps, à des dossiers prioritaires comme la lutte contre le terrorisme.

Le support de la preuve numérique

Les nouveaux articles 60-3 du code de procédure pénale (flagrance), 77-1-3 du code de procédure pénale (préliminaire) et 99-5 du code de procédure pénale (instruction) issus de la loi du 3 juin 2016 permettent, "lorsqu'ont été placés sous scellés des objets qui sont le support de données informatiques", au procureur de la République ou à l'officier de police judiciaire (le cas échéant avec l'autorisation expresse du juge d'instruction), par tout moyen, de "requérir toute personne qualifiée inscrite sur une des listes prévues à l'article 157 ou ayant prêté par écrit le serment prévu à l'article 60 de procéder à l'ouverture des scellés pour réaliser une ou plusieurs copies de ces données, afin de permettre leur exploitation sans porter atteinte à leur intégrité. La personne requise fait mention des opérations effectuées dans un rapport établi conformément aux articles 163 et 166".

Cette nouvelle possibilité évite au magistrat de saisir lui-même un expert pour réaliser de simples copies de données d'un scellé judiciaire, et sans la lourdeur procédurale du régime général des expertises.

De façon générale, en matière d'exploitation de données informatiques, les copies de travail sont souvent indispensables.

Il est fortement conseillé d'avoir en toute circonstance un scellé contenant les données présentes sur les copies de travail, afin d'éviter une assimilation automatique de ces copies de travail à l'original de la procédure, qui peut poser des difficultés lors de la transmission du dossier à la chambre de l'instruction et porter atteinte au*[x]* droit*[s]* de la défense *[Crim. 6 janv. 2015, n° 14-86.719 ; Crim. 12 nov. 2015, n° 15-85.266]*.

De même, sauf autorisation expresse du magistrat, les enquêteurs ne peuvent conserver des copies de travail après la fin de leur mission sur commission rogatoire *[V. dans le cadre de copies de travail issues d'une sonorisation : Crim. 8 juill. 2015, n° 15-81.731]*.

L'exploitation de la preuve numérique : périmètre de l'expertise

La tendance est à simplifier certaines opérations techniques sur les données numériques qui passaient autrefois par une expertise non pas pour permettre une analyse plus aboutie de l'expert mais simplement pour permettre le bris de scellé.

Comme indiqué précédemment, la loi du 3 juin 2016 permet désormais, non seulement la réalisation de copie*[s]* de travail comme le ferait un expert, mais également au Centre technique d'Assistance de briser les scellés pour les opérations de mise au clair de données chiffrées (V. le Focus DACG dédié).

Ces opérations, proches de la catégorie classique des "simples mesures de recherches et de constatations" *[Crim. 4 nov. 1987]*, sont donc en dehors du champ classique de l'expertise.

Le recours à l'expertise judiciaire devra être privilégié si les données numériques sont potentiellement déterminantes pour le fond du dossier afin d'obtenir le maximum de garanties.

L'on pense bien sûr à la suspicion de documents pédopornographiques, de consultations de sites faisant l'apologie du terrorisme, de documents falsifiés sur ordinateur, d'échange de messages avec la victime ou les complices, à la récupération de données effacées...

La pratique conduit parfois à nommer un "ICC" (Investigateur en cybercriminalité de la police nationale) ou un "NTECH" (gendarmerie nationale) comme expert personne physique devant prêter serment, pour exploiter les supports numériques placés sous scellés en cours de garde à vue, au-delà d'une simple extraction de données. La question de sa partialité pourrait se poser *[A ce sujet, V. Crim. 13 janv. 2013 relatif à des agents de l'OLAF nommés comme experts informatiques par le juge d'instruction, pratique validée au motif [d'une part,] que "les requérants n'invoquaient pas, pour mettre en cause l'impartialité des experts, dont les constatations sont soumises à discussion, d'autres éléments que leur appartenance à l'OLAF, organisme d'enquête dont l'indépendance, à l'égard de la Commission représentant l'Union européenne, partie civile, est institutionnellement garantie, d'autre part, les juges ont pu déduire des rapports déjà transmis par ledit organisme que les experts ne s'étaient pas fondés sur des éléments d'information ne figurant pas au dossier"]*. Par précaution, il conviendra de s'assurer que ce technicien ne travaille pas directement sur le dossier en dehors de son examen technique.

Les perspectives en matière de preuve numérique

Sans prétendre à l'exhaustivité, trois points méritent d'être mentionnés :

▶ Le débat sur le chiffrement : sont en cours des réflexions au niveau de l'Union européenne sur le régime réglementaire des nouveaux acteurs Internet ("OTT-1") ;

▶ L'amélioration de l'accès transfrontalier aux preuves numérique : à la fois par une optimisation des procédures actuelles, et par les réflexions menées au sein du Conseil de l'Europe ou encore la perspective de traités bilatéraux ;

▶ Le nouveau prérequis de la localisation des données, préalable à toute demande d'entraide pénale à destinations *[destination]* des États-Unis (conséquence de l'arrêt Microsoft du 14 juill. 2016, V. le Guide pratique "Obtention des données électroniques aux États-Unis", actualisé par le BEPI de la DACG).

ANNEXE 1

TABLEAU SYNTHÉTIQUE DU RECUEIL DE LA PREUVE NUMÉRIQUE

	MESURES	Articles du code de procédure pénale	Recueil de données « stockées »	Interception Flux actif de données
Droit commun	**Réquisitions aux fins d'obtenir (exemples) :** les facturations détaillées des communications la localisation d'un téléphone *(a posteriori)* les données stockées sur un cloud les données publiées *via* des réseaux sociaux les données de connexion en général (si données à l'étranger, limite aux données autres que de contenu et absence de caractère contraignant ; en aucun cas pour les correspondances même en France)	Articles 60-1, 60-2 (flagrance) Articles 77-1-1, 77-1-2 (préliminaire) Articles 99-3, 99-4 (instruction)	X	
	Perquisition « informatique » (si données à l'étranger, besoin du consentement)	Article 57-1 (flagrance) ; Article 76-3 (préliminaire) ; Article 97-1 (instruction)	X	
	Désignation d'une personne qualifiée pour mise au clair des données chiffrées (dont CTA)	Article 230-1 (flagrance, préliminaire, instruction)	X	
	Localisation en temps réel d'un terminal	Articles 230-32 s.		X
	Interception des correspondances numériques futures	Article 100 (instruction)		X
Régime dérogatoire (Infractions visées aux art. 706-73 et 706-73-1 C. pr. pén., ainsi que celles de l'art. 706-1-1 C. pr. pén.)	**Réquisitions aux fins d'accès aux correspondances stockées à distance et à l'insu de la personne**	Article 706-95-1 (préliminaire, flagrance) Article 706-95-2 (instruction)	X	
	Captation des données par logiciel : Données stockées, s'affichant à l'écran, introduites par saisie de caractères, reçues ou émises par périphériques audiovisuels	Article 706-102-1 (préliminaire, flagrance) Article 706-102-2 (instruction)	X	X
	IMSI Catcher : Recueil des données de connexion, de localisation et/ou interception des correspondances émises ou reçues	Article 706-95-4		X
	Interception des correspondances numériques futures	Article 706-95 (flagrance ou préliminaire)		X

FICHE TECHNIQUE
LA MISE AU CLAIR DES DONNÉES CHIFFRÉES (rôle du centre technique d'assistance)

PRÉSENTATION DU DISPOSITIF

Sous l'impulsion d'une économie numérique nécessitant un haut degré de confiance entre ses utilisateurs, l'emploi de moyens de chiffrement *[V. infra, Lexique en matière de cryptographie, Chiffrement"]* s'est rapidement généralisé dans les matériels et applications destinés au grand public.

Historiquement sujettes à un contrôle strict des autorités gouvernementales, la libéralisation totale de l'usage de ces techniques de chiffrement par la loi LCEN du 21 juin 2004 *[La fourniture, l'importation et l'exportation sont encore soumis, sauf exception, à déclaration ou à une demande d'autorisation auprès de l'ANSSI (agence nationale de la sécurité des systèmes d'information). Un premier assouplissement avait eu lieu en 1998 pour les systèmes dont la clé ne dépassait pas 128 bits]* a certes profité à la sécurisation des échanges électroniques, mais l'autorité judiciaire a semblé en partie démunie devant ce changement de paradigme.

Fort de ce constat, et afin de réaliser les opérations de déchiffrement dans le cadre des enquêtes judiciaires, un centre technique d'assistance (CTA), dépendant officiellement de la direction générale de la sécurité intérieure (DGSI), a été créé en application de l'article 230-2 du code de procédure pénale.

Celui-ci, sur saisine des magistrats et des enquêteurs, tente de mettre au clair les données chiffrées ou d'accéder aux données contenues dans un terminal verrouillé.

Peu sollicité jusqu'à présent, les saisines du CTA devraient s'amplifier dans les prochains mois, en raison d'assouplissements juridiques liés aux modalités de saisine et à la gestion des scellés judiciaires, de la montée en puissance des capacités de traitement du CTA lui-même et d'une sensibilisation renouvelée des magistrats prescripteurs.

CADRE LÉGAL

Le recours au CTA est conditionné aux nécessités de l'enquête et à une peine encourue égale ou supérieure à deux ans d'emprisonnement (C. pr. pén., art. 230-1, al. 3). Dans le cas d'une peine inférieure, seul le recours à une personne physique ou morale qualifiée est envisageable (C. pr. pén., art. 230-1, al. 1er et 2).

La loi du 13 novembre 2014 a élargi la saisine du CTA, désormais possible non seulement au procureur de la République et à la juridiction d'instruction, mais également à "l'officier de police judiciaire, sur autorisation du procureur de la République ou du juge d'instruction" ou la juridiction de jugement.

La loi du 3 juin 2016 renforçant la lutte contre le crime organisé, le terrorisme et leur financement et améliorant l'efficacité et les garanties de la procédure pénale a intégré la possibilité pour le CTA de briser et d'exploiter les scellés judiciaires.

Ainsi l'article 230-2 du code de procédure pénale dispose désormais qu'"aux fins de réaliser les opérations de mise au clair, l'organisme technique mentionné au premier alinéa du présent article est habilité à procéder à l'ouverture ou à la réouverture des scellés et à confectionner de nouveaux scellés après avoir, le cas échéant, procédé au reconditionnement des supports physiques qu'il était chargé d'examiner. En cas de risque de destruction des données ou du support physique qui les contient, l'autorisation d'altérer le support physique doit être délivrée par le procureur de la République, la juridiction d'instruction ou la juridiction de jugement saisie de l'affaire."

D'autre part, l'articulation entre la PNIJ *[Plateforme Nationale des Interceptions Judiciaires]* et le CTA a été clarifiée.

En effet, l'article 88 de ladite loi a modifié également l'article 230-2 afin de prévoir expressément que lorsque l'interception judiciaire est réalisée au moyen de la PNIJ, la réquisition de mise au clair de données chiffrées obtenues dans le cadre de ces interceptions de communications électroniques est transmise directement au centre technique d'assistance (CTA). Cette disposition entrera en vigueur le 1er janvier 2017.

DOCTRINE D'EMPLOI

Très fréquent en pratique, le démontage du matériel (smartphone, tablette...) faisant l'objet d'une réquisition au CTA devrait être systématiquement autorisé par le magistrat prescripteur.

Afin d'améliorer les chances de la mise au clair, le magistrat ou l'enquêteur devra prendre attache avec le CTA, en amont de la saisine, pour déterminer les informations et matériels devant être transmis.

A titre d'exemple, un téléphone portable pouvant être synchronisé *[Les données présentes sur un terminal sont dupliquées régulièrement sur un second terminal (voire un « nuage de données » type iCloud) avec lequel il est synchronisé]* avec un ordinateur, le CTA parviendra plus facilement à accéder au contenu du téléphone s'il est transmis avec l'ordinateur.

Concernant le délai à accorder au CTA pour sa mission, il est préconisé de le porter à 6 mois (et non seulement 3 mois comme constaté en pratique). En cas d'urgence à expliciter, le délai pourra être plus court, mais ce point devra être discuté avec le CTA pour une véritable prise en compte, ainsi qu'une complète information du magistrat sur les conséquences d'un délai raccourci dans les opérations de calcul ("force brute" et assimilé).

Enfin, il convient de souligner que le **rapport technique du CTA ne doit pas être assimilé à une expertise**. En conséquence, il est vivement conseiller *[conseillé]* de confier les données mises au clair placées sous scellés par le CTA à un expert informatique dont le régime juridique est assorti des garanties procédurales indispensables à l'exercice des droits de la défense (notamment la notification des missions de l'ordonnance de commission d'expertise, ainsi que des conclusions du rapport final).

Toutefois, l'IRCGN propose également des prestations de démontage des téléphones pour accéder aux données de terminaux. Le cadre légal est alors celui de l'expertise.

Lexique en matière de cryptographie

*

Algorithme de cryptographie : également appelé chiffre, il s'agit d'une fonction mathématique utilisée pour le chiffrement ou le déchiffrement.

Algorithme de Shor : algorithme quantique pour factoriser un entier naturel, pouvant théoriquement être utilisé par un calculateur quantique pour casser des cryptosystèmes à clé publique, tels *[tel]* le chiffrement RSA.

Attaque par force brute : méthode utilisée en cryptanalyse pour trouver un mot de passe ou une clé. Il s'agit de tester, une à une, toutes les combinaisons possibles.

Attaque "arc en ciel" : basée sur une structure de données permettant de retrouver un mot de passe à partir de son "empreinte" (issue d'une fonction de hachage).

Attaque "homme du milieu" : attaque qui a pour but d'intercepter les communications entre deux parties, sans que ni l'une ni l'autre ne puisse se douter que le canal de communication entre elles a été compromis. Ce type d'attaque nécessite de sécuriser l'échange de clés.

Chiffrement : processus de transformation des informations de façon à les rendre inintelligibles à toute personne autre que le destinataire (le terme "cryptage" est impropre).

→ **de type "bout en bout" ("End to End")** : Les messages envoyés au destinataire sont chiffrés localement avant même d'être envoyés sur le réseau. Le serveur ne fait rien d'autre que relayer le message chiffré puisque le client du destinataire déchiffre le message, la transaction est ainsi sécurisée indépendamment du serveur (ex. : protocole Signal).

→ **de type "full disk encryption"** : intégré directement dans les disques durs. Certains smartphones haut de gamme sont dotés de cette technologie (ex. : Iphone).

→ **RSA** : algorithme populaire de cryptographie asymétrique (nommé par les initiales de ses trois inventeurs, Rivest, Shamir et Adleman).

→ **symétrique** : une même clé est utilisée pour chiffrer et déchiffrer. Exemples : méthodes DES, Triple DES et AES.

→ **asymétrique** : système basé sur une paire de clés, à savoir une *clé publique*, servant au chiffrement, et d'une *clé privée*, servant à déchiffrer. Le point fondamental soutenant cette décomposition publique/privée est l'impossibilité calculatoire de déduire la clé privée de la clé publique. Exemple : méthode RSA ou PGP.

Cryptographie post quantique : branche de la cryptographie visant à garantir la sécurité même face à un attaquant *quantique* en utilisant les ordinateurs dit classiques. Ex : la société Google teste de nouveaux algorithmes dans certaines versions du navigateur Chrome depuis juillet 2016.

Cryptographie quantique : branche de la cryptographie visant à utiliser des méthodes *quantiques* pour protéger d'un adversaire quantique. Ex : la Chine a lancé mi-août 2016 un premier satellite de communication quantique.

Déchiffrement : processus inverse du chiffrement, il sert à transformer les informations de façon à les rendre à nouveau intelligibles.

Décryptage : opération consistant à retrouver le message clair correspondant à un message chiffré sans posséder la clé de déchiffrement.

HTTPS : L'*HyperText Transfer Protocol Secure*, plus connu sous l'abréviation HTTPS – littéralement "protocole de transfert hypertexte sécurisé" – est la combinaison du HTTP avec une couche de chiffrement comme SSL ou TLS. HTTPS permet au visiteur de vérifier l'identité du site web auquel il accède, grâce à un certificat d'authentification, et garantit théoriquement la confidentialité et l'intégrité des données envoyées par l'utilisateur. Utilisé pour les transactions financières, la consultation des courriers électroniques, et plus récemment par les réseaux sociaux.

Informatique quantique (calculateurs) : Les opérations ne sont plus basées sur la manipulation de bits dans un état 1 ou 0, mais de "qubits" *en même temps* dans un état 1 et 0. La mise au point de ces machines, pour le moment largement théoriques, entraîne l'allocation de budgets conséquents de la part de certains États (USA, CHINE...).

PGP (*Pretty Good Privacy*) : un des premiers logiciels de chiffrement disponibles sur l'Internet, longtemps interdit en France, car considéré jusqu'en 1996 comme une arme de guerre de deuxième catégorie. La législation française a d'abord été assouplie (le chiffrement symétrique avec des clés aussi grandes que 128 bits avait été autorisé) puis la loi pour la confiance dans l'économie numérique du 21 juin 2004 a totalement libéré l'utilisation des moyens de cryptologie (en revanche leur importation ou exportation est soumise à déclaration ou autorisation).

Protocole Signal : protocole d'application de messageries instantanées et d'appels voix sur IP cryptés (application éponyme Signal), mais dont la technologie est utilisée également par l'application WhatsApp et (en option) par l'application Messenger, toutes deux propriétés de la société Facebook et totalisant plus d'un milliard d'utilisateurs. Libre d'utilisation et développé par *Open Whisper Systems.*

FICHE TECHNIQUE

INTERCEPTIONS DE COMMUNICATIONS ÉLECTRONIQUES

Dans le cadre d'une enquête dirigée par le parquet

DÉFINITION JURIDIQUE

Fondement légal :

— l'article 706-95 du code de procédure pénale

— l'article 74-2 du code de procédure pénale

Tous deux issus de la loi du 9 mars 2004, ces textes ont été récemment modifiés par la loi du 3 juin 2016 renforçant la lutte contre le crime organisé, le terrorisme et leur financement, et améliorant l'efficacité et les garanties de la procédure pénale.

Définition :

La définition des interceptions de correspondances émises par la voie des communications électroniques est identique, quel que soit le cadre d'enquête, que celles-ci soient ordonnées dans le cadre d'une information judiciaire ou dans le cadre d'une enquête menée par le parquet.

L'article 100 du code de procédure pénale, modifié par la loi du 3 juin 2016, vise "l'interception, l'enregistrement et la transcription de correspondances émises par la voie des communications électroniques".

Selon l'article 32 du code des postes et communications électroniques (CPCE), les communications électroniques correspondent à "toute transmission, émission ou réception de signes, signaux, d'écrits, d'images, de sons ou de renseignements de toute nature par fil, optique, radioélectricité ou autres systèmes électromagnétiques".

Est donc concernée l'interception des correspondances émises ou reçues sur différents supports tels que les téléphones fixes ou mobiles, les tablettes ou les ordinateurs.

Les opérations visées aux articles 100 et suivants du code de procédure pénale sont réalisées grâce à des dispositifs d'interception qui supposent l'intervention de spécialistes des communications électroniques. Toutefois, la jurisprudence y assimile les écoutes effectuées sans l'emploi de procédés particuliers.

Entrent ainsi dans le champ d'application de l'article 100 du code de procédure pénale :

— l'enregistrement puis la transcription par des OPJ de conversations téléphoniques par apposition d'un dispositif relié au combiné de l'appareil avec l'accord d'un des correspondants (Crim. 27 févr. 1996) ;

— les messages instantanés échangés entre plusieurs personnes au moyen d'une liaison sécurisée par un dispositif de cryptage de type BLACKBERRY MESSENGER (Crim. 16 déc. 2015).

En sont en revanche exclus :

— l'appréhension, l'enregistrement et la transcription de correspondances émises ou reçues par la voie des télécommunications antérieurement à la date de la décision écrite d'interception ordonnée par le juge d'instruction, lesquels doivent être réalisés conformément aux dispositions légales relatives aux perquisitions (Crim. 8 juill. 2015, n° 14-88.457) ;

— le simple compte rendu de propos entendus par des policiers au cours d'une conversation téléphonique qui s'est déroulée en leur présence, sans artifice ni stratagème (Crim. 2 avr. 1997) ;

— l'écoute et l'enregistrement des conversations tenues par la personne mise en examen au parloir de la maison d'arrêt (Crim. 12 déc. 2000 : *Bull. crim. n° 369*).

Le procureur de la République peut solliciter du juge des libertés et de la détention (JLD) l'autorisation d'intercepter des correspondances dans deux cas :

— Dans le cadre d'une enquête préliminaire ou de flagrance (C. pr. pén., art. 706-95),
— Dans le cadre d'une enquête pour recherche d'une personne en fuite (C. pr. pén., art. 74-2).

CHAMP D'APPLICATION

1. Dans le cadre d'une enquête préliminaire ou de flagrance

L'article 706-95 du code de procédure pénale prévoit que le JLD peut autoriser l'interception "selon les modalités des articles 100 alinéa 2, 100-1 et 100-3 à 100-7 du code de procédure pénale".

Conditions de fond

→ **Autorité compétente**

L'initiative de la procédure incombe au procureur de la République. Il lui appartient d'adresser une requête au JLD, lequel peut autoriser ou non l'interception, l'enregistrement et la transcription des correspondances.

→ **Nature de l'infraction motivant l'interception**

Il s'agit des seules infractions entrant dans le champ des articles 706-73 et 706-73-1 du code de procédure pénale.

→ **Nécessités de l'enquête**

Le JLD peut autoriser l'interception "si les nécessités de l'enquête l'exigent".

Comme pour les interceptions ordonnées par le juge d'instruction, cette condition est librement appréciée par le JLD qui n'est pas tenu de motiver sa décision.

→ **Personnes concernées**

L'article 706-95 du code de procédure pénale ne définit pas les personnes dont les correspondances peuvent être interceptées.

A plusieurs reprises (Crim. 17 juill. 1990, 26 nov. 1990 et 9 déc. 1991), la Cour de cassation a rappelé que peuvent être mises sur écoutes les personnes intéressées "qui ne sont pas seulement celles sur lesquelles pèsent des indices de culpabilité".

Il s'agit ainsi des personnes suspectes mais également de toute personne paraissant avoir participé aux faits ou susceptible de détenir des renseignements relatifs à ceux-ci.

Les dispositions protectrices de l'article 100-7 du code de procédure pénale sont applicables dans le cadre d'une enquête préliminaire ou de flagrance.

→ **Interdiction des artifices et stratagèmes**

La Cour de cassation estime que l'absence d'artifice ou de stratagème est une des conditions de validité de la décision d'interception (Crim. 9 oct. 1980 : *Bull. crim. n° 255*).

Dans un arrêt du 14 avril 2015 (Crim. 14 avr. 2015, n° 14-88.515), elle a considéré que le recueil des renseignements obtenus par les enquêteurs, lors d'une conversation fortuite du suspect avec un tiers, à l'occasion d'une interception téléphonique régulièrement autorisée par le juge d'instruction, n'avait pas constitué un procédé de recherche des preuves déloyal ou portant une atteinte illégale à la vie privée.

→ **Durée de l'interception**

Les interceptions peuvent être ordonnées pour une durée maximale d'**d'un mois** renouvelable une fois dans les mêmes conditions de forme et de durée.

— *Point de départ du délai*

La mesure d'interception a pour point de départ le jour de la mise en place effective du dispositif d'écoute (Crim. 10 mai 2012, n° 11-87.328).

— *Appréciation de la durée*

La durée de l'interception s'applique à la ligne téléphonique interceptée et non à la personne qui en est titulaire (Crim. 8 juill. 2015, n° 15-81.731).

La Cour de cassation a considéré que l'interception successive ou cumulée de différentes lignes téléphoniques utilisées par une même personne pouvait excéder la durée de 2 mois prévue par l'article 706-95 du code de procédure pénale aux motifs qu'il s'agit d'une mesure nécessaire à la défense de l'ordre et à la prévention des infractions pénales.

Conditions de forme

→ **Une décision écrite**

La décision du JLD ne peut être prise que par ordonnance. Elle doit être datée et signée. Elle n'a pas de caractère juridictionnel et est insusceptible de recours.

→ **Contenu de la décision**

Conformément à l'article 100-1 du code de procédure pénale, la décision du JLD doit mentionner, outre l'infraction qui motive le recours à l'interception et la durée de cette dernière,

— *Tous les éléments d'identification de la liaison à intercepter*

La Cour de cassation a reconnu la validité d'une commission rogatoire ne comportant pas l'identification du titulaire de la ligne placée sous surveillance aux motifs que les mentions relatives au numéro de la ligne et à l'identité de ceux qui l'utilisent sont suffisantes au regard des exigences de l'article 100-1 du code de procédure pénale (Crim. 25 févr. 2003).

Interception d'une ligne étrangère

Il est possible d'intercepter et d'enregistrer les conversations émises à partir du territoire français à destination d'une ligne étrangère, entrant sur le territoire national en provenance d'une ligne étrangère ou transitant sur le réseau d'un opérateur de téléphonie français (Crim. 1er févr. 2011, n° 10-83.523).

En revanche, la mise en œuvre d'une opération d'interception à l'étranger suppose qu'une demande d'entraide soit adressée aux autorités compétentes de l'État concerné. De jurisprudence constante, la Cour de cassation considère que le magistrat instructeur n'a pas à se prononcer sur la régularité des actes accomplis à l'étranger par une autorité étrangère (Crim. 27 juin 2001, n° 01-82.578).

Toutefois, dans un récent arrêt du 19 octobre 2016 (Crim. 19 oct. 2016, F-P+B, n° 16-81.920), la Cour de cassation a estimé que les autorités d'un État membre de l'Union *[européenne]* pouvaient remettre aux autorités judiciaires françaises, un CD-Rom contenant la transcription d'écoutes téléphoniques réalisées à l'étranger sans demande préalable des autorités françaises aux motifs que l'article 7 de la décision-cadre du 18 décembre 2006, transposé à l'article 695-9-38 du code de procédure pénale, prévoit "la possibilité pour un État membre, dans des conditions qui sont réunies en l'espèce, de remettre à un autre État membre, en dehors de toute demande, des renseignements pouvant contribuer à l'identification de l'auteur d'un meurtre".

2. Dans le cadre d'une enquête pour recherche et découverte d'un individu en fuite

En application de l'article 74-2 du code de procédure pénale, le procureur de la République peut solliciter du JLD qu'il autorise une interception afin de rechercher et de découvrir une personne en fuite.

L'alinéa 2 de cette disposition prévoit que le JLD peut autoriser l'interception "selon les modalités prévues par les articles 100, 100-1 et 100-3 à 100-7 du code de procédure pénale".

Conditions de fond

→ **Autorité compétente**

Il convient de se reporter aux développements précédents.

→ **Catégories de personnes recherchées**

Les dispositions de l'article 74-2 du code de procédure pénale ne peuvent être mises en œuvre que pour rechercher certaines catégories de personnes limitativement énumérées. Cette liste a été récemment élargie par la loi du 3 juin 2016.

Il s'agit ainsi de :

1° Personne faisant l'objet d'un mandat d'arrêt délivré par le juge d'instruction, le juge des libertés et de la détention, la chambre de l'instruction ou son président ou le président de la cour d'assises, alors qu'elle est renvoyée devant une juridiction de jugement ;

2° Personne faisant l'objet d'un mandat d'arrêt délivré par une juridiction de jugement ou par le juge de l'application des peines ;

3° Personne condamnée à une peine privative de liberté sans sursis supérieure ou égale à un an ou à une peine privative de liberté supérieure ou égale à un an résultant de la révocation d'un sursis assorti ou non d'une mise à l'épreuve, lorsque cette condamnation est exécutoire ou passée en force de chose jugée ;

4° Personne inscrite au fichier judiciaire national automatisé des auteurs d'infractions terroristes ayant manqué aux obligations prévues à l'article 706-25-7 ;

5° Personne inscrite au fichier judiciaire national automatisé des auteurs d'infractions sexuelles ou violentes ayant manqué aux obligations prévues à l'article 706-53-5 ;

6° Personne ayant fait l'objet d'une décision de retrait ou de révocation d'un aménagement de peine ou d'une libération sous contrainte, ou d'une décision de mise à exécution de l'emprisonnement prévu par la juridiction de jugement en cas de violation des obligations et interdictions résultant d'une peine, dès lors que cette décision a pour conséquence la mise à exécution d'un quantum ou d'un reliquat de peine d'emprisonnement supérieur à un an.

→ **Nécessités de l'enquête**

Il convient de se reporter aux développements précédents.

→ **Personnes concernées par l'interception**

L'article 74-2 du code de procédure pénale ne définit pas les personnes dont les correspondances peuvent être interceptées. Il s'agit vraisemblablement de toutes les personnes qui seraient susceptibles de fournir des renseignements sur la retraite de la personne en fuite.

Les dispositions protectrices de l'article 100-7 du code de procédure pénale sont applicables.

→ **Interdiction des artifices et stratagèmes**

Il convient de se reporter aux développements précédents.

→ **Durée de l'interception**

Les interceptions peuvent être ordonnées pour une durée maximale de **2 mois renouvelables** *[renouvelable]* dans les mêmes conditions de forme et de durée.

En matière correctionnelle, la durée totale de l'interception ne peut excéder 6 mois.

Conditions de forme

Il convient de se reporter aux développements précédents.

MISE EN ŒUVRE PRATIQUE

Les articles 74-2 et 706-95 du code de procédure pénale disposent que, pour l'application des articles 100-3 à 100-5 du code de procédure pénale, les attributions confiées par ces textes au juge d'instruction ou à l'OPJ commis par lui sont exercées par le procureur de la République ou l'OPJ requis par lui.

C'est donc au procureur de la République ou à l'OPJ requis par lui qu'il appartient de :

— requérir les agents habilités afin de procéder à l'installation du dispositif d'interception,

— dresser procès-verbal de chacun *[chacune]* des opérations d'interception,

— retranscrire les correspondances utiles à la manifestation de la vérité.

Toutefois, les opérations sont réalisées sous l'autorité et le contrôle du JLD qui est informé sans délai des actes accomplis par le procureur de la République ou l'officier de police judiciaire requis.

Dans un arrêt du 23 mai 2006 *(Bull. crim. n° 139)*, la Cour de cassation a précisé que l'article 706-95 du code de procédure pénale n'exige pas que le JLD exerce un contrôle immédiat sur le déroulement de l'écoute mais seulement qu'il soit informé sans délai par le procureur de la République à l'issue de l'opération d'interception.

→ **Agents et services habilités**

Le procureur de la République ou l'OPJ requis par lui peut requérir tout agent qualifié d'un service ou organisme placé sous l'autorité ou la tutelle du ministre chargé des communications électroniques ou tout agent qualifié d'un exploitant de réseau ou fournisseur de services de communications électroniques autorisé, en vue de procéder à l'installation d'un dispositif d'interception.

▶ En dehors de la PNIJ

En pratique, la mise en œuvre d'une interception suppose :

— une réquisition à un opérateur de communication électronique (OCE),

— une réquisition à un fournisseur de plateforme d'interception.

L'agent qualifié requis pour procéder à des opérations d'interception de communications téléphoniques n'est pas tenu de prêter serment. (Crim. 23 mai 2006, n° 06-81.705).

Recours à un prestataire non habilité

La Cour de cassation a validé le recours à un prestataire non habilité au motif "qu'aucune violation des dispositions légales en matière d'interception de communications téléphoniques ne saurait résulter de la simple fourniture à un service de police du matériel technique lui permettant d'y procéder par un prestataire qui n'accomplit aucun acte de procédure" (Crim. 22 mars 2016, n° 15-83.207).

▶ Recours à la PNIJ

La PNIJ se substitue aux dispositifs d'écoute et d'enregistrement fournis par des prestataires privés et au système de transmission des interceptions judiciaires (STIJ) mis en œuvre par le ministère de la justice.

En outre, elle permet une transmission automatisée des réquisitions adressées aux OCE.

A compter du 1er janvier 2017, en application de l'article 230-45 du code de procédure pénale, ces réquisitions devront, sauf impossibilité technique, être adressées *via* la plateforme.

→ **Formalisme des opérations**

En vertu de l'article 100-4 du code de procédure pénale, le procureur de la République ou l'OPJ requis par lui dresse un procès-verbal de chacune des opérations d'interception et d'enregistrement, et précise la date et l'heure auxquelles les opérations ont commencé et se sont terminées.

→ **Retranscription**

Conformément à l'article 100-5 du code de procédure pénale, le procureur de la République ou l'OPJ requis par lui transcrit les seules correspondances utiles à la manifestation de la vérité.

Ne peuvent être transcrites à peine de nullité :

— les correspondances avec un avocat relevant de l'exercice des droits de la défense ;

— celles avec un journaliste permettant d'identifier une source en violation de l'article 2 de la loi du 29 juillet 1881 sur la liberté de la presse.

▶ Recours à la PNIJ

L'OPJ rédige directement les procès-verbaux de retranscription dans la PNIJ. Il les édite ensuite pour les joindre à la procédure.

Le procureur de la République a accès aux interceptions en cours et peut consulter les communications interceptées sur la PNIJ.

→ **Conservation des enregistrements**

▶ En dehors de la PNIJ

En vertu des articles 100-4, alinéa 2, et 100-6 du code de procédure pénale, ces enregistrements sont placés sous scellés fermés et ne sont détruits, à la diligence du procureur de la République ou du procureur général, qu'à l'expiration du délai de prescription de l'action publique. Il est dressé procès-verbal de l'opération de destruction.

▶ Recours à la PNIJ

En application de l'article 230-45 du code de procédure pénale (qui n'entrera en vigueur que le 1er janv. 2017), les dispositions précitées ne sont pas applicables aux données conservées dans la PNIJ. Dans ce cas en effet, l'article R. 40-49 du code de procédure pénale prévoit que les données relatives aux interceptions judiciaires sont placées sous scellés au sein de la PNIJ qui joue le rôle d'un coffre-fort numérique.

Le procureur de la République peut donc consulter les scellés dans la PNIJ. Il lui suffit de solliciter de la délégation aux interceptions judiciaires (DIJ) le transfert du scellé depuis le coffre-fort numérique. Il peut également demander à la DIJ une copie chiffrée du scellé sur support physique, qui lui sera transmise par voie postale ou par porteur.

Ces données sont détruites à l'expiration du délai de prescription de l'action publique.

> Aux termes des dispositions de l'article 20 de la Convention du 29 mai 2000 relative à l'entraide judiciaire en matière pénale entre les États membres de l'Union européenne, la mise en œuvre d'une interception téléphonique depuis un « État interceptant » dans un autre État membre *[Dès lors que l'assistance technique de l'État membre n'est pas requise]*, doit être notifiée à ce dernier, lequel dispose d'un délai de 96 heures pour autoriser la poursuite de l'interception ou demander son interruption. Cette notification est susceptible d'intervenir antérieurement ou postérieurement à la réalisation de l'interception.

FICHE TECHNIQUE

INTERCEPTIONS DE COMMUNICATIONS ÉLECTRONIQUES

Dans le cadre d'une information judiciaire

DÉFINITION JURIDIQUE

Fondement légal :

— **Les articles 100 à 100-7 du code de procédure pénale** issus de la loi du 10 juillet 1991 et récemment modifiés par la loi du 3 juin 2016 renforçant la lutte contre le crime organisé, le terrorisme et leur financement, et améliorant l'efficacité et les garanties de la procédure pénale ;

— **L'article 80-4 du code de procédure pénale** issu de la loi du 9 septembre 2012.

Définition :

L'article 100 du code de procédure pénale, modifié par la loi du 3 juin 2016, vise "l'interception, l'enregistrement et la transcription de correspondances émises par la voie des communications électroniques".

Selon l'article 32 du Code des postes et communications électroniques (CPCE), les communications électroniques correspondent à "toute transmission, émission ou réception de signes, signaux, d'écrits, d'images, de sons ou de renseignements de toute nature par fil, optique, radioélectricité ou autres systèmes électromagnétiques".

Est donc concernée l'interception des correspondances émises ou reçues sur différents supports tels que les téléphones fixes ou mobiles, les tablettes ou les ordinateurs.

Les opérations visées aux articles 100 et suivants du code de procédure pénale sont réalisées grâce à des dispositifs d'interception qui supposent l'intervention de spécialistes des communications électroniques. Toutefois, la jurisprudence y assimile des écoutes effectuées sans l'emploi de procédés particuliers.

Entrent ainsi dans le champ d'application de l'article 100 :

— l'enregistrement puis la transcription par des OPJ de conversations téléphoniques par apposition d'un dispositif relié au combiné de l'appareil avec l'accord d'un des correspondants (Crim. 27 févr. 1996) ;

— les messages instantanés échangés entre plusieurs personnes au moyen d'une liaison sécurisée par un dispositif de cryptage de type BLACKBERRY MESSENGER (Crim. 16 déc. 2015).

En sont en revanche exclus :

— l'appréhension, l'enregistrement et la transcription de correspondances émises ou reçues par la voie des télécommunications antérieurement à la date de la décision écrite d'interception ordonnée par le juge d'instruction, lesquels doivent être réalisés conformément aux dispositions légales relatives aux perquisitions (Crim. 8 juill. 2015, n° 14-88.457) ;

— le simple compte rendu de propos entendus par des policiers au cours d'une conversation téléphonique qui s'est déroulée en leur présence, sans artifice ni stratagème (Crim. 2 avr. 1997) ;

— l'écoute et l'enregistrement des conversations tenues par la personne mise en examen au parloir de la maison d'arrêt (Crim. 12 déc. 2000 : *Bull. crim. n° 369*).

Le juge d'instruction peut ordonner l'interception de correspondances dans deux cas :

— en matière criminelle et correctionnelle ;

— dans le cadre d'une information pour recherches des causes de la mort ou des causes d'une disparition.

CHAMP D'APPLICATION

1. En matière correctionnelle et criminelle

Conditions de fond

→ **Autorité compétente**

L'article 100 du code de procédure pénale mentionne uniquement le juge d'instruction.

Toutefois, les articles 205 et 283 du code de procédure pénale attribuent respectivement cette compétence à la chambre de l'instruction et au président de la cour d'assises lorsqu'ils procèdent à des suppléments d'information.

→ **Nature de l'infraction**

En application de l'article 100 du code de procédure pénale, une interception ne peut être ordonnée que si l'infraction qui la motive est punie d'une peine égale ou supérieure à 2 ans d'emprisonnement.

→ **Nécessités de l'instruction**

L'article 100 du code de procédure pénale dispose que le juge d'instruction peut prescrire l'interception "lorsque les nécessités de l'information l'exigent".

Cette condition est librement appréciée par le magistrat instructeur qui n'est d'ailleurs pas tenu de motiver sa décision.

→ **Personnes concernées**

Les articles 100 et suivants du code de procédure pénale ne définissent pas les catégories de personnes susceptibles de faire l'objet d'écoutes téléphoniques.

A plusieurs reprises (Crim. 17 juill. 1990, 26 nov. 1990 et 9 déc. 1991), la Cour de cassation a rappelé que peuvent être mises sur écoutes les personnes intéressées "qui ne sont pas seulement celles sur lesquelles pèsent des indices de culpabilité".

Il s'agit ainsi des personnes mises en examen mais également de toute personne paraissant avoir participé aux faits ou susceptible de détenir des renseignements relatifs à ces derniers.

En revanche, **la loi protège certaines catégories de personnes**.

Ainsi, conformément à l'article 100-7, aucune interception ne peut avoir lieu :

— sur la ligne d'un député ou d'un sénateur sans que le président de l'assemblée à laquelle il appartient en soit informé par le juge d'instruction ;

— sur une ligne dépendant du cabinet d'un avocat ou de son domicile sans que le bâtonnier en soit informé par le juge d'instruction ;

— sur une ligne dépendant du cabinet d'un magistrat ou de son domicile sans que le premier président ou le procureur général de la juridiction où il réside en soit informé.

Ces formalités sont prescrites à peine de nullité.

→ **Interdiction des artifices et stratagèmes**

La Cour de cassation considère l'absence d'artifice ou de stratagème comme une des conditions de validité de la décision d'interception (Crim. 9 oct. 1980 : *Bull. crim. n° 255*).

Dans un arrêt du 14 avril 2015 (Crim. 14 avr. 2015, n° 14-88.515), elle a estimé que le recueil des renseignements obtenus par les enquêteurs, lors d'une conversation fortuite du suspect avec un tiers, à l'occasion d'une interception téléphonique régulièrement autorisée par le juge d'instruction, n'avait pas constitué un procédé de recherche des preuves déloyal ou portant une atteinte illégale à la vie privée.

→ **Durée de la mesure :**

La décision d'interception est prise pour une durée maximale de **4 mois**. Elle peut être renouvelée dans les mêmes conditions de forme et de durée.

La loi du 3 juin 2016 a limité la durée totale de l'interception. Désormais, la durée totale d'une interception ne peut excéder **1 an**. Toutefois, si l'infraction qui a motivé l'interception est une infraction relevant de la criminalité organisée (C. pr. pén., art. 706-73 et 706-73-1), cette durée est portée à **2 ans**.

— *Point de départ du délai*

La mesure d'interception a pour point de départ le jour de la mise en place effective du dispositif d'écoute (Crim. 10 mai 2012, n° 11-87.328).

— *Appréciation de la durée*

La durée de l'interception s'applique à la ligne téléphonique interceptée et non à la personne qui en est titulaire (Crim. 8 juill. 2015, n° 15-81.731).

Dès lors, en cas d'interception d'un boitier *[boîtier]* auquel sont associées plusieurs puces, il convient de s'assurer que la durée d'interception de chacune des lignes (c'est-à-dire de chacune des puces associées au boîtier) n'excède pas la durée maximale fixée par l'article 100-2 du code de procédure pénale.

— *Articulation avec les interceptions ordonnées dans le cadre d'une enquête menée par le parquet*

La limitation de durée des écoutes téléphoniques fixée par les nouvelles dispositions de l'article 100-2 du code de procédure pénale ne concerne que les interceptions se déroulant dans le cadre de l'information judiciaire.

D'ailleurs, s'agissant des interceptions téléphoniques autorisées par le juge des libertés et de la détention, l'article 706-95 du code de procédure pénale ne renvoie aucunement aux dispositions de l'article 100-2 du code de procédure pénale.

Dès lors, sous réserve de la jurisprudence ultérieure, il apparaît que les dispositions précitées consacrent l'existence de deux régimes autonomes, celui des interceptions autorisées dans le cadre des enquêtes conduites par le parquet et celui des interceptions ordonnées par le magistrat instructeur.

La durée des interceptions conduites lors de l'enquête préliminaire ou de flagrance ne s'impute donc pas sur celle des écoutes ordonnées au cours de l'information judiciaire.

Conditions de forme

→ **Une décision écrite**

Comme tous les actes du juge d'instruction, la décision d'interception doit être datée et signée. En revanche, la loi n'exige pas qu'elle soit motivée. Cette décision n'a pas de caractère juridictionnel et n'est susceptible d'aucun recours.

→ **Contenu de la décision**

Conformément à l'article 100-1 du code de procédure pénale, la décision doit mentionner, outre l'infraction qui motive le recours à l'interception et la durée de cette dernière,

— *Tous les éléments d'identification de la liaison à intercepter*

La Cour de cassation a reconnu la validité d'une commission rogatoire ne comportant pas l'identification du titulaire de la ligne placée sous surveillance aux motifs que les mentions relatives au numéro de la ligne et à l'identité de ceux qui l'utilisent sont suffisantes au regard des exigences de l'article 100-1 du code de procédure pénale (Crim. 25 févr. 2003).

— *Interception d'une ligne étrangère*

Il est possible d'intercepter et d'enregistrer les conversations émises à partir du territoire français à destination d'une ligne étrangère, entrant sur le territoire national en provenance d'une ligne étrangère ou transitant sur le réseau d'un opérateur de téléphonie français (Crim. 1er févr. 2011, n° 10-83.523).

En revanche, la mise en œuvre d'une opération d'interception à l'étranger suppose qu'une commission rogatoire internationale soit adressée aux autorités compétentes de l'État concerné. De jurisprudence constante, la Cour de cassation considère que le magistrat instructeur n'a pas à se prononcer sur la régularité des actes accomplis à l'étranger par une autorité étrangère (Crim. 27 juin 2001, n° 01-82.578).

Toutefois, dans un récent arrêt du 19 octobre 2016 (Crim. 19 oct. 2016, F-P+B, n° 16-81.920), la Cour de cassation a considéré que les autorités d'un État membre de l'Union *[européenne]* pouvaient remettre aux autorités judiciaires françaises, un CD-Rom contenant la transcription d'écoutes téléphoniques réalisées à l'étranger sans demande préalable des autorités françaises aux motifs que l'article 7 de la décision-cadre du 18 décembre 2006, transposé à l'article 695-9-38 du code de procédure pénale, prévoit "la possibilité pour un État membre, dans des conditions qui sont réunies en l'espèce, de remettre à un autre État membre, en dehors de toute demande, des renseignements pouvant contribuer à l'identification de l'auteur d'un meurtre".

2. Dans le cadre d'une information pour recherche des causes de la mort ou des causes d'une disparition

Le juge d'instruction peut ordonner de telles interceptions :

— Lorsqu'il est requis en application de l'article 74 du code de procédure pénale, d'informer pour recherche des causes de la mort ;

— Lorsqu'il est requis, en application de l'article 74-1 du code de procédure pénale, d'informer pour recherche des causes de la disparition, après que la disparition d'un mineur ou d'un majeur protégé est intervenue ou a été constatée.

L'article 80-4 du code de procédure pénale précise que les interceptions sont effectuées dans les conditions prévues au deuxième alinéa de l'article 100 et aux articles 100-1 à 100-7 du code de procédure pénale.

Conditions de fond

Il convient de se reporter aux développements précédents à l'exception de ceux relatifs à la durée de l'opération.

→ **Durée de la mesure**

Dans ce cas, les interceptions ne peuvent excéder une durée de **2 mois renouvelables** *[renouvelable]*

Conditions de forme

Il convient de se reporter aux développements précédents.

Mise en œuvre des mesures

Sans modifier le régime des interceptions judiciaires, le déploiement de la plateforme nationale des interceptions judiciaires (PNIJ) a une incidence sur la mise en œuvre pratique des opérations d'interception.

→ **Agents et services habilités**

Conformément à l'article 100-3 du code de procédure pénale, le juge d'instruction ou l'OPJ commis par lui peut requérir tout agent qualifié d'un service ou organisme placé sous l'autorité ou la tutelle du ministre chargé des communications électroniques ou tout agent qualifié d'un exploitant de réseau ou fournisseur de services de communications électroniques autorisé, en vue de procéder à l'installation d'un dispositif d'interception.

▶ En dehors de la PNIJ

En pratique, la mise en œuvre d'une interception suppose :

— une réquisition à un opérateur de communication électronique (OCE) ;

— une réquisition à un fournisseur de plateforme d'interception.

L'agent qualifié requis pour procéder à des opérations d'interception de communications téléphoniques n'est pas tenu de prêter serment. (Crim. 23 mai 2006, n° 06-81.705).

Recours à un prestataire non habilité

La Cour de cassation a validé le recours à un prestataire non habilité au motif "qu'aucune violation des dispositions légales en matière d'interception de communications téléphoniques ne saurait résulter de la simple fourniture à un service de police du matériel technique lui permettant d'y procéder par un prestataire qui n'accomplit aucun acte de procédure" (Crim. 22 mars 2016, n° 15-83.207).

▶ Recours à la PNIJ

La PNIJ se substitue aux dispositifs d'écoute et d'enregistrement fournis par des prestataires privés et au système de transmission des interceptions judiciaires (STIJ) mis en œuvre par le ministère de la justice. En outre, elle permet une transmission automatisée des réquisitions adressées aux OCE. A compter du 1er janvier 2017, en application de l'article 230-45 du code de procédure pénale, ces réquisitions devront, sauf impossibilité technique, être adressées *via* la plateforme.

→ **Formalisme des opérations**

En vertu de l'article 100-4 du code de procédure pénale, le juge d'instruction ou l'OPJ commis par lui dresse un procès-verbal de chacune des opérations d'interception et d'enregistrement, et précise la date et l'heure auxquelles les opérations ont commencé et se sont terminées.

→ **Retranscription**

Conformément à l'article 100-5 du code de procédure pénale, le juge d'instruction ou l'OPJ transcrit les seules correspondances utiles à la manifestation de la vérité.

Ne peuvent être transcrites à peine de nullité :

— les correspondances avec un avocat relevant de l'exercice des droits de la défense ;

— celles avec un journaliste permettant d'identifier une source en violation de l'article 2 de la loi du 29 juillet 1881 sur la liberté de la presse.

▶ Recours à la PNIJ

L'OPJ rédige directement les procès-verbaux de retranscription dans la PNIJ. Il les édite ensuite pour les joindre à la procédure. Le magistrat instructeur a accès aux interceptions en cours et peut consulter les communications interceptées sur la PNIJ.

→ **Conservation des enregistrements**

▶ En dehors de la PNIJ

En vertu des articles 100-4, alinéa 2, et 100-6 du code de procédure pénale, ces enregistrements sont placés sous scellés fermés et ne sont détruits, à la diligence du procureur de la République ou du procureur général, qu'à l'expiration du délai de prescription de l'action publique. Il est dressé procès-verbal de l'opération de destruction.

▶ Recours à la PNIJ

En application de l'article 230-45 du code de procédure pénale (qui n'entrera en vigueur que le 1er janv. 2017), les dispositions précitées ne sont pas applicables aux données conservées dans la PNIJ. Dans ce cas en effet, l'article R. 40-49 du code de procédure pénale prévoit que les données relatives aux interceptions judiciaires sont placées sous scellés au sein de la PNIJ qui joue le rôle d'un coffre-fort numérique. Le magistrat instructeur peut donc consulter les scellés dans la PNIJ. Il lui suffit de solliciter de la délégation aux interceptions judiciaires (DIJ) le transfert du scellé depuis le coffre-fort numérique.

Il peut également demander à la DIJ une copie chiffrée du scellé sur support physique, qui lui sera transmise par voie postale ou par porteur.

Ces données sont détruites à l'expiration du délai de prescription de l'action publique.

> Aux termes des dispositions de l'article 20 de la Convention du 29 mai 2000 relative à l'entraide judiciaire en matière pénale entre les États membres de l'Union européenne, la mise en œuvre d'une interception téléphonique depuis un « État interceptant » dans un autre État membre *[Dès lors que l'assistance technique de l'État membre n'est pas requise]*, doit être notifiée à ce dernier, lequel dispose d'un délai de 96 heures pour autoriser la poursuite de l'interception ou demander son interruption. Cette notification est susceptible d'intervenir antérieurement ou postérieurement à la réalisation de l'interception.

FICHE TECHNIQUE

LA GÉOLOCALISATION

Dans le cadre d'une enquête dirigée par le parquet

DÉFINITION JURIDIQUE

Fondement légal : les articles **230-32** à **230-44** et suivants du code de procédure pénale (issus de la L. du 28 mars 2014).

Définition et champ d'application

La géolocalisation est le recours à tout moyen technique destiné à localiser en temps réel, sur l'ensemble du territoire national, une personne à son insu, un véhicule ou tout autre objet, sans le consentement de son propriétaire ou de son possesseur.

Tout objet peut être géolocalisé *[Soit par l'exploitation de sa propre technologie, soit à travers la pose d'une balise]*. Comme en matière d'interceptions téléphoniques, la mesure de géolocalisation n'est pas limitée aux personnes soupçonnées d'avoir commis une infraction *[La mesure de géolocalisation peut être diligentée à l'encontre de tout individu dès lors que les nécessités de l'enquête l'exigent]*.

Entrent dans le champ d'application de cette technique d'enquête (et donc des art. 230-32 s.) :

— le suivi dynamique de tout objet (téléphone mobile, tablette, système GPS autonome ou intégré à un appareil de télécommunication ou à un véhicule...) ;

— l'utilisation d'un dispositif dédié de géolocalisation (balise) placé sur un moyen de transport ou tout autre objet ;

N'entrent pas dans le champ d'application de cette technique d'enquête (car relevant du pouvoir de réquisition) :

— les opérations permettant *a posteriori* de retracer les déplacements d'un objet ou d'un individu, par la communication des données conservées (notamment les bornes déclenchées) par les opérateurs de télécommunication ou toute personne ou organisme public ou privé ;

— le suivi dynamique d'un terminal de télécommunication, d'un véhicule ou de tout autre objet dont le propriétaire ou le possesseur légitime est la personne disparue ou encore la victime de l'infraction sur laquelle porte l'enquête, dès lors que ces opérations ont pour objet de retrouver la victime, l'objet qui lui a été dérobé ou encore la personne disparue (C. pr. pén., art. 230-44).

CONDITIONS DE L'AUTORISATION

→ **Conditions de fond**

Le recours à la géolocalisation est possible dans le cadre d'une enquête flagrante ou préliminaire *[Ainsi que dans le cadre d'une information judiciaire (cf. fiche technique "géolocalisation phase instruction")]* lorsque la procédure est relative à l'une des infractions suivantes revêtant une certaine gravité :

— un délit contre les personnes (livre II C. pén.) puni d'au moins trois ans d'emprisonnement ;

— délit d'évasion (C. pén., art. 434-27) ou de recel de malfaiteurs (C. pén., art. 434-6) ;

— autres crimes ou délits lorsqu'ils sont punis d'au moins cinq ans d'emprisonnement.

Les mesures de géolocalisation peuvent également être effectuées dans le cadre des enquêtes :
— en recherche des causes de la mort ou des blessures (C. pr. pén., art. 74) ;
— en recherche des causes de la disparition (C. pr. pén., art. 74-1) ;
— en recherche d'une personne en fuite (C. pr. pén., art. 74-2).

En outre, l'article 67 *bis* 2 du code des douanes prévoit la possibilité, pour les agents des douanes habilités, de mettre en place une mesure de géolocalisation dès lors que le délit douanier est puni d'une peine d'emprisonnement supérieure ou égale à cinq ans.

→ **Conditions de forme**

Dans le cadre des enquêtes diligentées par le procureur de la République, ce dernier peut autoriser les opérations de géolocalisation, lesquelles doivent être prolongées par le juge des libertés et de la détention.

L'autorisation du procureur de la République ou du juge des libertés et de la détention doit :
— être écrite et horodatée ;
— comporter les éléments permettant d'identifier l'objet géolocalisé (pour un téléphone : n° IMSI, IMEI ; pour un véhicule : n° d'immatriculation, modèle) ;
— prévoir la durée maximale de la mesure ;
— mentionner le cadre de l'enquête, et le cas échéant l'infraction visée (conformément aux conditions de fond) ; étant précisé que la révélation – au cours des opérations – d'autres infractions non visées par cette autorisation ne font *[fait]* encourir aucune nullité pour les éventuelles procédures incidentes.

Cette décision n'a pas de caractère juridictionnel et est insusceptible de recours.

→ **Durée de la mesure** (C. pr. pén., art. 230-33)

La durée maximale de l'autorisation délivrée par le parquet est de **15 jours consécutifs.**

Si le délai de 15 jours s'écoule à compter de la mise en place effective de la mesure de géolocalisation, il ne peut être interrompu par la survenance de difficultés liées au recueil des données (pannes techniques ou départ de la personne ciblée à l'étranger).

A l'issue de ce délai de 15 jours, la mesure de géolocalisation ne peut se poursuivre que sur autorisation du juge des libertés et de la détention, saisi par requête du procureur de la République et ce pour une durée (maximale) d'**un mois renouvelable** dans les mêmes formes sans limitation.

L'article 230-33 du code de procédure pénale n'impose pas que la décision du JLD intervienne dans la continuité directe de l'autorisation du procureur de la République, de telle sorte que la mesure de géolocalisation peut s'être interrompue à l'expiration de l'autorisation du parquet avant d'être prolongée par le juge des libertés et de la détention.

→ **Introduction dans les lieux privés aux fins d'installation ou de retrait d'un dispositif technique de géolocalisation**

Lorsque les nécessités de l'enquête l'exigent, l'introduction dans des lieux privés peut être autorisée, aux seules fins de mettre en place ou de retirer le moyen technique de géolocalisation.

La réalisation de perquisitions et saisies concomitantes est exclue.

La décision autorisant cette intrusion doit mentionner le lieu de l'installation du dispositif, des éléments relatifs aux investigations d'ores et déjà conduites et la nécessité de recourir à une mesure de géolocalisation.

Peut être autorisée, y compris en dehors des heures prévues par l'article 59 du code de procédure pénale, l'introduction dans :
— les **lieux privés destinés** ou utilisés à **l'entrepôt** de véhicules, fonds, valeurs, marchandises ou matériels (parking, conteneur, hangar...), ou dans un **véhicule situé sur la voie publique** ou dans de tels lieux.

Cette intrusion qui est permise dans tous les cadres procéduraux, doit être autorisée par décision écrite du procureur de la République ;
— tout **autre lieu privé** (notamment les locaux professionnels : banque ; administration, entreprise) à l'exception des lieux d'habitation.

Le procureur de la République doit autoriser par écrit cette intrusion qui ne peut s'inscrire que dans le cadre d'une enquête relative à un délit puni d'au moins cinq ans d'emprisonnement ou diligentée dans le cadre des articles 74 à 74-2 du code de procédure pénale (enquête en recherche des causes de la mort/des blessures, en recherche des causes de la disparition, en recherche d'une personne en fuite) ;
— un **lieu d'habitation** (maisons et appartements ainsi que leurs annexes et dépendances).

L'intrusion doit être autorisée par décision écrite du juge des libertés et de la détention, saisi par le procureur de la République dans le cadre d'une enquête relative à un délit puni d'au moins cinq ans d'emprisonnement ou d'une procédure en recherche des causes de la mort/des blessures, des causes de la disparition, ou d'une personne en fuite.

→ **Lieux prohibés** (C. pr. pén., art. 230-34) :

Il ne peut être mis en place *[de]* moyen de géolocalisation dans les lieux suivants :
— le cabinet ou le domicile d'un avocat (C. pr. pén., art. 56-1) ;

— les locaux et véhicules d'une entreprise de presse, d'une entreprise de communication audiovisuelle, d'une entreprise de communication au public en ligne ou d'une agence de presse, ou encore le domicile d'un journaliste (C. pr. pén., art. 56-2) ;

— le cabinet d'un médecin, d'un notaire, d'un huissier (C. pr. pén., art. 56-3) ;

— un lieu abritant des éléments couverts par le secret de la défense nationale (C. pr. pén., art. 56-4) ;

— les locaux d'une juridiction ou au *[le]* domicile d'une personne exerçant des fonctions juridictionnelles (magistrat professionnel ou non professionnel) (C. pr. pén., art. 56-5) ;

— le bureau ou le domicile d'un député, d'un sénateur ou d'un avocat (C. pr. pén., art. 100-7).

→ **Cas particulier : l'urgence** (C. pr. pén., art. 230-35)

La mise en place de moyen de géolocalisation en temps réel peut être effectuée ou prescrite par l'**OPJ seul**, sans autorisation préalable du procureur de la République, **en cas d'urgence** liée au risque imminent de dépérissement des preuves ou d'atteintes graves aux personnes ou aux biens.

Informé immédiatement *[L'OPJ doit en informer immédiatement le procureur de la République par tout moyen et mention doit en être faite en procédure]*, le procureur de la République dispose de 24 heures pour :

— ordonner l'interruption de la mesure sans formalisme particulier ;

— autoriser la poursuite de la mesure par décision écrite comportant, en plus des conditions de forme précédemment décrites, les circonstances de fait établissant l'existence du risque imminent.

A l'issue du délai de 24 heures et à défaut d'autorisation, il est mis fin à la mesure de géolocalisation. Les opérations déjà réalisées ne peuvent être utilisées ou retranscrites en procédure.

L'OPJ peut s'introduire de sa propre initiative dans les lieux privés tels que définis précédemment, à l'exception des lieux d'habitation pour lesquels il doit recueillir préalablement l'accord du juge des libertés et de la détention, saisi à cette fin par le procureur de la République. L'autorisation du JLD et la requête du procureur de la République, écrites, devront alors intervenir dans un délai de 24 heures. Compte tenu des délais prévus, ces décisions devront être horodatées.

MISE EN ŒUVRE DES MESURES

→ **Agents et services habilités :**

La géolocalisation est mise en place par un OPJ ou, sous sa responsabilité, par un APJ, ou prescrite sur réquisitions de l'officier de police judiciaire.

Le procureur de la République peut requérir tout agent qualifié relevant de la liste fixée par l'article D. 15-1-5 à D. 15-1-7 du code de procédure pénale.

→ **Formalisme des opérations :**

L'OPJ ou *[l']*APJ dresse procès-verbal de chacune des opérations de mise en place du moyen technique de géolocalisation et des opérations d'enregistrement des données de localisation. Ce procès-verbal mentionne la date et l'heure auxquelles l'opération a commencé et celles auxquelles elle s'est terminée.

L'OPJ ou l'APJ décrit ou transcrit, dans un procès-verbal versé au dossier, les données enregistrées qui sont utiles à la manifestation de la vérité (C. pr. pén., art. 230-39).

→ **Conservation des scellés :**

Les enregistrements sont placés sous scellés fermés. Si le moyen technique ne permet pas l'enregistrement, cette impossibilité doit être précisée par procès-verbal.

Les enregistrements de données de localisation sont détruits, à la diligence du procureur de la République ou du procureur général, à l'expiration du délai de prescription de l'action publique. Il est dressé procès-verbal de l'opération de destruction (C. pr. pén., art. 230-43).

→ **La poursuite ou l'activation d'une géolocalisation en dehors des frontières du territoire national :**

La poursuite ou l'activation dynamique au-delà des frontières nationales d'un terminal de télécommunication ou le suivi à distance, hors du territoire national, d'un dispositif dédié de géolocalisation placé sur un moyen de transport ou tout autre objet, nécessite l'émission d'une demande d'entraide pénale internationale qui sera exécutée selon la loi de l'État requis.

Le contrôle de la régularité d'un acte d'exécution au regard de la loi du for est assuré par les autorités du for – c'est-à-dire les autorités étrangères.

Les actes réalisés à l'étranger étant régis par la loi de l'État requis, leur validité ne peut pas être appréciée au regard des dispositions de la loi française. Néanmoins, la Cour de cassation admet un contrôle minimum dont l'objet n'est pas d'examiner si les dispositions techniques de l'une ou l'autre des législations en présence ont été respectées, mais de s'assurer que "les actes n'ont pas été accomplis en violation des droits de la défense, ni d'aucun principe général du droit" (Crim. 4 nov. 1997 : *Bull. crim. n° 366*).

Concernant la poursuite ou l'activation d'une géolocalisation en temps réel en dehors des frontières du territoire national, la Cour de cassation a pu estimer que les éléments recueillis ne peuvent être exploités en procédure que si la mesure de géolocalisation a été autorisée préalablement ou concomitamment par l'État concerné, ou que celui-ci a, postérieurement à la mesure, autorisé son exploitation, en exécution d'une demande d'entraide pénale (Crim. 9 févr. 2016).

FICHE TECHNIQUE

LA GÉOLOCALISATION

Dans le cadre d'une information judiciaire

DÉFINITION JURIDIQUE

Fondement légal : les articles 230-32 à 230-44 et suivants du code de procédure pénale (issus de la L. du 28 mars 2014).

Définition et champ d'application

La géolocalisation est le recours à tout moyen technique destiné à localiser en temps réel, sur l'ensemble du territoire national, une personne à son insu, un véhicule ou tout autre objet, sans le consentement de son propriétaire ou de son possesseur.

Tout objet peut être géolocalisé *[Soit par l'exploitation de sa propre technologie, soit à travers la pose d'une balise]*. Comme en matière d'interceptions téléphoniques, la mesure de géolocalisation n'est pas limitée aux personnes soupçonnées d'avoir commis une infraction *[La mesure de géolocalisation peut être diligentée à l'encontre de tout individu dès lors que les nécessités de l'enquête l'exigent]*.

Entrent dans le champ d'application de cette technique d'enquête (et donc des art. 230-32 s.) :

— le suivi dynamique de tout objet (téléphone mobile, tablette, système GPS autonome ou intégré à un appareil de télécommunication ou à un véhicule...) ;

— l'utilisation d'un dispositif dédié de géolocalisation (balise) placé sur un moyen de transport ou tout autre objet ;

N'entrent pas dans le champ d'application de cette technique d'enquête (car relevant du pouvoir de réquisition) :

— les opérations permettant *a posteriori* de retracer les déplacements d'un objet ou d'un individu, par la communication des données conservées (notamment les bornes déclenchées) par les opérateurs de télécommunication ou toute personne ou organisme public ou privé ;

— le suivi dynamique d'un terminal de télécommunication, d'un véhicule ou de tout autre objet dont le propriétaire ou le possesseur légitime est la personne disparue ou encore la victime de l'infraction sur laquelle porte l'enquête, dès lors que ces opérations ont pour objet de retrouver la victime, l'objet qui lui a été dérobé ou encore la personne disparue (C. pr. pén., art. 230-44).

CONDITIONS DE L'AUTORISATION

→ **Conditions de fond**

Le recours à la géolocalisation est possible dans le cadre d'une instruction *[Ainsi que dans le cadre d'une enquête flagrante ou préliminaire (cf. fiche technique "géolocalisation phase parquet")]* relative à l'une des infractions suivantes revêtant une certaine gravité :

— un délit contre les personnes (livre II C. pén.) puni d'au moins trois ans d'emprisonnement ;

— le délit d'évasion (C. pén., art. 434-27) ou de recel de malfaiteurs (C. pén., art. 434-6) ;

— tous autres crimes ou délits lorsqu'ils sont punis d'au moins cinq ans d'emprisonnement.

Les mesures de géolocalisation peuvent également être effectuées dans le cadre d'une instruction :

— en recherche des causes de la mort ou des blessures (C. pr. pén., art. 74 et 80-4) ;

— en recherche des causes de la disparition (C. pr. pén., art. 74-1 et 80-4).

En outre, l'article 67 *bis* 2 du code des douanes prévoit la possibilité, pour les agents des douanes habilités, de mettre en place une mesure de géolocalisation dès lors que le délit douanier est puni d'une peine d'emprisonnement supérieure ou égale à cinq ans.

→ **Conditions de forme**

L'autorisation du juge d'instruction doit :

— être écrite et horodatée ;

— comporter les éléments permettant d'identifier l'objet géolocalisé (pour un téléphone : n° IMSI, IMEI ; pour un véhicule : n° d'immatriculation, modèle) ;

— prévoir la durée maximale de la mesure ;

— mentionner le cade *[cadre]* de l'information, et le cas échéant l'infraction visée (conformément aux conditions de fond) ; étant précisé que la révélation – au cours des opérations – d'autres infractions non visées par cette autorisation ne font *[fait]* encourir aucune nullité pour les éventuelles procédures incidentes.

Cette décision n'a pas de caractère juridictionnel et est insusceptible de recours.

En plus de l'ordonnance d'autorisation, le juge d'instruction doit délivrer une **commission rogatoire spécifique** aux OPJ qu'il désigne pour y procéder.

→ **Durée de la mesure** (C. pr. pén., art. 230-33)

La durée maximale de l'autorisation délivrée par le juge d'instruction est de **4 mois consécutifs.**

Si le délai de 4 mois s'écoule à compter de la mise en place effective de la mesure de géolocalisation, il ne peut être interrompu par la survenance de difficultés liées au recueil des données (pannes techniques ou départ de la personne ciblée à l'étranger).

A l'issue de ce délai de 4 mois, la mesure de géolocalisation ne peut se poursuivre que sur autorisation du juge d'instruction, sous les mêmes conditions de forme et de délai (sans limitation du nombre de renouvellement *[renouvellements]*).

Compte tenu de la jurisprudence relative aux prolongations d'autorisation de sonorisation (Crim. 13 nov. 2008), le renouvellement de l'autorisation doit intervenir avant l'expiration de la mesure précédente.

→ **Introduction dans les lieux privés aux fins d'installation ou de retrait d'un dispositif technique de géolocalisation**

Lorsque les nécessités de l'information l'exigent, l'introduction dans des lieux privés peut être autorisée, aux seules fins de mettre en place ou de retirer le moyen technique de géolocalisation.

La réalisation de perquisitions et saisies concomitantes est exclue.

La décision autorisant cette intrusion doit mentionner le lieu de l'installation du dispositif, des éléments relatifs aux investigations d'ores et déjà conduites et la nécessité de recourir à une mesure de géolocalisation.

Peut être autorisée, y compris en dehors des heures prévues par l'article 59 du code de procédure pénale, l'introduction dans :

— les **lieux privés destinés** ou utilisés **à l'entrepôt** de véhicules, fonds, valeurs, marchandises ou matériels (parking, conteneur, hangar...), ou dans un **véhicule situé sur la voie publique** ou dans de tels lieux.

Cette intrusion doit être autorisée par décision écrite du juge d'instruction ;

— tout **autre lieu privé** (notamment les locaux professionnels : banque ; administration, entreprise) à l'exception des lieux d'habitation.

Le juge d'instruction doit autoriser par écrit cette intrusion qui ne peut s'inscrire que dans le cadre d'une information relative à un délit puni d'au moins cinq ans d'emprisonnement ou d'une information en recherche des causes de la mort/des blessures/des causes de la disparition ;

— un **lieu d'habitation** (maisons et appartements ainsi que leurs annexes et dépendances).

Cette intrusion n'est possible que dans le cadre d'une information relative à un délit puni d'au moins cinq ans d'emprisonnement ou d'une procédure en recherche des causes de la mort/des blessures/des causes de la disparition.

Entre 6 heures et 21 heures, cette intrusion doit être autorisée par le juge d'instruction.

Entre 21 heures et 6 heures, cette intrusion doit être autorisée par le juge des libertés et de la détention, saisi par le juge d'instruction.

→ **Lieux prohibés** (C. pr. pén., art. 230-34) :

Il ne peut être mis en place de moyen de géolocalisation dans les lieux suivants :

— le cabinet ou le domicile d'un avocat (C. pr. pén., art. 56-1) ;

— les locaux et véhicules d'une entreprise de presse, d'une entreprise de communication audiovisuelle, d'une entreprise de communication au public en ligne ou d'une agence de presse, ou encore le domicile d'un journaliste (C. pr. pén., art. 56-2) ;

— le cabinet d'un médecin, d'un notaire, d'un huissier (C. pr. pén., art. 56-3) ;

— un lieu abritant des éléments couverts par le secret de la défense nationale (C. pr. pén., art. 56-4) ;

— les locaux d'une juridiction ou au *[le]* domicile d'une personne exerçant des fonctions juridictionnelles (magistrat professionnel ou non professionnel) (C. pr. pén., art. 56-5) ;

— le bureau ou le domicile d'un député, d'un sénateur ou d'un avocat (C. pr. pén., art. 100-7).

→ **Cas particulier : l'urgence** (C. pr. pén., art. 230-35)

La mise en place de moyen de géolocalisation en temps réel peut être effectuée ou prescrite par l'**OPJ seul**, sans autorisation préalable du juge d'instruction, **en cas d'urgence** liée au risque imminent de dépérissement des preuves ou d'atteintes graves aux personnes ou aux biens.

Informé immédiatement, le juge d'instruction dispose de 24 heures pour :

— ordonner l'interruption de la mesure sans formalisme particulier ;

— autoriser la poursuite de la mesure par décision écrite comportant, en plus des conditions de forme précédemment décrites, les circonstances de fait établissant l'existence du risque imminent.

A l'issue du délai de 24 heures et à défaut d'autorisation, il est mis fin à la mesure de géolocalisation. Les opérations déjà réalisées ne peuvent être utilisées ou retranscrites en procédure.

L'OPJ peut s'introduire de sa propre initiative dans les lieux privés tels que définis précédemment, à l'exception des lieux d'habitation entre 21 heures et 6 heures pour lesquels il doit recueillir préalablement l'accord du juge des libertés et de la détention, saisi à cette fin par le juge d'instruction. L'autorisation du JLD et la saisine du juge d'instruction, écrites, devront alors intervenir dans un délai de 24 heures. Compte tenu des délais prévus, ces décisions devront être horodatées.

MISE EN ŒUVRE DES MESURES

→ **Agents et services habilités :**

La géolocalisation est mise en place par un OPJ ou, sous sa responsabilité, par un APJ, ou prescrite sur réquisitions de l'officier de police judiciaire (OPJ). Le juge d'instruction peut requérir tout agent qualifié relevant de la liste fixée par les articles D. 15-1-5 à D. 15-1-7 du code de procédure pénale.

→ **Formalisme des opérations :**

L'OPJ ou *[l']* APJ dresse procès-verbal de chacune des opérations de mise en place du moyen technique de géolocalisation et des opérations d'enregistrement des données de localisation. Ce procès-verbal mentionne la date et l'heure auxquelles l'opération a commencé et celles auxquelles elle s'est terminée.

L'OPJ ou l'APJ décrit ou transcrit, dans un procès-verbal versé au dossier, les données enregistrées qui sont utiles à la manifestation de la vérité (C. pr. pén., art. 230-39).

→ **Conservation des scellés :**

Les enregistrements sont placés sous scellés fermés. Si le moyen technique ne permet pas l'enregistrement, cette impossibilité doit être précisée par procès-verbal.

Les enregistrements de données de localisation sont détruits, à la diligence du procureur de la République ou du procureur général, à l'expiration du délai de prescription de l'action publique. Il est dressé procès-verbal de l'opération de destruction (C. pr. pén., art. 230-43).

→ **La poursuite ou l'activation d'une géolocalisation en dehors des frontières du territoire national :**

La poursuite ou l'activation dynamique au-delà des frontières nationales d'un terminal de télécommunication ou le suivi à distance, hors du territoire national, d'un dispositif dédié de géolocalisation placé sur un moyen de transport ou tout autre objet, nécessite l'émission d'une demande d'entraide pénale internationale qui sera exécutée selon la loi de l'État requis.

Le contrôle de la régularité d'un acte d'exécution au regard de la loi du for est assuré par les autorités du for – c'est-à-dire les autorités étrangères.

Les actes réalisés à l'étranger étant régis par la loi de l'État requis, leur validité ne peut pas être appréciée au regard des dispositions de la loi française. Néanmoins, la Cour de cassation admet un contrôle minimum dont l'objet n'est pas d'examiner si les dispositions techniques de l'une ou l'autre des législations en présence ont été respectées, mais de s'assurer que "les actes n'ont pas été accomplis en violation des droits de la défense, ni d'aucun principe général du droit" (Crim. 4 nov. 1997 : *Bull. crim. n° 366*).

Concernant la poursuite ou l'activation d'une géolocalisation en temps réel en dehors des frontières du territoire national, la Cour de cassation a pu estimer que les éléments recueillis ne peuvent être exploités en procédure que si la mesure de géolocalisation a été autorisée préalablement ou concomitamment par l'État concerné, ou que celui-ci a, postérieurement à la mesure, autorisé son exploitation, en exécution d'une demande d'entraide pénale (Crim. 9 févr. 2016).

→ **La protection des personnes ayant permis l'installation d'un moyen de géolocalisation (Décr. d'application du 29 juin 2016)**

Afin de garantir l'anonymat des personnes ayant aidé les services enquêteurs à installer un dispositif de géolocalisation dans le cadre d'une information judiciaire relative à l'une des infractions relevant de la criminalité organisée, le JLD peut autoriser, sur saisine du juge d'instruction, après avis du procureur de la République, la consignation dans un dossier distinct des éléments suivants qui n'apparaîtront pas dans le dossier de la procédure :

— la date, l'heure et le lieu où le moyen technique a été installé ou retiré ;

— les éléments permettant l'identification de la personne ayant concouru à l'installation ou au retrait du moyen technique.

La requête du juge d'instruction doit :

— être motivée et préciser les raisons justifiant la création d'un dossier secret (les informations qui y seront consignées sont susceptibles de mettre gravement en danger la personne ou ses proches ; ces informations ne sont ni utiles à la manifestation de la vérité, ni indispensables à l'exercice des droits de la défense).

— comporter la liste des pièces devant y figurer.

La décision du JLD autorisant le versement de certaines pièces dans un dossier distinct est jointe à la procédure.

Dans le dossier distinct figurent le procès-verbal mentionnant les informations devant rester secrètes, ainsi que la requête du juge d'instruction.

Le dossier distinct et le registre *[Les informations sont également inscrites sur un registre côté et paraphé]* sont conservés par le président du TGI ou le juge délégué par lui. Ils ne peuvent être communiqués qu'au JLD, au juge d'instruction, à la chambre de l'instruction et, lorsque la personne mise en examen ou le témoin assisté conteste le recours à la procédure du dossier distinct *[Conformément aux dispositions de l'art. 230-41 C. pr. pén., la personne mise en examen ou le témoin assisté peut contester devant le président de la chambre d'instruction le recours à cette procédure]*, au président de la chambre de l'instruction.

FICHE TECHNIQUE

SONORISATION ET CAPTATION D'IMAGE

Dans le cadre d'une enquête dirigée par le parquet

DÉFINITION JURIDIQUE

L'article **706-96** du code de procédure pénale introduit par la loi du 3 juin 2016 offre désormais la possibilité au procureur de la République de recourir aux dispositifs de sonorisation ou de captation d'images, sur autorisation du juge des libertés et de la détention, dans le cadre des enquêtes relevant de la criminalité organisée, portant sur les infractions visées par les articles 706-73 et 706-73-1 du code de procédure pénale.

→ **La sonorisation** consiste à mettre en place un dispositif technique ayant pour objet de capter, fixer, transmettre et enregistrer, sans le consentement du ou des intéressés, leurs **paroles** prononcées à titre privé ou confidentiel, dans des **lieux ou véhicules privés ou publics**.

N'entrent pas dans le champ d'application de cette technique d'enquête, les enregistrements sonores réalisés par un particulier, lesquels ne constituent pas des actes de procédure (au sens de l'art. 170 C. pr. pén.) dès lors qu'ils n'émanent pas d'un magistrat ou d'un service d'enquête, mais des moyens de preuve qui peuvent être discutés contradictoirement (Crim. 7 mars 2012).

→ **La captation d'image** vise la mise en place d'un dispositif technique ayant pour objet de capter, fixer, transmettre et enregistrer, sans le consentement de la ou des personnes concernées, leurs **images** alors qu'elles se trouvent dans un **lieu privé**.

Doivent ainsi être réalisées dans le respect des dispositions des articles 706-96 et suivants du code de procédure pénale :

— les photographies réalisées par un enquêteur de véhicules situés dans une propriété privée non visibles depuis la voie publique (Crim. 21 mars 2007) ou de personnes se trouvant à l'intérieur d'une propriété privée close à partir de points hauts situés à l'extérieur de ladite propriété (Crim. 25 juin 2014) ;

— l'installation et l'utilisation par un enquêteur d'un dispositif de captation d'images dans les parties communes d'une copropriété (en l'espèce un parking souterrain assimilé à un lieu privé) (Crim. 27 mai 2009) ;

— l'utilisation par un enquêteur d'un endoscope permettant d'observer l'intérieur d'un box fermé (Crim. 23 janv. 2013).

N'entrent pas dans le champ d'application de cette technique d'enquête car relèvent des pouvoirs généraux d'investigation :

— la photographie de véhicules situés dans une propriété privée visible*[s]* depuis la voie publique (Crim. 15 avr. 2015) ;

— l'exploitation des enregistrements d'une vidéosurveillance installée par le propriétaire dans les parties communes de son immeuble (Crim. 6 mars 2013) ;

— les constatations visuelles réalisées par un enquêteur après s'être régulièrement introduit dans un parking souterrain avec l'accord d'une personne titulaire d'un droit d'accès (Crim. 23 oct. 2013) ;

— les constatations visuelles effectuées par un enquêteur au sujet de personnes se trouvant à l'intérieur d'une propriété privée close, observées à partir de points hauts situés à l'extérieur de ladite propriété (Crim. 25 juin 2014).

La jurisprudence a ainsi précisé les notions de :

— dispositif technique, comme étant celui permettant de capter des images qui ne sont pas accessibles, visibles à l'œil nu ;

— lieu privé, incluant les parties communes d'une copropriété ;

→ **Le respect du principe de loyauté des preuves.** Les sonorisations ou captations d'images ne doivent pas s'inscrire dans le cadre de stratagèmes.

A ainsi été considérée comme irrégulière la sonorisation, en dehors du cadre d'audition, de deux personnes placées en garde à vue dans des cellules contiguës (communiqué de la C. cass. en date du 6 mars 2015).

En revanche, ont été considérées comme régulières la sonorisation d'un parloir de prison (Crim, 1er mars 2006) et la sonorisation d'une cellule occupée par deux individus mis en examen dans le cadre d'une même information judiciaire dès lors que la détention commune de ces deux personnes n'avait pas été provoquée mais relevait du choix du détenu et du profil similaire que présentait les deux mis en examen (Crim. 17 mars 2015).

CONDITIONS D'AUTORISATION

Un OPJ ou un APJ ne peut procéder à une sonorisation ou une captation d'images qu'après y avoir été **autorisé par ordonnance du juge des libertés et de la détention**, saisi par requête du procureur de la République.

→ **Conditions de fond**

L'acte de sonorisation ou de captation d'images doit être effectué pour les "nécessités" de l'enquête, dans le cadre d'une procédure visant au moins une qualification des articles 706-73 ou de 706-73-1 du code de procédure pénale.

→ **Conditions de forme**

L'autorisation du juge des libertés et de la détention concerne de manière alternative ou cumulative les dispositifs de sonorisation et de captation d'images.

Elle doit être délivrée par ordonnance écrite et motivée "au regard des éléments précis et circonstanciés résultant de la procédure" (Crim. 6 janv. 2015).

Elle doit comporter les éléments permettant d'identifier les véhicules ou lieux visés, la durée de la mesure ainsi que la ou les infractions motivant l'acte.

Il convient de préciser que la révélation au cours de ces opérations d'autres infractions que celles visées dans l'autorisation du juge des libertés et de la détention, ne constitue par une cause de nullité des procédures incidentes.

→ **Durée de la mesure**

En vertu de l'article 706-98 du code de procédure pénale, la durée d'autorisation (maximale) est de 1 mois, renouvelable une fois dans les mêmes conditions.

Le point de départ de la mesure de sonorisation ou de captation d'images doit être fixé au jour de sa mise en place effective (le jour de l'installation du dispositif) et non à la date de l'autorisation du juge des libertés et de la détention. Le renouvellement de l'autorisation doit nécessairement intervenir avant l'expiration de la mesure précédente (Crim. 13 nov. 2008).

→ **Introduction dans les lieux privés**

Afin de mettre en place le dispositif technique de sonorisation et/ou de captation d'images, le juge des libertés et de la détention peut autoriser l'OPJ ou l'APJ à s'introduire dans un véhicule ou dans un lieu privé, y compris en dehors des heures prévues à l'article 59 du code de procédure pénale, et ce à l'insu du propriétaire, du possesseur ou de l'occupant.

Dans cette hypothèse, le procureur de la République sera amené à solliciter dans sa requête une double autorisation, et le juge des libertés et de la détention à se prononcer expressément sur les deux autorisations.

Cette introduction dans un lieu privé doit avoir pour seule finalité la mise en place du dispositif technique.

Toutefois, l'OPJ ou l'APJ peut dresser un procès-verbal relatant les constatations réalisées lors de l'installation du dispositif technique à l'intérieur du véhicule ou du lieu privé, dès lors qu'il se contente de transcrire ses constatations visuelles, sans procéder à aucune recherche et sans effectuer de photographies (Crim. 23 janv. 2013).

→ **Lieux prohibés**

Il ne peut être mis en place de dispositif technique de sonorisation ou de captation d'images dans les lieux suivants :

— le cabinet ou le domicile d'un avocat (C. pr. pén., art. 56-1) ;

— les locaux et véhicules d'une entreprise de presse, d'une entreprise de communication audiovisuelle, d'une entreprise de communication au public en ligne ou d'une agence de presse, ou encore le domicile d'un journaliste (C. pr. pén., art. 56-2) ;

— le cabinet d'un médecin, notaire, huissier (C. pr. pén., art. 56-3) ;

— les locaux d'une juridiction ou le domicile d'une personne exerçant des fonctions juridictionnelles (magistrat professionnel ou non professionnel) (C. pr. pén., art. 56-5) ;

— le véhicule, le bureau ou le domicile d'un député, d'un sénateur ou d'un avocat (C. pr. pén., art. 100-7).

MISE EN ŒUVRE DES MESURES

→ **Formalisme des opérations**

En vertu de l'article 706-100 du code de procédure pénale, le procureur de la République ou l'OPJ doit dresser un procès-verbal pour chaque opération de mise en place d'un dispositif technique de sonorisation ou de captation d'image*[s]*, en mentionnant la date et l'heure auxquelles l'opération a commencé et celles auxquelles elle s'est terminée. Les enregistrements ainsi réalisés doivent être placés sous scellés fermés (ce qui suppose un procès-verbal de placement sous scellés).

En vertu de l'article 706-101 du code de procédure pénale, le procureur de la République ou l'OPJ décrit ou transcrit, dans un procès-verbal qui est versé au dossier, les images ou les conversations enregistrées qui sont utiles à la manifestation de la vérité. Aucune séquence relative à la vie privée étrangère aux infractions visées dans la décision autorisant la mesure ne peut être conservée dans le dossier de la procédure (conformément à la décision du Conseil constitutionnel du 2 mars 2004).

→ **Conservation des scellés**

Les enquêteurs ne doivent pas conserver, après l'exécution de leur mission, une copie des enregistrements effectués à l'occasion d'une mesure de sonorisation (Crim. 8 juill. 2015 : arrêt concernant une mesure ordonnée dans le cadre d'une instruction, mais motivé par l'obligation – applicable à tout cadre d'enquête – de placer les enregistrements sous scellé fermé).

En vertu de l'article 706-102 du code de procédure pénale, les enregistrements sonores ou audiovisuels doivent être détruits, à la diligence du procureur de la République ou du procureur général, à l'expiration du délai de prescription de l'action publique. Il doit être dressé procès-verbal de cette opération de destruction.

→ **Agents et services habilités** (C. pr. pén., art. 706-99)

Les services, unités et organismes, visés à l'article 706-99 du code de procédure pénale, pouvant procéder aux opérations d'installation des dispositifs techniques mentionnés à l'article 706-96 sont précisés à l'article D. 15-1-5 du code de procédure pénale :

— la direction centrale de la police judiciaire et ses directions interrégionales et régionales ;
— la direction générale de la sécurité intérieure ;
— les offices centraux de police judiciaire ;
— la force d'intervention de la police nationale ;
— la sous-direction de la police judiciaire de la gendarmerie nationale ;
— les sections de recherches de la gendarmerie nationale ;
— le groupe d'intervention de la gendarmerie nationale ;
— les sections d'appui judiciaire de la gendarmerie nationale ;
— les pelotons d'intervention interrégionaux de la gendarmerie nationale ;
— les groupes de pelotons d'intervention de la gendarmerie nationale ;
— le service chargé du soutien opérationnel et technique de la direction du renseignement de la préfecture de police ;
— les services et unités de la direction opérationnelle des services techniques et logistiques de la préfecture de police.

Les agents ainsi habilités sont autorisés à détenir des appareils ou dispositifs techniques permettant de procéder à la sonorisation ou la captation d'image*[s]* sans le consentement des personnes concernées *(Faits prévus et réprimés par l'art. 226-3 C. pén.).*

→ **Poursuite de la sonorisation en dehors des frontières du territoire national :**

Si la poursuite transfrontalière d'une mesure de sonorisation prévue par l'article 706-96 du code de procédure pénale n'est pas spécifiquement encadrée par les instruments conventionnels régissant l'entraide judiciaire, ni par les dispositions du code de procédure pénale, les dispositions encadrant la mise en œuvre des mesures de géolocalisation en dehors des frontières du territoire national, moins attentatoires aux libertés individuelles que les sonorisations, paraissent applicables lorsqu'est envisagée la poursuite transfrontalière d'une sonorisation de véhicule.

Ainsi, il apparaît nécessaire d'émettre une demande d'entraide pénale internationale qui sera exécutée selon la loi de l'État requis.

Le contrôle de la régularité d'un tel acte exécuté au regard de la loi du for est assuré par les autorités du for – c'est-à-dire les autorités étrangères.

Les actes réalisés à l'étranger étant régis par la loi de l'État requis, leur validité ne peut pas être appréciée au regard des dispositions de la loi française. Néanmoins, la Cour de cassation admet un contrôle minimum dont l'objet n'est pas d'examiner si les dispositions techniques de l'une ou l'autre des législations en présence ont été respectées, mais de s'assurer que "les actes n'ont pas été accomplis en violation des droits de la défense, ni d'aucun principe général du droit" (Crim. 4 nov. 1997 : *Bull. crim. n° 366).*

Concernant la poursuite ou l'activation d'une géolocalisation en temps réel en dehors des frontières du territoire national, la Cour de cassation a pu estimer que les éléments recueillis ne peuvent être exploités en procédure que si la mesure de géolocalisation a été autorisée préalablement ou concomitamment par l'État concerné, ou que celui-ci a, postérieurement à la mesure, autorisé son exploitation, en exécution d'une demande d'entraide pénale (Crim. 9 févr. 2016).

FICHE TECHNIQUE

SONORISATION ET CAPTATION D'IMAGE

Dans le cadre d'une information judiciaire

DÉFINITION JURIDIQUE

L'article **706-96-1** du code de procédure pénale introduit par la loi du 3 juin 2016 reprend les dispositions de l'ancien article 706-96 du code de procédure pénale issu de la loi du 9 mars 2004 portant adaptation de la justice aux évolutions de la criminalité ayant consacré le recours aux dispositifs de sonorisation et de captation d'images par le juge d'instruction.

→ **La sonorisation** consiste à mettre en place un dispositif technique ayant pour objet de capter, fixer, transmettre et enregistrer, sans le consentement du ou des intéressés, leurs **paroles** prononcées à titre privé ou confidentiel, dans des **lieux ou véhicules privés ou publics**.

N'entrent pas dans le champ d'application de cette technique d'enquête, les enregistrements sonores réalisés par un particulier, lesquels ne constituent pas des actes de procédure (au sens de l'art. 170 C. pr. pén.) dès lors qu'ils n'émanent pas d'un magistrat ou d'un service d'enquête, mais des moyens de preuve qui peuvent être discutés contradictoirement (Crim. 7 mars 2012).

→ **La captation d'image** vise la mise en place d'un dispositif technique ayant pour objet de capter, fixer, transmettre et enregistrer, sans le consentement du ou des personnes concernées, leurs **images** alors qu'elles se trouvent dans un **lieu privé**.

Doivent ainsi être réalisés dans le respect des dispositions des articles 706-96 et suivants du code de procédure pénale :

— les photographies réalisées par un enquêteur de véhicules situés dans une propriété privée non visibles depuis la voie publique (Crim. 21 mars 2007) ou de personnes se trouvant à l'intérieur d'une propriété privée close à partir de points hauts situés à l'extérieur de ladite propriété (Crim. 25 juin 2014) ;

— l'utilisation par un enquêteur d'un dispositif de captation d'images dans les parties communes d'une copropriété (en l'espèce un parking souterrain assimilé à un lieu privé) (Crim. 27 mai 2009) ;

— l'utilisation par un enquêteur d'un endoscope permettant d'observer l'intérieur d'un box fermé (Crim. 23 janv. 2013).

N'entrent pas dans le champ d'application de cette technique d'enquête car relèvent des pouvoirs généraux d'investigation :

— la photographie de véhicules situés dans une propriété privée visible*[s]* depuis la voie publique (Crim. 15 avr. 2015) ;

— l'exploitation des enregistrements d'une vidéosurveillance installée par le propriétaire dans les parties communes de son immeuble (Crim. 6 mars 2013) ;

— les constatations visuelles réalisées par un enquêteur après s'être régulièrement introduit dans un parking souterrain avec l'accord d'une personne titulaire d'un droit d'accès (Crim. 23 oct. 2013) ;

— les constatations visuelles effectuées par un enquêteur au sujet de personnes se trouvant à l'intérieur d'une propriété privée close, observées à partir de points hauts situés à l'extérieur de ladite propriété (Crim. 25 juin 2014).

La jurisprudence a ainsi précisé les notions de :

— dispositif technique, comme étant celui permettant de capter des images qui ne sont pas accessibles, visibles à l'œil nu ;

— lieu privé, incluant les parties communes d'une copropriété ;

→ **Le respect du principe de loyauté des preuves.** Les sonorisations ou captations d'images ne doivent pas s'inscrire dans le cadre de stratagèmes.

A ainsi été considérée comme irrégulière la sonorisation, en dehors du cadre d'audition, de deux personnes placées en garde à vue dans des cellules contiguës (communiqué de la C. cass. en date du 6 mars 2015).

En revanche, ont été considérées comme régulières la sonorisation d'un parloir de prison (Crim. 1er mars 2006) et la sonorisation d'une cellule occupée par deux mis en examen dans le cadre d'une information judiciaire ouverte devant le même magistrat instructeur dès lors que la détention de ces deux personnes n'a pas été provoquée mais relevait du choix du détenu et du profil similaire que présentait les deux mis en examen (Crim. 17 mars 2015).

CONDITIONS D'AUTORISATION

Un OPJ ou un APJ ne peut procéder à une sonorisation ou une captation d'images qu'après y avoir été **autorisé par ordonnance du juge d'instruction**.

→ **Conditions de fond**

L'acte de sonorisation ou de captation d'image*[s]* doit être effectué pour les "nécessités" de l'instruction, dans le cadre d'une procédure visant au moins une qualification des articles 706-73 ou 706-73-1 du code de procédure pénale.

→ **Conditions de forme**

L'autorisation du juge d'instruction concerne de manière alternative ou cumulative les dispositifs de sonorisation et de captation d'images.

Elle doit être délivrée, après avis du procureur de la République, par ordonnance écrite et motivée "au regard des éléments précis et circonstanciés résultant de la procédure" (Crim. 6 janv. 2015).

Elle doit comporter les éléments permettant d'identifier les véhicules ou lieux visés, la durée de la mesure ainsi que la ou les infractions motivant l'acte.

Le juge d'instruction doit délivrer une commission rogatoire spécifique aux OPJ qu'il désigne pour y procéder (Crim. 13 févr. 2008).

→ **Durée de la mesure**

En vertu de l'article 706-98 du code de procédure pénale, la durée d'autorisation est de 2 mois, renouvelable dans les mêmes conditions pour une durée totale ne pouvant excéder 2 ans.

Le point de départ de la mesure de sonorisation ou de captation d'images doit être fixé au jour de sa mise en place effective (le jour de l'installation du dispositif) et non à la date de l'autorisation du *[juge]* d'instruction. Le renouvellement de l'autorisation doit nécessairement intervenir avant l'expiration de la mesure précédente (Crim. 13 nov. 2008).

→ **Introduction dans les lieux privés**

Afin de mettre en place le dispositif technique de sonorisation et/ou de captation d'images, le juge d'instruction peut autoriser l'OPJ ou l'APJ à s'introduire dans un véhicule ou dans un local privé, y compris en dehors des heures prévues à l'article 59 du code de procédure pénale, et ce à l'insu du propriétaire, du possesseur ou de l'occupant.

S'il s'agit d'un lieu d'habitation, l'autorisation doit être délivrée par le juge des libertés et de la détention.

Cette introduction dans un lieu privé doit avoir pour seule finalité la mise en place du dispositif technique. Toutefois, l'OPJ ou l'APJ peut dresser un procès-verbal relatant les constatations faites lors de l'installation du dispositif technique à l'intérieur du véhicule ou du local privé, dès lors qu'il se contente de transcrire ses constatations visuelles, sans procéder à aucune recherche et sans effectuer de photographies (Crim. 23 janv. 2013).

→ **Lieux prohibés :**

Il ne peut être mis en place de dispositif technique de sonorisation ou de captation d'image*[s]* dans les lieux suivants :

— le cabinet ou le domicile d'un avocat (C. pr. pén., art. 56-1) ;

— les locaux et véhicules d'une entreprise de presse, d'une entreprise de communication audiovisuelle, d'une entreprise de communication au public en ligne ou d'une agence de presse, ou encore le domicile d'un journaliste (C. pr. pén., art. 56-2) ;

— le cabinet d'un médecin, notaire, huissier (C. pr. pén., art. 56-3) ;

— les locaux d'une juridiction ou au *[le]* domicile d'une personne exerçant des fonctions juridictionnelles (magistrat professionnel ou non professionnel) (C. pr. pén., art. 56-5) ;

— le véhicule, le bureau ou le domicile d'un député, d'un sénateur ou d'un avocat (C. pr. pén., art. 100-7).

MISE EN ŒUVRE DES MESURES

→ **Formalisme des opérations**

En vertu de l'article 706-100 du code de procédure pénale, le juge d'instruction ou l'OPJ doit dresser un procès-verbal pour chaque opération de mise en place d'un dispositif technique de sonorisation ou de captation d'image*[s]*, en mentionnant la date et l'heure auxquelles l'opération a commencé et celles auxquelles elle s'est terminée. Les enregistrements ainsi réalisés doivent être placés sous scellés fermés (ce qui suppose un procès-verbal de placement sous scellés).

En vertu de l'article 706-101 du code de procédure pénale, le juge d'instruction ou l'OPJ décrit ou transcrit, dans un procès-verbal qui est versé au dossier, les images ou les conversations enregistrées qui sont utiles à la manifestation de la vérité. Aucune séquence relative à la vie privée étrangère aux infractions visées dans la décision autorisant la mesure ne peut être conservée dans le dossier de la procédure (conformément à la décision du Conseil constitutionnel du 2 mars 2004).

→ **Conservation des scellés**

Les enquêteurs ne peuvent pas conserver, après l'exécution de leur mission, une copie des enregistrements effectués à l'occasion d'une mesure de sonorisation autorisée par un juge d'instruction (Crim. 8 juill. 2015).

En vertu de l'article 706-102 du code de procédure pénale, les enregistrements sonores ou audiovisuels doivent être détruits, à la diligence du procureur de la République ou du procureur général, à l'expiration du délai de prescription de l'action publique. Il doit être dressé procès-verbal de cette opération de destruction.

→ **Agents et services habilités (C. pr. pén., art. 706-99)**

Les services, unités et organismes, visés à l'article 706-99 du code de procédure pénale, pouvant procéder aux opérations d'installation des dispositifs techniques mentionnés à l'article 706-96 sont précisés à l'article D. 15-1-5 du code de procédure pénale :

— la direction centrale de la police judiciaire et ses directions interrégionales et régionales ;
— la direction générale de la sécurité intérieure ;
— les offices centraux de police judiciaire ;
— la force d'intervention de la police nationale ;
— la sous-direction de la police judiciaire de la gendarmerie nationale ;
— les sections de recherches de la gendarmerie nationale ;
— le groupe d'intervention de la gendarmerie nationale ;
— les sections d'appui judiciaire de la gendarmerie nationale ;
— les pelotons d'intervention interrégionaux de la gendarmerie nationale ;
— les groupes de pelotons d'intervention de la gendarmerie nationale ;
— le service chargé du soutien opérationnel et technique de la direction du renseignement de la préfecture de police ;
— les services et unités de la direction opérationnelle des services techniques et logistiques de la préfecture de police.

Les agents ainsi habilités sont autorisés à détenir des appareils ou dispositifs techniques permettant de procéder à la sonorisation ou la captation d'image*[s]* sans le consentement des personnes concernées *(Faits prévus et réprimés par l'art. 226-3 C. pén.)*.

→ **Poursuite de la sonorisation en dehors des frontières du territoire national :**

Si la poursuite transfrontalière d'une mesure de sonorisation prévue par l'article 706-96 du code de procédure pénale n'est pas spécifiquement encadrée par les instruments conventionnels régissant l'entraide judiciaire, ni par les dispositions du code de procédure pénale, les dispositions encadrant la mise en œuvre des mesures de géolocalisation en dehors des frontières du territoire national, moins attentatoires aux libertés individuelles que les sonorisations, paraissent applicables lorsqu'est envisagée la poursuite transfrontalière d'une sonorisation de véhicule.

Ainsi, il apparaît nécessaire d'émettre une demande d'entraide pénale internationale qui sera exécutée selon la loi de l'État requis.

Le contrôle de la régularité d'un tel acte exécuté au regard de la loi du for est assuré par les autorités du for – c'est-à-dire les autorités étrangères.

Les actes réalisés à l'étranger étant régis par la loi de l'État requis, leur validité ne peut pas être appréciée au regard des dispositions de la loi française. Néanmoins, la Cour de cassation admet un contrôle minimum dont l'objet n'est pas d'examiner si les dispositions techniques de l'une ou l'autre des législations en présence ont été respectées, mais de s'assurer que "les actes n'ont pas été accomplis en violation des droits de la défense, ni d'aucun principe général du droit" (Crim. 4 nov. 1997 : *Bull. crim. n° 366*).

Concernant la poursuite ou l'activation d'une géolocalisation en temps réel en dehors des frontières du territoire national, la Cour de cassation a pu estimer que les éléments recueillis ne peuvent être exploités en procédure que si la mesure de géolocalisation a été autorisée préalablement ou concomitamment par l'État concerné, ou que celui-ci a, postérieurement à la mesure, autorisé son exploitation, en exécution d'une demande d'entraide pénale (Crim. 9 févr. 2016).

FICHE TECHNIQUE

L'IMSI-CATCHER

PRÉSENTATION DU DISPOSITIF TECHNIQUE

L'*IMSI-catcher* est un dispositif de proximité permettant d'obtenir des données difficilement accessibles par le recours classique à de simples réquisitions téléphoniques.

Imitant le fonctionnement d'une antenne-relais, l'*IMSI-catcher* provoque la connexion des téléphones mobiles situés à proximité et déjoue l'utilisation désormais régulière par les mis en cause de téléphones multiples à usage unique ("téléphones de guerre").

Ce moyen permet :

— d'identifier les équipements terminaux et de recueillir les données techniques (numéros IMSI et IMEI) ;

— de localiser efficacement les détenteurs de ces équipements lors de missions de surveillance ;

— de mettre en œuvre en urgence des interceptions judiciaires.

On distinguera donc le dispositif ***IMSI-catcher* aux fins de recueil de données techniques** du dispositif ***IMSI-catcher* aux fins d'interceptions de communications**.

En pratique, les enquêteurs pourront utiliser ce dispositif pour récupérer les numéros de lignes téléphoniques ou numéros de boitiers *[boîtiers]* téléphoniques de leurs objectifs, à distance, sans qu'il leur soit nécessaire d'avoir un accès direct au support physique. L'*IMSI-catcher* aura également vocation à permettre de localiser efficacement les détenteurs de ces équipements lors de mission*[s]* de surveillance.

Trois types de matériels sont mis à la disposition des enquêteurs. Ces derniers peuvent utiliser les dispositifs suivants :

— un matériel puissant ayant vocation à être intégré dans un véhicule permettant de couvrir simultanément toutes les fréquences de tous les opérateurs ;

— un dispositif "portatif" mais encombrant doté d'une portée plus faible, susceptible d'être transporté en dehors du véhicule des enquêteurs ;

— un appareil mobile aisément transportable ("pocket") pouvant par exemple couvrir l'intérieur d'une salle.

CADRE LÉGAL

Les articles 706-95-4 à 706-95-10 du code de procédure pénale introduits par la loi du 3 juin 2016 instaurent un régime juridique encadrant l'utilisation de l'*IMSI-catcher* dans le cadre des enquêtes relevant de la criminalité organisée, portant sur les infractions visées par les articles 706-73 et 706-73-1 du code de procédure pénale. Hors cette liste d'infractions, le recours à l'*IMSI-catcher* n'est pas possible.

Si le législateur a entendu restreindre le recours à l'*IMSI-catcher* à certaines infractions limitativement énumérées, il en favorise l'utilisation quel que soit le cadre des investigations. Il est en effet possible d'y recourir tant dans le cadre des enquêtes conduites par le procureur de la République qu'au cours d'une information judiciaire.

Aux spécificités liées à ces deux cadres juridiques distincts, s'ajoutent des particularités tenant aux finalités de l'*IMSI-catcher*, lequel vise soit le recueil de données techniques, soit l'interception des communications.

LE RECOURS À L'*IMSI-CATCHER* DANS LE CADRE DES "ENQUÊTES PARQUET"

→ **Sur autorisation du juge des libertés et de la détention saisi par requête du procureur de la République**

Le recueil des données de connexion ou des données relatives à la géolocalisation est autorisé pour une période d'un mois renouvelable une fois. Ce procédé permet d'identifier ou localiser un équipement terminal ainsi que le numéro d'abonnement de son utilisateur.

L'officier de police judiciaire dresse un procès-verbal mentionnant la date et l'heure de début et de fin de ces opérations. Seules les données utiles à la manifestation de la vérité sont jointes au procès-verbal. Les données recueillies à l'aide des *IMSI-catchers* sont détruites, à l'expiration du délai de prescription de l'action publique ou lorsqu'une décision définitive a été rendue au fond.

L'interception des communications par *IMSI-catcher* ne peut concerner que la personne ou la liaison visée par l'autorisation, laquelle est accordée pour une durée de 48 heures renouvelable une fois.

L'OPJ mentionne sur procès-verbal la date, l'heure de début et de fin de chaque interception et enregistrement. Seules les correspondances utiles à la manifestation de la vérité doivent être retranscrites. Les enregistrements sont placés sous scellés fermés avant destruction, constatée par procès-verbal, à l'expiration du délai de prescription de l'action publique.

→ **En cas d'urgence résultant d'un risque imminent de dépérissement des preuves ou d'atteinte grave aux personnes ou aux biens**

Le procureur de la République peut autoriser pour 24 heures le recours à l'*IMSI-catcher*, tant pour recueillir les données de connexion que pour intercepter des correspondances.

Cette autorisation du procureur de la République doit comporter l'énoncé des circonstances de fait établissant l'existence du risque imminent et être confirmée par le juge des libertés et de la détention dans un délai maximal de vingt-quatre heures. A défaut, il est mis fin à l'opération, les données ou correspondances recueillies sont placées sous scellés fermés et elles ne peuvent pas être exploitées ou utilisées dans la procédure.

Dans tous les cas de figure évoqués ci-dessus, les autorisations délivrées par le juge des libertés et de la détention font l'objet d'une ordonnance écrite et motivée *[L'ordonnance du juge des libertés et de la détention ou du magistrat instructeur doit notamment préciser tout élément de contexte, relever les éléments d'identification des personnes visées ou déterminer des lieux susceptibles d'être fréquentés par les individus ciblés]*. Cette ordonnance n'a pas de caractère juridictionnel et n'est susceptible d'aucun recours. Le juge des libertés et de la détention qui a délivré ou confirmé une autorisation est informé dans les meilleurs délais par le procureur de la République des actes accomplis et des procès-verbaux dressés en exécution de son autorisation.

LE RECOURS À L'*IMSI-CATCHER* DANS LE CADRE DES INFORMATIONS JUDICIAIRES

Les autorisations délivrées par le juge d'instruction font l'objet d'une ordonnance écrite et motivée. L'ordonnance du juge des libertés et de la détention ou du magistrat instructeur doit notamment préciser tout élément de contexte, relever les éléments d'identification des personnes visées ou déterminer des lieux susceptibles d'être fréquentés par les individus ciblés.

L'ordonnance n'a pas de caractère juridictionnel et n'est susceptible d'aucun recours.

→ **Le recueil des données de connexion ou de données relatives à la géolocalisation** d'un équipement terminal ou d'un numéro d'abonnement, est autorisé par le magistrat instructeur pour une période de deux mois renouvelable dans la limite de 6 mois.

L'officier de police judiciaire dresse un procès-verbal mentionnant la date et l'heure de début et de fin de ces opérations. Seules les données utiles à la manifestation de la vérité sont jointes au procès-verbal. Les données recueillies à l'aide des *IMSI-catchers* sont détruites, à l'expiration du délai de prescription de l'action publique ou lorsqu'une décision définitive a été rendue au fond.

→ **L'interception des correspondances par *IMSI-catcher*** sont autorisées *[est autorisée]* par le magistrat instructeur pour une durée de 48 heures renouvelable une fois. Ces opérations ne concernent que la personne ou la liaison visée par l'autorisation.

L'OPJ mentionne sur procès-verbal la date, l'heure de début et de fin de chaque interception et enregistrement. Seules les correspondances utiles à la manifestation de la vérité doivent être retranscrites. Les enregistrements sont placés sous scellés fermés avant destruction, constatée par procès-verbal, à l'expiration du délai de prescription de l'action publique.

L'UTILISATION DU DISPOSITIF PAR UN AGENT QUALIFIÉ

Au*[x]* terme*[s]* de l'article 706-95-8 du code de procédure pénale, le procureur de la République, le juge d'instruction ou l'officier de police judiciaire peut requérir tout agent qualifié d'un service, d'une unité ou d'un organisme placé sous l'autorité du ministre de l'intérieur et dont la liste est fixée par décret.

Décret n° 2016-1159 du 26 août 2016 pris pour l'application de l'article 706-95-8 du code de procédure pénale.

Les services, unités et organismes mentionnés à l'article 706-95-8, dont les agents peuvent être requis en vue de procéder à l'utilisation de l'appareil ou du dispositif technique mentionné aux articles 706-95-4 et 706-95-5, sont les suivants :

la direction centrale de la police judiciaire et ses directions interrégionales et régionales ;

la direction générale de la sécurité intérieure ;

la force d'intervention de la police nationale ;

le groupe d'intervention de la gendarmerie nationale ;

le groupe d'observation et de surveillance de la région de gendarmerie d'Ile-de-France ;

le groupe d'observation et de surveillance de la région de gendarmerie de Provence-Alpes-Côte d'Azur ;

le service chargé du soutien opérationnel et technique de la direction du renseignement de la préfecture de police ;

les services et unités de la direction opérationnelle des services techniques et logistiques de la préfecture de police.

FICHE TECHNIQUE

L'ENQUÊTE SOUS PSEUDONYME

CADRE LÉGAL

Textes applicables :

— articles 706-2-2, 706-35-1, 706-47-3 et 706-87-1 du code de procédure pénale ;

— article 59 de la loi n° 2010-476 du 12 mai 2010 relative à l'ouverture à la concurrence et à la régulation du secteur des jeux d'argent et de hasard en ligne ;

— articles 67 *bis*-1 A et 67 *bis*-1 3° du code des douanes.

Circulaires et dépêches :

— circulaire DACG-DGPN-DGGN du 22 mars 2010 relative aux investigations sous pseudonyme sur Internet et au rôle du centre national d'analyse des images de pédopornographie ;

— circulaire DACG du 10 septembre 2013 relative aux investigations sous pseudonyme par voie d'échanges électroniques en matière de provocation et d'apologie des actes de terrorisme ;

— circulaire DACG du 5 décembre 2014 de présentation de la loi n° 2014-1353 renforçant les dispositions relatives à la lutte contre le terrorisme – Renforcement de la coordination de la lutte antiterroriste ;

— circulaire DACG du 16 décembre 2014 de présentation des dispositions de l'ordonnance n° 2013-1183 du 19 décembre 2013 relative à l'harmonisation des sanctions pénales et financières relatives aux produits de santé et à l'adaptation des prérogatives des autorités et des agents chargés de constater les manquements, et des textes pris pour son application ;

— dépêche du 21 décembre 2015 de présentation de l'arrêté du 21 octobre 2015 relatif à l'habilitation au sein de services spécialisés d'officiers ou agents de police judiciaire pouvant procéder aux enquêtes sous pseudonyme.

La loi n° 2007-297 du 5 mars 2007 relative à la prévention de la délinquance puis la loi n° 2011-267 du 14 mars 2011 d'orientation et de programmation pour la performance de la sécurité intérieure (LOPPSI 2) ont introduit dans le code de procédure pénale des dispositions (art. 706-25-2 *[Cet art. a été abrogé par la L. n° 2014-1353 du 13 nov. 2014 renforçant les dispositions relatives à la lutte contre le terrorisme]*, 706-35-1 et 706-47-3) autorisant les enquêteurs à procéder à des investigations sous pseudonyme sur internet pour des infractions limitativement énumérées (cyberpatrouilles).

L'ordonnance n° 2013-1183 du 19 décembre 2013 relative à l'harmonisation des sanctions pénales et financière*[s]* relatives aux produits de santé et à l'adaptation des prérogatives des autorités et des agents chargés de constater les manquements a étendu le recours aux "cyberpatrouilles" dans le cadre de certaines infractions prévues par le code de la santé publique et le code de la consommation (C. pr. pén., art. 706-2-2).

La loi n° 2014-1353 du 13 novembre 2014 renforçant les dispositions relatives à la lutte contre le terrorisme, **a généralisé ce dispositif à l'ensemble des crimes et délits relevant de la criminalité organisée et prévus aux articles 706-72 et 706-73 du code de procédure pénale, lorsqu'ils ont été commis par un moyen de communication informatique**, en insérant dans le code de procédure pénale un nouvel article 706-87-1.

La loi n° 2015-993 du 17 août 2015 portant adaptation de la procédure pénale au droit de l'Union européenne a créé un nouvel article 706-73-1 du code de procédure pénale, auquel renvoie l'article 706-87-1. Cet article modifié par la loi n° 2016-731 du 3 juin 2016 renforçant la lutte contre le crime organisé, le terrorisme et leur financement, et améliorant l'efficacité et les garanties de la procédure pénale dresse une liste d'infractions pour lesquelles les règles procédurales applicables aux infractions relevant de la criminalité organisée (à l'exception de celles relatives à la garde à vue), dont l'enquête sous pseudonyme, sont applicables.

La loi n° 2016-731 du 3 juin 2016 précité*[e]* a par ailleurs étendu la liste des infractions pour la constatation desquelles les agents des douanes peuvent recourir à l'enquête sous pseudonyme (C. douanes, art. 67 *bis*-1 A).

CHAMP D'APPLICATION

1. Les infractions susceptibles d'être constatées par les cyberpatrouilleurs

Seules peuvent être constatées par les cyberpatrouilleurs, lorsqu'elles sont commises par un moyen de communication électronique, les infractions en matière :

• de **traite des êtres humains** *[Art. 225-4-1, 225-4-8 et 225-4-9 C. pén.]* et de **proxénétisme** *[Art. 225-5 et 225-6 C. pén.]* **lorsqu'elles ne relèvent pas de la criminalité organisée** et de **recours à la prostitution d'un mineur ou d'une personne vulnérable** *[Art. 225-12-1 et 225-12-2 C. pén.]* (C. pr. pén., art. 706-35-1) ;

• d'**atteintes aux mineurs** mentionnées aux articles 227-18 à 227-24 du code pénal *[Provocations envers un mineur à commettre une infraction relative aux produits stupéfiants ou à la consommation habituelle et excessive de boissons alcooliques ; provocation envers un mineur à commettre un crime ou un délit ; corruption de mineur ; infractions relatives à la pédopornographie ; fabrication, transport, diffusion de message à caractère violent, pornographique, incitant au terrorisme, portant gravement atteinte à la dignité humaine ou incitant des mineurs à se livrer à des jeux les mettant physiquement en danger]* (C. pr. pén., art. 706-47-3) ;

• d'infractions relevant de la **criminalité organisée** – en ce compris l**es délits d'apologie et de provocation au terrorisme prévus par l'article 421-2-5 du code pénal** – mentionnées aux articles 706-72, 706-73 et 706-73-1 du code de procédure pénale (C. pr. pén., art. 706-87-1) ;
• de **produits de santé** *[Art. L. 5421-2 (infractions liées aux médicaments, spécialités pharmaceutiques, générateurs, trousses ou précurseurs non autorisés), L. 5421-3 (infractions liées aux médicaments homéopathiques ou aux médicaments traditionnels à base de plante non enregistrés), L. 5421-13 (infractions liées aux médicaments falsifiés), L. 5426-1 (infractions liées aux préparations de thérapie génique et préparations de thérapie cellulaire xénogénique), L. 5432-1 (infractions, dans le cadre d'une activité réglementée, liées aux médicaments, plantes, substances ou préparations classées comme vénéneuses), L. 5432-2 (infractions, dans le cadre d'une activité réglementée, liées aux médicaments, plantes, substances ou préparations classées comme psychotropes), L. 5438-4 (infractions liées aux matières premières à usage pharmaceutique falsifiées), L. 5439-1 (infractions liées aux micro-organismes et toxines ou produits en contenant), L. 5451-1 (non-respect des décisions de l'agence nationale de sécurité du médicament et des produits de santé), L. 5461-3 (infractions liées aux dispositifs médicaux) et L. 5462-3 (infractions liées aux dispositifs médicaux de diagnostic in vitro) du code de la santé publique et art. L. 213-1 du code de la consommation, lorsque l'infraction porte sur un des produits mentionnés à l'art. L. 5311-1 du code de la santé publique (tromperie sur les produits à finalité sanitaire destinés à l'homme ou les produits à finalité cosmétique)]* (C. pr. pén., art. 706-2-2) ;
• de **sites de jeux d'argent** *[Offre en ligne de paris ou de jeux d'argent et de hasard illégaux, et publicité pour ces sites (art. 56 et 57 de la L. n° 2010-476 du 12 mai 2010 relative à l'ouverture à la concurrence et à la régulation du secteur des jeux d'argent et de hasard en ligne)]* (art. 59 de la L. n° 2010-476 du 12 mai 2010 relative à l'ouverture à la concurrence et à la régulation du secteur des jeux d'argent et de hasard en ligne) ;
• d'importation, d'exportation ou de détention illicite **de produits stupéfiants, de tabac manufacturé, d'armes ou de leurs éléments, de munitions ou d'explosifs et de marchandises contrefaisantes**, dans le cadre du code des douanes et uniquement en vue de l'acquisition de l'un de ces produits (coup d'achat) (C. douanes, art. 67 *bis*-1 3°) ;
• de **contrebande, importation ou exportation sans déclaration de marchandises prohibées ou fortement taxées** *[C. douanes, art. 414]*, de **blanchiment douanier** *[C. douanes, art. 415]* , d'**infractions à la législation et à la réglementation des relations financières avec l'étranger** *[C. douanes, art. 459]* (C. douanes, art. 67 *bis*-1 A).

2. Les actes pouvant être réalisés par les cyberpatrouilleurs

Agissant dans le cadre d'une enquête ou sur commission rogatoire, les enquêteurs peuvent réaliser les actes suivants :

1° Participer sous un pseudonyme aux **échanges électroniques** ;

2° Être **en contact par le moyen mentionné au 1° avec les personnes susceptibles d'être les auteurs** de ces infractions ;

3° **Extraire, acquérir ou conserver** par ce moyen les éléments de preuve et les données sur les personnes susceptibles d'être les auteurs de ces infractions ;

4° Extraire, transmettre **en réponse à une demande expresse**, acquérir ou conserver des contenus illicites, dans des conditions fixées par décret *[Ce décret n'a pas encore été adopté ; les facultés offertes par les art. 706-35-1, 706-47-3 et 706-87-1 C. pr. pén. et 67 bis 1 C. douanes aux enquêteurs sous pseudonyme ne sont donc pas encore applicables]* (sauf en matière de produits de santé – art. 706-2-2 C. pr. pén. – et pour les investigations réalisées dans le cadre de l'article 67 *bis*-1 A du code des douanes).

Ces actes ne peuvent, à peine de nullité, constituer une **incitation à la commission d'une infraction**.

Les pseudonymes utilisés par les cyberpatrouilleurs sont préalablement déclarés au service interministériel d'assistance technique (SIAT) de la direction centrale de la police judiciaire qui en assure la centralisation.

Dans le cas où les cyberpatrouilleurs sont amenés pour les nécessités de l'enquête, à **acquérir des contenus illicites**, ils adressent au SIAT les demandes **de moyen de paiement**. Ce service examine leur recevabilité et fournit le cas échéant un support de paiement.

3. La désignation des cyberpatrouilleurs

L'arrêté du 21 octobre 2015 relatif à l'habilitation au sein de services spécialisés d'officiers ou agents de police judiciaire pouvant procéder aux enquêtes sous pseudonyme fixe les conditions d'habilitation des officiers de police judiciaire (OPJ) et agents de police judiciaire (APJ) à procéder à des enquêtes sous pseudonyme.

Ces conditions uniformisées, jusqu'alors fixées par différents arrêtés pris pour l'application de chaque disposition législative, sont désormais **applicables quelles que soient les infractions considérées** *[Néanmoins, en l'absence de procédure spécifique d'habilitation par l'autorité judiciaire, les OPJ et APJ dési-*

gnés par le ministre de l'intérieur et les agents des douanes désignés par le ministre chargés [chargé] des douanes, autorisés à réaliser des enquêtes sous pseudonyme relatives ***aux jeux d'argent et de hasard en ligne*** *prévues par l'art. 59 de la de la L. n° 2010-476 du 12 mai 2010 relative à l'ouverture à la concurrence et à la régulation du secteur des jeux d'argent et de hasard en ligne demeurent régis par l'Arr. d'application du 19 juill. 2010 portant désignation des officiers et agents de police judiciaire autorisés à constater les infractions commises à l'occasion de paris ou de jeux d'argent ou de hasard en ligne. Il en est de même des agents des douanes agissant dans le cadre des art. 67 bis-1 A et 67 bis-1 C. douanes, qui sont habilités par le ministre chargé des douanes dans des conditions qui leur sont propres, qui doivent être déterminées par décret.].*

Pour être autorisés à procéder aux actes définis par les articles 706-2-2, 706-35-1, 706-47-3 et 706-87-1 du code de procédure pénale, les OPJ et APJ doivent être cumulativement :

— affectés à l'un des services ou unités limitativement énumérés,

— spécialement habilités à cette fin.

→ **Les catégories de services ou d'unités susceptibles de procéder à des enquêtes sous pseudonyme**

Les catégories de services de police et d'unités de gendarmerie susceptibles de procéder à des enquêtes sous pseudonyme sont les suivantes :

1. Services et unités relevant de la direction centrale de la police judiciaire :

— la sous-direction antiterroriste ;

— la sous-direction de la lutte contre la criminalité organisée et la délinquance organisée ;

— la sous-direction de la lutte contre la cybercriminalité ;

— les directions régionales et interrégionales de la police judiciaire.

2. Services et unités relevant de la direction centrale de la sécurité publique :

— les directions départementales de la sécurité publique ;

— les sûretés départementales ;

— les circonscriptions de sécurité publique.

3. Services et unités relevant de la police aux frontières :

— l'office central pour la répression de l'immigration irrégulière et de l'emploi d'étrangers sans titre au sein de la sous-direction de l'immigration irrégulière et des services territoriaux ;

— l'unité de coordination opérationnelle de la lutte contre le trafic et l'exploitation des migrants ;

— les brigades mobiles de recherche ;

— la brigade des chemins de fer.

4. Services et unités relevant de l'inspection générale de la police nationale :

— la division nationale des enquêtes ;

— les délégations de l'inspection générale de la police nationale à Paris, Lille, Lyon, Marseille, Bordeaux, Rennes, Metz et Fort-de-France ;

— le bureau de l'inspection générale de la police nationale à Nice.

5. La direction générale de la sécurité intérieure.

6. Services et unités relevant de la préfecture de police :

— à la direction du renseignement : la sous-direction chargée de la lutte contre l'immigration irrégulière et le travail illégal des étrangers ;

— à la direction régionale de la police judiciaire : la sous-direction des brigades centrales, la sous-direction des affaires économiques et financières et la sous-direction des services territoriaux ;

— à la direction de la sécurité de proximité de l'agglomération parisienne : la sûreté régionale des transports au sein de la sous-direction régionale de la police des transports et les sûretés territoriales au sein des directions territoriales de sécurité de proximité.

7. Services et unités relevant de la direction générale de la gendarmerie nationale :

— la sous-direction de la police judiciaire ;

— le service technique de recherches judiciaires et de documentation ;

— les sections de recherches de la gendarmerie départementale et des gendarmeries spécialisées ;

— les sections d'appui judiciaire ;

— les brigades départementales de renseignements et d'investigations judiciaires ;

— les brigades de renseignements et d'investigations judiciaires de la gendarmerie d'outre-mer et des gendarmeries spécialisées ;

— les brigades de recherches de la gendarmerie départementale et des gendarmeries spécialisées.

8. Services et unités relevant de l'inspection générale de la gendarmerie nationale :

— le bureau des enquêtes judiciaires.

Ces services ou unités peuvent organiser d'initiative des cyberpatrouilles. Ils peuvent également intervenir au profit des autres services et unités de police judiciaire ou être saisis par un magistrat, en vue d'appuyer une enquête en cours, lorsque des actes d'investigation sous pseudonyme sur Internet sont nécessaires.

→ **L'habilitation des cyberpatrouilleurs**
Peuvent prétendre à être habilités par l'autorité judiciaire les OPJ et APJ bénéficiaires d'une formation spécifique et d'un agrément de leur autorité hiérarchique.

Circulaire du 17 décembre 2019,

Relative à la compétence nationale concurrente du tribunal de grande instance et de la cour d'assises de Paris dans la lutte contre la criminalité organisée de très grande complexité, et à l'articulation du rôle des différents acteurs judiciaires en matière de lutte contre la criminalité organisée.

V. supra, C. pr. pén., art. 706-73, 706-73-1, 706-74, 706-75, al. 4.

Quinze ans après leur création par la loi du 9 mars 2004, les juridictions interrégionales spécialisées (JIRS) sont devenues des acteurs incontournables de la lutte contre la criminalité organisée et la délinquance économique et financière.

Fortes d'une spécialisation reconnue, s'appuyant sur des outils procéduraux spécifiques et pleinement identifiées dans le cadre de la coopération européenne et internationale, elles ont fait la preuve de leur efficacité.

Afin de renforcer encore davantage l'action judiciaire dans la lutte contre la criminalité organisée, en ce compris sa dimension financière, la loi de programmation 2018-2022 et de réforme de la Justice du 23 mars 2019 confère désormais au tribunal de grande instance et à la cour d'assises de Paris une compétence nationale concurrente pour les affaires de très grande complexité.

L'alinéa 4 de l'article 706-75 du code de procédure pénale dispose ainsi que : "Toutefois, le tribunal de grande instance et la cour d'assises de Paris exercent une compétence concurrente sur l'ensemble du territoire national pour l'enquête, la poursuite, l'instruction et le jugement des crimes et délits mentionnés au premier alinéa du présent article, dans les affaires qui sont ou apparaîtraient d'une très grande complexité, en raison notamment du ressort géographique sur lequel elles s'étendent".

Pour la mise en place de cette nouvelle compétence, j'ai souhaité m'appuyer sur l'analyse approfondie du fonctionnement des JIRS, confiée à un groupe de travail présidé par le procureur général près la Cour de cassation, qui a remis son rapport le 16 juillet 2019.

Alors que les activités des organisations criminelles évoluent vers toujours plus de complexité, la synergie entre les acteurs judiciaires en charge de la lutte contre la criminalité organisée est une condition majeure de son efficacité, dans un paysage judiciaire désormais redessiné. La compétence concurrente de la juridiction nationale chargée de la lutte contre la criminalité organisée (**JUNALCO**) doit constituer ainsi un levier pour optimiser l'action des juridictions spécialisées dans leur ensemble, dans l'objectif partagé d'améliorer le traitement judiciaire des procédures et de mieux prendre en compte la lutte contre "le haut du spectre" de la criminalité organisée.

La présente circulaire a pour objet d'une part de définir les conditions de mise en œuvre de la compétence de la JUNALCO au regard du critère de très grande complexité qui lui est attaché ainsi que l'articulation de cette compétence avec celle des JIRS *[La juridiction parisienne conserve par ailleurs sa compétence de juridiction interrégionale spécialisée]* (I).

Dans le cadre de la définition du rôle des différents acteurs qui concourent au bon fonctionnement des JIRS, et au vu du bilan qui peut être dressé cinq ans après les orientations définies dans la circulaire du 30 septembre 2014, elle rappelle et précise d'autre part les conditions indispensables à un dialogue renforcé entre les parquets JIRS ainsi qu'entre ces derniers et les parquets relevant de leur ressort (II).

1. La compétence nationale concurrente de la JUNALCO

1.1. *Le champ de compétence matérielle*

• *La criminalité organisée : articles 706-73, 706-73-1, 706-74 du code de procédure pénale*

Il s'agit des crimes et délits visés aux articles 706-73, à l'exception du 11°, du 11° *bis* et du 18°, relatifs aux crimes et délits constituant des actes de terrorisme, aux crimes portant atteinte aux intérêts fondamentaux de la Nation et aux crimes et délits contribuant à la prolifération des armes de destruction massive, 706-73-1, à l'exclusion du 11°, relatif aux délits portant atteinte aux intérêts fondamentaux de la Nation et 706-74 du code de procédure pénale, dans les affaires qui sont ou apparaîtraient d'une très grande complexité, en raison notamment du ressort géographique sur lequel elles s'étendent.

La compétence concurrente de la JUNALCO recouvre ainsi le champ de compétence matérielle de l'ensemble des juridictions interrégionales spécialisées en matière de criminalité organisée, en ce compris sa dimension financière.

• *L'exclusion de la compétence matérielle prévue à l'article 704 du code de procédure pénale*

La loi du 23 mars 2019 n'a toutefois pas entendu étendre la compétence nationale concurrente de la JUNALCO aux infractions en matière économique et financière visées à l'article 704 du code de procédure pénale.

• *Des compétences pour partie partagées avec celles du parquet national financier (PNF)*

Le champ de compétence du PNF, tel que résultant des termes de l'article 705 du code de procédure pénale recoupe pour partie celui de la JUNALCO au titre de sa compétence nationale concurrente.

Les infractions concernées sont les suivantes :

— escroquerie en bande organisée lorsqu'elles portent [*elle porte*] sur la TVA,

— fraude fiscale en bande organisée,

— blanchiment simple ou aggravé d'escroquerie portant sur la TVA en bande organisée,

— blanchiment aggravé de faits d'atteinte à la probité, d'infractions aux articles L. 106 à L. 109 du code électoral, de fraude fiscale en bande organisée ou lorsqu'il existe des présomptions caractérisées que les infractions de fraude fiscale résultent d'un des comportements mentionnés aux 1° à 5° du II de l'article L. 228 du livre des procédures fiscales,

— association de malfaiteurs, lorsqu'elle a pour objet la préparation des infractions précitées punies d'au moins 10 ans d'emprisonnement.

• *Rappel de la compétence nationale concurrente du parquet de Paris en matière de cybercriminalité*

La loi du 3 juin 2016 est déjà venue instituer, par l'introduction du nouvel article 706-72 du code de procédure pénale, une compétence nationale concurrente au profit de la juridiction parisienne en matière d'atteintes aux systèmes de traitement automatisé de données (C. pén., art. 323-1 à 323-4-1) et au sabotage informatique (C. pén., art. 411-9).

En créant la compétence nationale concurrente de la JUNALCO en matière de criminalité organisée de très grande complexité, la loi du 23 mars 2019 vient renforcer la cohérence de l'architecture judiciaire pour le traitement de ce contentieux.

1.2. *Les critères de la très grande complexité*

La compétence nationale concurrente de la JUNALCO s'apprécie au regard du critère de la "très grande complexité", par comparaison avec la notion de grande complexité présidant à la saisine des JIRS.

Le nouvel article 706-75 du code de procédure pénale dispose que ce critère s'apprécie notamment au regard du ressort géographique de l'affaire.

Les JIRS sont régulièrement amenées à conduire des investigations au-delà de leur ressort géographique étendu, ainsi qu'à l'international. Aussi ce critère doit-il être apprécié en conjonction avec d'autres critères propres à préciser la notion de très grande complexité.

1.2.1. *Ressort géographique étendu – Absence ou faiblesse d'ancrage territorial*

Les JIRS ont développé une connaissance avérée des phénomènes criminels de leur ressort élargi, et constituent ainsi l'échelon juridictionnel pertinent pour traiter des affaires complexes présentant une forte dimension "régionale".

A titre d'exemple, les trafics de produits stupéfiants ou les réseaux de proxénétisme ayant leur centre de gravité (présence des auteurs, organisation du trafic, points logistiques majeurs [*Lieux de stockage favorisant l'écoulement ou la redistribution de la marchandise, pour les trafics. Lieux d'hébergement des prostituées]*) dans une région déterminée constituent le cœur de leur action.

En outre, elles sont les plus à même de mener à bien les investigations relatives aux meurtres de type règlements de comptes commis par les membres du banditisme local, au fort ancrage territorial.

Enfin, les manifestations de la criminalité organisée ayant un retentissement médiatique au sein de l'interrégion ou portant atteinte à l'ordre public régional doivent être prises en compte de manière prioritaire par la JIRS concernée.

Ainsi, les JIRS n'ont pas vocation à systématiquement se dessaisir au seul motif que les faits dépassent les frontières de leur interrégion : la perspective de la saisine de la JUNALCO doit s'envisager lorsque leur périmètre concerne le ressort de plusieurs JIRS, et acquiert ainsi une dimension nationale.

La JUNALCO doit, quant à elle, se positionner sur les affaires d'envergure nationale ou sur les affaires d'ampleur qui ne présentent pas d'enracinement territorial déterminé.

1.2.2. *Enjeux, envergure nationale ou internationale du dossier – Nombre de victimes ou d'auteurs – Extrême complexité ou technicité de la matière*

Ces critères, le plus souvent combinés entre eux, visent à caractériser des manifestations de phénomènes criminels nécessitant une approche globale et nationale, pour lesquelles l'exercice par la JUNALCO de sa compétence nationale concurrente doit permettre d'apporter une plus-value avérée dans leur traitement judiciaire.

Ils recouvrent ainsi :

– les faits relatifs à des groupes criminels présentant des capacités financières, des niveaux d'organisation et de structuration hautement sophistiqués ou ayant démontré leur capacité à corrompre des acteurs et structures de l'État ou à pénétrer l'économie légale en plusieurs points du territoire national ou à l'étranger. Le caractère exceptionnel de ces affaires peut résulter de la personnalité des mis en cause, dès lors que leur potentiel de nuisance criminelle paraîtrait particulièrement élevé et en feraient des cibles prioritaires dans l'éradication de la criminalité organisée, en ce compris sa dimension financière ;

– les procédures dont l'ampleur ou la complexité particulière des investigations nécessitent un investissement exceptionnel :

- procédures dans lesquelles le recours à l'entraide pénale internationale multidirectionnelle et aux mécanismes complexes, occupe une place déterminante et appelle un investissement particulier des magistrats et des assistants spécialisés. L'identification par les partenaires étrangers d'un interlocuteur unique est, en outre, de nature à fluidifier les échanges et à rationaliser le recours aux outils de la coopération ;
- nombre d'auteurs ou de victimes, ou nombre considérable de faits, du moins lorsque ces derniers présentent un degré de complexité élevé et/ou relèvent de groupes criminels de grande envergure ;

– les dossiers dont la technicité nécessite des connaissances très pointues et spécifiques :

- usage, par les groupes criminels, des technologies les plus innovantes, complexes et sophistiquées, qui imposent une connaissance et une expertise particulièrement fines de ces phénomènes. La JUNALCO paraît d'autant mieux positionnée pour se saisir de ces affaires qu'elle dispose d'un pôle spécifiquement dédié à la lutte contre la cybercriminalité, domaine dans lequel prospèrent ces technologies criminelles.

– les procédures en matière de criminalité organisée financière révélant des liens avec les groupes criminels définis *supra*.

1.2.3. *Exemples d'affaires susceptibles de relever de la compétence nationale concurrente de la JUNALCO*

La compétence nationale concurrente de la JUNALCO pourra ainsi trouver à s'appliquer s'agissant :

- des réseaux de trafic de produits stupéfiants possédant des ramifications sur l'ensemble ou une large partie du territoire national ou à l'étranger sans qu'il puisse être identifié de JIRS plus directement impactées ;

• des réseaux de poly-blanchiment autonomes, qui à l'échelle nationale prennent en compte le produit de divers types de trafics et d'infractions générateurs de profits financiers (trafic de stupéfiants, traite des êtres humains, fraude fiscale et sociale, etc.), et prennent la forme de réseaux de collecteurs ou de sociétés fictives, au besoin installées à l'étranger, proposant une ingénierie sociale et financière visant à convertir le produit de ces infractions ;
• des réseaux de traite des êtres humains et de proxénétisme opérant sur plusieurs lieux du territoire national et à l'étranger, dont les différents acteurs se caractérisent par leur extrême mobilité géographique ;
• des escroqueries d'ampleur nationale ou internationale, notamment les escroqueries pyramidales, aux faux ordres de virement ou aux faux placements financiers (cryptomonnaies, produits atypiques, etc.) avec un nombre de victimes conséquent qui nécessite la mise en place d'un traitement rationalisé des dépôts de plainte et, le cas échéant, d'un point de contact unique en France pour les autorités étrangères ;
• des agissements de groupes criminels commettant des faits sériels très structurés en divers points du territoire français et à l'étranger, dès lors que les éléments objectifs permettent de rapprocher ces faits avec une seule et même organisation criminelle *[Par exemple, les faits commis par les groupes criminels étrangers]* ;
• des affaires menées à l'encontre d'importantes plateformes de "prestations de services criminels" sur le darknet (vente de stupéfiants, vente d'armes...) ;
• des affaires mettant en cause des fournisseurs de logistiques cryptées (ex : téléphones) à destination de groupes criminels ;
• d'une manière générale, des agissements d'ampleur nationale commis par des groupes criminels basés à l'étranger ou commis depuis un lieu indéterminé (ex. : par l'intermédiaire du *darknet*) ou par des groupes criminels français à l'étranger.

1.3. *L'articulation de la compétence de la JUNALCO avec celle des JIRS*

L'évolution des organisations criminelles comme la réorganisation de services d'enquête centraux en charge de la lutte contre la criminalité organisée doivent conduire à inscrire la compétence nationale concurrente parisienne dans une réponse judiciaire globale, complémentaire et mieux articulée entre l'ensemble des JIRS et la JUNALCO.

La compétence nationale concurrente parisienne a ainsi essentiellement vocation à s'exercer dans une démarche proactive, visant à l'identification de cibles criminelles d'intérêt national ou international, et conduisant à agir dans le cadre d'enquêtes d'initiative.

Dans ce cadre, il appartient à la JUNALCO de nouer des liens étroits avec les offices centraux et les services à compétence nationale afin de disposer d'une analyse opérationnelle lui permettant de conduire des investigations particulièrement complexes et portant sur "le haut du spectre" de la criminalité organisée. Elle partagera également avec certains services de renseignement, notamment la DNRED et TRACFIN, des éléments de diagnostic et d'analyse de phénomènes criminels émergents et/ou d'ampleur nationale.

Ce positionnement n'exclut évidemment pas les relations que les JIRS entretiennent avec ceux-ci, comme avec leurs autres partenaires.

La JUNALCO n'aura, en revanche, vocation à se saisir des procédures initiées par les JIRS que dans les cas où la poursuite du traitement judiciaire de celles-ci au niveau local paraîtrait inadaptée au regard des enjeux et des choix de stratégies judiciaires à mettre en œuvre.

L'action judiciaire contre les agissements de certains groupes criminels peut, à cet égard, justifier l'intervention articulée de la JUNALCO et d'une ou de plusieurs JIRS, la première prenant en charge les objectifs d'envergure nationale et/ou internationale, et les autres les objectifs d'intérêt plus régional.

Afin de pouvoir exercer ses compétences, la JUNALCO doit pouvoir bénéficier d'une remontée d'informations pertinente par le mécanisme de la double information qui doit être mise en œuvre à son profit par les offices centraux et services à compétence nationale ainsi que par les JIRS, à la lumière des critères *supra* énoncés.

L'information de la JUNALCO est en outre élargie au domaine des opérations de livraisons surveillées des personnes et des marchandises, au terme des modifications apportées dans leur mise en œuvre par la loi de programmation 2018-2022 et de réforme de la Justice du 23 mars 2019, exposées en annexe 2 de la présente circulaire.

De la même façon, et si la JUNALCO n'a pas vocation à traiter l'ensemble des demandes d'entraide aux fins d'infiltration provenant d'États étrangers, il convient, en revanche, qu'elle en soit informée par le parquet saisi *[Conformément à l'art. 694-7 C. pr. pén., les demandes d'entraide aux fins de poursuite d'une opération d'infiltration par des services d'enquêtes étrangers doivent être autorisées par le ministre de la justice et le procureur de la République de Paris. En revanche, conformément aux art. 694-30 et 694-47 du même code, les décisions d'entraide européennes aux fins d'infiltrations sont exécutées par le procureur ou le juge d'instruction du tribunal territorialement compétent, aux conditions fixées d'un commun accord entre le magistrat saisi et l'autorité compétente de l'État d'émission]*. A ce titre, s'agissant spécifiquement des demandes d'entraide aux fins d'infiltration émanant d'un État de l'Union européenne, la juridiction saisie directement d'une telle demande veillera à en informer la JIRS dont elle dépend, qui elle-même en rendra compte à la JUNALCO.

Il ne paraît pas souhaitable que les parquets non-JIRS prennent directement attache avec la JUNALCO *[Sauf dans l'hypothèse de la délivrance d'autorisations de libre passage expressément prévue par les art. 706-80-1 C. pr. pén. et 67 bis 3 C. douanes (V. annexe 2)]*. Leurs interlocuteurs naturels demeurent les parquets JIRS, lesquels pourront apporter une première analyse sur le dossier.

La compétence nationale concurrente de la JUNALCO la positionne par ailleurs comme un interlocuteur privilégié du dialogue avec l'ensemble des JIRS, avec lesquelles elle entretient des échanges opérationnels, afin de pouvoir notamment identifier les connexités existantes dont le regroupement au niveau national s'avérerait nécessaire.

Dans le rôle de soutien et d'appui opérationnel qui est le sien, elle aura ainsi vocation à partager l'information dont elle dispose avec les JIRS, et à échanger avec elles sur les enquêtes en cours, qu'il s'agisse des cibles/objectifs prioritaires ou des modalités de traitement les plus adaptées des dossiers traités par les différentes JIRS. Il appartient ainsi à la JUNALCO d'assurer une information appropriée auprès de celles-ci sur les enquêtes qu'elle conduit, afin qu'elle puisse bénéficier de leur part d'informations en lien avec ces enquêtes le cas échéant.

Ces échanges viendront ainsi compléter les outils d'animation mis en place au niveau interrégional, qu'il s'agisse par exemple des bureaux de liaison, des instances de coordination et des actions de coopération régionales transfrontalières.

2. L'articulation du rôle des différents acteurs en matière de lutte contre la criminalité organisée

2.1. *La définition, l'animation et l'évaluation de la politique pénale nationale par la direction des affaires criminelles et des grâces*

Sous l'autorité du garde des Sceaux, la direction des affaires criminelles et des grâces contribue à l'élaboration d'une politique publique interministérielle en matière de lutte contre la criminalité organisée, en ce compris sa dimension financière, et définit, au niveau national, les orientations et priorités de la politique pénale.

Elle en évalue l'efficacité, et adapte les outils normatifs utiles à son application.

Elle concourt au développement d'une stratégie internationale en matière de lutte contre la criminalité organisée, participe à l'animation du réseau des pays partenaires et favorise les actions de coopération judiciaire.

Au-delà des échanges qu'elle nourrit avec les services centraux des autres ministères appelés à concourir à la lutte contre la grande criminalité organisée, les informations émanant des acteurs de terrain constituent un élément essentiel pour la définition de la politique pénale.

Il importe, pour le bon accomplissement de ses missions, qu'elle soit rendue destinataire par les parquets généraux JIRS et de la JUNALCO d'une information précise et régulière sur le traitement des procédures, les principaux phénomènes criminels ainsi que sur le fonctionnement des instances d'échanges et de coordination mises en place dans les différents ressorts. De manière plus générale, il convient qu'elle soit informée des actions mises en œuvre par les parquets généraux au titre de leurs actions de déclinaison et d'animation de la politique pénale.

Dans le cadre de l'accompagnement qu'elle réalise au travers de la mise en place de groupes de travail thématiques, de l'élaboration d'outils pratiques et d'échanges réguliers avec les différentes JIRS, elle renforcera sa mission d'évaluation des politiques pénales conduites sur les ressorts et d'analyse du traitement judiciaire des procédures.

Elle anime également le réseau des JIRS afin d'échanger sur les principaux enjeux auxquels elles sont confrontées (phénomènes criminels émergents, difficultés juridiques ou techniques rencontrées dans le traitement judiciaire de certains contentieux...) et procède à des retours d'expériences et partages de bonnes pratiques.

En collaboration avec le Secrétariat général et la direction des services judiciaires, elle participera à l'élaboration d'un outil d'informations partagées entre les parquets JIRS permettant d'améliorer le pilotage de l'action publique par ceux-ci.

Enfin, elle est associée au dialogue de gestion dédié aux JIRS et apporte son expertise sur les besoins des juridictions.

2.2. *La déclinaison et l'animation de la politique pénale interrégionale par les procureurs généraux JIRS*

Dans le cadre de leurs missions d'animation et de coordination de la conduite de la politique d'action publique au niveau des interrégions prévues par l'article 706-79-1 du code de procédure pénale, les procureurs généraux des JIRS sont des acteurs centraux d'un fonctionnement optimisé des JIRS.

En cette qualité, ils seront réunis régulièrement par la direction des affaires criminelles et des grâces.

La déclinaison d'une politique interrégionale

En charge par ailleurs du bon fonctionnement des parquets de leur ressort, il leur appartient, ainsi qu'aux procureurs de la République JIRS, de veiller à ce que les parquets JIRS conservent une capacité de traitement en adéquation avec la complexité des dossiers dont ils sont saisis.

Outre l'information transmise par les parquets de leur ressort, ils ont à connaître directement des procédures soumises à l'appréciation de la juridiction du second degré, et disposent ainsi d'une connaissance avérée du traitement judiciaire des procédures qui doit être mise à profit dans l'exercice de leurs missions.

Il leur appartient, en concertation avec les procureurs généraux de l'interrégion, de définir les axes prioritaires d'action du parquet JIRS de leur ressort, sur la base d'un diagnostic interrégional des phénomènes criminels, construit en lien avec le parquet JIRS mais également avec les interlocuteurs régionaux ou nationaux à même d'alimenter ce diagnostic.

Cette dimension de leur action est essentielle, tant en ce qui concerne la criminalité organisée de droit commun qu'en matière économique et financière compte tenu des particularités de cette dernière, liées à la multiplicité des intervenants des secteurs public ou privé susceptibles de contribuer à l'élaboration et à la mise en œuvre des orientations d'action.

Ces orientations stratégiques pourront utilement être définies annuellement en concertation avec le procureur de la République JIRS et formalisés *[formalisées]* dans le cadre d'une feuille de route. La politique des JIRS doit par ailleurs s'inscrire dans la complémentarité des politiques mises en œuvre localement au sein des interrégions afin d'assurer la cohérence des réponses pénales aux différents niveaux territoriaux.

A cet égard, la lutte contre le trafic de stupéfiants doit demeurer une priorité de l'action des JIRS, axée sur le démantèlement des filières d'approvisionnement régionales, ainsi que l'identification des têtes de réseaux des phénomènes de narcobanditisme structuré qui sévissent dans certaines zones métropolitaines. Les diagnostics établis dans les interrégions sur d'autres phénomènes de criminalité organisée tels que ceux touchant aux trafics de personnes (immigration clandestine, traite des êtres humains) doivent également positionner les JIRS sur des objectifs et des stratégies d'actions orientées sur les acteurs pivots des réseaux implantés sur leurs ressorts.

Tant en ce qui concerne les dossiers économiques et financiers que dans le traitement systématique de la dimension financière de ceux relevant de la criminalité organisée de droit commun, il convient de développer une action déterminée contre le blanchiment des fonds et dans le champ de la privation des avoirs illicites, afin de permettre le prononcé de peines de confiscations dont l'efficacité n'est plus à démontrer.

L'animation de la politique interrégionale

Il appartient au procureur général JIRS et aux procureurs généraux de l'interrégion de veiller à l'effectivité du partage de l'information et aux modalités de sa bonne circulation.

Ils ont vocation à cet égard à s'assurer du bon respect des protocoles qui encadrent la remontée d'informations des parquets de l'interrégion en direction des parquets JIRS, ainsi que de la diffusion des informations utiles pour consolider les liens au sein de l'interrégion, qu'il s'agisse par exemple de l'analyse des phénomènes criminogènes constatés et leur traitement judiciaire dans l'interrégion, ou de la jurisprudence de la cour d'appel JIRS.

2.3. *Le renforcement des échanges entre les parquets JIRS et non JIRS au sein des interrégions.*

L'information des parquets JIRS

Comme le rappelle la circulaire du 30 septembre 2014, une remontée d'information vers les JIRS doit être strictement assurée par les parquets sur les affaires susceptibles d'entrer dans leur champ de compétence. Elle ne doit pas se faire dans la seule perspective d'une éventuelle saisine par la JIRS, mais également dans une démarche de partage du renseignement judiciaire, lui permettant d'être avisée des principaux phénomènes criminogènes de son interrégion.

A cet égard, il a pu être fait le constat de certaines défaillances dans la mise en œuvre de ces principes. Il convient de dresser un état des lieux sur chacun des ressorts, afin d'apprécier, le cas échéant, l'opportunité de revisiter les protocoles *[En la matière la Circ. du 30 sept. 2014 a notamment rappelé les sources substantielles d'informations susceptibles d'être portées à la connaissances des parquets IIRS recueillies dans le cadre de l'entraide pénale internationale passive lorsque les faits sont susceptibles de revêtir les qualifications relevant du domaine de compétence des JIRS ou lorsqu'elles émanent d'autorités spécialisées dans la lutte contre la criminalité organisée et/ou la grande délinquance économique et financière]*établis en la matière pour en permettre une meilleure efficience.

De leur côté, les parquets JIRS doivent assurer un retour d'information effectif vers les juridictions infra-JIRS *[Cet échange d'information peut porter, notamment, sur : — la communication des principaux actes de la procédure, tels que le réquisitoire définitif, l'ordonnance de règlement, les dates d'audience ainsi que les jugements et arrêts, — l'information du parquet local sur les actes d'enquête ordonnés par la JIRS susceptibles d'affecter l'ordre public, tels que le déclenchement d'opérations d'interpellations ou les saisies d'ampleur, — l'information du parquet local des cibles prioritaires des JIRS afin d'envisager un traitement par le premier des objectifs de moindre importance ainsi que des infractions connexes, notamment les infractions de recel, de blanchiment, — l'échange d'informations sur l'incarcération des détenus JIRS sur tel ou tel ressort, afin qu'elle puisse avoir retour des incidents survenus en détention ainsi que des décisions post-sententielles, — l'explication des motivations ayant présidé à un refus de saisine de la JIRS]*, tout autant nécessaire pour fortifier les liens au sein de l'interrégion

Afin d'améliorer la coordination entre le parquet JIRS et les parquets relevant de son ressort, il apparaît utile de systématiser la désignation d'un référent au sein de chaque parquet et cour d'appel de l'interrégion, qui sera le point de contact privilégié de la JIRS. Parallèlement, la désignation au sein des parquets JIRS d'un référent qui est l'interlocuteur privilégié pour chaque cour d'appel du ressort contribue également au resserrement des liens avec celles-ci. Ces référents pourront être utilement associés aux réunions d'action publique locales lorsqu'elles portent sur la criminalité organisée.

Aux conditions indiquées dans la dépêche du 24 avril 2017, les procureurs généraux et procureurs de la République sont invités à renforcer et développer les instances de coordination et les bureaux de liaison dédiés, par exemple, aux trafics de stupéfiants ou à la lutte contre les trafics d'armes.

De même, les JIRS pourront organiser des réunions dans les parquets de l'interrégion afin d'expliquer la politique de saisine de la JIRS, d'appeler l'attention des parquets sur les nouvelles formes de criminalité constatées et d'évoquer certaines affaires.

Les magistrats de la JIRS pourront, enfin, apporter un soutien technique ou juridique ponctuel aux magistrats des parquets infra-JIRS *[rédaction ou points de contacts pour l'entraide, qualifications juridiques, compétences des services spécialisés, saisie des avoirs...]* dans l'analyse de procédures qui, quoique complexes, n'auront pas justifié sa saisine.

2.4. *Les modalités de règlement des conflits de compétence*

Les conflits de compétence susceptibles d'intervenir entre la JUNALCO et les JIRS ont vocation à être réglés sous l'égide des procureurs généraux selon les mêmes principes que ceux exposés dans la dépêche du 24 avril 2017 conférant au procureur interrégional JIRS le soin d'arbitrer un désaccord persistant avec un autre parquet général qui ne se résoudrait pas au terme d'une nécessaire concertation.

Ainsi, en cas de conflit entre le parquet d'une JIRS et le parquet de la JUNALCO, le procureur général près la cour d'appel de Paris arbitrera après concertation avec le procureur général de la JIRS concernée.

Le principe de spécialisation doit cependant conduire, dans les cas de conflits positifs, à privilégier l'exercice prioritaire de la compétence du parquet spécialisé. La compétence nationale concurrente du parquet de la JUNALCO le situe à cet égard comme le parquet le plus spécialisé à raison des critères sus-évoqués *[De même la compétence nationale concurrente du parquet national financier le situe comme le parquet le plus spécialisé à l'égard des autres parquets]*.

Le procureur général près la cour d'appel de Paris, appelé à coordonner l'action des procureurs de son ressort en application du 2e alinéa de l'article 35 du code de procédure pénale, procédera à l'arbitrage des conflits de compétence susceptibles d'intervenir entre le parquet JUNALCO et le parquet national financier.

En cas de conflit de compétence entre deux parquets JIRS, il appartiendra aux procureurs généraux interrégionaux concernés, après concertation, de trancher le différend *[Les préconisations de la dépêche du 24 avr. 2017 prescrivant une analyse de la DACG en cas de désaccord entre les deux procureurs généraux JIRS sont, sur ce point, rapportées]*.

***

Je vous saurai gré de bien vouloir veiller à la diffusion de la présente circulaire et de me tenir informée, sous le timbre du bureau de la lutte contre la criminalité organisée, le terrorisme et le blanchiment et du bureau du droit économique, financier, social, de l'environnement et de la santé publique, des éventuelles difficultés susceptibles de résulter de sa mise en œuvre.

ANNEXES

Annexes non reproduites.

Arrêté du 26 juin 2020,

Portant création d'un traitement automatisé de données à caractère personnel dénommé « traitement harmonisé des enquêtes et des signalements pour les e-escroqueries » (THESEE).

Art. 1er Le ministre de l'intérieur (direction générale de la police nationale) est autorisé à mettre en œuvre un traitement de données à caractère personnel dénommé "traitement harmonisé des enquêtes et des signalements pour les e-escroqueries" (THESEE) ayant pour finalités :

1° De permettre à une victime, personne physique majeure et capable, d'effectuer une plainte ou un signalement depuis un téléservice mis à sa disposition sur le site "service-public.fr", contre un auteur inconnu, pour des faits commis sur internet et constitutifs des infractions ou des tentatives d'infractions suivantes :

a) Escroquerie, y compris si elle est connexe à l'infraction d'accès frauduleux à un système de traitement automatisé de données ;

b) Chantage ;

c) Extorsion connexe à l'infraction d'entrave au fonctionnement d'un système de traitement automatisé de données ou à l'infraction d'accès frauduleux à un système de traitement automatisé de données ;

2° De centraliser les plaintes déposées au service ou à l'unité de police judiciaire par les victimes, personnes physiques majeures et capables, contre un auteur inconnu, pour les faits mentionnés au 1° ;

3° D'exploiter les plaintes et les signalements mentionnés au 1° et au 2° afin d'effectuer des rapprochements.

Ce traitement permet également aux autorités judiciaires compétentes d'informer la victime des suites réservées à sa plainte.

Art. 2 Peuvent être enregistrées dans le traitement mentionné à l'article 1er les catégories de données à caractère personnel et informations suivantes :

I.– Concernant les victimes :

1° Nom, prénoms, pseudonymes ;

2° Date et lieu de naissance ;

3° Sexe ;

4° Nationalité ;

5° Situation familiale ;

6° Coordonnées postales, téléphoniques, électroniques et bancaires ;

7° Profession.

II. – Concernant les faits, susceptibles d'orienter l'enquête, s'ils sont communiqués par la victime :

1° Date, nature et circonstances des faits ;

2° Nature de l'infraction ;

3° Modalités de contact avec la personne mise en cause ;

4° Modalités et coordonnées de paiement, y compris nom du titulaire du chèque, banque émettrice du chèque, numéros du chèque et du compte et montant des sommes éventuellement versées ;

5° Descriptif des produits et services concernés ;

6° Adresses des envois des paiements et colis ;

7° Données et informations relatives à la personne, mise en cause ou à une personne en contact avec cette dernière, notamment les nom, prénoms, pseudonymes, adresses électroniques, adresse postale, numéros de téléphone, nom des profils sur les réseaux sociaux ;

8° Images issues de captures d'écran, photographies, textes d'une annonce, contenus de discussions ou des échanges électroniques ;

9° Messages éventuellement joints à l'appui de la plainte ou du signalement.

III. – Concernant les services d'enquêtes :

1° Dénomination du service ;

2° Nom et prénom de l'agent, et le cas échéant, numéro administratif d'identification ;

3° Grade et qualité de l'agent ;

4° Signature électronique.

Art. 3 Les données à caractère personnel et informations mentionnées à l'article 2 sont conservées pendant six ans à compter de leur enregistrement.

Art. 4 I. – Peuvent accéder aux données et aux informations mentionnées à l'article 2, à raison de leurs attributions et dans la limite du besoin d'en connaître, les agents de l'office central de lutte contre la criminalité liée aux technologies de l'information et de la communication, individuellement désignés et habilités par le chef de l'office ou par un agent ayant reçu délégation à cet effet.

II. – Peuvent accéder, à raison de leurs attributions et dans la limite du besoin d'en connaître, à tout ou partie des données et informations mentionnées à l'article 2, les magistrats du ministère public du lieu de traitement automatisé des informations nominatives pour les recherches relatives aux infractions mentionnées au 1° de l'article 1er, et les agents des services judiciaires agissant sous leur autorité, individuellement désignés et habilités par le procureur de la République du tribunal judiciaire dont ils relèvent.

III. – Peuvent être destinataires des données et informations mentionnées à l'article 2, à raison de leurs attributions et dans la limite du besoin d'en connaître :

1° Les agents des services de la police nationale et les militaires de la gendarmerie nationale exerçant des missions de police judiciaire et pour les seuls besoins d'une enquête judiciaire ;

2° Les magistrats du ministère public autres que ceux mentionnés au II du présent article, les magistrats chargés de l'instruction et les agents des services judiciaires agissant sous leur autorité pour les recherches relatives aux infractions et procédures dont ils sont saisis ;

3° Les organismes de coopération internationale en matière de police judiciaire et les services de police étrangers, dans les conditions énoncées à l'article L. 235-1 du code de la sécurité intérieure ;

4° Le service statistique ministériel de la sécurité intérieure.

Art. 5 Les opérations de collecte, de consultation, de modification, de communication, de mise en relation et d'effacement des données et informations du traitement mentionné à l'article 1er font l'objet d'un enregistrement comprenant l'identification de l'auteur, la date, l'heure et la nature de l'opération. Ces informations sont conservées pendant six ans.

Art. 6 I. – Le droit d'opposition prévu à l'article 110 de la loi du 6 janvier 1978 susvisée *[nº 78-17, relative à l'informatique, aux fichiers et aux libertés]* ne s'applique pas au présent traitement.

II. – Conformément aux dispositions des articles 104 à 106 de la même loi, les droits d'information, d'accès, de rectification, d'effacement et à la limitation des données mentionnées à l'article 2 s'exercent de manière directe auprès de la direction centrale de la police judiciaire.

Afin d'éviter de gêner des enquêtes, des recherches ou des procédures administratives ou judiciaires ou d'éviter de nuire à la prévention ou à la détection d'infraction pénales, aux enquêtes ou aux poursuites en la matière, les droits de rectification, d'effacement et à la limitation peuvent faire l'objet de restrictions en application du 3° du II et du III de l'article 107 de la même loi.

La personne concernée par ces restrictions exerce ses droits auprès de la Commission nationale de l'informatique et des libertés dans les conditions prévues à l'article 108 de la même loi.

Arrêté du 25 février 2021,

Portant création du commandement de la gendarmerie dans le cyberespace.

Art. 1er Il est créé un commandement de la gendarmerie dans le cyberespace.

Art. 2 Le commandement de la gendarmerie dans le cyberespace relève directement du directeur général de la gendarmerie nationale.

Art. 3 Ce commandement a pour mission de piloter, conduire et animer le dispositif de la gendarmerie nationale dans la lutte contre les cybermenaces.

Art. 4 *(Arr. du 27 juill. 2022, art. 1er)* Le commandement de la gendarmerie dans le cyberespace est composé :

– d'un état-major ;
– d'une division de la stratégie et de la gestion de crise cyber ;
– d'une division des opérations ;
– d'une division de la proximité numérique ;

– d'une division technique ;
– d'un centre national d'expertise numérique.

Circulaire NOR INTC2209461C du 17 mars 2022,

Relative au dispositif national de traitement harmonisé des enquêtes et des signalements en matière d'e-escroqueries (THESEE).

Cette circulaire a pour objet d'exposer les modalités de fonctionnement de la plateforme de traitement harmonisé des enquêtes et des signalements d'e-escroqueries (THESEE), qui est entrée en vigueur, dans une version "pilote", le 15 mars 2022. Ce dispositif de signalement et de plainte en ligne pour les escroqueries commises sur internet, par un auteur inconnu, a été institué par l'arrêté du 26 juin 2020 pris en application des articles 15-3-1 et D. 8-2-1 à D. 8-2-2 du code de procédure pénale. A terme, cette fonctionnalité a vocation à être intégrée au projet plus global de Plainte en ligne (PEL), qui proposera aux usagers un parcours victime cohérent s'adaptant à leurs demandes.

L'augmentation exponentielle du nombre de signalements et de plaintes et leur dissémination sur l'ensemble du territoire national complexifient leur recoupement. Il a donc été décidé de mettre en place au sein de l'office central de lutte contre la criminalité liée aux technologies de l'information et de la communication (OCLCTIC) de la direction centrale de la police judiciaire (DCPJ), un dispositif de centralisation qui, sur la base d'une analyse globale des faits et des préjudices, faibles lorsqu'ils sont considérés isolément, favorisera l'identification des auteurs des infractions et permettra ainsi de limiter les classements sans suite.

Ce dispositif a pour objectif de :

• répondre à un phénomène de masse ;
• simplifier le dépôt de plainte des victimes lorsque l'auteur est inconnu ;
• soulager les services territoriaux du recueil de ces plaintes ;
• centraliser les plaintes et les signalements au plan national ;
• renforcer l'efficacité des investigations par le recoupement et l'analyse des informations recueillies ;
• disposer de données statistiques permettant d'orienter une stratégie de lutte globale.

1 Présentation générale et champ de compétence

La plateforme THESEE est implantée au sein de l'office central de lutte contre la criminalité liée aux technologies de l'information et de la communication, à Nanterre.

Accessible sur le portail internet service-public.fr, le dispositif vise à dématérialiser le processus de signalements et de plaintes déposés contre personne inconnue par les victimes, personnes physiques [Aux termes de l'art. 1er de l'Arr. du 26 juin 2020 portant création du traitement THESEE, seule une victime, personne physique majeure et capable, peut effectuer une plainte ou un signalement sur la plateforme], des trois infractions suivantes, toutes punies d'au moins 5 ans d'emprisonnement :

• escroquerie (article 313-1 du code pénal), y compris si elle est connexe à l'infraction d'accès frauduleux à un système de traitement automatisé de données (STAD) ;
• chantage (article 312-10 du code pénal) ;
• extorsion connexe à l'infraction d'entrave au fonctionnement d'un système de traitement automatisé de données ou à l'infraction d'accès frauduleux à un système de traitement automatisé de données (articles 323-1 et 323-2 du code pénal).

Pour être prises en compte par le dispositif, ces infractions doivent avoir été commises sur internet et correspondre à l'un des modes opératoires suivants :

• « escroquerie aux sentiments » ou « escroquerie à la petite annonce » : création de faux profils sur internet pour convaincre la victime de remettre des fonds ;
• chantage en ligne comportant une demande de remise d'argent ;
• piratage de comptes de courriel ou de profils de réseaux sociaux ;
• fraude sur un faux site de vente en ligne [Conformément à l'annexe 1 de la présente circulaire, ces faits peuvent être qualifiés d'escroquerie (C. pén., art. 313-1 s.) ou de chantage (C. pén., art. 312-10 s.)] ;
• « rançongiciel » (ou « ransomware ») : demande de rançon consécutive au chiffre-

ment des données d'un STAD et d'une entrave à son accès (ordinateurs, smartphones, tablettes, ...).

Pour l'exercice de ses missions, THESEE met en œuvre les outils suivants :

• un télé-service sur le site internet service-public.fr qui assure le recueil de la déclaration en ligne, plainte ou signalement ;

• une interface dans le logiciel de rédaction de procédure, permettant aux enquêteurs de la plateforme THESEE de vérifier la complétude des déclarations et leur conformité juridique (existence d'une infraction, appartenance au périmètre défini), puis de valider les plaintes et les signalements et de rédiger les procès-verbaux de plainte ;

• un traitement de données à caractère personnel, créé par l'arrêté du 26 juin 2020 et que mentionnent les articles A. 1-1 et A. 1-2 du code de procédure pénale, outil d'analyse qui centralise et recoupe les plaintes et signalements.

Ce dispositif est complété par une assistance téléphonique assurée par la plate-forme Info Escroqueries, joignable au 0 805 805 817, de 09H00 à 18H00, du lundi au vendredi. Elle permet d'informer, de conseiller et d'orienter les victimes et de les accompagner dans leur dépôt de plainte en ligne.

2 Modalités de déclaration des signalements et des plaintes

Conformément aux dispositions de l'article 15-3-1 du code de procédure pénale et de l'arrêté du 26 juin 2020, les victimes d'e-escroqueries ont le choix de déposer plainte contre X, selon l'une des deux modalités suivantes : en ligne ou en se déplaçant auprès d'un service ou d'une unité de la police ou de la gendarmerie.

Les signalements effectués par les victimes, qui ne souhaitent pas déposer plainte ou qui désirent rester anonymes, doivent en revanche être exclusivement effectués en ligne afin d'être pris en compte par la plateforme THESEE.

2-1 *Dépôt d'une plainte via service-public.fr*

Au moyen d'un questionnaire d'orientation, le plaignant est guidé vers le formulaire de recueil des faits adapté à sa situation. Si les faits ne relèvent pas de la compétence de THESEE, il est orienté vers les services adéquats.

Pour renseigner sa déclaration, le plaignant doit préalablement s'identifier et s'authentifier via la solution FranceConnect. Celle-ci consiste à mettre l'internaute en relation avec le fournisseur d'identité de son choix, tel que la direction générale des finances publiques pour les impôts ou AMELI pour la sécurité sociale. Une fois la déclaration remplie, la victime doit la valider, provoquant son envoi à la plateforme THESEE. Les enquêteurs vérifient alors la recevabilité juridique de la démarche.

Si la demande de plainte est validée, une procédure est ouverte par la rédaction et la signature électronique d'un procès-verbal de plainte. Le récépissé de dépôt de plainte et les documents afférents sont adressés à l'usager dans son espace personnel sur service-public.fr *[La notice d'information des droits des victimes, transmise au plaignant, mentionne notamment la possibilité pour ce dernier de former, à défaut d'avis de classement sans suite transmis dans un délai de 3 mois à compter de la date du dépôt de plainte, et en l'absence de convocation par les services de police ou de justice à ce sujet, un recours auprès du procureur général contre la décision de classement.]*. Parallèlement, les données saisies viennent enrichir l'outil d'analyse de THESEE.

Si la demande de plainte est rejetée, l'usager en est informé par un message électronique lui indiquant les motifs du rejet : infraction ne relevant pas de la compétence de THESEE, déclaration incohérente ou incomplète, absence d'infraction, etc. L'internaute est également informé des recours à sa disposition, notamment celui de déposer plainte dans un service territorial ou d'effectuer une pré-plainte en ligne. Les réponses apportées sont personnalisées.

2-2 *Dépôt d'une plainte en commissariat ou en gendarmerie*

La plainte en ligne restant facultative, les services territoriaux sont tenus de recevoir les plaintes des personnes qui choisissent de se déplacer ; ces plaintes sont ensuite transmises aux services d'investigation territorialement compétents.

Les services territoriaux peuvent contacter la plateforme par courriel, à l'adresse : dcpj-sdlc-thesee@interieur.gouv.fr afin de recueillir les informations nécessaires à leurs investigations.

2-3 *Signalement d'une e-escroquerie sur le site service-public.fr*

Si l'usager ne souhaite pas déposer plainte mais entend toutefois signaler une escroquerie, il est orienté en ce sens par le portail service-public.fr.

Il peut soit effectuer un signalement de façon anonyme, soit s'identifier et s'authentifier via la solution FranceConnect.

La pertinence du signalement est examinée par un enquêteur de la plateforme THESEE. S'il est validé, les données sont transmises vers l'outil d'analyse THESEE pour être traitées et recoupées avec celles déjà recueillies, issues de l'ensemble des signalements et des plaintes.

Si l'usager s'est identifié, il reçoit la confirmation par courriel du dépôt de son signalement et le cas échéant, de son rejet motivé. En parallèle, son espace personnel sur service-public.fr est actualisé.

3 Alimentation et consultation de la plateforme nationale THESEE

La plus-value du dispositif repose sur sa capacité à prendre en compte des plaintes multiples, révélant des infractions dont les lieux de commission ne sont pas connus au moment du dépôt de plainte.

Aussi, les services territoriaux doivent privilégier l'utilisation du dispositif THESEE, pour favoriser les rapprochements judiciaires et l'identification des auteurs des infractions.

Des alertes indiquent aux enquêteurs de la plateforme les rapprochements possibles entre plaintes et/ou signalements, orientant ainsi leurs recherches sur la base de critères précis, complétées par des constatations et des investigations.

Les enquêteurs des services territoriaux n'ont, quant à eux, pas accès à l'outil d'analyse THESEE, mais peuvent être destinataires des données ayant un intérêt au regard de leurs attributions en adressant leur demande par courriel à l'adresse : dcpi-sdlc-thesee@interieur.gouv.fr.

4 Compétence juridictionnelle

4-1 *Parquet référent*

Pour tous les signalements et plaintes déposés en ligne sur le dispositif THESEE, la compétence territoriale de principe est celle du parquet du tribunal judiciaire de Nanterre, couvrant le lieu d'implantation du siège de la plateforme THESEE. En effet, en application de l'article 15-3-1 du code de procédure pénale, le lieu de traitement automatisé des informations nominatives relatives aux plaintes adressées en ligne est considéré comme le lieu de l'infraction. Il en est de même s'agissant des traitements des informations relatives au signalement des infractions.

4-2 *Le traitement des plaintes reçues via la plateforme*

4-2-1 *Le traitement des plaintes ayant fait l'objet d'un recoupement*

A chaque recoupement et conformément aux directives de politique pénale qui leur ont été préalablement communiquées par le parquet référent, les enquêteurs de la plateforme THESEE avisent ce dernier et ouvrent une procédure commune à l'ensemble des faits.

Ils procèdent aux premières investigations sous son autorité.

A l'issue de ces premières investigations, dès lors qu'un critère de compétence territoriale autre que celui du lieu de traitement automatisé est identifié, le parquet référent peut décider de maintenir la saisine de l'OCLCTIC, de le dessaisir pour un autre service conformément aux protocoles en vigueur *[Les protocoles figurant en annexe 1 détaillent les critères d'attribution entre DSPAP/SP/BR/BT et DPJ/DCPJ/SR.]* ou de se dessaisir au profit d'un autre parquet.

Dans cette hypothèse, la plateforme THESEE transmet les procédures selon les modalités suivantes :
1 – avis au parquet de Nanterre pour proposer le dessaisissement au profit d'un autre parquet territorialement compétent ;
2 – en cas d'avis favorable du parquet de Nanterre, transmission directe de la procédure au parquet compétent par courrier. La procédure ne transite alors pas par le parquet de Nanterre et fait l'objet d'un enregistrement Cassiopée dès réception par le parquet destinataire.

4-2-2 *La compétence concurrente du parquet de Paris*

Le parquet de Paris dispose d'une compétence concurrente en matière d'atteintes au système de traitement automatisé de données, telles que les rançongiciels.

En effet, conformément à l'article 706-72-1 du code de procédure pénale, pour la poursuite des infractions d'atteintes aux systèmes de traitement automatisé de données mentionnées à l'article 706-72 de ce code, le procureur de la République près le tribunal judiciaire de Paris exerce une compétence concurrente à celle qui résulte de l'application de l'article 43 du même code.

Ainsi que le précise la dépêche du garde des Sceaux du 10 mai 2017 relative à la mise en œuvre opérationnelle de la compétence nationale concurrente du parquet de Paris en matière d'atteintes au système de traitement automatisé de données et de traitement judiciaire des « rançongiciels », le parquet référent est tenu d'informer le parquet de Paris des affaires susceptibles de relever de sa compétence, afin de permettre une centralisation des rançongiciels par famille et une politique de saisine cohérente des services d'enquête

4-2-3 *Le traitement des plaintes en l'absence de recoupement*

Les plaintes n'ayant pas donné lieu à recoupement et faisant l'objet d'une décision de classement sans suite de la part du parquet de Nanterre sont archivées dans les locaux de la plateforme THESEE. Elles pourront être transmises au parquet compétent concerné, à sa demande et en format papier, notamment en cas de plainte avec constitution de partie civile ou de contestation de classement sans suite.

Les données correspondantes sont conservées six ans à compter de leur enregistrement dans l'outil d'analyse, pour un éventuel recoupement ultérieur [Art. 3 de l'Arr. du 26 juin 2020]. Elles sont également conservées dans le logiciel de rédaction de procédure et inscrites, à terme, dans le traitement des antécédents judiciaires (TAJ).

Les plaintes isolées révélant un préjudice important ou d'une sensibilité particulière font l'objet de premières investigations par les enquêteurs de la plateforme THESEE, sous l'autorité du parquet référent. Les enquêteurs de la plateforme THESEE peuvent ainsi notamment procéder à des constatations sur internet, délivrer des réquisitions judiciaires ; en revanche, ils n'ont pas vocation à effectuer de déplacement. A l'issue, si un critère de compétence territoriale autre que celui du lieu de traitement automatisé est identifié, le parquet référent peut décider de maintenir la saisine de l'OCLCTIC, de le dessaisir pour un autre service conformément aux protocoles en vigueur ou de se dessaisir au profit d'un autre parquet.

***

Vous voudrez bien nous rendre compte de toute difficulté dans la mise en œuvre de la présente circulaire.

Les protocoles de compétence, annexés au présent, feront l'objet de réunions à des échéances régulières.

ANNEXE 1 À LA CIRCULAIRE INTERMINISTÉRIELLE RELATIVE AU DISPOSITIF NATIONAL DE TRAITEMENT HARMONISÉ DES ENQUÊTES ET DES SIGNALEMENTS POUR LES E-ESCROQUERIES (HORS RANÇONGICIELS)

SYNTHÈSE

Modes opératoires	Infractions	Critères d'attribution DSPAP/SP/BR/BT	Critères d'attribution DPJ/DCPJ/SR
Escroquerie à la romance Escroquerie à la petite annonce Chantage en ligne Faux site de vente Piratage de messagerie	Escroquerie Chantage	Auteur unique identifié ou auteurs peu nombreux identifiés et localisé(s) au même endroit Infraction commise de manière locale	Pluralité d'auteurs Complexité des investigations Investigations complexes nécessaires au niveau transnational et/ou international Expertise nécessaire Gravité ou sensibilité particulière des faits ou des victimes
Rançongiciel	Atteintes au système de traitement automatisé de données (323-1 et 323-2 du code pénal)	**Répartition géographique et par famille de rançongiciels** *[Conformément à la dépêche du garde des Sceaux, ministre de la Justice, en date du 10 mai 2017 relative à la mise en œuvre opérationnelle de la compétence nationale concurrente du parquet de Paris en matière d'atteintes au système de traitement automatisé de données et de traitement judiciaire des « rançongiciels ».]* : * OCLCTIC (SDLC) – co-saisine systématique pour assurer le recoupement d'informations * C3N (GN) (zone gendarmerie) * BEFTI (zone préfecture de police de Paris) * DGSI (en cas de victime particulièrement sensible)	

Décret n° 2023-454 du 12 juin 2023,

Relatif au blocage et déréférencement des "sites miroirs", pris en application de l'article 6-3 de la loi n° 2004-575 du 21 juin 2004 pour la confiance dans l'économie numérique.

Art. 1er L'autorité administrative mentionnée à l'article 6-3 de la loi du 21 juin 2004 susvisée est la direction générale de la police nationale, office central de lutte contre la criminalité liée aux technologies de l'information et de la communication.

Seuls les agents individuellement désignés et dûment habilités par le chef de l'office sont autorisés à mettre en œuvre la procédure prévue au présent décret.

Art. 2 I. – Lorsqu'une juridiction prescrit, en application du 8 du I de l'article 6 de la loi du 21 juin 2004 susvisée, une ou plusieurs mesures propres à prévenir un dommage ou à faire cesser un dommage occasionné par le contenu d'un service de communication au public en ligne, une copie de la décision est transmise dans un délai de sept jours à l'office mentionné à l'article premier.

La transmission est effectuée par le greffe de la juridiction par voie électronique, selon un procédé garantissant l'identification des parties à la communication, l'intégrité, la sécurité et la confidentialité des échanges.

II. – En cas d'urgence, l'office peut solliciter, auprès du greffe de la juridiction qui l'a rendue, la transmission immédiate de la copie d'une décision judiciaire exécutoire mentionnée au premier alinéa de l'article 6-3 de la même loi.

La transmission est effectuée conformément aux modalités fixées au second alinéa du I du présent article.

Art. 3 L'office central de lutte contre la criminalité liée aux technologies de l'information et de la communication est saisi en application de l'article 6-3 de la loi du 21 juin 2004 susvisée par le portail électronique officiel de signalement des contenus illicites ou par lettre recommandée avec demande d'avis de réception.

La saisine de l'office comporte :

1° Les données d'identification du service de communication au public en ligne reprenant en totalité ou de manière substantielle le contenu du service mentionné par la décision judiciaire exécutoire mentionnée au premier alinéa de l'article 6-3 ;

2° Lorsqu'ils sont connus, la date et le numéro de répertoire général de la décision, ainsi que la juridiction qui l'a rendue.

En cas de saisine par le portail électronique, un récépissé de saisine est adressé à la personne effectuant le signalement.

Art. 4 L'office identifie le service de communication au public en ligne qui reprend le contenu du service désigné par la décision judiciaire exécutoire, en totalité ou de manière substantielle, et transmet ces données d'identification, par un moyen sécurisé qui en garantit la confidentialité et l'intégrité, aux personnes mentionnées aux 1 et 2 du I de l'article 6 de la loi du 21 juin 2004 susvisée et, le cas échéant, à toute personne ou catégorie de personnes visées par la décision judiciaire ou à tout exploitant d'un service reposant sur le classement ou le référencement, au moyen d'algorithmes informatiques, de contenus proposés ou mis en ligne par des tiers.

Les destinataires des données d'identification transmises par l'office empêchent par tout moyen approprié l'accès au contenu mentionné à l'alinéa précédent et le transfert vers ce contenu, ou prennent toute mesure utile destinée à faire cesser le référencement du service le reprenant, pour la durée restant à courir en application de la décision judiciaire.

Les personnes mentionnées au 1 du I de l'article 6 de la même loi dirigent les utilisateurs des services de communication au public en ligne auxquels l'accès est empêché vers une page d'information du ministère de l'intérieur, indiquant la mesure de blocage ou de déréférencement prévue par l'article 6-3 de cette loi.

Art. 5 Le présent décret est applicable dans les îles Wallis-et-Futuna, en Polynésie française et en Nouvelle-Calédonie.

II RÈGLES EUROPÉENNES

A Union européenne

Directive 2002/58/CE du 12 juillet 2002 "e-privacy",

Concernant le traitement des données à caractère personnel et la protection de la vie privée dans le secteur des communications électroniques (directive vie privée et communications électroniques).

La directive est en cours de révision, V. :

— Proposition de Règlement du Parlement européen et du Conseil concernant le respect de la vie privée et la protection des données à caractère personnel dans les communications électroniques et abrogeant la directive 2002/58/CE (règlement « vie privée et communications électroniques ») (COM/2017/010 final - 2017/03 (COD)).

— Conseil de l'UE, communiqué de presse du 10 févr. 2021, accord sur un mandat de négociation en vue de la révision des règles e-privacy (https://www.consilium.europa.eu).

— CEPD, Déclaration 03/20 du 9 mars 2021 sur le Règlement ePrivacy (https://edpb.europa.eu/).

Art. 15 ***Application de certaines dispositions de la directive 95/46/CE.*** 1. Les États membres peuvent adopter des mesures législatives visant à limiter la portée des droits et des obligations prévus aux articles 5 et 6, à l'article 8, paragraphes 1, 2, 3 et 4, et à l'article 9 de la présente directive lorsqu'une telle limitation constitue une mesure nécessaire, appropriée et proportionnée, au sein d'une société démocratique, pour sauvegarder la sécurité nationale – c'est-à-dire la sûreté de l'État – la défense et la sécurité publique, ou assurer la prévention, la recherche, la détection et la poursuite d'infractions pénales ou d'utilisations non autorisées du système de communications électroniques, comme le prévoit l'article 13, paragraphe 1, de la directive 95/46/CE. A cette fin, les États membres peuvent, entre autres, adopter des mesures législatives prévoyant la conservation de données pendant une durée limitée lorsque cela est justifié par un des motifs énoncés dans le présent paragraphe. Toutes les mesures visées dans le présent paragraphe sont prises dans le respect des principes généraux du droit communautaire, y compris ceux visés à l'article 6, paragraphes 1 et 2, du traité sur l'Union européenne.

(Dir. 2006/24/CE du 15 mars 2006, art. 11, en vigueur le 3 mai 2006) « 1 *bis*. Le paragraphe 1 n'est pas applicable aux données dont la conservation est spécifiquement exigée par la directive 2006/24/CE du Parlement européen et du Conseil du 15 mars 2006 sur la conservation de données traitées dans le cadre de la fourniture de services de communications électroniques accessibles au public ou de réseaux publics de communications *[JOUE L 105, du 13 avr. 2006, p. 54.]* aux fins visées à l'article 1er, paragraphe 1, de ladite directive. »

(Dir. 2009/136/CE du 25 nov. 2009, art. 2, en vigueur le 19 déc. 2009) « 1 *ter*. Les fournisseurs établissent, sur la base des dispositions nationales adoptées au titre du paragraphe 1, des procédures internes permettant de répondre aux demandes d'accès aux données à caractère personnel concernant les utilisateurs. Ils mettent, sur demande, à la disposition de l'autorité nationale compétente des informations sur ces procédures, sur le nombre de demandes reçues, sur la base juridique invoquée et sur leur réponse. »

2. Les dispositions du chapitre III de la directive 95/46/CE relatif aux recours juridictionnels, à la responsabilité et aux sanctions sont applicables aux dispositions nationales adoptées en application de la présente directive ainsi qu'aux droits individuels résultant de la présente directive.

3. Le groupe de protection des personnes à l'égard du traitement des données à caractère personnel, institué par l'article 29 de la directive 95/46/CE, remplit aussi les tâches visées à l'article 30 de ladite directive en ce qui concerne les matières couvertes par la présente directive, à savoir la protection des droits et des libertés fondamentaux ainsi que des intérêts légitimes dans le secteur des communications électroniques.

Règlement (UE) 2016/679 du 27 avril 2016 (RGPD),

Relatif à la protection des personnes physiques à l'égard du traitement des données à caractère personnel et à la libre circulation de ces données, et abrogeant la directive 95/46/CE (Règlement général sur la protection des données).

CHAPITRE IV *RESPONSABLE DU TRAITEMENT ET SOUS-TRAITANT*

SECTION 4 *Délégué à la protection des données*

Art. 38 *Fonction du délégué à la protection des données.* 1. Le responsable du traitement et le sous-traitant veillent à ce que le délégué à la protection des données soit associé, d'une manière appropriée et en temps utile, à toutes les questions relatives à la protection des données à caractère personnel.

2. Le responsable du traitement et le sous-traitant aident le délégué à la protection des données à exercer les missions visées à l'article 39 en fournissant les ressources nécessaires pour exercer ces missions, ainsi que l'accès aux données à caractère personnel et aux opérations de traitement, et lui permettant d'entretenir ses connaissances spécialisées.

3. Le responsable du traitement et le sous-traitant veillent à ce que le délégué à la protection des données ne reçoive aucune instruction en ce qui concerne l'exercice des missions. Le délégué à la protection des données ne peut être relevé de ses fonctions ou pénalisé par le responsable du traitement ou le sous-traitant pour l'exercice de ses missions. Le délégué à la protection des données fait directement rapport au niveau le plus élevé de la direction du responsable du traitement ou du sous-traitant.

4. Les personnes concernées peuvent prendre contact avec le délégué à la protection des données au sujet de toutes les questions relatives au traitement de leurs données à caractère personnel et à l'exercice des droits que leur confère le présent règlement.

5. Le délégué à la protection des données est soumis au secret professionnel ou à une obligation de confidentialité en ce qui concerne l'exercice de ses missions, conformément au droit de l'Union ou au droit des États membres.

6. Le délégué à la protection des données peut exécuter d'autres missions et tâches. Le responsable du traitement ou le sous-traitant veillent à ce que ces missions et tâches n'entraînent pas de conflit d'intérêts.

Directive (UE) 2016/680 du 27 avril 2016 "Police-Justice",

Relative à la protection des personnes physiques à l'égard du traitement des données à caractère personnel par les autorités compétentes à des fins de prévention et de détection des infractions pénales, d'enquêtes et de poursuites en la matière ou d'exécution de sanctions pénales, et à la libre circulation de ces données, et abrogeant la décision-cadre 2008/977/JAI du Conseil.

V. Livre I, II. Règles européennes, A. Union européenne.

Règlement (UE) 2023/1543 du 12 juillet 2023,

Relatif aux injonctions européennes de production et aux injonctions européennes de conservation concernant les preuves électroniques dans le cadre des procédures pénales et aux fins de l'exécution de peines privatives de liberté prononcées à l'issue d'une procédure pénale. V. consid. sur le Code en ligne 🏛.

CHAPITRE I *OBJET, CHAMP D'APPLICATION ET DÉFINITIONS*

Art. 1er *Objet.* 1. Le présent règlement définit les règles selon lesquelles, dans le cadre de procédures pénales, une autorité d'un État membre peut émettre une injonction européenne de production ou une injonction européenne de conservation et, partant, ordonner à un fournisseur de services proposant des services dans l'Union et établi dans un autre État membre ou, s'il n'y est pas établi, représenté par un représentant légal dans un autre État membre, de produire ou de conserver des preuves électroniques, quelle que soit la localisation des données.

Le présent règlement est sans préjudice des pouvoirs des autorités nationales de s'adresser aux fournisseurs de services établis ou représentés sur leur territoire afin de s'assurer qu'ils respectent des mesures nationales similaires à celles visées au premier alinéa.

2. Dans le cadre des droits de la défense applicables conformément au droit national en matière de procédure pénale, l'émission d'une injonction européenne de production ou d'une injonction européenne de conservation peut également être demandée par un suspect ou une personne poursuivie ou par un avocat agissant au nom de cette personne.

3. Le présent règlement n'a pas pour effet de modifier l'obligation de respecter les droits fondamentaux et les principes juridiques tels qu'ils sont consacrés dans la Charte et à l'article 6 du traité sur l'Union européenne, et toute obligation applicable aux autorités répressives ou aux autorités judiciaires à cet égard demeure inchangée. Le présent règlement s'applique sans préjudice des principes fondamentaux, en particulier la liberté d'expression et d'information, notamment la liberté et le pluralisme des médias, le respect de la vie privée et familiale, la protection des données à caractère personnel, ainsi que le droit à une protection juridictionnelle effective.

Art. 2 *Champ d'application.* 1. Le présent règlement s'applique aux fournisseurs de services qui proposent des services dans l'Union.

2. Les injonctions européennes de production et les injonctions européennes de conservation ne peuvent être émises que dans le cadre et aux fins de procédures pénales et aux fins de l'exécution d'une peine ou d'une mesure de sûreté privatives de

liberté d'au moins quatre mois prononcées, à l'issue de procédures pénales, par une décision qui n'a pas été rendue par défaut, dans les cas où la personne condamnée s'est soustraite à la justice. Ces injonctions peuvent également être émises dans des procédures relatives à une infraction pénale pour laquelle une personne morale pourrait être tenue responsable ou sanctionnée dans l'État d'émission.

3. Les injonctions européennes de production et les injonctions européennes de conservation ne peuvent être émises que pour les données relatives aux services visés à l'article 3, point 3), proposés dans l'Union.

4. Le présent règlement ne s'applique pas aux procédures engagées en vue de fournir une entraide judiciaire à un autre État membre ou à un pays tiers.

Art. 3 *Définitions.* Aux fins du présent règlement, on entend par :

1) « injonction européenne de production » : une décision ordonnant la production de preuves électroniques, émise ou validée par une autorité judiciaire d'un État membre conformément à l'article 4, paragraphes 1, 2, 4 et 5, et adressée à un établissement désigné ou à un représentant légal d'un fournisseur de services proposant des services dans l'Union, lorsque cet établissement désigné ou ce représentant légal est situé dans un autre État membre lié par le présent règlement ;

2) « injonction européenne de conservation » : une décision qui ordonne la conservation de preuves électroniques aux fins d'une demande de production ultérieure, et qui est émise ou validée par une autorité judiciaire d'un État membre conformément à l'article 4, paragraphes 3, 4 et 5, et adressée à un établissement désigné ou à un représentant légal d'un fournisseur de services proposant des services dans l'Union, lorsque cet établissement désigné ou ce représentant légal est situé dans un autre État membre lié par le présent règlement ;

3) « fournisseur de services » : toute personne physique ou morale qui fournit une ou plusieurs des catégories de services suivantes, à l'exception des services financiers visés à l'article 2, paragraphe 2, point b), de la directive 2006/123/CE du Parlement européen et du Conseil *[du 12 décembre 2006 relative aux services dans le marché intérieur]* :

a) des services de communications électroniques tels qu'ils sont définis à l'article 2, point 4), de la directive (UE) 2018/1972 ;

b) des services d'attribution de noms de domaine sur l'internet et de numérotation IP, tels que l'attribution d'adresses IP, les services du registre de noms de domaine, les services du bureau d'enregistrement de noms de domaine et les services d'anonymisation et d'enregistrement fiduciaire liés aux noms de domaine ;

c) d'autres services de la société de l'information visés à l'article 1er, paragraphe 1, point b), de la directive (UE) 2015/1535 qui :

i) permettent à leurs utilisateurs de communiquer entre eux ; ou

ii) permettent de stocker ou de traiter d'une autre manière des données pour le compte des utilisateurs auxquels le service est fourni, à condition que le stockage des données soit une composante déterminante du service fourni à l'utilisateur ;

4) « proposer des services dans l'Union » :

a) permettre aux personnes physiques ou morales dans un État membre d'utiliser les services énumérés au point 3) ; et

b) avoir un lien substantiel, fondé sur des critères factuels spécifiques, avec l'État membre visé au point a) ; un tel lien substantiel est réputé exister lorsque le fournisseur de services dispose d'un établissement dans un État membre ou, en l'absence d'un tel établissement, lorsqu'il existe un nombre significatif d'utilisateurs dans un ou plusieurs États membres ou lorsqu'il existe un ciblage des activités sur un ou plusieurs États membres ;

5) « établissement » : une entité qui exerce de manière effective une activité économique pendant une durée indéterminée au moyen d'une infrastructure stable à partir de laquelle l'activité de fourniture de services est réalisée ou à partir de laquelle l'activité est gérée ;

6) « établissement désigné » : un établissement doté de la personnalité juridique désigné par écrit par un fournisseur de services qui est établi dans un État membre participant à un instrument juridique visé à l'article 1er, paragraphe 2, de la directive (UE) 2023/1544, aux fins visées à l'article 1er, paragraphe 1, et à l'article 3, paragraphe 1, de ladite directive ;

7) « représentant légal » : une personne physique ou morale désignée par écrit par un fournisseur de services qui n'est pas établi dans un État membre participant à un instrument juridique visé à l'article 1er, paragraphe 2, de la directive (UE) 2023/1544, aux fins visées à l'article 1er, paragraphe 1, et à l'article 3, paragraphe 1, de ladite directive ;

8) « preuves électroniques » : les données relatives aux abonnés, les données relatives au trafic ou les données relatives au contenu stockées par un fournisseur de services ou pour le compte d'un fournisseur de services, sous une forme numérique, au moment de la réception d'un certificat d'injonction européenne de production (EPOC) ou d'un certificat d'injonction européenne de conservation (EPOC-PR) ;

9) « données relatives aux abonnés » : toutes données détenues par un fournisseur de services concernant l'abonnement à ses services, relatives à :

a) l'identité d'un abonné ou d'un client, telles que le nom, la date de naissance, l'adresse postale ou géographique, les données de facturation et de paiement, le numéro de téléphone ou l'adresse électronique fournis ;

b) le type de service et sa durée, y compris les données techniques et les données identifiant les mesures techniques connexes ou les interfaces utilisées ou fournies par l'abonné ou le client au moment du premier enregistrement ou de la première activation, et les données relatives à la validation de l'utilisation du service, à l'exclusion des mots de passe ou autres moyens d'authentification utilisés à la place d'un mot de passe qui sont fournis par un utilisateur ou créés à la demande d'un utilisateur ;

10) « données demandées à la seule fin d'identifier l'utilisateur » : les adresses IP et, si nécessaire, les ports de provenance et l'horodatage pertinents, à savoir la date et l'heure, ou les équivalents techniques de ces identifiants et les informations connexes, lorsque les services répressifs ou les autorités judiciaires les demandent à la seule fin d'identifier l'utilisateur dans le cadre d'une enquête pénale spécifique ;

11) « données relatives au trafic » : les données relatives à la fourniture d'un service proposé par un fournisseur de services qui servent à fournir des informations contextuelles ou supplémentaires sur ce service et qui sont générées ou traitées par un système d'information du fournisseur de services, tels que la source et la destination d'un message ou un autre type d'interaction, l'emplacement du dispositif, la date, l'heure, la durée, la taille, le routage, le format, le protocole utilisé et le type de compression, et d'autres métadonnées de communications électroniques et des données, autres que les données relatives aux abonnés, relatives au début et à la fin d'une session d'accès d'un utilisateur à un service, telles que la date et l'heure d'utilisation, la connexion et la déconnexion du service ;

12) « données relatives au contenu » : toutes données dans un format numérique telles que du texte, de la voix, des vidéos, des images et du son, autres que les données relatives aux abonnés ou les données relatives au trafic ;

13) « système d'information » : un système d'information tel qu'il est défini à l'article 2, point a), de la directive 2013/40/UE du Parlement européen et du Conseil *[du 12 août 2013 relative aux attaques contre les systèmes d'information et remplaçant la décision-cadre 2005/222/JAI du Conseil]* ;

14) « État d'émission » : l'État membre dans lequel l'injonction européenne de production ou l'injonction européenne de conservation est émise ;

15) « autorité d'émission » : l'autorité compétente de l'État d'émission qui, conformément à l'article 4, peut émettre une injonction européenne de production ou une injonction européenne de conservation ;

16) « État chargé de la mise en œuvre » : l'État membre dans lequel l'établissement désigné est établi ou dans lequel le représentant légal réside et auquel une injonction européenne de production et un EPOC ou une injonction européenne de conservation

et un EPOC-PR sont transmis par l'autorité d'émission à des fins de notification ou à des fins de mise en œuvre conformément au présent règlement ;

17) « autorité chargée de la mise en œuvre » : l'autorité dans l'État chargé de la mise en œuvre qui, conformément au droit national de cet État, est compétente pour recevoir une injonction européenne de production et un EPOC ou une injonction européenne de conservation et un EPOC-PR transmis par l'autorité d'émission à des fins de notification ou à des fins de mise en œuvre conformément au présent règlement ;

18) « cas d'urgence » : une situation dans laquelle il existe une menace imminente pour la vie, l'intégrité physique ou la sécurité d'une personne ou pour une infrastructure critique, telle qu'elle est définie à l'article 2, point a), de la directive 2008/114/CE, lorsque l'arrêt ou la destruction de cette infrastructure critique entraînerait une menace imminente pour la vie, l'intégrité physique ou la sécurité d'une personne, notamment en portant gravement atteinte à la fourniture de produits de base à la population ou à l'exercice des fonctions essentielles de l'État ;

19) « responsable du traitement » : le responsable du traitement tel qu'il est défini à l'article 4, point 7), du règlement (UE) 2016/679 ;

20) « sous-traitant » : le sous-traitant tel qu'il est défini à l'article 4, point 8), du règlement (UE) 2016/679 ;

21) « système informatique décentralisé » : un réseau de systèmes informatiques et de points d'accès interopérables, dont le fonctionnement relève de la responsabilité et de la gestion individuelles de chaque État membre, agence ou organe de l'Union, qui permet que l'échange d'informations transfrontière s'effectue d'une manière sécurisée et fiable.

CHAPITRE II *INJONCTION EUROPÉENNE DE PRODUCTION, INJONCTION EUROPÉENNE DE CONSERVATION ET CERTIFICATS*

Art. 4 *Autorité d'émission.* 1. Une injonction européenne de production visant à obtenir des données relatives aux abonnés ou visant à obtenir des données demandées à la seule fin d'identifier l'utilisateur telles qu'elles sont définies à l'article 3, point 10), ne peut être émise que par :

a) un juge, une juridiction, un juge d'instruction ou un procureur compétents dans l'affaire concernée ; ou

b) toute autre autorité compétente définie par l'État d'émission qui, dans l'affaire concernée, agit en sa qualité d'autorité chargée de l'enquête dans les procédures pénales ayant compétence pour ordonner la collecte de preuves conformément au droit national ; dans ce cas, l'injonction européenne de production est validée, après examen de sa conformité aux conditions d'émission d'une injonction européenne de production prévues dans le présent règlement, par un juge, une juridiction, un juge d'instruction ou un procureur dans l'État d'émission.

2. Une injonction européenne de production visant à obtenir des données relatives au trafic, à l'exception des données demandées à la seule fin d'identifier l'utilisateur telles qu'elles sont définies à l'article 3, point 10), ou visant à obtenir des données relatives au contenu, ne peut être émise que par :

a) un juge, une juridiction ou un juge d'instruction compétents dans l'affaire concernée ; ou

b) toute autre autorité compétente définie par l'État d'émission qui, dans l'affaire concernée, agit en sa qualité d'autorité chargée de l'enquête dans les procédures pénales ayant compétence pour ordonner la collecte de preuves conformément au droit national ; dans ce cas, l'injonction européenne de production est validée, après examen de sa conformité aux conditions d'émission d'une injonction européenne de production prévues dans le présent règlement, par un juge, une juridiction ou un juge d'instruction dans l'État d'émission.

3. Une injonction européenne de conservation concernant des données de toute catégorie ne peut être émise que par :

a) un juge, une juridiction, un juge d'instruction ou un procureur compétents dans l'affaire concernée ; ou

b) toute autre autorité compétente définie par l'État d'émission qui, dans l'affaire concernée, agit en sa qualité d'autorité chargée de l'enquête dans les procédures pénales ayant compétence pour ordonner la collecte de preuves conformément au droit national ; dans ce cas, l'injonction européenne de conservation est validée, après examen de sa conformité aux conditions d'émission d'une injonction européenne de conservation prévues dans le présent règlement, par un juge, une juridiction, un juge d'instruction ou un procureur dans l'État d'émission.

4. Lorsqu'une injonction européenne de production ou une injonction européenne de conservation a été validée par une autorité judiciaire en vertu du paragraphe 1, point b), du paragraphe 2, point b), ou du paragraphe 3, point b), cette autorité peut également être considérée comme une autorité d'émission aux fins de la transmission de l'EPOC et de l'EPOC-PR.

5. Dans un cas d'urgence dont l'existence est établie de manière valable, tel qu'il est défini à l'article 3, point 18), les autorités compétentes visées au paragraphe 1, point b), et au paragraphe 3, point b), du présent article peuvent, à titre exceptionnel, émettre une injonction européenne de production concernant les données relatives aux abonnés ou les données demandées à la seule fin d'identifier l'utilisateur telles qu'elles sont définies à l'article 3, point 10), ou une injonction européenne de conservation sans validation préalable de l'injonction concernée, lorsque la validation ne peut pas être obtenue à temps et si ces autorités pourraient émettre une injonction sans validation préalable dans le cadre d'une procédure nationale similaire. L'autorité d'émission demande une validation ex post de l'injonction concernée sans retard injustifié, au plus tard dans les 48 heures. Lorsque cette validation ex post de l'injonction concernée n'est pas accordée, l'autorité d'émission retire immédiatement l'injonction et supprime ou limite d'une autre manière l'utilisation de toutes données qui ont été obtenues.

6. Chaque État membre peut désigner une ou plusieurs autorités centrales chargées de la transmission administrative des EPOC et des EPOC-PR, des injonctions européennes de production et des injonctions européennes de conservation, et des notifications et chargées de la réception des données et des notifications ainsi que de la transmission de toute autre correspondance officielle concernant ces certificats ou injonctions.

Art. 5 *Conditions d'émission d'une injonction européenne de production.* 1. Une autorité d'émission ne peut émettre une injonction européenne de production que si les conditions énoncées dans le présent article sont remplies.

2. Une injonction européenne de production doit être nécessaire et proportionnée aux fins de la procédure visée à l'article 2, paragraphe 3, compte tenu des droits du suspect ou de la personne poursuivie, et ne peut être émise que si une injonction similaire aurait pu être émise dans les mêmes conditions dans le cadre d'une procédure nationale similaire.

3. Une injonction européenne de production visant à obtenir des données relatives aux abonnés ou visant à obtenir des données demandées à la seule fin d'identifier l'utilisateur telles qu'elles sont définies à l'article 3, point 10), peut être émise pour toutes les infractions pénales et pour l'exécution d'une peine ou d'une mesure de sûreté privatives de liberté d'au moins quatre mois, prononcées, à l'issue d'une procédure pénale, par une décision qui n'a pas été rendue par défaut, dans les cas où la personne condamnée s'est soustraite à la justice.

4. Une injonction européenne de production visant à obtenir des données relatives au trafic, à l'exception des données demandées à la seule fin d'identifier l'utilisateur telles qu'elles sont définies à l'article 3, point 10), du présent règlement ou visant à obtenir des données relatives au contenu, n'est émise que :

a) pour des infractions pénales punissables dans l'État d'émission d'une peine privative de liberté d'une durée maximale d'au moins trois ans ; ou

b) pour les infractions suivantes, si elles sont totalement ou partiellement commises au moyen d'un système d'information :

i) les infractions, telles qu'elles sont définies aux articles 3 à 8 de la directive (UE) 2019/713 du Parlement européen et du Conseil *[du 17 avril 2019 concernant la lutte contre la fraude et la contrefaçon des moyens de paiement autres que les espèces et remplaçant la décision-cadre 2001/413/JAI du Conseil]* ;

ii) les infractions, telles qu'elles sont définies aux articles 3 à 7 de la directive 2011/93/UE ;

iii) les infractions, telles qu'elles sont définies aux articles 3 à 8 de la directive 2013/40/UE ;

c) pour les infractions pénales définies aux articles 3 à 12 et à l'article 14 de la directive (UE) 2017/541 ;

d) pour l'exécution d'une peine ou d'une mesure de sûreté privatives de liberté d'au moins quatre mois, prononcées, à l'issue d'une procédure pénale, par une décision qui n'a pas été rendue par défaut, dans les cas où la personne condamnée s'est soustraite à la justice, pour les infractions pénales visées aux points a), b) et c) du présent paragraphe.

5. Une injonction européenne de production inclut les informations suivantes :

a) l'autorité d'émission, et, s'il y a lieu, l'autorité de validation ;

b) le destinataire de l'injonction européenne de production visé à l'article 7 ;

c) l'utilisateur, sauf si l'injonction a pour seule fin d'identifier l'utilisateur, ou tout autre identifiant unique tel que le nom d'utilisateur, l'identifiant de connexion ou le nom du compte afin de déterminer les données qui sont demandées ;

d) la catégorie de données demandée telle qu'elle est définie à l'article 3, points 9) à 12) ;

e) s'il y a lieu, la période couverte par les données pour lesquelles la production est demandée ;

f) les dispositions applicables du droit pénal de l'État d'émission ;

g) dans les cas d'urgence, tels qu'ils sont définis à l'article 3, point 18), les raisons dûment justifiées de l'urgence ;

h) dans les cas où l'injonction européenne de production est directement adressée au fournisseur de services qui stocke ou traite d'une autre manière les données pour le compte du responsable du traitement, une confirmation que les conditions énoncées au paragraphe 6 du présent article sont remplies ;

i) les motifs qui permettent d'établir que l'injonction européenne de production remplit les conditions de nécessité et de proportionnalité visées au paragraphe 2 du présent article ;

j) une description succincte de l'affaire.

6. Une injonction européenne de production est adressée au fournisseur de services agissant en qualité de responsable du traitement conformément au règlement (UE) 2016/679.

A titre exceptionnel, l'injonction européenne de production peut être adressée directement au fournisseur de services qui stocke ou traite d'une autre manière les données pour le compte du responsable du traitement, lorsque :

a) le responsable du traitement ne peut pas être identifié malgré des efforts raisonnables de la part de l'autorité d'émission ; ou

b) le fait de s'adresser au responsable du traitement pourrait nuire à l'enquête.

7. Conformément au règlement (UE) 2016/679, le sous-traitant qui stocke ou traite d'une autre manière les données pour le compte du responsable du traitement informe celui-ci de la production des données, sauf si l'autorité d'émission a demandé au fournisseur de services de s'abstenir d'informer le responsable du traitement, aussi longtemps que cela est nécessaire et proportionné, afin de ne pas entraver la procédure pénale concernée. Dans ce cas, l'autorité d'émission indique dans le dossier les raisons du retard pris pour informer le responsable du traitement. Une brève justification est également ajoutée dans l'EPOC.

8. Lorsque les données sont stockées ou traitées d'une autre manière dans le cadre d'une infrastructure fournie par un fournisseur de services à une autorité publique, une injonction européenne de production ne peut être émise que si l'autorité publique pour laquelle les données sont stockées ou traitées d'une autre manière est située dans l'État d'émission.

9. Lorsque les données protégées par le secret professionnel en vertu du droit de l'État d'émission sont stockées ou traitées d'une autre manière par un fournisseur de services dans le cadre d'une infrastructure fournie à des professionnels soumis au

secret professionnel (« professionnel soumis au secret professionnel »), dans le cadre de leur activité professionnelle, une injonction européenne de production visant à obtenir des données relatives au trafic, à l'exception des données demandées à la seule fin d'identifier l'utilisateur telles qu'elles sont définies à l'article 3, point 10), ou visant à obtenir des données relatives au contenu ne peut être émise que :

a) lorsque le professionnel soumis au secret professionnel réside dans l'État d'émission ;

b) lorsque le fait de s'adresser à ce professionnel soumis au secret professionnel pourrait nuire à l'enquête ; ou

c) lorsque le secret professionnel a été levé conformément au droit applicable.

10. Si l'autorité d'émission a des raisons de croire que les données relatives au trafic, à l'exception des données demandées à la seule fin d'identifier l'utilisateur telles qu'elles sont définies à l'article 3, point 10), ou les données relatives au contenu demandées par l'injonction européenne de production sont protégées par des immunités ou des privilèges accordés en vertu du droit de l'État chargé de la mise en œuvre, ou que ces données sont soumises dans cet État à des règles relatives à la détermination et à la limitation de la responsabilité pénale liées à la liberté de la presse ou à la liberté d'expression dans d'autres médias, l'autorité d'émission peut demander des éclaircissements avant d'émettre l'injonction européenne de production, notamment en consultant les autorités compétentes de l'État chargé de la mise en œuvre, soit directement, soit par l'intermédiaire d'Eurojust ou du réseau judiciaire européen.

L'autorité d'émission n'émet pas d'injonction européenne de production si elle constate que les données relatives au trafic demandées, à l'exception des données demandées à la seule fin d'identifier l'utilisateur telles qu'elles sont définies à l'article 3, point 10), ou que les données relatives au contenu sont protégées par des immunités ou des privilèges accordés en vertu du droit de l'État chargé de la mise en œuvre, ou que ces données sont soumises dans cet État à des règles relatives à la détermination et à la limitation de la responsabilité pénale liées à la liberté de la presse et à la liberté d'expression dans d'autres médias.

Art. 6 *Conditions d'émission d'une injonction européenne de conservation.* 1. Une autorité d'émission ne peut émettre une injonction européenne de conservation que si les conditions énoncées au présent article sont remplies. L'article 5, paragraphe 8, s'applique *mutatis mutandis*.

2. Une injonction européenne de conservation doit être nécessaire et proportionnée aux fins d'empêcher le retrait, la suppression ou la modification de données en vue de l'émission d'une demande de production ultérieure de ces données au moyen de l'entraide judiciaire, d'une décision d'enquête européenne ou d'une injonction européenne de production, compte tenu des droits du suspect ou de la personne poursuivie.

3. Une injonction européenne de conservation peut être émise pour toutes les infractions pénales si elle aurait pu être émise dans les mêmes conditions dans le cadre d'une procédure nationale similaire, et pour l'exécution d'une peine ou d'une mesure de sûreté privatives de liberté d'au moins quatre mois, prononcées, à l'issue d'une procédure pénale, par une décision qui n'a pas été rendue par défaut, dans les cas où la personne condamnée s'est soustraite à la justice.

4. Une injonction européenne de conservation inclut les informations suivantes :

a) l'autorité d'émission, et, s'il y a lieu, l'autorité de validation ;

b) le destinataire de l'injonction européenne de conservation visé à l'article 7 ;

c) l'utilisateur, sauf si l'injonction a pour seule fin d'identifier l'utilisateur, ou tout autre identifiant unique tel que le nom d'utilisateur, l'identifiant de connexion ou le nom du compte afin de déterminer les données pour lesquelles la conservation est demandée ;

d) la catégorie de données demandée telle qu'elle est définie à l'article 3, points 9) à 12) ;

e) s'il y a lieu, la période couverte par les données pour lesquelles la conservation est demandée ;

f) les dispositions applicables du droit pénal de l'État d'émission ;

g) les motifs qui permettent d'établir que l'injonction européenne de conservation remplit les conditions de nécessité et de proportionnalité visées au paragraphe 2 du présent article.

Art. 7 *Destinataires des injonctions européennes de production et des injonctions européennes de conservation.* 1. Les injonctions européennes de production et les injonctions européennes de conservation sont adressées directement à un établissement désigné ou à un représentant légal du fournisseur de services concerné.

2. À titre exceptionnel, dans les cas d'urgence tels qu'ils sont définis à l'article 3, point 18), lorsque l'établissement désigné ou le représentant légal d'un fournisseur de services ne réagit pas à un EPOC ou à un EPOC-PR dans les délais, cet EPOC ou cet EPOC-PR peut être adressé à tout autre établissement ou représentant légal du fournisseur de services dans l'Union.

Art. 8 *Notification à l'autorité chargée de la mise en œuvre.* 1. Lorsqu'une injonction européenne de production est émise afin d'obtenir des données relatives au trafic, à l'exception des données demandées à la seule fin d'identifier l'utilisateur telles qu'elles sont définies à l'article 3, point 10), ou afin d'obtenir des données relatives au contenu, l'autorité d'émission adresse une notification à l'autorité chargée de la mise en œuvre en lui transmettant l'EPOC qu'elle transmet dans le même temps au destinataire conformément à l'article 9, paragraphes 1 et 2.

2. Le paragraphe 1 ne s'applique pas si, lors de l'émission de l'injonction, l'autorité d'émission a des motifs raisonnables de croire que :

a) l'infraction a été commise, est en train d'être commise ou est susceptible d'être commise dans l'État d'émission ; et

b) la personne dont les données sont demandées réside dans l'État d'émission.

3. Lorsqu'elle transmet l'EPOC comme cela est prévu au paragraphe 1 du présent article à l'autorité chargée de la mise en œuvre, l'autorité d'émission inclut, le cas échéant, toute information supplémentaire qui pourrait être nécessaire pour évaluer la possibilité d'invoquer un motif de refus conformément à l'article 12.

4. La notification à l'autorité chargée de la mise en œuvre visée au paragraphe 1 du présent article a un effet suspensif sur les obligations du destinataire énoncées à l'article 10, paragraphe 2, sauf dans les cas d'urgence tels qu'ils sont définis à l'article 3, point 18).

Art. 9 *Certificat d'injonction européenne de production (EPOC) et certificat d'injonction européenne de conservation.* 1. Une injonction européenne de production ou une injonction européenne de conservation est transmise au destinataire tel qu'il est défini à l'article 7, au moyen d'un EPOC ou d'un EPOC-PR.

L'autorité d'émission ou, le cas échéant, l'autorité de validation complète l'EPOC figurant à l'annexe I ou l'EPOC-PR figurant à l'annexe II, le signe et certifie que son contenu est exact et correct.

2. Un EPOC contient les informations énumérées à l'article 5, paragraphe 5, points a) à h), y compris des informations suffisantes pour permettre au destinataire d'identifier et de contacter l'autorité d'émission et l'autorité chargée de la mise en œuvre, si nécessaire.

Lorsqu'une notification à l'autorité chargée de la mise en œuvre est requise en vertu de l'article 8, l'EPOC transmis à cette autorité contient les informations énumérées à l'article 5, paragraphe 5, points a) à j).

3. Un EPOC-PR contient les informations énumérées à l'article 6, paragraphe 4, points a) à f), y compris des informations suffisantes pour permettre au destinataire d'identifier et de contacter l'autorité d'émission.

4. Si nécessaire, l'EPOC ou l'EPOC-PR est traduit dans une langue officielle de l'Union acceptée par le destinataire, comme le prévoit l'article 4 de la directive (UE) 2023/1544. Si aucune langue n'a été spécifiée par le fournisseur de services, l'EPOC ou l'EPOC-PR est traduit dans une langue officielle de l'État membre où se trouve l'établissement désigné ou le représentant légal du fournisseur de services.

Lorsqu'une notification à l'autorité chargée de la mise en œuvre est requise en vertu de l'article 8, l'EPOC à transmettre à cette autorité est traduit dans une langue officielle de l'État chargé de la mise en œuvre ou dans une autre langue officielle de l'Union acceptée par cet État.

Art. 10 *Exécution d'un EPOC.* 1. Dès réception d'un EPOC, le destinataire agit rapidement pour conserver les données demandées.

2. Lorsqu'une notification à l'autorité chargée de la mise en œuvre est requise en vertu de l'article 8 et que cette autorité n'a invoqué aucun motif de refus conformément à l'article 12 dans les dix jours suivant la réception de l'EPOC, le destinataire veille à ce que les données demandées soient transmises directement à l'autorité d'émission ou aux autorités répressives, comme indiqué dans l'EPOC, à l'issue de cette période de dix jours. Lorsque l'autorité chargée de la mise en œuvre, avant même l'expiration du délai de dix jours, confirme à l'autorité d'émission et au destinataire qu'elle n'invoquera aucun motif de refus, le destinataire agit dès que possible après cette confirmation et au plus tard à l'expiration de ce délai de dix jours.

3. Lorsqu'une notification à l'autorité chargée de la mise en œuvre n'est pas requise en vertu de l'article 8, le destinataire veille, dès réception d'un EPOC, à ce que les données demandées soient transmises directement à l'autorité d'émission ou aux autorités répressives, comme indiqué dans l'EPOC, au plus tard dans un délai de dix jours suivant la réception de l'EPOC.

4. Dans les cas d'urgence, le destinataire transmet les données demandées sans retard injustifié, au plus tard dans les huit heures suivant la réception de l'EPOC. Lorsqu'une notification à l'autorité chargée de la mise en œuvre est requise en vertu de l'article 8, l'autorité chargée de la mise en œuvre peut, si elle décide d'invoquer un motif de refus conformément à l'article 12, paragraphe 1, notifier à l'autorité d'émission et au destinataire, sans retard et au plus tard dans les 96 heures suivant la réception de la notification, qu'elle s'oppose à l'utilisation des données ou que les données ne peuvent être utilisées que dans des conditions qu'elle précise. Lorsqu'un motif de refus est invoqué par l'autorité chargée de la mise en œuvre et que les données ont déjà été transmises par le destinataire à l'autorité d'émission, l'autorité d'émission efface les données ou autrement restreint l'utilisation des données ou, dans le cas où l'autorité chargée de la mise en œuvre a précisé des conditions, l'autorité d'émission respecte ces conditions lors de l'utilisation des données.

5. Lorsque le destinataire estime, sur la seule base des informations contenues dans l'EPOC, que l'exécution de l'EPOC pourrait interférer avec des immunités ou des privilèges, ou avec des règles relatives à la détermination ou à la limitation de la responsabilité pénale liées à la liberté de la presse ou à la liberté d'expression dans d'autres médias, en vertu du droit de l'État chargé de la mise en œuvre, le destinataire en informe l'autorité d'émission et l'autorité chargée de la mise en œuvre au moyen du formulaire figurant à l'annexe III.

Lorsqu'aucune notification à l'autorité chargée de la mise en œuvre n'a eu lieu en vertu de l'article 8, l'autorité d'émission tient compte des informations visées au premier alinéa du présent paragraphe et décide, de sa propre initiative ou à la demande de l'autorité chargée de la mise en œuvre, s'il y a lieu de retirer, d'adapter ou de maintenir l'injonction européenne de production.

Lorsqu'une notification à l'autorité chargée de la mise en œuvre a eu lieu en vertu de l'article 8, l'autorité d'émission tient compte des informations visées au premier alinéa du présent paragraphe et décide s'il y a lieu de retirer, d'adapter ou de maintenir l'injonction européenne de production. L'autorité chargée de la mise en œuvre peut décider d'invoquer les motifs de refus énoncés à l'article 12.

6. Lorsque le destinataire ne peut pas respecter son obligation de produire les données demandées parce que l'EPOC est incomplet, contient des erreurs manifestes ou ne contient pas suffisamment d'informations pour être exécuté, il en informe, sans retard injustifié, l'autorité d'émission et, lorsqu'une notification à l'autorité chargée de la mise en œuvre a eu lieu en vertu de l'article 8, l'autorité chargée de la mise en œuvre visée dans l'EPOC, et demande des éclaircissements au moyen du formulaire figurant à l'annexe III. Dans le même temps, le destinataire indique à l'autorité d'émission si l'identification des données demandées et la conservation de ces données conformément au paragraphe 9 du présent article étaient possibles.

L'autorité d'émission réagit rapidement et au plus tard dans un délai de cinq jours suivant la réception du formulaire. Le destinataire s'assure qu'il peut recevoir les éclaircissements nécessaires ou toute correction apportée par l'autorité d'émission, afin de pouvoir remplir les obligations qui lui incombent énoncées aux paragraphes 1 à 4. Les obligations énoncées aux paragraphes 1 à 4 ne s'appliquent pas tant que l'autorité d'émission ou l'autorité chargée de la mise en œuvre n'a pas fourni de tels éclaircissements ou corrections.

7. Lorsque le destinataire ne peut pas respecter son obligation de produire les données demandées en raison d'une impossibilité de fait due à des circonstances qui ne lui sont pas imputables, il en informe, sans retard injustifié, l'autorité d'émission et, lorsqu'une notification à l'autorité chargée de la mise en œuvre a eu lieu en vertu de l'article 8, l'autorité chargée de la mise en œuvre visée dans l'EPOC, en expliquant les raisons de cette impossibilité de fait au moyen du formulaire figurant à l'annexe III. Lorsque l'autorité d'émission conclut à l'existence d'une telle impossibilité de fait, elle informe le destinataire et, lorsqu'une notification à l'autorité chargée de la mise en œuvre a eu lieu en vertu de l'article 8, l'autorité chargée de la mise en œuvre, qu'il n'est plus nécessaire d'exécuter l'EPOC.

8. Dans tous les cas où le destinataire ne fournit pas les données demandées, ne les fournit pas de manière exhaustive ou ne les fournit pas dans les délais impartis, pour des raisons autres que celles visées aux paragraphes 5, 6 et 7 du présent article, il informe de ces raisons, sans retard injustifié et au plus tard dans les délais énoncés aux paragraphes 2, 3 et 4 du présent article, l'autorité d'émission et, lorsqu'une notification à l'autorité chargée de la mise en œuvre a eu lieu en vertu de l'article 8, l'autorité chargée de la mise en œuvre visée dans l'EPOC, au moyen du formulaire figurant à l'annexe III. L'autorité d'émission réexamine l'injonction européenne de production à la lumière des informations fournies par le destinataire et, si nécessaire, fixe un nouveau délai pour que le destinataire produise les données.

9. Les données sont, dans la mesure du possible, conservées soit jusqu'à leur production, indépendamment du fait que cette production soit finalement demandée sur la base d'une injonction européenne de production clarifiée et de son EPOC ou par d'autres voies, telles que l'entraide judiciaire, soit jusqu'au retrait de l'injonction européenne de production.

Lorsque la production des données et leur conservation ne sont plus nécessaires, l'autorité d'émission et, s'il y a lieu en vertu de l'article 16, paragraphe 8, l'autorité chargée de la mise en œuvre informent le destinataire sans retard injustifié.

Art. 11 *Exécution d'un EPOC-PR.* 1. Dès réception d'un EPOC-PR, le destinataire conserve les données demandées, sans retard injustifié. L'obligation de conservation des données prend fin après soixante jours, à moins que l'autorité d'émission ne confirme, au moyen du formulaire figurant à l'annexe V, qu'une demande de production ultérieure a été émise. Au cours de cette période de soixante jours, l'autorité d'émission peut, au moyen du formulaire figurant à l'annexe VI, prolonger, si nécessaire, la durée de l'obligation de conservation des données d'une période supplémentaire de trente jours pour permettre l'émission d'une demande de production ultérieure.

2. Lorsque, au cours de la période de conservation visée au paragraphe 1, l'autorité d'émission confirme qu'une demande de production ultérieure a été émise, le destinataire conserve les données aussi longtemps que nécessaire pour produire les données une fois que la demande ultérieure aura été reçue.

3. Lorsque la conservation n'est plus nécessaire, l'autorité d'émission en informe sans retard injustifié le destinataire et l'obligation de conservation fondée sur l'injonction européenne de conservation concernée prend fin.

4. Lorsque le destinataire estime, sur la seule base des informations contenues dans l'EPOC-PR, que l'exécution de l'EPOC-PR pourrait interférer avec des immunités ou des privilèges, ou avec des règles relatives à la détermination ou à la limitation de la responsabilité pénale liées à la liberté de la presse ou à la liberté d'expression dans d'autres médias, en vertu du droit de l'État chargé de la mise en œuvre, il en informe l'autorité d'émission et l'autorité chargée de la mise en œuvre au moyen du formulaire figurant à l'annexe III.

L'autorité d'émission tient compte des informations visées au premier alinéa et décide, de sa propre initiative ou à la demande de l'autorité chargée de la mise en œuvre, s'il y a lieu de retirer, d'adapter ou de maintenir l'injonction européenne de conservation.

5. Lorsque le destinataire ne peut pas respecter son obligation de conserver les données demandées parce que l'EPOC-PR est incomplet, contient des erreurs manifestes ou ne contient pas suffisamment d'informations pour être exécuté, il en informe, sans retard injustifié, l'autorité d'émission visée dans l'EPOC-PR et demande des éclaircissements au moyen du formulaire figurant à l'annexe III.

L'autorité d'émission réagit rapidement et au plus tard dans un délai de cinq jours à compter de la réception du formulaire. Le destinataire s'assure qu'il peut recevoir les éclaircissements nécessaires ou toute correction apportée par l'autorité d'émission, afin de pouvoir remplir les obligations qui lui incombent énoncées aux paragraphes 1, 2 et 3. En l'absence de réaction de l'autorité d'émission dans le délai de cinq jours, le fournisseur de services est exempté des obligations énoncées aux paragraphes 1 et 2.

6. Lorsque le destinataire ne peut pas respecter son obligation de conserver les données demandées en raison d'une impossibilité de fait due à des circonstances qui ne lui sont pas imputables, il en informe, sans retard injustifié, l'autorité d'émission visée dans l'EPOC-PR, en expliquant les raisons de cette impossibilité de fait au moyen du formulaire figurant à l'annexe III. Lorsque l'autorité d'émission conclut à l'existence d'une telle impossibilité, elle informe le destinataire qu'il n'est plus nécessaire d'exécuter l'EPOC-PR.

7. Dans tous les cas où le destinataire ne conserve pas les données demandées, pour des raisons autres que celles visées aux paragraphes 4, 5 et 6, il informe, sans retard injustifié, l'autorité d'émission de ces raisons au moyen du formulaire figurant à l'annexe III. L'autorité d'émission réexamine l'injonction européenne de conservation à la lumière de la justification fournie par le destinataire.

Art. 12 *Motifs de refus des injonctions européennes de production.* 1. Lorsque l'autorité d'émission a adressé une notification à l'autorité chargée de la mise en œuvre en vertu de l'article 8, et sans préjudice de l'article 1, paragraphe 3, l'autorité chargée de la mise en œuvre évalue les informations figurant dans l'injonction, dès que possible et au plus tard dans les dix jours suivant la réception de la notification ou, dans les cas d'urgence, au plus tard dans les 96 heures suivant la réception de la notification, et, le cas échéant, invoque un ou plusieurs des motifs de refus suivants :

a) les données demandées sont protégées par des immunités ou des privilèges accordés en vertu du droit de l'État chargé de la mise en œuvre qui empêchent l'exécution ou la mise en œuvre de l'injonction, ou les données demandées sont couvertes par des règles relatives à la détermination ou à la limitation de la responsabilité pénale liées à la liberté de la presse ou à la liberté d'expression dans d'autres médias, qui empêchent l'exécution ou la mise en œuvre de l'injonction ;

b) dans des situations exceptionnelles, il existe des motifs sérieux de croire, sur la base d'éléments précis et objectifs, que l'exécution de l'injonction entraînerait, dans les circonstances particulières de l'espèce, une violation manifeste d'un droit fondamental pertinent énoncé à l'article 6 du traité sur l'Union européenne et dans la Charte ;

c) l'exécution de l'injonction serait contraire au principe *ne bis in idem* ;

d) les faits pour lesquels l'injonction a été émise ne constituent pas une infraction au titre du droit de l'État chargé de la mise en œuvre, à moins qu'ils ne concernent une infraction figurant dans les catégories d'infractions énumérées à l'annexe IV, conformément à ce qui a été indiqué par l'autorité d'émission dans l'EPOC, si ces faits sont passibles dans l'État d'émission d'une peine ou d'une mesure de sûreté privatives de liberté d'une durée maximale d'au moins trois ans.

2. Lorsque l'autorité chargée de la mise en œuvre invoque un motif de refus en vertu du paragraphe 1, elle en informe le destinataire et l'autorité d'émission. Le destinataire met fin à l'exécution de l'injonction européenne de production et ne transfère pas les données, et l'autorité d'émission retire l'injonction.

3. Avant de décider d'invoquer un motif de refus, l'autorité chargée de la mise en œuvre à qui une notification a été adressée en vertu de l'article 8, prend contact avec l'autorité d'émission par tout moyen approprié afin d'examiner les mesures à prendre. Sur cette base, l'autorité d'émission peut décider d'adapter ou de retirer l'injonction européenne de production. Lorsque, à la suite de ces discussions, aucune solution n'est trouvée, l'autorité chargée de la mise en œuvre à qui une notification a été adressée

en vertu de l'article 8 peut décider d'invoquer des motifs de refus de l'injonction européenne de production et en informe l'autorité d'émission et le destinataire en conséquence.

4. Lorsque l'autorité chargée de la mise en œuvre décide d'invoquer des motifs de refus en vertu du paragraphe 1, elle peut indiquer si elle s'oppose au transfert de toutes les données demandées dans l'injonction européenne de production ou si les données peuvent n'être que partiellement transférées ou utilisées dans les conditions fixées par l'autorité chargée de la mise en œuvre.

5. Lorsqu'une autorité de l'État chargé de la mise en œuvre a le pouvoir de lever l'immunité ou le privilège visés au paragraphe 1, point a), du présent article, l'autorité d'émission peut demander à l'autorité chargée de la mise en œuvre à qui une notification a été adressée en vertu de l'article 8 de prendre contact avec cette autorité de l'État chargé de la mise en œuvre afin de lui demander d'exercer ce pouvoir sans retard. Lorsque le pouvoir de lever l'immunité ou le privilège relève d'une autorité d'un autre État membre ou d'un pays tiers ou relève d'une organisation internationale, l'autorité d'émission peut demander à l'autorité concernée d'exercer ce pouvoir.

Art. 13 *Information de l'utilisateur et confidentialité.* 1. L'autorité d'émission informe, sans retard injustifié, la personne dont les données sont demandées au sujet de la production de données sur la base d'une injonction européenne de production.

2. L'autorité d'émission peut, conformément au droit national de l'État d'émission, retarder ou limiter l'information de la personne dont les données sont demandées, ou ne pas informer cette personne, dans la mesure où et aussi longtemps que les conditions de l'article 13, paragraphe 3, de la directive (UE) 2016/680 sont remplies, auquel cas l'autorité d'émission indique dans le dossier les raisons du retard ou de la limitation de l'information, ou de la non-information. Une brève justification est également ajoutée dans l'EPOC.

3. Lorsqu'elle informe la personne dont les données sont demandées conformément au paragraphe 1 du présent article, l'autorité d'émission fournit des informations sur les voies de recours disponibles en vertu de l'article 18.

4. Les destinataires et, s'il s'agit de personnes différentes, les fournisseurs de services prennent les mesures opérationnelles et techniques les plus modernes nécessaires afin de garantir la confidentialité, le secret et l'intégrité de l'EPOC ou de l'EPOC-PR ainsi que des données produites ou conservées.

Art. 14 *Remboursement des frais.* 1. Le fournisseur de services peut demander à l'État d'émission le remboursement de ses frais, si le droit national de l'État d'émission le prévoit pour les injonctions nationales dans des situations similaires, conformément au droit national de cet État. Les États membres informent la Commission de leurs règles nationales en matière de remboursement et la Commission les rend publiques.

2. Le présent article ne s'applique pas au remboursement des coûts du système informatique décentralisé visé à l'article 25.

CHAPITRE III *SANCTIONS ET MISE EN ŒUVRE*

Art. 15 *Sanctions.* 1. Sans préjudice de leur droit national prévoyant d'imposer des sanctions pénales, les États membres déterminent le régime des sanctions pécuniaires applicables aux violations des articles 10 et 11 et de l'article 13, paragraphe 4, conformément à l'article 16, paragraphe 10, et prennent toutes les mesures nécessaires pour assurer la mise en œuvre de ces sanctions. Les sanctions pécuniaires prévues doivent être effectives, proportionnées et dissuasives. Les États membres veillent à ce que des sanctions pécuniaires allant jusqu'à 2 % du chiffre d'affaires annuel mondial total du fournisseur de services pour l'exercice précédent puissent être imposées. Les États membres informent la Commission, sans retard, du régime ainsi déterminé et des mesures ainsi prises, de même que, sans retard, de toute modification apportée ultérieurement à ce régime ou à ces mesures.

2. Sans préjudice des obligations en matière de protection des données, les fournisseurs de services ne sont pas tenus responsables dans les États membres du préjudice causé à leurs utilisateurs ou à des tiers qui résulte exclusivement du respect de bonne foi d'un EPOC ou d'un EPOC-PR.

Art. 16 *Procédure de mise en œuvre.* 1. Lorsque le destinataire ne respecte pas un EPOC dans les délais impartis ou un EPOC-PR, sans fournir de raisons acceptées par l'autorité d'émission et, le cas échéant, lorsque l'autorité chargée de la mise en œuvre n'a invoqué aucun des motifs de refus énumérés à l'article 12, l'autorité d'émission peut demander à l'autorité chargée de la mise en œuvre de mettre en œuvre l'injonction européenne de production ou l'injonction européenne de conservation.

Aux fins de la mise en œuvre visée au premier alinéa, l'autorité d'émission transfère l'injonction concernée, le formulaire figurant à l'annexe III complété par le destinataire, et tout document pertinent conformément à l'article 19. L'autorité d'émission traduit l'injonction concernée, ainsi que tout document devant être transmis, dans l'une des langues acceptées par l'État chargé de la mise en œuvre et informe le destinataire du transfert.

2. Dès réception des documents, l'autorité chargée de la mise en œuvre reconnaît les injonctions ci-après, sans autres formalités, et prend les mesures nécessaires à leur mise en œuvre :

a) une injonction européenne de production, à moins qu'elle ne considère que l'un des motifs prévus au paragraphe 4 s'applique ; ou

b) une injonction européenne de conservation, à moins qu'elle ne considère que l'un des motifs prévus au paragraphe 5 s'applique.

L'autorité chargée de la mise en œuvre décide de reconnaître ou non l'injonction sans retard injustifié et au plus tard dans un délai de cinq jours ouvrables suivant sa réception.

3. L'autorité chargée de la mise en œuvre enjoint formellement au destinataire de se conformer à ses obligations pertinentes et l'informe des éléments suivants :

a) la possibilité de formuler une objection à l'exécution de l'injonction concernée en invoquant un ou plusieurs des motifs énumérés au paragraphe 4, points a) à f), ou au paragraphe 5, points a) à e) ;

b) les sanctions applicables en cas de manquement ; et

c) le délai de mise en conformité ou d'objection.

4. La mise en œuvre de l'injonction européenne de production ne peut être refusée que sur la base d'un ou de plusieurs des motifs suivants :

a) l'injonction européenne de production n'a pas été émise ou validée par une autorité d'émission prévue à l'article 4 ;

b) l'injonction européenne de production n'a pas été émise pour une infraction prévue à l'article 5, paragraphe 4 ;

c) le destinataire n'a pas pu se conformer à l'EPOC en raison d'une impossibilité de fait due à des circonstances qui ne lui sont pas imputables, ou parce que l'EPOC contient des erreurs manifestes ;

d) l'injonction européenne de production ne concerne pas des données stockées par le fournisseur de services ou pour son compte au moment de la réception de l'EPOC ;

e) le service n'est pas couvert par le présent règlement ;

f) les données demandées sont protégées par des immunités ou des privilèges accordés en vertu du droit de l'État chargé de la mise en œuvre, ou les données demandées sont couvertes par des règles relatives à la détermination ou à la limitation de la responsabilité pénale liées à la liberté de la presse ou à la liberté d'expression dans d'autres médias, qui empêchent l'exécution ou la mise en œuvre de l'injonction européenne de production ;

g) dans des situations exceptionnelles, sur la base des seules informations contenues dans l'EPOC, il est évident qu'il existe des motifs sérieux de croire, sur la base d'éléments de preuve précis et objectifs, que l'exécution de l'injonction européenne de production entraînerait, dans les circonstances particulières de l'espèce, une violation manifeste d'un droit fondamental pertinent énoncé à l'article 6 du traité sur l'Union européenne et dans la Charte.

5. La mise en œuvre de l'injonction européenne de conservation ne peut être refusée que sur la base d'un ou de plusieurs des motifs suivants :

a) l'injonction européenne de production n'a pas été émise ou validée par une autorité d'émission prévue à l'article 4 ;

b) le destinataire n'a pas pu se conformer à l'EPOC-PR en raison d'une impossibilité de fait due à des circonstances qui ne lui sont pas imputables, ou parce que l'EPOC-PR contient des erreurs manifestes ;

c) l'injonction européenne de conservation ne concerne pas des données stockées par le fournisseur de services ou pour son compte au moment de la réception de l'EPOC-PR ;

d) le service ne relève pas du champ d'application du présent règlement ;

e) les données demandées sont protégées par des immunités ou des privilèges accordés en vertu du droit de l'État chargé de la mise en œuvre, ou les données demandées sont couvertes par des règles relatives à la détermination ou à la limitation de la responsabilité pénale liées à la liberté de la presse ou à la liberté d'expression dans d'autres médias, qui empêchent l'exécution ou la mise en œuvre de l'injonction européenne de conservation ;

f) dans des situations exceptionnelles, sur la base des seules informations contenues dans l'EPOC-PR, il est évident qu'il existe des motifs sérieux de croire, sur la base d'éléments de preuve précis et objectifs, que l'exécution de l'injonction européenne de conservation entraînerait, dans les circonstances particulières de l'espèce, une violation manifeste d'un droit fondamental pertinent énoncé à l'article 6 du traité sur l'Union européenne et dans la Charte.

6. En cas d'objection du destinataire visée au paragraphe 3, point a), l'autorité chargée de la mise en œuvre décide de mettre en œuvre ou non l'injonction européenne de production ou l'injonction européenne de conservation sur la base de toute information fournie par le destinataire et, si nécessaire, des informations supplémentaires obtenues auprès de l'autorité d'émission conformément au paragraphe 7.

7. Avant de décider de ne pas reconnaître ou de ne pas mettre en œuvre l'injonction européenne de production ou l'injonction européenne de conservation conformément au paragraphe 2 ou 6 respectivement, l'autorité chargée de la mise en œuvre consulte l'autorité d'émission par tout moyen approprié. S'il y a lieu, elle demande des informations complémentaires à l'autorité d'émission. L'autorité d'émission répond à toute demande de ce type dans un délai de cinq jours ouvrables.

8. L'autorité chargée de la mise en œuvre notifie immédiatement toutes ses décisions à l'autorité d'émission et au destinataire.

9. Si l'autorité chargée de la mise en œuvre obtient du destinataire les données demandées par une injonction européenne de production, elle transmet ces données sans retard injustifié à l'autorité d'émission.

10. Lorsque le destinataire ne respecte pas les obligations qui lui incombent en vertu d'une injonction européenne de production ou d'une injonction européenne de conservation dont le caractère exécutoire a été confirmé par l'autorité chargée de la mise en œuvre, cette autorité impose une sanction pécuniaire conformément à l'article 15. Un recours juridictionnel effectif est disponible contre une décision d'imposer une sanction pécuniaire.

CHAPITRE IV *CONFLITS DE LOIS ET VOIES DE RECOURS*

Art. 17 *Procédure de réexamen en cas d'obligations en conflit.* 1. Lorsqu'un destinataire considère que le respect d'une injonction européenne de production entrerait en conflit avec une obligation découlant du droit applicable d'un pays tiers, il informe l'autorité d'émission et l'autorité chargée de la mise en œuvre des raisons pour lesquelles il n'exécute pas l'injonction européenne de production, conformément à la procédure fixée à l'article 10, paragraphes 8 et 9, au moyen du formulaire figurant à l'annexe III (« objection motivée »).

2. L'objection motivée comprend toutes les informations pertinentes sur le droit du pays tiers, son applicabilité en l'espèce et la nature de l'obligation en conflit. L'objection motivée n'est pas fondée sur :

a) le fait que des dispositions similaires concernant les conditions, les formalités et les procédures d'émission d'une injonction de production n'existent pas dans le droit applicable du pays tiers ; ou

b) le seul fait que les données sont stockées dans un pays tiers.

L'objection motivée est formulée au plus tard dix jours après la date à laquelle le destinataire a reçu l'EPOC.

3. L'autorité d'émission réexamine l'injonction européenne de production sur la base de l'objection motivée et de toute contribution fournie par l'État chargé de la mise en œuvre. Lorsque l'autorité d'émission a l'intention de maintenir l'injonction européenne de production, elle demande un réexamen par la juridiction compétente de l'État d'émission. L'exécution de l'injonction européenne de production est suspendue en attendant la fin de la procédure de réexamen.

4. La juridiction compétente évalue d'abord s'il existe un conflit d'obligations, en examinant :

a) si le droit du pays tiers est applicable en fonction des circonstances spécifiques de l'affaire en question ; et

b) si le droit du pays tiers, lorsqu'il est applicable conformément au point a), interdit la divulgation des données concernées lorsqu'il est appliqué aux circonstances particulières de l'affaire en question.

5. Lorsque la juridiction compétente constate qu'il n'existe pas de conflit d'obligations au sens des paragraphes 1 et 4, elle maintient l'injonction européenne de production.

6. Lorsque la juridiction compétente établit, sur la base de l'examen visé au paragraphe 4, point b), que le droit du pays tiers interdit la divulgation des données concernées, elle décide s'il y a lieu de maintenir ou de lever l'injonction européenne de production. Cette évaluation est en particulier fondée sur les facteurs suivants, une importance particulière étant accordée aux facteurs visés aux points a) et b) :

a) l'intérêt protégé par la disposition de droit pertinente du pays tiers, y compris les droits fondamentaux ainsi que d'autres intérêts fondamentaux empêchant la divulgation des données, en particulier les intérêts liés à la sécurité nationale du pays tiers ;

b) le degré de connexion entre l'affaire pénale pour laquelle l'injonction européenne de production a été émise et l'une ou l'autre des deux juridictions, comme l'indiquent entre autres :

i) la localisation, la nationalité et le lieu de résidence de la personne dont les données sont demandées ou de la ou des victimes de l'infraction pénale en question ;

ii) le lieu où l'infraction pénale en question a été commise ;

c) le degré de connexion entre le fournisseur de services et le pays tiers en question ; dans ce contexte, le lieu de stockage des données à lui seul ne suffit pas à établir un degré substantiel de connexion ;

d) l'intérêt de l'État enquêteur à obtenir les preuves concernées, en fonction de la gravité de l'infraction et de l'importance d'obtenir rapidement des preuves ;

e) les éventuelles conséquences pour le destinataire ou le fournisseur de services du respect de l'injonction européenne de production, y compris les éventuelles sanctions.

7. La juridiction compétente peut demander des informations auprès de l'autorité compétente du pays tiers, compte tenu de la directive (UE) 2016/680, en particulier de son chapitre V, et dans la mesure où cette demande n'entrave pas la procédure pénale concernée. L'État d'émission demande notamment des informations à l'autorité compétente du pays tiers lorsque le conflit d'obligations concerne des droits fondamentaux ou d'autres intérêts fondamentaux du pays tiers liés à la sécurité et à la défense nationales.

8. Si la juridiction compétente décide de lever l'injonction européenne de production, elle en informe l'autorité d'émission et le destinataire. Si la juridiction compétente décide que l'injonction européenne de production doit être maintenue, elle informe l'autorité d'émission et le destinataire, lequel procède à l'exécution de l'injonction.

9. Aux fins des procédures prévues par le présent article, les délais sont calculés conformément au droit national de l'autorité d'émission.

10. L'autorité d'émission informe l'autorité chargée de la mise en œuvre du résultat de la procédure de réexamen.

Art. 18 *Recours effectifs.* 1. Sans préjudice d'autres recours légaux disponibles conformément au droit national, toute personne dont les données ont été demandées au moyen d'une injonction européenne de production a droit à des recours effectifs contre cette injonction. Si cette personne est un suspect ou une personne poursuivie, elle a droit a des recours effectifs pendant la procédure pénale dans le cadre de laquelle les données ont été utilisées. Le droit à des recours effectifs visé au présent paragraphe est sans préjudice du droit de former un recours prévu par le règlement (UE) 2016/679 et la directive (UE) 2016/680.

2. Le droit à des recours effectifs s'exerce devant une juridiction de l'État d'émission conformément au droit de cet État et comprend la possibilité de contester la légalité de la mesure, y compris sa nécessité et sa proportionnalité, sans préjudice des garanties des droits fondamentaux dans l'État chargé de la mise en œuvre.

3. Aux fins de l'article 13, paragraphe 1, des informations sont fournies en temps utile sur les possibilités de former un recours prévues par le droit national et il est veillé à ce que ces recours puissent être effectivement exercés.

4. Les mêmes délais ou autres conditions pour la formation de recours dans le cadre de procédures nationales similaires s'appliquent aux fins du présent règlement et d'une manière qui garantit que les personnes concernées puissent exercer leur droit à ces recours de manière effective.

5. Sans préjudice des règles de procédure nationales, l'État d'émission et tout autre État membre auquel des preuves électroniques ont été transmises en vertu du présent règlement garantissent que les droits de la défense et l'équité de la procédure sont respectés lors de l'évaluation des preuves obtenues au moyen de l'injonction européenne de production.

CHAPITRE V *SYSTÈME INFORMATIQUE DÉCENTRALISÉ*

Art. 19 *Communication numérique sécurisée et échange de données entre les autorités compétentes et les fournisseurs de services et entre les autorités compétentes.* 1. La communication écrite entre les autorités compétentes et les établissements désignés ou les représentants légaux au titre du présent règlement, y compris l'échange des formulaires prévus par le présent règlement et des données demandées dans le cadre d'une injonction européenne de production ou d'une injonction européenne de conservation, s'effectue au moyen d'un système informatique décentralisé sécurisé et fiable (ci-après dénommé « système informatique décentralisé »).

2. Chaque État membre veille à ce que les établissements désignés ou les représentants légaux des fournisseurs de services situés dans cet État membre aient accès au système informatique décentralisé par l'intermédiaire de leur système informatique national respectif.

3. Les fournisseurs de services veillent à ce que leurs établissements désignés ou leurs représentants légaux puissent utiliser le système informatique décentralisé via le système informatique national concerné afin de recevoir les EPOC et les EPOC-PR, d'envoyer les données demandées à l'autorité d'émission et de communiquer d'une autre manière avec l'autorité d'émission et l'autorité chargée de la mise en œuvre, comme le prévoit le présent règlement.

4. La communication écrite entre les autorités compétentes au titre du présent règlement, y compris l'échange des formulaires prévus par le présent règlement et des données demandées dans le cadre de la procédure de mise en œuvre prévue à l'article 16, ainsi que la communication écrite avec les agences ou organes compétents de l'Union, s'effectuent au moyen du système informatique décentralisé.

5. Lorsque la communication au moyen du système informatique décentralisé conformément au paragraphe 1 ou 4 n'est pas possible en raison, par exemple, d'une panne du système informatique décentralisé, de la nature des documents à transmettre, de contraintes techniques telles que le volume des données, de contraintes juridiques liées à la recevabilité des données demandées en tant que preuves ou aux exigences en matière de criminalistique applicables aux données demandées, ou de circonstances exceptionnelles, la transmission est effectuée à l'aide des moyens de substitution les plus appropriés, compte tenu de la nécessité de garantir la rapidité, la sécurité et la fiabilité de l'échange d'informations, et de permettre au destinataire d'en établir l'authenticité.

6. Lorsqu'une transmission est effectuée par des moyens de substitution comme le prévoit le paragraphe 5, l'autorité à l'origine de la transmission enregistre, sans retard injustifié, la transmission, y compris, s'il y a lieu, la date et l'heure de la transmission, l'expéditeur et le destinataire, le nom du fichier et sa taille, dans le système informatique décentralisé.

Art. 20 *Effets juridiques des documents électroniques.* Les documents transmis dans le cadre d'une communication numérique ne sauraient être privés d'effet juridique et considérés comme irrecevables dans le cadre de procédures judiciaires transfrontières relevant du présent règlement au seul motif qu'ils se présentent sous forme numérique.

Art. 21 *Signatures et cachets électroniques.* 1. Le cadre juridique général régissant l'utilisation des services de confiance exposé dans le règlement (UE) n° 910/2014 s'applique aux communications électroniques relevant du présent règlement.

2. Lorsqu'un document transmis dans le cadre d'une communication numérique visée à l'article 19, paragraphe 1 ou 4, du présent règlement exige un cachet ou une signature conformément au présent règlement, il porte un cachet électronique qualifié ou une signature électronique qualifiée au sens du règlement (UE) n° 910/2014.

CHAPITRE VI *DISPOSITIONS FINALES*

Art. 27 *Langues.* Chaque État membre peut décider, à tout moment, d'accepter les traductions des EPOC et des EPOC-PR dans une ou plusieurs langues officielles de l'Union en plus de sa ou ses langues officielles, et communique cette décision à la Commission par déclaration écrite. La Commission met ces déclarations à la disposition de tous les États membres et du réseau judiciaire européen.

Directive (UE) 2023/1544 du 12 juillet 2023,

Établissant des règles harmonisées concernant la désignation d'établissements désignés et de représentants légaux aux fins de l'obtention de preuves électroniques dans le cadre des procédures pénales.

Art. 1er *Objet et champ d'application.* 1. La présente directive établit des règles relatives à la désignation d'établissements désignés et de représentants légaux de certains fournisseurs de services qui proposent des services dans l'Union pour la réception, le respect et l'exécution des décisions et des injonctions émises par les autorités compétentes des États membres aux fins de l'obtention de preuves dans le cadre de procédures pénales.

2. La présente directive s'applique aux décisions et aux injonctions visant à obtenir des preuves électroniques sur la base du règlement (UE) 2023/1543, de la directive 2014/41/UE et de la convention établie par le Conseil conformément à l'article 34 du traité sur l'Union européenne, relative à l'entraide judiciaire en matière pénale entre les États membres de l'Union européenne. Elle s'applique aussi aux décisions et aux injonctions visant à obtenir des preuves électroniques sur la base du droit national qui sont adressées par un État membre à une personne physique ou morale agissant en qualité de représentant légal ou d'établissement désigné d'un fournisseur de services sur le territoire de cet État membre.

3. La présente directive est sans préjudice des pouvoirs des autorités nationales découlant du droit de l'Union et du droit national de s'adresser directement aux fournisseurs de services établis sur leur territoire aux fins de l'obtention de preuves électroniques dans le cadre de procédures pénales.

4. Les États membres n'imposent pas aux fournisseurs de services d'autres obligations que celles découlant de la présente directive, notamment en ce qui concerne la désignation d'établissements désignés ou de représentants légaux, aux fins énoncées au paragraphe 1.

5. La présente directive s'applique aux fournisseurs de services définis à l'article 2, point 1), qui proposent leurs services dans l'Union. Elle ne s'applique pas aux fournisseurs de services qui sont établis sur le territoire d'un seul État membre et proposent des services exclusivement sur le territoire de cet État membre.

Art. 2 *Définitions.* Aux fins de la présente directive, on entend par :

1) « fournisseur de services » : toute personne physique ou morale qui fournit une ou plusieurs des catégories de services suivants, à l'exception des services financiers visés à l'article 2, paragraphe 2, point b), de la directive 2006/123/CE du Parlement européen et du Conseil *[du 12 décembre 2006 relative aux services dans le marché intérieur]* :

a) des services de communications électroniques tels qu'ils sont définis à l'article 2, point 4), de la directive (UE) 2018/1972 ;

b) des services d'attribution de noms de domaine sur l'internet et de numérotation IP, tels que l'attribution d'adresses IP, les services du registre de noms de domaine, les services du bureau d'enregistrement de noms de domaine et les services d'anonymisation et d'enregistrement fiduciaire liés aux noms de domaine ;

c) d'autres services de la société de l'information visés à l'article 1er, paragraphe 1, point b), de la directive (UE) 2015/1535 qui :

i) permettent à leurs utilisateurs de communiquer entre eux ; ou

ii) permettent de stocker ou de traiter d'une autre manière des données pour le compte des utilisateurs auxquels le service est fourni, à condition que le stockage des données soit une composante déterminante du service fourni à l'utilisateur ;

2) « proposer des services sur le territoire d'un État membre » :

a) permettre aux personnes physiques ou morales dans un État membre d'utiliser les services énumérés au point 1) ; et

b) avoir un lien substantiel, fondé sur des critères factuels spécifiques, avec l'État membre visé au point a) ; un tel lien substantiel est réputé exister lorsque le fournisseur de services dispose d'un établissement dans ledit État membre ou, en l'absence d'un tel établissement, lorsqu'il existe un nombre significatif d'utilisateurs dans ledit État membre ou lorsqu'il existe un ciblage des activités sur ledit État membre ;

3) « proposer des services dans l'Union » :

a) permettre aux personnes physiques ou morales dans un État membre d'utiliser les services énumérés au point 1) ; et

b) avoir un lien substantiel, fondé sur des critères factuels spécifiques, avec l'État membre visé au point a) ; un tel lien substantiel est réputé exister lorsque le fournisseur de services dispose d'un établissement dans un État membre ou, en l'absence d'un tel établissement, lorsqu'il existe un nombre significatif d'utilisateurs dans un ou plusieurs États membres ou lorsqu'il existe un ciblage des activités sur un ou plusieurs États membres ;

4) « établissement » : une entité qui exerce de manière effective une activité économique pendant une durée indéterminée au moyen d'une infrastructure stable à partir de laquelle l'activité de fourniture de services est réalisée ou à partir de laquelle l'activité est gérée ;

5) « établissement désigné » : un établissement doté de la personnalité juridique désigné par écrit par un fournisseur de services établi dans un État membre participant à un instrument juridique visé à l'article 1er, paragraphe 2, aux fins visées à l'article 1er, paragraphe 1, et à l'article 3, paragraphe 1 ;

6) « représentant légal » : toute personne physique ou morale désignée par écrit par un fournisseur de services qui n'est pas établi dans un État membre participant à un instrument juridique visé à l'article 1er, paragraphe 2, aux fins visées à l'article 1er, paragraphe 1, et à l'article 3, paragraphe 1.

Art. 3 *Établissements désignés et représentants légaux.* 1. Les États membres veillent à ce que les fournisseurs de services qui proposent des services dans l'Union désignent au moins un destinataire pour la réception, le respect et l'exécution des décisions et des injonctions relevant du champ d'application prévu à l'article 1er, paragraphe 2 (ci-après dénommées « décisions et injonctions relevant du champ d'application prévu à l'article 1er, paragraphe 2 »), émises par les autorités compétentes des États membres aux fins de l'obtention de preuves dans le cadre des procédures pénales, comme suit :

a) pour les fournisseurs de services établis dans l'Union et dotés de la personnalité juridique, les États membres dans lesquels les fournisseurs de services sont établis veillent à ce que ces fournisseurs de services désignent le ou les établissements désignés responsables des activités décrites dans la partie introductive du présent paragraphe ;

b) pour les fournisseurs de services qui ne sont pas établis dans l'Union et dotés de la personnalité juridique, les États membres veillent à ce que les fournisseurs de services qui proposent des services sur leur territoire désignent le ou les représentants légaux responsables des activités décrites dans la partie introductive du présent paragraphe dans les États membres participant aux instruments visés à l'article 1er, paragraphe 2 ;

c) pour les fournisseurs de services établis dans des États membres qui ne participent pas aux instruments visés à l'article 1er, paragraphe 2, les États membres veillent à ce que les fournisseurs de services qui proposent des services sur leur territoire désignent le ou les représentants légaux responsables des activités décrites dans la partie introductive du présent paragraphe dans les États membres participant à ces instruments.

2. Les États membres veillent à ce que les destinataires visés au paragraphe 1 :

a) soient établis ou résident dans un État membre où les fournisseurs de services proposent leurs services ; et

b) puissent faire l'objet de procédures d'exécution.

3. Les États membres veillent à ce que les décisions et injonctions relevant du champ d'application prévu à l'article 1er, paragraphe 2, soient adressées à l'établissement désigné ou au représentant légal, désigné à cette fin conformément au paragraphe 1 du présent article.

4. Les États membres veillent à ce que les fournisseurs de services établis sur leur territoire ou proposant des services sur leur territoire dotent leurs établissements désignés et leurs représentants légaux des pouvoirs et des ressources nécessaires pour se conformer aux décisions et injonctions relevant du champ d'application prévu à l'article 1er, paragraphe 2, reçues d'un État membre. Les États membres vérifient également que les établissements désignés qui sont établis sur leur territoire ou les représentants légaux qui résident sur leur territoire ont reçu de la part des fournisseurs de services les pouvoirs et les ressources nécessaires pour se conformer aux décisions et injonctions reçues d'un État membre et qu'ils coopèrent avec les autorités compétentes lorsqu'ils reçoivent ces décisions et injonctions, conformément au cadre légal applicable.

5. Les États membres veillent à ce que tant l'établissement désigné ou le représentant légal que le fournisseur de services puissent être tenus solidairement responsables du non-respect d'obligations découlant du cadre légal applicable lors de la réception de décisions et d'injonctions relevant du champ d'application prévu à l'article 1er, paragraphe 2, de sorte que chacun d'entre eux puisse être soumis à des sanctions en cas de manquement de l'un d'entre eux. En particulier, les États membres veillent à ce que le fournisseur de services ou l'établissement désigné, ou le représentant légal le cas échéant, ne puisse invoquer l'absence de procédures internes appropriées entre le fournisseur de services et l'établissement désigné ou le représentant légal pour justifier le non-respect de ces obligations. La responsabilité solidaire ne s'applique pas aux actions ou omissions du fournisseur de services ou de l'établissement désigné, ou du représentant légal le cas échéant, qui constituent une infraction pénale dans l'État membre qui impose les sanctions.

6. Les États membres veillent à ce que les fournisseurs de services qui proposent des services dans l'Union au 18 février 2026 aient l'obligation de désigner des établissements désignés ou des représentants légaux au plus tard le 18 août 2026 et que les fournisseurs de services qui commencent à proposer des services dans l'Union après le 18 février 2026 aient l'obligation de désigner des établissements désignés ou des représentants légaux dans un délai de six mois à compter de la date à laquelle ces fournisseurs de services commencent à proposer des services dans l'Union.

Art. 4 *Notifications et langues.* 1. Les États membres veillent à ce que chaque fournisseur de services établi sur leur territoire ou proposant des services sur leur territoire notifie par écrit, à l'autorité centrale de l'État membre dans lequel son établissement désigné est établi ou dans lequel son représentant légal réside, désignée conformément à l'article 6, les coordonnées de contact de cet établissement ou de ce représentant légal, et toute modification de ces données.

2. La notification visée au paragraphe 1 précise la ou les langues officielles de l'Union, visées dans le règlement n° 1 du Conseil *[portant fixation du régime linguistique de la Communauté économique européenne]*, dans lesquelles il est possible de s'adresser au représentant légal ou à l'établissement désigné. Ces langues comprennent une ou plusieurs des langues officielles prévues par le droit national de l'État membre dans lequel l'établissement désigné est établi ou dans lequel le représentant légal réside.

3. Lorsqu'un fournisseur de services désigne plusieurs établissements désignés ou plusieurs représentants légaux conformément à l'article 3, paragraphe 1, les États membres veillent à ce que ces fournisseurs de services précisent, dans la notification visée au paragraphe 1 du présent article, la portée territoriale précise de la désignation de ces établissements désignés ou de ces représentants légaux. La notification précise la ou les langues officielles de l'Union ou des États membres dans lesquelles il est possible de s'adresser à chacun des établissements désignés ou des représentants légaux.

4. Les États membres veillent à ce que les informations qui leur sont notifiées conformément au présent article soient mises à la disposition du public sur une page internet spécifique du Réseau judiciaire européen en matière pénale. Les États membres veillent à ce que ces informations soient régulièrement mises à jour. Ces informations peuvent être diffusées davantage pour en faciliter l'accès par les autorités compétentes.

Art. 5 *Sanctions.* Les États membres déterminent le régime des sanctions applicables aux violations des dispositions nationales adoptées en vertu des articles 3 et 4 et prennent toutes les mesures nécessaires pour assurer la mise en œuvre de ces sanctions. Ces sanctions doivent être effectives, proportionnées et dissuasives. Les États membres informent la Commission, au plus tard le 18 février 2026, du régime ainsi déterminé et des mesures ainsi prises, de même que, sans retard, de toute modification apportée ultérieurement à ce régime ou à ces mesures. En outre, les États membres informent chaque année la Commission des cas de fournisseurs de services défaillants, des mesures d'exécution prises à leur encontre et des sanctions imposées.

Art. 6 *Autorités centrales.* 1. Conformément à leur ordre juridique, les États membres désignent une ou plusieurs autorités centrales pour garantir l'application cohérente et proportionnée de la présente directive.

2. Les États membres informent la Commission de la désignation de la ou des autorités centrales en vertu du paragraphe 1. La Commission transmet aux États membres une liste des autorités centrales désignées et met cette liste à la disposition du public.

3. Les États membres veillent à ce que leurs autorités centrales se coordonnent et coopèrent entre elles et, le cas échéant, avec la Commission, et à ce que les autorités centrales se transmettent toute information utile et se prêtent une assistance mutuelle afin d'appliquer la présente directive d'une manière cohérente et proportionnée. La coordination, la coopération, la transmission d'informations et la fourniture d'assistance concernent, en particulier, les mesures d'exécution.

Art. 7 *Transposition.* 1. Les États membres mettent en vigueur les dispositions législatives, réglementaires et administratives nécessaires pour se conformer à la présente directive au plus tard le 18 février 2026. Ils communiquent immédiatement à la Commission le texte de ces dispositions.

2. Lorsque les États membres adoptent ces dispositions, celles-ci contiennent une référence à la présente directive ou sont accompagnées d'une telle référence lors de leur publication officielle. Les modalités de cette référence sont arrêtées par les États membres.

3. Les États membres communiquent à la Commission le texte des dispositions de droit interne qu'ils adoptent dans le domaine régi par la présente directive.

B Comité européen de la protection des données (CEPD – anc. G29)

Lignes directrices du G29 du 5 avril 2017,

Concernant les délégués à la protection des données (DPD) (WP 243 rev. 01).

Adoptées le 13 déc. 2016 et révisées le 5 avr. 2017.

1. Introduction

Le Règlement général sur la protection des données (RGPD) *[Règl. (UE) 2016/679 du Parlement européen et du Conseil du 27 avr. 2016]*, qui devrait prendre effet le 25 mai 2018, fournit un cadre de conformité modernisé, fondé sur la responsabilité, en matière de protection des données en Europe. Les délégués à la protection des données (DPD) seront au cœur de ce nouveau cadre juridique pour de nombreux organismes, pour faciliter la conformité avec les dispositions du RGPD.

En vertu du RGPD, certains responsables du traitement et sous-traitants ont l'obligation de désigner un DPD *[La désignation d'un DPD est également obligatoire pour les autorités compétentes en vertu de l'art. 32 de la dir. (UE) 2016/680 du Parlement européen et du Conseil du 27 avr. 2016 relative à la protection des personnes physiques à l'égard du traitement des données à caractère personnel par les autorités compétentes à des fins de prévention et de détection des infractions pénales, d'enquêtes et de poursuites en la matière ou d'exécution de sanctions pénales, et à la libre circulation de ces données, et abrogeant la décision-cadre 2008/977/JAI du Conseil, ainsi que de la législation de transposition nationale. Bien que les présentes lignes directrices portent essentiellement sur les DPD désignés en vertu du RGPD, elles sont également pertinentes pour les DPD désignés en vertu de la dir. (UE) 2016/680, en ce qui concerne les dispositions similaires des deux actes]*. Cette obligation s'appliquera à l'ensemble des autorités et organismes publics (indépendamment de la nature des données qu'ils traitent), ainsi qu'à d'autres organismes dont les activités de base consistent en un suivi systématique à grande échelle de personnes ou en un traitement à grande échelle de catégories particulières de données à caractère personnel.

Même lorsque le RGPD n'exige pas spécifiquement la désignation d'un DPD, les organismes peuvent parfois juger utile d'en désigner un sur une base volontaire. Le groupe de travail "Article 29" sur la protection des données ("G29") encourage ces efforts déployés sur une base volontaire.

La notion de DPD n'est pas nouvelle. Bien que la directive 95/46/CE *[du 24 oct. 1995 relative à la protection des personnes physiques à l'égard du traitement des données à caractère personnel et à la libre circulation de ces données]* ne contraigne aucun organisme à désigner un DPD, la pratique consistant à désigner un DPD s'est néanmoins installée dans plusieurs États membres au fil des ans.

Avant l'adoption du RGPD, le G29 avait fait valoir que le DPD était l'une des pierres angulaires du régime de responsabilité et que la désignation d'un DPD pouvait faciliter le respect des règles et, en outre, devenir un avantage concurrentiel pour les entreprises *[V. http://ec.europa.eu/justice/data-protection/article-29/documentation/other-document/files/2015/20150617_appendix_core_issues_plenary_fr.pdf]*. Outre qu'ils favorisent le respect des règles grâce à la mise en œuvre d'outils de responsabilité (comme la facilitation d'analyses d'impact relatives à la protection des données et la facilitation ou la réalisation d'audits relatifs à la protection des données), les DPD agissent comme intermédiaires entre les acteurs concernés (par exemple, les autorités de contrôle, les personnes concernées et les entités économiques au sein d'un organisme).

Les DPD ne sont pas personnellement responsables en cas de non-respect du RGPD. Ce dernier établit clairement que c'est le responsable du traitement ou le sous-traitant qui est tenu de s'assurer et d'être en mesure de démontrer que le traitement est effectué conformément à ses dispositions (art. 24, § 1). Le respect de la protection des données relève de la responsabilité du responsable du traitement ou du sous-traitant.

Le responsable du traitement ou le sous-traitant jouent également un rôle essentiel pour permettre l'exécution efficace des missions du DPD. La désignation d'un DPD est une première étape, mais celui-ci doit aussi disposer d'une autonomie et de ressources suffisantes pour s'acquitter efficacement de ses missions.

Le RGPD reconnaît le DPD en tant qu'acteur clé dans le nouveau système de gouvernance des données et établit les conditions relatives à sa désignation, à sa fonction et à ses missions. L'objectif des présentes lignes directrices est de préciser les dispositions pertinentes du RGPD afin d'aider les responsables du traitement et les sous-traitants à respecter la législation, mais aussi d'assister les DPD dans leur rôle. Les présentes lignes directrices formulent également des recommandations en matière de bonnes pratiques, en s'appuyant sur l'expérience acquise dans certains États membres de l'Union. Le G29 assurera le suivi de la mise en œuvre des présentes lignes directrices et pourrait les compléter avec des précisions supplémentaires si nécessaire.

2. Désignation d'un DPD

2.1. *Désignation obligatoire*

L'article 37, paragraphe 1, du RGPD requiert la désignation d'un DPD dans trois cas spécifiques *[Il est à noter que, conformément à l'art. 37, § 4, le droit de l'Union ou des États membres peut exiger la désignation de DPD dans d'autres situations également]* :

a) lorsque le traitement est effectué par une autorité publique ou un organisme public *[A l'exception des juridictions agissant dans l'exercice de leur fonction juridictionnelle, V. art. 32 de la Dir. (UE) 2016/680]* ;

b) lorsque les activités de base du responsable du traitement ou du sous-traitant consistent en des opérations de traitement qui exigent un suivi régulier et systématique à grande échelle des personnes concernées ; ou

c) lorsque les activités de base du responsable du traitement ou du sous-traitant consistent en un traitement à grande échelle de catégories particulières de données *[Conformément à l'art. 9, ces catégories incluent les données à caractère personnel qui révèlent l'origine raciale ou ethnique, les opinions politiques, les convictions religieuses ou philosophiques ou l'appartenance syndicale ; est également visé le traitement des données génétiques, des données biométriques aux fins d'identifier une personne physique de manière unique, des données concernant la santé ou des données concernant la vie sexuelle ou l'orientation sexuelle d'une personne physique]* ou *[L'art., § 1, pt c, utilise le terme "et". V. le pt 2.1.5 ci-dessous pour des explications concernant l'utilisation du terme "ou" au lieu du terme "et"]* de données à caractère personnel relatives à des condamnations pénales et à des infractions *[Art. 10]*.

Dans les points ci-après, le G29 donne des orientations en ce qui concerne les critères et la terminologie figurant à l'article 37, paragraphe 1.

A moins qu'il soit évident qu'un organisme n'est pas tenu de désigner un DPD, le G29 recommande que les responsables du traitement et les sous-traitants documentent l'analyse interne effectuée afin de déterminer si, oui ou non, il y a lieu de désigner un DPD, afin qu'ils soient en mesure de démontrer que les facteurs pertinents ont été correctement pris en considération *[V. art. 24, § 1]*. Cette analyse fait partie de la documentation requise au titre du principe de responsabilité. Elle peut être exigée par l'autorité de contrôle et doit être tenue à jour le cas échéant, par exemple si les responsables du traitement ou les sous-traitants exercent de nouvelles activités ou s'ils proposent de nouveaux services susceptibles de correspondre aux cas énumérés à l'article 37, paragraphe 1.

Lorsqu'un organisme désigne un DPD sur une base volontaire, les conditions prévues aux articles 37 à 39 s'appliquent à la désignation, à la fonction et aux missions de celui-ci comme si la désignation avait été obligatoire.

Rien n'empêche un organisme qui n'est pas tenu légalement de désigner un DPD et ne souhaite pas en désigner sur une base volontaire d'employer du personnel ou des consultants extérieurs chargés de missions liées à la protection des données à caractère personnel. En pareil cas, il importe de veiller à ce qu'il n'y ait pas de confusion quant à leur titre, leur statut, leur fonction et leurs missions. Ainsi, il convient d'indiquer clairement, dans toute communication au sein de l'entreprise ainsi qu'avec les autorités chargées de la protection des données, les personnes concernées et le public au sens large, que cette personne ou ce consultant ne porte pas le titre de délégué à la protection des données (DPD) *[Cela vaut également pour les responsables de la protection de la vie privée (chief privacy officers) ou les autres professionnels chargés des questions de confidentialité qui sont déjà employés dans certaines entreprises et qui, s'ils ne respectent pas les critères établis par le RGPD, notamment pour ce qui est des ressources disponibles ou des garanties d'indépendance, ne peuvent être considérés ni désignés comme DPD]*.

Le DPD, que sa désignation soit obligatoire ou volontaire, est désigné pour toutes les opérations de traitement effectuées par le responsable du traitement ou le sous-traitant.

2.1.1. *Une autorité publique ou un organisme public*

Le RGPD ne définit pas ce qu'il convient d'entendre par "une autorité publique ou un organisme public". Le G29 considère que cette notion doit être définie en fonction du droit national. En conséquence, les autorités publiques et les organismes publics incluent les autorités nationales, régionales et locales, mais, au regard des législations nationales applicables, cette notion englobe aussi généralement une série d'autres organismes de droit public *[V., par exemple, les définitions de l'"organisme du secteur public" et de l'"organisme de droit public" énoncées respectivement à l'art. 2, pt 1), et à l'art. 2, pt 2), de la Dir. 2003/98/CE du Parlement européen et du Conseil du 17 nov. 2003 concernant la réutilisation des informations du secteur public]*. En pareils cas, la désignation d'un DPD est obligatoire.

Les autorités publiques et les organismes publics ne sont pas les seuls à pouvoir effectuer des missions de service public ou exercer l'autorité publique *[Art. 6, § 1, pt e]* ; d'autres personnes physiques ou morales de droit public ou privé peuvent également le faire, dans des domaines variant en fonction de la réglementation nationale de chaque État membre, tels que les services de transports publics, l'approvisionnement en eau et en énergie, les infrastructures routières, la radiodiffusion publique, le logement social ou les organes disciplinaires pour les professions réglementées.

Dans ces cas, les personnes concernées peuvent se trouver dans une situation très similaire à celle dans laquelle leurs données sont traitées par une autorité publique ou un organisme public. En particulier, les données peuvent être traitées à des fins similaires, et les particuliers n'ont souvent guère ou pas le choix quant au traitement même des données les concernant ou aux modalités de ce traitement et peuvent donc requérir la protection supplémentaire que peut apporter la désignation d'un DPD.

Bien qu'il n'y ait pas d'obligation dans ce cas, le G29 recommande, à titre de bonne pratique, que les organismes privés chargés d'effectuer des missions de service public ou exerçant l'autorité publique désignent un DPD. Les activités de ce DPD couvrent l'ensemble des opérations de traitement effectuées, y compris celles qui ne sont pas liées à la réalisation d'une mission de service public ou à l'exercice d'une charge officielle (par exemple, la gestion d'une base de données des employés).

2.1.2. *Activités de base*

L'article 37, paragraphe 1, points b et c, du RGPD fait référence aux "activités de base du responsable du traitement ou du sous-traitant". Le considérant 97 précise que "les activités de base d'un responsable du traitement ont trait à ses activités principales et ne concernent pas le traitement des données à caractère personnel en tant qu'activité auxiliaire". Les "activités de base" peuvent être considérées comme les opérations essentielles nécessaires pour atteindre les objectifs du responsable du traitement ou du sous-traitant.

Toutefois, les "activités de base" ne doivent pas être interprétées comme excluant les activités pour lesquelles le traitement de données fait partie intégrante de l'activité du responsable du traitement ou du sous-traitant. Par exemple, l'activité de base d'un hôpital est de fournir des soins de santé. Toutefois, un hôpital ne peut fournir de soins de santé de manière sûre et efficace sans traiter des données concernant la santé, telles que les dossiers médicaux des patients. Par conséquent, le traitement de ces données doit être considéré comme l'une des activités de base de tout hôpital, et les hôpitaux doivent donc désigner un DPD.

On peut aussi citer l'exemple d'une société de sécurité privée qui assure la surveillance d'un certain nombre de centres commerciaux privés et d'espaces publics. L'activité de base de la société est la surveillance, qui est elle-même indissociablement liée au traitement de données à caractère personnel. Par conséquent, cette société doit également désigner un DPD.

En revanche, tous les organismes exercent certaines activités comme la rémunération de leurs employés ou les activités d'assistance informatique classiques. Ces activités constituent des exemples de fonctions de soutien nécessaires à l'activité de base ou principale de l'organisme. Bien que ces activités soient nécessaires ou essentielles, elles sont généralement considérées comme des fonctions auxiliaires plutôt que comme l'activité de base.

2.1.3. *A grande échelle*

L'article 37, paragraphe 1, points b et c, exige que le traitement des données à caractère personnel soit effectué à grande échelle pour que la désignation d'un DPD soit obligatoire. Si le RGPD ne définit pas la notion de traitement à "grande échelle", le considérant 91 fournit toutefois certaines orientations *[Selon ce considérant, les "opérations de traitement à grande échelle qui visent à traiter un volume considérable de données à caractère personnel au niveau régional, national ou supranational, qui peuvent affecter un nombre important de personnes concernées et qui sont susceptibles d'engendrer un risque élevé" devraient être incluses en particulier. Par ailleurs, le considérant indique spécifiquement que le "traitement de données à caractère personnel ne devrait pas être considéré comme étant à grande échelle si le traitement concerne les données à caractère personnel de patients ou de clients par un médecin, un autre professionnel de la santé ou un avocat exerçant à titre individuel". Il importe de souligner que, si le considérant donne des exemples extrêmes dans un sens comme dans l'autre (le traitement par un médecin exerçant à titre individuel par rapport au traitement des données d'un pays entier ou dans l'ensemble de l'Europe), il existe une large zone grise entre ces deux extrêmes. En outre, il convient de garder à l'esprit que ce considérant concerne les analyses d'impact relatives à la protection des données, ce qui signifie que certains éléments pourraient être spécifiques à ce contexte et ne pas nécessairement s'appliquer exactement de la même manière à la désignation de DPD]*.

En effet, il n'est pas possible de donner un chiffre précis, que ce soit pour la quantité de données traitées ou le nombre d'individus concernés, qui soit applicable dans toutes les situations. Cela n'exclut toutefois pas la possibilité qu'au fil du temps, une pratique courante puisse émerger, permettant de déterminer en des termes plus spécifiques ou quantitatifs ce qui constitue un traitement "à grande échelle" pour certains types d'activités de traitement courantes. Le G29 prévoit également de contribuer à cette évolution, en partageant et *[en]* faisant connaître des exemples de seuils pertinents pour la désignation d'un DPD.

En tout état de cause, le G29 recommande que les facteurs suivants, en particulier, soient pris en considération pour déterminer si le traitement est mis en œuvre à grande échelle :

– le nombre de personnes concernées, soit en valeur absolue, soit en valeur relative par rapport à la population concernée ;
– le volume de données et/ou le spectre des données traitées ;
– la durée, ou la permanence, des activités de traitement des données ;
– l'étendue géographique de l'activité de traitement.

Exemples de traitement à grande échelle :

– traitement des données de patients par un hôpital dans le cadre du déroulement normal de ses activités ;
– traitement des données de voyage des passagers utilisant un moyen de transport public urbain (par exemple, suivi par les titres de transport) ;
– traitement des données de géolocalisation en temps réel des clients d'une chaîne internationale de restauration rapide à des fins statistiques par un sous-traitant spécialisé dans la fourniture de ces services ;
– traitement des données de clients par une compagnie d'assurance ou une banque dans le cadre du déroulement normal de ses activités ;
– traitement des données à caractère personnel par un moteur de recherche à des fins de publicité comportementale ;
– traitement des données (contenu, trafic, localisation) par des fournisseurs de services de téléphonie ou internet.

Exemples ne constituant pas un traitement à grande échelle :

– traitement, par un médecin exerçant à titre individuel, des données de ses patients ;

– traitement des données à caractère personnel relatives aux condamnations pénales et aux infractions par un avocat exerçant à titre individuel.

2.1.4. *Suivi régulier et systématique*

La notion de suivi régulier et systématique des personnes concernées n'est pas définie dans le RGPD, mais celle de "suivi du comportement des personnes concernées" est mentionnée au considérant 24 [*"Afin de déterminer si une activité de traitement peut être considérée comme un suivi du comportement des personnes concernées, il y a lieu d'établir si les personnes physiques sont suivies sur internet, ce qui comprend l'utilisation ultérieure éventuelle de techniques de traitement des données à caractère personnel qui consistent en un profilage d'une personne physique, afin notamment de prendre des décisions la concernant ou d'analyser ou de prédire ses préférences, ses comportements et ses dispositions d'esprit."*] et inclut clairement toutes les formes de suivi et de profilage sur internet, y compris à des fins de publicité comportementale.

Toutefois, la notion de suivi n'est pas limitée à l'environnement en ligne et le suivi en ligne ne doit être considéré que comme un exemple de suivi du comportement des personnes concernées [*Il est à noter que le considérant 24 porte en particulier sur l'application extraterritoriale du RGPD. En outre, il existe également une différence entre l'expression "le suivi du comportement de ces personnes" [art. 3, § 2, pt b] et l'expression "un suivi régulier et systématique [...] des personnes concernées" [art. 37, § 1, pt b], qui pourrait donc être considérée comme une notion différente*].

Le G29 interprète le terme "régulier" comme recouvrant une ou plusieurs des significations suivantes :
– continu ou se produisant à intervalles réguliers au cours d'une période donnée ;
– récurrent ou se répétant à des moments fixes ;
– ayant lieu de manière constante ou périodique.

Le G29 interprète le terme "systématique" comme recouvrant une ou plusieurs des significations suivantes :
– se produisant conformément à un système ;
– préétabli, organisé ou méthodique ;
– ayant lieu dans le cadre d'un programme général de collecte de données ;
– effectué dans le cadre d'une stratégie.

Exemples d'activités pouvant constituer un suivi régulier et systématique des personnes concernées : exploitation d'un réseau de télécommunications ; fourniture de services de télécommunications ; reciblage par courrier électronique ; activités de marketing fondées sur les données ; profilage et notation à des fins d'évaluation des risques (par exemple, aux fins de l'évaluation du risque de crédit, de l'établissement des primes d'assurance, de la prévention de la fraude ou de la détection du blanchiment d'argent) ; géolocalisation, par exemple, par des applications mobiles ; programmes de fidélité ; publicité comportementale ; surveillance des données sur le bien-être, la santé et la condition physique au moyen de dispositifs portables ; systèmes de télévision en circuit fermé ; dispositifs connectés tels que les voitures et compteurs intelligents, la domotique, etc.

2.1.5. *Catégories particulières de données et données relatives à des condamnations pénales et à des infractions*

L'article 37, paragraphe 1, point c, concerne le traitement de catégories particulières de données visées à l'article 9 et de données à caractère personnel relatives à des condamnations pénales et à des infractions visées à l'article 10. Bien que cette disposition utilise le terme "et", il n'existe aucune raison de principe qui voudrait que les deux critères doivent être appliqués simultanément. Il convient donc de lire le texte comme voulant dire "ou".

2.2. *DPD du sous-traitant*

L'article 37 s'applique à la fois aux responsables du traitement [*le responsable du traitement est défini à l'art. 4, pt 7), comme la personne ou l'organisme qui détermine les finalités et les moyens du traitement*] et aux sous-traitants [*Le sous-traitant est défini à l'art. 4, pt 8), comme la personne ou l'organisme qui traite des données pour le compte du responsable du traitement*] en ce qui concerne la désignation d'un DPD. En fonction de la personne qui remplit les critères de désignation obligatoire, dans certains cas, seul le responsable du traitement ou le sous-traitant est tenu de désigner un DPD, dans d'autres, le responsable de traitement et le sous-traitant sont tenus de désigner chacun un DPD (les deux DPD devant alors collaborer entre eux).

Il est important de souligner que, même si le responsable du traitement remplit les critères de désignation obligatoire, son sous-traitant n'est pas nécessairement tenu de désigner un DPD. Il peut toutefois s'agir d'une bonne pratique.

Exemples :

– Une petite entreprise familiale active dans le secteur de la distribution d'appareils électroménagers dans une seule ville recourt aux services d'un sous-traitant dont l'activité de base consiste à fournir des services d'analyse de sites internet et d'assistance à la publicité et au marketing ciblés. Les activités de l'entreprise familiale et ses clients n'entraînent pas de traitement de données à "grande échelle", compte tenu du faible nombre de clients et des activités relativement limitées. Toutefois, prises globalement, les activités du sous-traitant, qui dispose d'un grand nombre de clients comme cette petite entreprise, consistent en un traitement à grande échelle. Le sous-traitant doit donc désigner un DPD en vertu de l'article 37, paragraphe 1, point b, tandis que l'entreprise familiale elle-même n'est pas soumise à l'obligation de désigner un DPD.

– Une entreprise de taille moyenne spécialisée dans la fabrication de carrelage sous-traite ses services de médecine du travail à un sous-traitant externe, qui dispose d'un grand nombre de clients similaires. Le sous-traitant doit désigner un DPD en vertu de l'article 37, paragraphe 1, point c, dans la mesure où le traitement s'effectue à grande échelle. En revanche, le fabricant n'est pas nécessairement tenu de désigner un DPD.

Le DPD désigné par un sous-traitant supervise également les activités menées par l'organisme sous-traitant lorsque celui-ci agit lui-même en qualité de responsable du traitement (par exemple, ressources humaines, informatique, logistique).

2.3. *Désignation d'un DPD unique pour plusieurs organismes*

L'article 37, paragraphe 2, autorise un groupe d'entreprises à désigner un seul DPD à condition qu'il soit "facilement joignable à partir de chaque lieu d'établissement". La notion de joignabilité renvoie aux missions du DPD en tant que point de contact pour les personnes concernées *[Art. 38, § 4 : "Les personnes concernées peuvent prendre contact avec le délégué à la protection des données au sujet de toutes les questions relatives au traitement de leurs données à caractère personnel et à l'exercice des droits que leur confère le présent règlement"]*, pour l'autorité de contrôle *[Art. 39, § 1, pt e : "faire office de point de contact pour l'autorité de contrôle sur les questions relatives au traitement, y compris la consultation préalable visée à l'art. 36, et mener des consultations, le cas échéant, sur tout autre sujet"]*, mais également en interne au sein de l'organisme, compte tenu du fait que l'une des missions du DPD consiste à "informer et conseiller le responsable du traitement ou le sous-traitant ainsi que les employés qui procèdent au traitement sur les obligations qui leur incombent en vertu du présent règlement" *[Art. 39, § 1, pt a]*.

Afin de veiller à ce que le DPD, qu'il soit interne ou externe, soit joignable, il est important de s'assurer que ses coordonnées sont mises à disposition conformément aux exigences du RGPD *[V. à cet égard le point 2.6 ci-dessous]*.

Il doit être en mesure, avec l'aide d'une équipe si nécessaire, de communiquer efficacement avec les personnes concernées *[Art. 12, § 1 : "Le responsable du traitement prend des mesures appropriées pour fournir toute information visée aux art. 13 et 14 ainsi que pour procéder à toute communication au titre des art. 15 à 22 et de l'art. 34 en ce qui concerne le traitement à la personne concernée d'une façon concise, transparente, compréhensible et aisément accessible, en des termes clairs et simples, en particulier pour toute information destinée spécifiquement à un enfant"]* et de coopérer *[Art. 39, § 1, pt d : "coopérer avec l'autorité de contrôle"]* avec les autorités de contrôle compétentes, ce qui implique également que cette communication s'effectue dans la ou les langues utilisées par les autorités de contrôle et les personnes concernées en question. La disponibilité d'un DPD (qu'il se trouve physiquement dans le même lieu que les employés ou qu'il soit joignable à travers un service d'assistance téléphonique ou d'autres moyens de communication sécurisés) est essentielle pour que les personnes concernées puissent prendre contact avec lui.

En vertu de l'article 37, paragraphe 3, un seul délégué à la protection des données peut être désigné pour plusieurs autorités publiques ou organismes publics, compte tenu de leur structure organisationnelle et de leur taille. Les mêmes considérations en matière de ressources et de communication s'appliquent. Étant donné que le DPD est chargé d'une série de missions, le responsable du traitement ou le sous-traitant doit s'assurer qu'un seul DPD peut, avec l'aide d'une équipe si nécessaire, s'acquitter efficacement de ces missions en dépit du fait qu'il soit désigné par plusieurs autorités publiques et organismes publics.

2.4. *Joignabilité et localisation du DPD*

Conformément à la section 4 du RGPD, la joignabilité du DPD doit être effective.

Afin de garantir que le DPD soit joignable, le G29 recommande que celui-ci se trouve dans l'Union européenne, que le responsable du traitement ou le sous-traitant soit ou non établi dans l'Union.

Toutefois, il ne peut être exclu que, dans certaines situations où *[dans lesquelles]* le responsable du traitement ou le sous-traitant ne possède pas d'établissement dans l'Union européenne *[V. l'art. 3 du RGPD concernant le champ d'application territorial]*, le DPD puisse mener ses activités de manière plus efficace s'il se trouve en dehors de l'Union.

2.5. *Expertise et compétences du DPD*

L'article 37, paragraphe 5, dispose que le DPD "est désigné sur la base de ses qualités professionnelles et, en particulier, de ses connaissances spécialisées du droit et des pratiques en matière de protection des données, et de sa capacité à accomplir les missions visées à l'article 39". Le considérant 97 indique que le niveau de connaissances spécialisées requis devrait être déterminé en fonction des opérations de traitement de données effectuées et de la protection exigée pour les données à caractère personnel traitées.

Niveau d'expertise

Le niveau d'expertise requis n'est pas strictement défini, mais il doit être proportionné à la sensibilité, à la complexité et au volume des données traitées par un organisme. Par exemple, lorsqu'une opération de traitement de données est particulièrement complexe, ou lorsqu'une grande quantité de données sensibles est concernée, il est possible que le DPD doive disposer d'un niveau plus élevé d'expertise et de soutien. Il existe également une différence selon que l'organisme transfère systématiquement des données à caractère personnel hors de l'Union européenne ou, au contraire, que les transferts de ce type sont occasionnels. Il convient donc de choisir le DPD soigneusement, en prenant dûment en considération les questions relatives à la protection des données qui se posent au sein de l'organisme.

Qualités professionnelles

Bien que l'article 37, paragraphe 5, ne précise pas les qualités professionnelles à prendre en considération lors de la désignation du DPD, il est nécessaire que les DPD disposent d'une expertise dans le domaine des législations et pratiques nationales et européennes en matière de protection des données, ainsi que d'une connaissance approfondie du RGPD. Il est également utile que les autorités de contrôle encouragent la formation adéquate et régulière des DPD.

La connaissance du secteur d'activité et de l'organisme du responsable du traitement est utile. Le DPD devrait également disposer d'une bonne compréhension des opérations de traitement effectuées, ainsi que des systèmes d'information et des besoins du responsable du traitement en matière de protection et de sécurité des données.

Dans le cas d'une autorité publique ou d'un organisme public, le DPD devrait également avoir une bonne connaissance des règles et procédures administratives de l'organisme.

Aptitude à exercer ses missions

L'aptitude à exercer les missions qui incombent au DPD doit être interprétée tant au regard des qualités personnelles et connaissances du DPD que de sa fonction au sein de l'organisme. Parmi les qualités personnelles figurent par exemple l'intégrité et un haut niveau de déontologie ; la préoccupation première du DPD doit être de permettre le respect du RGPD. Le DPD joue un rôle clé dans la promotion d'une culture de la protection des données au sein de l'organisme et contribue à mettre en œuvre des éléments essentiels du RGPD, tels que les principes relatifs au traitement des données *[Chap. II]*, les droits des personnes concernées *[Chap. III]*, la protection des données dès la conception et la protection des données par défaut *[Art. 25]*, le registre des activités de traitement *[Art. 30]*, la sécurité du traitement *[Art. 32] [,]* ainsi que la notification et la communication des violations de données *[Art. 33 et 34]*.

DPD sur la base d'un contrat de service

La fonction du DPD peut aussi être exercée sur la base d'un contrat de service conclu avec une personne ou un organisme indépendant de l'organisme du responsable du traitement ou du sous-traitant. Dans ce cas, il est essentiel que chaque membre de l'organisme exerçant les fonctions de DPD remplisse l'ensemble des exigences applicables établies à la section 4 du RGPD (par exemple, il est essentiel qu'aucun des membres de l'organisme n'ait de conflit d'intérêts). Il est tout aussi important que chaque membre soit protégé par les dispositions du RGPD (par exemple, pas de résiliation abusive du contrat de service pour les activités de DPD pas plus que de licenciement abusif d'un membre de l'organisme exerçant les missions du DPD). Dans le même temps, les compétences et les atouts individuels peuvent être combinés de sorte que plusieurs personnes, travaillant en équipe, puissent mieux servir leurs clients.

Dans un souci de clarté juridique et de bonne organisation, et afin d'éviter les conflits d'intérêts pour les membres de l'équipe, il est recommandé de prévoir une répartition claire des tâches au sein de l'équipe chargée de la fonction de DPD et de désigner, pour chaque client, une seule personne comme personne de contact principale "responsable" de ce client. En règle générale, il serait également utile de préciser ces points dans le contrat de service.

2.6. *Publication et communication des coordonnées du DPD*

L'article 37, paragraphe 7, du RGPD dispose que le responsable du traitement ou le sous-traitant :
– publie les coordonnées du DPD et
– communique ces coordonnées à l'autorité de contrôle compétente.

Ces exigences visent à garantir que les personnes concernées (tant à l'intérieur qu'à l'extérieur de l'organisme) et les autorités de contrôle puissent aisément et directement prendre contact avec le DPD sans devoir s'adresser à un autre service de l'organisme. La confidentialité est également un aspect important : les employés pourraient par exemple hésiter à se plaindre auprès du DPD si la confidentialité de leurs communications n'est pas garantie

Le DPD est soumis au secret professionnel ou à une obligation de confidentialité en ce qui concerne l'exercice de ses missions, conformément au droit de l'Union ou au droit des États membres (article 38, paragraphe 5).

Les coordonnées du DPD doivent contenir des informations permettant aux personnes concernées et aux autorités de contrôle de joindre celui-ci facilement (une adresse postale, un numéro de téléphone spécifique et/ou une adresse de courrier électronique spécifique). Le cas échéant, aux fins de la communication avec le public, d'autres moyens de communication pourraient également être prévus, par exemple, une assistance par téléphone spécifique, ou un formulaire de contact spécifique adressé au DPD sur le site web de l'organisme.

L'article 37, paragraphe 7, n'exige pas que les coordonnées publiées incluent le nom du DPD. Si la publication du nom du DPD peut constituer une bonne pratique, il appartient au responsable du traitement, ou au sous-traitant, et au DPD de décider si elle est nécessaire ou utile dans les circonstances particulières du cas considéré *[Il est à noter qu'à la différence de l'art. 37, § 7, l'art. 33, § 3, pt b, qui décrit les informations à communiquer à l'autorité de contrôle et à la personne concernée en cas de violation de données à caractère personnel, exige explicitement la communication du nom du DPD (et pas uniquement de ses coordonnées)]*.

Toutefois, la communication du nom du DPD à l'autorité de contrôle est essentielle pour que le DPD puisse faire office de point de contact entre l'organisme et l'autorité de contrôle *[art. 39, § 1, pt e)]*.

A titre de bonne pratique, le G29 recommande également que tout organisme communique le nom et les coordonnées du DPD à ses employés. Par exemple, le nom et les coordonnées du DPD pourraient être publiés en interne sur l'intranet, dans le répertoire téléphonique et dans les organigrammes de l'organisme.

3. Fonction du DPD

3.1. *Association du DPD à toutes les questions relatives à la protection des données à caractère personnel*

L'article 38 du RGPD dispose que le responsable du traitement et le sous-traitant doivent veiller à ce que le DPD "soit associé, d'une manière appropriée et en temps utile, à toutes les questions relatives à la protection des données à caractère personnel".

Il est essentiel que le DPD, ou son équipe, soit associé dès le stade le plus précoce possible à toutes les questions relatives à la protection des données. En ce qui concerne les analyses d'impact relatives à la protection des données, le RGPD prévoit expressément la participation du DPD à un stade précoce et précise que le responsable du traitement doit demander conseil au DPD lorsqu'il effectue une analyse de ce type *[Art. 35, § 2]*. L'information et la consultation du DPD dès le début permettront de faciliter le respect du RGPD et d'encourager une approche fondée sur la protection des données dès la conception ; il devrait donc s'agir d'une procédure habituelle au sein de la gouvernance de l'organisme. En outre, il importe que le DPD soit considéré comme un interlocuteur au sein de l'organisme et qu'il soit membre des groupes de travail consacrés aux activités de traitement de données au sein de l'organisme.

Par conséquent, l'organisme devrait veiller, par exemple, à ce que :

– le DPD soit invité à participer régulièrement aux réunions de l'encadrement supérieur et intermédiaire ;

– sa présence soit recommandée lorsque des décisions ayant des implications en matière de protection des données sont prises. Toutes les informations pertinentes doivent être transmises au DPD en temps utile afin de lui permettre de fournir un avis adéquat ;

– l'avis du DPD soit toujours dûment pris en considération. En cas de désaccord, le G29 recommande, à titre de bonne pratique, de consigner les raisons pour lesquelles l'avis du DPD n'a pas été suivi ;

– le DPD soit immédiatement consulté lorsqu'une violation de données ou un autre incident se produit.

Le cas échéant, le responsable du traitement ou le sous-traitant pourrait élaborer des lignes directrices ou des programmes en matière de protection des données indiquant les cas dans lesquels le DPD doit être consulté.

3.2. *Ressources nécessaires*

L'article 38, paragraphe 2, du RGPD exige que l'organisme aide son DPD "en fournissant les ressources nécessaires pour exercer [ses] missions, ainsi que l'accès aux données à caractère personnel et aux opérations de traitement, et lui permettant d'entretenir ses connaissances spécialisées". Les aspects suivants, en particulier, doivent être pris en considération :

– soutien actif de la fonction du DPD par l'encadrement supérieur (par exemple, au niveau du conseil d'administration) ;

– temps suffisant pour que les DPD puissent accomplir leurs tâches. Cet aspect est particulièrement important lorsqu'un DPD interne est désigné à temps partiel ou lorsque le DPD externe est chargé de la protection des données en plus d'autres tâches. Autrement, des conflits de priorités pourraient conduire à ce que les tâches du DPD soient négligées. Il est primordial que le DPD puisse consacrer suffisamment de temps à ses missions. Il est de bonne pratique de fixer un pourcentage de temps consacré à la fonction de DPD lorsque cette fonction n'est pas occupée à temps plein. Il est également de bonne pratique de déterminer le temps nécessaire à l'exécution de la fonction et le niveau de priorité approprié pour les tâches du DPD, et que le DPD (ou l'organisme) établisse un plan de travail ;

– soutien adéquat du point de vue des ressources financières, des infrastructures (locaux, installations, équipements) et du personnel, le cas échéant ;
– communication officielle de la désignation du DPD à l'ensemble du personnel afin de veiller à ce que l'existence et la fonction de celui-ci soient connues au sein de l'organisme ;
– accès nécessaire à d'autres services, tels que les ressources humaines, le service juridique, l'informatique, la sécurité, etc., de manière à ce que les DPD puissent recevoir le soutien, les contributions et les informations essentiels de ces autres services ;
– formation continue. Les DPD doivent avoir la possibilité de maintenir leurs connaissances à jour en ce qui concerne les évolutions dans le domaine de la protection des données. L'objectif devrait être d'augmenter constamment le niveau d'expertise des DPD et ceux-ci devraient être encouragés à participer à des cours de formation sur la protection des données ainsi qu'à d'autres formes de développement professionnel, telles que la participation à des forums sur la protection de la vie privée, des ateliers, etc. ;
– compte tenu de la taille et de la structure de l'organisme, il est possible qu'il faille mettre en place une équipe de DPD (un DPD et son personnel). En pareils cas, la structure interne de l'équipe ainsi que les tâches et responsabilités de chacun de ses membres doivent être clairement établies. De même, lorsque la fonction du DPD est exercée par un prestataire de services externe, une équipe de personnes travaillant pour le compte de cette entité peut exercer, dans les faits, les missions du DPD en tant que groupe, sous la responsabilité d'une personne de contact principale désignée pour le client.

D'une manière générale, plus les opérations de traitement sont complexes ou sensibles, plus les ressources octroyées au DPD devront être importantes. La fonction de protection des données doit être effective et dotée de ressources adéquates au regard du traitement de données réalisé.

3.3. *Instructions et exercice de "leurs fonctions et missions en toute indépendance"*

L'article 38, paragraphe 3, prévoit certaines garanties de base destinées à faire en sorte que les DPD soient en mesure d'exercer leurs missions avec un degré suffisant d'autonomie au sein de leur organisme. En particulier, les responsables du traitement/sous-traitants doivent veiller à ce que le DPD "ne reçoive aucune instruction en ce qui concerne l'exercice des missions". Le considérant 97 indique en outre que les DPD, "qu'ils soient ou non des employés du responsable du traitement, devraient être en mesure d'exercer leurs fonctions et missions en toute indépendance".

Cela signifie que, dans l'exercice de leurs missions au titre de l'article 39, les DPD ne doivent pas recevoir d'instructions sur la façon de traiter une affaire, par exemple, quel résultat devrait être obtenu, comment enquêter sur une plainte ou s'il y a lieu de consulter l'autorité de contrôle. En outre, ils ne peuvent être tenus d'adopter un certain point de vue sur une question liée à la législation en matière de protection des données, par exemple, une interprétation particulière du droit.

L'autonomie des DPD ne signifie cependant pas qu'ils disposent de pouvoirs de décision allant au-delà des missions leur incombant conformément à l'article 39.

Le responsable du traitement ou le sous-traitant reste responsable du respect de la législation sur la protection des données et doit être en mesure de démontrer ce respect *[Art. 5, § 2]*. Si le responsable du traitement ou le sous-traitant prend des décisions qui sont incompatibles avec le RGPD et l'avis du DPD, ce dernier devrait avoir la possibilité d'indiquer clairement son avis divergent au niveau le plus élevé de la direction et aux décideurs. A cet égard, l'article 38, paragraphe 3, dispose que le DPD "fait directement rapport au niveau le plus élevé de la direction du responsable du traitement ou du sous-traitant". Une telle reddition de compte directe garantit que l'encadrement supérieur (par exemple, le conseil d'administration) a connaissance des avis et recommandations du DPD qui s'inscrivent dans le cadre de la mission de ce dernier consistant à informer et à conseiller le responsable du traitement ou le sous-traitant. L'élaboration d'un rapport annuel sur les activités du DPD destiné au niveau le plus élevé de la direction constitue un autre exemple de reddition de compte directe.

3.4. *Licenciement ou sanction pour l'exercice des missions du DPD*

L'article 38, paragraphe 3, dispose que le DPD ne devrait pas être "relevé de ses fonctions ou pénalisé par le responsable du traitement ou le sous-traitant pour l'exercice de ses missions".

Cette exigence renforce l'autonomie des DPD et contribue à garantir que ceux-ci agissent en toute indépendance et bénéficient d'une protection suffisante dans l'exercice de leurs missions relatives à la protection des données.

Le RGPD n'interdit les sanctions que si elles sont imposées au DPD à la suite de l'exercice de ses missions de DPD. Par exemple, si un DPD considère qu'un traitement particulier est susceptible d'engendrer un risque élevé et conseille au responsable du traitement ou au sous-traitant de procéder à une analyse d'impact relative à la protection des données, mais que le responsable du traitement ou le sous-traitant n'est pas d'accord avec l'évaluation du DPD, ce dernier ne peut être relevé de ses fonctions pour avoir formulé cet avis.

Les sanctions peuvent prendre des formes diverses et peuvent être directes ou indirectes. Il peut s'agir, par exemple, d'absence de promotion ou de retard dans la promotion, de freins à l'avancement de carrière ou du refus de l'octroi d'avantages dont bénéficient d'autres travailleurs. Il n'est pas nécessaire que ces sanctions soient effectivement mises en œuvre, une simple menace suffit pour autant qu'elle soit utilisée pour sanctionner le DPD pour des motifs liés à ses activités de DPD.

Dans le cadre d'une gestion normale, et comme c'est le cas pour tout autre employé ou sous-traitant conformément au droit des contrats ou au droit du travail et au droit pénal applicables au niveau national, et selon les conditions qui y sont fixées, un DPD pourra toujours être licencié légitimement pour des motifs autres que l'exercice de ses missions de DPD (par exemple, en cas de vol, de harcèlement physique, moral ou sexuel, ou d'autres fautes graves similaires).

Dans ce contexte, il convient de noter que le RGPD ne précise pas comment et quand un DPD peut être licencié ou remplacé par une autre personne. Toutefois, plus le contrat d'un DPD est stable et plus il existe de garanties contre le licenciement abusif, plus il est probable que le DPD pourra agir en toute indépendance. Par conséquent, le G29 encourage les efforts déployés par les organismes à cet effet.

3.5. *Conflits d'intérêts*

L'article 38, paragraphe 6, autorise les DPD à "exécuter d'autres missions et tâches". Il exige toutefois que l'organisme veille à ce que "ces missions et tâches n'entraînent pas de conflit d'intérêts".

L'absence de conflit d'intérêts est étroitement liée à l'obligation d'agir en toute indépendance. Bien que les DPD soient autorisés à exercer d'autres fonctions, un DPD ne peut se voir confier d'autres missions et tâches qu'à condition que celles-ci ne donnent pas lieu à un conflit d'intérêts. Cela signifie en particulier que le DPD ne peut exercer au sein de l'organisme une fonction qui l'amène à déterminer les finalités et les moyens du traitement de données à caractère personnel. En raison de la structure organisationnelle spécifique de chaque organisme, cet aspect doit être étudié au cas par cas.

En règle générale, parmi les fonctions susceptibles de donner lieu à un conflit d'intérêts au sein de l'organisme peuvent figurer les fonctions d'encadrement supérieur (par exemple, directeur général, directeur opérationnel, directeur financier, médecin-chef, responsable du département marketing, responsable des ressources humaines ou responsable du service informatique), mais aussi d'autres rôles à un niveau inférieur de la structure organisationnelle si ces fonctions ou rôles supposent la détermination des finalités et des moyens du traitement. En outre, il peut également y avoir conflit d'intérêts, par exemple, si un DPD externe est appelé à représenter le responsable du traitement ou le sous-traitant devant les tribunaux dans des affaires ayant trait à des questions liées à la protection des données.

En fonction des activités, de la taille et de la structure de l'organisme, il peut être de bonne pratique pour les responsables du traitement ou les sous-traitants :
– de recenser les fonctions qui seraient incompatibles avec celle de DPD ;

– d'établir des règles internes à cet effet, afin d'éviter les conflits d'intérêts ;
– d'inclure une explication plus générale concernant les conflits d'intérêts ;
– de déclarer que leur DPD n'a pas de conflit d'intérêts en ce qui concerne sa fonction de DPD, dans le but de mieux faire connaître cette exigence ;
– de prévoir des garanties dans le règlement intérieur de l'organisme, et de veiller à ce que l'avis de vacance pour la fonction de DPD ou le contrat de service soit suffisamment précis et détaillé pour éviter tout conflit d'intérêts. Dans ce contexte, il convient également de garder à l'esprit que les conflits d'intérêts peuvent prendre différentes formes selon que le DPD est recruté en interne ou à l'extérieur.

4. Missions du DPD

4.1. *Contrôle du respect du RGPD*

L'article 39, paragraphe 1, point b, confie au DPD, entre autres missions, la tâche de contrôler le respect du RGPD. Le considérant 97 précise en outre que le DPD "devrait aider le responsable du traitement ou le sous-traitant à vérifier le respect, au niveau interne, du présent règlement".

Dans le cadre de ces tâches de contrôle du respect du RGPD, les DPD peuvent notamment :
– recueillir des informations permettant de recenser les activités de traitement ;
– analyser et vérifier la conformité des activités de traitement ;
– informer et conseiller le responsable du traitement ou le sous-traitant et formuler des recommandations à son intention.

Le contrôle du respect du RGPD ne signifie pas que le DPD est personnellement responsable en cas de non-respect de celui-ci. Le RGPD établit clairement que c'est le responsable du traitement, et non le DPD, qui est tenu de mettre "en œuvre des mesures techniques et organisationnelles appropriées pour s'assurer et être en mesure de démontrer que le traitement est effectué conformément au présent règlement" (art. 24, paragr. 1). Le respect de la protection des données relève de la responsabilité sociale du responsable du traitement des données, et non du DPD.

4.2. *Rôle du DPD dans les analyses d'impact relatives à la protection des données*

Conformément à l'article 35, paragraphe 1, il incombe au responsable du traitement, et non au DPD, d'effectuer, si nécessaire, une analyse d'impact relative à la protection des données. Toutefois, le DPD peut jouer un rôle d'assistance du responsable du traitement très important et très utile. Conformément au principe de protection des données dès la conception, l'article 35, paragraphe 2, exige expressément que le responsable du traitement "demande conseil" au DPD lorsqu'il réalise une analyse d'impact relative à la protection des données. L'article 39, paragraphe 1, point c, donne pour sa part mission au DPD de "dispenser des conseils, sur demande, en ce qui concerne l'analyse d'impact relative à la protection des données et vérifier l'exécution de celle-ci en vertu de l'article 35".

Le G29 recommande que le responsable du traitement demande conseil au DPD sur les questions suivantes notamment *[L'art. 39, § 1, énumère les missions du DPD et indique que ces missions sont "au moins" les suivantes. Par conséquent, rien ne s'oppose à ce que le responsable du traitement confie au DPD des missions autres que celles qui sont expressément mentionnées à l'art. 39, § 1, ou précise ces missions de manière plus détaillée]* :
– la question de savoir s'il convient ou non de procéder à une analyse d'impact relative à la protection des données ;
– la méthodologie à suivre lors de la réalisation d'une analyse d'impact relative à la protection des données ;
– la question de savoir s'il convient d'effectuer l'analyse d'impact relative à la protection des données en interne ou de la sous-traiter ;
– les mesures (y compris des mesures techniques et organisationnelles) à appliquer pour atténuer les risques éventuels pesant sur les droits et les intérêts des personnes concernées ;

– la question de savoir si l'analyse d'impact relative à la protection des données a été correctement réalisée et si ses conclusions (opportunité ou non de procéder au traitement et garanties à mettre en place) sont conformes au RGPD.

Si le responsable du traitement est en désaccord avec l'avis fourni par le DPD, la documentation de l'analyse d'impact relative à la protection des données devrait expressément justifier, par écrit, la raison pour laquelle l'avis n'a pas été pris en considération *[L'art. 24, § 1, dispose que, "[c]ompte tenu de la nature, de la portée, du contexte et des finalités du traitement ainsi que des risques, dont le degré de probabilité et de gravité varie, pour les droits et libertés des personnes physiques, le responsable du traitement met en œuvre des mesures techniques et organisationnelles appropriées pour s'assurer et être en mesure de démontrer que le traitement est effectué conformément au présent règlement. Ces mesures sont réexaminées et actualisées si nécessaire"]*.

Le G29 recommande en outre que le responsable du traitement décrive clairement, par exemple dans le contrat du DPD, mais aussi dans les informations fournies aux employés et à l'encadrement (ainsi qu'à d'autres parties prenantes, le cas échéant), les missions précises du DPD et leur champ d'application, notamment en ce qui concerne la réalisation des analyses d'impact relatives à la protection des données.

4.3. *Coopérer avec l'autorité de contrôle et faire office de point de contact*

Conformément à l'article 39, paragraphe 1, points d et e, le DPD devrait : "coopérer avec l'autorité de contrôle" et "faire office de point de contact pour l'autorité de contrôle sur les questions relatives au traitement, y compris la consultation préalable visée à l'article 36, et mener des consultations, le cas échéant, sur tout autre sujet".

Ces missions ont trait au rôle de "facilitateur" du DPD mentionné dans l'introduction des présentes lignes directrices. Le DPD fait office de point de contact pour faciliter l'accès de l'autorité de contrôle aux documents et informations nécessaires à l'exécution des missions mentionnées à l'article 57, ainsi qu'à l'exercice de ses pouvoirs d'enquête, de ses pouvoirs d'adopter des mesures correctrices, de ses pouvoirs d'autorisation et de ses pouvoirs consultatifs visés à l'article 58. Comme cela a déjà été mentionné, le DPD est soumis au secret professionnel ou à une obligation de confidentialité en ce qui concerne l'exercice de ses missions, conformément au droit de l'Union ou au droit des États membres (article 38, paragraphe 5). Toutefois, l'obligation de secret professionnel/confidentialité n'interdit pas au DPD de prendre contact avec l'autorité de contrôle pour solliciter son avis. L'article 39, paragraphe 1, point e, dispose que le DPD peut mener des consultations auprès de l'autorité de contrôle sur tout autre sujet, le cas échéant.

4.4. *Approche fondée sur les risques*

L'article 39, paragraphe 2, requiert que le DPD tienne "dûment compte [...] du risque associé aux opérations de traitement compte tenu de la nature, de la portée, du contexte et des finalités du traitement".

Cet article rappelle un principe général de bon sens, qui peut s'appliquer à de nombreux aspects du travail quotidien d'un DPD. En substance, il exige des DPD qu'ils établissent des priorités dans leurs activités et concentrent leurs efforts sur les questions qui représentent un risque élevé en matière de protection des données. Cela ne signifie pas qu'ils doivent négliger la vérification de la conformité des opérations de traitement présentant un niveau de risque inférieur, mais plutôt qu'ils doivent se concentrer, en premier lieu, sur les secteurs présentant un risque élevé.

Cette approche sélective et pragmatique devrait aider les DPD à conseiller le responsable du traitement sur la méthode à utiliser lors de la réalisation d'une analyse d'impact sur la protection des données, sur les domaines qui devraient être soumis à un audit interne ou externe en matière de protection des données, sur les activités de formation à proposer au personnel ou aux membres de l'encadrement responsables des activités de traitement des données et sur les opérations de traitement auxquelles il devrait consacrer une part plus importante de son temps et de ses ressources.

4.5. *Rôle du DPD dans la tenue du registre*

En vertu de l'article 30, paragraphes 1 et 2, c'est le responsable du traitement ou le sous-traitant, et non le DPD, qui doit tenir "un registre des activités de traitement effectuées sous [sa] responsabilité" ou "un registre de toutes les catégories d'activités de traitement effectuées pour le compte du responsable du traitement".

Dans la pratique, les DPD dressent souvent des inventaires et tiennent un registre des opérations de traitement sur la base des informations qui leur ont été fournies par les différents services dans leur organisme responsables du traitement de données à caractère personnel. Cette pratique a été inscrite dans de nombreuses législations nationales ainsi que dans les règles en matière de protection des données applicables aux institutions et organes de l'Union européenne *[Art. 24, § 1, pt d, du Règl. (CE) n° 45/2001]*.

L'article 39, paragraphe 1, établit une liste des missions que le DPD doit au moins se voir confier. Par conséquent, rien ne s'oppose à ce que le responsable du traitement ou le sous-traitant confie au DPD la mission de tenir le registre des opérations de traitement effectuées sous la responsabilité du responsable du traitement ou du sous-traitant. Ce registre doit être considéré comme l'un des outils permettant au DPD d'exercer ses missions de contrôle du respect du RGPD ainsi que d'information et de conseil du responsable du traitement ou du sous-traitant.

En tout état de cause, le registre qui doit être tenu au titre de l'article 30 doit aussi être considéré comme un outil permettant au responsable du traitement et à l'autorité de contrôle de disposer, sur demande, d'une vue d'ensemble de toutes les activités de traitement de données à caractère personnel effectuées par un organisme. Il s'agit donc d'une condition préalable nécessaire au respect du RGPD et, à ce titre, d'une mesure de responsabilisation efficace.

ANNEXE

LIGNES DIRECTRICES CONCERNANT LES DPD : CE QU'IL FAUT SAVOIR

L'objectif de la présente annexe est de répondre, dans un format simplifié et facile à lire, à certaines des principales questions que peuvent se poser les organismes au sujet des nouvelles exigences prévues par le Règlement général sur la protection des données (RGPD) en matière de désignation d'un DPD.

Désignation du DPD

1. Quels sont les organismes tenus de désigner un DPD ?

La désignation d'un DPD est obligatoire :

— si le traitement est effectué par une autorité publique ou un organisme public, quelles que soient les données qui sont traitées ;

— si les activités de base du responsable du traitement ou du sous-traitant consistent en des opérations de traitement qui exigent un suivi régulier et systématique à grande échelle des personnes concernées ;

— si les activités de base du responsable du traitement ou du sous-traitant consistent en un traitement à grande échelle de catégories particulières de données ou de données à caractère personnel relatives à des condamnations pénales et à des infractions.

Il est à noter que le droit de l'Union ou des États membres peut exiger la désignation de DPD dans d'autres situations également. Enfin, même si la désignation d'un DPD n'est pas obligatoire, les organismes peuvent parfois estimer utile d'en désigner un sur une base volontaire. Le groupe de travail "Article 29" sur la protection des données ("G29") encourage ces efforts déployés sur une base volontaire. Lorsqu'un organisme désigne un DPD sur une base volontaire, les mêmes conditions s'appliquent à la désignation, à la fonction et aux missions de celui-ci que si la désignation avait été obligatoire.

Sources : article 37, paragraphe 1, du RGPD

2. Qu'entend-on par "activités de base" ?

Les "activités de base" peuvent être considérées comme les opérations essentielles pour atteindre les objectifs du responsable du traitement ou du sous-traitant. Elles comprennent également toutes les activités pour lesquelles le traitement de données fait partie intégrante de l'activité du responsable du traitement ou du sous-traitant. Par exemple, le traitement des données concernant la santé telles que les dossiers médicaux des patients doit être considéré comme l'une des activités de base des hôpitaux, et ces derniers doivent donc désigner un DPD.

En revanche, tous les organismes exercent certaines activités de soutien comme la rémunération de leurs employés ou les activités d'assistance informatique classiques. Ces activités constituent des exemples de fonction de soutien nécessaire à l'activité de base ou principale de l'organisme. Bien que ces activités soient nécessaires ou essentielles, elles sont généralement considérées comme des fonctions auxiliaires plutôt que comme l'activité de base.

Sources : article 37, paragraphe 1, points b et c, du RGPD

3. Qu'entend-on par "à grande échelle" ?

Le RGPD ne définit pas la notion de traitement "à grande échelle". Le G29 recommande que les facteurs suivants, en particulier, soient pris en considération pour déterminer si le traitement est mis en œuvre à grande échelle :
— le nombre de personnes concernées, soit en valeur absolue, soit en valeur relative par rapport à la population concernée ;
— le volume de données et/ou le spectre des données traitées ;
— la durée, ou la permanence, des activités de traitement des données ;
— l'étendue géographique de l'activité de traitement.

Exemples de traitement à grande échelle :
— traitement des données de*[s]* patients par un hôpital dans le cadre du déroulement normal de ses activités ;
— traitement des données de voyage des passagers utilisant un moyen de transport public urbain (par exemple, suivi par les titres de transport) ;
— traitement des données de géolocalisation en temps réel des clients d'une chaîne internationale de restauration rapide à des fins statistiques par un sous-traitant spécialisé dans ces activités ;
— traitement des données de*[s]* clients par une compagnie d'assurance ou une banque dans le cadre du déroulement normal de ses activités ;
— traitement des données à caractère personnel par un moteur de recherche à des fins de publicité comportementale ;
— traitement des données (contenu, trafic, localisation) par des fournisseurs de services de téléphonie ou internet.

Exemples ne constituant pas un traitement à grande échelle :
— traitement, par un médecin exerçant à titre individuel, des données de ses patients ;
— traitement des données à caractère personnel relatives aux condamnations pénales et aux infractions par un avocat exerçant à titre individuel.

4. Qu'entend-on par "suivi régulier et systématique" ?

Sources : article 37, paragraphe 1, points b) et c), du RGPD

La notion de "suivi régulier et systématique" des personnes concernées n'est pas définie dans le RGPD, mais inclut clairement toutes les formes de suivi et de profilage sur internet, y compris à des fins de publicité comportementale. La notion de suivi ne se limite toutefois pas à l'environnement en ligne.

Exemples d'activité pouvant constituer un suivi régulier et systématique des personnes concernées : exploitation d'un réseau de télécommunications ; fourniture de services de télécommunications ; reciblage par courrier électronique ; activités de marketing fondées sur les données ; profilage et notation à des fins d'évaluation des risques (par exemple, aux fins de l'évaluation du risque de crédit, de l'établissement des primes d'assurance, de la prévention de la fraude ou de la détection du blanchiment d'argent) ; géolocalisation, par exemple, par des applications mobiles ; programmes de fidélité ; publicité comportementale ; surveillance des données sur le bien-être, la santé et la condition physique au moyen de dispositifs portables ; systèmes de télévision en circuit fermé ; dispositifs connectés tels que les voitures et compteurs intelligents, la domotique, etc.

Le G29 interprète le terme "régulier" comme recouvrant une ou plusieurs des significations suivantes :
— continu ou se produisant à intervalles réguliers au cours d'une période donnée ;
— récurrent ou se répétant à des moments fixes ;
— ayant lieu de manière constante ou périodique.

Le G29 interprète le terme "systématique" comme recouvrant une ou plusieurs des significations suivantes :
— se produisant conformément à un système ;
— préétabli, organisé ou méthodique ;

— ayant lieu dans le cadre d'un programme général de collecte de données ;
— effectué dans le cadre d'une stratégie.

Sources : article 37, paragraphe 1, point b, du RGPD

5. Des organismes peuvent-ils désigner un DPD conjointement ? Dans l'affirmative, à quelles conditions ?

Oui. Un groupe d'entreprises peut désigner un seul DPD à condition qu'il soit "facilement joignable à partir de chaque lieu d'établissement". La notion de joignabilité renvoie aux missions du DPD en tant que point de contact pour les personnes concernées, pour l'autorité de contrôle et également en interne au sein de l'organisme. Afin de veiller à ce que le DPD, qu'il soit interne ou externe, soit joignable, il est important de s'assurer que ses coordonnées sont mises à disposition. Le DPD, avec l'aide d'une équipe si nécessaire, doit être en mesure de communiquer efficacement avec les personnes concernées et de coopérer avec les autorités de contrôle compétentes, ce qui implique que cette communication s'effectue dans la ou les langues utilisées par les autorités de contrôle et les personnes concernées en question. La disponibilité d'un DPD (qu'il se trouve physiquement dans le même lieu que les employés ou qu'il soit joignable à travers un service d'assistance téléphonique ou d'autres moyens de communication sécurisés) est essentielle pour que les personnes concernées puissent prendre contact avec lui.

Un seul délégué à la protection des données peut être désigné pour plusieurs autorités publiques ou organismes publics, compte tenu de leur structure organisationnelle et de leur taille. Les mêmes considérations en matière de ressources et de communication s'appliquent. Étant donné que le DPD est chargé d'une série de missions, le responsable du traitement ou le sous-traitant doit s'assurer qu'un seul DPD peut, avec l'aide d'une équipe si nécessaire, s'acquitter efficacement de ces missions en dépit du fait qu'il soit désigné par plusieurs autorités publiques et organismes publics.

Sources : article 37, paragraphes 2 et 3, du RGPD

6. Où le DPD doit-il se trouver ?

Afin de garantir que le DPD soit joignable, le G29 recommande que celui-ci se trouve dans l'Union européenne, que le responsable du traitement ou le sous-traitant soit ou non établi dans l'Union. Toutefois, il ne peut être exclu que, dans certaines situations où *[dans lesquelles]* le responsable du traitement ou le sous-traitant ne possède pas d'établissement dans l'Union européenne, le DPD puisse mener ses activités de manière plus efficace s'il se trouve en dehors de l'Union.

7. Est-il possible de désigner un DPD externe ?

Oui. Le DPD peut être un membre du personnel du responsable du traitement ou du sous-traitant (DPD interne) ou exercer ses missions sur la base d'un contrat de service, ce qui signifie que le DPD peut être une personne externe et, dans ce cas, sa fonction peut être exercée sur la base d'un contrat de service conclu avec une personne ou un organisme.

Lorsque la fonction du DPD est exercée par un prestataire de services externe, une équipe de personnes travaillant pour le compte de cette entité peut, dans les faits, exercer les missions du DPD en tant que groupe, sous la responsabilité d'une personne de contact principale responsable du client. Dans ce cas, il est essentiel que chaque membre de l'organisme externe exerçant les fonctions de DPD remplisse l'ensemble des exigences applicables établies dans le RGPD.

Dans un souci de clarté juridique et de bonne organisation, et afin de prévenir les conflits d'intérêts pour les membres de l'équipe, les lignes directrices recommandent de prévoir, dans le contrat de service, une répartition claire des tâches au sein de l'équipe externe chargée de la fonction de DPD et de désigner une seule personne comme personne de contact principale "responsable" du client.

Sources : article 37, paragraphe 6, du RGPD

8. Quelles sont les qualités professionnelles que le DPD doit posséder ?

Le DPD est désigné sur la base de ses qualités professionnelles et, en particulier, de ses connaissances spécialisées du droit et des pratiques en matière de protection des données, et de sa capacité à accomplir ses missions.

Le niveau de connaissances spécialisées requis devrait être déterminé en fonction des opérations de traitement de données effectuées et de la protection exigée pour les données à caractère personnel traitées. Par exemple, lorsqu'une opération de traitement de données est particulièrement complexe, ou lorsqu'une grande quantité de données sensibles est concernée, il est possible que le DPD doive disposer d'un niveau plus élevé d'expertise et de soutien.

Les compétences et l'expertise nécessaires sont notamment les suivantes :
— expertise relative aux législations nationale et européenne en matière de protection des données, y compris une connaissance approfondie du RGPD ;
— compréhension des opérations de traitement effectuées ;

— compréhension des technologies de l'information et de la sécurité des données ;
— connaissance du secteur d'activité et de l'organisme ;
— capacité à promouvoir une culture de protection des données au sein de l'organisme.

Sources : article 37, paragraphe 5, du RGPD

Fonction du DPD

9. Quelles ressources le responsable du traitement ou le sous-traitant doit-il mettre à la disposition du DPD ?

Le DPD doit disposer des ressources nécessaires à l'exécution de ses missions.

En fonction de la nature des opérations et activités de traitement et de la taille de l'organisme, les ressources suivantes devraient être fournies au DPD :
— soutien actif de la fonction du DPD par l'encadrement supérieur ;
— temps suffisant pour que les DPD puissent accomplir leurs missions ;
— soutien adéquat du point de vue des ressources financières, des infrastructures (locaux, installations, équipements) et du personnel, le cas échéant ;
— communication officielle de la désignation du DPD à l'ensemble du personnel ;
— accès à d'autres services au sein de l'organisme de manière à ce que les DPD puissent recevoir le soutien, les contributions et les informations essentiels de ces autres services ;
— formation continue.

Sources : article 38, paragraphe 2, du RGPD

10. Quelles sont les garanties permettant au DPD d'exercer ses missions en toute indépendance ? Qu'entend-on par "conflit d'intérêts" ?

Il existe plusieurs garanties permettant au DPD d'agir en toute indépendance :
— absence d'instruction de la part des responsables du traitement ou des sous-traitants en ce qui concerne l'exercice des missions du DPD ;
— interdiction pour le responsable du traitement de licencier ou de sanctionner le DPD pour l'exercice de ses missions ;
— absence de conflit d'intérêts avec d'autres missions et tâches possibles.

Les autres missions et tâches d'un DPD ne doivent pas donner lieu à un conflit d'intérêts. Cela signifie tout d'abord que le DPD ne peut exercer au sein de l'organisme une fonction qui l'amène à déterminer les finalités et les moyens du traitement de données à caractère personnel. En raison de la structure organisationnelle spécifique de chaque organisme, cet aspect doit être étudié au cas par cas.

En règle générale, parmi les fonctions susceptibles de donner lieu à un conflit d'intérêts au sein de l'organisme peuvent figurer les fonctions d'encadrement supérieur (par exemple, directeur général, directeur opérationnel, directeur financier, médecin-chef, responsable du département marketing, responsable des ressources humaines ou responsable du service informatique), mais aussi d'autres rôles à un niveau inférieur de la structure organisationnelle si ces fonctions ou rôles supposent la détermination des finalités et des moyens du traitement. En outre, il peut également y avoir conflit d'intérêts, par exemple, si un DPD externe est appelé à représenter le responsable du traitement ou le sous-traitant devant les tribunaux dans des affaires ayant trait à des questions liées à la protection des données.

Sources : article 38, paragraphes 3 et 6, du RGPD

Missions du DPD

11. Qu'entend-on par "surveillance du respect des règles" ?

Dans le cadre de ces tâches de contrôle du respect du RGPD, les DPD peuvent notamment :
— recueillir des informations permettant de recenser les activités de traitement ;
— analyser et vérifier la conformité des activités de traitement ;
— informer et conseiller le responsable du traitement ou le sous-traitant et formuler des recommandations à son intention.

Sources : article 39, paragraphe 1, point b, du RGPD

12. Le DPD est-il personnellement responsable en cas de non-respect des exigences en matière de protection des données ?

Non, le DPD n'est pas personnellement responsable en cas de non-respect des exigences en matière de protection des données. C'est le responsable du traitement ou le sous-traitant qui est tenu de s'assurer et doit être en mesure de démontrer que le traitement est effectué conformément au RGPD. Le respect de la protection des données relève de la responsabilité du responsable du traitement ou du sous-traitant.

13. Quel est le rôle du DPD en ce qui concerne l'analyse d'impact relative à la protection des données et le registre des activités de traitement ?

En ce qui concerne l'analyse d'impact relative à la protection des données, le responsable du traitement ou le sous-traitant devrait solliciter l'avis du DPD sur les questions suivantes notamment :
— la question de savoir s'il convient ou non de procéder à une analyse d'impact relative à la protection des données ;
— la méthodologie à suivre lors de la réalisation d'une analyse d'impact relative à la protection des données ;
— la question de savoir s'il convient d'effectuer l'analyse d'impact relative à la protection des données en interne ou de la sous-traiter ;
— les mesures (y compris des mesures techniques et organisationnelles) à appliquer pour atténuer les risques éventuels pesant sur les droits et les intérêts des personnes concernées ;
— la question de savoir si l'analyse d'impact relative à la protection des données a été correctement réalisée et si ses conclusions (opportunité ou non de procéder au traitement et garanties à mettre en place) sont conformes aux exigences en matière de protection des données.
En ce qui concerne le registre des activités de traitement, c'est le responsable du traitement ou le sous-traitant, et non le DPD, qui est tenu de tenir un registre de ces opérations. Toutefois, rien ne s'oppose à ce que le responsable du traitement ou le sous-traitant confie au DPD la mission de tenir le registre des opérations de traitement effectuées sous la responsabilité du responsable du traitement ou du sous-traitant. Ce registre doit être considéré comme l'un des outils permettant au DPD d'exercer ses missions de contrôle du respect des règles ainsi que d'information et de conseil du responsable du traitement ou du sous-traitant.
Sources : article 39, paragraphe 1, point c, et article 30 du RGPD

III RÈGLES INTERNATIONALES

Convention relative aux droits de l'enfant du 20 novembre 1989 (convention de New York)

En vigueur le 2 sept. 1990.

Art. 1er Au sens de la présente Convention, un enfant s'entend de tout être humain âgé de moins de dix-huit ans, sauf si la majorité est atteinte plus tôt en vertu de la législation qui lui est applicable.

Art. 13 1. L'enfant a droit à la liberté d'expression. Ce droit comprend la liberté de rechercher, de recevoir et de répandre des informations et des idées de toute espèce, sans considération de frontières, sous une forme orale, écrite, imprimée ou artistique, ou par tout autre moyen du choix de l'enfant.

2. L'exercice de ce droit ne peut faire l'objet que des seules restrictions qui sont prescrites par la loi et qui sont nécessaires :

a) Au respect des droits ou de la réputation d'autrui ; ou

b) A la sauvegarde de la sécurité nationale, de l'ordre public, de la santé ou de la moralité publiques.

Art. 14 1. Les États parties respectent le droit de l'enfant à la liberté de pensée, de conscience et de religion.

2. Les États parties respectent le droit et le devoir des parents ou, le cas échéant, des représentants légaux de l'enfant, de guider celui-ci dans l'exercice du droit susmentionné d'une manière qui corresponde au développement de ses capacités.

3. La liberté de manifester sa religion ou ses convictions ne peut être soumise qu'aux seules restrictions qui sont prescrites par la loi et qui sont nécessaires pour préserver la sûreté publique, l'ordre public, la santé et la moralité publiques, ou les libertés et droits fondamentaux d'autrui.

Art. 16 1. Nul enfant ne fera l'objet d'immixtions arbitraires ou illégales dans sa vie privée, sa famille, son domicile ou sa correspondance, ni d'atteintes illégales à son honneur et à sa réputation.

2. L'enfant a droit à la protection de la loi contre de telles immixtions ou de telles atteintes.

Art. 17 Les États parties reconnaissent l'importance de la fonction remplie par les médias et veillent à ce que l'enfant ait accès à une information et à des matériels provenant de sources nationales et internationales diverses, notamment ceux qui visent à promouvoir son bien-être social, spirituel et moral ainsi que sa santé physique et mentale. A cette fin, les États parties :

a) Encouragent les médias à diffuser une information et des matériels qui présentent une utilité sociale et culturelle pour l'enfant et répondent à l'esprit de l'article 29 ;

b) Encouragent la coopération internationale en vue de produire, d'échanger et de diffuser une information et des matériels de ce type provenant de différentes sources culturelles, nationales et internationales ;

c) Encouragent la production et la diffusion de livres pour enfants ;

d) Encouragent les médias à tenir particulièrement compte des besoins linguistiques des enfants autochtones ou appartenant à un groupe minoritaire ;

e) Favorisent l'élaboration de principes directeurs appropriés destinés à protéger l'enfant contre l'information et les matériels qui nuisent à son bien-être, compte tenu des dispositions des articles 13 et 18.

Art. 19 1. Les États parties prennent toutes les mesures législatives, administratives, sociales et éducatives appropriées pour protéger l'enfant contre toute forme de violence, d'atteinte ou de brutalités physiques ou mentales, d'abandon ou de négligence, de mauvais traitements ou d'exploitation, y compris la violence sexuelle, pendant qu'il est sous la garde de ses parents ou de l'un d'eux, de son ou ses représentants légaux ou de toute autre personne à qui il est confié.

2. Ces mesures de protection doivent comprendre, selon qu'il conviendra, des procédures efficaces pour l'établissement de programmes sociaux visant à fournir l'appui nécessaire à l'enfant et à ceux à qui il est confié, ainsi que pour d'autres formes de prévention, et aux fins d'identification, de rapport, de renvoi, d'enquête, de traitement et de suivi pour les cas de mauvais traitements de l'enfant décrits ci-dessus, et comprendre également, selon qu'il conviendra, des procédures d'intervention judiciaire.

Convention sur la cybercriminalité du 23 novembre 2001 (convention de Budapest)

Publiée par Décr. n° 2006-580 du 23 mai 2006 (JO 24 mai).

BIBL. ▸ Interpol, Guide sur la stratégie nationale de lutte contre la cybercriminalité, *2021* ; Stratégie mondiale de lutte contre la cybercriminalité, *2017*.

Pour connaître la portée juridique de ce texte, V. Livre III, III. Règles internationales, comm. introductif.

COMMENTAIRE

Présentation. Premier traité international sur les infractions pénales commises via l'internet et d'autres réseaux informatiques, la Convention sur la cybercriminalité (STE n° 185) fut signée à Budapest le 23 novembre 2001. Selon son préambule, l'objectif est de poursuivre *« une politique pénale commune destinée à protéger la société contre le cybercrime, notamment par l'adoption d'une législation appropriée et la stimulation de la coopération internationale »*. Il s'agit de traiter en particulier des infractions portant atteinte à la sécurité des réseaux, aux droits d'auteurs, la fraude liée à l'informatique, ainsi que la pornographie enfantine.

La Convention vise pour l'essentiel :

– à harmoniser des incriminations relevant de la cybercriminalité tout en assurant le respect de certaines règles de droit pénal général (droit pénal matériel) ;

– à fournir au droit pénal procédural national les pouvoirs nécessaires à l'instruction et à la poursuite d'infractions de ce type ainsi que d'autres infractions commises au moyen d'un système informatique ou dans le cadre desquelles des preuves existent sous forme électronique (droit pénal formel) ;

– et à mettre en place un régime rapide et efficace de coopération internationale.

La Convention comprend ainsi quatre chapitres : I) Emploi des termes ; II) Mesures à prendre au niveau national – droit matériel et droit procédural ; III) Coopération internationale ; IV) Clauses finales. La Convention est complétée par un premier Protocole additionnel relatif à l'incrimination d'actes de nature raciste et xénophobe commis par le biais de systèmes informatiques (STE n° 189) et un deuxième Protocole additionnel sur le renforcement de la coopération internationale et de la divulgation de preuves électroniques (CETS 224).

États parties. Bien que signée sous l'égide du Conseil de l'Europe, la Convention est ouverte à l'adhésion de tous les États. Les pays qui ont participé aux négociations du traité (les membres du Conseil de l'Europe, l'Afrique du Sud, le Canada, les États-Unis et le Japon) peuvent la signer et la ratifier. En vertu de l'article 37, tout autre État peut devenir partie en « adhérant » à la Convention s'il est prêt à l'appliquer. Au 1er juin 2023, 68 États avaient adhéré à la Convention. Cette ouverture internationale est éminemment logique : la cybercriminalité est souvent cosmopolite en ce qu'elle ne se reconnaît pas de frontière. Elle possède toutefois un territoire à partir duquel partent les attaques : aussi l'application de la Convention au-delà du Conseil de l'Europe est-elle un gage évident d'efficacité. Le fait en revanche que la Russie, la Chine, Cuba, l'Iran, ou encore la Corée du Nord n'aient pas adhéré nuance le tableau : la lutte internationale contre l'impunité n'est pas encore acquise.

Concernant la France, le Parlement a autorisé l'approbation de la Convention et du premier protocole au moyen de la loi n° 2005-493 du 19 mai 2005. La ratification a eu lieu le 10 janvier 2006 et la publication au *Journal officiel* a été réalisée par décret n° 2006-580 en date du 23 mai 2006. La Convention a donc une valeur supérieure à la loi en application de l'article 55 de la Constitution de 1958.

Approches. La Convention de Budapest fait obligation aux États d'incriminer les infractions contre des systèmes informatiques et au moyen de systèmes informatiques, prévues aux articles 2 à 12. Ils doivent également disposer des prérogatives non seulement pour enquêter dans des affaires de cybercriminalité mais également pour traiter toute infraction où la preuve se présente sous forme électronique. A cela s'ajoutent, dans le cadre de la coopération internationale, des stipulations portant sur des outils d'entraide internationale tels que l'extradition ou encore l'accès à des preuves numériques. La question de la preuve électronique a d'ailleurs nécessité l'adoption d'un 2e Protocole additionnel aux fins de faciliter cette entraide dans un contexte d'explosion, et du numérique, et de la cybercriminalité.

Pour aller plus loin.

– Le terrorisme en droit international : voir le commentaire introductif au Livre III, III. Règles internationales, I. Traités ;

– Droit dérivé/droit international de la cybersécurité : voir Livre III, III. Règles internationales, commentaire introductif (III. Droit dérivé, A. Droit dérivé produit par l'ONU) ;

– Les questions d'attribution du comportement d'une personne privée à un État : voir les articles sur la responsabilité de l'État pour fait internationalement illicite, Livre III, III. Règles internationales, commentaire introductif (III. Droit dérivé, A. Droit dérivé produit par l'ONU, 1°) Responsabilité) ;

– Spams : WTSA Resolution 52, Hammamet, 2016 – Countering and Combating Spam ; WTDC Resolution 45 (Rev. Kigali, 2022) – Mechanisms for Enhancing Cooperation on Cybersecurity, Including Countering and Combating Spam ;

– Pédopornographie : Plenipotentiary Resolution 179, Dubai, 2018 – ITU's Role in Child Online Protection ; WTDC Resolution 67 (Rev. Kigali, 2022) – The Role of the ITU Telecommunication Development Sector in Child Online Protection ; Convention du 20 novembre 1989 relative aux droits de l'enfant (Conv. New York), (pour connaître la portée juridique de ce texte, voir Livre III, III. Règles internationales, comm. introductif, [III. Droit dérivé, B. Droit dérivé sectoriel]). ❑

Préambule

Les États membres du Conseil de l'Europe et les autres États signataires,

Considérant que le but du Conseil de l'Europe est de réaliser une union plus étroite entre ses membres ;

Reconnaissant l'intérêt d'intensifier la coopération avec les autres États parties à la Convention

Convaincus de la nécessité de mener, en priorité, une politique pénale commune destinée à protéger la société de la criminalité dans le cyberespace, notamment par l'adoption d'une législation appropriée et par l'amélioration de la coopération internationale ;

Conscients des profonds changements engendrés par la numérisation, la convergence et la mondialisation permanente des réseaux informatiques ;

Préoccupés par le risque que les réseaux informatiques et l'information électronique soient utilisés également pour commettre des infractions pénales et que les preuves de ces infractions soient stockées et transmises par le biais de ces réseaux ;

Reconnaissant la nécessité d'une coopération entre les États et l'industrie privée dans la lutte contre la cybercriminalité, et le besoin de protéger les intérêts légitimes dans l'utilisation et le développement des technologies de l'information ;

Estimant qu'une lutte bien menée contre la cybercriminalité requiert une coopération internationale en matière pénale accrue, rapide et efficace ;

Convaincus que la présente Convention est nécessaire pour prévenir les actes portant atteinte à la confidentialité, à l'intégrité et à la disponibilité des systèmes informatiques, des réseaux et des données, ainsi que l'usage frauduleux de tels systèmes, réseaux et données, en assurant l'incrimination de ces comportements, tels que décrits dans la présente Convention, et l'adoption de pouvoirs suffisants pour permettre une lutte efficace contre ces infractions pénales, en en facilitant la détection, l'investigation et la poursuite, tant au plan national qu'au niveau international, et en prévoyant des dispositions matérielles en vue d'une coopération internationale rapide et fiable ;

Gardant à l'esprit la nécessité de garantir un équilibre adéquat entre les intérêts de l'action répressive et le respect des droits de l'homme fondamentaux, tels que garantis dans la Convention de sauvegarde des Droits de l'Homme et des Libertés fondamentales du Conseil de l'Europe (1950), dans le Pacte international relatif aux droits civils et politiques des Nations unies (1966), ainsi que dans d'autres conventions internationales applicables en matière de droits de l'homme, qui réaffirment le droit à ne pas être inquiété pour ses opinions, le droit à la liberté d'expression, y compris la liberté de rechercher, d'obtenir et de communiquer des informations et des idées de toute nature, sans considération de frontière, ainsi que le droit au respect de la vie privée ;

Conscients également du droit à la protection des données personnelles, tel que spécifié, par exemple, par la Convention de 1981 du Conseil de l'Europe pour la protection des personnes à l'égard du traitement automatisé des données à caractère personnel ;

Considérant la Convention des Nations unies relative aux droits de l'enfant (1989) et la Convention de l'Organisation internationale du travail sur les pires formes de travail des enfants (1999) ;

Tenant compte des conventions existantes du Conseil de l'Europe sur la coopération en matière pénale, ainsi que d'autres traités similaires conclus entre les États membres du Conseil de l'Europe et d'autres États, et soulignant que la présente Convention a pour but de les compléter en vue de rendre plus efficaces les enquêtes et les procédures pénales portant sur des infractions pénales en relation avec des systèmes et des données informatiques, ainsi que de permettre la collecte des preuves électroniques d'une infraction pénale ;

Se félicitant des récentes initiatives destinées à améliorer la compréhension et la coopération internationales aux fins de la lutte contre la criminalité dans le cyberespace, notamment des actions menées par les Nations unies, l'OCDE, l'Union européenne et le G8 ;

Rappelant les Recommandations du Comité des Ministres n° R (85) 10 concernant l'application pratique de la Convention européenne d'entraide judiciaire en matière pénale relative aux commissions rogatoires pour la surveillance des télécommunications, n° R (88) 2 sur des mesures visant à combattre la piraterie dans le domaine du droit d'auteur et des droits voisins, n° R (87) 15 visant à réglementer l'utilisation de données à caractère personnel dans le secteur de la police, n° R (95) 4 sur la protection des données à caractère personnel dans le domaine des services de télécommunication, eu égard notamment aux services téléphoniques, et n° R (89) 9 sur la criminalité en relation avec l'ordinateur, qui indique aux législateurs nationaux des principes directeurs pour définir certaines infractions informatiques, ainsi que n° R (95) 13 relative aux problèmes de procédure pénale liés à la technologie de l'information ;

Eu égard à la Résolution n° 1, adoptée par les ministres européens de la Justice lors de leur 21e Conférence (Prague, 10 et 11 juin 1997), qui recommande au Comité des Ministres de soutenir les activités concernant la cybercriminalité menées par le Comité européen pour les problèmes criminels (CDPC) afin de rapprocher les législations pénales nationales et de permettre l'utilisation de moyens d'investigation efficaces en matière d'infractions informatiques, ainsi qu'à la Résolution n° 3, adoptée lors de la 23e Conférence des ministres européens de la Justice (Londres, 8 et 9 juin 2000), qui encourage les parties aux négociations à poursuivre leurs efforts afin de trouver des solutions permettant au plus grand nombre d'États d'être parties à la Convention et qui reconnaît la nécessité de disposer d'un mécanisme rapide et efficace de coopération internationale qui tienne dûment compte des exigences spécifiques de la lutte contre la cybercriminalité ;

Prenant également en compte le plan d'action adopté par les chefs d'État et de gouvernement du Conseil de l'Europe à l'occasion de leur 2e Sommet (Strasbourg, 10 et 11 octobre 1997) afin de trouver des réponses communes au développement des nouvelles technologies de l'information, fondées sur les normes et les valeurs du Conseil de l'Europe,

Sont convenus de ce qui suit :

CHAPITRE I *TERMINOLOGIE*

Art. 1er *Définitions.* Aux fins de la présente Convention,

a) l'expression "système informatique" désigne tout dispositif isolé ou ensemble de dispositifs interconnectés ou apparentés, qui assure ou dont un ou plusieurs éléments assurent, en exécution d'un programme, un traitement automatisé de données ;

b) l'expression "données informatiques" désigne toute représentation de faits, d'informations ou de concepts sous une forme qui se prête à un traitement informatique, y compris un programme de nature à faire en sorte qu'un système informatique exécute une fonction ;

c) l'expression "fournisseur de services" désigne :

i. toute entité publique ou privée qui offre aux utilisateurs de ses services la possibilité de communiquer au moyen d'un système informatique, et

ii. toute autre entité traitant ou stockant des données informatiques pour ce service de communication ou ses utilisateurs ;

d) "données relatives au trafic" désigne toutes données ayant trait à une communication passant par un système informatique, produites par ce dernier en tant qu'élément de la chaîne de communication, indiquant l'origine, la destination, l'itinéraire, l'heure, la date, la taille et la durée de la communication ou le type de service sous-jacent.

CHAPITRE II *MESURES À PRENDRE AU NIVEAU NATIONAL*

SECTION 1 *Droit pénal matériel*

COMMENTAIRE

Droit pénal spécial et droit pénal général. La section 1 du chapitre II (droit pénal matériel) contient des dispositions relatives à des délits informatiques et à la responsabilité pénale. Sont tout d'abord définies 9 infractions groupées en quatre catégories :

– Infractions contre la confidentialité, l'intégrité et la disponibilité des données, et contre les systèmes informatiques (cybersécurité) : accès illégal (art. 2), interception illégale (art. 3), atteinte à l'intégrité des données (art. 4) et du système (art. 5), enfin abus de dispositifs (art. 6) ;

– Infractions informatiques : falsification (art. 7) et fraude (art. 8) ;

– Infractions se rapportant au contenu : pédopornographie enfantine (art. 9) ;

– Infractions liées aux atteintes à la propriété intellectuelle et aux droits connexes (art. 10).

Sont par ailleurs prévues des dispositions relatives, d'une part, à la tentative et à la complicité (art. 11), d'autre part à la responsabilité des personnes morales (art. 12). Enfin, l'article 13 précise que les États contractants doivent tirer les conséquences de la gravité des infractions visées par la Convention en prévoyant des sanctions pénales qui sont *« effectives, proportionnées et dissuasives »*. Dans le cas des personnes physiques, ces sanctions doivent inclure la possibilité d'imposer des peines d'emprisonnement.

Notions. On peut aisément constater que *« la Convention utilise une terminologie technologiquement neutre de façon que les infractions relevant du droit pénal matériel puissent s'appliquer aux technologies concernées tant actuelles que futures »* (*Rapport explicatif de la Convention,* p. 48). Certains termes, définis dans le chapitre 1, en attestent. D'autres ont été choisis en fonction de cet objectif de neutralité. Ainsi, selon l'article 1er de la Convention, l'expression « **système informatique** » désigne tout dispositif isolé ou ensemble de dispositifs interconnectés ou apparentés, qui assure ou dont un ou plusieurs éléments assurent, en exécution d'un programme, un traitement automatisé de données. Cette définition n'est pas éloignée de celle résultant des débats parlementaires lors de l'adoption de la loi dite « Godfrain » loi n° 88-19 du 5 janvier 1988. Le système de traitement automatisé de données (**STAD**) fut défini comme *« tout ensemble composé d'une ou plusieurs unités de traitement, de mémoires, de logiciels, de données, d'organes d'entrées-sorties et de liaisons qui concourent à un résultat déterminé, cet ensemble étant protégé par des dispositifs déterminés » (Sénat, Texte n° 27, 1987-1988, 4 nov. 1987, p. 2).*

Toutes les infractions énumérées dans la Convention doivent être commises de façon « **intentionnelle** » pour que la responsabilité pénale soit engagée. Dans certains cas, un élément intentionnel spécifique supplémentaire fait partie intégrante de l'infraction. Ainsi, par exemple, à l'article 8 concernant la fraude informatique, l'intention d'obtenir un bénéfice économique est un élément constitutif de l'infraction. Les auteurs de la Convention se sont toutefois entendus pour considérer que l'interprétation du mot « intentionnellement » doit être laissée aux droits internes. Les difficultés à définir l'intention en droit français attestent que cette marge de manœuvre était nécessaire (pour une approche synthétique et opérationnelle, V. Y. Mayaud, « L'intention dans la théorie du droit pénal », *Problèmes actuels de science criminelle, 1999, p. 58* s.).

Les infractions visées par la Convention présentent enfin une spécificité : les auteurs doivent expressément agir « **sans droit** ». Cette expression rend compte du fait que le comportement décrit n'est pas nécessairement punissable en soi, mais peut être légal ou justifié. L'expression « sans droit » tire donc son sens du contexte dans lequel elle est utilisée : l'appréciation *in concreto* est ici de mise. On observera que la jurisprudence française y est sensible, les subtilités ne manquant pas dans le champ *cyber*. Ainsi, au titre de l'article 323-3 du code pénal (délit d'atteinte à une donnée contenue dans un STAD), celui qui est titulaire des droits d'accès et de modification des données, souvent appelé maître du système, ne peut en principe se rendre coupable du délit (Crim. 7 janv.

2020, n° 18-84.755 : *JCP 2020, 267, note E. Dreyer ; Dr. pén. 2020. Comm. 193, obs. Ph. Conte*). Par exception, sa responsabilité peut être retenue s'il a dissimulé la suppression des données à « un autre utilisateur » du système. Il a ainsi agi sans droit (Crim. 8 juin 2021, n° 20-85.853, F-P : *Dr. pén. 2021. Comm. 142, obs. Ph. Conte ; ibid. 2022. Chron. 12, § 3, obs. R. Ollard ; GPL 31 août 2021, p. 53, obs. S. Détraz ; RJ com. 2022. 40, obs. G. Beaussonie*). ❑

TITRE I INFRACTIONS CONTRE LA CONFIDENTIALITÉ, L'INTÉGRITÉ ET LA DISPONIBILITÉ DES DONNÉES ET SYSTÈMES INFORMATIQUES

Art. 2 *Accès illégal.* **Chaque Partie adopte les mesures législatives et autres qui se révèlent nécessaires pour ériger en infraction pénale, conformément à son droit interne, l'accès intentionnel et sans droit à tout ou partie d'un système informatique. Une Partie peut exiger que l'infraction soit commise en violation des mesures de sécurité, dans l'intention d'obtenir des données informatiques ou dans une autre intention délictueuse, ou soit en relation avec un système informatique connecté à un autre système informatique.**

COMMENTAIRE

Accès illégal. Au titre de l'article 2, les États signataires doivent ériger en infraction pénale, conformément à leur droit interne, l'accès intentionnel et sans droit à tout ou partie d'un système informatique. Un État pourrait exiger que l'infraction soit commise en violation des mesures de sécurité, dans l'intention d'obtenir des données informatiques ou dans une autre intention délictueuse, ou soit en relation avec un système informatique connecté à un autre système informatique. Il s'agit d'une infraction fondamentale en ce que le comportement réprimé crée une menace ou porte d'ores et déjà atteinte à la sécurité des systèmes et données informatiques. La confidentialité, l'intégrité et la disponibilité des systèmes informatiques sont en effet menacées en cas d'accès illégal. Comme l'énonce le Rapport explicatif sur la Convention (p. 50) : *« La simple intrusion non autorisée, à savoir le "piratage", le "craquage" ou l'"intrusion illicite dans un système informatique", devrait en principe être illégale en elle-même. Elle peut créer des obstacles pour les utilisateurs légitimes des systèmes et des données et peut entraîner l'altération ou la destruction et des coûts élevés de reconstruction. Ces intrusions peuvent donner accès à des données confidentielles (mots d'accès, informations sur le système cible) et à des secrets, permettre d'utiliser le système gratuitement, voire encourager les pirates à commettre des types plus dangereux d'infractions en relation avec l'ordinateur, telles que la fraude informatique ou la falsification informatique »*.

En droit français, l'article 323-1 du code pénal incrimine évidemment l'accès illicite à un STAD en étendant la répression au maintien frauduleux. ❑

Art. 3 *Interception illégale.* **Chaque Partie adopte les mesures législatives et autres qui se révèlent nécessaires pour ériger en infraction pénale, conformément à son droit interne, l'interception intentionnelle et sans droit, effectuée par des moyens techniques, de données informatiques, lors de transmissions non publiques, à destination, en provenance ou à l'intérieur d'un système informatique, y compris les émissions électromagnétiques provenant d'un système informatique transportant de telles données informatiques. Une Partie peut exiger que l'infraction soit commise dans une intention délictueuse ou soit en relation avec un système informatique connecté à un autre système informatique.**

COMMENTAIRE

Interception illégale. Aux termes de l'article 3, les États s'engagent à incriminer l'interception intentionnelle et sans droit, effectuée par des moyens techniques, de données informatiques, lors de transmissions non publiques, à destination, en provenance ou à l'intérieur d'un système informatique, y compris les émissions électromagnétiques provenant d'un système informatique transportant de telles données informatiques. Une fois de plus, un État pourrait exiger que l'infraction soit commise dans une intention délictueuse ou soit en relation avec un système informatique connecté à un autre système informatique. Ce texte vise évidemment à garantir le droit au respect des données transmises protégé par l'article 8 de la Convention européenne des droits de l'homme. Selon le Rapport explicatif, « *l'infraction représente la même violation du droit au respect des communications que l'écoute et l'enregistrement classiques des conversations téléphoniques entre des personnes* » (p. 52).

En droit français, cette incrimination ne se retrouve pas dans la section relative aux « ASTAD » (atteintes aux STAD, C. pén., art. 323-1 s.). Il s'agit en réalité de la modalité numérique des atteintes aux correspondances punies à l'article 226-15 du code pénal. Si le premier alinéa contient la version « classique » de l'atteinte, le 2e alinéa punit des mêmes peines, soit un an d'emprisonnement et 45 000 euros d'amende, « *le fait, commis de mauvaise foi, d'intercepter, de détourner, d'utiliser ou de divulguer des correspondances émises, transmises ou reçues par la voie électronique ou de procéder à l'installation d'appareils de nature à permettre la réalisation de telles interceptions* ». ❑

Art. 4 ***Atteinte à l'intégrité des données.*** **1. Chaque Partie adopte les mesures législatives et autres qui se révèlent nécessaires pour ériger en infraction pénale, conformément à son droit interne, le fait, intentionnel et sans droit, d'endommager, d'effacer, de détériorer, d'altérer ou de supprimer des données informatiques.**

2. Une Partie peut se réserver le droit d'exiger que le comportement décrit au paragraphe 1 entraîne des dommages sérieux.

COMMENTAIRE

Atteinte à l'intégrité des données. Fort logiquement, l'article 4 impose de punir le fait, intentionnel et sans droit, d'endommager, d'effacer, de détériorer, d'altérer ou de supprimer des données informatiques. Un État peut se réserver le droit d'exiger que ce comportement entraîne des dommages sérieux. Selon le Rapport explicatif, « *l'"endommagement" et la "détérioration", en tant qu'actes se chevauchant, concernent notamment l'altération négative de l'intégrité ou du contenu informatif de données et de programmes. L'effacement des données équivaut à la destruction d'objets corporels. Il les détruit et les rend méconnaissables. Par "suppression" des données informatiques, on entend tout acte à la suite duquel ces données ne sont pas ou plus accessibles à la personne ayant accès à l'ordinateur ou au support sur lequel les données étaient stockées. Le terme "altération" signifie la modification de données existantes. L'introduction de codes malveillants tels que des virus ou des chevaux de Troie relève donc des dispositions de ce paragraphe, de même que la modification des données qui résulte de cet acte* ».

En droit français, depuis la loi n° 2014-1353 du 13 novembre 2014 (art. 16), l'article 323-3 du code pénal vise des comportements plus vastes au titre de l'atteinte à l'intégrité des données. Sont en effet incriminées l'introduction, la modification, la suppression mais également l'extraction, la simple détention, la reproduction ou encore la transmission d'une donnée issue d'un STAD. Encore faut-il évidemment que ces actes soient accomplis de manière « frauduleuse ». ❑

Art. 5 ***Atteinte à l'intégrité du système.*** **Chaque Partie adopte les mesures législatives et autres qui se révèlent nécessaires pour ériger en infraction pénale, conformément à son droit interne, l'entrave grave, intentionnelle et sans droit, au fonctionnement d'un système informatique, par l'introduction, la transmission, l'endommagement, l'effacement, la détérioration, l'altération ou la suppression de données informatiques.**

COMMENTAIRE

Atteinte à l'intégrité du système. L'article 5 de la Convention de Budapest impose de réprimer pénalement l'entrave grave, intentionnelle et sans droit, au fonctionnement d'un système informatique, par l'introduction, la transmission, l'endommagement, l'effacement, la détérioration, l'altération ou la suppression de données informatiques. Cette disposition vise à pénaliser le sabotage informatique, i.e l'entrave intentionnelle à l'usage légitime de systèmes informatiques, y compris de systèmes de télécommunications, en utilisant ou en influençant des données informatiques. Comme le précise le Rapport explicatif, le « *texte est formulé de façon neutre de sorte qu'il puisse protéger toutes sortes de fonctions* » (p. 53).

Le droit français incrimine l'entrave au fonctionnement d'un STAD à l'article 323-2 du code pénal mais de manière différente. La loi française ne passe pas par le prisme de la donnée informatique : il s'agit simplement d'entraver ou de fausser le fonctionnement d'un système de traitement automatisé de données. Cela peut certes se faire au moyen d'une donnée ajoutée ou modifiée telle qu'un malware (V. par ex. Crim. 12 déc. 1996, n° 95-82.198) mais également « de l'extérieur », par exemple en se livrant à une attaque distribuée par déni de service (DDOS). Ce dernier comportement, étant réalisé par multiplication de requêtes, *i.e* l'envoi d'un message initial par le « client » vers le « serveur », il relève évidement de l'article 5 de la Convention. Comme le précise le Rapport explicatif, « *Les auteurs ont jugé "grave" l'envoi à un système informatique de données dont la forme, le volume ou la fréquence porte un préjudice important à la capacité du propriétaire ou de l'exploitant d'utiliser le système en question ou de communiquer avec d'autres systèmes (c'est le cas des programmes qui portent atteinte à des systèmes sous la forme d'un "déni de service", des codes malveillants, tels que les virus, qui interdisent ou ralentissent sensiblement le fonctionnement du système, ou des programmes qui envoient un énorme volume de courrier électronique à un destinataire afin de paralyser les fonctions de communication du système)* » (p. 58).❑

Art. 6 ***Abus de dispositifs.*** **1. Chaque Partie adopte les mesures législatives et autres qui se révèlent nécessaires pour ériger en infraction pénale, conformément à son droit interne, lorsqu'elles sont commises intentionnellement et sans droit :**

a) la production, la vente, l'obtention pour utilisation, l'importation, la diffusion ou d'autres formes de mise à disposition :

i. d'un dispositif, y compris un programme informatique, principalement conçu ou adapté pour permettre la commission de l'une des infractions établies conformément aux articles 2 à 5 ci-dessus,

ii. d'un mot de passe, d'un code d'accès ou de données informatiques similaires permettant d'accéder à tout ou partie d'un système informatique,

dans l'intention qu'ils soient utilisés afin de commettre l'une ou l'autre des infractions visées par les articles 2 à 5 ; et

b) la possession d'un élément visé aux paragraphes *a* i. ou ii. ci-dessus, dans l'intention qu'il soit utilisé afin de commettre l'une ou l'autre des infractions visées par les articles 2 à 5. Une Partie peut exiger en droit interne qu'un certain nombre de ces éléments soit détenu pour que la responsabilité pénale soit engagée.

2. Le présent article ne saurait être interprété comme imposant une responsabilité pénale lorsque la production, la vente, l'obtention pour utilisation, l'importation, la diffusion ou d'autres formes de mise à disposition mentionnées au paragraphe 1 du présent article n'ont pas pour but de commettre une infraction établie conformément aux articles 2 à 5 de la présente Convention, comme dans le cas d'essai autorisé ou de protection d'un système informatique.

3. Chaque Partie peut se réserver le droit de ne pas appliquer le paragraphe 1 du présent article, à condition que cette réserve ne porte pas sur la vente, la distribution ou toute autre mise à disposition des éléments mentionnés au paragraphe 1. *a* ii. du présent article.

COMMENTAIRE

Abus de dispositifs. Enfin, en son article 6, le Traité commande d'incriminer la production, la vente, l'obtention pour utilisation, l'importation, la diffusion ou d'autres formes de mise à disposition :

– d'un dispositif, y compris un programme informatique, principalement conçu ou adapté pour permettre la commission de l'une des infractions établies conformément aux articles 2 à 5 ;

– d'un mot de passe, d'un code d'accès ou de données informatiques similaires permettant d'accéder à tout ou État d'un système informatique ;

– dans l'intention qu'ils soient utilisés afin de commettre l'une ou l'autre des infractions visées par les articles 2 à 5.

La Convention impose également de punir la possession d'un tel élément dès lors qu'est démontrée l'intention qu'il soit utilisé afin de commettre l'une ou l'autre des infractions visées par les articles 2 à 5. La logique préventive du texte est évidente : elle se retrouve pareillement à l'article 323-3-1 du code pénal français qui punit « *le fait, sans motif légitime, notamment de recherche ou de sécurité informatique, d'importer, de détenir, d'offrir, de céder ou de mettre à disposition un équipement, un instrument, un programme informatique ou toute donnée conçus ou spécialement adaptés pour commettre une ou plusieurs des infractions prévues par les articles 323-1 à 323-3* ». Encore faut-il ajouter les dispositions de l'article 226-3 du code pénal pour compléter la panoplie répressive française. Ce dernier texte incrimine en effet la mise à disposition de matériels permettant de porter atteinte à la vie privée. ❑

TITRE II **INFRACTIONS INFORMATIQUES**

Art. 7 ***Falsification informatique.*** **Chaque Partie adopte les mesures législatives et autres qui se révèlent nécessaires pour ériger en infraction pénale, conformément à son droit interne, l'introduction, l'altération, l'effacement ou la suppression intentionnels et sans droit de données informatiques, engendrant des données non authentiques, dans l'intention qu'elles soient prises en compte ou utilisées à des fins légales comme si elles étaient authentiques, qu'elles soient ou non directement lisibles et intelligibles. Une Partie peut exiger une intention frauduleuse ou une intention délictueuse similaire pour que la responsabilité pénale soit engagée.**

COMMENTAIRE

Si les infractions relatives à la propriété intellectuelle et à la pédopornographie ne relèvent pas à proprement parler de la cybersécurité, les infractions informatiques contenues aux articles 7 et 8 de la Convention intéressent l'intégrité et l'authenticité d'une donnée numérique. La manipulation des systèmes ou données informatiques justifie l'infliction de sanctions : l'idée est d'imposer la répression pénale de la falsification et de la fraude informatique. Il s'agit d'infractions-fins en ce sens que le numérique est ici employé aux fins de tromper autrui : le Rapport explicatif reconnaît qu'il s'agit « *d'infractions ordinaires qui sont souvent commises au moyen d'un système informatique* » (p. 58) !

Falsification informatique. Conformément à l'article 7, les États s'engagent ainsi à incriminer l'altération, l'effacement ou la suppression intentionnels et sans droit de données informatiques, engendrant des données non authentiques, dans l'intention qu'elles soient prises en compte ou utilisées à des fins légales comme si elles étaient authentiques, qu'elles soient ou non directement lisibles et intelligibles. La Convention permet d'exiger une intention frauduleuse ou une intention délictueuse similaire pour que la responsabilité pénale soit engagée. Cette stipulation recouvre le délit de faux incriminé à l'article 441-1 du code pénal, entendu comme une « *altération frauduleuse de la vérité, de nature à causer un préjudice et accomplie par quelque moyen que ce soit, dans un écrit ou tout autre support d'expression de la pensée qui a pour objet ou qui peut avoir pour effet d'établir la preuve d'un droit ou d'un fait ayant des conséquences juridiques* ». L'expression « tout support » permet évidemment de condamner celui qui aurait altéré une donnée informatique. Il a ainsi été admis que les dispositions de l'article 441-1 étaient susceptibles de s'appliquer à de simples courriers électroniques fictifs (Crim. 14 mars 2014, n° 12-87.416). Le faux peut être retenu en concours avec le délit de modification des données contenues dans un STAD, tel que prévu à l'article 323-3 du code pénal, en raison du principe désormais consacré du cumul d'infractions (V. Crim. 15 déc. 2021, n° 21-81.864 : *Gaz. Pal. 5 avr. 2022, n° GPL434d0, obs. N. Catelan et L. Saenko*). ❑

Art. 8 ***Fraude informatique.*** **Chaque Partie adopte les mesures législatives et autres qui se révèlent nécessaires pour ériger en infraction pénale, conformément à son droit interne, le fait intentionnel et sans droit de causer un préjudice patrimonial à autrui :**

a) par toute introduction, altération, effacement ou suppression de données informatiques ;

b) par toute forme d'atteinte au fonctionnement d'un système informatique,

dans l'intention, frauduleuse ou délictueuse, d'obtenir sans droit un bénéfice économique pour soi-même ou pour autrui.

COMMENTAIRE

Fraude informatique. Selon l'article 8, chaque État signataire doit ériger en infraction pénale le fait intentionnel et sans droit de causer un préjudice patrimonial à autrui :

– a. par toute introduction, altération, effacement ou suppression de données informatiques ;

– b. par toute forme d'atteinte au fonctionnement d'un système informatique, dans l'intention, frauduleuse ou délictueuse, d'obtenir sans droit un bénéfice économique pour soi-même ou pour autrui.

Ce texte revient à incriminer les atteintes aux STAD (ASTAD) par le prisme du préjudice matériel causé à autrui. Si on envisage les ASTAD comme des infractions-obstacles alors on peut comprendre l'exigence formulée à l'article 8. Il s'agit de prendre en considération l'objectif visé par le délinquant et les conséquences survenues du fait de ses agissements. En droit français, ce sont des infractions de droit commun qui prennent le relais en cas de préjudice avéré. Les délits de faux (une fois de plus, V. Crim. 24 janv. 2001, n° 00-83.915) et d'escroquerie (C. pén., art. 313-3) peuvent ainsi être sollicités afin de prendre en considération les conséquences matérielles de l'ASTAD. Les deux délits peuvent d'ailleurs se cumuler (V. ainsi Crim. 27 juin 2018, n° 17-81.759). L'extorsion peut également être retenue en cas de rançongiciel (C. pén., art. 312-1). En revanche, l'aggravation prévue à l'article 323-4-2 ne saurait constituer un relais efficient de l'exigence formulée par la Convention : elle ne peut être retenue qu'en cas de risque de préjudice purement corporel. ❑

TITRE III INFRACTIONS SE RAPPORTANT AU CONTENU

Art. 9 ***Infractions se rapportant à la pornographie enfantine.*** **1. Chaque Partie adopte les mesures législatives et autres qui se révèlent nécessaires pour ériger en infraction pénale, conformément à son droit interne, les comportements suivants lorsqu'ils sont commis intentionnellement et sans droit :**

a) la production de pornographie enfantine en vue de sa diffusion par le biais d'un système informatique ;

b) l'offre ou la mise à disposition de pornographie enfantine par le biais d'un système informatique ;

c) la diffusion ou la transmission de pornographie enfantine par le biais d'un système informatique ;

d) le fait de se procurer ou de procurer à autrui de la pornographie enfantine par le biais d'un système informatique ;

e) la possession de pornographie enfantine dans un système informatique ou un moyen de stockage de données informatiques.

2. Aux fins du paragraphe 1 ci-dessus, le terme "pornographie enfantine" comprend toute matière pornographique représentant de manière visuelle :

a) un mineur se livrant à un comportement sexuellement explicite ;

b) une personne qui apparaît comme un mineur se livrant à un comportement sexuellement explicite ;

c) des images réalistes représentant un mineur se livrant à un comportement sexuellement explicite.

3. Aux fins du paragraphe 2 ci-dessus, le terme "mineur" désigne toute personne âgée de moins de 18 ans. Une Partie peut toutefois exiger une limite d'âge inférieure, qui doit être au minimum de 16 ans.

4. Une Partie peut se réserver le droit de ne pas appliquer, en tout ou en partie, les paragraphes 1, alinéas *d* et *e*, et 2, alinéas *b* et *c*.

TITRE IV INFRACTIONS LIÉES AUX ATTEINTES À LA PROPRIÉTÉ INTELLECTUELLE ET AUX DROITS CONNEXES

Art. 10 ***Infractions liées aux atteintes à la propriété intellectuelle et aux droits connexes.*** **1. Chaque Partie adopte les mesures législatives et autres qui se révèlent nécessaires pour**

ériger en infraction pénale, conformément à son droit interne, les atteintes à la propriété intellectuelle, définies par la législation de ladite Partie, conformément aux obligations que celle-ci a souscrites en application de l'Acte de Paris du 24 juillet 1971 portant révision de la Convention de Berne pour la protection des œuvres littéraires et artistiques, de l'Accord sur les aspects commerciaux des droits de propriété intellectuelle et du traité de l'OMPI sur la propriété intellectuelle, à l'exception de tout droit moral conféré par ces conventions, lorsque de tels actes sont commis délibérément, à une échelle commerciale et au moyen d'un système informatique.

2. Chaque Partie adopte les mesures législatives et autres qui se révèlent nécessaires pour ériger en infraction pénale, conformément à son droit interne, les atteintes aux droits connexes définis par la législation de ladite Partie, conformément aux obligations que cette dernière a souscrites en application de la Convention internationale pour la protection des artistes interprètes ou exécutants, des producteurs de phonogrammes et des organismes de radiodiffusion (Convention de Rome), de l'Accord relatif aux aspects commerciaux des droits de propriété intellectuelle et du Traité de l'OMPI sur les interprétations et exécutions, et les phonogrammes, à l'exception de tout droit moral conféré par ces conventions, lorsque de tels actes sont commis délibérément, à une échelle commerciale et au moyen d'un système informatique.

3. Une Partie peut, dans des circonstances bien délimitées, se réserver le droit de ne pas imposer de responsabilité pénale au titre des paragraphes 1 et 2 du présent article, à condition que d'autres recours efficaces soient disponibles et qu'une telle réserve ne porte pas atteinte aux obligations internationales incombant à cette Partie en application des instruments internationaux mentionnés aux paragraphes 1 et 2 du présent article.

TITRE V AUTRES FORMES DE RESPONSABILITÉ ET DE SANCTIONS

Art. 11 *Tentative et complicité.* 1. Chaque Partie adopte les mesures législatives et autres qui se révèlent nécessaires pour ériger en infraction pénale, conformément à son droit interne, toute complicité lorsqu'elle est commise intentionnellement en vue de la perpétration d'une des infractions établies en application des articles 2 à 10 de la présente Convention, dans l'intention qu'une telle infraction soit commise.

2. Chaque Partie adopte les mesures législatives et autres qui se révèlent nécessaires pour ériger en infraction pénale, conformément à son droit interne, toute tentative intentionnelle de commettre l'une des infractions établies en application des articles 3 à 5, 7, 8, 9.1. *a* et *c* de la présente Convention.

3. Chaque Partie peut se réserver le droit de ne pas appliquer, en tout ou en partie, le paragraphe 2 du présent article.

Art. 12 *Responsabilité des personnes morales.* 1. Chaque Partie adopte les mesures législatives et autres qui se révèlent nécessaires pour que les personnes morales puissent être tenues pour responsables des infractions établies en application de la présente Convention, lorsqu'elles sont commises pour leur compte par toute personne physique, agissant soit individuellement, soit en tant que membre d'un organe de la personne morale, qui exerce un pouvoir de direction en son sein, fondé :

a) sur un pouvoir de représentation de la personne morale ;

b) sur une autorité pour prendre des décisions au nom de la personne morale ;

c) sur une autorité pour exercer un contrôle au sein de la personne morale.

2. Outre les cas déjà prévus au paragraphe 1 du présent article, chaque Partie adopte les mesures qui se révèlent nécessaires pour s'assurer qu'une personne morale peut être tenue pour responsable lorsque l'absence de surveillance ou de contrôle de la part d'une personne physique mentionnée au paragraphe 1 a rendu possible la commission des infractions établies en application de la présente Convention pour le compte de ladite personne morale par une personne physique agissant sous son autorité.

3. Selon les principes juridiques de la Partie, la responsabilité d'une personne morale peut être pénale, civile ou administrative.

4. Cette responsabilité est établie sans préjudice de la responsabilité pénale des personnes physiques ayant commis l'infraction.

Art. 13 *Sanctions et mesures.* 1. Chaque Partie adopte les mesures législatives et autres qui se révèlent nécessaires pour que les infractions pénales établies en application des articles 2 à 11 soient passibles de sanctions effectives, proportionnées et dissuasives, comprenant des peines privatives de liberté.

2. Chaque Partie veille à ce que les personnes morales tenues pour responsables en application de l'article 12 fassent l'objet de sanctions ou de mesures pénales ou non pénales effectives, proportionnées et dissuasives, comprenant des sanctions pécuniaires.

SECTION 2 *Droit procédural*

TITRE I DISPOSITIONS COMMUNES

Art. 14 *Portée d'application des mesures du droit de procédure.* 1. Chaque Partie adopte les mesures législatives et autres qui se révèlent nécessaires pour instaurer les pouvoirs et procédures prévus dans la présente section aux fins d'enquêtes ou de procédures pénales spécifiques.

2. Sauf disposition contraire figurant à l'article 21, chaque Partie applique les pouvoirs et procédures mentionnés dans le paragraphe 1 du présent article :

a) aux infractions pénales établies conformément aux articles 2 à 11 de la présente Convention ;

b) à toutes les autres infractions pénales commises au moyen d'un système informatique ; et

c) à la collecte des preuves électroniques de toute infraction pénale.

3. a) Chaque Partie peut se réserver le droit de n'appliquer les mesures mentionnées à l'article 20 qu'aux infractions ou catégories d'infractions spécifiées dans la réserve, pour autant que l'éventail de ces infractions ou catégories d'infractions ne soit pas plus réduit que celui des infractions auxquelles elle applique les mesures mentionnées à l'article 21. Chaque Partie envisagera de limiter une telle réserve de manière à permettre l'application la plus large possible de la mesure mentionnée à l'article 20.

b) Lorsqu'une Partie, en raison des restrictions imposées par sa législation en vigueur au moment de l'adoption de la présente Convention, n'est pas en mesure d'appliquer les mesures visées aux articles 20 et 21 aux communications transmises dans un système informatique d'un fournisseur de services :

i. qui est mis en œuvre pour le bénéfice d'un groupe d'utilisateurs fermé, et

ii. qui n'emploie pas les réseaux publics de télécommunication et qui n'est pas connecté à un autre système informatique, qu'il soit public ou privé,

cette Partie peut réserver le droit de ne pas appliquer ces mesures à de telles communications. Chaque Partie envisagera de limiter une telle réserve de manière à permettre l'application la plus large possible de la mesure mentionnée aux articles 20 et 21.

COMMENTAIRE

La Convention vise à une adaptation des mesures procédurales que la cyberdélinquance ou une preuve numérique imposent. Comme l'observe avec pertinence le Rapport explicatif, *« l'un des problèmes les plus difficiles que pose la lutte contre la criminalité dans l'univers des réseaux est la difficulté d'identifier l'auteur d'une infraction et d'évaluer la portée et l'impact de celle-ci. Un autre problème est lié à la volatilité des données électroniques, qui peuvent être modifiées, déplacées ou effacées en quelques secondes »* (p. 72-73). Loin de s'affaiblir le temps passant, ces problématiques se sont sans doute aggravées avec l'apparition des clouds et le pseudonymat.

Portée (large). En vertu de l'article 14, les prérogatives et procédures prévues par la Convention de Budapest s'appliquent :

– aux infractions pénales établies conformément aux articles 2 à 11 du texte ;

– mais également à toutes les autres infractions pénales commises au moyen d'un système informatique ;

– et à la collecte des preuves électroniques de toute infraction pénale.

Par le biais de réserves, le texte permet toutefois de limiter le domaine d'application des dispositions procédurales contenues dans la Convention. La France n'en a ici émis aucune. ❑

Art. 15 ***Conditions et sauvegardes.*** **1. Chaque Partie veille à ce que l'instauration, la mise en œuvre et l'application des pouvoirs et procédures prévus dans la présente section soient soumises aux conditions et sauvegardes prévues par son droit interne, qui doit assurer une protection adéquate des droits de l'homme et des libertés, en particulier des droits établis conformément aux obligations que celle-ci a souscrites en application de la Convention de sauvegarde des Droits de l'Homme et des Libertés fondamentales du Conseil de l'Europe (1950) et du Pacte international relatif aux droits civils et politiques des Nations unies (1966), ou d'autres instruments internationaux applicables concernant les droits de l'homme, et qui doit intégrer le principe de la proportionnalité.**

2. Lorsque cela est approprié, eu égard à la nature de la procédure ou du pouvoir concerné, ces conditions et sauvegardes incluent, entre autres, une supervision judiciaire ou d'autres formes de supervision indépendante, des motifs justifiant l'application ainsi que la limitation du champ d'application et de la durée du pouvoir ou de la procédure en question.

3. Dans la mesure où cela est conforme à l'intérêt public, en particulier à la bonne administration de la justice, chaque Partie examine l'effet des pouvoirs et procédures dans cette section sur les droits, responsabilités et intérêts légitimes des tiers.

COMMENTAIRE

Sauvegarde. L'article 15 précise que chaque État doit veiller à ce que l'instauration, la mise en œuvre et l'application des pouvoirs et procédures envisagés par le Traité soient soumises aux conditions et sauvegardes prévues par son droit interne, en vue d'assurer une protection adéquate des droits de l'homme et des libertés. La Convention de Budapest vise en particulier la Convention de sauvegarde des Droits de l'Homme et des Libertés fondamentales du Conseil de l'Europe (1950) le Pacte international relatif aux droits civils et politiques des Nations unies (1966). Le tout doit intégrer le principe de proportionnalité. Et la Convention d'ajouter que, lorsque cela est approprié, eu égard à la nature de la procédure ou du pouvoir concerné, ces conditions et sauvegardes incluent, entre autres, une supervision judiciaire ou d'autres formes de supervision indépendante, des motifs justifiant l'application ainsi que la limitation du champ d'application et de la durée du pouvoir ou de la procédure en question. On sait à quel point ce contrôle est problématique de nos jours en ce qui concerne les données de connexion (Comp. ainsi CJUE 2 mars 2021, H.K./Prokuratuur, n° C-746/18, not. pts 51 s. : *Lexbase Pénal, n° 36, mars 2021, note M. Audibert ; D. 2021. 1564, obs. J.-B. Perrier* ; *AJ pénal 2021. 267, obs. S. Lavric* . – Crim. 12 juill. 2022, n° 21-83.710 : *Lexbase Pénal, n° 51, 28 juill. 2022, note M. Audibert*). ❑

TITRE II CONSERVATION RAPIDE DE DONNÉES INFORMATIQUES STOCKÉES

Art. 16 ***Conservation rapide de données informatiques stockées.*** **1. Chaque Partie adopte les mesures législatives et autres qui se révèlent nécessaires pour permettre à ses autorités compétentes d'ordonner ou d'imposer d'une autre manière la conservation rapide de données électroniques spécifiées, y compris des données relatives au trafic, stockées au moyen d'un système informatique, notamment lorsqu'il y a des raisons de penser que celles-ci sont particulièrement susceptibles de perte ou de modification.**

2. Lorsqu'une Partie fait application du paragraphe 1 ci-dessus, au moyen d'une injonction ordonnant à une personne de conserver des données stockées spécifiées se trouvant en sa possession ou sous son contrôle, cette Partie adopte les mesures législatives et autres qui se révèlent nécessaires pour obliger cette personne à conserver et à protéger l'intégrité desdites données pendant une durée aussi longue que nécessaire, au maximum de quatre-vingt-dix jours, afin de permettre aux autorités compétentes d'obtenir leur divulgation. Une Partie peut prévoir qu'une telle injonction soit renouvelée par la suite.

3. Chaque Partie adopte les mesures législatives et autres qui se révèlent nécessaires pour obliger le gardien des données ou une autre personne chargée de conserver

celles-ci à garder le secret sur la mise en œuvre desdites procédures pendant la durée prévue par son droit interne.

4. Les pouvoirs et procédures mentionnés dans le présent article doivent être soumis aux articles 14 et 15.

COMMENTAIRE

Conservation rapide de données informatiques stockées. Aux termes de l'article 16, chaque État doit permettre à ses autorités compétentes d'ordonner ou d'imposer d'une autre manière la conservation rapide de données électroniques spécifiées, y compris des données relatives au trafic, stockées au moyen d'un système informatique, notamment lorsqu'il y a des raisons de penser que celles-ci sont particulièrement susceptibles de perte ou de modification. Lorsqu'un État permet de recourir à cette injonction de conservation rapide, il doit adopter les normes nécessaires pour obliger cette personne à conserver et à protéger l'intégrité desdites données pendant une durée aussi longue que nécessaire (max. 90 j), afin de permettre aux autorités compétentes d'obtenir leur divulgation. Cette injonction peut être renouvelée par la suite. Et l'article 16 d'ajouter qu'il est possible de forcer le gardien des données à ne rien relever durant la mise en œuvre de l'injonction. L'article 17 vise quant à lui plus précisément la conservation et l'accès aux données relatives au trafic.

Cet article 16 a alimenté les jurisprudences européenne et française au titre des données de connexion. La CJUE a en effet affirmé que cette procédure d'injonction rapide permettait aux autorités judiciaires, sous certaines conditions, d'avoir recours à des données stockées au titre de la sécurité nationale (V. CJUE 6 oct. 2020, La Quadrature du Net *e.a*, French Data Network e.a, n[os] C- 511/18, C- 512/18, C- 520/18, *pts 162* s.). La Cour de cassation a vu dans les textes du code procédure pénale relatifs aux réquisitions judiciaires d'informations (C. pr. pén., art. 60-1, 60-1-2, 60-2, 77-1-1, 77-1-2, 99-3 et 99-4), une transcription française de cette injonction de conservation rapide (Crim. 12 juill. 2022, n° 21-83.710, § 34). Le Rapport explicatif énonce pourtant que *« durant la période de conservation, les données ne sont pas automatiquement portées à la connaissance des services répressifs. En effet, pour que les données puissent être divulguées, il faut prendre une mesure supplémentaire de divulgation ou ordonner une perquisition ».* ❑

Art. 17 ***Conservation et divulgation partielle rapides de données relatives au trafic.*** **1. Afin d'assurer la conservation des données relatives au trafic, en application de l'article 16, chaque Partie adopte les mesures législatives et autres qui se révèlent nécessaires :**

a) pour veiller à la conservation rapide de ces données relatives au trafic, qu'un seul ou plusieurs fournisseurs de services aient participé à la transmission de cette communication ; et

b) pour assurer la divulgation rapide à l'autorité compétente de la Partie, ou à une personne désignée par cette autorité, d'une quantité suffisante de données relatives au trafic pour permettre l'identification par la Partie des fournisseurs de services et de la voie par laquelle la communication a été transmise.

2. Les pouvoirs et procédures mentionnés dans le présent article doivent être soumis aux articles 14 et 15.

TITRE III **INJONCTION DE PRODUIRE**

Art. 18 ***Injonction de produire.*** **1. Chaque Partie adopte les mesures législatives et autres qui se révèlent nécessaires pour habiliter ses autorités compétentes à ordonner :**

a) à une personne présente sur son territoire de communiquer les données informatiques spécifiées, en sa possession ou sous son contrôle, qui sont stockées dans un système informatique ou un support de stockage informatique ; et

b) à un fournisseur de services offrant des prestations sur le territoire de la Partie, de communiquer les données en sa possession ou sous son contrôle relatives aux abonnés et concernant de tels services.

2. Les pouvoirs et procédures mentionnés dans le présent article doivent être soumis aux articles 14 et 15.

3. Aux fins du présent article, l'expression "données relatives aux abonnés" désigne toute information, sous forme de données informatiques ou sous toute autre forme, détenue par un fournisseur de services et se rapportant aux abonnés de ses services, autres que des données relatives au trafic ou au contenu, et permettant d'établir :

a) le type de service de communication utilisé, les dispositions techniques prises à cet égard et la période de service ;

b) l'identité, l'adresse postale ou géographique et le numéro de téléphone de l'abonné, et tout autre numéro d'accès, les données concernant la facturation et le paiement, disponibles sur la base d'un contrat ou d'un arrangement de services ;

c) toute autre information relative à l'endroit où se trouvent les équipements de communication, disponible sur la base d'un contrat ou d'un arrangement de services.

COMMENTAIRE

Injonction de produire. L'article 18 invite les États à adopter les textes nécessaires pour habiliter leurs autorités compétentes à ordonner :

– à une personne présente sur son territoire de communiquer les données informatiques spécifiées, en sa possession ou sous son contrôle, qui sont stockées dans un système informatique ou un support de stockage informatique ;

– à un fournisseur de services offrant des prestations sur le territoire de l'État, de communiquer les données en sa possession ou sous son contrôle relatives aux abonnés et concernant de tels services.

Une « injonction de produire » constitue une mesure souple que les services répressifs peuvent mettre en œuvre en particulier dans les cas où il n'est pas nécessaire de recourir à une mesure plus contraignante ou plus onéreuse : *« Au lieu de requérir des États qu'ils appliquent systématiquement des mesures contraignantes à l'égard de tiers, telles que la perquisition et la saisie de données, il est essentiel que les États disposent dans leur droit interne d'autres pouvoirs d'enquête qui leur donnent un moyen moins intrusif d'obtenir des informations utiles pour les enquêtes pénales »* (Rapport explicatif, p. 87-88). Les données en cause sont déjà stockées ou existantes et n'englobent pas les données qui n'existent pas encore, comme les données relatives au trafic ou au contenu se rapportant aux communications futures.

La Convention stipule ainsi que l'expression « données relatives aux abonnés » désigne toute information, sous forme de données informatiques ou sous toute autre forme, détenue par un fournisseur de services et se rapportant aux abonnés de ses services, autres que des données relatives au trafic ou au contenu, et permettant d'établir :

– le type de service de communication utilisé, les dispositions techniques prises à cet égard et la période de service ;

– l'identité, l'adresse postale ou géographique et le numéro de téléphone de l'abonné, et tout autre numéro d'accès, les données concernant la facturation et le paiement, disponibles sur la base d'un contrat ou d'un arrangement de services ;

– toute autre information relative à l'endroit où se trouvent les équipements de communication, disponible sur la base d'un contrat ou d'un arrangement de services.

Les réquisitions judiciaires ressemblent en droit français à ces injonctions de produire quand bien même la Cour de cassation a estimé qu'il était possible d'enjoindre une conservation rapide de métadonnées au moyen de ces mêmes réquisitions. ❑

TITRE IV PERQUISITION ET SAISIE DE DONNÉES INFORMATIQUES STOCKÉES

Art. 19 ***Perquisition et saisie de données informatiques stockées.*** **1. Chaque Partie adopte les mesures législatives et autres qui se révèlent nécessaires pour habiliter ses autorités compétentes à perquisitionner ou à accéder d'une façon similaire :**

a) à un système informatique ou à une partie de celui-ci ainsi qu'aux données informatiques qui y sont stockées ; et

b) à un support du stockage informatique permettant de stocker des données informatiques

sur son territoire.

2. Chaque Partie adopte les mesures législatives et autres qui se révèlent nécessaires pour veiller à ce que, lorsque ses autorités perquisitionnent ou accèdent d'une façon similaire à un système informatique spécifique ou à une partie de celui-ci, conformément au paragraphe 1. *a*, et ont des raisons de penser que les données recherchées sont stockées dans un autre système informatique ou dans une partie de celui-ci situé sur son territoire, et que ces données sont légalement accessibles à partir du système initial ou disponibles pour ce système initial, lesdites autorités soient en mesure d'étendre rapidement la perquisition ou l'accès d'une façon similaire à l'autre système.

3. Chaque Partie adopte les mesures législatives et autres qui se révèlent nécessaires pour habiliter ses autorités compétentes à saisir ou à obtenir d'une façon similaire les données informatiques pour lesquelles l'accès a été réalisé en application des paragraphes 1 ou 2. Ces mesures incluent les prérogatives suivantes :

a) saisir ou obtenir d'une façon similaire un système informatique ou une partie de celui-ci, ou un support de stockage informatique ;

b) réaliser et conserver une copie de ces données informatiques ;

c) préserver l'intégrité des données informatiques stockées pertinentes ;

d) rendre inaccessibles ou enlever ces données informatiques du système informatique consulté.

4. Chaque Partie adopte les mesures législatives et autres qui se révèlent nécessaires pour habiliter ses autorités compétentes à ordonner à toute personne connaissant le fonctionnement du système informatique ou les mesures appliquées pour protéger les données informatiques qu'il contient de fournir toutes les informations raisonnablement nécessaires, pour permettre l'application des mesures visées par les paragraphes 1 et 2.

5. Les pouvoirs et procédures mentionnés dans cet article doivent être soumis aux articles 14 et 15.

COMMENTAIRE

Perquisition et saisie de données informatiques stockées. Les exigences liées aux perquisitions occupent un très long article 19. Les États doivent tout d'abord, et assez logiquement, habiliter leurs autorités compétentes à perquisitionner ou à accéder d'une façon similaire, à un système informatique ou à une partie de celui-ci ainsi qu'aux données informatiques qui y sont stockées, ou encore à un support du stockage informatique permettant de stocker des données informatiques sur son territoire (§ 1). Évidemment, *« l'expression "sur son territoire » sert à rappeler que cette disposition, comme tous les articles de cette section, ne concerne que les seules mesures qui doivent être prises au niveau national"* (Rapport explicatif, p. 95) ; *ainsi cet article ne traite pas des "perquisition et saisie transfrontières", qui donnent aux États une possibilité de perquisition ou un moyen d'accès similaire aux données se trouvant sur le territoire d'autres États sans avoir à recourir aux modalités habituelles de l'entraide judiciaire »* (*idem* p. 96).

Les perquisitions à distance devraient être rendues possibles en vertu du § 2. Il s'agit d'accéder à une donnée à partir du système initial ou disponible pour ce système initial (en droit français, V. C. pr. pén., art. 57-1). En d'autres termes il s'agit d'établir une connexion avec d'autres systèmes informatiques distincts.

Ce droit de perquisitionner emporte évidemment le droit de saisir, d'accomplir une copie, de préserver l'intégrité, ou encore de rendre inaccessible la donnée désirée (§ 3) – en recourant au chiffrement par exemple.

Afin de rendre efficientes ces exigences, les États sont invités à adopter des mesures permettant d'ordonner à toute personne connaissant le fonctionnement du système informatique (ou les mesures appliquées pour protéger les données informatiques qu'il contient) de fournir toutes les informations raisonnablement nécessaires pour ce faire. ❑

TITRE V COLLECTE EN TEMPS RÉEL DE DONNÉES INFORMATIQUES

Art. 20 *Collecte en temps réel des données relatives au trafic.* 1. Chaque Partie adopte les mesures législatives et autres qui se révèlent nécessaires pour habiliter ses autorités compétentes :

a) à collecter ou enregistrer par l'application de moyens techniques existant sur son territoire, et

b) à obliger un fournisseur de services, dans le cadre de ses capacités techniques existantes :

i. à collecter ou à enregistrer par l'application de moyens techniques existant sur son territoire, ou

ii. à prêter aux autorités compétentes son concours et son assistance pour collecter ou enregistrer, en temps réel, les données relatives au trafic associées à des communications spécifiques transmises sur son territoire au moyen d'un système informatique.

2. Lorsqu'une Partie, en raison des principes établis de son ordre juridique interne, ne peut adopter les mesures énoncées au paragraphe 1 *a*, elle peut, à la place, adopter les mesures législatives et autres qui se révèlent nécessaires pour assurer la collecte ou l'enregistrement en temps réel des données relatives au trafic associées à des communications spécifiques transmises sur son territoire par l'application de moyens techniques existant sur ce territoire.

3. Chaque Partie adopte les mesures législatives et autres qui se révèlent nécessaires pour obliger un fournisseur de services à garder secrets le fait que l'un quelconque des pouvoirs prévus dans le présent article a été exécuté ainsi que toute information à ce sujet.

4. Les pouvoirs et procédures mentionnés dans le présent article doivent être soumis aux articles 14 et 15.

COMMENTAIRE

Collecte et interception en temps réel de données informatiques. Les articles 20 et 21 prévoient la collecte en temps réel de données relatives au trafic et l'interception en temps réel de données relatives au contenu associées à des communications précises transmises au moyen d'un système informatique. Autrement dit, ces dispositions traitent de la collecte et de l'interception en temps réel de ces données par des autorités compétentes, ainsi que de leur collecte ou interception par des fournisseurs de services. Elles abordent également l'obligation de confidentialité.

Au sens de l'article 1, les « données relatives au trafic » désignent toutes données ayant trait à une communication passant par un système informatique, produites par ce dernier en tant qu'élément de la chaîne de communication, avec indication des informations suivantes : origine, destination, itinéraire, heure, date, taille et durée de la communication ou type de service. Les « données relatives au contenu » ne sont en revanche pas définies dans la Convention, mais désignent *« le contenu informatif de la communication, c'est-à-dire le sens de la communication ou le message ou l'information transmis par la communication (autre que les données relatives au trafic) »* (*Rapport explicatif*, p. 102). Pour la compréhension de cette distinction, la Convention désigne la collecte des données relatives au trafic sous l'appellation de « collecte en temps réel » et la collecte des données relatives au contenu sous l'appellation d'« interception en temps réel ». En pratique, et sur un plan opérationnel, les données sont collectées ou enregistrées dans les deux situations.

La Convention précise que l'interception, car elle porte sur des données portant davantage atteinte à la vie privée, ne peut porter que sur *« un éventail d'infractions graves à définir en droit interne »*. A cet égard, la France a déclaré le 10 janvier 2016 qu'elle n'appliquera les mesures prévues à l'article 21 que si l'infraction poursuivie est punie d'une peine d'emprisonnement supérieure ou égale à deux ans d'emprisonnement.

En droit français d'ailleurs, l'article 100 du code de procédure pénale permet, durant l'instruction, l'interception, l'enregistrement et la transcription de correspondances émises par la voie des communications électroniques. En revanche, aucun texte n'envisage la collecte en temps réel de données relatives au trafic. Dans le cadre d'investigations relevant de la criminalité organisée, il est certes possible de recourir à la mise en place d'un dispositif technique ayant pour objet, sans le consentement des intéressés, d'accéder, en tous lieux, à des données informatiques, de les enregistrer, de les conserver et de les transmettre, telles qu'elles sont stockées dans un système informatique, telles qu'elles s'affichent sur un écran pour l'utilisateur d'un système de traitement automatisé de données, telles qu'il les y introduit par saisie de caractères ou telles qu'elles sont reçues et émises par des périphériques (C. pr. pén., art. 706-102-1). Il est également possible, grâce à l'article 706-95-20 de mettre en place et d'utiliser un appareil ou un dispositif technique (tel que mentionné à l'art. 226-3, 1° C. pén.) afin de recueillir les données techniques de connexion permettant l'identification d'un équipement terminal ou du numéro d'abonnement de son utilisateur, ainsi que les données relatives à la localisation d'un équipement terminal utilisé (al. I). Le même appareil peut d'ailleurs servir à intercepter des correspondances (al. II). Néanmoins, aucun texte ne vise expressément la collecte en temps réel des données de trafic (en ce sens V. O. Violeau, « Les techniques d'investigations numériques : entre insécurité juridique et limites pratiques », *AJ Pénal 2017. 324*). Au demeurant, qui peut le plus peut le moins. Par conséquent, on doit adhérer à l'idée qu'un texte autorisant une interception de communications permet, *a fortiori*, la collecte en temps réel des données de trafic. ❑

Art. 21 ***Interception de données relatives au contenu.*** **1. Chaque Partie adopte les mesures législatives et autres qui se révèlent nécessaires pour habiliter ses autorités compétentes en ce qui concerne un éventail d'infractions graves à définir en droit interne :**

a) à collecter ou à enregistrer par l'application de moyens techniques existant sur son territoire, et

b) à obliger un fournisseur de services, dans le cadre de ses capacités techniques :

i. à collecter ou à enregistrer par l'application de moyens techniques existant sur son territoire, ou

ii. à prêter aux autorités compétentes son concours et son assistance pour collecter ou enregistrer,

en temps réel, les données relatives au contenu de communications spécifiques sur son territoire, transmises au moyen d'un système informatique.

2. Lorsqu'une Partie, en raison des principes établis dans son ordre juridique interne, ne peut adopter les mesures énoncées au paragraphe 1. *a*, elle peut à la place adopter les mesures législatives et autres qui se révèlent nécessaires pour assurer la collecte ou l'enregistrement en temps réel des données relatives au contenu de communications spécifiques transmises sur son territoire par l'application de moyens techniques existant sur ce territoire.

3. Chaque Partie adopte les mesures législatives et autres qui se révèlent nécessaires pour obliger un fournisseur de services à garder secrets le fait que l'un quelconque des pouvoirs prévus dans le présent article a été exécuté, ainsi que toute information à ce sujet.

4. Les pouvoirs et procédures mentionnés dans le présent article doivent être soumis aux articles 14 et 15.

SECTION 3 *Compétence*

Art. 22 ***Compétence.*** **1. Chaque Partie adopte les mesures législatives et autres qui se révèlent nécessaires pour établir sa compétence à l'égard de toute infraction pénale établie conformément aux articles 2 à 11 de la présente Convention, lorsque l'infraction est commise :**

a) sur son territoire ; ou

b) à bord d'un navire battant pavillon de cette Partie ; ou

c) à bord d'un aéronef immatriculé selon les lois de cette Partie ; ou

d) par un de ses ressortissants, si l'infraction est punissable pénalement là où elle a été commise ou si l'infraction ne relève de la compétence territoriale d'aucun État.

2. Chaque Partie peut se réserver le droit de ne pas appliquer, ou de n'appliquer que dans des cas ou des conditions spécifiques, les règles de compétence définies aux paragraphes 1. *b* à 1. *d* du présent article ou dans une partie quelconque de ces paragraphes.

3. Chaque Partie adopte les mesures qui se révèlent nécessaires pour établir sa compétence à l'égard de toute infraction mentionnée à l'article 24, paragraphe 1, de la présente Convention, lorsque l'auteur présumé de l'infraction est présent sur son territoire et ne peut être extradé vers une autre Partie au seul titre de sa nationalité, après une demande d'extradition.

4. La présente Convention n'exclut aucune compétence pénale exercée par une Partie conformément à son droit interne.

5. Lorsque plusieurs Parties revendiquent une compétence à l'égard d'une infraction présumée visée dans la présente Convention, les Parties concernées se concertent,

lorsque cela est opportun, afin de déterminer la mieux à même d'exercer les poursuites.

COMMENTAIRE

Cas. L'article 22 liste une série de critères en vertu desquels les adhérents à la Convention doivent établir leur compétence quant aux infractions visées aux articles 2 à 11. Il en va ainsi, pour un État, lorsque le délit est commis :

– a) sur son territoire ;

– b) à bord d'un navire battant pavillon de cet État ;

– c) à bord d'un aéronef immatriculé selon ses lois ;

– d) par un de ses ressortissants, si l'infraction est punissable pénalement là où elle a été commise ou si l'infraction ne relève de la compétence territoriale d'aucun État.

Aménagements. Le § 2 précise que, hors le cas de la territorialité, les États peuvent se réserver le droit de ne pas appliquer, ou de n'appliquer que dans des cas ou des conditions spécifiques, ces règles de compétence. La France a ainsi déclaré début 2006, quant au d) qu'elle se réservait le droit de ne pas établir sa compétence lorsque l'infraction ne relève de la compétence territoriale d'aucun État. La France a ajouté, lorsque l'infraction est pénalement punissable là où elle a été commise, que la poursuite ne peut être exercée qu'à la requête du ministère public et doit être précédée d'une plainte de la victime ou de ses ayants droit ou d'une dénonciation officielle par l'autorité du pays où le fait a été commis. Ce qui rappelle les règles posées en matière de personnalité (active et passive) à l'article 113-8 du code pénal.

Subsidiarité. Le § 3 de l'article 22 commande à chaque État d'établir sa compétence lorsque l'auteur présumé de l'infraction est présent sur son territoire et ne peut être extradé vers un autre État au seul titre de sa nationalité, après une demande d'extradition. Ce type de compétence est prévu en droit français à l'article 113-8-2 du code pénal.

Enfin, et fort logiquement, la Convention n'exclut aucune compétence pénale exercée par un État conformément à son droit interne (§ 4). Et lorsque plusieurs États revendiquent une compétence à l'égard d'une infraction présumée visée dans la présente Convention, les pays doivent se concerter, lorsque cela est opportun, afin de déterminer le mieux à même d'exercer les poursuites. ❑

CHAPITRE III *COOPÉRATION INTERNATIONALE*

SECTION 1 *Principes généraux*

TITRE I PRINCIPES GÉNÉRAUX RELATIFS À LA COOPÉRATION INTERNATIONALE

Art. 23 *Principes généraux relatifs à la coopération internationale.* **Les Parties coopèrent les unes avec les autres, conformément aux dispositions du présent chapitre, en application des instruments internationaux pertinents sur la coopération internationale en matière pénale, des arrangements reposant sur des législations uniformes ou réciproques et de leur droit national, dans la mesure la plus large possible, aux fins d'investigations ou de procédures concernant les infractions pénales liées à des systèmes et des données informatiques ou pour recueillir les preuves, sous forme électronique, d'une infraction pénale.**

COMMENTAIRE

Norme complémentaire. La cyberdélinquance pose des problèmes évidents sur le plan international puisque l'auteur peut aisément se situer à l'étranger. Pareillement, la preuve d'une infraction peut se trouver au-delà des frontières. Pour ces raisons, les stipulations relatives à la coopération sont peut-être les plus importantes de la Convention de Budapest. L'article 23 impose ainsi que les États coopèrent les uns avec les autres « *dans la mesure la plus large possible* », conformément aux stipulations de la Convention, voire en application des instruments internationaux pertinents sur la coopération internationale en matière pénale, des arrangements reposant sur des législations uniformes ou réciproques et de leur droit national. En d'autres termes, « *les dispositions du chapitre III n'annulent ni ne remplacent les dispositions* » des autres instruments relatifs à la coopération et à l'entraide internationale (*Rapport explicatif*, p. 114). La Convention apporte au demeurant des solutions neuves en complément des nombreux dispositifs de coopération existants. Encore faut-il que cette coopération ait pour fins des investigations ou des procédures concernant les infractions pénales liées à des systèmes et des données informatiques ou pour recueillir les preuves, sous forme électronique, d'une infraction pénale. ❑

TITRE II PRINCIPES RELATIFS À L'EXTRADITION

Art. 24 ***Extradition.*** **1. a) Le présent article s'applique à l'extradition entre les Parties pour les infractions pénales définies conformément aux articles 2 à 11 de la présente Convention, à condition qu'elles soient punissables dans la législation des deux Parties concernées par une peine privative de liberté pour une période maximale d'au moins un an, ou par une peine plus sévère.**

b) Lorsqu'il est exigé une peine minimale différente, sur la base d'un traité d'extradition tel qu'applicable entre deux ou plusieurs Parties, y compris la Convention européenne d'extradition (STE n° 24), ou d'un arrangement reposant sur des législations uniformes ou réciproques, la peine minimale prévue par ce traité ou cet arrangement s'applique.

2. Les infractions pénales décrites au paragraphe 1 du présent article sont considérées comme incluses en tant qu'infractions pouvant donner lieu à extradition dans tout traité d'extradition existant entre ou parmi les Parties. Les Parties s'engagent à inclure de telles infractions comme infractions pouvant donner lieu à extradition dans tout traité d'extradition pouvant être conclu entre ou parmi elles.

3. Lorsqu'une Partie conditionne l'extradition à l'existence d'un traité et reçoit une demande d'extradition d'une autre Partie avec laquelle elle n'a pas conclu de traité d'extradition, elle peut considérer la présente Convention comme fondement juridique pour l'extradition au regard de toute infraction pénale mentionnée au paragraphe 1 du présent article.

4. Les Parties qui ne conditionnent pas l'extradition à l'existence d'un traité reconnaissent les infractions pénales mentionnées au paragraphe 1 du présent article comme des infractions pouvant donner lieu entre elles à l'extradition.

5. L'extradition est soumise aux conditions prévues par le droit interne de la Partie requise ou par les traités d'extradition en vigueur, y compris les motifs pour lesquels la Partie requise peut refuser l'extradition.

6. Si l'extradition pour une infraction pénale mentionnée au paragraphe 1 du présent article est refusée uniquement sur la base de la nationalité de la personne recherchée ou parce que la Partie requise s'estime compétente pour cette infraction, la Partie requise soumet l'affaire, à la demande de la Partie requérante, à ses autorités compétentes aux fins de poursuites, et rendra compte, en temps utile, de l'issue de l'affaire à la Partie requérante. Les autorités en question prendront leur décision et mèneront l'enquête et la procédure de la même manière que pour toute autre infraction de nature comparable, conformément à la législation de cette Partie.

7. a) Chaque Partie communique au Secrétaire Général du Conseil de l'Europe, au moment de la signature ou du dépôt de son instrument de ratification, d'acceptation, d'approbation ou d'adhésion, le nom et l'adresse de chaque autorité responsable de l'envoi ou de la réception d'une demande d'extradition ou d'arrestation provisoire, en l'absence de traité ;

b) Le Secrétaire Général du Conseil de l'Europe établit et tient à jour un registre des autorités ainsi désignées par les Parties. Chaque Partie doit veiller en permanence à l'exactitude des données figurant dans le registre.

COMMENTAIRE

Réciprocité d'incrimination et peine minimale. L'article 24, § 1 stipule que l'obligation d'extrader ne s'applique qu'aux infractions définies conformément aux articles 2 à 11 qui sont punies dans la législation des deux États concernés par une peine privative de liberté pour une période maximale d'au moins un an ou par une peine plus sévère. Toutefois, il est également prévu que lorsqu'un traité d'extradition ou un « arrangement » établi sur la base des législations uniformes ou réciproques est en vigueur entre deux ou plusieurs États et que ce texte prévoit, pour qu'il y ait extradition, une peine minimale différente, c'est la peine minimale prévue par le traité ou l'arrangement en question qui s'applique.

Normativité supplétive. En vertu du § 3, un État qui n'accorderait pas l'extradition, soit parce qu'il n'a pas conclu de traité d'extradition avec l'État requérant, soit parce que le traité existant ne permet pas de faire droit à une demande présentée au titre de l'une des infractions établies conformément à la Convention de Budapest, peut considérer cette dernière comme fondement juridique pour remettre la personne dont l'extradition est demandée, bien qu'il n'y soit pas tenue. Le § 5 précise en outre que l'État requis n'est pas tenu d'extrader s'il estime que les conditions prévues par le traité applicable ou le droit interne ne sont pas remplies. Cela illustre le principe mentionné *supra* en vertu duquel la coopération doit être mise en œuvre conformément aux dispositions des instruments internationaux en vigueur entre les États, des arrangements établis sur la base des législations uniformes ou réciproques ou du droit national.

Aut dedere aut judicare. En application du § 6, si un État a demandé l'extradition du délinquant et que celle-ci a été refusée parce que la personne en question est un ressortissant de l'État requis, ce dernier doit, à la demande de l'État requérant, soumettre l'affaire à ses autorités compétentes aux fins de poursuites. Si l'État dont la demande d'extradition a été rejetée ne formule pas de demande en ce sens, l'État requis n'est cependant pas tenu de reprendre l'instance. Au-delà, si aucune demande d'extradition n'a été présentée, ou encore si l'extradition a été refusée pour une raison autre que la nationalité, alors les États n'ont aucune obligation de saisir les autorités locales aux fins de poursuites. Enfin, le § 6 impose que l'enquête et les poursuites locales soient menées avec célérité ; elles doivent l'être avec le même sérieux que *« pour toute autre infraction de nature comparable »* qui serait instruite dans l'État saisissant ses autorités.

Autorités compétentes pour la demande d'extradition. Le § 7, c, stipule que chaque État communique au Secrétaire Général du Conseil de l'Europe, au moment de la signature ou du dépôt de son instrument de ratification, d'acceptation, d'approbation ou d'adhésion, le nom et l'adresse de chaque autorité responsable de l'envoi ou de la réception d'une demande d'extradition ou d'arrestation provisoire, en l'absence de traité. La France a ainsi indiqué que le ministère des Affaires étrangères est l'autorité responsable pour l'envoi et la réception d'une demande d'extradition en l'absence de traité. Le Procureur de la République territorialement compétent est par ailleurs l'autorité responsable pour l'envoi et la réception d'une demande d'arrestation provisoire en l'absence de traité. ❑

TITRE III PRINCIPES GÉNÉRAUX RELATIFS À L'ENTRAIDE

Art. 25 ***Principes généraux relatifs à l'entraide.*** **1. Les Parties s'accordent l'entraide la plus large possible aux fins d'investigations ou de procédures concernant les infractions pénales liées à des systèmes et à des données informatiques, ou afin de recueillir les preuves sous forme électronique d'une infraction pénale.**

2. Chaque Partie adopte également les mesures législatives et autres qui se révèlent nécessaires pour s'acquitter des obligations énoncées aux articles 27 à 35.

3. Chaque Partie peut, en cas d'urgence, formuler une demande d'entraide ou les communications s'y rapportant par des moyens rapides de communication, tels que la télécopie ou le courrier électronique, pour autant que ces moyens offrent des conditions suffisantes de sécurité et d'authentification (y compris, si nécessaire, le cryptage), avec confirmation officielle ultérieure si l'État requis l'exige. L'État requis accepte la demande et y répond par n'importe lequel de ces moyens rapides de communication.

4. Sauf disposition contraire expressément prévue dans les articles du présent chapitre, l'entraide est soumise aux conditions fixées par le droit interne de la Partie requise ou par les traités d'entraide applicables, y compris les motifs sur la base desquels la Partie requise peut refuser la coopération. La Partie requise ne doit pas exercer son droit de refuser l'entraide concernant les infractions visées aux articles 2 à 11 au seul motif que la demande porte sur une infraction qu'elle considère comme de nature fiscale.

5. Lorsque, conformément aux dispositions du présent chapitre, la Partie requise est autorisée à subordonner l'entraide à l'existence d'une double incrimination, cette condition sera considérée comme satisfaite si le comportement constituant l'infraction, pour laquelle l'entraide est requise, est qualifié d'infraction pénale par son droit interne, que le droit interne classe ou non l'infraction dans la même catégorie d'infractions ou qu'il la désigne ou non par la même terminologie que le droit de la Partie requérante.

COMMENTAIRE

Principes généraux. Les principes généraux relatifs à l'entraide sont détaillés à l'article 25 de la Convention en reprenant les mécanismes égrenés à l'article 23. L'entraide « la plus large possible » doit être, une fois de plus, accordée : l'entraide doit en principe être étendue et les entraves dont elle peut faire l'objet doivent être strictement limitées. L'obligation de coopérer s'applique en principe à la fois aux infractions pénales liées à des systèmes et des données informatiques et à la collecte de preuves sous forme électronique se rapportant à une infraction pénale. Est imposée une obligation de coopérer au titre de ces infractions. Au demeurant les articles 34 et 35 autorisent les États à modifier le champ d'application de ces mesures. De nombreux articles de la Convention précisent d'ailleurs que l'obligation d'accepter l'entraide doit généralement être exécutée conformément aux clauses des traités, lois et accords d'entraide applicables.

Force contraignante. Surtout, en vertu du § 2, les États sont tenus de mettre en place les fondements juridiques qui leur permettront d'accorder les formes spécifiques de coopération prévues par la Convention. Cette obligation tombe si des traités, lois et accords ne contiennent pas déjà des dispositions de ce genre. Le § 3 précise qu'en cas d'urgence, la demande peut être formulée par voie numérique. Cela est logique puisque *« les données informatiques sont très volatiles. Il suffit de presser sur quelques touches ou d'utiliser un programme automatique pour les effacer, ce qui rend impossible de remonter jusqu'à l'auteur d'une infraction ou détruit les preuves de sa culpabilité »* (*Rapport explicatif*, p. 118).

Le § 4, interdit aux États de refuser d'exécuter une demande d'entraide au motif que l'infraction visée par la demande, et relevant du champ de la Convention, serait de nature fiscale. Enfin, lorsque, conformément aux dispositions du présent chapitre, l'État requis est autorisé à subordonner l'entraide à l'existence d'une double incrimination, cette condition sera considérée comme satisfaite si le comportement constituant l'infraction, pour laquelle l'entraide est requise, est qualifié d'infraction pénale par son droit interne, que le droit interne classe ou non l'infraction dans la même catégorie d'infractions ou qu'il la désigne ou non par la même terminologie que le droit de l'État requérant. ❑

Art. 26 *Information spontanée.* 1. Une Partie peut, dans les limites de son droit interne et en l'absence de demande préalable, communiquer à une autre Partie des informations obtenues dans le cadre de ses propres enquêtes lorsqu'elle estime que cela pourrait aider la Partie destinataire à engager ou à mener à bien des enquêtes ou des procédures au sujet d'infractions pénales établies conformément à la présente Convention, ou lorsque ces informations pourraient aboutir à une demande de coopération formulée par cette Partie au titre du présent chapitre.

2. Avant de communiquer de telles informations, la Partie qui les fournit peut demander qu'elles restent confidentielles ou qu'elles ne soient utilisées qu'à certaines conditions. Si la Partie destinataire ne peut faire droit à cette demande, elle doit en informer l'autre Partie, qui devra alors déterminer si les informations en question devraient néanmoins être fournies. Si la Partie destinataire accepte les informations aux conditions prescrites, elle sera liée par ces dernières.

COMMENTAIRE

Information spontanée. L'article 26 précise qu'un État peut, dans les limites de son droit interne et en l'absence de demande préalable, communiquer à un autre État signataire des informations obtenues dans le cadre de ses propres enquêtes s'il estime que cela pourrait aider ce dernier à engager ou à mener à bien des enquêtes ou des procédures au sujet d'infractions pénales relevant de la Convention. Il peut également communiquer spontanément une information si cela peut aboutir à une demande de coopération formulée au titre de la Convention. Cette précision a été ajoutée *« car, en application de la législation de certains États, une telle habilitation positive est nécessaire pour pouvoir accorder l'entraide en l'absence d'une demande »* (*Rapport explicatif*, p. 119).

Le § 2 de l'article 26 stipule que, avant toute communication, l'État qui la fournit peut demander qu'elle reste confidentielle ou qu'elle ne soit utilisée qu'à certaines conditions. Si l'État destinataire ne peut faire droit à cette demande, il doit évidemment en informer son partenaire qui devra alors déterminer si l'information en question doit néanmoins être fournie. Enfin, si l'État destinataire accepte les informations aux conditions prescrites, il sera lié par ces dernières. ❑

TITRE IV **PROCÉDURES RELATIVES AUX DEMANDES D'ENTRAIDE EN L'ABSENCE D'ACCORDS INTERNATIONAUX APPLICABLES**

Art. 27 ***Procédures relatives aux demandes d'entraide en l'absence d'accords internationaux applicables.*** **1. En l'absence de traité d'entraide ou d'arrangement reposant sur des législations uniformes ou réciproques en vigueur entre la Partie requérante et la Partie requise, les dispositions des paragraphes 2 à 9 du présent article s'appliquent. Elles ne s'appliquent pas lorsqu'un traité, un arrangement ou une législation de ce type existent, à moins que les Parties concernées ne décident d'appliquer à la place tout ou partie du reste de cet article.**

2. a) Chaque Partie désigne une ou plusieurs autorités centrales chargées d'envoyer les demandes d'entraide ou d'y répondre, de les exécuter ou de les transmettre aux autorités compétentes pour leur exécution ;

b) Les autorités centrales communiquent directement les unes avec les autres ;

c) Chaque Partie, au moment de la signature ou du dépôt de ses instruments de ratification, d'acceptation, d'approbation ou d'adhésion, communique au Secrétaire Général du Conseil de l'Europe les noms et adresses des autorités désignées en application du présent paragraphe ;

d) Le Secrétaire Général du Conseil de l'Europe établit et tient à jour un registre des autorités centrales désignées par les Parties. Chaque Partie veille en permanence à l'exactitude des données figurant dans le registre.

3. Les demandes d'entraide sous le présent article sont exécutées conformément à la procédure spécifiée par la Partie requérante, sauf lorsqu'elle est incompatible avec la législation de la Partie requise.

4. Outre les conditions ou les motifs de refus prévus à l'article 25, paragraphe 4, l'entraide peut être refusée par la Partie requise :

a) si la demande porte sur une infraction que la Partie requise considère comme étant de nature politique ou liée à une infraction de nature politique ; ou

b) si la Partie requise estime que le fait d'accéder à la demande risquerait de porter atteinte à sa souveraineté, à sa sécurité, à son ordre public ou à d'autres intérêts essentiels.

5. La Partie requise peut surseoir à l'exécution de la demande si cela risquerait de porter préjudice à des enquêtes ou procédures conduites par ses autorités.

6. Avant de refuser ou de différer sa coopération, la Partie requise examine, après avoir le cas échéant consulté la Partie requérante, s'il peut être fait droit à la demande partiellement, ou sous réserve des conditions qu'elle juge nécessaires.

7. La Partie requise informe rapidement la Partie requérante de la suite qu'elle entend donner à la demande d'entraide. Elle doit motiver son éventuel refus d'y faire droit ou l'éventuel ajournement de la demande. La Partie requise informe également la Partie requérante de tout motif rendant l'exécution de l'entraide impossible ou étant susceptible de la retarder de manière significative.

8. La Partie requérante peut demander que la Partie requise garde confidentiels le fait et l'objet de toute demande formulée au titre du présent chapitre, sauf dans la mesure nécessaire à l'exécution de ladite demande. Si la Partie requise ne peut faire droit à cette demande de confidentialité, elle doit en informer rapidement la Partie requérante, qui devra alors déterminer si la demande doit néanmoins être exécutée.

9. a) En cas d'urgence, les autorités judiciaires de la Partie requérante peuvent adresser directement à leurs homologues de la Partie requise les demandes d'entraide ou les communications s'y rapportant. Dans un tel cas, copie est adressée simultanément aux autorités centrales de la Partie requise par le biais de l'autorité centrale de la Partie requérante.

b) Toute demande ou communication formulée au titre du présent paragraphe peut l'être par l'intermédiaire de l'Organisation internationale de police criminelle (Interpol).

c) Lorsqu'une demande a été formulée en application de l'alinéa a du présent article et lorsque l'autorité n'est pas compétente pour la traiter, elle la transmet à l'autorité nationale compétente et en informe directement la Partie requérante.

d) Les demandes ou communications effectuées en application du présent paragraphe qui ne supposent pas de mesure de coercition peuvent être directement transmises par les autorités compétentes de la Partie requérante aux autorités compétentes de la Partie requise.

e) Chaque Partie peut informer le Secrétaire Général du Conseil de l'Europe, au moment de la signature ou du dépôt de son instrument de ratification, d'acceptation, d'approbation ou d'adhésion, que, pour des raisons d'efficacité, les demandes faites sous ce paragraphe devront être adressées à son autorité centrale.

COMMENTAIRE

Demande d'entraide sans accord international applicable. L'article 27 oblige les États à appliquer certaines procédures et conditions d'entraide lorsqu'il n'existe pas de traité d'entraide ni d'arrangement établi sur la base des législations uniformes ou réciproques en vigueur entre l'État requérant et l'État requis. Le principe est donc que l'entraide doit être mise en œuvre en appliquant les traités correspondants ou des arrangements analogues d'entraide : la Convention ne met donc pas en place un régime général d'entraide distinct qui se substituerait aux autres instruments et arrangements applicables. Les auteurs de la Convention ont en effet estimé qu'il *« serait plus commode de s'en remettre d'une façon générale aux régimes fixés par les traités d'entraide en vigueur, ce qui permet aux spécialistes de l'entraide d'utiliser des instruments et arrangements qu'ils connaissent bien en évitant tout risque de confusion qui pourrait résulter de la mise en place de régimes concurrents »* (*Rapport explicatif*, p. 120). En revanche, la Convention impose pour certains mécanismes d'entraide d'urgence (art. 29 à 35) que chaque État mette en place les fondements juridiques lui permettant d'accorder les formes d'entraide voulues si ses traités, arrangements ou lois d'entraide en vigueur ne contiennent pas de dispositions en ce sens. En d'autres termes, si la Convention ne crée pas de régime général substitutif en droit pénal international, certaines mesures doivent nécessairement faire l'objet d'une transcription en droit interne en raison de leur nécessité en droit pénal numérique.

Quant à la procédure à suivre lorsqu'aucune norme ne régit la demande d'entraide relevant de la Convention, les § 2 à 10 de l'article 27 prévoient les règles suivantes :

– communication directe entre autorités centrales d'entraide (§ 2) ;

– exécution de la demande conformément à la procédure spécifiée par l'État requérant, sauf si elle est incompatible avec la législation de l'État requis (§ 3) ;

– possibilité de refuser la demande si l'État requis estime qu'il s'agit d'une infraction politique ou encore si la demande risque de porter atteinte à sa souveraineté, à sa sécurité, à son ordre public ou à d'autres intérêts essentiels (§ 4) ;

– possibilité pour l'État requis de surseoir à l'exécution de la demande si cela risquerait de porter préjudice à des enquêtes ou procédures conduites par ses autorités (§ 5) ;

– l'État requis peut faire droit à la demande partiellement, ou sous réserve des conditions qu'il juge nécessaires (§ 6) ;

– est formulé un principe général d'information quelle que soit la réponse apportée par l'État requis à la demande d'entraide formulée (§ 7) ;

– la confidentialité de la mesure peut être demandée mais l'État requis peut s'y opposer en motivant son rejet (§ 8 ; sur cette question, V. égal. Conv., art. 28) ;

– enfin, les mesures urgentes, ou qui ne supposent pas de mesure de coercition, peuvent faire l'objet d'une communication directe entre autorités judiciaires (§ 9). Et la Convention de préciser que les demandes peuvent toujours passer par le truchement d'Interpol.

Il faut ici noter que la France a indiqué que, même en cas d'urgence, les demandes d'entraide émanant des autorités judiciaires françaises et destinées aux autorités judiciaires étrangères sont transmises par l'intermédiaire du ministère de la Justice (ce qu'autorise le § 9, e). Pareillement, les demandes d'entraide émanant des autorités judiciaires étrangères et destinées aux autorités judiciaires françaises doivent être transmises par la voie diplomatique.

Régimes spécifiques. Outre le régime supplétif de l'article 27, les rédacteurs ont fait le choix d'imposer aux États la transcription dans leur droit interne de certaines mesures d'investigation et ce, évidemment, afin de favoriser l'entraide dès lors qu'une infraction « cyber » ou une preuve numérique sont en jeu. La Convention liste ainsi pour chacun de ces actes à la fois les conditions formelles de leur émission ainsi que les éventuels motifs facultatifs de refus d'exécution. Il en va ainsi :

– de la conservation rapide de données informatiques stockées (art. 29) ;

– de la divulgation rapide de données conservées (art. 30) ;

– de l'accès aux données stockées, par la voie de perquisition, accès et saisies (art. 31) ;

– de la collecte en temps réel de données relatives au trafic (art. 33) et au contenu (art. 34).

Enfin, un accès transfrontière à des données stockées est possible sans entraide, soit avec le consentement de la personne légalement autorisée à lui divulguer, soit lorsqu'elles sont accessibles au public (art. 32). ❑

Art. 28 ***Confidentialité et restriction d'utilisation.*** **1. En l'absence de traité d'entraide ou d'arrangement reposant sur des législations uniformes ou réciproques en vigueur entre la Partie requérante et la Partie requise, les dispositions du présent article s'appliquent. Elles ne s'appliquent pas lorsqu'un traité, un arrangement ou une législation de ce type existent, à moins que les Parties concernées ne décident d'appliquer à la place tout ou partie du présent article.**

2. La Partie requise peut subordonner la communication d'informations ou de matériels en réponse à une demande :

a) A la condition que ceux-ci restent confidentiels lorsque la demande d'entraide ne pourrait être respectée en l'absence de cette condition ; ou

b) A la condition qu'ils ne soient pas utilisés aux fins d'enquêtes ou de procédures autres que celles indiquées dans la demande.

3. Si la Partie requérante ne peut satisfaire à l'une des conditions énoncées au paragraphe 2, elle en informe rapidement la Partie requise, qui détermine alors si l'information doit néanmoins être fournie. Si la Partie requérante accepte cette condition, elle sera liée par celle-ci.

4. Toute Partie qui fournit des informations ou du matériel soumis à l'une des conditions énoncées au paragraphe 2 peut exiger de l'autre Partie qu'elle lui communique des précisions, en relation avec cette condition, quant à l'usage fait de ces informations ou de ce matériel.

SECTION 2 *Dispositions spécifiques*

TITRE I ENTRAIDE EN MATIÈRE DE MESURES PROVISOIRES

Art. 29 ***Conservation rapide de données informatiques stockées.*** **1. Une Partie peut demander à une autre Partie d'ordonner ou d'imposer d'une autre façon la conserva-**

tion rapide de données stockées au moyen d'un système informatique se trouvant sur le territoire de cette autre Partie, et au sujet desquelles la Partie requérante a l'intention de soumettre une demande d'entraide en vue de la perquisition ou de l'accès par un moyen similaire, de la saisie ou de l'obtention par un moyen similaire, ou de la divulgation desdites données.

2. Une demande de conservation faite en application du paragraphe 1 doit préciser :

a) l'autorité qui demande la conservation ;

b) l'infraction faisant l'objet de l'enquête ou de procédures pénales et un bref exposé des faits qui s'y rattachent ;

c) les données informatiques stockées à conserver et la nature de leur lien avec l'infraction ;

d) toutes les informations disponibles permettant d'identifier le gardien des données informatiques stockées ou l'emplacement du système informatique ;

e) la nécessité de la mesure de conservation ; et

f) le fait que la Partie entend soumettre une demande d'entraide en vue de la perquisition ou de l'accès par un moyen similaire, de la saisie ou de l'obtention par un moyen similaire, ou de la divulgation des données informatiques stockées.

3. Après avoir reçu la demande d'une autre Partie, la Partie requise doit prendre toutes les mesures appropriées afin de procéder sans délai à la conservation des données spécifiées, conformément à son droit interne. Pour pouvoir répondre à une telle demande, la double incrimination n'est pas requise comme condition préalable à la conservation.

4. Une Partie qui exige la double incrimination comme condition pour répondre à une demande d'entraide visant la perquisition ou l'accès similaire, la saisie ou l'obtention par un moyen similaire ou la divulgation des données stockées peut, pour des infractions autres que celles établies conformément aux articles 2 à 11 de la présente Convention, se réserver le droit de refuser la demande de conservation au titre du présent article dans le cas où elle a des raisons de penser que, au moment de la divulgation, la condition de double incrimination ne pourra pas être remplie.

5. En outre, une demande de conservation peut être refusée uniquement :

a) si la demande porte sur une infraction que la Partie requise considère comme étant de nature politique ou liée à une infraction de nature politique ; ou

b) si la Partie requise estime que le fait d'accéder à la demande risquerait de porter atteinte à sa souveraineté, à sa sécurité, à l'ordre public ou à d'autres intérêts essentiels.

6. Lorsque la Partie requise estime que la conservation simple ne suffira pas à garantir la disponibilité future des données, ou compromettra la confidentialité de l'enquête de la Partie requérante, ou nuira d'une autre façon à celle-ci, elle en informe rapidement la Partie requérante, qui décide alors s'il convient néanmoins d'exécuter la demande.

7. Toute conservation effectuée en réponse à une demande visée au paragraphe 1 sera valable pour une période d'au moins soixante jours afin de permettre à la Partie requérante de soumettre une demande en vue de la perquisition ou de l'accès par un moyen similaire, de la saisie ou de l'obtention par un moyen similaire, ou de la divulgation des données. Après la réception d'une telle demande, les données doivent continuer à être conservées en attendant l'adoption d'une décision concernant la demande.

Art. 30 *Divulgation rapide de données conservées.* 1. Lorsque, en exécutant une demande de conservation de données relatives au trafic concernant une communication spécifique formulée en application de l'article 29, la Partie requise découvre qu'un fournisseur de services dans un autre État a participé à la transmission de cette communication, la Partie requise divulgue rapidement à la Partie requérante une quantité suffisante de données concernant le trafic, aux fins d'identifier ce fournisseur de services et la voie par laquelle la communication a été transmise.

2. La divulgation de données relatives au trafic en application du paragraphe 1 peut être refusée seulement :

a) si la demande porte sur une infraction que la Partie requise considère comme étant de nature politique ou liée à une infraction de nature politique ; ou

b) si elle considère que le fait d'accéder à la demande risquerait de porter atteinte à sa souveraineté, à sa sécurité, à son ordre public ou à d'autres intérêts essentiels.

TITRE II ENTRAIDE CONCERNANT LES POUVOIRS D'INVESTIGATION

Art. 31 *Entraide concernant l'accès aux données stockées.* 1. Une Partie peut demander à une autre Partie de perquisitionner ou d'accéder de façon similaire, de saisir ou d'obtenir de façon similaire, de divulguer des données stockées au moyen d'un système informatique se trouvant sur le territoire de cette autre Partie, y compris les données conservées conformément à l'article 29.

2. La Partie requise satisfait à la demande en appliquant les instruments internationaux, les arrangements et les législations mentionnés à l'article 23, et en se conformant aux dispositions pertinentes du présent chapitre.

3. La demande doit être satisfaite aussi rapidement que possible dans les cas suivants :

a) il y a des raisons de penser que les données pertinentes sont particulièrement sensibles aux risques de perte ou de modification ; ou

b) les instruments, arrangements et législations visés au paragraphe 2 prévoient une coopération rapide.

Art. 32 *Accès transfrontière à des données stockées, avec consentement ou lorsqu'elles sont accessibles au public.* Une Partie peut, sans l'autorisation d'une autre Partie :

a) accéder à des données informatiques stockées accessibles au public (source ouverte), quelle que soit la localisation géographique de ces données ; ou

b) accéder à, ou recevoir au moyen d'un système informatique situé sur son territoire, des données informatiques stockées situées dans un autre État, si la Partie obtient le consentement légal et volontaire de la personne légalement autorisée à lui divulguer ces données au moyen de ce système informatique.

Art. 33 *Entraide dans la collecte en temps réel de données relatives au trafic.* 1. Les Parties s'accordent l'entraide dans la collecte en temps réel de données relatives au trafic, associées à des communications spécifiées sur leur territoire, transmises au moyen d'un système informatique. Sous réserve des dispositions du paragraphe 2, cette entraide est régie par les conditions et les procédures prévues en droit interne.

2. Chaque Partie accorde cette entraide au moins à l'égard des infractions pénales pour lesquelles la collecte en temps réel de données concernant le trafic serait disponible dans une affaire analogue au niveau interne.

Art. 34 *Entraide en matière d'interception de données relatives au contenu.* Les Parties s'accordent l'entraide, dans la mesure permise par leurs traités et lois internes applicables, pour la collecte ou l'enregistrement en temps réel de données relatives au contenu de communications spécifiques transmises au moyen d'un système informatique.

TITRE III RÉSEAU 24/7

Art. 35 *Réseau 24/7.* 1. Chaque Partie désigne un point de contact joignable vingt-quatre heures sur vingt-quatre, sept jours sur sept, afin d'assurer une assistance immédiate pour des investigations concernant les infractions pénales liées à des systèmes et à des données informatiques, ou pour recueillir les preuves sous forme électronique d'une infraction pénale. Cette assistance englobera la facilitation, ou, si le droit et la pratique internes le permettent, l'application directe des mesures suivantes :

a) apport de conseils techniques ;

b) conservation des données, conformément aux articles 29 et 30 ;

c) recueil de preuves, apport d'informations à caractère juridique, et localisation des suspects.

2. a) Le point de contact d'une Partie aura les moyens de correspondre avec le point de contact d'une autre Partie selon une procédure accélérée.

b) Si le point de contact désigné par une Partie ne dépend pas de l'autorité ou des autorités de cette Partie responsables de l'entraide internationale ou de l'extradition, le

point de contact veillera à pouvoir agir en coordination avec cette ou ces autorités, selon une procédure accélérée.

3. Chaque Partie fera en sorte de disposer d'un personnel formé et équipé en vue de faciliter le fonctionnement du réseau.

COMMENTAIRE

Réseau 24/7. Les rédacteurs ont eu la présence d'esprit de mettre en place un réseau d'assistance immédiate. Ainsi en vertu de l'article 35, chaque État signataire doit désigner un point de contact joignable vingt-quatre heures sur vingt-quatre, sept jours sur sept, afin d'assurer une assistance immédiate pour des investigations concernant les infractions pénales liées à des systèmes et à des données informatiques, ou pour recueillir les preuves sous forme électronique d'une infraction pénale. Cette assistance permet la facilitation, ou, si le droit et la pratique internes le permettent, l'application directe des mesures suivantes :

- apport de conseils techniques ;
- conservation des données, conformément aux articles 29 et 30 ;
- recueil de preuves, apport d'informations à caractère juridique, et localisation des suspects.

Le point de contact doit avoir les moyens de correspondre avec le point de contact d'un autre État selon une procédure accélérée. Enfin, si le point de contact désigné ne dépend pas de l'autorité responsable de l'entraide internationale ou de l'extradition, le point de contact veille à pouvoir agir en coordination avec cette autorité, selon une procédure accélérée. Cette précision est d'importance comme le cas français en témoigne. La France a en effet désigné comme point de contact, au titre du Réseau 24/7, l'Office central de lutte contre la criminalité liée aux technologies de l'information et de la communication (OCLCTIC), placé auprès de la Direction centrale de la Police judiciaire. ❑

CHAPITRE IV *CLAUSES FINALES*

Art. 36 ***Signature et entrée en vigueur.*** **1. La présente Convention est ouverte à la signature des États membres du Conseil de l'Europe et des États non membres qui ont participé à son élaboration.**

2. La présente Convention est soumise à ratification, acceptation ou approbation. Les instruments de ratification, d'acceptation ou d'approbation sont déposés près le Secrétaire Général du Conseil de l'Europe.

3. La présente Convention entrera en vigueur le premier jour du mois qui suit l'expiration d'une période de trois mois après la date à laquelle cinq États, incluant au moins trois États membres du Conseil de l'Europe, auront exprimé leur consentement à être liés par la Convention, conformément aux dispositions des paragraphes 1 et 2.

4. Pour tout État signataire qui exprimera ultérieurement son consentement à être lié par la Convention, celle-ci entrera en vigueur le premier jour du mois qui suit l'expiration d'une période de trois mois après la date de l'expression de son consentement à être lié par la Convention, conformément aux dispositions des paragraphes 1 et 2.

Art. 37 ***Adhésion à la Convention.*** **1. Après l'entrée en vigueur de la présente Convention, le Comité des Ministres du Conseil de l'Europe peut, après avoir consulté les États contractants à la Convention et en avoir obtenu l'assentiment unanime, inviter tout État non membre du Conseil, n'ayant pas participé à son élaboration, à adhérer à la présente Convention. La décision est prise à la majorité prévue à l'article 20.** ***d*** **du Statut du Conseil de l'Europe et à l'unanimité des représentants des États contractants ayant le droit de siéger au Comité des Ministres.**

2. Pour tout État adhérent à la Convention, conformément au paragraphe 1 ci-dessus, la Convention entrera en vigueur le premier jour du mois qui suit l'expiration d'une période de trois mois après la date de dépôt de l'instrument d'adhésion près le Secrétaire Général du Conseil de l'Europe.

Art. 38 *Application territoriale.* 1. Tout État peut, au moment de la signature ou au moment du dépôt de son instrument de ratification, d'acceptation, d'approbation ou d'adhésion, désigner le ou les territoires auxquels s'appliquera la présente Convention.

2. Tout État peut, à tout autre moment par la suite, par déclaration adressée au Secrétaire Général du Conseil de l'Europe, étendre l'application de la présente Convention à tout autre territoire désigné dans la déclaration. La Convention entrera en vigueur à l'égard de ce territoire le premier jour du mois qui suit l'expiration d'une période de trois mois après la date de réception de la déclaration par le Secrétaire Général.

3. Toute déclaration faite en application des deux paragraphes précédents peut être retirée, en ce qui concerne tout territoire désigné dans cette déclaration, par notification adressée au Secrétaire Général du Conseil de l'Europe. Le retrait prendra effet le premier jour du mois qui suit l'expiration d'une période de trois mois après la date de réception de ladite notification par le Secrétaire Général.

Art. 39 *Effets de la Convention.* 1. L'objet de la présente Convention est de compléter les traités ou les accords multilatéraux ou bilatéraux applicables existant entre les Parties, y compris les dispositions :

– de la Convention européenne d'extradition, ouverte à la signature le 13 décembre 1957, à Paris (STE n° 24) ;

– de la Convention européenne d'entraide judiciaire en matière pénale, ouverte à la signature le 20 avril 1959, à Strasbourg (STE n° 30) ;

– du Protocole additionnel à la Convention européenne d'entraide judiciaire en matière pénale, ouvert à la signature le 17 mars 1978, à Strasbourg (STE n° 99).

2. Si deux ou plusieurs Parties ont déjà conclu un accord ou un traité relatif aux matières traitées par la présente Convention, ou si elles ont autrement établi leurs relations sur ces sujets, ou si elles le feront à l'avenir, elles ont aussi la faculté d'appliquer ledit accord ou traité ou d'établir leurs relations en conséquence, au lieu de la présente Convention. Toutefois, lorsque les Parties établiront leurs relations relatives aux matières faisant l'objet de la présente Convention d'une manière différente de celle y prévue, elles le feront d'une manière qui ne soit pas incompatible avec les objectifs et les principes de la Convention.

3. Rien dans la présente Convention n'affecte d'autres droits, restrictions, obligations et responsabilités d'une Partie.

Art. 40 *Déclarations.* Par déclaration écrite adressée au Secrétaire Général du Conseil de l'Europe, tout État peut, au moment de la signature ou du dépôt de son instrument de ratification, d'acceptation, d'approbation ou d'adhésion, déclarer qu'il se prévaut de la faculté d'exiger, le cas échéant, un ou plusieurs éléments supplémentaires tels que prévus aux articles 2, 3, 6, paragraphe 1. b, 7, 9, paragraphe 3, et 27, paragraphe 9. *e.*

Art. 41 *Clause fédérale.* 1. Un État fédéral peut se réserver le droit d'honorer les obligations contenues dans le chapitre II de la présente Convention dans la mesure où celles-ci sont compatibles avec les principes fondamentaux qui gouvernent les relations entre son gouvernement central et les États constituants ou autres entités territoriales analogues, à condition qu'il soit en mesure de coopérer sur la base du chapitre III.

2. Lorsqu'il fait une réserve prévue au paragraphe 1, un État fédéral ne saurait faire usage des termes d'une telle réserve pour exclure ou diminuer de manière substantielle ses obligations en vertu du chapitre II. En tout état de cause, il se dote de moyens étendus et effectifs permettant la mise en œuvre des mesures prévues par ledit chapitre.

3. En ce qui concerne les dispositions de cette Convention dont l'application relève de la compétence législative de chacun des États constituants ou autres entités territoriales analogues, qui ne sont pas, en vertu du système constitutionnel de la fédération, tenus de prendre des mesures législatives, le gouvernement fédéral porte, avec son avis favorable, lesdites dispositions à la connaissance des autorités compétentes des États constituants, en les encourageant à adopter les mesures appropriées pour les mettre en œuvre.

Art. 42 *Réserves.* Par notification écrite adressée au Secrétaire Général du Conseil de l'Europe, tout État peut, au moment de la signature ou du dépôt de son instrument de ratification, d'acceptation, d'approbation ou d'adhésion, déclarer qu'il se prévaut de la ou les *[des]* réserves prévues à l'article 4, paragraphe 2, à l'article 6, paragraphe 3, à l'article 9, paragraphe 4, à l'article 10, paragraphe 3, à l'article 11, paragraphe 3, à l'article 14, paragraphe 3, à l'article 22, paragraphe 2, à l'article 29, paragraphe 4, et à l'article 41, paragraphe 1. Aucune autre réserve ne peut être faite.

Art. 43 *Statut et retrait des réserves.* 1. Une Partie qui a fait une réserve conformément à l'article 42 peut la retirer en totalité ou en partie par notification adressée au Secrétaire Général du Conseil de l'Europe. Ce retrait prend effet à la date de réception de ladite notification par le Secrétaire Général. Si la notification indique que le retrait d'une réserve doit prendre effet à une date précise, et si cette date est postérieure à celle à laquelle le Secrétaire Général reçoit la notification, le retrait prend effet à cette date ultérieure.

2. Une Partie qui a fait une réserve comme celles mentionnées à l'article 42 retire cette réserve, en totalité ou en partie, dès que les circonstances le permettent.

3. Le Secrétaire Général du Conseil de l'Europe peut périodiquement demander aux Parties ayant fait une ou plusieurs réserves comme celles mentionnées à l'article 42 des informations sur les perspectives de leur retrait.

Art. 44 *Amendements.* 1. Des amendements à la présente Convention peuvent être proposés par chaque Partie, et sont communiqués par le Secrétaire Général du Conseil de l'Europe aux États membres du Conseil de l'Europe, aux États non membres ayant pris part à l'élaboration de la présente Convention, ainsi qu'à tout État y ayant adhéré ou ayant été invité à y adhérer, conformément aux dispositions de l'article 37.

2. Tout amendement proposé par une Partie est communiqué au Comité européen pour les problèmes criminels (CDPC), qui soumet au Comité des Ministres son avis sur ledit amendement.

3. Le Comité des Ministres examine l'amendement proposé et l'avis soumis par le CDPC et, après consultation avec les États non membres parties à la présente Convention, peut adopter l'amendement.

4. Le texte de tout amendement adopté par le Comité des Ministres conformément au paragraphe 3 du présent article est communiqué aux Parties pour acceptation.

5. Tout amendement adopté conformément au paragraphe 3 du présent article entre en vigueur le trentième jour après que toutes les Parties ont informé le Secrétaire Général de leur acceptation.

Art. 45 *Règlement des différends.* 1. Le Comité européen pour les problèmes criminels du Conseil de l'Europe (CDPC) est tenu informé de l'interprétation et de l'application de la présente Convention.

2. En cas de différend entre les Parties sur l'interprétation ou l'application de la présente Convention, les Parties s'efforceront de parvenir à un règlement du différend par la négociation ou par tout autre moyen pacifique de leur choix, y compris la soumission du différend au CDPC, à un tribunal arbitral qui prendra des décisions qui lieront les Parties au différend, ou à la Cour internationale de justice, selon un accord entre les Parties concernées.

Art. 46 *Concertation des Parties.* 1. Les Parties se concertent périodiquement, au besoin, afin de faciliter :

a) l'usage et la mise en œuvre effectifs de la présente Convention, y compris l'identification de tout problème en la matière, ainsi que les effets de toute déclaration ou réserve faite conformément à la présente Convention ;

b) l'échange d'informations sur les nouveautés juridiques, politiques ou techniques importantes observées dans le domaine de la criminalité informatique et la collecte de preuves sous forme électronique ;

c) l'examen de l'éventualité de compléter ou d'amender la Convention.

2. Le Comité européen pour les problèmes criminels (CDPC) est tenu périodiquement au courant du résultat des concertations mentionnées au paragraphe 1.

3. Le CDPC facilite, au besoin, les concertations mentionnées au paragraphe 1 et adopte les mesures nécessaires pour aider les Parties dans leurs efforts visant à compléter ou amender la Convention. Au plus tard à l'issue d'un délai de trois ans à compter de l'entrée en vigueur de la présente Convention, le CDPC procédera, en

coopération avec les Parties, à un réexamen de l'ensemble des dispositions de la Convention et proposera, le cas échéant, les amendements appropriés.

4. Sauf lorsque le Conseil de l'Europe les prend en charge, les frais occasionnés par l'application des dispositions du paragraphe 1 sont supportés par les Parties, de la manière qu'elles déterminent.

5. Les Parties sont assistées par le Secrétariat du Conseil de l'Europe dans l'exercice de leurs fonctions découlant du présent article.

COMMENTAIRE

Concertation des Parties : « T-CY ». L'article 46 invitait les États à se concerter périodiquement, au besoin, afin de faciliter :

– l'usage et la mise en œuvre effectifs de la présente Convention, y compris l'identification de tout problème en la matière, ainsi que les effets de toute déclaration ou réserve faite conformément à la présente Convention ;

– l'échange d'informations sur les nouveautés juridiques, politiques ou techniques importantes observées dans le domaine de la criminalité informatique et la collecte de preuves sous forme électronique ;

– l'examen de l'éventualité de compléter ou d'amender la Convention.

Cette invitation a conduit les États signataires à mettre en place le Comité de la Convention sur la cybercriminalité (T-CY). Celui-ci fut très actif durant les années 2010 aux fins de réfléchir aux évolutions inhérentes à la preuve numérique. Fut ainsi créé, en 2012, un groupe *ad hoc* sur l'accès frontalier aux données et sur les questions de compétence territoriale. En 2015, un « Groupe sur les preuves dans le nuage » prit le relais, avec pour domaine d'étude l'accès de la justice pénale aux preuves stockées en ligne. Dans ses conclusions, en 2016, ce groupe constatait la difficulté d'accéder aux preuves électroniques et d'obtenir leur divulgation. Les Parties à la Convention estimaient cependant qu'il n'était pas nécessaire de modifier la Convention mais d'élaborer un deuxième protocole additionnel afin de renforcer l'efficacité de l'action de la justice pénale tout en préservant l'État de droit. ❑

Art. 47 ***Dénonciation.*** **1. Toute Partie peut, à tout moment, dénoncer la présente Convention par notification au Secrétaire Général du Conseil de l'Europe.**

2. La dénonciation prendra effet le premier jour du mois qui suit l'expiration d'une période de trois mois après la date de réception de la notification par le Secrétaire Général.

Art. 48 ***Notification.*** **Le Secrétaire Général du Conseil de l'Europe notifie aux États membres du Conseil de l'Europe, aux États non membres ayant pris part à l'élaboration de la présente Convention, ainsi qu'à tout État y ayant adhéré ou ayant été invité à y adhérer :**

a) toute signature ;

b) le dépôt de tout instrument de ratification, d'acceptation, d'approbation ou d'adhésion ;

c) toute date d'entrée en vigueur de la présente Convention, conformément à ses articles 36 et 37 ;

d) toute déclaration faite en application de l'article 40 ou toute réserve faite en application de l'article 42 ;

e) tout autre acte, notification ou communication ayant trait à la présente Convention.

En foi de quoi, les soussignés, dûment autorisés à cet effet, ont signé la présente Convention.

Fait à Budapest, le 23 novembre 2001, en français et en anglais, les deux textes faisant également foi, en un seul exemplaire qui sera déposé dans les archives du Conseil de l'Europe.

Le Secrétaire Général du Conseil de l'Europe en communiquera copie certifiée conforme à chacun des États membres du Conseil de l'Europe, aux États non membres qui ont participé à l'élaboration de la Convention et à tout État invité à y adhérer.

DÉCLARATIONS ET RÉSERVES DE LA RÉPUBLIQUE FRANÇAISE

Art. 9 (2) *(b)* *Pornographie enfantine.* La France appliquera l'article 9 (1) à toute matière pornographique représentant de manière visuelle une personne, qui apparaît comme un mineur se livrant à un comportement sexuellement explicite, pour autant qu'il n'est pas établi que ladite personne était âgée de dix-huit ans au jour de la fixation ou de l'enregistrement de son image.

Art. 21 *Interception de données relatives au contenu.* La France n'appliquera les mesures prévues à l'article 21 que si l'infraction poursuivie est punie d'une peine d'emprisonnement supérieure ou égale à deux ans d'emprisonnement.

Art. 22 *Compétence.* La France déclare qu'elle se réserve le droit de ne pas établir sa compétence lorsque l'infraction ne relève de la compétence territoriale d'aucun État. La France déclare en outre que, lorsque l'infraction est pénalement punissable là où elle a été commise, la poursuite ne pourra être exercée qu'à la requête du ministère public et devra être précédée d'une plainte de la victime ou de ses ayants droit ou d'une dénonciation officielle par l'autorité du pays où le fait a été commis (art. 22 [1] [d]).

Art. 24 *Demandes d'extradition.* La France indique que :
— le ministère des affaires étrangères sera l'autorité responsable pour l'envoi et la réception d'une demande d'extradition en l'absence de traité (ministère des affaires étrangères, 37, quai d'Orsay, 75700 Paris 07 SP) ;
— le procureur de la République territorialement compétent sera l'autorité responsable pour l'envoi et la réception d'une demande d'arrestation provisoire en l'absence de traité.

Art. 27 *Demandes d'entraide.* La France indique que, même en cas d'urgence :
— les demandes d'entraide émanant des autorités judiciaires françaises et destinées aux autorités judiciaires étrangères sont transmises par l'intermédiaire du ministère de la justice (ministère de la justice, 13, place Vendôme, 75042 Paris Cedex 01) ;
— les demandes d'entraide émanant des autorités judiciaires étrangères et destinées aux autorités judiciaires françaises sont transmises par la voie diplomatique (ministère des affaires étrangères, 37, quai d'Orsay, 75700 Paris 07 SP).

Art. 35 *Point de contact.* La France désigne comme point de contact l'Office central de lutte contre la criminalité liée aux technologies de l'information et de la communication (11, rue des Saussaies, 75800 Paris).

Protocole additionnel à la convention sur la cybercriminalité du 28 janvier 2003 (protocole de Strasbourg),

Relatif à l'incrimination d'actes de nature raciste et xénophobe commis par le biais de systèmes informatiques.

BIBL. ▶ OSCE, Guidelines on cybercrime investigation, *2022.*

V. les consid. sur le Code en ligne 🏛.

CHAPITRE I DISPOSITIONS COMMUNES

Art. 1er *But.* Le but du présent Protocole est de compléter, pour les Parties au Protocole, les dispositions de la Convention sur la cybercriminalité, ouverte à la signature à Budapest le 23 novembre 2001 (appelé ci-après "la Convention") eu égard à l'incrimination des actes de nature raciste et xénophobe diffusés par le biais de systèmes informatiques.

Art. 2 *Définition.* 1. Aux fins du présent Protocole, l'expression :
"matériel raciste et xénophobe" désigne tout matériel écrit, toute image ou toute autre représentation d'idées ou de théories qui préconise ou encourage la haine, la discrimination ou la violence, contre une personne ou un groupe de personnes, en raison de la race, de la couleur, de l'ascendance ou de l'origine nationale ou ethnique, ou de la religion, dans la mesure où cette dernière sert de prétexte à l'un ou l'autre de ces éléments, ou qui incite à de tels actes.

2. Les expressions et termes employés dans ce Protocole sont interprétés de la même manière qu'ils le sont dans la Convention.

CHAPITRE II MESURES À PRENDRE AU NIVEAU NATIONAL

Art. 3 *Diffusion de matériel raciste et xénophobe par le biais de systèmes informatiques.* 1. Chaque Partie adopte les mesures législatives et autres qui se révèlent nécessaires pour ériger en infractions pénales, dans son droit interne, lorsqu'ils sont commis intentionnellement et sans droit, les comportements suivants :

la diffusion ou les autres formes de mise à disposition du public, par le biais d'un système informatique, de matériel raciste et xénophobe.

2. Une Partie peut se réserver le droit de ne pas imposer de responsabilité pénale aux conduites prévues au paragraphe 1 du présent article lorsque le matériel, tel que défini à l'article 2, paragraphe 1, préconise, encourage ou incite à une discrimination qui n'est pas associée à la haine ou à la violence, à condition que d'autres recours efficaces soient disponibles.

3. Sans préjudice du paragraphe 2 du présent article, une Partie peut se réserver le droit de ne pas appliquer le paragraphe 1 aux cas de discrimination pour lesquels elle ne peut pas prévoir, à la lumière des principes établis dans son ordre juridique interne concernant la liberté d'expression, les recours efficaces prévus au paragraphe 2.

Art. 4 *Menace avec une motivation raciste et xénophobe.* Chaque Partie adopte les mesures législatives et autres qui se révèlent nécessaires pour ériger en infraction pénale, dans son droit interne, lorsqu'il est commis intentionnellement et sans droit, le comportement suivant :

la menace, par le biais d'un système informatique, de commettre une infraction pénale grave, telle que définie par le droit national, envers (i) une personne en raison de son appartenance à un groupe qui se caractérise par la race, la couleur, l'ascendance ou l'origine nationale ou ethnique, ou la religion dans la mesure où cette dernière sert de prétexte à l'un ou l'autre de ces éléments, ou (ii) un groupe de personnes qui se distingue par une de ces caractéristiques.

Art. 5 *Insulte avec une motivation raciste et xénophobe.* 1. Chaque Partie adopte les mesures législatives et autres qui se révèlent nécessaires pour ériger en infraction pénale, dans son droit interne, lorsqu'il est commis intentionnellement et sans droit, le comportement suivant :

l'insulte en public, par le biais d'un système informatique, (i) d'une personne en raison de son appartenance à un groupe qui se caractérise par la race, la couleur, l'ascendance ou l'origine nationale ou ethnique, ou la religion dans la mesure où cette dernière sert de prétexte à l'un ou l'autre de ces éléments, ou (ii) d'un groupe de personnes qui se distingue par une de ces caractéristiques.

2. Une Partie peut :

a. soit exiger que l'infraction prévue au paragraphe 1 du présent article ait pour effet d'exposer la personne ou le groupe de personnes visées au paragraphe 1 à la haine, au mépris ou au ridicule ;

b. soit se réserver le droit de ne pas appliquer, en tout ou en partie, le paragraphe 1 du présent article.

Art. 6 *Négation, minimisation grossière, approbation ou justification du génocide ou des crimes contre l'humanité.* 1. Chaque Partie adopte les mesures législatives qui se révèlent nécessaires pour ériger en infractions pénales, dans son droit interne, lorsqu'ils sont commis intentionnellement et sans droit, les comportements suivants :

la diffusion ou les autres formes de mise à disposition du public, par le biais d'un système informatique, de matériel qui nie, minimise de manière grossière, approuve ou justifie des actes constitutifs de génocide ou de crimes contre l'humanité, tels que définis par le droit international et reconnus comme tels par une décision finale et définitive du Tribunal militaire international, établi par l'accord de Londres du 8 août 1945, ou par tout autre tribunal international établi par des instruments internationaux pertinents et dont la juridiction a été reconnue par cette Partie.

2. Une Partie peut :

a. soit prévoir que la négation ou la minimisation grossière, prévues au paragraphe 1 du présent article, soient commises avec l'intention d'inciter à la haine, à la discrimination ou à la violence contre une personne ou un groupe de personnes, en raison de la race, de la couleur, de l'ascendance ou de l'origine nationale ou ethnique, ou de la religion, dans la mesure où cette dernière sert de prétexte à l'un ou l'autre de ces éléments ;

b. soit se réserver le droit de ne pas appliquer, en tout ou en partie, le paragraphe 1 du présent article.

Art. 7 *Aide et complicité.* Chaque Partie adopte les mesures législatives et autres qui se révèlent nécessaires pour ériger en infraction pénale, en vertu de son droit interne, lorsqu'il est commis intentionnellement et sans droit, le fait d'aider à perpétrer une infraction telle que définie dans ce Protocole, ou d'en être complice, avec l'intention qu'une telle infraction soit commise.

CHAPITRE III RELATIONS ENTRE LA CONVENTION ET CE PROTOCOLE

Art. 8 *Relations entre la Convention et ce Protocole.* 1. Les articles 1, 12, 13, 22, 41, 44, 45 et 46 de la Convention s'appliquent, mutatis mutandis, à ce Protocole.

2. Les Parties étendent le champ d'application des mesures définies aux articles 14 à 21 et 23 à 35 de la Convention, aux articles 2 à 7 de ce Protocole.

CHAPITRE IV DISPOSITIONS FINALES

Art. 9 *Expression du consentement à être lié.* 1. Le présent Protocole est ouvert à la signature des États signataires de la Convention, qui peuvent exprimer leur consentement à être liés par :

a. la signature sans réserve de ratification, d'acceptation ou d'approbation ; ou

b. la signature sous réserve de ratification, d'acceptation ou d'approbation, suivie de ratification, d'acceptation ou d'approbation.

2. Un État ne peut signer le présent Protocole sans réserve de ratification, d'acceptation ou d'approbation ni déposer un instrument de ratification, d'acceptation ou d'approbation s'il n'a pas déjà déposé ou ne dépose pas simultanément un instrument de ratification, d'acceptation ou d'approbation de la Convention.

3. Les instruments de ratification, d'acceptation ou d'approbation sont déposés près le Secrétaire Général du Conseil de l'Europe.

Art. 10 *Entrée en vigueur.* 1. Le présent Protocole entrera en vigueur le premier jour du mois qui suit l'expiration d'une période de trois mois après la date à laquelle cinq États auront exprimé leur consentement à être liés par le Protocole conformément aux dispositions de l'article 9.

2. Pour tout État qui exprimera ultérieurement son consentement à être lié par le Protocole, celui-ci entrera en vigueur le premier jour du mois qui suit l'expiration d'une période de trois mois après la date de sa signature sans réserve de ratification, d'acceptation ou d'approbation ou du dépôt de son instrument de ratification, d'acceptation ou d'approbation.

Art. 11 *Adhésion.* 1. Après l'entrée en vigueur du présent Protocole, tout État qui a adhéré à la Convention pourra adhérer également au Protocole.

2. L'adhésion s'effectuera par le dépôt, près le Secrétaire Général du Conseil de l'Europe, d'un instrument d'adhésion qui prendra effet le premier jour du mois qui suit l'expiration d'une période de trois mois après la date de son dépôt.

Art. 12 *Réserves et déclarations.* 1. Les réserves et les déclarations formulées par une Partie concernant une disposition de la Convention s'appliqueront également à ce Protocole, à moins que cette Partie n'exprime l'intention contraire au moment de la signature ou au moment du dépôt de son instrument de ratification, d'acceptation, d'approbation ou d'adhésion.

2. Par notification écrite adressée au Secrétaire Général du Conseil de l'Europe, toute Partie peut, au moment de la signature ou du dépôt de son instrument de ratification, d'acceptation, d'approbation ou d'adhésion, déclarer qu'il se prévaut de la ou des réserves prévues aux articles 3, 5 et 6 du présent Protocole. Une Partie peut aussi formuler, par rapport aux dispositions de ce Protocole, les réserves prévues à l'article 22, paragraphe 2, et à l'article 41, paragraphe 1, de la Convention, sans préjudice

de la mise en œuvre faite par cette Partie par rapport à la Convention. Aucune autre réserve ne peut être formulée.

3. Par notification écrite adressée au Secrétaire Général du Conseil de l'Europe, toute Partie peut, au moment de la signature ou du dépôt de son instrument de ratification, d'acceptation, d'approbation ou d'adhésion, déclarer qu'il se prévaut de la possibilité de prévoir des éléments additionnels, tels que prévus à l'article 5, paragraphe 2.a, et à l'article 6, paragraphe 2.a, de ce Protocole.

Art. 13 *Statut et retrait des réserves.* 1. Une Partie qui a fait une réserve conformément à l'article 12 ci-dessus retire cette réserve, en totalité ou en partie, dès que les circonstances le permettent. Ce retrait prend effet à la date de réception d'une notification de retrait par le Secrétaire Général du Conseil de l'Europe. Si la notification indique que le retrait d'une réserve doit prendre effet à une date précise, et si cette date est postérieure à celle à laquelle le Secrétaire Général reçoit la notification, le retrait prend effet à cette date ultérieure.

2. Le Secrétaire Général du Conseil de l'Europe peut périodiquement demander aux Parties ayant fait une ou plusieurs réserves en application de l'article 12 des informations sur les perspectives de leur retrait.

Art. 14 *Application territoriale.* 1. Toute Partie peut, au moment de la signature ou au moment du dépôt de son instrument de ratification, d'acceptation, d'approbation ou d'adhésion, désigner le ou les territoires auxquels s'appliquera le présent Protocole.

2. Toute Partie peut, à tout autre moment par la suite, par déclaration adressée au Secrétaire Général du Conseil de l'Europe, étendre l'application de ce Protocole à tout autre territoire désigné dans la déclaration. Le Protocole entrera en vigueur à l'égard de ce territoire le premier jour du mois qui suit l'expiration d'une période de trois mois après la date de réception de la déclaration par le Secrétaire Général.

3. Toute déclaration faite en application des deux paragraphes précédents peut être retirée, en ce qui concerne tout territoire désigné dans cette déclaration, par notification adressée au Secrétaire Général du Conseil de l'Europe. Le retrait prendra effet le premier jour du mois qui suit l'expiration d'une période de trois mois après la date de réception de ladite notification par le Secrétaire Général.

Art. 15 *Dénonciation.* 1. Toute Partie peut, à tout moment, dénoncer le présent Protocole par notification au Secrétaire Général du Conseil de l'Europe.

2. La dénonciation prendra effet le premier jour du mois qui suit l'expiration d'une période de trois mois après la date de réception de la notification par le Secrétaire Général.

Art. 16 *Notification.* Le Secrétaire Général du Conseil de l'Europe notifiera aux États membres du Conseil de l'Europe, aux États non-membres ayant participé à l'élaboration du présent Protocole, ainsi qu'à tout État y ayant adhéré ou ayant été invité à y adhérer :

a. toute signature ;

b. le dépôt de tout instrument de ratification, d'acceptation, d'approbation ou d'adhésion ;

c. toute date d'entrée en vigueur du présent Protocole conformément à ses articles 9, 10 et 11 ;

d. tout autre acte, notification ou communication ayant trait au présent Protocole.

En foi de quoi, les soussignés, dûment autorisés à cet effet, ont signé le présent Protocole.

Fait à Strasbourg, le 28 janvier 2003, en français et en anglais, les deux textes faisant également foi, en un seul exemplaire qui sera déposé dans les archives du Conseil de l'Europe. Le Secrétaire Général du Conseil de l'Europe en communiquera copie certifiée conforme à chacun des États membres du Conseil de l'Europe, aux États non-membres ayant participé à l'élaboration du présent Protocole et à tout État invité à y adhérer.

Deuxième Protocole additionnel à la Convention sur la cybercriminalité,

Relatif au renforcement de la coopération et de la divulgation de preuves électroniques.

Le texte sera ouvert à la signature à Strasbourg le 12 mai 2022.

COMMENTAIRE

Problèmes à résoudre. Lors de sa 17e réunion plénière (8 juin 2017), le Comité de la Convention sur la cybercriminalité (T-CY) a approuvé le mandat pour la préparation du deuxième Protocole sur la base d'une proposition formulée par le Groupe sur les preuves dans le nuage. Il a décidé d'engager, de sa propre initiative (il faut le souligner), le processus de rédaction de ce Protocole en se prévalant de l'article 46, § 1.c, de la Convention. Il est observé que, compte tenu de la prolifération de la cybercriminalité et de la complexité croissante de l'obtention de preuves électroniques qui peuvent être stockées dans des juridictions étrangères, multiples, mouvantes ou inconnues, les pouvoirs des services répressifs sont limités par les frontières territoriales. Par conséquent, seule une très faible part de la cybercriminalité signalée aux autorités de justice pénale donne lieu à des décisions de justice. A titre illustratif, « *le recours à l'entraide judiciaire pour obtenir les données relatives aux abonnés n'est pas efficace et engorge le système d'entraide judiciaire ; (...) il a été jugé nécessaire de concevoir des outils complémentaires pour obtenir la divulgation de données relatives aux abonnés directement auprès d'un fournisseur de services d'une autre Partie* » (*Rapport explicatif du Deuxième Protocole additionnel*, p. 204).

Solutions. En réponse, le deuxième protocole additionnel à la Convention sur la cybercriminalité (STCE 224) fournit une base juridique pour accélérer et simplifier le recueil et l'échange de preuves numériques. Le nouveau protocole a vocation à s'appliquer au recueil de preuves d'une infraction pénale sous forme électronique, ainsi qu'aux enquêtes ou procédures pénales spécifiques concernant des infractions pénales liées à des données et systèmes informatiques. Il concerne enfin les enquêtes ou procédures pénales spécifiques concernant les infractions pénales établies dans le Premier Protocole (soit la xénophobie et le racisme).

Les principales caractéristiques du protocole sont les suivantes :

– des demandes directes aux bureaux d'enregistrement dans d'autres États pour obtenir des informations sur l'enregistrement des noms de domaine (art. 6) ;

– des injonctions directes aux fournisseurs de services dans d'autres États pour obtenir des informations sur les abonnés (art. 7) ;

– des moyens d'obtenir des informations sur les abonnés et des données sur le trafic grâce à une coopération entre autorités compétentes au niveau interne (art. 8) : il s'agit de donner à un État la capacité d'émettre une injonction à produire à un autre État, dans le cadre d'une demande, et de faire en sorte que ce dernier soit en mesure de donner effet à ladite injonction en ordonnant à un fournisseur de services sur son territoire de produire des informations sur l'abonné ou des données relatives au trafic qui sont en possession ou sous le contrôle du fournisseur de services. Il existe évidemment des motifs de refus (V. art. 8, § 8). Le deuxième protocole ne permet pas, ici, de demander le transfert des données de contenu ;

– une divulgation accélérée de données informatiques stockées en situation d'urgence peut passer par les points de contact du Réseau 24/7 (art. 9). La coopération n'est donc pas ici judiciaire. Au surplus, le protocole prend le soin de définir l'urgence comme « *une situation présentant un risque grave et imminent pour la vie ou la sécurité d'une personne physique* » (art. 3, §2, c) ;

– une coopération accélérée en cas d'urgence (art. 10) ;

– le recours à la vidéoconférence pour le recueil de la déposition d'un témoin ou d'un expert (art. 11) ;

– la constitution d'équipes communes d'enquête et le recours à des enquêtes communes (art. 12).

Évidemment, la possibilité prévue par les articles 6 et 7 de solliciter directement des fournisseurs situés à l'étranger sans passer par des autorités locales constitue une innovation majeure.

Adoption et signature. Le Deuxième protocole a été adopté à Strasbourg, le 12 mai 2022. La France l'a signé le 27 janvier 2023. Conformément à l'article 16, le Protocole entrera en vigueur le premier jour du mois qui suit l'expiration d'une période de trois mois après la date à laquelle cinq Parties à la Convention auront exprimé leur consentement à être liées par ce Protocole. Au 1er juin 2023, seule la Serbie avait ratifié le texte. ❑

Préambule

Les États membres du Conseil de l'Europe et les autres États Parties à la Convention sur la cybercriminalité (STE n° 185 ; ci-après "la Convention"), ouverte à la signature à Budapest le 23 novembre 2001, signataires de ladite Convention,

Gardant à l'esprit la portée et l'impact de la Convention dans le monde entier ;

Rappelant que la Convention est déjà complétée par le Protocole additionnel relatif à l'incrimination d'actes de nature raciste et xénophobe commis par le biais de systèmes informatiques (STE n° 189), ouvert à la signature à Strasbourg le 28 janvier 2003 (ci-après le "Premier Protocole"), pour ce qui est des Parties audit Protocole ;

Prenant en compte les traités existants du Conseil de l'Europe relatifs à la coopération en matière pénale ainsi que d'autres accords et arrangements relatifs à la coopération en matière pénale conclus entre les Parties à la Convention ;

Compte tenu également de la Convention pour la protection des personnes à l'égard du traitement automatisé des données à caractère personnel (STE n° 108) telle qu'amendée par son Protocole d'amendement (STCE n° 223), ouvert à la signature à Strasbourg le 10 octobre 2018, et auquel tout État peut être invité à adhérer ;

Reconnaissant l'utilisation croissante des technologies de l'information et de la communication, y compris des services internet, et l'augmentation de la cybercriminalité, qui constitue une menace pour la démocratie et l'État de droit, et que de nombreux États considèrent également comme une menace pour les droits de l'homme ;

Reconnaissant également le nombre croissant de victimes de la cybercriminalité et l'importance d'obtenir justice pour ces victimes ;

Rappelant que les gouvernements ont le devoir de protéger la société et les personnes contre le crime commis non seulement dans le monde réel mais aussi dans le monde virtuel, notamment en diligentant des enquêtes et des poursuites criminelles effectives ;

Conscients que les preuves recueillies sous forme électronique de toute infraction pénale sont de plus en plus stockées sur des systèmes informatiques situés dans des juridictions étrangères, multiples ou inconnues, et convaincus que des mesures supplémentaires sont nécessaires pour obtenir légalement ces preuves afin de permettre une réponse effective par la justice pénale et de défendre l'État de droit ;

Reconnaissant la nécessité d'une coopération accrue et plus efficace entre les États et le secteur privé et que, dans ce contexte, une plus grande clarté ou sécurité juridique est nécessaire pour les fournisseurs de services et autres entités concernant les circonstances dans lesquelles ils peuvent répondre à des demandes directes de divulgation de données électroniques émanant des autorités de justice pénale d'autres Parties ;

Entendant donc renforcer encore la coopération concernant la cybercriminalité et le recueil de preuves sous forme électronique d'une infraction pénale aux fins d'enquêtes ou de procédures pénales spécifiques grâce à des outils supplémentaires relevant d'une entraide plus efficiente et d'autres formes de coopération entre autorités compétentes ; de la coopération en situation urgente ; et de la coopération directe entre autorités compétentes et fournisseurs de services et autres entités qui possèdent ou contrôlent les informations pertinentes ;

Convaincus que des conditions et garanties effectives en matière de protection des droits de l'homme et des libertés fondamentales sont bénéfiques pour une coopération transfrontalière efficace aux fins de la justice pénale, y compris entre les secteurs public et privé ;

Reconnaissant que la collecte de preuves électroniques pour les enquêtes pénales concerne souvent des données à caractère personnel, et reconnaissant l'exigence, dans

de nombreuses Parties, de protéger la vie privée et les données à caractère personnel afin de satisfaire à leurs obligations constitutionnelles et internationales ; et

Conscients de la nécessité de garantir que les mesures de justice pénale effective concernant la cybercriminalité et le recueil de preuves sous forme électronique sont soumises à des conditions et des garanties pour la protection appropriée des droits de l'homme et des libertés fondamentales, y compris des droits découlant d'obligations que les États ont contractées conformément à des instruments internationaux applicables en matière de droits de l'homme consacrés dans la Convention de sauvegarde des Droits de l'Homme et des Libertés fondamentales de 1950 du Conseil de l'Europe (STE n° 5), dans le Pacte international relatif aux droits civils et politiques des Nations unies de 1966, dans la Charte africaine des droits de l'homme et des peuples de 1981, la Convention américaine relative aux droits de l'homme de 1969 et d'autres traités internationaux relatifs aux droits de l'homme ;

Sont convenus de ce qui suit :

CHAPITRE I DISPOSITIONS COMMUNES

Article 1 *But*

Le présent Protocole a pour but de compléter :

a. la Convention entre les Parties au présent Protocole ; et

b. le Premier Protocole entre les Parties au présent Protocole qui sont aussi parties au Premier Protocole.

Article 2 *Champ d'application*

1. Sauf dispositions contraires prévues au présent Protocole, les mesures qu'il énonce s'appliquent :

a. pour ce qui concerne les Parties à la Convention qui sont parties au présent Protocole, à des enquêtes ou procédures pénales spécifiques concernant des infractions pénales liées à des données et systèmes informatiques, ainsi qu'au recueil de preuves d'une infraction pénale sous forme électronique ; et

b. pour ce qui concerne les Parties au Premier Protocole qui sont parties au présent Protocole, à des enquêtes ou procédures pénales spécifiques concernant les infractions pénales établies dans le Premier Protocole.

2. Chaque Partie adopte les mesures législatives ou autres pouvant se révéler nécessaires pour s'acquitter des obligations entérinées dans le présent Protocole.

Article 3 *Définitions*

1. Les définitions indiquées aux articles 1 et 18, paragraphe 3, de la Convention s'appliquent au présent Protocole.

2. Aux fins du présent Protocole, les définitions supplémentaires ci-dessous s'appliquent :

a. l'expression "autorité centrale" s'entend de l'autorité ou des autorités désignées en vertu d'un traité d'entraide ou d'un arrangement reposant sur des législations uniformes ou réciproques en vigueur entre les Parties concernées, ou, à défaut, de l'autorité ou des autorités désignées par une Partie aux termes de l'article 27, paragraphe 2. a., de la Convention ;

b. l'expression "autorité compétente" signifie une autorité judiciaire, administrative ou autre autorité chargée de l'application de la loi habilitée par le droit interne à ordonner, autoriser ou entreprendre l'exécution de mesures visées par le présent Protocole aux fins du recueil ou de la production de preuves concernant des enquêtes ou procédures pénales spécifiques ;

c. le terme "urgence" signifie une situation présentant un risque grave et imminent pour la vie ou la sécurité d'une personne physique ;

d. par "données à caractère personnel" on entend les informations relatives à une personne physique identifiée ou identifiable ;

e. l'expression "partie transférante" désigne la Partie qui transmet les données en réponse à une demande ou dans le cadre d'une équipe d'enquête commune, ou, aux fins de la section 2 du chapitre II, une Partie sur le territoire de laquelle se trouve un prestataire de services en mesure de transmettre ou une entité fournissant des services d'enregistrement de noms de domaine.

Article 4 *Langue*

1. Les demandes, les injonctions et les renseignements qui les accompagnent présentés à une Partie doivent être rédigés dans une langue acceptable pour la Partie requise ou la Partie à laquelle ils sont notifiés en vertu de l'article 7, paragraphe 5, ou être accompagnés d'une traduction dans cette langue.

2. Les injonctions visées à l'article 7 et les demandes visées à l'article 6 et toute information qui les accompagne seront :

a. rédigées dans une langue de l'autre Partie dans laquelle le fournisseur de services ou l'entité les accepte dans le cadre d'une procédure nationale comparable ;

b. rédigées dans une autre langue acceptable pour le fournisseur de services ou l'entité ; ou

c. accompagnées d'une traduction dans l'une des langues visées aux paragraphes 2.a ou 2.b.

CHAPITRE II MESURES DE COOPÉRATION RENFORCÉE

SECTION 1 *Principes généraux applicables au chapitre II*

Article 5 *Principes généraux applicables au chapitre II*

1. Conformément aux dispositions du présent chapitre, les Parties s'assurent la coopération mutuelle la plus large possible.

2. La section 2 de ce chapitre se compose des articles 6 et 7. Elle prévoit des procédures renforçant la coopération directe avec les fournisseurs et les entités sur le territoire d'une autre Partie. La section 2 s'applique, qu'il existe ou non un traité ou un arrangement d'entraide reposant sur des législations uniformes ou réciproques en vigueur entre les Parties concernées.

3. La section 3 du présent chapitre est constituée des articles 8 et 9. Elle prévoit des procédures visant à renforcer la coopération internationale entre les autorités pour la divulgation de données informatiques stockées. La section 3 s'applique, qu'il existe ou non un traité ou un arrangement d'entraide reposant sur des législations uniformes ou réciproques en vigueur entre la Partie requérante et la Partie requise.

4. La section 4 du présent chapitre est constituée de l'article 10. Elle prévoit des procédures relatives à l'entraide d'urgence. La section 4 s'applique qu'il existe ou non un traité d'entraide ou d'arrangement reposant sur des législations uniformes ou réciproques en vigueur entre la Partie requérante et la Partie requise.

5. La section 5 du présent chapitre est constituée des articles 11 et 12. La section 5 s'applique en l'absence de traité d'entraide ou d'arrangement reposant sur des législations uniformes ou réciproques en vigueur entre la Partie requérante et la Partie requise. Les dispositions de la section 5 ne s'appliquent pas lorsqu'un traité ou un arrangement de ce type existe, sauf dans les cas prévus à l'article 12, paragraphe 7. Toutefois, les Parties concernées peuvent convenir d'appliquer à la place les dispositions de la section 5 si le traité ou arrangement ne l'interdit pas.

6. Lorsque, conformément aux dispositions du présent Protocole, la Partie requise est autorisée à subordonner la coopération à l'existence d'une double incrimination, cette condition est considérée comme satisfaite si le comportement constituant l'infraction pour laquelle l'entraide est requise est qualifié d'infraction pénale par son droit interne, que le droit interne classe ou non l'infraction dans la même catégorie d'infractions ou qu'il la désigne ou non par la même terminologie que le droit de la Partie requérante.

7. Les dispositions du présent chapitre ne restreignent pas la coopération entre les Parties, ou entre les Parties et les fournisseurs de services ou d'autres entités, par le biais d'autres accords, arrangements, pratiques ou le droit interne applicables.

SECTION 2 *Procédures renforçant la coopération directe avec les fournisseurs et les entités dans les autres Parties*

Article 6 *Demande d'informations concernant l'enregistrement d'un nom de domaine*

1. Chaque Partie adopte les mesures législatives et autres nécessaires pour habiliter ses autorités compétentes aux fins d'enquêtes ou procédures pénales spécifiques, à émettre auprès d'une entité fournissant des services d'enregistrement de noms de domaine située sur le territoire d'une autre Partie une demande d'informations en la possession ou sous le contrôle de l'entité en vue d'identifier ou de contacter la personne ayant enregistré un nom de domaine.

2. Chaque Partie adopte les mesures législatives et autres qui se révèlent nécessaires pour permettre à une entité située sur son territoire de divulguer de telles informations en réponse à une demande introduite en vertu du paragraphe 1, sous réserve des conditions raisonnables prévues par le droit interne.

3. La demande visée au paragraphe 1 contient :

a. la date d'émission de la requête, l'identité et les coordonnées de l'autorité émettrice compétente ;

b. le nom de domaine pour lequel les informations sont demandées et une liste détaillée des informations demandées, y compris les éléments de données particuliers ;

c. une mention déclarant que la demande est émise en vertu du présent Protocole et que l'information est nécessaire du fait de la pertinence qu'elle revêt pour une enquête ou procédure pénale spécifique ; et qu'elle ne sera utilisée que dans le cadre de cette enquête ou procédure pénale ; et

d. le délai et le moyen de divulgation de ces informations et toutes autres instructions procédurales spéciales.

4. Si l'entité le juge acceptable, une Partie peut présenter une demande au titre du paragraphe 1 sous forme électronique. Des niveaux appropriés de sécurité et d'authentification peuvent être exigés.

5. Si une entité visée au paragraphe 1 ne coopère pas, la Partie requérante peut lui demander de motiver la non-divulgation des informations demandées. La Partie requérante peut envisager une consultation avec la Partie sur le territoire de laquelle l'entité est située en vue de déterminer les mesures disponibles pour obtenir les informations.

6. Chaque Partie, au moment de la signature de ce Protocole ou du dépôt de son instrument de ratification, d'acceptation ou d'approbation, ou à tout autre moment, communique au Secrétaire Général du Conseil de l'Europe l'autorité désignée aux fins de consultation en vertu du paragraphe 5.

7. Le Secrétaire Général du Conseil de l'Europe établit et tient à jour un registre des autorités désignées par les Parties en vertu du paragraphe 6. Chaque Partie veille à ce que les informations qu'elle a fournies pour le registre soient exactes à tout moment.

Article 7 *Divulgation de données relatives aux abonnés*

1. Chaque Partie adopte les mesures législatives et autres qui se révèlent nécessaires pour habiliter ses autorités compétentes à adresser directement à un fournisseur de services sur le territoire d'une autre Partie une injonction de produire des données spécifiées et stockées relatives à des abonnés, en la possession ou sous le contrôle du fournisseur, lorsque ces informations sont nécessaires à des enquêtes ou des procédures pénales spécifiques menées par la Partie émettrice.

2. a. Chaque Partie adopte les mesures législatives et autres qui se révèlent nécessaires pour qu'un fournisseur de services sur son territoire communique des données relatives aux abonnés en réponse à une injonction adressée en application du paragraphe 1.

b. Au moment de la signature de ce Protocole ou du dépôt de son instrument de ratification, d'acceptation ou d'approbation, une Partie peut - en ce qui concerne les injonctions adressées aux fournisseurs de services sur son territoire - faire la déclaration suivante : "l'injonction adressée en application de l'article 7, paragraphe 1, doit être émise par un procureur ou une autre autorité judiciaire, sous la supervision de cette autorité ou sous une autre forme de supervision indépendante."

3. L'injonction, adressée en application du paragraphe 1, doit comprendre :

a. l'autorité émettrice et la date d'émission ;

b. une déclaration indiquant que l'injonction est émise en vertu du présent Protocole ;

c. le nom et l'adresse du ou des fournisseurs de services visés ;

d. la ou les infractions faisant l'objet de l'enquête ou de la procédure pénale ;

e. l'autorité qui sollicite les données spécifiques relatives aux abonnés, s'il ne s'agit pas de l'autorité émettrice ; et

f. les données spécifiques relatives aux abonnés qui sont demandées, au moyen d'une description détaillée.

4. L'injonction adressée en application du paragraphe 1 doit être accompagnée des informations complémentaires suivantes :

a. le fondement juridique interne qui habilite l'autorité à adresser une injonction ;

b. la mention des dispositions juridiques et des sanctions applicables à l'infraction qui est à l'origine d'une enquête ou de poursuites ;

c. les coordonnées de l'autorité à laquelle le fournisseur de services doit communiquer les données relatives aux abonnés, à laquelle il peut demander de plus amples informations ou adresser toute autre réponse ;

d. le délai et le mode de communication des données relatives aux abonnés ;

e. l'indication d'une éventuelle demande de conservation des données précédemment formulée, en précisant la date de conservation et tout numéro de référence applicable ;

f. tout type d'instructions spéciales en matière de procédure ; et

g. le cas échéant, une déclaration selon laquelle la notification simultanée a été faite conformément au paragraphe 5 ; et

h. toute autre information qui pourrait aider à obtenir la divulgation des données relatives aux abonnés.

5. a. Une Partie peut, au moment de la signature de ce Protocole ou du dépôt de son instrument de ratification, d'acceptation ou d'approbation, ou à tout autre moment, notifier au Secrétaire Général du Conseil de l'Europe qu'elle exige, lorsqu'une injonction est adressée en application du paragraphe 1 à un fournisseur de services sur son territoire, dans chaque cas ou dans certaines circonstances déterminées, la communication simultanée de l'injonction, des informations complémentaires et d'un résumé des faits relatifs à l'enquête ou à la procédure.

b. Qu'une Partie exige ou non la communication d'informations prévue au paragraphe 5.a, elle peut, dans certaines circonstances déterminées, demander au fournisseur de services de consulter les autorités de la Partie avant de divulguer les données demandées.

c. Les autorités informées en application du paragraphe 5. a. ou consultées en application du paragraphe 5. b. peuvent, dans les plus brefs délais, enjoindre au fournisseur de services de ne pas divulguer les données demandées, si :

i. cette divulgation risque de porter préjudice à des enquêtes ou procédures pénales menées sur le territoire de cette Partie ; ou

ii. les conditions ou les motifs de refus visés aux articles 25, paragraphe 4, et 27, paragraphe 4, de la Convention s'appliquent parce que les données relatives aux abonnés ont fait l'objet d'une demande d'entraide.

d. Les autorités informées en application du paragraphe 5.a ou consultées en application du paragraphe 5. b. :

i. peuvent demander des informations complémentaires à l'autorité visée au paragraphe 4.c aux fins de l'application du paragraphe 5.c et ne les divulgueront pas au fournisseur de services sans le consentement de cette autorité ; et

ii. doivent informer rapidement l'autorité visée au paragraphe 4.c si le fournisseur de services a reçu pour instruction de ne pas divulguer les données demandées et doivent motiver cette décision.

e. Une Partie doit désigner une autorité unique pour recevoir la communication prévue au paragraphe 5.a. et exécuter les tâches décrites aux paragraphes 5.b., 5.c. et 5.d. La Partie communique au Secrétaire Général du Conseil de l'Europe, au moment où la notification au Secrétaire Général prévue au paragraphe 5.a. est faite pour la première fois, les coordonnées de cette autorité.

f. Le Secrétaire Général du Conseil de l'Europe établit et tient à jour un registre des autorités désignées par les Parties conformément au paragraphe 5.e. et note si elles exigent la communication d'informations prévue au paragraphe 5.a. et dans quelles circonstances. Chaque Partie veille en permanence à l'exactitude des données figurant dans le registre.

6. Si le fournisseur de services le juge acceptable, une Partie peut soumettre une injonction en vertu du paragraphe 1 et des informations supplémentaires en vertu du paragraphe 4 sous forme électronique. Une Partie peut fournir la notification et les informations supplémentaires en vertu du paragraphe 5 sous forme électronique. Des niveaux appropriés de sécurité et d'authentification peuvent être exigés.

7. Si un fournisseur de services informe l'autorité visée au paragraphe 4.c. qu'il ne divulguera pas les données demandées relatives aux abonnés ou s'il ne divulgue pas les données relatives aux abonnés en réponse à une injonction adressée en application du paragraphe 1 dans les trente jours suivant sa réception ou dans le délai prévu au paragraphe 4.d., la plus longue période étant retenue, les autorités compétentes de la Partie émettrice peuvent ensuite demander l'exécution de leur injonction uniquement au moyen de l'article 8 ou d'autres formes d'entraide. Les Parties peuvent demander au fournisseur de services de motiver son refus de divulguer les données relatives aux abonnés qui font l'objet de l'injonction.

8. Une Partie peut, au moment de la signature de ce Protocole ou du dépôt de son instrument de ratification, d'acceptation ou d'approbation, déclarer qu'une Partie émettrice doit solliciter la divulgation de données relatives aux abonnés auprès du fournisseur de services avant de la demander en vertu de l'article 8, à moins que la Partie émettrice ne fournisse une explication raisonnable justifiant de ne pas l'avoir fait.

9. Au moment de la signature de ce Protocole ou du dépôt de son instrument de ratification, d'acceptation ou d'approbation, une Partie peut :

a. se réserver le droit de ne pas appliquer cet article ; ou

b. si la divulgation de certains types de numéros d'accès en vertu de cet article était incompatible avec les principes fondamentaux de son ordre juridique interne, se réserver le droit de ne pas appliquer cet article à ces numéros.

SECTION 3 *Procédures renforçant la coopération internationale entre autorités pour la divulgation de données informatiques stockées*

Article 8 *Donner effet aux injonctions d'une autre Partie ordonnant la production accélérée de données relatives aux informations sur les abonnés et au trafic*

1. Chaque Partie adopte les mesures législatives et autres qui se révèlent nécessaires pour habiliter ses autorités compétentes à délivrer une injonction à présenter à une autre Partie aux fins d'ordonner à un fournisseur de services sur le territoire de la Partie requise de communiquer

a. des informations relatives à un abonné, et

b. des données relatives au trafic

spécifiées et stockées, en la possession ou sous le contrôle dudit fournisseur de services, lorsque ces informations et données sont nécessaires pour des enquêtes ou procédures pénales spécifiques menées par la Partie.

2. Chaque Partie adopte les mesures législatives et autres qui se révèlent nécessaires pour donner effet à une injonction visée au paragraphe 1 soumise par une Partie requérante.

3. Dans sa demande, la Partie requérante soumet l'injonction visée au paragraphe 1, les informations qui l'accompagnent et toute instruction procédurale spéciale à la Partie requise.

a. L'injonction spécifie :

i. l'autorité émettrice et la date d'émission de la requête ;

ii. une déclaration selon laquelle l'injonction est soumise en vertu du présent Protocole ;

iii. le nom et l'adresse du ou des fournisseurs de services à laquelle elle doit être notifiée ;

iv. la ou les infractions visées par l'enquête ou les poursuites pénales ;

v. l'autorité à l'origine de la demande d'informations ou de données, si elle est différente de l'autorité ayant délivré l'injonction ; et

vi. de manière détaillée les informations ou les données spécifiques demandées.

b. Les informations fournies à l'appui de l'injonction pour aider la partie requise à lui donner effet et qui ne doivent pas être divulguées au fournisseur de services sans le consentement de la Partie requérante incluent :

i. les fondements juridiques en droit interne qui donnent à l'autorité le pouvoir d'émettre l'injonction ;

ii. les dispositions légales et les sanctions applicables pour la ou les infractions objet de l'enquête ou des poursuites ;

iii. la raison pour laquelle la Partie requérante pense que le fournisseur de services est en possession des données ou les contrôle ;

iv. une synthèse des faits liés à l'enquête ou aux poursuites ;

v. la pertinence des informations ou données pour l'enquête ou les poursuites ;

vi. les éléments permettant de contacter une ou des autorités pour de plus amples informations ;

vii. si la conservation des informations ou des données a déjà été demandée, auquel cas le document précisera la date de la demande et la cote de référence ; et

viii. si les informations ou les données ont déjà été demandées par d'autres moyens et si oui, de quelle manière.

c. La Partie requérante peut demander que la Partie requise suive des instructions procédurales spécifiques.

4. Une Partie peut déclarer au moment de la signature du Protocole ou lors du dépôt de son instrument de ratification, d'acceptation, ou d'approbation, et à tout autre moment, que des informations supplémentaires sont nécessaires pour donner effet à des injonctions soumises en vertu du paragraphe 1.

5. La Partie requise accepte les demandes sous forme électronique ; toutefois, avant de les accepter, elle peut exiger des niveaux de sécurité et d'authentification appropriés.

6. a. A compter de la date de réception de toutes les informations visées aux paragraphes 3 et 4, la Partie requise s'emploie raisonnablement à notifier l'injonction au fournisseur de service dans les quarante-cinq jours au plus en lui ordonnant de produire les informations en retour dans les :

i. vingt jours pour des informations relatives à l'abonné ; et

ii. quarante-cinq jours pour les données relatives au trafic.

b. La Partie requise procède sans tarder à la transmission à la Partie requérante des informations ou données produites.

7. Si la Partie requise n'est pas en mesure d'appliquer sous la forme requise les instructions visées au paragraphe 3.c, elle en informe sans délai la Partie requérante et, au besoin, spécifie les conditions qui lui permettraient d'appliquer les instructions, à la suite de quoi la Partie requérante détermine si la demande doit malgré tout être exécutée.

8. La Partie requise peut invoquer les motifs visés à l'article 25, paragraphe 4, ou à l'article 27, paragraphe 4, de la Convention pour refuser l'exécution d'une demande ou peut imposer les conditions qu'elle estime nécessaires pour permettre l'exécution de la demande. La Partie requise peut invoquer les raisons visées à l'article 27, paragraphe 5, de la Convention pour ajourner l'exécution d'une demande. La Partie requise notifie dès que possible le refus, les conditions ou l'ajournement à la Partie requérante. La Partie requise notifie également à la Partie requérante les autres circonstances pouvant retarder de manière significative l'exécution de la demande. L'article 28, paragraphe 2.b de la Convention s'applique au présent article.

9. a. Si la Partie requérante ne peut se conformer à une condition imposée par la Partie requise en vertu du paragraphe 8, elle en informe rapidement la Partie requise. La Partie requise détermine alors si les informations ou le matériel devraient néanmoins être fournis.

b. Si la Partie requérante accepte la condition, elle est liée par celle-ci. La partie requise qui fournit des renseignements ou du matériel soumis à une telle condition peut exiger de la partie requérante qu'elle explique, en relation avec cette condition, l'utilisation qui a été faite de ces renseignements ou de ce matériel.

10. Au moment de la signature de ce Protocole ou lors du dépôt de son instrument de ratification, d'acceptation, ou d'approbation, chaque Partie communique au Secrétaire Général du Conseil de l'Europe et tient à jour les coordonnées des autorités désignées :

a. pour soumettre une injonction visée par le présent article ; et

b. pour recevoir une injonction visée par le présent article.

11. Une Partie peut, au moment de la signature de ce Protocole ou lors du dépôt de son instrument de ratification, d'acceptation ou d'approbation, déclarer qu'elle exige que les demandes visées par le présent article soient transmises par l'autorité ou les autorités centrales de la Partie requérante, ou par toute autre autorité désignée d'un commun accord entre les Parties concernées.

12. Le Secrétaire Général du Conseil de l'Europe établit et tient à jour un registre des autorités désignées par les Parties en vertu du paragraphe 10. Chaque Partie veille à ce que les coordonnées portées au registre soient en permanence correctes.

13. Au moment de la signature de ce Protocole ou lors du dépôt de son instrument de ratification, d'acceptation ou d'approbation, une Partie peut se réserver le droit de ne pas appliquer le présent article aux données relatives au trafic.

Article 9 *Divulgation accélérée de données informatiques stockées en situation d'urgence*

1. a. Chaque Partie adopte les mesures législatives et autres pouvant se révéler nécessaires, en cas d'urgence, pour que son point de contact du Réseau 24/7 visé à l'article 35 de la Convention ("point de contact") puisse transmettre une demande à un Point de contact dans une autre Partie et recevoir une demande de ce dernier pour une assistance immédiate en vue de l'obtention par un fournisseur de services situé sur le territoire de la Partie concernée de la divulgation accélérée de données informatiques stockées spécifiées qui sont en la possession ou sous le contrôle dudit fournisseur de services, sans requête d'entraide judiciaire.

b. Une Partie peut, au moment de la signature de ce Protocole ou au moment du dépôt de son instrument de ratification, d'acceptation ou d'approbation, déclarer qu'elle n'exécutera pas de demandes introduites en vertu du paragraphe 1.a pour la divulgation d'informations relatives à l'abonné seulement.

2. Chaque Partie adopte les mesures législatives et autres pouvant se révéler nécessaires pour habiliter, conformément au paragraphe 1 :

a. ses autorités à demander des données à un fournisseur de services situé sur son territoire à la suite d'une demande émise en vertu du paragraphe 1 ;

b. un fournisseur de services sur son territoire à divulguer les données demandées à ses autorités en réponse à une demande émise en vertu de l'alinéa 2.a ; et

c. ses autorités à fournir les données demandées à la Partie requérante.

3. La demande introduite en vertu du paragraphe 1 :

a. spécifie l'autorité compétente qui cherche des données et la date à laquelle la demande a été faite ;

b. contient une déclaration selon laquelle la demande est émise en vertu du présent Protocole ;

c. précise le nom et l'adresse du/des fournisseur(s) de services en possession des données recherchées ou qui en ont le contrôle ;

d. précise la ou les infractions faisant l'objet de l'enquête ou des procédures pénales et indique la référence à ses dispositions légales et les sanctions applicables ;

e. mentionne suffisamment de faits démontrant que la situation est urgente et comment les données demandées sont liées à la situation ;

f. s'accompagne d'une description détaillée des données demandées ;

g. précise les éventuelles instructions procédurales ; et

h. mentionne toute autre information pouvant aider à obtenir la divulgation des données demandées.

4. La Partie requise accepte des demandes sous forme électronique. Une Partie peut également accepter des demandes transmises oralement et peut exiger une confirmation sous forme électronique. Elle peut exiger des niveaux appropriés de sécurité et d'authentification avant d'accepter la demande.

5. Une Partie peut, au moment de la signature de ce Protocole ou du dépôt de son instrument de ratification, d'acceptation ou d'approbation, déclarer qu'elle exige des Parties requérantes que celles-ci, après l'exécution de la demande, lui soumettent la demande et toutes informations supplémentaires transmises à l'appui de cette dernière, dans le format et par le canal, qui peut couvrir une demande d'entraide judiciaire, spécifiés par la Partie requise.

6. La Partie requise informe la Partie requérante selon une procédure accélérée de sa détermination concernant la demande visée au paragraphe 1 et, au besoin, spécifie les éventuelles conditions dans lesquelles elle fournirait les données et toutes autres formes de coopération qui peuvent être utilisées.

7. a. Si une Partie requérante ne peut se conformer à une condition imposée par la Partie requise en vertu du paragraphe 6, elle en informe rapidement la Partie requise. La Partie requise détermine alors si les informations ou les documents devraient néanmoins être fournis. Si la Partie requérante accepte la condition, elle est liée par celle-ci.

b. La partie requise qui fournit des renseignements ou du matériel soumis à une telle condition peut exiger de la partie requérante qu'elle explique, en relation avec cette condition, l'utilisation qui a été faite de ces renseignements ou de ce matériel.

SECTION 4 *Procédures relatives à la demande d'entraide urgente*

Article 10 *Demande d'entraide urgente*

1. Chaque Partie peut demander une entraide judiciaire par les moyens les plus rapides lorsqu'elle estime qu'il y a urgence. Une demande d'entraide en vertu du présent article doit présenter, outre les autres contenus requis, une description des faits étayant l'existence d'une situation urgente et une explication de la manière dont l'entraide demandée est liée à cette situation.

2. La Partie requise accepte une telle demande d'entraide sous forme électronique. Elle peut exiger des niveaux de sécurité et d'authentification appropriés avant de l'accepter.

3. La Partie requise peut, par les moyens les plus rapides, demander un complément d'information afin d'évaluer la demande d'entraide. La Partie requérante fournit ce complément d'information par les moyens les plus rapides.

4. Après avoir conclu à l'existence d'une situation urgente et s'être assuré que les autres conditions de l'entraide sont satisfaites, la Partie requise répond à la demande d'entraide par les moyens les plus rapides.

5. Chaque Partie veille à ce qu'une personne de son autorité centrale ou d'autres autorités responsables des demandes d'entraide soit disponible vingt-quatre heures sur vingt-quatre, sept jours sur sept, pour répondre à une demande présentée en vertu du présent article.

6. L'autorité centrale ou les autres autorités responsables des demandes d'entraide des Parties requérante et requise peuvent décider de prévoir que les résultats de l'exécution d'une demande d'entraide effectuée en vertu du présent article, ou une copie préliminaire de ces résultats, peuvent être transmis à la Partie requérante par un canal autre que celui utilisé pour la transmission la demande.

7. Lorsqu'il n'existe pas de traité ou d'arrangement d'entraide sur la base des législations uniformes ou réciproques en vigueur entre la Partie requérante et la Partie requise, l'article 27, paragraphes 2.b et 3 à 8, et l'article 28, paragraphes 2 à 4, de la Convention s'appliquent au présent article.

8. Lorsqu'un tel traité ou arrangement existe, le présent article est complété par les dispositions de ce traité ou arrangement, à moins que les Parties concernées ne décident d'un commun accord d'appliquer à la place l'une ou la totalité des dispositions de la Convention visées au paragraphe 7 du présent article.

9. Chaque Partie peut, au moment de la signature de ce Protocole ou lors du dépôt de son instrument de ratification, d'acceptation ou d'approbation, déclarer que des demandes d'entraide peuvent aussi être adressées directement par ses autorités judiciaires, ou par le biais de l'Organisation internationale de police criminelle (INTERPOL) ou du point de contact 24/7 établi au titre de l'article 35 de la Convention. Dans de tels cas, une copie est envoyée en même temps à l'autorité centrale de

la Partie requise par le truchement de l'autorité centrale de la Partie requérante. Lorsqu'une demande est adressée directement à une autorité judiciaire de la Partie requise et que celle-ci n'est pas compétente pour traiter la demande, elle transmet la demande à l'autorité nationale compétente et en informe directement la Partie requérante.

SECTION 5 *Procédures relatives à la coopération internationale en l'absence d'accords internationaux applicables*

Article 11 *Vidéoconférence*

1. Une Partie requérante peut demander, et la Partie requise peut autoriser, le recueil de la déposition d'un témoin ou d'un expert par vidéoconférence. La Partie requérante et la Partie requise se concertent pour faciliter la résolution de tous problèmes pouvant se poser concernant l'exécution de la demande, y compris le cas échéant le choix de la Partie qui dirige l'opération ; les autorités et personnes qui seront présentes ; si l'une des Parties ou les deux doivent demander au témoin ou à l'expert de prêter un serment particulier, lui dispenser des avertissements ou des instructions ; la manière de questionner le témoin ou l'expert ; la manière dont les droits du témoin ou de l'expert seront dûment garantis ; le traitement des revendications de privilèges ou d'immunité ; le traitement des objections aux questions ou réponses ; et la question de savoir si l'une des Parties ou les deux assurent des services de traduction, d'interprétation et de transcription.

2. a. Les autorités centrales de la Partie requise et de la Partie requérante communiquent directement entre elles aux fins du présent article. Une Partie requise peut accepter une demande sous forme électronique. Elle peut exiger des niveaux appropriés de sécurité et d'authentification avant d'accepter la demande.

b. La Partie requise informe la Partie requérante des raisons pour lesquelles la demande n'a pas été exécutée ou a été retardée. L'article 27, paragraphe 8, de la Convention s'applique au présent article. Sans préjudice de toute autre condition qu'une Partie requise peut imposer conformément au présent article, les paragraphes 2 à 4 de l'article 28 de la Convention s'appliquent au présent article.

3. Une Partie requise fournissant son assistance au titre de cet article veille aux mesures nécessaires pour obtenir la présence de la personne dont le témoignage ou la déposition est requis. Le cas échéant, la Partie requise peut, dans la mesure où son droit le lui permet, prendre les mesures nécessaires pour obliger un témoin ou un expert à comparaître dans la Partie requise à l'endroit, à la date et à l'heure fixées.

4. Les procédures concernant la conduite de la vidéoconférence spécifiées par la Partie requérante sont appliquées, à moins qu'elles ne soient incompatibles avec le droit interne de la Partie requise. En cas d'incompatibilité, ou si la procédure n'a pas été spécifiée par la Partie requérante, la Partie requise applique la procédure prévue dans son droit interne sauf s'il en a été convenu autrement par les Parties requérante et requise.

5. Sans préjudice d'une éventuelle compétence en vertu du droit interne de la Partie requérante, lorsque, durant la vidéoconférence, le témoin ou l'expert :

a. fait intentionnellement une fausse déclaration alors que la Partie requise a, conformément à son droit interne, intimé à la personne auditionnée de dire la vérité dans sa déposition ;

b. refuse de témoigner alors que la Partie requise a, conformément à son droit interne, astreint une telle personne à le faire ; ou

c. commet tout autre acte interdit par le droit interne de la Partie requise au cours de l'audition ;

il encourt dans la Partie requise la même sanction que si l'acte avait été commis dans le cadre des procédures prévues par le droit interne de cette dernière.

6. a. A moins que la Partie requérante et la Partie requise en aient décidé autrement, la Partie requise supporte tous les coûts liés à l'exécution d'une demande d'entraide en vertu de cet article, sauf :

i. les honoraires d'un témoin expert ;

ii. les coûts de traduction, d'interprétation et de transcription ; et

iii. les dépenses exceptionnelles.

b. Si l'exécution d'une demande est susceptible d'entraîner des dépenses de nature exceptionnelle, la Partie requérante et la Partie requise se concertent pour déterminer dans quelles conditions la demande sera exécutée.

7. Lorsque la Partie requérante et la Partie requise en conviennent :

a. les dispositions du présent article peuvent être appliquées dans le but de réaliser des audioconférences ;

b. la technologie de la vidéoconférence peut être utilisée à des fins, ou pour des auditions, différentes de celles visées au paragraphe 1, y compris en vue de l'identification de personnes ou d'objets.

8. Lorsqu'une Partie requise choisit d'autoriser l'audition d'un suspect ou d'un inculpé, elle peut poser des conditions et garanties particulières pour ce qui est du recueil du témoignage ou de la déposition de la personne, ou prévoir des notifications ou applications de mesures procédurales concernant cette personne.

Article 12 *Équipes communes d'enquête et enquêtes communes*

1. Lorsqu'une coordination renforcée est considérée comme particulièrement utile, d'un commun accord, les autorités compétentes de deux ou plusieurs Parties peuvent établir et faire fonctionner une équipe commune d'enquête sur leurs territoires pour faciliter les enquêtes ou les poursuites. Les autorités compétentes sont déterminées par les Parties respectives concernées.

2. Les procédures et modalités régissant le fonctionnement d'équipes communes d'enquête, telles que leurs objectifs spécifiques ; leur composition ; leurs fonctions ; leur durée et toute éventuelle prolongation ; leur emplacement ; leur organisation ; le recueil, la transmission et l'utilisation des informations ou preuves ; les conditions de confidentialité et les conditions de l'implication des autorités participantes d'une Partie dans des mesures d'enquête se déroulant sur le territoire d'une autre Partie, font l'objet d'un accord entre les autorités compétentes concernées.

3. Une Partie peut déclarer, au moment de la signature de ce Protocole ou du dépôt de son instrument de ratification, d'acceptation ou d'approbation, que son autorité centrale doit être signataire de l'accord portant création de l'équipe ou y souscrire d'une autre manière.

4. Ces autorités compétentes et participantes communiquent directement entre elles, mais les Parties peuvent convenir d'un commun accord d'autres canaux de communication appropriés lorsque des circonstances exceptionnelles requièrent une coordination plus centrale.

5. Lorsque des actes d'enquête doivent être effectués sur le territoire de l'une des Parties concernées, les autorités participantes de cette Partie peuvent demander à leurs propres autorités d'effectuer ces actes sans que les autres Parties aient à soumettre une demande d'entraide. Ces mesures doivent être mises en œuvre par les autorités de la cette Partie sur son territoire aux mêmes conditions que celles s'appliquant en droit interne à une enquête nationale.

6. L'utilisation d'informations ou de preuves fournies par les autorités participantes d'une Partie aux autorités participantes d'autres Parties concernées peut être refusée ou limitée dans les conditions prévues à l'accord décrit aux paragraphes 1 et 2. Si un tel accord ne prévoit pas de conditions pour le refus ou la limitation de cette utilisation, les Parties peuvent utiliser les informations ou preuves fournies :

a. aux fins pour lesquelles l'accord a été conclu ;

b. pour détecter, enquêter et poursuivre des infractions pénales autres que celles pour lesquelles l'accord a été conclu, sous réserve du consentement préalable des autorités qui ont fourni ces informations ou preuves. Le consentement ne sera toutefois pas requis lorsque les principes juridiques fondamentaux de la Partie utilisant les informations ou preuves exigent qu'elle divulgue ces dernières pour protéger les droits d'une personne poursuivie dans le cadre d'une procédure pénale. Dans ce cas, les autorités concernées doivent le notifier sans retard indu aux autorités qui ont fourni les informations ou preuves ; ou

c. pour leur permettre de prévenir une urgence. Dans ce cas, les autorités participantes qui ont reçu les informations ou preuves doivent le notifier dans les plus brefs délais aux autorités participantes qui les ont fournies, sauf autre accord.

7. En l'absence d'accord tel que visé aux paragraphes 1 et 2, des enquêtes conjointes peuvent être mises en œuvre selon des modalités convenues au cas par cas. Ce paragraphe s'applique qu'il existe ou non un traité ou un arrangement d'entraide sur la base des législations uniformes ou réciproques en vigueur entre les Parties concernées.

CHAPITRE III **CONDITIONS ET GARANTIES**

Article 13 *Conditions et garanties*

Conformément à l'article 15 de la Convention, chaque Partie veille à ce que l'établissement, la mise en œuvre et l'application des pouvoirs et procédures prévus dans le présent Protocole soient soumis aux conditions et garanties prévues par son droit interne, qui doit assurer la protection adéquate des droits de l'homme et des libertés.

Article 14 *Protection des données à caractère personnel*

1. Champ d'application

a. Sauf disposition contraire des paragraphes 1.b et c, chaque partie traite les données à caractère personnel qu'elle reçoit au titre du présent Protocole conformément aux paragraphes 2 à 15 du présent article.

b. Si, au moment de la réception de données à caractère personnel en vertu du présent Protocole, la Partie transférante et la Partie destinataire sont toutes deux liées par un accord international établissant un cadre global entre ces Parties pour la protection des données à caractère personnel, applicable au transfert de données à caractère personnel aux fins de la prévention, de la détection, de l'investigation et de la poursuite d'infractions pénales, et qui prévoit que le traitement des données à caractère personnel en vertu de cet accord est conforme aux exigences de la législation sur la protection des données des Parties concernées, les termes de cet accord s'appliquent, pour les mesures relevant du champ d'application de cet accord, aux données à caractère personnel reçues en vertu du Protocole en lieu et place des paragraphes 2 à 15, sauf accord contraire entre les Parties concernées.

c. Si la Partie transférante et la Partie destinataire ne sont pas mutuellement liées par un accord décrit au paragraphe 1.b, elles peuvent déterminer d'un commun accord que le transfert de données à caractère personnel en vertu du présent Protocole peut avoir lieu sur la base d'autres accords ou arrangements entre les Parties concernées en lieu et place des paragraphes 2 à 15.

d. Chaque Partie considère que le traitement des données à caractère personnel conformément aux paragraphes 1.a et 1.b répond aux exigences de son cadre juridique de protection des données à caractère personnel pour les transferts internationaux de données à caractère personnel, et aucune autre autorisation de transfert n'est requise en vertu de ce cadre juridique. Une Partie ne peut refuser ou empêcher les transferts de données vers une autre Partie en vertu du présent Protocole que pour des raisons de protection des données : dans les conditions énoncées au paragraphe 15, lorsque le paragraphe 1.a s'applique ; ou aux termes d'un accord ou d'un arrangement visé aux paragraphes 1.b ou c, lorsque l'un de ces paragraphes s'applique.

e. Aucune disposition du présent article n'empêche une Partie d'appliquer des garanties plus strictes au traitement par ses propres autorités des données à caractère personnel reçues en vertu du présent Protocole.

2. But et utilisation

a. La Partie destinataire de données à caractère personnel traite lesdites données aux fins prévues à l'article 2. Elle ne procède pas à d'autres traitements des données à caractère personnel dans un but incompatible avec cet article, et elle ne traite pas non plus les données lorsque son cadre juridique ne l'autorise pas. Le présent article ne porte pas atteinte à la capacité de la Partie opérant le transfert d'imposer des conditions supplémentaires en vertu du présent Protocole dans une situation spécifique ; toutefois, ces conditions n'incluent pas des conditions génériques de protection des données.

b. La Partie destinataire veille, dans le cadre de son droit interne, à ce que les données à caractère personnel demandées et traitées soient pertinentes et qu'elles ne soient pas excessives au regard de la finalité de ce traitement.

3. Qualité et intégrité

Chaque Partie prend des mesures raisonnables pour veiller à ce que les données à caractère personnel soient conservées de manière aussi exacte et complète et soient aussi actuelles qu'il est nécessaire et approprié pour qu'elles puissent être traitées conformément à la loi, compte tenu des buts dans lesquels elles sont traitées.

4. Données sensibles

Le traitement par une Partie de données à caractère personnel révélant l'origine ethnique ou raciale, les opinions politiques, les croyances religieuses ou autres, ou l'affiliation syndicale, ainsi que le traitement de données génétiques, de données biométriques considérées comme sensibles compte tenu des risques qu'elles comportent ; ou de données à caractère personnel concernant la santé ou la sexualité ; ne peut avoir lieu que moyennant des garanties appropriées pour se prémunir contre le risque d'effets préjudiciables injustifiés résultant de l'utilisation de ces données, en particulier contre la discrimination illicite.

5. Durées de conservation

Chaque Partie conserve les données à caractère personnel uniquement pour la durée nécessaire et appropriée, aux fins du traitement des données prévu au paragraphe 2. Pour s'acquitter de cette obligation, la Partie prévoit dans le cadre de son droit interne des durées de conservation spécifiques ou une révision périodique de l'opportunité de continuer à conserver les données.

6. Décisions automatisées

Les décisions ayant un effet défavorable significatif sur les intérêts pertinents de l'individu concerné par les données à caractère personnel ne peuvent pas être fondées uniquement sur un traitement automatisé des données à caractère personnel, sauf autorisation dans le droit interne et avec des garanties appropriées qui prévoient la possibilité d'obtenir une intervention humaine.

7. Sécurité des données et incidents de sécurité

a. Chaque Partie s'assure de disposer de mesures technologiques, physiques et organisationnelles appropriées pour la protection des données à caractère personnel, en particulier contre la perte ou l'accès, la divulgation, l'altération ou la destruction accidentels ou non autorisés ("incident lié à la sécurité").

b. Dès qu'il est pris connaissance d'un incident de sécurité entraînant un risque significatif de préjudice matériel ou non matériel à des personnes ou à l'autre Partie, la Partie qui a reçu les données en évalue sans tarder la probabilité de survenance et l'importance, et prend rapidement les mesures appropriées pour atténuer ce préjudice. Ces mesures prennent la forme d'une notification à l'autorité transférante ou, aux fin du chapitre II, section 2, à l'autorité ou aux autorités désignées conformément au paragraphe 7.c ; cependant, la notification peut prévoir des restrictions appropriées concernant la transmission ultérieure de la notification ; elle peut être différée ou omise lorsqu'elle risque de porter atteinte à la sécurité nationale, ou être retardée lorsque cette notification peut mettre en danger des opérations visant à protéger la sécurité publique. Ces mesures doivent également inclure une notification à la personne concernée, à moins que la Partie n'ait pris des mesures appropriées afin qu'il n'y ait plus de risque significatif. La notification à la personne concernée peut être différée ou omise dans les conditions énoncées au paragraphe 12.a.i. La Partie qui reçoit la notification peut demander une consultation et un complément d'information concernant l'incident et la réponse qui a été mise en œuvre.

c. Chaque Partie, au moment de la signature de ce Protocole ou du dépôt de son instrument de ratification, d'acceptation ou d'approbation, indique au Secrétaire Général du Conseil de l'Europe quelles sont l'autorité ou les autorités qui reçoivent la notification visée au paragraphe 7.b, aux fins de la section 2 du chapitre II ; celles-ci peuvent être modifiées ultérieurement.

8. Tenue des registres

Chaque Partie tient des registres ou se dote d'autres moyens appropriés pour montrer comment il est accédé aux données à caractère personnel d'un individu et comment celles-ci sont utilisées et divulguées dans un cas spécifique.

9. Partage ultérieur au sein d'une Partie

a. Lorsqu'une autorité d'une Partie fournit des données à caractère personnel reçues initialement en vertu du présent Protocole à une autre autorité de cette Partie, cette dernière les traite conformément au présent article, sous réserve du paragraphe 9.b.

b. Nonobstant le paragraphe 9.a, une Partie qui a fait une réserve en vertu de l'article 17 peut fournir des données à caractère personnel qu'elle a reçues à ses États constitutifs ou à des entités territoriales similaires, à condition que la Partie ait mis en place des mesures pour que les autorités qui reçoivent les données continuent à les protéger efficacement en assurant un niveau de protection des données comparable à celui offert par le présent article.

c. En cas d'indications d'une application incorrecte du présent paragraphe, la Partie transférante peut demander une consultation et des informations pertinentes sur ces indications.

10. Transfert ultérieur vers un autre État ou vers une organisation internationale

a. La Partie recevant les données à caractère personnel ne peut les transférer à un autre État ou à une organisation internationale qu'avec l'autorisation préalable de l'autorité qui les lui a communiquées ou, aux fins de la section 2 du chapitre II, de l'autorité ou des autorités désignées en vertu du paragraphe 10.b.

b. Chaque Partie communique au Secrétaire Général du Conseil de l'Europe, au moment de la signature de ce Protocole ou lors du dépôt de son instrument de ratification, d'acceptation ou d'approbation, l'autorité ou les autorités aux pouvoirs d'autorisation aux fins de la section 2 du chapitre II ; ces informations peuvent être modifiées ultérieurement.

11. Transparence et notification

a. Chaque Partie assure les notifications par publication de notifications générales ou par notification spécifique à l'individu dont les données à caractère personnel ont été recueillies, concernant :

i la base juridique et le(s) but(s) du traitement ;

ii toute durée de conservation ou de révision telle que visée au paragraphe 5, le cas échéant ;

iii les destinataires ou les catégories de destinataires auxquels ces informations sont divulguées ; et

iv l'accès, les rectifications ainsi que les recours possibles.

b. Une Partie peut soumettre toute exigence de notification personnelle à des restrictions raisonnables en vertu de son cadre juridique national conformément aux conditions énoncées au paragraphe 12.a.i.

c. Lorsque le droit interne de la Partie transférante exige que l'individu dont les données ont été fournies à une autre Partie soit informé personnellement, la Partie transférante prend des mesures pour que l'autre Partie soit informée au moment du transfert de cette exigence et des coordonnées appropriées. La notification personnelle n'est pas effectuée si l'autre Partie a demandé que la fourniture des données demeure confidentielle, dans la mesure où les conditions de restriction définies au paragraphe 12.a.i s'appliquent. Dès que ces restrictions ne s'appliquent plus et que la notification personnelle peut être effectuée, l'autre Partie prend des mesures pour que la partie transférante soit informée. Si elle n'a pas encore été informée, la Partie transférante peut faire des demandes à la Partie destinataire qui informera la Partie transférante si la restriction doit être maintenue.

12. Accès et rectification

a. Chaque Partie veille à ce que toute personne dont les données à caractère personnel ont été reçues en application du présent Protocole ait le droit de demander et d'obtenir, conformément aux procédures établies dans son cadre juridique interne et sans retard excessif :

i. l'accès à une copie écrite ou électronique de la documentation conservée sur cette personne, contenant ses données à caractère personnel et les informations disponibles indiquant la base juridique et les finalités du traitement, la conservation et les destinataires ou catégories de destinataires des données ("accès"), ainsi que les informations concernant les possibilités de recours disponibles à condition que l'accès dans un cas particulier puisse être soumis à l'application de restrictions proportionnées autorisées par son cadre juridique interne, nécessaires, au moment de la décision, pour protéger les droits et libertés d'autrui ou d'importants objectifs d'intérêt public général et qui tiennent dûment compte des intérêts légitimes de la personne concernée ;

ii. la rectification lorsque les données à caractère personnel de la personne sont inexactes ou ont été traitées de manière inappropriée ; la rectification doit inclure, selon ce qui est approprié et raisonnable compte tenu des motifs de la demande de rectification et du contexte particulier du traitement, la correction, le complément, l'effacement ou l'anonymisation, la restriction du traitement ou le blocage.

b. Si l'accès ou la rectification est refusé ou restreint, la Partie en informe la personne concernée sous une forme écrite qui peut être envoyée par voie électronique, sans retard excessif, en informant l'individu du refus ou de la restriction. Elle indique les motifs de ce refus ou de cette restriction et fournit des informations sur les voies de recours disponibles. Les frais d'accès doivent être limités à ce qui est raisonnable et non excessif.

13. Recours judiciaire et non-judiciaire

Chaque partie dispose d'un système permettant d'offrir des recours judiciaires et non judiciaires effectifs pour assurer la réparation des violations des garanties énoncées dans le présent article.

14. Supervision

Chaque Partie dispose d'une ou de plusieurs autorités publiques qui, ensemble ou séparément, exercent des fonctions et des compétences de supervision indépendantes et effectives à l'égard des mesures établies dans le présent article. Les fonctions et compétences exercées ensemble ou séparément par ces autorités comprennent des pouvoirs d'enquête, le pouvoir de donner suite aux plaintes, et la capacité de prendre des mesures correctives.

15. Consultation et suspension

Une Partie peut suspendre le transfert de données à caractère personnel à une autre Partie si elle dispose de preuves substantielles que celle-ci viole de manière systématique ou flagrante les dispositions du présent article ou qu'une violation flagrante est imminente. Cette suspension n'interviendra qu'à l'expiration d'un préavis raisonnable sans parvenir à une solution. Toutefois, une Partie peut suspendre provisoirement les transferts en cas de violation systématique ou flagrante présentant un risque important et imminent pour la vie ou la sécurité d'une personne physique, ou de préjudice financier ou de réputation pour cette personne, auquel cas cette Partie en informe l'autre et entame des consultations avec celle-ci immédiatement après. Si les délais de consultation ne permettent pas de trouver une solution, l'autre Partie peut suspendre les transferts si elle dispose de preuves substantielles que la suspension par la première Partie qui a procédé à la suspension était contraire aux termes du présent paragraphe. La Partie qui a procédé à la suspension la lève dès qu'il a été remédié à la violation justifiant la suspension ; toute suspension réciproque est levée à ce moment. Toutes les données à caractère personnel transférées avant la suspension continuent à être traitées conformément au présent Protocole.

CHAPITRE IV **CLAUSES FINALES**

Article 15 *Effets de ce Protocole*

1. a. L'article 39, paragraphe 2, de la Convention s'applique au présent Protocole.

b. En ce qui concerne les Parties qui sont membres de l'Union européenne : ces Parties peuvent, dans leurs relations mutuelles, appliquer les lois de l'Union européenne régissant les questions traitées dans le présent protocole.

c. Le paragraphe 1.b n'affecte pas la pleine application du présent Protocole entre les Parties qui sont membres de l'Union européenne et les autres Parties.

2. L'article 39, paragraphe 3, de la Convention s'applique au présent Protocole.

Article 16 *Signature et entrée en vigueur*

1. Le présent Protocole est ouvert à la signature des Parties à la Convention, qui peuvent exprimer leur consentement à être liés par :

a. la signature sans réserve de ratification, d'acceptation ou d'approbation ; ou

b. la signature sous réserve de ratification, d'acceptation ou d'approbation, suivie de ratification, d'acceptation ou d'approbation.

2. Les instruments de ratification, d'acceptation ou d'approbation sont déposés près le Secrétaire Général du Conseil de l'Europe.

3. Le présent Protocole entre en vigueur le premier jour du mois qui suit l'expiration d'une période de trois mois après la date à laquelle cinq Parties à la Convention auront exprimé leur consentement à être liées par ce Protocole conformément aux dispositions des paragraphes 1 et 2 du présent article.

4. Pour toute Partie à la Convention qui exprime ultérieurement son consentement à être lié par le Protocole, celui-ci entre en vigueur le premier jour du mois qui suit l'expiration d'une période de trois mois après la date à laquelle la Partie a exprimé son consentement à être liée par le Protocole, conformément aux dispositions des paragraphes 1 et 2 de cet article.

Article 17 *Clause fédérale*

1. Un État fédéral peut se réserver le droit d'assumer les obligations découlant du présent Protocole conformément à ses principes fondamentaux régissant les relations entre son gouvernement central et les États constitutifs ou autres entités territoriales similaires, à condition que :

a. ce Protocole s'applique au gouvernement central de l'État fédéral ;

b. une telle réserve n'affecte pas les obligations de fournir la coopération demandée par les autres Parties conformément aux dispositions du chapitre II ; et

c. les dispositions de l'article 13 s'appliquent aux États constitutifs de l'État fédéral ou aux autres entités territoriales similaires.

2. Une autre Partie peut empêcher les autorités, les fournisseurs ou les entités sur son territoire de transférer des données à caractère personnel en réponse à une demande ou une injonction présentée directement par un État constitutif ou une autre entité territoriale similaire d'un État fédéral qui a formulé une réserve en vertu du paragraphe 1, à moins que l'État fédéral ne notifie au Secrétaire Général du Conseil de l'Europe que l'État constitutif ou l'autre entité territoriale similaire applique les obligations du présent Protocole applicables à cet État fédéral. Le Secrétaire Général du Conseil de l'Europe établit et tient à jour un registre de ces notifications.

3. Une autre Partie n'empêche pas les autorités, les fournisseurs ou les entités sur son territoire de coopérer avec un État constitutif ou une autre entité territoriale similaire en raison d'une réserve formulée en vertu du paragraphe 1, si un ordre ou une demande a été soumis par l'intermédiaire du gouvernement central ou si un accord relatif à une équipe commune d'enquête en vertu de l'article 12 est conclu avec la participation du gouvernement central. Dans ces situations, le gouvernement central assure l'exécution des obligations applicables du Protocole, étant entendu qu'en ce qui concerne la protection des données à caractère personnel fournies aux États constitutifs ou aux entités territoriales similaires, seuls les termes de l'article 14, paragraphe 9, ou, le cas échéant, les termes d'un accord ou d'un arrangement décrit à l'article 14, paragraphe 1.b ou 1.c, s'appliquent.

4. En ce qui concerne les dispositions du présent Protocole dont l'application relève de la compétence des États constitutifs ou d'autres entités territoriales similaires, qui ne sont pas tenus par le système constitutionnel de la fédération de prendre des mesures législatives, le gouvernement central informe les autorités compétentes de ces États desdites dispositions avec son avis favorable, en les encourageant à prendre les mesures appropriées pour leur donner effet.

Article 18 *Application territoriale*

1. Ce Protocole s'applique au(x) territoire(s) spécifiés dans une déclaration faite par une Partie en vertu de l'article 38, paragraphes 1 ou 2, de la Convention pour autant que cette déclaration n'ait pas été retirée en vertu de l'article 38, paragraphe 3.

2. Une Partie peut, au moment de la signature de ce Protocole ou lors du dépôt de son instrument de ratification, d'acceptation ou d'approbation, déclarer que ce Protocole ne s'applique pas à un ou plusieurs territoires spécifiés dans la déclaration de la Partie en vertu de l'article 38, paragraphes 1 et/ou 2 de la Convention.

3. Une déclaration en vertu du paragraphe 2 de cet article peut, concernant tout territoire qui y est spécifié, être retirée par notification adressée au Secrétaire Général du Conseil de l'Europe. Le retrait devient effectif le premier jour du mois suivant l'expiration d'une période de trois mois après la date de la réception de cette notification par le Secrétaire Général.

Article 19 *Réserves et déclarations*

1. Par notification écrite adressée au Secrétaire Général du Conseil de l'Europe, toute Partie à la Convention peut, au moment de la signature ou du dépôt de son instrument de ratification, d'acceptation, ou d'approbation, déclarer qu'elle se prévaut de la ou des réserves prévues à l'article 7, paragraphes 9.a et 9.b, à l'article 8, paragraphe 13 et à l'article 17 du présent Protocole. Aucune autre réserve ne peut être formulée.

2. Par notification écrite adressée au Secrétaire Général du Conseil de l'Europe, toute Partie à la Convention peut, au moment de la signature de ce Protocole ou du dépôt de son instrument de ratification, d'acceptation ou d'approbation, faire la ou les déclarations prévues à l'article 7, paragraphes 2.b et 8, à l'article 8, paragraphe 11, à l'article 9, paragraphes 1.b et 5, à l'article 10, paragraphe 9, à l'article 12, paragraphe 3, et à l'article 18, paragraphe 2 du présent Protocole.

3. Par notification écrite adressée au Secrétaire Général du Conseil de l'Europe, toute Partie à la Convention fait toute(s) déclaration(s), notifications ou communications visées à l'article 7, paragraphes 5.a et 5.e, à l'article 8, paragraphes 4 et 10.a and b, à l'article 14, paragraphes 7.c et 10.b, et à l'article 17, paragraphe 2, du présent Protocole selon les modalités qui y sont spécifiées.

Article 20 *Statut et retrait des réserves*

1. Une Partie qui a fait une réserve conformément à l'article 19, paragraphe 1, retire cette réserve, en totalité ou en partie, dès que les circonstances le permettent. Ce retrait prend effet à la date de réception d'une notification par le Secrétaire Général du Conseil de l'Europe. Si la notification indique que le retrait d'une réserve doit prendre effet à une date précise, et si cette date est postérieure à celle à laquelle le Secrétaire Général reçoit la notification, le retrait prend effet à cette date ultérieure.

2. Le Secrétaire Général du Conseil de l'Europe peut périodiquement demander aux Parties ayant fait une ou plusieurs réserves en application de l'article 19, paragraphe 1, des informations sur les perspectives de leur retrait.

Article 21 *Amendements*

1. Toute Partie au Protocole peut proposer des amendements, qui sont communiqués au Secrétaire Général du Conseil de l'Europe, aux États membres du Conseil de l'Europe et aux États parties et signataires de la Convention ainsi qu'à tout État ayant été invité à adhérer à la Convention.

2. Tout amendement proposé par une Partie est communiqué au Comité européen sur les problèmes criminels (CDPC) qui soumet au Comité des Ministres son avis sur cet amendement proposé.

3. Le Comité des Ministres examine l'amendement proposé et l'avis soumis par le CDPC et, après consultation avec les Parties à la Convention, peut adopter l'amendement.

4. Le texte de tout amendement adopté par le Comité des Ministres conformément au paragraphe 3 est transmis aux Parties à ce Protocole pour acceptation.

5. Tout amendement adopté conformément au paragraphe 3 entre en vigueur le trentième jour après que toutes les Parties à ce Protocole ont informé le Secrétaire Général qu'elles acceptent l'amendement.

Article 22 *Règlement des différends*

L'article 45 de la Convention s'applique au présent Protocole.

Article 23 *Consultations des Parties et évaluation de la mise en œuvre*

1. L'article 46 de la Convention s'applique au présent Protocole.

2. Les Parties évaluent périodiquement l'utilisation et la mise en œuvre effectives des dispositions du présent Protocole. L'article 2 du Règlement intérieur du Comité de la Convention sur la cybercriminalité tel que révisé le 16 octobre 2020 s'applique mutatis mutandis. Les Parties réexaminent initialement et peuvent modifier les procédures de cet article telles qu'elles s'appliquent au présent Protocole par consensus cinq ans après l'entrée en vigueur du présent Protocole.

3. L'examen de l'article 14 débute lorsque dix Parties à la Convention ont exprimé leur consentement à être liées par le présent Protocole.

Article 24 *Dénonciation*

1. Toute Partie peut, à tout moment, dénoncer le présent Protocole par notification au Secrétaire Général du Conseil de l'Europe.

2. Ladite dénonciation prendra effet le premier jour du mois suivant l'expiration d'une période de trois mois après la date de réception de la notification par le Secrétaire Général.

3. La dénonciation de la Convention par une Partie au présent Protocole constitue une dénonciation du présent Protocole.

4. Les informations ou éléments de preuve transférés avant la date de prise d'effet de la dénonciation continuent d'être traités conformément au présent Protocole.

Article 25 *Notification*

Le Secrétaire Général du Conseil de l'Europe notifie aux États membres du Conseil de l'Europe, aux Parties à la Convention et Signataires de la Convention, et à tout État qui a été invité à adhérer à la Convention :

a. toute signature ;

b. le dépôt de tout instrument de ratification, d'acceptation ou d'approbation ;

c. la date d'entrée en vigueur du présent Protocole conformément à l'article 16, paragraphes 3 et 4 ;

d. toutes déclarations ou réserves formulées conformément à l'article 19 ou retrait de réserves formulé conformément à l'article 20 ;

e. tout autre acte, notification ou communication concernant le présent Protocole.

En foi de quoi, les soussignés, dûment autorisés, ont apposé leur signature au bas du présent Protocole.

Fait à [Strasbourg, le 12 mai 2022], en français et en anglais, les deux textes faisant également foi, en un seul exemplaire qui est déposé dans les archives du Conseil de l'Europe. Le Secrétaire Général du Conseil de l'Europe communiquera une copie certifiée conforme à chacun des États membres du Conseil de l'Europe, aux Parties et Signataires de la Convention, ainsi qu'à tout État invité à adhérer à la Convention.

Décision (UE) 2023/436 du Conseil du 14 février 2023,

Autorisant les États membres à ratifier, dans l'intérêt de l'Union européenne, le deuxième protocole additionnel à la convention sur la cybercriminalité relatif au renforcement de la coopération et de la divulgation de preuves électroniques.

ANNEXE

La présente annexe énonce les réserves, déclarations, notifications, communications et indications visées à l'article 2.

1 *Réserves.* En vertu de l'article 19, paragraphe 1, du protocole, une partie peut déclarer qu'elle se prévaut d'une ou plusieurs des réserves prévues dans certains articles du protocole.

En vertu de l'article 7, paragraphe 9.a, du protocole, une partie peut se réserver le droit de ne pas appliquer l'article 7 (Divulgation de données relatives aux abonnés). Les États membres s'abstiennent de formuler une telle réserve.

En vertu de l'article 7, paragraphe 9.b, du protocole, une partie peut, sous réserve des conditions qui y sont énoncées, se réserver le droit de ne pas appliquer l'article 7 à certains types de numéros d'accès. Les États membres peuvent formuler une telle réserve, mais seulement en ce qui concerne les numéros d'accès autres que ceux nécessaires à la seule fin d'identification de l'utilisateur.

En vertu de l'article 8, paragraphe 13, du protocole, une partie peut se réserver le droit de ne pas appliquer l'article 8 (Donner effet aux injonctions d'une autre partie ordonnant la production accélérée de données relatives aux informations sur les abonnés et au trafic) aux données relatives au trafic. Les États membres sont encouragés à s'abstenir de formuler une telle réserve.

Lorsque l'article 19, paragraphe 1, fournit un fondement pour d'autres réserves, les États membres sont autorisés à envisager et à formuler de telles réserves.

2 *Déclarations.* En vertu de l'article 19, paragraphe 2, du protocole, une partie peut faire les déclarations prévues dans certains articles du protocole.

En vertu de l'article 7, paragraphe 2.b, du protocole, une partie peut, en ce qui concerne les injonctions adressées aux fournisseurs de services sur son territoire, faire la déclaration suivante :

"L'injonction adressée en application de l'article 7, paragraphe 1, doit être émise par un procureur ou une autre autorité judiciaire, sous la supervision de cette autorité ou sous une autre forme de supervision indépendante".

Les États membres font, en ce qui concerne les injonctions adressées aux fournisseurs de services sur leur territoire, la déclaration prévue au deuxième alinéa de la présente section.

En vertu de l'article 9, paragraphe 1.b, du protocole (Divulgation accélérée de données informatiques stockées en situation d'urgence), une partie peut déclarer qu'elle n'exécutera pas de demandes introduites en vertu du paragraphe 1.a, dudit article, pour la divulgation d'informations relatives à l'abonné seulement. Les États membres sont encouragés à s'abstenir de faire une telle déclaration.

Lorsque l'article 19, paragraphe 2, fournit une base pour d'autres déclarations, les États membres sont autorisés à envisager et à faire de telles déclarations.

3 *Déclarations, notifications ou communications.* En vertu de l'article 19, paragraphe 3, du protocole, une partie fait toute déclaration, notification ou communication visée dans certains articles du protocole selon les modalités qui y sont spécifiées.

En vertu de l'article 7, paragraphe 5.a, du protocole, une partie peut notifier au Secrétaire général du Conseil de l'Europe qu'elle exige, lorsqu'une injonction est adressée en application du paragraphe 1 dudit article à un fournisseur de services sur son territoire, dans chaque cas ou dans certaines circonstances déterminées, la communication simultanée de l'injonction, des informations complémentaires et d'un résumé des faits relatifs à l'enquête ou à la procédure. En conséquence, les États membres procèdent à la notification suivante au Secrétaire général du Conseil de l'Europe :

"Lorsqu'une injonction est adressée en application de l'article 7, paragraphe 1, à un fournisseur de services sur le territoire de [État membre], [l'État membre] exige dans chaque cas la communication simultanée de l'injonction, des informations complémentaires et d'un résumé des faits relatifs à l'enquête ou à la procédure.".

Conformément à l'article 7, paragraphe 5.e, du protocole, les États membres désignent une autorité unique compétente pour recevoir la notification prévue à l'article 7, paragraphe 5.a, du protocole, et exécuter les tâches décrites à l'article 7, paragraphes 5.b, 5.c et 5.d, du protocole, et ils communiquent au Secrétaire général du Conseil de l'Europe, au moment où la notification du Secrétaire général prévue à l'article 7, paragraphe 5.a, du protocole est faite pour la première fois, les coordonnées de cette autorité.

En vertu de l'article 8, paragraphe 4, du protocole, une partie peut déclarer que des informations complémentaires sont nécessaires pour donner effet à des injonctions soumises en vertu du paragraphe 1 dudit article. En conséquence, les États membres font la déclaration suivante :

"Des informations supplémentaires sont nécessaires pour donner effet aux injonctions soumises en vertu de l'article 8, paragraphe 1. Les informations supplémentaires requises dépendront des circonstances de l'injonction et de l'enquête ou des poursuites s'y rapportant.".

Conformément à l'article 8, paragraphes 10.a et 10.b, du protocole, les États membres communiquent et tiennent à jour les coordonnées des autorités désignées pour soumettre une injonction en vertu de l'article 8, et celles des autorités désignées pour recevoir une injonction en vertu de l'article 8 respectivement. Les États membres qui participent à la coopération renforcée instituée par le règlement (UE) 2017/1939 du Conseil *[du 12 oct. 2017 mettant en œuvre une coopération renforcée concernant la création du Parquet européen]* mettant en œuvre une coopération renforcée concernant la création du Parquet européen, incluent le Parquet européen, dans les limites de l'exercice de ses compétences prévues aux articles 22, 23 et 25 dudit règlement, parmi les autorités dont les coordonnées auront été communiquées en application de l'article 8, paragraphes 10.a et 10.b, du protocole, et ce de manière coordonnée.

En conséquence, les États membres font la déclaration suivante :

"Conformément à l'article 8, paragraphe 10, [État membre], en tant qu'État membre de l'Union européenne participant à la coopération renforcée concernant la création du Parquet européen, désigne le Parquet européen, dans l'exercice de ses compétences prévues par les articles 22, 23 et 25 du règlement (UE) 2017/1939 du Conseil du 12 octobre 2017 mettant en œuvre une coopération renforcée concernant la création du Parquet européen, en tant qu'autorité compétente.".

Conformément à l'article 14, paragraphe 7.c, du protocole, les États membres indiquent au Secrétaire général du Conseil de l'Europe quelle est ou quelles sont les autorités qui reçoivent la notification visée à l'article 14, paragraphe 7.b, du protocole, aux fins du chapitre II, section 2, du protocole, en cas d'incident lié à la sécurité.

Conformément à l'article 14, paragraphe 10.b, du protocole, les États membres communiquent au Secrétaire général du Conseil de l'Europe l'autorité ou les autorités aux pouvoirs d'autorisation, aux fins du chapitre II, section 2, du protocole, en ce qui concerne le transfert ultérieur, vers un autre État ou vers une organisation internationale, de données reçues en vertu du protocole.

Lorsque l'article 19, paragraphe 3, du protocole, fournit une base pour d'autres déclarations, notifications ou communications, les États membres sont autorisés à envisager et à faire de telles déclarations, notifications ou communications.

4 *Autres indications.* Les États membres qui participent à la coopération renforcée instituée par le règlement (UE) 2017/1939 veillent à ce que ce dernier puisse, dans l'exercice de ses compétences prévues par les articles 22, 23 et 25 dudit règlement, solliciter une coopération en vertu du protocole au même titre que les procureurs nationaux de ces États membres.

En ce qui concerne l'application de l'article 7, en particulier pour ce qui est de certains types de numéros d'accès, les États membres peuvent soumettre une injonction en vertu dudit article au contrôle d'un procureur ou d'une autre autorité judiciaire lorsque leur autorité compétente reçoit une notification simultanée de l'injonction avant la divulgation des informations demandées par le fournisseur.

Conformément à l'article 14, paragraphe 11.c, du protocole, les États membres veillent à ce que, au moment du transfert de données aux fins du protocole, la partie destinataire soit informée que leur cadre juridique interne exige que l'individu dont les données sont fournies soit informé personnellement.

En ce qui concerne les transferts internationaux sur la base de l'accord entre les États-Unis d'Amérique et l'Union européenne sur la protection des informations à caractère personnel traitées à des fins de prévention et de détection des infractions pénales, d'enquêtes et de poursuites en la matière *[JO L 336 du 10 déc. 2016, p. 3]* (ci-après dénommé "accord-cadre"), les États membres informent les autorités compétentes des États-Unis, aux fins de l'article 14, paragraphe 1.b, du protocole, que l'accord-cadre s'applique aux transferts réciproques de données à caractère personnel au titre du protocole entre autorités compétentes. Toutefois, les États membres tiennent compte du fait que l'accord-cadre devrait être complété par des garanties supplémentaires intégrant les exigences spécifiques d'un transfert de preuves électroniques effectué directement par des fournisseurs de services plutôt qu'entre autorités, comme le prévoit le protocole. En conséquence, les États membres font la communication suivante aux autorités compétentes des États-Unis :

"Aux fins de l'article 14, paragraphe 1.b, du deuxième protocole additionnel à la convention du Conseil de l'Europe sur la cybercriminalité (ci-après dénommé "protocole"), [État membre] estime que l'accord entre les États-Unis d'Amérique et l'Union européenne sur la protection des informations à caractère personnel traitées à des fins de prévention et de détection des infractions pénales, d'enquêtes et de poursuites en la matière (ci-après dénommé "accord-cadre") s'applique aux transferts réciproques de données à caractère personnel au titre du protocole entre autorités compétentes. Pour les transferts entre fournisseurs de services et autorités au titre du protocole, l'accord-cadre ne s'applique qu'en combinaison avec un autre accord spécial au sens de l'article 3, paragraphe 1, de l'accord-cadre qui réponde aux exigences spécifiques d'un transfert de preuves électroniques effectué directement par des fournisseurs de services plutôt qu'entre autorités. En l'absence d'un tel accord de transfert spécial, ces transferts peuvent avoir lieu en vertu du protocole, auquel cas l'article 14, paragraphe 1.a, en liaison avec l'article 14, paragraphes 2 à 15, du protocole, s'applique.".

Les États membres veillent à n'appliquer l'article 14, paragraphe 1.c, du protocole, que si la Commission européenne a adopté, au sujet du pays tiers concerné, une décision d'adéquation conformément à l'article 45 du règlement (UE) 2016/679 du Parlement européen et du Conseil *[du 27 avr. 2016 relatif à la protection des personnes physiques à l'égard du traitement des données à caractère personnel et à la libre circulation de ces données, et abrogeant la Dir. 95/46/CE (règlement général sur la protection des données)]* ou à l'article 36 de la directive (UE) 2016/680 du Parlement européen et du Conseil *[du 27 avr. 2016 relative à la protection des personnes physiques à l'égard du traitement des données à caractère personnel par les autorités compétentes à des fins de prévention et de détection des infractions pénales, d'enquêtes et de poursuites en la matière ou d'exécution de sanctions pénales, et à la libre circulation de ces données, et abrogeant la décision-cadre 2008/977/JAI du Conseil]*, décision qui s'applique aux transferts de données respectifs, ou sur la base d'un autre accord qui prévoit des garanties appropriées en matière de protection des données conformément à l'article 46, paragraphe 2, point a), du règlement (UE) 2016/679 ou à l'article 37, paragraphe 1, point a), de la directive (UE) 2016/680.

LIVRE III
LA CYBERDÉFENSE

BIBL. GÉN. ▶ **Ouvrages** : BANNELIER et CHRISTAKIS, Cyberattaques-préventions-réactions : rôle des États et des acteurs privés, *Les cahiers de la revue défense nationale, 2017.* – BORTZMEYER, Cyberstructure, l'Internet un espace politique, *C&F Éditions, 2018.* – BUCHAN, Cyber Espionage and International Law, *Hart Publishing, 2018.* – CATTARUZZA, DANET et TAILLAT, La cyberdéfense, politique de l'espace numérique, *2e éd., Armand Colin, 2023.* – CRISTIANO, BROEDERS, DELERUE et GERY, Artificial Intelligence and International Conflict in Cyberspace, *Routledge, 2023.* – CORTEN, Le droit contre la guerre, *Pedone, 2020.* – COT et PELLET (dir.), La Charte des Nations unies : commentaire article par article, *Économica, 2005.* – DAVID, Principes de droit des conflits armés, *6e éd., Bruylant, 2019.* – DELERUE, Cyber operations and international law, *Cambridge, 2020.* – DAILLIER, FORTEAU et PELLET, Droit international public, *LGDJ, Paris, 2009.* – GERY, Droit international et lutte contre la prolifération des armes numériques, *thèse, Univ. Rouen, 2020.* – GRANGE et NORODOM (dir.), Cyberattaques et droit international : problèmes choisis, *Pedone, 2019.* – KATLAN, Dark territory : the secret history of cyber war, *Simon & Schuster, 2016.* – KEMPF, Introduction à la cyberstratégie, *Économica, 2012.* – KITTICHAISAREE, Public International Law of Cyberspace, *Springer, 2017.* – LAURENT, Conflits, crimes et régulations dans le cyberespace, *ISTE, 2021.* – MOREL, Les câbles sous-marins, *CNRS éd., 2023.* – MOULIN, Le cyberespionnage en droit international, *Pedone, 2021.* – REED et MURRAY, Rethinking the Jurisprudence of Cyberspace, *EE Publishers, 2018.* – TSAGOURIAS et BUCHAN (dir.), Research Handbook of International Law and Cyberspace, *EE Publishers, 2015.* – SCHMITT, Cybersecurity and International Law, *OUP, 2021.* – SFDI, Internet et le droit international, Colloque de Rouen, *Pedone, 2014.* – TAILLAT, CATTARUZZA et DANET, La cyberdéfense-Politique de l'espace numérique, *Armand Collin, 2018.* – VENTRE, Cyberattaque et cyberdéfense, *Hermès Science Publications, 2011.* – TERBAISD, La France et la dissuasion nucléaire : concept, moyens, avenir, *La documentation française, 2017.*

▶ **Articles** : ARBOIT, Les notes historiques du CF2R, *n° 15 juill. 2018* (l'émergence d'une cryptographie militaire en France). – BANNELIER, *RBDI 2017/2* (obligation de diligence dans le cyberespace : qui a peur de la cyberdiligence) ; *AFDI 2018* (rien que la *Lex Lata* ? Étude critique du Manuel de Tallinn 2.0 sur le droit international applicable aux cyberopérations). – BERBAIN (coord.), *Annales des mines, Enjeux numériques, n° 8, déc. 2019* (répondre à la menace cyber). – DESFORGES et GERY, *Lawfare Blog, 12 oct. 2021* (France Doesn't Do Public Attribution of Cyberattacks. But It Gets Close). – FINNEMORE et HOLLIS, *EJIL, 2020* (beyond Naming and Shaming : Accusations and International Law in Cybersecurity). – GERY, *INA Global, 2016* (que peut le droit international contre les cyberarmes) ; *Annuaire français de relations internationales, 2022, p. 823-838* (les discours des États sur l'application du droit international dans le cyberespace. Entre renforcement et contournement du droit international). – NORODOM, *TransEuropeExperts, janv. 2020* (approches culturelles de la cybersécurité). – SIMONET, *AFDI 2012* (l'usage de la force dans le cyberespace et le droit international). – TSAGOURIAS, *Journal of Conflict & Security Law, 2012* (Cyber Attacks, Self-Defence and the Problem of Attribution).

▶ **Rapports et Livres blancs** : ANSSI, Rapport d'activité 2017. L'année 2017, un tournant pour la sécurité numérique en France, *avr. 2018* ; Rapport annuel 2018. Construisons ensemble la confiance numérique de demain, *avr. 2019.* – Assemblée nationale, Commission de la défense nationale et forces armées, Rapport d'information sur la cyberdéfense, *2018.* – GAUTIER, Rapport sur le secret de la défense nationale en France, Secrétariat Général de la Défense et de la Sécurité nationale, *2015.* – Global Commission on the Stability of Cyberspace, Advancing Cyberstability, *Final report, novembre 2019.* – International Law Association, Les défis du numérique pour le droit international, *Livre blanc, 2023.* – Microsoft, A Year of Russian Hybrid Warfare in Ukraine - What We Have Learned about Nation State Tactics so Far and What May Be on the Horizon, *2023.* – Ministère des Armées, Éléments publics de doctrine militaire de lutte informatique offensive, *2019* ; Politique ministérielle de lutte informatique défensive, *2019.* – SCHMITT (dir.), Tallinn Manual on the International Law Applicable to Cyber Warfare. Prepared by the International Group of Experts at the Invitation of the NATO Cooperative Cyber Defense Centre of Excellence, *2e éd., Cambridge UP, 2020.* – SGDSN, Revue stratégique de cyberdéfense, *12 févr. 2018.*

▶ **Fiches techniques** : SGDSN, La sécurité des activités d'importance vitale, *2016.* – Guides ICANN/IETF sur les noms de domaine, https://kindns.org/dns-security-resources/.

COMMENTAIRE

La cybercriminalité croît en quantité mais aussi en qualité, par la viralité de ses manifestations et l'intensité de son impact, notamment lorsque les cyberattaques ont des visées politiques. Dans sa matérialisation paroxystique, elle est de nature à porter atteinte à la sécurité nationale, aux intérêts fondamentaux de la Nation (tels qu'ils sont définis dans le livre IV, titre I du code pénal), ce qui justifie une politique de cyberdéfense qui, avec la sécurité des systèmes d'information (SSI) et la lutte contre la cybercriminalité, contribue à la cybersécurité. En France, les Livres blancs sur la défense et la sécurité nationale de 2008 et de 2013 (Conseil des ministres, Livre blanc sur la défense et la sécurité nationale, *Doc. fr, 18 juin 2008* ; J.-M. Guéhenno, Livre blanc sur la défense et la sécurité nationale, *Doc. fr, 29 avr. 2013*), comme les lois de programmation militaire, dans leur dimension « cyber », ou les lois relatives au terrorisme, au renseignement et à la lutte contre la criminalité organisée (V. not. L. n° 2016-731 du 3 juin 2016 ; L. n° 2021-998 du 30 juill. 2021), illustrent la mobilisation des pouvoirs publics contre ce phénomène. Paraphrasant le deuxième discours de Bayeux prononcé par le général de Gaulle le 14 juin 1952, on pourrait dire aujourd'hui que « la cyberdéfense est la première raison d'être de l'État. Il ne peut y manquer sans se détruire lui-même ! ».

I. L'ORIGINE ET LE COMMENCEMENT

1. Si le Livre blanc sur la défense et la sécurité nationale de 2008 (*préc.*) peut être considéré, en France, comme le commencement, l'origine conceptuelle est plus ancienne. Le 1er février 2005, Thierry Breton, alors président de France Telecom, remet à Dominique de Villepin, ministre de l'Intérieur, un rapport sur la cybercriminalité : « Chantier sur la lutte contre la cybercriminalité ». Pour des raisons de discrétion, il ne comprend pas cette question posée en aparté : « et si la cybercriminalité visait l'appareil d'État ? ». Devenu Premier ministre, Dominique de Villepin confie une mission au député Pierre Lasbordes qui, le 18 janvier 2006, remet son rapport avec pour titre : « La sécurité des systèmes d'information : un enjeu majeur pour la France ». Ce rapport, qui préconise la création d'une autorité nationale (aujourd'hui l'ANSSI), comprend six recommandations qui déclinent parfaitement la trilogie de la cybersécurité :
- sensibiliser et former à la sécurité des systèmes d'information ;
- responsabiliser les acteurs ;
- renforcer le développement de produits et définir une politique d'achats publics ;
- rendre la SSI accessible à toutes les entreprises ;
- accroître la mobilisation des moyens judiciaires (V. Rapport Breton, *préc.*) ;
- assurer la sécurité de l'État et des infrastructures vitales.

2. Au même moment, place Beauvau, le groupe informel qui conseille Nicolas Sarkozy, futur Président de la République, inscrit le risque cyber parmi les thèmes de réflexion pour l'action.

3. Cette double prise de conscience explique la place que prend la cyberdéfense dans le Livre blanc sur la défense et la sécurité nationale, publié le 18 juin 2008. Le 8 juillet 2008, le rapport d'information n° 449 du vice-président du Sénat Roger Romani, « Cyberdéfense : un nouvel enjeu de sécurité nationale », conforte le constat : la France n'est ni bien préparée, ni bien organisée face à la menace d'attaques informatiques par manque de moyens, notamment en comparaison avec nos voisins britanniques ou allemands. Le Livre blanc de 2008 peut être considéré comme le socle de référence à partir duquel va se construire la politique de cyberdéfense de la France.

4. La stratégie de cybersécurité, dévoilée par le gouvernement français, le 15 février 2011, après une cyberattaque sur Bercy, définit quatre axes :
– accroître nos capacités nationales ;
– renforcer la sécurité des systèmes d'information de l'État ;
– renforcer la sécurité des systèmes d'information des opérateurs d'importance vitale (OIV) ;
– améliorer la sécurité de la société de l'information.

5. Confortée par les préconisations du rapport d'information n° 681 sur la cyberdéfense de Jean-Marie Bockel du 18 juillet 2012, cette stratégie préfigure le Livre blanc sur la défense et la sécurité nationale, publié sous une nouvelle majorité, le 29 avril 2013.

Celui-ci constitue le socle conceptuel de la loi de programmation militaire n° 2013-1168 du 18 décembre 2013 (LPM) qui, contrairement à ce que laisse imaginer son titre, va donner à la cyberdéfense son caractère civil et militaire.

6. La LPM consacre cinq articles à la protection des infrastructures vitales contre les cybermenaces. Elle confie au Premier ministre la définition de la politique et la coordination de l'action gouvernementale en matière de sécurité et de défense des systèmes d'information, ce qui est dans la logique de l'ordre constitutionnel, mais souligne la dimension interministérielle de la cyberdéfense, même si le ministère des armées en est un des acteurs les plus engagés. Le Premier ministre dispose à cette fin de l'Agence nationale de la sécurité des systèmes d'information, l'ANSSI, rattachée au secrétaire général de la défense et de la sécurité nationale. Le chef du gouvernement se voit attribuer par la loi des pouvoirs de police administrative spéciale à l'égard des opérateurs d'importance vitale (OIV) qui peuvent conduire à la mise en œuvre d'un « état d'urgence numérique ». Il convient de relever qu'à la suite des attentats du 11 septembre 2001, la France a engagé une réflexion sur la notion d'infrastructure critique afin de moderniser la protection des points et des réseaux sensibles. Le décret n° 2006-212 du 23 février 2006 relatif à la sécurité des activités d'importance vitale définit ces activités comme « un ensemble d'activités, essentielles et difficilement substituables ou remplaçables, concourant à un même objectif ou visant à produire et à distribuer des biens ou des services indispensables ». Douze secteurs d'activité d'importance vitale sont définis dans l'arrêté du 3 juillet 2008 portant modification de l'arrêté du 2 juin 2006 fixant la liste des secteurs d'activités d'importance vitale et désignant les ministres coordonnateurs desdits secteurs. A l'égard des OIV, le Premier ministre fixe les règles de sécurité nécessaires à la protection des systèmes d'information des opérateurs pour lesquels l'atteinte à la sécurité ou au fonctionnement risquerait de diminuer d'une façon importante le potentiel de guerre ou économique, la sécurité ou la capacité de survie de la Nation (le Premier ministre peut notamment prescrire que les opérateurs mettent en œuvre des systèmes qualifiés de détection des événements susceptibles d'affecter la sécurité de leurs systèmes d'information). La loi de programmation militaire n° 2018-607 du 13 juillet 2018 ajoute des dispositions relatives à la mise en place facultative ou obligatoire de dispositifs de détection des cyberattaques chez les opérateurs de communications électroniques.

7. La SSI pénètre donc le champ de la cyberdéfense, comme le souligne la définition que donne l'ANSSI de cette dernière : « l'ensemble des mesures techniques et non techniques permettant à un État de défendre dans le cyberespace les systèmes d'informations jugés essentiels » (ssi.gouv.fr, Glossaire, v° Cyberdéfense).

II. CYBERDÉFENSE DÉFENSIVE OU OFFENSIVE

8. Dès le Livre blanc sur la défense et la sécurité nationale de 2008 apparaît l'étendue du spectre de la cyberdéfense, depuis l'action défensive jusqu'à l'action offensive, lesquelles, au travers d'une stratégie de « défense active en profondeur », combinent protection intrinsèque des systèmes, surveillance permanente, réaction rapide et action offensive. Lors de la création de l'ANSSI, en 2009, la question de la séparation claire entre les deux postures est tranchée. La cyberdéfense est d'abord défensive : selon Guillaume Poupard, le directeur général de l'ANSSI, « la meilleure cyberdéfense c'est la défense ». Ces propos sont logiques si l'on considère que l'adroit dérivéutorité nationale a fait le choix, contrairement à d'autres agences étrangères, de se cantonner dans le domaine défensif. L'action offensive, la lutte informatique offensive (LIO), relève strictement des armées (Commandement de la cyberdéfense, COMCYBER) et de la Direction générale des services extérieurs (DGSE). COMCYBER a la particularité de cumuler les deux postures puisque ce commandement a la mission, en sa qualité d'autorité qualifiée pour la sécurité des systèmes d'information, de protéger les systèmes d'information placés sous la responsabilité du chef d'état-major des armées, de conduire la défense des systèmes d'information du ministère des armées (à l'exclusion de ceux de la DGSE et de la Direction du renseignement et de la sécurité de la défense, la DRSD). Mais COMCYBER est aussi responsable de la conception, de la planification et de la conduite des opérations militaires de cyberdéfense, sous l'autorité du sous-chef d'état-major « opérations ». La DGSE, quant à elle, conduit les opérations « clandestines », hors du territoire national.

9. Le maintien sous le vocable de « cyberdéfense » des aspects défensifs et offensifs est probablement temporaire, car une émancipation des derniers est prévisible, en raison de l'emploi désormais régulier de l'arme cyber dans les conflits et du développement récent de la lutte informatique d'influence (L2I). Celle-ci désigne les opérations militaires conduites dans la couche sémantique du cyberespace pour détecter, caractériser et contrer les attaques, appuyer la communication stratégique, renseigner ou faire de la déception, de façon autonome ou en combinaison avec d'autres opérations. Sans nier les liens entre le défensif et l'offensif, il faut reconnaître que l'on n'agit pas dans le même registre, notamment en ce qui concerne l'application du droit. De là à imaginer une quatrième colonne dans notre temple... L'évolution sémantique conforte cette prédiction.

10. Le Livre blanc de 2008 évoque, d'une manière discrète, une capacité de lutte informatique offensive avec « un cadre d'emploi couvrant spécifiquement l'ensemble des actions relevant de la lutte informatique, le développement d'outils spécialisés (armes numériques de réseaux, laboratoire technico-opérationnel, etc.) » (Livre blanc préc., p. 207). L'écriture du Livre blanc de 2013 est plus ferme : les cyberattaques « constituent une menace majeure, à forte probabilité et à fort impact potentiel. [...] La récurrence actuelle de ces intrusions, notamment par des États, donne à penser que des informations sont méthodiquement collectées pour rendre possible, dans une situation de conflit, une attaque de grande envergure. Une telle attaque serait susceptible de paralyser des pans entiers de l'activité du pays, de déclencher des catastrophes technologiques ou écologiques et de faire de nombreuses victimes. Elle pourrait donc constituer un véritable acte de guerre. [...] [L]es capacités d'identification et d'action offensive sont essentielles pour une riposte éventuelle et proportionnée à l'attaque » (Livre blanc préc., p. 47 à 48 et 73).

11. Le 3 juin 2013, à Rennes, Jean-Yves Le Drian, alors ministre de la Défense, précise les orientations : « La capacité informatique offensive, associée à des capacités de renseignement, concourt de façon significative à notre posture de cybersécurité. Elle contribue notamment à caractériser la menace et à identifier son origine. Elle permet, en outre, d'anticiper certaines attaques et de configurer nos moyens de défense en conséquence. La capacité offensive enrichit la palette des options qui sont à la disposition de l'État. Elle comporte elle-même différents stades, qui sont plus ou moins réversibles, plus ou moins discrets, mais toujours proportionnés à l'ampleur et à la gravité de la situation ».

III. L'ARCHITECTURE DE LA CYBERDÉFENSE

12. Publiée le 16 octobre 2015, la stratégie nationale pour la sécurité du numérique est sans aucune doute un texte qui fait date dans la construction française de la cybersécurité. Faisant suite à des travaux interministériels coordonnés par l'ANSSI, elle couvre un champ très large qui n'aborde guère la question de la cyberdéfense. Il n'en est pas de même de la *Revue stratégique de cyberdéfense*, dévoilée le 12 février 2018 par le secrétariat général de la défense et de la sécurité nationale (SGDSN) : « à l'heure où les attaques informatiques sont susceptibles de porter à tout moment gravement atteinte aux intérêts de la Nation, notre pays doit adapter sa posture de cyberdéfense avec l'ambition de mieux faire respecter sa souveraineté numérique ». Son contenu, plus politique que technique, définit l'architecture de la cyberdéfense. La revue définit tout d'abord sept principes :
– accorder une priorité à la sécurité de nos systèmes d'information ;
– adopter une posture active de découragement des attaques et de réaction coordonnée ;
– exercer pleinement notre souveraineté numérique ;
– apporter une réponse pénale efficace à la cybercriminalité ;
– promouvoir une culture partagée de la sécurité informatique ;
– contribuer à une Europe numérique confiante et sûre ;
– agir à l'international en faveur d'une gouvernance collective et maîtrisée du cyberespace.

13. Le lien avec la SSI et la lutte contre la cybercriminalité apparaît d'emblée, ce qui confirme leur interdépendance avec la cyberdéfense. Selon la revue, six missions relèvent de la cyberdéfense : la prévention, l'anticipation, la protection, la détection, l'attribution et la réaction (remédiation, répression des infractions, actions militaires). Ces missions sont accomplies par quatre chaînes opérationnelles de cyberdéfense : protection, action militaire, renseignement, investigations judiciaires.

14. On pourrait être surpris de l'insertion dans une stratégie de cyberdéfense, dont la responsabilité incombe à l'exécutif, de la répression des infractions et des investigations judiciaires, lesquelles relèvent de l'autorité judiciaire. La séparation des pouvoirs peut sembler ici atteinte. En vérité, au-delà de cette « anomalie juridique », cette incorporation illustre, une fois encore, les liens étroits entre la lutte contre la cybercriminalité et la cyberdéfense. La politique pénale ne doit pas être ici confondue avec le procès pénal qui, lui, ne supporte pas d'interférence avec l'indépendance des magistrats.

15. Pour conduire cette politique de cyberdéfense, la *revue stratégique de cyberdéfense* s'appuie sur une architecture des responsabilités qui est très inspirée par celle adoptée pour la défense et la sécurité nationale. Le Conseil de défense et de sécurité nationale (CDSN), présidé par la Président de la République, fixe les orientations stratégiques, préparées par un Comité directeur cyber (CDC) coprésidé par le chef d'état-major particulier du Président de la République (CEMP), le Coordonnateur national du renseignement et de la lutte contre le terrorisme (CNRLT) et le directeur de cabinet du Premier ministre. Le SGDSN en assure le secrétariat général. Plus opérationnel, le Centre de coordination des crises cyber (C4) a une composante stratégique (réunion mensuelle d'échange d'information et d'analyses des cyberattaques au sein du C4 STRAT) et une composante technique permanente (C4 TECHOPS). Le Centre opérationnel de la sécurité des systèmes d'information (COSSI), au sein de l'ANSSI, abrite le Centre gouvernemental de veille, d'alerte et de réponse aux attaques informatiques (CERT-FR). L'architecture française, qui conjugue les niveaux stratégiques, opératifs et techniques, est en parfaite correspondance avec le dispositif européen de gestion de crise d'origine cyber. Relevons que l'IPCR (*Integrated Political Crisis Response*) permet à l'Union européenne d'assurer une coordination au plus haut niveau politique en cas de crises notamment cyber. Le réseau CyCLONe (*Cyber Crisis Liaison Organisation Network*), a pour objectif de préparer et de gérer les crises cyber par les États membres. Il fait le lien entre les instances de coopération des niveaux technique (CSIRT Network) et politique (IPCR). Comme cela est évoqué dans l'énumération des missions, le renseignement tient une place très importante dans la cyberdéfense.

IV. LE RENSEIGNEMENT ET LE CYBER

16. Les services de renseignement ont été réorganisés en France, notamment avec la création de la Direction générale de la sécurité intérieure (DGSI) en 2014 et la transformation de la Direction de la protection et de la sécurité de la défense (DPSD) en Direction du renseignement et de la sécurité de la défense (DRSD) en 2016. Les lois n° 2015-912 du 24 juillet 2015 et n° 2021-998 du 30 juillet 2021 leur ont fixé un cadre juridique, notamment en ce qui concerne le recours à des techniques de renseignement très proches de celles mises en œuvre dans le cadre de la police judiciaire. La mise en synergie des six services du « premier cercle » (Direction générale du renseignement extérieur [DGSE], Direction du renseignement militaire [DRM), Direction du renseignement et de la sécurité de la défense [DRSD], Direction générale de la sécurité intérieure [DGSI], Direction nationale des recherches et enquêtes douanières [DNRED], Traitement du renseignement et action contre les circuits financiers clandestins [TRACFIN]) par le coordonnateur national du renseignement et de la lutte contre le terrorisme se nourrit du renseignement d'origine cyber (ROC), celui qui est puisé dans les contenus véhiculés par le web, et du renseignement d'intérêt cyber (RIC), celui qui concerne les menaces sur les réseaux, les systèmes de traitement de données. Si les voies et moyens du renseignement sont distincts de la lutte contre la cybercriminalité, la porosité est évidente. La judiciarisation du renseignement, c'est-à-dire son exploitation à des fins d'enquête, est parfois délicate, ne serait-ce qu'en raison de sa nature secrète et de la protection des sources au regard d'une procédure pénale transparente et contradictoire. La loi du 30 juillet 2021 précitée permet à l'autorité judiciaire de transmettre aux services de renseignement des informations issues de procédures pénales. Là encore, les liens entre la lutte contre la cybercriminalité et la cyberdéfense apparaissent, notamment au travers de la DGSI qui dispose de pouvoirs de police judiciaire. Modifiant l'article L. 34-1 du code des postes et des télécommunications électroniques, cette même loi permet, on l'a dit, de contourner les interdits fixés par la Cour de justice de l'Union européenne et relatifs à la conservation des données de connexion (V., néanmoins, Cons. const. 25 févr. 2022, n° 2021-976/977 QPC). La lutte contre la cybercriminalité bénéficie ainsi des possibilités offertes aux services de renseignement, admises par la Cour pour des motifs de défense et de sécurité nationale.

17. Le renseignement est un des piliers de la cyberdéfense, dans ses fonctions de prévention, d'anticipation, de détection, d'attribution, de réaction. Domaine régalien par nature, il doit cependant s'inscrire dans une coopération internationale qui, tout en connaissant des limites (peut-on avoir des alliés dans le cyberespace ?), peut porter ses fruits, comme le soulignent les succès obtenus dans la lutte contre la cybercriminalité. En matière de cyberdéfense, la coopération européenne se construit progressivement et illustre le débat sur la nature de l'Union.

V. L'UNION EUROPÉENNE EN QUÊTE D'UNE CYBERDÉFENSE

18. L'Europe s'est d'abord construite sur une ambition économique, initiée par la Communauté européenne du charbon et de l'acier (CECA) devenue Communauté européenne (CE) avant de se muer en Union européenne (UE). Ceci explique pourquoi l'intervention européenne dans le champ du numérique a principalement visé le soutien au Marché unique et la défense du citoyen-consommateur (Dir. cadre « Paquet Telecom » 2002/21/CE du 7 mars 2002, mod. par Dir. 2009/136/CE du 25 nov. 2009 ; Dir. « ePrivacy » 2002/58/CE du 12 juill. 2002, mod. par Dir. 2009/136/CE, préc. ; Règl. « eIDAS » (UE) n° 910/2014 du 23 juill. 2014 ; Règl. « Internet ouvert » (UE) 2015/2120 du 25 nov. 2015 ; Règl. « RGPD » (UE) 2016/679 du 27 avr. 2016 ; Dir. (UE) 2018/1972 du 11 déc. 2018 établissant le code des communications électroniques européen). Après la libre circulation des personnes et des biens, il a fallu organiser la libre circulation des données.

19. La cyberattaque ayant visé l'Estonie, en 2007, a sans doute été un déclencheur. La directive 2008/114/CE du 8 décembre 2008 concerne le recensement et la désignation des infrastructures critiques européennes ainsi que l'évaluation de la nécessité d'améliorer leur protection. C'est une première étape suivie, à l'initiative de la France, par la directive « SRI » (UE) 2016/1148 du 6 juillet 2016 concernant des mesures destinées à assurer un niveau élevé commun de sécurité des réseaux et des systèmes d'information dans l'Union. Cette directive s'inscrit dans la logique de la démarche française relative aux OIV et fixe des règles de protection des opérateurs de services essentiels (OSE) et des fournisseurs de services numérique (FSN). A Tallin, lors du Sommet européen des chefs d'État ou de gouvernement sur le numérique tenu le 29 septembre 2017, la décision est prise d'élaborer un « paquet cyber ». La SSI est au programme avec l'élaboration de labels européens de cybersécurité pour les entreprises, la lutte contre la cybercriminalité également (traçabilité, lutte contre la fraude, poursuites pénales). Mais la cyberdéfense fait son apparition avec le règlement européen sur la cybersécurité, dit « Cybersecurity Act » (Règl. (UE) 2019/881 du 17 avr.), qui comprend comme éléments « phares », la pérennisation de l'Agence européenne pour la cybersécurité (ENISA) et la création d'une « boite à outils cyberdiplomatique ». S'agissant de l'ENISA, son appellation en anglais est *European Union Agency for Cybersecurity*. C'est donc une agence pour la cybersécurité et non de la cybersécurité. Le choix de la préposition n'est pas neutre en termes de souveraineté nationale. La France et l'Allemagne, en particulier, se sont opposées à toute velléité supranationale pouvant animer certains européistes. Les aspects les plus régaliens, en premier lieu la cyberdéfense, ne peuvent être transférés.

20. Le règlement du 17 avril 2019 relatif à la cybersécurité européenne consacre donc la prise en compte des enjeux par l'Union sans remettre en cause les prérogatives des États. Il s'agit davantage de hisser tous les États membres à un niveau comparable, de partager l'information, l'expertise. Plus directement tournée vers la cyberdéfense, la « boite à outils cyberdiplomatique » s'inscrit dans une posture de rétorsion, de sanction contre les auteurs de cyberattaques agissant hors de l'Union. Parmi les mesures prises, une décision « PESC » 2019/797 du 17 mai 2019 relevant de la politique étrangère et de sécurité commune et un règlement (UE) 2019/796 du 17 mai 2019 prévoient des mesures restrictives (gel des avoirs financiers, interdiction d'accès ou de transit sur le territoire de l'UE).

21. L'article 1er, § 4, du règlement (UE) 2019/796 du 17 mai 2019 dispose que les cyberattaques constituant une menace pour les États membres sont notamment celles qui portent atteinte aux systèmes d'information en ce qui concerne, notamment :

– les infrastructures critiques, y compris les câbles sous-marins et les objets lancés dans l'espace extra-atmosphérique, qui sont indispensables au maintien des fonctions vitales de la société, ou à la santé, la sûreté, la sécurité et au bien-être économique ou social des citoyens ;

– les services nécessaires au maintien d'activités sociales et/ou économiques critiques, en particulier dans les secteurs de l'énergie (électricité, pétrole et gaz), des transports (aériens, ferroviaires, fluviaux, maritimes et routiers), des activités bancaires, des infrastructures des marchés financiers, de la santé (prestataires de soins, hôpitaux et cliniques privées), de l'approvisionnement en eau potable et sa distribution, des infrastructures numériques et tout autre secteur essentiel pour l'État membre concerné.

22. Les menaces extérieures ont leur origine ou sont menées à l'extérieur de l'Union ; elles utilisent des infrastructures situées à l'extérieur de l'Union. Elles sont menées par toute personne physique ou morale, toute entité ou tout organisme établi ou agissant à l'extérieur de l'Union ou avec l'appui, sur les instructions ou sous le contrôle de toute personne physique ou morale, entité ou organisme agissant à l'extérieur de l'Union.

23. Selon Thierry Breton, le développement de la cybersécurité européenne devrait déboucher sur un « bouclier européen ». Cette expression doit sans doute être reformulée, car ce n'est pas l'Union qui fait la force de chacun, mais chacun qui doit contribuer à la force de l'Union. La « tortue romaine » serait l'image la plus adaptée. Chacun se protège directement et protège indirectement les autres. Les institutions de l'Union dédiées à la cybersécurité interviennent pour renforcer les plus faible et donner de la cohésion à l'ensemble.

VI. LE CONTINUUM DÉFENSE-SÉCURITÉ

24. La notion de continuum défense-sécurité est formulée peu après la chute du Mur de Berlin, alors que l'alternat paix/guerre cède la place à une succession de crises à intensité variable (général M. Watin-Augouard, La gendarmerie et la Défense, *Revue Administration 1992, n° 154* ; Le continuum, *Armées d'aujourd'hui 1992, n° 171*). Dans le cyberespace, ce continuum s'observe davantage encore. La criminalité et la délinquance opèrent un transfert dans le monde immatériel, conséquence logique d'un rapport risque pénal/gain escompté très favorable au prédateur, tandis que le cyberespace devient un nouveau terrain de conflictualité, car il offre aux États la possibilité de régler leurs comptes avec une certaine discrétion, privilégiant la « banderille numérique » à la « politique de la canonnière ».

25. Dans cet espace sans frontière, il n'y a pas de « champ de bataille », ni de « zone de sécurité prioritaire » où se concentreraient des actions ciblées. La construction maillée du réseau, le développement de la mobilité confèrent à la menace un caractère polymorphe et ubiquitaire. S'il est vrai que les « cyberdélinquants » poursuivent des objectifs différents de ceux des « cyberterroristes » ou des « cyberguerriers », ils utilisent parfois les mêmes armes, empruntent les mêmes réseaux. Par exemple, une attaque par déni de service peut être le fait de délinquants qui cherchent un profit en opérant un chantage sur un opérateur de commerce en ligne, d'entreprises qui veulent affaiblir un concurrent, de terroristes qui veulent désorganiser les secours simultanément à un attentat, ou le fait d'agresseurs qui veulent affaiblir ou paralyser le fonctionnement d'un État. Il faut donc rechercher pour chaque attaque la finalité poursuivie (cible, gain escompté), analyser la sophistication du procédé avant d'en attribuer l'origine. Le recours à des « tiers attaquants » (groupes paramilitaires, mafias, crime organisé) est parfois le moyen de masquer sous l'apparence de la criminalité un acte d'inspiration étatique. Le *darknet* est aussi un « marché commun » où toutes les causes se financent, s'équipent, recrutent, etc.

26. Le continuum dessine une zone intermédiaire, hybride, qui correspond à la limite haute de la cybercriminalité et amorce une forme de cyberconflictualité qui ne peut, à ce niveau, être qualifiée de cyberguerre. La zone de recouvrement entre la lutte contre la cybercriminalité et la cyberguerre matérialise ce continuum qui n'est rompu, sur le plan juridique, que lorsque s'applique le droit des conflits armés.

A. LUTTE CONTRE LA CYBERCRIMINALITÉ ET CYBERDÉFENSE

27. Des interprétations opposent parfois la lutte contre la cybercriminalité à la cyberdéfense alors que les deux se composent. Ainsi, dans son rapport présenté le 18 juillet 2012, le sénateur Jean-Marie Bockel dressait une frontière entre cyberdéfense et cybercriminalité : « La cyberdéfense [, écrivait-il,] se distingue en particulier de la lutte contre la cybercriminalité [...], volontairement écartée de la réflexion pour se concentrer sur les attaques informatiques susceptibles de porter atteinte aux intérêts fondamentaux de la Nation [...] » (La cyberdéfense : un enjeu mondial, une priorité nationale, *Rapport d'information n° 681*). Mais ces attaques constituent bien des infractions (espionnage, vol ou modifications de données, entrave, sabotage, etc.), prévues et réprimées par le livre IV du code pénal, consacré notamment aux intérêts fondamentaux de la Nation et au terrorisme. En outre, depuis la loi « Godfrain » n° 88-19 du 5 janvier 1988, les atteintes aux systèmes de traitement automatisés de données, les « vols », destructions, modifications de données sont passibles de sanctions pénales (les infractions définies par la loi « Godfrain » peuvent être des actes de terrorisme au sens de l'art. 421-1, 2° C. pén.). Sauf dans l'hypothèse d'un conflit armé, les attaques entrant dans le champ de la cyberdéfense sont aussi des infractions qui relèvent de la compétence de la justice et des services spécialisés de la police et de la gendarmerie. Dans un rapport du 8 juin 2015, l'Assemblée du Parlement du Conseil de l'Europe considère que « Les États membres devraient s'entendre sur un niveau commun d'incrimination des cyberattaques de grande ampleur [...] » (Rapporteur H. Franken, Renforcer la coopération contre le cyberterrorisme et d'autres attaques de grande ampleur sur internet, *Rapport de la Commission de la culture, de la science, de l'éducation et des médias, Doc. 13802*). Le projet de conclusions du Conseil relatives à un cadre pour une réponse diplomatique conjointe de l'UE face aux actes de cybermalveillance (7 juin 2017, 9916/17) conforte cette analyse : « Les activités cybermalveillantes dirigées contre des systèmes d'information, tels qu'ils sont définis par le droit de l'Union, constituent une infraction pénale [...] et la réalisation d'enquêtes et l'engagement de poursuites effectives à l'égard de telles infractions restent un effort commun des États membres ». La cybercriminalité rencontre la cyberdéfense lorsque les cibles visées, les effets produits atteignent un niveau qui peut affecter la continuité des activités les plus sensibles. Mais les cyberattaques relèvent du droit commun, tant que l'on ne peut invoquer une agression armée. Pour preuve, le code pénal (art. 323-3-1 et 323-8), le code de procédure pénale (art. 694-4-1), le code de la sécurité intérieure (art. R. 811-2, qui dresse la liste des services spécialisés de renseignement protégés par l'art. 323-8 C. pén.) et le code de la défense (art. L. 2321-2) comportent des dispositions qui excluent la responsabilité pénale des acteurs de la cyberdéfense ou du renseignement lorsqu'ils commettent, dans l'exercice de leurs fonctions, des actes qui seraient constitutifs d'une infraction (atteintes à la loi « Godfrain », par ex.) s'ils n'étaient justifiés par la loi. C'est bien la démonstration de la volonté du législateur, lequel considère que le champ de la cybercriminalité pénètre celui de la cyberdéfense dans une « zone grise » supra-criminelle mais infra-guerrière et qu'il convient de protéger des acteurs étatiques qui n'ont pas le statut de combattant, faute d'une conflit armé reconnu.

B. GUERRE DANS LE CYBER, CYBER DANS LA GUERRE

28. Tant que le droit des conflits armés n'est pas en jeu, le droit commun s'applique, y compris s'agissant des attaques les plus graves pouvant viser des opérateurs d'importance vitale ou les forces armées. Ce sont des infractions (espionnage, sabotage, etc.), notamment prévues et réprimées par la loi « Godfrain ». La cyberdéfense, qui a pour objectif de protéger les systèmes critiques, conjugue ses effets avec la lutte contre la cybercriminalité. Toutes deux sont les composantes essentielles de la stratégie de cybersécurité. Dans un espace sans frontière qui remet en cause l'ordre westphalien, les États cherchent à rétablir leur souveraineté, enjeu de puissance, voire de domination économique ou culturelle. Le cyberespace devient alors aussi un lieu de compétition, de lutte d'influence, d'affrontement. Il reproduit et amplifie les clivages et antagonismes qui divisent ou morcèlent le monde réel. Dans ce contexte, les tensions peuvent atteindre un niveau paroxystique, de nature à porter atteinte à la sécurité nationale et déboucher sur une « cyberguerre ». Mais s'agit-il d'une guerre dans le cyberespace ou de l'emploi de moyens « cyber » dans la guerre ?

C. LE CYBER DANS LA GUERRE, UNE RÉALITÉ QUOTIDIENNE

29. Le « cyber dans la guerre » ne soulève pas de difficulté conceptuelle. Depuis le conflit du Kosovo et, plus tard, la guerre entre la Russie et la Géorgie (2008) et l'agression de l'Ukraine par la Russie (2022), toutes les opérations militaires utilisent l'arme cyber avant, pendant ou après l'engagement des moyens classiques. Il ne s'agit pas de cybercriminalité mais d'actes de guerre qui doivent respecter les règles fixées par le droit international humanitaire (principes d'humanité, de discrimination, de proportionnalité, de non-perfidie et de neutralité). On notera cependant que l'article L. 4123-12 du code de la défense a été modifié par la loi n° 2018-607 du 13 juillet 2018 de programmation militaire pour les années 2019 à 2025 pour poser le principe de l'irresponsabilité pénale du militaire qui, dans le respect des règles du droit international et dans le cadre d'une opération mobilisant des capacités militaires, exerce des mesures de coercition numériques ou en donne l'ordre. C'est bien la preuve que le législateur veut écarter le risque d'une application du droit commun.

D. LA GUERRE AUTONOME DANS LE CYBER À L'ÉPREUVE DU DROIT DES CONFLITS ARMÉS

30. La guerre autonome dans le cyber soulève plus de difficultés quant à sa qualification. « La cyberguerre du cheval de Troie aura-t-elle lieu ? » s'interrogerait aujourd'hui Giraudoux. En 2007, lorsque l'Estonie a été massivement visée par une attaque par déni de service distribué (DDoS), les médias ont évoqué la « cyberguerre ». Titre assurément vendeur, tant le sensationnel suscite l'intérêt. Ce néologisme cède-t-il à la mode qui adjoint le préfixe cyber à tout concept du monde réel ou recouvre-t-il une nouvelle forme de conflictualité ? « Cyber Pearl Harbor », « Cybergeddon » témoignent de cette tentation de créer des expressions ou des mots avant d'en avoir véritablement défini le sens et la portée. Annoncée, dès 1993, par John Arquilla et David Ronfeldt, dans *Cyberwar is coming* !, puis, en 1999, au travers du concept de « guerre hors limites », par les colonels chinois Qiao Liang et Wang Xiangsui, la « cyberguerre » est aussi contestée par d'autres auteurs, comme Thomas Rid (*Cyberspace is not a war fighting domain, Oxford University Press, 2013*) ou Martin Libicki (*Cyberwar will not take place, Oxford University Press, 2013*). La « guerre dans le cyber », indépendante d'opérations militaires menées dans le monde réel, n'a pas encore été observée de jure car, pour que l'on qualifie ainsi une cyberoffensive, deux conditions cumulatives sont requises. La guerre renvoie à la notion d'agression armée qui doit atteindre une certaine ampleur et avoir des conséquences physiques (destructions) et humaines (tués et blessés) et s'inscrire dans un conflit armé international ou non international avec le sens que lui donne le droit public international (droit de La Haye, Conventions de Genève et ses protocoles additionnels, etc.). Ainsi, pour qu'il y ait guerre, c'est-à-dire un conflit armé surgissant entre deux ou plusieurs États, il faut que les conditions fixées par les articles 2 et 3 des conventions de Genève (pour l'amélioration du sort des blessés et des malades dans les forces armées en campagne du 12 août 1949 ; pour l'amélioration du sort des blessés, des malades et des naufragés des forces armées sur mer du 12 août 1949 ; relative au traitement des prisonniers de guerre du 27 juill. 1929 ; relative à la protection des personnes civiles en temps de guerre du 12 août 1949) et par l'article premier du protocole additionnel II aux conventions de Genève relatif à la protection des victimes des conflits armés non internationaux (8 juin 1977) soient vérifiées.

31. L'article 2, rédigé en termes identiques dans les quatre conventions de Genève, définit le conflit armé international entre deux ou plusieurs États. L'article 3 évoque le conflit non international, dont la définition est précisée par le deuxième protocole additionnel. Est ainsi un conflit armé non international celui qui oppose, sur le territoire d'un État, « ses forces armées et des forces armées dissidentes ou des groupes armés organisés qui, sous la conduite d'un commandement responsable, exercent sur une partie de son territoire un contrôle tel qu'il leur permette de mener des opérations militaires continues et concertées ». Le Tribunal pénal international pour l'ex-Yougoslavie (TPIY), lors du jugement de Duško Tadić le 7 mai 1997 a précisé « qu'un conflit armé existe chaque fois qu'il y a recours à la force armée entre États ou un conflit prolongé entre autorités gouvernementales et des groupes armés organisés ou entre de tels groupes au sein d'un État ». Le deuxième protocole exclut les situations de trouble ou de tension interne, telles que les émeutes, les actes isolés ou sporadiques de violence qui relèvent du droit commun et donc de la cybercriminalité. Le Comité international de la Croix Rouge (CICR) est bien dans cette approche, lui qui considère que la guerre informatique concerne uniquement les moyens et méthodes de guerre utilisés pour mener des cyberopérations équivalant à un conflit armé, ou conduites dans le contexte d'un conflit armé, au sens du droit international humanitaire (*IRCR Expert Meeting, The Potential Human Cost of Cyberoperations, 12-16 nov. 2018, Genève*).

32. Quelle que soit l'hypothèse, l'agression doit produire des effets particulièrement graves pour être caractérisée. L'attaque massive ayant frappé l'Estonie, dès le 27 avril 2007, n'a connu ni mort ni blessé. Pourtant, pendant plusieurs semaines, des attaques par déni de services ont bloqué les sites gouvernementaux, les banques, les médias, les services d'urgence, etc. Pas moins de 85 000 ordinateurs ont été piratés. En 2010 à Natanz

(Iran), ou en 2012 chez Saudi Aramco (Arabie Saoudite), des destructions massives d'équipements ont été constatées sans qu'il y ait mort d'homme. Difficile dans ces conditions de qualifier de cyberguerre des faits qui ne sont pas pour autant sans conséquence. Ces faits ne constituent pas une agression « armée » mais une forme « d'e-conflictualité ». Il en serait autrement si des cyberattaques portant sur des infrastructures d'importance vitale entraînaient, directement ou indirectement, des pertes humaines et matérielles de grande ampleur.

33. L'agression, si elle est caractérisée, doit être imputée à un auteur. Comment qualifier des faits de « cyberguerre » si l'on ne peut identifier l'agresseur ? C'est le problème de l'attribution, de l'imputation qui, en France, est une prérogative du Président de la République. Dans le cas de l'Estonie, Konstantin Goloskokov, membre du groupe de la jeunesse russe Nashi (groupe formé par Vladimir Poutine), a certes revendiqué les attaques au nom de la « désobéissance civile », mais il n'y a jamais eu signature, notamment parce qu'il n'y a pas eu d'engagement conventionnel trahissant l'identité de l'agresseur (cette attaque a fait suite au déplacement d'un monument érigé en 1947 sur la colline de Tonismäe, à Tallinn, en mémoire des soldats soviétiques de la Seconde Guerre mondiale. La Russie a, bien entendu, été suspectée sans que des preuves formelles soient apportées). Seul un Estonien russophone a été arrêté, trahi par son adresse IP. La Russie a évoqué des initiatives de groupes « patriotes » et n'a jamais été juridiquement impliquée. Pour éviter toute attribution entraînant la condamnation par la communauté internationale d'une intervention coercitive, les États peu scrupuleux font le plus souvent appel à des groupes mafieux, paramilitaires, hacktivistes, dont l'activité relève de la criminalité organisée. Ces groupes criminels organisés, structurés, non dépourvus de tout lien avec leur commanditaire, peuvent jouer le rôle de « tiers attaquant » ; ils sont prêts à rendre service, pourvu qu'ils y trouvent intérêt, même si la cause est étrangère à leur « cœur de métier ». Les groupes baptisés « APT » (*Advanced Persistent Threat* ; en français, menace persistante avancée) appartiennent à cette catégorie. Dans certains cas, leur lien de dépendance avec les États est implicitement établi, lorsqu'on les localise dans un bâtiment public. La collusion entre groupes structurés et États est déjà une caractéristique du continuum dans le monde réel. Les agresseurs, faute de preuve les confondant, peuvent répondre par un « démenti plausible ». La recherche de l'anonymat est la première précaution d'un agresseur furtif, sauf lorsqu'il utilise le cyberespace pour la propagande ou la subversion, mais peut-on qualifier de « guerre subversive » une action qui ne se concrétise pas aussi par des cyberattaques revendiquées ?

34. Pour ces raisons, l'hypothèse d'une guerre autonome dans le cyberespace est aujourd'hui peu probable. Bruce Schneier souligne l'ambivalence du mot « guerre » : « De fait, le terme "guerre" a deux définitions : la définition littérale de la guerre, qui implique des fusils, des tanks et des armées qui avancent, et la définition rhétorique, comme la guerre contre la criminalité, contre la pauvreté, contre la drogue et contre le terrorisme. Le terme "cyberguerre" comporte des éléments de la guerre littérale et de la guerre rhétorique, ce qui en fait un terme très connoté lorsque l'on débat de la cybersécurité et des cyberattaques » (Les cyberconflits et la sécurité nationale, *Chronique ONU, Vol. 50, Issue 2, déc. 2013, p. 13-14*, également disponible sur le site des Nations unies, www.un.org). On ne peut que partager cette opinion, car l'emploi à mauvais escient des mots peut avoir des conséquences néfastes sur les organisations, les modes d'action.

35. La cyberguerre autonome est donc incertaine, même si elle est envisageable. Pensons-y toujours et agissons comme si elle était inéluctable – car les défaites sont le fruit du refus de concevoir le pire – mais n'en parlons qu'à bon escient, avec le conditionnel, comme l'utilise le Livre blanc sur la défense et la sécurité nationale de 2013. Celui-ci s'inscrit dans la continuité du précédent (2008) mais prend en compte de manière plus explicite les risques liés aux cyberattaques : « Elles constituent une menace majeure, susceptible de paralyser des pans entiers de l'activité du pays, de déclencher des catastrophes technologiques ou écologiques et de faire de nombreuses victimes qui pourraient constituer un véritable acte de guerre » (préc., p. 49).

36. L'OTAN, notamment depuis le Sommet de Newport des 4 et 5 septembre 2014, considère que « les cyberattaques peuvent atteindre un seuil susceptible de menacer la prospérité, la sécurité et la stabilité des États et de la zone euro-atlantique. Leur impact sur les sociétés modernes pourrait être tout aussi néfaste que celui d'une attaque conventionnelle ». A l'heure où ces pages sont rédigées, nous ignorons ce que déciderait l'OTAN en cas de cyberattaque contre ses propres structures ou contre un ou plusieurs membres, dans le cadre de l'invasion de l'Ukraine par la Russie.

37. Dans ce contexte, rien ne serait pire que de transposer dans le monde numérique les schémas classiques de la stratégie militaire. Si la guerre est, selon Clausewitz, « la continuité de la politique avec l'introduction d'autres moyens », la « cyberguerre » peut être la continuité de la politique avec l'introduction d'autres moyens que ceux de la guerre classique. Si le droit commun et le droit des conflits armées témoignaient de la dualité paix/guerre, ils ne peuvent aujourd'hui parfaitement encadrer des situations intermédiaires, plus hybrides, plus composites.

38. Dès lors, le vocable « cyberdéfense » doit sans doute être revisité. Dans son acception classique, selon les termes de l'article L. 1111-1 du code de la défense, « la défense a pour objet d'assurer l'intégrité du territoire français et la protection de la population contre les agressions armées ». Si l'on fait abstraction de la lutte informatique offensive, la cyberdéfense n'entre pas exactement dans le champ de cette définition, même si la *Revue stratégique de cyberdéfense* de 2018 inclut la « réponse militaire ». On notera que des auteurs avancent le terme de « cybercoercition » pour qualifier « l'action d'un État pour influencer et affaiblir les dirigeants d'un autre État en démontrant implicitement qu'elle peut provoquer, de façon difficilement attribuable, des perturbations sérieuses dans les services collectifs ou des activités industrielles importantes » (B. Barbier, E. Guillaud et J.-L. Gergorin, Cybercoercition : un nouveau défi stratégique, *Le Monde, 28 janv. 2020*). Pour contrer une menace majeure pour l'indépendance nationale, la France doit avoir, selon eux, la capacité et la volonté de riposter à des tentatives de cybercoercition par une « contre-cybercoercition » qui allie cyberdéfense forte et capacité performante et autonome de renseignement permettant d'obtenir une forte probabilité d'attribution des auteurs des cyberattaques. Cette formulation autonomise l'action offensive sans toutefois la dissocier de la défensive, ce qui soutient l'idée d'un quatrième « pilier ».

39. La cybersécurité, aujourd'hui avec ses trois composantes, pourrait donc être « reformatée » pour tenir compte des effets de plus en plus nocifs des cyberattaques et de leur incidence sur la sécurité nationale. Il y a donc des pistes de recherche pour le juriste.

VII. CONCLUSION

40. Nous vivons sans doute dans une période inédite à l'échelle de l'humanité, marquée par la vitesse et l'incertitude. La Période est passionnante, ne serait-ce qu'en raison des passions qu'elle exacerbe. La Période est dangereuse, comme le démontre l'agression de l'Ukraine par la Russie qui utilise Internet pour la propagande, pour identifier des cibles et peut conduire, par les armes, à une « balkanisation » d'Internet. La guerre menace l'infrastructure du cyberespace, comme l'ont montré des cyberattaques sur des satellites ou des menaces sur les câbles sous-marins. La souveraineté est mise à l'épreuve, tout en rendant plus nécessaire encore la recherche d'une autonomie stratégique ou, plus exactement, d'une interdépendance maîtrisée. Le droit court après les technologies de rupture, dont les usages se propagent avant qu'ils ne soient encadrés. Les questions éthiques transcendent le droit par une exigence replaçant l'humain au cœur de sa cybersécurité. « Être maître de son destin numérique ou ne pas être », telle est la nouvelle question shakespearienne qui souligne la nécessité d'une maîtrise par chacun et par les États d'un destin numérique menacé par des prédateurs toujours plus puissants et toujours en avance sur leurs victimes. Les enjeux sont de nature existentielle : pour les citoyens qui refusent d'être des esclaves, des « zombies numériques », manipulés par des acteurs, dont les ambitions ne s'appuient sur aucune des valeurs qui fondent notre vie en société selon un modèle démocratique ; pour les États, dont la mission première est d'assurer la sécurité et la défense des personnes et des biens.

41. Le pessimisme est d'intelligence, l'optimisme est de volonté, écrivait le philosophe Alain (Propos sur le bonheur, *Folio, 1985*). Le pessimisme nous incite à refuser la naïveté face aux menaces ; l'optimisme est le ferment d'une défense collective sans laquelle rien ne peut perdurer face à la détermination des prédateurs. Le droit ne méconnait pas le mal qu'il combat. Il doit aussi soutenir la construction d'une société numérique porteuse de paix et de progrès. ❑

I RÈGLES INTERNES

BIBL. GÉN. ▸ **Articles** : Desfemmes, *Revue de l'Armée, n° 24, 1962* (réflexions sur la guerre électronique). – Bannelier et Christakis, *Les Cahiers de la Revue Défense nationale, 2017* (cyberattaques-prévention-réactions : rôle des États et des acteurs privés). – Arboit, *Les Notes Historiques du CF2R, n° 15, juill. 2018* (l'émergence d'une cryptographie militaire en France).

▸ **Rapports et livres blancs** : Livre blanc sur la défense et la sécurité national, 2008. – Rapport « La cyberdéfense : un enjeu mondial, une priorité nationale », Sénat, Commission des affaires étrangères, de la défense et des forces armées, 2012. – Livre blanc sur la défense et la sécurité nationale, 2013. – Ministère de la Défense, Capacités de lutte informatique russes : état des lieux, *Observatoire du Monde Cybernétique, mars 2014*. – SGDSN, La sécurité des activités d'importance vitale, 2016. – IHEDN, Le SGDSN : 110 ans au service de la défense et de la sécurité de la France, 2016. – Ministère de la Défense, Le RuNet, construction politique ou réalité technique ?, *Observatoire du Monde Cybernétique, déc. 2017*. – Rapport d'information sur la cyberdéfense, Assemblée nationale, Commission de la défense nationale et des forces armées, 2018. – Rapport du CAPS et de l'IRSEM, Les Manipulations de l'information : un défi pour nos démocraties, 2018. – Rapport « Le devoir de souveraineté numérique », Sénat, Commission d'enquête sur la souveraineté numérique, 2019. – Ministère des Armées, Éléments publics de doctrine militaire de lutte informatique offensive, 2019 ; Politique ministérielle de lutte informatique défensive, 2019.

Code de la défense

PREMIÈRE PARTIE : *LÉGISLATIVE*

PREMIÈRE PARTIE *PRINCIPES GÉNÉRAUX DE LA DÉFENSE*

LIVRE III **MISE EN ŒUVRE DE LA DÉFENSE NON MILITAIRE**

TITRE III **DÉFENSE ÉCONOMIQUE**

CHAPITRE II *PROTECTION DES INSTALLATIONS D'IMPORTANCE VITALE*

SECTION 1 *Dispositions générales*

(L. n° 2013-1168 du 18 déc. 2013, art. 22)

Art. L. 1332-1 Les *(L. n° 2005-1550 du 12 déc. 2005, art. 4)* **« opérateurs publics ou privés » exploitant des établissements ou utilisant des installations et ouvrages, dont l'indisponibilité risquerait de diminuer d'une façon importante le potentiel de guerre ou économique, la sécurité ou la capacité de survie de la Nation, sont tenus de coopérer à leurs frais dans les conditions définies au présent chapitre, à la protection desdits établissements, installations et ouvrages contre** *(L. n° 2005-1550 du 12 déc. 2005, art. 4)* **« toute menace, notamment à caractère terroriste ».** *(L. n° 2005-1550 du 12 déc. 2005, art. 3)* **« Ces établissements, installations ou ouvrages sont désignés par l'autorité administrative. »**

Les dispositions de la L. n° 2005-1550 du 12 déc. 2005 produisent effet à compter de l'entrée en vigueur des dispositions réglementaires désignant l'autorité administrative compétente (L. préc., art. 3, JO 13 déc.). Cette autorité a été désignée par le Décr. n° 2006-212 du 23 févr. 2006 (JO 24 févr.).

BIBL. ▸ Chaptal, *Banque 2016, n° 797* (une sécurité optimale pour les OIV ?).

COMMENTAIRE

Sources. La loi n° 2013-1168 du 18 décembre 2013 a introduit dans le code de la défense un ensemble de dispositions spécifiques à la sécurité des systèmes d'information des opérateurs d'importance vitale (C. défense, art. L. 1332-6-1 à L. 1332-6-6). Elles trouvent leur fondement dans le constat de l'insuffisance du niveau de sécurité des systèmes d'information des administrations et des entreprises ayant la qualité d'opérateurs d'importance vitale (J.-L. Carrère, Rapport fait au nom de la commission des affaires étrangères, de la défense et des forces armées sur le projet de loi relatif à la programmation militaire pour les années 2014 à 2019 et portant diverses dispositions concernant la défense et la sécurité nationale, n° 50, 8 oct. 2013, p. 182) et l'accroissement des menaces cybernétiques (P. Adam et G. Gosselin-Fleury, Rapport fait au nom de la commission de la défense nationale et des forces armées sur le projet de loi (n° 1473), adopté par le sénat, relatif à la programmation militaire pour les années 2014 à 2019 et portant diverses dispositions concernant la défense et la sécurité nationale, Ass. nat., n° 1551, 14 nov. 2013, p. 205).

Systèmes d'information d'importance vitale. Les opérateurs d'importance vitale sont « les opérateurs publics ou privés exploitant des établissements ou utilisant des installations et ouvrages, dont l'indisponibilité risquerait de diminuer d'une façon importante le potentiel de guerre ou économique, la sécurité ou la capacité de survie de la Nation » (C. défense, art. L. 1332-1). Sont visés les systèmes d'information de ces opérateurs ainsi que ceux des opérateurs privés et publics qui participent aux systèmes d'information des opérateurs d'importance vitale, dès lors que « l'atteinte à la sécurité ou au fonctionnement risquerait de diminuer d'une façon importante le potentiel de guerre ou économique, la sécurité ou la capacité de survie de la Nation ou pourrait présenter un danger grave pour la population » (C. défense, art. L. 1336-6-1, al. 1er). Les opérateurs sont tenus d'établir et de tenir à jour la liste de leurs systèmes d'information d'importance vitale, y compris de ceux des opérateurs privés et publics participant à leurs systèmes (C. défense, art. R. 1332-41-2). L'objectif pour l'opérateur, mais aussi pour l'ANSSI à qui la liste est communiquée, est de vérifier que l'ensemble des systèmes d'information d'importance vitale sont bien identifiés et soumis aux règles concernant leur sécurité. La liste est couverte par le secret de la défense nationale.

Règles de sécurité. Les opérateurs sont tenus de respecter des règles de sécurité nécessaire à la protection de systèmes d'information et adoptées par arrêté du Premier ministre (C. défense, art. L. 1332-6-1). Ces règles sont élaborées par l'ANSSI (C. défense, art. R. 1332-41-1). Elles peuvent prescrire la mise en œuvre par les opérateurs de « systèmes qualifiés de détection des événements susceptibles d'affecter la sécurité de leurs systèmes d'information » (C. défense, art. L. 1332-6-1, al. 2). Dans ce cas, elles en déterminent le type ou les types, les conditions et les délais de mise en œuvre par les opérateurs (C. défense, art. R. 1332-41-3). L'ANSSI peut demander à l'exploitant du système de détection d'utiliser des données techniques qu'elle fournit afin de rechercher et d'analyser les événements susceptibles d'affecter la sécurité des systèmes d'information (C. défense, art. R. 1332-41-6). Ils sont exploités par des prestataires qualifiés en matière de sécurité des systèmes d'information, par l'ANSSI ou par d'autres services de l'État. Un opérateur d'importance vitale peut être prestataire de service exploitant des systèmes de détection des incidents de sécurité (C. défense, art. R. 1332-41-8). Si l'opérateur est un service de l'État, le Premier ministre détermine la qualité de l'exploitant des systèmes de détection. Une convention est conclue entre l'opérateur et l'exploitant du système de détection pour déterminer les conditions de mise en œuvre du système comme les systèmes d'information concernés, les fonctionnalités du système de détection, le type des systèmes de détection utilisés, les moyens nécessaires à la mise en œuvre du système de détection (C. défense, art. R. 1332-41-5). Les systèmes de détection et les prestataires de services font l'objet d'une qualification au titre du décret n° 2015-350 du 27 mars 2015 relatif à la qualification des produits de sécurité et des prestataires de services de confiance pour les besoins de la sécurité des systèmes d'information (C. défense, art. R. 1332-41-7). La liste des systèmes de détection et des prestataires qualifiés est mise à la disposition du public (C. défense, art. R. 1332-41-9).

Déclaration des incidents de sécurité. Les opérateurs d'importance vitale sont tenus d'informer le Premier ministre des incidents affectant le fonctionnement ou la sécurité de leurs systèmes d'information (C. défense, art. L. 1332-6-2). La déclaration est faite auprès de l'ANSSI (C. défense, art. R. 1332-41-10). Elle doit intervenir dès que l'opérateur a connaissance de l'incident de sécurité. La déclaration est complétée à la suite de l'analyse de l'incident. L'ANSSI peut demander des informations complémentaires, demandes auxquelles il doit être fait droit. Un arrêté du Premier ministre précise les informations devant être communiquées et les modalités de déclaration. Une synthèse de l'incident peut être transmise par l'ANSSI aux ministres concernés (C. défense, art. R. 1332-41-11).

Évaluation de la sécurité. Le niveau de sécurité et le respect des règles de sécurité peuvent être soumis à une évaluation sur décision du Premier ministre (C. défense, art. L. 1332-6-3). Cette décision est notifiée à l'opérateur. Elle précise les objectifs, le périmètre du contrôle, en fixe le délai et détermine qui est chargé du contrôle : l'ANSSI, un service de l'État ou un prestataire de service qualifié (C. défense, art. R. 1332-41-12 et R. 1332-41-16). Une obligation de coopération s'impose à l'opérateur qui doit fournir les informations nécessaires à l'évaluation de la sécurité des systèmes d'information à l'organe chargé du contrôle et les moyens pour accéder aux systèmes d'information et à leurs composants (C. défense, art. R. 1332-41-13). Un rapport d'évaluation est réalisé sur le niveau de sécurité des systèmes d'information, sur le respect des règles de sécurité qui s'imposent à l'opérateur et sur les éventuelles vulnérabilités et manquements constatés pour lesquels des recommandations peuvent être formulées (C. défense, art. R. 1332-41-15). L'évaluation fait l'objet d'un contrat entre l'opérateur et l'évaluateur (C. défense, art. R. 1332-41-14). Le coût des contrôles repose sur les opérateurs d'importance vitale (C. défense, art. R. 1332-41-17).

Mesures de crise. En cas de crises majeures menaçant ou affectant les systèmes d'information des opérateurs d'importance vitale, le Premier ministre peut adopter des mesures qui sont proposées par l'ANSSI (C. défense, art. L. 1332-6-4 et R. 1332-41-18).

Opérateurs tiers. Des mesures doivent être adoptées entre l'opérateur d'importance vitale et les opérateurs privés et publics qui participent à leurs systèmes d'information afin que l'ensemble des dispositions applicables à ces systèmes soient respectées. Ces mesures peuvent être adoptées par voie contractuelle (C. défense, art. R. 1332-41-19).

Point de contact et relations avec l'ANSSI. Chaque opérateur d'importance vitale désigne un représentant auprès de l'ANSSI (C. défense, art. R. 1332-41-20). L'ANSSI peut imposer l'utilisation d'un moyen particulier afin de protéger les échanges électroniques d'informations concernant la sécurité des systèmes d'informations d'importance vitale (C. défense, art. R. 1332-41-21).

Sanction. Un délit est institué pour sanctionner le non-respect par les opérateurs d'importance vitale des dispositions applicables à la sécurité de leurs systèmes d'information, qu'il s'agisse des règles de sécurité, de l'information à la suite d'un incident de sécurité, de la réalisation d'une évaluation de sécurité ou du respect des mesures de crise adoptées par le Premier ministre (C. défense, art. L. 1332-7). En dehors du manquement à la notification des incidents de sécurité, le manquement aux autres obligations ne peut être sanctionné pénalement qu'après une mise en demeure préalable. L'ANSSI se voit confier le pouvoir de saisir l'autorité judiciaire aux fins de poursuite de l'auteur du manquement (C. défense, art. R. 1332-41-23). La répression est de 150.000 euros d'amende. Les personnes morales peuvent être déclarées responsables de ce délit. Par ailleurs, une amende contraventionnelle de cinquième classe sanctionne le fait de faire obstacle aux missions des fonctionnaires chargés du contrôle des opérateurs de services d'importance vitale (C. défense, art. R. 1332-42). ❑

Art. L. 1332-2 Les obligations prescrites par le présent chapitre peuvent être étendues à des établissements mentionnés à l'article L. 511-1 du code de l'environnement *(L. nº 2006-686 du 13 juin 2006, art. 59)* **« ou comprenant une installation nucléaire de base visée à l'article » L. 593-1 du code de l'environnement quand la destruction ou l'avarie de certaines installations de ces établissements peut présenter un danger grave pour la population. Ces établissements sont désignés par** *(L. nº 2005-1550 du 12 déc. 2005, art. 3)* **« l'autorité administrative ».**

V. note ss. art. L. 1332-1.

Art. L. 1332-2-1 *(L. nº 2011-267 du 14 mars 2011, art. 26)* **L'accès à tout ou partie des établissements, installations et ouvrages désignés en application du présent chapitre est autorisé par l'opérateur qui peut demander l'avis de l'autorité administrative compétente dans les conditions et selon les modalités définies par décret en Conseil d'État.**

L'avis est rendu à la suite d'une enquête administrative qui peut donner lieu à la consultation du bulletin nº 2 du casier judiciaire et de traitements automatisés de don-

nées à caractère personnel relevant de l'article *(Ord. nº 2018-1125 du 12 déc. 2018, art. 5 et 29, en vigueur le 1er juin 2019)* **« 31 » de la loi nº 78-17 du 6 janvier 1978 relative à l'informatique, aux fichiers et aux libertés, à l'exception des fichiers d'identification.**

La personne concernée est informée de l'enquête administrative dont elle fait l'objet.

V. note ss. art. L. 1332-1.

Refus d'accès. L'accès d'une personne à une installation d'importance vitale peut être refusé par l'exploitant de l'installation lorsque les caractéristiques de cette personne ne sont pas compatibles avec cet accès. L'exploitant peut solliciter par écrit l'avis du préfet de département, lequel peut demander à ce que soit diligentée une enquête administrative destinée à vérifier que les caractéristiques de la personne physique ou morale intéressée ne sont pas incompatibles avec l'accès envisagé. Lorsqu'il est saisi, par le recours administratif préalable obligatoire, d'une décision de refus d'accès à une telle installation, il appartient au ministre compétent d'apprécier, sous le contrôle du juge de l'excès de pouvoir, si les caractéristiques de la personne concernée sont effectivement incompatibles avec l'accès à l'installation en cause. Il ressort des pièces du dossier que l'ouvrier-monteur dans la logistique nucléaire revendique son appartenance à la mouvance salafiste, que son épouse a fait l'objet d'un signalement pour radicalisation et qu'il est en relation avec plusieurs personnes signalées pour radicalisation. En se fondant sur ces éléments, qui sont suffisamment étayés par les pièces versées au dossier, pour caractériser l'incompatibilité du comportement et des fréquentations de l'intéressé avec l'autorisation sollicitée et refuser pour ce motif l'accès sollicité, l'autorité administrative n'a pas fait une inexacte application des dispositions du code de la défense. C'est, par suite, à tort que le tribunal administratif s'est fondé sur une erreur d'appréciation de l'autorité administrative pour annuler la décision du ministre de l'Environnement, de l'Énergie et de la Mer rejetant le recours de l'ouvrier contre la décision lui refusant l'accès à un centre nucléaire de production d'électricité. • CE 17 oct. 2022, nº 444826 : *AJDA 2022. 1984, obs. Pastor*.

Art. L. 1332-3 Les *(L. nº 2005-1550 du 12 déc. 2005, art. 4)* **« opérateurs » dont un ou plusieurs établissements, installations et ouvrages sont désignés en application du présent chapitre réalisent pour chacun d'eux les mesures de protection prévues à un plan particulier de protection dressé par l'opérateur et approuvé par** *(L. nº 2005-1550 du 12 déc. 2005, art. 3)* **« l'autorité administrative ».**

Ces mesures comportent notamment des dispositions efficaces de surveillance, d'alarme et de protection matérielle. En cas de non-approbation du plan et de désaccord persistant, la décision est prise par l'autorité *(L. nº 2005-1550 du 12 déc. 2005, art. 3)* **« administrative ».**

V. note ss. art. L. 1332-1.

Art. L. 1332-4 **En cas de** *(L. nº 2005-1550 du 12 déc. 2005, art. 4)* **« refus des opérateurs » de préparer leur plan particulier de protection,** *(L. nº 2005-1550 du 12 déc. 2005, art. 3)* **« l'autorité administrative » met, par arrêtés, les chefs d'établissements ou d'entreprises assujettis en demeure de l'établir dans le délai** *(L. nº 2005-1550 du 12 déc. 2005, art. 3)* **« qu'elle » fixe.**

V. note ss. art. L. 1332-1.

Art. L. 1332-5 **Le plan de protection établi dans les conditions prévues à l'article L. 1332-4,** *(L. nº 2005-1550 du 12 déc. 2005, art. 3)* **« l'autorité administrative » met, par arrêtés, les chefs d'établissements ou d'entreprises en demeure de le réaliser dans le délai** *(L. nº 2005-1550 du 12 déc. 2005, art. 3)* **« qu'elle » fixe.**

V. note ss. art. L. 1332-1.

Art. L. 1332-6 **Les arrêtés de mise en demeure prévus aux articles L. 1332-4 et L. 1332-5 fixent un délai qui ne peut être inférieur à un mois, et qui est déterminé en tenant compte des conditions de fonctionnement de** *(L. nº 2005-1550 du 12 déc. 2005, art. 4)* **« l'opérateur » et des travaux à exécuter.**

(Abrogé par L. nº 2005-1550 du 12 déc. 2005, art. 3) ***« Le ministre responsable mentionné à l'article L. 1332-1 est tenu informé par les préfets de l'arrêté de mise en demeure de réaliser le plan de protection. »***

Les arrêtés *(Abrogé par L. n° 2005-1550 du 12 déc. 2005, art. 3)* « *préfectoraux* » concernant les entreprises nationales ou faisant appel au concours financier de l'État sont transmis au ministre de tutelle et au ministre de l'économie et des finances, qui sont immédiatement informés des difficultés susceptibles de se produire dans l'application de l'arrêté.

V. note ss. art. L. 1332-1.

SECTION 1 *BIS* *Dispositifs techniques concourant à la protection des installations d'importance vitale*

(L. n° 2021-646 du 25 mai 2021, art. 47)

Art. L. 1332-6-1 A A des fins de protection des établissements, installations et ouvrages d'importance vitale mentionnés aux articles L. 1332-1 et L. 1332-2, les services de l'État concourant à la défense nationale, à la sûreté de l'État et à la sécurité intérieure peuvent procéder, au moyen de caméras installées sur des aéronefs, à la captation, à l'enregistrement et à la transmission d'images dans les conditions définies aux articles L. 2364-2 à L. 2364-4.

SECTION 2 *Dispositions spécifiques à la sécurité des systèmes d'information*

(L. n° 2013-1168 du 18 déc. 2013, art. 22)

Art. L. 1332-6-1 Le Premier ministre fixe les règles de sécurité nécessaires à la protection des systèmes d'information des opérateurs mentionnés aux articles L. 1332-1 et L. 1332-2 et des opérateurs publics ou privés qui participent à ces systèmes pour lesquels l'atteinte à la sécurité ou au fonctionnement risquerait de diminuer d'une façon importante le potentiel de guerre ou économique, la sécurité ou la capacité de survie de la Nation *(L. n° 2015-917 du 28 juill. 2015, art. 27-1°)* « ou pourrait présenter un danger grave pour la population ». Ces opérateurs sont tenus d'appliquer ces règles à leurs frais.

Les règles mentionnées au premier alinéa peuvent notamment prescrire que les opérateurs mettent en œuvre des systèmes qualifiés de détection des événements susceptibles d'affecter la sécurité de leurs systèmes d'information. Ces systèmes de détection sont exploités sur le territoire national par des prestataires de service qualifiés en matière de sécurité de systèmes d'information, par l'autorité nationale de sécurité des systèmes d'information ou par d'autres services de l'État désignés par le Premier ministre.

Les qualifications des systèmes de détection et des prestataires de service exploitant ces systèmes sont délivrées par le Premier ministre.

Art. L. 1332-6-2 Les opérateurs mentionnés aux articles L. 1332-1 et L. 1332-2 informent sans délai le Premier ministre des incidents affectant le fonctionnement ou la sécurité des systèmes d'information mentionnés au premier alinéa de l'article L. 1332-6-1.

Art. L. 1332-6-3 A la demande du Premier ministre, les opérateurs mentionnés aux articles L. 1332-1 et L. 1332-2 soumettent leurs systèmes d'information à des contrôles destinés à vérifier le niveau de sécurité et le respect des règles de sécurité prévues à l'article L. 1332-6-1. Les contrôles sont effectués par l'autorité nationale de sécurité des systèmes d'information ou par des services de l'État désignés par le Premier ministre ou par des prestataires de service qualifiés par ce dernier. Le coût des contrôles est à la charge de l'opérateur.

Art. L. 1332-6-4 Pour répondre aux crises majeures menaçant ou affectant la sécurité des systèmes d'information, le Premier ministre peut décider des mesures que les opérateurs mentionnés aux articles L. 1332-1 et L. 1332-2 doivent mettre en œuvre.

Art. L. 1332-6-5 L'État préserve la confidentialité des informations qu'il recueille auprès des opérateurs mentionnés aux articles L. 1332-1 et L. 1332-2 dans le cadre de l'application de la présente section.

Art. L. 1332-6-6 Un décret en Conseil d'État précise les conditions et limites dans lesquelles s'appliquent les dispositions de la présente section.

SECTION 3 ***Dispositions pénales*** *(L. n° 2013-1168 du 18 déc. 2013, art. 22).*

Art. L. 1332-7 Est puni d'une amende de 150 000 euros le fait, pour les dirigeants des *(L. n° 2005-1550 du 12 déc. 2005, art. 4)* « opérateurs » mentionnés à l'article L. 1332-4 et à l'expiration du délai défini par l'arrêté de mise en demeure, d'omettre d'établir un plan de protection ou de réaliser les travaux prévus.

Est puni d'une amende de 150 000 euros le fait, pour les mêmes personnes, d'omettre, après une mise en demeure, d'entretenir en bon état les dispositifs de protection antérieurement établis.

(L. n° 2013-1168 du 18 déc. 2013, art. 22) « Est puni d'une amende de 150 000 € le fait, pour les mêmes personnes, de ne pas satisfaire aux obligations prévues aux articles L. 1332-6-1 à L. 1332-6-4. Hormis le cas d'un manquement à l'article L. 1332-6-2, cette sanction est précédée d'une mise en demeure.

« Les personnes morales déclarées responsables, dans les conditions prévues à l'article 121-2 du code pénal, des infractions prévues à la présente section encourent une amende suivant les modalités prévues à l'article 131-38 du même code. »

DEUXIÈME PARTIE ***RÉGIMES JURIDIQUES DE DÉFENSE***

LIVRE III **RÉGIMES JURIDIQUES DE DÉFENSE D'APPLICATION PERMANENTE**

TITRE I **LE SECRET DE LA DÉFENSE NATIONALE**

CHAPITRE I ***PROTECTION DU SECRET DE LA DÉFENSE NATIONALE***

Art. L. 2311-1 Les règles relatives à la définition des informations concernées par les dispositions du présent chapitre sont définies par l'article 413-9 du code pénal.

TITRE II **SÉCURITÉ DES SYSTÈMES D'INFORMATION**

CHAPITRE I ***RESPONSABILITÉS***

Art. L. 2321-1 *(L. n° 2013-1168 du 18 déc. 2013, art. 21)* Dans le cadre de la stratégie de sécurité nationale et de la politique de défense, le Premier ministre définit la politique et coordonne l'action gouvernementale en matière de sécurité et de défense des systèmes d'information. Il dispose à cette fin de l'autorité nationale de sécurité des systèmes d'information qui assure la fonction d'autorité nationale de défense des systèmes d'information.

Art. L. 2321-2 *(L. n° 2013-1168 du 18 déc. 2013, art. 21)* Pour répondre à une attaque informatique qui vise les systèmes d'information affectant le potentiel de guerre ou économique, la sécurité ou la capacité de survie de la Nation, les services de l'État peuvent, dans les conditions fixées par le Premier ministre, procéder aux opérations techniques nécessaires à la caractérisation de l'attaque et à la neutralisation de ses effets en accédant aux systèmes d'information qui sont à l'origine de l'attaque.

Pour être en mesure de répondre aux attaques mentionnées au premier alinéa, les services de l'État déterminés par le Premier ministre peuvent détenir des équipements, des instruments, des programmes informatiques et toutes données susceptibles de permettre la réalisation d'une ou plusieurs des infractions prévues aux articles 323-1 à 323-3 du code pénal, en vue d'analyser leur conception et d'observer leur fonctionnement.

TITRE III MATÉRIELS DE GUERRE, ARMES ET MUNITIONS

CHAPITRE V *IMPORTATIONS ET EXPORTATIONS. – TRANSFERTS AU SEIN DE L'UNION EUROPÉENNE*

(L. n° 2011-702 du 22 juin 2011, art. 1er, en vigueur le 30 juin 2012)

SECTION 1 *Importations et exportations des matériels de guerre et matériels assimilés hors du territoire de l'Union européenne*

SOUS-SECTION 1 *Autorisation d'importation et dérogations*

Art. L. 2335-1 I. – L'importation sans autorisation préalable des matériels *(Ord. n° 2019-610 du 19 juin 2019, art. 4-1°-a)* « de guerre, armes, munitions et de leurs éléments relevant des catégories A et B ainsi que des armes, munitions et de leurs éléments relevant des catégories C et D figurant sur une liste fixée par un décret en Conseil d'État, » provenant des États non membres de l'Union européenne *(Ord. n° 2014-792 du 10 juill. 2014, art. 7-1°)* « ainsi que des territoires exclus du territoire douanier de l'Union européenne » est prohibée.

(L. n° 2013-1168 du 18 déc. 2013, art. 26) « L'autorité administrative » détermine les conditions dans lesquelles il peut être dérogé à cette prohibition et les conditions dans lesquelles une autorisation d'importation peut être délivrée.

II. – Aucun des matériels de *(Ord. n° 2019-610 du 19 juin 2019, art. 4-1°-b)* « guerre, armes, munitions et de leurs éléments relevant des catégories A et B » dont l'importation en France est prohibée ne peut figurer dans une vente publique à moins d'avoir été au préalable rendu impropre à son usage normal.

III. – Aucun importateur des matériels *(Ord. n° 2019-610 du 19 juin 2019, art. 4-1°-c)* « de guerre, armes, munitions et de leurs éléments relevant des catégories A et B » ne peut obtenir une autorisation d'importation s'il n'est pas déjà titulaire de l'autorisation prévue au I de l'article L. 2332-1.

Les personnes non titulaires de cette autorisation peuvent, à titre exceptionnel, demander à bénéficier d'une autorisation d'importation *(Ord. n° 2019-610 du 19 juin 2019, art. 4-1°-c)* « de ces matériels de guerre, armes, munitions et de leurs éléments » dans des conditions définies par décret en Conseil d'État.

IV. – L'autorité administrative peut à tout moment, dans les conditions fixées par décret en Conseil d'État, suspendre, modifier, abroger ou retirer les autorisations d'importation qu'elle a délivrées, pour des raisons de respect des engagements internationaux de la France, de protection des intérêts essentiels de sécurité, d'ordre public ou de sécurité publique, ou pour non-respect des conditions spécifiées dans l'autorisation.

Les autorisations d'importation mentionnées au présent art. conservent leur validité jusqu'à leur terme. Ces dispositions sont applicables à Wallis-et-Futuna, en Polynésie française, en Nouvelle-Calédonie et dans les Terres australes et antarctiques françaises (Décr. n° 2017-909 du 9 mai 2017, art. 34-I-4° et II).

Les dispositions introduites par la L. n° 2012-304 du 6 mars 2012 sont applicables dans les îles Wallis-et-Futuna, en Polynésie française, en Nouvelle-Calédonie et dans les Terres australes et antarctiques françaises (L. préc., art. 35 ; Ord. n° 2013-518 du 20 juin 2013, art. 6-II).

SOUS-SECTION 2 *Autorisations d'exportation et dérogations*

Art. L. 2335-2 L'exportation sans autorisation préalable de matériels de guerre et matériels assimilés vers des États non membres de l'Union européenne *(Ord. n° 2014-792 du 10 juill. 2014, art. 7-2°)* « ainsi que des territoires exclus du territoire douanier de l'Union européenne » est prohibée.

L'autorité administrative définit la liste de ces matériels de guerre et matériels assimilés soumis à autorisation préalable ainsi que les dérogations à cette autorisation.

Art. L. 2335-3 I. — L'autorisation préalable d'exportation, dénommée licence d'exportation, est accordée par l'autorité administrative, sous l'une des formes suivantes :

1° Des arrêtés dénommés "licences générales d'exportation", comportant des listes de matériels *(Ord. n° 2019-610 du 19 juin 2019, art. 4-2°-a)* « de guerre et matériels assimilés » et autorisant directement tout exportateur établi en France remplissant certaines conditions définies par l'autorité administrative à expédier ces matériels vers une ou plusieurs catégories de destinataires situés dans un État non membre de l'Union européenne *(Ord. n° 2014-792 du 10 juill. 2014, art. 7-3°)* « ainsi que dans les territoires exclus du territoire douanier de l'Union européenne » ;

2° Des licences globales d'exportation, faisant l'objet d'une notification, autorisant, à sa demande, un exportateur établi en France à expédier des matériels de guerre et matériels assimilés spécifiques à un ou plusieurs destinataires identifiés, situés dans un État non membre de l'Union européenne *(Ord. n° 2014-792 du 10 juill. 2014, art. 7-3°)* « ainsi que dans les territoires exclus du territoire douanier de l'Union européenne », pour une durée déterminée, sans limite de quantité ni de montant ;

3° Des licences individuelles d'exportation, faisant l'objet d'une notification, autorisant, à sa demande, un exportateur établi en France à expédier, en une ou plusieurs fois, un ou plusieurs matériels de guerre et matériels assimilés à un destinataire situé dans un État non membre de l'Union européenne *(Ord. n° 2014-792 du 10 juill. 2014, art. 7-3°)* « ainsi que dans les territoires exclus du territoire douanier de l'Union européenne ».

Les licences d'exportation peuvent comporter des conditions ou des restrictions concernant l'utilisation finale de ces matériels.

II. — Les licences générales d'exportation autorisent tout exportateur établi en France à effectuer des exportations de matériels de guerre et matériels assimilés, y compris toutes les opérations commerciales préalables.

III. — Les licences globales et les licences individuelles d'exportation autorisent un exportateur établi en France à procéder à l'exportation de matériels de guerre et matériels assimilés, y compris toutes les opérations commerciales préalables.

IV. — Les opérations préalables mentionnées aux II et III comprennent la communication d'informations dans le cadre de la négociation d'un contrat, l'acceptation d'une commande ou la signature d'un contrat.

A la demande de l'exportateur ou lorsque l'autorité administrative l'estime nécessaire, compte tenu de l'opération d'exportation, l'autorisation peut être limitée à la communication d'informations dans le cadre de la négociation d'un contrat, à l'acceptation d'une commande ou à la signature d'un contrat.

V. — Aucun exportateur des matériels *(Ord. n° 2019-610 du 19 juin 2019, art. 4-2°-b)* « de guerre, armes, munitions et de leurs éléments relevant des catégories A et B » *(L. n° 2018-607 du 13 juill. 2018, art. 43)* « ou de services fondés sur l'utilisation ou sur l'exploitation des matériels de guerre et matériels assimilés figurant sur la liste mentionnée au second alinéa de l'article L. 2335-2 » ne peut utiliser une licence générale d'exportation ou obtenir une licence globale ou individuelle d'exportation s'il n'est déjà titulaire de l'autorisation prévue au I de l'article L. 2332-1.

Les personnes non titulaires de cette autorisation peuvent, à titre exceptionnel, demander à bénéficier d'une licence générale, globale ou individuelle d'exportation *(L. n° 2018-607 du 13 juill. 2018, art. 43)* « de ces matériels » *(Ord. n° 2019-610 du 19 juin 2019, art. 4-2°-b)* « de guerre, armes, munitions et de leurs éléments ou de ces services ».

VI. — Les modalités d'application du présent article sont déterminées par décret en Conseil d'État.

V. notes ss. art. L. 2335-1.

Sur les modalités de demande de licences individuelles et globales d'exportation de matériels de guerre et matériels assimilés et les modalités de demande de licences individuelles et globales de transfert de produits liés à la défense, V. Arr. du 14 avr. 2014 (JO 18 mai), en vigueur à la date mentionnée au II de l'art. 6 du Décr. n° 2012-901 du 20 juill. 2012, soit le 4 juin 2014.

QUATRIÈME PARTIE *LE PERSONNEL MILITAIRE*

LIVRE I **STATUT GÉNÉRAL DES MILITAIRES**

TITRE II **DROITS ET OBLIGATIONS**

CHAPITRE III *RÉMUNÉRATION, GARANTIES ET PROTECTIONS*

SECTION 3 *Protection juridique et responsabilité pénale*

Art. L. 4123-12 I. — Outre les cas de légitime défense, n'est pas pénalement responsable le militaire qui déploie, après sommations, la force armée absolument nécessaire pour empêcher ou interrompre toute intrusion dans une zone de défense hautement sensible et procéder à l'arrestation de l'auteur de cette intrusion.

Constitue une zone de défense hautement sensible la zone définie par voie réglementaire à l'intérieur de laquelle sont implantés ou stationnés des biens militaires dont la perte ou la destruction serait susceptible de causer de très graves dommages à la population, ou mettrait en cause les intérêts vitaux de la défense nationale.

Un décret en Conseil d'État fixe les modalités d'application des alinéas précédents. Il détermine les conditions dans lesquelles sont définies les zones de défense hautement sensibles, les conditions de délivrance des autorisations d'y pénétrer et les modalités de leur protection. Il précise les modalités des sommations auxquelles procède le militaire.

II. — N'est pas pénalement responsable le militaire qui, dans le respect des règles du droit international *(L. n° 2013-1168 du 18 déc. 2013, art. 31)* « et dans le cadre d'une opération mobilisant des capacités militaires, se déroulant à l'extérieur du territoire français ou des eaux territoriales françaises, quels que soient son objet, sa durée ou son ampleur, y compris *(L. n° 2018-607 du 13 juill. 2018, art. 35)* « les actions numériques, » la libération d'otages, l'évacuation de ressortissants ou la police en haute mer, exerce des mesures de coercition ou fait usage de la force armée, ou en donne l'ordre, lorsque cela est nécessaire à l'exercice de sa mission. » — *[L. n° 2005-270 du 24 mars 2005, art. 17.]*

DEUXIÈME PARTIE : *RÉGLEMENTAIRE*

PREMIÈRE PARTIE *PRINCIPES GÉNÉRAUX DE LA DÉFENSE*

LIVRE I **LA DIRECTION DE LA DÉFENSE**

TITRE III **LE PREMIER MINISTRE**

CHAPITRE II *ORGANISMES RELEVANT DU PREMIER MINISTRE*

SECTION 1 *Secrétariat général de la défense et de la sécurité nationale*

Art. R.* 1132-3 Le secrétaire général de la défense et de la sécurité nationale assiste le Premier ministre dans l'exercice de ses responsabilités en matière de défense et de sécurité nationale. A ce titre :

1° Il anime et coordonne les travaux interministériels relatifs à la politique de défense et de sécurité nationale et aux politiques publiques qui y concourent ;

2° En liaison avec les départements ministériels concernés, il suit l'évolution des crises et des conflits internationaux pouvant affecter les intérêts de la France en matière de défense et de sécurité nationale et étudie les dispositions susceptibles d'être prises. Il est associé à la préparation et au déroulement des négociations ou des réunions internationales ayant des implications sur la défense et la sécurité nationale et est tenu informé de leurs résultats ;

3° Il propose, diffuse et fait appliquer et contrôler les mesures nécessaires à la protection du secret de la défense nationale. Il prépare la réglementation interministérielle en matière de défense et de sécurité nationale, en assure la diffusion et en suit l'application ;

4° En appui du *(Décr. n° 2017-1095 du 14 juin 2017, art. 1er-5°)* « coordonnateur national du renseignement et de la lutte contre le terrorisme », il concourt à l'adaptation du cadre juridique dans lequel s'inscrit l'action des services de renseignement et à la planification de leurs moyens et assure l'organisation des groupes interministériels d'analyse et de synthèse en matière de renseignement ;

5° Il élabore la planification interministérielle de défense et de sécurité nationale, veille à son application et conduit des exercices interministériels la mettant en œuvre. Il coordonne la préparation et la mise en œuvre des mesures de défense et de sécurité nationale incombant aux divers départements ministériels et s'assure de la coordination des moyens civils et militaires prévus en cas de crise majeure ;

6° Il s'assure que le Président de la République et le Gouvernement disposent des moyens de commandement et de communications électroniques nécessaires en matière de défense et de sécurité nationale et en fait assurer le fonctionnement ;

7° Il propose au Premier ministre et met en œuvre la politique du Gouvernement en matière de sécurité des systèmes d'information. Il dispose à cette fin du service à compétence nationale dénommé "Agence nationale de la sécurité des systèmes d'information" ;

8° Il veille à la cohérence des actions entreprises en matière de politique de recherche scientifique et de projets technologiques intéressant la défense et la sécurité nationale et contribue à la protection des intérêts nationaux stratégiques dans ce domaine ;

(Décr. n° 2021-922 du 13 juill. 2021, art. 1er) « 9° En liaison avec les départements ministériels concernés, il identifie les opérations impliquant, de manière directe ou indirecte, un État étranger ou une entité non étatique étrangère, et visant à la diffusion artificielle ou automatisée, massive et délibérée, par le biais d'un service de communication au public en ligne, d'allégations ou imputations de faits manifestement inexactes ou trompeuses de nature à porter atteinte aux intérêts fondamentaux de la Nation. Il anime et coordonne les travaux interministériels en matière de protection contre ces opérations.

Décret n° 2021-1587 du 7 décembre 2021,

Portant autorisation d'un traitement automatisé de données à caractère personnel dans le but d'identifier les ingérences numériques étrangères.

TITRE I. ORGANISATION ET FONCTIONNEMENT DU TRAITEMENT

Art. 1er Dans l'exercice de ses attributions prévues au 9° de l'article R.* 1132-3 du code de la défense, le secrétaire général de la défense et de la sécurité nationale est autorisé à mettre en œuvre un traitement informatisé et automatisé de données à caractère personnel.

Ce traitement a pour finalités la détection et la caractérisation des opérations impliquant, de manière directe ou indirecte, un État étranger ou une entité non étatique étrangère, et visant à la diffusion artificielle ou automatisée, massive et délibérée, par le biais d'un service de communication au public en ligne, d'allégations ou imputations de faits manifestement inexactes ou trompeuses de nature à porter atteinte aux intérêts fondamentaux de la Nation, notamment lorsque ces opérations sont de nature à altérer l'information des citoyens pendant les périodes électorales mentionnées à l'article 33-1-1 de la loi du 30 septembre 1986 susvisée.

Ce traitement repose sur la collecte et l'exploitation des contenus publiquement accessibles aux utilisateurs des plateformes en ligne des opérateurs mentionnés au I de l'article L. 111-7 du code de la consommation et dont l'activité sur le territoire français dépasse un seuil de cinq millions de visiteurs uniques par mois, y compris lorsque l'accès à ces plateformes requiert une inscription à un compte. Lorsqu'elles concourent à la caractérisation des opérations mentionnées au deuxième alinéa, les données ainsi collectées sont exploitées pour les seuls besoins de l'élaboration de notes d'analyse.

Ce traitement est confié au service de vigilance et de protection contre les ingérences numériques étrangères, créé par l'article 2 du décret du 13 juillet 2021 susvisé. Le chef de ce service est le responsable de traitement.

Art. 2 La sélection des contenus à collecter s'opère de manière proportionnée et automatisée par application de critères techniques déterminés à l'issue de travaux de veille, dans le strict respect des finalités mentionnées à l'article 1er et à l'exclusion de tout recours à un système de reconnaissance faciale ou d'identification vocale.

Aucune collecte automatisée de données à caractère personnel n'est mise en œuvre à l'occasion des travaux de veille.

Les contenus mentionnés au premier alinéa sont collectés pendant une période maximale de sept jours. Cette période peut être renouvelée, dans la limite d'une durée qui ne peut excéder six mois à compter du déclenchement de l'opération de collecte, dès lors que la collecte demeure pertinente au regard des finalités du traitement.

Art. 3 Pour la collecte des contenus mentionnés à l'article 2, le service précité est autorisé à créer des comptes sur les plateformes mentionnées à l'article 1er ainsi que des comptes destinés à être utilisés par l'intermédiaire d'interfaces de programmation mises à disposition par les opérateurs de ces plateformes.

Les agents de ce service ne sont pas autorisés à utiliser ces comptes pour entrer en relation avec d'autres détenteurs de compte, ni à diffuser des contenus, ni à exercer une activité autre que celle prévue au premier alinéa du présent article.

Art. 4 Le service précité définit dans des tables informatiques les catégories de données nécessaires à la réalisation des finalités mentionnées à l'article 1er et devant être conservées à cet effet.

Ces catégories de données sont :

1° Les données d'identification déclarées par les titulaires de comptes ouverts sur les plateformes en ligne mentionnées à l'article 1er, lorsqu'ils diffusent ou relaient des contenus publiquement accessibles ou y réagissent, telles qu'elles apparaissent sur ces comptes ;

2° Les données permettant de caractériser l'activité et l'audience de ces comptes, notamment les indicateurs quantitatifs relatifs au nombre d'abonnés et au nombre de publications ;

3° Les contenus publiquement accessibles dans les conditions définies à l'article 1er, diffusés ou relayés au moyen de ces comptes et les indicateurs d'audience associés.

Art. 5 Les données collectées qui ne correspondent pas aux catégories de données mentionnées à l'article 4 sont détruites immédiatement après leur collecte, selon un procédé automatisé.

Seuls les agents affectés au sein du service précité, individuellement désignés et spécialement habilités par le responsable de traitement, peuvent accéder à ce procédé automatisé et en modifier les paramètres.

Art. 6 Il est interdit de sélectionner dans le traitement une catégorie particulière de personnes à partir des seules données sensibles, au sens de l'article 6 de la loi du 6 janvier 1978 susvisée.

Art. 7 Les données collectées qui correspondent aux catégories de données mentionnées à l'article 4 sont conservées pendant la durée strictement nécessaire à leur exploitation.

Elles sont détruites à l'issue de cette exploitation et, au plus tard, au terme d'un délai de quatre mois à compter de la date de leur collecte, selon un procédé automatisé.

Seuls les agents affectés au sein du service précité, individuellement désignés et spécialement habilités par le responsable de traitement, peuvent accéder à ce procédé automatisé et en modifier les paramètres.

Art. 8 Seuls les agents affectés au sein du service précité individuellement désignés et spécialement habilités par le responsable de traitement peuvent accéder à tout ou partie des données à caractère personnel conservées dans le cadre du traitement.

Art. 9 Sans préjudice du deuxième alinéa de l'article 5, du troisième alinéa de l'article 7 et de l'article 8, les opérations de collecte, d'exploitation et d'hébergement des données peuvent être sous-traitées dans les conditions prévues à l'article 122 de la loi du 6 janvier 1978 susvisée.

Art. 10 Les opérations de collecte, de consultation, de modification, de communication et d'effacement des données et informations du traitement font l'objet d'un enregistrement comprenant l'identification de l'auteur, la date, l'heure et la nature de l'opération.

Ces informations sont conservées pendant trois ans et ne sont consultables que par les agents individuellement désignés et spécialement habilités par le responsable de traitement.

Art. 11 En application du III de l'article 116 de la loi du 6 janvier 1978 susvisée, le droit d'information prévu au I du même article ne s'applique pas au présent traitement.

Le droit d'opposition prévu au premier alinéa de l'article 117 de la loi du 6 janvier 1978 susvisée ne s'applique pas au présent traitement.

Pour les données mentionnées à l'article 7 du présent décret, les demandes tendant à l'exercice du droit d'accès, de rectification et d'effacement relatives au présent traitement sont exercées dans les conditions prévues à l'article 119 de la loi du 6 janvier 1978 susvisée.

TITRE II. RÔLE DU COMITÉ ÉTHIQUE ET SCIENTIFIQUE

Art. 12 Le président du comité éthique et scientifique institué par l'article 5 du décret du 13 juillet 2021 susvisé est immédiatement informé du déclenchement de la collecte et, le cas échéant, de son renouvellement. Les critères techniques mentionnés à l'article 2, ainsi que les modalités de leur détermination, lui sont communiqués simultanément.

Art. 13 L'article 6 *[du]* décret du 13 juillet 2021 susvisé est complété par six alinéas ainsi rédigés :

"Ce rapport annuel comprend notamment :

"1° Une synthèse des collectes effectuées, des conditions de leur déclenchement et des moyens mis en œuvre à cet effet ;

"2° La liste des plateformes en ligne sur lesquelles des données ont été collectées ;

"3° Des éléments chiffrés relatifs à l'exercice des droits d'accès, de rectification et d'effacement ;

"4° Une information quant aux mesures de sécurité mises en place afin d'assurer la confidentialité et l'intégrité des données collectées, s'agissant notamment des conditions de sous-traitance des opérations de collecte, d'exploitation et d'hébergement ;

"5° Une évaluation générale de la mise en œuvre du traitement de données à caractère personnel créé par le décret n° 2021-1587 du 7 décembre 2021 portant autorisation d'un traitement automatisé de données à caractère personnel dans le but d'identifier les ingérences numériques étrangères."

Art. 14 Les dispositions de l'article 12 et celles ajoutées au décret du 13 juillet 2021 susvisé par l'article 13 peuvent être modifiées par décret.

Art. D. 1132-8 *(Décr. n° 2021-922 du 13 juill. 2021, art. 1er)* **Pour assurer les missions qui lui sont assignées au 9° de l'article R.* 1132-3, le secrétaire général de la défense et de la sécurité nationale dispose du service à compétence nationale dénommé "service de vigilance et de protection contre les ingérences numériques étrangères".**

Décret n° 2021-922 du 13 juillet 2021,

Portant création, auprès du secrétaire général de la défense et de la sécurité nationale, d'un service à compétence nationale dénommé "service de vigilance et de protection contre les ingérences numériques étrangères".

CHAPITRE II. *CRÉATION D'UN SERVICE À COMPÉTENCE NATIONALE DE VIGILANCE ET DE PROTECTION CONTRE LES INGÉRENCES NUMÉRIQUES ÉTRANGÈRES*

SECTION 1. *Statut et missions*

Art. 2 Il est créé un service à compétence nationale dénommé : "service de vigilance et de protection contre les ingérences numériques étrangères" rattaché au secrétaire général de la défense et de la sécurité nationale.

Art. 3 Le service de vigilance et de protection contre les ingérences numériques étrangères est chargé de :

1° Détecter et caractériser, en analysant les contenus accessibles publiquement sur les plateformes en ligne des opérateurs mentionnés au I de l'article L. 111-7 du code de la consommation, les opérations mentionnées au 9° de l'article R.* 1132-3 du code de la défense, notamment lorsque celles-ci sont de nature à altérer l'information des citoyens pendant les périodes électorales mentionnées à l'article 33-1-1 de la loi du 30 septembre 1986 susvisée ;

2° Assister le secrétaire général de la défense et de la sécurité nationale dans sa mission d'animation et de coordination des travaux interministériels en matière de protection contre ces opérations ;

3° Fournir toute information utile au Conseil supérieur de l'audiovisuel dans l'accomplissement des missions qui lui sont confiées par la loi du 30 septembre 1986 susvisée, ainsi qu'à la Commission nationale de contrôle instituée par l'article 13 du décret du 8 mars 2001 susvisé ;

4° Contribuer aux travaux européens et internationaux et assurer la liaison opérationnelle et technique avec ses homologues étrangers, dans le respect des attributions du ministre des affaires étrangères.

SECTION 2. *Organisation et fonctionnement*

Art. 4 Le chef du service de vigilance et de protection contre les ingérences numériques étrangères est nommé par arrêté du Premier ministre sur proposition du secrétaire général de la défense et de la sécurité nationale.

Il est assisté d'un adjoint qui le supplée en cas d'absence ou d'empêchement.

SECTION 3. *Comité éthique et scientifique*

Art. 5 Un comité éthique et scientifique, institué auprès du secrétaire général de la défense et de la sécurité nationale, est chargé de suivre l'activité du service de vigilance et de protection contre les ingérences numériques étrangères. Il peut adresser au chef du service toute recommandation sur les conditions d'exercice des missions du service.

Le comité éthique et scientifique adopte un règlement intérieur précisant son organisation et son fonctionnement.

Art. 6 A la demande du président du comité, le chef du service de vigilance et de protection contre les ingérences numériques étrangères communique toute information relative à la mise en œuvre des missions du service.

Le comité établit un rapport annuel, rendu public, que son président adresse au Premier ministre.

(Décr. n° 2021-1587 du 7 déc. 2021, art. 13) « Ce rapport annuel comprend notamment :

« 1° Une synthèse des collectes effectuées, des conditions de leur déclenchement et des moyens mis en œuvre à cet effet ;

« 2° La liste des plateformes en ligne sur lesquelles des données ont été collectées ;

« 3° Des éléments chiffrés relatifs à l'exercice des droits d'accès, de rectification et d'effacement ;

« 4° Une information quant aux mesures de sécurité mises en place afin d'assurer la confidentialité et l'intégrité des données collectées, s'agissant notamment des conditions de sous-traitance des opérations de collecte, d'exploitation et d'hébergement ;

« 5° Une évaluation générale de la mise en œuvre du traitement de données à caractère personnel créé par le décret n° 2021-1587 du 7 décembre 2021 portant autorisation d'un traitement automatisé de données à caractère personnel dans le but d'identifier les ingérences numériques étrangères. »

Art. 7 Le comité mentionné à l'article 5 comprend :

1° Un président choisi parmi les conseillers d'État, nommé par le vice-président du Conseil d'État ;

2° Un membre du Conseil supérieur de l'audiovisuel, nommé par son président ;

3° Six personnalités qualifiées dans les domaines de compétences du service de vigilance et de protection contre les ingérences numériques étrangères, nommées par arrêté du Premier ministre sur proposition, respectivement, du ministre chargé de la culture pour deux d'entre elles, du ministre des affaires étrangères, du garde des sceaux, ministre de la justice, du ministre chargé de la recherche et du ministre chargé du numérique.

En cas d'empêchement du président, la présidence est assurée par le membre du Conseil supérieur de l'audiovisuel.

Les membres du comité sont nommés pour une durée de cinq ans, non renouvelable.

CHAPITRE III. *DISPOSITIONS DIVERSES ET FINALES*

Art. 8 Au deuxième alinéa de l'article 1er du décret n° 2012-383 du 20 mars 2012 relatif aux attributions du haut fonctionnaire de défense et de sécurité auprès du Premier ministre, après les mots : "de l'opérateur des systèmes d'information interministériels classifiés,", sont insérés les mots : "du service de vigilance et de protection contre les ingérences numériques étrangères,".

Art. 9 Les dispositions des articles 2 à 8 peuvent être modifiées par décret.

LIVRE III **MISE EN ŒUVRE DE LA DÉFENSE NON MILITAIRE**

TITRE III **DÉFENSE ÉCONOMIQUE**

CHAPITRE II ***PROTECTION DES INSTALLATIONS D'IMPORTANCE VITALE***

SECTION 1 ***Dispositions générales***

Art. R. 1332-1 I. – Les opérateurs d'importance vitale sont désignés parmi :

1° Les opérateurs publics ou privés mentionnés à l'article L. 1332-1 ;

2° Les gestionnaires d'établissements mentionnés à l'article L. 1332-2.

II. – Un opérateur d'importance vitale :

1° Exerce des activités mentionnées à l'article R. 1332-2 et comprises dans un secteur d'activités d'importance vitale ;

2° Gère ou utilise au titre de cette activité un ou des établissements ou ouvrages, une ou des installations dont le dommage ou l'indisponibilité ou la destruction par suite d'un acte de malveillance, de sabotage ou de terrorisme risquerait, directement ou indirectement :

a) D'obérer gravement le potentiel de guerre ou économique, la sécurité ou la capacité de survie de la Nation ;

b) Ou de mettre gravement en cause la santé ou la vie de la population.

Art. R. 1332-2 Un secteur d'activités d'importance vitale, mentionné au 1° du II de l'article R. 1332-1, est constitué d'activités concourant à un même objectif, qui :

1° Ont trait à la production et la distribution de biens ou de services indispensables :

a) A la satisfaction des besoins essentiels pour la vie des populations ;

b) Ou à l'exercice de l'autorité de l'État ;

c) Ou au fonctionnement de l'économie ;

d) Ou au maintien du potentiel de défense ;

e) Ou à la sécurité de la Nation,

dès lors que ces activités sont difficilement substituables ou remplaçables ;

2° Ou peuvent présenter un danger grave pour la population.

Le Premier ministre fixe, par arrêté pris après avis de la commission mentionnée à l'article R. 1332-10, les secteurs d'activités d'importance vitale. Cet arrêté désigne pour chaque secteur d'activités d'importance vitale un ministre coordonnateur, qui veille à l'application des directives du gouvernement dans ce secteur, le cas échéant en liaison avec le ou les ministres dont le domaine de compétence recouvre les activités qui y sont exercées.

Le ministre de la défense est le ministre coordonnateur des secteurs d'activités d'importance vitale constitués d'activités qui participent de façon directe à la satisfaction des besoins des *(Décr. n° 2017-744 du 4 mai 2017, art. 1er-2°)* « forces » armées et des formations rattachées.

SECTION 2 ***Désignation des opérateurs d'importance vitale, des délégués pour la défense et la sécurité et des points d'importance vitale***

Art. R. 1332-3 Les opérateurs d'importance vitale sont désignés pour chaque secteur d'activités d'importance vitale par arrêté du ministre coordonnateur. Cet arrêté est pris en concertation avec le ou les ministres intéressés, après avis de la commission mentionnée à l'article R. 1332-10.

Toutefois, les opérateurs d'importance vitale qui gèrent exclusivement un établissement mentionné à l'article L. 1332-2 sont désignés par arrêté du préfet du département dans le ressort duquel se trouve cet établissement, après avis de la commission mentionnée à l'article R. 1332-13.

Le ministre coordonnateur ou le préfet de département, selon le cas, notifie à l'opérateur son intention de le désigner comme opérateur d'importance vitale. L'opérateur dispose, pour présenter ses observations, d'un délai de deux mois à compter de la notification.

Les arrêtés mentionnés au présent article ne sont pas publiés. Ils sont notifiés aux opérateurs d'importance vitale intéressés ainsi qu'à toutes les autorités administratives qui ont à en connaître. En application des articles L. 311-5 et suivants du code des relations entre le public et l'administration, ils ne sont pas communicables.

Art. R. 1332-4 Tout établissement, installation ou ouvrage répondant à la définition du 2° du II de l'article R. 1332-1 est qualifié de point d'importance vitale.

Chaque opérateur d'importance vitale propose en annexe à son plan de sécurité d'opérateur d'importance vitale une liste de points d'importance vitale. L'autorité administrative désigne les points d'importance vitale dans les conditions prévues à l'article R. 1332-22.

Art. R. 1332-5 L'opérateur d'importance vitale communique au ministre coordonnateur de son secteur d'activités d'importance vitale le nom de la personne chargée d'exercer la fonction de délégué pour la défense et la sécurité. Cette personne doit être habilitée dans les conditions prévues par les articles R. 2311-1 et suivants du code de la défense relatifs à la protection du secret de la défense nationale.

Le délégué pour la défense et la sécurité représente l'opérateur d'importance vitale auprès de l'autorité administrative pour toutes les questions relatives à la sécurité des installations et aux plans de sécurité.

Art. R. 1332-6 Pour chaque point d'importance vitale, l'opérateur d'importance vitale, après réception de l'avis mentionné à l'article R. 1332-21, communique au préfet du département dans le ressort duquel se trouve chacun de ces points, ou *(Décr. n° 2017-282 du 2 mars 2017, art. 2)* « au ministre de la défense pour les points dépendant d'opérateurs d'importance vitale relevant de sa responsabilité », le nom de la personne chargée d'exercer la fonction de délégué pour la défense et la sécurité. Cette personne doit être habilitée dans les conditions prévues par les articles R. 2311-1 et suivants du code de la défense relatifs à la protection du secret de la défense nationale.

Ce délégué exerce au niveau local les fonctions prévues au deuxième alinéa de l'article R. 1332-5.

SECTION 3 *Organismes consultatifs*

SOUS-SECTION 1 *[ABROGÉE] Comité national des secteurs d'activité d'importance vitale*

(Abrogée par Décr. n° 2014-132 du 17 févr. 2014, art. 6)

Art. R. 1332-7 à R. 1332-9 *Abrogés par Décr. n° 2014-132 du 17 févr. 2014, art. 6.*

SOUS-SECTION 2 *Commission interministérielle de défense et de sécurité des secteurs d'activité d'importance vitale*

Art. R. 1332-10 La commission interministérielle de défense et de sécurité des secteurs d'activités d'importance vitale est présidée par le secrétaire général de la défense et de la sécurité nationale ou son représentant.

Cette commission comprend :

1° Le haut fonctionnaire de défense auprès du ministre de l'Intérieur ou son représentant ;

2° Le directeur général de la police nationale ou son représentant ;

(Décr. n° 2017-282 du 2 mars 2017, art. 3) « 3° Le haut fonctionnaire correspondant de défense et de sécurité auprès du ministre de la défense ou son représentant ; »

4° Le chef d'état-major des armées ou son représentant ;

5° Le directeur général de la gendarmerie nationale ou son représentant ;

6° Le haut fonctionnaire de défense et de sécurité auprès du ministre chargé de l'économie ou son représentant ;

(Décr. n° 2015-351 du 27 mars 2015, art. 2-I) « 7° Le directeur général de l'Agence nationale de la sécurité des systèmes d'information ou son représentant ;

« 8° » En fonction des questions traitées et sur convocation du président, les hauts fonctionnaires mentionnés à l'article R. 1143-1 et les directeurs d'administration centrale intéressés, ou leurs représentants, ainsi que les présidents des commissions mentionnées à l'article R. 1332-13.

Sur décision de son président, la commission peut entendre toute personnalité qualifiée.

Art. R. 1332-11 La commission se réunit sur convocation de son président, qui détermine l'ordre du jour de la réunion. Son secrétariat est assuré par le secrétariat général de la défense et de la sécurité nationale.

Art. R. 1332-12 I. – La commission émet un avis sur :

1° La désignation des opérateurs d'importance vitale mentionnés au premier alinéa de l'article R. 1332-3 ;

2° La détermination des secteurs d'activités d'importance vitale ;

3° Les arrêtés mentionnés à l'article R. 1332-18 ;

4° Les résultats de l'analyse de risque effectuée pour chaque secteur d'activités d'importance vitale ;

5° Les directives nationales de sécurité, à l'exception de celles intéressant les secteurs d'activités d'importance vitale dont le ministre de la défense est le coordonnateur ;

6° Les plans de sécurité d'opérateurs d'importance vitale dont le périmètre dépasse celui de la zone de défense *(Décr. n° 2015-211 du 25 févr. 2015, art. 23-I)* « et de sécurité », à l'exception des plans d'opérateurs d'importance vitale relevant du ministre de la défense ;

7° La liste des points d'importance vitale annexée aux plans de sécurité mentionnés au 6°. La commission propose éventuellement des ajouts ou suppressions à cette liste.

II. – La commission est également consultée sur :

1° Les plans particuliers de protection faisant l'objet d'un désaccord entre l'opérateur d'importance vitale et le préfet de département, à l'exception des plans des opérateurs d'importance vitale relevant du ministre de la défense ;

2° Le dossier mentionné à l'article R. 1332-34 qui peut valoir plan particulier de protection.

La commission entend l'opérateur d'importance vitale qui en fait la demande, lorsqu'elle examine le plan de sécurité de cet opérateur afin d'émettre l'avis mentionné à l'article R. 1332-21, ou, en cas de désaccord avec le préfet de département, l'avis mentionné au II de l'article R. 1332-26.

La commission peut être saisie par un ministre de toute question relative à la sécurité dans les secteurs d'activités d'importance vitale. Elle peut également contrôler sur place les mesures prises pour la sécurité des points d'importance vitale. Elle en fait rapport au ministre coordonnateur.

III. – La commission établit un rapport annuel adressé au Premier ministre.

SOUS-SECTION 3 *Commission zonale de défense et de sécurité des secteurs d'activité d'importance vitale*

Art. R. 1332-13 Dans chaque zone de défense *(Décr. n° 2015-211 du 25 févr. 2015, art. 23-I)* « et de sécurité », une commission zonale de défense et de sécurité des secteurs d'activités d'importance vitale est présidée par le préfet de zone ou son représentant.

Cette commission comprend :

1° Le procureur général près la cour d'appel dans le ressort de laquelle se trouve la préfecture de la zone de défense *(Décr. n° 2015-213 du 25 févr. 2015, art. 23-I)* « et de sécurité » ou son représentant ;

2° L'officier général de la zone de défense *(Décr. n° 2015-213 du 25 févr. 2015, art. 23-I)* « et de sécurité » ou son représentant ;

3° L'officier commandant la région de gendarmerie situé au siège de la zone de défense *(Décr. n° 2015-213 du 25 févr. 2015, art. 23-I)* « et de sécurité » ou son représentant ;

4° Le délégué de zone *(Décr. n° 2015-211 du 25 févr. 2015, art. 23-II)* « de défense et de sécurité » du ministre chargé de l'économie ou son représentant ;

5° Sur convocation du président, les préfets de départements, les chefs des services déconcentrés de l'État, le délégué de zone *(Décr. n° 2015-211 du 25 févr. 2015, art. 23-II)* « de défense et de sécurité » du ministre, intéressés par les questions traitées, ou leurs représentants.

Art. R. 1332-14 La commission se réunit sur convocation de son président, qui établit l'ordre du jour de la réunion. Son secrétariat est assuré par l'état-major de la zone de défense *(Décr. n° 2015-211 du 25 févr. 2015, art. 23-I)* « et de sécurité ».

Art. R. 1332-15 La commission est chargée d'une mission générale de coordination, d'assistance et de contrôle de la mise en œuvre des plans particuliers de protection, à l'exception de ceux dépendant d'opérateurs d'importance vitale relevant du ministre de la défense. Elle donne un avis sur :

1° La désignation des opérateurs d'importance vitale mentionnés au deuxième alinéa de l'article R. 1332-3 ;

2° Les plans de sécurité des opérateurs d'importance vitale dont le périmètre ne dépasse pas le ressort de la zone de défense *(Décr. n° 2015-211 du 25 févr. 2015, art. 23-I)* « et de sécurité ». Tout opérateur d'importance vitale présent dans la zone est entendu lors de l'examen de son plan par la commission, s'il en fait la demande ;

3° La liste des points d'importance vitale annexée aux plans de sécurité mentionnés au 2°. Elle propose éventuellement des ajouts ou suppressions à cette liste ;

4° La désignation et le périmètre des zones d'importance vitale mentionnées aux articles R. 1332-35 à R. 1332-38 ;

5° Le plan particulier de protection de zone d'importance vitale prévu à l'article R. 1332-38. Tout opérateur d'importance vitale présent dans la zone est entendu lors de l'examen de ce plan par la commission, s'il en fait la demande.

La commission est saisie de toute question jugée utile par son président ou par un préfet de département.

Elle peut également contrôler sur place, à son initiative ou sur demande d'un ministre ou d'un préfet de département, les mesures prises pour la sécurité des points d'importance vitale.

SECTION 4 *Directives nationales de sécurité*

Art. R. 1332-16 Le ministre coordonnateur d'un secteur d'activités d'importance vitale procède à l'analyse de risque de ce secteur en tenant compte des scénarios de menaces mentionnés au 2° de l'article R. 1332-18.

Les résultats de l'analyse de risque sont soumis à l'avis de la commission mentionnée à l'article R. 1332-10, à l'exception des résultats intéressant les secteurs d'activités d'importance vitale dont le ministre de la défense est le coordonnateur.

Art. R. 1332-17 La ou les directives nationales de sécurité sont fondées sur l'analyse de risque mentionnée à l'article R. 1332-16. Elles s'appliquent à un secteur d'activités d'importance vitale et précisent les objectifs et les politiques de sécurité du secteur.

Elles définissent des mesures planifiées et graduées de vigilance, de prévention, de protection et de réaction contre toute menace, notamment à caractère terroriste.

Elles sont approuvées, après avis de la commission mentionnée à l'article R. 1332-10, à l'exception de celles intéressant les secteurs dont le ministre de la défense est le coordonnateur, par arrêté du Premier ministre sur proposition du ministre coordonnateur du secteur d'activités d'importance vitale. *(Décr. n° 2018-439 du 4 juin 2018, art. 1er)* « Cet arrêté est protégé dans les conditions prévues par les articles R. 2311-1 et suivants du code de la défense relatifs à la protection du secret de la défense nationale. Il est notifié à chaque opérateur d'importance vitale intéressé ainsi qu'à toutes les autorités administratives qui ont à en connaître. »

Art. R. 1332-18 Pour l'application des dispositions de la présente section, le Premier ministre, après avis de la commission mentionnée à l'article R. 1332-10, fixe par arrêtés :

1° La méthode d'analyse et de gestion du risque ;

2° La méthode à suivre pour déterminer, par secteur d'activités d'importance vitale, les scénarios de menace et leur hiérarchisation selon le type ou le niveau de menace envisagé ;

3° Les plans types des plans de sécurité d'opérateurs d'importance vitale, des plans particuliers de protection et des plans de protection externe.

(Abrogé par Décr. n° 2018-439 du 4 juin 2018, art. 1er) ***« Les arrêtés prévus à l'article R. 1332-17 et au présent article sont protégés dans les conditions prévues par les articles R. 2311-1 et suivants du code de la défense relatifs à la protection du secret de la défense nationale. Ils sont notifiés à chaque opérateur d'importance vitale intéressé ainsi qu'à toutes les autorités administratives qui ont à en connaître. »***

SECTION 5 **Mesures de protection** *(Décr. n° 2012-491 du 16 août 2012, art. 1er).*

SOUS-SECTION 1 *Plan de sécurité d'opérateur*

Art. R. 1332-19 L'opérateur d'importance vitale qui, pour l'exercice de son activité, gère ou utilise plus d'un établissement, ouvrage ou installation mentionné au 2° du II de l'article R. 1332-1, élabore un plan de sécurité d'opérateur d'importance vitale qui a pour objet de définir la politique générale de protection pour l'ensemble de ces établissements, ouvrages ou installations, notamment ceux organisés en réseau.

Ce plan est conforme au plan type mentionné au 3° de l'article R. 1332-18.

Le plan de sécurité d'opérateur d'importance vitale prévoit, s'il y a lieu, les délais de réalisation des mesures de protection permanentes et des mesures temporaires et graduées qu'il prescrit. Ces délais courent pour les mesures de protection permanentes, à compter de la date d'entrée en vigueur du plan particulier de protection prévue à l'article R. 1332-28 et, pour les mesures temporaires et graduées, à compter de la transmission d'un message d'alerte à l'opérateur d'importance vitale par l'autorité administrative dont il relève.

Le plan de sécurité d'opérateur d'importance vitale, ainsi que tous les documents qui s'y rattachent, sont protégés dans les conditions prévues par les articles R. 2311-1 et suivants du code de la défense relatifs à la protection du secret de la défense nationale. Le plan comporte un rapport de présentation qui ne contient aucune information classifiée.

Art. R. 1332-20 Dans les six mois qui suivent la notification de la ou des directives nationales de sécurité intéressant un secteur d'activités d'importance vitale :

1° Les opérateurs d'importance vitale transmettent leur plan de sécurité d'opérateur d'importance vitale au ministre coordonnateur du secteur d'activités d'importance vitale dont ils relèvent ;

2° Les opérateurs d'importance vitale mentionnés au deuxième alinéa de l'article R. 1332-3 transmettent leur plan de sécurité au préfet de département compétent.

(Abrogé par Décr. n° 2017-282 du 2 mars 2017, art. 4) ***« 3° Les opérateurs d'importance vitale relevant du ministre de la défense présentent leur plan de sécurité d'opérateur d'importance vitale au chef d'état-major des armées. »***

Art. R. 1332-21 En fonction du périmètre géographique du plan de sécurité d'opérateur d'importance vitale, l'autorité administrative mentionnée au 1° ou 2° de l'article R. 1332-20 soumet ce plan pour avis à la commission mentionnée à l'article R. 1332-10 ou à l'article R. 1332-13, sauf s'il s'agit du plan de sécurité d'un opérateur d'importance vitale relevant du ministre de la défense.

La commission s'assure notamment que :

1° Les mesures proposées répondent de manière satisfaisante aux directives nationales de sécurité ;

2° La liste des points d'importance vitale mentionnés à l'article R. 1332-4 est pertinente ;

3° La politique générale de sécurité définit des mesures spécifiques graduées de vigilance, de prévention, de protection et de réaction à une menace.

La commission émet dans un délai de trois mois à compter de la date de réception du plan un avis qui est notifié à l'opérateur. Cet avis est protégé dans les conditions prévues par les articles R. 2311-1 et suivants du code de la défense relatifs à la protection du secret de la défense nationale.

Art. R. 1332-22 Dès réception de l'avis mentionné à l'article R. 1332-21, le ministre coordonnateur ou le préfet de département pour les opérateurs d'importance vitale mentionnés au deuxième alinéa de l'article R. 1332-3, désigne le ou les points d'importance vitale devant figurer en annexe du plan de sécurité d'opérateur d'importance vitale. *(Décr. nº 2021-713 du 3 juin 2021, art. 1er et 13, en vigueur au plus tard le 1er janv. 2023)* « Le cas échéant, cette décision précise si le point d'importance vitale est soumis aux dispositions de la section 1 du chapitre III du présent titre. »

(Abrogé par Décr. nº 2017-282 du 2 mars 2017, art. 5) « Le chef d'état-major des armées désigne les points d'importance vitale dépendant d'opérateurs d'importance vitale qui relèvent du ministre de la défense. »

La décision de l'autorité administrative n'est pas publiée. Elle est notifiée à l'opérateur d'importance vitale et est protégée dans les conditions prévues par les articles R. 2311-1 et suivants du code de la défense relatifs à la protection du secret de la défense nationale.

SOUS-SECTION 1 *BIS* *Accès aux points d'importance vitale*

(Décr. nº 2012-491 du 16 avr. 2012, art. 2)

Art. R. 1332-22-1 *(Décr. nº 2019-870 du 21 août 2019, art. 1er)* « Avant d'autoriser l'accès d'une personne à tout ou partie d'un point d'importance vitale qu'il gère ou utilise, l'opérateur d'importance vitale peut demander par écrit, selon le cas, l'avis :

« 1º Du préfet du département dans le ressort duquel se situe le point d'importance vitale ;

« 2º De l'autorité désignée par le ministre de l'Intérieur pour les opérateurs d'importance vitale du sous-secteur nucléaire ou pour les opérateurs d'importance vitale exploitant les installations nucléaires intéressant la dissuasion ne relevant pas du ministre de la défense au sens de l'article R.* 1411-9 ;

« 3º Du ministre de la défense pour les opérateurs d'importance vitale relevant de celui-ci. »

Cette demande peut justifier que soit diligentée sous le contrôle de l'autorité concernée une enquête administrative destinée à vérifier que les caractéristiques de la personne physique ou morale intéressée ne sont pas incompatibles avec l'accès envisagé et pouvant donner lieu à la consultation des traitements automatisés de données personnelles mentionnés à l'article *(Décr. nº 2019-1399 du 18 déc. 2019, art. 1er)* « 31 » de la loi nº 78-17 du 6 janvier 1978.

La demande d'avis mentionnée aux alinéas précédents concerne l'accès aux parties des points d'importance vitale déterminées à cette fin dans les plans particuliers de protection.

Art. R. 1332-22-2 La procédure prévue à l'article R. 1332-22-1 ne s'applique pas aux personnes appartenant à l'une des deux catégories suivantes :

1º Celles mentionnées au décret nº 2005-1124 du 6 septembre 2005 pris pour l'application de l'article 17-1 de la loi nº 95-73 du 21 janvier 1995 et fixant la liste des enquêtes administratives donnant lieu à la consultation des traitements automatisés de données personnelles mentionnés à l'article 230-6 du code de procédure pénale, soumises à une obligation d'agrément ou d'habilitation par une autorité administrative ou judiciaire ;

2º Celles dont l'accès au point d'importance vitale fait l'objet, en raison notamment de la nature et de la durée de leur visite, de mesures de prévention et de sécurité suffisantes précisées dans le plan particulier de protection.

Art. R. 1332-22-3 L'opérateur d'importance vitale informe par écrit la personne concernée de la demande d'avis formulée auprès de l'autorité administrative et lui indique que, dans ce cadre, elle fait l'objet d'une enquête administrative conformément aux dispositions de l'article L. 1332-2-1 du présent code.

SOUS-SECTION 2 *Élaboration et approbation du plan particulier de protection*

Art. R. 1332-23 A compter de la date de notification des directives nationales de sécurité à l'opérateur d'importance vitale, celui-ci dispose d'un délai maximal de deux ans pour présenter le plan particulier de protection de chaque point d'importance vitale au préfet du département dans le ressort duquel se trouve ce point.

(Décr. n° 2017-282 du 2 mars 2017, art. 7) « Les opérateurs d'importance vitale relevant du ministre de la défense présentent le plan particulier de protection de chaque point d'importance vitale à l'autorité désignée par le ministre de la défense dans des délais identiques à ceux de l'alinéa précédent. »

Les directives nationales de sécurité peuvent prévoir un délai différent de celui mentionné au premier alinéa.

Art. R. 1332-24 Le plan particulier de protection de chaque point d'importance vitale est établi à partir du plan de sécurité d'opérateur d'importance vitale qui lui est annexé, conformément au plan type mentionné au 3° de l'article R. 1332-18.

Il comporte des mesures permanentes de protection et des mesures temporaires et graduées.

Il prévoit les délais de réalisation de ces mesures. Ces délais courent à compter de dates identiques à celles mentionnées au troisième alinéa de l'article R. 1332-19.

Le plan particulier de protection et tous les documents qui s'y rattachent sont protégés dans les conditions prévues par les articles R. 2311-1 et suivants du code de la défense relatifs à la protection du secret de la défense nationale. Il comporte un rapport de présentation qui ne contient aucune information classifiée.

Art. R. 1332-25 Les opérateurs d'importance vitale transmettent pour approbation le projet de plan particulier de protection au préfet du département dans le ressort duquel se trouve le point d'importance vitale.

Les opérateurs d'importance vitale relevant du ministre de la défense transmettent pour approbation le projet de plan particulier de protection à *(Décr. n° 2017-282 du 2 mars 2017, art. 8-1°)* « l'autorité désignée par le ministre de la défense ».

Le préfet de département ou *(Décr. n° 2017-282 du 2 mars 2017, art. 8-2°)* « l'autorité désignée par le ministre de la défense » statue dans un délai de six mois à compter de la date de réception du plan.

La décision portant approbation du plan particulier de protection est notifiée à l'opérateur d'importance vitale intéressé et est protégée dans les conditions prévues par les articles R. 2311-1 et suivants du code de la défense relatifs à la protection du secret de la défense nationale.

Art. R. 1332-26 I. — Au cours du délai mentionné au troisième alinéa de l'article R. 1332-25, le préfet de département ou *(Décr. n° 2017-282 du 2 mars 2017, art. 9)* « l'autorité désignée par le ministre de la défense » peut enjoindre l'opérateur d'importance vitale de compléter ou de modifier son plan particulier de protection s'il estime, notamment :

1° Qu'il n'a pas été suffisamment tenu compte de l'avis de la commission mentionné à l'article R. 1332-21 relatif au plan de sécurité de l'opérateur d'importance vitale ;

2° Ou qu'une mesure au moins ne répond pas de manière satisfaisante à la directive nationale de sécurité ou au plan de sécurité de l'opérateur d'importance vitale ou aux caractéristiques locales du point d'importance vitale.

Dans ce cas, un délai, compris entre trois et six mois, est fixé à l'opérateur d'importance vitale pour présenter un nouveau plan. L'injonction du préfet de département ou de *(Décr. n° 2017-282 du 2 mars 2017, art. 9)* « l'autorité désignée par le ministre de la défense » indique les mesures du plan qui ne peuvent être approuvées, précise en quoi elles doivent être modifiées ou complétées et invite l'opérateur à présenter ses éventuelles observations.

II. — Si le nouveau plan ne peut être approuvé pour les motifs énoncés au I, le préfet de département, après avis de la commission mentionnée à l'article R. 1332-10, ou *(Décr. n° 2017-282 du 2 mars 2017, art. 9)* « l'autorité désignée par le ministre de la défense » adopte par décision notifiée à l'opérateur d'importance vitale un plan complété ou modifié par ses soins.

III. — La décision de l'autorité mentionnée au II peut faire l'objet d'un recours devant le tribunal administratif, qui statue d'urgence. Le tribunal peut apprécier la nécessité des travaux exigés et substituer sa propre décision à celle de cette autorité.

Art. R. 1332-27 Si, à l'expiration du délai mentionné au premier alinéa de l'article R. 1332-23, l'opérateur d'importance vitale n'a pas présenté au préfet de département ou à *(Décr. n° 2017-282 du 2 mars 2017, art. 9)* « l'autorité désignée par le ministre de la défense » le plan particulier de protection d'un point d'importance vitale, le préfet de département ou cette autorité militaire *[désignée par le ministre de la défense]* le met en demeure d'établir un tel plan dans un délai de trois mois à compter de la date de réception de la notification de l'arrêté de mise en demeure.

Si l'opérateur d'importance vitale n'a pas établi le plan particulier de protection à l'expiration de ce nouveau délai, le préfet de département ou *(Décr. n° 2017-282 du 2 mars 2017, art. 9)* « l'autorité désignée par le ministre de la défense » saisit l'autorité judiciaire aux fins de poursuites de l'auteur du délit prévu par les dispositions du premier alinéa de l'article L. 1332-7.

SOUS-SECTION 3 *Mise en œuvre du plan particulier de protection*

Art. R. 1332-28 Le plan particulier de protection entre en vigueur à compter du lendemain de la date de notification de la décision d'approbation mentionnée à l'article R. 1332-25.

Art. R. 1332-29 Le préfet du département dans le ressort duquel se trouve un point d'importance vitale veille à la réalisation du plan particulier de protection de ce point.

(Décr. n° 2017-282 du 2 mars 2017, art. 9) « L'autorité désignée par le ministre de la défense » procède de même pour les points d'importance vitale qui dépendent d'un opérateur d'importance vitale relevant du ministre de la défense.

Art. R. 1332-30 Si, à l'expiration des délais prévus au troisième alinéa de l'article R. 1332-19 ou au troisième alinéa de l'article R. 1332-24, l'opérateur d'importance vitale n'a pas réalisé une mesure de protection prévue au plan particulier de protection, le préfet de département ou *(Décr. n° 2017-282 du 2 mars 2017, art. 9)* « l'autorité désignée par le ministre de la défense » le met par arrêté en demeure d'exécuter cette mesure dans un délai compris entre un mois et trois mois selon la nature de la mesure. Ce délai commence à courir à compter de la date de réception de la notification de l'arrêté de mise en demeure.

Si la mesure prévue n'a pas été réalisée à l'expiration de ce nouveau délai, le préfet de département ou *(Décr. n° 2017-282 du 2 mars 2017, art. 9)* « l'autorité désignée par le ministre de la défense » saisit l'autorité judiciaire aux fins de poursuite de l'auteur du délit prévu par les dispositions du premier alinéa de l'article L. 1332-7.

SOUS-SECTION 4 *Révision du plan de sécurité et du plan particulier de protection*

Art. R. 1332-31 Un plan de sécurité d'opérateur d'importance vitale est révisé, selon la procédure prévue par les dispositions des articles R. 1332-19 à R. 1332-22, notamment en cas de modification d'une directive nationale de sécurité ou de changement d'activité de l'opérateur d'importance vitale.

Un plan particulier de protection peut être révisé, selon la procédure prévue par les dispositions des articles R. 1332-23 à R. 1332-28, notamment à la suite d'un contrôle portant sur la mise en œuvre du plan ou à l'initiative de l'opérateur d'importance vitale. *(Abrogé par Décr. n° 2019-1271 du 2 déc. 2019, art. 1er et 10, à compter du 1er juill. 2021)* ***« Des audits internes doivent être conduits périodiquement par l'opérateur d'importance vitale pour apprécier la validité du plan. »***

SOUS-SECTION 5 *Plan de protection externe*

Art. R. 1332-32 Pour chaque point d'importance vitale doté d'un plan particulier de protection, le préfet de département établit, en liaison avec le délégué de l'opérateur d'importance vitale pour la défense et la sécurité de ce point, un plan de protection externe conforme au plan type mentionné au 3° de l'article R. 1332-18.

Le plan de protection externe qui précise les mesures planifiées de vigilance, de prévention, de protection et de réaction prévues par les pouvoirs publics est protégé dans les conditions prévues par les articles R. 2311-1 et suivants du code de la défense relatifs à la protection du secret de la défense nationale. Il comporte un rapport de présentation qui ne contient aucune information classifiée.

SOUS-SECTION 6 *Contestation des actes pris par l'autorité administrative*

Art. R. 1332-33 Préalablement à l'introduction d'un recours contentieux contre tout acte administratif pris en application du présent chapitre, à l'exception de la décision mentionnée au II de l'article R. 1332-26 *(Décr. n° 2015-351 du 27 mars 2015, art. 2-II)* « ou de toute décision mentionnée à la section 7 *bis* du présent chapitre », le requérant adresse un recours administratif au ministre coordonnateur du secteur d'activités dont il relève. Le ministre statue dans un délai de deux mois. En l'absence de décision à l'expiration de ce délai, le recours est réputé être rejeté.

SOUS-SECTION 7 *Dispositions diverses*

Art. R. 1332-34 Lorsqu'en application d'accords internationaux régulièrement ratifiés ou approuvés, de lois ou de règlements, ou à l'initiative de l'opérateur d'importance vitale, un point d'importance vitale fait déjà l'objet de mesures de protection consignées dans un dossier particulier et qui répondent aux prescriptions prévues par les dispositions du présent chapitre, le préfet de département ou *(Décr. n° 2017-282 du 2 mars 2017, art. 9)* « l'autorité désignée par le ministre de la défense » dont relève ce point peut décider que ce dossier vaut plan particulier de protection, après avis de la commission mentionnée à l'article R. 1332-10.

SECTION 6 *Zone d'importance vitale*

Art. R. 1332-35 Lorsque dans une zone géographique continue sont implantés plusieurs points d'importance vitale relevant d'opérateurs différents et interdépendants, le préfet du département dans le ressort duquel se situe cette zone peut la désigner zone d'importance vitale, par arrêté pris après avis de la commission mentionnée à l'article R. 1332-13.

L'arrêté délimite la zone et identifie les opérateurs d'importance vitale. Il est notifié à chacun des opérateurs d'importance vitale ainsi qu'à l'officier général de la zone de défense *(Décr. n° 2015-211 du 25 févr. 2015, art. 23-I)* « et de sécurité » et est protégé dans les conditions prévues par les articles R. 2311-1 et suivants du code de la défense relatifs à la protection du secret de la défense nationale.

(Décr. n° 2017-282 du 2 mars 2017, art. 10) « L'arrêté mentionné aux premier et deuxième alinéas est pris par le ministre de la défense pour les zones d'importance vitale composées de points d'importance vitale relevant de sa responsabilité. »

Art. R.* 1332-36 Lorsqu'une zone géographique, répondant aux conditions de l'article R. 1332-35, s'étend sur plus d'un département au sein d'une même zone de défense *(Décr. n° 2015-81 du 29 janv. 2015, art. 8-IV)* « et de sécurité » ou sur plusieurs zones de défense *(Décr. n° 2015-81 du 29 janv. 2015, art. 8-V)* « et de sécurité », un arrêté du Premier ministre, pris après avis de la commission mentionnée à l'article R. 1332-13, la qualifie de zone d'importance vitale et désigne un préfet de département coordonnateur.

Le préfet coordonnateur, en concertation avec les préfets de départements intéressés, arrête le périmètre de la zone, identifie les opérateurs d'importance vitale et exerce les attributions dévolues au préfet de département par les dispositions des articles R. 1332-23 à R. 1332-28.

Art. R. 1332-37 Les opérateurs d'importance vitale désignent en commun un délégué pour la défense et la sécurité de la zone d'importance vitale, dont ils communiquent le nom au préfet de département mentionné à l'article R. 1332-35 ou au préfet de département coordonnateur mentionné à l'article R.* 1332-36. Cette personne est habilitée dans les conditions prévues par les articles R. 2311-1 et suivants du code de la défense relatifs à la protection du secret de la défense nationale.

Le délégué pour la défense et la sécurité de la zone d'importance vitale exerce pour cette zone les fonctions prévues au deuxième alinéa de l'article R. 1332-5.

Tant qu'il n'a pas été désigné un délégué pour la défense et la sécurité de la zone d'importance vitale, les opérateurs d'importance vitale de cette zone exercent en commun cette fonction.

Art. R. 1332-38 Le délégué pour la défense et la sécurité d'une zone d'importance vitale élabore, en liaison avec les opérateurs d'importance vitale présents dans la zone, un plan particulier de protection de zone qui prévoit des mesures communes de protection.

Les opérateurs d'importance vitale doivent veiller à la cohérence des plans particuliers de protection des points d'importance vitale situés dans une zone d'importance vitale avec le plan particulier de protection de cette zone.

Les dispositions des articles R. 1332-23 à R. 1332-28 sont applicables au plan particulier de protection de la zone d'importance vitale.

SECTION 7 *Zones civiles sensibles*

Art. D. 1332-39 Les zones protégées situées dans les établissements, installations et ouvrages des opérateurs publics ou privés intéressant la défense et qui relèvent du ministre de la défense conformément aux dispositions de l'article D. 1142-19 *[R. 1142-19]* peuvent être érigées en zones civiles sensibles par arrêté de ce ministre.

Art. D. 1332-40 La zone civile sensible est matérialisée par la mise en place de panneaux portant la mention "Défense de pénétrer, danger de mort".

Art. D. 1332-41 La protection matérielle des zones civiles sensibles est assurée notamment par des dispositifs dangereux, permanents ou temporaires.

La liste des dispositifs de protection dangereux et les conditions d'installation et d'emploi de chacun d'eux sont fixées par arrêté du ministre de la défense.

SECTION 7 *BIS* *Dispositions spécifiques à la sécurité des systèmes d'information*

(Décr. n° 2015-351 du 27 mars 2015, art. 1er)

COMMENTAIRE

Emplacement. L'on retrouve ces trois dispositions réglementaires (C. défense, art. R. 1332-41-1, R. 1332-41-2 et R. 1332-41-10) sur les systèmes d'information d'importance vitale (SIIV) dans le même secteur thématique que l'article de loi dont elles précisent la mise en œuvre (C. défense, art. L. 1332-6). Créées par le décret n° 2015-351 du 25 mars 2015 relatif à la sécurité des systèmes d'information des opérateurs d'importance vitale, ces dispositions appartiennent aux « Principes généraux de la défense » (Partie I) et illustrent la « Mise en œuvre de la défense non militaire » (Livre III) dans son volet économique (« Défense économique », Titre III). Une section spéciale leur est consacrée (« Dispositions spécifiques à la sécurité des systèmes d'information », Section 7 *bis*).

Règles de sécurité et communication des incidents de sécurité ou de fonctionnement d'un SIIV. L'article R. 1332-41-1 confère à l'ANSSI le rôle d'élaboration et de proposition au Premier ministre des règles de sécurité prévues par la loi. En tant qu'agence interministérielle rattachée au secrétaire général de la défense et de la sécurité nationale (SGDSN), lequel assiste le Premier ministre dans l'exercice de ses responsabilités en matière de défense et de sécurité nationale, l'ANSSI joue un rôle prépondérant dans la conception, la rédaction et la mise en œuvre des règles de cybersécurité, en particulier lorsqu'il s'agit des SIIV. Qui identifie ces SIIV ? Ce sont les Opérateurs d'Importance Vitale (OIV) qui en établissent et en tiennent à jour la liste (C. défense, art. R. 1332-41-2), qui doit être évidemment communiquée à l'ANSSI. Mais cette liste ne suffit pas : les OIV doivent également communiquer à l'ANSSI les informations et les analyses relatives au moindre incident de sécurité ou de fonctionnement affectant un SIIV, et ce, « dès qu'ils ont connaissance d'un incident » (C. défense, art. R. 1332-41-10).

Reste à savoir quelles sont, dans le détail, les règles de sécurité applicables à un SIIV. Sur ce point, les arrêtés sectoriels fournissent une parfaite illustration de la dynamique de compliance à l'œuvre dans le domaine de la cyberdéfense.

Vingt et un arrêtés sectoriels... Le détail des règles de sécurité et de déclaration à l'ANSSI d'incidents de sécurité et de fonctionnement des SIIV résulte actuellement de vingt et un arrêtés du Premier ministre, publiés au *Journal officiel*. Chaque arrêté concerne l'un des sous-secteurs d'importance vitale (V. la liste ss. C. défense, art. R. 1332-41-1).

A première vue, ces vingt textes paraissent identiques. En réalité, ils sont similaires mais comportent entre eux plusieurs différences notables qui concernent l'annexe détaillant vingt règles de sécurité applicables au sous-secteur d'importance vitale en question. Deux groupes se distinguent à la lecture des arrêtés, ceux dont l'annexe n'est pas publiée, et ceux qui publient ladite annexe.

• *Arrêtés comportant une annexe non publiée*. Les articles R. 1332-41-1, R. 1332-41-2 et R. 1332-41-10 du code de la défense comportent chacun la même phrase : « Lorsque l'arrêté n'est pas publié, il est notifié aux personnes ayant besoin d'en connaître ». Dans le cas des SIIV, vingt et un arrêtés sont publiés, mais trois d'entre eux réservent à ceux qui ont besoin d'en connaître la notification de l'annexe, c'est-à-dire du document comportant les règles de sécurité des SIIV. Il en est ainsi pour les sous-secteurs de l'espace, des activités industrielles de l'armement (deux Arr. du 8 sept. 2017), et des activités militaires (arr. du 22 mars 2021).

• *Arrêtés comportant une annexe publiée*. Dans les dix-sept autres sous-secteurs, les annexes imposent chacune aux OIV vingt règles, détaillées ci-dessous.

... et vingt règles de sécurité, dont les thèmes peuvent être regroupés en cinq séries de démarches :

• *Mise en place de procédures par la gouvernance (règles nos 1 et 20)*. En premier lieu, les règles qui imposent à la gouvernance de l'OIV *la mise en place de procédures* conformément aux objectifs et aux orientations stratégiques que l'OIV doit définir en matière de sécurité des SIIV. Concrètement, il s'agit notamment de la mise en place d'une politique de sécurité des systèmes d'information (PSSI), d'un plan de sensibilisation du personnel à la sécurité des SIIV, ou encore de la définition de procédures d'homologation, de contrôle, de maintien en conditions de sécurité, de traitement des incidents et de gestion de crises (règle n° 1). La définition et le suivi d'indicateurs détaillés dans chaque annexe (règle n° 20) fait partie de cette mise en place de procédure par la gouvernance de l'OIV.

• *Maîtrise des risques (règle n° 2)*. En deuxième lieu, l'on trouve des règles relatives à la *maîtrise des risques*, qu'il s'agisse de l'obtention ou du renouvellement de l'homologation, ou encore des audits réalisés par des prestataires d'audit de la sécurité des systèmes d'information (PASSI).

• *Maîtrise des systèmes d'information (règles nos 3 et 4)*. Un troisième groupe de règles impose aux OIV de *cartographier*, pour chaque SIIV, des éléments techniques dont la liste est abondamment détaillée. Les opérateurs doivent également réaliser une veille des vulnérabilités recensées par la *Computer Emergency Response Team* française (CERT-FR, en l'occurrence l'ANSSI). L'ensemble de ces pratiques doit conduire les OIV à anticiper les vulnérabilités en prévoyant des mesures correctrices (« patch management »), et toute mesure technique et organisationnelle destinée à atténuer les risques dans l'optique de renouveler son homologation.

• *Protection des SIIV (règles nos 11 à 19)*. Petit bréviaire de la prévention des incidents de sécurité, l'ensemble des règles nos 11 à 19 évoque l'*identification* des usagers de SIIV, qui leur confère des *comptes individuels* (règle n° 11), mais également leur *authentification*, dont l'objet est l'*accès aux ressources* de chaque SIIV (règle n° 12). Ces règles sont liées à celles qui portent sur les droits d'accès (règle n° 13), lesquels comportent des spécificités pour les *administrateurs système* (règle n° 14). Il en résulte naturellement une série de règles spéciales sur l'*administration des SIIV* (règle n° 15).

Par ailleurs, afin de limiter la propagation des cyberattaques au sein des systèmes d'information, les opérateurs doivent mettre en place un *cloisonnement*, à l'image des cales d'un bateau qui protègent contre l'inondation (règle n° 16). Réduire le risque d'attaque passe évidemment par un *filtrage* des flux d'information, dont les modalités sont exposées avec précision (règle n° 17). Cette dernière série de mesures retentit sur l'accès à distance à des SIIV (règle n° 18), ainsi que sur le paramétrage des équipements dont plusieurs fonctionnalités doivent être désactivées pour des raisons de sécurité : c'est ce que l'on appelle, dans le jargon informatique, le « *durcissement* » d'un équipement (règle n° 19).

• *Cyberrésilience (règles nos 5 à 10).* Signe de l'importance de la prévention et de la réaction aux incidents de sécurité, six règles concernent des aspects techniques tels que la *journalisation*, la *détection par voie de sondes*, la *réaction* aux incidents de sécurité, l'*archivage*, la *permanence* des équipes en charge de la SSI, et bien entendu la *gestion de crise* en cas d'attaque, c'est-à-dire la cyberrésilience.

Comparaison des annexes entre elles. L'article R. 1332-41-1 énonce que « les règles de sécurité [peuvent être] différentes selon le secteur ou le type d'activité de l'opérateur ». Qu'en est-il ? A l'examen, il existe effectivement des différences entre les dix-huit annexes qui sont accessibles au public. Elles n'apparaissent qu'après un examen détaillé qui nécessiterait une étude plus complète que ne le permet le format du présent commentaire.

Tout au plus observerons-nous une différence dont la justification reste à expliquer. Seuls les sous-secteurs « Produits de santé » (Arr. du 10 juin 2016) et « Finances » (Arr. du 28 nov. 2016) prévoient que la règle relative à la détection (règle n° 7) ne s'applique pas aux SIIV relevant des types de systèmes suivants :
1) Les « systèmes d'information assurant la sécurité physique des points d'importance vitale prévus à l'article R. 1332-4 du code de la défense » ;
2) Les « systèmes d'information de gestion technique de bâtiment indispensables au fonctionnement des installations des points d'importance vitale prévus à l'article R. 1332-4 du code de la défense ».

Cette exclusion paraît frappée au coin du bon sens : installer des sondes de détection sur les systèmes d'information qui permettent d'actionner le sas d'entrée d'un local d'importance vitale ou de soulever la barrière du parking d'un point d'importance vitale manque sans doute de pertinence. Mais pourquoi cette exclusion n'apparaît-elle pas dans les seize autres annexes publiées ? Assurément, les secteurs de la gestion de l'eau, de l'industrie, ou encore de la recherche publique, pour n'en prendre que trois, comportent des points d'importance vitale. Que les annexes ne prévoient pas expressément cette exclusion est un point qui reste à éclaircir. ❑

SOUS-SECTION 1 *Règles de sécurité*

Art. R. 1332-41-1 L'Agence nationale de la sécurité des systèmes d'information élabore et propose au Premier ministre les règles de sécurité prévues à l'article L. 1332-6-1. Ces règles sont établies par arrêté du Premier ministre pris après avis des ministres coordonnateurs des secteurs d'activités d'importance vitale concernés. Lorsque l'arrêté n'est pas publié, il est notifié aux personnes ayant besoin d'en connaître. – *V. Arr. du 11 août 2016 (JO 25 août).*

Les arrêtés mentionnés au premier alinéa peuvent prévoir des règles de sécurité différentes selon le secteur ou le type d'activité de l'opérateur. Ils fixent les délais dans lesquels les opérateurs d'importance vitale sont tenus d'appliquer les règles de sécurité. Ces délais peuvent être différents selon les règles de sécurité, le type de systèmes d'information concernés ou la date de mise en service de ces systèmes.

Principaux arrêtés pris en application des R. 1332-41-1, R. 1332-41-2 et R. 1332-41-10 du code de la défense

– Arrêté du 10 juin 2016 *fixant les règles de sécurité et les modalités de déclaration des systèmes d'information d'importance vitale et des incidents de sécurité relatives au sous-secteur d'activités d'importance vitale « Produits de santé » et pris en application des articles R. 1332-41-1, R. 1332-41-2 et R. 1332-41-10 du code de la défense.*

– Arrêté du 17 juin 2016 *fixant les règles de sécurité et les modalités de déclaration des systèmes d'information d'importance vitale et des incidents de sécurité relatives au secteur d'activités d'importance vitale « Gestion de l'eau » et pris en application des articles R. 1332-41-1, R. 1332-41-2 et R. 1332-41-10 du code de la défense.*

– Arrêté du 17 juin 2016 *fixant les règles de sécurité et les modalités de déclaration des systèmes d'information d'importance vitale et des incidents de sécurité relatives au secteur d'activités d'importance vitale « Alimentation » et pris en application des articles R. 1332-41-1, R. 1332-41-2 et R. 1332-41-10 du code de la défense.*

– Arrêté du 11 août 2016 *fixant les règles de sécurité et les modalités de déclaration des systèmes d'information d'importance vitale et des incidents de sécurité relatives au sous-secteur d'activités d'importance vitale « Transports terrestres » et pris en application des articles R. 1332-41-1, R. 1332-41-2 et R. 1332-41-10 du code de la défense.*

– Arrêté du 11 août 2016 *fixant les règles de sécurité et les modalités de déclaration des systèmes d'information d'importance vitale et des incidents de sécurité relatives au sous-secteur d'activités d'importance vitale « Transports maritime et fluvial » et pris en application des articles R. 1332-41-1, R. 1332-41-2 et R. 1332-41-10 du code de la défense.*

– Arrêté du 11 août 2016 *fixant les règles de sécurité et les modalités de déclaration des systèmes d'information d'importance vitale et des incidents de sécurité relatives au sous-secteur d'activités d'importance vitale « Transport aérien » et pris en application des articles R. 1332-41-1, R. 1332-41-2 et R. 1332-41-10 du code de la défense.*

– Arrêté du 11 août 2016 *fixant les règles de sécurité et les modalités de déclaration des systèmes d'information d'importance vitale et des incidents de sécurité relatives au sous-secteur d'activités d'importance vitale « Approvisionnement en énergie électrique » et pris en application des articles R. 1332-41-1, R. 1332-41-2 et R. 1332-41-10 du code de la défense.*

– Arrêté du 11 août 2016 *fixant les règles de sécurité et les modalités de déclaration des systèmes d'information d'importance vitale et des incidents de sécurité relatives au sous-secteur d'activités d'importance vitale « Approvisionnement en gaz naturel » et pris en application des articles R. 1332-41-1, R. 1332-41-2 et R. 1332-41-10 du code de la défense.*

– Arrêté du 11 août 2016 *fixant les règles de sécurité et les modalités de déclaration des systèmes d'information d'importance vitale et des incidents de sécurité relatives au sous-secteur d'activités d'importance vitale « Approvisionnement en hydrocarbures pétroliers » et pris en application des articles R. 1332-41-1, R. 1332-41-2 et R. 1332-41-10 du code de la défense.*

– Arrêté du 28 novembre 2016 *fixant les règles de sécurité et les modalités de déclaration des systèmes d'information d'importance vitale et des incidents de sécurité relatives au secteur d'activités d'importance vitale « Finances » et pris en application des articles R. 1332-41-1, R. 1332-41-2 et R. 1332-41-10 du code de la défense.*

– Arrêté du 28 novembre 2016 *fixant les règles de sécurité et les modalités de déclaration des systèmes d'information d'importance vitale et des incidents de sécurité relatives au secteur d'activités d'importance vitale « Industrie » et pris en application des articles R. 1332-41-1, R. 1332-41-2 et R. 1332-41-10 du code de la défense.*

– Arrêté du 28 novembre 2016 *fixant les règles de sécurité et les modalités de déclaration des systèmes d'information d'importance vitale et des incidents de sécurité relatives au sous-secteur d'activités d'importance vitale « Audiovisuel et information » et pris en application des articles R. 1332-41-1, R. 1332-41-2 et R. 1332-41-10 du code de la défense.*

– Arrêté du 28 novembre 2016 *fixant les règles de sécurité et les modalités de déclaration des systèmes d'information d'importance vitale et des incidents de sécurité relatives au sous-secteur d'activités d'importance vitale « Communications électroniques et Internet » et pris en application des articles R. 1332-41-1, R. 1332-41-2 et R. 1332-41-10 du code de la défense.*

– Arrêté du 10 mars 2017 *fixant les règles de sécurité et les modalités de déclaration des systèmes d'information d'importance vitale et des incidents de sécurité relatives au sous-secteur d'activités d'importance vitale « Nucléaire » et pris en application des articles R. 1332-41-1, R. 1332-41-2 et R. 1332-41-10 du code de la défense.*

– Arrêté du 8 septembre 2017 *fixant les règles de sécurité et les modalités de déclaration des systèmes d'information d'importance vitale et des incidents de sécurité relatives au sous-secteur d'activités d'importance vitale « Espace » et pris en application des articles R. 1332-41-1, R. 1332-41-2 et R. 1332-41-10 du code de la défense.*

– Arrêté du 8 septembre 2017 *fixant les règles de sécurité et les modalités de déclaration des systèmes d'information d'importance vitale et des incidents de sécurité relatives au sous-secteur d'activités d'importance vitale « Activités industrielles de l'armement » et pris en application des articles R. 1332-41-1, R. 1332-41-2 et R. 1332-41-10 du code de la défense.*

– Arrêté du 29 mai 2019 *fixant les règles de sécurité et les modalités de déclaration des systèmes d'information d'importance vitale et des incidents de sécurité relatives au secteur d'activités d'importance vitale « Activités civiles de l'État » et pris en application des articles R. 1332-41-1, R. 1332-41-2 et R. 1332-41-10 du code de la défense.*

– Arrêté du 13 juillet 2020 *fixant les règles de sécurité et les modalités de déclaration des systèmes d'information d'importance vitale et des incidents de sécurité relatives au sous-secteur d'activités d'importance vitale « Recherche publique » et pris en application des articles R. 1332-41-1, R. 1332-41-2 et R. 1332-41-10 du code de la défense.*

– Arrêté du 22 mars 2021 *fixant les règles de sécurité et les modalités de déclaration des systèmes d'information d'importance vitale et des incidents de sécurité relatives au sous-secteur d'activités d'importance vitale « Activités militaires de l'État » et pris en application des articles R. 1332-41-1, R. 1332-41-2 et R. 1332-41-10 du code de la défense.*

– Arrêté du 23 décembre 2021 *fixant les règles de sécurité et les modalités de déclaration des systèmes d'information d'importance vitale et des incidents de sécurité relatives au secteur d'activités d'importance vitale « Activités judiciaires » et pris en application des articles R. 1332-41-1, R. 1332-41-2 et R. 1332-41-10 du code de la défense.*

Art. R. 1332-41-2 Chaque opérateur d'importance vitale établit et tient à jour la liste des systèmes d'information mentionnés à l'article L. 1332-6-1, y compris ceux des opérateurs tiers qui participent à ces systèmes, auxquels s'appliquent les règles de sécurité prévues au même article.

Les systèmes d'information figurant sur la liste mentionnée au premier alinéa sont dénommés "systèmes d'information d'importance vitale".

La liste est établie selon des modalités fixées par arrêté du Premier ministre pris après avis des ministres coordonnateurs des secteurs d'activités d'importance vitale concernés. Ces arrêtés peuvent prévoir des modalités différentes selon le secteur ou le type d'activité de l'opérateur. Lorsque l'arrêté n'est pas publié, il est notifié aux personnes ayant besoin d'en connaître.

Chaque opérateur communique sa liste de systèmes d'information d'importance vitale et les mises à jour de celle-ci à l'Agence nationale de la sécurité des systèmes d'information selon des modalités et dans des délais fixés par l'arrêté mentionné au troisième alinéa.

L'Agence nationale de la sécurité des systèmes d'information peut, après avis des ministres coordonnateurs concernés, faire des observations à l'opérateur sur sa liste. Dans ce cas, l'opérateur modifie sa liste conformément à ces observations et communique la liste modifiée à l'Agence nationale de la sécurité des systèmes d'information dans un délai de deux mois à compter de la réception des observations.

La liste des systèmes d'information d'importance vitale est couverte par le secret de la défense nationale.

SOUS-SECTION 2 *Détection des événements de sécurité*

Art. R. 1332-41-3 Les règles de sécurité prévues à l'article L. 1332-6-1 fixent les conditions et les délais dans lesquels les opérateurs d'importance vitale mettent en œuvre des systèmes de détection des événements susceptibles d'affecter la sécurité de leurs systèmes d'information d'importance vitale. Elles déterminent également le type de système de détection utilisé.

Art. R. 1332-41-4 Lorsque l'opérateur d'importance vitale est une administration de l'État, le Premier ministre, après avis des ministres coordonnateurs des secteurs d'activités d'importance vitale concernés, décide, en fonction des risques particuliers encourus par les systèmes d'information en cause, si les systèmes de détection sont exploités par l'Agence nationale de la sécurité des systèmes d'information, par un autre service de l'État ou par un prestataire de service qualifié.

Dans les autres cas, les systèmes de détection sont exploités exclusivement par un prestataire de service qualifié.

Lorsque les systèmes de détection sont exploités par un prestataire de service qualifié, l'opérateur choisit le prestataire sur la liste prévue à l'article R. 1332-41-9.

Art. R. 1332-41-5 L'opérateur d'importance vitale conclut une convention avec le service de l'État ou le prestataire de service chargé d'exploiter les systèmes de détection. Cette convention précise :

1° Les systèmes d'information de l'opérateur qui font l'objet du service de détection ;

2° Les fonctionnalités du service de détection et le type de système de détection utilisé ;

3° Les systèmes de détection qualifiés utilisés et leurs modalités d'installation et d'exploitation par le service de l'État ou le prestataire ;

4° La nature des informations échangées entre l'opérateur et le service de l'État ou le prestataire, les conditions dans lesquelles elles sont utilisées et protégées ainsi que les moyens de communication sécurisés nécessaires à ces échanges ;

5° Les moyens techniques et humains nécessaires à l'opérateur pour la mise en œuvre du service de détection.

La convention est conclue dans des délais compatibles avec ceux prévus pour la mise en service des systèmes de détection.

Une copie de la convention signée est adressée sans délai par l'opérateur à l'Agence nationale de la sécurité des systèmes d'information.

Art. R. 1332-41-6 Afin de rechercher et d'analyser des événements susceptibles d'affecter la sécurité des systèmes d'information d'importance vitale, l'Agence nationale de la sécurité des systèmes d'information peut demander aux services de l'État et aux prestataires de service chargés d'exploiter les systèmes de détection d'utiliser dans ces systèmes des données techniques qu'elle leur fournit.

L'utilisation de ces données techniques est soumise à des conditions particulières définies par l'Agence nationale de la sécurité des systèmes d'information, en particulier lorsque les données sont couvertes par le secret de la défense nationale.

SOUS-SECTION 3 *Qualification des systèmes de détection et des prestataires de service exploitant ces systèmes*

Art. R. 1332-41-7 Les systèmes de détection et les prestataires de service mentionnés à l'article L. 1332-6-1 sont qualifiés dans les conditions prévues respectivement par les chapitres II et III du décret n° 2015-350 du 27 mars 2015 relatif à la qualification des produits de sécurité et des prestataires de service de confiance pour les besoins de la sécurité des systèmes d'information.

Art. R. 1332-41-8 Un opérateur d'importance vitale peut agir comme prestataire de service exploitant des systèmes de détection au profit d'autres opérateurs d'importance vitale ou pour ses besoins propres sous réserve d'être qualifié dans les conditions prévues à l'article R. 1332-41-7.

Art. R. 1332-41-9 L'Agence nationale de la sécurité des systèmes d'information met à la disposition du public par voie électronique la liste des systèmes de détection et des prestataires de service exploitant ces systèmes, qualifiés dans les conditions prévues à l'article R. 1332-41-7.

SOUS-SECTION 4 *Déclaration des incidents de sécurité*

Art. R. 1332-41-10 En application de l'article L. 1332-6-2, les opérateurs d'importance vitale communiquent à l'Agence nationale de la sécurité des systèmes d'information les informations relatives aux incidents affectant la sécurité ou le fonctionnement de leurs systèmes d'information d'importance vitale.

Les opérateurs communiquent les informations dont ils disposent dès qu'ils ont connaissance d'un incident et les complètent au fur et à mesure de leur analyse de l'incident. Ils répondent aux demandes d'informations complémentaires de l'Agence nationale de la sécurité des systèmes d'information concernant l'incident.

Le Premier ministre précise par arrêté, en distinguant le cas échéant selon le secteur ou le type d'activité de l'opérateur, les informations qui doivent être communiquées, les modalités de leur transmission ainsi que les types d'incident auxquels s'applique l'obligation prévue à l'article L. 1332-6-2. Lorsque l'arrêté n'est pas publié, il est notifié aux personnes ayant besoin d'en connaître.

Art. R. 1332-41-11 L'Agence nationale de la sécurité des systèmes d'information transmet aux ministres coordonnateurs des secteurs d'activités d'importance vitale concernés, lorsque son analyse de l'incident le justifie, une synthèse des informations recueillies relatives à cet incident.

SOUS-SECTION 5 *Contrôles de sécurité*

Art. R. 1332-41-12 Le Premier ministre, après avis des ministres coordonnateurs des secteurs d'activités d'importance vitale concernés, notifie aux opérateurs d'importance vitale sa décision d'imposer un contrôle prévu à l'article L. 1332-6-3. Il précise les objectifs et le périmètre du contrôle et fixe le délai dans lequel le contrôle est réalisé. Il précise, en fonction de la nature des opérations à mener, si ce contrôle est effectué par l'Agence nationale de la sécurité des systèmes d'information, par un autre service de l'État ou par un prestataire de service qualifié. Dans ce dernier cas, l'opérateur choisit le prestataire sur la liste prévue à l'article R. 1332-41-16.

Le Premier ministre ne peut imposer à un opérateur plus d'un contrôle par année civile d'un même système d'information, sauf si les systèmes d'information de cet opérateur sont affectés par un incident de sécurité ou si des vulnérabilités ou des manquements aux règles de sécurité ont été constatés lors d'un contrôle précédent subi par l'opérateur.

Art. R. 1332-41-13 L'opérateur d'importance vitale fournit au service de l'État ou au prestataire de service chargé du contrôle :

1° Les informations nécessaires pour évaluer la sécurité de ses systèmes d'information, notamment la documentation technique des équipements et des logiciels utilisés dans ses systèmes ainsi que les codes sources de ces logiciels ;

2° Les moyens nécessaires pour accéder à ses systèmes d'information et à l'ensemble de leurs composants afin de permettre au service de l'État ou au prestataire de réaliser des analyses sur les systèmes, notamment des relevés d'informations techniques.

Art. R. 1332-41-14 L'opérateur d'importance vitale conclut une convention avec le service de l'État ou le prestataire de service chargé d'effectuer le contrôle. Cette convention précise :

1° Les systèmes d'information qui font l'objet du contrôle ;

2° Les objectifs et le périmètre du contrôle ;

3° Les modalités de déroulement du contrôle, notamment les conditions d'accès aux sites et aux systèmes d'information de l'opérateur ;

4° Les informations nécessaires à la réalisation du contrôle, fournies par l'opérateur, et les conditions de leur protection ;

5° Les modalités selon lesquelles sont effectuées les analyses techniques sur les systèmes d'information de l'opérateur.

La convention est conclue dans des délais compatibles avec le délai fixé par le Premier ministre pour la réalisation du contrôle.

Une copie de la convention signée est adressée sans délai par l'opérateur à l'Agence nationale de la sécurité des systèmes d'information.

Art. R. 1332-41-15 Le service de l'État ou le prestataire ayant réalisé le contrôle rédige un rapport exposant ses constatations, au regard de l'objectif du contrôle, sur le niveau de sécurité des systèmes d'information contrôlés et le respect des règles de sécurité prévues à l'article L. 1332-6-1. Les vulnérabilités et les manquements aux règles de sécurité constatés lors du contrôle sont indiqués dans le rapport, qui formule le cas échéant des recommandations pour y remédier. Le rapport est couvert par le secret de la défense nationale.

Après avoir mis l'opérateur en mesure de faire valoir ses observations, le service de l'État ou le prestataire remet, dans le délai fixé pour la réalisation du contrôle, le rapport à l'Agence nationale de la sécurité des systèmes d'information.

L'Agence nationale de la sécurité des systèmes d'information peut auditionner, dans un délai de deux mois à compter de la remise du rapport, le service de l'État ou le prestataire ayant réalisé le contrôle, le cas échéant en présence de l'opérateur, aux fins d'examiner les constatations et les recommandations figurant dans le rapport. Elle peut inviter les ministres coordonnateurs des secteurs d'activités d'importance vitale concernés à assister à cette audition.

L'Agence nationale de la sécurité des systèmes d'information communique aux ministres coordonnateurs des secteurs d'activités d'importance vitale concernés les conclusions du contrôle.

Art. R. 1332-41-16 Les prestataires de service mentionnés à l'article L. 1332-6-3 sont qualifiés dans les conditions prévues par le chapitre III du décret n° 2015-350 du 27 mars 2015 relatif à la qualification des produits de sécurité et des prestataires de service de confiance pour les besoins de la sécurité des systèmes d'information.

L'Agence nationale de la sécurité des systèmes d'information met à la disposition du public par voie électronique la liste des prestataires de service qualifiés mentionnés au premier alinéa.

Art. R. 1332-41-17 Le coût des contrôles effectués par un service de l'État en application de l'article L. 1332-6-3 est calculé en fonction du temps nécessaire à la réalisation du contrôle et du nombre d'agents publics qui y participent. Un arrêté du Premier ministre fixe le coût d'un contrôle mobilisant un agent public pendant une journée.

Le coût des contrôles effectués par un prestataire de service est déterminé librement par les parties.

SOUS-SECTION 6 *Réponse aux crises majeures*

Art. R. 1332-41-18 L'Agence nationale de la sécurité des systèmes d'information propose au Premier ministre les mesures mentionnées à l'article L. 1332-6-4.

SOUS-SECTION 7 *Dispositions diverses*

Art. R. 1332-41-19 Les opérateurs d'importance vitale prennent les mesures nécessaires, notamment par voie contractuelle, pour garantir l'application des dispositions prévues à la présente section aux systèmes d'information des opérateurs tiers mentionnés au premier alinéa de l'article R. 1332-41-2.

Art. R. 1332-41-20 Chaque opérateur d'importance vitale désigne une personne chargée de le représenter auprès de l'Agence nationale de la sécurité des systèmes d'information pour toutes les questions relatives à l'application des dispositions prévues à la présente section. Nul ne peut être désigné s'il n'est titulaire de l'habilitation mentionnée à l'article R. 2311-7.

Art. R. 1332-41-21 L'Agence nationale de la sécurité des systèmes d'information peut imposer aux opérateurs d'importance vitale et aux prestataires de service mentionnés aux articles L. 1332-6-1 et L. 1332-6-3 l'utilisation d'un moyen particulier pour protéger les échanges d'information prévus à la présente section lorsqu'ils sont effectués par voie électronique.

Art. R. 1332-41-22 Les services de l'État et les prestataires de service mentionnés aux articles L. 1332-6-1 et L. 1332-6-3 accèdent aux systèmes d'information des opérateurs d'importance vitale et, le cas échéant, aux informations qu'ils contiennent dans le respect des secrets protégés par la loi.

Art. R. 1332-41-23 Si un opérateur d'importance vitale ne satisfait pas aux obligations prévues aux articles L. 1332-6-1 à L. 1332-6-4, l'Agence nationale de la sécurité des systèmes d'information saisit l'autorité judiciaire aux fins de poursuite de l'auteur du délit prévu au troisième alinéa de l'article L. 1332-7. Hormis le cas d'un manquement à l'article L. 1332-6-2, cette saisine est précédée d'une mise en demeure adressée à l'opérateur par l'Agence nationale de la sécurité des systèmes d'information.

SECTION 8 ***Dispositions pénales***

Art. R. 1332-42 Le fait de faire obstacle à l'accomplissement des missions des fonctionnaires chargés de vérifier l'état des établissements mentionnés aux articles L. 1332-1 et L. 1332-2 et de constater les infractions est puni de l'amende prévue pour les contraventions de la 5e classe.

DEUXIÈME PARTIE *RÉGIMES JURIDIQUES DE DÉFENSE*

(*Décr. nº 2009-254 du 4 mars 2009*)

LIVRE III **RÉGIMES JURIDIQUES DE DÉFENSE D'APPLICATION PERMANENTE**

TITRE I **LE SECRET DE LA DÉFENSE NATIONALE**

CHAPITRE I *PROTECTION DU SECRET DE LA DÉFENSE NATIONALE*

SECTION 1 *Informations et supports classifiés*

Art. R. 2311-1 Les *(Abrogé par Décr. nº 2010-678 du 21 juin 2010)* « *renseignements[,]* » procédés, objets, documents, *(Décr. nº 2010-678 du 21 juin 2010)* « informations, réseaux informatiques, » données informatisées ou fichiers présentant un caractère de secret de la défense nationale sont dénommés dans le présent chapitre : "informations *(Décr. nº 2010-678 du 21 juin 2010)* « et supports classifiés »".

Art. R. 2311-2 *(Décr. nº 2019-1271 du 2 déc. 2019, art. 1er et 10, en vigueur le 1er juill. 2021)* Les informations et supports classifiés font l'objet d'une classification comprenant deux niveaux :

1° Secret ;

2° Très Secret.

BIBL. ▶ Attias, *D. actu. 21 nov. 2022* (la réforme de la protection du secret de la défense nationale : un réel défi pour les entreprises concernées).

Art. R. 2311-3 *(Décr. nº 2019-1271 du 2 déc. 2019, art. 1er et 10, en vigueur le 1er juill. 2021)* Le niveau Secret est réservé aux informations et supports dont la divulgation ou auxquels l'accès est de nature à porter atteinte à la défense et à la sécurité nationale.

Le niveau Très Secret est réservé aux informations et supports dont la divulgation ou auxquels l'accès aurait des conséquences exceptionnellement graves pour la défense et la sécurité nationale.

Les informations et supports classifiés au niveau Très Secret qui concernent des priorités gouvernementales en matière de défense et de sécurité nationale font l'objet de classifications spéciales définies par le Premier ministre.

Art. R. 2311-4 *(Décr. nº 2009-254 du 4 mars 2009)* Les informations *(Décr. nº 2010-678 du 21 juin 2010)* « et supports classifiés » portent la mention de leur niveau de classification *(Décr. nº 2019-1271 du 2 déc. 2019, art. 1er et 10, en vigueur le 1er juill. 2021)* « ainsi que, le cas échéant, de la classification spéciale dont ils font l'objet ».

(Décr. nº 2010-678 du 21 juin 2010) « Les informations et supports classifiés qui ne doivent être communiqués, totalement ou partiellement, en raison de leur contenu qu'à certaines organisations internationales ou à certains États ou à leurs ressortissants, portent, en sus de la mention de leur niveau de classification, une mention particulière précisant les États, leurs ressortissants ou les organisations internationales pouvant y avoir accès.

« Les informations et supports classifiés qui ne doivent en aucun cas être communiqués totalement ou partiellement à des organisations internationales, à des États étrangers ou à leurs ressortissants *(Décr. nº 2019-1271 du 2 déc. 2019, art. 1er et 10, en vigueur le 1er juill. 2021)* « ainsi qu'à des personnes morales de droit étranger » portent, en sus de la mention de leur niveau de classification, la mention particulière "Spécial France". »

(Décr. nº 2019-1271 du 2 déc. 2019, art. 1er et 10, en vigueur le 1er juill. 2021) « Toute modification du niveau de classification, déclassification, modification ou suppression d'une mention particulière de protection d'une information ou d'un support classifié est décidée par l'autorité sous la responsabilité de laquelle il a été procédé à la classification. »

Art. R. 2311-5 *(Décr. n° 2019-1271 du 2 déc. 2019, art. 1er et 10, en vigueur le 1er juill. 2021)* Le Premier ministre définit par arrêté les mesures nécessaires à la protection du secret de la défense nationale.

Il détermine les critères de classification et les modalités particulières de protection des informations et supports qui doivent faire l'objet d'une classification spéciale conformément à l'article R. 2311-3.

Art. R. 2311-6 *(Décr. n° 2019-1271 du 2 déc. 2019, art. 1er et 10, en vigueur le 1er juill. 2021)* Dans le respect des mesures arrêtées par le Premier ministre, chaque ministre, pour les services relevant de son autorité et les établissements publics relevant de sa tutelle ainsi que pour les personnes avec lesquelles il a conclu un plan contractuel de sécurité conformément au deuxième alinéa de l'article R. 2311-9, précise par arrêté les modalités de classification et de protection des informations et supports aux niveaux Secret et Très Secret.

Dans les mêmes conditions, le ministre coordonnateur d'un secteur d'activités d'importance vitale pour les personnes mentionnées aux articles L. 1332-1 et L. 1332-2 ainsi que leurs cocontractants ou le ministre de l'Intérieur pour celles des personnes qui gèrent exclusivement un établissement mentionné à l'article L. 1332-2 ainsi que leurs cocontractants, précise par arrêté les modalités de classification et de protection des informations et supports aux niveaux Secret et Très Secret.

Art. R. 2311-6-1 *(Décr. n° 2019-1271 du 2 déc. 2019, art. 1er et 10, en vigueur le 1er juill. 2021)* Les systèmes d'information contenant des informations classifiées font l'objet, préalablement à leur emploi, d'une homologation de sécurité à un niveau au moins égal au niveau de classification de ces informations.

Cette homologation atteste de l'aptitude du système à assurer, au niveau requis, la disponibilité, l'intégrité, la confidentialité et la traçabilité des informations qu'il contient.

La protection de ces systèmes d'information doit, selon les modalités précisées par arrêté du Premier ministre, au regard notamment des menaces pesant sur la disponibilité, l'intégrité, la confidentialité et la traçabilité des informations qu'ils contiennent, être assurée par des dispositifs, matériels ou logiciels, agréés par l'Agence nationale de la sécurité des systèmes d'information.

A titre exceptionnel, et sur le fondement d'une analyse de risques réalisée dans le cadre de l'homologation, l'autorité d'homologation peut autoriser le recours à des matériels et logiciels non agréés.

Un arrêté du Premier ministre précise les modalités d'application de ces dispositions.

Art. R. 2311-6-2 *(Décr. n° 2019-1271 du 2 déc. 2019, art. 1er et 10, en vigueur le 1er juill. 2021)* La sécurité des systèmes d'information classifiés est placée sous la responsabilité d'une autorité qualifiée en sécurité des systèmes d'information. A ce titre, cette autorité définit la politique de sécurité des systèmes d'information classifiés pour les organismes relevant de ses attributions et en contrôle l'application, selon les modalités définies par arrêté du Premier ministre.

Art. R. 2311-7 *(Décr. n° 2019-1271 du 2 déc. 2019, art. 1er et 10, en vigueur le 1er juill. 2021)* Sauf exceptions prévues par la loi, nul n'est qualifié pour connaître d'informations et supports classifiés s'il n'a fait au préalable l'objet d'une décision d'habilitation et s'il n'a besoin, au regard du catalogue des emplois justifiant une habilitation, établi selon les modalités précisées par arrêté du Premier ministre, de les connaître pour l'exercice de sa fonction ou l'accomplissement de sa mission.

Art. R. 2311-7-1 *(Décr. n° 2010-678 du 21 juin 2010) (Décr. n° 2019-1271 du 2 déc. 2019, art. 1er et 10, en vigueur le 1er juill. 2021)* « Sauf exceptions prévues par la loi, nul » n'est qualifié pour accéder à un système d'information ou à ses dispositifs, matériels ou logiciels, de protection, lorsque cet accès permet de connaître des informations classifiées qui y sont contenues ou de modifier les dispositifs de protection de ces informations, s'il n'a fait au préalable l'objet d'une décision d'habilitation et s'il n'a besoin, selon l'appréciation de l'autorité responsable de l'emploi du système, d'y accéder pour l'exercice de sa fonction ou l'accomplissement de sa mission.

Art. R. 2311-7-2 *(Décr. nº 2010-678 du 21 juin 2010)* Les habilitations mentionnées aux articles R. 2311-7 et R. 2311-7-1 peuvent être délivrées à des personnes physiques ainsi qu'à des personnes morales.

Art. R. 2311-8 *(Décr. nº 2019-1271 du 2 déc. 2019, art. 1er et 10, en vigueur le 1er juill. 2021)* La décision d'habilitation précise le niveau de classification des informations et supports classifiés dont le titulaire peut connaître ainsi que les fonctions ou missions qu'elle concerne.

La décision d'habilitation est prise, pour les niveaux de classification Secret et Très Secret, par les ministres mentionnés à l'article R. 2311-6, à l'issue d'une procédure arrêtée par le Premier ministre.

Pour les classifications spéciales mentionnées à l'article R. 2311-3, la décision d'habilitation est prise par le Premier ministre. Elle indique la classification spéciale à laquelle la personne physique ou morale habilitée a accès.

Art. R. 2311-8-1 *(Décr. nº 2010-678 du 21 juin 2010)* Chaque ministre peut déléguer par arrêté au préfet territorialement compétent la signature des décisions d'habilitation à connaître des informations couvertes par le secret de la défense nationale des agents de son département ministériel placés sous l'autorité du préfet et des personnes employées dans des organismes relevant de ses attributions.

(Abrogé par Décr. nº 2011-1657 du 28 nov. 2011, art. 1er-1º) *« Le ministre de la défense peut déléguer par arrêté la signature des décisions d'habilitation à connaître des informations couvertes par le secret de la défense nationale aux autorités relevant de son département ministériel, pour les personnels placés sous l'autorité de celles-ci. »*

Art. R. 2311-8-2 *(Décr. nº 2011-1657 du 28 nov. 2011, art. 1er-2º)* Le ministre de la défense peut déléguer, par arrêté, ses pouvoirs en matière de décisions d'habilitation à connaître des informations et supports couverts par le secret de la défense nationale aux autorités suivantes relevant de son département ministériel :

1º Les chefs d'état-major ;

2º Le secrétaire général pour l'administration, les directeurs généraux, les directeurs et chefs de service d'administration centrale ;

3º Le chef du contrôle général des armées et les membres des corps d'inspection directement rattachés au ministre ;

4º Les commandants des formations, les commandants organiques et opérationnels des forces et interarmées, les commandants des formations administratives ou des organismes administrés comme tels, ainsi que les directeurs ou chefs des organismes n'appartenant pas à l'administration centrale du ministère de la défense.

Les délégataires mentionnés aux 1º à 4º peuvent déléguer leur signature à leurs subordonnés.

Art. R. 2311-9 *(Décr. nº 2019-1271 du 2 déc. 2019, art. 1er et 10, en vigueur le 1er juill. 2021)* Toute personne physique ou morale est tenue d'assurer, selon les modalités prévues au présent article, la protection des informations et supports classifiés, des lieux les abritant ainsi que celle des systèmes d'information contenant des informations classifiées dont elle a à connaître ou qu'elle a à détenir.

Les modalités d'accès et, le cas échéant, de production d'informations et supports classifiés par des personnes autres que l'État ou ses établissements publics, ainsi que les mesures de sécurité prises par ces personnes pour assurer la protection prévue au premier alinéa dans le respect des règles arrêtées sur le fondement des articles R. 2311-5 et R. 2311-6 font l'objet d'un plan contractuel de sécurité dans le cadre d'une convention conclue avec le ministre intéressé, après vérification de l'aptitude de ces mesures à garantir la disponibilité, l'intégrité, la confidentialité et la traçabilité des informations et supports classifiés.

Par dérogation à l'alinéa précédent, les modalités d'accès et, le cas échéant, de production d'informations et supports classifiés par les personnes mentionnées aux articles L. 1332-1 et L. 1332-2 et leurs cocontractants ainsi que les mesures de sécurité prises pour assurer la protection prévue au premier alinéa sont définies dans le plan de sécurité d'opérateur d'importance vitale mentionné à l'article R. 1332-19 ou, le cas échéant, dans le plan particulier de protection mentionné à l'article R. 1332-23.

Le plan contractuel de sécurité, le plan de sécurité d'opérateur ou le plan particulier de protection prévoit que des inspections, contrôles ou audits peuvent être organisés dans les lieux abritant des informations et supports classifiés aux fins de s'assurer de leurs conditions de protection.

Lorsqu'il apparaît que des informations et supports classifiés sont conservés dans des lieux qui ne sont pas de nature à garantir leur protection, l'autorité administrative peut mettre en demeure la personne morale d'effectuer les travaux nécessaires à leur mise en sécurité dans un délai de trois mois à compter de la notification de la mise en demeure. A l'issue d'une mise en demeure infructueuse, l'autorité administrative peut abroger la décision d'habilitation de la personne morale ou des personnes physiques qui la représentent.

Un arrêté du Premier ministre précise les modalités d'application de ces dispositions.

SECTION 2 *Lieux abritant des éléments couverts par le secret de la défense nationale*

(Décr. nº 2010-678 du 21 juin 2010)

Art. R. 2311-9-1 *(Décr. nº 2019-1271 du 2 déc. 2019, art. 1er et 10, en vigueur le 1er juill. 2021)* « Les informations et supports classifiés sont abrités dans des lieux dont les modalités de protection sont fixées par arrêté du Premier ministre. »

La liste des lieux abritant des éléments couverts par le secret de la défense nationale mentionnée au deuxième alinéa de l'article 56-4 du code de procédure pénale est établie, par arrêté du Premier ministre, sur proposition des ministres intéressés.

La liste désigne les lieux en cause dans des conditions de nature à permettre l'identification exacte de ceux-ci par la Commission *(Abrogé par Décr. nº 2020-133 du 18 févr. 2020, art. 1er)* « *consultative* » du secret de la défense nationale et les magistrats. Elle peut comporter des catégories de *(Décr. nº 2019-1271 du 2 déc. 2019, art. 1er et 10, en vigueur le 1er juill. 2021)* « lieux », classés par département ministériel, lorsque cette désignation suffit à l'identification des lieux ou, dans le cas contraire, des localisations individuelles. Elle est régulièrement actualisée.

La liste est transmise au ministre de la justice et au président de la Commission *(Abrogé par Décr. nº 2020-133 du 18 févr. 2020, art. 1er)* « *consultative* » du secret de la défense nationale. Le ministre de la justice met en œuvre, dans des conditions définies par arrêté du Premier ministre, un accès sécurisé à la liste, de nature à préserver la confidentialité de celle-ci et permettant à chaque magistrat de vérifier si le lieu dans lequel il souhaite effectuer une perquisition figure sur cette liste. — *V. Arr. du 29 janv. 2013, infra.*

Arrêté du 17 janvier 2022,

Modifiant l'arrêté du 21 juin 2010 fixant en application de l'article R. 2311-9-1 du code de la défense la liste des lieux abritant des éléments couverts par le secret de la défense nationale.

Art. 1er La liste des lieux abritant des éléments couverts par le secret de la défense nationale annexée au présent arrêté se substitue à la liste annexée à l'arrêté du 21 juin 2010 susvisé *(JO 23 juin).*

SECTION 3 *Restriction de l'usage des moyens de communication et d'information*

(Décr. nº 2019-1271 du 2 déc. 2019, art. 1er et 10, en vigueur le 1er juill. 2021)

Art. R. 2311-9-2 *(Décr. nº 2009-254 du 4 mars 2009)* Le ministre de la défense ou le commandement est habilité à restreindre l'usage de moyens de communication et d'information, quels qu'ils soient, pour assurer la protection des militaires en opération, l'exécution de la mission ou la sécurité des activités militaires.

La détention et l'usage d'appareils photographiques, cinématographiques, téléphoniques, télématiques ou enregistreurs ainsi que de postes émetteurs ou récepteurs de radiodiffusion ou télévision dans les enceintes et établissements militaires ou en campagne, dans les cantonnements et véhicules, ainsi qu'à bord des bâtiments de la flotte et des aéronefs, peuvent être soumis à autorisation préalable.

La publication ou la cession de films, de photographies ou d'enregistrements pris dans les enceintes, établissements militaires, bâtiments de la flotte et aéronefs, ou à l'occasion d'opérations, de manœuvre ou de toute autre activité militaire est soumise à l'autorisation préalable du commandant de la formation administrative.

A compter du 1er juill. 2021, l'art. R. 2311-9 devient l'art. R. 2311-9-2 (Décr. nº 2019-1271 du 2 déc. 2019, art. 1er et 10, en vigueur le 1er juill. 2021).

SECTION 4 *Le secrétaire général de la défense et de la sécurité nationale* *(Décr. nº 2010-678 du 21 juin 2010).*

Art. R. 2311-10 *(Décr. nº 2009-254 du 4 mars 2009)* Sous l'autorité du Premier ministre, le secrétaire général de la défense et de la sécurité nationale est chargé d'étudier, de prescrire et de coordonner sur le plan interministériel les mesures propres à assurer la protection des secrets intéressant la défense nationale. *(Décr. nº 2010-678 du 21 juin 2010)* « Il a qualité d'autorité nationale de sécurité pour le secret de la défense nationale, pour l'application des accords et traités internationaux prévoyant une telle autorité. »

Le secrétaire général de la défense et de la sécurité nationale veille à la mise en œuvre *(Décr. nº 2010-678 du 21 juin 2010)* « des mesures mentionnées au premier alinéa ». Il a qualité pour la contrôler. Il a la possibilité en toutes circonstances de saisir, par l'intermédiaire des ministres intéressés, les services qui concourent à la répression des délits.

Les attributions de sécurité de défense définies ci-dessus n'affectent pas les responsabilités propres des ministres en cette matière.

Art. R. 2311-10-1 *(Décr. nº 2010-678 du 21 juin 2010)* Le secrétaire général de la défense et de la sécurité nationale peut, en sa qualité d'autorité nationale de sécurité pour le secret de la défense nationale, nommer dans des domaines particuliers, notamment dans le domaine industriel, sur proposition du ou des ministres intéressés, une autorité de sécurité déléguée.

Art. R. 2311-11 *(Décr. nº 2009-254 du 4 mars 2009)* Le secrétaire général de la défense et de la sécurité nationale, conformément aux dispositions de l'article R. 2311-10, prescrit, coordonne et contrôle l'application des mesures propres à assurer la protection du secret dans les rapports entre la France et les États étrangers.

Il assure, en application des accords internationaux, la sécurité des informations classifiées confiées à la France. *(Décr. nº 2010-678 du 21 juin 2010)* « Il définit les mesures de protection des informations et supports dont la France est détentrice, qui ont été classifiés par un État étranger ou une organisation internationale et qui ne portent pas la mention d'un niveau de classification équivalent à ceux définis à l'article R. 2311-2. »

Il définit les mesures propres à assurer la protection des informations nationales confiées à des États étrangers ou à des organisations internationales.

Art. D.* 2311-12 *(Décr. nº 2009-253 du 4 mars 2009)* Pour l'exercice de ses attributions mentionnées aux articles R. 2311-10 et R. 2311-11, le secrétaire général de la défense et de la sécurité nationale dispose d'un service de sécurité de défense.

TROISIÈME PARTIE *LE MINISTÈRE DE LA DÉFENSE ET LES ORGANISMES SOUS TUTELLE*

(Décr. n° 2008-1218 du 25 nov. 2008 ; Décr. n° 2008-1219 du 25 nov. 2008)

LIVRE I L'ADMINISTRATION CENTRALE

TITRE II ORGANISMES ET AUTORITÉS MILITAIRES

(Décr. n° 2008-1219 du 25 nov. 2008)

CHAPITRE I *LES ÉTATS-MAJORS*

(Décr. n° 2009-869 du 15 juill. 2009)

SECTION 1 *Responsabilités générales du chef d'état-major des armées*

§ 5 *BIS* Défense des systèmes d'information

(Décr. n° 2017-743 du 4 mai 2017, art. 2)

Art. D. 3121-14-1 Dans le domaine de la conduite de la défense des systèmes d'information du ministère de la défense mentionné au 8° de l'article R.* 3121-2, le chef d'état-major des armées est responsable de la surveillance de ces systèmes d'information et de la mise en œuvre des mesures de défense les concernant. Il coordonne son action avec l'autorité nationale de défense des systèmes d'information.

Il met en œuvre les opérations techniques prévues au premier alinéa de l'article L. 2321-2 dans les conditions et le périmètre précisés par le Premier ministre.

SECTION 2 *L'état-major des armées*

Art. D. 3121-24-2 *(Décr. n° 2017-743 du 4 mai 2017, art. 3)* Un officier général "commandant de la cyberdéfense" exerce les attributions relevant de l'article D. 3121-14-1.

Il assiste et conseille le ministre de la défense dans son domaine de compétence.

Code pénal

PREMIÈRE PARTIE : *LÉGISLATIVE*

LIVRE III DES CRIMES ET DÉLITS CONTRE LES BIENS

TITRE II DES AUTRES ATTEINTES AUX BIENS

CHAPITRE III *DES ATTEINTES AUX SYSTÈMES DE TRAITEMENT AUTOMATISÉ DE DONNÉES*

Art. 323-8 *(L. n° 2015-912 du 24 juill. 2015, art. 18)* Le présent chapitre n'est pas applicable aux mesures mises en œuvre, par les agents habilités des services de l'État désignés par arrêté du Premier ministre parmi les services spécialisés de renseignement mentionnés à l'article L. 811-2 du code de la sécurité intérieure, pour assurer hors du territoire national la protection des intérêts fondamentaux de la Nation mentionnés à l'article L. 811-3 du même code.

LIVRE IV DES CRIMES ET DÉLITS CONTRE LA NATION, L'ÉTAT ET LA PAIX PUBLIQUE

TITRE I DES ATTEINTES AUX INTÉRÊTS FONDAMENTAUX DE LA NATION

CHAPITRE I *DE LA TRAHISON ET DE L'ESPIONNAGE*

SECTION 3 *De la livraison d'informations à une puissance étrangère*

Art. 411-6 Le fait de livrer ou de rendre accessibles à une puissance étrangère, à une entreprise ou organisation étrangère ou sous contrôle étranger ou à leurs agents des renseignements, procédés, objets, documents, données informatisées ou fichiers dont l'exploitation, la divulgation ou la réunion est de nature à porter atteinte aux intérêts fondamentaux de la Nation est puni de quinze ans de détention criminelle et de 225 000 € d'amende. – *Pén. 414-2 ; Pr. pén. 702 ; Just. milit. L. 331-1, L. 333-3, L. 333-5.*

Art. 411-7 Le fait de recueillir ou de rassembler, en vue de les livrer à une puissance étrangère, à une entreprise ou organisation étrangère ou sous contrôle étranger ou à leurs agents, des renseignements, procédés, objets, documents, données informatisées ou fichiers dont l'exploitation, la divulgation ou la réunion est de nature à porter atteinte aux intérêts fondamentaux de la Nation est puni de dix ans d'emprisonnement et de 150 000 € d'amende. – *Pén. 414-4 ; Pr. pén. 702 ; Just. milit. L. 331-1, L. 333-3, L. 333-5.*

Art. 411-8 Le fait d'exercer, pour le compte d'une puissance étrangère, d'une entreprise ou organisation étrangère ou sous contrôle étranger ou de leurs agents, une activité ayant pour but l'obtention ou la livraison de dispositifs, renseignements, procédés, objets, documents, données informatisées ou fichiers dont l'exploitation, la divulgation ou la réunion est de nature à porter atteinte aux intérêts fondamentaux de la Nation est puni de dix ans d'emprisonnement et de 150 000 € d'amende. – *Pén. 414-4 ; Pr. pén. 702 ; Just. milit. L. 331-1, L. 333-3, L. 333-5.*

SECTION 4 *Du sabotage*

Art. 411-9 Le fait de détruire, détériorer ou détourner tout document, matériel, construction, équipement, installation, appareil, dispositif technique ou système de traitement automatisé d'informations ou d'y apporter des malfaçons, lorsque ce fait est de nature à porter atteinte aux intérêts fondamentaux de la Nation, est puni de quinze ans de détention criminelle et de 225 000 € d'amende.

Lorsqu'il est commis dans le but de servir les intérêts d'une puissance étrangère, d'une entreprise ou organisation étrangère ou sous contrôle étranger, le même fait est puni de vingt ans de détention criminelle et de 300 000 € d'amende. – *Pén. 414-2 ; Pr. pén. 702 ; Just. milit. L. 331-1, L. 333-5.*

CHAPITRE III *DES AUTRES ATTEINTES À LA DÉFENSE NATIONALE*

SECTION 2 *Des atteintes au secret de la défense nationale*

Art. 413-9 *(L. n° 2009-928 du 29 juill. 2009, art. 12-I-1° et 2°)* Présentent un caractère de secret de la défense nationale au sens de la présente section les procédés, objets, documents, informations, réseaux informatiques, données informatisées ou fichiers intéressant la défense nationale qui ont fait l'objet de mesures de classification destinées à restreindre leur diffusion ou leur accès.

Peuvent faire l'objet de telles mesures les procédés, objets, documents, informations, réseaux informatiques, données informatisées ou fichiers dont la divulgation ou auxquels l'accès est de nature à nuire à la défense nationale ou pourrait conduire à la découverte d'un secret de la défense nationale.

Les niveaux de classification des procédés, objets, documents, informations, réseaux informatiques, données informatisées ou fichiers présentant un caractère de secret de la défense nationale et *(L. n° 94-89 du 1er févr. 1994)* « les autorités chargées de défi-

nir les modalités selon lesquelles est organisée leur protection » sont déterminés par décret en Conseil d'État. – *Pr. pén. 702. – V. art. R. 413-6.*

Sur la protection des installations nucléaires de bases secrètes sous les sanctions prévues par les art. 413-9 s. C. pén., V. Décr. n° 99-873 du 11 oct. 1999, art. 12 (JO 14 oct.).

TITRE II DU TERRORISME

CHAPITRE I *DES ACTES DE TERRORISME*

Art. 421-1 **Constituent des actes de terrorisme, lorsqu'elles sont** *(L. n° 96-647 du 22 juill. 1996)* **« intentionnellement » en relation avec une entreprise individuelle ou collective ayant pour but de troubler gravement l'ordre public par l'intimidation ou la terreur, les infractions suivantes :**

1° Les atteintes volontaires à la vie, les atteintes volontaires à l'intégrité de la personne, l'enlèvement et la séquestration ainsi que le détournement d'aéronef, de navire ou de tout autre moyen de transport, définis par le livre II du présent code ;

2° Les vols, les extorsions, les destructions, dégradations et détériorations, ainsi que les infractions en matière informatique définis par le livre III du présent code ;

(L. n° 96-647 du 22 juill. 1996) **« 3° Les infractions en matière de groupes de combat et de mouvements dissous définies par les articles 431-13 à 431-17 et les infractions définies par les articles 434-6 et 441-2 à 441-5 ; »**

(Ord. n° 2012-351 du 12 mars 2012, art. 8, en vigueur le 1er mai 2012) **« 4° Les infractions en matière d'armes, de produits explosifs ou de matières nucléaires définies par** *(L. n° 2014-1353 du 13 nov. 2014, art. 4)* **« les** *(L. n° 2016-731 du 3 juin 2016, art. 26)* **« articles 222-52 à 222-54, 322-6-1 et 322-11-1 » du présent code, » le I de l'article L. 1333-9, les articles L. 1333-11 et L. 1333-13-2, le II des articles L. 1333-13-3 et L. 1333-13-4, les articles L. 1333-13-6, L. 2339-2, L. 2339-14, L. 2339-16, L. 2341-1, L. 2341-4, L. 2341-5, L. 2342-57 à L. 2342-62, L. 2353-4, le 1° de l'article L. 2353-5 et l'article L. 2353-13 du code de la défense, ainsi que les articles** *(Abrogé par L. n° 2016-731 du 3 juin 2016, art. 26)* **« L. 317-4, » L. 317-7 et L. 317-8 à l'exception des** *(L. n° 2012-304 du 6 mars 2012, art. 33 et 34-XVI, en vigueur le 6 sept. 2013)* **« armes de la catégorie D définies par décret en Conseil d'État** *[ancienne rédaction : armes de la 6e catégorie]* **», du code de la sécurité intérieure » ;** – *V. Décr. n° 2014-289 du 4 mars 2014 portant publication de la convention internationale pour la répression des actes de terrorisme nucléaire, signée à New York le 14 sept. 2005 (JO 6 mars).*

(L. n° 96-647 du 22 juill. 1996) **« 5° Le recel du produit de l'une des infractions prévues aux 1° à 4° ci-dessus » ;**

(L. n° 2001-1062 du 15 nov. 2001, art. 33 ; L. n° 2003-239 du 18 mars 2003, art. 31) **« 6° Les infractions de blanchiment prévues au chapitre IV du titre II du livre III du présent code ;**

« 7° Les délits d'initié prévus *(L. n° 2016-819 du 21 juin 2016, art. 1er, en vigueur le 3 juill. 2016)* **« aux articles L. 465-1 à L. 465-3 » du code monétaire et financier. »**

TITRE III DES ATTEINTES À L'AUTORITÉ DE L'ÉTAT

CHAPITRE IV *DES ATTEINTES À L'ACTION DE JUSTICE*

SECTION 2 *Des entraves à l'exercice de la justice*

Art. 434-15-2 *(L. n° 2001-1062 du 15 nov. 2001, art. 31 ; L. n° 2003-239 du 18 mars 2003, art. 31)* **Est puni de trois ans d'emprisonnement et de** *(L. n° 2016-731 du 3 juin 2016, art. 16)* **« 270 000 € » d'amende le fait, pour quiconque ayant connaissance de la convention secrète de déchiffrement d'un moyen de cryptologie susceptible d'avoir été utilisé pour préparer, faciliter ou commettre un crime ou un délit, de refuser de remettre ladite convention aux autorités judiciaires ou de la mettre en œuvre, sur les réquisitions de ces autorités délivrées en application des titres II et III du livre I du code de procédure pénale.**

Si le refus est opposé alors que la remise ou la mise en œuvre de la convention aurait permis d'éviter la commission d'un crime ou d'un délit ou d'en limiter les effets, la peine est portée à cinq ans d'emprisonnement et à *(L. n° 2016-731 du 3 juin 2016, art. 16)* « **450 000 €** » d'amende.

Les dispositions du présent article sont applicables en Nouvelle-Calédonie, dans les îles Wallis-et-Futuna et en Polynésie française (L. n° 2001-1062 du 15 nov. 2001, art. 71).

DEUXIÈME PARTIE : *DÉCRETS EN CONSEIL D'ÉTAT*

LIVRE IV **DES CRIMES ET DÉLITS CONTRE LA NATION, L'ÉTAT ET LA PAIX PUBLIQUE**

TITRE I **DES ATTEINTES AUX INTÉRÊTS FONDAMENTAUX DE LA NATION**

CHAPITRE III *DES AUTRES ATTEINTES À LA DÉFENSE NATIONALE*

SECTION 1 *Des atteintes à la sécurité des forces armées et aux zones protégées intéressant la défense nationale*

Art. R. 413-5 L'autorisation de pénétrer dans la zone protégée est donnée par le chef du service, de l'établissement ou de l'entreprise, selon les directives et sous le contrôle du ministre ayant déterminé le besoin de protection.

Toutefois, lorsque la zone a été instituée pour protéger des recherches, études ou fabrications qui doivent être tenues secrètes dans l'intérêt de la défense nationale, l'autorisation est délivrée par le ministre qui a déterminé le besoin de protection.

Dans tous les cas, l'autorisation est délivrée par écrit. Elle peut être retirée à tout moment dans les mêmes formes.

Art. R. 413-5-1 *(Décr. n° 2011-1425 du 2 nov. 2011)* I. — Sont dites "zones à régime restrictif" celles des zones, mentionnées à l'article R. 413-1, dont le besoin de protection tient à l'impératif qui s'attache à empêcher que des éléments essentiels du potentiel scientifique ou technique de la Nation :

1° Fassent l'objet d'une captation de nature à affaiblir ses moyens de défense, à compromettre sa sécurité ou à porter préjudice à ses autres intérêts fondamentaux ;

2° Ou soient détournés à des fins de terrorisme, de prolifération d'armes de destruction massive et de leurs vecteurs ou de contribution à l'accroissement d'arsenaux militaires.

Les zones à régime restrictif peuvent inclure, dans leur périmètre, des locaux dont la protection renforcée est justifiée par l'entreposage de produits ou par l'exécution d'activités comportant des risques particuliers au regard des impératifs mentionnés aux trois premiers alinéas.

II. — Par dérogation aux deux premiers alinéas de l'article R. 413-5, l'accès à une zone à régime restrictif pour y effectuer un stage, y préparer un doctorat, y participer à une activité de recherche, y suivre une formation, y effectuer une prestation de service ou y exercer une activité professionnelle est soumis à l'autorisation du chef du service, d'établissement ou d'entreprise, après avis favorable du ministre chargé d'en exercer la tutelle ou, à défaut de ministre de tutelle, du ministre qui a déterminé le besoin de protection en application de l'article R. 413-2.

La demande d'avis est adressée par le chef de service, d'établissement ou d'entreprise au ministre mentionné au précédent alinéa. Le silence gardé par le ministre au cours des deux mois suivant la réception de la demande vaut avis favorable.

Le refus d'autorisation d'accès n'est pas motivé.

III. — Toute personne bénéficiant d'une habilitation au titre de la protection du secret de la défense nationale est réputée avoir obtenu l'avis ministériel favorable mentionné au II.

Les prestataires extérieurs de services relevant de catégories précisées par arrêté du Premier ministre et exerçant leur activité habituelle dans une zone à régime restrictif

sont réputés avoir obtenu l'avis ministériel favorable mentionné au II pour accéder, dans les conditions prévues par un contrat de prestation de service, à la zone à régime restrictif.

IV. – Dans tous les cas, le chef du service, de l'établissement ou de l'entreprise informe le ministre mentionné au premier alinéa du II de sa décision relative à l'autorisation d'accès.

BIBL. ▶ DE MAISON ROUGE, *Dalloz IP/IT 2022. 396* (l'enquête administrative de sécurité et le traitement des données personnelles dans le cadre des accès aux ZRR).

Décret n° 2011-1425 du 2 novembre 2011, *portant application de l'article 413-7 du code pénal et relatif à la protection du potentiel scientifique et technique de la Nation.* **Art. 2** I. — La protection du potentiel scientifique et technique de la Nation est assurée par concertation entre les pouvoirs publics et les chefs des services, établissements ou entreprises dans lesquels :

1° Ont été délimitées une ou plusieurs zones à régime restrictif, en application de l'article R. 413-5-1 du code pénal ;

2° Ou qui abritent une activité exposée aux risques définis au I du même article.

II. — A cet effet, les informations nécessaires à la protection du potentiel scientifique et technique de la Nation sont fournies au ministre dont relève l'activité en cause dans des conditions fixées, selon les caractéristiques du service, établissement ou entreprise intéressé :

1° Par ce ministre ;

2° Ou par convention entre ce ministre et les organes compétents du service, établissement ou entreprise intéressé.

III. — Pour l'application des dispositions qui précèdent, un arrêté du Premier ministre détermine :

1° La liste des secteurs scientifiques et techniques et des unités de recherche exposés aux risques définis au I de l'article R. 413-5-1 du code pénal ;

2° La liste des catégories d'informations nécessaires à la protection du potentiel scientifique et technique de la Nation ainsi que de leurs modalités de transmission, compte tenu des caractéristiques du service, établissement ou entreprise, du secteur et de la spécialité.

IV. — Un arrêté non publié du Premier ministre détermine, au sein des secteurs scientifiques et techniques mentionnés au 1° du III, la liste des spécialités dont les savoir-faire sont susceptibles d'être détournés à des fins de terrorisme ou de prolifération d'armes de destruction massive et de leurs vecteurs.

Arrêté du 3 juillet 2012,

Relatif à la protection du potentiel scientifique et technique de la Nation.

CHAPITRE I. *ZONES À RÉGIME RESTRICTIF ET LOCAUX SENSIBLES*

Art. 1er Le chef de service, d'établissement ou d'entreprise détermine et assure dans la zone à régime restrictif un niveau de protection adapté aux éléments constitutifs du potentiel scientifique et technique concernés.

Il veille à maintenir ce niveau de protection lors de la conclusion et de l'exécution de contrats d'externalisation ou de prestation de services, y compris pour le traitement des données, notamment l'infogérance, l'audit ou le conseil en propriété industrielle.

Il peut demander au haut fonctionnaire de défense et de sécurité du ministre chargé d'exercer la tutelle ou, à défaut de ministre de tutelle, de celui qui a déterminé le besoin de protection de solliciter un contrôle élémentaire du prestataire auprès du ministère de la défense ou du ministère de l'intérieur.

Il définit une politique de sécurité des systèmes d'information et en assure la mise en œuvre. Il prévoit en particulier la procédure par laquelle les incidents majeurs sont signalés au ministre chargé d'exercer la tutelle ou à celui qui a déterminé le besoin de protection.

Art. 2 La demande d'autorisation d'accès à une zone à régime restrictif est adressée au chef de service, d'établissement ou d'entreprise ou au responsable de la zone à régime restrictif placé sous son autorité.

Pour les activités liées à un stage, la préparation d'un doctorat ou les activités liées à la recherche scientifique et à la formation, cette demande est accompagnée d'un dossier comprenant notamment des éléments d'information sur le parcours universitaire et professionnel du demandeur, ses titres et travaux, l'établissement français d'accueil souhaité et l'établissement d'origine, les raisons de la demande et le but de l'activité projetée.

L'autorisation est délivrée, après avis ministériel favorable, par le chef de service, d'établissement ou d'entreprise. Elle est individuelle, nominative et indique sa durée de validité.

Les catégories de prestataires extérieurs réputés avoir obtenu l'avis ministériel favorable pour accéder aux zones à régime restrictif au titre du III de l'article R. 413-5-1 du code pénal sont précisées en annexe I du présent arrêté.

Art. 3 Est qualifiée de visite la présence temporaire d'une personne au sein d'un service, d'un établissement ou d'une entreprise qui n'est pas liée à l'exercice de l'une des activités mentionnées au II de l'article R. 413-5-1 du code pénal.

Le chef de service, d'établissement ou d'entreprise comprenant une ou plusieurs zones à régime restrictif détermine en tant que de besoin les mesures de sécurité applicables aux visites dans ces zones. Sans préjudice de l'application de l'article 4, ces visites ne sont organisées que dans des circuits de visite empruntant des itinéraires nettement définis à l'avance, encadrés de telle manière qu'aucune information à protéger ne puisse, lors de la visite, être directement accessible ou être déduite.

Les visites font l'objet d'un enregistrement et les visiteurs sont accompagnés tout le long de leur visite.

Art. 4 I. — Le chef de service, d'établissement ou d'entreprise peut, de sa propre initiative ou à la demande du ministre chargé d'exercer la tutelle ou dont relève le secteur d'activité concerné, désigner au sein des zones à régime restrictif un ou plusieurs "locaux sensibles" dont la protection renforcée, au sens du I de l'article R. 413-5-1, s'impose.

Un local sensible fait l'objet de mesures de protection renforcées au moins conformes aux mesures minimales de protection déterminées par le ministre compétent. Le chef du service, de l'établissement ou de l'entreprise prend toute disposition utile pour s'y conformer. Il sollicite en tant que de besoin l'assistance des services compétents du ministre de la défense ou du ministre de l'intérieur.

II. — L'accès à un local sensible est autorisé dans les mêmes conditions que celles prévues à l'article 2 du présent arrêté.

Les visites d'un local sensible font l'objet d'un enregistrement et les visiteurs sont accompagnés tout au long de leur visite. Ils doivent être directement concernés par les travaux entrepris dans le local sensible ou par les matériels ou les produits qui y sont entreposés.

CHAPITRE II. *PROTECTION DU POTENTIEL SCIENTIFIQUE ET TECHNIQUE*

Art. 5 I. — La liste des secteurs scientifiques et techniques protégés est précisée en annexe II du présent arrêté. Elle est actualisée annuellement.

II. — Les chefs de service, d'établissement ou d'entreprise dans lesquels ont été délimitées une ou plusieurs zones à régime restrictif ou qui abritent une activité relevant des secteurs scientifiques et techniques protégés et qui relèvent de la tutelle d'un ministre adressent au haut fonctionnaire de défense et de sécurité du ministère concerné tous les éléments utiles à l'inscription de leurs unités de recherche ou de production dans un annuaire national établi par le secrétaire général de la défense et de la sécurité nationale.

Ceux qui ne relèvent pas de la tutelle d'un ministre et qui souhaitent adhérer au dispositif de protection du potentiel scientifique et technique formalisent cette inscription par une convention avec le ministre compétent pour déterminer le besoin de protection.

III. — Cet annuaire classe les unités de recherche ou de production dans les secteurs scientifiques et techniques protégés, en identifiant celles plus particulièrement exposées aux risques définis au I de l'article R. 413-5-1 du code pénal qui doivent faire l'objet de mesures de protection renforcées.

Art. 6 Le responsable d'une unité de recherche ou de production relevant d'un secteur scientifique et technique protégé prend toute disposition utile pour assurer la protection des informations concernées.

Le responsable d'une unité de recherche ou de production faisant l'objet d'une protection renforcée veille à ce que les stagiaires exercent leurs activités au sein de l'unité sous le contrôle d'un personnel permanent nommément désigné.

Il veille à ce que soit tenu un répertoire des visites, consultable à sa demande par le haut fonctionnaire de défense et de sécurité du ministre chargé d'exercer la tutelle ou qui a déterminé le besoin de protection.

CHAPITRE III. *ÉCHANGES D'INFORMATIONS*

Art. 7 Les responsables des unités de recherche ou de production inscrites dans l'annuaire mentionné au III de l'article 5 ainsi que ceux des organismes publics qui abritent des activités relevant des secteurs scientifiques et techniques protégés appliquent les mesures de concertation destinées à la protection du potentiel scientifique et technique, définies au présent article.

La liste des catégories d'informations nécessaires à la protection du potentiel scientifique et technique de la Nation ainsi que leurs modalités de transmission, compte tenu des caractéristiques du service, établissement ou entreprise, du secteur et de la spécialité, figure en annexe III du présent arrêté.

CHAPITRE IV. *DISPOSITIONS DIVERSES*

Art. 8 Le chapitre I du présent arrêté entre en vigueur quinze jours après sa publication *[JO 5 juill. 2012]*.

Les chapitres II et III du présent arrêté entrent en vigueur soixante jours après sa publication.

ANNEXE I

CATÉGORIES DE PRESTATAIRES EXTÉRIEURS RÉPUTÉS AVOIR OBTENU L'AVIS MINISTÉRIEL FAVORABLE AU TITRE DU SECOND ALINÉA DU III DE L'ARTICLE R. 413-5-1 DU CODE PÉNAL

Les prestataires extérieurs qui exercent leur activité habituelle dans une zone à régime restrictif et qui, dans les conditions fixées par un contrat de prestation de service, souhaitent accéder à une autre zone à régime restrictif sont dispensés de demande d'avis ministériel s'ils relèvent d'une des deux catégories suivantes :

Catégorie 1

Personnes physiques qui fournissent des prestations de service de type prestations informatiques, hébergement de base de données, audit ou conseil en propriété industrielle. Ces personnes physiques ont accès à l'information détenue dans les zones à régime restrictif d'un service, établissement ou entreprise donné.

Catégorie 2

Personnes physiques ou morales qui fournissent des prestations de soutien au fonctionnement des activités qui se déroulent au sein de la zone à régime restrictif, de type entretien des surfaces et des infrastructures, maintien en condition des prestations d'effluents, sécurité ou sûreté, sans avoir un accès direct à l'information de la zone à régime restrictif.

ANNEXE II

LISTE DES SECTEURS SCIENTIFIQUES ET TECHNIQUES PROTÉGÉS

Les secteurs scientifiques et techniques protégés sont identifiés par un nombre.

Biologie, médecine et santé :

11. — Aspects moléculaires et cellulaires de la biologie.
12. — Biomolécules, pharmacologie, thérapeutique.
13. — Physiologie, biologie des organismes, populations, interactions.
14. — Recherche clinique, innovation technologique, santé publique.

Chimie :
21. — Chimie des matériaux.
22. — Chimie organique, minérale, industrielle.
23. — Chimie théorique, physique, analytique.
24. — Génie des matériaux.
Mathématiques et leurs interactions :
31. — Mathématiques et leurs interactions.
Physique :
41. — Constituants élémentaires et physique théorique.
42. — Plasmas chauds.
43. — Milieux denses, matériaux et composants.
44. — Milieux dilués et optique fondamentale.
45. — Physique nucléaire.
Sciences agronomiques et écologiques :
51. — Biologie de l'environnement, des populations, écologie.
52. — Biologie des organismes ; biotechnologies animales, végétales et microbienne.
53. — Biotechnologies agroalimentaires, sciences de l'aliment.
Sciences de la terre et de l'univers, espace :
61. — Astronomie, astrophysique.
62. — Terre solide et enveloppes superficielles.
63. — Terre, enveloppes fluides.
Sciences et technologies de l'information et de la communication :
71. — Automatique, productique.
72. — Traitement du signal et des images.
73. — Électronique, microélectronique, nanoélectronique et micro-ondes.
74. — Micro-nanosystèmes et capteurs.
75. — Systèmes optiques et photoniques.
76. — Informatique et applications.
Sciences pour l'ingénieur :
81. — Génie des procédés.
82. — Plasmas froids.
83. — Électronique de puissance.
84. — Génie électrique.
85. — Acoustique.
86. — Bio-mécanique et bio-ingénierie.
87. — Énergétique, thermique, combustion.
88. — Mécanique des milieux fluides.
89. — Génie civil.
810. — Génie mécanique, productique, transport.
811. — Mécanique des solides, des matériaux, des structures et des surfaces.
812. — Missiles, armes, sciences et techniques de défense.

ANNEXE III

LISTE DES CATÉGORIES D'INFORMATIONS NÉCESSAIRES À LA PROTECTION DU POTENTIEL SCIENTIFIQUE ET TECHNIQUE DE LA NATION ET LEURS MODALITÉS DE TRANSMISSION, COMPTE TENU DES CARACTÉRISTIQUES DU SERVICE, ÉTABLISSEMENT OU ENTREPRISE, DU SECTEUR ET DE LA SPÉCIALITÉ

I. Informations préalables

Au sein d'un secteur scientifique et technique protégé, le chef de service, d'établissement ou d'entreprise informe le haut fonctionnaire de défense et de sécurité du ministre de tutelle ou avec lequel a été établie la convention des projets relatifs :

— aux coopérations internationales de nature scientifique ou technique ; le haut fonctionnaire de défense et de sécurité fournit un avis sur ce projet, en tenant compte des orientations nationales établies par le secrétaire général de la défense et de la sécurité nationale ;

— aux congrès, conférences, séminaires ou autres réunions visant au partage international d'informations de nature scientifique ou technique ;

— à la création d'une unité de recherche ou de production de nature scientifique ou technique ou aux modifications nécessitant une nouvelle évaluation du niveau de protection.

Le responsable de l'activité d'enseignement ou le chef de service ou d'établissement informe le haut fonctionnaire de défense et de sécurité du ministre chargé d'exercer la tutelle ou avec lequel est établie la convention des autorisations d'inscription qu'il accorde aux formations relevant d'un secteur scientifique et technique protégé et dispensées dans une unité de recherche faisant l'objet de mesures de protection renforcées.

Des directives ministérielles précisent les modalités d'information préalable de certaines visites dans les zones à régime restrictif.

II. Données consultables par le haut fonctionnaire de défense et de sécurité du ministre de tutelle

Le haut fonctionnaire de défense et de sécurité du ministre de tutelle ou avec lequel a été établie la convention peut notamment consulter :

— les répertoires des visites dans les unités de recherche ou de production faisant l'objet d'une protection renforcée et relevant d'un secteur scientifique et technique protégé ;

— les conventions de fonctionnement des unités de recherche ou de production relevant de secteurs scientifiques et techniques protégés qui déclinent le dispositif de protection du potentiel scientifique et technique ;

— les documents organisant la sécurité au sein d'une zone à régime restrictif ;

— la politique de sécurité des systèmes d'information d'un service, établissement ou entreprise abritant une zone à régime restrictif.

III. Bilans annuels

Des directives ministérielles précisent les modalités de transmission des éléments statistiques annuels adressés par le chef de service, d'établissement ou d'entreprise au haut fonctionnaire de défense et de sécurité du ministre de tutelle ou avec lequel a été établie la convention.

Décret n° 2022-367 du 15 mars 2022,

Autorisant la mise en œuvre de traitements automatisés de données à caractère personnel dénommés "Base ministérielle PPST".

Art. 1er Le ministre chargé de l'énergie, le ministre chargé des transports, le ministre chargé de l'environnement, le ministre chargé de la mer, le ministre chargé de la santé, le ministre chargé de l'économie, le ministre chargé de l'enseignement supérieur et de la recherche, et le ministre chargé de l'agriculture sont chacun autorisés à mettre en œuvre un traitement automatisé de données à caractère personnel dénommé "Base ministérielle PPST".

Ces traitements ont pour finalité de centraliser l'instruction par les ministres des demandes d'avis dont ils sont saisis, en application des articles 413-7 et R. 413-5-1 du code pénal, par les chefs de service, d'établissement ou d'entreprise appelés à statuer sur une demande d'autorisation d'accès à une zone à régime restrictif afin de veiller à ce que des éléments essentiels du potentiel scientifique ou technique de la Nation ne fassent pas l'objet d'une captation de nature à affaiblir ses moyens de défense, à compromettre sa sécurité ou à porter préjudice à ses autres intérêts fondamentaux, ou ne soient détournés à des fins de terrorisme, de prolifération d'armes de destruction massive et de leurs vecteurs ou de contribution à l'accroissement d'arsenaux militaires.

Art. 2 Les données à caractère personnel et informations susceptibles d'être enregistrées dans les traitements mentionnés à l'article 1er du présent décret sont les suivantes :

1° Date de réception de la demande d'autorisation d'accès à une zone à régime restrictif ;

2° Données et informations relatives à la demande d'avis :

a) Date de réception de la demande d'avis ;

b) Auteur de la demande d'avis (dénomination et coordonnées du service, de l'établissement ou de l'entreprise) ;

c) Numéro de la demande d'avis ;

d) Motif justifiant l'émission d'un avis (première demande d'autorisation d'accès à une zone à régime restrictif émanant d'un nouvel accédant ; première demande d'autorisation émanant d'une personne présente dans la zone à régime restrictif antérieurement à sa création ; demande de renouvellement ; changement de situation du bénéficiaire d'une autorisation) ;

3° Données et informations relatives à la personne faisant l'objet de la demande d'avis :

a) Identité (nom, nom marital, prénom(s), nationalité(s), date d'acquisition de la nationalité française le cas échéant, sexe, photographie) ;

b) Nom(s), prénom(s), nationalité(s) du conjoint ainsi que le nom de l'employeur actuel ou du dernier employeur ;

c) Nom(s), prénom(s) et nationalité(s) des parents ;

d) Date, code postal, ville et pays de naissance ;

e) Coordonnées personnelles (adresse principale, code postal, ville, pays, adresse électronique, numéro de téléphone) ;

f) Domicile précédent (adresse, code postal, ville, pays, adresse électronique, numéro de téléphone, dates) ;

g) Résidence secondaire ou occasionnelle, y compris à l'étranger (adresse, code postal, ville, pays, adresse électronique, numéro de téléphone) ;

h) Carte d'identité, passeport ou document d'identité étranger équivalent (numéro, date et autorité de délivrance) ;

i) Voyages et séjours à l'étranger durant les cinq dernières années ;

j) Habilitation au secret de la défense nationale déjà détenue (oui ou non, date d'expiration, autorité d'habilitation) ;

k) Parcours académique et professionnel (diplômes obtenus ou niveau équivalent, coordonnées des organismes de formation et organismes employeurs, nature des emplois, des missions ou des fonctions occupées, coordonnées professionnelles actuelles) ;

l) Informations ayant trait à l'emploi, à la mission, à la fonction et, le cas échéant, au projet scientifique ou de formation au titre desquels l'autorisation d'accès à une zone à régime restrictif est demandée ;

m) Liens d'intérêts avec des États étrangers ou des organisations étrangères ou des organisations faisant l'objet d'un contrôle étranger ;

n) Copie numérisée des pièces et documents fournis au chef du service, de l'établissement ou de l'entreprise par la personne faisant l'objet de la demande d'avis ;

4° Données et informations relatives à l'avis du ministre :

a) Sens et motifs de l'avis ;

b) Date de transmission de l'avis ;

5° Données et informations relatives aux suites données à l'avis du ministre :

a) Date et sens de la décision du chef du service, de l'établissement ou de l'entreprise à l'origine de la demande d'avis ;

b) Informations relatives aux recours exercés, le cas échéant, contre l'avis du ministre ou la décision du chef du service, de l'établissement ou de l'entreprise.

Lorsqu'une enquête administrative est conduite sur le fondement de l'article L. 114-1 du code de la sécurité intérieure, les données issues de cette enquête ne sont pas enregistrées, à l'exception du sens de l'avis rendu par le service enquêteur.

Art. 3 En application du III de l'article 6 de la loi du 6 janvier 1978 susvisée, et dans la mesure où les traitements mentionnés à l'article 1er du présent décret participent de la protection du potentiel scientifique et technique de la Nation contre des risques de captation ou de détournement, sont autorisés, pour les seules fins et dans le strict respect des conditions définies au présent décret, la collecte, la conservation et le traitement de données mentionnées au I de l'article 6 de la loi du 6 janvier 1978 susvisée, à la condition que ces données soient comprises dans les pièces et documents mentionnés au n du 3° ou issues des informations mentionnées au l et au m du 3° et au a du 4° de l'article 2 du présent décret et qu'elles se rapportent seulement à des opinions politiques, à des convictions religieuses ou philosophiques ou à une appartenance syndicale.

Il est interdit de sélectionner dans les traitements mentionnés à l'article 1er du présent décret une catégorie particulière de personnes à partir des seules données des l, m, n du 3° ou a du 4° de l'article 2 du présent décret et mentionnées au présent article.

Art. 4 Les données à caractère personnel et informations mentionnées à l'article 2 du présent décret sont conservées dix ans et deux mois à compter de la date de transmission du dernier avis rendu par le ministre sur une demande d'accès à une zone à régime restrictif.

Art. 5 I. — Sont autorisés à accéder, à raison de leurs attributions et dans la limite du besoin d'en connaître, à tout ou partie des données à caractère personnel et informations mentionnées à l'article 2 du traitement mis en œuvre par le ministre dont ils relèvent :

1° Les agents des services des hauts fonctionnaires de défense et de sécurité placés sous l'autorité des ministres mentionnés à l'article 1er du présent décret, individuellement désignés et spécialement habilités par le haut fonctionnaire de défense et de sécurité dont ils relèvent ;

2° Les agents du service à compétence nationale dénommé "Commandement spécialisé pour la sécurité nucléaire", individuellement désignés et spécialement habilités par le directeur général de la gendarmerie nationale.

II. — Peuvent être destinataires des données à caractère personnel et des informations mentionnées à l'article 2 du présent décret, à raison de leurs attributions et pour les seules demandes d'avis dont ils sont les auteurs, les chefs de service, d'établissement et d'entreprise.

Art. 6 Les opérations de création, consultation, modification et suppression des données à caractère personnel et des informations contenues dans les traitements mentionnés à l'article 1er du présent décret font l'objet d'un enregistrement comprenant l'identification de l'auteur, la date, l'heure et la nature de l'opération. Ces informations sont conservées pendant deux ans.

Art. 7 Les traitements mentionnés à l'article 1er du présent décret font l'objet d'une mise en relation avec le traitement automatisé de données à caractère personnel dénommé "Base interministérielle PPST" prévu par le décret du 15 mars 2022 susvisé *[nº 2022-368, autorisant la mise en œuvre d'un traitement automatisé de données à caractère personnel dénommé "Base interministérielle PPST"]*.

Art. 8 Une information conforme aux dispositions du I de l'article 116 de la loi du 6 janvier 1978 susvisée figure sur le formulaire de demande d'accès aux zones à régime restrictif mentionnées à l'article R. 413-5-1 du code pénal.

Le droit d'opposition prévu au premier alinéa de l'article 117 de la loi du 6 janvier 1978 susvisée ne s'applique pas aux traitements mentionnés à l'article 1er du présent décret.

Le droit d'accès s'exerce de manière indirecte auprès de la Commission nationale de l'informatique et des libertés, dans les conditions prévues à l'article 118 de la loi du 6 janvier 1978 susvisée.

Art. 9 La mise en œuvre de chaque traitement mentionné à l'article 1er du présent décret par le responsable de ce traitement est subordonnée à l'envoi préalable à la Commission nationale de l'informatique et des libertés, en application des dispositions du IV de l'article 31 de la loi du 6 janvier 1978 susvisée, d'un engagement de conformité aux dispositions du présent décret.

Art. 10 Le présent décret est applicable sur tout le territoire de la République.

Décret nº 2022-368 du 15 mars 2022,

Autorisant la mise en œuvre d'un traitement automatisé de données à caractère personnel dénommé "Base interministérielle PPST".

Art. 1er Afin de veiller plus efficacement à ce que des éléments essentiels du potentiel scientifique ou technique de la Nation ne fassent pas l'objet d'une captation de nature à affaiblir ses moyens de défense, à compromettre sa sécurité ou à porter préjudice à ses autres intérêts fondamentaux, ou ne soient détournés à des fins de terrorisme, de prolifération d'armes de destruction massive et de leurs vecteurs ou de contribution à l'accroissement d'arsenaux militaires, le secrétariat général de la défense et de la sécurité nationale est autorisé à mettre en œuvre un traitement automatisé de données à caractère personnel dénommé "Base interministérielle PPST".

Ce traitement a pour finalité de comparer entre elles les données et informations issues des traitements automatisés de données à caractère personnel dénommés "Base ministérielle PPST" et créés par le décret nº 2022-367 du 15 mars 2022 ainsi que celles issues du traitement automatisé de données à caractère personnel du ministère de la défense dénommé "SOPHIA" et créé par l'arrêté du 30 avril 2014 modifié, de vérifier, aux fins d'instruire les demandes d'avis, si une personne demandant l'accès à une zone à régime restrictif a déjà présenté une ou plusieurs demandes auprès d'autres ministères, et, le cas échéant, de permettre aux services instructeurs de connaître les suites qui y ont été données.

Art. 2 Les données à caractère personnel et informations susceptibles d'être enregistrées dans la "Base interministérielle PPST" sont les suivantes :

1° Date de réception de la demande d'autorisation d'accès à une zone à régime restrictif ;

2° Données et informations relatives à la demande d'avis :

a) Date de réception de la demande d'avis ;

b) Auteur de la demande d'avis (dénomination et coordonnées du service, de l'établissement ou de l'entreprise) ;

c) Numéro de la demande d'avis ;

d) Motif justifiant l'émission d'un avis (première demande d'autorisation d'accès à une zone à régime restrictif émanant d'un nouvel accédant ; première demande d'autorisation émanant d'une personne présente dans la zone à régime restrictif antérieurement à sa création ; demande de renouvellement ; changement de situation du bénéficiaire d'une autorisation) ;

3° Données et informations relatives à la personne faisant l'objet de la demande d'avis :

a) Identité (nom, nom marital, prénom(s), nationalité(s), date d'acquisition de la nationalité française le cas échéant, sexe, photographie) ;

b) Nom(s), prénom(s), nationalité(s) du conjoint ainsi que le nom de l'employeur actuel ou du dernier employeur ;

c) Nom(s), prénom(s) et nationalité(s) des parents ;

d) Date, code postal, ville et pays de naissance ;

e) Coordonnées personnelles (adresse principale, code postal, ville, pays, adresse électronique, numéro de téléphone) ;

f) Domicile précédent (adresse, code postal, ville, pays, adresse électronique, numéro de téléphone, dates) ;

g) Résidence secondaire ou occasionnelle, y compris à l'étranger (adresse, code postal, ville, pays, adresse électronique, numéro de téléphone) ;

h) Carte d'identité, passeport ou document d'identité étranger équivalent (numéro, date et autorité de délivrance) ;

i) Voyages et séjours à l'étranger durant les cinq dernières années ;

j) Habilitation au secret de la défense nationale déjà détenue (oui ou non, date d'expiration, autorité d'habilitation) ;

k) Parcours académique et professionnel (diplômes obtenus ou niveau équivalent, coordonnées des organismes de formation et organismes employeurs, nature des emplois, des missions ou des fonctions occupées, coordonnées professionnelles actuelles) ;

l) Informations ayant trait à l'emploi, à la mission, à la fonction et, le cas échéant, au projet scientifique ou de formation au titre desquels l'autorisation d'accès à une zone à régime restrictif est demandée ;

m) Lien d'intérêts avec des États étrangers ou des organisations étrangères ou des organisations faisant l'objet d'un contrôle étranger ;

n) Copie numérisée des pièces et documents fournis au chef du service, de l'établissement ou de l'entreprise par la personne faisant l'objet de la demande d'avis ;

4° Données et informations relatives à l'avis du ministre :

a) Sens et motifs de l'avis ;

b) Date de transmission de l'avis ;

5° Données et informations relatives aux suites données à l'avis du ministre :

a) Date et sens de la décision du chef du service, de l'établissement ou de l'entreprise à l'origine de la demande d'avis ;

b) Informations relatives aux recours exercés, le cas échéant, contre l'avis du ministre ou la décision du chef du service, de l'établissement ou de l'entreprise.

Les pièces et documents mentionnés au n du 3° du présent article ne sont susceptibles d'être enregistrés dans le traitement "Base interministérielle PPST" qu'à la requête de l'un des agents mentionnés au 1° du II de l'article 5 du présent décret, lors de l'instruction d'une demande d'avis portant sur une personne ayant déjà fait l'objet d'une précédente demande d'avis d'un autre ministre que celui dont relève cet agent, et dans la limite des seules pièces et documents fournis par la personne à l'occasion de cette précédente demande. Ces pièces et documents ne peuvent être consultés que par l'auteur de la demande d'enregistrement.

Lorsqu'une enquête administrative est conduite sur le fondement de l'article L. 114-1 du code de la sécurité intérieure, les données issues de cette enquête ne sont pas enregistrées, à l'exception du sens de l'avis rendu par le service enquêteur.

Art. 3 En application du III de l'article 6 de la loi du 6 janvier 1978 susvisée *[nº 78-17, relative à l'informatique, aux fichiers et aux libertés]*, et dans la mesure où le traitement mentionné à l'article 1er du présent décret participe de la protection du potentiel scientifique et technique de la Nation contre des risques de captation ou de détournement, sont autorisés, pour les seules fins et dans le strict respect des conditions définies au présent décret, la collecte, la conservation et le traitement de données mentionnées au I de l'article 6 de la loi du 6 janvier 1978 susvisée, à la condition que ces données soient comprises dans les pièces et documents mentionnés au n du 3° ou issues des informations mentionnées au *l* et au *m* du 3° et au *a* du 4° de l'article 2 du présent décret et qu'elles se rapportent seulement à des opinions politiques, à des convictions religieuses ou philosophiques ou à une appartenance syndicale.

Il est interdit de sélectionner dans la "Base interministérielle PPST" une catégorie particulière de personnes à partir des seules données des *l*, *m*, *n* du 3° ou *a* du 4° de l'article 2 du présent décret et mentionnées au présent article

Art. 4 Les données à caractère personnel et informations mentionnées à l'article 2 du présent décret sont conservées dix ans et deux mois à compter de la date de transmission du dernier avis rendu par le ministre sur une demande d'accès à une zone à régime restrictif, à l'exception des pièces et documents mentionnés au n du 3° dudit article, qui sont conservés pendant sept jours à compter de leur date d'enregistrement dans la "Base interministérielle PPST" en cas de requête expresse de l'un des agents mentionnés au 1° du II de l'article 5 du présent décret.

Art. 5 I. — Peuvent accéder, aux fins de consultation, de modification et de suppression, aux données à caractère personnel et aux informations mentionnées à l'article 2 du présent décret, à raison de leurs attributions respectives et dans la limite du besoin d'en connaître :

1° Les agents relevant du secrétariat général de la défense et de la sécurité nationale, individuellement et spécialement habilités par le secrétaire général de la défense et de la sécurité nationale, qui assurent la coordination interministérielle de la mise en œuvre du dispositif de protection du potentiel scientifique et technique de la Nation ;

2° Les administrateurs du traitement automatisé d'informations nominatives pour la gestion des utilisateurs de l'intranet gouvernemental sécurisé relevant de l'opérateur des systèmes d'informations interministériels classifiés dénommé "OSIIC", individuellement et spécialement habilités par le secrétaire général de la défense et de la sécurité nationale.

II. — Peuvent être destinataires des données à caractère personnel et des informations mentionnées à l'article 2 du présent décret, à raison de leurs attributions et dans la seule limite du besoin d'en connaître :

1° Les agents relevant du ministère de la défense, du ministère chargé de l'énergie, du ministre chargé des transports, du ministre chargé de l'environnement, du ministre chargé de la mer, du ministère chargé de la santé, du ministère chargé de l'économie, du ministère chargé de l'enseignement supérieur et de la recherche et du ministère chargé de l'agriculture, individuellement désignés par le ministre dont ils relèvent et spécialement habilités par le secrétariat général de la défense et de la sécurité nationale ;

2° Les agents relevant de la direction générale de la sécurité intérieure et de la direction du renseignement et de la sécurité de la défense, individuellement désignés par l'autorité de tutelle dont ils relèvent et spécialement habilités par le secrétariat général de la défense et de la sécurité nationale ;

3° Les agents du service à compétence nationale dénommé : "Commandement spécialisé pour la sécurité nucléaire", individuellement désignés par le directeur général de la gendarmerie nationale et spécialement habilités par le secrétariat général de la défense et de la sécurité nationale.

Art. 6 Les opérations de création, consultation, modification et suppression des données à caractère personnel et des informations contenues dans la "Base interministérielle PPST" font l'objet d'un enregistrement comprenant l'identification de l'auteur, la date, l'heure et la nature de l'opération. Ces informations sont conservées pendant deux ans.

Art. 7 Dans le cadre des finalités définies à l'article 1er et dans la limite des informations nécessaires à la poursuite de ces finalités, les données à caractère personnel et les informations enregistrées dans les traitements automatisés de données à caractère personnel dénommés "Base ministérielle PPST" et créés par le décret du 15 mars 2022 susvisé *[n° 2022-367, autorisant la mise en œuvre de traitements automatisés de données à caractère personnel dénommés "Base ministérielle PPST"]* ainsi que dans le traitement automatisé de données à caractère personnel relatif à la gestion des procédures de sécurité du personnel du ministère de la défense dénommé "SOPHIA" et créé par l'arrêté du 30 avril 2014 modifié, font l'objet, pour les seules données et informations relatives aux demandes d'accès en zone à régime restrictif, d'une mise en relation avec la "Base interministérielle PPST". Les traitements de données à caractère personnel "Base ministérielle PPST" et "SOPHIA" précités assurent exclusivement et unilatéralement, l'alimentation de la "Base interministérielle PPST".

Art. 8 Une information conforme aux dispositions du I de l'article 116 de la loi du 6 janvier 1978 susvisée figure sur le formulaire de demande d'accès aux zones à régime restrictif mentionnées à l'article R. 413-5-1 du code pénal.

Le droit d'opposition prévu au premier alinéa de l'article 117 de la loi du 6 janvier 1978 susvisée ne s'applique pas au traitement mentionné à l'article 1er du présent décret.

Le droit d'accès s'exerce de manière indirecte auprès de la Commission nationale de l'informatique et des libertés, dans les conditions prévues à l'article 118 de la loi du 6 janvier 1978 susvisée.

Art. 9 Le présent décret est applicable sur tout le territoire de la République.

Code des postes et des communications électroniques

PARTIE LÉGISLATIVE

(Décr. n° 62-273 du 12 mars 1962)

LIVRE II **LES COMMUNICATIONS ÉLECTRONIQUES**

TITRE I **DISPOSITIONS GÉNÉRALES**

CHAPITRE I ***DÉFINITIONS ET PRINCIPES***

Art. L. 32 *(L. n° 2004-669 du 9 juill. 2004, art. 2-1°)* « 1° Communications électroniques.

« On entend par communications électroniques les émissions, transmissions ou réceptions de signes, de signaux, d'écrits, d'images ou de sons, par *(Ord. n° 2021-650 du 26 mai 2021, art. 1er-1°)* « câble, par la » voie *(Ord. n° 2021-650 du 26 mai 2021, art. 1er-1°)* « hertzienne, par moyen optique ou par d'autres moyens électromagnétiques ». »

(L. n° 2023-22 du 24 janv. 2023, art. 11) « 1° *bis* Communications mobiles critiques à très haut débit.

« On entend par communications mobiles critiques à très haut débit les communications électroniques qui sont émises, transmises ou reçues par les services de sécurité et de secours, de protection des populations et de gestion des crises et des catastrophes et qui présentent les garanties nécessaires à l'exercice de leurs missions en termes de sécurité, d'interopérabilité, de continuité et de résilience. »

(L. n° 2004-669 du 9 juill. 2004, art. 2-2°) « 2° Réseau de communications électroniques.

« On entend par réseau de communications électroniques toute installation ou tout ensemble d'installations de transport ou de diffusion ainsi que, le cas échéant, les autres moyens assurant l'acheminement de communications électroniques, notamment ceux de commutation et de routage.

« Sont notamment considérés comme des réseaux de communications électroniques : les réseaux satellitaires, les réseaux terrestres, les systèmes utilisant le réseau électrique pour autant qu'ils servent à l'acheminement de communications électroniques et les réseaux assurant la diffusion ou utilisés pour la distribution de services de communication audiovisuelle. »

(Ord. nº 2021-650 du 26 mai 2021, art. 1er-2º) « 2º *bis* Réseau de communications électroniques à très haut débit.

« On entend par réseau de communications électroniques à très haut débit, un réseau de communications électroniques pouvant fournir des services d'accès à une vitesse supérieure ou égale à 30 Mbit/s. »

(L. nº 2023-22 du 24 janv. 2023, art. 11) « 2º *ter* Réseau de communications électroniques des services de secours et de sécurité.

« On entend par réseau de communications électroniques des services de secours et de sécurité un réseau dédié aux services publics mutualisés de communication mobile critique à très haut débit pour les seuls besoins de sécurité et de secours, de protection des populations et de gestion des crises et des catastrophes. Ce réseau est mis à la disposition de ces services dans le cadre des missions relevant de l'État, des collectivités territoriales et de leurs groupements, des services d'incendie et de secours, des services d'aide médicale urgente et de tout organisme public ou privé chargé d'une mission de service public dans le domaine du secours. Il est exploité par l'opérateur défini au 15º *ter*. »

(Ord. nº 2021-650 du 26 mai 2021, art. 1er-2º) « 3º Réseau à très haute capacité.

« On entend par réseau à très haute capacité, soit un réseau de communications électroniques qui est entièrement composé d'éléments de fibre optique au moins jusqu'au point de distribution au lieu de desserte, soit un réseau de communications électroniques qui est capable d'offrir, dans des conditions d'heures de pointe habituelles, une performance du réseau comparable en termes de débit descendant et ascendant, de résilience, de paramètres liés aux erreurs, de latence et de gigue. »

(L. nº 96-659 du 26 juill. 1996, art. 1er) « 4º Réseau ouvert au public.

« On entend par réseau ouvert au public tout réseau de communications électroniques établi ou utilisé pour la fourniture au public de services de communications électroniques *(L. nº 2004-669 du 9 juill. 2004, art. 2-3º)* « ou de services de communication au public par voie électronique ». »

(Ord. nº 2001-670 du 25 juill. 2001, art. 20-I) « 4º *bis* Points de terminaison d'un réseau.

« On entend par points de terminaison d'un réseau les points physiques par lesquels les utilisateurs accèdent à un réseau de communications électroniques ouvert au public *(Ord. nº 2021-650 du 26 mai 2021, art. 1er-4º)* « et qui sont, dans le cas de réseaux utilisant la commutation et l'acheminement, identifiés par une adresse réseau spécifique, qui peut être rattachée au numéro ou au nom d'un utilisateur final ». Ces points de raccordement font partie du réseau. »

(L. nº 2004-669 du 9 juill. 2004, art. 2-4º et 5º) « 4º *ter* Boucle locale.

« On entend par boucle locale l'installation qui relie le point de terminaison du réseau dans les locaux de l'abonné au répartiteur principal ou à toute autre installation équivalente d'un réseau de communications électroniques fixe ouvert au public.

« 5º Réseau indépendant.

« On entend par réseau indépendant un réseau de communications électroniques réservé à l'usage d'une ou plusieurs personnes constituant un groupe fermé d'utilisateurs, en vue d'échanger des communications internes au sein de ce groupe. »

(Abrogé par Ord. nº 2021-650 du 26 mai 2021, art. 1er-6º) (L. nº 90-1170 du 29 déc. 1990) « 5º Réseau interne.

« On entend par réseau interne un réseau (L. nº 2004-669 du 9 juill. 2004, art. 2-6º) « de communications électroniques » entièrement établi sur une même propriété, sans emprunter ni le domaine public – y compris hertzien – ni une propriété tierce. »

(Ord. n° 2021-650 du 26 mai 2021, art. 1er-7° à 9°) « 6° Services de communications électroniques.

« On entend par services de communications électroniques, les services fournis *via* des réseaux de communications électroniques qui comprennent au moins l'un des types de services suivants :

« – un service d'accès à Internet ;

« – un service de communications interpersonnelles ;

« – un service consistant entièrement ou principalement en la transmission de signaux tels que les services de transmission utilisés pour la fourniture de services de machine à machine et pour la radiodiffusion.

« Ne sont pas visés les services consistant à fournir des contenus transmis à l'aide de réseaux et de services de communications électroniques ou à exercer une responsabilité éditoriale sur ces contenus.

« 6° *bis* Service de communications interpersonnelles.

« On entend par service de communications interpersonnelles, un service qui permet l'échange interpersonnel et interactif direct d'informations *via* des réseaux de communications électroniques entre un nombre fini de personnes, par lequel les personnes qui amorcent la communication ou y participent en déterminent le ou les destinataires.

« Ne sont pas visés les services qui rendent possible une communication interpersonnelle et interactive uniquement en tant que fonction mineure accessoire intrinsèquement liée à un autre service.

« 6° *ter* Service de communications interpersonnelles fondé sur la numérotation.

« On entend par service de communications interpersonnelles fondé sur la numérotation, un service de communications interpersonnelles qui établit une connexion à un numéro ou des numéros figurant dans des plans nationaux ou internationaux de numérotation téléphonique ou qui permet la communication avec un numéro ou des numéros figurant dans des plans nationaux ou internationaux de numérotation.

« 6° *quater* Service de communications interpersonnelles non fondé sur la numérotation.

« On entend par service de communications interpersonnelles non fondé sur la numérotation, un service de communications interpersonnelles qui n'établit pas de connexion à un numéro ou des numéros figurant dans le plan national ou international de numérotation, ou qui ne permet pas la communication avec un numéro ou des numéros figurant dans un plan national ou international de numérotation.

« 7° Service de communications vocales.

« On entend par service de communications vocales, un service de communications électroniques accessible au public permettant d'émettre et de recevoir, directement ou indirectement, des appels nationaux ou nationaux et internationaux, en composant un ou plusieurs numéros du plan national ou international de numérotation téléphonique. »

(L. n° 2004-669 du 9 juill. 2004, art. 2-9° et 10°) « 8° Accès.

« On entend par accès toute mise à disposition de moyens, matériels ou logiciels, ou de services, en vue de permettre au bénéficiaire de fournir des services de communications électroniques. Ne sont pas visés par le présent code les systèmes d'accès sous condition et les systèmes techniques permettant la réception de services de communication audiovisuelle, définis et réglementés par la loi n° 86-1067 du 30 septembre 1986 relative à la liberté de communication.

« 9° Interconnexion.

« On entend par interconnexion la liaison physique et logique des réseaux ouverts au public exploités par le même opérateur ou un opérateur différent, afin de permettre aux utilisateurs d'un opérateur de communiquer avec les utilisateurs du même opérateur ou d'un autre, ou bien d'accéder aux services fournis par un autre opérateur. Les services peuvent être fournis par les parties concernées ou par d'autres parties qui ont accès au réseau. L'interconnexion constitue un type particulier d'accès mis en œuvre entre opérateurs de réseaux ouverts au public. »

(Ord. n° 2021-650 du 26 mai 2021, art. 1er-10°) « 10° Équipement terminal.

« On entend par équipement terminal :

« *a)* Tout équipement qui est connecté directement ou indirectement à l'interface d'un réseau public de communications électroniques pour transmettre, traiter ou recevoir des informations ; dans les deux cas, direct ou indirect, la connexion peut être établie par fil, fibre optique ou voie électromagnétique ; une connexion est indirecte si un appareil est interposé entre l'équipement terminal et l'interface du réseau public ;

« *b)* Les équipements de stations terrestres de satellites. »

(L. nº 2021-1755 du 23 déc. 2021, art. 1er) « **10° *bis*** Systèmes d'exploitation.

« On entend par systèmes d'exploitation les logiciels contrôlant les fonctions de base du matériel et les ressources logicielles d'un équipement terminal, permettant d'y exécuter des applications et aux utilisateurs d'en faire usage.

« **10° *ter*** Fournisseur de systèmes d'exploitation.

« On entend par fournisseur de système d'exploitation toute personne qui, à titre professionnel, édite ou adapte le système d'exploitation d'équipements terminaux ou qui édite ou adapte tout autre logiciel contrôlant l'accès aux fonctionnalités desdits équipements. »

(Ord. nº 2016-493 du 21 avr. 2016, art. 1er-2º et 3º, en vigueur le 13 juin 2016) « **11°** Réseau, installation ou équipement radioélectrique.

« Un réseau, une installation ou un équipement sont qualifiés de radioélectriques lorsqu'ils utilisent intentionnellement des fréquences radioélectriques, en émission ou en réception, pour la propagation des ondes en espace libre, à des fins de radiocommunication ou de radiorepérage, y compris les équipements permettant de recevoir des services de radio ou de télévision.

« Sont également considérés comme des équipements radioélectriques ceux qui doivent être complétés d'un accessoire tel qu'une antenne, pour émettre ou recevoir intentionnellement des fréquences radioélectriques à des fins de radiocommunication ou de radiorepérage.

« Au nombre des réseaux radioélectriques figurent, notamment, les réseaux utilisant les capacités de satellites.

(L. nº 2021-1755 du 23 déc. 2021, art. 1er) « **11° *bis*** Centres de données.

« On entend par centres de données les installations accueillant des équipements de stockage de données numériques. »

« **12°** Exigences essentielles.

« On entend par "exigences essentielles" les exigences nécessaires pour garantir la préservation de l'intérêt général s'attachant :

« – à la protection de la santé, de la sécurité des personnes et des animaux domestiques ainsi que des biens, dans des conditions fixées par décret en Conseil d'État ;

« – au maintien d'un niveau adéquat de compatibilité électromagnétique entre équipements et installations de communications électroniques, dans des conditions fixées par décret en Conseil d'État ;

« – à une utilisation efficace des fréquences radioélectriques par les équipements et à une contribution à l'utilisation optimisée de ces dernières en évitant des brouillages préjudiciables pour les tiers.

« Les exigences essentielles comportent également, pour les classes et les catégories d'équipements prévues par décret en Conseil d'État, les exigences nécessaires à :

« – la protection des réseaux, notamment des échanges d'informations de commande et de gestion qui y sont associés ;

« – l'interopérabilité des services et celle des équipements radioélectriques ;

« – la protection des données à caractère personnel et de la vie privée des utilisateurs et des abonnés ;

« – la compatibilité des équipements radioélectriques avec des accessoires, y compris des chargeurs universels, et avec des dispositifs empêchant la fraude, assurant l'accès aux services d'urgence, facilitant leur utilisation par les personnes handicapées ou garantissant qu'un logiciel ne peut être installé sur un équipement radioélectrique que lorsque la conformité de la combinaison de l'équipement radioélectrique avec le logiciel est avérée.

« Aux fins du présent article, on entend par "interopérabilité des équipements radioélectriques" l'aptitude de ceux-ci à fonctionner, d'une part, avec le réseau et, d'autre part, avec les autres équipements radioélectriques. »

(L. nº 2004-669 du 9 juill. 2004, art. 2-13º) « **13°** Numéro géographique.

« On entend par numéro géographique tout numéro du plan national de numérotation téléphonique dont la structure contient une indication géographique utilisée pour acheminer les appels vers le point de terminaison du réseau correspondant.

« 14° Numéro non géographique.

« On entend par numéro non géographique tout numéro du plan national de numérotation téléphonique qui n'est pas un numéro géographique. »

(L. n° 96-659 du 26 juill. 1996, art. 1er) « 15° Opérateur.

« On entend par opérateur toute personne physique ou morale exploitant un réseau de communications électroniques ouvert au public ou fournissant au public un service de communications électroniques. » — *V. Décis. n° 2015-0777 du 2 juill. 2015 (JO 16 oct.).*

(Ord. n° 2021-650 du 26 mai 2021, art. 1er-11°) « 15° *bis* Utilisateur final.

« On entend par utilisateur final, un utilisateur qui ne fournit pas de réseaux de communications électroniques publics ou de services de communications électroniques accessibles au public. »

(L. n° 2023-22 du 24 janv. 2023, art. 11) « 15° *ter* Opérateur de réseau de communications électroniques des services de secours et de sécurité.

« On entend par opérateur de réseau de communications électroniques des services de secours et de sécurité l'établissement public chargé d'assurer le service public d'exploitation du réseau de communications électroniques des services de secours et de sécurité et de fourniture à ses utilisateurs d'un service de communications mobiles critiques à très haut débit sécurisé destiné à des missions de sécurité et de secours et reposant sur les principes de continuité de service, de disponibilité, d'interopérabilité et de résilience. »

(L. n° 2004-575 du 21 juin 2004, art. 47 et 52-I) « 16° Système satellitaire.

« On entend par système satellitaire tout ensemble de stations terriennes et spatiales ayant pour objet d'assurer des radiocommunications spatiales et comportant un ou plusieurs satellites artificiels de la Terre.

« 17° Itinérance locale.

« On entend par prestation d'itinérance locale celle qui est fournie par un opérateur de radiocommunications mobiles à un autre opérateur de radiocommunications mobiles en vue de permettre, sur une zone qui n'est couverte, à l'origine, par aucun opérateur de radiocommunications mobiles *(Abrogé par Ord. n° 2021-650 du 26 mai 2021, art. 1er-12°)* ***« de deuxième génération »***, l'accueil, sur le réseau du premier, des clients du second. »

(L. n° 2009-1572 du 17 déc. 2009, art. 26-1°) « 17° *bis* Itinérance ultramarine.

« On entend par prestation d'itinérance ultramarine celle qui est fournie par un opérateur de radiocommunications mobiles *(Abrogé par Ord. n° 2021-650 du 26 mai 2021, art. 1er-13°)* ***« déclaré »*** sur le territoire de la France métropolitaine, d'un département d'outre-mer, de Mayotte, de Saint-Barthélemy, de Saint-Martin ou de Saint-Pierre-et-Miquelon à un autre opérateur de radiocommunications mobiles fournissant des services de communications mobiles sur réseau public terrestre dans un autre de ces territoires, en vue de permettre l'utilisation du réseau du premier, dit "opérateur du réseau visité", par les clients du second, dit "opérateur du réseau d'origine", pour émettre ou recevoir des communications à destination de l'un de ces territoires ou d'un État membre de l'Union européenne. »

(L. n° 2015-990 du 6 août 2015, art. 119) « 17° *ter* Partage d'un réseau radioélectrique ouvert au public.

« On entend par partage d'un réseau radioélectrique ouvert au public l'utilisation d'éléments d'un réseau d'accès radioélectrique au bénéfice d'opérateurs de communications électroniques titulaires d'une autorisation d'utilisation de fréquences radioélectriques. Il comprend notamment les prestations d'itinérance ou de mutualisation de réseaux radioélectriques ouverts au public. »

(L. n° 2004-669 du 9 juill. 2004, art. 2-14°) « 18° Données relatives au trafic.

« On entend par données relatives au trafic toutes les données traitées en vue de l'acheminement d'une communication par un réseau de communications électroniques ou en vue de sa facturation. »

(Ord. n° 2011-1012 du 24 août 2011, art. 2-2°) « 19° Ressources associées.

« On entend par ressources associées *(Ord. n° 2021-650 du 26 mai 2021, art. 1er-14°)* « , les services associés, » les infrastructures physiques et les autres ressources associées à un réseau de communications électroniques ou à un service de communications électroniques, qui concourent ou peuvent concourir à la fourniture de services via ce réseau ou ce service. Sont notamment considérés comme des ressources associées les bâtiments ou accès aux bâtiments, le câblage des bâtiments, les antennes, tours et autres constructions de soutènement, les gaines, conduites, pylônes, *(Ord. n° 2021-650 du 26 mai 2021, art. 1er-14°)* « regards » de visite *(Ord. n° 2021-650 du 26 mai 2021, art. 1er-14°)* « , armoires et » boîtiers.

« 20° Services associés.

« On entend par services associés les services associés à un réseau ou à un service de communications électroniques et qui concourent ou peuvent concourir à la fourniture de services via ce réseau ou ce service. Sont notamment considérés comme des services associés les services de conversion du numéro d'appel, les systèmes d'accès conditionnel, les guides électroniques de programmes, ainsi que les services relatifs à l'identification, à la localisation et à la disponibilité de l'utilisateur. »

(Ord. n° 2016-526 du 28 avr. 2016, art. 1er, en vigueur le 1er juill. 2016) « 21° Gestionnaire d'infrastructure d'accueil.

« On entend par gestionnaire d'infrastructure d'accueil toute personne privée ou publique qui met à disposition ou exploite une infrastructure :

« – permettant l'exploitation d'un réseau ouvert au public au sens du 3° ou d'un réseau destiné à fournir un service dans le domaine de la production, du transport ou de la distribution d'électricité, y compris pour l'éclairage public, de gaz ou de chaleur, d'eau y compris d'évacuation ou de traitement des eaux usées ; ou

« – destinée à fournir des services de transport, y compris les voies ferrées, les routes, les ports et les aéroports.

« 22° Infrastructure d'accueil.

« On entend par infrastructure d'accueil tout élément d'un réseau destiné à accueillir des éléments d'un réseau sans devenir lui-même un élément actif du réseau, tels que les conduites, pylônes, gaines, chambres de tirage et regards, trous de visite, boîtiers, immeubles ou accès à des immeubles, installations liées aux antennes, tours et poteaux, châteaux d'eau. Les câbles, y compris la fibre noire, ainsi que les éléments de réseaux utilisés pour la fourniture des eaux destinées à la consommation humaine ne sont pas des infrastructures d'accueil au sens du présent article. »

(Ord. n° 2021-650 du 26 mai 2021, art. 1er-15°) « 22° *bis* Gestionnaire d'infrastructure d'accueil des points d'accès sans fil à portée limitée.

« On entend par gestionnaire d'infrastructure d'accueil des point d'accès sans fil à portée limitée, toute personne privée ou publique qui met à disposition ou exploite une infrastructure d'accueil des points d'accès sans fil à portée limitée.

« 22° *ter* Infrastructure d'accueil des points d'accès sans fil à portée limitée.

« On entend par infrastructure d'accueil des points d'accès sans fil à portée limitée, toute infrastructure physique contrôlée par l'État, les collectivités territoriales ou leurs groupements, techniquement adaptée pour héberger des points d'accès sans fil à portée limitée ou qui est nécessaire pour connecter de tels points d'accès à un réseau de collecte, y compris le mobilier urbain. Peuvent notamment être considérés comme une infrastructure d'accueil les poteaux d'éclairage, les panneaux et feux de signalisation, les panneaux d'affichage, les arrêts d'autobus et de tramway, les stations de métro.

« 22° *quater* Point d'accès sans fil à portée limitée.

« On entend par point d'accès sans fil à portée limitée, un équipement d'accès sans fil au réseau à faible puissance, de taille réduite et de portée limitée, utilisant le spectre radioélectrique qui peut être équipé d'une ou plusieurs antennes à faible impact visuel et qui permet l'accès sans fil des utilisateurs aux réseaux de communications électroniques. Leurs caractéristiques physiques et techniques sont précisées par le règlement d'exécution (UE) 2020/1070 de la Commission du 20 juillet 2020 précisant les caractéristiques des points d'accès sans fil à portée limitée en application de l'article 57, paragraphe 2, de la directive (UE) 2018/1972 du Parlement européen et du Conseil établissant le code des communications électroniques européen. »

(L. n° 2016-1321 du 7 oct. 2016, art. 68-1°) « 23° Fournisseur de services de communication au public en ligne.

« On entend par fournisseur de services de communication au public en ligne toute personne assurant la mise à disposition de contenus, services ou applications relevant de la communication au public en ligne, au sens du IV de l'article 1er de la loi n° 2004-575 du 21 juin 2004 pour la confiance dans l'économie numérique. Sont notamment considérées comme des fournisseurs de services de communication au public en ligne les personnes qui éditent un service de communication au public en ligne, mentionnées au deuxième alinéa du II de l'article 6 de la même loi, ou celles qui assurent le stockage de signaux, d'écrits, d'images, de sons ou de messages de toute nature mentionnées au 2 du I du même article 6. »

(Ord. nº 2021-650 du 26 mai 2021, art. 1er-16º) « 24° Réseau local hertzien ou RLAN.

« On entend par réseau local hertzien, un système d'accès sans fil à faible puissance, de portée limitée, présentant un faible risque de brouillage avec d'autres systèmes similaires déployés à proximité immédiate par d'autres utilisateurs et utilisant, sur une base non exclusive, du spectre radioélectrique harmonisé.

« 25° Spectre radioélectrique harmonisé.

« On entend par spectre radioélectrique harmonisé, un spectre radioélectrique dont les conditions harmonisées quant à sa disponibilité et son utilisation efficace ont été établies par la voie de mesures techniques d'application adoptées conformément à l'article 4 de la décision n° 676/2002/CE du Parlement européen et du Conseil du 7 mars 2002 relative à un cadre réglementaire pour la politique en matière de spectre radioélectrique dans la Communauté européenne.

« 26° Utilisation partagée du spectre radioélectrique.

« On entend par utilisation partagée du spectre radioélectrique, l'accès par deux utilisateurs ou plus aux mêmes bandes du spectre radioélectrique dans le cadre d'un dispositif de partage défini.

« 27° Ressources de numérotation.

« On entend par ressources de numérotation les préfixes, numéros, blocs de numéros et codes utilisés pour l'acheminement des communications électroniques du plan national ou international de numérotation téléphonique qui ne relèvent pas du système de l'adressage de l'internet.

« 28° Communications d'urgence.

« On entend par communications d'urgence, les communications effectuées au moyen de services de communications interpersonnelles, entre un utilisateur final et le centre de réception des communications d'urgence, dont le but est de demander et de recevoir des secours d'urgence de la part des services d'urgence.

« 29° Informations relatives à la localisation de l'appelant.

« On entend par les informations relatives à la localisation de l'appelant, les données traitées qui proviennent de l'infrastructure de réseau ou de l'appareil mobile et qui indiquent la position géographique de l'équipement terminal mobile d'un utilisateur final et, dans un réseau fixe public, les données relatives à l'adresse physique du point de terminaison du réseau.

« 30° Marchés transnationaux.

« On entend par marchés transnationaux, les marchés qui couvrent l'Union européenne ou une partie importante de celle-ci s'étendant sur plus d'un État membre.

« 31° Groupe pour la politique en matière de spectre radioélectrique.

« On entend par Groupe pour la politique en matière de spectre radioélectrique, le groupe consultatif chargé d'assister et de conseiller la Commission européenne sur des questions liées à la politique du spectre radioélectrique. »

(L. nº 2021-1485 du 15 nov. 2021, art. 24-1º) « **32°** Système automatisé d'appels et d'envois de messages.

« On entend par système automatisé d'appels et d'envois de messages les systèmes émettant des appels ou des messages de manière automatique vers plusieurs utilisateurs finals conformément aux instructions établies pour ce système. »

(L. nº 2021-1755 du 23 déc. 2021, art. 1er) « 33° Opérateur de centre de données.

« On entend par opérateur de centre de données toute personne assurant la mise à la disposition des tiers d'infrastructures et d'équipements hébergés dans des centres de données. »

Les dispositions de la L. nº 2004-669 du 9 juill. 2004 sont applicables à Mayotte, dans les Terres australes et antarctiques françaises (L. préc., art. 140-I et III).

Les 3°, 3° bis, 3° ter, 4° deviennent respectivement les 4°, 4° bis, 4° ter, 5° (Ord. n° 2021-650 du 26 mai 2021, art. 1er-3°, 5° et 6°).

CHAPITRE II ***RÉGIME JURIDIQUE***

(L. n° 96-659 du 26 juill. 1996, art. 6)

SECTION 1 ***Réseaux et services*** *(L. n° 2004-669 du 9 juill. 2004, art. 5-I).*

Art. L. 33-14 *(L. n° 2023-703 du 1er août 2023, art. 67)* « Pour les besoins de la sécurité et de la défense des systèmes d'information, les opérateurs, mentionnés à l'article L. 1332-1 du code de la défense, ainsi désignés en vertu de leur activité d'exploitant d'un réseau de communications électroniques ouvert au public, recourent, sur les réseaux de communications électroniques qu'ils exploitent, à des dispositifs mettant en œuvre des marqueurs techniques fournis par l'autorité nationale de sécurité des systèmes d'information aux seules fins de détecter des événements susceptibles d'affecter la sécurité des systèmes d'information de leurs abonnés. Ces dispositifs sont mis en œuvre pour répondre aux demandes de l'autorité nationale de sécurité des systèmes d'information.

« Lorsqu'elle a connaissance d'une menace susceptible de porter atteinte à la sécurité des systèmes d'information, l'autorité nationale de sécurité des systèmes d'information demande aux opérateurs de communications électroniques d'exploiter les marqueurs techniques qu'elle fournit. »

Par dérogation au II de l'article L. 34-1, les opérateurs *(L. n° 2023-703 du 1er août 2023, art. 67)* « mentionnés au premier alinéa du présent article » sont autorisés à conserver, pour une durée maximale de six mois, les données techniques strictement nécessaires à la caractérisation d'un évènement détecté par les dispositifs mentionnés au *(L. n° 2023-703 du 1er août 2023, art. 67)* « même premier alinéa ». Les données recueillies dans le cadre de l'exploitation de ces dispositifs autres que celles directement utiles à la prévention et à la caractérisation des menaces sont immédiatement détruites.

Lorsque sont détectés des événements susceptibles d'affecter la sécurité des systèmes d'information, les opérateurs *(L. n° 2023-703 du 1er août 2023, art. 67)* « mentionnés audit premier alinéa » en informent sans délai l'autorité nationale de sécurité des systèmes d'information.

A la demande de l'autorité nationale de sécurité des systèmes d'information, les opérateurs *(L. n° 2023-703 du 1er août 2023, art. 67)* « mentionnés au même premier alinéa » informent leurs abonnés de la vulnérabilité de leurs systèmes d'information ou des atteintes qu'ils ont subies.

Les modalités d'application du présent article sont précisées par décret en Conseil d'État. Celui-ci détermine notamment les catégories de données pouvant être conservées par les opérateurs *(L. n° 2023-703 du 1er août 2023, art. 67)* « mentionnés au même premier alinéa, les modalités de compensation des surcoûts identifiables et spécifiques des prestations assurées à ce titre par les opérateurs, à la demande de l'autorité nationale de sécurité des systèmes d'information, ainsi que les garanties d'une juste rémunération pour la mise en place des dispositifs mentionnés au même premier alinéa ».

Art. L. 33-15 *(L. n° 2018-607 du 13 juill. 2018, art. 64-IX)* L'article L. 33-14 est applicable dans les îles Wallis-et-Futuna, en Polynésie française et en Nouvelle-Calédonie dans sa rédaction résultant de la loi *(L. n° 2023-703 du 1er août 2023, art. 71)* « n° 2023-703 du 1er août 2023 relative à la programmation militaire pour les années 2024 à 2030 et portant diverses dispositions intéressant la défense ».

SECTION 3 ***Protection de la vie privée des utilisateurs de réseaux et services de communications électroniques*** *(L. n° 2004-669 du 9 juill. 2004, art. 10-I).*

Art. L. 34-1 *(L. n° 2001-1062 du 15 nov. 2001, art. 29) (Ord. n° 2011-1012 du 24 août 2011, art. 7-2°)* « I. — Le présent article s'applique au traitement des données à caractère personnel dans le cadre de la fourniture au public de services de communications électroniques ; il s'applique notamment aux réseaux qui prennent en charge les dispositifs de collecte de données et d'identification. »

II. – *(L. nº 2004-669 du 9 juill. 2004, art. 10-II)* « Les opérateurs de communications électroniques, et notamment les personnes dont l'activité est d'offrir un accès à des services de communication au public en ligne, effacent ou rendent *(L. nº 2021-998 du 30 juill. 2021, art. 17-I)* « anonymes, sous réserve des II *bis* à VI, les données relatives aux communications électroniques ». »

(Ord. nº 2011-1012 du 24 août 2011, art. 7-5º) « Les personnes qui fournissent au public des services de communications électroniques établissent, dans le respect des dispositions de l'alinéa précédent, des procédures internes permettant de répondre aux demandes des autorités compétentes. »

(L. nº 2006-64 du 23 janv. 2006, art. 5) « Les personnes qui, au titre d'une activité professionnelle principale ou accessoire, offrent au public une connexion permettant une communication en ligne par l'intermédiaire d'un accès au réseau, y compris à titre gratuit, sont soumises au respect des dispositions applicables aux opérateurs de communications électroniques en vertu du présent article. »

(L. nº 2021-998 du 30 juill. 2021, art. 17-I) « II *bis.* – Les opérateurs de communications électroniques sont tenus de conserver :

« 1º Pour les besoins des procédures pénales, de la prévention des menaces contre la sécurité publique et de la sauvegarde de la sécurité nationale, les informations relatives à l'identité civile de l'utilisateur, jusqu'à l'expiration d'un délai de cinq ans à compter de la fin de validité de son contrat ;

« 2º Pour les mêmes finalités que celles énoncées au 1º du présent II *bis*, les autres informations fournies par l'utilisateur lors de la souscription d'un contrat ou de la création d'un compte ainsi que les informations relatives au paiement, jusqu'à l'expiration d'un délai d'un an à compter de la fin de validité de son contrat ou de la clôture de son compte ;

« 3º Pour les besoins de la lutte contre la criminalité et la délinquance grave, de la prévention des menaces graves contre la sécurité publique et de la sauvegarde de la sécurité nationale, les données techniques permettant d'identifier la source de la connexion ou celles relatives aux équipements terminaux utilisés, jusqu'à l'expiration d'un délai d'un an à compter de la connexion ou de l'utilisation des équipements terminaux.

« III. – Pour des motifs tenant à la sauvegarde de la sécurité nationale, lorsqu'est constatée une menace grave, actuelle ou prévisible, contre cette dernière, le Premier ministre peut enjoindre par décret aux opérateurs de communications électroniques de conserver, pour une durée d'un an, certaines catégories de données de trafic, en complément de celles mentionnées au 3º du II *bis*, et de données de localisation précisées par décret en Conseil d'État.

« L'injonction du Premier ministre, dont la durée d'application ne peut excéder un an, peut être renouvelée si les conditions prévues pour son édiction continuent d'être réunies. Son expiration est sans incidence sur la durée de conservation des données mentionnées au premier alinéa du présent III.

« III *bis.* – Les données conservées par les opérateurs en application du présent article peuvent faire l'objet d'une injonction de conservation rapide par les autorités disposant, en application de la loi, d'un accès aux données relatives aux communications électroniques à des fins de prévention et de répression de la criminalité, de la délinquance grave et des autres manquements graves aux règles dont elles ont la charge d'assurer le respect, afin d'accéder à ces données. »

IV. – Pour les besoins de la facturation et du paiement des prestations de communications électroniques, les opérateurs peuvent, jusqu'à la fin de la période au cours de laquelle la facture peut être légalement contestée ou des poursuites engagées pour en obtenir le paiement, utiliser, conserver et, le cas échéant, transmettre à des tiers concernés directement par la facturation ou le recouvrement les catégories de données techniques qui sont déterminées, *(L. nº 2004-669 du 9 juill. 2004, art. 10-II)* « dans les limites fixées par le *(Ord. nº 2011-1012 du 24 août 2011, art. 7-6º)* « VI », » selon l'activité des opérateurs et la nature de la communication, par décret en Conseil d'État pris après avis de la Commission nationale de l'informatique et des libertés.

(L. n° 2004-669 du 9 juill. 2009, art. 10-II) « Les opérateurs peuvent en outre réaliser un traitement des données relatives au trafic en vue de commercialiser leurs propres services de communications électroniques ou de fournir des services à valeur ajoutée, si les abonnés y consentent expressément et pour une durée déterminée. Cette durée ne peut, en aucun cas, être supérieure à la période nécessaire pour la fourniture ou la commercialisation de ces services. Ils peuvent également conserver certaines données en vue d'assurer la sécurité de leurs réseaux. »

V. — Sans préjudice des dispositions *(Ord. n° 2011-1012 du 24 août 2011, art. 7-7°)* « du III et du IV » *(Abrogé par L. n° 2021-998 du 30 juill. 2021, art. 17-I)* ***« et sous réserve des nécessités des enquêtes judiciaires »***, les données permettant de localiser l'équipement terminal de l'utilisateur ne peuvent ni être utilisées pendant la communication à des fins autres que son acheminement, ni être conservées et traitées après l'achèvement de la communication que moyennant le consentement de l'abonné, dûment informé des catégories de données en cause, de la durée du traitement, de ses fins et du fait que ces données seront ou non transmises à des fournisseurs de services tiers. L'abonné peut retirer à tout moment et gratuitement, hormis les coûts liés à la transmission du retrait, son consentement. L'utilisateur peut suspendre le consentement donné, par un moyen simple et gratuit, hormis les coûts liés à la transmission de cette suspension. Tout appel destiné à un service d'urgence vaut consentement de l'utilisateur jusqu'à l'aboutissement de l'opération de secours qu'il déclenche et seulement pour en permettre la réalisation.

VI. — *(L. n° 2004-669 du 9 juill. 2009, art. 10-II)* « Les données conservées et traitées dans les conditions définies aux *(L. n° 2021-998 du 30 juill. 2021, art. 17-I)* « II *bis* à V » portent exclusivement sur l'identification des personnes utilisatrices des services fournis par les opérateurs, sur les caractéristiques techniques des communications assurées par ces derniers et sur la localisation des équipements terminaux. »

(L. n° 2021-998 du 30 juill. 2021, art. 17-I) « Un décret en Conseil d'État, pris après avis de la Commission nationale de l'informatique et des libertés et de l'Autorité de régulation des communications électroniques, des postes et de la distribution de la presse, détermine, selon l'activité des opérateurs et la nature des communications, les informations et catégories de données conservées en application des II *bis* et III ainsi que les modalités de compensation des surcoûts identifiables et spécifiques des prestations assurées à ce titre, à la demande de l'État, par les opérateurs. »

Elles ne peuvent en aucun cas porter sur le contenu des correspondances échangées ou des informations consultées, sous quelque forme que ce soit, dans le cadre de ces communications.

La conservation et le traitement de ces données s'effectuent dans le respect des dispositions de la loi n° 78-17 du 6 janvier 1978 relative à l'informatique, aux fichiers et aux libertés.

Les opérateurs prennent toutes mesures pour empêcher une utilisation de ces données à des fins autres que celles prévues au présent article.

Les dispositions de la L. n° 2004-669 du 9 juill. 2009 sont applicables à Mayotte, en Nouvelle-Calédonie, en Polynésie française, dans les îles Wallis-et-Futuna et dans les Terres australes et antarctiques françaises (L. préc., art. 140-I à III).

Les I, II, III, IV et V deviennent respectivement les II, III, IV, V et VI (Ord. n° 2011-1012 du 24 août 2011, art. 7-I°).

Les dispositions de l'Ord. n° 2011-1012 du 24 août 2011 sont applicables en Nouvelle-Calédonie, en Polynésie française et dans les îles Wallis-et-Futuna (Ord. préc., art. 7-8°).

Sans préjudice des dispositions de la L. n° 2013-1168 du 18 déc. 2013 qui s'y appliquent de plein droit, la présente loi s'applique sur l'ensemble du territoire de la République (L. préc., art. 57).

Demande d'identification. Sur la demande faite au juge, par une victime d'appels téléphoniques menaçants, d'ordonner l'identification du titulaire d'un numéro de téléphone, V. • TJ Paris, 5 avr. 2022 : *Dalloz IP/IT 2022. 521, obs. Younès-Fellous*.

Décret n° 2022-1327 du 17 octobre 2022, *portant injonction, au regard de la menace grave et actuelle contre la sécurité nationale, de conservation pour une durée d'un an de certaines catégories de données de connexion.* **Art. 1er** Aux fins de la sauvegarde de la sécurité nationale, il est enjoint aux opérateurs de communications électroniques ainsi qu'aux personnes mentionnées aux 1 et 2 du I de l'article 6 de la loi du 21 juin 2004 susvisée *[n° 2004-575 pour la confiance dans l'économie numérique]* de conserver, pour une durée d'un an, les données de trafic et de localisation respectivement énumérées au V de l'article R. 10-13 du code des postes et des communications électroniques et à l'article 6 du décret du 20 octobre 2021 susvisé *[n° 2021-1362 relatif à la conservation des données permettant d'identifier toute personne ayant contribué à la création d'un contenu mis en ligne]*.

Art. 2 Le présent décret sera publié au *Journal officiel* de la République française et entrera en vigueur le 21 octobre 2022.

SECTION 9 *Dispositions particulières au réseau de communications électroniques des services de secours et de sécurité*

(L. n° 2023-22 du 24 janv. 2023, art. 11)

Art. L. 34-16 I. — Les opérateurs titulaires d'autorisations d'utilisation de fréquences pour établir et exploiter un réseau radioélectrique ouvert au public garantissent la continuité et la permanence des communications mobiles critiques à très haut débit destinées à des missions de sécurité et de secours, de protection des populations et de gestion des crises et des catastrophes entre les services de l'État, les collectivités territoriales ou leurs groupements, les services d'incendie et de secours, les services d'aide médicale urgente et tout autre organisme public ou privé chargé d'une mission de service public dans les domaines de la sécurité et du secours.

Les opérateurs titulaires d'autorisations d'utilisation de fréquences pour établir et exploiter un réseau radioélectrique ouvert au public font droit aux demandes d'itinérance, sur leurs réseaux, de l'opérateur du réseau de communications électroniques des services de secours et de sécurité. Cette prestation fait l'objet d'une convention communiquée à l'Autorité de régulation des communications électroniques, des postes et de la distribution de la presse.

La convention mentionnée au deuxième alinéa du présent I détermine les conditions techniques et tarifaires de fourniture de la prestation d'itinérance.

Les différends relatifs aux conditions techniques et tarifaires de la convention mentionnée au présent I sont soumis à l'Autorité de régulation des communications électroniques, des postes et de la distribution de la presse, dans les conditions prévues à l'article L. 36-8.

II. — En cas de congestion, afin de garantir l'acheminement des communications mobiles critiques à très haut débit, les opérateurs retenus dans le cadre du marché public visant à répondre aux besoins de l'opérateur de réseau de communications électroniques des services de secours et de sécurité font droit aux demandes d'accès prioritaires de celui-ci aux réseaux ouverts au public interconnectés fondées sur des impératifs de sécurité publique, conformément au règlement (UE) 2015/2120 du Parlement européen et du Conseil du 25 novembre 2015 établissant des mesures relatives à l'accès à un internet ouvert et aux prix de détail pour les communications à l'intérieur de l'Union européenne réglementées et modifiant la directive 2002/22/CE et le règlement (UE) n° 531/2012.

III. — Un décret en Conseil d'État détermine les modalités de compensation des investissements identifiables et spécifiques mis en œuvre en application du I du présent article, à la demande de l'État, par les opérateurs titulaires d'autorisations d'utilisation de fréquences pour établir et exploiter un réseau radioélectrique ouvert au public, sauf dans les cas où ces prestations ont fait l'objet d'un marché public.

IV. — L'opérateur mentionné au 15° *ter* de l'article L. 32 et le réseau de communications électroniques des services de secours et de sécurité mentionné au 2° *ter* du même article L. 32 sont soumis au respect des règles applicables à l'établissement et à l'exploitation des réseaux ouverts au public et à la fourniture au public de services de communications électroniques, à l'exception des règles prévues aux *f, f bis, f ter, g, h, j*, *k*, *n*, *n bis*, *n ter* et *p* du I et aux II, V et VI de l'article L. 33-1 et aux articles L. 33-7, L. 33-9, L. 33-12, L. 33-12-1, L. 34 et L. 35 à L. 35-7.

V. – Le I, à l'exception du dernier alinéa, et le III du présent article ainsi que les définitions utiles à leur application prévues à l'article L. 32 sont applicables en Polynésie française, dans les îles Wallis-et-Futuna et en Nouvelle-Calédonie, dans leur rédaction résultant de la loi n° 2023-22 du 24 janvier 2023 d'orientation et de programmation du ministère de l'intérieur.

CHAPITRE IV *LA RÉGULATION DES COMMUNICATIONS ÉLECTRONIQUES*

SECTION 1 *Autorité de régulation des communications électroniques, des postes et de la distribution de la presse* *(L. n° 2019-1063 du 18 oct. 2019, art. 3)*.

Art. L. 36-14 *(L. n° 2018-607 du 13 juill. 2018, art. 34) (L. n° 2023-703 du 1er août 2023, art. 67)* « I. – » La formation de règlement des différends, de poursuite et d'instruction mentionnée à l'article L. 130 est compétente pour exercer la mission mentionnée au 12° de l'article L. 36-7. Pour l'accomplissement de cette mission, la formation de règlement des différends, de poursuite et d'instruction :

1° Est informée sans délai, par l'autorité nationale de sécurité des systèmes d'information, des mesures mises en œuvre en application *(L. n° 2023-703 du 1er août 2023, art. 67)* « des articles L. 2321-2-1 et L. 2321-2-3 » du code de la défense ainsi que des demandes formulées en application du deuxième alinéa de l'article L. 2321-3 du même code ;

2° Dispose d'un accès complet et permanent aux données recueillies ou obtenues en application des *(L. n° 2023-703 du 1er août 2023, art. 67)* « articles L. 2321-2-1 et L. 2321-2-3, du deuxième alinéa de l'article L. 2321-3 et de l'article L. 2321-3-1 dudit code, » ainsi qu'aux dispositifs de traçabilité des données collectées et peut solliciter de l'autorité nationale de sécurité des systèmes d'information tous les éléments nécessaires à l'accomplissement de sa mission ;

3° Peut, à la demande de son président, se faire assister par des experts individuellement désignés et habilités au secret de la défense nationale ;

4° Peut adresser, à tout moment, à l'autorité nationale de sécurité des systèmes d'information toute recommandation qu'elle juge nécessaire aux fins d'assurer la régularité des mesures mises en œuvre en application des dispositions mentionnées au 1° du présent article. Elle est informée, sans délai, des suites données à ces recommandations.

Lorsque l'autorité nationale de sécurité des systèmes d'information ne donne pas suite à ces recommandations ou que la formation de règlement des différends, de poursuite et d'instruction estime insuffisantes les suites données à ces recommandations, la formation peut enjoindre à l'autorité nationale de sécurité des systèmes d'information d'interrompre les opérations ou de détruire les données *(L. n° 2023-703 du 1er août 2023, art. 67)* « mentionnées » aux articles L. 2321-2-1 et L. 2321-3 du code de la défense.

Le Conseil d'État peut être saisi par le président de l'Autorité de régulation des communications électroniques *(L. n° 2019-1063 du 18 oct. 2019, art. 3)* « , des postes et de la distribution de la presse » d'un recours lorsque l'autorité nationale de sécurité des systèmes d'information ne se conforme pas à une injonction qui lui est adressée en vertu du présent article.

(L. n° 2023-703 du 1er août 2023, art. 67) « II. – Sont subordonnés à l'avis conforme de la formation mentionnée au I du présent article :

« 1° Le renouvellement des mesures de redirection d'un nom de domaine mentionnées au troisième alinéa du III de l'article L. 2321-2-3 du code de la défense ;

« 2° La mise en œuvre des dispositifs mentionnés au 2 de l'article L. 2321-2-1 du même code.

« III. – » L'Autorité de régulation des communications électroniques *(L. n° 2019-1063 du 18 oct. 2019, art. 3)* « , des postes et de la distribution de la presse » remet chaque année au Gouvernement et au Parlement, dans le respect du secret de la défense nationale, un rapport d'activité sur les conditions d'exercice et les résultats du contrôle exercé au titre du présent article.

Elle peut adresser au Premier ministre, au président de l'Assemblée nationale et au président du Sénat, à tout moment, les observations qu'elle juge utiles.

Les modalités d'application du présent article sont précisées par décret en Conseil d'État.

Code de procédure pénale

PREMIÈRE PARTIE : *LÉGISLATIVE*

LIVRE IV DE QUELQUES PROCÉDURES PARTICULIÈRES

TITRE XXV DE LA PROCÉDURE APPLICABLE À LA CRIMINALITÉ ET À LA DÉLINQUANCE ORGANISÉES ET AUX CRIMES *(L. nº 2019-222 du 23 mars 2019, art. 46-II et 109-XIII, en vigueur le 1er juin 2019).*

CHAPITRE II *PROCÉDURE*

SECTION 6 *Des autres techniques spéciales d'enquête* *(L. nº 2019-222 du 23 mars 2019, art. 46-III et 109-XIII, en vigueur le 1er juin 2019).*

§ 4 *De la captation des données informatiques* *(L. nº 2019-222 du 23 mars 2019, art. 46-III et 109-XIII, en vigueur le 1er juin 2019).*

Art. 706-102-1 *(L. nº 2016-731 du 3 juin 2016, art. 5) (L. nº 2019-222 du 23 mars 2019, art. 46-III et 109-XIII, en vigueur le 1er juin 2019)* **« Il peut être recouru à la mise en place d' » un dispositif technique ayant pour objet, sans le consentement des intéressés, d'accéder, en tous lieux, à des données informatiques, de les enregistrer, de les conserver et de les transmettre, telles qu'elles sont stockées dans un système informatique, telles qu'elles s'affichent sur un écran pour l'utilisateur d'un système de traitement automatisé de données, telles qu'il les y introduit par saisie de caractères ou telles qu'elles sont reçues et émises par des périphériques** *(Abrogé par L. nº 2019-222 du 23 mars 2019, art. 46-III et 109-XIII, à compter du 1er juin 2019)* **« audiovisuels ».**

Le procureur de la République *(L. nº 2019-222 du 23 mars 2019, art. 46-III et 109-XIII, en vigueur le 1er juin 2019)* **« ou le juge d'instruction » peut désigner toute personne physique ou morale habilitée et inscrite sur l'une des listes prévues à l'article 157, en vue d'effectuer les opérations techniques permettant la réalisation du dispositif technique mentionné au premier alinéa du présent article. Le procureur de la République** *(L. nº 2019-222 du 23 mars 2019, art. 46-III et 109-XIII, en vigueur le 1er juin 2019)* **« ou le juge d'instruction » peut également prescrire le recours aux moyens de l'État soumis au secret de la défense nationale selon les formes prévues au chapitre I du titre IV du livre I.**

Un service technique national de captation judiciaire est chargé de la conception, de la centralisation et de la mise en œuvre des dispositifs techniques mentionnés aux art. 706-102-1 et 706-102-2 C. pr. pén. (Arr. du 9 mai 2018 portant création du service à compétence nationale dénommé « service technique national de captation judiciaire », JO 10 mai). — V. aussi art. D. 15-1-6. — C. pr. pén.

1. QPC. Les dispositions contestées de l'art. 706-102-1 C. pr. pén. permettent au procureur de la République, au cours de l'enquête, et au juge d'instruction, au stade de l'instruction, de recourir aux moyens de l'État soumis au secret de la défense nationale pour réaliser les opérations techniques nécessaires à cette captation et à la mise au clair des données. Ces dispositions ont ainsi pour effet de soustraire au débat contradictoire les informations relatives à ces moyens. En premier lieu, en adoptant ces dispositions, le législateur a entendu permettre aux autorités en charge des investigations de bénéficier de moyens efficaces de captation et de mise au clair des données, sans pour autant fragiliser l'action des services de renseignement en divulguant les techniques qu'ils utilisent. Ce faisant, ces dispositions poursuivent l'objectif de valeur constitutionnelle de recherche des auteurs d'infractions et mettent en œuvre les exigences constitutionnelles inhérentes à la sauvegarde des intérêts fondamentaux de la Nation. En deuxième lieu, il ne peut être recouru à ces moyens que pour la mise en œuvre d'une technique spéciale d'investigation qui doit être autorisée par le JLD ou par le juge d'instruction et justifiée par les nécessités d'une enquête ou d'une information judiciaire relatives à certains crimes et délits d'une particulière gravité et complexité. Cette technique est mise en œuvre sous l'autorité et le contrôle du magistrat qui l'a autorisée et qui peut ordonner à tout moment son interruption. Les données captées dans le cadre des investigations sont placées sous scellés en application de l'art. 706-95-18 C. pr. pén. En troisième lieu, si les dispositions contestées sont susceptibles de soustraire au contradictoire certaines informations techniques soumises au secret de la défense nationale, demeure obligatoirement versée au dossier de la procédure l'ordonnance écrite et motivée du juge qui autorise la mise en œuvre d'un dispositif de captation et mentionne, à peine de nullité, l'infraction qui motive le recours à ce dispositif, la localisation exacte ou la description détaillée des systèmes de traitement automatisé de données concernés, ainsi que la durée pendant laquelle cette opération est autorisée. Sont également versés au dossier le procès-verbal de mise en place du dispositif, qui mentionne notamment la date et l'heure auxquelles l'opération a commencé et s'est terminée, et celui décrivant ou transcrivant les données enregistrées jugées utiles à la manifestation de la vérité. Enfin, l'ensemble des éléments obtenus à l'issue des opérations de mise au clair font l'objet d'un procès-verbal de réception versé au dossier de la procédure et sont accompagnés d'une attestation visée par le responsable de l'organisme technique certifiant la sincérité des résultats transmis. En dernier lieu, la juridiction peut demander la déclassification et la communication des informations soumises au secret de la défense nationale, dans les conditions prévues aux art. L. 2312-4 à L. 2312-8 C. défense. Il résulte de tout ce qui précède que les dispositions contestées procèdent à une conciliation équilibrée entre les exigences constitutionnelles évoquées, de telle sorte que la 2de phr. du 2d al. de l'art. 706-102-1 C. pr. pén., dans sa rédaction résultant de la L. n° 2019-222 du 23 mars 2019 est conforme à la Constitution. • Cons. const. 8 avr. 2022, n° 2022-987 QPC : *JO 9 avr.* (sur une QPC de • Crim. 1er févr. 2022, n° 21-85.148).

2. Champ d'application. Pour écarter le moyen de nullité tiré de ce que l'art. 706-102-1 C. pr. pén. n'autorise que la captation des données informatiques stockées, à l'exclusion des données en cours de transmission, et ne permet pas la mise en place d'un dispositif de blocage des opérations et de redirection des flux, l'arrêt attaqué énonce que le texte ne fait aucune distinction entre les différents types de données informatiques et que les opérations de blocage et de redirection des flux n'ont constitué que des opérations techniques préalables à la mise en œuvre de la captation des données informatiques. En statuant ainsi, la chambre de l'instruction a fait l'exacte application de l'art. 706-102-1. En premier lieu, il n'y a pas à faire de distinction là où l'art. 706-102-1 n'en fait pas. En second lieu, l'opération de captation suppose que les administrateurs de la solution de chiffrement en cause ne soient pas mis en mesure de neutraliser l'action des enquêteurs, notamment en redirigeant les accès vers un autre serveur. • Crim. 11 oct. 2022, n° 21-85.148 : *Dalloz IP/IT 2022. 578, obs. Laurent*.

Décret n° 2015-1700 du 18 décembre 2015,

Relatif à la mise en œuvre de traitements de données informatiques captées en application de l'article 706-102-1 du code de procédure pénale.

Art. 1er En application des articles *(Décr. n° 2019-1602 du 31 déc. 2019, art. 1er)* « 706-95-11 à 706-95-19 et 706-102-1 à 706-102-5 » du code de procédure pénale et afin de permettre la constatation des crimes et délits entrant dans le champ d'application des articles 706-73 et 706-73-1 de ce code, le rassemblement des preuves de ces infractions et l'identification de leurs auteurs, le ministre de l'intérieur (direction générale de la police nationale, direction générale de la gendarmerie nationale, direction générale de la sécurité intérieure et préfecture de police) et le *(Décr. n° 2019-1602 du 31 déc. 2019, art. 1er)* « ministre chargé du budget » (direction générale des douanes et droits indirects) sont autorisés à mettre en œuvre des traitements de données informatiques à caractère personnel permettant, sous l'autorité et le contrôle *(Décr. n° 2019-1602 du 31 déc. 2019, art. 1er)* « du juge des libertés et de la détention ou » du juge d'instruction, la collecte, l'enregistrement et la conservation de données informatiques captées *(Abrogé par Décr. n° 2019-1602 du 31 déc. 2019, art. 1er)* « *selon les modalités fixées à l'article 706-102-1 du code de procédure pénale* ».

Art. 2 Peuvent être enregistrées en application de l'article 706-102-1 du code de procédure pénale l'ensemble des données captées *(Décr. n° 2019-1602 du 31 déc. 2019, art. 2)* « telles qu'elles sont stockées dans un système informatique, » telles qu'elles s'affichent sur un écran pour l'utilisateur d'un système de traitement automatisé de données, telles qu'il les y introduit par saisie de caractères ou telles qu'elles sont reçues et émises par des périphériques *(Abrogé par Décr. n° 2019-1602 du 31 déc. 2019, art. 2)* « *audiovisuels* ».

Ces enregistrements peuvent contenir des données de la nature de celles mentionnées au I de l'article *(Décr. n° 2019-1602 du 31 déc. 2019, art. 2)* « 6 » de la loi n° 78-17 du 6 janvier 1978.

Art. 3 *(Décr. nº 2019-1602 du 31 déc. 2019, art. 3)* Les données à caractère personnel et informations exploitées par les traitements mentionnés à l'article 1er ne peuvent provenir que de dispositifs techniques autorisés conformément à l'article R. 226-3 du code pénal et mis en place dans le cadre :

1° D'investigations conduites en flagrance ou en préliminaire, sur ordonnance écrite et motivée du juge des libertés et de la détention, à la requête du procureur de la République ;

2° D'information judiciaire, sur ordonnance écrite et motivée du juge d'instruction, après avis du procureur de la République, sauf en cas d'urgence résultant d'un risque imminent de dépérissement des preuves ou d'atteinte grave aux personnes ou aux biens.

Art. 4 I. — Les magistrats *(Abrogé par Décr. nº 2019-1602 du 31 déc. 2019, art. 4) « instructeurs »* accèdent à l'ensemble des données à caractère personnel et informations enregistrées dans le traitement en application de l'article 706-102-1 du code de procédure pénale, dans le cadre des procédures dont ils sont saisis.

II. — Ont accès aux données à caractère personnel et aux informations mentionnées à l'article 2, pour les besoins exclusifs *(Décr. nº 2019-1602 du 31 déc. 2019, art. 4)* « de la procédure dans le cadre de laquelle l'opération de captation a été autorisée » :

1° *(Décr. nº 2019-1602 du 31 déc. 2019, art. 4)* « Les agents et officiers » de police judiciaire de la police et de la gendarmerie nationales ;

2° Les agents des douanes habilités à effectuer des missions de police judiciaire en application de l'article 28-1 du code de procédure pénale ;

(Décr. nº 2019-1602 du 31 déc. 2019, art. 4) « 3° Les agents des services fiscaux habilités à effectuer des enquêtes judiciaires en application de l'article 28-2 du code de procédure pénale. »

III. — Peuvent être destinataires des seules données et informations nécessaires à l'exécution de leur mission, après accord du magistrat *(Abrogé par Décr. nº 2019-1602 du 31 déc. 2019, art. 4) « instructeur »* ayant autorisé la mise en place du dispositif, les organismes de coopération internationale en matière de police judiciaire et les services de police étrangers, dans les conditions prévues à l'article L. 235-1 du code de la sécurité intérieure.

(Décr. nº 2019-1602 du 31 déc. 2019, art. 4) « IV. — Peuvent être destinataires des seules informations mentionnées à l'article 6, les personnalités qualifiées chargées du contrôle des travaux de conception et des opérations de mise en œuvre des dispositifs techniques mentionnés à l'article 3. »

Art. 5 Les données enregistrées sont conservées dans le traitement jusqu'à la date de clôture des investigations. A cette date, elles sont placées sous scellés fermés et effacées. La transcription des enregistrements effectuée par *(Décr. nº 2019-1602 du 31 déc. 2019, art. 5)* « les personnes mentionnées au II de l'article 4 », dans les conditions prévues à l'article *(Décr. nº 2019-1602 du 31 déc. 2019, art. 5)* « 706-95-18 » du code de procédure pénale, est transmise à l'autorité judiciaire pour être versée au dossier de la procédure. Les scellés fermés lui sont également adressés.

Art. 6 *(Décr. nº 2019-1602 du 31 déc. 2019, art. 6)* Toute opération de collecte, de modification, de consultation, de transfert et de suppression des données à caractère personnel et informations fait l'objet d'un enregistrement comprenant l'identification de l'auteur, la date, l'heure et la nature de l'opération.

Ces informations sont conservées pendant une durée de six ans.

Art. 7 *(Décr. nº 2019-1602 du 31 déc. 2019, art. 7)* I. — Le droit d'opposition prévu à l'article 110 de la loi du 6 janvier 1978 susvisée ne s'applique pas aux présents traitements.

II. — Conformément aux articles 104 à 106 de la même loi, les droits d'information, d'accès, de rectification, d'effacement et à la limitation s'exercent directement auprès du responsable du traitement.

Afin d'éviter de gêner des enquêtes, des recherches ou des procédures judiciaires ou d'éviter de nuire à la prévention ou à la détection d'infractions pénales, aux enquêtes ou aux poursuites en la matière ou à l'exécution de sanctions pénales, de protéger la sécurité publique ou de protéger la sécurité nationale, les droits mentionnés à l'alinéa précédent peuvent faire l'objet de restrictions en application des II et III de l'article 107 de la même loi.

La personne concernée par ces restrictions exerce ses droits auprès de la Commission nationale de l'informatique et des libertés dans les conditions prévues à l'article 108 de la même loi.

Art. 8 La mise en œuvre des traitements mentionnés à l'article 1er par le directeur général de la police nationale, le directeur général de la gendarmerie nationale, le directeur général de la sécurité intérieure, le préfet de police et *(Décr. nº 2019-1602 du 31 déc. 2019, art. 8)* « le directeur général » des douanes et des droits indirects s'accompagne de l'envoi à la Commission nationale de l'informatique et des libertés d'un engagement de conformité faisant référence au présent décret accompagné d'un dossier technique de présentation du traitement.

Code de la sécurité intérieure

PREMIÈRE PARTIE : *LÉGISLATIVE*

LIVRE I **PRINCIPES GÉNÉRAUX ET ORGANISATION DE LA SÉCURITÉ INTÉRIEURE**

TITRE I **PRINCIPES GÉNÉRAUX DE LA SÉCURITÉ INTÉRIEURE**

CHAPITRE IV *ENQUÊTES ADMINISTRATIVES*

Art. L. 114-1 *(L. nº 2017-1510 du 30 oct. 2017, art. 11-I)* « I. — » Les décisions administratives de recrutement, d'affectation *(L. nº 2017-1510 du 30 oct. 2017, art. 11-I)* « , de titularisation », d'autorisation, d'agrément ou d'habilitation, prévues par des dispositions législatives ou réglementaires, concernant soit les emplois publics participant à l'exercice des missions de souveraineté de l'État, soit les emplois publics ou privés relevant du domaine de la sécurité ou de la défense, soit les emplois privés ou activités privées réglementées relevant des domaines des jeux, paris et courses, soit l'accès à des zones protégées en raison de l'activité qui s'y exerce, soit l'utilisation de matériels ou produits présentant un caractère dangereux, peuvent être précédées d'enquêtes administratives destinées à vérifier que le comportement des personnes physiques ou morales intéressées n'est pas incompatible avec l'exercice des fonctions ou des missions envisagées.

(L. nº 2017-1510 du 30 oct. 2017, art. 11-I) « Ces enquêtes peuvent donner lieu à la consultation *(L. nº 2023-703 du 1er août 2023, art. 40)* « du bulletin nº 2 du casier judiciaire et » de traitements automatisés de données à caractère personnel relevant de l'article *(Ord. nº 2018-1125 du 12 déc. 2018, art. 22 et 29, en vigueur le 1er juin 2019)* « 31 » de la loi nº 78-17 du 6 janvier 1978 relative à l'informatique, aux fichiers et aux libertés, à l'exception des fichiers d'identification. Les conditions dans lesquelles les personnes intéressées sont informées de cette consultation sont précisées par décret.

« II. — Il peut également être procédé à de telles enquêtes administratives en vue de s'assurer que le comportement des personnes physiques ou morales concernées n'est pas devenu incompatible avec les fonctions ou missions exercées, l'accès aux lieux ou l'utilisation des matériels ou produits au titre desquels les décisions administratives mentionnées au I ont été prises.

« III. — Lorsque le résultat de l'enquête fait apparaître que le comportement de la personne bénéficiant d'une décision d'autorisation, d'agrément ou d'habilitation est devenu incompatible avec le maintien de cette décision, il est procédé à son retrait ou à son abrogation, dans les conditions prévues par les dispositions législatives ou réglementaires qui lui sont applicables ou, à défaut, dans les conditions prévues au chapitre I du titre II du livre I du code des relations entre le public et l'administration. En cas d'urgence, l'autorisation, l'agrément ou l'habilitation peuvent être suspendus sans délai pendant le temps strictement nécessaire à la conduite de cette procédure.

« IV. — Lorsque le résultat de l'enquête fait apparaître que le comportement d'un fonctionnaire occupant un emploi participant à l'exercice de missions de souveraineté de l'État ou relevant du domaine de la sécurité ou de la défense est devenu incompatible avec l'exercice de ses fonctions, l'administration qui l'emploie procède à son affectation ou à sa mutation dans l'intérêt du service dans un emploi comportant l'exercice d'autres fonctions. En cas d'impossibilité de mettre en œuvre une telle mesure ou lorsque le comportement du fonctionnaire est incompatible avec l'exercice de toute autre fonction eu égard à la menace grave qu'il fait peser sur la sécurité publique, il est procédé à sa radiation des cadres.

« Ces décisions interviennent après mise en œuvre d'une procédure contradictoire. A l'exception du changement d'affectation, cette procédure inclut l'avis d'un organisme paritaire dont la composition et le fonctionnement sont fixés par décret en Conseil d'État.

« Lorsque le résultat de l'enquête fait apparaître que le comportement d'un agent contractuel de droit public occupant un emploi défini au premier alinéa du présent IV est devenu incompatible avec l'exercice de ses fonctions, son employeur lui propose un emploi comportant l'exercice d'autres fonctions et correspondant à ses qualifications. En cas d'impossibilité de mettre en œuvre une telle mesure, en cas de refus de l'agent ou lorsque son comportement est incompatible avec l'exercice de toute autre fonction eu égard à la menace grave qu'il fait peser sur la sécurité publique, il est procédé, après mise en œuvre d'une procédure contradictoire, à son licenciement.

« Les décisions prises en application du présent IV, auxquelles l'article L. 411-2 du code des relations entre le public et l'administration n'est pas applicable, peuvent être contestées devant le juge administratif dans un délai de quinze jours à compter de leur notification et faire l'objet d'un appel et d'un pourvoi en cassation dans le même délai. Les juridictions saisies au fond statuent dans un délai de deux mois. En cas de recours, la décision contestée ne peut prendre effet tant qu'il n'a pas été statué en dernier ressort sur ce litige.

« L'employeur peut décider, à titre conservatoire, et pendant la durée strictement nécessaire à la mise en œuvre des suites données au résultat de l'enquête, d'écarter sans délai du service le fonctionnaire ou l'agent contractuel de droit public, avec maintien de son traitement, de l'indemnité de résidence, du supplément familial de traitement et des prestations familiales obligatoires. »

(Ord. n° 2020-1733 du 16 déc. 2020, art. 13, en vigueur le 1er mai 2021) « V. — Il peut être procédé à des enquêtes administratives dans les conditions prévues au second alinéa du I du présent article pour la délivrance, le renouvellement ou le retrait d'un titre ou d'une autorisation de séjour sur le fondement de l'article L. 234-1, L. 235-1, L. 425-4, L. 425-10, L. 432-1 ou L. 432-4 du code de l'entrée et du séjour des étrangers et du droit d'asile ou des stipulations équivalentes des conventions internationales ainsi que pour l'application des articles L. 434-6, L. 511-7, L. 512-2 et L. 512-3 du même code. »

LIVRE II ORDRE ET SÉCURITÉ PUBLICS

TITRE II LUTTE CONTRE LE TERRORISME ET LES ATTEINTES AUX INTÉRÊTS FONDAMENTAUX DE LA NATION

CHAPITRE III *MISE EN ŒUVRE DE SYSTÈMES DE VIDÉOPROTECTION*

Art. L. 223-4 Lorsque l'urgence et l'exposition particulière à un risque d'actes de terrorisme le requièrent, le représentant de l'État dans le département et, à Paris, le préfet de police peuvent délivrer aux personnes mentionnées à l'article L. 223-1, sans avis préalable de la commission départementale de vidéoprotection, une autorisation provisoire d'installation d'un système de vidéoprotection, exploité dans les conditions prévues au titre V du présent livre, pour une durée maximale de quatre mois. Le président de la commission est immédiatement informé de cette décision. Il peut alors la réunir sans délai afin qu'elle donne un avis sur la mise en œuvre de la procédure d'autorisation provisoire.

Le représentant de l'État dans le département et, à Paris, le préfet de police recueillent l'avis de la commission départementale de vidéoprotection sur la mise en œuvre du système de vidéoprotection conformément à la procédure prévue à l'article L. 252-1 et se prononcent sur son maintien. La commission doit rendre son avis avant l'expiration du délai de validité de l'autorisation provisoire. – *[L. n° 95-73 du 21 janv. 1995, art. 10-III bis ecqc les actes de terrorisme.]*

Art. L. 223-5 Lorsque l'urgence et l'exposition particulière à un risque d'actes de terrorisme le requièrent, le représentant de l'État dans le département et, à Paris, le préfet de police peuvent prescrire, sans avis préalable de la commission départementale de vidéoprotection, la mise en œuvre d'un système de vidéoprotection exploité dans les conditions prévues par l'article L. 223-3. Quand cette décision porte sur une installation de vidéoprotection filmant la voie publique ou des lieux ou établissements ouverts au public, le président de la commission est immédiatement informé de cette décision. Il peut alors la réunir sans délai afin qu'elle donne un avis sur la mise en œuvre de la procédure de décision provisoire.

Avant l'expiration d'un délai maximal de quatre mois, le représentant de l'État dans le département et, à Paris, le préfet de police recueillent l'avis de la commission départementale de vidéoprotection sur la mise en œuvre du système de vidéoprotection conformément à la procédure prévue à l'article L. 252-1 et se prononcent sur son maintien. – *[L. n° 95-73 du 21 janv. 1995, art. 10-1, III ecqc les actes de terrorisme.]*

LIVRE VIII DU RENSEIGNEMENT

(L. n° 2015-912 du 24 juill. 2015, art. 1er, en vigueur le 3 oct. 2015)

TITRE I DISPOSITIONS GÉNÉRALES

Art. L. 811-2 Les services spécialisés de renseignement sont désignés par décret en Conseil d'État. Ils ont pour missions, en France et à l'étranger, la recherche, la collecte, l'exploitation et la mise à disposition du Gouvernement des renseignements relatifs aux enjeux géopolitiques et stratégiques ainsi qu'aux menaces et aux risques susceptibles d'affecter la vie de la Nation. Ils contribuent à la connaissance et à l'anticipation de ces enjeux ainsi qu'à la prévention et à l'entrave de ces risques et de ces menaces.

Ils agissent dans le respect de la loi, sous l'autorité du Gouvernement et conformément aux orientations déterminées par le Conseil national du renseignement.

La mise en œuvre sur le territoire national du chapitre II du titre II et des chapitres I à III du titre V du présent livre est effectuée sans préjudice du second alinéa de l'article 40 du code de procédure pénale.

Art. L. 811-3 Pour le seul exercice de leurs missions respectives, les services spécialisés de renseignement peuvent recourir aux techniques mentionnées au titre V du présent livre pour le recueil des renseignements relatifs à la défense et à la promotion des intérêts fondamentaux de la Nation suivants :

1° L'indépendance nationale, l'intégrité du territoire et la défense nationale ;

2° Les intérêts majeurs de la politique étrangère, l'exécution des engagements européens et internationaux de la France et la prévention de toute forme d'ingérence étrangère ;

3° Les intérêts économiques, industriels et scientifiques majeurs de la France ;

4° La prévention du terrorisme ;

5° La prévention :

a) Des atteintes à la forme républicaine des institutions ;

b) Des actions tendant au maintien ou à la reconstitution de groupements dissous en application de l'article L. 212-1 ;

c) Des violences collectives de nature à porter gravement atteinte à la paix publique ;

6° La prévention de la criminalité et de la délinquance organisées ;

7° La prévention de la prolifération des armes de destruction massive.

TITRE VII OBLIGATIONS DES OPÉRATEURS ET PRESTATAIRES DE SERVICES

Art. L. 871-1 Les personnes physiques ou morales qui fournissent des prestations de cryptologie visant à assurer une fonction de confidentialité sont tenues de remettre *(L.*

n° 2015-912 du 24 juill. 2015, art. 12-3°-a, en vigueur le 3 oct. 2015) « dans un délai de soixante-douze heures » aux agents autorisés dans les conditions prévues à l'article *(L. n° 2015-912 du 24 juill. 2015, art. 12-3°-a, en vigueur le 3 oct. 2015)* « L. **821-4** », sur leur demande, les conventions permettant le déchiffrement des données transformées au moyen des prestations qu'elles ont fournies. Les agents autorisés peuvent demander aux fournisseurs de prestations susmentionnés de mettre eux-mêmes en œuvre *(L. n° 2015-912 du 24 juill. 2015, art. 12-3°-b, en vigueur le 3 oct. 2015)* « dans un délai de soixante-douze heures » ces conventions, sauf si ceux-ci démontrent qu'ils ne sont pas en mesure de satisfaire à ces réquisitions.

Un décret en Conseil d'État précise les procédures suivant lesquelles cette obligation est mise en œuvre ainsi que les conditions dans lesquelles la prise en charge financière de cette mise en œuvre est assurée par l'État. — *[L. n° 91-646 du 10 juill. 1991, art. 11-1, al. 1er et 3.] — Anc. art. L. 244-1.*

DEUXIÈME PARTIE : *RÉGLEMENTAIRE*

LIVRE III **POLICES ADMINISTRATIVES SPÉCIALES**

(Décr. n° 2014-1253 du 27 oct. 2014, en vigueur le 1er déc. 2014)

TITRE I **ARMES ET MUNITIONS**

CHAPITRE I *DISPOSITIONS GÉNÉRALES*

SECTION 2 *Classement des matériels de guerre, armes et munitions*

Art. R. 311-2 Les matériels de guerre, armes, munitions et éléments désignés par le présent titre sont classés dans les catégories suivantes :

I. — Armes de catégorie A :

Les matériels de guerre et armes interdits à l'acquisition et à la détention qui relèvent de la catégorie A sont les suivants :

Rubrique 1 :

Les armes et les éléments d'arme interdits à l'acquisition et à la détention qui relèvent de la catégorie A1 sont les suivants :

1° Armes à feu camouflées sous la forme d'un autre objet ;

(Décr. n° 2018-1195 du 20 déc. 2018, art. 26) « 2° Armes à feu de poing, quel que soit le type ou le système de fonctionnement, permettant le tir de plus de vingt et une munitions sans qu'intervienne un réapprovisionnement, dès lors qu'un système d'alimentation d'une capacité supérieure à vingt cartouches fait partie intégrante de l'arme à feu ou, s'il est amovible, y a été inséré ;

« 3° Armes à feu d'épaule *(Décr. n° 2022-144 du 8 févr. 2022, art. 1er)* « à répétition semi-automatique » à percussion annulaire permettant le tir de plus de trente et une munitions sans qu'intervienne un réapprovisionnement, dès lors qu'un chargeur d'une capacité supérieure à trente cartouches fait partie intégrante de l'arme à feu ou, s'il est amovible, y a été inséré ; »

(Décr. n° 2018-542 du 29 juin 2018, art. 2 et 33, en vigueur le 1er août 2018) « **3° *bis*** Armes à feu d'épaule *(Décr. n° 2022-144 du 8 févr. 2022, art. 1er)* « à répétition semi-automatique » à percussion centrale permettant de tirer plus de onze coups sans recharger, dès lors :

« *a)* Qu'un chargeur d'une capacité supérieure à dix cartouches fait partie intégrante de l'arme à feu ;

« *b)* ou qu'un chargeur amovible d'une capacité supérieure à dix cartouches y a été inséré. »

(Décr. n° 2018-1195 du 20 déc. 2018, art. 26) « **3° *ter*** Armes à feu d'épaule *(Décr. n° 2022-144 du 8 févr. 2022, art. 1er)* « à répétition semi-automatique » alimentées par bande quelle qu'en soit la capacité ;

« 3° ***quater*** Armes à feu d'épaule à répétition manuelle permettant le tir de plus de trente et une munitions sans qu'intervienne un réapprovisionnement, dès lors qu'un

chargeur d'une capacité supérieure à trente cartouches fait partie intégrante de l'arme à feu ou, s'il est amovible, y a été inséré ; »

4° Armes à feu à canons rayés et leurs munitions dont le projectile a un diamètre maximum *[maximal]* **supérieur ou égal à 20 mm à l'exception des armes conçues pour tirer exclusivement des projectiles non métalliques ;**

5° Armes à feu à canon lisse et leurs munitions d'un calibre supérieur au calibre 8, à l'exclusion des armes de catégorie C ou D *(Décr. n° 2017-909 du 9 mai 2017, art. 2-II)* **« , » classées par arrêté conjoint** *(Décr. n° 2017-909 du 9 mai 2017, art. 2-II)* **« du ministre » de l'intérieur et** *(Décr. n° 2022-144 du 8 févr. 2022, art. 1er)* **« du ministre chargé des douanes » ;**

6° Munitions dont le projectile est supérieur ou égal à 20 mm, à l'exception de celles utilisées par les armes classées en catégorie *(Décr. n° 2018-542 du 29 juin 2018, art. 2 et 33, en vigueur le 1er août 2018)* **« C » ;**

7° Éléments de ces armes et éléments de ces munitions ;

8° Système d'alimentation d'arme de poing contenant plus de 20 munitions ;

(Décr. n° 2018-542 du 29 juin 2018, art. 2 et 33, en vigueur le 1er août 2018) **« 9° Système d'alimentation d'arme d'épaule à percussion annulaire contenant plus de 30 munitions ;**

« 9° *bis* Système d'alimentation d'arme d'épaule *(Décr. n° 2022-144 du 8 févr. 2022, art. 1er)* **« à répétition »** *(Décr. n° 2018-1195 du 20 déc. 2018, art. 26)* **« semi-automatique » à percussion centrale contenant plus de 10 munitions ; »**

(Décr. n° 2018-1195 du 20 déc. 2018, art. 26) **« 9° *ter* Système d'alimentation d'arme d'épaule à répétition manuelle et à percussion centrale contenant plus de trente munitions ; »**

10° Armes ou type d'armes présentant des caractéristiques techniques équivalentes et qui, pour des raisons tenant à leur dangerosité, *(Décr. n° 2017-909 du 9 mai 2017, art. 2-II)* **« à l'ordre public ou à la sécurité nationale », sont classées** *[classés]* **dans cette catégorie par arrêté conjoint** *(Décr. n° 2017-909 du 9 mai 2017, art. 2-II)* **« du ministre » de l'intérieur et** *(Décr. n° 2022-144 du 8 févr. 2022, art. 1er)* **« du ministre chargé des douanes ».**

(Décr. n° 2018-542 du 29 juin 2018, art. 2 et 33, en vigueur le 1er août 2018) **« 11° Armes à feu à répétition automatique transformées en armes à feu à répétition semi-automatique** *(Décr. n° 2021-1403 du 29 oct. 2021, art. 2 et 3, en vigueur le 1er nov. 2021)* **« , en armes à feu à répétition manuelle ou en armes à feu à un coup » ;**

« 12° Armes à feu d'épaule à répétition semi-automatique dont la longueur peut être réduite à moins de 60 cm à l'aide d'une crosse repliable ou télescopique, ou d'une crosse démontable sans outils, sans qu'elles perdent leur fonctionnalité ; »

Rubrique 2 :

Les armes relevant des matériels de guerre, les matériels destinés à porter ou à utiliser au combat les armes à feu, les matériels de protection contre les gaz de combat, qui sont classés en catégorie A2, sont les suivants :

1° Armes à feu à répétition automatique, leurs éléments *(Abrogé par Décr. n° 2018-542 du 29 juin 2018, art. 2 et 33, à compter du 1er août 2018) « **essentiels** »* **spécifiquement conçus pour elles et tout dispositif** *(Décr. n° 2018-542 du 29 juin 2018, art. 2 et 33, en vigueur le 1er août 2018)* **« additionnel pouvant se monter sur une arme à feu** *(Décr. n° 2022-144 du 8 févr. 2022, art. 1er)* **« à répétition » semi-automatique permettant le tir en rafale de projectiles ou s'assimilant au tir en rafale par l'augmentation de sa vitesse de tir » ;**

2° Munitions à projectiles perforants, explosifs ou incendiaires et leurs éléments ;

3° Armes auxquelles un rayon laser *(Décr. n° 2022-901 du 17 juin 2022, art. 18)* **« ou des ondes électromagnétiques de grande puissance confèrent » des capacités de mise hors de combat ou de destruction ;**

4° Canons, obusiers, mortiers, lance-roquettes et lance-grenades, de tous calibres, lance-projectiles et systèmes de projection spécifiquement destinés à l'usage militaire ou au maintien de l'ordre, ainsi que leurs tourelles, affûts, bouches à feu, tubes de lancement, lanceurs à munition intégrée, culasses, traîneaux, freins et récupérateurs ;

5° Munitions et éléments de munitions pour les armes énumérées au 4° ;

6° Bombes, torpilles, mines, missiles, grenades, engins incendiaires, chargés ou non chargés, leurres ; équipements de lancement ou de largage pour les matériels visés au

présent alinéa ; artifices et appareils, chargés ou non chargés, destinés à faire éclater les engins ou munitions visés au 5° et au 6° ;

7° Engins nucléaires explosifs, leurs composants spécifiques et les matériels ou logiciels spécialisés de développement, de fabrication et d'essai ;

8° Véhicules de combat blindés ou non blindés, équipés à poste fixe ou munis d'un dispositif spécial permettant le montage ou le transport d'armes ainsi que leurs blindages et leurs tourelles ;

9° Aéronefs plus lourds ou plus légers que l'air, montés ou non, à voilure fixe ou tournante, pilotés ou non pilotés, conçus pour les besoins militaires ainsi que leurs éléments suivants : moteurs, fuselages, cellules, ailes, empennages ;

10° Navires de guerre de toutes espèces ainsi que leurs blindages, tourelles, affûts, rampes et tubes de lancement et les éléments suivants de ces navires : systèmes de combat, chaufferies nucléaires, accumulateurs d'électricité pour sous-marins, systèmes de propulsion anaérobies ;

11° Moteurs aéronautiques spécialement conçus ou modifiés pour les missiles ;

12° Matériels de transmission et de télécommunication conçus pour les besoins militaires ou pour la mise en œuvre des forces et leurs logiciels spécialement conçus ; matériels de contre-mesures électroniques et leurs logiciels spécialement conçus ;

13° Moyens de cryptologie spécialement conçus ou modifiés pour porter, utiliser ou mettre en œuvre les armes, soutenir ou mettre en œuvre les forces armées ;

14° Matériels d'observation ou de prise de vues conçus pour l'usage militaire ; matériels de visée ou de vision nocturne ou par conditions de visibilité réduite utilisant l'intensification de lumière ou l'infrarouge passif destinés exclusivement à l'usage militaire et matériels utilisant les mêmes technologies qui peuvent être mis en œuvre sans l'aide des mains ;

15° Matériels, y compris les calculateurs, de navigation, de détection, d'identification, de pointage, de visée ou de désignation d'objectif, de conduite de tir, pour l'utilisation des armes et matériels de la présente catégorie ;

16° Matériels de détection ou de brouillage des communications conçus pour l'usage militaire ou la sécurité nationale ;

17° Matériels, spécialement conçus pour l'usage militaire, de détection et de protection contre les agents biologiques ou chimiques et contre les risques radiologiques ;

18° Armes ou type d'armes, matériels ou type de matériels présentant des caractéristiques techniques équivalentes classés dans cette catégorie pour des raisons *(Décr. n° 2017-909 du 9 mai 2017, art. 2-II)* « d'ordre public ou de sécurité nationale » définies par arrêté conjoint des ministres de la défense, de l'intérieur et des ministres chargés des douanes et de l'industrie ;

(Décr. n° 2022-901 du 17 juin 2022, art. 18) « 19° Armes destinées à détruire ou à rendre inopérants des aéronefs circulant sans personne à bord conçues pour l'usage militaire ou la sécurité nationale*[.]* »

II. — Armes de catégorie B :

Les armes soumises à autorisation pour l'acquisition et la détention, qui relèvent de la catégorie B, sont les suivantes :

1° Armes à feu de poing et armes converties en armes de poing non comprises dans les autres catégories ;

2° Armes à feu d'épaule :

a) A répétition semi-automatique, *(Décr. n° 2018-542 du 29 juin 2018, art. 2 et 33, en vigueur le 1er août 2018)* « à percussion centrale, » dont le projectile a un diamètre inférieur à 20 mm, d'une capacité supérieure à 3 coups ou équipées d'un système d'alimentation amovible et n'excédant pas *(Décr. n° 2018-542 du 29 juin 2018, art. 2 et 33, en vigueur le 1er août 2018)* « 11 » coups sans qu'intervienne un réapprovisionnement ;

(Décr. n° 2018-542 du 29 juin 2018, art. 2 et 33, en vigueur le 1er août 2018) « ***a bis)*** A répétition semi-automatique à percussion annulaire, dont le projectile a un diamètre inférieur à 20 mm, d'une capacité supérieure à 3 coups ou équipées d'un système d'alimentation amovible et n'excédant pas 31 coups sans qu'intervienne un réapprovisionnement ; »

b) A répétition manuelle, dont le projectile a un diamètre inférieur à 20 mm, d'une capacité supérieure à 11 coups et n'excédant pas 31 coups sans qu'intervienne un réapprovisionnement ;

c) Dont la longueur totale minimale est inférieure ou égale à 80 centimètres ou dont la longueur du canon est inférieure ou égale à 45 centimètres ;

d) A canon lisse à répétition ou semi-automatiques dont la longueur totale minimale est inférieure ou égale à 80 cm ou dont la longueur du canon est inférieure ou égale à 60 cm ;

(Décr. n° 2018-542 du 29 juin 2018, art. 2 et 33, en vigueur le 1er août 2018) « *e)* A répétition semi-automatique ayant l'apparence d'une arme automatique ; »

(Décr. n° 2018-1195 du 20 déc. 2018, art. 26) « *f)* A répétition manuelle munies d'un dispositif de rechargement à pompe suivantes :

« – armes à canon lisse ;

« – armes à canon rayé autres que celles répondant aux caractéristiques énoncées au *b* du 1° du III ou celles mentionnées au *d* du même 1° ; »

3° Armes à feu fabriquées pour tirer une balle ou plusieurs projectiles non métalliques et munitions classées dans cette catégorie par arrêté conjoint *(Décr. n° 2017-909 du 9 mai 2017, art. 2-II)* « du ministre » de l'intérieur et *(Décr. n° 2022-144 du 8 févr. 2022, art. 1er)* « du ministre chargé des douanes » ;

4° Armes chambrant les calibres suivants, quel que soit leur type ou le système de fonctionnement ainsi que leurs munitions, *(Décr. n° 2018-542 du 29 juin 2018, art. 2 et 33, en vigueur le 1er août 2018)* « douilles et douilles amorcées, » à l'exception de celles classées dans la catégorie A :

a) Calibre 7,62 × 39 ;

b) Calibre 5,56 × 45 ;

c) Calibre 5,45 × 39 ;

d) Calibre 12,7 × 99 ;

e) Calibre 14,5 × 114 ;

5° Éléments des armes classées aux 1°, 2°, 3° et 4° de la présente catégorie ;

6° Armes à impulsion électrique permettant de provoquer un choc électrique à distance et leurs munitions ;

7° Armes à impulsion électrique de contact permettant de provoquer un choc électrique à bout touchant *(Décr. n° 2018-542 du 29 juin 2018, art. 2 et 33, en vigueur le 1er août 2018)* « classées dans cette catégorie par » arrêté conjoint *(Décr. n° 2017-909 du 9 mai 2017, art. 2-II)* « du ministre » de l'intérieur et *(Décr. n° 2022-144 du 8 févr. 2022, art. 1er)* « du ministre chargé des douanes » ;

8° Générateurs d'aérosols incapacitants ou lacrymogènes *(Décr. n° 2018-542 du 29 juin 2018, art. 2 et 33, en vigueur le 1er août 2018)* « d'une capacité supérieure à 100 ml ou classés dans cette catégorie » par arrêté conjoint *(Décr. n° 2017-909 du 9 mai 2017, art. 2-II)* « du ministre » de l'intérieur et *(Décr. n° 2022-144 du 8 févr. 2022, art. 1er)* « du ministre chargé des douanes » ;

9° Armes ou type d'armes présentant des caractéristiques techniques équivalentes qui, pour des raisons tenant à leur dangerosité, *(Décr. n° 2017-909 du 9 mai 2017, art. 2-II)* « à l'ordre public ou à la sécurité nationale » sont classées *[classés]* dans cette catégorie par arrêté conjoint *(Décr. n° 2017-909 du 9 mai 2017, art. 2-II)* « du ministre » de l'intérieur et *(Décr. n° 2022-144 du 8 févr. 2022, art. 1er)* « du ministre chargé des douanes » ;

10° Munitions à percussion centrale et leurs éléments conçus pour les armes de poing mentionnées au 1° à l'exception de celles classées en catégorie C par un arrêté conjoint *(Décr. n° 2017-909 du 9 mai 2017, art. 2-II)* « du ministre de l'Intérieur et » *(Décr. n° 2022-144 du 8 févr. 2022, art. 1er)* « du ministre chargé des douanes ».

(Décr. n° 2018-1195 du 20 déc. 2018, art. 26) « 11° Système d'alimentation des armes mentionnées au II » ;

(Décr. n° 2022-144 du 8 févr. 2022, art. 1er) « 12° Armes à répétition manuelle, qui, après chaque coup tiré, sont rechargées par introduction dans le canon d'une munition prélevée dans un système d'alimentation et transportée à l'aide d'un mécanisme par la seule action du tireur sur la détente ».

(Décr. n° 2023-557 du 3 juill. 2023, art. 2) « 13° Munitions à étui métallique à poudre noire et à percussion centrale, ainsi que leurs éléments, conçus pour les armes de poing classées au *e* du IV, à l'exception :

« – des munitions et éléments classés au 6° du III ;

« – des munitions et éléments de munitions classés aux *j* et *j bis* du IV ;

« 14° Armes incapacitantes, au sens du 14° de l'article R. 311-1, qui projettent un dispositif d'immobilisation mécanique. »

III. – Armes de catégorie C :

Les armes soumises à déclaration pour l'acquisition et la détention, qui relèvent de la catégorie C, sont les suivantes :

1° Armes à feu d'épaule :

a) A répétition semi-automatique dont le projectile a un diamètre inférieur à 20 mm équipées de systèmes d'alimentation inamovibles permettant le tir de 3 munitions au plus sans qu'intervienne le réapprovisionnement ;

b) A répétition manuelle dont le projectile a un diamètre inférieur à 20 mm équipées de systèmes d'alimentation permettant le tir de 11 munitions au plus, sans qu'intervienne le réapprovisionnement, ainsi que les systèmes d'alimentation de ces armes ;

c) A un coup par canon *(Abrogé par Décr. n° 2018-542 du 29 juin 2018, art. 2 et 33, à compter du 1er août 2018)* ***« dont l'un au moins n'est pas lisse »*** ;

(Décr. n° 2018-542 du 29 juin 2018, art. 2 et 33, en vigueur le 1er août 2018) « ***d)*** A répétition manuelle à canon rayé munies d'un dispositif de rechargement à pompe chambré pour les calibres 8, 10, 12, 14, 16, 20, 24, 28, 32, 36 et 410, d'une capacité inférieure ou égale à 5 coups, dont la longueur totale est supérieure à 80 cm, dont la longueur du canon est supérieure à 60 cm et dont la crosse est fixe ; »

2° Éléments de ces armes ;

3° Armes à feu fabriquées pour tirer une balle ou plusieurs projectiles non métalliques classées dans cette catégorie par arrêté conjoint *(Décr. n° 2017-909 du 9 mai 2017, art. 2-II)* « du ministre » de l'intérieur et *(Décr. n° 2022-144 du 8 févr. 2022, art. 1er)* « du ministre chargé des douanes » ;

4° Armes et lanceurs dont le projectile est propulsé de manière non pyrotechnique avec une énergie à la bouche supérieure ou égale à 20 joules ;

5° Armes ou type d'armes présentant des caractéristiques équivalentes qui, pour des raisons tenant à leur dangerosité, *(Décr. n° 2017-909 du 9 mai 2017, art. 2-II)* « à l'ordre public ou à la sécurité nationale » sont classées *[classés]* dans cette catégorie par arrêté conjoint *(Décr. n° 2017-909 du 9 mai 2017, art. 2-II)* « du ministre » de l'intérieur et *(Décr. n° 2022-144 du 8 févr. 2022, art. 1er)* « du ministre chargé des douanes » ;

6° Munitions et éléments de munitions classés dans cette catégorie selon les modalités prévues au 10° de la catégorie B ;

7° Munitions et éléments de munitions classés dans cette catégorie par arrêté conjoint *(Décr. n° 2017-909 du 9 mai 2017, art. 2-II)* « du ministre » de l'intérieur et *(Décr. n° 2022-144 du 8 févr. 2022, art. 1er)* « du ministre chargé des douanes » ;

8° Autres munitions et éléments de munitions des armes de catégorie C ;

(Décr. n° 2018-542 du 29 juin 2018, art. 2 et 33, en vigueur le 1er août 2018) « 9° Armes *(Décr. n° 2022-144 du 8 févr. 2022, art. 1er)* « à feu des catégories A, B ou C » neutralisées selon les modalités définies par arrêté conjoint du ministre de l'Intérieur et *(Décr. n° 2022-144 du 8 févr. 2022, art. 1er)* « du ministre chargé des douanes » ; »

(Décr. n° 2018-1195 du 20 déc. 2018, art. 26) « 10° Système d'alimentation des armes mentionnées au III ».

(Décr. n° 2023-557 du 3 juill. 2023, art. 2) « 11° Munitions à étui ou culot métallique à poudre noire et à percussion centrale, ainsi que leurs éléments, conçus pour les armes d'épaule classées au *e* du IV, à l'exception :

« – des munitions et éléments classés au 6° du présent III ;

« – des munitions et éléments de munitions classés aux *j* et *j bis* du IV ; »

IV. – Armes de catégorie D :

Les *(Abrogé par Décr. n° 2018-542 du 29 juin 2018, art. 2 et 33, à compter du 1er août 2018)* ***« armes soumises à enregistrement et les »*** armes et matériels dont l'acquisition et la détention sont libres, qui relèvent de la catégorie D, sont les suivants :

(Abrogé par Décr. n° 2018-542 du 29 juin 2018, art. 2 et 33, à compter du 1er août 2018) ***« 1° Armes à feu soumises à enregistrement :***

« a) Armes d'épaule à canon lisse tirant un coup par canon ;

« b) Éléments de ces armes ;

« c) Munitions et éléments des munitions de ces armes ;

« 2° Armes et matériels dont l'acquisition et la détention sont libres : »

a) Tous objets susceptibles de constituer une arme dangereuse pour la sécurité publique dont :

– les armes non à feu camouflées ;

– les poignards, les couteaux-poignards, les matraques, les projecteurs hypodermiques et les autres armes figurant sur un arrêté du ministre de l'Intérieur ;

b) Générateurs d'aérosols lacrymogènes ou incapacitants d'une capacité inférieure ou égale à 100 ml *(Décr. n° 2018-542 du 29 juin 2018, art. 2 et 33, en vigueur le 1er août 2018)* « sauf ceux classés dans une autre catégorie » par arrêté conjoint *(Décr. n° 2017-909 du 9 mai 2017, art. 2-II)* « du ministre » de l'intérieur et *(Décr. n° 2022-144 du 8 févr. 2022, art. 1er)* « du ministre chargé des douanes » ;

c) Armes à impulsions électriques de contact permettant de provoquer un choc électrique à bout touchant *(Décr. n° 2018-542 du 29 juin 2018, art. 2 et 33, en vigueur le 1er août 2018)* « sauf celles classées dans une autre catégorie » par arrêté conjoint *(Décr. n° 2017-909 du 9 mai 2017, art. 2-II)* « du ministre » de l'intérieur et *(Décr. n° 2022-144 du 8 févr. 2022, art. 1er)* « du ministre chargé des douanes » ;

(Décr. n° 2022-144 du 8 févr. 2022, art. 1er) « *d)* Armes classées aux *e*, *f* ou *g* qui ont été neutralisées ; »

e) Armes historiques et de collection dont le modèle est antérieur au 1er janvier 1900, à l'exception de celles classées dans une autre catégorie, en raison de leur dangerosité avérée, notamment en raison de leur année de fabrication, par arrêté conjoint *(Décr. n° 2017-909 du 9 mai 2017, art. 2-II)* « du ministre » de l'intérieur et *(Décr. n° 2022-144 du 8 févr. 2022, art. 1er)* « du ministre chargé des douanes ».

Le contrôle de la date du modèle et de l'année de fabrication des armes importées est effectué dans les cas et selon des modalités qui sont définis par arrêté conjoint *(Décr. n° 2017-909 du 9 mai 2017, art. 2-II)* « du ministre » de l'intérieur et *(Décr. n° 2022-144 du 8 févr. 2022, art. 1er)* « du ministre chargé des douanes » ;

f) Reproductions d'arme dont le modèle est antérieur au 1er janvier 1900 ne pouvant tirer que des munitions sans étui métallique *(Décr. n° 2018-542 du 29 juin 2018, art. 2 et 33, en vigueur le 1er août 2018)* « , sauf celles dont la technique de fabrication améliore la précision et la durabilité de l'arme ».

Ces reproductions d'armes historiques et de collection ne peuvent être importées, mises sur le marché ou cédées que si elles sont conformes aux caractéristiques techniques définies par arrêté conjoint *(Décr. n° 2017-909 du 9 mai 2017, art. 2-II)* « du ministre » de l'intérieur et des ministres chargés de l'industrie et des douanes et constatées dans un procès-verbal d'expertise effectuée par un établissement technique désigné par le *(Décr. n° 2017-909 du 9 mai 2017, art. 2-II)* « ministre de l'Intérieur » dans les cas et les conditions déterminés par l'arrêté interministériel prévu ci-dessus.

Les reproductions d'armes historiques et de collection qui ne satisfont pas à ces dispositions relèvent, selon leurs caractéristiques techniques, du régime applicable aux armes des catégories A, B *(Décr. n° 2018-542 du 29 juin 2018, art. 2 et 33, en vigueur le 1er août 2018)* « ou C ; »

g) Armes historiques et de collection dont le modèle est postérieur au 1er janvier 1900 et qui sont énumérées par un arrêté conjoint du ministre de l'Intérieur et de la défense compte tenu de leur intérêt culturel, historique ou scientifique ;

h) Armes et lanceurs dont le projectile est propulsé de manière non pyrotechnique avec une énergie à la bouche comprise entre 2 et 20 joules ;

(Décr. n° 2023-557 du 3 juill. 2023, art. 2) « *h bis)* Projectiles conçus pour les armes et lanceurs classés au *h* du présent IV et au 4° du III, à l'exception de ceux classés au 6°, 7°, 8° et 11° du III ; »

i) Armes conçues exclusivement pour le tir de munitions à blanc, à gaz ou de signalisation et non convertibles pour le tir d'autres projectiles et les munitions de ces armes ;

(Décr. n° 2023-557 du 3 juill. 2023, art. 2) « *j)* Éléments des munitions sans étui métallique conçus pour les armes à poudre noire classées aux *e* et *f* du présent IV ;

« *j bis)* Munitions à étui ou culot métallique à percussion centrale chargées à poudre noire et fabriquées avant 1900 et leurs éléments, ainsi que munitions à étui ou culot métallique conçus pour les armes à poudre noire autres que ceux à percussion centrale et leurs éléments ; »

(Décr. n° 2018-542 du 29 juin 2018, art. 2 et 33, en vigueur le 1er août 2018) « ***k)*** **Matériels de guerre dont le modèle est antérieur au 1er janvier 1946** *(Décr. n° 2022-144 du 8 févr. 2022, art. 1er)* « **, à l'exception des armes mentionnées au 9° du III,** » **et dont la neutralisation est effectivement garantie par l'application de procédés techniques définis par arrêté du ministre de la défense ;**

« ***l)*** **Matériels de guerre dont le modèle est postérieur au 1er janvier 1946 dont la neutralisation est effectivement garantie dans les conditions prévues au *k* et qui sont énumérés par arrêté du ministre de la défense.** » — *[Décr. n° 2013-700 du 30 juill. 2013, art. 2.]*

Les personnes qui détiennent des armes à feu qui étaient classées au II du présent art. avant l'entrée en vigueur du Décr. n° 2018-542 du 29 juin 2018 et qui sont classées aux 11° ou 12° de la rubrique 1 du I du même art. dans sa rédaction résultant du même décret, sont autorisées à les détenir jusqu'au terme fixé par leur autorisation.

L'autorisation d'acquisition et de détention des armes mentionnées au 11° de la rubrique 1 du I du présent art. peut faire l'objet de renouvellements dans les conditions fixées par l'art. R. 312-13. L'autorisation d'acquisition et de détention des armes mentionnées au 12° ne peut pas être renouvelée, sauf si l'arme est transformée pour respecter des spécifications techniques des armes relevant d'un régime d'autorisation d'acquisition et de détention. Cette transformation est attestée par un professionnel mentionné à l'art. L. 313-2.

Les personnes qui détiennent des armes à feu d'épaule à répétition à canon rayé munies d'un dispositif de rechargement à pompe qui étaient soumises à déclaration avant l'entrée en vigueur du Décr. n° 2018-542 du 29 juin 2018 et qui sont classées au f du 2° du II du présent art. par ce même décret doivent déposer une demande d'autorisation de détention au titre du 2° de l'art. R. 312-40, dans un délai d'un an qui suit l'entrée en vigueur dudit décret.

En cas d'autorisation, l'arme concernée n'est pas comptabilisée dans le quota prévu au premier alinéa du 2° de l'art. R. 312-40. Si l'autorisation est refusée, la personne doit se dessaisir de l'arme selon les modalités prévues aux art. R. 312-74 et R. 312-75 ou la faire neutraliser dans un délai de six mois suivant le refus d'autorisation. Dans ce dernier cas, elle procède à une déclaration sur l'imprimé conforme au modèle fixé par l'arrêté prévu à l'art. R. 311-6 (Décr. n° 2018-542 du 29 juin 2018, art. 33, en vigueur le 1er août 2018).

Les autorisations d'acquisition et de détention délivrées, avant l'entrée en vigueur du Décr. n° 2017-909 du 9 mai 2017, au titre du dernier alinéa du 3° de la rubrique 1 du I de l'art. R. 311-2, conservent leur validité jusqu'à leur terme (Décr. préc., art. 35).

Les personnes qui, avant le 1er nov. 2021, ont acquis des armes à feu à répétition automatique transformées en armes à feu à répétition manuelle ou en armes à feu à un coup que le I du décret n° 2021-1403 du 29 oct. 2021 a classées au 11° de la rubrique 1 du I du même article, peuvent continuer à les détenir et à acquérir les munitions correspondantes selon les modalités qui étaient antérieurement applicables.

Lorsqu'ils ne disposent pas de l'autorisation prévue à l'art. R. 313-28 CSI pour la fabrication, le commerce ou l'intermédiation des armes de catégorie A 1, les commerçants ou fabricants mentionnés aux art. R. 313-1, R. 313-8 et R. 313-27 du même code qui détiennent des armes à feu à répétition automatique transformées en armes à feu à répétition manuelle ou en armes à feu à un coup doivent, dans un délai d'un an à compter du 1er nov. 2021, céder ces armes à un ou plusieurs professionnels titulaires de cette autorisation. A défaut elles sont remises à l'État aux fins de destruction dans les conditions prévues au 4° de l'art. R. 312-74 du même code (Décr. préc., art. 2).

Instruction interministérielle n° 920/SGDSN/DCSSI du 12 janvier 2005,

Relative aux systèmes traitant des informations classifiées de niveau Confidentiel-Défense.

INTRODUCTION

Le développement rapide des technologies de l'information a entraîné une dépendance croissante des organismes envers leur système d'information, devenu une composante vitale de l'organisation elle-même. Par ailleurs, l'utilisation croissante des

systèmes d'information pour des applications variées a fait prendre conscience à la communauté des utilisateurs qu'il ne suffisait pas de mettre en œuvre les moyens de communication les plus performants, mais que ces derniers devaient être fiables et sûrs (disponibilité, intégrité dont preuve, et confidentialité).

La révision de l'instruction générale interministérielle n° 1300/SGDN/PSE/SSD [IGI 1300] sur la protection du secret de la défense nationale, le retour d'expérience de la mise en œuvre de mesures de sécurité dans les systèmes d'information et de communication amenés à traiter des informations classifiées de défense de niveau Confidentiel-Défense, ainsi que l'établissement au niveau de l'Union européenne comme de l'OTAN de règlements, directives et recommandations en matière de protection des informations classifiées de niveau équivalent, permettent et justifient le besoin de définir au niveau national des règles harmonisées de sécurité des systèmes d'information (SSI) pour les systèmes traitant des informations classifiées de défense de niveau Confidentiel-Défense.

Tel est l'objet de la présente instruction, qui s'inscrit dans un cadre de sécurité global *[Ceci impose donc la connaissance et l'application des textes de plus haut niveau ; cependant, à des fins didactiques et de sensibilisation à la SSI, la présente instruction reprend nombre de principes et d'exigences issus de ces textes, surtout dès lors qu'elle y apporte une précision pour les systèmes d'information de niveau Confidentiel-Défense]* et complète ainsi :

– [IGI 1300], en détaillant les exigences de protection pour les systèmes de niveau Confidentiel-Défense, en particulier pour la constitution d'un local sécurisé ;

– l'instruction interministérielle n° 900/SGDN/SSD/DR [II 900] du 20 juillet 1993 sur la sécurité des systèmes d'information qui font l'objet d'une classification de défense pour eux-mêmes ou pour les informations traitées, en déclinant ses grands principes en exigences de sécurité applicables et pratiques.

Art. 1er *Objet de la présente instruction.* La présente instruction définit *[Conformément aux règles d'élaboration des textes juridiques français, le présent de l'indicatif vaut impératif pour les exigences exprimées]* les exigences particulières de protection des informations classifiées de défense de niveau Confidentiel-Défense dans les systèmes d'information.

Elle prend en compte le cycle de vie des systèmes qui traitent ces informations, et sert de référence pour l'homologation de sécurité de ces systèmes.

Art. 2 *Champ d'application.* La présente instruction fixe les règles de sécurité des systèmes d'information traitant, même à titre occasionnel, d'informations classifiées de défense de niveau Confidentiel-Défense – qu'on dénomme dans la suite de l'instruction "informations Confidentiel-Défense" –, avec ou sans mention relevant du besoin d'en connaître (Spécial France, ACSSI, renseignement, nucléaire, ...).

Elle s'applique, conformément à [IGI 1300] :

– dans tous les départements ministériels ;

– dans les services déconcentrés de l'État ;

– dans les établissements publics nationaux placés sous l'autorité d'un ministre ;

– et, d'une façon générale, dans tous les organismes publics ou privés et par toutes les personnes dépositaires, soit par état ou profession, soit en raison d'une fonction ou d'une mission temporaire ou permanente, de secrets de la défense nationale.

Elle doit être référencée dans la politique de sécurité des systèmes d'information des organismes qui traitent d'informations Confidentiel-Défense. Elle peut également être particularisée au sein d'un organisme : déclinaison en une instruction ministérielle, par exemple.

Son application aux systèmes concernés doit être vérifiée dans le contexte de l'homologation de ces systèmes, puis lors des audits *[Les différentes activités (audit, contrôle, inspections, ...) désignées dans la présente instruction sous le terme d'audits de sécurité sont explicitées en annexe]* de sécurité.

La décision de ne pas satisfaire l'ensemble des exigences exprimées ne peut intervenir que dans le cadre formel du processus d'homologation et selon les modalités décrites dans la politique de la sécurité des systèmes d'information des ministères. Ces dérogations doivent être réduites au minimum nécessaire, limitées et suivies dans le temps.

Certaines informations sensibles non classifiées de défense appartenant à des domaines particuliers (médical, industrie, judiciaire, police, ...) peuvent nécessiter des mesures de niveau équivalent, qui relèvent de la politique de sécurité du ministère concerné.

Dès lors que le système traite exclusivement d'informations classifiées de niveau confidentiel de l'UE ou de l'OTAN, les règles de protection de ces organisations s'appliquent selon les protocoles en vigueur avec les États ou organisations associées, dans le cadre d'accords de sécurité ; la présente instruction n'est alors plus applicable.

Art. 3 *Grands principes de la sécurité d'un système traitant d'informations confidentiel-défense.* Les principes généraux de sécurité des systèmes d'information sont établis par [IGI 1300] et [II 900]. Toutefois, l'évolution de la doctrine et des pratiques de la SSI conduit à compléter ces principes, notamment par celui de la défense en profondeur.

Pour la protection d'informations Confidentiel-Défense, les deux principes particuliers suivants sont retenus.

1) Inscription du système d'information dans une zone sécurisée définie par un ensemble de barrières physiques et logiques, avec possibilité de substitution d'un des trois niveaux de barrière physique par un ou plusieurs moyens de protection logique.

Conformément à [IGI 1300], le système de niveau Confidentiel-Défense doit être déployé dans une zone sécurisée ; la présence de trois barrières physiques (matérielles) doit systématiquement être recherchée. La protection physique des informations et supports protégés doit ainsi être conforme aux exigences de la directive n° 1223/SGDN/SSD/DR [D 1223], associant trois barrières physiques (matérielles) cohérentes, inclusives et successives, des fonctions de détection et des fonctions d'intervention.

Cependant, les contraintes opérationnelles, techniques (architecture, technologie, disponibilité de produits matériels ou logiciels), ou bien d'exploitation des systèmes d'information, conduisent souvent à la présence permanente ou transitoire d'informations ou de supports protégés en dehors d'un meuble, voire d'un local ou bâtiment. Elles peuvent amener à mettre en œuvre, en lieu et place d'une barrière physique, des moyens de protection logique. Dans ce cas, les moyens *[Le niveau d'implémentation (applicatif, réseau) des moyens de protection logique étant notamment à définir au vu des menaces et du niveau de confiance de l'environnement technique d'exploitation (systèmes d'exploitation, famille de protocoles, ...)]* de protection logique et les procédures d'exploitation associées doivent constituer autant d'obstacles conçus de manière à ce que leur franchissement illégitime soit gêné, retardé et détecté.

2) Dans l'état actuel de la technologie, les équipements constituant le système d'information sont conçus pour le traitement d'informations jusqu'au niveau Confidentiel-Défense, en mode d'exploitation dominant ou exclusif : une protection similaire de toutes les informations traitées par le système, qu'elles soient de niveau Confidentiel-Défense ou de niveau inférieur, est offerte.

Ce principe découle de l'absence de solutions multi-niveaux de confiance notamment dans la gestion de l'interconnexion de systèmes d'information de niveaux différents.

On considère donc que l'ensemble du système fait l'objet d'une homologation au niveau Confidentiel-Défense, que l'ensemble des utilisateurs est habilité, et que l'exportation d'informations Confidentiel-Défense ou non à partir du système est maîtrisé.

En outre, il est possible de faire circuler les informations Confidentiel-Défense en clair ou chiffrées par des moyens non agréés (par exemple pour séparer le besoin d'en connaître), sur des circuits approuvés conformément à cette instruction. En particulier, ces circuits ne partagent pas de ressources avec des réseaux de niveau inférieur (équipements actifs des réseaux locaux, câbles, armoires de brassage le cas échéant, imprimantes, sauvegardes, ...).

Art. 4 *Données personnelles et correspondance privée.* La politique de sécurité du système d'information détermine, en conformité avec les dispositions du règlement intérieur de l'organisme, si le système peut être utilisé à des fins de correspondance privée ou de traitement de données personnelles, et en définit les conditions d'emploi afférentes.

TITRE I EXIGENCES EN MATIÈRE DE RESPONSABILITÉS ET DE PROCESSUS DE SÉCURISATION DU SYSTÈME D'INFORMATION

Art. 5 *Référentiel ministériel de SSI.* L'article 47 de [IGI 1300] dispose que : "Face à la complexité croissante et au niveau d'intégration et d'interconnexion élevé des systèmes d'information, il est nécessaire de mettre en œuvre une gestion globale des risques de sécurité pour l'ensemble du système d'information tout au long de son cycle de vie et impliquant les différents acteurs concernés. Une telle approche, dite "démarche d'homologation de sécurité", doit permettre d'identifier, d'atteindre puis de maintenir un niveau de risques de sécurité acceptable pour le système d'information considéré, compte tenu du niveau de protection requis."

Le référentiel ministériel de la SSI (PSSI, textes interministériels déclarés applicables au niveau du ministère, ...) définit la méthode de prise en compte de la sécurité tout au long du cycle de vie des systèmes d'information et la procédure de désignation des différents responsables vis-à-vis de la SSI du système. Cette méthode, applicable aux systèmes d'information traitant des informations Confidentiel-Défense et à leurs éventuels segments d'interconnexion, doit mener à la décision d'homologation de sécurité et à la décision formelle d'emploi.

Art. 6 *Responsabilités SSI.* L'autorité qualifiée assume les responsabilités SSI décrites dans [II 900].

Dès lors que le système d'information dépend de plusieurs autorités qualifiées de la SSI, celles-ci désignent, par un protocole d'accord, celle qui endosse la responsabilité pour l'ensemble du système, afin d'être garante de la cohérence de la politique de sécurité et de la coordination des mesures à mettre en œuvre.

Les responsables vis-à-vis de la SSI du système d'information doivent être explicitement désignés, à savoir, conformément [II 900] et [IGI 1300] :

– l'autorité d'homologation, qui s'appuie pour l'instruction de l'homologation et le contrôle permanent de l'état de sécurité du système sur la voie fonctionnelle SSI, représentée par l'agent de sécurité du système d'information (ASSI) conformément à [II 900]. Dès lors que le système concerne plusieurs ASSI, l'autorité d'homologation désigne un coordinateur de ces ASSI ;

– l'autorité responsable de la décision d'emploi du système, qui s'appuie pour la mise en œuvre des conditions d'emploi de sécurité du système découlant de l'homologation sur les administrateurs du système : administrateur de sécurité du système, administrateurs système et réseaux.

Les tâches de l'ASSI sont définies dans [II 900]. Il est également responsable de l'organisation et du contrôle de la mise en œuvre effective des actions correctrices identifiées suite aux audits de sécurité.

L'administrateur de sécurité est responsable devant l'ASSI :

– du paramétrage de la sécurité (application des correctifs de sécurité, des politiques de gestion des mots de passe au niveau des systèmes d'exploitation et des applicatifs, de filtrage au niveau des pare-feu, de chiffrement au niveau des chiffreurs, ...) ou de la transmission et du contrôle de la mise en place des paramètres de sécurité applicables à des moyens partagés avec d'autres systèmes ;

– de la gestion des comptes et des droits utilisateurs conformément aux autorisations délivrées par l'autorité responsable de la décision d'emploi du système, ou du contrôle de ces opérations lorsqu'elles sont effectuées par l'administrateur système ;

– de l'exploitation des alertes et journaux de sécurité.

Il constitue le point de contact des utilisateurs et autres administrateurs pour toutes questions relevant de la sécurité "opérationnelle" du système (renouvellement des certificats, des mots de passe, ...) et assure la sensibilisation vis-à-vis des risques techniques sur le système.

Quand un événement pouvant mettre en péril la sécurité du système survient, ou quand il détecte une vulnérabilité du système ou de nouveaux risques créés par une évolution dans l'usage du système d'information, l'administrateur de sécurité en rend compte immédiatement à l'ASSI.

Le partage effectif des rôles entre ASSI et administrateurs est précisé dans le dossier de sécurité du système.

L'administrateur de sécurité du système est de préférence distinct de l'administrateur système et réseaux ; cette prescription devient obligatoire dès lors que l'administration du système est externalisée.

La fonction d'auditeur de sécurité est dans la mesure du possible distincte de celle d'administrateur de sécurité.

Art. 7 *Gestion des risques.* Les informations *[sans oublier les objets et processus qui participent à la sécurité du système]* essentielles doivent être identifiées et leurs besoins de sécurité en termes de disponibilité, intégrité et confidentialité exprimés. C'est pourquoi, il est recommandé, pour la gestion globale des risques sur les systèmes d'information, d'utiliser la méthode EBIOS de la DCSSI, afin que chaque système dispose d'une analyse cohérente et comparable entre systèmes d'information.

Les éléments menaçants tant internes qu'externes doivent être pris en compte. Le risque de niveau stratégique est à considérer, même si la valeur des informations à protéger est Confidentiel-Défense et pas Secret-Défense. De même, les éléments menaçants d'origine terroriste doivent également être pris en compte.

La confrontation des besoins de sécurité aux menaces doit mettre en évidence les risques pesant sur le système d'information étudié. Les objectifs de sécurité indiqueront les risques à traiter.

La présente instruction énonce des mesures de sécurité permettant de répondre de façon concrète à des objectifs de sécurité liés à certaines méthodes d'attaque sur le système d'information :

– l'écoute passive :
  • à l'intérieur d'un bâtiment ;
  • à l'intérieur d'un site ;
  • entre sites distincts ;
– le vol de matériel (comprenant l'accès illégitime aux supports) ;
– l'accès illégitime aux locaux ;
– l'usurpation de droits ;
– l'altération des données ;
– l'utilisation illicite du matériel ;
– l'interception de signaux compromettants ;
– le piégeage du logiciel.

Cependant, une réflexion doit être menée sur toutes les autres méthodes d'attaque afin de les retenir ou de les écarter explicitement au cours de la démarche de gestion des risques.

Art. 8 *Politique de sécurité du système d'information.* L'organisme qui met en œuvre un système d'information traitant d'informations de niveau Confidentiel-Défense définit et applique une politique de sécurité du système d'information conformément à [II 900].

Cette politique doit respecter la politique des systèmes d'information de l'organisme.

Elle peut être réalisée à partir du guide d'élaboration d'une PSSI de la DCSSI. Les principes et exigences organisationnels, de mise en œuvre, et techniques doivent garantir que le dispositif de sécurité est crédible et cohérent au regard des objectifs de sécurité identifiés, en particulier qu'il est confié à des personnes ayant les compétences et les moyens d'assurer leur mission, et qu'il est auditable et contrôlable.

Elle est approuvée par l'autorité d'homologation.

Art. 9 *Conception et développement.* La sécurité est indissociable des autres exigences requises pour le système d'information (fonctionnalités, performances, ...). Elle doit être prise en compte dans sa conception.

Le système est conçu de manière à protéger également les informations utiles à son fonctionnement, en particulier les informations qui concourent à sa sécurité : paramètres de configuration, droits, traces, ...

En complément des moyens de sécurité pour lesquels un agrément au niveau Confidentiel-Défense est requis, la sélection des moyens de sécurité du commerce est effectuée sur la base :

– de leur cohérence avec les objectifs de sécurité exprimés dans la FEROS du système ;

– du résultat positif à une évaluation conduite par un tiers, se traduisant par une certification selon des critères reconnus (Critères Communs, notamment) et par une qualification du produit par la DCSSI au niveau requis pour le besoin de sécurité exprimé ;
– ou à défaut, sur l'avis d'un centre d'expertise technique SSI étatique ou sous contrat.

Le choix des constituants du système prend en compte les éventuels guides (bonnes pratiques, guides de paramétrage et de configuration, ...) disponibles auprès des centres d'expertise technique SSI.

Dans le cadre de l'agrément au niveau Confidentiel-Défense, les moyens de sécurité pour lesquels une protection spécifique est requise reçoivent la mention ACSSI et sont gérés conformément aux prescriptions de l'instruction n° 910/SGDN/SSD/DR. L'analyse des risques peut conduire à faire porter cette mention ACSSI sur d'autres moyens.

Les mesures de sécurité applicables à l'industriel en charge de l'étude et du développement du système sont définies conformément à l'instruction interministérielle n° 2000/SGDN/SSD/DR [II 2000] relative aux conditions de protection du secret et des informations concernant la défense nationale et la sûreté de l'État dans les contrats.

Le passage de marchés au minimum sensibles est requis.

Au-delà des fournitures industrielles attendues en vue de la conduite de l'homologation, par exemple :
– les procédures d'exploitation de la sécurité ;
– les dossiers pour l'évaluation des moyens de sécurité ;
le contrat doit également prévoir la fourniture des moyens (dossiers de conception, code source, résultats de tests, ...) permettant de s'assurer que l'autorité d'emploi a bien la maîtrise des accès au système lors de la mise en service, notamment qu'il ne subsiste pas d'accès non documentés constituant des portes dérobées potentielles (mots de passe constructeur, possibilités d'accès distant sans passer par les fonctions de sécurité, journaux des événements non documentés, ...).

Art. 10 *Homologation de sécurité et décision d'emploi.* La procédure générale d'homologation de sécurité décrite dans les textes ministériels est appliquée ; les guides de la DCSSI peuvent servir de trame à la démarche d'homologation de sécurité.

Conformément à [IGI 1300], la décision d'homologation de sécurité s'appuie sur un dossier d'homologation de sécurité. Ce dossier comprend notamment :
– la FEROS ;
– la politique de sécurité du système ;
– les procédures d'exploitation de la sécurité ;
– les certificats des produits (qualifications, agréments, ...) ;
– les résultats des tests (comprenant ceux relatifs aux signaux compromettants) et audits menés pour établir la conformité du système avec sa politique de sécurité et ses procédures d'exploitation, et le plan des actions correctrices ;
– le dossier des risques résiduels, établi à partir :
  • de l'analyse de cohérence entre la politique de sécurité du système et les objectifs de sécurité décrits dans la FEROS ;
  • des vulnérabilités résiduelles constatées dans les tests et audits et non corrigées.

La décision d'homologation de sécurité d'un système d'information Confidentiel-Défense est prononcée pour une durée maximale de cinq ans, et est adressée au haut fonctionnaire de défense/fonctionnaire de sécurité des systèmes d'information (HFD/FSSI) du ministère.

Le système d'information fait l'objet d'une décision formelle d'emploi prise par l'autorité responsable de la décision d'emploi du système en s'appuyant sur l'homologation de sécurité du système.

Lorsque l'urgence opérationnelle le requiert, l'homologation de sécurité peut être prononcée postérieurement à la décision d'emploi, qui est alors dite provisoire.

Une décision provisoire d'exploitation peut être donnée pour une durée de six mois, renouvelable une fois seulement : cette décision doit s'accompagner d'un plan d'actions visant à obtenir l'homologation.

Le dossier d'homologation de sécurité est détenu par l'autorité d'homologation, et est accessible à l'ASSI et à l'autorité responsable de la décision d'emploi du système.

Le dossier des risques résiduels est classifié de défense, au minimum au niveau Confidentiel-Défense, et porte la mention Spécial France.

Art. 11 *Renouvellement de l'homologation du système d'information.* En complément des conditions prévues par la PSSI, un système de niveau Confidentiel-Défense fait l'objet d'un renouvellement d'homologation dès lors que :

– celle-ci arrive à échéance ;

– le système est amené à traiter des informations de nature différente (par exemple, traitement d'informations de niveau Confidentiel-UE sur un système traitant initialement du Confidentiel-Défense, ...) ;

– les conditions d'exploitation du système sont modifiées par rapport au cadre défini par l'homologation (notamment : transfert de responsabilité entre autorités qualifiées, passage d'un mode exclusif à un mode dominant, utilisation en dehors du territoire national d'un système précédemment en usage sur le territoire national, recours à l'externalisation non prévue initialement, extensions, interconnexions, ...) ;

– le système a fait l'objet d'une compromission avérée ou d'un incident grave de disponibilité ou d'intégrité ;

– l'autorité d'homologation est informée de résultats d'une inspection ou d'un audit qui remettent en cause l'homologation délivrée.

Art. 12 *Exploitation et maintien en condition opérationnelle de la sécurité du système.* Le recours à des prestations externes à l'organisme détenteur des informations Confidentiel-Défense pour l'exploitation ou la maintenance du système, de sa sécurité, ou pour la conduite des actions d'audit, d'inspection de la sécurité du système, est soumis à la décision explicite de l'autorité d'homologation.

Les conditions (contractuelles, techniques, humaines, ...) associées sont analysées dans le cadre de la procédure d'homologation de la sécurité.

Des procédures d'exploitation de la sécurité (PES) du système sont définies :

– pour sa gestion courante, notamment :
  • gestion de la configuration matérielle et logicielle ;
  • gestion des supports ;
  • gestion de l'archivage ;
  • application des sauvegardes et tests de restauration ;

– pour la gestion et l'exploitation des moyens de sécurité, notamment :
  • gestion des comptes ;
  • gestion des politiques de chiffrement, de filtrage, ... ;
  • suivi continu des vulnérabilités liées aux technologies de l'information et de leur impact sur la sécurité du système, notamment par le suivi et l'application des avis du CERTA ;
  • suivi de l'état de l'art des produits de sécurité et l'actualisation des outils concourant au maintien en condition de sécurité ;
  • suivi des opérations de maintenance des constituants du système d'information offrant des fonctions de sécurité ;

– pour la gestion de procédures particulières, notamment :
  • audits de sécurité, à conduire au minimum à l'occasion du renouvellement d'homologation du système, et dont les plans d'action doivent être respectés ;
  • intégration du système dans le champ d'application d'un réseau de veille et d'alerte ;
  • application des plans gouvernementaux VIGIPIRATE et PIRANET si le niveau de criticité du système l'impose ;
  • traitement des incidents et la liaison avec le réseau d'alerte ;
  • processus de retrait de service de constituants du système voire du système complet (inventaire des supports, destruction, ...).

Les PES, comprenant les fiches réflexes, sont accessibles aux utilisateurs et aux acteurs concernés par la mise en œuvre du système (administrateurs, ...). Le niveau de protection des procédures d'exploitation et de la documentation décrivant les éléments concourant directement à la sécurité du système d'information (paramétrage des dispositifs de sécurité, ...) est déterminé par l'ASSI.

Art. 13 *Gestion des incidents.* La PSSI du système, ou si elle existe, de l'organisme, définit la politique d'alerte et de traitement des incidents, et en particulier :

– les conditions d'information des niveaux supérieurs (autorité hiérarchique, autorité qualifiée, HFD/FSSI, ...) et, quand elles existent, des cellules de veille SSI ;

– les modalités d'instruction des événements : recherche de l'origine des incidents, application de correctifs, ...

Cette politique est déclinée en procédures d'exploitation de sécurité du système, qui se traduisent de préférence par des fiches réflexes, actualisées en particulier en fonction du retour d'expérience et du traitement des incidents déjà rencontrés.

Les personnels travaillant sur les systèmes Confidentiel-Défense doivent être sensibilisés et faire preuve d'une vigilance permanente : il doit être rendu compte immédiatement de tout événement de sécurité (incident, découverte de compromission possible sur le système ou dans son environnement d'exploitation immédiat, ...).

Dans le cas d'interconnexions entre plusieurs ministères, les modalités du protocole d'accord pour l'interconnexion sont appliquées pour l'information mutuelle et le traitement des événements.

Si un système d'information multinational (UE, OTAN, ...) est concerné, le SGDN est également informé sans délai.

Art. 14 *Gestion des compromissions.* L'atteinte à la protection des informations de niveau Confidentiel-Défense relève du code pénal qui sanctionne la destruction, la soustraction, l'altération, le détournement et la divulgation. La disparition de supports protégés d'information est traitée comme une compromission possible. En complément aux procédures de traitement des incidents, les compromissions possibles ou avérées font l'objet des mesures prescrites à l'article 88 de [IGI 1300].

Les investigations en vue de détecter une éventuelle compromission doivent respecter la notion de "preuves informatiques". Elles imposent en général de procéder à des mesures conservatoires adéquates *[Pour l'analyse après incident d'une machine que l'on craint compromise]* de constituants du système d'information, à l'analyse de journaux d'événements, ..., et peuvent conduire à suspendre le fonctionnement de tout ou partie du système.

Toute investigation susceptible de détruire des éléments de preuves et de compromettre la valeur des traces est formellement proscrite.

TITRE II EXIGENCES DE SÉCURITÉ PHYSIQUE

Art. 15 *Principes de protection physique.* Les moyens de protection physique, définis dans [D 1223], portent sur :

– l'environnement du système d'information : les sites, les zones ou les bâtiments, les locaux, les meubles ;

– les constituants du système d'information :

- serveurs,
- postes de travail,
- équipements et supports de transmission,
- terminaux inscrivant des supports amovibles (imprimantes, baies de stockage ou de sauvegarde, traceurs, ...),
- moyens de sécurité et documents ou dispositifs associés (clés, dispositifs d'authentification, ...),
- supports de données ou de programmes, ...

– les personnels accédant, en permanence ou non, au système d'information ou à son environnement immédiat (comprenant la documentation du système).

Les mesures de protection physique doivent respecter le principe de la défense en profondeur, fondé sur l'adoption d'un ensemble de mesures de protection, de détection, d'alarme et d'intervention. Pour cela, on adopte, conformément aux pratiques internationales en vigueur (OTAN et UE), les trois niveaux d'environnement suivants :

– l'environnement de sécurité physique global (désigné dans la suite de la présente instruction par GSE *[Les acronymes GSE, LSE et ESE sont basés sur la terminologie anglo-saxonne*

(V. le glossaire), car ils n'ont malheureusement pas été traduits dans les versions françaises des documents internationaux les utilisant]), qui désigne l'environnement physique général dans lequel est situé le système, par exemple : la base aérienne, le commissariat, le consulat ou l'ambassade ;

– l'environnement de sécurité local (désigné dans la suite de la présente instruction par LSE), inclus dans le GSE, qui recouvre l'environnement de sécurité physique, du personnel, documentaire et procédurale relevant du domaine de l'autorité d'homologation ;

– l'environnement de sécurité électronique (ESE), inclus dans le LSE, qui désigne les mesures techniques de sécurité mises en place au niveau du système.

Les mesures liées au troisième niveau relèvent ici de la protection logique et sont définies au titre III, en fonction notamment des mesures apportées au niveau physique.

Conformément à [IGI 1300] :

– si les informations Confidentiel-Défense sont traitées dans une zone réservée *[La zone réservée peut accueillir plusieurs LSE]*, elle-même incluse dans une zone protégée *[La zone protégée est incluse dans une GSE]*, les règles définies dans [IGI 1300] s'appliquent strictement ;

– sinon, elles doivent être traitées dans un local ou une zone sécurisée *[Ce local ou cette zone sécurisée peut être situé ou non dans une zone protégée. Une zone sécurisée peut englober plusieurs LSE ; a contrario, un local sécurisé peut être créé pour chaque LSE]*, dont la présente instruction définit les caractéristiques minimales en les répartissant sur les GSE et LSE.

La protection physique des informations ou supports protégés respecte [D 1223], le niveau minimum des classes applicables étant défini ci-après selon les types d'environnement (GSE et LSE).

Les mesures de protection contre les signaux compromettants définies dans l'instruction n° 300/SGDN/TTS/SSI/DR du 20 juin 1997 sont appliquées. Il doit être impossible, au-delà de la zone de sécurité de l'organisme, de capter des informations par le biais des signaux compromettants :

– la directive n° 495/SGDN/TTS/SI/DR est appliquée de manière à ce que la zone de sécurité ne dépasse pas les limites du GSE ;

– le choix des pièces abritant les LSE est déterminé notamment à partir des résultats du zonage des locaux conformément à la directive n° 495/SGDN/TTS/SI/DR, afin de faciliter le recours à des matériels commerciaux conformément aux règles de la directive n° 485/SGDN/DISSI/SCSSI/DR.

Dans le cas où le système Confidentiel-Défense cohabite avec un système de niveau inférieur ou un système étranger, une analyse de vulnérabilité des signaux compromettants est menée pour évaluer les risques résiduels liés à la proximité des équipements, et adapter la nature des moyens de protection (catégorie des équipements, recours à une cage de Faraday, ...) à la menace.

Les circonstances exceptionnelles (urgence, sécurité incendie, intervention sur le système, ...) ou les événements planifiés (travaux d'infra, visites officielles, ...) conduisant des personnes étrangères au service à accéder aux locaux hébergeant un système d'information de niveau Confidentiel-Défense sont également prévues et formalisées dans les procédures d'exploitation de la sécurité.

Dès lors qu'un constituant du système ne bénéficie plus de la protection offerte par les niveaux d'environnement GSE et LSE, des conditions particulières d'emploi sont définies :

– l'exploitation de matériels en transit en vue du traitement de données Confidentiel-Défense est *a priori* interdite, ces équipements étant alors considérés et traités comme des supports ;

– les exigences particulières pour les postes nomades sont définies au titre VI.

Les informations relatives à la configuration physique et aux mécanismes de protection physique du système d'information ne doivent être accessibles qu'aux personnes autorisées.

Art. 16 *Mesures au niveau du GSE.*

MESURES DE PROTECTION

Le GSE est délimité par une barrière physique correspondant au minimum aux bâtiments ou emprises de la classe 3 de [D 1223].

Un contrôle d'accès est mis en œuvre ; seules les personnes autorisées entrent dans le GSE, et des dispositions permanentes sont prises pour qu'aucun moyen d'interception ou d'écoute ne puisse être installé de manière illicite dans le GSE.

En fonction des objectifs de disponibilité requis pour le système, les locaux hébergeant les équipements d'environnement nécessaires au bon fonctionnement du site (climatisation, alimentation électrique, protection incendie...) font l'objet de mesures propres à assurer leur protection, notamment s'il n'a pas été possible de les placer en zone réservée ou sécurisée.

MESURES DE DÉTECTION

Les mesures de détection au sein du GSE sont assurées :

– soit par des rondes de surveillance ;

– soit par un dispositif de surveillance (télévision en circuit fermé, ...) ou de détection d'intrusion (détecteur de mouvement, ...) relié à une équipe d'intervention.

Si ces prestations sont externalisées, elles font l'objet d'un marché classé ou à clause de sécurité. Les instructions d'emploi et le plan des dispositifs sont considérés comme des documents protégés.

MESURES DE RÉACTION

Des mesures de réaction sont définies localement, en fonction de la nature juridique (zone protégée, ...) du GSE.

Art. 17 *Mesures au niveau du LSE.*

MESURES DE PROTECTION

L'accès au LSE est protégé par une barrière physique supplémentaire à celle du GSE, établie au niveau de la zone sécurisée ou du local sécurisé et correspondant au minimum aux locaux de la classe d de [D 1223].

Un contrôle d'accès est mis en œuvre, pour ne laisser entrer que les personnes autorisées dans le LSE.

Si le LSE est tel que le fait de pénétrer dans cet environnement équivaut en pratique à avoir accès aux informations Confidentiel-Défense (correspondant à une zone de classe ou catégorie I *[Au niveau de l'OTAN et de l'Union européenne, le LSE s'appuie sur des zones de classe (ou catégorie) I ou II telles que décrites dans les documents CM (2002)49 sur la sécurité dans l'Organisation de l'Atlantique Nord, et les règlements de sécurité du Conseil et de la Commission de l'Union européenne]*), seules les personnes habilitées et ayant besoin d'en connaître peuvent y accéder.

Pour un LSE dans lequel des contrôles internes d'accès aux informations sont possibles (correspondant à une zone de classe ou catégorie II), les personnes non habilitées doivent être accompagnées en permanence.

Les périphériques (clavier, souris, ...), et les protocoles et technologies de communication sans fil susceptibles d'induire des signaux compromettants sont interdits d'emploi au sein du LSE, sauf autorisation explicite selon les conditions d'emploi (cohérence avec la limite de sécurité définie par le zonage, et moyennant des procédures d'exploitation de la sécurité adaptées) définies dans le cadre de l'homologation. Des procédures d'acquisition, de configuration et de contrôle programmé ou inopiné des équipements sont identifiées dans les PES afin de vérifier le respect dans le temps de cette exigence.

Les constituants d'autres systèmes d'information de niveau de protection différent, de téléphonie, de télécopie, ... co-localisés avec les constituants du système au sein du LSE, ne doivent pas remettre en cause le niveau de protection conféré au système d'information Confidentiel-Défense.

MESURES DE DÉTECTION

Les mesures de détection prévues par l'article 16 s'appliquent également au sein du LSE.

En complément, tout accès et ouverture d'une ressource critique (équipement de sécurité, serveur, routeur, ...) du système d'information doit être détectable.

MESURES DE RÉACTION

Des mesures de réaction sont définies localement, en fonction de la nature juridique du LSE.

Conformément à [IGI 1300], un plan d'évacuation d'urgence et un plan de destruction d'urgence sont tenus à jour au niveau de chaque LSE par l'officier de sécurité.

MESURES SPÉCIFIQUES POUR LES SERVEURS

Les serveurs ou autres équipements en fonctionnement permanent, manipulant de l'information Confidentiel-Défense en clair hors de la présence de personnel, sont intégrés dans un LSE soumis à des mesures de protection renforcées, correspondant au minimum aux locaux de la classe c de [D 1223].

Art. 18 *Mesures complémentaires pour l'infrastructure de communication.*

CÂBLAGE

L'installation du câblage réseau doit respecter les exigences de la directive n° 485/SGDN/DISSI/SCSSI/DR, en s'appuyant sur les recommandations de la DCSSI.

Le câblage véhiculant en clair les informations classifiées Confidentiel-Défense est confiné à l'intérieur de l'environnement de sécurité local (LSE), il est réalisé de manière à permettre un contrôle visuel rapide de son ensemble :

– il permet de constituer des réseaux physiquement dissociés dans la zone sécurisée ;

– l'infrastructure de câblage est facilement inspectable.

Seuls les câbles sortant d'équipements de chiffrement agréés et véhiculant de l'information chiffrée peuvent sortir du LSE.

Dans le cas où l'autorité qualifiée prend la responsabilité d'utiliser des circuits approuvés entre différents LSE implantés au sein de la même emprise (GSE), en remplacement de la mise en œuvre de moyens de chiffrement agréés, une cartographie précise du câblage est détenue par l'ASSI, et des procédures spécifiques d'exploitation de la sécurité sont établies (contrôles d'intégrité aléatoires du câblage,...).

Dans tous les cas, les règles d'installation permettent la vérification visuelle d'intégrité du câblage.

Les procédures d'exploitation du système prévoient une inspection visuelle périodique de l'ensemble du câblage, au moins annuelle.

LOCAUX TECHNIQUES

Les locaux techniques abritant les éléments actifs de réseau (routeurs, commutateurs, ...), les armoires de brassage le cas échéant, les systèmes d'administration, de supervision et les dispositifs de filtrage et de chiffrement assurant l'interface avec les réseaux extérieurs (réseau de transit ou réseau de desserte d'un niveau inférieur) sont spécifiques, et leur accès est limité aux personnels habilités justifiant d'un besoin spécifique d'y pénétrer.

Les mesures de protection des LSE correspondants sont conformes aux locaux de la classe c de [D 1223].

Art. 19 *Mesures complémentaires pour les supports physiques.* Les supports physiques considérés peuvent être à base de cartes (carte à puce, ...), magnétiques de transfert (disques amovibles, disquette, ZIP, cassette à bandes, ...), magnétiques de masse (disque dur, carte mémoire, ...), optiques (CD-ROM, CD Réinscriptibles, DVD, ...), à base de composants électroniques (clé USB, PDA, ...), ...

RÈGLES D'ACQUISITION

Les actes contractuels d'approvisionnement et de maintenance d'équipements qui intègrent des supports physiques pour traiter d'informations Confidentiel-Défense comprennent des clauses de non-retour de ces supports chez les fournisseurs, applicables dès lors que ces supports sont entrés en service dans le système.

RÈGLES DE GESTION

Les supports physiques contenant ou ayant contenu des informations Confidentiel-Défense sont marqués physiquement, manipulés et stockés de la même façon que les documents papiers classifiés de niveau Confidentiel-Défense, conformément aux règles de [IGI 1300].

Les supports amovibles ainsi marqués sont mis en armoire forte en dehors des horaires de travail ou en cas d'absence prolongée du détenteur.

Toutes les opérations sur les supports de données (accès, mouvement, modification, entretien, maintenance, ...) sont effectuées par des personnes habilitées.

Des supports physiques spécifiquement marqués permettent les importations sur le système à partir d'autres systèmes, et les exportations depuis le système vers d'autres systèmes. Ces supports sont audités périodiquement afin de s'assurer qu'ils ne contiennent pas d'informations Confidentiel-Défense.

Les moyens (lecteurs de disquettes, graveurs, imprimantes, ...) permettant la gestion de ces supports spécifiques sont identifiés et font l'objet de procédures d'exploitation visant à assurer qu'ils sont :

– explicitement autorisés ;

– explicitement attribués à des utilisateurs identifiés ou mutualisés dans le cadre des procédures d'exploitation de sécurité du système.

Tous les moyens non explicitement autorisés dans les procédures d'exploitation de sécurité sont verrouillés physiquement ou logiquement, selon le besoin et les possibilités techniques.

Dès lors qu'un support a traité de l'information Confidentiel-Défense, on lui applique de manière permanente les règles de protection définies dans cette instruction : par défaut, ce composant n'est pas réaffecté à un système de niveau différencié (exemples : niveau inférieur, système interallié, éventuellement besoin d'en connaître distinct).

DESTRUCTION DES SUPPORTS D'INFORMATION

En l'absence de moyen d'effacement agréé, les supports ne sont pas déclassifiés ou requalifiés. Dès lors qu'ils ne sont plus utiles ou utilisables sur le système, ils sont détruits. Les moyens de destruction sont adaptés aux types de supports à détruire conformément à la directive n° 36/SGDN/SSD/DR.

Les supports à détruire sont stockés dans un local sécurisé jusqu'à leur destruction.

La destruction des supports est réalisée par des personnes habilitées et toute destruction est enregistrée.

TITRE III EXIGENCES DE SÉCURITÉ LOGIQUE

Art. 20 *Cohérence des mesures de protection physique et logique et gestion du besoin d'en connaître.* Dès lors que sont mis en œuvre, en lieu et place d'une barrière physique, des moyens de protection logique :

– un ou des moyens de détection, qui peuvent être des dispositifs logiques internes au système d'information, sont alors associés à chaque barrière logique, et provoquent les interventions prévues dans les procédures d'exploitation de la sécurité ;

– cette répartition et le choix des moyens de protection, de détection et de réaction sont décrits et justifiés dans le dossier de sécurité du système d'information.

Un même dispositif ne permet de franchir un ensemble de barrières que s'il met en jeu des mécanismes ou paramètres différents *[Ex. : une même carte à puce peut servir au franchissement de plusieurs barrières, mais avec des jeux de clés et d'authentifiants différents]*.

Les procédures d'exploitation de sécurité décrivent précisément les modalités d'accès physique et logique de l'ensemble des catégories de personnels à l'environnement et aux différents constituants du système, en fonction notamment de leur habilitation et de leur besoin d'en connaître. L'accès doit s'appuyer au minimum sur des identifiants personnels et nominatifs, afin de permettre une imputabilité des accès et des actions. Il doit être géré de manière harmonisée entre les responsables des environnements physiques et logiques.

Des profils, auxquels sont associés des privilèges, dissocient les prérogatives de chacune des catégories précédentes, selon le principe du moindre privilège.

Art. 21 *Protection des postes de travail, des serveurs et des réseaux locaux.* L'analyse de sécurité définit les zones dans lesquelles l'information classifiée peut être traitée en clair.

La configuration et la gestion des postes de travail, des serveurs et des réseaux locaux s'appuient sur les guides de la DCSSI ou ministériels.

Le démarrage des postes utilisateurs ou des serveurs ne s'effectue que sur des médias contrôlés, et les opérations de démarrage (*"boot"*) sur disquette, bande, CD-ROM, ..., sont strictement réglementées et encadrées par les PES, y compris pour la maintenance. L'utilisateur n'a pas accès à la configuration matérielle du poste de travail (BIOS, carte mère).

Chaque utilisateur s'identifie et s'authentifie pour toute utilisation d'un poste de travail.

Les moyens d'authentification ne doivent pas permettre le rejeu : en particulier, les éléments d'authentification associés sont protégés par les utilisateurs et le système.

Les sessions sont limitées en durée : la périodicité de ré-authentification et/ou la durée d'inactivité au-delà de laquelle l'utilisateur est déconnecté sont spécifiées dans les PES.

Les sessions authentifiées sont tracées. De même, les tentatives d'authentification se soldant par un échec sont tracées, et elles génèrent une alerte et un verrouillage des postes concernés au-delà d'un nombre d'échecs spécifié dans les PES.

Le système informe l'utilisateur que seuls les utilisateurs autorisés peuvent accéder au système et que celui-ci est surveillé pour détecter les utilisations non autorisées.

Seuls les équipements mobiles (PDA, téléphones et ordinateurs portables, clés USB, appareils photo numériques, ...) mis à disposition par l'autorité d'emploi dans le cadre du service sont autorisés au sein du LSE, selon les procédures d'exploitation de la sécurité définies dans le cadre de l'homologation ; en revanche il est interdit de connecter les équipements personnels avec le système.

Art. 22 *Protection des échanges d'information.* La protection des échanges entre les zones dans lesquelles l'information peut être traitée en clair est offerte :

– par des moyens de chiffrement agréés *[V. l'Ann. I]* au niveau Confidentiel-Défense au minimum, dès lors que les échanges se font entre deux GSE ;

– selon les résultats d'une analyse de risques, dès lors que les échanges se font entre deux LSE situés dans une même GSE : dans ce cas, une formalisation consistant en l'approbation du circuit (voir article 18) est prononcée par l'autorité qualifiée, qui peut en outre demander un renforcement de la protection physique par l'utilisation de moyens de protection logiques complémentaires non nécessairement agréés mais préférablement qualifiés.

Art. 23 *Marquage.* Le marquage de l'information et des supports classifiés est conforme aux règles de [IGI 1300].

L'objectif des mesures ci-après est que l'utilisateur ait toujours conscience du niveau de classification des informations qu'il traite.

Ainsi, le niveau de l'information, même à l'état de document de travail, apparaît à tout accédant au système :

– par marquage du niveau de classification de l'information, de la durée de validité correspondante si elle est connue, des mentions d'appartenance et de manipulation au plus près de l'information : en-tête et pied de page, enregistrement pour une base de données, en-tête ou corps d'un message, ... ;

– ou à défaut par dépôt de l'information dans des supports logiques (fichier, répertoire, ...), ostensiblement dédiés à ce niveau ;

– la consultation et l'impression d'informations Confidentiel-Défense font apparaître le niveau de classification de l'information, conformément aux modèles de timbre figurant à la fin de la présente instruction (couleur, ...).

Le nom du support logique des informations (nom de fichier, titre d'un message, ...), comprenant le marquage, ne doit pas constituer en soi une information Confidentiel-Défense.

Il est conseillé de marquer également les informations sensibles non classifiées de défense et les informations non protégées (par exemple : "explicitement autorisé à sortir sur Internet").

Les outils et méthodes de marquage doivent permettre de requalifier l'information prévue pour être transmise aux alliés, conformément aux accords de sécurité, en conservant par défaut le niveau de protection initial.

Art. 24 *Droit d'accès aux données de configuration, de gestion et d'administration.* Les informations relatives à la topologie du système d'information (adresses des serveurs, des postes, des éléments actifs de réseau, annuaires, éléments de routage, ...) ne sont accessibles qu'aux personnes autorisées identifiées dans les PES.

Les données d'administration et de sécurité, comme elles sont vitales pour le système d'information (authentification, droits d'accès, comptes administrateurs, données de filtrage des gardes de sécurité, ...), ne doivent être accessibles qu'aux personnes autorisées, *via* des canaux sécurisés *[Le niveau de sécurité requis pour les différents mécanismes dépend de l'architecture du système et des conditions de mise en œuvre de l'administration (locale, distante, ...). En première approche, il doit être identique au minimum à celui requis pour la protec-*

tion des données des utilisateurs sur le système, mais l'analyse des risques peut amener à modifier ce niveau] garantissant l'authenticité et la confidentialité des opérations sur ces données.

Sauf cas exceptionnel, les utilisateurs ne sont pas administrateurs du système.

Art. 25 *Droit d'accès aux informations.* Les droits d'accès à chaque fichier ou collection de données (répertoire, base de données, ...) Confidentiel-Défense sont gérés. A toute personne accédant au système est associé un profil définissant ses droits d'accès aux différentes ressources limité à son seul besoin d'en connaître.

Les comptes sont affectés individuellement ; dans le cas contraire, des mesures organisationnelles doivent permettre d'identifier l'utilisateur.

Lorsque plusieurs personnes doivent accéder à l'information, il est conseillé de la conserver dans une ressource partagée et gérée afin d'éviter les copies multiples.

Art. 26 *Imputation des actions, journalisation, alarmes.* L'imputation des actions doit permettre de tracer les actions conformément à la politique de sécurité du système et de disposer de suffisamment de traces pour mener les investigations dans le cas d'une compromission.

Les actions qui doivent être imputées individuellement (éventuellement par le rapprochement de traces élémentaires) sont au minimum :

– les ouvertures et échecs d'ouvertures de sessions ;

– la modification des droits d'accès à l'information Confidentiel-Défense ;

– l'accès aux données de configuration, de gestion et d'administration ;

– l'exportation d'informations Confidentiel-Défense sur tous types de périphériques (imprimante, support amovible, réseau, ...).

En complément, il est souhaitable d'imputer l'accès à chaque information Confidentiel-Défense, ainsi que les échanges d'information Confidentiel-Défense.

Les événements de sécurité sont journalisés.

Les journaux qui conservent les informations d'imputation et les événements de sécurité sont protégés en intégrité et en disponibilité. Ils font l'objet d'une procédure d'archivage approuvée dans le cadre de l'homologation, la durée de conservation minimale recommandée étant d'un an.

Ils ne sont accessibles qu'aux personnes autorisées.

Les événements de sécurité remontent à l'administrateur sécurité du système d'information, qui en rend compte à l'ASSI. Certains événements traduisant une violation potentielle de la sécurité font l'objet d'alarmes de sécurité remontant immédiatement à l'administrateur sécurité, et peuvent, le cas échéant, impliquer une réaction automatique du système.

Les journaux doivent pouvoir constituer des éléments de preuve dans le cadre d'une enquête : cela doit être réalisé par des mesures organisationnelles (conservation dans des armoires fortes à accès contrôlé, ...) et/ou technique (signature électronique, ...), définies selon les analyses de risques et actualisées selon la jurisprudence.

Art. 27 *Protection contre les codes et programmes malicieux.* Tout système d'information traitant des informations Confidentiel-Défense est équipé d'au moins un moyen d'un moyen de surveillance de l'intégrité des données et du système (anti-virus, ...), mis à jour conformément aux directives des systèmes de veille et alerte.

Dès lors qu'une information est importée depuis un environnement non déclaré de confiance par l'autorité qualifiée, un contrôle additionnel (exemples : second anti-virus, filtrage des types de fichiers autorisés à être importés, blocage ou contrôle de la signature des codes mobiles, ...) est effectué, afin de s'assurer que les données importées ne sont pas susceptibles de mettre en cause la sécurité du système.

Les systèmes d'exploitation et autres logiciels sont mis à jour selon des processus prévus dans les PES.

Les utilisateurs sont informés des risques liés aux codes et programmes malicieux.

Art. 28 *Maîtrise de la configuration du système d'information.* Les composants du système (systèmes d'exploitation, ...) utilisés pour le traitement de données Confidentiel-Défense sont configurés :

– selon le strict besoin fonctionnel et technique du système (exemple : droits d'accès, services, ports, ...) ;

– selon les guides de configuration et recommandations interministériels et ministériels en vigueur.

Toutes les fonctions qui ne sont pas nécessaires au bon fonctionnement du système d'information sont désactivées dans la mesure du possible.

Tous les éléments et composants du système sont gérés en configuration et documentés.

Un contrôle de l'intégrité des logiciels du système et de leurs paramètres de configuration par rapport à une version de référence est effectué périodiquement.

Les mises à jour ou correctifs des logiciels, ainsi que l'ajout de nouveaux logiciels, l'installation ou la modification de tout matériel ou périphérique, ne peuvent être effectués qu'avec l'accord d'un administrateur du système. Dans tous les cas, une analyse de la non-régression des fonctions de sécurité et de la sécurité globale du système est effectuée, ses résultats pouvant conduire au lancement d'une procédure de renouvellement d'homologation.

Des mesures particulières peuvent être définies pour des logiciels qui nécessitent par nature une mise à jour fréquente (anti-virus, correctifs de sécurité, ...) ; les modalités de mise à jour sont alors formalisées dans les PES.

Le raccordement de machines non explicitement prévues comme faisant partie des constituants du système est interdit par des mesures techniques, ou à défaut contrôlé par des mesures organisationnelles.

Art. 29 *Sauvegarde et restauration.* Des sauvegardes périodiques sont effectuées et leurs restaurations régulièrement testées.

Les sauvegardes effectuées sur un système traitant d'informations Confidentiel-Défense sont protégées au moins au niveau Confidentiel-Défense.

TITRE IV EXIGENCES SUR LE PERSONNEL

Art. 30 *Pour l'utilisation et l'exploitation du système.* Les personnes accédant au système d'information sont habilitées selon le besoin du service en fonction du catalogue des emplois et du poste effectivement tenu, à savoir :

– les utilisateurs, au niveau Confidentiel-Défense ;

– les administrateurs système, réseau et sécurité, au niveau Secret-Défense.

Les règles spécifiques relatives aux ACSSI définies par l'instruction interministérielle n° 910/SGDN/SSD/DR s'appliquent aux personnes qui manipulent les constituants ayant reçu cette mention.

Les utilisateurs étrangers habilités au niveau Confidentiel-Défense ne doivent pas pouvoir accéder à des informations et supports protégés Spécial France, ou faisant l'objet de restriction de diffusion au titre d'accords de sécurité avec d'autres pays ou organisations.

L'utilisateur est tenu responsable des importations et des exportations d'informations *via* des supports physiques sur le système. Les exportations d'informations, quel que soit le procédé retenu, ne sont autorisées qu'à des utilisateurs spécifiquement désignés, et sont réalisées sous la responsabilité de l'émetteur de l'information qui doit déclarer le niveau de classification de l'information.

Art. 31 *Réalisation et maintenance du système.* Les prescriptions de [II 2000] concernant les sociétés intervenant au titre de marchés et autres contrats de maintenance des matériels et logiciels ou de marchés d'études (informatique, télécommunication, électronique, ...) et les types de marchés passés s'appliquent. Des conditions sont prévues pour le remplacement des personnes au sein des équipes constituées.

Les personnes de ces sociétés qui ont, dans le cadre de leurs interventions, accès à des informations ou supports protégés, doivent être habilitées au niveau Confidentiel-Défense.

Toute intervention de maintenance des matériels et logiciels ou d'études est effectuée sous contrôle d'une personne mandatée par l'entité d'emploi du système, habilitée et qualifiée, apte à s'assurer que l'intervenant :

– n'accède qu'à l'information dont il a besoin de connaître pour son opération ;

– ne procède pas à l'export d'informations ou supports protégés, sauf si cela est explicitement prévu par le contrat ;

– ne modifie pas indûment la configuration ou les données du système et de son environnement physique de sécurité (LSE).

Le recours à des spécialistes non habilités pour effectuer une opération de maintenance des matériels et logiciels ou d'études doit être exceptionnel (urgence opérationnelle, savoir-faire exclusif, ...) et se faire exclusivement après accord écrit de l'autorité d'emploi et de l'ASSI.

Toutes mesures doivent être prises pour que ces spécialistes ne puissent avoir connaissance, même fortuitement, d'informations Confidentiel-Défense.

De même que pour les personnes dûment habilitées, leurs interventions sont effectuées sous contrôle d'une personne mandatée par l'entité d'emploi du système, habilitée et qualifiée, apte à s'assurer que l'intervenant :

– n'accède qu'à l'information dont il a besoin de connaître pour son opération ;

– ne procède pas à l'export d'informations ou supports protégés, sauf si cela est explicitement prévu par le contrat ;

– ne modifie pas indûment la configuration ou les données du système et de son environnement physique de sécurité (LSE).

De manière générale, les équipements, documents et informations mis à la disposition de ces intervenants externes doivent être strictement limités à ceux nécessaires à leur intervention.

Des dispositions techniques accompagnent également leurs opérations : dans la mesure du possible, une sauvegarde initiale et une vérification sont réalisées.

Les clauses contractuelles des marchés de soutien doivent prévoir :

– que les équipes d'interventions externes ne puissent pas introduire dans le système des matériels et logiciels ne faisant pas partie de la configuration approuvée du système ou susceptibles d'exporter des informations classifiées ;

– l'approvisionnement ou la fourniture par l'administration des équipements et outils nécessaires.

Seule la télémaintenance depuis une zone de sécurité respectant des mesures physiques et logiques offrant un niveau de protection global équivalent à celle du système et faisant partie du périmètre d'homologation du système est autorisée : les procédures et les réseaux utilisés doivent être maîtrisés et faire partie des spécifications du système d'information. Un suivi des opérations et leur imputation à une personne sont obligatoires.

Art. 32 *Audits et inspections de sécurité du système.* Les personnes en charge des audits et inspections de sécurité sont habilitées au niveau Secret-Défense. Les résultats des audits et inspections de sécurité sont classifiés au minimum au niveau Confidentiel-Défense Spécial France.

Conformément à [IGI 1300], les rapports de synthèses comprenant les mesures préconisées pour rectifier les déficiences constatées et leur planification sont adressés aux autorités responsables des organismes contrôlés et aux autorités ministérielles de tutelle.

Préalablement à l'audit ou l'inspection de sécurité, le contrat ou une convention établie entre le commanditaire et l'équipe d'audit définit notamment :

– le système cible ;

– les modalités d'intervention ;

– le mode de diffusion et de conservation des résultats.

Dans le cas où il est fait appel à une société pour ce type de prestation, outre les exigences précédentes :

– cette société est habilitée au niveau Secret-Défense ;

– le marché passé est classé ou à clause de sécurité ;

– les résultats des audits et inspections de sécurité ne sont pas conservés par le prestataire, qui ne pourra en outre faire publicité de son intervention qu'avec l'accord écrit du commanditaire au titre du contrat ;

– les interventions sont effectuées sous contrôle d'une personne mandatée par l'entité d'emploi du système ou par une autorité de contrôle, habilitée et qualifiée, apte à s'assurer que l'intervenant :

• n'accède qu'à l'information dont il a besoin de connaître pour son opération ;

• ne procède pas à l'export d'informations ou supports protégés, sauf si cela est explicitement prévu par le contrat ;

• ne modifie pas indûment la configuration ou les données du système et de son environnement physique de sécurité (LSE).

Afin de permettre d'affiner les spécifications de systèmes, les vulnérabilités techniques ou procédurales apparues à l'occasion des audits sont adressées, après démarquage, au centre d'expertise technique SSI du ministère.

Art. 33 *Mesures concernant le personnel d'entretien ou de maintenance.* Les personnes chargées de l'entretien ou de la réparation et de la maintenance des bâtiments, des équipements non informatiques, du nettoyage, peuvent ne pas être habilitées : dans ce cas elles interviennent uniquement sous contrôle permanent.

TITRE V **EXIGENCES POUR LES INTERCONNEXIONS**

Art. 34 *Conditions requises pour l'interconnexion.* Toute interconnexion est soumise à l'application d'une démarche de sécurité spécifique, conformément aux directives d'interconnexion en vigueur.

Pour un système Confidentiel-Défense devant être interconnecté avec un système de même niveau, ayant lui aussi ayant fait l'objet d'une homologation, l'architecture d'interconnexion est analysée en fonction de la cohérence des politiques de sécurité des systèmes à interconnecter :

– si les politiques des deux systèmes sont différentes, l'architecture d'interconnexion basée sur une zone tampon s'applique strictement ;

– sinon, l'analyse de risque doit justifier la possibilité de simplifier cette architecture, en s'appuyant sur des moyens de gestion du besoin d'en connaître (VLAN, ...).

Dès lors que l'interconnexion impose le transit d'informations Confidentiel-Défense entre des GSE distinctes, alors ces informations sont chiffrées par des moyens agréés.

Si le système Confidentiel-Défense doit être interconnecté avec un système de niveau inférieur :

– on utilise des moyens agréés permettant de garantir que :

• seules les informations de niveau inférieur au niveau Confidentiel-Défense et susceptibles d'être échangées avec le niveau inférieur peuvent sortir du système Confidentiel-Défense ;

• les sorties d'information sont réalisées sous la volonté et le contrôle de l'émetteur ;

• ces actions sont toujours journalisées et imputées à l'émetteur ;

– sinon, seules les importations d'informations à partir du système de niveau inférieur sont autorisées, *via* une architecture homologuée mettant en œuvre une zone tampon sous la responsabilité de l'autorité d'emploi du système Confidentiel-Défense et en s'appuyant sur un/des moyen(s) agréés de transfert unidirectionnel d'informations ; ces importations sont journalisées.

L'application de la démarche doit permettre à toute autorité qualifiée de juger de l'intérêt et du risque d'interconnexion du système Confidentiel-Défense dont elle est responsable en matière de sécurité.

Cette démarche, pour être appliquée efficacement, doit être planifiée et gérée. En particulier, le choix des architectures et des moyens est très critique pour autoriser ou non les interconnexions, notamment vis-à-vis des systèmes étrangers ou de coalition.

Le HFD/FSSI est informé des interconnexions des systèmes Confidentiel-Défense de son ministère.

Pour un système traitant exclusivement d'informations nationales ayant un besoin d'interconnexion avec des partenaires étrangers, cette transition est subordonnée à une approbation ministérielle formelle préalable, sur la base des spécifications des besoins d'échange exprimées.

Art. 35 *Protection des moyens d'interconnexion.* Les différents composants de l'interconnexion (zone tampon, ...) disposent au minimum du même niveau de protection (physique, ...) que le système de niveau Confidentiel-Défense à interconnecter.

TITRE VI EXIGENCES SPÉCIFIQUES POUR LES POSTES NOMADES

Art. 36 *Spécificités des postes nomades.* Les postes nomades se caractérisent principalement par un usage temporaire en dehors d'une GSE conforme aux exigences de l'article 16.

En conséquence, il convient d'obtenir une protection équivalente par l'application des exigences des articles suivants.

Le traitement d'informations Confidentiel-Défense sur des postes nomades doit rester exceptionnel.

Art. 37 *Exigences spécifiques en matière de responsabilités et de processus de sécurisation du système d'information.* Le poste nomade et ses supports classifiés sont gérés comme des documents Confidentiel-Défense : les exigences de la section 3 de [IGI 1300] s'appliquent. Il est notamment rappelé que l'on ne peut pas sortir du territoire avec un poste nomade Confidentiel-Défense sans respecter les prescriptions de l'article 67 de [IGI 1300].

Les procédures d'exploitation de la sécurité prévoient des conditions de soutien adaptées aux contraintes liées à la mobilité.

Art. 38 *Exigences spécifiques de sécurité physique.* Le poste nomade et ses supports classifiés sont sous la surveillance permanente de l'utilisateur, à défaut ils sont stockés dans une armoire forte conformément à [D 1223].

A l'étranger, cette protection est systématiquement recherchée, par le dépôt du poste dans une représentation française (consulat, ambassade, coopération, opération extérieure, ...).

Par mesure de précaution, des solutions physiques (étiquettes ou enveloppes de sécurité, ...) permettent de détecter une tentative d'accès frauduleux au poste ou une atteinte à son intégrité.

L'exploitation d'informations classifiées sur un poste nomade est conditionnée par l'existence d'une zone permettant de respecter le besoin d'en connaître de l'information traitée. En conséquence, elle est interdite dans un espace ouvert au public (aéroport, train, ...).

Un poste nomade fait l'objet de vérifications régulières de sa configuration physique, en particulier avant qu'il soit reconnecté sur le système d'information homologué de son organisme d'appartenance.

Les périphériques (clavier, souris, ...), et les protocoles et technologies de communication sans fil susceptibles d'induire des signaux compromettants sont interdits dès lors que le poste nomade est exploité hors d'une GSE.

Les bonnes pratiques suivantes sont à respecter par l'utilisateur :

– fonctionnement du poste sur batterie et non sur secteur ;

– éloignement (un mètre) des sources de conduction (radiateurs, réseaux électriques, réseaux informatiques, téléphone fixe ou mobile, ...).

Art. 39 *Exigences spécifiques de sécurité logique.* L'utilisateur ne peut pas modifier les paramètres de configuration de démarrage du poste nomade.

Un poste nomade fait l'objet de vérifications régulières de sa configuration logique, en particulier avant qu'il soit reconnecté sur le système d'information homologué de son organisme d'appartenance.

La présence d'informations Confidentiel-Défense en clair sur les supports du poste nomade augmente les risques : les informations sur les supports sont chiffrées par des produits agréés.

A défaut, il est demandé :

– de limiter la présence d'informations classifiées sur les supports (utilisation de clients légers, de supports amovibles, ...) ;

– et de rendre plus difficile leur accès sur les supports par l'utilisation d'outils de sécurité non forcément agréés, de préférence qualifiés (chiffrement, authentification par moyen physique, ...).

Art. 40 *Exigences spécifiques sur le personnel.* Un utilisateur ne peut se voir attribuer un poste nomade pour le traitement d'informations Confidentiel-Défense qu'après avoir pris formellement connaissance des règles de sécurité à respecter pour l'utilisation de ce type d'équipement.

Art. 41 *Exigences spécifiques sur les interconnexions.* Les exigences d'interconnexion de l'article 34 pour le raccordement d'un poste nomade, se traduisent de la manière suivante :

– le raccordement d'un poste nomade à un système ou réseau non homologué au niveau Confidentiel-Défense est interdit ;

– toutefois, le raccordement d'un poste nomade à un système de niveau Confidentiel-Défense via un réseau non homologué au niveau Confidentiel-Défense est autorisé au travers d'un dispositif agréé et dans la mesure où l'homologation du système le prévoit.

GLOSSAIRE

Note : les éléments figurant dans ce glossaire, s'ils constituent des citations verbatim d'autres documents, sont en italique et échappent donc à toute révision dans ce document.

L'origine des définitions si elle n'est pas citée est propre à ce document.

Accord de sécurité : *[IGI 1300] accord intergouvernemental conclu entre deux ou plusieurs États ou au sein d'une alliance multinationale et ayant pour objet la protection d'informations ou de supports protégés. Ces accords comprennent l'identification et la reconnaissance mutuelle des autorités nationales de sécurité, la correspondance des niveaux de classification, la reconnaissance mutuelle des habilitations de personnes, les modalités d'échange et de protection des informations et matériels classifiés.*

Administrateur de sécurité : *[IGI 1300] est chargé de la mise en œuvre, du maintien, du contrôle et de l'évolution des mesures de sécurité à appliquer à tout système d'information contenant des informations ou supports protégés classifiés au niveau Secret-Défense et Confidentiel-Défense.*

Administrateur réseaux : *est chargé de la mise au point, de l'exploitation, de la maintenance, du contrôle et des évolutions des réseaux.*

Administrateur système : *[IGI 1300] est chargé de la mise au point, de l'exploitation, de la maintenance, du contrôle et des évolutions du système informatique.*

Agrément d'un produit de sécurité : *[II 900] reconnaissance formelle que le produit de sécurité évalué peut protéger des informations jusqu'à un niveau spécifié dans les conditions d'emploi définies.*

Archivage : *[IGI 1300] opération consistant à verser à un service d'archives des supports d'information lorsqu'ils ne sont plus d'utilisation habituelle. Les supports faisant encore l'objet d'une classification ne peuvent être archivés que dans certaines conditions et dans des services habilités à les recevoir.*

Audit de sécurité : *regroupe dans la présente instruction :*

— l'inspection : action conduite par une entité indépendante de l'autorité responsable du système, elle consiste essentiellement à réaliser un examen qualitatif et à vérifier l'adéquation des moyens et mesures avec les objectifs de sécurité, la réglementation et les directives en vigueur.

— le contrôle : action consistant à réaliser un examen limité et précis afin de vérifier l'application des procédures et de la réglementation. Les contrôles peuvent indifféremment porter sur des systèmes d'information, les sites hôtes ou les organisations concernées.

— l'audit : démarche d'investigation conduite sur un système en exploitation à partir d'un référentiel. Elle comprend un diagnostic et conduit à des recommandations ou des conseils. Les audits, effectués sur tout ou partie d'un système d'information, ont pour objet :

- de vérifier, voire d'évaluer, la qualité, l'efficacité et la cohérence, des dispositifs, mesures et procédures de sécurité ;
- de mettre en évidence les vulnérabilités résiduelles ;
- de qualifier les risques effectifs ou d'en quantifier le niveau ;
- de proposer les éventuelles actions correctives.

Authenticité : *[IGI 1300] propriété d'une information ou d'un traitement qui garantit son identité, son origine et éventuellement sa destination.*

Authentification / Identification : l'authentification a pour but de vérifier l'identité dont une entité se réclame. Généralement, l'authentification est précédée d'une identification qui permet à cette entité de se faire reconnaître du système par un élément dont on l'a doté. S'identifier c'est communiquer son identité, s'authentifier c'est apporter la preuve de son identité.

Besoin d'en connaître : *[IGI 1300] nécessité impérieuse de prendre connaissance d'une information dans le cadre d'une fonction déterminée et pour la bonne exécution d'une mission précise.*

Catalogue des emplois : *[IGI 1300] dans un organisme, liste des emplois qui peuvent nécessiter l'accès aux informations ou supports protégés. Le catalogue est dressé sur le seul critère du besoin* *d'en connaître. Seules les personnes occupant un emploi recensé au catalogue sont habilitées à prendre connaissance d'informations ou supports protégés.*

***Circuit approuvé** : [II 500bis] circuit sur lequel peuvent être transmises en clair, de façon permanente, des informations classifiées dont la mention de protection est inférieure ou égale à un niveau de protection choisi par une autorité et constituant le degré d'approbation de ce circuit. L'approbation du circuit est de la responsabilité de l'autorité d'homologation du système d'information comprenant ce circuit.*

***Compromission** : [IGI 1300] prise de connaissance, certaine ou probable, d'une information ou support protégé par une ou plusieurs personnes non autorisées.*

***Confidentialité** : [IGI 1300] caractère réservé d'une information ou d'un traitement dont l'accès est limité aux seules personnes admises à la (le) connaître pour les besoins du service, ou aux entités ou processus autorisés.*

Cycle de vie : le cycle de vie de l'information comprend les phases de planification, recueil, création ou production de l'information, son organisation, extraction, utilisation, accessibilité et transmission, son stockage et sa protection, et, finalement son élimination par transfert aux archives, effacement ou destruction du support associé.

***Décision d'habilitation provisoire** : [IGI 1300] décision exceptionnelle et provisoire prise au vu d'un avis de sécurité provisoire et permettant l'accès d'une personne aux informations ou supports protégés. Cette autorisation prend fin lors de la délivrance de l'autorisation définitive ou au plus tard six mois après avoir été accordée.*

***Déclassification** : [IGI 1300] suppression de tout niveau de classification d'informations ou supports protégés.*

***Disponibilité** : [IGI 1300] propriété d'une information ou d'un traitement d'être, à la demande, utilisable par une personne ou un système.*

***Donnée** : [IGI 1300] toute représentation d'une information sous une forme conventionnelle destinée à faciliter son traitement.*

Environnement de sécurité électronique (ESE) : les mesures techniques de sécurité (mises en place au niveau du système (Electronic Security Environment en terminologie anglaise).

Environnement de sécurité local (LSE) : l'environnement de sécurité physique, du personnel, documentaire et procédurale relevant du domaine de l'autorité d'homologation (Local Security Environment en terminologie anglaise). La LSE est typiquement un local au sens de la directive n° 1223/SGDN/SSD/DR.

Environnement de sécurité physique global (GSE) : l'environnement général de sécurité physique dans lequel est situé le système, par exemple : la base aérienne, le commissariat, le consulat ou l'ambassade, ... (Global Security Environment en terminologie anglaise).

Équipement mobile : support d'information mobile (ex : PDA, ordinateur portable, téléphone portable, appareil de prise de vue, ...) disposant de capacité propre de traitement.

***Fonctionnaire de sécurité de défense** : [IGI 1300] assiste le HFD et contrôle sous sa direction notamment l'exécution des mesures de protection des informations ou supports protégés.*

GSE (Global Security Environment) : voir Environnement de sécurité physique global.

***Haut fonctionnaire de défense (HFD)** : [IGI 1300] est chargé, dans les ministères autres que celui de la Défense, d'assister le ministre dans l'exercice de ses attributions de sécurité de défense et de protection du secret. Dans la présente instruction, désigne le haut fonctionnaire de défense ou le fonctionnaire de sécurité de défense dans le cas d'un secrétariat d'État, ou l'autorité déléguée par le ministre de la défense.*

***Homologation de sécurité** : [IGI 1300] déclaration par l'autorité d'homologation, au vu du dossier d'homologation, que le système d'information considéré est apte à traiter des informations d'un niveau de classification donné conformément aux objectifs de sécurité visés, et que les risques de sécurité résiduels induits sont acceptés et maîtrisés.*

L'homologation de sécurité reste valide tant que le SI opère dans les conditions approuvées par l'autorité d'homologation.

***Information** : [IGI 1300] tout renseignement ou tout élément de connaissance susceptible d'être représenté sous une forme adaptée à une communication, un enregistrement ou un traitement.*

***Information ou support protégé** : [IGI 1300] renseignement, procédé, objet, document, donnée informatisée ou fichier présentant un caractère de secret de la défense nationale (cf. art. 1er du décret du 17 juillet 1998).*

Information sensible non classifiée de défense : information dont la confidentialité, la disponibilité et l'intégrité ne procèdent pas du secret de la défense nationale tel que défini par les articles 413-9 à 413-12 du code pénal et le décret 98-608, mais des dispositions spécifiques prévues dans la loi, notamment l'atteinte au secret professionnel (C. pén., art. 226-13 et 226-14), les atteintes aux droits de la personne résultant des fichiers et des traitements informatiques (C. pén., art. 226-16 à 226-24), et d'autres obligations légales ou contractuelles.

Les informations sensibles ne rentrent pas dans le champ de l'instruction 920.

La mention Diffusion Restreinte peut servir à marquer du sensible non classifié de défense : un récapitulatif figure dans l'article 4 de la recommandation 901 qui peut être utilisée dans le règlement intérieur d'administrations ou d'établissements publics ou privés.

***Intégrité** : [IGI 1300] propriété assurant qu'une information ou un traitement n'a pas été modifié ou détruit de façon non autorisée.*

LSE (Local Security Environment) : voir Environnement de sécurité local.

***Marquage** : [IGI 1300] opération consistant à apposer sur un support classifié les mentions précisant son niveau de classification, la destination exclusivement nationale le cas échéant, le numéro d'exemplaire, le numéro d'enregistrement et la pagination pour un document papier.*

***Matériel classifié** : [IGI 1300] objet, équipement, installation, système ou substance présentant un caractère de secret de la défense nationale et qui nécessitent une protection appropriée Très Secret-Défense, Secret-Défense ou Confidentiel-Défense.*

Modes d'exploitation de sécurité : les différents ratios entre le niveau d'habilitation du personnel, son besoin d'en connaître et le niveau maximum des informations auxquelles il a accès.

Trois modes de fonctionnement sont envisageables : exclusif, dominant ou multi-niveaux

— *mode exclusif* : les personnes ayant accès au système sont toutes habilitées au plus haut niveau de classification des informations stockées, traitées ou transmises dans le système et ont un besoin commun d'en connaître pour toutes les informations stockées, traitées ou transmises dans le système.

— *mode dominant (ou compartimenté)* : les personnes ayant accès au système sont toutes habilitées au plus haut niveau de classification des informations stockées, traitées ou transmises dans le système mais n'ont pas toutes un besoin commun d'en connaître pour toutes les informations stockées, traitées ou transmises dans le système.

— *mode multi-niveaux* : les personnes ayant accès au système ne sont pas toutes habilitées au plus haut niveau de classification des informations stockées, traitées ou transmises dans le système, et n'ont pas toutes un besoin commun d'en connaître pour toutes les informations stockées, traitées ou transmises dans le système.

***Non-répudiation** : [IGI 1300] impossibilité de nier la participation au traitement d'une information.*

Périphérique à mémoire rémanente : photocopieur numérique, imprimante, ...

Poste nomade : dispositif numérique mobile doté d'un système de traitement et de mémoire permanente (exemple : ordinateur portable, téléphone portable, PDA, appareils photo numériques, ...).

PES : procédures d'exploitation de la sécurité.

***Protection physique** : (extrait de la directive 1223) ensemble des mesures de sécurité destinées à garantir l'intégrité des bâtiments, des locaux spécifiquement dédiés aux informations ou supports protégés et la fiabilité des meubles où ils sont conservés, afin d'éviter toute perte ou compromission. Le degré de sécurité physique à mettre en œuvre pour assurer leur protection doit être proportionnel au niveau de classification, à la capacité des supports et à la menace à laquelle ils sont exposés.*

PSSI : politique de sécurité du système d'information.

Requalification : transformation de la mention d'appartenance d'une information classifiée, par exemple, requalification d'un document Confidentiel-Défense en Confidentiel-UE. Information **requalifiée** : information classifiée dont la mention d'appartenance a été modifiée.

Risque : *[Glossaire EBIOS] combinaison d'une menace et des pertes qu'elle peut engendrer, c'est-à-dire de l'opportunité de l'exploitation d'une ou plusieurs vulnérabilités d'une ou plusieurs entités par un élément menaçant employant une méthode d'attaque et de l'impact sur les éléments essentiels et sur l'organisme.*

***Sensibilisation** : [IGI 1300] instruction périodiquement prodiguée aux personnes habilitées ou susceptibles d'être habilitées et destinée à leur faire prendre conscience des enjeux de la protection du secret de la défense nationale, des sanctions judiciaires et administratives encourues et de la nécessité d'appliquer les mesures de sécurité prescrites.*

Plus généralement : instruction périodiquement prodiguée aux personnes responsables (habilitées ou susceptibles d'être habilitées, ou détentrices d'informations sensibles) et destinée à leur faire prendre conscience des enjeux de la protection du secret (de la défense nationale ou des éléments sensibles), du caractère vital de la disponibilité de l'intégrité et de la confidentialité des informations et de leurs traitements, des sanctions judiciaires et administratives encourues et de la nécessité d'appliquer les mesures de sécurité prescrites (dont les comptes-rendus d'incidents).

***Spécial France** : [IGI 1300] mention figurant sur des supports d'information et précisant leur destination exclusivement nationale.*

Sorties versus échanges au sein du système :

— **sortie** : tout dépôt d'information sur un support permanent ou sur un système situé hors du système d'information considéré : impression, enregistrement sur support amovible, enregistrement sur un support fixe hors de la zone de sécurité, communication avec un système externe ; on exclut la visualisation (sur écran, afficheur, projecteur) traitée comme une consultation de document.

— **échange** : tout transfert d'information à l'intérieur du système.

Support *: [IGI 1300] tout moyen matériel, quel qu'en soit la forme ou les caractéristiques physiques, permettant de recevoir, conserver ou restituer des informations ou des données.*

Support amovible : support d'information ne disposant pas de capacité autonome de traitement.

Système d'information *: [IGI 1300] ensemble des moyens humains et matériels ayant pour finalité d'élaborer, traiter, stocker, acheminer, présenter ou détruire l'information.*

Système informatique *: [IGI 1300] ensemble des moyens informatiques et de télécommunication ayant pour finalité d'élaborer, traiter, stocker, acheminer, présenter ou détruire des données.*

Timbre *: [IGI 1300] mention figurant sur un support d'information précisant son niveau de classification et, le cas échéant, son usage national exclusif. Le timbre possède des caractéristiques définies (dimensions, aspect).*

Traitement co-localisé : coexistence de plusieurs systèmes d'information de mentions d'appartenance distinctes, dans la même zone sécurisée.

Vulnérabilité : *[Glossaire EBIOS] caractéristique d'une entité qui peut constituer une faiblesse ou une faille au regard de la sécurité des systèmes d'information.*

Zone protégée *: [IGI 1300] zone créée par arrêté des ministres compétents et faisant l'objet d'une interdiction de pénétration sans autorisation, sanctionnée pénalement en cas d'infraction (articles 413-7 et R. 413-1 à R 413-5 du code pénal qui ont institué de telles zones et décret d'application n° 73-389 du 27 mars 1973).*

Zone réservée *: [IGI 1300] locaux et emplacements qui font l'objet de mesures de protection matérielle particulières et dont l'accès est réglementé et subordonné à des conditions spéciales.*

Ces mesures et conditions sont définies dans [IGI 1300].

Zone sécurisée *: locaux et emplacements qui font l'objet de mesures de protection matérielle particulières et dont l'accès est réglementé et subordonné à des conditions spéciales. Ces mesures et conditions sont définies dans la présente instruction.*

INSTRUCTIONS INTERMINISTÉRIELLES DE RÉFÉRENCE

SUR LA PROTECTION DU SECRET DE LA DÉFENSE NATIONALE

— Instruction générale interministérielle n° 1300/SGDN/PSE/SSD du 25 août 2003 sur la protection du secret de la défense nationale.

— Instruction interministérielle n° 2100/SGDN/SSD du 1er décembre 1975 pour l'application en France du système de sécurité de l'Organisation du traité de l'Atlantique nord.

— Instruction interministérielle n° 900/SGDN/SSD/DR du 20 juillet 1993 sur la sécurité des systèmes d'information qui font l'objet d'une classification de défense pour eux-mêmes ou pour les informations traitées.

— Instruction interministérielle n° 2101/SGDN/SSD/DR du 22 mai 1995 pour l'application en France du système de sécurité de l'Union de l'Europe occidentale.

— Directive n° 1223/SGDN/SSD/DR (en cours de modification) sur la protection physique des informations ou supports protégés.

— Directive n° 485/SGDN/DISSI/SCSSI/DR du 15 décembre 1988 relative à l'installation des sites et systèmes d'information. Protection contre les signaux compromettants.

— Directive n° 495/SGDN/TTS/SI/DR du 19 septembre 1997 de zonage TEMPEST. Protection contre les signaux compromettants.

— Instruction interministérielle n° 2000/SGDN/SSD/DR relative aux conditions de protection du secret et des informations concernant la défense nationale et la sûreté de l'État dans les contrats.

— Instruction interministérielle n° 1310/SGDN/DEN/SSD/DR du 18 octobre 1996 pour l'enregistrement du courrier classifié.

— Directive n° 36/SGDN/SSD/DR du 15 janvier 1985 relative à la protection du secret de défense : déclassification et destruction des documents secret-défense et confidentiel-défense.

— Instruction interministérielle n° 500 *bis*/SGDN/TTS/SSI/DR du 18 octobre 1996 relative au chiffre dans la sécurité des systèmes d'information.

— Instruction interministérielle n° 910/SGDN/SSD/DR du 19 décembre 1994 relative aux articles contrôlés de la sécurité des systèmes d'information.

MODÈLES DE TIMBRE POUR LES DOCUMENTS ÉLECTRONIQUES

I – Entête et pied de page de la 1ère page du document

CONFIDENTIEL DEFENSE Ce document ne doit être communiqué qu'aux personnes qualifiées pour le connaître

SPECIAL FRANCE

II – Entête et pied de page des pages internes du document

CONFIDENTIEL DEFENSE

SPECIAL FRANCE

III – Pied de page de la 1ère page du document, pour prévoir la déclassification une information ou un support

A déclassifier à compter du :

A déclassifier sur ordre de l'autorité émettrice

Circulaire interministérielle n° 3415/SGDSN/AIST/PST du 7 novembre 2012,

De mise en œuvre du dispositif de protection du potentiel scientifique et technique de la Nation.

Avertissements

Le dispositif de protection du potentiel scientifique et technique de la Nation est fondé sur les textes suivants :

– Décret n° 2011-1425 du 2 novembre 2011 portant application de l'article 413-7 du code pénal et relatif à la protection du potentiel scientifique et technique de la Nation ;

– Arrêté du 3 juillet 2012 relatif à la protection du potentiel scientifique et technique de la Nation.

– Arrêté du 3 juillet 2012 relatif aux spécialités dont les savoir-faire sont susceptibles d'être détournés à des fins de terrorisme ou de prolifération d'armes de destruction massive et de leurs vecteurs (document non publié, classifié "Confidentiel Défense – Spécial France").

***

Visas du décret et des arrêtés relatifs à la protection du potentiel scientifique et technique de la Nation :

– le code pénal, notamment ses articles 226-13, 226-15, 323-1 et 323-2, 410-1, 411-6, 413-7, 413-9 et suivants et R. 413-1 et suivants ;

– le code de la défense, notamment ses articles R. 1143-1 et suivants ;

– le code de l'éducation, notamment son article D. 123-19 ;

– le code de l'entrée et du séjour des étrangers et du droit d'asile ;

– le code monétaire et financier ;

– le code du travail ;
– le code rural et de la pêche maritime, notamment son article L. 810-1 ;
– la loi n° 2000-321 du 12 avril 2000 relative aux droits des citoyens dans leurs relations avec les administrations, notamment ses articles 18 à 24 ;
– la loi n° 2006-396 du 31 mars 2006 pour l'égalité des chances, notamment ses articles 9 et 10 ;
– la loi n° 2011-266 du 14 mars 2011 relative à la lutte contre la prolifération des armes de destruction massive et de leurs vecteurs ;
– le décret n° 80-247 du 3 avril 1980 relatif aux activités d'études et de recherches dans le domaine de la fusion thermonucléaire par confinement inertiel ;
– le décret n° 2001-492 du 6 juin 2001 pris pour l'application du chapitre 11 du titre II de la loi n° 2000-321 du 12 avril 2000 et relatif à l'accusé de réception des demandes présentées aux autorités administratives ;
– le décret n° 2009-885 du 21 juillet 2009 relatif aux modalités d'accueil des étudiants de l'enseignement supérieur en stage dans les administrations et établissements publics de l'État ne présentant pas un caractère industriel et commercial ;
– l'instruction générale interministérielle 1300 relative à la protection du secret de la défense nationale annexée à l'arrêté du Premier ministre du 30 novembre 2011.

***

Textes complémentaires :
Guide de l'intelligence économique pour la recherche.

Introduction

Les atteintes aux intérêts fondamentaux de la Nation sont prévues et réprimées par un corpus de règles ayant une emprise générale comme la réglementation sur la protection du secret de la défense nationale, celle relative à la sécurité des activités d'importance vitale, à l'intelligence économique, ou bien encore plus spécifiques, comme le contrôle de la fusion thermonucléaire par confinement inertiel.

L'article 413-7 du code pénal qui réprime le fait de s'introduire, sans autorisation, à l'intérieur des locaux et terrains intéressant la défense nationale et qui sont clos en vue d'assurer la protection des installations, du matériel ou du secret des recherches, études ou fabrications vise également à la préservation du potentiel scientifique et technique de la Nation. Cet article prévoit qu'un décret en Conseil d'État détermine les conditions dans lesquelles il est procédé à la délimitation des locaux et terrains visés ainsi que les conditions dans lesquelles les autorisations d'y pénétrer peuvent être délivrées.

C'est l'objet du décret n° 2011-1425 du 2 novembre 2011 et des deux arrêtés du 3 juillet 2012, dont l'un n'est pas publié au *Journal officiel*.

Ces textes précisent le rôle des intervenants, organisent les conditions d'accès et de circulation au sein des locaux et terrains concernés et instaurent divers annuaires permettant la détection et le suivi des services, établissements ou entreprises ayant une activité de recherche ou de production dont la captation créerait un risque d'affaiblissement du potentiel scientifique et technique de la Nation.

Ils sont applicables aux établissements publics mais servent également de guide pour la conclusion de conventions passées, au titre du décret n° 1425-2011 du 2 novembre 2011, avec des entreprises privées.

L'objectif poursuivi est double, il s'agit :

– d'empêcher, à partir de ces locaux et terrains clos, la fuite d'informations de nature à affaiblir les moyens de défense de notre pays, à compromettre sa sécurité ou à porter préjudice à ses autres intérêts fondamentaux ;
– de prévenir le détournement d'informations scientifiques ou techniques sensibles à des fins terroristes, de prolifération d'armes de destruction massive ainsi que de leurs vecteurs ou d'empêcher l'accroissement d'arsenaux militaires.

Ces textes tendent ainsi à structurer la protection du potentiel scientifique et technique. Cette protection est assurée par la mise en place de mécanismes qui tiennent pour l'essentiel en l'introduction de zones à régime restrictif (ZRR), de locaux sensibles, de secteurs scientifiques et techniques protégés ainsi que par la mise en place d'annuaires nationaux qui recensent les unités de recherche ou de production comprenant au moins une ZRR ainsi que celles œuvrant dans les secteurs scientifiques et techniques protégés.

Ainsi, la nouvelle architecture permet de protéger aussi bien des zones que des savoirs et des savoir-faire :

– les "zones à régime restrictif" (ZRR) constituent l'ossature du système de protection. L'ensemble des ZRR est appelé à former "une communauté de confiance des ZRR" dans laquelle les échanges scientifiques sont facilités par l'adoption de règles communes de protection. Cette communauté des ZRR a pour vocation d'inclure aussi bien des unités de recherche que des unités de production, qu'elles proviennent du secteur public ou du secteur privé ;

– la concertation entre les pouvoirs publics et les opérateurs est organisée au sein de "secteurs scientifiques et techniques protégés" au niveau national. Dans ces secteurs, les modalités d'échanges d'informations sont organisées, pour prévenir leur détournement ou leur captation. Ces modalités permettent de couvrir autant que possible les échanges immatériels d'informations.

Le nouveau dispositif permet enfin de s'adapter aux besoins et aux capacités de mise en œuvre des acteurs, en envisageant des mesures graduelles plus ou moins contraignantes et de prévenir tout risque d'arbitraire et de discrimination en assurant la cohésion des procédures appliquées par l'ensemble des acteurs.

Les nouvelles règles désormais applicables rendent ainsi nécessaire la présente circulaire.

TITRE I CHAMP D'APPLICATION ET AUTORITÉS COMPÉTENTES

CHAPITRE I *LES PRINCIPES D'ACTION*

SECTION 1 *Le potentiel scientifique et technique de la Nation*

Le potentiel scientifique et technique de la Nation est notamment constitué de l'ensemble des biens matériels et immatériels propres à l'activité scientifique fondamentale et appliquée et au développement technologique.

Ce potentiel constitue l'un des éléments des intérêts fondamentaux de la Nation mentionnés par l'article 410-1 du code pénal.

La protection de ce potentiel est directement assurée par :

– l'existence de zones à régime restrictif (ZRR) mentionnées à l'article R. 413-5-1 du code pénal et par les règles qui y régissent la circulation. Ces zones constituent des espaces définis par arrêté ministériel à l'intérieur desquels des mesures de protection existent en raison des risques de détournement des informations qui s'y trouvent, du fait des activités de recherche ou de production ;

– la mise en place de secteurs scientifiques et techniques protégés en raison de l'intérêt qu'ils présentent pour la Nation ou pour ceux qui les convoitent. La protection et la circulation des informations y sont organisées et justifient la mise en place d'annuaires nationaux qui recensent les unités de recherche ou de production comprenant au moins une ZRR ainsi que celles œuvrant dans les secteurs scientifiques et techniques protégés ;

– les spécialités qualifiées de sensibles, susceptibles d'être détournées à des fins de terrorisme ou de prolifération d'armes de destruction massive et de leurs vecteurs.

L'objectif est d'empêcher que les personnes ayant accès à des unités de recherche et de production ou qui se trouvent en contact avec les chercheurs ou les industriels qui y travaillent, acquièrent la connaissance de savoirs ou savoir-faire à l'insu du chef de service ou du responsable de ces unités.

Il s'agit de conjuguer les échanges scientifiques, nécessaires aux progrès de la recherche, avec la protection du potentiel scientifique et technique rendue nécessaire par le risque induit par une diffusion des savoirs en matière de terrorisme ou de prolifération d'armes de destruction massive par exemple (cf. section suivante).

Le régime juridique mis en place pour protéger ce potentiel permet :

– de canaliser la circulation des personnes au sein d'une ZRR ainsi que celle des informations se rapportant à des spécialités sensibles ;

– en sensibilisant les acteurs à la nécessaire sécurité de leurs travaux, de favoriser l'émergence, au sein des entités, d'une culture de la protection de leur patrimoine par la diffusion de bonnes pratiques et d'une "boîte à outils" adaptée aux besoins ;
– d'instituer de fait entre les entités protégées un espace de confiance inhérent à la prise de mesures communes de sécurité, à travers le développement d'une communauté de ZRR.

Ces mesures ne dispensent bien évidemment pas d'appliquer les autres dispositions légales ou réglementaires et notamment celles relatives :
– aux transferts et exportations de matériels et technologies autorisés au titre des matériels de guerre,
– aux secteurs d'activité d'importance vitale (SAIV),
– au contrôle des exportations des biens et technologies à double usage,
– aux traités, accords et règlements de sécurité conclus entre la France et ses partenaires étrangers.

SECTION 2 *Les quatre risques au titre de la ppst*

L'article R. 413-5-1 du code pénal vise à prévenir le détournement des savoirs et savoir-faire en organisant la protection du potentiel scientifique et technique de la Nation au regard des quatre risques suivants :
– **risque 1 (Rl)**, "intérêts économiques de la Nation" : concerne les atteintes au potentiel scientifique et technique susceptibles de nuire aux intérêts économiques de la Nation ;
– **risque 2 (R2)**, "arsenal militaire" : concerne le détournement du potentiel scientifique et technique susceptible de renforcer l'arsenal militaire (conventionnel) d'un autre pays ou d'affaiblir les capacités de défense de la Nation ;
– **risque 3 (R3)**, "prolifération" : concerne la prolifération des armes de destruction massive et de leurs vecteurs, dans les domaines nucléaire, balistique, chimique ou biologique ;
– **risque 4 (R4)**, "terrorisme" : concerne le détournement de savoirs susceptibles d'être utilisés à des fins d'activités terroristes, menées sur le territoire national ou à l'étranger (ce risque comprend également le risque radiologique).

SECTION 3 *La concertation*

L'article 2 du décret n° 2011-1425 du 2 novembre 2011 dispose que la protection est assurée par la concertation entre les pouvoirs publics et les chefs des services, établissements ou entreprises qui comprennent une ZRR ou qui ont une activité exposée aux risques cités ci-dessus. Cette concertation se traduit par une transmission d'informations qui permet aux autorités de l'État de prendre des mesures de protection les plus en adéquation avec les besoins.

Une convention peut être conclue entre le ministre qui a établi le besoin de protection et les organes compétents du service, établissement ou entreprise intéressé. Les services des hauts fonctionnaires de défense et de sécurité des ministères disposent de conventions-type.

CHAPITRE II *LA COORDINATION AVEC LES AUTRES DISPOSITIFS DE PROTECTION*

SECTION 1 *L'articulation avec les autres dispositifs nationaux de protection*

Le dispositif de protection du potentiel scientifique et technique s'intègre dans l'ensemble des régimes participant à la sécurité de la Nation, tels que :
– *la protection du secret de la défense nationale.* Les deux dispositifs ont des champs d'action complémentaires (protection d'une information classifiée de défense et protection de savoirs et savoir-faire sensibles qui ne relèvent pas nécessairement de ce domaine) ainsi que des procédures compatibles (établissant notamment pour les personnes habilitées une exemption de l'avis ministériel nécessaire pour entrer dans une ZRR) ;

– *la sécurité des activités d'importance vitale.* La protection contre les détournements du potentiel scientifique et technique vise à compléter la protection contre les atteintes physiques mises en place par le mécanisme des points d'importance vitale (PIV) ;
– *la politique publique d'intelligence économique.* Les secteurs scientifiques et techniques protégés sont conçus pour assurer la bonne articulation avec les secteurs stratégiques.

SECTION 2 *L'articulation avec les dispositifs techniques*

A *Le contrôle de la fusion thermonucléaire par confinement inertiel*

Les activités d'études et de recherches dans le domaine de la fusion thermonucléaire par confinement inertiel (FCI) font l'objet d'un contrôle en application du décret n° 80-247 du 3 avril 1980. Ce contrôle est destiné à éviter que ces activités ne conduisent à rassembler des renseignements, des objets, des documents ou des procédés dont l'exploitation serait de nature à nuire à la défense nationale.

Le décret institue un comité de contrôle, placé sous la présidence du secrétaire général de la défense et de la sécurité nationale (SGDSN), qui est tenu informé des programmes d'études et de recherche, des projets d'investissements ainsi que des noms et qualités des personnes participant aux travaux dans ce domaine.

B *Les investissements étrangers en France*

Le code monétaire et financier prévoit, au titre de la défense des intérêts nationaux, que sont soumis à autorisation préalable du ministre de l'économie les investissements étrangers dans une activité en France qui participe à l'exercice de l'autorité publique ou relève de certains domaines définis à l'article L. 151-3 du code monétaire et financier. Cette disposition concerne notamment les activités de nature à porter atteinte à l'ordre public, à la sécurité publique ou aux intérêts de la défense nationale.

C *Les agents pathogènes*

Les agents pathogènes humains (micro-organismes et toxines hautement pathogènes [MOT], utilisés à des fins de diagnostic, recherche, développement et enseignement, présentent un risque réel pour la santé et la sécurité humaine, en raison d'un éventuel rejet, soit accidentel (notion de sécurité biologique), soit intentionnel (notion de sûreté biologique). Le législateur a adopté en 2001 puis actualisé en 2010 des textes réglementaires portant sur les micro-organismes et toxines définis par l'arrêté du 30 juin 2010 *[NOR : SASP1017109A]*.

Ces textes définissent les conditions et un régime d'autorisation pour toute opération de production, fabrication, transport, importation, exportation, détention, offre, cession, acquisition et emploi de tout ou partie des micro-organismes et toxines.

D *Les instances nationales de référence*

Les instances nationales de référence comprennent les laboratoires nationaux de référence *[Art. R. 202-2 s. C. rur. et Arr. du 19 oct. 2011 modifiant l'Arr. du 29 déc. 2009 désignant les laboratoires nationaux de référence dans le domaine de la santé publique vétérinaire et phytosanitaire]*, sous tutelle du ministre de l'agriculture, et les centres nationaux de référence *[Art. L. 1413-4 CSP ; Arr. du 29 nov. 2004 fixant les modalités de désignation et les missions des centres nationaux de référence pour la lutte contre les maladies transmissibles ; Arr. du 26 déc. 2011 fixant la liste des centres nationaux de référence pour la lutte contre les maladies transmissibles et des laboratoires associés]*, sous tutelle du ministre de la santé.

Ils ont notamment pour mission d'apporter une expertise scientifique et technique destinée à fonder la prise de décision des pouvoirs publics au plus haut niveau.

Les résultats et méthodes des expertises conduites par les instances nationales de référence doivent impérativement présenter des garanties de confidentialité, d'impartialité et d'indépendance vis-à-vis de toute personne physique ou morale exerçant une activité de production, d'importation ou de commercialisation de produits ou de biens en rapport avec leur domaine de compétence.

Aussi, les instances nationales de référence sont directement concernées par l'application du dispositif de protection du potentiel scientifique et technique de la Nation.

SECTION 3 *Le contrôle des exportations*

A *Les matériels de guerre*

Les exportations des matériels de guerre et assimilés sont encadrés par le décret du 16 juillet 1955 qui a institué la mise en place de la Commission Interministérielle pour l'Étude des Exportations de Matériels de Guerre (CIEEMG) présidée par le secrétaire général de la défense et la sécurité nationale. Le décret dispose que soient confiées au ministre de la défense des responsabilités particulières en matière de préparation, de mise en œuvre et de contrôle des opérations d'exportation. L'arrêté du 17 juin 2009 modifié fixe la liste des matériels soumis à procédure d'exportation et l'arrêté du 2 octobre 1992 modifié précise la procédure de contrôle à l'exportation.

Les transferts intracommunautaires sont soumis aux procédures de délivrance des licences de transfert. Les modalités de contrôle de ces transferts sont définies par la loi n° 2011-702 du 22 juin 2011, le décret n° 2011-1467 du 9 novembre 2011 et le décret n° 2012-901 du 20 juillet 2012.

B *Les biens à double usage*

Le contrôle des exportations des biens et technologies sensibles à double usage est un outil indispensable de lutte contre la prolifération des armes de destruction massive. Son régime juridique est notamment précisé par les décrets n° 2010-292 et n° 2010-294 du 18 mars 2010.

On entend par biens à double usage les biens et les technologies susceptibles d'avoir une utilisation tant civile que militaire.

En cohérence avec la maîtrise des exportations des matériels de guerre et équipements assimilés, la circulation des biens et technologies à double usage est contrôlée par l'attribution de licences d'exportation, délivrées par le service des biens à double usage : (SBDU) à la suite de l'examen par la commission interministérielle des biens à double usage (CIBDU).

CHAPITRE III *LE RÔLE DES AUTORITÉS DE L'ÉTAT*

SECTION 1 *Le Premier ministre*

Il revient au Premier ministre de déterminer la liste des secteurs exposés aux risques rappelés ci-dessus ainsi que les informations qui doivent être transmises au secrétaire général de la défense et de la sécurité nationale et aux ministres. Le Premier ministre arrête également la liste des spécialités recélant les savoir-faire susceptibles d'être détournés à des fins de terrorisme ou de prolifération d'armes de destruction massive et de leurs vecteurs.

Il définit les orientations nationales en matière de protection du potentiel scientifique et technique de la Nation en tenant compte de l'évolution de la sensibilité des recherches et des technologies, de la situation internationale et des engagements internationaux de la France.

SECTION 2 *Le secrétaire général de la défense et de la sécurité nationale (SGDSN)*

Le secrétaire général de la défense et de la sécurité nationale pilote le dispositif de protection, dresse et tient à jour les documents qui permettent d'apprécier les risques encourus par notre potentiel scientifique et technique.

Il coordonne l'action des ministères pour la protection des spécialités sensibles et veille au déploiement du dispositif de protection.

Il est garant du respect des procédures et arbitre les éventuels différends entre les ministères de tutelle.

SECTION 3 *Le ministre*

Le ministre qui a en charge les installations, matériels, recherches, études ou fabrications, détermine leur caractère secret et leur besoin de protection. Conformément aux règles régissant la délégation de pouvoirs, il peut déléguer aux autorités dont relèvent les structures le pouvoir de fixer le besoin de protection.

Il fixe les orientations nationales relevant de la compétence de son ministère. A cette fin, il est tenu informé par le chef de service, d'établissement ou d'entreprise, de l'évolution des recherches et de la nécessité de mettre en place des ZRR et, le cas échéant, de définir en leur sein des locaux sensibles.

Il signe les conventions avec les entreprises privées qui souhaitent adhérer au dispositif de protection.

SECTION 4 *Le haut fonctionnaire de défense et de sécurité*

Dans chaque ministère, le haut fonctionnaire de défense et de sécurité agit au nom du ministre pour ce qui relève de la protection du potentiel scientifique et technique le concernant.

Il participe à la définition des orientations nationales en matière de protection du potentiel scientifique et technique de la Nation.

Il établit une directive ministérielle qui met en œuvre les orientations définies par le ministre. Il s'assure de leur bonne exécution.

SECTION 5 *Le fonctionnaire de sécurité et de défense*

Le haut fonctionnaire de défense et de sécurité est assisté, pour conduire les actions relatives à la protection du potentiel scientifique et technique de la Nation, par un ou plusieurs fonctionnaires de sécurité et de défense dans les services ou établissements concernés.

Le fonctionnaire de sécurité et de défense est désigné par le chef de service ou d'établissement, en concertation avec le haut fonctionnaire de défense et de sécurité.

Il est, au sein des ministères ou des établissements publics d'enseignement supérieur et de recherche, le relais fonctionnel du haut fonctionnaire de défense et de sécurité du ministère de tutelle. Il est chargé de la mise en œuvre des dispositions relevant de la compétence du haut fonctionnaire de défense et de sécurité.

Il veille à l'application des mesures de protection du potentiel scientifique et technique. En amont, il donne son avis au chef de service sur les risques encourus du fait d'un projet de coopération. Il sensibilise le chef de service sur les pratiques visant à améliorer la protection du potentiel scientifique et technique.

Il instruit les demandes d'accès aux ZRR adressées au chef de service et donne son avis, dans les cas prévus par l'article R. 413-5-1 du code pénal, au haut fonctionnaire de défense et de sécurité sur les suites à donner.

SECTION 6 *Les services spécialisés concourant à la protection du potentiel scientifique et technique*

Les "Services" (DPSD, DCRJ) assurent des missions de prévention, d'information, d'inspection et peuvent émettre un avis pour les accès aux ZRR.

CHAPITRE IV *LE RÔLE DES SERVICES, ÉTABLISSEMENTS OU ENTREPRISES*

SECTION 1 *Le chef de service, d'établissement ou d'entreprise*

Le chef de service, d'établissement ou d'entreprise abritant une activité relevant d'un secteur scientifique et technique protégé ou comprenant une ou plusieurs zones à régime restrictif est responsable de la protection du potentiel scientifique et technique.

Il peut demander au ministre en charge des installations, matériels, recherches, études ou fabrications, la création d'une ZRR.

Sur la base de l'arrêté portant création d'une ZRR ou portant reconnaissance de locaux sensibles, il détermine et assure le niveau de protection adapté (cf titre II). Il prend les mesures nécessaires à la protection ainsi qu'à son maintien notamment à l'occasion de l'exécution de contrats impliquant l'entrée de tiers dans le service ou la diffusion d'informations à l'extérieur de ce service.

En tant que de besoin, il peut demander au haut fonctionnaire de défense et de sécurité du ministre chargé d'exercer la tutelle ou avec lequel a été établie une convention de solliciter un contrôle élémentaire de la personne cocontractante auprès des services compétents du ministère de la défense et du ministère de l'intérieur.

Il peut également déléguer, conformément aux règles de droit administratif sur la délégation de signature, au responsable de l'unité de recherche ou de production concernée ou au chef de la ZRR la faculté de signer en son nom les documents prévoyant les mesures de sécurité applicables ou les autorisations d'accès aux dites zones.

Le responsable de la protection du potentiel scientifique et technique peut désigner, pour l'assister :

– un coordonnateur pour la protection du potentiel scientifique et technique (CPPST) et, si nécessaire, un ou plusieurs adjoints. En tant que de besoin, ils sont habilités au titre de la protection du secret de la défense nationale ;

– une ou plusieurs personnes chargées de la protection du potentiel scientifique et technique dans chaque zone à régime restrictif ou chaque secteur scientifique et technique protégé.

SECTION 2 *Le responsable de l'unité de recherche ou de production*

Dans les unités relevant d'un secteur scientifique et technique protégé, le responsable de l'unité de recherche ou de production, ou selon le service, le chef d'équipe, met en œuvre le dispositif de protection décidé par le chef de service. Comme précisé ci-dessus, il peut bénéficier d'une délégation de signature lui permettant de signer au nom du chef de service, les documents fixant les mesures de sécurité applicables.

En tant que de besoin, il est habilité au titre de la protection du secret de la défense nationale. Il peut être assisté dans cette tâche par un coordonnateur pour la protection du potentiel scientifique et technique (CPPST).

SECTION 3 *Le chef de la zone à régime restrictif*

Le chef de la ZRR est désigné par le chef de service, d'établissement ou d'entreprise.

Il met en œuvre le dispositif de protection du potentiel scientifique et technique au sein de cette zone *[Il peut être désigné chef de plusieurs ZRR au sein du même service, établissement ou entreprise]*.

Il désigne au besoin un coordonnateur pour la protection du potentiel scientifique et technique (CPPST) pour l'assister dans la mise en œuvre du dispositif de protection de la ZRR.

Dans le cas où la ZRR couvre une activité d'importance vitale, le chef de la zone à régime restrictif peut être le délégué de la défense et à la sécurité du point d'importance vitale (PIV) au sens de l'article R. 1143-8 du code de la défense.

SECTION 4 *Le coordonnateur pour la protection du potentiel scientifique et technique (CPPST)*

Le coordonnateur pour la protection du potentiel scientifique et technique assiste le chef de service, d'établissement ou d'entreprise, ou le responsable de l'unité de recherche ou de production dans les unités relevant d'un secteur scientifique et technique protégé.

Le coordonnateur pour la protection du potentiel scientifique et technique est en tant que de besoin habilité au titre de la protection du secret de la défense nationale. Il peut être aidé dans ses missions par un ou plusieurs adjoints.

Il est spécialement chargé de la préparation et de l'exécution des mesures de protection. Il organise et anime le réseau des personnes chargées de la protection du potentiel scientifique et technique et veille à l'application des procédures.

Le coordonnateur pour la protection du potentiel scientifique et technique adapte les mesures de protection et de surveillance applicables aux stages et aux doctorats à la zone à régime restrictif. Il sensibilise les agents qui encadrent les travaux des stagiaires et des doctorants.

TITRE II LES ZONES À RÉGIME RESTRICTIF ET LOCAUX SENSIBLES

Les zones à régime restrictif (ZRR) sont, aux termes de l'article 413-7 du code pénal, constituées de locaux et de terrains clos dans lesquels l'accès et la circulation sont réglementés afin d'assurer la protection des installations, du matériel ou du secret des recherches, études ou fabrications.

Il s'agit donc d'une catégorie de zone protégée recélant des éléments essentiels du potentiel scientifique et technique de la Nation. Leur accès et la circulation sont contrôlés, pour éviter qu'une personne qui s'y trouve puisse à l'insu du chef de service distraire des informations dont la diffusion serait de nature à présenter l'un des quatre risques définis au Titre I, chapitre I, section 2, de la présente circulaire.

Les espaces concernés (un bâtiment, un laboratoire, un étage de bureaux, etc.) font l'objet de mesures de protection particulières et sont inclus dans un ensemble plus vaste (campus universitaire, par exemple).

L'arrêté ministériel qui crée la ZRR précise l'emprise de la zone à l'intérieur de laquelle un "local sensible" pourra être créé pour répondre à un besoin accru de protection lorsque l'activité comporte des risques liés principalement à la prolifération d'armes de destruction massive (R3) et au terrorisme (R4) (article R. 413-5-1 du code pénal).

CHAPITRE I *LA CRÉATION D'UNE ZRR OU D'UN LOCAL SENSIBLE*

SECTION 1 *Les critères permettant la création d'une ZRR ou d'un local sensible*

La décision de créer (ou de supprimer une ZRR) doit répondre à un besoin (ou à sa disparition) qu'il convient d'examiner de la manière la plus objective possible.

A *L'évaluation de la sensibilité de la ZRR*

La sensibilité fait l'objet d'une cotation de 0 à 3 pour chaque risque (RI à R4) identifié au Titre I, chapitre I, section 2, de la présente circulaire. Chaque risque fait donc l'objet d'une cotation. Une ZRR ne se justifie que s'il existe un risque identifié, c'est-à-dire pour lequel la cotation est supérieure à zéro.

B *Les autres critères à prendre en compte par le ministre*

Le ministre compétent est soit le ministre de tutelle, dans le cas d'un service et d'un établissement, soit celui qui a fixé le besoin de protection dans le cadre d'une convention signée avec une entreprise.

Le ministre devra veiller :

- à ce que la réglementation de la circulation au sein de ces zones n'ait pas pour objet ou pour effet de remettre en cause le principe d'enrichissement de l'enseignement par la recherche ;
- à la cohérence de l'unité de recherche ou de production. Ceci est notamment le cas lorsqu'il est envisagé la création de plusieurs ZRR au sein d'une même unité ;
- à fixer les limites géographiques de la zone qui correspondent à la nécessité de protection afin de ne pas alourdir inutilement le dispositif de contrôle. Le choix de l'emprise d'une ZRR résulte en effet d'un accommodement entre les contraintes liées à la protection de la confidentialité des activités de recherche ou de production et le besoin de fonctionnement de l'unité.

L'emprise d'une ZRR et des modalités d'organisation qui en découlent, résultent donc d'un équilibre entre :

- le cadre réglementaire défini dans les articles R. 413-1 à R. 413-5-1 du code pénal ;
- le fonctionnement de l'unité de recherche ou de production concernée ;
- les principes du processus de Bologne *[Conférence ministérielle de Bologne de 1999 et ultérieures qui promeuvent notamment l'établissement de liens étroits entre l'espace de l'enseignement supérieur et celui de la recherche (adossement de l'enseignement à la recherche)]* sur l'enseignement supérieur et la recherche ;

– des contraintes spécifiques à l'unité de recherche ou de production.

SECTION 2 *La procédure de création d'une ZRR ou d'un local sensible*

Lorsqu'il existe un risque lié à la captation d'informations susceptibles d'affaiblir le potentiel scientifique et technique de la Nation, le chef de service, d'établissement ou d'entreprise et le ministre de tutelle s'entendent sur la nécessité de créer une ZRR ou un local sensible.

Le chef de service ou d'établissement relevant de la tutelle d'un ministre ou le chef d'entreprise dans lesquels est envisagée la création d'une ZRR, adresse au ministre un dossier de demande, dont les modalités sont précisées par des procédures propres à chaque ministère.

CHAPITRE II *LA MISE EN PLACE D'UNE ZRR OU D'UN LOCAL SENSIBLE*

SECTION 1 *Généralités*

Il appartient au chef de la ZRR de mettre en œuvre les mesures nécessaires à la protection du potentiel scientifique et technique du service, de l'établissement ou de l'entreprise.

Il n'existe pas de normes techniques imposées pour protéger une ZRR ou un local sensible. Chaque chef de ZRR adapte le niveau de protection aux activités de l'unité de recherche ou de production qu'il doit protéger.

Il doit cependant se conformer aux obligations juridiques définies par l'article R. 413-4 du code pénal et l'arrêté du 3 juillet 2012 relatif à la protection du potentiel scientifique et technique de la Nation susvisés qui supposent :

– l'installation, à l'extérieur du périmètre de la ZRR, d'une signalétique informant du statut de ZRR et des conséquences pour les personnes qui sont entrées frauduleusement dans cette zone ;

– la mise en place d'un contrôle des accès. Des directives ministérielles précisent la politique de mise en place des contrôles d'accès et de traçabilité ;

– la détermination des mesures de sécurité applicables aux visites : mise en place de "circuits de notoriété" définissant les itinéraires à emprunter et précisant les sujets qui ne doivent pas être abordés en présence de visiteurs ;

– la définition et la mise en œuvre d'une politique de sécurité des systèmes d'information *[Arr. du 3 juill. 2012 relatif à la protection du potentiel scientifique et technique de la Nation, art. 1er]*.

A ces fins, il établit un règlement intérieur et met en place une signalétique. Le règlement intérieur précise notamment :

– les formalités d'accès propres aux personnes qui travaillent de manière permanente au sein de la ZRR ainsi que celles spécifiques aux personnes qui interviennent ponctuellement (stagiaires et visiteurs), étant rappelé que les autorisations d'accès sont, conformément à l'arrêté du 3 juillet 2012 relatif à la protection du potentiel scientifique et technique de la Nation, limitées dans le temps ;

– les formalités de circulation pour chacune des catégories de personnes (circuits de notoriétés éventuels, encadrement des visites…) ;

– l'amplitude horaire ;

– les mesures de contrôle interne (port de badge…) ;

– la conduite à tenir en cas d'incident ;

– la présence d'un local sensible et les règles applicables.

Des directives ministérielles précisent les éléments propres à chaque ministère.

La signalétique doit être conforme aux prescriptions de l'annexe 7 de la présente circulaire.

SECTION 2 *Spécificités propres au local sensible*

De sa propre initiative ou à la demande du ministre chargé d'exercer la tutelle ou dont relève le secteur d'activité concerné, le chef de service, d'établissement ou d'entreprise peut identifier et proposer au sein des zones à régime restrictif un ou plusieurs "locaux sensibles" affectés à l'entreposage ou à l'exécution d'activités particulièrement sensibles, relevant des risques de prolifération (R3) et de terrorisme (R4).

L'autorité de tutelle ou celle qui a déterminé le besoin de protection établit dans une directive les normes techniques ministérielles minimales de protection des locaux sensibles *[Arr. du 3 juill. 2012 relatif à la protection du potentiel scientifique et technique de la Nation, art. 4]* en s'appuyant notamment sur l'ensemble des dispositifs juridiques en vigueur applicables aux établissements concernés.

CHAPITRE III *LE FONCTIONNEMENT D'UNE ZRR OU D'UN LOCAL SENSIBLE*

SECTION 1 *Le rôle du chef de service*

Le chef de service, d'établissement ou d'entreprise comprenant une ou plusieurs zones à régime restrictif est responsable de la protection du potentiel scientifique et technique.

Il peut déléguer, conformément aux règles de droit administratif sur la délégation de signature, au chef de la ZRR, qu'il désigne, la faculté de signer en son nom les documents prévoyant les mesures de sécurité applicables ou les autorisations d'accès aux dites zones.

A la fin du mois de janvier, il dresse le bilan statistique des accès aux ZRR pour l'année précédente qu'il transmet au haut fonctionnaire de défense et de sécurité du ministre chargé d'exercer la tutelle ou qui a déterminé le besoin de protection.

Des directives ministérielles précisent les données à transmettre au haut fonctionnaire de défense et de sécurité et en fixent les modalités de transmission.

SECTION 2 *Le rôle du chef de la ZRR*

Le chef de la ZRR veille à ce que la qualité et le niveau des mesures de protection, y compris la sécurité des systèmes d'informations, soient maintenus en toutes circonstances.

En cas de difficulté, il en réfère au chef de service, d'établissement ou d'entreprise qui demeure responsable de la protection du potentiel scientifique et technique.

Afin d'aider le chef de service dans sa mission, il recueille toutes les informations permettant de réaliser les bilans du chef de service.

SECTION 3 *L'accès à une ZRR*

A *Principes généraux*

Hormis l'hypothèse visée par l'article R. 413-5 du code pénal selon laquelle le ministre délivre seul les autorisations d'accès lorsque la zone a été instituée en vue de garder secrètes, dans l'intérêt de la défense nationale, des recherches, études ou fabrications, tout accès doit nécessairement faire l'objet d'une autorisation du chef de service, d'établissement ou d'entreprise.

Cette autorisation est individuelle et nominative. Dans les cas *[Stages, doctorats, activités de recherche, activités professionnelles et prestations de service]* définis par l'article R. 413-5-1 du code pénal, cette autorisation ne peut intervenir qu'après avis favorable du ministre de tutelle ou de celui qui a déterminé le besoin de protection, dans le cas d'une entreprise privée.

Cette autorisation est limitée à 5 ans et renouvelable.

B *Cas du numérique*

L'accès aux informations scientifiques et techniques détenues dans une ZRR peut être uniquement virtuel, sous la forme d'un accès à distance par voie électronique (prestation de service d'infogérance, projet de recherche scientifique mené à distance, etc.).

Tout accès même virtuel doit être autorisé par le chef de service, après avis ministériel favorable, conformément aux règles qui régissent l'accès physique. Cette autorisation doit par ailleurs être conforme à la politique de sécurité des systèmes d'information (PSSI) ministérielle adoptée par l'autorité de tutelle et aux procédures de sécurité appliquées dans la ZRR.

Le traitement des données informatiques de la ZRR est susceptible de tomber sous le coup des articles 411-6 et suivants du code pénal qui sanctionnent notamment le fait de rendre accessible à une entreprise ou organisation étrangère des documents ou données informatisées dont l'exploitation, la divulgation ou la réunion est de nature à porter atteinte aux intérêts fondamentaux de la Nation. Sont également applicables les dispositions de l'article 323-1 du code pénal qui prévoit et réprime l'introduction frauduleuse dans les systèmes de traitement automatisé de données.

Les règles de protection des informations sensibles et des ressources informatiques s'appliquent également lorsque ces informations font l'objet d'un traitement par une société exerçant son activité en dehors de la ZRR.

Il convient notamment de porter une attention particulière au recours, par les unités de recherche ou de production, aux solutions d'externalisation de l'hébergement des données et des systèmes chez un tiers indépendant ("nuage informatique" ou "*Cloud Computing*").

Une analyse de risques doit être conduite, préalablement au développement de tels projets, en vue d'instituer un ensemble de mesures d'encadrement, conciliant les impératifs économiques et techniques des unités concernées, leurs méthodes de travail et les besoins de protection du potentiel scientifique et technique national.

L'externalisation hors du territoire national des données informatiques nécessite de bénéficier de conditions contractuelles, techniques, juridiques et de sécurité équivalentes à celles d'un contrat conclu avec un prestataire établi et opérant sur le territoire national.

SECTION 4 *Le suivi, la visite d'assistance technique et le contrôle d'une ZRR*

Le suivi, la visite d'assistance technique et le contrôle d'une ZRR relèvent des attributions des hauts fonctionnaires de défense et de sécurité des ministères. Chacun précise dans des procédures internes ses modalités d'organisation.

CHAPITRE IV *LA DEMANDE D'ACCÈS À UNE ZONE À RÉGIME RESTRICTIF (ZRR) OU À UN LOCAL SENSIBLE*

SECTION 1 *Terminologie*

Au sens de l'article R. 413-5-1 II du code pénal :

– le terme "accès" couvre l'ensemble des manières dont une personne peut avoir connaissance des informations détenues dans une ZRR :

 – accès physique (la personne entre dans les locaux) ;
 – accès à distance ou virtuel (la personne accède au réseau informatique de la ZRR à partir de l'extérieur ou se fait transmettre des informations par voie postale).

L'arrêté du 3 juillet 2012 relatif à la protection du potentiel scientifique et technique de la Nation susvisé impose au chef de la ZRR d'assurer les mêmes qualités de protection de l'information à l'intérieur ou la sortie de la ZRR (télétravail, infogérance, conseil en propriété industrielle) ;

– le terme "stage" concerne le séjour temporaire d'une personne qui participe directement aux activités scientifiques et techniques menées au sein de l'unité de recherche ou de production. Sont concernés notamment les étudiants (master, thèse, etc.), les enseignants et les chercheurs (post-doctorants, en poste dans le public ou le privé, etc.) ;

– le terme "exercer une activité professionnelle" s'entend :

 – de l'exercice pérenne de l'activité au sein d'une ZRR ;
 – de la collaboration professionnelle occasionnelle en lien avec le secteur scientifique et technique concerné, qui implique une présence dans la ZRR.

Le processus d'analyse de la demande, précisé en annexe 4 de la présente circulaire, s'effectue en trois étapes :

 – tout "demandeur" formalise sa demande en fournissant les renseignements nécessaires demandés en annexe 3 de la présente circulaire ;
 – "l'accueillant", chef de la ZRR ou responsable de l'unité de recherche ou de production, complète la demande par les données scientifiques requises ;
 – le ministre, qui s'exprime le cas échéant par l'intermédiaire du haut fonctionnaire de défense et de sécurité, donne son avis.

SECTION 2 *La demande d'accès à une ZRR ou un local sensible*

Toute personne souhaitant accéder à une ZRR doit y être autorisée par le chef de service, d'établissement ou d'entreprise qui peut, dans le respect des règles du droit administratif relatives à la délégation de signature, confier au chef de la ZRR le soin de signer l'autorisation.

La demande d'accès à une ZRR est formalisée directement par l'intéressé au moyen du formulaire-type joint en annexe 3 de la présente circulaire. La demande ne peut pas être faite par un mandataire pour le compte de l'intéressé.

La demande d'accès à un local sensible est formulée dans les mêmes conditions que pour un accès à une ZRR.

La délivrance de l'autorisation d'accès est un préalable à la signature du contrat de travail ou à l'inscription du demandeur à des travaux de recherche se déroulant dans une ZRR.

Le stage doit être précédé d'une convention qui prévoit les relations entre cette personne, son établissement d'origine et l'unité de recherche ou de production d'accueil. Cette convention de stage doit mentionner la durée de validité de l'autorisation qui est accordée de pénétrer dans la ZRR.

Lorsque le demandeur sollicite l'accès à plusieurs ZRR, il le précise sur le dossier unique qu'il remet à "l'accueillant".

SECTION 3 *L'instruction de la demande d'accès*

Le dossier comporte une partie remplie par le "demandeur". Lorsque cette partie est complète, l'accueillant en accuse réception. C'est cette date qui fait courir le délai de deux mois prévu par l'article R. 413-5-1 II du code pénal aux termes duquel le silence gardé par le ministre vaut avis favorable.

Le dossier est complété dans les meilleurs délais par "l'accueillant" qui peut y ajouter les éléments de contexte permettant de faciliter le traitement du dossier. Ce sera notamment le cas lorsque l'accès à plusieurs ZRR est demandé. Dans ce cas, l'avis du coordonnateur pour la protection du potentiel scientifique et technique (CPPST) peut être sollicité.

L'accueillant attribue à chaque demande d'accès un numéro unique sous le format suivant : *année-mois-code ZRR-n° de demande dans le mois pour la ZRR.*

L'ensemble est ensuite adressé immédiatement au ministre par l'intermédiaire du chef de service dans le but de recueillir son avis.

Il est rappelé qu'aux termes de l'article R. 413-5-l III du code pénal, les prestataires extérieurs relevant des catégories précisées par l'arrêté du 3 juillet 2012 relatif à la protection du potentiel scientifique et technique de la Nation qui exercent leur activité habituelle dans une zone à régime restrictif, dans les conditions fixées par un contrat de prestation de service, et qui souhaitent accéder à la zone à régime restrictif, sont réputés avoir obtenu un avis favorable.

Il en est de même pour les personnes bénéficiant d'une habilitation au titre de la protection du secret de la défense nationale. Dans de telles hypothèses, il n'est pas nécessaire de solliciter l'avis du ministre.

L'avis du ministre

Le ministre émet un avis sur la demande qui lui est présentée. Celui-ci peut être :

- explicite (favorable ou défavorable). Il est transmis à "l'accueillant" ;
- implicitement favorable, suite au silence gardé par l'administration pendant deux mois, conformément aux dispositions de l'article R. 413-5-1 II du code pénal.

Lorsque la partie du dossier remplit : par "l'accueillant" n'est pas complète, cet avis sera négatif.

SECTION 4 *La décision*

Lorsque la décision de créer une zone protégée n'a pas été prise en vue de garder secrètes des recherches, études ou fabrication intéressant la défense nationale, c'est le chef de service qui autorise ou non l'accès à la ZRR après avoir pris connaissance de l'avis du ministre.

Lorsque le ministre a donné un avis défavorable, le chef de service doit refuser la demande qui lui est adressée. Lorsque l'avis est favorable, le chef de service peut ou non faire droit à la demande.

L'autorisation est individuelle, nominative et limitée dans le temps.

La décision est transmise au chef de la ZRR, qui la notifie au "demandeur".

L'article R. 413-5-1 II dernier alinéa du code pénal prévoit que par dérogation aux dispositions de la loi n° 79-587 du 11 juillet 1979, les décisions individuelles défavorables n'ont pas à être motivées. La décision de refus est notifiée par lettre recommandée avec avis de réception à l'intéressé. Le courrier accompagnant la décision de refus mentionne la faculté qu'a l'intéressé d'effectuer soit un recours administratif (recours gracieux et/ou hiérarchique) soit un recours juridictionnel devant le juge administratif dans les délais de droit commun.

CHAPITRE V *LES MESURES DE PROTECTION PROPRES AU STAGE ET AU RAPPORT DE STAGE*

Le stagiaire exerce ses activités de recherche ou de production sous le contrôle d'un personnel permanent de la ZRR.

Le responsable de stage ou de formation est rendu destinataire de tout projet de rapport de stage effectué dans une ZRR. Il le transmet en tant que de besoin au chef de service en appelant son attention sur les risques inhérents à la diffusion des informations contenues dans le projet de rapport.

Lorsque le projet de rapport est conforme au rapport final et afin de lui permettre de protéger les éléments constitutifs du potentiel scientifique et technique, le chef de service, d'établissement ou d'entreprise, après avis éventuel du coordonnateur pour la protection du potentiel scientifique et technique et du responsable de stage, peut exiger du stagiaire qu'il occulte les informations dont la diffusion présente un risque au sens de l'article R. 413-5-1 I du code pénal.

Le stagiaire qui diffuserait ces informations, nonobstant l'opposition du chef de service, est susceptible de voir sa responsabilité pénale engagée, soit sur le fondement des articles 413-10 du code pénal si les informations font l'objet d'une classification, soit sur celui des articles 226-13 (secret professionnel) ou 314-1 (abus de confiance) du même code.

CHAPITRE VI *LES VISITES*

Les visites se définissent comme un accès dans une ZRR ou dans une unité de recherche ou de production. Elles se caractérisent par leur aspect temporaire et par l'absence de participation directe aux activités scientifiques et techniques. Elles se différencient de la prestation de service nécessitant une autorisation d'accès par l'absence de contrat.

SECTION 1 *Dispositions générales applicables aux visites*

Le chef de service, d'établissement ou d'entreprise comprenant une ou plusieurs zones à régime restrictif détermine les mesures de sécurité applicables aux visites dans ces zones. Il fixe les mesures de sécurité qu'il décide de mettre en œuvre dans la ZRR, au regard des besoins de protection et de ses moyens. Ces mesures sont précisées dans le règlement intérieur et présentent un caractère permanent. Une copie du règlement est transmise pour avis au haut fonctionnaire de défense et de sécurité du ministère chargé d'exercer la tutelle, ou à celui qui a déterminé le besoin de protection.

Ces mesures précisent notamment :

– les personnes, de préférence le coordonnateur pour la protection du potentiel scientifique et technique ou l'un de ses adjoints, désignées pour contrôler, accompagner et surveiller les visiteurs ;
– les sujets qui ne doivent pas être abordés en présence des visiteurs ;
– les circuits à emprunter, indiquant le cas échéant les locaux à éviter. Les visites sont organisées selon des "circuits de notoriété" clairement définis à l'avance et encadrés de telle manière qu'aucune information à protéger ne puisse lors de la visite être directement accessible ou être déduite ;

– les mesures de sécurité en vigueur que les visiteurs doivent respecter.

Le chef de la ZRR veille, sous l'autorité du chef de service, d'établissement ou d'entreprise, à ce qu'un répertoire de visites soit tenu à jour de manière à pouvoir être consulté à la demande du haut fonctionnaire de défense et de sécurité. Il contient les informations suivantes :

– n° de ZRR ;

– identification du visiteur (nom, prénom, date et lieu de naissance, nationalité, organisme d'appartenance) ;

– identification de l'accueillant ou du responsable de la visite (si différent) ;

– date et motif de la visite.

La ZRR est juridiquement une catégorie de zone protégée. Dès lors, toute visite doit être autorisée par le chef de la ZRR. Elle fait l'objet d'une procédure de demande dont les conditions sont définies par chaque chef de service. La demande est adressée au chef de la ZRR qui exceptionnellement peut demander l'avis de l'autorité de tutelle. Les visites ne sont toutefois pas soumises à la procédure de l'avis ministériel favorable préalable.

Pour autant, afin de pouvoir prendre certaines dispositions permettant un encadrement pertinent, le chef de service informe, conformément à l'arrêté du 3 juillet 2012 relatif à la protection du potentiel scientifique et technique de la Nation et aux directives ministérielles reçues, l'autorité de tutelle et les Services territorialement compétents, de tout projet de visite sensible dans la ZRR, au moyen d'un document type. Si nécessaire, les "Services" adressent un avis d'alerte au chef de la ZRR et au haut fonctionnaire de défense et de sécurité.

SECTION 2 *Cas particulier des enseignements dispensés dans une ZRR*

Les enseignements sont exclus des dispositions de l'article R. 413-5-1 II du code pénal, dès lors qu'ils n'ont pas vocation à préparer à un doctorat. Lorsque les enseignements ne concourent pas à la préparation d'une thèse (cours, travaux dirigés et pratiques non sensibles), les étudiants qui y prennent part, sont considérés comme des visiteurs. Ils ne sont pas davantage considérés comme une formation en raison de leur caractère occasionnel.

Les conditions d'accès sont alors précisées par le règlement intérieur de la ZRR de manière à garantir la protection des activités de recherche. Les visiteurs accèdent aux salles de cours par des itinéraires identifiés comme "circuits de notoriété".

Cette disposition est encadrée par une directive ministérielle.

SECTION 3 *Visite d'un local sensible*

Les visiteurs ne peuvent avoir accès à un local sensible que s'ils sont directement concernés par l'activité scientifique et technique menée.

L'accès au local sensible donne lieu, pour chaque visiteur, à l'enregistrement des données prévues pour une ZRR, complété par les précisions suivantes :

– n° de la pièce d'identité du visiteur ;

– son domicile ;

– documents éventuellement transmis ;

– identité de l'accompagnateur.

Lors d'une visite dans un local sensible au sein d'une ZRR, le visiteur 1 st accompagné en permanence par le coordonnateur pour la protection du potentiel scientifique et technique (ou par la personne que celui-ci désigne).

Le visiteur a, sauf autorisation particulière accordée par le chef de la ZRR ou le coordonnateur pour la protection du potentiel scientifique et technique, dont le haut fonctionnaire de défense et de sécurité est informé, interdiction d'emporter hors du local sensible du matériel ou des documents se rapportant aux activités à protéger et de reproduire, enregistrer ou transcrire de quelque manière que ce soit les informations relatives à ces activités.

CHAPITRE VII *LE CAS DES ZRR QUI HÉBERGENT DES SERVICES DIFFÉRENTS*

SECTION 1 *Les services relevant d'un seul ministre*

Une unité de recherche ou de production peut relever de plusieurs services rattachés au même ministre. Par ailleurs quand des unités cohabitent sur un même site, le besoin de protection peut donner lieu à la mise en place d'une ZRR commune.

Il importe dans ces cas que les chefs de services, d'établissements ou d'entreprises concernés définissent l'architecture du dispositif de protection et désignent lequel d'entre eux sera responsable de la protection du potentiel scientifique et technique.

Le chef de service désigné insère dans la convention qui lie son service aux autres, le dispositif de protection, qui précise la ventilation des obligations qui lui sont inhérentes.

SECTION 2 *Les unités relevant de ministres différents*

Chaque chef de service, d'établissement ou d'entreprise informe le haut fonctionnaire de défense et de sécurité de son ministère de tutelle des arrangements locaux relatifs à l'organisation de la protection du potentiel scientifique et technique.

SECTION 3 *Proximité géographique de plusieurs ZRR*

Dans certains cas, cohabitent sur un même site plusieurs unités de recherche ou de production pouvant relever de la tutelle d'un ministère différent et disposant de ZRR propres.

La cohérence des dispositifs de protection des différentes unités de recherche et de production impose localement une étroite coordination des politiques de sécurité.

Afin de gérer au mieux les entrées clans les diverses ZRR du site et harmoniser la mise en œuvre du mécanisme d'avis ministériel sur les différentes demandes d'accès, les chefs des ZRR peuvent désigner un correspondant unique chargé de la coordination locale des dossiers de demandes d'accès et faisant office d'interlocuteur de l'administration.

CHAPITRE VIII *COMMUNAUTÉ DE ZRR ET "LABEL ZRR"*

Bénéficiant d'une approche commune des questions de protection du potentiel scientifique et technique, les ZRR sont amenées à travailler plus facilement les unes avec les autres. Elles constituent de fait un réseau de confiance élémentaire.

Un "label ZRR" peut être accordé aux établissements, laboratoires, services et entreprises qui relèvent de cette communauté.

Ce label est fourni à la demande par le haut fonctionnaire de défense et de sécurité du ministère de tutelle, ou celui avec lequel a été établie la convention liant l'entreprise au ministère.

Ce label ne vaut pas autorisation permanente d'accès à la ZRR, mais permet de faciliter, en cas de besoin, l'instruction de la demande d'accès.

Des directives ministérielles précisent les modalités d'utilisation de ce label.

CHAPITRE IX *SUPPRESSION D'UNE ZRR*

La suppression d'une ZRR est décidée par le ministre qui l'a créée. Il abroge l'arrêté portant création de la ZRR concernée. Celui-ci peut-être saisi à cette fin par le haut fonctionnaire de défense et de sécurité ou par le chef de service.

TITRE III LES SECTEURS SCIENTIFIQUES ET TECHNIQUES PROTÉGÉS ET LES SPÉCIALITÉS SENSIBLES

CHAPITRE I *LES SECTEURS SCIENTIFIQUES ET TECHNIQUES PROTÉGÉS ET LES UNITÉS PROTÉGÉES*

SECTION 1 *Les principes généraux*

La protection des savoirs et des savoir-faire ne repose pas uniquement sur le mécanisme des ZRR. La notion de secteurs scientifiques et techniques protégés permet d'étendre cette protection non plus en considération du lieu, mais du domaine d'activité.

Une unité de recherche ou de production relève d'un secteur scientifique et technique protégé si sa discipline scientifique principale ou l'une de ses disciplines secondaires fait partie de la liste arrêtée par le Premier ministre (cf *infra*).

La liste des secteurs protégés, conçue comme une nomenclature nationale, est reprise en annexe 2 de la présente circulaire, reprenant celle publiée dans l'arrêté du 3 juillet 2012 relatif à la protection du potentiel scientifique et technique de la Nation.

Parmi ces secteurs protégés, les savoirs et savoir-faire de certaines spécialités scientifiques et techniques sont susceptibles d'être détournés à des fins de terrorisme ou de prolifération des armes de destruction massive et de leurs vecteurs. Ce sont les spécialités sensibles. Ces spécialités sont listées dans l'arrêté du 3 juillet 2012 relatif aux spécialités dont les savoir-faire sont susceptibles d'être détournés à des fins de terrorisme ou de prolifération d'armes de destruction massive et de leurs vecteurs (arrêté non publié au *Journal officiel*).

SECTION 2 *Les unités "protégées"*

Une unité de recherche ou de production relevant d'un secteur protégé bénéficie d'un niveau de protection renforcé lorsque la cotation des risques Rl à R4, définis au Titre I, chapitre I, section 2, de la présente circulaire (Rl à R4), est supérieure à zéro. Elles sont alors dites "unités protégées".

Les unités "protégées" sont soumises à une protection renforcée dont les modalités, qui complètent celles prises au titre du secteur scientifique et technique protégé, sont précisées au Titre III, chapitre II, section 4, de la présente circulaire.

La mention "protégée" apparaît explicitement dans l'inventaire national.

L'accès à une unité protégée n'est soumis à aucune autre formalité que celle précisée par le règlement intérieur dont le contenu peut être défini le cas échéant par la directive ministérielle. Il en va différemment lorsque l'unité protégée fait partie d'une ZRR.

SECTION 3 *Le cas des tutelles multiples au sein d'un secteur protégé*

Quand il n'existe pas de ZRR, les chefs de service, d'établissement ou d'entreprise qui concourent à l'activité protégée d'une unité de recherche, qu'ils relèvent d'un seul ou de plusieurs ministres, insèrent dans la convention qui en régit le fonctionnement, un article distinct et spécifique à la protection du potentiel scientifique et technique, qui prévoit notamment :

– les mesures à prendre et les moyens à mettre en œuvre en vue d'assurer la protection du potentiel scientifique et technique ;

– la désignation, parmi eux, d'un responsable en la matière pour l'unité considérée.

CHAPITRE II *LES MESURES DE PROTECTION*

SECTION 1 *Dispositions générales*

Une unité de recherche ou de production relevant d'un secteur scientifique et technique protégé doit être inscrite à l'inventaire national des unités de recherche ou de production. Pour celles qui ne relèvent pas d'un ministère de tutelle, cette inscription se fait par convention.

Le responsable de l'unité de recherche ou de production doit alors mettre en œuvre les mesures de protection des savoirs et savoir-faire qu'il estime nécessaires au regard des besoins qu'il identifie et des moyens dont il dispose *[Arr. du 3 juill. 2012 relatif à la protection du potentiel scientifique et technique de la Nation, art. 6]*.

Il autorise le régime des accès à l'unité selon des modalités définies par le chef de service ou d'établissement.

Il informe le haut fonctionnaire de défense et de sécurité de son ministère de tutelle de toute création ou modification d'unité de recherche ou de production, dont l'activité s'exerce dans un secteur scientifique et technique protégé.

Lorsque l'unité de recherche ou de production fait l'objet d'une protection organisée dans le cadre d'une ZRR, les dispositions de la ZRR se substituent à celles prévues pour les unités protégées.

SECTION 2 *Coopérations internationales dans les secteurs protégés*

La protection du potentiel scientifique et technique s'exerce également à l'occasion des coopérations internationales, notamment lors des actions suivantes :

– juridique (propriété intellectuelle, brevets, conventions, etc.) ;

– autorisation des séjours de toute durée qui en découlent (échanges d'étudiants) ;

– transferts de technologies impliqués par ces coopérations, consultances, séjours et visites ;

– délocalisations de formations universitaires à l'étranger ;

– contenu et les thèmes d'enseignement des coopérations universitaires à visée pédagogique ;

– activité des Français à l'étranger à l'occasion de missions d'ordre économique, scientifique et technologique.

Le responsable d'une unité de recherche ou de production informe le haut fonctionnaire de défense et de sécurité du ministre chargé d'exercer la tutelle ou avec lequel est établie la convention de tout projet d'accord de coopération internationale scientifique et technique relative à un secteur scientifique et technique protégé.

Le haut fonctionnaire de défense et de sécurité émet un avis sur ce projet, notamment au regard des orientations nationales établies par le secrétariat général de la défense et de la sécurité nationale.

Au sein du service, de l'établissement ou de l'entreprise, le fonctionnaire de sécurité et de défense ou le coordonnateur pour la protection du potentiel scientifique et technique donne son avis sur les coopérations scientifiques et techniques et sensibilise les acteurs impliqués. Il peut en tant que de besoin demander l'assistance du haut fonctionnaire de défense et de sécurité concerné et par les services de sécurité compétents.

Chaque ministère définit ses procédures internes d'échanges d'informations.

SECTION 3 *Réunions visant au partage international d'informations*

L'annexe III de l'arrêté du 3 juillet 2012 relatif à la protection du potentiel scientifique et technique de la Nation précise que le chef de service, d'établissement ou d'entreprise informe le haut fonctionnaire de défense et de sécurité du ministre chargé d'exercer la tutelle de tout projet de congrès, conférence ou séminaire ou de toute autre forme de réunion visant au partage international d'informations de nature scientifique ou technique, relatif à un secteur scientifique et technique protégé.

Le haut fonctionnaire de défense et de sécurité, selon les risques particuliers qu'il évalue à son niveau, informe le chef de service, d'établissement ou d'entreprise des mesures spécifiques de protection qu'il estime nécessaires.

Des directives ministérielles précisent les modalités d'échanges d'information.

SECTION 4 *Obligations du responsable d'une unité de recherche ou de production "protégée"*

En plus des dispositions décrites ci-dessus, le responsable *[Arr. du 3 juill. 2012 relatif à la protection du potentiel scientifique et technique de la Nation, art. 6]* d'une unité de recherche ou de production "protégée" doit :

– tenir un registre des visites que l'autorité de tutelle pourra demander à consulter ;

– faire en sorte qu'un personnel scientifique temporaire (stagiaire, doctorant, etc.) ne puisse pas être présent dans l'entité en dehors de la présence d'un personnel scientifique permanent attaché à l'unité ;

– informer le haut fonctionnaire de défense et de sécurité des inscriptions aux formations relevant d'un secteur scientifique et technique protégé dispensées dans l'unité ;

– sensibiliser ses collaborateurs sur la nécessité de ne pas diffuser des informations sensibles.

Ces éléments permettent au haut fonctionnaire de défense et de sécurité d'informer le responsable de l'unité protégée des risques et d'apprécier l'opportunité de créer une ZRR.

TITRE IV LA PROTECTION DES INFORMATIONS

La protection des savoirs concerne également les échanges scientifiques et techniques, notamment :

– les accords de coopération scientifique et technique conclus par une autorité ou un organisme français avec une autorité ou un organisme étranger, quelle que soit leur forme (convention, accord, etc.) ;

– les séjours de toute durée, effectués en délégation ou à titre individuel par des personnes dans les entreprises et organismes privés ou du secteur public, chaque fois que les travaux exécutés intéressent directement, à un titre ou à un autre, le potentiel scientifique et technique ou impliquent un accès à une zone à régime restrictif ;

– aux *[les]* transferts de technologie impliqués par les accords, les séjours et les visites ;

– la participation aux congrès, conférences, séminaires ou toute autre forme de partage d'informations de nature scientifique ou technologique.

CHAPITRE I *LE MARQUAGE DES DOCUMENTS*

Le dispositif de protection décrit dans la présente circulaire vise au contrôle des accès aux informations.

Il sera complété par un marquage des documents qui recèlent les informations les plus sensibles. En l'absence de mentions de protection plus appropriées et conformément aux règles définies par l'Agence nationale de la sécurité des systèmes d'information (ANSSI) et relatives aux informations sensibles non classifiées de défense de niveau Diffusion Restreinte, les chefs de services, d'établissements ou d'entreprises sont invités à utiliser la mention "Diffusion Restreinte".

Le marquage "Confidentiel Entreprise" est envisageable, bien qu'il ne soit pas encore renforcé par des dispositions pénales sanctionnant les compromissions.

Seules les informations relevant du secret de la défense nationale, font l'objet des marquages "Confidentiel Défense", "Secret Défense" et "Très Secret Défense", selon les dispositions des articles R. 2311-2 et suivants du code de la défense. L'instruction générale interministérielle n° 1300 du 30 novembre 2011 sur la protection du secret de la défense nationale en précise les modalités de mise en œuvre.

CHAPITRE II *LA SÉCURITÉ DES INFORMATIONS*

Par application de l'article 1er de l'arrêté du 3 juillet 2012 relatif à la protection du potentiel scientifique et technique de la Nation, les contrats, conventions ou documents mentionnent le caractère confidentiel des informations portant sur les techniques, les méthodes et les connaissances relatives aux travaux scientifiques et techniques menés dans les zones à régime restrictif.

SECTION 1 *Le rapport de stage*

Avant de quitter le service qui héberge une ZRR, le stagiaire qui rédige un rapport doit préalablement le soumettre à son responsable de stage ou de formation qui se prononce, après avis du coordonnateur pour la protection du potentiel scientifique et technique, sur une éventuelle restriction de la diffusion qui en sera faite.

SECTION 2 *Les publications*

Le règlement intérieur de la ZRR précise les règles encadrant les publications relatives aux travaux menés dans la ZRR. Ces règles doivent concilier le besoin légitime de publication des chercheurs et le respect des impératifs, de sécurité.

En cas de besoin, le chef de la ZRR peut demander un avis technique au haut fonctionnaire de défense et de sécurité, selon des modalités précisées dans les directives ministérielles.

CHAPITRE III *LA PROTECTION DES SYSTÈMES D'INFORMATION*

SECTION 1 *La politique de sécurité des systèmes d'information (PSSI)*

Les systèmes d'information (SI) représentent pour un service, un établissement ou une entreprise une ressource stratégique, qui lui permettent de mener son activité et qui recèle une part essentielle de ses informations.

Les services, établissements ou entreprises qui comprennent une ou plusieurs zones à régime restrictif se dotent d'une politique de sécurité des systèmes d'information (PSSI) et la mettent en œuvre. La PSSI s'intègre dans une politique de sécurité interne (PSI) qui doit être cohérente avec le dispositif de protection du potentiel scientifique et technique.

Le chef de service, d'établissement ou d'entreprise désigne dans ce cadre un responsable de la sécurité des systèmes d'information.

La PSSI est conforme aux règles définies par l'Agence nationale de la sécurité des systèmes d'information (ANSSI) et relatives aux informations sensibles non classifiées de défense de niveau Diffusion Restreinte.

La PSSI organise le signalement des incidents majeurs au ministre chargé d'exercer la tutelle, ou à celui qui a déterminé le besoin de protection, ainsi qu'à l'ANSSI si l'incident est susceptible révéler une compromission du système d'information. Son articulation avec la protection du potentiel scientifique et technique relève de la responsabilité du chef de service, d'établissement ou d'entreprise.

ANNEXES

ANNEXE 1

GLOSSAIRE

— "**Autorité de tutelle**"

La mention est utilisée dans la présente circulaire pour désigner les services du haut fonctionnaire de défense et de sécurité (HFDS) au sein de chaque ministère - ou l'autorité de tutelle déléguée au sein du ministère de la défense - ou leur représentant (fonctionnaires de sécurité et de défense - FSD - ou représentants territoriaux).

— "**Coopérations**"

Le terme utilisé dans les arrêtés et dans la présente circulaire s'entend des coopérations entre structures (accords entre établissements) comme des coopérations individuelles (travaux d'un chercheur à l'extérieur de son unité, mission d'un chercheur à l'étranger, etc.)

— "**Congrès**"

Le terme utilisé dans les arrêtés et dans la présente circulaire s'entend des congrès, conférences, colloques, ateliers et toute autre forme d'échange de savoirs en réunion.

— "**Haut fonctionnaire de défense et de sécurité**" **(HFDS)**

Le code de la défense (article R. 1143-1) dispose que les ministres désignent en matière de défense et de sécurité, un haut fonctionnaire correspondant de défense et de sécurité (ministre de la défense et ministre des affaires étrangères), un haut fonctionnaire dt défense (ministre de l'intérieur) ou un haut fonctionnaire de défense et de sécurité (autres ministres). Ces hauts fonctionnaires (HFDS) animent et coordonnent, au sein du ministère dont ils relèvent, la politique en matière de défense et de sécurité et sont notamment chargés de "veiller à la protection du patrimoine scientifique et technique" (article R. 1143-5).

— "**Local sensible**"

Le terme "local sensible" fait référence à un lieu spécifique qui, au sein d'une ZRR, peut être affecté à l'entreposage ou à l'exécution d'activités particulièrement sensibles, notamment celles relevant des spécialités scientifiques et techniques sensibles.

Un local sensible fait l'objet de mesures de protection renforcée définies par arrêté ministériel. Le chef du service, de l'établissement ou de l'entreprise prend toute disposition utile pour s'y conformer. Il peut solliciter en tant que de besoin l'assistance des services compétents du ministère chargé de la défense ou du ministère chargé de l'intérieur.

— "**Services, établissements ou entreprises**"

Les termes "services, établissements ou entreprises" utilisés dans le décret et les arrêtés sont généraux. Ils visent les entités publiques comme privées, de toute sorte (entreprise, organisme de recherche, établissement public, etc.), en fonction du cas d'espèce.

— **"Les Services"**

La mention est utilisée dans la présente circulaire pour désigner la Direction centrale du renseignement intérieur (DCRI) et la Direction de la protection et de la sécurité de la défense (DPSD).

— **"Unité de recherche ou de production"**

Il s'agit d'une entité publique ou privée, aménagée pour effectuer des activités de recherche scientifique ou de développement. Une unité de recherche ou de production est rattachée à un service, un établissement ou une entreprise.

Une unité de recherche ou de production peut, selon les cas, relever d'un secteur scientifique et technique protégé traiter de spécialités sensibles, comprendre une ou plusieurs zones à régime restrictif et un ou plusieurs locaux sensibles.

ANNEXE 2

LISTE DES SECTEURS SCIENTIFIQUES ET TECHNIQUES PROTÉGÉS (ARR. DU 3 JUILL. 2012, RELATIF À LA PROTECTION DU POTENTIEL SCIENTIFIQUE ET TECHNIQUE DE LA NATION)

Les secteurs scientifiques et techniques protégés sont identifiés par un nombre.

A - Biologie, médecine et santé

11 — Aspects moléculaires et cellulaires de la biologie

12 — Biomolécules, pharmacologie, thérapeutique

13 — Physiologie, Biologie des organismes, populations, interaction :

14 — Recherche clinique, innovation technologique, santé publique

B - Chimie

21 — Chimie des matériaux

22 — Chimie organique, minérale, industrielle

23 — Chimie théorique, physique, analytique

24 — Génie des matériaux

C - Mathématiques et leurs interactions

31 — Mathématiques et leurs interactions

D - Physique

41 — Constituants élémentaires et physique théorique

42 — Plasmas chauds

43 — Milieux denses, matériaux et composants

44 — Milieux dilués et optique fondamentale

45 — Physique nucléaire

E - Sciences agronomiques et écologiques

51 — Biologie de l'environnement, des populations, écologie

52 — Biologie des organismes ; Biotechnologies animales, végétales et microbiennes

53 — Biotechnologies agroalimentaires, sciences de l'aliment

F - Sciences de la terre et de l'univers, espace

61 — Astronomie, astrophysique

62 — Terre solide et enveloppes superficielles

63 — Terre, enveloppes fluides

G - Sciences et technologies de l'information et de la communication

71 — Automatique, productique

72 — Traitement du signal et des images

73 — Électronique, microélectronique, nanoélectronique et micro-ondes

74 — Micro-nanosystèmes et capteurs

75 — Systèmes optiques et photoniques

76 — Informatique et applications

H - Sciences pour l'ingénieur

81 — Génie des procédés

82 — Plasmas froids

83 — Électronique de puissance

84 — Génie électrique

85 — Acoustique

86 — Bio-mécanique et bio-ingénierie

87 — Énergétique, thermique, combustion

88 — Mécanique des milieux fluides

89 — Génie civil

810 — Génie mécanique, productique, transport

811 — Mécanique des solides, des matériaux, des structures et des surfaces

812 — Missiles, armes, sciences et techniques de défense

ANNEXE 3

FORMULAIRES TYPE DE DEMANDE D'ACCÈS À UNE ZRR

Annexe non reproduite.

ANNEXE 4

RÉSEAUX D'ÉCHANGE D'INFORMATION

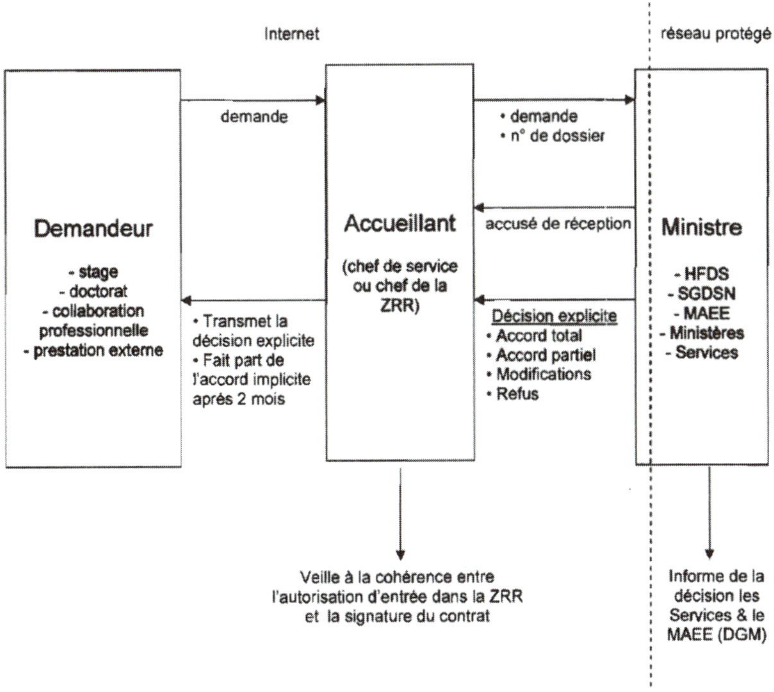

Décret n° 2013-611 du 10 juillet 2013,

Relatif à la réglementation applicable aux îles artificielles, aux installations, aux ouvrages et à leurs installations connexes sur le plateau continental et dans la zone économique exclusive et la zone de protection écologique ainsi qu'aux câbles et pipelines sous-marins.

TITRE II DISPOSITIONS RELATIVES AUX CÂBLES ET PIPELINES SOUS-MARINS

CHAPITRE II *AGRÉMENT DU TRACÉ DES CÂBLES ET PIPELINES*

Art. 19 *(Décr. n° 2017-781 du 5 mai 2017, art. 15, en vigueur le 1er janv. 2018)* I. — Le préfet maritime est l'autorité compétente, mentionnée à l'article 28 de l'ordonnance n° 2016-1687 du 8 décembre 2016 relative aux espaces maritimes relevant de la souveraineté ou de la juridiction de la République française, pour agréer le tracé des pipelines sur le plateau continental ainsi que celui des câbles installés ou utilisés dans le cadre de l'exploration du plateau continental ou de l'exploitation de ses ressources.

II. — Le tracé des pipelines sur le plateau continental ainsi que des câbles destinés à être installés ou utilisés dans le cadre de l'exploration du plateau continental ou de l'exploitation de ses ressources, dont la pose est envisagée, fait l'objet d'une demande d'agrément auprès du préfet maritime six mois avant la date envisagée pour le début de la pose, accompagnée d'un dossier permettant d'apprécier avec une précision suffisante le tracé envisagé. *(Décr. n° 2021-1942 du 31 déc. 2021, art. 14)* « Cet alinéa est notamment applicable aux câbles de raccordement aux installations de production d'énergie renouvelable en mer qui appartiennent au gestionnaire de réseau de transport d'électricité. »

Dans les deux mois suivant la demande, le préfet maritime agrée le tracé des pipelines et des câbles concernés. L'arrêté d'agrément définit les mesures mentionnées à l'article 28 de l'ordonnance précitée.

Dans le cas où plusieurs préfets maritimes sont territorialement compétents, l'agrément donne lieu à un arrêté conjoint des préfets concernés.

A la fin de l'utilisation du câble sous-marin ou du pipeline, le préfet maritime peut décider du maintien de certains éléments, dans les conditions prévues à l'article 28 de l'ordonnance précitée.

III. — Le tracé sur le plateau continental et dans la zone économique exclusive et la zone de protection écologique des câbles non soumis au II du présent article *(Abrogé par Décr. n° 2021-1942 du 31 déc. 2021, art. 14)* « ***, qui pénètrent dans le territoire national ou dans la mer territoriale*** » est notifié, par voie électronique ou postale, au préfet maritime par leur propriétaire ou leur exploitant, six mois avant la date envisagée pour le début de la pose.

IV. — Le tracé sur le plateau continental et dans la zone économique exclusive et la zone de protection écologique des câbles mentionnés au II et au III ainsi que des pipelines déjà posés ou en cours de pose à la date d'entrée en vigueur du décret n° 2017-781 du 5 mai 2017, et qui n'aurait pas déjà fait l'objet à cette date d'une notification au préfet maritime, est notifié sans délai à cette autorité par leur propriétaire ou leur exploitant.

Instruction n° 6600/SGDSN/PSE/PSN du 7 janvier 2014,

Relative à la sécurité des activités d'importance vitale.

Annule et remplace l'Instr. générale interministérielle n° 6600/SGDSN/PSE/PPS du 26 sept. 2008.

Références

— Directive 2008/114/CE du Conseil du 8 décembre 2008 concernant le recensement et la désignation des infrastructures critiques européennes ainsi que l'évaluation de la nécessité d'améliorer leur protection

— Articles L. 1332-1 à L. 1332-7 du code de la défense

— Articles R. 1311-39 à R. 1311-43, R. 1332-1 à R. 1332-42, et R. 1421-1 du code de la défense

— Décret n° 2009-834 du 7 juillet 2009 modifié portant création d'un service à compétence nationale dénommé « Agence nationale de la sécurité des systèmes d'information »

— Décret n° 2012-491 relatif à l'accès aux points d'importance vitale (dit décret « criblage »)

— Arrêté du Premier ministre du 2 juin 2006 modifié fixant la liste des secteurs d'activités d'importance vitale et désignant les ministres coordonnateurs desdits secteurs, modifié par l'arrêté du 3 juillet 2008

— Arrêté du Premier ministre du 12 mars 2007 pris pour l'application du°et du 2° de l'article 12 du décret n° 2006-212 du 23 février 2006 relatif à la sécurité des activités d'importance vitale

— Arrêté du Premier ministre n° 10166/SGDSN/PSE/CD du 27 avril 2007 portant approbation du plan-type de plan de sécurité d'OIV

— Arrêté du Premier ministre du 27 septembre 2007 portant approbation du plan-type de PPP (PRMD0766738A)

— Arrêté du Premier ministre du 27 septembre 2007 portant approbation du plan-type de plan de protection externe (PRMD0766625A)

– Instruction générale interministérielle n° 1300 du 30 novembre 2011 sur la protection du secret de la défense nationale

Introduction

– POINT-CLÉ –

Cette instruction constitue le mode d'emploi de la mise en œuvre du dispositif de sécurité des activités d'importance vitale. Elle comporte un rappel des textes législatifs et réglementaires fondateurs auxquels il convient de se référer prioritairement.

Le dispositif de sécurité des activités d'importance vitale (SAIV) est inséré dans le code de la défense (notamment ses art. R. 1332-1 à R. 1332-42, pris sur le fondement de ses art. L. 1332-1 à R. 1332-7). Il constitue le cadre législatif et réglementaire permettant d'associer les opérateurs d'importance vitale (OIV), publics ou privés, au système national de protection contre le terrorisme, le sabotage et les actes de malveillance et d'analyser les risques et d'appliquer les mesures de leur niveau en cohérence avec les décisions des pouvoirs publics.

Il réforme en profondeur, en les unifiant, les dispositifs antérieurs applicables aux installations d'importance vitale *[Ord. n° 58-1371 du 29 déc. 1958]* et aux points et réseaux sensibles *[Instr. générale interministérielle n° 4600 du 8 févr. 1993]*. Ce dispositif juridique fait disparaître les anciennes réglementations.

Il s'inscrit plus largement dans une démarche d'ensemble visant à adapter les conditions dans lesquelles la Nation se prémunit contre toute menace, notamment la menace terroriste, explicitement prise en compte dans les articles précités du code de la défense, en améliorant l'articulation des dispositions que mettent en œuvre respectivement les pouvoirs publics et les opérateurs, en particulier dans le cadre du plan Vigipirate.

Le *Livre blanc sur la défense et la sécurité nationale* consacre cette politique comme un élément du renforcement de la résilience de la Nation.

Les objectifs généraux de la réforme visent à faciliter l'application du plan Vigipirate, à associer pleinement les opérateurs à l'effort de vigilance, de prévention et de protection, et à sélectionner rigoureusement les points devant faire l'objet d'une protection efficace adaptée au niveau de la menace.

Le dispositif formalise le dialogue permanent entre l'État et les opérateurs afin de mieux assurer leur propre sécurité. Il trouve un prolongement dans le Programme européen de protection des infrastructures critiques. Par ailleurs, selon l'article L. 2151-4 du code de la défense relatif au service de sécurité nationale, les opérateurs d'importance vitale doivent mettre en place des plans de continuité et de rétablissement d'activité.

La présente version de l'instruction, au bénéfice des avancées et des questions résultant du commencement de la mise en œuvre de la réglementation du SAIV, explicite et développe les conditions d'application de ce régime de protection, notamment dans ses interactions avec d'autres dispositifs concourant à la politique de défense et de résilience de la Nation.

1. Principes généraux

1.1. *Architecture générale du dispositif SAIV et plan Vigipirate*

Le dispositif SAIV vise à fournir un cadre adapté pour, d'une part, définir et appliquer des mesures de sécurité pour la protection prioritaire des points d'importance vitale (PIV) contre la menace terroriste, et d'autre part, faciliter les relations entre les opérateurs et les pouvoirs publics, afin de permettre l'application optimale (par les autorités publiques et par les opérateurs) des mesures de vigilance, de prévention et de protection inscrites dans la planification gouvernementale VIGIPIRATE.

Les directives nationales de sécurité (DNS), documents sectoriels, comportent ainsi en annexe la liste des mesures du plan Vigipirate applicables au secteur d'importance vitale concerné.

Parallèlement, les plans de sécurité d'opérateur (PSO) et les plans particuliers de protection des points d'importance vitale (PPP) transposent de manière concrète les mesures du plan Vigipirate, de sorte que toute adaptation de la posture de sécurité décidée par le Premier ministre fasse l'objet d'une application effective par les opérateurs et connue des pouvoirs publics. Il en va de même pour les plans de protection externe (PPE).

Les différents documents de sécurité, émanant soit de l'État, soit de l'opérateur, sont ainsi élaborés en cohérence les uns avec les autres.

Par ailleurs, indépendamment des mesures permanentes ou graduées qui figurent dans le PSO et/ou les PPP, les services de l'État informent l'opérateur de toute menace spécifique pouvant affecter un ou plusieurs PIV et, dans ce cadre, une discussion peut s'instaurer pour vérifier la pertinence des mesures prévues tant par l'opérateur que les pouvoirs publics.

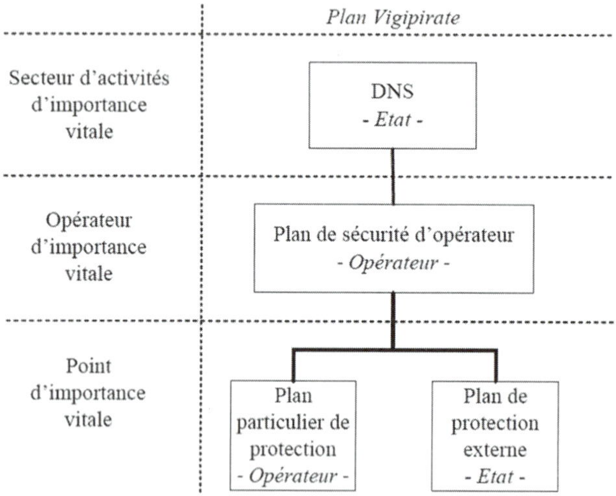

Figure 1 : Acteurs et documents de sécurité

1.2. *Secteurs d'activités d'importance vitale*

Les secteurs d'activités d'importance vitale, ainsi que toutes les dispositions qui s'y rapportent, sont définies dans les articles R. 1332-2 et suivants du code de la défense.

Un secteur d'activités d'importance vitale est constitué d'activités concourant à un même objectif.

Ces activités soit ont trait, de manière difficilement substituable ou remplaçable, à la production et la distribution de biens ou de services indispensables, soit peuvent présenter un danger grave pour la population.

Ces biens ou services doivent être indispensables :

– à la satisfaction des besoins essentiels pour la vie des populations ;
– ou à l'exercice de l'autorité de l'État ;
– ou au fonctionnement de l'économie ;
– ou au maintien du potentiel de défense ;
– ou à la sécurité de la Nation.

L'arrêté du Premier ministre du 2 juin 2006, modifié par l'arrêté du 3 juillet 2008, fixe la liste des douze secteurs d'activités d'importance vitale et désigne les ministres coordonnateurs desdits secteurs. La liste des secteurs d'importance vitale peut être modifiée par arrêté du Premier ministre, après avis de la commission interministérielle de défense et de sécurité des secteurs d'activités d'importance vitale (CIDS). Le périmètre d'un secteur d'activités est défini dans l'analyse de risque conduite pour élaborer la ou les DNS du secteur.

SECTEUR	MINISTRE COORDONNATEUR
Activités civiles de l'État (ACE)	Ministre de l'intérieur
Activités judiciaires	Ministre de la justice
Activités militaires de l'État (AME)	Ministre de la défense
Alimentation	Ministre chargé de l'agriculture
Communications électroniques, audiovisuel et information	Ministre chargé des communications électroniques
Énergie	Ministre chargé de l'énergie
Espace et recherche	Ministre chargé de la recherche
Finances	Ministre chargé de l'économie et des finances
Gestion de l'eau	Ministre chargé de l'écologie
Industrie	Ministre chargé de l'industrie
Santé	Ministre chargé de la santé
Transports	Ministre chargé des transports

1.3. *Le dialogue état-opérateur pour la planification de sécurité*

La résilience se définit comme la volonté et la capacité d'un pays, de la société et des pouvoirs publics à résister aux conséquences d'une agression ou d'une catastrophe majeures, puis à rétablir rapidement leur capacité de fonctionner normalement, ou à tout le moins dans un mode socialement acceptable. Elle concerne non seulement les pouvoirs publics, mais encore les acteurs économiques et la société civile tout entière *[Livre Blanc sur la défense et la sécurité nationale, 2008]*.

L'appropriation collective de la stratégie de défense et de sécurité nationale est la condition sine qua non de la résilience de la Nation. Au-delà des ministères concernés, l'État doit associer à la mise en œuvre de cette stratégie d'autres acteurs sans lesquels la gestion de crise ne peut être envisagée *[Livre Blanc sur la défense et la sécurité nationale, 2013]*.

A tous les échelons du dispositif, les autorités étatiques et les OIV sont donc amenés à coopérer pour l'analyse des risques, les mesures de prévention, de vigilance et de protection, et les procédures à mettre en place pour le temps de crise.

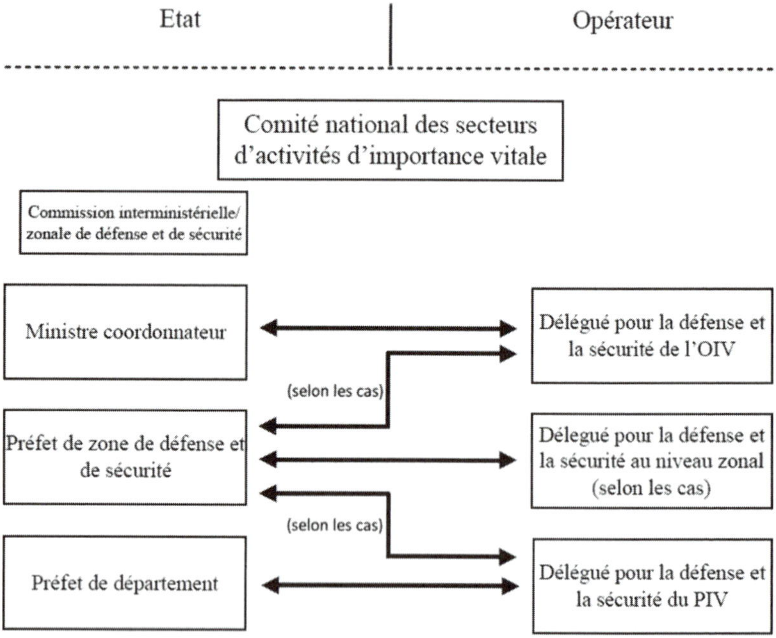

Figure 2 : Relations entre les pouvoirs publics et les opérateurs

2. Les acteurs de la SAIV

Ce chapitre rappelle les responsabilités de chacune des autorités impliquées dans la mise en place et l'animation du dispositif de sécurité des activités d'importance vitale.

2.1. *Les instances nationales*

2.1.1. *Le Premier ministre*

Le Premier ministre, s'appuyant sur le SGDSN, met en place le cadre général du dispositif de la SAIV en fixant la liste des secteurs, en désignant les ministres coordonnateurs desdits secteurs, en déterminant la méthode d'analyse et de gestion du risque ainsi que la méthode à suivre pour déterminer, par secteur d'activités d'importance vitale, les scénarios de menace et leur hiérarchisation selon le type ou le niveau de menace envisagé, et en élaborant les plans types des PSO, des PPP et des PPE.

Il supervise la mise en place du dispositif et oriente la stratégie de sécurité des activités d'importance vitale.

2.1.2. *Le Secrétariat général de la défense et de la sécurité nationale (SGDSN)*

Le SGDSN coordonne le dispositif SAIV au niveau national. Il assure la présidence et le secrétariat de la commission interministérielle de défense et de sécurité (CIDS). Il administre la base de données d'importance vitale (DIVA – cf. chapitre 9). Il est l'entité de synthèse nationale en ce qui concerne la progression de la réalisation des PSO et des PPP. Il tient à jour des tableaux de bord qu'il diffuse aux autorités nationales.

2.1.3. *La commission interministérielle de défense et de sécurité (CIDS)*

La commission est présidée par le secrétaire général de la défense et de la sécurité nationale ou son représentant. Sa composition est définie à l'article R. 1332-10 du code de la défense. Elle a un rôle consultatif. Son avis est notamment sollicité sur :
– la désignation des OIV, sur proposition des ministères coordonnateurs ;
– les DNS (sauf celles relevant du ministre de la défense) ;
– les PSO (sauf ceux relevant du ministre de la défense) dont le périmètre dépasse celui d'une zone de défense ;
– la liste des PIV annexée aux PSO, avec la possibilité de proposer des ajouts et des suppressions. Lorsqu'il est fait usage de cette faculté, les motifs en sont portés au compte-rendu.

Elle peut être saisie d'autres sujets tels que mentionnés à l'article R. 1332-12.

2.2. *Le ministre coordonnateur*

2.2.1. *Rôle du ministre coordonnateur*

Chaque ministre coordonnateur veille à l'application du dispositif SAIV dans les secteurs d'activités dont il a la charge et au sein desquels il :
– élabore la ou les DNS correspondantes ;
– sélectionne et prend les décisions de désignation des OIV après avis de la CIDS ;
– instruit les PSO de ses OIV ;
– transmet les PSO à la CIDS ou à la CZDS suivant le cas de figure (à l'exception du ministre de la défense) ;
– prend les décisions de désignation des PIV.

Il s'assure du respect de la réglementation dans les secteurs d'activités dont il a la charge.

En raison de la nécessité de protection du secret de la défense, le ministre de la défense, ministre coordonnateur du secteur d'activité AME, bénéficie de dispositions dérogatoires au schéma général de mise en œuvre du dispositif SAIV. Ces dérogations sont décrites au chapitre V de la présente instruction.

2.2.2. *Rôle particulier du ministre de l'intérieur*

Outre son rôle de ministre coordonnateur du secteur d'activités "activités civiles de l'État", et sans préjudice des compétences nationales, générales et interministérielles dévolues au SGDSN et des compétences de coordination nationale des ministres dans le secteur d'activité dont ils sont coordonnateurs, l'animation de la mise en œuvre territoriale est assurée par le ministère de l'intérieur, au travers des services du haut fonctionnaire de défense (SHFD).

2.3. *Les instances territoriales*

2.3.1. *Le préfet de zone de défense et de sécurité*

Le préfet de zone qui, selon l'article R.* 1311-4 du code de la défense, dirige l'action des préfets de département et des délégués de zone en ce qui concerne les mesures de défense non militaires est l'acteur territorial en charge de la coordination du dispositif SAIV. Il préside la CZDS (cf. § suivant).

Sous son autorité, l'état-major interministériel de la zone de défense et de sécurité (EMIZDS) reçoit une mission générale d'animation, d'appui aux préfectures, et de relais d'information entre l'échelon central et les échelons départementaux. Celui-ci dirige l'action des délégués de zone de défense et de sécurité et coordonne l'action des correspondants de zone de défense et de sécurité désignés dans les conditions définies aux articles R. 1312-1 à R. 1312-6, afin qu'ils apportent leur concours à l'exercice des missions attribuées au préfet de zone de défense et de sécurité, et notamment celles relatives à la SAIV.

Dans les cinq zones de défense et de sécurité d'outre-mer, cette mission est assurée par les hauts fonctionnaires de zone de défense et de sécurité d'outre-mer définis par l'article R. 1681-2 du code de la défense.

2.3.2. *La commission zonale de défense et de sécurité (CZDS)*

La CZDS est présidée par le préfet de zone de défense et de sécurité ou son représentant. Sa composition est définie à l'article R. 1332-13 du code de la défense. Elle est chargée d'une mission générale de coordination, d'assistance, et de contrôle de la mise en œuvre des PPP (à l'exception de ceux dépendant d'OIV relevant du ministre de la défense). Elle peut bénéficier de l'expertise et du concours des services déconcentrés de l'État, grâce au réseau des délégués de zone des ministères. Elle peut s'adjoindre l'expertise de toute personne qu'elle juge utile.

La commission a un rôle consultatif. Son avis est sollicité sur :

– les PSO des OIV dont le périmètre d'activité ne dépasse pas le ressort de la zone défense. Les PSO sont transmis à la CZDS par l'autorité administrative ayant désigné l'opérateur ;

– la liste des PIV annexée au PSO des OIV de son périmètre avec la capacité de proposer des ajouts ou suppressions ;

– la désignation et le périmètre exact d'une zone d'importance vitale ainsi que sur le PPP de zone d'importance vitale qui lui est transmis par le préfet de département ayant créé ladite zone ;

– la désignation, par un préfet de département, d'un OIV qui gère exclusivement un établissement mentionné à l'article L. 511-1 du code de l'environnement ou comprenant une installation nucléaire de base, quand la destruction ou l'avarie de certaines installations de cet établissement peut présenter un danger grave pour la population, et la désignation du PIV correspondant. Une demande d'avis motivée est préalablement adressée à la commission par le préfet de département concerné.

Sur demande de son président ou du préfet de département concerné, la commission peut être amenée à donner un avis sur les plans de protection externe. Cette démarche permet d'évaluer l'adéquation du plan au regard des moyens zonaux qui pourraient être sollicités.

L'examen des PSO et des PPP suppose des contacts en amont avec les opérateurs afin de les orienter, si nécessaire, dans leurs travaux d'élaboration.

La CZDS peut contrôler sur place les mesures prises pour la sécurité des PIV. Ce contrôle porte sur le PPP et sur le PPE du PIV (ou de la ZIV) (cf. partie 3.4).

Pour le département de Saint-Pierre-et-Miquelon, le rôle de la CZDS est assuré par la CIDS. Sans préjudice du rôle d'animation territoriale qui incombe au ministère de l'intérieur, cette dernière peut conseiller et appuyer le préfet de Saint-Pierre-et-Miquelon dans la mise en œuvre de la présente instruction.

2.3.3. *Le préfet de département*

Pour l'outre-mer, l'autorité préfectorale est le représentant de l'État dans le territoire (préfet, haut-commissaire, administrateur supérieur).

Le préfet de département est chargé de la mise en œuvre du dispositif SAIV en application de la compétence générale qui lui est attribuée de conduite interministérielle des actions de l'État, notamment en ce qui concerne la protection des personnes, la sauvegarde des installations et ressources d'intérêt général, ainsi que la production et l'utilisation des diverses catégories de ressources (C. défense, art. R.* 133-33).

Cette responsabilité s'exerce notamment pour la protection externe des PIV, *via* le PPE (cf. § 3.6). Il veille à la réalisation effective des mesures de sécurité prévues dans les PPP. Il peut saisir la CZDS de toute question qu'il juge utile. Sur convocation du préfet de zone, il participe à la CZDS.

Ses responsabilités particulières sont les suivantes :

– approbation du PPP des PIV des opérateurs ne relevant pas du ministre de la défense, et du PPP des zones d'importance vitale ;

– décision d'équivalence entre un plan de protection réalisé au titre d'une autre réglementation, et le PPP (V. § 3.5.6) ;

– élaboration du PPE de chaque PIV ou ZIV, en liaison avec le DDS de ce point ou de cette zone ;

– désignation des zones d'importance vitale (ZIV) après avis de l'OGZDS lorsque celle-ci inclut un PIV relevant du ministère de la défense ;

– désignation des OIV qui gèrent exclusivement un établissement mentionné à l'article L. 511-1 du code de l'environnement ou comprenant une installation nucléaire de base, quand la destruction ou l'avarie de certaines installations de cet établissement peut présenter un danger grave pour la population, et désignation du PIV correspondant ;
– mise en demeure de l'opérateur d'établir un PPP ;
– mise en demeure de l'opérateur d'exécuter une mesure de son PPP ;
– injonction à l'opérateur de modifier son PPP.

2.4. *L'opérateur d'importance vitale (OIV)*

- POINT-CLÉ -

L'OIV :
– est désigné par le ministre coordonnateur du secteur concerné ;
– nomme un délégué pour la défense et la sécurité d'opérateur et transmet sa demande d'habilitation ;
– élabore son PSO et le transmet accompagné de la liste des PIV proposés ;
– transmet les demandes d'habilitation des délégués pour la défense et la sécurité des PIV désignés ;
– élabore les PPP et les transmet au préfet pour approbation à l'exception de ceux relevant du ministère de la défense (C. défense, art. R. 1332-23) ;
– met en œuvre les PPP approuvés ; est en liaison avec l'autorité administrative en charge de la rédaction du PPE.

2.4.1. *Processus de désignation d'un OIV*

- POINT-CLÉ -

L'OIV est désigné par le ministre coordonnateur.
Exception : l'OIV gère seul un établissement mentionné à l'article L. 511-1 du code de l'environnement ou comprenant une installation nucléaire de base, il peut être désigné par le préfet de département.

a - Cas général

L'article R. 1332-3 du code de la défense prévoit qu'un OIV est désigné comme tel par le ministre coordonnateur de son secteur d'activités d'importance vitale, en concertation avec le ou les ministres intéressés et après avis de la CIDS ou de la CZDS.

La notification à l'opérateur de l'intention de le désigner OIV est l'occasion d'une concertation entre l'autorité administrative (ministre coordonnateur ou préfet de département selon le cas) et l'opérateur. Dans les deux mois dont il dispose pour faire ses remarques, l'opérateur peut faire connaître à l'autorité administrative ayant émis la notification, la liste et la nature des infrastructures qu'il pourrait par la suite proposer en annexe de son PSO. Le nombre et la nature de ces infrastructures orientent le choix du processus de désignation à mettre en œuvre (V. schémas ci-dessous).

Les OIV relevant du ministère de la défense ne peuvent être désignés que par le ministre de la défense (V. chapitre 5).

b - Cas particulier

Ce principe de désignation comporte toutefois une exception mentionnée au deuxième alinéa de l'article R. 1332-3 du code de la défense. Elle concerne les OIV qui gèrent exclusivement un établissement mentionné à l'article L. 511-1 du code de l'environnement ou comprenant une installation nucléaire de base visée à l'article L. 593-2 du code de l'environnement. Le préfet de département peut s'appuyer sur les DNS pour identifier les opérateurs qui pourraient répondre aux critères permettant de les nommer. Dans ce cas, l'OIV est désigné par le préfet du département dans le ressort duquel se trouve cet établissement, après avis de la CZDS des secteurs d'activités d'importance vitale, et information du ou des ministres coordonnateurs concernés.

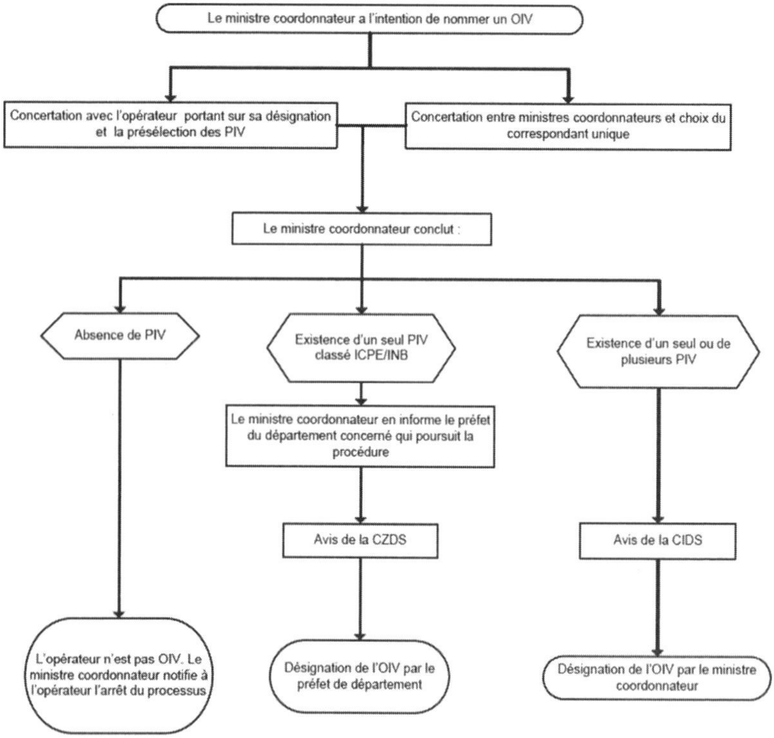

Figure 3 : Désignation d'un OIV – processus initié par un ministre coordonnateur

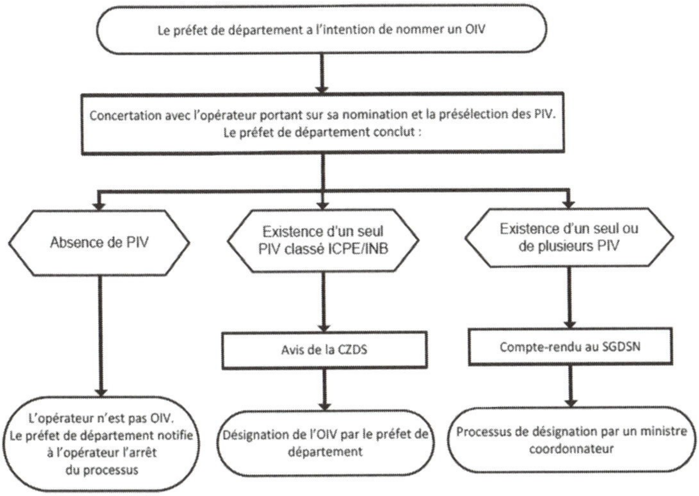

Figure 4 : Cas particulier de désignation d'un OIV – processus initié par un préfet de département

2.4.2. *Critères de désignation d'un OIV*

- POINT-CLÉ -

L'existence et la nature d'installations ou d'ouvrages susceptibles d'être désignés PIV conditionnent le processus de désignation de l'OIV.

a - Cas général

Le statut d'OIV repose sur deux conditions :

– que son activité s'exerce en tout ou en partie dans un secteur d'activités d'importance vitale ;

– qu'il gère ou utilise au moins un établissement, un ouvrage ou une installation dont le dommage, l'indisponibilité ou la destruction par suite d'un acte de malveillance, de sabotage ou de terrorisme risquerait de quelque manière que ce soit d'avoir des conséquences majeures sur les capacités de survie de la Nation ou sur la santé ou la vie de la population *(telles que définies par l'art. R. 1332-1 C. défense)*.

→ Il est, par conséquent, nécessaire de s'attacher à définir l'existence et la nature d'éventuels PIV en amont du processus de désignation d'un OIV.

→ L'appréciation du caractère d'importance vitale, lié aux conséquences graves d'une menace plausible, quelle que soit la vulnérabilité du point, se fonde sur les critères définis par les différentes DNS, ou, en complément, par le ministre coordonnateur du secteur d'activités *(cf. § 3.3.1)*.

• *Définition des entités susceptibles d'être désignées OIV*

De manière générale et sans préjudice des précisions sectorielles apportées par les DNS, un OIV peut être :

– une société ;

– une association, une fondation ou une organisation internationale ;

– un service de l'État, une collectivité territoriale, un groupement de collectivités, un établissement public, une autorité administrative indépendante.

S'agissant d'une entreprise, ce peut être une société-mère ou une filiale. Le choix de l'entité *ad hoc*

se fait après concertation avec l'opérateur concerné, en prenant en compte :

– son organisation de la sûreté-sécurité et ce pour répondre au mieux aux objectifs de sécurité du dispositif SAIV ;

– le lien entre l'entité retenue et les installations, établissements ou ouvrages susceptibles d'être désignés PIV.

Ainsi, plusieurs filiales d'un même groupe peuvent, le cas échéant, être désignées.

• *Choix du secteur de rattachement*

Lorsque la désignation d'un opérateur est envisagée par un seul ministre coordonnateur, le secteur de rattachement retenu correspond à l'un des secteurs dont ce ministre a la charge. Le cas particulier d'un opérateur relevant de secteurs rattachés à des ministres coordonnateurs différents est traité au paragraphe 'b' ci-dessous.

Lorsqu'un préfet a l'intention de nommer un OIV, le secteur de rattachement correspond à l'activité dans le périmètre duquel se situe l'établissement pressenti comme PIV.

• *Notification de la désignation à l'OIV*

L'autorité administrative désigne l'OIV par arrêté. L'arrêté doit préciser le ou les secteurs de rattachement ainsi que la ou les DNS applicables (cf. § b).

Dès qu'il a connaissance de sa désignation, l'OIV adresse à l'autorité administrative l'ayant désigné la demande d'habilitation du délégué pour la défense et la sécurité envisagé.

b – Cas particuliers

• *Interdépendances d'un opérateur avec des sous-traitants*

Dans le cadre de son activité normale, un OIV peut avoir sous-traité ou externalisé une ou plusieurs fonctions concourant à la réalisation de l'activité d'importance vitale. Dans ce cas, il appartient à l'OIV de prendre les dispositions nécessaires vis-à-vis de son sous-traitant ou de son fournisseur, notamment dans les spécifications du contrat les liant, pour que celui-ci concoure à la réalisation des objectifs de sécurité de l'opérateur.

• *Délégations et contrats d'exploitation*

La question des délégations de service et des contrats d'exploitation se pose notamment dans les secteurs de la gestion de l'eau et des transports collectifs. Dans la mesure où la désignation d'un OIV repose sur l'existence d'au moins un PIV, l'OIV sera le plus souvent le gestionnaire ou l'exploitant. Pour les activités faisant l'objet de telles délégations ou concessions de service public, il est indispensable, d'associer la collectivité responsable au processus de désignation, en application du principe de libre administration des collectivités territoriales édicté au deuxième alinéa de l'article 72 de la Constitution. A cet égard, les éventuels investissements nécessaires à la mise en place d'un dispositif de protection doivent recueillir l'aval de la collectivité, dans le cadre des processus contractuels la liant à leur concessionnaire ou délégataire. Dès lors, la collectivité peut avoir besoin de connaître de documents classifiés, notamment d'une ou de plusieurs DNS. Elle devra alors demander à faire habiliter les personnes ayant besoin d'en connaître.

• *Cas d'un opérateur intéressant plusieurs secteurs d'activités d'importance vitale*

Lorsque la désignation d'un opérateur est envisagée simultanément par plusieurs ministres coordonnateurs, une concertation menée d'abord par les services des ministres concernés puis en CIDS permet d'arrêter le choix du correspondant privilégié. Autant que possible le correspondant privilégié est le ministre coordonnateur responsable du secteur d'importance vitale dans lequel l'opérateur exerce son activité principale. A défaut, il est le ministre coordonnateur responsable du secteur d'activités d'importance vitale motivant en priorité la désignation de cet opérateur comme OIV.

Le correspondant privilégié de l'opérateur coordonne l'action des ministres coordonnateurs vis-à-vis de l'opérateur et transmet à ce dernier les DNS et les autres documents nécessaires. Il informe les ministres coordonnateurs de tout événement important concernant l'OIV et pouvant intéresser ces ministres. Il les consulte avant toute décision importante n'ayant pas un caractère d'urgence absolue.

L'arrêté de désignation de l'OIV est pris par le correspondant privilégié de l'opérateur, conjointement avec les autres ministres coordonnateurs intéressés. Cet arrêté précise les secteurs de rattachement.

Le ministre coordonnateur ou le préfet de département ayant désigné l'opérateur lui communique la ou les DNS qui lui sont nécessaires pour l'élaboration du PSO. Le choix de la ou des DNS à communiquer est arrêté au regard des activités de l'opérateur lors de la notification de l'intention de le nommer OIV.

2.4.3. *Le délégué pour la défense et la sécurité (DDS)*

a - Nomination et rôle du délégué

> **- POINT-CLÉ -**
>
> *Il revient à l'opérateur d'importance vitale de communiquer à l'autorité administrative le nom de la personne chargée d'exercer la fonction de délégué pour la défense et la sécurité.*

Le délégué pour la défense et la sécurité de l'opérateur représente celui-ci auprès de l'autorité administrative pour toutes les questions relatives à la sécurité des installations et aux plans de sécurité (PSO, PPP et PPE).

Pour garantir l'efficacité de la relation avec l'autorité administrative et comme le prévoient les articles R. 1332-5 et R. 1332-6 du code de la défense, l'opérateur désigne :

– Au niveau central : un délégué pour la défense et la sécurité de l'opérateur, interlocuteur principal du ministre coordonnateur ou du correspondant privilégié ;

– Au niveau local :

- Cas d'un PIV : un délégué pour la défense et la sécurité du point d'importance vitale, interlocuteur principal du préfet de département ;
- Cas d'une ZIV : un délégué pour la défense et la sécurité de la zone d'importance vitale, représentant les opérateurs qui la constituent auprès du préfet de département ou du préfet de département coordonnateur.

Pour faciliter la relation avec le préfet de zone de défense et de sécurité, notamment en cas de crise, l'opérateur peut désigner au niveau zonal un délégué pour la défense et la sécurité, interlocuteur principal du préfet de zone de défense et de sécurité qui peut par ailleurs exercer simultanément les fonctions de délégué pour la défense et la sécurité d'opérateur et/ou de points d'importance vitale ou zone d'importance vitale.

Un DDS peut exercer simultanément et indistinctement ses fonctions au niveau central, zonal et local (pour un ou plusieurs points d'importance vitale et/ou zone d'importance vitale).

Le DDS d'un OIV à PIV unique cumule naturellement les fonctions de DDS du PIV et de l'opérateur.

b - Habilitation

> **- POINT-CLÉ -**
>
> *L'habilitation des délégués pour la défense et la sécurité respecte les modalités définies par l'arrêté du 30 novembre 2011 portant approbation de l'instruction générale interministérielle n° 1300 sur la protection du secret de la défense nationale.*

Les délégués pour la défense et la sécurité doivent être habilités au niveau confidentiel défense.

Les décisions d'habilitation sont prises par le ministre coordonnateur du secteur d'activités d'importance vitale dont relève l'opérateur ou par l'autorité ayant reçu délégation à cet effet.

L'opérateur adresse la demande d'habilitation de son délégué pour la défense et la sécurité à l'autorité administrative. A l'issue de l'instruction de la demande, le ministre coordonnateur concerné ou son délégataire informe l'opérateur et, le cas échéant, le préfet de département ayant désigné l'opérateur d'importance vitale de la décision prise quant à l'habilitation dudit délégué.

La décision d'habilitation d'un délégué est conservée par l'autorité qui l'a prise. Celle-ci peut délivrer, en cas de nécessité, un certificat de sécurité.

L'habilitation d'un ressortissant étranger comme délégué pour la défense et la sécurité est instruite selon les modalités définies par l'article 37 de l'arrêté du 30 novembre 2011 portant approbation de l'instruction générale interministérielle n° 1300 sur la protection du secret de la défense nationale.

La demande d'habilitation du délégué pour la défense et la sécurité d'un point d'importance vitale doit, si ce dernier n'est pas habilité, s'effectuer avant l'envoi du plan de sécurité d'opérateur, lui-même accompagné de la liste des points d'importance vitale.

3. Le dispositif de SAIV

3.1. *La directive nationale de sécurité (DNS)*

3.1.1. *Définition et objectifs*

Une DNS s'applique à tout ou partie d'un secteur d'activités d'importance vitale. Elle décrit le périmètre du secteur ou du sous-secteur, elle en identifie les responsables, les processus et les enjeux et en définit le besoin de sécurité des fonctions essentielles. A la suite d'une analyse de risque dans laquelle sont énoncés et hiérarchisés les scénarios de menace, elle précise les objectifs et les politiques de sécurité du secteur ou du sous-secteur concerné. A cette fin, la DNS peut notamment définir la nature des opérateurs et des infrastructures susceptibles d'être désignés d'importance vitale au titre dudit secteur et préciser les critères de leur désignation.

La DNS définit des mesures planifiées et graduées de vigilance, de prévention, de protection et de réaction contre toute menace, notamment à caractère terroriste. Elle **rappelle les mesures du plan Vigipirate applicables aux opérateurs dudit secteur**. Elle constitue un document-cadre pour l'élaboration des plans de sécurité des OIV auxquels elle s'applique.

3.1.2. *Modalités d'élaboration*

Les DNS sont approuvées par arrêté du Premier ministre, après avis de la CIDS *[Sauf les DNS des secteurs d'activité d'importance vitale relevant du ministère de la défense]*. Elles sont notifiées selon un processus tel qu'il est décrit ci-après.

3.1.3. *Transmission des DNS aux OIV*

Après approbation, la DNS est adressée par le SGDSN au ministre coordonnateur concerné qui en assure la diffusion aux autres ministres coordonnateurs.

Chaque ministre coordonnateur, à l'exception du ministre de la défense, diffuse sa ou ses DNS aux préfectures de zone et aux services déconcentrés de son ministère. Les préfets de zone les transmettent aux préfets de département qui ont à en connaître *[Ceux-ci sont autorisés à en communiquer tout ou partie aux personnes habilités qui contribuent à la rédaction des documents avec le préfet (service de police, de gendarmerie, experts déconcentrés, ...)]*.

Le ministre de la défense diffuse les DNS de son secteur aux officiers généraux de zone de défense et de sécurité *[Les services préfectoraux peuvent en avoir communication dans le cadre de la rédaction des PPE des PIV relevant du ministère de la défense]*.

L'OIV ne peut se voir transmettre la ou les DNS dont il a à connaître qu'après habilitation de l'un de ses employés (cf. § 2.4.3.b). Celui-ci peut être différent du délégué pour la défense et la sécurité afin de permettre éventuellement la transmission des documents classifiés nécessaires à la concertation préalable à la désignation de l'OIV.

Un opérateur qui, dans le cadre de son développement économique, pressent qu'il pourrait être désigné OIV, peut demander à ce qu'une ou plusieurs DNS lui soient communiquées. Pour cela, il adresse une demande motivée au ministre coordonnateur du secteur concerné, accompagnée de la demande d'habilitation (à défaut d'un certificat de sécurité) de la personne à qui lesdites directives seront adressées.

Une collectivité territoriale responsable d'un service public délégué ou soumis à contrat d'exploitation peut demander à ce qu'une ou plusieurs DNS lui soient communiquées. Elle adresse alors une demande motivée au préfet de département concerné, accompagnée de la demande d'habilitation (à défaut d'un certificat de sécurité) de la personne à qui lesdites directives seront adressées.

3.1.4. *Modalités de révision*

Toute modification du contexte réglementaire national ou international, de l'analyse de la menace ou de l'environnement économique peut justifier la révision d'une DNS. Cette révision est menée par le ministre coordonnateur du secteur concerné, à son initiative ou à la demande du Premier ministre, après avis de la CIDS *[Sauf en ce qui concerne les DNS du secteur "Activités militaires de l'État"]* et en concertation interministérielle. Le Premier ministre approuve ces modifications par un arrêté qui peut compléter la DNS en vigueur ou la remplacer.

L'article R. 1332-31 du code de la défense indique que la révision d'une DNS entraine la révision, dans les délais prévus pour leur élaboration, du PSO ainsi que des PPP concernés. Néanmoins, les modalités exactes de la révision du PSO et des PPP sont définies par le ministre coordonnateur en concertation avec l'OIV.

3.2. *Le plan de sécurité d'opérateur (PSO)*

– POINT-CLÉ –

L'opérateur doit élaborer :
– un PSO (non obligatoire s'il n'a qu'un seul PIV) ;
– un PPP par PIV (contenant une analyse du risque si pas de PSO) ;
– éventuellement un PPP de zone d'importance vitale.
NOTA : L'élaboration du plan de protection externe, en liaison avec le DDS du PIV, est de la responsabilité de l'autorité préfectorale.
Le PSO est le fondement d'une politique générale de sécurité, indissociable d'une politique globale de qualité et de gestion des risques.

3.2.1. *Contenu du PSO*

Le PSO décrit l'organisation et la politique de sécurité de l'opérateur. Cette politique peut s'appuyer sur le dispositif de sécurité existant et sur l'expérience acquise dans la gestion de la qualité. Le PSO doit permettre à l'opérateur de s'approprier la DNS à travers la rédaction d'une analyse de risque propre à l'OIV et retranscrite dans le PSO. Il prévoit des mesures permanentes et graduées transposant tant les mesures spécifiques de la DNS que les mesures VIGIPIRATE applicables. Le PSO prévoit, s'il y a lieu, les délais de réalisation des mesures de protection permanentes et des mesures temporaires et graduées qu'il prescrit.

3.2.2. *Outils et méthodologie*

L'autorité administrative ayant désigné un OIV lui communique le guide d'élaboration et le plan-type du PSO à l'occasion de la notification de la ou des DNS. L'opérateur doit se conformer au plan type défini par arrêté du Premier ministre.

L'autorité administrative ayant désigné le ou les PIV d'un opérateur lui communique le plan-type de PPP d'un PIV à l'occasion de la notification de désignation des PIV.

Le préfet de département ou le préfet coordonnateur ayant notifié la création d'une zone d'importance vitale communique au délégué pour la défense et la sécurité de ladite zone le plan-type de PPP ainsi que les DNS nécessaires si ce délégué est désigné et habilité et si ces documents ne lui ont pas déjà été transmis du fait du cumul de plusieurs fonctions (cf. § 2.3.3).

3.2.3. *Élaboration*

L'opérateur élabore un PSO qui doit répondre aux prescriptions de la ou des DNS qui lui ont été communiquées.

La sélection des PIV proposés par l'opérateur est issue de l'analyse de risque qui explicite les raisons pour lesquelles chaque point est proposé. La liste des PIV précise succinctement la nature de l'activité qui s'exerce pour chacun des points. Dans le cas où le PSO est élaboré à partir de plusieurs directives, la liste des PIV qui lui est annexée précise pour chaque PIV la ou les directive(s) qui s'y applique(nt).

Dans le cas où l'opérateur envisage de proposer un seul établissement, un seul ouvrage ou une seule installation comme PIV, il accuse réception de la DNS qui lui a été transmise et soumet au ministre coordonnateur, dans un **délai de six mois à compter de la date de notification de la DNS** qui lui est applicable, une analyse de risque justifiant *in fine* la désignation d'un unique PIV. Il précise à cette occasion les caractéristiques géographiques et économiques du PIV.

Dans le cas où l'opérateur envisage de proposer la désignation de plusieurs PIV, l'opérateur dispose d'un **délai de six mois à compter de la date de notification de la dernière DNS** qui lui est applicable *[La concertation préalable à la désignation de l'OIV aura* *permis d'identifier les DNS que l'opérateur a à connaître]* pour soumettre une première version de son PSO au ministre coordonnateur.

Si l'OIV ressent le besoin de se voir communiquer, à titre d'information, une autre DNS, il en formule une demande motivée auprès de l'autorité l'ayant désigné OIV. Celle-ci transmet la demande au ministre coordonnateur en charge de cette directive avec son avis sur la suite à réserver à cette demande.

3.2.4. *Mise en œuvre du PSO*

Le PSO est mis en œuvre par une organisation de sécurité définie par l'opérateur et comprenant le délégué pour la défense et la sécurité.

Il est décliné pour chaque PIV de l'opérateur sous la forme du PPP. Pour les autres installations et réseaux de l'opérateur, il peut être décliné sous forme de directives, consignes particulières ou fiches réflexes, qui ne sont pas nécessairement classifiées.

La politique d'exercices et d'audit concourt à l'évaluation du plan, en vue de son adaptation et de son amélioration.

3.2.5. *Révision du PSO*

Le PSO peut être révisé en cas de modification d'une DNS notifiée à l'opérateur (selon précisions du § 3.1.4). Il peut l'être également à l'initiative de l'opérateur. Pendant toute la durée du processus de révision, le plan en vigueur continue à s'appliquer. Le plan révisé remplace le plan préexistant dès réception de l'arrêté de désignation des PIV.

Dans l'éventualité où l'opérateur contesterait la décision de désignation des PIV, le PSO initial resterait en vigueur jusqu'à résolution du contentieux.

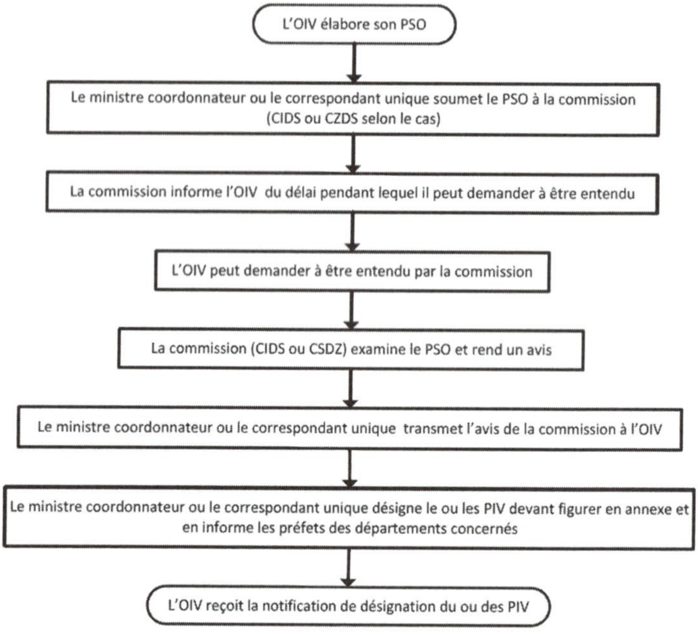

NB : Ce processus ne s'applique pas au PSO d'un opérateur relevant du ministre de la défense.

Figure 5 : Processus d'instruction du plan de sécurité d'un opérateur proposant la désignation de plusieurs PIV

3.3. *Le point d'importance vitale (PIV)*

3.3.1. *Définition d'un PIV*

Un PIV est un établissement, une installation ou un ouvrage sis sur le territoire national dont le dommage, l'indisponibilité ou la destruction par suite d'un acte de malveillance, de sabotage ou de terrorisme risquerait, directement ou indirectement :

– d'obérer gravement le potentiel de guerre ou économique, la sécurité ou la capacité de survie de la Nation ;

– ou de mettre gravement en cause la santé ou la vie de la population.

Le premier critère, tiré des dispositions de l'article L. 1332-1 du code de la défense, permet de déterminer les PIV qui sont au cœur du dispositif, en ce qu'ils concourent directement aux activités d'importance vitale, à l'échelle d'un secteur ou à l'échelle du pays.

Il implique de prendre en compte :

– la notion de non-substituabilité des capacités du PIV par d'autres moyens ;

– le délai de remise en fonction.

Le deuxième critère, issu des dispositions de l'article L. 1332-2 du code de la défense, s'attache exclusivement aux conséquences humaines, c'est-à-dire aux conséquences sur la vie ou la santé de la population, de la destruction ou de l'avarie du PIV.

Ce critère ne doit pas conduire à désigner indifféremment tous les sites. Parmi les établissements classés SEVESO seuil haut, une analyse de risque portant sur les menaces, les vulnérabilités et les impacts pour la population permettra de désigner les OIV strictement nécessaires. Bien que l'on vise les installations classées pour l'environnement, un impact sur l'environnement sans conséquence directe pour la santé ou la vie de la population ne sera pas pris en compte.

Dans les deux cas, les critères s'appliquent pour toute menace perçue comme plausible, en prenant en compte tant les vulnérabilités du PIV que les conséquences résultant d'une attaque.

S'agissant de l'application de ces règles aux départements et collectivités d'outre-mer, l'éloignement de la métropole et l'éventuel caractère insulaire doivent être pris en compte dans la définition d'un PIV. Les notions de non-substituabilité des capacités du PIV par d'autres moyens et de délai de remplacement peuvent dans certains cas prendre une dimension accrue.

3.3.2. *Périmètre d'un PIV et notion de composant névralgique*

Dans un souci d'efficacité, il convient de calquer autant que possible la délimitation d'un PIV sur celle de l'entité géographique gérée ou utilisée par l'opérateur. La délimitation du PIV doit permettre la mise en œuvre la plus efficiente *[Efficience : notion qui exprime le fait d'atteindre les objectifs fixés tout en engageant le minimum de moyens ou en créant le minimum de contraintes]* du dispositif de sécurité des activités d'importance vitale par l'opérateur et le préfet de département pour ce qui concerne leurs responsabilités respectives.

Le composant névralgique est une installation ou un ouvrage de taille plus réduite que le PIV, à la fois indispensable au fonctionnement de ce dernier et vulnérable. Un PIV peut comprendre un ou plusieurs composants névralgiques.

Afin d'éviter la multiplication de PIV dans un établissement détenu par un même opérateur et les conséquences induites *(multiplication du nombre de PPP et de PPE)*, le PIV peut être constitué d'un ou de plusieurs composants névralgiques dont la sécurité est assurée, à l'intérieur du PIV, par un dispositif de défense en profondeur *[La défense en profondeur consiste en la superposition de plusieurs lignes de défense, composées d'un ensemble de mesures de sécurité, chaque ligne devant contribuer à affaiblir l'attaque et à permettre aux suivantes de se renforcer en vue soit d'empêcher la destruction ou la prise de contrôle des composants névralgiques du PIV, soit d'en limiter ou d'en retarder les effets]*.

3.3.3. *Processus de désignation d'un PIV*

L'identification initiale des PIV est une responsabilité de l'OIV. L'analyse de risque qu'il conduit pour élaborer son PSO (V. § 3.2.3) lui permet de proposer, en annexe à ce plan, la liste de ses installations, établissements ou ouvrages qu'il estime pertinent de faire désigner comme PIV.

Ce processus, qui ne s'applique pas aux PIV relevant du ministère de la défense, est illustré par le graphe qui suit.

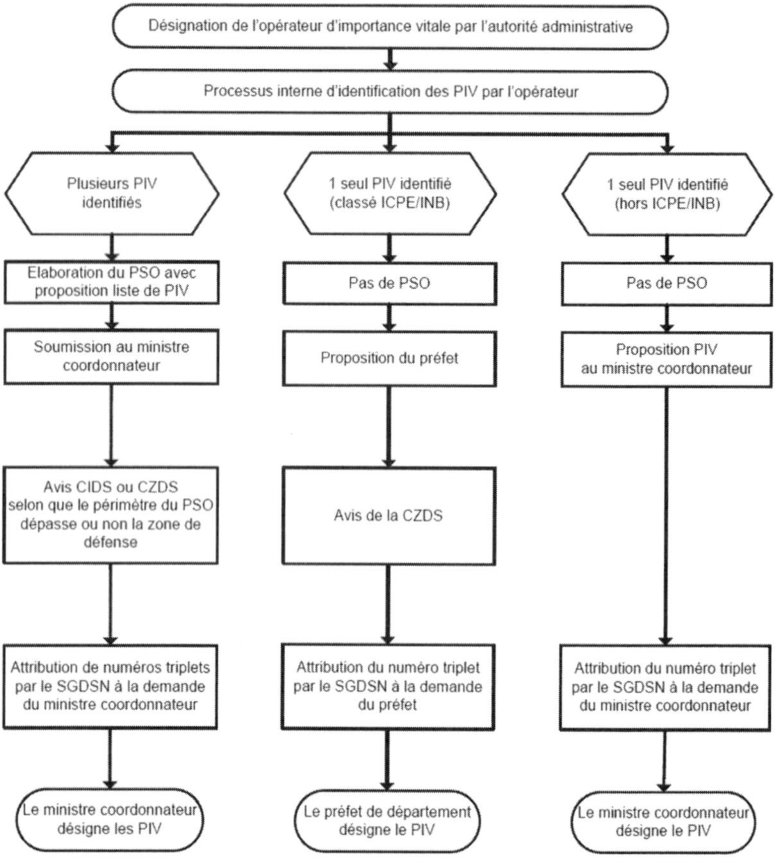

Figure 6 : Processus de désignation d'un PIV

Lors de l'examen du PSO, la commission interministérielle (ou zonale) de défense et de sécurité des secteurs d'activités d'importance vitale s'assure que la liste des PIV est pertinente. Elle peut proposer le retrait ou l'ajout de PIV. Son avis est transmis au ministre coordonnateur, ou au préfet dans le cas des opérateurs d'une seule installation classée pour la protection de l'environnement ou installation nucléaire de base proposée à la désignation par ce dernier. Dès réception de cet avis, cette autorité administrative désigne le ou les PIV.

Préalablement à la notification de désignation d'un ou plusieurs PIV, l'autorité administrative *(ministre coordonnateur, correspondant privilégié ou préfet de département par l'intermédiaire du préfet de zone de défense)* demande au SGDSN l'attribution d'un numéro d'identification (V. § 9.1) pour chaque PIV.

Les informations nécessaires à l'instruction de cette demande sont :

– la dénomination sociale de l'OIV ;

– la dénomination du PIV ;

– sa localisation.

3.3.4. *Modalités de contrôle des personnes accédant à un PIV*

– POINT-CLÉ –

Afin de réduire les risques d'atteintes à un point d'importance vitale dont il a la charge, l'opérateur d'importance vitale peut, s'il le souhaite, requérir l'avis de l'autorité administrative ou militaire (selon les cas) avant d'autoriser l'accès de certaines personnes aux zones particulièrement sensibles d'un PIV dont il a la charge.

Pour ce faire, l'opérateur est tenu de solliciter par écrit l'avis du préfet de département (le préfet de police à Paris) dans le ressort duquel se situe le point d'importance vitale.

Au préalable, l'opérateur doit impérativement avoir envisagé le champ d'application du criblage dans son PPP, qui doit être approuvé.

Par ailleurs, l'opérateur est tenu d'informer par écrit la personne concernée qu'elle est susceptible de faire l'objet d'une enquête administrative.

L'autorité administrative ou militaire rend son avis après la réalisation d'une enquête administrative.

L'avis formulé par l'administration ne revêt aucun caractère contraignant pour l'opérateur qui, seul, choisit d'autoriser ou non l'accès au point d'importance vitale concerné.

NOTA :

Dans le cas d'un opérateur d'importance vitale relevant du ministère de la défense, il revient à l'autorité militaire désignée par le chef d'état-major des armées d'émettre un avis.

a – Demande d'avis à l'autorité administrative

La saisine pour avis du préfet ou de l'autorité militaire compétente, en ce qu'elle permet la réalisation d'une enquête administrative sur des personnes accédant à un PIV, participe au dispositif général de prévention de ces sites contre tout acte de malveillance. Elle contribue, en amont, à la protection des composants les plus névralgiques d'un point d'importance vitale. Si la décision d'autorisation d'accès d'une personne à un point d'importance vitale relève bien du seul opérateur, l'administration lui apporte son concours dans ce processus décisionnel. Les articles L. 1332-2-1 et R. 1332-22-1 à R. 1332-22-3 du code de la défense prévoient la procédure par laquelle, avant d'autoriser l'accès d'une personne à un point d'importance vitale qu'il gère, l'opérateur peut solliciter l'avis du préfet de département *[Sauf cas particulier de la désignation d'un préfet coordonnateur désigné et détenant le pouvoir de police pour un PIV situé hors de son ressort départemental]* dans lequel est situé le PIV. Pour les opérateurs d'importance vitale dont le ministre coordonnateur est le ministre de la défense, leur demande d'avis est adressée à l'autorité militaire désignée (service enquêteur du ministère de la défense).

De manière à faciliter les échanges et à réduire a minima les temps de traitement de l'enquête par les services territoriaux compétents, la demande devra, dans la mesure du possible, être émise par le délégué à la défense et à la sécurité (DDS) du PIV concerné *[Compte tenu de la relation étroite entre le criblage et le PPP et des relations privilégiées entre les préfectures et les DDS (seules personnalités de l'OIV connues des préfectures comme étant habilitées)]*. La demande d'avis doit être signée par le DDS et adressée par écrit dématérialisé, selon le modèle joint en annexe n° 9, au préfet du département (préfet de police, le cas échéant) ou à l'autorité militaire dans lequel se situe le PIV.

Elle doit impérativement comporter les informations suivantes, regroupées en trois rubriques :

– *Données relatives à l'opérateur et au PIV :*
  - année / numéro d'ordre de la demande pour le PIV concerné
  - numéro de triplet

– *Données relatives à la personne :*
  - nom et prénom(s) ;
  - date et lieu de naissance ;

• domicile actuel ;
• nom de l'employeur (si différent du demandeur) ;
• profession.

– *Données relatives à l'accès au site :*

• désignation, conformément au zonage codifié dans le PPP, de la partie ou des parties du PIV justifiant une demande d'avis en vue de l'accès ;
• justification de la nécessité de l'accès à la partie du PIV concernée ;
• justification de l'impossibilité de mettre en place des mesures de prévention autres ;
• durée prévue de l'accès au site (date, durée, période et répétition éventuelle) ;
• numéro d'immatriculation du véhicule (si l'accès en véhicule est sollicité).

Aucun élément d'identification du PIV ou de l'opérateur (charte graphique, logo, etc.) ne doit figurer sur le document transmis de manière à ce qu'il puisse être acheminé par voie dématérialisée.

Il revient à l'opérateur, dans son intérêt propre, d'effectuer la demande le plus en amont possible de la date prévue d'accès au point d'importance vitale. Dans la mesure du possible, et sauf exception précisée *infra*, l'opérateur sollicite les services préfectoraux au minimum 3 semaines avant la venue effective sur site de la personne concernée. De la même manière, et sauf exception, l'OIV dont le ministre coordonnateur est le ministre de la défense sollicite l'autorité militaire désignée au minimum 2 mois avant la venue effective sur site de la personne concernée.

En cas d'urgence dûment justifiée par l'OIV, ce délai de sollicitation peut être réduit à 72 h. Les services préfectoraux instruisent alors la demande en priorité afin, dans la mesure du possible, de rendre un avis dans les délais compatibles avec la date prévue de l'accès au PIV par la personne concernée.

Cette procédure exceptionnelle ne doit aucunement venir pallier un défaut d'organisation interne de l'opérateur. Le recours à cette procédure ne peut en aucun cas revêtir un caractère systématique. La demande devra être transmise à la préfecture ou à l'autorité militaire selon la procédure dématérialisée habituelle en utilisant le document prévu pour celle-ci.

Dans tous les cas, la production de l'avis par l'administration n'est pas un préalable obligatoire à l'accès d'une personne à un point d'importance vitale.

b – Encadrement des possibilités de demandes d'avis

Conformément aux dispositions légales et réglementaires, les demandes d'avis adressées à l'administration sont encadrées au regard, d'une part, des lieux compris dans le PIV auquel il est accédé (encadrement *ratione loci*) et, d'autre part, des personnes accédant à ces lieux (encadrement *ratione personae*) :

• Encadrement *ratione loci* de la demande d'avis :

La demande d'avis ne peut concerner que l'accès aux parties du PIV devant faire l'objet d'une surveillance particulière car présentant une vulnérabilité spécifique au regard des scenarii de menaces retenues.

Ces parties du PIV doivent être précisément identifiées dans le PPP (zonage codé). Elles peuvent correspondre, en tout ou en partie, aux composants névralgiques identifiés par le PPP. Les zones dont l'accès sera soumis au dispositif de la présente circulaire seront explicitement mentionnées dans le PPP en référençant notamment l'article R. 1332-22-1 du code de la défense.

Il faut exclure par exemple les zones recevant temporairement ou de façon permanente du public telles que les postes d'accueil, les salles de réunion ou les salles de conférence. De même, les PIV sans dispositif de filtrage et de contrôle des accès sont exclus du dispositif.

• Encadrement *ratione personae* de la demande d'avis :

Conformément à l'article R. 1332-22-2 du code de la défense, deux catégories de personnes ne peuvent faire l'objet d'une demande d'avis quant à leur accès aux PIV :

– les personnes mentionnées par le décret n° 2005-1124 du 6 septembre 2005 fixant la liste des enquêtes administratives donnant lieu à la consultation des traitements automatisés de données personnelles mentionnés à l'article 230-6 du code de procédure pénale.

En effet, du fait de leur emploi ou des fonctions qu'elles occupent lors de leur accès au PIV, ces personnes ont déjà fait l'objet d'une enquête administrative.

– les personnes dont l'accès au PIV fait l'objet de mesures de prévention et de sécurité suffisantes.

Il s'agit là des personnes qui, du fait notamment de la nature et de la durée de leur accès au site, peuvent faire l'objet d'un contrôle suffisant rendant inutile la réalisation d'une enquête administrative, et donc la formulation d'une demande d'avis auprès de l'administration. Il peut, par exemple, s'agir de personnes effectuant une courte visite du PIV et pouvant être accompagnées durant cette visite ou de personnes (stagiaires...) ne pouvant accéder aux parties les plus sensibles du PIV du fait de dispositifs d'accès restreint aux différentes parties du PIV.

Par ailleurs, il convient d'exclure du dispositif l'ensemble des personnes ayant à accéder à un PIV à l'occasion d'une ouverture au public et ce quelle qu'en soit la forme (conférences, journées portes ouvertes, etc.).

Le PPP doit préciser les mesures de prévention et de sécurité mises en place pour contrôler l'accès aux différentes parties du PIV selon la raison pour laquelle cet accès s'effectue.

Avant de réaliser une enquête administrative, les services préfectoraux s'assurent que la demande d'avis formulée par l'OIV ne contrevient pas à ces critères *ratione loci* et *ratione personae*. Toute demande d'avis doit donc être justifiée au regard de ces critères. A défaut, elle sera rejetée par utilisation du formulaire de rejet précisé en annexe n° 11.

c – Information de la personne accédant au PIV par l'opérateur d'importance vitale

L'opérateur doit obligatoirement notifier par écrit à la personne concernée qu'il a sollicité l'avis de l'administration quant à son accès au site et que, dans, ce cadre, conformément aux dispositions législatives et réglementaires en vigueur, elle fait l'objet d'une enquête administrative.

Il doit pour cela s'appuyer sur la formulation proposée :

"Dans le cadre de ... [à compléter selon la raison de l'accès au site : activités professionnelles, stage de longue durée, visite sollicitée par la personne...], vous allez être amené à accéder à un/des site(s) relevant de la responsabilité de notre société. Afin de sécuriser l'accès à ce(s) site(s), et conformément aux dispositions législatives et réglementaires en vigueur, nous avons sollicité préalablement l'avis de l'autorité administrative. Dans ce cadre, une enquête administrative destinée à vérifier qu'aucun fait vous concernant n'est incompatible avec l'accès envisagé est susceptible d'être réalisée par l'autorité administrative."

Cette notification ne devra pas faire apparaître les raisons exactes qui prévalent au déclenchement d'une enquête. En particulier, le caractère très sensible de telle ou telle partie du point d'importance vitale ne sera pas porté à la connaissance de la personne visée par l'enquête.

d – Sens de l'avis et durée de validité

Si la demande de l'opérateur est jugée recevable, le préfet émet un avis sur la compatibilité des caractéristiques de la personne avec l'accès au PIV envisagé. Afin d'émettre cet avis, une enquête administrative est diligentée.

• Sens de l'avis :

A la suite de l'enquête administrative, le préfet transmet à l'opérateur d'importance vitale un avis précisant si les caractéristiques de la personne concernée sont "compatibles" ou "incompatibles" avec l'accès aux zones désignées du PIV.

Cet avis, qui n'est pas une décision administrative, n'est pas motivé. Il n'est pas contraignant pour l'OIV qui reste le seul responsable de l'accès d'une personne au site dont il a la charge.

• Durée de validité de l'avis :

L'avis formulé par l'administration est valable pour une durée de trois ans. Ce délai doit être entendu comme le terme avant lequel l'OIV ne sollicitera pas à nouveau l'administration pour l'accès de la même personne au même PIV. Néanmoins, si les conditions nécessaires à la délivrance de l'avis évoluent, c'est-à-dire que des changements radicaux de situation ou de comportement sont notés par le délégué à la défense et à la sécurité du site concerné, l'opérateur peut solliciter un nouvel avis de l'administration qui jugera de l'opportunité de conduire à nouveau une enquête.

e – Principes et cadre de l'enquête administrative

Conformément aux dispositions des articles L. 1332-2-1 et R. 1332-22-1 du code de la défense, l'enquête administrative peut donner lieu à la consultation du bulletin n° 2 du casier judiciaire ainsi que des traitements automatisés de données à caractère personnel relevant de l'article 26 de la loi n° 78-17 du 6 janvier 1978 relative à l'informatique, aux fichiers et aux libertés. Les fichiers d'identification *[Il s'agit du fichier national automatisé des empreintes génétiques et du fichier automatisé des empreintes digitales]* ne peuvent cependant pas être consultés.

Les services, civils ou militaires, en charge de l'enquête administrative doivent pouvoir s'appuyer sur l'ensemble des traitements automatisés de données visés au paragraphe précédent quel que soit l'organisme de gestion. Une collaboration efficace doit donc être mise en place entre les services du ministère de l'intérieur et ceux du ministère de la défense afin de s'assurer que tous les traitements automatisés de données opportuns soient consultés, sans qu'il en résulte pour autant une obligation de communication compte tenu de la nature de certaines informations. Ainsi, en tant que de besoin, les services du ministère de l'intérieur peuvent solliciter le concours des services du ministère de la défense dans le cadre des demandes d'avis émanant d'opérateurs ne relevant pas du ministère de la défense et, réciproquement, les services du ministère de la défense peuvent solliciter le concours de ceux du ministère de l'intérieur pour les demandes d'avis émanant d'opérateur relevant du ministère de la défense.

Le dispositif de contrôle d'accès aux points d'importance vitale ne se substitue pas aux dispositifs déjà existants fondés sur d'autres bases légales et permettant le contrôle de l'accès à des zones spécifiques.

f - Dispositions transitoires

Le dispositif de contrôle de l'accès aux PIV a été créé par la loi n° 2011-267 du 14 mars 2011 et par le décret n° 2012-491 du 16 avril 2012, désormais codifié.

Les employés travaillant déjà sur le site d'un PIV à la date du 16 avril 2012 ne peuvent faire l'objet d'une demande d'avis sauf cas exceptionnel qui devra être dûment justifié. Seuls les nouveaux employés pourront faire l'objet d'une demande d'avis, s'ils sont concernés par l'accès aux zones envisagées par le PPP et s'ils ne font pas partie des catégories de personnes exclues dans l'application du dispositif d'enquête.

3.3.5. *Modification des conditions d'exploitation ou cession d'un PIV*

- POINT-CLÉ -

L'OIV informe les autorités administratives des modifications des conditions d'exploitation. Le dispositif de sécurité des activités d'importance vitale appliqué à l'opérateur reste en vigueur jusqu'à décision de l'autorité administrative.

En cas de modification des conditions d'exploitation du PIV telles qu'elles remettraient en cause la désignation de l'établissement, de l'installation ou de l'ouvrage, l'OIV doit formuler une demande motivée d'abrogation de la décision de désignation auprès de l'autorité administrative l'ayant désigné OIV et en informer le préfet du département concerné.

L'autorité administrative instruit la demande et, après avis de la CIDS ou de la CZDS *[sauf dans le cas d'OIV relevant du ministre de la défense]*, selon le cas, statue sur la requête de l'OIV.

Dans l'éventualité où l'OIV ne dispose que d'un PIV, le déclassement de ce dernier implique l'abrogation de la décision de désignation de l'OIV. La décision d'abrogation intervient après avis de la CIDS ou de la CZDS, selon le cas.

En cas de transfert de propriété d'un PIV, l'OIV "vendeur" doit en avertir le préfet du département concerné et le ministre coordonnateur. L'autorité administrative ayant désigné l'OIV étudiera l'opportunité de maintenir l'établissement, l'installation ou l'ouvrage comme PIV.

Elle peut abroger la décision de désignation de cette installation comme PIV. Cette abrogation entraîne la révision de la liste des PIV annexée au PSO.

A défaut, les mesures du plan particulier de protection du point d'importance vitale restent applicables et ceci dans l'attente de :

— la désignation de l'acquéreur comme OIV,
— la désignation des délégués pour la défense et la sécurité,
— l'approbation des nouveaux plans.

3.4. *La zone d'importance vitale (ZIV)*

– POINT-CLÉ –

La constitution d'une zone d'importance vitale doit apporter une plus-value opérationnelle.

Une zone d'importance vitale est une aire dans laquelle sont implantés plusieurs PIV relevant d'OIV différents, pour lesquels une prise en compte commune de la sécurité présente une plus-value.

Il y a ainsi interdépendance en terme de sécurité entre les PIV dès lors que :

– l'exécution d'une menace sur l'un d'eux aurait des conséquences sur l'intégrité ou l'activité des autres ;

– ou les mesures de sécurité mises en œuvre pour l'un des points ou sur une partie commune ont une incidence sur la sécurité d'un ou de plusieurs autres PIV.

Trois types de zone géographique peuvent être rencontrés :

– cas 1 : une zone constituée de PIV voisins. Les PIV sont contigus ou situés à une distance relativement réduite les uns des autres ;

– cas 2 : une zone constituée de PIV enclavés. Un PIV "2" se situe à l'intérieur d'un PIV "1" ;

– cas 3 : une zone combinant les caractéristiques des deux premières.

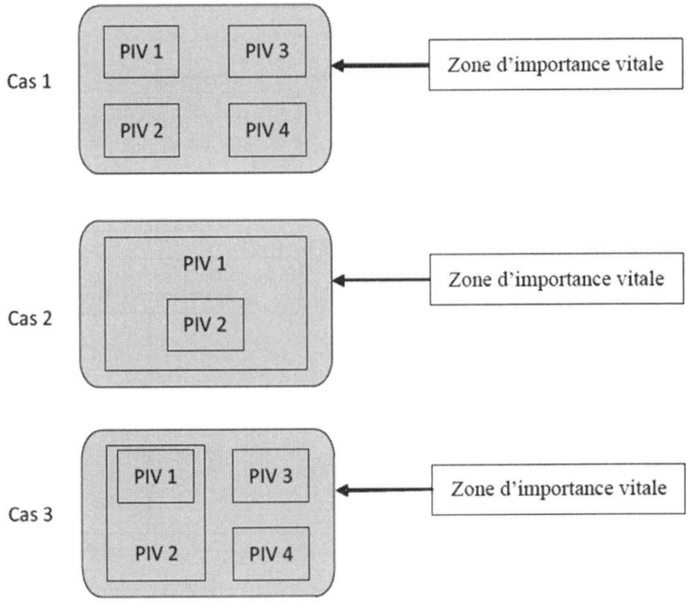

Figure 7 : Types de ZIV

Dans tous les cas, la création d'une zone d'importance vitale doit répondre à un besoin opérationnel et contribuer à améliorer la protection des PIV par la mise en commun et la rationalisation des moyens engagés. L'aire concernée doit s'entendre comme une zone présentant des caractéristiques homogènes, telles qu'il est possible d'en trouver dans certaines zones industrielles, aéroports ou ports maritimes ou fluviaux.

Si, dans le cas de PIV enclavés, la création d'une zone d'importance vitale n'apparaît pas utile au préfet de département, les opérateurs de ces points peuvent toutefois élaborer un protocole organisant les dispositions de sécurité communes. Ce protocole est adressé au préfet du département concerné.

Préalablement à la notification de sa décision de création d'une zone d'importance vitale, le préfet de département ou le préfet de département coordonnateur demande au SGDSN, par l'intermédiaire du préfet de zone de défense et de sécurité, l'attribution d'un numéro triplet d'identification de la zone. Les informations nécessaires à l'instruction de cette demande sont la délimitation de la zone d'importance vitale ainsi que la liste des PIV qui la constituent.

Lorsqu'un projet de création d'une zone d'importance vitale inclut au moins un point d'un OIV désigné au titre d'un secteur relevant du ministre de la défense, l'accord de l'officier général de zone de défense, membre de droit de la CZDS, est obligatoire.

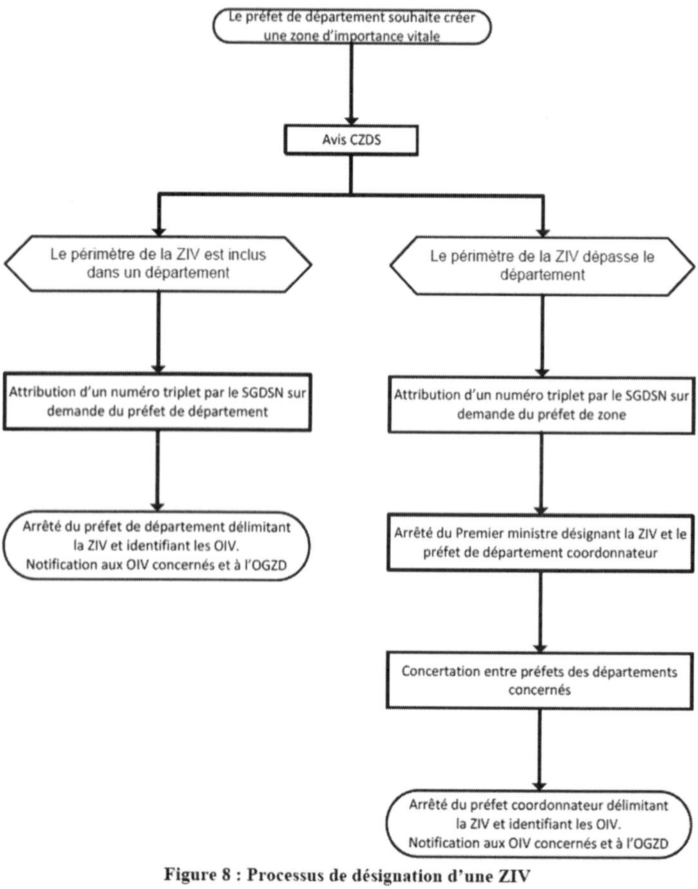

Figure 8 : Processus de désignation d'une ZIV

3.5. *Le plan particulier de protection (PPP)*

La protection du PIV comprend des mesures de protection internes *(prévues par le PPP)* et externes *(prévues par le PPE)* qui relèvent d'une approche globale de la menace et des moyens utilisés pour y faire face. Elles sont destinées les unes et les autres à mettre en échec ou à défaut, retarder les tentatives malveillantes pouvant être effectuées par une ou plusieurs personnes, à en limiter les effets et à faciliter la continuité d'activité ou le rétablissement d'activité. Certaines mesures sont mises en œuvre en permanence, d'autres lorsque la nécessité s'en fait sentir ou sur décision du gouvernement ou de son représentant local, notamment dans le cadre du plan Vigipirate.

L'opérateur élabore le PPP du PIV concerné, dans un délai de deux ans à compter de la notification de la dernière DNS qui lui est applicable. Pour son élaboration, il s'appuie :

– sur la DNS qui correspond au secteur d'activité dans le périmètre duquel se situe le PIV ;

– sur le PSO, dont il applique la politique de sûreté.

Il doit se conformer au plan type défini par arrêté du Premier ministre. A défaut de PSO *(cas d'un opérateur qui gère ou exploite un seul PIV)*, le PPP **doit comporter une analyse de risque.**

3.5.1. *Approbation du PPP*

– POINT-CLÉ –

Approbation du PPP → pertinence du fond et conformité de la forme.

La décision d'approbation du préfet de département se fonde sur une évaluation **qualitative** du PPP soumis par l'opérateur. Cette évaluation prend en compte :

– l'avis de la CZDS s'il a été sollicité *[La soumission d'un PPP à l'avis de la CZDS doit toutefois demeurer exceptionnelle]* ;

– la conformité du plan particulier de protection par rapport au plan-type ;

– la cohérence du dispositif proposé au regard de la politique générale de protection définie par le PSO ;

– la prise en compte des prescriptions de la DNS qui s'appliquent au PIV, notamment les scénarios de menace et les objectifs de sécurité ;

– l'adéquation du dispositif proposé aux infrastructures et aux modalités d'exploitation du PIV.

Le plan-type du PPP est un document élaboré par le SGDSN visant à maintenir une cohérence minimale de forme entre l'ensemble des plans particuliers de protection de l'ensemble des PIV situés sur le territoire national. Il constitue également un guide d'aide à l'élaboration d'un PPP pour l'opérateur. Néanmoins, en cas d'impossibilité manifeste de remplir certaines rubriques ou, au contraire, en cas d'absence manifeste de certaines autres rubriques, l'opérateur peut s'affranchir du plan-type dans les limites fixées par le préfet de département qui, *in fine*, approuve le PPP soumis par l'opérateur.

Dans le cadre de l'approbation d'un PPP, le préfet de département sollicite l'avis d'au moins un représentant des services de police, de gendarmerie, d'incendie et de secours ou du ministère de la défense et, idéalement, l'expertise d'une administration déconcentrée ayant une compétence particulière sur le point *[La recherche de l'avis du service de police nationale ou de gendarmerie nationale territorialement compétent est à privilégier selon l'emplacement ou la nature du PIV]*. Il peut également effectuer une visite sur site de manière à apprécier la bonne adéquation du contenu du PPP, en vue de son approbation, avec les caractéristiques du PIV.

L'approbation des PPP des PIV du secteur nucléaire civil nécessite obligatoirement l'avis de l'autorité en charge de l'application des articles L. 1333 et suivants du code de la défense *[Service de défense, de sécurité et d'intelligence économique du ministère en charge de l'écologie]*.

Un guide d'aide à l'examen du PPP a été élaboré par le ministère de l'intérieur.

3.5.2. *Mise en œuvre du PPP*

Le PPP est décliné, en tant que de besoin, en consignes et en fiches réflexes qui ne sont pas nécessairement classifiées.

Il est mis en œuvre par une organisation de sécurité définie par l'opérateur et adaptée à la nature et aux caractéristiques du point et comprenant le délégué pour la défense et la sécurité du PIV.

La politique d'exercices et d'audits concourt à son évaluation, en vue de son adaptation et de son amélioration.

3.5.3. *Révision du PPP*

Le PPP peut être révisé :

– à la suite d'un contrôle portant sur la mise en œuvre du plan ;

– en cas de révision de la DNS du ou des secteurs d'activités concernés ;

– en cas de révision du PSO ;

– en cas de modification des conditions d'exploitation du PIV ou de certaines données d'environnement *(urbanisation, augmentation de la délinquance, incidents de sûreté, etc.)* ;

– en cas de cession du PIV.

Cette révision se fait à l'initiative de l'OIV ou sur injonction du ministre coordonnateur ou du préfet de département.

Pendant toute la durée du processus de révision, le plan en vigueur continue à s'appliquer. Le plan révisé remplace le plan préexistant dès réception de l'arrêté d'approbation.

Dans l'éventualité où l'opérateur contesterait le refus d'approbation du plan révisé, le PPP initial resterait en vigueur jusqu'à résolution du différend.

3.5.4. *Modification du PPP par le préfet de département*

Le préfet de département peut compléter ou modifier un PPP si l'opérateur n'a pas donné suite à l'injonction qui lui a été adressée ou si malgré les ajouts ou modifications apportés, les motifs *[S'il n'a pas été suffisamment tenu compte de l'avis de la CIDS ou de la CZDS, selon le cas, relatif au plan de sécurité de l'opérateur ou si une mesure au moins ne répond pas de manière satisfaisante à la DNS ou au PSO ou aux caractéristiques locales du PIV]* énoncés au I de l'article R. 1332-26 du code de la défense demeurent. Dans ce cas, le préfet de département sollicite l'avis de la CZDS sur les ajouts et modifications qu'il souhaite apporter au PPP. Ces ajouts et modifications portent sur les mesures ayant fait l'objet de l'injonction adressée à l'opérateur de compléter ou modifier ledit plan.

3.5.5. *Diffusion du PPP*

L'OIV établit, pour ce qui le concerne, les règles de diffusion interne du PPP de chacun de ses PIV, dans le respect de la réglementation relative à la protection du secret de la défense nationale.

Le préfet de département, ou l'autorité militaire désignée pour le SAIV *"Activités militaires de l'État"*, ayant approuvé le PPP en conserve une copie, qu'il transmet également au ministre coordonnateur de l'OIV. La CIDS ou la CZDS concernée peuvent demander au préfet de département communication du PPP d'un PIV notamment en préparation d'un contrôle.

3.5.6. *Mise en œuvre d'équivalences*

Dans le domaine du transport maritime, le code des ports maritimes édicte une équivalence automatique entre les PPP et les plans de sûreté portuaire et plans de sûreté des installations portuaires approuvés (cf. art. R. 321-19 et R. 321-26 C. ports mar.).

Dans les autres secteurs (cf. art. R. 1332-34 C. défense) et afin d'éviter des redondances, il appartient au préfet de département, après avis de la CIDS, de prononcer l'équivalence totale ou partielle des plans pris au titre d'autres réglementations et couvrant le domaine de la sûreté avec le PPP. Cela peut concerner, notamment, les dispositifs ci-après :

– les programmes de sûreté d'exploitant d'aéroport (PSEA) ; (références : art. R. 213-1-1 C. aviat.)

– le plan interne de crise défini par la loi n° 2004-811 du 13 août 2004 de modernisation de la sécurité civile ;
– les plans de sûreté élaborés en application d'accords internationaux ;

3.5.7. *Le PPP de zone d'importance vitale*

– POINT-CLÉ –

Constitution d'une zone d'importance vitale → Élaboration d'un PPP de zone.

Le délégué pour la défense et la sécurité de la zone d'importance vitale élabore un PPP de la zone qui prévoit des mesures communes de protection dont l'application doit être cohérente avec les mesures de protection des PIV qui constituent la zone. L'élaboration de ce plan s'appuie sur le plan-type de PPP de PIV. Les plans de sécurité des opérateurs constituant la zone d'importance vitale et leurs analyses de risque n'y sont pas annexés.

Le préfet de département ou le préfet coordonnateur prend en compte le PPP de la zone d'importance vitale dans l'élaboration ou la mise à jour du plan de protection externe des PIV.

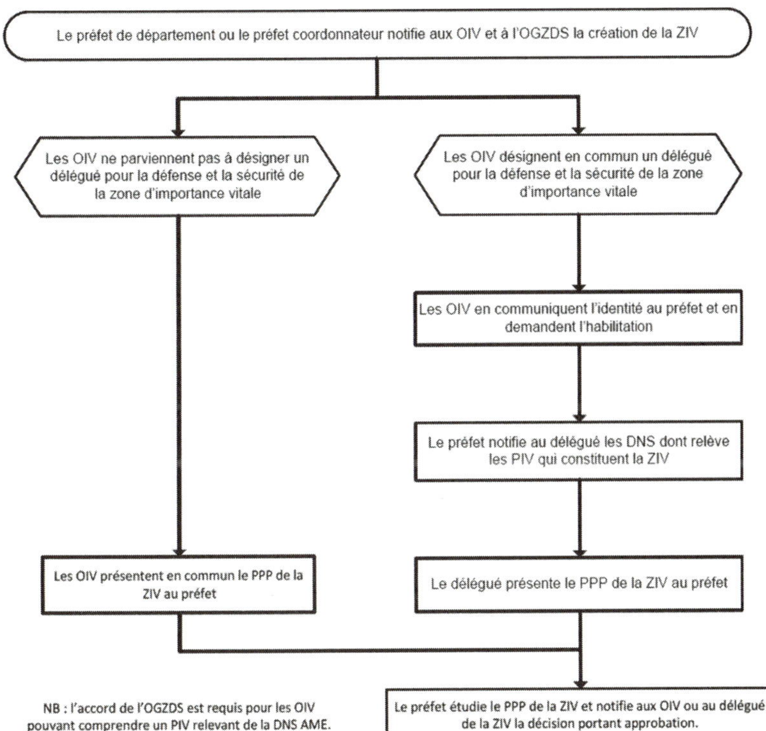

Figure 9 : Présentation du PPP de zone à l'autorité administrative

Le délégué pour la défense et la sécurité de la zone d'importance vitale, ou à défaut les OIV de ladite zone, disposent d'un **délai maximal de deux ans** à partir de la date la plus récente de notification d'une DNS à l'un des opérateurs pour présenter le PPP de la zone au préfet de département ou au préfet coordonnateur.

Le préfet de département ou le préfet coordonnateur dispose d'un délai de **six mois** à compter de la réception du PPP de la zone d'importance vitale pour statuer.

3.6. *Plan de protection externe (PPE)*

Le PPE est un document classifié, complémentaire du PPP. Il complète le dispositif particulier de protection du PIV qui est à la charge de l'opérateur.

Il définit les mesures planifiées de vigilance, de prévention, de protection et de réaction prévues par les pouvoirs publics, notamment par les forces de sécurité, sous l'autorité du préfet de département. Il décrit ainsi les modalités d'intervention sur le PIV en cas d'agression, en liaison avec l'opérateur. Il planifie les moyens humains et matériels à mettre en œuvre. Il peut prévoir des mesures de contrôle des zones périphériques au PIV. Il formalise les modalités d'échange d'informations avec l'opérateur (délégué pour la défense et la sécurité du PIV).

Une directive du ministre de l'intérieur a précisé le contenu des PPE.

En cas d'actualisation du PPP d'un PIV, le préfet de département apprécie la nécessité de réviser le PPE. L'approbation d'un PPP d'une zone d'importance vitale peut entraîner la révision des PPE des PIV qui constituent cette zone, vers un PPE unique s'appliquant à la dite ZIV.

Dans le cadre de l'élaboration du PPE, le préfet de département peut être amené à effectuer une visite sur site du PIV concerné.

Le préfet de département peut permettre à l'opérateur qui en fait la demande de prendre connaissance du PPE de son PIV.

Il est également recommandé de communiquer le PPE aux services de police et/ou de gendarmerie compétents, dans la mesure où il leur revient d'appliquer les mesures d'intervention prévues dans ce document.

Dans tous les cas, le PPE ne pourra être transmis ou communiqué qu'à une personne habilitée au niveau confidentiel défense et qui a besoin d'en connaître, conformément à la réglementation en vigueur.

3.7. *Gestion de la confidentialité et protection du secret de la défense nationale*

3.7.1. *Élaboration, conservation et transmission des documents classifiés*

Les directives et plans établis en application du dispositif SAIV sont classifiés au niveau Confidentiel Défense, en application des règles définies dans l'instruction générale interministérielle sur la protection du secret de la défense nationale n° 1300/SGDSN/PSE/PSD du 30 novembre 2011 (IGI 1300). Sont notamment concernés :

– les DNS ;

– les PSO, à l'exception d'un rapport de présentation résumant leurs principales dispositions ;

– les arrêtés de désignation des PIV ;

– les PPP et les arrêtés d'approbation (non publiés au recueil des actes administratifs) ;

– les PPE.

L'élaboration, la conservation et la transmission des documents classifiés par l'OIV sont réalisées selon les modalités définies dans l'IGI 1300.

Le schéma de transmission des documents en fonction du besoin d'en connaître est précisé dans l'annexe 6.

3.7.2. *Destruction des documents classifiés*

Qu'il en soit l'émetteur ou le destinataire, l'opérateur veille à la destruction des documents classifiés dont il n'a plus à faire usage, notamment lorsque :

– un document classifié est révisé ou abrogé ;

– un PIV est radié ;

– une ZIV est radiée ;

– un opérateur perd la qualification d'OIV.

3.7.3. *Cas d'un opérateur ne souhaitant pas mentionner certaines informations jugées très sensibles dans le PSO ou les PPP*

Un OIV peut ne pas vouloir faire apparaître certaines informations très sensibles touchant à la gestion des risques et des crises. Il doit, dans ce cas, justifier de l'existence de procédures ou de dispositions particulières en faisant référence à ses documents internes qui les prévoient. Les autorités administratives instruisant le plan de sécurité de l'opérateur et ses PPP peuvent interroger l'OIV à propos de ces informations si cela s'avère nécessaire à leur instruction. Les autorités administratives peuvent en prendre connaissance sans nécessairement en disposer.

4. Audit et contrôle

Les procédures d'audit et de contrôle relatives au secteur des activités militaires de l'État sont définies par les DNS "activités militaires de l'État" et "activités industrielles de l'armement" ainsi que par les dispositions contenues au chapitre 5 de la présente instruction.

Les procédures d'audit et de contrôle relatives au sous-secteur nucléaire sont définies par la DNS "nucléaire" ainsi que par les dispositions contenues au chapitre 6 de la présente instruction.

Les procédures applicables aux autres secteurs sont définies dans le présent chapitre.

4.1. *Audit interne mené par l'OIV*

Les audits internes sont menés par l'OIV afin d'apprécier la validité du PPP de chacun de ses PIV. La périodicité d'audit, la composition de l'équipe d'audit et les modalités d'audit sont à l'appréciation de l'OIV. L'audit d'un PIV peut conduire l'OIV à réviser à son initiative le PPP. Il devra alors faire l'objet d'une nouvelle approbation par le préfet de département.

L'OIV n'est pas tenu d'adresser une copie du compte-rendu d'audit aux autorités administratives. Il tient néanmoins ces comptes rendus à la disposition de l'autorité administrative en cas de contrôle.

4.2. *Contrôles par les préfets*

Les préfets de département approuvent les PPP et élaborent les PPE. Ils ont également, conformément à l'article R. 1332-29 du code de la défense, la responsabilité de s'assurer régulièrement du bon niveau de protection des PIV, par un dialogue permanent avec leurs délégués pour la défense et la sécurité. Cela comprend la possibilité de visite sur site du PIV concerné. Dans ce cas, le préfet de département ou son représentant peut être accompagné d'experts des services déconcentrés de l'État en fonction de la nature du PIV.

Par ailleurs, le préfet de département dispose de la possibilité de solliciter le contrôle d'un PIV par la CZDS (art. R. 1332-15).

Afin de permettre à la CZDS d'effectuer une programmation des contrôles de PIV, les préfets de département la tiennent régulièrement informée de l'approbation des PPP (grâce à la remontée d'information prévue à l'annexe 7).

4.3. *Contrôles par les commissions de défense et de sécurité*

La CIDS et la CZDS sont chargées d'une mission générale de contrôle de la mise en œuvre du dispositif de protection des PIV et ZIV, à l'exception de ceux dépendant d'OIV relevant du ministre de la défense. Elles peuvent, à leur initiative ou sur demande d'un ministre coordonnateur ou d'un préfet de département, contrôler les mesures prises pour la sécurité des PIV ou des ZIV. La CZDS ne contrôle que les points et les zones d'importance vitale situés dans sa zone de compétence.

La CIDS peut émettre des directives d'inspection. A cet égard, elle peut fixer annuellement, sur proposition du SGDSN (et de l'ANSSI en particulier), la liste des PIV qui en raison de la criticité potentielle de leur système d'information *[Sauf cas particuliers, il faut considérer que le système d'information constitue un composant névralgique du PIV au sens du*

§ 3.3.2 de la présente instruction] doivent faire l'objet d'un contrôle. Des représentants de l'ANSSI font alors partie des équipes chargées du contrôle de ces PIV et réalisent le contrôle du système d'information. L'ANSSI peut également, à sa demande, se joindre aux équipes chargées des contrôles des autres PIV.

Afin de coordonner les prévisions de contrôle, en prenant en compte les éventuelles directives d'inspection émises par la CIDS, les CZDS transmettent au SGDSN ainsi qu'au ministère de l'intérieur, au titre de l'animation territoriale :

– un calendrier annuel prévisionnel de contrôles *[Ce calendrier est porté à la connaissance de l'Agence nationale de la sécurité des systèmes d'information (ANSSI)]* ;

– un bilan annuel des contrôles effectués au titre de l'année passée.

Dans la perspective d'un contrôle, la CZDS demandera en tant que de besoin communication du PPP approuvé au préfet de département (cf. annexe 6).

Les dispositions ci-après donnent des indications sur le déroulement du contrôle, sans préjuger des adaptations nécessaires au cas par cas, laissées à l'appréciation de la CZDS.

4.3.1. *Objectifs du contrôle*

Le nombre total de PIV ne permet pas aux commissions de pouvoir contrôler seules l'intégralité des PIV de leur ressort territorial. Les contrôles de la commission sont ainsi complémentaires avec la mission générale de vérification de la réalisation des PPP dévolue aux préfets de département, qui sont associés à ce titre à la politique de contrôle.

Après un contrôle ayant donné lieu à des recommandations à l'opérateur, la vérification de la mise en œuvre de ces recommandations incombe à l'autorité de contrôle, qui en informera le préfet de département *[Lorsque les recommandations concernent la sécurité des systèmes d'information, le préfet de département peut demander l'assistance de l'ANSSI (cf. § 4.3.4)]*.

Si les documents de référence concernant la sécurité du PIV sont d'abord la DNS, le PSO et le PPP, la commission peut vérifier, plus généralement, que les mesures de sécurité ne contiennent pas de failles évidentes en matière de protection des installations contre la malveillance.

4.3.2. *Préparation du contrôle sur place*

a – Annonce du contrôle à l'opérateur

Dans l'esprit de coopération avec les opérateurs qui sous-tend la démarche SAIV, les contrôles sont annoncés, et non impromptus. Le président de la commission informe par écrit le délégué pour la défense et la sécurité du PIV de la date et de l'objet du contrôle ou de la visite sur site, de la composition de l'équipe de contrôle et du programme prévisionnel et, si possible, de l'horaire. Il signale le cas échéant les points particuliers sur lesquels portera le contrôle. Lorsque le contrôle est mené par une commission, le préfet de département en est informé et peut formuler un avis quant à son opportunité.

En cas de contrôle d'une ZIV, le délégué pour la défense et la sécurité de la ZIV est le correspondant de l'équipe de contrôle.

b – Durée du contrôle

Le contrôle se déroule idéalement sur une seule journée. Lorsqu'il porte aussi sur la sécurité des systèmes d'information, le contrôle peut nécessiter normalement trois à quatre journées supplémentaires mais ne mobilise que les experts de la sécurité des systèmes d'information de l'équipe de contrôle (les représentants de l'ANSSI) et du PIV. Le contrôle peut être prolongé si l'étendue ou la complexité du PIV le justifie, sur décision du président de la commission ou du préfet de département en tant qu'autorité de contrôle.

c – Équipe de contrôle

Le contrôle des PIV est effectué par des membres de la CZDS ou leurs représentants, préalablement formés à la sécurité des activités d'importance vitale, accompagnés en tant que de besoin par des experts en fonction de la nature du PIV. Ils forment une équipe de contrôle. Tous les membres de l'équipe de contrôle doivent posséder une habilitation de niveau confidentiel défense.

La composition de l'équipe de contrôle est adaptée en fonction des enjeux de sécurité du PIV, de la durée du contrôle (sur un ou plusieurs jours) et des expertises particulières recherchées. Néanmoins, c'est au président de la commission ou à son représentant qu'il appartient de définir le format de cette équipe. Le chef de la délégation est le président de la commission ou son représentant. Les domaines d'expertise requis pour le contrôle sont notamment la gestion de risques, la sûreté, la sécurité physique des installations et la sécurité des systèmes d'information. A ce titre, l'équipe de contrôle de la CZDS est typiquement composée de la manière suivante :

– un représentant du préfet de zone de défense et de sécurité, chef de la délégation et chargé de produire le rapport ;

– un représentant du préfet de département ayant approuvé le PPP, s'il le souhaite ;

– un représentant du service de gendarmerie ou de police territorialement compétent *[Les forces régaliennes en charge de la protection de certains PIV y seront représentées (cas des PSPG)]* ;

– un représentant du ministère coordonnateur, au titre de son expertise ;

– des experts de l'Agence nationale de la sécurité des systèmes d'information notamment lorsqu'il s'agit d'un contrôle demandé par l'ANSSI (cf. § 4.3).

d - Réunion préparatoire

Une réunion préparatoire au contrôle est organisée avec les participants sélectionnés, le ministère coordonnateur concerné ou son représentant déconcentré et toute autre personne dont la présence lui paraît justifiée. La participation du DDS du PIV concernée est indispensable.

Les objectifs de cette réunion sont de :

– procéder à un examen rapide des caractéristiques du PIV contrôlé, sur la base des documents existants (PPP *[Pour une ZIV, le PPP de la ZIV fait partie des documents de référence]*, PPE, PSO, DNS, rapport de contrôle antérieur) ;

– définir les axes principaux du contrôle sur site et les points saillants à vérifier, régler les aspects logistiques notamment les moyens d'accès aux composants névralgiques, les moyens de contrôle (droits d'accès, outils, etc.), les modalités pratiques du déplacement.

Le chef de délégation effectue la répartition des tâches entre les membres de l'équipe de contrôle.

L'équipe de contrôle doit prendre connaissance du référentiel de sécurité du site constitué par le PPP et le PSO. L'économie générale de la gestion de la sûreté du PIV, l'analyse de risque sur laquelle elle repose et l'organisation de la défense en profondeur du site doivent être assimilées et les composants névralgiques du PIV identifiés.

Le représentant de la préfecture de département, s'il est présent, fait connaître ce qu'il sait du PIV. Notamment, il fait savoir à l'équipe de contrôle l'état d'avancement de la mise en œuvre du PPP et si certaines des mesures de protection prévues dans celui-ci ne sont pas encore mises en place.

Des éléments de contexte et informations complémentaires à celles contenues dans le PPP sont apportés, comme :

– l'environnement du site (zone urbaine ou rurale, isolement, etc.) ;

– les autres réglementations de sécurité ou sûreté auxquelles il est éventuellement soumis (ISPS, OACI *[Organisation de l'aviation civile internationale]*, ZRR *[Zone à régime restrictif]*, ICPE, Seveso, INB, zone d'interdiction de survol ou de prise de vues aériennes, zones protégées, etc.) ;

– d'une manière générale, toutes données intéressantes au titre de la sécurité du site (sensibilité ou vulnérabilité particulière, incidents de sécurité répertoriés, etc.).

4.3.3. *Déroulement du contrôle*

Le contrôle doit être exécuté de sorte à pouvoir déterminer si le dispositif de défense en profondeur du PIV est cohérent avec le PPP et les exigences minimales de sûreté attendues sur le site. De même l'adéquation avec le PPE peut être vérifiée.

a - Confidentialité du déroulement du contrôle

Les membres de l'équipe de contrôle font preuve sur place de discrétion vis-à-vis du personnel et des autres visiteurs présents sur le PIV. Les réunions se tiennent dans une salle dédiée au sein du PIV afin d'assurer la confidentialité des entretiens. Tous les participants doivent être habilités.

b – Étapes du contrôle

Les étapes prévues ci-après sont indicatives et s'adaptent à chaque cas.

• *Étape 1 : réunion de lancement du contrôle*

Le chef de délégation introduit la séance de lancement du contrôle en présentant un bref rappel des tenants et aboutissants du dispositif de la SAIV, du rôle des acteurs, de l'objectif du contrôle et de la composition de l'équipe de contrôle.

Le caractère classifié des informations échangées et des documents étudiés est rappelé. La présence des personnels du PIV participant au contrôle est nécessaire pour assurer que l'ensemble des intervenants de l'opérateur comprend le cadre général dans lequel s'inscrit le contrôle.

• *Étape 2 : présentation sur table du PIV et du PPP par l'opérateur*

L'opérateur présente le PIV et le PPP pour permettre à l'équipe de contrôle d'apprécier sur table la politique générale de sécurité du PIV. Il précise l'activité du PIV, son organisation, son fonctionnement et les grandes lignes de l'analyse de risque du PPP (scénarios de menace, vulnérabilités).

• *Étape 3 : contrôle des mesures de protection*

— Protection physique

Le site est visité avec l'opérateur selon une logique concentrique, de l'extérieur (contour et entrée du PIV) vers l'intérieur (composants névralgiques du PIV). Le système de défense en profondeur doit ainsi pouvoir être identifié et compris, ses éventuelles lacunes détectées.

Les mesures de sécurité existantes sont comparées aux prescriptions du PPP et leur pertinence est jugée non seulement par rapport à l'analyse de risque qu'il contient mais aussi par rapport aux vulnérabilités identifiées par ailleurs par l'équipe de contrôle.

Le contrôle des mesures du plan VIGIPIRATE applicables au PIV est effectué. Sont notamment vérifiées l'application des mesures actives et la préparation des autres mesures graduées prévues dans le PPP comme par exemple le contrôle des personnes ou les mesures face aux menaces NRBC-E.

— Sécurité des systèmes d'information

Le contrôle de la sécurité des systèmes d'information est effectué lorsque un système d'information *[il peut s'agir de tout système d'information du PIV, y compris les systèmes d'information pilotant les systèmes industriels de l'OIV]* constitue ou est susceptible de constituer un composant névralgique du PIV.

Le contrôle comporte une analyse technique du niveau de sécurité du système d'information, au regard des mesures de sécurité des systèmes d'information présentées dans le PPP, mais aussi par rapport aux menaces et vulnérabilités identifiées par ailleurs par l'équipe de contrôle, sur site, et à la lecture des documents transmis.

Les contrôles ne se limitent donc pas à un audit de l'organisation SSI (procédures, maintien en condition de sécurité) et à un contrôle de la sécurité physique des composants du système d'information, mais incluent également un examen technique du système d'information pouvant notamment comprendre :

• le relevé d'informations techniques (configurations du système, journaux d'évènements, traces d'incidents, etc.) ;

• la réalisation de tests d'intrusion dans le système d'information ;

• l'analyse du code source des logiciels ;

• la conduite d'entretiens avec les personnes en charge de l'administration du système ;

• et plus généralement toutes actions permettant d'analyser le niveau de sécurité.

Les interventions réalisées sont conformes à celles définies lors de la planification du contrôle. Une convention entre l'OIV et l'ANSSI peut être préalablement établie en tant que de besoin pour préciser les conditions dans lesquelles ces interventions sont effectuées. Sous son contrôle, le PIV met à disposition de l'ANSSI un accès direct à son système d'information pour permettre ces interventions.

— Dispositif de gestion de crise et plan de continuité d'activité

L'organisation mise en place pour traiter les crises et assurer la continuité et le rétablissement d'activités du site font partie des éléments contrôlés. A ce titre, les membres de la commission de contrôle peuvent exiger d'avoir accès au plan de continuité d'activité de l'OIV, éventuellement décliné localement.

• *Étape 4 : bilan avec l'opérateur*

Un bilan immédiat est effectué à la fin du contrôle en présence du délégué à la défense et à la sécurité ainsi que du responsable de la sécurité des systèmes d'information de l'opérateur. Cette réunion de clôture a pour objectif de présenter à l'opérateur l'appréciation de l'équipe de contrôle sur la sécurité du PIV et de recueillir son avis en vue de tirer les conclusions initiales essentielles.

Les points suivants sont notamment abordés :

– conformité des mesures de sécurité avec le contenu du PPP ;
– pertinences des mesures de sécurité mises en place ;
– principales failles de sécurité détectées au regard des risques identifiés ;
– application des mesures Vigipirate ;
– principaux axes d'amélioration.

La nature des principales non-conformités des mesures de protection avec le PPP est constatée avec le DDS. Les failles importantes dans l'analyse de risque, identifiées pendant le contrôle, mais non traitées par le PPP, sont aussi constatées.

4.3.4. *Rapport de contrôle*

a - Contenu du rapport

L'objectif du rapport de contrôle est de présenter à l'opérateur des recommandations pour améliorer la protection du PIV par rapport à son contexte, à l'état de l'art, et à son référentiel de sécurité (PPP, PSO, DNS). Il met donc en évidence les vulnérabilités du PIV face aux menaces identifiées et les mesures à prendre pour réduire la probabilité d'occurrence et/ou l'impact des risques. Parmi ces mesures, on distingue :

– les **recommandations simples** pour les problèmes les moins graves, qui ne donneront pas lieu à des suites particulières ;

– les **préconisations**, appelant une action de l'opérateur et/ou la révision du PPP.

Le rapport de contrôle est classifié et respecte le plan type dont le modèle figure en annexe 7.

Il commence par une brève description des modalités du contrôle, puis une page de synthèse sur le niveau de protection du PIV constaté pendant le contrôle, les principales failles détectées dans la sûreté du PIV, les recommandations et préconisations faites à l'opérateur.

Le rapport est rédigé par le chef de la délégation, approuvé par la commission et validé par son président. Il est ensuite transmis au DDS qui peut formuler des observations écrites, lesquelles pourront être annexées au rapport ou mener à sa révision.

b - Adoption du rapport et transmission à l'opérateur

Le rapport est soumis par le chef de délégation à l'autorité en charge du contrôle (CIDS, CZDS ou préfet de département) avant son adoption définitive.

Le rapport est adressé au :

– DDS du PIV ;
– DDS de l'OIV ;
– aux préfets de zone de défense et de sécurité et de département concernés ;
– au(x) ministre(s) coordonnateur(s) concernés ;
– au SHFD du ministère de l'intérieur, au titre de l'animation territoriale ;
– au SGDSN.

c - Suites du contrôle

Le suivi des préconisations figurant dans le rapport du contrôle incombe à l'autorité de contrôle. Lorsque les préconisations concernent la sécurité des systèmes d'information, l'autorité de contrôle peut faire appel aux personnes qualifiées ayant participé au contrôle (*i.e.* les experts de l'ANSSI) pour s'assurer du suivi de ces préconisations.

L'autorité de contrôle est informée des suites données à son rapport, tout comme le préfet de département.

De manière générale, le contrôle du PIV peut conduire à :

– la révision du PPP (C. défense, art. R. 1332-31) ;

– la mise en demeure de l'OIV d'exécuter, dans un délai compris entre un et trois mois, une ou plusieurs mesures du PPP qui n'auraient pas été réalisées (C. défense, art. R. 1332-30) ;

– la saisine de l'autorité judiciaire aux fins de poursuite de l'auteur du délit (C. défense, art. R. 1332-30).

5. Particularités du secteur d'activités d'importance vitale "activités militaires de l'État"

Ce chapitre précise les spécificités liées au secteur d'activités d'importance vitale "Activités militaires de l'État" lorsque des modalités d'application diffèrent du schéma général de mise en œuvre du dispositif de sécurité des activités d'importance vitale. Le détail des procédures spécifiques à ce secteur figure dans les DNS *"Activités militaires de l'État"* et *"Activités industrielles de l'armement"*, relevant toutes deux de la coordination du ministère de la défense.

5.1. *Le processus de sécurité des activités d'importance vitale appliqué au secteur "activités militaires de l'État"*

L'autorité militaire *[Ou l'autorité compétente]* désignée par le chef d'état-major des armées (CEMA) est, selon le cas :

– le délégué général pour l'armement en ce qui concerne l'approbation des PPP de ses installations classées installations prioritaires de défense (IPD) et PIV mais également de ceux des OIV de l'armement relevant du secteur *"Activités militaires de l'État"* ;

– le chef d'état-major de l'armée concernée, les officiers généraux commandants supérieurs des forces armées, le directeur général ou le directeur du service suivant le cas, en ce qui concerne l'approbation des PPP de ses installations classées IPD et PIV ;

– éventuellement le chef d'état-major des armées en ce qui concerne des PIV des organismes interarmées qui pourraient être classés comme IPD ainsi que des installations nucléaires intéressant la dissuasion, relevant ou non du ministère de la défense, lorsqu'aucune autorité n'a été désignée.

Chaque autorité militaire désignée par le CEMA se fait communiquer le nom de la personne chargée d'exercer la fonction de délégué pour la défense et la sécurité du PIV situé dans son domaine de compétence.

Pour les OIV relevant de la DNS *"Activités industrielles de l'armement"*, le nom de la personne chargée d'exercer la fonction de délégué pour la défense et la sécurité de l'OIV est transmis au délégué général pour l'armement.

L'autorité militaire ayant approuvé le PPP d'un PIV conserve une copie dudit plan. L'autorité militaire informe le préfet de département d'implantation du PIV de l'approbation du PPP et lui communique dans les conditions fixées par sa hiérarchie (§ 5.4) les éléments du PPP strictement nécessaires à la réalisation du PPE. Le ministre de la défense, le chef d'état-major des armées ou leur représentant peut demander à l'autorité militaire concernée communication du PPP. L'OIV peut demander, au préfet de département concerné, à prendre connaissance du PPE de son PIV. L'ensemble des installations du secteur d'activités d'importance vitale *"Activités militaires de l'État"* est périodiquement contrôlé par la direction de la protection et de la sécurité de la défense (DPSD), par l'inspection des armées (IDA) dans le cadre de leurs attributions fixées par décret, par les OGZDS et les COMSUP dans leur zone de responsabilité et selon les modalités définies dans les DNS *"Activités militaires de l'État"* et *"Activités industrielles de l'armement"*. Le ministère de la défense peut faire appel à l'ANSSI pour effectuer le contrôle des systèmes d'information de ces installations dans les conditions prévues au paragraphe 5.5. Les rapports d'inspection sont adressés au ministre de la défense et aux OIV dont relèvent les installations.

Le préfet de département d'implantation du PIV est informé de toute nouvelle approbation du PPP consécutive à une opération de contrôle.

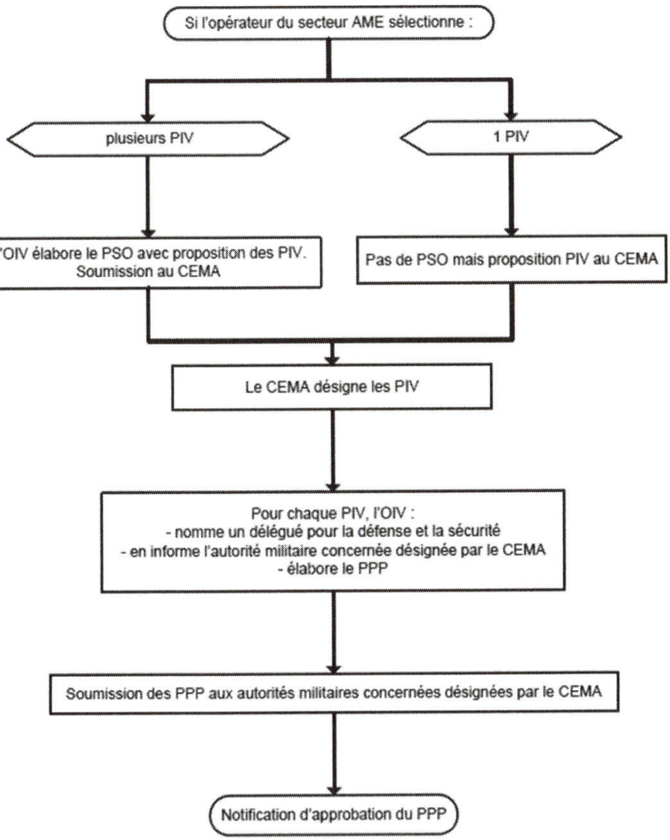

Figure 10 : Processus SAIV du secteur AME

5.2. *Le plan de sécurité d'opérateur*

Le PSO est soumis à l'approbation du CEMA. Les PSO relevant de la DNS *"Activités industrielles de l'armement"* sont préalablement validés par le délégué général pour l'armement.

5.3. *Le plan particulier de protection*

5.3.1. *Approbation du PPP*

Les PPP relevant de la DNS AME sont approuvés par l'autorité militaire désignée par le CEMA et ceux relevant de la DNS AIA sont approuvés par le délégué général pour l'armement (DGA). La révision du PPP se fait à l'initiative de l'opérateur ou sur injonction du ministre de la défense ou de son représentant.

Toute nouvelle approbation de PPP est portée à la connaissance du préfet de département d'implantation du PIV.

5.3.2. *Modification du PPP par l'autorité militaire.*

L'autorité militaire peut compléter ou modifier un PPP si le chef de site de l'installation prioritaire de défense ou le délégué pour la défense et la sécurité du PIV n'a pas donné suite à l'injonction qui lui a été adressée, ou si malgré les ajouts ou modifications apportées, les motifs énoncés au I de l'article R. 1332-26 du code de la défense demeurent. Dans ce cas, l'autorité militaire apporte elle-même les modifications et les ajouts qu'elle juge utiles de voir apparaître dans le PPP. Ces ajouts et modifications portent sur les mesures ayant fait l'objet de l'injonction adressée au chef de site de l'installation prioritaire de défense ou au délégué pour la défense et la sécurité du PIV de compléter ou modifier ledit plan.

Toute nouvelle approbation de PPP est portée à la connaissance du préfet de département d'implantation du PIV.

5.4. *Plan de protection externe*

Le préfet du département où est situé le PIV élabore le PPE de ce point, en liaison avec le délégué pour la défense et la sécurité du point, en tenant compte du PPP, et en coordination avec l'officier général de zone de défense et de sécurité.

Les PSO et les PPP de la DNS AME ne sont pas diffusés dans leur intégralité aux préfectures. Seules les informations extraites des PPP strictement nécessaires à l'élaboration des PPE des PIV leur sont communiquées par les DDS des PIV. Toutefois, après accord du DMD ou de l'OGZD, ces documents peuvent être consultés dans leur intégralité par les préfectures afin de recueillir les informations utiles et nécessaires à l'élaboration des PPE des PIV militaires.

5.5. *Modalités de contrôle*

L'autorité militaire désignée par le CEMA et ayant approuvé le PPP d'un PIV peut, à son initiative, sur demande d'un ministre coordonnateur ou du préfet de département concerné, contrôler les modalités de mise en œuvre dudit plan. Dans ce cadre, le SGDSN (ANSSI) peut proposer au ministre de la défense une liste de PIV qui, en raison de la criticité potentielle de leur système d'information, devraient être contrôlés. Le ministre de la défense et l'ANSSI s'accordent sur un mandat fixant les modalités du contrôle et permettant à des représentants de l'ANSSI, accompagnés de représentants du ministère, de faire partie des équipes chargées du contrôle de ces PIV.

a - Périodicité

Le CEMA fournit au ministre de la défense :

– son calendrier annuel prévisionnel de contrôles des PIV ;

– un bilan annuel des contrôles effectués au titre de l'année écoulée.

Pour les PIV dont l'ANSSI demande le contrôle, le ministère de la défense fournit à l'ANSSI la liste de ceux retenus et le calendrier prévisionnel de contrôle. Une copie du rapport de contrôle est alors adressée au secrétariat général de la défense et de la sécurité nationale.

b - Directives d'inspection

L'autorité militaire désignée par le CEMA (ou le haut-commissaire à l'énergie atomique pour les INID) est chargée d'une mission générale de contrôle de la mise en œuvre des PPP des PIV des opérateurs relevant du ministre de la défense.

c - Rapport de contrôle

Le modèle de rapport d'inspection des IPD et PIV relevant du SAIV AME approuvé par le CEMA, s'applique à l'autorité militaire chargée de contrôler et d'inspecter les IPD et les PIV.

Le rapport de contrôle est adressé au CEMA, au délégué pour la défense et la sécurité de l'opérateur et au délégué pour la défense et la sécurité du PIV.

d - Préconisations et/ou sanction

Le contrôle du PIV peut conduire à :

– la révision du PPP *(C. défense, art. R. 1332-31)*. Dans ce cas, le préfet de département d'implantation du PIV est informé à l'issue de celle-ci ;

– la mise en demeure de l'OIV d'exécuter, dans un délai compris entre un et trois mois, une ou plusieurs mesures du PPP qui n'auraient pas été réalisées *(C. défense, art. R. 1332-30)*.

L'autorité militaire désignée par le CEMA veille à l'application des préconisations formulées à l'occasion d'un contrôle. Elle tient l'ANSSI informée lorsque cette dernière a participé au contrôle du système d'information, de l'application des préconisations qu'elle a formulées et peut demander au besoin son assistance.

6. Articulation avec d'autres plans et dispositions réglementaires

6.1. *Lien avec les plans d'intervention : plans pirate et dispositif ORSEC*

Les plans PIRATE s'intègrent dans le dispositif global de vigilance, de prévention, de protection et de lutte contre le terrorisme.

Dans la continuité du plan Vigipirate, ils visent à permettre aux autorités gouvernementales de réagir rapidement à tout événement grave. Le dispositif de sécurité des activités d'importance vitale et le plan Vigipirate se placent essentiellement en amont de cet événement alors que les plans d'intervention se situent en aval. Par conséquent, il s'agit de prévoir dans les PSO selon les orientations fixées par la DNS, dans les PPP et dans les PPE les mesures favorisant, d'une part, l'application des mesures du plan Vigipirate et, d'autre part, la mise en œuvre des plans d'intervention éventuelle.

Le plan ORSEC départemental détermine, compte tenu des risques existants dans le département l'organisation générale des secours et recense l'ensemble des moyens publics et privés susceptibles d'être mis en œuvre. Il définit les conditions de leur emploi par l'autorité compétente pour diriger les secours. A ce titre, il s'intègre dans le dispositif global de réponse de l'État.

6.2. *Autres dispositifs*

6.2.1. *Lien avec les installations prioritaires de défense*

En cas de menace portant sur une ou plusieurs installations prioritaires de défense, le commandement militaire désigné à cet effet peut être chargé, par décret en conseil des ministres, de la responsabilité de l'ordre public et de la coordination des mesures de défense civile avec les mesures militaires de défense à l'intérieur du ou des secteurs de sécurité délimités autour de ces installations par le Président de la République en conseil de défense *[C. défense, art. L. 1321-2]*.

Une aire spéciale de surveillance (ASS) doit être délimitée autour des installations prioritaires de défense. Dans celle-ci s'exerce en permanence une recherche coordonnée du renseignement au profit du service centralisateur des autorités locales désignées par le préfet. Ces autorités sont en charge, localement, de la sécurité de l'installation. Les aires spéciales de surveillance sont harmonisées sur l'ensemble du territoire et adaptées à la menace.

Les principes de mise en œuvre qui en découlent, pour les secteurs de sécurité des installations prioritaires de défense, sont définis dans les articles R. 1311-39 à R. 1311-43 du code de la défense.

6.2.2. *Lien avec les zones protégées*

Une zone protégée *[C. pén., art. 413-7 et R. 413-1 à R. 413-5]* peut être créée, sur décision du ministre coordonnateur compétent, sur tout ou partie du périmètre d'un PIV.

L'objet de la zone protégée est d'assurer aux lieux intéressant la défense nationale, qu'il s'agisse de services, d'établissements ou d'entreprises, publiques ou privées, une protection juridique contre les intrusions, complémentaire de la protection physique évoquée précédemment. Elles sont érigées en fonction du besoin de protection déterminé par le ministre coordonnateur compétent.

6.2.3. *Lien avec les lieux abritant des éléments couverts par le secret de la défense nationale*

Les dispositions relatives à l'accès des magistrats aux lieux abritant des éléments couverts par le secret de la défense nationale, prévues aux chapitres VI du titre IV de l'IGI n° 1300 du 30 novembre 2011 relative à la protection du secret de la défense nationale, ne concernent que l'accès des magistrats de l'ordre judiciaire à ces lieux.

6.2.4. *Lien avec les zones interdites à la prise de vue aérienne et les zones interdites de survol*

a – Zones interdites à la prise de vue aérienne

Le code de l'aviation civile (art. D. 133-10 à D. 133-14) réglemente l'usage aérien des appareils photographiques, cinématographiques, de télédétection et d'enregistrement de données de toute nature. La liste des zones interdites à la prise de vue aérienne est fixée par arrêté interministériel. Les zones concernées sont en principe sélectionnées parmi les PIV, sur proposition des ministères coordonnateurs. Les sites sont sélectionnés en fonction de leur vulnérabilité à une action de ciblage, c'est-à-dire à l'aune de leur environnement immédiat (zone urbanisée, emprise isolée) et de leur configuration propre, afin de ne pas attirer inutilement l'attention sur des sites extérieurement anodins.

b – Zones interdites de survol

Le code des transports (art. L. 6211-4) prévoit que certaines zones peuvent être interdites de survol, pour des raisons d'ordre militaire ou de sécurité publique. Elles sont définies par l'arrêté ministériel du 7 octobre 2006 modifié fixant les zones interdites de survol en France. Ces zones sont en principe également sélectionnées parmi les PIV par les ministères coordonnateurs.

6.2.5. *Lien avec les zones maritimes réglementées*

Le code des transports (art. L. 5242-2) prévoit que le ministre chargé de la mer ou les préfets maritimes peuvent prendre des dispositions, pour certaines zones et/ou périodes temporelles, d'interdiction de la navigation, du mouillage ou de certaines activités, édictés en vue d'assurer la sécurité de la navigation ou le maintien de l'ordre public en mer. Certains PIV peuvent être concernés par ces restrictions de circulations.

6.2.6. *Lien avec la défense opérationnelle du territoire*

La défense opérationnelle du territoire, en liaison avec les autres formes de la défense militaire et avec la défense civile, concourt au maintien de la liberté et de la continuité d'action du Gouvernement, ainsi qu'à la sauvegarde des organes essentiels à la défense de la Nation.

Les autorités militaires auxquelles incombe son exécution ont notamment pour mission, en tout temps, de participer à la protection des installations militaires et, en priorité, de celles de la force nucléaire stratégique *[C. défense, art. R. 1421-1]*.

Les modalités de mise en œuvre de la défense opérationnelle du territoire font l'objet des articles R.* 1422-1 à R.* 1422-4 du code de la défense.

Le CEMA adresse aux officiers généraux de zones de défense les directives nécessaires à l'établissement des plans de défense opérationnelle du territoire. Ces plans, élaborés en accord avec les préfets de zone ou les hauts fonctionnaires de zone, doivent être cohérents avec les plans relevant de la compétence de ces derniers, conformément à l'article R. 1311-3 du code de la défense. Ils sont arrêtés par le Premier ministre ou, en cas de délégation, par le ministre de la défense *[Cf. C. défense, art. R. 1422-1]*.

Les plans de défense pour la mise en œuvre *(partielle ou totale)* des mesures qui découlent de ces cas doivent être élaborés dans un souci de continuité *(ascendante et descendante)* avec les mesures de protection décidées par l'autorité territoriale du temps de paix, en cohérence avec les plans cités *supra*. Les mesures prises par l'autorité militaire pour la sécurité et la protection doivent être cohérentes et compatibles avec les autres mesures décidées par l'autorité territoriale (PPE) et par les opérateurs (PPP) pour le fonctionnement des secteurs d'activités d'importance vitale.

Les ministres coordonnateurs doivent, dès le temps de paix, définir les mesures de protection des installations prioritaires de défense et des PIV, propres à la défense opérationnelle du territoire.

6.2.7. *Lien avec les régimes d'application exceptionnelle*

a – État de siège

L'état de siège est défini dans les articles L. 2121-1 à L. 2121-8 du code de la défense.

Pendant l'état de siège, le renfort militaire envisagé peut être mis en place en priorité autour des installations prioritaires de défense, des zones d'importance vitale et des PIV.

b – État d'urgence

L'état d'urgence est défini par la loi n° 55-385 du 3 avril 1955. (C. défense, art. L. 2131-1).

Pour toutes les installations prioritaires de défense, les zones d'importance vitale et les PIV de son ressort, le préfet peut déterminer des lieux faisant l'objet de restrictions de séjour ou de circulation.

6.2.8. *Lien avec les plans de continuité d'activité et les plans d'urgence* [*Les plans d'urgence sont les suivants : – le plan d'urgence interne (PUI), qui est établi et mis en œuvre par l'industriel responsable d'une installation ; il a pour objet d'une part de protéger le personnel travaillant sur le site en cas d'incident ou d'accident, et, d'autre part, de limiter au maximum les conséquences de l'accident à l'extérieur du site ; – le plan particulier d'intervention (PPI), qui est établi et mis en œuvre par le préfet dont relève l'installation, et qui définit les moyens et l'organisation nécessaires pour protéger les populations en cas d'accident et apporter à l'industriel exploitant l'installation accidentée l'appui des moyens d'intervention extérieurs {pompiers, gendarmes, police, service d'aide médicale urgente (SAMU), etc.)*]

Les plans de continuité et de rétablissement d'activité visent à assurer le fonctionnement des activités essentielles des administrations et des opérateurs et la disponibilité des ressources indispensables au déroulement de leurs activités. Ils doivent par conséquent permettre la poursuite des activités au sein des PIV auxquels ils se rapportent, même en cas de crise grave.

Le dispositif de sécurité des activités d'importance vitale et les plans de continuité et de rétablissement d'activité s'intègrent dans une même logique de gestion de crise. Ils doivent être parfaitement compatibles entre eux et tendre vers les mêmes objectifs de continuité de l'activité et de sauvegarde de la ressource.

Les opérateurs d'importance vitale sont désormais tenus de rédiger un plan de continuité d'activité (C. défense, art. L. 2151-1). A cette fin, le SGDSN a élaboré un guide méthodologique d'aide à l'élaboration des plans de continuité d'activité qui permet aux opérateurs d'importance vitale de concevoir un PCA répondant aux objectifs précités.

6.3. *Cas particulier du secteur nucléaire* [*C. défense, art. R. 1333-13, R. 1333-37 à R. 1333-74*]

6.3.1. *Installations nucléaires civiles* [*installations nucléaires de base (INB)*]

Les installations nucléaires civiles représentent des enjeux à la fois économiques, sanitaires et environnementaux majeurs. C'est pourquoi le secteur nucléaire doit être traité de façon particulière et de telle manière que la sécurité des matières, des transports et des installations nucléaires soit assurée de façon permanente et homogène contre tout acte de malveillance, en parfaite cohérence avec la Convention sur la Protection Physique des Matières Nucléaires adoptée par l'Agence internationale de l'énergie atomique.

Le sous-secteur nucléaire est composé des OIV au titre de l'article L. 1332-2 du code de la défense autorisés à importer, exporter, élaborer, détenir, transférer, utiliser ou transporter des matières nucléaires définies à l'article R. 1333-1 du même code, à savoir le plutonium, l'uranium, le thorium, le deutérium, le tritium et le lithium 6.

Il bénéficie, depuis la loi du 25 juillet 1980, codifiée aux articles L. 1333-1 et suivants du code de la défense, d'une réglementation forte visant à la protection et au contrôle de ces matières nucléaires, sur les sites ou en cours de transport.

Les articles R. 1333-1 et suivants (notamment l'art. R. 1333-14) du code de la défense organisent, en cohérence avec la DNS propre à ce secteur, la protection et le contrôle des matières, des transports et des installations nucléaires.

Une aire spéciale de surveillance (ASS) est délimitée autour des installations nucléaires civiles les plus sensibles et dans laquelle s'exerce en permanence une recherche coordonnée du renseignement au profit des autorités responsables localement de la sécurité de l'installation (service centralisateur désigné par le préfet). Les ASS sont délimitées conformément aux prescriptions de la directive interministérielle en vigueur relative au recueil du renseignement en matière de surveillance dans le domaine nucléaire.

Tous les OIV du sous-secteur nucléaire sont désignés parmi les opérateurs autorisés à exercer les activités indiquées *supra*, par le ministre coordonnateur dudit sous-secteur, y compris lorsqu'ils ne possèdent ou n'opèrent qu'un PIV.

Toutefois, un préfet de département peut désigner un tel OIV qui gère une seule installation nucléaire de base (art. R. 1332-3 et L. 1332-2).

Afin de garder la plus grande cohérence et une totale homogénéité dans l'application de ces réglementations, l'article VIII.4 de la DNS du sous-secteur nucléaire prévoit que les inspecteurs des matières nucléaires prévus à l'article L. 1333-5 du code de la défense, spécialement habilités par les autorités de l'État, effectuent à la demande du ministre coordonnateur du sous-secteur nucléaire, et après information du préfet de zone de défense et de sécurité et du préfet de département territorialement compétent, le contrôle de l'application par les OIV de la DNS du sous-secteur nucléaire et de ses annexes et qu'ils informent les préfets concernés de leurs actions et de leurs constats.

La DNS du sous-secteur nucléaire organise les relations entre le service central chargé de la sécurité nucléaire et les préfets territorialement compétents, sans préjudice des concertations prévues dans la présente instruction.

De façon générale, les préfets de département ayant dans leur ressort un PIV dépendant de ce sous-secteur agissent en permanence en liaison étroite avec le service central spécialement chargé de la sécurité nucléaire auprès du ministre coordonnateur. De même, ce service tient systématiquement informé les préfets des inspections réalisées dans le cadre de la présente instruction, et recherche leur participation chaque fois qu'il est possible.

6.3.2. *Installations nucléaires intéressant la dissuasion (INID)* *[Installations prioritaires de défense (IPD), installations nucléaires de base secrètes (INBS) et installations nucléaires intéressant la dissuasion (INID)]*

Au plan de la protection physique des installations, les dispositions de la directive nationale de sécurité "activités militaires de l'État" (DNS AME) sont applicables aux opérateurs d'importance vitale (OIV) détenant des INID dépendant ou non du ministère de la défense. Elles sont complétées par le référentiel de menaces spécifiques élaboré par le chef d'état-major des armées et les objectifs de protection applicables qui en découlent.

A ce titre, le ministre de la défense est le ministre coordonnateur pour l'ensemble des INID, que celles-ci dépendent ou non de son ministère. Dans le cas des INID situées dans l'emprise d'établissements industriels, le ministre de la défense doit être tenu informé par le ministre de tutelle de toute évolution des prescriptions applicables en matière de protection physique. Les hauts fonctionnaires de défense et de sécurité (HFDS) concernés se concertent étroitement.

L'inspecteur des armements nucléaires est chargé de vérifier la pertinence et la bonne application de l'ensemble des mesures concourant au contrôle gouvernemental de la dissuasion nucléaire. Il est consulté lors de la définition des procédures du contrôle gouvernemental et donne son avis sur la validité des dispositions ou mesures prises et propose toute modification qui lui apparaîtrait nécessaire (C. défense, art. R.* 1411-13 et R.* 1411-15).

7. Les infrastructures critiques européennes

Le programme européen de protection des infrastructures critiques *[Communication de la Commission du 12 déc. 2006 sur un programme européen de protection des infrastructures critiques]* (PEPIC) a été adopté en 2006. Les menaces contre lesquelles il doit répondre ne se limitent pas seulement au terrorisme, mais englobent les activités criminelles, les catastrophes naturelles et d'autres causes d'accidents, selon une approche tous risques. L'objectif général est d'améliorer la protection des infrastructures critiques dans l'Union européenne. C'est dans ce cadre qu'a été adoptée la directive 2008/114/CE du Conseil du 8 décembre 2008 concernant le recensement et la désignation des infrastructures critiques européennes ainsi que l'évaluation de la nécessité d'améliorer leur protection.

7.1. *Directive du conseil sur le recensement des infrastructures critiques européennes*

Le dispositif prévu au niveau national pour la sécurité des secteurs d'activités d'importance vitale s'inscrit dans une logique sensiblement comparable et complémentaire à celle menée au niveau de l'Union européenne. La directive 2008/114/CE prévoit un mécanisme d'identification et de désignation des infrastructures critiques européennes (ICE) *"dont l'arrêt ou la destruction aurait un impact considérable sur deux États membres au moins"*. La mise en œuvre de ce mécanisme s'appuie sur des lignes directrices (non contraignantes) élaborées conjointement par la Commission et les États membres.

Une infrastructure critique est un *"point, système ou partie de celui-ci, situé dans les États membres, qui est indispensable au maintien des fonctions vitales de la société, de la santé, de la sûreté, de la sécurité et du bien-être économique ou social des citoyens, et dont l'arrêt ou la destruction aurait un impact significatif dans un État membre du fait de la défaillance de ces fonctions"*.

Le dispositif communautaire est mis en place dans un premier temps dans deux secteurs d'activités *[A l'occasion d'un prochain réexamen, le champ d'application de la directive pourra être étendu à d'autres secteurs d'activités (celui des technologies de l'information et de la communication est particulièrement visé par une éventuelle extension)]* :

– les transports *(transport routier, ferroviaire, aérien, navigation intérieure, transport hauturier, cabotage et ports)* ;

– l'énergie *(infrastructures et installations permettant la production et le transport d'électricité, production pétrolière, raffinage, traitement, stockage et distribution par oléoducs, production gazière, raffinage, traitement, stockage et distribution par gazoducs et terminaux de gaz naturel liquéfié)*.

Les États membres désignent un point de contact pour la protection des infrastructures critiques européennes, chargé de coordonner les questions liées à l'application de la directive tant à l'intérieur de l'État membre qu'avec les autres États membres et la Commission. Pour la France, il s'agit du SGDSN.

7.2. *Obligations pour l'État et les opérateurs*

La directive rappelle le rôle prééminent des États membres dans ce dispositif. Ils doivent veiller à son application effective par les opérateurs et doivent également présenter à la Commission, tous les 24 mois, des données générales de synthèse sur les types de points vulnérables, de menaces et de risques rencontrés dans les différents secteurs d'infrastructures critiques européennes. Pour la désignation des infrastructures concernées, un dialogue doit être recherché entre les États membres concernés, avec le soutien éventuel de la Commission.

Selon la directive, l'opérateur d'une infrastructure critique européenne a deux obligations :

– désigner un correspondant pour la sécurité ;

– rédiger un PSO.

Ces deux obligations sont parfaitement comparables à celles qui existent en droit français, qu'il s'agisse du délégué pour la défense et la sécurité (DDS) de l'opérateur ou du PSO.

Valent PSO au titre de la directive, selon le cas de figure :

– le PPP ou plan reconnu équivalent au titre de l'article R. 1332-34 du code de la défense ;

– le PSO prévu par l'article R. 1332-19 du code de la défense.

7.3. *Identification d'une infrastructure critique européenne*

Pour les secteurs auxquels la directive s'applique, les ministères coordonnateurs concernés procèdent, en liaison avec les OIV et avec l'appui méthodologique du SGDSN, à une analyse sectorielle visant à identifier les infrastructures répondant aux critères mentionnés *supra*, tant en France que dans les autres États membres (ICE potentielles).

Les ICE en France sont normalement sélectionnées parmi les PIV. Dans le cas contraire, l'infrastructure désignée doit au moins être couverte globalement par un PSO au titre du dispositif de la SAIV ou se voir préalablement appliquer ce dispositif *[Ce dernier cas de figure ne peut être écarté mais ne doit être envisagé que de manière exceptionnelle ; en tout état de cause l'opérateur concerné n'est désigné OIV que dans la mesure où il répond aux conditions prévues à l'art. R. 1332-1 C. défense]*. Dans tout autre cas de figure, l'infrastructure n'est pas désignée ICE. L'État membre qui en a fait la demande en est informé.

Le travail d'identification des ICE à l'étranger est entrepris également lors de l'élaboration des DNS et des PSO, tous secteurs d'activités confondus, dans le cadre de l'analyse des interdépendances internationales. Une fois cette sélection effectuée, le SGDSN en informe les États membres sur les territoires desquels se trouvent une ou plusieurs ICE potentielles. Les modalités des discussions bilatérales sont déterminées au cas par cas (réunion, échange de courrier, etc.), sous la responsabilité du SGDSN.

La directive européenne n'impose aucune règle quant à la forme que doit prendre l'accord entre les États membres sur la désignation définitive d'une ICE. Elle précise seulement que *"l'État membre sur le territoire duquel se situe une ICE potentielle la désigne en tant qu'ICE après accord entre cet État membre et les États membres qui sont susceptibles d'être affectés considérablement par l'infrastructure. L'accord de l'État membre sur le territoire duquel se situe l'infrastructure à désigner comme ICE est requis"*. Cet accord peut se concrétiser par un simple échange de lettres entre les deux parties.

7.4. *Désignation d'une infrastructure critique européenne en France*

Une fois l'accord obtenu, le ministère coordonnateur informe les opérateurs d'ICE situées en France du choix effectué, en précisant le n° d'identification du PIV. Les préfets de zone et de départements sont informés spécifiquement de cette désignation. Les infrastructures critiques européennes font l'objet d'une mention particulière dans la base de données DIVA tenue et mise à jour par le SGDSN.

8. Contestation des actes pris par l'autorité administrative (C. défense, art. R. 1332-33)

– POINT-CLÉ –

Le recours administratif est préalable au recours contentieux.

8.1. *Principe*

L'opérateur qui conteste un acte pris dans le cadre de la mise en œuvre du dispositif de sécurité des secteurs d'activités d'importance vitale doit adresser préalablement un recours administratif à l'autorité administrative concernée.

a – Autorité destinataire du recours administratif

Lorsqu'un opérateur est désigné d'importance vitale au titre d'un secteur d'activités d'importance vitale, l'éventuel recours administratif est adressé au ministre coordonnateur dudit secteur.

Lorsqu'un opérateur est désigné d'importance vitale au titre de plusieurs secteurs d'activités d'importance vitale, l'éventuel recours administratif est adressé au correspondant privilégié.

Lorsqu'un opérateur est désigné d'importance vitale par le préfet de département, l'éventuel recours administratif est adressé au ministre coordonnateur du secteur d'activités d'importance vitale mentionné dans l'arrêté de désignation du préfet.

b – Décisions pouvant faire l'objet d'un recours administratif

Les décisions administratives prises pour l'application du dispositif de sécurité des activités d'importance vitale peuvent faire l'objet d'une contestation dans le cadre général de l'article R. 1332-33 du code de la défense.

Les avis rendus par la CIDS et par les CZDS ne sont pas susceptibles de faire l'objet d'un recours administratif ou contentieux car ce ne sont pas des décisions administratives.

Il en va de même des avis rendus par les autorités administratives dans le cadre de l'enquête administrative éventuellement sollicitée préalablement à l'accès à un PIV. L'avis rendu par cette autorité n'est pas une décision administrative.

8.2. *Exception*

En cas de contestation du PPP complété ou modifié par le préfet de département ou l'autorité militaire, la décision du préfet de département ou de l'autorité militaire fait l'objet d'un recours devant le tribunal administratif qui statuent en urgence.

9. Base de données "DIVA"

Une base de données unique tenue et mise à jour par le SGDSN rassemble l'ensemble des informations spécifiques du dispositif de sécurité des activités d'importance vitale. Elle porte le nom de "DIVA" *(Données d'Importance VitAles)*.

9.1. *Attribution du numéro d'identification (TRIPLET) des PIV et des ZIV*

Chaque PIV et chaque ZIV doivent être identifiés par un numéro d'identification (dit aussi "triplet"), délivré par le SGDSN, avant toute notification de désignation d'un PIV ou de création d'une ZIV par l'autorité administrative.

9.2. *Informations concernant les OIV*

Dès désignation d'un OIV, l'autorité administrative (ministre coordonnateur ou préfet de département) en informe le SGDSN en lui précisant la référence et la date de l'arrêté de désignation, le ou les ministre(s) coordonnateurs associé(s) et le ou les secteur(s) d'activité(s) concerné(s).

Par la suite, l'autorité administrative informe le SGDSN :

– de la date de notification à l'OIV de la dernière DNS devant lui être communiquée ;

– de la date de présentation du PSO à la commission interministérielle ou zonale de défense et de sécurité ;

– de la date de désignation des PIV.

L'autorité administrative ayant connaissance d'une modification d'une des informations ci-dessus en informe le SGDSN afin de mettre à jour la base de données.

9.3. *Informations concernant les PIV et les ZIV*

Dès qu'il approuve un PPP d'un PIV ou d'une ZIV, le préfet de département transmet, par l'intermédiaire du préfet de zone de défense et de sécurité, au ministère de l'intérieur en charge de l'animation territoriale, au SGDSN ainsi qu'aux ministres coordonnateurs intéressés, les informations utiles concernant le PIV ou la ZIV. La nature de ces informations est précisée en annexe 8. Les autorités ayant connaissance d'une modification de ces informations en informent le SGDSN (et le préfet de département d'implantation du PIV ou de la ZIV) afin de mettre à jour la base de données. Il en va de même pour les PIV relevant du ministère de la Défense selon ses propres directives.

* * * * * * *

L'instruction générale interministérielle n° 6600/SGSDN/PSE/PPS du 26 septembre 2008 relative à la sécurité des activités d'importance vitale est abrogée.

ANNEXE 1

GLOSSAIRE

Aire Spéciale de Surveillance *[cf. I.I n° 1200/SGDN/AC/REC/CD du 8 déc. 1973 et I.I n° 10008/SGDN/ANS/CD du 24 janv. 1979]* **(ASS)** : aire géographique définie par le préfet autour d'un point estimé particulièrement sensible et dans laquelle s'exerce en permanence une recherche coordonnée du renseignement au profit des autorités responsables de la sécurité de l'installation.

Attractivité : attrait d'une cible pour un acte de malveillance ou de terrorisme, par suite des effets attendus sur les plans humain, économique, médiatique ou psychologique.

Composant névralgique : élément à la fois indispensable au fonctionnement d'une installation prioritaire de défense ou d'un point d'importance vitale et vulnérable, de niveau plus fin que ce point (salle de contrôle ou de commande...).

Danger : toute situation, condition ou pratique qui comporte en elle-même une capacité à occasionner des dommages aux personnes, aux biens ou à l'environnement *[cf. référentiel international de bonnes pratiques Occupational Health and Safety Assessment Series [18001]]*.

Défense dans la profondeur : la défense en profondeur consiste en la superposition de plusieurs lignes de défense, composées d'un ensemble de mesures de sécurité, chaque ligne devant contribuer à affaiblir l'attaque et à permettre aux suivantes de se renforcer en vue soit d'empêcher la destruction ou la prise de contrôle des composants névralgiques du PIV, soit d'en limiter les effets.

Directive nationale de sécurité (DNS) : fondées sur une analyse de risque du secteur concerné en tenant compte des scénarios de menaces élaborés par le ministre coordonnateur, la ou les directives nationales de sécurité d'un secteur d'activités d'importance vitale précisent les objectifs et les politiques de sécurité du secteur ou d'une partie du secteur.

Établissement : unité géographique de production ou d'exploitation.

Exigences de sécurité : éléments requis pour atteindre les objectifs de sécurité, exprimés dans un ou plusieurs des cinq domaines planification, sensibilisation, organisation, prévention et protection.

Faisabilité d'une action malveillante ou d'un acte de terrorisme : possibilité de conduire une telle action à partir de connaissances, de l'acquisition de moyens, de l'exploitation de vulnérabilités, de la capacité à accéder à la cible sans être détecté dans un délai qui rendrait l'action impossible.

Infrastructure critique européenne (ICE) : infrastructure critique située dans les États membres de l'Union européenne dont l'arrêt ou la destruction aurait un impact considérable sur deux États membres au moins.

Impacts (ou conséquences dommageables) : effets prévisibles d'une agression réussie sur une cible, estimés en termes d'atteinte aux activités du pays ou de danger pour la population.

Installation : ensemble des objets, des dispositifs et des bâtiments installés en vue d'un usage déterminé.

Installation prioritaire de défense *[Art. L. 1321 et R. 1311-39 à R. 1311-43 2 C. défense, Instr. interministérielle n° 1100/SGDN/AC/REG/CD du 8 août 1973 relative à la délimitation des secteurs de sécurité des installations prioritaires de défense, Instr. interministérielle n° 1200/SGDN/AC/REG/CD du 8 déc. 1973, relative à la sécurité des installations prioritaires de défense]* **(IPD) :** installation autour de laquelle a été délimité par le président de la République en conseil de défense un secteur de sécurité et dont la sécurité doit être assurée en priorité et en tout temps. Une aire spéciale de surveillance (ASS) est par ailleurs définie par le préfet autour de chaque IPD (cf. définition de l'ASS plus haut).

Les autorités militaires auxquelles incombe l'exécution de la défense opérationnelle du territoire ont pour mission en tout temps, de participer à la protection des installations militaires et, en priorité, de celles de la force nucléaire stratégique *[Art. R. 1421-1 C. défense]*. Les IPD sont concernées par ces mesures.

Menace : tout événement physique, phénomène ou activité humaine potentiellement préjudiciable, susceptible de provoquer des décès ou des lésions corporelles, des dégâts matériels ou immatériels, des perturbations sociales et économiques ou une détérioration de l'environnement. Pour la démarche de sécurité des secteurs d'activités d'importance vitale, les menaces seront réputées avoir un caractère malveillant ou être de nature terroriste.

Mesures de sécurité : systèmes ou procédures identifiés pour répondre aux exigences de sécurité.

Ministre coordonnateur : le ministre coordonnateur d'un secteur d'activités d'importance vitale désigne les opérateurs d'importance vitale relevant du ou des secteurs d'activités dont il a la charge, élabore la ou les directives nationales de sécurité du ou de ces secteurs et notifie la liste des points d'importance vitale. Il est responsable de la coordination du secteur vis-à-vis des autres secteurs et, pour chaque secteur dont il est chargé, de la prise en compte des intérêts des autres ministères. Ce rôle ne lui donne toutefois aucune tutelle sur les opérateurs du secteur concerné par la directive nationale de sécurité qui relèvent d'autres ministères.

Objectif de sécurité : but à atteindre pour amener un risque identifié à un niveau acceptable, en agissant sur l'attractivité, la faisabilité, la vulnérabilité ou les impacts.

Ouvrage : construction.

Plan de sécurité d'opérateur (PSO) : plan définissant la politique générale de protection de l'ensemble des activités de l'opérateur, notamment celles organisées en réseau, comportant des mesures permanentes de protection et des mesures temporaires et graduées. Il n'est requis que si l'opérateur gère plusieurs points d'importance vitale.

Plan particulier de protection (PPP) : plan établi pour chaque point d'importance vitale à partir du plan de sécurité d'opérateur d'importance vitale, qui lui est annexé, et comportant des mesures permanentes de protection et des mesures temporaires et graduées.

Plan de protection externe (PPE) : plan établi pour chaque point d'importance vitale par le préfet de département en liaison avec le délégué de l'opérateur pour la défense et la sécurité de ce point, récapitulant les mesures planifiées de vigilance, de prévention, de protection et de réaction prévues par les pouvoirs publics.

Point d'importance vitale (PIV) : tout établissement, installation ou ouvrage dont le dommage ou l'indisponibilité ou la destruction par suite d'un acte de malveillance, de sabotage ou de terrorisme risquerait, directement ou indirectement :

— si son activité est difficilement substituable ou remplaçable, d'obérer gravement le potentiel de guerre ou économique, la sécurité ou la capacité de survie de la Nation,

— ou de mettre gravement en cause la santé ou la vie de la population.

Risque encouru : appréciation combinée de la vraisemblance d'une agression réussie (résultant des scénarios de menace et de l'analyse des vulnérabilités) et de ses impacts.

Secteur d'activités d'importance vitale (SAIV) : secteur constitué d'activités concourant à un même objectif :

— qui ont trait à la production et la distribution de biens ou de services indispensables à la satisfaction des besoins essentiels pour la vie des populations, ou à l'exercice de l'autorité de l'État, ou au fonctionnement de l'économie, ou au maintien du potentiel de défense, ou à la sécurité de la Nation, dès lors que ces activités sont difficilement substituables ou remplaçables ;

— ou qui peuvent présenter un danger grave pour la population.

Vulnérabilité : propension d'un milieu, d'un bien ou d'une personne à subir des conséquences dommageables à la suite d'un événement. Elle ne produit pas nécessairement de dommage par elle-même *[Par ex., par la porte d'un local contenant des matières dangereuses restant ouverte en permanence (vulnérabilité), des personnes mal intentionnées pourraient pénétrer pour commettre un vol (menace) ; un temps très long peut s'écouler avant que des personnes identifient la vulnérabilité et s'introduisent dans les locaux pour voler les matières en vue d'un usage malveillant].*

Zone d'importance vitale (ZIV) : zone géographique continue dans laquelle sont implantés plusieurs points d'importance vitale relevant d'opérateurs différents et interdépendants.

Zone protégée : zone créée par arrêté des ministres intéressés et faisant l'objet d'une interdiction d'accès sans autorisation, sanctionnée pénalement en cas d'infraction (articles 413-7 et R. 413-1 à R. 413-5 du code pénal).

ANNEXE 2

Répertoire des acronymes

AME : Activités militaires de l'État

CEMA : Chef d'état-major des armées

CIDS : Commission interministérielle de défense et de sécurité

DDS : Délégué pour la défense et la sécurité

DOT : Défense opérationnelle du territoire

CDAOA : Commandement de la défense aérienne et des opérations aériennes

CZDS : Commission zonale de défense et de sécurité

IAN : Inspection des armements nucléaires

ICE : Infrastructure critique européenne

ICPE : Installation classée pour la protection de l'environnement

IDA : Inspection des armées

INB : Installation nucléaire de base

IPD : Installation prioritaire de défense

OIV : Opérateur d'importance vitale

PPE : Plan de protection externe

PPP : Plan particulier de protection

PSO : Plan de sécurité d'opérateur

PIV : Point d'importance vitale

SAIV : Secteur d'activités d'importance vitale

SHFD : Service du haut fonctionnaire de défense

ZIV : Zone d'importance vitale

ANNEXE 3

Architecture générale de la planification antiterroriste

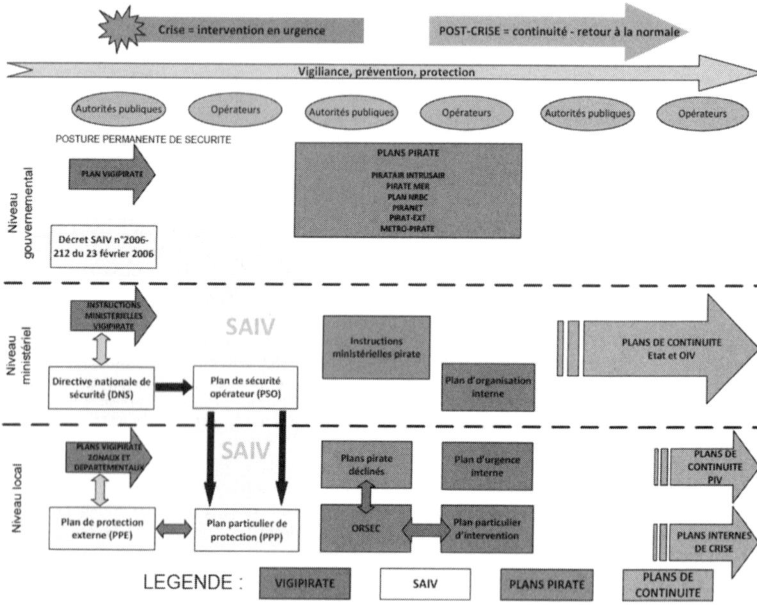

ANNEXE 4

Synoptique des actions à mener selon le niveau de responsabilité

	RÉALISATION	DÉSIGNATION	APPROBATION	CONSULTATION	CONTRÔLE
Premier ministre	– Définition des secteurs d'activités d'importance vitale et des ministres coordonnateurs – Documents de méthode et plans type		– DNS	Désignation d'une ZIV sur plusieurs départements ainsi que le préfet coordonnateur	
Ministre de l'intérieur	Guide d'aide à l'élaboration des plans				Animation et suivi de la mise en œuvre territoriales
Ministre coordonnateur	– DNS	– OIV – PIV			

	RÉALISATION	DÉSIGNATION	APPROBATION	CONSULTATION	CONTRÔLE
CIDS				– DNS – OIV – PSO y compris la liste des PIV	– Contrôle sur place des PIV
CZDS				– Désignation des OIV opérateurs d'un seul établissement (ICPE ou INB) – PSO dont le périmètre ne dépasse pas celui de la zone – Désignation d'une ZIV (1 seul département) PPP de la ZIV	– Contrôle sur place des PIV
Préfet	– PPE	– OIV opérateurs d'une seule ICPE ou INB et PIV afférents – ZIV (1 seul département)	– PPP (PIV et ZIV)		– Inspection des PIV – Injonction et mise en demeure – Saisine de l'autorité judiciaire
Opérateur	– PSO – PPP				

ANNEXE 5

REPÈRES CHRONOLOGIQUES POUR LA MISE EN ŒUVRE DU DISPOSITIF DE SÉCURITÉ DES ACTIVITÉS D'IMPORTANCE VITALE

1. Principe général

Les délais indiqués courent à partir de l'étape précédente.

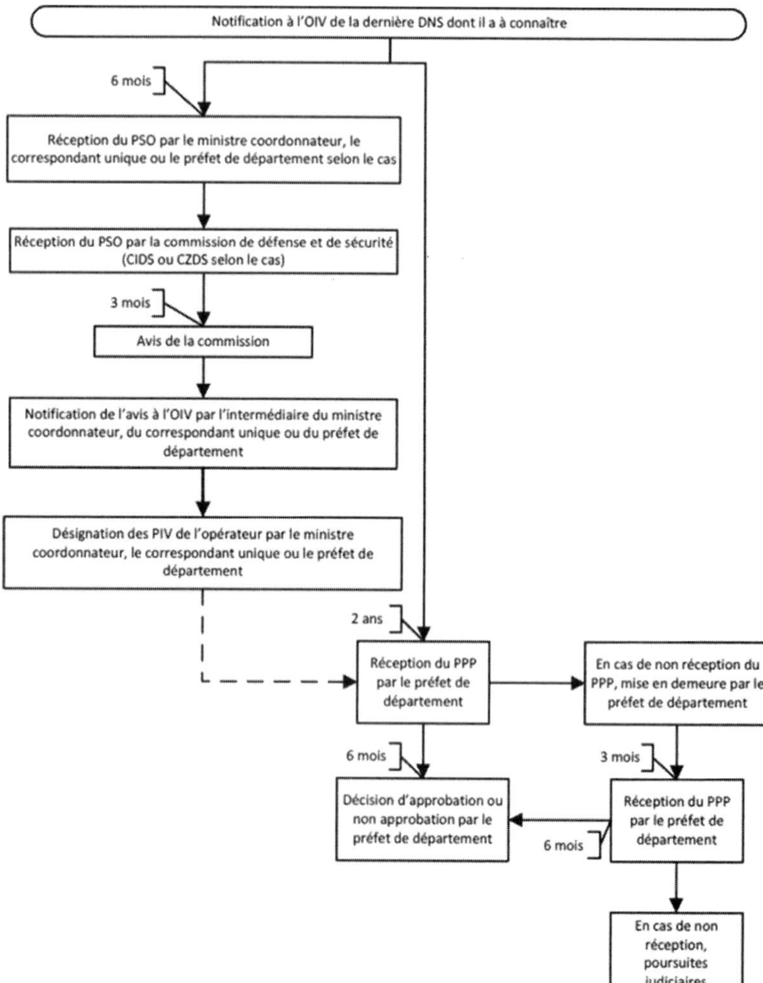

2. Cas des opérateurs d'importance vitale relevant du ministre de la défense

Les délais indiqués courent à partir de l'étape précédente.

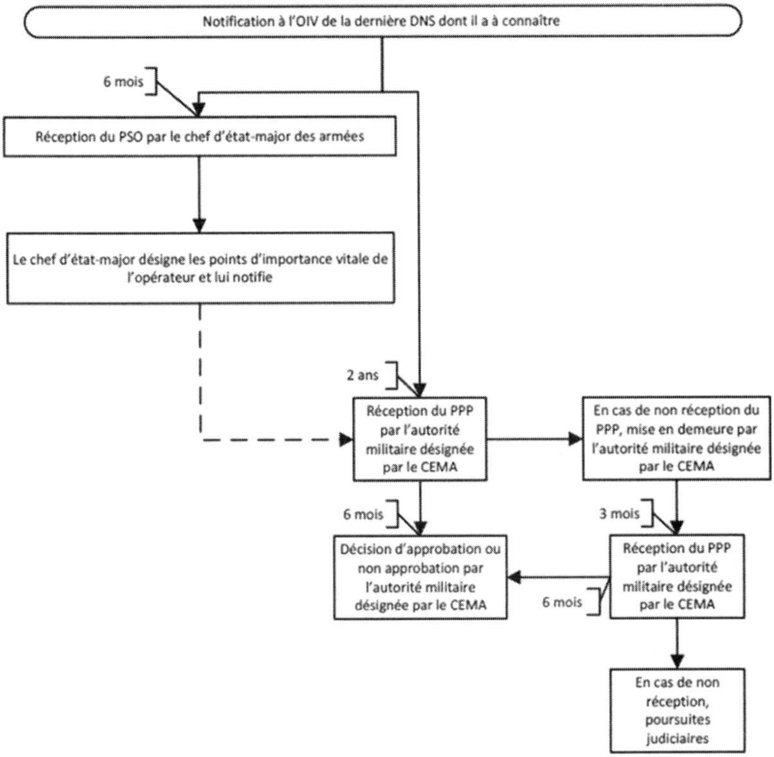

ANNEXE 6

Transmission des documents

Les échelons territoriaux reçoivent les documents en application du droit d'en connaître. Les DNS et PSO sont transmis sans délai par les ministères coordonnateurs aux préfets de zone et aux préfets de département, dès lors que ceux-ci ont un PIV afférents dans leur ressort territorial.

Directives nationales de sécurité

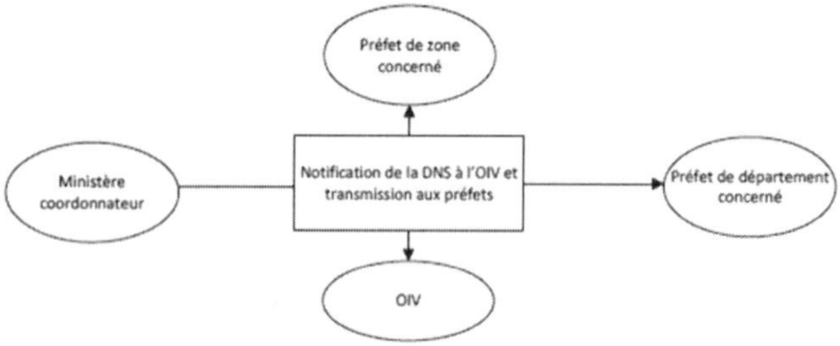

Plans de sécurité d'opérateur – Plans particuliers de protection

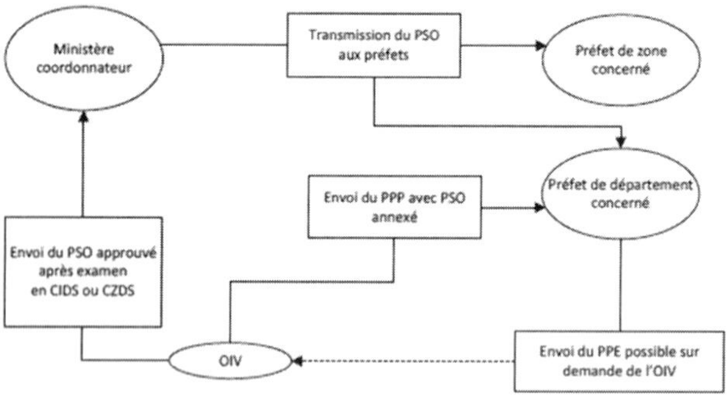

Points d'importance vitale

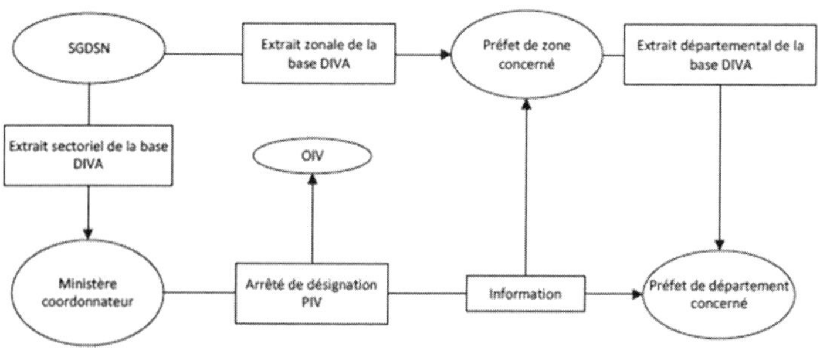

ANNEXE 7

MODÈLE DE RAPPORT DE CONTRÔLE D'UN POINT D'IMPORTANCE VITALE PAR UNE COMMISSION DE DÉFENSE ET DE SÉCURITÉ DES SECTEURS D'ACTIVITÉS D'IMPORTANCE VITALE

Objet : Visite du [désignation du point d'importance vitale]

Références : Articles R. 1332-10 à R. 1332-10 (commission interministérielle) ou R. 1332-13 à R. 1332-15 (commission zonale) du code de la défense

Classification : Confidentiel défense

Pièce jointe : Feuille de présence

a. Caractéristiques du point d'importance vitale

Cette partie reprend la partie 1 du plan particulier de protection du point d'importance vitale, à laquelle s'ajoutent :

— la dénomination de l'opérateur d'importance vitale ;

— la référence de la notification de désignation du point d'importance vitale ;

— l'identification du ministre coordonnateur ou correspondant unique ;

— l'identification des autres ministres coordonnateurs concernés ;

— l'identification des directives nationales de sécurité de référence ;

— la mention d'appartenance éventuelle à une zone d'importance vitale identifiée par son numéro triplet ;

— l'identification des forces de l'ordre territorialement compétentes (police ou gendarmerie nationale) dans la zone dans laquelle se situe le point d'importance vitale ;

— un descriptif succinct des éventuels incidents de sécurité survenus depuis le précédent contrôle ;

— l'existence d'un plan de continuité d'activité de l'OIV décliné localement et l'identification du responsable de sa mise en œuvre.

a.1 Identification

a Désignation du point d'importance vitale et numéro de triplet

b Classement éventuel du site selon les réglementations concernant la protection

c Nature des activités

d Secteur(s) d'activité(s) d'importance vitale concerné(s)

e Localisation du point d'importance vitale (adresse, numéro de téléphone, environnement alentour, plan d'accès)

a.2 Présentation

a Organisation hiérarchique (autorité, responsables, permanence de direction)

b Délégué pour la défense et la sécurité du point d'importance vitale (titulaire, suppléant, autres fonctions du délégué)

c Description du fonctionnement de l'établissement, des installations et de l'environnement

d Effectif employé dans le point d'importance vitale (personnel d'exécution, cadres, nombre d'étrangers (Union européenne et hors Union européenne), employés et sous-traitants...)

a.3 Vulnérabilités spécifiques du site

a Vulnérabilités particulières (locales, interdépendances)

b Points névralgiques (vulnérabilités particulières)

a.4 Objectifs de sécurité et stratégie de réponse

a.5 Organisation pour la gestion de crise

a.6 Responsables de la protection du site

b. Analyse de l'efficacité des dispositifs de sûreté en place

Pour chacun des items ci-dessous un commentaire qualitatif apprécie :

— la réalité des dispositifs en place par rapport à ceux prévus par le plan particulier de protection ;

— et l'efficacité des dispositifs en place par rapport aux contraintes géographiques et d'exploitation du point d'importance vitale. Zonages, clôtures et obstacles retardateurs.

b.1 Protection des bâtiments, des accès, des parkings

b.2 Contrôle des entrées et des sorties de personnes et de véhicules (employés, sous-traitants, clients, fournisseurs) *[un dispositif particulier de contrôle est mis en place pour les sites relevant de la directive nationale de sécurité des activités militaires de l'État]*

b.3 Dispositifs de détection d'intrusion

b.4 Éclairage

b.5 Énergie

b.6 PC de sécurité

b.7 Systèmes d'information, y compris télécommunications

b.8 Protection des systèmes de sécurité

b.9 Autres (capteurs physiques ou logiques, détecteurs de signaux faibles, mécanismes de mise en sûreté, etc.)

c. Analyse de l'efficacité des systèmes d'alerte

Pour chacun des items ci-dessous un commentaire qualitatif apprécie :

— la réalité des systèmes en place par rapport à ceux prévus par le plan particulier de protection ;

— et l'efficacité des systèmes en place par rapport aux contraintes géographiques et d'exploitation du point d'importance vitale.

c.1 Systèmes internes à l'opérateur (moyens d'alerte : téléphone, interphone, réseaux spécialisés, sirènes, etc.)

c.2 Systèmes externes à l'opérateur (réseau téléphonique public : préfecture, autorité militaire, brigade de gendarmerie, service de police, pompiers) ; éventuellement liaisons d'alerte spécialisées de la force publique

d. Analyse de l'efficacité des dispositions concernant le personnel et des consignes de sécurité

Pour chacun des items ci-dessous un commentaire qualitatif apprécie :

— la réalité des dispositions et des consignes en place par rapport à celles prévues par le plan particulier de protection ;

— et l'efficacité des dispositions et des consignes en place par rapport aux contraintes géographiques et d'exploitation du point d'importance vitale.

d.1 Sensibilisation du personnel de l'établissement et des tiers (clients, fournisseurs...)

d.2 Procédures de recrutement et d'accès des personnes

d.3 Habilitation du personnel

d.4 Relations avec les sous-traitants

d.5 Équipes de protection et de gardiennage

a Personnel : effectif, provenance, formation

b Organisation du gardiennage, postes tenus, rondes, moyens complémentaires

d.6 Systèmes d'astreinte et de permanence

d.7 Consignes en cas d'alerte

d.8 Rôle éventuel du personnel des autres branches de la sécurité

d.9 Consignes pour les tests et les contrôles périodiques du matériel et du personnel de protection

e. Analyse qualitative des mesures de renforcement de la protection incombant au responsable du point d'importance vitale en cas de crise

Pour chacun des items ci-dessous un commentaire qualitatif apprécie :

— la réalité de la préparation au renforcement de la protection au regard du dispositif prévu au chapitre 6 du plan particulier de protection ;

— et l'adaptation de ces mesures de renforcement compte tenu des contraintes géographiques et d'exploitation du point d'importance vitale.

e.1 Dispositions matérielles (renforcement du PC de sécurité)

e.2 Dispositions intéressant le personnel et renforcement du gardiennage

e.3 Modification des consignes

e.4 Modalités d'assistance à l'intervention éventuelle de la force publique

f. Analyse qualitative des plans d'intervention en cas d'alerte

Un commentaire qualitatif apprécie la bonne tenue à jour des plans d'intervention en cas d'alerte compte tenu des éventuelles modifications d'exploitation du point d'importance vitale ou de facteurs extérieurs dont l'opérateur d'importance vitale aurait eu connaissance.

g. Analyse qualitative de la gestion de la sécurité

Pour chacun des items ci-dessous un commentaire qualitatif apprécie :

— l'application des principes de gestion de la sécurité au regard des éléments contenus dans le chapitre 8 du plan particulier de protection ;

— et l'efficacité de ces principes compte tenu des contraintes d'exploitation du point d'importance vitale.

g.1 Principes d'organisation

g.2 Audits

g.3 Entraînement et exercices

g.4 Formation

g.5 Principes de révision des procédures

g.6 Prescriptions de sécurité dues aux concertations avec d'autres opérateurs impliqués du fait d'une interdépendance

g.7 Prescriptions de sécurité à l'égard des sous-traitants et des fournisseurs (une attention particulière sera portée aux modalités de délégation d'activités)

h. Analyse qualitative de la déclinaison du plan particulier de protection

Un commentaire qualitatif apprécie la pertinence des consignes mises en place et diffusées compte tenu des contraintes d'exploitation du point d'importance vitale.

i. Conclusions

i.1 Appréciation générale de la vulnérabilité du point d'importance vitale et du niveau de protection

i.2 Appréciation de l'opportunité de la désignation comme point d'importance vitale
i.3 Actions correctrices à mesures et suites à donner.
Pièce jointe : Participants à la visite de la commission zonale de défense et de sécurité des secteurs d'activités d'importance vitale
— Membres permanents
— Membres associés
— Autres participants

ANNEXE 8

Informations à transmettre pour la mise à jour de la base de données DIVA

Ces informations sont transmises par le préfet de département ou le préfet de département coordonnateur, par l'intermédiaire du préfet de zone de défense :
— au service du haut fonctionnaire de défense du ministère de l'intérieur, au titre de sa mission d'animation territoriale,
— au secrétariat général de la défense et de la sécurité nationale qui tient à jour la base de donnée DIVA relative aux points d'importance vitale.
Ces données sont transmises dès notification de l'approbation du plan particulier de protection puis, dans les meilleurs délais, dès qu'une modification de ces données intervient.
Informations concernant un point d'importance vitale
Dénomination du point d'importance vitale
a. Opérateur d'importance vitale concerné
b. Numéro de triplet attribué (9 chiffres) au PIV
c. Localisation : adresse postale, coordonnées géographiques (latitude/longitude)
d. Numéros de téléphone du PIV
e. Identité, coordonnées téléphoniques et courrier électronique délégué pour la défense et la sécurité du PIV
f. Identification et coordonnées des forces de l'ordre compétentes (police nationale ou gendarmerie) dans la zone d'implantation du PIV
g. Classement éventuel selon d'autres réglementations : ERR, ICPE, INB, ISPS, etc.
h. Référence de la notification d'approbation du PPP (sauf secteur AME)
i. Référence du PPE
Informations concernant une zone d'importance vitale
Dénomination de la zone d'importance vitale
a. Liste des points d'importance vitale constituant la zone / suivi du nom de l'OIV
b. Numéro de triplet de chacun des PIV constituant la ZIV
c. Numéro de triplet attribué (9 chiffres) à la ZIV
d. Localisation de la ZIV
e. Préfet de département ou préfet de département coordonnateur désigné
f. Identification et coordonnées des forces de l'ordre compétentes (police nationale ou gendarmerie) dans la zone d'implantation de la ZIV
g. Référence de la notification d'approbation du PPP de la ZIV.

ANNEXE 9

Modèle de formulaire de demande d'avis adressée par l'OIV à l'autorité administrative avant l'accès d'une personne à un PIV

DEMANDE DE CRIBLAGE
(IGI n° 6600 du 7 janvier 2014)

Données relatives à l'opérateur et au PIV :
— Année / numéro d'ordre de la demande :
— Numéro de triplet :
Données relatives à la personne :
— Nom et prénom :
— Date et lieu de naissance :
— Domicile actuel :

— Nom de l'employeur (si différent du demandeur) :
— Profession ou fonction :

Données relatives à l'accès au site :

— Désignation de la partie du PIV concernée :
— Justification de la nécessité de l'accès à la partie du PIV concernée :
— Justification de l'impossibilité de mettre en place des mesures de prévention autres :
— Durée prévue de l'accès au site :
— Numéro d'immatriculation du véhicule :

A ...., le ....

Nom, qualité, signature de l'autorité compétente
et cachet de l'organisme

ANNEXE 10

Modèle de formulaire d'information de la personne concernée par l'enquête administrative

Nom de l'opérateur
Raison sociale
Adresse

Objet : sécurisation de l'accès au site *(dénomination)* sis à *(adresse/commune)*.

Madame, Monsieur,

Dans le cadre de ... *[à compléter selon la raison de l'accès au site : activités professionnelles, stage de longue durée, visite sollicitée par la personne...]*, vous allez être amené à accéder à un/des site(s) relevant de la responsabilité de notre société. Afin de sécuriser l'accès à ce(s) site(s), et conformément aux dispositions législatives et réglementaires du code de la défense (article L. 1332-2-1 et les articles R. 1332-22-1 et suivants), nous avons sollicité préalablement l'avis de l'autorité administrative. Dans ce cadre, une enquête administrative destinée à vérifier qu'aucun fait vous concernant n'est incompatible avec l'accès envisagé est susceptible d'être réalisée par l'autorité administrative.

A ...., le ....

Nom, qualité, signature de l'autorité compétente
et cachet de l'organisme

ANNEXE 11

Modèle de formulaire de rejet de demande d'accès à un PIV en cas de demande non recevable

Par courriel en date du JJ/MM/AA, vous sollicitez l'avis de la préfecture quant à l'accès de M./Mme/MM............. à un site relevant de votre responsabilité. J'ai le regret de vous informer que la demande que vous avez formulée ne répond pas aux conditions permettant de diligenter une enquête administrative en vue de sécuriser l'accès à ce site. Ces conditions sont explicitées au paragraphe "encadrement des possibilités de demandes d'avis" du chapitre "modalités de contrôle des personnes accédant à un PIV".

ANNEXE 12

Modèle de formulaire de réponse de la préfecture à l'OIV

Par courriel en date du JJ/MM/AA, vous sollicitez l'avis du préfet de/du .... quant à l'accès de M./Mme/MM................. à un site relevant de votre responsabilité.

Votre demande reçoit un avis favorable/défavorable.

L'enquête administrative diligentée a/n'a pas permis de vérifier que les caractéristiques de la personne physique ou morale intéressée ne sont pas incompatibles avec l'accès envisagé.

Instruction interministérielle 901/SGDSN/ANSSI du 28 janvier 2015,

Relative à la protection des systèmes d'informations sensibles.

La présente instruction définit les objectifs et les règles relatifs à la protection des systèmes d' information sensibles, notamment ceux traitant des informations portant la mention *Diffusion Restreinte.*

La présente instruction s'adresse à l'ensemble des personnes physiques ou morales intervenant dans ces systèmes.

Le respect des règles contribue à garantir la continuité des activités de l'entité qui met en œuvre le système d'information, à protéger l'image de cette entité, à prévenir la compromission d'informations sensibles et à assurer la sécurité des personnes et des biens.

Ces règles peuvent être précisées au cas par cas en s'appuyant sur les normes techniques existantes et sur les guides techniques et les recommandations de l'Agence nationale de la sécurité des systèmes d' information (ANSSI).

TITRE I DÉFINITION ET PÉRIMÈTRE

Art. 1er *Définitions.* Les **systèmes d'information sensibles** sont ceux qui traitent d'informations dont la divulgation à des personnes non autorisées, l'altération ou l'indisponibilité sont de nature à porter atteinte à la réalisation des objectifs des entités qui les mettent en œuvre.

Les **systèmes d'information** *Diffusion Restreinte* sont les **systèmes d'information sensibles** qui traitent d'informations portant la mention ***Diffusion Restreinte*** *[V. l'art. 5 et l'ann. 3, intitulée "Règles de protection des informations ou supports portant la mention Diffusion Restreinte", de l'Instr. gén. interministérielle n° 1300/SGDSN/PSE/PSD du 30 nov. 2011 sur la protection du secret de la défense nationale. La mention "Difusion Restreinte" n'est pas un niveau de classification mais une mention de protection qui signale à l'utilisateur la discrétion dont il doit faire preuve dans la manipulation des informations couvertes par cette mention]* **ou ses équivalentes européennes ou internationales.**

Art. 2 *Champ d'application.* 2.1 L'instruction s'applique :

– **aux administrations de l'État** *[Les administrations de l'État au sens de la présente instruction sont les administrations centrales, les établissements publics nationaux, les services déconcentrés de l'État et les autorités administratives indépendantes]* **qui mettent en œuvre des systèmes d'information** sensibles ;

– **aux entités publiques ou privées soumises à la réglementation relative à la protection du potentiel scientifique et technique de la Nation (PPST)** *[Le cadre réglementaire de la PPST est défini à l'art. R. 413-5-1 C. pén. ainsi que par le Décr. n° 2011-1425 du 2 nov. 2011 portant application de l'art. 413-7 C. pén. et relatif à la protection du potentiel scientifique et technique de la Nation et par l'Arr. du 3 juill. 2012 relatif à la protection du potentiel scientifique et technique de la Nation]* **qui mettent en œuvre des systèmes d'information sensibles** *[Sauf lorsqu'ils traitent d'informations classifiées et sont en conséquence régis par les textes relatifs à la protection des informations couvertes par le secret de la défense nationale, les systèmes d'information qui sont mis en œuvre par une entité soumise à la réglementation relative à la PPST et qui traitent d'informations relatives aux spécialités dont les savoir-faire sont susceptibles d'être détournés à des fins de terrorisme ou de prolifération d'armes de destruction massive et de leurs vecteurs constituent des systèmes d'information Diffusion restreinte] ;*

– **à toute autre entité publique ou privée qui met en œuvre des systèmes d'information** ***Diffusion Restreinte.***

2.2 La présente instruction a valeur de recommandation pour toute autre entité publique ou privée qui met en œuvre des systèmes d'informations sensibles, notamment des systèmes traitant d'informations régies par des obligations de sécurité spécifiques *[Sont notamment concernés les systèmes traitant d'informations couvertes par le secret professionnel, constituant des correspondances privées ou mentionnées à l'art. 6 de la L. n° 78-753 du 17 juill. 1978 portant diverses mesures d'amélioration des relations entre l'administration et le* *public et diverses dispositions d'ordre administratif, social et fiscal. Sont également concernés les systèmes d'information mentionnés dans l'Ord. n° 2005-1516 du 8 déc. 2005 relative aux échanges électroniques entre les usagers et les autorités administratives et entre les autorités administratives].*

2.3 La présente instruction ne s'applique pas aux systèmes d'information traitant d'informations couvertes par le secret de la défense nationale *[Ces systèmes sont régis par les art. R. 2311-1 s. C. défense et par l'Instr. gén. interministérielle n° 1300/SGDSN/PSE/PSD du 30 nov. 2011 sur la protection du secret de la défense nationale, notamment son titre V].*

Art. 3 *Principes stratégiques appliqués.* Les règles décrites dans la présente instruction s'appuient sur cinq principes stratégiques :

– mettre en place une organisation consacrée à la sécurité des systèmes d'information, incluant des volets préventifs et défensifs et reposant sur des moyens humains, matériels et financiers identifiés ;

– évaluer les risques périodiquement, dans une démarche d'amélioration continue de la sécurité de chaque système pendant leur durée de vie ;

– défendre en profondeur, en s'assurant dès la conception que si l'une des mesures de sécurité est compromise ou défaillante, d'autres assurent la protection des informations sensibles ;

– respecter les règles élémentaires d'hygiène informatique, définies par l'ANSSI, mises en œuvre par des administrateurs de systèmes d'information formés à cet effet ;

– recourir à des produits de sécurité agréés, qualifiés ou, à défaut, certifiés et à des prestataires de services de confiance qualifiés par l'ANSSI.

Art. 4 *Application des règles.* 4.1 Application des règles aux **systèmes d'information sensibles**

Les administrations de l'État qui mettent en œuvre des **systèmes d'information sensibles** appliquent la politique de sécurité des systèmes d'information de l'État (PSSIE) *[La PSSIE a été approuvée par une circulaire du Premier ministre signée le 17 juill. 2014].* Une administration de l'État qui respecte la PSSIE est réputée se conformer à l'ensemble des dispositions du titre II.

Les entités publiques ou privées mentionnées à l'article 2.1 qui mettent en œuvre des **systèmes d'information sensibles** appliquent les règles prévues au titre II ainsi que celles prévues à l'annexe l. Ces dernières sont les règles de la PSSIE adaptées aux entités situées hors du champ d'application de cette politique de sécurité.

4.2 Application des règles aux **systèmes d'information** *Diffusion Restreinte*

Les administrations de l'État qui mettent en œuvre des **systèmes d'information** *Diffusion Restreinte* appliquent la PSSIE ainsi que les règles prévues au titre III.

Les entités publiques ou privées qui mettent en œuvre des **systèmes d'information** *Diffusion Restreinte* appliquent les règles prévues aux titres II et III ainsi qu'à l'annexe 1.

TITRE II PROTECTION DES SYSTÈMES D'INFORMATION SENSIBLES

Art. 5 *Détermination de la sensibilité des informations.*

Chaque entité mettant en œuvre un **système d'information sensible** :

– identifie l'information sensible qu'elle traite ;

– marque cette information par les moyens de son choix ;

– détermine, si besoin, une échelle de sensibilité correspondant à des niveaux en matière de disponibilité, d'intégrité et de confidentialité des informations de son système d'information sensible ;

– applique des mesures de protection adaptées.

Lorsque les informations sensibles transitent entre plusieurs entités, leur niveau de sensibilité est explicitement mentionné par l'entité émettrice afin qu'elles soient protégées en conséquence par l'entité destinataire en termes de disponibilité, d'intégrité et de confidentialité, pendant et après leur transit.

Art. 6 *Gouvernance de la protection des systèmes d'information.* Chaque entité :

– applique une politique de sécurité des systèmes d'information (PSSI), validée au plus haut niveau de l'entité et couvrant tous les aspects, techniques ou non, de la sécurité (communication, ressources humaines et financières, aspects juridiques, etc.) ;

– organise la gouvernance et attribue les responsabilités en matière de sécurité des systèmes d'information.

Art. 7 *Maîtrise des risques.* La PSSI de l'entité résulte d'une analyse des risques menée :
– pour tous les risques, pas seulement techniques qu'ils soient d'origine humaine ou non ;
– pour chacun des systèmes d'information de l'entité ;
– en appréciant l'impact qu'une menace sur un composant du système pourrait avoir sur les missions de l'entité, son image, son patrimoine ou la sécurité des biens et des personnes.

Art. 8 *Homologation des systèmes d'information sensibles.* Tout **système d'information sensible** doit faire l'objet d'une homologation de sécurité avant sa mise en service. Dans le dossier d'homologation figurent notamment les risques résiduels, c'est-à-dire ceux qui ne sont pas couverts par des mesures de protection.

L'autorité d'homologation doit être choisie au sein de l'entité, au niveau hiérarchique suffisant pour assumer la responsabilité afférente à la décision d'homologation. Elle accepte notamment les risques résiduels. Elle est en principe l'autorité qui emploie le système.

En prononçant sa décision d'homologation, l'autorité d'homologation déclare que le système d'information est conforme aux règles prévues par la présente instruction.

Art. 9 *Protection des systèmes d'information.* L'entité dispose d'une cartographie de l'ensemble des systèmes d'information dont elle est responsable. Cette cartographie est tenue à jour. Elle est nécessaire à l'entité pour assurer la protection de ses systèmes d'information.

L'entité protège ses systèmes d'information contre les menaces identifiées pendant toute leur durée de vie. La protection repose sur plusieurs volets :
– physique : elle retarde ou empêche l'accès physique des personnes non autorisés aux locaux, aux systèmes et aux informations, tout en maintenant la disponibilité des accès pour les personnes autorisées. Elle permet également d'éviter et de détecter les incidents physiques tels les défauts d'alimentation, les défauts de climatisation, les incendies et les dégâts des eaux ;
– logique : elle permet de se prémunir contre les attaques informatiques malveillantes et accidentelles mais surtout de protéger les réseaux, les équipements, les données et leurs supports, les accès logiques ainsi que l'administration des systèmes ;
– organisationnel : elle est mise en œuvre selon des processus explicitement définis dans la PSSI de l'entité.

En cas d'élévation du niveau de la menace, l'entité renforce les mesures de vigilance et de protection de ses systèmes.

Art. 10 *Gestion des incidents de sécurité des systèmes d'information.* Même protégée, l'entité se prépare à subir des attaques sur ses systèmes d'information. Elle intègre la sécurité des systèmes d'information (SSI) dans ses procédures de gestion de crise et dans ses exercices périodiques. Pour être en mesure d'agir pour réduire l'impact des attaques et des incidents, elle se dote :
– d'une capacité de détection, d'analyse, de qualification et de réaction, afin notamment d'assurer la continuité de ses missions ;
– d'un dispositif de gestion des incidents afin de détecter et d'analyser les attaques et de réagir face à des événements anormaux.

Des retours d'expérience de traitement des incidents sont prévus après chaque événement.

Art. 11 *Évaluation du niveau de sécurité.* L'entité évalue en permanence le niveau de sécurité de ses systèmes d'information et les risques résiduels. Elle effectue régulièrement des vérifications et réalise des audits fonctionnels et techniques de sécurité des systèmes d'information. Cette évaluation permet de réduire l'impact des attaques et des incidents et d'assurer la continuité de service de l'entité.

Art. 12 *Relations avec les autorités de l'État.* Sans préjudice des dispositions législatives et réglementaires spéciales, notamment celles applicables aux opérateurs d'importance vitale, chaque entité coopère avec les autorités de l'État telles que l'ANSSI ou les ministères de tutelle pour assurer la sécurité de ses systèmes d'information. Elle répond, en cas de crise, aux sollicitations de ces autorités.

TITRE III PROTECTION DES SYSTÈMES D'INFORMATION *DIFFUSION RESTREINTE*

Art. 13 *Homologation des systèmes d'information Diffusion Restreinte.* Tout système d'information *Diffusion Restreinte* est homologué à ce titre dans les conditions prévues à l'article 8. L'homologation prévoit en particulier la manière dont est contrôlée et maîtrisée la destruction du système lui-même ou d'autres supports ayant contenu des informations portant la mention *Diffusion Restreinte.*

Art. 14 *Traitement des informations portant la mention Diffusion Restreinte.* En fonction de son besoin et de ses moyens techniques, humains et financiers, l'entité choisit, conformément aux dispositions du présent article et de l'annexe 2, la classe du réseau sur lequel sont traitées les informations portant la mention *Diffusion Restreinte.*

Le traitement en clair des informations portant la mention *Diffusion Restreinte,* notamment leur stockage et leur diffusion, s'effectue sur des réseaux de classe 1 ou 2.

Le choix d'un réseau de classe 2 est fortement recommandé. En effet, toute connexion à un réseau public constitue en elle-même une vulnérabilité qui peut facilement conduire à la compromission d'informations.

Les informations portant la mention *Diffusion Restreinte* sont chiffrées à l'aide de moyens agréés à ce niveau par l'ANSSI dès lors qu'elles transitent ou sont stockées en dehors d'une zone physiquement protégée dans les conditions prévues à l'article 15.

Art. 15 *Protection physique des locaux.* Les mesures de sécurité physique sont choisies en proportion des menaces déterminées par l'analyse des risques prévue à l'article 7. Elles ont pour objectif à la fois de prévenir la perte, l'altération ou la détérioration d'une information portant la mention *Diffusion Restreinte* et de recueillir des informations pour résoudre des incidents informatiques en :

– défendant par une barrière périmétrique physique les limites de la zone à protéger ;
– dissuadant l'accès non autorisé par toute mesure physique appropriée ;
– contrôlant l'accès des locaux de façon électronique, électromécanique ou humaine ;
– conservant la traçabilité des accès ;
– protégeant des intrusions par un système de détection (ce système peut remplacer une barrière périmétrique ou la compléter pour renforcer le niveau de sécurité).

Art. 16 *Externalisation.* En cas d'externalisation d'une prestation qui met en œuvre un système d'information *Diffusion Restreinte,* l'entité et son prestataire tiennent compte des recommandations figurant dans le guide de l'ANSSI relatif à l'extemalisation *[Guide de l'ANSSI "Maîtriser les risques de l'infogérance - Externalisation des systèmes d'information", http//www.ssi.gouv.fr/infogerance].* Le contrat qui les lie garantit la conformité du système d'information aux règles prévues par la présente instruction. La prestation s'effectue, dans la mesure du possible, à partir du territoire national.

Il est recommandé à toute entité de choisir des prestataires de services de confiance qualifiés par l'ANSSI.

Art. 17 *Utilisation en milieu non maîtrisé.* Les informations portant la mention *Diffusion Restreinte* contenues dans des dispositifs nomades (ordinateurs portables, média amovibles, téléphones, etc.) sont chiffrées par des moyens agréés par l'ANSSI, afin de limiter le risque de divulgation en cas de perte ou de vol.

La consultation de documents électroniques portant la mention *Diffusion Restreinte* dans les lieux publics est entourée de précautions particulières (utilisation d'un filtre de confidentialité sur l'écran, surveillance continuelle du poste nomade lui-même, des alentours, des supports portant la mention *Diffusion Restreinte* ou des équipements qui les utilisent).

La connexion d'équipements personnels à un système d'informations *Diffusion Restreinte* est proscrite.

Il en va de même de la connexion d'équipements nomades traitant d'informations portant la mention *Diffusion Restreinte* à tout autre système d'information que ceux homologués par l'entité pour traiter de telles informations, sauf si l'homologation du système d'information auquel le dispositif nomade appartient le permet et si les règles prévues par la présente instruction sont respectées.

Art. 18 *Supports audiovisuels.* Avant de diffuser des informations portant la mention *Diffusion Restreinte* sur un support audiovisuel, le responsable de la diffusion vérifie que les participants ont besoin d'en connaître. Il s'assure également que les systèmes d'information utilisés sont homologués pour traiter des informations portant la mention *Diffusion Restreinte.*

A cette occasion, les éventuelles captations photographiques, vidéo ou audio des informations font l'objet d'une attention particulière. Le cas échéant, ces captations sont interdites.

Art. 19 *Autorisations de dérogation.* Lorsque les circonstances l'imposent, des dérogations, limitées dans le temps, aux règles prévues par la présente instruction peuvent être accordées à une entité pour un système d'information *Diffusion Restreinte* qu'elle met en œuvre. Les dérogations sont accordées par le haut fonctionnaire de défense et de sécurité du ministère dont relève l'entité qui met en œuvre le système d'information. Les autorisations de dérogation, accompagnées de leur motivation, sont communiquées à l'ANSSI.

TITRE IV DISPOSITIONS TRANSITOIRES ET FINALES

Art. 20 *Dispositions transitoires.* Les entités disposent d'un délai de trois ans à compter de la date de publication de la présente instruction pour mettre en conformité avec les règles qu'elle prévoit leurs systèmes d'information *Diffusion Restreinte* mis en service avant la date de publication de la présente instruction ou dans les six mois suivant cette date. Durant ce délai, les entités établissent et tiennent à la disposition de l'ANSSI la liste des manquements aux règles prévues par la présente instruction.

Art. 21 *Abrogation.* La présente instruction abroge la recommandation n° 901/DISSI/SCSSI du 2 mars 1994 pour la protection des systèmes d'information traitant des informations sensibles non classifiées de défense et la recommandation n° 600/DISSVSCSSI de mars 1993 pour la protection des informations sensibles ne relevant pas du secret de défense.

ANNEXE 1

RÈGLES POUR LES ENTITÉS SITUÉES HORS DU CHAMP D'APPLICATION DE LA PSSIE

[Ces règles sont adaptées de la politique de sécurité des systèmes d'information de l'État]

POLITIQUE. ORGANISATION. GOUVERNANCE

Objectif 1 : Mettre en place une organisation adéquate, garantissant la prise en compte préventive et réactive de la sécurité

Organisation SSI

ORG-SSI : organisation de la SSI. Une organisation dédiée à la SSI est déployée au sein de chaque entité. Cette organisation définit les responsabilités internes et à l'égard des tiers, les modalités de coordination avec les autorités externes ainsi que les modalités d'application des mesures de protection. Des procédures d'application des mesures sont écrites et portées à la connaissance de tous.

Acteurs SSI

ORG-ACT-SSI : identification des acteurs de la SSI. L'organisation de la SSI s'appuie sur des acteurs clairement identifiés, responsables de la mise en application générale de la PSSI.

Responsabilités internes

ORG-RSSI : désignation du responsable de la SSI. La direction de l'entité s'appuie sur un ou plusieurs responsables de la sécurité des systèmes d'information (RSSI), chargés de l'assister dans le pilotage et la gestion de la SSI. Des correspondants locaux de la SSI peuvent être désignés, le cas échéant, afin de constituer un relais du RSSI. Le RSSI d'une entité fait valider les mesures d'application de la PSSI par la direction de l'entité et veille à leur application. Des dénominations alternatives des fonctions mentionnées ci-dessus peuvent être utilisées si nécessaire.

ORG-RESP : formalisation des responsabilités. Une note d'organisation fixe la répartition au sein de chaque entité et au niveau local des responsabilités et rôles en matière de SSI. Cette note sera, le plus souvent, proposée par le RSSI et validée par la direction de l'entité.

Responsabilités vis-à-vis des tiers

ORG-TIERS : gestion contractuelle des tiers. Le RSSI coordonne les actions permettant l'intégration des clauses liées à la SSI dans tout contrat ou convention impliquant un accès par des tiers à des informations ou à des ressources informatiques.

PSSI

ORG-PIL-PSSI : définition et pilotage de la PSSI. Chaque entité établit une PSSI, validée par la direction. Une structure de pilotage de la PSSI est définie. Cette structure est chargée de sa mise en place, de son évolution, de son suivi et de son contrôle.

Application des mesures de sécurité au sein de l'entité

ORG-APP-INSTR : application de l'instruction dans l'entité. Le RSSI planifie les actions d'application de la PSSI. Il rend compte régulièrement de l'application des mesures de sécurité auprès de la direction de l'entité.

ORG-APP-DOCS : formalisation de documents d'application. Le RSSI établit et tient à jour les documents, approuvés par la direction de l'entité, permettant l'application des mesures de la PSSI.

RESSOURCES HUMAINES

Objectif 2 : Faire des personnes les maillons forts des SI.

Utilisateurs

RH-SSI : charte d'application de la SSI. Une charte d'application de la PSSI, récapitulant les mesures pratiques d'utilisation sécurisée des ressources informatiques et élaborée sous le pilotage de la chaîne fonctionnelle de la SSI, est communiquée à l'ensemble des agents de chaque entité. Cette charte doit être opposable juridiquement et, si possible, intégrée au règlement intérieur de l'entité. Le personnel non permanent (stagiaires, intérimaires, prestataires) est informé de ses devoirs dans le cadre de son usage des SI.

Personnel permanent

RH-MOTIV : choix et sensibilisation des personnes tenant les postes clés de la SSI. Une attention particulière doit être portée au recrutement des personnes clés de la SSI : RSSI, correspondants locaux de la SSI et administrateurs de sécurité. Les RSSI et leurs correspondants locaux doivent être spécifiquement formés à la SSI. Les administrateurs des SI doivent être régulièrement sensibilisés aux devoirs liés à leur fonction et doivent veiller à respecter ces exigences dans le cadre de leurs activités quotidiennes.

RH-CONF : personnels de confiance. Toutes les personnes manipulant des informations sensibles doivent le faire avec une attention particulière, dans le respect des textes en vigueur. Les sanctions éventuelles s'appliquant aux cas de négligence ou de malveillance leur sont rappelées.

RH-UTIL : sensibilisation des utilisateurs des systèmes d'information. Chaque utilisateur doit être régulièrement informé des exigences de sécurité le concernant. Il doit être formé à l'utilisation des outils de travail conformément aux règles de la SSI.

Mouvement de personnel

RH-MOUV : gestion des arrivées, des mutations et des départs. Une procédure permettant de gérer les arrivées, les mutations et les départs des collaborateurs doit être formalisée et appliquée strictement. Cette procédure doit couvrir au minimum :

— la gestion et la révocation des comptes et des droits d'accès aux SI, y compris pour les partenaires et les prestataires externes ;

— la gestion du contrôle d'accès aux locaux ;

— la gestion des équipements mobiles ;

— la gestion du contrôle des habilitations.

Personnel non permanent

RH-NPERM : gestion du personnel non permanent (stagiaires, intérimaires, prestataires). Les règles de la PSSI s'appliquent à tout personnel non permanent utilisateur d'un SI d'une entité. Les dispositions contractuelles préexistantes régissant l'emploi de ce personnel sont amendées si nécessaire. Pour tout personnel non permanent, un tutorat par un agent permanent est mis en place, afin de l'informer de ces règles et d'en contrôler l'application.

GESTION DES BIENS

Objectif 3 : Tenir à jour une cartographie détaillée et complète des SI.

GDB-INVENT : inventaire des ressources informatiques. Chaque entité établit et maintient à jour un inventaire des ressources informatiques sous sa responsabilité, en s'appuyant sur un outillage adapté. Cet inventaire est tenu à la disposition du RSSI et de l'ANSSI en cas de besoin de coordination opérationnelle. Il comprend la liste des "briques" matérielles et logicielles utilisées ainsi que leurs versions exactes. Il est constitué d'une base de données de configuration, maintenue à jour et tenue à disposition du RSSI.

L'historique des attributions des biens inventoriés doit être conservé dans le respect de la réglementation en vigueur.

GDB-CARTO : cartographie. La cartographie précise les centres informatiques, les architectures des réseaux, sur lesquelles sont identifiés les points névralgiques et la sensibilité des informations manipulées, et qualifie le niveau de sécurité attendu. Cette cartographie est maintenue à jour et tenue à disposition du RSSI et de l'ANSSI en cas de besoin de coordination opérationnelle.

Objectif 4 : Qualifier l'information de façon à adapter les mesures de protection.

GDB-OUALIF-SENSI : qualification des informations. La sensibilité de toute information doit être évaluée. Le marquage systématique des documents, en fonction du niveau de sensibilité, est fortement recommandé.

GDB-PROT-IS : protection des informations. L'utilisateur doit protéger les informations qu'il est amené à manipuler dans le cadre de ses fonctions, selon leur sensibilité et tout au long de leur cycle de vie, depuis leur création jusqu'à leur éventuelle destruction.

INTÉGRATION DE LA SSI DANS LE CYCLE DE VIE DES SYSTÈMES D'INFORMATION

Objectif 5 : Apprécier, traiter et communiquer sur les risques relatifs à la sécurité des systèmes d'information.

Gestion des risques et homologation de sécurité

INT-HOMOLOG-SSI : Homologation de sécurité des systèmes d'information. Tout système d'information doit faire l'objet d'une décision d'homologation de sa sécurité avant sa mise en exploitation. L'homologation est l'acte selon lequel une autorité, dite autorité d'homologation, désignée par la direction de l'entité, atteste formellement auprès des utilisateurs que le système d'information est protégé conformément aux objectifs de sécurité fixés. La décision d'homologation est prise le cas échéant après avis d'une commission d'homologation. Cette décision s'appuie sur une analyse de risques adaptée aux enjeux du système considéré et précise les conditions d'emploi.

Objectif 6 : Gérer dynamiquement les mesures de protection, tout au long de la vie du SI

Maintien en condition de sécurité des systèmes d'information

INT-SSI : intégration de la sécurité dans les projets. La sécurité des systèmes d'information doit être prise en compte dans toutes les phases des projets informatiques, sous le contrôle de l'autorité d'homologation, de la conception et de la spécification du système jusqu'à son retrait du service.

INT-QUOT-SSI : mise en œuvre au quotidien de la SSI. La sécurité des systèmes d'information se traite au quotidien par des pratiques d'hygiène informatique. Des procédures écrites définissent les actes élémentaires du maintien en condition de sécurité lors des phases de conception, d'évolution ou de retrait d'un système.

INT-TDB : créer un tableau de bord SSI. Un tableau de bord de la SSI est mis en place et tenu à jour. Il fournit au RSSI et aux autorités une vision générale du niveau de sécurité et de son évolution, rendant ainsi plus efficace le pilotage de la SSI. Au niveau stratégique, le tableau de bord de la SSI permet de suivre l'application de la politique de sécurité et de disposer d'éléments propres à qualifier les ressources devant être allouées à la SSI. Au niveau du pilotage, la mise en place de ce tableau de bord permet de contrôler la réalisation d'objectifs opérationnels, d'améliorer la qualité de service et de détecter au plus tôt les retards dans la réalisation de certains objectifs de sécurité.

Objectif 7 : Utiliser des produits et des services dont la sécurité est évaluée et attestée selon des procédures reconnues par l'ANSSI, afin de renforcer la protection des SI.

Produits de sécurité et services de confiance labellisés

INT-AQ-PSL : acquisition de produits de sécurité et de services de confiance. Lorsqu'ils sont disponibles, des produits de sécurité ou des services de confiance labellisés (agréés, qualifiés ou certifiés) par l'ANSSI doivent être utilisés.

Objectif 8 : Veiller aux exigences de sécurité lorsqu'il est fait appel à une prestation par des tiers.

Gestion des prestataires

INT-PRES-CS : clauses de sécurité. Toute prestation dans le domaine des SI est encadrée par des clauses de sécurité. Ces clauses spécifient les mesures SSI que le prestataire doit respecter dans le cadre de ses activités.

INT-PRES-CNTRL : suivi et contrôle des prestations fournies. Le maintien d'un niveau de sécurité au cours du temps nécessite un double contrôle :

— l'un, effectué périodiquement par l'équipe encadrant la prestation, qui porte sur les actions du sous-traitant et la conformité au cahier des charges ;

— l'autre, effectué par une équipe externe, qui porte sur la pertinence du cahier des charges en amont des projets, la conformité des réponses apportées par le sous-traitant en phase de recette et le niveau de sécurité global obtenu en phase de production.

INT-REX-AR : analyse de risques. Toute opération d'externalisation s'appuie sur une analyse de risques préalable, de façon à déterminer des objectifs de sécurité et définir des mesures adaptées. L'ensemble des objectifs de sécurité ainsi déterminés permet de définir une cible de sécurité servant de cadre au contrat établi avec le prestataire.

INT-REX-HB : hébergement. L'hébergement des données sensibles de l'administration sur le territoire national est obligatoire, sauf dérogation dûment motivée et précisée dans la décision d'homologation.

INT-REX-HS : hébergement et clauses de sécurité. Tout contrat d'hébergement détaille les dispositions mises en œuvre pour prendre en compte la SSI. Ce sont notamment les mesures prises pour assurer le maintien en condition de sécurité des systèmes et permettre une gestion de crise efficace (conditions d'accès aux journaux, mise en place d'astreintes, etc.).

SÉCURITÉ PHYSIQUE

Objectif 9 : Inscrire la sécurisation physique des SI dans la sécurisation physique des locaux et dans les processus associés.

PHY-ZONES : découpage des sites en zones de sécurité. Un découpage des sites en zones physiques de sécurité doit être effectué, en liaison avec le RSSI, les correspondants locaux de la SSI et les services chargés de l'immobilier, de la sécurité et des moyens généraux. Pour chaque zone de sécurité, des critères précis d'autorisation d'accès sont établis.

Règles de sécurité s'appliquant aux zones d'accueil du public

PHY-PUBL : accès réseau en zone d'accueil du public. Tout accès au réseau installé dans une zone d'accueil du public doit être filtré ou isolé du reste du réseau informatique de l'entité.

PHY-SENS : protection des informations sensibles au sein des zones d'accueil. Le traitement d'informations sensibles au sein des zones d'accueil est à éviter. Si un tel traitement est strictement nécessaire, il doit rester ponctuel et exceptionnel. Des mesures particulières sont alors adoptées, notamment en matière de protection audiovisuelle ainsi qu'en matière de protection des informations stockées sur les supports.

Règles de sécurité complémentaires s'appliquant aux locaux techniques

PHY-TECH : sécurité physique des locaux techniques. L'accès aux locaux techniques abritant des équipements d'alimentation et de distribution d'énergie ou des équipements de réseau et de téléphonie doit être physiquement protégé.

PHY-TELECOM : protection des câbles électriques et de télécommunications. Il convient de protéger le câblage du réseau contre les dommages et les interceptions des communications qu'ils transmettent. En complément, les panneaux de raccordements et les salles des câbles doivent être placés en dehors des zones d'accueil du public et leur accès doit être contrôlé.

PHY-CTRL : contrôles anti-piégeages. Sur les SI particulièrement sensibles, il convient de mener des contrôles anti-piégeages réguliers, effectués par du personnel formé. Il peut être fait appel à des services spécialisés pour les opérations dites de "dépoussiérage".

Objectif 10 : Proportionner les protections physiques des centres informatiques aux enjeux liés à la concentration des moyens et données abrités.

Règles générales

PHY-CI-LOC : découpage des locaux en zones de sécurité. Un découpage du centre informatique en zones physiques de sécurité doit être effectué, en liaison avec le RSSI et les services chargés de l'immobilier, de la sécurité et des moyens généraux. Des règles doivent fixer les conditions d'accès à ces différentes zones.

PHY-CI-HEBERG : convention de service en cas d'hébergement tiers. Dans le cas où un tiers gère tout ou partie des locaux du centre informatique, une convention de service, définissant les responsabilités mutuelles en matière de sécurité, doit être établie entre ce tiers et l'entité.

Règles de sécurité complémentaires s'appliquant aux zones internes et restreintes

PHY-CI-CTRLACC : contrôle d'accès physique. L'accès aux zones internes (autorisées uniquement au personnel du centre informatique ou aux visiteurs accompagnés) et restreintes (autorisées aux seules personnes habilitées ou aux visiteurs accompagnés) doit reposer sur un dispositif de contrôle d'accès physique. Ce dispositif doit s'appuyer sur des produits de sécurité labellisés, lorsqu'ils sont disponibles, et être maintenu en condition de sécurité de façon rigoureuse.

PHY-CI-MOYENS : délivrance des moyens d'accès physique. La délivrance des moyens d'accès physique doit respecter un processus formel permettant de s'assurer de l'identité de la personne et s'appuyer sur le processus d'arrivée et de départ du personnel. Le personnel autre que celui explicitement autorisé ou habilité mais néanmoins appelé à intervenir dans les zones internes ou restreintes (entretien ou réparation des bâtiments ou des équipements non informatiques, nettoyage, visiteurs) accède à ces zones sous surveillance permanente et systématique.

PHY-CI-TRACE : traçabilité des accès. Une traçabilité des accès des visiteurs externes aux zones restreintes doit être mise en place. Ces traces sont conservées un an, dans le respect de la réglementation protégeant les données personnelles.

Règles de sécurité complémentaires s'appliquant aux salles informatiques et aux locaux techniques

PHY-CI-ENERGIE : local énergie. L'alimentation de secteur des équipements devra être conforme aux règles de l'art, de façon à se prémunir contre les atteintes à la sécurité des personnes et des équipements liées à un défaut électrique.

PHY-CI-CLIM : climatisation. Une climatisation proportionnée aux besoins énergétiques du système informatique doit être installée. Des procédures de réaction en cas de panne, connues du personnel, doivent être élaborées et vérifiées annuellement. Ces dispositions visent à prévenir toute surchauffe des équipements, pouvant engendrer une perte du service voire une détérioration du matériel.

PHY-CI-INC : lutte contre l'incendie. L'installation de matériel de protection contre le feu est obligatoire. Des procédures de réaction à un incendie sont définies et régulièrement testées. Les salles techniques doivent être propres. Aucun carton, papier ou autre matière inflammable ne doit être entreposé dans ces locaux.

PHY-CI-EAU : lutte contre les voies d'eau. Une étude sur les risques dus aux voies d'eau doit être réalisée. Cette étude doit notamment prendre en compte le risque de fuite sur un collecteur d'eau douce.

Objectif 11 : Traiter de manière globale la sécurité des systèmes d'information et de communication qui assurent la sûreté d'un site.

Les sites importants, reconnus le cas échéant comme points d'importance vitale, s'appuient sur des services support des activités de sûreté physique. Dans ce cadre, l'appellation "services de systèmes d'information et de communication de sûreté" regroupe :

- les services support des activités de contrôle d'accès et de détection d'intrusion (CAD), permettant au personnel de sûreté :
  - d'authentifier, d'autoriser et de tracer l'accès à une ressource physique (contrôle d'accès),
  - de détecter, d'alerter et de tracer toute tentative d'accès non autorisé (détection d'intrusion) ;
- les services support des activités de vidéo-surveillance (VS), fournissant au personnel de sûreté un système de caméras disposées sur l'ensemble du site, de transport des flux vidéo, d'enregistrement, d'archivage et de visionnage de ces vidéos ;

• les services support de la gestion technique des bâtiments (GTB), permettant de superviser et de gérer l'ensemble des équipements des bâtiments du site, et d'avoir une vue globale de l'état de ces bâtiments ;

• les services support de la sécurité contre les incendies (INC), regroupant l'ensemble des moyens informatiques mis en œuvre pour détecter, informer, intervenir ou évacuer tout ou partie du site en cas d'incendie.

PHY-SI-SUR : sécurisation du SI de sûreté. Pour les sites physiques considérés comme importants, des mesures de protection doivent être définies et appliquées en se fondant sur les conclusions d'une analyse de risques. L'analyse de risques conduit à la désignation des "briques" essentielles dont il faut assurer la protection contre des actes malveillants. Un système de gestion de la sécurité du SI de sûreté, s'inspirant de la norme ISO 27001, assure le maintien en condition de sécurité. L'emploi de produits de sécurité labellisés, quand ils existent, est fortement recommandé.

SÉCURITÉ DES RÉSEAUX

Objectif 12 : Utiliser les infrastructures maîtrisées de l'entité, en respectant les règles de sécurité qui leur sont attachées.

Sécurité des réseaux internes

RES-MAITRISE : systèmes autorisés sur le réseau. Seuls les équipements gérés et configurés par les équipes informatiques habilitées peuvent être connectés au réseau local d'une entité.

RES-INTERCO : interconnexion avec des réseaux externes. Toute interconnexion entre les réseaux locaux d'une entité et un réseau externe (réseau d'un tiers, Internet, etc.) doit être réalisée *via* les infrastructures maîtrisées de l'entité.

RES-ENTSOR : mettre en place un filtrage réseau pour les flux sortants et entrants. Dans l'optique de réduire les possibilités offertes à un attaquant, les connexions des machines du réseau interne vers l'extérieur doivent être filtrées.

RES-PROT : protection des informations. Les accès à Internet passent obligatoirement à travers des passerelles maîtrisées de l'entité. Dès lors que des informations sensibles doivent transiter sur des réseaux non maîtrisés, il convient de les protéger spécifiquement par un chiffrement adapté.

Objectif 13 : Maîtriser les interconnexions de réseaux locaux.
Configurer de manière adéquate les équipements de réseau actifs.

Sécurité des réseaux locaux

RES-CLOIS : cloisonner le SI en sous-réseaux de niveaux de sécurité homogènes. Par analogie avec le cloisonnement physique d'un bâtiment, le système d'information doit être segmenté selon des zones présentant chacune un niveau de sécurité homogène.

RES-INTERCOGEO : interconnexion des sites géographiques locaux d'une entité. L'interconnexion au niveau local de réseaux locaux d'une entité n'est possible que si la proximité géographique le justifie et sous réserve de la mise en place de connexions spécifiques et de passerelles sécurisées.

RES-RESS : cloisonnement des ressources en cas de partage de locaux. Dans le cas où une entité partage des locaux avec des entités externes, des mesures de cloisonnement des ressources informatiques doivent être mises en place. Les mesures prises doivent être validées par l'autorité d'homologation si elles ne sont pas physiques.

Objectif 14 : Ne pas porter atteinte à la sécurité du SI par le déploiement d'accès non supervisés.

Accès spécifiques

RES-INTERNET-SPECIFIQUE : cas particulier des accès spécifiques dans une entité. Les accès spécifiques à Internet nécessitant des droits particuliers pour un usage professionnel ne peuvent être mis en place que sur dérogation dûment justifiée et sur des machines isolées physiquement et séparées du réseau de l'entité, après validation préalable de l'autorité d'homologation.

Objectif 15 : Maîtriser le déploiement, la configuration et l'usage des réseaux sans fil.

Sécurité des réseaux sans fil

RES-SSFIL : mise en place de réseaux sans fil. Le déploiement de réseaux sans fil doit faire l'objet d'une analyse de risques spécifique. Les protections intrinsèques étant insuffisantes, des mesures complémentaires doivent être prises dans le cadre de la défense en profondeur. En particulier, une segmentation du réseau doit être mise en place de façon à limiter à un périmètre déterminé les conséquences d'une intrusion depuis la voie radio. A défaut de mise en œuvre de mesures spécifiques, le déploiement de réseaux sans fil sur des SI manipulant des données sensibles est proscrit.

Objectif 16 : Configurer les mécanismes de commutation et de routage pour se protéger des attaques.

Sécurisation des mécanismes de commutation et de routage

RES-COUCHBAS : implanter des mécanismes de protection contre les attaques sur les couches basses. Une attention particulière doit être apportée à l'implantation des protocoles de couches basses, de façon à se prémunir des attaques usuelles par saturation ou empoisonnement de cache. Cela concerne, par exemple, le protocole ARP.

RES-ROUTDYN : surveiller les annonces de routage. Lorsque l'utilisation de protocoles de routage dynamique est nécessaire, celle-ci doit s'accompagner de la mise en place d'une surveillance des annonces de routage et de procédures permettant de réagir rapidement en cas d'incidents.

RES-ROUTDYN-IGP : configurer le protocole IGP de manière sécurisée. Le protocole de routage dynamique de type IGP doit être activé exclusivement sur les interfaces nécessaires à la construction de la topologie du réseau et désactivé sur le reste des interfaces. La configuration du protocole de routage dynamique doit systématiquement s'accompagner d'un mot de passe de type MESSAGE-DIGEST-KEY.

RES-ROUTDYN-EGP : sécuriser les sessions EGP. Lors de la mise en place d'une session EGP avec un pair extérieur sur un média partagé, cette session doit s'accompagner d'un mot de passe de type MESSAGE-DIGEST-KEY.

RES-SECRET : modifier systématiquement les éléments d'authentification par défaut des équipements et services. Les mots de passe par défaut doivent être impérativement modifiés, de même que les certificats. Les dispositions nécessaires doivent être prises auprès des fournisseurs de façon à pouvoir modifier les certificats installés par défaut.

RES-DURCI : durcir les configurations des équipements de réseaux. Les équipements de réseaux, comme les routeurs, doivent faire l'objet d'un durcissement spécifique comprenant notamment, outre le changement des mots de passe et des certificats, la désactivation des interfaces et des services inutiles ainsi que la mise en place de mécanismes de protection du plan de contrôle.

Objectif 17 : Tenir à jour une cartographie détaillée et complète des réseaux et des interconnexions.

Cartographie de réseau

RES-CARTO : élaborer les documents d'architecture technique et fonctionnelle. L'architecture en réseau du système d'information doit être décrite et formalisée à travers des schémas d'architecture et des configurations, maintenus au fil des évolutions apportées au SI. Les documents d'architecture sont sensibles et font l'objet d'une protection adaptée. La cartographie du réseau s'insère dans la cartographie globale des SI.

ARCHITECTURE DES SYSTÈMES D'INFORMATION

Objectif 18 : Appliquer les principes de défense en profondeur à l'architecture matérielle et logicielle des centres informatiques.

Architecture des centres informatiques

ARCHI-HEBERG : principes d'architecture de la zone d'hébergement. D'une manière générale, l'architecture des infrastructures des centres informatiques est conçue de façon à satisfaire l'ensemble des besoins en disponibilité, confidentialité, traçabilité et intégrité. Le principe de défense en profondeur doit être respecté, en particulier par la mise en œuvre successive de "zones démilitarisées" (DMZ), d'environnements de sécurité en zone d'hébergement, de machines virtuelles ou physiques dédiées, de réseaux locaux virtuels (VLAN) appropriés, d'un filtrage strict des flux applicatifs et d'administration.

ARCHI-STOCKCI : architecture de stockage et de sauvegarde. Le réseau de stockage et de sauvegarde pour les besoins des centres informatiques repose sur une architecture consacrée.

ARCHI-PASS : passerelle Internet. Les interconnexions Internet passent obligatoirement par les passerelles nationales homologuées.

EXPLOITATION DES SYSTÈMES D'INFORMATION

Objectif 19 : Définir et mettre en œuvre des mesures de protection renforcées pour les informations sensibles.

Protection des informations sensibles

EXP-PROT-INF : protection des informations sensibles en confidentialité et en intégrité. Des mesures doivent être mises en œuvre afin de garantir la protection des informations sensibles en termes de confidentialité et d'intégrité. A défaut d'utilisation d'un réseau homologué, ces informations doivent être chiffrées à l'aide d'un moyen de chiffrement labellisé.

Objectif 20 : Durcir les configurations des ressources informatiques et surveiller les interventions opérées sur celles-ci.

Sécurité des ressources informatiques

EXP-TRAC : traçabilité des interventions sur le système. Les interventions de maintenance sur les ressources informatiques de l'entité doivent être tracées par le service informatique. Les traces doivent être accessibles au correspondant local de la SSI durant au moins un an.

EXP-CONFIG : configuration des ressources informatiques. Les systèmes d'exploitation et les logiciels doivent faire l'objet d'un durcissement. Les configurations et les mises à jour sont effectuées dans le strict respect des guides ou des procédures en vigueur dans l'entité ou, à défaut, en vigueur au niveau central.

EXP-DOC-CONFIG : documentation des configurations. La configuration standard des ressources informatiques doit être documentée et mise à jour à chaque changement notable.

Objectif 21 : Authentifier les usagers et contrôler leurs accès aux ressources des SI en fonction d'une politique explicite d'autorisations.

Contrôle des accès logiques

EXP-ID-AUTH : identification, authentification et contrôle d'accès logique. L'accès à toute ressource non publique doit nécessiter une identification et une authentification individuelle de l'utilisateur. Dans le cas de l'accès à des données sensibles, des moyens d'authentification forte doivent être utilisés. A cette fin, l'usage d'une carte à puce doit être privilégié. Le contrôle d'accès doit être géré et s'appuyer sur un processus formalisé cohérent avec la gestion des ressources humaines.

EXP-DROITS : droits d'accès aux ressources. Après avoir déterminé le niveau de sensibilité, le besoin de diffusion et de partage des ressources, les droits d'accès aux ressources doivent être gérés suivant les principes suivants : besoin d'en connaître (chaque utilisateur n'est autorisé à accéder qu'aux ressources pour lesquelles on lui accorde explicitement le bénéfice de l'accès) et moindre privilège (chaque utilisateur accède aux ressources avec le minimum de privilèges lui permettant de conduire les actions explicitement autorisées pour lui).

EXP-PROFILS : gestion des profils d'accès aux applications. Les applications manipulant des données sensibles doivent permettre une gestion fine par profils d'accès. Les principes du besoin d'en connaître et du moindre privilège s'appliquent.

Processus d'autorisation

EXP-PROC-AUTH : autorisations d'accès des utilisateurs. Toute action d'autorisation d'accès d'un utilisateur à une ressource des SI, qu'elle soit locale ou nationale, doit s'inscrire dans le cadre d'un processus d'autorisation formalisé, qui s'appuie sur le processus d'arrivée et de départ du personnel.

EXP-REVUE-AUTH : revue des autorisations d'accès. Une revue des autorisations d'accès doit être réalisée annuellement sous le contrôle du RSSI, le cas échéant avec l'appui du correspondant local de la SSI.

Gestion des authentifiants

EXP-CONF-AUTH : confidentialité des informations d'authentification. Les informations d'authentification (mots de passe d'accès aux SI, clés privées liées aux certificats électroniques, etc.) doivent être considérées comme des données sensibles.

EXP-GEST-PASS : gestion des mots de passe. Les utilisateurs ne doivent pas stocker leurs mots de passe en clair, par exemple dans un fichier, sur leur poste de travail. Les mots de passe ne doivent pas transiter en clair sur les réseaux.

EXP-INIT-PASS : initialisation des mots de passe. Chaque compte utilisateur doit être créé avec un mot de passe initial aléatoire unique. Si les circonstances l'imposent, un mot de passe plus simple mais à usage unique peut être envisagé.

EXP-POL-PASS : politiques de mots de passe. Les règles de gestion et de protection des mots de passe suivent les recommandations de l'ANSSI.

EXP-CERTIFS : utilisation de certificats électroniques. Les autorités administratives au sens de l'ordonnance n° 2005-1516 du 8 décembre 2005 appliquent les règles du référentiel général de sécurité pour les certificats électroniques. Les autres entités s'inspirent de ces règles.

EXP-QUAL-PASS : contrôle systématique de la qualité des mots de passe. Des moyens techniques permettant d'imposer la politique de mots de passe, par exemple pour s'assurer du respect de l'éventuelle obligation relative à l'usage de caractères spéciaux, doivent être mis en place. A défaut, un contrôle périodique des paramètres techniques relatifs aux mots de passe doit être réalisé.

Gestion des authentifiants d'administration

EXP-SEQ-ADMIN : séquestre des authentifiants des administrateurs. Les autbentifiants permettant l'administration des ressources des SI doivent être placés sous séquestre et tenus à jour, dans un coffre ou une armoire fermée à clé. L'administrateur authentifié doit être informé de l'existence de ces opérations de gestion, de leurs finalités et de leurs limites. Tout accès d'administration à une ressource informatique doit pouvoir être tracé et permettre de remonter à la personne exerçant ce droit. Les informations d'authentification bénéficiant d'un moyen de protection physique, notamment d'une carte à puce, n'ont, par défaut, pas besoin de faire l'objet d'opérations de séquestre de la part d'autres personnes que l'administrateur authentifié lui-même.

EXP-POL-ADMIN : politique des mots de passe des administrateurs. Chaque administrateur doit disposer d'un mot de passe propre et destiné à l'administration.

EXP-DEP-ADMIN : gestion du départ d'un administrateur des SI. En cas de départ d'un administrateur disposant de privilèges sur des composants des SI, les comptes individuels dont il disposait doivent être immédiatement désactivés. Les éventuels mots de passe d'administration dont il avait connaissance doivent être changés, par exemple les mots de passe des comptes fonctionnels, des comptes génériques ou des comptes de service utilisés dans le cadre des fonctions de l'administrateur.

Objectif 22 : Fournir aux administrateurs les outils nécessaires à l'exercice des tâches de SSI et configurer ces outils de manière sécurisée.

Administration des systèmes

EXP-RESTR-DROITS : restriction des droits. Sauf exception dûment motivée et validée par le RSSI, les utilisateurs n'ont pas de droits d'administration.

EXP-PROT-ADMIN : protection des accès aux outils d'administration. L'accès aux outils et aux interfaces d'administration doit être strictement limité aux personnes habilitées, selon une procédure formelle d'autorisation d'accès.

EXP-HABILIT-ADMIN : habilitation des administrateurs. L'habilitation des administrateurs s'effectue selon une procédure validée par l'autorité d'homologation. Le nombre de personnes habilitées pour des opérations d'administration doit être connu et validé par l'autorité d'homologation.

EXP-GEST-ADMIN : gestion des actions d'administration. Les opérations d'administration doivent être tracées de manière à pouvoir imputer individuellement les actions d'administration.

EXP-SEC-FLUXADMIN : sécurisation des flux d'administration. Les opérations d'administration sur les ressources locales d'une entité doivent s'appuyer sur des protocoles sécurisés. Un réseau dédié à l'administration des équipements, tout au moins un réseau logiquement séparé de celui des utilisateurs, doit être utilisé. Les postes d'administrateur doivent être dédiés et ne doivent pas pouvoir accéder à Internet.

EXP-CENTRAL : centraliser la gestion du système d'information. Afin de gérer efficacement un grand nombre de postes d'utilisateurs, de serveurs ou d'équipements en réseau, les administrateurs doivent utiliser des outils centralisés, permettant l'automatisation de traitements quotidiens et offrant une vue globale et pertinente sur le système d'information.

EXP-SECX-DIST : sécurisation des outils de prise de main à distance. La prise de main à distance d'une ressource informatique locale ne doit être réalisable que par les agents autorisés par l'équipe locale chargée des SI, sur les ressources informatiques de leur périmètre. Des mesures de sécurité spécifiques doivent être définies et respectées.

Administration des domaines

[La notion de domaine est prise ici dans son sens général, à savoir un regroupement d'équipements. Il s'agirait par exemple, dans une architecture Microsoft, du regroupement de machines partageant des informations d'annuaires]

EXP-DOM-POL : définir une politique de gestion des comptes du domaine. Une politique explicite de gestion des comptes du domaine doit être établie.

EXP-DOM-PASS : configurer la stratégie des mots de passe des domaines. La politique de gestion des mots de passe doit être conçue de façon à protéger contre les attaques par essais successifs de mots de passe. Une complexité minimale dans le choix des mots de passe doit être imposée aux utilisateurs.

Gestion des comptes

EXP-DOM-NOMENCLAT : définir et appliquer une nomenclature des comptes du domaine. La gestion des comptes doit s'appuyer sur une nomenclature adaptée, afin de pouvoir distinguer selon leur usage les comptes d'utilisateur standard, les comptes d'administration (domaine, serveurs, postes de travail) et les comptes de service.

EXP-DOM-RESTADMIN : restreindre au maximum l'appartenance aux groupes d'administration du domaine. L'appartenance aux groupes du domaine "ADMINISTRATEURS DE L'ENTREPRISE et ADMINISTRATEURS DU DOMAINE" n'est nécessaire que dans de très rares cas. Les opérations les plus courantes doivent être effectuées avec des comptes du domaine membres des groupes locaux d'administration des ordinateurs ou ayant une délégation d'administration.

EXP-DOM-SERV : maîtriser l'utilisation des comptes de service. Les mots de passe des comptes de service sont souvent inscrits en dur dans des applications ou dans des systèmes. Cette mauvaise pratique ne permet pas d'être en mesure de changer ces mots de passe, par exemple en urgence. Il est ainsi nécessaire de veiller à pouvoir maîtriser leur utilisation.

EXP-DOM-LIMITSERV : limiter les droits des comptes de service. Les comptes de service doivent faire l'objet d'une restriction des droits, en suivant le principe du moindre privilège.

EXP-DOM-OBSOLET : désactiver les comptes du domaine obsolètes. Il est nécessaire de désactiver immédiatement, voire de supprimer, les comptes obsolètes, que ce soient des comptes d'utilisateur (administrateur, service ou utilisateur standard) ou des comptes de machine.

EXP-DOM-ADMINLOC : améliorer la gestion des comptes d'administrateur locaux. Afin d'empêcher la réutilisation des empreintes d'un compte d'utilisateur local d'une machine à une autre, il faut soit utiliser des mots de passe différents pour les comptes locaux d'administration, soit interdire la connexion à distance *via* ces comptes.

Envoi en maintenance et mise au rebut

EXP-MAINT-EXT : maintenance externe. Les données non chiffrées doivent être effacées avant l'envoi en maintenance externe de toute ressource informatique. Les opérations de chiffrement doivent faire appel à des produits de sécurité labellisés. L'effacement des données sensibles doit s'appuyer sur des produits de sécurité labellisés ou respecter des procédures établies en concertation avec l'ANSSI.

EXP-MIS-REB : mise au rebut. Lorsqu'une ressource informatique est amenée à quitter définitivement l'entité, les données présentes sur les disques durs ou la mémoire intégrée doivent être effacées de manière sécurisée. L'effacement des données sensibles doit s'appuyer sur des produits de sécurité labellisés ou respecter des procédures établies en concertation avec l'ANSSI.

Lutte contre les codes malveillants

EXP-PROT-MALV : protection contre les codes malveillants. Des logiciels de protection contre les codes malveillants, appelés communément antivirus, doivent être installés sur l'ensemble des serveurs d'interconnexion, des serveurs applicatifs et des postes de travail de l'entité. Ces logiciels de protection doivent être distincts pour ces trois catégories au moins et le dépouillement de leurs journaux doit être corrélé.

EXP-GES-ANTIVIR : gestion des événements de sécurité de l'antivirus. Les événements de sécurité de l'antivirus doivent être envoyés à un serveur national pour analyse statistique et gestion des problèmes *a posteriori* (exemples : serveur constamment infecté, virus détecté et non éradiqué par l'antivirus, etc.).

EXP-MAJ-ANTIVIR : mise à jour de la base de signatures. Les mises à jour des bases antivirales et des moteurs d'antivirus doivent être déployées automatiquement sur les serveurs et les postes de travail par un dispositif prescrit par les services centraux.

EXP-NAVIG : configuration du navigateur Internet. Le navigateur déployé par l'équipe locale chargée des SI sur l'ensemble des serveurs et des postes de travail nécessitant un accès Internet ou Intranet doit être configuré de manière sécurisée (désactivation des services inutiles, nettoyage du magasin de certificats, etc.).

Mise à jour des systèmes et des logiciels

EXP-POL-COR : définir et mettre en œuvre une politique de suivi et d'application des correctifs de sécurité. Le maintien du niveau de sécurité d'un système d'information impose une gestion organisée et adaptée des mises à jour de sécurité. Un processus de gestion des correctifs propre à chaque système ou applicatif doit être défini et adapté aux contraintes et au niveau d'exposition du système.

EXP-COR-SEC : déploiement des correctifs de sécurité. Les correctifs de sécurité des ressources informatiques locales doivent être déployés par l'équipe locale chargée des SI en s'appuyant sur les préconisations et les outils proposés par les services centraux.

EXP-OBSOLET : assurer la migration des systèmes obsolètes. L'ensemble des logiciels utilisés sur le système d'information doit l'être dans une version pour laquelle l'éditeur assure le support et le tient à jour. En cas de défaillance du support, il convient d'en étudier l'impact et de prendre les mesures adaptées.

EXP-ISOL : isoler les systèmes obsolètes restants. Il est nécessaire d'isoler les systèmes obsolètes, qui sont gardés volontairement pour assurer un maintien en condition opérationnelle des projets et pour lesquels une migration n'est pas envisageable. Chaque fois que cela est possible, cette isolation doit être effectuée au niveau du réseau par un filtrage strict, au niveau des éléments d'authentification, qui ne doivent pas être communs avec le reste du SI, et au niveau des applications (aucune ressource ne doit être partagée avec le reste du SI).

Journalisation

EXP-JOUR-SUR : "journalisation" des alertes. Chaque système doit disposer de dispositifs de "journalisation" permettant de conserver une trace des événements de sécurité. Ces traces doivent être conservées de manière sûre.

EXP-POL-JOUR : définir et mettre en œuvre une politique de gestion et d'analyse des journaux de traces. Une politique de gestion et d'analyse des journaux de traces des événements de sécurité est définie par le RSSI, validée par l'autorité d'homologation et mise en œuvre. Le niveau de sécurité d'un système d'information dépend en grande partie de la capacité de ses exploitants et de ses administrateurs à détecter les erreurs, les dysfonctionnements et les tentatives d'accès illicites survenant sur les éléments qui le composent.

EXP-CONS-JOUR : conservation des journaux. Les journaux des événements de sécurité doivent être conservés pendant douze mois glissants, hors contraintes légales et réglementaires particulières imposant des durées de conservation spécifiques.

Objectif 23 : Défendre les SI nécessite une vigilance de tous et des actions permanentes.

Défense des systèmes d'information

EXP-GES-DYN : gestion dynamique de la sécurité. L'équipe en charge de la SSI doit procéder, notamment *via* l'analyse des journaux, à la surveillance des comportements anormaux au sein du système d'information et à la surveillance des flux d'entrée et de sortie du système d'information.

Gestion des matériels informatiques fournis à l'utilisateur

EXP-MAIT-MAT : maîtrise des matériels. Les postes de travail, y compris dans le cas d'une location, sont fournis à l'utilisateur par l'entité, gérés et configurés sous la responsabilité de l'entité. La connexion d'équipements non maîtrisés, non administrés ou non mis à jour par l'entité, qu'il s'agisse d'ordiphones, d'équipements informatiques nomades et fixes ou de supports de stockage amovibles sur des équipements et des réseaux professionnels est interdite.

EXP-PROT-VOL : rappel des mesures de protection contre le vol. Les postes fixes bénéficient des mesures de protection physique offertes au titre de la présente PSSI. Chaque utilisateur doit veiller à la sécurité des supports amovibles (clés USB et disques amovibles), notamment en les conservant dans un endroit sûr. Il est recommandé de chiffrer les données contenues sur ces supports. Les supports contenant des données sensibles doivent être stockés dans des meubles fermant à clef.

EXP-DECLAR-VOL : déclarer les pertes et vols. Toute perte ou vol d'une ressource d'un système d'information doit être déclarée au RSSI.

EXP-REAFFECT : réaffectation de matériels informatiques. Une procédure de gestion des postes et des supports dans le cadre de départs de personnel ou de réaffectations à de nouveaux utilisateurs doit être mise en place et validée par le RSSI. Elle doit définir les conditions de recours à un effacement des données.

Nomadisme

EXP-NOMAD-SENS : déclaration des équipements nomades aptes à traiter des informations sensibles. L'autorité d'homologation du SI valide les usages possibles des équipements nomades vis-à-vis du traitement des informations sensibles ; les usages non explicitement autorisés sont interdits.

EXP-ACC-DIST : accès à distance au système d'information de l'organisme. Les autorités administratives au sens de l'ordonnance n° 2005-1516 du 8 décembre 2005 appliquent les règles de l'annexe B3 du référentiel général de sécurité pour l'authentification des utilisateurs distants. Les autres entités s'inspirent de ces règles.

Sécurisation des imprimantes et des copieurs multifonctions manipulant des informations sensibles

EXP-IMP-SENS : impression des informations sensibles. Les impressions d'informations sensibles doivent être effectuées selon une procédure définie préalablement, garantissant un contrôle par l'utilisateur, du déclenchement de l'impression jusqu'à la récupération du support imprimé.

EXP-IMP-2 : sécurité des imprimantes et des copieurs multifonctions. Les imprimantes et les copieurs multifonctions sont des ressources informatiques à part entière qui doivent être gérées en tant que telles. Elles ne doivent pas pouvoir communiquer avec l'extérieur.

Objectif 24 : Exploiter de manière sécurisée les centres informatiques en s'appuyant sur des procédures adaptées et sur la maîtrise des outils de supervision.

Sécurité des ressources informatiques

Les règles suivantes sont présentées selon le modèle qui structure l'architecture des applications selon trois tiers (présentation – application – données).

EXP-CI-OS : systèmes d'exploitation. Les systèmes d'exploitation déployés doivent faire l'objet d'un support valide de la part d'un éditeur ou d'un prestataire de service. Seuls les services et les applications nécessaires sont installés, de façon à réduire la surface d'attaque. Une attention particulière doit être apportée aux comptes administrateurs.

EXP-CI-LTP : logiciels en tiers présentation. La mise en œuvre d'une configuration renforcée est obligatoire sur les logiciels déployés pour le tiers présentation (exemples : serveur Web, *Reverse Proxy*).

EXP-CI-LTA : logiciels en tiers application. Des règles de développement et de configuration sécurisés des logiciels en tiers application doivent être fixées et appliquées.

EXP-CI-LTD : logiciels en tiers données. Des règles très strictes (restrictions d'accès, interdictions de connexions, gestion des privilèges) s'appliquent aux logiciels en tiers données.

EXP-CI-PROTFIC : passerelle d'échange de fichiers. Les échanges de fichiers entre applications doivent privilégier les protocoles sécurisés (SSL/TLS, FTPS, etc.).

EXP-CI-MESSTECH : messagerie technique. Pour satisfaire les besoins d'exploitation et de supervision des infrastructures et des applications, une messagerie dite "technique" peut être déployée en zone de "*back-office*" du centre informatique. Cette messagerie technique ne doit être en aucun cas utilisée directement par un utilisateur.

EXP-CI-FILT : filtrage des flux applicatifs. De façon à garantir un niveau de sécurité satisfaisant face aux attaques informatiques, des mécanismes de filtrage et de cloisonnement doivent être mis en œuvre.

EXP-CI-ADMIN : flux d'administration. D'une manière générale, il convient de différencier deux types de flux d'administration : les flux d'administration de l'infrastructure, réservés aux agents du centre informatique, et les flux d'administration des applications métier, réservés à la direction métier. L'attribution des droits d'administration doit respecter cette différenciation. Les deux types de flux d'administration doivent être dans la mesure du possible cloisonnés.

EXP-CI-DNS : service de noms de domaine – DNS technique. Dans le cas du déploiement d'un serveur de noms de domaines pour les besoins techniques internes au centre informatique, on utilisera les extensions sécurisées DNSSEC.

EXP-CI-EFFAC : effacement de support. Le reconditionnement et la réutilisation des disques durs pour un autre usage, par exemple la réattribution d'une machine ou d'un serveur, ne sont autorisés qu'après une opération d'effacement sécurisé des données.

EXP-CI-DESTR : destruction de support. La fin de vie d'un support ou d'un matériel embarquant un support de stockage (imprimante, routeur, commutateur, etc.) doit s'accompagner d'une opération de destruction avant remise au constructeur.

EXP-CI-TRAC : traçabilité et imputabilité. Afin d'assurer une cohérence dans les échanges entre applications ainsi qu'une traçabilité pertinente des événements techniques et de sécurité, les centres d'exploitation emploient une référence de temps commune (service NTP, Network Time Protocol).

EXP-CI-SUPERVIS : supervision. Un cloisonnement entre les flux de supervision (remontée d'informations) et les flux d'administration (commandes, mises à jour) doit être mis en place.

EXP-CI-AMOV : accès aux périphériques amovibles. L'accès aux supports informatiques amovibles fait l'objet d'un traitement adapté, plus particulièrement lorsque ces supports ont été utilisés pour mémoriser des informations sensibles ou lorsqu'ils sont utilisés pour des opérations d'exploitation.

EXP-CI-ACCRES : accès aux réseaux. Dans un centre informatique, le contrôle physique des accès aux réseaux, l'attribution des adresses IP, le filtrage des informations et l'usage de dispositifs spécifiques (machines virtuelles, cartes d'administration à distance, etc.) font l'objet de procédures sécurisées.

EXP-CI-AUDIT : audit et contrôle. Le RSSI pilote des audits réguliers du système d'information relevant de sa responsabilité.

SÉCURITÉ DU POSTE DE TRAVAIL

Objectif 25 : Durcir les configurations des postes de travail en protégeant les utilisateurs.

Mise à disposition du poste

PDT-GEST : fourniture et gestion des postes de travail. Les postes de travail utilisés dans le cadre professionnel sont fournis et gérés par l'équipe locale chargée des SI.

PDT-CONFIG : formalisation de la configuration des postes de travail. Une procédure formalisée de configuration des postes de travail est établie par chaque entité, conformément aux recommandations de l'ANSSI.

Sécurité physique des postes de travail

PDT-VEROUIL-FIXE : verrouillage de l'unité centrale des postes fixes. Lorsque l'unité centrale d'un poste fixe est peu volumineuse, donc susceptible d'être facilement emportée, elle doit être protégée contre le vol par un système d'attache, par exemple par un câble antivol.

PDT-VEROUIL-PORT : verrouillage des postes portables. Un câble physique de sécurité doit être fourni avec chaque poste portable. Les utilisateurs doivent être sensibilisés à son utilisation.

Réaffectation du poste et récupération d'informations

PDT-REAFFECT : réaffectation du poste de travail. Une procédure de SSI définit les règles concernant le traitement à appliquer aux informations ayant été stockées ou manipulées sur les postes réaffectés.

Gestion des privilèges sur les postes de travail

PDT-PRIVIL : privilèges des utilisateurs sur les postes de travail. La gestion des privilèges des utilisateurs sur leurs postes de travail doit suivre le principe du moindre privilège : chaque utilisateur ne doit disposer que des privilèges nécessaires à la conduite des actions relevant de sa mission.

PDT-PRIV : utilisation des privilèges d'accès des administrateurs. Les privilèges d'accès des administrateurs doivent être utilisés uniquement pour les actions d'administration le nécessitant.

PDT-ADM-LOCAL : gestion du compte de l'administrateur local. L'accès au compte de l'administrateur local sur les postes de travail doit être strictement limité aux équipes en charge de l'exploitation et du support sur ces postes de travail.

Protection des informations

PDT-STOCK : stockage des informations. Dans la mesure du possible, les données traitées par les utilisateurs doivent être stockées sur des espaces en réseau, eux-mêmes sauvegardés selon les exigences des entités et en accord avec les règles de sécurité en vigueur.

PDT-SAUV-LOC : sauvegarde et synchronisation des données locales. Dans le cas où des données doivent être stockées localement sur le poste de travail, des moyens de synchronisation ou de sauvegarde doivent être fournis aux utilisateurs.

PDT-PART-FIC : partage de fichiers. Le partage de répertoires ou de données hébergées localement sur les postes de travail n'est pas autorisé.

PDT-SUPPR-PART : suppression des données sur les postes partagés. Les données présentes sur les postes partagés (portable de prêt, par exemple) doivent être supprimées entre deux utilisations, dès lors que les utilisateurs ne disposent pas du même besoin d'en connaître.

PDT-CHIFF-SENS : chiffrement des données sensibles. Un moyen de chiffrement labellisé doit être mis à la disposition des utilisateurs et des administrateurs afin de chiffrer les données sensibles stockées sur les postes de travail, les serveurs, les espaces de travail ou les supports amovibles.

PDT-AMOV : fourniture de supports de stockage amovibles. Les supports de stockage amovibles (clés USB et disque*[s]* durs externes, notamment) doivent être fournis aux utilisateurs par l'équipe locale chargée des SI.

Nomadisme

PDT-NOMAD-ACCESS : accès à distance aux SI de l'entité. Les accès à distance aux SI de l'entité (accès dits "nomades") doivent intervenir *via* des réseaux privés virtuels (VPN) de confiance conformes aux recommandations de l'ANSSI.

PDT-NOMAD-PAREFEU : pare-feu local. Un pare-feu local conforme aux recommandations de l'ANSSI doit être installé sur les postes nomades.

PDT-NOMAD-STOCK : stockage local d'information sur les postes nomades. Le stockage local d'information sur les postes de travail nomades doit être limité au strict nécessaire. Les informations sensibles doivent être obligatoirement chiffrées par un moyen de chiffrement labellisé.

PDT-NOMAD-FILT : filtre de confidentialité. Pour les postes de travail nomades manipulant des données sensibles, un filtre de confidentialité doit être fourni et être positionné sur l'écran dès lors que le poste est utilisé en dehors de l'entité.

PDT-NOMAD-CONNEX : configuration des interfaces de connexion sans fil. La configuration des interfaces de connexion sans fil doit interdire les usages dangereux de ces interfaces.

PDT-NOMAD-DESACTIV : désactivation des interfaces de connexion sans fil. Des règles de configuration des interfaces de connexion sans fil (Wifi, Bluetooth, 3G, etc.), permettant d'interdire les usages non maîtrisés et d'éviter les intrusions *via* ces interfaces, doivent être définies et appliquées. Les interfaces sans fil ne doivent être activées qu'en cas de besoin.

Objectif 26 : Paramétrer les imprimantes et les copieurs multifonctions afin de diminuer leur surface d'attaque.

Sécurisation des imprimantes et des copieurs multifonctions

PDT-MUL-DURCISS : durcissement des imprimantes et des copieurs multifonctions. Les imprimantes et les copieurs multifonctions hébergés localement dans une entité doivent faire l'objet d'un durcissement en termes de sécurité : changement des mots de passe initialement fixés par le constructeur, désactivation des interfaces en réseau inutiles, suppression des services inutiles, chiffrement des données sur le disque dur lorsque cette fonctionnalité est disponible, configuration de réseau statique.

PDT-MUL-SECNUM : sécurisation de la fonction de numérisation. Lorsqu'elle est activée, la fonction de numérisation sur les copieurs multifonctions hébergés dans une entité doit être sécurisée. Les mesures de sécurité suivantes doivent notamment être appliquées : envoi de documents uniquement à destination d'une adresse de messagerie interne à l'entité, envoi à une seule adresse de messagerie.

Objectif 27 : Sécuriser la téléphonie pour protéger les utilisateurs contre des attaques malveillantes.

Sécurisation de la téléphonie

PDT-TEL-MINIM : sécuriser la configuration des autocommutateurs. Les autocommutateurs doivent être maintenus à jour en ce qui concerne les correctifs de sécurité. Leur configuration doit être durcie. La définition et l'affectation des droits d'accès et des privilèges aux utilisateurs (transfert départ-départ, entrée en tiers, interphonie, autorisation de déblocage, renvoi sur un numéro extérieur, substitution, substitution de privilège, interception d'appel dirigé, etc.) doivent faire l'objet d'une attention particulière. Une revue de la programmation téléphonique doit être organisée périodiquement.

PDT-TEL-CODES : codes d'accès téléphoniques. Il est nécessaire de sensibiliser les utilisateurs au besoin de modifier le code d'accès de leur téléphone et de leur messagerie vocale.

PDT-TEL-DECT : limiter l'utilisation du DECT. Les communications réalisées au travers du protocole DECT sont susceptibles d'être interceptées, même si les mécanismes d'authentification et de chiffrement que propose ce protocole sont activés. Il est recommandé d'attribuer des postes téléphoniques filaires aux utilisateurs dont les échanges sont les plus sensibles.

Objectif 28 : Contrôler régulièrement la conformité des paramétrages de sécurité appliqués aux postes de travail.

Contrôles de conformité

PDT-CONF-VERIF : utiliser des outils de vérification automatique de la conformité. Un outil de vérification régulière de la confomité des éléments de configuration des postes de travail doit être mis en place, afin d'éviter une dérive dans le temps de ces éléments de configuration.

SÉCURITÉ DU DÉVELOPPEMENT DES SYSTÈMES

Objectif 29 : Reconnaître la sécurité comme une fonction essentielle et la prendre en compte dès la conception des projets.

Développement des systèmes

DEV-INTEGR-SECLOC : intégrer la sécurité dans les développements locaux. Toute initiative locale de développement informatique doit respecter les recommandations de l'ANSSI, concernant la prise en compte de la sécurité dans les projets et les développements informatiques. Le service à l'origine du projet se porte garant de l'application du référentiel général de sécurité et de l'application d'une démarche d'homologation du système.

DEV-SOUS-TRAIT : intégrer des clauses de SSI dans les contrats de sous-traitance de développement informatique. Lors de l'écriture d'un contrat de sous-traitance de développement, plusieurs clauses relatives à la SSI doivent être intégrées :

— formation obligatoire des développeurs sur le développement sécurisé et sur les vulnérabilités classiques ;

— utilisation obligatoire d'outils permettant de minimiser les erreurs introduites durant le développement (outils gratuits d'analyse statique de code, utilisation de bibliothèques réputées pour leur sécurité, etc.) ;

— production de documentation technique décrivant l'implantation des protections développées (gestion de l'authentification stockage des mots de passe, gestion des droits, chiffrement, etc.) ;

— respect de normes de développement sécurisé, qu'elles soient propres au développeur, publiques ou propres au commanditaire ;

— obligation pour le prestataire de corriger, dans un temps raisonnable et pour un prix défini, les vulnérabilités introduites durant le développement et portées à sa connaissance, en incluant automatiquement les corrections des autres occurrences des mêmes erreurs de programmation.

Objectif 30 : Mener les développements des logiciels selon une méthodologie de sécurisation du code produit.

Développements des logiciels et sécurité

DEV-FUITES : limiter les fuites d'information. Les fuites d'informations techniques sur les logiciels utilisés permettent aux attaquants de déceler plus facilement d'éventuelles vulnérabilités. Il est impératif de limiter fortement la diffusion d'informations au sujet des produits utilisés, même si cette précaution ne constitue pas une protection en tant que telle.

DEV-LOG-ADHER : réduire l'adhérence des applications à des produits ou à technologies spécifiques. Le fonctionnement d'une application s'appuie sur un environnement logiciel et matériel. En phases de conception et de spécification technique, il est nécessaire de s'assurer que les applications n'ont pas une trop forte adhérence vis-à-vis des environnements sur lesquels elles reposent. En effet, l'apparition de failles sur un environnement a de fait un impact sur la sécurité des applications qui en dépendent. En plus du maintien en condition de sécurité propre à l'application, il est donc nécessaire de pouvoir faire évoluer son environnement pour garantir sa sécurité dans la durée.

DEV-LOG-CRIT : instaurer des critères de développement sécurisé. Une fois passées les phases de définition des besoins et de conception de l'architecture applicative, le niveau de sécurité d'une application dépend fortement des modalités pratiques suivies lors de sa phase de développement.

DEV-LOG-CYCLE : intégrer la sécurité dans le cycle de vie du logiciel. La sécurité doit être intégrée à toutes les étapes du projet, depuis l'expression des besoins jusqu'à la maintenance applicative, en passant par la rédaction du cahier des charges et les phases de recette.

DEV-LOG-WEB : améliorer la prise en compte de la sécurité dans les développements Web. Les développements Web, en particulier les développements en PHP, font l'objet de problèmes de sécurité récurrents qui ont conduit à la constitution de référentiels de sécurité. Ces référentiels ont pour objectif de fixer des règles de bonne pratique à l'usage des développeurs. Ce sont des règles d'ordre générique ou pouvant être spécifiques à un langage (PHP, ASP, NET, etc.).

DEV-LOG-PASS : calculer les empreintes de mots de passe de manière sécurisée. Lorsqu'une application doit stocker les mots de passe de ses utilisateurs, il est important de mettre en œuvre des mesures permettant de se prémunir contre les attaques documentées : attaques par dictionnaire, attaques par tables dites "arc-en-ciel", attaques par force brute, etc.

Objectif 31 : Accompagner le développement sécurisé d'applications à risques par des contre-mesures minimisant l'impact d'attaques nouvelles.

Applications à risques

DEV-FILT-APPL : mettre en œuvre des fonctionnalités de filtrage applicatif pour les applications à risque. Devant les applications à risques, il est recommandé de faire usage d'une solution tierce de filtrage applicatif.

TRAITEMENT DES INCIDENTS

Objectif 32 : Partager l'information (alertes, incidents) dans le respect des règles de prudence et mutualiser les opérations de remise en état, de façon à lutter efficacement contre les attaques.

Chaînes opérationnelles

TI-OPS-SSI : chaînes opérationnelles de la SSI. Les alertes et les incidents sont gérés selon des procédures testées lors d'exercices. La coordination des compétences est organisée à l'échelon de l'entité. Les situations d'urgences peuvent faire appel à des mesures définies préalablement dans le cadre de plans.

Traitement des alertes de sécurité émises par les instances nationales (ANSSI)

TI-MOB : mobilisation en cas d'alerte. En cas d'alerte de sécurité identifiée au niveau national, les RSSI de chaque entité s'assurent de la bonne application des exigences formulées par les instances nationales, dans les meilleurs délais.

Remontée des incidents de sécurité rencontrés

TI-QUAL-TRAIT : qualification et traitement des incidents. La chaîne fonctionnelle de la SSI est informée par la chaîne opérationnelle de tout incident de sécurité et contribue si nécessaire à la qualification de l'incident et au pilotage de son traitement.

TI-INC-REM : remontée des incidents. Tout incident de sécurité, même apparemment mineur, dont l'impact dépasse ou est susceptible de dépasser le SI d'une entité, fait l'objet d'un compte-rendu, *via* la chaîne de SSI, au centre opérationnel de la sécurité des systèmes d'information (COSSI) de l'ANSSI.

La remontée d'incidents par les chaînes opérationnelles participe à la vigilance permanente. Cette remontée est immédiate pour les incidents dont la portée est susceptible de dépasser à court terme le périmètre de l'entité et pour les incidents correspondant à des signalements spécifiques, notamment de la part de l'ANSSI. La remontée prend la forme d'une synthèse mensuelle pour les autres incidents.

Les critères et les procédures précis de remontée d'incidents sont élaborés sous le pilotage de la chaîne fonctionnelle de la SSI, en lien avec la chaîne opérationnelle.

Chaque entité doit maintenir à jour un historique précis des suites de chaque incident, afin de capitaliser les enseignements tirés de la résolution ou non de ces incidents.

La difficile caractérisation des attaques (ambiguïté de la source, du dommage, du moyen, de la finalité) rend nécessaire les échanges d'informations, même sur des "signaux faibles", ainsi que la coordination continue des actions.

CONTINUITÉ D'ACTIVITÉ

Objectif 33 : Se doter de plans de continuité d'activité el les tester.

Gestion de la continuité d'activité des SI

PCA-MINIS : définition du plan de continuité d'activité des SI. Chaque entité définit un plan de continuité d'activité des SI permettant d'assurer, en cas de sinistre, la continuité d'activité des SI.

Définition du plan de continuité d'activité des systèmes d'information d'une entité

PCA-LOCAL : définition du plan local de continuité d'activité des systèmes d'information. Le directeur des systèmes d'information ou le RSSI d'une entité définit la structure et les objectifs du plan de continuité d'activité des systèmes d'information permettant d'assurer effectivement, en cas de sinistre, la continuité de l'activité.

Mise en œuvre du plan local de continuité d'activité des systèmes d'information

PCA-SUIVILOCAL : suivi de la mise en œuvre du plan de continuité d'activité local des SI. Le RSSI d'une entité s'assure de la bonne mise en œuvre des dispositions prévues dans le plan de continuité d'activité des systèmes d'information.

PCA-PROC : mise en œuvre des dispositifs techniques et des procédures opérationnelles. Les équipes informatiques mettent en œuvre les dispositifs techniques et les procédures opérationnelles contribuant à la continuité des SI. Elles en assurent la supervision quotidienne et la maintenance dans le temps.

PCA-SAUVE : protection de la disponibilité des sauvegardes. Les données sauvegardées ne doivent pas être soumises aux mêmes risques de sinistres que les données en cours d'exploitation.

PCA-PROT : protection de la confidentialité des sauvegardes. Les sauvegardes doivent être traitées de manière à garantir leur confidentialité et leur intégrité.

Maintien en conditions opérationnelles du plan local de continuité d'activité des SI

PCA-EXERC : exercice régulier du plan local de continuité d'activité des systèmes d'information. Le RSSI d'une entité organise des exercices réguliers, afin de tester le plan local de continuité d'activité des systèmes d'information.

PCA-MISAJOUR : mise à jour du plan local de continuité d'activité des systèmes d information. Le RSSJ d'une entité assure la tenue à jour du plan local de continuité d'activité des SI.

CONFORMITÉ, AUDIT, INSPECTION, CONTRÔLE

Objectif 34 : Effectuer des contrôles (audits, inspections) et des exercices réguliers de façon à mesurer les progrès accomplis et corriger les manquements.

Contrôles

CONTR-SSI : contrôles locaux. La conformité à la PSSI de l'entité est vérifiée par des contrôles réguliers. Les RSSI de chaque entité conduisent des actions locales d'évaluation de la conformité à la PSSI et contribuent à la consolidation, dans un bilan annuel, de l'état d'avancement de sa mise en œuvre.

ANNEXE 2

DIFFÉRENTES CLASSES DE RÉSEAU

Un réseau de classe 0 est un réseau public (Internet, etc.) ou un réseau connecté à un réseau public qui ne respecte pas les exigences de la classe 1 ci-dessous.

Un réseau de classe 1 est un réseau qui est isolé de tout réseau de classe 0 à l'aide de dispositifs de filtrage et de rupture de flux de la façon suivante *[V. la note technique de l'ANSSI sur son site web : « Définition d'une architecture de passerelle d'interconnexion sécurisée » présentant les principes de conception de dispositifs d'interconnexion.]* :

— au moins un dispositif de filtrage qualifié au niveau standard est mis en coupure de tous les flux depuis et vers le réseau de classe 0 ;

— un dispositif de rupture de tous les flux (proxy) depuis et vers le réseau de classe 0, si possible qualifié au niveau élémentaire, est positionné entre deux dispositifs de filtrage ;

— une sonde de détection qualifiée au moins au niveau élémentaire contrôle l'ensemble des flux échangés avec le réseau de classe 0.

Les interconnexions entre réseaux de classe 1 sont autorisées *[L'interconnexion est autorisée compris via un réseau de classe 0 dès lors que des équipements de chiffrement agréés par l'ANSSI sont utilisés en coupure (V. art. 14)]*. La définition de la passerelle d'interconnexion est à la charge des entités concernées. L'interconnexion fait l'objet d'une homologation distincte de celle des réseaux.

Un réseau de classe 2 est un réseau qui :

— est isolé, c'est-à-dire non connecté, même indirectement, à Internet ;

— ne comprend aucune interconnexion "descendante" *[Un flux descendant est un flux dont l'origine est un réseau de classe 2 et la destination un réseau de classe inférieure ; un flux montant est, à l'inverse, un flux dont la destination est un réseau de classe 2 et l'origine un réseau de classe inférieure ; il ne s'agit pas d'un flux de transit, entre deux composants d'un réseau de classe 2, au travers d'un réseau de classe inférieure]* permettant l'envoi de flux en clair ou chiffrés à destination des réseaux de classe 0 ou 1, sauf à utiliser des dispositifs agréés spécifiquement pour cet usage ;

— comprend éventuellement des interconnexions "montantes" permettant la réception de flux en provenance des réseaux de classe 0 ou 1 au travers d'une diode agréée par l'ANSSI pour de tels usages.

Les interconnexions entre réseaux de classe 2 sont autorisées *[L'interconnexion est autorisée y compris via un réseau de classe 0 dès lors que des équipements de chiffrement agréés par l'ANSSI sont utilisés en coupure (V. art. 14)]*. La définition de la passerelle d'interconnexion est à la charge des entités concernées. L'interconnexion fait l'objet d'une homologation distincte de celle des réseaux.

ANNEXE 3

Non reproduite.

Décret n° 2018-384 du 23 mai 2018,

Relatif à la sécurité des réseaux et systèmes d'information des opérateurs de services essentiels (OSE) et des fournisseurs de service numérique (FSN).

CHAPITRE I *DISPOSITIONS RELATIVES À LA SÉCURITÉ DES RÉSEAUX ET SYSTÈMES D'INFORMATION DES OPÉRATEURS DE SERVICES ESSENTIELS*

SECTION 3 *Règles de sécurité*

Art. 10 Un arrêté du Premier ministre fixe, sur proposition de l'Agence nationale de la sécurité des systèmes d'information, les règles de sécurité prévues à l'article 6 de la loi du 26 février 2018 précitée et les délais dans lesquels elles s'appliquent.

Ces règles portent notamment :

1° Dans le domaine de la gouvernance de la sécurité des réseaux et systèmes d'information, sur l'élaboration et la mise en œuvre d'une politique de sécurité des réseaux et systèmes d'information et l'homologation de sécurité des réseaux et systèmes d'information ;

2° Dans le domaine de la protection des réseaux et systèmes d'information, sur la sécurité de l'architecture et de l'administration des réseaux et systèmes d'information et le contrôle des accès à ces réseaux et systèmes ;

3° Dans le domaine de la défense des réseaux et systèmes d'information, sur la détection et le traitement des incidents de sécurité affectant les réseaux et systèmes d'information ;

4° Dans le domaine de la résilience des activités, sur la gestion de crises en cas d'incidents de sécurité ayant un impact majeur sur des services essentiels.

Arrêté du 14 septembre 2018,

Fixant les règles de sécurité et les délais mentionnés à l'article 10 du décret n° 2018-384 du 23 mai 2018 relatif à la sécurité des réseaux et systèmes d'information des opérateurs de services essentiels et des fournisseurs de service numérique.

Art. 1er Les règles de sécurité mentionnées à l'article 10 du décret n° 2018-384 du 23 mai 2018 susvisé figurent à l'annexe I du présent arrêté.

Les opérateurs de services essentiels appliquent ces règles de sécurité aux réseaux et systèmes d'information mentionnés à l'article 7 du décret précité, à compter de la date de leur désignation en tant qu'opérateurs de services essentiels dans les délais figurant à l'annexe II du présent arrêté.

Art. 2 Le présent arrêté est applicable sur l'ensemble du territoire de la République.

Art. 3 Le présent arrêté entre en vigueur le 1er octobre 2018.

ANNEXES

ANNEXE I

RÈGLES DE SÉCURITÉ

Les présentes règles de sécurité sont applicables aux réseaux et systèmes d'information mentionnés à l'article 7 du décret n° 2018-384 du 23 mai 2018 relatif à la sécurité des réseaux et systèmes d'information des opérateurs de services essentiels et des fournisseurs de service numérique. Ces réseaux et systèmes d'information sont dénommés "systèmes d'information essentiels" dans la présente annexe.

CHAPITRE I RÈGLES RELATIVES À LA GOUVERNANCE DE LA SÉCURITÉ DES RÉSEAUX ET SYSTÈMES D'INFORMATION

Règle 1. Analyse de risque

L'opérateur de services essentiels effectue et tient à jour, dans le cadre de l'homologation de sécurité prévue à la règle 3, une analyse de risque de ses systèmes d'information essentiels (SIE).

Cette analyse de risque prend notamment en compte l'analyse que l'opérateur a menée pour identifier ses systèmes d'information en tant que SIE.

Règle 2. Politique de sécurité

L'opérateur de services essentiels élabore, tient à jour et met en œuvre une politique de sécurité des réseaux et systèmes d'information (PSSI).

La PSSI décrit l'ensemble des procédures et des moyens organisationnels et techniques mis en œuvre par l'opérateur afin d'assurer la sécurité de ses systèmes d'information essentiels (SIE).

Dans le domaine de la gouvernance de la sécurité, la PSSI définit :

— les objectifs et les orientations stratégiques en matière de sécurité des SIE ;

— l'organisation de la gouvernance de la sécurité et notamment les rôles et les responsabilités du personnel interne et du personnel externe (prestataires, fournisseurs, etc.) à l'égard de la sécurité des SIE ;

— les plans de sensibilisation à la sécurité des SIE au profit de l'ensemble du personnel ainsi que des plans de formation à la sécurité des SIE au profit des personnes ayant des responsabilités particulières, notamment les personnes en charge de l'administration et de la sécurité des SIE et les utilisateurs disposant de droits d'accès privilégiés aux SIE ;

— la procédure d'homologation de sécurité des SIE ;

— les procédures de contrôle et d'audit de la sécurité des SIE, notamment celles mises en œuvre dans le cadre de l'homologation de sécurité.

Dans le domaine de la protection, la PSSI définit :

— les mesures de sécurité générales, notamment en matière de gestion et de sécurité des ressources matérielles et logicielles des SIE, de contrôle d'accès aux SIE, d'exploitation et d'administration des SIE et de sécurité des réseaux, des postes de travail et des données ;

— les procédures et les mesures de sécurité physique et environnementale applicables aux SIE ;

— la procédure de maintien en conditions de sécurité des ressources des SIE.

Dans le domaine de la défense, la PSSI définit :

— la procédure de détection des incidents de sécurité ;

— la procédure de traitement des incidents de sécurité.

Dans le domaine de la résilience des activités, la PSSI définit :

— la procédure de gestion de crises en cas d'incidents de sécurité ayant un impact majeur sur les services essentiels de l'opérateur ;

— les procédures de continuité et de reprise d'activité.

La PSSI et ses documents d'application sont approuvés formellement par la direction de l'opérateur. L'opérateur élabore au profit de sa direction, au moins annuellement, un rapport sur la mise en œuvre de la PSSI et de ses documents d'application. Ce rapport précise notamment l'état des lieux des risques, le niveau de sécurité des SIE et les actions de sécurisation menées et prévues.

L'opérateur tient à la disposition de l'Agence nationale de la sécurité des systèmes d'information la PSSI, ses documents d'application et les rapports sur leur mise en œuvre.

Règle 3. Homologation de sécurité

L'opérateur de services essentiels procède à l'homologation de sécurité de chaque système d'information essentiel (SIE), en mettant en œuvre la procédure d'homologation prévue par sa politique de sécurité des réseaux et systèmes d'information.

L'homologation d'un système est une décision formelle prise par l'opérateur qui atteste que les risques pesant sur la sécurité de ce système ont été identifiés et que les mesures nécessaires pour le protéger sont mises en œuvre. Elle atteste également que les éventuels risques résiduels ont été identifiés et acceptés par l'opérateur.

Dans le cadre de l'homologation, un audit de la sécurité du SIE doit être réalisé conformément à la règle 5.

L'opérateur prend la décision d'homologuer un SIE sur la base du dossier d'homologation comportant notamment :

— l'analyse de risques et les objectifs de sécurité du SIE ;

— les procédures et les mesures de sécurité appliquées au SIE ;

— les rapports d'audit de la sécurité du SIE ;

— les risques résiduels et les raisons justifiant leur acceptation.

La validité de l'homologation est réexaminée par l'opérateur au moins tous les trois ans et lors de chaque événement ou évolution de nature à modifier le contexte décrit dans le dossier d'homologation. Chaque réexamen de l'homologation est consigné dans le dossier d'homologation. L'opérateur procède au renouvellement de l'homologation dès qu'elle n'est plus valide.

L'opérateur tient à la disposition de l'Agence nationale de la sécurité des systèmes d'information les décisions et dossiers d'homologation.

Règle 4. Indicateurs

L'opérateur de services essentiels évalue et tient à jour, pour chaque système d'information essentiel (SIE), les indicateurs suivants :

— des indicateurs relatifs au maintien en conditions de sécurité des ressources :

— le pourcentage de postes utilisateurs dont les ressources systèmes ne sont pas installées dans une version supportée par le fournisseur ou le fabricant ;

— le pourcentage de serveurs dont les ressources systèmes ne sont pas installées dans une version supportée par le fournisseur ou le fabricant ;

— des indicateurs relatifs aux droits d'accès des utilisateurs et à l'authentification des accès aux ressources :

— le pourcentage d'utilisateurs accédant au SIE au moyen de comptes privilégiés ;

— le pourcentage de ressources dont les éléments secrets d'authentification ne peuvent pas être modifiés par l'opérateur ;

— des indicateurs relatifs à l'administration des ressources :

— le pourcentage de ressources administrées dont l'administration est effectuée à partir d'un compte non spécifique d'administration ;

— le pourcentage de ressources administrées dont l'administration ne peut pas être effectuée au travers d'une liaison réseau physique ou d'une interface d'administration physique.

L'opérateur précise pour chaque indicateur la méthode d'évaluation employée et, le cas échéant, la marge d'incertitude de son évaluation. Lorsqu'un indicateur évolue de façon significative par rapport à l'évaluation précédente, l'opérateur en précise les raisons.

L'opérateur communique à l'Agence nationale de la sécurité des systèmes d'information, à sa demande, les indicateurs mis à jour sur un support électronique.

Règle 5. Audits de la sécurité

L'opérateur de services essentiels réalise, dans le cadre de l'homologation de sécurité prévue à la règle 3, un audit de la sécurité de chaque système d'information essentiel (SIE). L'audit doit aussi être réalisé lors de chaque renouvellement de l'homologation en prenant notamment en compte les résultats de la mise à jour de l'analyse de risque du SIE.

Cet audit vise à vérifier l'application et l'efficacité des mesures de sécurité du SIE et notamment le respect des présentes règles de sécurité. Il doit permettre d'évaluer le niveau de sécurité du SIE au regard des menaces et des vulnérabilités connues et comporte notamment la réalisation d'un audit d'architecture, d'un audit de configuration et d'un audit organisationnel et physique.

L'opérateur ou le prestataire mandaté à cet effet réalise cet audit en s'appuyant sur les exigences du référentiel en matière d'audit de sécurité des systèmes d'information pris en application de l'article 10 du décret n° 2015-350 du 27 mars 2015 modifié relatif à la qualification des produits de sécurité et des prestataires de service de confiance pour les besoins de la sécurité des systèmes d'information.

A l'issue de l'audit, l'opérateur ou, le cas échéant, le prestataire élabore un rapport d'audit qui expose les constatations sur les mesures appliquées et sur le respect des présentes règles de sécurité. Le rapport précise si le niveau de sécurité atteint est conforme aux objectifs de sécurité, compte tenu des menaces et des vulnérabilités connues. Il formule des recommandations pour remédier aux éventuelles non-conformités et vulnérabilités découvertes.

Règle 6. Cartographie

L'opérateur de services essentiels élabore et tient à jour, pour chaque système d'information essentiel (SIE), les éléments de cartographie suivants :

— les noms et les fonctions des applications, supportant les activités de l'opérateur, installées sur le SIE ;

— le cas échéant, les plages d'adresses IP de sortie du SIE vers internet ou un réseau tiers, ou accessibles depuis ces réseaux ;

— le cas échéant, les plages d'adresses IP associées aux différents sous-réseaux composant le SIE ;

— la description fonctionnelle et les lieux d'installation du SIE et de ses différents sous-réseaux ;

— la description fonctionnelle des points d'interconnexion du SIE et de ses différents sous-réseaux avec des réseaux tiers, notamment la description des équipements et des fonctions de filtrage et de protection mis en œuvre au niveau de ces interconnexions ;

— l'inventaire et l'architecture des dispositifs d'administration du SIE permettant de réaliser notamment les opérations d'installation à distance, de mise à jour, de supervision, de gestion des configurations, d'authentification ainsi que de gestion des comptes et des droits d'accès ;

— la liste des comptes disposant de droits d'accès privilégiés au SIE (appelés "comptes privilégiés"). Cette liste précise pour chaque compte le niveau et le périmètre des droits d'accès associés, notamment les comptes sur lesquels portent ces droits (comptes d'utilisateurs, comptes de messagerie, comptes de processus, etc.) ;

— l'inventaire, l'architecture et le positionnement des services de résolution de noms d'hôte, de messagerie, de relais internet et d'accès distant mis en œuvre par le SIE.

L'opérateur communique à l'Agence nationale de la sécurité des systèmes d'information, à sa demande, les éléments de cartographie mis à jour sur un support électronique.

CHAPITRE II RÈGLES RELATIVES À LA PROTECTION DES RÉSEAUX ET SYSTÈMES D'INFORMATION

SECTION 1 Sécurité de l'architecture

Règle 7. Configuration

L'opérateur de services essentiels respecte les règles suivantes lorsqu'il installe des services et des équipements sur ses systèmes d'information essentiels (SIE) :

— l'opérateur installe sur ses SIE les seuls services et fonctionnalités qui sont indispensables à leur fonctionnement ou à leur sécurité. Il désactive les services et les fonctionnalités qui ne sont pas indispensables, notamment ceux installés par défaut, et les désinstalle si cela est possible. Lorsque la désinstallation n'est pas possible, l'opérateur le mentionne dans le dossier d'homologation du SIE concerné en précisant les services et fonctionnalités concernés et les mesures de réduction du risque mises en œuvre ;

— l'opérateur ne connecte à ses SIE que des équipements, matériels périphériques et supports amovibles dont il assure la gestion et qui sont indispensables au fonctionnement ou à la sécurité de ses SIE ;

— les supports amovibles inscriptibles connectés aux SIE sont utilisés exclusivement pour le fonctionnement, y compris la maintenance et l'administration, ou la sécurité des SIE ;

— l'opérateur procède, avant chaque utilisation de supports amovibles, à l'analyse de leur contenu, notamment à la recherche de code malveillant. L'opérateur met en place, sur les équipements auxquels sont connectés ces supports amovibles, des mécanismes de protection contre les risques d'exécution de code malveillant provenant de ces supports.

Règle 8. Cloisonnement

L'opérateur de services essentiels procède au cloisonnement de ses systèmes d'information essentiels (SIE) afin de limiter la propagation des attaques informatiques au sein de ses systèmes ou ses sous-systèmes. Il respecte les règles suivantes :

— chaque SIE est cloisonné physiquement ou logiquement vis-à-vis des autres systèmes d'information de l'opérateur et des systèmes d'information de tiers ;

— lorsqu'un SIE est lui-même constitué de sous-systèmes, ceux-ci sont cloisonnés entre eux physiquement ou logiquement. Un sous-système peut être constitué pour assurer une fonctionnalité ou un ensemble homogène de fonctionnalités d'un SIE ou encore pour isoler des ressources d'un SIE nécessitant un même besoin de sécurité ;

— seules les interconnexions strictement nécessaires au bon fonctionnement et à la sécurité d'un SIE sont mises en place entre le SIE et les autres systèmes ou entre les sous-systèmes du SIE.

Dans le cas particulier d'une interconnexion entre internet et un SIE nécessaire à la fourniture de services d'hébergement de noms de domaine, d'hébergement de zones de premier niveau, de résolution de noms de domaine ou d'interconnexion par appairage pour l'échange de trafic internet, l'opérateur n'est pas tenu d'assurer un cloisonnement physique ou logique au niveau de cette interconnexion mais met en œuvre des mesures de protection appropriées telles que celles préconisées par l'Agence nationale de la sécurité des systèmes d'information.

Par ailleurs, lorsqu'un service essentiel nécessite que le SIE nécessaire à sa fourniture soit accessible via un réseau public, l'opérateur organise ce SIE, selon le principe de la défense en profondeur, en au moins deux sous-systèmes comme suit :

— un premier sous-système correspondant à la partie du SIE directement accessible via ce réseau public, auquel l'opérateur applique des mesures de cloisonnement appropriées telles que celles préconisées par l'Agence nationale de la sécurité des systèmes d'information ;

— un deuxième sous-système correspondant à la partie interne du SIE auquel l'opérateur applique la présente règle sur le cloisonnement.

L'opérateur décrit dans le dossier d'homologation de chaque SIE les mécanismes de cloisonnement qu'il met en place.

Règle 9. Accès distant

L'opérateur de services essentiels protège les accès à ses systèmes d'information essentiels (SIE) effectués à travers des systèmes d'information tiers.

En particulier, lorsqu'un service essentiel nécessite que le SIE nécessaire à sa fourniture soit accessible via un réseau public, l'opérateur protège cet accès au moyen de mécanismes cryptographiques conformes aux règles préconisées par l'Agence nationale de la sécurité des systèmes d'information.

Par ailleurs, lorsque l'opérateur ou un prestataire qu'il a mandaté à cet effet accède à un SIE via un système d'information qui n'est pas sous le contrôle de l'opérateur ou du prestataire, l'opérateur applique ou fait appliquer à son prestataire les règles suivantes :

— l'accès au SIE est protégé par des mécanismes de chiffrement et d'authentification conformes aux règles préconisées par l'Agence nationale de la sécurité des systèmes d'information ;

— lorsque l'accès au SIE est effectué depuis un site extérieur à celui de l'opérateur, le mécanisme d'authentification est renforcé en mettant en œuvre une authentification à double facteur (authentification impliquant à la fois un élément secret et un autre élément propre à l'utilisateur), sauf si des raisons techniques ou opérationnelles, précisées dans le dossier d'homologation du SIE, ne le permettent pas ;

— les équipements utilisés pour accéder au SIE sont gérés et configurés par l'opérateur ou, le cas échéant, par le prestataire. Lorsque l'accès au SIE est effectué depuis un site extérieur à celui de l'opérateur, les mémoires de masse de ces équipements sont en permanence protégées par des mécanismes de chiffrement et d'authentification conformes aux règles préconisées par l'Agence nationale de la sécurité des systèmes d'information.

L'opérateur décrit dans le dossier d'homologation de chaque SIE les mécanismes de protection des accès au SIE qu'il met en place.

Règle 10. Filtrage

L'opérateur de services essentiels met en place des mécanismes de filtrage des flux de données circulant dans ses systèmes d'information essentiels (SIE) afin de bloquer la circulation des flux inutiles au fonctionnement de ses systèmes et susceptibles de faciliter des attaques informatiques. Il respecte les règles suivantes :

— l'opérateur définit les règles de filtrage des flux de données (filtrage sur les adresses réseau, sur les protocoles, sur les numéros de port, etc.) permettant de limiter la circulation des flux aux seuls flux de données nécessaires au fonctionnement et à la sécurité de ses SIE ;

— les flux entrants et sortants des SIE ainsi que les flux entre sous-systèmes des SIE sont filtrés au niveau de leurs interconnexions de manière à ne permettre la circulation que des seuls flux strictement nécessaires au fonctionnement et à la sécurité des SIE. Les flux qui ne sont pas conformes aux règles de filtrage sont bloqués par défaut ;

— l'opérateur établit et tient à jour une liste des règles de filtrage mentionnant l'ensemble des règles en vigueur ou supprimées depuis moins d'un an. Cette liste précise pour chaque règle :

— le motif et la date de la mise en œuvre, de la modification ou de la suppression de la règle ;

— les modalités techniques de mise en œuvre de la règle.

Dans le cas particulier d'un SIE nécessaire à la fourniture de service d'interconnexion par appairage pour l'échange de trafic internet, l'opérateur ne met en place de mécanismes de filtrage que pour les flux de données autres que ceux correspondant au trafic internet proprement dit.

L'opérateur décrit dans le dossier d'homologation de chaque SIE les mécanismes de filtrage qu'il met en place.

SECTION 2 Sécurité de l'administration

Règle 11. Comptes d'administration

L'opérateur de services essentiels crée des comptes (appelés "comptes d'administration") destinés aux seules personnes (appelées "administrateurs") chargées d'effectuer les opérations d'administration (installation, configuration, gestion, maintenance, supervision, etc.) des ressources de ses systèmes d'information essentiels (SIE).

L'opérateur définit, conformément à sa politique de sécurité des réseaux et systèmes d'information, les règles de gestion et d'attribution des comptes d'administration de ses SIE, et respecte les règles suivantes :

— l'attribution des droits aux administrateurs respecte le principe du moindre privilège (seuls les droits strictement nécessaires sont accordés). En particulier, afin de limiter la portée des droits individuels, ils sont attribués à chaque administrateur en les restreignant autant que possible au périmètre fonctionnel et technique dont cet administrateur est responsable ;

— un compte d'administration est utilisé exclusivement pour se connecter à un système d'information d'administration (système d'information utilisé pour les opérations d'administration des ressources) ou à une ressource administrée ;

— les opérations d'administration sont effectuées exclusivement à partir de comptes d'administration, et inversement, les comptes d'administration sont utilisés exclusivement pour les opérations d'administration ;

— lorsque l'administration d'une ressource ne peut pas techniquement être effectuée à partir d'un compte spécifique d'administration, l'opérateur met en place des mesures permettant d'assurer la traçabilité et le contrôle des opérations d'administration réalisées sur cette ressource et des mesures de réduction du risque lié à l'utilisation d'un compte non spécifique à l'administration. Il décrit dans le dossier d'homologation du SIE concerné ces mesures ainsi que les raisons techniques ayant empêché l'utilisation d'un compte d'administration ;

— l'opérateur établit et tient à jour la liste des comptes d'administration de ses SIE et les gère en tant que comptes privilégiés.

Règle 12. Systèmes d'information d'administration

L'opérateur de services essentiels applique les règles suivantes aux systèmes d'information (appelés "systèmes d'information d'administration") utilisés pour effectuer l'administration de ses systèmes d'information essentiels (SIE) :

— les ressources matérielles et logicielles des systèmes d'information d'administration sont gérées et configurées par l'opérateur ou, le cas échéant, par le prestataire qu'il a mandaté pour réaliser les opérations d'administration ;

— les ressources matérielles et logicielles des systèmes d'information d'administration sont utilisées exclusivement pour réaliser des opérations d'administration. Cependant, lorsque des raisons techniques ou organisationnelles le justifient, le poste de travail physique de l'administrateur peut être utilisé pour réaliser des opérations autres que des opérations d'administration. Dans ce cas, des mécanismes de durcissement du système d'exploitation du poste de travail et de cloisonnement doivent être mis en place pour permettre d'isoler l'environnement logiciel utilisé pour ces autres opérations de l'environnement logiciel utilisé pour les opérations d'administration ;

— un environnement logiciel utilisé pour effectuer des opérations d'administration ne doit pas être utilisé à d'autres fins, comme l'accès à des sites ou serveurs de messagerie sur internet ;

— un utilisateur ne doit pas se connecter à un système d'information d'administration au moyen d'un environnement logiciel utilisé pour d'autres fonctions que des opérations d'administration ;

— les flux de données associés à des opérations autres que des opérations d'administration doivent, lorsqu'ils transitent sur les systèmes d'information d'administration, être cloisonnés au moyen de mécanismes de chiffrement et d'authentification conformes aux règles préconisées par l'Agence nationale de la sécurité des systèmes d'information ;

— les systèmes d'information d'administration sont connectés aux ressources du SIE à administrer au travers d'une liaison réseau physique utilisée exclusivement pour les opérations d'administration. Ces ressources sont administrées au travers de leur interface d'administration physique. Lorsque des raisons techniques empêchent d'administrer une ressource au travers d'une liaison réseau physique ou de son interface d'administration physique, l'opérateur met en œuvre des mesures de réduction du risque telles que des mesures de sécurité logique. Dans ce cas, il décrit ces mesures et leurs justifications dans le dossier d'homologation du SIE concerné ;

— lorsqu'ils ne circulent pas dans le système d'information d'administration, les flux d'administration sont protégés par des mécanismes de chiffrement et d'authentification conformes aux règles préconisées par l'Agence nationale de la sécurité des systèmes d'information. Si le chiffrement et l'authentification de ces flux ne sont pas possibles pour des raisons techniques, l'opérateur met en œuvre des mesures permettant de protéger la confidentialité et l'intégrité de ces flux et de renforcer le contrôle et la traçabilité des opérations d'administration. Dans ce cas, il décrit ces mesures et leurs justifications dans le dossier d'homologation du SIE concerné ;

— les journaux enregistrant les événements générés par les ressources des systèmes d'information d'administration ne contiennent aucun mot de passe ou autre élément secret d'authentification en clair ou sous forme d'empreinte cryptographique.

SECTION 3 Gestion des identités et des accès

Règle 13. Identification

L'opérateur de services essentiels crée des comptes individuels pour tous les utilisateurs (y compris les utilisateurs ayant des comptes privilégiés ou des comptes d'administration) et pour les processus automatiques accédant aux ressources de ses systèmes d'information essentiels (SIE).

Lorsque des raisons techniques ou opérationnelles ne permettent pas de créer de comptes individuels pour les utilisateurs ou pour les processus automatiques, l'opérateur met en place des mesures permettant de réduire le risque lié à l'utilisation de comptes partagés et d'assurer la traçabilité de l'utilisation de ces comptes. Dans ce cas, l'opérateur décrit ces mesures dans le dossier d'homologation du SIE concerné et les raisons justifiant le recours à des comptes partagés.

Par ailleurs, lorsqu'un service essentiel nécessite de diffuser de l'information au public, l'opérateur n'est pas tenu de créer de comptes pour l'accès du public à cette information.

L'opérateur désactive sans délai les comptes qui ne sont plus nécessaires.

Règle 14. Authentification

L'opérateur de services essentiels protège les accès aux ressources de ses systèmes d'information essentiels (SIE), que ce soit par un utilisateur ou par un processus automatique, au moyen d'un mécanisme d'authentification impliquant un élément secret.

L'opérateur définit, conformément à sa politique de sécurité des réseaux et systèmes d'information, les règles de gestion des éléments secrets d'authentification mis en œuvre dans ses SIE.

Lorsque la ressource le permet techniquement, les éléments secrets d'authentification doivent pouvoir être modifiés par l'opérateur chaque fois que cela est nécessaire. Dans ce cas, l'opérateur respecte les règles suivantes :

— l'opérateur doit modifier les éléments secrets d'authentification lorsqu'ils ont été installés par le fabricant ou le fournisseur de la ressource, avant sa mise en service. A cet effet, l'opérateur s'assure auprès du fabricant ou du fournisseur qu'il dispose des moyens et des droits permettant de réaliser ces opérations ;

— l'élément secret d'authentification d'un compte partagé doit être renouvelé régulièrement et à chaque retrait d'un utilisateur de ce compte ;

— les utilisateurs qui n'en ont pas la responsabilité, ne peuvent pas modifier les éléments secrets d'authentification. Ils ne peuvent pas non plus accéder à ces éléments en clair ;

— lorsque les éléments secrets d'authentification sont des mots de passe, les utilisateurs ne doivent pas les réutiliser entre comptes privilégiés ou entre un compte privilégié et un compte non privilégié ;

— lorsque les éléments secrets d'authentification sont des mots de passe, ceux-ci sont conformes aux règles de l'art telles que celles préconisées par l'Agence nationale de la sécurité des systèmes d'information, en matière de complexité (longueur du mot de passe et types de caractères), en tenant compte du niveau de complexité maximal permis par la ressource concernée, et en matière de renouvellement.

Lorsque la ressource ne permet pas techniquement de modifier l'élément secret d'authentification, l'opérateur met en place un contrôle d'accès approprié à la ressource concernée ainsi que des mesures de traçabilité des accès et de réduction du risque lié à l'utilisation d'un élément secret d'authentification fixe. L'opérateur décrit dans le dossier d'homologation du SIE concerné ces mesures et les raisons techniques ayant empêché la modification de l'élément secret d'authentification.

Par ailleurs, lorsqu'un service essentiel nécessite de diffuser de l'information au public, l'opérateur n'est pas tenu de mettre en place de mécanismes d'authentification pour l'accès du public à cette information.

Règle 15. Droits d'accès

L'opérateur de services essentiels définit, conformément à sa politique de sécurité des réseaux et systèmes d'information, les règles de gestion et d'attribution des droits d'accès aux ressources de ses systèmes d'information essentiels (SIE), et respecte les règles suivantes :

— l'opérateur n'attribue à un utilisateur ou à un processus automatique les droits d'accès à une ressource que si cet accès est strictement nécessaire à l'exercice des missions de l'utilisateur ou au fonctionnement du processus automatique ;

— l'opérateur définit les accès aux différentes fonctionnalités de chaque ressource et en attribue les droits uniquement aux utilisateurs et aux processus automatiques qui en ont strictement le besoin ;

— les droits d'accès sont révisés périodiquement, au moins tous les ans, par l'opérateur. Cette révision porte sur les liens entre les comptes, les droits d'accès associés et les ressources ou les fonctionnalités qui en font l'objet ;

— l'opérateur établit et tient à jour la liste des comptes privilégiés. Toute modification d'un compte privilégié (ajout, suppression, suspension ou modification des droits associés) fait l'objet d'un contrôle formel de l'opérateur destiné à vérifier que les droits d'accès aux ressources et fonctionnalités sont attribués selon le principe du moindre privilège (seuls les droits strictement nécessaires sont accordés) et en cohérence avec les besoins d'utilisation du compte.

SECTION 4 Maintien en conditions de sécurité

Règle 16. Procédure de maintien en conditions de sécurité

L'opérateur de services essentiels élabore, tient à jour et met en œuvre une procédure de maintien en conditions de sécurité des ressources matérielles et logicielles de ses systèmes d'information essentiels (SIE), conformément à sa politique de sécurité des réseaux et systèmes d'information.

Cette procédure définit les conditions permettant de maintenir le niveau de sécurité des ressources des SIE en fonction de l'évolution des vulnérabilités et des menaces et précise notamment la politique d'installation de toute nouvelle version et mesure correctrice de sécurité d'une ressource et les vérifications à effectuer avant l'installation. Elle prévoit que :

— l'opérateur se tient informé des vulnérabilités et des mesures correctrices de sécurité susceptibles de concerner les ressources matérielles et logicielles de ses SIE, qui sont diffusées notamment par les fournisseurs ou les fabricants de ces ressources ou par des centres de prévention et d'alerte en matière de cyber sécurité tels que le CERT-FR (centre gouvernemental de veille, d'alerte et de réponse aux attaques informatiques) ;

— sauf en cas de difficultés techniques ou opérationnelles justifiées, l'opérateur installe et maintient toutes les ressources matérielles et logicielles de ses SIE dans des versions supportées par leurs fournisseurs ou leurs fabricants et comportant les mises à jour de sécurité ;

— préalablement à l'installation de toute nouvelle version, l'opérateur s'assure de l'origine de cette version et de son intégrité, et en analyse l'impact sur le SIE concerné d'un point de vue technique et opérationnel ;

— dès qu'il a connaissance d'une mesure correctrice de sécurité concernant une de ses ressources, et sauf en cas de difficultés techniques ou opérationnelles justifiées, l'opérateur en planifie l'installation après avoir effectué les vérifications mentionnées à l'alinéa précédent, et procède à cette installation dans les délais prévus par la procédure de maintien en conditions de sécurité ;

— lorsque des raisons techniques ou opérationnelles le justifient, l'opérateur peut décider, pour certaines ressources de ses SIE, de ne pas installer une version supportée par le fournisseur ou le fabricant de la ressource concernée ou de ne pas installer une mesure correctrice de sécurité. Dans ce cas, l'opérateur met en œuvre des mesures techniques ou organisationnelles prévues par la procédure de maintien en conditions de sécurité pour réduire les risques liés à l'utilisation d'une version obsolète ou comportant des vulnérabilités connues. L'opérateur décrit dans le dossier d'homologation du SIE concerné ces mesures de réduction des risques et les raisons techniques ou opérationnelles ayant empêché l'installation d'une version supportée ou d'une mesure correctrice de sécurité.

SECTION 5 Sécurité physique et environnementale

Règle 17. Sécurité physique et environnementale

L'opérateur de services essentiels définit et met en œuvre, conformément à sa politique de sécurité des réseaux et systèmes d'information, les procédures et les mesures de sécurité physique et environnementale applicables à ses systèmes d'information essentiels (SIE). Ces procédures et mesures portent notamment sur le contrôle du personnel interne et du personnel externe, le contrôle d'accès physique aux SIE et, le cas échéant, la protection des SIE contre les risques environnementaux tels que les catastrophes naturelles.

CHAPITRE III RÈGLES RELATIVES À LA DÉFENSE DES RÉSEAUX ET SYSTÈMES D'INFORMATION

SECTION 1 Détection des incidents de sécurité

Règle 18. Détection

L'opérateur de services essentiels élabore, tient à jour et met en œuvre, conformément à sa politique de sécurité des réseaux et systèmes d'information, une procédure de détection des incidents de sécurité affectant ses systèmes d'information essentiels (SIE).

Cette procédure prévoit des mesures organisationnelles et techniques destinées à détecter les incidents de sécurité affectant les SIE. Les mesures organisationnelles comprennent les modalités d'exploitation des dispositifs de détection et décrivent la chaîne de traitement des événements de sécurité identifiés par ces dispositifs. Les mesures techniques précisent la nature et le positionnement des dispositifs de détection.

L'opérateur met en œuvre des dispositifs de détection capables d'identifier des événements caractéristiques d'un incident de sécurité notamment d'une attaque en cours ou à venir et de permettre la recherche de traces d'incidents antérieurs. A cet effet, ces dispositifs :

— collectent les données pertinentes sur le fonctionnement de chaque SIE (notamment des données "réseau" ou des données "système") à partir de capteurs positionnés de manière à identifier les événements de sécurité liés à l'ensemble des flux de données échangés entre les SIE et les systèmes d'information tiers à ceux de l'opérateur ;

— analysent les données issues des capteurs notamment en recherchant des marqueurs techniques d'attaques connus, dans le but d'identifier les événements de sécurité et de les caractériser ;

— archivent les métadonnées des événements identifiés afin de permettre une recherche *a posteriori* de marqueurs techniques d'attaques ou de compromission sur une durée d'au moins six mois.

Dans le cas particulier d'un SIE nécessaire à la fourniture de service d'interconnexion par appairage pour l'échange de trafic internet, l'opérateur ne met en œuvre de dispositifs de détection que pour les flux de données autres que ceux correspondant au trafic internet proprement dit.

L'opérateur ou le prestataire mandaté à cet effet exploite les dispositifs de détection en s'appuyant sur les exigences du référentiel en matière de détection des incidents de sécurité pris en application de l'article 10 du décret n° 2015-350 du 27 mars 2015 modifié relatif à la qualification des produits de sécurité et des prestataires de service de confiance pour les besoins de la sécurité des systèmes d'information.

L'opérateur veille en particulier à ce que l'installation et l'exploitation des dispositifs de détection n'affectent pas la sécurité et le fonctionnement de ses SIE.

Règle 19. Journalisation

L'opérateur de services essentiels met en œuvre sur chaque système d'information essentiel (SIE) un système de journalisation qui enregistre les événements relatifs à l'authentification des utilisateurs, à la gestion des comptes et des droits d'accès, à l'accès aux ressources, aux modifications des règles de sécurité du SIE ainsi qu'au fonctionnement du SIE. Le système de journalisation contribue à la détection d'incidents de sécurité en collectant les données de journalisation.

Le système de journalisation porte sur les équipements suivants lorsqu'ils génèrent les événements mentionnés au premier alinéa :

— les serveurs applicatifs supportant les services essentiels ;

— les serveurs d'infrastructure système ;

— les serveurs d'infrastructure réseau ;

— les équipements de sécurité ;

— les postes d'ingénierie et de maintenance des systèmes industriels ;

— les équipements réseau ;

— les postes d'administration.

Les événements enregistrés par le système de journalisation sont horodatés au moyen de sources de temps synchronisées. Ils sont, pour chaque SIE, centralisés et archivés pendant une durée d'au moins six mois. Le format d'archivage des événements permet de réaliser des recherches automatisées sur ces événements.

Règle 20. Corrélation et analyse de journaux

L'opérateur de services essentiels met en œuvre un système de corrélation et d'analyse de journaux qui exploite les événements enregistrés par le système de journalisation installé sur chacun des systèmes d'information essentiels (SIE), afin de détecter des événements susceptibles d'affecter la sécurité des SIE. Le système de corrélation et d'analyse de journaux contribue à la détection d'incidents de sécurité en analysant les données de journalisation.

Le système de corrélation et d'analyse de journaux est installé et exploité sur un système d'information mis en place exclusivement à des fins de détection d'événements susceptibles d'affecter la sécurité des systèmes d'information.

L'opérateur ou le prestataire mandaté à cet effet installe et exploite ce système de corrélation et d'analyse de journaux en s'appuyant sur les exigences du référentiel en matière de détection des incidents de sécurité pris en application de l'article 10 du décret n° 2015-350 du 27 mars 2015 modifié relatif à la qualification des produits de sécurité et des prestataires de service de confiance pour les besoins de la sécurité des systèmes d'information.

SECTION 2 Gestion des incidents de sécurité

Règle 21. Réponse aux incidents

L'opérateur de services essentiels élabore, tient à jour et met en œuvre, conformément à sa politique de sécurité des réseaux et systèmes d'information, une procédure de traitement des incidents de sécurité affectant ses systèmes d'information essentiels (SIE).

L'opérateur ou le prestataire mandaté à cet effet procède au traitement des incidents en s'appuyant sur les exigences du référentiel en matière de réponse aux incidents de sécurité pris en application de l'article 10 du décret n° 2015-350 du 27 mars 2015 modifié relatif à la qualification des produits de sécurité et des prestataires de service de confiance pour les besoins de la sécurité des systèmes d'information.

Un système d'information spécifique doit être mis en place pour traiter les incidents, notamment pour stocker les relevés techniques relatifs aux analyses des incidents. Ce système est cloisonné vis-à-vis du SIE concerné par l'incident.

L'opérateur conserve les relevés techniques relatifs aux analyses des incidents pendant une durée d'au moins six mois. Il tient ces relevés techniques à la disposition de l'Agence nationale de la sécurité des systèmes d'information.

Règle 22. Traitement des alertes

L'opérateur de services essentiels met en place un service lui permettant de prendre connaissance, dans les meilleurs délais, d'informations transmises par l'Agence nationale de la sécurité des systèmes d'information relatives à des incidents, des vulnérabilités et des menaces. Il met en œuvre une procédure pour traiter les informations ainsi reçues et le cas échéant prendre les mesures de sécurité nécessaires à la protection de ses systèmes d'information essentiels (SIE).

L'opérateur communique à l'Agence nationale de la sécurité des systèmes d'information les coordonnées (nom du service, numéro de téléphone et adresse électronique) tenues à jour du service prévu à l'alinéa précédent.

CHAPITRE IV RÈGLES RELATIVES À LA RÉSILIENCE DES ACTIVITÉS

Règle 23. Gestion de crises

L'opérateur de services essentiels élabore, tient à jour et met en œuvre, conformément à sa politique de sécurité des réseaux et systèmes d'information, une procédure de gestion de crises en cas d'incidents de sécurité ayant un impact majeur sur les services essentiels de l'opérateur.

Cette procédure décrit l'organisation de la gestion de crises mise en place par l'opérateur et prévoit notamment l'application des mesures techniques suivantes aux systèmes d'information essentiels (SIE) :

— configurer les SIE de manière à éviter les attaques ou à en limiter les effets. Cette configuration peut viser :

— à proscrire l'utilisation de supports de stockage amovibles ou la connexion d'équipements nomades aux SIE ;

— à installer une mesure correctrice de sécurité sur un SIE particulier ;

— à restreindre le routage ;

— mettre en place des règles de filtrage sur les réseaux ou des configurations particulières sur les équipements terminaux. Cette mesure peut viser :

— à effectuer des restrictions d'accès sous forme de listes blanches et de listes noires d'utilisateurs ;

— à bloquer les échanges de fichiers d'un type particulier ;

— à isoler de tout réseau des sites internet, des applications, ou des équipements informatiques de l'opérateur ;

— isoler du réseau internet les SIE de l'opérateur. Cette mesure impose de déconnecter physiquement ou logiquement les interfaces réseau des SIE concernés.

La procédure précise les conditions dans lesquelles ces mesures peuvent être appliquées compte tenu des contraintes techniques et organisationnelles de mise en œuvre.

ANNEXE II

DÉLAIS D'APPLICATION DES RÈGLES DE SÉCURITÉ

RÈGLES DE SÉCURITÉ	**DÉLAIS D'APPLICATION (à compter de la date de désignation de l'opérateur en tant qu'opérateur de services essentiels)**
Règle 1. Analyse de risque	Délai prévu pour l'homologation de sécurité (délai de la règle 3)
Règle 2. Politique de sécurité	1 an
Règle 3. Homologation de sécurité	3 ans pour un système d'information essentiel (SIE) mis en service antérieurement à la date de désignation de l'opérateur de services essentiels. 2 ans pour un SIE mis en service dans un délai de 2 ans à compter de la date de désignation de l'opérateur de services essentiels. Avant sa mise en service pour un SIE mis en service dans un délai supérieur à 2 ans à compter de la date de désignation de l'opérateur de services essentiels.
Règle 4. Indicateurs	2 ans
Règle 5. Audits de la sécurité	Délai prévu pour l'homologation de sécurité (délai de la règle 3)
Règle 6. Cartographie	1 an
Règle 7. Configuration	1 an
Règle 8. Cloisonnement	2 ans
Règle 9. Accès distant	2 ans
Règle 10. Filtrage	2 ans
Règle 11. Comptes d'administration	2 ans
Règle 12. Systèmes d'information d'administration	2 ans
Règle 13. Identification	1 an
Règle 14. Authentification	1 an
Règle 15. Droits d'accès	1 an
Règle 16. Procédure de maintien en conditions de sécurité	1 an
Règle 17. Sécurité physique et environnementale	1 an
Règle 18. Détection	2 ans
Règle 19. Journalisation	1 an
Règle 20. Corrélation et analyse de journaux	2 ans
Règle 21. Réponse aux incidents	1 an
Règle 22. Traitement des alertes	3 mois
Règle 23. Gestion de crises	1 an

Décret nº 2019-1088 du 25 octobre 2019,

Relatif au système d'information et de communication de l'État et à la direction interministérielle du numérique.

TITRE I DISPOSITIONS RELATIVES AU SYSTÈME D'INFORMATION ET DE COMMUNICATION DE L'ÉTAT

Art. 1er Le système d'information et de communication de l'État est composé de l'ensemble des infrastructures et services logiciels informatiques permettant de collecter, traiter, transmettre et stocker sous forme numérique les données qui concourent aux missions des services de l'État et des organismes placés sous sa tutelle.

Il est placé sous la responsabilité du Premier ministre *(Décr. nº 2022-513 du 8 avr. 2022, art. 1er, en vigueur le 1er oct. 2022)* « , qui détermine à ce titre les orientations générales et les règles de sécurité numérique applicables à ce système ».

Sont exclus du champ d'application du présent titre les systèmes d'information et de communication visés au deuxième alinéa de l'article 1er du décret du 28 juin 2018 susvisé *[nº 2018-532, fixant l'organisation du système d'information et de communication de la défense et portant création de la direction générale du numérique et des systèmes d'information et de communication]* ainsi que ceux opérés par les services mentionnés à l'article D. 3126-2 du code de la défense et à l'article 1er du décret du 30 avril 2014 susvisé *[nº 2014-445, relatif aux missions et à l'organisation de la direction générale de la sécurité intérieure]*.

Art. 2 La responsabilité du Premier ministre *(Décr. nº 2022-513 du 8 avr. 2022, art. 1er, en vigueur le 1er oct. 2022)* « , y compris en matière de sécurité numérique du système d'information et de communication de l'État, » est déléguée de plein droit aux ministres dans la mesure requise pour l'exercice de leurs attributions.

N'est toutefois pas déléguée, sauf décision du Premier ministre, la responsabilité sur les services suivants :

1° Infrastructures informatiques ;
2° Réseaux de communication ;
3° Dispositifs assurant la circulation des données entre les administrations ;
4° Services numériques d'usage partagé ;
5° Systèmes d'informations relatifs à des fonctions transversales des administrations de l'État.

Art. 3 En matière d'action publique numérique et de systèmes d'information et de communication, les projets interministériels et ministériels répondant à des caractéristiques, notamment de coût prévisionnel, fixées par arrêté du Premier ministre, sont soumis pour avis conforme au directeur interministériel du numérique selon des modalités fixées par ce même arrêté.

Les projets des organismes placés sous la tutelle de l'État, répondant aux mêmes caractéristiques, sont soumis pour avis au directeur interministériel du numérique afin qu'il émette des recommandations.

(Décr. nº 2023-304 du 22 avr. 2023, art. 1er) « Le directeur interministériel du numérique transmet au directeur de l'Agence nationale de la sécurité des systèmes d'information et au directeur du budget les projets dont il est saisi afin que, dans un délai de 25 jours, ils lui fassent part de leurs observations. »

L'avis du directeur interministériel du numérique est réputé *(Décr. nº 2023-304 du 22 avr. 2023, art. 1er)* « favorable » en l'absence de réponse dans un délai d'un mois après réception du dossier de présentation. La direction interministérielle du numérique peut, dans ce délai, demander aux administrations concernées tout complément d'information nécessaire à la formation de son avis. Cette demande suspend le délai.

Les avis sont adressés au Premier ministre, aux ministres concernés, ainsi qu'au ministre chargé *(Décr. nº 2023-304 du 22 avr. 2023, art. 1er)* « de la transformation publique » et au ministre chargé du budget.

Art. 4 A la demande du Premier ministre ou de l'un des ministres, la direction interministérielle du numérique peut réaliser ou faire réaliser, après information des ministères concernés, des missions d'expertise, d'audit, de contrôle ou d'évaluation sur tout projet ou système d'information et de communication des ministères ou des organismes placés sous leur tutelle.

Les conclusions de ces missions sont adressées au Premier ministre et aux ministres concernés.

Pour les systèmes d'informations mentionnés au dernier alinéa de l'article premier, le Premier ministre ou les ministres concernés peuvent solliciter la direction interministérielle du numérique. Les conclusions de ces missions leur sont adressées.

TITRE I *BIS* DISPOSITIONS RELATIVES À LA SÉCURITÉ NUMÉRIQUE DU SYSTÈME D'INFORMATION ET DE COMMUNICATION DE L'ÉTAT ET DE SES ÉTABLISSEMENTS PUBLICS

(Décr. nº 2022-513 du 8 avr. 2022, art. 1er, en vigueur le 1er oct. 2022)

Art. 4-1 Chaque ministre désigne un fonctionnaire de sécurité des systèmes d'information chargé de l'assister dans l'exercice de sa responsabilité en matière de sécurité numérique mentionnée à l'article 2. Ce fonctionnaire est placé sous l'autorité du haut fonctionnaire mentionné à l'article R. 1143-1 du code de la défense.

Le fonctionnaire de sécurité des systèmes d'information s'assure de l'application cohérente par son département ministériel et par les organismes placés sous la tutelle de celui-ci des orientations générales et des règles de sécurité numérique relatives aux systèmes d'information et de communication.

Il déclare à l'Agence nationale de la sécurité des systèmes d'information les incidents affectant les systèmes d'information et de communication de son département ministériel et des organismes placés sous la tutelle de celui-ci.

Les responsabilités de ce fonctionnaire sont précisées par arrêté du Premier ministre.

Art. 4-2 Chaque ministre désigne également, pour son département ministériel, une ou plusieurs autorités qualifiées en sécurité des systèmes d'information compétentes pour les systèmes d'information et de communication autres que ceux qui sont classifiés.

L'autorité qualifiée en sécurité des systèmes d'information est responsable de la sécurité numérique des systèmes d'information et de communication relevant de ses attributions. A ce titre, elle définit la politique de sécurité numérique qui leur est applicable et contrôle son application au travers notamment de l'homologation de ces systèmes d'information prévue à l'article 4-3. Elle peut déléguer cette fonction d'homologation à des autorités d'homologation qu'elle désigne.

Les responsabilités des autorités qualifiées en sécurité des systèmes d'information ainsi que celles des personnes désignées pour les assister sont précisées par arrêté du Premier ministre.

Art. 4-3 Sans préjudice des mesures prises en application des articles R. 1332-41-1 et R. 1332-41-2 du code de la défense pour les systèmes d'information d'importance vitale et de l'article 9 de l'ordonnance du 8 décembre 2005 susvisée *[nº 2005-1516, relative aux échanges électroniques entre les usagers et les autorités administratives et entre les autorités administratives]* pour les systèmes d'information des autorités administratives faisant l'objet d'échanges par voie électronique ainsi que de l'homologation prévue par l'article R. 2311-6-1 du même code pour les systèmes d'information contenant des informations classifiées, les infrastructures et services logiciels informatiques qui composent le système d'information et de communication de l'État mentionné à l'article 1er du présent décret font l'objet, préalablement à leur mise en œuvre, d'une homologation de sécurité. *(Décr. nº 2023-304 du 22 avr. 2023, art. 2)* « Un arrêté du Premier ministre fixe en tant que de besoin les cas de dispense d'homologation. »

L'homologation de sécurité est une décision formelle prise par l'autorité qualifiée en sécurité des systèmes d'information ou par toute personne à qui elle délègue cette fonction. Elle atteste que les risques pesant sur la sécurité ont été identifiés et que les mesures nécessaires pour maîtriser ces risques sont mises en œuvre. Elle atteste également que les éventuels risques résiduels ont été identifiés et acceptés par l'autorité qualifiée en sécurité des systèmes d'information.

Les infrastructures et services logiciels informatiques qui, à la date d'entrée en vigueur du Décr. n° 2022-513 du 8 avr. 2022, composent le système d'information et de communication de l'État mentionné à l'art. 1er du Décr. n° 2019-1088 du 25 oct. 2019 font l'objet de l'homologation de sécurité prévue à l'art. 4-3 du même décret dans un délai de deux ans à compter de cette date (Décr. n° 2022-513 du 8 avr. 2022, art. 3).

Art. 4-4 Le dirigeant exécutif d'un établissement public de l'État est responsable de la sécurité numérique des systèmes d'information et de communication de cet établissement.

A ce titre :

1° Il s'assure de la définition et de la mise en œuvre d'une organisation permettant d'assurer la sécurité numérique des systèmes d'information et de communication de l'établissement ;

2° Il désigne au sein de l'établissement un interlocuteur compétent pour l'ensemble des sujets relatifs à la sécurité numérique. Les coordonnées de cet interlocuteur sont tenues à jour et communiquées au fonctionnaire de sécurité des systèmes d'information du ministère assurant la tutelle de l'établissement ainsi qu'à l'Agence nationale de la sécurité des systèmes d'information ;

3° Il réalise et communique annuellement au fonctionnaire de sécurité des systèmes d'information du ministère assurant la tutelle de l'établissement une évaluation du niveau de sécurité numérique de celui-ci ;

4° Il déclare au fonctionnaire de sécurité des systèmes d'information du ministère de tutelle ainsi qu'à l'Agence nationale de la sécurité des systèmes d'information les incidents de sécurité affectant le système d'information et de communication de l'établissement.

Lorsque la tutelle de l'établissement public relève de plusieurs ministres, les communications et déclarations prévues aux 2°, 3° et 4° sont faites auprès du fonctionnaire de sécurité des systèmes d'information de chacun des ministères correspondants.

Art. 4-5 *(Décr. n° 2022-513 du 8 avr. 2022, art. 1er, en vigueur le 1er oct. 2022)* L'article 4-4 ne peut être modifié que par décret en Conseil d'État.

TITRE II DISPOSITIONS RELATIVES À LA DIRECTION INTERMINISTÉRIELLE DU NUMÉRIQUE

Art. 5 La direction interministérielle du numérique est rattachée au secrétaire général du Gouvernement.

(Abrogé par Décr. n° 2023-304 du 22 avr. 2023, art. 3) ***« Conformément à l'article 5 du décret n° 2017-1082 du 24 mai 2017 susvisé*** *[relatif aux attributions du ministre de l'action et des comptes publics]*, ***à l'article 2 du décret n° 2017-1078 du 24 mai 2017 susvisé*** *[relatif aux attributions du ministre de l'économie et des finances]* ***et à l'article 2 du décret du 10 avril 2019 susvisé*** *[n° 2019-295, relatif aux attributions déléguées au secrétaire d'État auprès du ministre de l'économie et des finances et du ministre de l'action et des comptes publics, chargé du numérique]*, ***le ministre de l'action et des comptes publics a autorité sur la direction interministérielle du numérique et le ministre de l'économie et des finances et le secrétaire d'État chargé du numérique en disposent. »***

Art. 6 *(Décr. n° 2023-304 du 22 avr. 2023, art. 4)* La direction interministérielle du numérique oriente, soutient et coordonne les actions des administrations de l'État et celles des organismes placés sous sa tutelle, visant à améliorer la qualité, l'efficacité et la fiabilité des services rendus par le système d'information et de communication de l'État. Elle conseille le Premier ministre et les ministres compétents sur la prise en compte du numérique dans les politiques publiques mises en œuvre par les ministères, notamment dans les champs suivants :

1° Elle élabore et soumet à l'approbation du Premier ministre la stratégie numérique de l'État, et pilote sa mise en œuvre, en liaison avec les autorités mentionnées à l'article 7 ;

2° Elle mobilise les leviers numériques et technologiques nécessaires à l'accompagnement des administrations de l'État et des organismes placés sous sa tutelle, pour la réalisation des politiques publiques dont ils ont la charge. Elle met à leur disposition des méthodes et outils innovants et peut réaliser ou faire réaliser à leur demande des missions de conseil ou d'expertise ;

3° Elle promeut la dématérialisation des formalités administratives et veille à la qualité des services numériques proposés au public par les administrations ;

4° Elle coordonne, organise et promeut l'action de l'État et des organismes placés sous sa tutelle en matière d'inventaire, de gouvernance, de production, de circulation, d'exploitation et d'ouverture des données, et notamment des algorithmes et des codes sources.

Elle conduit des projets d'exploitation de données pour renforcer l'efficacité des politiques publiques et améliorer les services rendus aux usagers. A cette fin, les administrations de l'État et les organismes placés sous sa tutelle lui communiquent l'ensemble des données et informations nécessaires aux dits projets, dans le respect de la protection des données personnelles et des secrets protégés par la loi.

Elle administre le portail unique interministériel destiné à rassembler et à mettre à disposition librement l'ensemble des informations publiques de l'État, de ses établissements publics et, si elles le souhaitent, des collectivités territoriales et des personnes de droit public ou de droit privé chargées d'une mission de service public.

Elle concourt à la mise en œuvre du service public des données de référence créé par l'article L. 321-4 du code des relations entre le public et l'administration dans les conditions et selon les modalités fixées à l'article R. 321-8 du même code.

Conformément aux dispositions de l'article 7 du règlement du 30 mai 2022 susvisé, elle aide les organismes du secteur public qui octroient ou refusent l'accès aux fins de la réutilisation des catégories de données visées à l'article 3, paragraphe 1 dudit règlement et assure le point d'information unique prévu à l'article 8 de ce même règlement.

Le directeur interministériel du numérique exerce la fonction d'administrateur général des données, des algorithmes et des codes source. Il anime le réseau des administrateurs ministériels des données, des algorithmes et des codes source. Il peut être saisi par toute personne morale de droit public de toute question portant sur la circulation ou l'exploitation de ces données ;

5° Elle définit les principes et règles d'urbanisation et de construction du système d'information et de communication de l'État mentionné à l'article 1er. Elle veille à en préserver la maîtrise, la pérennité et l'indépendance.

Elle organise et anime la concertation nécessaire à la constitution et à l'évolution des règles et référentiels en matière d'interopérabilité et d'accessibilité, et, en liaison avec l'Agence nationale de la sécurité des systèmes d'information, des règles et référentiels en matière de sécurité. Elle définit des modèles de données de référence et d'échange ;

6° Elle promeut l'innovation, l'expérimentation, les méthodes de travail ouvertes, agiles et itératives, ainsi que les synergies avec la société civile pour décloisonner l'administration et favoriser l'adoption des meilleures pratiques professionnelles dans le domaine du numérique ;

7° Elle soutient le développement des compétences de l'État et des organismes placés sous sa tutelle dans le domaine du numérique, par la structuration d'une filière professionnelle interministérielle du numérique, en terme de recrutement, de formation et d'accompagnement des parcours de carrière ;

8° Elle peut être saisie par tout ministère pour s'assurer d'un taux d'internalisation suffisant et la présence des compétences nécessaires pour faire réussir les projets. Dans ce cadre, en lien avec la direction du budget, elle examine la cohérence entre les trajectoires d'emploi, les crédits et les projets numériques de ce ministère et des organismes placés sous sa tutelle ;

9° Le directeur interministériel du numérique siège aux comités de sélection des directeurs chargés du numérique ministériels ;

10° Elle pilote la politique de mutualisation du système d'information et de communication de l'État. Elle peut intervenir dans la gouvernance ainsi que dans la conception et la mise en œuvre des opérations de mutualisation ;

11° Elle construit, met à disposition et opère des infrastructures et services numériques d'usage partagé, et notamment le réseau interministériel de l'État, dont la stratégie de résilience et de sécurité est définie conjointement avec le secrétariat général de la défense et de la sécurité nationale, ainsi que des outils numériques à destination des agents publics ;

12° Elle contribue, en appui de la direction des achats de l'État, à l'élaboration des stratégies et politiques interministérielles relatives à l'achat de matériels, de logiciels et des prestations intellectuelles informatiques ;

13° Elle contribue à la définition des positions françaises dans les instances internationales et communautaires compétentes en matière de numérique public et, le cas échéant, participe aux dites instances.

Sont exclus du champ d'application du présent article les systèmes d'information et de communication mentionnés au dernier alinéa de l'article 1er. »

Art. 6-1 *(Décr. nº 2023-304 du 22 avr. 2023, art. 5)* La direction interministérielle du numérique anime, en lien avec l'Agence nationale de la cohésion des territoires, le dialogue et la collaboration avec les collectivités territoriales et leurs représentants dans l'objectif d'améliorer la qualité et la performance des services numériques publics fournis aux usagers, et renforcer les synergies et le partage entre le système d'information et de communication de l'État et les systèmes d'information des collectivités territoriales.

TITRE III DISPOSITIONS RELATIVES AUX DIRECTIONS MINISTÉRIELLES DU NUMÉRIQUE

Art. 7 Chaque ministère met en place une structure qui organise et pilote les actions du ministère *(Décr. nº 2023-304 du 22 avr. 2023, art. 6)* « et des organismes sous sa tutelle » en matière de numérique, et à ce titre :

– la transformation numérique des politiques publiques ;
– le développement des usages numériques ;
– la création et l'opération de services numériques ;
– l'innovation numérique ;
– l'exploitation du potentiel offert par les données ;
– le système d'information et de communication.

Il transmet à la direction interministérielle du numérique toute information utile à l'exercice des missions mentionnées aux articles 3, 4 et 6.

Il adresse à la direction interministérielle du numérique les plans d'investissement ou les documents de programmation budgétaire couvrant, dans le domaine du numérique, les projets et activités du ministère et des organismes placés sous sa tutelle.

Décret nº 2019-1271 du 2 décembre 2019,

Relatif aux modalités de classification et de protection du secret de la défense nationale.

CHAPITRE II *DISPOSITIONS TRANSITOIRES ET FINALES*

Art. 11 A compter du 1er juillet 2021 :

1° Les informations et supports classifiés émis avant cette date sont traités et protégés selon les modalités suivantes :

a) Les informations et supports classifiés au niveau Confidentiel-Défense sont traités et protégés comme des informations et supports classifiés au niveau Secret ;

b) Les informations et supports classifiés au niveau Secret-Défense sont traités et protégés comme des informations et supports classifiés au niveau Très Secret ;

c) Les informations et supports classifiés au niveau Très Secret-Défense sont traités et protégés comme des informations et supports classifiés au niveau Très Secret faisant l'objet d'une classification spéciale ;

2° Les décisions d'habilitation délivrées avant cette date demeurent valables dans des conditions fixées par arrêté du Premier ministre. Elles sont traitées selon les modalités suivantes :

a) Les décisions d'habilitation délivrées au niveau Confidentiel-Défense autorisent à accéder à des informations et supports classifiés au niveau Secret ;

b) Les décisions d'habilitation délivrées au niveau Secret-Défense autorisent à accéder à des informations et supports classifiés au niveau Très Secret, à l'exception des informations et supports classifiés au niveau Très Secret faisant l'objet d'une classification spéciale ;

c) Les décisions d'habilitation autorisant l'accès à des informations et supports classifiés au niveau Très Secret-Défense à raison d'une classification spéciale donnée autorisent à accéder à des informations et supports classifiés au niveau Très Secret faisant l'objet de la même classification spéciale ;

3° Les décisions d'homologation des systèmes d'information prises avant cette date demeurent valables dans des conditions fixées par arrêté du Premier ministre. Elles sont traitées selon les modalités suivantes :

a) Les décisions d'homologation prises au niveau Confidentiel-Défense autorisent les systèmes d'information à traiter d'informations classifiées au niveau Secret ;

b) Les décisions d'homologation prises au niveau Secret-Défense autorisent les systèmes d'information à traiter d'informations classifiées au niveau Très Secret, à l'exception des informations classifiées au niveau Très Secret faisant l'objet d'une classification spéciale ;

c) Les décisions d'homologation prises au niveau Très Secret-Défense à raison d'une classification spéciale donnée autorisent les systèmes d'information à traiter d'informations classifiées au niveau Très Secret faisant l'objet de la même classification spéciale ;

4° Les conventions, y compris les contrats, prévoyant l'accès à des informations et supports classifiés, signés ou notifiés avant le 1er juillet 2021 sont soumis aux dispositions des 1° à 3° du présent article.

Instruction générale interministérielle n° 1300 du 9 août 2021,

Sur la protection du secret de la défense nationale.

Version approuvée par Arr. du 9 août 2021 (JO 11 août).

V. supra, Livre I, I. Règles internes.

Instruction générale interministérielle n° 1337/SGDSN/ANSSI du 26 octobre 2022,

Sur l'organisation de la sécurité numérique du système d'information et de communication de l'État et de ses établissements publics.

Version approuvée par Arr. du 26 oct. 2022 (JO 30 oct.).

1 Introduction

En s'inscrivant pleinement dans la dynamique de la transformation numérique, les ministères et les établissements publics investissent largement le domaine du numérique. Ainsi, le système d'information et de communication de l'État devient désormais essentiel pour l'accomplissement des missions de ces administrations. Dans cette perspective, il importe que l'amélioration de la relation entre le public et l'administration qu'apporte le numérique ne soit pas sapée par une dégradation de la confiance des usagers dans ce système d'information et de communication.

Or, l'actualité montre que le développement du numérique est aussi générateur d'opportunités et de développements pour des attaquants aux profils et aux objectifs très variés. Au moment de la rédaction de cette instruction, la tendance est à la généralisation des menaces de masse telles que les rançongiciels aux conséquences significatives pour les administrations.

Compte tenu de ces menaces, la sécurité numérique, composante essentielle de la confiance numérique, ne doit plus être un domaine réservé aux seuls spécialistes. Le risque associé aux cyberattaques, s'il a ses spécificités, ne doit plus être traité de manière singulière. Il devient impératif que chaque direction d'administration, jusqu'au plus haut niveau hiérarchique, appréhende le risque numérique au même titre que les autres risques afin d'y consacrer les ressources humaines, budgétaires et techniques suffisantes pour le couvrir.

Cette prise en compte doit s'effectuer dans l'ensemble des missions de ces administrations mais également dans la définition d'une organisation de la gouvernance de la sécurité numérique, se déclinant à tous les échelons de l'État.

La présente instruction définit l'organisation ainsi que les instances de la gouvernance de la sécurité numérique au niveau interministériel, dans les ministères, ainsi que dans les établissements publics d'État. Cette organisation conforte celle déjà définie dans la réglementation relative à la sécurité numérique en vigueur – notamment au travers de la protection du secret de la défense nationale avec l'instruction générale interministérielle 1300 *[V. Livre I, I. Règles internes]* – et l'étend pour permettre, notamment, l'appropriation du champ de la sécurité numérique par les chaînes métier. Elle porte également l'objectif de permettre une action coordonnée entre les acteurs du numérique, ceux de la sécurité numérique, de la protection des données à caractère personnel et de la protection du secret de la défense nationale. Cet objectif se traduit aussi par la compatibilité entre les trois gouvernances respectives, afin de permettre une articulation efficace entre celles-ci et un niveau de synergie suffisant.

Afin de permettre aux ministères de mettre en œuvre cette organisation et ces instances tout en tenant compte de leurs particularités et de l'organisation existante, il est demandé à ces derniers de décliner l'organisation prévue par la présente instruction en s'appuyant sur l'existant autant que possible et en la précisant le cas échéant.

La première section de la présente instruction décrit les rôles et responsabilités associés à la gouvernance de la sécurité numérique au niveau interministériel. Cette section présente également les instances interministérielles de gouvernance de la sécurité numérique.

La deuxième section décrit les rôles et responsabilités associés à la gouvernance de la sécurité numérique dans les ministères. Cette section présente également les instances ministérielles de gouvernance de la sécurité numérique.

La troisième et dernière section décrit les rôles et responsabilités associés à la gouvernance de la sécurité numérique dans les établissements publics de l'État.

2 Champ d'application

L'application de la présente instruction est obligatoire pour les ministères et les établissements publics de l'État, quel que soit leur régime, ci-après nommés "établissements". Les principes énoncés doivent être déclinés dans des instructions ministérielles en précisant les rôles et responsabilités au niveau ministériel.

L'application de l'organisation décrite dans le chapitre 5 de cette organisation est recommandée pour tous les autres organismes publics.

L'application de la présente instruction est sans préjudice de l'application de réglementations spécifiques, notamment celles relatives à la protection du secret de la défense nationale et à la protection des données à caractère personnel.

3 Organisation interministérielle de la gouvernance de la sécurité numérique de l'État

3.1 *Vue d'ensemble de l'organisation interministérielle*

3.1.1 *Rappel de l'organisation de niveau étatique en matière de numérique*

L'État se dote d'une **stratégie du numérique de l'État** *[Décr. n° 2019-1088 du 25 oct. 2019, art. 6 ; V. supra]* qui vise à orienter les actions des administrations de l'État pour améliorer les services rendus par le système d'information et de communication de l'État. Le ministère de la transformation et de la fonction publique promeut les actions propres à accélérer la transformation numérique de l'État. La stratégie numérique de l'État est élaborée par le directeur interministériel du numérique sous l'autorité de son ministre de tutelle et approuvée par le Premier ministre. Le directeur interministériel du numérique pilote sa mise en œuvre, en liaison avec les directions du numérique des ministères.

3.1.2 *Organisation étatique en matière de sécurité numérique*

A travers la présente instruction, l'État se dote d'une **politique de sécurité numérique de l'État**.

Cette politique est complétée par les **orientations stratégiques de sécurité numérique** et la **feuille de route associée**, définies dans le comité stratégique interministériel de la sécurité numérique et validées en instance stratégique de niveau politique (cf. 3.3.1).

Les rôles et responsabilités contribuant particulièrement à la sécurité numérique au niveau interministériel, ainsi que les instances de gouvernance permettant de définir la stratégie interministérielle de sécurité numérique et d'assurer le suivi de sa mise en œuvre, sont décrits ci-après.

3.2 *Rôles et responsabilités*

3.2.1 *Le Premier ministre*

Le Premier ministre, en tant que responsable du système d'information et de communication de l'État *[Décr. n° 2019-1088 du 25 oct. 2019, art. 1er ; V. supra]*, définit la politique de sécurité numérique de l'État. A ce titre, il valide l'organisation et les principes de la sécurité numérique du système d'information et de communication de l'État.

Le Premier ministre est assisté, dans l'exercice de ses responsabilités en matière de défense et de sécurité nationale, par le secrétaire général de la défense et de la sécurité nationale qui propose et met en œuvre la politique du gouvernement en matière de sécurité numérique. Il dispose à cette fin de l'Agence nationale de la sécurité des systèmes d'information *[C. défense, art. R.* 1132-3]*.

3.2.2 *L'Agence nationale de la sécurité des systèmes d'information (ANSSI)*

L'Agence nationale de la sécurité des systèmes d'information *[Décr. n° 2009-834 du 7 juill. 2009 ; V. Livre I, I. Règles internes]* assiste le secrétaire général de la défense et de la sécurité nationale pour la mise en œuvre de la politique de sécurité numérique de l'État. L'Agence nationale de la sécurité des systèmes d'information accompagne la direction interministérielle du numérique et les ministères dans l'articulation de cette politique avec leurs missions et en contrôle l'application.

L'Agence nationale de la sécurité des systèmes d'information anime et coordonne les travaux interministériels en matière de sécurité numérique. Elle élabore les mesures de sécurité des systèmes d'information et de communication proposées au Premier ministre et veille à leur application.

En lien avec chacun des ministères, l'Agence nationale de la sécurité des systèmes d'information réalise, selon une programmation annuelle, des audits et des inspections. Elle rend compte de cette mise en œuvre en comité stratégique interministériel de la sécurité numérique.

L'Agence nationale de la sécurité des systèmes d'information, à travers son centre gouvernemental de veille, d'alerte et de réponse aux attaques informatiques (CERT-FR), diffuse les informations relatives aux vulnérabilités des systèmes d'information et de communication et aux menaces. Ce centre est également le point de contact unique de signalement des incidents de sécurité.

L'Agence nationale de la sécurité des systèmes d'information maintient à jour un catalogue des services qu'elle propose aux administrations de l'État pour les accompagner dans leurs missions relatives à la sécurité numérique.

L'Agence nationale de la sécurité des systèmes d'information coordonne la réponse aux crises affectant la sécurité numérique de l'État selon l'organisation présentée en section 3.4.

Une convention entre l'Agence nationale de la sécurité des systèmes d'information et chaque ministère précise les relations entre les parties et décrit les services auxquels recourent les ministères ainsi que les modalités et responsabilités associées.

Le directeur général de l'Agence nationale de la sécurité des systèmes d'information est membre du comité stratégique interministériel de la sécurité numérique (cf. 3.3.2).

Il préside le comité interministériel de pilotage de la sécurité numérique (cf. 3.3.3). L'Agence nationale de la sécurité des systèmes d'information assure le secrétariat de ce comité.

3.2.3 *Le directeur interministériel du numérique (DINUM)*

La direction interministérielle du numérique propose au Premier ministre et met en œuvre la stratégie numérique de l'État *[Décr. n° 2019-1088 du 25 oct. 2019, art. 6, 1° ; V.*

supra]. Elle s'assure de la bonne prise en compte de la politique de sécurité numérique de l'État dans cette stratégie ainsi que dans les différents projets qui lui sont soumis au titre de cette stratégie et de ses attributions *[Décr. n° 2019-1088 du 25 oct. 2019, art. 3 ; V. supra]*.

Pour les sujets relatifs à la sécurité numérique des services interministériels dont elle a la charge, la direction interministérielle du numérique s'inscrit dans la chaîne fonctionnelle de sécurité des systèmes d'information des services du Premier ministre.

Le directeur interministériel du numérique est autorité qualifiée en sécurité des systèmes d'information des systèmes d'information et de communication transverses dont il a la responsabilité. A ce titre, il assume les responsabilités décrites au 4.2.3.

La direction interministérielle du numérique établit et maintient à jour un catalogue des services qu'elle propose et le communique aux administrations de l'État afin de les accompagner dans leurs projets de transformation numérique. Pour chaque service, ce catalogue précise le niveau de sécurité numérique, le périmètre et les conditions d'emploi validés par l'autorité d'homologation.

Le directeur interministériel du numérique est membre du comité stratégique interministériel de la sécurité numérique (cf. 3.3.2).

3.3 *Les instances interministérielles de la sécurité numérique*

3.3.1 *Instance stratégique de niveau politique*

Il est organisé régulièrement et au minimum une fois par an une réunion interministérielle, à l'initiative du Premier ministre, relative à la cybersécurité.

3.3.2 *Le comité stratégique interministériel de la sécurité numérique (COSINUS)*

Le comité stratégique interministériel de la sécurité numérique est présidé par le secrétaire général de la défense et de la sécurité nationale et se compose :
- des hauts fonctionnaires de défense et de sécurité de chaque ministère ;
- du directeur interministériel du numérique ;
- du directeur général de l'Agence nationale de la sécurité des systèmes d'information.

L'Agence nationale de la sécurité des systèmes d'information assure le secrétariat du comité stratégique interministériel de la sécurité numérique.

Le secrétaire général de la défense et de la sécurité nationale et chaque haut fonctionnaire de défense et de sécurité présentent le niveau de sécurité numérique pour leur domaine de responsabilité et les plans d'actions associés. Ils présentent également une synthèse sur les incidents de sécurité passés.

Le directeur général de l'Agence nationale de la sécurité des systèmes d'information présente un état de la menace relative à la sécurité numérique.

Sur la base de ces présentations, le comité stratégique interministériel de la sécurité numérique peut proposer la révision de la prise en compte de la sécurité numérique par les ministères dans la stratégie numérique de l'État ainsi que dans la présente instruction. Il définit les orientations stratégiques en matière de sécurité numérique et la feuille de route associée qui seront présentées en instance stratégique de niveau politique (cf. 3.3.1).

Le comité stratégique interministériel de la sécurité numérique se réunit au minimum une fois par an, en amont des dialogues de gestion budgétaire.

3.3.3 *Le comité interministériel de pilotage de la sécurité numérique (CINUS)*

Présidé par le directeur général de l'Agence nationale de la sécurité des systèmes d'information, le comité interministériel de pilotage de la sécurité numérique est composé des fonctionnaires de la sécurité des systèmes d'information de chaque ministère. Sont également conviés des représentants des services de la Présidence de la République, de l'Assemblée nationale, du Sénat et de la direction interministérielle du numérique, qualifiés sur les sujets relatifs au pilotage de la sécurité numérique.

Le comité interministériel de pilotage de la sécurité numérique suit la mise en œuvre de la feuille de route validée lors de l'instance stratégique de niveau politique (cf. 3.3.1) en proposant une instance de partage et de réflexion sur les difficultés éventuellement rencontrées et l'actualité relative à la sécurité numérique.

Le comité interministériel de pilotage de la sécurité numérique se réunit sur une base mensuelle et en tant que de besoin.

3.4 *Gestion interministérielle de crise*

L'Agence nationale de la sécurité des systèmes d'information assure la coordination du traitement des incidents de sécurité interministériels de manière adaptée à l'ampleur de ceux-ci. En particulier, lorsque cela est justifié, l'Agence nationale de la sécurité des systèmes d'information apporte son soutien au secrétaire général de la défense et de la sécurité nationale pour organiser la coordination interministérielle afin de permettre :

– une compréhension partagée de la situation ;
– l'élaboration d'un état des lieux interministériel ;
– la définition d'une réponse coordonnée ;
– le suivi de la mise en œuvre de la réponse.

Lorsque cet évènement de sécurité numérique fait l'objet d'un suivi par le centre de coordination des crises cyber (C4) ou par la cellule interministérielle de crise (CIC), l'Agence nationale de la sécurité des systèmes d'information assure la liaison avec ces enceintes.

4 Organisation ministérielle de la gouvernance de la sécurité numérique de l'État

Le présent chapitre vise à définir les rôles et responsabilités contribuant à la sécurité numérique selon une approche générique. Ces rôles et responsabilités sont déclinés et mis en œuvre au sein de chaque ministère en s'inscrivant dans ses spécificités. Dans une perspective d'efficacité, cette déclinaison s'articule avec l'organisation en matière de numérique, de protection des données à caractère personnel et de protection du secret de la défense nationale.

4.1 *Vue d'ensemble de l'organisation ministérielle*

4.1.1 *Rappel de l'organisation ministérielle en matière de numérique*

La responsabilité du Premier ministre sur le système d'information et de communication de l'État est déléguée de plein droit à chaque ministre dans la mesure requise pour l'exercice de ses attributions *[Décr. n° 2019-1088 du 25 oct. 2019, art. 2 ; V. supra]*. Ainsi, chaque ministère met en place une structure qui organise et met œuvre la stratégie interministérielle du numérique *[Décr. n° 2019-1088 du 25 oct. 2019, art. 7 ; V. supra]*.

4.1.2 *Organisation ministérielle en matière de sécurité numérique*

Chaque ministère est responsable d'assurer la gouvernance, la protection, la défense et la résilience des systèmes d'information et de communication qui supportent ses missions.

Chaque ministère définit également des **orientations ministérielles stratégiques en matière de sécurité numérique**. Ces orientations, déclinées des orientations stratégiques de sécurité numérique de l'État validées en instance stratégique de niveau politique (cf. 3.3.1), définissent les priorités ministérielles en matière de sécurité numérique.

Chaque ministère se dote d'une **politique ministérielle de sécurité numérique** qui définit, conformément à la présente instruction, l'organisation ministérielle de la sécurité numérique afin de tenir compte de ses spécificités. En particulier, et pour répondre à des incidents de sécurité, chaque ministère élabore une stratégie de résilience numérique et s'assure que son **dispositif de gestion de crise** est en capacité de couvrir les aspects relatifs à la sécurité numérique, dans le respect des principes définis dans le chapitre 4.5 de la présente instruction. Cette politique définit également, sur la base des orientations ministérielles stratégiques en matière de sécurité numérique et de la politique de sécurité numérique de l'État, les principes de gouvernance, de protection, de défense et de résilience des systèmes d'information et de communication mis en œuvre sur son périmètre de responsabilité.

Afin de piloter la mise en conformité à la politique ministérielle de sécurité numérique, chaque ministère se dote d'une **feuille de route ministérielle de sécurité numérique** détaillant les plans d'actions nécessaires à la mise en conformité à cette politique.

Chaque ministère, pour contrôler la conformité à la politique ministérielle de sécurité numérique, consolide de manière régulière un rapport d'**évaluation du niveau de sécurité numérique** ainsi qu'une **synthèse des incidents de sécurité** sur son périmètre de responsabilité. Ces éléments, qui s'appuient sur les modèles et méthodologies définis par l'Agence nationale de la sécurité des systèmes d'information, sont notamment présentés en instance stratégique de niveau politique (cf. 3.3.1).

Pour mener à bien ces missions, le ministère s'appuie notamment sur une **chaîne fonctionnelle de sécurité des systèmes d'information** telle que décrite au chapitre 4.4 de la présente instruction.

Les rôles et responsabilités contribuant particulièrement à la sécurité numérique au niveau ministériel, ainsi que les instances de gouvernance permettant de définir la stratégie ministérielle de sécurité numérique et d'assurer le suivi de sa mise en œuvre, sont décrits ci-après.

4.1.3 *Relation entre le ministère et les établissements publics dont il a la tutelle*

Au titre de leurs responsabilités *[Décr. n° 87-389 du 15 juin 1987 relatif à l'organisation des services d'administration centrale, art. 3-8, 8°]*, les secrétaires généraux des ministères s'assurent de la prise en compte de la sécurité numérique dans la coordination de la tutelle des établissements publics de l'État relevant de leur ministère en s'appuyant, notamment, sur la chaîne fonctionnelle de sécurité des systèmes d'information du ministère.

4.2 *Rôles et responsabilités*

4.2.1 *Le ministre*

Le ministre est responsable du système d'information et de communication de son ministère *[Décr. n° 2019-1088 du 25 oct. 2019, art. 2 ; V. supra]*. A ce titre, il s'assure que l'ensemble des infrastructures et services logiciels informatiques de son ministère sont sous la responsabilité d'une autorité qualifiée en sécurité des systèmes d'information.

Le ministre s'assure de la maîtrise des risques numériques ayant un impact sur l'exécution des missions de son ministère.

Le ministre est garant de la bonne prise en compte de la stratégie numérique de l'État et de la politique de sécurité numérique de l'État, dans l'élaboration de la politique publique portée par son ministère. Il valide les orientations ministérielles en matière de sécurité numérique ainsi que la politique ministérielle de sécurité numérique.

Le ministre s'assure de la prise en compte de la sécurité numérique dans l'élaboration et la mise en œuvre d'une stratégie de résilience numérique, notamment des plans de continuité et de reprise d'activité pour les missions essentielles portées par son ministère ainsi que dans l'élaboration et la mise en œuvre du dispositif de gestion de crise ministériel en vertu des principes définis au chapitre 4.5 de la présente instruction.

Lorsqu'un établissement, une direction ou un service est sous la tutelle de plusieurs ministères, les ministres concernés décident du ministère de référence sur les sujets relatifs à la sécurité numérique.

4.2.2 *Le service du haut fonctionnaire de défense et de sécurité*

4.2.2.1 *Le haut fonctionnaire de défense et de sécurité*

Le haut fonctionnaire de défense et de sécurité *[Pour les ministères des armées et de l'Europe et des affaires étrangères : le haut fonctionnaire correspondant de défense et de sécurité. Pour le ministère de l'intérieur : le haut fonctionnaire de défense (C. défense, art. R. 1143-1)]* **conseille le ministre pour toutes les questions relatives à la sécurité numérique** *[C. défense, art. R. 1143-4 et R. 1143-5]*.

Le haut fonctionnaire de défense et de sécurité propose au ministre la politique ministérielle de sécurité numérique qu'il est chargé d'animer.

Le haut fonctionnaire de défense et de sécurité est l'interlocuteur privilégié du directeur général de l'Agence nationale de la sécurité des systèmes d'information, au sein de son ministère, sur les sujets relatifs à la sécurité numérique de niveau stratégique.

Le haut fonctionnaire de défense et de sécurité est membre du comité stratégique interministériel de la sécurité numérique et participe à l'instance stratégique ministérielle de la sécurité numérique. Il préside l'instance ministérielle de pilotage de la sécurité numérique.

Au titre des missions qu'il exerce (notamment secrétariat général ou directeur général au sein de son ministère), le haut fonctionnaire de défense et de sécurité peut être désigné comme autorité qualifiée en sécurité des systèmes d'information. Il porte alors les responsabilités associées et définies dans la section 4.2.3.

4.2.2.2 *Le fonctionnaire de sécurité des systèmes d'information (FSSI)*

Le fonctionnaire de sécurité des systèmes d'information conseille et accompagne, au sein de son ministère, l'ensemble des rôles présentés au chapitre 4.2 sur les questions relatives à la sécurité numérique. Sur les sujets relatifs à la sécurité numérique, il peut, le cas échéant, conseiller et accompagner les établissements relevant du ministère et leurs tutelles, les opérateurs régulés (notamment les opérateurs d'importance vitale ou de service essentiel) et toute autre structure dépendante du ministère *[Décr. n° 2019-1088 du 25 oct. 2019, art. 4-1 ; V. supra]*.

Il pilote la mise en œuvre de la politique ministérielle de sécurité numérique. Il est consulté sur la bonne prise en compte de la sécurité numérique dans les politiques publiques ministérielles et la stratégie ministérielle du numérique. Il contrôle l'application des exigences de sécurité numérique définies dans la politique ministérielle de sécurité numérique, la stratégie ministérielle du numérique avec les moyens à sa disposition (par exemple les audits, les contrôles, les bilans).

Le fonctionnaire de sécurité des systèmes d'information accompagne les autorités qualifiées en sécurité des systèmes d'information dans la bonne prise en compte de la sécurité numérique sur leur périmètre de responsabilité et notamment dans l'élaboration, la mise en œuvre et la coordination des stratégies de résilience numérique, supportées par les différents plans de continuité et de reprise d'activité. Le fonctionnaire de sécurité des systèmes d'information contribue à la gestion de crise via l'accompagnement et l'aide à la décision des autorités ministérielles sur les sujets relatifs à la sécurité numérique.

Le fonctionnaire de sécurité des systèmes d'information est nommé par le ministre et placé sous l'autorité hiérarchique du haut fonctionnaire de défense et de sécurité. Il peut disposer d'un ou plusieurs adjoints. Le haut fonctionnaire de défense et de sécurité s'assure que le fonctionnaire de sécurité des systèmes d'information dispose :

– du positionnement adéquat pour pouvoir s'adresser aux différentes autorités qualifiées en sécurité des systèmes d'information de son périmètre de responsabilité ;

– des moyens financiers, humains et techniques nécessaires pour assumer ses responsabilités.

Le fonctionnaire de sécurité des systèmes d'information est un des interlocuteurs privilégiés de l'Agence nationale de la sécurité des systèmes d'information au sein du ministère sur les sujets de mise en œuvre de la sécurité numérique ou liés au suivi de la feuille de route ministérielle de sécurité numérique.

Lorsqu'un système d'information et de communication est critique pour la réalisation des missions de plusieurs directions de son ministère, le fonctionnaire de sécurité des systèmes d'information, en lien avec les directions et autorités qualifiées en sécurité des systèmes d'information concernées, propose au haut fonctionnaire de défense et de sécurité, pour arbitrage du ministre, la direction qui en a la responsabilité.

Le fonctionnaire de sécurité des systèmes d'information participe au comité interministériel de pilotage de la sécurité numérique. Il assure le secrétariat, en appui du haut

fonctionnaire de défense et de sécurité, de l'instance stratégique ministérielle de la sécurité numérique et de l'instance ministérielle de pilotage de la sécurité numérique. Il anime et coordonne la chaîne fonctionnelle de sécurité des systèmes d'information pour le ministère dont il dépend. Il organise la relation entre son ministère et les établissements publics dont son ministère a la tutelle pour les sujets relatifs à la sécurité numérique.

En tant qu'animateur et coordinateur de la chaîne fonctionnelle de sécurité des systèmes d'information, le fonctionnaire de sécurité des systèmes d'information s'assure que les incidents de sécurité significatifs sont notifiés à l'Agence nationale de la sécurité des systèmes d'information dans les plus brefs délais.

4.2.3 *L'autorité qualifiée en sécurité des systèmes d'information (AQSSI)*

L'autorité qualifiée en sécurité des systèmes d'information est responsable de la sécurité des systèmes d'information et de communication qui contribuent à l'exécution des missions dont elle a la charge *[Décr. n° 2019-1088 du 25 oct. 2019, art. 4-2 ; V. supra]*. L'autorité qualifiée en sécurité des systèmes d'information ne peut déléguer cette responsabilité. A ce titre, elle est responsable, en particulier, de :

– l'élaboration et le maintien à jour d'une cartographie de ces systèmes *[Il est recommandé de se référer aux recommandations de l'ANSSI pour l'élaboration de ces cartographies]* ;

– le maintien en condition opérationnelle et de sécurité de ces systèmes ;

– la planification des audits de sécurité de ces systèmes.

L'autorité qualifiée en sécurité des systèmes d'information alloue les ressources nécessaires pour mener à bien les projets de transformation numérique de son périmètre de responsabilité et s'assure à ce titre que les risques numériques sont gérés. Ces éléments sont tenus à la disposition du fonctionnaire de sécurité des systèmes d'information.

L'autorité qualifiée en sécurité des systèmes d'information s'assure de la bonne prise en compte de ses orientations en matière de sécurité numérique dans les missions qu'elle porte et dans la stratégie ministérielle du numérique pour laquelle elle rend un avis.

Sur son périmètre de responsabilité, l'autorité qualifiée en sécurité des systèmes d'information contrôle l'application des exigences de sécurité numérique auxquelles elle est soumise. Elle intègre dans la programmation de ses contrôles internes le volet relatif à la sécurité numérique.

Elle remet annuellement au haut fonctionnaire de défense et de sécurité un rapport dans lequel elle intègre l'évaluation du niveau de sécurité numérique et une synthèse des incidents de sécurité ayant impactés ses missions. Ce rapport est synthétisé et présenté en instance stratégique ministérielle de la sécurité numérique (cf. 4.3.1).

L'autorité qualifiée en sécurité des systèmes d'information s'assure de l'élaboration, de la mise en œuvre et du maintien, notamment au travers d'exercices, des plans de continuité et de reprise des activités relevant de son domaine de responsabilité face à des incidents de sécurité.

L'autorité qualifiée en sécurité des systèmes d'information s'assure de la définition et de la mise en œuvre d'un processus de gestion des incidents de sécurité ainsi que d'une organisation de gestion de crise face aux incidents de sécurité, dans le respect des principes définis au chapitre 4.5.

Le rôle d'autorité qualifiée en sécurité des systèmes d'information est assumé par chaque responsable devant le ministre d'une ou plusieurs missions ministérielles. Le ministre définit, sur son domaine de responsabilités, les modalités de nomination des autorités qualifiées en sécurité des systèmes d'information *[En particulier et dans la mesure du possible, les AQSSI définies au titre de la présente instruction sont nommées en cohérence avec celles prévues à l'art. R. 2321-6-2 C. défense]*.

Conformément au décret n° 2019-1088 *[Décr. n° 2019-1088 du 25 oct. 2019, art. 4-3 ; V. supra]*, **chaque système d'information et de communication fait l'objet, préalablement à sa mise en œuvre, d'une homologation de sécurité. Sauf pour les exceptions prévues aux articles 6.1.2, 6.2.1 et 6.2.2 de l'instruction générale interministérielle 1300 sur la protection du secret de la défense nationale, l'autorité qualifiée en sécurité des systèmes d'information est l'autorité d'homologation, par défaut, de chaque système d'information et de communication dont elle est responsable.**

Lorsque l'autorité qualifiée en sécurité des systèmes d'information délègue l'instruction des démarches d'homologation à une ou plusieurs autorités d'homologation, elle s'assure du respect des recommandations de l'Agence nationale de la sécurité des systèmes d'information. En particulier elle veille à ce qu'une seule et unique autorité d'homologation existe pour chaque système d'information et de communication.

Pour l'assister dans l'exercice de ses responsabilités, l'autorité qualifiée en sécurité des systèmes d'information nomme un conseiller à la sécurité numérique.

L'autorité qualifiée en sécurité des systèmes d'information est membre de l'instance stratégique ministérielle de la sécurité numérique. Elle contribue à la chaîne fonctionnelle de sécurité des systèmes d'information.

4.2.4 *Le conseiller à la sécurité numérique (CSN)*

Le conseiller à la sécurité numérique conseille et accompagne l'autorité qualifiée en sécurité des systèmes d'information dans l'exercice de ses responsabilités définies au 4.2.3 pour la gestion des risques numériques. Il peut être chargé d'accompagner les autorités d'homologation dans leurs démarches d'homologation.

Le conseiller à la sécurité numérique est placé sous l'autorité d'une autorité qualifiée en sécurité des systèmes d'information. Sans nécessairement être un expert du domaine, il dispose d'une culture de la sécurité numérique lui permettant d'en traduire les enjeux pour le compte de son autorité qualifiée en sécurité des systèmes d'information.

Le conseiller à la sécurité numérique s'appuie sur les compétences à disposition en matière de sécurité numérique, notamment le responsable de la sécurité des systèmes d'information, le directeur ministériel du numérique et les structures en charge du numérique. Il échange également autant que de besoin avec le délégué à la protection des données.

Le conseiller à la sécurité numérique contribue à la chaîne fonctionnelle de sécurité des systèmes d'information et représente l'autorité qualifiée en sécurité des systèmes d'information dans l'instance ministérielle de pilotage de sécurité numérique.

4.2.5 *Le directeur ministériel du numérique (DNUM)*

Le directeur ministériel du numérique définit la stratégie ministérielle du numérique dans laquelle il s'assure de la bonne prise en compte de la sécurité numérique en respectant la politique ministérielle de sécurité numérique. Il définit le plan de transformation numérique ministériel et le schéma directeur des systèmes d'information et de communication qui décline la mise en œuvre de cette stratégie, en veillant à une bonne répartition des expertises en sécurité numérique entre la direction du numérique et les directions métiers pour une appropriation optimale de la sécurité numérique au sein du ministère. Ces éléments sont soumis à l'avis du fonctionnaire de sécurité des systèmes d'information et validés par le ministre.

Chaque ministère met en place une structure qui organise et pilote les actions du ministère en matière de numérique *[Décr. n° 2019-1088 du 25 oct. 2019, art. 7 ; V. supra]*. Outre cette direction ministérielle du numérique, le ministère peut disposer de différentes structures en charge du numérique, qu'elles soient responsables de systèmes d'information et de communication transverses ou qu'elles assurent la mise en œuvre et l'exploitation de systèmes d'information et de communication pour le compte d'une autorité qualifiée en sécurité des systèmes d'information. Il est nécessaire que chaque structure, sur le périmètre qui la concerne, prenne en compte la sécurité numérique. A cet effet, il convient d'y consacrer les ressources humaines nécessaires, en tenant compte de la diversité des profils nécessaire pour suivre la mutation permanente du domaine de la sécurité numérique.

Le directeur ministériel du numérique, dans son rôle d'organisation et de pilotage du système d'information et de communication au sein du ministère, veille, en lien avec le fonctionnaire de sécurité des systèmes d'information, à ce que chaque structure responsable de systèmes d'information et de communication transverses relève de l'autorité d'une autorité qualifiée en sécurité des systèmes d'information.

Le directeur ministériel du numérique veille à ce que chaque structure assurant la mise en œuvre et l'exploitation de systèmes d'information et de communication pour le compte d'une autorité qualifiée en sécurité des systèmes d'information contribue, sous la responsabilité de cette dernière et dans le cadre de la démarche d'homologation, à :

– l'élaboration et le maintien à jour d'une cartographie des systèmes d'information et de communication *[Il est recommandé de se référer aux recommandations de l'ANSSI pour l'élaboration de ces cartographies]* ;

– le maintien en condition opérationnelle et de sécurité des systèmes d'information et de communication ;

– la réalisation des audits de sécurité des systèmes d'information et de communication ;

– l'élaboration de la stratégie de résilience numérique, notamment des plans de continuité et de reprise d'activité en fournissant aux autorités qualifiées en sécurité des systèmes d'information concernées les éléments relatifs aux ressources numériques. Ces plans sont déclinés, pour le volet numérique, dans des plans de continuité et de reprise informatique ;

– la gestion de crise par l'apport de son expertise et la fourniture de moyens pour répondre à la crise, pour son périmètre de responsabilité.

Lorsque cela est nécessaire, et au regard de son rôle en matière de protection des données à caractère personnel, le directeur du numérique veille à ce qu'une analyse d'impact relative à la protection des données soit élaborée.

Le directeur ministériel du numérique et chaque responsable de structure en charge du numérique nomment un ou plusieurs responsables de la sécurité de systèmes d'information pour les assister dans l'exercice des missions listées ci-dessus.

4.2.6 *Le responsable de la sécurité des systèmes d'information (RSSI)*

Le responsable de la sécurité des systèmes d'information conseille et accompagne le directeur ministériel du numérique, le conseiller à la sécurité numérique ou tout responsable d'une structure en charge du numérique dans la mise en œuvre opérationnelle de la sécurité numérique.

Le responsable de la sécurité des systèmes d'information dispose d'une expertise technique en matière de sécurité numérique.

Le responsable de la sécurité des systèmes d'information contribue à la chaîne fonctionnelle de sécurité des systèmes d'information et est membre de l'instance ministérielle de pilotage de sécurité numérique.

4.3 *Les instances ministérielles de la sécurité numérique*

La comitologie décrite dans la présente section sur un modèle générique vise à garantir que le traitement des sujets de sécurité numérique est organisé d'une manière qui leur permet de bénéficier d'un pilotage et d'une attention à un niveau approprié.

Cette comitologie est déclinée et mise en œuvre au sein de chaque ministère en s'inscrivant dans ses spécificités. Dans une perspective d'efficacité, cette déclinaison devra s'articuler avec les comitologies en matière de numérique, de protection des données à caractère personnel et de protection du secret de la défense nationale.

Le ministre s'assure du bon niveau de représentation à ces instances selon les exigences définies ci-après.

4.3.1 *L'instance stratégique ministérielle de la sécurité numérique*

L'instance stratégique ministérielle de la sécurité numérique a pour objectif de présenter le niveau de sécurité numérique global du ministère afin de définir les orientations stratégiques en matière de sécurité numérique.

Présidée par le ministre, cette instance est composée du haut fonctionnaire de défense et de sécurité, de l'ensemble des autorités qualifiées en sécurité des systèmes d'information du ministère, du directeur ministériel du numérique et peut être élargie à toute autorité en fonction de l'ordre du jour, notamment au directeur général de l'Agence nationale de la sécurité des systèmes d'information.

Le haut fonctionnaire de défense et de sécurité assure le secrétariat de cette instance.

L'instance stratégique ministérielle de la sécurité numérique se réunit au minimum une fois par an, en amont du comité stratégique interministériel de la sécurité numérique.

Chaque autorité qualifiée en sécurité des systèmes d'information présente une synthèse du niveau de sécurité numérique sur son périmètre de responsabilité ainsi qu'une synthèse des incidents de sécurité. Elle présente les plans d'action associés.

L'instance stratégique ministérielle de la sécurité numérique vérifie la bonne prise en compte de la sécurité numérique dans les politiques publiques portées par le ministère ainsi que dans la stratégie ministérielle numérique.

En s'appuyant sur les éléments ci-dessus et en tenant compte des orientations prises en comité stratégique interministériel de la sécurité numérique, l'instance stratégique ministérielle de la sécurité numérique définit, pour son ministère, les orientations stratégiques en matière de sécurité numérique. Ces orientations sont déclinées dans une feuille de route pluriannuelle.

L'instance stratégique ministérielle de la sécurité numérique est l'instance qui permet, le cas échéant, d'arbitrer les questions budgétaires, sur la base des éléments qui lui sont communiqués, relatifs à la sécurité numérique des systèmes d'information et de communication.

4.3.2 *L'instance ministérielle de pilotage de la sécurité numérique*

L'instance ministérielle de pilotage de la sécurité numérique a pour objectif de piloter les activités relatives à la sécurité numérique et d'assurer le suivi de la feuille de route validée lors de l'instance stratégique ministérielle de la sécurité numérique.

Présidée par le haut fonctionnaire de défense et de sécurité, l'instance ministérielle de pilotage de la sécurité numérique est composée du fonctionnaire de sécurité des systèmes d'information, des conseillers à la sécurité numérique et responsables de la sécurité des systèmes d'information du ministère et peut être élargie à toute personne pertinente pour discuter des sujets présentés ci-dessus, notamment à des responsables métiers du numérique.

Le secrétariat de cette instance est assuré par le fonctionnaire de sécurité des systèmes d'information.

L'instance ministérielle de pilotage de la sécurité numérique se réunit au minimum quatre fois par an et en tant que de besoin, sur convocation de son président.

Cette instance assure un suivi sur les activités liées à la sécurité numérique, en particulier les homologations, les plans de traitement des risques associés, la gestion des incidents de sécurité comportant une composante numérique et la prise en compte de la sécurité numérique dans le dispositif de gestion de crise ministériel. Elle assure également un suivi de la feuille de route définie par l'instance stratégique ministérielle de la sécurité numérique.

L'instance ministérielle de pilotage de la sécurité numérique traite les points d'arbitrage sur les orientations techniques suivies au sein du ministère, programme les audits, suit la mise en œuvre des plans d'action associés, en étroite collaboration avec les responsables métiers du numérique et prépare les éléments en vue de la tenue de l'instance stratégique ministérielle de la sécurité numérique.

4.4 *La chaîne fonctionnelle de sécurité des systèmes d'information*

La chaîne fonctionnelle de sécurité des systèmes d'information est animée par le fonctionnaire de sécurité des systèmes d'information. Elle s'organise, au sein d'un ministère, autour de l'ensemble des autorités qualifiées en sécurité des systèmes d'information, des conseillers à la sécurité numérique, des responsables de la sécurité des systèmes d'information et des autorités d'homologation. Cette chaîne fonctionnelle est déclinée dans les différentes entités dont le ministère a la charge au titre d'une tutelle ou des différentes réglementations applicables.

La chaîne fonctionnelle de sécurité des systèmes d'information rend compte au fonctionnaire de sécurité des systèmes d'information de l'application de la politique ministérielle de sécurité numérique.

Cette chaîne fonctionnelle de sécurité des systèmes d'information participe à la gestion et au traitement d'un incident de sécurité ou d'une crise lorsque ceux-ci comportent une composante numérique. En particulier, la chaîne fonctionnelle remonte toute information pertinente à l'autorité qualifiée en sécurité des systèmes d'information afin d'éclairer les décisions qu'elle prend. Si les conséquences concernent plus d'une direction métier, les informations sont remontées au fonctionnaire de sécurité des systèmes d'information.

Elle propose et conseille les autorités dans le domaine de la sécurité numérique, notamment sur les mesures de sécurité à mettre en œuvre. Elle contribue à fournir les éléments pertinents en vue des instances stratégiques et de pilotage de la sécurité numérique au sein du ministère.

4.5 *La gestion de crise*

Le ministre s'assure de la bonne prise en compte de la sécurité numérique dans le dispositif de gestion de crise ministériel. Cette intégration s'appuie sur l'implication de la chaîne fonctionnelle de sécurité des systèmes d'information. Le ministre s'assure que les autorités qualifiées en sécurité des systèmes d'information sont parties prenantes au processus de décision dans la gestion de la crise. Il s'assure également que les équipes opérationnelles, en particulier les équipes techniques de réponse aux incidents de sécurité, sont intégrées dans cette organisation de gestion de crise.

Ainsi, dans le cadre de la gestion des incidents de sécurité comportant une composante numérique, le fonctionnaire de sécurité des systèmes d'information propose au haut fonctionnaire de défense et de sécurité, en lien avec les différentes autorités qualifiées en sécurité des systèmes d'information, les critères d'évaluation d'un incident de sécurité *[Ces critères peuvent s'appuyer sur l'échelle de classement des attaques informatiques publiée dans la Revue stratégique de cyberdéfense du 12 févr. 2018]* pour décider de l'activation ou de la désactivation de la cellule de crise de cyberdéfense. Ces critères tiennent compte, notamment, de la criticité du ou des systèmes d'information et de communication affectés et de la gravité des conséquences évaluées.

Le dispositif de gestion de crise ministériel, dans son volet relatif à la communication, intègre les particularités liées à la sécurité numérique et tient compte des exigences réglementaires applicables, notamment en matière de notification d'incidents de sécurité. Les services ministériels spécialisés dans la communication sont associés à ces activités.

En préparation de crises majeures, le ministre s'assure de l'articulation du dispositif de crise ministériel avec le dispositif de gestion des crises majeures de l'État *[au sens de l'art. L. 1111-3 C. défense]*. Concernant la sécurité numérique, le ministre s'assure de la coordination de son dispositif avec celui de l'Agence nationale de la sécurité des systèmes d'information.

Afin d'éprouver les capacités opérationnelles de résilience numérique du dispositif de gestion de crise de son ministère, le haut fonctionnaire de défense et de sécurité s'assure de l'organisation d'exercices de gestion de crise ou de la participation de son ministère à des exercices planifiés. Ces exercices doivent intégrer un volet relatif à la sécurité numérique, se traduisant par l'intégration de cette thématique dans les scénarios métiers.

Après chaque exercice ou chaque crise subie, le ministre s'assure de la réalisation d'un retour d'expérience afin d'identifier les forces et les faiblesses du dispositif mis en œuvre. Ce retour d'expérience intègre un volet relatif à la sécurité numérique. Le ministre s'assure que les mesures nécessaires sont prises pour traiter les faiblesses identifiées.

5 Organisation de la gouvernance de la sécurité numérique dans les établissements publics de l'État

Le dirigeant exécutif de l'établissement est responsable, sur son périmètre, de la sécurité numérique. Cette responsabilité se traduit par les exigences suivantes *[Décr. n° 2019-1088 du 25 oct. 2019, art. 4-4 ; V. supra]*.

5.1 *Le Point de contact relatif à la sécurité numérique*

Le dirigeant exécutif de l'établissement nomme sous son autorité hiérarchique un point de contact pour les sujets relatifs à la sécurité numérique.

Ce point de contact est l'interlocuteur privilégié du ministère de tutelle et de l'Agence nationale de la sécurité des systèmes d'information sur tous les sujets relatifs à la sécurité numérique. Le dirigeant exécutif de l'établissement s'assure que les informations de contact de ce référent sont communiquées au ministère de tutelle et à l'Agence nationale de la sécurité des systèmes d'information.

5.2 *L'organisation de la gouvernance*

Sur la base des rôles et responsabilités définies aux sections 4.2.3 et suivants, le dirigeant exécutif de l'établissement s'assure de la définition et de la mise en œuvre d'une organisation adaptée pour assurer la sécurité numérique des systèmes d'information et de communication qui participent aux missions de l'établissement.

Un organigramme détaillé de cette organisation est maintenu à jour et tenu à disposition du ministère de tutelle et de l'Agence nationale de la sécurité des systèmes d'information.

5.3 *Suivi des activités en matière de sécurité numérique de l'établissement public*

Le dirigeant exécutif de l'établissement consolide et communique annuellement au ministère de tutelle les résultats de l'évaluation du niveau de sécurité numérique de son établissement.

5.4 *La déclaration des incidents de sécurité*

Les incidents de sécurité affectant le système d'information et de communication de l'établissement sont déclarés aux ministères de tutelle via la chaîne fonctionnelle de sécurité des systèmes d'information et sont également déclarés à l'Agence nationale de la sécurité des systèmes d'information *[Des entités spécialisées peuvent être également rendues destinataires des remontées d'incident en fonction des spécificités du ministère]*.

6 Glossaire

— Autorité d'homologation : personne physique qui, après instruction du dossier d'homologation, prononce l'homologation de sécurité du système d'information et de communication, c'est-à-dire, prend la décision d'accepter les risques résiduels identifiés sur le système.

— Crise : une crise se définit par ses impacts, notamment sur les services numériques (par exemple : indisponibilité suite à un rançongiciel), dont les conséquences sont perceptibles au niveau métier (par exemple : interruption ou perturbation de l'activité, conséquences financières, juridiques ou en termes d'image). La crise s'inscrit, notamment, dans la continuité d'un incident de sécurité numérique dont les conséquences sont telles que l'organisation et les procédures définies ne sont pas suffisantes pour arriver à le gérer.

— Politique du numérique : document qui définit les orientations en matière de transformation numérique d'un ministère ou d'un établissement. Au niveau interministériel, cette politique est portée par la direction interministérielle du numérique sous le nom de stratégie numérique de l'État.

— Politique de sécurité numérique : document qui définit les orientations en matière de sécurité numérique d'un ministère ou d'un établissement. Au niveau interministériel, cette politique est portée par l'Agence nationale de la sécurité des systèmes d'information. La présente instruction en est une composante.

— Résilience numérique : la résilience numérique désigne la capacité d'une organisation à mettre en place les moyens opérationnels adaptés aux menaces et les déployer pour, en cas de crise, être en mesure de maintenir et rétablir les services rendus par les systèmes d'information et de communication concourant à la réalisation des activités critiques de l'organisation, qu'ils soient internes ou externes.

— Sécurité numérique : ensemble d'activités organisationnelles, techniques ou juridiques visant à protéger et défendre les systèmes d'information et de communication, ainsi que les informations qu'ils manipulent, contre d'éventuels incidents de sécurité de nature accidentelle ou intentionnelle, et à assurer la résilience numérique des entités concernées.

– Système d'information et de communication de l'État : défini à l'article 1er du décret n° 2019-1088 du 25 octobre 2019 relatif au système d'information et de communication de l'État et à la direction interministérielle du numérique *[V. supra]*, "le système d'information et de communication de l'État est composé de l'ensemble des infrastructures et services logiciels informatiques permettant de collecter, traiter, transmettre et stocker sous forme numérique les données qui concourent aux missions des services de l'État et des organismes placés sous sa tutelle."

– Système d'information et de communication : sous-ensemble du système d'information et de communication de l'État mis en œuvre par une direction ou un service d'un ministère ou par un établissement public de l'État pour la réalisation de ses missions.

7 Références

– Articles L. 1111-3, R.* 1132-3, R. 1143-1, R. 1143-4 et R. 1143-5 du code de la défense.

– Décret n° 87-389 du 15 juin 1987 modifié, relatif à l'organisation des services d'administration centrale.

– Décret n° 2009-834 du 7 juillet 2009 modifié, portant création d'un service à compétence nationale dénommé "Agence nationale de la sécurité des systèmes d'information" *[V. Livre I, I. Règles internes]*.

– Décret n° 2019-1088 du 25 octobre 2019 modifié relatif au système d'information et de communication de l'État et à la direction interministérielle du numérique *[V. supra]*.

– Arrêté du 9 août 2021 portant approbation de l'instruction générale interministérielle n° 1300 sur la protection du secret de la défense nationale *[V. Livre I, I. Règles internes]*.

II RÈGLES EUROPÉENNES

BIBL. ▸ GERY et NOËL, *Rev. UE 2023. 152* (La recherche de son autonomie stratégique numérique par l'Union européenne – Réflexions de droit international).

Règlement d'exécution (UE) 2018/151 du 30 janvier 2018,

Portant modalités d'application de la directive (UE) 2016/1148 du Parlement européen et du Conseil précisant les éléments à prendre en considération par les fournisseurs de service numérique pour gérer les risques qui menacent la sécurité des réseaux et des systèmes d'information ainsi que les paramètres permettant de déterminer si un incident a un impact significatif.

V. les consid. sur le Code en ligne.

Art. 1er *Objet.* Le présent règlement précise les éléments à prendre en compte par les fournisseurs de service numérique lorsqu'ils définissent et prennent des mesures visant à assurer un niveau de sécurité des réseaux et des systèmes d'information qu'ils utilisent pour proposer les services visés à l'annexe III de la directive (UE) 2016/1148. Il précise également les paramètres à prendre en compte pour déterminer si un incident a un impact significatif sur la fourniture de ces services.

Art. 2 *Éléments de sécurité.* 1. La sécurité des systèmes et des installations visés à l'article 16, paragraphe 1, point a), de la directive (UE) 2016/1148 est la sécurité des réseaux et des systèmes d'information et de leur environnement physique et comprend les éléments suivants :

a) la gestion systématique des réseaux et des systèmes d'information, c'est-à-dire une cartographie des systèmes d'information et la définition d'un ensemble de politiques appropriées sur la gestion de la sécurité de l'information, y compris l'analyse des risques, les ressources humaines, la sécurité des opérations, l'architecture de la sécurité, les données sécurisées et la gestion du cycle de vie du système et, le cas échéant, le cryptage et sa gestion ;

b) la sécurité physique et environnementale, c'est-à-dire la disponibilité d'un ensemble de mesures destinées à protéger la sécurité du réseau et des systèmes d'information des fournisseurs de service numérique contre les dommages par le recours à une approche globale des risques englobant par exemple les défaillances du système, l'erreur humaine, les actes malveillants ou les phénomènes naturels ;

c) la sécurité de l'approvisionnement, c'est-à-dire la mise en place et le maintien de politiques appropriées afin d'assurer l'accessibilité et, le cas échéant, la traçabilité des produits indispensables à la fourniture des services ;

d) le contrôle de l'accès aux réseaux et systèmes d'information, c'est-à-dire la disponibilité d'une série de mesures visant à garantir que l'accès physique et logique aux réseaux et aux systèmes d'information, y compris la sécurité administrative de ceux-ci, est autorisé et limité en fonction d'exigences commerciales et de sécurité ;

2. En ce qui concerne la gestion des incidents visée à l'article 16, paragraphe 1, point b), de la directive (UE) 2016/1148, les mesures prises par le fournisseur de service numérique comprennent :

a) des processus et procédures de détection maintenus et contrôlés afin d'assurer en temps voulu la bonne connaissance des événements anormaux ;

b) des processus et politiques sur le signalement des incidents et sur les faiblesses et vulnérabilités décelées dans son système d'information ;

c) une réponse conforme aux procédures établies et la communication des résultats des mesures prises ;

d) une évaluation de la gravité de l'incident, documentant les connaissances issues de l'analyse de l'incident et la collecte d'informations pertinentes pouvant servir de preuves et soutenir un processus d'amélioration continue.

3. La gestion de la continuité des activités, visée à l'article 16, paragraphe 1, point c), de la directive (UE) 2016/1148 est la capacité d'une organisation à maintenir ou, le cas échéant, rétablir la prestation de services à des niveaux acceptables et préalablement définis après un incident disruptif. Elle comprend les éléments suivants :

a) la mise en place et l'utilisation de plans d'urgence, sur la base d'une analyse des répercussions sur l'activité, pour assurer la continuité des services fournis par les fournisseurs de service numérique, qui doivent être évalués et testés régulièrement, par exemple au moyen d'exercices ;

b) des dispositifs de rétablissement après sinistre qui doivent être évalués et testés régulièrement, par exemple au moyen d'exercices.

4. Le suivi, l'audit et le contrôle visés à l'article 16, paragraphe 1, point d), de la directive (UE) 2016/1148 incluent la création et le maintien de politiques dans les domaines suivants :

a) la réalisation d'une séquence planifiée d'observations ou de mesures afin de vérifier si les réseaux et les systèmes d'information fonctionnent comme prévu ;

b) l'inspection et la vérification afin de vérifier si une norme ou un ensemble de lignes directrices est suivi, si les rapports sont exacts, et si les objectifs d'efficacité et d'efficience sont atteints ;

c) un processus destiné à révéler les failles dans les mécanismes de sécurité d'un réseau et d'un système informatique, qui protègent les données et maintiennent la fonctionnalité de la manière prévue. Ce processus inclut des procédés techniques et du personnel participant à l'exploitation.

5. Les normes internationales visées à l'article 16, paragraphe 1, point e), de la directive (UE) 2016/1148 sont les normes adoptées par un organisme international de normalisation tel que visé à l'article 2, paragraphe 1, point a), du règlement (UE) n° 1025/2012 du Parlement européen et du Conseil *[du 25 oct. 2012 relatif à la normalisation européenne]*. Conformément à l'article 19 de la directive (UE) 2016/1148, des normes européennes ou internationalement reconnues et des spécifications pertinentes pour la sécurité des réseaux et des systèmes d'information, y compris des normes nationales existantes, peuvent également être utilisées.

6. Les fournisseurs de service numérique veillent à mettre la documentation adéquate à la disposition de l'autorité compétente afin que cette dernière puisse vérifier le respect des éléments de sécurité énumérés aux paragraphes 1, 2, 3, 4 et 5.

Art. 3 *Paramètres à prendre en compte pour déterminer si l'impact d'un incident est significatif.* 1. En ce qui concerne le nombre d'utilisateurs touchés par un incident, en particulier ceux qui recourent au service pour la fourniture de leurs propres services, visé à l'article 16, paragraphe 4, point a), de la directive (UE) 2016/1148, le fournisseur de service numérique est en mesure de procéder à une estimation de l'une des deux manières suivantes :

a) le nombre de personnes physiques et morales affectées avec lesquelles un contrat de prestation de service a été conclu ; ou

b) le nombre d'utilisateurs affectés ayant utilisé le service sur la base, notamment, de précédentes données relatives au trafic.

2. La durée de l'incident visée à l'article 16, paragraphe 4, point b), est la période qui s'écoule entre la perturbation de la bonne prestation du service en termes de disponibilité, d'authenticité, d'intégrité ou de confidentialité jusqu'au moment de son rétablissement.

3. En ce qui concerne la portée géographique eu égard à la zone touchée par l'incident visée à l'article 16, paragraphe 4, point c), de la directive (UE) 2016/1148, le fournisseur de service numérique est en mesure de déterminer si l'incident affecte la fourniture de ses services dans des États membres donnés.

4. La gravité de la perturbation du fonctionnement du service visée à l'article 16, paragraphe 4, point d), de la directive (UE) 2016/1148 est mesurée en fonction d'une ou plusieurs des caractéristiques suivantes affectées par un incident : la disponibilité, l'authenticité, l'intégrité ou la confidentialité des données ou des services connexes.

5. En ce qui concerne l'ampleur de l'impact sur les fonctions économiques et sociétales visée à l'article 16, paragraphe 4, point e), de la directive (UE) 2016/1148, le fournisseur de service numérique est en mesure de déterminer, sur la base d'indications telles que la nature de ses relations contractuelles avec le client ou, le cas échéant, le nombre potentiel d'utilisateurs touchés, si l'incident a causé d'importants préjudices matériels ou moraux aux utilisateurs, notamment en ce qui concerne la santé, la sécurité ou les dommages causés aux biens.

6. Aux fins des paragraphes 1, 2, 3, 4 et 5, le fournisseur de service numérique ne doit pas être tenu de recueillir des informations supplémentaires auxquelles il n'a pas accès.

Art. 4 *Impact significatif d'un incident.* 1. Un incident est considéré comme ayant un impact significatif si au moins l'une des situations suivantes s'est présentée :

a) le service fourni par un fournisseur de service numérique a été indisponible pendant plus de 5 000 000 heures-utilisateur, une heure-utilisateur correspondant au nombre d'utilisateurs affectés dans l'Union pendant une durée de soixante minutes ;

b) l'incident a entraîné une perte de l'intégrité, de l'authenticité ou de la confidentialité des données stockées, transmises ou transformées ou des services connexes offerts ou accessibles par l'intermédiaire d'un réseau et d'un système informatique du fournisseur de service numérique, qui a touché plus de 100 000 utilisateurs dans l'Union ;

c) l'incident a engendré un risque pour la sécurité ou la sûreté publiques ou a entraîné un décès ;

d) l'incident a causé un préjudice matériel à au moins un utilisateur dans l'Union dès lors que le préjudice causé à cet utilisateur dépasse 1 000 000 EUR.

2. Compte tenu des meilleures pratiques recueillies par le groupe de coopération dans l'exercice des tâches qui lui sont confiées par l'article 11, paragraphe 3, de la directive (UE) 2016/1148 et des discussions visées à l'article 11, paragraphe 3, point m), de ladite directive, la Commission peut revoir les seuils fixés au paragraphe 1.

Art. 5 *Entrée en vigueur.* 1. Le présent règlement entre en vigueur le vingtième jour suivant celui de sa publication au *Journal officiel de l'Union européenne [JOUE L 26 du 31 janv. 2018]*.

2. Il est applicable à compter du 10 mai 2018.

III RÈGLES INTERNATIONALES

BIBL. GÉN. ▶ **Ouvrages** : Cot et Pellet (dir.), La Charte des Nations unies : commentaire article par article, *Économica, 2005.* – Daillier, Forteau et Pellet, Droit international public, *LGDJ, 2009.* – SFDI, Internet et le droit international, *Pedone, 2014.* – Tsagourias et Buchan (eds), *Research Handbook of International Law and Cyberspace, EE Publishers, 2015.* – Bannelier et Christakis, Cyberattaques-Prévention-Réactions : rôles des États et des acteurs privés, *Les Cahiers de la Revue Défense Nationale, 2017.* – Kittichaisaree, *Public International Law of Cyberspace, Springer, 2017.* – Buchan, *Cyber Espionage and International Law, Hart Publishing, 2018.* – Reed et Murray, *Rethinking the Jurisprudence of Cyberspace, EE Publishers, 2018.* – Grange et Norodom (dir.), Cyberattaques et droit international : problèmes choisis, *Pedone, 2019.* – David, Principes de droit des conflits armés, *Bruylant, 6e éd., 2019.* – Corten, Le droit contre la guerre, *Pedone, 2020.* – Delerue, *Cyber operations and international law, Cambridge, 2020.* – Norodom, Approches culturelles de la cybersécurité, *in* TransEuropeExperts, *L'Europe de la cybersécurité. Pour une liberté sécurisée, 2020.* – Schmitt, *Cybersecurity and International Law, OUP, 2021.*

▶ **Articles** : Simonet, *AFDI 2012. 117* (l'usage de la force dans le cyberespace et le droit international). – Tsagourias, *Journal of Conflict & Security Law, 2012 (cyber attacks, self-dence and the problem of attribution).* – Géry, *INA Global, 2016* (que peut le droit international contre les cyberarmes ?). – Bannelier, *RBDI 2017/2* (obligation de diligence dans le cyberespace : qui a peur de la cyberdiligence ?) ; *AFDI, 2018* (rien que la *Lex Lata* ? Étude critique du Manuel de Tallinn 2.0 sur le droit international applicable aux cyberopérations). – Finnemore et Hollis, *EJIL, 2020 (beyond naming and shaming : accusations and international law in cybersecurity).* – Desforges et Gery, *Lawfare blog, 12 oct. 2021 (France doesn't do public attribution of cyberattacks. but it gets close).*

▶ **Rapports et livres blancs** : CCD COE, *Tallinn Manual 2.0 on the international law applicable to cyber operations, Cambridge University Press, 2017.* – SGDSN, L'affirmation d'une nouvelle ambition pour la France dans la cyberdéfense, *Revue stratégique de cyberdéfense, 12 févr. 2018.* – *Global commission on the stability of cyberspace, Advancing cyberstability, Final report, nov. 2019.* – Ministère des armées, Droit international applicable aux opérations dans le cyberespace, *9 sept. 2019.* – CCD COE, *Tallinn manual on the international law applicable to cyber warfare, Cambridge University Press, 2e éd., 2020.*

COMMENTAIRE

Introduction. Une des idées communément véhiculées au sujet du cyberespace, et particulièrement en droit international, est que celui-ci serait un espace de non-droit. Cette idée, totalement fausse, vient sans doute du fait qu'il n'existe aucun traité de portée universelle sur les activités numériques, tout au plus peut être mentionnée la convention du Conseil de l'Europe contre la cybercriminalité (V. Livre II, III. Règles internationales, *supra*), qui ne traite que d'un aspect de la cybersécurité.

Pourtant, force est de constater qu'il existe une multitude de textes de droit international susceptibles de s'appliquer au cyberespace. Ne seront traités ici que les textes pertinents au regard de la thématique du code : la cybersécurité. Deux remarques préalables toutefois. Tout d'abord, s'il n'y a pas d'accord international à portée universelle sur l'ensemble des thématiques du numérique ou même sur la cybersécurité, les projets ne manquent pas, qu'ils soient à l'initiative d'un ou plusieurs États ou d'organisations internationales. Ensuite, la valeur juridique de ces centaines de textes varie et c'est sans doute l'absence d'accord international qui explique la profusion des textes, toutes valeur juridique et portée normative confondues.

Justification du choix des textes. A côté des sources de droit international classiques (traités, coutume, principes généraux de droit), on trouve une multitude de textes à portée normative, sans que leurs effets soient juridiquement obligatoires, qui vont du simple rapport ou lignes directrices aux actes unilatéraux ou au droit dérivé des organes des organisations internationales en passant par des actes concertés non conventionnels. Bien que portant tous sur la cybersécurité internationale, il était impossible de rendre compte de ces plus de six cents textes. Il a donc fallu opérer un choix, celui d'abord de privilégier les instruments obligatoires mais également de faire état des textes qui, sans être obligatoires, sont incontournables dans le domaine de la cybersécurité internationale. N'ont été sélectionnés que les textes susceptibles de s'appliquer à la France, ce qui a conduit à exclure les textes de portée régionale non européens ou les stratégies nationales autres que françaises.

Pourquoi ne pas se limiter aux textes obligatoires ? Il n'est possible d'engager la responsabilité de l'État que si il lui est imputable un fait internationalement illicite, c'est-à-dire lorsqu'il viole une de ses obligations internationales. Adopter cette approche nous aurait conduit à présenter uniquement des textes de droit international général ayant vocation à s'appliquer au cyberespace dans un contexte de sécurité. Cette logique reste conforme au consensus auquel sont parvenus les États au sein du Groupe d'experts gouvernementaux des Nations unies en 2015 de reconnaître l'applicabilité du droit international au cyberespace. Se limiter à la présentation de ces textes n'aurait toutefois pas permis de rendre compte de la profusion des textes, de la diversité des producteurs de normes en matière de cybersécurité internationale ainsi que de la multiplicité des sources. Ce dépassement de la théorie classique des sources du droit international correspond à la logique de production normative dans le domaine de la cybersécurité internationale.

Présentation des textes. Une fois ce choix éditorial opéré, il paraissait nécessaire d'adopter une approche la plus claire et lisible possible. Nous présentons d'abord les sources classiques du droit international, traités puis coutume, pour ensuite aborder le droit dérivé des organisations internationales, c'est-à-dire l'ensemble des actes adoptés par les organes des organisations internationales applicables dans le domaine de la cybersécurité internationale. Là encore, il n'est pas possible d'avoir un recensement exhaustif de tous les instruments produits. Mais l'objectif est d'offrir un aperçu suffisamment complet des organisations impliquées dans ce domaine. Il appartiendra ensuite au lecteur d'approfondir ses recherches sur les sites des organisations dédiées à ces questions. A la suite de ces premiers blocs de textes viennent les textes de droit souple, hors résolutions, les guides de bonnes pratiques et lignes directrices produites à destination des États et la doctrine du Ministère français des armées sur le droit international applicable au cyberespace.

Deux façon d'aborder ces textes. Cette présentation des textes par les sources permet de présenter un état de l'art du droit international en matière de cybersécurité. Cette lecture linéaire s'adresse au lecteur, qui n'a pas la volonté d'accomplir de recherches spécifiques, ni aucune connaissance précise sur le sujet. Elle lui donnera un aperçu de la construction du droit international dans ce domaine.

Il y a toutefois une autre manière d'aborder ces textes, par le système des renvois, afin de permettre au lecteur, qui rencontrerait une difficulté concrète sur un sujet particulier (par ex : la sécurité des infrastructures critiques et notamment celle des câbles sous-marins), de trouver le texte de droit international correspondant au problème de droit auquel il doit répondre. Même si la solution à ce problème est à trouver en droit interne, la référence au droit international lui permettra de préciser son raisonnement.

I. TRAITÉS

Le traité ou l'accord international, défini à l'article 2 de la convention de Vienne de 1969 sur le droit des traités comme « l'accord international conclu par écrit entre États et régi par le droit international, qu'il soit consigné dans un instrument unique ou dans deux ou plusieurs instruments connexes, et quelle que soit sa dénomination particulière », constitue aujourd'hui la source de droit international privilégiée parce qu'il s'agit d'un document écrit et obligatoire, assurant la plus grande sécurité juridique.

A. TRAITÉS PORTANT SUR LE NUMÉRIQUE

Il n'existe aucun traité portant sur le numérique de manière générale et seule la convention du Conseil de l'Europe contre la cybercriminalité, dite "convention de Budapest" (V. Livre II, III. Règles internationales, *supra*), aborde la question de la cybersécurité, sous le seul angle de la cybercriminalité. Il faut également mentionner le protocole additionnel à la convention sur la cybercriminalité relatif à l'incrimination d'actes de nature raciste et xénophobe commis par le biais de systèmes informatiques (*eod. loc.*). Il ne s'agit pas de revenir sur chacune des dispositions de ces conventions mais d'en proposer une présentation générale. Des renvois pourront être effectués au sein des autres livres sur des infractions particulières.

Convention de Budapest du 23 novembre 2001 contre la cybercriminalité. Seul traité international portant spécifiquement sur le cyberespace, cette convention, entrée en vigueur le 1er juillet 2004, est une convention de coopération judiciaire et policière classique, qui ne vise pas à créer des infractions internationales mais à harmoniser les définitions de ces infractions au niveau national et encourager la coopération internationale entre les États parties. Elle a été suivie d'un premier protocole additionnel signé le 28 janvier 2002 relatif à l'incrimination d'actes de nature raciste et xénophobe commis par le biais de systèmes informatiques, entré en vigueur le 1er mai 2008. La convention compte actuellement 66 États parties : 45 États membres du Conseil de l'Europe (la Russie et l'Irlande n'ayant pas ratifié la convention) et 21 États non membres, invités formellement par le Comité des ministres du Conseil de l'Europe.

Consécutivement, la convention, après avoir exposé quatre définitions sommaires à son article 1er (système informatique, données informatiques, fournisseur de services et données relatives au trafic), se concentre sur les mesures à prendre au niveau national (chapitre II) et sur la coopération internationale (chapitre III). Le chapitre II se divise en deux sections. La première est consacrée au droit pénal matériel, dans laquelle la convention prévoit l'incrimination des actes de cybercriminalité, qui couvre aussi bien la criminalité classique transposée au cyberespace, qualifiée d'infractions se rapportant au contenu (pédopornographie, atteintes à la propriété intellectuelle), que la criminalité propre au cyberespace (accès illégal, atteinte à l'intégrité des données et du système informatique, infractions informatiques telles que la fraude informatique). La seconde section porte sur le droit procédural spécifique aux données : conservation rapide de données informatiques stockées, perquisition et saisie, collecte en temps réel. Ces outils de droit procédural visent à améliorer l'efficacité des enquêtes en matière de cybercriminalité et à faciliter l'obtention de preuves électroniques, qui constituent l'un des enjeux majeurs actuels. Le renforcement de la coopération internationale et de la divulgation de preuves électroniques est d'ailleurs l'objet du second protocole additionnel à la convention, adopté le 17 novembre 2021 mais non encore entré en vigueur. On retrouve dans le chapitre III de la convention les procédures de coopération internationale pénale classiques, telles que l'extradition et l'entraide, partiellement adaptées au contexte numérique.

B. TRAITÉS NE PORTANT PAS SUR LE NUMÉRIQUE

Les traités ayant vocation à s'appliquer au cyberespace et à concerner des questions de cybersécurité, sans que celles-ci constituent leur objet, sont finalement assez nombreux. Ils seront présentés en fonction de leur champ d'application, universel (1°) puis régional (2°). Une place particulière sera faite aux traités portant sur deux branches spécifiques du droit international : les espaces internationaux (3°) et les droits de l'homme (4°).

Ces traités ayant un objet autre que le numérique, toutes leurs dispositions, bien qu'applicables au cyberespace, ne sont pas nécessairement pertinentes en matière de cybersécurité. C'est la raison pour laquelle seront commentées les dispositions conventionnelles utiles pour ce domaine.

1° TRAITÉS À VOCATION UNIVERSELLE

Charte des Nations unies du 26 juin 1945. Entré en vigueur le 24 octobre 1945, l'acte constitutif de l'Organisation des Nations unies, organisation qui rassemble aujourd'hui 193 États membres, vise à établir un ordre international dédié à la paix et la sécurité internationales. C'est la raison pour laquelle plusieurs de ses dispositions sont pertinentes lorsqu'il s'agit de traiter de la cybersécurité internationale (V. art. 2, 33, 39 à 42, 51, et le comm., *infra*).

Conventions de Vienne sur les relations diplomatiques du 18 avril 1961, et sur les relations consulaires du 24 avril 1963. Parmi leurs dispositions, certaines soulignent la protection qui est accordée par le droit international aux locaux diplomatiques et consulaires, aux archives et documents (y compris numériques) qui y sont stockés et aux communications impliquant des agents, personnels ou chefs de corps diplomatiques et consulaires (V. *infra*).

Constitution de l'Union internationale des télécommunications du 22 décembre 1992. Le mandat de l'UIT, consacré aux télécommunications et aux technologies de l'information et de la communication, amène l'organisation, notamment, à élaborer des normes techniques destinées à favoriser l'interconnexion des réseaux et technologies et à en assurer l'intégrité (V. *infra*).

Conventions internationales de lutte contre le terrorisme. Il n'existe pas en droit international de définition communément admise du terrorisme et encore moins d'instrument visant spécifiquement des actes de « cyberterrorisme ». Une série de traités à vocation universelle ou régionale, générale ou sectorielle, pour la plupart négociés dans le cadre des Nations unies durant la seconde moitié du XXe siècle, permettent toutefois d'appréhender la notion de terrorisme de façon transversale. Ces instruments conventionnels portant sur des infractions spécifiques et leurs caractéristiques, telles que la prise d'otages, la capture illicite d'aéronefs et de navires ou les attentats à l'explosif. Parmi la vingtaine d'instruments existants, aucun ne définit précisément le terrorisme mais des caractéristiques communes se dégagent, lesquelles permettent d'envisager que des cyberattaques puissent relever de leur champ d'application matérielle. Ainsi, la majorité de ces instruments incriminent des actes de violence, lesquels sont destinés à terroriser, contraindre ou intimider gouvernements ou populations (pour les amener à adopter un comportement ou à s'en abstenir), sans que l'identification de motifs politiques, idéologiques ou religieux ne constitue un critère décisif.

Dans la mesure où de nombreuses conventions visent notamment les actes de sabotage ou de destruction d'infrastructures, elles pourraient en pratique être invoquées lorsque des comportements correspondant au faisceau d'indices susmentionné concernant des systèmes informatiques ou des infrastructures critiques.

Citons, notamment, au titres de instruments juridique : la convention pour la répression de la capture illicite d'aéronefs du 16 décembre 1970, la convention pour la répression d'actes illicites dirigés contre la sécurité de l'aviation civile du 22 mars 1971, la convention pour la répression d'actes illicites contre la sécurité de la navigation maritime du 10 mars 1988, la convention internationale pour la répression des attentats terroristes à l'explosif du 15 décembre 1997 et la convention internationale pour la répression du financement du terrorisme du 9 décembre 1999.

Convention des Nations unies contre la criminalité transnationale organisée du 15 novembre 2000. Entrée en vigueur le 29 septembre 2003, la convention de Palerme est complétée par trois protocoles (visant à prévenir, réprimer et punir la traite des personnes, en particulier des femmes et des enfants ; contre le trafic illicite de migrants par terre, air et mer ; contre la fabrication et le trafic illicites d'armes à feu). La criminalité transnationale organisée est largement facilitée par les technologies numériques, c'est la raison pour laquelle ce texte est pertinent pour lutter internationalement contre l'insécurité numérique. Tout comme la convention sur la cybercriminalité de 2001 (V. Livre II, III. Règles internationales, *supra*), il s'agit d'une convention de coopération pénale par laquelle les États parties s'engagent à prendre une série de mesures au niveau national (la reconnaissance de certains délits en tant qu'infraction pénale, tels que la participation à un groupe criminel organisé, le blanchiment d'argent, la corruption) et à favoriser la coopération (extradition, entraide mutuelle en matière pénale, coopération policière). Bien que ces dispositions ne soient pas spécifiques au contexte numérique, elles ont vocation à s'appliquer au cyberespace, qui constitue de plus en plus un espace privilégié de réalisation de ce type de criminalité.

2° TRAITÉS À VOCATION RÉGIONALE

Traité de l'Atlantique Nord du 4 avril 1949. Les plans d'action adoptés par l'OTAN en la matière lui ont permis d'affirmer à plusieurs reprises que son mandat défensif, visé notamment à l'article 5 (V. *infra*), s'exerce dans le cyberespace.

3° TRAITÉS PORTANT SUR DES ESPACES INTERNATIONAUX

Parce que le cyberespace est une nouvelle manière d'appréhender l'espace, les traités relatifs au droit international des espaces apparaissent particulièrement pertinents pour réguler les activités numériques. Par droit des espaces internationaux, on entend le droit de la mer, le droit aérien et le droit de l'espace extra atmosphérique. Chacun de ces espaces a donné lieu à l'adoption d'une ou plusieurs conventions internationales, dont seules les dispositions pertinentes au regard de la cybersécurité seront ici mentionnées.

Il en va notamment ainsi de l'article 113 de la **Convention des Nations unies sur le droit de la mer** du 10 décembre 1982 (V. *infra*), des articles III et IV du **Traité sur les principes régissant les activités des États en matière d'exploration et d'uti-**

lisation de l'espace extra-atmosphérique, y compris la Lune et les autres corps célestes, du 27 janvier 1967 (V. *infra*).

4° TRAITÉS RELATIFS AUX DROITS DE L'HOMME

Les textes relatifs aux droits de l'homme sont particulièrement pertinents lorsqu'on adopte une définition large de la cybersécurité, qui ne se limite pas aux cyberopérations offensives mais peut inclure les questions de régulation de contenus. Les derniers fora internationaux ont mentionné la question de la désinformation ainsi que les risques de déstabilisation de l'électorat en période d'élections des chefs d'État ou de gouvernement en particulier comme constituant une cybermenace.

A ce titre, le droit international des droits de l'homme offre un cadre réglementaire du contrôle du contenu en ligne. Il en va notamment ainsi des articles 17 et 19 du **Pacte international relatif aux droits civils et politiques** du 16 décembre 1966 (V. *infra*) et des articles 8 et 10 de la **Convention de sauvegarde des droits de l'homme et des libertés fondamentales** du 4 novembre 1950 (V. *infra*).

5° TRAITÉS RELATIFS AU DROIT HUMANITAIRE

Le droit international humanitaire, en tant qu'ensemble de règles cherchant à limiter les effets des conflits armés, est susceptible de s'appliquer dans le contexte de la cybersécurité internationale. Il n'est applicable toutefois qu'en cas de conflit armé. La France a reconnu que la dimension cyber constituait une nouvelle dimension des conflits armés à côté des dimensions terrestre, maritime, aérienne et spatiale (*Revue stratégique de défense et de sécurité nationale de 2017, Revue stratégique de cyberdéfense de 2018*)et leur traduction dans la loi de programmation militaire 2019-2025. Des conflits armés, tels que ceux menés en Géorgie (2008) ou en Ukraine (2022), ont comporté une dimension numérique.

Le droit international humanitaire se compose notamment des quatre conventions de Genève du 12 août 1949 (sur les blessés et malades des forces armées sur terre ; sur les blessés, malades et naufragés des forces armées sur mer ; sur les prisonniers de guerre et sur les personnes civiles) ainsi que de leurs protocoles additionnels du 8 juin 1977 : protocole I relatif à la protection des victimes des conflits armés internationaux (Prot. add. I) et protocole II relatif à la protection des victimes des conflits armés non internationaux (Prot. add. II). Cet ensemble de textes vise à protéger les personnes qui ne participent pas ou plus aux hostilités.

On trouve également dans le droit encadrant les conflits armés, le droit de la guerre à proprement parler, qui désigne l'ensemble des règles que doivent respecter les belligérants dans la conduite des hostilités. Ce *jus in bello* est composé pour l'essentiel des conventions de la Haye de 1899 et 1907.

Il ressort de l'ensemble de ces textes deux grands principes susceptibles d'encadrer les hostilités, qu'elles aient lieu dans le monde réel ou dans le monde virtuel : le principe de distinction et le principe de proportionnalité (V. Protocole additionnel du 8 juin 1977, *infra*).

II. RÈGLES ET PRINCIPES COUTUMIERS

Comme l'a rappelé la Cour internationale de justice dans un arrêt *Activités militaires et paramilitaires au Nicaragua* et contre celui-ci (CIJ 26 juin 1986 : *Recueil CIJ 1986, p. 83, § 174*), l'existence d'une norme conventionnelle ne fait pas disparaître la norme coutumière. Celles-ci peuvent donc coexister. Une même norme peut ainsi être contenue dans plusieurs sources, conventionnelle ou coutumière.

L'intérêt de cette existence parallèle est de deux ordres. Tout d'abord, la règle conventionnelle est opposable uniquement aux États parties à la convention alors que la norme coutumière est opposable à tous les États, à l'exception des objecteurs persistants. Ensuite, le contenu de la norme peut être légèrement différent, voire plus précis, c'est le cas de la norme coutumière de la légitime défense qui exige que celle-ci soit nécessaire et proportionnelle, ce que ne fait pas l'article 51 de la Charte des Nations unies.

Parmi ces principes, mentionnons la **souveraineté** (V. *infra*, Charte des Nations unies), l'**immunité** (V. *infra*, conventions de Vienne sur les relations diplomatiques et sur les relations consulaires), la **légitime défense** (V. *infra*, Charte des Nations unies).

Obligation de due diligence ou diligence requise. En vertu de ce principe, les États ne doivent pas « permettre sciemment que leur territoire soit utilisé pour commettre des faits internationalement illicites à l'aide des technologiques de l'information et des communications » (Rapport du Groupe d'experts gouvernementaux chargé d'examiner les progrès de l'informatique et des télécommunications dans le contexte de la sécurité internationale, A/70/174, 22 juill. 2015, § 13c), comprenant des actes portant atteinte à l'intégrité territoriale ou à la souveraineté des États (CIJ 24 mai 1980 : *CIJ Rec. 1980*). Les États doivent prendre les mesures nécessaires pour empêcher que les acteurs non étatiques utilisent leur territoire, leurs systèmes informatiques ou leurs infrastructures à des fins malveillantes et pour faire cesser ces actes illicites lorsqu'ils en ont connaissance. La France a d'ailleurs précisé sur ce point qu'elle refusait de reconnaître l'approche extensive de la légitime défense « qui autorise un État victime d'une cyberattaque de grande ampleur perpétrée depuis le territoire d'un État tiers par des acteurs non étatiques à faire usage de la légitime défense à l'encontre de cet État » (Ministère des Armées, Droit international appliqué aux opérations dans le cyberespace, 2019, p. 10).

III. DROIT DÉRIVÉ

Le droit dérivé des organisations internationales désigne le droit produit par les organes des organisations internationales. Il peut être de portée interne ou externe, ayant des effets obligatoires (décisions) ou non (recommandations). Le terme générique de « résolution » est souvent utilisé pour désigner ces actes unilatéraux, sans préjuger de leur caractère obligatoire. Une lecture de l'acte constitutif de l'organisation internationale permet de définir la portée juridique de ces actes unilatéraux de droit dérivé, de savoir si l'organe producteur de ces résolutions dispose de la compétence pour produire des actes obligatoires et si les États membres sont tenus de les respecter. Le droit dérivé, produit ainsi sur le fondement du droit primaire de l'organisation, doit être conforme à celui-ci.

Les organisations internationales produisent un nombre très important d'actes de droit dérivé susceptibles de s'appliquer à la cybersécurité internationale. Pour des raisons de clarté, le choix a été fait de présenter ces instruments eu égard à l'auteur des actes. On distinguera ainsi les actes de droit dérivé produit par l'ONU et ceux produits par d'autres organisations internationales.

A. DROIT DÉRIVÉ PRODUIT PAR L'ONU

Un certain nombre de résolutions de l'Assemblée générale des Nations unies apparaissent pertinentes en matière de cybersécurité internationale. Il faut différencier ici celles qui relèvent du droit international général et celles propres au droit international de la cybersécurité.

1° DROIT INTERNATIONAL GÉNÉRAL : LA RESPONSABILITÉ INTERNATIONALE DES ÉTATS ET DES ORGANISATIONS INTERNATIONALES

En vertu de l'article 13, § 1.a de la Charte des Nations unies, l'Assemblée générale « fait des recommandations en vue d'(...) encourager le développement progressif du droit international et sa codification ». Elle a créé sur ce fondement la Commission du droit international (CDI) qui produit des projets de convention ou de conclusion sur divers sujets du droit international. À ce titre, la CDI a produit un projet d'articles sur la responsabilité de l'État pour fait internationalement illicite (ainsi qu'un autre sur la responsabilité des organisations internationales calqué sur le modèle du premier) qui codifie les règles de droit international en la matière. Ce projet a été annexé à une résolution de l'Assemblée générale 56/83 du 12 décembre 2011. Bien que ne portant pas directement sur la cybersécurité internationale, ces « Articles sur la responsabilité de l'État pour fait internationalement illicite » (AREFII) sont incontournables en ce qu'ils fixent les conditions de mise en œuvre de la responsabilité internationale de l'État : l'existence d'un fait internationalement illicite, c'est-à-dire la violation d'une obligation internationale, imputable à l'État (art. 2). Il n'est pas possible dans le cadre de ce code d'analyser l'ensemble des dispositions du projet d'articles mais une présentation générale permettra d'en souligner la pertinence dans le domaine de la cybersécurité internationale.

Ces AREFII donnent des indications, reprises par la Cour internationale de justice, notamment, et par les États, sur les conditions d'attribution d'un comportement à l'État, question particulièrement discutée dans le domaine de la cybersécurité internationale.

Ainsi, la responsabilité de l'État pourra être engagée en cas de cyberattaque si celle-ci est constitutive d'une violation d'une obligation internationale, à condition que cette violation soit le fait d'un organe de l'État (art. 4), d'une entité exerçant des prérogatives de puissance publique (art. 5), d'un organe mis à la disposition de l'État par un autre État (art. 6), d'une personne agissant sur les instructions ou sous le contrôle de cet État (art. 8) ou encore si ce comportement est reconnu et adopté par l'État comme étant le sien (art. 11). Ces dispositions sont particulièrement importantes afin d'engager la responsabilité internationale de l'État pour le comportement d'entités privées, tels que ceux de *hackers* par exemple, à condition de démontrer l'existence d'un lien entre eux et l'État.

Les AREFII exposent également les conditions dans lesquelles un fait peut être qualifié d'internationalement illicite et les circonstances dans lesquelles cette illicéité est exclue : le consentement de l'État à la commission par un autre État d'un fait initialement illicite (art. 20), la légitime défense (art. 21), les contre-mesures (art. 22), la force majeure (art. 23), la détresse (art. 24) et la nécessité (art. 25). Un État pourrait ainsi, au titre des contre-mesures, réaliser une cyberopération illicite sans voir sa responsabilité engagée.

Les AREFII présentent également les conséquences juridiques du fait internationalement illicite. L'État tenu pour responsable a une obligation de cessation du fait illicite et celle d'offrir à l'État lésé des garanties de non-répétition (art. 30), il doit également réparer intégralement le préjudice causé par le fait internationalement illicite (art. 31). Le chapitre II de la partie II des AREFII précise les différentes formes de réparation du préjudice : la restitution (art. 35), l'indemnisation si le dommage n'est pas réparé par la restitution (art. 36) et la satisfaction dans la mesure où le dommage ne peut être réparé par la restitution ou l'indemnisation (art. 37).

Enfin la troisième partie des AREFII porte sur les conditions de mise en œuvre de cette responsabilité, par l'État lésé (art. 42) ou, dans certaines circonstances, par l'État autre que l'État lésé (art. 48).

2° DROIT INTERNATIONAL DE LA CYBERSÉCURITÉ

Le droit dérivé de l'ONU portant plus spécifiquement sur la cybersécurité internationale s'est considérablement développé. Il est le fruit principalement de l'Assemblée générale, même si le Conseil de sécurité s'est saisi du sujet plus récemment. Pour l'essentiel, ces résolutions font état des débats interétatiques qui ont lieu au sein des Nations unies, identifient progressivement les enjeux juridiques et sécuritaires du sujet et mettent en place divers comités pour faire progresser la réflexion sur l'élaboration de règles, normes et principes de comportement responsable.

L'Assemblée générale des Nations unies a adopté une série de résolutions portant sur différents thèmes en lien avec la cybersécurité internationale, qui insistent sur la dimension ambivalente des technologies de l'information et de la communication, constituant à la fois un progrès et un risque pour la société.

On peut citer la résolution 68/167 sur « le droit à la vie privée à l'ère numérique », adoptée le 18 décembre 2013 à la suite de l'affaire *Snowden* qui, tout en reconnaissant l'intérêt des TIC, note que la surveillance numérique par les pouvoirs publics, les entreprises et les particuliers « peut constituer une violation ou un cas de non-respect des droits de l'homme et notamment du droit à la vie privée » (préambule). Elle affirme clairement, dans son paragraphe 3, que « les droits dont les personnes jouissent hors ligne doivent également être protégées en ligne, y compris le droit à la vie privée » et invite les États à prendre toutes les mesures nécessaires pour faire cesser et prévenir les violations de ces droits (§ 4). Cette résolution, par la réaffirmation des droits de l'homme, est utile à la fois à l'égard de la surveillance numérique opérée par les États et les acteurs privés mais également pour rappeler aux États leurs obligations de protection des droits à l'égard d'éventuelles intrusions étrangères (V. *infra*, Convention de sauvegarde des droits de l'homme du 4 nov. 1950).

Depuis la fin des années 1990, l'Assemblée générale adopte chaque année une résolution sur « les progrès de l'informatique et des télécommunications et la sécurité internationale ». Ces résolutions rappellent le caractère dual (militaire et civil) des TIC, encouragent les progrès de la science et de la technique mais considèrent que ces technologies « risquent d'être utilisées à des fins incompatibles avec le maintien de la stabilité et de la sécurité internationales et de porter atteinte à l'intégrité de l'infrastructure des

États » (préambule). Dans la résolution de 2020, l'Assemblée générale souligne qu'il incombe aux États « au premier chef » de garantir un « environnement numérique sûr et pacifique » (préambule) mais que la coopération internationale serait plus efficace avec des « mécanismes pour la participation du secteur privé, des milieux universitaires et de la société civile ». Dans le cadre de cette gouvernance multi parties prenantes, l'Assemblée générale décide de créer un nouveau Groupe de travail à composition non limitée sur la sécurité du numérique et de son utilisation (2021-2025) qui, à la suite du Groupe de travail à composition non limitée sur les progrès de l'informatique et des télécommunications dans le contexte de la sécurité internationale qui a rendu son rapport final en mars 2021 (A/AC.290/2021/CRP. 2), devra poursuivre l'élaboration des règles, normes et principes de comportement responsable des États ainsi que l'examen des mesures de confiance et de renforcement des capacités des États.

Pour aller plus loin. A/RES/53/70 (1998) ; A/RES/54/49 (1999) ; A/RES/55/28 (2000) ; A/RES/56/19 (2001) ; A/RES/57/53 (2002) ; A/RES/58/32 (2003) ; A/RES/59/61 (2004) ; A/RES/60/45(2005) A/RES/61/54 (2006) ; A/RES/62/17 (2007) ; A/RES/63/37 (2008) ; A/RES/64/25 (2009) ; A/RES/65/41 (2010) ; A/RES/66/24 (2011) ; A/RES/67/27 (2012) ; A/RES/68/243 (2013) ; A/RES/69/28 (2014) ; A/RES/70/237 (2015) ; A/RES/71/28 (2016) ; A/RES/73/27 (2017) ; A/RES/74/29 (2019) ; A/RES/75/240 (2020).

Une autre série de résolutions de l'Assemblée générale est consacrée à la lutte contre l'utilisation (ou l'exploitation) des technologies de l'information et des communications à des fins criminelles. Dans la résolution de 2019, l'Assemblée générale a créé un comité intergouvernemental spécial d'experts à composition non limitée ayant pour mission d'élaborer, d'ici 2024, une convention internationale générale sur la lutte contre l'utilisation des TIC à des fins criminelles, tenant compte des instruments existants et notamment les travaux menés par le Groupe intergouvernemental d'experts à composition non limitée chargé de réaliser une étude approfondie sur la cybercriminalité.

Pour aller plus loin. A/RES/55/63 (2000) ; A/RES/56/121 (2001) ; A/RES/73/287 (2018) ; A/RES/75/282 (2021) ; A/RES/74/247 (2019).

De manière plus générale, l'Assemblée générale a adopté plusieurs résolutions appelant la création d'une culture mondiale de la cybersécurité et la protection des infrastructures essentielles de l'information. Rappelant que « la confiance et la sécurité dans l'utilisation des TIC sont l'un des principaux piliers de la société de l'information » et que « chaque pays déterminera lesquelles de ses infostructures sont essentielles » (préambule), conformément au principe de souveraineté, la résolution 64/211 (2009) souligne la nécessité d'exploiter tout le potentiel des TIC et de combler la fracture numérique. Pour faire face à la menace de plus en plus transnationale, les échanges d'information et les activités de collaboration doivent être renforcés. Elle élabore une méthode d'auto-évaluation volontaire des efforts nationaux visant à protéger les infostructures essentielles, annexée à la résolution, et invite les États membres à l'utiliser. Elle engage également ces États à faire connaître leurs stratégies de cybersécurité et de protection de ces infostructures. La méthode repose sur l'évaluation des besoins, le recensement des parties prenantes intervenant dans le domaine, des mécanismes d'élaboration de politiques et d'activités, de développement de la coopération entre secteurs public et privé. Les États sont également invités à renseigner la manière dont ils gèrent les incidents cyber et à évaluer les cadres juridiques applicables.

Pour aller plus loin. A/RES/57/239 (2002) ; A/RES/58/199 (2003) ; A/RES/64/211 (2009).

Du côté du Conseil de sécurité, la production de droit dérivé est moins importante. On peut toutefois noter l'adoption de la résolution S/RES/2341 (2017) qui traite de la protection des infrastructures critiques dans le cadre de la lutte contre le terrorisme et demande aux États de favoriser l'échange d'informations et la coopération dans ce domaine. Pour la première fois, en juin 2021, le Conseil de sécurité a tenu un débat formel sur la cybersécurité et les risques liés à l'utilisation malveillante des nouvelles technologies. Ce débat a rappelé les oppositions existant entre les États : la Russie et la Chine se sont prononcées en faveur de l'élaboration d'un instrument international contraignant sur les moyens de lutter contre l'utilisation du numérique à des fins criminelles alors que les États-Unis ont rappelé l'application du droit international au cyberespace et l'existence d'un cadre de comportement responsable de l'État défini par le biais du processus du Groupe d'experts gouvernementaux. La France a, quant à elle, appelé à la création d'un programme d'action sur la cybersécurité dans le cadre des Nations unies.

B. DROIT DÉRIVÉ SECTORIEL

De nombreuses organisations internationales à vocation spécialisée ont adopté des actes de droit dérivé consacrés à la cybersécurité dans les domaines des télécommunications, maritime ou financier, et destinés à être mis en œuvre par leurs États membres. Les résolutions adoptées par l'Organisation maritime internationale ou l'Union internationale des télécommunications recommandent par exemple aux États membres d'intégrer la prise en compte des risques cyber à la gestion des activités menées par les opérateurs publics ou privés. L'Organisation pour la coopération et le développement économiques (OCDE) produit des rapports et recommandations soulignant la nécessité pour les États d'investir dans la cybersécurité et la « sécurité numérique » à des fins de croissance économique. L'Organisation internationale de normalisation (ISO), bien qu'elle ne soit pas à proprement parler une organisation intergouvernementale, produit des normes, cadres et lignes directrices destinés à définir les cyber-risques grâce à une variété de spécifications techniques.

Une distinction doit être opérée entre ces instruments et les nombreux guides, bonnes pratiques, lignes directrices dépourvus de force normative et élaborés par des organisations internationales pour sensibiliser les États au risque cyber. Ces derniers ont une portée informative en cela qu'ils tendent à créer une culture mondiale de la cybersécurité et sont généralement le fruit d'une coopération entre les experts d'une pluralité d'organisations intergouvernementales.

Pour aller plus loin. Résolution 50 de l'Assemblée mondiale de normalisation des télécommunications, Cybersécurité (Rév. Hammamet, 2016) ; Résolution 130 de la Conférence de plénipotentiaires, Rôle de l'UIT dans l'instauration de la confiance et de la sécurité dans l'utilisation des technologies de l'information et de la communication (TIC) (Rév. Busan, 2014) ; Résolution 174 de la Conférence de plénipotentiaires, Rôle de l'UIT concernant les questions de politiques publiques internationales ayant trait aux risques d'utilisation des TIC à des fins illicites (Rév. Busan, 2014) ; Résolution MSC.428(98) adoptée par le Comité de la sécurité maritime de l'Organisation maritime internationale, Gestion des cyber-risques maritimes dans le cadre des systèmes de gestion de la sécurité, 2017 ; ISO/IEC TS 27110 :2021, Sécurité de l'information, cybersécurité et protection de la vie privée – Lignes directrices relatives à l'élaboration d'un cadre en matière de cybersécurité, 2021 ; *Encouraging Vulnerability Treatment : Overview for Policy Makers*, Documents de travail de l'OCDE sur l'économie numérique, n° 307, 2021 ; *Encouraging Vulnerability Treatment : Background Report - Responsible Management, Handling and Disclosure of Vulnerabilities*, OCDE, 2021.

IV. DROIT SOUPLE (HORS RÉSOLUTION)

On entend ici par droit souple, l'ensemble des instruments internationaux n'ayant pas de valeur obligatoire, hors résolutions des organisations internationales (V. *supra*, III. Droit dérivé), mais qui peuvent comporter une dimension normative en ce qu'ils indiquent aux États les comportements à suivre. Dans le cadre de cette catégorie large de droit souple pertinent pour la cybersécurité internationale, on distingue les instruments relatifs à la gouvernance de l'Internet, ceux traitant spécifiquement de la cybersécurité au sens large et ceux concernant le contrôle des armes.

A. INSTRUMENTS RELATIFS À LA GOUVERNANCE DE L'INTERNET

Le premier Sommet mondial sur la société de l'information (SMSI), dont la tenue a été approuvée par l'Assemblée générale des Nations unies (A.RES.56/183 (2001)), a produit deux instruments : dans sa première phase, la Déclaration de principes de Genève, accompagnée du Plan d'action de Genève, adoptés le 12 décembre 2003 (WSIS-03/GENEVA/DOC/4-F) et, dans sa seconde phase, l'Engagement et l'Agenda de Tunis pour la société de l'information, adoptés le 18 novembre 2005 (WSIS-05/TUNIS/DOC/6(Rév.1)-F). Ces instruments fixent le cadre de la gouvernance de l'Internet et ce quel que soit le domaine concerné. Ils rappellent l'application des droits de l'homme et notamment de la liberté d'expression, la prise en compte de la fracture numérique et les impératifs de développement des États les plus pauvres dans le domaine numérique.

Parmi les principes fondamentaux de cette gouvernance, énoncés dans la Déclaration de Genève, on trouve l'établissement de la confiance et de la sécurité dans l'utilisation des TIC (§ 35-37). La Déclaration annonce déjà le besoin d'une culture mondiale de la cybersécurité, en évoquant « la protection des données et de la vie privée, tout en améliorant l'accès et les échanges commerciaux » et la nécessité d'éviter l'utilisation des TIC à des fins criminelles ou terroristes « tout en respectant les droits de l'homme ». Ce cadre général est repris et précisé dans l'Agenda de Tunis, dans lequel les parties prenantes (États, secteur privé, société civile, organisations intergouvernementales), s'engagent à « assurer la stabilité et la sécurité de l'Internet en tant que ressource mondiale et à garantir la nécessaire légitimité de sa gouvernance, sur la base de la participation pleine et entière de toutes les parties prenantes, aussi bien des pays développés que des pays en développement, selon leurs rôles et responsabilités respectifs ». La cybersécurité doit être assurée au niveau national et international et l'Agenda insiste plus particulièrement sur la prise en compte des niveaux de développement des États et sur la cybercriminalité.

On retrouve cette même logique multiparties prenantes dans la Déclaration du NetMundial, organisé à l'initiative du Brésil en 2014 après les révélations d'Edward Snowden. Parmi les principes de la gouvernance de l'Internet figure la « sécurité, la stabilité et la résilience de l'internet ». Parce qu'Internet est une ressource mondiale, il doit être sécurisé et seule une coopération forte entre les différentes parties prenantes permettra de faire face aux menaces qui pèsent sur la sécurité et la stabilité d'Internet.

B. INSTRUMENTS RELATIFS À LA CYBERSÉCURITÉ INTERNATIONALE

Plusieurs déclarations ont été adoptées dans le cadre du G7 sur la cybersécurité, dans la lignée des travaux du GEG, appelant à l'application du droit international au cyberespace et l'élaboration de normes de comportement responsable, à l'échange d'informations, au partage de bonnes pratiques, au renforcement de la coopération et des capacités des États mais insistant également sur la promotion de l'économie numérique.

Pour aller plus loin. G7 *Principles and Actions on Cyber*, 26 June 2016 ; G7 *Fundamental Elements of Cybersecurity for the Financial Sector*, 11 October 2016 ; *Lucca Declaration on Responsible States Behavior in Cyberspace*, 11 April 2017 ; Déclaration de Dinard sur l'initiative pour des normes dans le cyberespace, 5 avril 2019.

La France a également été à l'initiative de deux Appels :

• *L'Appel de Paris pour la confiance et la sécurité dans le cyberespace* (12 nov. 2018) vise à réunir l'ensemble des acteurs du cyberespace (États, secteur privé, société civile, monde académique) autour de neuf principes communs de sécurisation du cyberespace : protéger les individus et les infrastructures ; protéger l'internet ; défendre les processus électoraux ; défendre la propriété intellectuelle ; empêcher la prolifération de logiciels malveillants ; accroître la sécurité des processus, produits et services numériques tout au long de leur cycle de vie ; développer l'hygiène informatique ; empêcher la cyber-riposte privée ; favoriser une large acceptation et la mise en œuvre de normes internationales de comportement responsable ainsi que de mesures de développement de la confiance dans le cyberespace. Chacun de ces principes est décliné autour d'objectifs et de mesures concrètes de mise en œuvre. Des groupes de travail ont été mis en place pour assurer le développement et le suivi de l'application de ces principes auprès des différents soutiens à l'Appel. La concrétisation de cet instrument non contraignant lui permet d'acquérir progressivement une certaine effectivité.

• Avec la Nouvelle-Zélande, la France a initié *l'Appel de Christchurch pour supprimer les contenus terroristes et extrémistes violents en ligne* (15 mai 2019). Cet Appel énonce un certain nombre d'engagements, purement formels, des États pour renforcer le cadre juridique applicable et des fournisseurs de services en ligne pour améliorer la transparence de la gestion des contenus violents. Contrairement à l'Appel de Paris, cet Appel ne fait pas l'objet de mesures de suivi, ce qui le rend sans doute moins efficace.

C. INSTRUMENTS RELATIFS AU CONTRÔLE DES ARMES

Les cyberarmes sont des biens à double usage, militaire et civil, et à ce titre relèvent du régime de contrôle des exportations d'armements et de bien à double usage conventionnels mis en place par l'Arrangement de Wassenaar. Cet arrangement multilatéral conclu en 1996 regroupe quarante-deux États, dont la France. Le régime repose sur des listes de biens et de technologies sensibles dont le transfert doit être contrôlé. Les États parties à l'Arrangement doivent s'assurer que ces exportations ne contribuent pas au développement ou au renforcement des capacités militaires qui pourrait porter atteinte à la sécurité et la stabilité internationales. Les listes sont assorties de directives pour permettre aux États d'organiser le contrôle, qui relève néanmoins de la souveraineté de chaque État. Les listes de contrôle sont régulièrement actualisées en fonction de l'évolution des technologies et il existe une catégorie « télécommunications » qui comprend déjà des biens et des technologies relatifs à la sécurité de l'information. La liste des biens à double usage est transposée dans le règlement sur le contrôle des exportations de bien et technologies à double usage (Règl. (UE) 2021/821 du 20 mai 2021 ; V. *supra*, Livre I, II. Règles européennes).

V. LIGNES DIRECTRICES, GUIDES, BONNES PRATIQUES

A défaut d'instruments internationaux contraignants portant sur la cybercriminalité, à l'exception de la convention de Budapest sur la cybercriminalité (V. *supra*, Livre II, III. Règles internationales), les États, dans le cadre d'institutions internationales, produisent de nombreux documents, non contraignants, dont la portée normative est discutable mais qui offrent aux États des lignes directrices et bonnes pratiques sur le droit international actuellement applicable et éventuellement à venir dans le domaine de la cybersécurité. Ces instruments incitatifs sont largement présents dans le cadre onusien.

Ainsi, pas moins de cinq Groupes d'experts gouvernementaux ont été mis en place par les Nations unies pour étudier les menaces que représentaient les TIC pour la sécurité internationale. Ces différentes instances ont chacune produit des recommandations. En décembre 2018 ont été établis deux processus de discussion : un sixième Groupe d'experts gouvernementaux chargé d'examiner les progrès de la téléinformatique dans le contexte de la sécurité internationale (GEG, A/RES/73/266)) et un Groupe de travail à composition non limitée sur les progrès de l'informatique et des télécommunications dans le contexte de la sécurité internationale (GTCNL, A/RES/73/27).

Ces deux groupes ont réaffirmé que le droit international, en particulier la Charte des Nations unies, est applicable au maintien de la paix, de la sécurité et de la stabilité dans l'environnement des TIC. Ils ont également produit une série de normes volontaires et non contraignantes de comportement responsable des États. Le Groupe de travail à composition non limitée a formulé des recommandations sur l'établissement d'un dialogue institutionnel régulier sur la question des TIC.

Pour aller plus loin. GEG, rapports de 2013 (A/68/98) ; 2015 (A/70/174), 2021 (A/76/135) avec une annexe contenant les contributions nationales des experts gouvernementaux sur la question de savoir comment le droit international s'applique à l'utilisation des TIC par les États ; OEWG, *Final Substantive Report*, A/AC.290/2021/CRP. 2, 10 mars 2021.

VI. STRATÉGIES NATIONALES DE LA FRANCE

L'absence d'instruments juridiques internationaux contraignants et la difficile obtention d'un consensus international sur les enjeux juridiques de la cybersécurité rendent d'autant plus importante et utile la publication des doctrines nationales sur la manière dont chaque État envisage l'application du droit international au cyberespace. C'est ce que la France a fait, par l'entreprise du Ministère des Armées, en publiant, en 2019, sa position sur cette question (Droit international appliqué aux opérations dans le cyberespace).

Dans ce document, la France opère une distinction entre les cyberopérations menées en temps de paix et celles menées en conflit armé. Sa doctrine s'inscrit dans un cadre strictement interétatique, sans prise en compte des cyberopérations menées par des acteurs privés.

Concernant les cyberopérations menées en temps de paix contre la France, celle-ci se réserve le droit de répondre à toute cyberopération constitutive d'une violation du droit international dont elle serait victime et considère que toute intrusion dans ses systèmes d'information constitue une violation du droit international. Elle rappelle l'application du principe de souveraineté et d'interdiction du recours à la force (V. *infra*, Charte des Nations unies). Elle considère qu'une cyberopération provoquant des dommages d'une ampleur et d'une gravité significatives peut constituer une agression armée ouvrant le droit de faire usage de la légitime défense : encore faut-il pouvoir identifier les cyberopérations suffisamment graves pour être qualifiées d'agression armée. Elle précise, enfin, que l'attribution d'une cyberopération d'origine étatique relève d'une décision politique nationale. Elle ne reconnaît donc pas cette compétence d'attribution à une institution internationale, répondant à cela aux propositions formulées par le secteur privé comme par certains États de constituer un organe international d'attribution des cyberopérations.

S'agissant des cyberopérations menées en période de conflit armé, la France considère que les cyberopérations peuvent caractériser l'existence d'un conflit armé. Conformément à sa position générale sur l'applicabilité du droit international au cyberespace, la France reconnaît l'application du droit international humanitaire et particulièrement les principes de distinction (entre objectifs militaires et biens civils, entre civils et combattants), de proportionnalité et de précaution. Elle précise en outre que le droit de neutralité a vocation à s'appliquer dans le cyberespace.

Le document présente un autre point d'intérêt en proposant un glossaire définissant les termes suivants : cyber-arme, cyberattaque, cyberdéfense, cyberdéfense militaire, cyberespace, cyberopérations, cybersécurité, infrastructures critiques, lutte informatique défensive (LID), lutte informative offensive (LIO). ❑

Charte des Nations unies du 26 juin 1945

Entrée en vigueur le 24 oct. 1945

COMMENTAIRE

L'article 2 de la Charte des Nations unies expose les principes encadrant l'activité de l'ONU, et plus largement l'ordre juridique international établi à la suite de la Seconde Guerre mondiale. Plusieurs de ses paragraphes sont pertinents au titre de la cybersécurité internationale.

L'égalité souveraine des États. Le premier paragraphe rappelle le principe cardinal du droit international. Il constitue le fondement des revendications étatiques en matière de souveraineté à l'ère numérique : qu'il s'agisse de protéger et de développer l'indépendance technologique des États en élaborant de véritables stratégies nationales numériques mais également et surtout de protéger les intérêts de la Nation au niveau interne par la cyberdéfense (*Revue stratégique de cyberdéfense, févr. 2018*) et au niveau externe par la cybersécurité (Ministère des Armées, Droit international appliqué aux opérations dans le cyberespace, *9 sept. 2019*). Le Ministère français des Armées a ainsi pu considérer que la France « exerce sa souveraineté sur les systèmes d'information situés sur son territoire et met en œuvre les moyens nécessaires à la protection de cette souveraineté ».

Ce principe de souveraineté revêt une dimension interne en vertu de laquelle l'État dispose d'une compétence exclusive sur son territoire, et une dimension externe, l'État est libre de mener les activités numériques internationales qu'il souhaite, dans le respect de ses obligations internationales. Ainsi aucune règle de droit international n'interdit les activités de cyberespionnage, mais elles pourraient constituer une violation du principe de souveraineté, à condition de pouvoir les attribuer à un sujet de droit international. De même, c'est en vertu du principe de souveraineté que les États se voient opposer une obligation coutumière de *due diligence*, en vertu de laquelle les États doivent contrôler les activités menées sur leur territoire ainsi que leurs infrastructures gouvernementales et pourraient voir leur responsabilité engagée s'ils n'ont pas pris toutes les mesures nécessaires pour empêcher la commission d'une cyberattaque. Selon l'expression employée par la Cour internationale de justice dans l'affaire du *Détroit de Corfou* (CIJ 9 avr. 1949 : *Recueil CJI 1949, p. 22*), il s'agit d'une obligation « de ne pas laisser utiliser son territoire aux fins d'actes contraires aux droits des autres États » et, par analogie, ses infrastructures. Cette obligation de *due diligence* serait particulièrement utile pour l'État lésé par une cyberattaque afin d'engager la responsabilité d'un autre État dont les infrastructures auraient été utilisées par des acteurs privés (*hackers*, cyberterroristes) à des fins malveillantes.

Le principe du règlement pacifique des différends. Exposé au paragraphe 3 de l'article 2, ce principe doit être lu en lien avec le chapitre VI de la Charte, qui le développe. Toute opposition de points de vue sur une question de droit ou de fait intéressant le droit international doit être réglée de manière pacifique. Les différends relatifs aux questions numériques ne sauraient être réglés autrement. L'article 33 de la Charte offre toutefois aux parties le choix des moyens à utiliser pour régler pacifiquement leur différend, en dressant une liste non exhaustive de ces moyens.

L'interdiction du recours à la force. Le corollaire du précédent principe est celui de l'interdiction du recours à la force, énoncé au paragraphe 4 de l'article 2. La notion de « force » est plus large que celle de « guerre », qui en constitue la forme la plus grave. Même si les travaux préparatoires de la Charte ont évoqué la force non militaire (économique, politique ou idéologique, qui pourrait être intéressante dans le cadre de ce code pour inclure les questions de désinformation par exemple), seule la force militaire relève du champ d'application de l'article 2, § 4. Cette « force » doit toutefois être entendue dans un sens large en ce qu'elle ne se limite pas au seul déclenchement de la guerre, mais elle n'a pas vocation à couvrir tout acte de nature coercitive de nature internationale. La pratique et la jurisprudence internationales montrent que l'applicabilité de cette disposition suppose un certain seuil de gravité : un recours à la force d'un État contre un autre État et non une simple opération de police d'un État menée contre un individu. Le principe d'interdiction du recours à la force est applicable aux cyberattaques dans la mesure où il existe un consensus entre les États sur l'applicabilité du droit international au cyberespace (Rapport du Groupe d'experts gouvernementaux des Nations unies, 2015), mais il paraît difficile de considérer que les cyberopérations menées jusqu'alors ont atteint le seuil du recours à la force.

La Charte prévoit deux exceptions à ce principe d'interdiction :
– l'intervention armée autorisée par le Conseil de sécurité, sur le fondement du chapitre VII. Lorsqu'il constate l'existence d'une menace contre la paix (art. 24), une rupture de la paix ou un acte d'agression (art. 39), il peut adopter des mesures coercitives sans emploi de la force armée (art. 41 : embargo, interdiction de survol d'un territoire) ou avec emploi de la force armée (art. 42). Dans cette seconde hypothèse, la Charte prévoyait que l'action militaire puisse être menée par des forces armées mises à la disposition du Conseil de sécurité par les États membres sous la direction d'un Comité d'état-major prévu à l'article 47. Ce système n'ayant jamais été mis en place, le Conseil autorise les États, ou leur délègue son pouvoir, de recourir à la force sur le fondement de l'article 42.
– la légitime défense, fondée sur l'article 51, constitue l'autre exception au principe d'interdiction du recours à la force. Individuelle ou collective, elle ne peut être déclenchée qu'en cas d'agression armée et, en vertu du droit coutumier, elle doit être nécessaire et proportionnée dans les moyens mis en œuvre.

Si le recours à la force pourrait théoriquement être envisageable pour répondre à une cyberattaque, il est peu probable, eu égard à la pratique actuelle, que ce type d'opération puisse être qualifiée de menace contre la paix, rupture de la paix ou d'acte agression.

Le principe de non-intervention dans les affaires intérieures de l'État. Ce principe, édicté par l'article 2, § 7, constitue le corolaire du principe de souveraineté. Il n'existe pas, en droit international, de définition absolue des « affaires qui relèvent essentiellement de la compétence nationale de l'État », tant ce droit a pu évoluer et s'immiscer, avec l'accord des États, dans ce qui pouvait antérieurement relever du « domaine réservé » des États. L'internationalisation de certaines constitutions, l'encadrement des processus électoraux ou encore l'administration internationale transitoire de certains États, comme le Kosovo ou le Timor oriental, ont montré qu'il n'y avait aucun domaine réservé de l'État par nature. Dans le champ qui nous intéresse ici, on pourrait toutefois mobiliser ce principe dans les hypothèses de manipulation de l'information et d'ingérences étrangères dans la vie publique des États. ❑

Art. 2 **L'Organisation des Nations unies et ses Membres, dans la poursuite des buts énoncés à l'Article 1, doivent agir conformément aux principes suivants :**

1. L'Organisation est fondée sur le principe de l'égalité souveraine de tous ses Membres.

2. Les Membres de l'Organisation, afin d'assurer à tous la jouissance des droits et avantages résultant de leur qualité de Membre, doivent remplir de bonne foi les obligations qu'ils ont assumées aux termes de la présente Charte.

3. Les Membres de l'Organisation règlent leurs différends internationaux par des moyens pacifiques, de telle manière que la paix et la sécurité internationales ainsi que la justice ne soient pas mises en danger.

4. Les Membres de l'Organisation s'abstiennent, dans leurs relations internationales, de recourir à la menace ou à l'emploi de la force, soit contre l'intégrité territoriale ou l'indépendance politique de tout État, soit de toute autre manière incompatible avec les buts des Nations unies.

5. et 6. *[...]*

7. Aucune disposition de la présente Charte n'autorise les Nations unies à intervenir dans des affaires qui relèvent essentiellement de la compétence nationale d'un État ni n'oblige les Membres à soumettre des affaires de ce genre à une procédure de règlement aux termes de la présente Charte ; toutefois, ce principe ne porte en rien atteinte à l'application des mesures de coercition prévues au Chapitre VII.

CHAPITRE VI *RÈGLEMENT PACIFIQUE DES DIFFÉRENDS*

Art. 33 1. Les parties à tout différend dont la prolongation est susceptible de menacer le maintien de la paix et de la sécurité internationales doivent en rechercher la solution, avant tout, par voie de négociation, d'enquête, de médiation, de conciliation, d'arbitrage, de règlement judiciaire, de recours aux organismes ou accords régionaux, ou par d'autres moyens pacifiques de leur choix.

2. Le Conseil de sécurité, s'il le juge nécessaire, invite les parties à régler leur différend par de tels moyens.

CHAPITRE VII *ACTION EN CAS DE MENACE CONTRE LA PAIX, DE RUPTURE DE LA PAIX ET D'ACTE D'AGRESSION*

Art. 39 Le Conseil de sécurité constate l'existence d'une menace contre la paix, d'une rupture de la paix ou d'un acte d'agression et fait des recommandations ou décide quelles mesures seront prises conformément aux Articles 41 et 42 pour maintenir ou rétablir la paix et la sécurité internationales.

Art. 40 Afin d'empêcher la situation de s'aggraver, le Conseil de sécurité, avant de faire les recommandations ou de décider des mesures à prendre conformément à l'Article 39, peut inviter les parties intéressées à se conformer aux mesures provisoires qu'il juge nécessaires ou souhaitables. Ces mesures provisoires ne préjugent en rien les droits, les prétentions ou la position des parties intéressées. En cas de non-exécution de ces mesures provisoires, le Conseil de sécurité tient dûment compte de cette défaillance.

Art. 41 Le Conseil de sécurité peut décider quelles mesures n'impliquant pas l'emploi de la force armée doivent être prises pour donner effet à ses décisions, et peut inviter les Membres des Nations unies à appliquer ces mesures. Celles-ci peuvent comprendre l'interruption complète ou partielle des relations économiques et des communications ferroviaires, maritimes, aériennes, postales, télégraphiques, radioélectriques et des autres moyens de communication, ainsi que la rupture des relations diplomatiques.

Art. 42 Si le Conseil de sécurité estime que les mesures prévues à l'Article 41 seraient inadéquates ou qu'elles se sont révélées telles, il peut entreprendre, au moyen de forces aériennes, navales ou terrestres, toute action qu'il juge nécessaire au maintien ou au rétablissement de la paix et de la sécurité internationales. Cette action peut comprendre des démonstrations, des mesures de blocus et d'autres opérations exécutées par des forces aériennes, navales ou terrestres de Membres des Nations unies.

Art. 51 Aucune disposition de la présente Charte ne porte atteinte au droit naturel de légitime défense, individuelle ou collective, dans le cas où un Membre des Nations unies est l'objet d'une agression armée, jusqu'à ce que le Conseil de sécurité ait pris les mesures nécessaires pour maintenir la paix et la sécurité internationales. Les mesures prises par des Membres dans l'exercice de ce droit de légitime défense sont immédiatement portées à la connaissance du Conseil de sécurité et n'affectent en rien le

pouvoir et le devoir qu'a le Conseil, en vertu de la présente Charte, d'agir à tout moment de la manière qu'il juge nécessaire pour maintenir ou rétablir la paix et la sécurité internationales.

Traité de l'Atlantique Nord du 4 avril 1949

Art. 5 **Les parties conviennent qu'une attaque armée contre l'une ou plusieurs d'entre elles survenant en Europe ou en Amérique du Nord sera considérée comme une attaque dirigée contre toutes les parties, et en conséquence elles conviennent que, si une telle attaque se produit, chacune d'elles, dans l'exercice du droit de légitime défense, individuelle ou collective, reconnu par l'article 51 de la Charte des Nations unies, assistera la partie ou les parties ainsi attaquées en prenant aussitôt, individuellement et d'accord avec les autres parties, telle action qu'elle jugera nécessaire, y compris l'emploi de la force armée, pour rétablir et assurer la sécurité dans la région de l'Atlantique Nord.**

Toute attaque armée de cette nature et toute mesure prise en conséquence seront immédiatement portées à la connaissance du Conseil de Sécurité. Ces mesures prendront fin quand le Conseil de Sécurité aura pris les mesures nécessaires pour rétablir et maintenir la paix et la sécurité internationales.

COMMENTAIRE

Le Traité de l'Atlantique Nord consacre en son article 5 le principe de défense collective applicable au sein de l'Alliance (composée de 30 États membres, dont la France). Les membres de l'Alliance peuvent ainsi déclencher un mécanisme de défense commune en réaction à une attaque dirigée contre l'un d'entre eux.

Si ce principe est généralement bien connu, son application à la sphère cyber l'est moins, malgré le développement par l'OTAN de stratégies institutionnelles destinées à défendre ses réseaux et ses opérations contre les cybermenaces. Les plans d'action adoptés par l'Organisation en la matière ont notamment visé le renforcement des capacités des États membres et lui ont permis d'affirmer, à plusieurs reprises (en 2016, 2021), que son mandat défensif s'exerce dans le cyberespace, qualifié de « milieu d'opérations ». Il en résulte que le mécanisme de défense collective de l'article 5 peut s'appliquer en réaction à une cyberattaque, comme cela a été confirmé par le Secrétaire général de l'Organisation dans une déclaration faite le 27 août 2019 (*Prospect, Cyber Resilience Supplement, oct. 2019, pp. 4-5*), et en février 2022 lors de l'invasion de l'Ukraine par la Russie.

Ce cas de figure ne s'est toutefois pas encore présenté et suscite des questionnements quant à la nature des actions qui pourraient être mises en œuvre en réaction. ❑

Convention de Vienne du 18 avril 1961,

Sur les relations diplomatiques.

COMMENTAIRE

La convention de Vienne du 18 avril 1961, et celle sur les relations consulaires du 24 avril 1963 (V. *infra*), rédigées en des termes quasi analogues, codifient des règles coutumières relatives aux privilèges et immunités des ambassades, consulats ou représentations permanentes qui sont établis par un État accréditant (ou État d'envoi) sur le territoire d'un État accréditaire (ou État de résidence).

Les dispositions reproduites soulignent la protection qui est accordée par le droit international aux locaux diplomatiques et consulaires, aux archives et documents (y compris numériques) qui y sont stockés et aux communications impliquant des agents, personnels ou chefs de corps diplomatiques et consulaires.

Les deux conventions de Vienne prohibent l'exercice de mesures de contrainte à l'encontre de ces installations et agents sur l'initiative de l'État de résidence ou accréditaire (règles d'inviolabilité et de libre communication). En outre, l'État de résidence ou accréditaire s'engage à prendre les mesures appropriées pour protéger l'intégrité des communications contre des menaces émanant de tierces parties, notamment des acteurs privés opérant depuis le territoire de résidence.

Il va de soi que les obligations issues de ces deux conventions, destinées initialement à prévenir les intrusions physiques dans les locaux ou à les empêcher d'aboutir, voient leur portée relativisée dès lors qu'elles s'appliquent à la protection de systèmes informatiques contre des menaces cyber que l'État d'accueil ne serait pas en position d'anticiper. Ainsi, au sens de la jurisprudence internationale, la carence des autorités locales devrait être due à « plus qu'une simple négligence ou un simple manque de moyens » pour être caractérisée (CIJ 24 mars 1980, *Personnel diplomatique et consulaire des États-Unis à Téhéran : Rec. CIJ 1980, p. 3, § 63*).

L'invocation des dispositions susmentionnées paraît vaine dès lors que le poste diplomatique ou consulaire n'a pas mis en œuvre une stratégie de sécurisation de ses outils de communication et ne pourrait vraisemblablement pas permettre l'engagement de la responsabilité internationale de l'État accréditaire/de résidence. ❑

Art. 22 1. Les locaux de la mission sont inviolables. Il n'est pas permis aux agents de l'État accréditaire d'y pénétrer, sauf avec le consentement du chef de la mission.

2. L'État accréditaire a l'obligation spéciale de prendre toutes mesures appropriées afin d'empêcher que les locaux de la mission ne soient envahis ou endommagés, la paix de la mission troublée ou sa dignité amoindrie.

3. Les locaux de la mission, leur ameublement et les autres objets qui s'y trouvent, ainsi que les moyens de transport de la mission, ne peuvent faire l'objet d'aucune perquisition, réquisition, saisie ou mesure d'exécution.

Art. 24 Les archives et documents de la mission sont inviolables à tout moment et en quelque lieu qu'ils se trouvent.

Convention de Vienne du 24 avril 1963,

Sur les relations consulaires.

COMMENTAIRE

Voir le commentaire sous la convention de Vienne du 18 avril 1961 sur les relations diplomatiques, *supra*. ❑

Art. 31 *Inviolabilité des locaux consulaires.* 1. Les locaux consulaires sont inviolables dans la mesure prévue par le présent article.

2. Les autorités de l'État de résidence ne peuvent pénétrer dans la partie des locaux consulaires que le poste consulaire utilise exclusivement pour les besoins de son travail, sauf avec le consentement du chef de poste consulaire, de la personne désignée par lui ou du chef de la mission diplomatique de l'État d'envoi. Toutefois, le consentement du chef de poste consulaire peut être présumé acquis en cas d'incendie ou autre sinistre exigeant des mesures de protection immédiates.

3. Sous réserve des dispositions du paragraphe 2 du présent article, l'État de résidence a l'obligation spéciale de prendre toutes mesures appropriées pour empêcher que les locaux consulaires ne soient envahis ou endommagés et pour empêcher que la paix du poste consulaire ne soit troublée ou sa dignité amoindrie.

4. Les locaux consulaires, leur ameublement et les biens du poste consulaire, ainsi que ses moyens de transport, ne peuvent faire l'objet d'aucune forme de réquisition à des fins de défense nationale ou d'utilité publique. Au cas où une expropriation serait nécessaire à ces mêmes fins, toutes dispositions appropriées seront prises afin d'éviter qu'il soit mis obstacle à l'exercice des fonctions consulaires, et une indemnité prompte, adéquate et effective sera versée à l'État d'envoi.

Art. 33 *Inviolabilité des archives et documents consulaires.* Les archives et documents consulaires sont inviolables à tout moment et en quelque lieu qu'ils se trouvent.

Art. 35 *Liberté de communication.* 1. L'État de résidence permet et protège la liberté de communication du poste consulaire pour toutes fins officielles. En communiquant avec le gouvernement, les missions diplomatiques et les autres postes consulaires de l'État

d'envoi, où qu'ils se trouvent, le poste consulaire peut employer tous les moyens de communication appropriés, y compris les courriers diplomatiques ou consulaires, la valise diplomatique ou consulaire et les messages en code ou en chiffre. Toutefois, le poste consulaire ne peut installer et utiliser un poste émetteur de radio qu'avec l'assentiment de l'État de résidence.

2. La correspondance officielle du poste consulaire est inviolable. L'expression "correspondance officielle" s'entend de toute la correspondance relative au poste consulaire et à ses fonctions.

3. La valise consulaire ne doit être ni ouverte ni retenue. Toutefois, si les autorités compétentes de l'État de résidence ont de sérieux motifs de croire que la valise contient d'autres objets que la correspondance, les documents et les objets visés au paragraphe 4 du présent article, elles peuvent demander que la valise soit ouverte en leur présence par un représentant autorisé de l'État d'envoi. Si les autorités dudit État opposent un refus à la demande, la valise est renvoyée à son lieu d'origine.

4. Les colis constituant la valise consulaire doivent porter des marques extérieures visibles de leur caractère et ne peuvent contenir que la correspondance officielle, ainsi que des documents ou objets destinés exclusivement à un usage officiel.

5. Le courrier consulaire doit être porteur d'un document officiel attestant sa qualité et précisant le nombre de colis constituant la valise consulaire. A moins que l'État de résidence n'y consente, il ne doit être ni un ressortissant de l'État de résidence ni, sauf s'il est ressortissant de l'État d'envoi, un résident permanent de l'État de résidence. Il jouit de l'inviolabilité de sa personne et ne peut être soumis à aucune forme d'arrestation ou de détention.

6. L'État d'envoi, ses missions diplomatiques et ses postes consulaires peuvent désigner des courriers consulaires ad hoc. Dans ce cas, les dispositions du paragraphe 5 du présent article sont également applicables, sous réserve que les immunités qui y sont mentionnées cesseront de s'appliquer dès que le courrier aura remis au destinataire la valise consulaire dont il a la charge.

7. La valise consulaire peut être confiée au commandant d'un navire ou d'un aéronef commercial qui doit arriver à un point d'entrée autorisé. Ce commandant doit être porteur d'un document officiel indiquant le nombre de colis constituant la valise, mais il n'est pas considéré comme un courrier consulaire. A la suite d'un arrangement avec les autorités locales compétentes, le poste consulaire peut envoyer un de ses membres prendre, directement et librement, possession de la valise des mains du commandant du navire ou de l'aéronef.

Traité du 27 janvier 1967,

Sur les principes régissant les activités des États en matière d'exploration et d'utilisation de l'espace extra-atmosphérique, y compris la Lune et les autres corps célestes.

COMMENTAIRE

A l'instar d'autres conventions fixant le statut juridique d'espaces internationaux, le « traité sur l'espace » interdit, en son article III, toute forme de militarisation ou d'utilisation belligérante de l'espace extra-atmosphérique, de la lune et de corps célestes par les États parties, conformément aux principes fondant la Charte des Nations unies en matière de maintien de la paix et de la sécurité internationales. En outre, l'article IV interdit la mise en orbite ou le positionnement sur la lune et d'autres corps célestes d'armes de tous types, particulièrement si elles relèvent de la catégorie des armes de destruction massive (armes biologiques, chimiques ou nucléaires).

Le traité de 1967 organise donc le désarmement de l'espace. Par extension, l'exploitation spatiale d'engins (satellites, stations spatiales, etc.) aux fins de déclenchement de cyberattaques constituerait certainement une violation du traité sur l'espace, que la menace vise des systèmes informatiques situés sur Terre ou dans l'espace.

Néanmoins, la notion d'arme soulève des difficultés. En effet, sauf à ce qu'un engin spatial soit effectivement employé à des fins de cyberattaques, qualifier un logiciel ou un programme informatiques d'arme au sens du Traité implique de démontrer sa vocation intrinsèque à la compromission ou à la destruction de systèmes.

L'invocation prématurée de l'article IV à l'encontre d'une partie accusée d'en avoir violé le dispositif suppose donc de prouver qu'un objet spatial ou les outils informatiques qu'il embarque ont été conçus précisément à ces fins. Cette disposition n'en a pas moins un intérêt performatif, dès lors qu'elle établit l'interdiction d'employer des armes numériques depuis l'espace. ❑

Art. III **Les activités des États parties au Traité relatives à l'exploration et à l'utilisation de l'espace extra-atmosphérique, y compris la Lune et les autres corps célestes, doivent s'effectuer conformément au droit international, y compris la Charte des Nations unies, en vue de maintenir la paix et la sécurité internationales et de favoriser la coopération et la compréhension internationales.**

Art. IV **Les États parties au Traité s'engagent à ne mettre sur orbite autour de la Terre aucun objet porteur d'armes nucléaires ou de tout autre type d'armes de destruction massive, à ne pas installer de telles armes sur des corps célestes et à ne pas placer de telles armes, de toute autre manière, dans l'espace extra-atmosphérique.**

Tous les États parties au Traité utiliseront la Lune et les autres corps célestes exclusivement à des fins pacifiques. Sont interdits sur les corps célestes l'aménagement de bases et installations militaires et de fortifications, les essais d'armes de tous types et l'exécution de manœuvres militaires. N'est pas interdite l'utilisation de personnel militaire à des fins de recherche scientifique ou à toute autre fin pacifique. N'est pas interdite non plus l'utilisation de tout équipement ou installation nécessaire à l'exploration pacifique de la Lune et des autres corps célestes.

Protocole additionnel du 8 juin 1977 (Protocole I),

Aux conventions de Genève du 12 août 1949 relatif à la protection des victimes des conflits armés internationaux.

TITRE IV POPULATION CIVILE

SECTION 1 *Protection générale contre les effets des hostilités*

CHAPITRE I *RÈGLE FONDAMENTALE ET CHAMP D'APPLICATION*

Art. 48 ***Règle fondamentale.*** **En vue d'assurer le respect et la protection de la population civile et des biens de caractère civil, les Parties au conflit doivent en tout temps faire la distinction entre la population civile et les combattants ainsi qu'entre les biens de caractère civil et les objectifs militaires et, par conséquent, ne diriger leurs opérations que contre des objectifs militaires.**

Art. 49 ***Définition des attaques et champ d'application.*** **1. L'expression "attaques" s'entend des actes de violence contre l'adversaire, que ces actes soient offensifs ou défensifs.**

2. Les dispositions du présent Protocole concernant les attaques s'appliquent à toutes les attaques, quel que soit le territoire où elles ont lieu, y compris le territoire national appartenant à une Partie au conflit mais se trouvant sous le contrôle d'une Partie adverse.

3. Les dispositions de la présente Section s'appliquent à toute opération terrestre, aérienne ou navale pouvant affecter, sur terre, la population civile, les personnes civiles et les biens de caractère civil. Elles s'appliquent en outre à toutes les attaques navales ou aériennes dirigées contre des objectifs sur terre, mais n'affectent pas autrement les règles du droit international applicable dans les conflits armés sur mer ou dans les airs.

4. Les dispositions de la présente Section complètent les règles relatives à la protection humanitaire énoncées dans la IVe Convention, en particulier au Titre II, et dans les autres accords internationaux qui lient les Hautes Parties contractantes, ainsi que les autres règles du droit international relatives à la protection des civils et des biens de caractère civil contre les effets des hostilités sur terre, sur mer et dans les airs.

CHAPITRE II *PERSONNES CIVILES ET POPULATION CIVILE*

COMMENTAIRE

PRINCIPE DE DISTINCTION

Le principe de distinction s'applique entre les objectifs militaires et les biens civils d'une part ; entre les combattants et non-combattants d'autre part.

Il ressort de ces dispositions que les cyberopérations réalisées dans un contexte de conflit armés qui ne sont pas dirigées contre un objectif militaire déterminé, ou dont les effets ne peuvent pas être limités, sont interdites (art. 51, al. 4). En cas de doute sur la qualité belligérante d'un individu, il doit être considéré comme civil (art. 50, al. 3, et art. 52, al. 3), de même qu'un bien normalement affecté à un usage civil est présumé ne pas être utilisé en vue d'apporter une contribution effective à l'action militaire (art. 52, al. 3).

Dans le cyberespace, des équipements des systèmes informatiques ou des données peuvent constituer un objectif militaire : 1) s'ils contribuent à l'action militaire par leur nature (postes informatiques des forces armées), leur emplacement (base militaire depuis laquelle serait menée une cyberattaque), leur utilisation à des fins militaires ; et 2) si leur destruction ou leur neutralisation totale ou partielle confèrent à l'adversaire un avantage militaire précis. Inversement, tous les biens qui ne sont pas des objectifs militaires sont considérés comme des biens civils. Ainsi, une cyberattaque ne pourrait être dirigée contre les systèmes informatiques d'hôpitaux.

De même, peuvent faire l'objet d'attaques, les personnes qui accomplissent des cyberopérations à l'encontre de la partie adverse, sauf s'ils sont hors de combat. Ces « cybercombattants » peuvent désigner le personnel militaire affecté à une unité cyber, un groupe d'acteurs privés agissant sous commandement étatique ou encore des membres de groupes armés organisés. Toute autre personne sera, à l'inverse, considérée comme civile et bénéficiera d'une protection contre les dangers résultant de toute opération militaire, sauf si elle participe directement aux hostilités et durant le temps de cette participation. ❑

Art. 50 *Définition des personnes civiles et de la population civile.* **1. Est considérée comme civile toute personne n'appartenant pas à l'une des catégories visées à l'article 4 A. 1), 2), 3), et 6) de la IIIe Convention et à l'article 43 du présent Protocole. En cas de doute, ladite personne sera considérée comme civile.**

2. La population civile comprend toutes les personnes civiles.

3. La présence au sein de la population civile de personnes isolées ne répondant pas à la définition de personne civile ne prive pas cette population de sa qualité.

Art. 51 *Protection de la population civile.* **1. La population civile et les personnes civiles jouissent d'une protection générale contre les dangers résultant d'opérations militaires. En vue de rendre cette protection effective, les règles suivantes, qui s'ajoutent aux autres règles du droit international applicable, doivent être observées en toutes circonstances.**

2. Ni la population civile en tant que telle ni les personnes civiles ne doivent être l'objet d'attaques. Sont interdits les actes ou menaces de violence dont le but principal est de répandre la terreur parmi la population civile.

3. Les personnes civiles jouissent de la protection accordée par la présente Section, sauf si elles participent directement aux hostilités et pendant la durée de cette participation.

4. Les attaques sans discrimination sont interdites. L'expression "attaques sans discrimination" s'entend :

a) des attaques qui ne sont pas dirigées contre un objectif militaire déterminé ;

b) des attaques dans lesquelles on utilise des méthodes ou moyens de combat qui ne peuvent pas être dirigés contre un objectif militaire déterminé ; ou

c) des attaques dans lesquelles on utilise des méthodes ou moyens de combat dont les effets ne peuvent pas être limités comme le prescrit le présent Protocole ;

et qui sont, en conséquence, dans chacun de ces cas, propres à frapper indistinctement des objectifs militaires et des personnes civiles ou des biens de caractère civil.

5. Seront, entre autres, considérés comme effectués sans discrimination les types d'attaques suivants :

a) les attaques par bombardement, quels que soient les méthodes ou moyens utilisés, qui traitent comme un objectif militaire unique un certain nombre d'objectifs militaires nettement espacés et distincts situés dans une ville, un village ou toute autre zone contenant une concentration analogue de personnes civiles ou de biens de caractère civil ;

b) les attaques dont on peut attendre qu'elles causent incidemment des pertes en vies humaines dans la population civile, des blessures aux personnes civiles, des dommages aux biens de caractère civil, ou une combinaison de ces pertes et dommages, qui seraient excessifs par rapport à l'avantage militaire concret et direct attendu.

6. Sont interdites les attaques dirigées à titre de représailles contre la population civile ou des personnes civiles.

7. La présence ou les mouvements de la population civile ou de personnes civiles ne doivent pas être utilisés pour mettre certains points ou certaines zones à l'abri d'opérations militaires, notamment pour tenter de mettre des objectifs militaires à l'abri d'attaques ou de couvrir, favoriser ou gêner des opérations militaires. Les Parties au conflit ne doivent pas diriger les mouvements de la population civile ou des personnes civiles pour tenter de mettre des objectifs militaires à l'abri des attaques ou de couvrir des opérations militaires.

8. Aucune violation de ces interdictions ne dispense les Parties au conflit de leurs obligations juridiques à l'égard de la population civile et des personnes civiles, y compris l'obligation de prendre les mesures de précaution prévues par l'article 57.

CHAPITRE III *BIENS DE CARACTÈRE CIVIL*

Art. 52 *Protection générale des biens de caractère civil.* 1. Les biens de caractère civil ne doivent être l'objet ni d'attaques ni de représailles. Sont biens de caractère civil tous les biens qui ne sont pas des objectifs militaires au sens du paragraphe 2.

2. Les attaques doivent être strictement limitées aux objectifs militaires. En ce qui concerne les biens, les objectifs militaires sont limités aux biens qui, par leur nature, leur emplacement, leur destination ou leur utilisation apportent une contribution effective à l'action militaire et dont la destruction totale ou partielle, la capture ou la neutralisation offre en l'occurrence un avantage militaire précis.

3. En cas de doute, un bien qui est normalement affecté à un usage civil, tel qu'un lieu de culte, une maison, un autre type d'habitation ou une école, est présumé ne pas être utilisé en vue d'apporter une contribution effective à l'action militaire.

CHAPITRE IV *MESURES DE PRÉCAUTION*

Art. 57 *Précautions dans l'attaque.* 1. Les opérations militaires doivent être conduites en veillant constamment à épargner la population civile, les personnes civiles et les biens de caractère civil.

2. En ce qui concerne les attaques, les précautions suivantes doivent être prises :

a) ceux qui préparent ou décident une attaque doivent :

i) faire tout ce qui est pratiquement possible pour vérifier que les objectifs à attaquer ne sont ni des personnes civiles, ni des biens de caractère civil, et ne bénéficient pas d'une protection spéciale, mais qu'ils sont des objectifs militaires au sens du paragraphe 2 de l'article 52, et que les dispositions du présent Protocole n'en interdisent pas l'attaque ;

ii) prendre toutes les précautions pratiquement possibles quant au choix des moyens et méthodes d'attaque en vue d'éviter et, en tout cas, de réduire au minimum les pertes en vies humaines dans la population civile, les blessures aux personnes civiles et les dommages aux biens de caractère civil qui pourraient être causés incidemment ;

iii) s'abstenir de lancer une attaque dont on peut attendre qu'elle cause incidemment des pertes en vies humaines dans la population civile, des blessures aux personnes civiles, des dommages aux biens de caractère civil, ou une combinaison de ces pertes et dommages, qui seraient excessifs par rapport à l'avantage militaire concret et direct attendu ;

b) une attaque doit être annulée ou interrompue lorsqu'il apparaît que son objectif n'est pas militaire ou qu'il bénéficie d'une protection spéciale ou que l'on peut attendre qu'elle cause incidemment des pertes en vies humaines dans la population civile, des blessures aux personnes civiles, des dommages aux biens de caractère civil, ou une combinaison de ces pertes et dommages, qui seraient excessifs par rapport à l'avantage militaire concret et direct attendu ;

c) dans le cas d'attaques pouvant affecter la population civile, un avertissement doit être donné en temps utile et par des moyens efficaces, à moins que les circonstances ne le permettent pas.

3. Lorsque le choix est possible entre plusieurs objectifs militaires pour obtenir un avantage militaire équivalent, ce choix doit porter sur l'objectif dont on peut penser que l'attaque présente le moins de danger pour les personnes civiles ou pour les biens de caractère civil.

4. Dans la conduite des opérations militaires sur mer ou dans les airs, chaque Partie au conflit doit prendre, conformément aux droits et aux devoirs qui découlent pour elle des règles du droit international applicable dans les conflits armés, toutes les précautions raisonnables pour éviter des pertes en vies humaines dans la population civile et des dommages aux biens de caractère civil.

5. Aucune disposition du présent article ne peut être interprétée comme autorisant des attaques contre la population civile, les personnes civiles ou les biens de caractère civil.

COMMENTAIRE

PRINCIPE DE PROPORTIONNALITÉ

Les opérations militaires menées dans le cyberespace doivent toujours veiller à épargner la population civile et les biens de caractère civil. Il arrive toutefois, malgré les précautions prises, que ces opérations puissent engendrer des dommages civils mais, dans ce cas, ils ne doivent pas excéder « l'avantage militaire direct et concret attendu ».

La France considère ainsi que les « risques inhérents au cyberespace (immédiateté des effets, dualité intrinsèque des objectifs militaires, hyperconnectivité, faible traçabilité des opérations, vulnérabilité des systèmes) doivent [...] être pris en compte afin de déterminer les modes d'action et les moyens à mettre en œuvre en matière de lutte informatique afin de veiller au respect du principe de proportionnalité » (Ministère des Armées, Droit international applicable aux opérations dans le cyberespace, 2019, p. 16).

L'évaluation des effets d'une cyberopération prend en compte l'ensemble des dommages prévisibles de la cyberopération, que ces dommages soient directs (dommages sur l'équipement information) ou indirects (dommages sur l'infrastructure contrôlée par le système informatique attaqué). ❑

Convention des Nations unies du 10 décembre 1982,

Sur le droit de la mer.

Art. 113 *Rupture ou détérioration d'un câble ou d'un pipeline sous-marin.* Tout État adopte les lois et règlements nécessaires pour que constituent des infractions passibles de sanctions, la rupture ou la détérioration délibérée ou due à une négligence coupable par un navire battant son pavillon ou une personne relevant de sa juridiction d'un câble à haute tension ou d'un pipeline sous-marin en haute mer, ainsi que d'un câble télégraphique ou téléphonique sous-marin dans la mesure où il risque de s'ensuivre des perturbations ou l'interruption des communications télégraphiques ou téléphoniques. Cette disposition vise également tout comportement susceptible de provoquer la rupture ou la détérioration de tels câbles ou pipelines, ou y tendant délibérément. Toutefois, elle ne s'applique pas lorsque la rupture ou la détérioration de tels câbles et pipelines est le fait de personnes qui, après avoir pris toutes les précautions nécessaires pour l'éviter, n'ont agi que dans le but légitime de sauver leur vie ou leur navire.

COMMENTAIRE

La convention des Nations unies sur le droit de la mer, également appelée « convention de Montego Bay » (CMB), est entrée en vigueur le 16 novembre 1994. Elle codifie les règles coutumières relatives aux utilisations des océans et introduit dans le droit positif des notions et régimes juridiques nouveaux.

Le champ d'application de la convention couvre l'espace marin dans toutes ses dimensions (mer territoriale, zone économique exclusive, zone contiguë, plateau continental, haute mer) et les activités humaines qui s'y déroulent.

Une partie substantielle du réseau de télécommunications numériques s'appuie sur les câbles sous-marins, de fibre optique pour l'essentiel. La rupture ou la détérioration d'un câble est susceptible de susciter la coupure d'Internet sur les territoires d'un ou de plusieurs États et de compromettre le fonctionnement d'infrastructures critiques. Les données sensibles qui transitent par les réseaux de câbles sous-marins peuvent également être interceptées à des fins de surveillance, créant ainsi une vulnérabilité pour les États, tant au niveau des câbles eux-mêmes que des points d'accès qui les relient aux terres émergées.

La CMB appréhende les droits et obligations des États en ce qui concerne la protection des câbles sous-marins, mais aussi la liberté de les poser, de les réparer et de les entretenir. Selon l'article 113, il revient à l'État de nationalité ou de pavillon de sanctionner, par l'adoption de « lois et règlements », le fait illicite ou la négligence de ses ressortissants ou de l'équipage d'un navire battant son pavillon, dès lors que ceux-ci compromettent l'intégrité du câble.

Par ailleurs, aucune disposition de la CMB n'exige des États qu'ils prennent des mesures de protection des câbles en dehors des zones placées sous leur juridiction, leur coupure ou leur détérioration n'étant pas assimilées à des actes de piraterie (art. 101).

La convention de Montego Bay n'envisage pas les enjeux cybernétiques des ruptures ou détériorations de câbles sous-marins, ni n'aborde la question de la licéité d'opérations de surveillance des communications. Aucune pratique jurisprudentielle n'est répertoriée à ce jour. Cependant, l'article 113 mentionne clairement le risque d'affectation des « communications télégraphiques ou téléphoniques ». Une interprétation dynamique de la CMB permet d'envisager plus généralement la perturbation ou l'interruption des télécommunications, incluant la perturbation des flux de données et la compromission du réseau Internet. ❑

Constitution de l'UIT du 22 décembre 1992

V. Livre I, III. Règles internationales.

Convention des Nations unies du 15 novembre 2000 (convention de Palerme),

Contre la criminalité transnationale organisée.

V. au ***C. compliance.***

Convention du Conseil de l'Europe du 23 novembre 2001 (convention de Budapest),

Sur la cybercriminalité.

V. Livre II, III. Règles internationales, et le comm.

TABLE CHRONOLOGIQUE

NOTA. Avant la table chronologique proprement dite, on trouvera ci-dessous une liste, classée par ordre alphabétique, des différents codes reproduits en extraits dans le présent ouvrage.

Code pénal

— Art. 132-79 (*utilisation d'un moyen de cryptologie*). – V. *Livre II, Lutte contre la cybercriminalité*, **p. 905.**

— Art. 222-23, 226-3, 226-4-1, 226-16 s., 226-18 s., R. 226-1 (*atteinte à la personnalité*). – V. *Livre II, Lutte contre la cybercriminalité*, **p. 908.**

— Art. 226-13, 226-17, 226-17-1 (*atteinte à la personnalité*). – V. *Livre I, Sécurité des systèmes d'information*, **p. 30.**

— Art. 311-1 (*vol*), 312-1 s. (*extorsion*), 313-1 s. (*escroquerie*), 323-1 s. (*systèmes de traitement automatisé de données*), 324-1, 324-1-1 (*blanchiment*). – V. *Livre II, Lutte contre la cybercriminalité*, **p. 912.**

— Art. 323-8 (*atteintes aux systèmes de traitement automatisé de données*). – V. *Livre III, Cyberdéfense*, **p. 1193.**

— Art. 411-6 s. (*atteintes aux intérêts fondamentaux de la Nation*), 421-1 (*terrorisme*), 434-15-2 (*entraves à l'exercice de la justice*), 441-1 s. (*atteintes à la confiance publique*). – V. *Livre II, Lutte contre la cybercriminalité*, **p. 1194.**

Code des postes et des communications électroniques

— Art. L. 32, L. 33-14, L. 36-14 (*communications électroniques*). – V. *Livre III, Cyberdéfense*, **p. 1206.**

— Art. L. 34-1 (*protection de la vie privée*). – V. *Livre II, Lutte contre la cybercriminalité*, **p. 1213.**

— Art. L. 39-3 (*conservation des données*). – V. *Livre I, Sécurité des systèmes d'information*, **p. 31.**

— Art. L. 100, L. 101, L. 102 (*envoi et identification électroniques*). – V. *Livre I, Sécurité des systèmes d'information*, **p. 31.**

— Art. L. 103, R. 55-1 s. (*coffre-fort numérique*). – V. *Livre I, Sécurité des systèmes d'information*, **p. 33.**

— Art. R. 10-12, R. 10-13 (*données conservées par les opérateurs*). – V. *Livre I, Sécurité des systèmes d'information*, **p. 34.**

Code de procédure pénale

— Art. 60-1 s., 77-1-1, 77-1-2 (*enquêtes et contrôles d'identité*). – V. *Livre II, Lutte contre la cybercriminalité*, **p. 959.**

— Art. 99-3, 99-4 (*perquisitions et saisies*). – V. *Livre II, Lutte contre la cybercriminalité*, **p. 968.**

— Art. 230-1 s. (*mise au clair des données chiffrées*), 230-46 (*enquête sous pseudonyme*). – V. *Livre II, Lutte contre la cybercriminalité*, **p. 973.**

— Art. 704, 706-17, 706-72-1, 706-73 s., 706-95-1, 706-95-2, 706-102-1 (*procédures particulières*). – V. *Livre II, Lutte contre la cybercriminalité*, **p. 976.**

Code de la propriété intellectuelle

— Art. L. 331-12 à L. 331-34 (*Arcom*). – V. *Livre I, Sécurité des systèmes d'information*, **p. 43.**

— Art. L. 336-3 (*téléchargement illicite*). – V. *Livre I, Sécurité des systèmes d'information*, **p. 53.**

Code de la santé publique

— Art. L. 1111-8-2, R. 1111-1 s. (*sécurité des systèmes d'information*). – V. *Livre I, Sécurité des systèmes d'information*, **p. 54.**

— Art. L. 1435-7-2 (*inspections et contrôles*). – V. *Livre II, Lutte contre la cybercriminalité*, **p. 985.**

— Art. L. 5313-2-1 (*enquêtes sous pseudonyme*). – V. *Livre II, Lutte contre la cybercriminalité*, **p. 985.**

Code de la sécurité intérieure

Code du sport

Code du travail

Code des transports

1945	26 juin	Charte des Nations unies. – Art. 2, 33, 39 à 42, 51. – V. *Livre III, Cyberdéfense*, **p. 1391.**
1949	4 avr.	Traité de l'Atlantique Nord. – Art. 5. – V. *Livre III, Cyberdéfense*, **p. 1394.**
1950	4 nov.	Convention de sauvegarde des droits de l'homme et des libertés fondamentales. – Art. 8, 10. – V. *Livre III, Cyberdéfense*, **p. 822.**
1961	18 avr.	Convention de Vienne. Relations diplomatiques. – Art. 22, 24. – V. *Livre III, Cyberdéfense*, **p. 1394.**
1963	24 avr.	Convention de Vienne. Relations consulaires. – Art. 31, 33, 35. – V. *Livre III, Cyberdéfense*, **p. 1395.**
1966	16 déc.	Pacte international. Droits civils et politiques. – Art. 17, 19. – V. *Livre III, Cyberdéfense*, **p. 823.**
1967	27 janv.	Traité. Principes régissant les activités des États en matière d'exploration et d'utilisation de l'espace extra-atmosphérique, y compris la Lune et les autres corps célestes. – Art. III, IV. – V. *Livre III, Cyberdéfense*, **p. 1396.**
1977	8 juin	Protocole additionnel. Aux conventions de Genève du 12 août 1949 relatif à la protection des victimes des conflits armés internationaux. – Art. 48 à 52, 57. – V. *Livre III, Cyberdéfense*, **p. 1397.**
1978	6 janv.	Loi n° 78-17. Informatique, fichiers et libertés. – Art. 1er à 4, 8, 11, 57 à 63, 83, 121, 122. – V. *Livre I, Sécurité des systèmes d'information*, **p. 70.**
1982	10 déc.	Convention des Nations unies. Droit de la mer. – Art. 113. – V. *Livre III, Cyberdéfense*, **p. 1400.**
1986	30 sept.	Loi n° 86-1067. Liberté de communication **p. 987.**
1989	20 nov.	Convention. Droits de l'enfant, V. *Livre II, Lutte contre la cybercriminalité*, **p. 1089.**
1992	22 déc.	Constitution de l'Union internationale des télécommunications. – Art. 37. – V. *Livre III, Cyberdéfense*, **p. 824.**
2001	15 nov.	Loi n° 2001-1062. Sécurité quotidienne. – Art. 29. – V. CPCE, art. L. 34-1, *Livre I, Sécurité des systèmes d'information*, **p. 1213.**
2001	23 nov.	Convention de Budapest. Cybercriminalité. – V. *Livre II, Lutte contre la cybercriminalité*, **p. 1090.**
2001	13 déc.	Décret n° 2001-1192. Contrôle à l'exportation, à l'importation et transfert de biens et technologies à double usage. – V. *Livre I, Sécurité des systèmes d'information*, **p. 989.**
2001	13 déc.	Arrêté. Contrôle à l'exportation vers les pays tiers et transfert vers les États membres de la Communauté européenne de biens et technologies à double usage. – V. *Livre I, Sécurité des systèmes d'information*, **p. 79.**
2002	18 avr.	Décret n° 2002-535. Évaluation et certification de la sécurité offerte par les produits et les systèmes des technologies de l'information. – V. *Livre I, Sécurité des systèmes d'information*, **p. 84.**

2002	12 juill.	Directive 2002/58/CE. Traitement des données à caractère personnel et protection de la vie privée dans le secteur des communications électroniques (directive vie privée et communications électroniques). – V. *Livre I, Sécurité des systèmes d'information*, **p. 394.**
2003	28 janv.	Protocole additionnel à la convention sur la cybercriminalité. Incrimination d'actes de nature raciste et xénophobe commis par le biais de systèmes informatiques. – V. *Livre II, Lutte contre la cybercriminalité*, **p. 1121.**
2003	18 mars	Loi n° 2003-239. Sécurité intérieure. – Art. 31. – V. C. pén., art. 434-15-2, *Livre II, Lutte contre la cybercriminalité*, **p. 1195.**
2004	18 févr.	Circulaire n° 2004-035. Usage de l'Internet dans le cadre pédagogique et protection des mineurs. – V. *Livre I, Sécurité des systèmes d'information*, **p. 89.**
2004	9 mars	Loi n° 2004-204. Adaptation de la justice aux évolutions de la criminalité. – Art. 6, 12. – V. C. pén., art. 312-6-1, 313-2, *Livre II, Lutte contre la cybercriminalité*, **p. 913.**
2004	21 juin	Loi n° 2004-575. Confiance dans l'économie numérique : – Art. 6-3 – V. *Livre II, Lutte contre la cybercriminalité*, **p. 989.** – Art. 6, 29 s. – V. *Livre I, Sécurité des systèmes d'information*, **p. 92.** – Art. 30. – V. *Livre II, Lutte contre la cybercriminalité*, **p. 989.** – Art. 37, 45, 46. – V. C. pén., art. 132-79, 323-1 s., *Livre II, Lutte contre la cybercriminalité*, **p. 905.**
2004	9 juill.	Loi n° 2004-669. Communications électroniques et services de communication audiovisuelle. – Art. 19. – V. CPCE, art. L. 39-3, *Livre I, Sécurité des systèmes d'information*, **p. 31.**
2004	6 août	Loi n° 2004-801. Protection des personnes physiques à l'égard des traitements de données à caractère personnel. – Art. 14. – V. C. pén., art. 226-16, 226-16-1, 226-18 s., *Livre II, Lutte contre la cybercriminalité*, **p. 909** ; C. pén., art. 226-17, *Livre I, Sécurité des systèmes d'information*, **p. 30.**
2005	12 janv.	Instruction interministérielle n° 920/SGDSN/DCSSI. Systèmes traitant des informations classifiées de niveau Confidentiel-Défense. – V. *Livre III, Cyberdéfense*, **p. 1230.**
2005	8 déc.	Ordonnance n° 2005-1516. Échanges électroniques entre les usagers et les autorités administratives et entre les autorités administratives. – Art. 9, 11, 12, 14, 15. – V. *Livre I, Sécurité des systèmes d'information*, **p. 100.**
2005	12 déc.	Loi n° 2005-1550. Modification de diverses dispositions relatives à la défense. – Art. 3, 4. – V. C. défense, art. L. 1332-1 s., *Livre III, Cyberdéfense*, **p. 1158.**
2006	4 janv.	Décret n° 2006-6. Hébergement de données de santé à caractère personnel. – Art. 2. – V. CSP, art. R. 1111-2, *Livre I, Sécurité des systèmes d'information*, **p. 57.**
2006	24 mars	Décret n° 2006-358. Conservation des données des communications électroniques. – Art. 1er. – V. CPCE, art. R. 10-13, *Livre I, Sécurité des systèmes d'information*, **p. 34.**

2006	13 juin	Loi n° 2006-686. Transparence et sécurité en matière nucléaire. – Art. 59. – V. C. défense, art. L. 1332-2, *Livre III, Cyberdéfense*, **p. 1160.**
2006	19 juill.	Décret n° 2006-904. Commission départementale des hospitalisations psychiatriques. – Art. 1er. – V. CSP, art. R. 1111-5, *Livre I, Sécurité des systèmes d'information*, **p. 58.**
2006	1er août	Loi n° 2006-961. Droit d'auteur et droits voisins dans la société de l'information. – Art. 14, 16. – V. CPI, art. L. 331-29 s., *Livre I, Sécurité des systèmes d'information*, **p. 51.**
2007	2 mai	Décret n° 2007-663. Application des articles 30, 31 et 36 de la loi n° 2004-575 du 21 juin 2004 pour la confiance dans l'économie numérique et moyens et prestations de cryptologie. – V. *Livre I, Sécurité des systèmes d'information*, **p. 103.**
2008	9 juill.	Règlement (CE) n° 765/2008. Prescriptions relatives à l'accréditation. – V. *Livre I, Sécurité des systèmes d'information*, **p. 403.**
2008	4 août	Loi n° 2008-776. Modernisation de l'économie. – Art. 70. – V. C. pén., art. 441-10, *Livre II, Lutte contre la cybercriminalité*, **p. 958.**
2009	12 mai	Loi n° 2009-526. Simplification et clarification du droit et allègement des procédures. – Art. 124. – V. C. pén., art. 226-24, 323-6, 441-12, *Livre II, Lutte contre la cybercriminalité*, **p. 911.**
2009	12 juin	Loi n° 2009-669. Diffusion et protection de la création sur internet : – Art. 2, 5, 11. – V. CPI, art. L. 331-16, L. 331-17, L. 331-19 s., L. 331-28, L. 331-30, L. 331-33, L. 336-3, *Livre I, Sécurité des systèmes d'information*, **p. 45.** – Art. 13. – V. L. n° 2004-575 du 21 juin 2004, art. 6, *Livre I, Sécurité des systèmes d'information*, **p. 92.**
2009	7 juill.	Décret n° 2009-834. Création d'un service à compétence nationale dénommé « Agence nationale de la sécurité des systèmes d'information » : – Art. 1er à 8. – V. *Livre I, Sécurité des systèmes d'information*, **p. 109.** – Art. 9. – V. Décr. n° 2002-535 du 18 avr. 2002, art. 2, 3, 5 à 7, 9, 11, 14, 16, 18, *Livre I, Sécurité des systèmes d'information*, **p. 85** ; Décr. n° 2007-663 du 2 mai 2007, art. 4, 5, 7, 9, 10, 14, *Livre I, Sécurité des systèmes d'information*, **p. 104.**
2009	28 oct.	Loi n° 2009-1311. Protection pénale de la propriété littéraire et artistique sur internet. – Art. 1er, 3. – V. CPI, art. L. 331-15, L. 331-20 s., *Livre I, Sécurité des systèmes d'information*, **p. 44.**
2010	2 févr.	Décret n° 2010-112. Application des articles 9, 10 et 12 de l'ordonnance n° 2005-1516 du 8 décembre 2005 relative aux échanges électroniques entre les usagers et les autorités administratives et entre les autorités administratives : – Art. 1er à 24. – V. *Livre I, Sécurité des systèmes d'information*, **p. 112.** – Art. 25. – V. Décr. n° 2002-535 du 18 avr. 2002, art. 11, *Livre I, Sécurité des systèmes d'information*, **p. 87.**

2010	2 mars	Loi n° 2010-201. Lutte contre les violences de groupes et la protection des personnes chargées d'une mission de service public. – Art. 3, 12. – V. C. pén., art. 312-2, *Livre II, Lutte contre la cybercriminalité,* **p. 912.**
2010	18 mars	Décret n° 2010-292. Procédures d'autorisation d'exportation, de transfert, de courtage et de transit de biens et technologies à double usage et transfert de compétences de la direction générale des douanes et droits indirects à la direction générale de la compétitivité, de l'industrie et des services. – Art. 1er. – V. Décr. n° 2001-1192 du 13 déc. 2001, art. 1er s., *Livre I, Sécurité des systèmes d'information,* **p. 76.**
2010	12 mai	Loi n° 2010-476. Ouverture à la concurrence et à la régulation du secteur des jeux d'argent et de hasard en ligne : – V. *Livre I, Sécurité des systèmes d'information,* **p. 115.** – Art. 59. – V. *Livre II, Lutte contre la cybercriminalité,* **p. 990.**
2010	23 déc.	Décret n° 2010-1630. Procédure d'évaluation et de labellisation des moyens de sécurisation destinés à prévenir l'utilisation illicite de l'accès à un service de communication au public en ligne. – Art. 2. – V. Décr. n° 2002-535 du 18 avr. 2002, art. 10, *Livre I, Sécurité des systèmes d'information,* **p. 87.**
2011	11 févr.	Décret n° 2011-170. Modification du décret n° 2009-834 du 7 juillet 2009 portant création d'un service à compétence nationale dénommé « Agence nationale de la sécurité des systèmes d'information ». – Art. 1er. – V. Décr. mod., art. 3, *Livre I, Sécurité des systèmes d'information,* **p. 110.**
2011	21 févr.	Décret n° 2011-193. Création d'une direction interministérielle des systèmes d'information et de communication de l'État. – Art. 14. – V. Décr. n° 2010-112 du 2 févr. 2010, art. 11, 15, 17, *Livre I, Sécurité des systèmes d'information,* **p. 113.**
2011	14 mars	Loi n° 2011-267. Orientation et programmation pour la performance de la sécurité intérieure : – Art. 2. - V. C. pén., art. 226-4-1, *Livre II, Lutte contre la cybercriminalité,* **p. 908.** – Art. 26. – V. C. défense, art. L. 1332-2-1, *Livre III, Cyberdéfense,* **p. 1160.** – Art. 108. – V. C. douanes, art. 67 *bis*-1, *Livre II, Lutte contre la cybercriminalité,* **p. 903.**
2011	24 août	Ordonnance n° 2011-1012. Communications électroniques. – Art. 39. – V. C. pén., art. 226-17-1, *Livre I, Sécurité des systèmes d'information,* **p. 30.**
2012	1er févr.	Loi n° 2012-158. Renforcement de l'éthique du sport et des droits des sportifs. – Art. 7. – V. L. n° 2010-476 du 12 mai 2010, art. 32, *Livre I, Sécurité des systèmes d'information,* **p. 123.**
2012	14 mars	Loi n° 2012-354. De finances rectificative pour 2012. – Art. 21. – V. L. n° 2010-476 du 12 mai 2010, art. 59, *Livre I, Sécurité des systèmes d'information,* **p. 132.**
2012	27 mars	Loi n° 2012-410. Protection de l'identité. – Art. 9. – V. C. pén., art. 323-3, *Livre II, Lutte contre la cybercriminalité,* **p. 933.**

2012	30 oct.	Décret n° 2012-1198. Création du secrétariat général pour la modernisation de l'action publique. – Art. 6. – V. Décr. n° 2009-834 du 7 juill. 2009, art. 4, 5, *Livre I, Sécurité des systèmes d'information*, **p. 110.**
2012	7 nov.	Circulaire interministérielle n° 3415/SGDSN/AIST/PST. Mise en œuvre du dispositif de protection du potentiel scientifique et technique de la Nation. – V. *Livre III, Cyberdéfense*, **p. 1252.**
2012	29 déc.	Loi n° 2012-1510. De finances rectificative pour 2012. – Art. 13. – V. C. douanes, art. 67 *bis*-1, *Livre II, Lutte contre la cybercriminalité*, **p. 903.**
2013	24 juin	Règlement (UE) n° 611/2013. Mesures relatives à la notification des violations de données à caractère personnel en vertu de la directive 2002/58/CE du Parlement européen et du Conseil sur la vie privée et les communications électroniques. – V. *Livre I, Sécurité des systèmes d'information*, **p. 417.**
2013	10 juill.	Décret n° 2013-611. Réglementation applicable aux îles artificielles, aux installations, aux ouvrages et à leurs installations connexes sur le plateau continental et dans la zone économique exclusive et la zone de protection écologique ainsi qu'aux câbles et pipelines sous-marins. – Art. 19. – V. *Livre III, Cyberdéfense*, **p. 1273.**
2013	12 août	Directive 2013/40/UE. Attaques contre les systèmes d'information. – V. *Livre I, Sécurité des systèmes d'information*, **p. 420.**
2013	18 déc.	Loi n° 2013-1168. Programmation militaire pour les années 2014 à 2019 et diverses dispositions concernant la défense et la sécurité nationale : – Art. 21, 22. – V. C. défense, art. L. 1332-6-1 s., L. 2321-1, L. 2321-2, *Livre III, Cyberdéfense*, **p. 1162.** – Art. 24, 31. – V. C. défense, art. L. 2321-3, L. 4123-12, *Livre I, Sécurité des systèmes d'information*, **p. 24.** – Art. 25. – V. C. pén., art. 323-3-1, *Livre II, Lutte contre la cybercriminalité*, **p. 937.**
2013	23 déc.	Loi n° 2013-1203. De financement de la sécurité sociale pour 2014. – Art. 86. – V. C. pén., art. 313-2, 441-6, *Livre II, Lutte contre la cybercriminalité*, **p. 921.**
2014	7 janv.	Instruction n° 6600/SGDSN/PSE/PSN. Sécurité des activités d'importance vitale. – V. *Livre III, Cyberdéfense*, **p. 1274.**
2014	11 mars	Loi n° 2014-315. Renforcement de la lutte contre la contrefaçon. – Art. 10. – V. C. douanes, art. 67 *bis*-1, *Livre II, Lutte contre la cybercriminalité*, **p. 903.**
2014	17 mars	Loi n° 2014-344. Consommation. – Art. 148, 151, 152, 154, 158. – V. L. n° 2010-476 du 12 mai 2010, art. 2, 14, 15, 18, 23, 31, *Livre I, Sécurité des systèmes d'information*, **p. 115.**
2014	10 avr.	Avis n° 05/2014 du G29. Techniques d'anonymisation. – V. *Livre I, Sécurité des systèmes d'information*, **p. 742.**

2014	13 juin	Arrêté. Approbation du référentiel général de sécurité et modalités de mise en œuvre de la procédure de validation des certificats électroniques. – V. *Livre I, Sécurité des systèmes d'information*, **p. 134.**
2014	17 juill.	Circulaire n° 5725/SG. Politique de sécurité des systèmes d'information de l'État. – V. *Livre I, Sécurité des systèmes d'information*, **p. 135.**
2014	23 juill.	Règlement (UE) n° 910/2014. Identification électronique et services de confiance pour les transactions électroniques au sein du marché intérieur. – V. *Livre I, Sécurité des systèmes d'information*, **p. 423.**
2014	4 août	Loi n° 2014-873. Égalité réelle entre les femmes et les hommes. – Art. 57. – V. L. n° 2004-575 du 21 juin 2004, art. 6, *Livre I, Sécurité des systèmes d'information*, **p. 92.**
2014	9 oct.	Recommandation ANSSI. Sécurité concernant l'analyse des flux HTTPS. – V. *Livre I, Sécurité des systèmes d'information*, **p. 366.**
2014	13 nov.	Loi n° 2014-1353. Renforcement des dispositions relatives à la lutte contre le terrorisme : – Art. 12. – V. L. n° 2004-575 du 21 juin 2004, art. 6, *Livre I, Sécurité des systèmes d'information*, **p. 92.** – Art. 17. – V. C. pén., art. 323-4-1, *Livre II, Lutte contre la cybercriminalité*, **p. 946.** – Art. 20. – V. L. n° 2010-476 du 12 mai 2010, art. 59, *Livre I, Sécurité des systèmes d'information*, **p. 132.**
2015	28 janv.	Instruction interministérielle n° 901. Protection des systèmes d'information sensibles. – V. *Livre III, Cyberdéfense*, **p. 1327.**
2015	29 janv.	Arrêté. Forme et contenu des dossiers de déclaration et de demande d'autorisation d'opérations relatives aux moyens et aux prestations de cryptologie. – V. *Livre I, Sécurité des systèmes d'information*, **p. 990.**
2015	27 mars	Décret n° 2015-350. Qualification des produits de sécurité et des prestataires de service de confiance pour les besoins de la sécurité des systèmes d'information : – Art. 1er à 20, 22, 25. – V. *Livre I, Sécurité des systèmes d'information*, **p. 164.** – Art. 3, 24. – V. Décr. n° 2009-834 du 7 juill. 2009, art. 3, 4, *Livre I, Sécurité des systèmes d'information*, **p. 110.**
2015	27 mars	Décret n° 2015-351. Sécurité des systèmes d'information des opérateurs d'importance vitale et application de la section II du chapitre II du titre III du livre III de la première partie de la partie législative du code de la défense. – Art. 3. – V. Décr. n° 2009-834 du 7 juill. 2009, art. 1er, 8, *Livre I, Sécurité des systèmes d'information*, **p. 109.**
2015	24 juill.	Loi n° 2015-912. Renseignement : – Art. 4, 18. – V. C. pén., art. 323-1 s., *Livre II, Lutte contre la cybercriminalité*, **p. 924.** – Art. 13. – V. CSI, art. L. 881-1, *Livre II, Lutte contre la cybercriminalité*, **p. 987.**
2015	28 juill.	Loi n° 2015-917. Actualisation de la programmation militaire pour les années 2015 à 2019 et diverses dispositions concernant la défense. – Art. 27. – V. C. défense, art. L. 1332-6-1, *Livre III, Cyberdéfense*, **p. 1162.**

2015	8 sept.	Règlement d'exécution (UE) n° 2015/1502. Spécifications techniques et procédures minimales relatives aux niveaux de garantie des moyens d'identification électronique visés à l'article 8, paragraphe 3, du règlement (UE) n° 910/2014 du Parlement européen et du Conseil sur l'identification électronique et les services de confiance pour les transactions électroniques au sein du marché intérieur. – V. *Livre I, Sécurité des systèmes d'information*, **p. 450.**
2015	13 nov.	Décret n° 2015-1469. Suppression de commissions administratives à caractère consultatif. – Art. 1er. – V. Décr. n° 2009-834 du 7 juill. 2009, art. 7, *Livre I, Sécurité des systèmes d'information*, **p. 111.**
2015	18 déc.	Décret n° 2015-1700. Mise en œuvre de traitements de données informatiques captées en application de l'article 706-102-1 du code de procédure pénale. – V. *Livre III, Cyberdéfense*, **p. 1219.**
2016	17 mars	Décret n° 2016-308. Réutilisation des informations publiques. – Art. 2. – V. Décr. n° 2010-112 du 2 févr. 2010, art. 5, *Livre I, Sécurité des systèmes d'information*, **p. 112.**
2016	27 avr.	Règlement (UE) 2016/679. Protection des personnes physiques à l'égard du traitement des données à caractère personnel et à la libre circulation de ces données. – Art. 4, 5, 9, 25, 32 à 35, 83. – V. *Livre I, Sécurité des systèmes d'information*, **p. 462.**
2016	27 avr.	Directive (UE) 2016/680. Protection des personnes physiques à l'égard du traitement des données à caractère personnel par les autorités compétentes à des fins de prévention et de détection des infractions pénales, d'enquêtes et de poursuites en la matière ou d'exécution de sanctions pénales, et à la libre circulation de ces données. – V. *Livre I, Sécurité des systèmes d'information*, **p. 473.**
2016	3 juin	Loi n° 2016-731. Lutte contre le crime organisé, le terrorisme et leur financement, et amélioration de l'efficacité et des garanties de la procédure pénale : – Art. 27. – V. C. douanes, art. 67 *bis*-1, *Livre II, Lutte contre la cybercriminalité*, **p. 903.** – Art. 83. – V. CPI, art. L. 331-15, *Livre I, Sécurité des systèmes d'information*, **p. 44.**
2016	6 juill.	Directive (UE) 2016/1148. Mesures destinées à assurer un niveau élevé commun de sécurité des réseaux et des systèmes d'information dans l'Union. – V. *Livre I, Sécurité des systèmes d'information*, **p. 498.**
2016	20 juill.	Décret n° 2016-994. Conditions d'échange et de partage d'informations entre professionnels de santé et autres professionnels des champs social et médico-social et accès aux informations de santé à caractère personnel. – Art. 2. – V. CSP, art. R. 1111-1, R. 1111-6, R. 1111-7, *Livre I, Sécurité des systèmes d'information*, **p. 57.**
2016	12 sept.	Décret n° 2016-1214. Conditions selon lesquelles sont signalés les incidents graves de sécurité des systèmes d'information. – Art. 1er. – V. CSP, art. D. 1111-16-2 s., *Livre I, Sécurité des systèmes d'information*, **p. 59.**

2016	7 oct.	Loi n° 2016-1321. République numérique : – Art. 47. – V. C. défense, art. L. 2321-4, *Livre I, Sécurité des systèmes d'information*, **p. 25.** – Art. 49. – V. C. consom., art. L. 111-7, *Livre I, Sécurité des systèmes d'information*, **p. 18.** – Art. 87, 93. – V. CPCE, art. L. 100, L. 103, *Livre I, Sécurité des systèmes d'information*, **p. 31.** – Art. 95. – V. L. n° 2010-476 du 12 mai 2010, art. 14, *Livre I, Sécurité des systèmes d'information*, **p. 117.** – Art. 101. – V. CSI, art. L. 321-8 s., *Livre I, Sécurité des systèmes d'information*, **p. 64.**
2016	2 déc.	Circulaire. Présentation des dispositions de la loi n° 2016-731 du 3 juin 2016 renforçant la lutte contre le crime organisé, le terrorisme et leur financement, et améliorant l'efficacité et les garanties de la procédure pénale, relative au renforcement du dispositif en matière de lutte contre la délinquance et la criminalité organisée. – V. *Livre II, Lutte contre la cybercriminalité*, **p. 990.**
2016	22 déc.	Ordonnance n° 2016-1823. Transposition de la directive 2014/26/UE du Parlement européen et du Conseil du 26 février 2014 concernant la gestion collective du droit d'auteur et des droits voisins et l'octroi de licences multiterritoriales de droits sur des œuvres musicales en vue de leur utilisation en ligne dans le marché intérieur. – Art. 2. – V. CPI, art. L. 331-19, *Livre I, Sécurité des systèmes d'information*, **p. 46.**
2017	20 janv.	Loi n° 2017-55. Statut général des autorités administratives indépendantes et des autorités publiques indépendantes. – Art. 36. – V. C. pr. pén., art. 230-2, *Livre II, Lutte contre la cybercriminalité*, **p. 974.**
2017	27 janv.	Loi n° 2017-86. Égalité et citoyenneté. – Art. 171. – V. C. pén., art. 226-19, 312-2, *Livre II, Lutte contre la cybercriminalité*, **p. 909.**
2017	28 févr.	Loi n° 2017-257. Statut de Paris et aménagement métropolitain. – Art. 34. – V. C. pr. pén., art. 706-73-1, *Livre II, Lutte contre la cybercriminalité*, **p. 980.**
2017	1er mars	Loi n° 2017-261. Préservation de l'éthique du sport, renforcement de la régulation et de la transparence du sport professionnel, et amélioration de la compétitivité des clubs. – Art. 7. – V. L. n° 2010-476 du 12 mai 2010, art. 12, *Livre I, Sécurité des systèmes d'information*, **p. 116.**
2017	3 mars	Arrêté. Approbation de la convention constitutive du groupement d'intérêt public pour le dispositif national d'assistance aux victimes d'actes de cybermalveillance. – V. *Livre I, Sécurité des systèmes d'information*, **p. 392.**
2017	5 avr.	Lignes directrices du G29. Délégués à la protection des données. – V. *Livre II, Lutte contre la cybercriminalité*, **p. 1072.**
2017	9 mai	Décret n° 2017-860. Contrôle à l'exportation, à l'importation et au transfert de biens à double usage, et mesures restrictives prises à l'encontre de la Syrie, de l'Iran et de la Russie. – Art. 6. – V. Décr. n° 2001-1192 du 13 déc. 2001, art. 1er s., *Livre I, Sécurité des systèmes d'information*, **p. 76.**

2017	16 juin	Résolution MSC.428(98) de l'Organisation maritime internationale. – V. *Livre I, Sécurité des systèmes d'information*, **p. 824.**
2017	9 août	Ordonnance n° 2017-1252. Transposition de la directive 2015/2366 du Parlement européen et du Conseil du 25 novembre 2015 concernant les services de paiement dans le marché intérieur. – Art. 12, 34. – V. C. mon. fin., art. L. 521-5 s., *Livre I, Sécurité des systèmes d'information*, **p. 27.**
2017	29 sept.	Décret n° 2017-1435. Seuil de connexions à partir duquel les opérateurs de plateformes en ligne élaborent et diffusent des bonnes pratiques pour renforcer la loyauté, la clarté et la transparence des informations transmises aux consommateurs. – Art. 1er. – V. C. consom., art. D. 111-15, *Livre I, Sécurité des systèmes d'information*, **p. 21.**
2017	4 oct.	Ordonnance n° 2017-1426. Identification électronique et services de confiance pour les transactions électroniques. – Art. 1er, 2. – V. CPCE, art. L. 102, L. 103, *Livre I, Sécurité des systèmes d'information*, **p. 32.**
2017	30 oct.	Loi n° 2017-1510. Renforcement de la sécurité intérieure et de la lutte contre le terrorisme. – Art. 9. – V. C. pr. pén., art. 706-73 s., *Livre II, Lutte contre la cybercriminalité*, **p. 979.**
2018	30 janv.	Règlement d'exécution (UE) 2018/151. Modalités d'application de la directive (UE) 2016/1148 du Parlement européen et du Conseil précisant les éléments à prendre en considération par les fournisseurs de service numérique pour gérer les risques qui menacent la sécurité des réseaux et des systèmes d'information ainsi que les paramètres permettant de déterminer si un incident a un impact significatif : – Art. 1er à 3. – V. *Livre III, Cyberdéfense*, **p. 1377.** – Art. 4, 5. – V. *Livre I, Sécurité des systèmes d'information*, **p. 530.**
2018	6 févr.	Clarifying Lawful Overseas Use of Data Act. – V. *Livre I, Sécurité des systèmes d'information*, **p. 878.**
2018	6 févr.	Lignes directrices du G29. Notification des violations de données à caractère personnel en vertu du règlement (UE) 2016/679. – V. *Livre I, Sécurité des systèmes d'information*, **p. 773.**
2018	26 févr.	Loi n° 2018-133. Adaptation au droit de l'Union européenne dans le domaine de la sécurité. – V. *Livre I, Sécurité des systèmes d'information*, **p. 169.**
2018	26 févr.	Décret n° 2018-137. Hébergement de données de santé à caractère personnel. – Art. 1er. – V. CSP, art. R. 1111-1 s., *Livre I, Sécurité des systèmes d'information*, **p. 57.**
2018	27 févr.	Arrêté. Contrôle à l'exportation de biens, technologies et services à double usage, et mise en œuvre des mesures restrictives prises à l'encontre de certains pays de destination finale. – V. Arr. du 13 déc. 2001, *Livre I, Sécurité des systèmes d'information*, **p. 79.**
2018	23 mai	Décret n° 2018-384. Sécurité des réseaux et systèmes d'information des opérateurs de services essentiels et des fournisseurs de service numérique : – Art. 1er à 9, 11 à 28, 32. – V. *Livre I, Sécurité des systèmes d'information*, **p. 173.**

		– Art. 10. – V. *Livre III, Cyberdéfense*, **p. 1348.** – Art. 29. – V. Décr. n° 2015-350 du 27 mars 2015, art. 1er, 10, 25, *Livre I, Sécurité des systèmes d'information*, **p. 165.** – Art. 31. – V. Décr. n° 2009-834 du 7 juill. 2009, art. 3, *Livre I, Sécurité des systèmes d'information*, **p. 110.**
2018	30 mai	Décret n° 2018-418. Coffre-fort numérique. – V. CPCE, art. R. 55-1 s., *Livre I, Sécurité des systèmes d'information*, **p. 42.**
2018	4 juin	Décret n° 2018-439. Mise en œuvre des sanctions ciblées liées au financement du terrorisme et à la prolifération des armes de destruction massive. – Art. 1er. – V. C. défense, art. R. 1332-17 s., *Livre III, Cyberdéfense*, **p. 1174.**
2018	13 juin	Arrêté. Modalités des déclarations prévues aux articles 8, 11 et 20 du décret n° 2018-384 du 23 mai 2018 relatif à la sécurité des réseaux et systèmes d'information des opérateurs de services essentiels et des fournisseurs de service numérique. – V. *Livre I, Sécurité des systèmes d'information*, **p. 184.**
2018	20 juin	Loi n° 2018-493. Protection des données personnelles : – Art. 7, 11. – V. C. pén., art. 226-16 s., *Livre II, Lutte contre la cybercriminalité*, **p. 909.** – Art. 18. – V. C. pén., art. 226-17-1, *Livre I, Sécurité des systèmes d'information*, **p. 30.**
2018	29 juin	Décret n° 2018-542. Régime de la fabrication, du commerce, de l'acquisition et de la détention des armes. – Art. 2, 33. – V. CSI, art. R. 311-2, *Livre III, Cyberdéfense*, **p. 1224.**
2018	13 juill.	Loi n° 2018-607. Programmation militaire pour les années 2019 à 2025 et diverses dispositions intéressant la défense : – Art. 34. – V. C. défense, art. L. 2321-2-2, L. 2321-3, L. 2321-5, *Livre I, Sécurité des systèmes d'information*, **p. 22** ; CPCE, art. L. 36-14, *Livre III, Cyberdéfense*, **p. 1217.** – Art. 35. – V. C. défense, art. L. 4123-12, *Livre I, Sécurité des systèmes d'information*, **p. 1166** ; CPCE, art. L. 33-14, *Livre III, Cyberdéfense*, **p. 1213** ; CPCE, art. L. 36-14, *Livre III, Cyberdéfense*, **p. 1217.** – Art. 43. – V. C. défense, art. L. 2335-3, *Livre III, Cyberdéfense*, **p. 1165.** – Art. 64. – V. CPCE, art. L. 33-15, *Livre III, Cyberdéfense*, **p. 1213.**
2018	30 juill.	Loi n° 2018-670. Protection du secret des affaires. – Art. 1er. – V. C. com., art. L. 151-1 s., *Livre I, Sécurité des systèmes d'information*, **p. 10.**
2018	3 août	Loi n° 2018-699. Présence des parlementaires dans certains organismes extérieurs au Parlement et simplification des modalités de leur nomination. – Art. 16. – V. C. pr. pén., art. 230-2, *Livre II, Lutte contre la cybercriminalité*, **p. 974.**
2018	3 août	Loi n° 2018-703. Lutte contre les violences sexuelles et sexistes. – Art. 11. – V. L. n° 2004-575 du 21 juin 2004, art. 6, *Livre I, Sécurité des systèmes d'information*, **p. 92.**

2018	10 sept.	Loi n° 2018-778. Immigration maîtrisée, droit d'asile effectif et intégration réussie. – Art. 35, 39. – V. C. pén., art. 441-7, 441-8, *Livre II, Lutte contre la cybercriminalité*, **p. 957.**
2018	14 sept.	Arrêté. Règles de sécurité et délais mentionnés à l'article 10 du décret n° 2018-384 du 23 mai 2018 relatif à la sécurité des réseaux et systèmes d'information des opérateurs de services essentiels et des fournisseurs de service numérique. – V. CSI, art. R. 311-2, *Livre III, Cyberdéfense*, **p. 1224.**
2018	18 sept.	Arrêté. Approbation du cahier des clauses simplifiées de cybersécurité. – V. *Livre I, Sécurité des systèmes d'information*, **p. 185.**
2018	23 oct.	Loi n° 2018-898. Lutte contre la fraude. – Art. 29. – V. L. n° 2004-575 du 21 juin 2004, art. 6, *Livre I, Sécurité des systèmes d'information*, **p. 92.**
2018	12 déc.	Ordonnance n° 2018-1125. Application de l'article 32 de la loi n° 2018-493 du 20 juin 2018 relative à la protection des données personnelles et modification de la loi n° 78-17 du 6 janvier 1978 relative à l'informatique, aux fichiers et aux libertés et diverses dispositions concernant la protection des données à caractère personnel : – Art. 1er. – V. L. n° 78-17 du 6 janv. 1978, art. 1er à 4, 8, 11, 57 à 63, 83, 121, 122, *Livre I, Sécurité des systèmes d'information*, **p. 70.** – Art. 5, 29. – V. C. défense, art. L. 1332-2-1, *Livre III, Cyberdéfense*, **p. 1160.** – Art. 11. – V. C. mon. fin., art. L. 521-6, L. 521-7, *Livre I, Sécurité des systèmes d'information*, **p. 27.** – Art. 13. – V. C. pén., art. 226-17 s., *Livre I, Sécurité des systèmes d'information*, **p. 30** ; C. pén., art. 226-16 s., *Livre II, Lutte contre la cybercriminalité*, **p. 909.** – Art. 14. – V. CPCE, art. L. 103, *Livre I, Sécurité des systèmes d'information*, **p. 33.** – Art. 16, 29. – V. C. pr. pén., art. 60-2, *Livre II, Lutte contre la cybercriminalité*, **p. 964.** – Art. 22, 29. – V. CSI, art. L. 114-1, *Livre III, Cyberdéfense*, **p. 1221.**
2018	13 déc.	Décret n° 2018-1136. Application de l'article L. 2321-2-1 du code de la défense et des articles L. 33-14 et L. 36-14 du code des postes et des communications électroniques. – Art. 3. – V. Décr. n° 2009-834 du 7 juill. 2009, art. 3, *Livre I, Sécurité des systèmes d'information*, **p. 110.**
2018	20 déc.	Décret n° 2018-1195. Contrôle de certains matériels de guerre et matériels assimilés. – Art. 26. – V. CSI, art. R. 311-2, *Livre III, Cyberdéfense*, **p. 1224.**
2019	10 janv.	Délibération CNIL n° 2019-001. Règlement type relatif à la mise en œuvre de dispositifs ayant pour finalité le contrôle d'accès par authentification biométrique aux locaux, aux appareils et aux applications informatiques sur les lieux de travail. – V. *Livre I, Sécurité des systèmes d'information*, **p. 387.**
2019	20 févr.	Arrêté. Dématérialisation des procédures de demande et de délivrance des autorisations d'exportation de biens à double usage. – V. Arr. du 13 déc. 2001, art. 2, 4, 6 à 8, 10 à 12, 14, 16 à 24, *Livre I, Sécurité des systèmes d'information*, **p. 79.**

2019	22 mars	Arrêté. Signature électronique des contrats de la commande publique. – V. *Livre I, Sécurité des systèmes d'information*, **p. 188.**
2019	23 mars	Loi n° 2019-222. Programmation 2018-2022 et réforme pour la justice : – Art. 33. – V. C. com., art. L. 153-1, *Livre I, Sécurité des systèmes d'information*, **p. 18.** – Art. 34, 45, 46, 47, 68, 69, 109. – V. C. pr. pén., 60-1 s., 77-1-1 s., 230-46, 704, 706-17, 706-73-1, 706-75, 706-95-1 s., 706-102-1 s., *Livre II, Lutte contre la cybercriminalité*, **p. 959.**
2019	17 avr.	Règlement (UE) 2019/881. ENISA (Agence de l'Union européenne pour la cybersécurité). Certification de cybersécurité des technologies de l'information et des communications. – V. *Livre I, Sécurité des systèmes d'information*, **p. 530.**
2019	22 mai	Loi n° 2019-486. Croissance et transformation des entreprises. – Art. 124. – V. C. com., art. L. 152-2, *Livre I, Sécurité des systèmes d'information*, **p. 16.**
2019	29 mai	Décret n° 2019-536. Application de la loi n° 78-17 du 6 janvier 1978 relative à l'informatique, aux fichiers et aux libertés. – Art. 85, 117 à 122. – V. *Livre I, Sécurité des systèmes d'information*, **p. 189.**
2019	19 juin	Ordonnance n° 2019-610. Harmonisation de la terminologie du droit de l'armement dans le code de la défense et le code de la sécurité intérieure : – Art. 4-1. – V. C. défense, art. L. 2335-1 s., *Livre II, Lutte contre la cybercriminalité*, **p. 1164.** – Art. 4-2, 7-3. – V. C. défense, art. L. 2335-3 s., *Livre III, Cyberdéfense*, **p. 1165.**
2019	20 juin	Règlement (UE) 2019/1020. Surveillance du marché et conformité des produits. – Art. 39. – V. Règl. (CE) n° 765/2008 du 9 juill. 2008, art. 1er s., *Livre I, Sécurité des systèmes d'information*, **p. 403.**
2019	17 juill.	Ordonnance n° 2019-738. Application de l'article 28 de la loi n° 2019-222 du 23 mars 2019 de programmation 2018-2022 et de réforme pour la justice. – Art. 12. – V. L. n° 2010-476 du 12 mai 2010, art. 57, *Livre I, Sécurité des systèmes d'information*, **p. 132.**
2019	24 juill.	Loi n° 2019-775. Création d'un droit voisin au profit des agences de presse et des éditeurs de presse. – Art. 9, 10. – V. CPI, art. L. 331-28, L. 331-34, *Livre I, Sécurité des systèmes d'information*, **p. 50.**
2019	21 août	Décret n° 2019-870. Accès aux points d'importance vitale. – Art. 1er. – V. C. défense, art. R. 1332-22-1 s., *Livre III, Cyberdéfense*, **p. 1176.**
2019	18 sept.	Ordonnance n° 2019-964. Application de la loi n° 2019-222 du 23 mars 2019 de programmation 2018-2022 et de réforme pour la justice. – Art. 35. – V. CPI, art. L. 331-32, *Livre I, Sécurité des systèmes d'information*, **p. 52.**
2019	2 oct.	Ordonnance n° 2019-1015. Régulation des jeux d'argent et de hasard : – Art. 2, 4, 10, 50. – V. CSI, art. L. 320-1 s., L. 321-9, L. 321-11, L. 324-1 s., *Livre I, Sécurité des systèmes d'information*, **p. 61.**

		– Art. 12. – V. L. n° 2010-476 du 12 mai 2010, art. 1er s., *Livre I, Sécurité des systèmes d'information*, **p. 115.** – Art. 34. – V. C. pén., art. 704, 706-73-1, *Livre I, Sécurité des systèmes d'information*, **p. 976.**
2019	18 oct.	Loi n° 2019-1063. Modernisation de la distribution de la presse. – Art. 3. – V. CPCE, art. L. 36-14, *Livre III, Cyberdéfense*, **p. 1217.**
2019	25 oct.	Décret n° 2019-1088. Système d'information et de communication de l'État et direction interministérielle du numérique : – V. *Livre III, Cyberdéfense*, **p. 1359.** – Art. 8. – V. Décr. n° 2010-112 du 2 févr. 2010, art. 2, *Livre I, Sécurité des systèmes d'information*, **p. 112.**
2019	7 nov.	Décret n° 2019-1139. Modification du décret n° 97-1184 du 19 décembre 1997 pris pour l'application au Premier ministre du 1° de l'article 2 du décret n° 97-34 du 15 janvier 1997 relatif à la déconcentration des décisions administratives individuelles. – Art. 1er. – V. Décr. n° 2002-535 du 18 avr. 2002, art. 8 s., *Livre I, Sécurité des systèmes d'information*, **p. 86** ; Décr. n° 2007-663 du 2 mai 2007, art. 7, 10, 12, *Livre I, Sécurité des systèmes d'information*, **p. 104** ; Décr. n° 2009-834 du 7 juill. 2019, art. 4, *Livre I, Sécurité des systèmes d'information*, **p. 110** ; Décr. n° 2010-112 du 2 févr. 2010, art. 9 s., *Livre I, Sécurité des systèmes d'information*, **p. 113** ; Décr. n° 2015-350 du 27 mars 2015, art. 7, 14, 15, 19, 20, 22, *Livre I, Sécurité des systèmes d'information*, **p. 166.**
2019	2 déc.	Décret n° 2019-1271. Modalités de classification et de protection du secret de la défense nationale : – Art. 1er, 10. – V. C. défense, art. R. 1332-31 s., R. 2311-1 s., *Livre III, Cyberdéfense*, **p. 1178.** – Art. 11. – V. *Livre III, Cyberdéfense*, **p. 1363.**
2019	17 déc.	Circulaire. Compétence nationale concurrente du tribunal de grande instance et de la cour d'assises de Paris dans la lutte contre la criminalité organisée de très grande complexité, et articulation du rôle des différents acteurs judiciaires en matière de lutte contre la criminalité organisée. – V. *Livre II, Lutte contre la cybercriminalité*, **p. 1035.**
2019	18 déc.	Décret n° 2019-1399. Traitements automatisés de données à caractère personnel du ministère des armées. – Art. 1er. – V. C. défense, art. R. 1332-22-1 s., *Livre III, Cyberdéfense*, **p. 1176.**
2019	31 déc.	Décret n° 2019-1590. Investissements étrangers en France. – Art. 1er. – V. C. mon. fin., art. R. 151-3, *Livre I, Sécurité des systèmes d'information*, **p. 28.**
2019	31 déc.	Décret n° 2019-1602. Modification du décret n° 2015-1700 du 18 décembre 2015 relatif à la mise en œuvre de traitements de données informatiques captées en application de l'article 706-102-1 du code de procédure pénale. – V. Décr. mod., art. 1er à 8, *Livre III, Cyberdéfense*, **p. 1219.**
2020	30 janv.	Décret n° 2020-67. Déconcentration des décisions administratives individuelles dans les domaines de l'économie et des finances. – Art. 6. – V. Décr. n° 2001-1192 du 13 déc. 2001, art. 1er s., *Livre I, Sécurité des systèmes d'information*, **p. 76.**

2020	10 févr.	Loi n° 2020-105. Lutte contre le gaspillage et économie circulaire. – Art. 13, 130. – V. L. n° 2004-575 du 21 juin 2004, art. 6, *Livre I, Sécurité des systèmes d'information*, **p. 92.**
2020	18 févr.	Décret n° 2020-133. Protection des intérêts de la défense nationale. – Art. 1er. – V. C. défense, art. R. 2311-9-1, *Livre III, Cyberdéfense*, **p. 1191.**
2020	21 avr.	Décret n° 2020-455. Création d'un service à compétence nationale dénommé « opérateur des systèmes d'information interministériels classifiés ». – Art. 7. – V. Décr. n° 2009-834 du 7 juill. 2009, art. 3, *Livre I, Sécurité des systèmes d'information*, **p. 110.**
2020	24 juin	Loi n° 2020-766. Lutte contre les contenus haineux sur internet. – Art. 1er, 2, 6, 17. – V. L. n° 2004-575 du 21 juin 2004, art. 6, *Livre I, Sécurité des systèmes d'information*, **p. 92.**
2020	24 juin	Règlement ONU n° 155. Homologation des véhicules en ce qui concerne la cybersécurité et le système de gestion de la cybersécurité. – V. *Livre I, Sécurité des systèmes d'information*, **p. 825.**
2020	26 juin	Arrêté. Création d'un traitement automatisé de données à caractère personnel dénommé « traitement harmonisé des enquêtes et des signalements pour les e-escroqueries » (THESEE). – V. *Livre II, Lutte contre la cybercriminalité*, **p. 1042.**
2020	22 juill.	Décret n° 2020-892. Abaissement temporaire du seuil de contrôle des investissements étrangers dans les sociétés françaises dont les actions sont admises aux négociations sur un marché réglementé. – Art. 3. – V. C. mon. fin., art. R. 151-3, *Livre I, Sécurité des systèmes d'information*, **p. 28.**
2020	30 juill.	Loi n° 2020-936. Protection des victimes de violences conjugales. – Art. 19. – V. C. pén., art. 226-4-1, *Livre II, Lutte contre la cybercriminalité*, **p. 908.**
2020	18 nov.	Ordonnance n° 2020-1407. Missions des agences régionales de santé. – Art. 1er. – V. CSP, art. L. 1111-8-2, *Livre I, Sécurité des systèmes d'information*, **p. 54.**
2020	15 déc.	Lignes directrices 6/2020 du CEPD. Interaction entre la deuxième directive sur les services de paiement et le RGPD. – V. *Livre I, Sécurité des systèmes d'information*, **p. 802.**
2020	16 déc.	Résolution. Adoptée par l'Assemblée générale le 16 décembre 2020, sur la base du rapport de la Troisième Commission (A/75/478/Add.2, par. 89). – V. *Livre I, Sécurité des systèmes d'information*, **p. 855.**
2020	16 déc.	Ordonnance n° 2020-1733. Partie législative du code de l'entrée et du séjour des étrangers et du droit d'asile : – Art. 10. – V. C. pén., art. 441-8, *Livre II, Lutte contre la cybercriminalité*, **p. 957.** – Art. 11. – V. C. pr. pén., art. 706-73, *Livre II, Lutte contre la cybercriminalité*, **p. 979.** – Art. 13. – V. CSI, art. L. 114-1, *Livre III, Cyberdéfense*, **p. 1221.**

2020	24 déc.	Loi n° 2020-1672. Parquet européen, justice environnementale et justice pénale spécialisée. – Art. 26. – V. C. pr. pén., art. 77-1-1, *Livre II, Lutte contre la cybercriminalité*, **p. 965.**
2021	25 févr.	Arrêté. Création du commandement de la gendarmerie dans le cyberespace. – V. *Livre II, Lutte contre la cybercriminalité*, **p. 1044.**
2021	12 mai	Ordonnance n° 2021-580. Droit d'auteur et droits voisins dans le marché unique numérique. – Art. 3. – V. CPI, art. L. 331-18, *Livre I, Sécurité des systèmes d'information*, **p. 45.**
2021	20 mai	Règlement (UE) 2021/821. Contrôle des exportations, du courtage, de l'assistance technique, du transit et des transferts en ce qui concerne les biens à double usage. – V. *Livre I, Sécurité des systèmes d'information*, **p. 579.**
2021	20 mai	Règlement (UE) 2021/887. Centre de compétences européen pour l'industrie, les technologies et la recherche en matière de cybersécurité et Réseau de centres nationaux de coordination. – V. *Livre I, Sécurité des systèmes d'information*, **p. 596.**
2021	25 mai	Loi n° 2021-646. Sécurité globale : – Art. 47. – V. C. défense, art. L. 1332-6-1 A, *Livre III, Cyberdéfense*, **p. 1162.** – Art. 52. – V. C. pén., art. 226-16-2, *Livre II, Lutte contre la cybercriminalité*, **p. 909.**
2021	26 mai	Ordonnance n° 2021-650. Transposition de la directive (UE) 2018/1972 du Parlement européen et du Conseil du 11 décembre 2018 établissant le code des communications électroniques européen et mesures d'adaptation des pouvoirs de l'Autorité de régulation des communications électroniques, des postes et de la distribution de la presse. – Art. 1er. – V. CPCE, art. L. 32, *Livre III, Cyberdéfense*, **p. 1206.**
2021	28 mai	Décret n° 2021-684. Régime des décisions prises en matière de santé, de prise en charge ou d'accompagnement social ou médico-social à l'égard des personnes majeures faisant l'objet d'une mesure de protection juridique. – Art. 1er. – V. CSP, art. R. 1111-1, *Livre I, Sécurité des systèmes d'information*, **p. 57.**
2021	3 juin	Décret n° 2021-713. Adaptation du chapitre III du titre III du livre III de la partie 1 du code de la défense. – Art. 1er. – V. C. défense, art. R. 1332-22, *Livre III, Cyberdéfense*, **p. 1176.**
2021	13 juill.	Décret n° 2021-922. Création, auprès du secrétaire général de la défense et de la sécurité nationale, d'un service à compétence nationale dénommé « service de vigilance et de protection contre les ingérences numériques étrangères ». – V. ss. C. déf., art. D. 1132-8, *Livre III, Cyberdéfense*, **p. 1169.**
2021	30 juill.	Loi n° 2021-998. Prévention d'actes de terrorisme et renseignement. – Art. 17. – V. C. défense, art. L. 2321-3, *Livre I, Sécurité des systèmes d'information*, **p. 24** ; L. n° 2004-575 du 21 juin 2004, art. 6, *Livre I, Sécurité des systèmes d'information*, **p. 92** ; CPCE, art. L. 34-1, *Livre III, Cyberdéfense*, **p. 1213.**

2021	9 août	Instruction générale interministérielle n° 1300. Secret de la défense nationale. – V. *Livre I, Sécurité des systèmes d'information,* **p. 191.**
2021	24 août	Loi n° 2021-1109. Respect des principes de la République. – Art. 39, 40, 42. – V. L. n° 2004-575 du 21 juin 2004, art. 6, *Livre I, Sécurité des systèmes d'information,* **p. 92.**
2021	8 oct.	Loi n° 2021-1308. Adaptation au droit de l'Union européenne dans le domaine des transports, de l'environnement, de l'économie et des finances. – Art. 47. – V. CPCE, art. L. 101, *Livre I, Sécurité des systèmes d'information,* **p. 32.**
2021	20 oct.	Décret n° 2021-1361. Données conservées par les opérateurs de communications électroniques. – Art. 2, 3. – V. CPCE, art. R. 10-12, R. 10-13, *Livre I, Sécurité des systèmes d'information,* **p. 34.**
2021	20 oct.	Décret n° 2021-1362. Conservation des données permettant d'identifier toute personne ayant contribué à la création d'un contenu mis en ligne, pris en application du II de l'article 6 de la loi n° 2004-575 du 21 juin 2004 pour la confiance dans l'économie numérique. – V. *Livre I, Sécurité des systèmes d'information,* **p. 364.**
2021	25 oct.	Loi n° 2021-1382. Régulation et protection de l'accès aux œuvres culturelles à l'ère numérique. – Art. 1er. – V. CPI, art. L. 331-12 s., *Livre I, Sécurité des systèmes d'information,* **p. 43** ; L. n° 2004-575 du 21 juin 2004, art. 6, *Livre I, Sécurité des systèmes d'information,* **p. 92.**
2021	29 oct.	Décret n° 2021-1403. Renforcement de l'interdiction de l'acquisition et de la détention de certaines armes à feu. – Art. 2. – V. CSI, art. R. 311-2, *Livre III, Cyberdéfense,* **p. 1224.**
2021	15 nov.	Loi n° 2021-1485. Réduction de l'empreinte environnementale du numérique en France. – Art. 24. – V. CPCE, art. L. 32, *Livre III, Cyberdéfense,* **p. 1206.**
2021	24 nov.	Ordonnance n° 2021-1518. Droit d'auteur et droits voisins dans le marché unique numérique. – Art. 10. – V. CPI, art. L. 331-28, *Livre I, Sécurité des systèmes d'information,* **p. 50.**
2021	7 déc.	Décret n° 2021-1587. Autorisation d'un traitement automatisé de données à caractère personnel dans le but d'identifier les ingérences numériques étrangères. – V. ss. C. déf., art. R.* 1132-3, *Livre III, Cyberdéfense,* **p. 1167.**
2021	23 déc.	Loi n° 2021-1755. Renforcement de la régulation environnementale du numérique par l'Autorité de régulation des communications électroniques, des postes et de la distribution de la presse. – Art. 1er. – V. CPCE, art. L. 32, *Livre III, Cyberdéfense,* **p. 1206.**
2021	31 déc.	Décret n° 2021-1942. Modification du décret n° 2013-611 du 10 juillet 2013 relatif à la réglementation applicable aux îles artificielles, aux installations, aux ouvrages et à leurs installations connexes sur le plateau continental et dans la zone économique exclusive et la zone de protection écologique ainsi qu'au tracé des câbles et pipelines sous-marins. – Art. 14. – V. Décr. mod., art. 19, *Livre III, Cyberdéfense,* **p. 1273.**

2022	2 mars	Loi n° 2022-296. Démocratisation du sport en France. – Art. 48, 49. – V. L. n° 2010-476 du 12 mai 2010, art. 12, 57, 61, *Livre I, Sécurité des systèmes d'information*, **p. 116.**
2022	2 mars	Loi n° 2022-300. Renforcement du contrôle parental sur les moyens d'accès à internet. – Art. 3. – V. L. n° 2004-575 du 21 juin 2004, art. 6, *Livre I, Sécurité des systèmes d'information*, **p. 92.**
2022	3 mars	Loi n° 2022-309. Certification de cybersécurité des plateformes numériques destinée au grand public. – Art. 1er. – V. C. consom., art. L. 111-7-3, *Livre I, Sécurité des systèmes d'information*, **p. 19.**
2022	15 mars	Décret n° 2022-367. Mise en œuvre de traitements automatisés de données à caractère personnel dénommés « Base ministérielle PPST ». – V. *Livre III, Cyberdéfense*, **p. 1201.**
2022	15 mars	Décret n° 2022-368. Mise en œuvre d'un traitement automatisé de données à caractère personnel dénommé « Base interministérielle PPST ». – V. *Livre III, Cyberdéfense*, **p. 1203.**
2022	17 mars	Circulaire NOR INTC2209461C. Dispositif national de traitement harmonisé des enquêtes et des signalements en matière d'e-escroqueries (THESEE). – V. *Livre II, Lutte contre la cybercriminalité*, **p. 1045.**
2022	8 avr.	Décret n° 2022-513. Sécurité numérique du système d'information et de communication de l'État et de ses établissements publics. – V. Décr. n° 2019-1088 du 25 oct. 2019, art. 1er, 2, 4-1 à 4-5, *Livre III, Cyberdéfense*, **p. 1359.**
2022	27 avr.	Décret n° 2022-715. Conditions et modalités de mise en œuvre du signalement des incidents significatifs ou graves de sécurité des systèmes d'information. – V. CSP, art. D. 1111-16-2 à D. 1111-16-4, *Livre I, Sécurité des systèmes d'information*, **p. 59.**
2022	17 juin	Décret n° 2022-901. Matériels de guerre, armes, munitions et opérations sensibles intéressant la défense nationale ou la sécurité nationale. – Art. 18. – V. CSI, art. R. 311-2, *Livre III, Cyberdéfense*, **p. 1224.**
2022	15 juill.	Décret n° 2022-1004. Modalités de certification de moyens d'identification électronique et cahier des charges permettant d'établir la présomption de fiabilité de ces moyens : – Art. 1er. – V. CPCE, art. R. 54-1 s., *Livre I, Sécurité des systèmes d'information*, **p. 35.** – Art. 2. – V. Décr. n° 2009-834 du 7 juill. 2009, art. 4, *Livre I, Sécurité des systèmes d'information*, **p. 110.**
2022	27 juill.	Arrêté. Modification de l'arrêté du 25 février 2021 portant création du commandement de la gendarmerie dans le cyberespace. – V. Arr. mod., art. 4, *Livre II, Lutte contre la cybercriminalité*, **p. 1044.**
2022	27 sept.-7 oct.	Résolution. Organisation de l'aviation civile internationale. – V. *Livre I, Sécurité des systèmes d'information*, **p. 862.**

2022	17 oct.	Décret n° 2022-1327. Injonction, au regard de la menace grave et actuelle contre la sécurité nationale, de conservation pour une durée d'un an de certaines catégories de données de connexion. – V. ss. CPCE, art. L. 34-1, *Livre III, Cyberdéfense*, **p. 1216.**
2022	26 oct.	Instruction générale interministérielle n° 1337/SGDSN/ANSSI. Organisation de la sécurité numérique du système d'information et de communication de l'État et de ses établissements publics. – V. *Livre III, Cyberdéfense*, **p. 1364.**
2022	8 déc.	Recommandation (UE). Approche coordonnée à l'échelle de l'Union pour renforcer la résilience des infrastructures critiques. – V. *Livre I, Sécurité des systèmes d'information*, **p. 989.**
2022	13 déc.	Arrêté. Classification des engagements d'assurance consécutifs aux atteintes aux systèmes d'information et de communication. - V. C. assur., art. A. 344-2, *Livre I, Sécurité des systèmes d'information*, **p. 10.**
2022	14 déc.	Règlement (UE) 2022/2554. Résilience opérationnelle numérique du secteur financier. – V. *Livre I, Sécurité des systèmes d'information*, **p. 627.**
2022	14 déc.	Directive (UE) 2022/2555. Mesures destinées à assurer un niveau élevé commun de cybersécurité dans l'ensemble de l'Union. – V. *Livre I, Sécurité des systèmes d'information*, **p. 676.**
2022	14 déc.	Directive (UE) 2022/2557. Résilience des entités critiques. – V. *Livre I, Sécurité des systèmes d'information*, **p. 721.**
2023	24 janv.	Loi n° 2023-22. Orientation et programmation du ministère de l'intérieur : – Art. 4-I, 6, 7. – V. C. pén., art. 323-1, 323-3-2, 323-4-1, 323-4-2, *Livre II, Lutte contre la cybercriminalité*, **p. 924.** – Art. 4-II, 7, 10, 16, 18, 20, 23, 24. – V. C. pr. pén., art. 60-1, 77-1-1, 99-4, 230-1, 230-46, 706-73, 706-73-1, *Livre II, Lutte contre la cybercriminalité*, **p. 959.** – Art. 5. – V. C. assur., art. L. 12-10-1, *Livre II, Lutte contre la cybercriminalité*, **p. 900.** – Art. 11. – V. CPCE, art. L. 32, L. 34-16, *Livre III, Cyberdéfense*, **p. 1206.** – Art. 29. – V. *Livre II, Lutte contre la cybercriminalité*, **p. 902.**
2023	14 févr.	Décision (UE). Autorisation des États membres à ratifier, dans l'intérêt de l'Union européenne, le deuxième protocole additionnel à la convention sur la cybercriminalité relatif au renforcement de la coopération et de la divulgation de preuves électroniques. – V. *Livre II, Lutte contre la cybercriminalité*, **p. 1143.**
2023	22 avr.	Décret n° 2023-304. Modification du décret n° 2019-1088 du 25 octobre 2019 relatif au système d'information et de communication de l'État et à la direction interministérielle du numérique, art. 3, 4-3, 5, 6, 7. V. *Livre III, Cyberdéfense*, **p. 1359.**
2023	12 juin	Décret n° 2023-454. Blocage et déréférencement des « sites miroirs », pris en application de l'article 6-3 de la loi n° 2004-575 du 21 juin 2004 pour la confiance dans l'économie numérique. – V. *Livre II, Lutte contre la cybercriminalité*, **p. 1049.**

2023	12 juill.	Règlement (UE) 2023/1543. Injonctions européennes de production et injonctions européennes de conservation concernant les preuves électroniques dans le cadre des procédures pénales et aux fins de l'exécution de peines privatives de liberté prononcées à l'issue d'une procédure pénale. – V. *Livre II, Lutte contre la cybercriminalité,* **p. 1052.**
2023	12 juill.	Directive (UE) 2023/1544. Établissement des règles harmonisées concernant la désignation d'établissements désignés et de représentants légaux aux fins de l'obtention de preuves électroniques dans le cadre des procédures pénales. – V. *Livre II, Lutte contre la cybercriminalité,* **p. 1068.**
2023	1er août	Loi n° 2023-703. Programmation militaire pour les années 2024 à 2030 et diverses dispositions intéressant la défense : – Art. 37. – V. CPCE, art. L. 33-14, L. 33-15, *Livre III, Cyberdéfense,* **p. 1213.** – Art. 40. – V. CSI, art. L. 114-1, *Livre III, Cyberdéfense,* **p. 1221.** – Art. 64 à 67. – V. C. défense, art. L. 2321-2-1, L. 2321-2-3, L. 2321-3, L. 2321-3-1, L. 2321-4-1, L. 2321-5, *Livre I, Sécurité des systèmes d'information,* **p. 22.**

TABLE ALPHABÉTIQUE

NOTA. Les caractères italiques indiquent un mot de renvoi. Ceux de ces mots qui sont en caractères gras et précédés d'une flèche rouge renvoient à un autre mot en caractères gras de la table ; les autres, en caractères maigres et sans flèche rouge, renvoient à une autre subdivision du même mot en caractères gras.
Le 🏛 signale que le texte est accessible intégralement ou partiellement en hyperlien sur le Code en ligne.
Il est rappelé qu'un tableau explicatif des abréviations figure au début de l'ouvrage.

A

B

D

E

F

G

H

I

J

K

M

S

T

V

Photocomposé, traité sur ordinateur par :
JOUVE SAS, 561 rue Saint Léonard - 53100 MAYENNE

Certifié PEFC
Ce produit est issu de forêts gérées durablement, de sources recyclées et contrôlées
PEFC
PEFC/18-31-280
www.pefc-france.org

Achevé d'imprimer en septembre 2023 sur les presses de
LEGO S.p.A.
Italie
Dépôt légal : octobre 2023
722300 (I) – OSB-P 60 – JOU – (HCH)
Imprimé en Italie

Codes Dalloz

	Parution
CIVIL	
Code civil	juin
Code du divorce, *commenté*	novembre
Code de procédure civile	juin
Code des procédures civiles d'exécution, *commenté*	mars
AFFAIRES	
Code des assurances – Code de la mutualité, *commenté*	mai
Code de commerce	juin
Code de la communication, *commenté*	novembre
Code de la compliance, *commenté*	octobre
Code de la consommation, *commenté*	août
Code de la cybersécurité, *commenté*	juin
Code des douanes, *commenté*	mars
Code général des impôts	juin
Code monétaire et financier, *commenté*	mai
Code des procédures collectives, *commenté*	février
Code de la propriété intellectuelle, *commenté*	janvier
Code des sociétés, *commenté*	septembre
Code de procédure fiscale, *commenté*	juin
Code de la protection des données personnelles, *commenté*	novembre
SOCIAL	
Code de l'action sociale et des familles, *commenté*	mai
Code de la santé publique, *commenté en ligne*	juin
Code de la sécurité sociale	avril
Code du travail, *commenté en ligne*	mars

Codes Dalloz	Parution
PÉNAL	
Code pénal	juin
Code de la justice pénale des mineurs, *commenté*	août
Code de procédure pénale	juin
Code de la route, *commenté*	février
IMMOBILIER	
Code des baux, *commenté*	janvier
Code de la construction et de l'habitation, *commenté*	avril
Code de la copropriété, *commenté*	janvier
Code de l'urbanisme, *commenté*	avril
PUBLIC	
Code de la commande publique, *commenté*	janvier
Code constitutionnel et des droits fondamentaux, *commenté en ligne*	août
Code de l'éducation, *commenté*	août
Code électoral, *commenté*	novembre
Code de l'entrée et du séjour des étrangers et du droit d'asile, *commenté*	octobre
Code de l'environnement, *commenté*	mars
Code général de la fonction publique, *commenté*	mars
Code général des collectivités territoriales, *commenté en ligne*	novembre
Code général de la propriété des personnes publiques, *commenté*	mai
Code de justice administrative, *commenté*	septembre
Code des relations entre le public et l'administration, *commenté*	septembre
Code rural et de la pêche maritime, *commenté*	avril